Walter Euchner · Helga Grebing · F.-J. Stegmann
Peter Langhorst · Traugott Jähnichen · Norbert Friedrich

Geschichte der sozialen Ideen in Deutschland

Walter Euchner · Helga Grebing
F.-J. Stegmann · Peter Langhorst ·
Traugott Jähnichen · Norbert Friedrich

Geschichte der sozialen Ideen in Deutschland

Sozialismus – Katholische Soziallehre –
Protestantische Sozialethik.
Ein Handbuch

Herausgegeben von Helga Grebing

2. Auflage

VS Verlag für Sozialwissenschaften
Entstanden mit Beginn des Jahres 2004 aus den beiden Häusern
Leske+Budrich und Westdeutscher Verlag.
Die breite Basis für sozialwissenschaftliches Publizieren

Bibliografische Information Der Deutschen Bibliothek
Die Deutsche Bibliothek verzeichnet diese Publikation in der Deutschen Nationalbibliografie;
detaillierte bibliografische Daten sind im Internet über <http://dnb.ddb.de> abrufbar.

1. Auflage, Klartext Verlagsgesellschaft mbH Essen, 2000.
2. Auflage August 2005

Alle Rechte vorbehalten
© VS Verlag für Sozialwissenschaften/GWV Fachverlage GmbH, Wiesbaden 2005

Lektorat: Frank Schindler

Der VS Verlag für Sozialwissenschaften ist ein Unternehmen von Springer Science+Business Media.
www.vs-verlag.de

Das Werk einschließlich aller seiner Teile ist urheberrechtlich geschützt. Jede Verwertung außerhalb der engen Grenzen des Urheberrechtsgesetzes ist ohne Zustimmung des Verlags unzulässig und strafbar. Das gilt insbesondere für Vervielfältigungen, Übersetzungen, Mikroverfilmungen und die Einspeicherung und Verarbeitung in elektronischen Systemen.

Die Wiedergabe von Gebrauchsnamen, Handelsnamen, Warenbezeichnungen usw. in diesem Werk berechtigt auch ohne besondere Kennzeichnung nicht zu der Annahme, dass solche Namen im Sinne der Warenzeichen- und Markenschutz-Gesetzgebung als frei zu betrachten wären und daher von jedermann benutzt werden dürften.

Umschlaggestaltung: KünkelLopka Medienentwicklung, Heidelberg
Druck und buchbinderische Verarbeitung: MercedesDruck, Berlin
Gedruckt auf säurefreiem und chlorfrei gebleichtem Papier
Printed in Germany

ISBN 3-531-14752-8

Inhaltsverzeichnis

Vorwort 9

IDEENGESCHICHTE DES SOZIALISMUS IN DEUTSCHLAND. TEIL I
VON WALTER EUCHNER

Inhaltsverzeichnis 15
Einleitung 19

1. Kapitel: Der Ideenhorizont des frühen Sozialismus und seine Wahrnehmung
in der deutschen Arbeiterbewegung 21
    I. Von der zünftigen Tradition zur Arbeiterbewegung 21
    II. Ideengeschichtliche Vorbilder des deutschen Frühsozialismus 25

2. Kapitel: Die frühe Entwicklung des sozialistischen Denkens in Deutschland 55
    I. Obrigkeitlicher Staatssozialismus 55
    II. Handwerkerkommunismus und -sozialismus 64
    III. Intellektuellensozialismus. *Moses Heß* zwischen „Philosophie der Tat",
    „Wahrem Sozialismus", Zionismus und sozialdemokratischem Reformismus 83

3. Kapitel: Grundriß einer epocheprägenden Theorie: Das Denken von
Karl Marx und *Friedrich Engels* 99
    I. Hinweise zur Biographie, zur intellektuellen Entwicklung und zur
    ideengeschichtlichen und politischen Bedeutung 99
    II. Materialistische Geschichtsauffassung 106
    III. Kritik der politischen Ökonomie 114
    IV. Die kommunistische Gesellschaft 119

4. Kapitel: *Ferdinand Lassalle* und der Lassalleanismus:
Zwischen Revolution und Staatssozialismus 128
    I. Hinweise zu *Lassalles* Biographie sowie zu seiner intellektuellen und politischen
    Entwicklung 128
    II. Eine Staats- und Rechtstheorie der Revolution 130
    III. *Lassalles* ökonomische Auffassungen: Das „eherne Lohngesetz"
    und die Emanzipation des Proletariats durch Arbeiterassoziationen 136
    IV. Der Weg zur sozialen Demokratie: Konstitution des
    Arbeiterstandes zur Partei und Kampf ums allgemeine Wahlrecht 141
    V. Lassalleanismus 142

5. Kapitel: Sozialistisches Denken im Kaiserreich 146
    I. Das Ringen um konzeptionelle Klarheit 146
    II. Sympathisierende und kritische Autoren 180

6. Kapitel: Konzepte sozialistischer Realpolitik 190
    I. Die Stellung zu den politischen Institutionen 190
    II. Die Politik der sozialdemokratischen Reichstagsfraktion 194
    III. Spezielle Praxisfelder 211

7. Kapitel: Sozialismus im Krieg und in der Zeit des Umbruchs 263
    I. Expansion des Kapitalismus und Kriegsgefahr: Imperialismustheorien ... 263
    II. Sozialdemokratische Konzepte der Nach-Revolutionszeit 272

8. Kapitel: Aufschwungshoffnung und Sturz des demokratischen Sozialismus in der Zwischenkriegszeit 297
    I. Sozialdemokratische Konzepte in der „Normallage" der Republik 297
    II. Abschied von der demokratischen Republik.. 326

IDEENGESCHICHTE DES SOZIALISMUS IN DEUTSCHLAND. TEIL II
VON HELGA GREBING

Inhaltsverzeichnis 355

1. Kapitel: Der Ideenhorizont deutscher demokratischer Sozialisten nach den Erfahrungen mit Nationalsozialismus und Stalinismus 1934 – 1948 361
    I. In der Emigration... 361
    II. Ein neuer Sozialismus – „nach *Hitler*" 365
    III. Modelle und Ideen für die Praxis 1946 – 1948/49... 372
    IV. Freiheit ohne Sozialismus – neoliberale Positionen und deren Kritik................ 399

2. Kapitel: Die Herausforderung der politisch-ökonomischen Neugestaltung der deutschen Demokratie 1949 – 1959 406
    I. Normen, Elemente und Werte:
    Das Modell des „freiheitlichen Sozialismus" 406
    II. Der Weg zum Godesberger Programm und die Botschaft des Programms 437
    III. Gemeinwirtschaft und Mitbestimmung – die Grundsatzpositionen der Gewerkschaften 451

3. Kapitel: Neue Ideen für die sechziger und siebziger Jahre............................. 465
    I. Reforminhalte und Strategien für eine entwickelte Industriegesellschaft 465
    II. Die neuen sozialen Bewegungen und ihre Protagonisten 497

4. Kapitel: „DDR-Sozialismus"... 510
    I. Auf dem Weg zum Sozialismus? 510
    II. Der „umfassende Aufbau des Sozialismus"... 519
    III. Opposition, Widerstand und Reformen in der DDR 1956 – 1989/90................ 530

5. Kapitel: Wege ins 21. Jahrhundert.. 546
    I. Weiterführung oder Stagnation der Emanzipation? 546
    II. Die SPD auf der Suche nach einem neuen Programm.. 555
    III. Zukunftsfragen.. 585

GESCHICHTE DER SOZIALEN IDEEN IM DEUTSCHEN KATHOLIZISMUS
VON FRANZ JOSEF STEGMANN UND PETER LANGHORST

Inhaltsverzeichnis 599
Einleitung: Katholische Soziallehre – Entwicklung und Konzept........................ 603
    I. Kirchlicher Heilsauftrag und politisch-soziales Engagement 607
    II. Bedeutung der Sozialprinzipien: Solidarität und Subsidiarität 610
    III. Katholizismus, katholische Soziallehre und katholisch-soziale Ideen................ 611

1. Kapitel: Sozialer Katholizismus. Werden, Konsolidierung, Krisen – von der Frühzeit bis zum Ersten Weltkrieg 613
    I. Wurzeln katholisch-sozialer Ideen und Erfassen der sozialen Frage 613

II. Die soziale Frage als religiös-karitatives und
wirtschaftlich-gesellschaftliches Problem 619
III. Von der ständisch-sozialen Reorganisation zur partiellen Gesellschaftspolitik .. 631
IV. Notwendigkeit einer umfassenden Wirtschafts- und Sozialpolitik
durch den Staat 665
V. Selbsthilfe der Arbeiter durch organisierten Zusammenschluß und
gewerkschaftliche Interessenvertretung... 687
VI. „Sozialpartnerschaft" zwischen Kapital und Arbeit
– Mitbestimmung der Arbeiter 700
VII. Kurze Zusammenfassung 711

2. Kapitel: Katholisch-sozialer Pluralismus – die Weimarer Zeit 713

I. Ständisch-konservative Gruppierungen... 713
II. Richtungen des „christlichen Sozialismus" 720
III. Der Solidarismus als „katholisch-soziale Einheitslinie".. 727
IV. Die „Berufsständische Ordnung" als Kern der sozialen Neuordnung................. 736
V. Politische und soziale Praxis.. 746

3. Kapitel: Der deutsche Katholizismus in der sozialpolitischen
Mitverantwortung – nach 1945... 769

I. Beteiligung an der sozial-ökonomischen Neugestaltung.. 775
II. Beiträge zur Lösung gesellschaftspolitischer Strukturprobleme........................... 831
III. Zusammenfassung und Ausblick: „Für eine Zukunft in Solidarität
und Gerechtigkeit".. 855

GESCHICHTE DER SOZIALEN IDEEN IM DEUTSCHEN PROTESTANTISMUS
VON TRAUGOTT JÄHNICHEN UND NORBERT FRIEDRICH

Inhaltsverzeichnis 867
Einleitung: Charakteristika protestantischer Sozialethik
in ihrer geschichtlichen Entwicklung 873

1. Kapitel: Impulse für die Herausbildung des neuzeitlichen sozialen
Protestantismus im Horizont von Pauperismus und Frühindustrialisierung....... 878

I. Der christliche Liebes-Patriarchalismus als dominierendes sozialethisches
Leitbild des deutschen Protestantismus seit der Zeit der Reformation..................... 879
II. Neuansätze christlicher Liebestätigkeit zwischen Aufklärung
und Erweckungsbewegung 883
III. Impulse für die christliche Wohltätigkeit aus Großbritannien............................. 890
IV. Religiös-Sozialrevolutionärer Protest in der Zeit des Vormärz............................. 892

2. Kapitel: Die Innere Mission als Kristallisationspunkt des Sozialen
Protestantismus 895

I. Aufbruch zur Inneren Mission – Personen und Positionen 895
II. Die Entwicklung der Inneren Mission als klassisches Beispiel „konservativer
Modernisierung" nach 1848/49 909
III. Genossenschafts- und Fabrikprojekte aus christlicher Motivation 913

3. Kapitel: Der soziale Protestantismus im Kaiserreich
– Anfänge einer Sozialstaatsentwicklung... 922

I. Die Entwicklung eines sozialkonservativen Reformprogramms
im deutschen Protestantismus der Bismarckzeit.. 922

II. Der Richtungsstreit innerhalb des Sozialen Protestantismus
  in der Zeit des Wilhelminismus 951

4. Kapitel: Der Prozeß der Verkirchlichung und Ausdifferenzierung
des Sozialen Protestantismus in der Weimarer Republik 982

  I. Die Begründung eines sozialen Arbeitszweiges der verfassten Kirche 982
  II. Die Innere Mission und der Sozialstaat von Weimar 989
  III. Die programmatische Annäherung von sozialkonservativen und
  sozialliberalen Protestanten 992
  IV. Christentum und Sozialismus – Sozialethische Innovationen
  durch die Bewegung der Religiösen Sozialisten 1005

5. Kapitel: Theologische und sozialethische Neuorientierungen in
Auseinandersetzung mit dem totalitären Staat des Nationalsozialismus 1021

  I. Protestantismus und totaler Staat 1021
  II. Neuordnungskonzeptionen – Entwürfe zwischen „Verstrickung"
  und Widerstand 1029

6. Kapitel: Die soziale Marktwirtschaft als sozialethisches Leitbild
des Protestantismus 1035

  I. Theologisch-sozialethische Neuorientierungen in der Nachkriegszeit 1035
  II. Zwischen Neuaufbruch und Restauration – Die Diakonie nach 1945 1045
  III. Die institutionelle und die programmatische Profilierung des sozialen
  Protestantismus in der frühen Bundesrepublik 1049
  IV. Links-Protestantische Anfragen an die Option für das westdeutsche
  Gesellschafts- und Wirtschaftsmodell 1064

7. Kapitel: Vom gesellschaftsverändernden Aufbruch der sechziger zur
Verteidigung „sozialer Gerechtigkeit" gegenüber neoliberalen
Gesellschaftsmodellen seit den achtziger Jahren 1070

  I. Reformimpulse für eine Demokratisierung und Humanisierung der
  Gesellschaft im Horizont der Umbruchsituation der sechziger Jahre 1070
  II. Die evangelischen Kirchen auf dem Weg des „Konziliaren Prozesses"
  im Zeichen tiefgreifender Krisen der Industriegesellschaft 1078
  III. Zwischen befreiungstheologischer Grundsatzkritik und
  verantwortungsethischem Gestaltungsauftrag – Sozialethische Positionen des
  Protestantismus in der Gegenwart 1088
  IV. „Soziale Gerechtigkeit" als Kernforderung kirchlicher Stellungnahmen
  für eine Erneuerung und Weiterentwicklung der Sozialen Marktwirtschaft 1095

Nachwort 1104
Quellen- und Literaturverzeichnis (Auswahl) 1113
Personenregister 1134
Sachregister 1142
Abkürzungsverzeichnis 1153
Die Autoren 1159

Vorwort zur 2. Auflage

Das Vorwort zur 1. Auflage der „Geschichte der sozialen Ideen in Deutschland" trägt das Datum ‚15. Juni 2000'. Dieses Vorwort zur 2. Auflage wird auf den Tag genau fünf Jahre später datiert. Warum eine zweite Auflage in einem anderen Verlag?

Kaum sind die in der Bundesrepublik lebenden Menschen in das 21. Jahrhundert eingetreten, da zeichnet sich eine erneute Wende ab; zumindest beginnen sich Unbehagen und Unruhe wegen der vielen sich steigernden Entkoppelungen, Desintegrationserscheinungen und Deregulierungen der sozialen Bindeglieder, die über Jahrzehnte eine gewisse Sicherheit vermittelten, deutlich bemerkbar zu machen. Die Frage liegt auf den runden Tischen der gesellschaftlichen Beziehungsgeflechte: Was hält unsere Gesellschaft noch zusammen? Der Sozialstaat ist wegen seiner Überzeichnungen in Verruf geraten; gleichzeitig bedarf es seiner inzwischen mehr als je in den Hochzeiten der industriellen Produktionsweise. Alles noch so positive Reden und Denken über postindustrielle und postmaterialistische Lebensmöglichkeiten findet kaum noch Resonanz. Der Einzelne steht allein neben dem nächsten Einzelnen und beide fühlen sich allein gelassen in dem freien Spiel der Kräfte auf dem freien Markt der gesellschaftlichen Möglichkeiten. Einst hochgradig intakte und integrativ wirkende Institutionen bestehen nicht mehr oder sind im Vergehen begriffen oder weisen kaum noch korrigierbare Defizite auf.

Ist der Kapitalismus also nicht nur übrig geblieben, sondern hat er tatsächlich gesiegt, und nicht nur das: Haben seine Destruktivkräfte die die Gesellschaft formierenden Kräfte vielleicht gelähmt und das in einer „ergrauenden Republik"? Tag für Tag sind solche Botschaften zu hören und zu lesen; Tag für Tag sehen sich auch die sechs Urheber dieser „Geschichte der sozialen Ideen in Deutschland" der Notwendigkeit ausgesetzt, wo immer sie jetzt auch tätig sind und wo immer sie sich befinden, sich mit diesen Fragen auseinanderzusetzen und zumindest zu versuchen, auch ‚nach draußen' Antwort zu geben.

Denn offenbar ist in großen Teilen der Bevölkerung das Bedürfnis gewachsen, sich nach Zusammenhang, Sinngebung und sozialethisch belegbaren Motiven umzusehen, nach Orientierungen zu suchen, die aus der Vereinzelung heraus zu intakten und integrativ wirkenden Institutionen hinführen. Auch nach sozial integrativ wirkenden sozialen Ideen wird allmählich wieder gefragt; entsprechende Orientierungsmuster für Tätigkeitsfelder werden gesucht, um in einer im Prinzip aufgeklärten Gesellschaft neue, noch ungewohnte Beteiligungsformen probieren zu können. Dabei fällt ein neuer Blick auf den Staat als womöglich doch unentbehrlichen Garanten für innere Freiheit und Frieden.

Wenn dies alles so einigermaßen zutreffend gesehen ist, bedeutet das, daß Sinn und Ziele, die für frühere Zeiten galten, erneut Bedeutung gewinnen könnten - nicht als Folie oder Blaupause; aber man könnte an sie anknüpfen, überprüfen, unter welchen Voraussetzungen sie erfolgreich gewesen oder erfolglos geblieben sind, warum sie vielleicht keine Beachtung gefunden haben, aber gegenwärtig unter den Bedingungen unserer Zeit Gewicht bekommen könnten. Damit nun bekommt die „Geschichte der sozialen Ideen in Deutschland" erneut die Möglichkeit, für solche Reflexionsprozesse Wegweisung zu geben, sich als eine Art Kompaß zu bewähren für die Fahrt in die Zukunft, zumal sie keine reine Theorie- und Dogmengeschichte ist, sondern einen immanenten Praxisbezug hat. Deshalb ist sie nicht geeignet, Anweisungen für den Bau neuer Luftschlösser zu geben, wohl aber nutzvoll zu verwenden für Praktiker sozialer Beziehungen.

Die zweite Auflage nach fünf Jahren erfolgt ohne Neubearbeitung, also unverändert gegenüber der ersten. Dies ist deshalb vertretbar, weil in dem vergangenen halben Jahrzehnt auf alle Teile des Buches bezogen keine intellektuellen Innovationen und Durchbrüche erfolgt sind, die berücksichtigungswert wären. Herausgeberin und Autoren freuen sich selbstverständlich sehr, daß wir einen neuen Verlag - den VS Verlag für Sozialwissenschaften -, dessen Programm wir schätzen, vom bestehen gebliebenen Gebrauchswert des Buches überzeugen konnten, und danken Frank Schindler, der das Lektorat Politik leitet, für die so unumständlich herbeigeführte Entscheidung, das Buch zu verlegen.

Allen, die uns seinerzeit geholfen haben, sei nochmals für ihr Engagement gedankt, was auch dadurch zum Ausdruck gebracht wird, daß das Vorwort zur ersten Auflage mit abgedruckt wird. Es enthält zudem Hinweise für den Leser auf die Anlage des Buches, die auf diese Weise nicht wiederholt werden müssen. Danken möchte die Herausgeberin auch dem Leiter des Instituts für soziale Bewegungen der Ruhr-Universität Bochum, Prof. Dr. Klaus Tenfelde, für die ‚Freigabe' der „Geschichte der sozialen Ideen in Deutschland" aus der Veröffentlichungsreihe des Instituts.

Göttingen, 15. Juni 2005

Helga Grebing

Vorwort zur 1. Auflage

„Soziale Ideen", so scheint es, hatten im 19. und 20. Jahrhundert ihre Konjunktur; das 21. Jahrhundert braucht sie anscheinend nicht mehr - so satt an Innovationen, wie es sich bereits an seinem Beginn selbst darstellt. Die „soziale Frage" aus der Zeit der Hochindustrialisierung wurde im letzten Drittel des 20. Jahrhunderts abgelöst von der „Neuen sozialen Frage" und dem Ruf nach den alten sozialen Ideen der Gerechtigkeit und Solidarität im neuen Gewand. Inzwischen ist auch davon kaum noch die Rede. Die anhaltende Vermehrung der „Neuen Unübersichtlichkeit" läßt es als vermessen erscheinen, über mehr als über den nächsten Tag hinaus zu denken. Es macht sich die Hoffnung breit, die Flucht in das virtuelle Nichts werde von der sozialmoralischen Anforderung befreien, auch für hier und jetzt die Aufgabe anzunehmen, ein menschenwürdiges Leben, wenn schon nicht für alle, so doch für möglichst viele Menschen zu gestalten. Vielmehr scheinen sich noch nie so viele Menschen wie gegenwärtig so intensiv auf die Suche nach individuellen Glückserlebnissen zu begeben.

Was läßt sich aus diesem Befund schließen? Vielleicht ist er ja nur eine Momentaufnahme? Jedenfalls spricht er nicht gegen die Einsicht, daß zum Entwurf des Menschen und des Menschlichen die Selbstverpflichtung gehört, Leben zu achten und in Würde zu leben und leben zu lassen. Die sechs Autoren dieses Handbuchs über die „Geschichte der sozialen Ideen in Deutschland", woher sie auch kommen und wo sie auch stehen, beantworten diese Fragen mit einem „Ja". Deshalb hat es sie gleichermaßen motiviert, am Ende des 20. und zu Beginn des 21. Jahrhunderts, mit dem ein neues Jahrtausend beginnt, diesem neuen Jahrhundert die Botschaften früherer Zeiten mit auf den Weg zu geben oder zumindest es zu versuchen. Vielleicht ist es ja mit diesem Handbuch gelungen, bedenkenswerte Hinweise und Anleitungen für eine humane Zukunftsgestaltung zu bewahren und wieder zugänglich zu machen, gleichzeitig aber auch utopische und/oder abgelebte, d.h. von der Geschichte desavouierte Vorstellungen in ihren geschichtlichen Kontext zurückzuverweisen.

„Soziale Ideen" sind in der Regel keine in sich tragfähigen Gedankengebäude, noch weniger Systeme, sondern Wertorientierungen, Deutungsmuster, handlungsrelevante Vorstellungshorizonte, auch Denkstile, die gesellschaftliche Veränderungen und kulturelle Wandlungen beschreiben, begleiten, einfordern. Und obwohl ursprünglich oft sub- und gegenkulturell begrenzt, haben sie sich nicht selten zu mehrheitsfähigen Orientierungsmustern entfaltet. „Soziale Ideen" entstehen und wachsen in Wechselwirkung mit gesellschaftlichem und politischem Handeln und haben einen anwendungsbezogenen Charakter oder könnten ihn wiedergewinnen.

Mit diesem zumindest tendenziellen Praxisbezug reicht eine Ideengeschichte über eine reine Theorie- und Dogmengeschichte weit hinaus. Erstere ist inzwischen monographisch weit gefächert erschlossen; was dagegen fehlt, auch innerhalb der Arbeiter- und Arbeiterbewegungsforschung, ist eine sozialgeschichtliche Verknüpfung der Problemfelder und Kontinuitäten zwischen den verschiedenen Strömungen. Deshalb möchte dieses ideengeschichtliche Handbuch denn auch eine mögliche Antwort auf die kulturalistische Neuorientierung der Sozialgeschichtsschreibung anbieten, die auf der Einsicht gegründet ist, daß soziale Realität nicht per se existiert, sondern stets nur in der Wahrnehmung der in sie eingeschlossenen und von ihr beeinflußten Menschen und den reflektorischen Formen dieser Wahrnehmung.

Diese Überlegungen stecken hinter der Absicht der Herausgeberin, nach mehr als dreißig Jahren eine längst fällige gründliche und perspektivisch erweiterte Neubearbeitung der „Geschichte der sozialen Ideen in Deutschland" (München 1969) vorzulegen. Sie ging dabei von der Auffassung aus, daß eine generalisierende Information über die Entwicklung sozialer Ideen in den verschiedenen gesellschaftlichen und politischen Milieus für die wissenschaftliche Diskussion und die politische Auseinandersetzung durchaus einigen Nutzen bringen kann - auch gegen den weitgehend geschichtslosen aktuellen Trend.

So werden die Hauptströmungen des Sozialismus, der Katholischen Soziallehre und der Protestantischen Sozialethik von den jeweiligen Anfängen im frühen 19. Jahrhundert bis zum Ausgang des 20. Jahrhunderts dargestellt; dabei finden jeweils dort, wo eine Anknüpfung interpretatorisch geboten ist, auch die Beiträge des liberalen Denkens zur sozialen Frage Berücksichtigung. Grundlage ist die von allen Autoren geteilte Überlegung, daß soziale Ideen in einem *grundsätzlichen* Sinn nicht liberale sein können, da sie sich gegen die Unterstellung einer durch Markt und Wettbewerb gekennzeichneten natürlichen Ordnung wenden müssen.

Die Darstellung wird jeweils mit ausführlichen Zitaten und zusammenfassenden Zitat-Paraphrasen belegt, um die Authentizität der dargestellten Positionen zu verdeutlichen und um dem Benutzer den Zugang zu aussagekräftigen Materialien in diesem einen Band und aus erster Hand zu ermöglichen. Er muß nicht mehr aufwendig seine Quellen selber suchen, in anderen Büchern nachschlagen, er kann dies aber auch tun, da ausführliche Quellenangaben und Literaturhinweise selbstverständlich sind.

Hinter solchen Aussagen steckt eine bestimmte Vorstellung vom Leser- und Benutzerkreis dieses Handbuchs: HochschullehrerInnen, LehrerInnen, SchülerInnen, StudentInnen, darunter auch aus solchen Fachrichtungen, die nicht unmittelbar der Geschichts- und Politikwissenschaft sowie den theologischen Wissenschaften zuzuordnen sind, sondern im weitesten Sinne den Sozial- und Wirtschaftswissenschaften, ja sogar den Natur- und Technikwissenschaften, soweit diese nach einer sozial- und ideengeschichtlichen Begleitung ihrer Arbeit suchen. Durchaus besteht zudem die Hoffnung, daß die Praktiker in den Parteien, Verbänden, Verwaltungen, repräsentiven Institutionen der politischen Willensbildung, in den Kirchen und ihren Vereinen, in den kommunalen und staatlichen Verwaltungen sowie in der Erwachsenenbildung unterschiedlichster Form zu den Benutzern gehören werden.

Der Benutzer findet im Anhang zunächst für alle Teile verwendbare Literaturangaben, sodann zu jedem der Teile ein Verzeichnis der wichtigsten Lexika, Chroniken, Bibliographien, Handbücher, Quellensammlungen, Zeitschriften, ausgewählte Grundlagenliteratur und Werkausgaben. Ein Gesamtliteraturverzeichnis wird er jedoch nicht finden. Die Textteile sind so differenziert untergliedert, daß Benutzer sich anhand der Inhaltsverzeichnisse unschwer über die einschlägige Sekundärliteratur und eventuelle Literaturkontroversen informieren können. Neben dem Personenregister gibt es ein in sich untergliedertes Sachregister, ferner ein alphabetisch geordnetes Verzeichnis der verwendeten Abkürzungen.

Die Herausgeberin und die Autoren haben, wie vertraglich geregelt, dem Verlag ein reproduktionsfertiges Manuskript geliefert und sich um größtmögliche Vereinheitlichung bemüht. Dennoch gibt es geringfügige Abweichungen zwischen den einzelnen Teilen in der Darstellungsform, im Stil, in der didaktischen Vermittlung und den thematischen Gewichtungen. Sie liegen in der Sache und der Sichtweise der einzelnen Autoren begründet. Die Herausgeberin hat diese Unterschiede bewußt bestehen lassen und auf Querverweise geachtet.

Ein Handbuch von mehr als 1000 Seiten hat sehr viel Förderung nötig, um das Licht der Welt erblicken zu können. Wie seinerzeit angekündigt, hat die Herausgeberin den größten Teil des ihr 1996 verliehenen Staatspreises des Landes Nordrhein-Westfalen für Sach- und Personalkosten beigesteuert. Außerdem haben die Autoren und die Herausgeberin für die sachliche, finanzielle und moralische Unterstützung zu danken: dem Institut für soziale Bewegungen (vormals Institut zur Erforschung der europäischen Arbeiterbewegung) der Ruhr-Universität Bochum und hier vor allem seinem jetzigen Leiter, Prof. Dr. Klaus Tenfelde, dem Seminar für Politikwissenschaft der Göttinger Georg-August-Universität, dem Verein zur Förderung der Erforschung der deutschen und internationalen Arbeiterbewegung und seinem Vorsitzenden Prof. Dr. Günter Brakelmann, der Hans-Böckler-Stiftung sowie der Deutschen Forschungsgemeinschaft und der Stiftung Volkswagenwerk, insoweit es sich um den Teil Sozialismus I handelt. Die Entscheidung des Instituts für soziale Bewegungen, das Werk in die Reihe seiner Veröffentlichungen aufzunehmen, hat uns sehr geholfen, neben vieler anderer Arbeit die Sache zu einem guten Ende zu bringen.

Dies wäre auch nicht möglich gewesen ohne die Hilfe von MitarbeiterInnen, die engagiert und kompetent, einfallsreich und präzise, oftmals weit über das von ihnen zu Erwartende hinaus, uns geholfen haben, wofür wir ihnen an dieser Stelle zunächst generell und später noch einmal namentlich bei den einzelnen Teilen ausdrücklich danken. Die Registerarbeiten und die Zusammenführung der einzelnen Teile zu einem Gesamtmanuskript hat Dipl. theol. Christian Skibbe durchgeführt.

Die Herausgeberin dankt den Mitautoren vor allem für ihr Engagement; es war wie bei einem Staffellauf: Wir wußten, daß wir es nur gemeinsam würden schaffen können.

Göttingen/Bochum, den 15. Juni 2000

Helga Grebing

IDEENGESCHICHTE DES SOZIALISMUS IN DEUTSCHLAND. TEIL I

VON

WALTER EUCHNER

Dem Andenken an Alfred Euchner (1906-1944) und Max Rothkegel (1901-1977), die während der nationalsozialistischen Diktatur unbeirrt und Opfer nicht scheuend an ihrem Ideal einer freiheitlichen und sozialen Republik festhielten.

Bei Vorbereitung und Niederschrift dieses Beitrags standen mir tüchtige und engagierte Helferinnen und Helfer zur Seite: Thomas Henke, Petra Meyer-Niehaus, Daniel Schüle, Ariane Spiekermann, Maurice Stockhausen†, Dr. Volker Schulte, Gerald Willms. Ihnen gilt mein herzlicher Dank.

Inhaltsverzeichnis

Einleitung 19

1. Kapitel: Der Ideenhorizont des frühen Sozialismus und seine
Wahrnehmung in der deutschen Arbeiterbewegung 21

    I. Von der zünftigen Tradition zur Arbeiterbewegung 21
    II. Ideengeschichtliche Vorbilder des deutschen Frühsozialismus 25
        1. *Jean-Jacques Rousseau* und Übergangspositionen in der
        Französischen Revolution 25
        2. Revolutionärer und utopischer Babouvismus 27
        3. Rationale Gesellschaftsorganisation durch Industrialismus und
        Technokratie: *Saint-Simon* und seine Schule 33
        4. Hilfe zur Selbsthilfe: Der Assoziations- und Genossenschaftsgedanke
        bei Owen, Fourier und Proudhon 37
        5. Staatsorientierter Sozialdemokratismus: *Louis Blanc* 48
        6. Anmerkungen zu den Begriffen „Kommunismus", „Sozialismus"
        und verwandten Begriffsbildungen 52

2. Kapitel: Die frühe Entwicklung des sozialistischen Denkens in Deutschland . 55

    I. Obrigkeitlicher Staatssozialismus 55
        1. *Johann Gottlieb Fichte* 55
        2. *Johann Karl Rodbertus-Jagetzow* 57
    II. Handwerkerkommunismus und -sozialismus 64
        1. *Wilhelm Weitling* 64
        2. *Stephan Born* und die „Arbeiterverbrüderung" 73
    III. Intellektuellensozialismus. *Moses Heß* zwischen „Philosophie der Tat",
    „Wahrem Sozialismus", Zionismus
    und sozialdemokratischem Reformismus 83

3. Kapitel: Grundriß einer epocheprägenden Theorie:
Das Denken von *Karl Marx* und *Friedrich Engels* 99

    I. Hinweise zur Biographie, zur intellektuellen Entwicklung und zur
    ideengeschichtlichen und politischen Bedeutung 99
    II. Materialistische Geschichtsauffassung 106
    III. Kritik der politischen Ökonomie 114
    IV. Die kommunistische Gesellschaft 119

4. Kapitel: *Ferdinand Lassalle* und der Lassalleanismus:
Zwischen Revolution und Staatssozialismus 128

    I. Hinweise zu *Lassalles* Biographie sowie zu seiner intellektuellen und
    politischen Entwicklung 128
    II. Eine Staats- und Rechtstheorie der Revolution 130

III. *Lassalles* ökonomische Auffassungen: Das „eherne Lohngesetz"
und die Emanzipation des Proletariats durch Arbeiterassoziationen 136
IV. Der Weg zur sozialen Demokratie: Konstitution des
Arbeiterstandes zur Partei und Kampf ums allgemeine Wahlrecht 141
V. Lassalleanismus 141

5. Kapitel: Sozialistisches Denken im Kaiserreich 146

I. Das Ringen um konzeptionelle Klarheit 146
   1. Das Entstehen des sozialdemokratischen Marxismus.
   Seine Sozialismuskonzeptionen 146
   2. Reformistische und revisionistische Alternativen 160
   3. Strategische Positionen im Vorfeld und Gefolge des
   Revisionismusstreits 168
      a) Der Bebel-Kautskysche „Zentrismus" 168
      b) Revisionistische Transformationskonzeptionen 171
      c) Strategievorstellungen der „entschiedenen Linken" 175
II. Sympathisierende und kritische Autoren 180
   1. Sympathisanten 180
   2. Kritiker 185

6. Kapitel: Konzepte sozialistischer Realpolitik 190

I. Die Stellung zu den politischen Institutionen 190
   1. Parlamentarismus und Parteiwesen 190
   2. Ein österreichisches Problem: Die Nationalitätenfrage 193
II. Die Politik der sozialdemokratischen Reichstagsfraktion 194
   1. Sozialversicherung 195
   2. Arbeiterschutz 204
   3. Steuern und Zölle 208
III. Spezielle Praxisfelder 211
   1. Staatssozialismus 211
   2. Kommunalsozialismus 213
      a) Begriff, Finanzierung, Ausdehnung 214
      b) Kommunalisierung 217
      c) Kommunaler Wohnungsbau 220
   3. Genossenschaftswesen und gemeinwirtschaftliche Unternehmen 226
      a) Produktions- und Baugenossenschaften, soziale Baubetriebe 227
      b) Konsumgenossenschaften 232
      c) Zur politischen Ökonomie des Genossenschaftswesens.
      Arbeiterbanken und -versicherungen 238
   4. Arbeitsbeziehungen: Arbeiterausschüsse, Arbeitskammern.
   Das neue Arbeitsrecht: Tarifvertrags- und Schlichtungswesen 241
      a) Arbeiterausschüsse usw. 241
      b) Tarifvertrags- und Schlichtungswesen 244
   5. Ein unlösbares Problem: Die Agrarfrage 254

7. Kapitel: Sozialismus im Krieg und in der Zeit des Umbruchs 263

    I. Expansion des Kapitalismus und Kriegsgefahr:
    Die Imperialismustheorien 263
        1. Kolonialismus, kapitalistischer Fortschritt und der Lebensstandard
        der Arbeiterklasse 263
        2. Imperialismus und Burgfriedenspolitik 270
    II. Sozialdemokratische Konzepte der Nach-Revolutionszeit 272
        1. Der Rätegedanke und die mehrheitssozialdemokratische Adaptation
        des Räteprinzips: Arbeits- und Wirtschaftsverfassung,
        Reichswirtschaftsrat, Betriebsrätegesetz 272
        2. Sozialisierung 279
            a) Sozialisierungskonzeptionen 279
            b) Umsetzungsversuche: *Rudolf Wissells* „Gemeinwirtschaft"
            und die Entwürfe der Sozialisierungskommissionen
            in Deutschland und Österreich 288

8. Kapitel: Aufschwungshoffnung und Sturz des demokratischen Sozialismus
in der Zwischenkriegszeit 297

    I. Sozialdemokratische Konzepte in der „Normallage" der Republik 297
        1. Analysen der Lage: Organisierter Kapitalismus, Funktionslehre des
        Staates, Theorie des Klassengleichgewichts, „funktionelle", „kollektive"
        und „soziale Demokratie" (*R. Hilferding, O. Bauer, E. Fraenkel,*
        H. Heller, M. Adler) 297
        2. Wirtschaftsdemokratie 304
        3. Erneuerungen der politischen Ökonomie (*E. Lederer, E. Heimann*;
        die Rationalisierungsdebatte) 309
            a) Rezeption der Grenznutzentheorie 309
            b) Die Rationalisierungsdebatte 314
        4. Ethischer Sozialismus 319
        5. Neoliberale Sozialismuskritik und die sozialistische Antikritik 321
    II. Abschied von der demokratischen Republik 326
        1. Neue Analysen der Lage und Kritik an den leitenden Konzepten
        der Sozialdemokratie 326
        2. Pläne für einen Ausweg aus der Wirtschaftskrise 332
            a) Der WTB-Plan 333
            b) Die Planwirtschaftsdiskussion und „Umbau der Wirtschaft" 336
        3. Die Suche nach neuen antikapitalistischen und antifaschistischen
        Strategien 344

Einleitung

Die bürgerliche Gesellschaft zerstörte die mittelalterlichen sozialen Strukturen mitsamt ihrem theologischen Überbau. Gesellschaft und Wirtschaft sollten nach den Prinzipien von Vernunft und Nutzen gestaltet werden – Prinzipien, die in der Philosophie der Aufklärung gleichsam als Synonyme auftraten. Die sozialistischen Ideen entstanden als Reaktion auf die neuen bürgerlichen Leitbilder und die krisenhaften Folgen ihrer Verwirklichung. Ihr Ziel war jedoch nicht die bloße Beseitigung oder Negation der bürgerlichen Gesellschaft, sondern deren „Aufhebung" im Hegelschen Sinne, d.h. die vom Bürgertum erfochtene Befreiung der Individuen von den Fesseln der alten Zustände sollte bewahrt, die neu entstandenen wirtschaftlichen Abhängigkeiten und Gefährdungen jedoch, z.T. unter Rückgriff auf ältere Solidaritätsvorstellungen, überwunden werden.

Die sozialistischen Ideen müssen zusammen mit den politischen Kräften, die um ihre Durchsetzung kämpften, betrachtet werden. In dieser Darstellung kann jedoch von der Sozial- und Wirtschaftsgeschichte sowie den politischen Umständen nur so viel mitgeteilt werden, wie für das Verständnis der modernen sozialistischen Ideen erforderlich ist. Der Nachdruck liegt auf den gedanklichen Strukturen der sozialistischen Vorstellungen, auf ihren typischen Denkmustern, ihrer wechselseitigen Beeinflussung und den Veränderungen, die sie im Laufe der Zeit erfahren haben.

Das sozialistische Denken präsentierte sich in seiner marxistischen Form als entfaltetes, philosophisch begründetes System. Aber auch die sozialistische Marxismuskritik, z.B. der zumeist von *Kant* beeinflußte ethische Sozialismus, besaß ein philosophisches Fundament. Kurz – sozialistische Ideen sind häufig mit erkenntnistheoretischen, geschichtsphilosophischen oder ethischen Grundpositionen verknüpft, die auch heute noch unser Interesse finden können.

Gleichwohl wird hier auf eine umfassende Darlegung der sozialistischen Denkgebäude verzichtet. Vielmehr werden die ökonomischen, gesellschaftsstrukturellen und politisch-institutionellen Konzepte in den Vordergrund gerückt, nach deren Muster die realen Verhältnisse der bürgerlichen Gesellschaft radikal verändert oder doch wenigstens zugunsten der arbeitenden Menschen reformiert werden sollten. Was die politischen Systemteile des sozialistischen Denkens betrifft, z.B. die marxistische Klassenkampftheorie, so werden sie gleichfalls nicht als abstrakte Theoreme behandelt, sondern hauptsächlich unter dem Aspekt der „Wege der Verwirklichung" (*Karl Renner*). Die sozialistischen Theoretiker nahmen an, daß es in Wirtschaft und Gesellschaft Tendenzen gebe, die auf sozialistische Lösungen hindrängten. Dies wird gleichfalls zu zeigen sein.

Enzyklopädische Vollständigkeit ist nicht beabsichtigt. Behandelt werden nur Konzeptionen, die über bloße Umrisse hinausgelangt sind. Deshalb werden, um Beispiele zu nennen, die babouvistisch-blanquistisch beeinflußten Auffassungen *Georg Büchners* (1813-1837), dessen „Hessischer Landbote" die oberhessischen Bauern aufrütteln sollte, nicht vorgestellt. Dies gilt auch für die philanthropischen Ideen *Ludwig Galls* (1791-1863), eines rheinischen Beamten in preußischen Diensten, Lebensmittelchemikers, Konstrukteurs und Projektemachers, der, inspiriert von den Assoziationsgedanken *Owens* und *Fouriers*, in den dreißiger Jahren die Errichtung von (Agrar-)Kolonien auf genossenschaftlicher Basis vorschlug, um der Ausbeutung der „arbeitenden Klassen" entgegenzuwirken.

Sozialistisches Denken bedeutet Kritik von Theorie und Praxis der bürgerlichen Gesellschaft und ihrer Wirtschaftsweise. Es versteht sich, daß die Antikritik, d.h. die Kritik der sozialistischen Kapitalismuskritik, nicht auf sich warten ließ. Zweifellos sind die Argumente der zeitgenössischen bürgerlichen Kritiker an den sozialistischen Theorien und Konzepten von großem, auch aktuellem Interesse, nicht zuletzt deswegen, weil angesichts der gegenwärtigen Dominanz des Wirtschaftsliberalismus und der Selbstkorrekturen im sozialistischen Lager die prinzipiellen Einwände liberaler Autoren neu bewertet werden müssen. Soweit es der Rahmen dieser Arbeit zuläßt, soll anhand einzelner Beispiele dieser Frage nachgegangen werden.

In dieser Darstellung wird der Sozialismus als neuzeitliches, in Europa entstandenes Phänomen betrachtet. Sicherlich hat es in älteren Zeiten und in anderen Kulturkreisen gesellschaftliche Erscheinungen und Ideen gegeben, die dem modernen Sozialismus glichen. Insbesondere läßt sich eine Traditionslinie nachzeichnen, die von *Platons* Eigentumskritik über gleichartige Auffassungen platonisch beeinflußter Kirchenväter (*Patristik*), die Wiedertäufer und Utopisten sowie *Thomas Morus* und *Campanella* bis zu christlich geprägten frühsozialistischen Denkern führt und auf die ersten Anfänge der deutschen Arbeiterbewegung eingewirkt hat.[1] Gegenstand dieser Darstellung sind jedoch nicht die Wurzeln des sozialistischen Denkens, sondern die neuzeitlichen Ideen und Konzepte. Sie zielten darauf ab, Menschen aus ihrer Abhängigkeit von fremdbestimmten Arbeitsstrukturen und drohender Arbeitslosigkeit zu befreien und auch ihnen die Würde des „aufrechten Gangs" (*Ernst Bloch*) zuteil werden zu lassen, die die Denker der bürgerlichen Aufklärung dem Menschengeschlecht verhießen hatten. Sie verdienen nach wie vor unser Interesse.

---

[1] Immer noch gut lesbar die materialreiche Darstellung von *Max Beer*, Allgemeine Geschichte des Sozialismus und der sozialen Kämpfe, Berlin 1921; vgl. ferner *Richard Saage*, Politische Utopien der Neuzeit, Darmstadt 1991.

1. Kapitel: Der Ideenhorizont des frühen Sozialismus und seine Wahrnehmung in der deutschen Arbeiterbewegung

I. Von der zünftigen Tradition zur Arbeiterbewegung

Die deutsche Arbeiterbewegung bildete sich in der ersten Hälfte des 19. Jhs. heraus. Greifbar wird sie im „Vormärz", d.h. am Vorabend der Revolution des Jahres 1848. Verglichen mit England und Frankreich ist dies relativ spät. Doch in den deutschen Ländern war die Industrialisierung langsamer vorangeschritten; zudem waren in der Restaurationszeit politische Vereine, sogar gewerbeübergreifende Gesellenbünde, verboten; auch herrschten strenge Zensurbestimmungen.[2]

In der Arbeiterbewegung vereinten sich Handwerker und Arbeiter in der Suche nach neuen Formen solidarischer Arbeit, nachdem die traditionelle zünftige Organisation der gewerblichen Handarbeit in eine Krise geraten war, weil fabrikmäßige Produktion von Waren und deren Vertrieb in größeren Handlungsgeschäften sich immer stärker durchsetzten. Diese Entwicklung drohte Handwerksgesellen und Kleinmeister außer Brot zu setzen, verunsicherte ihren sozialen Status und zwang viele von ihnen, Fabrikarbeit anzunehmen – ein gesellschaftlicher Abstieg, der nur schwer zu verkraften war.[3] Dieser Prozeß verlief in den deutschen Ländern eher langsam, mit bestimmten Beschleunigungsepochen und großen regionalen Unterschieden. Vorherrschend industriell geprägt war die Produktion erst seit den siebziger Jahren des 19. Jhs. Doch der vom kapitalistischen Maschinenzeitalter bewirkte Umbruch, der die alte Gesellschaft und ihre Wertvorstellungen aufzulösen begann, wurde frühzeitig wahrgenommen und thematisiert.[4]

Die Handwerksgesellen, die bereits im 18. Jh. schnell bereit gewesen waren, gegen Meister und Obrigkeit zu rebellieren, opponierten erst recht gegen die politischen Zustände der nachnapoleonischen Restaurationsepoche. Dies gilt vor allem für die übersetzten „Massengewerbe" wie Schuhmacher und Schneider,

---

[2] Vgl. *Ernst Rudolf Huber* (Hrsg.), Dokumente zur deutschen Verfassungsgeschichte, Bd. 1, Stuttgart 1961, 43; ferner *Friedrich Lenger*, Sozialgeschichte des deutschen Handwerks seit 1800, Frankfurt a.M. 1988.

[3] Vgl. dazu die Beispiele bei *Carola Lipp*, Württembergische Handwerker und Handwerkervereine im Vormärz und in der Revolution 1848/49, in: *Ulrich Engelhardt* (Hrsg.), Handwerker in der Industrialisierung. Lage, Kultur und Politik vom späten 18. bis ins frühe 20. Jahrhundert, Stuttgart 1984, 347-380, 367; ferner *Barbara Vogel*, Staatliche Gewerbereform und Handwerk in Preußen 1810-1820, in: ebenda, 184-208, 185.

[4] Dies gilt gleichermaßen für die großen gesellschaftskritischen Entwürfe konservativer wie junghegelianischer Autoren und des Marxismus wie für die Betroffenen selbst. Zur gesellschaftskritischen Verarbeitung vgl. *Rolf Peter Sieferle*, Fortschrittsfeinde? Opposition gegen Technik und Industrie von der Romantik bis zur Gegenwart, München 1984; für die Wahrnehmung an der Basis die in Anm. 3 zitierten Autoren sowie *Wolfgang Kaschuba*, Vom Gesellenkampf zum sozialen Protest. Zur Erfahrungs- und Konfliktdisposition von Gesellen-Arbeitern in den Vormärz- und Revolutionsjahren, in: *Engelhardt* (Hrsg.), Handwerker, 381-406; vgl. ferner *Jürgen Kocka*, Arbeitsverhältnisse und Arbeiterexistenzen. Grundlagen der Klassenbildung im 19. Jahrhundert, Bonn 1990.

während die Angehörigen der „Nahrungsgewerbe", die Bäcker und Metzger, zumeist stillhielten.[5] „Im Vormärz kommen die Handwerker mit liberalen, demokratischen und sozialistischen Gedanken in Berührung, werden durch die wirtschaftlichen und technischen Veränderungen gezwungen, sich mit den Problemen der Zeit auseinanderzusetzen (...). Handwerksgesellen sind seit den dreißiger Jahren überall beteiligt, wo es unruhig ist – beim Hambacher Fest, beim Bund der Geächteten und in den Märzaufständen [des Revolutionsjahres 1848, W.E.]".[6]

Die im Deutschen Bund zusammengeschlossenen Staaten mutmaßten zu Recht, daß die Gesellen mit diesen oppositionellen Lehren in den Ländern in Berührung kamen, in denen freiheitliche Verhältnisse herrschten, d.h. vor allem in der Schweiz, in Frankreich und in England. In Paris und in London lebten große Kolonien deutscher Oppositioneller. Um Kontakte zu unterbinden, beschloß der Frankfurter Bundestag, das Wandern in Länder zu verbieten, in denen sich Handwerksgesellen versammeln und assoziieren durften.[7] Diese, von der Obrigkeit gegängelt und schikaniert, hatten also genügend Grund zum politischen Protest.

Die zweite Komponente der Arbeiterbewegung bestand aus den nicht zünftig Arbeitenden in den Verlagen, Manufakturen und Fabriken, nicht zu vergessen den damals forcierten Straßen- und Eisenbahnbau. Fabriken wurden häufig auf dem flachen Lande errichtet, wo es keinen Zunftzwang gab, aber auch in Städten, wenn es sich um die Ausübung nichtzünftiger Tätigkeiten handelte.[8] Es gab fließende Übergänge, z.B. Handwerksbetriebe wie Schuhmachereien und Schneidereien, die zu Zeiten der Hochkonjunktur ihre Produktion mit Hilfe nichtzünftiger Handwerker ausdehnten und für die zunehmenden Großhandlungen produzierten.[9] Die Arbeiter selbst rekrutierten sich aus den verschiedensten gesellschaftlichen Kreisen: Z.T. handelte es sich um verarmte Leute vom Lande, um städtische Pauper, Kinder darbender Handwerksmeister und schließlich um die beschriebene

---

[5] Vgl. *Richard W. Reichard*, Crippled from Birth. German Social Democracy 1844-1870, Ames/Iowa 1969, 17f. Für die Hamburger Gesellenaufstände vgl. *Arno Herzig*, Kontinuität und Wandel der politischen und sozialen Vorstellungen Hamburger Handwerker 1790-1870, in: Engelhardt (Hrsg.), Handwerker, 294-319. Zum unterschiedlichen Verhalten von „Massenhandwerkern" und „Nahrungshandwerkern" vgl. *Lenger*, Sozialgeschichte, 64, 73.

[6] *Rudolf Stadelmann/Wolfram Fischer*, Die Bildungswelt des deutschen Handwerks um 1800. Studien zur Soziologie des Kleinbürgers im Zeitalter Goethes, Berlin 1955, 187.

[7] Vgl. *John Breuilly/Wieland Sachse*, Joachim Friedrich Martens (1806-1877) und die Deutsche Arbeiterbewegung, Göttingen 1984, 40, sowie *Wolfgang Schieder*, Anfänge der Deutschen Arbeiterbewegung. Die Auslandsvereine im Jahrzehnt nach der Julirevolution von 1830, Stuttgart 1963, 97-107.

[8] Verlag im wirtschaftsgeschichtlichen Sinn bedeutet, daß der sog. Verleger hauptsächlich nichtzünftigen Produzenten auf dem flachen Lande Rohmaterialien zur Verfügung stellte, das Produkt auf eigene Rechnung vermarktete und seine Produzenten oftmals mit einem Hungerlohn abfand. Frauen- und Kinderarbeit war üblich. Vgl. zum Übergang von der handwerklichen zur arbeitsteilig-fabrikmäßigen Produktion die materialreichen Artikel „Gewerbe" und „Handwerk" in: HwbStW, Bd. IV, 966-999 und Bd. V, 130-145.

[9] Vgl. *Jörg Jeschke*, Gewerberecht und Handwerkswirtschaft des Königreichs Hannover im Übergang 1815-1866, Göttingen 1977, 107, 109; *Helmut Sedatis*, Liberalismus und Handwerk in Süddeutschland. Wirtschafts- und Gesellschaftskonzeptionen des Liberalismus und die Krise des Handwerks im 19. Jahrhundert, Stuttgart 1979, 63.

Gruppe von Handwerksgesellen und Kleinmeistern, die sich gezwungen sahen, eine Fabrikarbeit anzunehmen.[10]

Von *Thamer* stammt die These: „Die Arbeiterbewegung entstand in der Werkstatt und nicht in der Fabrik."[11] Daran ist sicherlich richtig, daß die politischen Ziele der ursprünglichen Arbeiterbewegung typischerweise nicht von der skizzierten Schicht depravierter Arbeiter, sondern von wandernden Handwerksgesellen aufgenommen wurden. Dennoch bildeten die „primären Arbeiterexistenzen" ein essentielles Element der in Entstehung begriffenen Arbeiterbewegung. Sie verstärkten das Moment der Unruhe und des Aktivismus, das von Streikbereitschaft über Maschinensturm bis zum offenen Aufruhr reichte.[12] Die frühen Zusammenschlüsse von „Arbeiter-Handwerkern" und Arbeitern transformierten dieses elementare Protestverhalten schließlich in Organisationsmacht.

Die Geschichtsschreibung hat Schwierigkeiten, die ersten Arbeiter-Zusammenschlüsse zu lokalisieren. Dies ist eine Folge des erwähnten Verbots politischer Vereinsbildung.[13] Politisch bewußtseinsbildend wirkten ferner die vor allem in der Revolutionszeit entstehenden Gesangs- und Turnvereine sowie die Arbeiterbildungsvereine, in denen, obzwar von der Obrigkeit mißtrauisch beäugt, politische und wirtschaftliche Fragen, aber auch sozialistische und kommunistische Vorstellungen diskutiert werden konnten, z.B. Probleme des Zunftwesens und der Gewerbefreiheit sowie das aus Frankreich stammende Modell gewerblicher Assoziationen.[14] Gegensätzliche Auffassungen herrschten darüber, ob die Gewerbefreiheit eingeführt oder aber das Zunftwesen beibehalten werden sollte. Während im Handwerk sowie in den politisch führenden konservativen Kreisen die Forderung, an den zünftigen Einrichtungen festzuhalten, verbreitet war, setzten die in den Arbeitervereinen organisierten Arbeiter-Handwerker und Arbeiter auf Aufhebung des Zunftwesens als Voraussetzung einer Modernisierung der gewerblichen Wirtschaft und einer künftigen sozialistischen Organisation der Arbeit; gleichzeitig lehnten sie jedoch die Gewerbefreiheit als wirtschaftliches Grundprinzip ab.[15] Doch bei aller Kritik am veralteten Zunftwesen bildete die Erinnerung an dessen solidarische Züge, die Idee, daß ehrbare Arbeit ein zum standesgemäßen Unterhalt von Weib und Kind ausreichendes Einkommen gewährleisten müsse und die Pflicht zur gegenseitigen Hilfe auf der Walz und bei Krankheit und Todesfällen usw., ein wesentliches Motiv des Widerstandes gegen

---

[10] *Kaschuba*, Gesellenkampf, 382, 384, spricht von entstehenden Gruppen von „Gesellen-Arbeitern" und „Arbeiter-Handwerkern".
[11] *Hans-Ulrich Thamer*, Arbeit und Solidarität. Formen und Entwicklungen der Handwerkermentalität im 18. und 19. Jahrhundert in Frankreich und Deutschland, in: *Engelhardt* (Hrsg.), Handwerker, 469-496, Zitat 485.
[12] Vgl. dazu für das Rheinland *Dieter Dowe*, Aktion und Organisation. Arbeiterbewegung, sozialistische und kommunistische Bewegung in der preußischen Rheinprovinz 1820-1852, Hannover 1970, 25-41.
[13] Vgl. *Dieter Dowe/Toni Offermann* (Hrsg.), Deutsche Handwerker- und Arbeiterkongresse 1848-1852. Protokolle und Materialien, Berlin 1983, XII, sowie *Jürgen Bergmann*, Das Handwerk in der Revolution von 1848. Zum Zusammenhang von materieller Lage und Revolutionsverhalten der Handwerker 1848/49, in: *Engelhardt* (Hrsg.), Handwerker, 320-346, 339.
[14] Vgl. *Karl Birkner*, Die deutschen Arbeiterbildungsvereine 1840-1870, Berlin 1973, 30ff., 37; *Lenger*, Sozialgeschichte, 72, 85, sowie *Lipp*, Handwerker, 36ff., 85.
[15] Dazu *Lenger*, Sozialgeschichte, 64, 76ff., 86.

den aufkommenden Wirtschaftsliberalismus.[16] Den gesellschaftskritisch denkenden Arbeiter-Handwerkern ging es darum, diese Solidaritätserinnerung und -erfahrung durch egalitäre und rationale Veränderung der Organisation der Arbeit auf einer höheren Ebene erneut zu verwirklichen.

Wie konnten sich, so muß man fragen, diese neuen Gedanken in den ersten Zusammenschlüssen von Arbeiter-Handwerkern ausbreiten? Ein wichtiger Grund ist sicherlich das zünftige Wandergebot, das Handwerksgesellen ins Ausland führte und mit ihresgleichen in Kontakt brachte, die von derartigen Ideen gehört oder sich selber damit beschäftigt hatten. Für Hamburg ist bereits für die neunziger Jahre des 18. Jhs. bezeugt, daß streikende Handwerksgesellen die Rhetorik der *Sansculotten* und *Babouvisten* kannten.[17] Immer wieder fanden sich Handwerker mit Gespür für gesellschaftstheoretische Fragen, wie der schwäbische Gerbergeselle *Simon Schmidt*, der sich im Verlauf seiner Wanderschaft breite Kenntnisse der sozialistisch-kommunistischen Literatur aneignete und in der Schweiz zu einem Vorkämpfer der Arbeiterbildung wurde.[18] Von ähnlichem Zuschnitt war der Gründer des Hamburger Arbeiterbildungsvereins *Joachim Friedrich Martens*, der wie *Schmidt* enge Kontakte zu *Wilhelm Weitling* unterhielt, dem deutschen Handwerker-Kommunisten par excellence.[19] *Weitling* wiederum war Mitglied des Pariser „Bundes der Gerechten", aus dem der von *Marx* und *Engels* geprägte „Bund der Kommunisten" hervorging.[20]

Die Verbreitung sozialistischer und kommunistischer Ideen unter den deutschen Handwerker-Arbeitern wurde durch breite Berichte der deutschen Presse und Publizistik über die Entwicklung dieses Denkens in Frankreich flankiert. Führend darin war die „Augsburger Allgemeine Zeitung". Ihr Pariser Korrespondent *Lorenz von Stein* (1818-1890), ein bedeutender gesellschaftstheoretischer Kopf, gehörte zu den besten Sachkennern der französischen Zustände und beeinflußte – selbst kein Sozialist – die Entwicklung des sozialistischen Denkens in Deutschland erheblich. Die „Trier'sche Zeitung" war sozialistisch orientiert.[21] In den vierziger und fünfziger Jahren erschienen deutsche Übersetzungen von Arbeiten der Vertreter der wichtigsten sozialistischen und kommunistischen Schulen, des *Fourierismus* und *Saint-Simonismus*, des Kommunismus *Cabets*, des Reformsozialismus *Louis Blancs*, des anarchistischen Sozialismus *Proudhons*,

---

[16] Vgl. dazu die wieder aufgelegten, mit Hingabe erarbeiteten Forschungen des ehemaligen Arbeitsministers in der Zwischenkriegszeit *Rudolf Wissell* aus den zwanziger Jahren: *Rudolf Wissell*, Des alten Handwerks Recht und Gewohnheit, zweite, erweiterte und bearbeitete Ausgabe, hrsg. von *Ernst Schraepler*, 5 Bde., Berlin 1971-1986, sowie dessen Zusammenfassung in: *Wissell*, Der soziale Gedanke im deutschen Handwerk, Berlin o.J. (1930), 10f., wo *Wissell* meint, das moderne kollektive Arbeits- und Sozialrecht sei vom Zunft- und Innungswesen vorweggenommen worden. Vgl. ferner *Wilfried Reininghaus*, Die Gesellenvereinigungen am Ende des Alten Reiches. Die Bilanz von dreihundert Jahren Sozialdisziplinierung, in: *Engelhardt*, Handwerker, 219-241.
[17] Vgl. *Herzig*, Kontinuität, 301, 310.
[18] *Stadelmann/Fischer*, Bildungswelt, 173ff.
[19] Vgl. *Breuilly/Sachse*, Martens, 27, 48.
[20] Vgl. *Friedrich Engels*, Zur Geschichte des Bundes der Kommunisten (1885), MEW 21, 206-224, 207ff..
[21] Vgl. *Dieter Dowe*, Die erste sozialistische Tageszeitung in Deutschland. Der Weg der „Trier'schen Zeitung" vom Liberalismus über den „wahren Sozialismus" zum Anarchismus (1840-1851), in: AfS, Bd. 12 (1972), 55-107.

des sozialistischen Philanthropismus *Robert Owens*, des religiösen Sozialismus *Lamennais*'.[22] Viele deutsche Intellektuelle hingen einer dieser Schulen an.

In den erwähnten Auseinandersetzungen um die Reform der Wirtschaftsordnung zur Zeit der achtundvierziger Revolution spielte das hauptsächlich von *Louis Blanc* propagierte Konzept der „Organisation der Arbeit", der „gewerblichen Assoziation", der Einrichtung eines Arbeiterministeriums und des „Rechts auf Arbeit" eine bedeutende Rolle. *Blancs* Name war unter den deutschen Fabrikanten und Handwerksmeistern, natürlich auch bei den Handwerker-Arbeitern, weithin bekannt.[23] All dies zeigt, daß der Boden für die Entwicklung deutscher Beiträge zum sozialistischen Denken bereitet war.

II. Ideengeschichtliche Vorbilder des deutschen Frühsozialismus

Lorenz von Stein, dem wir eine erste Bestandsaufnahme der sozialistischen und kommunistischen Ideen verdanken, machte das zeitgenössische Publikum darauf aufmerksam, daß ihre Wurzeln hauptsächlich in Frankreich lägen:

„Mit peinlichem Gefühl gesteht sich der Kundige, daß unsre ganze gesellschaftlich-geistige Bewegung bis jetzt nur ein und nur zu oft ein sehr schwacher Reflex der französischen Bewegung auf diesem Gebiete gewesen ist. (...) Frankreich vor allem ist dasjenige Land, in welchem die allgemeinen Bewegungen Europas rasch und entschieden eine bestimmte Gestalt anzunehmen pflegen. (...) denn man erkennt, daß es bestimmt ist, gleichsam der Probierstein für die wirkliche Geltung und die Wahrheit aller der Prinzipien zu sein, welche das praktische und staatliche Leben beherrschen".[24]

Hinzu kommen die Ideen des Engländers *Robert Owen* und seiner Schüler.

1. *Jean-Jacques Rousseau* und Übergangspositionen in der Französischen Revolution

Das frühsozialistische Denken Frankreichs war z.T. von der Tradition des platonischen Utopismus inspiriert, dem die Aufhebung des Privateigentums als Voraussetzung eines solidarischen Zusammenlebens in einem Gemeinwesen galt.[25] Noch wirksamer waren jedoch die Gedanken *Jean-Jacques Rousseaus* (1712-1778). *Rousseaus* Argumentation beginnt in naturrechtlicher Manier mit der Annahme ursprünglicher Freiheit und Gleichheit der Menschen.[26] Im Verlauf der gesellschaftlichen Entwicklung, vorangetrieben durch technische Neuerungen

---

[22] Für derartige Übersetzungen generell vgl. *Josef Stammhammer* (Hrsg.), Bibliographie des Sozialismus und Communismus, 3 Bde., Jena 1893, 1900 und 1909, Neudruck Aalen 1963/64.
[23] Vgl. für Württemberg gut dokumentiert *Lipp*, Handwerker, 360ff., sowie: *Dowe/Offermann*, Deutsche Handwerker- und Arbeiterkongresse, 119, 194f., 325, 327, 433.
[24] *Lorenz von Stein*, Geschichte der sozialen Bewegung in Frankreich von 1789 bis auf unsere Tage. In drei Bänden. Bd. 1: Der Begriff der Gesellschaft und die soziale Geschichte der Französischen Revolution (1842), Darmstadt 1959, 140, 145.
[25] Vgl. *Hans Girsberger*, Der utopische Sozialismus des 18. Jahrhunderts in Frankreich, Wiesbaden ²1973.
[26] Vgl. *Jean-Jacques Rousseau*, Discours sur l'origine, et les fondements de l'inégalité parmi les hommes, in: *ders.*, Oeuvres complètes III, Du contrat social, écrits politiques, Paris 1964, 109-238, 111.

sowie das Entstehen von Privateigentum und Arbeitsteilung, entstanden nach seiner Auffassung soziale Abhängigkeitsverhältnisse, die die ursprüngliche Gleichheit zerstörten. *Rousseau* unterschied sich vom utopischen Denken dadurch, daß er das Privateigentum, obwohl auf Selbstsucht beruhend, nicht abgeschafft wissen wollte, da es zur Arbeit ansporne und der Freiheit des einzelnen zugrunde liege. Entstünden allerdings abhängige Arbeit und, dadurch bewirkt, eine Kluft zwischen Arm und Reich, so könnten republikanische, d.h. freiheitliche, Zustände nicht bestehen. Obwohl, wie häufig gesagt, *Rousseaus* Sichtweise kleinbürgerlich ist, entspricht ihre Zeitkritik sozialistischen Vorstellungen: das Lob der eigenen (Hand-) Arbeit im Gegensatz zum Müßiggang und Luxus der Reichen, die dadurch bedingte Massenarmut – kurz, die Spaltung der Gesellschaft, die deren revolutionäre Umwälzung vorausahnen lasse.[27] Aspekte „staatssozialistischen" Denkens nimmt *Rousseaus* Auffassung vorweg, daß der Gegensatz von Reichtum und Armut auch eine Folge des Außenhandels ist, durch den Luxusgüter ins Land kommen, weshalb er sich für dessen Kontrolle durch eine Wirtschaftsbürokratie und eine selbstgenügsame Autarkie des Gemeinwesens, verbunden mit einer Minimierung der Geldwirtschaft, ausspricht.[28]

Die Bedeutung *Rousseaus* für die Französische Revolution ist umstritten. Die meisten Revolutionäre, so wird gesagt, hätten seine Lehren nur unzulänglich gekannt und zudem mißverstanden. Er galt jedoch als Freund des einfachen Volkes und Feind seiner Bedrücker. Politische Clubs trugen seinen Namen, seine sterblichen Überreste wurden ins Pantheon überführt.[29]

Rousseausche Motive finden sich in der Agitation *Maximilien Robespierres* (1758-1794). Er prangerte die Tugendlosigkeit der Reichen an, die die armen Leute bedrängten und die Republik befeindeten, sowie die Spekulanten und Monopolisten, die für die Hungersnöte verantwortlich seien. Doch die Vorstellung, man könne diese Mißstände durch „Gleichheit der Güter" bekämpfen, bezeichnete er als „Schimäre".[30] Die *Sansculotten* radikalisierten unter dem Eindruck der Hungersnot die jakobinischen Auffassungen: Sie forderten Fixpreise für die wichtigsten Lebensmittel und Rohstoffe sowie eine Festsetzung der Höhe von Löhnen und Profiten in Handel und Gewerbe; ferner sollten die Betriebe eine bestimmte Größe nicht überschreiten, um Konzentrationsprozesse zu unterbinden; schließlich sollte auch die Maximalhöhe von Privatvermögen festgelegt werden. Der kleinbürgerliche Egalitarismus dieses Denkens zeigte sich auch in der Forderung nach Aufteilung des Großgrundbesitzes und der Nationalgüter in kleine Par-

---

[27] *Rousseau*, Discours sur l'origine, in: *ders.*, Oeuvres III, 171, 206; *ders.*, Discours sur l'économie politique, in: *ders.*, Oeuvres III, 139-278 (263); *ders.*, Du contrat social; ou, pricipes du droit politique, in: *ders.*, Oeuvres III, 347-470, 427; *ders.*, Emile ou de l'éducation, in: *ders.*, Oeuvres IV, 1969, 330ff., 368ff.

[28] *Ders.*, Contrat social, in: *ders.*, Oeuvres III, 389; *ders.*, Projet de constitution pour la Corse, in: *ders.*, Oeuvres III, 899-950, 903, 920ff., 926.

[29] Vgl. dazu *Iring Fetscher*, Rousseaus politische Philosophie. Zur Geschichte des demokratischen Freiheitsbegriffs. 2., erweiterte Auflage, Neuwied am Rhein und Berlin 1968, 263-282.

[30] Vgl. „Rede über die Zusammensetzung der Nationalgarde" (Nov./Dez. 1790), „Über die Silbermark und die Wählbarkeit der Bürger" (April 1791), „Eigentum und Versorgung" (Dez. 1792), „Eigentum und Menschenrechte" (April 1793), „Über die Prinzipien der politischen Moral" (Febr. 1794), in: *Maximilien Robespierre*, Habt ihr eine Revolution ohne Revolution gewollt? Reden, ausgewählt, kommentiert und hrsg. von *Kurt Schnelle*, Leipzig 1958, 89f., 108ff., 115, 243, 247, 318ff.

zellen. Das Prinzip des Privateigentums, das in der revolutionären „Déclaration des droits de l'homme et du citoyen" verankert war, wurde von den *Sansculotten* zwar nicht in Frage gestellt, aber doch relativiert. Es sei kein Selbstzweck, sondern Grundlage der Bedürfnisbefriedigung der einzelnen. Sei sie nicht gewährleistet, so seien dirigistische Eingriffe in das Recht auf freie Nutzung des Eigentums geboten.[31]

2. Revolutionärer und utopischer Babouvismus

Die krisenhafte Entwicklung der Französischen Revolution führte zu neuen Varianten der Gesellschaftskritik, die den bürgerlichen Horizont überschritten und von zeitgenössischen Beobachtern bald als sozialistisch oder kommunistisch bezeichnet wurden. Diese Darstellung stellt darauf ab, ob die neue Ordnung revolutionär erzwungen werden oder durch Verbreitung neuer Formen der industriellen Entwicklung bzw. durch Selbstorganisation der Produzenten in „Assoziationen" (Genossenschaften), schließlich mittels staatlicher Interventionen geschaffen werden sollte. Auch die Erinnerung an das christliche Gebot der Nächstenliebe spielte in lebhaften Auseinandersetzungen um die neuen sozialistisch-kommunistischen Konzeptionen eine wichtige Rolle.

Die kommunistisch-revolutionäre Wende in den gesellschaftspolitischen Auseinandersetzungen der Französischen Revolution war das Werk von *Gracchus (François-Noël) Babeuf* (1760-1797). *Babeuf* arbeitete im Ancien régime als Sachverständiger für lehensrechtliche Fragen (feudiste). Seine Berufserfahrungen, so sagte er, hätten ihm die schädlichen Auswirkungen der Reste des Feudalsystems vor Augen geführt, auch habe er erkannt, wie die aufkommenden Manufakturen das Handwerk ruinierten und die Heimarbeiter in die Verelendung trieben.

Babeuf beurteilte diese Mißstände nach Kriterien, die er dem Werk *Rousseaus*, aber auch der Tradition des französischen Utopismus, vor allem den Schriften *Morellys* sowie des Abbé *Mably* (1709-1785) entnommen hatte.[32] Bereits im Jahre 1786 vertrat er agrarsozialistische Vorstellungen mit dem Argument, daß die kollektive Bewirtschaftung des Bodens produktiver sei als die parzellierter privater Flächen.[33] Nach Ausbruch der Französischen Revolution arbeitete er hauptsächlich als Journalist auf seiten der *Sansculotten*. Seine Agitation nahm zunehmend konspirative Formen an. 1797 wurden die Anführer der von ihm organi-

---

[31] Vgl. *Louis Jacob*, Robespierre und der Hébertismus, in: *Walter Markov* (Hrsg.), Maximilien Robespierre 1758-1794. Mit einem Vorwort von *Georges Lefebvre*, Berlin 1961, 175-212, 199ff.; *Walter Markov/Albert Soboul*, Die Sansculotten von Paris. Dokumente zur Geschichte der Volksbewegung 1793-1794, mit einem Vorwort von *Georges Lefebvre*, Berlin 1957, 95, 137ff., 275, 281, 391, 491.

[32] Vgl. *Richard N. Coe*, Morelly. Ein Rationalist auf dem Wege zum Sozialismus, Berlin 1961; *Hans-Ulrich Thamer*, Revolution und Reaktion in der französischen Sozialkritik des 18. Jahrhunderts. Linguet, Mably, Babeuf, Frankfurt a.M. 1973. *Thamer* hat mir Einblick in seine leider unveröffentlicht gebliebene Habilitationsschrift „Zukunftsideal und Zukunftsstaat. Zur Ideen- und Sozialgeschichte in Frankreich und Deutschland" gewährt, wofür ich mich herzlich bedanke.

[33] Vgl. Babeuf à Dubois de Fosseux, Roye, après le 1er juin 1786, in: *Babeuf*, Ecrits. Introduction et annotations par *Claude Mazauric*, Paris 1988, 94-110, 98.

sierten „Verschwörung der Gleichen" (Conjuration des Égaux) verhaftet und z.T., wie *Babeuf* selbst, guillotiniert.[34]

Babeuf begründete seine Einforderung *materieller* (nicht bloß *formaler*) Gleichheit mit naturrechtlichen Argumenten, die er zu einer radikalen Kritik des wirtschaftsliberalen Denkens nach *Adam Smiths* Muster zuspitzte. Jedermann besitze ein Lebensrecht; darin seien sich alle Menschen gleich.[35] Die natürliche Ordnung (*ordre naturel*) des Naturzustandes habe dieser Wahrheit entsprochen. Doch dieses Recht sei durch die Bildung des großen Grundeigentums – für *Babeuf* die wesentliche Form des Privateigentums – beeinträchtigt worden. Es sei eine Frucht des Egoismus, der die Gesellschaft zerstöre, die eigentlich eine „große Familie" sein sollte. Deshalb müsse das Privateigentum beseitigt werden. Man müsse die Eigentümer schützen, höre man allenthalben. Doch die überwiegende Mehrheit der Bevölkerung stehe vor dem Hungertode, weil ihr die Minderheit der Eigentümer nicht die zum Überleben nötigen Mittel zugestehe.[36] *Babeufs* Argumente sind für das frühsozialistische Denken typisch geworden:

„Das Gewerbe (commerce), so sagen die Theoretiker, die seine Vorteile hervorheben, muß alles beleben. Es muß die lebensnotwendigen Verbrauchsgüter unter allen daran Beteiligten vermitteln, angefangen vom einfachen Arbeiter, der die Rohstoffe zutage fördert und verteilt, bis zum Fabrikherrn, der große Industrieunternehmungen leitet (chef de manufacture qui dirige les grandes exploitations), bis zum Großkaufmann (commerçant), der die Waren überallhin in Umlauf bringt. Ja, in der Tat, das sollte das Gewerbe tun, aber es tut es nicht. (...) Wer sind die bis zu 99 Prozent schlecht gekleideter Menschen, die mir überall in Land und Stadt begegnen? Bei näherem Zusehen stelle ich fest, daß sie alle gewerblich tätig sind. Ich sehe fast alle diejenigen ohne Hemd, ohne Rock, ohne Schuhe, die selbst den Flachs oder den Hanf bauen (...), das Leder gerben und Schuhe anfertigen. (...) Fasse ich dann die schwache Minderheit derer ins Auge, denen nichts fehlt, so stelle ich fest, daß diese ihre Hände nicht bewegen (...), daß sie sich damit begnügen, zu rechnen und zu kombinieren, daß sie immer neu das alte Spiel variieren: Kampf der Minderheit gegen das Ganze, das heißt, daß sie immer neu (...) jene Geheimverschwörung bilden, die es ermöglicht, tausend Arme in Bewegung zu setzen, ohne daß die, die sie bewegen, in den Genuß ihres Arbeitsertrages gelangen, der vielmehr von vornherein dazu bestimmt ist, sich in großer Menge in den Händen verbrecherischer Spekulanten zu häufen. (...) Aber was ist das Gewerbe? (...) Bezeichnet man damit nicht die Gesamtheit aller Maßnahmen, die den Rohstoff erzeugen, ihn zu verschiedenen Zwecken bearbeiten und verteilen? (...) Warum sollen die an erster Stelle Stehenden, die die schöpferische, die entscheidend wichtige Arbeit verrichten, unverhältnismäßig viel weniger Gewinn aus ihr ziehen als die, die an letzter Stelle stehen, die Großkaufleute beispielsweise. (...) Die Konkurrenz läßt nur den hoch kommen, der viel Kapital besitzt, sie führt infolge ständigen Kampfes zum Monopol in der Hand des Überlegenen und zum Verschwinden der billigen Waren."[37]

Babeuf deutet diesen ökonomischen Gegensatz als Krieg zwischen Reichen und Armen (quasi eine vorweggenommene Klassenkampf-Diagnose), weshalb der

---

[34] Zu den Lebensdaten vgl. *Mazauric*, Introduction, in: *Babeuf*, Ecrits, 81ff.; ferner *Victor Advielle*, Histoire de Gracchus Babeuf et du Babouvisme, 2 vol., Paris 1884 (Reprint Genève 1978). Eine brauchbare, freilich einseitig marxistisch-leninistisch geprägte Edition mit Bibliographie ist *Babeuf*, Ausgewählte Schriften. Eingeleitet, erläutert und mit Anmerkungen versehen von *Germaine* und *Claude Willard*, Berlin 1956.
[35] Vgl. *Babeuf*, Lettre à Dubois de Fosseux, in: *Babeuf*, Ecrits, 103-111, 104ff.
[36] Vgl. *Babeuf*, Le Cadastre perpétuel, in: *Babeuf*, Ecrits, 161-165.
[37] Gracchus Babeuf à Charles Germain, in: *Babeuf*, Ecrits, 254-264; von mir revidierte Übersetzung bei *Babeuf*, Ausgewählte Schriften, 109ff.

revolutionäre Kampf, notfalls mit verschwörerischen Mitteln, fortgesetzt werden müsse, bis reale Gleichheit erreicht sei.[38]

Wirkliche Gleichheit sollte nach *Babeufs* Vorstellung durch Abschaffung des Privateigentums sowie durch ein System des Naturaltausches erreicht werden. Geld ist den Außenhandelsbeziehungen vorbehalten. Die Produzenten von Naturalgütern wie von gewerblichen Gütern (agents de production et de fabrication) liefern ihre Erzeugnisse in gemeinsamen Vorratshäusern (magazins communs) ab, die von Verteilungsbeauftragten (agents de distribution) geleitet werden. Sie teilen jedem Produzenten die von ihm benötigten Produkte anderer Produzenten von gleichem Wert wie die von ihm gelieferten Erzeugnisse zu. *Babeuf* fordert ferner eine Kontrolle des Außenhandels, da von ihm Gefahren drohten, solange die Nationen noch nicht den Prinzipien von universaler Gleichheit und Brüderlichkeit folgten.[39]

Babeuf verfocht bereits die sozialistische These, daß die Abschaffung des Privateigentums an Produktionsmitteln, anders als die liberalen Ökonomen behaupteten, den Gewerbefleiß nicht beeinträchtige, sondern erst richtig freisetze. Da keine Konkurrenz herrsche, brauchten die Produzenten nicht zu befürchten, von einer neu erfundenen Maschine außer Brot gesetzt zu werden. Sie werde vielmehr den allgemeinen Reichtum erhöhen. Das Babeufsche Gesellschaftsmodell trägt vorindustrielle Züge. Andererseits zeigt sein Maschinenbeispiel, daß er auf den technischen Fortschritt setzte. *Babeuf* deutete auch an, daß in der künftigen Gesellschaft planmäßig auf Grund von Bedarfsschätzungen produziert würde und nimmt damit eine weitere klassische Position des Sozialismus vorweg.[40] Wichtigstes gesellschaftspolitisches Ziel *Babeufs* war jedoch nicht Produktionssteigerung, sondern die Verwirklichung sozialer Gerechtigkeit in einer egalitären „kommunistischen" (ein von ihm nicht gebrauchter Begriff) Republik. Sie sichert einen auskömmlichen Lebensstandard sowie eine gute Versorgung der Kranken und Alten. Die Jugend wird gezielt auf ihr künftiges Berufsleben vorbereitet.[41]

Es ist umstritten, welches politische Gewicht *Babeuf* und der „Verschwörung der Gleichen" in der Zeit nach dem „Thermidor" tatsächlich zukam. Doch für die Wirksamkeit seines Denkens ist diese Einschätzung unerheblich. *Babeuf* hatte Schüler, die seine Gedanken nach der Zerschlagung seiner Verschwörung weitertrugen. Der wichtigste unter ihnen war *Filippo Buonarroti* (1761-1837), der eine vielgelesene Geschichte der „Conspiration pour l'égalité dite de Babeuf" (1828) geschrieben hat.[42] Über ihn gelangten Babeufsche Gedanken (der *Babouvisme*) in die französischen sozialistisch-kommunistischen Geheimgesellschaften und Clubs. Sie inspirierten *Auguste Blanqui* (1805-1881), einen unter französischen Arbeitern angesehenen Revolutionär, dem es weniger um theoretische Begründungen seiner politischen Ziele als um den Umsturz selbst ging, den er mit allen Mitteln, wie Konspiration, Agitation, Sammlung der Kräfte in politischen Clubs,

---

[38] Vgl. die Zitate aus der „Tribune du Peuple" aus dem Jahre 1794, in: *Babeuf*, Ausgewählte Schriften, 37ff.
[39] Vgl. Babeuf à Germain, in: *Babeuf*, Ecrits, 256f.
[40] Vgl. ebenda, 257f.
[41] Vgl. ebenda, 259.
[42] Eine deutsche Übersetzung erschien im sozialdemokratischen Dietz-Verlag: *Philipp Buonarroti*, Babeuf und die Verschwörung für die Gleichheit mit dem durch sie veranlaßten Prozeß und den Belegstücken, übersetzt und eingeleitet von *Anna* und *Wilhelm Blos*, Stuttgart 1909.

in immer neuen Anläufen einzuleiten suchte – eine Haltung, die als „Blanquismus" bezeichnet wird. Auch innerhalb der deutschen Kolonie in Paris entstanden in den dreißiger Jahren Geheimbünde. Der bedeutendste war der erwähnte „Bund der Gerechten". Nach *Engels* orientierte er sich an „babouvistische(n) Erinnerungen" und hielt Verbindung zu der von *Blanqui* geleiteten „Société des Saisons".[43] Der *Neobabouvismus* setzte auf Konspiration und Putsch sowie auf ein diktatorisches Regime in der Phase des Übergangs zum Kommunismus.

Es entstanden aber auch weniger militante kommunistische Lehren, die einen friedlichen Übergang zur Gütergemeinschaft für möglich hielten. Zu ihnen gehörte *Etienne Cabets* (1788-1856) ikarische Utopie und ihre nicht so friedfertige Fortsetzung durch seinen zeitweiligen Sekretär *Théodore Dezamy* (1808-1850). *Dezamy* dachte materialistisch-atheistisch. Er gilt als klarer Denker und wurde von *Marx* und *Engels* als „wissenschaftlicher französischer Kommunist" eingestuft.[44] *Dezamy* entwarf in seinem Hauptwerk „Code de la nature" (1842) eine kommunistische Utopie mit großer Regelungsdichte, die aber nach seiner Auffassung der menschlichen Natur entsprach und jedem die Entfaltung seiner Talente und Befriedigung seiner Bedürfnisse ermöglichte. *Dezamys* Thesen wurden jedoch nicht populär.

Dagegen wurde *Cabets* utopischer Roman „Voyage en Icarie" (Reise nach Ikarien, 1840) viel gelesen, auch von Arbeitern. *Cabet* war Advokat. Zu Beginn des Bürgerkönigtums war er Staatsanwalt auf Korsika und Deputierter, emigrierte jedoch, inzwischen überzeugter Republikaner, 1834 nach England, wo er die Reformvorstellungen *Robert Owens* kennenlernte. Die „Reise nach Ikarien" kombiniert die Tradition der utopischen Staatsromane mit dem jakobinischen Republikanismus.[45] Gleich das Titelblatt nennt die wichtigsten Prinzipien Ikariens: „Solidarität, Gleichheit, Freiheit, Liebe, gegenseitige Hilfe und Erziehung, gleiche Güterverteilung, Produktionssteigerung, Maschineneinsatz zum Nutzen aller", und, sozusagen als Zusammenfassung, eine der wichtigsten sozialistisch-kommunistischen Formeln: „Organisation der Arbeit" (organisation du travail). Herausgestellt wird auch das zentrale Verteilungsprinzip des französischen Frühsozialismus, das auch von *Marx* und *Engels* paraphrasierend übernommen worden ist: „*Jedem nach seinen Bedürfnissen, jeder nach seinen Fähigkeiten*" (À chacun suivant ses besoins. De chacun suivant ses forces).[46]

---

[43] Vgl. *Engels*, Geschichte, 207. Dazu *Wolfgang Schieder*, Anfänge der deutschen Arbeiterbewegung. Die Auslandsvereine im Jahrzehnt nach der Julirevolution von 1830, Stuttgart 1963, 159f., wo die Intensität des Kontaktes bezweifelt wird.

[44] *Friedrich Engels/Karl Marx*, Die heilige Familie, MEW 2, 139. Die Vorstellung des frühen *Engels* von zu bildenden „industriellen Armeen" sowie *Marxens* Befürwortung einer „polytechnischen Erziehung" seien von *Dezamy* angeregt worden. Vgl. *Frits Kool/Werner Krause* (Hrsg.), Die frühen Sozialisten, eingeleitet von *Peter Stadler*, Olten 1967, 313. Vgl. ferner *Reinhard Klopfleisch*, Der libertäre Babouvismus. Die „reiche Gütergemeinschaft" in Frankreich, in: *Hans-Jürgen Goertz* (Hrsg.), Alles gehört allen. Das Experiment der Gütergemeinschaft vom 16. Jahrhundert bis heute, München 1984, 143-164.

[45] Vgl. dazu *Christopher H. Johnson*, Utopian Communism in France. Cabet and the Icarians, 1839-1851, Ithaca 1974.

[46] Im Original kursiv. Vgl. Voyage en Icarie par *M. Cabet*, Paris 1848, 1. Die saint-simonistische Formel lautet demgegenüber: „Jeder nach seinen Fähigkeiten, jedem nach seinen Werken." Sie stellt also nicht auf die individuellen Bedürfnisse, sondern auf die Leistungsfähigkeit des einzelnen ab, woraus Verteilungsungleichheit folgt. Vgl. das klassische Werk des *Saint-Simonismus*:

Cabets Entwurf beruht auf einem positiven und egalitären Menschenbild. Alle Menschen sind vernünftig und von Natur gut und gesellig.⁴⁷ Er setzt sich ausführlich mit den Gegnern des Gleichheitsprinzips auseinander. In der Tat seien die Menschen gegenwärtig ungleich. Dies sei jedoch kein natürlicher, sondern ein gesellschaftlicher Effekt. Bei gleichen Ausgangsbedingungen entwickele sich die Intelligenz aller in gleicher Richtung. Entscheidend sei, daß höhere Intelligenz keinen Rechtsanspruch gegen weniger Intelligente begründen könne. *Cabet* geht es somit um die Gleichheit moralischer Ansprüche. „Ist es nicht auch die Natur, die allen Menschen den gleichen Wunsch nach Glück, das gleiche Recht auf Leben und Glück, die gleiche Gleichheitsliebe, Intelligenz und Vernunft gegeben hat, um das Glück, die Gesellschaft und die Gleichheit zu organisieren?"⁴⁸ „Politische und soziale Gleichheit" seien also gut begründet. Auch das Argument, daß soziale Gleichheit schädlich sei, weil sie den Wettbewerb und die Herausbildung herausragender Anlagen behindere, läßt er nicht gelten. Eine solidarische „Gütergemeinschaft" (communauté des biens) werde humaner und produktiver sein als eine auf Privateigentum beruhende Wettbewerbsgesellschaft.⁴⁹

Die utopische Tradition läßt sich in allen Zügen Ikariens wiedererkennen. Da Privateigentum und Geld zu Zwietracht, Habgier und Verbrechen und damit auch zur Spaltung der Gesellschaft in Arme und Reiche, Herren und Knechte führten, werden sie abgeschafft. Seine Bürger leben in ungetrübter Harmonie wie eine Großfamilie zusammen. Verbrechen sind so gut wie unbekannt; sie gelten als krankheitsbedingt. Basis der ikarischen Gesellschaft ist die Familie, die in das Arbeitssystem eingebunden ist, wozu auch Freizeit und Erholung gehören. Die Wohnhäuser mit genormter Ausstattung befinden sich in regelmäßig konstruierten Quartieren, die systematisch ins Stadtbild eingegliedert sind. In ihm spiegelt sich die gesellschaftliche Arbeitsteilung wider: Wohn- und Arbeitsbereiche sind getrennt, im Zentrum befinden sich palastartige Gebäude, in denen Museen, Theater und die Institutionen der Volksrepräsentation untergebracht sind. Das Stadtbild ist durch Parks, Brunnen usw. aufgelockert, auf Sauberkeit und gute Luft wird penibel geachtet. Dem Verkehr dienen Omnibusse.⁵⁰

Die Produktion wird von Volksvertretungsorganen unter Anwendung wissenschaftlicher Erkenntnisse organisiert. Die Gewerbe sind in bestimmten Stadtteilen zusammengefaßt; die Produktion erfolgt in großen Werkhallen (ateliers), wobei darauf geachtet wird, daß die Arbeit abwechslungsreich und unter hygienisch einwandfreien Bedingungen verläuft. Es werden arbeitssparende Maschinen eingesetzt, die schwere Arbeit erleichtern und Arbeitszeitverkürzung zulassen. Der Arbeitsablauf folgt einer strikten Zeiteinteilung: Arbeitsbeginn um sechs Uhr, Frühstück in der Werkstatt, Mittagessen in einem „republikanischen Restaurant", Pausen, Feierabend um 15 Uhr, Freizeitaktivitäten, Beginn der Bettruhe um 22 Uhr. Das Abendessen nehmen die Familien gemeinsam ein. Auch die Landwirtschaft produziert nach wissenschaftlichen Prinzipien.⁵¹ Ikariens Produktion und Güterverteilung folgen statistischen

---

Die Lehre Saint-Simons, eingeleitet und hrsg. von *Gottfried Salomon-Delatour*, Neuwied 1962, 111; vgl. ferner die maßgebliche französische Ausgabe: Doctrine de Saint-Simon. Exposition. Première année, 1885. Nouvelle Edition, publiée avec introduction et notes par *C. Bouglé* et *Elie Halévy*, Paris 1924, 248. *Marx* greift in seiner „Kritik des Gothaer Programms" auf die Cabetsche Formel zurück. Die kommunistische Formel laute: „Jeder nach seinen Fähigkeiten, jedem nach seinen Bedürfnissen." Vgl. *Karl Marx*, Randglossen zum Programm der deutschen Arbeiterpartei, MEW 19, 21; MEGA I 25, 15.

⁴⁷ Vgl. *Etienne Cabet*, Kommunistisches Glaubensbekenntnis (Credo communiste, 1841), abgedruckt in: *Kool/Krause* (Hrsg.), Sozialisten, 337-349, 338f.
⁴⁸ *Cabet*, Voyage, 35 [Meine Übersetzung, W.E.]; vgl. ferner 308ff.
⁴⁹ Vgl. ebenda, 35, 373ff., 397ff.
⁵⁰ Vgl. ebenda, 11, 41ff., 63ff., 141f.
⁵¹ Vgl. ebenda, 32, 98ff., 151ff.

Erkenntnissen. Die Güter werden, wie in Utopien üblich, durch Magazine verteilt. Auch die medizinische Versorgung ist glänzend gelöst. Künste und Wissenschaften blühen.[52]

Ikarien verfügt über ein vollkommenes Erziehungssystem, das auch Erwachsenenbildung vorsieht. Die schulische Ausbildung umfaßt Naturwissenschaften und Mathematik sowie angewandte Wissenschaften (Mechanik und Ackerbau), wobei sich dem Erlernen von Grundfertigkeiten eine Spezialisierung anschließt. Gelehrt werden ferner Geschichte, die schönen Künste sowie die christliche Religion; ferner sollen die Ikarier zu guten Familienmitgliedern und Staatsbürgern erzogen werden.[53] Die Geschlechter sind von gleicher Intelligenz; allerdings haben sie unterschiedliche Neigungen, denen sie nachgeben dürfen.[54]

Die Struktur der politischen Institutionen Ikariens folgt der jakobinisch-republikanischen Tradition. Sie sollen eine „demokratische Republik" oder eine „beinahe reine Demokratie" verwirklichen. Da die Bürger Ikariens zu zahlreich sind, um sich in einem Saal versammeln zu können, ist eine „Volksvertretung" unumgänglich. Vorgesehen sind Regierung und Präsident. Im Unterschied zur realen französischen Republik ist Ikarien föderativ strukturiert. Neben den repräsentativen Organen stehen „Volksversammlungen". In ihnen bildet sich die öffentliche Meinung. Auf diese Weise ist gewährleistet, daß in den Institutionen der Volkswille zum Ausdruck kommt.[55]

Diese Willensbildung wird freilich nicht durch eine pluralistische freie Presse unterstützt. Pressefreiheit, so *Cabet*, sei in der Monarchie nützlich gewesen. Im harmonischen Ikarien genügten dagegen offizielle Journale auf Republik-, Provinz- und Gemeindeebene. Der Eindruck, daß dies der Ausschaltung oppositioneller Auffassungen diene, wird durch den Vorschlag gemildert, daß die Redakteure vom Volk gewählt werden sollten. Andererseits findet sich bei *Cabet* die Idee einer gegenseitigen Kontrolle des Lebenswandels. Dies hat bereits Zeitgenossen dazu bewogen, Ikarien als „Kerker-Despotie" zu bezeichnen.[56] *Cabet* besaß kein Gespür für Freiheitsgefährdung durch Konformität.

Cabet distanzierte sich von der babouvistischen Vorstellung, der Kommunismus müsse revolutionär und diktatorisch eingeführt werden. Das neue System könne sich ohne Blutvergießen durchsetzen: „ni violence, ni révolution, par conséquence ni conspiration, ni attentat" (keine Gewalt, keine Revolution, folglich keine Konspiration und kein Attentat). Er plädierte für eine Übergangsepoche von rund fünfzig Jahren, in der das Privateigentum noch respektiert und von einer umfassenden Arbeitspflicht abgesehen werden könne. In ihr könnten bereits soziale Reformen zur „Hebung der Armen" eingeführt werden.[57]

---

[52] Vgl. *Cabet*, Voyage, 78 ff., 109ff.

[53] *Cabet* begründete seinen Kommunismus auch mit christlichen Argumenten. Es gibt eine Schule des christlichen Frühsozialismus, die hier beiseite bleiben muß. Ihr bedeutendster Vertreter war *Félicité de Lamennais* (1782-1854). Zum religiösen Sozialismus in Frankreich vgl. *Kool/Krause*, Sozialisten, 253-296. Speziell zu *Lamennais*, der den Assoziationsgedanken und wie *Proudhon* die Idee einer Arbeitertauschbank verfolgte, vgl. *Maxime Leroy*, Histoire des Idées sociales en France. De Babeuf à Tocqueville, tome deuxième, Paris 1946, 421-446.

[54] Vgl. *Cabet*, Voyage, 73ff.

[55] Vgl. ebenda, 37ff., chap. XXII und XXIII, 591.

[56] Vgl. ebenda, 197. „Kerker-Despotie" bei *Karl Grün*, Die soziale Bewegung in Frankreich und Belgien, Darmstadt 1845, 363.

[57] Vgl. *Cabet*, Voyage, 359, 363, 535, 560.

3. Rationale Gesellschaftsorganisation durch Industrialismus und Technokratie: *Saint-Simon* und seine Schule

Claude-Henri de Saint-Simon (1760-1825) war Sproß des französischen Uradels. Er führte ein abenteuerliches Leben als Offizier, Projektemacher, Grundstücksspekulant und Unternehmer, Bonvivant und Mäzen und schließlich als verarmter, universal dilettierender Philosoph und Gesellschaftstheoretiker.[58] Die Wirkung seines fragmentierten Werkes war enorm, und zwar wegen seiner Fähigkeit, neue Tendenzen zu erkennen und mit radikalen Konzepten darauf zu antworten.

Saint-Simons Grundidee war, daß nach der Französischen Revolution das Zeitalter der positiven Wissenschaften angebrochen sei. Alle Metaphysik sei obsolet geworden.[59] Nach seiner Auffassung verdankte sich diese Entwicklung einer Veränderung der Klassenverhältnisse. In Politik und Gesellschaft führten nunmehr die „Industriellen" (industriels). Die Bevölkerungsmehrheit bestehe aus der Klasse der Besitzlosen (non-propriétaires). Zwischen den funktionslos gewordenen Adel und die Industriellen schiebe sich eine „intermediäre Klasse", die aus Grundbesitzern, Juristen, Militärs, kurz, aus nicht selbst arbeitenden Bourgeois bestehe.[60] *Saint-Simon* konstatierte eine Interessengemeinschaft zwischen Industriellen und Besitzlosen. Diese stellten nämlich die *Arbeiter*, die er zu den Industriellen schlug. Besäßen sie die erforderliche Befähigung, so könnten sie in die industrielle Führungsschicht aufsteigen.[61] Die Industriellenklasse ist aus mehreren Gruppen zusammengesetzt, die sich alle am Produktionsgedanken orientieren. Zum „industriellen System" gehören auch die Wissenschaftler, nicht zu vergessen die Bankiers, die zunehmend die Finanzierung der industriellen Projekte übernehmen, sowie die Künstler.[62]

Saint-Simons Entwurf eines industriellen Systems beruht auf dem Prinzip des Privateigentums an den Produktionsmitteln. Doch er sieht dessen Bedeutung rein funktional als Voraussetzung der Produktion. Jeder, der einen Beitrag hierzu leisten kann, soll Eigentümer werden.[63] Politische Privilegien sind damit nicht verbunden. Ferner ist für *Saint-Simon* einziges Distributionsprinzip der Markt: Insofern unterscheidet sich die ökonomische Basis seines industriellen Systems nicht von der einer kapitalistischen bürgerlichen Gesellschaft.[64] Es drängt sich also die Frage auf, weshalb das Denken *Saint-Simons* bis heute als „frühsozialistisch" verstanden wird. Der Grund hierfür ist die Idee, daß die wissenschaftlich angeleitete Produktion den Gegensatz von Produktionsmittelbesitzern und Arbeitern beseitigen werde. Zudem wird der Markt nach *Saint-Simons* Vorstellung von den administrativen Organen der Industriellen kontrolliert; er soll nicht einfach Resultat des bourgeoisen Gewinnstrebens sein.

---

[58] Vgl. zum Lebenslauf *R. Martinus Emge*, Saint-Simon. Einführung in ein Leben und Werk, eine Schule, Sekte und Wirkungsgeschichte, München 1987.
[59] Vgl. dazu *Ralf Bambach*, Der französische Frühsozialismus, Opladen 1984, 36ff.
[60] Vgl. *Saint-Simon*, Lettres d'un Habitant de Genève à ses Contemporains (1802), in: Oeuvres de *Saint-Simon*, édition anthropos, Paris 1966, Tome I, part 1, 28ff.; *ders.*, Catéchisme des Industriels (1823/25), in: ebenda, Tome IV, part 1, 4ff., 8ff., 35ff., 39ff.
[61] Vgl. *ders.*, De l'Organisation Sociale, in: ebenda, Tome V, part 1, 116 ff., 146f.
[62] Vgl. *ders.*, L'Organisateur, in: ebenda, Tome II, part 2, 83f.; *ders.*, Du Système industriel (1821), in: ebenda, Tome III, part 1, 133; *ders.*, Catéchisme, in: ebenda, 136f.
[63] Vgl. *ders.*, L'Industrie ou Discussions Politiques, morales et philosophiques (1817), in: ebenda, Tome II, part 2, 89. Vgl. dazu *Emge*, Saint-Simon, 136.
[64] Vgl. *Bambach*, Frühsozialismus, 14.

Saint-Simon kritisiert den Egoismus als Folge der Aufklärung, die sich hauptsächlich um Einzeltatsachen und Privatinteressen gekümmert und das Studium allgemeiner Tatsachen, Prinzipien und Interessen vernachlässigt habe.[65] Sein vielfach hervorgehobener Liberalismus ist also, was die Wirtschaftsfreiheit betrifft, eher begrenzt und auf politischem Gebiet weitgehend zurückgenommen. Hinzu kommt, daß er bereits in seiner ersten bedeutenden Schrift, den „Briefen eines Genfers an seine Zeitgenossen" (1807) die christliche Nächstenliebe zum Leitfaden seines Denkens machte. *Saint-Simons* letztes Werk „Das neue Christentum" (1825) verlangt die Realisierung dieser Idee. Im Urchristentum und Mittelalter hätten die Herrschaftsmächte noch gewußt, daß die Bewahrung der sozialen Ordnung eine Aufgabe der Religion sei. Inzwischen habe man dies vergessen. Doch nach wie vor gelte: „Die Religion muß die Gesellschaft auf das große Ziel der möglichst schnellen Verbesserung der ärmsten Klasse hinlenken." Die Gesellschaft müsse so verfaßt sein, daß sie dieses Ziel erreichen kann.[66]

Für die marxistische Tradition ist neben der von *Engels* ausdrücklich gelobten Klassenanalyse *Saint-Simons* Vorstellung wichtig, daß Politik im traditionellen Verständnis durch eine positiv-neutrale „Verwaltung von Sachen" ersetzt werden könne – eine Idee, die *Engels* im „Anti-Dühring" wiederholte: „An die Stelle der Regierung über Personen tritt die Verwaltung von Sachen und die Leitung von Produktionsprozessen."[67]

Ein parlamentarisches Repräsentativsystem nach englischem Muster wäre für diese Lenkungsfunktion ungeeignet. *Saint-Simon* schlägt statt dessen vor, die bestehende Monarchie zu einer „industriellen Monarchie" (régime monarchique industriel) umzugestalten. Die administrative Entscheidungsbefugnis liegt bei einem „Rat der Industriellen", in dem die „bedeutendsten Agronomen, Fabrikanten, Kaufleute und Bankiers" vertreten sind. Er wird von einer Akademie der schönen Künste und der Wissenschaften flankiert.[68] *Saint-Simons* industrielles System erweist sich so als technokratische und meritokratische Elitenherrschaft. Sie soll zwar dem Interesse der weniger qualifizierten Arbeitenden und deshalb den ärmeren Bevölkerungsschichten dienen, doch deren demokratische Partizipation ist nicht vorgesehen. Politisch-ökonomisches Gewicht wird allein durch wirtschaftlichen, wissenschaftlichen oder künstlerischen Erfolg erlangt. Das industrielle System *Saint-Simons* ist also im Unterschied zur jakobinisch-kommunistischen Traditionslinie nicht egalitär.[69] Im Denken *Auguste Comtes*,

---

[65] Vgl. *Saint-Simon*, Lettres, in: Oeuvres de *Saint-Simon*, 24f.; *ders.*, Nouveau Christianisme. Dialogue entre un Conservateur et un Novateur, in: ebenda, Tome III, part 3, 99-192 (183). Vor allem auf Grund dieser Schrift wird *Saint-Simon* zu den utopischen Sozialisten gezählt.

[66] Vgl. *ders.*, Lettres, in: ebenda, 57ff.; *ders.*, Nouveau Christianisme, in: ebenda, 117, 152f., 173. [Meine Übersetzung, W.E.].

[67] *Engels*, Anti-Dühring, MEW 20, 262. Über die Ablösung der Politik durch die Administration bei *Saint-Simon* vgl. *Saint-Simon*, Organisateur, in: Oeuvres de *Saint-Simon*, Tome II, part 2, 141ff.; *ders.*, Mémoire sur la science de l'homme, in: ebenda, Tome V, 19; *ders.*, Système, in: ebenda, Tome III, part 1, 137f..

[68] Für die Ablehnung des englischen Vorbilds vgl. *ders.*, Catéchisme, in: ebenda, Tome IV, part 1, 73, 80ff., 88, 91ff., 109f.; zum „Régime monarchique industriel", dem „Conseil d'industriels" und den Akademien vgl. *ders.*, Catéchisme, in: ebenda, 63, 115; *ders.*, Organisation, in: ebenda, Tome V, part 1, 167ff.; *ders.*, Système, in: ebenda, Tome III, part 2, 240.

[69] Vgl. *ders.*, Système, in: ebenda, Tome III, part 3, 72, 80; *ders.*, Catechisme, in: ebenda, Tome IV, part 1, 73ff., 88ff.

eines Pioniers der Soziologie, wuchs es sich zu einem starren indoktrinatorischen Autoritarismus aus.

Saint-Simons Schüler, die *Saint-Simonisten*, überwiegend Bildungsbürger aus gutem Hause, z.T. in beachtlichen Positionen wie etwa als Bankiers tätig, beeinflußten Frankreichs geistiges und wirtschaftliches Leben bis zur 48er Revolution und darüber hinaus.[70] Obwohl sie sich zeitweise religiös-sektiererisch verhielten, waren ihre wissenschaftlich informierten Köpfe, vor allem *Saint-Amand Bazard* (1791-1822) und *Prosper Enfantin* (1796-1864), gute Analytiker der gesellschaftlichen Tendenzen. Sie verbreiteten ihre alternativen Ideen mit Hilfe der Presse (am bekanntesten die europaweit gelesene Tageszeitung „Le Globe"), von Broschüren und gut frequentierten Vortragsveranstaltungen. Vorlesungen aus den Jahren 1828/29 sind zu der bekannten saint-simonistischen Schrift „Doctrine de Saint-Simon. Exposition", zusammengefaßt worden.

Grundlage des saint-simonistischen Denkens ist das Konzept der „Industriegesellschaft". Anders als die von Egoismus und Konkurrenz geprägte bourgeoise Gesellschaft ohne inneren Zusammenhalt soll sie eine organische Einheit bilden, in der empirisch gesichertes Wissen gesellschaftsgestalterisch angewandt wird.[71] Daß dieser Zustand eintreten wird, sei durch die anthropologische Konstante der Vervollkommnungsfähigkeit der Menschen (eine rousseauistische Reminiszenz) sowie durch eine dialektische Bewegung der Geschichte, in der sich kritische und organische Epochen ablösen, gewährleistet – ein Prozeß, in dem sich schließlich das Prinzip der Ordnung als das stärkere durchsetzt. Erhärtet wird die Fortschrittsgewißheit durch Bezugnahme auf *Comtes* „Dreistadiengesetz": Die Menschheit entwickle sich vom „theologischen oder erdichteten" über den „metaphysischen oder abstrakten" zum „wissenschaftlichen oder positiven Zustand".[72] In diesem könne die „Ausbeutung des Menschen durch den Menschen" (l'exploitation de l'homme par l'homme) abgeschafft und die Natur auf rationale Weise beherrscht werden.[73] Erklärtes Ziel der Saint-Simonisten ist ferner die konsequente Emanzipation der Frau durch rechtliche Gleichstellung. *Enfantin* propagierte dazu noch die aufsehenerregende Idee einer Emanzipation der Geschlechter durch „Rehabilitierung des Fleisches".[74]

Gemäß saint-simonistischer Vorstellung soll die Industriegesellschaft eine große „industrielle Werkstatt" (atelier industriel) bilden, bestehend aus den führenden Industriellen (Betriebsleiter und Bankiers) und den einfachen Arbeitern. Ihnen stehen die müßigen, von den Erträgen ihres Eigentums lebenden Bourgeois gegenüber, eine Klasse, die allmählich verschwinden wird.[75] Dieser große Organismus der Arbeit ist hierarchisch strukturiert, zunächst im Hinblick auf die Produktion, jedoch auch, dazu analog, unter dem Aspekt der politischen

---

[70] Dazu *Sébastien Charlety*, Histoire du Saint-Simonisme (1825-1864), Paris 1965 (1. Aufl. 1931).

[71] Vgl. Doctrine de Saint-Simon. Exposition. Première année, 1829. Nouvelle Edition, publiée avec introduction et notes, par *C. Bouglé* et *Elié Halevy*, Paris 1924, 140, 171ff. Für die von mir überprüften Übersetzungen vgl. Die Lehre Saint-Simons. Eingeleitet und hrsg. von *Gottfried Salomon-Delatour*, Neuwied 1962, 44, 67ff.

[72] Vgl. *Bouglé/Halevy* (Hrsg.), Doctrine, 446; *Salomon-Delatour* (Hrsg.), Lehre, 251.

[73] Vgl. *Bouglé/Halevy*, Doctrine, 162, 212; *Salomon-Delatour*, Lehre, 58, 87. Interessant die Anklänge im „Kommunistischen Manifest" an den in der „Doctrine" herausgestellten Formwandel der Ausbeutung über Sklaverei und Plebejertum bis zum modernen Proletariat. Vgl. *Bouglé/Halevy*, Doctrine, 215ff., 234ff., 238; *Salomon-Delatour*, Lehre, 88ff., 103ff. sowie *Marx/Engels*, Kommunistisches Manifest, in: MEW 4, 459-493, 462f.

[74] Vgl. *Emge*, Saint-Simon, 168ff.; *Bambach*, Frühsozialismus, 311, 313.

[75] Die *Saint-Simonisten* kritisieren die klassische Politische Ökonomie, weil sie das arbeitslose Eigentum unterstütze und keinen Sinn für den gesamtgesellschaftlichen Nutzen besitze; vgl. *Bouglé/Halevy*, Doctrine, 261ff., 289ff., 301; *Salomon-Delatour*, Lehre, 118ff., 137ff., 149.

Herrschaft. An der Spitze der Produktionshierarchie stehen die fähigsten Kapazitäten im Produktions- und Bankenwesen. Sie organisieren das System der gesellschaftlichen Arbeit unter den Aspekten der technologischen Entwicklung, der regionalen Verteilung der Produktion unter Branchengesichtspunkten, der Ausbalancierung von Produktion und Verbrauch sowie der leistungsgerechten Verteilung.[76] Durch diese Organisationsleistung wird die schlechte ökonomische Praxis, die auf dem Prinzip des Privateigentums an den Produktionsmitteln beruht, überwunden. Sie setzt eine einschneidende Veränderung der Eigentumsordnung voraus, denn nach saint-simonistischer Auffassung bildet „das Eigentum die materielle Basis einer Gesellschaftsordnung (...)"[77]. Die propagierte Eigentumsreform geht jedoch weder in die Richtung der alten republikanischen Tradition der Eigentumsgleichheit im Sinne eines „Agrargesetzes" noch in die der kommunistischen Gütergemeinschaft. Zugrunde liegt die Überzeugung, daß das Einkommen eines leistungsstarken Industriellen höher sein müsse als das eines Müßiggängers und Leistungsschwachen; deshalb müsse es eine „ungleiche Teilung" (inégalité de partage) geben.[78] Geplant ist ein gestuftes, rechtlich schwer faßbares Eigentum, bei dem ein gesellschaftliches Obereigentum von der führenden Gruppe der Industriellen gehalten und den einzelnen Betriebsleitern (gérants) mitsamt einem ihren Funktionen entsprechenden Verfügungsrecht übergeben wird. „Ein Industrieller besitzt nicht anders eine Werkstätte, Arbeiter, Werkzeuge, als ein General heute eine Kaserne, Soldaten, Waffen besitzt."[79]

Die Entscheidungen der allseitig kompetenten „allgemeinen Leiter" des industrialistischen „Sozialkörpers" sind verbindlich, vor allem die der Bankiers an der Spitze des zentralisierten Bankensystems.[80] Zwar sind die Strukturen der wirtschaftssteuernden Institutionen nicht klar umrissen, wohl aber die einzusetzenden Steuerungsinstrumente. An erster Stelle steht der (die kommunistische Abschaffung des Geldes negierende) Kredit, über dessen Zuteilung die Leiter des Industrie- und Bankensystems verfügen. Diese besitzen zudem Informationen über die Konsumbedürfnisse, wonach sie gemäß einem „allgemeinen Plan" (vue générale) die Produktion zu organisieren vermögen.[81] Auch die Festlegung der Lohnhöhe ist ein Steuerungsinstrument. Die *Saint-Simonisten* deduzierten aus ihren Hierarchievorstellungen ein schichtenspezifisches Bedürfnisprofil. Intellektuell schwächer Begabte und wenig Kunstfertige hätten auch geringere Bedürfnisse. Insofern blieben sie ihrer Maxime der leistungsgerechten Verteilung treu.[82]

Eigentlich planwirtschaftliche Vorstellungen enthalten die saint-simonistischen Texte nicht. Ihre Logik läuft vielmehr darauf hinaus, daß die Betriebsführer darauf achten müssen, das ihnen übertragene Eigentum (= Kapital) möglichst effektiv, in Konkurrenz mit anderen Unternehmen, zu verwerten. Ihr Erfolg ist die Voraussetzung für eine weitere Zuteilung von Kredit und Arbeitskräften.[83] Den Nachweis, daß die Arbeit organisiert gesteuert werden müsse, erachteten die *Saint-Simonisten* als ihre wichtigste Leistung. Sie verschaffe den eigentumslosen

---

[76] Vgl. *Bouglé/Halevy*, Doctrine, 142, 258, 273ff.; *Salomon-Delatour*, Lehre, 46, 117, 126ff.
[77] *Bouglé/Halevy*, Doctrine, 287; *Salomon-Delatour*, Lehre, 135. Die *Saint-Simonisten* knüpften hier an eine gesellschaftstheoretische Tradition an, die politische Überbauverhältnisse mit der Eigentumsordnung korreliert. Dazu gehörten die schottischen Moralphilosophen (*Adam Smith* und andere) und vor allem *Karl Marx*. Vgl. *Walter Euchner*, Proprietà (filosofia e politica), in: Enciclopedia di scienca sociale, vol. VII, Roma 1997, 104-112.
[78] Vgl. *Bouglé/Halevy*, Doctrine, 248; *Salomon-Delatour*, Lehre, 111. Vgl. den oben angemerkten Unterschied zwischen den kommunistischen und saint-simonistischen Parolen zum Verhältnis von Bedürfnis und Leistung (Fußnote 46 in diesem Kap.).
[79] *Bouglé/Halevy*, Doctrine, 275; *Salomon-Delatour*, Lehre, 127.
[80] Vgl. *Bouglé/Halevy*, Doctrine, 269, 276; *Salomon-Delatour*, Lehre, 124, 128.
[81] Vgl. *Bouglé/Halevy*, Doctrine, 258f., 262; *Salomon-Delatour*, Lehre 117ff., 128.
[82] Vgl. *Bambach*, Frühsozialismus, 161, 169.
[83] Ebenda, 179.

Arbeitern und ihren Nachkommen nicht nur soziale Sicherung, sondern auch die Chance, durch ein ausgebautes Bildungssystem in die höchsten Ränge des industriellen Leitungssystems aufrücken zu können.[84]

Der Hebel zur Errichtung des neuen industriellen Systems war jedoch nicht die von den *Saint-Simonisten* perhorreszierte Revolution, sondern die Abschaffung des *Erbrechtes*, d.h. des Rechts, ohne eigene Leistung, durch Ausbeutung fremder Arbeit, Eigentum zu erwerben. Als alleiniger Rechtstitel sollte nur die eigene Arbeit anerkannt werden. Deshalb sahen sie den Staat als Erben von Produktionsmitteln und Geldvermögen vor. Sie erwarteten, daß die bourgeoisen Eigentümer ihr Vermögen gegen eine staatliche Rente freiwillig dem Staat vermachen würden.[85] Was die politisch-institutionellen Vorstellungen betrifft, so folgten die *Saint-Simonisten* im wesentlichen ihrem alten Meister.[86]

Der *Saint-Simonismus* sprach vor allem bürgerliche Intellektuelle an. *George Sand*, *Charles Augustin Sainte-Beuve*, *Victor Hugo*, *Hector Berlioz*, aber auch Vertreter der Dichterschule „Junges Deutschland" wie z.B. *Heinrich Heine* waren von ihm beeindruckt. Die stärkste Aufmerksamkeit erregte die Tätigkeit wohlhabender *Saint-Simonisten* als Bankiers sowie als Organisatoren und Finanziers technisch anspruchsvoller Großprojekte wie des Eisenbahnbaus. Der Bau des Suezkanals geht auf eine saint-simonistische Idee zurück.[87] Staatlich beeinflußte, „technokratische" Entwicklung der Industrie bei gleichzeitiger Beachtung der „sozialen Frage" – dies ist die bleibende Botschaft des *Saint-Simonismus*.

4. Hilfe zur Selbsthilfe: Der Assoziations- und Genossenschaftsgedanke bei *Owen*, *Fourier* und *Proudhon*

Robert Owen (1771-1858), eine der imposantesten Erscheinungen in der Geschichte des Sozialismus, hatte als Unternehmer ungewöhnliche Erfolge. Eine Weltsensation war seine Baumwollspinnerei in New Lanark/Schottland mit ihrer musterhaften Infrastruktur und ebensolchen Arbeitsbedingungen (z.B. Reduktion der täglichen Arbeitszeit auf 10 1/2 Stunden). In Kindergarten und Schule verwirklichte er seine pädagogischen Ideen, die auf Charakterbildung, Altruismus und polytechnischen Unterricht abzielten.[88] Zu seinen Reformideen gehörte ferner die Einrichtung eines Konsumvereins sowie einer Alters- und Krankenversicherung.

Durch den Erfolg seines sozialreformerischen Experiments zu internationalem Ruhm gelangt, setzte er um 1815 seine Autorität im Kampf gegen Arbeitslosigkeit und Kinderarbeit sowie um Arbeitsschutz durch Fabrikgesetze ein. Er befürwortete öffentliche Arbeitsbeschaffungsprogramme und Arbeitsvermittlung; doch

---

[84] *Bambach*, Frühsozialismus, 164, 179; *Bouglé/Halevy*, Doctrine, 262, 351ff., *Salomon-Delatour*, Lehre, 119, 177ff.
[85] Vgl. *Bouglé/Halevy*, Doctrine, 243, 253f.; *Salomon-Delatour*, Lehre, 108, 114; *Bambach*, Frühsozialismus, 365.
[86] Vgl. *Bambach*, Frühsozialismus, 188f., 311.
[87] Vgl. dazu *Emge*, Saint-Simon, 180ff.
[88] Vgl. *Robert Owen*, The Book of the New Moral World, Containing the Rational System of Society, Founded on Demonstrable Facts, Developing the Constitution and Laws of Human Nature and of Society, London 1842, in: Selected Works of Robert Owen, edited by *Gregory Claeys*, Volume 3, London 1993, 289ff.

seine zentrale Idee war die Gründung von industriellen und agrarischen Produktionsgenossenschaften, deren Mitglieder in Kolonien zusammenleben sollten. Zunächst schlug er deren Leitung durch Beamte vor, doch zunehmend setzte er auf das Prinzip der Selbstverwaltung. In diesen Assoziationen könne, so hoffte er, die Monotonie einseitiger Arbeit durch abwechselnde Tätigkeit in Fabrik, Garten und Feld überwunden werden[89]- eine Idee, die *Fourier* in seinen *Phalanstère*-Plänen aufgriff. Die Assoziationen sollten durch privates oder staatliches Kapital solange finanziert werden, bis sie sich selbst tragen könnten.

Owen war davon überzeugt, daß Assoziationen wie einzelne Produzenten dazu übergehen könnten, ihre Produkte unmittelbar oder durch Dazwischenschalten von Konsumgenossenschaften auszutauschen. Dergestalt könne es gelingen, schließlich den privaten Handel und den Gebrauch von Geld – beides hielt er für die Wurzel der Arbeitslosigkeit – zu verdrängen. *Owen* begründete diesen Plan mit Überlegungen, die zu den ersten Formulierungen einer Kritik der liberalen politischen Ökonomie nach Art *Adam Smiths* und *David Ricardos* gehören. Wie diese war er Anhänger der *Arbeitswerttheorie*, d.h. der Lehre, daß der Wert der Waren und des gesellschaftlichen Reichtums auf Arbeit beruhe. Im Gegensatz zu ihnen kritisierte er das Geld, weil es den Waren einen „künstlichen Wert" verleihe und der Handel zur ungleichen Reichtumsverteilung und zu einem künstlichen Lohnsystem führe, „das in seinen Auswirkungen grausamer ist als jede Sklaverei einer barbarischen oder zivilisierten Gesellschaft"[90].

Diese Auswirkungen des Geldes können nach *Owens* Auffassung durch Austausch der Produkte zu ihrem wahren Wert bekämpft werden, und dieser bemesse sich nach dem „Durchschnittswert der menschlichen Arbeit oder Kraft" (the average of human labour or power), der wiederum von der durchschnittlich für die Herstellung einer Ware benötigten Arbeitszeit abhänge.[91] Er entwickelte auf dieser Grundidee den Plan einer „Arbeiterbörse" (Equitable Labour Exchange). Jedem Warenproduzenten müsse Gelegenheit geboten werden, sein Erzeugnis in eine Tauschhalle zu bringen, wo ihr Wert mit Hilfe des Wertmaßes Arbeitszeit eingeschätzt werde. Hierfür erhält er ein Zertifikat, das die üblicherweise für ein solches Produkt benötigte Arbeitszeit bescheinigt und womit er in einer Verkaufsstelle des Konsumvereins äquivalente Güter einkaufen kann. *Owen* schwebte ein System vor, das Produktionsassoziationen, Arbeitsbörsen und Konsumvereine kombinieren sollte. In der Tat kam es in den dreißiger Jahren in London und anderswo zu entsprechenden Gründungen, die sich aber nicht halten konnten.[92]

Owens Neigung, seine sozialreformerischen Ideen utopisch zu überspitzen, äußerte sich in der kurzlebigen Errichtung einer großen Produktionsassoziation in „New Harmony" in dem amerikanischen Staat Indiana im Jahre 1824. Er finanzierte sie anfänglich selbst; später kamen Kapitalbeteiligungen von Mitgliedern und Interessierten hinzu. Besitzlose konnten statt Kapital ihre Arbeitskraft einbringen. Auf Beschluß der Assoziierten wurde alsbald das Privateigentum abgeschafft, was den eigentumskritischen Vorstellungen *Owens* entsprach. „New Harmony" wurde somit zu einem kommunistischen Gemeinwesen, das in vielen Zügen der utopischen Tradition entsprach und im übrigen Schule machte: Auch

---

[89] Vgl. *Robert Owen*, Report to the County of Lanark, in: Selected Works, Volume 1, 287-332, 303ff.
[90] Ebenda, 288-294, 292.
[91] Vgl. ebenda; vgl. ferner *Helene Simon*, Robert Owen. Sein Leben und seine Bedeutung für die Gegenwart, Jena 1905, 222. *Owen* übernahm hier die klassischen Auffassungen der Politischen Ökonomie, gab ihnen jedoch eine kritische Wendung, die Grundpositionen der Marxschen Kritik der Politischen Ökonomie vorwegnahm. Siehe dazu unten Sozialismus I, 3. Kap., I.
[92] Vgl. *Simon*, Owen, 226ff.

die Anhänger *Fouriers* und *Cabets* gründeten in den USA derartige Kolonien. Sie scheiterten alle: die Owensche Kolonie nicht zuletzt deswegen, weil ihre zusammengewürfelten Mitglieder oftmals nicht über die für ein derartiges Unternehmen erforderlichen beruflichen Fertigkeiten und Disziplin verfügten.[93]

Owen war kein scharfer Denker, sondern ein engagierter, praktisch eingestellter Philanthrop, der an die Vervollkommnungsfähigkeit des Menschengeschlechts glaubte. Seine Grundüberzeugungen folgten der Tradition des aufgeklärten englischen Empirismus, z.B. dem Denken *Lockes*, *Humes* und dem Utilitarismus *Benthams*: Die Menschen streben nach Glück; sie bilden ihre Ideen auf Grund ihrer sinnlichen Erfahrungen; ihre Erkenntnisse befähigen sie dazu, ihre praktischen Aufgaben im Umgang mit Natur und Gesellschaft zu bewältigen; ihr Charakter ist ein Produkt ihrer sozialen Umwelt; daher kommt es darauf an, diese menschenwürdig zu gestalten; Aufgabe der Politik ist es, Wege zur gemeinsamen Verwirklichung des menschlichen Glücksverlangens zu finden.[94] Hinzu kamen Einflüsse der eigentumskritischen utopischen Tradition.

Trotz seiner radikalen Neuerungsideen wollte *Owen* den sozialreformerischen Weg beschreiten. Er stand im Kampf um die Fabrikgesetze und um den Achtstundentag als Agitator auf seiten der Arbeiterbewegung, speziell der Gewerkschaften (Trade Unions) und nahm an deren Massenkundgebungen teil; doch klassenkämpferische Konzepte vertrat er nicht.

In *Owens* Denken klingen die meisten Ideen an, die die Entwicklung der sozialistischen Theorie im 19. Jh. prägten: Kritik der ökonomischen Verhältnisse der bürgerlichen Gesellschaft, Ersetzung des Geldes durch Arbeitszeit-Zertifikate, Abschaffung des Privateigentums an Produktionsmitteln, Errichtung von Produktions- und Konsumgenossenschaften, Sozialreform durch Förderung des Gewerkschaftswesens, staatliche Arbeitsbeschaffung und Arbeitsvermittlung. In England wurden *Owens* Ideen durch seine „linksricardianischen" Schüler *William Thompson*, *Thomas Hodgskin* und *John Gray* weitergeführt. Viele französische Frühsozialisten, z.B. einige *Saint-Simonisten*, *Fourier*, *Cabet*, *Dezamy* und *Louis Blanc*, wurden von *Owen* beeinflußt. „Linksricardianisch" wurden *Owens* Schüler deshalb genannt, weil sie aus der ricardianischen Arbeitswerttheorie die Forderung ableiteten, daß von der Wertschöpfung der Arbeit keine Wertanteile in Form von Profit und Grundrente von den Kapitalisten und Grundeigentümern abgezogen werden dürften – in anderen Worten, daß die Ausbeutung abzuschaffen sei.[95]

---

[93] Zu den kommunistischen Kolonien im 19. Jh. vgl. *Michael Tugan-Baranowsky*, Die kommunistischen Gemeinwesen der Neuzeit. Aus dem Russischen von Dr. *Elias Hurwicz*, Gotha 1921. Für den verzweigten amerikanischen *Fourierismus* vgl. die zahlreichen Koloniebildungsversuche vgl. *Carl J. Guarneri*, The Utopian Alternative. Fourierism in Nineteenth-Century America, Ithaca 1991.
[94] Vgl. hauptsächlich *Robert Owen*, A New View of Society; or, Essays on the Principle of the Formation of the Human Character, in: *ders.*, Selected Works, Volume 1, 23-100.
[95] Vgl. *Thomas Hodgskin*, Verteidigung der Arbeit gegen die Ansprüche des Kapitals. Aus dem Englischen übersetzt von Dr. *Friedrich Raffel*. Mit einer einleitenden Abhandlung: Der englische Sozialismus zu Anfang des 19. Jahrhunderts von *Georg Adler*, Leipzig 1909. Zu *Owens* Einwirkung auf den französischen Frühsozialismus vgl. *Markus Elsässer*, Soziale Intentionen und Reformen des Robert Owen in der Frühzeit der Industrialisierung. Analysen seines Wirkens als Unternehmer, Erzieher und Wissenschaftler, Berlin 1984, 202ff. Eine neuere deutsche *Owen*-Edition ist: *Owen*, Das soziale System. Über ein neues Gesellschaftssystem. Über das Eigentum, Leipzig 1988.

Charles Fourier (1772-1837), ein erfolgloser Kaufmannn, entwickelte seine Idee einer assoziativen Organisation der Arbeit aus einem philosophischen Entwurf, in dem sich gesellschaftstheoretische Modernismen mit naiv-phantastischen natur- und geschichtsphilosophischen Anschauungen mischten.[96] Er glaubte, das Gravitationsgesetz *Newtons* durch ein „Gesetz der gesellschaftlichen Bewegung" (mouvement social) ergänzen zu können, dessen Prinzip zwischen den Menschen wirkende „Anziehungs- und Abstoßungskräfte" (attractions et répulsions passionnées) bilden. Diese Kräfte treiben einen historischen Entwicklungsprozeß voran, der zu einer vieltausendjährigen Epoche des Glücks und der Harmonie führt.[97] Sie ist freilich nicht von ewiger Dauer, sondern wird schließlich zerfallen.

Psychisch äußern sich die Anziehungskräfte im Streben nach Genuß und Luxus, d.h. nach Glück und, als dessen Voraussetzung, nach Reichtum.[98] Im Unterschied zur moralphilosophischen Tradition lehnte *Fourier* in konsequent hedonistischer Argumentation die Forderung ab, diese Leidenschaften müßten gemäßigt oder unterdrückt werden, um schädliche Auswirkungen zu vermeiden. Im Gegenteil: Wenn jedermann die Chance habe, seine Leidenschaften ungehindert auszuleben, so erzeuge die Wechselwirkung mit den Leidenschaften anderer gesellschaftliche Harmonie, d.h. ein gesellschaftliches Gravitationssystem, das die Anziehungs- und Abstoßungskräfte der Einzelleidenschaften ausbalanciert.[99]

Voraussetzung dieses Gleichgewichtssystems ist die „genossenschaftliche Ordnung" (Ordre Sociétaire), die auf die Periode der Zivilisation folgen wird. Die aktuelle Zivilisation ist eine Zeit der „sozialen Inkohärenz" (incohérence sociale), in der die Menschen ihren Leidenschaften nur in entfremdender und unwürdiger Weise folgen können.[100] Dies zeigt sich besonders in der Wirtschaft, aber auch, für *Fourier* ebenso wichtig, im Zusammenleben der Geschlechter, unter dem besonders die Frauen zu leiden haben. *Fourier* war ein Pionier der Frauenemanzipation. Er wollte die bürgerliche Ehe durch freie Liebesverhältnisse ersetzen.[101]

Fouriers Kritik der bürgerlichen Ökonomie zielte hinsichtlich der industriellen Produktion auf die vereinseitigenden Folgen der Arbeitsteilung und hinsichtlich der Distribution auf die Handelspraktiken, die er für sozialschädlich hielt. Sie galt vor allem dem betrügerischen Bankrott, der ehrliche Kaufleute ruiniere und das Volk um sein bißchen Geld bringe, ferner den Börsenspekulationen und wucherischen Aufkäufen, die Lebensmittel und Rohstoffe willkürlich verteuerten. All dies sei „Raub am Volk". Gleichwohl hielten die Nationalökonomen an ihrer li-

---

[96] Zur Biographie vgl. *Emile Lehouck*, Vie de Charles Fourier, Paris 1978.

[97] Théorie des quatres mouvements et des destinées générales (1808), in: Oeuvres complètes de *Charles Fourier*. Tome I. Éditions anthropos, Paris 1968, introduction: XXXV,1,11,93. Für eine deutsche Übersetzung siehe *Charles Fourier*, Theorie der vier Bewegungen und der allgemeinen Bestimmungen, hrsg. von *Theodor W. Adorno*, eingeleitet von *Elisabeth Lenk*, Frankfurt a.M. 1966, 45, 56, 148. *Fourier* unterstellte eine phantasievoll erdachte Periodisierung des historischen Aufstiegs- und Zerfallsprozesses.

[98] *Fourier*, Mouvements, 9, 76ff.; *ders.*, Bewegungen, 53, 129ff.

[99] Vgl. *ders.*, Mouvements, 9; *ders.*, Bewegungen, 54.

[100] Vgl. *ders.*, Mouvements, 14, 92f.; *ders.*, Bewegungen, 60, 118.

[101] Vgl. *ders.*, Mouvements, 110-151; *ders.*, Bewegungen 164-211. Die Vorstellung, daß Emanzipation die freie Entfaltung der menschlichen Anlagen bedeute, hat das sozialistische Denken stark beeinflußt.

beralen Doktrin fest. Es komme aber darauf an, die „anarchische Konkurrenz" (concurrence anarchique) durch die „societäre Konkurrenz" zu ersetzen.[102]

Fourier glaubte, diese sozialen Mißstände könnten mit Hilfe seines utopisch-futuristischen Assoziationsmodells der *Phalangen* überwunden werden. Damit meinte er eine ungefähr 2000 Menschen umfassende Genossenschaft, die ein bestimmtes Territorium bewirtschaftet und in einem „*Phalanstère*" zusammenlebt, d.h. in einem durchdacht gegliederten, von einer Parklandschaft umgebenen schloßartigen Gebäude, und die ihren Bewohnern die Entfaltung ihrer kulturellen, kulinarischen und sexuellen Bedürfnisse ermöglicht. Die Tätigkeit in Arbeitsgruppen (Serien) soll abwechslungsreich sein, wodurch nicht nur Langeweile vermieden, sondern zugleich die Produktion quantitativ wie qualitativ erheblich gesteigert wird. Hierzu trägt auch der „faire Wettbewerb" zwischen den Arbeitsgruppen bei.[103] Die Vereinheitlichung der Infrastruktur des Zusammenlebens vieler Menschen (z.B. das Einrichten von Großküchen) ermöglicht zudem Rationalisierungseffekte. *Fourier* flankierte seine Vision nichtentfremdeter Arbeit durch ein polytechnisch orientiertes Erziehungskonzept, das an spezifische Neigungen und Talente der Kinder anknüpft.[104] Die sozialistische Theorie hat sich immer wieder mit pädagogischen Vorstellungen dieser Art beschäftigt.

Wie die *Saint-Simonisten* steht *Fourier* der egalitären, republikanisch-jakobinischen Tradition fern. Er denkt auch nicht daran, das Geld abzuschaffen. Die *Phalangen* sind eine Art von Aktiengesellschaften, in die man sich einkaufen kann, wobei die soziale Stellung sowie der Komfort, den die einzelnen in den *Phalanstères* genießen können, vom aufgewandten Kapitaleinsatz abhängt.[105]

Fourier und seine Schüler waren davon überzeugt, daß das Phalangensystem „ohne irgendwelche Gefahr für die bestehende Ordnung" errichtet werden könne.[106] Es gehe den Fourieristen, so *Victor Considérant*, weder um Religion und Politik, sondern allein um die Organisation der Arbeit. *Fourier*, von der Verschiedenheit der menschlichen Leidenschaften und Bedürfnisse überzeugt, kritisierte die egalitären Menschenrechtsprinzipien der Aufklärung. Aus ihnen sei letztlich der bourgeoise Anspruch auf individuelle Eigentumsbildung und -verwertung entstanden, der die Bedeutung des „Rechts auf Arbeit" (droit au travail) mißachte.[107] Dieser Kritik entsprach die Ablehnung des Parlamentarismus als des politischen Überbaus der bourgeoisen Gesellschaft. Die Fourieristen rechneten damit, daß sich die Kombination von Produktion, Konsumtion und kultureller Betätigung in den Phalangen als so erfolgreich erweisen würde, daß sich diese zwanglos ausbreiten und zur vorherrschenden Form des Zusammenlebens

---

[102] Vgl. *Fourier*, Mouvements, 222ff., 340, 263; *ders.*, Bewegungen, 290ff., 10, 333.
[103] Vgl. *ders.*, Mouvements, 8ff., 56, 70, 118, 152ff.; *ders.*, Bewegungen, 226f., 175ff. *Fouriers* Gesellschaftsideal war eigentlich vorindustriell, was von marxistischen Autoren kritisiert wird, während heute die Vision einer mit der Natur versöhnten Arbeitswelt positiv gesehen wird; vgl. *Lehouck*, Fourier, 6.
[104] Vgl. *Bambach*, Frühsozialismus, 215f.
[105] Vgl. dazu und zum Folgenden den in dem Sammelband *Kool/Krause*, Sozialisten, abgedruckten Beitrag des Fourieristen *Victor Considérant*, Fouriers System der sozialen Reform (1845), ebenda, 213-241.
[106] Vgl. ebenda, 217f.; *Fourier*, Mouvement, 98f.
[107] Vgl. *ders.*, Mouvement, 265; *ders.*, Bewegungen, 336. Auch *Marx* kritisierte die Idee abstrakter Menschenrechte, die den bourgeoisen Egoismus freigesetzt habe. Vgl. *Marx*, Zur Judenfrage, MEW 1, 316-367; MEGA I 2, 155-160.

werden würden.[108] Die Fourieristen bzw. die „sozietäre Schule", die seit 1812 die Zeitschrift „Réforme industrielle ou le Phalanstère" herausgaben, fanden bei den Arbeitern eine eher bescheidene Resonanz. Bürgerliche Intellektuelle, die den Saint-Simonismus schätzten, hatten oftmals auch ein Faible für die fourieristische Schule, z.B. *George Sand* und *Heinrich Heine.*

Das arbeitende Volk müsse sich selbst von den Mächten, die es versklavten, befreien, nämlich von Kapital, Staat und Kirche – das ist die Botschaft *Pierre-Joseph Proudhons* (1809-1865). Seine Auffassungen lassen sich nur schwer im Hauptstrom des sozialistischen Denkens verorten, denn sie haben liberale (eigentlich libertäre) und anarchistische Aspekte. Zugleich war er ein entschiedener Kritiker der bürgerlichen Politischen Ökonomie und bezeichnete sich selbst als Sozialisten, obwohl er die Konzeptionen des französischen Frühsozialismus und Kommunismus ganz überwiegend ablehnte.[109] Für die Ideengeschichte des deutschen Sozialismus ist *Proudhons* Denken interessant, weil es eine kleine Gemeinde deutscher *Proudhonisten* gab und *Marx* sich in der Entwicklung seiner ökonomischen Theorie mit *Proudhon* auseinandersetzte.

Proudhon, Sohn eines verarmten Küfers und Bierbrauers, gelernter Buchdrucker, kurzfristig auch Druckereibesitzer, verblüffte 1840 das Publikum mit der Streitschrift „Was ist das Eigentum?" (Qu'est-ce que la propriété?), in der er dieses kurzerhand für „Diebstahl" erklärte („la propriété c'est le vol").[110] Keines der in Rechtswissenschaft und Philosophie vorgebrachten Argumente könne es als exklusives „Recht des Ge- und Mißbrauchs" (ius utendi et abutendi, so das römische Recht) begründen. Die Menschen hätten gleiches Lebensrecht und gleiche Bedürfnisse. Um sie befriedigen zu können, müßten sie arbeiten, woraus ein Recht auf Arbeit und auf die zu seiner Verwirklichung erforderlichen Produktionsvoraussetzungen abzuleiten sei. Aus dem Privateigentum würden Rechtsfiguren wie Veräußerung, Schenkung, Erbrecht usw. abgeleitet, die soziale Herrschaftsverhältnisse erzeugten und letztlich die „absoluten Rechte" der Menschen, Gleichheit, Freiheit, Sicherheit und Recht auf Arbeit, vernichteten.[111] Es müsse deshalb durch Besitz, das Recht auf faktisches Innehaben, ersetzt werden. Die vom Pri-

---

[108] Für die politischen Formen einer in *Phalangen* organisierten Gesellschaft vgl. *Bambach*, Frühsozialismus, 228, 326ff.

[109] Vgl. Oeuvres de P.-J. Proudhon. Nouvelle Edition publiée avec des Notes et des Documents inédits sous la direction de *Célestin Bouglé & Henri Moysset*. Système des Contradictions Économiques ou Philosophie de la Misère, vol. II. Introduction et Notes de *Roger Picard*, Paris 1923, 257ff., 273 (deutsche Übersetzung: *Pierre Joseph Proudhon*, Philosophie der Staatsökonomie oder Notwendigkeit des Elends. Deutsch bearbeitet von *Karl Grün*. 2 Bde., Darmstadt 1847, Neudruck Aalen 1966); ferner *Proudhon*, Oeuvres Complètes, Les Confessions d'un Révolutionnaire pour servir à l'Histoire de la Révolution de Février. Introduction, Appendices et Notes de *Daniel Halévy*, Paris 1919 (deutsche Übersetzung: *Pierre Joseph Proudhon*, Bekenntnisse eines Revolutionärs, um zur Geschichtsschreibung der Februarrevolution beizutragen, hrsg. von *Günther Hillmann*, Reinbek 1969).

[110] Vgl. *Proudhon*, Oevres complètes, Candidature à la Pension Suard. De la célébration du dimanche. Qu'est-ce que la propriété? Introduction et notes de M. *Augé-Laribé*, Paris, 1926, 131f., (deutsche Übersetzung: *P.J. Proudhon*, Was ist das Eigentum? Erste Denkschrift. Untersuchungen über den Ursprung und die Grundlagen des Rechts und der Herrschaft. Aus dem Französischen zum ersten Male vollständig übersetzt und mit einem Vorwort von *Alfons Fedor Cohn*, Berlin 1896, 1). Zum Denken *Proudhons* vgl. *Leroy*, Histoire, tome II, 461-510; tome III, d'Auguste Comte à P.-J. Proudhon, Paris 1954, 282-299.

[111] Vgl. *Proudhon*, Propriété, 164, 176, 180, 185; vgl. *ders.*, Eigentum, 35, 49, 54, 59.

vateigentum verursachte gesellschaftliche Fehlentwicklung ende schließlich in einer Krise, die *Proudhon* mit Hilfe einer Unterkonsumtionstheorie erklärte: Unzureichende Löhne zwängen die Arbeiter zur verstärkten gegenseitigen Konkurrenz, die die Lohnhöhe weiter drücke, weshalb der Absatz stagniere, was die Unternehmer wiederum zur Verbilligung der Produktion durch Maschineneinsatz sowie Frauen- und Kinderarbeit zwinge. Die Absatzkrise und die Kapitalzinsen bewirkten Unternehmenskonkurse – kurz, eine Abwärtsspirale, die in verbreiteter Arbeitslosigkeit, Massenelend, Hunger und Tod ende.[112]

Proudhon hielt Eigentum und „Ausbeutung des Menschen durch den Menschen" für die beiden Seiten einer Medaille. Ihre Dramatik verdeutlichte er mit dem Hinweis auf die „kollektive Arbeitskraft" (force collective):

„Der Capitalist, sagt man, hat den Arbeitern ihren Tagelohn bezahlt; um genau zu sein, muß man sagen, daß der Capitalist ebenso oft einen Tagelohn bezahlt hat, als er Arbeiter täglich verwendet hat; denn das ist durchaus nicht dasselbe. Jene ungeheure Kraft nämlich, die aus der Vereinigung und der Harmonie der Arbeiter, aus der gleichen Richtung und Gleichzeitigkeit ihrer Anstrengungen entsteht, die hat er nicht bezahlt. Zweihundert Grenadiere haben in wenig Stunden den Obelisk von Luxor auf sein Postament gehoben; nimmt man wohl an, daß ein einzelner Mensch dies in zweihundert Tagen geschafft hätte? Dennoch wären für die Rechnung des Capitalisten die Summe der Löhne die gleiche gewesen. (...) wenn Ihr alle einzelnen Kräfte bezahlt habt, so habt Ihr doch die Gesamtkraft nicht bezahlt; folglich bleibt immer noch ein Gesamteigentumsrecht übrig, das Ihr nicht erworben habt und daher mit Unrecht genießt."[113]

Als Lösung des Verteilungsproblems schwebte *Proudhon* ein System des gerechten Äquivalententauschs zwischen unabhängigen Produzenten vor. Zugrunde lag dieser Vorstellung, daß das Gesamtprodukt in einer Gesellschaft als Ergebnis der (freilich in Einzelarbeit erbrachten) Gesamtarbeit aller Produzenten aufgefaßt werden könne. *Proudhon* leugnete nicht, daß die Produzenten unterschiedliche Fähigkeiten besitzen; doch dies spiele, wenn jeder sich nach Kräften bemühe, eine zweitrangige Rolle. Deshalb befürwortete er in seiner Eigentumsschrift Lohngleichheit, eine Auffassung, von der er später abrückte. Gültig blieb für ihn jedoch das Prinzip: „Damit der Produzent lebe, muß er mit seinem Arbeitslohn sein Produkt zurückkaufen können." Anders formuliert: Der Wert eines Produkts, bzw. dessen dafür erworbenes Geldäquivalent, muß notwendig das Produkt eines anderen Produzenten kaufen können, und vice versa. Im Grunde wiederholt diese Forderung die These des liberalen Erzfeindes der Sozialisten *Jean Baptiste Say* (1767-1832): „Produkte kaufen sich mit Produkten."[114] Gemäß der Proudhonschen Adaption dieses Grundgedankens sind Übervorteilung von Produzenten und ungleiche Kapitalakkumulation, damit Ausbeutung, ausgeschlossen.

In seinem ökonomischen Hauptwerk, dem „System der ökonomischen Widersprüche oder Philosophie des Elends" (Système des Contradictions Économiques

---

[112] Vgl. *Proudhon*, Propriété, 270ff.; vgl. *ders.*, Eigentum, 152ff. Krisentheorien standen immer im Zentrum des sozialistischen Denkens.

[113] *Ders.*, Propriété, 215f.; vgl. *ders.*, Eigentum, 91, 94, 231. Zur Bedeutung der Proudhonschen Theorie der Kollektivkraft vgl. *Hillmanns* Nachwort zu *Proudhon*, Bekenntnisse, 230ff.

[114] Zu *Say* vgl. *Charles Gide/Charles Rist*, Geschichte der volkswirtschaftlichen Lehrmeinungen, zweite Auflage nach der dritten französischen Ausgabe hrsg. von *Franz Oppenheimer*, Jena 1921, 117-127, 124. Vgl. auch *Proudhon*, Propriété, 221, 224ff., 240, 270, 278; vgl. *ders.*, Eigentum, 97, 101ff., 118, 150, 158.

ou Philosophie de la Misère) bemühte sich *Proudhon* um eine ausgearbeitete Fassung seiner Theorie. Methodisch knüpfte er an die „gesellschaftliche Kollektivarbeit" an, versuchte jedoch, das Verteilungsproblem mit Hilfe der Arbeitswerttheorie zu präzisieren. Er führte als Axiom ein, daß jede Arbeit einen Überschuß erziele. Gerade dieser werde auf Grund der irregulären Tauschbeziehungen (commerce) den kapitallosen Produzenten „gestohlen".[115]

In einer brüderlichen und gerechten Gesellschaft müßten diese ausbeuterischen Beziehungen abgeschafft werden. Das könne auf Grundlage eines gerechten Wertes geschehen, mit dessen Hilfe die Anteile am gesellschaftlichen Reichtum nach Maßgabe der vom einzelnen Produzenten aufgewandten Arbeit verteilt werden. *Proudhon* nennt ihn den „konstituierten Wert" (valeur constituée). Er wird durch Arbeit geschaffen, deren wertschaffende Kraft durch die aufgewandte Arbeitszeit gemessen wird. Er entsteht nur dann, wenn das Arbeitsprodukt nützlich und verkäuflich ist. Seine Höhe entspricht dessen Durchschnittspreis in einer Periode.[116] In seiner Schrift „Allgemeine Idee der Revolution im 19. Jahrhundert" (Idée générale de la Revolution au XIXe siècle) nennt er als Grundlage eines gerechten Austausches den „gerechten Preis", der auf eine nicht genau explizierte Weise mit dem konstituierten Wert zusammenhängt und auf den Produktionskosten sowie dem Kaufmannslohn bzw. der Entschädigung für den Vorteil, auf den der Verkäufer durch Hergabe seiner Ware verzichtet, beruht. Der gerechte Preis enthält keinen ungerechtfertigten Preisaufschlag (agiotage).[117]

Proudhon unterstellte eine Tendenz der gesellschaftlichen und ökonomischen Entwicklung zur Durchsetzung des „gerechten Tausches". Die „Organisation der Arbeit" werde sich, anders als die Sozialisten annähmen, spontan bilden; sie werde die Grundlage einer Gesellschaft der Freiheit, Gleichheit und allgemeinen Wohlfahrt sein, in der das Prinzip der ausgleichenden Gerechtigkeit (justice commutative) herrsche und nicht das von Kommunisten und Sozialisten bevorzugte Prinzip der austeilenden Gerechtigkeit (justice distributive).[118]

---

[115] Vgl. *Proudhon*, Système, vol. I, 77, 122f; *ders.*, Staatsökonomie, 15, 67f.

[116] Vgl. *ders.*, Système, vol. I, 115,112,104; *ders.*, Staatsökonomie, 59, 56, 46. *Marx* unterzog *Proudhons* Theorie des konstituierten Wertes in seiner Schrift „Misère de la philosophie. Réponse à la philosophie de la misère de M. Proudhon, Paris, Bruxelles 1847" (überwiegend studiert in der deutschen Fassung „Das Elend der Philosophie. Antwort auf Proudhons ‚Philosophie des Elends'"), einer vernichtenden Kritik, in: MEW 4, 65-192. *Proudhon* arbeite mit unhistorischen Abstraktionen und unpassenden Modellen, die wichtige Faktoren, z.B. die Nachfrage, vergäßen, auf ungenügender Kenntnis der Werttheorie *Ricardos* beruhten und auf der Basis des „konstituierten Wertes", der ein „fertig konstituiertes ‚Proportionalitäts-Verhältnis'" unterstelle, ein Tauschsystem errichten wollten, das aber durch die Dynamik von Angebot und Nachfrage ständig durcheinandergebracht werde; *Proudhon* wolle den Wertetausch, das Prinzip der kapitalistischen Gesellschaft, zum Prinzip der künftigen emanzipierten Gesellschaft machen; schließlich nehme er die Originalität dieses Gedankens vergeblich für sich in Anspruch, denn die (owensche) linksricardianische Schule (siehe oben Sozialismus I, 1. Kap., II, 4) habe ihn vorweggenommen: ebenda, 57, 64, 68f., 71, 75, 83f., 89ff. In der Tat enthält *Marx*' „Kapital" eine weit differenziertere Wertlehre, siehe unten Sozialismus I, 2. Kap., III.

[117] Vgl. *Proudhon*, Oeuvres complètes. Idée générale de la Révolution au XIXe siècle. Introduction et Notes de Aimé Berthod, Paris 1924, 286f. Die Vorstellung eines gerechten Preises nimmt eine alte Forderung aus der Zeit der christlichen Scholastik auf.

[118] Vgl. *ders.*, Système, vol. I, 75, 103,114; *ders.*, Idée générale, 123, 237ff., 283ff. *Leroy*, Histoire, tome II, spricht von einer immanenten Geschichtslogik *Proudhons*, die zur gerechten Gesell-

Proudhons System der ökonomischen Beziehungen und Tendenzen läuft auf eine Abfolge von Darstellungen grundlegender ökonomischer Kategorien wie Wert (valeur), Arbeitsteilung (division du travail), Maschinen (machines), Konkurrenz (concurrence), Monopol (monopole), Handelsgleichgewicht (balance du commerce), Kredit (crédit), Eigentum (propriété), Kommunismus (communauté) hinaus, die, wie er unterstellt, in einem entwicklungslogischen Zusammenhang stehen. Sie besitzen nämlich jeweilige Vorteile, aber auch sich verschärfende Mängel; diese wiederum erzeugen Überwindungsstrategien, die das System immer komplexer werden lassen, bis schließlich der Schritt zur emanzipierten Gesellschaft getan werden kann. *Proudhon* hat seine Methode in die Nähe des dialektischen Denken *Hegels* gerückt. Viele Beobachter, an erster Stelle *Marx*, meinten jedoch, daß *Proudhon* mit *Hegels* Dialektik wenig zu tun habe; höchstens könne man von *Proudhons* Affinität zum dialektischen Denken sprechen.[119]

Die Bedeutung des „Systems der ökonomischen Widersprüche" liegt in den materialreichen Teilanalysen, die zeigen, daß ökonomische Prinzipien wie Arbeitsteilung und Konkurrenz, aber auch die Einführung des Maschinenwesens, die Möglichkeiten der Erzeugung gesellschaftlichen Reichtums enorm erweitert, doch zugleich eine Tendenz zur Verelendung der kapitalarmen Handwerker und kapitallosen Arbeiter bewirkt haben. Das Eigentum besitzt z.B. eine eigentümliche Dialektik: Auf der einen Seite ist es nach wie vor „Diebstahl", doch auf der anderen zugleich die Basis der persönlichen Freiheit. Es geht also – anders als *Proudhon* in der Eigentumsschrift postulierte – nicht darum, es zu beseitigen, sondern soziale Verhältnisse zu schaffen, in denen es nicht nur mit der Gleichheit zusammen bestehen kann, sondern die Grundlage von Freiheit und Gleichheit bildet. Dies bedeutet, daß Aneignung, die nicht auf eigener Arbeit, sondern auf Kapitaleigentum, d.h. auf Ausbeutung beruht, unterbunden werden muß.[120]

Der Kredit bewirkt eine ähnliche Dialektik. Er dient zur Mobilisierung des Wertes und könnte deshalb dem kleinen Produzenten die Chance bieten, sich Werkzeuge, Maschinen und Rohstoffe zu beschaffen, während er auf der Konsumentenseite den Kauf seiner Produkte erleichtern würde. Diese Mobilisierung von Produktion und Konsumtion könnte – freie und gleiche Produktions- und Tauschverhältnisse vorausgesetzt – zu einem Höchstmaß von Freiheit und Gleichheit in der Gesellschaft führen. Doch in Wirklichkeit kehren sich alle ökonomischen Neuerungen wie Maschinen, Konkurrenz, Schutzzölle usw. gegen die arbeitenden Klassen und nützen nur den privilegierten Klassen: „Alles durch den Arbeiter und alles gegen den Arbeiter." (Tout par le travailleur et tout contre le travailleur).[121]

Am Schluß der „Ökonomischen Widersprüche" deutete *Proudhon* an, daß die ökonomische Entwicklungsdialektik zu einer Organisation des Kredits weitertreiben könnte, die auf einem System wechselseitiger Sicherheitsleistungen der Kre-

---

schaft führe, in: ebenda, 494. Für die Unterscheidung von ausgleichender und austeilender Gerechtigkeit vgl. *Proudhon*, Idée générale, 186ff., 285f.

[119] Für *Marx*' Zurückweisung des angeblichen Hegelianismus *Proudhons* vgl. *Marx*, Elend, 124ff., vgl. ferner die Einleitung *Roger Picards* zu *Proudhon*, Système, vol. I, 21-32.

[120] Vgl. ders., Système, vol. II, 182, 189, 196, 210, 215f., 235. Zu *Proudhons* Wendung zur Anerkennung des Privateigentums als Voraussetzung einer freien und gerechten Gesellschaft vgl. auch ders., Idées, 269ff.

[121] Vgl. ders., Système, vol. II, 94f., 111, 118, 128, 130, 139.

ditnehmer und -geber (mutualité, réciprocité) beruhe. Konkrete Umrisse nahmen diese Vorstellungen im Revolutionsjahr 1848 an. Es sollte eine Tauschbank (banque d'échange) mit Hilfe der französischen Nationalbank zu dem Zweck errichtet werden, den Produzenten zu zinslosen Krediten zu verhelfen, d.h. der Mobilisierungseffekt sollte ohne das Entstehen von arbeitslosem Einkommen durch Zinsgewinn zustande kommen.[122] Als Übergangskonzept schlug er vor, den Zins graduell bis zur Zinslosigkeit zu senken. Eine ausführliche Erläuterung des Proudhonschen Planes muß hier unterbleiben. Geld sollte reines Umlaufmittel, Wertzertifikat sein, seine Bezugsbasis die tatsächlich gehandelten Waren. Geldwert und Warenwert sollten sich quasi widerspiegeln, d.h. der auf den Zertifikaten ausgewiesene Wert dem der ausgetauschten Waren genau entsprechen.

Proudhon verknüpfte sein Tauschbankkonzept mit der Errichtung einer anarchistisch-mutualistischen Gesellschaft.[123] In dieser könnten alle zentralen politischen Institutionen abgeschafft und durch föderalistische Strukturen, basierend auf der Kommune (in späteren Schriften sind auch Provinzen und eine Art von zentralstaatlichem Gebilde vorgesehen), ersetzt werden.[124] Die erforderliche Zentralität des Währungssystems könne von einer zentralen Tauschbank erreicht werden. Ansonsten ist *Proudhons* Dezentralisierungspostulat konsequent. Zentrale Administration und Polizei, schulische und universitäre Ausbildung sowie die Gerichtsbarkeit sollen durch radikale Kommunalisierung ersetzt werden. Die Bürger einer Kommune werden ihre Lehrer und Richter unabhängig von ihrer akademischen Qualifikation selber wählen.[125]

Leitbild des Proudhonschen Mutualismus sind der unabhängige Einzelproduzent oder Zusammenschlüsse von solchen, die sich durch Verträge die wechselseitige Abnahme ihrer Produkte garantieren. Bleibt freilich das Problem der unerläßlichen Großproduktion oder Herstellung von Infrastruktur, also Bergbau, Eisenproduktion, Eisenbahnbau usw., die von Einzelproduzenten nicht bewerkstelligt werden können, sondern den kombinierten Einsatz von Arbeitskräften erfordern. Den üblichen Einsatz von Kapitalgesellschaften, die auf Ausbeutung und Profit beruhen, mußte *Proudhon* ablehnen. Doch andererseits sprach er sich gegen die Arbeiterassoziationen (associations ouvrières) aus, die von den meisten zeitgenössischen Sozialisten propagiert wurden. Sie kombinierten einfache Arbeit nur additiv, schleppten ineffiziente Arbeiter mit, wirkten nivellierend und organisierten die Arbeit unzureichend. Allein die Konsumgenossenschaften konnten vor seinen Augen bestehen.[126] *Proudhon* nannte die Unternehmen der industriellen Großprojekte nicht Assoziationen, sondern „Arbeitergesellschaften" (Compagnies ouvrières). Die Arbeiter sind am Unternehmen

---

[122] *Proudhon* versuchte in der Revolutionszeit, seine Vorstellungen politisch umzusetzen; vgl. dazu sein „Programme révolutionnaire aux électeurs de la Seine" sowie „Proposition relative à l'impôt sur le revenu et discours prononcé à l'Assemblée Nationale (31 juillet 1848)", in: *ders.*, Oeuvres complètes. Deuxième Mémoire sur la Propriété. Avertissements aux Propriétaires. Programme Révolutionnaire. Impôt sur le Revenu. Le Droit au Travail et le Droit de Propriété. Introductions et Notes de *Michel Augé-Laribé*, Paris 1938, 301-406. Zu den Vorgängen vgl. *Proudhons* Erinnerungen „Confessions d'un Révolutionaire" (deutsche Übersetzung: Bekenntnisse eines Revolutionärs, um zur Geschichtsschreibung der Februarrevolution beizutragen, hrsg. von *Günther Hillmann*, Reinbek 1969). Zu seinen Konzeptionen in der Revolutionszeit vgl. *Proudhon*, Idée; speziell zur Tauschbank: ebenda, 242ff.

[123] Eine ausführliche Darstellung des Proudhonschen Tauschbankkonzepts findet sich bei *Gide/Rist*, Lehrmeinungen, 332ff.

[124] Zu *Proudhons* föderalistischen Vorstellungen vgl. *Leroy*, Proudhon, Le Fédéralisme politique et social de Proudhon, in: *ders*, Histoire, tome III, Paris 1954, 282-299, 294.

[125] Vgl. dazu die programmatischen Äußerungen in: *Proudhon*, Idée, 133, 303ff., 310ff., 316ff., 326.

[126] Zu *Proudhons* Ablehnung der gängigen sozialistischen Assoziationsvorstellungen vgl. ebenda, 158ff.; für seine Befürwortung von Konsumgenossenschaften ebenda, 165, 171, 289.

beteiligt. Allerdings ist angesichts ihrer komplexen Aufgaben eine Betriebshierarchie unerläßlich. Er sah deshalb eine qualifizierte Unternehmensleitung und ein Aufsichtsgremium vor, in denen die einfachen Arbeiter allerdings vertreten sein müssen. Ferner werden bei der Entlohnung Qualifikationskriterien berücksichtigt. *Proudhon* hielt damit seine egalitären Vorstellungen notdürftig aufrecht. Berufliche Höherbildung soll die Belegschaft in die Lage versetzen, das Unternehmen künftig selber zu führen.[127]

Alle sozialen und ökonomischen Beziehungen, vom einfachen Warentausch bis zur Gründung der „Arbeitergesellschaften", auch die politischen Zusammenschlüsse, müssen nach *Proudhons* fester Überzeugung auf Vertrag (contrat) beruhen. Der Vertrag ist das einzige Instrument der Willensbildung, das der Menschen höchstes Gut, die Freiheit, bewahrt und Fremdbestimmung ausschließt. Kein Autor hat jemals den Kontraktualismus mit größerer Überzeugungskraft propagiert als er. Dies macht seine Sonderstellung im Spektrum der sozialistischen Dogmengeschichte aus. Sein Denken zeigt Züge des bürgerlichen Naturrechts; auch unterstellte er im Gegensatz zu den meisten Sozialisten und Kommunisten keine natürliche Solidarität der Menschen, sondern Egoismus und Nutzenstreben.[128]

Proudhon war ein entschiedener Kritiker der politischen und ökonomischen Vorstellungen des Kommunismus und Sozialismus, denen er alles beherrschenden Zentralismus nach jakobinischem Muster vorwarf. Die Sozialisten und Kommunisten würden ihn, einmal an die Macht gelangt, ungebrochen fortsetzen. Die Vorstellungen *Cabets* und der *Saint-Simonisten* bewiesen dies hinlänglich; selbst *Louis Blanc* mache keine Ausnahme: Sie würden zentralisieren, administrieren und hierarchisieren.[129] Auch das allgemeine Wahlrecht und ein demokratisches Repräsentationssystem, selbst der Vorschlag einer direkten Volksgesetzgebung, konnten seinen Verdacht nicht zerstreuen. *Proudhon* mißtraute der Einsichtsfähigkeit der Arbeiter. Er setzte auf die selbst arbeitenden Kleinbürger, genau genommen auf ein Bündnis zwischen diesen und den Arbeitern, was ihm von sozialistischer Seite den Vorwurf kleinbürgerlichen Denkens eintrug. *Louis Blancs* Rede vom „Staat als Diener" (État serviteur) oder seine Parole „der Staat, das seid Ihr" (l'État, c'est vous, d.h. das Volk) hielt er für Phrasen. Auch die in Frankreich verbreitete christliche Begründung des Sozialismus traf sein Verdikt. Gott und Kirche waren für ihn dem Staate analoge autoritäre Instanzen.[130]

Der zweite Argumentationsstrang richtete sich gegen die ökonomischen Vorstellungen der Sozialisten und Kommunisten. Kommunisten vom Schlage *Cabets* verkündeten eine unpraktizierbare Utopie. Das sozialistische Konzept einer „Organisation der Arbeit" verfüge über keine Wert- und Verteilungslehre und arbeite mit unrealistischen Annahmen. Letztlich liefen diese Vorstellungen auf Bürokra-

---

[127] *Proudhon*, Idée, 275ff., ferner die Einleitung hierzu von *Michel Augé-Laribé*, ebenda, 43ff.
[128] Vgl. *Proudhon*, Idée, 275; *ders.*, Système, vol I, 213. *Richard Saage* hat den Unterschied zwischen dem bürgerlichen Kontraktualismus und der utopischen Tradition mit ihrer Affinität zu sozialistischem Denken herausgearbeitet: vgl. *Saage*, Vertragsdenken und Utopie. Studien zur politischen Theorie und zur Sozialphilosophie der frühen Neuzeit, Frankfurt a.M. 1989.
[129] Vgl. bereits *Proudhon*, Système, vol. I, 97; *ders.*, Idée und *Berthods* Einleitung sowie die in diesem Band enthaltene „Polémique contre Louis Blanc et Pierre Leroux", 30, 58f., 152, 246, 376.
[130] Vgl. *Proudhon*, Idée, 93f., 177f., 301, 362. Vgl. auch die Auseinandersetzung mit dem Schüler des bekanntesten religiösen Sozialisten *de Lamennais*, *Pierre Leroux*, in: *Proudhon*, Polémique, 384.

tie und Verteilung durch Rationierung hinaus. Woher wisse *Louis Blanc*, daß die von ihm propagierten Arbeiterassoziationen produktiver sein würden als die Privatindustrie, so daß diese schließlich niederkonkurriert werden könne? Die Forderung, sie mit Hilfe von Staatskredit einzuführen, heiße paradoxerweise, Kapital zu fordern, um das Kapital bekämpfen zu können. Soziale Reformen könnten niemals von oben her eingeführt werden.[131]

5. Staatsorientierter Sozialdemokratismus: *Louis Blanc*

Louis Blanc (1811-1882) entstammte einer Beamtenfamilie, erhielt eine höhere Schulbildung, arbeitete als Hauslehrer und begann unter dem Bürgerkönig *Louis-Philippe* eine erfolgreiche publizistische und journalistische Karriere. Seine mehrbändige Geschichte des Bürgerkönigtums „Révolution française. Histoire des Dix Ans. 1830-1840" (1842) ist ein bedeutendes Werk, das die Auswirkungen des Wirtschaftsliberalismus auf die Lage der Arbeiterschaft und deren Versuche schildert, sich durch gewerkschaftliche Zusammenschlüsse, tarifliche Regelungen von Lohnhöhe und Arbeitszeit und Gründung von Arbeiter-Produktivassoziationen und anderen Selbsthilfeorganisationen der Verelendung entgegenzustemmen.[132] Seinen Ruhm als Theoretiker des Sozialismus verdankte er seiner aus einer Artikelserie hervorgegangenen Schrift „Organisation der Arbeit" (Organisation du travail, 1840), die bis zum Jahre 1850 neun Auflagen erlebte. Sie propagierte das klassische sozialistische Menschenrecht „Recht auf Arbeit", auf das Arbeiter in ganz Europa ihre Hoffnung setzten.[133]

Nach der Februarrevolution des Jahres 1848 hatte es den Anschein, als könne *Blanc* sein Konzept der „Organisation der Arbeit", dessen Kernvorstellung in der Schaffung von Arbeiter-Produktivgenossenschaften (ateliers sociaux) lag, verwirklichen. Er wurde Regierungsmitglied und Parlamentarier, sodann Präsident der umstrittenen „Commission du Luxembourg", die sich der „Organisation der Arbeit" annehmen sollte. Sie besaß keine administrativen Kompetenzen, sondern fungierte als Diskussionsforum der verschiedenen nationalökonomischen (sozialistischen und bürgerlichen) Schulen. Das eigentliche Regierungskonzept zur Bekämpfung der Arbeitslosigkeit durch „Nationalateliers" (ateliers nationaux) stammte nicht von *Blanc*, sondern von dem bürgerlichen Minister für öffentliche Arbeiten *Alexandre Marie*. Es lief auf eine schlecht bezahlte Beschäftigung von Arbeitslosen durch Erdarbeiten hinaus, ein Projekt, das bald zusammenbrach. Die bürgerliche Agitation schob *Blanc* diesen Mißerfolg in die Schuhe und zwang ihn

---

[131] Vgl. *Proudhon*, Système, vol. I, 343, 248, vol. II, 96, 100, 210, 240ff., 257ff.; *ders*., Idée, Introduction, 32f., 36, 41.
[132] Vgl. *Louis Blanc*, Révolution française. Histoire des Dix Ans. 1830-1840. Quatrième Édition, Tome 4, Paris 1844, 106, 108, 134, 248. Diese Selbsthilfeversuche begründeten die Tradition der „mutualisme" genannten organisierten Solidarität im französischen Sozialismus.
[133] Vgl. *Blanc*, Organisation du travail, neuvième édition, Paris 1850; deutsche Übersetzung: *ders*., Organisation der Arbeit. Nach der neunten, umgearbeiteten und durch ein Kapitel vermehrten Auflage des Originals übersetzt von *Robert Prager*, Berlin 1899; *Blanc*, Le Socialisme. Droit au Travail. Réponse à M. Thiers. Deuxième Édition, Paris 1848. Zu *Blanc* und seinem Lebenslauf vgl. *Christine Held-Schrader*, Louis Blanc (1811-1882), in: *Walter Euchner*, Klassiker des Sozialismus, Bd. 1: Von Gracchus Babeuf bis Georgi Walentinowitsch Plechanow, München 1991, 110-120.

zum Rücktritt. Nach den Mai- und Juniaufständen wurde er der Rädelsführerschaft beschuldigt und entzog sich einer Verurteilung durch Flucht ins englische Exil. 1870 kehrte er zurück und wurde wieder Abgeordneter der Linken.[134]

Als Sozialist glaubte *Blanc* an den gesellschaftlichen Fortschritt als unumstößliches Gesetz. Er bedeutete für ihn nicht, wie für die bürgerlichen Ideologen der Revolution von 1789, die Freisetzung der wirtschaftsliberalen Konkurrenzgesellschaft, sondern die Freiheit aller in einer egalitären und solidarischen Gesellschaft.[135] Die Konkurrenzgesellschaft entspringe der Überbetonung des Individualismus (wobei *Blanc* Konkurrenz, concurrence, von dem nützlichen „freien Wettbewerb", libre concours, der in einer solidarischen Gesellschaft vorherrscht, unterscheidet).[136] Sie erzeuge eine Abwärtsspirale, unter der vor allem das Proletariat, aber auch das Unternehmertum leide. *Blanc* zeigte zunächst ihren ökonomischen Mechanismus. Die Konkurrenz zwinge die Arbeiter, sich in ihrem Lohnanspruch gegenseitig zu unterbieten und führe, wie *Blanc* in Vorwegnahme des Lassalleschen „ehernen Lohngesetzes" (siehe unten Sozialismus I, 4. Kap., III) annahm, zu Minimallöhnen. Zwar behaupteten die Wortführer der Bourgeoisie, daß von der konkurrenzbewirkten Billigkeit des Warenangebots (le bon marché) jedermann, Arbeiter wie Unternehmer, profitiere. In Wirklichkeit sei die Billigkeit das Prinzip, womit auch die Unternehmer sich gegenseitig erschlügen. Sie hätten nämlich unter der Bedingung anarchischer Produktion den entscheidenden Nachteil, den Markt nicht zu kennen. Dies führe zur Überproduktion, zur Konzentration, damit zu neuen Preissteigerungen, und letztlich zum Untergang des gewerblichen Mittelstandes.[137]

Blancs gesellschaftspolitische Alternative hieß „Organisation der Arbeit". Wie *Blanqui* und *Proudhon* begründete er sie in naturrechtlicher Manier mit dem allgemeinen Recht auf Leben, das, da Lebenserhaltung auf Arbeit beruhe, das Recht auf Zugang zu den Arbeitsmitteln impliziere. Doch die Entwicklung der menschlichen Gesellschaft von der Antike über den Feudalismus bis zur bürgerlichen Gesellschaft habe diesen Zugang versperrt. In der zeitgenössischen Gesellschaft, so *Blanc*, würde er die Gewährung eines rückzahlbaren Kredits voraussetzen; doch Kredit würde nur bei Bonität des Kreditnehmers, d.h. seiner Fähigkeit zur Zinszahlung, gegeben, die Arbeiter normalerweise nicht besäßen.[138] Im Gegensatz zu *Proudhon*, der diese Sachlage genauso sah, setzte *Blanc* nicht auf ein Tauschbankmodell, sondern auf prinzipiellen Staatsinterventionismus (l'intervention de l'État). Es sei Aufgabe des Staates, die Arbeiter aus ihrer fortdauernden Sklaverei zu befreien:

---

[134] Vgl. zu den Vorgängen *Louis Blanc*, Pages d'Histoire de la Révolution de Février 1848, Paris 1850, 37, 49ff.,52ff., 63ff., 178f., sowie die klassische Darstellung von *Marx*, Die Klassenkämpfe in Frankreich. 1848 bis 1850, in: MEW 7, 11-94; MEGA I 10, 119-196.

[135] Vgl. *Blanc*, Organisation, 7, 16f.; deutsche Übersetzung, 8, 19. Wie *Marx* und *Proudhon* kritisierte *Blanc* das individualistische Menschenrechtsverständnis von 1789 und seine wirtschaftsliberalen Folgen.

[136] *Blanc*, Organisation, 7,48; deutsche Übersetzung, 8, 60.

[137] Ebenda, 57ff.; deutsche Übersetzung 72ff. In „Droit au travail" berichtet *Blanc*, daß während seiner Tätigkeit in der „Commission du Luxembourg" viele Unternehmer, denen das Wasser am Halse gestanden habe, an ihn geschrieben und Staatsintervention verlangt hätten: vgl. ebenda, 9.

[138] *Blanc*, Organisation, 13, 99; deutsche Übersetzung, 15, 105.

„Wir fordern also im Namen der Freiheit die Wiederherstellung des Autoritätsprinzips. Wir wollen eine starke Regierung, weil es unter der Herrschaft der Ungleichheit (...) Schwache gibt, die des Schutzes einer gesellschaftlichen Kraft bedürfen. Wir wollen eine Regierung, die in die Wirtschaft interveniert, denn dort, wo nur den Reichen Kredit gegeben wird, benötigt man einen sozialen Bankier, der auch den Armen Kredit gibt."[139]

Blanc nimmt eine sozialdemokratische Position vorweg, die häufig als etatistisch bezeichnet wird. Doch diese Benennung wird dem eigentlichen Ziel des von *Blanc* geforderten Staatseinflusses nicht gerecht. Denn dieses liegt in der allmählichen Durchsetzung der Arbeiter-Produktivgenossenschaften als dominanter Unternehmensform, ohne daß direkte Staatsintervention in die Unternehmensleitung vorgesehen gewesen wäre. Eine etatistische Verschmelzung von ökonomischen und politischen Funktionen folgt eher aus dem saint-simonistischen Programm. Dagegen hoffte *Blanc*, ähnlich wie *Marx*, daß eines Tages, wenn sich der Umbau der Wirtschaft eingespielt habe und der Klassengegensatz verschwunden sei, auf eine starke und aktive Regierung verzichtet werden könne.[140] Für die Gegenwart plädierte *Blanc* allerdings für die Staatsform einer demokratischen Republik und das allgemeine Wahlrecht, das er als wesentliche Voraussetzung der Legitimierung und Durchsetzung der Sozialreform ansah. Auch hierin nahm *Blanc* eine Position der modernen Sozialdemokratie vorweg.

Die soziale Reform kann nach *Blancs* Überzeugung nur durch den Staat, quasi „von oben", eingeleitet und durchgesetzt werden. Zwei Schritte sollten an ihrem Anfang stehen: die Schaffung eines Ministeriums für Fortschritt (Ministère du progrès) und einer Nationalbank. Auch die Eisenbahnen, Bergwerke und Versicherungsgesellschaften sollten nationalisiert werden. Die Aktionäre der genannten Unternehmen sollten mit Staatsrentenpapieren entschädigt werden; an eine reine Konfiskation war nicht gedacht.[141]

Kernstück des Blanc'schen Reformkonzeptes war die Schaffung eines „Arbeiterbudgets" (budget des travailleurs), das mit Hilfe der Gewinne der nationalisierten Unternehmen eingerichtet werden sollte. Aus ihm sollten die zinslosen Kredite zur Anschubfinanzierung der Arbeiter-Produktivgenossenschaften fließen.[142] Nach ihrer Gründung sollten sie selbständig wirtschaften. *Blanc* insistierte darauf, daß in diesen von Arbeitern geleiteten Unternehmen das Assoziationsprinzip verwirklicht werden müsse. Anfangs werde der Staat noch eingreifen müssen; nach einem Jahr könnten die Arbeiter jedoch das Leitungspersonal selbst wählen und über die Gewinnaufteilung beschließen.[143] *Blanc* war ein entschiedener Verfechter der Lohngleichheit. Seine Verteilungsformel lautete: „Jeder soll nach seiner Fähigkeit und nach seinen Kräften produzieren, jeder nach seinen Bedürfnissen konsumieren" („que chacun produise selon son aptitude et ses forces, que chacun consome selon ses besoins"). Im sozialistischen Staat sei dieses Prinzip auch auf Beamte und Minister auszudehnen. Er verteidigte seine Position mit dem christlichen Argument, daß die körperlich und geistig Schwachen

---

[139] *Blanc*, Organisation, 18; deutsche Übersetzung, 20f. Die Übersetzung wurde von mir revidiert.
[140] Vgl. ebenda, 18; deutsche Übersetzung, 21.
[141] Vgl. ebenda, 119ff.; deutsche Übersetzung, 151ff.; *Blanc*, Pages d'Histoire, 16, 82.
[142] Vgl. *Blanc*, Organisation, 13, 71f., 182f.; deutsche Übersetzung, 15, 89, 239. Diese Finanzierungsvorstellungen setzen natürlich voraus, daß die nationalisierten Unternehmen und die Arbeiter-Produktivgenossenschaften auch Gewinne erzielen, eine Erwartung, die von *Proudhon* und bürgerlichen Beobachtern bestritten wurde.
[143] Vgl. *Blanc*, Organisation, 13, 71; deutsche Übersetzung, 15, 90.

nicht benachteiligt werden dürften. Allerdings hielt er es für zulässig, das Leistungsprinzip für eine Übergangszeit aufrechtzuerhalten.[144]

Blancs Reformkonzept war gradualistisch. Das Genossenschaftsprinzip sollte sich schrittweise und ohne Zwang ausbreiten, und zwar wegen der von *Blanc* erwarteten Senkung der Produktionskosten in den Genossenschaften, die private Unternehmen schließlich zur Übernahme der Assoziationsform veranlassen werde. Die Produktion werde am besten nach Branchen organisiert. Jeder Gewerbezweig werde eine zentrale Genossenschaft und zugleich wirtschaftlich selbständige Tochtergenossenschaften für die Produktion besitzen. Selbstzerstörerische Konkurrenz unter ihnen sei zu unterbinden. Die Genossenschaften sollten verpflichtet sein, aus ihrem Gewinn die staatlichen Darlehen zurückzuzahlen sowie eine Sozialkasse für Alte und Kranke anzulegen. *Blanc* erhoffte sich einen ökonomischen Mechanismus, der die Nachteile von Markt und Konkurrenz sowie Wirtschaftskrisen weitgehend vermeidet. Die Einführung arbeitssparender Maschinen werde allen Produzenten zugute kommen und nicht länger zur Verdrängung anderer Unternehmen führen. Die Güterverteilung werde in den Händen von Handelsagenten liegen, die ein Netz von Magazinen betreiben.[145]

Interessanterweise entwarf *Blanc* auch ein landwirtschaftliches Genossenschaftsmodell, das Gedanken *Owens* und *Fouriers* aufgriff. Die Genossenschafter sollten in großen Gebäuden leben, in denen jede Familie über eine gesonderte Wohnung verfügt; vorgesehen waren (freiwillige) gemeinsame Mahlzeiten; die Landarbeit sollte abwechslungsreich gestaltet werden; die Kinder sollten eine sorgfältige Ausbildung erhalten.[146] Auch die Agrargenossenschaften sollten sich selbst verwalten.

Blanc verfolgte mit seiner anvisierten Wirtschaftsreform ein ideelles Ziel, nämlich die Emanzipation der Arbeiter aus Verelendung und Sklaverei. Sie sollten von Lohnsklaven zu freien, in Solidarität verbundenen Assoziierten werden, denen die Quellen des Wissens und der Erkenntnis offenstanden und die frei von Not, wie *Blanc* in kritischer, aber nicht ablehnender Auseinandersetzung mit dem Christentum darlegte, ihr „sittliches Selbst" finden könnten.[147]

Blancs Reformvorstellungen stießen im liberalen Bürgertum wie bei dem libertären Anarchisten *Proudhon* auf heftige Kritik. Sie seien etatistisch und freiheitsfeindlich. In der Tat hatte er ein gespanntes Verhältnis zur Freiheit der Künste. Er meinte, der Staat solle „tüchtige Schriftsteller" subventionieren und ihre Werke in „sozialen Buchhandlungen" preiswert vertreiben. Daß dies Zensur bedeutet hätte, kam ihm nicht in den Sinn. Wirtschaftsliberale Autoren, z.B. *Michel Chevalier*, hielten *Blanc* entgegen, er verkenne die positive Wirkung der Konkurrenz, die die Waren verbillige und bald einen tüchtigen Arbeiter in die Lage versetzen werde, seine Familie auf anständige Weise zu erhalten. *Blancs* Plan verkenne die menschliche Natur und laufe auf eine spartanische Utopie mit Einheits-

---

[144] Vgl. *Blanc*, Organisation, 72ff., 77f.; deutsche Übersetzung, 91ff., 99; *ders.*, Pages d'Histoire, 287, 294ff. *Blanc* folgte also der kommunistischen Verteilungsformel.
[145] Vgl. *ders.*, Organisation, 77ff.; deutsche Übersetzung, 99ff.
[146] Vgl. ebenda, 87ff., 113, 115f.; deutsche Übersetzung, 111, 143, 146, 148.
[147] Vgl. ebenda, 1ff.; deutsche Übersetzung, 1ff.

suppe für alle hinaus. *Blanc* konterte mit dem Argument, daß in der Realität nach wie vor Not und Luxus koexistierten.[148]

6. Anmerkungen zu den Begriffen „Kommunismus", „Sozialismus" und verwandten Begriffsbildungen

An dieser Stelle interessiert nicht die Begriffsgeschichte, sondern die zeitgenössische Verwendung dieser Begriffe zur Bezeichnung gesellschaftspolitischer Ziele oder individueller politischer Einstellungen.

Zu Beginn der vierziger Jahre des vorigen Jhs. wurde in Frankreich mit „Kommunismus" die politische Strömung bezeichnet, die auf jakobinisch-republikanischen sowie babouvistischen Traditionen fußt und vom utopischen, Gemeineigentum propagierenden Denken beeinflußt ist. Der bekannteste Theoretiker dieser Richtung war *Cabet*, der freilich noch nicht von „communisme", sondern von „communauté" sprach (ein alter Begriff, in dem die einstige Bedeutung „Gemeindeland" mitschwingt). Andererseits sprach er bereits von einer „doctrine communiste".[149] *Marx* kritisierte diese Art von Kommunismus, die er als „abstrahierend", „roh und gedankenlos" bezeichnete, weil sie die Bestimmung des Arbeiters nicht „aufheben", sondern verallgemeinern wolle.[150] *Engels* berichtete, daß der „Bund der Kommunisten" auf babouvistische Vorläufer zurückgehe.[151] Auch *Lorenz von Stein* und *Karl Grün* zeigten, daß „Kommunismus" zu Beginn der vierziger Jahre in Frankreich ein etablierter Begriff war, der vom deutschen Publikum mit Interesse wahrgenommen wurde.[152]

Der Begriff Sozialismus wurde in den zwanziger Jahren des vorigen Jhs. im Umkreis der Schule *Owens* greifbar. *Owen* selbst hat ihn nicht benützt, sondern charakterisierte sein System als „co-operative".[153] In Frankreich waren „socialisme" und seine Derivate zunächst Gelehrtenbegriffe. *Saint-Simon*, die *Saint-*

---

[148] Vgl. *Blanc*, von der Richtigkeit seiner Auffassungen durchdrungen, druckte im Anhang von „Organisation" wichtige Kritiken seiner Gegner ab. Vgl. *Blanc*, Organisation, 189ff., 195; deutsche Übersetzung, 244ff., 252f.; vgl. auch *ders.*, Pages d'Histoire, 289ff., wo *Blanc* meint, sein Angriff auf das Konkurrenzprinzip bedeute keinen Angriff auf die Freiheit – im Gegenteil: Er greife die Konkurrenz an, weil er Freiheit für alle wolle, was sich in einer Konkurrenzgesellschaft niemals verwirklichen lasse.

[149] Vgl. *Cabet*, Voyage, 561, 566. *Müller* macht darauf aufmerksam, daß auch in England die alten Begriffe „community" und „communality" für die Begriffsbildung „communionists" und schließlich „communists" und „communism" Pate gestanden haben, vgl. *Hans Müller*, Ursprung und Geschichte des Wortes Sozialismus und seiner Verwandten, Hannover 1967, 51f., 67, 87f., 109f. Vgl. ferner *Henryk Grossmann/Carl Grünberg*, Anarchismus, Bolschewismus, Sozialismus. Aufsätze aus dem ‚Wörterbuch der Volkswirtschaft', hrsg. von *Claudio Pozzoli*, Frankfurt a.M. 1971, sowie *Wilfried Gottschalch*, Der frühe Sozialismus, in: *Helga Grebing* (Hrsg.), Geschichte der sozialen Ideen in Deutschland, München 1969, 21-25.

[150] Vgl. *Marx*, Ökonomisch-philosophie Manuskripte, in: MEW, Ergänzungsband, 1. Teil,. 534; MEGA I 2, 387.

[151] Vgl. *Engels*, Geschichte, 207.

[152] Zu *von Stein* und *Grün* vgl. Sozialismus I, 1. Kap., I, und 2. Kap., III. Gute Informationen über den französischen Kommunismus und Sozialismus enthält auch das von *Louis Blanc* beeinflußte Werk des bürgerlichen Sozalreformers *Karl Marlo* (d.i. *Karl Georg Winkelblech*), Untersuchungen über die Organisation der Arbeit oder System der Weltökonomie, Kassel 1857.

[153] Vgl. *Müller*, Ursprung, 61f., 66, 69f. Sozialisten wurden in England lange als „Owenites" bezeichnet; ferner wurde von „Owenism" gesprochen.

Simonisten sowie *Fourier* und seine Anhänger benutzten ihn nicht, sondern sprachen vom „système industriel" oder, im Falle von *Fourier*, vom „harmonisme" als letzter aufsteigender Periode der Menschheitsentwicklung. Die Schule der *Fourieristen* nannte sich „sociétaire". Zu Beginn der vierziger Jahre war der Begriff durchgesetzt. Er bezeichnete eine sozialreformerische Schule, die den aufkommenden Kapitalismus und die ihn befürwortende politische Ökonomie bekämpfte und ihm das Prinzip der „Organisation der Arbeit" entgegensetzte, das Wirtschaftslenkung des demokratisch legitimierten republikanischen Staates vorsah und auf diese Weise das „Recht auf Arbeit" verwirklichen wollte. Typischer Vertreter dieses Denkens war *Louis Blanc*. *Lichtheim* zeigt, daß die sozialistischen Schulen ihre Konzeptionen an den Erfordernissen der industriellen Revolution orientierten, während die Kommunisten eher rückwärtsgewandte, z.T. agrarisch betonte (*Babeuf*) und schematisch egalitäre Vorstellungen vertraten.[154]

Proudhon unterschied zwischen Kommunisten (er bevorzugte den Begriff „communauté") und Sozialisten im skizzierten Sinn.[155] Auch in *Marx'* klassischer Analyse der Französischen Revolution von 1848 findet sich diese Unterscheidung. Er spricht von einer „sozialdemokratischen" bzw. „roten Partei" der Parteigänger *Louis Blancs*, deren Sozialismus ein abstraktes, zum Scheitern verurteiltes Konstrukt sei, das dazu noch in der bürgerlichen Herrschaftsform einer parlamentarischen Demokratie verwirklicht werden sollte. Diesem sozialdemokratischen Sozialismus stellte *Marx* einen „revolutionären Sozialismus" gegenüber, den er auch als „Kommunismus" bezeichnete. Seine Kritik, dieser sei „roh", wiederholte er nicht. Er betrachtete ihn nunmehr als „Ausdruck der freien geschichtlichen Selbstbewegung" und als „Permanenzerklärung der Revolution". Diesem Kommunismus, für dessen Symbolfigur er *Auguste Blanqui* hielt, traute er zu, als lebendige Bewegung die Produktionsverhältnisse und ihre politischen und ideellen Übergangsformen umzuwälzen.[156] *Engels* meinte in seiner Vorrede zum „Kommunistischen Manifest", dieses Manifest hätte 1847 nicht „sozialistisch" genannt werden können, denn darunter hätte man damals utopische Systeme von der Art des Owenschen oder die Konzepte „sozialer Quacksalber (...) außerhalb der Arbeiterschaft" verstanden. Im Grunde sei der Sozialismus damals eine Bourgeoisbewegung gewesen. Dagegen sei der „etwas im Rauhen gearbeitete" Kommunismus in der Arbeiterschaft verankert und wirklich revolutionär gewesen.[157] In der weiteren Entwicklung ihres Denkens gaben *Marx* und *Engels* dann doch dem Begriff „Sozialismus" den Vorzug. *Moses Heß*, in den vierziger Jahren mit *Marx* und *Engels* befreundet, benützte Kommunismus und Sozialismus als synonyme Begriffe.

In der französischen frühsozialistischen Diskussion fielen auch alle Bezeichnungen der von Sozialisten angestrebten politischen Formen. In den Polemiken *Proudhons* finden sich z.B. Begriffe wie „Demokratischer Sozialismus" (Socialisme démocratique), „Sozialistische Demokratie" (démocratie socialiste), „Soziale Demokratie" (démocratie sociale), „wirkliche Demokratie" (démocratie

---

[154] Vgl. *George Lichtheim*, Ursprünge des Sozialismus, Gütersloh 1968, 38.
[155] Vgl. dazu *Proudhon*, Système (1846); *ders.*, Idée (1849).
[156] Vgl. *Marx*, Klassenkämpfe, MEW 7, 18, 60ff., 88ff. MEGA I 10, 125f., 166, 190ff.
[157] Vgl. *Engels*, Vorrede zur deutschen Ausgabe von 1890, MEW 4, 585f. Was den durchaus im Proletariat verankerten *Blanc* betrifft, scheint *Engels'* Analyse zu trügen.

réelle), „Soziale Republik" (république sociale) „Demokratische und soziale Republik" (république démocratique et sociale), „Soziale Revolution" (révolution sociale), die mit der politischen kontrastiert wird.[158] Auch diese Formbegriffe tauchten im deutschen sozialistischen Denken wieder auf.

---

[158] Vgl. *Proudhon*, Idée, 112, 129, 176, 227, 327, 363, 383; *ders.*, Bekenntnisse, 19, 116, 126.

2. Kapitel: Die frühe Entwicklung des sozialistischen Denkens in Deutschland

Die Darstellung der wichtigsten Positionen des französischen und des englischen Frühsozialismus läßt erkennen, wie stark das deutsche Denken von ihnen geprägt worden und wo es über sie hinausgegangen ist, z.B. durch Vertiefung der philosophischen Grundlegung oder Intensivierung des „staatssozialistischen" Aspekts. Einige deutsche Frühsozialisten besaßen kaum Bezug zu der sich formierenden Arbeiterbewegung, andere gehörten als Publizisten zu ihren intellektuellen Begleitern, wieder andere, selber Arbeiter-Handwerker, zu ihren Organisatoren.

I. Obrigkeitlicher Staatssozialismus

1. *Johann Gottlieb Fichte*

Fichte (1762-1814), ein herausragender Vertreter der deutschen idealistischen Philosophie, war nach dem Urteil des austromarxistischen Philosophen *Max Adler* der „*erste deutsche Sozialist* der Neuzeit"[1]. Es stützt sich hauptsächlich auf *Fichtes* im Jahre 1800 erschienenen „Geschlossenen Handelsstaat". Dieses Werk enthält Passagen, die von Denkweisen der Französischen Revolution inspiriert scheinen. In der Tat war der junge *Fichte* ein glühender Anhänger der Französischen Revolution. Wurzeln seiner sozialen Vorstellungen waren jedoch *Rousseaus* und *Kants* Versuche, den Grundriß eines freiheitlichen Gemeinwesens mit Hilfe von „Vernunftsgesetzen" zu konstruieren.

Wie *Rousseau* und *Kant* entwickelte *Fichte* sein gesellschaftspolitisches System aus den individualistischen und kontraktualistischen Prinzipien des modernen Naturrechts.[2] Interessant ist seine Neuinterpretation des Eigentumsrechts. Dessen Kern sei nicht das rechtmäßige Innehaben eines äußeren Gegenstandes, sondern die freie Tätigkeit des einzelnen, die freilich Eigentum voraussetzen kann. Zweck des so verstandenen Eigentums ist das Leben aller Menschen in Würde, das der Staat garantieren muß. Andernfalls steht der von Not bedrohte Mensch außerhalb des Systems „und behält seinen ursprünglichen Rechtanspruch allenthalben alles zu thun, was er nur will", um weiterleben zu können.[3]

---

[1] *Max Adler*, Wegweiser, Studien zur Geistesgeschichte des Sozialismus, Wien, Leipzig 1931, 103. *Adlers* Einschätzung wird von vielen Fichte-Forschern geteilt; vgl. z.B. *Marianne Weber*, Fichtes Sozialismus und sein Verhältnis zur Marxschen Doctrin, Tübingen 1900.

[2] Vgl. dazu *Wolfgang Kersting*, Die politische Philosophie des Gesellschaftsvertrags, Darmstadt 1994. Gleichzeitig bekannte sich *Fichte* zur Tradition des utopischen Denkens, das als Gegensatz zum Kontraktualismus gilt. Vgl. *Johann Gottlieb Fichte*, Der geschlossene Handelsstaat. Ein philosophischer Entwurf als Anhang zur Rechtslehre und Probe einer künftig zu liefernden Politik (1800), in: *Immanuel Hermann Fichte* (Hrsg.), Fichtes Werke, Bd. 3, Zur Rechts- und Sittenlehre I, Berlin 1971, 387-513, 389. Zum Gegensatz von Kontraktualismus und Utopie vgl. *Richard Saage*, Vertragsdenken und Utopie. Studien zur politischen Theorie und zur Sozialphilosophie der frühen Neuzeit, Frankfurt a.M. 1989.

[3] Vgl. *Fichte*, Handelsstaat, 400ff., 440-445.

Für *Fichte* steht fest, daß das liberale Wirtschaftssystem ungeeignet ist, den Mitgliedern eines Gemeinwesens Arbeit und Eigentum unter würdigen Umständen zu gewährleisten. Es lasse vielmehr die Bevölkerung verelenden und führe zu Kriegen zwischen den Staaten, schließlich sogar zu revolutionären Situationen.[4] *Fichtes* Alternative zur liberalen Gesellschaft beruht auf einer ständischen Basis. Der Stand der „Produzenten" gewinnt die Naturprodukte, deren Weiterverarbeitung obliegt den „Künstlern" (bzw. Handwerkern). Der dritte Stand der „Kaufleute" vermittelt den Güteraustausch. Schließlich gibt es einen vierten Stand, den „Lehr- und Wehrstand", dem auch Regierungsmitglieder und Beamte angehören.

Da *Fichte* eine Abschaffung des Privateigentums auf Grund seines individualistischen Denkens nicht vorsah, mußte es ihm darum gehen, das Entstehen einer unkontrollierbaren Marktwirtschaft, die neben bürgerlichem Reichtum auch Verelendung erzeugt, zu unterbinden. Dies stellte er sich so vor: Alles Wirtschaften müsse auf Daten beruhen, die durch Bedarfsberechnung ermittelt werden. Im Falle der Landwirtschaft, bei der witterungsbedingte Produktionsschwankungen auftreten können, sei von Durchschnittswerten auszugehen, z.B. von der mittleren Produktivität in fünf Jahren. Ernteüberschüsse werden magaziniert und bei Mißernten wieder in den Handel gebracht. Kaufleute müssen zu Fixpreisen an- und verkaufen, so daß Spekulation ausgeschlossen ist.[5]

Auch der Arbeitsbedarf muß geplant werden. Im „Geschlossenen Handelsstaat" gibt es keinen freien Arbeitsmarkt, doch dafür eine gleichmäßige Verteilung der Arbeit und somit keine Arbeitslosigkeit. Die „Kunstfertigkeit" der einzelnen Beschäftigten wird staatlich überprüft, spezielle Talente werden gefördert.[6] Wirtschaftsregulierung setzt einen stabilen Geldwert voraus. Auf der Basis des aus Gold und Silber bestehenden „Weltgeldes", das unkontrollierbar flottiert, ist dies unmöglich. Es bedarf also eines wertbeständigen „Landesgeldes". Dessen Wertbasis soll nach *Fichtes* Vorstellung jenes Quantum Getreide sein, das einen Menschen eine bestimmte Zeit ernähren kann. Der Wert anderer Nahrungsmittel bemißt sich durch Vergleich ihres Nährwertes mit dem des Getreides, der Wert handwerklicher und industrieller Produkte danach, wieviel Getreide mit dem Arbeitsaufwand, der für deren Produktion nötig war, hätte erzeugt werden können.[7]

Fichtes antiliberales Gesellschaftsmodell kann nur funktionieren, wenn störende Einflüsse aus dem Ausland unterbunden werden – eine Feststellung, die sich in vielen utopieähnlichen Entwürfen findet. Sein Handelsstaat muß deshalb „geschlossen" werden. Dies geschieht dadurch, daß der Außenhandel einem staatlichen „Handelskollegium" unterstellt wird, das faktisch das Außenhandelsmonopol besitzt. Sowohl Import- wie Exportgeschäfte müssen über dieses abgewickelt werden; es kontrolliert den nötigen Devisenverkehr. Spekulativen Einwirkungen des „Weltgeldes" auf das „Landesgeld" soll auf diese Weise der Boden entzogen werden. Ein Verkehr der Bürger mit dem Ausland wird deshalb, von Auslandsreisen von Gelehrten und Fachleuten abgesehen, nicht stattfinden können.[8] Es ist

---

[4] Vgl. ebenda, 453, 477.
[5] Vgl. ebenda, 405, 413, 428ff.
[6] Vgl. ebenda, 410, 446.
[7] Vgl. ebenda, 415ff.
[8] Vgl. *Fichte*, Handelsstaat, 420f., 433, 475, 498, 506.

nicht verwunderlich, daß der „Geschlossene Handelsstaat" bei den liberalen zeitgenössischen Rezensenten als autoritäres Hirngespinst beurteilt wurde. Wegen der überragenden wirtschaftslenkenden Funktion, die *Fichte* dem Staat zuschrieb, gilt er als Vorläufer des „staatssozialistischen" Denkens.[9] *Fichte* erhoffte sich von seiner Gesellschafts- und Wirtschaftskonstruktion, daß sie sein Ideal eines weitgehend egalitären mittelständischen Gemeinwesens von Arbeitenden verwirklichen könne:

„Der Mensch soll arbeiten; aber nicht wie ein Lastthier, das unter seiner Bürde in den Schlaf sinkt, und nach der nothdürftigsten Erholung der erschöpften Kraft zum Tragen derselben Bürde wieder aufgestört wird. Er soll angstlos, mit Lust und Freudigkeit arbeiten, und Zeit übrig behalten, seinen Geist und sein Auge zum Himmel zu erheben, zu dessen Anblick er gebildet ist."[10]

Diese Wohlstandsgesellschaft wird ausländische Gelehrte und Fachleute ins Land locken und sich anderen Staaten als Vorbild präsentieren. Sie wird die Ära einer friedlichen Staatengemeinschaft einläuten, deren ausgezeichnete Geister ihre Gedanken frei austauschen können.[11]

2. Johann Karl Rodbertus-Jagetzow

Der pommersche Rittergutsbesitzer *Rodbertus* (1805-1875) ist der interessanteste Vertreter des deutschen Staatssozialismus im 19. Jh. Seine Beiträge zur sozialistischen Theorie reichen vom Ende der dreißiger Jahre bis in die Zeit des Entstehens und öffentlichen Wirkens der Sozialdemokratie. Er korrespondierte intensiv mit *Lassalle*. Auch bei anderen Sozialdemokraten fand *Rodbertus* Anklang, hauptsächlich bei Lassalleanern, doch auch *Rosa Luxemburg* hatte ein Faible für ihn. Selbst *Marx* und *Engels* begegneten ihm bei aller Kritik mit einigem Respekt. *Rodbertus*' erste einschlägige Schriften, der Aufsatz „Die Foderungen der arbeitenden Klassen" (1837) sowie sein wissenschaftlich bedeutendstes Werk „Zur Erkenntnis unserer staatswirthschaftlichen Zustände" (1842) zeigen Vertrautheit mit dem Stand der europäischen sozialistischen Diskussion: Er nannte *Mably*, *Babeuf*, *Fourier*, *Cabet* und *Lamennais* sowie die wiederbelebte Tradition des utopischen Kommunismus „von Platon bis Owen", die er als Reaktion auf die neuen sozialen Erschütterungen verstand.[12]

---

[9] Vgl. das Vorwort zum „Geschlossenen Handelsstaat" in *Johann Gottlieb Fichte*, Werke 1800-1801, hrsg. von *Reinhard Lauth* und *Hans Gliwitzky* unter Mitwirkung von *Erich Fuchs* und *Peter K. Schneider*, Stuttgart-Bad Cannstatt 1988, 22f., 26f., 29; vgl. auch *Zwi Batscha*, Gesellschaft und Staat in der Philosophie Fichtes, Frankfurt a.M. 1970, 86ff.
[10] *Fichte*, Handelsstaat, 422f.
[11] Auffällig ist die Ähnlichkeit der planwirtschaftlichen Vorstellungen mit denen *Babeufs*. Andererseits war der reife *Fichte* kein Revolutionär. Immerhin war der „Geschlossene Handelsstaat" dem preußischen Minister *von Struensee* gewidmet.
[12] „*Foderung*": ältere Schreibweise für „*Forderung*"; vgl. *Rodbertus*, Die Foderungen der arbeitenden Klassen, in: Schriften von Dr. *Carl Rodbertus-Jagetzow*, Bd. 3, Zur Beleuchtung der socialen Frage, Theil II, hrsg. unter Mitwirkung von Dr. *Th. Kozak* und mit einer Einleitung versehen von *Adolph Wagner*, Berlin 1899, 195-223, 195, 210; *Rodbertus*: Zur Erkenntniß unserer staatswirthschaftlichen Zustände, erstes Heft: Fünf Theoreme, Neubrandenburg 1842, IV; *ders.*, Das Kapital, in: *ders.*, Schriften, Bd. 1, 34-315, 223; *ders.*, Zweiter Socialer Brief an von Kirch-

Rodbertus hielt die Verelendung der Arbeiterschaft für den Skandal des Jahrhunderts. Sie schaffe den Reichtum der Nation, trotzdem hungere sie und gehe in Lumpen, was ihrer privatrechtlichen Gleichstellung widerspreche. Denn Gleichheit bedeute zugleich die „Verheissung" eines Lebens ohne Not. Doch davon könne gegenwärtig keine Rede sein, im Gegenteil, es komme noch hinzu, daß die Arbeiter „von der Bildung des Jahrhunderts" ausgeschlossen seien.[13] Es sei aber ein wirtschaftlicher Zustand denkbar, worin auch die arbeitenden Klassen über den notwendigen Unterhalt hinaus gehoben werden könnten.[14]

Es war *Rodbertus'* Ehrgeiz, das theoretische Fundament eines solchen „wirthschaftlichen Zustandes" zu legen. Methodologisch orientierte er sich an der englischen politischen Ökonomie *Adam Smiths* und *David Ricardos*, allerdings wie *Marx* in kritischer Absicht.[15] Er verfuhr dabei nicht wie dieser immanent textanalytisch, sondern argumentierte wie sein Vorbild *Fichte* im Lichte der platonisch-utopischen Tradition. Zudem versuchte er eine geschichtsphilosophische Fundierung seiner Vorstellungen. Von *Hegel* und den *Saint-Simonisten* inspiriert, nahm er soziale Entwicklungsstufen von der „heidnisch-antiken" zur „christlich-germanischen" Staatenordnung an, die vom „Gegensatz von Arbeit und Besitz" geprägt sei, jedoch in eine kommunistische „vollkommene" und „allseitige Gemeinschaft" jenseits des Individualismus ausmünden werde.[16]

Rodbertus besaß einen eigentümlichen, quasi dialektisch entwickelten Kommunismusbegriff. Kommunismus bedeutet danach die ideelle Struktur jeder arbeitsteilig produzierenden Gesellschaft – auch der, die vom Gegensatz von „Besitz und Arbeit" geprägt ist. Eine „**wirthschaftliche Gemeinschaft**, *welche die Theilung der Arbeit unter den Individuen gründet*", könne ihren „**kommunistischen** *Charakter*" nicht verleugnen, denn das „*Wesen* der Theilung der Arbeit liegt nicht in deren Individualismus, sondern gerade in deren Kommunismus" [Fettung im Original, W.E.]. Kommunismus meint also das Heraustreten einer idealen, organischen Arbeitsgemeinschaft aus der naturalistischen Struktur des marktwirtschaftlichen Verkehrs, der vom Kampf um Durchsetzung von Individualinteressen geprägt ist. *Rodbertus'* Kommunismusbild folgt nicht den „falschen" französischen Vorbildern, sondern ist eine Reprise der platonischen Vorstellung eines Gemeinwesens gemäß den Prinzipien des *logos*, der reinen Vernunft, die von *Fichte* nachvollzogen worden war.[17]

Die Antithese zu einem kommunistischen Gemeinwesen ist die individualistische Verkehrsgesellschaft. Diese, das von den „Nichtsalsfreihändlern" propagierte „Smith'sche System", sei die eigentliche Ursache des Pauperismus. Zwar

---

mann, in: *ders.*, Schriften, Bd. 2, Zur Beleuchtung der socialen Frage. Theil I, hrsg. von *Moritz Wirth*, Berlin ²1899, 1-83, 46 Anm.

[13] Vgl. *Rodbertus*, Foderungen, 198, 203, 215; *ders.*, Erkenntniß, 29 Anm.; *ders.*, Erster Socialer Brief an von Kirchmann, in: *ders.*, Schriften, Bd. 3, 93-192, 99ff.; *ders.*, Zur Beleuchtung der socialen Frage, in: *ders.*, Schriften, Bd. 2, 1-92, 17f., 36.

[14] Vgl. *ders.*, Foderungen, 207.

[15] Vgl. *ders.*, Kapital, 78.

[16] Vgl. *ders.*, Untersuchungen auf dem Gebiete der Nationalökonomie des klassischen Altertums. II. Zur Geschichte der römischen Tribussteuern seit Augustus, in: JbNS, Bd. 4 (1865), 341-427, 351, sowie JbNS, Bd. 5 (1865), 135-171, 241-315, 212, 274f., 277; vgl. auch *Heinrich Dietzel*, Karl Rodbertus. Darstellung seiner Socialphilosophie, Jena 1888, 37, 47, 63, 129ff., 182ff.

[17] Vgl. *Rodbertus*, Kapital, 78ff., 89, 94f. Anm., 107, sowie *Dietzel*, Rodbertus, 235.

nütze es auch den Arbeitern, weil es ihnen das Recht zubillige, die Arbeit frei wählen zu können; doch im wesentlichen sei es „bloß negierend":

> „Es macht nur tabula rasa; es führt nur einen gewerblichen Naturzustand ein. Damit legt es auch die ganze Leitung des Verkehrs in die Hände des rentirenden Eigenthums; damit aber, da im Naturzustand der Stärkere Recht hat, gründet es auch einen Despotismus dieses rentirenden Eigenthums. (...) In Bezug auf die Arbeiter stellt sich jener Satz so dar, dass sie, der Stand der Productivität mag sein wie er wolle, nur immer auf das Maass des nothwendigen Unterhalts beschränkt bleiben. Indem die Besitzer des rentirenden Eigenthums eines Theils die Quelle aller Güter, die Erde, andern Theils alle Vorräthe inne haben, erlangen sie dadurch die volle Macht, den habelosen Arbeitern, obgleich diese allein das Element geben, aus jenen Quellen zu schöpfen, die Bedingungen vorzuschreiben. Diese Bedingungen werden sie in ihrem eigenen Interesse vorschreiben. Sie werden dem Arbeiter nicht mehr zugestehen, als nöthig ist, um seine Arbeitskraft zu erhalten und sich in seinen Kindern zu verjüngen. Wenigstens ist dieser Betrag der Gravitationspunkt alles Arbeitslohns, wenn ihn auch zuweilen nationale Sitten oder der particulare Kampf, den in diesem allgemeinen gewerblichen bellum omnium contra omnes die Kapitalisten wieder unter sich zu bestehen haben, unbedeutend höher stellen."[18]

Das liberale „Verkehrssystem" habe historische Wurzeln; es sei keinesfalls „natürlich". Unterstelle man archaische Produktionsverhältnisse, z.B. eine Urgesellschaft von Jägern, so könne sich jeder Produzent sein Arbeitsprodukt aneignen. Denn die Jagd ernähre nur ihn und seine Familie; Ausbeutung seiner Arbeit durch andere sei unmöglich. Dies ändere sich mit dem Aufkommen des Ackerbaus. Dieser werfe soviel ab, daß auch Nichtproduzenten von seinem Produkt leben könnten; ferner sei er Voraussetzung von Arbeitsteilung, d.h. des Entstehens von nicht-landwirtschaftlichen Gewerben. Eine Sozialstruktur, in der die Bauern gegenüber dem Grundherren abgabepflichtig seien, sei aber Resultat von Kriegen, die mit der Unterwerfung der ortsansässigen Ackerbauern endeten. „Herr und Rentenbezieher sind ursprünglich identisch. Aus den Besiegten und Sklaven hat sich der freie Arbeiterstand entwickelt (...)." Wichtig ist *Rodbertus'* These, daß für die Arbeiter nicht gelte, was eigentlich der ideellen Gemeinschaftlichkeit der Produktion in einer arbeitsteiligen Gesellschaft entspräche, nämlich die Verteilung des Produkts nach Maßgabe der von jedem geleisteten Arbeit. Der Arbeiter, der weder über Grundeigentum noch über Kapital verfügt, ist vielmehr gezwungen, „den vom anderen Theil dictirten Contract" zu unterschreiben, und was er vom Grund- oder Kapitaleigentümer als Anteil seines Arbeitsergebnisses erhält, reicht, wie *Rodbertus* nicht müde wurde zu betonen, gerade zum „nothwendigen Unterhalt"[19].

---

[18] *Rodbertus*, Foderungen, 212f. Die Nähe dieser Argumentation zur Marxschen (siehe unten Sozialismus I, 3. Kap., III) ist mit Händen zu greifen. Sie führte zu einem Plagiatsstreit, in dessen Verlauf *Engels* jedoch glaubhaft zeigen konnte, daß *Marx*, als er seine Mehrwertlehre konzipierte, *Rodbertus* noch nicht kannte; vgl. *Friedrich Engels*, Vorwort zum zweiten Band des Kapital, in: MEW 24, 13-20.

[19] *Rodbertus*, Erkenntniß, 64ff., 70, 73f., 123. Die These, daß die Klassenstruktur ackerbauender Gesellschaften und damit auch die Entstehung des „Staates" (soweit man in archaischen Gesellschaften davon reden kann) durch Überlagerung ackerbauender Besiegter durch ein Kriegervolk entstanden sei, ist ein verbreiteter Topos der älteren Soziologie. Vgl. dazu: Die materialistische Geschichtsauffassung. Dargelegt von *Karl Kautsky*. Gekürzte Ausgabe, hrsg., eingeleitet und annotiert von *John H. Kautsky*, Berlin 1988 (1. Aufl. 1927/29).

Die Einkommensformen hängen von der Zugehörigkeit zu den historisch entstandenen Klassen ab: Die Grundeigentümer beziehen Grundrente, die Kapitaleigentümer Kapitalrente, die Arbeiter Lohn. In „Das Kapital" unterschied *Rodbertus* zudem Kapitaleinkommen (Zins) und Unternehmergewinn, da in der modernen Volkswirtschaft Kapitalbesitzer nicht zugleich Unternehmer seien, sondern diesen das Kapital nur liehen. Hinzu kommen die steuerfinanzierten Einkünfte der Staatsdiener. Alle diese Einkommensformen beinhalten jedoch nichts anderes als Anteile am Gesamtwert der von den Arbeitern erzeugten Güter. Deren Lohn nähert sich dem Existenzminimum, während die anderen Klassen sich den Löwenanteil des Nationaleinkommens aneignen. Den wirtschaftsliberalen Einwand, daß diese Einkommensverteilung die „nothwendige, gerechte und natürliche Ordnung" sei, die angeblich den Satz rechtfertige, „die Arbeit hat nicht mehr Werth, als sie Lohn bekommt", bezeichnete *Rodbertus* als „cynisch".[20]

Die elende Lage der arbeitenden Klasse wird nach *Rodbertus*' Auffassung durch die „Handelskrisen" verschärft. Sie entstehen hauptsächlich deshalb, weil die Lohnhöhe zum Existenzminimum tendiert. *Rodbertus* begründete diese These werttheoretisch. Die Werte der Güter werden von der zu ihrer Erzeugung aufzuwendenden Normalarbeitszeit bestimmt. Steigt aber die Produktivität wegen der Fortschritte in Technologie und Arbeitsorganisation, so können in einer Normalarbeitsstunde ständig mehr Güter oder, werttheoretisch formuliert, mehr Gebrauchswerte produziert werden, so daß der gesellschaftliche Reichtum bei gleichem oder sogar sinkendem Arbeitsaufwand zunimmt. Da aber der Wertanteil der Arbeiterschaft höchstens das Existenzminimum garantiert, kann ihr Konsum eine bestimmte Höhe nicht übersteigen. Sein Anteil an der Gesamtmenge des produzierten Güterreichtums muß sogar sinken. Die Folge davon ist: „Der Ausschluss der arbeitenden Klassen von den Früchten der zunehmenden Produktivität bedeutet die Abnahme des Antheils dieser Klassen. Bei zunehmender Produktivität nimmt also das zu Markt gebrachte Produktquantum zu, hingegen der Antheil der Mehrzahl der Verkehrenden, und also deren wirksame Nachfrage ab."[21] Die in einem Wirtschaftsturnus erzeugte Gütermenge wird also nicht voll abgesetzt werden können: Es tritt „Absatzstockung", also eine Wirtschaftskrise, ein:

„Und dieser Umstand, dass die arbeitenden Klassen, sogar für ihren Einkommenstheil, von dem Mitgenuss der zunehmenden Produktivität ausgeschlossen sind, ist es endlich, der, in einer verhängnisvollen Kette von Ursache und Wirkung, in den wirklichen Verkehr eingreift und die Reihe der schlimmen nationalökonomischen Möglichkeiten (...) in handgreifliche Wirklichkeiten verkehrt [*Rodbertus* nennt anderswo Fallen der Preise, Zahlungsstockung, Kreditnot, seltsamerweise nicht Arbeitslosigkeit, W.E.]. (...) Unsere Handelskrisen (...) sind (...) die eigenthümliche, unabänderliche Mitgift eines sich selbst überlassenen Verkehrs. Sie

---

[20] *Rodbertus*, Foderungen, 209f.; *ders.*, Erkenntniß, 75ff.; *ders.*, Kapital, 1ff., 110f., 184f.; *Rodbertus*, Die Handelskrisen und die Hypothekennoth der Grundbesitzer (1858), in: Schriften, Bd. 4, Gesammelte kleine Schriften, hrsg. von *Moritz Wirth*. (...) Berlin 1899, 213-268, 223ff.; *Rodbertus*, Zur Erklärung und Abhülfe der heutigen Creditnoth des Grundbesitzes. II. Zur Abhülfe, Jena 1869, 290f.

[21] *Ders.*, Kapital, 205f.; vgl. ferner *ders.*, Foderungen, 218; *ders.*, Beleuchtung, in: Schriften, Bd. 3, 17f.; *ders.*, Erster Brief an von Kirchmann, in: ebenda, 99ff.; *ders.*, Handelskrisen, 223; *ders.*, Offener Brief an das Comité des Deutschen Arbeitervereins zu Leipzig, in: *ders.*, Schriften, Bd. 4, 319-336, 320f.

sind die Paroxismen eines chronischen Leidens, das durch jenen merkwürdigen Fehler in der heutigen nationalökonomischen Organisation hervorgerufen wird, dass, die Produktivität mag in einem Verhältnis steigen, in welchem sie will, alle Antheile am Nationalprodukt, welche in Arbeitslohn bestehen, nach und nach in demselben Verhältniss fallen. Daher die unausgesetzte Nichtbefriedigung in unserer Gesellschaft bei unausgesetzter Produktivätssteigerung, daher das chronische Leiden der Schwierigkeit des Absatzes und des unausgesetzten Kampfes der Arbeit mit der Noth."[22]

Rodbertus' radikale Reformmodelle basieren auf der kritisch gewendeten Arbeitswerttheorie der klassischen politischen Ökonomie:

Der Wert der Wirtschaftsgüter beruht auf der zu ihrer Produktion aufgewandten Arbeit. Auszugehen ist von einer in Arbeitszeit zu messenden, in einer Branche normalen Arbeitsleistung. Intensive und komplizierte Arbeiten können auf einfache Arbeit reduziert werden. Arbeit verschleißt Werkzeuge und Maschinen, doch auch diese besitzen einen auf Arbeit zurückführbaren Wert, so daß der Wertanteil des Verschleißes in den Produktwert einfließt; folglich muss er, wie auch der Wert der eingesetzten Materialien, dem von der unmittelbar verausgabten Arbeit gebildeten Wert hinzugefügt werden. *Rodbertus* betonte, daß der Marktwert eines Gutes mit seinem auf Arbeit beruhenden Wert in der Regel nicht übereinstimme; vielmehr nur nach diesem tendiere.[23] Voraussetzung einer jeden Reform, die die Arbeiter zu dem Genuß von Äquivalenten des von ihnen geschaffenen Wertes bringen könnte, sei die Schaffung eines Geldes, das Lohnhöhe und Arbeitsleistung eines Arbeiters in eine genaue Relation setzte und von Marktschwankungen unberührt bliebe. Sozialreform bedeutete für *Rodbertus* im Kern Währungsreform.

Das traditionelle Maß, mit dem die Wertgleichheit ausgetauschter Güter festgestellt wird, bzw. das Äquivalent aller gehandelten Güter ist das Edelmetallgeld. Eigentlicher Maßstab ist das Metallgewicht. Doch obwohl Edelmetalle bestimmte Vorzüge wie Haltbarkeit und leichte Teilbarkeit besitzen, erfüllen sie die Meßfunktion nicht optimal. Sie sind nämlich selbst Wirtschaftsgüter, deren Herstellung unterschiedlichen, in Arbeitszeit gemessenen, Arbeitsaufwand erfordert, weshalb ihr Wert – trotz seiner relativen Stabilität – schwanken kann. So ist Geld letztlich ein „trügerischer Maßstab"[24]. *Rodbertus* propagierte deshalb seit seiner Schrift von 1837 die Ersetzung des Metallgeldes durch Papiergeld oder „Zettel", auf denen eine bestimmte Stundenzahl Normalarbeitszeit vermerkt wird. Dieses „Arbeitsgeld" sei viel besser als das Metallgeld in der Lage, eine stabile Relation zwischen Arbeitsaufwand, Geld und Gütern zu fixieren. Voraussetzung dafür ist die Feststellung des „constituierten Werts" der Güter – ein Begriff, den *Rodbertus* von *Proudhon* übernommen hat.[25]

Rodbertus gab sich große Mühe zu zeigen, welche Denkoperationen die Fixierung des konstituierten Wertes erfordert. Grundlage ist der „Normalarbeitstag" von 10 Stunden. Dieser dürfe freilich nicht nur „nach Zeit", sondern müsse auch „nach Werk" normiert werden, d.h. der Normalarbeitstag ist eigentlich ein „normaler *Werk*arbeitstag". Gemeint ist, daß die einzelnen Gewerbe einfachere und komplizierte Arbeit kennen oder verschiedene Grade von „Mühe und Kraft" erfordern, so daß der „normale *Zeit*arbeitstag in jedem Gewerk" vom

---

[22] *Rodbertus*, Kapital, 205, 61f; vgl. auch *ders.*, Handelskrisen, 214ff. – Das von *Rodbertus* entwickelte Krisenphänomen fungiert in der Dogmengeschichte als „Unterkonsumtionskrise".

[23] Vgl. *ders.*, Erkenntniß, 5, 10ff.; *ders.*, Kapital, 6. *Rodbertus* wandte gegen *Marx* ein, dieser nehme an, daß sich der Wert der „Güter" (*Marx* sagt „Waren") auf dem Markt letztlich tatsächlich durchsetze, während er der Ansicht sei, daß dies nur auf Grund von gesetzlichen Regelungen im Zuge einer Gesellschaftsreform geschehen könne. Vgl. *Rodbertus*, Kapital, XVI.

[24] *Rodbertus*, Erkenntniß, 33ff., 47; *ders.*, Offener Brief, 323.

[25] Vgl. *ders.*, Foderungen, 210f., 222; *ders.*, Erkenntniß, 52, 62, 123, 135; *ders.*, Zweiter Brief an von Kirchmann, 46; *ders.*, Kapital, 149f., 156. *Rodbertus* versäumte nicht zu betonen, daß er den „konstituierten Wert" noch vor *Proudhon* entdeckt habe.

„normalen Werkarbeitstag" abweichen, z.B. sechs, acht oder zwölf Stunden betragen kann. Hinzu kommt, daß auch Werk bzw. Leistung normiert werden, „die ein mittlerer Arbeiter, bei mittlerer Geschicklichkeit und mittlerem Fleiß (...) in seinem Gewerbe zu liefern im Stande ist". Die Löhne der Arbeiter werden an dieser Norm gemessen; sie können ihr entsprechen, aber je nach Arbeitsleistung auch höher oder niedriger sein. Auf Grund dieser fiktiven Durchschnittsgrößen lasse sich der Jahreswert der „Nationalproduction" feststellen. Die vom Staat zu emittierenden Noten oder „Zettel" des Arbeitsgeldes müßten aliquote Teile dieses Wertes, ausgedrückt in Normalarbeitsstunden, benennen.[26]

Rodbertus' Reformkonzeption unterscheidet zwei Varianten: 1. eine *sozialreformerische* (oder „sozialistische"; *Rodbertus* benützt diese Bezeichnung nicht) und 2. eine *utopisch-kommunistische*, die aber keinesfalls revolutionär, „mittels Strikes, Pflastersteinen oder gar Petroleum" erzwungen werden darf. Die erste Variante könnte sofort im Rahmen der bestehenden Gesellschaftsordnung verwirklicht werden, während die zweite kein Gegenwartsprogramm darstellt. Sie setzte nämlich die Beseitigung des „Grund- und Kapitaleigenthums" voraus – d.h. von Klassen, die gegenwärtig noch eine notwendige Funktion zu erfüllen hätten. Gleichwohl war *Rodbertus* davon überzeugt, daß sich der Kommunismus, wenngleich vielleicht erst in Hunderten von Jahren, durchsetzen werde.[27]

1. *Zur sozialreformerischen Variante.* Reformziel ist, das Absinken des Lohneinkommens auf das Existenzminimum zu verhindern. Dies geschieht dadurch, daß die staatliche Wirtschaftspolitik den Wertanteil der Arbeiter am Nationalprodukt auf ungefähr ein Drittel festsetzt. Auf diese Weise soll gewährleistet werden, daß die arbeitenden Klassen immer an der Zunahme des nationalen Reichtums auf Grund der Produktivitätssteigerung teilhaben und ihre Lebenshaltung nicht auf das Existenzminimum absinken kann. Den anderen Klassen, den Grundbesitzern und den Kapitalbesitzern sowie dem Staat, fließen die restlichen Wertanteile zu. Betrage z.B. der jährliche Produktwert 10 Mill. Werkstunden, so könnten dem Lohneinkommen sowie der Grund- und Kapitalrente je 3 Mill. und dem Staat 1 Mill. zufallen.[28]

Problemlos ist die Einführung des Arbeitsgeldes freilich nicht. Es wird vom Staat emittiert und in Form von Krediten an die Unternehmer in den Wirtschaftskreislauf gebracht. Diese bezahlen damit, neben den sonstigen Betriebsausgaben, die Löhne. *Rodbertus* scheint das Arbeitsgeld für nicht marktfähig gehalten zu haben, oder er hielt es nicht für wünschenswert, es als marktfähiges Zahlungsmittel zu gebrauchen. Deshalb griff er auf die alte utopische Idee zurück, daß die Güter mit Hilfe von „Staatsmagazinen" verteilt werden sollten. Diese Güter hätten die Unternehmen zu liefern; sie würden damit zugleich ihre Staatskredite zurückzahlen. Andererseits wollte *Rodbertus*, auch im Hinblick auf die Bedürfnisse des Außenhandels, auf das Metallgeld nicht ganz verzichten, so daß sich das Problem des Wechselkurses ergab. Er konnte sich auch vorstellen, daß die Arbeiter in „Wechselcomptoirs" das Arbeitsgeld in Metallgeld umtauschen könnten. Seine Arbeitsgeldvorstellungen waren also alles andere als ausgereift.[29]

---

[26] Vgl. *Rodbertus*, Der Normal-Arbeitstag (1871), in: *ders.*, Schriften, Bd. IV, 337-359, 338f., 343, 346f., 350f.; vgl. auch das nicht abgesandte „Sendschreiben an den Arbeitercongress während der Londoner Industrieausstellung" (1862), in: *ders.*, Schriften, Bd. 3, 225-242, 228f., 232ff.; *ders.*, Kapital, 136ff., siehe auch *ders.*, Erkenntniß, 166.
[27] Vgl. *ders.*, Normal-Arbeitstag, 359; *ders.*, Dritter Brief an von Kirchmann, in: Schriften, Bd. 4, 84-330, 329 f.
[28] Vgl. bereits *ders.*, Foderungen, 222; *ders.*, Normal-Arbeitstag, 346f.
[29] Vgl. *Rodbertus*, Normal-Arbeitstag, 354f.

2. *Zur kommunistischen Variante.* Auch sie beruht auf dem Arbeitsgeld. Da unter kommunistischen Verhältnissen die Grund- und Kapitalbesitzerklassen und damit Grund- und Kapitalrente entfallen, können diese Einkünfte zum Lohn geschlagen werden. Das „rentirende Eigenthum" ist abgeschafft. Damit könne das Prinzip, daß Einkommen und Eigentum auf eigener Arbeit beruhen sollen, „in seiner Reinheit verwirklicht" werden. Allerdings müssen die Staatsausgaben vom Arbeitseinkommen abgezogen werden. Sie sind beträchtlich, denn das kommunistische Wirtschaftssystem erfordert eine ausgebaute Bürokratie, an ihrer Spitze ein „**Central**organ", das in der Lage ist, die Bedürfnisse der Bevölkerung und das gesamte „Nationalbedürfnis" in „rege(r) Thätigkeit (...) zu erforschen" und natürlich die oben beschriebene Konstituierung des Wertes der nationalen Gesamtarbeit im Arbeitsgeld und die Emittierung des Arbeitsgeldes zu übernehmen [Fettung im Original, W.E.]. Das Ergebnis dieser Ermittlungen bildet die Grundlage für die Planung der Produktion (ein Begriff, der bei *Rodbertus* nicht fällt; er spricht von „angemessener Leitung der Nationalproduktion"). Die Schwierigkeit eines solchen Unternehmens hat er offensichtlich verkannt.[30]

Zu den Ideen und der Praxis der realen Arbeiterbewegung wahrte *Rodbertus* Distanz. Er hielt die Konzepte der „Organisation der Arbeit" und der „Produktivassociationen" für ökonomisch ineffektiv und ließ sie höchstens als verständliche Abwehrkonzepte gegen die überwältigende Macht des Kapitals gelten. Die „Consumgenossenschaften" brächten den Arbeitern gewisse Vorteile, die aber, wie er, *Lassalle* zustimmend, betont, nicht dauerhaft sein könnten, weil die Arbeiter immer auf das Existenzminimum zurückgedrängt würden. Auch die Gewerkschaften seien nicht in der Lage, eine dauerhafte Lohnsteigerung zu erkämpfen.[31] Auf einem anderen Blatt stünden freilich die „*geistigen* und *sittlichen*" Erfolge des „Associationswesens". Es sei

„die beste Bildungsschule des Arbeiterstandes. In der Association lernt der Arbeiter verwalten, debattieren und vorläufig in kleinen Kreisen regieren; und indem unaufhörlich dabei an seine eigene Kraft appelliert wird, wird das Selbstgefühl in ihm gesteigert, ohne das seine volle Theilnahme am Staat niemals gedeihlich werden kann."[32]

Muster des ineffektiven Assoziationswesens ist für *Rodbertus* das von *Louis Blanc* propagierte und in Deutschland vielfach beifällig aufgenommene Konzept einer „Organisation der Arbeit". Ihn stört daran, daß nach dieser Vorstellung „der Staat in lauter kleine Produktions- und Handelsgesellschaften" aufgelöst würde. Solche Ideen seien „unausführbar". Sie widersprechen *Rodbertus'* „staatssozialistischem" zentralistischem Etatismus. Er betrachtet die Organisation der Arbeit ausschließlich als Staatsaufgabe:

„Dauernder socialer Friede, einheitliche politische Regierungsgewalt, fester, vertrauensvoller Anschluss der arbeitenden Klassen an diese Gewalt, grosse (...) Anstalten, die eine Reihe

---

[30] Vgl. *ders.*, Erkenntniß, 168; *ders.*, Kapital, 114, 116f., 122ff., 131. *Engels* erkannte die in *Rodbertus'* Wirtschaftsmodell angelegten Bürokratisierungstendenzen und sprach von dessen „preußischem Staatssozialismus"; vgl. *Friedrich Engels*, Vorwort zur deutschen Ausgabe des Marxschen Werkes „Das Elend der Philosophie", MEW 4, 558-569, 563f., 566.
[31] Vgl. *Rodbertus*, Erkenntniß, iv; *ders.*, Offener Brief, 326f.; *ders.*, Erster Brief an von Kirchmann, 140ff.
[32] *Ders.*, Offener Brief, 327f. – Der Bildungswert der Arbeit in der selbst- oder mitverwalteten Wirtschaft ist ein ständiger Topos der sozialistischen Literatur.

tiefer Combinationen bilden und nur in Ruhe, mit Ordnung und Energie zu treffen sind, – das sind die Vorbedingungen der Lösung der socialen Frage."[33]

Was *Rodbertus'* politische Einstellungen betrifft, so lavierte er zwischen demokratischen und monarchistisch-nationalen Positionen. Zur Zeit der achtundvierziger Revolution war er Mitglied der preußischen Nationalversammlung sowie kurzfristig Kultusminister und kritisierte die konterrevolutionären Bestrebungen der preußischen Krone. Später schlug er sich auf die Seite *Bismarcks*. Im Grunde war er Anwalt einer konstitutionellen Monarchie. Wie *Lorenz von Stein* trat er für ein „soziales Königtum" ein, das die Sozialreform „von oben" durchsetzen sollte. Gleichwohl näherte er sich in den siebziger Jahren vorsichtig der lassalleanischen Sozialdemokratie. Er knüpfte Kontakte zu lassalleanischen Politikern und liebäugelte sogar mit einer sozialdemokratischen Reichstagskandidatur. Andererseits identifizierte er sich in seinen veröffentlichten Schriften nicht mit deren Zielen. Den von ihm propagierten Kommunismus verstand er als wissenschaftliches Prinzip ohne aktuelle politische Bedeutung. Es hinderte ihn nicht daran, als Rittergutsbesitzer Standespolitik zu betreiben und die „Creditnoth des Grundbesitzes" zu beklagen. So saß er, politisch gesehen, zwischen den Stühlen: Bedeute „conservativ" die Konservierung des „verrottetsten Plunders" des Liberalismus, so sei die Lösung der sozialen Frage antikonservativ. „Wenn aber Conservativ bedeutet Stärkung der monarchischen Staatsgewalt, friedliche Reformarbeit, Aussöhnung der socialen Klassen (...) – so giebt es nichts Conservativeres als die sociale Frage."[34]

II. Handwerkerkommunismus und -sozialismus

Die utopisch-kommunistische und die praxisorientierte sozialistische Strömung zu Beginn der deutschen Arbeiterbewegung läßt sich im Denken *Wilhelm Weitlings* und *Stephan Borns* nachzeichnen. *Weitlings* Auffassungen sind vollgesogen von den Lehren des französischen Frühsozialismus, denen er in seinen Schriften ein spezifisch handwerker-proletarisches Kolorit gab, während *Born* sich an *Louis Blancs* sozialdemokratischem Reformismus orientierte und vor allem um den gewerkschaftlichen Zusammenschluß der Arbeiter-Handwerker kämpfte.

1. *Wilhelm Weitling*

Weitling (1808-1871) ist das Muster eines proletarisierten Handwerkers, der sich über die Ursachen des Niedergangs der ehemals zünftigen Arbeit Gedanken machte und seine Hoffnungen auf eine kommunistische Zukunft setzte. Der uneheliche Sohn einer Köchin begab sich nach einer Schneiderlehre für rund zehn Jahre auf Wanderschaft, deren Erniedrigungen er gründlich kennenlernte. Er be-

---

[33] *Rodbertus*, Kapital, 114; vgl. auch *ders.*, Normal-Arbeitstag, 395.
[34] *Ders.*, Normal-Arbeitstag, 359. Zu *Rodbertus'* politischen Einstellungen vgl. *Dietzel*, Rodbertus, 67f., 73f., 87f.

saß einen guten Kopf und praktische Hände. In den USA soll er eine Knopflochmaschine erfunden haben, deren Patent ihm freilich abgeschwindelt worden sei.[35]

1835 bis 1841 lebte *Weitling* in Paris, das ihn als Zentrum des europäischen Sozialismus und Kommunismus anzog. Dort wurde er zum führenden Theoretiker des „Bundes der Gerechten". Für ihn verfaßte er die Programmschrift mit dem Titel „Die Menschheit, wie sie ist und wie sie sein sollte" (Paris 1838/39). Sein wichtigstes Werk „Garantien der Harmonie und Freiheit" erschien 1842 in Vevey in der Schweiz, wohin er aus Paris geflohen war.[36] Unter den deutschen Arbeiter-Handwerkern im In- und Ausland war *Weitling* der bekannteste kommunistische Autor. Drei Auflagen der „Garantien" folgten aufeinander; sie wurden ins Französische, Norwegische und Ungarische übersetzt. *Marx* feierte sie 1844 im Pariser „Vorwärts" als „brillantes Debut", das die künftige Riesengestalt des Proletariats erkennen lasse. Auch linksbürgerliche Intellektuelle nahmen ihn wahr, so etwa *Heinrich Heine*, der die „Garantien" als „Katechismus der deutschen Kommunisten" bezeichnete, sowie der Linkshegelianer *Ludwig Feuerbach*.[37]

Weitlings Versuch, 1843 in Zürich sein neues Werk „Das Evangelium des armen Sünders" herauszubringen, endete in einer Katastrophe. In einer Subskriptionseinladung gab er zu wissen, daß *Jesus* vor dem „Eigenthum keinen Respekt" gehabt und nichts dabei gefunden habe, „mit sündigen Weibern und Mädchen im Lande" herumzuziehen: ein zu starker Tobak für den Zürcher Kirchenrat. Er stellte Strafanzeige; das anschließende Verfahren endete 1843 mit einer zehnmonatigen Gefängnisstrafe und anschließender Abschiebung nach Preußen.[38] Später ist es *Weitling* nicht mehr gelungen, seine ehemalige Bedeutung in der beginnenden Arbeiterbewegung wiederzuerlangen und sein theoretisches Werk weiterzuführen. 1846 überwarf er sich mit *Marx*, der inzwischen seine Konzeption der „naturnotwendigen" Entwicklung zum Kommunismus entworfen hatte und die

---

[35] Zur Biographie vgl. *Jürg Häfelin*: Wilhelm Weitling. Biographie und Theorie. Der Zürcher Kommunistenprozeß von 1843, Berlin 1986, 10ff.; *Bernhard Kaufhold*, Wilhelm Weitling, in: *Manfred Hahn* (Hrsg.), Vormarxistischer Sozialismus, Frankfurt a.M. 1974, 285-327.

[36] Vgl. *Wilhelm Weitling*, Garantien der Harmonie und der Freiheit. Jubiläums-Ausgabe. Mit einer biographischen Einleitung und Anmerkungen hrsg. von *Franz Mehring*, Berlin 1908; *Weitling*, Das Evangelium des armen Sünders. Die Menschheit, wie sie ist und wie sie sein sollte. Mit einem Essay ‚Wilhelm Weitling im Spiegel der wissenschaftlichen Auseinandersetzung' hrsg. von *Wolf Schäfer*, Reinbek 1971; *Weitling*, Der Hülferuf der deutschen Jugend, Genf 1841; *ders.*, Die junge Generation, Bern 1842/43 (beide Titel als Reprint, mit einer Einleitung von *Werner Kowalski*, Glashütten i.Ts. 1973). Zur Unterdrückung der Weitlingschen Zeitschriften vgl. *Kaufhold*, Weitling, 293.

[37] Vgl. *Karl Marx*, Kritische Randglossen zu dem Artikel ‚Der König von Preußen und die Sozialreform. Von einem Preußen', in: MEGA I 2, 445-463, 459; MEW 1, 392-409, 404f.; *Waltraud Seidel-Höppner*, Wilhelm Weitling – Leben und Werk – eine optimistische Tragödie, in: *Lothar Knatz/Hans-Arthur Marsiske* (Hrsg.), Wilhelm Weitling. Ein deutscher Arbeiterkommunist, Hamburg 1989, 28-80, 48f. *Stephan Born* relativierte die in der Literatur verbreitete Rede vom hohen Bekanntheitsgrad *Weitlings*. Sein Name sei kaum in die deutschen Arbeiterkreise gedrungen; als er 1848 in Berlin aufgetaucht sei, sei er wenig beachtet worden. *Stephan Born*, Erinnerungen eines Achtundvierzigers (1898), hrsg. und eingeleitet von *Hans J. Schütz*, Berlin 1978.

[38] Vgl. zu den Vorgängen *Häfelin*, Weitling, 97ff., sowie *Weitlings* nachgelassenes Manuskript: *Wilhelm Weitling*, Gerechtigkeit. Ein Studium in 500 Tagen. Bilder der Wirklichkeit und Betrachtungen des Gefangenen. Erstausgabe von Prof. Dr. *Ernst Barnikol*, Kiel 1929.

Bekämpfung des egalitären Handwerkerkommunismus forderte.[39] 1849 emigrierte er in die USA, wo seine politischen Aktivitäten erfolglos blieben.

Weitlings von der utopischen und christlichen Tradition inspiriertes Werk zeigt Einflüsse von *Owen, Saint-Simon, Fourier, Babeuf, Cabet, Louis Blanc* sowie von dem christlichen Philanthropen *Lamennais*. *Jesus* ist für *Weitling* der Anwalt der kleinen Leute, über deren Sündhaftigkeit er gnädig hinwegsah. Insofern ist es richtig, von der „weltlichen" Theologie *Weitlings* zu sprechen. Sie ist geprägt von den zugleich frommen und rebellischen Empfindungen und der bedrückten sozialen Lage der Arbeiter-Handwerker.

Weitlings theoretische Leistung liegt darin, daß er, anders als der immer wieder als Vorbild genannte *Lamennais*, es nicht bei der moralisierenden Einforderung von christlicher Liebe und Gerechtigkeit für die Arbeiterschaft bewenden ließ, sondern zu einem historisch reflektierten, ausgearbeiteten Entwurf eines kommunistischen Gemeinwesens gelangte.[40] Dafür standen ihm durchaus auch andere Denkmittel als die des französischen Frühsozialismus zu Gebote. Seine zentrale Ordnungsvorstellung ist utopisch-platonischen Ursprungs. Doch er kannte auch die Auffassung von *Adam Smith* und anderen Autoren der „Schottischen Moralphilosophie", wonach das Privateigentum im Hirtenzeitalter entstanden sei, sich mit dem Aufkommen des Ackerbaus verfestigt habe und nach dem Untergang des Feudalismus zur Grundlage der bürgerlichen Ökonomie geworden sei.[41] Die Deutungsmuster der deutschen junghegelianisch-feuerbachianischen Philosophie, wie sie von den „Wahren Sozialisten" (siehe unten Sozialismus I, 2. Kap., III) vertreten wurden, lehnte er dagegen ab. *Hegel* war für ihn ein „Nebler". Die Abneigung war übrigens gegenseitig. *Weitling*, so die „Wahren Sozialisten", habe nur die „dogmatisch-diktatorischen" Ideen der Pariser Kommunisten wiederholt.[42]

Den „Garantien" zufolge befanden sich am Anfang der menschlichen Gesellschaft die Menschen – Jäger und Sammler – in einem „Urzustand", in dem Privateigentum und Herrschaft unbekannt waren. Sie waren in ihrem „natürlichen Freiheitstrieb" unbehinderte Freie und Gleiche. Es bestand eine „Harmonie der Begierden und Fähigkeiten" (das Telos des Weitlingschen Denkens überhaupt, das *Weitling* „Glück" nennt): „Zufriedenheit in der Freiheit". Diese Art des Zusammenlebens war die „natürliche Ordnung", das verlorene, im Kommunismus wieder zu erringende „Paradies der Menschheit"[43]. In den Schriften „Die

---

[39] Berichte über den Streit zwischen *Marx* und *Weitling* auf einer Sitzung des „Kommunistischen Korrespondenz-Komitees" in Brüssel sind abgedruckt in: Karl Marx, Der Historische Materialismus. Die Frühschriften, hrsg. von *Siegfried Landshut* und *Jacob Peter Mayer*, Bd. 2, Leipzig 1932, 531-535.

[40] Vgl. *Félicité de Lamennais*, Paroles d'un croyant (1833). Le livre du peuple (1837). Une voix de la prison. Du passé et de l'avenir du peuple. De l'esclavage moderne, Paris 1864. Die beiden erstgenannten Schriften weisen die arbeiterfreundliche, von pathetischer christlicher Rhetorik geprägte Diktion auf, die *Weitling* häufig nachahmte, doch keine sozialistischen Konzeptionen.

[41] *Weitling* besaß neben einer Übersetzung von *Platons* „Politeia" auch eine solche von *Adam Smiths* „Wealth of Nations". Vgl. *Ernst Barnikol*, Weitling der Gefangene und seine ‚Gerechtigkeit'. Eine Untersuchung über Werk und Wesen des frühsozialistischen Messias, Kiel 1929, 187.

[42] *Kaufhold*, Weitling, 297f.

[43] *Weitling*, Garantie, 11ff., 23, 33, 85, 118, 207; *ders.*, Menschheit, 167. – Es fällt auf, daß *Weitling* hier die von der ökonomischen Schule der Physiokraten stammende Vorstellung eines „ordre naturel", die bei ihnen eine auf Privateigentum beruhende freie Wirtschaftsordnung war, ins Ge-

Menschheit, wie sie ist und wie sie sein sollte" und „Evangelium des armen Sünders", in denen die christlichen Bezüge ausgeprägter sind, wird das Gebot der christlichen Nächstenliebe als wichtigste Voraussetzung der „zur irdischen Vollkommenheit reifenden Menschheit" bezeichnet.[44]

Die Idylle zersetzte sich im Hirten- und Ackerbauzeitalter. Die Menschen begannen, zwischen „Mein" und „Dein" zu unterscheiden: Es entstand „das Recht auf Eigentum und das Prinzip der Trennung". Zu Beginn dieser Entwicklung war dieser Einstellungswandel, den *Weitling* in der Manier des Lockeschen Naturrechtsdenkens auf das Selbsterhaltungsprinzip zurückführte, noch unschädlich. Doch nachdem der Boden knapp geworden war, wurde das Grundeigentum „ein himmelschreiendes Unrecht", das die überwiegende Mehrheit vom Genuß des Eigentums ausschloß, nämlich „ein Eingriff in die natürlichen Rechte der Gesellschaft, ein liebeloser, brudermörderischer, die Würde des Menschen und seine Bestimmung entehrender Akt". Daraus folgt: „Nein, dieser Boden gehört uns allen und unseren Nachkommen allein; er kann nicht an einige wenige, er kann und darf an gar kein Individuum verteilt werden. Er ist für niemand ausschließlich, sondern für uns alle da."[45]

Die Durchsetzung des Privateigentums verursachte nach *Weitling* alle wesentlichen sozialen Übel. Es zerstörte das natürliche Gleichgewicht von Fähigkeiten und Begierden; der Eigennutz nahm überhand. Dieser brachte Geld, Handel und schließlich eine Gesellschaft rigoroser Egoisten hervor, die, wie *Weitling* unter Anlehnung an *Fourier* und dessen Schüler *Considérant* breit ausmalte, sich gegenseitig mit allen erdenklichen Listen, mit Warenverfälschung, Lohnverkürzung, Pfändung, Wucher, Spekulation und betrügerischem Bankrott, zu übervorteilen suchen.[46] *Weitling* verfügte über keine Geldtheorie; es überwiegt die metaphorisch überhöhte Denunziation des Geldes als „Ausfluß der Hölle" und „falscher Götze". Eigentlich müßte, so kann man seine Geldauffassung interpretieren, Geld als Medium der Distribution des gesellschaftlich produzierten Reichtums die Arbeitszeit repräsentieren, die zu dessen Herstellung aufgewandt worden ist. Das Metallgeld aber besitzt nur einen „eingebildeten Wert" und öffnet dem Betrug Tür und Tor: „Auf diese Weise also bekamen diese [Edelmetall-, W.E.] Stücke einen Wert, den sie nicht hatten, und welcher sich je nach den Launen, dem Glück und der List des Besitzers oder Erwerbers vermehrte oder verminderte".[47] Für die arbeitenden Leute und die Armen sind die Folgen der Geldwirtschaft verhängnisvoll. Denn das Geld ist ein Mittel der Übervorteilung und des Raubs:

„Geld und Güter sind todte Dinge, die nicht arbeiten und doch kann man ohne verarbeitete Dinge nicht leben. Ja diese müssen aber erst durch Menschen geschaffen werden; folglich

---

genteil verkehrte. Andererseits hatte er mit ihnen die Vorstellung des quasi naturgesetzlichen gesellschaftlichen Fortschritts auf Grund der Vervollkommnungsfähigkeit und der Wissenschaften gemeinsam. Vgl. *Gide/Rist*, Geschichte, 6ff.

[44] Vgl. *Weitling*, Evangelium, 16; *ders.*, Menschheit, 142, 154.

[45] *Ders.*, Garantien, 17f., 24f., 29f. Die Rhetorik *Weitlings* scheint die bekannte eigentumskritische Passage in *Rousseaus* „Zweitem Discours" (Discours sur (...) l'inégalité parmi les hommes), in: *Jean-Jacques Rousseau*, Oeuvres complètes, Tome III, Paris 1966, 164f., zu reflektieren.

[46] Vgl. *Weitling*, Garantien, 44ff., 96ff., 104 Anm., 106.

[47] Ebenda, 48, vgl. auch 44, 56ff., 61. – Der Vergleich des Geldes mit einem Vampir oder dem „Tier" der Apokalypse gehörte auch zur Rhetorik der „Wahren Sozialisten".

kann Niemand von seinem Geld und seinem Gute leben, ohne zu arbeiten oder Andere um die Früchte ihrer Arbeit zu betrügen, und wenn er sagt, daß er dies kann, so ist er entweder ein Unwissender oder ein Betrüger. Ein Unwissender, wenn er nicht einsieht, daß das Geld nur ein Mittel ist, den Armen beim Austausch um einen Theil seiner Kräfte zu bestehlen, und ihn so für andere arbeiten zu lassen, ohne daß er es gewahr wird. (...) Müßiggänger sind, welche gar nichts von der Arbeit verstehen und welche sich nur in Spekulationen mit den Arbeitenden einlassen, um sie vermittels des Geldes um einen Theil ihrer Kräfte zu betrügen und zu bestehlen."[48]

Das Geldwesen verändert nach *Weitling* zudem die gesellschaftlichen Strukturen zum Nachteil der arbeitenden Menschen. Es verwandle die Form der unmittelbaren Herrschaftsbeziehungen wie die zwischen Herrn und Sklaven, ohne ihren Inhalt zu ändern: „Dem Namen nach wurde die Sklaverei in neuerer Zeit wohl teilweise abgeschafft, der Zustand derselben besteht jedoch in vieler Beziehung in einem schlimmeren Grad fort." Jeder, der von der Arbeit leben müsse, müsse sich von denen, die die Arbeit bezahlen, die Arbeitsbedingung vorschreiben lassen.[49] *Weitlings* Beschreibung dieser Bedingungen widerspiegelt die entwürdigenden Erfahrungen der wandernden Arbeiter-Handwerker. Die schmutzigen Betten voller Wanzennester, die bloßen Füße in absatzlosen Schuhen, die zerlumpten Kleider, die verdorbene Nahrung, „alles, was verdirbt und sauer wird", – das sei für „das arme und arbeitende Volk"[50].

Schließlich bedingt nach *Weitling* die Geldwirtschaft auch die soziale Schichtung. Der Begriff der Klassengesellschaft war ihm nicht geläufig, doch er unterschied prinzipiell zwischen „Menschen, die arbeiten, und Menschen, die nicht arbeiten. Herren und Knechte." Diese zerfallen wiederum in: „1. Menschen, die ein nützliches Geschäft betreiben; 2. Menschen, die ein unnützes Geschäft betreiben; 3. Menschen, die gar nicht arbeiten; und 4. Menschen, die ein schädliches Geschäft betreiben" oder, wie seine sarkastische Zusammenfassung lautet: „(...) ehrliche Leute, Affen, Umsonstfresser und Schurken."[51] Zu den Herren im engeren Sinn gehören nur Personen der dritten Kategorie.

Geldwesen und Eigentumsordnung sind jedoch dem Untergang geweiht. Es werde die Zeit kommen, in der die armen und geschundenen Leute sich um die Eigentumsordnung, die sie von den guten und schönen Gütern dieser Welt ausschließt, die sie selbst erzeugt haben, nicht mehr scheren. *Weitling* entwickelte eine Art Robin-Hood-Theorie der Eigentumsmißachtung. Der „Genius der Gleichheit" habe sich nunmehr „unter die Räuberhorden der finstern Wälder und weiten Wüsten" geflüchtet. Schließlich sei Eigentum, wie *Weitling* in Anlehnung an den jungen *Proudhon* immer wieder betonte, nichts anderes als Diebstahl, und deshalb sei es gerechtfertigt, wenn die Armen das Eigentum gleichfalls nicht respektierten und sich nähmen, was sie benötigten. „Nehmt euch in acht", so ruft er

---

[48] *Weitling*, Evangelium, 67f.
[49] Vgl. *ders.*, Garantien, 49f.; *ders.*, Evangelium, 68. Der Formwechsel der sozialen Herrschaft im Verlauf des Entstehens der bürgerlichen Gesellschaft ist auch ein Kernstück der Marxschen Gesellschaftsanalyse. Vgl. *Walter Euchner*, Kritik der politischen Ökonomie und politische Ideologie bei Marx, in: *ders.*, Egoismus und Gemeinwohl. Studien zur Geschichte der bürgerlichen Philosophie, Frankfurt a.M. 1973, 200-249, 243ff.
[50] *Weitling*, Garantien, 69.
[51] Ebenda, 41.

den Besitzenden zu, „daß der Diebstahl euch dereinst nicht noch unbequemer wird: denn in einem blühenden Garten, voll der lieblichsten Früchte, Hungers sterben, das wäre ein Gemisch des größten Mutes und der größten Feigheit (...)." Schließlich habe sich auch *Jesus*, so *Weitlings* Armeleutetheologie, über das Privateigentum hinweggesetzt. Er geht soweit, den Diebstahl als den „Probierstein der gesellschaftlichen Organisationen welcher nie trügt" zu bezeichnen. In einer ungerechten Eigentumsordnung werde nämlich der Diebstahl von dem provoziert, der eine Sache ausschließlich besitzen wolle. In der kommunistischen Überflußgesellschaft werde der Diebstahl sinnlos, denn stähle mir jemand Rock und Stiefel, so könnte ich mir morgen aus dem Magazin neue besorgen.[52] Diese „Diebstahlstheorie", die unter *Weitlings* Anhängern durchaus Widerspruch fand, hat dazu beigetragen, dem Kommunismus Diebstahlsgelüste nachzusagen.[53]

Weitlings Transformationsvorstellungen folgten der babouvistischen Tradition. Parlamentarischen Reformismus à la *Louis Blanc*, der den Sozialismus über parlamentarische Mehrheiten erreichen wollte, lehnte er ab. Er bezeichnete die „Volksherrschaft" in einer parlamentarisch-demokratischen Republik, die auf demokratischem Wahlrecht beruht, als einen „Begriff, der (...) viel verspricht und wenig hält". *Weitling* folgte der Wahlrechtskritik einiger französischer Kommunisten und deren Propagierung einer Diktatur während der „Übergangsperiode". Er wollte das demokratische Mehrheitsprinzip nicht allgemein, sondern gezielt in den Strukturen seines utopischen Kommunismusentwurfs einsetzen.[54] Zur propagandistischen Vorbereitung der sozialen Revolution und zur Werbung von Anhängern entwarf er im „Evangelium" eine konspirative Organisation nach Vorbild der französischen Geheimgesellschaften, deren hierarchische Stufen auf Wahl der jeweiligen unteren Organisationen (*Weitling* gab ihnen poetische Namen wie „Blätter", „Knospen" und „Blüthen") beruhen. Die organisatorische Spitze, der „Kern", bleibt geheim.[55] *Weitling* ging davon aus, daß die soziale Revolution bürgerkriegsähnliche Formen annehmen werde. Die Übergangsphase erfordere wahrscheinlich einen Diktator. Es fehlt auch nicht die theologische Rechtfertigung, *Jesus* selbst sei revolutionär gewesen und habe auf das Schwert gesetzt. Vielleicht werde ein „neuer Messias", größer als der erste, kommen, um dessen Lehre zu verwirklichen. Es wird gesagt, daß *Weitling*, der zur Selbstüberschätzung neigte, sich selbst als diesen „*größten Messias*" gesehen hat.[56]

Weitlings kommunistische Gesellschaft beruht auf striktem Gemeineigentum. „Besitzthum des Einzelnen" und das Erbrecht sind abgeschafft. Die Forderung der sansculottischen Linken zur Zeit der Französischen Revolution nach konsequenter Eigentumsgleichheit wies er entschieden zurück. Er kritisierte auch

---

[52] Vgl. *Weitling*, Garantien, 47, 52, 95, 196ff.; *ders.*, Evangelium, 91ff., 140.

[53] Vgl. *Martin Hundt*, Zur Diebstahlstheorie Weitlings, in: *Knatz/Marsiske*, Weitling, 168-172.

[54] *Weitling*, Garantien, 127, 135ff., 145, 219, 246f. Interessant ist die Unterscheidung zwischen „politischer" und „sozialer Revolution" (die erste ist die Voraussetzung letzterer, durch die der Sozialismus bzw. Kommunismus letztlich verwirklicht wird), die für kommunistisch-sozialistische Transformationskonzeptionen konstitutiv ist.

[55] Vgl. *ders.*, Evangelium, 130ff.

[56] Vgl. *ders*, Garantien, 39, 64, 238, 253f.; *ders.*, Menschheit, 155; *ders.*, Evangelium, 95ff. Die Vermutung, *Weitling* habe sich selber als Diktator und Messias gesehen, äußert *Barnikol* in: *ders.*, Weitling, 124, 129f.

Blancs Assoziationskonzeption. Sie war ihm zu partikularistisch: Die ganze Gesellschaft müsse eine einzige Assoziation sein.[57] Seine Schlüsselidee war, eine Ordnung der Produktion und Konsumtion zu schaffen, die auf dem Gleichgewicht der Fähigkeiten und Begierden der einzelnen Gesellschaftsglieder beruht – ein Gleichgewicht, das vom Geld- und Handelssystem zerstört worden ist. Eigentlich positiv wirkende Begierden, wie die des Erwerbs, des Genusses und des Wissens, können durch den Egoismus pervertiert werden. Deshalb ist es die Aufgabe einer optimal organisierten Gesellschaft, die Befriedigung der Begierden und den Austausch der Fähigkeiten klug zu lenken und insbesondere die Begierde des Wissens durch Erziehung auszubilden, denn diese ist „*die Haupttriebfeder des gesellschaftlichen Organismus*". Prinzipiell gilt: „(...) aus der *Freiheit* und der *Harmonie* der Begierden und der Fähigkeiten *aller* [entsteht, W.E.] *alles Gute* und aus der Unterdrückung und Bekämpfung derselben *zum Vorteil einiger* alles Böse."[58]

Die gesellschaftlich notwendigen und nützlichen Arbeiten werden in dem Weitlingschen Entwurf in hierarchisierter und z.T. an militärische Formationen angelehnter Ordnung erbracht. *Weitling* unterschied in den „Garantien" zwischen „notwendigen" und „nützlichen Arbeiten" sowie den „Arbeiten des Angenehmen". Die notwendigen Arbeiten dienen dem Fortschritt der nützlichen Wissenschaften, der Jugenderziehung (die in der militärischen Form einer „Schularmee" erfolgt) sowie der Produktion und Distribution der für Nahrung, Wohnung, Kleidung und Erholung erforderlichen Produkte, die nützlichen Arbeiten der Vervollkommnung der Arbeitswerkzeuge und dem Bau von Maschinen, Straßen, Eisenbahnen und dergleichen, die Arbeiten des Angenehmen der Verfeinerung der sinnlichen Genüsse, d.h. sie produzieren Theateraufführungen, Konzerte, überhaupt Kunst, Luxusgüter wie Getränke, Tabakerzeugnisse usw.[59] Ein Teil dieser Arbeiten, nämlich die Schaffung von Infrastruktur wie Eisenbahn-, Kanal- und Brückenbau, die Urbarmachung unfruchtbarer Ländereien usw., soll von kräftigen und gesunden Menschen in einer „industriellen Armee" übernommen werden, eine Vorstellung, die auf den *Cabet*-Schüler *Dezamy* zurückgeht.[60] Alten, schwachen und behinderten Menschen werden leichtere Arbeiten zugeteilt. Universitätsangehörige müssen in den Ernteeinsatz. *Weitling* wollte ferner verhindern, daß die Arbeit eintönig wird. Deshalb ist nach Fourierschem Vorbild der Übergang von einem zum anderen Arbeitszweig während eines Arbeitstages (sofern dies arbeitstechnisch möglich ist) zugelassen.[61]

Weitlings originellste Idee war die der Einführung sogenannter *Kommerzstunden*. Diese lassen spezielle Arbeitsleistungen zu, die den Genuß der „Güter des Angenehmen" ermöglichen. „Jeder muß also die Freiheit haben, für die Genüsse des Angenehmen eine längere oder kürzere Zeit zu arbeiten, je nachdem er nach denselben viel oder wenig begehrt, oder gar nicht dafür zu arbeiten, wenn er sich derselben ganz enthält." Ihr wichtigster Zweck ist jedoch, das Gleichgewicht zwischen Bedürfnissen und Fähigkeiten und damit „*Harmonie aller*! Und darin *größtmögliche Freiheit eines jeden!*" zu realisieren.[62]

---

[57] Vgl. *Weitling*, Garantien, 27, 219f., 223ff.; ders., Menschheit, 150, 154.
[58] Ders., Garantien, 122ff.
[59] Vgl. ebenda, 147f., 179.
[60] In „Menschheit" gliedert *Weitling* nach platonisch-fichteanischem Vorbild die Arbeitenden in den „Bauern, Werk- und Lehrstand", vgl. *Weitling*, Menschheit, 159ff. Vgl. zu *Fichte* oben Sozialismus I, 2. Kap., I, 1, zu *Dezamy* Sozialismus I, 1. Kap., II, 2.
[61] Vgl. *Weitling*, Garantien, 147f.
[62] Vgl. *Weitling*, Garantien, 155f.

Die Kommerzstunden benötigen durchdachte Regeln, die einer Vielzahl von Sonderfällen gerecht werden müssen. *Weitling* hat sie sich mit beträchtlichem Scharfsinn ausgedacht. Im Bereich der Produktion haben die notwendigen und nützlichen Güter Priorität. Die Verwaltung muß also berechnen, wieviel Arbeitsstunden (bei bekanntem Umfang der von der arbeitsfähigen Bevölkerung zu erbringenden Arbeitsleistung, Sechsstundentag und 300 Arbeitstage pro Jahr vorausgesetzt) für die Produktion dieser Güter zu erbringen sind. Für die Produktion der notwendigen und nützlichen Güter muß jeder – von Ausnahmen abgesehen – an fünf Tagen der Woche sechs Stunden arbeiten. Die zusätzlich für die Produktion angenehmer Güter erbrachte Arbeitszeit bilden definitionsgemäß die Kommerzstunden. Gegenstand des Gütererwerbs durch zertifizierte Kommerzstunden können nur Güter des Angenehmen sein, dagegen nicht des Notwendigen und Nützlichen. Diese werden vielmehr je nach Bedarf verteilt. Bei diesen Gütern, z.B. des Wohnungs- oder Kleidungsbedarfs, darf es keine Einsparung geben, etwa daß jemand in Lumpen geht, um mit dem gesparten Arbeitszeitäquivalent sich einige Flaschen Wein mehr leisten zu können. Der Wert der eintauschbaren Produkte des Angenehmen bestimmt sich nach der zu ihrer Produktion erforderlichen Arbeitszeit sowie nach dem Wert der erforderlichen Materialien, wobei auch die Seltenheit der Materialien und Produkte eine Rolle spielt.[63] Gedanken darüber, wie der Materialienwert bestimmt werden könnte, oder über die Bewertung komplizierter Arbeitstätigkeit, finden sich bei *Weitling* nicht.

Die abgeleisteten Kommerzstunden werden in ein sogenanntes Kommerzbuch eingetragen. Es wird für jeden arbeitenden Menschen, einschließlich des Verwaltungspersonals, ausgestellt und enthält Angaben zur Person des Inhabers einschließlich eines Portraits. Die Kommerzbücher „sind zugleich: Reisepaß, Taufschein, Heimatschein, Freischein, Lehrbrief, Wechsel, Quittung, Rechnungsbuch, Tagebuch, Schulzeugnis, Eintrittskarte, Empfehlungsschreiben, Kollekte, Geldbörse, Kalender; sie sind der Spiegel aller geistigen und physischen Bedürfnisse des Individuums, sein Portrait, seine Biographie; kurz, das ganze bildliche Ich des Individuums."[64] In gewisser Weise scheinen sie den Wanderbüchern der zünftigen Handwerksgesellen nachempfunden zu sein und hätten wie diese als hervorragendes Hilfsmittel obrigkeitlicher Kontrolle dienen können. Was die wirtschaftliche Funktion des Kommerzbuches betrifft, so dokumentiert es die tägliche, wöchentliche und jährliche Arbeitszeit, wobei für eine Arbeitswoche eine Doppelseite verwendet wird. Die beiden gegenüberliegenden Seiten sind in vier Rubriken eingeteilt: Die erste verzeichnet die Summe der bisher angesammelten Kommerzstunden sowie die Arbeitszeit, die in den Zweigen der notwendigen und nützlichen, sechs Stunden umfassenden Arbeit tatsächlich geleistet worden ist. Hinzu kommen Angaben zur Wohnadresse, der Wohndauer und des üblicherweise frequentierten „Speisesaals". Die zweite Rubrik enthält ein „Gesundheits-Bulletin" des Inhabers. In der dritten Rubrik sollen die eigentlichen Kommerzstunden unter Angabe der Abteilung des Arbeitszweiges festgehalten werden. Die drei genannten Rubriken befinden sich auf der linken Seite des aufgeschlagenen Kommerzbuches. Die vierte Rubrik auf der rechten Seite gilt dem konsumtiven Teil der Arbeitsstundenbilanz. In ihr werden die Produkte des Angenehmen und ihr Wert sowie gegebenenfalls der Ort, in dem sie konsumiert worden sind, eingetragen. Die Behörden, der Werkführer und der zuständige Arzt, bestätigen die Angaben durch Stempel und Unterschrift.[65]

Weitling antwortete auf den fiktiven Einwand: Warum dieses mühselige, an die Praxis der Buchführung von Handwerkerzünften erinnernde Buchungsverfahren – wäre es nicht besser, Geld oder Arbeitsgeld zu verwenden, das die durchschnittliche Arbeitszeit auf „Karten" vermerkt? *Sein* wichtigstes Argument gegen diesen

---

[63] Vgl. ebenda, 156ff., 165.
[64] Ebenda, 157, 170f.
[65] Vgl. ebenda, 158ff.

Einwand war, daß Geld, auch Arbeitsgeld, Akkumulation und damit vom Eigennutz angetriebenes Bestreben, andere Menschen zu übervorteilen und von sich abhängig zu machen, ermögliche; deshalb sei es prinzipiell abzulehnen.[66]

Weitling war sich darüber im klaren, daß seine Unterscheidung zwischen der Produktion notwendig-nützlicher Güter einerseits und von Gütern des Angenehmen andererseits eine Vielzahl von Einzelproblemen aufwarf. Denn seinem System zufolge hat nur der Kommerzstundeninhaber die Voraussetzungen erworben, sich Güter des Angenehmen zu verschaffen. Wie soll jedoch mit denen verfahren werden, deren Arbeitsrhythmus, wie z.B. bei Transportarbeitern, es gar nicht zuläßt, zwischen notwendiger Arbeit und der Produktion angenehmer Güter hin- und herzuwechseln? Und mit den Geistesarbeitern und den Angehörigen der Verwaltung, die sich in dieses Klassifikationssystem nicht einordnen lassen? *Weitling* versuchte, in einer ausgefeilten Kasuistik Antworten auf derartige Fragen zu finden. Welchen Zugang haben Pensionäre zu den angenehmen Gütern, wie ist zu verfahren, wenn zu viele Leute in einem Zweig der Produktion angenehmer Güter tätig sein wollen (es muß sodann „Geschäftssperre" verhängt werden), wie, wenn bei ungenauer Buchführung Defizite an zertifizierten Kommerzstunden auftauchen, wie sollen die Arbeitsausfälle kompensiert werden, die der übermäßige Genuß des angenehmen Gutes Branntwein hervorruft, wie wird der Reiseaufwand berechnet? Selbst der Theaterbesuch von einzelnen und in Gruppen wirft Probleme auf. Die phantasievollen Antworten lassen erkennen, daß die Regelungsdichte des Weitlingschen Systems nach exzessiver Bürokratisierung mit einem Übermaß an sozialer Kontrolle verlangt hätte.[67]

In der politischen Struktur der Weitlingschen Utopie ist – anders als im „Ikarien" *Cabets* – jede Erinnerung an eine republikanische Verfassung getilgt. Sie bildet eine Meritokratie, in der nach dem Vorbild von *Platons* „Politeia" die *„Philosophie (...) regieren"* soll. Zugleich will sie das Ideal des Saint-Simonismus verwirklichen: Der wissenschaftliche Fortschritt soll die Gesellschaft (die er als „großen Familienbund" begreift), vor allem die Arbeitswelt, anleiten. Gelingt dies, so wird die Politik im alten Sinne antiquiert: *„Eine vollkommene Gesellschaft hat keine Regierung, sondern eine Verwaltung; keine Gesetze, sondern Pflichten; keine Strafen, sondern Heilmittel."*[68]

Der Tätigkeitsbereich der Administration umfaßt zwei Gebiete, die Arbeitswelt und die Lenkung des wissenschaftlichen Fortschritts. Die gesellschaftliche Arbeit wird von „Meisterkompagnien" überwacht. An der Spitze des Gemeinwesens steht ein „Trio" aus den bedeutendsten Philosophen, Technikern und Ärzten. In die Ämter führt ein anonymisierter Wettbewerb. Eine „Akademie der schönen Künste und Wissenschaften" kümmert sich um die Qualität der Künste und deren Anwendung bei der Produktion der „Güter des Angenehmen".[69]

Weitlings Vision imaginiert einen Bund von Freien, die ihre Talente und Meinungen in Harmonie entfalten können. Die wissenschaftlichen Erkenntnisse werden exponentiell wachsen; es wird ungeahnte Erfindungen, z.B. die der Luftschiffahrt,

---

[66] Vgl. *Weitling*, Garantien, 163ff.
[67] Vgl. ebenda, 159ff., 171f., 176f., 182.
[68] Ebenda, 31, vgl. ferner 127, 137.
[69] Vgl. ebenda, 141f., 149f., 151ff., 179f.

geben; es wird eine Weltsprache entstehen; niemand wird mehr Not leiden, „der Menschenschlag wird wieder kräftiger, schöner, geistiger und lebendiger werden"[70]. Wie in allen traditionellen Utopien lassen sich repressive Pferdefüße finden. Z.B. besteht keine Publikationsfreiheit. Es werden nur Arbeiten gedruckt, die die „akademische Wahlkommission" ausgewählt hat. Ein „durchgefallenes Werk" kann nur dann veröffentlicht werden, wenn es von Interessenten mit einer zureichenden Anzahl von Kommerzstunden subskribiert worden ist.[71] Obwohl *Weitling* prophezeiht, daß für Frauen „der goldene Frühstrahl des Befreiungsmorgens" anbrechen werde, sind Männer und Frauen nicht gleichberechtigt. Frauen arbeiten in anderen Arbeitszusammenhängen als Männer, und für die obersten Leitungsgremien sind sie ungeeignet, denn:

„Solange die Natur kein Wunder verrichtet, d.h. solange das weibliche Geschlecht das männliche in nützlichen Wissenschaften, Erfindungen und Talenten nicht übertrifft, solange kann es auch zu keinen Ämtern gelangen, von welchen aus es das Ruder der Verwaltung führen kann und Mitglied des Trio und der Zentralmeisterkompagnie werden könnte. Doch wenn einmal die Natur des Weibes und des Mannes sich so verändern würde, daß dies der Fall wäre, dann ist es auch billig, daß man die Organisation den neuen Verhältnissen anpasse."[72]

Auch die modern klingende Vorstellung, daß Verbrechen nichts als Ausdruck einer Krankheit seien, weshalb Gesetze eigentlich „Gesundheitsregeln" beinhalten müßten, hat repressive Konsequenzen. Stört ein Kranker die gesellschaftliche Harmonie, so befindet er sich in einem „Zustand der Unmündigkeit". Solange er krank ist, wird er unter die Vormundschaft der Ärzte gestellt und, bei dauernder Zerrüttung des Gesundheitszustandes, in die Verbannung geschickt, um zu verhindern, daß er „mit der gesunden Gesellschaft in Berührung" kommt. Behandlungsunwillige Individuen müssen angezeigt werden; bleiben sie renitent, wird ihnen Wohnung und Nahrung entzogen.[73] *Weitlings* „Garantien der Harmonie und Freiheit" erweisen sich so als Grundriß eines „bürokratischen Utopia".

2. *Stephan Born* und die „Arbeiterverbrüderung"

Born (1824-1898) stammte aus einer jüdischen Kaufmannsfamilie. Ein Universitätsstudium blieb ihm aus finanziellen Gründen versagt. Er erlernte in Berlin das Buchdruckerhandwerk, nutzte die Bildungseinrichtungen, las *Lorenz von Steins* „Geschichte der sozialen Bewegung in Frankreich" sowie *Engels'* „Die Lage der arbeitenden Klassen in England" und traute sich schließlich zu, eine kritische Broschüre über den „Verein zur Hebung der arbeitenden Klassen" zu schreiben, die der liberale Leipziger Verleger *Wigand* tatsächlich druckte und honorierte.[74]

---

[70] Vgl. *Weitling*, Garantien, 201ff., 89, 92f., 185, 215, 138, 152, 164.
[71] Vgl. ebenda, 181.
[72] Ebenda, 181f.
[73] Vgl. ebenda, 198f.
[74] Für *Borns* Biographie generell *Franziska Rogger*, „Wir helfen uns selbst!" Die kollektive Selbsthilfe der Arbeiterverbrüderung 1848/49 und die individuelle Selbsthilfe Stephan Borns – Borns Leben, Entwicklung und seine Rezeption der zeitgenössischen Lehren, Erlangen 1986, sowie *Stephan Born*, Erinnerungen eines Achtundvierzigers (1898), hrsg. und eingeleitet von

1846 schloß sich *Born* dem „Bund der Gerechten" an und reiste im selben Jahre nach Paris, um sich über den Stand der kommunistisch-sozialistischen Diskussionen und Experimente zu informieren. Er freundete sich mit *Engels* und *Marx* an, die große Stücke auf ihn hielten. *Born* betätigte sich als Journalist, Redner und Agitator; 1847 ging er als Emissär des Bundes in die Schweiz.

Ende März 1848, nach Ausbruch der Revolution, kehrte *Born* nach Berlin zurück, um die dortigen Kräfte des „Bundes der Kommunisten" zu sammeln. Im April bildete sich ein „Zentralkomitee für Arbeiter", zu dessen provisorischem Präsidenten er gewählt wurde. Ab Oktober erschien die von ihm redigierte Zeitschrift „Die Verbrüderung". Zudem formulierte er als Präsident der Buchdruckergesellen die Ziele des Berliner Buchdruckerstreiks und verfocht sie publizistisch. Die Berliner Buchdruckerbewegung und ihr Organ „Gutenberg" beeinflußten die Zusammenschlüsse in anderen deutschen Städten, so daß im Juni 1848 in Mainz die erste „National-Buchdrucker-Versammlung" zusammentreten konnte. *Born* verfaßte die dort gehaltene programmatische Ansprache. Der Mainzer Kongreß führte zur Gründung des „National-Buchdrucker-Gehilfen-Verbandes" – der ersten deutschen Gewerkschaft.[75] Parallel dazu liefen seine Anstrengungen zur organisatorischen Einigung der deutschen Arbeiterschaft, die in der Einberufung eines nationalen Arbeiterkongresses nach Berlin im August 1848 ihren Höhepunkt fand. Auf ihm wurde die „Arbeiterverbrüderung" gegründet, der erste Arbeiterverein auf nationaler Ebene – der Vorläufer der deutschen Sozialdemokratie.[76] Das „Zentralkomitee" der Arbeiterverbrüderung nahm seinen Sitz in Leipzig, wo auch Anfang Oktober 1848 ihr Organ „Die Verbrüderung" erschien. *Born* benützte dieses Blatt, um den von ihm initiierten Einigungsprozeß der deutschen Arbeiterschaft zu beeinflussen und die erzielten Erfolge zu bilanzieren.[77]

Born wurde 1849 vom sächsischen Innenministerium in eine „Landeskommission zur Erforschung und Erörterung der Gewerbs- und Arbeitsverhältnisse" berufen. Diese Berufung fiel mit dem Beginn der Konterrevolution in Preußen und anderen deutschen Staaten zusammen, die in Sachsen die Dresdner Mairevolution auslöste. *Born* gehörte zu den Führern des Aufstandes, wurde nach der Niederlage steckbrieflich verfolgt und floh in die Schweiz. Dort gelang ihm im Laufe der Jahre die von *Engels* sarkastisch kommentierte Verwandlung von einem Revolutionär in einen aufgeführten Theaterautor und „kleinen Schweizer Professor" für vergleichende Literaturwissenschaft.[78] Seinen sozialdemokratischen Idealen hielt er die Treue. Für die deutsche Sozialgeschichte ist er in doppelter Hinsicht von

---

Hans J. Schütz, Berlin 1978. Über die Bedeutung von *Stein* und *Engels* für *Borns* Anfänge und die erwähnte Broschüre vgl. *Rogger*, Born, 20ff., sowie *Born*, Erinnerungen, 15f., und *Gerhard Beier*, Schwarze Kunst und Klassenkampf, Bd. 1: Vom Geheimbund zum königlich-preußischen Gewerkverein (1830-1890), Frankfurt a.M. 1966, 209ff., 211, 216.

[75] Vgl. *Rogger*, Born, 171ff., 185ff., sowie *Beier*, Kunst, 225ff., 246ff.

[76] Vgl. *Rogger*, 201, 204ff.

[77] Vgl. ebenda, 211ff., 227f., 223ff., 285ff; vgl. ferner: Die Verbrüderung. Correspondenzblatt aller deutschen Arbeiter. Hrsg. vom Centralcomité für die deutschen Arbeiter. Redigiert von *Stefan* [sic!] *Born*, *Franz Schwenniger*, *Karl Gangloff*. Jg. 1-3 (03.10.1848 – 29.06.1850). Unveränderter Nachdruck mit einer Einleitung von *Rolf Weber*, Leipzig 1975, III-XIX.

[78] Vgl. *Rogger*, Born, 197, 262ff.; *Born*, Erinnerungen, 112ff. (fast textgleich mit der Schilderung *Borns* in der „Verbrüderung", Nr. 65, 1849, 260f., Nr. 71, 1849, 283f., Nr. 72, 287f., Nr. 73, 1848, 291f); *Engels*, Zur Geschichte des ‚Bundes der Kommunisten', in: MEW 21, 206-226, 219.

Bedeutung: 1. als erster Organisator einer autonomen Arbeiterbewegung in ihren Zweigen Partei und Gewerkschaft und 2. als Propagandist und Theoretiker der Arbeiterassoziationen als wirtschaftlicher Gegenmacht zur Bourgeoisie.

Als *Born* im März 1848 in Berlin eintraf, war er „ganz Marxianer".[79] Wie *Marx* und *Engels* war ihm der ethisch argumentierende „Wahre Sozialismus" zuwider, auch kritisierte er den utopischen Sozialismus bzw. Kommunismus nach Art *Cabets* und *Weitlings* als „pures Luftgebilde".[80] Ursache der „socialen Frage" waren für *Born* die „Klassengegensätze". Jeder, der die Augen öffne, könne sie erkennen. Betrachte man die „sociale Frage" historisch, so enthülle sie sich als „Ausdruck eines gewaltigen *Klassen*kampfes".

Für die Arbeiter ergebe sich daraus die Konsequenz, daß sie sich als Partei organisieren müßten, um die „verrotteten Institutionen niederzureißen" und der „Gesellschaft eine neue Form der Existenz" zu geben. Daher gab *Born* im Editorial der „Verbrüderung" die Parole aus: „**Wir Arbeiter müssen uns selbst helfen. (...) Seid einig, dann seid ihr stark.**" [Fettung im Original, W.E.].[81] Verzicht der Arbeiterschaft auf Organisation und gewerkschaftlichen Kampf, wie ihr von bürgerlicher Seite eingeredet werde, werde ihr nichts einbringen. Denn Arbeiter und Fabrikanten hätten entgegengesetzte Interessen: Was die einen, z.B. im Kampf um die Lohnhöhe, gewännen, verlören die anderen. Schließlich lebten die Arbeiter in einem „Staat, in welchem die gegenseitigen Interessen sich in einem fortwährenden Kampf befinden (...)". Wenn sich die Arbeiter organisierten, so bedeute dies, daß sie dem Bourgeois seine „selbstgeübte Moral" entgegensetzten.[82]

Auch die Passagen, in denen *Born* auf die Merkmale der Zukunftsgesellschaft einging, liegen auf der Marxschen Linie: Nach der Befreiung von der „Macht des Kapitals" werde eine „neue Produktionsweise" eintreten. Überschwenglich hieß es in *Borns* Artikel „Es wird ja doch immer Reiche und Arme geben":

„Besitzt die Erde nicht der Güter genug, um Alle glücklich zu machen? Jetzt noch nicht, das geben wir zu; aber die Mittel sind vorhanden, um diese Güter bis zu genügender Höhe zu vermehren, wir haben genug, um selbst Überfluß schaffen zu können. Daß wir sobald nicht dazu kommen, den Unterschied von Arm und Reich aufzuheben, das ist wahr, aber daß die-

---

[79] *Born*, Erinnerungen, 65.
[80] Gleich die erste Ausgabe der „Verbrüderung" enthält eine Ablehnung der „romantischen Gemüther" und „zartfühlenden Schwärmer", die der „socialen Frage" mit Reden von „ewiger Gerechtigkeit" und „wahrem Menschenthum" begegnen wollten; vgl. „Verbrüderung", Nr. 1.2., 1848, 3; vgl. ferner Nr. 12, 1848, 47 (nicht von *Born* signiert); Nr. 14, 1848, 53f. (nicht von *Born* signiert); Nr. 21, 1848, 81. Zum „Wahren Sozialismus" siehe Sozialismus I, 2. Kap., III.
[81] *Born*, Die sociale Frage. Erster Artikel, Unser Standpunkt, in: Verbrüderung, Nr. 1.2., 03.10.1848, 3; Rundschreiben des Centralcomités für die deutschen Arbeiter an sämtliche Arbeiter und Arbeitervereine Deutschlands, ebenda, 1. Vgl. ferner *Borns* ähnlich argumentierendes Editorial für die Nullnummer „Extra-Blatt" von „Das Volk" vom Mai 1848: „Was wir wollen". Die „arbeitende Klasse" werde sich unter demokratischen Bedingungen nicht „im Volk auflösen". Vielmehr werde der „gesellschaftliche Gegensatz zur Klasse der Kapitalisten" um so deutlicher sichtbar; in: Das Volk. Organ des Central-Komites [sic!] für Arbeiter. Eine sozial-politische Zeitschrift. Hrsg. von *Stephan Born* – Berlin Nr. 1 bis Nr. 33, vom 1. Juli bis zum 29. August 1848 – Eingeleitet durch die Monographie von *Wilhelm Friedensburg*, Stephan Born und die Organisationsbestrebungen der Berliner Arbeiterschaft bis zum Berliner Arbeiter-Kongreß (1840 – September 1848), Leipzig 1923 (Reprint Glashütten i.Ts. 1973).
[82] Vgl. *Born*, Die deutsche Gewerbezeitung über den Berliner Arbeiterkongreß und die „Verbrüderung", in: Verbrüderung, Nr. 33, 23.01.1849, 130; *ders*., Das Feiern der Buchdrucker, in: Das Volk, Nr. 26, 02.08.1848, 101f.

ser Unterschied *immer* fortbestehen müsse, das ist eine Lüge. Es wird kommen eine Zeit, wo es keine anderen Grenzen zwischen den Menschen geben wird, als diejenigen, welche unsere natürlichen Anlagen und Kräfte ziehen und das Streben mehr zu *haben* als der andere wird sich verwandeln in das edlere mehr zu sein und mehr zu leisten, und mögen wir dies wissen oder nicht, wir alle, für die das Schicksal, wie man sich ausdrückt, keinen gedeckten Tisch hinstellt, Alle die arbeiten müssen, um nothdürftig zu leben, sie werden gezwungen, das Ihre beizutragen, daß es nicht immer Reiche und Arme gebe, sie Alle treibt ein gleiches Verlangen, das, glücklich zu sein, und sie müssen ihm folgen, das ist ein natürliches Gesetz, eine eiserne Nothwendigkeit."[83]

Born nahm nach Marxschem Vorbild an, die Klassengegensätze seien im Begriff, sich so zuzuspitzen, daß die bestehenden gesellschaftlichen Strukturen unhaltbar würden und eine neue Gesellschaftsordnung sich Bahn brechen werde. Freilich – in Deutschland sei diese Entwicklung bei weitem nicht so weit gediehen:

„In unserem Vaterlande treten die Klassengegensätze von Capitalisten und Arbeitern keineswegs so scharf hervor, wie dies in Frankreich und hauptsächlich in England der Fall ist. Die revolutionäre Bewegung des Proletariats kann also hier noch keineswegs so selbständig auftreten, wie in den genannten Ländern; wir haben in Deutschland zwischen Capitalisten und Arbeitern noch beträchtliche Mittelklassen, die je nach dem Grade ihrer politischen Bildung und dem Wechsel des Glücks in ihren Unternehmungen zu der einen oder der anderen Partei hinüberschwanken. Das ist die Klasse der kleinen Bürger oder der Handwerksmeister, die Capitalist und Arbeiter oft in einer Person sind. Die kleinen Bürger und Handwerksmeister, welche die bösen Folgen der freien Concurrenz in genügendem Maße schon erfahren haben, suchen nun ihr einziges Heil in der Aufhebung derselben und der Einführung eines Innungsgesetzes, das die Arbeit zu *ihrem* Monopol macht."[84]

Für *Born* lag eines der schwierigsten Probleme darin, wie die fortdauernden Zunftvorstellungen der Meister und der Handwerksgesellen, die sich gegen das Absinken in die Arbeiterschaft sträubten, überwunden werden könnten. Deshalb kritisierte die „Verbrüderung" dieses zünftlerische Denken immer wieder.[85] In der politischen Praxis war *Born* jedoch häufig zu Kompromissen gezungen. So enthält der „Antrag des Centralkomites [sic!] für Arbeiter an die konstituierenden Versammlungen zu Berlin und Frankfurt" vom Juni 1848 spezielle Forderungen für „Fabrikanten oder Meister", „kleine Meister oder Handwerker" und „die Arbeiter", die die kleinen Meister begünstigende Regelungen vorschlugen.[86] In der „Verbrüderung" sprach sich *Born* aber strikt für Gewerbefreiheit und Freihandel

---

[83] *Born*, „Es wird ja doch immer Reiche und Arme geben!", in: Verbrüderung, Nr. 51, 27.03.1849, 201f. Vgl. auch die massenhaft verbreiteten „Zehn Gebote der Arbeiter", in denen es heißt: „Alle Menschen sind *frei* und *gleich*. Es wird Keiner als Sklave geboren. (...) Die einzigen *Sklaven*, die es geben soll auf dieser Welt, das sind die *Maschinen*, die dem Menschen unterthan sind." In: Verbrüderung, Nr. 46, 09.03.1849, 181f. Der Stil läßt daran zweifeln, daß diese Gebote von *Born* verfaßt worden sind.

[84] *Born*, Die sociale Frage, Zweiter Artikel. Unsere Stellung zu den politischen Parteien, in: Verbrüderung, Nr. 3, 10.10.1848, 10. Vgl. auch *Born*, Erinnerungen, 72f.

[85] Vgl. „Die Bestrebungen der deutschen Arbeiter im Jahre 1848", wo davon die Rede ist, daß auf Grund des alten Zunftgeistes viele Gesellen sich nicht „Arbeiter" nennen lassen wollten, in: Verbrüderung, Nr. 27, 02.01.1849, 108; *Born*, „Die deutschen Gewerbeordner", in: Verbrüderung, Nr. 40, 16.02.1849, 158f., Nr. 41, 20.02.1849, 161f.; „Zunftzopf bei der Tischlerinnung zu Hannover", in: Verbrüderung, Nr. 101, 18.09.1849, 404.

[86] Vgl. „Das Volk", Nr. 5, 10.06.1848, 18f., sowie *Friedensburg*, Stephan Born, 97f.

aus und konstatierte nüchtern, daß sie das Ende des zünftigen Handwerks bedeuteten. Die Arbeiterschaft habe zwar von diesen bourgeoisen Prinzipien keine Vorteile, doch sie blicke nach vorn, nicht zurück: „(...) wir wollen es wahrlich anders haben, aber nicht aus den morschen Balken einer alten, verschollenen Zeit bauen wir unsere neuen Hütten auf, nicht nach der Vergangenheit, nach dem blutig überwundenen System der Bevormundung und des Kastengeistes blicken wir zurück (...), nach vorwärts geht unser Sinn (...)." Das Ziel der Arbeiter liege jenseits der Prinzipien von Zunftordnung, Gewerbefreiheit und Freihandel.[87] Es zeichnet *Borns* Denken aus, daß er es nicht bei dieser allgemeinen Zielvorstellung beließ, sondern detaillierte Vorstellungen des Zwischenschritts durch die Errichtung von Arbeiterassoziationen entwickelte.

Die Strategie der deutschen Arbeiterbewegung mußte nach *Borns* Überzeugung die zurückgebliebenen deutschen Verhältnisse in Rechnung stellen. Man müsse einsehen, „daß das Geschick der arbeitenden Klasse eng und fest mit dem der demokratischen Partei verknüpft ist, und daß mit der Verwirklichung der Demokratie im eigentlichen Sinne des Wortes, der Volksherrschaft, ihre Lage erst in Wahrheit verbessert und würdig gestaltet werden kann"[88]. Ein nicht von *Born* signierter Artikel der „Verbrüderung" analysierte die Fraktionierung des demokratischen Lagers unter dem Aspekt der Bündnispolitik. Allgemein gesehen, seien zwei Parteien hervorgetreten: „die rein politischen und die socialen Demokraten". Jene seien jedoch wiederum in sich fraktioniert. Die erste Fraktion bestehe aus bourgeoisen Republikanern, deren Ziel es sei, Fürsten und Adel von der Herrschaft zu verdrängen, weil sie „keine höhere Herrschaft anerkennen wollen als das Geld, den sichtbaren, reellen Menschenwerth", aber nicht im Traume daran dächten, „die harten Hände der Arbeiter" zu drücken. Die zweite Fraktion „bilden die aufrichtigen politischen Demokraten". Sie dächten egalitär, wollten allgemeines Stimmrecht und gleichberechtigten Zugang zu den Ämtern einführen, doch „von der eigentlichen socialen Frage finden wir hier noch keine Spur".

Interessanterweise diagnostizierte *Born* eine dritte Position zwischen der bürgerlichen und der eigentlich „social-demokratischen". Das Proletariat werde von dieser Zwischenposition aus „als Thatsache berücksichtigt", doch sie analysiere nicht „den Grund des Uebels". Daß es „Arme und Reiche geben muß" sei für sie eine „unvermeidbare Nothwendigkeit". Vertreter dieser Richtung würden, wenn sie die Ursachen der „socialen Frage" einmal genauer analysiert und begriffen hätten, zur „zweiten Partei", den „sogenannten rothen Republikanern, den socialen Demokraten" übergehen. Diese strebten nicht nur eine demokratische Staatsform und eine arbeiterfreundliche Sozialpolitik an, sondern wollten „durch eine vernünftige Organisation der Verkehrsverhältnisse, durch Sicherstellung der Arbeit, folgerichtig Theilung, aber auch Einigung derselben u.s.w. den Arbeiter aus der Sklaverei des Kapitalisten (...) befreien; nicht blos die politischen Vorrechte, sondern auch die gesellschaftlichen und menschlichen Vorrechte, wie sie jetzt vorhanden sind, (...) vernichten und dem Arbeiter durch die Möglichkeit der körperlichen und geistigen Genüsse zur Humanität den Weg (...) bahnen – mit einem Worte: aus der Phrase ‚gleiche Berechtigung Aller', welche die rein politischen Demokraten im Munde führen, eine Wahrheit (...) machen."

Zu den „rothen Republikanern" müßten auch noch die utopischen Kommunisten (die Fraktion der „fanatischen Glückseligmacher") gezählt werden. Ihr „Grundirrthum" sei, daß sie

---

[87] Vgl. *Born*, Die deutschen Gewerbeordner, in: Verbrüderung, Nr. 43, 27.02.1849, 169ff.
[88] *Anonymus*, Was wir wollen, in: „Das Volk" vom 25.05.1848, 2; *Born*, Die sociale Frage. Zweiter Artikel. Unsere Stellung zu den politischen Parteien, in: Verbrüderung, Nr. 3, 10.10.1848, 10.

„den innigen innern Zusammenhang zwischen Politik und der socialen Frage" nicht zu erkennen vermögen.[89]

Borns entscheidende Abweichung von der politischen Linie des von *Marx* und *Engels* geprägten Kurses des „Bundes der Kommunisten" lag in seinem wirtschaftspolitischen Programm. Er war davon überzeugt, daß Fortschritte für die Emanzipation der „arbeitenden Klassen" am ehesten von dem sozialdemokratischen Konzept *Louis Blancs* zu erwarten seien, während *Marx* und *Engels* gegen dieses die größten Vorbehalte hatten.[90] *Born*, so *Engels* in seiner retrospektiven Betrachtung der „Geschichte des Bundes der Kommunisten" aus dem Jahre 1885, habe vergessen, daß Dinge wie Produktionsgenossenschaften erst nach dem „politischen Sieg" ins Werk gesetzt werden könnten. Zudem habe er es nicht verstanden, „Licht in das Chaos" der konkurrierenden kommunistisch-sozialistischen Konzepte zu bringen. Vielmehr habe er in der „Verbrüderung" quasi wahllos die Ideen *Louis Blancs*, *Proudhons* usw. vorgestellt.[91] *Engels* verkannte *Borns* Absichten. *Born* folgte zwar im wesentlichen der Blancschen Konzeption, doch Dogmatismus lag ihm fern. Deshalb informierte seine Zeitschrift objektiv über *Proudhons* Plan, mit Hilfe einer „Volksbank", die zinslosen Kredit gewährt, eine Gesellschaft freier Produzenten zu schaffen und über *Blanquis* Überzeugung von der Unvermeidlichkeit des „Klassenkampfes". Als sich 1849 die revolutionäre Situation zuspitzte, wurden die „Erklärung der Menschenrechte", die Initialzündung der Französischen Revolution, und Babeufsche Thesen abgedruckt, 1850, als *Born* bereits im Schweizer Exil war, *Fouriers* Ideen wohlwollend dargestellt; schließlich argumentierte ein Artikel im Sinne des bürgerlichen Reformismus: Es gelte, die Demokratie durchzusetzen und „den Bürgern des Staates die Möglichkeit zu geben, Eigenthum und Bildung zu erwerben". Eine darüber hinausgehende „soziale Revolution" sei zu verwerfen.[92] Die „Verbrüderung" war also, modern ausgedrückt, „pluralistisch". *Marx* und *Engels* hatten hierfür kein Verständnis.

Born und die „Verbrüderung" folgten der Blancschen Konzeption nicht in allen Punkten. So kritisierte *Born* die auch in der deutschen Arbeiterschaft weit verbreitete Forderung des „Rechts auf Arbeit" mit dem marxistischen Argument, daß das „*Recht* auf Arbeit" eine „leere Phrase" sei, weil „die jetzige Gesellschaft diese Forderung nicht bewilligen" könne. Recht auf Arbeit für alle setze den Gegensatz von „Arbeitgebern und Arbeitnehmern" voraus, der durch den „Sturz der Capital-

---

[89] Vgl. *Massaloup*, Der zweite deutsche Demokraten-Congreß zu Berlin, in: Verbrüderung, Nr. 13, 14.11.1848, 49f.; *Anonymus*, „Ueber das Verhältniß der Politik zur socialen Frage". Erster Artikel, ebenda, Nr. 15, 21.11.1848, 57f. – Zu der Problemlage vgl. *Rogger*, Born, 124ff., 246ff.

[90] Zum Vorbild der Ideen *Blancs* vgl. *Friedensburgs* Einleitung zu „Das Volk", 82, sowie das überschwengliche Lob *Blancs* in *Anonymus*, Briefwechsel zwischen Paris und Berlin, in: Das Volk, Nr. 4, 08.06.1848: *Blanc* sei ein „überlegener, genialer Mensch".

[91] Vgl. *Engels*, Bund der Kommunisten, in: MEW 21, 219.

[92] Vgl. *Anonymus*, Aus Proudhons Rede, bezüglich eines Vorschlags zur Einkommensteuer, in: Verbrüderung, Nr. 29, 09.01.1849, 113f.; *Born*, Das Ende der Proudhonschen Volksbank, ebenda, Nr. 58, 20.04.1849, 229f.; *F. S.*, Noch einmal die Proudhon'sche Volksbank, ebenda, Nr. 61, 01.05.1849, 143f.; Robespierres' Erklärung der Menschenrechte, ebenda, Nr. 65, 15.05.1849; Elf Hauptartikel der Babeuf'schen Verschwörung, ebenda, Nr. 81, 10.06.1849; *R.*, Betrachtungen über Fourier's Sozialismus und seine Gegner, ebenda, Nr. 35, 01.06.1850, 165ff.; Nr. 36, 08.06.1850, 173ff.; *Steingruber*, Politik und Sozialismus, ebenda, Nr. 25, 26.03.1850, 97ff.; Nr. 26, 29.03.1850, 101f.

herrschaft" überwunden werden müsse. Sei dies erreicht, werde es sinnlos, vom Recht auf Arbeit zu sprechen, denn dann bestehe sowieso Arbeitspflicht.[93] *Born* und die „Verbrüderung" übernahmen auch nicht *Blancs* Konzept eines „Arbeitsministeriums", das in Deutschland gleichfalls ein lautes Echo fand.[94]

Ziel *Borns* und der „Verbrüderung" war *„die Assoziation der Arbeiter"* als „Produktiv-Genossenschaft", und zwar nicht als „frommer Wunsch, sondern in der That"[95]. *Born* begründete sie auf zweierlei Weise: zum einen mit dem menschenrechtlichen Argument der natürlichen Freiheit und Gleichheit, zum anderen damit, daß Arbeiter-Assoziationen gegründet werden müßten, um die Ausbeutung der Arbeiter zu überwinden. Er vertrat eine vergröberte marxistische Ausbeutungstheorie. Der Reichtum des Reichen beruhe keinesfalls auf seiner Sparsamkeit (wie von der damaligen liberalen Wirtschaftstheorie behauptet); vielmehr lasse er „Andere für sich arbeiten, er kauft mit seinem Gelde die Arbeitskraft, deren Preis er möglichst herunterdrückt; der Arbeiter macht ihn zu dem, was er ist: zum reichen Manne"[96].

Born schwebte vor, mit Hilfe der Arbeiterassoziationen lasse sich eine sozialistische Gegenökonomie gegen die kapitalbeherrschte Wirtschaftsweise aufbauen – ein Gedanke, der in der Geschichte des sozialistischen Denkens immer wieder auftauchte, vom orthodoxen Marxismus aber als unrealistisch abgelehnt wurde. Dies seien die „Wohlthaten der Assoziation":

Die Assoziierten haben keinen Meister über sich, „denn sie sind alle Chefs, Eigenthümer durch die Arbeit". Die Assoziationen werden kein Interesse daran haben, sich gegenseitig durch Preiskonkurrenz zu ruinieren. „Tauschen die Arbeiter oder die Assoziationen unter sich direkt ihre Bedürfnisse aus, so werden sie nicht mehr auf Spekulation arbeiten, es wird nicht mehr die Konkurrenz, es werden allein die auf dieselben verwandten Produktionskosten den Preis ihrer Waaren bestimmen. Die Hauptursache des Schwankens der Preise und das wesentliche Mittel der Konkurrenz ist bei den Assoziationen nicht vorhanden, nämlich die Lohnarbeit."[97]

Born rekurrierte auf die aus der Owenschen Tradition stammende und vor allem von *Proudhon* aufgegriffene Idee des Arbeitsgeldes:

„Die Assoziationen, welche mit einander in Verbindung stehen, können ihre Waaren ebenfalls durch das Mittel ihres eigenen Papiergeldes austauschen." Da Zwischenhandel, Unter-

---

[93] Vgl. *Born*, Die sociale Frage. Dritter Artikel. Das Recht auf Arbeit, in: Verbrüderung, Nr. 4, 13.10.1848, 13ff., 14f.; Louis Blanc gegen Thiers über das Recht auf Arbeit, ebenda, Nr. 5, 17.10.1848, 17f., ebenda, Nr.6, 20.10.1848, 21f.
[94] Dazu *Rogger*, Born, 102, 112f., 121f.
[95] *Born*, Die sociale Frage. Fünfter Artikel. Wie ist zu helfen?, in: Verbrüderung, Nr. 10, 03.11.1848, 35f.
[96] Vgl. z.B. Anträge des Centralkomites für Arbeiter an die konstituierenden Versammlungen zu Berlin und Frankfurt, in: Das Volk, Nr. 4, 08.06.1848, 18ff.; ebenda, Nr. 11, 27.06.1848, 41ff.; ferner die Anträge des Sächsischen Arbeiterkongresses, in: Verbrüderung, Nr. 26, 29.10.1848, 101f.; ebenda, Nr. 27, 02.01.1849, 105ff.; *Anonymus*, Die Bestrebungen der deutschen Arbeiter im Jahre 1848, ebenda, 108; *Born*, Erinnerungen, 78; *Rogger*, Born, 124ff., 204ff, 38f.; *Anonymus*, Wer zahlt die Steuern? in: Verbrüderung, Nr. 15, 21.11.1848, 58f., 59; *Anonymus*, Arbeit und Kapital. Aphorismen, ebenda, Nr. 66, 18.05.1949, 265f.; vgl. auch *Born*, Die deutsche Gewerbezeitung über den Berliner Arbeiterkongreß und die „Verbrüderung", ebenda, Nr. 33, 23.01.1849, 129f., 130.
[97] *Born*, Die sociale Frage. Sechster Artikel. Der Werth der Assoziation, in: Verbrüderung, Nr. 12, 10.11.1848, 45f.

nehmerprofit und Kapitalzinsen beseitigt sind, die bisher vom Wert des Arbeitsprodukts abgezogen wurden, fällt den assoziierten Arbeitern der Gegenwert ihrer Produktion im wesentlichen zu: „Tauschen die Arbeiter ihre Produkte ohne Vermittlung des Kapitalisten aus, stehen sie selber in wechselseitigem Verkehr, so erhalten sie ihre Produkte so billig als sie selbst sie geliefert; denn zwischen den einzelnen Arbeiterassoziationen herrscht nach unserm Plane eine Gegenseitigkeit, sie arbeiten in Gemeinschaft."

Born nahm ferner an, nach Wegfall dieser Abzüge vom Warenwert würde sich die Einkommenssituation der Assoziationen so verbessern, daß sie sich gegenseitig Kredite gewähren könnten.[98] Er wolle realistisch und utopiekritisch argumentieren. So räumte er ohne weiteres ein, die Assoziationen könnten auch scheitern:

„Diejenigen Assoziationen aber, welche ihre Waaren nur zu hohem Preise herstellen können, denen die übrigen Assoziationen sie also nur zu ihrem eigenen Schaden abkaufen können, werden freilich gezwungen sein, ihre Produktion mit einer anderen, allgemein nützlicheren zu vertauschen." Versuche, unproduktive Assoziationen zu erhalten, würden die „Gesammtheit" nur schädigen: „Das ist ein ganz verkehrtes Prinzip, daß durch alle möglichen halben Maaßregeln Gewerkszweige aufrecht erhalten werden, die in der Entwickelung des socialen Lebens überflüssig geworden sind. (...) Wenn also gewisse Assoziationen nur auf Kosten der Gesammtheit bestehen könnten, daß man ihnen mehr bezahlen muß als anderen, die dasselbe liefern, nur um sie zu erhalten, so heißt das, ihnen Almosen zu geben, und das ist widersinnig; es wird also unsere Aufgabe sein, solchen Assoziationen eine Allen lohnende Thätigkeit zuzuweisen."[99]

Allerdings täuschte sich *Born* über die Entwicklungsdynamik der modernen Industriegesellschaft. Er meinte, es müsse leicht sein, den unproduktiven Assoziationen gewinnbringende Geschäftszweige zuzuweisen.[100]

Realistischerweise ging *Born* davon aus, daß die sozialistische Wirtschaftsordnung nur schrittweise durchgesetzt werden könne. Die Menschheit könne nur „schichtenweise zur Freiheit" gelangen. Zu glauben, „daß unsere Menschen plötzlich der vollständigsten Freiheit fähig seien", sei Schwärmerei. Deshalb könne auch der Gegensatz zwischen Arm und Reich nicht „plötzlich" aufgehoben werden. Es sei „klar, daß es innerhalb es vierten Standes auch noch Abstufungen giebt, die je nach ihren Verhältnissen schneller oder langsamer zur Freiheit gelangen (...)"[101].

Die entscheidende Frage des Bornschen Transformationskonzeptes war, auf welche Weise die Arbeiterassoziationen finanziert werden sollten. Zwei Vorstellungen standen sich (wie in Frankreich) gegenüber: Starthilfe durch staatliche Kredite oder durch Mittel, die die Arbeiter selbst erspart haben (im damaligen Sprachgebrauch: „Staatshilfler" gegen „Selbsthilfler").[102] *Born* war unentschieden. In der „Verbrüderung" propagierte er, „daß jedes zur Organisation der Ar-

---

[98] Vgl. *Born*, Die sociale Frage. Fünfter Artikel. Wie ist zu helfen?, in: Verbrüderung, Nr. 10, 03.11.1848, 37f. Was die Abzüge vom realisierten Wert der von den Assoziationen erzeugten Güter betrifft, wie Ersatz für verschlissene Maschinen, Einrichtung von Sozialkassen aller Art, so war dieses Problem den Assoziationsbefürwortern bekannt.

[99] *Born*, Werth der Assoziationen, 44f.

[100] Vgl. ebenda, 46.

[101] *Born*, Die sociale Frage, Siebenter Artikel. Das Lumpenproletariat, in: Verbrüderung, Nr. 21, 12.12.1848, 81f.

[102] Vgl. dazu *Born*, Erinnerungen, 87f.

beiter gehörende Mitglied aufgefordert werde, in bestimmten Terminen einen Theil seines Einkommens zu einer Assoziationskasse zu geben". Diese Beiträge sollten nicht hoch sein; doch *Born* nahm an, daß durch Verzinsung sich schließlich soviel Kapital ansammeln werde, daß damit Arbeiterassoziationen gegründet werden könnten. Freilich verträgt sich diese Auffassung kaum mit seiner Minimallohntheorie. Der Mitherausgeber der „Verbrüderung" *Franz Schwenniger* befürwortete die Selbsthilfekonzeption und propagierte sie nach *Borns* Flucht in die Schweiz; zudem ging sie in die „Grundstatuten der Arbeiterverbrüderung" ein.[103] Doch die „Staatshilfekonzeption" spielte weiterhin eine Rolle. Die „Verbrüderung" forderte: „Wo kein Betriebsfonds vorhanden, muß der Staat die Summen leihweise vorstrecken."[104]

Die Agitation *Borns* und *Schwennigers* war für die Entwicklung der deutschen Arbeiterbewegung von eminenter Bedeutung. Sie rief praktische Versuche hervor, Produktionsgenossenschaften und sogenannte „Ankaufsgenossenschaften" (die späteren „Konsumgenossenschaften") ins Leben zu rufen, von denen sich viele als lebensfähig erwiesen und oftmals erst durch die politische Repression der nachrevolutionären Restaurationsperiode zum Aufgeben gezwungen wurden. Auch „Speisehäuser" wurden gelegentlich errichtet. Die „Verbrüderung" berichtete über immer neue Erfolge bei der Neugründung derartiger Assoziationen. Nach *Schwennigers* Vorstellungen sollte sich in ihnen „der Lohn nach der Befähigung der Arbeit und den Leistungen" richten, „indem diese als Kapital bei Berechnung des Gewinnstes in Anrechnung gebracht werden". Ferner sollten sie „einen von den Theilnehmern selbst gewählten Vorstand, welchem sich Alle als dem mit den meisten praktischen und theoretischen Kenntnissen begabten Manne" unterordnen, an der Spitze haben.[105]

Flankiert waren diese Bemühungen durch die Institutionalisierung von sozialpolitischen Maßnahmen wie Witwen- und Waisenkassen, Krankenversicherung, Arbeitslosenunterstützung und Arbeitsvermittlung. Vor allem die Gewerkschaftsbewegung, die ab den sechziger Jahren des 19. Jhs. zu erstarken begann, nahm

---

[103] *Franz Schwenniger* (1822-1867) war Geometer, ehemals Mitglied des Bundes der Kommunisten und des Zentralkomitees der Arbeiterverbrüderung. Vgl. *Franz Schwenniger*, Die Assoziationskassen, in: Verbrüderung, Nr. 122, 30.11.1849, 486ff.; Grundstatuten der deutschen Arbeiter-Verbrüderung. Berathen auf der Generalversammlung der deutschen Arbeiter vom 20.-26.02.1850 zu Leipzig, Leipzig 1850, abgedruckt in: *Frolinde Balser*, Sozial-Demokratie 1848/49-1863: die erste deutsche Arbeiterorganistation. Quellen, Stuttgart 1965, 507-524, 513ff. Vgl. auch *Born*, Erinnerungen, 87ff.

[104] *Anonymus*, Arbeit und Kapital. Aphorismen, in: Verbrüderung, Nr. 67, 22.05.1849, 470; Der Sächsische Arbeiterkongreß. Erste Sitzung, ebenda, Nr. 26, 29.12.1848, 101f., 102; Zehn Millionen Thaler, ebenda, Nr. 51, 27.03.1849, 202f.

[105] Vgl. *Schwenniger*, Assoziationswerkstätten, in: Verbrüderung, Nr. 8, 25.01.1850, 28f.; Nr. 11, 05.02.1850, 41f., sowie „Über Ankaufsgesellschaften", in: Verbrüderung, Nr. 31, 04.05.1850, 133-135. Vgl. ferner *Balser*, Sozial-Demokratie, 98, sowie ebenda, Quellenband, 616-622, ferner *Christiane Eisenberg*, Frühe Arbeiterbewegung und Genossenschaften. Theorie und Praxis der Produktivgenossenschaften in der deutschen Sozialdemokratie und den Gewerkschaften der 1860er/1870er Jahre, Bonn 1985, 21ff. *Eisenberg* weist darauf hin, daß die Gesellen nicht den „generellen Abbau innerbetrieblicher Hierarchien" gefordert hätten. Dies hätte außerhalb ihres Erfahrungshorizontes gelegen, ebenda, 23. Vgl. auch ihre Zusammenstellung von Genossenschaftsprojekten der Arbeiterverbrüderung, ebenda, 121ff.

sich der Verankerung derartiger sozialpolitischer Einrichtungen an.[106] Sie gehören zu den klassischen Zielen der reformistischen Arbeiterbewegung, die auch heute noch die Regelung der Arbeitsbeziehungen charakterisieren.

Es ist nicht leicht, die von *Born* und der „Verbrüderung" verfochtenen Positionen in die Geschichte der sozialistischen Ideen einzuordnen. In der Literatur werden sie gelegentlich als Ausdruck der Bereitschaft „zu Mitarbeit in Staat und Gesellschaft" innerhalb der Arbeiterschaft interpretiert.[107] Dies ist nicht falsch, doch es muß gesehen werden, daß der „Marxianer" *Born* durchaus davon ausging, daß sein sozialistisches Gegenmodell der Bourgeoisie durch „Klassenkampf" aufgezwungen werden müsse, notfalls durch Revolution. Was die „Verbrüderung" dann doch auf den Weg des Reformismus brachte, war sein konsequenter Gradualismus, d.h. die Überzeugung, daß Arbeiterassoziationen auch im bürgerlichen Wirtschaftssystem nicht nur überleben, sondern sich ausbreiten und prosperieren könnten. Sogar deren Einbau in das System gewerblicher „Innungen" hielt er für möglich.[108] In seinen „Erinnerungen" bezeichnete er als Hauptmangel des Marxschen Denkens den „Glauben", daß der Entwicklungsgang der Menschheit wie der Gang der Gestirne nach „unfehlbaren mathematischen Gesetzen" vorausbestimmt werden könne. Man werde immer gewichtige Wirkfaktoren übersehen. Auf Grund seiner politischen Erfahrungen in der Schweiz meinte er zudem, daß unter demokratischen Bedingungen die selbstbewußten Bürger die Übertreibung der „Lehre vom ‚freien Spiel der wirtschaftlichen Kräfte'" niemals dulden würden. Er sehe nunmehr Kräfte am Werk, die den bisherigen Eigentumsbegriff verwandelten, so „daß durch den Willen des Volkes gewisse, nicht mehr aufrecht zu erhaltende, auf dem Kollektivbesitz von Aktiengesellschaften beruhende Unternehmungen, wenn die Notwendigkeit es dringend zum Besten der Gesamtheit erfordert, in den Besitz der Gesamtheit, d.h. des Staates, übergehen werden." Eine Verstaatlichung „aller Arbeitsmittel" sei für eine Reform der gegenwärtigen Gesellschaft keinesfalls erforderlich. *Borns* Sichtweise entsprach der des späteren „Staatssozialismus" in der Sozialdemokratie, der zum Reformismus tendierte: „Die sozialdemokratischen Führer haben sich auch nach manchen Schwankungen über die Frage, ob sie an der Reformarbeit sich beteiligen sollen, die auf dem Boden der gegenwärtigen Gesellschaftsordnung möglich ist, schließlich zur Beteiligung an derselben entschlossen. So werden sie schrittweise aus Sozialrevolutionären zu Sozialreformern."[109]

---

[106] Vgl. die sächsischen „Spezialstatuten für die Local- und Bezirkskomités zur Organisation der Arbeiter, Bildung von Associationskassen und Associationswerkstätten" vom Dezember 1848, in: Verbrüderung, Nr. 27, 02.01.1849, 105ff.; *Balser*, Sozial-Demokratie, Quellenband, 513, 529, 611; *Beier*, Schwarze Kunst, 174, 177, 179. – Ein weiteres sozialpolitisches Ziel, das aus der handwerklichen Zunfttradition stammte, war die Unterstützung wandernder Handwerker. Vgl. die vom württembergischen „Centralarbeiterverein" entwickelten Musterstatuten für eine allgemeine „Wander-Unterstützungskasse", die von der „Verbrüderung", Nr. 68, 25.05.1849, 273ff. mitgeteilt wurden; vgl. ferner *Balser*, Sozial-Demokratie, 515ff.
[107] So *Balser*, Sozial-Demokratie, 50.
[108] Vgl. Mittheilungen des engern Plenums der Commission für Erörterung der Gewerbs- und Arbeitsverhältnisse zu Dresden, in: Verbrüderung, Nr. 22, 15.12.1848, 85f.
[109] *Born*, Erinnerungen, 59, 80ff., 84. Eine Darstellung der Bedeutung *Borns* im Umfeld der gesellschaftlichen Verhältnisse des Vormärz mit Quellentexten stammt von dem reformistischen Sozialdemokraten *Max Quarck*: Die erste deutsche Arbeiterbewegung. Geschichte der Arbeiterverbrüde-

III. Intellektuellensozialismus. *Moses Heß* zwischen „Philosophie der Tat", „Wahrem Sozialismus", Zionismus und sozialdemokratischem Reformismus

Das Denken von *Moses Heß* (1812-1875) markiert einen ideengeschichtlichen Knotenpunkt, in dem sich antiliberale Strömungen, utopischer Chiliasmus, Rousseauscher Republikanismus, Resultate des Zerfalls der Hegelschen Philosophie und der französische Frühsozialismus zur Vorstellung eines idealen Kommunismus verbanden. Die Auseinandersetzung damit erschließt zugleich das geistige Umfeld, in dem das Denken von *Marx* und *Engels* entstand und zu einer neuen Sichtweise der gesellschaftlichen Tendenzen gelangte.

„Intellektuellensozialismus" ist ein ungebräuchlicher Begriff. Mit ihm sind die Auffassungen einer Gruppe von Journalisten und Publizisten gemeint, die zwar die genannten Tendenzen gegen das bürgerliche Zeitalter zu erfassen und zu beschreiben verstanden, doch kaum dazu gelangten, ihre Einsichten konsequent theoretisch zu durchdringen oder in eine praxisbezogene gesellschaftsreformerische Konzeption umzusetzen.[110]

Heß kam zur Welt in der Judengasse zu Bonn. Sein Vater war ein erfolgreicher Zuckerfabrikant, doch Moses, dem Kommerz abhold, weigerte sich, ins väterliche Geschäft einzusteigen. Über zehn Jahre lebte er als bildungsbeflissener Bohemien. Er studierte den Talmud, eignete sich Kenntnisse der antiken Literatur, der christlichen Theologie sowie der französischen Aufklärungsphilosophie an; auch die Grundfragen der aktuellen deutschen Philosophie, vor allem des Hegelianismus, beschäftigten ihn. Die französische Diskussion um Kommunismus und Sozialismus wurde ihm vertraut. Am tiefsten beeindruckt hat ihn die Philosophie *Baruch Spinozas*. Welche geistigen Anregungen den Autodidakten zu diesen Studien bewogen haben, bleibt im dunkeln. Immerhin versetzten sie ihn in die Lage, sich 1837 an der Universität Bonn als Gasthörer einzuschreiben.[111]

Im selben Jahr erschien *Heß*' erstes Werk „Die heilige Geschichte der Menschheit". „Heilige Geschichte" bedeutet nichts anderes als Erlösungsgeschichte. Zwei Züge dieses chiliastischen Werkes mögen interessiert haben: sein Lob der „Weltverjüngung" durch die Französische Revolution und seine Skizze des künftigen kommunistischen „Gottesreiches".[112] Doch dieses Aufblitzen moderner Gedanken ist eingebettet in eine Argumentation im Stile des platonischen Utopismus

---

rung 1848/49. Ein Beitrag zur Theorie und Praxis des Marxismus, Leipzig 1924.

[110] *Shlomo Na'aman* arbeitet am Beispiel von *Heß* den Unterschied zwischen der Tätigkeit eines Intellektuellen und eines Philosophen markant heraus in: *Na'aman*, Emanzipation und Messianismus. Leben und Werk des Moses Heß, Frankfurt a.M. 1982, 21, 25. Vgl. auch *Georg Lukács*, Moses Hess und die Probleme der idealistischen Dialektik, in: AGA, Jg. 12 (1926), 105-155, insbesondere 107: Der „wahre Sozialismus" sei eine „Intellektuellenbewegung" gewesen.

[111] Zu *Heß*' Vita bis zum berichteten Zeitpunkt vgl. *Edmund Silberner*, Moses Hess. Geschichte seines Lebens, Leiden 1966, 1-35.

[112] Vgl. *Anonymus*, d.i. *Moses Heß*, Die heilige Geschichte der Menschheit. Von einem Jünger Spinoza's. Stuttgart 1837, abgedruckt in: *Moses Heß*, Philosophische und sozialistische Schriften 1837-1850. Eine Auswahl, hrsg. und eingeleitet von *Auguste Cornu* und *Wolfgang Mönke*, Berlin 1961, 33, 64, 70. Eine umfassende Ausgabe der Werke von *Heß* fehlt.

einiger Kirchenväter: Ursprünglich hätten die Menschen im „Goldenen Zeitalter" gelebt, das durch das göttliche Heilsgeschehen wiedererlangt werden könne:

„Im Ganzen lebten die ersten Menschen einig, denn sie waren Alle noch frei und gleich; darum waren sie gut und glücklich und liebten einander, und freueten sich mit den Fröhlichen und trauerten mit den Traurigen. (...) Als sie sich aber mehreten, und ihre Begierden mit ihren Vorstellungen zunahmen, da verwandelte sich ihre Einigkeit in Zwietracht, ihre Liebe in Selbstsucht, und ihre Unschuld ging verloren. (...) Das Eigenthumsrecht kam auf; die äußere Ungleichheit folgte bald, nachdem einmal die innere, geistige vorangegangen war. – Denn mit dem Eigenthumsrechte mußte bald auch das historische oder Erblichkeitsrecht zur Satzung werden, wodurch aber, weil nämlich das Verdienst der Väter auf die verdienstlosen Nachkommen überging, dem Zufall und der Willkür, dem Aberglauben und dem blinden Gehorsam, der Ungerechtigkeit und der Sklaverei Thür und Thor geöffnet wurde."[113]

Dieses Zitat läßt die Zerfallsursachen deutlich erkennen: Eigensucht, daraus resultierend Privateigentum, nicht zu vergessen das im sozialistischen Diskurs des 19. Jhs. viel kritisierte Erbrecht. Die gesellschaftliche Entwicklung treibe zu ständiger Vertiefung der *„innern Zwiespalte"* der Geister sowie der Ungleichheit. Im gegenwärtigen bürgerlichen Zeitalter würden zwar „Handel und Gewerbfleiß (...) täglich freier", doch gerade dadurch erreiche der „Gegensatz des Reichthums und der Armuth" seinen Gipfel, vor allem in England, doch auch in Frankreich und Nordamerika werde er noch schroff hervortreten.[114] Freilich entwickle sich, so *Heß'* dialektisches Argument, die Geschichte nach göttlichem Plan in Gegensätzen. Da das neuzeitliche Geld- und Aktienwesen den Mittelstand vernichten werde, könne es zwischen Arm und Reich keine „Ausgleichung" mehr geben. Deshalb werde eine Revolution unvermeidbar. „Und die Posaune der Zeit wird zum dritten Male erschallen, und das Reich der Wahrheit wird gegründet seyn."[115]

„Reich der Wahrheit" bedeutet offenbar nicht, daß die erlöste Menschheit nunmehr in einem weltweiten Paradiese zusammenleben werde. Es werden vielmehr einzelne Gemeinwesen entstehen, in denen der alte Zwiespalt zwischen den Menschen überwunden ist. *Heß* charakterisierte sie mit theologischen Begriffen: Sie entsprechen der göttlichen Ordnung und sind „auf heilige, ewige Prinzipien gegründet"[116]. Soziale Basis dieses Gemeinwesens ist die „Gütergemeinschaft": „Nur da, wo gemeinschaftlicher Besitz aller Güter, der innern sowohl als der äußern, wo der Schatz der Gesellschaft Jedem geöffnet, und Nichts an einer Person, als ausschließliches Eigenthum, gebunden ist – nur da herrscht völlige Gleichheit."[117] Damit werden die dem *„beschränkten Menschengeiste"* entsprechenden Institutionen überwunden. *Heß* zählte ihre Defizite auf und nannte damit zugleich Vorzüge des künftigen befreiten Gemeinwesens. Die alten Institutionen waren unfähig,

„(...) das persönliche Eigentum zu schützen, ohne das persönliche Verdienst zu schmälern – die Ordnung des Ganzen zu erhalten, ohne die Freiheit des Einzelnen zu beeinträchtigen – den Gehorsam zu halten, ohne den blinden Autoritätsglauben – den geselligen Bund zu befe-

---

[113] *Heß*, Heilige Geschichte, 7f., vgl. auch 53f.
[114] Vgl. ebenda, 54 f., 60, 63f.
[115] Ebenda, 17, siehe auch 38, 64f.
[116] Ebenda, 45, 66, 68.
[117] Ebenda, 51.

stigen, ohne die eheliche Sclavenkette – die Thätigkeit des Mannes zu steigern, ohne den Sporn des Ehrgeizes – (...) und die Erkenntnis Gottes zu verbreiten, ohne eine besoldete Priesterkaste. – Aber alle diese Güter, ohne welche keine Gesellschaft bestehen kann, werden da seyn, ohne die ihnen beigemischten Gifte. Ja, ohne diese wird das Eigenthum der Personen noch besser (...) geschützt, die Ordnung des Staates ungestörter erhalten, das Gesetz heiliger geachtet, das Band der Gesellschaft fester geknüpft, (...) die Opfer für das gemeine Wohl häufiger (...) seyn!!"[118]

Als wichtige Voraussetzung des harmonischen Zusammenlebens hob *Heß* nach saint-simonistischem und fourieristischem Vorbild die Frauenemanzipation hervor. Männer wie Frauen werden sich der gleichen „*humanen Bildung*" erfreuen können. Die Frauen werden nicht länger der Willkür des Mannes unterworfen sein, der „*Ehezwang*" wird verschwinden. An seine Stelle wird „freiwillige Hingabe" treten. Die Konsequenz der Ersetzung der Ehe durch den freien Bund der Geschlechter ist allerdings, daß „der Staat an die Stelle der Familie treten und die Erziehung der Jugend leiten" wird – eine Perspektive, die, sind damit mehr als staatliche Kindergärten und Schulen gemeint, heute bedenklich erscheint. *Heß* jedenfalls erhoffte sich von dieser Erziehung eine befreiende Wirkung: „Die öffentlich und naturgemäß erzogene Jugend wird muthig, wie ein junges Fohlen, ins Leben hineinspringen (...)."[119] Nicht nur die Jugend, sondern die ganze Gesellschaft wird ihre kollektiven Kräfte entfesseln können:

„Die Gesellschaft wird einen so unbeschreiblichen Überfluß an Kräften haben, daß sie Wunderbares schafft. Es wird dem Staate Nichts unmöglich seyn, weil er nicht mehr vom Egoismus seiner Glieder abhängig ist; und die Glieder werden sich frei und lebendig regen können, weil sie (...) vom Ganzen unterstützt werden; es wird Jedes seine höchste Thätigkeit entfalten, weil eines dem andern nicht mehr im Wege steht."[120]

Heß hielt allerdings die Gütergemeinschaft für vorerst unerreichbar. Den Weg hierzu kenne man nicht. Gegenwärtig gehe es um die „uneingeschränkte Freiheit unserer Kräfte", was wohl bedeutet, daß die kommunistische Gesellschaft auf der Grundlage der neuen Bürgerfreiheiten erkämpft werden muß. Erst im „*Greisenalter*" der Menschheit werde der „Unterschied zwischen Mein und Dein" verschwinden und so gleichsam das Kindesalter wiedererwachen.[121] Merkwürdig ist, daß *Heß* das „Heilige Reich" in das „Greisenalter" verlegte, während er die Epoche der Französischen Revolution als die der „Weltverjüngung" bezeichnete.

Heß bezeichnete das künftige Gemeinwesen mit dem konventionellen Begriff „Staat". Er verstand ihn im platonischen Sinn als „vollkommenen Staat", in dem „reines Staatsleben" herrscht, und grenzte ihn ausdrücklich von der „Anarchie" ab. Auch eine schwach institutionalisierte „Assoziation" à la *Proudhon*[122] paßt

---

[118] *Heß*, Heilige Geschichte, 59. *Heß* unterschied, wie in diesem und dem vorigen Zitat erkennbar, zwischen „äußerem" und „innerem" Eigentum. Das erstgenannte ist das Privateigentum im bürgerlich-konventionellen Sinn, während das zweite das jedem Menschen eigene Wesen ist, das in der befreiten Gesellschaft sich ungehindert entfalten kann.
[119] Ebenda, 67.
[120] Ebenda, 69.
[121] Vgl. ebenda, 53. Zur chiliastischen Tradition vgl. *Ernst Topitsch*, Marxismus und Gnosis, in: *ders.*, Sozialphilosophie zwischen Ideologie und Wissenschaft, Neuwied 1961, 235-270.
[122] Vgl. *Heß*, Heilige Geschichte, 68, 71.

nicht zu seiner prinzipiell „etatistischen" Denkweise.[123] Trotz dieses Anknüpfens an eine uralte Tradition erwartete er, daß der kommende Staat den Republikanismus im Sinne *Rousseaus*, politikwissenschaftlich ausgedrückt, in einer „identitären" – im Gegensatz zu einer „repräsentativen" – Demokratie verwirklichen werde. In ihm würden „Regierende und Regierte, Eins geworden, (...) in ungetrübter Eintracht leben (...)". Ein Gegensatz zwischen „Beamten und Bürgern" würde nicht entstehen können, da ihre Interessen „innig verschmolzen" wären. Theologisch gesehen, handelt es sich um die Erneuerung des „*heiligen Bundes*" zwischen Jahwe und dem Volk Israel bzw. zwischen Jehova und den Christen, weshalb im „neuen Jerusalem" Religion und Politik „eins" gewesen seien.[124] Folgerichtig forderte *Heß* in einem späteren Werk eine „Staatsreligion".[125] Dem Bekenntnis zur identitären Demokratie entspricht die Ablehnung des bürgerlichen Repräsentativsystems und seines wichtigsten Strukturprinzips, der Gewaltenteilung:

„Haupt und Herz, Geist und Seele des Volks, wir meinen die *gesetzgebende* und die *vollziehende* Gewalt, werden nicht künstlich getrennt seyn – eine Trennung, in der man bisheran nicht mit Unrecht das Heil suchen mußte. Denn wo Gegensätze obwalten, da muß für Gleichgewicht gesorgt werden; wo aber Harmonie herrscht, da bedarfs keiner künstlichen Zusammensetzung, sondern nur einer natürlichen Einfachheit. (...) So wird denn die Masse des Volkes von der Regierung, und diese wiederum von der Volksintelligenz beherrscht und gelenkt werden. Drei Gewalten, welche Eins sind, wird es demnach im Gottesreiche geben: Das Volk als Masse, oder *den Leib des Volkes*; das Volk als Gesetzesvollzieher, oder *den Willen des Volkes*; das Volk endlich als Gesetzgeber, oder *den Geist des Volkes*."[126]

Hieraus ergab sich für *Heß*, daß ein kommunistischer Staat einer „Charte", d.h. einer Verfassung, nicht bedürfe. „Welcher Mißbrauch kann mit den natürlich abhängigen Gewalten getrieben werden? Welche Treulosigkeit kann statt finden in einem Reiche, wo sich alles offen und öffentlich zeigt, wo das freie Urtheil als Lebenselement anerkannt wird?" Eine „*heilige Verfassung*" gehe „aus der Einheit des Bewußtseyns der Gesellschaft hervor (...)." Ist sie jedoch bloß ein institutioneller Rahmen der Politik, so ist sie „*nicht heilig*, und verfehlt ihren Zweck"[127]. – *Heß* hat in seinem utopischen Überschwang die Gefahren des Machtmißbrauchs verkannt. Dies gilt auch für andere sozialistische Theoretiker. Es dauerte einige Zeit, bis dieses Defizit korrigiert war.

---

[123] Vgl. ebenda, 66, 68, 71.
[124] Vgl. ebenda, 66, 69.
[125] Vgl. *Anonymus* d.i. *Moses Heß*, Die europäische Triarchie, Leipzig 1841, abgedruckt in: *Heß*, Schriften, 75-168, 133.
[126] *Heß*, Heilige Geschichte, 69f.
[127] Ebenda, 70, 73. – *Heß'* Begründung seines harmonistischen Kommunismus mit Ideen seines Lieblingsphilosophen *Spinoza* ist problematisch. *Spinoza* ging vom prinzipiellen Antagonismus egoistisch handelnder Individuen aus, von denen er jedoch annahm, daß sie sich auf Grund eines Sozialvertrages zu einem demokratischen Gemeinwesen zusammenschließen könnten. Damit wird jedoch der Egoismus der Individuen nicht aufgehoben. Vgl. dazu *Walter Euchner*, Individuelle und politische Macht. Der Beitrag John Lockes im Vergleich zu Hobbes und Spinoza, in: *Jürgen Gebhardt/Herfried Münkler* (Hrsg.), Bürgerschaft und Herrschaft. Zum Verhältnis von Macht und Demokratie im antiken und neuzeitlichen politischen Denken, Baden-Baden 1993, 117-138, 123ff.

Heß' zweites großes Werk, „Die europäische Triarchie", erschien 1841, wiederum anonym, im Leipziger Verlag des angesehenen liberalen Verlegers *Otto Wigand*. Bemerkenswert ist es in dreierlei Hinsicht: 1. lokalisierte *Heß* den egalitären Zukunftsstaat in einer europäischen „Triade"; 2. setzte er sich mit der wirtschaftsliberalen Kritik an derartigen Vorstellungen auseinander, und 3. versuchte er, seinen Zukunftserwartungen eine philosophische Grundlegung zu geben.

Zu 1: Für *Heß* waren die führenden Länder Frankreich, Deutschland und England. Sie haben, was die künftige Befreiung der Menschheit betrifft, spezifische Funktionen. Frankreich war für ihn das Land der revolutionären Tat, das die Freiheit erkämpft hat und die Zivilisation voranbringen wird, während Deutschland, dessen Dichter und Denker „in ihren Studirstuben" [sic!] sich die Geistesfreiheit erkämpft haben, für Ruhe und Innerlichkeit steht. England wird das Land der Synthese des deutschen und französischen Prinzips sein. Dort hat nämlich der „Gegensatz von Pauperismus und Geldaristokratie" eine „Revolutionshöhe" erreicht, der eine „neue Revolution" heranreifen läßt, die schließlich, als „Frucht der französischen Revolution", die konkrete „Freiheit der Gesetze (...) sich und der Welt schenken" wird. Damit wird England „das Schlußglied, die Krone der modernen Menschheit" sein.[128]

Aus dieser Synthese wird die europäische Triade erwachsen, d.h. der völkerrechtliche Zusammenschluß Frankreichs, Deutschlands und Englands zu einem „Bund", der im Sinne des „gegenwärtigen Weltgeistes" liege. Denn „Deutschland, Frankreich und England sind, als Nationen, nunmehr geistig, wie natürlich verwandt; sie bilden, seitdem ihr Selbstbewußtsein erwacht ist, nur Eine große Völkerfamilie, deren niedere, wie höhere Interessen so innig verwachsen sind, daß Wohl und Wehe auf der einen Seite ein gleiches Schicksal auf der andern nothwendig nach sich zieht."[129]

Die Triade sollte nach *Heß'* Vorstellung nicht exklusiv sein. Andere europäische Völker können sich nach ihrer Läuterung diesem „Gottesreich" (wie sie *Heß* in einem plötzlichen Rückfall in die chiliastische Sprache bezeichnet), anschließen, selbst Rußland, der notorische Feind der europäischen Freiheitsbewegung.

Heß fand für seine Europabegeisterung enthusiastische Formulierungen: „Europa ist ein Heiligthum. (...) Europa ist ein Land, wie keines auf Erden! (...) Oder ist die Einheit Europas etwa eine bloße Phantasie? Hängt Europa, weil es keine Union, wie die nordamerikanische ist, minder innig zusammen, als die ‚Vereinigten Staaten'?" Er prognostizierte einen „allgemeinen europäischen Bund" als Folge eines „allgemeinen europäischen Kriegs" – eine Aussage, die sich 150 Jahre später zu verwirklichen begann.[130]

Zu 2: *Heß* vermied es, die künftige „Triarchie" als kommunistisch oder sozialistisch zu bezeichnen. Daß er jedoch die Erwartung hegte, sie werde dies sein, läßt sich aus seiner Kritik an bürgerlich-liberalen Auffassungen schließen. Er wandte sich entschieden gegen naturrechtlich begründete Freiheitsvorstellungen, die ins Feld geführt wurden, um die „höchste Gewalt" (d.h. die Staatsgewalt) zu minimieren. *Heß* bezeichnete sie als die des „abstracten Liberalismus". Werde das Recht auf Freiheit „von Gliedern gegen einen ganzen, sie umfassenden Organismus in Anspruch genommen" (d.h., in der Sprache der modernen Grundrechtsinterpretation, als Abwehrrecht gegen die öffentliche Gewalt verstanden), so sei es „nur

---

[128] *Heß*, Triarchie, in: *ders.*, Schriften, 75-166, 117f., 144, 150, 160, 163. Vgl. auch *Heß*, Über eine in England bevorstehende Katastrophe, in: ebenda, 183-185, mit starker Betonung der sozialökonomischen Gründe der künftigen Revolution, die England als „die große Zerstörerin und Schöpferin aller gesellschaftlichen Verhältnisse" erscheinen lassen wird (185).
[129] *Ders.*, Triarchie, 165f.
[130] Vgl. ebenda, 102f.

negativer Natur" – im Grunde der „Pygmäenwille eines vereinzelt dastehenden Individuums"[131]. „Die höchste Freiheit ist (...) nur in der höchsten Ordnung denkbar, so wie umgekehrt die höchste Ordnung nur bei der höchsten Freiheit denkbar ist." Dagegen sei das Verlangen nach „individueller Freiheit und Naturrecht" typisch für Umbruchzeiten wie z.B. am Ende des Mittelalters und der „zu weit ausgeschweiften französischen Revolution" und schlage zudem, wie diese gezeigt habe, in eine rücksichtslose Tyrannei um – eigentlich ein konservatives Argument. Diesen Bestrebungen stellt *Heß* die Einsicht *Spinozas* gegenüber, daß es die „erste Bedingung" jedes geselligen Vereins sei, alle Macht und alles Recht einer höchsten Gewalt zu übertragen.[132]

Natürlich attackierte *Heß* auch die wirtschaftstheoretischen Argumente des Liberalismus. Gegen das Prinzip „Da die Menschheit, um ihr Ziel zu erreichen, nur in sich selber einig zu sein braucht, so dürfen Individuen, Familien u.s.w. keine entgegengesetzten Interessen haben", werde eingewandt: „Der Mensch sei von Natur ein Egoist; (...) die Thätigkeit des Individuums für die ganze Gesellschaft in Anspruch zu nehmen, – das sei und bleibe stets Utopie", und ferner:

„Ohne Gegensätze würde jedes Leben, ohne Concurrenz jedes Streben aufhören, wie überhaupt in Eurer Ordnung (...) kein weiterer Fortschritt denkbar ist. In der Trennung der Interessen, wie in allen Gegensätzen, liegt der Stachel, der die Menschen vorwärts treibt, der sie thätig, erfinderisch, productiv macht. In Eurer Ordnung geht die Freiheit unter; Euer Paradies ist ein Schlaraffenland, Eure Menschen sind Automaten (...) – Wo ist übrigens die Bürgschaft für Eure Ordnung (...)? Wer steht dafür, daß nicht Eure Höchsten, die ohnehin schon so viel Macht in Händen haben, sich am Ende in eine förmliche Kaste abschließen, und so Eure gefürchtete Trennung des Besitzes von Neuem, und ärger, denn je, zum Vorschein kommt?"[133]

Heß antwortete auf dieses klassische Credo des Liberalismus mit den weichen Argumenten der Moral und der Hoffnung. Derartige Einwände bewiesen nur, „daß die Gesellschaft bis jetzt noch keinen socialen Menschen bilden konnte". Zudem spräche sogar das bisher Erreichte für eine künftige humane Gesellschaft. „Die menschliche Gesellschaft würde sich schon lange in sich selbst aufgerieben haben, wenn hier nicht die humane, sociale Bildung vorherrschend, Verbildung und wilde Naturtriebe aber die Ausnahme gewesen wären. (...) Die intellektuelle Liebe war stets Gesetzgeberin." Der Grundfehler des individualistischen Denkens liege darin, daß es seine Kraft aus der Betrachtung der „Einzelheiten" schöpfe und darüber das Ganze aus dem Auge verliere: *„(...) dem Bösen gehören die Einzelheiten aus dem Zusammenhange gerissen, der Liebe aber gehört das Ganze."*[134]

---

[131] *Heß*, Triarchie, 125, 132. *Heß* war somit ein Verfechter des Prinzips der „positiven Freiheit", das von *Isaiah Berlin* in seinem Essay „Two Concepts of Liberty" kritisiert worden ist. Vgl. *ders.*, Two Concepts of Liberty, Oxford 1958; im Extrem kann aus dem Prinzip der negativen Freiheit eine anarchistische Position entwickelt werden, wie dies *Max Stirner* in „Der Einzige und sein Eigentum", 1844, getan hat. *Heß* kritisierte dieses Werk ebenso wie *Marx* und *Engels* heftig.
[132] Vgl. *Heß*, Triarchie, 125f., 156. – Diese Rechtsübertragung ist auch das Prinzip der Sozialvertragslehre von *Thomas Hobbes*, dessen totalitäre Konsequenzen notorisch sind. Vgl. dazu *Euchner*, Individuelle und politische Macht, 119ff.
[133] *Heß*, Triarchie, 154f.
[134] Ebenda, 155, 157. Vgl. auch *ders.*, „Über die Noth in unserer Gesellschaft und deren Abhülfe", in *Heß*, Schriften, 311-326, 319, wo die humane Gesellschaft als „Sozialismus" bezeichnet wird.

Zu 3: *Heß* eröffnete sein Werk über die europäische Triade mit einer Hegelkritik. Er bezog sich dabei, durchaus distanziert, auf die Schule der „Linkshegelianer" und der „Junghegelianer".[135] Der „Hegelianismus", so sagte *Heß*, *Hegel* zitierend, sei „die Wissenschaft der Vernunft, insofern diese ihrer selbst als alles Seins sich bewußt wird"[136]. Damit ist gemeint, daß *Hegels* Philosophie beanspruche, das Sein als Ausdruck des sich entfaltenden göttlichen Geistes, der in der Philosophie „zu sich selbst gekommen sei", dargestellt zu haben. So gesehen sei sie aber ein in sich geschlossenes philosophisches System, das keine davon unabhängige „absolute Geistesthat" zulassen kann. Dies ist es, was *August von Cieszkowskis* (1814-1894) „Philosophie der Tat", der *Heß* sich anschloß, dem Hegelianismus entgegenhielt. In *Heß*' Worten: „Der Hegelianismus umfaßt das ganze Gebiet des Denkens, vom phänomenologischen und logischen, bis zum absoluten Wissen; er ist nur dann im Irrthum, wenn er glaubt, mehr als absolute Geistes-Philosophie zu sein, oder daß er schon als solche eo ipso auch die That umfaße."[137] Auf die Tat aber mußte es dem Revolutionär *Heß* ankommen.[138] Das philosophische Bewußtsein müsse in die „freie *That*" münden. Diese Überlegung nimmt das junghegelianische Programm der „Verwirklichung der Philosophie" auf, das insbesondere von *Bruno Bauer* (1805-1882) – einem engen Freund des jungen *Marx* – formuliert worden war. Doch die sozialistische Konsequenz, daß diese Verwirklichung nicht durchs Denken, sondern durch die Umgestaltung der Gesellschaft vollzogen werde, mochte *Bauer* nicht ziehen.[139]

Stuke zeigt, daß *Heß*' Rezeption der „Philosophie der Tat" nacheinander drei Vorbildern folgt: dem *Cieszkowskis*, sodann dem *Fichtes* und schließlich dem *Ludwig Feuerbachs* (1804-1872), der das Hegelsche System am folgenreichsten erschütterte.[140] *Heß*' Aneignung des Feuerbachschen Denkens und sein Versuch, es zur Begründung einer sozialistischen Revolutionierung der Gesellschaft nutzbar zu machen, ist seine eigenständigste und beachtlichste philosophische Leistung. Sie inspirierte eine Gruppe von Publizisten, die in der Literatur *Wahre Sozialisten* genannt werden. Dazu gehören *Karl Grün* (1817-1887) und *Hermann Püttmann* (1811-1874) sowie andere Autoren der Sammelbände „Deutsches Bürgerbuch" und „Rheinische Jahrbücher zur gesellschaftlichen Reform", die Mitte der vierziger Jahre von *Püttmann*, dessen Bedeutung hauptsächlich in seiner Verlegertätigkeit lag, herausgegeben wurden. Wenn man von *Engels* und *Heß*

---

[135] Bei diesen Bezeichnungen handelt es sich nicht um Synonyme. Die Linkshegelianer waren eine lose Gruppierung von Autoren, die begannen, das geschlossene Hegelsche System mit Gedanken, die man im politischen Spektrum als „links" einordnen kann, aufzubrechen, wie etwa der kritische Theologe und Entmythologisierer des Neuen Testamentes *David Friedrich Strauß* und der für die Genesis des Marxschen Denkens wesentliche *Ludwig Feuerbach*. Die Junghegelianer waren dagegen eine durch dichte Querverbindungen charakterisierte Gruppe jüngerer Linkshegelianer, denen neben der wichtigsten Figur *Bruno Bauer* auch *Karl Marx* und *Friedrich Engels*, auch der zum Klassiker des Anarchismus gewordene *Max Stirner*, angehörten. Vgl. dazu *Wolfgang Eßbach*, Die Junghegelianer. Soziologie einer Intellektuellengruppe, München 1988.
[136] *Heß*, Triarchie, 79.
[137] Ebenda, 79; vgl. auch ebenda, 80: „Die absolute That gehört so wenig, wie die unmittelbar thätige Natur, der Hegel'schen Geistesphilosophie an." Für *Cieszkowskis* eigene Formulierungen vgl. *August von Cieszkowski*, Prolegomena zur Historiosophie. Mit einer Einleitung von *Rüdiger Bubner* und einem Anhang von *Jan Garewicz*, Hamburg 1981, 16ff., 124ff.
[138] Vgl. *Heß*, Triarchie, 83.
[139] Vgl. hierzu grundlegend *Horst Stuke*, Philosophie der Tat. Studien zur „Verwirklichung der Philosophie" bei den Junghegelianern und den Wahren Sozialisten, Stuttgart 1963, 123-188, 127, 159, 165, 171, 173.
[140] Vgl. ebenda, 222ff.

absieht, so erlangte von ihnen nur *Grün* als Vermittler der französischen Diskussion um Sozialismus und Kommunismus, als Übersetzer und Herausgeber von *Proudhons* „Philosophie des Elends" und als Theoretiker eines feuerbachianischen Sozialismus in *Heß*' Spuren einige Bedeutung.[141] *Wahrer Sozialismus* ist ein ungenauer Begriff. Durchgesetzt hat er sich vor allem durch die Polemik von *Marx* und *Engels* gegen die feuerbachianisch denkenden ehemaligen Gesinnungsgenossen in der „Deutschen Ideologie" und dem „Kommunistischen Manifest".[142] Die „Wahren Sozialisten" haben sich nur gelegentlich so genannt; sie verwandten synonym die Ausdrücke „philosophischer Sozialismus" (im Kontrast zum „unphilosophischen" französischen Sozialismus), gelegentlich auch „wissenschaftlicher Sozialismus". *Heß*, der bedeutendste Autor dieser Gruppe, gebrauchte den Ausdruck „Wahrer Sozialismus" überhaupt nicht.[143]

Der Sprengsatz, mit dem *Feuerbach* das Hegelsche System in die Luft blasen wollte, war die Reduktion des Grundphänomens der Philosophie auf das elementare „Ich", freilich nicht verstanden als selbstsüchtiges Ego, sondern als „Gattungswesen". „Zu einem vollkommenen Menschen gehört die Kraft des Denkens, die Kraft des Willens, die Kraft des Herzens." Die Kraft des Herzens aber sei die Liebe. „Wer ist stärker", fragte er, „die Liebe oder der individuelle Mensch?"[144] *Feuerbach* wendete diese Einsicht religionskritisch: Die Menschen projizierten diese Gattungseigenschaften des Menschen auf ein übersinnliches „höchstes Wesen", das sie Gott nennen: *„Das Bewußtsein Gottes ist das Selbstbewußtsein des Menschen, die Erkenntnis Gottes die Selbsterkenntnis des Menschen."*[145] Diese Gottesvorstellung war für *Feuerbach* wiederum Ausdruck des Mangels, den die Menschen an der Welt empfinden, oder ihrer „Entfremdung"; deshalb setzen sie, wie *Feuerbach* unter Rückgriff auf die Hegelsche Logik sagte, ihre Wesenskräfte „außer den Menschen" und „vergegenständlichen" sie in Gott, indem sie ihm diese vollkommenen Eigenschaften zuschreiben, die in Wirklichkeit ihr eigenes „Gattungsvermögen" ausmachen.[146] Was die „Wahren Sozialisten" an dieser De-

---

[141] Vgl. *Karl Grün*, Die soziale Bewegung in Frankreich und Belgien, Darmstadt 1845, ein Werk, das berechtigte Kritik am Kommunismus Cabetschen Zuschnitts äußert, aber keine eigenen Konzeptionen enthält. Seiner Proudhon-Übersetzung gab *Grün* den irreführenden Titel „Philosophie der Staatsökonomie oder Notwendigkeit des Elends", 2 Bde., Darmstadt 1847. Der zweite Band enthält eine ausführliche Einleitung, in der die Proudhonschen Darlegungen im Lichte der Hegelschen Dialektik interpretiert werden. *Grüns* interessanteste theoretische Leistung ist sein Feuerbach-Aufsatz, der freilich über die Heßschen Analysen nicht hinausgeht. Vgl. *Karl Grün*, Feuerbach und die Sozialisten, in: Deutsches Bürgerbuch für 1845, hrsg. von *Hermann Püttmann*, Darmstadt 1845, neu hrsg. von *Rolf Schloesser*. Eingeleitet von *Hans Pelger*. Mit einem Vorwort von *Walter Dirks*, Köln 1975, 49-75. Bedeutend ist *Grün* auch als Herausgeber des Briefwechsels und von Nachlaßtexten *Ludwig Feuerbachs* (Leipzig und Heidelberg 1874), während seine vielfältige literarhistorische Publizistik zu Recht vergessen ist.
[142] Vgl. *Marx/Engels*, Die Deutsche Ideologie, in: MEW 3, 441-530. *Engels* startete auch in anderen Aufsätzen Angriffe gegen diese ideologische Konkurrenz.
[143] Vgl. *Silberner*, Heß, 228, der auch die Mitglieder dieser Gruppe aufzählt, ferner *Na'aman*, Emanzipation, 192f., der den Wahren Sozialismus als „Grünianismus" bezeichnet. *Heß* selbst sprach in einem Beitrag zu *Grüns* „Neuen Anekdota" (1845) vom „*Sozialismus*" als „*höchste(r) Wissenschaft*", vgl. *Heß*, Schriften, 300.
[144] *Ludwig Feuerbach*, Das Wesen des Christentums, Leipzig 1957, Einleitung, Erstes Kap., 60f.
[145] Ebenda, 71.
[146] *Ludwig Feuerbach*, Vorläufige Thesen zur Reform der Philosophie, in: *ders.*, Anthropologi-

struktionsphilosophie am meisten interessierte, war die Bestimmung der menschlichen Gattungskräfte als „Liebesvermögen", denn sie hofften, aus diesem Prinzip eine Philosophie der Solidarität unter nicht entfremdeten Menschen in revolutionierten gesellschaftlichen Verhältnissen zu entwickeln. *Marx* allerdings brachten diese Versuche in Rage, weil er seit Mitte der vierziger Jahre die bürgerliche Theorie nicht mit einer verwaschenen Liebesphilosophie, sondern auf deren ureigenstem Feld, dem der politischen Ökonomie, zu schlagen trachtete.

Heß' Adaption des Feuerbachschen Denkens findet sich in Aufsätzen, die in *Georg Herweghs* Sammelband „Einundzwanzig Bogen aus der Schweiz",[147] den von *Grün* 1845 herausgegebenen „Neuen Anekdota", dem „Deutschen Bürgerbuch für 1845" und den „Rheinischen Jahrbüchern zur gesellschaftlichen Reform" (1845/46) erschienen sind. Unter ihnen ragt der Beitrag „Über das Geldwesen" hervor. *Heß* stellte darin das Geld in eindrucksvoller Gedankenführung und provozierenden Metaphern als höchsten Ausdruck menschlicher Entfremdung dar. Insbesondere dieser Text hat das Denken des jungen *Marx* beeinflußt.[148]

Diese Reflexionen gehen von *Feuerbachs* Idee aus, daß der Mensch ein mit Vernunft, Schöpferkraft und Liebesfähigkeit begabtes „Gattungswesen" sei. *Heß* weitete *Feuerbachs* religionskritisches Argument zu einem Konzept universaler gesellschaftlicher Entfremdung des Menschen aus. Er bediente sich dabei dialektischer Denkfiguren, die *Hegels* Philosophie, am eindrücklichsten entfaltet in dessen „Phänomenologie des Geistes" (Erstausgabe 1807), charakterisieren. Sie entsprechen der heutigen Denkweise nicht mehr und sind deshalb schwer nachzuvollziehen; doch zu *Heß*' Zeiten waren sie verbreitet. Es geht um die Vorstellung, daß sich die Menschen in den Ideen, Sitten, sozialen Strukturen, Gesetzen, Institutionen, aber auch in den Produkten ihrer Arbeit, „entäußern", „vergegenständlichen", ihre Wesen „anschauen", dabei sich selber auch fremd werden (d.h. „entfremden") können. Freilich besitzen sie auch das Vermögen, diese Entfremdung zu überwinden und sich in ihrer kulturellen, sozialen und politischen Umwelt wiederzufinden (sich wieder „anzueignen").

Heß ging davon aus, daß der Mensch seinem Begriffe entsprechen, d.h. sein soll, was er seinem „theoretischen oder ideellen Gattungswesen, Verstand, Wille, Liebe u.s.w." nach ist. Doch dies ist ihm „in unserer Krämerwelt verwehrt". Denn der einzelne sieht sich darin seinem „entäußerten Wesen gegenüber ohnmächtig und unfrei, gedrückt, und erniedrigt". Wie solle er „zum gesellschaftlichen Menschen, als thätiges Glied der ganzen menschlichen Gesellschaft" werden, „da bis jetzt noch keine Gesellschaftung vorhanden war"?[149]

Verantwortlich für diesen Zustand sind nach *Heß*' Analyse eine Reihe von abstrakten Mächten, die im Kern menschliche Wesenskräfte repräsentieren, jedoch im Verlauf der gesellschaftlichen Entwicklung den Zustand extremster Entfremdung erreicht haben. *Heß* nannte

---

scher Materialismus. Ausgewählte Schriften I, hrsg. und eingeleitet von *Alfred Schmidt*, Frankfurt a.M. 1967, 85; *Feuerbach*, Grundsätze einer Philosophie der Zukunft, in: ebenda, 154f. An dieser Stelle fällt das berühmte Diktum von der „Auflösung der Theologie in die Anthropologie".

[147] Erschienen 1843 in Zürich und Winterthur, mit Beiträgen anderer Autoren der deutschen Linken, z.B. von dem badischen Revolutionär *Friedrich Hecker*, dem Religionsphilosophen *David Friedrich Strauß* und *Friedrich Engels. Herwegh* war ein revolutionär eingestellter populärer Schriftsteller, dessen Gedichtsammlung „Gedichte eines Lebendigen" das damalige linke Publikum in Deutschland begeisterte.

[148] Vgl. dazu *Zwi Rosen*, Moses Heß und Karl Marx. Ein Beitrag zur Entstehung der Marxschen Theorie, Hamburg 1983.

[149] Vgl. *Heß*, „Deutschland und Frankreich in Bezug auf die Centralisationsfrage", Rheinische Zeitung vom 17. Mai 1842, in: *Heß*, Schriften, 175-179, 176; *ders.*, Fortschritt und Entwicklung, Neue Anekdota, in: ebenda, 281-284, 283f.; *ders.*, Über die sozialistische Bewegung in Deutschland, in: ebenda, 284-307, 287.

den Staat, das Geld (bzw. das Kapital), seltsamerweise auch die Buchstabenschrift, weil sie von der lebendigen Sprache abstrahiere. Er konstruierte diese dem Menschen entfremdeten Mächte nach dem Muster der Verkörperung des menschlichen Wesens in Gott. Im Mittelalter, als es noch Stände und Korporationen gegeben hat, sei die Entfremdung noch nicht vollständig gewesen, denn sie hätten noch einen „socialen Charakter", einen, wenngleich beschränkten, „Gemeingeist" besessen, so daß der einzelne in seinem „socialen Wirkungskreis aufgehn" konnte. Doch der Staat der „freien Conkurrenz" sei zum „Geldstaat" geworden; der „Staatsmensch" vertrete nur noch das „heilige ‚Eigenthum'".[150]

Verhängnisvollster Ausdruck der Entfremdung ist die auf unbarmherziger Konkurrenz beruhende „Krämerwelt" und ihr wichtigstes Medium, das *Geld*. Es ist „*das entäußerte Vermögen* der Menschen, ihre *verschacherte Lebensthätigkeit*" – ein „Produkt der *gegenseitig entfremdeten* Menschen, der *entäußerte Mensch*." Mit dem Geld und der „Krämerwelt" wird das „Gattungsleben (...) außerhalb der Individuen gesetzt und zum Mittel derselben herabgewürdigt (...)"[151].

Heß kontrastierte diesen entfremdeten, vernunftlosen zwischenmenschlichen „Verkehr" mit dem Gegenbild einer solidarischen Gesellschaft, in der Arbeit, Eigentum, Gütertausch und Genuß keine Gegensätze darstellen. Es gebe ein menschengemäßes Eigentum, das ihr „soziales Besitzthum, ihr Mittel zum Leben, d.h. zur sozialen Lebensthätigkeit überhaupt" sei. In dieser Gesellschaft solle das so verstandene „*persönliche* Eigentum" in keiner Weise aufgehoben, im Gegenteil erst als wahres und unveräußerliches geschaffen werden.

„Das bestehende Eigenthum ist nicht verwerflich, weil es persönlich, individuell, mit dem Individuum verwachsen ist; es ist vielmehr umgekehrt nur deshalb verwerflich, weil es nicht persönlich, nicht individuell, nicht mit dem Individuum verwachsen, sondern von ihm getrennt, abgezogen ist und als abgezogenes, ganz und gar entäußertes, allgemeines Lebensoder Verkehrsmittel, als äußerliches Vermögen, als Geld, dem Individuum äußerlich gegenüber steht."[152]

Deshalb müsse ein „socialer Zustand" geschaffen werden, „in welchem Jeder den Lohn für seine sociale Thätigkeit in dieser selbst sucht und findet". Arbeit, die Produktion von Lebensmitteln im weitesten Sinn, und deren Konsumtion bzw. „Genuß", dürften, wie *Heß*, einen Fourierschen Gedanken übernehmend, meinte, nicht auseinandertreten, sondern müßten in *einen* Lebenszusammenhang eingebettet sein. Werde jedoch Arbeit, ohne ihren kreativen Aspekt zu beachten, allein als abstraktes Mittel aufgefaßt, um einen Zweck, nämlich den Genuß, zu erreichen, so sei der erste Schritt zur Entfremdung schon getan.[153]

Eine derartige „Zweck-Mittel-Verkehrung" in äußerster Radikalität ist das Hauptcharakteristikum der modernen „Krämerwelt" und ihrer „politischen Ökonomie". „Das Individuum

---

[150] *Heß*, Über das Geldwesen, Rheinische Jahrbücher 1845, in: *ders.*, Schriften, 329-348, 340, 346f.
[151] Ebenda, 334f.
[152] *Ders.*, Über die sozialistische Bewegung in Deutschland, in: *ders.*, Schriften, 284-307, 293, 306; *ders.*, Über die Noth in unserer Gesellschaft und deren Abhülfe [sic!], Deutsches Bürgerbuch für 1845, in: *ders.*, Schriften, 311-326, 324.
[153] Vgl. *ders.*, Über die Noth, ebenda, 311-326, 324f. – *Heß* wirft übrigens dem französischen Kommunismus à la *Cabet* vor, gerade dies nicht beachtet zu haben. Vgl. auch *Heß*, Über das Geldwesen, 330f., 332, wo gleichfalls das Gegenbild einer nicht entfremdeten Kommunikation und Produktion skizziert wird.

zum Zweck erhoben, die Gattung zum Mittel herabgewürdigt: das ist die Umkehrung des menschlichen und des natürlichen Lebens überhaupt." Gälten die Prinzipien dieser Wissenschaft tatsächlich, „so wäre jeder Mensch gerade so viel werth, als er baar Geld hat oder Geldeswerth besitzt". Geld verkehrt sich vom „edlen Metall" in den Ausdruck „menschlicher Productionskraft", es wird „Capital", d.h. „aufgehäufte, vorräthige Arbeit". Die Menschen, die dies produzieren, werden schließlich selbst Objekte des Tauschsystems. Sie werden nach ihrem „Tauschwert" gemessen – doch „die leidige Concurrenz verdirbt den Preis". Können sie sich nicht mehr verkaufen, so sinkt ihr „Werth", und so sinken sie auf eine tiefere Stufe herab als der Sklave, denn der Hunger treibt sie zu jeder Arbeit, die ihnen der Privateigenthümer in seiner „Geldgier" anbietet.[154] Nichts ist unangemessener, als mit der bürgerlichen Theorie diese Menschen als frei und gleich zu bezeichnen. Es handelt sich allein um die Freiheit, sich gegenseitig niederkonkurrieren und zum Mittel herabsetzen zu können.[155]

Für *Heß* war eine derartige Gesellschaft menschenunwürdig; sie gleicht einem Dschungel, in dem die blutdürstigen Raubtiere übereinander herfallen.[156] Der „Gelddurst", der in ihr herrscht, „ist nichts Anderes, als der *Blutdurst des socialen Raubtiers*", Geld, als Ausdruck der menschlichen Gattungskräfte in ihrer entfremdetsten Form, „das sociale Blut, aber das entäußerte, das vergossene Blut". Damit beginnt *Heß*' Metamorphorik ins Blasphemische umzuschlagen. Wie das Geld, so ist auch der christliche Gott Ausdruck der entfremdeten Welt, und deshalb gleicht das „Blut des Gottmenschen" dem „socialen Blut", dem Geld, in dem der Mensch sein Leben „in einer brutalen, thierischen, kannibalischen Weise" genießt. So gesehen enthüllt sich das Christentum als theologischer Überbau der bürgerlichen Gesellschaft: „Das Wesen der modernen Schacherwelt, das Geld, ist das realisierte Wesen des Christenthums. Der Krämerstaat, der sogenannte ‚freie' Staat, ist das verheißene Gottesreich, die Krämerwelt das verheißene Himmelreich – wie umgekehrt Gott nur das idealisirte Kapital, der Himmel nur die theoretische Krämerwelt."[157] Trotz dieser forcierten Analogien und Übertreibungen muß zugestanden werden, daß *Heß* eine suggestive Analyse der inhumanen Tendenzen seiner zeitgenössischen Gesellschaft gelungen ist.

Heß' politische Praxis, die seine „Philosophie der Tat" zwingend verlangte, blieb die eines Journalisten, Publizisten und Agitators. Sie begann damit, daß er 1841 die Gründung der „Rheinischen Zeitung" betrieb, die von den liberal denkenden rheinischen Industriellen, Bankiers und Kaufleuten finanziert wurde. Ihr Chefredakteur wurde der vierundzwanzigjährige *Karl Marx*, damals ein radikaler junghegelianischer Intellektueller. Für *Heß* begann ein Wanderleben als Journalist, Publizist und Korrespondent zunächst der „Rheinischen Zeitung", später auch anderer Blätter. 1845 bis 1846 redigierte er den „Gesellschaftsspiegel", der praktische Probleme der Arbeiterschaft aufgriff.[158] Seine Tätigkeit führte ihn mehr-

---

[154] Vgl. *Heß*, Über das Geldwesen, in: *Ders.*, Schriften, 334ff.
[155] Vgl. ebenda, 339, 341.
[156] *Heß* hat sich offenbar von dem Abschnitt in Hegels „Phänomenologie des Geistes" inspirieren lassen, in dem vom „geistigen Tierreich" als Durchgangsstufe zur bürgerlichen Gesellschaft die Rede ist; vgl. *Georg Wilhelm Friedrich Hegel*, Werke, Bd. 3, Frankfurt a.M. 1970, 294ff. *Heß* spinnt diese Metapher kräftig aus.
[157] *Heß*, Über das Geldwesen, in: *ders.*, Schriften, 337.
[158] Vgl. *Heß*, Gesellschaftsspiegel. Organ zur Vertretung der besitzlosen Volksklassen und zur Beleuchtung der gesellschaftlichen Zustände der Gegenwart. Reprint Glashütten i.Ts. 1971; *Ernst Theodor Mohl*, Marginalien zum Nachdruck der von Moses Heß redigierten Zeitschrift ‚Gesell-

fach nach Paris, wo er jahrelang lebte, aber auch nach Brüssel, Genf und in andere große europäische Städte. Immer wieder kehrte er nach Köln zurück.[159] 1845 hielt er zusammen mit *Engels* in Elberfeld Vorträge über den Kommunismus, in welchen er, in der Manier der Wahren Sozialisten, „die Idee des Communismus" als das „Lebensgesetz der Liebe, angewandt auf das Socialleben", bezeichnete.[160] Andererseits zeigen diese Vorträge, daß *Heß* unter den Einfluß der Marxschen Kritik der politischen Ökonomie geraten war, die er auch nach seinem Zerwürfnis mit *Marx* als die reifste sozialistische Theorie betrachtete. Grund dieses Konflikts war eine politische Frage. *Marx* war 1847 der Überzeugung, daß in Deutschland eine bürgerliche Revolution erfolgen müsse, bevor eine proletarische Revolution eine Chance habe. *Heß* verwarf in einer in der „Deutschen Brüsseler Zeitung" erschienenen Artikelserie „Die Folgen einer Revolution des Proletariats" diese These und befürwortete eine von außen angestoßene proletarische Revolution, während er die revolutionäre Potenz der „deutschen Bourgeoisie" skeptisch beurteilte.[161]

Im Jahre 1862 erschien *Heß'* Werk „Rom und Jerusalem", das seinen Namen für alle Zeiten in die Annalen der deutsch-jüdischen Geschichte einschreiben sollte. Es handelt sich um eine Inkunabel des Zionismus. Niemand konnte mit dieser Schrift rechnen, denn *Heß* galt als kommunistischer Autor; als Verfechter jüdischer Interessen wurde er kaum wahrgenommen, obwohl in der „Triarchie" der schöne Satz zu lesen steht: „Wollt Ihr den Barometerstand der Geistesfreiheit kennen lernen, so müßt ihr das Verhältniß des Staates zu seinen jüdischen Unterthanen untersuchen."[162] Doch *Heß* – der nie den jüdischen Glauben verlassen hatte – gab sich in seinen frühen Schriften als Christ, und seine feuerbachianischen Aufsätze klingen atheistisch. *Heß* knüpfte in „Rom und Jerusalem" an die soziale Tradition des Judentums an: „Nichts ist dem Geiste des Judentums fremder als das egoistische Seelenheil des isolierten Individuums (...). Das Judentum trennt nirgends das Individuum von der Familie, die Familie von der Nation, die Nation von der organischen und kosmischen Schöpfung und diese vom Schöpfer."[163] In der Ära des wachsenden Nationalismus in Europa setzte sich *Heß* energisch für eine nationale Wiedergeburt der Juden in Palästina ein. Zu erreichen sei dies durch „Loskaufen" des ehemaligen Vaterlandes. Keine europäische Macht werde sich gegen diesen Plan wenden können.[164] An jüdischen Arbeitern, Talenten und

---

schaftsspiegel. Organ zur Vertretung der besitzlosen Volksklassen und zur Beleuchtung der gesellschaftlichen Zustände der Gegenwart' (1845/46), nebst Fußnoten zur neueren Marx- und Heß-Forschung, Glashütten i.Ts. 1971.

[159] Vgl. *Silberner*, Heß, 663ff. Vgl. auch die wichtige Briefausgabe: *Moses Heß*, Briefwechsel, hrsg. von *Edmund Silberner* unter Mitwirkung von *Werner Blumenberg*, 's-Gravenhage 1959.

[160] *Heß*, Zwei Reden über Kommunismus, in: *ders.*, Schriften, 348-359, 349.

[161] Vgl. *ders.*, Die Folgen einer Revolution des Proletariats, in: *ders.*, Schriften, 427-444, 443f. Zu der Nähe der ökonomischen Auffassungen von *Heß* und *Marx* vgl. *Heß*, Ökonomische Schriften: War Moses Heß Vorläufer des Marxschen ‚Kapital'? Hrsg. und eingeleitet von *Detlef Horster*, Darmstadt 1972.

[162] *Heß*, Triarchie, 144.

[163] *Ders.*, Rom und Jerusalem, die letzte Nationalitätsfrage. Briefe und Noten, Leipzig 1862, (gekürzt) abgedruckt in: *ders.*, Ausgewählte Schriften. Ausgewählt und eingeleitet von *Horst Lademacher*, Wiesbaden 1981, 262-323, 230.

[164] Vgl. *Heß*, Rom und Jerusalem, 336, 279f.

Kapitalien, die das Projekt prosperieren lassen würden, fehle es nicht.[165] Die Arbeitsorganisation im zionistischen Palästina dachte sich *Heß* sozialistisch:

„Die Erwerbung eines gemeinschaftlichen vaterländischen Bodens, das Hinarbeiten auf gesetzliche Zustände, unter deren Schutz die Arbeit gedeihen kann, die Gründung von jüdischen Gesellschaften für Ackerbau, Industrie und Handel nach mosaischen, d. h. sozialistischen Grundsätzen, das sind die Grundlagen, auf welchen das Judentum im Orient sich wieder erheben, aus welchen das (...) ganze Judentum neu belebt werden wird."[166]

Ein einigermaßen plastisches Konzept einer künftigen „Organisation der Arbeit" fehlt.[167] In seinem Katechismus „Kommunistisches Bekenntniß in Fragen und Antworten" nannte *Heß* als allgemeines Ziel die fourieristische „Harmonie von Arbeit und Genuß" im „organisirten Leben". In ihm ersetze die „freie Thätigkeit" die „gezwungene" Arbeit.[168] Etwas konkreter sind die Angaben in der Artikelserie „Die Folgen einer Revolution für das Proletariat". Er nannte dort „erste revolutionäre Maaßregeln":

„Progressivbesteuerung der Kapitalisten, theilweise oder gänzliche Aufhebung des
   Erbrechts, Einziehung aller brach liegenden Produktionsinstrumente, aller fürstlichen, geistlichen, adeligen oder sonstigen durch die Revolution herrenlos gewordenen Güter, zu Gunsten des Volkes, d.h. 1) zur Gründung einer gemeinsamen großartigen Industrie und Agrikultur, an welcher Alle (...) sich betheiligen können, 2) zur Errichtung nationaler Erziehungsinstitute, in welchen die gesammte Jugend auf Staatskosten erzogen, unterrichtet und in praktischer Hinsicht ausgebildet wird, 3) zur Unterstützung aller Kranken und Arbeitsunfähigen."[169]

Diese Maßnahmen seien „transitorisch" und leiteten zu „ganz anderen Lebens- und Produktionsverhältnissen" über. *Heß* äußerte den interessanten Gedanken, daß eine progressive Besteuerung des Privateigentums allein zu dem Zweck erfolgen dürfe, die „Privatindustrie" aufzuheben. Als Instrument zur Finanzierung von Sozialreformen sei die Progressivsteuer untauglich, denn die Privatindustrie müsse florieren. Soll heißen: Wenn sie dahinsiecht, so nützt sie niemandem. *Heß* wiederholte diese Einsicht in seiner späteren Schrift „Rechte der Arbeit" (1863):

„Ohne Änderung der Produktionsweise (...) würde eine übermäßige Besteuerung des Kapitals nur die Industrie lähmen, die Kapitalien vom inländischen Markte vertreiben, den Zinsfuß

---

[165] Vgl. ebenda, 288. *Na'aman* relativiert *Heß*' zionistische Euphorie. *Heß*, der sich in der Tat Frankreich als Vormacht des neuen jüdischen Palästina gedacht hat, habe Ausschau nach einer französischen Finanzgesellschaft zur Finanzierung dieses Projektes unter Protektion der französischen (bonapartistischen!) Regierung gehalten, weshalb sich *Heß*' Zionismus als ein „halbphilanthropisches paternalistisches Kolonisationsunternehmen" entpuppe. Vgl. *Heß*, Rom und Jerusalem, 287, sowie *Na'aman*, Emanzipation, 330f.
[166] *Heß*, Rom und Jerusalem, 289. Dazu *Silberner*, Heß, 417ff.
[167] „Es gibt nur Ein Mittel, um unser Vermögen, das im Zusammenwirken der Menschen besteht, wirklich anzueignen, und dieses Eine Mittel, diese natürlicher Zauberformel heißt: Organisazion der Arbeit." *Heß*, Forschung und Entwicklung, Neue Anekdota, 1855, in: *Heß*, Schriften, 279-284, 284.
[168] *Ders.*, Kommunistisches Bekenntniß in Fragen und Antworten, Rheinische Jahrbücher zur gesellschaftlichen Reform, Bd. 2 (1846), in: *ders.*, Schriften, 359-368, 360.
[169] *Ders.*, Die Folgen einer Revolution des Proletariats, Deutsche Brüsseler Zeitung 1847, in: *ders.*, Schriften, 425-444, 436.

erhöhen, die Arbeit und den Arbeitslohn vermindern, und uns, statt vorwärtszubringen, zurückwerfen, bis endlich die Not den Staat zwingen würde, sich den Kapitalisten wieder auf Gnade und Ungnade zu ergeben."[170]

Heß bestritt die These, daß die „Staatsindustrie" der „Privatindustrie" prinzipiell unterlegen sei. Im übrigen ging er in der Artikelserie „Folgen einer Revolution" von einer zentral verwalteten Wirtschaft aus. Wie andere sozialistische Autoren, z.B. *Rodbertus*, meinte er, angesichts des Überflusses an Produktionsinstrumenten sei „nichts leichter", als mit Hilfe wissenschaftlicher Planung „die Mittel zur Befriedigung der Bedürfnisse aller, welche arbeiten wollen, zu schaffen"[171]. Auch der „Rothe Kathechismus für das deutsche Volk" (1849/50) spricht von einer „Centralbehörde der arbeitenden Klasse".[172]

Die Broschüre „Rechte der Arbeit" zeigt deutlich *Heß'* bereits erwähnte Affinität zum Staatssozialismus. Er hatte sich nach *Lassalles* Gründung des Allgemeinen Deutschen Arbeiter-Vereins (ADAV) diesem angeschlossen und agitierte für ihn im Rheinland. „Rechte der Arbeit" ist aus einer Rede vor ADAV-Mitgliedern hervorgegangen und argumentiert lassalleanisch.[173] Es ging *Heß* um den Gedanken, daß die Arbeiterbewegung von ihrer klassischen Forderung des „Rechts auf Arbeit" zum Kampf um das „Recht der Arbeit" fortschreiten müsse. Die traditionelle Parole habe die Forderung an den Staat gerichtet, Arbeitsmöglichkeiten zu schaffen. Es komme nunmehr darauf an, die Arbeiterschaft in den Stand zu setzen, eigene „Rechte der Arbeit" zu erwerben. Dies werde durch die Einrichtung großer Produktionsassoziationen durch den Staat erreicht:

„Wenn die besitzlosen Arbeiter, die heute noch keine Vertretung im Staate haben, durch die Anerkennung des Rechtes der Arbeit und das auf dieses Recht gestützte allgemeine und direkte Wahlrecht ein Wort im Staate mitzusprechen haben werden, dann wird die Gesetzgebung auch dahin wirken, daß sie nicht mehr von allem Kredit ausgeschlossen bleiben, daß die Staatsbanken nicht mehr für die große Bourgeoisie allein da sind, dann wird (...) auch das Recht der Arbeit anerkannt werden. Wenn das Recht der Arbeit einmal vom Staate anerkannt ist, dann hat er auch die Pflicht, dafür zu sorgen, daß es keinem Arbeiter an produktiver Arbeit fehle, daß die Produktion nicht mehr ausschließlich von solchen beherrscht werde, welche zufällig im Besitz großer Kapitalien sind oder sich Kapitalien durch verdienten und unverdienten Kredit zu beschaffen, wohl auch zu erschwindeln verstehen. Dann hat der Staat (...) auch die Pflicht, den Arbeitern, welche sich zu großen produktiven Unternehmungen assoziieren wollen, unter die Arme zu greifen, sie mit Rat und Tat zu unterstützen, ihnen Kredit zu bewilligen und dafür zu sorgen, daß ihre Geschäfte von fähigen Direktoren geleitet werden, welche zwar von den Arbeitern frei gewählt, aber vom Staat bestätigt und kontrol-

---

[170] *Heß*, Rechte der Arbeit, Frankfurt a.M. 1863, abgedruckt in: *ders.*, Ausgewählte Schriften, 324-365, 352.

[171] *Ders.*, Die Folgen einer Revolution, in: *ders.*, Schriften, 437, 439

[172] *Ders.*, Rother Kathechismus für das deutsche Volk, 1848/49, in: ebenda, 445-457. Was die dort erhobenen konkreten wirtschaftspolitischen Forderungen betrifft, so entsprechen sie denen der „Forderungen der kommunistischen Partei in Deutschland" vom März 1848 (siehe unten Sozialismus I, 3. Kap., IV).

[173] *Georg Adler*, einer der ersten Historiographen der deutschen Arbeiterbewegung, bezeichnete „Rechte der Arbeit" als „eine der ersten Parteibroschüren der Sozialdemokratie"; vgl. *ders.*, Die Geschichte der ersten Sozialpolitischen Arbeiterbewegung in Deutschland mit besonderer Berücksichtigung der auf sie einwirkenden Theorien, Breslau 1885, 301.

liert werden müssen, da er nur solchen Geschäften Kredit geben kann, welche sich rentieren."[174]

Die Bourgeoisie, so *Heß*, argumentiere widersprüchlich, wenn sie sich gegen die staatliche Förderung der Arbeiterassoziationen wende. Denn sie selbst nehme ja gerne Staatshilfe an, wenn es um große Projekte wie den Eisenbahnbau gehe. Sie verlange vom Staat je nach Interessenlage Zinsgarantien und Schutzzölle. Und schließlich sei es der Staat gewesen, der das moderne Bank- und Assekuranzwesen geschaffen habe. *Heß* kam zu dem auch heute noch aktuellen Ergebnis: „Sooft es im Interesse der Bourgeoisie ist, nimmt sie Staatshilfe in Anspruch; sie verdammt sie nur dann als national-ökonomische Ketzerei, wenn sie nicht mehr in ihrem ausschließlichen Interesse, sondern im Interesse aller Klassen ist."[175]

Von hohem dogmengeschichtlichen Interesse ist, daß *Heß* in „Rechte der Arbeit" ein gemischtwirtschaftliches Konzept andeutete, das für die wirtschaftspolitische Programmatik der Sozialdemokratie des 20. Jhs. typisch geworden ist. Staatsintervention könne nur da verlangt werden, wo sie

„(...) allen produktiven Klassen von unzweifelhaftem Nutzen ist. – Alle diejenigen Geschäfte, welche durch den Einzelbetrieb besser rentieren als durch Gesellschaften mit Staatshilfe und unter Staatskontrolle, alle Arbeiter namentlich, die noch nicht zur grossen Industrie gehören, werden nach Anerkennung des Rechtes auf Arbeit dem Einzelbetrieb gewiß nicht gewaltsam entzogen werden dürfen. Es ist im Gegenteil die erste, die wichtigste Aufgabe des aus dem allgemeinen Stimmzettel hervorgegangenen Volksstaates, die produktivsten, die gewinnreichsten Geschäfte, überhaupt nur alles dasjenige zu fördern, was die Produktion und Konsumtion im ganzen heben kann."[176]

Heß vertrat diese reformistische Position noch einmal in einer Artikelserie, die unter dem Titel „Die soziale Revolution" 1870 in dem von *Wilhelm Liebknecht* redigierten „Volksstaat" erschienen war. Geschrieben fünf Jahre vor seinem Tod, kann sie als eine Art von politischem Testament betrachtet werden.

„Zeigen wir also, daß durch die richtige praktische und radikale Ausführung des gemeinsamen Arbeiterprogramms keine wirkliche Privatindustrie gestört, keine individuelle Freiheit beschränkt, kein durch Arbeit erworbenes Eigenthum verletzt, überhaupt gar kein Privateigenthum direkt angegriffen wird; daß nur dem unrechtmäßigen Erwerb (...), der tyrannischen Ausbeutung aller Mitglieder der Gesellschaft (...) die Lebensmittel abgeschnitten werden in dem Maße, wie die Reformen, welche den Inhalt des allgemeinen Arbeiterprogramms bilden, zur Ausführung kommen."[177]

Heß war kein systematisch denkender Gesellschaftstheoretiker. Seine Bedeutung liegt in dem leidenschaftlichen und unbeirrten Wirken für Menschen, die wegen ihrer sozialen Lage oder ihres Glaubens erniedrigt und verachtet wurden. Dies kommt in den beiden Epitaphen zum Ausdruck, die an *Heß* erinnern. Der eine liegt auf dem jüdischen Friedhof zu Köln-Deutz und enthält die Inschrift „Vater

---

[174] *Heß*, Rechte der Arbeit, in: *ders.*, Ausgewählte Schriften, 354.
[175] Ebenda, 356.
[176] Ebenda, 357f.
[177] *Moritz* [sic!] *Heß*, Die soziale Revolution, in: Der Hochverrats-Prozeß wider Liebknecht, Bebel, Hepner vor dem Schwurgericht zu Leipzig vom 11. bis 26. März 1872. Mit einer Einleitung von *W. Liebknecht* und einem Anhang, Berlin 1911, 742-819, 757.

der deutschen Sozialdemokratie". Der zweite ist nach Überführung der Gebeine *Heß*' nach Israel am Ufer des Sees Kinnereth (Genezareth) errichtet worden. Auf ihm steht zu lesen: „Moses Heß, der Verfasser von ‚Rom und Jerusalem'. Einer der Väter des Weltzionismus, Verkünder des Staates Israel."

3. Kapitel: Grundriß einer epocheprägenden Theorie: Das Denken von *Karl Marx* und *Friedrich Engels*

I. Hinweise zur Biographie, zur intellektuellen Entwicklung und zur ideengeschichtlichen und politischen Bedeutung

Karl Marx (1818-1883) und *Friedrich Engels* (1820-1895) stammten aus dem wohlhabenden Bürgertum. *Marx'* Vater war ein angesehener Rechtsanwalt am Trierer Appellationsgerichtshof, *Engels*, in Barmen geboren, Sproß einer alteingesessenen Industriellenfamilie. *Marx* und *Engels* gerieten in Berlin in den Kreis der Junghegelianer, *Marx* als Jurastudent, *Engels* als auf philosophische Abwege geratener Kaufmannslehrling. Während *Marx*, inzwischen promoviert, sich in Bonn um eine wissenschaftliche und publizistische Karriere bemühte – letzteres mit spektakulärem Anfangserfolg, denn er wurde 1842, vierundzwanzigjährig, Chefredakteur der „Rheinischen Zeitung" -, lernte *Engels* von 1842 bis 1844 in England bei „Ermen & Engels" die praktische Seite des Kapitalismus kennen.[1]

Marx' journalistische Anfänge verraten den Geist junghegelianischer Opposition gegen den preußischen Ständestaat, aber noch keine sozialistischen oder kommunistischen Auffassungen. Diese wurden von ihm erst in einer Kontroverse mit der „Augsburger Allgemeinen Zeitung" aufgegriffen. Die „Rheinische", so *Marx*, gestehe „communistischen Ideen in ihrer jetzigen Gestalt" in Deutschland weder theoretische Wirklichkeit noch praktische Wünschbarkeit zu – doch in Frankreich und England seien sie eine „Zeitfrage von höchstem Ernst", weshalb man sie gründlich untersuchen müsse.[2]

Marx, im Kleinkrieg gegen die Zensur zermürbt, gab im März 1843 seinen Chefredakteursposten auf. Er vertiefte seine historischen und philosophischen Studien, vor allem die der ihm vorbildlich erscheinenden Hegelschen Dialektik. Deren Stärke sei, daß sie von den Gegensätzen der bürgerlichen Gesellschaft ausgehe, ihr Mangel jedoch, daß sie diese nicht als materielle Interessenkonflikte, sondern spiritualistisch als Momente der Entfaltung des Geistes darstelle.[3]

Marx' Essays in den „Deutsch-französischen Jahrbüchern" (1844), die er mit dem junghegelianischen Publizisten *Arnold Ruge* herausgegeben hatte, doku-

---

[1] Für eine kurzgefaßte Biographie und Darstellung der Lehren von *Marx* und *Engels* mit Hinweisen auf weiterführende Literatur vgl. *Walter Euchner*, Karl Marx, München 1983, sowie *ders.*, Friedrich Engels, in: *ders.* (Hrsg.), Klassiker des Sozialismus. Von Gracchus Babeuf bis Georgi Walentinowitsch Plechanow, München 1991, 157-170.

[2] Vgl. *Karl Marx*, Der Kommunismus und die Augsburger „Allgemeine Zeitung", in: MEGA I 1, 237-240; MEW 1, 105-108; *ders.*, Zur Polemik über den Communismus. Bemerkung der Redaktion der „Rheinischen Zeitung", in: MEGA I 1, 241f.

[3] Vgl. *Marx*, Kritik der Hegelschen Rechtsphilosophie (bzw. Staatsrechts), in: MEGA I 2, 3-138, 8ff., 78ff.; MEW, 1, 203-333, 206ff., 276ff. – *Marx'* Hegelkommentar ist zu seinen Lebzeiten nicht veröffentlicht worden. Er ist das erste Dokument seines „materialistischen" Verfahrens, *Hegel* „vom Kopf auf die Füße zu stellen".

mentieren seine vorsichtige Annäherung an den revolutionären Kommunismus.[4] Da er in Deutschland keine Berufsaussichten hatte, ging er Ende 1843 nach Paris. Er teilte die Überzeugung der „Wahren Sozialisten", daß der französische Kommunismus zwar einen klaren Willen zur Revolution besitze, aber in theoretischer Hinsicht Mängel aufweise. Sein Umgang mit *Proudhon*, dem philosophisch und ökonomisch Gebildetsten unter den französischen Frühsozialisten, mochte ihn in der Auffassung bestärkt haben, daß weder der französische noch der deutsche Kommunismus eine Gesellschafts- und Wirtschaftstheorie vom Range der englischen politischen Ökonomie und der sozialphilosophischen Aspekte des Hegelschen Systems besaß – Defizite, die es seiner Ansicht nach zu beseitigen galt.

Was die ökonomische Seite betraf, so hatte *Engels*, inzwischen mit Theorie und Praxis der englischen Ökonomie vertraut, in den „Deutsch-französischen Jahrbüchern" den Beitrag „Umrisse zu einer Kritik der Nationalökonomie" veröffentlicht und damit einen ersten Schritt in diese Richtung getan. *Engels* zeigte sich darin als Kenner der Auffassungen *Adam Smiths, David Ricardos, James Mills* und *Jean-Baptiste Says*. Seine Kritik ihrer „Bereicherungswissenschaft"[5] orientierte sich am „Wahren Sozialismus": Das ökonomische System werde von „Selbstsucht" angetrieben und sei folglich unsittlich; wer in ihm Geschäfte betreibe, müsse „Spekulant werden, d.h. (...) durch den Verlust Anderer sich bereichern" wollen.[6] *Engels* versuchte, immanente Widersprüche der politischen Ökonomie herauszufinden und ging insofern über den moralisierenden Argumentationsstil dieser Richtung hinaus.

Engels sah in dem „Gesetz der Konkurrenz" die Ursache sozialer und politischer Fehlentwicklungen wie Auflösung der Familien, Kinderarbeit und – im Zuge der weltweiten Ausbreitung des freien Handels – Ausbeutung entfernter Weltteile.[7] Die Alternative lag für ihn in der Beseitigung des Privateigentums sowie der Ersetzung des Lohnsystems durch „freie menschliche Tätigkeit" in einem System der organisierten Produktion, das einen „auf sittlicher Grundlage beruhenden Austausch" ermöglicht. Ihm liegen Berechnungen des Bedarfs der „Gemeinde" und normative Überlegungen zugrunde, ob die Produktion, auch von Luxusgütern, gesteigert oder vermindert werden solle.[8] *Engels* bewegte sich damit im Rahmen frühsozialistischer Vorstellungen.

---

[4] Der „Kommunistenrabbi" *Heß* rühmte sich, *Marx* und *Engels* zum Kommunismus bekehrt zu haben. Vgl. hierzu *Silberner*, Hess, 121f. *Arnold Ruge* (1802-1880) war der bedeutendste Organisator der junghegelianischen Publizistik. Vgl. *Stephan Walter*, Demokratisches Denken zwischen Hegel und Marx. Die politische Philosophie Arnold Ruges, Düsseldorf 1995. Die erwähnten Artikel in den „Deutsch-französischen Jahrbüchern" sind „Zur Judenfrage", wo die These verfochten wird, die Emanzipation der Juden habe eine allgemeine Aufhebung der Entfremdung zur Voraussetzung, und „Zur Kritik der Hegel'schen Rechtsphilosophie. Einleitung"; vgl. MEGA I 2, 141-169, 162f., 169; ebenda 170-183, 181f.; MEW 1, 347-377, 377; ebenda 378-391, 390f.

[5] Der Begriff stammt von *Smith* selbst. In seinem Hauptwerk „The Wealth of Nations" (1776) bezeichnet er als Zweck der „political economy (...) to enrich both the people and the sovereign". *Adam Smith*, The Wealth of Nations. In Two Volumes: Volume one. Introduction by Professor *Edwin R. A. Seligman*, London 1964, 375.

[6] Vgl. *Friedrich Engels*, Umrisse zu einer Kritik der Nationalökonomie, in: MEGA I 3, 467-494, 467, 471f., 485; MEW 1, 499-524, 499, 501f., 515. *Marx* und *Engels* bevorzugten später den in der englischen und französischen Literatur gebräuchlichen Begriff „politische Ökonomie".

[7] Vgl. ebenda, in: MEGA, 484, 474f.; MEW, 514, 504f. Der Begriff „Ausbeutung" fällt noch nicht.

[8] Vgl. *Engels*, Umrisse, in: MEGA I 3, 484f.; MEW, 515f.

Marx' Bemühen um wissenschaftliche Selbstverständigung schlug sich in einem längeren, unabgeschlossenen Manuskript nieder, das unter dem Namen „Ökonomisch-philosophische Manuskripte" bekannt geworden ist.[9] Präziser gesagt, verfolgte er drei Ziele: *Erstens* ein genaues Studium grundlegender Kategorien der politischen Ökonomie wie Kapital, Arbeitslohn, Grundrente, Profit, Zins, und zwar in der Absicht, immanente Kritik durch Aufdeckung von Widersprüchen zu üben. Zu diesem Zwecke las und exzerpierte er die Hauptwerke von *Adam Smith*, *David Ricardo*, *J.-B. Say* und anderer heute weniger bekannter Autoren.[10]

Zweitens ging es *Marx* um eine Klärung seiner Denkmethode. Seine normativen Voraussetzungen sind aus der Anthropologie *Feuerbachs* abgeleitet: Der Mensch ist Gattungswesen, geprägt nicht nur durch Verstandeskräfte, sondern auch durch Sinnlichkeit; dies macht ihn „reich", schöpferisch und fähig, Schönheit zu empfinden. Hinzu kommt das *Hegelsche* Motiv, daß Lebenstätigkeit „Vergegenständlichung" des eigenen Wesens bedeute, und zwar durch Arbeit:

„Das praktische Erzeugen einer *gegenständlichen Welt*, die *Bearbeitung* der unorganischen Natur ist die Bewährung des Menschen als eines bewußten Gattungswesens (...). Eben in der Bearbeitung der gegenständlichen Welt bewährt sich daher der Mensch erst wirklich als *Gattungswesen*. Diese Production ist sein Werkthätiges Gattungsleben."[11]

Obwohl *Marx* das Menschenbild *Feuerbachs* schätzte, hielt er es für bloß anschauend, abstrakt und unhistorisch. Deshalb besaß für ihn das Hegelsche Denken gegenüber dem Feuerbachschen den Vorzug, daß sich die Entfaltung des Geistes im Medium der Arbeit und der Geschichte vollzieht. „Anthropologischer Materialismus" nach Feuerbachschem Vorbild, d.h. das Verständnis des Menschen als „naturhaftes Gattungswesen", jedoch versetzt in die bürgerliche Arbeitswelt, deshalb ökonomisch und historisch dynamisiert und dialektischen (d.h. widersprüchlichen) Strukturen ausgesetzt – so läßt sich *Marx*' präzisiertes methodologisches Selbstverständnis kennzeichnen.[12]

Drittens erprobte *Marx* seine methodologischen Vorgaben durch eine Fundamentalkritik zentraler Positionen der politischen Ökonomie. Sie erkenne deren

---

[9] *Marx* verfaßte die „Ökonomisch-philosophischen Manuskripte" im Sommer 1844 in Paris. Sie werden auch „Pariser Manuskripte" und „Nationalökonomie und Philosophie" genannt. Es handelt sich um ein wenig systematisiertes Konvolut aus mehreren Heften, das erst 1932 in der ersten Moskauer „*Marx – Engels* – Gesamtausgabe" sowie in: Karl Marx, Der Historische Materialismus. Die Frühschriften, hrsg. von *S. Landshut* und *J. P. Mayer*. Erster Band, Leipzig 1932, im Druck erschienen ist. Es liegt in zwei Versionen, einer chronologischen und einer systematisierten, vor. Vgl. dazu MEGA I 2, Apparat, 685-709.

[10] Vgl. zu den von *Marx* gelesenen Autoren den bereits zitierten Apparatband zu MEGA I 2.

[11] Für *Marx* ist das „Grosse an der Hegelschen Phänomenologie", daß sie die Selbsterzeugung des Menschen als historischen Prozeß von „Vergegenständlichung als Entgegenständlichung, als Entäusserung, und als Aufhebung dieser Entäusserung" in der Arbeit fasse, und damit den „gegenständlichen Menschen, wahren, weil wirklichen Menschen, als Resultat seiner eignen Arbeit" begreife. *Hegel* stehe auf dem „Standpunct der modernen Nationalökonomie". Vgl. ökonomisch-philosophische Manuskripte, in: MEGA I 2, 241, 292; MEW, Ergänzungsband, Erster Teil, 516, 574.

[12] Zum Begriff „anthropologischer Materialismus" vgl. *Alfred Schmidt*, Für eine neue Lektüre Feuerbachs. Einleitung zu Ludwig Feuerbach, Anthropologischer Materialismus. Ausgewählte Schriften I. Hrsg. und eingeleitet von *Alfred Schmidt*, Frankfurt, Wien 1967, S. 5ff. – Die klassische Formulierung von *Marx*' hegelianisch inspirierter Feuerbachkritik enthalten die im Frühjahr 1845 entstandenen „Thesen über Feuerbach", in: MEW 3, 5-7.

Widersprüchlichkeit nicht, und wenn ihr die Auswirkungen des Systems ins Blickfeld gerieten wie Armut und Hunger bei gleichzeitig wachsender Arbeitszeit, Entwertung der Arbeitskraft bei wachsendem Maschineneinsatz, Erhöhung der Sterblichkeit durch Fabrikarbeit, steigende Frauen- und Kinderarbeit, Überproduktion bei sinkenden Löhnen, so nehme sie das hin. Die Nationalökonomie betrachte die Arbeit eben „abstrakt" als eine „Sache" oder „Ware".[13]

Marx' eigener Versuch, das Entstehen ökonomischer Grundkategorien und Gesetzmäßigkeiten zu erklären, bedient sich der Kategorien der Hegelschen Dialektik, allerdings betrachtet durch die Brille *Feuerbachs*. Es stehe fest, so beginnt seine Überlegung, daß der Arbeiter um so ärmer werde, je mehr Reichtum er produziere. Dies widerspreche der anthropologischen Wesensbestimmung, daß der Mensch sein Gattungswesen in der Arbeit „vergegenständlicht" und auf diese Weise sich konkret aneignen könne. Im „nationalökonomischen Zustand" erscheint die „Verwirklichung der Arbeit (...) als *Entwirklichung* des Arbeiters, die Vergegenständlichung als *Verlust des Gegenstandes* und *Knechtschaft unter dem Gegenstand*, die Aneignung als *Entfremdung*, als *Entäußerung*"[14].

Im „nationalökonomischen Zustand", unter den Bedingungen der auf Privateigentum beruhenden bürgerlichen Erwerbsgesellschaft, produziert die entfremdete Arbeit *Waren*, die gehandelt, d.h. gegen *Geld* getauscht werden. Diese verkörpern Arbeit und damit die Wesenskräfte ihrer Produzenten, der Lohnarbeiter. Entfremdete Arbeit und Warentausch bilden für *Marx* ein *ökonomisches System*, das von den Produzenten selbst erzeugt wird, jedoch ihrer Kontrolle entgleitet. Es wird zur „selbständigen Macht", die dem Arbeiter „feindlich und fremd gegenübertritt". Ihr konkreter Ausdruck ist das Geld, das nach *Marx'* Vorstellung den – durch Arbeit geschaffenen – Wert der Waren repräsentiert, sowie das Kapital (das akkumulierte Geld), so daß *Marx* sagen kann, der Arbeiter „unter die Herrschaft seines Products, des Capitals, geräth". Er ist der Verlierer dieses Systemzusammenhangs: Je mehr er produziert, desto weniger hat er zu konsumieren, je mehr Werte er schafft, umso stärker ist er selbst entwertet, je geistreicher seine Produkte werden, umso geistlosere Arbeit wird ihm zugemutet, je mächtiger die von ihm erzeugte gegenständliche Welt wird, desto weniger gehört er sich selbst.[15]

Für *Marx* nimmt die *Entfremdung* vier Formen an: 1. dem Arbeiter wird sein eigenes Produkt fremd; andere eignen es sich an; 2. er entfremdet sich von seiner eigenen Tätigkeit, die ihm verhaßt wird; 3. dadurch entfremdet er sich von seinem Gattungswesen, von seiner Schöpferkraft, seinem eigenen Leib und schließlich auch von der Natur, und 4. unter den Bedingungen der entfremdeten Arbeit werden sich auch die Menschen fremd. Dies gelte auch für die „besitzende Klasse", freilich mit dem Unterschied, daß diese, anders als das Proletariat, sich in ihrer „Selbstentfremdung" wohlfühle.[16]

Wichtigstes Ziel dieses Versuchs war, den systemischen Charakter der bürgerlichen Ökonomie, den „wesentlichen Zusammenhang" zwischen Privateigentum, Trennung von Arbeit, Kapital und Grundeigentum, Tausch, Konkurrenz, Wert und Entwertung des Menschen sowie dem „*Geld*system" zu erfassen – ein Sy-

---

[13] Vgl. *Marx*, Ökonomisch-philosophische Manuskripte, in: MEGA I 2, 191, 220ff., 224; MEW, Ergänzungsband, Erster Teil, 471, 477ff., 481.
[14] Ebenda, in: MEGA, 236; MEW, 511f.
[15] Vgl. ebenda, MEGA I 2, 236f.; MEW, Ergänzungsband, Erster Teil, 512.
[16] Vgl. ebenda, in: MEGA, 236-242; MEW, 512-520; *Friedrich Engels/Karl Marx*, Die Heilige Familie oder Kritik der kritischen Kritik. Gegen Bruno Bauer und Konsorten (1845), in: MEW 2, 3-223, 37. Für die Systematik vgl. *Iring Fetscher*, Karl Marx und der Marxismus. Von der Philosophie des Proletariats zur proletarischen Weltanschauung, München 1967, 20-22.

stem, das von der entfremdeten Arbeit selbst produziert und immer wieder reproduziert wird. Es galt, alternative „nationalökonomische Categorien" zu entwikkeln, d.h., um seinen späteren Begriff zu gebrauchen, eine „Kritik der politischen Ökonomie", die in der Lage war, die gesetzmäßigen Zusammenhänge des Systems der entfremdeten Arbeit zu erklären.[17]

Die enge Zusammenarbeit von *Marx* und *Engels* datiert vom Herbst 1844 an. Sie vereinbarten, sich mit dem Junghegelianismus auseinanderzusetzen, der nach ihrer Auffassung im bloß anschauenden kritischen Idealismus verharrte und die Bedeutung von Ökonomie und kommunistischer Praxis verkannte. Das gemeinsame anti-junghegelianische Werk ist „Die heilige Familie".[18] Seine Bedeutung liegt in der Übergangsposition zwischen einem anthropologisch-humanistisch und einem konsequent materialistisch begründeten Kommunismus. Die Grundlagen dieses neuen Denkens, das später *materialistische Weltanschauung* oder *historischer Materialismus* genannt wurde, entwickelten die Freunde in dem zu ihren Lebzeiten unveröffentlicht gebliebenen Werk „Die deutsche Ideologie" aus den Jahren 1845/46.[19]

Marx und *Engels* wurden im November 1847 von dem Londoner Kongreß des „Bundes der Kommunisten" mit der Abfassung einer Programmschrift beauftragt. Diese, das „Kommunistische Manifest", erschien im Februar 1848. Retrospektiv betrachtet, wirkt es in seiner Kombination von Analyse und Prophetie nicht nur wie eine Ankündigung der revolutionären Stürme des Jahres 1848, sondern auch aller künftigen Revolutionen und Konterrevolutionen im 19. und 20. Jh. bis zum endgültigen Sieg des revolutionären Proletariats – eine weltweit von Arbeitern und Teilen der bürgerlichen Intelligenz gehegte Erwartung, die sich in der zweiten Hälfte des 20. Jhs. als Illusion herauszustellen begann.[20]

Nachdem die europäische Revolution auch die Staaten des Deutschen Bundes erreicht hatte, eilten *Marx*, *Engels* und andere Mitglieder des „Bundes der Kommunisten" an die Schauplätze der deutschen Revolution – *Marx* und *Engels* nach Köln, um dort die „Neue Rheinische Zeitung" zu gründen. Ihr Untertitel hieß „Organ der Demokratie". Dies war programmatisch gemeint, denn *Marx* versuchte, die radikale Linke davon zu überzeugen, daß es in Deutschland darauf ankomme, eine bürgerliche Demokratie zu erkämpfen, bevor weitergehende revolutionäre Ziele verfolgt werden könnten. Nach dem Zusammenbruch der Revolution landeten *Marx* und *Engels* in England: *Marx* als mittelloser Journalist, Publizist und Privatgelehrter, *Engels* als gut verdienender Unternehmer in Manchester, der noch genügend Zeit für bedeutende publizistische und wissenschaftliche Arbeiten fand.

---

[17] Vgl. *Marx*, Ökonomisch-philosophische Manuskripte, in: MEGA I, 2, 235, 245; MEW, Ergänzungsband, Erster Teil, 511, 521.
[18] *Friedrich Engels/Karl Marx*, Die heilige Familie oder Kritik der kritischen Kritik. Gegen Bruno Bauer und Konsorten, in: MEW 2, 3-223.
[19] Vgl. *Karl Marx/Friedrich Engels*, Die deutsche Ideologie. Kritik der neuesten deutschen Philosophie in ihren Repräsentanten Feuerbach, B. Bauer und Stirner, und des deutschen Sozialismus in seinen verschiedenen Propheten. in: MEW 3, 9-530.
[20] Vgl. dazu *François Furet*, Le passé d'une illusion. Essai sur l'idée communiste au XXe siècle, Paris 1995, deutsch: Das Ende der Illusion. Der Kommunismus im 20. Jahrhundert, München 1996.

In England ging es *Marx* und *Engels* zunächst um eine Analyse der revolutionären und nachrevolutionären Ereignisse. Wichtig geworden sind besonders *Marx'* Untersuchungen der Klassenkräfte in Frankreich, in denen er die Gründe herausarbeitete, weshalb der Neffe des großen Napoleon, nämlich *Louis Bonaparte*, an die Macht gelangen konnte.[21]

Für die deutsche Sozialdemokratie, die sich in den sechziger und siebziger Jahren formierte, waren *Marx* und *Engels* wissenschaftliche, doch keine politischen Autoritäten. *Engels'* Auseinandersetzung mit dem Sozialismus des Berliner Privatgelehrten *Eugen Dühring* (1833-1921), der sogenannte „Anti-Dühring" (1878), wurde zum marxistischen Lehrbuch der Sozialdemokraten und Kommunisten bis ins 20. Jh.[22] Der alte *Engels* akzeptierte den parlamentarischen Kampf der deutschen Sozialdemokratie und pries das früher diskreditierte allgemeine Wahlrecht als „neue Kampfweise des Proletariats" und „Werkzeug der Befreiung".[23]

Marx konnte sein Lebenswerk, die Entwicklung einer umfassenden „Kritik der politischen Ökonomie", nur fragmentarisch realisieren. Seine Vorarbeiten wurden z.T. stark beachtet, wie z.B. die in mehreren Sprachen und Auflagen erschienene Broschüre „Lohnarbeit und Kapital" (1849), z.T. waren sie aber kaum zugänglich, wie die in französischer Sprache erschienene Auseinandersetzung mit *Proudhon* „Misère de la philosophie" (1847), oder schwer verständlich, wie die wert- und geldtheoretische Schrift „Zur Kritik der politischen Ökonomie" (1859).[24] Nach dem Erscheinen des ersten Bandes des „Kapital" (1867) war jedoch *Marx'* Ruhm als bedeutendster Gelehrter der Arbeiterbewegung in Deutschland und Europa (mit Abstrichen in England) etabliert. Der „Anti-Dühring" und andere lehrbuchartige Schriften verschafften auch *Engels* eine überragende Autorität.

Marx' Wirtschaftstheorie wurde allmählich auch innerhalb der akademischen Nationalökonomie ernst genommen. Dies gilt insbesondere für Autoren, die den „Kathedersozialisten" zugerechnet werden, wie *Albert Schäffle*, *Heinrich Herkner* und *Werner Sombart*, die die „Soziale Frage" oder „Arbeiterfrage" für ein vordringlich zu lösendes sozialpolitisches Problem hielten. Selbst *Eugen von Böhm-Bawerk*, der der „objektiven Werttheorie" (zu deren wichtigsten Vertretern *Marx* gehörte) eine „subjektive Werttheorie", die den Wert eines Gutes nach der Einschätzung seiner Nützlichkeit bestimmt, entgegensetzte und damit zu einem einschneidenden wirtschaftswissenschaftlichen Paradigmenwechsel zur „Grenznutzentheorie" beitrug, bezeichnete *Marx* als „eine Denkkraft allerersten Ranges"[25].

---

[21] Diese die marxistische Klassen- und Staatsanalyse inspirierenden Arbeiten sind „Die Klassenkämpfe in Frankreich. 1848-1850" (1850), in: MEGA I 10, 119-196; MEW 7, 9-107; sowie „Der achtzehnte Brumaire des Louis Bonaparte" (1852), in: MEGA I 11, 96-189; MEW 8, 11-207.

[22] Vgl. *Friedrich Engels*, Herrn Eugen Dührings Umwälzung der Wissenschaft (1878), in: MEGA I 27, 217-538; MEW 20, 1-303.

[23] In seinem Vorwort zu *Marx'* „Klassenkämpfe in Frankreich" (1895), in: MEW 22, 509-527, 518f.

[24] Der zweite und dritte Teil des „Kapital" sind nach *Marx'* Tod von *Engels* herausgegeben worden. Über die ökonomische Theorieentwicklung bei *Marx* vgl. *Walter Tuchscheerer*, Bevor ‚Das Kapital' entstand. Die Herausbildung und Entwicklung der ökonomischen Theorie von Karl Marx in der Zeit von 1843 bis 1858, Berlin 1968, sowie *Roman Rosdolsky*, Zur Entstehungsgeschichte des Marxschen ‚Kapital'. Der Rohentwurf des ‚Kapital' 1857-58, 2 Bde., Frankfurt a.M., 1968.

[25] *Eugen von Böhm-Bawerk*, Kapital und Kapitalzins. Erste Abteilung. Geschichte und Kritik der

Joseph A. Schumpeter, einer der bedeutendsten Nationalökonomen des 20. Jhs. und in methodologischer Hinsicht Marx-Gegner, sprach von *Marx'* „unschätzbaren Arbeitshypothesen"[26]. Dieses Urteil hielt sich trotz des Generalangriffs grenznutzentheoretisch argumentierender Autoren, mit *Ludwig von Mises* an der Spitze, auch nach dem Zweiten Weltkrieg.[27] *Marx'* Wert- und Geldtheorie wurde zwar abgelehnt, doch viele nichtmarxistische Ökonomen hielten die Erklärungskraft der marxistischen Krisenanalyse für größer als die Überzeugung der grenznutzentheoretischen „Neoklassik" vom prinzipiellen „Gleichgewicht" der ökonomischen Faktoren.[28]

Noch vor dem Ersten Weltkrieg entstand eine Diskussion um den philosophischen Gehalt des Marxschen Denkens, an dem sich auch nichtmarxistische Autoren beteiligten.[29] Der Austromarxist *Max Adler* strebte eine Neufundierung des Marxismus durch neokantianische Vorstellungen an, während *Georg Lukács* und die „Kritische Theorie" der Frankfurter Schule um *Max Horkheimer* und *Theodor W. Adorno* die Bedeutung Hegelscher Denkfiguren für *Marx* betonten.[30]

Nach dem Zweiten Weltkrieg entdeckte die akademische *Marx*-Forschung die „Ökonomisch-philosophischen Manuskripte" und mit ihnen den „humanistischen" *Marx*, den sie dem totalitären Sowjetmarxismus entgegenhielt.[31] Im Gefolge dieser Diskussion entstand ein Dialog zwischen evangelischen und katholischen Christen und Marxisten um ihre gemeinsame Verantwortung in einer Welt voll sozialer Spannungen und Gefahren für den Weltfrieden.[32] Die Studentenbewegung der späten sechziger Jahre initiierte, ausgehend von der Diskussion um den „humanistischen" *Marx* und der Frankfurter „Kritischen Theorie", eine neue Marx-Lektüre und Marx-Philologie; gleichzeitig wurde die marxistische Imperialismustheorie wiederbelebt.[33] Im Gegensatz dazu lehnten nach dem Zweiten

---

Kapitalzins-Theorien (1884), Jena ⁴1921, 386. Eine ähnliche Einschätzung findet sich bei *Heinrich Herkner*, Die Arbeiterfrage. Eine Einführung. 7., erweiterte und umgearbeitete Auflage. Zweiter Band: Soziale Theorien und Parteien, Berlin und Leipzig 1921, 301 (1. Aufl. 1894). *Sombart* wies *Marx* „den ersten Rang unter den Sozialphilosophen des 19. Jahrhunderts" zu. Vgl. *Werner Sombart*, Sozialismus und soziale Bewegung im 19. Jahrhundert. Wien 1966, 66 (1. Aufl. 1896). Der ältere *Sombart* äußerte sich allerdings ausgesprochen marxkritisch.

[26] *Joseph A. Schumpeter*, Kapitalismus, Sozialismus und Demokratie. Einleitung von *Edgar Salin*. Zweite, erweiterte Auflage, Bern 1950, 29. (Originalausgabe englisch, New York 1942).

[27] Vgl. *Ludwig von Mises*, Gemeinwirtschaft. Untersuchungen über den Sozialismus, Jena 1922.

[28] Vgl. dazu das große Werk von *Karl Kühne*, Ökonomie und Marxismus, I: Zur Renaissance des Marxschen Systems; II: Zur Dynamik des Marxschen Systems. Registerband. Neuwied 1972 und 1974; *Michael Heinrich*, Die Wissenschaft vom Wert. Die Marxsche Kritik der politischen Ökonomie zwischen wissenschaftlicher Revolution und klassischer Tradition, Hamburg 1991, 9f.; sowie *Karl Georg Zinn*, Das Kapital und die politische Ökonomie des 20. Jahrhunderts, in: Dialektik. Enzyklopädische Zeitschrift für Philosophie und Wissenschaft, 1992, H. 2, 21-34.

[29] Vgl. z.B. *Rudolf Stammler*, Wirtschaft und Recht nach der materialistischen Geschichtsauffassung. Eine sozialphilosophische Untersuchung, Leipzig 1906.

[30] Vgl. hierzu *Tibor Hanak*, Die Entwicklung der marxistischen Philosophie, Basel 1976, sowie *Euchner*, Marx, 145ff.

[31] Beispielhaft für diese Forschungsrichtung ist *Erich Thier*, Das Menschenbild des jungen Marx, Göttingen 1957. Vgl. dazu *Iring Fetscher*, Die Marxismusdiskussion in der Bundesrepublik, in: *ders.*, Karl Marx, 238-249.

[32] Vgl. dazu: Gespräche der Paulus-Gesellschaft. Christentum und Marxismus – heute. Hrsg. von *Erich Kellner*, Wien 1966.

[33] Die marxistische Imperialismustheorie wird unten Sozialismus I, 7. Kap., I, dargestellt. Prominente Beispiele für die neuentstandene Marx-Philologie sind *Hans-Georg Backhaus*, Dialektik der

Weltkrieg viele Autoren die ökonomischen und politischen Vorstellungen von *Marx* und *Engels* strikt ab, weil sie sie für die katastrophischen Entwicklungen im Bereich des Sowjetsystems mitverantwortlich machten.[34]

II. Materialistische Geschichtsauffassung

Marx und *Engels* entwickelten ihr „materialistisches" Gegenprogramm zum Junghegelianismus in dem umfangreichen Werk „Die deutsche Ideologie".[35] Sie warfen ihm vor, statt vom „wirklichen Lebensprozeß" der Menschen von dessen „ideologischen Reflexen" auszugehen.[36]

Eine Interpretation der Menschheitsgeschichte müsse vielmehr bei den „ersten Voraussetzungen aller menschlichen Existenz" beginnen. *Erstens* müßten die Mittel zur Befriedigung der elementaren Bedürfnisse, „Essen, Trinken, Wohnung" usw. produziert werden. *Zweitens* werden durch „das befriedigte erste Bedürfnis selbst (...) und das schon erworbene Instrument der Befriedigung" neue Bedürfnisse erzeugt. Diese Bedürfniserweiterung sei „die erste historische Tat". *Drittens* muß sich die Menschheit im Geschlechterverhältnis reproduzieren.[37] Diese elementaren Grundvoraussetzungen der menschlichen Existenz sind nicht als Ontologie gemeint. Es handelt sich um abstrakte Bestimmungen, die ihre Konkretion allein in historischen Zusammenhängen erfahren.[38] Dies wird *viertens* bei der Arbeitsteilung deutlich, die für Produktion und Reproduktion des menschlichen Lebens unverzichtbar ist. *Marx* und *Engels* setzten sie mit der Entstehung des *Privateigentums* sowie der verschiedenen Tätigkeitsbereiche, die sich später zu Gewerben verfestigt haben, gleich. Besonders folgenreich war für sie die Trennung von „geistiger und materieller Arbeit" – eine Aufsplitterung, die unterschiedliche Produzenten- bzw. Tätigkeitsgruppen und schließlich *Klasseninteressen* hervorrufe.[39]

Wertform. Untersuchungen zur Marxschen Ökonomiekritik, Freiburg 1997, sowie *Helmut Reichelt*, Zur logischen Struktur des Kapitalbegriffs bei Karl Marx, Frankfurt 1970.

[34] Als Beispiel hierfür können die Arbeiten von *Konrad Löw* genannt werden. Vgl. ders., Die Lehre des Karl Marx. Dokumentation – Kritik, Köln 1982.

[35] Mit der „Deutschen Ideologie" sind Junghegelianismus und „Wahrer Sozialismus" gemeint. *Marx* und *Engels* verhehlen nicht, daß sie deren Auffassungen selbst vertreten hatten. Vgl. *dies.*, Deutsche Ideologie, in: MEW 3, 217f. Ihr „materialistisches" Gegenprogramm knüpft an Feuerbachs „anthropolischen Materialismus" an (vgl. dazu Sozialismus I, 2. Kap., III, und 3. Kap. Anm. 12), radikalisiert diesen jedoch durch Verzicht auf Wesensbestimmungen wie den Begriff „Gattungswesen". „Materialistisch" soll heißen, daß das Leben der Menschen durch die „Produktionsverhältnisse", d.h. die historisch bedingte Struktur der Produktion, geprägt wird, nicht durch „reine" Ideen. Vgl. dazu *Max Adler*, Lehrbuch der materialistischen Geschichtsauffassung. Soziologie des Marxismus, Bd. 1: Allgemeine Grundlegung, Berlin 1930, 89-108. Was den von *Engels* begründeten, naturwissenschaftlich orientierten „Dialektischen Materialismus" betrifft, so bleibt er hier außer Betracht, da es sich um keine „soziale Idee" handelt.

[36] Vgl. *Marx/Engels*, Deutsche Ideologie, in: MEW 3, 26.

[37] Vgl. ebenda, 28f.

[38] Vgl. ebenda, 44. Vgl. hierzu ferner die wichtige Einleitung zu den (erst 1939/41 erstmals veröffentlichten) „Grundrissen". Selbst das elementare Hungergefühl ist historisch überformt: „Hunger ist Hunger, aber Hunger, der sich durch gekochtes, mit Gabeln und Messer gegeßnes Fleisch befriedigt, ist ein anderer Hunger als der rohes Fleisch mit Hilfe von Hand, Nagel und Zahn verschlingt." *Karl Marx*, Grundrisse der Kritik der politischen Ökonomie (Rohentwurf) 1857-1858. Anhang 1850-1859, Berlin 1953, 3-31 (7, 13, 25); MEGA II 1.1, 23f., 29, 39f.

[39] Vgl. *Marx/Engels*, Deutsche Ideologie, in: MEW 3, 32f., 46. *Marx* und *Engels* begreifen die Trennung von Stadt und Land als wichtigsten Ausdruck der Teilung von materieller und geistiger Arbeit. Ein erheblicher Teil des Textes ist der Schilderung der verschiedenen Formen der Ar-

Diese Analyse griff das hegelianische Denkmotiv aus den „Ökonomisch-philosophischen Manuskripten" auf: Die zergliederte Produktionsweise, charakterisiert durch Eigentumslosigkeit, Klassenspaltung und Auseinanderfallen des „besondern und gemeinschaftlichen Interesses", erzeugt eine Superstruktur, die zwar „als eigne Tat des Menschen" entschlüsselt werden kann, jedoch „zu einer fremden, gegenüberstehenden Macht wird, die ihn unterjocht, statt er sie beherrscht"[40]. Sie zeigt sich als das ökonomische und politische System, d.h. als *Staat*. Dieser organisiert idealiter das „gemeinschaftliche Interesse", doch unter den bestehenden gesellschaftlichen Bedingungen ist dieses fiktiv oder „illusorisch".[41]

Marx und *Engels* nannten als „Resultat" ihrer Geschichtsauffassung, daß die gesellschaftliche Entwicklung Stufen kenne, auf denen es zu Kollisionen zwischen der Gesellschaftsstruktur und ihren geistigen, politischen und religiösen Bewußtseinsformen sowie der Entwicklung der Produktivkräfte komme. Ihre klassische Formulierung findet dieses Basistheorem der *materialistischen Geschichtsauffassung* in *Marx'* Vorwort zur „Kritik der politischen Ökonomie" aus dem Jahr 1859:

„In der gesellschaftlichen Produktion ihres Lebens gehen die Menschen bestimmte, notwendige, von ihrem Willen unabhängige Verhältnisse ein, Produktionsverhältnisse, die einer bestimmten Entwicklungsstufe ihrer materiellen Produktivkräfte entsprechen. Die Gesamtheit dieser Produktionsverhältnisse bildet die ökonomische Struktur der Gesellschaft, worauf sich ein juristischer und politischer Überbau erhebt und welcher bestimmte gesellschaftliche Bewußtseinsformen entsprechen. Die Produktionsweise des materiellen Lebens bedingt den sozialen, politischen und geistigen Lebensprozeß überhaupt. Es ist nicht das Bewußtsein der Menschen, das ihr Sein, sondern umgekehrt ihr gesellschaftliches Sein, das ihr Bewußtsein bestimmt. Auf einer bestimmten Stufe ihrer Entwicklung geraten die materiellen Produktivkräfte der Gesellschaft in Widerspruch mit den vorhandenen Produktionsverhältnissen oder, was nur ein juristischer Ausdruck dafür ist, mit den Eigentumsverhältnissen, innerhalb deren sie sich bisher bewegt hatten. Aus Entwicklungsformen der Produktivkräfte schlagen diese Verhältnisse in Fesseln derselben um. Es tritt dann eine Epoche sozialer Revolution ein. Mit der Veränderung der ökonomischen Grundlage wälzt sich der ganze ungeheure Überbau langsam oder rascher um. In der Betrachtung solcher Umwälzungen muß man stets unterscheiden zwischen der materiellen, naturwissenschaftlich treu zu konstatierenden Umwälzung in den ökonomischen Produktionsbedingungen und den juristischen, politischen, religiösen, künstlerischen oder philosophischen, kurz ideologischen Formen, worin sich die Menschen dieses Konflikts bewußt werden und ihn ausfechten. (...) Eine Gesellschaft geht nie unter, bevor alle Produktivkräfte entwickelt sind, für die sie weit genug ist, und neure höhere Produktionsverhältnisse treten nie an die Stelle, bevor die materiellen Existenzbedingungen derselben im Schoß der alten Gesellschaft selbst ausgebrütet worden sind (...).".[42]

In diesem Text erscheint die historische Entwicklung als krisenhafte, produktivkraftbedingte Abfolge gesellschaftlicher Strukturen. Sie kann als *strukturtheoretisch* bezeichnet werden. Prüft man jedoch die konkreten Analysen einzelner Phasen der gesellschaftlichen Entwicklungen und Brüche, so erscheint als Motor der Entwicklung das Bestreben der Eigentümer von Land, Geld und Kapital (oder derer, die darüber bürokratisch verfügen können), ihren Reichtum und ihre Macht zu vermehren. Die Produktivkraftentwicklung spielt dabei eine entscheidende

---

beitsteilung, z.B. in den mittelalterlichen Städten usw., gewidmet; vgl. ebenda, 50ff.

[40] *Marx/Engels*, Deutsche Ideologie, 33f.
[41] Vgl. ebenda, 33f., 37, 178, 311.
[42] *Marx*, Zur Kritik der politischen Ökonomie. Erstes Heft, in: MEW 13, 8f.

Rolle.⁴³ Gemäß dieser Betrachtungsweise, die man *wert-* oder *kapitaltheoretisch* nennen kann, wird die gesellschaftliche Entwicklung vom Bestreben, die eigenen ökonomischen Ressourcen (im kapitalistischen Zeitalter durch Warenproduktion und Kapitalakkumulation) zu verwerten, vorangetrieben. Beide Varianten der „materialistischen Geschichtsauffassung" widersprechen sich nicht. Die strukturtheoretische Variante ist ihre generalisierte Fassung, die wert- und kapitaltheoretische die speziellere, die konkrete ökonomische Entwicklungen in ihrem gesellschaftlichen Umfeld untersucht. Am lehrreichsten sind *Marx*' Realanalysen:

In den archaischen, antiken, germanischen und mittelalterlich-feudalen Gesellschaftsformationen herrschte entweder Gemeineigentum am Boden vor, oder das Grundeigentum konnte nicht beliebig veräußert werden. Doch diese Strukturen sind nicht von Bestand: „Die Entwicklung der Produktivkräfte löst sie auf und ihre Auflösung selbst ist eine Entwicklung der Produktivkräfte." Die mittelalterlichen „Hörigkeitsverhältnisse" auf dem Lande und die „Zunftverhältnisse" in den Städten weichen der um sich greifenden Produktion, die auf „Kapital und Lohnarbeit" beruht.⁴⁴ Gleichbedeutend, weil auf Gewinninteressen beruhend, waren für *Marx* Produktivkraftentwicklung und Ausbreitung der Geldwirtschaft. Auch die Schatzanhäufung von Geldbesitzern trägt zum Untergang der alten Gemeinwesen bei, denn ihr gehortetes Geld ist eine wesentliche Voraussetzung des Entstehens der kapitalistischen Produktionsweise.⁴⁵ Diese vollzog sich, wie *Marx* im ersten Band des „Kapital" ausführlich zeigte, im Prozeß der *ursprünglichen Akkumulation* in England. Sie wurde von einer lange anhaltenden Wollkonjunktur in den Niederlanden ausgelöst. Hinzu kam jedoch seit dem 17. Jh. der ideelle Faktor der calvinistischen Reformation, die den Gewerbefleiß der protestantischen Bevölkerung anstachelte. Beide Faktoren bewirkten eine permanente Krise der englischen Landwirtschaft, in deren Verlauf erhebliche Teile der ländlichen Bevölkerung ihre Bauernstellen aufgeben mußten. Aus ihr rekrutierte sich das künftige Proletariat, d.h. die von ihren Produktionsmitteln getrennten Produzenten. Zugleich entstand ein „innerer Markt", und damit die ökonomische Dynamik, die die sprunghafte Entwicklung der Produktivkräfte und schließlich das englische Muster des industriellen Kapitalismus erzeugte.⁴⁶

Zu den frühesten gesellschaftstheoretischen Einsichten von *Marx* und *Engels* gehört, daß Gesellschaften, die auf entfremdeter Arbeit und damit asymmetrischer Aneignung beruhen, *Klassengesellschaften* sind.⁴⁷ Der *Klassenkampf* um Anteile

---

⁴³ *Marx* und *Engels* wiesen darauf hin, daß auch Kriege und Ausbeutung unterworfener Völker zu Reichtums- und Machtgewinn führen; vgl. *dies.*, Deutsche Ideologie, in: MEW 3, 23, 64; *Marx*, Grundrisse, 391.
⁴⁴ Vgl. *Marx*, Grundrisse, Abschnitt „Formen, die der kapitalistischen Produktion vorausgehen", 375-413 (396, 401, 403); *Marx/Engels*, Deutsche Ideologie, in: MEW 3, 56, 60. Einen interessanten Sonderfall bildet die „asiatische Produktionsweise". In ihr verhindert die rigide Kontrolle der existenznotwendigen Bewässerungsanlagen durch eine bürokratische Herrscherkaste den gesellschaftlichen Wandel. Vgl. Karl Marx, Das Kapital. Kritik der politischen Ökonomie, Bd. 1, Buch I. Der Produktionsprozeß des Kapitals, in: MEGA I 10, 78, 322f., 468. Zitiert wird die Ausgabe von 1890, die Engelssche Ausgabe „letzter Hand"; MEW 23, 93, 378f., 536 f.; *Marx*, Grundrisse, 377. Dazu grundlegend Karl A. Wittfogel, Die orientalische Despotie. Eine vergleichende Untersuchung totaler Macht, Köln 1962.
⁴⁵ Vgl. *Marx*, Grundrisse, 141ff.; Kritik der politischen Ökonomie, in: MEW 13, 104; *Marx*, Kapital, Bd. 1, in: MEGA I 10, 123ff.; MEW 23, 147ff.
⁴⁶ Vgl. *Marx*, Kapital, Bd. 1, in: MEGA II 10, 641ff.; MEW 23, 741ff. (besonders Kap. 24 über die sogenannte „ursprüngliche Akkumulation"). Diese Interpretation, die von marxistischen Historikern weitergeführt wurde, ist in der neuesten Forschung umstritten. Vgl. The Industrial Revolution. A Compendium. Edited for the Economic History Society by *L. A. Clarkson*, London 1990, 266ff.
⁴⁷ Vgl. *Marx/Engels*, Deutsche Ideologie, in: MEW 3, 28-34, 33.

des gesellschaftlichen Reichtums kann nicht stillgelegt werden. Zudem treibt er die Entwicklung der Produktivkräfte und damit die geschichtlichen Umwälzungen voran. So ist der Eingangssatz des „Kommunistischen Manifestes" zu verstehen: „Die Geschichte aller bisherigen Gesellschaft ist die Geschichte von Klassenkämpfen"[48] – derart apodiktisch formuliert eine unzulässige Verallgemeinerung.

Marx und *Engels* haben ihren Klassenbegriff nie systematisch expliziert. Der fragmentarische Abschluß des dritten Bandes des „Kapital" bezieht sich nur auf die Lehre der klassischen politischen Ökonomie, die die Klassen nach der Art ihrer Einkommen unterscheidet: Danach gibt es drei „große Klassen der modernen, auf der kapitalistischen Produktionsweise beruhenden Gesellschaft" nämlich die Arbeitslohn beziehende Arbeiterklasse, die Profit einstreichenden Kapitalisten und die Grundeigentümer, denen die Grundrente zufällt.[49] In Wirklichkeit sind die konkreten Klassenanalysen von *Marx* und *Engels* wesentlich differenzierter. Für die vorkapitalistische Zeit nennen sie die Stände der römischen Antike „Patrizier, Ritter, Plebejer, Sklaven", für das Mittelalter „Feudalherren, Vasallen, Zunftbürger, Gesellen, Leibeigene, und noch dazu in fast jeder dieser Klassen wieder besondere Abstufungen". Die gegenwärtige Epoche der Bourgeoisie zeichne jedoch eine Polarisierung der Klassengegensätze aus: „Die ganze Gesellschaft spaltet sich mehr und mehr in zwei große feindliche Lager, in zwei große, einander direkt gegenüberstehende Klassen: Bourgeoisie und Proletariat."[50]

Diese Aussage war perspektivisch gedacht. In ihren historischen Realanalysen erkannten *Marx* und *Engels* auch in der modernen bürgerlichen Gesellschaft eine Reihe von Zwischenklassen und Klassenfraktionen. In der französischen Gesellschaft unterschied *Marx* 1. die Großgrundbesitzer, 2. die „Finanzaristokratie" der „Bankiers" und „Börsenkönige", 3. die „eigentliche industrielle Bourgeoisie", 4. Die „kleine Bourgeoisie" oder „Kleinbürger" (Ladenbesitzer, Handwerker usw.), 5. die „Bauernklasse" und 6. die „Arbeiterklasse", schließlich 7., vom „industriellen Proletariat genau unterschieden", das „Lumpenproletariat".[51] Die Zwischenklassen schwanken, weil sie nicht erkennen, bei welcher Hauptklasse ihre Interessen am besten aufgehoben sind. Das Kleinbürgertum ist eine untergehende „Übergangsklasse", deren Ideologie Klassengegensätze nicht anerkennen will. Im Konflikt votiert es teils für die Bourgeoisie, teils bekämpft es sie; in revolutionären Situationen kann es sich an die Seite des Proletariats stellen. Ähnliches gilt für das Lumpenproletariat. Einmal läßt es sich in eine revolutionäre Bewegung hineinziehen, dann wieder zu reaktionären Umtrieben kaufen, wie im Falle der Machtusurpation durch *Louis Bonaparte* Ende 1848. Die Bauern sind häufig politisch desorientiert und pflegen für die etablierte Obrigkeit zu stimmen.[52]

Für *Marx* und *Engels* wird sich der *Klassenkampf* zu einer entscheidenden Auseinandersetzung zwischen Kapital und Arbeit in internationalen Dimensionen zuspitzen. In der „Deutschen Ideologie" rechneten sie mit einer ungefähr gleich-

---

[48] *Karl Marx/Friedrich Engels*, Manifest der Kommunistischen Partei, in: MEW 4, 459-493, 462.
[49] Vgl. *Marx*, Kapital, Bd. 3, Buch III. Der Gesamtprozeß der kapitalistischen Produktion, in: MEW 25, 892f.
[50] *Marx/Engels*, Kommunistisches Manifest, in: MEW 4, 462f.
[51] Vgl. *Marx*, Klassenkämpfe, in: MEGA I 10, 120, 122ff., 125ff., 143, 164, 182; MEW 7, 12ff., 18ff., 37f., 59f., 79; *ders.*, Brumaire, in: MEGA I 11, 107f., 121ff., 174; MEW 8, 124f., 137ff., 194ff.
[52] Vgl. *Marx/Engels*, Kommunistisches Manifest, in: MEW 4, 472; *Marx*, Klassenkämpfe, MEGA I, 10, 149ff.; MEW 7, 26, 160f.; *Marx*, in: Brumaire, MEGA, I 11, 127, 142f.; 134, 179ff.; MEW 8, 144, 161, 152, 198ff.

zeitigen Revolution der „herrschenden Völker", die von England ausgeht; später betonten sie, daß der Klassenkampf auf nationaler Ebene geführt werden müsse.[53] Die Chance des Proletariats, letztlich die Oberhand zu behalten, beruht darauf, daß es die „ungeheure Mehrzahl" der Bevölkerung bildet. Zudem werden Teile der Bourgeoisie sich dem Proletariat anschließen, „der Klasse, welche die Zukunft in ihren Händen trägt". Die Zwischenklassen werden ein Opfer des kapitalistischen Konzentrationsprozesses, d.h. sie werden niederkonkurriert.[54] Am Ende des ersten Bandes des „Kapital" findet sich das Szenario einer revolutionären Situation:

> „Mit der beständig abnehmenden Zahl der Kapitalmagnaten, welche alle Vortheile dieses Umwandlungsprocesses usurpiren und monopolisiren, wächst die Masse des Elends, des Drucks, der Knechtschaft, der Entartung, der Ausbeutung, aber auch die Empörung der stets anschwellenden und durch den Mechanismus des kapitalistischen Productionsprozesses selbst geschulten, vereinten und organisirten Arbeiterklasse. Das Kapitalmonopol wird zur Fessel der Productionsweise, die mit und unter ihm aufgeblüht ist. Die Centralisation der Productionsmittel und die Vergesellschaftung der Arbeit erreichen einen Punkt, wo sie unverträglich werden mit ihrer kapitalistischen Hülle. Sie wird gesprengt. Die Stunde des kapitalistischen Privateigenthums schlägt. Die Expropriateurs werden exproprirt."[55]

Allgemein und in junghegelianischer Diktion ausgedrückt, bedeutet die proletarische Revolution Aufhebung der gesellschaftlichen Strukturen, die von der entfremdeten Arbeit erzeugt worden sind und diese ständig reproduzieren. Damit ist jedoch über ihren Verlauf sowie die *politische Form* des Übergangs zur kommunistischen Gesellschaft noch nichts ausgesagt. *Marx* und *Engels* haben sich nur selten und ziemlich knapp mit dieser Frage beschäftigt. Die Anschauung, die ihnen dabei vor Augen stand, waren die französischen Revolutionen von 1789, 1830 und 1848; hinzu kamen die Erfahrungen der Pariser Commune von 1871. Als geistige Nachfahren der Jakobiner rechneten sie mit gewaltsamen und terroristischen Verlaufs- und Übergangsformen.[56] *Marx* und *Engels* warnten aber stets vor revolutionärem Aktivismus nach Art des Blanquismus. In der achtundvierziger Revolution warben sie für ein Bündnis mit den bürgerlichen Demokraten, weil sie als ersten Schritt auf dem Weg zur proletarischen Revolution die Errichtung einer demokratischen Republik ansahen.[57] Dieser Auffassung liegt ein zweistufiges Revolutionsmodell zugrunde, nämlich die Unterscheidung zwischen *politischer* und *sozialer Revolution*. Die politische Revolution erzwingt die Demokratie, innerhalb derer die Arbeiterklasse um ihre gesellschaftspolitischen Ziele kämpft, und die soziale Revolution vollzieht die ökonomischen und sozialen Umwälzungen, die zur kommunistischen Gesellschaft führen. Beide Autoren be-

---

[53] Vgl. *Marx/Engels*, Deutsche Ideologie, in: MEW 3, 35; *Marx*, Klassenkämpfe in Frankreich, in: MEGA I 10, 126; *Marx*, Allgemeine Statuten und Verordnungen der Internationalen Arbeiter-Association, in: MEGA I 20, 54-56; MEW 16, 14-16. Nach dem deutsch-französischen Krieg von 1870/71 sahen *Marx* und *Engels* die europäische Vormacht in Deutschland.
[54] Vgl. *dies.*, Kommunistisches Manifest, in: MEW 4, 468-474. Zur Klassenanalyse vgl. *Michael Mauke*, Die Klassentheorie von Marx und Engels. Mit einem Nachwort von *Klaus Meschkat*, Frankfurt a.M. 1970.
[55] *Marx*, Kapital, Bd. 1, in: MEGA II 10, Berlin 1991, 684f.; MEW 23, 791.
[56] Vgl. dazu die Schlußpassage in „Elend der Philosophie", in: MEW 4, 184, wo von „totaler Revolution" und „Zusammenstoß Mann gegen Mann" die Rede ist.
[57] Vgl. *Marx/Engels*, Kommunistisches Manifest, in: MEW 4, 481.

tonten mehrfach, daß die demokratische Republik das „Terrain" oder der „Kampfboden" sei, auf dem die Arbeiterklasse ihren Emanzipationskampf am besten führen könne.[58] Daraus folgt, daß in demokratischen Staaten ein „friedlicher Weg" zur sozialen Revolution denkbar ist. Marx und Engels nannten als Beispiele die USA, England, Frankreich und Holland. Dem deutschen Kaiserreich verweigerten sie trotz des allgemeinen und gleichen (Männer-)Wahlrechts den demokratischen Reifetest.[59]

Verwirrung stiftete *Marx'* Aussage, daß „zwischen der kapitalistischen und der kommunistischen Gesellschaft (...) die Periode der revolutionären Umwandlung der einen in die andere [liegt, W.E.]", der „auch eine politische Übergangsperiode [entspricht, W.E.], deren Staat nichts anderes sein kann als die revolutionäre Diktatur des Proletariats"[60]. Die anschließende Kritik an den sozialdemokratischen Forderungen nach allgemeinem Wahlrecht, Volksrechten usw., die bloß „demokratische Litanei" seien, zeigt, daß *Marx* mit der *Diktatur des Proletariats* keine formale „demokratische Republik" gemeint haben kann, sondern eine neue, nachrevolutionäre politische Form. Andererseits bezeichnete *Engels* die „demokratische Republik" als „die spezifische Form für die Diktatur des Proletariats"[61]. Noch verwirrender wird das Bild dadurch, daß *Marx* die rudimentäre Verfassung der französischen Commune „die endlich entdeckte politische Form, unter der die ökonomische Befreiung der Arbeit sich vollziehen konnte", nannte.[62] Die Commune, in der das Gewaltenteilungsprinzip bewußt abgeschafft worden war, hätte nämlich einen Gegentypus zur bürgerlichen Form einer „demokratischen" Republik dargestellt. Deshalb spricht einiges dafür, daß *Marx* in der Commune eine Vorwegnahme der kommunistischen Strukturen sah. Übrigens hätten alle der erwähnten Übergangsformen auf dem allgemeinen Wahlrecht beruht; insofern ist der Vorwurf, das Konzept der „Diktatur des Proletariats" zeige *Marx'* und *Engels'* antidemokratische Position, unzutreffend. Liberal, im Sinne von Gewaltenteilung und Eigentumsschutz, war es freilich nicht.[63]

Zu den bekanntesten Theoremen der materialistischen Geschichtsauffassung gehört die Vorstellung, daß nach Durchsetzung der kommunistischen Gesellschaft der Staat abzusterben beginne. Sie wird damit begründet, daß der Staat der Ausdruck einer Klassengesellschaft sei. Wird aber, junghegelianisch gesprochen, die verselbständigte und den Menschen fremd gegenüberstehende Staatsgewalt von der Assoziation freier Menschen, die die Antagonismen der kapitalistischen Gesellschaft überwunden haben, wieder zurückgenommen, so wird sie schließlich funktionslos. Das Konzept vom *Absterben des Staates* wurde vor allem vom alten

---

[58] Vgl. z.B. *Marx* in „Klassenkämpfe in Frankreich", in: MEGA, I 10, 125; MEW 7, 18; *Engels*, Zur Kritik des sozialdemokratischen Programmentwurfs (Kritik des Erfurter Programms, 1891), in: MEW 22, 225-240, 235; ferner sein Vorwort zur englischen Ausgabe des „Kapital", in: MEGA II 9, 14; MEW, 23, 40; *Marx*, Randglossen zum Programm der deutschen Arbeiterpartei (Kritik des Gothaer Programms, 1875), in: MEW 19, 15-34, 29.
[59] Vgl. *Marx*, Rede auf dem Haager Kongreß der Arbeiter-Internationale von 1872, in: MEW 18, 160; *Engels*, Kritik des Erfurter Programms, in: MEW 22, 335.
[60] *Marx*, Kritik des Gothaer Programms, in: MEW 19, 28.
[61] *Engels*, Kritik des Erfurter Programms, in: MEW 22, 335.
[62] *Marx*, Der Bürgerkrieg in Frankreich (1871), in: MEGA I 22, 179-226, 205; MEW 17, 339.
[63] Zweifellos antidemokratisch war jedoch die Interpretation der „Diktatur des Proletariats" durch *Lenins* Theorie, daß die „Avantgarde" des Proletariats die politische Entwicklung notfalls terroristisch zu lenken habe.

Engels vorgetragen: „Die Gesellschaft, die die Produktion auf Grundlage freier und gleicher Assoziation der Produzenten neu organisirt, versetzt die ganze Staatsmaschine dahin, wohin sie dann gehören wird: ins Museum der Alterthümer, neben das Spinnrad und die bronzene Axt."[64]

In seinem klassischen „Leitfaden" der materialistischen Geschichtsauffassung nannte *Marx* die „ideologischen Formen", die von der „realen" (d.h. ökonomischen) Basis bedingt werden. Sie bilden die Denk- und Vorstellungsweisen, mit denen sich die Menschen über das „materielle Leben" Rechenschaft geben und entspringen der „materiellen Tätigkeit und dem materiellen Verkehr der Menschen" – praktische Vorstellungen wie auch die „Sprache der Politik, der Gesetze, der Moral, der Religion, Metaphysik usw."[65].

Wie in *Marx'* Theorie generell kann man auch in ihrem *ideologiekritischen* Systemteil zwischen *struktur-* und *wert-* bzw. *kapitaltheoretischen* Argumentationsebenen unterscheiden. Im ersten Fall handelt es sich um eine Zuordnung von Gedanken und ihren Formen zu historischen Ausprägungen der ökonomischen Basis. Diese „entsprechen" der Basis, sind von ihr „bedingt" bzw. mit ihr „verflochten" oder ihr „Ausdruck", „Reflex" oder „Ausfluß".[66] So werden z.B. junghegelianische Vorstellungen, aber auch die von bedeutenderen Denkern wie *Kant* und *Hegel* als Ausdruck der zurückgebliebenen „kleinlichen" Verhältnisse in Deutschland dechiffriert – im Gegensatz zum politischen und ökonomischen Selbstbewußtsein der englischen und der französischen Bourgeoisie.[67] Grundsätzlich gilt:

„Die Gedanken der herrschenden Klasse sind in jeder Epoche die herrschenden Gedanken, d.h. die Klasse, welche die herrschende materielle Macht der Gesellschaft ist, ist zugleich ihre herrschende geistige Macht." Z.B. seien zur Zeit der aristokratischen Vorherrschaft Ehre und Treue Leitbegriffe gewesen; in der Ära der Bourgeoisie seien dies Freiheit und Gleichheit.[68]

Die strukturtheoretische Zuordnung von Basis und Überbau vermag ideelle Wertvorstellungen zu relativieren, aber nicht eigentlich zu kritisieren. Die marxistische *Ideologiekritik* stützt sich deshalb eher auf die werttheoretische Vorstellung, daß eine auf entfremdeter Arbeit beruhende Gesellschaftsform den spezifischen Überbau des geldvermittelten Warentausches hervorbringt. Die „Warenform" des Austausches verhüllt den spezifisch gesellschaftlichen Charakter der warenproduzierenden Arbeit mit der Folge, daß die Arbeitsprodukte, d.h. die Waren, aber auch das Zirkulationsmittel Geld, wie etwas Naturgegebenes erscheinen – nämlich als, wie *Marx* in paradoxen Wendungen sagte, „sinnlich-übersinnliche oder gesellschaftliche Dinge", die „gesellschaftliche Natureigenschaften" besitzen.[69]

---

[64] *Engels*, Der Ursprung der Familie, des Privateigentums und des Staats. Im Anschluß an *Lewis H. Morgans* Forschungen (1884), in: MEGA I 7-271, 266; MEW 21, 25-173, 168. Das Theorem vom Absterben des Staates hat viel Unverständnis hervorgerufen. Inzwischen gibt es in der strukturalistischen Politikwissenschaft Tendenzen, die klassische Vorstellung des Staats als einer souveränen Gebietskörperschaft für obsolet zu erklären; vgl. *Hellmut Willke*, Supervision des Staates, Frankfurt a.M. 1997.
[65] *Marx/Engels*, Deutsche Ideologie, in: MEW 3, 26f.
[66] Vgl. hierzu mit Beispielen *Euchner*, Marx, 76ff.
[67] Vgl. *Marx/Engels*, Deutsche Ideologie, in: MEW 3, 82, 102, 180, 422, 176ff.
[68] Vgl. ebenda, 46f.
[69] Vgl. *Marx*, Kapital, Bd. 1, in: MEGA II 10, 71f.; MEW 23, 86f.

Damit ist gemeint, daß gesellschaftliche Beziehungen, die von Arbeitern und Kapitalisten, die „sachliche Form (...) von Werthgegenständlichkeit der Arbeitsprodukte" erhalten, d.h. von geldwerten Waren. Eine Ware ist ein Ding, das ein spezifisches gesellschaftliches Verhältnis inkarniert. *Marx* bezeichnete diesen „gegenständlichen Schein der gesellschaftlichen Arbeitsbestimmungen" auch als „*Fetischcharakter* [meine Hervorhebung, W.E.] der Warenwelt".[70]

Prominentestes Beispiel einer Entschlüsselung ideeller Positionen als „falsches Bewußtsein", kurz als *Ideologie*, ist die Analyse der bürgerlichen Vorstellungen von *Freiheit* und *Gleichheit*. *Marx* zeigte, daß der Austausch von Waren die Gleichheit der tauschenden Personen in ihrer Eigenschaft als Warenbesitzer voraussetzt: Sie müssen sich „als Privateigenthümer" anerkennen.[71] Wird auch die *Arbeitskraft* als Ware verstanden, über die frei verfügt werden darf, so ergibt sich folgendes Bild wirtschaftlicher Freiheit und ihrer Nützlichkeit für alle Beteiligten:

„Die Sphäre der Circulation oder des Waarentausches, innerhalb deren Schranken Kauf und Verkauf der Arbeitskraft sich bewegt, war in der That ein wahres Eden der angebornen Menschenrechte. Was allein hier herrscht, ist Freiheit, Gleichheit, Eigenthum und Bentham. Freiheit! Denn Käufer und Verkäufer einer Waare, z.B. der Arbeitskraft, sind nur durch ihren freien Willen bestimmt. Sie kontrahiren als freie, rechtlich ebenbürtige Personen. Der Kontrakt ist das Endresultat, worin sich ihre Willen einen gemeinsamen Rechtsausdruck geben. Gleichheit! Denn sie beziehen sich nur als Waarenbesitzer aufeinander und tauschen Aequivalent für Aequivalent. Eigenthum! Denn jeder verfügt nur über das Seine. Bentham! Denn jedem von den beiden ist es nur um sich zu thun. Die einzige Macht, die sie zusammen und in ein Verhältniß bringt, ist die ihres Eigennutzes, ihres Sondervortheils, ihrer Privatinteressen. Und eben weil so jeder nur für sich und keiner für den andren kehrt, vollbringen alle, in Folge einer prästabilisirten Harmonie der Dinge (...) nur das Werk ihres wechselseitigen Vortheils, des Gemeinnutzens, des Gesammtinteresses."[72]

Der ideologische Fehler dieser Argumentation der bürgerlichen politischen Ökonomie lag für *Marx* darin, daß bei dem Austausch von Arbeitskraft und Arbeitslohn trotz Gleichheit der getauschten Äquivalente die Arbeiter die Verlierer sind, weil ihre Arbeitskraft ausgebeutet wird. Der Nachweis dieser Konstellation steht im Zentrum der Marxschen „Kritik der politischen Ökonomie".[73]

---

[70] *Marx*, Kapital, Bd. 1, MEGA, 71f., 80f; MEW 86f., 96f. Vgl. zu diesen komplizierten Überlegungen *Hans-Georg Backhaus*, Dialektik der Wertform. Untersuchungen zur Marxschen Ökonomiekritik, Freiburg 1997; *Helmut Brentel*, Soziale Form und ökonomisches Objekt. Studien zum Gegenstands- und Methodenverständnis der Kritik der politischen Ökonomie, Opladen 1989, 11-118; 243ff.

[71] Vgl. *Marx*, Kapital, Bd. 1, in: MEGA II 10, 82f.; MEW 23, 99f.

[72] Ebenda, MEGA II 10, 160f.; MEW 23, 188f. Trotz ihres abgeleiteten Charakters als „Schein" sind ideologische Positionen aber nicht historisch wirkungslos. Gleichheits- und Freiheitsvorstellungen haben z.B. den Emanzipationskampf des Bürgertums motiviert. Vgl. hierzu *Euchner*, Marx, 73. *Engels* wies darauf hin, daß, obwohl die Ideologie wirksam sei, sich die Ökonomie „in letzter Instanz" durchsetze. Brief an *J. Bloch* vom 21./22. Sept. 1890, in: MEW 37, 462-465, 463. – *Jeremy Bentham* (1748-1832) war der wichtigste Vertreter des englischen Utilitarismus.

[73] *Marx* und *Engels* betonen, daß dieser Äquivalententausch *nicht ungerecht* sei und halten dies Argument moralisch argumentierenden Sozialisten entgegen. Vgl. dazu *Walter Euchner*, Marx' Aufhebung der Gerechtigkeit in der kommunistischen Gesellschaft, in: *Herfried Münkler/Marcus Llanque* (Hrsg.), Konzeptionen der Gerechtigkeit. Kulturvergleich, Ideengeschichte, Moderne Debatte, Baden-Baden 1999, 173-188.

III. Kritik der politischen Ökonomie

Marx' „Kritik der politischen Ökonomie" wäre gründlich mißverstanden, wollte man in ihr eine anwendungsorientierte Theorie der künftigen sozialistischen Wirtschaft sehen. Sie ist als Kritik gemeint, nämlich an den Vorstellungen der klassischen Nationalökonomie, daß eine frei entfaltete Marktwirtschaft jedem ökonomischen Akteur das angemessene Äquivalent für die von ihm eingesetzten Produktionsfaktoren (Boden, Kapital, Arbeit) zuteile und zudem optimal produktiv und deshalb auch harmonisch und stabil sei. Das Gegenteil gelte: Diese Wirtschaftsweise beruht auf Ausbeutung, erzeugt notwendig Krisen und im industriellen Proletariat ihren eigenen „Totengräber".[74]

Marx war davon überzeugt, daß die Klassiker der politischen Ökonomie die Bewegungsgesetze der kapitalistischen Produktionsweise verfehlen mußten, weil sie den systematischen Zusammenhang der ökonomischen Grundkategorien wie Geld, Profit, Zins, Grundrente, Arbeitslohn usw. nur oberflächlich erfaßten. Deren Kerngestalt, die „Waarenform des Arbeitsprodukts oder die Werthform der Waare" sei ihnen entgangen.[75] *Marx* wollte dagegen, ausgehend von der Analyse des Warenwerts und des Produktions- und Zirkulationsprozesses des Kapitals, die selbstnegatorischen Bewegungsgesetze des Kapitalismus rekonstruieren.[76]

Die Marxsche Analyse setzt mit dialektischen Bestimmungen der Wert- und Preisbildung ein, die in der Literatur besonders umstritten sind. Sie geht aus von der auf *Aristoteles* zurückgehenden Unterscheidung zwischen dem *Gebrauchswert* einer Ware (d.h. deren Nützlichkeit, ohne die es keinen Tausch gibt) und deren *Tauschwert* (d.h. deren Kraft, sich gegen eine bestimmte Menge anderer Tauschwerte auszutauschen). *Marx* stellte die Frage, was das „Gleiche" der ausgetauschten Waren sei, und kam zu dem Ergebnis: „Der Tauschwerth kann überhaupt nur die Ausdrucksweise, die ‚Erscheinungsform' eines von ihm unterscheidbaren Gehalts sein."[77]

Dieser gemeinsame Gehalt ist der *Wert*, und zwar nicht der Wert einer bestimmten Ware, sondern der aggregierte Wert aller Waren. Er enthüllt sich als „Gallerte unterschiedsloser menschlicher Arbeit, d.h. der Verausgabung menschlicher Arbeitskraft ohne Rücksicht auf die Form ihrer Verausgabung"[78]. Dieser für sich genommene Wert ist eine denknotwendige Abstraktion; er kann für sich allein nicht bestehen, sondern muß sich stets in einem Warenkörper ausdrücken.

Marx' nächster Denkschritt will zeigen, daß bei einem konkreten Warentausch sich die getauschten Waren in verschiedener „Wertform" befinden. Ware A, mit der Ware B gekauft werden soll, befindet sich in der *relativen Wertform* („relativ", weil der Wert der Ware A nur in bezug auf eine andere Ware ausgedrückt werden kann), und Ware B in der *Äquivalentform*.[79] Entwickelt man das Tauschsystem weiter, so ergibt sich, daß Ware A gegen ein bestimmtes Quantum von Ware B, C, D usw. getauscht werden kann – Wertgleichheit voraus-

---

[74] *Marx/Engels*, Kommunistisches Manifest, in: MEW 4, 474.
[75] *Marx*, Kapital, Bd. 1, in: MEGA II 10, 8; MEW 23, 12.
[76] Vgl. *Marx*, Kapital, Bd. 3, in: MEW 25, 33. – „Rekonstruieren" bedeutet hier, den Gesamtzusammenhang eines Systems, ausgehend von den analytisch gewonnenen Basiselementen, systematisch darzulegen. Vgl. dazu *Marx'* methodologische Überlegung in „Grundrisse der Kritik der politischen Ökonomie", Berlin 1953, 21f.
[77] *Marx*, Kapital, Bd. 1, in: MEGA II 10, 38f.; MEW 23, 50f.
[78] Ebenda, MEGA, 40; MEW, 53.
[79] Vgl. ebenda, MEGA, 50; MEW, 64.

gesetzt –, wobei sich der Wert einer Ware nach der für ihre Herstellung durchschnittlich aufzuwendenden Arbeitszeit bemißt. Komplizierte oder „potenzirte Arbeit" kann in einer bestimmten Menge einfacher Arbeit ausgedrückt werden.[80]

Es versteht sich, daß ein Tauschsystem mit einem solchen Wirrwarr von Wertvergleichen nicht funktionieren könnte. Es benötigt eine separierte Ware, die zum Maßstab aller Tauschvorgänge dienen kann. Diese Funktion könnte im Prinzip jede dazu geeignete Ware übernehmen, doch aus Gründen der Tradition und der besonderen Brauchbarkeit wird sie vom *Gold* übernommen. Gold hat selber einen Warenwert. Alle Waren drücken für *Marx* ihre „relative Werthform" in der „Äquivalentform" Gold aus (d.h. in dem Gewichtsquantum, das dem Wert der eingetauschten Ware entspricht).[81] *Marx'* *Werttheorie* ist zugleich *Geldtheorie*. Er beabsichtigte keine Wertrechnungen unabhängig von den in Geld ausgedrückten Preisen. Es ging ihm auch nicht um die Bestimmung von Warenpreisen, sondern um die Grundlegung einer Theorie der kapitalistischen Bewegungsgesetze.

Marx besaß eine „metallistische" Geldtheorie.[82] Sie wurde häufig mit dem Argument kritisiert, daß Gold schon zu *Marx'* Zeiten durch Banknoten ersetzt worden sei, was gegen Gold als notwendig separiertes „allgemeines Äquivalent" spreche.[83] Angegriffen wurde auch seine Wertanalyse insgesamt. Typisch hierfür sind die Einwände von *Böhm-Bawerk*: Die von *Marx* behauptete gemeinsame Wertgröße der getauschten Waren sei nicht nachweisbar. Seltenheit und Kostbarkeit, Kunstfertigkeit bei ihrer Herstellung (deren Wert man mit dem Theorem der „potenzierten Arbeit" nicht erklären könne), kurz, psychologische Motive, spielten bei der Werteinschätzung die entscheidende Rolle, ferner das Gesetz von Angebot und Nachfrage, dessen Bedeutung von *Marx* verkannt werde. Sein System halte „keine solide, geschlossene Fühlung mit den Tatsachen"[84].

Die marxistischen Reaktionen auf die Kritik am ökonomischen *Marx* können hier nicht referiert werden. Sie tendierten dazu, die Bedeutung von Arbeitswerttheorie und Metallismus für seine Kapitalismuskritik und Krisentheorie zu relativieren. *Marx'* Modernität beruhe auf dem Nachweis der krisenerzeugenden Disparitäten der kapitalistischen Wirtschaft.[85] Diese Argumentation entzieht allerdings der Marxschen politischen Ökonomie das Basistheorem.

---

[80] Vgl. *Marx*, Kapital, Bd. 1, MEGA, 10, 41, 46; MEW 23, 44, 59.

[81] Vgl. ebenda, MEGA, 65, 99; MEW 23, 59, 109.

[82] Sie wurde besonders ausführlich entfaltet in *Marx'* Werk: Zur Kritik der politischen Ökonomie (1859), in: MEW 13, 49ff. Vgl. zur dialektischen Konstruktion der Marxschen Wertformanalyse *Hans-Georg Backhaus*, Zur Dialektik der Wertform, in: *ders.*, Dialektik, 41-64.

[83] *Kühne* hat darauf ausmerksam gemacht, daß bei *Marx* nur das „Weltgeld" Gold sein müsse, sich also Papiergeld von der „Metallsubstanz" lösen könne; vgl. *Kühne*, Ökonomie II, 37f.

[84] Neben dem oben in Anm. 25 zitierten Werk über „Kapital und Kapitalzins" findet sich *Böhm-Bawerks* Marx-Kritik in: *ders.*, Zum Abschluß des Marxschen Systems (1896), in: *Friedrich Eberle* (Hrsg.), Aspekte der Marxschen Theorie I. Zur methodischen Bedeutung des 3. Bandes des ‚Kapital', Frankfurt a.M. 1973, 25-129, 88, 98, 112. Eine prinzipielle Kritik der Marxschen Wertformanalyse stammt von *Werner Becker*, Kritik der Marxschen Wertlehre. Die methodische Irrationalität der ökonomischen Basistheorien des ‚Kapitals', Hamburg 1972. Dazu abgewogen *Gerhard Göhler*, Die Reduktion der Dialektik durch Marx. Strukturveränderungen der dialektischen Entwicklung in der Kritik der politischen Ökonomie, Stuttgart 1980.

[85] Die klassische Replik auf *Böhm-Bawerks* Kritik stammt von *Rudolf Hilferding*, Böhm-Bawerks Marx-Kritik (1904), in: *Eberle*, Aspekte I, 130-192. *Werner Hofmann* argumentiert, daß die Arbeit die Quelle der Werterzeugung bleibe, die erwarteten und realisierten Gewinne jedoch vom

Angelpunkt der Marxschen Ökonomiekritik ist die *Ausbeutungstheorie*. Sie wird werttheoretisch begründet und spitzt sich auf die Frage zu, in welchem Bereich der Wirtschaft der Kapitalprofit entsteht, realisiert wird und in welche Richtung seine Höhe tendiert.

Marx führte zunächst den Nachweis, daß der Gewinn des Kapitalisten nicht durch bloßen Warentausch, d.h. nicht in der *Zirkulationssphäre*, entstehen kann, und zwar aus zwei Gründen: 1. „Die Cirkulation oder der Waarentausch schafft keinen Werth" und 2.: Selbst wenn man annimmt, daß ein geschäftstüchtiger Warenverkäufer einen Gewinn macht, so ist doch der Gewinn des einen der Verlust des anderen, woraus folgt: „Die Gesammtheit der Kapitalistenklasse eines Landes kann sich nicht selbst übervortheilen." Andererseits: Obwohl der Gewinn ausschließlich in der *Produktionssphäre* entsteht, kann er nur in der *Zirkulationssphäre* realisiert werden.[86] Das Problem läuft darauf hinaus, in welcher Weise der Gewinn des einzelnen Unternehmers in der Produktionssphäre entsteht. Die Konkurrenz der Kapital- und Warenbesitzer ist, modern gesprochen, ein Nullsummenspiel: Die einen gewinnen, die andern verlieren, werden sogar aus dem Rennen geworfen – doch der Gesamtgewinn bleibt der Klasse erhalten.

Die Lösung des Problems liegt darin, daß auf dem Markt eine Ware angeboten wird, deren Gebrauchswert darin liegt, mehr Wert zu produzieren als sie kostet: die *Ware Arbeitskraft*. *Marx* zeigte, daß das Angebot dieser Ware eine historische Voraussetzung hat, nämlich das Entstehen des rechtlich „freien" Proletariats, das nichts besitzt als eben seine Arbeitskraft. Deren Wert werde, wie der aller Waren, von der zu ihrer Produktion erforderlichen Arbeitszeit bestimmt. Der Arbeiter müsse sich reproduzieren; er bedürfe also der Lebensmittel im weitesten Sinn, er müsse seine Familie ernähren können; ferner richten sich die Lebensansprüche nach der Kulturhöhe eines Landes: Diese Faktoren bestimmen die Lohnhöhe.[87]

Marx entwickelte das Zustandekommen des Unternehmergewinns durch die vereinfachende Annahme, daß ein Arbeiter in der Lage sei, in sechs Stunden den Gegenwert der Lebensmittel zu produzieren, die er zu seiner eigenen Reproduktion benötigt. Diese Zeit nannte er die *notwendige Arbeitszeit*. In Wirklichkeit arbeite der Arbeiter aber zwölf Stunden. Diese zusätzlichen sechs Stunden bilden die *Surplusarbeitszeit*. Der in dieser Zeit produzierte Wert wird vom Kapitalisten angeeignet – es handelt sich um den *Mehrwert*. Die zu seiner Erzeugung erforderliche Arbeitszeit wird vom Kapitalisten nicht entgolten; doch der Arbeitslohn spiegelt vor, dieser habe die gesamte vom Arbeiter verausgabte Arbeit bezahlt. Deshalb bedeutet Mehrwertproduktion *Exploitation* oder *Ausbeutung*.[88]

Diese Vereinfachung wird aber der kapitalistischen Produktionsweise nicht gerecht, die von dem Bestreben geprägt ist, die Mehrwertproduktion durch Einsatz

---

Marktgeschehen und den Ordnungsbedingungen abhängig seien. Es treffe zu, daß der Arbeitswert und die Umrechnung von komplizierter zu einfacher Arbeit nicht meßbar seien, doch dies gelte auch für das „Grenznutzenkalkül"; vgl. Wert- und Preislehre. Bearbeitet von *Werner Hofmann*, Berlin 1971, 105, 111. *Kühne* vertritt die Auffassung, daß der „reife Marxismus" auf die Werttheorie verzichten könne, denn sie treffe das Hauptanliegen von *Marx* nicht. Ihre Bedeutung liege eher darin, daß sie einen Ansatz zu einer Theorie der Einkommensverteilung und Aufteilung der Arbeitskräfte biete. *Kühne*, Ökonomie I, 50, 131f., 119ff., 249ff., 322ff., 426. – Die moderne Volkswirtschaftslehre mißt der Unterscheidung von Wert und Preis kaum noch Bedeutung bei und hält den Preis für die entscheidende Kategorie.

[86] Vgl. *Marx*, Kapital, Bd. 1, in: MEGA II 10, 149, 151; MEW 23, 177, 180.
[87] Vgl. ebenda, 152ff., 155f.; MEW 23, 181ff., 184ff.
[88] Vgl. ebenda, 194f., 483ff.; MEW 23, 203f., 562ff.

von Maschinerie, Verbesserung der Arbeitsorganisation und Verlängerung bzw. Verdichtung der Arbeitszeit, Schichtarbeit sowie den Einsatz von billigerer Frauen- und Kinderarbeit zu steigern. Die Ausbeutung der „lebendigen Arbeit" stößt jedoch aus physiologischen Gründen auf Grenzen, weshalb der Kapitalist versuchen wird, die *Mehrwertrate*, d.h. das Verhältnis von vorgeschossenem Kapital zum produzierten Mehrwert, durch gesteigerten Einsatz von Produktionsmitteln zu erhöhen. *Marx* nannte den Kapitalanteil, der für die Produktionsmittel aufgewandt wird, das *konstante Kapital* (weil es im Produktionsprozeß seine Wertgröße nicht verändert), und den für Löhne verausgabten Kapitalanteil *variables Kapital* (weil dieses im Produktionsprozeß seinen Wert vergrößert). Das Verhältnis zwischen beiden Kapitalanteilen ist die *organische Zusammensetzung des Kapitals*, die zur Steigerung des konstanten Kapitalanteils tendiert.[89]

Diese Tendenz hielt *Marx* für die Ursache der Krisenanfälligkeit des Kapitalismus. Der verstärkte Maschineneinsatz werde Arbeiter „freisetzen". Dadurch entsteht die paradoxe Situation, daß die „lebendige" Arbeit abnimmt, die für *Marx* die einzige Mehrwertquelle war.[90] Allerdings gibt es Gegentendenzen, die das Sinken der Mehrwertrate bremsen: Das Bedürfnis nach Ausdehnung des Absatzes erzeugt den Weltmarkt, neue Bedürfnisse entstehen, der Kredit kann ausgedehnt werden – all dies kann die Nachfrage nach Arbeit steigern. Doch der dadurch bewirkte konjunkturelle Aufschwung wird den Anteil von konstantem Kapital in der organischen Zusammensetzung des Kapitals erhöhen, was wiederum die Nachfrage nach Arbeitskraft und damit die Mehrwertrate senkt. Zudem wächst die *Konzentration des Kapitals* durch Kapitalakkumulation sowie dessen *Zentralisation* durch Niederkonkurrieren kleinerer Kapitalisten.[91] So entstehen die periodischen Konjunkturschwankungen des Kapitalismus, wobei sich die Abschwünge ständig verschärfen und zu einer epochalen und tendenziell weltweiten Krise zuspitzen:

„Mit der Akkumulation und der sie begleitenden Entwicklung der Produktivkraft der Arbeit wächst die plötzliche Expansivkraft des Kapitals, nicht nur, weil die Elasticität des funktionirenden Kapitals wächst, und der absolute Reichthum, wovon das Kapital nur einen elastischen Theil bildet, nicht nur, weil der Kredit, unter jedem besondren Reiz, im Umsehn [einen] ungewöhnlichen Theil dieses Reichthums der Produktion als Zusatzkapital zur Verfügung stellt. Die technischen Bedingungen des Productionsprocesses selbst, Maschinerie, Transportmittel u.s.w. ermöglichen, auf größter Stufenleiter, die rascheste Verwendung von Mehrprodukt in zuschüssige Produktionsmittel. Die mit dem Fortschritt der Akkumulation überschwellende und in Zusatzkapital verwandelbare Masse des gesellschaftlichen Reichthums drängt sich mit Frenesie in alte Produktionszweige, deren Markt sich plötzlich erweitert, oder in neu eröffnete, wie Eisenbahnen u.s.w. (...). In allen solchen Fällen müssen große Menschenmassen plötzlich und ohne Abbruch der Produktionsleiter in andren Sphären auf die entscheidenden Punkte werfbar sein. Die Ueberbevölkerung liefert sie. Der charakteristische Lebenslauf der modernen Industrie, die Form eines durch kleinere Schwankungen un-

---

[89] Vgl. zum Verhältnis von konstantem und variablem Kapital und den entsprechenden Mehrwertraten: *Marx*, Kapital, Bd. 1, in: MEGA II 10, 196, 173ff., 284; zur organischen Zusammensetzung des Kapitals 549, 565; zur Verschärfung der Ausbeutung und ihrer Grenze sowie zur Frauen- und Kinderarbeit 208, 230ff.; zur Erhöhung der Produktivkraft der Arbeit durch Verbesserung der Arbeitsorganisation usw. 290ff., 387ff.; MEW 23, 205ff., 226ff., 334.
[90] Diese These gehört zu den umstrittensten der Marxschen Ökonomie. Nach heutiger Auffassung ist der „wissenschaftlich-technische Fortschritt" die wichtigste Quelle der Wertschöpfung.
[91] Vgl. *Marx*, Kapital, Bd. 1, in: MEGA II 10, 563-568; 560f.; MEW 23, 563-568, 560f.

terbrochnen zehnjährigen Cyclus von Perioden mittlerer Lebendigkeit, Produktion unter Hochdruck, Krise und Stagnation, beruht auf der beständigen Bildung, größern oder geringern Absorption und Wiederbildung der industriellen Reservearmee oder Ueberbevölkerung (...).“ *Marx* bezeichnet diese Schwankungen als „Wechselperioden des industriellen Cyclus (...).“[92]

Im dritten Band des „Kapital" reformuliert *Marx* die These, daß die Ertragskraft des vorgeschossenen Kapitals tendenziell abnimmt. Dies geschieht durch einen Übergang von der *werttheoretischen* zur *preistheoretischen* Betrachtung, die in der innermarxistischen und marxkritischen Diskussion viel Staub aufgewirbelt hat. Die werttheoretische Betrachtung ist nämlich realitätsfern, weil die Wirtschaft nicht mit *Werten*, sondern mit *Preisen* rechnet. In dieser Diskussion ging es um die Frage, ob *Marx* die Transformation von Werten in Preise wirklich gelungen sei – eine Frage, die hier vernachlässigt werden kann.[93] Wichtig ist, daß *Marx* im dritten Band, diesmal in monetären Größen, das Bestehen eines *Gesetzes des tendenziellen Falls der Profitrate* nachweisen wollte.[94]

Marx geht davon aus, daß Waren produziert werden, wenn sich mit ihnen der *Produktionspreis* erzielen läßt. Dieser setzt sich zusammen aus dem vorgeschossenen *konstanten* und *variablen* Kapital + *Profitrate*, die den in einer Volkswirtschaft durchschnittlich zu erzielenden Profit pro eingesetztem Kapital darstellt. Dieser ist tendenziell in allen Branchen gleich, da auf Grund des Konkurrenzprinzips die Kapitalien in die Branchen fließen, in denen der größte Profit zu erzielen ist, woraus sich ein Nivellierungseffekt ergibt. Aus der Marxschen Annahme, daß der Anteil des *konstanten Kapitals* im Verhältnis zu dem *allein werteschaffenden*, weil die lebendige Arbeitskraft repräsentierenden, *variablen Kapital* systematisch zunimmt, folgt das tendenzielle Fallen der Profitrate. Dieses Gesetz setzt sich auf Grund der für die kapitalistische Produktionsweise charakteristischen Dynamik unaufhebbar immer wieder durch – mit der Konsequenz, daß auf Grund verschärfter Krisen der vom organisierten Proletariat erzwungene Übergang zum Sozialismus unvermeidlich wird.[95] Die eigentlich ausschlaggebenden Gründe dieser Krisen wurden in der marxistischen und nichtmarxistischen Diskussion kontrovers behandelt. Die Krise wird teils als *Unterkonsumtionskrise*, teils als *Überproduktionskrise* (wofür die Marxsche Argumentation eher spricht) und, mit guten Gründen, auch als *Disproportionalitätskrise* interpretiert, wobei „Disproportionalität" hauptsächlich das Mißverhältnis zwischen Produktion und Konsumtion meint.[96] Ein weiteres Dis-

---

[92] *Marx*, Kapital, Bd. 1, in: MEGA II 10, 567f.; MEW 23, 543ff.; *Marx/Engels*, Kommunistisches Manifest, in: MEW 4, 23f.

[93] Vgl. dazu die einschlägigen Aufsätze in *Eberle* (Hrsg.) Aspekte 1; *Kühne*, Ökonomie I, 108ff., 136ff., 154ff.; *Georgios Stamatis*, Die ‚speziell-kapitalistischen Produktionsmethoden' und der tendenzielle Fall der allgemeinen Profitrate bei Karl Marx, Berlin 1977; *Bertram Schefold*, Kapitaltheorie: vom Transformationsproblem und der Kritik an der Neoklassik zur Rekonstruktion der Politischen Ökonomie, in: JfS, Jg. 30 (1979), 177-188.

[94] Vgl. *Marx*, Kapital, Bd. 3, Buch III. Der Gesamtprozeß der Kapitalistischen Produktion. Hrsg. von *Friedrich Engels* (1894), in: MEW 25, 164-167, 183, 218.

[95] Vgl. *Marx*, Kapital, Bd. 3, in: MEW 25, 164-167, 183, 218f., 229-233. – Eine breite Diskussion beschäftigt sich mit der Frage, ob das Gesetz des tendenziellen Falls der Profitrate nie bestanden habe oder außer Kraft getreten sei. Eine Antwort lautet, daß das konstante Kapital durch den wissenschaftlich-technischen Fortschritt (Einsatz von Elektronik und Kunststoffen) inzwischen so verbilligt worden sei, daß die von *Marx* unterstellte Relation von konstantem und variablem Kapital nicht mehr bestehe. Vgl. dazu *Ernst Mandel*, MarxistischeWirtschaftstheorie, Frankfurt a.M. 1968, 180; *Kühne*, Ökonomie II, 324ff., 416ff.; *Klaus Rolshausen* (Hrsg.), Kapitalismus und Krise. Eine Kontroverse um das Gesetz des tendenziellen Falls der Profitrate, Frankfurt a.M. 1970.

[96] *Marx* hat das Problem nicht systematisch dargestellt. Gelegentlich fällt der Begriff „Überproduktion". Vgl. Kommunistisches Manifest, in: MEW 4, 468. Auch logische Gründe sprechen für

kussionsthema war, ob die Untergangsprognose als „ökonomischer Zusammenbruch" des Kapitalismus zu verstehen oder ob der entscheidende Faktor im revolutionären Handeln des Proletariats zu sehen sei. Der Marxsche Text spricht für die zweite Variante. Die ökonomische Krise bewirkt eine Entwertung des vorgeschossenen Kapitals sowie eine Senkung der Lohnhöhe, wodurch sich, im Tiefpunkt der Krise, ein neuer „Stachel" für den Aufschwung ergibt. „Und so würde der Zirkel [der Zyklus, W.E.] von neuem durchlaufen".[97]

Die Marxsche Krisenprognose lebt heute in entdramatisierter Form als Konjunkturzyklentheorie fort, während die politischen Voraussetzungen der Revolutionsprognose entfallen sind. Eine von *Marx* diagnostizierte Krisenkonstante, die *Massenarbeitslosigkeit*, ist allerdings noch wirksam:

„Je größer der gesellschaftliche Reichthum, das funktionirende Kapital, Umfang und Energie seines Wachsthums, also auch die absolute Größe des Proletariats und die Produktivkraft seiner Arbeit, desto größer die industrielle Reservearmee [= „relative Ueberbevölkerung", W.E.]. Je größer aber diese Reservearmee im Verhältniß zur aktiven Arbeiterarmee, desto massenhafter die konsolidierte Überbevölkerung, deren Elend im umgekehrten Verhältniß zu ihrer Arbeitsqual steht. Je größer endlich die Lazarusschichte der Arbeiterklasse und die industrielle Reservearmee, desto größer der officielle Pauperismus. *Dieß ist das absolute, allgemeine Gesetz der kapitalistischen Akkumulation*."[98]

Was die heutigen Verhältnisse angeht, so ist der Ausdruck „officieller Pauperismus" für die mitteleuropäischen und nordamerikanischen Staaten sicherlich übertrieben. Doch sie haben noch kein Rezept auf die Frage gefunden, die *Engels* in seinem Vorwort für die englische Ausgabe des „Kapital" (1886) als jährlich wiederkehrend bezeichnet hat: „What to do with the unemployed?"[99]

Scheinbar lautet die Botschaft der Marxschen Schilderung der Lage der Arbeiterklasse, daß ihr nur die Alternative des „alles oder nichts", der Revolution oder der Verelendung, bleibe. Doch dieser Eindruck trügt. Was die Arbeitszeit betrifft, so lehrt das von ihm breit dargestellte Beispiel des Kampfes der englischen Arbeiterschaft um den *Normalarbeitstag*, daß sie vom Staat Reformgesetze erzwingen kann, die ihre Arbeitssituation verbessern.[100]

IV. Die kommunistische Gesellschaft

In dem Werk von *Marx* und *Engels* findet sich keine systematische Darstellung möglicher politischer und ökonomischer Institutionen einer kommunistischen Gesellschaft. Sie konnten dafür theoretische Gründe geltend machen: Dem geschichtsdialektischen Denken kann es nicht darum gehen, abstrakte Modelle der künftigen Gesellschaft auszuspinnen, sondern die geschichtlichen Bewegungsge-

---

die Überproduktionsthese: Die überschüssige Produktion hat das Prius, sie kann, einmal produziert, nicht konsumiert werden. Überproduktion und Unterkonsumtion sind zwei Seiten einer Medaille. *Rodbertus* verfocht die Unterkonsumtionsthese, unter den Marxisten *Rosa Luxemburg*. Zum Gesamtproblem *Mandel*, Wirtschaftstheorie , 382ff.; *Walter Steitz*, Einführung in die politische Ökonomie des Marxismus, Paderborn 1977; *Kühne*, Ökonomie II, 375.
[97] *Marx*, Kapital, Bd. 3, in: MEW 25, 264f.
[98] Ders., Kapital, Bd. 1, in: MEGA II 10, 574, 578f.; MEW 23, 668, 672ff..
[99] Ebenda, in: MEGA II 9, 14; MEW 23, 40.
[100] Vgl. ebenda, MEGA II 10, 272, 433, 243, 452; MEW 23, 320, 504, 285, 525f. Dies gilt nicht nur für die berühmte „Zehnstundenbill", sondern auch für die englische „Fabrikgesetzgebung".

setze zu „rekonstruieren", die mit naturgesetzlicher „eherner Notwendigkeit" den Kapitalismus destruieren werden. Die Gestaltung der Zukunftsgesellschaft bleibt den nachrevolutionären Generationen überlassen. *Marx* und *Engels* wollten keine „Rezepte (...) für die Garküche der Zukunft" vorschlagen.[101]

Die Hinweise beider Autoren auf die künftigen kommunistischen Assoziationen sind deshalb allgemein formuliert und, was frühe Texte betrifft, stark vom junghegelianischen Feuerbachianismus geprägt. *Marx* bezeichnete den „humanistischen" (nicht „rohen") Kommunismus als „wirkliche Aneignung des *menschlichen* Wesens" und „Rückkehr des Menschen für sich als eines *gesellschaftlichen*, d.h. menschlichen Menschen". Ähnlich äußerte sich *Engels* in seiner Elberfelder Rede von 1845: In der kommunistischen Gesellschaft werde der „Gegensatz des einzelnen Menschen gegen alle anderen" aufgehoben; dadurch werde die Verwaltung des sozialen Lebens „unendlich vereinfacht"[102]. Auch die berühmte Passage in der „Deutschen Ideologie", wonach in einer „kommunistischen Gesellschaft" die sozialen Tätigkeiten nicht mehr verfestigt sind, weshalb es den frei assoziierten Menschen möglich ist, „heute dies, morgen jenes zu tun, morgens zu jagen, nachmittags zu fischen, abends Viehzucht zu betreiben, nach dem Essen zu kritisieren, wie ich gerade Lust habe, ohne je Jäger, Fischer, Hirt oder Kritiker zu werden", ist noch ganz dem junghegelianischen Leitbild der „freien Tätigkeit" verpflichtet.[103] Ein Nachhall davon schwingt in der prophetischen Formel des „Kommunistischen Manifestes" mit: „An die Stelle der alten bürgerlichen Gesellschaft mit ihren Klassen und Klassengegensätzen tritt eine Assoziation, worin die freie Entwicklung eines jeden die Bedingung für die freie Entwicklung aller ist."[104] Die späteren, realitätsbezogeneren Hinweise zeigen deutlich, daß *Marx* und *Engels* jedenfalls Arbeiterassoziationen des sozialdemokratischen Typs nach dem Muster von *Louis Blanc*, die in Deutschland von *Stephan Born*, *Ferdinand Lassalle* und *Moses Heß* aufgegriffen worden sind, ablehnten. Sie waren nach ihrer Auffassung zu stark von den politischen und ökonomischen Vorstellungen der bestehenden Gesellschaft geprägt, folglich nicht zukunftsweisend.[105]

Trotz ihrer Abneigung gegen Blaupausen für die Zukunft sahen *Marx* und *Engels* zur Zeit der Revolution von 1848 ein, daß der „Bund der Kommunisten" nicht darum herum kam, der Öffentlichkeit darzulegen, wie er sich den Übergang zu einer sozialistischen, später kommunistischen Gesellschaft vorstellte. Sie entwickelten deshalb ein Transformationskonzept mit Konzessionen an den bürgerlichen Parlamentarismus, verzichteten auf das Frauenwahlrecht (!) und übernahmen die populäre Forderung nach „Nationalwerkstätten", die sie wie die Errichtung einer „Staatsbank" als Konzept à la *Blanc* eigentlich ablehnten. Vom französischen Kommunismus geprägt war die Forderung künftiger „Arbeiterarmeen".

---

[101] Vgl. *Marx*, Kapital, Bd. 1, MEGA II 6, 704; MEW 23, 25.
[102] *Marx*, Nationalökonomie und Philosophie, in: MEGA I 2, 263; MEW, Erster Ergänzungsband, 563; *Engels*, Zwei Reden in Elberfeld, in: MEW 2, 536-557, 541. – Vgl. zu den folgenden Ausführungen *Ludwig Bress*, Kommunismus bei Karl Marx. Von der spekulativen zur ökonomischen Konzeption, Stuttgart 1972.
[103] Vgl. *Marx/Engels*, Deutsche Ideologie, in: MEW 3, 33.
[104] *Dies.*, Kommunistisches Manifest, in: MEW 4, 482.
[105] Vgl. die Kritik an den französischen „Experimenten" mit „Tauschbanken und Arbeiter-Assoziationen",die darauf verzichteten, die alte Welt unter Ausnützung ihrer revolutionären Tendenzen umzuwälzen, in: *Marx*, Brumaire, in: MEGA I 11, 105; MEW 8, 122.

„*Forderungen der kommunistischen Partei in Deutschland*
Proletarier, aller Länder, vereinigt euch!
1. Ganz Deutschland wird zu einer einigen, unteilbaren Republik erklärt.
2. Jeder Deutsche, der 21 Jahre alt, ist Wähler und wählbar, vorausgesetzt, daß er keine Kriminalstrafen erlitten hat.
3. Die Volksvertreter werden besoldet, damit auch der Arbeiter im Parlament des deutschen Volkes sitzen könne.
4. Allgemeine Volksbewaffnung. Die Armeen sind in Zukunft zugleich Arbeiterarmeen, so das Heer nicht bloß, wie früher, verzehrt, sondern noch mehr produziert, als seine Unterhaltungskosten betragen.
5. Die Gerechtigkeitspflege ist unentgeltlich.
6. Alle Feudallasten, alle Abgaben, Fronden, Zehnten etc., die bisher auf dem Landvolke lasteten, werden ohne irgendeine Entschädigung abgeschafft.
7. Die fürstlichen und andern feudalen Landgüter, alle Bergwerke, Gruben usw. werden in Staatseigentum umgewandelt. Auf diesen Landgütern wird der Ackerbau im großen und mit den modernsten Hilfsmitteln der Wissenschaft zum Vorteil der Gesamtheit betrieben.
8. Die Hypotheken auf den Bauerngütern werden für Staatseigentum erklärt. Die Interessen [Zinsen, W.E.] für jene Hypotheken werden von den Bauern an den Staat gezahlt.
9. In den Gegenden, wo das Pachtwesen entwickelt ist, wird die Grundrente oder der Pachtschilling als Steuer an den Staat gezahlt. (...)
10. An die Stelle aller Privatbanken tritt eine Staatsbank, deren Papier gesetzlichen Kurs hat. Diese Maßregel macht es möglich, das Kreditwesen im Interesse des ganzen Volkes zu regeln, und untergräbt damit die Herrschaft der großen Geldmänner. (...)
11. Alle Transportmittel: Eisenbahnen, Kanäle, Dampfschiffe, Wege, Posten etc. nimmt der Staat in seine Hand. Sie werden in Staatseigentum umgewandelt und der unbemittelten Klasse zur unentgeltlichen Verfügung gestellt.
12. In der Besoldung sämtlicher Staatsbeamten findet kein anderer Unterschied statt als der, daß diejenigen *mit* Familie, also mit mehr Bedürfnissen, auch ein höheres Gehalt beziehen als die übrigen.
13. Völlige Trennung der Kirche vom Staat. Die Geistlichen aller Konfessionen werden lediglich von ihrer freiwilligen Gemeinde besoldet.
14. Beschränkung des Erbrechts.
15. Einführung von starken Progressivsteuern und Abschaffung der Konsumtionssteuern.
16. Errichtung von Nationalwerkstätten. Der Staat garantiert allen Arbeitern ihre Existenz und versorgt die zur Arbeit Unfähigen.
17. Allgemeine, unentgeltliche Volkserziehung.

Es liegt im Interesse des deutschen Proletariats, des kleinen Bürger- und Bauernstandes, mit aller Energie an der Durchsetzung obiger Maßregeln zu arbeiten. Denn nur durch Verwirklichung derselben können Millionen, die bisher in Deutschland von einer kleinen Zahl ausgebeutet wurden und die man weiter in der Unterdrückung zu erhalten suchen wird, zu ihrem Recht und zu derjenigen Macht gelangen, die ihnen, als den Hervorbringern alles Reichtums, gehört."[106]

Auffällig ist die Betonung der Staatsfunktionen, die für die Transformationsvorstellungen von *Marx* und *Engels* typisch sind. Sie wurden vor allem von *Engels* herausgestellt – paradoxerweise zusammen mit dem Theorem vom *Absterben des Staates*:

„*Proletarische Revolution*, Auflösung der Widersprüche: Das Proletariat ergreift die öffentliche Gewalt, und verwandelt (...) die den Händen der Bourgeoisie entgleitenden gesellschaftlichen Produktionsmittel in öffentliches Eigentum. Durch diesen Akt befreit es die Produkti-

---

[106] Das Komitee: *Karl Marx* u.a., Forderungen der kommunistischen Partei Deutschlands, in: MEW 5, 3-5.

onsmittel von ihrer bisherigen Kapitaleigenschaft und gibt ihrem gesellschaftlichen Charakter volle Freiheit, sich durchzusetzen. Eine gesellschaftliche Produktion nach vorherbestimmtem Plan wird nunmehr möglich. (...) In dem Maße, wie die Anarchie der gesellschaftlichen Produktion schwindet, schläft auch die politische Autorität des Staates ein. Die Menschen, endlich Herren ihrer eigenen Art der Vergesellschaftung, werden damit zugleich Herren der Natur, Herren ihrer selbst – frei."[107]

Marx und *Engels* wußten, daß die Forderungen der Kommunisten vielleicht propagandawirksam waren, aber kein konkretes Programm für die Einleitung des Übergangs zu sozialistischen Verhältnissen darstellten. Denn gemessen an ihrer Überzeugung, eine sozialistische Gesellschaft müsse auf einer entwickelten Wirtschaftsstruktur aufbauen, war Deutschland hierfür nicht reif. Sie trennten sich deshalb von den Mitgliedern des Kommunistenbunds, die die Revolution um jeden Preis weitertreiben wollten, und erreichten 1852 dessen Auflösung.

Die wesentliche ökonomische Voraussetzung des Sozialismus war für *Marx* und *Engels* die *Zentralisation des Kapitals*, die sie in England vor Augen hatten. Die Bildung von Aktiengesellschaften bedeute „die Aufhebung des Kapitals als Privateigentum innerhalb der Grenzen der kapitalistischen Produktionsweise selbst"[108] – somit einen Prozeß der Vergesellschaftung, freilich in privater, somit „verkehrter" Form, jedoch bedeutsam als Vorzeichen einer künftigen kommunistischen Organisation der Produktion.

Ein weiteres Indiz dafür, daß die Aktiengesellschaften Züge einer kollektiven Produktionsassoziation vorwegnehmen, erblickte *Marx* darin, daß diese nicht mehr von „wirklich fungierenden" (d.h. ihr Unternehmen selbst leitenden) Kapitalisten, sondern von bloßen „Dirigenten, Verwalter fremde(n) Kapitals" geleitet werden:

„In den Aktiengesellschaften ist die Funktion getrennt vom Kapitaleigentum, also auch die Arbeit gänzlich getrennt vom Eigentum an den Produktionsmitteln und an der Mehrarbeit. Es ist dies Resultat der höchsten Entwicklung der kapitalistischen Produktion ein notwendiger Durchgangspunkt zur Rückverwandlung des Kapitals in Eigentum der Produzenten, aber nicht mehr als das Privateigentum vereinzelter Produzenten, sondern als das Eigentum ihrer als assoziierter, als unmittelbares Gesellschaftseigentum. Es ist andrerseits Durchgangspunkt zur Verwandlung aller mit dem Kapitaleigentum bisher noch verknüpften Funktionen (...) in bloße Funktionen der assoziierten Produzenten, in gesellschaftliche Funktionen."[109]

Marx machte ferner darauf aufmerksam, daß die Bildung von Aktiengesellschaften zugleich Monopolisierungsprozesse begünstige, die, weil nach wirtschaftsliberaler Überzeugung unerwünscht, die „Staatseinmischung" herausforderten. *Engels*, der Herausgeber des dritten Bandes des „Kapital", fügte dieser Passage die Anmerkung hinzu, daß, seitdem *Marx* dies geschrieben habe, in allen kapitalistischen Ländern die Bildung produktionsregulierender Kartelle vorangeschritten sei. Auch darin sah er eine Tendenz zur Aufhebung der kapitalistischen Produktionsweise. Durch Ersetzung der Konkurrenz durch das Monopol werde „der künf-

---

[107] *Engels*, Anti-Dühring, in: MEGA I 27, 565; MEW 20, 261. Die Paradoxie der Aussage, daß der Weg zum Absterben des Staats über dessen vorherige Stärkung führen soll, ist vor allem in der Auseinandersetzung mit dem Sowjetmarxismus oft bemerkt worden.
[108] *Marx*, Kapital, Bd. 3, in: MEW 25, 452.
[109] Ebenda, 452f.

tigen Expropriation durch die Gesamtgesellschaft, die Nation, aufs erfreulichste vorgearbeitet"[110].

In *Marx'* und *Engels'* These, daß sich die künftige sozialistische Wirtschaftsorganisation bereits durch Vergesellschaftungsprozesse im Kapitalismus vorbereite, fügen sich auch die Kooperativfabriken ein, die in England von owenistischen Arbeitern gegründet wurden. Da sie auf einen fungierenden Kapitalisten verzichteten, d.h. „als Assoziation ihr eigner Kapitalist" waren, hätten sie in ihrem Bereich den „Gegensatz von Kapital und Arbeit" überwunden. Ihre Bedeutung lag für *Marx* in der symptomatischen Tendenz, „wie auf einer gewissen Entwicklungsstufe der materiellen Produktivkräfte und der ihr entsprechenden gesellschaftlichen Produktionsformen (...) naturgemäß aus einer Produktionsweise sich eine neue Produktionsweise entwickelt und herausbildet"[111].

Die über das gesamte Werk verstreuten Formulierungen, in denen *Marx* und *Engels* auf die künftige kommunistische Wirtschaft eingingen, enthalten kaum Informationen darüber, wie sie sich die erforderlichen Entscheidungs- und Koordinationsprozesse vorstellten. Die Produktion folgt einem „Gesamtplan", d.h. die Produzenten unterwerfen den Produktionsprozeß „ihrer gemeinsamen Kontrolle", die einem „von ihrem assoziierten Verstand begriffnen und damit beherrschten Gesetz" folgt.[112] Die Texte lassen erkennen, daß *Marx* und *Engels* wie andere Sozialisten, z.B. *Moses Heß* und *Rodbertus*, annahmen, die Wirtschaftsplanung werde keine Schwierigkeiten bereiten, da sich im Sozialismus die sozialen Verhältnisse und die wirtschaftlichen Vorgänge stark vereinfacht hätten. Deshalb konnte *Engels* im „Anti-Dühring" sagen: „Die Nutzeffekte der verschiednen Gebrauchsgegenstände, abgewogen untereinander und gegenüber den zu ihrer Herstellung nötigen Arbeitsmengen, werden den Plan schließlich bestimmen. Die Leute machen alles sehr einfach ab ohne Dazwischenkunft des vielberühmten ‚Werts'."[113] Daß diese Erwartung illusorisch war, liegt heute klar zutage.

Besonders mißlich ist das Fehlen klarer Vorstellungen, auf welche Weise sich der (Mehrheits-)Wille der Produzenten auf Unternehmensebene bilden und umsetzen soll. An eine Mitbestimmung der Produzenten bei den Unternehmensentscheidungen haben *Marx* und *Engels* offenbar nicht gedacht. *Marx* ging eher von der Unternehmensleitung durch Direktoren aus:

„Alle unmittelbar gesellschaftliche oder gemeinschaftliche Arbeit auf größrem Maßstab bedarf mehr oder minder einer Direktion, welche die Harmonie der individuellen Thätigkeiten vermittelt und die allgemeinen Funktionen vollzieht, die aus der Bewegung des produktiven Gesammtkörpers im Unterschied von der Bewegung seiner selbständigen Organe entspringen. Ein einzelner Violinspieler dirigirt sich selbst, ein Orchester bedarf eines Musikdirektors."[114]

---

[110] *Marx*, Kapital, Bd. 3, in: MEW 25, 453f.
[111] Ebenda, 400, 456. Vgl. dazu *E.P. Thompson*, Owenismus, in: *Manfred Hahn* (Hrsg.), Vormarxistischer Sozialismus, Frankfurt a.M. 1974, 232-258; *G.D.H. Cole*, Sozialistische Ökonomie der 1820er Jahre, in: ebenda, 259-275.
[112] *Marx*, Kapital, Bd. 3, in: MEW 25, 267. Vgl. auch Deutsche Ideologie, in: MEW 3, 33, 72. Vgl. hierzu auch *Peter Ludes*, Der Begriff der klassenlosen Gesellschaft bei Marx, Frankfurt a.M. 1979.
[113] *Engels*, Anti-Dühring, in: MEW 20, 288.
[114] *Marx*, Kapital, Bd. 1, in: MEGA II 10, 298; MEW 23, 350.

Diese Passage im ersten Band des „Kapital" wird im dritten Band durch den Hinweis präzisiert, daß „in allen Arbeiten, worin viele Individuen kooperieren, (...) sich notwendig der Zusammenhang und die Einheit des Prozesses in einem kommandierenden Willen (...) und in Funktionen (...), die die Gesamttätigkeit der Werkstatt betreffen", darstellen, „wie bei dem Direktor eines Orchesters". *Marx* machte ferner darauf aufmerksam, daß sich diese Direktionsfunktion verselbständigt habe und von Personen wahrgenommen werde, die gegen Lohn von den Kapitaleignern angestellt werden. Dies verhalte sich auch bei den Kooperationsfabriken so, mit dem Unterschied, daß „der Dirigent von den Arbeitern bezahlt wird", wodurch „der gegensätzliche Charakter der Aufsichtsarbeit" wegfalle.[115] Um im Bild des Orchesterdirigenten zu bleiben: Man könnte sich die Partitur als einen im Unternehmen umzusetzenden, politisch beschlossenen Wirtschaftsplan denken. Doch das Verhältnis von Dirigent und Musikern gleicht kaum der Idee der schöpferischen Tätigkeit freier Produzenten.[116] Diesem Befund entspricht *Marx'* Eingeständnis, daß industrielle Arbeit Selbstverwirklichung kaum zuläßt:

„Das Reich der Freiheit beginnt in der Tat erst da, wo das Arbeiten, das durch Not und äußere Zweckmäßigkeit bestimmt ist, aufhört; es liegt also der Natur der Sache nach jenseits der Sphäre der eigentlichen materiellen Produktion. (...) Die Freiheit in diesem Gebiet kann nur darin bestehn, daß der vergesellschaftete Mensch, die assoziierten Produzenten, diesen ihren Stoffwechsel mit der Natur rationell regeln, unter ihre gemeinschaftliche Kontrolle bringen, statt von ihm als von einer blinden Macht beherrscht zu werden; ihn mit dem geringsten Kostenaufwand und unter den ihrer Natur würdigsten und adäquatesten Bedingungen vollziehn. Aber es bleibt dies immer ein Reich der Notwendigkeit. Jenseits desselben beginnt die menschliche Kraftentwicklung, die sich als Selbstzweck gibt, das wahre Reich der Freiheit, das aber nur auf jenem Reich der Notwendigkeit als seiner Basis aufblühn kann. Die Verkürzung des Arbeitstags ist die Grundbedingung."[117]

Um die Menschen zu befähigen, im „Reich der Notwendigkeit" und „Reich der Freiheit" effektiv und kreativ handeln zu können, legte *Marx* nach dem Vorbild *Owens* und des französischen Frühsozialismus Nachdruck auf ein Erziehungssystem, das die „freie Entwicklung der Individualitäten" durch „wissenschaftliche, künstlerische etc. Ausbildung" fördert. Dies soll ein Unterricht im „polytechnischen" Sinne, der produktive Arbeit, Unterricht und Sport kombiniert, leisten.[118]

Eine anschauliche Beschreibung, wie im Sozialismus und Kommunismus das „gesellschaftliche Gesamtprodukt" verteilt werden soll, findet sich in *Marx'* „Kritik des Gothaer Programms". Bevor der Arbeitsertrag unter die einzelnen Assoziierten verteilt werden könne, müsse von ihm abgezogen werden:

---

[115] Vgl. *Marx*, Kapital, Bd. 3, in: MEW 25, 397-401.
[116] Vgl. dazu *ders.*, Grundrisse, 505, wo das Problem der schöpferischen Arbeit zusätzlich verkompliziert wird. *Marx* vergleicht dort „wirklich freies Arbeiten", verstanden als „Selbstverwirklichung des Individuums", mit dem Komponieren. Wenn aber freies, schöpferisches Arbeiten dem Komponieren gleichzusetzen ist – was bedeutet dann die Arbeit der Orchestermusiker? Oder soll jeder Musiker zugleich Komponist sein?
[117] *Marx*, Kapital, Bd. 3, in: MEW 25, 828.
[118] Vgl. *ders.*, Grundrisse, 593, sowie *ders.*, Kapital, Bd. 1, in: MEGA II 10, 436, 439f.; MEW 23, 507f., 539; *ders.*, Kapital, Bd. 3, in: MEW 25, 827. Vgl. ferner *Marx*, Bildung und Erziehung. Studientexte zur Marxschen Bildungskonzeption. Besorgt von *Horst E. Wittig*, Paderborn 1968, 264.

„*Erstens*: Deckung zum Ersatz der verbrauchten Produktionsmittel.
Zweitens: zusätzlicher Teil für Ausdehnung der Produktion. *Drittens*. Reserve- oder Assekuranzfonds gegen Mißfälle, Störungen durch Naturereignisse etc.

Diese Abzüge vom ‚unverkürzten Arbeitsertrag' sind eine ökonomische Notwendigkeit, und ihre Größe ist zu bestimmen nach vorhandenen Mitteln und Kräften, zum Teil durch Wahrscheinlichkeitsrechnung (...).

Bleibt der andere Teil des Gesamtprodukts, bestimmt, als Konsumtionsmittel zu dienen.
Bevor es zur individuellen Teilung kommt, geht hiervon wieder ab:

Erstens: Die allgemeinen, nicht direkt zur Produktion gehörenden Verwaltungskosten.
Dieser Teil wird von vornherein aufs bedeutendste beschränkt im Vergleich zur jetzigen Gesellschaft und vermindert sich in dem Maß, als die neue Gesellschaft sich entwickelt.

Zweitens: Was zur gemeinsamen Befriedigung von Bedürfnissen bestimmt ist, wie Schulen, Gesundheitsvorrichtungen etc. Dieser Teil wächst von vornherein bedeutend im Vergleich zur jetzigen Gesellschaft und nimmt im selben Maß zu, wie die neue Gesellschaft sich entwickelt.

Drittens: Fonds für Arbeitsunfähige etc., kurz, für, was heute zur sog. Armenpflege gehört(...)."[119]

Bezüglich der Verteilung des Arbeitsprodukts unterschied *Marx* zwei Entwicklungsstufen: zunächst die nachrevolutionäre, gerade aus der kapitalistischen Gesellschaft hervorgegangene, die „in jeder Beziehung, ökonomisch, sittlich, geistig, noch behaftet ist mit den Muttermalen der alten Gesellschaft (...)", und sodann die „höhere Phase" des voll entwickelten Kommunismus. Beide Phasen unterscheiden sich in ihrem Verteilungsprinzip. In der *ersten* muß wie in der bürgerlichen Gesellschaft der Wert der Arbeitskraft, den die Individuen zur Erzeugung des genossenschaftlichen Gesamtprodukts beigetragen haben, berücksichtigt werden, womit „stillschweigend die ungleiche individuelle Begabung und daher Leistungsfähigkeit der Arbeiter als Privilegien" anerkannt werde. In der zweiten Phase,

„(...) nachdem die knechtende Unterordnung der Individuen unter die Teilung der Arbeit, damit auch der Gegensatz geistiger und körperlicher Arbeit verschwunden ist; nachdem die Arbeit nicht nur Mittel zum Leben, sondern selbst das erste Lebensbedürfnis geworden; nachdem mit der allseitigen Entwicklung der Individuen auch ihre Produktivkräfte gewachsen und alle Springquellen des genossenschaftlichen Reichtums voller fließen – erst dann kann der enge bürgerliche Rechtshorizont ganz überschritten werden und die Gesellschaft auf ihre Fahnen schreiben: Jeder nach seinen Fähigkeiten, jedem nach seinen Bedürfnissen!"[120]

Mit diesen Ausführungen knüpfte *Marx* an das Verteilungsprinzip der utopischen Variante des französischen Frühsozialismus an (vgl. oben Sozialismus I, 1. Kap., II, 2). Sie sind nicht leicht mit der realistischen Unterscheidung zwischen dem „Reich der Notwendigkeit" und dem „Reich der Freiheit" vereinbar, sondern erinnern an die junghegelianisch-feuerbachianischen Überzeugungen von ehedem.

Schwierig ist auch die Rekonstruktion der *politischen Form* der kommunistischen Gesellschaft. Parlamentarismus, auch der einer „demokratischen Republik", scheidet aus, denn er bleibt eine bürgerliche Herrschaftsform. *Marx*' Schrift über die Pariser Commune läßt am ehesten erahnen, wie die Struktur einer kom-

---

[119] *Marx*, Randglossen zum Programm der deutschen Arbeiterpartei (Kritik des Gothaer Programms), in: MEW 19, 18f.
[120] Ebenda, 21.

munistischen Gesellschaft gedacht werden könnte. Im Unterschied zum Parlamentarismus sei in der Commune die verselbständigte politische Gewalt „den verantwortlichen Dienern der Gesellschaft" zurückgegeben worden.[121] Dies verlangte für *Marx* die Aufgabe des Prinzips der *Gewaltenteilung*, denn diese zersplittert nach junghegelianischer Auffassung die Kräfte der assoziierten Gattung.

„Die Kommune bildete sich aus den durch allgemeines Stimmrecht in den verschiedenen Bezirken von Paris gewählten Stadträthen. Sie waren verantwortlich und jederzeit absetzbar. Ihre Mehrzahl bestand selbstredend aus Arbeitern oder anerkannten Vertretern der Arbeiterklasse. Die Kommune sollte nicht eine parlamentarische, sondern eine arbeitende Körperschaft sein, vollziehend und gesetzgebend zu gleicher Zeit. Die Polizei, bisher das Werk der Staatsregierung, wurde sofort aller ihrer politischen Eigenschaften entkleidet und in das verantwortliche und jederzeit absetzbare Werkzeug der Kommune verwandelt. Ebenso die Beamten aller andern Verwaltungszweige. Von den Mitgliedern der Kommune an abwärts, mußte der öffentliche Dienst für *Arbeiterlohn* besorgt werden. (...) Das stehende Heer und die Polizei, die Werkzeuge der materiellen Macht der alten Regierung einmal beseitigt, ging die Kommune sofort darauf aus, das geistige Unterdrückungswerkzeug, die Pfaffenmacht, zu brechen; sie dekretierten die Auflösung und Enteignung aller Kirchen, soweit sie besitzende Körperschaften waren. Die Pfaffen wurden in die Stille des Privatlebens zurückgesandt, um dort, nach dem Bilde ihrer Vorgänger, sich von den Almosen der Gläubigen zu nähren. Sämtliche Unterrichtsanstalten wurden dem Volk unentgeltlich geöffnet und gleichzeitig von aller Einmischung des Staates und der Kirche gereinigt. (...) Die richterlichen Beamten verloren jede scheinbare Unabhängigkeit (...). Wie alle übrigen öffentlichen Diener, sollten sie fernerhin gewählt, verantwortlich und absetzbar sein (...)."[122]

Marx stimmte auch der Absicht der proudhonistischen Kommunarden zu, Frankreich, dem klassischen Zentralstaat, eine föderative Struktur überzustreifen:

„(...) die Kommune [sollte, W.E.] die politische Form selbst des kleinsten Dorfs sein. (...) Die Landgemeinden eines jeden Bezirks sollten ihre gemeinsamen Angelegenheiten durch eine Versammlung von Abgeordneten in der Bezirkshauptstadt verwalten, und diese Bezirksversammlungen dann wieder Abgeordnete zur Nationaldelegation in Paris schicken; die Abgeordneten sollten jederzeit absetzbar und an die bestimmten Instruktionen ihrer Wähler gebunden sein."[123]

Die Bedeutung von *Marx* und *Engels* für die Ideengeschichte des Sozialismus ist ambivalent. Ihre Theorie wies eine damals unübertroffene analytische Schärfe auf, die ihnen im sozialistischen Lager und darüber hinaus die Anerkennung als führende intellektuelle Köpfe eintrug und der Arbeiterbewegung zu ihrer theoriebegründeten Siegesgewißheit verhalf. Sie ist heute noch Gegenstand der Reflexionen über die sozialökonomischen Grundstrukturen der Moderne und ihren geistigen „Überbau". Vor allem *Marx*' These, das Profitstreben greife auch auf den Bereich der Wissenschaften, der Künste, der Religion über und beeinflusse selbst intime zwischenmenschliche Beziehungen, gehört inzwischen zum Fundus kulturkritischer Zeitdiagnosen linker, aber auch wertkonservativ denkender Autoren.[124]

---

[121] Vgl. *Marx*, Der Bürgerkrieg in Frankreich, in: MEGA I 22, 230; MEW 17, 340.
[122] Ebenda, MEGA, 201f.; MEW, 339f.
[123] Ebenda, MEGA, 202f.; MEW, 339.
[124] Vgl. *Marx/Engels*, Kommunistisches Manifest, in: MEW 4, 22f. Vgl. auch *Michael Schneider*, Das Ende eines Jahrhundertmythos. Eine Bilanz des Staatssozialismus, Köln 1996, 35ff.

Marx' und *Engels'* Beitrag zur praktischen Konzeptionsbildung war dagegen gering. Gleichwohl enthielt er Gesichtspunkte, an die der sozialistische Reformismus anknüpfen konnte. In politischer Hinsicht gilt dies für ihr Eintreten für eine demokratische Republik als geeignetstes Terrain für den revolutionären Klassenkampf und die Durchsetzung sozialpolitischer Ziele wie Arbeitszeitverkürzung und anderer Verbesserungen der Arbeitssituation. *Marx'* und *Engels'* Überzeugung, daß die Konzentration des Kapitals künftige Formen sozialistischer Produktion vorwegnehme, war Angelpunkt der späteren Sozialisierungsdebatte.

Wichtiger noch als die praktische Bedeutung der Lehren von *Marx* und *Engels* war ihr Signalwert. Sie stärkten bis weit ins 20. Jh. die Überzeugung der Sozialisten, in der Auseinandersetzung mit dem politischen Gegner das bessere Argument für sich zu haben.

4. Kapitel: *Ferdinand Lassalle* und der Lassalleanismus: Zwischen Revolution und Staatssozialismus

I. Hinweise zu *Lassalles* Biographie sowie zu seiner intellektuellen und politischen Entwicklung

Ferdinand Lassalle (1825-1864) stammte aus einer wohlhabenden Breslauer Kaufmannsfamilie, die dem liberal denkenden assimilierten Judentum zugehörte. Als Jüngling beurteilte er die bürgerliche Gesellschaft nach dem Vorbild der Französischen Revolution und des französischen Frühsozialismus. Seine intellektuelle Brillanz führte ihn in das zentrale Laboratorium des deutschen Geistes, an die Berliner Universtät.[1] Das gedankliche Rüstzeug zu seiner Gesellschaftskritik bot ihm – typisch für die jungen Intellektuellen seiner Generation – die Philosophie *Hegels* (mit Einschränkung auch die *Fichtes*). Genau genommen war *Lassalle* der *Links*hegelianer par excellence, jedoch kein *Jung*hegelianer. Denn obwohl er die junghegelianischen „Halleschen Jahrbücher" genau kannte, enthalten seine damaligen Aufzeichnungen kaum Spuren des dafür charakteristischen „Feuerbachianismus".[2] *Lassalle* las *Hegel* durch eine jakobinische Brille, blieb aber, methodologisch gesehen, orthodoxer Hegelianer.

Der brillante junge Mann beeindruckte das Berliner Bildungsbürgertum: Er verkehrte in *Rahel Varnhagen von Enses* Salon, wurde von *Alexander von Humboldt* protegiert, auch andere bedeutende Professoren der Berliner Universität hielten große Stücke auf ihn. Zu dem Talent, derartige Verbindungen knüpfen zu können, kam sein Gespür für lukrative Geschäfte und Börsenspekulationen.[3]

---

[1] Für biographische Angaben vgl. *Shlomo Na'aman*, Lassalle, Hannover 1970. Auskunft über die frühe Entwicklung seines Denkens gibt der Brief an den Vater vom 06.09.1844, abgedruckt in: *Ferdinand Lassalle*, Nachgelassene Briefe und Schriften, hrsg. von *Gustav Mayer*, Bd. 1, Stuttgart 1921, 114-136. *Lassalle* nannte dort als ihm bekannte Autoren *Babeuf*, *Saint-Simon*, *Fourier*, *Cabet* sowie nicht näher bezeichnete „Réformistes" (132). Über sein positives Verhältnis zur Französischen Revolution und zum französischen Republikanismus sowie zur französischen Kultur vgl. *Na'aman*, Lassalle, 15ff. *Karl Grüns* Schrift über den französischen Sozialismus, die Marx-Engelssche „Heilige Familie" sowie *Engels'* „Lage der arbeitenden Klassen" waren ihm bekannt, vgl. *Na'aman*, Lassalle, 57; vgl. auch *Lassalles* Brief vom Februar 1860 an *Marx* und *Engels*, in: *ders.*, Nachgelassene Schriften und Briefe, Bd. 3: Der Briefwechsel zwischen Lassalle und Marx, nebst Briefen von Friedrich Engels und Jenny Marx an Lassalle und von Karl Marx an Gräfin Sophie Hatzfeld, hrsg. von *Gustav Mayer*, Stuttgart 1922, 262: Er, *Lassalle*, sei seit 1840 „Revolutionär", seit 1843 „entschiedener Sozialist" gewesen.

[2] Spuren des Junghegelianismus zeigt am stärksten der Brief an den Vater vom 06.09.1844, in: *Lassalle*, Nachgelassene Briefe und Schriften, Bd. 1, Briefe von und an Lassalle bis 1848, 131, sowie das „Kriegsmanifest", in: ebenda, 221, wo das Geld und Kapital als Herrschaft der „objektiven Materialität" über die *„subjektive, bearbeitende Tätigkeit"* kritisiert werden [Fettung im Original, W.E.]. Vgl. zu *Lassalles* auf Distanz gebliebenem Verhältnis zum Junghegelianismus auch *Mayers* Einleitung zu: *Lassalle*, Nachgelassene Briefe und Schriften, 25, 27, sowie die zu: *Lassalle*, Nachgelassene Briefe und Schriften, Bd. 6: Die Schriften des Nachlasses und der Briefwechsel mit Karl Rodbertus, Stuttgart 1925, 52, 94.

[3] *Lassalles* Vater und sein Vetter *Ferdinand Friedländer* betrieben die Gründung von Gasbe-

Dies, seine luxuriöse Lebensführung, seine Art, andere seine geistige Überlegenheit spüren zu lassen, nicht zuletzt seine teils komplizierten, teils eindeutigen Beziehungen zu Frauen, erregten nicht nur bei Gegnern Aversionen.

Zur Zeit der achtundvierziger Revolution agitierte *Lassalle* im Rheinland für eine demokratische Verfassung. Zur „Neuen Rheinischen Zeitung", dem von *Marx* und *Engels* beherrschten Blatt, hielt er Kontakt. Seine Agitation gegen die verfassungswidrigen Maßnahmen der preußischen Regierung trugen ihm eine Anklage wegen Aufreizung der Bürger zum bewaffneten Widerstand gegen die königliche Gewalt ein.[4] *Lassalle* ließ seine Verteidigungsrede (die berühmte Assisenrede) im Druck erscheinen. Sie erwies sich als wirksame Agitationsschrift. Ebenso hielt er es mit seinen Verteidigungsreden in den drei folgenden Hochverratsprozessen in den sechziger Jahren. Er argumentierte zu seiner Verteidigung strikt verfassungstheoretisch und traf damit das schlechte Gewissen des Bürgertums, das sich der Schlüssigkeit seiner Beweisführung kaum entziehen konnte. *Lassalles* juristische Argumente mußten es stärker provozieren als *Marx*' materialistische Geschichtsauffassung, auf die es sich noch keinen Reim machen konnte.[5]

Lassalle nutzte die nachrevolutionäre Restaurationszeit, sein bedeutendstes philosophisches Werk, eine Rekonstruktion des Denkens des „dunklen" Vorsokratikers *Heraklit*, auszuarbeiten, das 1857 erschien und in der Fachwelt Aufsehen erregte. Er hatte auch literarische Ambitionen. Seine historische Tragödie „Franz von Sickingen", verfaßt in Schillerschen Jamben, kreist um die Idee der Befreiung des Volkes von der Adelsherrschaft durch einen freiheitlich denkenden Kaiser. *Lassalles* Versuch eines freiheitlichen Nationaldramas führte zu der interessanten „Sickingendebatte" zwischen ihm und *Marx* und *Engels*. Diese hielten *Lassalle* das historisch-materialistische Argument entgegen, er habe verkannt, daß *Sickingen* auf jeden Fall auf verlorenem Posten gekämpft habe, weil er „Vertreter einer untergehenden Klasse" gewesen sei.[6]

Die Fichtesche Idee des „Volksgeistes", dessen Entwicklung die Gesellschafts- und Verfassungszustände revolutionieren müsse, prägte die Argumentation der nachfolgenden Arbeiten *Lassalles*, z.B. die proitalienische und antiösterreichische Schrift zum Risorgimento „Der italienische Krieg und die Aufgabe Preußens"[7]. Produktive Anwendung fand sie in seinem zweiten großen Werk, dem „System der erworbenen Rechte" (1861). Unter dessen rechtshistorischer Oberfläche ver-

---

leuchtungsgesellschaften, zunächst in Breslau, danach in anderen europäischen Städten. *Lassalle* war an den Planungen erheblich beteiligt. Vgl. dazu *Na'aman*, Lassalle, 41, 57.

[4] Der Verfassungsbruch bestand in einer willkürlichen Umbildung der preußischen Regierung, der Verlagerung des Sitzes der Nationalversammlung von Berlin nach Brandenburg (09.11.1848), dem Oktroy einer neuen Verfassung (05.12.1848) sowie der Einführung des Dreiklassenwahlrechts (30.05.1849). Vgl. dazu *Rüdiger Hachtmann*, Berlin 1848. Eine Politik- und Gesellschaftsgeschichte der Revolution, Bonn 1997, 746, 784ff., 804f.

[5] Vgl. zur Assisenrede *Na'aman*, Lassalle, 167ff.

[6] Vgl. *Lassalle*, Franz von Sickingen. Eine historische Tragödie (1859), in: *Ferdinand Lassalle*, Gesammelte Reden und Schriften, hrsg. von *Eduard Bernstein*, Berlin 1918/19 (künftig abgekürzt in LGRS, Bd. 1, 124-345. *Lassalles* Stück – ein reines „Gedankendrama", wurde nie aufgeführt. Vgl. zur Sickingen-Debatte *Peter Demetz*, Marx, Engels und die Dichter. Zur Grundlagenforschung des Marxismus, Stuttgart 1959, 143-153.

[7] Vgl. *Lassalle*, Der italienische Krieg und die Aufgabe Preußens (1859), in: LGRS, Bd. 1, 21-112.

birgt sich das Problem, weshalb die Veränderung von Eigentumsverhältnissen in revolutionären Situationen legitim sein kann.

Lassalle stürzte sich in der ersten Hälfte der sechziger Jahre, als sich die restaurativen Restriktionen lockerten, wieder ins politische Getümmel. Er erhoffte sich vom preußischen Verfassungskonflikt, der durch *Bismarcks* Mißachtung des parlamentarischen Budgetrechts bei der Durchsetzung seiner Heeresreformpläne ausgelöst wurde, ein Bündnis zwischen dem liberalen Bürgertum und der vom preußischen Wahlrecht diskriminierten Arbeiterschaft im Kampf um das allgemeine Wahlrecht. Doch ersteres interessierte sich hierfür seit langem nicht mehr. *Lassalle* folgerte daraus, daß die Arbeiterschaft sich nunmehr in einer eigenständigen Partei organisieren müsse. In der beharrlichen Umsetzung dieses Ziels, ohne sich durch Hochverratsprozesse und Haft abschrecken zu lassen, liegt seine eigentliche historische Leistung. Sie verschaffte ihm bei der Arbeiterschaft zunehmende Hochachtung und führte im Februar 1863 zu der Einladung, vor dem Komitee, das den Leipziger Arbeiterkongreß vorbereitete, seine Auffassungen darzulegen.[8]

In seinem Kampf um eine eigenständige Arbeiterpartei, die im Mai 1863 unter dem Namen „Allgemeiner Deutscher Arbeiter-Verein" (ADAV) in Leipzig gegründet wurde, und um sein zugkräftiges Arbeiterassoziations-Konzept legte sich *Lassalle* mit dem Abgeordneten des „Fortschritts" im preußischen Abgeordnetenhaus *Franz Hermann Schulze-Delitzsch* (1808-1883) an, der in der Arbeiterschaft gleichfalls angesehen war. Auch *Schulze-Delitzsch* vertrat ein Assoziationskonzept, doch als Liberaler war er im Unterschied zu *Lassalle* der Auffassung, daß Assoziationen nicht mit staatlicher Kredithilfe, sondern mit Ersparnissen der Arbeiter und privaten Krediten errichtet werden sollten.[9] *Lassalle* besaß keine selbständig erarbeitete politische Ökonomie, sondern orientierte sich in seiner Kontroverse mit *Schulze-Delitzsch* an den Auffassungen von *Marx* und *Rodbertus*. Er verfaßte in kürzester Zeit einen umfangreichen Text, der den heute kaum noch verständlichen Titel „Herr Bastiat-Schulze von Delitzsch, der ökonomische Julian, oder Kapital und Arbeit" trägt und 1864 erschien.[10] Trotz evidenter Schwächen bewährte er sich für Agitationszwecke. – *Lassalle* starb 1864 an den Folgen eines Duells mit dem Verlobten einer adligen Dame, die er diesem abspenstig gemacht hatte.

II. Eine Staats- und Rechtstheorie der Revolution

Der Schlüssel zu *Lassalles* politischem Denken ist in seinem „System der erworbenen Rechte" zu finden. Er liegt in dem Gedanken, daß in einem idealen Ge-

---

[8] Diese Einladung führte zu dem berühmten „Offenen Antwortschreiben an das Zentral-Komitee zur Berufung eines Allgemeinen Deutschen Arbeiter-Kongresses zu Leipzig", in: LGRS, Bd. 3, 39-168.

[9] Vgl. dazu *Na'aman*, Lassalle, 129ff., 543, 544, 578.

[10] Vgl. *Lassalle*, Herr Bastiat-Schulze von Delitzsch, der ökonomische Julian, oder Kapital und Arbeit (1864), in: LGRS, Bd. 5, 7-355. Mit *Bastiat* ist der französische wirtschaftsliberale Ökonom *Frédéric Bastiat* (1801-1850) gemeint, der von deutschen liberalen Ökonomen stark beachtet und von *Schulze* plagiiert wurde. *Julian* spielt auf den kompilierenden Literaturhistoriker *Julian Schmidt* an, dem *Lassalle* eine heute ungenießbar gewordene Polemik gewidmet hatte.

meinwesen Individualität und Subjektivität sowie Allgemeinheit oder der „allgemeine Wille" keine Gegensätze bilden – eine Vorstellung, die dem im deutschen Idealismus verbreiteten Bild der griechischen Polis entspricht. *Lassalle* suchte dieses Ideal im alten Rom und dem damals noch wirksamen römischen Recht. Ausgang jedes Rechts- und Staatsdenkens müsse die individuelle Freiheit sein: „In der Gesellschaft ist und soll der Mensch *frei sein* (...).'' Deshalb griffe ein rückwirkendes Gesetz „*in die Freiheit und Zurechnungsfähigkeit des Menschen*" ein.[11] Das zweite Axiom des Lassalleschen Rechtsdenkens ist, daß das Gesetz Ausdruck des „Rechtsbewußtseins des ganzen Volkes" sei.[12] Daß sich der „nationale Geist" im Bau eines Staates äußere, gehörte zu seinen Lieblingsgedanken.[13]

Die philosophische Feinkonstruktion findet sich im „System der erworbenen Rechte". Eine Analyse des römischen Erbrechtes zeige, daß der Individualwille des Erblassers zunächst nach Individuen suche, die aus „*demselben Haus und derselben gens hervorgegangen sind*" wie er. Sind solche nicht zu finden, so erweitere sich der erbberechtigte Personenkreis auf die „Gentilität". Damit konvergiere der subjektive Wille des Erblassers „mit dem *allgemeinen Wesen des Willens* oder mit dem *allgemeinen Willen*", konkret mit dem Volk und den „organischen *Gliederungen*, aus welchen das Volk erwächst", so daß *Lassalle* letztlich sagen kann: „Denn das *Prinzip* des Individuums ist eben der *volksgeistliche Inhalt* oder das *rein Allgemeine desselben*."[14]

Diese heute kaum nachvollziehbare Konstruktion ist ein dialektischer Parforceritt, der die Hegelsche Methode von außen her an seinen Stoff heranträgt. Bereits *Rodbertus*, der das „System" genau kannte, wandte ein, daß *Lassalle* die Vermittlung zwischen „individuellem Willen" und „Willensgemeinschaft" nicht gelungen sei; vielmehr sei die von ihm behauptete „Einheit eine dialektische Täuschung"[15].

Wichtiger als dieser berechtigte Einwand ist jedoch die Nutzanwendung, die *Lassalle* aus seiner Volksgeistlehre zog. Die erste ist die, daß überlebte politische und rechtliche Institutionen, die dem Volksgeist nicht mehr entsprechen, ihr Daseinsrecht verloren haben. Frankreichs konstituierende Versammlung von 1789 habe zu Recht „Lasten, Dienste, Abgaben, Verpflichtungen und Beschränkungen aller Art" feudalen Ursprungs abgeschafft. Das Rückwirkungsverbot des Gesetzes gelte hier nicht mehr. Es sei möglich, die Gegenstände von Rechten, die der historischen Entwicklung nicht mehr entsprechen, entschädigungslos „extra com-

---

[11] Vgl. *Lassalle*, Das System der erworbenen Rechte. Eine Versöhnung des positiven Rechtes und der Rechtsphilosophie. Erster Teil: Die Theorie der erworbenen Rechte und die Kollision der Gesetze, in: LGRS, Bd. 9, 121. *Lassalle* behandelte dieses Problem in Auseinandersetzung mit dem berühmten Rechtsgelehrten *Carl Friedrich von Savigny* (1779-1861). Vgl. dazu *Thilo Ramm*, Ferdinand Lassalle als Rechts- und Sozialphilosoph, Meisenheim 1953.
[12] Vgl. *Lassalle*, System der erworbenen Rechte, in: LGRS, Bd. 9, 127.
[13] Vgl. *ders.*, Der italienische Krieg und die Aufgabe Preußens, in: LGRS, Bd. 1, 33; *ders.*, Die Philosophie Fichtes und die Bedeutung des deutschen Volksgeistes, in: LGRS, Bd. 6, 114-152, 114; vgl. auch *ders.*, Franz von Sickingen, in: LGRS, Bd. 1, 208.
[14] *Ders.*, System der erworbenen Rechte, in: LGRS, Bd. 9, 548, 550f., 557.
[15] Briefe von *Rodbertus* an *Lassalle* vom 8./9. Februar und 30. März 1863, in: *Ferdinand Lassalle*, Nachgelassene Briefe und Schriften, hrsg. von *Gustav Mayer*, Bd. 6: Ferdinand Lassalle. Die Schriften des Nachlasses und der Briefwechsel mit Karl Rodbertus, Berlin 1925, 303, 318. Dem strikt antiindividualistisch denkenden *Rodbertus* wäre es lieber gewesen, den Individualwillen vollständig im Staatswillen aufgehen zu lassen.

mercium" [außerhalb des Bereichs möglicher Geschäfte, W.E.] zu stellen.[16] Die preußische Gerichtsbarkeit handle rechtswidrig, wenn sie trotz geltender Verfassungsbestimmungen Standesprivilegien zulasse.[17]

Wesentlicher Ausdruck des politischen Bewußtseinswandels des Volkes ist das Prinzip der *Volkssouveränität*. „Das Grundprinzip des konstitutionellen Staates ist, daß in ihm nicht mehr der Wille des Monarchen herrscht, daß er vielmehr der Ausdruck des allgemeinen Geistes, des gesammten [sic!] Volkswillens sei, der sich durch Volksrepräsentation zur Geltung zu bringen habe." Diese setze notwendig das *allgemeine Stimmrecht* voraus, das *Lassalle* als „ein angebornes natürliches und ewiges Recht des Volkes" (nicht, wie ein liberaler Autor gesagt hätte, als politisches Individualrecht) bezeichnete, das diesem nur durch „gewaltsame Usurpation" vorenthalten werden könne. In einem konstitutionellen Staat gelte ferner das Prinzip der Regierungsverantwortung: „In konstitutionellen Ländern muß das Ministerium bekanntlich der Ausdruck der Majorität der Versammlung sein, wie diese wiederum dafür gehalten wird, den Ausdruck des Volkswillens zu bilden. Ein Ministerium, welches nicht der Kammermajorität entspricht, hat keine Möglichkeit der Existenz."[18]

Diese Position, die sich an die Verfassungstheorie der Französischen Revolution anlehnt, nahm *Lassalle* zur Grundlage seiner schneidenden Angriffe auf die preußische Regierung in der Assisenrede und der Agitation der sechziger Jahre: Mit welchem Recht habe die Krone den Tagungsort der Versammlung verlegt, die Grundrechte, schließlich die Verfassung aufgehoben und eine andere oktroyiert? Entweder die Nationalversammlung sei souverän gewesen, dann habe es sich um einen Staatsstreich gehandelt, oder sie habe mit der Krone die Souveränität geteilt, dann hätte die Regierung zuwarten müssen, oder sie sei nicht souverän gewesen, dann wäre sie kein Partner einer Vereinbarung Gleichberechtigter gewesen. Wie man es drehe und wende, die Regierung habe Hochverrat begangen und die Kammer, die auf der oktroyierten Verfassung von 1849 beruhe, sei ein „illegaler Usurpatorenhaufen". Widerstand dagegen, z.B. durch den Aufruf zur Steuerverweigerung, sei deshalb ein legitimer Akt gewesen.[19]

In diesen Argumentationszusammenhang fügt sich *Lassalles* Revolutionsverständnis ein. In den Gerichtsverhandlungen ist ihm immer wieder vorgeworfen worden, er hetze die Arbeiter zur gewaltsamen Revolution auf. *Lassalle* hat dies immer wieder unter Berufung auf seine Theorie der Veränderung des Volksbewußtseins zurückgewiesen.

Revolutionen könne man nicht machen. Sie bedeuteten im Grunde nur eine „*rechtliche Anerkennung* und *konsequente Durchführung*" von bereits eingetretenen gesellschaftlichen Veränderungen. „Hat sich der gesellschaftliche Wille und Bedürfnis [sic!] geändert, so gehört der alte Codex in das Museum der Geschichte, an seine Stelle tritt das neue Abbild, das neue

---

[16] Vgl. *Lassalle*, System der erworbenen Rechte, in: LGRS, Bd. 9, 349, 441f.
[17] Mit Beispielen vgl. ebenda, 651ff., sowie *Lassalle*, Meine Assisen-Rede, gehalten vor den Geschworenen zu Düsseldorf am 3. Mai 1849 gegen die Anklage, die Bürger zur Bewaffnung gegen die Königliche Gewalt aufgereizt zu haben, in: Ferd. Lassalle's Reden und Schriften. Neue Gesammt-Ausgabe. Mit einer biographischen Einleitung hrsg. von *Ed(uard) Bernstein*, London 1892, Bd. 1, 189-289, 238. Die Assisenrede ist in LGRS nicht enthalten.
[18] Ebenda, 208, 211, 244.
[19] Vgl. ebenda, 217, 221, 228f., 230ff.; *Lassalle*, Die Feste, die Presse und der Frankfurter Abgeordnetentag. (...) Eine Rede, gehalten in den Versammlungen des Allgemeinen Deutschen Arbeiter-Vereins zu Barmen, Solingen und Düsseldorf (1863), in: LGRS, Bd. 3, 333-404, 332.

Konterfei der Gegenwart." Er gebrauche den Begriff im wissenschaftlichen Wortsinne. Revolution bedeute „Umwälzung", gleich, ob mit friedlichen oder gewaltsamen Mitteln. Im übrigen habe er in seinen Reden immer auf einen friedlichen Ausgleich der Gegensätze gepocht. Eine Revolution im Sinne „geschwungener Heugabeln" strebe er nicht an.[20] Die Gefahr gewaltsamer Auseinandersetzungen zwischen Arbeiterschaft und Bourgeoisie werde nicht durch seine Agitation hervorgerufen, sondern durch die „schreiendste Ungerechtigkeit", daß auf der einen Seite auf Grund der indirekten Steuern die einfachen Leute, die die größten Steuerlasten zu tragen hätten, durch das Dreiklassenwahlrecht von der politischen Teilhabe fast ausgeschlossen seien, während die wahlrechtsprivilegierten „wohlhabenden Klassen (...) den unendlich geringsten Teil zu den Lasten beitragen". Darüber wolle er aufklären und damit zur Beseitigung eines Zustandes beitragen, „der auf die Länge der Zeit Klassenhaß erzeugen müßte". Er wolle auch die Bourgeoisie davon überzeugen, daß es „zwischen dem reinen Absolutismus und dem allgemeinen Wahlrecht" nichts gebe, was nicht schließlich „von dem ehernen Gang der Geschichte zertreten werden muß"[21].

Für *Lassalle* war es die Aufgabe des Staates, einen Weg zur Emanzipation der Arbeiterschaft zu schaffen. Denn, so sagte er in Übereinstimmung mit der Denkweise *Hegels* und *Fichtes*, die „eigentlich sittliche Natur des Staates", seine „wahre und höhere Aufgabe" liege darin, „das menschliche Wesen zur *positiven Entfaltung* und *fortschreitenden Entwickelung* zu bringen, mit anderen Worten, die menschliche *Bestimmung*, d.h. die Kultur, deren das Menschengeschlecht *fähig ist, zum wirklichen Dasein* zu gestalten; er ist die *Erziehung und Entwicklung* des Menschengeschlechts zur *Freiheit.*"[22]

Dieses hohe Ziel wird der Staat aber nur dann erreichen können, wenn er sich zur „sittlichen Idee des Arbeiterstandes" bekennt.[23] *Lassalle* hat den Begriff *Arbeiterstand* dem ihm gleichfalls geläufigen der *Arbeiterklasse* vorgezogen, weil er die sittliche Bedeutung dieses „Stands" der „bürgerlichen Gesellschaft" hervorheben wollte. Dieser lag für ihn darin, daß er die Avantgarde der Menschheit bildet, die, wie zuvor der „dritte Stand" (das Bürgertum) angesichts der „privilegierten Stände" (der Adel und die hohe Geistlichkeit), „*seine* Sache als die Sache der ganzen *Menschheit*" auffaßte. Das Bürgertum könne diese Rolle nicht mehr spielen, da es, im Vergleich mit dem „vierten Stand" (dem Arbeiterstand) nunmehr selbst privilegiert sei. Die Verwirklichung von *Freiheit* und *Gleichheit* würde die Aufhebung des Unterschieds zwischen Bürgern und Arbeitern vorausset-

---

[20] Vgl. *Lassalle*, Arbeiterprogramm. Über den besondern Zusammenhang der gegenwärtigen Geschichtsperiode mit der Idee des Arbeiterstandes (1862), in: LGRS, Bd. 2, 139-202, 165; *ders.*, Assisen-Rede, in: *Bernstein*, Ferd. Lassalle's Reden und Schriften, Bd. 1, 238; *ders.*, Die Wissenschaft und die Arbeiter. Eine Verteidigungsrede vor dem Berliner Kriminalgericht gegen die Anklage, die besitzlosen Klassen zum Haß und zur Verachtung gegen die Besitzenden öffentlich angereizt zu haben (1863), in: LGRS, Bd. 2, 203-292 (der Text ist ab S. 272 verdruckt); dasselbe in: *Bernstein*, Ferd. Lassalle's Reden und Schriften, Bd. 2, 51-111, 103ff., 106. Ein wichtiges Argument *Lassalles* war, daß, wie die Statistik zeige, auf Grund der indirekten Steuern das Steueraufkommen zum weitaus größten Teil von den „ärmeren Klassen" bezahlt werde. Diese Aussage führte zu einer heftigen Kontroverse; vgl. dazu *Gerhard A. Ritter/Klaus Tenfelde*, Arbeiter im Deutschen Kaiserreich 1871 bis 1914, Bonn 1992, 115.

[21] *Lassalle*, Die indirekte Steuer und die Lage der arbeitenden Klassen. Eine Verteidigungs-Rede vor dem Königl. Kammergericht zu Berlin gegen die Anklage, die besitzlosen Klassen zum Haß und zur Verachtung gegen die Besitzenden öffentlich angereizt zu haben (1863), in: LGRS, Bd. 2, 293-486, 474.

[22] *Lassalle*, Arbeiter-Programm, in: LGRS, Bd. 2, 198.

[23] Vgl. ebenda, 195.

zen, denn „*Bürger* sind wir *Alle*", desgleichen „*Arbeiter*", „insofern wir nur eben den *Willen* haben, uns in irgend einer Weise der menschlichen Gesellschaft nützlich zu machen"[24]. Die Schaffung eines freiheitlichen und egalitären Gemeinwesens bedeutet aber nicht – *Lassalle* betonte dies, um den Kommunismusverdacht abzuwenden – das „einmal erworbene gesetzliche Eigentum" anzutasten.[25] Es geht vielmehr darum, das Eigentum zu verallgemeinern.

Allerdings setze die Verwirklichung der sittlichen Idee des Arbeiterstandes das allgemeine Wahlrecht voraus. Von dem gegenwärtigen preußischen „Polizeistaat" könne man dies nicht erwarten,[26] erst recht nicht vom liberalen Bürgertum. *Lassalle* ging mit dessen Staatsgesinnung hart ins Gericht. Staatszweck sei für dieses allein, „die persönliche Freiheit des einzelnen und sein Eigentum zu schützen". Dies – so *Lassalles* berühmteste Sentenz, sei „eine Nachtwächteridee", und zwar deshalb, weil die Bourgeoisie „sich den Staat selbst nur unter dem Bilde eines Nachtwächters denken kann, dessen ganze Funktion darin besteht, Raub und Einbruch zu verhüten"[27]. Genau genommen haßten die „Manchestermänner" den Staat, und zwar nicht bloß eine bestimmte Staatsform, „sondern *den Staat überhaupt*, und wenn sie könnten, so würden sie (...) gern den *Staat aufheben und ihn untergehen lassen in der Gesellschaft*" und, wie *Lassalle* im „Bastiat-Schulze" hinzufügte, „unter die entmenschende Herrschaft jenes gebieterischen Gesetzes [der Konkurrenz, W.E.] stellen"[28]. Anders der sittliche Staat *Lassalles*:

„Ein Staat also, welcher unter die Herrschaft der Idee des Arbeiterstandes gesetzt wird, (...) würde mit höchster Klarheit und Bewußtsein diese sittliche Natur zu seiner Aufgabe machen. Er würde mit freier Lust und vollkommenster Konsequenz vollbringen, was bisher nur stückweise in den dürftigsten Umrissen dem widerstrebenden Willen abgerungen worden ist (...) – einen Aufschwung des Geistes, die Entwicklung einer Summe von Glück, Bildung, Wohlsein und Freiheit herbeiführen, wie sie ohne Beispiel dasteht in der Weltgeschichte und gegen welche selbst die gerühmtesten Zustände in ein verblassendes Schattenbild zurücktreten."[29]

Lassalle beschloß diese vom Geist der Utopie gespeiste Vision eines sittlichen Arbeiterstaates mit dem Symbol der aufgehenden Sonne, das in der sozialistischen Ikonographie unzählige Male wiederholt worden ist.[30]

Lassalles idealistisches Denken ist mit der materialistischen Geschichtsauffassung nicht vereinbar, doch er hat häufig in ihrem Sinn argumentiert.[31] Offenbar

---

[24] *Lassalle*, Arbeiter-Programm, 171f., 186. Die Idee der Avantgarde-Rolle der historisch zur Führung berufenen Klasse findet sich auch in *Marx/Engels*, Deutsche Ideologie, in: MEW 3, 47 – ein posthum erschienener Text, den *Lassalle* nicht kennen konnte.
[25] Vgl. *ders.*, Arbeiter-Programm, in: LGRS, Bd. 2, 174.
[26] Vgl. *ders.*, Arbeiterlesebuch. Rede Lassalle's zu Frankfurt am Main am 17. und 19. Mai 1863 nach dem stenographischen Bericht, in: LGRS, Bd. 3, 179-332, 245; *Lassalle*, An die Arbeiter Berlins. Eine Ansprache im Namen der Arbeiter des Allgemeinen Deutschen Arbeitervereins (1863), in: LGRS, Bd. 4, 7-58, 48.
[27] *Ders.*, Arbeiterprogramm, in: LGRS, Bd. 2, 195f.
[28] Eine Ende des 20. Jhs. wieder interessante These. Vgl. *ders.*, Zur Arbeiterfrage. Lassalle's Rede bei der am 16. April 1863 in Leipzig gehaltenen Arbeiter-Versammlung, in: LGRS, Bd. 3, 109-168, 136, sowie *ders.*, Bastiat-Schulze, in: LGRS, Bd. 5, 272.
[29] *Ders.*, Arbeiterprogramm, in: LGRS, Bd. 2, 198f.
[30] Vgl. ebenda, 202.
[31] Am eindeutigsten in seinem Referat „Geschichte der sozialen Entwicklung", das er zu Beginn der fünfziger Jahre vor Düsseldorfer Arbeitern gehalten hat, in: *ders.*, Nachgelassene Briefe und

hat er beide Denkweisen für kompatibel gehalten, was *Marx* und *Engels* zu Recht bezweifelten.[32] Gleichwohl gibt es einen glänzenden Text, in dem sich *Lassalle* auf eigenständige Art als historischer Materialist zeigt: seinen Vortrag „Über Verfassungswesen". Er stellte darin zunächst die Frage, was eine Verfassung von einem Gesetz unterscheide, und kam zu dem Resultat, daß die Verfassung ein „*Grund*gesetz" sei, d.h. auf einer „*thätigen Kraft*" beruhen müsse, die die Gesetze und Institutionen eines Landes „*mit Nothwendigkeit zu dem macht, was sie eben sind (...)*"[33]. Diese Kraft sei nichts anderes als „die *thatsächlichen Machtverhältnisse*", die in einer gegebenen Gesellschaft bestehen. *Lassalle* nannte Beispiele: Man stelle sich vor, eine Feuersbrunst hätte alle Staatsarchive, Bibliotheken und die Hofdruckerei vernichtet, so daß Preußen kein einziges beglaubigtes Gesetz mehr besitze. Könne man in dieser Situation Gesetze beliebigen Inhalts erlassen?

„Da würde der König einfach sagen: Die Gesetze mögen untergegangen sein; aber tatsächlich gehorcht mir die Armee (...), tatsächlich geben auf meine Ordre die Kommandanten der Zeughäuser und Kasernen die Kanonen heraus und die Artillerie rückt damit auf die Straße und auf diese tatsächliche Macht gestützt leide ich nicht, daß Ihr mir andere Stellung macht, als ich will.

Sie sehen, meine Herren, ein König, dem das Heer gehorcht und die Kanonen, – das ist ein Stück Verfassung! (...)

(...) die großen adligen Grundbesitzer haben immer einen großen Einfluß bei Hof gehabt und durch diesen Einfluß können sie nun das Heer und die Kanonen ebenso gut für sich in Bewegung setzen, als wenn diese Machtmittel zu ihrer direkten Verfügung ständen.

Sie sehen also, meine Herren, ein Adel, der Einfluß bei Hof und König hat, – das ist ein Stück Verfassung. (...)

Wenn man also nun dennoch die Zunftverfassung heut einführen wollte – was würde entstehen? Die Herren Borsig, Egels u.s.w., die großen Kattunfabrikanten, Seidenfabrikanten usw. würden ihre Fabriken schließen und ihre Arbeiter entlassen, (...) Handel und Wandel würde stocken, eine große Anzahl Handwerksmeister würde hierdurch wiederum (...) ihre Gesellen entlassen, diese ganze unendliche Volksmasse würde nach Brot und Arbeit rufend durch die Straßen wogen (...), und es würde so ein Kampf ausbrechen, in welchem keineswegs der Sieg dem Heere verbleiben könnte.

Sie sehen also, meine Herren, die Herren Borsig und Egels, die großen Industriellen überhaupt, – die sind ein Stück Verfassung"; wie auch „die Bankiers Mendelssohn, Schickler, die Börse überhaupt"[34].

Lassalles Nutzanwendung aus dieser Analyse lautete, daß nach der Märzrevolution 1848 einschneidende revolutionäre Maßnahmen hätten ergriffen werden müssen.

Der Unterschied zwischen der Macht der Krone und der der Nation sei, daß diese militärisch *organisiert* und parat, den Kampf wieder aufzunehmen, gewesen sei, die Macht der Nation dagegen *unorganisiert*. Es wäre also notwendig gewesen, „die organisierte Macht des stehenden Heeres so umzugestalten, daß sie *nicht wieder* als ein bloßes Machtmittel des Fürsten *gegen die Nation* verwendet werden konnte", z.B. durch Verkürzung des Wehrdienstes, Wahl

---

Schriften, hrsg. von *Gustav Mayer*, Bd. 6, 92-155, 94.

[32] Vgl. z.B. *Engels*, Zur Wohnungsfrage (1872), in: MEGA I 24, 70f.; MEW 18, 211-287, 275f.; *ders.*, Der Ursprung der Familie, des Privateigentums und des Staates (1884), in: MEGA I 29, 112 Anm.; MEW 21, 25-173, 171 Anm.

[33] *Lassalle*, Über Verfassungswesen. Ein Vortrag, gehalten in einem Berliner Bürger-Bezirks-Verein (1862), in: LGRS, Bd. 2, 23-61, 31.

[34] Ebenda, 33ff.

der niederen Offiziere durch die Truppenkörper, Verwahrung der Geschütze durch städtische Behörden sowie Bildung von Artilleriesektionen der Bürgerwehr.[35] Da dies nicht geschehen sei, die volle Staatsmacht deshalb in den Händen der Krone liege, sei die gegenwärtige oktroyierte, aber quasi-liberale Verfassung, ein „bloßes Blatt Papier", weil sie die realen Machtverhältnisse nicht widerspiegle. Das Bürgertum habe sich damit arrangiert; es habe sich das allgemeine Wahlrecht nehmen lassen, weil ihm der staatliche Schutz von Leib und Eigentum genüge.[36]

III. *Lassalles* ökonomische Auffassungen: Das „eherne Lohngesetz" und die Emanzipation des Proletariats durch Arbeiterassoziationen

Bis weit ins 20. Jh. hinein war für Sozialisten die Kritik der politischen Ökonomie eine unentbehrliche Wissenschaft, da sie die Argumente bereitstellte, mit denen die selbstzerstörerischen Tendenzen der kapitalistischen Gesellschaft nachgewiesen werden konnten. *Lassalle* setzte sich wie andere Sozialisten mit den Klassikern der bürgerlichen Ökonomie auseinander, d.h. mit *Adam Smith*, *David Ricardo*, *Jean-Baptiste Say* usw. Seine Agitationsschriften und sein ökonomisches Hauptwerk „Bastiat-Schulze" lassen jedoch keinen systematischen Argumentationszusammenhang erkennen. Die polemische Absicht überwog.

Lassalle kritisierte wie *Marx* den individualistischen Ausgangspunkt der bürgerlichen politischen Ökonomie, der sich in naturrechtlichen Vorstellungen und in sogenannten Robinsonaden (d.h. in fiktiven Überlegungen, wie Menschen, die auf sich allein gestellt sind, ökonomisch handeln würden) zeigt. Eben solche Darstellungen finden sich in *Schulze-Delitzschs* „Kapitel zu einem deutschen Arbeiterkatechismus" (1863), dem *Lassalles* Polemik galt.

Schulze gehe vom Einzelmenschen aus, der natürliche Kräfte besitze und sie vernünftig gebrauchen könne; zugleich schrieb er ihm „*die Pflicht der Selbstsorge*" zu. Daß es diese gebe, wolle er, *Lassalle*, gar nicht bestreiten, doch *Schulze* verknüpfe sie mit einer „Verweisung eines jeden auf sich selbst", nach dem Motto: „Jeder für sich selbst und Gott für uns alle" – dies wolle er als „Motto der menschlichen Gesellschaft" ausgeben. Im Grunde verberge sich dahinter die „Abstraktion des *Naturzustandes*", die die Menschen „als *isolierte einzelne*" begreife.[37] *Lassalle* setzte diesem atomistischen Menschen- und Gesellschaftsbild die platonische, auch bei *Rodbertus* nachweisbare Idee von der ursprünglichen Verbundenheit alles Existierenden entgegen, was für die Menschenwelt das „*Angewiesensein eines jeden auf alle*, (...) die *Einheit und Gemeinsamkeit mit allen*" bedeute. Dies heiße zugleich „*Solidarität* (...) in allen Volksindividuen", die im „Volksgeist" – seiner Lieblingsidee – beschlossen liege. *Schulze* hätte, bevor er sich über den vernünftigen Gebrauch der natürlichen Kräfte unter den gegenwärtigen Bedingungen äußerte, die Kategorien „Tauschwerth, Geld, Kredit, Kapital, Konkurrenz, Lohnarbeit, Grundrente etc." klären müssen.[38]

---

[35] Vgl. *Lassalle*, Über Verfassungswesen, 492.
[36] Vgl. ebenda, 482, 491, 493, 495ff.
[37] Vgl. *Schulze-Delitzsch*, „Kapitel zu einem deutschen Arbeiterkatechismus", in: Hermann Schulze-Delitzsch's Schriften und Reden, hrsg. (...) von *F. Thorwart*, Bd. 2, Berlin 1910, 32f.; *Lassalle*, Bastiat-Schulze, in: LGRS, Bd. 5, 43ff.
[38] Vgl. ebenda, 45ff., 49f., 57ff.

Lassalle schilderte breit die Folgen von Konkurrenz, Konjunkturen und Spekulation, die er als Perversion des Solidaritätsprinzips begriff.[39] Diese Darstellung ist nicht originell; sie wiederholt die Anklagen der frühsozialistischen Literatur. Er griff sodann die Kapital- und Kapitalzinstheorie *Schulze-Delitzschs* und anderer wirtschaftsliberaler Autoren auf. In *Schulzes-Delitzschs* „Arbeiterkatechismus" heißt es: „Kapital ist in allen Fällen das unmittelbare Ergebnis eines *Sparens*", also das Ergebnis von „Mühe und Entsagung". Wer auf diese Weise Kapital erworben habe, könne es gegen Zins verleihen: „Denn Kapitalzins ist weiter nichts, als der Kaufpreis für die Nutzung oder den Gebrauch einer Sache während einer bestimmten Zeit."[40] Für diese „Entsagungstheorie" hatte *Lassalle* nur Hohn und Spott übrig. Der Kapitalprofit sei also „Entbehrungslohn", und die europäischen Millionäre somit Asketen und indische Büßer, die den Lohn ihrer Entbehrungen einsammelten, an ihrer Spitze das Haus Rothschild.[41] Auch führte er *Schulzes* Versuch, nach *Bastiats* Vorbild den Warenwert nicht, wie die Arbeitswerttheorie, durch die durchschnittlich aufzuwendende Arbeitszeit, sondern durch die „Anstrengung" zu bestimmen, die der Käufer erspare, durch paradoxe Beispiele ad absurdum.[42]

Die rudimentäre Kritik der politischen Ökonomie, die *Lassalle* derartigen Lehren entgegensetzte, folgt hinsichtlich der Wert- und Geldtheorie dem Vorbild der Marxschen „Kritik der politischen Ökonomie" von 1859. Abweichend ist die Bestimmung des Arbeitslohns und damit des Kapitalprofits, die bei *Lassalle* nicht die Subtilität der Marxschen Ausbeutungstheorie erreichte.[43]

Das Ziel der Arbeiter-Emanzipation entwickelte *Lassalle* auf originelle Weise aus seiner Rechtstheorie. In seinem „System der erworbenen Rechte" stellte er die Frage, ob die heutige Welt, in der das „Eigentum an der unmittelbaren Benutzbarkeit eines anderen Menschen" abgeschafft sei, „mittelbare Ausbeutung" weiterhin dulden solle, d.h. ob dem Unternehmer „ein Eigentum an fremdem Arbeitswert zustehen" könne.[44] Im „Bastiat-Schulze" beschrieb er die Eigentumsbildung durch Ausbeutung als dialektische „Verkehrung" der Idee des Eigentums:

„Das Eigentum ist Fremdtum geworden – das ist der Satz, in welchen sich unser kritischer Nachweis komprimieren ließe. (...) Gerade heut herrscht unter dem bloßen Scheine individueller Erzeugung eine sich unausgesetzt durch den Zufall von neuem bestimmende Verteilung des Eigentums durch die rein objektiven Bewegungen der Gesellschaft, eine Verteilung des Eigentums von gesellschaftswegen. Gerade heute herrscht ein anarchischer Sozialismus! Dieser anarchische Sozialismus ist das – bürgerliche Eigentum. Was also der Sozialismus will, ist nicht das Eigentum aufheben, sondern im Gegenteil individuelles Eigentum erst einführen!"[45]

---

[39] Vgl. *Schulze-Delitzsch*, Arbeiterkatechismus, 57ff.
[40] Ebenda, 48, 52.
[41] Vgl. *Lassalle*, Bastiat-Schulze, in: LGRS, Bd. 5, 165ff. – Die Entsagungs- oder Abstinenztheorie geht auf den englischen Nationalökonomen *Nassau William Senior* (1790-1864) zurück.
[42] Vgl. *Schulze-Delitzsch*, Arbeiterkatechismus, 84; *Lassalle*, Bastiat-Schulze, in: LGRS, Bd. 5, 197, 208ff.
[43] Vgl. ebenda, 188, 227ff.; *ders.*, Offenes Antwortschreiben, in: LGRS, Bd. 3, 60f.
[44] Vgl. *ders.*, System der erworbenen Rechte, in: LGRS, Bd. 9, 398 Anm.
[45] *Ders.*, Bastiat-Schulze, in: LGRS, Bd. 5, 296f. - Es soll daran erinnert werden, daß *Moses Heß* ähnlich argumentierte, siehe oben Sozialismus I, 2. Kap., III. -*Bernstein* merkte zu der zitierten Stelle an: „Aber unter Anerkennung und Berücksichtigung des gesellschaftlichen Charakters der

Als wichtigen Zwischenschritt auf dem Weg zur Emanzipation betrachtete *Lassalle* seit 1863 die Errichtung von *Arbeiterassoziationen*. Ausgangspunkt seiner Argumentationskette war sein *ehernes Lohngesetz*. Es bildete die wichtigste Waffe gegen *Schulze-Delitzsch*, der annahm, derartige Assoziationen könnten mit Hilfe von Sparkapital der Arbeiter und Privatkrediten geschaffen werden. Die ausführlichste Darstellung dieses Gesetzes findet sich im „Offenen Antwortschreiben":

„Das eherne ökonomische Gesetz, welches unter den heutigen Verhältnissen, unter der Herrschaft von Angebot und Nachfrage nach Arbeit, den Arbeitslohn bestimmt, ist dieses: daß der durchschnittliche Arbeitslohn immer auf den notwendigen Lebensunterhalt reduziert bleibt, der in einem Volke gewohnheitsmäßig zur Fristung der Existenz und zur Fortpflanzung erforderlich ist. Dies ist der Punkt, um welchen der wirkliche Tageslohn in Pendelschwingungen jederzeit herum gravitiert ohne sich jemals lange weder über denselben erheben, noch unter denselben hinunterfallen zu können. Er kann sich nicht dauernd über diesen Durchschnitt erheben – denn sonst entstünde durch die leichtere, bessere Lage der Arbeiter eine Vermehrung der Arbeiterehen und der Arbeiterfortpflanzung und somit des Angebots von Händen, welche den Arbeitslohn wieder auf und unter seinen früheren Stand herabdrücken würden. Der Arbeitslohn kann auch nicht dauernd tief unter diesen notwendigen Lebensunterhalt fallen, denn dann entstehen – Auswanderung, Ehelosigkeit, Enthaltung von der Kindererzeugung und endlich eine durch Elend erzeugte Verminderung der Arbeiterzahl, welche somit das Angebot von Arbeiterhänden noch verringert und den Arbeitslohn wieder auf den früheren Stand zurückbringt."[46]

Lassalle begründete die emanzipative Wirkung der Assoziationen damit, daß bei ihnen Arbeitslohn und Unternehmergewinn zusammenfallen. Der Arbeiterstand werde so *„sein eigner Unternehmer"* und habe Anspruch auf den vollen *„Arbeitsertrag"*. Allerdings könnten Arbeiterassoziationen nur mit Staatshilfe eingerichtet werden, denn weder Arbeiter noch Kleinhandwerker seien in der Lage, selbst ausreichendes Kapital zu bilden – von einzelnen Ausnahmen abgesehen.[47]

„Wenn *der Arbeiterstand sein eigener Unternehmer ist*, so fällt jene *Scheidung* zwischen *Arbeitslohn* und *Unternehmergewinn* und mit ihr der bloße *Arbeitslohn* überhaupt fort, und an seine Stelle tritt als Vergeltung der Arbeit: der *Arbeitsertrag!* Die *Aufhebung des Unternehmergewinns* in der friedlichsten, legalsten und einfachsten Weise, indem sich der *Arbeiterstand durch freiwillige Assoziationen als sein eigner Unternehmer* organisiert, die hiermit und hiermit allein gegebene Aufhebung jenes Gesetzes, welches unter der heutigen Produktion von dem Produktions-Ertrag das eben zur Lebensfristung Erforderliche auf die Arbeiter als *Lohn* und den gesammten Überschuß auf den Unternehmer verteilt, *das* ist (...) die einzige *nicht-illusionäre* Verbesserung der Lage des Arbeiterstandes."[48]

Gesamtproduktion.", in: LGRS, Bd. 5, 296 Anm.

[46] *Lassalle*, Offenes Antwortschreiben, in: LGRS, Bd. 3, 58f. *Lassalle* hat dieses Gesetz in seinen Agitationsschriften in knapperer Form wiederholt, sowie im „Bastiat-Schulze", in: LGRS, Bd. 5, 146f. Zeitgenössische Kritiker haben ihm vorgeworfen, er habe den Faktor der Bevölkerungsentwicklung nicht berücksichtigt. Wie der zitierte Text zeigt, hat er diesen Vorwurf zu Recht zurückgewiesen. Ferner geht daraus hervor, daß das „eherne Lohngesetz" den sogenannten moralischen Faktor, d.h. die Abhängigkeit des Mindestbedarfs von der kulturellen Höhe einer Gesellschaft, durchaus berücksichtigt, vgl. *Lassalle*, Offenes Antwortschreiben, in: LGRS, Bd. 3, 65f. Insofern steht das „eherne Lohngesetz" der Marxschen Bestimmung der Lohnhöhe nahe.

[47] Vgl. ebenda 71f.; *ders.*, Arbeiterlesebuch, in: LGRS, Bd. 3, 270.

[48] Ebenda, 69f. – Kritisch dazu *Lassalles* Mentor *Rodbertus*. Diese Art des Assoziationswesens werde schwerfällig werden und die Nachteile der Privatwirtschaft nicht überwinden können. *Rod-*

Die Frage, warum der Staat die Kreditfinanzierung übernehmen soll, beantwortete *Lassalle* mit dem Argument, daß dieser die Pflicht habe, sich die „sittliche Idee des Arbeiterstandes" zu eigen zu machen. Die wirtschaftsliberalen Einwände, daß die Staatshilfe die eigene Kraft der Arbeiterschaft beschneide und zudem die Gefahr berge, daß sich die Assoziationen dadurch vom Staate abhängig machten, ließ er nicht gelten. Wenn die Großunternehmen und reichen Aktionäre staatliche Zinsgarantien in Anspruch nähmen und sich dadurch reichlich Dividenden verschafften, so entstehe kein Protestgeschrei. Mehr als die üblichen Gläubigerrechte, z.B. den Anspruch, in die Buchführung Einblick nehmen zu dürfen, werde der Staat nicht verlangen können. Dies sei in der Privatwirtschaft gang und gäbe. Und wenn schon Abhängigkeit: Es sei besser, vom Staat als vom „*guten Willen einzelner Kapitalisten*" abhängig zu sein.[49]

Lassalle dachte gradualistisch. Er nahm an, daß sich die Assoziationen allmählich ausbreiten würden und schließlich „an jedem Ort immer ein *ganzer Produktionszweig* in *eine einzige* Assoziation konzentriert" werde, so daß „jede *Konkurrenz* zwischen Assoziationen einer Stadt von vornherein unmöglich, wodurch (...) für die Assoziation das *Risiko*, welches der *einzelne* Unternehmer für sein Kapital läuft, *beseitigt* ist und die Assoziation sich der gesicherten, immer vorschreitenden Blüte bemächtigt, welche ‚*der Produktion*' eigen ist"[50].

Ferner sah *Lassalle* vor, daß die „mit Hilfe des Staates zu bildenden Assoziationen in einen *Kreditverband unter einander* zu treten hätten und treten würden. Außer dem Kreditverband könnte ein *Assekuranzverband* die verschiedenen Vereine *umfassen*, welcher etwaige Geschäftsverluste durch ihre Verteilung bis zur Unmerklichkeit ausgliche."[51] Wie alle frühsozialistischen Autoren dachte er an keine betriebliche Mitbestimmung der Belegschaft. Er sprach von Geschäftsleitern, Fabrik- und Betriebsdirektoren, die einen höheren „geistigen Arbeitslohn" beanspruchen könnten – wie überhaupt das Entlohnungssystem sich danach richten sollte, wie qualifiziert die Arbeit des einzelnen Arbeiters ist.[52] Das Assoziationswesen werde sich als „höchst lukrativ" erweisen. Eine Nation, die es einführe, werde wegen der „Billigkeit konzentrierter Produktion" auf dem Weltmarkt eine „noch weit überlegenere Stellung einnehmen, als England so lange Zeit hindurch den Kontinentalnationen gegenüber durch die größere Konzentrirung [sic!] seiner Kapitalien behauptet hat"[53]. *Lassalle* setzte auf

---

bertus, Brief an *Lassalle* vom 30.03.1863, in: *Lassalle*, Nachgelassene Briefe, hrsg. von *G. Mayer*, Bd. 6, 316. *Lassalle* räumte Schwierigkeiten ein, wies auf die Notwendigkeit hin, den Arbeitern ein „praktisch greifbares" Konzept zu bieten, hielt den Weg aber für gangbar und gab zu bedenken, daß es vielleicht über 100 Jahre dauern werde, bis sich das Konzept eingespielt habe. Vgl. *Lassalle*, Brief an Rodbertus vom 28.04.1863, in: ebenda, 329, sowie vom 26.05.1863, in: ebenda, 356. *Lassalle* hob in diesem Briefwechsel ferner hervor, daß er das Assoziationsprinzip auf den *landwirtschaftlichen Sektor* ausdehnen wolle (wovon in seinen Publikationen nicht die Rede war); vgl. Brief vom 22. 04.1863, in: ebenda, 342. Die Idee wurde im „Gothaer Programm" wieder aufgegriffen; vgl. unten Sozialismus I, 5. Kap., I, 1.

[49] Vgl. *Lassalle*, Offenes Antwortschreiben, in: LGRS, Bd. 3, 73ff.; *ders.*, Arbeiterlesebuch, in: LGRS, Bd. 3, 243f., 271.

[50] *Ders.*, Bastiat-Schulze, in: LGRS, Bd. 5, 309f.

[51] *Ders.*, Offenes Antwortschreiben, in: LGRS, Bd. 3, 76 Anm.; *ders.*, Bastiat-Schulze, in: LGRS, Bd. 5, 313.

[52] Vgl. ebenda, 311; *Lassalle.*, Arbeiterlesebuch, in: LGRS, Bd. 3, 264.

[53] *Ders.*, Offenes Antwortschreiben, in: LGRS, Bd. 5, 71 Anm.; *ders.*, Bastiat-Schulze, in: LGRS, Bd. 5, 317.

die *industrielle Großproduktion*, während *Schulze* eher an handwerkliche Verhältnisse dachte.⁵⁴

Was die Anschubfinanzierung der ersten Assoziationen betrifft, so hielt *Lassalle* die von *Schulze* genannte Summe von mehreren Milliarden Talern für weit übertrieben. Hundert Millionen würden fürs erste genügen. Bei Reinvestition der Zinsgewinne könne eine Welle von Assoziationsgründungen ausgelöst werden. Große Arbeitermassen könnten sich jährlich assoziieren „und zum Licht der Freiheit und des Wohlstandes hindurch dringen (...)". *Bernstein* merkte dazu kritisch an: „Wie eine industrielle Assoziation, die selbst nur mit kreditiertem Kapital wirtschaftet, das sie obendrein mit fünf Prozent zu verzinsen hat, andren Assoziationen durch Kreditierung der von ihr hergestellten Produkte Lebenskraft einhauchen und dabei bestehen soll, bleibt (...) dahingestellt."⁵⁵ Die wirtschaftsliberale Kritik blieb nicht aus. Bereits in seinem „Arbeiterkatechismus" hatte *Schulze* zu bedenken gegeben:

„Der *Staat* ist ja nichts, was über und außer den Menschen in der Luft schwebt, er ist die Gesamtheit der Staatsangehörigen, und der *Staatssäckel* besteht von dem, was aus den Privatsäckeln der Bürger in ihn hineinfließt. (...) die zahlreichste Klasse der Staatsbürger dauernd an eine Unterstützung aus öffentlichen Mitteln, also *viele* auf *wenige*, verweisen, wäre gleichbedeutend mit dem öffentlichen Bankerott (...). Und wahrhaftig, nicht bloß das Defizit der Staatsfinanzen, auch der sittliche und wirtschaftliche Ruin der Gesellschaft ginge notwendig aus solchem Gebaren hervor, vor allem des *Arbeiterstandes* selbst. (...). Daher *Freiheit der Arbeit, Gewerbefreiheit und Freizügigkeit*, als eine der ersten Forderungen der Arbeiter und als notwendige Voraussetzung der sozialen Selbsthilfe. (...) Verantwortlichkeit und Freiheit – dies [sind, W.E.] die sich gegenseitig bedingenden Grundsäulen der *sittlichen, politischen und wirtschaftlichen* Welt."⁵⁶

In einem Aufsatz, in dem sich *Schulze* direkt mit *Lassalles* Assoziationskonzept auseinandersetzte, wandte er ein, daß dieses das Risiko von wirtschaftlichen Zusammenbrüchen der Assoziationen auf den Staat überwälze. Der Gedanke eines „Assekuranzverbandes" ändere daran nichts, denn versichern ließen sich nur Schadensfälle, bei denen die Zahl der Versicherten und die Summe des versicherten Vermögens den erwartbaren Betrag des Schadens „sehr bedeutend" überschreite. Geschäftsverluste könnten prinzipiell nicht versichert werden, da das Risiko auf Grund gewagter Spekulationen, verkehrter technischer und kaufmännischer Leitung usw. „in das Unberechenbare" steigen könne.⁵⁷ Auch der konservative Befürworter des Assoziationsgedankens *Victor A. Huber*, den *Lassalle* mehrfach als Kronzeugen für die Praktikabilität seiner Idee anrief, erfüllte diese Funktion schlecht. Ein „ehernes Lohngesetz" gebe es nicht, private Kredite bei Assoziationsgründungen könnten durchaus hilfreich sein, und die Sparkassen-

---

⁵⁴ Vgl. *Lassalle*, Arbeiterlesebuch, in: LGRS, Bd. 3, 264.
⁵⁵ Ebenda, 246ff., 249 Anm. – *Lassalle* hat betont, daß sein Assoziationskonzept von dem *Louis Blancs* abweiche, und sein Herausgeber *Bernstein* hat hinzugefügt, daß bei *Blanc* „die Assoziation (...) von vorn herein als Glied eines großen sozialen Organismus gedacht" sei, während es sich bei *Lassalle* um „Privatunternehmen von Arbeitergruppen" handle. Beide Konzeptionen unterscheiden sich jedoch nur graduell, da *Lassalle* auch eine umfassende Verbreitung erwartete; vgl. *Lassalle*, Offenes Antwortschreiben, in: LGRS, Bd. 3, 98.
⁵⁶ *Schulze-Delitzsch*, Arbeiterkatechismus, 33f.
⁵⁷ Vgl. *ders.*, Die Abschaffung des geschäftlichen Risikos durch Herrn Lassalle (1866), in: Hermann Schulze-Delitzsch's Schriften und Reden, Bd. 2, 173-210, 185, 187f.

einlagen in den europäischen Kulturländern bewiesen, daß die Arbeiter sparen könnten.[58]

IV. Der Weg zur sozialen Demokratie: Konstitution des Arbeiterstandes zur Partei und Kampf ums allgemeine Wahlrecht

Zu Beginn seiner Agitationskampagne hatte *Lassalle* die Hoffnung, er könne den „Fortschritt", quasi in Erinnerung an den gemeinsamen Kampf in der achtundvierziger Revolution, zum Bündnispartner des „Arbeiterstandes" im Ringen um das allgemeine Wahlrecht gewinnen. Als er erkannte, daß er sich darin getäuscht hatte, wurde er zum erbitterten Gegner des organisierten Liberalismus.[59] Einst sei die Demokratie das „einigende Band zwischen der Bourgeoisie und dem Arbeiterstand" gewesen. Doch inzwischen verleugne der „Fortschritt" die Demokratie und habe sie aus seinem Programm gestrichen. Die Bourgeoisie verzichte lieber auf ihre politische Freiheit, als daß sie sie – d.h. „das allgemeine und direkte Wahlrecht" – der Arbeiterschaft gönne. Es sei deshalb für die Arbeiter töricht, „hinter den Fortschrittlern herzulaufen"[60]. Es gebe nur eine Konsequenz:

„Der Arbeiterstand muß sich als selbständige politische Partei konstituieren und das allgemeine gleiche und direkte Wahlrecht zu dem prinzipiellen Losungswort dieser Partei machen. *Die Vertretung des Arbeiterstandes in den gesetzgebenden Körpern Deutschlands* – dies ist es allein, was in politischer Hinsicht seine legitimen Interessen befriedigen kann."[61]

Diese Forderung sollte die deutsche Arbeiterschaft auf den Kurs der gemäßigten Sozialisten, der britischen „Chartisten" und der französischen sozialen Demokraten im Sinne von *Alexandre-Auguste Ledru-Rollin* und *Louis Blanc*, bringen: Besteht allgemeines Wahlrecht, so werden die von der parlamentarischen Mehrheit beschlossenen sozialen Reformen unwiderstehlich, denn dahinter steht die übergroße Mehrheit des einfachen Volkes. Es handelt sich um die Idee der *sozialen Demokratie,* im Unterschied zur *bürgerlichen Demokratie.*[62]

„Unsere Fahne ist zunächst das *allgemeine* und *direkte* Wahlrecht, und *diese* Fahne, sie ist die notwendige (...) Fahne eines jeden Mitgliedes Eueres Standes! (...) Denn, ist das allgemeine und direkte Wahlrecht erlangt, so würden deshalb ja die sozialen Prinzipien des Allgemeinen Deutschen Arbeitervereins noch nicht zur Geltung kommen können, sofern sie nicht die Majorität des aus den allgemeinen und direkten Wahlen hervorgegangenen gesetz-

---

[58] Vgl. *Victor Aimé Huber*, Die Arbeiter und ihre Ratgeber (1863), in: *ders.*, Ausgewählte Schriften über Socialreform und Genossenschaftswesen. (...), hrsg. von *K. Munding*, Berlin o.J. (1894), 628-678, 639ff.; *Huber*, Arbeiterfrage und Arbeiterbewegung (1860-1869), in: ebenda, 679-774, 704f.

[59] Zur Haltung des Bürgertums zur Arbeiterschaft und zum allgemeinen Wahlrecht vgl. *Thomas Nipperdey*, Deutsche Geschichte 1800-1866. Bürgerwelt und starker Staat, München 1983, 740f. *Schulze-Delitzsch* teilte übrigens diese Mehrheitsmeinung nicht und optierte für das allgemeine Wahlrecht. Vgl. Schulze-Delitzsch's Schriften und Reden, Bd. 5, 187.

[60] *Lassalle*, Arbeiterlesebuch, in: LGRS, Bd. 3, 273f.; *ders.*, Die Feste, die Presse und der Frankfurter Abgeordnetentag, in: LGRS, Bd. 3, 387f.; *ders.*, An die Arbeiter Berlins. Eine Ansprache im Namen des Allgemeinen Deutschen Arbeitervereins (1863), in: LGRS, Bd. 4, 7-58, 42.

[61] *Ders.*, Offenes Antwortschreiben, in: LGRS, Bd. 3, 47.

[62] Dazu grundlegend *Arthur Rosenberg*, Demokratie und Sozialismus. Zur politischen Geschichte der letzten 150 Jahre, Frankfurt a.M. 1962, 48.

gebenden Körpers für sich haben. Und umgekehrt: *haben* sie diese Majorität für sich, – nun, so muß sich jeder, welcher das allgemeine und direkte Wahlrecht aufrichtig will, geduldig auch den *sozialen* Veränderungen unterwerfen, welche dasselbe durch die Beschlüsse der Volksvertreter im Lande hervorrufen kann!"[63]

Da *Lassalle* in seinem Kampf um das allgemeine Wahlrecht nicht mehr mit der Unterstützung durch den „Fortschritt" rechnete, verfiel er auf die Idee eines Wechsels des politischen Bündnisses: Krone und konservative Partei hätten zwar die Revolution zu Fall gebracht, doch sie zeigten in der sozialen Frage mehr Sensibilität als die Bourgeoisie; zudem kritisierten auch sie den Wirtschaftsliberalismus und begännen sich mit dem allgemeinen Wahlrecht und dem Assoziationsgedanken (so z.B. *V.A. Huber*) anzufreunden – warum also nicht den Versuch einer Annäherung wagen? Er bemühte sich – allerdings vergeblich – *Bismarck* von der Notwendigkeit der Einführung des allgemeinen Wahlrechts in Preußen zu überzeugen und sprach sich für ein „soziales Königthum" als Garant der Rechte des einfachen Volkes und der „Arbeiterrechte" aus.[64] Alles Königtum sei ursprünglich „Volkskönigthum" gewesen. Ein „Königthum, das noch aus seinem ursprünglichen Teige geknetet dasteht, (...), könnte, (...), wenn es entschlossen ist, wahrhaft große, nationale und volksmäßige Ziele (...) verfolgen."[65] Der König müsse einsehen, daß er ohne allgemeines Wahlrecht die soziale Frage nicht bewältigen könne.[66] Natürlich verschmähten die Krone und ihr konservativer Anhang diese Avancen, doch die politischen Fronten waren verunsichert. *Lassalles* früher Tod verhinderte weitere Winkelzüge, über deren Erfolgsaussichten viel spekuliert worden ist.

Lassalle betrachtete den ADAV als gefügiges Instrument seines weitreichenden strategischen Kalküls. Bedingung des Erfolgs, so ließ er die Teilnehmer des Stiftungsfestes wissen, sei „dieser geschlossene Geist strengster Einheit und Disziplin, welcher in unserm Vereine herrscht". Sie beruhe „auf Eurer fortgesetzten höchsten Freiwilligkeit", denn ein anderes „Zwangsmittel" stehe ihm nicht zur Verfügung. Es handle sich um „die Diktatur der Einsicht"[67]. Nicht ohne Grund wird von *Lassalles* „Caesarismus" gesprochen.

V. Lassalleanismus

Lassalles konsequenter Antiliberalismus verbreitete sich nicht nur unter der Arbeiterschaft, sondern fand auch in nicht-sozialistischen Kreisen Anerkennung.

---

[63] *Lassalle*, An die Arbeiter Berlins, in: LGRS, Bd. 4, 40. Vgl. ferner *ders.* Arbeiterlesebuch, in: LGRS, Bd. 3, 243, 246. – Natürlich meinte *Lassalle*, daß das Wahlrecht nicht nur „allgemein und direkt", sondern auch *gleich* sein müsse.

[64] Die Vorstellung vom „sozialen Königtum" geht auf *Lorenz von Stein* zurück. Vgl. *Stein.*, Geschichte der sozialen Bewegung in Frankreich von 1789 bis auf unsere Tage, Bd. 3: Das Königtum, die Republik und die Souveränität der französischen Gesellschaft seit der Februarrevolution 1848 (1850), Darmstadt 1959, 41.

[65] *Lassalle*, Der Hochverrats-Prozeß wider Ferdinand Lassalle vor dem Staatsgerichtshof zu Berlin am 12. März 1864. Nach dem stenographischen Bericht (1864), in: LGRS, Bd. 4, 59-174, 159.

[66] Vgl. *ders.*, Die Agitation des Allgemeinen Deutschen Arbeiter-Vereins und das Versprechen des Königs von Preußen. Eine Rede, gehalten am Stiftungs-Feste des Allgemeinen Deutschen Arbeiter-Vereins zu Ronsdorf am 22. Mai 1864, in: LGRS, Bd. 4, 175-242, 220.

[67] Ebenda, 225.

Hierzu gehören vereinzelte bürgerliche Demokraten, wie der populäre Publizist und Philosoph *Friedrich Albert Lange* (siehe unten Sozialismus I, 5. Kap., II, 1), prominente katholische Autoren, an erster Stelle der Mainzer Bischof *Wilhelm Emmanuel Frhr. von Ketteler* (siehe unten Katholische Soziallehre, 1. Kap., II, 1 und 2), schließlich organizistisch denkende Theoretiker wie der Jurist und österreichische Staatsminister *Albert Schäffle* (1831-1903). Sicherlich zielte diese *Lassalle*-Rezeption in unterschiedliche Richtungen.[68] Doch alle sozialpolitischen Richtungen mußten auf *Lassalles* Positionen reagieren. Es war unmöglich geworden, sie zu ignorieren.

Der ADAV, an desssen Spitze *Johann Baptist von Schweitzer* (1833-1875) gelangt war, hatte sich der Konkurrenz einer Gruppe um *Wilhelm Liebknecht* (1826-1900) zu erwehren, eines radikaldemokratischen Achtundvierzigers, der im Londoner Exil in den Bann des Marx-Engelsschen Denkens geraten war und dem es gelang, die größte politische Potenz der deutschen Sozialdemokratie, *August Bebel*, an sich zu ziehen.[69] *Schweitzer* hielt an den beiden Axiomen des Lassalleanismus fest: der Priorität des Kampfes um das allgemeine, gleiche und direkte Wahlrecht sowie an den vom Staat zu kreditierenden Arbeiterassoziationen. *Liebknecht* verfocht dagegen den Standpunkt *Engels'*, daß das allgemeine Wahlrecht ohne Presse-, Vereins- und Versammlungsfreiheit nicht viel wert sei; parlamentarische Arbeit bedeutete für ihn „Paktieren mit dem Feind". Positive sozialistische Gesellschaftspolitik setzte in seinen Augen eine revolutionäre Umgestaltung der deutschen Länder voraus. Dafür müsse die Arbeiterklasse an erster Stelle kämpfen – und zwar, anders als dies der ADAV sehe, im Bündnis mit dem radikaldemokratisch eingestellten Bürgertum. *Liebknecht* und *Bebel* betrieben deshalb die Gründung einer „Deutschen Volkspartei" deren sächsischer Zweig, die „Sächsische Volkspartei" kurzfristig politische Bedeutung erlangte.[70]

ADAV wie „Sächsische Volkspartei" errangen im Reichstag des Norddeutschen Bundes einige Sitze. *Schweitzer* nutzte sein Mandat zur Beteiligung an der konkreten Parlamentsarbeit, z.B. bei der Ausarbeitung einer Gewerbeordnung, was ihm in der Arbeiterschaft und in der weiteren Öffentlichkeit Ansehen einbrachte. *Bebel* wich in diesem Punkt von der antiparlamentarischen Haltung *Liebknechts* ab und schwenkte auf die Schweitzersche Linie ein. Deshalb gelten *Schweitzer* und *Bebel* in der Literatur als „die Schöpfer der parlamentarischen Taktik der sozialdemokratischen Partei Deutschlands"[71].

Trotz dieser Erfolge sank *Schweitzers* Ansehen. Bedeutende Mitglieder des ADAV, z.B. dessen Braunschweiger Vorsitzender *Wilhelm Bracke* (1842-1880), verließen ihn und schlossen sich der 1869 in Eisenach von *Liebknecht* und *Bebel* gegründeten „Sozialdemokratischen Arbeiterpartei" (den „Eisenachern") an. Zu den Gründen des Autoritätsverlusts *Schweitzers* gehörten dessen diktatorischer

---

[68] Vgl. dazu: *Paul Grebe*, Die Arbeiterfrage bei Lange, Ketteler, Jörg, Schäffle. Aufgezeigt an ihrer Auseinandersetzung mit Lassalle, Berlin 1935.
[69] Vgl. dazu *Gustav Mayer*, Johann Baptist von Schweitzer und die Sozialdemokratie, Jena 1909, sowie *Franz Mehring*, Geschichte der Deutschen Sozialdemokratie, in: *ders.*, Gesammelte Schriften, hrsg. von *Thomas Höhle, Hans Koch, Josef Schleifstein*, Bd. 2, Berlin 1960, 159-238.
[70] Vgl. *Mayer*, von Schweitzer, 254, 304f. Vgl. auch *Mehring*, Geschichte, in: *ders.*, Gesammelte Schriften, Bd. 2, 241ff.
[71] *Mayer*, von Schweitzer, 203f.; vgl. *Mehring*, Geschichte, in: *ders.*, Gesammelte Schriften, Bd. 2, 269ff.

Führungsstil nach Lassalleschem Vorbild sowie der von ihm geförderte Lassalle-Kult, der allerdings dem Empfinden großer Teile der Arbeiterschaft entsprach.[72]

Im Jahre 1875 vereinigten sich in Gotha die „Eisenacher" mit dem ADAV zur „Sozialistischen Arbeiterpartei Deutschlands" (SAPD). Hauptgrund hierfür war die zunehmende politische Repression aller sozialdemokratischen Bestrebungen, die eine Konzentration der Kräfte erforderte. Voraussetzung war allerdings ein Programmkompromiß, nämlich die Übernahme zweier zentraler lassalleanischer Positionen in das „Gothaer Programm": der Hinweis auf das „eherne Lohngesetz" und die Forderung nach „Errichtung von sozialistischen Produktivgenossenschaften mit Staatshilfe" im Bereich der Industrie sowie die Ausdehnung dieses Organisationsprinzips auf die Landwirtschaft.[73]

Zuvor hatte sich der „Eisenacher" *Wilhelm Bracke* 1873 gegen Produktivgenossenschaften ausgesprochen. Sie seien nicht finanzierbar und sie könnten nie zum dominierenden wirtschaftlichen Organisationsprinzip werden, denn die Privatwirtschaft werde sich gleichfalls ausdehnen; schließlich seien sie unter den vorherrschenden politischen Umständen nicht realisierbar.[74] Der Lassalleanismus blieb jedoch trotz des Übergewichts des Marxismus eine gewichtige Strömung innerhalb der deutschen Sozialdemokratie.[75]

Lassalleaner sein bedeutet, den Staat nicht nur instrumentell als Mittel der Politikgestaltung zu betrachten, sondern als einen unverzichtbaren gemeinschafts- und sittlichkeitsstiftenden Ausdruck der politischen Kultur. Dies heißt zugleich, in der demokratischen Republik mehr zu sehen als einen bloßen „Kampfboden" des Proletariats, nämlich eine freiheitliche politische Form, die es der Arbeiterschaft ermöglicht, sich zum Staat zu bekennen – eine Auffassung, die sich zumeist mit dem auf die Französische Revolution zurückgehenden Verständnis von „Nation" als der politischen Gemeinschaft der arbeitenden Bürger (des „Dritten Standes") verband. *Hans Kelsen* (1891-1973), ein international renommierter, der Sozialdemokratie nahestehender Rechtsgelehrter, konstatierte 1924:

„Und wenn bedeutsame literarische Erscheinungen führender deutscher Marxisten, die (...) Schriften *Renners* und *Bauers*, *Hilferdings*, *Cunows* und *Kautskys*, (...) symptomatisch genommen werden dürfen, dann bereitet sich eine Umstellung der Ideologie vor, in der Richtung zu einer nicht mehr schlechthin staatsfeindlichen, nicht mehr ganz nationalblinden, nicht mehr ethisch indifferenten, ‚soziologischen', sondern bewußt ethischen, weil wirklich politischen Theorie. Und wenn diese Tendenz in ein einziges Schlagwort zusammengefaßt und mit

---

[72] Bis in unsere Tage wurde in sozialdemokratischen Veranstaltungen *Jakob Audorfs* „Arbeiter-Marseillaise" gesungen, deren Refrain lautet: „Der Bahn, der kühnen, folgen wir, die uns geführt Lassalle".
[73] Vgl. Programmatische Dokumente der deutschen Sozialdemokratie, hrsg. von *Dieter Dowe* und *Kurt Klotzbach*, Bonn ³1990, 178.
[74] Vgl. *Wilhelm Brake* jr., Der Lassallesche Vorschlag. (...), in: *ders.*, Der Lassallesche Vorschlag. „Nieder mit den Sozialdemokraten". Die Verzweiflung im liberalen Lager. (...), Leipzig 1984, 43f., 47f. Auch *Bebel* hatte 1869 in dem Vortrag „Unsere Ziele" politische Einwände gegen den Lassalleschen Assoziationsplan vorgebracht: *August Bebel*, Unsere Ziele, in: *ders.*, Schriften 1862-1913, hrsg. von *Cora Stephan*, 2 Bde., Bd. 1, Frankfurt a.M. 1981, 41-74, 45.
[75] Vgl. *Gerhard A. Ritter*, Zur Geschichte der sozialen Ideen im 19. und frühen 20. Jahrhundert, in: *ders.*, Arbeiterbewegung und soziale Ideen in Deutschland, 11-66, 39.

allen Vorbehalten, unter denen ein solches Schlagwort Geltung haben kann, ausgesprochen werden darf: *zurück zu Lassalle.*"[76]

Nach dem Ende des Ersten Weltkriegs lief die Entwicklung auf eine Koexistenz marxistischer und lassalleanischer Ideen hinaus, häufig in der Person eines einzigen Autors. Beispiele hierfür sind der Austromarxist *Karl Renner* (1870-1950) und *Kurt Schumacher* (1895-1952), der die marxistische Gesellschaftsanalyse mit einem ausgeprägten demokratischen Patriotismus verband.[77]

---

[76] *Hans Kelsen*, Marx oder Lassalle? Wandlungen in der politischen Theorie des Marxismus (1924), Reprint Darmstadt 1967, 298.
[77] Vgl. Ferdinand Lassalle. Auswahl von Reden und Schriften nebst kurzer Biographie und geschichtlicher Einführung von Dr. *Karl Renner*, Berlin 1923*; Kurt Schumacher*, Der Kampf um den Staatsgedanken in der deutschen Sozialdemokratie (1920), hrsg. von *Friedrich Holtmeier*. Mit einem Geleitwort von *Herbert Wehner*, Stuttgart 1973; vgl. ferner *Susanne Miller/Hans-Jochen Vogel*, Ferdinand Lassalle – Historische Leistung und aktuelle Bedeutung, Bonn 1987.

5. Kapitel: Sozialistisches Denken im Kaiserreich

I. Das Ringen um konzeptionelle Klarheit

1. Das Entstehen des sozialdemokratischen Marxismus. Seine Sozialismuskonzeptionen

Die deutsche Sozialdemokratie konsolidierte sich nach der Gothaer Vereinigung von 1875 organisatorisch und erzielte wachsende Erfolge bei den Reichstagswahlen. Selbst die Unterdrückungsmaßnahmen zur Zeit des „Sozialistengesetzes" (1878-1890) konnten diese Entwicklung nicht aufhalten.[1] Sie beruhte auf der rasanten Industrialisierung, die in den wachsenden Städten Heere von Industriearbeitern entstehen ließ. Die sozialdemokratischen Zeitgenossen begriffen sie als den epochalen Umbruch, den *Marx* bereits in den vierziger Jahren seismographisch antizipiert hatte.[2]

Auf programmatischer Ebene lief diese Entwicklung auf ein Veralten des Assoziationskonzepts und seine Ersetzung durch Entwürfe einer sozialistischen Industriegesellschaft hinaus. Es hatte zum Gothaer Programmkompromiß gehört, und eine Alternative war zunächst nicht in Sicht. Zur Zeit des Sozialistengesetzes trat die Programm- und Theoriediskussion in den Hintergrund; der Kampf ums Überleben und die publikumswirksame Arbeit in den Parlamentsfraktionen waren wichtiger[3]. Noch 1884 propagierte *Bebel* das Assoziationsmodell *Lassalles* mitsamt der Forderung nach „Staatshülfe". 1893 war der konzeptionelle Wandel erfolgt. In seiner „Zukunftsstaatsrede" konstatierte er, das neue (Erfurter) Programm habe das Lassallesche Konzept aufgegeben, „nachdem die vorgeschrittensten Köpfe in der Partei seit langem über diese Forderung hinausgegangen waren"[4].

Für die Parteiintellektuellen waren *Marx* und *Engels* gewichtige Autoritäten, aber keinesfalls Inhaber eines Theoriemonopols. Dies zeigt der Anklang, den der Berliner Privatdozent und dezidierte Marx-Gegner *Eugen Dühring* in den siebziger Jahren unter Sozialdemokraten fand.[5] Andere Autoritäten waren der Publizist

---

[1] Vgl. dazu immer noch *Franz Mehring*, Geschichte der Deutschen Sozialdemokratie, in: *ders.*, Gesammelte Schriften, hrsg. von *Thomas Höhle*, *Hans Koch*, *Josef Schleifstein*, Bd. 2, Berlin 1960, 484-652.

[2] Eine breite Darstellung dieser Vorgänge findet sich in *Gerhard A. Ritter/Klaus Tenfelde*, Arbeiter im Deutschen Kaiserreich 1871 bis 1914, Bonn 1972. Eindrucksvoll hierzu *August Bebel*, Zur Lage der Arbeiter in den Bäckereien, Stuttgart 1890.

[3] Vgl. dazu *Mehring*, Geschichte, in: *ders.*, Gesammelte Schriften, Bd. 2, 528f., 577f.

[4] Vgl. „Aufruf der sozialdemokratischen Fraktion zur Zweiten Reichstagswahl unter dem Sozialistengesetz" (28.11.1884), in: Die Sozialdemokratie im Deutschen Reichstag. Tätigkeitsberichte und Wahlaufrufe aus den Jahren 1871-1893, Berlin 1909 (Reprint Berlin 1966) 218-248, 232 ff.; *August Bebel*, Rede vom 3. Februar 1893 im Deutschen Reichstag bei der zweiten Beratung des Reichsetats für 1893/94, in: *ders.*, Schriften 1862-1913, Bd. 1, hrsg. von *Cora Stephan*, Frankfurt a.M. 1981, 271-296, 282.

[5] Zu den Defiziten der damaligen „Marx-Rezeption" und dem „Fall Dühring" vgl. *Hans-Josef*

und Philosoph *Friedrich Albert Lange* und *Rodbertus*, selbst der konservative *Albert Schäffle*.[6] Auch die utopische Tradition wirkte fort. *Liebknecht, Bebel* und *Kautsky* gaben sozialutopische Texte heraus oder behandelten sie monographisch. Der „Rückblick aus dem Jahr 2000" (Looking Backward 2000-1887) des Amerikaners *Edward Bellamy*, ein Werk, das alle Merkmale dieser literarischen Gattung aufweist, gehörte zu den Bestsellern des sozialdemokratischen Dietz-Verlages.[7] Die Beliebtheit des Stoffes ist symptomatisch für die Gedankenwelt nicht nur des angesprochenen Publikums, sondern auch der Herausgeber und Autoren.

Einen neuen Anlauf nahm die sozialdemokratische Theoriediskussion in der Zeitschrift „Die Zukunft" und in dem „Jahrbuch für Sozialwissenschaft und Sozialpolitik". Beide gleich nach Erscheinen verbotene Publikationen wurden von *Karl Höchberg* (1853-1884) finanziert, einem toleranten Mäzen, dem die sozialistische Publizistik viel verdankte.[8] *Höchberg* vertrat in seinem Editorial zur „Zukunft" einen ethisch begründeten Sozialismus, der sich mit der Marx-Engelsschen Ethik-Abstinenz nicht verträgt.

Die Wissenschaft besitze keinen „*Werthmesser*". Deshalb habe „*jede politische Partei, die ein klares Ziel consequent verfolgt, ihr eigenes Moralsystem (...)*". Die Sozialdemokratie z.B. betrachte die gerechte Güterverteilung als Voraussetzung einer möglichst gleichmäßigen Verbreitung des „*menschlichen Glücks*".[9] *Höchberg* leitete daraus die Forderung nach einer pragmatisch orientierten „Socialistik" ab, die nachzuweisen habe, daß trotz der manchesterliberalen Einwände die sozialdemokratischen Ziele realisierbar seien.[10] Es müsse gezeigt werden, wie der künftige sozialistische Staat aussehen werde, und auf welchem Weg man zu ihm gelangen könne. Vor utopischen Szenarien warnte er.[11]

Das Höchbergsche Programm einer „Socialistik" wurde vor allem von *Carl August Schramm* (1830-1905) aufgegriffen. Dieser, ein Versicherungsangestellter, gilt als früher Kenner des Marxschen „Kapital" und seine 1876 erschienene Schrift „Grundzüge der National-Ökonomie" als beste Popularisierung der Marxschen Arbeitswerttheorie vor *Kautskys* „Karl Marx' ökonomische Lehren" (1887). *Schramm* war jedoch nur auf ökonomischem Gebiet orthodoxer Marxist. In einer in der „Zukunft" erschienenen Aufsatzreihe verstieß er gegen die Marx-Engelssche Parole, keine „Rezepte für die Garküche der Zukunft" auszudenken.[12] In die gleiche Kerbe hieb der „Dreisterneartikel" im „Jahrbuch für Sozialwissenschaft und Sozialpolitik", der von *Höchberg, Schramm* und *Eduard Bernstein*

Steinberg, Sozialismus und deutsche Sozialdemokratie. Zur Ideologie der Partei vor dem I. Weltkrieg, 3., verbesserte Auflage, Bonn 1972, 18ff. Zu *Dühring* vgl. *Gerhard Albrecht*, Eugen Dühring. Ein Beitrag zur Geschichte der Sozialwissenschaften, Jena 1927.

[6] Vgl. *Steinberg*, Sozialismus, 20f.

[7] Zu den Auflagen von *Bellamy* vgl. *Max Schwarz*, Seit 1881. Bibliographie des Verlages J.H.W. Dietz Nachf., Berlin 1973, 41.

[8] Vgl. zu den biographischen Angaben zu sozialistischen Autoren generell *Franz Osterroth*, Biographisches Lexikon des Sozialismus. Bd. 1: Verstorbene Persönlichkeiten, Hannover 1960 (alles Erschienene).

[9] Vgl. -g. [d.i. *Karl Höchberg*], Der Socialismus und die Wissenschaft, in: DZ, Jg. 1 (1877/78 – alles Erschienene), 1-9, 1f.

[10] Vgl. *Höchberg*, Socialismus, 3ff.

[11] Vgl. ebenda, 4, 6f.

[12] *C.A. Schramm*, Grundzüge der National-Ökonomie (1876), Hottingen ^{2}1884. Zu *Schramm* und seiner Bedeutung vgl. *Steinberg*, Sozialismus, 17ff.

(damals Redakteur des in Zürich erscheinenden „Sozialdemokrat") verfaßt worden war.[13]

Schramms Artikelserie greift die traditionellen Argumente der sozialistischen Kapitalismuskritik auf: Wirtschaftsmotiv sei der Gewinn, nicht der Bedarf. Der „eigentlich vernunftgemäße Zweck der menschlichen Arbeitsthätigkeit: Die Herstellung von Genußgütern" werde „zu einem Mittel zur Erlangung von arbeitslosem Einkommen degradirt", der Kapitalismus verschwende Arbeitskraft, z.B. durch Zwischenhandel sowie Warenvernichtung, um die Preise hochzuhalten – kurz, er habe das Problem einer zweckmäßigen „Organisation der Arbeit" nicht gelöst.[14] Ein Gegenentwurf müsse plausibel machen, daß der vom Sozialismus eingeschlagene Weg Erfolg verspreche und in keine „Sackgasse" führe.[15]

Nach *Schramms* Auffassung muß eine sozialistische Organisation der Arbeit an geeignete Wirtschaftsformen der Gegenwart anknüpfen.

Gemeint waren zunächst die wirtschaftliche Betätigung der öffentlichen Hand, vor allem auf kommunaler und Reichsebene, aber auch Formen der produktionsintensiven Privatwirtschaft.[16] *Schramm* bewegte sich im Rahmen marxistischer Transformationsvorstellungen, freilich mit dem Unterschied, daß *Marx* und *Engels* und ihre zeitgenössischen Schüler die sozialistische Transformation erst nach Übernahme der politischen Macht durch die Arbeiterklasse für möglich hielten, während *Schramm* und einige Lassalleaner meinten, daß sozialistische Reformen bereits unter den bestehenden Verhältnissen möglich seien. Der „demokratische Socialismus" dürfe die erkennbare Ausdehnung des Staatsbetriebs und der „Gewerbe-Betriebe der Communen" nicht ignorieren. Lägen etwa die kommunale Gasfabrikation, die „Versorgung von Wohnungen mit reinem Wasser", die städtische Milchwirtschaft, kommunale Badeanstalten und Pferdebahnen, nicht im sozialistischen Interesse?[17] Ähnlich verhalte es sich mit den Staatsbetrieben auf Reichsebene.

Die Parteimehrheit lehnte das Bismarcksche Projekt einer „Reichs-Eisenbahn" und eines Reichs-Tabakmonopols ab, weil dadurch die Macht des Gegners gestärkt werde. *Schramm* setzte dagegen, daß derartige Staatsbetriebe die sozialistische Transformation erleichtern würden. Erwirtschafteten sie Überschüsse, so könne man „auch den noch im Privatbetriebe thätigen Bürgern und Arbeitern den Beweis nicht nur von der Durchführbarkeit unserer socialistischen Ideen, sondern auch von ihren segensreichen Folgen *ad oculos* demonstriren"[18]. Einen Vorgriff auf die künftige sozialistische Programmatik bedeutete schließlich *Schramms* Hinweis auf die Vorteile gemischtwirtschaftlicher Strukturen. Wo Privatbetriebe nachweislich produktiver seien, „wird das Privat-Eigenthum fortbestehen können

---

[13] Vgl. zu dem „Dreisterneartikel" *Mehring*, Geschichte, in: *ders.*, Gesammelte Schriften, Bd. 2, 525, sowie *Steinberg*, Sozialismus, 32, 37.
[14] Vgl. *C.A.S.* (d.i. *C.A. Schramm)*, Die Vermehrung der Produkte durch socialistisch organisirten Betrieb, in: DZ, Jg. 1 (1877/78), 401-411, 403; 433-440, 433ff.
[15] Vgl. *-m.*, (d i. *C.A. Schramm*), Über den Gewerbe-Betrieb in Communen, ebenda, 240-249, 243; *** (d.i. *Karl Höchberg, C.A. Schramm, Eduard Bernstein*), Rückblicke auf die sozialistische Bewegung in Deutschland. Kritische Aphorismen von ***, in: JbSS, Jg. 1 (1879), 1. Hälfte 75-96, 83.
[16] Vgl. *C.S.A.* (d.i. *C.A. Schramm*), Vermehrung, 408.
[17] Vgl. *-m.* (d.i. *C.A. Schramm*), Gewerbe-Betrieb, 241-248.
[18] *Ders.*, Über den Zusammenhang des wirthschaftlichen und des politischen Princips des democratischen Socialismus, JbSS, Jg. 1 (1879), 296-298.

und müssen, wenn nur Sorge getragen wird, daß es nicht wieder rentenbringende Eigenschaften erlangt".[19]

Die wirtschaftliche Organisation eines künftigen sozialistischen Gemeinwesens müsse einen Mittelweg zwischen „Centralisierung" und dezentralen Lenkungsformen finden. Es gebe Wirtschaftsbereiche, die am besten zentral von einem „Staatsmonopol" auf Grundlage von Bedarfsberechnungen gelenkt würden. Andere Bereiche könnten jedoch unmöglich von einer „Centralstelle" aus planmäßig dirigiert werden, da der Bedarf „aus localen, klimatischen und in Sitte und Gewohnheit beruhenden Ursachen" ganz verschieden sein könne. Dieser müsse sorgfältig erkundet und die Produktion entsprechend organisiert werden.[20] – *Schramm* sieht eine wirtschaftliche „Centralstelle" vor, der überregionale Produktionsentscheidungen sowie der *Außenhandel* vorbehalten bleiben müßten. „Bezirks-Centralstellen" hätten die Aufgabe, Produktion und Distribution innerhalb einer Region sowie den Wirtschaftsverkehr mit anderen Regionen möglichst kostensparend zu regeln. Die eigentliche Basis der Wirtschaft sind jedoch die „Wirthschafts-Gemeinden". Sie sind Eigentümer ihrer Produktionsmittel und können darüber entscheiden, welche Güter in ihrem Bereich produziert werden sollen. *Schramm* schlägt ferner „Consum- und Productionsverbände" von Wirtschaftsgemeinden mit gleichartiger Produktion vor, die Gütertausch im Benehmen mit der zuständigen Zentralstelle gemeinsam organisieren sollen. Schließlich denkt er an eine genossenschaftliche Organisation der verschiedenen „Gewerke". Zu ihren Kompetenzen gehört die Auswahl der Zentralstellen-Mitglieder, die fachlich besonders qualifiziert sein müssen. Auch *Schramm* besaß das Urvertrauen des praxisfernen Sozialismus, daß der seinem Konzept folgende „sociale Staat (...) den Austausch der Producte mit Leichtigkeit reguliren kann."[21]

Bebel ließ an *Schramms* Anknüpfen an den „Staatssozialismus" Bismarckschen Typs kein gutes Haar. Er bestreite entschieden, „daß der Socialismus des Staates bedarf, um ihm Demonstrationsobjecte zu geben (...)". Die „*heutige Staatsverwaltung*" könne „*in keiner Richtung ein Muster für eine socialistische Verwaltung abgeben (...).*" Ein „socialistisch verwalteter Industriezweig" werde nämlich „auf Aufsichtspersonal verzichten" können, da „alle Glieder der Genossenschaft (...) bei der Entwickelung ihres Industriezweiges betheiligt sind (...)"[22]. Die heutige Staats- wie Privatwirtschaft unterscheide sich fundamental von der künftigen Wirtschaftsorganisation, weshalb sie „*im gegebenen Moment total umzugestalten*" sei. *Schramms* Auffassung widerspreche den Parteiprinzipien.[23]

Trotz dieser harten Kritik räumte *Bebel* die Zulässigkeit „praktischer Vorschläge für die Gegenwart" ein und nannte hierfür das Kriterium, daß diese realisierbar sein müßten, d.h. niemals bereits sozialistische Verhältnisse voraussetzen dürften.[24] Die parlamentarische Arbeit nütze der Arbeiterschaft. Zwar überwogen in der Ära des Sozialistengesetzes Kritik und Ablehnung der eingebrachten Gesetzesentwürfe, doch danach operierte die Reichstagsfraktion mit Änderungsanträ-

---

[19] C.A.S. (d.i. *C.A. Schramm*), Vermehrung, 406. So übrigens bereits *Heß*, siehe oben S. 97f.
[20] Vgl. *ders.*, Die Wirthschafts-Commune, in: DZ, Jg. 1 (1877/78), 529-539, 530-534.
[21] Ebenda, 533-537. Das Konzept der „Wirtschaftskommune" hat *Schramm* von *Dühring* übernommen, was in *Bebels* Augen keine Empfehlung war.
[22] A.B. (d.i. *August Bebel*), Der Gewerbebetrieb durch den Staat und die Commune, in: DZ, Jg. 1 (1877/78), 465-474, 468f.
[23] Vgl. ebenda, 465, 470. – *Schramm* replizierte mit dem Argument, daß sich eine sozialistische Wirtschaft nicht von oben herab durch Dekret einrichten lassen werde. Es sei „Principienreiterei", wolle man darauf verzichten, etwa an die monopolistischen Staatsbetriebe anzuknüpfen, vgl. C.A.S. (d.i. *C.A.Schramm*), Replik, DZ, Jg. 1 (1877/78), 539f.
[24] Vgl. *Bebel*, Gewerbebetrieb, 474.

gen und eigenen Gesetzesentwürfen (siehe dazu Sozialismus I, 6. Kap.). Freilich dürfe man, so *Bebel*, die Wirksamkeit der parlamentarischen Tätigkeit nicht überschätzen. Die „letzten Ziele des Sozialismus" seien auf diesem Weg nicht zu erreichen.[25]

Marx und *Engels* mißfiel die dissonante Theoriediskussion der deutschen Sozialdemokratie. Sie intervenierten, als sich zeigte, daß der Berliner Privatdozent *Eugen Dühring* (1833-1921) deren beste Köpfe, *Bebel, Liebknecht, Brack*e, *Schramm, Bernstein*, zu beeinflussen begann. *Liebknecht* forderte *Engels* zu einer Auseinandersetzung mit *Dühring* in der von ihm redigierten Zeitung „Volksstaat" auf. *Engels'* Artikelserie erschien 1878 unter dem Titel „Herrn Eugen Dührings Umwälzung der Wissenschaft". Mit seinen unzähligen Auflagen und Übersetzungen hat der *Anti-Dühring* entscheidend dazu beigetragen, den Sozialismus, vor allem den deutschen, auf marxistischen Kurs zu bringen.[26]

Dühring trat als Vielwisser auf. Er las und publizierte über Rechtswissenschaft (sein eigentliches Fach), Philosophie, Nationalökonomie und Physik (Mechanik). Seine Texte sind polemisch und trotz gelegentlicher guter Gedanken oberflächlich. Als Philosoph argumentierte er dezidiert antihegelianisch.[27] *Hegelianismus* warf er *Marx* und *Lassalle*, nicht ohne antisemitische Seitenhiebe, vor. *Marx'* „hegelianisch-dialektische Trilogie" über das Kapital bleibe in lauter theoretischen Negationen stecken und gelange „nirgends zu dem, (...) was positiv zu thun sei".[28] *Dührings* Theorie besitzt zwei interessante Aspekte. Für ihn werden die sozialen und ökonomischen Verhältnisse durch „Gewaltbeziehungen" geprägt. Es sei die historisch entstandene „Einseitigkeit in der indirecten Machtausübung", „welche nothwendigerweise Unterdrückung und grundlose Aneignung zur Folge hat".[29] *Dühring* definiert *Ausbeutung* in diesem theoretischen Kontext: Anders als *Marx* meine, sei sie „reiner Auspressungsgewinn", dem „Raube analog".[30] Auf Grund seiner Gewalttheorie lehnt er ferner die Überbaukonzeption des historischen Materialismus ab: Es sei falsch, das „Politisch-Sociale" aus dem „rein Ökonomischen" zu erklären.[31] Der zweite Aspekt liegt in der Hervorhebung des *Rechtscharakters* der sozialistischen „Wirtschaftscommunen".[32] Es ist freilich schwierig, aus *Dührings* unpräzisen Ausführungen die Konturen seiner ins Auge gefaßten Wirtschaftsordnung herauszulesen. Sie stelle einen „ökonomischen Gesellschaftsstaat" mit „universeller Macht" dar. Andererseits sollen die Wirtschaftskommunen eine öffentlichrechtlich verankerte Autonomie und die einzelnen Mitglieder klare Mitgliedschaftsrechte besitzen. Korporatistisches Sondereigentum an Grund und Boden und den Produktionsmitteln ist ausgeschlossen, aber die Kommunen können einen „eigenen Lebenskreis" bilden. Dies kann dazu führen, daß einzelne Kommunen über eine bessere Infrastruktur verfügen als andere. Zudem sind sie

---

[25] Vgl. *Gustav Seeber*, Die deutsche Sozialdemokratie und die Entwicklung ihrer revolutionären Parlamentstaktik von 1867 bis 1893. Einführung in die originalgetreue Reproduktion des Buches „Die Sozialdemokratie im Deutschen Reichstag", Berlin 1966, 4, 12, 46.
[26] Zu den Vorgängen und Urteilen über die Bedeutung des *Anti-Dühring* für die deutsche Theorieentwicklung vgl. *Steinberg*, Sozialismus, 22f., 43f.
[27] Vgl. *E[ugen] Dühring*, Kritische Geschichte der Philosophie von ihren Anfängen bis zur Gegenwart, Berlin 1869, 434ff.
[28] *Ders.*, Kritische Geschichte der Nationalökonomie und des Socialismus. Zweite, theilweise umgearbeitete Auflage, Berlin 1875, 502, 516; *Ders.* Cursus der National- und Social-ökonomie einschließlich der Hauptpunkte der Finanzpolitik, Berlin 1873, 379.
[29] *Ders.*, Cursus 281, 299.
[30] *Ders.*, ebenda, 301; *ders.*, Geschichte Nationalökonomie, 500f. Die Gründung von Arbeiterassoziationen durch Selbsthilfe hielt *Dühring* aus diesem Grunde für unmöglich, vgl. *ders.*, Cursus, 336f.
[31] Vgl. *ders.*, Geschichte Nationalökonomie, 501.
[32] *Ders.*, Cursus, 375.

nicht gezwungen, von gesetzlichen Ausnahmeregelungen abgesehen, jedem Antrag auf Mitgliedschaft nachzugeben; sie können z.B. unqualifizierte Arbeiter ablehnen. Den Tauschbeziehungen zwischen den Kommunen werden „Werthgleichheit von Leistung und Gegenleistung" zugrundegelegt.[33]

Engels' Generalangriff beschäftigt sich zunächst mit *Dührings* philosophischem System, dessen Positivismus er seinen *dialektischen Materialismus* entgegensetzt. Sein „Anti-Dühring" ist neben der posthum herausgekommenen Schrift „Dialektik der Natur" (1878/83) die wichtigste Quelle für eine naturphilosophische Anwendung der Dialektik, die den Sowjetmarxismus entscheidend geprägt hat. Bedeutender als diese erkenntnistheoretischen Überlegungen sind jedoch seine Ausführungen zur Sozialgeschichte sowie zur Kritik der politischen Ökonomie und den Perspektiven des „naturnothwendigen" Sozialismus, die über Generationen die sozialistische Theoriediskussion und Agitation beherrscht haben.

Engels Kritik gilt *Dührings* „Gewaltstheorie", weil sie unhistorisch und moralisch argumentiere und die Notwendigkeit des krisenbedingten Übergangs zum Sozialismus verkenne, besonders aber dessen Versuch, Rechtsstatus und Verfügungsgewalt der Wirtschaftskommunen zu klären.

Mit *Dührings* Ideen könne der Hauptmangel des Kapitalismus, die Unkontrollierbarkeit der ökonomischen Gesetze, nicht beseitigt werden. Besäßen ausschließlich die Wirtschaftskommunen das Verfügungsrecht über persönliche Mitgliedschaft und Arbeitsmittel, so werde es bald reiche und arme Kommunen geben; ferner bleibe, da *Dühring* nicht daran denke, die aus dem Kapitalismus überkommene Arbeitsteilung aufzuheben, die kapitalistische Produktionsweise im Prinzip bestehen, „nur daß an die Stelle des Kapitalisten die Kommüne [sic!] tritt". Dies folge auch aus *Dührings* widersprüchlicher Geldtheorie. Einerseits begreife er Geld als bloße Recheneinheit, andererseits betrachte er Gold als natürliches Geld. Gold sei aber „Weltgeld", „gesellschaftliche Verkörperung des Reichtums". Weil *Dühring* das Erbrecht nicht abschaffen wolle, würden die Möglichkeit zur Schatzbildung und andere kapitalistische Verhaltensweisen wieder aufleben.[34]

Engels konturenschwaches Gegenbild greift einerseits unter Berufung auf *Owen* und *Fourier* alte utopische Vorstellungen auf, andererseits folgt es dem marxistischen Bilderverbot:

Die neue Arbeitsteilung werde den Unterschied von Stadt und Land beseitigen und eine Arbeitswelt aus abwechslungsreichen und kurzweiligen Tätigkeiten auf höchstem technischem Niveau, die alle körperlichen und geistigen Fähigkeiten anregen, schaffen – das sei heute eine höchst reale Perspektive.[35] Die Güterverteilung werde auf Arbeitszeitrechnungen beruhen. Auf Grund der „täglichen Erfahrung" werde die „Gesellschaft" wissen, „wieviel Arbeit jeder Gebrauchsgegenstand zu seiner Herstellung bedarf" und daraus einen Produktionsplan entwickeln. „Die Leute machen Alles [sic!] sehr einfach ab ohne Dazwischenkunft des vielberühmten ‚Werths'"[36] [d.h. des im Geld verkörperten Werts, W.E.].

Die simple Vorstellung, die „Gesellschaft", die „Leute", werden auf Grund einfacher Arbeitszeitrechnungen eine moderne Industriegesellschaft lenken können,

---

[33] Vgl. *Dühring*, Cursus, 362, 375ff., 380, 386. *Dühring* hielt eine Anschubfinanzierung durch den Staat für möglich. Ansonsten weist sein „Societalismus" proudhonistische Anklänge auf.
[34] Vgl. *Friedrich Engels*, Herrn Eugen Dührings Umwälzung der Wissenschaft (Anti-Dühring), in: MEGA I 27, 348ff., 450f., 459; MEW 20, 144ff., 269f., 278ff.
[35] Vgl. *Engels*, Anti-Dühring, in: MEGA I 27, 454f.; MEW 20, 272f.
[36] Ebenda, MEGA I 27, 469; MEW 20, 288.

die das Problem der Entscheidungsstrukturen und Kompetenzregelungen schlicht übergeht, hielt sich lange in sozialdemokratischen Texten und bot den wirtschaftsliberalen und kathedersozialistischen Gegnern eine offene Angriffsflanke.

Zu *Engels'* Musterschülern gehörte *August Bebel* (1840-1913), ein in der Kasematte zu Köln-Deutz geborenes Soldatenkind, das die Chance erhielt, das Drechslerhandwerk zu erlernen. Über die Leipziger Arbeiterbildungsbewegung stieß er zu den marxistisch geprägten „Eisenachern". Er brachte es zu einer kleinen Fabrik, die ihn, zusammen mit seinen Einkünften als Schriftsteller, wirtschaftlich unabhängig machte. Als Führer der deutschen Sozialdemokratie und wirkungsvoller Parlamentarier galt er schließlich auch im Bürgertum als eigentlicher Gegenspieler von *Bismarck* und dem Kaiser. *Bebel* verkörperte Emanzipationswillen und -vermögen des deutschen Proletariats. Sein bedeutendstes Werk „Die Frau und der Sozialismus" (1879), bis heute unzählige Male aufgelegt, griff die den arbeitenden Menschen wohlbekannte Frage der Beziehung der Geschlechter in bedrängter Lage auf: die Frauen in „Geschlechtssklaverei", sich äußernd in Abtreibung, unehelicher Geburt, Tod im Wochenbett, Großziehen der Kinder in beengten Wohnverhältnissen bei Arbeitslosigkeit des Ehemanns und unterbezahlter Frauenarbeit, in Prostitution und Geschlechtskrankheiten. *Bebel* vernachlässigte das marxistische Bilderverbot und ließ in seinen Skizzen des Befreiungsweges seiner utopischen Phantasie freien Raum. Daher rührte die Popularität dieses Werkes, das, anders als andere Beiträge zur sozialistischen Theorie, auch in der Arbeiterschaft gelesen wurde.[37]

Für *Bebel* lagen die Gründe der weiblichen Abhängigkeit von der „Männerwelt" (auch der proletarischen) in den gegenwärtigen „Eigenthums- und Erwerbszuständen". Er forderte, ausgehend von der Fourierschen These, daß es

„keine Befreiung der Menschheit ohne die soziale Unabhängigkeit und Gleichstellung der Geschlechter" geben könne, die Umgestaltung der „bestehenden Staats- und Gesellschaftsordnung *von Grund auf".*[38] Dazu werde es, wie die Marxsche Krisentheorie zeige, zwangsläufig kommen. Was das Entstehen der Abhängigkeit von den Männern betrifft, stützt er sich auf *Engels'* Schrift „Der Ursprung der Familie, des Privateigentums und des Staats".[39] Die aktuelle Lebenslage von Frauen wird mit der zeitgenössischen Literatur und Statistiken belegt. *Bebel* läßt offen, ob die sozialistische *Transformation* gewaltsam oder friedlich verlaufen wird. Auffällig ist, daß er den Begriff *Revolution* vermeidet. Der Übergang erscheint vor allem als demokratischer Prozeß: Die Menschen fangen an zu begreifen, „daß, um Mensch zu sein, *man menschenwürdig leben müsse"*; zu einem *„vorausgesetzten Zeitpunkt"* würden *„alle geschilderten Übel so auf die Spitze getrieben (...), daß sie der großen Mehrheit der Bevölkerung (...) unerträglich erscheinen, und ein allgemeines, unwiderstehliches Verlangen nach einer gründlichen Umgestaltung die ganze Gesellschaft ergreift (...)."* Dieser Druck der *„ungeheure(n) Mehrheit der Gesellschaft"*, d.h. der „unterdrückten und ausgebeuteten Klassen", wird von der herrschenden Klasse als „Gewalt der Umstände" erlebt. Ihre „Wider-

---

[37] *Bebel* hat eine bedeutende, oft aufgelegte Autobiographie geschrieben: *August Bebel,* Aus meinem Leben, Stuttgart 1910-1914. Zu seinem Leben vgl. *Brigitte Seebacher-Brandt,* Bebel, Künder und Kärrner im Kaiserreich, Berlin 1988. – Zur „Geschlechtssklaverei", die zur Verkrüppelung der geistigen Anlagen und Fähigkeiten von Frauen führe, vgl. *August Bebel,* Die Frau und der Sozialismus. Vollständig durchgesehen, verbessert und mit neuen Materialien versehen. Jubiläums-Ausgabe, Stuttgart ^{25}1895, 5, 144.
[38] *Bebel,* Frau, 5.
[39] *Engels,* Der Ursprung der Familie, des Privateigentums und des Staats. Im Anschluß an *Lewis H. Morgans* Forschungen (1884), in: MEGA I 21, 7-271; MEW 21, 25-173.

standsfähigkeit" sinkt, so daß sie, gezwungen oder aus Einsicht, nachgeben muß.[40] Was den Staat und seine Institutionen betrifft, so folgt Bebel dem Engelsschen Dogma vom „Absterben des Staates". Der Staat sei „die nothwendige Organisation einer auf Klassenherrschaft beruhenden Gesellschaftsordnung". Ist diese beseitigt, so verliert er seine „Existenznothwendigkeit". Mit ihm zusammen werden auch seine Repräsentanten, „Minister, Parlamente, stehendes Heer, Polizei, (...), Gerichte, (...), Gefängnisbeamte, die Steuer- und Zollverwaltung" absterben.[41]

Die ökonomische Transformation wird an die bereits im Kapitalismus entstandenen Großbetriebe anknüpfen. Doch die politischen und ökonomischen Strukturen des entwickelten Sozialismus werden mit denen der überwundenen Gesellschaft nichts mehr gemein haben.

Basis der Wirtschaftsverwaltung ist die Gemeinde. An der Spitze sämtlicher Lokalverwaltungen steht die *Zentralverwaltung* – keine „Regierung", sondern „nur ein ausführendes Verwaltungsorgan". Diese Organe beruhen „*auf breitester demokratischer Grundlage*". In die Verwaltungsfunktionen werden die „Brauchbarsten, ob Mann, ob Frau", gewählt; zudem herrscht das Rotationsprinzip: „Alle Posten werden nur auf Zeit eingenommen". Wichtigste Verwaltungsaufgabe ist die Ermittlung der verfügbaren Arbeitskräfte, der Zahl und Art der Arbeitsmittel (Fabriken, Werkstätten, Verkehrsmittel) sowie der bisherigen Produktivität, der Vorräte und des Konsumgüterbedarfs. „Die Statistik (...) wird die wichtigste Hilfswissenschaft in der neuen Gesellschaft, sie liefert das Maß für alle gesellschaftliche Thätigkeit". Produktions- und Arbeitszeitberechnungen ließen sich so „spielend" lösen. Im übrigen wird freie Berufswahl herrschen. Bei fortgeschrittener Arbeitsorganisation entstünde vermutlich „alternierende" Tätigkeit in den „verschiedensten Arbeitsgebieten". Denn der Mensch habe das Bedürfnis „nach Freiheit der Wahl und der Abwechslung in der Beschäftigung"; dieser Trieb diene der „harmonischen Ausbildung" seiner Fähigkeiten.[42]

Bebel ist davon überzeugt, daß die sozialistische Arbeitsorganisation, die eine allgemeine Arbeitspflicht vorsehe, die Produktivität gewaltig steigern werde. Zudem werde der ruinöse Wettbewerb unter den Produzenten um Verbesserung und Beschleunigung des Produktionsprozesses verschwinden; der profit- und konkurrenzbesessene Unternehmer mache den „*Arbeitern, Werkmeistern, Technikern, Ingenieuren, Chemikern etc. Platz (...)*"[43]. Bereits in der bürgerlichen Gesellschaft, z.B. in den USA, seien zentrale Wasch-, Reinigungs- und Heizungsanlagen für ganze Stadtviertel, sogar Stiefelputzmaschinen, entwickelt worden, die Anwendbarkeit der Elektrizität und die Lebensmittelchemie mache die erstaunlichsten Fortschritte, und in den USA und der Schweiz sei das Frauenstudium zugelassen. Im Sozialismus werde dies erst recht möglich sein.[44]

Das utopische Potential des Sozialismus illustriert *Bebel* mit einer Rede des französischen, linksrepublikanisch eingestellten Chemikers *Marcelin Berthelot*:

„Ums Jahr 2000 werde es keine Landwirtschaft und keine Bauern mehr geben, denn die Chemie werde die bisherige Bodenkulturexistenz aufgehoben haben. Es werde keine Kohlenschachte (...) mehr geben. Die *Brennstoffe* seien ersetzt durch chemische und physikalische

---

[40] Vgl. *Bebel*, Frau, 310, 333f. – An anderer Stelle läßt *Bebel* erkennen, daß er in Preußen-Deutschland eine gewaltsame Revolution für wahrscheinlicher hält.
[41] Ebenda, 336, 397.
[42] *Ders.*, Frau, 340f, 343f., 357f. Die Autoritäten, denen *Bebel* hier folgt, sind *Engels* und *Fourier*.
[43] Ebenda, 339, 344f.
[44] Vgl. ebenda, 313, 351, 422, 424, 426.

Prozesse. (...) Das Problem der Industrie bestehe darin, Kraftquellen zu finden, die unerschöpflich sind und mit möglichst wenig Arbeit sich erneuern. Bisher haben wir Dampf erzeugt durch die chemische Energie verbrannter Steinkohlen; aber die Steinkohle sei beschwerlich zu gewinnen, und ihr Vorrath nehme von Tag zu Tag ab. Man müsse daran denken, die *Sonnenwärme* und die Hitze des Erdinnern zu benützen. (...) Damit wäre die Quelle aller Wärme und aller Industrie erschlossen; nehme man noch das *Wasser* hinzu, so könne man auf der Erde alle erdenklichen Maschinen laufen lassen, diese Kraftquelle würde in Hunderten von Jahren kaum eine merkliche Abnahme erfahren. Mit der Erdwärme würden sich zahlreiche chemische Probleme lösen lassen, darunter das höchste Problem der Chemie, die Herstellung von *Nahrungsmitteln* auf chemischem Weg. Im Prinzip sei es bereits gelöst (...) Es werde die Zeit kommen, wo Jedermann eine Dose mit Chemikalien in der Tasche trage, aus der er sein Nahrungsbedürfnis (...) befriedige. Dann werden Umwälzungen eintreten, von denen man sich jetzt noch keinen Begriff machen könne. Fruchtfelder, Weinberge und Viehweiden würden verschwinden; der Mensch werde an Würde und Moral gewinnen, weil er nicht mehr vom Mord und der Zerstörung lebender Wesen lebe. (...) Die Erde werde nicht mehr (...) entstellt durch die geometrischen Figuren, die jetzt der Ackerbau ziehe, sondern sie werde ein *Garten*, (..) in dem das Menschengeschlecht im Überfluß, im Goldenen Zeitalter, leben werde. Der Mensch werde darum nicht der Trägheit und der Korruption verfallen. Zum Glück gehöre die Arbeit, und der Mensch werde arbeiten, so viel wie jemals, weil er nur für sich arbeite, um seine geistige, moralische und ästhetische Entwicklung auf die höchste Stufe zu bringen."[45]

Bebel nimmt keineswegs alle Prognosen *Bertholets* für bare Münze, doch vom Bestehen eines utopischen Potentials ist er überzeugt. Es werde sich im sozialistischen Zeitalter erst richtig entfalten können. In ihm könnten sich die Menschen in Ruhe darauf konzentrieren, ihre Umwelt zu verbessern, an erster Stelle die Arbeitswelt, die durch Anwendung der entwickeltsten Technologie, Baukunst und Hygiene in energiesparende und arbeitserleichternde Produktionsstätten verwandelt würde.[46] Auch der architektonische Rahmen des sozialen und politischen Lebens werde sich ändern:

„Große Versammlungslokalitäten für Vorträge und Disputationen und zur Besprechung aller gesellschaftlichen Angelegenheiten, über die künftig die Gesammtheit [sic!] souverän entscheidet, Spiel-, Speise- und Lesesäle, Bibliotheken, Konzert- und Theaterlokale, Museen, Spiel- und Turnplätze, Parks (...), öffentliche Bäder, Bildungs- und Erziehungsanstalten (...), Laboratorien, Alles aufs Bestmögliche ausgestattet (...), werden jeder Art von Unterhaltung, Kunst und Wissenschaft die reichlichste Gelegenheit bieten, das Höchste zu leisten. Ebenso werden die Anstalten zur Pflege Kranker, Siecher, Altersschwacher den höchsten Anforderungen entsprechen.."[47]

Andere gesellschaftliche Bereiche werden sich gleichfalls fundamental wandeln. Der *Gegensatz von Stadt und Land* wird verschwinden. Das Luftschiff wird zum bevorzugten Vehikel werden. Ungeahnte Meliorationstechniken, z.B. Weinbau in künstlich beregneten Hallen, werden sich durchsetzen, auch wird es möglich sein, tierische und menschliche Abfallstoffe wiederzuverwerten, z.B. in Form von Düngemitteln.[48] Schließlich wird die Kultur blühen wie noch nie. Die „*künftige Gesellschaft (...) wird Gelehrte und Künstler jeder Art in ungezählter Menge besitzen (...).*" Doch jeder von ihnen wird, dem Prinzip der alternierenden Tätigkeit

---

[45] *Bebel*, Frau, 355f.
[46] Vgl. ebenda, 351.
[47] Ebenda, 414f. Das Vorbild dieser konkreten Utopie ist diesmal *Cabet*.
[48] Vgl. ebenda, 372, 384f., 389, 393.

folgend, „*einen Theil des Tages physisch arbeiten und, in der übrigen Zeit, nach Geschmack seinen Studien und Künsten und geselligem Umgang obliegen (...).*"[49]

Frauen wären in der sozialistischen Zukunftsgesellschaft vollständig gleichberechtigt. Sie würden weder in Ausbildung noch Berufsausübung diskriminiert. Ihre biologisch fixierte Mutterrolle würde in vorbildlichen Geburtskliniken erleichtert. Die Kindererziehung werde durch gesellschaftliche Einrichtungen wie Kindergärten übernommen; polytechnischer Unterricht, der die Heranwachsenden mit allen praktischen Tätigkeiten des gewerblichen Lebens sowie mit dessen technischen Voraussetzungen vertraut machte, schlösse sich an, gleichfalls „geistige Ausbildung in den verschiedenen Wissensgebieten" sowie körperliche Ertüchtigung. Im übrigen könnten die Eltern „*die Ordnung des Erziehungswesens*" beeinflussen, da „*Erziehungsausschüsse*", bestehend aus „*den Eltern – Männer und Frauen – und aus den Erziehern*", eingerichtet würden.[50] Zudem entfiele die traditionelle *Haushaltsführung*, denn die kleine Privatküche und die „Küchensklaverei" gehören der Vergangenheit an:

„Wie künftig durch die Zentralnahrungsbereitungsanstalten in vollkommener Weise die häusliche Küche überflüssig gemacht wird, so fallen durch die Zentralheizung, die elektrische Zentralbeleuchtung aller Arbeiten, die bisher die Instandhaltung der Feuerung in den Öfen, die Instandhaltung der Lampen und Beleuchtungsapparate erforderte, weg. Die Warmwasserleitung neben der Kaltwasserleitung ermöglicht Waschungen und Bäder einem Jeden in beliebiger Weise, ohne Zuziehung einer Hilfsperson. Die Zentralwaschanstalten und Zentraltrockeneinrichtungen übernehmen die Reinigung und das Trocknen der Wäsche; die Zentralreinigungsanstalten die Reinigung der Kleider und Teppiche."[51]

Utopisch sind weniger *Bebels* Prognosen, denn viele von ihnen wurden inzwischen, und zwar unter kapitalistischen Bedingungen, realisiert. Getäuscht hat er sich in der Annahme des Entstehens ausgeprägter kollektiver Bedürfnisse. „Das gesellschaftliche Leben wird in der Zukunft mehr und mehr ein öffentliches werden. (...) Das häusliche Leben wird sich auf das Nothwendigste beschränken"[52] – diese Aussage hat sich nicht bestätigt, sowenig wie die Bereitschaft zur Preisgabe der Kleinküche angesichts der fortdauernden Lust an Kochrezepten. Doch *Bebels* eindringliche Anmahnung der Beendigung der „*Herrschaft des Mannes über die Frau*" bleibt aktuell. Für ihn fiel sie mit der Aufhebung der „Klassenherrschaft" zusammen.[53] Inzwischen sind in den modernen Industrie- und Dienstleistungen die Formen sozialer Abhängigkeit zu mannigfaltig und subtil geworden, als daß man sie noch als Klassenherrschaft dechiffrieren könnte.

Clara Zetkin (1857-1933), die langjährige Redakteurin der sozialdemokratischen Frauenzeitschrift „Die Gleichheit", folgte *Bebels* marxistischer Analyse der Frauenfrage:

„Die *Stellung der Frau entspringt nicht aus gewissen ewig gültigen Ideen*, aus einer *unabänderlichen Bestimmung* für den, von sentimentaler Selbstsucht erfundenen ‚natürlichen Beruf

---

[49] *Bebel*, Frau, 359.
[50] Ebenda, 403ff.
[51] Ebenda, 424, 224.
[52] Ebenda, 414.
[53] Ebenda, 435.

des ewig Weiblichen', sondern sie ist eine Folge der gesellschaftlichen, auf den Produktionsverhältnissen fußenden Zustände einer gegebenen Zeit."[54]

Die Forderung, die Frauen ans Haus „zurückfesseln" zu wollen, müsse scheitern, denn es sei der Kapitalismus, der „die Thätigkeit der Frau endgiltig [sic!] aus dem Hause und in die Gesellschaft" verlegt sowie den Müttern die Kindererziehung aus den Händen genommen habe – eine Entwicklung, die sie positiv beurteilte. Zu garantieren seien Schwangerschaftsschutz sowie Säuglingsbetreuung durch die Mütter, doch danach könne die Erziehung auch anderen anvertraut werden. Wichtig sei allein, daß sie „verständig und liebevoll" geschehe. Die entstandenen Freiräume der Arbeiterinnen seien zu deren Organisation und politischer Bildung zu nutzen. Obwohl die zweite bedeutende sozialdemokratische Vorkämpferin der Frauenemanzipation, *Lily Braun* (1865-1916), im „revisionistischen" Lager stand, stimmten ihre Zukunftsbilder mit *Bebels* Visionen weitgehend überein.[55]

In seinen Reichstagsreden über den *Zukunftsstaat* hielt sich *Bebel* an das Marxsche Bilderverbot. Einen „Zukunftsstaat" könne es nicht geben, denn als Instrument der Klassenherrschaft werde der Staat absterben und durch eine „sozialistische Gesellschaftsorganisation" ersetzt werden. Wie diese im Detail aussehen werde, müsse man den künftigen Sozialisten überlassen. *Bebel* wiederholte die orthodoxen marxistischen Transformationsvorstellungen. Zugleich verwies er auf sein Werk „Die Frau und der Sozialismus", das, wie gezeigt, ein bunteres Bild der sozialistischen Zukunft malt.[56]

Eine entscheidende Etappe im Ringen um eine klare Sozialismuskonzeption bildete das *Erfurter Programm* von 1891. Es besteht aus einem theoretischen und einem praktischen Teil: Der erste stammt von *Karl Kautsky*, der zweite, der vor allem Demokratisierung, Arbeitsschutz und sozialpolitische Maßnahmen fordert, von *Eduard Bernstein*.[57] Mit dem Entwurf des Erfurter Programms hatte *Kautsky* seine Stellung als der neben *Engels* bedeutendste Vertreter des marxistischen Sozialismus befestigt. Seine Schriften wurden in rund 30 Sprachen übersetzt. Nach *Engels'* Tod im Jahre 1895 wuchs er in die Rolle eines Ratgebers der internationalen sozialistischen Bewegung hinein.

Karl Kautsky (1856-1938), in Prag geboren, entstammte einer Künstlerfamilie. Sein Vater war Theatermaler, seine Mutter, *Minna Kautsky*, Autorin viel gelesener sozialkritischer Romane. Noch als Student knüpfte er Kontakte zu *Karl Höchberg*, später zu *Marx* und *Engels*. 1883 wurde er Redakteur der international maßgebenden marxistischen Zeitschrift „Die Neue Zeit". Wie die meisten sozialwissenschaftlich Interessierten seiner Zeit geriet er unter den Einfluß von *Darwins* Evolutionstheorie. Er versuchte, darwinistisches und sozialistisches Denken

---

[54] *Clara Zetkin*, Die Arbeiterinnen- und Frauenfrage der Gegenwart, Berlin 1889, 3.
[55] Vgl. ebenda, 8, 11, 25, 29; *Lily Braun*, Frauenarbeit und Hauswirthschaft, Berlin 1901, 2f.
[56] Vgl. *August Bebel*, Rede vom 3. Februar 1893 im Deutschen Reichstag bei der zweiten Beratung des Reichsetats für 1893/94, in: *ders.*, Schriften 1862-1913. Bd. 1, hrsg. von *Cora Stephan*, Frankfurt a.M. 1981, 271-296, 282, 284, 286, 292, 294; Rede am 6. Februar 1893, ebenda, 297-328, 316, 320. *Bebels* Zukunftsstaatsreden wurden als Broschüre mit einer Auflage von 1,7 Mill. Exemplaren vertrieben. Vgl. *Seeber*, Sozialdemokratie, 2f.
[57] Für den Text vgl. Programmatische Dokumente der deutschen Sozialdemokratie, hrsg. und eingeleitet von *Dieter Dowe* und *Karl Klotzbach*, Berlin ³1990, S. 185-189. Für die Umstände des Entstehens des *Erfurter Programms* vgl. *Ingrid Gilcher-Holtey*, Das Mandat des Intellektuellen. Karl Kautsky und die Sozialdemokratie, Berlin 1986.

zu vereinen, sah jedoch bald ein, daß sich das biologische Selektionsprinzip des „struggle for existence" nicht ohne weiteres auf den Bereich der Gesellschaft übertragen lasse. *Kautskys Darwin*-Rezeption äußerte sich darin, daß er die marxistische Dialektik im Sinne einer allgemeinen Evolutionstheorie interpretierte; zudem meinte er, daß sich das menschliche Verhalten durch die Triebe höherentwickelter Tiere, vor allem den „sozialen Trieb", erklären ließen.

Kautsky setzte diesen dem Zeitgeist entsprechenden Naturalismus an die Stelle des *junghegelianischen* Denkens, das fortan in der marxistischen Diskussion keine Rolle mehr spielte, bis es von *Georg Lukács*, *Karl Korsch* und der Frankfurter Schule wiederentdeckt wurde.[58] *Korsch* hielt *Kautskys* „Vulgärmarxismus" entgegen, daß *Marx* die historische Dynamik gerade nicht als Spezialfall der Evolution betrachtet habe, sondern als Ergebnis einer spezifischen gesellschaftlichen Konstellation, auf Grund derer die widersprüchliche und selbstdestruktive Gesellschaftsformation des Kapitalismus entstanden sei. Die naturalistisch-evolutionäre Interpretation des Marxismus habe dazu geführt, daß die revolutionäre Potenz der gesellschaftlichen Entwicklung verkannt und der *Reformismus* zur eigentlichen Praxis der Sozialdemokratie geworden sei.[59]

Der *Kautskyanismus* ist als „Integrationsideologie" der deutschen Sozialdemokratie bezeichnet worden.[60] Richtig ist eher das Gegenteil. Das *Erfurter Programm* sowie *Kautskys* Gelehrsamkeit als *Marx*- und *Engels*-Philologe wurden zwar weithin anerkannt, doch mit der Anwendung seiner marxistischen Lehre auf Gegenwartsprobleme machte er sich Feinde. Nach *Bebels* Tod sank sein Einfluß. 1924 ließ er sich in Wien nieder. Dort zog er die Summe seines Gelehrtenlebens in seinem Werk „Die Materialistische Geschichtsauffassung".[61] *Kautsky* war ein konsequenter Gegner der Bolschewiki, gegen die er brillant und prophetisch polemisierte. 1938 starb er im niederländischen Exil. Seine Frau *Luise*, eine gefragte Publizistin, wurde nach Auschwitz verschleppt, wo sie 1944 zu Tode kam.

Kautsky erläuterte das *Erfurter Programm* in einem ausführlichen Kommentar. Seine Begründung für die Unausweichlichkeit des Sozialismus bedient sich der orthodoxen marxistischen Krisentheorie. Als Indiz dafür, daß der Manchesterliberalismus an sein Ende gelangt sei, nennt er die Zunahme der Staatsbetriebe und Staatsinterventionen. „So fällt dem Staat immer mehr schon in der heutigen Gesellschaft die Aufgabe zu, in das wirthschaftliche Getriebe regelnd und ordnend einzugreifen, und immer mächtiger werden die Hilfsmittel, die ihm zu diesem Zwecke zu Gebote stehen."[62] Doch er warnte vor der staatssozialistischen Illusion, die Staatsunternehmen nähmen den Sozialismus vorweg. Dieser werde dadurch geschaffen, „daß die arbeitenden Klassen die politische Macht erobern,

---

[58] Zur Bedeutung des Darwinismus in der Sozialdemokrartie vgl. *Steinberg*, Sozialismus, 45-60.
[59] Vgl. *Karl Korsch*, Die materialistische Geschichtsauffassung. Eine Auseinandersetzung mit *Karl Kautsky* (1924), in: *ders.*, Die materialistische Geschichtsauffassung und andere Schriften, hrsg. von *Erich Gerlach*, Frankfurt a.M. 1971, S. 3-130, 23, 27, 34; *Karl Korsch*, Marxismus und Philosophie (1923), hrsg. und eingeleitet von *Erich Gerlach*, Frankfurt a.M. 1966, 104ff.
[60] In *Erich Matthias*, Kautsky und der Kautskyanismus. Die Funktion der Ideologie in der deutschen Sozialdemokratie vor dem ersten Weltkrieg, in: Marxismus-Studien. 2. Folge. Beiträge von *I. Fetscher* u.a., hrsg. von *Iring Fetscher*, Tübingen 1957, 151-197, 165.
[61] Die Materialistische Geschichtsauffassung. Dargelegt von *Karl Kautsky*. 2 Bde., Berlin 1927. Eine gekürzte Fassung ist 1988 von seinem Enkel *John H. Kautsky* in *Kautskys* altem Verlag J. H. W. Dietz Nachf., herausgegeben worden.
[62] Das Erfurter Programm in seinem grundsätzlichen Theil erläutert von *Karl Kautsky* (1892), Stuttgart ^{9}1908, 128; vgl. auch 125f.

damit sie mit deren Hilfe den Staat in eine große, im Wesentlichen sich völlig selbst genügende Wirthschaftsgenossenschaft verwandeln"[63].

Es fällt auf, daß *Kautskys* Begriff der „Genossenschaft" eine andere Bedeutung besitzt als „Assoziation" bei frühsozialistischen und lassalleanischen Autoren. Dort waren eher kleine Wirtschaftsgebilde gemeint, während *Kautsky* die Großbetriebe, sogar die sozialistische Gesellschaft selbst, als „Genossenschaft" bezeichnet, die „nichts ist, als ein einziger, riesiger industrieller Betrieb"[64]. Da sich *Kautsky* an das marxistische Bilderverbot hält, fehlt eine genaue Beschreibung der künftigen Wirtschaftsstruktur.[65] Doch er zieht die Konsequenz aus seiner These, daß die sozialistische Gesellschaft ein einziger Großbetrieb sei: Der Arbeiter habe „nur einen einzigen ‚Arbeitgeber', den zu wechseln unmöglich ist". Die sich bereits in der heutigen Gesellschaft abzeichnende Tendenz, „wodurch die Freiheit der Wahl der Arbeitsgelegenheit ebenso beseitigt wird, wie die Freiheit während der Arbeit", sei unaufhaltsam.[66] Diese Freiheitseinbuße werde aber kompensiert durch das Entstehen einer höheren Freiheit und das erwartbare „Emporschnellen" der Produktiviät: „(...) die *Befreiung von der Arbeit*, wie sie das Maschinenwesen in einer sozialistischen Gesellschaft in weitgehendem Maße ermöglicht, wird der Menschheit die *Freiheit des Lebens* bringen, die *Freiheit künstlerischer und wissenschaftlicher Bethätigung*, die *Freiheit des edelsten Genusses*."[67]

Historische Erfahrungen haben derartige Aussagen diskreditiert. Doch die abschließenden Sätze des theoretischen Teils sind aktuell wie eh und je:

„Die Sozialdemokratische Partei Deutschlands kämpft (...) nicht für neue Klassenprivilegien und Vorrechte, sondern für die Abschaffung der Klassenherrschaft und der Klassen selbst und für gleiche Rechte und gleiche Pflichten aller ohne Unterschied des Geschlechts und der Abstammung. Von diesen Anschauungen ausgehend bekämpft sie in der heutigen Gesellschaft nicht bloß die Ausbeutung und Unterdrückung der Lohnarbeiter, sondern jede Art der Ausbeutung und Unterdrückung, richte sie sich gegen eine Klasse, eine Partei, ein Geschlecht oder eine Rasse."[68]

Eine realistische Skizze des Übergangs zum Sozialismus enthält *Kautskys* mehrfach aufgelegte Schrift „Die soziale Revolution" (1902).

Kautsky macht zunächst auf die Bedeutung des politisch-institutionellen Rahmens aufmerksam: Die Demokratie müsse vollendet werden. Dem folgt die Überlegung, welche Institutionen bzw. Gruppen Träger der sozialisierten Unternehmen sein könnten: Der *Staat* (der, dem Dogma zufolge, später absterben wird, doch für die sozialistische Transformation von zentraler Bedeutung ist), *die Kommunen*, die *Konsumgenossenschaften*, schließlich auch die *Belegschaften* bestimmter Unternehmen, die sie genossenschaftlich weiterführen könnten.[69] Für die *Verstaatlichung* seien die monopolisierten oder kartellierten Unternehmen sowie die nationalen Transportmittel geeignet, also Eisenbahnen, rohstoffproduzierende Unternehmen wie Bergwerke, Eisenhütten, die private Forstwirtschaft, aber auch Unternehmen, die das ganze Land versorgen, etwa Schuh- und Zuckerfabriken. *Kommunalisierung* komme dagegen bei Unternehmen, deren Erzeugnisse von Kommunen nachgefragt werden, in Betracht, z.B. bei Gasanstalten, aber auch bei Zweigen der verarbeitenden Industrie. Bei der Konsumgüterindustrie und dem Kleinhandel seien die *Konsumgenossenschaften* die geeigneten Träger. Für

---

[63] *Karl Kautsky* (1892), Stuttgart ⁹1908, 129ff. – Zur Diskussion um den Staatssozialismus vgl. unten Sozialismus I, 6. Kap., III.
[64] Ebenda, 111, 130, 156.
[65] Vgl. ebenda, 132, 137ff.
[66] Ebenda, 168f. *Bebel* ging noch von freier Berufswahl und dem „Job-rotation"-Prinzip aus.
[67] *Kautsky*, Erfurter Programm, 175.
[68] *Dowe/Klotzbach*, Programmatische Dokumente, 187.
[69] Vgl. *Karl Kautsky*, Die Soziale Revolution, ³Berlin o. J., 72f.

den *Großgrundbesitz* empfiehlt Kautsky die *Verstaatlichung*, doch die *kleinbäuerlichen Betriebe* könnten zunächst im Privateigentum bleiben.[70]

Lehrreich ist auch der Abschnitt „Konfiskation oder Ablösung?". *Kautsky* spricht sich klar für die *Entschädigung* der Eigentümer aus. Eine reine Konfiskation könne sich schädlich auswirken; deshalb empfiehlt er Enteignung durch Ausgabe von öffentlichen Schuldverschreibungen. Sie biete mehrere Vorteile. Z.B. lasse sie zu, die Ablösung über Jahrzehnte hinweg auszudehnen, so daß sich die sozialistische Ordnung unter friedlichen Umständen langsam bewähren und festigen könne. Die Enteignung verliere so ihre Härte. Der wichtigste Vorteil liege aber in der Besteuerungsmöglichkeit der Zinsgewinne. Da die Inhaber der Schuldverschreibungen bekannt seien, könnten sie gezielt einer progressiven Einkommenssteuer sowie der Vermögens- und Erbschaftssteuer unterworfen werden. Dergestalt ließen sich diese Vermögen abschmelzen und die Schuldverschreibungen tilgen. Kapital- und Zinsrechnungen würden schließlich völlig überflüssig.[71]

Die derart entstehenden sozialistischen Unternehmen müssen nach *Kautsky* demokratisiert werden – eine Forderung nach Arbeitermitbestimmung bis hin zur Arbeiterselbstverwaltung, die sich in der Arbeiterbewegung unter dem Einfluß der Gewerkschaften erst allmählich durchsetzte. Voraussetzungen einer reibungslosen Weiterführung der Produktion seien

„die demokratische Disziplin, die freiwillige Unterwerfung unter eine selbstgewählte Führung und unter den Beschluß der Majorität der eigenen Genossen. (...) sie setzt voraus, daß die demokratische Fabrik an Stelle der heutigen autokratischen tritt. (...) Dies wird allerdings nicht überall in gleicher Weise vollzogen werden können, jeder Betrieb hat seine Eigenart, nach der sich die Organisation seiner Arbeiter richten muß. Es gibt z.B. Betriebe, die ohne eine bureaukratische Organisation nicht auskommen, wie die Eisenbahnen. Die demokratische Organisation kann sich so gestalten, daß die Arbeiter Delegierte wählen, die eine Art Parlament bilden, welches die Arbeitsordnungen festlegt und die Verwaltung des bureaukratischen Apparates überwacht. Andere Betriebe kann man der Verwaltung der Gewerkschaften übergeben, wieder andere können genossenschaftlich betrieben werden. (...) wir dürfen nicht erwarten, daß die Organisation aller Betriebe nach einer und derselben Schablone vor sich gehen wird."[72]

Sozialistische Produktion setzt Planung voraus. Die Planung des Produktionsmittelbedarfs hält er für nicht besonders schwierig. Dies gelte auch für die Konsumtionsmittel des täglichen Bedarfs wie Mehl, Fleisch, Gemüse usw. Ein Problem bildeten allerdings die Luxusartikel und Modeartikel. Hier könne es zu unkalkulierbaren Nachfrageschwankungen kommen.[73] Interessant ist, daß *Kautsky* in der „Sozialen Revolution" von dem zentralistischen Sozialismusbild des Kommentars zum Erfurter Programm abrückt und ein erstaunlich „pluralistisches" Tableau der sozialistischen Wirtschaftsgesellschaft zeichnet:

„Die mannigfachsten Arten des Eigentums an den Produktionsmitteln – staatliches, kommunales, konsumgenossenschaftliches, produktivgenossenschaftliches, privates – können nebeneinander in einer sozialistischen Gesellschaft existieren. Die verschiedensten Formen des Betriebes – bureaukratischer, gewerkschaftlicher, genossenschaftlicher, Alleinbetrieb; die verschiedensten Formen der Entlohnung der Arbeiter – fixer Gehalt, Zeitlohn, Stücklohn, Beteiligung an allen Ersparnissen von Rohmaterial, Maschinerie usw.; Beteiligung an den

---

[70] Vgl. *Kautsky*, Die Soziale Revolution, 73ff., 96ff.
[71] Vgl. ebenda, 75-78.
[72] *Ders.*, Soziale Revolution, 78ff.
[73] Vgl. ebenda, 92-96.

Resultaten intensiverer Arbeit; die verschiedensten Formen der Zirkulation der Produkte – durch Lieferungskontrakte durch Kauf aus den Lagern des Staates, der Gemeinden, der Konsumgenossenschaften, der Produzenten selbst usw. Dieselbe Mannigfaltigkeit wie heute ist in einer sozialistischen Gesellschaft möglich."[74]

2. Reformistische und revisionistische Alternativen

Im Kaiserreich gab es immer Sozialisten, die der Auffassung, soziale Reformen könnten erst nach der „sozialen Revolution" durchgesetzt werden, widersprachen, wie die Lassalleaner und *C. A. Schramm*. Auch *Georg von Vollmar* (1850-1922), der in der Erinnerung als Begründer der „königlich bayerischen" Sozialdemokratie fortlebt, schwenkte auf diese Linie ein. *Vollmar* war Sproß einer altadligen, katholisch geprägten Beamtenfamilie. Als schwerverletzter Teilnehmer des Siebzigerkriegs schloß er sich der Sozialdemokratie an und gelangte als Parteijournalist und Mitglied des Bayerischen Landtags sowie als Reichstagsabgeordneter in die höheren Parteiränge. Zunächst folgte er der Bebel-Kautskyschen Linie. Doch die sozialpolitischen Versprechungen Kaiser *Wilhelms II.* nach *Bismarcks* Rücktritt im Jahr 1890 weckten seine Erwartung, Reformen ließen sich auch unter den bestehenden Verhältnissen erreichen.[75] Parteiöffentlich wurde dieser Einstellungswandel in *Vollmars* Münchner „Eldoradoreden" (1891). Er vertrat zunächst die Auffassung, der „neue Kurs" des Kaisers habe die Regierungspolitik wesentlich geändert. Die Folge davon sei:

„Der grundsätzliche Widerstand gegen jede Art von Veränderung und Reform ist gebrochen. Gewiß haben die herrschenden Klassen, besonders die mächtigen Interessengruppen der Agrarier und Großindustriellen, noch übergroße Herrschaft in ihren Händen. (...) Daraus ergibt sich, daß unsere Taktik heute nicht die gleiche sein kann, wie zur Zeit des Ausnahmezustandes. (...) Dieser Stufe der Bewegung entspricht, daß wir *vom Theoretischen ins Praktische, vom Allgemeinen mehr ins Einzelne* gehen. Wir sollen das Zukünftige im Auge behalten, aber darüber nicht das Gegenwärtige, Nächste, Dringendste vergessen. (...) *Die heutige Form zu benützen, um auf die Gestaltung der morgigen Einfluß zu üben – das muß unsere Aufgabe sein.* (...) In dem Maße, in welchem wir einen unmittelbaren Einfluß auf die öffentlichen Angelegenheiten gewinnen, haben wir – unter Aufrechterhaltung unserer grundsätzlichen Bestrebungen – *unsere Kraft auf die jeweils nächsten und dringendsten Dinge zu konzentrieren und zeitweise positive Aktionsprogramme aufzustellen.* Als die nächsten und zeitweise positiven und mit allem Nachdruck anzustrebenden Forderungen sehe ich an:
1. Die *Weiterführung des Arbeitsschutzes.* (...) Die beschränkten Verbesserungen in Bezug auf die Sonntagsruhe usw. (...) müssen auf immer weitere Gewerbe ausgedehnt werden.(...) Daneben [ist] die ganze Kraft auf die Erlangung eines gesetzlichen Arbeitstages zu wenden.
2. Die Erringung eines wirklichen Vereinigungsrechtes. (...)
3. *Auf dem Gebiete des Lohnkampfes*, des Ausstandes muß die *Enthaltung jeder staatlichen Einmengung* zugunsten des einen Teiles gefordert werden. (...)."
4. forderte *Vollmar* eine Kartellgesetzgebung, die die Ausbeutung von Verbrauchern und Staat durch Monopolpreise unterbinden könne.[76]

---

[74] *Kautsky*, Soziale Revolution, 100.
[75] Vgl. *Thomas Nipperdey*, Deutsche Geschichte 1866-1918. Bd. 2: Machtstaat vor der Demokratie, München 1992, 423f.
[76] *Georg von Vollmar*, Über die nächsten Aufgaben der deutschen Sozialdemokratie. Zwei Reden, gehalten am 1. Juni und am 6. Juli 1891 im ‚Eldorado' zu München, München 1891, ²1899,

Seinen orthodoxen Kritikern hielt *Vollmar* entgegen:

„Wollten wir eine religiöse Sekte oder eine wissenschaftliche Schule sein, dann freilich brauchten wir uns um die unangenehme Wirklichkeit nicht zu kümmern, sondern könnten ruhig unsere Luftschlösser bauen. Sekten und Schulen arbeiten nur mit dem Absoluten und erheben ihre Forderungen ohne Rücksicht auf deren Ausführbarkeit. Eine in der Wirklichkeit arbeitende Partei kann das aber nicht tun; sie kann sich nicht auf den Isolierschemel stellen, sondern muß sich nach dem täglichen Leben richten und praktische Politik treiben."[77]

Es war *Bernsteins Revisionismus*, der schließlich *Bebels* und *Kautskys* starres Marxismusverständnis zu Fall brachte. *Revisionismus* heißt kritische Überprüfung der Marxschen Lehren, ohne deren kapitalismuskritischen Ansatz in Frage zu stellen.[78] Mit diesem Begriff korrespondiert der praxisbezogene *Reformismus*, der dem Bestreben, innerhalb des Kapitalismus Reformen voranzubringen, den Vorzug vor einer strikt am Ziel der Revolution orientierten Politik gibt.[79]

Eduard Bernstein (1850-1932) war Sohn eines Berliner Lokomotivführers. Er sei „Mensch, Deutscher, und dann stamme ich von Juden ab" – so charakterisierte er seine Herkunft.[80] Der junge Bankangestellte schloß sich den Eisenachern an. Als Mitarbeiter *Höchbergs* wuchs er in die Rolle eines führenden Parteijournalisten hinein, dem die Redaktion des in Zürich erscheinenden „Sozialdemokrat" anvertraut wurde – eine Tätigkeit, die die Reichsregierung 1888 bewog, seine Ausweisung aus der Schweiz zu veranlassen. *Bernstein* emigrierte nach London. Ab 1901 wieder in Deutschland, errang er das Mandat eines Reichstagsabgeordneten und Berliner Stadtrats. Im Verlauf des Ersten Weltkriegs geriet er in Gegensatz zur „Burgfriedenspolitik" der Fraktionsmehrheit und schloß sich der oppositionellen USPD an. Nach dem Untergang des Kaiserreichs übernahm er kurzfristig ein Amt im Reichsschatzamt. Danach verlor er, wie sein Freund *Kautsky*, mit dem er sich während des Revisionismusstreites überworfen, inzwischen aber wieder versöhnt hatte, seinen politischen Einfluß.[81]

Die Herausbildung des Revisionismus gehört zu den faszinierendsten Kapiteln der sozialistischen Theoriebildung. Nach seinem *Anti-Dühring*-Erlebnis gehörte *Bernstein* zu den energischsten Verfechtern des von *Engels* geprägten Marxis-

---

abgedruckt in: ders., Reden und Schriften zur Reformpolitik. Ausgewählt und eingeleitet von *Willy Albrecht*, Berlin 1977, 136-162, 138, 140f., 145ff. – *Vollmar* ist ein Pionier des *Umweltschutzes*. In seiner Broschüre „Waldverwüstung und Überschwemmung" (1876) machte er die privatwirtschaftliche Ausbeutung der Wälder für die Überschwemmungskatastrophen in den alpinen Wäldern verantwortlich; vgl. *ders.*, Reden und Schriften, 38-50.

[77] *Vollmar*, Reden und Schriften, 152.

[78] Der auf *Bruno Schoenlank* zurückgehende Begriff des Revisionismus wird in der sozialistischen Theoriediskussion häufig von der Bernsteinschen Marxismusrevision abgelöst und in polemischer Absicht als Abkehr vom richtig verstandenen Marxismus interpretiert. *Helga Grebing* hat gezeigt, daß es einen authentischen Marxismus nicht gibt, sondern nur einen immer schon interpretierten, weshalb der Revisionismusvorwurf ins Leere läuft. Vgl. dazu *Helga Grebing*, Der Revisionismus. Von Bernstein bis zum ‚Prager Frühling', München 1977, 11-15.

[79] Für die Begriffe „Revisionismus" und „Reformismus" vgl. auch: Lexikon des Sozialismus, hrsg. von *Thomas Meyer* u.a., Köln 1986.

[80] Vgl. *Francis Ludwig Carsten*, Eduard Bernstein 1850-1932, München 1993, 126.

[81] Von *Bernstein* stammen bedeutende und bahnbrechende historische Werke. Vgl. *Ed. Bernstein*, Sozialismus und Demokratie in der großen englischen Revolution. Zweite, durchgesehene, vermehrte und illustrierte Ausgabe, Stuttgart 1908; ders., Die Geschichte der Berliner Arbeiter-Bewegung. 3 Teile, Berlin 1907/10 (Reprint Glashütten i.Ts. 1972).

musverständnisses. Seine Skepsis gegen dessen Doktrinarismus entstand im Umgang mit englischen Sozialisten, allen voran den Mitgliedern der *Fabian Society* wie *George Bernard Shaw* (dem geistreichen Schriftsteller), den sozialwissenschaftlichen Pionieren *Sidney Webb* und *Beatrice Webb-Potter*, *Ramsey Macdonald* (dem späteren Labour-Premier) und *William Morris* (einem utopischen Sozialisten und Pionier des kunstgewerblichen Designs).[82] *Bernsteins* Überlegungen knüpften an *Shaws* Beobachtung an, daß trotz der Schwäche der englischen Sozialdemokratie die Gesetzgebung zunehmend sozialistisch beeinflußt werde. *Bernstein* schrieb dies zunächst der fortgeschrittenen wirtschaftlichen Entwicklung Englands und dessen flexiblem Parteiensystem zu, das sich „zeitgemäßen sozialistischen Forderungen gegenüber weniger spröde" erweise als das deutsche; doch er glaubte, daß *Shaws* Feststellung im Prinzip auch für andere europäische Länder gelte. Es müsse erlaubt sein,

„aus der weiten Verbreitung des sozialistischen Gedankens und den korrespondierenden Erscheinungen in Produktion, Handel und Verkehr, Berufsleben und Arbeiterbewegung den Schluß zu ziehen, daß wir uns mit Riesenschritten der Zeit nähern, wo die Sozialdemokratie ihren heute noch wesentlich kritischen Standpunkt wird in dem Sinne modifiziren müssen, daß sie über das Gebiet von Lohn-, Arbeitsschutz- und ähnlichen Forderungen hinaus mit positiven Reformvorschlägen herauszutreten haben wird"[83].

Zuvor hatte er der Auffassung des führenden englischen Marxisten *H.M. Hyndman*, es sei von geringer Bedeutung, ob der revolutionäre Übergang „friedlich oder stürmisch" erfolge, entgegengehalten, daß die gewaltlose Variante eindeutig vorzuziehen sei, da der Sozialismus

„sich offenbar nur in einer Serie organischer Reformen verwirklichen kann, die Zeit und geordnete Zustände zu ihrer vollen Durchführung brauchen. (...) Das Kapital kann nicht kurzweg ‚zerstört' werden, auch nicht wenn man es als Klassenbesitzthum und Produktion für den Profit definirt. Es kann nur aufgehoben werden, indem man es in seinen genügend entwickelten Formen unter direkte Kontrolle der Gesellschaft bringt."[84]

Deshalb, so *Bernstein*, bestehe die Rede vom „Hineinwachsen der Gesellschaft in den Sozialismus" nicht zu Unrecht.[85] Diese Entwicklung vollziehe sich nicht nur auf ökonomischem, sondern auch auf politischem Gebiet:

„Die moderne, in der Arbeiterklasse wurzelnde Demokratie erhält (...) in wachsendem Maße direkten und indirekten Einfluß auf Staat und Gemeinde. Je stärker er ist, umso mehr werden die Grundsätze der Betriebsleitung im Sinne der Demokratie modifizirt. Das Interesse der privilegirten Minderheit wird dem Gemeininteresse immer mehr untergeordnet. (...) es [ist] meine feste Überzeugung, daß schon die gegenwärtige Generation noch die Verwirklichung von sehr viel Sozialismus erleben wird, wenn nicht in der patentirten Form, so doch in der *Sache*. Die stetige Erweiterung des Umkreises der gesellschaftlichen Pflichten, d.h. der Pflichten und der korrespondirenden Rechte der Einzelnen gegen die Gesellschaft, und der Verpflichtung der Gesellschaft gegen die Einzelnen, die Ausdehnung des Aufsichtsrechts der in der Nation oder im Staat organisirten Gesellschaft über das Wirthschaftsleben, die Ausbil-

---

[82] Vgl. *Carsten*, Bernstein, 61f.
[83] *Eduard Bernstein*, Probleme des Sozialismus. Eigenes und Übersetztes. 1. Allgemeines über Utopismus und Eklektizismus, in: NZ, Jg. 15 (1896/97), Bd. 1, 164-171, 165.
[84] *Ed. Bernstein*, Sozialistische Oekonomie in England. in: NZ, Jg. 15 (1896/97), Bd. 1, 46-54, 53.
[85] *Ders.*, Probleme, 166.

dung der demokratischen Selbstverwaltung in Gemeinde, Kreis, Provinz und die Erweiterung der Aufgaben dieser Verbände – alles das heißt für mich Entwicklung zum Sozialismus oder, wenn man will stückweise vollzogene Verwirklichung des Sozialismus."[86]

Es versteht sich, daß die Vorstellung einer sofortigen und möglichst vollständigen Vergesellschaftung zu *Bernsteins* gradualistischer Transformationsvorstellung nicht paßt. Deshalb brachte er das Konzept einer gemischten Wirtschaft ins Spiel, und zwar unter Berufung auf den zwischen Sozialismus und Sozialliberalismus schwankenden Nationalökonomen *John Atkinson Hobson* (1858-1940), der sich als Kritiker der Macht- und Kapitalkonzentration und als Imperialismustheoretiker einen Namen gemacht hatte.[87] *Hobson* unterschied zwischen dem „Routine-Bedarf" der Konsumenten, der am besten durch die „kollektivierte" Industrie befriedigt werden könne, und den „Bedürfnissen individueller Natur", denen nur „die bewußte Thätigkeit individueller Produzenten" gerecht werden könne. Gerade die „Befähigung der Einzelnen zu vollerer und freier Pflege und Befriedigung ihrer individuellen Neigungen" sei das vornehmste Ziel des Kollektivismus, betonte *Hobson* in Anlehnung an *John Ruskin* (1819-1900), einen Vorkämpfer des Gedankens einer Ästhetisierung der sozialen Welt, den *William Morris* zu realisieren versuchte.[88]

Überhaupt war *Bernstein* in England zu der Überzeugung gelangt, daß die Ökonomie viel differenzierter und flexibler gestaltet werden könne, als von *Marx* und *Engels* angenommen. So sei es zweifelhaft, ob noch gesagt werden könne, daß Kartelle, Schutzzölle und Trusts den Keim zu immer gewaltigeren Krisen in sich trügen. Denn inzwischen seien in der Wirtschaft „so vielerlei Formen und Anpassungsmöglichkeiten vorhanden", daß diese Wirkung nicht zwingend sei. Krisen könnten sich z.B. auf bestimmte „*Industriegruppen*" beschränken; auch könne sich die „Elastizität des modernen Kreditwesens" krisenhemmend auswirken, so daß zu vermuten sei, daß wir künftig „für gewöhnlich überhaupt nicht mehr mit Geschäftskrisen der bisherigen Art zu thun" haben.[89]

Bernstein zog aus dem Befund, daß die Wirtschaftsstruktur der modernen Staaten komplexer geworden, die Konzentration auf den Großbetrieb und das Verschwinden der Kleinbetriebe weder in England noch in Deutschland so, wie von *Marx* prognostiziert, eingetreten sei, und daß die Bedeutung von Wirtschaftskrisen wahrscheinlich abnehmen werde, zwei Schlüsse.[90] *Erstens* müßten die vereinfachenden Annahmen in der marxistischen Literatur über die künftige Wirtschaftsstruktur des Sozialismus und das Theorem vom *Absterben des Staates* aufgegeben werden. *Bernstein* hielt diesen auf *Engels* zurückgehenden Primitivismen entgegen, daß die Entwicklung immer differenziertere soziale Formen hervorbringe und sie auf keinen Fall vereinfachen werde.[91] Die moderne sozialistische

---

[86] *Eduard Bernstein*, Der Kampf der Sozialdemokratie und die Revolution der Gesellschaft. 2. Die Zusammenbruchs-Theorie und die Kolonialpolitik, in: NZ, Jg. 16 (1897/98), Bd. 1, 548-557, 555f.
[87] Vgl. *John A. Hobson*, The Evolution of Modern Capitalism. A Study of Machine Production (1894). New and Revised Edition, London 1927. – Über *Hobsons* Bedeutung als Imperialismustheoretiker siehe unten Sozialismus I, 7. Kap., I, 1.
[88] *Eduard Bernstein*, Probleme, 2. Eine Theorie der Gebiete und Grenzen des Kollektivismus, in: NZ, Jg. 15 (1896/97), Bd. 2, 204-213, 205ff.
[89] *Bernstein*, Kampf, 553f.
[90] Vgl. ebenda, 550ff.
[91] Dieses Argument geht auf den englischen Evolutionstheoretiker und Soziologen *Herbert Spen-*

Gesellschaft werde eine Ausdehnung haben, die eine Willensbildung durch alle Betroffenen ausschließe. Der Verwaltungsbedarf werde nicht einmal die Bestellung der Beamten durch Direktwahl zulassen; vielmehr werde es, wenn nicht „*Dilettantismus*" um sich greifen solle, „facherprobte Beamte" geben müssen, die allerdings zu kontrollieren seien. Was die Wirtschaft betrifft, so müsse gesehen werden:

„Die Zahl der Menschen (...), die Grösse des Raumgebiets, das sie einnehmen, die wachsende Zahl der Zweige, in die die Production sich differenziert, und die große Zahl, Vielfältigkeit und Ausdehnung der Productionseinheiten – all das macht eine *automatische Harmonisierung* aller Individualinteressen zu einem überall und in jeder Hinsicht gleichmässig sich bewährenden Gemeininteresse zu einer großen *Unwahrscheinlichkeit*. Nur im Zustande *undifferenzierter* Wirtschaften kann – um ein Bild aus der Biologie zu wählen – die ‚Gesellschaft' ein molusken- oder plattwurmartiges Dasein führen. Wie in der Tierwelt mit dem Fortschritt der Differenzierung der Functionen die Ausbildung eines Knochengerüstes unvermeidlich wird, so im gesellschaftlichen Leben mit der Differenzierung der Wirtschaften die Heranbildung eines das Gesellschaftsinteresse als solches vertretenden *Verwaltungskörpers*. Ein solcher Körper war und ist heute der Staat."[92]

Zweitens müsse die Vorstellung, der Sozialismus werde als Resultat einer ökonomischen Katastrophe ins Leben treten, aufgegeben werden. Sie führe dazu, „ängstlich alles Eingehen auf die zukünftige Gesellschaftsorganisation zu vermeiden" – im Gegensatz zum tatsächlichen Verhalten der einflußreichen sozialistischen Parteien, nämlich „nach Hebeln und Ansatzpunkten" in der Tagespolitik zu suchen, um „die Entwicklung der Gesellschaft im Sinne des Sozialismus vorwärts zu treiben"[93]. Die Vorstellung von „einem totalen Zusammenbruch des kapitalistischen Systems" sei „durchaus nebelhaft"; zudem sei dies nicht zu wünschen. Denn angesichts der differenzierten kapitalistischen Wirtschaftsstruktur könne ein abrupter Sprung in den Sozialismus nur in einer „kolossalen Niederlage" enden. Deshalb müsse der Sozialismus „stückweise" verwirklicht werden So könne z.B. „in einem guten Fabrikgesetz (...) mehr Sozialismus stecken, als in der Verstaatlichung einer ganzen Gruppe von Fabriken."[94] Anschließend fallen die bekannten Sätze, die von der Parteilinken als Provokation empfunden wurden:

---

cer (1820-1903) zurück, den *Bernstein* persönlich kennengelernt hatte. *Spencer*, ein wilder Antisozialist und Sozialdarwinist, beeinflußte mit seiner naturalistischen Evolutionstheorie auch sozialistische Autoren. Vgl. auch *Eduard Bernstein*, Technisch-ökonomischer und sozialökonomischer Fortschritt, II. Englands Überlegenheit, in: NZ, Jg. 11 (1892/93), Bd. 1, 819-850, 824, sowie *ders*., Ein Kapitel kapitalistischer Expropriation, in: NZ, Jg. 13 (1894/95), Bd. 1, 22-28, 24.
[92] *Eduard Bernstein*, Probleme des Sozialismus. 5. Die sozialpolitische Bedeutung von Raum und Zahl, in: NZ, Jg. 15 (1896/97), Bd. 2, 100-107; 138-143. Der Artikel ist abgedruckt in: *ders*., Zur Theorie und Geschichte des Socialismus. Gesammelte Abhandlungen. Neue, umgearbeitete und ergänzte Ausgabe, Teil II: Probleme des Sozialismus, Berlin ⁴1904, 58-78, 64f., 73.
[93] *Ders*., Probleme, 1. Allgemeines, 165; *ders*., Der Kampf der Sozialdemokratie und die Revolution der Gesellschaft. 1. Polemisches, in: NZ, Jg. 16 (1897/98), Bd. 1, 484-497, 484.
[94] *Ders*., Kampf, 554ff. – Die von *Bernstein* vorgeschlagene Politik entspricht der von ihm gelobten „eklektischen Behandlungsart der Dinge" durch die *Fabian Society*, die aber „realistischer Kriterien" nicht entbehre. Vgl. *ders*., Probleme, 1. Allgemeines, 167. Die Nähe dieser Politik zum „social (piecemeal) engineering" *Karl R. Poppers* ist unübersehbar; vgl. *Karl R. Popper*, The Poverty of Historicism (1957), London 1963, 42ff.; 64ff.

„Ich gestehe offen, ich habe für das, was man gemeinhin unter ‚Endziel des Sozialismus' versteht, außerordentlich wenig Sinn und Interesse. Dieses Ziel, was immer es sei, ist mir gar nichts, die Bewegung alles. Und unter Bewegung verstehe ich sowohl die allgemeine Bewegung der Gesellschaft, d.h. den sozialen Fortschritt, wie die politische und wirthschaftliche Agitation und Organisation zur Bewirkung dieses Fortschritts."

Bernstein wurde von *Kautsky* und dem Vorsitzenden der österreichischen Sozialdemokratie *Viktor Adler* (1852-1918) aufgefordert, seinen in den „Problemen des Sozialismus" entwickelten Standpunkt zusammenfassend darzustellen. Dies geschah in seinem berühmtesten Werk „Die Voraussetzungen des Sozialismus und die Aufgaben der Sozialdemokratie" (1899), das einen bis zum Ersten Weltkrieg dauernden Klärungsprozeß der theoretischen und praktischen Fragen sozialdemokratischer Politik einleitete. *Bernstein* überprüft zunächst systematisch, was vom Marx-Engelsschen Denken noch gültig sei. Er kritisiert dessen blanquistische, auf gewaltsame Revolution drängenden Elemente, vor allem die Prägung durch die doppeldeutige Hegelsche Dialektik, die dazu geführt habe, daß Theorie und Praxis der Sozialdemokatie auseinanderfielen.[95] Er relativierte auch die Marxsche Mehrwertlehre, die im internationalen Sozialismus (mit Ausnahme des englischen) als Grundlage des wissenschaftlichen Sozialismus galt.[96] Ferner wiederholte er seinen Versuch, mit Hilfe statistischer Daten nachzuweisen, daß *Marx'* Polarisierungsprognose nicht eingetreten sei. Was also bleibe von *Marx*?

„Es bleibt also nur soviel, daß die Produktionsfähigkeit in der modernen Gesellschaft sehr viel stärker ist als die thatsächliche, von der Kauffähigkeit bestimmte Nachfrage nach Produkten; daß Millionen in ungenügenden Behausungen leben, ungenügend gekleidet und ernährt sind, trotzdem die Mittel reichlich vorhanden sind, für sie genügende Wohngelegenheit, Nahrung und Kleidung zu beschaffen; daß aus diesem Mißverhältniß immer wieder in den verschiedenen Produktionszweigen Überproduktion sich einstellt derart, daß entweder thatsächlich bestimmte Artikel in größeren Mengen produzirt sind als gebraucht werden (...) oder daß bestimmte Artikel zwar nicht in größerer Menge hergestellt sind als gebraucht, aber in größerer Menge als gekauft werden können; daß in Folge dessen große Unregelmäßigkeit in der Beschäftigung der Arbeiter stattfindet, die deren Lage zu einer höchst unsicheren macht, sie immer wieder in unwürdige Abhängigkeit herabdrückt, hier Überarbeit und dort Arbeitslosigkeit hervorbringt; und daß von den heute angewandten Mitteln, der äußersten Zuspitzung dieser Übel entgegenzuwirken, die Kartelle der kapitalistischen Unternehmungen auf

---

[95] Vgl. *Bernstein*, Die Voraussetzungen des Sozialismus und die Aufgaben der Sozialdemokratie, Stuttgart 1899, 2f., 13, 18,21, 27ff., 35 (Reprint Hannover 1964). – *Bernstein* wollte den *Hegelianismus* durch einen Kritizismus im Sinne *Kants* ersetzen, mit der Folge, daß der Begriff „wissenschaftlicher Sozialismus" aufgegeben werden müsse, da der Sozialismus immer mit einem „idealistischen Element" versetzt sei, also mit einem wissenschaftlich nicht beweisbaren Sollensurteil. Vgl. dazu *Eduard Bernstein*, Wie ist wissenschaftlicher Sozialismus möglich? (1901), in: *ders.*, Ein revisionistisches Sozialismusbild. Drei Vorträge, hrsg. und eingeleitet von *Helmut Hirsch*, Berlin 1976, 51-90, 64f. Vgl. dazu *Thomas Meyer*, Bernsteins konstruktiver Sozialismus. Eduard Bernsteins Beitrag zur Theorie des Sozialismus, Berlin 1977, 279-288.

[96] Den ersten Anlauf hierzu unternahm *Bernstein* bereits in einem Artikel in der „Neuen Zeit" unter Berufung auf die *Fabier*, die der Grenznutzentheorie von *William Stanley Jevons* und *Carl Menger* anhingen. *Bernstein* beurteilte diese durchaus kritisch, weil sie auf eine reine *Preistheorie* hinauslaufe. Aber auch die *Marxsche Mehrwertlehre* habe ihre Schwierigkeiten, z.B. das kaum zu klärende Verhältnis von einfacher und komplizierter Arbeit. Er gelangte zu dem Ergebnis, daß die Grenznutzentheorie für Detailuntersuchungen hinsichtlich des Marktes als „Bereicherung der ökonomischen Begriffe" betrachtet werden könne. Vgl. *Bernstein*, Sozialistische Oekonomie, 47, 49, 51; *ders.*, Voraussetzungen, 37-45.

der einen Seite den Arbeitern und auf der anderen dem großen Publikum gegenüber monopolistische Verbände darstellen, die die Tendenz haben, über deren Rücken hinweg und auf ihre Kosten Kämpfe mit gleichartigen Monopolverbänden anderer Industrien oder anderer Länder zu führen oder durch internationale bezw. interindustrielle Verträge willkürlich Produktion wie Preise ihrem Profitbedürfniß anzupassen. Virtuell trägt das kapitalistische Abwehrmittel gegen die Krisen die Keime zu neuer, verstärkter *Hörigkeit* der Arbeiterklasse in sich, sowie zu Produktionsprivilegien (...). Viel wichtiger als die ‚Impotenz' der Kartelle und Trusts zu prophezeihen, erscheint es mir (...), ihre Möglichkeiten sich gegenwärtig zu halten."[97]

Bernstein formulierte hier übrigens – bis auf die Schlußbemerkung – einen allgemeinen sozialdemokratischen Konsens. Auch entschiedene Gegner der Bebel-Kautskyschen Orthodoxie hielten an den zentralen Ergebnissen der Marxschen politischen Ökonomie fest.

Im letzten Kapitel der „Voraussetzungen" skizziert *Bernstein* die Felder einer künftigen praktischen Politik der Sozialdemokratie: Das *Genossenschaftswesen*, wobei den *Konsumgenossenschaften* besondere Bedeutung zukomme, den *Kommunal*- oder *Munizipalsozialismus* nach englischem Vorbild, und schließlich die *Demokratisierung der Arbeitsbeziehungen* durch Ausbau des *Arbeitsrechts* und des *Tarifvertragswesens*.[98]

Bernsteins Revision des Marxismus rief eine heftige Kontroverse in der sozialdemokratischen Publizistik und auf Parteitagen (namentlich von Stuttgart 1898, Hannover 1899, Lübeck 1901, München 1902 und Dresden 1903) hervor. Den Auftakt bildeten die polemischen Artikel des jungen russischen Journalisten *Alexander Helphand* (genannt *Parvus*, 1867-1924), eines Vertrauten *Rosa Luxemburgs*, in der „Sächsischen Arbeiterzeitung".[99] *Kautsky* wies in seiner Auseinandersetzung „Bernstein und das Sozialdemokratische Programm" (1899) zutreffend auf die begrenzte Aussagekraft von *Bernsteins* statistischem Material und seine begriffliche Unschärfe (z.B. seine Verwendung des unpräzisen Begriffs „Besitzende") hin. Er bestritt die These, daß sich die Polarisierungsprognose nicht bestätigt habe, weil die Mittelschichten nicht aufgerieben würden, sondern nur ihren Charakter wandelten, d.h. ein *neuer Mittelstand* aus akademischen Berufen sowie angestellten Technikern und Kaufleuten neben den selbständigen Handwerkern und kleinen Kaufleuten entstanden sei. In der Tat gebe es einen neuen Mittelstand, doch auch er sei von Proletarisierung bedroht.[100] Das Proletariat *verelende* nach wie vor, zwar nicht mehr notwendig im „physiologischen", aber doch im „sozialen Sinn", weil die Arbeiterklasse „im steigenden Maße ausgeschlossen bleibe von den Fortschritten der Kultur". *Bernsteins* Befunde enthielten nichts, was dazu berechtigen könne, von der Marxschen Theorie der fortschreitenden Konzentration des Kapitals und der Zunahme von Proletariat auf Kosten der übrigen Volksschichten abzuweichen.[101] Ferner hielt er *Bernsteins* Betonung der praktischen Kleinarbeit entgegen, daß diese Politik nur zur Zeit der wirtschaftlichen Prosperität erfolgreich sein könne. In der Tat sei seit 1895 ein wirtschaftlicher Aufschwung eingetreten – doch woher nehme *Bernstein* die Gewißheit, daß er von Dauer sein werde?[102] Zudem sei *Bernsteins* Annahme, Wirtschaftskrisen seien durch Ausdehnung

---

[97] *Bernstein*, Voraussetzungen, 81.
[98] Die Diskussion um diese praktischen Konzepte wird im 6. Kapitel dargestellt.
[99] Zu *Parvus*, der sich vom Linksaußen der Partei im Verlauf des Ersten Weltkriegs auf den rechten Flügel zubewegte, vgl. *Winfried B. Scharlau/Zbynek A. Zeman*, Freibeuter der Revolution. Parvus-Helphand. Eine politische Biographie, Köln 1964, 49ff.
[100] Vgl. *Karl Kautsky*, Bernstein und das Sozialdemokratische Programm. Eine Antikritik, Berlin, ³1979, 82, 124ff.
[101] Vgl. *ders.*, Bernstein, 80, 84,116, 198.
[102] Vgl. ebenda, 165ff. – In der Tat setzte um 1895 ein Wirtschaftsaufschwung ein, der freilich 1901/02 und 1907/08 von einer Krise abgelöst wurde. Vgl. *Gerhard A. Ritter/Klaus Tenfelde*, Arbeiter im Deutschen Kaiserreich 1871-1914, 413, sowie die systematische Zusammenstellung

des Kredits und durch Unternehmenszusammenschlüsse wie Trusts und Kartelle aufzuhalten, verfehlt. Schutzzölle (von *Bernstein* im Gegensatz zu anderen Revisionisten nicht befürwortet) wirkten nur so lange, als sie nicht von anderen Staaten übernommen würden, und Kartelle und Trusts schränkten auf dem inneren Markt die Produktion ein und forcierten zugleich den Export durch Dumpingpreise. Da dies den Weltmarkt beunruhige, wirke diese Politik letztlich krisenfördernd. Die Folgen der Produktionsverteuerung im Inland trage hauptsächlich das Proletariat.[103]

Rosa Luxemburgs Anti-Bernstein-Schrift „Sozialreform oder Revolution?" (1899) hieb in dieselbe Kerbe. Sie beschäftigte sich hauptsächlich mit der Wirksamkeit der Krediterweiterung. Diese vermöge zwar den Wirtschaftskreislauf zu beschleunigen, doch den Widerspruch zwischen Expansion der Produktion und der beschränkten Konsumfähigkeit nicht aufzuheben, so daß der „Kredit, weit entfernt, ein Mittel zur Beseitigung oder auch nur zu Linderung der Krisen zu sein, ganz im Gegenteil ein besonderer mächtiger Faktor der Krisenbildung" sei.[104] Die Wirksamkeit von Unternehmenszusammenschlüssen beurteilte sie wie *Kautsky*. Sie vergrößerten „in letzter Linie die Anarchie der kapitalistischen Welt" und brächten „alle ihrer immanenten Widersprüche (...) zur Reife".[105] Von *Rosa Luxemburg* stammen die Begriffe, womit die Parteilinke und später die Kommunisten den Revisionismus charakterisierten: Er sei der Versuch, den „kleinbürgerlichen" und „opportunistischen" Strömungen in der Sozialdemokratie eine theoretische Grundlage zu geben.[106]

Den Revisionisten standen die von *Joseph Bloch* (1871-1936) gegründeten *Sozialistischen Monatshefte* zur Verfügung, ein inhaltsreiches, lebendiges und von *Bloch* sorgfältig redigiertes Organ. *Bernsteins* Einfluß war keinesfalls dominierend, und die Autoren vertraten in wichtigen Fragen keine einheitliche Meinung. So hatte *Bernstein*, entgegen der Mehrheit der übrigen Mitarbeiter, Vorbehalte gegen den Staatssozialismus. Er verfocht den Freihandel, während *Max Schippel*, *Richard Calwer* und *Bloch* selber Schutzzölle für berechtigt hielten. Der Erste Weltkrieg spaltete das revisionistische Lager vollends: Eine kleine Minderheit, mit dem anfänglich schwankenden *Bernstein* an der Spitze, verurteilte die Kriegspolitik der Reichsregierung, während die Mehrheit mit dem Herausgeber *Bloch* an der Spitze auf die Linie des Burg- und Siegfriedens sowie der „Durchhaltepolitik" einschwenkte.[107]

Eine retrospektive Beurteilung des Revisionismusstreites muß differenzieren. Unbestreitbar ist, daß sich *Bernsteins* Linie in der deutschen (der Sache nach, obwohl er dort keine Autorität besaß, auch in der österreichischen) Sozialdemokratie durchgesetzt hat. Doch dieser Befund verdeckt, daß seine anfängliche Position nur schwach begründet war, weshalb die Kautskysche Kritik vielfach zutraf. Dies gilt für seine karge statistische Beweisführung wie für die Erwartung, neueste kapitalistische Erscheinungen wie Kreditausdehnung und Wirtschaftsregulierung durch Unternehmenszusammenschlüsse wirkten Wirtschaftskrisen ent-

---

der Konjunkturzyklen von *Arthur Spiethoff*, in: HwbStW, Bd. 6, 8-91, 60.
[103] Vgl. *Kautsky*, Bernstein, 146ff., 150f.
[104] *Rosa Luxemburg*, Sozialreform oder Revolution, in: *dies.*, Gesammelte Werke, Bd. 1: 1893 bis 1905, Halbbd. 1, Berlin 1970, 367-466, 378f.
[105] Ebenda, 381f.
[106] Vgl. ebenda, 371, 440, 445.
[107] Vgl. *Carsten*, Bernstein, 145-148.

gegen. Auch seine Hoffnung, die Arbeiterschaft und die sozialdemokratischen Organisationen könnten sich friedlich in das bestehende Institutionengefüge integrieren und diese mit Hilfe des liberalen Freisinns demokratisieren, erfüllte sich nicht. Der wilhelminische Obrigkeitsstaat unterband derartige Reformen bis zu seinem bitteren Ende. So scheint es, daß die Kritik am Revisionismus auf ökonomischem wie politischem Gebiet ins Schwarze getroffen hatte.

Vor allem zwei Gründe haben zum späteren Erfolg der revisionistischen Linie beigetragen. Für den traditionellen Marxismus stand fest, daß sich die periodischen Wirtschaftskrisen ständig verschärften. Er verkannte dabei, daß technologische Entwicklungen und unternehmerische Tatkraft trotz fortbestehender Tendenz zur Konzentration und Zentralisation des Kapitals Innovationsschübe bewirkten, die veraltete Produkte aus dem Markt warfen, neuen Industrien zu Extraprofiten verhalfen und so den Kapitalismus zu erneuern vermochten. Es handelt sich um den Prozeß der „schöpferischen Zerstörung" (*Joseph A. Schumpeter*).[108] Der zweite Grund ist die Verbreitung der Einsicht, daß die proletarischen Organisationen über den „revolutionären Attentismus" (*Groh*) hinausgelangen mußten. Nur eine positiv gestaltende Politik konnte auf Dauer den sozialdemokratischen Massenanhang erhalten und ausdehnen.

3. Strategische Positionen im Vorfeld und Gefolge des Revisionismusstreits

In diesem Abschnitt geht es nicht um Ideen zur Gesellschaftsgestaltung, sondern um den „Weg zur Verwirklichung" (*K. Renner*), über den nach *Bernsteins* Vorstoß ein heftiger Streit ausbrach. Zeitgenossen wie Geschichtsschreibung unterscheiden drei prinzipielle Positionen:
 1. Den hauptsächlich von *Bebel* und *Kautsky* repräsentierten „Zentrismus";
 2. den Revisionismus *Bernsteins* und der „Sozialistischen Monatshefte";
 3. die entschiedene Linke (*Rosa Luxemburg, Anton Pannekoek*).[109]

a) Der Bebel-Kautskysche „Zentrismus"

Nach Ausbruch des Revisionismusstreits wuchs die Kritik an jener lange dominanten Strömung. Sie wurde von zwei entgegengesetzten Lagern vorgebracht, d.h. von Autoren, die ihr vorwarfen, sie habe die Durchsetzung der besseren Einsichten des Revisionismus blockiert, aber auch von Vertretern der entschiedenen (später kommunistischen) Linken, die sie des „Opportunismus" beschuldigten und für das Scheitern der revolutionären Kämpfe nach dem Ersten Weltkrieg verantwortlich machten. Bereits der holländische Linkssozialist *Domela Nieuwenhuis* bezeichnete die mittlere Position in der deutschen Sozialdemokratie als

---

[108] Vgl. *Joseph A. Schumpeter*, Kapitalismus, Sozialismus und Demokratie (1942). Einleitung von *Edgar Salin*. Zweite, erweiterte Auflage, Bern 1950, 134-142.
[109] *Helga Grebing* hält diese Einteilung für unterkomplex, da sie „Beschreibungsvarianten" übersehe. Dies trifft zu, doch als grobe Systematisierung der Positionen ist sie brauchbar. Vgl. *Helga Grebing*, Abwehr gegen rechts und links. Zentrismus – ein aussagekräftiger Begriff?, in: *Jürgen Rojahn/Till Schelz/Hans-Josef Steinberg* (Hrsg.), Marxismus und Demokratie. Karl Kautskys Bedeutung in der sozialistischen Arbeiterbewegung, Frankfurt 1991, 140-150, 144.

„unlogisch", weil sie zwischen den widersprüchlichen Prinzipien von Reform und Revolution hindurchlavieren wolle.[110]

Bebel und *Kautsky*, die wichtigsten Vertreter des „Zentrismus", waren davon überzeugt, daß der proletarische Klassenkampf den Kapitalismus überwinden werde. „Mit Naturnothwendigkeit" erzeuge die ökonomische Entwicklung Zustände, die die Ausgebeuteten zum Kampf gegen das Privateigentum an Produktionsmitteln und schließlich zum Umsturz der unerträglich gewordenen Zustände zwinge. *Bebel* bezeichnete ihn gerne als „Kladderadatsch".[111] *Bebel* wie *Kautsky* bestritten jedoch den Vorwurf der Revisionisten, sie verträten eine „Zusammenbruchs"- oder „Katastrophentheorie". In der Tat waren weder sie noch *Marx*, *Engels* und *Rosa Luxemburg* der Auffassung, der Kapitalismus werde automatisch zusammenbrechen. Allein die ideelle Motivation und Kampfkraft der Arbeiterklasse konnte in ihren Augen den Übergang zum Sozialismus erzwingen.

Kautsky setzte auf den parlamentarischen Weg zum Sozialismus, d.h. die Erringung einer stabilen Reichstagsmehrheit, erlangt durch den Überzeugungskampf einer politisch erfahrenen, wohlorganisierten Arbeiterklasse. Doch die Entwicklung der politischen Verhältnisse im Kaiserreich zwangen ihn zu dem Schluß, daß ein gewaltloser Übergang immer unwahrscheinlicher werde. Ihm drängte sich dieses Szenario auf:

Der fortwährende Aufschwung der Arbeiterbewegung provoziere unter den alten Mächten, dem Junkertum und der konservativ gewordenen Bourgeoisie, das Bestreben, politische Rechte wie das allgemeine Reichstagswahlrecht, zurückzunehmen. Der Liberalismus werde sich dem nicht widersetzen. Die krisenhafte Entwicklung auf dem Weltmarkt verstärke den Konkurrenzkampf der Großmächte, der im Imperialismus ausmünde. Der bürgerlichen Welt Europas drohe eine Katastrophe. Deshalb sei eine „ruhige Weiterentwicklung der proletarischen Organisationen (...) auf den gegebenen staatlichen Grundlagen", an die er in den neunziger Jahren geglaubt habe, nicht zu erwarten. Das Proletariat müsse folglich auf einen Generalangriff vorbereitet sein.[112] *Kautskys* militante Sprache verhüllt, daß es ihm in Wirklichkeit immer stärker um die *Defensive*, die Verteidigung der mühsam erkämpften Legalität der Arbeiterbewegung, ging.

Auf den Kongressen der Zweiten Internationale wie auch in Deutschland wurde der *Massenstreik* als Instrument des proletarischen Kampfes zum Gegenstand heftiger Kontroversen.[113] Für *Kautsky* kam er als „ultima ratio", als letzter Ab-

---

[110] Vgl. *Domela Nieuwenhuis*, Bernstein und seine Kampfesweise, in: NZ, Jg. 11 (1892/93, Bd. 1, 80-85, 83f. Vgl. ferner *Paul Kampffmeyer*, Wandlungen in der Theorie und Taktik der Sozialdemokratie, München 1904, sowie *Anton Pannekoek*, Die taktischen Differenzen in der Arbeiterbewegung, Hamburg 1909.
[111] *Kautsky*, Erfurter Programm, 106; *Bebel*, Frau, 314. Zur „Kladderadatsch"-Prognose vgl. *Bebels* Reichstagsrede vom 22. Januar 1903, teilweise abgedruckt in: *Helmut Hirsch* (Hrsg.), August Bebel. Sein Leben in Dokumenten, Reden und Schriften. Mit einem Geleitwort von *Willy Brandt*, Köln, Berlin 1968, 235-238, 237.
[112] Vgl. *Karl Kautsky*, Soziale Revolution, 62; ders., Der Weg zur Macht (1909). Zweite, durchgesehene Auflage, Berlin 1910, 60, 81, 90, 105ff.
[113] Die *Massenstreikdebatte* ist in der Literatur gut beschrieben. Vgl. *Karl Kautsky*, Der politische Massenstreik. Ein Beitrag zur Geschichte der Massenstreikdiskussionen innerhalb der deutschen Sozialdemokratie, Berlin 1914; Die Massenstreikdebatte. Beiträge von *Parvus*, *Rosa Luxemburg* und *Anton Pannekoek*, hrsg. und eingeleitet von *Anita Grunenberg*, Frankfurt a.M. 1970; *Wilfried Gottschalch*, Ideengeschichte des Sozialismus in Deutschland, in: *Wilfried Gottschalch/Friedrich Karrenberg/Franz Josef Stegmann*, Geschichte der sozialen Ideen in Deutschland, hrsg. von *Hel-*

wehrkampf gegen eine staatsstreichartige Unterdrückung der Arbeiterbewegung und Beseitigung des allgemeinen Wahlrechts durch die herrschenden Mächte, in Betracht. Wegen dieser defensiven Interpretation des Massenstreiks von der Parteilinken, an der Spitze *Rosa Luxemburg*, hart angegangen, versuchte *Kautsky*, eine Theorie des Massenstreiks zu entwerfen.

Das Proletariat kämpfe um die „Eroberung der Staatsgewalt durch Gewinnung der Mehrheit im Parlament und Erhebung des Parlaments zum Herrn der Regierung". Die Voraussetzungen dafür seien das allgemeine Wahlrecht, das Koalitionsrecht, die Pressefreiheit, die Vereinsfreiheit. In Preußen gehe es zuerst um den „Sturz der Junkerherrschaft" durch Erkämpfung des allgemeinen Wahlrechts. Der Kampf der Sozialdemokratie verfolge eine *Ermattungsstrategie*, die den Massenstreik nicht anwenden könne, weil bei seinem Scheitern ein politischer Rückschlag drohe. Allerdings könne er in einer revolutionären Situation zum letzten Kampfmittel werden. In diesem Falle werde die Ermattungsstrategie in die *Niederwerfungsstrategie* übergehen. „(...) unser Pulver für die nächste große Schlacht trocken (...) halten" – das ist die Quintessenz dieser Strategie.[114]

Die Linke hielt dagegen, daß derart eine revolutionäre Situation niemals ausgenutzt werden könne. Es handelte sich in der Tat, um *Dieter Grohs* paradoxe Charakteristik aufzugreifen, um „revolutionären Attentismus".[115] Wie auf der Linken, so fand *Kautskys* Sicht der Massenstreikproblematik auf der *revisionistischen* und *reformistischen* Seite entschiedene Ablehnung. Zwar hielten *Bernstein* und der talentierte Mannheimer sozialdemokratische Nachwuchspolitiker *Ludwig Frank* (1874-1914) Massenstreiks für eine geeignete Waffe im Kampf um das allgemeine Wahlrecht[116], doch die meisten Revisionisten, vor allem aber die reformistischen Gewerkschaften, erwiesen sich als strikte Gegner. Diese standen 1905 unter dem Eindruck heftiger Arbeitskämpfe im Ruhrgebiet. Eine Politisierung des Streiks könne ihre Organisationen gefährden. Deshalb lehnten sie die Bebel-Kautskysche Vorstellung ab, daß die Gewerkschaften zur Abwehr eines „Anschlages" auf das allgemeine Wahlrecht oder das Koalitionsrecht in einen Massenstreik einbezogen werden sollten (so eine Resolution des Jenaer Parteitags von 1905).[117]

Kautsky hatte auf dem Mannheimer Parteitag von 1906 noch einmal versucht, die Gewerkschaften in der Massenstreikfrage der Parteidisziplin zu unterwerfen und sich damit deren Feindschaft zugezogen. Sie wurde unversöhnlich, als er deren Fähigkeit, die Lebenslage der Arbeiter dauerhaft und stetig fortschreitend

---

ga Grebing, München 1969, 176-190.

[114] Vgl. *Kautsky*, Was nun?, in: NZ, Jg. 28 (1909/10), Bd. 2, 33-40, 68-80; *ders.*, Die neue Taktik, in: NZ, Jg. 30 (1911/12), Bd. 2, 664-664, 688-698, 723-733; beide Aufsätze in *Grunenberg*, Massenstreikdebatte, 96-121, 103, 105, 109, 121; 295-334, 333.

[115] *Dieter Groh*, Negative Integration und revolutionärer Attentismus. Die deutsche Sozialdemokratie am Vorabend des Ersten Weltkrieges, Frankfurt a.M. 1973.

[116] Vgl. *Eduard Bernstein*, Ist der politische Streik in Deutschland möglich?, in: SM, Jg. 9 (1905), Bd. 1, 29-37, 36; *ders.*, Politischer Massenstreik und Revolutionsromantik, in: SM, Jg. 10 (1906), Bd. 1, 12-20, 20.

[117] Prot. PT Jena 1905, 142f. Vgl. auch die dort abgehaltene Debatte über den Massenstreik. Sie wurde 1906 auf dem Mannheimer Parteitag fortgesetzt. Zu den Vorgängen im einzelnen und zum Verhältnis der Generalkommission der Gewerkschaften und dem Parteivorstand vgl. *Klaus Schönhoven*, Die Gewerkschaften als Massenbewegung im Wilhelminischen Kaiserreich 1890 bis 1918, in: *Klaus Tenfelde* u.a., Geschichte der deutschen Gewerkschaften von den Anfängen bis 1945, hrsg. von *Ulrich Borsdorf*, Köln 1987, 167-278, 237ff.

zu verbessern, anzuzweifeln begann.[118] So geriet er (weniger *Bebel*, der sich in diesen Fragen geschickter verhielt) und der von ihm theoretisch begründete Zentrismus zwischen Baum und Borke. Beim Ausbruch des Ersten Weltkrieges, als es auf konsequente Orientierung angekommen wäre, war ihm die Kraft, die Lage zu definieren, schon seit langem abhanden gekommen.

b) Revisionistische Transformationskonzeptionen

Für die Revisionisten blieben *Kautsky* und erst recht *Rosa Luxemburg*, *Parvus* und *Anton Pannekoek* als „Zusammenbruchs- und Katastrophentheoretiker" diskreditiert.[119] Anders als diese gingen sie von einer Tendenz zur Erweiterung der sozialdemokratischen Machtposition in der bestehenden Gesellschaft aus. Partei, Gewerkschaften und Genossenschaften gediehen und gewännen ständig stärkeren Einfluß auf Gesetzgebung und öffentliche Meinung. Auch die staatlichen Institutionen würden freiheitlicher und demokratischer, so *Paul Kampffmeyer* (1864-1945), Parteijournalist, Arbeitersekretär und Genossenschafter, und *Wilhelm Kolb* (1870-1918), Führer der badischen Sozialdemokratie. *Adolph von Elm* (1857-1918), Gewerkschafter und Genossenschafter, Gründer der Versicherungsgesellschaft „Volksfürsorge", formulierte das revisionistische Credo so:

„Durch Evolution zur Revolution – durch fortgesetzte Demokratisierung und Socialisierung des Gesellschaftskörpers zur völligen Umgestaltung der capitalistischen in die socialistische Gesellschaft: das ist, mit wenigen Worten gezeichnet, der Standpunct der *Revisionisten* in der Partei."[120]

Am weitesten folgte *Edmund Fischer* (1855-1926) der Idee des „Hineinwachsens in den Sozialismus". Er entfaltete sie in seinem Werk „Das sozialistische Werden" (1918), das die Mehrheitssozialdemokraten nach dem Ersten Weltkrieg stark beeinflußte. Bereits 1906 vertrat er die Auffassung, daß sozialistische Produktionsformen im Vormarsch seien. Es handle sich um einen „unbewußten Socialisierungsprozeß", in den die Arbeiterklasse zunehmend bewußte Elemente hineintrage. Sein optimistisches Fazit lautete: „Wir aber wachsen nicht nur in den sozialistischen, sondern auch in den demokratischen Staat hinein."[121] *Kampffmeyer* hob

---

[118] Prot. PT Mannheim 1906, 256-259. Vgl. bereits *Karl Kautsky*, Zur Gewerkschaftsdebatte, in: NZ, Jg. 12 (1893/94), Bd. 1, 312-314, sowie *ders.*, Weg, 7, 84. Für die gewerkschaftliche Reaktion auf *Kautskys* angeblichen Vorwurf, sie leisteten bloß „Sisyphusarbeit", vgl. die Sonderbroschüre des gewerkschaftlichen „Correspondenzblattes": Sisyphusarbeit oder positive Erfolge. Beiträge zur Wertschätzung der Tätigkeit deutscher Gewerkschaften, Berlin 1910.
[119] Vgl. *Paul Kampffmeyer*, Polemisches zu Theorie und Praxis der sozialen Frage, in: SM, Jg. 1 (1897), 147-153; *Wilhelm Kolb*, Theorie und Taktik, in: SM, Jg. 7 (1903), Bd. 2, 902-909, 903, 905f.; *ders.*, Von Dresden bis Essen, in: SM, Jg. 11 (1907), Bd. 2, 702-706, 705. Für *Kolbs* Anti-Kautsky-Beiträge vgl *ders.*, Sozialdemokratie am Scheidewege. Ein Beitrag zum Thema: Neuorientierung der deutschen Politik, Karlsruhe 1915.
[120] *Adolph von Elm*, Die Revisionisten an der Arbeit, in: SM, Jg. 8 (1904), Bd. 1, 26-34, 26; vgl. ferner bereits *Paul Kampffmeyer*, Ein Wort über den Zusammenhang von Theorie und Praxis in der sozialen Frage, in: SM, Jg. 1 (1897), 3-9, 9; *ders.*, Zur Kritik der Marxschen Entwickelungslehre, in: SM, Jg. 1 (1897), 345-352, 352; *ders.*, Kautsky und der ‚freie, kritische Socialismus', in: SM, Jg. 5 (1901), Bd. 2, 494-505, 501; *Kolb*, Scheidewege, 15; *Oskar Petersson*, Socialistische Bewegung, SM, Jg. 5 (1901), 56-58, 56.
[121] *Edmund Fischer*, Der Einfluß der Sozialdemokratie auf die politische Entwicklung Deutsch-

die Berührungspunkte der Sozialdemokratie mit der „bürgerlichen Culturbewegung" und „Socialreform" hervor. Der Gewerkschaftsjournalist *Richard Calwer* (1868-1927) dachte lange vor *John Maynard Keynes* an ein antizyklisches Konzept zur Bekämpfung der Arbeitslosigkeit. Im Kapitalismus werde diese zwar nicht völlig verschwinden, doch durch Arbeitszeitverkürzung und Gewinnrücklagen der Unternehmen in der Hochkonjunktur lasse sie sich verringern – ein Argument gegen die Bebel-Kautskysche „Kladderadatsch"-Erwartung.[122]

Kampffmeyer und *Ludwig Woltmann* (1871-1907) verkehrten die zuvor kaum bestrittene Lehre, daß das organisierte Proletariat die Staatsmacht erobern müsse, bevor durchschlagende sozialistische Maßnahmen ergriffen werden könnten, in ihr Gegenteil. Sie bedienten sich dabei des marxistischen Arguments, daß die ökonomische Macht Grundlage der politischen Macht sei, woraus folge, daß die Arbeiterklasse ihre ökonomische Macht ausbauen müsse, bevor sie die politische Macht in Besitz nehmen könne. Doch sie sei auf dem besten Wege, ökonomisch immer stärker zu werden:

„In der bisherigen sozialen Entwicklungsgeschichte ist die politische Macht einer Gesellschaftsklasse stets erst ihrer wirtschaftlichen Macht auf dem Fuße gefolgt. Weil sich die bürgerliche Klasse in dem aufblühenden Handel und Verkehr, im Handwerk und in der Industrie enorme wirtschaftliche Machtmittel errang, konnte sie die politische Macht erobern. (...). Die politische Macht einer Klasse ist nicht eine vollkommen auf sich selbst gestellte Macht, sondern sie ist in ihren Grundlinien durch die ökonomische und soziale Macht eben dieser Klasse bestimmt. Die Eroberung der politischen Macht der Arbeiterklasse ist bedingt durch [ihren, W.E.] wachsenden Einfluß auf die gesellschaftliche Produktion und Konsumtion. Wie können sich die Arbeiter diesen Einfluß erringen? Die Gewerkschaften erkämpfen sich z.B. ein Mitbestimmungsrecht in der Werkstatt, in der Fabrik, sie bilden die kapitalistische Fabrik zu einer konstitutionellen Fabrik fort. Die Arbeiter suchen ferner einen Teil des gesellschaftlichen Konsums zu organisieren, und auf Basis des organisierten Konsums errichten sie Produktivgenossenschaften. Ein Stück wirtschaftlicher Macht geht in Gestalt von großen Konsum- und Produktivgenossenschaften in die Hände der Arbeiter über. Die wirtschaftliche Macht der Arbeiterklasse wächst ferner mit [ihrem, W.E.] Einfluß auf die kommunalen Betriebe und mit der Ausdehnung des kommunalen Eigentums. Die Arbeiter dehnen die gemeinnützigen wirtschaftlichen Funktionen des Staates aus und suchen diese zu beherrschen. Als werdende wirtschaftliche Großmacht setzt sich die Arbeiterklasse in den Besitz der politischen Macht und sozialisiert schrittweise die kapitalistische Wirtschaftsordnung. (...) Nur eine politisch und ökonomisch erstarkende Arbeiterklasse hat die Aussicht, die politische Macht zu erobern, und nicht eine Klasse, die dem Kapitalismus gegenüber im wachsenden Maße ohnmächtiger wird und nur durch ihre verzweifelte wirtschaftliche Lage zu einem Entscheidungskampf gedrängt wird."[123]

---

lands, in: DNG, Jg. 2 (1906), 89-91; *ders.*, Sozialdemokratie und Regierungsgewalt, in: SM, Jg. 16 (1912), Bd. 1, 275-280, 277; *ders.*, Sozialdemokatische Mittelstandspolitik, in: SM, Jg. 11 (1907), Bd. 1, 451-459.

[122] Vgl. *Paul Kampffmeyer*, Der Classenkampf und der Culturfortschritt, in: SM, Jg. 7 (1903), Bd. 2, 667-675; *Richard Calwer*, Zur Bekämpfung der Arbeitslosigkeit, in: SM, Jg. 7 (1903), Bd. 1, 3-11; zu Revisionismus als Alternative zum „Kladderadatsch" vgl. *Eduard David*, Die Eroberung der politischen Macht, in: SM, Jg. 8 (1904), Bd. 1, 1-18, 16f.

[123] *Kampffmeyer*, Wandlungen in der Theorie und Taktik der Sozialdemokratie, München 1904, 19f. Vgl. auch *Ludwig Woltmann*, Die wirtschaftlichen und politischen Grundlagen des Classenkampfes, in: SM, Jg. 5 (1901), Bd. 1, 123-133; 362-368; 415-424. – *Kautsky* hielt *Woltmann* (implizit auch *Kampffmeyer*) entgegen, daß die ökonomische Macht, die das Proletariat zu seinem Kampf um die politische Macht befähige, auf seiner Stellung im Produktionsprozeß beruhe, nicht

Aus der Grundüberzeugung, daß der Sozialismus schon in der bestehenden Gesellschaft aufgebaut werden müsse, zogen die Revisionisten den Schluß, daß die Sozialdemokraten in den politischen Institutionen auf Reichs-, Länder- und Gemeindeebene konstruktiv mitarbeiten müßten. Diese Auffassung löste in der Partei heftige Kontroversen aus. Praktische Bedeutung hatte der *Budgetstreit*. Die Landtagsfraktion Badens pflegte dem Budget seit 1891 zuzustimmen, worauf der Lübecker Parteitag von 1901 beschloß, daß die sozialdemokratischen Fraktionen der Parlamente deutscher Staaten verpflichtet seien, „das Budget zu verweigern", es sei denn, „daß die Ablehnung eines bestimmten Budgets die Annahme eines noch ungünstigeren herbeiführen würde"[124]. Dieser Beschluß verhinderte nicht, daß die badischen Abgeordneten an ihrem Brauch festhielten und die bayerischen und württembergischen nachzogen. Daraufhin wurde der Beschluß auf dem Nürnberger Parteitag von 1908 wiederholt. Die Annahme eines Budgets, so *Kautsky*, bedeute, daß man zum „Mitschuldigen des Klassenstaates" werde. Die Badener *Wilhelm Kolb* und *Ludwig Frank* hielten dagegen, es gehe nicht um die abstrakte Negation des Klassenstaats, sondern darum, „diesen Staat um[zu]formen und [zu] erobern". Zudem habe die Zustimmung den Staatsbediensteten genützt. *Bebel* rückte den Streit ins Prinzipielle. In Bayern habe man zugestimmt, weil es um den Ausbau der Wasserkraft und die Elektrifizierung der Eisenbahn gegangen sei. Es handle sich also um *Staatssozialismus*, den die Partei mehrheitlich ablehne.[125] *Kolb* hielt die Regel-Ausnahme-Konstruktion für unlogisch. Wenn man aus doktrinären Gründen für Ablehnung sei, so müsse man alle Budgets, bis hinunter zur Gemeindeebene, ablehnen. Zudem sei es inkonsequent, einem Einzelbudget zuzustimmen und danach das Gesamtbudget abzulehnen. Wie im Falle der politischen Machtergreifung, die der sozialistischen Umgestaltung vorhergehen müsse, verkehrten die revisionistischen Autoren das Bebel-Kautskysche Prinzip, daß Konzessionen an das bestehende System erkennbar der Arbeiterklasse nützen müßten, ins Gegenteil: Die Sozialdemokratie müsse im bestehenden Staat immer dann mitarbeiten, wenn die staatliche Politik die Tendenz zum Sozialismus verstärke oder ihr wenigstens nicht entgegenstehe.[126]

Die Revisionisten zogen aus dieser Überzeugung den Schluß, daß Sozialdemokraten auch in den bestehenden staatlichen Institutionen für den Sozialismus wirken könnten – eine Auffassung, die sich auf die Frage zuspitzte, ob Sozialdemokraten Minister bürgerlicher Kabinette werden dürften. Die Revisionisten waren

---

aber auf den von ihm beeinflußten Konsumgenossenschaften usw., vgl. *Kautsky*, Bernstein, 161ff. – Der Neokantianer *Woltmann*, der Bedeutendes zur sozialistischen Theorie beitrug, entwickelte sich zum rassistischen Sozialdarwinisten und entfernte sich vom sozialdemokratischen Denken.

[124] Prot. PT Lübeck 1901, 96f., 268ff., 284.

[125] Vgl. Prot. PT Nürnberg 1908. Für die Resolution vgl. 505, für die Positionen *Bebels*, *Kautskys* und *Franks* 585-597, 317-326, 389ff.

[126] Vgl. *Wilhelm Kolb*, Zur Budgetbewilligungsfrage, in: DNG, Jg. 5 (1907), 229-234; *Anton Fendrich*, Zur Frage der Budgetbewilligung, in: SM, Jg. 5 (1901), Bd. 2, 649-661; *Eduard Bernstein*, Sozialdemokratische Abstimmungen, in: SM, Jg. 11 (1907), Bd. 1, 265-271. *Kampffmeyer* erinnerte daran, daß die Budgetzustimmung der württembergischen Sozialdemokraten die Voraussetzung dafür gewesen sei, daß das württembergische Innenministerium die Abhaltung des Internationalen Sozialistenkongresses in Stuttgart genehmigte; vgl. *Paul Kampffmeyer*, Georg von Vollmar, München 1930, 100. – Für die Kautskysche Position vgl. *Karl Kautsky*, Maurenbrecher und das Budget, in: NZ, Jg. 27 (1908/09), Bd. 1, 44-50; *ders.*, Der Aufstand in Baden, in: NZ, Jg. 28 (1909/10), Bd. 2, 612-625; *ders.*, Zwischen Baden und Luxemburg, ebenda, 652-667.

auch hierzu bereit. Sie konnten auf das französische Beispiel des Kabinetts *Waldeck-Rochet* verweisen, in das der französische Sozialist *Alexandre Millerand* (1859-1943) 1899 eintrat. Sowohl die Zweite Internationale wie die deutsche Partei sprachen sich gegen diesen „Millerandismus" aus. Für Deutschland gab wiederum *Kautsky* die ablehnende Begründung. Ein sozialistischer Minister könne zugleich „die Interessen des Proletariats wahren (...) und zugleich die Geschäfte der Bourgeoisie besorgen". Soziale Reformen könnten auch aus der Opposition heraus vorangetrieben werden. Die politische Macht aber könne das Proletariat nur allein erobern. Der einschlägige Beschluß des Dresdener Parteitags ließ übrigens eine Ausnahme zu: Koalitionen seien möglich, wenn grundlegende demokratische Institutionen gefährdet seien.[127]

Edmund Fischer formulierte eine klare revisionistische Alternative. Da es in absehbarer Zeit keine sozialdemokratischen parlamentarischen Mehrheiten geben werde, bleibe den Sozialisten nur eine Wahl:

„(...) entweder den reaktionären Elementen die staatliche *Gewalt* zu überlassen und die Revolution vorzubereiten oder sich mit den fortschrittlichen Parteien *in die Regierung zu teilen*, bis sie die ganze Macht in Händen haben. In Deutschland kann es sich zunächst ja nicht um den Eintritt in ein Ministerium, sondern nur um die Bildung von *Parlamentsmehrheiten* handeln, auf die sich die Regierungen stützen *müssen*.(...) Ohne Teilnahme der Sozialdemokraten ist in Deutschland (...) keine fortschrittliche Parlamentsmehrheit mehr möglich. (...) Die 4½ Millionen Wähler warten nur darauf, was die Sozialdemokratie Sichtbares *zustandebringen* werde. (...) Ob eine solche Mehrheitsbildung mit all ihren Konsequenzen *heute schon* in Deutschland möglich ist, darüber will ich nicht urteilen. Es handelt sich zunächst nur um den *Willen* zu einer solchen Koalition, die nur zustande kommen kann, wenn auch die Sozialdemokraten die gegenwärtigen Staatseinrichtungen als etwas *Gegebenes* betrachten, das sich nicht plötzlich beseitigen, sondern nur durch Mitarbeit von innen heraus in langer, zäher Arbeit umgestalten läßt; und wenn sie bereit sind, die Verantwortung für das mit zu übernehmen, was durch diese Mehrheitsbildung geschaffen wird."[128]

Es fällt auf, daß in diesem Text nicht von der Arbeiterklasse, sondern von *Wählern* die Rede ist. In der Tat waren es die Revisionisten, die zuerst die Frage nach den sozialstrukturellen Voraussetzungen einer sozialdemokratischen Mehrheit und deren bündnispolitischen Implikationen aufgriffen. Eine Partei, so *Bernstein*, organisiere nie eine Klasse ganz. Hinzu komme, so *Edmund Fischer*, neben dem alten gewerblichen Mittelstand ein „neuer Mittelstand" aus Angehörigen unselbständiger, aber qualifizierter Berufe.[129] *Kautsky* wandte gegen das revisionistische Öffnungs- und Sammlungskonzept ein, daß eine „Volkspartei" nur „unter bürgerlicher Führung" möglich sei, was bedeute, daß sie bei aller Arbeiterfreundlichkeit „auf dem Boden der gegebenen Gesellschaftsordnung, des Privateigenthums an den Produktionsmitteln, der Freiheit der Privatproduktion stehen bleiben muß"[130]. 1912 zog *Kautsky* eine vorsichtige Öffnung der Partei gegenüber

---

[127] Vgl. *Karl Kautsky*, Der Kongreß zu Amsterdam, in: NZ, Jg. 22 (1903/04), Bd. 2, 673-784, 675; *ders.*, Die sozialistischen Kongresse und die sozialistischen Minister, in: NZ, Jg. 19 (1900/01), 36-44. Für die einschlägige Resolution vgl. Prot. PT Dresden 1903, 418f.
[128] *Fischer*, Regierungsgewalt, 279.
[129] Vgl. *Eduard Bernstein*, Parteien und Classen, in: SM, Jg. 6 (1902), Bd. 2, 850-858; *Fischer*, Mittelstandspolitik, 451f.
[130] Vgl. *Kautsky*, Bernstein, 167, 175ff., 188ff.

den Angestellten und dem „neuen Mittelstand" in Betracht.[131] Zuvor hatte allerdings die 1905 veröffentlichte Untersuchung der sozialen Zusammensetzung der sozialdemokratischen Wählerschaft durch *R. Blank* jedem Dogmatismus den Boden entzogen. Er kam zu dem Ergebnis, daß ein Viertel bis ein Fünftel der sozialdemokratischen Stimmen aus dem Bürgertum stammten, in den Großstädten bis zu einem Drittel. Sie rekrutierten sich aus Kreisen der Handwerker, der kaufmännischen Angestellten und der kleinen selbständigen Gewerbetreibenden (also eher aus dem „alten Mittelstand"). Auch in katholischen und ländlichen Gegenden mehrten sich sozialdemokratische Stimmen. Die Sozialdemokratie sei im Begriff, eine Partei der „sozial schwachen Bürger" zu werden: keine Klassenpartei, aber die eigentliche „Volkspartei".[132] *Blanks* Artikel zog eine Reihe ähnlich verfahrender Untersuchungen nach sich. *August Müller* (1873-1946), Journalist, Genossenschafter, sozialdemokratischer Unterstaatssekretär noch im Kaiserreich, kam für Magdeburg und Bremen zu dem Ergebnis, daß die Sozialdemokratie als „reine Arbeiterpartei" keine Mehrheiten gewinnen könne. Hierfür müßten alle nichtkapitalistischen Schichten mobiliert werden.[133] Programmatische Konsequenzen aus diesem Befund zog die Mehrheitssozialdemokratie im „Görlitzer Programm" des Jahres 1921. Sie bezeichnete sich darin als „die Partei des arbeitenden Volkes in Stadt und Land", die „die Zusammenfassung aller körperlich und geistig Schaffenden, die auf den Ertrag eigener Arbeit angewiesen sind", anstrebe.[134]

Der Wiener Privatgelehrte und unabhängige Sozialist *Rudolf Goldscheid* (1870-1931) hat in einer intelligenten Analyse herausgearbeitet, daß die Revisionisten weit konsequentere Evolutionisten als die orthodoxen Marxisten seien, weil sie glaubten, „der heutige Staat wachse auf Grund der ökonomischen Gesetze gleichsam organisch in den sozialistischen hinein"[135]. Zwar sprachen auch die „Zentristen" und die „entschiedene Linke" mit *Marx* „vom „naturnotwendigen" Übergang zum Sozialismus, doch sie glaubten nicht an eine bruchlos-lineare Entwicklung, sondern rechneten mit Sprüngen und Katastrophen. Den Verfechtern einer revisionistisch-reformistischen Politik war dagegen jedes Sensorium für die herannahende politische Krise abhanden gekommen.

c) Strategievorstellungen der „entschiedenen Linken"

Für die entschiedene Linke bedeutete Revisionismus Verrat am Prinzip der Revolution und Zentrismus opportunistische Halbheit. Sozialdemokratische Politik müsse konsequent revolutionär sein. Dies hieß nicht Ablehnung des Parlamentarismus. *Rosa Luxemburg* bezeichnete ihn als „eines der mächtigsten und unentbehrlichsten Mittel des Klassenkampfes", als „Kampfboden, worauf die Gegensätze zwischen Proletariat und Bourgeoisie zum Austrag kommen" und als „Mit-

---

[131] Vgl. *Karl Kautsky*, Der neue Liberalismus und der neue Mittelstand, in: Vorwärts, Nr. 47, 25.02.1912, 29.
[132] Vgl. *R. Blank*, Die soziale Zusammensetzung der sozialdemokratischen Wähler Deutschlands, in: ASS, Jg. 20 (1905), 507-550, 513, 518ff., 524ff. 53ff., 544.
[133] Vgl. *August Müller*, Ein Beitrag zur Sozialpsychologie der Sozialdemokratie, in: DNG, Jg. 4 (1906/07), 27-36; *ders.*, Wir müssen aus dem Turm heraus!, in: DNG, Jg. 5 (1907/08), 321-326.
[134] Vgl. Görlitzer Programm, in: *Dowe/Klotzbach*, Programmatische Dokumente, 203-209, 204.
[135] *Rudolf Goldscheid*, Der Revisionismus als Problem, in: DNG, Jg. 2 (1905/06), 280-283, 280.

tel zur geistigen und zum Teil materiellen Hebung der Arbeiterklasse".[136] Die sozialistische Parlamentstätigkeit stoße allerdings auf Grenzen. Insbesondere sei die revisionistische Vorstellung illusionär, die politische Macht könne auf parlamentarischem Weg erobert werden, ebenso das Liebäugeln mit dem „Millerandismus".[137] Die parlamentarische Tätigkeit sei als Klassenkampf zu begreifen und bedürfe deshalb der Flankierung durch die *„außerparlamentarische Aktion des Proletariats"*[138]. Diese bedeutete für *Rosa Luxemburg* in erster Linie *Massenstreik*. Damit näherte sie sich der Position, die *Parvus* bereits 1896 in einem aufsehenerregenden Artikel begründet hatte. Das Proletariat habe mit einem „Staatsstreich von oben", nämlich dem Entzug politischer Rechte wie allgemeines Wahlrecht, Vereins- und Versammlungsfreiheit usw., zu rechnen. Mit einer Barrikadenrevolution könne es sich heute nicht mehr dagegen wehren, wohl aber mit einem „politischen Massenstrike". Seien die proletarischen Massen gut organisiert und diszipliniert, so bedeute dieser nichts anderes als *„die Ergreifung der politischen Macht durch das Proletariat"*, d.h. die *Revolution*.[139] *Rosa Luxemburg* verallgemeinerte diesen Ansatz zu einer differenzierten Theorie des revolutionären Massenhandelns, die viele Anhänger unter der Parteiintelligenz, aber auch der – vor allem jüngeren – Arbeiterschaft fand, ihr aber zugleich die Gegnerschaft der Revisionisten und Zentristen einbrachte.

Rosa Luxemburg (1871-1919), gebürtig in Zamosc (Polen) als Kind einer liberal eingestellten jüdischen Kaufmannsfamilie, überragte an Geist, Bildung und theoretischer Begabung die meisten Publizisten und Politiker der deutschen und österreichischen Sozialdemokratie. Sie erwarb in Zürich nach einem nationalökonomischen Studium den Doktorgrad und nahm 1898 eine jounalistische Tätigkeit an mehreren sozialdemokratischen Blättern auf. Zugleich spielte sie in der polnischen Sozialdemokratie eine bedeutende Rolle. Auf Parteitagen war sie eine scharfzüngig-witzige Widersacherin der Revisionisten. 1905 reiste sie nach Warschau, um den Verlauf der russischen Revolution studieren zu können. Wissenschaftlichen Ruhm erlangte ihre *Imperialismustheorie* (siehe unten Sozialismus I,

---

[136] Vgl. *Rosa Luxemburg*, Sozialdemokratie und Parlamentarismus (1904), in: *dies.*, Gesammelte Werke, Bd. 1, Halbbd. 2, Berlin 1970, 447-455, 451; *dies.*, Und zum dritten Male das belgische Experiment, ebenda, 229-248, 243, 247.

[137] *Anton Pannekoek*, Massenaktion und Revolution, in: NZ, Jg. 30 (1911/12), Bd. 2, 541-550, 585-593, 609-616; ebenfalls abgedruckt in: *Grunenberg*, Massenstreik, 264-294, 270; *Luxemburg*, Parlamentarismus, 452; *dies.*, Die sozialistische Krise in Frankreich, in: *dies.*, Gesammelte Werke, Bd. 1, Halbbd. 2, 5-73.

[138] *Luxemburg*, Parlamentarismus, 452f. Kritische Autoren weisen darauf hin, daß die Linke um *Parvus* und *Rosa Luxemburg* auf den Standpunkt der antiparlamentarischen Parteiopposition der „Jungen" zurückgefallen sei. Vgl. *Eduard David*, Die Eroberung der politischen Macht. II, in: SM, Jg. 8 (1904), 114-120, 117; *Karl Kautsky*, Die neue Taktik, in: NZ, Jg. 30 (1911/12), Bd. 2, 654-664, 688-698, 723-733; abgedruckt in: *Grunenberg*, Massenstreik, 295-334. Bei den „Jungen" handelte es sich um Gruppierungen vor allem in den Parteiorganisationen Berlins, Hamburgs und Magdeburgs. Sie wandten sich gegen die Kompromißpolitik der Mehrheit der Reichstagsfraktion und lehnten eine sozialdemokratische Beteiligung an der Sozialpolitik innerhalb der kapitalistischen Gesellschaft ab. Zu den „Jungen" gehörten *Max Schippel* und *Paul Kampffmeyer*, die später zu führenden Revisionisten wurden. Vgl. *Dirk Müller*, Idealismus und Revolution. Zur Opposition der Jungen gegen den sozialdemokratischen Parteivorstand 1890-1894, Berlin 1975.

[139] Vgl. *Parvus*, Staatsstreich und politischer Massenstrike, in: NZ, Jg. 14 (1895/96), Bd. 2, 199-206, 261-266, 304-311, 356-364, 389-395, abgedruckt in: *Grunenberg*, Massenstreik, 46-95, 47, 51ff., 63, 74, 95.

7. Kap., I, 1). *Rosa Luxemburg* war eine Kämpferin. Sie saß mehrfach im Gefängnis. Ihre konsequente Agitation gegen den Weltkrieg, den sie als Werk des Imperialismus ansah, und ihre Rolle bei der Gründung des kommunistischen „Spartakusbundes", trugen ihr den Haß des rechtsextrem denkenden Bürgertums und Militärs ein. Am 15. Januar 1919 wurde sie von Freikorps-Offizieren und -Soldaten ermordet. Als unbeugsame Idealistin findet sie bis heute Verehrung und Respekt auch bei Menschen, die ihre zugespitzten Auffassungen nicht teilen.[140]

Es ist nicht leicht, *Rosa Luxemburgs* strategisches Ziel zu benennen. Sicherlich war ihr „Endziel" der Sozialismus. Doch sie befolgte das Marxsche Bilderverbot so konsequent, daß mehr als vage Beschreibungen wie: Abschaffung der kapitalistischen Wirtschaftsordnung bedeute „Umgestaltung der Produktion auf neuer Grundlage der gesellschaftlichen Planmäßigkeit", kaum zu finden sind.[141] Sie stand auf dem Boden des „Erfurter Programms", dessen praktische Forderungen sie ihren polnischen Genossen ans Herz legte. Auch war ihr die Erinnerung an die utopische Tradition des Sozialismus wichtig.[142] Staatssozialistischen und revisionistischen Zielen stand sie teils scharf ablehnend, teils skeptisch gegenüber: Ob z.B. Verstaatlichungen wie die der Reichsbank „unserer Sache" nützten, hänge von den Umständen ab; dies gelte auch für Genossenschaften und Tarifgemeinschaften – Vorwegnahmen des Sozialismus bedeuteten sie jedenfalls nicht.[143]

Eigentliches Ziel *Rosa Luxemburgs* war die *Revolution*. Private Zeugnisse zeigen, daß sie damit den Durchbruch zu einer solidarischen Gesellschaft meinte, in der nicht nur die bisher gequälte Kreatur, Mensch und Tier, in der ihnen zukommenden Würde leben können, sondern auch gesteigerte kulturelle Bedürfnisse herrschen, die die schönen Künste, die sie liebte, aufblühen lassen. Gleichwohl war der größte Teil ihrer Artikel der Tagespolitik gewidmet. Dies ist kein Widerspruch, denn ihre tagespolitische Analyse galt stets den Erfolgsbedingungen des revolutionären Klassenkampfes. Marxismus-orthodox bezeichnet sie die Phase des Übergangs zum Sozialismus als „Diktatur des Proletariats". Doch sie verstand sie als *sozialistische Demokratie*, in der „die wichtigsten Garantien eines gesunden öffentlichen Lebens", nämlich allgemeines Wahlrecht, Pressefreiheit sowie das Vereins- und Versammlungsrecht bestehen müßten. Dies verkannt zu haben warf sie nach der Oktoberrevolution den Bolschewiki vor. In dieser Auseinandersetzung fiel ihr vielzitiertes Diktum: „Freiheit nur für die Anhänger der Regierung, nur für die Mitglieder einer Partei (...) ist keine Freiheit. Freiheit ist immer Freiheit der Andersdenkenden."[144]

---

[140] Vgl. für eine politische Biographie *Peter Nettl*, Rosa Luxemburg, Köln 1965.

[141] *Rosa Luxemburg*, Ein Ergebnis der Kartellwirtschaft (1899), in: *dies.*, Gesammelte Werke, Bd. 1, Halbd. 1, 583-586, 585.

[142] Vgl. *dies.*, Was wollen wir? Kommentar zum Programm der Sozialdemokratie des Königreichs Polen. (1906), in: *dies.*, Gesammelte Werke, Bd. 2, 37-89, 39f., 53ff.

[143] Vgl. *dies.*, Wirtschaftliche und sozialpolitische Rundschau (1899), in: *dies.*, Gesammelte Werke, Bd. 1, Halbbd. 1, 35-360, 352f.; *dies.*, Rede über die Ablösung der kapitalistischen Gesellschaft auf dem Parteitag der Sozialdemokratischen Partei Deutschlands vom 9. bis 14. Oktober 1899 in Hannover, in: ebenda, 567-578, 570f.

[144] *Dies.*, Die russische Revolution (1918), in: *dies.*, Gesammelte Werke, Bd. 4: August 1914 bis Januar 1919, 332-365, 355ff., 362. Über das Verhältnis von Revolution und Tagespolitik und sozialistische Demokratie vgl. *Helga Grebing*, Rosa Luxemburg, in: *Walter Euchner* (Hrsg.), Klassiker des Sozialismus, Bd. 2: Von Jaurès bis Marcuse, München 1991, 58-71, 61ff., sowie *Lelio Basso*, Rosa Luxemburgs Dialektik der Revolution, Frankfurt a.M. 1967, 9, 12.

Klassenkampf bedeutet für *Rosa Luxemburg* in erster Linie Massenaktion, die ihren höchsten Ausdruck im *Massenstreik* findet. Dies ist die Lehre, die sie aus der russischen Revolution von 1905 zog.

Die russische Revolution habe „ganz neue Momente und neue Bedingungen des Klassenkampfs" erzeugt, vor allem „zum ersten Mal in der Geschichte der Klassenkämpfe eine grandiose Verwirklichung der Idee des Massenstreiks" gezeigt.[145] *Luxemburg* kontrastiert ihre russischen Erfahrungen mit den deutschen Verhältnissen. In Deutschland meine man, der Massenstreik könne auf Grund eines Vorstandsbeschlusses von Partei und Gewerkschaften „auf einen bestimmten Kalendertag" angesetzt werden; zudem werde er dem parlamentarischen Kampf untergeordnet; mit anderen Worten, er sei dort „ein bloßes lebloses theoretisches Schema".[146] In Rußland habe sich gezeigt, daß der Massenstreik eine „unmittelbare Aktion der *Masse*" sein müsse, die „nur von der Masse selbst ausgehen" könne. Und anders als in Deutschland erschienen dort nicht die Organisationen als Voraussetzung des Massenstreiks, sondern sie würden „in Rußland gerade umgekehrt aus dem Massenstreik geboren! (...) Aus dem Wirbel und Sturm, aus Feuer und Glut der Massenstreiks, der Straßenkämpfe steigen empor wie die Venus aus dem Meerschaum: frische, junge, kräftige und lebensfrohe – Gewerkschaften."[147]

Bereits in diesen Zitaten deutet sich an, daß *Rosa Luxemburg* den *Massenstreik* nicht, wie ihr Kritiker *Kautsky* erkannte, „aus den Bedingungen der gegebenen Situation" erklärte, sondern ihn hegelianisch idealisierte und hypostasierte. Ihm liegt eine „Idee" zugrunde, die sich in einer konkreten „Erscheinungsform" ausdrückt: „(...) *er ist die Bewegungsweise der proletarischen Masse, die Erscheinungsform des proletarischen Kampfes in der Revolution.*"[148] Ihre Beschreibung der spontanen Entstehung von Gewerkschaften und der Erscheinungsform des Massenstreiks ist eher visionär als analytisch:

„Der Massenstreik (...) flutet bald wie eine breite Meereswoge über das ganze Reich, bald zerteilt er sich in ein Riesennetz dünner Ströme; bald sprudelt er aus dem Untergrunde wie ein frischer Quell, bald versickert er ganz im Boden. Politische und ökonomische Streiks, Massenstreiks und partielle Streiks, Demonstrationsstreiks, Generalstreiks einzelner Branchen und Generalstreiks einzelner Städte, ruhige Lohnkämpfe und Straßenschlachten, Barrikadenkämpfe – alles läuft durcheinander, nebeneinander, durchkreuzt sich, flutet ineinander über; es ist ein ewig bewegliches, wechselndes Meer von Erscheinungen."[149]

Obwohl diese Passage den Eindruck erweckt, der Massenstreik sei ein organisationsferner, mit „innerer Logik" ablaufender dynamischer Prozeß, weist *Rosa Luxemburg* der Partei die Funktion zu, dem Proletariat „neue Horizonte" zu zeigen und sich agitatorisch an die Spitze der Bewegung zu stellen. Sie hatte offenbar einen Massen und Partei verschränkenden „kollektiven Lernprozeß" (*Helga Grebing*) vor Augen, dem ein geschichtswirksames Klassenbewußtsein entspringe.[150]

---

[145] *Rosa Luxemburg*, Massenstreik, Partei und Gewerkschaften (1906), in: dies., Gesammelte Werke, Bd. 2, 91-170, 95.
[146] *Dies.*, Massenstreik, 98, 101, 140; *dies.*, Was weiter? (1910), in: ebenda, 289-299, 295, 299.
[147] Massenstreik, 117f.; Was weiter?, 299.
[148] Massenstreik, 125. Der Beleg für den Massenstreik als „Idee" findet sich dort in Anm. 150.
[149] Ebenda, 124.
[150] Vgl. ebenda, 133; *dies.*, Ermattung oder Kampf? (1910), in: *dies.*, Gesammelte Werke, Bd. 2, 344-377, 350, 373; *Grebing*, Luxemburg, 63. Das Dilemma: Der Massenstreik muß spontan entstehen, doch „die Partei muß an der Spitze der Bewegung stehen", formulierte *R. Luxemburg* noch einmal auf dem Jenaer Parteitag, vgl. Prot. PT Jena 1913, 293.

Der Niederländer *Anton Pannekoek* (1873-1960) übertrumpfte *Rosa Luxemburgs* Hypostasierung der Massenaktion. Er war ein international angesehener Astronom; vor dem Ersten Weltkrieg lehrte er an der Parteischule der SPD. Als Rätesozialist suchte er einen Weg zwischen Bolschewismus und Sozialdemokratie und geriet dabei in die politische Isolation. Für ihn stand fest, daß das Proletariat an wirtschaftlicher Bedeutung, Wissen und Organisationsfähigkeit ständig wachse. Immer stärker „vom Geiste des Sozialismus erfüllt", formiere es sich zunehmend zu „einer festgefügten Armee von Kämpfern", deren „Massenkämpfe" die „Reife des Proletariats" steigern und schließlich dessen Wesen und das seiner Organisation „aufs tiefste beeinflussen und umwandeln" würden.[151]

„Die Organisation des Proletariats, die wir als sein wichtigstes Machtmittel bezeichnen, ist nicht zu verwechseln mit der Form der heutigen Organisationen und Verbände, worin sie sich unter den Verhältnissen einer noch festen bürgerlichen Ordnung äußert. *Das Wesen dieser Organisation ist etwas Geistiges, ist die völlige Umwälzung des Charakters der Proletarier.*"[152]

Zu *Pannekoeks* Grundüberzeugungen gehört die junghegelianische Annahme, daß der Sozialismus Wesen und Zusammenleben der Menschen von Grund auf verwandeln werde. Doch die Menschen könnten erst dann zu solidarischen Wesen werden, wenn zuvor die politischen Institutionen wie die kapitalistische Wirtschaftsordnung völlig zerschlagen würden und an ihre Stelle völlig neue Formen der Gemeinschaft und der Leitung der Wirtschaft träten. Sozialismus bedeute nicht, wie die Revisionisten annähmen, eine bloße Weiterentwicklung und Umformung des Kapitalismus, sondern *„eine ganz neue, andere Richtung der Entwicklung (...)"*[153]. Folgerichtig bedeute *Revolution* „die Vernichtung und Auflösung der Machtmittel des Staates durch die Machtmittel des Proletariats"[154].

Der nüchterne *Kautsky* konnte weder mit *Rosa Luxemburgs* Theorie der spontanen Massenaktion noch mit der Pannekoekschen Transsubstantiationslehre etwas anfangen. *Rosa Luxemburg* hielt er entgegen, daß ein Massenstreik nur gewonnen werden könne, wenn eine starke proletarische Organisation dahinterstehe, die in der Lage sei, den „ungestümen Strom (...) der Volkswut" zu kanalisieren.[155] Das Lob der Massenspontaneität verkehre die Einsicht *Gustave Le Bons*, die Massen handelten irrational, in ihr Gegenteil.[156] *Pannekoek* spiritualisiere die proletarische Organisation. Wenn er die Zerstörung der staatlichen Institutionen propagiere, so verkenne er, daß auch eine sozialistische Regierung auf Beamte, Regierung, Ministerien und das Parlament angewiesen sein werde. Vor dem „Kretinismus der Massenaktion" könne nur gewarnt werden.[157] *Kautsky* wider-

---

[151] *Anton Pannekoek*, Massenaktion, in: *Grunenberg*, Massenstreik, 268f., 273.
[152] Ebenda, 274.
[153] *Anton Pannekoek*, Sozialismus und Anarchismus, in: NZ, Jg. 24 (1905/06), Bd. 1, 836-846; ders., Das Wesen unserer Gegenwartsforderungen, in: NZ, Jg. 30 (1911/12), 810-817, 814.
[154] *Pannekoek*, Massenaktion, 267, 273.
[155] *Karl Kautsky*, Eine neue Strategie, in: NZ, Jg. 28 (1909/10), Bd. 2, 332-341, 364-374, 412-421; abgedruckt in: *Grunenberg*, Massenstreik, 153-190, 184.
[156] Vgl. *Karl Kautsky*, Die Aktion der Masse, in: NZ, Jg. 30 (1911/12), Bd. 1, 43-49, 77-84, 106-117; abgedruckt in: *Grunenberg*, Massenstreik, 233-263, 235ff. – Die Schrift „Psychologie der Massen" (Psychologie des foules, 1895) von *Gustave Le Bon* (1841-1931) beeinflußte das Denken rechtsstehender Autoren sowie deren Sozialismuskritik.
[157] Vgl. *Karl Kautsky*, Die neue Taktik, in: NZ, Jg. 30 (1911/12), Bd. 2, 654-664, 688-698, 723-

sprach auch der Annahme, daß die vom Imperialismus erzeugte Kriegsgefahr die Massenmobilisierung erleichtern und der Krieg einen Massenstreik auslösen werde. Prophetisch gab er ein anderes Szenario zu bedenken, nämlich daß die Masse der Bevölkerung, die sich von einem feindlichen Land angegriffen fühle, „vom wildesten Kriegsfieber erfaßt werde und jeden Versuch, den Kriegsrüstungen durch einen Massenstreik entgegenzutreten, im Keime ersticke"[158].

Auch den Bolschewiki war *Rosa Luxemburgs* Sponaneitätstheorie ein Dorn im Auge. Sie verkenne die „Rolle der Partei" als führende Kraft der Arbeiterklasse.[159] „Luxemburgismus" war ein gefährlicher Vorwurf, mit dem zur Zeit des Stalinismus die Parteiopposition mundtot gemacht wurde.

II. Sympathisierende und kritische Autoren

1. Sympathisanten

Wie *Dühring* gehörte der Philosoph *Friedrich Albert Lange* (1828-1875) zu den frühen Lehrern der Sozialdemokratie. Doch anders als im Falle des wilhelminischen Avancen zugänglichen *Dühring* bewahrte sie *Lange* ein „ehrenhaftes Angedenken" (*Mehring*).[160] Sein Hauptwerk ist die heute noch lesbare „Geschichte des Materialismus" (1866), die ihm einen Ruf an die Universität Marburg eintrug. *Lange* war ein prinzipieller Gegner des Manchesterliberalismus:

„Der Nationalreichtum ist das einzige Prinzip dieser Schule; eine soziale Frage existiert für sie nicht weiter, als bis alle Schranken des freien Verkehrs beseitigt sind; dann mag der einzelne für sich selbst sorgen. Der Arbeiterstand wird im ganzen immer auf der untersten Stufe des Daseins bleiben, aber er kann doch seine Lage allmählich bessern, und jeder kann sich, wenn er Mut und Verstand hat, zum Unternehmer emporschwingen."[161]

Lange, von *Lassalle* inspiriert, setzte sich für die Arbeiteremanzipation ein. An erster Stelle forderte er, daß sich die *„Arbeiter"* (...) *„selbst um die Angelegenheiten ihres Standes zu kümmern"* hätten. Zweitens sei der *„wichtigste Teil ihrer Selbsthilfe"* politisch, weshalb sie sich in „die Gesetzgebung und Verwaltung des Landes" einmischen sollten. Und drittens: *„Überall, wo es möglich ist, müssen sie Genossenschaften bilden.* (...) Wenn einst die Staatsgewalt die Arbeiteridee rückhaltlos vertritt, können Vorschüsse aus öffentlichen Mitteln angenommen werden."[162] *Lange* vertrat ein sozialintegratives Reformkonzept.

Dies gilt auch für den Professor der Rechte an der Universität Wien *Anton Menger* (1842-1906). Er entwickelte seine Sozialismustheorie aus zwei Rechtsansprüchen, dem „Recht auf den vollen Arbeitsertrag" und dem „Recht auf Arbeit".

733; abgedruckt in: *Grunenberg*, Massenstreik, 295-334, 314, 322ff., 327ff., 333.
[158] *Kautsky*, Taktik, 302.
[159] Vgl. Vorwort von *Wilhelm Pieck* in: *Rosa Luxemburg*, Ausgewählte Reden und Schriften. Bd. 1, Berlin 1951, 5-16.
[160] *Friedrich Albert Lange*, Die Arbeiterfrage (1865). Mit Einleitung und Anmerkungen hrsg. von *Fr. Mehring*, Berlin 1910, 1.
[161] *Lange*, Arbeiterfrage, 128.
[162] Ebenda, 146f.

Marx habe ausschließlich ökonomisch und politisch argumentiert und nicht erkannt, daß der Sozialismus im Kern ein rechtsphilosophisches Problem darstelle.[163] Es müsse aber gesehen werden, daß die *rechtlich* begründete „Verwerfung des arbeitslosen Einkommens (...) die revolutionäre Grundidee unserer Epoche" sei, analog zur Gleichheitsidee der Französischen Revolution.[164] *Menger* hielt es für möglich, im Bündnis mit konservativen Kräften einen „volkstümlichen Arbeiterstaat" zu errichten, in dem das Ideal des Rechts auf den vollen Arbeitsertrag weitgehend realisiert werde. Auf dem Gebiet der Landwirtschaft sei z.B. „Gemeindeeigentum mit Sondernutzung" denkbar, und in der Industrie Arbeiterassoziationen nach dem Muster *Louis Blancs* und *Lassalles*. Prinzipiell müsse für die Produktion gelten: „(...) gemeinsames Eigentum verbunden mit gemeinsamer Nutzung". Was die Entlohnung betreffe, so könne sie von der Produktionsleistung des Arbeiters (der „Masse seiner Thätigkeit") abhängig gemacht werden.[165]

In seiner „Neuen Staatslehre" entwickelte *Menger* die Rechtsordnung seines Zukunftsstaates. In diesem fallen alle Vermögensrechte dem Staat zu; Sonderrechte an Produktionsmitteln werden abgeschafft. Was die politischen Institutionen betrifft, so sah *Menger* die Bildung einer Ersten Kammer aus „ersten Beamten" sowie von Vertretern von Kunst, Wissenschaft und Literatur vor (eine *saint-simonistische* Idee); die Zweite Kammer solle eine „Volkskammer" sein. Da der Druck der besitzlosen Klassen immer stärker werde, wüchsen auch die Chancen für die Berücksichtigung der Arbeiterinteressen durch den Staat.[166] – Aufsehen erregte *Menger* mit seiner Kritik am Entwurf des Bürgerlichen Gesetzbuches. Er wies nach, daß dieser auf allen Rechtsgebieten, ob Familien-, Vermögens-, Sachen- oder Erbrecht, die Besitzlosen benachteilige. So sei z.B. das Vertragsrecht subtil entfaltet worden, während die Lohnverhältnisse und erst recht die Organisation der Arbeit kaum berücksichtigt worden seien.[167]

Engels wies *Mengers* Kritik an der materialistischen Geschichtsauffassung zurück. Er betreibe „Juristen-Sozialismus". Der Sozialismus sei kein Rechtsproblem und könne nicht mit juristischen Waffen erkämpft werden.[168]

Auch *Albert Schäffle* (1831-1903) beeinflußte die frühe Sozialdemokratie. Er war Professor in Tübingen und Wien sowie kurzfristig österreichischer Handelsminister. Sein Verhältnis zur Sozialdemokratie trägt burleske Züge. Von seiner Schrift „Die Quintessenz der Socialismus" (1875) waren sozialdemokratische Intellektuelle so angetan, daß *Höchberg* zur Zeit des Sozialistengesetzes 10 000

---

[163] Anton Menger, Das Recht auf den vollen Arbeitsertrag in geschichtlicher Darstellung, Stuttgart 1886, III, 98.
[164] Ebenda, 149.
[165] Vgl. ebenda, 150ff. – Um plausibel zu machen, daß es in den gegenwärtigen Staaten derartige Bestrebungen gebe, zitiert *Menger Bismarck*, der dem Führer des liberalen Fortschritts *Eugen Richter* im Reichstag entgegengehalten habe: Geben Sie dem Arbeiter das Recht auf Arbeit, solange er gesund ist, pflegen und versorgen sie ihn, wenn er krank und alt ist, und schreien Sie nicht über Staatssozialismus; vgl. ebenda, 11, 164.
[166] Vgl. *Anton Menger*, Neue Staatslehre (1903), Jena ⁴1930, 23, 85ff., 180, 266ff.
[167] Vgl. *ders.*, Das Bürgerliche Recht und die besitzlosen Volksklassen (1890). Dritte verbesserte und vermehrte Auflage, Tübingen 1904.
[168] Vgl. *Friedrich Engels*, Juristen-Sozialismus, in: MEW 21, 491-509. *Engels'* Aufsatz ist posthum und anonym in: NZ, Jg. 5 (1887), 49-62, erschienen. Seit *Engels'* Kritik hatte der „Juristen-Sozialismus" seitens des Zentrums und der entschiedenen Linken eine schlechte Presse, während sich einige Revisionisten freundlicher äußerten; vgl. *Paul Kampffmeyer*, Neuer Wind in den Segeln der Socialdemokratie, in: SM, Jg. 7 (1903), 399-405.

Exemplare aufkaufte und an bürgerliche Akademiker verschickte.[169] *Schäffle* reagierte darauf mit der sozialismuskritischen Schrift „Die Aussichtslosigkeit der Socialdemokratie" (1885), so daß er paradoxerweise bei den Sympathisanten des Sozialismus wie bei dessen Kritikern behandelt werden muß. – *Schäffle* vertrat eine naturalistisch-organizistische Gesellschaftslehre, die von dem englischen Soziologen *Herbert Spencer* beeinflußt war, doch ohne dessen individualistische Sichtweise zu teilen. Er entfaltete sie in seinem vierbändigen Werk „Bau und Leben des sozialen Körpers" (1875-1878).

In ihm stellte er den Sozialismus als eine Wirtschaftsform dar, die sich mit den Strukturerfordernissen des Gesellschaftsorganismus vereinbaren lasse. Zwar sei die kapitalistische Ordnung des „Socialstoffwechsels" die „relativ vollkommenste" unter den bisher aufgetauchten historischen Formen. Dennoch könne dem Sozialismus die Zukunft gehören, denn seine Idee sei dem „Volkselend" entsprungen. Zudem gebe es eine hochgradige Tendenz zu kollektiven Wirtschaftsformen, wie die Verstaatlichung und Kommunalisierung von Betrieben und die Verwandlung von Individualbetrieben in Aktiengesellschaften und Genossenschaften zeigten.[170] Anders als der Wirtschaftsliberalismus hielt er eine sozialistische Wirtschaft für funktionsfähig. Es handle sich nur um die Überführung des jetzt schon arbeitsteiligen Arbeitsprozesses von einer privatkapitalistischen in eine gesellschaftliche Eigentumsform. In staatlicher Regie betriebene Unternehmen könnten genau so wirtschaftlich arbeiten wie „capitalistische Speculationsbetriebe". Schon heute gebe es dafür viele Beispiele im Bereich des Staates, der Gemeinden und der Wissenschaft.[171] Freilich gebe es ungelöste Probleme, z.B. die Tauschwertbildung, deren Wertmaß die durchschnittliche Arbeitszeit bilden würde. Doch dieses müsse schließlich von einem „öffentlichen Organ" festgelegt werden; auch bleibe die Frage, was das anspornende Profitmotiv ersetzen solle. Der Sozialismus werde sich jedoch auch vorteilhaft auswirken. Die Korruption werde zurückgehen, die Volksbildung werde wachsen. Zu erwarten sei eine Gesellschaft mittelständischer Existenzen.[172]

In diesem Zusammenhang ist eine Gruppe von Nationalökonomen zu erwähnen, die unter der sprechenden Bezeichnung *Kathedersozialisten* zusammengefaßt wird. Diese, z.B. *Adolph Wagner*, *Lujo Brentano* und *Heinrich Herkner*, waren Gegner des Sozialismus, doch sie anerkannten die Berechtigung seines Grundmotivs, die Lösung der *sozialen Frage*. Die Kathedersozialisten werden an anderer Stelle behandelt (siehe unten Protestantische Sozialethik, 3. Kap., I, 2). Dennoch soll hier auf den bedeutenden Nationalökonomen und Wirtschaftshistoriker *Werner Sombart* (1863-1941) hingewiesen werden, der in seinem frühen Werk „Sozialismus und soziale Bewegung im 19. Jahrhundert" mit dem Sozialismus sympathisierte. Das Proletariat sei auf Grund seiner sozialen Lage zu kollektiven Verhaltensweisen wie dem Klassenkampf gezwungen, doch sein Ziel sei die radikale Demokratie. In den späteren Auflagen argumentierte Sombart zunehmend sozialismuskritisch.[173]

---

[169] Vgl. dazu *Eduard Bernstein*, Sozialdemokratische Lehrjahre, Berlin 1928, 70ff. – Über *Schäffles* Bedeutung für die Sozialdemokratie vgl. *Max Schippel*, Schäffles Lebensbild, in: SM, Jg. 9 (1905), Bd. 2, 1009-1015.
[170] Vgl. *Albert Schäffle*, Bau und Leben des socialen Körpers. Bd. 3. Neue zum Theil umgearbeitete Ausgabe, Tübingen 1881, 457, 529, 540.
[171] Vgl. ebenda, 488; *ders.*, Die Quintessenz des Socialismus (1875), Gotha ^{7}1879, 29.
[172] Vgl. *ders.*, Bau, 469, Bd. 3, 550; *ders.*, Bau, Bd. 4, 313; *ders.*, Quintessenz, 29, 38ff.
[173] Vgl. *Werner Sombart*, Sozialismus und soziale Bewegung im 19. Jahrhundert (1896), Wien 1966; 16f., 71, 110.

Eine Gruppe von Autoren vertrat die Auffassung, die soziale Frage könne durch eine Kombination von sozialistischen und privatwirtschaftlichen Strukturen gelöst werden. Es handelt sich zunächst um den Berliner Nationalökonomen *Karl Ballod* (1869-1933), der 1898 unter dem Pseudonym *Atlanticus* eine Schrift über den Zukunftsstaat vorlegte, die er 1919 in überarbeiteter Form noch einmal anläßlich der Sozialisierungsdebatte ins Spiel brachte. Ähnlich wie *Atlanticus* argumentierte der Wiener Privatgelehrte *Josef Popper-Lynkeus* (1838-1921).

Das von diesen Autoren entworfene Wirtschaftssystem teilt die Produktionssphäre in zwei Bereiche: in den der Erzeugung des lebenswichtigen Bedarfs (Lebensmittel, Kleidung, Baustoffe, Verkehr usw.) und in den der Luxusproduktion. Der lebensnotwendige Bedarf soll unter staatlicher Regie auf Grund einer analog zur allgemeinen Wehrpflicht eingerichteten „vaterländischen Arbeitspflicht" (*Ballod*; *Popper* gebraucht den platonischen Begriff „Nährarmee") erzeugt werden, während die Luxusproduktion der freien, auf Privateigentum an Produktionsmitteln beruhenden Markt- und Geldwirtschaft überlassen wird. Nach Ableistung der Arbeitsdienstpflicht, die bei *Ballod* fünf bis sechs, bei *Popper* 13 Jahre dauert, darf sich jedermann nach Belieben in der freien Privatwirtschaft betätigen. *Popper* sieht ferner vor, daß der Staat die für das Existenzminimum erforderlichen Güter kostenlos bereitstellt und verspricht sich davon eine besondere Blüte der von der Produktion einfacher Güter entlasteten Marktwirtschaft. Auch *Ballod* sieht eine zum Leben ausreichende „Pension" für jene, die ihrer Dienstpflicht genügt haben, vor. Bei ihm taucht ferner die für die utopische Tradition typische Idee des wirtschaftlich „geschlossenen Staates" auf, der über Kolonien verfügen soll, in denen Arbeitspflicht für die Eingeborenen herrscht.[174] Verständlicherweise wurden diese Wirtschaftsmodelle von sozialdemokratischen Autoren als utopisch und kolonialistisch kritisiert. Die Luxusproduktion würde zu einer Kapitalanhäufung bei einzelnen und damit zu arbeitslosem Einkommen führen, was dem Prinzip des Sozialismus widerspreche.[175]

Die Reformideen des Frankfurter Nationalökonomen *Franz Oppenheimer* (1864-1943) zielten in eine liberale Richtung.[176] *Oppenheimer* bekannte sich zum Marxismus. Er halte den Kapitalismus nicht, wie die Manchesterliberalen, für „natürlich", sondern für ein „gesellschaftliches Verhältnis" und für eine „Mehrwertpresse". Von *Marx* unterscheide ihn eine andere Interpretation der Entstehung der „industriellen Reservearmee" sowie des „Mehrwerts". Die Reservearmee sei eine Folge der ländlichen Eigentumsverhältnisse, und der Mehrwert ergebe sich nicht aus unbezahlter Mehrarbeit, sondern aus der Monopolstellung des Kapitalisten, der dem Arbeiter nur einen „Monopol-Lohn", der weniger wert sei als seine „Arbeitsleistung", bezahle. Diese Interpretation war für orthodoxe Marxisten inak-

---

[174] Vgl. *Atlanticus* (d.i. *Karl Ballod*), Ein Blick in den Zukunftsstaat. Produktion und Konsum im Sozialstaat. Mit einer Vorrede von *Karl Kautsky*, Stuttgart 1898, 4ff., 17ff., 98ff; *Josef Popper-Lynkeus*, Die allgemeine Nährpflicht als Lösung der sozialen Frage. Eingehend bearbeitet und statistisch durchgerechnet. Mit einem Nachweis der theoretischen und praktischen Wertlosigkeit der Wirtschaftslehre, Dresden 1912, 5f., 331ff., 340, 37ff.

[175] *Popper* wird kritisiert von *Engelbert Pernerstorffer*, Ein neuer Utopist, in: K, Jg. 7 (1913/14), 81-88. – Das Konzept dieser Autoren besitzt Ähnlichkeit mit aktuellen Diskussionen über die Arbeitsgesellschaft, in der die Idee einer das Existenzminimum garantierenden „Grundsicherung" und eines gespaltenen, teils subventionierten, teils freien Arbeitsmarktes eine Rolle spielt.

[176] *Oppenheimer* zog bedeutende Schüler an sich, z.B. den späteren Bundeskanzler *Ludwig Erhard* und den marxistischen Imperialismustheoretiker *Fritz Sternberg* (siehe unten Sozialismus I, 7. Kap. I, 1). Vgl. *Franz Oppenheimer*, Erlebtes, Erstrebtes, Erreichtes. Lebenserinnerungen. Geleitwort von Bundeskanzler *Ludwig Erhard* (...), hrsg. von *L.Y. Oppenheimer*, Düsseldorf 1964. Vgl. ferner: *ders.*, Gesammelte Schriften. Im Auftrage des Moses Mendelssohn Zentrums für Europäisch-Jüdische Studien, Universität Potsdam, hrsg. von *Julius H. Schoeps*, Berlin 1995ff.

zeptabel, denn sie impliziert, daß der Mehrwert nicht der Produktionssphäre, sondern der Zirkulationssphäre entspringt.[177] Damit fielen weitere Marxschen Ableitungen einschließlich der Krisen- und Expropriationstheorie in sich zusammen. In der Tat sind diese Marxrevisionen *Oppenheimers* höchst folgenreich. Denn er betrachtet nicht das industrielle Eigentum, sondern das Monopol der Oberklasse an Grund und Boden als die eigentliche Ursache des Entstehens von Klassengesellschaft und sozialer Verelendung. *Oppenheimer* nennt diesen Zustand „Bodensperre": *„Die Oberklasse hat die Unterklasse vom Boden ausgesperrt!"*[178] Diese Sperre müsse durch Sozialisierung des Bodens gebrochen werden. Danach gebe es keinen Grund für weitere Sozialisierungen, denn die Beseitigung des Bodenmonopols und die Konkurrenz verhindere das Entstehen von Monopolen und damit der Möglichkeit, sich Mehrwert anzueignen. In einer Diskussionsaufforderung an *Kautsky* faßte *Oppenheimer* seine Position thesenartig zusammen:

„*These 9.* Wo kein Monopol besteht, d.h. unter völlig freier Konkurrenz, kann kein Mehrwert entstehen.
These 10. Mehrwert entsteht immer dort, (...) wo zwischen Kontrahenten ein ‚Monopol-Verhältnis' besteht.
These 11. Der gesellschaftliche Mehrwert (Grundrente und Kapitalprofit) ist Folge eines gesellschaftlichen Klassen-Monopol-Verhältnisses zwischen Kapitalistenklasse und Proletariat.
These 12. Dieses Klassen-Monopol ist konstituiert durch die Monopolisierung des Grund und Bodens, deren Rechtsform das große Grundeigentum ist."[179]

Oppenheimer bezeichnete den Sozialismus, der die Vergesellschaftung der Produktionsmittel anstrebt, als „kollektiven Sozialismus". Ihm setzte er den „liberalen Sozialismus" entgegen, der auf dem Prinzip der freien Konkurrenz und des Privateigentums (aber nicht an Grund und Boden) beruhe:

„Er ist *Sozialismus*, weil er der Glauben an und das Streben auf eine *von allem Mehrwert erlöste* Wirtschaftsordnung ist, eine Ordnung, *in* der alle Arbeit ihres vollen Ertrags sicher, *aus* der Grundrente und Kapitalprofit verschwunden sind. (...) Wenn es also gelingt, aus der Wirtschaftsordnung alle Monopole zu entfernen, so muß die freie Konkurrenz alle Einkommen entsprechend der Qualifikation ausgleichen – d.h. den Zustand des rationellen Sozialismus herbeiführen. Das ist die ganze Theorie des liberalen Sozialismus."[180]

Als Anhänger des agrarsozialistischen „Freiland"-Planes des Zionisten *Theodor Hertzka* gründete Oppenheimer in Palästina und Deutschland agrarische Arbeiter-Produktivgenossenschaften. Sie schienen ihm auch ein geeignetes Mittel der „inneren Kolonisation" in Deutschland zu sein, d.h. einer radikalen Sozialreform auf dem Lande.[181] Nicht einmal die Revisionisten waren bereit, *Oppenheimers* Sozialismusinterpretation anzuerkennen. In einer Glosse bezeichnete *Conrad*

---

[177] Vgl. *Franz Oppenheimer*, Die soziale Frage und der Sozialismus. Eine kritische Auseinandersetzung mit der marxistischen Theorie (1912), Jena 1925, XV, 105ff., 117-124, 123f.
[178] Ebenda, 13.
[179] Ebenda, VIf. *Kautsky* hat dieses Diskussionsangebot ausgeschlagen.
[180] Ebenda, 103f.
[181] Zu *Hertzka* vgl. *Richard Saage*, Sozialismus und Demokratie in der Freiland-Utopie Theodor Hertzkas, in: *Herfried Münkler* (Hrsg.), Die Chancen der Freiheit. Grundprobleme der Demokratie, München 1992, 152-168. – Zur „inneren Kolonisation" nach dem Ersten Weltkrieg vgl. *Franz Oppenheimer*, Der Ausweg. Notfragen der Zeit, Jena 1919, 43ff., 55ff., 68ff.

Schmidt Oppenheimer als einen Utopisten, der die Fatalitäten des Kapitalismus kurzerhand durch Eliminierung des Großgrundbesitzes beseitigen wolle.[182]

2. Kritiker

Zum Credo des radikalen Manchesterliberalismus gehört, daß Arbeiterarmut unabwendbar und eine notwendige Voraussetzung der Reichtumsproduktion sei:

„Die Massenarmuth ist (...) nicht eine Folge des Privatheigentumes, der kapitalistischen Produktionsweise, der Ausbeutung der Arbeit durch das Kapital, wie die Demagogen des Sozialismus und Communismus dem Volke (...) vorlügen, sondern eine Folge (...) der Natur, gegen welche menschliche Macht Nichts vermag. Die Massenarmuth ist nicht eine Folge des sog. ehernen Lohngesetzes, sondern des Malthus'schen Naturgesetzes: daß die Erzeugung der Güter mit der Vermehrung der Menschen nicht Schritt zu halten vermag, sondern stets hinter dieser zurückbleibt; daß ein beständiges Mißverhältnis zwischen Produktion und Bedürfnis herrscht. (*Eduard Fries*)."[183]

Solche Stimmen sind in Deutschland jedoch relativ selten, da auch die liberalen Autoren in der Regel annehmen, daß die Arbeiterklasse „gehoben" werden könne. Beispielsweise riet der von *Fries* erwähnte Klassiker des Wirtschaftsliberalismus *Thomas Robert Malthus* (1766-1834) den Arbeitern, durch sexuelle Enthaltsamkeit ein Überangebot an Arbeitskraft und damit des Absinken der Löhne auf Hungerniveau zu verhindern.[184] Eine sozialdarwinistische und rassistische Haltung bezog der nationalliberal denkende wilhelminische Großhistoriker *Heinrich von Treitschke* (1834-1896), Lieblingsautor des national gesonnenen Bürgertums, in seiner Philippika gegen die *Kathedersozialisten*, die sich nach seiner Meinung zu stark den Sozialdemokraten angenähert hatten.

Die „Klassenherrschaft" ergebe sich „notwendig aus der Natur der Gesellschaft". Trotz „aller sozialen Wandlungen gilt unabänderlich das Gesetz: nur einer Minderzahl ist beschieden, die idealen Güter der Kultur ganz zu genießen; die große Mehrheit schafft im Schweiße ihres Angesichts."[185] Bemühungen, die Arbeiter über den Elementarunterricht hinaus zu bilden, seien überflüssig und wirkungslos, denn „wer Tag für Tag der groben Arbeit lebt, dessen Gedanken erheben sich selten über den Kreis seiner persönlichen Interessen (...)." Zudem gebe es vererbbare Tüchtigkeitsunterschiede. Gleiche Erziehung zu fordern sei folglich „eine Sünde wider die Natur", desgleichen Arbeitszeitverkürzung zum Zwecke der Weiterbildung. Dadurch fielen die Arbeiter bloß „dem Laster und giftiger Wühlerei" anheim, d.h. den sozialdemokratischen Agitatoren, die mit ihrer Hurengesinnung und „gemeinsten Kotseelen" das „Evangelium der Sinnenlust unter germanischen Menschen" predigen.[186] Am besten, es bleibt alles beim Alten: „Ein hartes und beschränktes Leben, tief erfüllt von unbefangener

---

[182] *Conrad Schmidt*, Glosse „Sozialwissenschaften", in: SM, Jg. 16 (1912), Bd. 3, 1321.
[183] *Eduard Fries*, Die sogenannte Sociale Frage oder die neueste Volksverdummung, Zürich 1878, 88, rezensiert in: DZ, Jg. 1 (1877/78), 269f.
[184] Vgl. *Thomas Robert Malthus*, An Essay on the Principles of Population or a view of its past and present effects on Human Happiness (...), 2 vols., London 1826; *ders.*, Eine Abhandlung über das Bevölkerungsgesetz oder eine Untersuchung seiner Bedeutung für die menschliche Wohlfahrt (...), ins Deutsche übertragen von *Valentine Dorn* und eingeleitet von *Heinz Waentig*, 2 Bde., Jena ²1925, Bd. 2, 374, 378ff.
[185] *Heinrich von Treitschke*, Der Sozialismus und seine Gönner, in: *ders.*, Zehn Jahre Deutscher Kämpfe. Schriften zur Tagespolitik. Auswahl, Berlin 1913, 93-170, 106.
[186] Ebenda, 108-112, 129ff.

Selbstsucht, ist dem Arbeiter beschieden, aber ein gesundes und ehrenwertes Leben, wenn er seinen Platz in der Gesellschaft kräftig behauptet und die Ehre der Arbeit lebhaft empfindet."[187]

Die eigentlich manchesterliberal und freihändlerisch gesonnenen Autoren argumentierten rationaler. Sie stellten zunächst die Grundlage der Marxschen Ökonomie, die Wertlehre, in Frage.

John Prince-Smith (1809-1874), Haupt der deutschen Freihandelsschule, bestritt nicht nur die Brauchbarkeit der Arbeitswerttheorie, sondern auch der klassischen Lehre von den Einkommensformen Kapitalprofit, Grundrente und Arbeitslohn.[188] Es gebe nur Einkommen aus einem Geschäft. Genau so falsch seien die Herleitung des Gewinns aus einem Mehrwert oder die Behauptung der Nationalökonomen, daß die Preise durch die Kosten bestimmt würden. Der Gewinn bestehe „im Unterschied zwischen dem Erlöse und den Auslagen. Und nur im Hinblick auf einen solchen wird ein Geschäft unternommen." Alle Welt wisse, daß im Wirtschaftsleben jeder den voraussichtlichen Marktpreis einer Ware abschätze und danach berechne, wieviel Auslagen er auf die Herstellung verwenden dürfe, um sie noch mit Gewinn verkaufen zu können.[189] *Prince* nahm einen reinen Praktikerstandpunkt ein und kritisierte marxistische wie bürgerliche Lehren.

Auch *Eugen Richter* (1838-1906), *Bebels* freisinniger Kontrahent im Reichstag, hielt die Wertrechnung für unpraktikabel; zudem bezweifelte er den Sinn der Klassentheorie. Denn die Arbeiter besäßen Kapital, d.h. ihre Arbeitsmittel, und die Kapitalisten pflegten zu arbeiten.[190] Er kannte *Bebels* „Die Frau und der Sozialismus" und die Vorliebe der Sozialdemokraten für utopische Texte und nannte sie deshalb „Luftschlösser" bauende *„Träumer und Phantasten"*.[191] Die wirtschaftsliberalen Kritiker waren sich darüber einig, daß die sozialdemokratische Kapitalismuskritik ins Leere laufe:

Sowohl Kapitalbildung wie Unternehmergewinn seien notwendig. Beide entstünden auch nicht durch Ausbeutung, sondern durch Reproduktion des Kapitals auf Grund der industriellen Massenproduktion – so *Theodor Barth* (1849-1909), Publizist und Reichstagsabgeordneter des „Freisinns".[192] *Prince* betonte die Berechtigung des Unternehmerlohns. Der Unternehmensgewinn hänge von „Wahl, Einrichtung und Führung des Geschäfts" ab; insofern sei er „durchaus nur eine Frucht der, in der Verfügung sich bewährenden Einsicht des Unternehmers und Leiters (...)"[193]. Von der Produktivitätssteigerung durch Massenproduktion und dem hier erforderlichen Kapitaleinsatz, der zur Verbilligung der Erzeugnisse führe, profitierten auch die Arbeiter. Sicherlich – es komme hierbei zu Lohnkürzungen und Entlassungen. Doch letzten Endes diene dies dem wirtschaftlichen Fortschritt, der allen nütze. Denn es gebe keine Produktion ohne Konsumtion, zwischen denen sich die „nothwendige Harmonie der

---

[187] *Treitschke*, Sozialismus, 108.
[188] Vgl. *John Prince-Smith*, Die Sozialdemokratie auf dem Reichstage, in: *ders.*, Gesammelte Schriften. Bd. 1, hrsg. von Otto Michaelis, Berlin 1877, 357-399, 365. Der Aufsatz kommentiert eine Rede *Schweitzers* im Norddeutschen Reichstag.
[189] Vgl. *Prince-Smith*, Sozialdemokratie, 365, 368, 370, 373. Für eine Kritik der Marxschen Wertlehre vgl. auch *Theodor Barth*, Die sozialdemokratische Gedankenwelt, Berlin 1890. Übrigens waren *Prince-Smith* und *Barth* schlechte Marxkenner, die *Marx* nur durch die Schweitzersche und Schrammsche Brille wahrnahmen.
[190] Vgl. Die Irrlehren der Sozialdemokratie. Beleuchtet von *Eugen Richter*, Berlin 1898, 5, 39f.
[191] Ebenda, 9, 20.
[192] *Barth*, Gedankenwelt, 15ff.
[193] *Prince-Smith*, Sozialdemokratie, 365f. – So auch *Treitschke*, Sozialismus, 148, 151f.

Interessen" bilde (*Barth*).[194] Zusätzlich legitimiert wurde der Kapitalprofit durch die von *Lassalle* verspottete These, daß Kapital durch Sparsamkeit und Enthaltsamkeit gebildet werde.[195] Verfehlt sei auch, so *Barth*, die sozialistische Kritik an der *Kapitalverzinsung*. Sie sei ein Indikator der Rentabilität eines Betriebs. Da aber im Sozialismus die freie Preisbildung auf Grund der Konkurrenz entfalle, werde man in vielen Fällen nicht einmal erkennen können, ob ein Betrieb wirklich wirtschaftlich arbeite. Den Schaden, den die unrentablen Betriebe anrichteten, trage der Staat (genauer: die Allgemeinheit).[196]

Sozialistische Produktion laufe notwendig auf zentrale Steuerung hinaus. Sie könne aus vielerlei Gründen nicht funktionieren. *Richter* wies auf den Erfahrungswert hin, daß staatliche Regiebetriebe stets unwirtschaftlicher arbeiteten als Privatbetriebe.[197] Zudem, so *Prince-Smith*, könne man „auf gemeinsame Rechnung" nicht wirtschaften. Was heiße denn Orientierung am „allgemeinen Interesse"? Lasse sich daraus etwa ein stringentes Unternehmenskonzept mit Berücksichtigung des günstigen Einkaufs, guter Beschaffenheit des Produkts und des Bedarfs ableiten? Es drohe Gefahr, daß die Produktionsmittel ineffizient eingesetzt würden.[198]

Schäffle wies zusätzlich darauf hin, daß der Sozialismus eine demokratische Legitimierung der „Collectivproduction und Collektivzutheilung" fordere. Doch wie solle das funktionieren? Letztlich würde sie zur Sache einer „in sich selbst fest ruhende[n] Centralgewalt und eines eben solchen Beamtentums". „Weder von unten herauf noch vom Mittelpunct her dürfe immerfort gerüttelt, geändert, verwirrt, experimentiert werden." Eine derart ins Autoritäre umschlagende Produktionslenkung sei zwar möglich, aber ohne Reiz für das Proletariat.[199]

Richter und *Barth* schrieben dem Sozialismus totalitäre (um einen modernen Begriff zu gebrauchen) Züge zu. Allein die Staatsleitung werde Umfang und Art der Produktion, Betriebsweise, Lohn und Arbeitszeit sowie Vorschriften für den Konsum bestimmen. Trotz aller Anstrengungen werde aber die Staatsleitung nicht in der Lage sein, den Güterbedarf zu kalkulieren. Die Folge sei „zwangsweise geregelter Konsum", oder, anders gesagt, die Staatsleitung werde so planen, wie der Zuchthausdirektor den Konsum seiner Häftlinge plant. *Richter* und *Barth* bevorzugten für ihre Prognosen sozialistischer Zustände die Metaphern „Kaserne" und „Zuchthaus". Da die Planungsanforderungen keine freie Berufswahl zuließen, die Arbeiter vielmehr dort arbeiten müßten, wohin sie der Staat vermittle, befänden sie sich der sozialdemokratischen Behörde gegenüber „genau in der Lage eines zu lebenslänglicher Haft verurteilten Zuchthäuslers". Opposition gegen diese Zustände sei schwierig, weil alle Zeitungen staatlich seien. (*Richter*).[200]

---

[194] *Barth*, Gedankenwelt, 16ff. Auch für *Barth* war, wie für *Prince-Smith* und *Schulze-Delitzsch*, *Frédéric Bastiats* Werk: Les harmonies économiques, Paris 1850, maßgebend. Es geht auf das Theorem *Jean-Baptiste Says* zurück, daß jede Warenproduktion eine Nachfrage nach sich ziehe. Vgl. dazu *Charles Gide/Charles Rist*, Geschichte der volkswirtschaftlichen Lehrmeinungen, hrsg. von *Franz Oppenheimer*. Deutsch von *R. W. Horn*, Jena ²1921, 124.
[195] Vgl. *Barth*, Gedankenwelt, 15, *Prince-Smith*, 379. Zu *Lassalles* Kritik siehe oben, 137.
[196] Vgl. *Barth*, Gedankenwelt, 42f.
[197] Vgl. *Richter*, Irrlehren, 25.
[198] Vgl. *Prince-Smith*, Sozialdemokratie, 391f.
[199] *Albert E. Schäffle*, Die Aussichtslosigkeit der Socialdemokratie, Tübingen 1885, 7, 24.
[200] Vgl. *Richter*, Irrlehren, 6, 26, 35, 38, 40, 42; *Barth*, Gedankenwelt, 29f., 32.

Der wirtschaftsliberale Hauptvorwurf gegen die sozialistischen Konzeptionen war jedoch, daß die Abschaffung der Konkurrenz jedes Interesse an einer selbstverantwortlichen Wirtschaftstätigkeit abtöte. In der sozialistischen Zukunft werde jedermann „Stift in einer großen Produktions- und Konsummaschinerie" (*Richter*).[201] Dies habe die verhängnisvolle Folge, daß Fleiß sich nicht mehr lohne und der Drang, andere in der Arbeitsleistung zu übertrumpfen, fortfiele. Jeder werde die angenehmste Arbeit haben wollen. Wie sollten sich Genies, die „wirtschaftlich Ausgezeichneten, die Erfinder frühzeitig erkennen lassen, wenn der Bessere, Tüchtigere, Kräftigere entmutigt wird? Sie würden „sich in der Allgemeinheit verlieren". So spreche der Sozialismus „allen besseren Instinkten im Menschen Hohn", d.h. er verletze, so *Barths* sozialdarwinistisches Argument, die natürliche Regel: „Denn der Tüchtigere herrscht auf dem ganzen Gebiet des organischen Lebens und will herrschen."[202]

Anders als bei *Schulze-Delitzsch* spielte das Asssoziationskonzept bei den referierten manchesterliberalen Autoren keine Rolle.[203] Dagegen hielt *Barth Malthus*' Empfehlung der sexuellen Enthaltsamkeit für einen gangbaren Weg zur Bekämpfung der Arbeiterarmut.[204] Die eigentliche Überzeugung dieser Autoren war jedoch: „Jeder ist seines Glückes Schmied" – der Tüchtige wird es schaffen. Die Lohnempfänger sollten endlich aufhören, „die Schuld an den sie bedrückenden Übelständen Anderen beizumessen und Abhülfe [sic!] durch Gesetzesgewalt zu suchen". Vielmehr müßten sie endlich zu der Erkenntnis gelangen,

„dass sie, als freie, selbstverantwortliche Menschen, doch immer schließlich durch die Festigkeit ihres eigenen Entschlusses ihre Lebenslage zu gestalten haben und, wie schwer es auch sei und wie lang es auch dauere, sich für die bessere gesellschaftliche Stellung erziehen müssen. Und haben sie (...) den Zusammenhang zwischen der Wirthschaftslage und der geistigen und sittlichen Kraft erkannt, so sehen sie den Weg vor sich, auf dem sie sich emporringen können."[205]

Die Sozialdemokratie aber müsse einsehen:

„(...) um diese ‚Hebung der Lage der arbeitenden Klassen' zu erzielen, brauchte man (...) nicht das ganze Gebäude des Volkshauses einzureissen und die Existenz von Millionen armer Menschen auf ein Experiment zu setzen, für dessen Gelingen (...) alle Bürgschaften fehlen, und bei welchem jedenfalls die Art des Verbrauchs sich durchgreifend ändern und eine grosse Zahl von Gewerben plötzlich aufhören, eine grosse Kapitalmasse unbrauchbar werden müsste. (...) Nicht die Arbeiter haben das Kapital geschaffen, sondern umgekehrt, das Kapital hat die jetzige Anzahl der Arbeiter ermöglicht. Die Abschaffung des Kapitaleigenthums (...) wäre gleichbedeutend mit der Abschaffung der Arbeitermassen selber. Wenn den Sozialdemokraten diese Wahrheit nicht klar ist, der erste Versuch wird sie ihnen klar machen."[206]

---

[201] Vgl. *Richter*, Irrlehren, 8; *Barth*, Gedankenwelt, 14; *Prince-Smith*, Sozialdemokratie, 392.
[202] *Richter*, Irrlehren, 15; *Barth*, Gedankenwelt, 29f., 49f., 68.
[203] *Richter* war in der bürgerlichen Konsumvereinsbewegung tätig. Es kam ihm dort vor allem darauf an, auch die „begüterten Personen" dafür zu interessieren und das Prinzip der Solidarhaftung der Genossen zu verhindern. Vgl. dazu Erwin Hasselmann, Geschichte der deutschen Konsumgenossenschaften, Frankfurt a.M. 1971, 115.
[204] Vgl. *Barth*, Gedankenwelt, 13.
[205] *Prince-Smith*, Sozialdemokratie, 359.
[206] Ebenda, 393, 399.

Die liberale Sozialismuskritik besaß für wesentliche Motive der sozialistischen Bestrebungen kein Sensorium: Arbeit für alle, um der Verelendung und der Angst, ins Elend abzusinken, ein Ende zu bereiten, Verallgemeinerung der Chance, die Arbeitsbedingungen sowie die wirtschaftlichen und politischen Verhältnisse beeinflussen zu können, Egalisierung des Lebensstandards. Am ehesten fanden die Bemühungen Verständnis, das kulturelle Niveau der Arbeiter durch Arbeiterbildung zu heben. Viele Einwände sind zutreffend, wie die Erfahrung mit dem sowjetkommunistischen „realen Sozialismus" lehrt: fehlende monetäre Indikatoren für eine genaue Rentabilitätsberechnung, Schwierigkeit der Kapitalbildung, Defizite der Wirtschaftslenkung, Einschränkung der freien Berufswahl – selbst der Kasernen- und Zuchthausvergleich war, wie wir heute wissen, nicht aus der Luft gegriffen. Der „reale Sozialismus" hatte allerdings seine in der russischen Geschichte liegenden Sonderbedingungen, während das Korrekturpotential des demokratischen Sozialismus totalitäre Entwicklungen ausschloß. Von *Bebel* stammt die nachdenkliche Doppelwarnung: „**Sozialismus ohne Demokratie wird Kasernen- und Parteisozialismus; Demokratie ohne Sozialismus ist Manchestertum.** [Fettung im Original, W.E.]"[207]

---

[207] Sozialdemokratie im Deutschen Reichstag, 244.

6. Kapitel: Konzepte sozialistischer Realpolitik

I. Die Stellung zu den politischen Institutionen

1. Parlamentarismus und Parteiwesen

Kautsky nannte die Sozialdemokratie „eine *revolutionäre*, aber nicht *Revolutionen machende* Partei"[1]. Dieses Diktum schloß praktische parlamentarische Arbeit nicht aus. Zwar gab es Kräfte wie *Liebknecht* und die „Jungen", die sie für unvereinbar mit dem revolutionären Kampf hielten. Doch *Liebknecht* revidierte diese Position, und praktische Bedeutung war ihr nie zugekommen.

Bebel formulierte Kriterien der praktischen Parlamentsarbeit: Anträge dürften den Parteiprinzipien nicht widersprechen und müßten realisierbar sein, d.h. sie dürften sozialistische Verhältnisse nicht bereits voraussetzen. Ferner war er der Auffassung, sozialdemokratische Politik dürfe niemals den Kapitalismus und den bestehenden Staat, vor allem seine Militärmacht, stärken: „*Diesem System keinen Mann und keinen Groschen.*"[2] Die Parteitage bestätigten diese Parole:

„Der Parteitag fordert die Fraktion (...) auf, wie bisher die prinzipiellen Forderungen der Sozialdemokratie gegenüber den bürgerlichen Parteien und dem Klassenstaat rücksichtslos zu vertreten; ebenso aber auch die auf dem Boden der heutigen Gesellschaft möglichen und im Interesse der Arbeiterklasse nöthigen Reformen zu erstreben, ohne über die Bedeutung der Tragweite dieser positiven gesetzgeberischen Thätigkeit für die Klassenlage der Arbeiter in politischer wie ökonomischer Hinsicht Zweifel zu lassen oder Illusionen zu erwecken."[3]

Trotz dieser Vorbehalte wuchs das Gewicht der parlamentarischen Arbeit, und die Theorieentwicklung folgte dieser Tendenz. Die klassischen marxistischen Theoreme wie die *Engelssche* These vom *Absterben des Staates* und die Agenturtheorie des „Kommunistischen Manifests", wonach der Staat nur ein Ausschuß zur Verwaltung der gemeinschaftlichen Geschäfte der Bourgeoisie sei, wurden praktisch bedeutungslos.[4] Weit wichtiger war *Engels'* Hinweis, daß die Arbeiterklasse nur unter der Form der *demokratischen Republik* zur Herrschaft kommen könne. *Kautsky* verallgemeinerte ihn zu der Aussage, die parlamentarische Republik sei zugleich der „Zukunftsstaat (...), den wir erstreben müssen".[5]

---

[1] Karl *Kautsky*, Ein sozialdemokratischer Katechismus, in: NZ, Jg. 12, Bd. 1 (1893/94), 361-369, 368. Das viel zitierte Diktum geht übrigens auf *Lassalles* „Arbeiterprogramm" zurück. Vgl. *Lassalle*, Gesammelte Reden und Schriften, Berlin 1918/19, Bd. 2, 165.
[2] Vgl. *Gustav Seeber*, Die deutsche Sozialdemokratie und die Entwicklung ihrer revolutionären Parlamentstaktik von 1867 bis 1893. Einführung in die originalgetreue Reproduktion des Buches „Die Sozialdemokratie im deutschen Reichstag", Berlin 1966, 30f.
[3] Prot. PT Halle 1890, 90.
[4] Für die *Agenturthese* vgl. MEW 4, 465. An der These vom *Absterben des Staates* hielt *Bebel* fest (siehe oben Sozialismus I, 5. Kap., I, 1), doch für seine politische Praxis blieb dies folgenlos.
[5] Friedrich *Engels*, Kritik des Erfurter Programms, in: MEW 22, 225-240, 234. Das *Kautsky*-Zitat in: *Hans-Josef Steinberg*, Sozialismus und deutsche Sozialdemokratie. Zur Ideologie der Partei vor dem 1. Weltkrieg, Bonn-Bad Godesberg 1972, 81, Anm. 233.

Die Konsequenz aus dieser These hieß Kampf um Demokratisierung und Parlamentarisierung des wilhelminischen Obrigkeitsstaates, den die sozialdemokratische Reichstagsfraktion weit energischer führte als die Liberalen und das Zentrum.[6] Über die Logik des Parlamentarismus – Gewaltenteilung, Regierungsverantwortlichkeit gegenüber dem Parlament und Rücktrittspflicht bei Mehrheitsverlust – waren sich die sozialdemokratischen Intellektuellen völlig im klaren.[7]

Kautsky entwarf in seiner Parlamentarismusschrift eine funktionale Parlamentarismustheorie. Er erkannte bereits die „Aggregationsfunktion" der Parteien. Ihre Programmatik entspreche den Interessen ihrer Klassenbasis und ermögliche so überhaupt erst eine rationale Wählerentscheidung. Deshalb waren für ihn Parteien und Parlamente unverzichtbare Voraussetzung der politischen Willensbildung in modernen Staaten. Die sozialdemokratische Beteiligung an Wahlkämpfen und an der parlamentarischen Arbeit sei nicht nur notwendig, weil dies der Arbeiterklasse nütze, sondern auch wegen der Schulung der Nachwuchskräfte – ein Argument, das heute als die „Rekrutierungsfunktion" der Parteien bezeichnet wird.[8]

Obwohl das „Erfurter Programm" die „direkte Gesetzgebung durch das Volk" nach Schweizer Muster gefordert hatte, sprach sich *Kautsky* klar für das *Repräsentationsprinzip* aus. Seine Begründung klingt wiederum modern funktional. Die Gesetzgebungsarbeit erfordere gesetzestechnische Fertigkeiten, was Fachwissen voraussetze. Zudem könnten nur repräsentative Parlamente die Regierung effektiv kontrollieren. Für *Kautsky* bedeutete das Repräsentationsprinzip eine unverzichtbare politische Technik, auch für die Sozialdemokratie. Deshalb ließ er die „direkte Volksgesetzgebung" nur subsidiär, als beschränkt einzusetzende Möglichkeit der Korrektur parlamentarischer Entscheidungen, gelten.[9]

Die parlamentarismusfreundlichen Sozialdemokraten mußten begründen, weshalb die parlamentarische Arbeit dem Ziel der Revolution dienen könne. *Kautsky* wies darauf hin, daß die Parlamente stets Austragungsort von Klasseninteressen gewesen seien, weshalb der parlamentarische Kampf auch Klassenkampf bedeute. *Rosa Luxemburg* stimmte zu, warnte aber davor, den Parlamentarismus als „alleinseligmachendes politisches Kampfmittel" zu betrachten. *Bernstein* bezeichnete den entwickelten Parlamentarismus als die „gesetzliche und zivilisierte, organisch gestaltete Form" der Revolution.[10] Die Austromarxisten *Karl Renner* und *Rudolf Hilferding* machten sich das physikalische Modell des Kräfteparallelogramms zunutze und bezeichneten die parlamentarische Willensbildung als „Re-

---

[6] Vgl. dazu *Walter Euchner*, Sozialdemokratie und Demokratie. Zum Demokratieverständnis der SPD in der Weimarer Republik, in: AfS, Bd. 26 (1986) 125-178, 129.

[7] So dachten nicht nur revisionistische Autoren mit ihrer Prägung durch das englische Vorbild, sondern auch Altmarxisten wie *Bebel*. Vgl. *August Bebel/Wilhelm Liebknecht* (Hrsg.), Die Sozialdemokratie im deutschen Reichstag: Tätigkeitsberichte und Wahlaufrufe aus den Jahren 1871-1893, Berlin 1909 (Reprint 1966), 6.

[8] Vgl. *Karl Kautsky*, Parlamentarismus und Demokratie (1893). Zweite, durchgesehene und vermehrte Auflage, Stuttgart 1911, 110-122, 130ff., 136.

[9] Vgl. ebenda, 85ff., 138. Andere sozialdemokratische Autoren hielten an der Forderung nach Volksgesetzgebung fest. Vgl. Ziele und Wege, Erläuterungen der sozialdemokratischen Gegenwartsforderungen. Unter Mitarbeit von *Adolf Braun* u.a., Berlin 1906, 8.

[10] *Kautsky*, Parlamentarismus, 96, 131; *Rosa Luxemburg*, Und zum dritten Mal das belgische Experiment (1902), in: *dies.*, Gesammelte Werke, Bd. 1, Halbbd. 2, Berlin 1979, 229-248, 247; *Eduard Bernstein*, Von Parlament und Parlamentarismus, in: SM, Jg. 16 (1912), Bd. 2, 650-656, 656.

sultante" divergierender politisch-sozialer Kräfte. *Friedrich Adler* (1879-1960), Sohn *Viktor Adlers*, habilitierter Physiker, in den zwanziger Jahren Sekretär der Sozialistischen Arbeiterinternationale, verwandte eine ingenieurwissenschaftliche Metapher und nannte die Parlamente *„Transformatoren der Energie der Klassen".* Die parlamentarischen Beschlüsse widerspiegelten das Kräfteverhältnis zwischen den Klassen. *Renner* betonte die Friedlichkeit des Interessenaustrags. Niemand kenne das „wirkliche Gesamtinteresse". Deshalb müsse die Ermittlung des Staatswillens „in versöhnender Aussprache Aller gegen Alle" im Kompromiß aller Interessen nach Maßgabe ihrer realen Macht ausmünden.[11]

Die Sozialdemokratie folgte trotz ihres Festhaltens am Klassenkampf-Theorem der von *Renner* vorgezeichneten Richtung, indem sie die parlamentarischen Mechanismen als Bestandteil der Funktionsweise des modernen demokratischen „Parteienstaats" akzeptierte.[12] Voraussetzung hierfür war, daß die marxistische Auffassung, die Sozialdemokratie sei als Werkzeug der Überwindung der Klassengesellschaft mehr als eine Partei im landläufigen Sinn, tendenziell aufgegeben wurde.[13] Schließlich ließ sie sich auf das parlamentarische Wechselspiel von Koalition und Opposition ein. Entscheidendes Kriterium hierfür sei, ob sich in einer Koalition sozialdemokratische Ziele durchsetzen ließen oder nicht. Die Linke drängte dagegen immer stärker darauf, zu einer prinzipiellen Oppositionspolitik zurückzukehren.[14]

---

[11] Die Metapher des „Kräfteparallelogramms" geht auf *Engels* zurück. Vgl. *ders.*, Brief an *J. Bloch* vom 21./22.09.1880, in: MEW 37, 464. Für deren Gebrauch bei *Hilferding* vgl. *ders.*, Zur Frage des Generalstreiks (1903) in: *Cora Stephan* (Hrsg.), Zwischen den Stühlen oder über die Unvereinbarkeit von Theorie und Praxis. Schriften *Rudolf Hilferdings* 1904-1940, Berlin 1982, 13-24, 17. Vgl. für *Friedrich Adler*: Der Wert des Parlamentarismus, in: *ders.*, Die Erneuerung der Internationale. Aufsätze aus der Kriegszeit. Vorwort von *Karl Kautsky*, Wien 1918, S. 174-176, 174f.; *ders.*, Wozu brauchen wir Theorien?, in: K, Jg. 2, 256-263. Vgl. ferner für *Karl Renner*: *Rudolf Springer* [d.i. *Karl Renner*], Staat und Parlament. Kritische Studie über die Österreichische Frage und das System der Interessenvertretung, Wien 1901, 5ff.

[12] *Gustav Radbruch* (1878-1949), einer der bedeutendsten Rechtsgelehrten der Weimarer Zeit, baute diesen Ansatz zu einer Theorie des *Parteienstaates* aus. Ohne Parteien wäre die „amorphe Volksmasse" gar nicht in der Lage, Organe der Staatsgewalt zu bilden. Vgl. *ders.*, Die politischen Parteien im System des deutschen Verfassungsrechts, in: *Gerhard Anschütz/Richard Thoma*, Handbuch des deutschen Verfassungsrechts, Bd. 1, Tübingen 1930, 285-294; *ders.*, Parteienstaat und Volksgemeinschaft, in: DG 1929, Bd. 2, 97-102. Zu den sozialdemokratischen Wurzeln der Pluralismustheorie vgl. *Hans Kremendahl*, Pluralismustheorie in Deutschland, Entstehung, Kritik, Perspektiven, Leverkusen 1977, 136ff.

[13] Vgl. *Eduard David*, Die Eroberung der politischen Macht. III, in: SM, Jg. 8 (1904), Bd. 1, 199-207, 206. Der Revisionist *Chaim Schitlowsky* forderte schon um die Jahrhundertwende, daß sich die Sozialdemokratie dazu entschließen müsse, „zu einer profanen Interessenpartei" zu werden. Vgl. *ders.*, Die sogenannte Krise innerhalb des Marxismus, in: SM 4, Jg. (1900), 199-207, 206.

[14] *Karl Kautsky* vertrat nach dem Ersten Weltkrieg die provokante These, daß die Periode zwischen Kapitalismus und Sozialismus keine Diktatur des Proletariats sein werde, sondern eine Übergangsperiode, „deren Regierung in der Regel eine Form der Koalitionsregierung bilden wird", vgl. *ders.*, Die proletarische Revolution und ihr Programm, Stuttgart 1922, 106. Vgl. zu der einschlägigen Diskussion zur Zeit der Weimarer Republik *Euchner*, Sozialdemokratie, 148ff.

2. Ein österreichisches Problem: Die Nationalitätenfrage

Die österreichische Sozialdemokratie hatte es mit einem altmodischen Ständeparlament zu tun, in dem die nationalen Gegensätze der Deutschösterreicher, Tschechen, Polen, Ruthenen (Ukrainer), Südslawen, Italiener und Rumänen zu der für die k.u.k. Monarchie typischen „Obstruktionspolitik" führten. Die Sozialdemokratie bekämpfte diese Zustände konsequent. Wortführer war der aus einer mährischen Bauernfamilie stammende *Karl Renner* (1870-1950), der nicht nur als Theoretiker, sondern auch als praktischer Politiker überragende Bedeutung besaß.[15] Er stand zweimal an der Spitze der österreichischen Republik: 1918, nach dem Ende der Monarchie, als Staatskanzler und Schöpfer der ersten republikanischen Verfassung, sowie 1945, nach dem Zusammenbruch der Naziherrschaft, als Bundespräsident. Neben *Rudolf Hilferding*, *Otto Bauer* und *Max Adler* gehörte er zum engeren Kreis der *Austromarxisten*. Als promovierter Jurist widmete er sich rechts- und staatstheoretischen Fragen, doch er schuf auch bedeutende Werke in der Tradition der marxistischen politischen Ökonomie.

Renner forderte in fulminanten, auch im Bürgertum und Adel beachteten Schriften, das Ständeparlament durch ein politisches System zu ersetzen, das die Klassenstruktur der Gesellschaft unverzerrt repräsentiere. In ihm könnten sich die sozialen Interessen nach dem Muster des Parallelogramms der gesellschaftlichen Kräfte durchsetzen. Da sozial verankerte Parteien „um, nicht gegen den Staat" kämpften, wirke dieses System integrativ. Wolle Österreich zu einem modernen Staat werden, so müsse es das allgemeine Proportionalwahlrecht, moderne Parteien sowie die Vertretung der nationalen Minoritäten einführen.[16] Schließlich gelang es der Sozialdemokratie, auf Reichsebene das allgemeine Wahlrecht durchzusetzen. Die Wahlrechtsreform war das Ergebnis spontaner Massenkundgebungen und Arbeitsniederlegungen Wiener Arbeiter 1905 im Gefolge der russischen Revolution.

Für *Renner* und *Otto Bauer* war klar, daß Österreich ohne Lösung des Nationalitätenproblems nicht modernisiert werden könne.[17] Sie entwickelten deshalb ein Konzept, das bis heute als geistreichste Lösung des Zusammenlebens in einem national gemischten Staat gilt.

---

[15] Zu *Renners* Biographie vgl. *Jacques Hannak*, Karl Renner und seine Zeit. Versuch einer Biographie, Wien 1965. Einen Überblick über sein Werk gibt *Norbert Leser*, Karl Renner, in: *Walter Euchner* (Hrsg.), Klassiker des Sozialismus, Bd. 2: Von Jaurès bis Herbert Marcuse, München 1991, 44-57.

[16] Vgl. *Rudolf Springer* [d.i. *Karl Renner*], Staat und Parlament. Kritische Studie über die Österreichische Frage und das System der Interessenvertretung, Wien 1901; *ders.*, Der Kampf der österreichischen Nationen um den Staat. Erster Theil. Das nationale Problem als Verfassungs- und Verwaltungsfrage, Wien 1902, 217ff., 221, 225, 228; *ders.*, Grundlage und Entwicklungsziele der Österreichisch-Ungarischen Monarchie. Politische Studien über den Zusammenbruch der Privilegienparlamente und die Wahlreform in beiden Staaten, über die Reichsidee und ihre Zukunft, Wien 1906.

[17] Die österreichische Sozialdemokratie hatte bereits auf ihrem Brünner Parteitag von 1899 ein Nationalitätenprogramm beschlossen, das von *Renner* und *Bauer* fortentwickelt wurde. Vgl. dazu *Otto Bauer*, Die Nationalitätenfrage und die Sozialdemokratie (1907), in: *ders.*, Werkausgabe, Bd. 1, Wien 1975, 49-622, 576f., sowie *Renner*, Kampf, 168ff.

Die Hauptschwierigkeit lag darin, daß in vielen Gegenden der Monarchie die Bevölkerung nicht national getrennt, sondern gemischt zusammenlebte. Deshalb schlug *Renner* mit *Bauers* Zustimmung vor, das *Territorialprinzip* durch das *Personalprinzip* zu ersetzen. Dies hieß, daß in national gemischten Gebieten sich die einzelnen Nationalitäten zu „nationalen Selbstverwaltungskörpern" zusammenschließen sollten (ähnlich, wie Konfessionen eine Kirche bilden). Diesen Selbstverwaltungskörpern sollten als juristischen Personen bestimmte Aufgaben nach dem Vorbild des „übertragenen Wirkungskreises" in der kommunalen Selbstverwaltung zugewiesen werden. Aus Zweckmäßigkeitsgründen müsse allerdings in den obersten Behörden deutsch die Sprache des innerämtlichen Verkehrs bleiben. Doch ansonsten müßten die Angehörigen aller Nationen mit den Ämtern in ihrer Muttersprache verkehren können. *Renner* forderte die Umbildung des österreichischen Parlaments gemäß diesem Nationalitätenmodell. Es solle ein Zweikammersystem geschaffen werden, mit einer Ersten Kammer aus Vertretern der einzelnen Territorien und Nationen, und einer Zweiten, auf dem allgemeinen Wahlrecht beruhenden Kammer.[18]

Das Nationalitätenkonzept *Renners* und *Bauers* wurde von den tschechischen Sozialdemokraten abgelehnt, die ihren deutschen Genossen Assimilierungsabsichten unterstellten. Der Konflikt entzündete sich an der *Schul-* und der *Gewerkschaftsfrage*. Die Tschechen forderten Minderheits-, *Renner* zweisprachige Simultanschulen, weil dies das Zusammenleben der Nationen fördere. Schließlich akzeptierten die deutschen Sozialdemokraten Minderheitsschulen mit Sprachunterricht in der Mehrheitssprache. Spontane Assimilation solle man nicht behindern, doch „nationale Nötigung" müsse bekämpft werden. Die Assimilationsfurcht spaltete auch die Gewerkschaften. Vergebens wies *Bauer* darauf hin, daß die Führung von Lohnkämpfen nichts mit der Nationalität der Mitglieder zu tun habe. Seine Vorschläge zur Reorganisation der Gewerkschaften unter Berücksichtigung nationaler Gesichtspunkte wurden gleichfalls abgelehnt.[19] Die Idee des Nationalismus erwies sich als stärker als die der proletarischen Solidarität.

II. Die Politik der sozialdemokratischen Reichstagsfraktion

Die Reichstagsfraktion kämpfte immer dann um die Beeinflussung der Gesetzgebung, wenn sie sich davon versprach, die Lebenslage der Arbeiterschaft und der kleinen Leute verbessern zu können. Sie stellte ihre Politik auf den Parteitagen

---

[18] Vgl. *Karl Renner*, Was ist die nationale Autonomie? Einführung in die nationale Frage und Erläuterung der Grundsätze des nationalen Programms der Sozialdemokratie, Wien 1913; *ders.*, Der nationale Streit um die Ämter und die Sozialdemokratie. Teilweise erweiterter Sonderabdruck aus der Sozialistischen Monatsschrift Der Kampf, Wien 1908, 10, 19; *ders.*, Löst die nationale Autonomie die Amtssprachenfrage?, in: K, Jg. 1 (1907/08), 53-60. – Zum austromarxistischen Nationalitätenkonzept generell *Theodor Hanf*, Konfliktminderung durch Kulturautonomie. Karl Renners Beitrag zur Frage der Konfliktregelung in multi-ethnischen Staaten in: *Erich Fröschl/Maria Mesner/Uri Ra'aman* (Hrsg.), Staat und Nation in multi-ethnischen Gesellschaften, Wien 1991, 61-90.

[19] Vgl. *Karl Renner*, Der deutsche Arbeiter und der Nationalismus. Untersuchungen über Größe und Macht der deutschen Nation und das nationale Programm der Sozialdemokratie, Wien 1910, 39ff.; *Otto Bauer*, Nationale Minderheitsschulen (1909/10), in: *ders.*, Werkausgabe, Bd. 8, 271-288. Für die Gewerkschaftsproblematik vgl. *ders.*, Personalitätsprinzip und Territorialitätsprinzip in den Gewerkschaften, (1910/11), in: ebenda, 451-462; *ders.*, Krieg und Frieden in den Gewerkschaften, Wien 1910, abgedruckt in: *ders.*, Werkausgabe, Bd. 1, 761-783, 770. Vgl. zu den Vorgängen *Raimund Löw*, Der Zerfall der ‚Kleinen Internationale'. Nationalitätenkonflikte in der Arbeiterbewegung des alten Österreich (1889-1914), Wien 1984.

ausführlich zur Diskussion, so daß Fraktions- und Delegiertenmeinung auch heute gut nachprüfbar sind. Parteivorstand und Fraktion traten ferner der vom politischen Gegner verbreiteten Behauptung energisch entgegen, die Sozialdemokratie verhalte sich in realpolitischen Fragen nur „negierend".[20]

1. Sozialversicherung

Marx hatte ausgeführt, daß aus dem „gesellschaftlichen Gesamtprodukt" ein „*Fonds für Arbeitsunfähige* etc., kurz, für, was heute zur sog. offiziellen Armenpflege gehört" gebildet werden müsse.[21] Daran anknüpfend betonte *Bebel*, im Sozialismus werde das Leben der Alten und Kranken mit Armenpflege nichts mehr zu tun haben, denn es beruhe auf der gesicherten Solidarität von Alt und Jung:

„Wie die Gesellschaft für ihre Jugend die Sorge übernimmt, so auch für ihre Alten, Kranken und Invaliden. Wer durch irgend einen Umstand arbeitsunfähig wird, für diesen tritt die Gesammtheit ein. Es handelt sich hierbei nicht um einen Akt der Wohlthätigkeit, sondern der Pflicht, nicht um Gnadenbrocken, sondern um eine von jeder möglichen Rücksicht getragene Verpflegung und Hilfe, die demjenigen zu Theil werden muß, der seine Pflichten gegen die Gesammtheit in den Jahren der Kraft und der Leistungsfähigkeit erfüllt. Der Lebensabend wird dem Alter mit Allem verschönt, was die Gesellschaft ihm bieten kann. Trägt sich doch Jeder mit der Hoffnung, einst das selbst zu genießen, was er dem Alter gewährt."[22]

Zunächst galt es jedoch, die Lebensrisiken der arbeitenden Menschen unter den bestehenden schwierigen Verhältnissen zu mindern. Die Sozialdemokratie stellte seit Beginn ihrer parlamentarischen Tätigkeit sozialpolitische Forderungen, doch partiell wirksam wurden sie erst nach dem Zustandekommen der Bismarckschen Sozialgesetzgebung, die sie konsequent und konstruktiv kritisierte. Es handelte sich um das „Krankenversicherungsgesetz" von 1883, das „Unfallversicherungsgesetz" von 1884 und das „Invaliditäts- und Altersversicherungsgesetz" von 1889, die 1911 zur „Reichsversicherungsordnung" zusammengefaßt wurden. *Bebel* betonte: „Die Arbeiter sind der Zwangsversicherung nirgends abgeneigt, sie erkennen im Gegentheile an, dass dieselbe eine Nothwendigkeit ist, soll die Versicherung ihren Zweck erreichen und ein Vortheil für die Arbeiterklasse selbst werden."[23] *Luise Zietz* (1865-1922), die erste Frau im sozialdemokratischen Parteivorstand und eine Exponentin des linken Parteiflügels, hob die Bedeutung der Sozialversicherung für die Kampfkraft der Sozialdemokratie hervor:

---

[20] *Hermann Molkenbuhr*, Positive Leistungen der Sozialdemokratie. Ein Beitrag zur Geschichte der Gesetzgebung, in: NZ, Jg. 25 (1906/07), Bd. 2, 21-29, 93-98; 118-128. Vgl. zu *Molkenbuhr*: *Bernd Braun/Joachim Eichler* (Hrsg.), Arbeiterführer, Parlamentarier, Parteiveteran. Die Tagebücher des Sozialdemokraten Hermann Molkenbuhr 1905 bis 1927, München 2000.
[21] *Marx*, Kritik des Gothaer Programms, in: MEW 19, 18f.
[22] *August Bebel*, Die Frau und der Sozialismus. Vollständig durchgesehen, verbessert und mit neuen Materialien versehen. Jubiläums-Ausgabe, Stuttgart ^{25}1895, 418.
[23] *Ders.*, Das Gesetz über die Invaliditäts- und Altersversicherung im Deutschen Reich, in: NZ, Jg. 7 (1889), 385-400, 454-473, 491. Vgl. generell *Eckart Reidegeld*, Staatliche Sozialpolitik in Deutschland. Historische Entwicklung und theoretische Analyse von den Ursprüngen bis 1918, Opladen 1996.

„Wir [sind] nicht Gegner der Versicherungsgesetzgebung (...). Vielmehr sehen wir in dem gesamten Arbeiterrecht, das ja erst in der Entwickelung begriffen ist, vor allem im Arbeiterschutz und in der Arbeiterversicherung die theoretische Anerkennung des Prinzips, daß der Arbeiter nicht nur als Träger der gewinnschaffenden Arbeitskraft (...), sondern als lebendiger, denkender, fühlender und strebender Mensch zu bewerten sei. Dies Prinzip vorausgesetzt, soll der Arbeiter-, Arbeiterinnen- und Kinderschutz eine feste Schranke gegen kapitalistische Ausbeutung sein, durch die der Arbeiterschaft Gesundheit, Kraft und Zeit erhalten wird, um als Kulturmensch leben, sich entwickeln und betätigen zu können. Aber auch die Versicherungsgesetzgebung soll dem hirn- und knochenzermürbenden Kapitalismus einen Damm setzen, indem sie prophylaktisch wirkt, Krankheit und Invalidität vorbeugt. Treten diese doch ein, so soll den Betroffenen und ihren Familien hinreichende Fürsorge, zum mindesten das Existenzminimum gewährleistet sein. Gerade als Klassenkämpfer, mit dem Hinblick auf unser Ziel ‚die Befreiung der Arbeit' fordern wir eine durchgreifende Sozialgesetzgebung, die die Arbeiterschaft vor der Verelendung schützen hilft, die ihr die Gegenwart erhellt, aber sie auch kampffähig erhält und immer kampffähiger macht."[24]

Die Durchsetzung der Sozialgesetze stieß auf die komplizierte Interessenlage der einzelnen Parteien. Die sozialdemokratische Fraktion mußte sie zur Zeit des Sozialistengesetzes trotz ihrer prinzipiellen Befürwortung aus Selbstachtungsgründen ablehnen; zudem hob die Thronrede vom Februar 1881 ausdrücklich hervor, daß zu ihren Zwecken die Bekämpfung „sozialdemokratischer Bestrebungen" gehöre (was sich agitatorisch mit dem Hinweis nutzen ließ, *Bismarck* habe eingestanden, ohne Sozialdemokratie hätte es keine Sozialversicherungsgesetze gegeben).[25] Prinzipieller Gegner war auch der liberale „Freisinn". Für ihn bedeutete das Bismarcksche Projekt „Staatssozialismus", der sich in dem – schließlich aufgegebenen – Plan, die Unfallversicherung mit Hilfe des staatlichen Tabakmonopols zu finanzieren, sowie dem Staatszuschuß zur Invaliden- und Altersversicherung, ausdrücke.[26] Die Arbeiter würden so zu „Staatspensionären".[27] Staatssozialistisch war für ihn ferner, daß sich die Einführung der gesetzlichen Krankenversicherung gegen die freien Hilfskassen richtete, die in der Blütezeit des Assoziationswesens in den sechziger Jahren eingerichtet worden waren. Ähnlich argumentierten die Gewerkschaften. Denn auch diese hatten – z.T. in der Tradition der Bornschen „Arbeiterverbrüderung" – freie Kassen zur Kranken- und Arbeitslosenversicherung aufgebaut, die sie unabhängig von Staats- und Unternehmereinfluß verwalteten und die nunmehr durch die gesetzliche Zwangsversicherung unterminiert und behindert wurden.[28] Das „Zentrum" war gespalten. Sein Führer *Ludwig Windthorst* hielt das Invaliditäts- und Altersversicherungsgesetz

---

[24] *Luise Zietz*, Referat Invaliden- und Hinterbliebenenversicherung, in: Prot. PT Leipzig 1909, 456-471, 457.
[25] *Bebel*, Gesetz, 387-389; *Bebel/Liebknecht*, Sozialdemokratie im Deutschen Reichstag, 480; *Hermann Molkenbuhr*, Sozialpolitik und der neue Kurs, in: Prot. PT Nürnberg 1908, 429.
[26] Vgl. *Bebel*, Gesetz, 389; *Max Hirsch*, Das Invaliditäts- und Altersversicherungs-Gesetz. Mit einem Anhang: Gesetz betreffend die Invaliditäts- und Altersversicherung, Breslau 1890, 32.
[27] *Hans Peter Benöhr*, Soziale Frage, Sozialversicherung und Sozialdemokratische Reichstagsfraktion (1881-1889), in: Zeitschrift der Savigny-Stiftung für Rechtsgeschichte. Germanistische Abteilung, Jg. 98 (1981), 95-156, 99, 120, Anm. 97.
[28] Vgl. zum Gesamtzusammenhang *Florian Tennstedt*, Vom Proleten zum Industriearbeiter. Arbeiterbewegung und Sozialpolitik 1800 bis 1904, o.O. [Köln] 1983 und *Gerhard A. Ritter/Klaus Tenfelde*, Arbeiter im Deutschen Kaiserreich 1871-1914, Bonn 1992, 694-716, sowie zu den freien Gewerkschaftskassen *Gustav Brüggerhoff*, Das Unterstützungswesen bei den deutschen ‚freien Gewerkschaften', Jena 1908, 16ff.

für „sozialistisch", weil der Arbeitgeber- und Staatsanteil zur Versicherung zu einer Rente „ohne Zahlung" von Seiten der Versicherten führe und nur deren Begehrlichkeit wecken könne. Der gesetzlich begründete Rechtsanspruch werde die „Pietät, welche die Arbeiter gegen die Arbeitgeber haben" mindern, die Dienstboten zur Unbotmäßigkeit verleiten und damit „das Verhältnis, wie es von Gott geordnet worden ist", verändern. Der großagrarische Flügel des Zentrums stimmte mit den Konservativen für den Staatszuschuß, weil sie sich davon die Entlastung der örtlichen Armenfürsorge erhofften; zugleich drängten sie darauf, daß die Renten auch in „Naturalleistungen" ausbezahlt werden konnten.[29] Das „Zentrum" galt deshalb auf sozialdemokratischer Seite trotz seiner *Bismarck*-Feindschaft in sozialpolitischen Fragen als unsicherer Kantonist.

Trotz der kargen Sozialversicherungsleistungen erblickten die Sozialdemokraten in ihrer Ausgestaltung als subjektivem, einklagbarem Rechtsanspruch einen Fortschritt, weil sie damit nicht länger „entehrend" seien.[30] Der Rede, daß die Sozialversicherung eine „Art Geschenk und Reichswohlthat der höheren Stände für das einfache Volk" bedeute, wurde jedoch heftig widersprochen. Denn, so *Bebel*, „die gewährten Unterstützungen [werden] durch die Versicherten selbst, und zwar zum größten Theile, um nicht zu sagen ganz, aufgebracht (...)." Die Unternehmer könnten ihren Versicherungbeitrag durch Lohnsenkung und Preisaufschläge abwälzen, und das Reich nehme seinen Zuschuß durch die indirekten Steuern (hauptsächlich die Branntweinsteuer) und Zölle überreichlich wieder ein.[31]

Hauptangriffspunkt waren die unzureichenden Leistungen der Sozialversicherungsgesetze. Deshalb strebte die Sozialdemokratie deren Verbesserung an und beschloß auf ihrem Leipziger Parteitag von 1909 ein zusammenfassendes Sozialversicherungskonzept.[32]

Die *Krankenversicherung* wurde am wenigsten kritisiert. Finanziert wurde sie zu zwei Dritteln durch Arbeitnehmer- und zu einem Drittel durch Arbeitgeberbeiträge. Das Krankengeld, zahlbar nach einer *Karenzzeit*, betrug den halben Grundlohn pro Arbeitstag; hinzu kamen andere Leistungen wie Hilfe zur Krankenpflege, Wöchnerinnen- und Schwangerenhilfe, Sterbegeld usw. Nicht akzeptabel war für die Sozialdemokratie die Möglichkeit, in agrarischen Gebieten „Landkrankenkassen" einzurichten. Die Leistungen dieser auf Grund von Agrardruck eingeführten Kassen waren schlechter als die der Ortskrankenkassen; zudem umfaßten sie nicht nur Landarbeiter, sondern auch Dienstboten, Wandergewerbe- und Hausgewerbetreibende. Ihre Leistungen wurden auf der Basis der besonders niedrigen ortsüblichen Landarbeiterlöhne berechnet, und es konnten Geld- durch Naturalleistungen ersetzt werden.[33]

---

[29] Vgl. *Ludwig Windthorst*, Ausgewählte Reden, Bd. 2, Osnabrück 1902, 230f., 235, 238ff.; *Hirsch*, ebenda, 32f.; *Bebel*, ebenda, 455, 459. Zu den Abstimmungsverhältnissen vgl. auch *Thomas Nipperdey*, Deutsche Geschichte 1866-1918, Bd. 1, Arbeitswelt und Bürgergeist, Dritte, durchgesehene Auflage, München 1993, 344f. Noch die Reichsversicherungsordnung von 1911 sah die von sozialdemokratischer Seite bekämpfte Möglichkeit des Ersatzes von ²/₃ der Rentenzahlungen durch Naturalleistungen vor.

[30] Vgl. *Bebel*, Gesetz, 455.

[31] Ebenda, 395, 467. Vgl. auch den Bericht über eine Rede des Reichstagsabgeordnete *Paul Singer* in: *Tennstedt*, Proleten, 346.

[32] Vgl. Prot. PT Leipzig 1909, 514-517, siehe unten S. 200f. in diesem Kapitel.

[33] Referat von *Gustav Bauer* über „Allgemeines und Krankenversicherung", in: Prot. PT Leipzig 1909, 429-445, 441f.

Heftige Kritik galt der *Alters- und Invalidenrente*, die gemäß regierungsamtlicher Begründung nur „eine bescheidene Lebenshaltung, wie sie insbesondere der Aufenthalt an billigem Orte bietet", gewähren sollte.[34] Der Reichstagsabgeordnete *Paul Singer* (1864-1911), Textilunternehmer und Parteimäzen, Präsident vieler Parteitage, bezeichnete sie als „Bettelgeld".[35] Moniert wurden ferner die zu langen Anwartschafts- und Karenzzeiten. Der Bezug einer Invalidenrente setzte eine fünfjährige, der der Altersrente eine dreißigjährige Beitragszahlung voraus; zudem erhielten Altersrente nur über siebzigjährige Personen, was nicht nur von sozialdemokratischen Kommentatoren als „Hohn" bezeichnet wurde. „Dies ist ein so ungewöhnlich hohes Alter" so *Bebel*, „daß in vielen Erwerbszweigen ein 70jähriger Arbeiter zu den weißen Raben zählt". Die Folge war, daß die meisten Arbeiter Beiträge für eine Rentenversicherung bezahlten, deren Genuß sie selbst nicht erwarten konnten. Nach sozialdemokratischen Vorstellungen sollte die Altersgrenze auf 60 Jahre herabgesetzt werden.[36]

Günstiger lagen die Verhältnisse bei der *Unfallversicherung*. Sie wurde allein von den Unternehmen finanziert, die Beiträge an Berufsgenossenschaften zu zahlen hatten. Bei Erwerbsunfähigkeit wurden zwei Drittel des während des letzten Jahres bezogenen durchschnittlichen Jahresverdienstes als Rente bezahlt, bei verbliebener Teilerwerbsfähigkeit entsprechend weniger; Leistungen für Krankenbehandlung und Heilverfahren kamen hinzu. Allerdings gab es ungünstige bzw. widersprüchliche Regelungen. Die Karenzzeit zwischen Unfall und Rentenzahlung betrug 13 Wochen, mit der Folge, daß die Krankenversicherung, die die Arbeiter zu zwei Dritteln finanzierten, die Heilbehandlung bezahlen mußte; ferner, daß dann, wenn die Heilbehandlung vor Ablauf der Karenzzeit abgeschlossen wurde, eine „Lücke" entstand, während der die Versicherten keine Zahlung erhielten. Besonders benachteiligt waren Invalide unter 16 Jahren. Für sie war Basis der Rentenberechnung der ortsübliche Tagelohn für Jugendliche, was Minimalrenten ergab. Es gelang den sozialdemokratischen Abgeordneten nicht, diese Bestimmung zu Fall zu bringen, während ihr Kampf um die Schließung der „Lücke" erfolgreich war.[37]

Luise Zietz zog das Resümee, daß eine ganze Reihe sozialdemokratischer Anträge zuerst als Utopisterei verschrieen und dann doch bei Novellierungen von der Regierung übernommen und vom Reichstag angenommen worden seien.[38]

Der *zweite* Komplex der Kritik betraf den von der Sozialgesetzgebung erfaßten *Personenkreis*. Die Vertreter der bürgerlichen Parteien wollten möglichst viele Gruppen von der Versicherungspflicht ausnehmen: Beschäftigte im Handwerk, der Landwirtschaft, Apothekergehilfen, Dienstboten („um das patriarchalische Verhältnis zwischen Dienstboten und Herrschaft" nicht zu gefährden), Krankenpfleger.[39] Immer wieder wurde die Ausdehnung der Unfallversicherung auf das Handwerk angemahnt. Dort, so das gegnerische Argument, sei die Unfallgefahr nicht so groß wie in der Industrie. Dem wurde entgegnet, für einen Arbeitnehmer

---

[34] Vgl. *Bebel*, Gesetz, 393f.; *Bebel/Liebknecht*, Sozialdemokratie im Deutschen Reichstag, 201; *Ritter/Tenfelde*, Arbeiter, 700; *Nipperdey*, Geschichte, 351.
[35] Prot. PT Halle 1890, 86.
[36] *Bebel*, Gesetz, 460f.
[37] Vgl. *Molkenbuhr*, Leistungen, 25, 95; *Robert Schmidt*, Referat Unfallversicherung, in: Prot. PT Leipzig 1909, 446ff.
[38] Vgl. *Luise Zietz*, Referat Invaliden- und Hinterbliebenenversicherung, Prot. PT Leipzig 1909, 457; *Molkenbuhr*, Leistungen, 25.
[39] Vgl. *Bebel*, Gesetz, 395f.; *Bebel/Liebknecht*, Sozialdemokratie im Deutschen Reichstag, 496ff.

sei Unfall gleich Unfall, ob er sich in einer Werkstatt oder einem Unternehmen zutrage.[40] Konservative Reizschwellen überschritt die Forderung, die Invalidenrente auch bei einem Freiheitsentzug von mehr als einem Monat weiterzuzahlen. Die Sozialdemokraten betonten, daß zwischen entehrenden oder politischen Vergehen nicht unterschieden werde und der Rentenentzug auch die Familie treffe, die dadurch der Armenpflege anheimfallen könne.[41] Als Zumutung empfand nicht nur das Zentrum das sozialdemokratische Verlangen, die Invaliden- und Altersrente Verstorbener solle ihren unehelichen Kindern und deren Müttern, sofern Unterhaltspflicht bestand, zufallen. *Luise Zietz* begründete es so:

„Haben zwei Menschen in ehelicher Gemeinschaft gelebt ohne kirchlichen oder staatlichen Segen, oder haben sie sich angehört ohne Eheschließung, weil die wirtschaftlichen Verhältnisse dies verhinderten, so können solche Verhältnisse nach unseren Moralbegriffen oft viel sittlicher sein als manche kirchlich oder staatlich geeichte Ehe, und zudem haben moralheuchlerische Einflüsse hier fernzubleiben, wo es sich um das Recht der Existenz und der Fürsorge handelt."[42]

Sozialdemokraten und Gewerkschaften beklagten häufig den Einsatz ausländischer Arbeiter als Lohndrücker und Streikbrecher. Gleichwohl kritisierten Reichstagsfraktion und Parteitagsdelegierte die diskriminierenden Regelungen des Unfallversicherungsgesetzes. Ausländer, die Deutschland wieder verließen, konnten mit einem kapitalisierten Rentenanteil abgefunden werden; ihre Hinterbliebenen, die zur Zeit des Unfalls nicht im Inland lebten, besaßen keinen Rentenanspruch. Die sozialdemokratischen Fachleute hielten die Abfindungen für „ungenügend". Die Regelungen der RVO bedeuteten einen Anreiz für Unternehmer und Staat, bei harten, schmutzigen und gefährlichen Arbeiten Ausländer als „billige Arbeitskräfte" zu beschäftigen. Da ihnen die Naturalisation zumeist verwehrt werde, sei verständlich, daß sie als Invalide in ihre Heimat zögen. Davon profitierten die Berufsgenossenschaften, da die Abfindung ihre Belastung verringere.[43]

Die *dritte* Stoßrichtung der Kritik betraf die *institutionellen Regelungen* der Sozialversicherung. Obwohl alle ihre Zweige sich auf denselben Personenkreis erstreckten, besitze jeder von ihnen eine völlig verschiedene Organisation. Besonders zersplittert war die *Krankenversicherung*, da neben den gesetzlichen Krankenkassen auch andere Kassen, z.B. die von der Großindustrie gewünschten, gesetzlich begünstigten Betriebskrankenkassen sowie die „freien Hilfskassen", die im Gegensatz dazu diskriminiert wurden, eingerichtet werden konnten. Zu den frühesten Forderungen der Sozialdemokratie gehörte deshalb, für alle drei Versicherungszweige eine einheitliche Organisation, mit einer „allgemeinen Reichsversicherungsanstalt" an der Spitze, zu schaffen. Auf diese Weise könne der Organisationswirrwarr beseitigt und „Kraft, Zeit und Geld" gespart werden.

---

[40] Vgl. Prot. PT Köln 1893, 86; *Schmidt*, Unfallversicherung, Prot. PT Leipzig 1909, 446, Prot. PT Breslau 1895, 52.
[41] Vgl. *Bebel*, Gesetz, 456.
[42] *Zietz*, Invaliden- und Hinterbliebenen-Versicherung, Prot. PT Leipzig 1909, 470. Vgl. auch *Molkenbuhr*, Leistungen, 95.
[43] Vgl. *Robert Schmidt*, Referat Unfallversicherung; *Zietz*, Referat Invaliden- und Hinterbliebenenversicherung, Prot. PT Leipzig, 1909, 451, 465f.

Dem stehe aber der „Partikularismus" der Einzelstaaten entgegen.[44] Schließlich wurden die institutionellen Regelungen kritisiert, weil sie dem Prinzip der demokratischen Selbstverwaltung widersprächen und keine Frauen in Ämter gelangen ließen.

Bei der *Invaliditäts- und Rentenversicherung* ging es hauptsächlich um verbesserte Mitwirkungsmöglichkeiten der Versicherten bei der Rentengewährung und Festsetzung ihrer Höhe. Die dafür zuständigen Gutachter dürften nicht von oben bestimmt, sondern müßten durch die Versicherten gewählt werden.[45] Ähnlich lagen die Dinge bei der *Unfallversicherung*. Die Sozialdemokraten bemängelten das weitgehende Fehlen eines fairen Berufungsverfahrens gegen Rentenbescheide. Die Schiedsgerichte fällten ihre Entscheidungen im Fließbandverfahren und überrumpelten dabei die Beisitzer der Arbeitnehmerseite. Deshalb forderten die Sozialdemokraten eine institutionalisierte Mitwirkung der Arbeitnehmer bei der Rentenfestsetzung.[46] Sie empfanden die Versuche ihrer Gegner, sie von der Administration der Sozialversicherung fernzuhalten, z.B. durch das Erfordernis des Einjährigen-Schulabschlusses für Kassenbeamte, als Kränkung.[47]

Auf dem Leipziger Parteitag des Jahres 1909 wurde ein Antrag zum Entwurf der 1911 in Kraft getretenen RVO beschlossen, der die sozialdemokratischen Reformvorstellungen systematisch zusammenfaßte:

An erster Stelle stand die Forderung nach „Vereinheitlichung (...) der bisherigen Arbeiterversicherung, unter voller Selbstverwaltung durch die Versicherten (...)". Die Selbstverwaltung sollte sich auf „das aktive und passive Wahlrecht aller Versicherten ohne Unterschied des Geschlechts" aufbauen und sich auf das Aufsichts-, Beschluß-, Spruch- und Schiedsverfahren erstrecken. Ferner sollte bei der *Kranken-* und *Invalidenversicherung* die Finanzkraft der Kassen durch Erhöhung der Einkommensgrenze gestärkt werden.

Speziell für die *Krankenversicherung* wurden Zentralisierung und gemeinsame Ortskrankenkassen bzw. Bezirkskrankenkassen für die Landgemeinden gefordert – ein Vorschlag, der sich auch gegen die von den Großunternehmen bevorzugten Betriebskrankenkassen richtete. Hinzu kam die Forderung nach Gleichstellung von landwirtschaftlichen Arbeitern, Dienstboten, Hausgewerbetreibenden und Wanderarbeitern mit den gewerblichen Arbeitern.

In die *Unfallversicherung* müßten die Selbständigen im Kleingewerbe und in der Hausindustrie einbezogen werden, und der Unfallschutz sei auf Unfälle auf dem Weg zur Betriebsstelle und zurück sowie auf im Inland arbeitende Ausländer auszudehnen. Bei der „Ermittelung des Unfallvorganges und bei der Rentenversicherung" sei „den Versicherten eine Mitwirkung (...) durch gewählte Vertreter aus ihren Kreisen" einzuräumen.

Die *Invalidenrente* müsse bewilligt werden, „wenn der Versicherte nicht mehr in der Lage ist, in seinem Beruf die Hälfte des Lohnes eines gleichartigen Vollarbeiters zu erwerben". Sie habe mindestens ein Drittel des versicherten Jahresverdienstes zu betragen und sei je nach Versicherungsdauer und bestimmten Notlagen zu erhöhen. Ferner müsse es obligatorische Heilverfahren für die Versicherten und deren Angehörige geben; während deren Dauer sei in hinreichender Weise für die Angehörigen zu sorgen.

In der *Hinterbliebenenversicherung* seien uneheliche Kinder den ehelichen und die Mütter unehelicher Kinder den ehelichen Müttern gleichzustellen, wenn der Unterhalt jener größtenteils vom Verstorbenen bestritten worden sei. Schließlich müsse auch den im Ausland

---

[44] Vgl. *Bebel/Liebknecht*, Sozialdemokratie im Deutschen Reichstag, 382-386; *Bauer*, Referat Allgemeines und Krankenversicherung, Prot. PT Leipzig 1909, 429-445.
[45] Vgl. Ebenda, 385.
[46] Vgl. *Schmidt*, Referat Unfallversicherung, Prot. PT Leipzig 1909, 451-455.
[47] Vgl. *Bauer*, Referat Allgemeines und Krankenversicherung, ebenda, 437, 444f.

lebenden Hinterbliebenen eines Ausländers ein Anspruch auf Hinterbliebenenrente zustehen.[48]

Die sozialpolitischen Fronten gerieten im Verlauf des Ersten Weltkrieges in Bewegung, weil die Reichsleitung einsah, daß sie auf den „Burgfrieden" mit der Arbeiterbewegung angewiesen war.[49] Die wichtigste sozialpolitische Maßnahme war die Herabsetzung des Rentenalters auf 65 Jahre. Die Inflationszeit traf die Sozialversicherung schwer. Erst nach der Stabilisierung der Mark ab 1924 erholte sie sich wieder. Die Rentenzahlungen litten unter der Geldentwertung, und das Krankenversorgungswesen „sank auf den dürftigsten Stand" (*Preller*).[50] 1924 wurden die Rentenleistungen der *Invalidenversicherung* durch Einführung eines Inflationszuschlags „wertbeständig" gemacht und die *Angestelltenversicherung* auf Grund einer Novellierung der RVO in das Versicherungssystem integriert.[51]

Die oben zitierten Forderungen zur Sozialversicherung erwähnten die *Arbeitslosenversicherung* nicht. Der Grund hierfür ist, daß Sozialdemokraten und Gewerkschafter in dieser Frage zu keiner einheitlichen Linie finden konnten. *Molkenbuhr* forderte auf dem Münchner Parteitag von 1902 die Einführung einer *Arbeitslosenversicherung* und schlug ein Modell vor, das je zu einem Drittel von Arbeitnehmern, Arbeitgebern und Staat finanziert werden solle. Der Beitrag der Arbeiter werde dadurch nur um 15 % steigen."[52] Der Gewerkschafter *von Elm* bezeichnete dagegen eine staatliche Arbeitslosenversicherung als Gefahr für die gewerkschaftliche Autonomie.

Nach Auffassung vieler Gewerkschafter zeigten nämlich die Erfahrungen mit städtischen Arbeitslosenversicherungsmodellen, daß die Versicherungsleistung nur bei Eintritt von Arbeitslosigkeit „ohne eigenes Verschulden" (wobei als Verschulden auch Kündigung durch den Arbeitnehmer gelten konnte) bezahlt werde und zu befürchten sei, daß ein Arbeiter „wider seinen Willen zum Lohndrücker und Streikbrecher gezwungen" werden könne. Für *von Elm* war deshalb Arbeitslosenversicherung eine geborene Sache der – eventuell durch Staatszuschüsse zu unterstützenden – Gewerkschaften. Diese befürworteten das in Belgien und Frankreich praktizierte *Genter Modell*, das städtische Zuschüsse an die gewerkschaftlichen Arbeitslosenkassen vorsah.[53] Die Fraktion schwankte zwischen den gewerkschaftlichen Vorstellungen und der Forderung nach einer gesetzlichen Arbeitslosenversicherung.[54]

Zunächst blieb es jedoch bei der *Erwerbslosenfürsorge*, die, verbunden mit der Aufgabe der *Arbeitsvermittlung* und *Arbeitsbeschaffung*, den Kommunen und Kommunalverbänden übertragen wurde. Sie nahm jedoch zu Beginn der zwanzi-

---

[48] Vgl. Prot. PT Leipzig 1909, 514-517.
[49] Vgl. *Susanne Miller*, Burgfrieden und Klassenkampf. Die deutsche Sozialdemokratie im Ersten Weltkrieg, Düsseldorf 1974.
[50] *Ludwig Preller*, Sozialpolitik in der Weimarer Republik (1949), Düsseldorf 1978, 283, 325.
[51] Vgl. ebenda, 325-329.
[52] *Molkenbuhr*, Bericht über Arbeiterversicherung, Parteitag München 1902, 188f. Diese Forderung wurde von *G. Bauer* auf dem Leipziger Parteitag 1909 wiederholt. Vgl. Prot. PT Leipzig 1909, 432.
[53] *von Elm*, Prot. PT Leipzig 1909, 194ff. Zu den gewerkschaftlichen Befürchtungen vgl. *Hugo Lindemann*, Arbeiterpolitik und Wirtschaftspflege in der Deutschen Städteverwaltung. Bd. 1: Arbeiterpolitik, Stuttgart 1904, 196-211, 200.
[54] Vgl. dazu den Parteitag der MSPD von 1917, auf dem sich *Rudolf Wissell* für eine „obligatorische Arbeitslosenversicherung" aussprach, während der Abgeordnete *Silberschmidt* (SPD) im Reichstag für das Genter Modell plädierte; vgl. Prot. PT Würzburg 1917, Anhang II, 55.

ger Jahre immer stärker Versicherungscharakter an, weil sie seit 1924 auch durch Reichszuschüsse sowie Arbeitgeber- und Arbeitnehmerbeiträge finanziert wurde. Die Freien Gewerkschaften forderten daraufhin konsequenterweise selbst den Übergang zu einer gesetzlichen Arbeitslosenversicherung.[55]

Die *Mehrheitssozialdemokratie* (so genannt nach Abspaltung der USPD im Jahre 1917) veröffentlichte 1920 prinzipielle Überlegungen des späteren Reichskanzlers *Hermann Müller* (1876-1931) zur Arbeiterversicherung. Ihre Bedeutung liegt darin, daß *Müller* danach fragte, ob eine durch Beiträge finanzierte Versicherung tatsächlich sozialistischen Prinzipien entspreche, oder ob sie nicht durch eine steuerfinanzierte „*Allgemeine Volksversicherung*" zu ersetzen sei:

„Unsere jetzige Versicherung ist auf dem Arbeitsverhältnis aufgebaut. Nach dem Verdienst berechneten Beiträgen stehen entsprechende Leistungen der Versicherungsträger gegenüber. Soll das Arbeitsverhältnis weiter maßgebend sein? Die Partei verneint diese Frage, indem sie auch die den Arbeitern gleichstehenden Personen der Versicherung unterstellt wissen will und sie teilt diese Auffassung mit vielen Sachverständigen dieses Gebiets. (...) Es sei hingewiesen auf die Wöchnerinnenunterstützung, die nicht nur versicherten Wöchnerinnen zuteil wird, sondern auch den Angehörigen von Versicherten und auch sonstigen unversicherten Bedürftigen. Hier sind die früher gesteckten Grenzen also weit überschritten worden. Warum soll es nicht auf anderen Gebieten genau so sein. Wird der Weg weiter verfolgt, so kommen wir allerdings aus dem Rahmen der Arbeiterversicherung heraus und nähern uns mehr dem Gedanken einer *allgemeinen Volksversicherung* [meine Hervorhebung, W.E.], ein Ziel, das nach meinem Dafürhalten ins Auge zu fassen und anzustreben ist. (...) Dabei tauchen aber sofort neue Fragen auf. Soll die allgemeine Volksversicherung ihre Mittel durch Beiträge der Versicherten beschaffen oder soll das Reich die Mittel aufbringen? (...) Wer gesellschaftlich nützliche Arbeit leistet, hat auch ein Recht darauf, daß ihn die Gesellschaft in allen unverschuldeten Notlagen unterstützt. (...) Der Gedanke: ‚Leistung entsprechend der Gegenleistung' ist abzulösen von dem der allgemeinen Fürsorge."[56]

Es fällt auf, daß *Müller* den einst von *Bebel* gelobten Vorteil der gesetzlichen Sozialversicherung, die Vermeidung der „entehrenden" Bedürfigkeitsprüfung durch den gesetzlichen, auf Beitragsleistungen beruhenden Rechtsanspruch, preisgibt. In der Normallage der bürgerlichen Gesellschaft hätte eine steuerfinanzierte Sozialversicherung (besser: Staatsbürgerversorgung) unabwendbar eine Bedürftigkeitsprüfung nach sich gezogen.[57] Die Reichstagsfraktion setzte allerdings auf die beitragsfinanzierte Arbeitslosenversicherung, obwohl im „Görlitzer Programm" der Mehrheitssozialdemokraten (1921) sowie im „Heidelberger Programm" (1925) vom „Umbau der sozialen Versicherung zu einer allgemeinen Volksfürsorge" die Rede war.[58] Sie wurde 1927 im „Gesetz über Arbeitsvermitt-

---

[55] Vgl. *Preller*, Sozialpolitik, 369. – Wenn mit „Gewerkschaften" die 1919 zum *Allgemeinen Deutschen Gewerkschaftsbund* (ADGB) zusammengeschlossenen sozialistische Gewerkschaften gemeint sind, so werden sie von jetzt an, um sie von den *Christlichen Gewerkschaften* (von denen man seit 1890 sprechen kann) zu unterscheiden, als *Freie Gewerkschaften* bezeichnet.

[56] *Hermann Müller*, Die Arbeiterversicherung, in: Das Programm der Sozialdemokratie. Vorschläge für seine Erneuerung, Berlin 1920, 139-143, 140f.

[57] Das Problem verdeutlicht eine Untersuchung des Genfer „Internationalen Arbeitsamtes", das entschieden für echte Versicherungsmodelle eintrat; vgl. Die beitragsfreie Staatsbürgerversorgung, Genf 1933, 11, 15, 31. Vgl. auch *Hermann Mattutat*, Arbeitslosenfürsorge oder Arbeitslosenversicherung?, in: SM, Jg. 28 (1922), Bd. 2, 285-291, 288: Arbeitslosenfürsorge schlage in Armenfürsorge um, die „demoralisierend" wirke.

[58] Vgl. Programmatische Dokumente der deutschen Sozialdemokratie, hrsg. und eingeleitet von

lung und Arbeitslosenversicherung" realisiert. Allerdings befand sich zu jener Zeit die Sozialdemokratie in der Opposition. Doch das Gesetz wurde von dem arbeitnehmerfreundlichen, dem Zentrum angehörigen Reichsarbeitsminister *Heinrich Brauns* (1868-1939) ausgearbeitet, der die korporatistisch-paritätischen Selbstverwaltungsvorstellungen (drittelparitätische Beteiligung von Vertretern der Arbeitgeber, Arbeitnehmer und öffentlicher Körperschaften) der Freien Gewerkschaften übernahm. Die Reichstagsfraktion betrachtete deshalb die Arbeitslosenversicherung als ihres Geistes Kind und hielt sie für „abgeschlossen". Besonders bedeutsam sei, „daß der durch das kapitalistische Wirtschaftssystem unverschuldet *erwerbslos gewordene Arbeiter oder Angestellte einen Rechtsanspruch auf die Sicherung seiner Existenz hat (...)*". Als Erfolg betrachtete sie, daß trotz Opposition von Deutschnationalen (DNVP) und Deutscher Volkspartei (DVP) auch die Angestellten versicherungspflichtig wurden.[59]

Die Finanzierung der Arbeitslosenversicherung erwies sich als Dauerproblem. Ab 1926 stiegen die Erwerbslosenzahlen – ein Prozeß, der nach Ausbruch der Weltwirtschaftskrise im Oktober 1929 ins Katastrophische wuchs. Die Arbeitslosenversicherung wich zunehmend der Krisen- und Wohlfahrtsunterstützung für Ausgesteuerte; die Reichszuschüsse an die „Reichsanstalt für Arbeitslosenversicherung" stiegen ständig. Die Unternehmerverbände forderten Leistungsabbau und Wiedereinführung der Bedürftigkeitsprüfung.[60] Nicht zufällig stürzte das Kabinett *Müller* im März 1930 über die Frage der Finanzierung der Arbeitslosenversicherung. Dies war der Anfang vom Ende Weimars.[61]

Die marxistische Parteilinke kritisierte die Erwartung der mehrheitssozialdemokratischen Politiker, in der Epoche des *Organisierten Kapitalismus* könne die Entwicklung der kapitalistischen Wirtschaft verstetigt werden. Für *Anna Siemsen* (1882-1952), Professorin für Pädagogik an der Universität Jena, Kämpferin für Frauenemanzipation, 1932 zur „Sozialistischen Arbeiterpartei" (SAP) übergetreten, lag darin die Grenze des sozialdemokratischen *Praktizismus*:

„Sozialpolitik, darauf lag das Schwergewicht des Interesses im vergangenen Jahrzehnt. Die Ursachen waren doppelter Art. Einmal war sie ein Gebiet, auf welchem die sozialdemokratischen Politiker die weitestgehenden Erfahrungen besaßen. Im Gewerkschaftskampf geschult, der ganz und gar konzentriert war auf die Sicherung einer besseren Lebenshaltung für die Arbeiterschaft (...), wiesen sie auf diesem Gebiete eine unvergleichliche Sachkenntnis auf, welche sie befähigte, umfassende und planmäßige Vorschläge zu machen und zu begründen. Diese ihre aus dem Leben erwachsene Vorliebe aber wurde bestärkt durch die politischen Theorien. *Da man die Voraussetzung machte, die kapitalistische Entwicklung wachse in eine dauerhafte Prosperität hinein und die Demokratie befähige die Arbeiterschaft, gewerkschaftliche Aktion mit politischer zu kombinieren, um ihren Anteil am gesellschaftlichen Produkt der Arbeit zu sichern, so erschien die Sozialpolitik als eigentliches Kernstück der Programme.* (...) Und so war beim Einbruch der von der Sozialdemokratie nicht vorausgesehenen und nach ihrem Eintritt lange geleugneten und unterschätzten Krise auch die soziale Position sturmreif und unterliegt nun mehr und mehr dem Abbau, bis ihr ganzer Charakter in ihr Ge-

---

Dieter Dowe und *Karl Klotzbach*, Berlin ³1990, 206, 217.
[59] Vgl. *Heinrich August Winkler*, Der Schein der Normalität. Arbeiter und Arbeiterbewegung in der Weimarer Republik 1924 bis 1930, Berlin 1985, 312; *Preller*, Sozialpolitik, 372; JbDS 1929, 108f.
[60] Vgl. *Preller*, Sozialpolitik, 418ff.; JbDS 1929, 109ff.
[61] Eine ausführliche Darstellung der Vorgänge bei *Winkler*, Schein, 590-605, 739-823; vgl. ferner: JbDS 1930, 4ff.

genteil verkehrt ist, bis sie degradiert aus einer rechtlich fundierten Wirtschaftsordnung der Gesamtheit zu einer Art Zwangsversicherung, ergänzt durch armenpflegerische Maßnahmen. Der Abbau der Arbeitslosenversicherung auf eine von Bedürfnisprüfungen abhängig gemachte Wohlfahrtsfürsorge ist symptomatisch für diesen ganzen Prozeß."[62]

So richtig einzelne Argumente dieser Analyse waren, so sehr fehlten der Parteilinken praktikable Konzepte. Ihre Klassenkampf- und Revolutionsrhetorik war in einer Situation, in der die Marxschen Verelendungsprognosen eingetreten waren, verständlich; gleichwohl bedeutete sie Verzicht auf Realpolitik.

2. Arbeiterschutz

Arbeiterschutz war ein vorrangiges sozialistisches Kampfziel, denn die Arbeiter gesund erhalten hieß ihre Kampfkraft bewahren. Bereits im Norddeutschen Reichstag wurden hierzu sozialdemokratische Anträge gestellt. Es gab keine Legislaturperiode und keinen Parteitag ohne einschlägige Diskussionen. Die Gesetzesentwürfe der Fraktion aus den Jahren 1884, 1885/86 und 1890 enthielten Arbeitsschutzbestimmungen im engeren Sinn sowie organisatorische Forderungen:

Beschränkung der täglichen Arbeitszeit für alle über 16 Jahre alten Arbeiter auf höchstens 10 Stunden; sonnabendlicher Arbeitsschluß für verheiratete Frauen bzw. Witwen um 12 Uhr (1890 erweitert auf eine mindestens 36-stündige Ruhepause pro Woche für beide Geschlechter); bei Untertag- bzw. Schichtarbeiten nur acht Stunden pro Tag; dieselbe Arbeitszeit für Jugendliche zwischen 14 und 16 Jahren; Arbeitsverbot für Jugendliche unter 14 Jahren; generelles Verbot der Sonn- und Feiertagsarbeit, strenge Begrenzung der Ausnahmen durch Arbeitsamt und Arbeitskammer; Verbot von Frauenarbeit in gesundheitsgefährdenden Betrieben; achtwöchige Schonzeit für Wöchnerinnen vor und nach der Niederkunft; obligatorischer Erlaß von betrieblichen Arbeitsordnungen und Genehmigung durch Arbeitsamt und Arbeitskammer; deren Zuständigkeit für Gesundheitsschutzmaßregeln; Gründung eines Reichsarbeitsamtes und von Arbeitsämtern, paritätisch je zur Hälfte zusammengesetzt von Arbeiter- und Unternehmervertretern; obligatorische Einrichtung von Schiedsgerichten; Strafbestimmungen für Übertretungen von Arbeitsschutzvorschriften; Verbot des Trucksystems (Zwang der Arbeiter, vom Unternehmer Waren und Arbeitsmittel zu kaufen). – Ferner enthielten die sozialdemokratischen Entwürfe Hinweise auf die Notwendigkeit einer *internationalen Arbeiterschutzgesetzgebung*. *Gewerbeinspektion* wurde mit Nachdruck gefordert und über ihre Ergebnisse in der „Neuen Zeit" regelmäßig berichtet.[63]

Der *Achtstundentag* fehlt in dieser Aufstellung. Gleichwohl gehörte er – acht Stunden Arbeit, acht Stunden Erholung, acht Stunden Schlaf – zu den klassischen Kampfparolen der internationalen Arbeiterbewegung. Sie geht auf die Reformbestrebungen *Robert Owens* zurück und war auf den Kongressen der Ersten und Zweiten IAA und in der Programmatik der sozialistischen Parteien stets präsent. Zudem war der Achtstundentag ein realistisches Konzept, das von bürgerlichen Philanthropen, in Deutschland z.B. von den Industriellen *Robert Bosch* und *Ernst Abbé*, geteilt und in Großbritannien, den USA und Australien, punktuell auch in

---

[62] Anna Siemsen, Auf dem Weg zum Sozialismus. Kritik der sozialdemokratischen Programme von Erfurt bis Heidelberg, Berlin-Tempelhof o.J. [1932], 108, 113.
[63] Vgl. *Bebel/Liebknecht*, Sozialdemokratie im Deutschen Reichstag, 392-394; vgl. auch *Max Schippel*, Sozialdemokratisches Reichstags-Handbuch. Ein Führer durch die Zeit- und Streitfragen der Reichsgesetzgebung, Berlin o.J. [1902], 99ff.

Deutschland, realisiert werden konnte.[64] In der sozialistischen Ikonographie, z.B. bei der Gestaltung der Aufrufe zum 1. Mai, spielte er eine prominente Rolle.

Der praktische Teil des *Erfurter Programms* enthielt unter Ziffer 10 eine Liste von Forderungen „zum Schutze der Arbeiterklasse", die im wesentlichen mit den skizzierten sozialdemokratischen Anträgen übereinstimmten. *Bruno Schoenlank* gab die theoretische Begründung:

„Der Normalarbeitstag stählt die Widerstandsfähigkeit der Arbeiter, er verkürzt nicht die Löhne, wie seine Gegner fabeln, er steigert sie. Die Industrie schädigt er nicht, im Gegenteil nötigt er sie zu technischen Verbesserungen, zu verständigerem, intensiverem Wirtschaften (...). Die Verkürzung der Arbeitszeit vermindert durchaus nicht die Menge der erzeugten Waren, denn die Leistungsfähigkeit des Arbeiters (...) steht im umgekehrten Verhältnis zu der Länge des Arbeitstages (...). Dazu tritt die reißend schnelle Entfaltung des Maschinenwesens; die Unternehmer führen schneller laufende, bessere, größere Maschinerie ein, ersetzen die Handarbeit durch die maschinelle." Es stimme, daß die kleinen Unternehmer bei diesem zwangsläufigen technologischen Wettlauf nicht mithalten können, doch diese seien oft die übelsten Ausbeuter.[65]

In der parlamentarischen Praxis hieß Verbesserung des Arbeiterschutzes hauptsächlich Reform der „Gewerbeordnung" (GO). Das Ringen hierum war zäh, weil *Bismarck* eine Arbeiterschutzgesetzgebung ablehnte. Er betrachtete sie als „Eingriffe in das Herrenrecht des Kapitals über die Gestaltung seiner Produktion". Das *Zentrum* taugte kaum zum Bündnispartner, weil sich dessen – am christlichen Weltbild orientierten – Schutzinteressen auf die Bewahrung von Familienintegrität, handwerklichen Produktionsformen und Sonntagsruhe konzentrierten.[66]

Ständig wiederkehrende Themen der sozialdemokratischen Arbeiterschutzpolitik waren der *Bergarbeiterschutz* und der *Seeleuteschutz*. Was den Bergarbeiterschutz betrifft, so führte der Bergarbeiterführer *Otto Hue* (1868-1922) das starke Ansteigen der Grubenopfer auf „die stürmische Hochkonjunktur der Industrie" zurück. Ihm entspringe ein Arbeitsdruck, der die Sicherheitssysteme praktisch außer Kraft setze.

„Die Leute werden genötigt, gezwungen, eine bestimmtes Pensum, ihr ‚Soll' zu liefern. Liefern sie das Soll nicht, so werden sie durch Gehaltsschädigung, Entzug von Prämien, Kommandierung von Strafschichten und schließlich mit Entlassung dafür bestraft. (...) Heraus muß das Soll, komme es, wie es wolle! (...). Was heißen da schließlich Vorsichtsmaßregeln, was Beobachtung der Ventilation der auftauchenden Wetter! (...) So werden Katastrophen vorbereitet. Alle Bergpolizeiverordnungen, wie sie auch beschaffen sind, rütteln an diesem Grundübel nicht."[67]

Die Regierung, so *Hue*, habe von diesen Zuständen wissen müssen. „Doch sie hat nach dem Willen der Werksbesitzer gehandelt".[68] Verantwortlich für diese Mißstände sei „das kapitalistische Ausbeutungssystem":

---

[64] Vgl. Artikel „Achtstundentag" in: HwbStW, Bd. I, 29-36.
[65] *Karl Kautsky/Bruno Schoenlank*, Grundsätze und Forderungen der Sozialdemokratie. Erläuterungen zum Erfurter Programm, Berlin 1910, 57.
[66] Vgl. *Schippel*, Reichstags-Handbuch, 75ff.; *Nipperdey*, Geschichte, 342.
[67] Referat *Hue* über Bergarbeiterschutz, in: Prot. PT Chemnitz 1912, 364.
[68] Ebenda, 366.

„Einstmals, es ist noch gar nicht lange her, war in Deutschland das unbeschränkte kapitalistische Ausbeutungssystem im Bergbau nicht vorhanden. Bis in die Mitte des neunzehnten Jahrhunderts hatten wir das alte, gute Bergarbeiterrecht, (...) das die Vorschrift des achtstündigen Arbeitstages, das Verbot der Doppelschichten, die Versicherung eines auskömmlichen Normallohnes und eine scharfe Grubenkontrolle durch die sogenannten Geschworenen enthielt. Durch das Eindringen der volkswirtschaftlichen Theorie, daß das freie Waltenlassen der wirtschaftlichen Kräfte zum Besten führe, auch in das Bergrecht ist seit Mitte des vorigen Jahrhunderts jenes alte deutsche bewährte Bergarbeiterschutzsystem abgeschafft worden. (...) man (...) hat durch die Einführung des freien Ausbeutungssystems das Arbeiterrisiko enorm gesteigert." [69]

Der Erste Weltkrieg mit seiner Frauen- und Jugendlichenarbeit und den miserablen Ernährungs- und Hygieneverhältnissen war dem Arbeiterschutz feindlich. Allerdings führte der Kriegsverlauf ab 1916 zur Aufwertung der mehrheitssozialdemokratischen Reichstagsfraktion und vor allem der Freien Gewerkschaften, was sich in Ansätzen zu paritätischen Regelungen der Arbeitsbeziehungen niederschlug. Die Revolution von 1918/9 weckte neue Hoffnungen. Der Aufruf des „Rats der Volksbeauftragten" vom 12. November 1918 enthielt zwei Erklärungen zum Arbeiterschutz:

„8. Die Gesindeordnungen werden außer Kraft gesetzt, ebenso die Ausnahmegesetze gegen die Landarbeiter.
9. Die bei Beginn des Krieges aufgehobenen Arbeiterschutzbestimmungen werden hiermit wieder in Kraft gesetzt. (...) Spätestens am 1. Januar 1919 wird der achtstündige Normalarbeitstag in Kraft treten." [70]

Gesetzesform erhielten diese Deklarationen allerdings nie. Immerhin bewirkten die nachfolgenden Regelungen, daß die Arbeitsverhältnisse der *Hausgehilfen* wie der *Landarbeiter* tariflich festgelegt werden mußten, so daß die bisherigen patriarchalischen Abhängigkeitsverhältnisse sich abschwächten. Die Hausgehilfen erhielten Anspruch auf Ausgang an allen Wochentagen, Urlaub und Krankenversorgung.[71] Die Deklaration des Achtstundentages war auch Bestandteil des „Stinnes-Legien-Abkommens" (siehe Sozialismus I, 6. Kap., 4, a). Eigentliche Rechtsquellen sind die Demobilmachungsverordnungen für Arbeiter und Angestellte, d.h. keine Gesetze, sondern befristete Rechtsverordnungen, die 1923 ausliefen.[72]

Der Realisierung des Achtstundentags stellten sich wirtschaftliche und politische Hindernisse in Innen- und Außenpolitik entgegen. Zu Beginn des Jahres 1919 verlangten die Bergleute an der Ruhr eine Sechsstundenschicht. Andererseits mußte Kohle reichlich zur Verfügung stehen, um die Wirtschaft hochzubringen und die im Versailler Friedensvertrag festgesetzten Reparationen bezahlbar zu machen. Die mehrheitssozialdemokratisch geführte Reichsregierung sah sich nicht in der Lage, die berechtigten Bergarbeiterforderungen zu erfüllen, was Massenstreiks auslöste, die militärisch niedergeschlagen wurden und die Mehrheits-

---

[69] Prot. PT Chemnitz 1912, 366. Für einen modernen sozialgeschichtlichen Befund vgl. *Gerhard A. Ritter/Klaus Tenfelde*, Arbeiter im Deutschen Kaiserreich 1871-1914, 311-322, 377f.
[70] Vgl. RGBl 1918, Nr. 153, S. 1303f.
[71] Vgl. *Preller*, Sozialpolitik, 223, 269f.
[72] Vgl. ebenda, 232, 275; *Winkler*, Revolution, 393ff.

sozialdemokratie diskreditierten. Kompromißresultat war eine siebenstündige Schicht. Ende 1919 wurde der Achtstundentag eingeführt.[73]

Die Unterbewertung der deutschen Währung bewirkte Mitte 1920 eine Hochkonjunktur. Das Unternehmerlager nahm sie zum Anlaß, gegen den Achtstundentag anzurennen. Die gesetzliche Regelung der Arbeitszeit solle durch tarifvertraglich festgelegte Arbeitszeiten ersetzt werden.[74] Auch in der Wirtschafts- und Sozialwissenschaft wurde die Auffassung vertreten, daß der Arbeiterschutzgedanke dem Erfordernis der Produktionssteigerung weichen müsse; implizit wurde bezweifelt, daß der Achtstundentag produktionsfördernd wirke. Brisant war die Debatte deswegen, weil zu den Kritikern des Achtstundentags die als arbeiterfreundlich geltenden Kathedersozialisten *Lujo Brentano* und *Heinrich Herkner* gehörten, sowie bedeutende Autoren der „Sozialistischen Monatshefte" wie *Max Cohen*, *Julius Kaliski* und *Max Schippel*. Angesichts der ausgelaugten Böden und des heruntergekommenen Produktionsapparates sei es ausgeschlossen, daß in acht Stunden die zur Wirtschaftserneuerung erforderlichen Güter erzeugt werden könnten. *Schippel* setzte deshalb wie die Unternehmerverbände auf eine tarifvertragliche Festlegung der Arbeitszeit.[75] Die Gegenargumentation der Freien Gewerkschaften betonte, aus dem empirischen Befund könne nicht geschlossen werden, daß der Achtstundentag produktionsmindernd sei. Eigentliche Gründe des Produktionsrückgangs seien die enge Kohlenbasis sowie die Abnutzung der Industrieanlagen. Nach wie vor gelte, daß kürzere Arbeitszeit die Leistungsfähigkeit der Arbeiter erhöhe. Deswegen irre *Schippel*: „(...) er betrachtet die Arbeitskraft wie einen Automaten, bei dem längeres Funktionieren proportionale höhere Leistung bedingt. Aber die Arbeitskraft ist kein Automat, den man mit gleicher Intensität beliebig lange arbeiten lassen kann."[76] Auch habe sich die Wirtschaftsauffassung der Unternehmer gewandelt. An die Stelle der „*schöpferisch* veranlagten Organisatoren und (...) Konstrukteure" seien die profitorientierten Kaufleute getreten, was zu produktivitätshemmenden Unternehmenszuschnitten führe.[77]

Nach Ablauf der Demobilisierungsverordnungen versuchten Sozialdemokraten und Zentrum vergebens, den Arbeiterschutz in einem *Arbeitsgesetzbuch* zu verankern. Neue Erwartungen richteten sich ab 1928 an das zweite Kabinett *Hermann Müller*, zu dessen Programm die Ratifizierung des Washingtoner Abkommens über den Achtstundentag gehörte.[78] Sein Sturz machte diese Chance zunichte.

Mit dem Ansteigen der Arbeitslosigkeit ab 1926 und erst recht in der Weltwirtschaftskrise wandelte sich der Zweck der Arbeitszeitbestimmungen vom Schutz der Arbeitskraft in ein Instrument der Arbeitsbeschaffung. Die Freien Gewerk-

---

[73] Vgl. *Preller*, Sozialpolitik, 247ff. Zu den Vorgängen im einzelnen *Winkler*, Schein, 159-175.

[74] Eine gute Darstellung dieser Kampagne findet sich in *Paul Hertz/Richard Seidel*, Arbeitszeit, Arbeitslohn und Arbeitsleistung, Berlin 1923, 7-14, 144.

[75] Vgl. *Max Schippel*, Der Kampf um den Achtstundentag, in: SM, Jg. 28 (1922), Bd. 1, 329-334, 330; ders., Starrer und Beweglicher Achtstundentag, ebenda, 436-442, 441. Zum Gesamtzusammenhang vgl. *Preller*, Sozialpolitik, 210ff., 274.

[76] *Hertz/Seidel*, Arbeitszeit, 154. Die gewerkschaftliche Position unterstützte der Nationalökonom *Emil Lederer* in einer Auseinandersetzung mit dem international renommierten schwedischen Nationalökonomen *Gustav Cassel*; vgl. *Emil Lederer*, Die internationale Regelung der Arbeitszeit. Bemerkungen zum Artikel Prof. Cassels, in: SP, Jg. 25 (1926), 597-600.

[77] *Hertz/Seidel*, Arbeitszeit, 148ff.

[78] Vgl. JbDS 1928, 8.

schaften forderten die Rückkehr zum Achtstundentag und in der Weltwirtschaftskrise den Übergang zur 40-Stunden-Woche. Da sich die Kurzarbeit sowieso epidemisch ausbreitete, mußte dieser Gewerkschaftsplan ins Leere laufen.[79]

3. Steuern und Zölle

Seit *Lassalles* Agitation gegen indirekte Steuern gehörte der Kampf hiergegen zu den ehernen Prinzipien sozialdemokratischer Politik. In *Bebels* Darstellung der Steuerpolitik im Reichstag heißt es mit Hinweis auf *Lassalle*:

„Der Staat erhebt die indirekte Steuer entweder von dem Importeur (...) oder von dem Produzenten der Ware. Der Preis der Steuer wird von diesen auf die Waren geschlagen, und zwar (...) der Regel nach mit Profit. Von dem Importeur oder Produzenten geht die verteuerte Ware an den Großhändler, der ebenfalls seinen Steuerprofit darauf schlägt, dann an den Kleinhändler, der die Prozedur wiederholt, und die Folge davon ist, daß das Publikum **weit mehr Steuern** zu zahlen hat, als in die Taschen des Staates kommen. (...) Der **zweite** Grundfehler ist, daß die indirekte Steuer auf die Vermögensverhältnisse des steuerzahlenden Konsumenten keine Rücksicht nimmt (...). Nun konsumieren zwar die Reichen mehr als die Armen, allein von den eigentlichen Lebensmitteln, die vorwiegend besteuert sind (weil die ‚Masse es machen muß', und von Luxussteuern, die nur wenige zahlen, ein geringer Ertrag kommt) können sie nicht mehr konsumieren als der Arme, und was sie sonst an Luxusgegenständen verbrauchen, (...) bringt dem Staat herzlich wenig – nicht annähernd, was der Reiche, bei gerechter Verteilung der Steuern, zu zahlen **verpflichtet** wäre. Und das ist der Grund, warum die reicheren Klassen eine solche Vorliebe für die indirekten Steuern haben: Vermittels derselben können sie die Steuerlast größtenteils von sich ab- und auf die Schultern des Volkes wälzen." [Fettung im Original, W.E.].[80]

Was dieses Steuersystem für Sozialdemokraten besonders verhaßt machte, war die Höhe des Militärbudgets. Das Volk trage immer stärker durch indirekte Steuern und Zölle, die seine Lebensbedürfnisse verteuerten, **„die Lasten des Militarismus"**. Die Sozialdemokratie sei keinesfalls steuerfeindlich. „Würde aber der Staat seinen wahren Aufgaben gerecht, handelte es sich um echte Kulturzwecke und um gerechte Steuern – **wir würden mit Freuden ein weit höheres Budget als das heutige bewilligen.**" [Fettung im Original, W.E.].[81] Zwar würden im Sozialismus „die Bedürfnisse des Gemeinwesens in anderer Weise gedeckt werden als durch die Aufbringung von Steuern" (*Kautsky*). Doch solange die bürgerliche Gesellschaft bestehe, sei die progressive Einkommenssteuer die gerechteste Steuerart.[82]

1913 lockerte sich diese Verweigerungshaltung. Da die Reichsregierung der sozialdemokatischen Forderung, die Wehrvorlage müsse durch eine direkte und

---

[79] Vgl. Die Verordnung über die Arbeitszeit in der Fassung des Arbeitszeitnotgesetzes vom 14.04.1927. Nebst zugehörigen Gesetzen und Verordnungen. Erläutert von *G. Rohmer*. Zweite, ergänzte Auflage, München 1929, 3; *Preller*, Sozialpolitik, 350, 473ff.; Die 40-Stunden-Woche. Untersuchungen über Arbeitsmarkt, Arbeitsertrag und Arbeitszeit, hrsg. im Auftrage des Allgemeinen Deutschen Gewerkschaftsbundes von *Theodor Leipart*, Berlin 1931; *Heinrich August Winkler*, Der Weg in die Katastrophe. Arbeiter und Arbeiterbewegung in der Weimarer Republik 1930 bis 1933, Berlin 1987, 501.
[80] *Bebel/Liebknecht*, Sozialdemokratie im Deutschen Reichstag, 196ff.
[81] Ebenda, 195, 198.
[82] Vgl. Prot. PT Stuttgart 1898, 190.

progressive Steuer finanziert werden, zustimmte, wurde sie von der Fraktion gebilligt. Der Parteilinke *Emanuel Wurm* (1857-1920), Spezialist für Ernährungs- und Steuerfragen, und der rechtsstehende spätere preußische Finanzminister *Albert Südekum* (1871-1944), erläuterten auf dem Jenaer Parteitag von 1913 dem murrenden Teil der Delegierten die Abkehr von *Bebels* Prinzip „*Diesem System weder Mann noch Groschen*". Die Fraktion habe damit die Finanzierung durch indirekte Steuern unterbunden und dem Prinzip der Steuerprogression zur Anerkennung verholfen. Wie dies zu erreichen sei, sei eine Frage der Taktik. Die Parteiopposition widersprach. Die Fraktionsmehrheit berufe sich auf das Prinzip des „geringeren Übels". Das größere Übel sei aber immer „die Preisgabe der grundsätzlichen Stellungnahme" (so *Rosa Luxemburg*).[83] Steuerfragen waren von nun an für die Fraktions- und Parteitagsmehrheit Gegenstand taktischer Überlegungen.

Nach dem Weltkrieg gehörten zum Programm der ersten sozialdemokratisch geführten Regierungen bzw. der Regierungen mit sozialdemokratischer Beteiligung *Steuerreform* und *Haushaltssanierung*. Die Mehrheitssozialdemokratie akzeptierte die Steuerreform des Finanzministers im Kabinett *Gustav Bauer* (MSPD) *Matthias Erzberger* (1875-1921), eines Vertreters des Gewerkschaftsflügels des Zentrums, da sie den Anteil der indirekten Steuern gegenüber den direkten Steuern am Steueraufkommen verminderte und das Progressionsprinzip einführte. Zudem mußten sie einsehen, daß die Sozialdemokratie als aktuelle und potentielle Regierungspartei auf indirekte Steuern nicht verzichten könne. *Wilhelm Keil* (1870-1968), der Finanzexperte der Fraktion, betonte, daß es nicht auf die Erhebungsart, sondern die Wirkung einer Steuer ankomme.[84] Bei der anstehenden Haushaltssanierung konnte der sozialdemokratische Plan, Sach- und Vermögenswerte zu belasten, zum Teil als Zwangsanleihe realisiert werden.[85] Weiterreichende Pläne fielen der Inflation und der Geldwertstabilisierung zum Opfer.

Chancen für eine konsistente sozialdemokratische Steuer- und Finanzpolitik schien das Kabinett *Hermann Müller* zu eröffnen. Der sozialdemokratische Finanzminister *Rudolf Hilferding* trat mit der Ankündigung eines Steuervereinheitlichungsgesetzes an. Doch die Haushaltslage verschlechterte sich rapide, teils, weil die bürgerlichen Regierungen eine Haushaltspolitik „hart am Rande des Defizits" betrieben hatten, teils, weil die Weltwirtschaftskrise zu einem Zerfall der Steuereinnahmen führte.[86] Die Reichstagsfraktion befürwortete zum Zweck der Haushaltssanierung Steuererhöhungen (unter Schonung der „Masseneinkommen"), während *Hilferding* in der Hoffnung auf einen Wirtschaftsaufschwung ein Mischkonzept – Senkung der Einkommens- und Vermögenssteuer, Erhöhung von Konsumsteuern und Zöllen für Genußmittel sowie Auflegen einer steuersparen-

---

[83] Vgl. Prot. PT Jena 1913, 171, 152, 169ff., 424, 445, 461f., 485ff. (die Haltung *R. Luxemburgs*), 556 (die Parteitagsresolution).
[84] *Wilhelm Keil*, Die Steuerfrage, in: Das Programm der Sozialdemokratie. Vorschläge für seine Erneuerung, Berlin 1920, 103-111, 107.
[85] Vgl. dazu *Rosemarie Leuschen-Seppel*, Zwischen Staatsverantwortung und Klasseninteresse. Die Wirtschafts- und Finanzpolitik der SPD zur Zeit der Weimarer Republik unter besonderer Berücksichtigung der Mittelphase 1924-1928/29, Bonn 1981, 66, 90; *Winkler*, Revolution, 609, 611.
[86] Vgl. JbDS 1928, 73f., 90.

den Staatsanleihe und, als dies alles nichts half, Aufnahme von Anleihen bei ausländischen Finanziers – forderte. Das sozialistische Lager reagierte mit Unverständnis. *Hilferdings* ursprüngliche Idee eines *policy mix*, nach heutigen Kriterien modern, war in der damaligen Situation, die sich durch das Erfordernis pünktlicher Reparationsleistungen zusätzlich komplizierte, nicht durchzusetzen.[87] Der Reichsbankpräsident *Hjalmar Schacht*, später Steigbügelhalter *Hitlers*, verweigerte sich *Hilferdings* Sanierungsplan und boxte damit die einzige verläßlich demokratische Kraft Weimars aus der Regierung.

Die Sozialdemokratie lehnte mehrheitlich *Außenhandelszölle* ab, auch wenn sie von bürgerlicher Seite als Schutzzölle im Interesse der deutschen Industrie und Landwirtschaft deklariert wurden. Weder Freihandel noch Schutzzoll, sondern der Sozialismus ist das Ziel, hieß die Parole. Freihandel bedeute billigere Agrarimporte und *laissez-faire*: beides könne den Unternehmern zur Begründung von Lohnsenkung und Verweigerung von Arbeiterschutz dienen. Agrarische Schutzzölle bedeuteten auf jeden Fall Verteuerung der Lebenshaltung. Deshalb zogen die meisten Sozialdemokraten den Freihandel vor.[88]

Eine abweichende Auffassung vertrat eine Gruppe von Autoren der „Sozialistischen Monatshefte", an ihrer Spitze der bedeutende Parteipublizist *Max Schippel* (1859-1928). *Schutzzölle* zum Zweck, bestimmte Gewerbezweige von ausländischer Konkurrenz abzuschirmen, damit sie sich besser entwickeln oder ihre Rentabilität steigern könnten, lägen auch im Interesse der deutschen Arbeiterklasse.[89] *Kautsky* hielt *Schippel* entgegen, daß zwischen dem relativ berechtigten „primitiven Schutzzoll" und dem „modernen großindustriellen Schutzzoll" zu unterscheiden sei. Heute sei die deutsche Industrie auf dem Weltmarkt in jeder Hinsicht konkurrenzfähig geworden und müsse nicht mehr protegiert werden. Einige ihrer Branchen strebten Monopol- und Kartellbildung an und benützten den Schutzzoll als Mittel zur Erzielung von Extraprofiten im Inland, um mit Hilfe von Dumpingpreisen ihre Exportchancen zu verbessern. Das deutsche Kapital suche nach Anlagemöglichkeiten im Ausland. *Kautsky* verband in seiner Argumentation das Schutzzollproblem mit dem entstehenden deutschen *Imperialismus*.[90] Gemäß dieser Generallinie bekämpfte die Reichstagsfraktion prinzipiell die ausufernden

---

[87] Vgl. JbDS 1928, 78ff., 95, sowie *Winkler*, Schein, 738-750, *Leuschen-Seppel*, Staatsverantwortung, 215-250; ferner: *Walter Euchner*, Rudolf Hilferding (1877-1941). Kühne Dialektik und verzweifeltes Zaudern, in: *Peter Lösche/Michael Scholing/Franz Walter*, Vor dem Vergessen bewahren. Lebenswege Weimarer Sozialdemokraten, Berlin 1988, 170-192, 183f.

[88] Vgl. *Bebel/Liebknecht*, Sozialdemokratie im Deutschen Reichstag, 192ff. – Zum Dilemma *Freihandel oder Schutzzölle* vgl. Karl *Kautsky*, Handelspolitik und Sozialdemokratie. 2., umgearbeitete Auflage, Berlin 1911, 21f., 37, 71, sowie *Rudolf Hilferding*, Das Finanzkapital. Eine Studie über die jüngste Entwicklung des Kapitalismus (1910), Wien ²1920, 504f.

[89] Vgl. *Max Schippel*, Ein schutzzöllnerischer Seitensprung unseres Zentralorgans, in: SM, Jg. 19 (1913), Bd. 2, 970-975; ders., Deutscher und amerikanischer Zolltarif, in: SM, Jg. 19 (1913), Bd. 3, 1486-1498; ders. Agrarkrisis, Industrie und Industriearbeiter, in: SM, Jg. 11 (1907), Bd. 1, 271-283; *ders.*, Parteipolitische Betrachtungen zum Fleischtrustskandal, in: SM, Jg. 10 (1906), Bd. 2, 623-631. Zu *Schippels* Bündnisgenossen gehörten *Edmund Fischer* und *Richard Calwer*, aber nicht *Eduard Bernstein*, der ein glühender Verfechter des Freihandels war; vgl. *Eduard Bernstein*, Das Grundsätzliche in der Frage der Handelspolitik, in: SM, Jg. 15 (1911), Bd. 1, 424-431.

[90] Vgl. die Kontroverse zwischen *Schippel* und *Kautsky* auf dem Stuttgarter Parteitag, in: Prot. PT Stuttgart 1898, 185-189. Zu *Schippels* Ablehnung der Agrarzölle vgl. ebenda, 172.

Agrarzölle – eine Politik, die sich in Weimar fortsetzte.[91] Das Kabinett *Müller* mußte die Zollsenkungspolitik angesichts klaffender Haushaltslöcher aufgeben.

III. Spezielle Praxisfelder

1. Staatssozialismus

Die Diskussion um diese Frage reicht weit in die Frühgeschichte der Sozialdemokratie zurück. *Engels* hatte im „Anti-Dühring" erklärt, die Verwandlung von Unternehmen wie Post, Telegraphen und Eisenbahnen in staatliche Unternehmen sowie das Aufkommen von Aktiengesellschaften zeigten, daß unternehmerische Funktionen auch von „besoldeten Angestellten" übernommen werden könnten. Den Bismarckschen Verstaatlichungen sei „ein gewisser falscher Sozialismus" entsprungen, der als wirklicher Sozialismus mißverstanden werde.[92] Der damals aufkommende Begriff *Staatssozialismus* blieb ambivalent. *Bismarck* und seine konservativen Ratgeber kokettierten mit der Rede, ihre Politik besitze auch ein „sozialistisches Element", was wiederum Sozialdemokraten und den liberalen Freisinn zur heftigsten Kritik dieses „Staatssozialismus" herausforderte. Andererseits sprach *Bebel* von einem „echten Staatssozialismus", der allerdings nur in einem „**demokratischen** Staat" möglich sei. [Fettung im Original, W.E.].[93]

Die Diskussion um den *Staatssozialismus* lebte wieder auf, nachdem *Georg von Vollmar* in der französischen Zeitschrift „Revue bleue" den Begriff vorsichtig positiv interpretiert hatte:

„Man kann unter Staatssozialismus, ganz allgemein genommen, den Grundsatz verstehen, daß der bestehende Staat nicht bloß eine Organisation zu politischen Zwecken sei, sondern daß sich seine Souveränität auch auf das wirtschaftliche Gebiet in dessen vollem Umfang erstrecke, so daß dem Staate nicht nur die Regelung des ganzen Verhältnisses zwischen Arbeitern und Unternehmern zusteht, sondern daß auch die Überführung beliebiger Teile der Gütererzeugung unter die Oberleitung oder selbst in den unmittelbaren Betrieb des Staates in seiner Befugnis liege. In diesem weitesten Sinne würde sich der Staatssozialismus vom demokratischen Sozialismus nur durch die Frage trennen: welchen Gebrauch der Staat von dem ihm grundsätzlich zugestandenen Rechte zu machen habe, d.h. in welchem Sinne und von wem der Staat zu leiten sei. Diese Frage ist allerdings von größter Wichtigkeit, was sich schon daraus ergibt, daß unsere Staatssozialisten politisch meist Konservative, die eigentlichen Sozialisten dagegen Demokraten sind. In welchem Sinne diese Meinungsverschiedenheit aber schließlich entschieden werden wird, darüber kann wohl für Niemand [sic!] ein Zweifel bestehen, der die Unaufhaltsamkeit der fortschreitenden Demokratisierung der Staatsgewalt erkennt. Deshalb bin ich auch der Meinung, daß die Sozialdemokratie keinerlei Grund hat, den Gedanken des Staatssozialismus an sich mit besonderem Eifer zu bekämpfen.

---

[91] Zur Haltung der Reichstagsfraktion in der Zollfrage generell vgl. *Schippel*, Reichstags-Handbuch, 1127-1143. Für die Kritik der Lebensmittelzölle im Interesse der Großagrarier und Unterbindung des Gefrierfleischimports vgl. die JbDS 1926, 176ff.; JbDS 1927, 59, 61; JbDS 1930, 59.
[92] *Engels*, Anti-Dühring, MEGA I 27, 443; MEW 20, 259 Anm.
[93] Vgl. dazu *Vernon L. Lidtke*, German Social Democracy and German State Socialism, 1876-1884, in: IRSH, Jg. 9 (1964), 203-223, sowie *Bebel* in: *ders./Liebknecht*, Sozialdemokratie im Deutschen Reichstag, 191.

Werden doch im Gegenteil eine Reihe von Maßregeln zur stufenweisen Anbahnung einer besseren Gesellschaftsorganisation von uns angestrebt und schließlich mit beschlossen werden, welche man ganz wohl als staatssozialistische bezeichnen kann."[94]

Kautsky war nicht bereit, diese Heterodoxie hinzunehmen. Er hatte bereits in seinem Kommentar zum „Erfurter Programm" erklärt, die Verstaatlichung wirtschaftlicher Funktionen bezwecke, die kapitalistische Produktionsweise zu schützen und zu festigen. Da dem Staat neben den ökonomischen Machtmitteln auch politische zur Verfügung stünden, sei der Staat als Ausbeuter dem privaten Kapitalisten noch überlegen.[95] *Vollmar* habe bei seiner Würdigung staatssozialistischer Tendenzen die Bedeutung der Demokratie für den Sozialismus nicht genügend beachtet. Von *Rodbertus* hätte er lernen können, daß der Staatssozialismus „ein echt deutsches oder sagen wir besser preußisches Gewächs" sei, während das sozialdemokratische Ziel „demokratischer Sozialismus" heiße. Ferner strebe der preußische Staatssozialismus an, „den Klassenkämpfen zwischen Bourgeoisie und Proletariat ein Ende zu machen und den ‚sozialen Frieden‘, die ‚Aussöhnung der sozialen Klassen‘ herbeizuführen dadurch, daß eine starke monarchische Staatsgewalt, die über den Klassen steht und unabhängig von ihnen ist, Jedem das Seine zutheilt." Zwar sei denkbar, daß Sozialdemokraten in *demokratisch regierten* bürgerlichen Staaten, z.B. in der Schweiz, staatssozialistischen Maßnahmen zustimmen könnten. In Obrigkeitsstaaten sei dies aber nur dann möglich, wenn das Proletariat davon eindeutig Vorteile habe.[96] Der Berliner Parteitag des Jahres 1892 griff dieses Thema auf. *Liebknecht* wiederholte *Bebels* und *Kautskys* Position und fügte hinzu, daß Arbeitsbedingungen und Entlohnung der Arbeiter „staatssozialistischer Unternehmen" wie Post und Eisenbahn eher schlechter seien als die privater Unternehmen. *Vollmar* lenkte ein. Er betonte zwar, daß er den Staatssozialismus im Zusammenhang mit „der Unaufhaltsamkeit der fortschreitenden Demokratisierung [sic!] der Staatsgewalt" sehe, erklärte aber, dem einschlägigen Resolutionsentwurf zustimmen zu können. In der Resolution heißt es: „Der sogenannte Staatssozialismus, insofern er auf die Verstaatlichung zu fiskalischen Zwecken hinzielt, will den Staat an die Stelle der Privatkapitalisten setzen und ihm die Macht geben, dem arbeitenden Volk das Doppeljoch der ökonomischen Ausbeutung und der politischen Sklaverei aufzuerlegen."[97]

Trotz dieser prinzipiellen Ablehnung des Staatssozialismus wurden von der Reichstagsfraktion nach einigem Zögern die Verstaatlichung des Eisenbahnwesens gebilligt und weitere Verstaatlichungen gefordert, z.B. auf dem Gebiet des Bergbaus, der Land- und Forstwirtschaft usw., so daß die zentristische Mehrheitsposition schillernd blieb.[98] Doch für die Revisionisten – außer dem hierin skeptischen *Bernstein* – drückte sich darin die Tendenz zum Sozialismus oder,

---

[94] *Georg von Vollmar*, Der Staatssozialismus unter Bismarck und Wilhelm II., in: *ders.*, Reden und Schriften zur Reformpolitik. Ausgewählt und eingeleitet von *Willy Albrecht*, Berlin 1977, 162-170, 163.

[95] Vgl. Das Erfurter Programm in seinem grundsätzlichen Theil erläutert von *Karl Kautsky* (1892), Stuttgart ⁹1908, 129f.

[96] Vgl. *Karl Kautsky*, Vollmar und der Staatssozialismus, in: NZ, Jg. 10 (1891/92), Bd. 2, 705-718, 706ff., 710ff.

[97] Prot. PT Berlin 1892, 173, 178, 202, 206f.

[98] Vgl. dazu *Paul Kampffmeyer*, Wandlungen in der Theorie und Taktik der Sozialdemokratie, München 1904, 51-56.

nach *Kampffmeyer*, „die Wandlung des isolierten Menschen in einen Genossenschafts- und Gemeinschaftsmenschen" aus.[99] Diese Tendenz zeige sich z.B. darin, daß der preußische Staat auf Grund seiner staatlichen Einrichtungen in Verkehr, Bildung und Energiegewinnung zum weltweit größten Arbeitgeber geworden sei. Die westlichen Manchesterdemokratien, allen voran England, könnten hier niemals gleichziehen.[100] Die Novellierung des preußischen Bergwerkgesetzes im Jahre 1907 weise das Recht, Bergwerke zu betreiben, bzw. das Recht hierzu an Private zu verleihen, ganz dem Staate zu. Dies sei Sozialismus. Auch der Gesetzesentwurf der badischen Regierung über das Murgkraftwerk, dessen Begründung erkläre, Elektrizitätserzeugung gehöre nicht allein in private Hände, wurde als Sieg des sozialistischen Prinzips gefeiert.[101] Die „Sozialistischen Monatshefte" richteten 1909 eine *Wilhelm Schröder* anvertraute Kolumne „Staatssozialismus" zur Beobachtung staatssozialistischer Tendenzen ein. Besonderes Interesse galt den bürgerlichen Stimmen, die diese Tendenz bestätigten. Andererseits stellte *Friedrich Stampfer* (1874-1957), ein bedeutender Parteijournalist, 1910 etwas voreilig fest, daß der Begriff *Staatssozialismus*, der „zu den gefährlichen Irrlichtern und Begriffsverwirrern der politischen Debatte" gehöre, aus der politischen Diskussion fast ganz verschwunden sei.[102] Nach dem Ersten Weltkrieg büßte er in der Tat an Bedeutung ein.

2. Kommunalsozialismus

Marx und *Engels* kümmerten sich kaum um institutionelle Fragen. Gleichwohl enthielt *Marx*' Kommuneschrift Hinweise auf die Rolle der Gemeinde als kleinster politischer Einheit in einem föderalen System von Kommunen, Bezirken usw. Die von der Sozialdemokratie bevorzugte politische Form war jedoch, wie gezeigt, die demokratisch-parlamentarische Republik. Erst die Rätebewegung zu Beginn der Weimarer Republik belebte die Marxsche Kommunekonzeption wieder (vgl. unten Sozialismus I, 7. Kap., II, 1).

Im „Gothaer Programm" (1875) sowie im „Erfurter Programm" (1891) wurden das allgemeine und gleiche Wahlrecht, direkte Volksgesetzgebung „vermittels Vorschlags- und Verwerfungsrecht" sowie „Wahl der Behörden" auf allen Reichsebenen, also auch für die Gemeinden, gefordert; ferner rief der „Internationale Sozialistenkongreß" 1900 in Paris zur Beteiligung an der Kommunalpolitik auf.[103] Doch trotz dieser Programmatik spielte sie in der deutschen Sozialdemokratie jahrzehntelang eine geringe Rolle. Dies ist auf das „plutokratische" Kommunalwahlrecht im Kaiserreich und die Repression durch das Sozialistengesetz, aber auch auf die lassalleanisch wie marxistisch begründete Auffassung, „daß die

---

[99] *Kampffmeyer*, Sozialismus und Sozialdemokratie, in: SM, Jg. 19 (1913), Bd. 2, 805-809, 809.
[100] Vgl. DNG, Jg. 2 (1906), 3; ferner *Paul Kampffmeyer*, Vom Einfluß des Staates auf das Wirtschaftsleben, in: SM, Jg. 7 (1903), Bd. 2, 491-502, 493; *ders.*, Der Classenkampf und der Culturfortschritt, in: ebenda, 667-675.
[101] Vgl. *Otto Hue*, Der siegende Sozialismus, in: SM, Jg. 11 (1907), Bd. 1, 259-265; ferner Glosse in: SM, Jg. 6 (1902), Bd. 3, 1225, sowie *Paul Kampffmeyer*, Die Arbeiterklasse und der preußische Landtag, in: SM, Jg. 1 (1897), 1-5.
[102] *Friedrich Stampfer*, Grundbegriffe der Politik, Nürnberg o.J. [1910], 42.
[103] *Dowe/Klotzbach*, Programmatische Dokumente, 179, 188; *[Paul] Hirsch*, Kommunalpolitik der politischen Parteien, in: HwbK, Ergänzungsbd. H-Z, 783-790, 785f.

allgemeine Betheiligung der Partei an der Kommunalpolitik unsere allgemeine große Parteibewegung schädigen könne", zurückzuführen.[104] Gleichwohl nahm die Zahl kommunaler Mandatsträger ständig zu. In den vergleichsweise liberalen süddeutschen Ländern wurden gelegentlich Sozialdemokraten in kommunalen Ämtern von der Obrigkeit bestätigt.[105] Die Einsicht, daß Kommunalpolitik zu den wichtigsten sozialdemokratischen Tätigkeitsbereichen gehöre, begann sich auf den Lübecker, Münchner und Bremer Parteitagen (1901, 1902, 1904) durchzusetzen.

a) Begriff, Finanzierung, Ausdehnung

Ein entscheidender Impuls zur theoretischen Untermauerung dieses Positionswechsels ging von den kommunalpolitischen Forschungen *Hugo Lindemanns* (1867-1950) aus. Der promovierte Nationalökonom, nach dem Weltkrieg württembergischer Minister für Übergangswirtschaft und Arbeitsminister sowie Professor für Kommunalwissenschaft an der Universität Köln, studierte in den neunziger Jahren die englische Kommunalpolitik und faßte seine Ergebnisse in seinem 1897 zum ersten Mal erschienenen Werk „Städteverwaltung und Munizipalsozialismus in England" zusammen. *Munizipalsozialismus* hieß für ihn:

„Schritt für Schritt wird so die private Unternehmung verdrängt: die Städte munizipalisieren der Reihe nach Wasserwerke, Gaswerke, Straßenbahnen, Märkte, Kirchhöfe, Bäder, Waschhäuser u.s.w. Ausgestattet mit den durch die private Industrie entwickelten Produktivkräften, den privaten Unternehmern aber durch die Einheit des Planes und die Fülle ihrer Mittel überlegen, beherrscht die städtische Korporation siegreich das Feld der gemeindlichen Bedürfnißbefriedigung. Mit der Übernahme der oben erwähnten privaten Betriebe erweitert sich das Feld ihrer Thätigkeit ins Ungeahnte. Sie werden riesige Konsumenten privater Industrie und Arbeitgeber für große Arbeitermassen. Unter dem Einfluß der modernen sozialistischen Bewegung gelangt das Prinzip zur Herrschaft, die Produkte mit Ausschluß des Mittelsmannes direkt von dem Produzenten zu kaufen und weitergehend mit Ausschluß des Produzenten selbst zu produzieren. Munizipale Werkstätten, besonders für die Herstellung von Produkten der Schwitzindustrie [von *sweat industry*, ausbeutungsgeprägte Industrie, W.E.], werden gefordert und eingerichtet. Als Arbeitgeber tritt an die Korporationen die weitere Aufgabe heran, für die Lebenshaltung der von ihnen beschäftigten Arbeiter zu sorgen, sie durch Erhöhung der Löhne und Verkürzung der Arbeitszeit zu heben und durch die Gewährung von Pensionen auch ihr Alter menschenwürdig zu gestalten."[106]

Diese Politik, so *Lindemann*, wurde mangels eigener parlamentarischer Vertretung der Sozialisten hauptsächlich von dem arbeitnehmerfreundlichen Flügel der Liberalen getragen. Doch es gab einflußreiche sozialistische Gruppierungen, vor allem die *Fabian Society*, zu deren Programm der Munizipalsozialismus gehörte.[107] *Lindemann* entwickelte aus seinen englischen Erfahrungen das Programm einer reformistischen Kommunalpolitik, das er in einer Reihe von bedeutenden Monographien ausbreitete. Darin traf er sich mit *Bernstein*, der in seinen „Vor-

---

[104] So der Delegierte *Frohme*, vgl. Prot. PT München 1902, 219.
[105] Vgl. *Hirsch*, ebenda, 783ff.
[106] H[ugo] *Lindemann*, Städteverwaltung und Munizipal-Sozialismus in England. 2. Auflage, mit einem neuen Vorwort, Stuttgart 1906, 4.
[107] *Lindemann* kannte die Fabier und ihre von ihm befürwortete reformistische Politik; vgl. Carl Stegmann/C. Hugo [d.i. H. Lindemann], Handbuch des Sozialismus, Zürich 1897, 183.

aussetzungen des Sozialismus", gleichfalls unter Hinweis auf das englische Beispiel, ein munizipalsozialistisches Programm entwickelt hatte, das „kommunale Eigenbetriebe", Ausweitung des kommunalen Expropriationsrechts, „Arbeiterpolitik", d.h. Einrichtung von Ortskrankenkassen und eines kommunalen Arbeitsnachweises, sowie sozial orientierte Schulpolitik forderte.[108]

Die Sozialdemokratie besaß neben *Lindemann* eine Reihe bedeutender Kommunalpolitiker: Bereits im Kaiserreich *Paul Hirsch* (1868-1940), 1918 preußischer Ministerpräsident, *Albert Südekum* (1871-1944), Reichstagsabgeordneter und preußischer Finanzminister; auf Seiten der USPD *Emanuel Wurm* (1857-1920) und *Carl Herz* (1877-1951). *Ernst Reuter* (1889-1953), 1932 Oberbürgermeister von Magdeburg, wirkte als Regierender Bürgermeister Berlins noch in der Bundesrepublik. Die Bedeutung, die die Sozialdemokratie kommunalpolitischen Fragen beimaß, zeigte sich in den auch vom bürgerlichen Lager wahrgenommenen und z.T. geschätzten, von Parteiverlagen herausgegebenen Zeitschriften und Schriftenreihen.[109]

Kommunalsozialismus (auch *Munizipal-* und *Gemeindesozialismus*) ist ein bis zum Ende der Zwischenkriegszeit verbreiteter, analog zu *Staatsozialismus* gebildeter Begriff. Die „kathedersozialistisch" denkenden bürgerlichen Kreise näherten sich der „kommunalsozialistischen" Überzeugung, daß es im kommunalen Bereich soziale Aufgaben gebe, die nur gemeinwirtschaftlich zu bewältigen waren. Zudem gab es in den Stadtverwaltungen Kräfte, die von der Kommunalisierung städtischer Dienstleistungsunternehmen Modernisierungseffekte erhofften.[110] In sozialistischer Akzentuierung enthält das Konzept ein großangelegtes praxisorientiertes Programm, das den „Schutz und die Förderung der wirtschaftlich schwächeren, nichtbesitzenden Klassen" bezweckte.[111]

Einige sozialistische Autoren betrachteten den Kommunalsozialismus als Ausdruck einer Tendenz zur „Umgestaltung des Wirtschaftslebens in der Richtung zur planmäßigen einheitlichen Organisation und damit auch zur Sozialisierung".[112] Nach dem Ersten Weltkrieg kam innerhalb der Mehrheitssozialdemo-

---

[108] *Bernstein*, Voraussetzungen, 160-163.
[109] Für die Geschichte der Konzeptionen sozialdemokratischer Kommunalpolitik vgl. *Joachim Drogmann*, Grundlagen und Anfänge sozialdemokratischer Kommunalpolitik vor und nach dem Sozialistengesetz, in: DdG, Jg. 15 (1963), 570-574, 656-661, 747-752, 906-910, 996-999; *Georg Fülberth*, Konzeption und Praxis sozialdemokratischer Kommunalpolitik 1918-1933, Marburg 1984; *Dieter Rebentisch*, Die deutsche Sozialdemokratie und die kommunale Selbstverwaltung. Ein Überblick über Programmdiskussion und Organisationsproblematik 1890-1975, in: AfS, Bd. 25 (1985), 1-78; *ders.*, Programmatik und Praxis sozialdemokratischer Kommunalpolitik in der Weimarer Republik, in: DAS, Jg. 12 (1985), 33-56; *Adelheid von Saldern*, SPD und Kommunalpolitik im Deutschen Kaiserreich, in: AfK, Jg. 23 (1984), 193-214; *dies.*, Die Gemeinde in Theorie und Praxis der deutschen Arbeiterorganisationen 1863-1920, in: IWK, Jg. 12 (1976), 295-352.
[110] Vgl. *v. Saldern*, Kommunalpolitik, 197f.
[111] *H[ugo] Lindemann*, Die Deutsche Städteverwaltung. Ihre Aufgaben auf den Gebieten der Volkshygiene, des Städtebaus und des Wohnungswesens. 2., verbesserte und vermehrte Auflage, Stuttgart 1906, XII. Vgl. auch *Wolfgang Hofmann*, Aufgaben und Struktur der kommunalen Selbstverwaltung in der Zeit der Hochindustrialisierung, in: *Kurt G. A. Jeserich/Hans Pohl/Georg-Christoph von Unruh* (Hrsg.), Deutsche Verwaltungsgeschichte, Bd. 3, Stuttgart 1984, 578-664, 583-587, sowie *Wolfgang R. Krabbe*, Munizipalsozialismus und Interventionsstaat, in GWU, Jg. 30 (1979), 265-283.
[112] *Edmund Fischer*, Das sozialistische Werden. Die Tendenzen der wirtschaftlichen und sozialen Entwicklung, Leipzig 1918, 7ff.; *Lindemann*, Städteverwaltung, VIII; *Ludwig Quessel*, Der mo-

kratie die Auffassung auf, daß sich die von der Kriegwirtschaft gestärkten kommunalsozialistischen Strukturen nunmehr verfestigt hätten: „Jetzt endlich dürfte der Kampf zugunsten der munizipalsozialistischen Auffassung entschieden sein, (...) ein Zurück gibt es nicht mehr (...)."[113] Umstritten war die Frage nach dem sozialistischen Charakter munizipalisierter Gewerbebetriebe. *Lindemann* betonte, die Munizipalisierung ändere an deren kapitalistischem Charakter nichts, solange sie profitorientiert wirtschafteten. Lösten sie sich davon und würden sie „zu einem Theil der öffentlichen Leistungen" umgestaltet, so könnten sie als Schritt zum Sozialismus interpretiert werden.[114] *Hirsch* präzisierte den Unterschied zwischen „Gemeindesozialismus" und verwirklichtem Sozialismus:

„Es entsteht nun die Frage, ob das, was wir in den Gemeinden sehen, bereits Sozialismus ist, ob die gemeindlichen Betriebe als sozialisierte aufzufassen sind, ob der Grundsatz, daß die Werke lediglich im Interesse des Gemeinwohls verwaltet werden sollen, ist überall durchgesetzt hat. Diese Frage ist zu verneinen. Daß [die Gemeindebetriebe, W.E.] nach kaufmännischen Gesichtspunkten verwaltet werden müssen, ist selbstverständlich, aber das bedeutet noch nicht, daß die Gemeinden in ihren Unternehmungen in erster Linie Einnahmequellen erblicken dürfen. (...) *Die Überschüsse der städtischen Werke sind genau so gut Profite, wie die der privaten Unternehmungen;* ob die Gemeinde oder ob eine Privatperson den Gewinn einstreicht, ist sachlich belanglos. Den Arbeitern schließlich kann es völlig gleichgültig sein, wer sie ausbeutet, die Gemeinde oder ein privater Arbeitgeber."[115]

Für den Revisionisten *Ludwig Quessel* (1872-1931) war dagegen „der Gemeindesozialismus des alten Regimes bereits echter Sozialismus":

„Das gilt sowohl von den kommunalisierten Wohlfahrts- und Bildungseinrichtungsanstalten als auch von den Produktions- und Transportunternehmungen. (...) Wenn man nun auch bei den meisten Wohlfahrts- und Bildungsanstalten der Gemeinden nicht im eigentlichen Sinne von einer sozialistischen Produktion sprechen kann, weil der Ausdruck ‚produzieren' auf die Verbreitung von Volksbildung, auf die Fürsorge für die Gesundheit der Gemeindeangehörigen, auf die Verpflegung von Siechen und Arbeitsunfähigen nicht anwendbar ist, so liegt doch der sozialistische Charakter der hier von den Angestellten der Gemeinde verrichteten Dienste klar und offen zutage. (...) Im Grunde gilt dies auch für die Produktions- und Verkehrsanstalten der Gemeinde. Sie sind Eigentum der Gemeinde, werden von Angestellten der Gemeide verwaltet, und das Ziel ihrer Tätigkeit ist die Bedarfsdeckung der Gemeindeangehörigen."[116]

Lindemann verfocht das auf die preußische Städtereform des Freiherrn *vom Stein* zurückgehende Prinzip der *kommunalen Selbstverwaltung*. In seinem Münchner kommunalpolitischen Programm forderte er eine konsequente Demokratisierung des Kommunalwahlrechts „ohne Unterschied des Geschlechts"; zudem schlug er vor, die „schwerfällige" *Magistratverfassung* durch das Einkammersystem der *Bürgermeistereiverfassung* zu ersetzen.[117] Nach der Revolution von 1918 garan-

---

derne Sozialismus, Berlin 1919, 79-84.
[113] Paul *Hirsch*, Kommunalpolitische Probleme. Vorträge an der Universität Berlin, Leipzig 1920. *Hirsch* wiederholte diese Auffassung in: Kommentar zu den kommunalpolitischen Richtlinien der Sozialdemokratischen Partei Deutschlands, Berlin 1929, 69.
[114] H. *Lindemann*, Referat über Kommunalpolitik, Prot. PT München 1902, 203-218, 209.
[115] *Hirsch*, Probleme, 45.
[116] *Quessel*, Sozialismus, 87f.
[117] H. *Lindemann*, Referat Kommunalpolitik, Prot. PT München 1902, 205-208; ders., Referat Kommunalpolitik, Prot. PT Bremen 1904, 290f. Die Bevorzugung des Einkammersystems galt

tierte Art. 127 WRV Gemeinden und Gemeindeverbänden das Selbstverwaltungsrecht im Rahmen der Gesetze. Die Kompetenz des Staates beschränkte sich auf die Kontrolle der Rechtmäßigkeit von Verwaltungsakten.[118]

Breiten Raum nahm in *Lindemanns* Darlegungen die *Finanzierung der Gemeindeaufgaben* ein. Als Finanzquellen nannte er das Gemeindevermögen und die Erträge städtischer Wirtschaftsunternehmen, die häufig unzureichend seien. Deshalb forderte er Staatszuschüsse für die „armen" Gemeinden. Als wichtigste Einkommensart blieben somit die Steuern, wobei zwischen „genuinen Gemeindesteuern" und dem den Gemeinden zuerkannten Recht, Zuschläge zu den Reichssteuern zu erheben, vor allem zu der Grund- und Gewerbesteuer, zu unterscheiden war.[119] *Südekum* forderte, daß „die gesammten [sic!] Steuern vom Grundbesitz den Gemeinden überlassen werden", während *Lindemann* sich für das Recht der Gemeinden einsetzte, die „Werthsteigerung des Grund und Bodens" abzuschöpfen. Das Problem lag darin zu verhindern, daß eine „Immobiliar-Umsatzsteuer" auf die Mieter abgewälzt werden konnte. *Südekum* plädierte dafür, der Übervorteilung der Mieter durch verstärkten Bau kommunaler Wohnungen entgegenzuwirken.[120] Die Diskussion mündete in den Beschluß des Bremer Parteitags zur Kommunalpolitik (1904), der bis zu den „Kommunalpolitischen Richtlinien" von 1928 galt und in dem die Deckung des kommunalen Finanzbedarfs durch a) staatliche Zuschüsse für das Volksgesundheits- und Schulwesen, die Armenpflege und den Wegebau, b) Zuschläge zu den staatlichen Einkommens-, Vermögens- und Erbschaftssteuern oder ersatzweise durch das Erheben entsprechender kommunaler Steuern, und c) durch Besteuerung des unverdienten Wertzuwachses an Grund und Boden gefordert wurde.[121] Mit dieser Resolution sollte jedoch keiner „absoluten Steuerautonomie der Gemeinde" das Wort geredet, sondern an der „staatlichen Regelung des kommunalen Steuerwesens" festgehalten werden.[122]

Nach dem Ersten Weltkrieg kritisierte *Hirsch* das Steuermischsystem der Erzbergerschen Finanzreform, weil sie die Gemeinden zu Kostgängern des Reiches und der Länder degradiere.[123] Von den Gemeindebetrieben seien auf absehbare Zeit kaum Gewinne zu erwarten, und die Gemeindeanteile an der Gewerbe- und Grundsteuer würden knapp ausfallen. Es wäre besser gewesen, den Gemeinden das Recht zu belassen, Zuschläge zur Reichseinkommensteuer zu erheben.[124]

b) Kommunalisierung

Lindemann legt in seinem praxisorientierten Werk „Arbeiterpolitik und Wirtschaftspflege in der Deutschen Städteverwaltung" die Gründe der bürgerlichen Stadtverwaltungen dar, energieproduzierende Unternehmen und Straßenbahnen in

---

auch für die Weimarer Republik; vgl. *Wolfgang Hofmann*, Zwischen Rathaus und Reichskanzlei. Die Oberbürgermeister in der Kommunal- und Staatspolitik des Deutschen Reiches von 1890 bis 1933, Stuttgart 1974, 72-96.
[118] Vgl. *Hirsch*, Probleme, 10.
[119] Vgl. hierzu Art. Gemeindefinanzen in: HwbStW, 783-845, 819-823.
[120] *Südekum*, Referat Wohnungsfrage. Prot. PT Lübeck 1901, 297f.; *Lindemann*, Referat Kommunalpolitik, Prot. PT München 1902, 209f.; *ders.*, Referat PT Bremen 1904, 292f.
[121] Vgl. Prot. PT Bremen, 1904, 119. Der Bremer kommunalpolitische Beschluß ist abgedruckt in: *Hirsch*, Kommunalpolitik der politischen Parteien, 787f.
[122] *Lindemann*, Referat Kommunalpolitik, Prot. PT München 1902, 209f.
[123] Vgl. dazu Art. „Finanzausgleich" in: HwbStW, Bd. 3, 1016-1042, 1027.
[124] Vgl. *Hirsch*, Probleme, 11-15. Für die Nachkriegsregelung in Preußen vgl. *Paul Hirsch*, Gemeindesozialismus. Eine Kursusdisposition, Berlin 1920, 6.

kommunale Regie zu nehmen. Die langfristig konzessionierten Gasgesellschaften nähmen Monopolpreise und bildeten Kartelle. Änderungen der Konzessionsverträge hätten hohe Entschädigungen nach sich gezogen, so daß die Stadtverwaltungen der wirtschaftlichen Übermacht „so gut wie hilflos" gegenüber stünden. Allerdings hätten gewitzte Stadtverwaltungen beim Abschluß der Elektrizitätsverträge auf kürzere Vertragslaufzeit und Fixierung eines Übernahmepreises geachtet, was eine künftige städtische Regie der Elektrizitätswirtschaft erleichtert habe.[125]

Das Interesse der Stadtverwaltungen an der Kontrolle der Energiewirtschaft erkläre sich durch den beschleunigten Industrialisierungsprozeß, der das Umland verstädterte und die Kommunen zum Einsatz elektrischer Straßenbahnen zwang. Dabei standen die Kommunen vor der Frage, ob sie den Ausbau des Verkehrswesens eher Privatgesellschaften anvertrauen oder in städtische Regie nehmen wollten. *Lindemann* bevorzugte den Regiebetrieb, denn die profitorientierten privaten Aktiengesellschaften hätten sich häufig geweigert, Straßenbaumaßnahmen mitzufinanzieren oder entlegene Vororte zu bedienen.[126]

Lindemann setzte sich mit den gegen die Munizipalisierung vorgebrachten wirtschaftsliberalen Argumenten auseinander: Die schwerfälligen Stadtverwaltungen könnten keine Wirtschaftsbetriebe leiten, sie hielten als Monopolisten die Preise hoch, kontrollierten nicht gründlich und ließen keine Appellationsmöglichkeiten zu; für städtische Betriebe könnten keine hervorragenden Fachkräfte gewonnen werden; technische Neuerungen würden nur zögernd übernommen, weil der Unternehmergeist erlahme. Er hielt ihnen entgegen, daß im Einkammersystem die Stadtverwaltungen durchaus flexibel seien; kommunale Unternehmen könnten durch Kommissionen effektiv geleitet und gute Kräfte bei angemessenen Gehältern gewonnen werden. Das Konkurrenzargument ziehe nicht, denn auch die Privaten seien in ihrem Versorgungsgebiet Monopolisten. Die Höhe der Energiepreise hänge nicht von der Eigentumsform ab. Privatgesellschaften wie Kommunalbetriebe könnten technische Pionierleistungen erbringen.[127]

Lindemann griff die Instrumentalisierung städtischer Regiebetriebe durch die bürgerliche Kommunalpolitik an. Dieser gehe es häufig allein um die Erzielung von Überschüssen, was für die „besitzenden Klassen" den angenehmen Effekt habe, daß trotz der Finanznot der Städte auf Steuererhöhungen verzichtet werden könne. Die städtischen Betriebswerke entwickelten sich so „zu den Grundsäulen des kommunalen Finanzwesens."[128] Für ihn war die Überschußwirtschaft inakzeptabel, soweit sie auf Kosten der „nicht besitzenden Klassen" betrieben wurde. Zwar müßten die Einnahmen aus kommunalen Wirtschaftsunternehmen Verzinsung und Amortisierung des Anlagekapitals sowie die Bildung eines Investitionsfonds decken. Doch was darüber hinausgehe, müsse durch Preissenkungen den Konsumenten zugute kommen und für soziale, volkshygienische und volksbildnerische Zwecke eingesetzt werden.[129]

In der kommunalpolitischen Praxis der *Weimarer Zeit* war *Lindemanns* puristische Auffassung nicht durchzuhalten. Auch sozialdemokratisch geführte Stadt-

---

[125] Vgl. *Lindemann*, Arbeiterpolitik, Bd. 2, 25, 33, 73, 134ff., 176.
[126] Vgl. ebenda, 74, 193.
[127] Vgl. ebenda, 35ff., 45, 48-60.
[128] Ebenda, 83f.
[129] Vgl. ebenda, 75ff.; *Lindemann*, Referat Kommunalpolitik, Prot. PT München 1902, 208f.; ebenso *Südekum*, Referat Wohnungsfrage, Prot PT Lübeck 1901, 296.

verwaltungen lernten, die Betriebsführung „statt vom politischen vom kaufmännisch-wirtschaftlichen Standpunkt aus zu beurteilen", z.B. Großabnehmern Rabatte einzuräumen, was *Lindemann* noch abgelehnt hatte. Es entstanden gemischtwirtschaftliche Betriebe; zudem verloren die kommunalen Unternehmen sukzessive das Privileg der Steuerfreiheit.[130]

Munizipalisierung setzte Verfahren zur Überführung des erforderlichen Grund und Boden und der bisher privaten Unternehmen in den Besitz der Gemeinde voraus. Hierfür kamen *Kauf* und *Enteignung* in Frage. Es galt also, diese Rechtsinstitute im Gegensatz zu den Eigentümerinteressen so einzusetzen, daß der öffentlichen Hand bzw. dem Steuerzahler möglichst geringe Kosten entstanden.[131] Z.B. versuchten die Monopole, die Übernahmen durch Ansetzung eines überhöhten Verkaufswertes zu hintertreiben. Deshalb, so *Lindemann*, müsse kommunalisiert werden, bevor der Monopolist zu mächtig geworden sei. Vorteilhaft sei die Errichtung privater Anstalten mit städtischer Kapitalbeteiligung, wobei vertraglich zu vereinbaren sei, die Gewinne zur Ablösung der Aktien zugunsten der Stadt zu verwenden.[132] Generell setzten die „wirthschaftliche Konstruktion des Staatswesens" und die „Machtverhältnisse innerhalb der Gemeinden" den kommunalsozialistischen Munizipalisierungsabsichten Grenzen.[133]

Dies galt erst recht bei dem *Bodenerwerb* für den Städte- und Wohnungsbau. Die Rechtslage verhalf den Grundbesitzern zu Planungsgewinnen.[134] Zwar enthielten die Ländergesetze Bestimmungen, wonach auf der Stadtplanung beruhende Wertsteigerungen höher besteuert werden konnten, doch die Folgen waren Grundstücksverteuerung und Kostenüberwälzung auf die Mieter. Mit der Ausnahme von Baden, so *Hirsch*, „ist in ganz Deutschland das Enteignungsrecht der Gemeinden so beschränkt, daß die Bodenspekulanten davon nichts zu befürchten haben."[135] Deshalb müßten die Gemeinden „riesige Summen für den von ihnen enteigneten Grund und Boden bezahlen".[136] Abhilfe verschaffe nur die Beseitigung des kapitalistischen Eigentumsrechts.

Die sozialistischen Kommunalpolitiker erhofften sich von der Revolution bessere Enteignungsmöglichkeiten. Die Weimarer Reichsverfassung hatte in Art. 155 II und Art. 156 I hierfür die rechtlichen Grundlagen geschaffen und die Sozialisierungskommissionen der Jahre 1919 und 1920 Gesetzesentwürfe und Gutachten zur Kommunalisierung und zum Wohnungsbau ausgearbeitet.[137] Diese Gesetzgebungspläne versandeten, nachdem 1921 bürgerliche Kabinette ans Ruder ge-

---

[130] Vgl. *Paul Hirsch*, in: Kommentar zu den kommunalpolitischen Richtlinien, 67; *Otto Büsch*, Geschichte der Berliner Kommunalwirtschaft in der Weimarer Epoche, Berlin 1960, 45.
[131] Das staatliche Enteignungsrecht bestand seit alters her und gewann in der Industrialisierungsepoche mit ihren Straßen-, Eisenbahn- und Städtebauerfordernissen zunehmende Bedeutung. Enteignungen zogen jedoch hohe Entschädigungsleistungen nach sich; vgl. dazu Artikel „Enteignung" in: HwbStW, Bd. 3, 730-760.
[132] Vgl. *Lindemann*, Arbeiterpolitik, Bd. 2, 111, 121-125.
[133] *Lindemann*, Referat Kommunalpolitik, Prot. PT München 1902, 203; als Beispiel für dieses Hochpokern nannte *Lindemann* die Berliner Elektrizitätswerke.
[134] Vgl. *Lindemann*, Städteverwaltung, 477f.
[135] Ebenda, 485f, 506f.; *Paul Hirsch*, Kommunale Wohnungspolitik, Berlin 1906, 34.
[136] *Lindemann*, Städteverwaltung, 478.
[137] Vgl. Verhandlungen der Sozialisierungskommission über die Kommunalisierung, Berlin 1921, 466ff. Zu den Sozialisierungsplänen und Sozialisierungskommissionen vgl. unten Sozialismus I, 7. Kap., II, 2.

kommen waren. *Hirsch* konstatierte 1929 die Stagnation der Kommunalisierungsgesetzgebung.[138] Sie blieb bis zum Ende der Republik Programm.

c) Kommunaler Wohnungsbau

Angesichts der feuchten Kellerwohnungen, der Wohnraum-Überbelegung, des Schlafgängertums usw. war der Kampf gegen die Wohnungsnot für die sozialdemokratische Kommunalpolitik vordringlich, doch nicht durch Bau von Mietskasernen, der in den Gründerjahren Gegenstand übler Spekulationen war.[139] Immer wieder wurde die Intensivierung der amtlichen Wohnungsinspektionen sowie die Einführung von Wohnungsämtern und Wohnungsnachweisen gefordert.[140]

Diese Palliative konnten die Wohnungsnot natürlich nicht beseitigen. Es galt also, ein Konzept der planmäßigen kommunalen Wohnungsvorsorge zu entwickeln, das auf den vorhersehbaren wirtschaftsliberalen Widerstand stieß. *Lindemann* betonte die besondere Bedeutung der „Ware" Wohnung:

„Die Gemeinden liefern Wasser, Gas, elektrisches Licht usw., warum sollten sie nicht auch Wohnungen produzieren? Ist die Wohnung mehr Ware als Wasser und Gas und elektrisches Licht und dadurch in höherem Grade für die private Produktion prädestiniert? Ist die Wohnung eine Ware wie ein Stiefel, den ich mir in Dutzenden von Läden in gleicher Güte kaufen kann? Wird nicht vielmehr gerade die Wohnung durch den tiefgehenden Einfluß, den sie auf die Sittlichkeit und Gesundheit des Volkes, auf seinen ganzen Charakter ausübt, aus der ganzen ungeheuren Warensammlung des modernen Marktes herausgehoben und dadurch in eine Sonderstellung gerückt?"[141]

Kommunale Wohnungsvorsorge ist nach *Hirsch* möglich: 1. durch *kommunalen Wohnungsbau in eigener Regie*, 2. durch Förderung des *genossenschaftlichen Wohnungsbaus* und 3. durch Förderung des *Wohnungsbaus Privater*. Die Enteignung innerstädtischer Grundstücke zu Wohnungsbauzwecken kam aus dem genannten Grund häufig nicht in Betracht. Deshalb forderten *Lindemann* und andere den städtischen Erwerb von billigem Baugrund an der Peripherie, um dort kommunale Wohnbauten errichten und zudem den Wohnungsmarkt preisregulierend beeinflussen zu können. Diese Ankaufspolitik sei mit einer städte- und verkehrsplanerischen Konzeption und dem Ausbau des Straßenbahnnetzes zu verknüpfen.[142] Was die Form des Wohnungsbaus betrifft, so sollten kleinere Mietshäuser in städtischer Regie gebaut werden. *Lindemann* formulierte das Ideal eines städtischen, den Bedürfnissen der arbeitenden Bevölkerung angepaßten Wohnungsbaus

---

[138] Vgl. *Hirsch*, in: Kommentar zu den kommunalpolitischen Richtlinien, 76.
[139] Vgl. *Lindemann*, Städteverwaltung, 509ff.; *ders.*, Referat Kommunalpolitik, Prot. PT München 1902, 212; ferner *Hirsch*, Wohnungspolitik, 8-21. Zu den Arbeiterwohnverhältnissen vgl. ferner *Gerhard A. Ritter/Klaus Tenfelde*, Arbeiter im Deutschen Kaiserreich 1871 bis 1914, Bonn 1992, 582-617; *Adelheid von Saldern*, Häuserleben. Zur Geschichte des städtischen Arbeiterwohnens vom Kaiserreich bis heute, Bonn 1995.
[140] Vgl. *Südekum*, Referat Wohnungsfrage, Prot. PT Lübeck 1901, 19, 297; *Hirsch*, ebenda, 62-67; *Lindemann*, Städteverwaltung, 568ff., 599ff.
[141] *Lindemann*, Städteverwaltung, 556.
[142] *Südekum*, Referat Wohnungsfrage, Prot PT Lübeck 1901, 29; *Lindemann*, Referat Kommunalpolitik, Prot. PT München 1902, 211f.; *ders.*, Städteverwaltung.

"mit Rücksicht auf die Lohnhöhe, die Ständigkeit der Beschäftigung der Wohnbedürftigen und die Lage ihrer Arbeitsstelle (...)".[143]

Nach Ende des Weltkriegs wurde die Wohnungsnot noch schlimmer, weil der private Wohnungsbau aus Rentabilitätsgründen zum Erliegen kam. Der kommunale Wohnungsbau wurde mit Hilfe von Steuergeldern (erhöhten Grundsteuern, Wohnungsbauabgaben, d.h. Miet- bzw. Hauszinssteuer für Altbaubesitz zur Finanzierung von Neubauten, Zuschläge zum Kohlepreis, usw.) finanziert, doch Erfolge stellten sich erst nach Ende der Inflation (1923/24) ein. Die größeren Städte gingen dazu über, nicht länger in eigener Regie zu bauen, sondern gemeinnützige *Wohnungsbaugesellschaften* einzuschalten, an deren Kapital sie beteiligt waren. Dieses System war bis zur Vernichtung gemeinwirtschaftlicher Aktivitäten in der Weltwirtschaftskrise erfolgreich.[144] Obwohl die Förderung der privaten Bautätigkeit den Prinzipien sozialistischer Kommunalpolitik widersprach, mußte *Hirsch* nach dem Ersten Weltkrieg konstatieren, daß die Wohnungsnot auch die Unterstützung des privaten Kleinwohnungsbaus erfordere. In der Tat flossen erhebliche Subventionen auch privaten Bauträgern zu.[145]

Die sozialdemokratische Nachkriegsprogrammatik kam über die alten Kommunalisierungs- und Enteignungsforderungen und die zögernde Befürwortung der „Förderung des gemeinnützigen Wohnungs- und Siedlungswesens" nicht hinaus.[146] Es entstanden jedoch neben der parteioffiziellen Meinungsbildung originelle Pläne, den kommunalen Wohnungsbau den gemeinwirtschaftlichen Produzenten- und Konsumentenorganisationen anzuvertrauen. Sie beruhen auf den Erfahrungen einer Gruppe von Praktikern, des badischen Landeswohnungsrats, Pioniers der Gartenstadtidee, Siedlungsamtsleiters im „Roten Wien" und späteren Generalsekretärs des „Internationalen Verbandes für Wohnungswesen, Städtebau und Landesplanung" *Hans Kampffmeyer* (1876-1932), des Berliner Stadtbaurats *Martin Wagner* (1885-1957) sowie des Gewerkschaftsjournalisten und Theoretikers des Deutschen Bauarbeiterverbands *August Ellinger* (1880-1933). Ihr Alter-

---

[143] *Lindemann*, Städteverwaltung, 559f.

[144] Vgl. dazu *Adelheid von Saldern*, Entstehungsbedingungen der Neubauviertel in den 20er Jahren, in: *Ulf Herlyn/Adelheid von Saldern/Wulf Tessin* (Hrsg.), Neubausiedlungen der 20er und 60er Jahre. Ein historisch-soziologischer Vergleich, Frankfurt 1987, 29-50; *Michael Ruck*, Die öffentliche Wohnungsbaufinanzierung in der Weimarer Republik, in: *Axel Schildt/Arnold Sywottek* (Hrsg.), Massenwohnung und Eigenheim. Wohnungsbau und Wohnen in der Großstadt seit dem Ersten Weltkrieg, Frankfurt a.M. 1988, 150-200; *Otto Büsch*, Geschichte der Berliner Kommunalwirtschaft in der Weimarer Epoche, Berlin 1960, 152, 183.

[145] Vgl. *Hirsch*, Wohnungspolitik, 75-79; *ders.*, Probleme, 146-152; Kommentar zu den kommunalpolitischen Richtlinien (1928), 250ff. Vgl. für die Subvention Privater in Hamburg *Adelheid von Saldern*, Sozialdemokratie und kommunale Wohnungsbaupolitik in den 20er Jahren – am Beispiel von Hamburg und Wien, in: AfS, Jg. 25 (1985), 183-237, 200f.; *H. Lindemann*, Die kommunal-politischen Forderungen, in: Das Programm der Sozialdemokratie. Vorschläge für seine Erneuerung, Berlin 1920, 156f., 157.

[146] Vgl. Kommentar zu den kommunalpolitischen Richtlinien, 252f.; *Rebentisch*, Kommunale Selbstverwaltung, 34ff., 45f. – Die programmatische Sterilität betraf übrigens auch die kommunalpolitischen Vorstellungen der USPD, die, abgesehen von dem geforderten Einbau der Kommunen in ein Rätesystem, den mehrheitssozialdemokratischen Programmpunkten aufs Haar glichen. Vgl. *Emanuel Wurm*, Richtlinien für ein Gemeindeprogramm. Im Auftrage der Unabhängigen Sozialdemokratischen Partei Deutschlands entworfen, Berlin 1919; [*Carl*] *Herz*, Entwurf eines Kommunalprogramms, in: Protokolle der Parteitage der Unabhängigen Sozialdemokratischen Partei Deutschlands. Bd. 4, Leipzig 1922/23, 20f. (Reprint Glashütten i.Ts. 1976).

nativprogramm ging davon aus, daß die kommunale und staatliche Bürokratie, weil desinteressiert und wirtschaftlich inkompetent, ungeeignet sei, das Wohnungsproblem zu lösen. Deshalb sei sie durch eine konsequente Selbstverwaltung des Wohnungswesens und dessen Selbstfinanzierung zu ersetzen.[147]

Kampffmeyer dachte sich den hierzu erforderlichen Selbstverwaltungskörper als ein intermediäres Organ zwischen Politik und Gesellschaft. An die Stelle der bisherigen freien Baugenossenschaften sollte eine „Pflichtgenossenschaft" (nach dem Vorbild der Pflichtkrankenkassen) treten, die öffentliche kommunale Funktionen übernehmen sollte. Als Pflichtmitglieder waren alle Wohnungsbesitzer, d.h. Untermieter und Inhaber von baugenossenschaftlichen Mietwohnungen und Heimstätten gedacht. Diese Basisorganisation nannte *Kampffmeyer* „*Heimstättenbezirk*", über dem als Landesdachorganisation der „*Landesheimstättenverband*" stehen sollte. Gemeinden und Staat sollten auf beiden Ebenen vertreten sein. Die *Verwaltung* der Heimstättenbezirke wäre einem auf allgemeinen Wahlen beruhenden „*Heimstättenrat*" (einer Art von Aufsichtsrat, in dem alle Mitgliedergruppen sowie Vertreter von Staat und Kommunen, ferner des Baugewerbes und der Architekten vertreten sein sollten) sowie einem fachkundigen geschäftsführenden „*Heimstädtenvorstand*" zugefallen.[148] Für den Landesheimstädtenverband galten ähnliche Bestimmungen. Ihm wies *Kampffmeyer* vor allem Beschaffung und Produktion von Baumaterialien in eigener Regie und die Errichtung einer Hypothekenbank zu.[149] Am Ende dieser Entwicklung werde die Sozialisierung des gesamten Wohnraums stehen. Jedem Genossen werde ein Recht auf Wohnung gemäß seiner Wohnbedürfnisse zustehen.[150] Für den Gartenstadtpraktiker enthielt dieser Heimstättensozialismus zugleich ein pädagogisches Konzept. Die Mitglieder müßten lernen, daß sie nicht zur Miete wohnten, sondern Teilhaber und deshalb für ihre Häuser verantwortlich seien.[151] Deshalb schlug er auch vor, die Verwaltung größerer Heimstädtengemeinschaften zu *dezentralisieren* und ihre Bewohner zur *Selbstverwaltung* von Werkstätten zur Instandhaltung der Gebäude, Waschküchen, Spielplätzen, Kultureinrichtungen usw. zu ermuntern. Kampffmeyer sprach vom „Geist der freiesten Selbstverwaltung", der sich in den dezentralen Heimstätten entfalten könne.[152]

Das Gelingen dieses Selbstverwaltungsentwurfs hing von einem tauglichen Finanzierungsplan ab. Die *Mietsteuer*, so *Kampffmeyer*, werde auf die Mieter abgewälzt. Deshalb müßten die bestehenden Mietwohnungen allmählich enteignet und von den skizzierten Selbstverwaltungskörpern bewirtschaftet werden.

Für sie sah er als Startkapital eine unverzinsliche Kapitaleinlage jedes Genossen vor, die, je nach Zahlungsvermögen, sofort oder als Teilzahlungen zu leisten war. Die Heimstättenanteile der Bezieher von Armenunterstützung müsse die Gemeinde übernehmen. Die zweite Finanzierungsquelle bildeten Mietzuschläge. Mit ihnen sollten Neubauten bezuschußt, Altbauten

---

[147] Vgl. *A[ugust] Ellinger*, Die Sozialisierung des Baugewerbes. Werbeschrift zur Förderung der Sozialisierung, Hamburg, 26f.; *Hans Kampffmeyer*, Wohnungsnot und Heimstättengesetz, Karlsruhe 1919, 4f.; zu *Wagners* Ablehnung von Verstaatlichung und Kommunalisierung vgl. *A[ugust] Ellinger*, Sozialisierung des Bau- und Wohnungswesens, Hamburg 1920, 84; *ders.*, Sozialisierungsströmungen im Baugewerbe, Dresden 1920.
[148] Vgl. *Kampffmeyer*, Wohnungsnot, 7-10.
[149] Vgl. ebenda, 15f.
[150] Vgl. ebenda, 7-10, 14.
[151] Vgl. ebenda, 8. Vgl. dazu auch *Kristina Hartmann*, Deutsche Gartenstadtbewegung. Kulturpolitik und Gesellschaftsreform, München 1976, 40f.
[152] *Kampffmeyer*, Wohnungsnot, 5, 13, 18. Die Gewerkschaften befürworteten *Kampffmeyers* Konzept; vgl. Richtlinien zu einem Gesetz der gemeinwirtschaftlichen Regelung des Wohnungswesens aufgestellt vom Allgemeinen Deutschen Gewerkschaftsbund und Allgemeinen freien Angestelltenbund, Berlin 1921, 72.

saniert und überhaupt die „grundsätzliche Wohnungs- und Siedlungsreform" mitfinanziert werden. *Kampffmeyer* hielt dieses Aufkommen für zureichend, das anfangs erforderliche Fremdkapital der öffentlichen Hand zurückzuzahlen und mit Hilfe der Hypothekenbanken auf der Ebene des Heimstättenverbands ein funktionierendes Kreditsystem aufzubauen.[153]

Kampffmeyers, *Wagners* und *Ellingers* Konstruktionen wurden in der Sozialisierungskommission diskutiert, aber im Gutachten zur Regelung des Wohnungswesens nicht berücksichtigt.[154] Die Praxis des gemeinwirtschaftlichen Wohnungsbaus griff jedoch auf *Wagners* Konzept zurück.

Die Grundideen der städtebaulichen Erneuerungspläne stammten weniger aus der sozialistischen Tradition (z.B. den Siedlungsentwürfen *Owens* und *Fouriers*) als vielmehr aus der bürgerlichen *Lebensreformbewegung* mit ihrem Hang zu neuer Ästhetik, stilisierter Naturnähe und davon inspiriertem kunsthandwerklichem Design, für das in England der sozialistische Utopist *William Morris* und in Deutschland der „Deutsche Werkbund" und der „Jugendstil" standen und das sich in der Gestaltung von Gebrauchsgegenständen und in neuen Bauformen, städtebaulich in der *Gartenstadtbewegung*, äußerte. Schöngeistig gestimmte Sozialisten aller Lager, der Friedrichshagener Freundeskreis um *Bruno Wille* und *Wilhelm Boelsche*, zu dem auch der revisionistische Sozialdemokrat *Paul Kampffmeyer* gehörte, aber auch *Clara Zetkin* und *Karl Liebknecht*, waren davon angetan.[155] 1902 wurde die „Deutsche Gartenstadtgesellschaft" gegründet, die sich auf die – von der *Fabian Society* geschätzten – Ideen des englischen Sozialreformers *Ebenezer Howard* stützte; 1907 entstand bei Dresden die Siedlung Hellerau, das Muster aller künftigen deutschen Gartenstädte.[156]

Die Qualität des kommunalen Siedlungsbaus in den Aufschwungjahren ab 1924 beruhte wesentlich auf einer Adaptation dieser Bewegung, für die sich hauptsächlich *Hans Kampffmeyer* einsetzte und die von dem Frankfurter Stadtbaurat *Ernst May* (1886-1970) in seiner Trabanten-Idee modifiziert und erweitert wurde.[157] *Martin Wagner* bevorzugte dagegen Siedlungen, die in das städtische Weichbild eingebettet waren.[158]

---

[153] Vgl. *Kampffmeyer*, Wohnungsnot, 4, 8, 12, 14f.
[154] Vgl. Verhandlungen der Sozialisierungs-Kommission über die Neuregelung des Wohnungswesens, Bd. 1, VIIf., 71f. Vgl. dazu *Klaus Novy*, Genossenschafts-Bewegung. Zur Geschichte und Zukunft der Wohnreform, Berlin 1983, 114f. *Lindemann* hielt *Ellinger*, der den *Kampffmeyer*- und *Wagner*-Plan propagierte, entgegen, daß sich solche „Allheilmittel" als unbrauchbar erwiesen, „wenn man sie an der Wirklichkeit prüft". Vgl. *A[ugust] Ellinger*, Die Wohnungsfrage, in: Das Programm der Sozialdemokratie. Vorschläge zu seiner Erneuerung, Berlin 1920, 111-117, 115ff.; *Hugo Lindemann*, „Die kommunalpolitischen Forderungen", ebenda, 156f., 157.
[155] Vgl. dazu *Thomas Hafner*, Sozialdemokratie und Gartenstadtbewegung im deutschen Kaiserreich, in: *Franziska Bollerey* (Hrsg.), Im Grünen wohnen – im Blauen planen: ein Lesebuch zur Gartenstadt mit Beiträgen und Zeitdokumenten, Hamburg 1990, 124-133.
[156] Vgl. dazu *Thomas Krückemeyer*, Gartenstadt als Reformmodell: Siedlungskonzeption zwischen Utopie und Wirklichkeit, Siegen 1997, 32-90. Der Fabianer *Bernstein* hat übrigens *Howards* Gartenstadtkonzept früh zur Kenntnis genommen und darüber in der „Neuen Zeit" vorsichtig zustimmend berichtet. Vgl. *Eduard Bernstein*, Neue Vorschläge zur Reform der Volkswohnungen in England (1900), abgedr. in: *Bollerey*, Im Grünen wohnen, 96-99.
[157] Zu *Ernst May* vgl. *Bollerey*, Im Grünen wohnen, 183, sowie *Ursula Weis*, Zentralisation und Dezentralisation. Von der englischen Gartenstadt zur Frankfurter ‚Groß-Siedlung', ebenda, 228-246. *May* baute auch nach dem Zweiten Weltkrieg Trabantenstädte, die jedoch gegenüber den Gartenstädten der zwanziger Jahre eindeutig Nachteile aufweisen.
[158] Vgl. *Martin Wagner*, Städtebauliche Probleme der Großstadt, in: SB, Jg. 9 (1929), 108-111,

Der bedeutendste Architekt dieser neuen sozialistischen Städtebaubewegung war *Bruno Taut* (1880-1938). Als Künstler liebte er kristalline Formen nach Art *Lionel Feiningers*. Seine städtebaulichen und architektonischen Ideen verband er mit republikanischen und reformsozialistischen Vorstellungen. Ihm schwebte ein Stadtbild vor, in dessen Zentrum sich als Glasarchitektur gestaltete „Volkshäuser" erheben, die den „alles umfassenden Volkskräften" Form verleihen sollten.[159] *Wagner* strebte modernste Gestaltungen der City an:

> „(...) klarste Formen, die während des Tages wie während der Nachtstunden ihre charakeristische künstlerische Wirkung ausüben (...). *Ein*flutendes Licht bei Tage und *heraus*flutendes bei Nacht erzeugen ein gänzlich neues Gesicht des Platzes. *Farbe, Form* und *Licht* (Reklame) sind die drei Hauptelemente für neue Weltstadtplätze. (...) Berlin muß eine schöne Stadt, eine Friedensstadt, eine Werte schaffende Arbeitsstadt, muß eine Kunst- und Geistesstadt, muß eine Reichshaupt- und Weltbürgerstadt werden."[160]

Die sozialistischen Vertreter des modernen Städtebaus bekannten sich zu der Bauästhetik der berühmten Stuttgarter Werkbundausstellung des Jahres 1927, die Wohnhäuser von *Le Corbusier, Mies van der Rohe, Walter Gropius, Hans Scharoun* und *Bruno Taut* umfaßte. Überhaupt bestanden gute Beziehungen zu den führenden Architekten des *Bauhauses*, das Architektur, bildende Kunst und Design wie kaum eine andere Schule prägte. Der Bauhausarchitekt *Hannes Meyer* baute die Bundesschule des ADGB in Bernau bei Berlin.[161] *Wagners* und *Tauts* wichtigstes Ziel war die Bereitstellung guter, erschwinglicher Siedlungswohnungen. *Taut* baute modern, lehnte jedoch reinen Funktionalismus ab und strebte, den Manierismus des Jugendstils vermeidend, schlichte Formschönheit und Harmonie des baulichen Ensembles an. Er gehörte zu den ersten Architekten, die Siedlungshäuser farbig gestalteten. Den Wunsch der Arbeiterschaft nach dem „Häuschen im Grünen" respektierte er, versuchte aber, ihn durch eine am Bild des sozialistischen „Neuen Menschen" orientierte Architektur zu modifizieren.[162]

> „Damals, als es die Anhängerschaft begeisterte, hatte die Vorstellung des Häuschens mit dem Garten (...) gegenüber der (...) Mietskaserne den Wert eines so gewaltigen Gegenpols, daß das gequälte und unterdrückte Gefühl sich besinnungslos entscheiden mußte. (...) Heute dagegen sehen wir das Häuschen mit Garten (...) schon (...) anders an; (...) was da heute noch hinter dem Zaun (...) schwitzend gräbt, will uns nicht mehr als das Ideal des Menschen erscheinen. (...) Was ist also eine Groß-Siedlung? Eine Siedlung, die (...) deshalb groß ist, weil

---

119-122, 119.

[159] *Bruno Taut*, An die sozialistische Regierung, in: SM, Jg. 24 (1918), Bd. 2, 1050-1052, 1051f; vgl. auch *ders*., Die Stadtkrone. Mit Beiträgen von *Paul Scheerbart, Erich Baron, Adolf Behne*, Jena 1919, 67. *Taut* kämpfte darum, den „führenden Sozialisten" die Vorstellung auszutreiben, daß sich der „Geist des Sozialismus (...) in Säulenfronten, Palastfassaden und ähnlichen Kinkerlitzchen" ausdrücken müsse, vgl. *ders*., Die Architektur der Arbeiterbewegung, in: SB, Jg. 4 (1924), 179-182, 179.

[160] *Wagner*, Städtebauliche Probleme, 111, 119, 122.

[161] Vgl. *Robert Tautz*, Die neue Wohnung der Werkbundausstellung in Stuttgart, in: SB, Jg. 7 (1927), 229-254; *Klaus Novy/Michael Prinz*, Illustrierte Geschichte der Gemeinwirtschaft. Wirtschaftliche Selbsthilfe der Arbeiterbewegung von den Anfängen bis 1945, Berlin 1985, 86f.; *Albert Sigrist*, Das Buch vom Bauen. Wohnungsnot, neue Technik, neue Baukunst, Städtebau, Berlin 1930.

[162] Zum Wunsch nach dem „Häuschen im Grünen" bei Sozialdemokraten z.B. bei *Edmund Fischer* vgl. *Adelheid von Saldern*, Neues Wohnen. Wohnverhältnisse und Wohnverhalten in Großanlagen der 20er Jahre, in: *Schildt/Sywottek*, Massenwohnung, 201-221, 207.

in ihr die gesamten Lebensbedürfnisse der Bewohner organisch gegliedert sind. (...) Unter Ordnung verstehen wir einen gesellschaftlichen Zustand, in dem die für alle gleichartigen Bedürfnisse gemeinschaftlich, zentral, kollektiv (...) erfüllt werden, so daß das eigentlich individuelle Bedürfnis um so größeren Spielraum erhält. Die Möglichkeit zum Sichzurückziehen gehört in die Skala des gleichen Bedürfnisses. In dieser Definition der Groß-Siedlung sind natürlich nicht allein zentrale Wäschereien, zentrale Kinderkrippen u. dgl. enthalten, (...) mit anderen Worten: die Eigenbrutzelei der immer weniger zu Hause sitzenden Frau wird durch das gemeinschaftliche Speisehaus ersetzt. Darüber hinaus aber können viele zum eigentlichen Wohnen gehörende Funktionen durch gemeinschaftliche Bibliotheken, Übungs- und Vortragsräume und Säle, durch Volkshäuser u. dgl. ersetzt werden, so daß von hier aus wahrscheinlich eine andere Gestaltung des Wohnungsgrundrisses einsetzen wird (...). Das Problem [lautet]: Wie wird das Leben der Gesamtheit und des einzelnen reicher und produktiver?"[163]

In Siedlungen wie der von *Taut* gebauten „Hufeisensiedlung" in Berlin-Britz gedieh die von *Peter Lösche* beschriebene sozialdemokratische *Solidargemeinschaft*, die sich über die nationalsozialistische Herrschaft hinweg zu erhalten vermochte.[164] Das politisch und kulturell anregende Leben unter Genossen in ästhetisch anspruchsvollen Bauten in einem von der Arbeiterbewegung geprägten Milieu mochte wie ein Vorschein der künftigen solidarischen Gesellschaft wirken. Allerdings überstiegen die Mieten in diesen Siedlungen die Finanzkraft eines durchschnittlichen Arbeitereinkommens.[165]

Das Musterbeispiel eines gelungenen Kommunalsozialismus ist das *Rote Wien* der Zwischenkriegszeit. Auch dort herrschte nach Kriegsende größte Wohnungsnot. Der Wohnungsbau wurde in ein umfassendes wohlfahrtsstaatliches Konzept eingebettet und durch die „Breitner-Steuern", benannt nach dem Stadtrat *Hugo Breitner* (1873-1946), finanziert, die in die überkommenen Vermögensverhältnisse eingriffen. An erster Stelle stand der Mieterschutz, der die Mieten auf ein Niveau brachte, das die übliche Verzinsung des vor dem Krieg investierten Kapitals verhinderte. Die Miete hatte allein die Erhaltung der Bausubstanz zu tragen. Ihre Geringfügigkeit rechtfertigte die Erhebung einer stark progressiven allgemeinen Wohnungsbausteuer. Da, so wurde argumentiert, der Mieterschutz die Wohnungen stark verbillige, müßten die Wohnungsinhaber auch für die Wohnungslosen einstehen. Die Breitner-Steuern umfaßten ferner Luxussteuern: Fremdenzimmer- und Hausgehilfinnenabgaben, Steuern auf Genußmittel, Autos (ohne Lastwagen), Luxuspferde, Buchmacherwetten usw.[166] Sie wurden vom Wiener Bürgertum

---

[163] *Bruno Taut*, Antwort auf die Frage: Was ist eine Groß-Siedlung und welche Bedeutung hat sie für die Gartenstadtbewegung, in: Gst, Jg. 15 (1931), H. 1, 7-11, 8f. Vgl. dazu *Hartmann*, Gartenstadtbewegung, 45.
[164] Vgl. *Peter Lösche*, Über den Zusammenhang von reformistischen Sozialismustheorien und sozialdemokratischer Organisationspraxis in der Weimarer Republik. Einige Überlegungen, in: *Horst Heimann/Thomas Meyer* (Hrsg.), Reformsozialismus und Sozialdemokratie. Zur Theoriediskussion des Demokratischen Sozialismus in der Weimarer Republik, Berlin 1982, 5-32, 28ff.
[165] Vgl *v. Saldern*, Neubausiedlungen, 36.
[166] Vgl. *Hugo Breitner*, Kapitalistische oder sozialistische Steuerpolitik. Wer soll die Steuern bezahlen? Die Armen oder die Reichen?, Wien 1926, 4f.; *Wisso Weiß*, Die Sozialisierung des Wohnungswesens unter besonderer Berücksichtigung der Verhältnisse in Deutschland und Österreich, Heidelberg 1930, 59-63; *v. Saldern*, Wohnungsbaupolitik, 193-199; *Maren Seliger*, Sozialdemokratie und Kommunalpolitik in Wien. Zu einigen Aspekten sozialdemokratischer Politik in der Vor- und Zwischenkriegszeit, Wien 1980.

erbittert bekämpft und erzeugten Haßgefühle, die sich in der Zerschlagung der österreichischen Arbeiterbewegung im Jahre 1934 austobten.

Die Breitner-Steuern waren so ergiebig, daß Wien 1923 ein umfassendes Wohnungsbauprogramm initiieren konnte, mit dessen Hilfe kommunale *Wohnhöfe* errichtet wurden. Es handelte sich zumeist um große Wohnblöcke, die sich um einen Innenhof gruppierten, in dem Kinderplanschbecken, Grünflächen, Sitzgelegenheiten usw. angelegt wurden; auch ihre Infrastruktur wie zentrale Wäschereien, Zentralheizung und Warmwasserversorgung machten sie für die internationale sozialistische Kommunalpolitik interessant. Stilistisch gesehen waren sie uneinheitlich: z.T. beherzigten sie das Ornamentverbot des Wiener Architekten *Theodor Loos*, kubistische Einflüsse werden deutlich, unverkennbar ist der Hang zur Monumentalität, sichtbar am „Karl-Marx-Hof" in Döbling, ein Stück festungsähnlicher Imponierarchitektur.[167] Die Wohnhöfe waren populär. Sie wurden in die wohlfahrtsstaatlichen, kulturellen, erzieherischen, gesundheits- und jugendpolitischen, freizeitgestalterischen usw. Aktivitäten der Wiener Arbeiterbewegung einbezogen. Viele Wiener erfuhren durch sie eine dauerhafte kulturelle und politische Prägung in einem solidarischen Milieu, das nach Austrofaschismus, Nationalsozialismus und Zweitem Weltkrieg begrenzt revitalisierbar war.[168]

3. Genossenschaftswesen und gemeinwirtschaftliche Unternehmen

Das *Assoziations-* und *Genossenschaftswesen* hat mehrere Wurzeln. Die stärkste reicht in die frühsozialistische Ideenwelt zurück. Auch das Christentum vermochte, wie das Beispiel des evangelischen Konservativen *V.A. Huber* zeigt, dieses Konzept zu inspirieren. Im Gefolge der achtundvierziger Revolution griffen auch Liberale wie *Schulze-Delitzsch* darauf zurück, weil sie darin ein Mittel sahen, dem Handwerk zu helfen und die Arbeiter zur Selbsthilfe zu bewegen.

Eine eigenständige Position zwischen Wirtschaftsliberalismus und Sozialismus nahm der Bankierssohn und Philanthrop *Eduard Pfeiffer* (1835-1921) ein. Unternehmen, so *Pfeiffer*, benötigten ständig mehr Kapital; die Kapitalisten beherrschten die Industrie; ihre Investitionsentscheidungen bestimmten die Konjunktur; die kapitallosen Arbeiter seien von ihnen abhängig.[169] Gleichwohl lehnte er sozialistische Konzepte ab. Er wolle kein „fertiges System aufstellen", sondern die Gesellschaft mit Hilfe von *Produktions-* und *Konsumgenossenschaften* allmählich umgestalten, bis der Gegensatz zwischen „Capital und Arbeit" aufgehoben und ein Zustand der „gemeinschaftlichen Thätigkeit" der „arbeitenden Klassen" hergestellt sei, den er „*Cooperatismus*" nannte. „Jeder Arbeiter wird dann zugleich Capitalist sein, oder hat wenigstens die Mittel, es zu werden."[170] Dabei meinte er wie *Schulze-Delitzsch*, daß die Arbeiter, „die Pfennige zusammengelegt", Pro-

---

[167] Zur Ästhetik der Wiener Wohnhöfe vgl. *Helmut Weihsmann*, Das Rote Wien. Sozialdemokratische Architektur und Kommunalpolitik 1919-1934, Wien 1985.
[168] Vgl. dazu *Alfred Georg Frei*, Rotes Wien. Austromarxismus und Arbeiterkultur – Sozialdemokratische Wohnungs- und Kommunalpolitik 1919-1934, Berlin 1984; *Wolfgang Maderthaner*, Kommunalpolitik im Roten Wien. Ein Literaturbericht, in: AfS, Bd. 25 (1985), 239-250.
[169] Vgl. *Eduard Pfeiffer*, Über Genossenschaftswesen. Was ist der Arbeiterstand in der heutigen Gesellschaft. Und was kann er werden?, Leipzig 1863, 17, 71f.
[170] Ebenda, 69f., 201.

duktionsgenossenschaften gründen könnten.[171] Als er deren Anfälligkeit erkannte, setzte er auf die Konsumgenossenschaften. Er gründete in Stuttgart einen florierenden Konsumverein sowie den dortigen Arbeiterbildungsverein.[172]

a) Produktions- und Baugenossenschaften, soziale Baubetriebe

Marx und *Lassalle* mißtrauten den *Konsumgenossenschaften*, hielten jedoch *Produktionsgenossenschaften* für eine Übergangsstufe zur sozialistischen Wirtschaftsweise. *Marx* wiederholte seine Einschätzung 1864 in der „Inauguraladresse" der Internationalen Arbeiterassoziation und der von ihm verfaßten Resolution über das Genossenschaftswesen der Ersten Arbeiter-Internationale (Genf 1866):

„Wir anerkennen die Kooperativbewegung als eine der Triebkräfte zur Umwandlung der gegenwärtigen Gesellschaft (...). Ihr großes Verdienst besteht darin, praktisch zu zeigen, daß das bestehende despotische und Armut hervorrufende System der *Unterjochung* der Arbeit unter das Kapital verdrängt werden kann durch das republikanische und segensreiche System der *Assoziation von freien und gleichen Produzenten*." [173]

Die Produktionsgenossenschaften erwiesen sich als Sackgasse. Die Fabianerin *Beatrice Potter-Webb* analysierte die Gründe ihres Scheiterns. In England seien verschiedene Typen entstanden, von denen nur *einer* sozialistischen Vorstellungen entspreche. Viele Produktionsgenossenschaften glichen Aktiengesellschaften, die nicht mitarbeitende Anteilseigner und Lohnarbeit zuließen.[174]

Franz Oppenheimer verallgemeinerte diesen Befund zu seinem „ehernen Gesetz der Transformation": Wenn die Produktionsgenossenschaften dauerhaft erfolgreich seien, hörten sie auf, Genossenschaften zu sein. Wie *Beatrice Potter-Webb* nannte er *drei Gründe* des Versagens: Mangel an Kapital, Absatz und Disziplin. *Oppenheimer* stellte diesen Genossenschaftsexperimenten sein utopisches Konzept einer landwirtschaftlichen Arbeiter-Produktionsgenossenschaft entgegen. Mit geringen Eigenmitteln könnten Agrarkolonien errichtet werden, die Handwerker anzögen, so daß schließlich – in Verbindung mit Konsumgenossenschaften – ein genossenschaftlich produzierendes und konsumierendes Gemeinwesen aus freien Eigentümer-Produzenten entstünde.[175]

Die deutschen Sozialdemokraten blieben lange bei ihrer Skepsis gegenüber beiden Genossenschaftstypen. Auf dem Hannoveraner Parteitag des Jahres 1892

---

[171] *Pfeiffer*, Über Genossenschaftswesen, 72f.

[172] Vgl. zu *Pfeiffer* und seinem Wirken in Stuttgart *Erwin Hasselmann*, Geschichte der deutschen Konsumgenossenschaften, Frankfurt a.M. 1971, 126-142.

[173] Vgl. MEGA I 20, 231f. (englischer Originaltext); MEW 16, 195.

[174] Vgl. Mrs. *Sidney Webb* (*Beatrice Potter*), Die britische Genossenschaftsbewegung, hrsg. von *Lujo Brentano*, Leipzig 1893, 121, 131.

[175] Vgl. *Franz Oppenheimer*, Die Siedlungsgesellschaft. Versuch einer positiven Überwindung des Kommunismus durch Lösung des Genossenschaftsproblems und der Agrarfrage, Leipzig 1896, 44, 126, 303ff. Zum Gesamtzusammenhang des Oppenheimerschen Denkens und dessen Genossenschaftsideen vgl. *Werner Kruck*, Franz Oppenheimer – Vordenker der Sozialen Marktwirtschaft und Selbsthilfegesellschaft, Berlin 1997. – Zu Erfolgen und Mißerfolgen der deutschen Experimente mit Produktionsgenossenschaften vgl. *Christiane Eisenberg*, Frühe Arbeiterbewegung und Genossenschaften. Theorie und Praxis der Produktivgenossenschaften in der deutschen Sozialdemokratie und den Gewerkschaften der 1860er/1870er Jahre, Bonn 1985.

stimmten die Delegierten einer von *Ignaz Auer* eingebrachten Resolution zu, in der es hieß, die Sozialdemokraten müßten den Glauben bekämpfen,

„daß Genossenschaften im Stande seien, die kapitalistischen Produktionsverhältnisse zu beeinflussen (...) sowie die Klassenlage der Arbeiter zu heben (...)."[176] Der Berliner Parteitag von 1899 erklärte gemäß *Bebels* Antrag die „Neutralität" der Sozialdemokratie hinsichtlich der Gründung von „Wirthschaftsgenossenschaften". Sie könnten zwar unter Umständen die wirtschaftliche Lage ihrer Mitglieder heben und zur „Erziehung der Arbeiterklasse zur selbständigen Leitung ihrer Angelegenheiten" beitragen. Doch die Partei schreibe ihnen „keine entscheidende Bedeutung für die Befreiung der Arbeiterklasse aus den Fesseln der Lohnsklaverei" zu.[177]

Was die *Baugenossenschaften* betrifft, so wurden sie von den frühen sozialistischen Stellungnahmen vernachlässigt. Sie wurden vornehmlich vom politischen Gegner propagiert, d.h. von liberaler (*Schulze-Delitzsch*, *Julius Faucher*) sowie von konservativ-christlicher Seite (*V. A. Huber*), freilich auch von dem alten Freund der Arbeiterbewegung *F. A. Lange*.[178] Die Reserve war nicht lange aufrechtzuerhalten, denn die Genossenschaften verdankten ihre Erfolge nicht zuletzt sozialdemokratischem Engagement.[179]

Neue Auffassungen in Baufragen vertraten sozialistische Intellektuelle, die der bürgerlich-oppositionellen Lebensreformbewegung nahe standen wie der Sozialdemokrat *Paul Kampffmeyer*, der „Liberalsozialist" *Franz Oppenheimer* und der Anarchist *Gustav Landauer*. Die letztgenannten verfochten agrarische Siedlungskonzepte.[180] Arbeiter, so *Kampffmeyer*, könnten sich sehr wohl in Baugenossenschaften einkaufen. Wer dies bestreite, halte immer noch am „ehernen Lohngesetz" *Lassalles* fest. In Wirklichkeit hänge die Lohnhöhe von der Macht der Arbeiterklasse ab und lasse sich nicht willkürlich herabsetzen. *Kampffmeyer* plädierte dafür, Landesversicherungsanstalten und Konsumgenossenschaften zur Kreditfinanzierung heranzuziehen.[181]

Die lebensreformerische Strömung innerhalb der Genossenschaftsbewegung widersprach den vorherrschenden Sozialismus- und Reformvorstellungen der

---

[176] Prot. PT Hannover 1892, 220-248, 220, 248. *Auer* (1833-1907) gilt als unideologischer *Praktizist*, doch in der Genossenschaftsfrage verhielt er sich dogmatisch.

[177] Prot. PT Berlin 1899, 243.

[178] Vgl. *Helmut Faust*, Geschichte der Genossenschaftsbewegung. Ursprung und Aufbruch der Genossenschaftsbewegung in England, Frankreich und Deutschland sowie ihre weitere Entwicklung im deutschen Sprachraum, 3., überarbeitete und stark erweiterte Auflage, Frankfurt a.M. 1977, 507ff., 513f.; *Walter Vossberg*, Die deutsche Baugenossenschaftsbewegung, Berlin 1906, 8, 17. Zu *F.A. Lange* vgl. oben S.187f.

[179] Vgl. *Südekum* in: Prot. PT Lübeck 1901, 300; *Lindemann* in. Prot. PT München 1902, 213; *ders.*, Städteverwaltung, 549f.

[180] *Oppenheimer* versuchte, auf dem Gut Bärenklau bei Berlin eine Siedlungsgenossenschaft zu errichten, scheiterte jedoch damit. Vgl. *Robert Wilbrandt*, Arbeiterfrage und Genossenschaftswesen, in: Internationales Handbuch des Genossenschaftswesens, Berlin 1927/28, 23-33, 31. Zu *Landauers* anarchistischem „föderativem Sozialismus" vgl. „Die 12 Artikel des Sozialistischen Bundes", in: *ders.*, Aufruf zum Sozialismus, Berlin 1919, 157, sowie *Siegbert Wolf*, Gustav Landauer zur Einführung, Hamburg 1988, 58-82.

[181] Vgl. *Paul Kampffmeyer*, Die Baugenossenschaften im Rahmen eines nationalen Wohnungsreformplanes, Göttingen 1900, 9. Zur Nähe sozialistischer Intellektueller zur Lebensreformbewegung vgl. *Gert-Joachim Glaeßner*, Arbeiterbewegung und Genossenschaft. Entstehung und Entwicklung der Konsumgenossenschaften am Beispiel Berlins, Göttingen 1983, 18f., 24ff.

Sozialdemokratie, deren Leitbild eine organisationsnahe Politik im institutionellen Rahmen von Parlamenten, Kommunen usw. war.[182] Ihm folgten *Kautskys* „Sozialistisches Aktionsprogramm" und die Sozialisierungskommission, die das Wohnungswesen als kommunale Aufgabe bezeichneten. Der Wohnungsbau könne gemäß den „lokalen Verhältnissen" und dem Reife- und Organisationsgrad der Arbeiter entweder von der kommunalen Regie, von Privaten oder den „Organisationen der Bauarbeiter" übernommen werden. *Martin Wagner*, *Hans Kampffmeyer* und *August Ellinger* wandten dagegen ein, die kommunale Regiebetriebe könnten, weil bürokratisch, den Wohnungsbau nicht effizient betreiben. In der Zeit des Übergangs zum Sozialismus müsse er, so *Wagner*, den Bauarbeiter-Produktionsgenossenschaften (den sogenannten *Bauhütten*) zufallen, die nach dem Ersten Weltkrieg, begünstigt durch das Genossenschaftsrecht und den geringen Kapitalbedarf im Baugewerbe, in rasch wachsender Zahl entstanden waren.[183]

Wagner plante, aus Effizienzgründen die *genossenschaftliche* Rechtsform der „Bauhütten" durch eine der *Aktiengesellschaft* angenäherten Organisationsform zu ersetzen. Eigentümer der sozialisierten Baubetriebe sollten ihre „Aktionäre" sein: 1. die Belegschaft, deren Jahreslohn als „arbeitendes Kapital" einzusetzen sei und deren Aktien zu Gewinnanteilen berechtigten, und 2. die „Kapitalaktien"-Inhaber mit regulären Zinsansprüchen. Nach *Wagners* Vorstellung stellte die gemischte Kapitalbeteiligung eine notwendige Übergangsform zum Sozialismus, nämlich „Teilsozialisierung", dar, denn zur „Vollsozialisierung" seien die Baubetriebe noch nicht reif.[184]

Wagner sah für die Geschäftsleitung der sozialisierten Baubetriebe weitgehende kaufmännische, technische und architektonisch-gestalterische Befugnisse vor. Betriebsrat und Baugewerkschaft sollten genau umrissene Mitwirkungsbefugnisse haben, die sich aber nicht auf die Geschäftsführung im engeren Sinn erstrecken durften.[185] Sein Plan habe, so wurde gesagt, anders als die Vorstellungen der Sozialisierungskommission, „Sozialisierung von unten" (*Novy*) bedeutet. Dem kann jedoch angesichts der Beseitigung des Genossenschaftsprinzips und der ausgeprägten Hierarchisierung der Bauhüttenleitung nur bedingt zugestimmt werden.[186]

Der „Deutsche Bauarbeiterverband" (DBV) gründete 1920 den „Verband sozialer Baubetriebe" (VsB) in Form einer GmbH.[187] Der VsB errichtete als Mittelinstanzen „Bauhüttenbe-

---

[182] Vgl. dazu *Glaeßner*, Arbeiterbewegung und Genossenschaft, 35.
[183] Vgl. *Martin Wagner*, Die Sozialisierung der Baubetriebe, Berlin 1919, 3ff, 19f.; *A[ugust] Ellinger*, Sozialisierungsströmungen im Baugewerbe, Dresden 1920, 31; *ders.*, Die Sozialisierung des Baugewerbes, Werbeschrift zur Förderung der Sozialisierung, Hamburg 1920, 26ff; *ders.*, Zehn Jahre Bauhüttenbewegung. Eine kurze Geschichte des Verbandes sozialer Baubetriebe, Berlin 1930, 17; *Gerhard Dittmann*, Übergangsformen zur Gemeinwirtschaft, Diss. Tübingen 1926, 37.
[184] Vgl. *Wagner*, Sozialisierung, 20, 32-38.
[185] Vgl. ebenda, 20.
[186] Vgl. *Klaus Novy/Michael Prinz*, Illustrierte Geschichte der Gemeinwirtschaft. Wirtschaftliche Selbsthilfe in der Arbeiterbewegung von den Anfängen bis 1945, 83f. *Novy* kann sich allerdings auf zeitgenössische Auffassungen stützen; vgl. *Ellinger*, Sozialisierung, 2. Vgl. dazu die Bürokratisierungsprognose hinsichtlich des Wagnerschen Konzepts bei: *Robert Adolph*, Heimstättengesetz oder deutsches Siedlungsrecht, in: KP, Jg. 20 (1920), 49-54, 54.
[187] Vgl. *A[ugust] Ellinger*, Zehn Jahre Bauhüttenbewegung. Eine kurze Geschichte des Verbandes sozialer Baubetriebe, Berlin 1930, 25f., 36, 173f.

triebsverbände", in deren Zuständigkeit die Beschaffung von Baumaterialien und Krediten sowie die kaufmännische, technische und architektonische Ausarbeitung von Bauprojekten lag.[188] An der Basis dieser hierarchischen Struktur des gemeinwirtschaftlich orientierten Baugewerbes standen die ursprünglich als Genossenschaft konzipierten *Bauhütten*. Der VsB vereinheitlichte sie durch einen „Mustergesellschaftsvertrag", der ihnen die Rechtsform einer GmbH aufzwang. Widerstrebende Genossenschaften wurden ausgeschlossen. Die Mustersatzung wies der *Geschäftsführung* alle kaufmännischen, technischen und architektonischen Kompetenzen zu, die sie gemäß der Richtlinien des VsB wahrzunehmen hatte. Gewählt wurde sie vom *Aufsichtsrat*, der paritätisch von Vertretern des Kapitals und der Arbeit gebildet wurde (wobei die Kapitalseite aus Vertretern gemeinwirtschaftlicher Organisationen wie Gewerkschaften, Bau- und Konsumgenossenschaften, Arbeiterbank sowie aus Vertretern sozialdemokratisch geführter Kommunen bestand). Als zweites Leitungsgremium war der von der Betriebsversammlung gewählte *Betriebsvorstand*, gebildet aus Vertretern der „Hand- und Kopfarbeit" sowie der Geschäftsführung, vorgesehen. Bei ihm konzentrierten sich die Mitwirkungsrechte der Belegschaft, deren Ziel „Unterstützung der Geschäftsführung", „Steigerung der Leistungsfähigkeit des Betriebs" sowie „Pflege der Arbeitskraft und des Nachwuchses" war. Die *Betriebsversammlung* sollte die „Interessen der Arbeitskraft" wahrnehmen sowie den „Bauhüttengeist" pflegen.[189]

Die Geschäftsführung des VsB sah ihr wichtigstes Ziel darin, die sozialen Baubetriebe zu einem schlagkräftigen Instrument zu formen, um trotz Kapitalmangels in schwierigen Zeiten gegen die harte Konkurrenz des privatkapitalistischen Baugewerbes bestehen zu können. Sie drängte deshalb auf Ausschluß unwirtschaftlicher und nicht sanierbarer Betriebe; zudem verzichtete der VsB auf das steuersparende Gemeinnützigkeitsprinzip (!), weil er nunmehr Bauaufträge aller Art übernehmen wollte. Auch gab es Bestrebungen, die Betriebsvorstände zu beseitigen, weil sie „ein Hemmnis für die gesunde Entwicklung der Betriebe" seien und das Wohl der Belegschaft über das Betriebsinteresse stellten – ein Vorstoß, der, weil dem Ziel der „Demokatisierung der Wirtschaft" zuwiderlaufend, nicht durchdrang. Eine weitgehende Straffung des VsB durch Auflösung der Bauhüttenbetriebsverbände und Konzentration des Kapitals beim Zentralverband auf Kosten der Einzelbetriebe und Mittelinstanzen erwies sich als unvermeidlich.[190]

Wagners Sozialisierungskonzept war nicht zu realisieren; selbst die gemeinwirtschaftlichen Prinzipien des VsB waren nicht durchzuhalten. Deshalb unternahm er 1924, als sich nach dem Ende der Inflation die wirtschaftlichen Verhältnisse zu normalisieren begannen, einen neuen Anlauf zu einer umfassenden Organisation des gemeinwirtschaftlichen Wohnungsbaus. Er forderte in einer programmatischen Schrift die organisatorische Trennung der hierfür wichtigen Funktionen: Den *Genossenschaften* falle die „Konsumentenfunktion" als Käufer und Verwalter der Wohnungen zu, den *Baubetrieben* die ausschließlich bauausführende „Produzentenfunktion". Was fehle, sei ein „Mittlerorgan", das die Kapital-, Bauland- und Baustoffbeschaffung übernehme, auf rationelle Bauweise

---

[188] Vgl. *Ellinger*, Bauhüttenbewegung, 37ff.

[189] Vgl. ebenda, 49f., 181-191; *Novy/Prinz*, Geschichte, 90.

[190] Vgl. *Ellinger*, Bauhüttenbewegung, 82, 94ff.,103f., 130ff. Die wirtschaftlichen Schwierigkeiten der Bauhütten in der Nachinflationszeit, die mangelnde Solidarität befreundeter Organisationen, die Bauaufträge lieber an Private gaben, ihre Bestreikung durch kommunistisch geführte Untergliederungen der Bauarbeitergewerkschaft kommen deutlich zum Ausdruck in: *A[ugust] Ellinger*, Bauhüttenbewegung und Gewerkschaften. Vortrag (...) auf dem Zweiten ordentlichen Bundestag des Deutschen Baugewerkbundes in Dresden September 1927, Berlin 1928, 4, 9f., 12f.

achte und die Beziehungen zu Bauherren wie Baugenossenschaften, aber auch Kommunen, Gewerkschaften, Konsumgenossenschaften usw. organisiere. Soweit es sich um der Gemeinwirtschaft verpflichtete Bauherren handle, sollten sie zugleich Mitglied dieses Organs werden, das zugleich als „Bauherren-Organisation" fungieren könne. Hierfür schlug er die Gründung örtlicher „Heimstättenbau-Aktiengesellschaften" vor, die in örtlicher und regionaler Gliederung bis zu einer „Reichswohnungsfürsorgegesellschaft für Beamten-, Angestellten- und Arbeiterheimstätten" (Rewog) hinaufreichen sollten.[191]

In der Tat kam es 1924 zur Gründung der „Deutschen Wohnungsfürsorge-AG für Beamte, Angestellte und Arbeiter" (Dewog), deren Aktien vom ADGB, dem „Afa-Bund", der „Bank für Arbeiter, Angestellte und Beamte" (Arbeiterbank) sowie dem VsB gehalten wurden; später trat die von den Konsumgenossenschaften und den Gewerkschaften gegründete Versicherungsgesellschaft „Volksfürsorge" hinzu.[192] Die in Berlin ansässige *Dewog* fungierte als Dachgesellschaft der lokalen und regionalen Gesellschaften in Ländern und Städten, wo sie je nach den politischen Kräfteverhältnissen Länder und Kommunalverwaltungen in ihre Aktivitäten einbezog. Sie vermochte in vielen Kommunen beachtliche städtebauliche Akzente zu setzen. Ihre Tochtergesellschaft *Gehag* (Gemeinnützige Heimstätten-Aktiengesellschaft") baute z.B. *Tauts* „Hufeisensiedlung" in Berlin-Britz.[193]

Wagner setzte auf *Rationalisierung*. Propagiert wurde die Normierung von Einzelbauteilen, Bauformen-Typisierung sowie Rationalisierung der Arbeitsabläufe, was innerhalb der Bauhüttenbewegung nicht immer Beifall fand.[194] Der VsB und die „Dewog" wurden durch finanzielle wie organisatorische Zentralisierung zu einem konkurrenzfähigen Instrument der sozialen Bauwirtschaft umgestaltet. Auch sollte die „Dewog" nicht mehr durch ein „Kollegialsystem", sondern durch ein „einköpfiges Führersystem" geleitet werden. Da sich dagegen Widerstände erhoben, legte *Wagner* 1925 die Geschäftsführung des VsB und 1926 die der „Dewog" nieder. Gleichwohl wurden beide Organisationen nach seinen Vorstellungen gestrafft. Die „Dewog" übernahm die Mehrheit des Grundkapitals ihrer regionalen Töchter und wurde so eine „Holdinggesellschaft", die diese an kurzer Leine hielt.[195] Die weiterhin existierenden *Baugenossenschaften* sollten sich auf die Rolle bloßer Konsumentenorganisationen mit hauptsächlich hausverwaltender

---

[191] Vgl. *Martin Wagner*, Neue Wege zum Kleinwohnungsbau. Ein Programm der Selbsthilfe, Berlin 1924, 14ff., 21f.; *Richard Linneke*, Die Rolle der Dewog, in: Ww, Jg. 5 (1928), 225-228. Für die Einzelaktivitäten der *Dewog* vgl. *ders.*, Die „Dewog-Organisation", in: Die wirtschaftlichen Unternehmungen der Arbeiterbewegung, hrsg. vom Bezirksausschuß des Allgemeinen Deutschen Gewerkschaftsbundes Berlin-Brandenburg-Grenzmark, Berlin 1928, 63-66.
[192] Vgl. *Ellinger*, Bauhüttenbewegung, 98ff. Verwirrend ist, daß die tatsächlich gegründete „Dewog" in zeitgenössischen Texten nach dem ursprünglichen Plan auch „Rewog" genannt wird; vgl. Die Rewog, in: DGr, Jg. 37 (1924), 40.
[193] Vgl. *Richard Linneke*, Die „Dewog"-Organisation, in: Die wirtschaftlichen Unternehmungen der Arbeiterbewegung, 63-66; Geschichte der gemeinnützigen Wohnungswirtschaft in Berlin, hrsg vom Verband Berliner Wohnungsbaugenossenschaften und -gesellschaften, Berlin 1957, 109; *Hans Kampffmeyer*, Baugenossenschaften auf dem Kontinent. Die Baugenossenschaften in Deutschland, in: IHG, 1-67, 63f.
[194] Vgl. Regierungsbaumeister *Sander*, Die Normierung im Hochbau, in: SB, Jg. 7 (1927), 101-108; Stadtbaurat *May*, Normierung und Typisierung im Baugewerbe, in: ebenda, 10f.; *K.N.*, Zwei Bauhüttenbriefe, ebenda, 1-9.
[195] Vgl. dazu *Ellinger*, Bauhüttenbewegung, 106; *Martin Wagner*, Entwicklung zum Bauhüttentrust, in: DGr, Jg. 38 (1925), 145f.

Funktion beschränken, was Proteste hervorrief, weil dadurch der ursprüngliche Genossenschaftsgedanke zerstört werde.[196]

Wagner und seine Mitstreiter betteten ihre Konzeption in umfassende theoretische Zusammenhänge ein. Sie nannten zunächst als Vorbild der Bauhüttenbewegung den englischen „Gildensozialismus"; später bezeichneten sie sie als Ausdruck des Konzepts der *Wirtschaftsdemokratie* (siehe unten Sozialismus I, 8. Kap., I, 2). *Wagner* sah in der Bauhüttenbewegung eine Wiederverkörperung der mittelalterliche Organisation des Dombaus durch Bauhütten. Deren Leiter seien zugleich Künstler und Werkleiter gewesen, und die Arbeiter hätten ihre Ehre mit dem Gelingen des Werkes verbunden. Der Kapitalismus habe diese Baugesinnung zerstört. Unter sozialistischen Bedingungen würden die Vereinigung von Kopf- und Handarbeit und die werkorientierte geistige Führung wieder auferstehen.[197] *Wagner* überließ es dem ehemaligen Sekretär des Ungarischen Bauarbeiterverbands *Alexander Garbai*, diese Bauhüttenphilosophie zu entfalten. *Garbai* prognostizierte ein neues „Zeitalter des Gemeinsinns", das die sittlichen Kräfte der mittelalterlichen Bauhütten erneuern werde – eine ideologische Überhöhung der gemeinwirtschaftlichen Bauindustrie, die doch von ihrer kapitalistischen Umwelt geprägt war:

„Die Baukunst der sozialisierten Gesellschaft ist eine ‚höhere Offenbarung' als die des Kapitalismus (...). Die Spannkraft dieser künftigen, noch unbestimmbaren Kraft äußert sich in der Bauhüttenbewegung, die zunächst die organisierte Macht der Bauarbeiter in den Dienst des menschlichen Fortschritts zu stellen bestrebt ist. Wissenschaft, Kunst und gemeinwirtschaftliche Arbeitsorganisation sind die Kraft, die die Massen der organisierten Bauarbeiter aus dem Sumpfe des kapitalistischen Elends zum Sozialismus emporhebt. (...) Die neuen Städte können keine leblosen Steinhaufen sein, wie sie es im Zeitalter des Kapitalismus waren, sondern sie werden sich den Naturschönheiten anpassen, sie organisch ergänzen und Stätten der Gesundheit, der Arbeitsfreude, der Kultur und Unterhaltung und der auf neue Grundlagen gestellten Erziehung der heranwachsenden Generation sein. In den neuen Städten wird der neue Mensch, der Typus jenes sozialen Gemeinschaftsmenschen geboren. (...) Baukünstler, Bautechniker und Bauarbeiter, rüstet euch mit vereinten Kräften zum großen Kampf, zu dem ihr berufen seid, zum Sturm gegen die Festung des baugewerblichen Kapitalismus, hinter der die Umrisse einer schöneren, zur schöpferischen Bauarbeit geeigneteren Welt heraufdämmern!"[198]

b) Konsumgenossenschaften

Der Aufschwung der Konsumgenossenschaften unterminierte die ursprüngliche Genossenschaftsfeindlichkeit der Sozialdemokratie, denn trotz ihrer anfänglichen Verbundenheit mit *Schulze-Delitzschs* „Allgemeinem Verband deutscher Erwerbs- und Wirtschaftsgenossenschaften" wuchs ihre sozialdemokratische Prä-

---

[196] Vgl. Ernst *Grünfeld*, Das Genossenschaftswesen, volkswirtschaftlich und soziologisch betrachtet, Halberstadt 1928, 334ff., 338f., 346; *Richard Linneke*, Die Dewog und die Baugenossenschaften, in: Ww, Jg. 4 (1927), 41f. *Novy* bezeichnet *Wagners* Konzept als das der Linkstechnokraten der zwanziger Jahre, die in jeder überbetrieblichen Rationalisierung „ein Stück Sozialismus" gesehen hätten. *Novy/Prinz*, Illustrierte Geschichte, 121.
[197] Vgl. *Wagner*, Sozialisierung, 7, 9, 11f., 15, 19.
[198] *Alexander Garbai*, Die Bauhütten (Vergangenheit und Zukunft). Der Weg zum gemeinwirtschaftlichen Aufbau der Arbeitsorganisationen im Baugewerbe, Hamburg 1928, 227f.

gung. *Adolph von Elm* gründete 1899 in Hamburg das Vorbild aller sozialdemokratischen Konsumvereine, den „Konsum-, Bau- und Sparverein Produktion". Die Mitgliederzahl der Bewegung stieg auf 1,5 Mill. im Jahr 1910, wovon rund 85 % der Arbeiterschaft zugehörten. Der mittelstandsfreundliche „Allgemeine Verband", der in den sozialdemokratisch infizierten Konsumgenossenschaften eine unerwünschte Konkurrenz der Handelsgeschäfte erblickte, schloß sie 1902 kurzerhand aus. Daraufhin gründeten diese 1903 den „Zentralverband deutscher Konsumvereine", der mit der seit 1894 bestehenden „Großeinkaufs-Gesellschaft Deutscher Consumvereine m.b.H" (G.E.G.) den wirtschaftlich erfolgreichsten Teil der Genossenschaftsbewegung bildete. Sein Aufschwung wurde erst von der Weltwirtschaftskrise gebremst. 1928 umfaßte er, mit steigender Tendenz, 2,8 Mill. Mitglieder. Zusammen mit dem christlich orientierten „Reichsbund" erreichten die Konsumgenossenschaften rund ein Viertel aller deutschen Haushalte.[199]

Kautsky signalisierte in seiner Broschüre „Consumvereine und Arbeiterbewegung", in der er jene als „keineswegs bedeutungslos für den Emancipationskampf des Proletariats" bezeichnete, eine erste Annäherung.[200] Nach einem Referat des linksorientierten Marxisten und späteren sächsischen Volksbildungsministers *Hermann Fleißner* (1865-1939) auf dem Magdeburger Parteitag von 1910 betrat die Sozialdemokratie schließlich offiziell den bereits 1899 von *Bernstein* gewiesenen Weg zur Anerkennung der Konsumgenossenschaften. Sie seien geeignet, die Massenkaufkraft zu erhöhen, im Benehmen mit den Gewerkschaften vorbildliche Lohn- und Arbeitsverhältnisse zu schaffen, zur Eigenproduktion überzugehen sowie die Arbeiter „zur selbständigen Leitung ihrer Angelegenheiten" zu erziehen, weshalb die Partei die im Geiste der modernen Arbeiterbewegung geleiteten Konsumvereine unterstützen müsse.[201] Die Rede von den „drei Säulen der Arbeiterbewegung", nämlich Partei, Gewerkschaften und Genossenschaftsbewegung, meinte hauptsächlich die Konsumgenossenschaften.[202]

Die Befürworter des Bündnisses von Partei, Gewerkschaften und Konsumgenossenschaften strichen vor allem die Vorteile für die Gewerkschaften heraus. Es könne verhindern, daß die Unternehmer die erkämpften Lohnerhöhungen einfach auf die Preise überwälzten. Damit seien die Gewerkschaften besser in der Lage,

---

[199] Vgl. zur Entwicklung *Erwin Hasselmann*, Geschichte der deutschen Konsumgenossenschaften, Frankfurt a.M. 1971, 253ff., 283ff; zur „Produktion" und ihren Vorläufern *Paul Göhre*, Die deutschen Arbeiter-Konsumvereine, Berlin 1910, 425ff. Zu den Daten vgl. *Heinrich Kaufmann*, Ein konsumgenossenschaftlicher Blick in die Zukunft, Hamburg 1921, 16f.; *ders.*, Wesen und Ziel der Konsumgenossenschaftsbewegung, Hamburg 1922, 6; *Hermann Fleißner*, Arbeiterbewegung und Genossenschaften (1911), Jena 1924, 44; *Christoph Buchheim*, Die deutsche Konsumgenossenschaft in der Weimarer Zeit – eine scheiternde Massenbewegung für Wirtschaftsreform, in: Scripta Mercatura. Zeitschrift für Wirtschafts- und Sozialkunde, Jg. 2 (1982), 51-69, 51, 54ff.
[200] Vgl. *Karl Kautsky*, Consumvereine und Arbeiterbewegung, Wien 1897, 6, 13ff., 22, 28f.; *Adele Gerhard*, Konsumgenossenschaft und Sozialdemokratie, Nürnberg 1895.
[201] Vgl. Prot. PT Magdeburg 1910, 179, 440-465. Vgl. auch *Fleißner*, Arbeiterbewegung, 22, 24f. sowie die fast gleichlautende Resolution des Internationalen Sozialistenkongresses in Kopenhagen von 1910. Die Magdeburger und Kopenhagener Resolution ist abgedruckt bei *Heinrich Kaufmann*, Die Entwicklung der sozialdemokratischen Haltung zur Konsumgenossenschaftsbewegung, Hamburg 1911, 10, 84. – Zu *Bernstein* vgl. *ders.*, Voraussetzungen, 94-118.
[202] Vgl. *David*, Sozialismus, 64; für Österreich programmatisch *Karl Renner*, Die Dreieinheit der Arbeiterbewegung, Wien o.J.

„ihren Kampf um bessere Arbeitsbedingungen mit um so größerer Intensität zu führen" (*Gertrud David*). Auch könnten die Genossenschaften nach englischem Vorbild aus aufgesparten Rückvergütungen einen Streik- und Aussperrungsnotfonds bilden. Was die Löhne betreffe, so hätten die Konsumgenossenschaften erklärt, nur von solchen Firmen Waren zu beziehen, die die gewerkschaftlichen Tarife anerkennen würden.[203] Gewerkschaften und Konsumgenossenschaften verstanden sich als Vorreiter tarifvertraglicher Regelungen von Löhnen und Arbeitsbedingungen. Die Genossenschaften anerkannten die ortsüblichen Tariflöhne und gewährten nach Möglichkeit Sondertarife. Zur Ausräumung von Konflikten bildeten Gewerkschaften und Konsumgenossenschaften 1905 ein paritätisches Tarifamt. Hinsichtlich der Löhne, Arbeitszeit und hygienischen Verhältnisse stellten sich die dort Beschäftigten zumeist besser als ihre Kollegen in der Privatwirtschaft.[204]

Die engagierten Befürworter der Konsumgenossenschaften betonten deren *Erziehungsfunktion*. Einst, so *Cassau*, habe es geheißen:

„Der Arbeiterschaft fehlt die praktische Erfahrung, die Schulung im Wirtschaftsleben; sie muß diese an eigenen wirtschaftlichen Unternehmen erwerben, sonst kann sie nie darauf rechnen, die Wirtschaft wirklich zu erobern. (...) Nicht erkannt und daher nicht erörtert wurden aber Fragen der Auslese, Wirkungen der Differenzierung der Beschäftigung, soziologische Gegensätze innerhalb der Arbeitnehmerschaft, Möglichkeiten öffentlichen Großbetriebes, Möglichkeiten und Schwierigkeiten frei organisierten gemeinnützigen Großbetriebes (...), Zusammenwirken verschiedenartiger Betriebs- und Unternehmensformen, Ausbau eines sozialistischen Arbeitsverhältnisses (...). Für alle diese Aufgaben ist der *Konsumverein* die gegebene *Schulungsmöglichkeit*." [205]

Über die konstitutiven Merkmale der Konsumgenossenschaften herrschte weitgehend Einigkeit. Die Diskussion bezog sich stets auf das Vorbild der legendären „Redlichen Pioniere von Rochedale" (*equitable pioneers of Rochedale*) – eine Gruppe von owenistischen und chartistischen Webern, deren Idee, ihren Bezug an Lebensmitteln kollektiv zu organisieren, 1844 Anstoß zu der englischen Konsumgenossenschaftsbewegung gab. Ihre Prinzipien seien die Voraussetzungen des konsumgenossenschaftlichen Erfolgs.[206] Hervorgehoben wurden drei Merkmale:

---

[203] Vgl. *David*, Sozialismus, 59f.

[204] Vgl. *Franz Staudinger*, Die Konsumgenossenschaft, Leipzig 1908, 118; ferner *Wilhelm Schröder*, Gewerkschaften und Konsumvereine, in: DNG, Jg. 5 (1907), 41-45; Gewerkschaften und Konsumvereine. Eine Auseinandersetzung zwischen Hans Dreher, Max Josephson und Wilhelm Schröder, in: ebenda, 110-117; *Paul Umbreit*, 25 Jahre Deutsche Gewerkschaftsbewegung 1890-1915. Erinnerungsschrift zum 25jährigen Jubiläum der Begründung der Generalkommission der Gewerkschaften Deutschlands, Berlin 1915, 102; *David*, Sozialismus, 42f.

[205] Vgl. *Theodor Cassau*, Genossenschaftswesen und Sozialismus, Hamburg 1926, 35, 3; *Gerhard*, Konsumgenossenschaft, 19; *R[obert] Wilbrandt*, Die Bedeutung der Konsumgenossenschaften. Vortrag auf dem Evangelisch-sozialen Kongreß zu Hamburg, Göttingen 1913, 16f.

[206] Vgl. *Grünfeld*, Genossenschaftswesen, 113; *Heinrich Kauffmann* [sic!], Bericht über den Stand der Konsumgenossenschaftsbewegung Deutschlands, in: Die Errichtung des Zentralverbandes deutscher Konsumvereine. Sonderabdruck des Berichtes über den konstituierenden Genossenschaftstag des Zentralverbandes deutscher Konsumvereine am 17. und 18. Mai 1903 in Dresden, Hamburg 1903, 41; *David*, Sozialismus, 7f.

1. Alle Mitglieder bringen einen Mindest-Geschäftsanteil zur Gründung und Führung eines Lebensmittelladens ein.
2. Es wird nur gute und unverfälschte Ware vollgewichtig gegen Barzahlung an der unteren Grenze der ortsüblichen Preise verkauft.
3. Überschüsse werden nach der Höhe des Warenbezugs, keinesfalls nach der des eingebrachten Kapitals, ausbezahlt.[207]

Im Selbstbewußtsein der sozialdemokratisch engagierten Mitglieder spielte die in demokratischen Formen organisierte Selbstverwaltung eine wichtige Rolle. Leitungsorgane und Geschäftsführung der örtlichen Konsumgenossenschaften und der G.E.G. wurden auf allen Ebenen von regelmäßig zusammentretenden Mitgliederversammlungen demokratisch bestellt – ein Prinzip, das, wenn auch nur unvollkommen realisiert, so doch ideell und zukunftsweisend dem „Herr-im-Hause-Standpunkt" privatkapitalistischer Unternehmen entgegengesetzt wurde.[208]

Die Konsumgenossenschaften waren aus *moralischen* und *wirtschaftlichen* Gründen erfolgreich. Sie boten eine Alternative zu den im Kleinhandel verbreiteten Usancen wie Lebensmittelverfälschung, Verkauf untergewichtiger Waren und „Anschreibenlassen" mit der Konsequenz der Dauerverschuldung einkommensschwacher Arbeiterfamilien. *Paul Göhre* (1864-1928), evangelischer Pfarrer und sozialdemokratischer Reichstagsabgeordneter, Herausgeber der ersten authentischen Arbeiterbiographien, schildert, welche Mühe bereits in den Anfängen darauf verwandt worden sei, einwandfreie Waren anzubieten.[209] Das unbeirrte Festhalten an diesen Grundsätzen trug den Konsumgenossenschaften die Anerkennung bürgerlicher Kreise ein, teils, weil sie deren Angebote (z.B. unverfälschte Milch) schätzten, teils auf Grund ihrer eigenen reformerischen Einstellungen. Es gelang den Genossenschaften, einen treuen Kundenstamm an sich zu binden, der den eines durchschnittlichen Kolonialwarenhändlers übertraf.[210]

Die Konsumgenossenschaften errichteten schließlich *Eigenbetriebe*, die nach der Jahrhundertwende florierten. Produziert wurden Waren des Massenkonsums wie Brot (Brotfabriken waren die typischen Eigenbetriebe) und sonstige Lebensmittel, Tabakwaren, Seife, Holzwaren, Zündhölzer und dergleichen. In der Prosperitätsphase der Weimarer Republik konzentrierte die G.E.G. diese Produktion und dehnte sie auf den Bereich der Textilkonfektion aus. Die Modernität und anspruchsvolle Baugestaltung der neugebauten G.E.G.-Fabriken machten Eindruck. *Grünfeld* spricht von einem „gewaltigen Wirtschaftsunternehmen", das über eine funktionierende Infrastruktur auch hinsichtlich Lagerhaltung und Transport verfüge und sich rasch und planmäßig entwickle.[211] In der Tat war die Wirtschaftslage der Konsumgenossen-

---

[207] In Deutschland hatten die Konsumgenossenschaften überwiegend die Rechtsform einer G.m.b.H. Was die Einlagen und deren Verzinsung betrifft, so war im Laufe der Entwicklung zwischen Eintrittsgeld, Geschäftsanteil (der schließlich verzinst wurde), rückerstatteten Überschüssen und verzinslichen Spareinlagen zu unterscheiden. Vgl. *Reinhard Weber*, Artikel „Konsumgenossenschaften", in: IHG, 557ff.; *Staudinger*, Konsumgenossenschaft, 45f., *Kaufmann*, Bericht, 31, 40.

[208] Vgl. *Robert Wilbrandt*, Kapitalismus und Konsumenten. Konsumvereinspolitik, in: GsS, Abteilung IX, Teil II: Die autonome und staatliche soziale Binnenpolitik im Kapitalismus, Tübingen 1927, 412-456, 441f.; *Emmy Freundlich*, Genossenschaft in der Volkswirtschaft, in: IHG, 328-332, 330f.

[209] Vgl. *Göhre*, Arbeiter-Konsumvereine, 347ff.

[210] Vgl. vor allem das Vorwort von *Julius Hirsch* zu: *Sidney* und *Beatrice Webb*, Genossenschaftsbewegung, Halberstadt 1924, VII. Vgl. auch *Wilbrandt*, Bedeutung, 11, sowie *David*, Sozialismus, 31.

[211] Vgl. *Grünfeld*, Genossenschaftswesen, 294ff., sowie die ausführlichen Angaben bei Hasselmann, *Geschichte*, 320ff., 422ff.

schaften vergleichsweise robust, so daß sie der aufkommenden Konkurrenz der Warenhäuser und Handelsketten sowie den Einbrüchen in der Weltwirtschaftskrise standhalten konnten.[212]

Aus den Einlagen der Mitglieder und den stehengebliebenen Gutschriften entwickelten sich auf lokaler Ebene konsumgenossenschaftliche *Sparkassen*. 1909 gründete die G.E.G. eine *Bankabteilung*, die die üblichen Bankgeschäfte betrieb. Die G.E.G.-Bank ermunterte die Gewerkschaften, ihre Gelder bei ihren Banken anzulegen, die als Streikkassen wie zur Finanzierung konsumgenossenschaftlicher Eigenbetriebe dienen könnten.[213] Die Gewerkschaften fürchteten jedoch, im Streik- und Aussperrungsfall nicht rasch genug an ihre Einlagen zu kommen. Die 1924 entstandene „Bank für Arbeiter, Angestellte und Beamte AG" (*Arbeiterbank*) war eine Gewerkschaftsgründung, zu deren Aktionären die Vermögensverwaltung der SPD „Konzentration" und der „Hauptverband Deutscher Krankenkassen" gehörten.[214] Andererseits glückte die Zusammenarbeit von G.E.G. und Gewerkschaften bei der Gründung der Lebensversicherungsgesellschaft *Volksfürsorge* im Jahr 1912, deren Anfangskapital von einer Mill. Mark beide Organisationen je zur Hälfte einbrachten. Die *Volksfürsorge* war erfolgreich, überdauerte den Nazismus und war in der Nachkriegszeit ein wichtiger gemeinwirtschaftlicher Zweig.[215] Ohne diese Geldinstitute wäre der Ausbau des gemeinwirtschaftlichen Wohnungs- und Konsumgenossenschaftswesens nicht zustandegekommen.

Innerhalb von Sozialdemokratie und Genossenschaftsbewegung entspann sich eine Diskussion über die ökonomischen und politischen Funktionen der Konsumgenossenschaften. Dabei vermischten sich zwei Fragestellungen: 1. Können die Konsumgenossenschaften angesichts der Tatsache, daß der weit überwiegende Teil ihrer Mitglieder der Arbeiterschaft angehört, als Klassenorganisationen angesehen werden, die sich am Klassenkampf beteiligen, oder sollen sie strikte politische *Neutralität* bewahren? Und: 2. Wirkt in der konsumgenossenschaftlichen Gemeinwirtschaft eine *Tendenz zum Sozialismus*, oder nimmt sie sogar ein Stück Sozialismus vorweg? *Hans Müller* (1867-1950), langjährig für den Internationalen Genossenschaftsbund tätig, 1922 Professor in Jena, sodann in Zürich, ging mit seiner Kombination der Neutralitäts- und Genossenschaftssozialismus-These am weitesten:

„Unter den Grundsätzen nun, die speziell für die Konsumgenossenschaften aufgestellt worden sind, (...) befindet sich (...) der Grundsatz der Neutralität. Er besagt, daß die Konsumgenossenschaften in den im Lande sich abspielenden politischen, sozialen und konfessionellen

---

[212] Vgl. zur wirtschaftlichen Situation *Hasselmann*, Geschichte, 406ff., sowie *Ulrich Kurzer*, Nationalsozialismus und Konsumgenossenschaften. Gleichschaltung, Sanierung und Teilliquidation zwischen 1933 und 1936, Pfaffenweiler 1997, 48ff.

[213] Vgl. dazu *Hasselmann*, Geschichte, 316, 331f., 404f.; ferner *Heinrich Kaufmann*, Ein konsumgenossenschaftlicher Blick in die Zukunft, Hamburg 1921, 22f; *Bruno Buchwald*, Die Gewerkschaftsbank, in DNG, Jg. 5 (1907), 294-299, 397-401, 460-467; *Franz Nader*, Gewerkschaften und Konsumvereine, in K, Jg. 4 (1910/11), 179-181.

[214] Zu Gründung und Entwicklung der *Arbeiterbank* vgl. *Novy, Prinz*, Geschichte, 165-170 sowie: Die wirtschaftlichen Unternehmungen der Arbeiterbewegung, Berlin 1928, 88-99.

[215] Vgl. *Karl Renner*, Die ‚Volksfürsorge' im Befreiungskampf des Proletariats, in: K, Jg. 6 (1912/13), 506-511; *Adolph von Elm*, Die Leistungen der Volksfürsorge, in: SM, Jg. 19 (1913), Bd. 3, 1150-1155; *Armin von Loesch*, Die gemeinwirtschaftlichen Unternehmen der deutschen Gewerkschaften, Köln 1979, 204-218.

Kämpfen neutral bleiben und weder für den einen, noch den anderen Teil der streitenden Bürger Partei ergreifen sollten. Dieser Grundsatz ist der Erwägung entsprungen, daß sich die Bürger den Konsumvereinen nicht zur Wahrung und Förderung irgendwelcher politischen, sozialen und konfessionellen Parteiinteressen angeschlossen haben, sondern aus einem rein wirtschaftlichen Motiv, das an und für sich selbst nicht dazu angetan ist, sie in Parteien zu trennen, sondern das, unbeschadet ihrer politischen, sozialen und konfessionellen Anschauungen, sie gemeinsam zu ersprießlicher Tätigkeit zusammenzuführen vermag." Die Klassenkampfforderung treibe einen Keil in die Genossenschaftsbewegung.[216]

Andererseits erblickt *Müller* in den Konsumgenossenschaften den Keim der künftigen sozialistischen Wirtschaftsordnung:

„Indem die Konsumgenossenschaft darauf ausgeht, ihre Mitglieder in eine Lage zu bringen, worin sie im Preise der konsumierten Güter nur den Wert der Arbeit, der bei ihrer rationellen Herstellung und Vermittlung aufgewendet werden muß, zu bezahlen brauchen, nicht aber darüber hinaus dem Kapital eine Rente zu entrichten genötigt sind, bildet sie den Keim einer neuen, der kapitalistischen entgegengesetzten Wirtschaftsordnung; sie ist *sozialistisch*, sofern unter Sozialismus eine Wirtschaftsordnung verstanden wird, in der planmäßig für die Befriedigung der Bedürfnisse und im allgemeine Interesse aller arbeitenden Glieder des Volkes gearbeitet wird."[217]

Revisionistisch eingestellte Konsumgenossenschafter wie *Kaufmann, Staudinger, Wilbrandt* und *Gertrud David* teilten diese Auffassung.[218] Anderer Ansicht war *Reinhard Weber* (ein Schüler *Ferdinand Tönnies'*). Er hielt den Klassenkampf für eine „Naturtatsache", weshalb die Konsumgenossenschaften, enthielten sie wirklich den „Keim" des Sozialismus, gar nicht neutral sein könnten.[219]

Eine vermittelnde Position vertrat *Hermann Fleißner*. Die Konsumvereine seien „zwar Klassenorganisationen, aber nicht Organe des Klassenkampfes im politischen Sinn". Sie stärkten den Arbeiter wirtschaftlich und damit seine Kampfeskraft. „Parteipolitische Zustimmung" zu verlangen, wäre jedoch falsch.[220]

Revisionistisch denkende Autoren betteten die Genossenschaftsbewegung in ihr evolutionistisches Geschichtsbild ein, aus welchem sie Demokratisierungstendenzen und den „Trieb zur Genossenschaftsbildung" (*Paul Kampffmeyer*) herauslasen. Ziel dieses Vergesellschaftsprozesses, der sich „mit der ehernen Unerbittlichkeit einer Naturkraft" durchsetze, war nach *Heinrich Kaufmann* der „Wirtschaftssozialismus", d.h. die Ersetzung des Marktes samt seiner ungerechten Wirkungen durch „eine gemeinnützige genossenschaftliche Bedarfsdeckungswirtschaft der Produktion für den organisierten Konsum." Politisch gesehen handle es sich um einen „*materialistisch-evolutionären*" Prozeß, der der „*mate-*

---

[216] *Hans Müller*, Die Klassenkampftheorie und das Neutralitätsprinzip der Konsumgenossenschaftsbewegung, Basel 1907, 2, 29.
[217] So *Müller* im Entwurf eines Manifests für den Kongress des Internationalen Genossenschaftsbundes in Hamburg (1910), in: ders.: Geschichte der Internationalen Genossenschaftsbewegung, Halberstadt 1924, 183. Vgl. auch ders., Klassenkampftheorie, 32ff.
[218] *Kaufmann* hat die Diskussion um die Thesen *Müllers* sorgfältig dokumentiert; vgl. *Heinrich Kaufmann*, Bericht über die Entwicklung des Zentralverbandes deutscher Konsumvereine im Jahre 1907, in: ders. (Hrsg.), JbZK, Jg. 6 (1908), Bd. 1, 37-309, 123-140.
[219] Vgl. *Reinhard Weber*, Konsumgenossenschaften und Klassenkampf (Das Neutralitätsprinzip der konsumgenossenschaftlichen Bewegung). Mit einem Vorwort von *Ferdinand Tönnies*, Halberstadt 1925, 33, 80, 131, 139.
[220] Vgl. *Fleißner*, Arbeiterbewegung, 43ff., 46, 50. Vgl. auch seine Parteitagsrede, in: Prot. PT Magdeburg 1910, 440-465.

rialistisch-revolutionären" Auffassung *Kautskys* und der Zentristen gegenüberstehe, die Klassenkampf und Eroberung der politischen Macht als Voraussetzung des Sozialismus betrachteten. *Kaufmann* machte keinen Hehl aus seiner Erwartung, daß aus den Konsumgenossenschaften „direkt gemeinwirtschaftliche Gebilde" und schließlich der demokratische Sozialismus erwachsen würden.[221] Was dessen politische Form betreffe, so werde sie sich am Leitbild der „berufsgenossenschaftlichen Selbstverwaltung" orientieren – eine Aussage, die im Kontrast zu der starken „staatssozialistischen" Strömung innerhalb der Sozialdemokratie stand.[222]

Sozialreformer wie der Gymnasialprofessor *Franz Staudinger* (1849-1921) und der Tübinger Nationalökonom *Robert Wilbrandt* (1875-1954) verfochten gleichfalls die These, daß die Konsumgenossenschaften die sozialistische Wirtschaftsweise vorwegnähmen (wie überhaupt die Konsumgenossenschaften ein Scharnier zwischen Bürgertum und Arbeiterbewegung bildeten). *Staudinger* nannte „*die Unterordnung der Produktion unter den Konsum*" ein „*Naturverhältnis*". Wenn heute Produzenten und Händler „als Herren über den Konsumenten" erschienen, so sei dies eine Folge des „Rentenindustriesystems". Die Konsumgenossenschaft könne die Konsumenten aus dieser Umklammerung befreien.[223] Für *Wilbrandt* ist diese Entwicklung „ein genialer Kunstgriff der Weltgeschichte: der praktische Sozialismus löst alles Besitzeinkommen auf, gibt es in die Hände der Konsumenten und so an das schließlich allein verbleibende Arbeitseinkommen – zuletzt eine völlige Zurückerstattung des Mehrwerts an seine Erzeuger".[224]

In der veränderten Form konsumgenossenschaftlicher *Eigenbetriebe* erhielten auch die *Produktivgenossenschaften* eine Wiederbelebungschance.[225]

c) Zur politischen Ökonomie des Genossenschaftswesens. Arbeiterbanken und -versicherungen.

Im Verlauf der Diskussion um die gesellschaftstheoretische Bedeutung der Konsum- und Baugenossenschaften wurden Elemente einer ökonomischen Theorie des gemeinwirtschaftlichen Genossenschaftswesens formuliert. Am weitesten gelangte dabei *Karl Renner*, der sich nicht nur auf österreichische, sondern auch auf deutsche Erfahrungen stützte.[226] Was die *Konsumgenossenschaften* betrifft, so

---

[221] Vgl. *Paul Kampffmeyer*, Die Stellung der Arbeiterschaft zur Politik, in: SM, Jg. 1 (1897) 297-303; *Heinrich Kaufmann*, Wesen und Ziel der Konsumgenossenschaftsbewegung, Hamburg 1927, 2, 12; *ders.*, Die Stellungnahme der Sozialdemokratie zur Konsumgenossenschaftsbewegung, 51-61, 67ff., 88f, 94; *David*, Sozialismus, 3ff., 55f. Diese Sichtweise entspricht *Kampffmeyers* These vom Vorrang der wirtschaftlichen Macht der Arbeiterklasse vor der politischen, siehe oben Sozialismus I, 5. Kap., I, 3, b).

[222] Vgl. *Friedrich Hahn*, die genossenschaftliche Entwickelung und das sozialdemokratische Programm, in SM, Jg. 11 (1907), Bd. 1, 224-230, 226; *Wilbrandt*, Bedeutung, 2.

[223] *Franz Staudinger*, Kulturgrundlagen der Politik. 2. Teil. Ursachen und Ziele, Jena 1914, 144ff.

[224] *Robert Wilbrandt*, Konsumgenossenschaften, Stuttgart 1922, 36ff., sowie *ders.*, Bedeutung, 9f. H. *Kaufmann* erkannte, daß diese Vision „eine *letzte Konsequenz* des Genossenschaftsgedankens" und keinesfalls gewiß sei. Ein gemischtes (kapitalistisches und gemeinwirtschaftliches) Wirtschaftssystem sei ebenfalls denkbar. *Kaufmann*, Bericht, in: *ders.*, JbZK, Jg. 6 (1908), Bd. 119ff.

[225] Vgl. *Hasselmann*, Geschichte, 327; ferner zur Problematik des Übergreifens der Konsumgenossenschaft auf die Produktion *David*, Sozialismus, 27, 30ff.; *Fleißner*, Arbeiterbewegung, 11.

[226] *Karl Renner* wurde 1911 Verbandsobmann der österreichischen Konsumgenossenschaften und

bestand Einmütigkeit darin, daß ihr Erfolg auf der Planbarkeit von Konsum, Eigenproduktion und Einkauf beruhe, die durch Organisierung einer Kundschaft mit im wesentlichen bekannten Bedürfnissen erreicht werde. Dies ermögliche es, die Differenz zwischen Gestehungskosten und Verkaufspreis zur Finanzierung der Rückvergütung wie der zur Expansion erforderlichen Kapitalakkumulation zu nutzen.[227] Allmählich werde das Kapital der Arbeiterklasse zur Waffe gegen das privatwirtschaftlich fungierende Kapital.[228] Es werde der Arbeiterschaft schließlich gelingen, über die Genossenschaften „einen erheblichen Teil der Industrie (...) wirksam [zu] beeinflussen. Auch die Gründung von Versicherungen wie etwa der *Volksfürsorge* hätten diesen Effekt. Beide griffen „in die Mehrwertverteilung sehr wirksam ein. Sie reißen ein größeres Stück des Mehrwertes, der sonst den Privatkapitalisten zufiele, an sich (...)." Dies sei eine „Reexpropriation des Mehrwerts".[229] Es bildet das *Solidarkapital* bzw. „Sozialkapital, das heißt [es ist] einer bestimmten wechselnden Masse gehörig, so daß der Einzelne auf dieses Kapital keinen anderen Anspruch hat als das Mitbestimmungsrecht in der Generalversammlung, wenigstens bis zu dem Augenblick, wo er austritt und seinen Anteil behebt."[230] Das Solidarkapital akkumulieren die Arbeiter- und Genossenschaftsbanken:

„Die Gebahrung all dieser Kreditorganisationen erbringt den Beweis, daß die Lohn- und Gehaltsrücklagen und sonstigen Barbestände der arbeitenden Klassen, obschon in unzählige kleine Beträge zersplittert, (...) so gewaltige Geldsummen ausmachen, daß sie einen wesentlichen Teil des baren Geldkapitals jeder Nation ausmachen und als Betriebskredit für die Genossenschaftsbetriebe mehr als ausreichen. Gelingt es, sie zu sammeln, so ist die Klasse selbst ihr eigener Leihkapitalist, der gezahlte Zins fällt in die Klasse zurück, und wenn durch den Unterschied zwischen Soll- und Haben-Zins ein Gewinn entsteht, so wird dieser als Sozialkapital akkumuliert."[231]

Gustav Klingelhöfer skizzierte eine *Theorie der gemeinwirtschaftlichen Wohnungs- und Bauwirtschaft*. Mit ihrer Hilfe lasse sich die Kapitalrente des Bauunternehmers, der Hypothekenbanken sowie des privaten Hausbesitzers – alles Faktoren, die die Miethöhe bestimmten – bekämpfen.[232]

---

betrieb die Gründung einer Arbeiterbank, die 1923 eröffnet wurde.
[227] Vgl. *Karl Renner*, Sozialismus, Arbeiterschaft und Genossenschaft. Skizze einer ökonomischen Theorie des Genossenschaftswesens (1931), Hamburg 1951, 29.
[228] Vgl. ebenda, 27; *ders.*, Wege der Verwirklichung. Betrachtungen über politische Demokratie, Wirtschaftsdemokratie und Sozialismus, Berlin 1929, 94, 101. Zur politischen Ökonomie der Konsumgenossenschaften vgl. auch *Emil Lederer*, Versuch einer reinen und realistisch-empirischen Theorie des Konsumentenmonopols, in: ASS, Jg. 35 (1912), 101-114, 112f.
[229] *Renner*, Wege, 64, 88f., 99; *ders.*, Volksfürsorge.
[230] *Ders.*, Sozialismus, 28; vgl. auch *ders.*, Wege, 94.
[231] *Ders.*, Sozialismus, 34; *ders.*, Der Kredit und die Arbeiterklasse, in: K, Jg. 6 (1912/13), 467-471. *Martin Wagner* forderte die Internationalisierung des Arbeiterkapitals, die zugleich den Klassenkampf auf internationaler Ebene stärken solle. „Das Privatkapital ist international. Soll es internationaler und solidarischer bleiben als das internationale und solidare Interesse des Proletariats?", vgl. *ders.*, Die wirtschaftliche Internationale. Arbeiterkapital gegen Privatkapital. Eine Anregung zur Gründung einer internationalen Arbeiterbank, in: DiG, Jg. 4 (1924), 56-62, 59.
[232] Vgl. *Gustav Klingelhöfer*, Gewerkschaftliche Wohnungs- und Bauwirtschaft. Zur Theorie ihrer Gemeinwirtschaftlichkeit, in: Wirtschaftsdemokratie. Vier Aufsätze aus der Bauwirtschaft für die Delegierten der deutschen Gewerkschaften zum Hamburger Gewerkschaftskongress vom 3.-8. September 1929, Hamburg 1928, 6-14, 7.

Dies könne dadurch geschehen, daß die künftigen Mieter mit ihren Dauerersparnissen Bauherrengenossenschaften bildeten, die für die Mietergenossenschaften Häuser bauten bzw. Wohnungen zur Verfügung stellten. Damit scheide die Hauseigentümerrente als Mietbestandteil aus. Zwar komme auch der gemeinwirtschaftliche Wohnungsbau nicht ohne Fremdkapital, doch könne das gemeinwirtschaftliche Bankensystem zunehmend die zweite Profitquelle „Privatkapital" ausscheiden. Voraussetzung hierfür sei allerdings, daß die Ersparnisse der Arbeiterschaft bei den gemeinwirtschaftlichen Banken akkumuliert würden. Hierdurch entstehende Überschüsse können dem „Sozialkapital" zugeschlagen und wieder im Wohnungsbau investiert werden.[233]

Viele Beobachter teilten den Optimismus der referierten Beiträge nicht. Die Konsumgenossenschaften seien weder „Sozialismus en miniature" (*R. Weber*), noch bedeutendstes Instrument einer sozialistischen Transformation. Bei der Eigenproduktion entfielen weder Profit noch Lohnsystem. Ferner seien sie so stark mit der Weltwirtschaft verflochten, daß sie auf Konjunkturverschlechterung wie die privaten Unternehmen mit Lohnabbau usw. reagieren müßten. Von Kollektiveigentum könne nur bedingt die Rede sein, da es jedem Genossen freistehe, unter Mitnahme seiner Geschäftsanteile auszutreten.[234] *Göhre* wies auf systembedingte Grenzen der Expansionsmöglichkeiten hin und unterstützte somit die Auffassung, daß der Sozialismus nur durch politische Mittel zu erringen sei:

„Feststeht (...), daß (...) nur die Fabrikation von Massenkonsumartikeln für die Vereine rentabel (...) ist. (...) Jede andere Art der Produktion (...) scheint (...) direkt unmöglich zu sein. So (...) von Maschinen, die selbst zur Herstellung der von konsumvereinlichen Eigenbetrieben produzierbaren Gegenstände nötig sind. (...) Dazu die Produktion mindestens des größeren Teils aller für den Export bestimmten Waren (...). Und das gleiche gilt (...) von dem ganzen Gebiete unserer großen, namentlich der schweren Industrie. Innerhalb dieser ist die Konzentration des Kapitals schon so (...) weit vorwärtsgeschritten, daß keine Hoffnung besteht, daß sie jemals durch die Konzentration des Konsums der Arbeiterklassen eingeholt, geschweige denn überholt werden könne, (...) daß an Stelle jenes Privatkapitals das Genossenschaftskapital den Betrieb der Hochöfen, Bergwerke, Schiffswerften, Eißengießereien usw. übernehmen könnte. (...) das heißt, daß aller Vorteil und aller Gewinn aus dem Arbeitsprozeß dort nicht der beteiligten Arbeiterklasse, sondern der kleinen Gruppe der Kapitalisten zufließt, deren Macht auf diese Weise täglich immer mehr ins Ungeheure wächst, und die zu brechen daher noch ganz andere Mittel und Wege nötig sind, als bloß dieses: ‚den Konsum der Arbeiterklasse zu organisieren'."[235]

Schließlich bezweifelten *Staudinger* wie *Wilbrandt* die tiefgreifende Verwurzelung der gemeinwirtschaftlichen Ideale. Den Mitgliedern gehe es oft allein um die „Dividende".[236] Auch das Demokratieprinzip werde mißbraucht. So würden Personen in leitende Positionen gewählt, die persönlich beliebt oder demagogisch geschickt, aber als Kaufleute talentlos seien. Andererseits bestehe die Gefahr, daß mit dem gewieften Kaufmann der „materialistische Geist" einziehe. Auch das Aufkommen von Strebertum, Zentralisation und Bürokratie schade der Bewegung, ebenso das Verhalten der Beschäftigten der Genossenschaften, die kaum verkraftbare Löhne und Arbeitsbedingungen forderten.[237] Der liberale Freund der

---

[233] Vgl. *Klingelhöfer*, Gewerkschaftliche Wohnungs- und Bauwirtschaft, 8ff.

[234] Vgl. *Weber*, Konsumgenossenschaften, 86ff.; *Göhre*, Arbeiter-Konsumvereine, 544.

[235] *Göhre*, Arbeiter-Konsumvereine, 570.

[236] *Staudinger*, Konsumgenossenschaften, 118.

[237] Vgl. *Robert Wilbrandt*, Sozialismus, Jena 1919, 98, 129f.

Konsumgenossenschaftsbewegung *Julius Hirsch* (1882-1961), nach dem Ersten Weltkrieg demokratischer Staatssekretär im Reichswirtschaftsministerium, sah in der demokratisierten Leitung die Gefahr, daß sie schließlich im Kampf gegen die „privatkapitalistischen Massenfilialbetriebe" und Warenhäuser unterliegen würde.[238] Die Forschung weist darauf hin, daß die Konsumgenossenschaften nach der Inflation ihre Organisationsstruktur den „privatrechtlichen Massenfilialunternehmungen" angeglichen und energisch rationalisiert hätten. Bereits in Weimar habe sich abgezeichnet, daß das Ideal der Bedarfsdeckungswirtschaft, der Verbraucherdemokratie und letztlich der Überwindung der kapitalistischen Wirtschaftsform auf der Strecke bleiben werde. [239]

4. Arbeitsbeziehungen: Arbeiterausschüsse, Arbeitskammern. Das neue Arbeitsrecht: Tarifvertrags- und Schlichtungswesen

a) Arbeiterausschüsse usw.

Die Idee, korporatistische Strukturen in die Arbeitswelt der bürgerlichen Gesellschaft einzubauen, entsprang der Liberalismuskritik konservativer Kreise, die befürchteten, die Entfremdungserfahrungen der Arbeiter übertrage sich auf Krone und Altar und lasse sie ins sozialdemokratische Fahrwasser abdriften. Was speziell die *Arbeiterausschüsse* betrifft, so gehen sie auch auf die liberale, über den Vormärz hinaus reichende Tradition zurück.[240] Diese Kräfte drängten die Reichsregierung, die Bildung von *Arbeiterausschüssen* gesetzlich zu verankern. Einige Unternehmer richteten derartige Ausschüsse ein, so daß die Rede von der „konstitutionellen Fabrik" entstand. Doch *Bismarck* sperrte sich, und *Bebel* sprach von einem „scheinkonstitutionellen Feigenblatt, mit dem der Fabrikfeudalismus verdeckt werden soll (...)". Ferner enthielten die Erlasse *Wilhelms II.* vom Februar 1890 die Anregung, zur „Pflege des Friedens zwischen Arbeitgebern und Arbeitnehmern" Arbeitervertretungen zur Regelung gemeinsamer Angelegenheiten einzurichten.[241] Sie wurde in der Novelle der Gewerbeordnung von 1891 umgesetzt;

---

[238] Vgl. *Julius Hirsch*, Vorwort zu: *S. u. B. Webb*, Genossenschaftsbewegung, VI, IXf.
[239] Vgl. *Buchheim*, Konsumgenossenschaften, 59f., 63ff. Ein wichtiges Problem ist, ob die Wirtschaftskraft der Gemeinwirtschaft ausgereicht hätte, den Wettbewerb mit den kapitalistischen Unternehmen zu bestehen. Für die *Konsumgenossenschaften* bezweifelte dies *Göhre*, Arbeiter-Konsumgenossenschaften, 547: Rund 33 Mill. Mark kollektives Kapital stünden den vielen Milliarden Mark Privatkapital gegenüber. Was die *Soziale Bauwirtschaft* betrifft, so betrug ihre Anzahl kaum mehr als 2 % der bauwirtschaftlichen Privatbetriebe, und zwischen 1927-1931 trug sie rund 3,5 % zum Gesamtwohnungsbau im Deutschen Reich bei (Eigene Berechnungen nach den Angaben in *Gerhard Dittmann*, Übergangsformen zur Gemeinwirtschaft in der deutschen Bauwirtschaft, Diss. Tübingen 1926, 97, und *Gerhard Werbik*, Bauhütten. Gemeinwirtschaft auf eigenen Wegen, Frankfurt 1960, 30.). Was die Aktivität der *Arbeiterbank* betrifft, so finden sich in der Literatur keine Vergleichszahlen mit den kapitalistischen Geschäftsbanken.
[240] Vgl. *Hans Jürgen Teuteberg*, Geschichte der industriellen Mitbestimmung in Deutschland, Tübingen 1961, 102ff.
[241] Vgl. zum Ablauf und zur Debatte ebenda 282ff., 347ff., 362ff.; zum Kaiser-Erlass 372f.; zur „konstitutionellen Fabrik" 254ff., 303, 381. Vgl. auch *Ursula Ratz*, Sozialreform und Arbeiterschaft. Die ‚Gesellschaft für Soziale Reform' und die sozialdemokratische Arbeiterbewegung vor

doch erst 1905 führte die preußische Berggesetznovelle diese Ausschüsse für Unternehmen ab 100 Arbeitern verbindlich ein.[242]

Diese Arbeiterausschüsse besaßen einige Mitwirkungsrechte, z.B. die Wahl von Vertrauensleuten für die Überwachung von Arbeitsabläufen und die Verwaltung von sozialen Einrichtungen. Ferner sollten sie „Anträge, Wünsche und Beschwerden der Belegschaft, die sich auf die Betriebs- und Arbeitsverhältnisse des Bergwerks beziehen, zur Kenntnis des Bergwerksbesitzers (...) bringen und sich darüber (...) äußern". Stellungnahmen zu Lohnfragen waren nicht vorgesehen. Die Freien Gewerkschaften bezeichneten sie als gewerkschaftsfeindliche Hilfstruppen der Unternehmer ohne „*wirkliche Befugnisse*". Effektiv wären sie nur als „Organe der gewerkschaftlichen Berufsvereine", hinter denen „straff organisierte Werksbelegschaften stünden".[243] Doch gerade dies zu verhindern, war erklärte Absicht des Gesetzgebers.[244]

Obgleich die *Arbeiterausschüsse* anfänglich ein Schattendasein führten, propagierte der freigewerkschaftliche Bergarbeiterverband bald die Teilnahme an den Arbeiterausschußwahlen. In der Tat wuchs ihr Einfluß, so daß sich im reformistischen Teil der Arbeiterbewegung die Überzeugung ausbreitete, mit Hilfe dieser Ausschüsse ließen sich Arbeiterinteressen durchsetzen.[245] Die sozialdemokratische Reichstagsfraktion forderte an Stelle der *Arbeiterausschüsse* die Errichtung eines regional gegliederten Systems von paritätisch zusammengesetzten *Arbeitsämtern* und *Arbeitskammern*. Die letztgenannten sollten auch als „Einigungsämter" für Arbeitsstreitigkeiten dienen. An der Spitze sollte ein *Reichsarbeitsamt* stehen. Als generelle Aufgabe der Arbeitskammern wurde die Unterstützung des Arbeitsamtes, besonders bei statistischen Erhebungen, genannt; hierbei sollte ihnen das Recht zustehen, Erhebungen über die wirtschaftliche, soziale und betriebliche Lage der Arbeiterschaft (bei Auskunftspflicht der Unternehmer) anzustellen und Arbeitsämter wie Gesetzgeber durch Gutachten zu informieren.[246]

Die sozialdemokratischen Vorstellungen glichen denen des katholischen Zentrums, dessen Sprecher *Franz Hitze* war. *Hitzes* Plan verfolgte freilich die Absicht, die Arbeiterschaft in die bestehende Gesellschaft zu integrieren, um der Sozialdemokratie entgegenzuwirken. Auch *Bebel* war sich über die sozialintegrative Tendenz dieses Konzepts im klaren. Doch er glaubte, daß „eine Verständigung zwischen den beiden streitenden Klassen" in Fragen der Arbeitsbeziehungen der Arbeiterklasse nütze (und diese letztlich die Oberhand behalten werde).[247]

Eine Gruppe innerhalb der Freien Gewerkschaften forderte statt der paritätischen *Arbeitskammern* reine *Arbeiterkammern*.[248] Die vom Kapitalismus hervor-

---

der Jahrhundertwende bis zum Ausbruch des Ersten Weltkrieges, Berlin 1980, 130-139.

[242] Vgl. *Werner Milert/Rudolf Tschirbs*, Von den Arbeiterausschüssen zum Betriebsverfassungsgesetz. Geschichte der betrieblichen Interessenvertretung, Köln 1991, 34; *Teuteberg*, Mitbestimmung, 438.

[243] *Otto Hue*, Arbeiterausschüsse als Arbeitervertretungen, in: SM, Jg. 11 (1907), Bd. 1, 15-24, 17f., 21f.

[244] Vgl. *Teuteberg*, Mitbestimmung, 472. Zum Text der Bergwerksgesetznovelle vgl. *ebenda* 437.

[245] Zur anfänglichen geringen Bedeutung vgl. *Schippel*, Reichstags-Handbuch, 63, 65, zum Positionswechsel innerhalb von Sozialdemokratie und Gewerkschaften vgl. *Robert Fette*, Arbeiterausschüsse, in: SM, Jg. 15 (1911), Bd. 1, 129-135, 133 sowie *Teuteberg*, Mitbestimmung, 492f., 498.

[246] Vgl. hierzu den sozialdemokratischen Gesetzesentwurf von 1901, abgedr. in: *Schippel*, Reichstags-Handbuch, 127-133, 130ff.

[247] Vgl. zum Gesamtproblem, zum Konzept des Zentrums sowie zur Haltung *Bebels*: *Harms*, Arbeitskammern, 46, 48-54, sowie unten Katholische Soziallehre, 1. Kap., VI, 2.

[248] Vgl. *Paul Umbreit*, Soziale Arbeitspolitik und Gewerkschaften, Berlin 1916, 98. 1901 wurden

gebrachten „Interessengruppen", so *Robert Schmidt* (1864-1943), Arbeitersekretär, „Vorwärts"-Redakteur und in der Anfangszeit der Weimarer Republik Wirtschaftsminister, hätten „Kammern", d.h. „gesetzlich geordnete, zusammenfassende Vertretungen" (Industrie- und Handelskammern usw.) gebildet, während das Proletariat als größte Interessengruppe ohne eine derartige Vertretung geblieben sei. Im Reichstag habe das Arbeitskammer-Konzept nicht durchgesetzt werden können. Warum sollte man nicht in Analogie zum bürgerlichen Kammersystem Arbeiterkammern anstreben, „d.h. (...) von einer paritätischen Vertretung absehen und die Organisation auf gleiche Stufe mit den Handels- und Handwerkskammern stellen"? *Schmidt* bettete die Arbeiterkammern in ein System der Repräsentation wirtschaftlicher Verbände und Zusammenschlüsse auf den verschiedenen regionalen und politischen Ebenen bis hinauf zum Reich ein, mit einem Reichsarbeitsamt an der Spitze, dessen Mitglieder zu zwei gleichen Dritteln von den Arbeiterkammern und gewerblichen Kammern gewählt und zum letzten Drittel von der Regierung ernannt werden sollten.[249] Alle diese Konzepte versandeten im Reichstag wegen der strikten Opposition des „Centralverbandes deutscher Industrieller" und der Reichsregierung, die von jeder gesetzlich fixierten Arbeiterrepräsentation befürchteten, sie stärke die Sozialdemokratie und führe zur offiziellen Anerkennung der Freien Gewerkschaften.[250]

Im „Burgfrieden" des Erstens Weltkriegs mußte die Reichsregierung jedoch nachgeben. Die Gewerkschaften verlangten *Arbeiterausschüsse* in Betrieben mit mehr als 20 Beschäftigten, ferner das beschriebene System von *Arbeits- bzw. Arbeiterkammern*, denen auch Gewerkschaftsvertreter mit allen Mitwirkungsrechten angehören sollten.[251] Eine Durchsetzungschance erblickten sie im „Gesetz für den vaterländischen Hilfsdienst" (1916). In Beratungen zwischen Gewerkschaftsvertretern und dem „Kriegsamt" konnten für die vom Hilfsdienst betroffenen Betriebe ab 50 Beschäftigten Arbeiter- und Angestellten-Ausschüsse sowie paritätische Schlichtungsausschüsse erreicht werden.[252] Das nach der Revolution von 1918 vereinbarte „Stinnes Legien-Abkommen" (ZAG) dehnte diese Regelung auf alle Betriebe mit dieser Belegschaftszahl aus und anerkannte die Gewerkschaften als alleinige Vertreter der Arbeiterschaft.[253] Damit waren die Weichen in Richtung

---

in Württemberg und Bremen Arbeiterkammern eingerichtet; vgl. *Schippel*, Reichstags-Handbuch, 133ff.

[249] Vgl. *Robert Schmidt*, Arbeiterkammern und Arbeitsamt, in: SM, Jg. 6 (1902), Bd. 1, 185-193, 185f., 191. Vgl. auch *Teuteberg*, Mitbestimmung, 474f.

[250] Vgl. *Umbreit*, Arbeiterpolitik, 95f.; *Nipperdey*, Arbeitswelt, 365f.

[251] Vgl. *R[obert] Fette*, Arbeiterkammern, in: G, Jg. 3 (1917/18), Bd. 1, 677-680; *Rudolf Wissell*, Unsere sozialpolitischen Aufgaben. Rede auf dem Würzburger Parteitag, in: Prot. PT Würzburg 1917, 189-207, 205. Eine analoge Entwicklung vollzog sich in Österreich; vgl. *Jakob Brod*, Arbeiterkammern oder Arbeitskammern?, in: K, Jg. 11 (1918), 175-182.

[252] Das „Hilfsdienstgesetz", so *Carl Legien* (1861-1920), Vorsitzender der Generalkommission der Freien Gewerkschaften, auf dem Nürnberger Gewerkschaftskongreß von 1919, habe das gebracht, „worum wir Jahrzehnte gekämpft haben"; vgl. Prot. Gewerkschaftskongress Nürnberg, 389. Zu dessen Regelungen vgl. *Paul Umbreit*, Der Krieg und die Arbeitsverhältnisse. Die deutschen Gewerkschaften im Kriege, in: Wirtschafts- und Sozialgeschichte des Weltkriegs. Deutsche Serie, hrsg. von *James E. Shotwell*, Stuttgart 1928, 1-335, 246ff.

[253] Für den Wortlaut des „Stinnes-Legien-Abkommens" (genannt nach den Verhandlungspartnern *Legien* und *Hugo Stinnes*, dem mächtigsten Schwerindustriellen an der Ruhr), vgl. *Gerald D. Feldman/Irmgard Steinisch*, Industrie und Gewerkschaften 1918-1924. Die überforderte Zentralarbeitsgemeinschaft, Stuttgart 1985, 135ff. Das Abkommen trägt die Bezeichnung „Zentralar-

auf eine integrative Regelung der Arbeitsbeziehungen gestellt.[254] *Schippel* formulierte die reformistische Erwartung „einer höhern demokratischern Betriebsarbeitsverfassung":

„Überblickt man (...) diesen (...) bisher zurückgelegten Weg, so kann man sich kaum ein schlagenderes Beispiel für den vollkommenen Funktionswechsel sozialer Organe und Organisationen im Lauf der Zeiten denken. Was im Anfang, noch knapp vor einem Menschenalter, ganz vorwiegend als Beihilfe und Stütze des Fabrikabsolutismus gedacht war, schlug mit der Zeit um in eine brauchbare, unter Umständen sogar wuchtige Waffe der wirtschaftlichen Arbeiterdemokratie."[255]

b) Tarifvertrags- und Schlichtungswesen

Tarifabschlüsse zwischen Arbeiter- und Unternehmerzusammenschlüssen bestimmter Gewerbe haben eine bis ins Revolutionsjahr 1848 zurückreichende Vorgeschichte. Nach der Restaurationsphase wuchsen ihre Chancen wieder, nachdem sich die ersten zentralen gewerkschaftlichen Verbände, allen voran die der Zigarrenarbeiter und Buchdrucker, bilden konnten.[256] Allerdings zeigten sich Lassalleaner und Eisenacher den Gewerkschaftsgründungen gegenüber reserviert, denn sie bezweifelten in der Tradition Lassallescher und Marxscher Lehren, daß die gewerkschaftlichen Lohnkämpfe und Tarifverträge dauerhaft erfolgreich sein könnten, weshalb der politische Kampf vorrangig sei – eine Spannung zwischen Partei und Gewerkschaften, die sich nie ganz verlor. Auch innerhalb der Gewerkschaften gab es diese Skepsis. Andererseits konnten durch Arbeitskämpfe Tarifabschlüsse erreicht werden, die Lohnhöhe, Arbeitszeit-, Pausen- und Hygienebestimmungen verbesserten sowie die erstrebte Errichtung paritätischer Schlichtungsstellen erreichten. Angesichts dieser Erfolge wurde das Tarifvertragsprinzip auf dem Gewerkschaftskongreß von 1899 mehrheitlich anerkannt. Tarifvereinbarungen seien dann erstrebenswert, wenn starke Organisationen der Unternehmer und der Arbeiter Gewähr für ihre Einhaltung böten. Zudem zeigten sie, daß die Gewerkschaften als gleichberechtigt anerkannt würden.[257]

---

beitsgemeinschaft der industriellen und gewerblichen Arbeitgeber und Arbeitnehmer Deutschlands", häufig abgekürzt ZAG.

[254] Vgl. dazu ausführlich *Martin Martiny*, Integration oder Konfrontation? Studien zur Geschichte der sozialdemokratischen Rechts- und Verfassungspolitik, Bonn-Bad Godesberg 1976, 55-149.

[255] *Max Schippel*, Vom Arbeiterausschuß zum Betriebsrat, in: SM, Jg. 25 (1919), 440-448, 446ff. Zur Kontinuität der Arbeitervertretung vgl. ferner *Ilse Costas*, Anfänge der Partizipation im Industriebetrieb. Die Arbeiterausschüsse 1889-1920, in: *Jürgen Bergmann/Klaus Megerle/Peter Steinbach* (Hrsg.), Geschichte als politische Wissenschaft. Sozialökonomische Ansätze, Analyse politikhistorischer Phänomene, politologische Fragestellungen in der Geschichte, Stuttgart 1979, 335-378.

[256] Vgl. dazu die umfassende Untersuchung der Pionierin der Sozialforschung, reformistischen Sozialistin und katholischen Ordensfrau *Fanny Imle* (1878-?), Gewerbliche Friedensdokumente. Entstehungs- und Entwicklungsgeschichte der Tarifgemeinschaften in Deutschland, Jena 1905; ferner: *Klaus Tenfelde*, Die Entstehung der deutschen Gewerkschaftsbewegung, in: ders./*Klaus Schönhoven/Michael Schneider/Detlev J.K. Peukert*, Geschichte der deutschen Gewerkschaften von den Anfängen bis 1945, hrsg. von *Ulrich Borsdorf* unter Mitarbeit von *Gabriele Weiden*, Köln 1987, 15-165, 108f.

[257] Vgl. *Klaus Schönhoven*, Die Gewerkschaften als Massenbewegung im Wilhelminischen Kai-

Gewerkschafter und zugleich reformistische Parteimitglieder wie *Carl Legien*, *Otto Hue*, *Robert Schmidt* und *Theodor Leipart* bemühten sich darum, dem Einwand skeptischer Genossen und Kollegen, Tarifverträge behinderten den Klassenkampf, entgegenzutreten und deren Nutzen für das Proletariat darzulegen. Ein Tarifvertrag sei kein Friedensbündnis, höchstens ein Waffenstillstand. Die Opponenten hätten eine „irrige Auffassung seines Wesens" (*Schmidt*). Klassenkampf sei als Ausdruck der Klassengegensätze eine soziale Tatsache und werde nicht von der Arbeiterbewegung künstlich hervorgerufen.

„Man kann deshalb nicht die Frage stellen, ob eine Aktion auf dem Boden des Klassenkampfes sich bewegt, sondern man hat nur zu fragen, ob die Interessen der Arbeiterklasse bei dieser oder jener Aktion nachhaltig vertreten wurden. (...) Der Tarifvertrag ist ein Kompromiss, der die Stärke der Vertragsschliessenden deutlich zu erkennen gibt. Es geht den Gewerkschaften bei dem Abschluss eines Vertrages, wie der Partei bei der Entscheidung über einen Gesetzentwurf. Sind in dem Entwurf die für die Arbeiter günstigen Bedingungen so hervorstechend, dass man die Ablehnung schwer verantworten kann, so muss man auch eine Bestimmung in den Kauf [sic!] nehmen, die man sonst ablehnen würde."[258]

Legien bilanzierte die Habenseite bei Unternehmern und Arbeitern:

„Der Unternehmer kann (...) seine Dispositionen treffen, ohne fürchten zu müssen, dass diese durch eine Arbeitseinstellung über den Haufen geworfen werden. Er wird aber auch bemüht sein, seine Collegen und Concurrenten zur Einhaltung der getroffenen Abmachungen zu bewegen, weil es wiederum in seinem Interesse liegt, zu verhindern, dass seine Concurrenten billiger als er selbst produzieren können." [Häufig war auch von „Schmutzkonkurrenz" die Rede, W.E.].[259]

Die *Arbeiter* hätten den Vorteil, daß sie „für die Dauer der Vertragsperiode ihre Kräfte nicht in Einzelkämpfen zu schwächen" brauchten. Der wesentliche Gewinn liege aber „in der *Anerkennung des Mitbestimmungsrechtes der Arbeiter* bei der Festsetzung der Arbeitsbedingungen". *Schmidt* betonte, daß der Tarifvertrag mit dem „Herr-im-Hause"-Standpunkt aufgeräumt habe, weil nunmehr nicht länger der einzelne Arbeiter einem Unternehmer, sondern die Gewerkschaft dem Unternehmerverband gegenüberstehe. Der großindustrielle „Centralverband deutscher Industrieller" lehnte allerdings Tarifverträge entschieden ab. Den Durchbruch brachte die ZAG, die festlegte: „Die Arbeitsbedingungen für alle Arbeiter und Arbeiterinnen sind entsprechend den Verhältnissen des betreffenden Gewerbes durch Kollektivvereinbarungen (...) festzusetzen."[260]

---

serreich, in: *Borsdorf* (Hrsg.), Geschichte der deutschen Gewerkschaften, 169-211; ferner *Umbreit*, Arbeiterpolitik, 14, 20f., 29ff., 84, sowie *Siegfried Nestriepke*, Die Gewerkschaftsbewegung, Bd. 1, Stuttgart o.J. [1920], 399-421. Von einer generellen Anerkennung der Gewerkschaften konnte freilich noch keine Rede sein, vielmehr wurde die Ausübung des Koalitionsrechts unternehmerischer- und behördlicherseits systematisch behindert. Vgl. *C.[arl] Legien*, Das Koalitionsrecht der deutschen Arbeiter. Denkschrift der Generalkommission der Gewerkschaften Deutschlands, Hamburg 1899.

[258] *Robert Schmidt*, Die Vertragspolitik der Gewerkschaften, in: SM, Jg. 11 (1907), 29-39, 31, 33.

[259] *Carl Legien*, Tarifgemeinschaften und gemeinsame Verbände von Arbeitern und Unternehmern, in: SM, Jg. 6 (1908), Bd. 1, 27-35, 28.

[260] *Legien*, ebenda, 29; *Schmidt*, Vertragspolitik, 32. Vgl. auch *Theodor Leipart*, Die gesetzliche Regelung der Tarifverträge, Berlin 1912, 76, wo er seine Hoffnung auf künftige Förderung des Tarifvertrags zur vorübergehenden Sicherung des Arbeitsfriedens und Hebung der Arbeiterlage ausdrückt. *Leipart* (1867-1947) war Vorsitzender des Deutschen Holzarbeiterverbandes und von

Um die Jahrhundertwende äußerte sich auch die Rechtswissenschaft zu den *Tarifverträgen*, die mit dem Prinzip des Individualvertrags nach bürgerlichem Recht kaum zu vereinbaren waren. Eigentlicher Schöpfer des kollektiven Arbeitsrechts ist *Hugo Sinzheimer* (1875-1945). Er entwarf eine Theorie des „kollektiven Arbeitsnormenvertrags", die das Arbeitsrecht maßgeblich voranbrachte. Die Nationalsozialisten vertrieben *Sinzheimer* wegen seiner jüdischen Abstammung von seinem Frankfurter Lehrstuhl für Arbeitsrecht ins niederländische Exil.[261]

Das Denken *Sinzheimers* ist von der Tradition des deutschen Idealismus und auf juristischem Gebiet wesentlich von der Genossenschafts- und Verbandslehre *Otto von Gierkes* sowie von *Philipp Lotmar*, einem Pionier des Arbeitsrechts, beeinflußt. Entscheidende Anregungen erfuhr er von *Marx* und der marxistischen Rechtstheorie *Karl Renners*, der die soziale Funktion des Privatrechts herausgearbeitet hatte.[262] *Sinzheimer* kritisierte an der vorherrschenden positivistischen Rechtswissenschaft, sie verzichte auf eine sozialphilosophische Interpretation der gegenwärtigen Tendenzen des „sozialen Lebens".[263] Diese seien dadurch von der „sozialen Zwangsordnung", die auf der „Macht der wirtschaftlichen Tatsachen" beruhe, bestimmt. *Sinzheimer* argumentierte marxistisch. Die Rechtswissenschaft gehe vom „abstrakten Einzelmenschen" aus, nicht vom heutigen „vergesellschafteten Menschen"[264] Die Arbeiter müßten im Arbeitsprozeß als Kollektiv, als „Gesamtarbeiter", verstanden werden[265]. Marxistisch ist auch der Hinweis auf den Entäußerungscharakter der Industriearbeit:

„Der Arbeitende gibt nicht etwas, sondern sich selbst hin, und zwar gibt er sich einer Herrschgewalt hin, die über die arbeitende Persönlichkeit verfügt. Diese Herrschgewalt mediatisiert den Arbeitenden, indem sie ihn in seiner Erwerbstätigkeit einem fremden Willen unterwirft. Beides, Arbeit und Herrschgewalt, begründen die sich abschließende Eigentümlichkeit des Arbeitsrechtes."[266] – An anderer Stelle heißt es: „In der abhängigen Arbeit ist der arbeitende Mensch mediatisiert. Er ist sich und dem Ganzen entfremdet."[267]

1921-1933 ADGB-Vorsitzender. 1913 waren nur 10 % der Arbeiter tariflich gebunden. Insbesondere der Bergbau, die Eisen-, Maschinenbau-, Chemie- und Textilindustrie mieden den Tarifvertrag; vgl. *Ursula Hüllbüsch*, Koalitionsfreiheit und Zwangstarif. Die Stellungnahme des Allgemeinen Deutschen Gewerkschaftsbundes zu Tarifvertrag und Schlichtungswesen in der Weimarer Republik, in: *Ulrich Engelhardt/Volker Sellin/Horst Stuke* (Hrsg.), Soziale Bewegung und politische Verfassung. Beiträge zur Geschichte der modernen Welt, Stuttgart 1976, 599-652, 604; *Umbreit*, Arbeiterpolitik, 88f. Vgl. zur ZAG-Regelung *Feldman/Steinisch*, Industrie, 135.

[261] Zu *Sinzheimer* vgl. *Otto Kahn-Freund*, Hugo Sinzheimer, in: *Hugo Sinzheimer*, Arbeitsrecht und Rechtssoziologie. Gesammelte Aufsätze und Reden, hrsg. von *Otto Kahn-Freund* und *Thilo Ramm* mit einer Einleitung von *Otto Kahn-Freund*, Frankfurt a.M. 1976, Bd. 1, 1-31; *Susanne Knorre*, Soziale Selbstbestimmung und individuelle Verantwortung. Hugo Sinzheimer (1875-1945). Eine politische Biographie, Frankfurt a.M. 1991.

[262] Vgl. *Karl Renner*, Die Rechtsinstitute des Privatrechts und ihre soziale Funktion. Ein Beitrag zur Kritik des bürgerlichen Rechts (1904). Mit einer Einleitung (...) von *Otto Kahn-Freund*, Stuttgart 1965. *Sinzheimer* rezipierte auch den neokantianischen Marxismus *Max Adlers*.

[263] *Hugo Sinzheimer*, Ein Arbeitstarifgesetz. Die Idee der sozialen Selbstbestimmung im Recht, München 1916, 4-9.

[264] Ebenda, 26 und Anm 3.

[265] *Hugo Sinzheimer*, Der korporative Arbeitsvertrag. Eine privatrechtliche Untersuchung. Erster Teil, Leipzig 1907, 3.

[266] *Ders.*, Über den Grundgedanken und die Möglichkeit eines einheitlichen Arbeits-rechts für Deutschland (1914), in: *ders.*, Arbeitsrecht, Bd. 1, 35-61, 47.

[267] *Ders.*, Allgemeine Einleitung zu: *Gertrud Hermes* (Hrsg.), Grundfragen des Arbeitsrechts.

Die „Klassenlage" des Arbeiters, die ihn darin hindere, seine Notlage „mit eigenen Kräften und Mitteln" zu überwinden, erzeuge sein Bestreben, sich den organisierten Kräften seines „sozialen Standes" anzuschließen.[268] Es sei Staatsaufgabe, dieser Bewegung passende rechtliche Formen zu verleihen. Denn es gehe ihr um die Überwindung von Herrschaft, d.h. um Freiheit und Selbstbestimmung, die sie freilich in kollektiven, verbandsförmigen Formen erkämpfen müsse. „Der Tarifvertrag verwirklicht den Grundgedanken des kulturellen Minimums für die Lebensexistenz der Arbeiter."[269] Seine Durchsetzung verdanke sich den Kämpfen der Arbeiterbewegung.[270]

Sinzheimer ging es um die Schaffung eines *einheitlichen* Arbeitsrechtes und um eine rechtsdogmatische Bestimmung des Tarifvertrages, der „eine Form für das Arbeitsverhältnis überhaupt" sein sollte.[271] Rechtlich gesehen stehe er als „Mischgebilde" quer zu der üblichen Unterscheidung von privatem und öffentlichem Recht. Der Grund sei, daß alle Rechtsverhältnisse „soziale Funktionsverhältnisse" darstellten. Für den Tarifvertrag folge daraus, daß ein Vertragspartner nicht als Individuum, sondern nur als Teil einer Organisation auftreten könne – ein Prinzip, das sich auch auf die Unternehmerseite übertrage.[272] Andererseits sei der private Zweck nicht erloschen, denn der Tarifvertrag verschaffe den Organisationsmitgliedern individuelle Vorteile. Bei den Arbeitern entstehe allerdings das „Bewußtsein, durch die Abhängigkeit vom sozialen Willen der Organisation gehoben und geschützt zu werden, in dem der Gedanke zum Ausdruck kommt, daß sie erst durch sie die ‚Gleichberechtigung' erfahren"[273]. Aus diesen Grundgedanken entwickelte *Sinzheimer* eine rechtsdogmatische Durchdringung des überkommenen Tarifvertragswesens und in der Weimarer Zeit des gesamten Arbeitsrechtes sowie der Arbeits- und Wirtschaftsverfassung der Reichsverfassung.

Bedeutsam ist die sogenannte *normative Funktion* des Tarifvertrages, d.h. seine Eigenschaft als autonome Rechtsquelle. Den Grund für diese Tarifwirkung sieht *Sinzheimer* darin, daß er „Wirkungen sozialer Art" anstrebe, die von der Zustimmung der einzelnen Mitglieder der kontrahierenden Arbeitnehmer- und Arbeitgeberorganisationen unabhängig sind und nach Vertragsschluß für alle gelten. Tarifnormen seien zwingendes, „auf Vertrag beruhendes objektives Recht", das für alle in Tarifbetrieben geschlossenen Arbeitsverträge gelte. Deshalb seien davon abweichende Abreden nichtig; an ihre Stelle träten die tariflichen Bestimmungen. Tarifnormen seien *unabdingbar*.[274] Das Weimarer Arbeitsrecht eröffnete die Möglichkeit der *Allgemeinverbindlicherklärung* von Tarifverträgen, so daß sich deren Wirkung auch auf Unternehmen außerhalb des Verbandsbereichs erstreck-

---

Fünf Vorträge von Hugo Sinzheimer, Georg Flatow, Heinz Potthoff, Clemens Nörpel, Lutz Richter, Berlin 1927, 8.
[268] *Hugo Sinzheimer*, Grundzüge des Arbeitsrechts. 2., erweiterte und völlig umgestaltete Auflage, Jena 1927, 66ff.
[269] *Ders.*, Arbeitstarifgesetz, 8, 114; *ders.*, Grundzüge, 60f.
[270] *Ders.*, Arbeitsrecht und Arbeiterbewegung (1927), in: *ders.*, Arbeitsrecht, Bd. 1, 100-127, 10f.
[271] *Ders.*, Arbeitstarifgesetz, 19. Zur Forderung nach einem einheitlichen Arbeitsrecht vgl. *ders.*, Grundgedanken, 35f., 44ff. Für die Bedeutung *Sinzheimers* für die Entwicklung des Arbeitsrechts in Weimar vgl. *Wolfgang Nörr*, Grundlinien des Arbeitsrechts der Weimarer Republik, in: ZfA, Jg. 17 (1986), 403-447.
[272] *Sinzheimer*, Arbeitstarifgesetz, 22, 24, 28f.
[273] Ebenda, 25f., 29f.
[274] Vgl. ebenda, 39, 101-107.

te. Die Vertragsparteien müßten über Kampfwille und Kampffähigkeit verfügen, weil allein dadurch ein konflikterprobter Ausgleich divergierender Interessen erzielt werden könne. *Wirtschaftsfriedliche* Arbeiterverbände schieden deshalb als Tarifpartei aus.[275] Andere zwingende Merkmale des Tarifvertrags, z.B. die *Friedenspflicht* während seiner Laufzeit, sind gleichfalls Bestandteil des noch heute geltenden Arbeitsrechts und hier nicht zu behandeln.

Diese Entwicklung zog unvermeidlich eine Diskussion über die *ökonomische* Bedeutung der kollektiv vereinbarten Löhne nach sich. Auf die sozialistische Tradition konnten sich die Freien Gewerkschaften nicht stützen, denn in ihr wirkten *Marx'* Ausbeutungslehre und das „eherne Lohngesetz" *Lassalles* fort. Was die bürgerliche Seite betraf, so herrschte dort die „Lohnfondstheorie" vor, die besagte, für die Löhne stehe ein bestimmter, kaum variabler Kapitalanteil zur Verfügung.[276] *Bernstein* wandte gegen beide Positionen ein:

„Solange die Productivität der Arbeit in Industrie und Landwirtschaft sich hebt, die Transportmittel sich vervielfältigen und noch Boden der Bearbeitung offen steht, giebt es kein Naturgesetz der Wirtschaft, das eine bestimmte Lohnhöhe dictiert."[277] Später präzisierte *Bernstein* sein Argument: Die meisten Unternehmen könnten ihre technische und organisatorische Leistungsfähigkeit verbessern; Arbeitsmaterialien könnten billiger beschafft werden usw. Solange dieses Potential nicht ausgeschöpft sei, gelte weiterhin: „Es gibt keine absoluten Grenzen der Lohnsteigerung (...)." Allerdings gebe es „bei einem gewissen Stand der Technik und Leistungshöhe Grenzen, die sich ohne Schaden für alle Beteiligten nicht ignorieren lassen."[278]

Die akademische Nationalökonomie bezeichnete die Tarifpolitik des ADGB als Ausdruck der *Machttheorie*, d.h. der älteren Lehre, daß die Lohnhöhe wesentlich von der Kampfkraft von Unternehmern und Arbeiterklasse abhänge.[279] *Fritz Tarnow* (1880-1951), Vorsitzender des Holzarbeiter-Verbandes, ein wichtiger wirtschaftspolitischer Sprecher von ADGB und SPD, hatte z.B. ausgeführt:

„Den Arbeitern den vollen Ertrag ihrer Arbeit nach Abzug nur dessen, was zur Erhaltung, Verbesserung und Vermehrung der Produktionsmittel volkswirtschaftlich notwendig ist. Es ist klar, daß es nach diesen Grundsätzen eine zahlenmäßige Begrenzung der Lohnhöhe nicht geben kann; denn es liegt im Wesen der ökonomischen Entwicklung, daß die Ertragsfähigkeit der Arbeit fortgesetzt steigt. Wir wissen allerdings, daß wir in der kapitalistischen Wirtschaft das Ziel unserer Lohnpolitik nicht erreichen können; denn die Wirtschaft kann nur laufen, wenn auch Kapitalzins und Unternehmerprofit vom Arbeitsertägnis mit abfallen. Eben deswegen streben wir eine Wirtschaft an, in der die Arbeit von solchen Tributen befreit ist. Solange aber unser Wirtschaftsziel noch nicht erreicht ist, müssen wir unsere Bemühungen darauf verwenden, wenigstens den Anteil des Arbeitslohnes so hoch, den Anteil des Kapitals und die Profitrate der Unternehmer so tief wie nur irgend möglich zu drücken."[280]

---

[275] Vgl. *Sinzheimer*, Arbeitstarifgesetz, 57ff.
[276] Vgl. dazu die Übersichten von *Otto von Zwiedineck-Südenhorst*, Lohntheorie und Lohnpolitik, in: HwbStW, Bd. 6, 396-426, 398ff., sowie ders., Die Lohnpreisbildung, in: GdS, Abt. IV, Teil I, 316-353, 324f.
[277] *Eduard Bernstein*, Zur Frage des ehernen Lohngesetzes (1890-91), in: *ders.*, Zur Theorie und Geschichte des Sozialismus. Gesammelte Abhandlungen. Neue, umgearbeitete und ergänzte Ausgabe, Teil I: Zur Theorie des Lohngesetzes und Verwandtes, Berlin [4]1904, 75f.
[278] *Ders.*, Gibt es Grenzen der Lohnsteigerung?, in: SM, Jg. 15 (1911), Bd. 1, 165-174, 173f.
[279] Vgl. dazu die in Anm. 276 dieses Kapitels angegebenen Beiträge von *Zwiedineck-Südenhorst*.
[280] *Fritz Tarnow*, Das Ziel der gewerkschaftlichen Lohnpolitik, in: GZ, Jg. 34 (1924), 315-317.

Gegen die kollektive und staatlich beeinflußte Lohnpolitik erhob sich eine massive Opposition der neoklassisch bzw. grenznutzentheoretisch orientierten Nationalökonomie und der in ihren Bahnen denkenden Vertretern des Arbeitgeberlagers.[281] Die Kontroverse begann mit einem Beitrag des schwedischen Neoklassikers *Gustav Cassel* (1866-1945) in der Zeitschrift „Soziale Praxis" über die Folgen staatlich finanzierter Notstandsarbeiten. Diese entzögen der Privatwirtschaft einen Teil des Kapitals, das ansonsten zu ihrer Verfügung gestanden hätte. „(...) man hat Veranlassung, sich zu fragen, *ob nicht dadurch eine ebenso große Menge von Arbeitslosigkeit neu geschaffen wird*, wie vom Staat durch eine Verwendung von Kapital für seine Maßnahmen gegen die Arbeitslosigkeit beseitigt wird!"[282] Die wirtschaftsliberale Kritik argumentierte nach folgendem Muster:

Staatliche Arbeitsbeschaffungsmaßnahmen und zu hohe Tarifabschlüsse bedeuteten Eingriffe in die marktlichen Preisrelationen und verhinderten das Zustandekommen „natürlicher" (dem Marktgeschehen entsprechender) Löhne. *Tarnows* Rede, „daß nunmehr für die Gesamtwirtschaft die Funktion des Lohnes als Konsumkraft wichtiger geworden ist, als seine Bedeutung für die Produktionskosten" heiße, daß der Einkommenszuwachs der Arbeiter konsumiert, nicht gespart werden solle. Damit reduziere sich auf der Unternehmerseite das disponible Kapital. Die Kapitalverknappung bewirke Zinssteigerung und verschlechtere damit die Arbeitsmarktlage, auch, weil die „Grenzunternehmer" vom Markt verdrängt würden. Deshalb werde die Arbeitslosigkeit zunehmen. Die Erwerbslosenunterstützung bedeute eine zusätzliche Erschwerung, da sie die Arbeitsbereitschaft mindere. Es sei kein Zufall, so *Cassel*, „*daß die Tendenz der Arbeitslosigkeit, permanent zu werden, am stärksten in den Ländern hervortritt, wo eine geschlossene Gewerkschaftspolitik ihre höchste Machtentwicklung erreicht*" [meine Hervorhebung, W.E.]. Eine funktionierende Konkurrenzwirtschaft würde die Arbeitsmarktkrise beheben. Da dies unwahrscheinlich sei, bleibe als einziger Ausweg der *Lohnabbau*, der allerdings sozialverträglich gestaltet werden müsse.[283]

Joseph A. Schumpeter handhabte bei seiner Analyse der Ober- und Untergrenze wirtschaftsverträglicher Lohnerhöhungen die grenznutzentheoretische Methode flexibler. In der Tat existiere ein *Gleichgewichtslohn*. Man müsse sich vorstellen,

„daß auf beiden Seiten des Arbeitsmarktes eine sehr große Anzahl voneinander unabhängiger Anbietender und Nachfragender vorhanden sei. Wird ein Lohnsatz zufällig ausgerufen, so wird er offenbar durch einsetzendes Unter- und Überbieten solange verändert, bis einerseits alle Arbeiter beschäftigt und andererseits alle bei diesem Lohnsatz zahlungsfähigen Arbeitgeber befriedigt sind, was im allgemeinen in jeder gegebenen Lage nur bei einem einzigen Lohnsatz eintreten kann. Dieser hat nun die Eigenschaft, daß er der höchste ist von allen jenen, bei denen alle Arbeiter untergebracht werden können (...)." Die vorausgesetzte „freie

---

[281] Vgl. dazu *Josef Englberger*, Tarifautonomie im Deutschen Reich. Entwicklung des Tarifvertragswesens in Deutschland von 1870/71 bis 1945, Berlin 1995.
[282] Professor *Gustav Cassel* über Verringerung der Arbeitslosigkeit durch Notstandsarbeiten, in: SP, Jg. 36 (1926), Sp. 1057-1060; ders., Die Sinnlosigkeit der staatlichen Arbeitslosenpolitik, SP, Jg. 37 (1927), 177-181, sowie die anschließende Debatte in dieser Zeitschrift, an der von sozialistischer Seite *Eduard Heimann, Emil Lederer, Ferdinand Tönnies, Fritz Tarnow* und *Robert Wilbrandt* teilnahmen. Vgl. dazu *Adolf Lampe*, Notstandsarbeiten oder Lohnabbau? Kritik der Wirtschaftstheorie an der Arbeitslosenpolitik, Jena 1927.
[283] *Cassel*, Arbeitslosigkeit, 1058. Typisch die Argumentation *Lampes*, eines der Wortführer in diesem Streit; vgl. *Lampe*, Notstandsarbeiten, 73-77, 93f., 98f., 122-130. Vgl. ferner *Fritz Tarnow*, Antwort an Cassel, in: SP, Jg. 35 (1926), Sp. 1060-1062. Die neoklassische Analyse der Ursachen und Bekämpfungsmöglichkeiten der Arbeitslosigkeit hat sich im Prinzip bis heute nicht geändert.

Konkurrenz" werde zwar nicht realisiert, doch sie sei eine „sehr reale *Tendenz*". Sie definiere ein „Gravitationszentrum".[284]

Im Unterschied zu den zitierten harten wirtschaftsliberalen Positionen hielt *Schumpeter* in bestimmten Konstellationen höhere Löhne als den Gleichgewichtslohn für unbedenklich; auch zeige Arbeitslosigkeit nicht stets zu hohe Löhne an, sondern nur eine langfristig „übernormale Arbeitslosenziffer".[285]

Schumpeter nennt „drei Grenzen der Lohnpolitik". Auf die *erste* stoße der Versuch, die Löhne auf Kosten der konsumtiven Unternehmerausgaben zu erhöhen. Denn die abzuschöpfende Summe sei zu gering, um nennenswerte Umverteilungseffekte zu bewirken, aber oft groß genug, um „Grenzunternehmer" zu verdrängen. *Zweitens* könne wegen der Elastizität der Arbeitsnachfrage bereits eine kleine Lohnerhöhung eine Gleichgewichtsstörung und so einen steilen Abfall der Nachfrage nach Arbeit verursachen. Eine *dritte* Grenze bilde die *„Notwendigkeit der Kapitalbildung"*. Vernachlässige man sie, so opfere man die „Interessen der Zukunft" den „Interessen der Gegenwart". Das Interesse an der Kapitalbildung sei also beiden Klassen gemeinsam. Interessanterweise prognostiziert *Schumpeter* deren Zusammenarbeit in Formen, die heute „Konzertierte Aktion" oder „Bündnis für Arbeit" genannt werden:

„Es *muß und wird* einmal dazu kommen, daß sich Arbeitgeber und Arbeitnehmer ‚zusammensetzen', um dann *uno actu über Löhne, Kapitalbildung und Steuerlast* zu beraten". Dabei müsse angestrebt werden, „daß das langfristige Lohnmaximum, also der für die Arbeiterschaft rein wirtschaftlich *vorteilhafteste Lohn zugleich für die Industrie sachlich tragbar* ist."[286]

Gegenüber der Auffassung von Gewerkschaften und sympathisierenden Wissenschaftlern, Lohnerhöhungen kurbelten die Wirtschaft an, äußerte sich *Schumpeter* skeptisch. Er wandte ein, daß der Gewinn der Arbeiter den Verlust der Unternehmer bedeute, weshalb die Güternachfrage insgesamt nicht wachsen könne; auch drohe Inflationsgefahr. Die Gegenseite gab zu bedenken, daß dies eine statische Betrachtung sei. Ein Konsumstoß auf Grund von Lohnerhöhungen könne dynamisierend wirken.[287] – Der Herausgeber des liberalen „Deutschen Volkswirt" *Gustav Stolper* (1888-1947) hielt die gewerkschaftliche Lohnpolitik für eine der Ursachen des überhöhten deutschen Zinsniveaus, das die Wirtschaft in Abhängigkeit von ausländischer Kapitalzufuhr bringe und damit die Gefahr einer schweren Wirtschaftskrise und Massenarbeitslosigkeit erzeuge.[288]

Tarnow bestritt, daß, um Kapital zu bilden, Konsumverzicht erforderlich sei, denn das deutsche Produktionskapital sei unzureichend ausgenützt.[289] Lohnerhöhungen seien ein geeignetes Mittel, es zu mobilisieren:

---

[284] J[oseph] *Schumpeter*, Lohnpolitik und Wissenschaft, in DVW, Jg. 3 (1928/29), 807-810; 847-851, 808f. Zu *Schumpeter* vgl. unten Sozialismus II, 1. Kap., IV, 3.
[285] Ebenda, 809.
[286] Ebenda, 847f.
[287] *Schumpeter* wies darauf hin, daß eine wissenschaftlich einwandfreie Methode der Lohnfindung noch nicht existiere, vgl. ebenda, 851. Vgl. zum Problem ausführlich *Zwiedineck-Südenhorst*, Lohnpreisbildung, 341ff.
[288] Vgl. *Gustav Stolper*, Wirtschaftskrise, in: DVW 3 (1918/29), 591f.; ders., Lohnpolitik, ebenda, 627ff., 629.
[289] Vgl. *Tarnow*, Antwort, in: SP, Jg. 35 (1926), Sp. 1061.

„Das Mittel zur Entfesselung des Massenkonsums ist der Arbeitslohn, der unmittelbar die Kaufkraft von zwei Dritteln der Bevölkerung bestimmt. (...) Der Lohnanteil unter den Gestehungskosten und in den Warenpreisen muß erhöht werden und das kann geschehen durch das Zusammenpressen der anderen Kostenfaktoren." Eine „produktionssteigernde Wirkung" werde ausgelöst „durch die Verbesserung der betrieblichen Arbeitsmethoden, die erzwungen werden, wenn die Spanne zwischen Lohnanteil und Gesamtkosten unter Druck gesetzt wird. (...) Armut ist kein ökonomisches Muß, sondern eine soziale Krankheit, deren Heilbarkeit auch schon im Rahmen der kapitalistischen Wirtschaft außer Zweifel steht."[290]

Differenzierter argumentierte *Emil Lederer* (1882-1939), Professor für Nationalökonomie in Heidelberg und Berlin, nach dem Ersten Weltkrieg Mitglied der österreichischen und deutschen Sozialisierungskommission und Mitherausgeber des renommierten „Archivs für Sozialwissenschaft und Sozialpolitik". Er wandte gegen *Cassel* ein, daß das „statische" Konkurrenzmodell für heutige Wirtschaftsanalysen unbrauchbar sei, denn die Abweichungen auf Grund von Monopolisierung, des technischen Fortschritts usw. seien zu groß. Monopole neigten dazu, die Produktion zu drosseln, was auf Kosten der Löhne gehe; allerdings seien auch erzwungene Lohnerhöhungen der Produktivkraft abträglich.[291]

„Nur wenn der Reallohn steigt (...), wirkt die Lohnerhöhung als Antriebskraft, die innere Produktion anders aufzubauen, rationeller zu gestalten, nur dann wirkt sie in vollem Umfang dynamisch. Wenn sie hingegen eine Inflation zur Folge hat, wirkt sie nur umschichtend. Aber unter dieser Voraussetzung (...) kann (...) eine entsprechende Steigerung der Löhne mit einer entsprechenden Erhöhung der Kaufkraft gleichbedeutend sein, weil sie eine entsprechende Steigerung der Produktion herbeiführt. Wenn man (...) früher gesagt hat: Produktionspolitik ist die beste Lohnpolitik, aus dem Gedanken heraus, je mehr man produziert, um so mehr kann man konsumieren: dann kann man infolge der inneren Bremse, die sich der vollen Auswirkung der Produktivkräfte entgegenstellt, heute (...) sagen: Lohnpolitik ist die beste Produktionspolitik."[292]

Ein wichtiger Beitrag zur freigewerkschaftlichen Lohntheorie stammt von dem *Lederer*-Schüler *Karl Massar*. Lohnerhöhungen bewirkten eine Verschiebung des Verbrauchs von den Luxus- zu den Massengütern, die fabrikmäßig hergestellt würden und deshalb, anders als das Luxusgewerbe und die Landwirtschaft, unter dem „Gesetz der abnehmenden Kosten" stünden und so zu volkswirtschaftlichen Ersparnissen führten.[293] *Jakob Marschak* hob hervor, daß Lohnerhöhungen das produktive Kapital nicht beeinträchtigten, wenn sie auf Kosten des Luxusverbrauchs der oberen Klassen erfolgten. Bei gegebenem technologischem und orga-

---

[290] *Fritz Tarnow*, Warum arm sein?, Berlin 1928, 71.
[291] Vgl. *Emil Lederer*, Die Wirkung von Lohnerhöhungen auf die Kaufkraft und den inneren Markt, in: Die Wirkung von Lohnerhöhungen auf die Kaufkraft und den inneren Markt. Bericht über die Verhandlungen der Gesellschaft für Soziale Reform in Hamburg 1927, Jena 1927, 26-51, 30, 34ff., 37ff.
[292] *Lederer*, Lohnerhöhungen, 50f. Der sozialistische Nationalökonom *Heimann* behandelte das Lohnproblem grenznutzentheoretisch, kam aber zum gleichen Ergebnis wie *Lederer*, beantwortete allerdings das von *Schumpeter* aufgeworfene Kapitalbildungsproblem nicht. *Eduard Heimann*, Soziale Theorie des Kapitalismus. Theorie der Sozialpolitik, Tübingen 1929, 193-202, 200ff.
[293] *Karl Massar*, Die volkswirtschaftliche Funktion hoher Löhne. Ein Beitrag zu den Lösungsversuchen des Volkswohlstandsproblems. 3., veränderte Auflage mit einer Vorbemerkung von *Jakob Marschak*, Berlin 1928, 5f., 31f., 35ff., 40-45, 53, 55-58, 81f. Für die reale Lohnentwicklung vgl. *Heinrich Potthoff*, Freie Gewerkschaften 1918-1933. Der Allgemeine Deutsche Gewerkschaftsbund in der Weimarer Republik, Düsseldorf 1987, 93-107.

nisatorischem Stand der Wirtschaft sei ihre volkswirtschaftliche Fruchtbarkeit durch folgende Faktoren bestimmt:

„(...) durch die Höhe der Luxus- und Sparreserven, durch die Höhe der bei Steigerung der Massennachfrage zu erwartenden volkswirtschaftlichen Ersparnisse (nämlich Produktionskostensenkung und Ausschaltung von Krisenverlusten), durch die von den Lohnerhöhungen zu erwartende und von der jeweiligen Kapitalreserve begrenzte Steigerung der technischen Produktivität und durch die Steigerung der Leistungsfähigkeit des Arbeiters und seines Nachwuchses".[294]

Das *Tarifvertragssystem* und vor allem das *Schlichtungswesen* gerieten im Verlauf des Jahres 1928 in die Krise. Äußerer Anlaß war der sog. *Ruhreisenstreit* im Gefolge einer tariflichen Auseinandersetzung. Dahinter steckte als prinzipielles Problem die unverträglichen lohnpolitischen Auffassungen der Kontrahenten und die Unzufriedenheit der Unternehmerverbände mit dem Tarifsystem, das ihnen nach ihrer Auffassung via Allgemeinverbindlichkeitserklärung von Schiedssprüchen einen „Zwangstarif" aufnötigte.[295] Die Unternehmer wollten die von ihnen unterstellte gewerkschaftliche Taktik, Tarifverträge bei der ersten Gelegenheit zu kündigen, überhöhte Forderungen zu stellen und sodann einen allgemeinverbindlichen Schiedsspruch zu erlangen, unterlaufen.[296] Der Ruhrkonflikt vom Herbst und Winter 1928/29 führte zu einer einmonatigen Aussperrung von 230 000 Arbeitnehmern, zur Nichtigerklärung eines von dem Reichsarbeitsminister *Wissell* für allgemeingültig erklärten Schiedsspruches durch das Reichsgericht und schließlich zu einer endgültigen Schlichtung durch den Reichsinnenminister *Carl Severing* (1875-1952), einen angesehenen Sozialdemokraten und Gewerkschafter. Im Urteil von Zeitgenossen und Geschichtsschreibung überwiegt die Auffassung, daß der *Ruhreisenstreit* Tarifvertragswesen und Schlichtungsverfahren erschüttert und die beteiligten Minister desavouiert habe.[297]

Der Konflikt löste eine Diskussion über eine Neuregelung des Schlichtungswesens aus. *Wissell* betonte, daß es die „Befriedung des Arbeitslebens" und „*Hilfe zum Abschluß von Gesamtvereinbarungen*" bezwecke. Der Schiedsspruch sei ein unverbindlicher Vorschlag und könne auch abgelehnt werden.[298] Die Haltung der Gewerkschaften war ambivalent. Auf der einen Seite hielten sie am Prinzip der

---

[294] *Jakob Marschak*, Hohe Löhne und die Volkswirtschaft, in: DA, Jg. 4 (1927), 725-750, 727, 732, 745ff., 750. *Marschak* (1898-1977) war Mitarbeiter der ADGB-Denkschrift „Wirtschaftsdemokratie" und arbeitete am „Weltwirtschaftlichen Institut" in Kiel.

[295] Vgl. § 23 der Tarifverordnung vom 29.12.1923, in: *Thomas Blanke* u.a. (Hrsg.), Kollektives Arbeitsrecht. Quellentexte zur Geschichte des Arbeitsrechts in Deutschland, I 1840-1932, Reinbek bei Hamburg 1975, 232f.

[296] Vgl. [*anonym*], Zum Eisenkonflikt. Der Standpunkt der Industrie, in: DVW, Jg. 3 (1928/29), 203-205, 303.

[297] Vgl. *Ernst Fraenkel*, Der Ruhreisenstreit 1928-1929 in historisch-politischer Sicht (1957), in: ders., Gesammelte Schriften. Bd. 1, Recht und Politik in der Weimarer Republik, hrsg. von *Hubertus Buchstein* unter Mitarbeit von *Rainer Kühn*, Baden-Baden 1999, 632-653, 642; *Ursula Hüllbüsch*, Der Ruhreisenstreit in gewerkschaftlicher Sicht, in: *Hans Mommsen/Dietmar Petzina/Bernd Weisbrod* (Hrsg.), Industrielles System und politische Entwicklung in der Weimarer Republik, Bd. 1, Düsseldorf 1977, 271-288. Gegen die vorherrschende Interpretation des Ruhreisenstreits *Nörr*, Grundlinien, 424.

[298] *Robert Wissell*, Reform des Schlichtungswesens?, in MdW, Jg. 5 (1929), 71-76, 72. Zum Unternehmerstandpunkt vgl. *Otto Schweitzer*, Krise des Schlichtungswesens?, in: SP, Jg. 37 (1928), Sp. 884-888, 886.

freien Kollektivvereinbarungen fest, doch auf der anderen betrachteten sie die staatliche Schlichtung als Ausfluß der legitimen staatlichen Kompetenz, in das Wirtschaftsleben einzugreifen.[299] *Sinzheimer* verteidigte die bestehende Regelung. Im gegenwärtigen Wirtschaftssystem rängen das kapitalistische und das sozialistische Prinzip miteinander, weshalb wir *„Tag für Tag immer von neuem den Ausgleich zwischen den beiden Prinzipien suchen"* müßten. Die Verbindlicherklärung dürfe nicht wegfallen, da sonst Gefahr bestehe, daß *„nicht der freie Tarifvertrag gesichert, sondern der Weg zur Herrschaft des freien Arbeitsvertrags wieder geöffnet wäre".*[300]

Bei Zeitgenossen und Historikern herrscht Uneinigkeit darüber, ob die Unternehmerseite nicht nur das Schlichtungswesen, sondern die tarifvertragliche Lohnregelung generell beseitigen wollten. Es spricht einiges dafür, daß mächtige Wirtschaftsgruppen auf eine Revision des gesamten Systems der Sozial- und Arbeitspolitik drängten.[301] Die Weltwirtschaftskrise spielte ihnen in die Hände. Das Kabinett *Brüning* betrieb eine Politik des Lohn- und Gehaltabbaus bei gleichzeitiger (ungewisser) Preissenkung mit Hilfe von Notverordnungen und Allgemeinverbindlicherklärungen von Schiedssprüchen. Versuche, zur Politik der ZAG zurückzukehren, scheiterten. Das Kabinett *von Papen* billigte den Unternehmern das Recht zu, Tariflöhne zu unterschreiten, und den Schlichtern, bei Weiterführung bzw. Wiedereröffnung von Betrieben die Tariflöhne bis zu 20% zu senken. Mitte 1932 war das Tarifrecht faktisch abgeschafft.[302]

Diese Entwicklung mußte das Tarifvertrags- und Schlichtungswesen auch auf sozialistischer Seite zur Diskussion stellen. Gemäß der in Partei und Gewerkschaften vorherrschenden Auffassung sollte es die Kampfkraft der Arbeiterklasse stärken und als Teil der Wirtschaftsdemokratie den Übergang zur sozialistischen Wirtschaftsweise vorbereiten – nach Auffassung der Opposition eine Illusion.

„Nach wirtschaftsdemokratischem Prinzip sollte das staatliche Schlichtungswesen während der schlechten Konjunktur ein Helfer der Arbeiterschaft sein und seine Entscheidungen von demokratischen und volkswirtschaftlichen Gesichtspunkten aus bestimmen. Die Krisis des Kapitalismus zeigt jedoch, daß die staatliche Lohnschlichtung genau wie jede andere politische Betätigung des Staates ein Instrument zur Erhaltung der kapitalistischen Klassenherrschaft ist. Waren bei aufsteigender Konjunktur Lohnerhöhungen – in bestimmten Grenzen gehalten – notwendig, um den Wirtschaftsfrieden und den Wirtschaftsaufbau zu sichern, so bedingt die Rettung des kapitalistischen Systems aus der ernstesten Krise seit Bestehen des Kapitalismus einen rücksichtslosen Abbau der Löhne und Gehälter. In jeder ökonomischen

---

[299] Vgl. dazu *Hüllbüsch*, Ruhreisenstreit, sowie *Schweitzer*, Reform, Sp. 887f.
[300] *Hugo Sinzheimer*, Die Reform des Schlichtungswesens (1930), in: *ders.*, Arbeitsrecht und Rechtssoziologie, 236-254, 237f., 245.
[301] Vgl. *Ernst Leithold*, Um den Tarifvertrag, in: MT, Jg. 2 (1932), 343-346; *Heinrich Brüning*, Memoiren 1918-1934, Stuttgart 1970; 177, 235f.; *Hans Mommsen*, Klassenkampf oder Mitbestimmung. Zum Problem der Kontrolle wirtschaftlicher Macht in der Weimarer Republik, Frankfurt a.M. 1978, 11f.; *Winkler*, Katastrophe, 282.
[302] Vgl. ebenda, 232ff., 278ff., 711. Vgl. auch JbDS 1931, 41ff., 96ff., 297ff., 303f. Zur gewerkschaftlichen Argumentation vgl.exemplarisch *Wladimir Woytinsky*, Die Entwicklung der Wirtschaft und das Lohnproblem, GZ, Jg. 40 (1930), 120-132. *Emil Lederer* versetzte den Versuch, durch Lohnabbau das „Gleichgewicht" wieder herzustellen, „in die Rumpelkammer der Theorie"; vgl. *ders.*, Wirkungen des Lohnabbaus, Tübingen 1931.

Situation erweist sich das Schlichtungswesen als brauchbares Instrument kapitalistischer Notwendigkeiten"[303] – so der Betriebsrat *Fritz Vogel*.

Otto Kahn-Freund (1900-1979), *Sinzheimer*-Schüler und ab 1935 Lehrer an der berühmten „London School of Economics and Political Science", machte darauf aufmerksam, daß das Reichsarbeitsgericht die Integration der Arbeiterschaft in die kapitalistischen Unternehmen überbetone, und rückte dessen „Sozialideal" in die Nähe des italienischen Faschismus. Die Überbetonung des „Wirtschaftsfriedens", der „Betriebsdisziplin" und der „Direktionsgewalt des Arbeitgebers" wiesen in eine Richtung, an deren Ende „Anbetung von Ruhe und Ordnung" und der „Einbau der kämpfenden Organisationen in eine schemenhafte nationale Gemeinschaft" stehe.[304] *Sinzheimer* sah am Ende von Weimar sein Lebenswerk zerstört:

„Was durch [diese Notverordnung, W.E.] verletzt wird, sind nicht nur Rechtssätze und Rechtsformen. Das Tarifvertragswesen (...) ist nicht nur eine arbeitsrechtliche Konstellation, es enthält den Weg zu einer Neuorganisation der gesellschaftlichen und staatlichen Kräfte, auf dem Boden der sozialen Selbstbestimmung überhaupt. Nur auf seiner Grundlage ist die Lösung des Problems des Verhältnisses zwischen Staat und Wirtschaft praktisch denkbar, soweit man eine weitere organische Entwicklung in Deutschland überhaupt noch für möglich hält. In diese werdende, von wahrhaft aufbauwilligen Kräften getragene Welt ist ein Eingriff erfolgt."[305]

5. Ein unlösbares Problem: Die Agrarfrage

Die Agrarfrage beschäftigte die sozialistische Bewegung von Anbeginn, denn es war klar, daß überall in Europa der Sozialismus gegen den Widerstand der Masse der bäuerlichen Bevölkerung nicht zu erkämpfen war. Das praktische Problem lag in der „Landagitation" unter Bauern, deren „eingefleischter Eigentumssinn" sie die Sozialisten als gefährliche Feinde wahrnehmen ließ.[306] Der Theoriebestand gab für die Landagitation nichts her. Während die *Proudhonisten* auf den Kongressen der Internationalen Arbeiter-Assoziation in den sechziger Jahren des 19. Jhs. für die Erhaltung des privaten bäuerlichen Grundeigentums eintraten, setzten sich die *Marxisten* mit ihrer Forderung nach dessen Vergesellschaftung und Gründung industrialisierter Produktionsgenossenschaften durch.[307] *Wilhelm Liebknecht* betonte, daß die freiheitlich gesonnenen Sozialdemokraten ihr Programm

---

[303] *Fritz Vogel*, Das Schlichtungswesen als demokratische Kulisse der Lohnabbaudiktatur, in: KK, Jg. 6 (1932), 83-87, 86.
[304] *Otto Kahn-Freund*, Das soziale Ideal des Reichsarbeitsgerichts. Eine kritische Untersuchung zur Rechtsprechung des Reichsarbeitsgerichts (1931), in: Arbeitsrecht und Politik. Quellentexte 1918-1933, hrsg. und eingel. von *Thilo Ramm*, Neuwied a.R. 1966, 149-210, 210. Vgl. auch die kritischen Beiträge in *Hermes*, Grundfragen.
[305] *Hugo Sinzheimer*, Über einige Grundfragen des neuen Tarifrechts, in: SP, Jg. 41 (1932), Sp. 1249-1258, 1258; vgl. auch *Ernst Fraenkel*, Die politische Bedeutung des Arbeitsrechts (1932), in: *ders*, Gesammelte Schriften, Bd. 1, 469-480. Der Angriff auf die Unabdingbarkeit des Tarifvertrags ziele der deutschen Republik mitten ins Herz, ebenda, 469.
[306] So *Friedrich Engels*, Die Bauernfrage in Frankreich und Deutschland, in: MEW 22, 483-505, 489.
[307] Vgl. dazu *Eduard David*, Socialismus und Landwirtschaft. Bd. 1: Die Betriebsfrage, Berlin 1903, 22.

niemals gewaltsam durchsetzen würden. Doch die Bauern müßten einsehen, daß sie gegen die landwirtschaftliche Großproduktion chancenlos seien, weshalb der einzige Weg zu ihrer Befreiung die Eingliederung ihres Einzelbetriebs in einen genossenschaftlichen Großbetrieb sei. Er schlug ein gradualistisches Konzept vor. Der Staat werde die bäuerlichen Hypothekenschulden ablösen; bestehende Staatsdomänen würden zu „Muster-Organisationen" ausgebaut. Die „Privat-Associationen" sähen bald ein, daß es „für sie selbst und für die Allgemeinheit besser ist, wenn sie die Fiction des Privateigentums aufgeben und direct für die Rechnung des Staates arbeiten."[308] Das „Erfurter Programm" setzte diese Argumentationslinie fort:

„Was ist das Schlußergebnis dieses qualvollen Ringens gegen die übermächtige Konkurrenz des Großbetriebs? Was winkt dem Handwerker und Bauern als Lohn für seine ‚Sparsamkeit' und seinen ‚Fleiß', das heißt dafür, daß er sich sammt Weib und Kind verknechtet, körperlich und geistig ruinirt? Der Lohn dafür ist der *Bankerott*, die völlige Enteignung (...), die Trennung von den Produktionsmitteln, der *Sturz ins Proletariat*."[309]

Auch *Kautskys* Programmkommentar sah keine Enteignung der Kleinbauern vor; vielmehr könne die bäuerliche Landwirtschaft auch in der sozialistischen Gesellschaft einige Zeit fortbestehen. Schließlich würden auch die Kleinbauern „die Vortheile des gesellschaftlichen Großbetriebs verstehen lernen".[310]

Die Reichstagswahl von 1893 verdeutlichte noch einmal das theoretische wie praktisch-agitatorische Defizit in Agrarfragen. Um diesem abzuhelfen, betrieb *Bebel* zum Frankfurter Parteitag 1894 die Einrichtung eines Agrarausschusses. *Bruno Schoenlank* und *Georg von Vollmar*, die für eine pragmatische Wende in der Agrarpolitik eintraten, wurden zu Berichterstattern bestimmt. In ihrem Resolutionsentwurf hieß es: „Jetzt aber muß die Nothlage der Bauern und Landarbeiter durch eine gründliche Reformtätigkeit gelindert werden."[311] Sie konnten sich dabei auf die französischen, belgischen und dänischen Sozialisten berufen.

Einigkeit bestand darin, daß sich die Landagitation hauptsächlich an das *Landproletariat* richten musse, das durch Ziele wie Gleichstellung mit den gewerblichen Arbeitern, Aufhebung der Gesindeordnung und Gewährung des Koalitions- und Vereinigungsrechts sowie die Gründung von Produktionsgenossenschaften gewonnen werden könne.[312] Völlig kontrovers wurde jedoch die Frage der *Klein-*

---

[308] *Wilhelm Liebknecht*, Zur Grund- und Bodenfrage, 2. vervollständigte Aufl., Leipzig 1876, 25, 80, 175ff.
[309] Das Erfurter Programm in seinem grundsätzlichen Theil erläutert von *Karl Kautsky*, Stuttgart ⁹1908, 16f., 26-29, 29.
[310] Ebenda, 148, 150, 153. Zu *Kautskys* Enteignungsvorstellungen vgl. oben Sozialismus I, 5. Kap. I, 1.
[311] Vgl. die nuancierten Darstellungen bei *Hans Georg Lehmann*, Die Agrarfrage in der Theorie und Praxis der internationalen Sozialdemokratie, Tübingen 1970, 86-104, 114ff.; *Wilfried Gottschalch*, Die Agrardebatte, in: *ders./Friedrich Karrenberg/Franz Josef Stegmann*, Geschichte der sozialen Ideen in Deutschland, hrsg. v. *Helga Grebing*, München 1969, 152-163. Für die einschlägige Resolution vgl. Prot. PT Frankfurt a.M. 1894, 134f., sowie *Bebels* Schilderung der Vorgänge in: Prot. PT Breslau 1895, 115.
[312] Vgl. *Engels*, Bauernfrage, 489, 504; Resolutionsentwurf *Schoenlank*, *von Vollmar* und Referat *Schoenlank*, in: Prot. PT Frankfurt a.M., 1894, 135, 142.

und *Mittelbauern* beurteilt. Nach alter Überzeugung waren Bauern in ihrem „Eigenthums-Fanatismus" (*Kautsky*) kaum zu gewinnen.[313]

Auch *Engels* hielt in seinem Beitrag zur Agrarfrage an dieser Position fest, modifizierte sie jedoch in seiner Auseinandersetzung mit dem Agrarprogramm der französischen Sozialisten. Der bäuerliche Kleinbetrieb verfalle „unrettbar"; andererseits müßten die Sozialisten, auch unter dem Gesichtspunkt der Mehrheitsgewinnung, „alles nur irgend Zulässige tun, um sein [des Bauern] Los erträglicher zu machen". Allerdings dürfe man dabei nicht so weit gehen wie die französischen Genossen, die behaupteten, „daß es im Prinzip des Sozialismus liegt, das kleinbäuerliche Eigentum gegen den Untergang durch die kapitalistische Produktionsweise zu schützen, obwohl man selbst vollkommen einsieht, daß dieser Untergang unvermeidlich ist"[314] – ein Widerspruch, den die Verfechter des traditionellen Standpunktes den Reformern immer wieder entgegenhielten.

Auch die Programmerneuerer beriefen sich in ihrem Bemühen, das Los der Bauern „erträglicher zu machen", auf *Engels*. Dabei dürfe man nicht, so *Vollmar*, „mit leerer Hand zur ländlichen Bevölkerung kommen, sondern [müsse] ihr eine wirkliche Förderung ihrer Interessen bieten können."[315] Derart ließen sich nicht nur die Klein-, sondern auch die Großbauern ansprechen. *Schoenlank* erinnerte an den „*demokratischen Zug*" der Kleinbauern im Westen und Süden. Oft seien sie „nur *maskierte besitzlose Landarbeiter*, sie sind durch *das Kapital, durch Wucherer und Latifundien bereits so stranguliert, daß sie uns politisch und sozial zugänglich sind.*" Den Großbauern könne man zeigen, daß ihre Steuerlast eine Folge des Militarismus sei und ihr Maschineneinsatz weit hinter dem englischen und amerikanischen zurückbleibe. Mit diesen Argumenten könne man sie zumindest politisch neutralisieren.[316] Die Agrarkommission schlug die Ergänzung einzelner Punkte im praktischen Teil des „Erfurter Programms" vor.

Anzustreben sei eine „Verbesserung der Zustände in (...) Landwirtschaft (...) *im Rahmen der bestehenden Staats- und Gesellschaftsordnung* [meine Hervorhebung, W.E.]".
7. „Errichtung ausreichender (...) landwirtschaftlicher Fachschulen, Musterwirtschaften und Versuchsstationen; Abhaltung regelmäßiger landwirtschaftlicher Unterrichtskurse."
10. „Beseitigung aller Ertrags- (Real-) Steuern", darunter die Grundsteuer.
11. Abschaffung aller mit dem Grundbesitz verbundenen behördlichen Funktionen und Privilegien wie „Vorrechte in Vertretungs-Körperschaften, Patronatsrechte" usw.
12. „Erhaltung und Vermehrung des öffentlichen Grundeigentums (...) unter Kontrolle der Volksvertretung."
13. „Bewirtschaftung der Staats- und Gemeindeländereien auf eigene Rechnung, oder Verpachtung an Genossenschaften von Landarbeitern und von Kleinbauern oder, soweit sich beides nicht als rationell erweist, Verpachtung an Selbstbewirtschafter unter Aufsicht des Staates oder der Gemeinde." [Letzteres widersprach dem Votum *Engels*', W.E.].
14. „Staatskredit an Genossenschaften (...), oder an einzelne Gemeinden für Feldbereinigung, Bodenmeliorationen (...), Entwässerung und Bewässerung".

---

[313] Vgl. Resolution *Kautsky* sowie sein und *Clara Zetkins* Diskussionsbeitrag, Prot. PT Breslau, 1895, 105, 125f, 139; *J.H.*, Bäuerliche Produktiv-Genossenschaften, in: NZ, Jg. 12 (1893/94), Bd. 1, 773-780, 814-823, 821.
[314] *Engels*, Bauernfrage, 489f., 498, 501.
[315] *von Vollmar*, Bericht zur Agrarfrage. *Engels* dementierte allerdings mit dem Hinweis, daß die Grenze der Reformbemühungen dort lägen, wo man den „Kleinbauern permanent erhalten" wolle, denn dies sei unmöglich; vgl. Prot. PT Frankfurt a.M. 1894, 146, 151 Anm.
[316] *Schoenlank*, Bericht zur Agrarfrage, ebenda, 140f.

15. Verstaatlichung der Hypotheken- und Grundschulden unter Herabsetzung des Zinsfußes auf die Höhe der Selbstkosten.
16. Verstaatlichung der Mobilien- und Immobilienversicherung (Feuer-, Hagel-, Wasserschäden-, Vieh-Versicherung).
18, 2. „Sachgemäße Ausdehnung der Arbeitsschutzgesetzgebung auf die Landwirtschaft."[317]

Mitten in die Debatte dieser Vorschläge auf dem Breslauer Parteitag (1895) platzte der Antrag *Kautskys* und Genossen:

„Der von der Agrarkommission vorgelegte Entwurf eines Agrarprogrammes ist zu verwerfen. Denn dieses Programm stellt der Bauernschaft die Hebung ihrer Lage, also die Stärkung ihres Privateigenthums in Aussicht (...). Ferner weist der Entwurf (...) dem Ausbeuterstaat neue Machtmittel zu und erschwert dadurch den Klassenkampf des Proletariats (...)."[318]

In der „Neuen Zeit" gab *Kautsky* eine ausführliche Begründung. Reformen „im Rahmen der bestehenden Gesellschaftsordnung" liefen auf bürgerliche „Sozialreformerei" und die geforderten Staatskredite für Meliorationen und Verstaatlichung der Hypotheken auf eine Erhöhung des Bodenwertes, damit auf eine Stärkung des deutschen „Polizeistaates" und auf „Staatssozialismus" hinaus.[319]

Bebel , der sich trotz anfänglicher Bedenken auf die Seite der Reformer geschlagen hatte, wandte sich scharf gegen die These, in der heutigen Gesellschaft lasse sich die soziale Lage der Landwirtschaft nicht verbessern:

Wir „können und wollen den Kleinbauern nicht konserviren [sic!], aber es sind Verbesserungen möglich in den ländlichen Verhältnissen, die wir bewilligen können und müssen, weil sie in einem beschränkten Maße Erleichterungen gewähren, ohne die Gesamtheit zu belasten oder ihr zu schaden." Dies habe auch *Engels* so gesehen. *Bebel* fügte ein *politisches* Argument hinzu: „Wir können uns das ganze Handwerk hinwegdenken, aber nicht die Landwirthschaft. Wer den Grund und Boden in der Hand hat, hat die Gesellschaft in der Hand. Daher die Macht der preußischen Junker. Im Grund und Boden sind die Wurzeln ihrer Macht. Sie zu durchschneiden, heißt die Macht der Junker brechen."[320]

Dem Staatssozialismus-Vorwurf *Kautskys* und *Zetkins* hielt *Bebel* entgegen, daß die Partei in vielen Fällen Verstaatlichungen befürworte, z.B. im Banken- und Verkehrswesen.[321] *Liebknecht* betonte den praktischen Aspekt:

„Die Partei ist, wenn sie nicht ihre Existenz aufgeben will, gezwungen, alle uns angehenden Tagesfragen von der praktischen Seite aufzufassen; und alles praktische Handeln ist mehr oder weniger ein Kompromiß zwischen Theorie und Thatsachen. (...) Wenn die Vorschläge der Agrarkommission (...) verwirklicht werden, dann wird (...) die Macht des Staates ausgedehnt, aber nicht gestärkt; (...) während er jetzt von den paar Junkern monopolisiert wird, (...) werden wir nach und nach die gegenwärtige Hauptstütze des Staates, die Masse der Landbevölkerung, gewinnen."[322]

---

[317] Abgedr. bei *Lehmann*, Agrarfrage, 1970, 281ff.
[318] Prot. PT Breslau 1895, 104f.
[319] *Karl Kautsky*, Unser neuestes Programm, in: NZ, Jg. 13 (1894/95), Bd. 2, 557-565, 610-640, 561, 563ff., 610. Zum Vorwurf des „Staatssozialismus" vgl. Einlassung *Kautskys* und *Zetkins* in: Prot. PT Breslau 1895, 126f., 140f.
[320] *Bebel*, Prot. PT Breslau 1895, 115, 117, 123.
[321] Vgl. ebenda, 121.
[322] *Liebknecht*, ebenda, 144f.

Trotz dieser Intervention der alten Autoritäten wurde das Agrarprogramm abgelehnt. Die Debatte spitzte sich daraufhin auf die entscheidende Frage nach der Überlebensfähigkeit des bäuerlichen Kleinbetriebs zu. Hauptkontrahenten waren *Kautsky* und *Eduard David* (1863-1930), Parteijournalist, Mitglied der Agrarkommisson, seit 1903 MdR, erster Präsident der Nationalversammlung 1919/20, Dozent für Politik an der TH Darmstadt. *David* hatte in einem Aufsehen erregenden Artikel die Konkurrenzfähigkeit gesunder landwirtschaftlicher Kleinbetriebe behauptet.[323] *Kautsky* hielt 1899 mit einem voluminösen Band zur Agrarfrage dagegen, ohne *David* direkt zu erwähnen. Er knüpfte vielmehr an *Werner Sombart* an, der 1896 fragte, wie sich die Sozialdemokratie verhalten wolle, wenn „in der agrarischen Entwicklung keine Tendenz zum Großbetrieb besteht (...)." Werde sie dann die „kleinbetrieblichen Existenzen" von ihrer Bewegung ausschließen?[324] *Kautsky* ging es um den Nachweis, daß die Marxsche Methode auf die Landwirtschaft angewandt werden könne, obwohl sich dort die in Industrie und Handel beobachtbare Zentralisation von Kapital statistisch nicht bestätigen lasse.[325] Seine breiten Untersuchungen mündeten in den Befund:

„Wir haben (...) darauf hingewiesen, daß in der Landwirtschaft die Tendenz zur Zentralisation der Betriebe nicht zur völligen Aufhebung des Kleinbetriebs führt, sondern daß sie, wo zu weit zur Geltung gebracht, die entgegengesetzte Tendenz erzeugt, daß die Tendenz zur Zentralisation und die zur Zersplitterung einander ablösen. Jetzt sehen wir, daß beide Tendenzen auch nebeneinander wirken können. Es wächst die Zahl der Kleinbetriebe, deren Besitzer auf dem Waarenmarkt als *Proletarier*, als Verkäufer der Waare Arbeitskraft erscheinen, deren Grundbesitz nur außerhalb des Gebiets der Waarenproduktion, auf dem Gebiet der Produktion für den Haushalt sich geltend macht. Diese kleinen Landwirthe haben auf dem Waarenmarkt als Verkäufer der Waare Arbeitskraft alle entscheidenden Interessen mit dem industriellen Proletariat gemein, ohne durch ihren Besitz in einen Gegensatz zu ihm zu gerathen. Sein Grundbesitz emanzipirt zwar den Parzellenbauern mehr oder weniger vom Lebensmittelhändler, nicht aber von der Ausbeutung durch den kapitalistischen Unternehmer, mag dieser nun ein industrieller oder ein landwirthschaftlicher sein. Wo diese Stufe erreicht ist, da wird die Zunahme der Kleinbetriebe auf dem Lande nur noch eine besondere Form der Zunahme der proletarischen Haushaltungen sein, die Hand in Hand geht mit der Zunahme des kapitalistischen Großbetriebs."[326]

Die verzerrten wirtschaftlichen Verhältnisse auf dem Lande, unter denen die kleinen Existenzen litten, verhinderten aber nicht, daß die „Richtung der industriellen Entwicklung (...) für die landwirtschaftliche maßgebend" werde. Während sich das Land entvölkere, wüchsen in den Städten die klassenbewußten Arbeitermassen. Diese Tendenz zum Sozialismus ergreife auch die Landwirtschaft, in der die Vorbedingungen einer sozialistischen Umwälzung nicht heranreifen könnten.[327]

---

[323] *Eduard David*, Die Konkurrenzfähigkeit des Kleinbetriebs in der Landwirtschaft, in: NZ, Jg. 13 (1894/95), Bd. 2, 678-690.
[324] *Karl Kautsky*, Die Agrarfrage. Eine Übersicht über die Tendenzen der modernen Landwirtschaft und die Agrarpolitik der Sozialdemokratie, Stuttgart 1899, 4ff; 437. *Werner Sombart*, Sozialismus und soziale Bewegung im 19. Jahrhundert (1896), Wien 1966, 103. Zu *Sombart* vgl. oben 5. Kap., II, 1. Vgl. dazu auch *Hans Georg Lehmann*, Karl Kautsky und die Agrarfrage, in: *Jürgen Rojahn/Till Schelz/Hans-Josef Steinberg* (Hrsg.), Marxismus und Demokratie. Karl Kautskys Bedeutung in der sozialistischen Arbeiterbewegung, Frankfurt a.M. 1991, 100-115.
[325] *Kautsky*, Agrarfrage, 6, 143f.
[326] Ebenda, 174.
[327] Vgl. ebenda, 294f.

Kautsky wiederholt seine im Kommentar zum „Erfurter Programm" vertretene Auffassung, daß die Kleinbauern keine Expropriation zu befürchten hätten. Wo Kleinbetriebe vorteilhaft seien, könnten sie in der sozialistischen Gesellschaft weiter bestehen wie entsprechende Handwerksbetriebe.[328]

Davids großes Werk über die Agrarfrage ist ein Anti-*Kautsky* und zugleich eines der ersten Lehrstücke des Revisionismus. Die marxistische Konzentrationstheorie gelte allein für die Industrie, denn die agrarische Produktion sei nicht „mechanisch" wie die industrielle, sondern „organisch".[329] Hierin habe der Kleinbetrieb Vorteile, z.B. in der Vieh- und Pflanzenzucht, Düngung, leichteren Erreichbarkeit der Äcker usw.; auch bringe die Mechanisierung nur bedingt Vorteile, da – *David* schrieb vor dem Masseneinsatz von Kleinmotoren! – ein Zentralmotor nicht benützt werden könne: kurz, die Intensität der kleinbäuerlichen Bewirtschaftung könne von den Großbetrieben nicht erreicht werden. Auch könne von einer generellen Überschuldung und wirtschaftlichen wie kulturellen Verelendung des Kleinbetriebs nicht gesprochen werden.[330] Schließlich lasse sich die Leistungskraft der Kleinbetriebe durch Genossenschaftsbildung steigern, und zwar nicht durch Produktionsgenossenschaften im marxistischen Sinne, sondern durch „Produzentengenossenschaften" für spezielle Zwecke wie Buttererzeugung usw., Einkauf und Vermarktung sowie Kreditbeschaffung. Vorbildlich sei die genossenschaftliche Organisation der dänischen Landwirtschaft, die Volkshochschulen in ihre Bildungsarbeit einbezögen.[331] *Davids* provokatives Fazit: *„Darum stehen wir nicht an, die Verwandlung der landwirtschaftlichen Großbetriebe in bäuerliche Kleinbetriebe als erstrebenswertes Ziel aufzustellen."*[332] Wolle die Sozialdemokratie ihren Kampf um die Macht nicht nur auf die Arbeiterschaft, sondern auch auf die „werktätige Landbebauermasse" stützen, so folge daraus:

> „(...) in der Erkenntnis, dass ein Zurücksinken der Bodenkultur im Verein mit einem Herabsinken der kleinbäuerlichen Volksmasse auch der Gesamtheit zum grössten Nachteil gereichen würde, tritt die Socialdemokratie ein für kräftigste staatliche Förderung aller derjenigen Mittel und Einrichtungen, die auf Hebung, Umgestaltung und Organisation der bäuerlichen Landwirtschaft gerichtet sind. Dahin gehören die staatlichen Aufwendungen für eine bessere Volksschule und Hebung der bäuerlichen Fachbildung (...); Unterstützung der Gemeinden bei Wasser- und Wegeregulierungen und sonstigen grösseren Meliorationsunternehmungen; Entwickelung des ländlichen Verkehrswesens; Übernahme des Versicherungswesens und Hilfeleistung bei unverschuldeten Verlusten durch Wetterschäden, Pflanzen- und Tierkrankheiten; Förderung der genossenschaftlichen Organisationen auf allen Gebieten der landwirtschaftlichen Betriebsführung."[333]

Die *Kautsky-David*-Kontroverse markierte den Diskussionsstand bis zum Ende des Kaiserreichs. Fragt man sich heute nach der Berechtigung der einzelnen Argumente, so ergibt sich ein komplexes Bild. *Davids* realistischer Blick ist überzeugender als *Kautskys* Verelendungs- und Revolutionsprognosen; andererseits schätzte dieser das Potential der von Großbetrieben leichter umsetzbaren wissenschaftlich-technischen Entwicklung besser ein. Die Konzentration der landwirt-

---

[328] Vgl. *Kautsky*, Agrarfrage, 443f.
[329] *Eduard David*, Socialismus und Landwirtschaft. Bd. 1: Die Betriebsfrage, Berlin 1903, 687.
[330] Vgl. ebenda, 49, 54ff., 66ff., 72ff., 173, Kap.VII (Düngung), 440, 495, 654f., 673.
[331] Vgl. ebenda, 59, 562ff. Für ein deutsches Vorbild hält *David* die Raiffeisen-Genossenschaften.
[332] Ebenda, 699.
[333] Ebenda, 683f.

schaftlichen Betriebe nach dem Zweiten Weltkrieg entspricht dem Szenario *Kautskys* eher als die von *David* anvisierte agrarische Parklandschaft.

Nach der Revolution von 1918/19 standen praktische Fragen im Vordergrund. Der „Rat der Volksbeauftragten" leitete die Verwirklichung alter Parteiziele ein: die Aufhebung der Gesindeordnung, Koalitionsfreiheit und Regelung der Landarbeiterlöhne durch Tarifverträge, uneingeschränktes Vereinigungsrecht, Höchstarbeitszeit je nach Arbeitsanfall, wöchentliche bare Lohnzahlung.[334] Das Ziel der Zerschlagung des Großgrundbesitzes wurde aus Furcht, die prekäre Ernährungsbasis zu beeinträchtigen, nicht in Angriff genommen. Dagegen wurde der *Siedlungsgedanke* verfolgt, der auf das Konzept der „inneren Kolonisation" bürgerlicher Sozialreformer zurückging und von der OHL propagiert wurde, um Kriegsheimkehrern zu einer Existenz zu verhelfen.

In der Normalitätsphase der Republik, als die Sozialdemokratie für einige Jahre keine Regierungsverantwortung trug, griff sie die Agrarfrage erneut auf. Der Startschuß erfolgte auf dem Berliner Parteitag von 1924. *Hilferding* erneuerte die Forderung nach einem Agrarprogramm auf dem Heidelberger Parteitag (1925).[335] In einem flankierenden Artikel in der neuen Theoriezeitschrift „Die Gesellschaft" verwarf der Agrarwissenschaftler *Fritz Baade* (1893-1960), MdR und MdB, nach dem Zweiten Weltkrieg Direktor des Kieler „Instituts für Weltwirtschaft", definitiv die Untergangsprognose für den kleineren Betrieb. In der Inflationskonjunktur habe er sogar einen erheblichen Aufschwung genommen. Gleichwohl behalte der „Großbetrieb seine historische Aufgabe als Bahnbrecher in allen technischen und wissenschaftlichen Fortschritten."[336] Wie das dänische Beispiel lehre, gebe es auch höchst erfolgreiche Kombinationen von Mittelbetrieben mit genossenschaftlichen Verkaufsorganisationen. Man müsse also davon ausgehen, daß die heutigen Betriebsgrößen fortbestünden. In der Landwirtschaft werde zunächst die freie Konkurrenz mit ihrem Preisbildungsmechanismus weiterwirken. Auch die Betriebsleiter sozialisierter Großbetriebe müßten, wenn Bürokratisierung vermieden werden solle, einen Entscheidungsspielraum besitzen. Als gangbaren Weg zur Sozialisierung bleibe die Vermehrung des staatlichen Grundeigentums und dessen Verpachtung, wobei die Pächter durch flankierende Maßnahmen wie verbesserte Berufsausbildung unterstützt werden müßten.[337]

Das Agrarprogamm wurde auf dem Kieler Parteitag von 1927 beschlossen. Als Berichterstatter nahm *Baade* sein Lob der agrarischen Marktwirtschaft zurück. Das freie Spiel der Kräfte löse die Probleme nicht. Kernpunkt sei die „Frage der Ernährung der städtischen Massen." Die Partei gehe immer noch von den Erfahrungen der Jahre 1850-1900 aus, d.h. dem gleichzeitigen Wachstum von Bevölkerung, Agrarproduktion, Industrialisierung und Reallöhnen sowie Verbesserung der Lebenshaltung. Doch nunmehr stiegen Agrarproduktion und Reallöhne langsamer als die Agrarpreise. Die Bedrohung der europäischen Landwirtschaft durch billige Importe aus den Kolonien sei vorüber. Jetzt komme es auf die „inländische

---

[334] Vgl. Die Landarbeiter und das neue Deutschland, Berlin o.J. [1919].
[335] Prot. PT Berlin 1924, 162; Prot. PT Heidelberg 1925, 277.
[336] *Fritz Baade*, Richtlinien für ein sozialdemokratisches Agrarprogramm, in: DG 1924, 122-153, 124ff.
[337] Vgl. ebenda, 127f., 130, 136, 148. Vgl. auch die Werbebroschüre des Parteivorstandes: Sozialdemokratie, Landwirtschaft und Bodenreform, Berlin o.J. [1924].

Steigerung der Nahrungsmittelproduktion" an.[338] Damit gerate die Entwicklung der landwirtschaftlichen Technik, der Außenhandel und – angesichts der stark schwankenden Agrarpreise – eine institutionalisierte Absatzregelung auf die Tagesordnung. Das neue Agrarprogramm enthielt im wesentlichen diese Thesen und Forderungen:

Der Kapitalismus habe „anders als in der Industrie die Eigentumsverhältnisse und Unternehmungsgrößen in der Landwirtschaft" bestehen lassen. Die kapitalistischen Marktgesetze erzwängen allerdings „in viel geringerem Maße als in den industriellen Betrieben (...) den technischen und organisatorischen Fortschritt (...)". „So muß an Stelle der Marktregelung die bewußte Einwirkung der Gesellschaft und ihrer Organe auf die Steigerung und Intensivierung der landwirtschaftlichen Produktion treten."

I. *Bodenreform.* Die ungleiche Besitzverteilung auf dem Land stehe der Produktionssteigerung entgegen. Das Monopol des Latifundien- und Großgrundbesitzes „sperrt den ländlichen Produzenten, den Bauernsöhnen und Landarbeitern den freien Zutritt zum Grund und Boden." Daraus ergibt sich die Notwendigkeit der Bodenreform. Dies solle durch eine Beseitigung der Fideikommisse (Unteilbarkeit des Familienvermögens) sowie *Enteignungen* von Großgrundbesitz über 750 ha gegen Entschädigung zugunsten von Reich und Ländern geschehen. Diese Ländereien sollten 1. *zur Siedlung* eingesetzt werden, hauptsächlich zur Schaffung von „Heimstätten- und Pachtland für landwirtschaftliche Arbeiter und landlose Gemeindeangehörige." 2. zur Übergabe der Ländereien in „öffentliche Regie" oder an Genossenschaften. 3. Bedeutung kommt der Erbpacht, dem Erbbaurecht und den Reichsheimstätten zu. Das Pachtschutzrecht ist gesetzlich zu verankern. Prinzipiell muß das Grundeigentum von Reich, Ländern und Gemeinden planmäßig vermehrt werden, weshalb ihnen ein Vorkaufsrecht einzuräumen ist.

II. *Förderung der landwirtschaftlichen Erzeugung* durch Anwendung der fortgeschrittensten Methoden der Landbautechnik (Maschinen, Düngung, Kraftfutter, Tier- und Pflanzenzüchtung). Da der Kenntnisstand der Landwirte unzulänglich sei, müßten das *ländliche Bildungswesen*, auch durch Volkshochschulen, und das *landwirtschaftliche Beratungswesen* ausgebaut werden. Das landwirtschaftliche Genossenschaftswesen benötige einen demokratischen Ausbau.

III. *Regelung des Absatzes landwirtschaftlicher Erzeugnisse.* Durch diese solle „das wilde Auf und Ab der Preise, in das die kapitalistische Anarchie der Märkte die landwirtschaftliche Produktion gestürzt hat" und die im Widerspruch zur „inneren Natur" des landwirtschaftlichen Betriebs stehe, entgegengewirkt werden. Der *direkte Warentausch zwischen Erzeuger- und Verbrauchergenossenschaften* solle gefördert werden [eine alte sozialistische Idee, W.E.]. Wichtigstes Instrument seien jedoch „regulierende Eingriffe in die *Preisgestaltung*". „An Stelle der Getreidezölle ist *ein Reichsmonopol* für die Einfuhr von Getreide- und Mühlenprodukten zu schaffen". In die Preisstabilisierungsbemühungen sollen schrittweise auch die übrigen landwirtschaftlichen Produkte einbezogen werden."

V. Die *Wohnsituation* der Land- und Forstarbeiter soll verbessert werden, Deputatlohn und Deputatland sind durch reinen Barlohn zu ersetzen. Das Koalitionsrecht und das Tarifvertragswesen müßte endlich auch praktisch für die Landarbeiter gelten.

VI. Die bäuerliche Bevölkerung muß in das Sozialversicherungswesen einbezogen werden. Abschließend heißt es:

„Eine tiefe Interessensolidarität verbindet die Arbeiterschaft mit den selbst arbeitenden Bauern. (...) Die Steigerung der Kaufkraft der Industriearbeiter erhält die Nachfrage nach den wichtigsten Produkten der bäuerlichen Betriebe und sichert ihnen Absatz und besseren Ertrag. Der Sieg der arbeitenden Massen in Stadt und Land unterwirft Großgrundbesitz und Großkapital unter die Gesellschaft und befreit die Landwirtschaft von der Unsicherheit und den Wechselfällen des Marktes und der Spekulation. Weit entfernt davon, den Bauern von seiner Scholle zu verdrängen oder sein Eigentum konfiszieren zu wollen, sichert die soziali-

---

[338] *[Fritz] Baade*, Bericht zur Agrarfrage, Prot. PT Kiel 1927, 114-127, 114ff., 119ff., 126.

stische Gesellschaft den bäuerlichen Massen ihr Eigentum und ihre Arbeitsstätte." Deshalb „erblickt die Sozialdemokratie in der Eingliederung der ländlichen Massen in ihre Reihen eine der dringendsten Aufgaben (...)".[339]

Die österreichische Sozialdemokratie hatte ihr Agrarprogramm auf dem Wiener Parteitag von 1925 beschlossen. Dies war das Verdienst ihres Führers *Otto Bauer*. Die alte SDAP hatte noch ganz auf der Linie des „Erfurter Programms" gelegen[340], doch *Bauer* begab sich nunmehr auf die Linie *Davids*. In dem bedeutenden Werk „Der Kampf um Wald und Heide" zeichnete er das Entstehen der inhomogenen Agrarstruktur Österreichs nach, in der Großgrundbesitz, zersplitterter Mittel- und Kleinbauernbesitz (Bergbauern, Winzer) sowie eine Häusler- und Landarbeiterschicht koexistieren. Trotz der Rechtsminderungen durch die Feudalherrn und dem Verlust von Jagdrecht und Allmende habe der Bauer an seiner Scholle festgehalten. Seine Wirtschaft sei *„weder eine kapitalistische*, noch eine sozialistische Unternehmensform", weshalb „(...) nur ein Narr (...) daran denken [kann], Bauern zu expropriieren!"[341]

Die deutschen Sozialdemokraten hielten das Agrarprogramm der SDAP für vorbildlich, weshalb beide Programme in weiten Passagen übereinstimmen. Den genossenschaftlichen Zusammenschlüssen von Kleinbauern wird im österreichischen Programm eine größere Rolle beigemessen als im deutschen; was die weltwirtschaftliche Perspektive und die Forderung der Produktivitätssteigerung durch Nutzung agrarwissenschaftlicher Erkenntnisse betrifft, war das deutsche moderner. Beide Programme nahmen die klein- und mittelbäuerlichen Interessen ernst. Dennoch scheiterte die Strategie, unter der Landbevölkerung Bündnispartner zu finden, in beiden Staaten. Die alte Sozialistenfurcht im Verein mit der klerikalen und standespolitischen (auch völkischen) Agitation erwies sich als stärker.

---

[339] Agrarprogramm, beschlossen auf dem Parteitag in Kiel 1927, in: JbDS 1928, 387-395.
[340] Vgl. *Robert Danneberg*, Das sozialdemokratische Programm. Eine gemeinverständliche Erläuterung seiner Grundsätze, Wien [20]1921, 81ff.
[341] *Otto Bauer*, Der Kampf um Wald und Heide. Studien zur österreichischen Agrargeschichte und Agrarpolitik, Wien 1925, in: *ders.*, Werkausgabe, Bd. 3, Wien 1976, 11-245, 85f., 93ff., 111ff., 232; *Bauers* Rede als Berichterstatter zum Agrarprogramm auf dem PT Wien, 1925, in: ebenda, Bd. 5, Wien 1978, 345-374, 371; *ders.*, Schlußwort zur Agrardebatte, in: Prot. PT Wien 1925, 308f. Das Agrarprogramm ist abgedruckt in: *ders.*, Werkausgabe, Bd. 3, 1001-1015.

7. Kapitel: Sozialismus im Krieg und in der Zeit des Umbruchs

I. Expansion des Kapitalismus und Kriegsgefahr: Die Imperialismustheorien

1. Kolonialismus, kapitalistischer Fortschritt und der Lebensstandard der Arbeiterklasse

Der Zusammenhang zwischen kapitalistischer Expansion, Militarismus und internationalen Konflikten wurde in der deutschen Sozialdemokratie bereits in den neunziger Jahren des 19. Jhs. thematisiert. In einem Dokument der Reichstagsfraktion heißt es:

„Die Tendenz der bürgerlichen Gesellschaft geht auf die Konzentration (...) des gesamten Kapitals in immer weniger Händen. Die kapitalistische Warenproduktion (...) verlangt ein möglichst großes Absatzgebiet (...). Aber in der nationalen Abgeschlossenheit entwickelt sich die ökonomische und die politische Rivalität. Eifersucht und Mißtrauen gegen fremde Völker werden geweckt. Die rasche Entwickelung der Warenproduktion in allen kapitalistisch wirtschaftlichen [sic!] Ländern drängt immer mehr nach Erweiterung der Absatzmärkte über den Binnenmarkt hinaus und erfordert Schutz und Unterstützung durch die politisch-militärischen Kräfte, die damit an Bedeutung gewinnen. (...) **Die Armee wird so zum Werkzeug der herrschenden Klassen gegen äußere und sogenannte innere Feinde**. [Fettung im Original, W.E.]."[1]

Die sozialistische Kritik der Kolonialpolitik bedeutete nicht, daß es den europäischen Mächten prinzipiell verwehrt sein sollte, auf nichteuropäischen Territorien ökonomisch und zivilisatorisch tätig zu werden. Die Kolonialpolitik war zentraler Gegenstand des Stuttgarter Internationalen Sozialistenkongresses von 1907, auf dem *Kautsky* eine Resolution durchsetzte, deren Kernsatz lautete:

„Der Kongress verurteilt die barbarischen Methoden der kapitalistischen Kolonisation und verlangt im Interesse der Entfaltung der Produktivkräfte eine Politik, die die friedliche kulturelle Entwickelung gewährleistet und die Bodenschätze der Erde in den Dienst der Höherentwickelung der gesamten Menschheit stellt."[2]

Kautsky zufolge schloß diese Resolution nicht jede Kolonisierung aus. Er unterschied zwischen „*Arbeitskolonien*" und den zu verwerfenden „*Ausbeutungskolonien*". Die erstgenannten würden in brachliegenden Gebieten von Siedlern, die das Land selbst bearbeiten, errichtet, die letztgenannten von der „ausbeutenden Klasse" des Mutterlandes. Die Vernichtung von Eingeborenen, wie in Nordamerika geschehen, könne vermieden werden. Jedenfalls habe die dortige Kolonisie-

---

[1] Abgedr. in: *August Bebel/Wilhelm Liebknecht*, Die Sozialdemokratie im Deutschen Reichstag. Tätigkeitsberichte und Wahlaufrufe aus den Jahren 1871-1893, Berlin 1909 (Reprint Berlin 1966), 433.
[2] Text bei *Jean Ziegler*, Genossen an der Macht, Frankfurt a.M. 1988, 155.

rung die „allgemeine Produktivkraft der Menschheit" entfaltet und dürfe deshalb nicht abgelehnt werden.[3] Die Revisionisten gingen einen Schritt weiter. Bereits *Bernstein* hatte in den „Voraussetzungen" davor gewarnt, den Erwerb von Kolonien „als etwas von vornherein Verwerfliches zu betrachten". Bedenke man den deutschen Bedarf an Kolonialprodukten, so könne der Gedanke an ihre Erzeugung in eigenen Kolonien, natürlich in humanen Formen, nicht prinzipiell zurückgewiesen werden. Es gebe ein historisches Recht der höheren Kultur: „Zudem kann nur ein bedingtes Recht der Wilden auf den von ihnen besetzten Boden anerkannt werden. Die höhere Kultur hat hier im äußersten Falle auch das höhere Recht. Nicht die Eroberung, sondern die Bewirtung [sic!] des Bodens giebt den geschichtlichen Rechtstitel auf seine Benützung."[4] *Schippel* betonte, Rohstoffe wie Baumwolle, Kautschuk, Zinn und Erdöl seien für die deutsche Industrie und damit für die Beschäftigung der deutschen Arbeiter unverzichtbar, ebenso Kolonialwaren wie Kaffee, Reis usw. für die Lebenshaltung der Massen. *Kautskys* Vorstellung, man könne den Eingeborenen rationelle Produktionsmethoden lehren, sei illusionär. Die Produktionsstätten müßten notfalls mit Zwang errichtet werden, denn von ihnen hinge „Europas Kulturhöhe" ab.[5] Viele revisionistische Beiträge waren antibritisch gefärbt.

Während die Revisionisten die imperialistischen Konsequenzen des Kolonialismus herunterspielten und die positiven Auswirkungen auf die Lebenshaltung der Arbeiterschaft herausstellten, vertrat die Mehrheit auf den Parteitagen den entgegengesetzten Standpunkt. Auf dem Chemnitzer Parteitag von 1912 führte der stellvertretende Parteivorsitzende *Hugo Haase* (1863-1919) aus:

„Wie verhängnisvoll die Wirkung des Imperialismus *im Inneren* ist, fühlen wir alle. Ist doch die *Teuerung* seine Begleiterscheinung, und ist doch die Teuerung bei uns noch verschärft durch die Schutzzollpolitik, die mächtige Förderin des Imperialismus. (...) Das Schutzzollsystem (...) hat dazu geführt, die *Lebenshaltung der Arbeiter* herabzudrücken, den inneren Markt zu verengern, und es hat das Verlangen gesteigert, überschüssige Waren auf den Weltmarkt zu werfen." Dies sei keine „*friedliche Expansion*", sondern: „(...) der Imperialismus ist nicht friedlich, er hat die *Tendenz zu kriegerischen Konflikten*".[6]

Die theoretische Behandlung des Imperialismusproblems setzte mit der Untersuchung „Imperialism" (1902) von *John Atkinson Hobson* ein. *Hobson* war ein vom ethischen Sozialismus beeinflußter Liberaler (siehe oben Sozialismus I, 5. Kap., I, 2). Trotzdem nahm er wesentliche Argumente der marxistischen Sichtweise vorweg:

---

[3] *Karl Kautsky*, Sozialismus und Kolonialpolitik. Eine Auseinandersetzung, Berlin 1907, 23ff.

[4] *Ed[uard] Bernstein*, Die Voraussetzungen des Sozialismus und die Aufgaben der Sozialdemokratie, Stuttgart 1899, 149f. Vgl. auch *ders.*, Der Socialismus und die Kolonialfrage, in: SM, Jg. 4 (1900), 549-562; *ders.*, Paris und Mainz, in: ebenda, 709-718. Zu *Bernsteins* kolonialpolitischen Auffassungen vgl. *Markku Hyrkkänen*, Sozialistische Kolonialpolitik. Eduard Bernsteins Stellung zu Kolonialpolitik und zum Imperialismus 1882-1914, Tammisaari 1986.

[5] *Max Schippel*, Kolonialpolitisches aus dem britischen Weltreich, in: SM, Jg. 19 (1913), Bd. 2, 785-793, 791; *ders.*, Imperialismus und Manchestertum, in: SM, Jg. 18 (1912), Bd. 3, 1101-1116; *ders.*, Kolonialpolitik, in: SM, Jg. 12 (1908), Bd. 1, 3-10, 10; *ders.*, Tropenerschließung und europäische Wirtschaftsentwicklung, in: ebenda, 79-91; *ders.*, Marxismus und koloniale Eingeborenenfrage, in: ebenda, 273-285, 274; *Ludwig Quessel*, Der Wert unserer Kolonien, in: SM, Jg. 18 (1912), Bd. 3, 1124-1131.

[6] Referat *Haase*, Der Imperialismus, in: Prot. PT Chemnitz 1912, 403-418, 414, 410.

„In dem Maße, wie eine Nation nach der anderen in das Maschinenzeitalter eintritt (...), wird es für ihre Unternehmer, Kaufleute und Finanziers schwieriger, ihre wirtschaftlichen Reserven unterzubringen, und sie werden mehr und mehr in Versuchung geführt, ihre Regierungen auszunutzen, um sich für ihre Zwecke irgend ein fernes *unentwickeltes Land durch Annexion und Schutzherrschaft zu sichern*. (...) Überall zeigen sich überschüssige Produktionskräfte und überschüssiges Kapital auf der Suche nach Investition." – „Krieg, Militarismus und eine ‚gewandte Außenpolitik'" sind Mittel zu diesem Zweck, mit der Folge hoher indirekter Steuern, die die Lebenshaltung der breiten Bevölkerung beeinträchtigen.[7]

Hobson hielt den Kapitalexport für eine Folge der „schlechten Verteilung der Kaufkraft, die die Absorbtion von Waren und Kapital innerhalb eines Landes verhindert". Schuld sei zudem ein politisches Moment, nämlich „Abenteurertum, militärischer Unternehmergeist" und „politischer Ehrgeiz". Beide Ursachen könnten im Prinzip mit ökonomischen und politisch-parlamentarischen Mitteln beseitigt werden, doch die parlamentarische Kontrolle versage.[8]

Die erste marxistische Imperialismus-Analyse von überragendem Zuschnitt war *Rudolf Hilferdings* „Finanzkapital" (1910). *Hilferding* (1877-1941), der mit *Renner*, *Bauer* und *Max Adler* das Zentrum des Austromarxismus bildete, wirkte seit 1906 als Lehrer an der Berliner Parteischule der deutschen Sozialdemokratie, zu deren geistreichstem Theoretiker er wurde. Zweimal diente er der Republik als Finanzminister. In ihrer Krisenphase propagierte er die Tolerierung des Kabinetts *Brüning*, was ihm heftigste Kritik der Linken eintrug. Von *Hitler* in die Emigration getrieben, beging er im Pariser Gefängnis La Santé Selbstmord.[9]

Am Anfang seiner Analyse arbeitet *Hilferding* die von *Marx* noch nicht beobachtbaren neuen Erscheinungen im Kapitalismus heraus. Ihre Wurzel sei die gesteigerte Rolle der Banken als Kreditgeber der Unternehmen und Mit-Initiatoren von Aktiengesellschaften, an denen ihr Kapital massiv beteiligt sei.[10] Weil zunehmend Kartelle, Syndikate und Trusts entstünden, konzentrierten sich auch die Banken, da sie die Abhängigkeit von diesen Unternehmenszusammenschlüssen vermeiden wollen. Sie bleiben ökonomisch dominant, weshalb sich ihr Kapital in Industriekapital verwandele: „Ich nenne das *Bankkapital, also Kapital in Geldform, das* (...) *in Wirklichkeit in industrielles Kapital* [in Maschinerie usw. angelegtes Kapital, W.E.] *verwandelt ist, das Finanzkapital*."[11]

Das Finanzkapital erleichtere die Bildung von Monopolen, die Extraprofite auf Kosten der nicht monopolisierten Branchen erwirtschaften könnten. Sie stießen

---

[7] *John Atkinson Hobson*, Imperialism. A Study, London ³1938; Übersetzung bei *Iring Fetscher*, Der Marxismus. Seine Geschichte in Dokumenten, München ³1983, 461ff. Vgl. zur Gesamtproblematik *Wolfgang J. Mommsen*, Imperialismustheorien. Ein Überblick über die neueren Imperialismusinterpretationen, 3., erweiterte Auflage, Göttingen 1987; *Hans-Holger Paul*, Marx, Engels und die Imperialismustheorie der II. Internationale, Hamburg 1978; *Hans-Christoph Schröder*, Sozialistische Imperialismusdeutungen, Göttingen 1973.
[8] Vgl. *Hobson*, bei *Fetscher*, Marxismus, 461ff. Im Unterschied zu diesem Argument hielten die Marxisten den Kapitalexport für eine ökonomische Notwendigkeit des Monopolkapitalismus.
[9] Zu *Hilferding* vgl. *William Smaldone*, Rudolf Hilferding. Tragödie eines deutschen Sozialdemokraten, Bonn 2000.
[10] Vgl. *Rudolf Hilferding*, Das Finanzkapital. Eine Studie über die jüngste Entwicklung des Kapitalismus, Wien ²1920, 80f., 142ff. Neuauflage: *Hilferding*, Das Finanzkapital. (...) Einleitung von *Eduard März*, Frankfurt a.M. 1968.
[11] Vgl. *Hilferding*, Finanzkapital (1920), 232, 235ff., 266, 281, 298, 301.

dabei auf die Schwierigkeit, diese im Inland profitabel zu verwerten.[12] Deshalb seien sie auf neue Märkte angewiesen, in die am besten einzudringen sei, wenn die Inlandspreise mittels Schutzzöllen hochgehalten und der Export subventioniert werde. Der Schutzzoll habe sich von einer Abwehrmaßnahme gegen billige Importe zum Mittel der Eroberung fremder Märkte verwandelt. Hinzu kämen die Bemühungen um Kapitalexport durch Errichtung von Fabriken im Ausland und den Erwerb von Rohstoffquellen in Kolonien. Alle diese Anstrengungen der führenden kapitalistischen Staaten trügen zur „Durchkapitalisierung der Welt und zur Internationalisierung des Kapitals bei".[13]

Da alle kapitalistischen Weltmächte gleichartige Strategien verfolgten, schlage die liberale Freihandelsphilosophie in aggressiven Nationalismus um. Das Bürgertum ändere seine zuvor distanzierte Haltung zur Staatsgewalt:

„Das Verlangen nach Expansionspolitik aber revolutioniert auch die ganze Weltanschauung des Bürgertums. Es hört auf, friedlich und humanitär zu sein. Die alten Freihändler glaubten an den Freihandel nicht nur als die richtigste ökonomische Politik, sondern auch als Ausgangspunkt einer Aera des Friedens. Das Finanzkapital hat diesen Glauben längst verloren. Es hält nichts von der Harmonie der kapitalistischen Interessen, sondern weiß, daß der Konkurrenzkampf immer mehr zu einem politischen Machtkampf wird. Das Friedensideal verblaßt, an Stelle der Idee der Humanität tritt das Ideal der Größe und Macht des Staates. (...) Der nationale Gedanke, der in der Konstituierung der Nation als Grundlage des Staates eine natürliche Grenze fand, da er das Recht aller Nationen auf eigene staatliche Gestaltung anerkannte und damit die Grenzen eines Staates in den natürlichen Grenzen der Nationen gegeben sah, wird jetzt gewandelt zu dem Gedanken der Erhöhung der eigenen Nation über die anderen. Als Ideal erscheint es jetzt, der eigenen Nation die Herrschaft über die Welt zu sichern (...). Da die Unterwerfung fremder Nationen auf Gewalt, also auf sehr natürlichem Wege vor sich geht, scheint die herrschende Nation diese Herrschaft ihren besonderen natürlichen Eigenschaften zu verdanken, also ihren Rasseeigenschaften. In der Rassenideologie entsteht so eine naturwissenschaftlich verkleidete Begründung des Machtstrebens des Finanzkapitals (...). So entsteht die Ideologie des Imperialismus als Überwindung der alten liberalen Ideale." Der Imperialismus erzeuge ferner das Ideal eines „übergeordneten Allgemeininteresses. (...) Die Klassengegensätze sind verschwunden und aufgehoben im Dienst der Gesamtheit. An die Stelle des für die Besitzenden ausweglosen, gefährlichen Kampfes der Klassen ist die gemeinsame Aktion der zum gleichen Ziel nationaler Größe vereinten Nation getreten."[14]

Hilferding hält die imperialistische Politik in ihrer „Sturm- und Drangperiode" für geeignet, „die industrielle Depression zu beenden, die Dauer der Prosperität zu verlängern und die Krisenwirkung abzuschwächen".[15] Nimmt man die von ihm diagnostizierte (quasi „protofaschistische") Haltung im Bürgertum hinzu, so spricht dies nicht für ein baldiges Eintreten einer revolutionären Situation (zumal für ihn der ökonomische Zusammenbruch des Kapitalismus „keine rationale Vorstellung" war.)[16] Die entscheidenden Krisen der imperialistischen Staaten, die zur proletarischen Revolution führen können, haben für ihn politische Gründe, nämlich Kriegspolitik, Militarismus und Hochrüstung, was zu „kriegerischen Entwicklungen" führen müsse. „Die Kriegsgefahr steigert die Rüstungen und den Steuerdruck und treibt schließlich die in ihrer Lebenshaltung immer mehr be-

---

[12] Vgl. *Hilferding*, Finanzkapital (1920), 202, 208, 313, 317ff.
[13] Vgl. ebenda, 412, 414ff., 420, 434.
[14] Ebenda, 456ff.
[15] Ebenda, 426f.
[16] Ebenda, 504.

drohten Mittelschichten in die Reihen des Proletariats, das aus der Schwächung der Staatsmacht und dem kriegerischen Zusammenprall die Früchte erntet."[17]

Rosa Luxemburgs Imperialismusanalyse („Die Akkumulation des Kapitals", 1913) knüpft an ein spezielles Marxsches Konstrukt an, nämlich an die sogenannten *Reproduktionsschemata* im 2. Band des „Kapital". Diese gehen auf das „Tableau économique" des französischen Nationalökonomen *François Quesnay* (1694-1774) zurück, der ein Modell des gleichgewichtigen Güter- und Leistungstausches zwischen drei Klassen, den Landwirten (Pächtern), der „sterilen Klasse" (Industrie, Handel, liberale Berufe) und den Grundbesitzern (hauptsächlich Adel und Monarch), entworfen hatte.[18] *Marx* reduzierte dieses Modell auf den Austausch zwischen Kapitalisten und Arbeiterklasse. Die gesellschaftliche Produktion umfasse zwei Abteilungen: Abt. I (Produktionsmittel) und die Abt. II (Konsumtionsmittel). Der Austausch findet zwischen Kapital, Waren und ihrem Wert, der in Löhne und Mehrwert zerfällt, woraus wiederum Investitionen und Unternehmerkonsum zu bestreiten sind, statt, und zwar in zwei Varianten, der *einfachen* und der *erweiterten Reproduktion*.[19]

In der marxistischen Literatur bestand schon seit längerem der Verdacht, daß das Schema der erweiterten Reproduktion nicht stimme, weil der Akkumulationsprozeß nicht schlüssig rekonstruiert werden könne:

„Für Zwecke der Akkumulation wird ein Teil des Mehrwertes nicht von den Kapitalisten verzehrt, sondern zum Kapital geschlagen behufs Erweiterung der Produktion. Es fragt sich nun: Wo sind die Käufer für dieses zuschüssige Produkt, das die Kapitalisten selbst nicht verzehren und das die Arbeiter noch weniger verzehren können, da ihre Konsumtion durch den Betrag des jeweiligen variablen Kapitals total gedeckt ist? (...) wo kommt das Geld her, um den akkumulierten Mehrwert zu bezahlen?"[20]

Aus der Unlösbarkeit des Problems bei Annahme eines ausschließlich inneren Marktes zog *Rosa Luxemburg* den Schluß, daß der in einer kapitalistischen Gesellschaft produzierte Mehrwert nur „außerhalb der kapitalistischen Gesellschaft" realisiert werden könne.[21] Die Kapitalakkumulation sei an ein nichtkapitalistisches Umfeld gebunden. Es benötige die Märkte, die Rohstoffe und die Arbeits-

---

[17] *Hilferding*, Finanzkapital (1920), 503, 509.
[18] Vgl. die Beschreibung bei *Rosa Luxemburg*, Die Akkumulation des Kapitals. Ein Beitrag zur ökonomischen Erklärung des Imperialismus, Berlin 1913, in: *dies.*, Gesammelte Werke, Bd. 5, Berlin 1975, 5-411, 26.
[19] Vgl. *Karl Marx*, Das Kapital. Kritik der politischen Ökonomie. Bd. 2, Buch II: Der Zirkulationsprozess des Kapitals, MEW 24, 394-485, 485-518.
[20] *Luxemburg*, Akkumulation, Werke, Bd. 5, 111f. – Dieser Befund löste eine heftige innermarxistische Kontroverse aus. *Otto Bauer* zeigte, daß das Marxsche Reproduktionsschema dann stimmig sei, wenn man Kapitalübertragungen zwischen den beiden Abteilungen zulasse – eine Lösung, die von *Luxemburg* als „Flunkerei" zurückgewiesen wurde; vgl. dazu *Otto Bauer*, Die Akkumulation des Kapitals, NZ, Jg. 31 (1913), Bd. 1, abgedr. in: *ders.*, Werkausgabe, Bd. 7, 1015-1040, 1028; *Rosa Luxemburg*, Die Akkumulation des Kapitals oder Was die Epigonen aus der Marxschen Theorie gemacht haben, in: *dies.*, Werke, Bd. 5, 413-523, 464. Von Leninisten wurde die Luxemburgsche Beweisführung abgelehnt, weil sie die Abstraktionsebene des Marxschen Schemas mit dem „realen Kapitalismus" verwechsle. Eigentlicher krisenauslösender Faktor sei nicht die Disproportion zwischen den Schemata, sondern das Gesetz vom Fall der Profitrate. Vgl. Einleitung zu *Luxemburg*, Werke, Bd. 4, 19-23. Vgl. zur Kontroverse ferner *Mommsen*, Imperialismustheorien, 35-40.
[21] *Luxemburg*, Akkumulation, 300.

kräfte aller nichtkapitalistischen Erdstriche – daher der „ungestüme Drang des Kapitals", sich dieser mit dem Ziel der „planmäßigen Zerstörung und Vernichtung der nichtkapitalistischen sozialen Verbände, auf die es in seiner Ausbreitung stößt", notfalls gewaltsam zu bemächtigen.[22]

Imperialismus ist für *Luxemburg* „eine geschichtliche Methode der Existenzverlängerung des Kapitals wie das sicherste Mittel, dessen Existenz auf kürzestem Wege objektiv ein Ziel zu setzen". Sie entwirft dieses Schlußszenario:

„Je gewalttätiger das Kapital vermittelst des Militarismus draußen in der Welt wie bei sich daheim mit der Existenz der nichtkapitalistischen Schichten aufräumt und die Existenzbedingungen aller arbeitenden Schichten herabdrückt, umso mehr verwandelt sich die Tagesgeschichte der Kapitalakkumulation auf der Weltbühne in eine fortlaufende Kette politischer Katastrophen (...), die zusammen mit den periodischen wirtschaftlichen Katastrophen in Gestalt der Krisen die Fortsetzung der Akkumulation zur Unmöglichkeit, die Rebellion der internationalen Arbeiterklasse gegen die Kapitalsherrschaft zur Notwendigkeit machen werden, selbst ehe sie noch ökonomisch auf ihre natürliche selbstgeschaffene Schranke gestoßen ist."[23]

Hilferding und *Luxemburg* gingen in Übereinstimmung mit der sozialdemokratischen Mehrheitsmeinung davon aus, daß Kolonialismus, Imperialismus und Militarismus die Lebenshaltung der breiten Massen drückten und deshalb deren Gegnerschaft zum herrschenden Regime provozieren werde. Eine andere imperialismustheoretische Richtung war gegenteiliger Auffassung. Oben wurde gezeigt, daß revisionistische Autoren sich von deutschen Kolonien eine Hebung des allgemeinen Lebensstandards versprachen. *Hobson* wies darauf hin, daß die Schicht der englischen Arbeiter, die in Industriezweigen wie der Metall- oder Schiffbauindustrie arbeiteten, vom Imperialismus profitierten – ein Hinweis, der *Lenin* zu seinem Konzept der vom Kapital bestochenen „Arbeiteraristokratie" inspirierte: „Es ist klar, dass man aus solchem gigantischen *Extraprofit* (...) die Arbeiterführer und die Oberschicht der Arbeiteraristokratie bestechen kann." Die vom Imperialismus profitierenden Arbeiteraristokraten seien die Hauptstütze der II. Internationale und die „Agenten der Bourgeoisie innerhalb der Arbeiterbewegung."[24]

Am nachdrücklichsten wurde die These, der Lebensstandard der Arbeiterschaft sei in der Aufschwungphase des Imperialismus gestiegen, in dem 1926 erschienenen Werk „Imperialismus" von *Fritz Sternberg* begründet. *Sternberg* knüpfte an *Luxemburgs* Analyse der Reproduktionsschemata an. Er ergänzte ihre Position mit der These, daß nicht nur die Existenz äußerer Märkte, sondern auch einer äußeren kapitalismusfernen „Surplusbevölkerung" für Entstehen und Fortbestand des Kapitalismus entscheidend sei. In der imperialistischen Aufschwungphase hingen nicht nur der Kapitalismus, sondern auch der wachsende Lebensstandard der Arbeiterklasse von der Ausbeutung der billigen Arbeitskräfte in den Kolonien ab. Der Kolonialismus retardiere die Zunahme der konstanten Kapitalanteile in

---

[22] Luxemburg, Akkumulation, 314, 318f.
[23] Ebenda, 391, 398f.
[24] *Hobson*, Imperialism, Übersetzung bei *Fetscher*, Marxismus, 464; *W.I. Lenin*, Vorwort zur französischen und deutschen Ausgabe von „Der Imperialismus als höchstes Stadium des Kapitalismus. (...)", in: *ders.*, Ausgewählte Werke, Bd. 1, Berlin 1963, 773f. Vgl. auch *Schröder*, Imperialismusdeutung, 57-77.

der organischen Zusammensetzung des Kapitals, bremse dadurch das Wachstum der „Industriellen Reservearmee" und ermögliche über eine lange Zeit Lohnsteigerungen. Auch das „Gesetz vom tendenziellen Fall der Profitrate" werde dadurch abgeschwächt. Allerdings: Sind die Kolonien durchkapitalisiert, so greifen wieder die klassischen Krisenmechanismen des Kapitalismus.[25] Aufsehen erregte *Sternbergs* These, es sei diese „Schonzeit" des Imperialismus gewesen, die die „Sozialpolitik" der bürgerlichen Staaten zugelassen habe. Sie diene der Verringerung der „inneren Surplusbevölkerung" und ihres revolutionären Potentials.[26] Er bezweifelte die Erfolgsaussichten der reformistischen Sozialdemokratie und hielt daran fest, daß nur der revolutionäre Weg zum Sozialismus führe.[27]

Die marxistischen Imperialismustheorien sind vielfach kritisiert worden. Weder habe das Finanzkapital noch der Erwerb von Kolonien die Bedeutung besessen, die ihnen dort zugeschrieben würden.[28] *Schumpeter* setzte ihnen ein historisch ausgerichtetes, sozialpsychologisch argumentierendes Kontrastprogramm entgegen, in dem der Imperialismus als Ausfluß des atavistischen, quasi ewigen Triebs des Expandieren-, Kämpfen-, Siegen- und Herrschenwollens gedeutet wird.[29] Ein konträrer Einwand lautet, die Zeit nach dem Zweiten Weltkrieg beweise, daß die hochkapitalistischen Staaten keinesfalls dazu tendierten, aus ökonomischen Gründen untereinander Kriege zu führen. Diese Auffassung entspricht *Kautskys* Theorie des „Ultraimperialismus", die besagt, daß die imperialistischen Mächte in der Lage seien, ihre Interessengegensätze friedlich zu lösen:

„Rein ökonomisch betrachtet, hindert jedoch nichts mehr, daß diese gewaltige Entladung [der Krieg, W.E] schließlich den Imperialismus ablöst durch eine heilige Allianz der Imperialisten. Je länger der Krieg dauert, je mehr er alle Beteiligten erschöpft und vor einer baldigen Wiederholung des Waffenganges zurückschaudern läßt, desto näher rücken wir der letzteren Lösung, so unwahrscheinlich sie jetzt noch scheinen mag."[30]

Die marxistischen Imperialismustheorien haben das Gewicht des Kapitalexports für den Fortbestand der kapitalistischen Wirtschaft überschätzt, und ihre Deduktionen befanden sich nicht auf der Höhe nationalökonomischer Neuerungen. Dennoch haben sie durch ihre Verknüpfung ökonomischer und politischer Faktoren weit besser als die neoklassische Ökonomie die Bedeutung des imperialistischen Kapitalismus für Krieg und Frieden und die ökonomische Zukunft der kolonialisierten Völker erkannt. Die Theoretiker der antikolonialistischen Bewegungen nach dem Zweiten Weltkrieg konnten daran anknüpfen.

---

[25] Vgl. *Fritz Sternberg*, Der Imperialismus, Berlin 1926, 23, 26f., 30ff., 40, 61, 70, 73f., 76, 138. – Siehe zu *Sternberg* unten Sozialismus II. Zur „organischen Zusammensetzung des Kapitals" siehe oben Sozialismus I, 3. Kap., III.
[26] Vgl. ebenda 69, 79f.
[27] Vgl. ebenda, 264-305; 321-361.
[28] Vgl. *Mommsen*, Imperialismustheorien, 18, 55, 76ff.
[29] Vgl. *Joseph A. Schumpeter*, Zur Soziologie der Imperialismen, in: *ders.*, Aufsätze zur Soziologie, Tübingen 1953, 72-146, 74f., 103, 119.
[30] *Karl Kautsky*, Der Imperialismus, in: NZ, Jg. 32 (1914), Bd. 2, 908-922, 922.

2. Imperialismus und Burgfriedenspolitik

Der Ausbruch des Ersten Weltkriegs führte zu einer Verwerfung des sozialistischen Denkens. Das marxistische Zentrum um *Kautsky* und die Mehrheit der entschiedenen Linken hielten am antiimperialistischen Kurs fest. Der Wilhelminismusverächter *Bernstein* schloß sich ihnen an. Diesem Lager stand ein Bündnis aus Revisionisten und reformistischen Praktizisten entgegen, zu dem auch Abtrünnige des linken Lagers um *Rosa Luxemburg*, wie *Parvus* (d.i. *Alexander Helphand*, 1867-1924), *Paul Lensch* (1873-1926) und *Konrad Haenisch* (1876-1925), der spätere preußische Kultusminister, gehörten.[31] Hinzu kam der Zentrist *Heinrich Cunow* (1862-1936), ein alter Mitstreiter der „Neuen Zeit".

Die Rechtskurve dieser entschiedenen Linken zeichnete sich in der Chemnitzer Imperialismusdebatte ab, in der es um Abrüstung und Völkerverständigung ging. *Lensch* erklärte dies für utopisch. Der Imperialismus sei „naturnotwendig" aggressiv, und im Innern habe er die freie Konkurrenz und damit den Liberalismus zertrümmert: Umso besser für den Sozialismus! Englands Verlust seiner kapitalistischen Oberherrschaft liege gleichfalls im sozialistischen Interesse.[32] Gemäß dieser „neumarxistischen" Sichtweise mußte die Sozialdemokratie für den Sieg der Mittelmächte eintreten, da der Imperialismus das Umschlagen des Kapitalismus in den Sozialismus beschleunige.[33] *Marx* und *Engels* hätten im Siebzigerkrieg für den Sieg Deutschlands plädiert, weil es bereits damals der führende kapitalistische Staat gewesen sei.[34] Daher sei der deutsche Kolonialbesitz zu erhalten und zu erweitern, Annexionen dürften nicht ausgeschlossen werden.[35]

Viele Befürworter der Burgfriedenspolitik übernahmen die „Mitteleuropa-Idee" des sozialliberalen Politikers *Friedrich Naumann* (1860-1919), der Deutschland und Österreich als Kern eines künftigen Staatenbundes betrachtete, in dem der westliche Individualismus durch eine soziale Wirtschaftsgesinnung abgelöst werde – eine Vorstellung, die der *Karl Renners* vom Wirtschaftsraum Österreich-Ungarn nahe kam.[36] Eine Variante dieses Denkens in Wirtschaftsräu-

---

[31] Zu den Lagerbildungen nach Ausbruch des Ersten Weltkrieges und zu den politischen Ereignissen vgl. *Susanne Miller*, Burgfrieden und Klassenkampf. Die Sozialdemokratie im Ersten Weltkrieg, Düsseldorf 1974. Zur Vorgeschichte ferner *Dieter Groh*, Negative Integration und revolutionärer Attentismus. Die deutsche Sozialdemokratie am Vorabend des Ersten Weltkriegs, Berlin 1973; zu *Parvus* vgl. *Winfried B. Scharlau/Sbynek A. Zeman*, Freibeuter der Revolution. Parvus-Helphand. Eine politische Biographie, Köln 1964.
[32] Prot. PT Chemnitz 1912, 415-418.
[33] Vgl. *Heinrich Cunow*, Parteienzusammenbruch? Ein offenes Wort zum inneren Parteienstreit, Berlin 1915, 14; *Max Cohen* (Reuß), Das Volk und der Krieg, Berlin 1916, 29ff. Die erwähnte Gruppe vertrat ihre Auffassungen hauptsächlich in der von *Parvus* gegründeten Zeitschrift „Die Glocke". Ihre Mitglieder wurden in der damaligen Publizistik als „Neumarxisten" bezeichnet; vgl. dazu *Robert Sigel*: Die Lensch-Cunow-Haenisch-Gruppe. Eine Studie zum rechten Flügel der SPD im ErstenWeltkrieg, Berlin 1976.
[34] Vgl. *Paul Lensch*, Sozialismus und Annexionen in der Vergangenheit, in: G, Jg. 1 (1915/16), 493-500; *Konrad Haenisch*, Krieg und Sozialdemokratie, Hamburg 1915.
[35] Parteivorstand und Fraktion vertraten demgegenüber die Parole „Frieden ohne Annexionen und Kontributionen". Vgl. Prot. PT Würzburg 1917, Bericht der Reichstagsfraktion, 71-78, 76ff.
[36] Vgl. *Friedrich Naumann*, Mitteleuropa, Berlin 1915, 109, 199, 233. Der „Zentrist" *Hilferding* widersprach den Mitteleuropa-Plänen; vgl. *ders.*, Europäer, nicht Mitteleuropäer!, in: K, Jg. 8

men ist die – Rußland und Frankreich einbeziehende – „Kontinentaleuropa-Idee" der Mitarbeiter an den „Sozialistischen Monatsheften" *Max Cohen* und *Julius Kaliski*. Die Verfasser dieser Konzeptionen machten aus ihren antifranzösischen, antibelgischen, besonders aber antienglischen Ressentiments keinen Hehl.

Zu Gedankenspielen um ein schutzzollbewehrtes, deutsch-österreichisch geführtes Kerneuropa trat eine positive Beurteilung von Folgen und Methoden der „Kriegswirtschaft". Sie bewirke die Beschleunigung von Branchen- und Unternehmenszusammenschlüssen zu Kartellen, Trusts und „staatssozialistischen" Betrieben, ferner die „Erfassung" von Rohstoffen, Halb- und Fertigprodukten in „Erfassungsstellen" wie den „Kriegsrohstoffgesellschaften" und der „Kriegsgetreidegesellschaft", schließlich auch die Regelung des Gebrauchsgüter- und Nahrungsmittelbezugs durch Bezugsscheine. Hierin drücke sich die Tendenz zum Sozialismus aus. Die Brotkarte symbolisiere die Volksgemeinschaft und die künftige Gemeinwirtschaft. *Lensch* feierte die Kriegswirtschaft als „Kriegssozialismus" – ein Begriff, der, z.T. ironisch gebraucht, Karriere machte.[37] Er sollte andeuten, daß die Sozialdemokratie nach dem Kriege an die skizzierten Entwicklungen anknüpfen werde. Zwar sei „Kriegssozialismus", so *Cunow* auf dem Würzburger Parteitag von 1917, nicht „proletarischer Sozialismus", sondern „eine durch den Krieg erzwungene Art des Staatssozialismus", doch die Arbeiterschaft werde nach dessen Aufhebung keine Rückkehr zum freien Wettbewerb wünschen:

Es gehe darum, „(...) die Kriegswirtschaft ohne zerrüttende Krisen unter Wahrung der Arbeiterinteressen in die Friedenswirtschaft hinüberzuleiten; und diese Möglichkeit ist gegeben, wenn die Ein- und Ausfuhr reglementiert, die Rohstoffverarbeitung organisiert, für die Beschäftigung der aus dem Felde heimkehrenden Arbeitskräfte gesorgt, die Wiederaufnahme eines gesteigerten Frachtdienstes durch Eisenbahnen und Schiffe vorbereitet, Kriegsvorräte angehäuft, die Lebensmittelversorgung geregelt wird und der Verbrauch vorläufig noch in bestimmten Grenzen rationiert bleibt." Die darauf folgenden Schritte lägen sodann nicht in der „expropriativen Übernahme der kapitalistischen Produktionsmittel durch das zur Staatsdiktatur gelangte Proletariat, sondern in der Herausbildung einer neuen, technisch und organisatorisch höher stehenden kapitalistischen Entwickelungsphase (...), mit der jedoch eine zunehmende Demokratisierung und Sozialisierung des Staates einhergeht, und zwar letztere vornehmlich durch Überführung immer weiterer Zweige der Privatwirtschaft in den Staatsbetrieb."[38]

(1915), abgedr. in *Cora Stephan*, Zwischen den Stühlen oder über die Unvereinbarkeit von Theorie und Praxis. Schriften Rudolf Hilferdings 1904-1940, 77-89.

[37] Vgl. *J[ohannes] Meerfeld*, Zum Sozialismus hin, in: G, Jg. 1 (1915/16), 397-403; *Ernst Heilmann*, Die eine große Firma Deutschland, G, Jg. 2 (1916/17), 241-244; *Konrad Haenisch*, Sozialdemokratische Kulturpolitik, G, Jg. 4 (1918/19), 339-354 (339 über die Brotkarte als neues Wirtschaftsprinzip); *Paul Lensch* gilt als Erfinder des Begriffs „Kriegswirtschaft". Vgl. *ders.* Die Sozialdemokratie, ihr Ende und ihr Glück, Leipzig 1916, 188.

[38] Vgl. *Cunows* Rede „Die nächsten Aufgaben der Wirtschaftspolitik", in: Prot. PT Würzburg 1917, 145-163, 145, 148, 160. Vgl. den „Vorwärts"-Redakteur *Erich Kuttner*: „Der *Krieg selber* hat uns der Verwirklichung des Sozialismus schon ein *gutes Stück nähergebracht*"; *ders.*, Die deutsche Revolution. Des Volkes Sieg und Zukunft, Berlin 1918. – Die Anknüpfung an die Kriegswirtschaft wurde auch in der österreichischen Sozialdemokratie vertreten; vgl. *Wilhelm Ellenbogen* auf dem Wiener Parteitag über „Die Forderungen der Arbeiter zur Übergangswirtschaft" sowie die Resolution 37, in: Prot. PT Wien 1917, 276f., 88f.

Diese Vorstellung, daß im Weltkrieg die sozialistischen Tendenzen und künftige sozialistische Organisationsformen und wirtschaftliche Instrumentarien klarer zutage getreten seien, ergänzte den Fundus sozialdemokratischer Konzepte, die sich im Kaiserreich herausgebildet hatten. Es handelte sich um

1. Nutzbarmachung staatssozialistischer Entwicklungen;
2. Weiterentwicklung des Kommunalsozialismus;
3. Weiterentwicklung der Konsumgenossenschaften, die sich im Krieg bewährt hatten;
4. Weiterentwicklung des Tarifvertragswesens und Ausbau der Arbeitsbeziehungen durch paritätische Mitbestimmungs- und Schlichtungsformen;
5. Anknüpfen an die im Sinne des Sozialismus gestaltbaren Formen der Kriegswirtschaft.
6. Der Übergang zum Sozialismus sollte in parlamentarischen Bahnen erfolgen.

Diese sechs Punkte bildeten den Kernbestand der Nachkriegspolitik der MSPD. Ihre idealistisch gesonnenen Intellektuellen und Funktionäre, die sich häufig der USPD anschlossen, und deren Anhänger im sozialistisch eingestellten Teil der Bevölkerung und der demobilisierten Soldaten, waren von „Burgfrieden" und „Kriegssozialismus" abgestoßen und wollten sich mit dem von der MSPD eingeschlagenen Weg nicht zufrieden geben [39] Daher die Kämpfe um die Durchsetzung weiterreichender Konzepte wie *Rätesozialismus* und *Sozialisierung*.

II. Sozialdemokratische Konzepte der Nach-Revolutionszeit

1. Der Rätegedanke und die mehrheitssozialdemokratische Adaptation des Räteprinzips: Arbeits- und Wirtschaftsverfassung, Reichswirtschaftsrat, Betriebsrätegesetz

Nach dem Zusammenbruch des Kaiserreichs stießen die Versuche, über das im „Kriegssozialismus" Erreichte (vor allem die paritätischen Mitwirkungsregelungen des „Hilfsdienstgesetzes" und des „Stinnes-Legien-Abkommens") hinauszugelangen, auf schier unüberwindliche Schwierigkeiten. Die Regierung des „Rats der Volksbeauftragten" hatte es zunächst mit Demobilisierung und Waffenstillstand sowie den separatistischen Tendenzen an der Grenze zu Polen zu tun. Die Ernährungslage war angespannt, es fehlte an Rohstoffen und Kohle, die Reichsfinanzen lagen darnieder.[40] Die mehrheitssozialdemokratischen Volksbeauftragten

---

[39] Nicht alle Anhänger der Burgfriedenspolitik lobten den Kriegssozialismus. *Heinrich Peus* hielt ihn für zentralistisch und bürokratisch, weshalb er für genossenschaftliche Formen plädierte. *Heinrich Peus*, Geist und Form des Sozialismus, in: SM, Jg. 22 (1916), Bd. 2, 846-851, 851; ders., Die Gewerkschaft als Element der Erziehung, ebenda, 906-910, 910. Zum Kriegssozialismus auch *Wolfgang Kruse*, Krieg und nationale Integration. Eine Neuinterpretation des sozialdemokratischen Burgfriedensbeschlusses 1914/15, Essen 1993, 166-124, sowie zur mehrheitssozialdemokratischen Übergangskonzeption und ihren politischen Umständen *Walter Euchner*, Die Herausbildung des Konzepts ‚Demokratischer Sozialismus', in: *Herfried Münkler* (Hrsg.), Die Chancen der Freiheit. Grundprobleme der Demokratie, München 1992, 47-80.

[40] Vgl. dazu: Die Regierung der Volksbeauftragten 1918/19. Zwei Teile. Eingeleitet von *Erich Matthias*, bearbeitet von *Susanne Miller* unter Mitwirkung von *Heinrich Potthoff*. Düsseldorf 1969; vgl. ferner *Susanne Miller*, Die Bürde der Macht. Die deutsche Sozialdemokratie 1918-1920, Düsseldorf 1978; zur Ablaufsgeschichte vgl. *Heinrich August Winkler*, Von der Revolution

glaubten, diese Probleme nur mit Hilfe der alten militärischen und administrativen Eliten bewältigen zu können, deren Loyalität zweifelhaft war. Zwar hatten sie versucht, regierungstreue Truppen aufzustellen, doch die sozialistisch orientierten Soldaten waren desinteressiert. So hatte die protofaschistische Soldateska der „Freikorps" freie Hand, die zumeist kommunistisch inszenierten Arbeiteraufstände niederzuschlagen, mit desaströsen Folgen für das Ansehen der Mehrheitssozialdemokraten im linken Lager.[41] Unter den Arbeitermassen gewannen zwei Ziele wachsende Popularität: sofortige *Sozialisierung* der „sozialisierungsreifen" Unternehmen sowie die Einführung des *Rätesystems*.[42]

Die Räteidee ist eine Frucht der russischen Revolution von 1905 und vor allem der Oktoberrevolution von 1917. Sie wurde von der großen Streikbewegung des Jahres 1917 aufgenommen und hauptsächlich von den „revolutionären Obleuten" der Berliner Metallbetriebe propagiert. *Emil Barth* (1879-1941), *Ernst Däumig* (1866-1922) und *Richard Müller* (1880-1943) waren ihre wichtigsten Führer. Auch an der Front griff die Idee um sich, so daß es nach der Revolution von 1918/19 in so gut wie allen Städten zur Gründung von „Arbeiter- und Soldatenräten" kam. Sie waren überwiegend von Mehrheitssozialdemokraten beherrscht; in einigen Großstädten wie in Bremen und Braunschweig gab es radikale Mehrheiten; in Bremen und München kam es zu kurzlebigen Räterepubliken.[43]

Auch kritische Zeitgenossen lobten die Arbeit der „A.u.S.-Räte", z.B. bei der Aufrechterhaltung von Ordnung und Sicherheit, der gerechten Verteilung von Lebensmitteln und Brennmaterial usw. Dabei beschränkten sie sich in der Regel auf Verwaltungskontrolle und verzichteten, weil sie sich selbst nicht als Dauereinrichtung begriffen, auf eigene exekutive Kompetenzen.[44]

Die KPD betrachtete die Räte als Kampforgan; ihre institutionelle Ausgestaltung interessierte sie kaum. Anders die USPD. In der Programmkundgebung ihres Parteitags hieß es: „Die Unabhängige Sozialdemokratische Partei stellt sich auf den Boden des Rätesystems." In Wirklichkeit waren die Auffassungen hierüber innerhalb der USPD geteilt. *Haase, Kautsky* und *Hilferding* blieben Anhänger des Parlamentarismus und erblickten in den Arbeiterräten ergänzende Organisationen, die neben ihren wirtschaftlichen Funktionen die proletarischen Massen an die Politik heranführen sollten.[45] Der Linkssozialist *Max Adler* schlug eine Kombi-

---

zur Stabilisierung. Arbeiter und Arbeiterbewegung in der Weimarer Republik 1918 bis 1924, 2., völlig durchgesehene und korrigierte Auflage, Berlin 1985.

[41] Vgl. zu den kontroversen Interpretationen *Helga Grebing*, Konservative Republik oder soziale Demokratie, in: *Eberhard Kolb* (Hrsg.), Vom Kaiserreich zur Weimarer Republik,, Köln 1972, 386-403, und andere Beiträge in diesem Sammelband; *ders.*, Die steckengebliebene Revolution. Deutschland 1918/19, in: L'76, Demokratie und Sozialismus, Jg. 2 (1978), H. 4, 94-114; *Heinrich August Winkler*, Die Sozialdemokratie und die deutsche Revolution von 1918/19, Berlin 1979.

[42] „Wohl keine Frage bewegt die Arbeitermassen zurzeit so wie die Schaffung einer den Bedürfnissen des Wirtschaftslebens sich anpassenden Räteverfassung. (...) sie ist geboren und hat die Herzen der millionenköpfigen Arbeiterschaft erfüllt." *Rudolf Wissell*, Zur Räte-Idee, in: NZ, Jg. 37 (1919), Bd. 2, 195-207, 295.

[43] Vgl. dazu *Eberhard Kolb*, Die Arbeiterräte in der deutschen Innenpolitik, Berlin ²1978

[44] Vgl. die verbreitete mehrheitssozialdemokratische Schrift: A.-und S.-Räte. Was sie können und was sie nicht können, Berlin o.J., ferner *Eberhard Kolb*, Rätewirklichkeit und Räte-Ideologie in der deutschen Revolution von 1918/19, in: *ders.*, Kaiserreich, 165-184, 172f.

[45] Vgl. dazu exemplarisch *Karl Kautsky*, Nationalversammlung und Räteversammlung, Berlin 1918, 10.

nation von Parlament und Räten vor: Die Räte organisierten den Willen zum Sozialismus, während die Nationalversammlung dem nichtsozialistischen Teil der Bevölkerung die Möglichkeit gebe, seine Interessen zu vertreten. Das Nebeneinander von Räten und Parlament böte die Chance, ohne Terrorismus zum Sozialismus zu gelangen.[46] Der rätesozialistische Flügel der USPD lehnte dagegen den Parlamentarismus als bürgerlich ab und forderte das „reine" oder „*revolutionäre Rätesystem*", war aber bald zu Kompromissen gezwungen.[47]

Vorbild des Rätesystems ist *Marx'* Analyse des politischen Systems der Pariser Commune, die die Aufhebung der Gewaltenteilung zwischen Exekutive und Legislative propagierte.[48] . *Däumig* bezeichnete in seinem programmatischen Aufsatz „Der Rätegedanke und seine Verwirklichung" (1920) die Räteorganisation als

„proletarisches Kampfgebilde (...), dazu bestimmt, die kapitalistische Produktion und den auf ihr errichteten Obrigkeitsstaat, selbst wenn er eine republikanische Fassade hat, zu beseitigen und an ihre Stelle die sozialistische Produktion und ein sich selbst verwaltendes Gemeinwesen zu setzten. (...). Das Wesen des Rätegedankens beruht auf folgenden Grundsätzen:

1. Träger des Rätegedankens kann nur das Proletariat sein, d.h. alle Hand- und Kopfarbeiter, die gezwungen sind, ihre Arbeitskraft an das Kapital zu verkaufen (...). Damit steht der Rätegedanke in einem (...) natürlichen Gegensatz zu dem landläufigen demokratischen Gedanken, der die Staatsbürger als eine *einheitliche Masse* wertet, ohne Rücksicht auf den großen Gegensatz zwischen Kapital und Arbeit und die aus diesen hervorgehenden Klassenscheidungen zu nehmen.

2. Da das dem Rätegedanken folgende Proletariat ausgesprochen antikapitalistische Ziele verfolgt, kann es in seinen Räteorganisationen *keine kapitalistischen Vertreter* dulden.

3. Da die den formalen demokratischen Gedanken verkörpernden Parlamente solange kapitalistischen Tendenzen dienstbar gemacht werden, solange die kapitalistische Produktionsform besteht, kann der Rätegedanke nicht mit den Mitteln des Parlamentarismus verwirklicht werden, sondern muß in den *Keimzellen* der kapitalistischen Produktion, den *Betrieben*, dann aber auch in verschiedenen Einrichtungen des Obrigkeitsstaates, der auf der Grundlage der kapitalistischen Produktion errichtet ist, zur Anwendung gebracht werden.

4. Da die Verwirklichung des Rätegedankens die ständige aktive Anteilnahme des Proletariats an allen wirtschaftlichen und politischen Fragen erfordert, können die Organe der Räteorganisation nicht langbefristete Vollmachten erhalten, sondern müssen stets der Kontrolle

---

[46] Vgl. *Max Adler*, Demokratie und Rätesystem, Wien 1919, 30ff.

[47] Zum Programm des Spartakusbunds (der späteren KPD) vgl. *Hermann Weber* (Hrsg.), Der Gründungsparteitag der KPD, Protokoll und Materialien, Frankfurt a.M. 1969, 293. *Däumig* sprach vom „Rätegedanken in seiner reinen (...) Anwendung". Vom „revolutionären Rätesystem" sprach er in: Hie Gewerkschaft! Hie Betriebsorganisation! Zwei Reden zum heutigen Streit um die Gewerkschaften von *Ernst Däumig* und *Richard Müller*, Berlin o.J. (1919), 14. *Däumig* und *R. Müller* distanzierten sich von der kommunistischen Rätepolitik, die im Interesse einer „gewaltbereiten Minderheit" betrieben werde. Ebenda, 29, sowie *Ernst Däumig*, Der Rätegedanke und seine Verwirklichung (1920), abgedr. in: *Udo Bermbach* (Hrsg.), Theorie und Praxis der direkten Demokratie. Texte und Materialien zur Räte-Diskussion, Opladen 1973, 79-87, 85. – Zur Rätediskussion vgl. umfassend: *Volker Arnold*, Rätebewegung und Rätetheorien in der Novemberrevolution. Räte als Organisationsformen des Kampfes und der Selbstbestimmung, 2., überarbeitete Neuauflage 1985; *Peter von Oertzen*, Betriebsräte in der Novemberrevolution. Eine politikwissenschaftliche Untersuchung über Ideengehalt und Struktur der betrieblichen und wirtschaftlichen Arbeiterräte in der deutschen Revolution 1918/19, Düsseldorf 1963.

[48] Vgl. *Däumigs* Referat auf dem II. Rätekongreß, abgedr. in: II. Kongreß der Arbeiter- Bauern- und Soldatenräte Deutschlands am 8. bis 14. April 1919. (...) Stenographisches Prot. (...), Berlin o.J., 168-175, 168, sowie *Bermbach*, Einleitung zu: *ders.*, Theorie und Praxis, 18-24.

ihrer Wähler unterstehen und jederzeit abberufen werden können, wenn sie das Vertrauen ihrer Wähler nicht mehr haben."[49]

Den Theoretikern des „reinen Rätesystems" ging es allerdings weniger um die Frage der Arbeiterdemokratie, sondern um die „Sozialisierung des Wirtschafts- und Staatslebens".[50] Sie glaubten anfänglich, sie könnten mit Hilfe von Räteorganen die Sozialisierung „sozialisierungsreifer" Unternehmen sofort in die Wege leiten, was sich als Illusion erwies und sie schließlich doch zum Gradualismus zwang.[51] – Das detaillierteste Rätemodell dieser Richtung stammt von *Richard Müller*:

Basisorganisation des Rätesystems sind die *Betriebsräte*. Sie haben die betriebliche Funktion, an der Regelung der Arbeitsbeziehungen und der Sicherung und Steigerung der Produktion mitzuwirken sowie die Einhaltung der Verordnungen der übergeordneten Räte zu überwachen. Zudem sind sie die *Kreationsorgane* der örtlichen *Arbeiterräte*.

„Die Betriebs- oder Berufsräte einer örtlichen (....) Industrie- oder Berufsgruppe treten zusammen und wählen die Arbeiterräte (...). Den Arbeiterräten liegt es ob, den technischen und kaufmännischen Bereich zu kontrollieren und zur Leitung des Betriebs geeignete Personen heranzuziehen. Sie tragen die Verantwortung für die Leitung des gesamten Produktionsprozesses (...) und können jederzeit durch ein Mißtrauensvotum der Betriebs- oder Berufsräte sowie der in dem Betriebe tätigen Personen abberufen werden.

Die gesamten Arbeiterräte einer zu einem Bezirk zusammengeschlossenen Industrie- oder Berufsgruppe treten zusammen und wählen ein Mitglied zu dem für den Bezirk und für diese Gruppe zuständigen *Bezirks-Wirtschaftsrat*. Der Bezirkswirtschaftsrat wählt den *Reichs-Wirtschaftsrat*".

„Der *Reichs-Wirtschaftsrat* überwacht das gesamte wirtschaftliche Leben des Reiches und erläßt die erforderlichen Gesetze zur Aufrechterhaltung der Produktion und zur Überleitung der privatkapitalistischen Produktion in die sozialistische. Der Reichs-Wirtschaftsrat übt die Legislativgewalt aus, gibt sich einen *Zentralrat*, dem er die Exekutive überträgt."[52]

Dieses „produktionistische" Modell ist unter demokratietheoretischen Gesichtspunkten problematisch. Es schwankt zwischen einem monistischen Staatsaufbau auf der Basis von Räten einerseits und deren Einbindung in das parlamentarische System andererseits. In jedem Fall wären die exekutiven Kompetenzen des Zentralrats nicht durch direkte Volkswahl, sondern nur durch abgestufte Wahlen auf verschiedenen Ebenen, d.h. indirekt und basisfern, legitimiert gewesen.[53]

---

[49] *Däumig*, Rätegedanke, 80f.
[50] Vgl. Richtlinien für die Aufgaben und die Tätigkeitsbereiche der Arbeiterräte, in: AR, Jg. 1 (1919), 9.
[51] Vgl. *R. Müller* auf dem Nürnberger Gewerkschaftskongreß: „Gewiß können wir die alte kapitalistische Wirtschaftsweise nicht von heute auf morgen in eine sozialistische umwandeln. (Stürmische Aha-Rufe).", in: Prot. Verhandlungen des zehnten Kongresses der Gewerkschaften Deutschlands, 1919, Berlin 1919, 452. In der Zeitschrift „Arbeiter-Rat" setzte sich diese Erkenntnis zunehmend durch.
[52] *Richard Müller*, Die staatsrechtliche Stellung der Arbeiter- und Soldatenräte, in: AR, Jg. 1 (1919), 6f.; *ders.*, Das Rätesystem im künftigen Wirtschaftsleben, in: ebenda, abgedr. in: *Bermbach*, Direkte Demokratie, 88-90, 89f.
[53] Vgl. dazu *Bermbach*, Direkte Demokratie, Einleitung, 22. Hinzu kommt, daß nach *R. Müller* nur Personen das aktive und passive Wahlrecht besessen hätten, die „ohne Ausbeutung fremder Arbeitskraft gesellschaftlich notwendige Arbeit und nützliche Arbeit leisten.", vgl. *ders.*, Referat auf dem II. Rätekongreß, abgedr. in: Prot. II. Kongreß der Arbeiter-, Bauern- und Soldatenräte, 190-196, 192. Dazu kritisch *Kautsky*, in: *ders.*, Nationalversammlung, 5ff.

Ein alternatives Rätemodell stammt von *Max Cohen, Julius Kaliski* und *Franz Büchel*. Sie knüpften an die Arbeitsgemeinschaftspolitik der Gewerkschaften im Weltkrieg an und vertraten den „Produktionsgedanken" des idealistisch gesonnenen Herausgebers der „Sozialistischen Monatshefte" *Joseph Bloch* (1871-1936), für den Arbeit und Produktion Ausdruck der sittlichen Verpflichtung waren, zum Wohlstand der Gemeinschaft beizutragen. Der wirtschaftliche Wiederaufbau sei keine „Klassenfrage", sondern Ausdruck der „menschlichen Solidarität". Die Produktion könne aber „nur dann wieder in Gang gesetzt werden, wenn die Arbeiter zu Mitträgern der Produktion gemacht werden", d.h. durch Räte.[54]

Der wesentliche Unterschied zwischen dem Modell der Gruppe um *Cohen* und dem „reinen Rätemodell" liegt darin, daß seine Gremien paritätisch aus Arbeiter- und Unternehmervertretern zusammengesetzt sein sollten, und zwar mit der Begründung, daß ohne Unternehmer die deutsche Wirtschaft nicht wieder aufgebaut werden könne. Es sollten branchenbezogene „Produktionsräte" und branchenübergreifende „Kammern der Arbeit" auf örtlicher, Kreis-, Provinz-, Länder- und Reichsebene gebildet werden, wobei die Organe der unteren Stufe die der nächsthöheren zu wählen hatten. Die „Kammern der Arbeit" sollten „völlig gleichberechtigt neben den anderen Volksvertretungen stehen", d.h. Gesetze bedurften der Zustimmung der Kammern der Arbeit und der politischen Parlamente auf allen Ebenen, allerdings mit der Maßgabe, daß sich nach dreijährigem Dissens die politischen Parlamente durchsetzen konnten. Mit der Wahl zur berufsständisch zusammengesetzten „Kammer der Arbeit" werde „das deutsche Volk unter ganz anderen Gesichtspunkten" erfaßt als bei der Wahl zum allgemeinen Volksparlament.[55]

Diesem paritätischen Modell wurde von der USPD entgegengehalten, es zementiere den Einfluß des Unternehmertums und verhindere, anders als *Cohen* behaupte, die Sozialisierung.[56] Beide Konzeptionen scheiterten: Das „reine Rätemodell" auf dem Zweiten Räte-Kongreß im April 1919 und der Plan von *Cohen* und *Kaliski* auf dem Weimarer Parteitag der MSPD vom Juni 1919. Zudem lehnte die Führung der MSPD und der Gewerkschaften das Rätewesen prinzipiell ab, letztere, weil sie fürchtete, die betrieblichen Arbeiterräte grüben den Gewerkschaften das Wasser ab.[57] Die breite Streikbewegung zu Beginn des Jahres 1919 zwang allerdings MSPD wie Gewerkschaften, sich auf die Forderungen der Rätebewegung einzulassen. Ihre Kompromißformel hieß Einbau der Räte in die Reichsverfassung."[58] Das geistreichste Konzept hierfür stammt von *Hugo Sinzheimer*.

Sinzheimer führte die Popularität der Räteidee auf das Aufbäumen der Massen gegen die objektiven, unbeherrschbaren (Kriegs-) Gewalten und die Sehnsucht, das „Leben selbst zu gestalten und eine neue Lebensordnung zu schaffen", zu-

---

[54] Vgl. *Max Cohen*, Deutscher Aufbau und Kammer der Arbeit (1920), abgedruckt in: *Bermbach*, Direkte Demokratie, 124-133, 125f.; *Julius Kaliski*, Der Rätegedanke beim Neuaufbau Deutschlands, in: SM, Jg. 25 (1919), Bd. 1, 229-236; *ders.*, Rede auf dem II. Rätekongreß, in: Prot. II. Kongreß der Arbeiter-, Bauern- und Soldatenräte, 33-37, 33, 36.
[55] *Cohen*, Deutscher Aufbau, 126f.
[56] Ebenda, 126; *R. Müller* in: AR, Jg. 1 (1919), Nr. 5, 4f.
[57] Vgl. dazu *Theodor Leipart* in: Gewerkschaften und Arbeiterräte. Auszug aus dem Protokoll der Verhandlungen der Konferenz der Vertreter der Vorstände der gewerkschaftlichen Zentralverbände vom 15. April 1919, Berlin 1919, 5. *Leipart* setzte sich für die Fortführung der Lohnvereinbarungen durch Tarifverträge ein, vgl. ebenda, 9. Vgl. auch *Hermann Müller*, Gewerkschaftsbewegung und Arbeiterräte, NZ, Jg. 37 (1919), Bd. 1, 559-563.
[58] Die Rätesozialisten lehnten dies dezidiert ab, vgl. *Däumig*, Rätegedanke, 83.

rück. Dies bedeute „soziale Revolution" und „eine neue Wirtschaftsweise". Die Sozialdemokraten seien zwar unbedingte Demokraten, doch sie dürften „nicht unkritisch in bezug auf die *Leistungsfähigkeit der reinen politischen Demokratie* sein", denn diese könne auf die sozialen Verhältnisse „nur durch Gesetz und staatliche Verwaltung einwirken", dagegen nicht auf die „ganze Art des gesellschaftlichen, besonders des wirtschaftlichen Lebens (...).".[59] *Sinzheimers* Konsequenz:

„*Daraus ergibt sich, daß die politische Demokratie notwendig einer Ergänzung bedarf.* Die gesellschaftlichen, namentlich die wirtschaftlichen Interessen bedürfen besonderer Formen, in denen sie sich unmittelbar und selbständig auswirken können. Die politische Demokratie selbst muß diese Formen schaffen. Sie werden geschaffen, *wenn in dem Staat neben der politischen Verfassung eine eigene Wirtschaftsverfassung begründet wird* (...). Das Parlament ist und bleibt das Organ der politischen Demokratie, in der die höchste Herrschaft und die letzte Entscheidung im Staate getroffen wird. *Die Räte sind die Organe der wirtschaftlichen Demokratie.* (...). Es tritt eine Arbeitsteilung zwischen politischer und wirtschaftlicher Demokratie ein."[60]

Diese institutionelle Neuerung, so *Sinzheimer*, sei notwendig, weil die „Zeit der ‚freien Wirtschaft'" vorbei sei. „Die Wirtschaft ist keine Privatsache, sondern Gemeinschaftssache." Deshalb müsse die Wirtschaftsfreiheit zugunsten des gesellschaftlichen Nutzens eingeschränkt werden.[61] Die Verfassung der Nachkriegsgesellschaft müsse zwei sich durchkreuzende Tendenzen berücksichtigen: „Die eine Tendenz ist ein Gegensatz zwischen Kapital und Arbeit. (...) Eine wirtschaftliche Verfassung hat deswegen in erster Linie die Organe dieses Gegensatzes auszubilden." Den Interessen der Arbeiterklasse dienten die *Arbeiterräte*. Dieser antagonistischen Tendenz stehe jedoch eine andere Tendenz zur Gemeinschaftsbildung entgegen, die durch die „Produktionsinteressen" begründet werde. „Diesen gemeinsamen Interessen dienen die *Wirtschaftsräte*."[62] Diese Überlegungen mündeten in die Verankerung der Arbeiter- und Wirtschaftsräte in der Weimarer Reichsverfassung:

„Artikel 165. Die Arbeiter- und Angestellten sind dazu berufen, gleichberechtigt in Gemeinschaft mit den Unternehmern an der Regelung der Lohn- und Arbeitsbedingungen sowie an der gesamten wirtschaftlichen Entwicklung der produktiven Kräfte mitzuwirken. (...).

Die Arbeiter und Angestellten erhalten zur Wahrnehmung ihrer sozialen und wirtschaftlichen Interessen gesetzliche Vertretungen in Betriebsarbeiterräten sowie in nach Wirtschaftsgebieten gegliederten Bezirksarbeiterräten und in einem Reichsarbeiterrate.

Die Bezirksarbeiterräte und der Reichsarbeiterrat treten zur Erfüllung der gesamten wirtschaftlichen Aufgaben und zur Mitwirkung bei der Ausführung der Sozialisierungsgesetze mit den Vertretungen der Unternehmer sowie sonst beteiligter Volkskreise zu Bezirkswirtschaftsräten und zu einem Reichswirtschaftsrat zusammen. Die Bezirkswirtschaftsräte und der Reichswirtschaftsrat sind so zu gestalten, daß alle wichtigen Berufsgruppen entsprechend

---

[59] *Hugo Sinzheimer*, Referat Rätesystem und Reichsverfassung, in: Prot. PT Weimar 1919, 406-420, wieder abgedruckt in: *ders.*, Arbeitsrecht und Rechtssoziologie, Gesammelte Aufsätze und Reden, hrsg. von *Otto Kahn-Freund* und *Thilo Ramm* (...), Bd. 1, Frankfurt a.M. 1976, 325f. Vgl. dazu auch *Sigrid Vestring*, Die Mehrheitssozialdemokratie und die Entstehung der Reichsverfassung von Weimar 1918/1919, Münster 1987, 178ff.
[60] *Sinzheimer*, Rätesystem, 327.
[61] Ebenda, 328.
[62] Ebenda, 330.

ihrer wirtschaftlichen und sozialen Bedeutung darin vertreten sind. Sozialpolitische und wirtschaftspolitische Gesetzentwürfe von grundlegender Bedeutung sollen von der Reichsregierung vor ihrer Einbringung dem Reichswirtschaftsrate zur Begutachtung vorgelegt werden. Der Reichswirtschaftsrat hat das Recht, selbst solche Gesetzesvorlagen zu beantragen."[63]

Nach *Sinzheimer* sollte durch Übertragung von Kompetenzen auf die Organe der Wirtschaftsverfassung die Staatstätigkeit auf bestimmten wirtschaftlichen Gebieten abgelöst werden. Es gehe nicht um einen institutionellen Neubau. Die Räte bildeten vielmehr einen „Nebenbau mit selbständigen Einrichtungen und eigenen Formen". Dies werde von der Gruppe um *Cohen* verkannt, die dem politischen Parlament eine gleichberechtigte „Kammer der Arbeit" zur Seite stellen wollte – die alte konservative Idee einer „berufsständischen Kammer", die von der Sozialdemokratie immer bekämpft worden sei. Sie gefährde die für den Machtkampf der Arbeiterklasse unverzichtbare politische Demokratie.[64]

Während die bürgerlichen Parteien die Elemente der Wirtschaftsverfassung ablehnten, die auf Gemeinwirtschaft und Sozialisierung, Arbeiter- und Betriebsräte sowie auf das kollektive Arbeitsrecht abzielten, konnten sie sich mit der Einrichtung des *Reichswirtschaftsrats* zur „sachadäquaten" Beratung wirtschaftlicher Angelegenheiten abfinden.[65] Es erwies sich bald, daß er als Resultat eines labilen Kompromisses zwischen sozialistischen, liberalen und konservativen Kräften nicht im Sinne der Sinzheimerschen Vorstellungen funktionieren konnte. Denn die Beteiligten setzten in ihn konträre Erwartungen: Die Sozialisten betrachteten ihn als Instrument der Verwirklichung von Gemeinwirtschaft und Sozialisierung, während die liberalen und konservativen Kräfte eben dieses verhindern wollten.[66]

Diese Konstellation erklärt, daß der 1920 durch Verordnung geschaffene „Vorläufige Reichswirtschaftsrat" (VRWR) nie auf eine gesetzliche Grundlage gestellt werden konnte. Auch kämpften die Gewerkschaften vergeblich um die Einrichtung der Bezirkswirtschaftsräte als Mittelinstanzen, so daß die von *Sinzheimer* geplante Wirtschaftsverfassung eine Bauruine blieb, von der nur der Vorläufige Reichswirtschaftsrat und die Betriebsräte errichtet wurden. Trotz dieses provisorischen Zustands wurde sowohl von Gewerkschafts- wie von Unternehmerseite die Arbeit im VRWR ernst genommen. In ihm wurde ein wichtiger Teil des Kampfes um die Sozialisierungspläne, den Achtstundentag und andere sozialpolitisch bedeutende Gesetze ausgetragen. Im Laufe der Zeit entwickelte er sich zu einem Gutachtergremium der Reichsregierung, dessen Arbeit vom interessierten Publikum durchaus geschätzt wurde.[67]

---

[63] Die Verfassung des Deutschen Reiches. (...), Berlin 1920; *Sinzheimer*, Rätesystem, 332. Vgl. dazu *Hannspeter Riedel*, Der Rätegedanke in den Anfängen der Weimarer Republik und seine Ausprägung in Art. 165 WRV, Frankfurt a.M. 1991.
[64] *Sinzheimer*, Rätesystem, 335ff.
[65] Der Reichswirtschaftsrat besaß eine konservative Wurzel in Bismarcks Plan, einen Preußischen Volkswirtschaftsrat zu schaffen, was von liberaler Seite verhindert wurde. Vgl. *Heinrich Herrfahrdt*, Das Problem der berufsständigen Vertretungen von der französischen Revolution bis zur Gegenwart, Berlin 1921.
[66] Vgl. dazu *Paul Hermberg*, Planwirtschaft, in: DA, Jg. 9 (1932), 201-211, 201.
[67] Zum VRWR vgl *Walter Euchner/Maurice Stockhausen*, SPD, Gewerkschaften und Reichswirtschaftsrat, in: *Richard Saage* (Hrsg.), Solidargemeinschaft und Klassenkampf. Politische Konzeptionen der Sozialdemokratie zwischen den Weltkriegen, Frankfurt a.M. 1986, 61-80.

Die Einführung von *Betriebsräten* war ein weiterer Schritt von MSPD und Gewerkschaften zur Adaptation der Räteidee. Dieses Konzept wurde vom rätesozialistischen Flügel der USPD und den Kommunisten als Ausdruck der Arbeitsgemeinschaftspolitik im Kriege heftig bekämpft – mit dem Höhepunkt blutiger Auseinandersetzungen mit der Polizei vor dem Reichstag im Februar 1920 anläßlich der Verabschiedung des *Betriebsrätegesetzes* (BRG).

Dieses Gesetz, dessen Entwurf auf Grund der Pressionen von Unternehmerseite modifiziert worden war, knüpfte an die „Arbeiterausschüsse" des „Hilfsdienstgesetzes" an.[68] Von der ursprünglichen Idee, die Organe der Wirtschaftsverfassung sollten auch gemeinwirtschaftliche Ziele verfolgen, fand sich kaum eine Spur. Dagegen erinnerte der in § 1 BRG formierte Zweck der Einrichtung von Betriebsräten, nämlich neben der Wahrnehmung von Arbeitnehmerinteressen die „Unterstützung des Arbeitgebers in der Erfüllung der Betriebszwecke" sowie „in Betrieben mit wirtschaftlichen Zwecken die Betriebsleitung mit Rat zu unterstützen, um dadurch mit ihr für einen möglichst hohen Stand und für möglichste Wirtschaftlichkeit der Betriebsleistungen zu sorgen" (§ 66 Ziff. 1 BRG), an den „Produktionsgedanken" der *Cohen-Kaliski*-Gruppe.[69] Die anfängliche Befürchtung der Gewerkschaften, sie würden durch die Betriebsräte ihren Einfluß verlieren, haben sich jedoch nicht bewahrheitet. Zu deren Aufgaben gehörte nach § 78 BRG die Überwachung der maßgebenden Tarifverträge, für deren Zustandekommen die Gewerkschaften nach wie vor zuständig waren.

2. Sozialisierung

a) Sozialisierungskonzeptionen

Die Mehrheitssozialdemokraten verfolgten nach Kriegsende ihre traditionellen sozialpolitischen Ziele. Vorarbeiten für das Ziel „Sozialisierung" fehlten, obwohl gelegentlich die „Verstaatlichung" des Bergbaus gefordert wurde.[70] Der Begriff selbst war ungebräuchlich und fand sich in der sozialdemokratischen Programmatik nicht – ein Sachverhalt, der damit erklärt wurde, daß der Marxismus den Sozialismus als „unvermeidbares Entwicklungsprodukt", aber nicht als Ergebnis einer wirtschaftspolitischen Konstruktion angesehen habe.[71]

Zu den bedeutenden neueren marxistischen bzw. revisionistischen Werken gehörten *Hilferdings* „Finanzkapital" (1910), *Renners* „Marxismus, Krieg und Internationale" (1917) und *E. Fischers* „Das sozialistische Werden" (1918). *Hilferding* analysierte die kapitalistische Entwicklung bis zur Entstehung der Verflechtung von Großindustrie und Banken zum „Finanzkapital", was dem revolutionären sozialistischen Staat die Möglichkeit verschaffe, durch Vergesellschaf-

---

[68] Vgl. *Ludwig Preller*, Sozialpolitik in der Weimarer Republik, Düsseldorf ²1978, 249ff.
[69] Zu Text und Interpretation des BRG vgl. *Georg Flatow*, Betriebsrätegesetz vom 4. Februar 1920 nebst Wahlordnung, Ausführungsverordnungen und Ergänzungsgesetzen, Berlin 1928.
[70] Vgl. dazu *Heinrich Möller*, Zur Verstaatlichung des Bergbaus, in: SM, Jg. 6 (1902), Bd. 1, 301-306, sowie *Otto Hue* in: *Wilhelm Jansson* (Hrsg.), Monopolfrage und Arbeiterklasse. Drei Abhandlungen von Heinrich Cunow, Otto Hue und Max Schippel, Berlin 1919, 87ff.
[71] Vgl. *August Müller*, Sozialisierung oder Sozialismus. Eine kritische Betrachtung über Revolutionsideale, Berlin 1919, sowie *Franz Meyer*, Die Krisis in der Theorie der Sozialisierung, in SM, Jg. 29 (1923), Bd. 1, 150-154, 150.

tung der führenden Banken „sofort die Verfügung über die wichtigsten Produktionszweige zu erhalten".[72] *Renner* entwickelte das vielbeachtete Theorem der Entwicklung des Kapitalismus „von der staatlosen zur durchstaatlichten Ökonomie". Die Privatwirtschaft werde „organisiert" und gleiche sich der Staatstätigkeit an.[73] Die Arbeiterklasse reagiere darauf konstruktiv: Sie bekämpfe zwar die bürgerliche Ökonomie und den Staat, doch „je mehr sie zu Macht und zu Recht kommt, desto positiver nimmt sie an der Wirtschaft und am Staate teil". So arbeite der moderne Kapitalismus dem Sozialismus in die Hände. Der Staat werde schließlich „zum Hebel des Sozialismus".[74] Spezielle Sozialisierungskonzeptionen sind, folgt man diesem Denken, überflüssig. Die Arbeiterklasse besetzt nach ihrem Sieg den Staatsapparat und die ökonomischen Strukturen und verleiht ihnen sozialistischen Inhalt. *Fischers* Analyse knüpft an das revisionistische Theorem des „Hineinwachsens in den Sozialismus" an. Die Herausbildung von Monopolen wie das Bergbau-, Elektrizitäts- und Petroleumsmonopol usw., der „Kommunalsozialismus", die Konsumgenossenschaften, die sozialpolitischen Errungenschaften und nicht zuletzt die Kriegswirtschaft mit ihren unzähligen „Stellen" und „Organisationen" zur Regelung der Verteilung von Lebensmitteln und kriegswichtigen Gütern zeigt dessen Richtigkeit. „Eine Umgestaltung des Wirtschaftslebens in der Richtung zur planmäßigen einheitlichen Organisation und damit auch zur Sozialisierung hat sich zweifellos in der Kriegszeit vollzogen." Der Sozialismus sei „nicht mehr eine Sache der Zukunft (...). Er ist gegenwärtig als Geist und als Realität."[75] Auch *Kautsky* äußerte sich zur „Übergangswirtschaft". Die Arbeiterklasse könne nicht einfach in den Sozialismus „hineinwachsen", indem sie Kartelle und Banken in Besitz nehme. Vielmehr müßten die „ökonomischen Organisationen" in Klassenkämpfen mit Hilfe der Genossenschaften und Gewerkschaften gänzlich umgewandelt werden. Die künftige Wirtschaftsstruktur läßt *Kautsky* offen.[76]

Die ungemein lebendige Sozialisierungsdiskussion nach dem Ersten Weltkrieg konnte sich auf keine Vorarbeiten stützen. Die wichtigsten praxisrelevanten Entwürfe lassen sich grob typisieren:[77]

- *Verstaatlichung*. Einige staatssozialistisch denkende Theoretiker und praktizistische Gewerkschafter hielten die Fiskalisierung bestimmer Branchen wie des Bergbaus und der Eisen- und Stahlindustrie für ein rasch umsetzbares Ziel.

---

[72] *Hilferding*, Finanzkapital, 506.

[73] *Karl Renner*, Marxismus, Krieg und Internationale. Kritische Studien über offene Probleme des wissenschaftlichen und des praktischen Sozialismus in und nach dem Weltkrieg, Stuttgart 1917, 6, 36, 16.

[74] Ebenda, 314f., 28.

[75] *Edmund Fischer*, Das sozialistische Werden. Die Tendenzen der wirtschaftlichen und sozialen Entwicklung, Leipzig 1918, 5ff., 106-229, 251-332, 443-513, 551. Zu *Renner* und *Fischer* kritisch *Walter Greiling*, Marxismus und Sozialisierungstheorie. Eine Untersuchung der Ergebnisse der deutschen Sozialisierungsliteratur, Berlin 1923, 42f.

[76] Vgl. *Karl Kautsky*, Sozialdemokratische Bemerkungen zur Übergangswirtschaft, Leipzig 1918, 159ff., 164f.

[77] Vgl. zum Thema *Alfred Ammon*, Die Hauptprobleme der Sozialisierung, Leipzig 1920; *Heinrich Ströbel*, Die Sozialisierung, ihre Wege und ihre Voraussetzungen, Berlin 1922; *Friedrich Weiss*, Sozialisierung. Wege und Ziele, Wien 1922; *Greiling*, Sozialisierungstheorie; *Klaus Novy*, Strategien der Sozialisierung. Die Diskussion der Wirtschaftsreform in der Weimarer Republik, Frankfurt a.M. 1978.

Der Bergarbeiterführer *Hue* forderte die Verstaatlichung des Bergbaus im Januar 1919 mit dem Argument, daß sie „dem Empfinden einer Volksmehrheit [entspricht], die sich weit hinaus über die sozialdemokratischen Parteianhänger erstreckt". Die „mineralischen Bodenschätze" müßten „der privatmonopolistischen Beherrschung" entzogen werden. Die Behauptung, daß Staatsbetriebe unproduktiver seien als der Privatbetrieb, lasse sich nicht beweisen. Allerdings müßten jene entbürokratisiert und einer neuen Behörde, z.B. einem „Reichsbetriebsamt", unterstellt werden. Erforderlich sei ferner die Verstaatlichung der „Verkaufszentralen" (Syndikate). „Sobald wir (...) die bergbaulichen Verkaufskartelle in staatliche Monopolinstitute umwandeln, haben wir den entscheidenden Schritt zur Befreiung der Konsumenten von privatkapitalistischer Ausbeutung getan."[78] – Reflektierter als *Hues* Ausführungen ist *Cunows* Bekenntnis zur Verstaatlichung. Er unterscheidet zwischen Verstaatlichung und Vergesellschaftung. Nach Auffassung von *Marx* und *Engels* könne von letztgenannter erst dann gesprochen werden, wenn der Staat abgestorben und das Staatseigentum zum Gesellschaftseigentum geworden sei. Allerdings hätten gerade diese als ersten Schritt die Verstaatlichung der Produktionsmittel gefordert. Deshalb bleibe er trotz des „Hohnes über den Staatssozialismus" dabei, daß „monopolreife Betriebe" verstaatlicht und zugleich kartellisiert und syndiziert werden sollten. Dadurch werde die Kontinuität des Wirtschaftsprozesses nicht gestört und, besonders wichtig, die Produktivität gesteigert.[79] Das alte sozialistische Ziel der selbstbestimmten Arbeit erwähnen *Hue* und *Cunow* nicht.

Kautsky betonte dagegen, daß es dem Arbeiter ebenso sehr um „Selbstbestimmung" wie um den „Wohlstand" gehe, weshalb die „*Herrschaftsorganisation*" Staat in der Wirtschaft fehl am Platze sei.[80] In der Tat findet sich in der Sozialisierungsliteratur nicht nur das Ziel der „Steigerung des Güterertrags" und der „Verminderung der Arbeitslast", sondern auch das sittliche Ziel der „gerechten Güterverteilung" und das emanzipatorische Ziel der selbstbestimmten Arbeit.[81] Es sei wichtig, so *Eduard Heimann* (1889-1967), Sekretär der ersten Sozialisierungskommission, in einer ökonomisch schwierigen Situation der Arbeit Sinn zu verleihen und sie so zu versittlichen. *Lederer* sah in der Sozialisierung die Herstellung einer neuen „gesellschaftlichen Existenzform" der Arbeit, die „die Menschen in ihrer eigensten persönlichen Sphäre" erfasse. Andernfalls ändere sich an ihrer Arbeitssituation nichts. Andere Autoren erwarteten von ihr Produktionssteigerung durch Hebung der Arbeitsfreude.[82]

- *Teilsozialisierung*. Das vorherrschende Sozialisierungsprogramm war gradualistisch und strebte als ersten Schritt nur die Sozialisierung der hierfür „reifen" Unternehmen und Branchen an. Damit verbanden sich zwei nicht immer klar unterschiedene Erwartungen: Zum einen, daß „Teilsozialisierung" den Anfang der weiteren Ausbreitung der Sozialisierung sei, zum andern, daß sich die Sozialisierung nur bis zu einer bestimmten Grenze ausdehnen und bestimmte Unterneh-

---

[78] *Otto Hue*, Verstaatlichung des Bergbaues, NZ, Jg. 37 (1919), Bd. 1, 341-346.
[79] *Heinrich Cunow*, Verstaatlichung, NZ, Jg. 36 (1918), Bd. 1, 218-223. Zu *Cunow* vgl. *Greiling*, Sozialisierungstheorie, 37.
[80] Vgl. *Karl Kautsky*, Was ist Sozialisierung? Referat, gehalten auf dem 2. Reichskongreß der A.-S.u.B.-Räte am 14. April 1919, Berlin 1919, 7-10.
[81] Vgl. dazu *Weiss*, Sozialisierung, 20-45.
[82] Vgl. *Eduard Heimann*, Die Sozialisierung, in: ASS, Jg. 45 (1919/20), 527-590, 583-590. *Emil Lederer*, Zum sozialpsychischen Habitus der Gegenwart, in: AfS, Jg. 46 (1918/19), 114-139, 127; *Franz Laufkötter*, Sozialisierung als Entwicklungs- und Erziehungsproblem, in: NZ, Jg. 37 (1919), Bd. 2, 376-383; *Paul Umbreit*, Zur Sozialisierung der Industrie, in: Zur Sozialisierungsfrage. Die Arbeitsgemeinschaft der industriellen und gewerblichen Arbeitgeber und Arbeitnehmer Deutschlands, Berlin 1919, 5-35, 13.

men, vor allem kleinere landwirtschaftliche Betriebe, aussparen solle. Unklar war auch der Begriff der *Sozialisierungsreife*. Übereinstimmung bestand darin, daß Industrien „reif" seien, „die sich durch starke Betriebskonzentration, Kapitalanhäufung und Syndizierung, durch einen gewissen Höhepunkt der Technik, Mechanisierung des Arbeitsprozesses und durch ähnliche wirtschaftliche Fortschritte auszeichnen", was hauptsächlich für die Rohstofferzeugung und die Schwerindustrie zutreffe. *Umbreit* machte darauf aufmerksam, daß auch andere Kriterien wie Massenbedarf oder Exportorientierung eine Rolle spielen könnten.[83]

Das einflußreichste Programm dieser Art findet sich in *Otto Bauers* österreichischem Entwurf „Der Weg zum Sozialismus" (1919). Seine Vorstellungen beeinflußten *Kautsky* und *Hilferding*, nicht zuletzt auch die deutschen und österreichischen Sozialisierungskommissionen.

Nach *Bauers* Vorstellung sollten zunächst nur „sozialisierungsreife" Unternehmen und Industriezweige sozialisiert werden. Für die anderen Branchen sah er eine Zusammenfassung zu „Industrieverbänden" vor. Die sozialisierten Unternehmen und die Industrieverbände sollten durch „*Verwaltungsräte*" geleitet werden, in denen die wichtigsten Interessen paritätisch vertreten waren: die Belegschaft, die Konsumenten und der Staat, sowie, im Falle der Industrieverbände, die Unternehmer (*Kautsky* sprach von der Produktionslenkung durch das Zusammenwirken der „*Arbeiter*, der *Konsumenten*, der *Wissenschaft*").[84] Die betriebswirtschaftliche Leitung der Unternehmen sollte *Direktoren* zufallen, die von den Verwaltungsräten auf Vorschlag eines Gremiums von sachverständigen Technikern zu wählen waren. Die Mitbestimmung im Betrieb, z.B. bei Einstellung und Entlassung, Lohnfestsetzung, Einsicht in die Kalkulation, obliege den „*Arbeiterausschüssen*". Auch der land- und forstwirtschaftliche *Großgrundbesitz* sollte vergesellschaftet werden, dagegen nicht das bäuerliche „Arbeitseigentum". Für dieses schlug *Bauer* genossenschaftliche Lösungen vor. Von der Sozialisierung der Banken sei einstweilen Abstand zu nehmen, weil zum Wiederaufbau der Wirtschaft Auslandskredite unverzichtbar seien.[85]

Auch *Hilferding* verfocht das gradualistische Konzept:

Hilferding betonte die Bedeutung der Exportindustrie, die wegen ihrer Auslandsverbindungen zunächst von der Sozialisierung ausgenommen werden müsse. Gleiches gelte für die Sozialisierung der Banken. Hypothekenbanken und Versicherungen könnten dagegen ohne weiteres vom Reich übernommen werden.[86] Zudem betonte er die Notwendigkeit des *Wettbewerbs* zwischen den sozialisierten Unternehmen. Die Organisation in industriellen Selbstverwaltungskörpern, die die einzelnen Unternehmen zusammenfassen, könne dies gewährleisten. „Innerhalb dieser sozialisierten Industrie haben wir es uns nicht so vorzustellen, daß es nur eine Leitung gibt. Es gibt eine ganze Anzahl von Betrieben, deren Betriebsergebnisse man miteinander vergleichen wird. Man wird sehen, daß dieser Betrieb besser, der andere schlechter arbeitet. Man wird nach den Ursachen forschen, wird den tüchtigen Leiter durch Prämien, durch höheres Einkommen entschädigen, den schlechten eventuell auch entfernen können." „Bürokratisierte Produktion" durch verstaatlichte Betriebe lehnt *Hilferding* ent-

---

[83] Vgl. *Umbreit*, Zur Sozialisierung, 21ff. *Heimann* betonte, es komme auch darauf an, ob eine Branche durch Sozialisierung „organisationsreif" gemacht werden könne, vgl. *ders.*, Sozialisierung, 528.
[84] Vgl. *Otto Bauer*, Der Weg zum Sozialismus, in: *Bauer*, Werkausgabe, Bd. 2, 89-131, 96ff.; *Kautsky*, Sozialisierung, 13, 102, 104ff., 108
[85] Vgl. ebenda, 98, 104ff., 108-117, 121.
[86] Vgl. *Rudolf Hilferding*, Sozialisierung des Wirtschaftslebens [Referat auf dem Allgemeinen Kongreß der Arbeiter- und Soldatenräte Dezember 1918], in: *Stephan*, Schriften Hilferdings, 96-108, 98ff.

schieden ab.[87] Auch überließ er den noch nicht sozialisierten Unternehmen größere Freiheitsräume als das Bauersche Konzept, da er keine Industrieverbände vorsah.

- Gildensozialismus. In ihrem Bestreben, sich gegen bloße Verstaatlichung abzugrenzen, wiesen *Bauer, Hilferding* und *Kautsky* auf das Beispiel des „Gildensozialismus" hin. Es handelt sich dabei um eine vom französischen Syndikalismus beeinflußte Bewegung innerhalb der britischen Gewerkschaften. Nach deren Vorstellung sollten ganze Industriezweige in „Industrieverbände" verwandelt werden, die „Gilden" (guild) genannt wurden und nicht nur die Arbeiter, sondern auch Angestellte und Techniker umfassen sollten.[88] *Cole* sprach zunächst nur von der „Kontrolle der Industrie". Ziel war jedoch deren Ausdehnung bis zur Übernahme der „Verwaltung der Industrie" durch die Gilden.[89] Als deren Leitungsgremium war vorgesehen „eine gemeinsame Körperschaft, die zur Hälfte aus Vertretern des Staates [damit waren nicht der Zentralstaat, sondern regionale Körperschaften wie Kommunen und Grafschaften gemeint, W.E.] oder der Konsumenten, und zur Hälfte aus Vertretern des Gildenkongresses oder der Produzenten besteht (...)."[90] *Bauer* leitete aus dieser Idee sein Konzept eines drittelparitätischen Leitungsgremiums der sozialisierten Industriezweige ab. In der Sozialismusdiskussion der Zwischenkriegszeit diente das Gildenmodell als Beispiel eines Sozialismus zwischen zentral verwaltetem und syndikalistischem Sozialismus.

Gildensozialistische Motive finden sich auch bei *Karl Korsch* (1889-1961). *Korsch* war ein geistreicher Kritiker des kautskyanischen wie des leninistischen Marxismus. Sozialisierung heiße „gänzliche Ausschaltung des Privateigentümers aus dem gesellschaftlichen Produktionsprozeß". Paritätische Übereinkommen zwischen Gewerkschaften und Unternehmern seien „halbe Maßnahmen". Doch er konzedierte, daß die Vergesellschaftung „schrittweise" vollzogen werden könne.[91] Das Problem der Sozialisierung liege im Gegensatz zwischen Produzenten- und Konsumenteninteresse. Überwiege jenes, so laufe dies auf „Syndikalismus" hinaus („die Berkwerke den Bergleuten"), was die Konsumenten benachteilige. Umgekehrt vernachlässige die Dominanz der Konsumenten die Interessen der Produzenten. Es müsse also eine Sozialisierungsform gefunden werden, die beiden Interessen gerecht werde. *Korsch* sieht sie in der „industriellen Autonomie":

„Autonomie besteht in einer derartig sozialisierten Industrie in verschiedener Gestalt: 1. der einzelne Betrieb besitzt eine nur durch die notwendigen Rücksichten auf das Interesse der Konsumenten eingeschränkte Autonomie gegenüber der staatlichen Zentralregierung, 2. der

---

[87] Vgl. *Rudolf Hilferding*, Die politischen und ökonomischen Machtverhältnisse und die Sozialisierung [Referat auf dem Reichskongreß der Betriebsräte Deutschlands 1920], in: *Stephan*, Schriften Hilferdings, 109-132, 123f.
[88] Vgl. *G.D.H. Cole*, Gilden-Sozialismus. Mit einem Vorwort von *Wolfgang Schumann*, Dresden 1921.
[89] Ebenda, 11. *Bauer* stellte den Gildensozialismus als Gegenprogramm zum Bolschewismus dar; vgl. *Otto Bauer*, Bolschewismus oder Sozialdemokratie?, in: *ders.*, Werkausgabe, Bd. 2, 223-357, 329. Für *Hilferding* vgl. Einleitung zum Werk des gildensozialistischen Theoretikers G.D.H. Cole, Selbstverwaltung in der Industrie, Berlin 1920, III-XIII. (Selfgovernment in industry, London 1920). Vgl. auch *Kautsky*, Proletarische Revolution, 241-248.
[90] *Cole*, Selbstverwaltung, 232.
[91] Vgl. *Karl Korsch*, Was ist Sozialisierung? (1919), in: *ders.*, Gesamtausgabe, Bd. 2, Frankfurt a.M. 1918, 99-133, 105f.

einzelne Betrieb besitzt eine eingeschränkte Autonomie gegenüber dem die Betriebe zusammenfassenden und über ihre Verwaltung teilweise zentralistisch bestimmenden Syndikat (...). Das gemeinwirtschaftliche Ziel ist hier eine Mitwirkung der Konsumentenorganisationen (Staat, Gemeinde, Konsumgenossenschaften [...]) bei einer (...) verbindlichen, öffentlichen Bedarfsfeststellung, welche an die Stelle der tauschwirtschaftlichen Produktion (...) eine reine Bedarfsproduktion setzt."[92]

Freilich schließe auch diese Vergesellschaftungsform das Wiederaufleben des kapitalistischen Geistes als „Arbeiterkapitalismus" nicht aus. *Korsch* forderte deshalb die *Erziehung* der aufkommenden Generation zum Sozialismus.[93]

Im Gegensatz zu der Auffassung, „Teilsozialisierung" sei ein erster Schritt zur „Vollsozialisierung", sah *Bernsteins* pluralistisches Sozialismusverständnis vielfältige Vergesellschaftungsformen vor: verstaatlichte, kommunalisierte, sozialisierte sowie private, öffentlich kontrollierte und halbstaatliche Unternehmen. Sozialisierung sei kein „Selbstzweck", sondern nur ein Mittel, das „höchstmögliche allgemeine Wohl" zu erreichen.[94]

Andere Autoren arbeiteten Konzepte heraus, die die Sozialisierungsmaßnahmen flankieren sollten. Bekannt wurde *Rudolf Goldscheids* Forderung einer *Vermögensabgabe*, um die schwere Überschuldung des Staates durch den Weltkrieg zu beseitigen.[95] Er war der Überzeugung, daß die „Vergesellschaftung der Produktionsmittel unmöglich ohne progressive Vermögensabgabe", die Sachwerte und Wertpapiere umfassen sollte, begonnen werden könne.[96] Im übrigen ging er vom Fortbestehen eines privatwirtschaftlichen Sektors aus.

In Deutschland wie in Österreich wurde nach dem Ersten Weltkrieg versucht, den Staatshaushalt durch eine als „Reichsnotopfer" bezeichnete Vermögensabgabe zu sanieren. Die Sozialisierungskommission brachte den Gedanken ins Spiel, diese auch zur Finanzierung der Sozialisierung heranzuziehen, doch diese Abgabe erwies sich als Mißerfolg.[97] *Otto Bauers* gleichartiger Vorschlag scheiterte am Widerstand des österreichischen Finanzministers *Schumpeter*.[98]

- *Vollsozialisierung*. Ihr wirksamster Anwalt war der positivistische Philosoph und Mitbegründer des „Wiener Kreises" *Otto Neurath* (1882-1945), zugleich einer der interessantesten Sozialisierungstheoretiker, der von der Erfahrung der

---

[92] *Korsch*, Was ist Sozialisierung? (1919), 109, 117ff.
[93] Vgl. ebenda, 125f.
[94] Vgl. *Eduard Bernstein*, Was ist Sozialisierung? (1919), abgedr. in: *Korsch*, Sozialisierung, 127f., sowie *ders*., Die Sozialisierung der Betriebe. Leitgedanken für eine Theorie des Sozialisierens, Basel 1919, 13, 16f., 19f.
[95] *Rudolf Goldscheid*, Staatssozialismus oder Staatskapitalismus. Ein finanzsoziologischer Beitrag zur Lösung des Staatsschuldenproblems, Wien ⁵1917, 14, 22, 35f.; *ders*., Sozialisierung der Wirtschaft oder Staatsbankrott. Ein Sanierungsprogramm, Leipzig ²1919, 14, 41. Zu *Goldscheid* vgl. Einleitung *Hickel* zu: *Rudolf Goldscheid/Joseph Schumpeter*, Die Finanzkrise des Steuerstaats. Beiträge zur politischen Ökonomie der Staatsfinanzen, hrsg. von *Rudolf Hickel*, Frankfurt a.M. 1976.
[96] *Goldscheid*, Sozialisierung, 41.
[97] Vgl. den Arbeitsplan der Sozialisierungskommission vom Dezember 1918, in: *Karl Bücher*, Die Sozialisierung (...), 2., stark erweiterte Auflage, Tübingen 1919, 86f., sowie Artikel „Reichsnotopfer", in HwbStW, Bd. VI, 1222-129.
[98] Vgl. *Walter Euchner*, Otto Bauer und die Sozialisierung in Österreich 1918/19, in: *Detlev Albers/Horst Heimann/Richard Saage*, Otto Bauer: Theorie und Politik, Berlin 1985, 32-42, 35f.; *Joseph Schumpeter*, Die Krise des Steuerstaats, in: *Goldscheid/Schumpeter*, Finanzkrise, 329-379, 364.

Kriegswirtschaft geprägt war. Er bekannte sich zum „Sozialepikureismus" der utopischen Tradition. Im Sozialismus gehe es darum, das „Glück der Menschen" in einer „beglückenden Gesellschaft", in der genügend Freizeit für „Vergnügen, Natur- und Kulturgenuß" zur Verfügung steht, zu verwirklichen.[99] Gerade die Nachkriegszeit, in der die Kriegsorganisationen fortdauerten und die Not nach einer „planmäßigen Verwaltung aller Kräfte geradezu schreit", könnten die ersten Schritte hierzu eingeleitet werden.[100]

„Die Überführung der kapitalistischen in die sozialistische Wirtschaftsordnung, das heißt die *Sozialisierung der Wirtschaftsordnung*, muß als eine Umwandlung begriffen werden, die unser ganzes Dasein umfaßt, mit einer Änderung unsres gesamten Fühlens und Denkens zusammenhängt, das heißt, eine *Vollsozialisierung* ist. Die sozialistische Wirtschaftsordnung ist so völlig anders geartet wie die kapitalistische Ordnung, daß nach einigen Vorstößen in einem bestimmten Zeitpunkt eine mehr ruckweise Veränderung unvermeidlich sein wird, die ganze Gruppen von Einrichtungen auf einmal beseitigt. (...) Vollsozialisierung bedeutet daher (...) Sozialisierung der gesamten Einrichtungen als eine konstruktive Einheit." Von der „Beschwichtigungswendung" der Sozialisierungsreife hielt *Neurath* nichts.[101]

Neurath bekannte sich zu Staat und Bürokratie. „*Sozialisiert muß von oben werden.*" Nur der Staat könne einen Wirtschaftsplan erstellen und verwirklichen. Er benötige neue Ämter wie eine „Naturalrechnungs- bzw. Rationalisierungszentrale" und als Oberbehörde das „Zentralwirtschaftsamt", um eine „Universalstatistik" erstellen zu können.[102] Die sozialistische Wirtschaft beruhe auf „Naturaltausch" und „Naturalrechnung". Deshalb müsse eine exakte Statistik mit Rohstoff- und Produktmengen rechnen. Zu diesem Zweck entwickelte er Matrizen, mit deren Hilfe sich Rohstoffmengen, Halb- und Fertigfabrikate, Vorräte, Ein- und Ausfuhr und Bedarf der diversen Abnehmer gegenrechnen ließen.[103]

Ziel des Sozialismus ist für *Neurath* die möglichst rationale Befriedigung menschlicher Glücksbedürfnisse. Er erdachte sich zu diesem Zweck ein System zur Ermittlung der hierfür erforderlichen Leistungen. Die Menschen befänden sich in bestimmten „Lebenslagen", die vom Zentralwirtschaftsamt oder einer anderen Behörde einzuschätzen und zu einem „Lebenslagenkataster" zusammenzufassen seien. Dabei ist zunächst von objektiven Kriterien wie Nahrung, Bekleidung und Wohnung auszugehen. Doch es gebe auch subjektive Befindlichkeiten, die das „Lebensstimmungsrelief" unterschiedlicher Personengruppen ausmachten. Diese Daten bzw. Einschätzungen, die Kriterien wie Leistung, Individualität und

---

[99] Vgl. *Otto Neurath*, Die Utopie als gesellschaftstechnische Konstruktion, in: *ders.*, Wissenschaftliche Weltauffassung, Sozialismus und Logischer Empirismus, hrsg. von *Rainer Hegselmann*, Frankfurt a.M. 1979, 235-24; *Neurath*, Wesen und Weg der Sozialisierung, in: ebenda, 242-287, 257, 269; *ders.*, Gildensozialismus, Klassenkampf, Vollsozialisierung, Wien 1922, 15f.; *Otto Neurath/Wolfgang Schumann*, Können wir heute sozialisieren? Eine Darstellung der sozialistischen Lebensordnung, Leipzig 1919, 19, 49, 50ff. Der von *Neurath* inspirierte Text stammt von *Schumann*.
[100] Vgl. *Neurath*, Sozialisierung, 246, 260.
[101] Vgl. *Ders.*, Gildensozialismus, 21; *ders.*, Vollsozialisierung. Von der nächsten und übernächsten Zukunft, 7.
[102] Vgl. *ders.*, Wesen und Weg der Sozialisierung, in: *ders.*, Wissenschaftliche Weltauffassung, 242-261, 244, 247ff., 252; *ders.*, Vollsozialisierung, 17, 19.
[103] Vgl. *ders.*, Wesen und Weg, 247, 249f., 253f.; *ders.*, Vollsozialisierung, 19ff. Hinsichtlich der Bedeutung der Statistik bezog sich *Neurath* auf *Karl Ballod*, Der Zukunftsstaat. Produktion und Konsum im Sozialstaat. 2., vollständig umgearbeitete Auflage, Stuttgart 1919.

Geschlecht berücksichtigen, könnten zu „Lebenslagengesamtheiten" aggregiert werden, die der *Wirtschaftsplan* auf Grund der Produktionsdaten in Allokationsentscheidungen umsetzen müsse, das „Maximum an Lebensstimmung" zu erzielen.[104] Der entsprechenden Güterallokation dienen, als hätte *Weitling* Pate gestanden, „Anweisungsscheine", auch für kulturelle Güter wie Theaterbesuche.[105]

Das Prinzip der Naturalwirtschaft hätte nach *Neurath* zu einer immer stärker werdenden Zurückdrängung des Geldes geführt. Der Gütertausch ist Naturaltausch, Löhne, Steuern und die Altersversorgung werden in Gütern gezahlt, der Außenhandel wird zum „zwischenstaatlichen Kompensationsverkehr". Soweit Geld im Gebrauch ist, fungiert es nur als Anweisung auf Gegenstände und Leistungen.[106] Dem Einwand, daß der Verzicht auf Geld keine Wirtschaftsrechnung zulasse, begegnet *Neurath* mit dem Argument, daß die Wirtschaftlichkeit alternativer Entscheidungen durch einen Vergleich verschiedener Wirtschaftspläne, die z.B. einmal die Energieversorgung oder, alternativ dazu, den Ausbau der Landwirtschaft vorsehen, festgestellt werden könne. „Es muß unmittelbar die Erfreulichkeit beider Möglichkeiten beurteilt werden." Der Anreiz zu verstärkter wirtschaftlicher Anstrengung könne von einer „Prämie für erhöhte Leistung" ausgehen.[107]

Neuraths Sozialismusmodell ist zentralistisch. Die Wirtschaft gleiche einem „Riesenbetrieb". Zwar schwebte ihm der Einbau des „Gildensystems" vor; andererseits erstellt nach wie vor eine „Wirtschaftliche Zentralstelle" die Wirtschaftspläne. *Neurath* sah, daß Zentralismus und Gildenautonomie schwer vereinbar sind und verdeutlichte, daß er kein schlüssiges Lösungskonzept besitze.[108]

Neurath wurde im Januar 1918 von den Mehrheitssozialdemokraten *Hermann Kranold* und *Wolfgang Schumann* aufgefordert, mit ihnen zusammen einen Sozialisierungsplan für Sachsen auszuarbeiten, was auf Widerstand innerhalb der MSPD stieß. Im März wurde ihm diese Aufgabe von der bayerischen Regierung übertragen. Er wurde zum Präsidenten des Zentralwirtschaftsamtes ernannt – ein Amt, das er während der bayerischen Räteregierung weiterführte, ohne jedoch in den Wirren dieser Zeit zu praktischen Ergebnissen kommen zu können.[109] Es ist kaum vorstellbar, daß *Neuraths* naturalwirtschaftlicher Sozialismus die komplexen Probleme einer modernen Industriegesellschaft hätte bewältigen können.

- *Sozialisierungsvorstellungen bürgerlicher Autoren.* Nach Auffassung bürgerlicher und rechtssozialistischer Kreise drückte sich in den Sozialisierungsbestrebungen der deutsche Hang zur Gemeinwirtschaft aus, während andere Völker, vor allem die Engländer, vom kapitalistischen Profitstreben geprägt seien. Vorkämpfer dieser Sichtweise war der dem rechten Flügel der Sozialdemokratie nahestehende Staatswissenschaftler *Johann Plenge*. Sozialismus bedeute „bewußte Ein-

---

[104] Vgl. *Otto Neurath*, Wirtschaftlichkeitsbetrachtung und Wirtschaftsplan, in: *ders.*, Wissenschaftliche Weltauffassung, 262-287, 269, 272-279.
[105] Vgl. *Neurath/Schumann*, Können wir sozialisieren?, 48, 50ff.
[106] Vgl. *Neurath*, Wesen und Weg, 250-255.
[107] Vgl. ebenda, 255f.
[108] Vgl. *Ders.*, Gildensozialismus, 29-31. Vgl. zu *Neuraths* Versuch, Widersprüchliches zu vereinen, *Greiling*, Marxismus, 64-67, sowie *Heimann*, Sozialisierung, 562ff.
[109] Vgl. dazu *Rainer Hegselmann*, Otto Neurath – Empiristischer Aufklärer und Sozialreformer, in: *Neurath*, Wissenschaftliche Weltauffassung, 7-73, 24-31. Die Archivalien des Zentralwirtschaftsamtes im Bayerischen Hauptstaatsarchiv zeigen, daß sich *Neurath* mit der Reaktion auf Eingaben von Wirtschaftsinteressenten, Entwurf von Organigrammen zur Gliederung der Wirtschaft und Versuchen, eine Naturalstatistik zu entwickeln, verzettelte.

ordnung in das begriffene Lebensganze" und „Organisation". Außer kriegssozialistischen Reminiszenzen hatte er keine konkreten Konzepte anzubieten.[110]

Karl Bücher (1847-1930), einer der bedeutendsten Wirtschaftshistoriker seiner Zeit, befürwortete die sozialdemokratischen Sozialisierungsversuche aus rationalen Erwägungen. Er habe seine Untersuchung vergangener Stufen der Wirtschaft bis in die Gegenwart fortgesetzt und dabei die Überzeugung von der „Unausbleiblichkeit eines schließlichen Sieges des Sozialismus" gewonnen. Die Nachkriegszeit sei allerdings für den Übergang zu dieser neuen Gesellschaftsordnung denkbar ungeeignet, was führende Sozialisten auch einsähen. Trotzdem könne die Sozialisierung nicht aufgeschoben werden, denn die Arbeiter drängten darauf.[111]

Schumpeters Haltung zur Sozialisierung war zwiespältig. Er war Mitglied der österreichischen Revolutionsregierung und ihrer Sozialisierungskommission. Zudem war er von der Unausweichlichkeit des Sozialismus überzeugt, weil die schöpferischen Unternehmer, die wagemutigen Techniker und Kaufleute, aussterben und durch Manager bürokratisierter Monopole ersetzt würden, die kapitalistische so gut wie sozialisierte Unternehmen leiten könnten.[112] Dies bedeute, daß Sozialismus *möglich* sei. Seinem Begriff gemäß bedeute er „Vollsozialisierung", die freilich derzeit unrealisierbar sei. Allerdings könne man sich als funktionierendes Sozialisierungsmodell vorstellen: „Entwicklung der Betriebsräte, Sozialisierung des Bankwesens, Durchorganisierung der Industrie in entsprechenden Zwangsverbänden, Verstaatlichung einzelner Industriezweige, Sozialisierung einzelner ‚reifer' Betriebe, das alles kann Vollsozialisierung ersetzen." Doch diese Versuche seien in der gegenwärtigen Situation den kapitalistischen Methoden hoffnungslos unterlegen: „Niemals ist private Initiative, ist die Methode der kapitalistischen Wirtschaft so unentbehrlich wie bei und nach einem Zusammenbruch, wie wir ihn erlebt haben." Die Stunde des Sozialismus lasse noch auf sich warten.[113]

Eine bemerkenswerte Alternative zu dem bevorzugten Sozialisierungsmodell der Sozialdemokratie und dem Wissellschen Konzept der „Deutschen Gemeinwirtschaft", das anschließend unten erläutert wird, stammt von dem ehemaligen Bergbeamten und Thyssen-Direktor *Alphons Horten*. Hauptmangel der „Gemeinwirtschaft" sei, daß sie die privaten Unternehmer in den Branchen der Massenfabrikation nicht abgeschafft habe. Diese seien nämlich für die Monopolisierung und Syndikalisierung sowie die damit verbundenen überhöhten, wirtschaftsschädlichen Monopolpreise verantwortlich. *Horten* plädierte deshalb für eine Teilsozialisierung von 20 bis 30 % der lebenswichtigen Branchen, beginnend mit Kohle und Eisen.[114] Seine Vorschläge fanden keine politische Berücksichtigung, was von zeitgenössischen Beobachtern bedauert wurde.[115]

---

[110] Vgl. *Johann Plenge*, Die Geburt der Vernunft, Berlin 1918, 21ff.; ders., Zur Vertiefung des Sozialismus, Leipzig 1919, 6 und passim. Später behauptete *Plenge*, der Schöpfer des nationalsozialistischen Denkens zu sein; vgl. *Bernhard Schäfers*, Soziologie und Sozialismus, Organisation und Propaganda. Abhandlungen zum Lebenswerk von Johann Plenge, Stuttgart 1967.

[111] Vgl. *Karl Bücher*, Die Sozialisierung, Tübingen 1919, 21, 58f.

[112] Dies ist die These von *Schumpeters* berühmter Schrift: Kapitalismus, Sozialismus und Demokratie, Bern 1950 (englisch: Capitalism, Socialism and Democracy, New York 1942).

[113] Vgl. *Joseph Schumpeter*, Sozialistische Möglichkeiten heute, in: ASS, Jg. 48 (1920/21), 305-360, 308, 317f., 334, 343-348, 358.

[114] Vgl. *Alphons Horten*, Sozialisierung und Wiederaufbau. Praktische Vorschläge zur Sozialisie-

Die ökonomischen Schriften *Walther Rathenaus* (1867-1922) enthielten, so *Novy*, zur Zeit der Revolution den einzigen „wirklich verbreiteten Wirtschaftsreformentwurf"[116]. *Rathenau* war eine bedeutende Persönlichkeit: als A.E.G.-Direktor ein hochkarätiger, naturwissenschaftlich gebildeter Unternehmer, im Ersten Weltkrieg Organisator der „Kriegswirtschaft", dann, bis zu seiner Ermordung, Außenminister der Republik. Sozialismus und Sozialdemokratie lehnte er ab. Andererseits kritisierte er den reinen Privatkapitalismus, weil er zu Materialismus und Mechanisierung führe.[117] „Wirtschaftlich betrachtet ist (...) die Nation eine Vereinigung Schaffender (...). Verbrauch ist nicht Privatsache, sondern Sache der Gemeinschaft, Sache des Staates, der Sittlichkeit und der Menschheit."[118] *Rathenaus* Konzept bezweckte eine „Produktionsgemeinschaft unter dem Schutz des Staates". In ihr sollten seelische Bedürfnisse zu ihrem Recht kommen und die Arbeit „vergeistigt" werden.[119]

Institutionell gesehen lief *Rathenaus* Vorschlag auf eine horizontale Zusammenfassung gleichartiger Unternehmen zu Berufsverbänden hinaus, die durch eine vertikale Ordnung der verschiedenen Fertigungsstufen von den Rohstoffen über die Halbfabrikate zum Endprodukt in Gewerbeverbänden ergänzt werden sollten. Organisationsmuster der Berufsverbände waren Aktiengesellschaft und Syndikat; die Gewerbeverbände sollten Erzeugungs-, Finanzierungs- und Verteilungsprobleme der Berufsverbände koordinieren. Der Staat und die Arbeiterschaft sind in den Leitungsgremien vertreten. „Initiative und Einzelverantwortung" müssen erhalten bleiben.[120] Zunächst wollte *Rathenau* den Privatunternehmer erhalten wissen, doch später konnte er sich, vom Gildenmodell inspiriert, Unternehmen im Eigentum der Arbeiter vorstellen. Sie gehen aus Aktiengesellschaften hervor, wobei die Arbeiter und Abgestellten in die Rechte der Vorbesitzer eintreten. Diese werden durch eine feste Rente entschädigt und sind in Aufsichtsrat und Generalversammlung vertreten. Zwar bestehe die Gefahr der Wahl ungeeigneter Geschäftsleiter und rücksichtsloser Gewinnausschüttung; andererseits ist Staatsaufsicht vorgesehen.[121]

Von wirtschaftsliberaler Seite wurden *Rathenaus* Vorstellungen kritisiert. Es sei unbewiesen, daß eine derartige Vertrustung der Wirtschaft den angestrebten Rationalisierungseffekt dauerhaft bewirke.[122] Sie beeinflußten jedoch die Gemeinwirtschaftskonzeption *Rudolf Wissells*.

b) Umsetzungsversuche: *Rudolf Wissells* „Gemeinwirtschaft" und die Entwürfe der Sozialisierungskommissionen in Deutschland und Österreich

- *Gemeinwirtschaft*. Der Rat der Volksbeauftragten beschloß im November 1918 die Einrichtung einer Sozialisierungskommission. Seine mehrheitssozialdemokratischen Mitglieder hätten lieber zugewartet, doch die Sozialisierungsforderun-

---

rung und zur Wiederaufrichtung unseres Wirtschaftslebens, Berlin 1920, 29ff., 41, 79.

[115] Vgl. *Horten*, Sozialisierung, 45ff., 69. Vgl. zu Horten: *Ströbel*, Sozialisierung, 191-204; *Novy*, Strategien, 226-229.

[116] *Novy*, Strategien, 132.

[117] Zu *Rathenaus* lebensphilosophischem Denken vgl. *Greiling*, Marxismus, 106-111.

[118] *Walther Rathenau*, Von kommenden Dingen, Berlin 1917, 90.

[119] Vgl. *ders.*, Autonome Wirtschaft, Jena 1919, 7; *ders.*, Von kommenden Dingen, 50, 58.

[120] Vgl. *ders.*, Die neue Wirtschaft, Berlin 1918, 56-59, 61.

[121] Vgl. *ders.*, Autonome Wirtschaft, Jena 1919, 24f.

[122] Vgl. *Arthur Feiler*, Von der Übergangswirtschaft, Frankfurt a.M. 1918, 54f.

gen in der Arbeiterschaft wurden immer drängender. Im Dezember 1918 nahmen streikende Bergarbeiter im Ruhrgebiet das Heft selbst in die Hand. Sie entwarfen im Vorgriff auf die endgültige Sozialisierung eine Räteorganisation nach dem typischen hierarchischen Prinzip, wonach Gremien ab der zweiten Ebene auf indirekten Wahlen beruhten: Die Basis wählte „Steigerrevierräte", diese „Zechenräte", an der Spitze stand ein „Zentralzechenrat". Der Rat der Volksbeauftragten, der eine einheitliche Lösung anstrebte, verweigerte die Zustimmung.[123]

Die Streikbewegung verschärfte sich und wurde im Februar von Freikorps niedergeschlagen. Trotz dieses Drucks von unten behinderte das Reichswirtschaftsamt die Arbeit der Sozialisierungskommission. *Wissell*, Wirtschaftsminister des ersten regulären Nachkriegskabinetts, brachte, ohne die Sozialisierungskommission zu konsultieren, ein „Sozialisierungsgesetz" ein, das dem Reich die Befugnis einräumte, „geeignete wirtschaftliche Unternehmen (...) in Gemeinwirtschaft zu überführen". Zugleich arbeitete das Ministerium Durchführungsgesetze zur Regelung der Kohlen- und Kaliwirtschaft aus, die im April die Nationalversammlung passierten. Die Kommission reagierte auf diese Illoyalität mit Demission.[124] Diese Gesetze sollten der Umsetzung einer bestimmten Auffassung von „Gemeinwirtschaft" dienen, die *Wissell* dem Unterstaatssekretär *Wichard von Moellendorff* (1881-1937) verdankte, einem ehemaligen Mitarbeiter *Rathenaus* und Mitorganisators der Kriegswirtschaft. *Moellendorffs* Konzeption einer „Deutschen Gemeinwirtschaft" sah paritätische Wirtschaftsinstitutionen vor, die sozialdemokratischen Vorstellungen nahe kamen.[125] Mit ihnen sollte nach *Rathenaus* Vorbild die „nackt-materialistische Auffassung und Betriebsart unserer Wirtschaft" durch Besinnung auf die Seelenkräfte des Volkes überwunden werden.[126]

Wissell und *Moellendorff* legten ihre programmatischen Vorstellungen in einer Denkschrift des Reichsministeriums vom 7. Mai 1919 dar. Die Verarmung Deutschlands erfordere eine Planung des wirtschaftlichen Wiederaufbaus bei *„unbedingter Sparsamkeit im Verbrauch und größtmöglicher Hebung der Produktivität"*. Dabei sei an die „gesellschaftsbildende Kraft" des *„Solidaritätsgefühls innerhalb der einzelnen Berufsgruppen"* anzuknüpfen. Das Ziel sei eine Art von Sozialismus, die man am besten als „Gemeinwirtschaft" bezeichne, d.h. *„die zugunsten der Volkswirtschaft planmäßig betriebene und gesellschaftlich kontrollierte Volkswirtschaft"*. An anderer Stelle sprach *Moellendorff* von einer „gebundenen Planwirtschaft", die sich zu den „Begriffen Pflicht und Zwang" bekenne.[127]

---

[123] Vgl. zu den Konzeptionen: Die Sozialisierung des Bergbaues und der Generalstreik im rheinisch-westfälischen Industriegebiet, hrsg. von der Neunerkommission für die Vorbereitung der Sozialisierung im rheinisch-westfälischen Industriegebiet, o.O. 1919.

[124] Vgl. Das Sozialisierungsgesetz vom 23. März 1919 (...) nebst Kohlen-, Kali- und Elektrizitäts-Wirtschafts-Gesetzgebung. Erläutert von *Otto Reier*, Berlin 1920, 45. Zu den Vorgängen im einzelnen *Winkler*, Revolution, 81ff., 193-198, sowie *Kurt Trüschler*, Die Sozialisierungspolitik in der Weimarer Republik (1918-1920), Phil. Diss. Marburg 1968.

[125] Vgl. zum Verhältnis von *Moellendorff* und *Wissell*: *David E. Barclay*, Rudolf Wissell als Sozialpolitiker 1890-1933, Berlin 1984, 75-142, 87-93.

[126] *Wichard von Moellendorff*, Die Gemeinwirtschaft, in: Der Geist der neuen Volksgemeinschaft. Eine Denkschrift für das deutsche Volk, hrsg. von der Zentrale für Heimatdienst, Berlin 1919, 52-55, 52, 55.

[127] Der Aufbau der Gemeinwirtschaft. Denkschrift des Reichswirtschaftsministeriums vom 7. Mai 1919, Jena 1919, 6, 8, 10. Vgl. auch *Rudolf Wissell*, Praktische Wirtschaftspolitik. Unterlagen zur

„Erstes Ziel muß also sein, (...) fachliche Wirtschaftsgruppen, jeweils aus Unternehmern und Arbeitern, Kaufleuten und Verbrauchern zusammengesetzt, zu bilden. Die Gesamtheit dieser Wirtschaftsgruppen, die als fachliche Selbstverwaltungskörper auszubilden wären, würde neben den regional gewählten Vertretern in einen Reichswirtschaftsrat zu vereinen sein." In den beigefügten „Richtlinien für ein Gesetz über die deutsche Gemeinwirtschaft" werden Organisationsstruktur und Aufgaben der neuen Wirtschaftskörper präzisiert: Es werden „für die Wirtschaftsgruppen Deutschlands (Landwirtschaft, chemische Industrie, Eisenindustrie, Papierindustrie usw.) rechtsfähige Wirtschaftsbünde errichtet, die durch Vertreter der Arbeitgeber und Arbeitnehmer der Wirtschaftsgruppe sowie durch Vertreter des Handels und der Verbraucher gemeinsam geleitet werden. (...)

Den Wirtschaftsbünden liegt die Leitung der Wirtschaft auf ihren Fachgebieten ob, insbesondere a. Die Regelung der Rohstoffbeschaffung und der Verteilung an die ihnen angeschlossenen Wirtschaftsverbände, unter Prüfung der Dringlichkeit des Bedarfs. (...).

b. Möglichste Preissenkung durch Verbesserung der Arbeitsmethoden, insbesondere durch (...) Typisierung (...).

c. Absatzregelung unter Ausschaltung unnützer Zwischenglieder (...)."[128]

Diese gemeinwirtschaftlichen Organisationen sollten in den Rahmen des Art. 165 WRV mit seinem System von Arbeiter- und Wirtschaftsräten eingebaut werden.

Das Reichswirtschaftsministerium unternahm Anstrengungen, die geplanten Wirtschaftsbünde zu schaffen. Doch außer dem „Eisenwirtschaftsbund", der sich bereits 1921 wieder auflöste, kam kein weiterer Bund zustande. Zudem erfüllte sich die Erwartung nicht, mit ihrer Hilfe die Preisbildung kontrollieren zu können.[129]

Das Gemeinwirtschaftskonzept wurde von sozialistischer wie von Unternehmerseite kritisiert. *Wissells* Kabinettskollege und Nachfolger *Robert Schmidt* (1864-1943) wandte ein, seine Planwirtschaftsbestrebungen stärkten die Syndikate und Trusts und behinderten die „Vollsozialisierung" der geeigneten Branchen, während *Wissell* betonte, die Gemeinwirtschaft ermögliche gerade den allmählichen Übergang zum Sozialismus.[130] *Schmidt* kritisierte die Praxisferne der Wissellschen Ideen. „Die Durchorganisierung der Industrien mit allen ihren Privatfächern, der Zusammenschluß in der Spitze, das Einschachteln der Unternehmer- und Arbeitervertretungen macht einem Konstruktionsbureau alle Ehre, ist aber für die Praxis nicht verwendbar."[131] *Hilferding* warnte vor der gewaltigen Bürokratie einer derartigen Wirtschaftsorganisation. Sie werde die Produktion belasten, statt sie zu steigern. Zudem heiße „Parität" in den Selbstverwaltungskörpern „in Wirklichkeit Majorität des Kapitals".[132] Der Unternehmer *Hans von Raumer* machte geltend, daß Organisationen wie der Eisenwirtschaftsbund, gegen

---

Beurteilung einer fünfmonatigen Wirtschaftsführung, Berlin 1919, 16, 34.

[128] Denkschrift, 8. Für weitere Aufgaben der Wirtschaftsbünde vgl. *Rudolf Wissell/Alfred Striemer*, Ohne Planwirtschaft kein Aufbau! Eine Aufklärungsschrift, Stuttgart 1921, 35f.

[129] Vgl. *Eckhard Biechele*, Der Kampf um die Gemeinwirtschaftskonzeption des Reichswirtschaftsministeriums im Jahre 1919. Eine Studie zur Wirtschaftspolitik unter Reichswirtschaftsminister Rudolf Wissell in der Frühphase der Weimarer Republik, Phil. Diss. Berlin 1972, 226-234.

[130] Vgl. das Rededuell zwischen *Wissell* und *Schmidt* auf dem Weimarer Parteitag, Prot. PT Weimar 1919, 347f., 369, 384f.

[131] Vgl. *Robert Schmidt*, Die Sozialisierung, in: Das Programm der Sozialdemokratie. Vorschläge für seine Erneuerung, Berlin 1920, 47-52, 51.

[132] *Hilferding*, Machtverhältnisse, 118f. Vgl. auch die abwägende Darstellung bei *Ströbel*, Sozialisierung, 136-148.

die sich die Industrievertreter ausgesprochen hätten, durch Preisabsprachen den Verbraucher entmündigten und den „Organisationsgedanken" überspannten.[133]

- *Die Kommissionsentwürfe*. Die Sozialisierungskommission hatte am 15. Februar 1919 einen „Vorläufigen Bericht" vorgelegt, der „Grundlegende Gesichtspunkte" zur Sozialisierung des Kohlenbergbaus enthielt. Durch *Wissells* Vorpreschen war er zunächst obsolet geworden. Die Ausführungsbestimmungen zum „Kohlenwirtschaftsgesetz" sahen vor, daß der „Reichskohlenverband" von einem paritätisch aus Unternehmer- und Arbeitnehmervertretern zusammengesetzten „Reichskohlenrat" nach „gemeinwirtschaftlichen Grundsätzen" zu leiten sei.[134] Diese Konstruktion stieß auf wachsende Kritik; insbesondere die Gewerkschaften vertrauten ihr immer weniger. Nach dem Kapp-Putsch im März 1920 setzten sie die Wiedereinsetzung der Sozialisierungskommission durch.

Der „Kohleausschuß" der zweiten Sozialisierungskommission trat am 22. April 1920 zusammen. In ihm lassen sich vier Gruppen unterscheiden: 1. Sozialistische Intellektuelle, die eine klare sozialistische Lösung anstrebten, wie *Kautsky* und *Hilferding*, *Lederer* und der Berliner Statistiker *Robert Kuczynski*; 2. Gewerkschafter, die zunächst paritätische Zusammensetzungen nach dem Vorbild der ZAG vorgezogen hatten, doch nunmehr auf eine Sozialisierungslösung setzten: *Adolf Cohen*, Geschäftsführer der ZAG, *Hue*, *Umbreit*; 3. Eine Gruppe hochkarätiger Industrieller, die von Sozialisierung nichts hielten: *Carl Friedrich von Siemens* sowie als Berater *Hugo Stinnes* und *Paul Silverberg*; 4. Eine vermittelnde Gruppe: *Rathenau* und *Theodor Vogelstein*, beide Organisatoren der Kriegswirtschaft, sowie die Sozialdemokraten *Lindemann* und *Wissell*, die Vorbehalte gegen einen entschiedenen Sozialisierungskurs hatten.

Die Kommission war sich darin einig, daß der gemeinwirtschaftliche „Reichskohlenverband" versagt habe. Die Syndikate hätten sich bei der Preisgestaltung immer wieder gegenüber der Reichsregierung durchgesetzt, weil die Arbeitervertreter stets mit den Syndikaten stimmten, die Lohnerhöhungen von der Zustimmung zu Preiserhöhungen abhängig gemacht hätten. Zudem hätten die Arbeitervertreter „vom inneren Betrieb" der Kohlensyndikate nichts erfahren.[135] Die Diskussion konzentrierte sich zunächst auf das Problem der Preisbildung, das mit den Selbstkostenpreisen zusammenhing. Nach den Vorstellungen des sozialisierungsfreundlichen Teils der Kommission sollte der Vergütung der Unternehmen der Selbstkostenpreis zugrunde liegen, zu dem ein Gewinnanteil treten sollte. Die Unternehmervertreter erklärten, eine Feststellung der Selbstkosten in der erwarteten Weise sei unmöglich. Jedes Werk habe seine eigene Bilanzierungsmethode. Der Kohlepreis müsse die ständige Instandhaltung und Erneuerung decken, sonst werde der Bergbau ruiniert, und es müsse auch flott abgeschrieben werden können.[136] Gleichwohl wurde das Ziel, den Unternehmer „durchsichtig" zu machen, um ungerechtfertigte Gewinne zu verhindern, weiter verfolgt.

---

[133] [*Hans*] *von Raumer*, Planwirtschaft und Preispolitik, in: DI, Jg. 22 (1920), 123f.

[134] Sozialisierungsgesetz, 96f., 102; vgl. dazu *Peter Wulf*, Die Auseinandersetzungen um die Sozialisierung der Kohle in Deutschland 1920-1921, in: VfZ, Jg. 25 (1977), 46-98.

[135] Vgl. Verhandlungen der Sozialisierungskommission über den Kohlenbergbau im Jahre 1920, Bd. 1, Berlin 1920, 13ff., 63ff., 145ff., 162; Bericht der Sozialisierungskommission über die Frage der Sozialisierung des Kohlenbergbaues vom 31. Juli 1920. Anhang; Vorläufiger Bericht vom 15. Februar 1919, Berlin ³1920, 6, 10f.

[136] Vgl. die Einlassungen *Silverbergs*, in: Verhandlungen, Bd. 1, 88, 94. Auch in den Verhandlun-

Eine weitere Kontroverse ergab sich aus der Frage der *Produktivitätssteigerung.* Die Unternehmergruppe erklärte, daß sich ein Optimum nur bei Beibehaltung des privaten Unternehmertums erreichen lasse. Nur dieses habe einen Überblick über die „Macht der Tatsachen" (*Stinnes*). Nur Unternehmer riskierten Geld für Innovationen, der Fiskus nie. Deshalb müsse die Privatindustrie auch gut verdienen. Sie schleppe auch nicht unwirtschaftliche Betriebe mit, sondern folge der Maxime: „Was sterben will und sterben muß, muß (...) kaputt gehen. Das ist die Erneuerung im Wirtschaftsleben, die richtig und die unbedingt notwendig ist." Auch *Rathenau* feierte trotz seiner Kapitalismuskritik den erfolgreichen Generaldirektor, denn er verdiene das Geld der Aktionäre.[137] *Hilferding* beteuerte, auch die sozialistische Seite, die die Staatsabhängigkeit beseitigen wolle, räume um des Erfolges willen den Direktoren alle erdenkliche Verfügungsfreiheit ein.[138]

Dissens ergab sich auch bei der Frage der *Entschädigung* der enteigneten Eigentümer. Die Gruppe um *Rathenau* wollte, solange noch keine „reine Gemeinschaftsgesinnung" vorherrsche, den freien Unternehmer für eine gesetzlich festzulegende Zeitspanne (*Rathenau* dachte an 30 Jahre) beibehalten.

Dementsprechend sah *Rathenau* als Entschädigung eine „dreißigjährige Tilgung" vor – ein Zeitraum, der allerdings vom Staat verkürzt werden könne. Auch verstärkte Tilgung oder sofortige Entschädigung seien möglich.[139] Die sozialistische Seite protestierte. Sie wolle sofort enteignen und die Unternehmer in ihren Funktionen als Kapitalisten ausschalten, diese dann allerdings in ihrer „leitenden Unternehmerfunktion (...) wieder gewinnen". Dies, so *Rathenau*, werde nicht gelingen, denn Generaldirektoren seien „Könige, nicht unterworfene Leute".[140] Als Entschädigungsregelung sah die Kommissionsmehrheit eine Entschädigung vor, deren Grundlage der Durchschnitt der Erträge eines „industriellen Zyklus" der letzten Friedensjahre bilde. Zu berücksichtigen sei auch der Verkehrswert der enteigneten Unternehmen, der freilich unter dem Gesichtspunkt der Geldentwertung, der gestiegenen Produktionskosten und der Steuererhöhungen zu bereinigen sei.[141]

Bei der Beratung der institutionellen Form der „Deutschen Kohlengemeinschaft" gingen die Wogen besonders hoch. Die Mehrheit schlug einen „Reichskohlenrat" (RKR) vor, in dem Leiter der Bergbaubezirke, Arbeiter und Angestellte, die Verbraucher und Sachverständige vertreten sein sollten. Für *Rathenau* war dies ein Stadtverordnetenmodell: Das Verhalten der vom Reichskohlenrat gewählten Direktoren werde dem der gewählten Elektrizitätsdirektoren oder Leitern von Straßenbahnen und Schlachthöfen gleichen, deren Amt von ihren guten Beziehungen zu den Stadtverordneten abhänge – „die große Initiative" sei von ihnen nicht zu erwarten. *Vogelstein* sagte vorher, „die Gruppen des RKR [würden] eine einfache Diagonale aus den widerstreitenden Interessen ziehen". „(...) die höchste Produk-

---

gen über die Kalisozialisierung beteuerten die Unternehmervertreter die Unmöglichkeit der Selbstkostenbestimmung; vgl. *Walter Euchner*, Das Ringen um die Sozialisierung der deutschen Kaliindustrie in den Jahren 1920/21, in: IWK, Jg. 20 (1984), 327-346, 335.

[137] Vgl. Verhandlungen, Bd. 1, 12, 20, 113, 136, 272, 360f.

[138] Vgl. Verhandlungen, Bd. 2, 396, 402. Bereits der Mehrheitsbericht der ersten Sozialisierungskommission hatte darauf hingewiesen, daß die „sozialisierten Wirtschaftskörper mit der privaten Industrie um die besten Kräfte konkurrierten", weshalb die Bezüge der künftigen Direktoren den in der Privatindustrie üblichen Sätzen entsprechen müßten; vgl. Bericht, 40.

[139] Vgl. Bericht, 18.

[140] Vgl. Verhandlungen , Bd. 1, 272f.

[141] Vgl. Bericht, 42f.

tivität mit einem government by committee, mit einer Organisation von ewig beratenden Körperschaften herbeiführen zu wollen" – das gehe mit dem besten Willen nicht.[142] *Hilferding* entgegnete, der Vergleich mit einer Stadtverordnetenversammlung sei völlig falsch. Der Kohlenrat werde eher einem Gremium „aus in wesentlich gleicher Richtung interessierten Sachverständigen gleichen.[143]

Die Kommissionsmehrheit legte einen paragraphierten Entwurf eines Kohlenwirtschaftsgesetzes vor, der von *Lederer* präsentiert wurde. Es faßte die Kohlenwirtschaft zu einem „einheitlichen Wirtschaftskörper, der „Deutschen Kohlengemeinschaft" (DKG), zusammen. *Lederer* und *Hilferding* sprachen von der Bildung eines „Trusts" bzw. „Sozialtrusts". Nach § 6 waren ihre Organe 1. der „Reichskohlenrat (RKR)", 2. das „Reichskohlendirektorium (RKD)". § 7 regelte die Zusammensetzung des RKR:

„Der RKR besteht aus 100 Mitgliedern. Von den Mitgliedern werden gewählt: 15 von den Leitern der Bergbaubezirke und der Betriebe, 25 von den Arbeitern der DKG, 10 von den Angestellten der DKG, 15 von den verbrauchenden Industrien und 10 von den letzten Verbrauchern. Als Vertreter der Gesamtinteressen werden je 5 sachverständige Mitglieder von dem Reichstag und dem Reichswirtschaftsrat bestellt, 15 allgemein technisch und wirtschaftlich erfahrene Mitglieder durch den Reichskanzler ernannt."

Nach §§ 12f. bestellte der RKR das aus fünf Mitgliedern bestehende „Reichskohlendirektorium, die auch wieder abberufen werden können. Der Vorsitzende und seine Stellvertreter werden vom RKR bestimmt. Die Ernennung muß von der Reichsregierung bestätigt werden.

Nach § 16 wird die RKG in etwa 20 „örtlich und wirtschaftlich zusammenhängende Bezirke eingeteilt". Nach dem Wissellschen „Kohlenwirtschaftsgesetz" lagen die Schwerpunkte in Ober- und Niederschlesien, in Niederrhein und Westfalen, an der Saar, im Aachener Bereich, in Sachsen und in den Braunkohlegebieten östlich der Elbe, in Mitteldeutschland und in Hessen.[144]

Der Bericht der sozialistischen Mehrheit der ersten Kommission hatte gleichfalls die ideellen Impulse der Sozialisierungsbewegung hervorgehoben:

Die Produktion könne „sich heute nur organisieren von unten her unter Mitwirkung der Arbeiterschaft. Denn der Arbeiterschaft ist ihre Unentbehrlichkeit für den Arbeitsprozeß mit größter Deutlichkeit bewußt geworden. (...) Demokratie in den Betrieben mit einheitlicher Leitung der gesamten Industrie, Ausschaltung des Kapitals als herrschende Macht, Aufbau der Unternehmens- und Wirtschaftstätigkeit auf den schaffenden Persönlichkeiten – dies ist der Inhalt des Neubaues. (...) die Organisation [soll] so gestaltet werden, daß der Initiative der Leitung, der Arbeitsfreudigkeit aller in dem Betriebe Tätigen der weiteste Spielraum gegeben wird." Demokratisierung könne nicht heißen, die wirtschaftlichen Initiativen der „führenden Persönlichkeiten" zu verhindern.[145]

Die Pläne für eine Sozialisierung der Kohle- und Kaliindustrie, des Wohnungswesens, der Hochseefischerei usw. konnten wegen der politischen Mehrheitsverhältnisse nicht verwirklicht werden, so daß für Kohle und Kali die Wissellschen Gemeinwirtschaftsgesetze fortgalten. Die Unternehmer konnten deshalb ihren dominierenden Einfluß in den gemeinwirtschaftlichen Institutionen weiterhin geltend machen.[146]

---

[142] Vgl. Verhandlungen Bd. 1, 358f.; Verhandlungen, Bd. 2, 417, 683.
[143] Vgl. Ebenda, 431.
[144] Vgl. Bericht, 13-17; Verhandlungen, Bd. 2, 589; Sozialisierungsgesetz vom 23. März 1919, 90f. Zum Begriff „Sozialtrust" vgl. *Euchner*, Ringen, 338.
[145] Vgl. Bericht, 35f., 58, 38.
[146] Für eine Analyse der Sozialisierungsproblematik auf dem Kalisektor vgl. *Euchner*, Ringen.

Die österreichische „Sozialisierungsaktion" war etwas erfolgreicher. Es wurde eine kompetente Sozialisierungskommission eingerichtet, an der auch *Lederer* führend mitwirkte. Ihr Vorsitzender war *Bauer*.

Die Sozialisierungsgesetze unterschieden zwischen „gemeinwirtschaftlichen Anstalten" und „Gesellschaften gemeinwirtschaftlichen Charakters". Sie sollten nach gildensozialistischem Vorbild „selbständige Wirtschaftskörper, beruhend auf dem Grundsatze der industriellen Demokratie", sein.[147] Die „Gemeinwirtschaftlichen Anstalten" konnten von Staat, Ländern und Gemeinden sowie von öffentlichen, gesetzlich hierzu ermächtigten Körperschaften gegründet werden. Ein „Verwaltungsausschuß" sollte die oberste Leitung und Überwachung der Geschäftsführung innehaben. In ihm sollten die gründende Körperschaft, die Arbeitnehmer der Anstalt sowie die Konsumentenorganisationen vertreten sein. Die eigentliche Geschäftsführung oblag der vom Verwaltungsausschuß bestellten „Anstaltsleitung". Die „Aktiengesellschaften und Gesellschaften mit beschränkter Haftung gemeinwirtschaftlichen Charakters" unterschieden sich von den Anstalten dadurch, daß sie nicht notwendig vergesellschaftet sein mußten; vielmehr konnte ihr Kapital auch von Privaten gehalten werden. Ein Gesetz über die „Organisierung der Industrie" hatte die Bildung von Industrieverbänden nach *Bauers* im „Weg zum Sozialismus" skizzierten Muster zum Inhalt.[148]

Die „Sozialisierungsaktion" scheiterte an der Opposition der bürgerlichen Parteien gegen *Bauers* Plan, zur Finanzierung der gemeinwirtschaftlichen Unternehmen Steuergelder bzw. eine „Vermögensabgabe" heranzuziehen. Die Alternative war, die enteigneten Vorbesitzer mit verzinslichen Obligationen zu entschädigen. Die bürgerlichen Kritiker wandten ein, damit verfüge das Unternehmen über kein Eigenkapital, denn seine Vermögenswerte hafteten für die Verzinsung der Obligationen. Die Opposition setzte durch, daß die gemeinwirtschaftlichen Unternehmen mit einem Stammkapital auszustatten seien. Die hierfür benötigten Mittel hätten nur auf dem Kapitalmarkt beschafft werden können, der zu jener Zeit in Österreich nicht existierte. Die parlamentarische Behandlung der Sozialisierungsgesetze kam deshalb zum Erliegen.[149]

Daß sich die österreichische Sozialisierungsaktion dennoch nicht als völliger Fehlschlag erwies, ist der Umwandlung einiger Fiskalbetriebe in „Gemeinwirtschaftliche Anstalten (gwA)" zu verdanken. Es handelte sich um:

1. Die „Vereinigen Leder- und Schuhfabriken, gwA." („Schuh-Gewa"). Ihr Grundstock bestand aus Maschinen und Materialbeständen der Schuhfabriken der Heeresverwaltung. An ihrer Gründung waren die Konsumgenossenschaften beteiligt, die ihren Kapitalanteil ständig erhöhten, so daß sie faktisch zu einem erfolgreichen konsumgenossenschaftlichen Eigenbetrieb wurden.

2. Die „Österreichische Heilmittelstelle, gwA.". Sie faßte die Medikamenten-Eigenregie des Wiener Krankenkassenfonds sowie die Arzneimittelfabrik der ehemaligen Militärmedikamentendirektion zusammen und konnte über große Arzneimittelbestände des Heeres verfü-

---

[147] Vgl. *Bauers* Einbringungsrede, in: Stenographisches Protokoll der 10. Sitzung der Konstituierenden Nationalversammlung für Deutschösterreich am 24. April 1919, 252.

[148] Vgl. „Vorlage der Staatsregierung. Gesetz (...) über gemeinwirtschaftliche Anstalten und Gesellschaften gemeinwirtschaftlichen Charakters. Begründung, 166 der Beilagen – Konstituierenden Nationalversammlung"; Stenographisches Protokoll der Konstituierenden Nationalversammlung für Deutschösterreich, 9. Sitzung am 4. April 1919, 209.

[149] Vgl. dazu *Euchner*, Bauer und die Sozialisierung, in: *Albers/Heimann/Saage*, Otto Bauer, 35. Zur gleichgelagerten Entschädigungsproblematik hinsichtlich der Kaliindustrie in der deutschen Sozialisierungskommission vgl. *Euchner*, Ringen, 341.

gen. Ihr billiges und beliebtes Arzneimittelangebot wirkte preisregulierend und provozierte wütende Proteste des österreichischen Apothekerverbandes.

3. Die „Österreichischen Werke" wurden aus den militärischen Produktionsstätten des Wiener „Arsenals" gebildet. Es mißlang, dieses Konglomerat aus Produktionsstätten der unterschiedlichsten Art in den Griff zu bekommen – ein Fehlschlag, der von der bürgerlichen Propaganda gegen die „sozialistische Mißwirtschaft" ausgenutzt wurde. Dies gilt auch für die „Fischameder Werke", gleichfalls eine Konglomerat von Produktionsstätten, und die „Steirischen Fahrzeugwerke", die liquidiert werden mußten.[150]

Für die zeitgenössische Beobachterin *Käthe Leichter* bedeuteten die „gemeinwirtschaftlichen Anstalten als isolierte Einzelerscheinungen im Kapitalismus gewiß keine Sozialisierung (...)." Trotzdem seien sie für die „Erarbeitung der Betriebsdemokratie und damit die Heranziehung von Organen für die künftige Sozialisierung" nützlich gewesen:

„Wer je einer Betriebsratssitzung im Arsenal beigewohnt, den tiefen Ernst und die Leidenschaft kennt, mit der hier Betriebsfragen diskutiert werden, wer je in einer Vollversammlung der Betriebsrätevereinigung bei jedem einzelnen das Bestreben gesehen hat, über den eigenen Betrieb hinaus sich als Mitglied einer Gemeinschaft zu sehen, die auf ihre Art der Verwirklichung des Sozialismus dient, muß sich sagen, daß, wenn die Gemeinwirtschaft nichts anderes leisten würde als diese Betriebsrätearbeit, ihre Existenz gerechtfertigt ist."[151]

Die Sozialisierungsversuche in Deutschland und Österreich stießen nicht nur in der wirtschaftsnahen Presse und den einschlägigen Interessenverbänden auf heftige Kritik, sondern fanden auch bei einigen prominenten sozialistischen Theoretikern ein skeptisches Urteil. *Eduard Heimann* machte geltend, das Sozialisierungsmodell der deutschen und österreichischen Sozialisierungskonzeption, der hauptsächlich von *Lederer* entwickelte „Sozialtrust", genüge marxistischen Kriterien nicht. Denn die Entschädigung durch verzinsliche Schuldverschreibungen konterkariere den Plan, die Sozialisierung immer weiterzutreiben: Es werde nicht nur das Privatkapital, sondern auch der Antrieb der „privaten Interessen erhalten", auch bei der Arbeiterschaft. Vor allem bestehe ein Übergewicht des Erzeugerinteresses. Deshalb sei es sogar zweifelhaft, „ob der vollsozialisierte Wirtschaftskörper auch nur den monopolistischen Mißbrauch vermeiden würde".[152] *Heimanns* Argumentation lief darauf hinaus, daß sich die Sozialisierung mit der marxistischen Mehrwertlehre nicht begründen lasse. Er bevorzugte eine ethische Fundierung: „Echter Sozialismus kann nur auf ursprüngliche Gemeinschaft, nicht auf materielles Interesse gegründet sein; diese Überzeugung hegen gemeinsam alle großen Sozialisten vor Marx – von Plato bis St. Simon (...)."[153]

Als Alternative zur Sozialisierung schwebte *Heimann* vor, eine Marktregelung zu finden, die „den Preis ganz frei und unbeeinflußbar zur Entstehung bringt", doch nicht auf Grund der

---

[150] Vgl. zur österreichischen „Sozialisierungsaktion" umfassend *Rudolf Gerlich*, Die gescheiterte Alternative. Sozialisierung in Österreich nach dem Ersten Weltkrieg, Wien 1980; ferner *Erwin Weissel*, Die Ohnmacht des Sieges. Arbeiterschaft und Sozialisierung nach dem Ersten Weltkrieg in Österreich, Wien 1976, sowie *Wilhelm Ellenbogen*, Sozialisierung in Österreich, Wien 1921.
[151] *Käthe Leichter*, Erfahrungen des österreichischen Sozialisierungsversuchs, in: *Herbert Steiner* (Hrsg.), Käthe Leichter. Leben und Werk, Wien 1973, 386-428, 390f., 418.
[152] *Eduard Heimann*, Mehrwert und Gemeinwirtschaft. Kritische und positive Beiträge zur Theorie des Sozialismus, Berlin 1922, 125f., 128-132.
[153] Ebenda, 112.

„Vereinzelung der Menschen" in der freien Privatwirtschaft. „(...) die neue Ordnung soll dem bislang unterdrückten Gemeingeist Lebens- und Wirkungsraum bieten, in der Zuversicht, daß er dann wachsen wird. (...) Der Solidarismus hat sein eigentliches Wirtschaftsprogramm bisher nicht entwickelt; so besteht sein wesentlicher Inhalt vorläufig in dem Bekenntnis zu dem geistigen Ziel, dem die Wirtschaft dienen soll. Umgekehrt leidet der Sozialismus bisher an einem Zuviel in seinem Wirtschaftsprogramm und einem Zuwenig in bezug auf Zielklarheit. (...) Rathenaus entscheidende Leistung für den Sozialismus ist, ihn aus dem wirtschaftspolitischen Hexenkreis herausgeführt und ihn unmittelbar dem sittlichen Gebot unterstellt zu haben."[154]

Karl Renner griff das Sozialisierungsproblem auf, als die Diskussion hierüber bereits abgeflaut war. Er hatte zur Zeit der „Sozialisierungsaktion" darüber nichts publiziert, und sein Werk aus dem Jahr 1924 liest sich wie eine versteckte Kritik. Anders als *Heimann* argumentierte *Renner* marxistisch. Er knüpfte an *Marx'* Lehre von der Vergesellschaftung des Kapitals in den Aktiengesellschaften an und zog daraus die Konsequenz, daß Sozialisierung weniger als Aktion, sondern als Prozeß zu verstehen sei. *Renner* hob die Bedeutung des „Zirkulationsprozesses" hervor. Eine Sozialisierung, die von diesem absehe, die Produktionsbetriebe sozialisiere und zugleich den Zirkulationsprozeß beibehalte, ändere am anarchischen Markt und der Herrschaft des Wertgesetzes nichts. Deshalb müsse die Zirkulation der „Angriffspunkt der Sozialisierung" sein.[155]

Diese könne allerdings ohne Intervention des Staates nicht erreicht werden. Er werde die vorhandenen wirtschaftlichen Organisationen nicht zerstören, sondern sie umgestalten und mit neuem Geist erfüllen. „Kombination, Kartell, Konzern bezeichnen ebensoviele Binnenkreise der Zirkulation. Bringen wir also die bestehenden Kartelle und Konzerne unter die kontrollierende Leitung des Staates; schaffen wir dort, wo Konzerne noch nicht bestehen, solche von Staatswegen. (...) So kann man Schritt für Schritt vorgehen und von der Zirkulation aus den Kapitalismus in der Produktion aus den Angeln heben. Das heißt: Es ist eine schrittweise organisatorische Leistung von größtem Umfang und von beträchtlicher Zeitdauer zu leisten."[156]

---

[154] *Heimann*, Mehrwert und Gemeinwirtschaft, 180f.
[155] Vgl. *Karl Renner*, Die Wirtschaft als Gesamtprozeß und die Sozialisierung. Populärwissenschaftlich dargestellt nach Karl Marx' System, Berlin 1924, 199, 338ff., 348.
[156] Ebenda, 373f., 379. Renner ergänzte dieses Transformationskonzept durch ein wirtschaftsdemokratisches Szenario; siehe unten Sozialismus I, 8. Kap., I, 2.

8. Kapitel: Aufschwungshoffnung und Sturz des demokratischen Sozialismus in der Zwischenkriegszeit

I. Sozialdemokratische Konzepte in der „Normallage" der Republik

1. Analysen der Lage: Organisierter Kapitalismus, Funktionslehre des Staates, Theorie des Klassengleichgewichts, „funktionelle", „kollektive" und „soziale Demokratie" (*R. Hilferding, O. Bauer, E. Fraenkel, H. Heller, M. Adler*)

Die komplexeste, ökonomische und politische Aspekte verbindende Zeitdiagnose gab *Rudolf Hilferding*. Ihr Ausgangspunkt war seine Analyse des „Finanzkapitals", d.h. des „organisierten, hierarchisch gegliederten Staatskapitalismus mit einem in seiner Macht ungeheuer erhöhten Herrschaftsstaate". Das Finanzkapital sei in der Lage, die „Anarchie" der kapitalistischen Produktion zu überwinden und die krisenhaften Konjunkturschwankungen abzumildern.[1] 1924, als sich die Stabilisierung der Republik abzuzeichnen begann, analysierte er in zwei bedeutenden Texten, dem „Editorial" zu der neuen Theoriezeitschrift „Die Gesellschaft" und der Kieler Parteitagsrede von 1927, die Chancen der Arbeiterbewegung unter den veränderten politischen Bedingungen. Es sei ihr nach dem Weltkrieg gelungen, Staat und Wirtschaft zu beeinflussen:

„Das starre politische System (...) ist nun plastisch geworden (....) Zugleich mit der Steigerung des Machtbewußtseins ist der Arbeiterklasse die Möglichkeit gegeben, diese Macht auszuüben. Nicht der demokratische Staat kann ihr jetzt als Hindernis erscheinen, sondern soziale und davon abhängige geistige Einflüsse. (...) Das Bedürfnis nach einer umfassenden Staatstheorie ist geweckt."[2]

Die reklamierte Staatstheorie lief auf eine *Funktionslehre* des neuen demokratischen Staates hinaus:

„Der Staat erscheint nicht mehr als fast die einzige bewußte gesellschaftliche Organisation der von einander unabhängigen Bürger, sondern diese sind jetzt in den Wirtschafts- und Interessenorganisationen zusammengefaßt (...). Das Machtzentrum des Staates erscheint einge-

---

[1] *Rudolf Hilferding*, Arbeitsgemeinschaft der Klassen?, in: K, Jg. 8 (1915), abgedr. in: Zwischen den Stühlen: oder Über die Unvereinbarkeit von Theorie und Praxis. Schriften Rudolf Hilferdings 1904-1940, hrsg. von *Cora Stephan*, Berlin 1982, 63-76, 66; *Hilferding*, Finanzkapital, 506-509; *Benno Fischer*, Theoriediskussion der SPD in der Weimarer Republik, Frankfurt a.M. 1987, 88ff.; *Walter Euchner*, Sozialdemokratie und Demokratie in der Weimarer Republik, in: AfS, Bd. 26 (1986), 125-178.
[2] *Hilferding*, Probleme der Zeit, in: DG 1924, abgedr. in: *Stephan*, Schriften Hilferdings, 167-181, 177.

schränkt und bedroht durch die wirtschaftlichen Machtanhäufungen. Das Problem der Demokratie ist neu gestellt."[3]

Mit dieser Beobachtung hatte *Hilferding* eine Erscheinungsform der modernen Demokratie erkannt, die in der modernen Politikwissenschaft als „pluralistische Verbands- und Parteiendemokratie" dechiffriert wird. In ihr setzt sich das soziale Kräfteverhältnis unmittelbar in politische Machtanteile um. Die Spitzen der Wirtschaftshierarchie hätten es bisher verstanden, den Staat in ihren Dienst zu nehmen. Doch nunmehr stießen sie „an die auf demokratischer Grundlage errichtete politische Organisation"[4].

„Demokratie bedeutet doch eine ganz andere Technik der Bildung des Staatswillens. (...) Demokratie bedeutet eine andere, entweder schon vollzogene oder der Möglichkeit nach andere politische Machtverteilung. Das bedeutet (...) andere soziale Wirkungen, bedeutet, daß der Staatswille auch sozial anders geformt wird. (...) Die politische Demokratie ist auch von diesem Standpunkt aus absolut Sache des Proletariats."[5]

Hilferding verknüpft diese Interpretation der sozialen und politischen Folgen der Demokratie mit seiner Theorie des *„organisierten Kapitalismus"*. Bleibe eine sozialdemokratische Regierung langfristig an der Macht, so werde sie mit Hilfe der vom Finanzkapital ausgebildeten Entscheidungsmechanismen sozialistische Wirtschaftspolitik betreiben und schließlich die Wirtschaft sozialisieren können.

„Die Vergesellschaftung des Arbeitsprozesses im Großbetrieb ist fortgeschritten zur Vergesellschaftung des Arbeitsprozesses ganzer Industriezweige und zur Vereinigung der vergesellschafteten Industriezweige untereinander. Damit wächst zugleich die bewußte Ordnung und Lenkung der Wirtschaft, die die immanente Anarchie des Kapitalismus auf kapitalistischer Basis zu überwinden strebt. Würde diese Tendenz sich ohne Hemmungen durchsetzen können, so wäre das Ergebnis (...) eine in antagonistischer Form hierarchisch organisierte Wirtschaft." Allerdings gelte heute: „Die Spitzen der Wirtschaftshierarchie stoßen an die auf demokratischer Grundlage errichtete politische Organisation". Zudem mache sich der „Widerspruch" zwischen dem „bewußt geregelten Charakter der Wirtschaft" und ihrer „gegensätzlichen Eigentumsgrundlage" immer stärker bemerkbar. Er werde „beseitigt durch die Umwandlung der hierarchisch organisierten in die demokratisch organisierte Wirtschaft". Allerdings sei dieser Übergang ein „ungeheuer kompliziertes Problem (...), dessen Bewältigung sich nur in einem langdauernden historischen Prozeß vollziehen kann, in dem die fortschreitende Organisation der Wirtschaft durch das konzentrierte Kapital zugleich immer mehr der demokratischen Kontrolle unterworfen wird."[6]

In der Kieler Rede wies *Hilferding* darauf hin, daß die modernen Konzerne „wissenschaftliche Methoden des Wettbewerbs" besäßen, mit denen sie die Ergebnisse der miteinander konkurrierenden Einzelbetriebe innerhalb ihres Unternehmens überprüften. Dieses „Prinzip der Wirtschaftsführung" müßten die Sozialisten übernehmen. „Organisierter Kapitalismus bedeutet also (...) den prinzipiellen Ersatz des kapitalistischen Prinzips der freien Konkurrenz durch das sozialistische

---

[3] *Hilferding*, Probleme der Zeit, 177f.
[4] Ebenda, 173.
[5] Ders., Die Aufgaben der Sozialdemokratie in der Republik, in: Prot. PT Kiel 1927, abgedruckt in: *Stephan*, Schriften Hilferdings, 214-236, 222-234.
[6] Ders., Probleme der Zeit, 168f., 173

Prinzip der planmäßigen Produktion", die den Wettbewerb nicht ausschließt. Damit entfalle „der letzte psychologische Einwand gegen den Sozialismus".[7]

Hilferding reagierte mit seiner neuen Transformationstheorie auf das Scheitern des ersten Anlaufs zum Sozialismus nach dem Weltkrieg. Dies gilt auch für *Otto Bauers* Lageanalyse. Er legte ihr die Marxsche Analyse der französischen Klassenverhältnisse nach der Revolution von 1848 zugrunde, die von *Engels* später verallgemeinert wurde: Es gebe historische Perioden, „wo die kämpfenden Klassen einander so nahe das Gleichgewicht halten, daß die Staatsgewalt als scheinbare Vermittlerin momentan eine gewisse Selbständigkeit gegenüber beiden erhält".[8] Ein derartiges „*Klassengleichgewicht*" lasse sich auch in Österreich beobachten:

> „Das Proletariat beherrscht Wien und die der Hauptstadt vorgelagerten Industriegebiete längs der Südbahn. Im übrigen Staatsgebiet herrschen Konservative, in klerikal-agrarischen Organisationen zusammengefaßte, zum Teil bewaffnete Bauern, die politisch von den sehr mächtigen Landesregierungen geführt werden.. (...) So sind in Deutschösterreich die Diktatur der Bourgeoisie und die Diktatur des Proletariats gleich unmöglich. Das Resultat der Revolution ist ein Gleichgewicht der Kräfte (...). Da weder die Bourgeoisie über das Proletariat noch das Proletariat über die Bourgeoisie zu herrschen imstande ist, muß die Macht im Staate zwischen Bourgeoisie und Proletariat geteilt sein. (...) Die Koalitionsregierung war der einzig mögliche Ausweg."[9]

Kautsky übernahm das Konzept des Klassengleichgewichts von *Bauer* und interpretierte es als typisches Kräfteverhältnis nach einer bürgerlichen Revolution, in dem nur zwei Möglichkeiten zur Zusammensetzung der Regierung bestehen: „(...) entweder bildet eine der Parteien die Regierung unter stillschweigender Duldung oder Unterstützung mindestens einer der gegnerischen Parteien, auf die Rücksicht zu nehmen ist, oder die Sozialisten bilden mit einer oder mehreren der bürgerlichen Parteien zusammen eine Koalitionsregierung." Es sei auf jeden Fall unklug, jede Koalition unter allen Umständen zu verwerfen.[10]

Otto Bauer (1881-1938), der mit *Renner* zu den geistig überragenden Führern der SDAP gehörte[11], formte in seinem Meisterwerk „Die österreichische Revolu-

---

[7] *Hilferding*, Aufgaben der Sozialdemokratie, 215-218. Vgl. zum Entstehen des Konzepts „Organisierter Kapitalismus" und zu analogen internationalen Entwicklungen und zur Kritik *Heinrich August Winkler* (Hrsg.), Organisierter Kapitalismus. Voraussetzungen und Anfänge, Göttingen 1974. Vgl. auch *Wilfried Gottschalch*, Strukturveränderungen der Gesellschaft und politisches Handeln in der Lehre von Rudolf Hilferding, Berlin 1962. Kritisch *Günter Könke*, Organisierter Kapitalismus, Sozialdemokratie und Staat. Eine Studie zur Ideologie der Arbeiterbewegung in der Weimarer Republik (1924-1932), Stuttgart 1987, 48-64.

[8] Die Marxschen Analysen finden sich in den Schriften „Klassenkämpfe in Frankreich" und „Der achtzehnte Brumaire des Louis Bonaparte"; vgl. dazu oben 3. Kap, II, sowie *Otto Bauer*, Das Gleichgewicht der Klassenkräfte, in: K, Jg. 17 (1924), abgedruckt in: *ders*., Werkausgabe, Bd. 9, 55-71, 57-60; ferner zu *Engels'* Verallgemeinerung: *Engels*, Der Ursprung der Familie, des Privateigentum und des Staates (...), in: MEGA I 29, 7-271, 265; MEW 21, 25-173, 167.

[9] *Otto Bauer*, Koalitionsregierungen und Klassenkampf, in: F, 3.1.1922, Abendausgabe, abgedruckt in: *ders*., Werkausgabe, Bd. 7, 611-619, 612ff.

[10] Vgl. *Karl Kautsky*, Die proletarische Revolution und ihr Programm, Stuttgart 1922, 100ff., 106. Vgl. ferner *Richard Saage*, ‚Gleichgewicht der Klassenkräfte' und die Koalitionsfrage als Problem sozialdemokratischer Politik in Deutschland und Österreich zwischen den Weltkriegen, in: *ders*., Rückkehr zum starken Staat? Studien über Konservatismus, Faschismus und Demokratie, Frankfurt a.M. 1983, 107-134.

[11] Zu *Bauer* vgl. *Richard Saage*, Otto Bauer (1881-1938), in: *Walter Euchner* (Hrsg.), Klassiker

tion" das Konzept des „Klassengleichgewichts" zu einem analytischen Instrument, das ihm gestattete, die Kräfteverschiebungen innerhalb der Republik zu diagnostizieren und zu periodisieren. Er hielt das Klassengleichgewicht für prinzipiell labil, da jede Klasse danach strebe, zu einem Zustand zu gelangen, „in dem sie herrschen kann". Deshalb sei nach dem Wirtschaftsaufschwung die „Vorherrschaft des Proletariats" durch die „Restauration der Bourgeoisie" abgelöst worden, mit dem Ergebnis einer „Bourgeoisrepublik" und, da im Bürgertum die Neigung wuchs, die im „Roten Wien" herrschende sozialistische Opposition endgültig auszuschalten, einer Bedrohung der Republik durch die faschistischen „Heimwehren".[12]

Nach *Bauer* standen am Beginn der „Vorherrschaft des Proletariats" die Empörung der Arbeiter und einfachen Soldaten nach dem Krieg, die die bolschewistische Revolution als Vorbild erscheinen ließ, sowie die daraus entspringende Rätebewegung. In dieser Situation habe die Sozialdemokratie vor einer doppelten Aufgabe gestanden: die revolutionäre Gärung auszunutzen, um eine möglichst starke Machtposition im Staat zu erringen, andererseits aber zu verhindern, daß sich daraus ein Bürgerkrieg und Zusammenstoß mit der Entente entwickle. Die Koalition zwischen der Sozialdemokratie und den die Bauernschaft repräsentierenden, zunächst in der Defensive stehenden Christlich-Sozialen erscheint so als zwangsläufiges Ergebnis des Kräfteverhältnisses in der unmittelbaren Nachkriegszeit.[13]

In der ersten Phase des Klassengleichgewichts war die Sozialdemokratie stark genug, soziale Reformen und Reformen der Arbeitswelt durchzusetzen: Arbeitsvermittlung, Achtstundentag, bezahlten Urlaub, das Betriebsrätegesetz, Mieterschutz – die Sozialisierung aber nur ansatzweise.

Zukunftsweisende Bedeutung maß *Bauer* einer spontan entstandenen nicht-repräsentativen Form der Demokratie bei, die er als „*funktionelle Demokratie*" bezeichnet. Er interpretiert sie als Ausdruck der Idee der „industriellen Demokratie" im Sinne des *Gildensozialismus*, d.h. der „Forderung, daß die Regierung kontrolliert werde durch die nach Beruf oder Arbeitsstätte, also nach ihrer gesellschaftlichen und volkswirtschaftlichen Funktion zusammengefaßten und gegliederten Staatsbürger. Fordert die politische Demokratie, daß die Regierung im Einvernehmen mit dem Parlament, das alle paar Jahre einmal von der Volksgesamtheit gewählt wird, regiere, so fordert die funktionelle Demokratie, daß die Regierung in jedem einzelnen Zweige ihrer Wirksamkeit im ständigen Einvernehmen mit der organisierten Gesamtheit der nach ihrem Beruf oder ihrer Betriebsstätte nach ihrer gesellschaftlichen und wirtschaftlichen Funktion von diesem Zweige des Regierens unmittelbar betroffenen Staatsbürger bleibe." Im „ständigen Ringen in den Versammlungen der Partei- und Gewerkschaftsvertrauensmänner, in den Arbeiter- und Soldatenräten, in den Betriebs- und Kasernenversammlungen" sei, sozusagen in einem ständigen wechselseitigen Lernprozeß, „das Einvernehmen der Regierung mit den Regierten Tag für Tag in harten Kämpfen erarbeitet worden".[14]

In der Phase der „Restauration der Bourgeoisie", die nach *Bauer* nach dem Friedensvertrag vom Oktober 1919 einsetzte, konnte die Sozialdemokratie die Ver-

---

des Sozialismus, Bd. 2, Von Jaurès bis Marcuse, München 1991, 166-180.

[12] *Otto Bauer*, Die österreichische Revolution, Wien 1923, 807, 641ff., 811ff.; *ders.*, Die Bourgeoisrepublik in Österreich, in: K, Jg. 33 (1930), abgedruckt in: *ders.*, Werkausgabe, Bd. 9, 239-255, 248.

[13] Vgl. *ders.*, Revolution, 646-659.

[14] Ebenda, 732.

mögensabgabe und die Beschlagnahme von Devisen zur Sanierung des Haushalts und der Sozialisierung nicht mehr durchsetzen.[15] Die Koalition zerbrach im Juli 1920. Der rechte Flügel der SDAP mit *Renner* an der Spitze hätte sie gerne fortgesetzt, während *Bauer* darauf insistierte, daß die „Sozialdemokratie (...) an einer Koalitionsregierung nur teilnehmen [kann, W.E.], wenn uns die Teilnahme an der Regierung nicht bloßen Schein der Macht, sondern wirkliche Macht bringt."[16] *Renner* wollte die politische Lage offenhalten, während *Bauer* auf die Integrität des militanten sozialistischen Lagers, mit dem „Roten Wien" als Bastion, pochte. Dabei war *Bauer* bewußt, daß „die Arbeiterklasse (...) nur dann die Herrschaft der Großbourgeoisie stürzen, nur dann die Mehrheit im Volk und im Parlament erobern, nur dann die Herrschaft im Staat an sich reißen [kann], wenn es ihr gelingt, einen Teil der kleinbürgerlichen und kleinbäuerlichen Massen von den bürgerlichen Parteien loszureißen und sie für die Sozialdemokratie zu gewinnen."[17] Angesichts des unsicheren Ausgangs dieses Bemühens hieß „Normallage" der österreichischen Republik Defensive des sozialistischen Lagers. In der Literatur werden *Bauer* „Machtillusionen" vorgeworfen.[18] Bei Lichte betrachtet war seine Position pessimistischer als die *Hilferdings* und *Renners*, die meinten, die ökonomischen Gesetze des „organisierten Kapitalismus" brächten Wirtschaftsdemokratie und Sozialismus näher.

Ernst Fraenkel (1898-1975) sah zehn Jahre nach der Verkündung der Weimarer Reichsverfassung die Lage der Republik optimistischer. *Fraenkel* war Syndikus des Deutschen Metallarbeiterverbandes, emigrierte in die USA und wurde 1953 Professor für Politikwissenschaft an der FU Berlin, als dessen bedeutendste Leistung die Entwicklung einer Pluralismustheorie gilt. Ihre Grundzüge zeichnen sich bereits in seiner Analyse von Weimar als einer „kollektiven Demokratie" ab. Sie beginnt mit dem Hinweis, daß die Institutionen des Art. 165 WRV nicht vollständig eingerichtet worden seien. Doch die dahinterstehende „funktionelle Idee" sei nicht erloschen. Sie werde nunmehr durch die „freiwillig gebildeten Organisationen" wie Gewerkschaften und andere Verbände verwirklicht, die auf die Regierung einwirkten und die Kontrollfunktion des Parlaments teilweise übernähmen. Zwar könne diese „funktionelle Demokratie" die politische Demokratie nicht verdrängen, doch ihre Träger beteiligten sich an der „Bildung des Staatswillens", trügen zur Überwindung der Parlamentsverdrossenheit bei und erwiesen sich so als „funktionelles Integrationsmittel des Staates".[19] Insbesondere seien sie geeignet, die Verwaltung zu kontrollieren und zu demokratisieren:

---

[15] Vgl. *Bauer*, Bourgeoisrepublik, 245.
[16] *Ders.*, Revolution, 859.
[17] *Ders.*, Der Kampf um die Macht, Wien 1924, abgedruckt in: *ders.*, Werkausgabe, Bd. 2, 935-967, 952. Vgl. dazu *Richard Saage*, Parlamentarische Demokratie, Staatsfunktionen und das ‚Gleichgewicht der Klassenkräfte', in: *ders.*, Arbeiterbewegung, Faschismus, Neokonservatismus, Frankfurt a.M. 1987, 11-32, 20f.; speziell zum Konflikt zwischen *Bauer* und *Renner*: ebenda, 122f.
[18] Vgl. *Norbert Leser*, Zwischen Reformismus und Bolschewismus. Der Austromarxismus als Theorie und Praxis, Wien 1968, 323.
[19] *Ernst Fraenkel*, Kollektive Demokratie, in: DG 1929, abgedruckt in: *ders.*, Gesammelte Schriften, Bd. 1: Recht und Politik in der Weimarer Republik, hrsg. von *Hubertus Buchstein* u.a., Baden-Baden 1999, 343-357, 349, 352. Vgl. zu *Fraenkel*: *Günther Doeker/Winfried Steffani* (Hrsg.), Klassenjustiz und Pluralismus. Festschrift für Ernst Fraenkel, Hamburg 1973.

„Die Idee der kollektiven Demokratie beruht darauf, daß man, so wie man Massen nur durch Massen zwingen kann, man einen bürokratischen Apparat nur durch einen anderen bürokratischen Apparat zu durchdringen vermag. Dadurch, daß in den bürokratischen Apparat des Staates kraft eigenen Rechtes die notwendigerweise bürokratisch aufgezogenen Wirtschaftsorganisationen eingegliedert werden, können die Funktionäre der mit kollektiver Demokratie ausgestatteten Verbände den staatlichen Beamten gegenüber jenen Rückhalt finden, der verhindert, daß die Laienelemente der Verwaltung und Justiz als Dekorationsstücke der Staatsmaschine aufgeführt werden."[20]

Heute wird der Verbandseinfluß auf Parlament und Regierung generell kritisiert. Bei der Beurteilung der Auffassung *Fraenkels* muß bedacht werden, daß demokratische Verbände wie die Gewerkschaften häufig mit einer noch obrigkeitsstaatlich eingestellten Bürokratie konfrontiert waren.

Während diese Analyse *Fraenkels* optimistisch klingt, läßt *Hellers* Interpretation der „*sozialen Demokratie*" deren Bedrohung erkennen. Der Rechtswissenschaftler *Hermann Heller* (1891-1933) gehörte zu den wenigen Hochschullehrern der Weimarer Zeit, die die Sozialdemokratie unterstützten. Seine posthum erschienene „Staatslehre" stieß nach dem Zweiten Weltkrieg auf großes Interesse, weil sie zu Recht als Alternative zu dem brillant vorgetragenen autoritären Politik- und Staatsverständnis *Carl Schmitts*, der sich zum Nationalsozialismus bekannte, aufgefaßt wurde. Dies gilt auch für *Hellers* ideen- und sozialgeschichtlich fundiertes Konzept der „sozialen Demokratie".[21]

Hellers Analyse geht von der These aus, die Demokratie sei eine rational begründete Staatsform, die Freiheit, Gleichheit und Menschenrechte garantiert habe und vom Emanzipationsstreben des liberalen Bürgertums getragen worden sei.[22] Dieses habe zugleich den freien Markt zur natürlichen Wirtschaftsordnung (ordre naturel) erklärt – eine Ordnung, die die Klassengegensätze verschärft habe. Deshalb sei liberale Demokratie nicht nur für die Arbeiterschaft, sondern für jeden, der sittliche Erwägungen anstelle, inakzeptabel geworden: „Eine demokratische Gemeinschaft, in welcher die vielen fast nichts und die wenigen fast alles an ideellen wie materiellen Gütern besitzen, ist gewiß auf Dauer unhaltbar." Deshalb bedeute „die Formalgleichheit der politischen Demokratie, auf sozial ungleiche Lagen angewandt, materiell ungleiches Recht, dem die sozialistische Idee den schärfsten Kampf ansagt."[23]

Das sozialistischen Streben der Arbeiter sei letztlich nicht materiell, sondern seelisch bedingt: vom Leiden an der „kalten Rechenhaftigkeit", die im Kapitalismus die Beziehungen zwischen den Menschen beherrsche, und vom Verlust der „inneren Beziehung zur Arbeit". „Der Sozialismus ist der Ausdruck der tiefen, im

---

[20] *Fraenkel*, Kollektive Demokratie, 356.
[21] Vgl. zum angedeuteten Fragenkomplex *Wolfgang Schluchter*, Entscheidung für den sozialen Rechtsstaat. Hermann Heller und die staatstheoretische Diskussion in der Weimarer Republik, Baden-Baden ²1983, sowie *Christoph Müller/Ilse Staff* (Hrsg.), Staatslehre in der Weimarer Republik. Hermann Heller zu ehren, Frankfurt a.M. 1984; *Eun-Jeung Lee*, Der soziale Rechtsstaat als Alternative zur autoritären Herrschaft. Zur Aktualisierung der Staats- und Demokratietheorie Hermann Hellers, Berlin 1994, sowie *Ruedi Waser*, Die sozialistische Idee im Denken Hermann Hellers. Zur politischen Theorie und Praxis eines Demokratischen Sozialismus, Basel 1985.
[22] Vgl. *Heller*, Die politischen Ideenkreise der Gegenwart (1926), abgedruckt in: *ders.*, Gesammelte Schriften. Bd. 1: Orientierung und Entscheidung, Leiden 1971, 267-412, 333, 349.
[23] Ebenda, 373, 396

Menschengeschlecht nie ersterbenden Sehnsucht nach Verinnerlichung des Verhältnisses von Mensch zu Mensch (...)."[24]

Als Anhänger *Fichtes* war *Heller* bereit, sich der „Nationalidee" zu öffnen, die er für die „weitaus stärkste politisch-vergesellschaftende Kraft" hielt.[25] Die Substanz der Nation sah er nicht in der völkisch-rassischen Zusammensetzung der Bevölkerung, sondern in der „Nationalkultur", die er als Quelle freiheitlichen Emanzipationsstrebens verstand. Trotz seiner dezidierten Ablehnung der Rassetheorien bezeichnete er in heute anrüchig klingenden Formulierungen die natürlichen Grundlagen der Nation wie „Klima", „Blut und Boden" usw. als Ursache körperlich und geistig identifizierbarer nationaler Charaktere.[26] Allerdings ging es *Heller* nicht um die Herausarbeitung des deutschen Nationalcharakters, sondern um eine Synthese von „sozialer Demokratie" und „Nation": „Die Parole des Klassenkampfes kann nur lauten: Klasse muß Nation werden. (...) Der Sozialismus ist seinem Ziel umso näher, je näher die Arbeiterklasse der Nation gerückt ist." In dieser Annäherung dürfe die Arbeiterklasse nicht „als kleinbürgerliches Anhängsel der kapitalistischen Lebensform" auftreten – ein Argument, das diese heute fremd anmutenden Vorstellungen erklärt.[27] In der Tat gab es gute Gründe, den nationalistischen Versuchen, ins Lager der Arbeiterschaft einzubrechen, ein soziales und demokratisches Konzept der Nation entgegenzusetzen.

„Soziale Demokratie" war für *Heller* „wirtschaftliche Demokratie". Sie müsse über „wirtschaftliche Eigenmacht" verfügen, wie dies die Weimarer Reichsverfassung auch vorsehe.[28] Seine originellste Leistung ist die Analyse des Verhältnisses von liberaler und sozialer Demokratie und des Entstehens der Konfrontation zwischen den Interessen des Bürgertums und der Arbeiterbewegung:

„Ein sich beständig vermehrendes Proletariat erwacht zum Selbstbewußtsein und macht die Forderungen der bürgerlichen Demokratie in Gestalt der sozialen Demokratie zu seiner eigenen. Selbständig in Parteien und Gewerkschaften organisiert, erzwingt es seine Beteiligung an der rechtsstaatlichen Legislative. Dadurch wird diese Volkslegislative aber der Geist, den das Bürgertum gerufen hat und nicht wieder bannen kann, wenn es ihn nicht von Grund auf verleugnen und mit dem Beelzebub Diktatur vertreiben will. Denn auf dem Umweg über die Politik wird das nunmehr juristisch-politisch gleichberechtigte Proletariat dem Bürgertum auch wirtschaftlich gefährlich. Der wirtschaftlich Schwache versucht mittels der Gesetzgebung, den wirtschaftlich Starken zu fesseln, ihn zu größeren sozialen Leistungen zu zwingen oder ihn gar aus dem Eigentum zu verdrängen. So hat der Kapitalismus das demokratische Prinzip zu Konsequenzen geführt, die dessen eigenen Schöpfer, das Bürgertum, in seiner Herrschaft bedrohen. Eine dauernde Verdrängung erscheint auf rechtsstaatlichem Wege ausgeschlossen. (...) Das Bürgertum beginnt am Rechtsstaatsideal zu verzweifeln und seine eigene geistige Welt zu verleugnen."[29]

---

[24] *Heller*, Die politischen Ideenkreise der Gegenwart (1926), 375, 444f.
[25] Ebenda, 372.
[26] Vgl. *Ders.*, Sozialismus und Nation (1925), abgedruckt in: *ders.*, Gesammelte Schriften, Bd. 1, 454. *Heller* berief sich auch auf *Otto Bauers* „Nationalitätenfrage", in der sich derartige Vorstellungen, allerdings vorsichtiger formuliert, ebenfalls finden.
[27] Vgl. *Heller*, Sozialismus und Nation, 474.
[28] *Ders.*, Ideenkreise, 330; *ders.*, Grundrechte und Grundpflichten (1924), in: *ders.*, Gesammelte Schriften, Bd. 2, 281-317; 315; *ders.*, Sozialismus und Nation, 443.
[29] *Ders.*, Rechtsstaat oder Diktatur? (1930), abgedruckt in: *ders.*, Gesammelte Schriften, Bd. 2, 443-462, 448f.

Den Ausweg suche das Bürgertum in autoritären Lösungen nach dem Muster des italienischen Faschismus. Ihm hat *Heller* eine eindringliche Studie gewidmet.[30]

Auch *Max Adler* (1873-1937), der vom Neokantianismus beeinflußte austromarxistische Philosoph, griff das Thema „Soziale Demokratie" auf. Anders als der dem lassalleanischen Staatsverständnis verhaftete *Heller* schrieb er dem Staat kein sittliches Eigengewicht zu – für ihn war er weiter nichts als die „öffentlich-rechtliche Form" von Klassenherrschaft und Ausbeutung. Wird diese aufgehoben, so stirbt der Staat ab und wird durch „eine solidarische Verwaltungsform" der klassenlosen Gesellschaft ersetzt.[31] Da für *Adler* die politische Demokratie eine Herrschaftsform der Klassengesellschaft ist, kann sie niemals zugleich „soziale Demokratie" sein. Diese kann nur im Sozialismus realisiert werden. „(...) Soziale Demokratie und sozialistische Gesellschaft [sind] ebensolche Wechselbegriffe (...) wie politische Demokratie und Klassenstaat."[32] Die solidarische „soziale Demokratie" bedarf aber des „Neuen Menschen". Er ist das Erziehungsideal der sozialistischen Pädagogik. „Sozialistische Erziehung" heiße:

„*Geistige Loslösung der Kinder aus der alten Welt des Kapitalismus*, in der sie geboren werden, und Vorbereitung für eine neue Welt, die sie aufbauen sollen (...)." Dies zu erreichen, kann sich *Adler* keinen besseren Weg vorstellen als die Anknüpfung an das bürgerliche Bildungsideal: „Bekanntschaft mit den Hochgedanken der alten Kulturen, Vermittlung der Ideenarbeit neuzeitlicher Dichtung und Denkarbeit, Hinwendung des Gemütes auf die Werke der Kunst, vor allem aber Eröffnung des großartigen Aus- und Tiefblickes der deutschen klassischen Philosophie und Herausstellung des sozialen Inhaltes, ihrer Menschheitsgedanken (...)."[33]

2. Wirtschaftsdemokratie

Demokratisierung der Wirtschaft ist ein altes sozialistisches Ziel. Unmittelbar nach Kriegsende sollte es durch das Rätesystem oder, nach Auffassung der sozialdemokratischen Mehrheit, durch die Mitbestimmungsregelungen der Arbeitsverfassung und durch Sozialisierung verwirklicht werden. Die ersten Anläufe hierzu scheiterten oder führten zu unbefriedigenden Ergebnissen.

---

[30] *Heller*, Europa und der Faschismus (1929, 2. erweiterte Auflage 1931) abgedruckt in: *ders.*, Gesammelte Schriften, Bd. 2, 463-609.

[31] *Max Adler*, Die Staatsauffassung des Marxismus. Ein Beitrag zur Unterscheidung von soziologischer und juristischer Methode (1922), Darmstadt 1964, 74. – *Heller* und *Adler* besaßen übrigens großen Einfluß auf das Denken der deutschen Jungsozialisten; vgl. dazu *Franz Walter*, Nationale Romantik und revolutionärer Mythos. Politik und Lebensweisen im frühen Weimarer Jungsozialismus, Berlin 1986, 85ff., 141ff.

[32] *Max Adler*, Politische oder soziale Demokratie (1926), in: *ders.*, Ausgewählte Schriften, hrsg. von *Alfred Pfabigan* und *Norbert Leser*, Bd. 2, Wien 1981, 163-216, 178.

[33] *Max Adler*, Neue Menschen. Gedanken über sozialistische Erziehung, Berlin 1924, 63, 72. *Adlers* Interpretation war nur ein ideologischer Überbau über eine breite Kulturbewegung innerhalb der in der SAJ organisierten Arbeiterjugend, die sich stark an den bürgerlichen „Wandervogel" anlehnte. Vgl. *Michael Scholing/Franz Walter*, Der ‚Neue Mensch'. Sozialistische Lebensreform und Erziehung in der sozialdemokratischen Arbeiterbewegung Deutschlands und Österreichs, in: *Richard Saage* (Hrsg.), Solidargemeinschaft und Klassenkampf. Politische Konzeptionen der Sozialdemokratie zwischen den Weltkriegen, Frankfurt a.M. 1986, 250-273.

In der Konsolidierungsphase ab 1924 griffen Gewerkschaften und Sozialdemokratie dieses Problem auf und schufen ein Konzept, das seine reifste Form in dem von *Fritz Naphtali* (1880-1961) herausgegebenen Werk „Wirtschaftsdemokratie" fand. *Naphtali* war Wirtschaftsjournalist, Leiter der Forschungsstelle des ADGB und nach seiner Emigration nach Israel dort mehrfach Minister. Prominente Autoren wie *Hilferding*, *Sinzheimer*, *Erik Nölting* und *Fritz Tarnow* beteiligten sich an der Ausarbeitung. „Wirtschaftsdemokratie" gilt als typisches Reformprogramm der deutschen und österreichischen Sozialdemokratie.[34]

Theoretisches Fundament dieses Konzepts war *Hilferdings* Theorie des „organisierten Kapitalismus". Die veränderten Kräfteverhältnisse nach dem Kriege ermöglichten es der Arbeiterbewegung, den „organisierte Kapitalismus" über den Staat zu beeinflussen. Diese Entwicklung sei durch die Institutionalisierung der Arbeitsbeziehungen im „kollektiven Arbeitsrecht" verstärkt worden.

„In der Periode, als der Kapitalismus noch völlig frei war, schien keine andere Alternative für den unorganisierten Kapitalismus denkbar zu sein, als die sozialistische Organisation der Wirtschaft im ganzen (...). Dann stellte sich allmählich heraus, dass die Struktur des Kapitalismus selbst veränderlich ist, und dass der Kapitalismus, bevor er gebrochen wird, auch gebogen werden kann."[35]

Diese Erwartung stützte sich zudem auf die Beobachtung, daß die organisatorischen Zusammenschlüsse der Wirtschaft weiter zugenommen hätten: im Bergbau, der nach *Wissells* Gemeinwirtschaftskonzept geregelt war, auf dem Gebiet der Eisen- und Stahlproduktion, des Maschinenbaus, der Chemie sowie der Produktion von Aluminium, Baustoffen und Papier. Diese „*Durchorganisierung der Wirtschaft*" habe aber „*gewiss nichts mit einer Demokratisierung der Wirtschaft zu tun*". Im Gegenteil: Diese Machtzusammenballung stärke die autokratische Stellung des Unternehmertums und bringe dazu noch die kleineren und mittleren Unternehmen in wirtschaftliche Abhängigkeit.[36]

Der Kampf der Arbeiterbewegung müsse an zwei Fronten ansetzen: Erstens müsse der staatliche Einfluß auf die Wirtschaft gestärkt werden, und zweitens gehe es um die „wirkliche Mitführung" der Wirtschaft durch die Arbeitnehmer. Dabei war weniger an die betriebliche Mitbestimmung gedacht, denn die Autoren befürchteten „Syndikalismus" und „Betriebsegoismus", als vielmehr an die Mitwirkung in den Organen der Großunternehmen und der Unternehmenszusammenschlüsse, d.h. dort,

---

[34] Vgl. *Johannes Herzig*, Die Stellung der deutschen Arbeitergewerkschaften zum Problem der Wirtschaftsdemokratie, Jena 1933; *Rudolf Kuda*, Das Konzept der Wirtschaftsdemokratie, in: *Heinz Oskar Vetter* (Hrsg.), Vom Sozialistengesetz zur Mitbestimmung, Köln 1975, 253-274; *Heinrich Potthoff*, Freie Gewerkschaften 1918-1933. Der Allgemeine Deutsche Gewerkschaftsbund in der Weimarer Republik, Düsseldorf 1987, 178-185; *Horst Klein*, Wirtschaftsdemokratische Auffassungen in der Geschichte der Arbeiterbewegung, in: BzG, Jg. 41 (1999), 14-31; *Euchner*, Sozialdemokratie, 152-158. Zu *Naphtali* vgl. *Kurt Nemitz*, Ein Schüler Bernsteins in der israelischen Praxis. Fritz (Perez) Naphtalis Leben und Werk in Deutschland und Israel, in: *Uwe Jens/Hajo Romahn* (Hrsg.), Sozialpolitik und Sozialökonomik. Sozialökonomie im Zeichen der Globalisierung, Marburg 2000, 177-183.
[35] Wirtschaftsdemokratie. Ihr Wesen, Weg und Ziel, hrsg. im Auftrage des Allgemeinen Deutschen Gewerkschaftsbundes von *Fritz Naphtali*, Berlin ⁴1929.
[36] Vgl. ebenda, 21-30, 29f.

„wo sich marktbeherrschende, Produktion und Absatz regulierende Organisationen bilden. Innerhalb dieser Unternehmensorganisationen sollen die Vertreter der Arbeitnehmerschaft nicht eine von aussen beaufsichtigende und kontrollierende Funktion ausüben, sondern sie sollen von innen mitarbeiten, sie sollen an der Geschäftsleitung dieser Organisationen mit den gleichen Rechten beteiligt sein, die anderen Mitgliedern der Geschäftsleitung zustehen. Dabei soll es die Aufgabe der Vertreter der Arbeitnehmerschaft sein, entgegen dem kapitalistischen Geist die Gesichtspunkte der Interessen der Gesamtwirtschaft in der Geschäftsführung zum Ausdruck zu bringen." An diesem Interessenausgleich seien ferner Staatsvertreter als Vertreter der Gesamtwirtschaft zu beteiligen.[37]

Sinzheimer betonte, daß die geltenden Regelungen der Arbeitsbeziehungen den Erfordernissen einer sozialistischen Gemeinwirtschaft bei weitem nicht genügten:

„Der Arbeiter steht im Dienste des Arbeitgebers. Er ist kein schaffendes Glied des Gemeinwesens, das keine privaten Unternehmer mehr kennt, sondern nur leitende und ausführende Funktionäre eines organisierten Ganzen. Dass dem so ist, zeigt sich vor allem in dem sogenannten Mitbestimmungsrecht der Arbeit (...). Dieses Mitbestimmungsrecht (...) wendet sich gegen die private Wirtschaftsgewalt des (...) Arbeitgebertums. Es wirkt nicht in einem von privater Wirtschaftsgewalt freien öffentlichen Gemeinwesen der Wirtschaft. (...) Und damit ist das Mitbestimmungsrecht der Arbeit, wie es heute angesichts des noch vorhandenen Privateigentums an den Produktionsmitteln besteht, höchstens die Keimzelle zu einer weiteren gemeinheitsrechtlichen Entwicklung der Wirtschaftsdemokratie, aber nicht ein Institut der Wirtschaftsdemokratie, von der erst dann gesprochen werden kann, wenn über dem Betrieb ein Gemeinwesen besteht, das diese Betriebe als abhängige Sozialgebilde in sich begreift."[38]

Als einen wichtigen Schritt zur Wirtschaftsdemokratie und schließlich zum Sozialismus forderten die Autoren neue Instrumentarien zur Wirtschaftssteuerung:

Zunächst die „*planmäßige Lenkung des Kapitalstroms* [meine Hervorhebung, W.E] im Interesse der Gesamtwirtschaft. In der Gegenwart findet nicht nur eine Ansammlung des Kapitals bei den einzelnen Unternehmungen oder bei den einzelnen Menschen unter den Einflüssen der Willkür und des Zufalls statt, sondern es wird auch der Kapitalstrom, der sich aus den einzelnen Quellen der Banken und anderen Instituten angesammelt hat, ungeregelt, ohne gemeinwirtschaftlichen Plan, gelenkt nur durch die Verschiedenheit der Gewinnaussichten auf den verschiedenen Gebieten, wieder der Wirtschaft zugeführt." Als hierfür taugliches Steuerungsinstrument betrachteten die Autoren die „*zentralen Notenbanken*" [meine Hervorhebung, W.E.]. Als „Stellen, die die Kreditmenge zu beeinflussen vermögen, können [sie] in der Richtung der Beeinflussung der Kapitalverteilung ausgebaut werden. Die zentrale Beeinflussung des Kapitalstroms wird vielleicht vordringen mit der Ausdehnung des öffentlichen Bankwesens, sie wird vielleicht mit der stärkeren Durchdringung der Industrie mit gemeinwirtschaftlich beeinflussten Körperschaften sich zwangsweise ergeben.". Schließlich hielten die Autoren die Kapitalbildung und Finanzierung durch den Staat für ein Steuerungsinstrument von wachsender Bedeutung.[39]

Die „Richtlinien" für einen künftigen Aktionsplan der Gewerkschaften nannten neben den klassischen Gebieten des Arbeitsschutzes, der Sozialversicherung und der betrieblichen und überbetrieblichen Mitbestimmung weitere Forderungen:

„5. Durchführung der paritätischen Vertretung der Arbeiterschaft in allen Körperschaften, denen wirtschaftspolitische Beratung oder wirtschaftspolitische Funktionen durch Staat oder

---

[37] Wirtschaftsdemokratie, 34.
[38] Ebenda, 142-144.
[39] Ebenda, 176f.

Gemeinde übertragen werden, und Ausbau der Einschaltung der organisierten Wirtschaftskräfte in die Wirtschaftspolitik.

6. Errichtung eines staatlichen Kontrollamtes für alle monopolartigen Unternehmungsorganisationen oder Unternehmen unter Mitarbeit der Gewerkschaften mit der Befugnis zur Durchleuchtung und Beeinflussung der Preisbildung. Gesetzliche Vertretung der Gewerkschaften in der Geschäftsleitung monopolartiger Unternehmensorganisationen." Die bestehenden Selbstverwaltungskörper im Bergbau sollten nach diesen Prinzipien reformiert werden. (...).

„8. Förderung und Ausgestaltung der Wirtschaftsbetriebe der öffentlichen Hand, im besonderen auf den Gebieten der Versorgung des allgemeinen Bedarfs. Sicherung der Oberhoheit der demokratischen Körperschaften auch bei der Anwendung privatwirtschaftlicher Formen der öffentlichen Betriebe."[40]

Zur „Wirtschaftsdemokratie" gehörte ein Bildungskonzept. Die Mitarbeit in den wirtschaftsdemokratischen Organen sollte die Arbeiter auf ihre künftigen wirtschaftlichen Führungsaufgaben vorbereiten. Auch der sozialistische Betrieb werde Funktionen mit unterschiedlichen Leistungsanforderungen kennen. Doch erst die Wirtschaftsdemokratie werde Chancengleichheit, d.h. die Aufstiegsmöglichkeiten jedes Befähigten unabhängig von seinem sozialen Status, zulassen.[41]

Abschließend griffen die Autoren ein Problem von fortdauernder Aktualität auf: das Entstehen „neuer Formen der Internationalisierung der Wirtschaft" durch „Zusammenschlüsse kapitalistischer Unternehmungen in der Form von internationalen Kartellen, Konzernen und Trustbildungen":

„Die Arbeiterschaft sieht sich durch diese Entwicklung auf vielen Gebieten immer gewaltigeren Kapitalmächten gegenübergestellt. Sie muss daher ihren Kampf sowohl um die Arbeitsbedingungen als auch um die Erringung des Einflusses auf die Produktionsgestaltung notwendigerweise gegen diese Konzentration der Unternehmen in weitem Umfange auch auf internationalem Boden führen. (...) Soweit es sich um die wirtschaftspolitische Aktion handelt, muss die Arbeiterschaft den Ansätzen zur Bildung internationaler Organe der Wirtschaftspolitik, wie sie im Anschluß an den Völkerbund im Entstehen begriffen sind, von Anfang an grösste Aufmerksamkeit widmen."[42]

Die Verortung der Wirtschaftsdemokratie zwischen „organisiertem Kapitalismus" und Sozialismus hat zu einer regen Diskussion über die Frage geführt, ob Wirtschaftsdemokratie eine praktische Gegenwartsaufgabe sei, oder ob sie überhaupt erst im Sozialismus realisiert werden könne. Führende Gewerkschafter wie *Theodor Leipart* neigten zu der ersten Auffassung, während der Gewerkschaftstheoretiker *Paul Hermberg* darauf bestand, daß Wirtschaftsdemokratie sozialistische Verhältnisse voraussetze. Die Programmschrift des ADGB enthielt ein transitorisches Modell, wonach nicht nur das sozialistische Ziel, sondern auch der Weg hierzu als wirtschaftsdemokratisch bezeichnet werden konnte:

„Sozialismus und Wirtschaftsdemokratie sind als Endziel unzertrennbar miteinaner verknüpft (...) Wenn trotz dieser Einheit des Endzieles die Idee der Wirtschaftsdemokratie innerhalb der sozialistischen Gedankenwelt sich ausdehnt, so deshalb, weil mit ihr *neue konkretere Vor-*

---

[40] Wirtschaftsdemokratie, 177f.
[41] Vgl. ebenda, 35, sowie das 4. Kapitel: „Die Demokratisierung des Bildungswesens"; *Hilferding*, Probleme der Zeit, in: *Stephan*, Schriften Hilferdings, 170f.
[42] *Naphtali*, Wirtschaftsdemokratie, 180f.

stellungen über den Weg zur Verwirklichung der neuen Gesellschaftsstruktur verbunden sind."⁴³

Es ist oft bemerkt worden, daß sich das Konzept Wirtschaftsdemokratie der Autoren um *Naphtali* in die Wirtschaftsverfassung der Weimarer Reichsverfassung eingliederte und deshalb einen besonders staatsintegrativen Aspekt besaß. Andere Varianten siedelten es wie die englischen Vorstellungen der „Industrial Democracy" und des Gildensozialismus stärker im gesellschaftlichen Bereich an. Dies gilt auch für *Karl Renner*, der trotz der etatistischen Züge seines Denkens immer wieder auf „die lebendigen Gegenkräfte der Gesellschaft" hinwies, „die die so weit geführte passive Vergesellschaftung zur aktiven und schöpferischen Gemeinwirtschaft umzuformen bestimmt sind, die Gegenkräfte, welche **außerhalb** des Kapitalismus und **gegen ihn** in der menschlichen Gesellschaft **schon heute** wirken."⁴⁴ Er sieht diese Kräfte in den Konsumgenossenschaften mit ihren Eigenbetrieben, den „Sozialkapital" schaffenden Genossenschafts- und Arbeiterbanken und Arbeiterversicherungen, der „Arbeiterwohlfahrt", in der Naturfreundebewegung, den Bildungs- und Sportvereinen usw. Alle diese Organisationen schüfen eine neue Welt, die sich im Schoße der alten bilde: Es entstehe eine „**Sozialisierung durch Eigenmacht** abseits der Politik im Wege freier wirtschaftlicher Organisation, auf dem Wege der wirtschaftlichen Demokratie. [Fettungen im Original, W.E.]."⁴⁵

3. Erneuerungen der politischen Ökonomie (*E. Lederer*, *E. Heimann*; die Rationalisierungsdebatte)

a) Rezeption der Grenznutzentheorie

Die führenden Theoretiker des demokratischen Sozialismus in der Zwischenkriegszeit wie *Kautsky*, *Hilferding*, *Renner* und *Bauer* blieben in ihren Analysen neuer wirtschaftlicher Erscheinungen orthodoxe Marxisten. Die überkommene Lehre verließen sie nur in politischen Fragen, z.B. in ihrer Anerkennung der parlamentarischen Demokratie und der korporatistischen Strukturen der Arbeits- und Wirtschaftsverfassung. Eine Reihe jüngerer Ökonomen folgten gleichfalls dem vom „organisierten Kapitalismus" und der „Wirtschaftsdemokratie" vorgezeichneten Pfad. *Alfred Braunthal* stellte ihn lehrbuchartig dar und zog das Fazit: „*Die Wirtschaftsgesetze der Gegenwart sind die Gesetze einer sich revolutionierenden, einer sich vom Kapitalismus zum Sozialismus wandelnden Welt.*"⁴⁶ Nach *Otto Leichter* tendierten diese Gesetze, die sich „aus den Entwicklungsbedürfnissen des nicht mehr kapitalistischen und des nicht mehr mit kapitalistischen Mitteln zu

---

⁴³ *Naphtali*, Wirtschaftsdemokratie, 10. Vgl. zur Gesamtproblematik Th[eodor] *Leipart*, Auf dem Wege zur Wirtschaftsdemokratie?, Berlin 1928.
⁴⁴ *Karl Renner*, Wege der Verwirklichung. Betrachtungen über politische Demokratie, Wirtschaftsdemokratie und Sozialismus, Berlin 1929, 7.
⁴⁵ Ebenda, 130.
⁴⁶ *Alfred Braunthal*, Die Wirtschaft der Gegenwart und ihre Gesetze. Ein sozialistisches Lehrbuch der Nationalökonomie, Berlin 1930, 40.

führenden Sektors der Wirtschaft" ergeben, geradewegs zu einer planmäßig betriebenen Gemeinwirtschaft. Sie beinhalten:

„1. Die Tendenz zur solidarischen Planmäßigkeit. 2. Die Tendenz zur Erschütterung und Einschränkung der Profitrechnung. 3. Die Tendenz zur Einengung und Beseitigung der Selbständigkeit des kapitalistischen Unternehmers. 4. Die Politisierung der Wirtschaft."[47]

Leichter weicht insofern vom wirtschaftsdemokratischen Konzept des ADGB ab, als er der „vollendeten Wirtschaftsdemokratie" eine Phase des „Staatskapitalismus" vorschaltet, dessen Strukturen die „Arbeiterdemokratie" zu demokratisieren habe, doch ansonsten bewegt er sich innerhalb des genannten Paradigmas.[48] Dies gilt auch für die Brüder *Erik* und *Ernst Nölting*.[49]

Der Methodenfrage, die wegen der wachsenden Dominanz der „Grenznutzenlehre" nicht länger zu ignorieren war, stellten sich *Emil Lederer* und *Eduard Heimann*. *Lederer* vertritt die These, daß sowohl die *„Arbeitswertlehre"* als auch die *„Gebrauchswert-(Grenznutzen-)theorie"* ein brauchbares Instrument zur Analyse von Wirtschaftssystemen seien. Er beschreibt zunächst Ansatz und Ergebnisse der marxistischen Werttheorie und benennt ihre Defizite. Sie vernachlässige die Proportionen der individuellen Bedürfnisbefriedigung, könne zur „Wertbestimmung im internationalen Handel" nichts aussagen und vor allem die Höhe des Monopolpreises nicht bestimmen, während dies die Grenznutzenlehre „mit Leichtigkeit" vermöge.[50] Doch trotz dieser Schwächen besitze das „Arbeitswertprinzip" große Vorteile.

„Es hat uns gezeigt, wie die Produktion der (...) arbeitsteiligen, aus persönlich freien Menschen bestehenden Volkswirtschaft mit ungleicher Verteilung der Produktionsmittel (...) als dauernde möglich ist; wie sich das Austauschverhältnis der Waren (...) gestaltet und wie das Sozialprodukt sich auf die einzelnen Klassen der Gesellschaft verteilt. Wir waren zwar genötigt, neben dem Arbeitswertprinzip den Gesichtspunkt des Profits und des Ausgleichs aller Profite stark in den Vordergrund zu schieben, aber trotzdem gewinnen wir nur durch den Arbeitswertgedanken den Ausgangspunkt für den sozialen Aufriß der Wirtschaft als eines Systems der Warenproduktion."[51]

Die Grenznutzentheorie besitzt *Lederer* zufolge den Vorzug, den Markt von der Bedürfnis- bzw. Käuferseite her zu analysieren. Aus den Präferenzen der Käufer gegenüber der Gütervielfalt und ihrer Kalkulation des Grenznutzens eines Gutes, das sie dann nicht mehr konsumieren, wenn der erwartete Nutzen kleiner ist als der eines anderen Gutes, ließen sich Tauschsysteme konstruieren, aus denen sich die wahrscheinliche Preishöhe eines Gutes ermitteln lasse: „Die konkreten Preise können (...) jeweils als Resultante der subjektiven Wertschätzung verständlich

---

[47] *Otto Leichter*, Die Sprengung des Kapitalismus. Die Wirtschaftspolitik der Sozialisierung, Wien 1932, 43.
[48] Vgl. ebenda, 151-164.
[49] Vgl. *Erik Nölting/Ernst Nölting*, Einführung in die Theorie der Wirtschaft, Berlin 1929, 217ff.; *Erik Nölting*, Die Durchdringung der Wirtschaft mit politischen Gestaltungskräften, Hamburg 1931, 13.
[50] *Emil Lederer*, Aufriß der ökonomischen Theorie. 3. erweiterte und völlig umgearbeitete Auflage, Tübingen 1931, 171-180, 353.
[51] Ebenda, 170f.

gemacht werden."[52] Doch anders als die Arbeitswertlehre bleibe die Grenznutzentheorie den sozialen Verhältnissen gegenüber neutral.

„Wir können also sagen, auch die Grenznutzenlehre bietet uns ein Ordnungsprinzip der statischen Wirtschaft. Sie erklärt uns nicht ihren Aufbau, der sich aus dem Gefüge der Arbeitsteilung und der gesellschaftlichen Struktur ergibt, aber sie zeigt, wie in diesem gegebenen System der Produktion und unter den gegebenen Verhältnissen (bei denen die Bedarfsstruktur, die Ausstattung der Produzenten mit Tauschgütern, ihre Fähigkeiten zu produzieren, ihre größere oder geringere Disposition zur Arbeit eine Rolle spielen) die zur Erhaltung des Gleichgewichts objektiv notwendigen Bedingungen durch Erreichung subjektiver Nutzenmaxima hindurch realisiert werden."[53]

Lederer gehörte nicht zu den Marxisten, „die jeden Anklang an die Grenznutzenlehre wie die Pest fürchten"[54]. Er bediente sich ihrer Theoreme dort, wo er ihnen Erklärungswert beimaß, nahm also Eklektizismus in Kauf. Sein bevorzugtes Paradigma blieb der Marxismus, wie seine Krisenanalyen zeigen.

Lederer interpretierte die nach den Prinzipien der Grenznutzentheorie funktionierende kapitalistische Wirtschaft als störanfälliges Gleichgewichtssystem – eine Auffassung, die er seinem Beitrag über „Konjunktur und Krisen" (1925) zugrunde legte.[55] Allgemein gesehen bedeute Krise eine „Störung der Verbindung von Produktion und Konsum", deren Ursachen in dem „unbestimmten nicht näher bekannten Markt" lägen. Nach der Arbeitswertlehre entstehe sie, „wenn das Wertgesetz sich nicht durchzusetzen vermag", d.h. „aus dem Widerspruche zwischen der steigenden Produktivität des volkswirtschaftlichen Apparats und der zurückbleibenden Konsumfähigkeit des Marktes (...), oder aus der falschen Verteilung der Produktionsmittel in die einzelnen Sphären". Diese Krisenanalyse sei allerdings unzureichend. Es müsse z.B. zusätzlich untersucht werden, ob die Preise langfristig von den Produktionspreisen abwichen und ob sich dabei Unterschiede zwischen den einzelnen Warenkategorien ergäben. Doch obwohl die Arbeitswertlehre diese Probleme nicht erklären konnte, bleibe richtig, daß Krisenursachen bestimmte Disproportionen seien:

„1. Es kann in der Erzeugung der Konsumgüter die Produktion in die Irre gehen. Es werden z.B. Konsumgüter erzeugt, welche nicht nachgefragt werden, und andere sind nicht auf dem Markte, welche begehrt werden. (...).
2. Dieselbe Abirrung kann in der Sphäre der Produktionsmittelerzeugung erfolgen. Es können Maschinen im Übermaß für eine Industrie, in zu geringem Umfange für eine andere erzeugt worden sein (...).
3. Eine Unstimmigkeit kann (...) daraus entstehen, daß (...) die eine Sphäre in zu hohem, die andere in (relativ) zu geringem Maße entwickelt ist. Es werden z.B. insgesamt mehr Produktionsmittel erzeugt, als zu einem ‚normalen' Preis Absatz finden könnten, hingegen weniger Konsumgüter."[56]

Lederer untersucht, ob Krisen auch in einer kapitalistischen Wirtschaft bekämpft werden könnten. Als geeignete Maßnahmen nennt er die Gewährung von Staatskrediten an sanierbare Unternehmen und großzügigen Staatskonsum um den Preis

---

[52] *Lederer*, Aufriß der ökonomischen Theorie, 203ff., 208.
[53] Ebenda, 239f.
[54] Ebenda, 181f.
[55] Ders., Konjunktur und Krisen, in: GdS, IV. Abteilung, 1. Teil, 354-413.
[56] Ebenda, 356, 360, 371.

einer Etatüberschreitung – eine Überlegung, die auf das später von *John Maynard Keynes* entwickelte Prinzip des staatlichen „deficit spending" hinausläuft. Allerdings: „Einen *automatisch* wirkenden Kreditmechanismus, der die Krise überwinden könnte, vermögen wir überhaupt nicht zu schaffen".[57] Weitere Gegenmaßnahmen seien Notstandsarbeiten, Arbeitslosenunterstützung sowie Kapitalexport, der „fremde Konsumenten an die Stelle der einheimischen" setze und so „die Grundlage, auf welcher sich der Produktionsprozeß aufzubauen vermag", vorübergehend erweitere.[58]

In Wirklichkeit mißtraute *Lederer* der Wirksamkeit derartiger Gegenmaßnahmen. Krisen der kapitalistischen Produktion seien nur vermeidbar, wenn der Produktionsprozeß durch einen „Generaltrust oder eine Universalbank, welche durch ihre Kreditzuteilung über die Ausdehnung der einzelnen Produktionssphären entscheidet", einheitlich geleitet würde.[59] *Lederer* mußte wissen, daß dieses Hilferdingsche Denkmodell nicht zu realisieren war. Letztlich war für ihn das Krisenproblem nur im Sozialismus lösbar:

„Nur eine planmäßig organisierte Gesellschaft kann ihre Produktion mit Rücksicht auf die Bedürfnisse ausdehnen, ohne von der Rentabilität im privatwirtschaftlichen Sinne (...) abhängig zu sein. Sie allein ist in der Lage, den Produktionsmittelapparat langsam, konstant und ohne Rückschlag auszuweiten, und sie kann ihn ebenso schnell umformen und ausdehnen, ohne daß die Überleitung in einen Zustand veränderter ‚organischer Zusammensetzung' der Gesamtproduktion mit einer Krise, Wertvernichtung und Arbeitslosigkeit verknüpft sein muß, wie im kapitalistischen System."[60]

Eduard Heimann (1889-1967) gehörte nach dem Ersten Weltkrieg den Sozialisierungskommissionen als Sekretär an, wurde Professor für theoretische und praktische Volkswirtschaftslehre in Hamburg und nach 1933 an der „New School for Social Research" in New York; nach Gastprofessuren in Hamburg und Göttingen kehrte er 1963 endgültig in die Bundesrepublik zurück. In seiner Kritik an den Sozialisierungskonzeptionen (siehe oben Sozialismus I, 7. Kap., II, 2, b) gelangte er zu einer ethischen Begründung des Sozialismus. Dieser sei im Kern „die organisatorische Verwirklichung des Prinzips der Arbeitswürde"[61]. Die Marxsche Wertlehre könne den Monopolpreis sowie die Geldpreisbildung auf dem Markt nicht erklären usw. – Probleme, die mit der Grenznutzentheorie gelöst werden könnten, was die Marxisten nicht zugeben wollten.[62] Auch die „Ausbeutungstheorie", mit der die „Klassenscheidung" begründet werde, sei falsch, denn in Wahrheit zeige sich, „daß der Zins nicht nur die Unterklassen belastet, sondern auch breite Schichten der Mittel- und Oberklasse: Die Betriebsleiter und kapitallosen Unternehmer, die Beamtenschaft und die freien Berufe – eben alle Nicht-

---

[57] *Lederer*, Konjunktur, 405f. Zu *Keynes* vgl. *Fritz Söllner*, Die Geschichte des ökonomischen Denkens, Berlin 1999, 190-211.
[58] *Lederer*, Konjunktur, 407f.
[59] Ebenda, 409.
[60] Ebenda, 413.
[61] *Eduard Heimann*, Kapitalismus und Sozialismus. Reden und Aufsätze zur Wirtschafts- und Geisteslage, Potsdam 1931, 79. Zu *Heimanns* religiös-ethischer Grundposition vgl. unten Protestantische Sozialethik, 4. Kap., IV, 4.
[62] Vgl. *ders.*, Mehrwert und Gemeinwirtschaft. Kritische und positive Beiträge zur Theorie des Sozialismus, Berlin 1922, 12-22.

Kapitalisten, einschließlich der Bauern und der Grundeigentümer."[63] Das Versagen der Ausbeutungstheorie öffne „die Bahn, um unbeirrt durch falsche Dogmen einer Gemeinschaftsordnung zuzustreben und die hierfür notwendigen Maßregeln nach reinen Zweckmäßigkeitserwägungen auszuwählen."[64]

Den pragmatischen Weg zu einer sozialistischen Ordnung umreißt *Heimann* in seiner „Theorie der Sozialpolitik". Der Liberalismus habe nicht nur die Bürger, sondern auch die Arbeiter aus den feudalen Bindungen befreit und ihm „das „Eigentum am Arbeitsvermögen" überlassen, das allerdings durch die Entstehung des Großbetriebes zunächst negiert werde.[65] Es komme zur „Entwürdigung der lebendigen Arbeit zu einem bloßen Mittel für den Sachzweck der Güterherstellung" und zu autokratisch organisierten, monopolistisch verfestigten Herrschaftsschichten der Wirtschaft": „Nicht also Freiheit, sondern Herrschaft; und nicht demokratische Auslese der Herrschenden nach der persönlichen Tüchtigkeit, sondern eine starke Tendenz zur Fortdauer der einmal gegebenen Herrschaft – das ist das soziale Wesen des Kapitalismus."[66]

Aus diesem Befund ergibt sich für *Heimann* die Notwendigkeit, „das natürliche Eigentum durch eine besondere soziale Eigentumsordnung als Bedingung der sozialen Freiheit" zu ersetzen. Dies sei vor allem die Aufgabe der Arbeiterbewegung, doch die oben genannten mittelständischen Kreise müßten ebenfalls in die antikapitalistische Bewegung einbezogen werden.[67] Das Instrument zur Lösung dieser Aufgabe bezeichnete er als „*Sozialpolitik*":

„Sozialpolitik ist eine Summe von Maßregeln zum Schutz und zur Förderung des arbeitenden Menschen, den die Güterordnung als eine Sache unter Sachen behandelt. Kapitalismus ist – hinter und unter jenem bloß rationalen Zwecksinnn [der maximalen Güterproduktion, W.E.] – Kapitalherrschaft und enthüllt sich als solche besonders in der rational so störenden Monopolgipfelung; Sozialpolitik ist Abbau der Herrschaft zugunsten der Beherrschten."[68]

Diese Politik sei „revolutionär-konservativ".[69] Sie wirke zunächst integrierend, schlage aber schließlich in eine sozialistische Ordnung um.

Die von *Heimann* genannten Inhalte der Sozialpolitik sind identisch mit den traditionellen reformistischen Zielen der Arbeiterbewegung: Arbeiterschutz, Arbeitsvermittlung, Arbeitswissenschaft zur Vermeidung der Exzesse des Taylorismus, Arbeitszeitregelungen, Sozialversicherung, das kollektive Arbeitsrecht, die Gewerkschaften und ihre Rolle in den Institutionen der Arbeitsverfassung und bei der Kontrolle des Arbeitsmarktes, Arbeitslosenunterstützung.[70]

Obwohl die von *Heimann* beschriebenen sozialpolitischen Regelungen überwiegend geltendes Recht und mit der bestehenden bürgerlichen Ordnung durchaus vereinbar waren, bezeichnete er sie als „institutionellen Niederschlag der sozialen Idee im Kapitalismus und gegen den Kapitalismus" und als „Methode der Sozia-

---

[63] *Heimann*, Mehrwert und Gemeinwirtschaft, 69f.
[64] Ebenda, 116.
[65] *Ders.*, Soziale Theorie des Kapitalismus. Theorie der Sozialpolitik, Tübingen 1929, 18f.
[66] Ebenda, 23, 33, 35.
[67] Ebenda, 38, 104. Vgl. dazu *Ulrich Heyder*, Der sozialwissenschaftliche Systemversuch Eduard Heimanns, Frankfurt a.M. 1977, 68.
[68] *Heimann*, Soziale Theorie, 118.
[69] Ebenda, 135.
[70] Vgl. ebenda, 157-210.

lisierung.[71] Es handle sich um „die Errichtung der sozialen Freiheitsordnung", die, wie z.B. die Lohnkämpfe lehrten, den Kampfeswillen förderten, weshalb es nicht ausgeschlossen sei, „daß bei einer anderen Lage, bei stärker entfalteter Kraft, auf demselben politischen Weg die Sozialisierung des Eigentums im engeren Sinn gefordert wird (...)."[72] *Heimann* präzisierte dieses vage Transformationskonzept in späteren Beiträgen. Es sei gefährlich, die Sozialisierung von den Konzentrations- und Monopolisierungsprozessen zu erwarten. Käme sie so zustande, so wäre der Preis die fortdauernde Herrschaft der Bürokratie. Die Sozialisierung müsse von unten, „vom freien Volk", kommen. In einer späteren Schrift entwarf er eine Wirtschaftsordnung, die den „Sozialismus von unten" realisieren könne:

„Je weniger Sozialismus ein graues Schema sein darf, je mehr er farbiges Leben sein will, umso größer Mannigfaltigkeit der Gestaltung im Einzelnen muß er schaffen: eine gestufte Selbstverwaltung der größeren und kleineren Gruppen mit möglichst weitgehender Verantwortung für ihren eigenen Arbeitsbereich und in mannigfachen verschiedenen Verfassungen, als örtliche Gemeinde oder Produktivgenossenschaft oder Konsumgenossenschaft oder unmittelbarer Staatsbetrieb oder Einzelbetrieb usw."[73] Wie *Renner* war *Heimann* der Auffassung, daß das von der Arbeiterschaft aufgebrachte Sparkapital zum Aufbau der Gemeinwirtschaft eingesetzt werden könne.[74]

Heimann setzte sich für eine „sozialistische Marktwirtschaft" ein. Der Markt vermöge die Wirtschaft weit besser zu steuern als eine Wirtschaftsbürokratie:

Der Markt könne die „entscheidende Aufgabe der Wirtschaft", nämlich „die Ausstattung der einzelnen Produktionszweige mit Kapital und Arbeit in Proportion zu der Stärke des jeweiligen Bedarfs nach den Erzeugnissen der einzelnen Produktionszweige" am besten lösen. „Das technische Prinzip des Marktes besteht einfach darin, daß die Verbraucherschaft ihr Einkommen frei verausgabt, daß in den freien Güterpreisen sich daher die Dringlichkeit des Bedarfs nach den einzelnen Gütern und die Bedarfsverschiebungen ausdrücken, und daß die Produktion sich dem anpaßt, ohne durch einen statistischen Behördenapparat gezwungen zu werden. Dies hat mit Kapitalismus gar nichts zu tun; es ist ein technischer Apparat von unersetzbarer Vollkommenheit und Billigkeit."[75]

Auf dem Höhepunkt der Weltwirtschaftskrise schwebte *Heimann* eine Kombination von „sozialistischer Marktwirtschaft" und „Planung" vor (siehe unten Sozialismus I, 8. Kap., II, 2, b).

b) Die Rationalisierungsdebatte

Die Verbesserung wirtschaftlicher Abläufe, seien es die Produktionsmethoden, die Arbeitsorganisation oder der Absatz, stieß in der Arbeiterschaft seit jeher auf ein zwiespältiges Echo: Einerseits konnten damit Arbeitserleichterung und Lohnerhöhung, andererseits aber auch Dequalifikation der Arbeit und Zunahme der

---

[71] *Heimann*, Soziale Theorie, 211.
[72] Ebenda, 222, 228.
[73] *Eduard Heimann*, Sozialistische Wirtschafts- und Arbeitsordnung, Potsdam 1932, 10f.
[74] Ders., Kapitalbildung und Arbeiterschaft, in: NSB, Jg. 1 (1930), 127-133.
[75] Ders., Sozialisierung, in: NBS, Jg. 1 (1930). 12-28, 24ff. *Heimanns* Denken hat *Gerhard Weisser* erheblich beeinflußt; vgl. dazu *Heyder*, Systemversuch, 38f.

Arbeitshetze verbunden sein.[76] Die organisierte Arbeiterbewegung versprach sich von der Rationalisierung zumeist Vorteile. Andererseits waren die ersten gewerkschaftlichen Äußerungen zu der Einführung des „Taylorismus" vor dem Ersten Weltkrieg klar ablehnend.[77] Unmittelbar nach dem Ersten Weltkrieg, als die Steigerung der Produktion oberstes Wirtschaftsziel war, plädierte der ehemalige Gewerkschafter *Gustav Bauer*, nunmehr Arbeitsminister, für den Taylorismus.

„Die Arbeiterschaft befürchtete, dass nicht sie, sondern der Kapitalist die Früchte der veränderten Arbeitsweise ernten würde. Nachdem die Demokratisierung Deutschlands einen ausreichenden wirtschaftlichen Einfluß der Arbeiterschaft sichergestellt hat, werden diese Einwände nicht nur hinfällig, sondern es verwandeln sich alle Rationalisierungsmöglichkeiten, einschließlich derer für die menschliche Arbeit, in eigenste Angelegenheiten der Arbeiterschaft."[78]

Dieses entschiedene Votum für Rationalisierung in der Arbeitswelt fiel mit der Bereitschaft vieler Menschen zusammen, auch andere Bereiche der Lebenswelt und ihrer kulturellen Bereiche moderner und rationaler zu gestalten.[79] Insofern ging die Rationalisierung mit dem Zeitgeist konform. Doch dies hieß nicht, daß die Gewerkschaften nunmehr den Taylorismus umstandslos akzeptiert hätten, sondern sie versuchten, dessen Grundidee im Sinne der Bedürfnisse der Arbeiterschaft auszugestalten.[80] Es fehlten auch nicht warnende Stimmen. *Richard Seidel* (1882-1951), ein bedeutender Gewerkschaftspublizist und Bildungspolitiker, konstatierte 1926, als die Gewerkschaften sich um eine Adaptation der Grundideen *Taylors* bemühten, dieser habe gezeigt,

„wieweit dieser (...) nur den eigenen Profit erstrebende Unternehmer (...) imstande ist, Wege zur Steigerung der Produktivität der Arbeit zu erkennen und durchzuführen, die nicht auf Raubbau an der Arbeitskraft hinauslaufen, sondern mit der Steigerung der Leistungen gleichzeitig die Verbesserung des Arbeitsverhältnisses und der Lebenslage der Arbeiter erzielen." Freilich: „Auch Taylors Methode (...) bewegt sich (...) auf der Linie verschärfter Ausbeutung der Arbeitskraft." Das Problem der „Entseelung der Arbeit" bestehe weiterhin.[81]

---

[76] Vgl. dazu *Gunnar Stollberg*, die Rationalisierungsdebatte 1908-1933. Freie Gewerkschaften zwischen Mitwirkung und Gegenwehr, Frankfurt a.M. 1981, 13; *Horst Kern*, Gewerkschaft und Rationalisierung in der Weimarer Zeit, in: GM, Jg. 21 (1978), 412-419, 414f.
[77] Vgl. *Richard Woldt*, Technisch-wissenschaftliche Umschau, in: NZ, Jg. 30 (1911/12), Bd. 2, 24-27; *Heidrun Homberg*, Anfänge des Taylorismus in Deutschland vor dem Ersten Weltkrieg, in: GuG, Jg. 4 (1978), 170-194. *Frederick W. Taylor* (1856-1915) gilt als Begründer der Arbeitsphysiologie, der auf Grund von Bewegungsstudien und Zeitmessungen Arbeitsvorgänge zu optimieren trachtete und sie zur Grundlage eines Entlohnungssystems machte. Übersetzungen seiner Werke sind in Deutschland ab 1908 erschienen.
[78] Vgl. *G. Pietsch*, Das Taylorsystem, in: NZ, Jg. 38 (1918), 589-594, 590.
[79] Vgl. dazu *Richard Vahrenkamp*, Wirtschaftsdemokratie und Rationalisierung. Zur Technologiepolitik der Arbeiterbewegung in der Weimarer Republik, in: GM, Jg. 29 (1983), 722-735, 723f.
[80] Vgl. den Redebeitrag von *Hermann Jäckel* auf dem Breslauer Gewerkschaftskongreß, in: Prot. Gewerkschaftskongreß Breslau 1925, Berlin 1925, 205. Vgl. dazu auch die detaillierte Ausarbeitung eines mit den Arbeiterinteressen verträglichen Rationalisierungskonzepts durch eine Gruppe österreichischer Gewerkschafter, das auf der Idee der „Menschenökonomie" *Rudolf Goldscheids* beruhte und „Produktivierung der Arbeit" statt deren „Intensivierung" forderte: Grundlagen und Richtlinien gewerkschaftlicher Rationalisierungspolitik. Arbeitsergebnis des Ausschusses für gewerkschaftliche Rationalisierungspolitik, Wien 1929.
[81] *Richard Seidel*, Die Rationalisierung des Arbeitsverhältnisses, in: DG 1926, Bd. 2, 13-35, 14, 19f.

Neben dieser skeptischen Äußerung stehen allerdings auch Stilisierungen der Rationalisierung zu einem „Stück praktischer Sozialisierung":

„(...) jeder Schritt in diese Richtung [zur Rationalisierung, W.E.] bedeutet ein Sich-Entfernen von der kapitalistischen Privatwirtschaft, von der Sinnlosigkeit der Produktion nur um des Erwerbes willen, bedeutet vermehrte Möglichkeit zur Regelung und Überwachung der Warenherstellung und des Vertriebes zugunsten der Allgemeinheit, bedeutet ein Stück Weg auf der Rückkehr zur Bedarfsdeckungswirtschaft, mit hochkapitalistischen Organisationsformen zwar, aber nicht mit hochkapitalistischem Geist, bedeutet sonach ein gutes Stück praktischer Sozialisierung."[82]

In der Literatur ist die These zu finden, die Akzeptanz des Taylorismus sei nicht zuletzt eine Folge der „Amerikareise deutscher Gewerkschaftsführer" im Jahre 1925. Sie ist nur bedingt richtig. Die Teilnehmer zeichneten ein nüchternes Bild der amerikanischen Arbeitswelt, in der keinesfalls nach dem Muster *Taylors* oder *Fords* organisierte Betriebe herrschten; auch entgingen ihnen die dequalifizierenden Effekte der rationalisierten Arbeit nicht.[83] Sie lobten jedoch die höhere Produktivität und deren Niederschlag in hohen Löhnen. Die deutsche Wirtschaft hätte keine Probleme, den technologischen Entwicklungsstand der USA zu erreichen. Das amerikanische Vorbild bestehe darin, „dass die schnell wachsende Güterproduktion vom Konsum verdaut werden konnte. (...) Der wirtschaftliche Vorsprung der Vereinigten Staaten rührt nicht zuletzt daher, dass die Bedeutung des Lohnfaktors für die Gesamtwirtschaft erkannt und gewürdigt wird."[84] Die amerikanische Lohnpolitik, nicht der Taylorismus, war nach freigewerkschaftlicher Auffassung das eigentlich Nachahmenswerte der amerikanischen Wirtschaft. Das Ergebnis der Amerikareise schlug sich in einer Denkschrift nieder: „In jedem Fall durchgeführter Rationalisierung muß die Wirkung am Sinken der Preise und an der Erhöhung der Löhne *unmittelbar* erkennbar sein."[85]

Die Rationalisierung der deutschen Industrie verlief schubweise, beginnend ab 1924 mit der Modernisierungswelle nach der Inflationskrise und sodann, nach einem weiteren Einbruch der Wirtschaft, in der Aufschwungphase der Jahre 1927/28.[86] Im Verlauf dieser Entwicklung machte die Arbeiterbewegung die Erfahrung, daß Hauptresultat die „Freisetzung" von Arbeitskräften, d.h. eine dramatische Zunahme der Arbeitslosigkeit war: *Kurt Mendelsohn* stellte 1930 fest: „Die Wiederaufnahme der abgestossenen und die Eingliederung der neu hinzugekommenen Arbeitskräfte ist auch nicht annähernd bewerkstelligt worden. Die wieder erschreckend hohe Arbeitslosigkeit ist zu einem Teil Ausweitung und Kehrseite des Rationalisierungsprozesses".[87] *Friedrich Olk* erklärte sie durch die Fehler des deutschen Managements. Dieses habe auf das amerikanische Vorbild gestarrt, Rationalisierung allein als Mechanisierung verstanden, in deren Vollzug viele Unternehmen auf der Strecke geblieben seien. Die lohnpolitische Seite des

---

[82] *Bruno Rauecker*, Rationalisierung und Arbeiterkultur, in: DA, Jg. 3 (1926), 115-122, 122.
[83] Vgl. Amerikareise deutscher Gewerkschaftsführer, Berlin 1926, 237.
[84] Ebenda, 252, 254.
[85] Gegenwartsaufgaben deutscher Wirtschaftspolitik, Berlin 1926, 32.
[86] Vgl. *Andreas Hoff*, Gewerkschaften und Rationalisierung – ein Vergleich gewerkschaftlicher Argumentationsmuster heute und vor fünfzig Jahren, in: MW, Bd. 15/16 (1978), 167-208, 167ff.
[87] *Kurt Mendelsohn*, Fünf Jahre Rationalisierung, in: DA, Jg. 7 (1930), 116-130. Vgl. auch *Henriette Fürth*, Um die Rationalisierung, in: GZ, Jg. 41 (1931), 692f., 710-712, 729f., 744f., 761f.

amerikanischen Beispiels hätten sie übersehen, ebenso wie Überlegungen zu volkswirtschaftlichen Auswirkungen der forcierten Rationalisierung.[88]

1931 zog *Theodor Leipart*, der als Vorsitzender des ADGB als Repräsentant der wirtschaftspolitischen Vorstellungen der Gewerkschaften gelten darf, eine ernüchternde Bilanz der bisherigen Ergebnisse des Rationalisierungsprozesses:

Die Gewerkschaften hätten mit ihrer Befürwortung der Rationalisierung richtig gehandelt. Keine Volkswirtschaft komme daran vorbei. Doch diese Entwicklung müsse ausbalanciert verlaufen: *„Zweck der Volkswirtschaft ist und bleibt die möglichst vollkommene Befriedigung der Bedürfnisse des gesamten Volkes."* Die „volkswirtschaftliche Rentabilität" der Rationalisierung werde von den Unternehmern jedoch mißachtet.[89] Die menschenwürdige Ausgestaltung der Fabrikarbeit kümmere die Unternehmer nach wie vor wenig. Es zeige sich, daß die Rationalisierung im Kapitalismus nicht planmäßig verlaufen könne: „Im Kapitalismus erfolgt sie sprunghaft, weil ungeregelt; *im Sozialismus wird sie beständig, weil planmäßig erfolgen.*"[90]

Nach Eintritt der Weltwirtschaftskrise untersuchten die den Gewerkschaften nahestehenden Nationalökonomen den unzureichend erforschten Zusammenhang zwischen Rationalisierung und Massenarbeitslosigkeit. *Mendelsohn* zeigte, daß das Produktionsvolumen der acht wichtigsten Branchen in Deutschland zwischen 1925 und 1928 bis zu 30% gewachsen sei, während der dortige Beschäftigungsgrad stagniert habe. Da sich der Rationalisierungsprozeß fortsetzen werde, sei mit weiteren dramatischen Freisetzungen zu rechnen.[91]

Das von *Mendelsohn* beschriebene Phänomen wird heute als „jobless growth" bezeichnet. Auch *Heimann* und *Adolf Löwe* sprachen von einer „Gleichzeitigkeit wachsender Arbeitslosigkeit mit wachsender Wirtschaft". Sie erkläre sich nicht, wie von Unternehmerseite behauptet werde, aus überzogenen Lohnerhöhungen, die ihre Selbstkosten in die Höhe getrieben hätten. Die Statistik spreche dagegen. Gründe der Gleichzeitigkeit von Rationalisierung und Arbeitslosigkeit sei die Finanzierung durch kurzfristig laufende Auslandskredite, die zur Überschuldung der Wirtschaft geführt habe, sowie die künstlich hochgehaltenen Monopolpreise, weshalb die Monopolisten zu Preissenkungen gezwungen werden müßten. Die rationalisierungsbewirkte Arbeitslosigkeit, so *Heimann*, sei allerdings eine vorübergehende Erscheinung.[92]

Am umfassendsten wurden die Auswirkungen der weltweiten Rationalisierungswelle auf die kapitalistische Wirtschaft von *Otto Bauer* und *Emil Lederer* analysiert. *Bauer* führt sie in seinem bedeutenden Werk „Rationalisierung-Fehlrationalisierung" (1931) auf die Notwendigkeit zurück, die Kriegswirtschaft auf

---

[88] Vgl. *Friedrich Olk*, Wo steht die deutsche Rationalisierung?, in: DA, Jg. 3 (1926), 29-44, 36; ders., Vor dem zweiten Abschnitt der deutschen Rationalisierung, in: DA, Jg. 7 (1930), 156-160, 157, 159.
[89] *Theodor Leipart*, Gewerkschaften und Rationalisierung, in: GZ, Jg. 41 (1931), 193-195, 193f.
[90] Ebenda, 194ff. Vgl. dazu auch die Denkschrift des ADGB: Die 40-Stunden-Woche. Untersuchungen über Arbeitsmarkt, Arbeitsertrag und Arbeitszeit, hrsg. im Auftrage des Allgemeinen Deutschen Gewerkschaftsbundes von *Theodor Leipart*, Berlin 1931.
[91] Vgl. *Mendelsohn*, Rationalisierung, 124, 129.
[92] Vgl. *Eduard Heimann*, Löhne, Preise und Arbeitslosigkeit, in: NBS, Jg. 1 (1930), 535-544, 536f.; *Adolf Löwe*, Lohnabbau als Mittel der Krisenbekämpfung?, in: NBS, Jg. 1 (1930), 289-295. Zu der in der Literatur vertretenen Auffassung, für die Arbeitslosigkeit seien hauptsächlich überhöhte Löhne verantwortlich gewesen, vgl. *Heinrich August Winkler*, Der Schein der Normalität. Arbeiter und Arbeiterbewegung in der Weimarer Republik 1924-1930, Berlin 1985, 54ff.

die Friedenswirtschaft umzustellen. Dieser Prozeß sei von Anfang an krisenhaft verlaufen, was in den USA und in Deutschland zur „Senkung der Produktionskosten durch Verbesserung der technischen Ausrüstung der Betriebe" geführt habe.[93] *Bauer* beschreibt die verschiedenen Ausprägungen der Rationalisierung und analysiert sie unter den spezifischen Voraussetzungen der kapitalistischen Wirtschaft. Sein allgemeine Befund lautet:

„Die wirtschaftliche Tätigkeit, die verwissenschaftlicht wird, dient dem Kapital, seinem Verwertungsprozeß, seinem Streben nach höchstmöglichem Profit. Die optimalen Bedingungen der wirtschaftlichen Leistungen, die die Arbeitswissenschaft und die Betriebswissenschaften feststellen, können, solange das Kapital die Arbeit kommandiert und die Betriebe beherrscht, nichts anderes sein als die profitabelsten Bedingungen."[94]

Im Kapitalismus sei der rationalisierende Akteur das Produktionskosten optimierende Einzelunternehmen. *Bauer* untersucht das dahinterstehende betriebswirtschaftliche Kalkül unter Berücksichtigung der von diesem vernachlässigten gesellschaftlichen Kosten, entstanden durch Entlassungen, den entsprechenden Lohnausfall und dessen Kompensation durch Arbeitslosenunterstützung, gegebenenfalls auch durch Umschulung und Umsiedelung. Lasse sich ein Rationalisierungsgewinn erwarten, obwohl die genannten Sozialkosten höher als dieser sind, „dann ist es zwar für den Kapitalisten privatwirtschaftlich vorteilhaft, die technische Umstellung vorzunehmen; der Gesamtgesellschaft aber bringt die technische Umstellung in diesem Fall keine Senkung, sondern eine Erhöhung der gesellschaftlichen Produktionskosten"[95]. Diese Konstellation nennt *Bauer Fehlrationalisierung*:

„Fehlrationalisierungen werden also vorgenommen, wenn der Mehraufwand an fixen Kosten, den das rationalisierte Arbeitsverfahren erfordert, zwar kleiner ist als die Ersparnis an Arbeitslohn, die die Rationalisierung ermöglicht, aber größer als die Differenz zwischen dieser Ersparnis und dem gesellschaftlichen Mehraufwand für Erhaltung, Umlernen und Umsiedlung der durch die Rationalisierung arbeitslos gewordenen Arbeiter."[96]

Fehlrationalisierung, so *Bauer*, sei „in der kapitalistischen Gesellschaft nichts Zufälliges (...). Vielmehr wird jede Rationalisierung in der kapitalistischen Gesellschaft bis in den Bereich der Fehlrationalisierung hineingetrieben". Eine „gesellschaftliche Rationalisierung", die nicht nur einzelne reicher mache, sondern den Wohlstand aller hebe, sei nur im Sozialismus konsequent zu verwirklichen.[97]

Lederers Analyse beginnt mit der Überprüfung der vorherrschenden „Kompensationstheorie", die besagt, daß die Rationalisierung keine dauernde Arbeitslosigkeit bewirke, weil die „freigesetzten" Arbeiter nach Überwindung von „Rei-

---

[93] *Otto Bauer*, Kapitalismus und Sozialismus nach dem Weltkrieg. Bd. 1: Rationalisierung – Fehlrationalisierung, Wien 1931 (mehr nicht erschienen), in: *ders.*, Werkausgabe, Bd. 3, 719-914, 23f. Dieses Werk, das auch in Deutschland erschienen ist, wurde breit rezipiert.
[94] Ebenda, 860.
[95] Ebenda, 867.
[96] Ebenda.
[97] Ebenda, 863, 867f., 869. – *Georg Decker* kritisierte, daß Bauer kapitalistische Rationalisierungen für möglich halte, die sich *nicht* als Fehlrationalisierungen erwiesen. In Wirklichkeit ergäben sie sich zwangsläufig aus der kapitalistischen Dynamik; vgl. *ders.*, Rationalisierung und Fehlrationalisierung, in: DA, Jg. 8 (1931), 440-448, 444. Ebenso *W. Sonderburg*, Rationalisierung und Wirtschaftskrise, in: KK, Jg. 5 (1931), 634-637, 655.

bungsschwierigkeiten" vom Arbeitsmarkt wieder aufgesogen würden.[98] Dies gilt nach *Lederer* allerdings nur unter der Voraussetzung der Statik des Wirtschaftssystems. Der moderne Kapitalismus müsse aber als ein dynamisches System begriffen werden, dessen Kennzeichen „ein typischer Verlauf aneinandergeschalteter Störungen" sei.[99] Eine Störung liege vor, wenn sich plötzlich in einem wichtigen Produktionszweig die Möglichkeit ergebe, „durch Erweiterung und gleichzeitige Veränderung des Produktionsprozesses effizienter zu produzieren"[100]. Da in diese Branchen zusätzliches Kapital strömen werde, sei das Resultat:

„Durch die technische Entwicklung wird die Entstehung eines Teils von Produktionen verhindert, die normalerweise ins Leben getreten wären. Diese Produktionsgruppen wachsen jetzt langsamer als bisher. In den dynamischen Produktionen hingegen steigt die Effizienz der Arbeit rasch an, so daß eine weitaus geringere Menge an Arbeitskräften jetzt imstande ist, eine Produktmenge zu erzeugen, aus deren Verkauf sowohl die Amortisation eines größeren Kapitals als auch ein höherer Profit auf das neu investierte Kapital herausgewirtschaftet werden kann."[101]

Die freigesetzten Arbeiter, so *Lederer*, können nicht beliebig hin- und hergeschoben werden. Für eine Neueinstellung fehlten die speziellen Maschinen, die Infrastruktur sowie ein Stock geschulter Arbeiter. Es müßten neue Produktionseinheiten geschaffen werden, um neue Kaufkraft auf den Markt zu bringen. „So bleibt also das Resultat bestehen, daß (...) der größte Teil der freigesetzten Arbeiter nicht durch eine automatisch kompensierende Bewegung wieder in den Produktionsprozeß eingefügt werden kann."[102] Unter Konjunkturaspekten folge aus dieser Entwicklung:

„Im Konjunkturverlauf überlagern sich zwei Prozesse: Ausdehnung der stationären Produktion und rapides Anschwellen der Investitionen in den technisch fortschreitenden Betrieben. Der Deflationsprozeß, der bei der Liquidation der Konjunktur eintreten muß, schafft auch in den technisch stationären Betrieben Arbeitslosigkeit. Diese ist konjunkturell. Dazu tritt aber dann noch die *strukturelle*, d.h. lange dauernde Arbeitslosigkeit als Folge des technischen Fortschritts."[103]

Die Folge sei ein „Stufenbau technisch verschieden strukturierter Betriebe", wobei die veralteten Betriebseinheiten aus dem Markt herausgedrängt würden. Das Kapital ströme in die entwicklungsfähigen Betriebe, deren „organische Zusammensetzung" wachse (was nach *Marx* mit Profitminderung verbunden ist); dies steigere den Konkurrenzdruck, was zu Betriebsstillegungen führen könne.[104] Unter kapitalistischen Bedingungen sei die Situation ausweglos:

„(...) werden Gewinne und Ersparnisse immer wieder in dieselben falschen Bahnen gelenkt, wird die Produktion derart durch Fehlleitung teurer anstatt billiger, wird die Freisetzung von Arbeitskräften und von Angestellten definitiv, ohne daß eine Kompensation eintritt – so ha-

---

[98] *Emil Lederer*, Technischer Fortschritt und Arbeitslosigkeit, Tübingen 1931, 1.
[99] Ebenda, 5, 9.
[100] Ebenda, 37, 41.
[101] Ebenda, 47.
[102] Ebenda, 60f., 73.
[103] Ebenda, 102f.
[104] Ebenda, 104, 106f.

ben wir das Bild einer schweren Wirtschaftskrise, aus der es keinen Ausweg zu geben scheint – wenigstens keinen Ausweg mit kapitalistischen Mitteln."[105]

4. Ethischer Sozialismus

Dem „ethischen Sozialismus" kam es weniger auf die Entwicklung von Konzepten an, deren Realisierung der Verwirklichung des Sozialismus dienen sollte, als vielmehr auf eine ethische Begründung des Sozialismus. Demgemäß waren viele ethische Sozialisten akademische Philosophen. Da in dieser Darstellung von einer Erörterung rein philosophischer Positionen abgesehen wird, muß die Behandlung des ethischen Sozialismus kursorisch bleiben. Soweit die ethischen Sozialisten zugleich theologisch argumentierten, wird auf die einschlägigen Darstellungen in diesem Bande verwiesen.

Unter den ethischen Sozialisten überwiegen die sog. Neokantianer. Bedeutende Vertreter dieser Gruppe sind die Marburger Philosophen *Paul Natorp* (1854-1924), *Hermann Cohen* (1842-1918), der Münsteraner Philosophiehistoriker *Karl Vorländer* (1860-1928) der Hallenser Rechtsphilosoph *Rudolf Stammler* sowie *Franz Staudinger*, als Konsumgenossenschafter auch praktisch wirkender Sozialist. *Natorp* unterschied zwischen „Realstaat" und „Idealstaat" im Sinne der kantianischen Unterscheidung von „respublica phaenomenon" und „respublica noumenon". Der „Realstaat" sei durch den Antagonismus der Egoismen, Rekord- und Profitsucht sowie Ausbeutung und Zerstörung des Heiligen und Natürlichen ausgezeichnet. Der sittliche „Idealstaat" müsse danach streben, diese Einzel- und Gruppenwillen auszubalancieren und sich dabei am sittlichen Ideal der Freiheit, das in der Arbeits- und Wirtschaftsgemeinschaft des Volkes verwirklicht werden solle, orientieren. „Der Sozialismus ist im Recht", so *Cohen*, „insofern er im Idealismus der Ethik gegründet ist". *Natorp* verband den Sozialismus mit – von *Fichte* inspirierten – völkischen Vorstellungen, die er nach dem Ersten Weltkrieg den Jungsozialisten nahezubringen suchte.[106]

Anders als die genannten Autoren mischte sich *Leonard Nelson* (1882-1927) bewußt in die Politik ein. Der Göttinger Erkenntnistheoretiker und Rechtsphilosoph gründete einen sozialistisch orientierten „Internationalen Jugend-Bund", dessen Mitglieder 1925 aus der SPD ausgeschlossen wurden, und danach den „Internationalen Sozialistischen Kampf-Bund" (ISK), der dem Nationalsozialis-

---

[105] *Lederer*, Technischer Fortschritt und Arbeitslosigkeit, 126. – *Lederer* hat übrigens dieses Werk im Auftrag des Internationalen Arbeitsamtes überarbeitet und, mit vielen durchgerechneten Fallbeispielen versehen, 1938 in deutscher und englischer Sprache noch einmal herausgebracht; vgl. *Emil Lederer*, Technischer Fortschritt und Arbeitslosigkeit. Eine Untersuchung der Hindernisse des ökonomischen Wachstums. Mit einem Nachwort von *Robert A. Dickler*, Frankfurt a.M. 1981. Vgl. ferner *Mark Mitnitzky*, Technischer Fortschritt und Arbeitslosigkeit, in: DG 1932, Bd. 1, 354-360.
[106] Vgl. *Paul Natorp*, Der Deutsche und sein Staat, Erlangen 1924, 51ff., 58, 87; ders., Sozialidealismus. Neue Richtlinien sozialer Erziehung, Berlin 1920; *Hermann Cohen*, Ethik des reinen Willens, Berlin ³1929; ders., Kritischer Nachtrag zu F.A. Lange, Geschichte des Materialismus, Anhang zu Bd. 2, Leipzig 1902, 112, 117f.; *Karl Vorländer*, Kant und Marx, 2. neubearbeitete Auflage, Tübingen 1926. Zu *Natorps* Einfluß auf die Jungsozialisten vgl. *Walter*, Nationale Romantik, 42f. – Zur Charakterisierung weiterer Autoren vgl. *Helmut Holzhey* (Hrsg.), Ethischer Sozialismus. Zur politischen Philosophie des Neukantianismus, Frankfurt a.M. 1994.

mus kompromißlos Widerstand leistete. Viele Mitglieder des ISK, z.B. *Willi Eichler*, spielten in der Nachkriegs-SPD eine bedeutende Rolle.[107]

Nelsons Erkenntnistheorie berief sich auf den *Kant*-Kritiker *Jakob Friedrich Fries* (1773-1843). „Allgemeine Grundwahrheiten" könnten durch Aufsuchen der „apodiktischen Anfänge" erkannt werden.[108] Sie bestünden in der Einsicht der Notwendigkeit von Pflicht und Gerechtigkeit und dem „Grundsatz der Würde der Person". Weitere Deduktionen zeigen die praktische Notwendigkeit des Sozialismus als „Postulat des Rechts". *Nelsons* Definition lautet: „Ich verstehe unter *Sozialismus* das Prinzip einer Gesellschaftsordnung, die den Privatbesitz auf die Bedingung der Gleichheit des Wohlstandes einschränkt." [109] Demnach sollte das Privateigentum an Produktionsmitteln beschränkt, aber nicht umfassend vergesellschaftet werden. Wie für *Heimann* war für ihn die „Sozialpolitik" das geeignete Transformationsinstrument. Er forderte den Ausbau des Genossenschaftswesens, Sicherung des Koalitionsrechts der Arbeiter und deren Mitwirkung bei der Betriebsleitung, gerechte Steuerpolitik, staatlich finanzierte Ausbildungsförderung begabter Kinder, Erziehung zum Gemeinsinn sowie Enteignung „sozial gefährlicher Monopole", insgesamt gesehen eine reformistische Politik.[110]

Nelson, von *Platons* Idee des Philosophenkönigs angetan, zeigte sich als entschiedener Gegner der Demokratie. Er wiederholte die Argumente, die sich in *Platons* „Politeia" gegen die Demokratie finden lassen: Sie sei eine „Narrenbühne für Schwätzer" und gebe den Weg frei für Demagogen und „würdelose Kriecherei". Statt dessen plädierte er für das Führerprinzip. Seine Ablehnung der Demokratie veranlaßte ihn auch, das sozialdemokratische Konzept der „Wirtschaftsdemokratie" abzulehnen, obwohl seine anderen sozialistischen Zielvorstellungen mit denen der Sozialdemokratie vereinbar waren. Seine Schüler haben *Nelsons* antidemokratischen Affekt im Kampf gegen Hitler überwunden.[111]

---

[107] Vgl. dazu *Werner Link*, Die Geschichte des Internationalen Jugendbundes (IJB) und des Internationalen Sozialistischen Kampfbundes (ISK). Ein Beitrag zur Geschichte der Arbeiterbewegung in der Weimarer Republik und im Dritten Reich, Meisenheim a.G. 1964; *Sabine Lemke-Müller*, Ethischer Sozialismus und soziale Demokratie. Der politische Weg Willi Eichlers vom ISK zur SPD, Bonn 1988.

[108] *Leonard Nelson*, Jakob Friedrich Fries und seine jüngsten Kritiker, in: *ders.*, Gesammelte Schriften in neun Bänden, Hamburg 1970-1972, Bd. 1, 79-150, 96, 100f., 103. Über den Zusammenhang von *Nelsons* Erkenntnistheorie und seinem politischen Denken vgl. *Thomas Meyer*, Ethischer Sozialismus bei Leonard Nelson, in: *Holzhey* (Hrsg.), Ethischer Sozialismus, 301-315; *Udo Vorholt*, Die politische Theorie Leonard Nelsons, Baden-Baden 2000.

[109] *Ders.*, Kritik der praktischen Vernunft (1917), in: *ders.*, Schriften, Bd. 4, 4, 653; *ders.*, System der philosophischen Rechtslehre und Politik (1924), in: *ders.*, Schriften, Bd. 6, 329.

[110] *Ders.*, System, 352, 354ff.

[111] Vgl. ebenda, 350ff.; *ders.*, Erziehung zum Führer, in: *ders.*, Schriften, Bd. 8, 498-522, 502, 505ff.; *ders.*, Demokratie und Führerschaft (1920/1927), in: *ders.*, Schriften, Bd. 9, 385-571, 404ff. *Platons* Demokratiekritik findet sich in: *ders.*, Politeia, in: *ders.*, Sämtliche Werke, Bd. 3, Hamburg 1958, 255-265 (Stephanus-Zählung 555a-564e). Vgl. dazu *Siegfried Marck*, Die philosophische Politik Leonard Nelsons, in: DG 1925, Bd. 2, 126-140. Bei *Nelson* fehle für eine Theorie des Kapitalismus und des historisch-realistischen Sozialismus „jeder logische Ort" (140).

5. Neoliberale Sozialismuskritik und die sozialistische Antikritik

Nach dem Ersten Weltkrieg sank das Gewicht der liberalen Wirtschaftstheorie für kurze Zeit. Der patriotisch gesonnene Liberalismus mußte der dirigistischen Kriegswirtschaft zwangsläufig zustimmen. Die Strömungen, die daran anknüpfen wollten, befanden sich im Aufwind: Die Sozialisierungsvorstellungen eines Teils der MSPD, die Befürworter des „Organisationsgedankens" (*J. Plenge*) sowie von *Rathenaus* „Neuer Wirtschaft" und *Wissell-Moellendorffs* „Deutscher Gemeinwirtschaft", zu deren Unterstützung der bedeutende Publizist *Erich Schairer* die Schriftenreihe „Deutsche Gemeinwirtschaft" herausgab.

Zwei Beiträge, *Max Webers* nachgelassenes Werk „Wirtschaft und Gesellschaft", und ein Aufsatz des Böhm-Bawerk-Schülers *Ludwig (von) Mises* (1881-1973) setzten dieser gemeinwirtschaftlichen Aufbruchsstimmung nachhaltig wirkende Einwände entgegen. *Weber* kontrastierte in „Wirtschaft und Gesellschaft" die „formale" und die „materiale Rationalität des Wirtschaftens":

„Als *formale* Rationalität eines Wirtschaftens soll hier das Maß der ihm technisch möglichen und von ihm wirklich angewendeten *Rechnung* bezeichnet werden. Als *materiale* Rationalität soll dagegen bezeichnet werden der Grad, in welchem die jeweilige Versorgung von gegebenen Menschen*gruppen* (...) mit Gütern durch die Art eines wirtschaftlich orientierten sozialen Handelns sich gestaltet unter dem Gesichtspunkt bestimmter (...) *wertender* Postulate" – z.B. ethischer und egalitärer Forderungen. Das ‚vollkommenste' wirtschaftliche Rechnungsmittel, das heißt: das formal rationalste Mittel der Orientierung wirtschaftlichen Handelns" sei das *Geld*.[112]

Weber sah in *O. Neuraths* naturalwirtschaftlichen Ideen das Musterbeispiel eines konsequent durchgeführten Sozialismus. Andere „Bedarfsdeckungskonzepte", z.B das einer „verbandsregulierten Wirtschaft", setzten immer noch „Kapitalrechnung" und „effektive Preise" voraus. Die Grenze zwischen „Sozialismus" und „Sozialreform" sei darin zu sehen, ob diese Rationalitätsvoraussetzungen fortbestünden oder nicht. Bei einer „Naturalrechnung" werde „*jede* exakte *Berechnung* der ‚Generalunkosten', welche immerhin von der Kapitalrechnung geleistet wird, unmöglich (...)."[113] *Weber* gibt zu bedenken, daß die Naturalwirtschaft ohne Statistik und eine (möglicherweise autokratisch verwaltende) Bürokratie nicht auskomme. Diese werde Lebensmittel und Arbeit rationieren und zuteilen.[114]

Mises leitet aus dem von ihm vorbehaltlos vertretenen neoklassischen Wirtschaftsmodell Argumente ab, die – die Gültigkeit dieses Modells vorausgesetzt – zwingend gegen die rationale Gestaltbarkeit der sozialistischen Wirtschaft sprechen. Seine Beispiele sind gleichfalls *Neuraths* Konzept der „Vollsozialisierung" sowie dem bolschewistischen Experiment entnommen. „Teilsozialisierung", z.B. der „Staats- und Kommunalsozialismus", sei kein wirklicher Sozialismus, weil er

---

[112] *Max Weber*, Wirtschaft und Gesellschaft. Grundriß der Verstehenden Soziologie (1922), Studienausgabe, Halbbd. 1, Köln 1964, 60f.
[113] *Ders.*, Wirtschaft und Gesellschaft, 74ff., 80.
[114] Vgl. ebenda, 152f., sowie *ders.*, Der Sozialismus (1918), in: *ders.*, Gesammelte Aufsätze zur Soziologie und Sozialpolitik, Tübingen 1924, 492-518, 508, wo stärker auf die Nachkriegssituation Bezug genommen wird.

sich immer noch in einem kapitalistischen Umfeld bewege.[115] Der „Gildensozialismus" sei in Wirklichkeit „Syndikalismus", weil er das Verfügungsrecht dezentralisiere, also einen rudimentären Markt kenne.[116]

Grundlage der Wirtschaftsrechnung ist der Marktmechanismus, an dem jedermann teilhat:

„In der auf dem Sondereigentum an den Produktionsmitteln beruhenden Wirtschaftsordnung wird die Wertrechnung von allen selbständigen Gliedern der Gesellschaft geführt. Jedermann ist an ihrem Zustandekommen in zweifacher Weise beteiligt, einmal als Verbraucher, das andere Mal als Erzeuger. Als Verbraucher setzt er die Rangordnung der (...) verbrauchsreifen Güter fest; als Erzeuger zieht er die Güter höherer Ordnung in jene Verwendung, in der sie den höchsten Ertrag abzuwerfen versprechen. Damit erhalten auch alle Güter höherer Ordnung die ihnen nach dem augenblicklichen Stand der gesellschaftlichen Produktionsverhältnisse und der gesellschaftlichen Bedürfnisse zukommende Rangordnung. Durch das Zusammenspiel der beiden Wertungsprozesse wird dafür Sorge getragen, daß das wirtschaftliche Prinzip überall, im Verbrauch sowohl als in der Erzeugung, zur Herrschaft gelangt. Es bildet sich jenes genau abgestufte System der Preise heraus, das jedermann in jedem Augenblick gestattet, seinen eigenen Bedarf mit dem Kalkül der Wirtschaftlichkeit in Einklang zu bringen."[117]

Voraussetzung dieser These ist, daß die subjektive Einschätzung von Gebrauchswerten aller Wirtschaftsteilnehmer zusammengenommen den „objektiven Tauschwert" aller Wirtschaftsgüter ergibt, der sich in Geld ausdrücken läßt – eine Annahme, die von marxistischer Seite verworfen wird.[118] Gelingt diese Transformation, so ergibt die Geldrechnung

„einen Wegweiser durch die erdrückende Fülle der wirtschaftlichen Möglichkeiten. Sie gestattet uns, das Werturteil, das sich in unmittelbarer Evidenz nur an die genußreifen Güter und bestenfalls nur an die Produktivgüter der niedrigsten Güterordnungen knüpft, auf alle Güter höherer Ordnung auszudehnen. Sie macht den Wert rechenbar, sie gibt uns damit erst die Grundlagen für alles Wirtschaften mit Gütern höherer Ordnung."[119]

Die sozialistische Produktionsweise verfüge über diesen Mechanismus nicht. Sie sei nicht in der Lage, die Anteile der eingesetzten Produktionsfaktoren am Zustandekommen des Produktionsertrags rechnerisch zu überprüfen. Zwar werde es weiterhin Geld geben, aber nur zum Erwerb von Genußgütern. Da „kein Produktivgut im Tauschverkehre umgesetzt wird, wird es unmöglich, Geldpreise der Produktivgüter zu erkennen. (...) Die Wertrechnung in Geld wird hier unmöglich."[120] Die Folge davon ist, daß das Entlohnungssystem willkürlich wird. Ob es von den Bedürfnissen der einzelnen abhängt, ob die Verteilung gleichmäßig ist, oder ob sie von den dem Gemeinwesen geleisteten Diensten abhängt, bzw. ob der

---

[115] *Ludwig Mises*, Die Wirtschaftsrechnung im sozialistischen Gemeinwesen, in: ASS, Jg. 47 (1920/21), 86-121, 105, 110.

[116] *Ders*, Neue Beiträge zum Problem der sozialistischen Wirtschaftsrechnung, in: ASS, Jg. 51 (1924), 488-500, 491.

[117] Ebenda, 101f.

[118] Ebenda, 94f. Zur Kritik von marxistischer Seite vgl. *Otto Leichter*, Die Wirtschaftsrechnung in der sozialistischen Gesellschaft, Wien 1923, 17.

[119] *Mises*, Wirtschaftsrechnung, 97.

[120] Ebenda, 89f.

Fleißige mehr erhält als der Trägere: „(...) immer wird die Sache so sein, daß jeder vom Gemeinwesen eine Zuweisung empfängt"[121].

Da Geld in der Wirtschaftsrechnung keine Rolle spielt, werde die Geldrechnung durch naturalwirtschaftliche Schätzungen ersetzt. Allerdings:

„Durch die Gegenüberstellung von verschiedenartigen Naturalausgaben und Naturalersparungen vermag man hier nicht zum Ziele zu kommen. Wenn man keine Möglichkeit hat, Arbeitsstunden verschieden qualifizierter Arbeit, Eisen, Kohle, Baumaterial (...), Maschinen und andere Dinge (...) auf einen gemeinsamen Nenner zu bringen, dann kann man die Rechnung nicht durchführen. (...) Verzichten wir auf [die Geldrechnung, W.E.], so wird jeder Wirtschaftskalkül unmöglich."[122]

Die sozialistische Wirtschaftsleitung werde versuchen, das Geld durch statistische Berechnungen zu ersetzen, doch weil dies unmöglich sei, beruhten wirtschaftliche Entscheidungen letztlich auf „vagen Schätzungen". Fazit: „Jede wirtschaftliche Veränderung wird so im sozialistischen Gemeinwesen zu einem Unternehmen, dessen Erfolg weder im vorhinein abgeschätzt noch auch später rückschauend festgestellt werden kann. (...) Sozialismus ist Aufhebung der Rationalität der Wirtschaft."[123] In seiner bekannten Monographie „Die Gemeinwirtschaft" hat *Mises* seinen Grundgedanken einen kulturpessimistischen Zuschnitt gegeben. Sozialismus bedeute „Kapitalaufzehrung" und „Dekonstruktionismus". Letztlich führe er zur Zerstörung der Gesellschaft und ihrer Kultur.[124]

Webers und *Mises'* These, im Sozialismus könne es keine rationale Wirtschaftsrechnung geben, löste eine lebhafte Diskussion aus. *Otto Leichter* wandte ein, daß, anders als *Weber* meine, in einer sozialistischen Wirtschaft nicht nur „materiale", sondern auch „formale Rationalität" vorherrsche. Aus dem Kapitalismus herausgewachsen, werde sie „mit ihrer Arbeitsteilung, ihrer industriellen Massenproduktion ein ähnliches Bild bieten" wie die heutige Wirtschaft, und ihre „sozialen Verteilungsgrundsätze" könnten „jederzeit rational erfaßt werden".[125] *Mises* fetischisiere den Markt. Dieser erbringe zwar die „große Leistung", die Gestehungskosten der einzelnen Betriebe zu vergleichen und diese zu zwingen, ihre Produktionsmethoden den „besten und konkurrenzfähigen" anzugleichen. Für die Preisbildung seien aber nicht der Markt, sondern die Entstehungskosten entscheidend. Die Unternehmen arbeiteten mit Vor- und Nachkalkulationen und bezögen die Sozialkosten in die Kostenrechnung ein. Die kostenabhängigen Lieferverträge, nicht das „Feilschen auf dem Markt", setzten die Preise fest.[126]

Leichter räumt ein, daß mit *Neuraths* statistischen Verfahren Betriebskostenrechnungen kaum möglich seien. In einer anders gestalteten sozialistischen Ordnung, z.B. einer solchen, die die relative Unternehmensautonomie des „Gildenso-

---

[121] *Mises*, Wirtschaftsrechnung, 88.
[122] Ebenda, 103.
[123] Ebenda, 104.
[124] *Ludwig Mises*, Die Gemeinwirtschaft. Untersuchungen über den Sozialismus (1922), 2., umgearbeitete Auflage, Jena 1932. Unveränderter Nachdruck, München 1981, 422ff., 462. – Ein weiterer sozialismuskritischer Beitrag stammt von dem Freiburger Nationalökonomen und Kartell-Spezialisten *Liefmann*. Im Gegensatz zu den vielen Beobachtern wandte er sich gegen die Auffassung, Sozialismus und Gemeinwirtschaft seien auf dem Vormarsch; vgl. *Robert Liefmann*, Geschichte und Kritik des Sozialismus, Leipzig 1922, 130, 14ff.
[125] *Leichter*, Wirtschaftsrechnung, 14f.
[126] Ebenda, 20-24.

zialismus" mit einer zentralen Instanz kombiniere, seien jedoch Wirtschaftsrechnungen, sogar in verbesserter Form, ohne weiteres möglich.[127]

„Die sozialistische Wirtschaft (...) wird im wesentlichen dem Typus einer *gildensozialistischen Ordnung* angehören. (...) Der ganze Erzeugungsprozeß wird nach Industrieverbänden, Gilden, organisiert sein. Diese werden alle Betriebe des gleichen Produktionsprogrammes und der gleichen Erzeugungsrichtung umfassen und für sie werden die gemeinsamen technischen Anweisungen von den zentralen Büros des Industrieverbandes ausgehen. Von hier wird auch die konkurrenzlose Angleichung der Produktionsmethoden der verschiedenen gleichartigen Betriebe erfolgen, von hier werden auch die einzelnen Betriebe der Gilde ‚mit Aufträgen' versorgt werden. Man wird ja unschwer den gesamten Bedarf der Wirtschaft an den von einer Gilde hergestellten Erzeugnissen annähernd feststellen können. Die Schwierigkeit der produktionsstatistischen Erfassung besteht lediglich in der Feststellung der Leistungsfähigkeit der einzelnen Fabriken, und deswegen ist auch bei gesellschaftlicher Produktion die Erteilung der ‚Erzeugungsaufträge' an die einzelnen Werke nicht ohne weitgehende statistische Vorbereitungen möglich. Die Organisation nach Industrieverbänden ermöglicht aber viel eher als eine Zentralwirtschaft die Erfassung der Leistungsfähigkeit der einzelnen Betriebe, weil innerhalb der Gilde mit gewissen ‚Branchenkenntnissen', die schon teilweise aus der kapitalistischen Zeit stammen, zu rechnen ist. (...). Keinesfalls ist es möglich, von vorherein mit einer streng zentralisierten Verwaltungswirtschaft einzusetzen (...)."[128]

In der Frage des allgemeinen Zahlungsmittels bleibt *Leichter* orthodoxer Marxist. Er hält die Schaffung eines auf Arbeitswertrechnungen beruhenden Arbeitsgeldes für möglich – eine Vorstellung, die inzwischen auch von den meisten Marxisten, auch von *Kautsky*, verworfen worden war. Diese auf der aufgewandten Arbeitszeit beruhenden Wertrechnungen müßten die Wertschöpfung der einfachen und komplizierten Arbeit berücksichtigen, was einen großen statistischen Aufwand erfordert hätte; zudem müsse der Produktionsfortschritt durch technische Innovationen sofort in die Wirtschaftsrechnung einbezogen werden. *Leichter* hält diese Probleme für lösbar und wirft *Kautsky* vor, von der bürgerlichen Geldtheorie „angekränkelt zu sein".[129]

Methodologisch gesehen liegt *Jakob Marschaks* Kritik an der *Mises*-These auf der Linie der Lederschen Synthese marxistischer und neoklassischer Theorieansätze und wirkt moderner als *Leichters* Argumentation. *Marschak* stellt *Mises* die Gegenfrage: „Ist die kapitalistische Wirtschaftsrechnung ein genaues Wertkalkül?" Die Antwort laute nach *Schumpeter* „ja", wenn bestimmte Voraussetzungen erfüllt seien, nämlich erstens: eine sehr große Zahl von Marktteilnehmern, und zweitens: Jedes Individuum muß mit jedem tauschen, und kein Individuum darf so mächtig sein, daß es Monopolpolitik betreiben kann. Fehlten diese Voraussetzungen, so gebe es „keinen *eindeutig* feststellbaren Preis".[130]

In Wirklichkeit bewegten sich die Preise zwischen einer Untergrenze, unter der nicht *ver*kauft, und einer Obergrenze, über der nicht *ge*kauft werde, d.h. die Preise besäßen „*Intervall*charakter", der immer stärker werde, je weiter die Wirtschaft sich vom idealen Marktmodell entferne z.B. durch die Monopolisierung. Die

---

[127] *Leichter*, Wirtschaftsrechnung, 30f., 33, 51f.
[128] Ebenda, 56f.
[129] Ebenda, 45ff., 58-64. Für *Kautskys* Kritik am „Arbeitsgeld" vgl. *ders.*, Die proletarische Revolution und ihr Programm, Stuttgart 1922, 318f.
[130] *Jakob Marschak*, Wirtschaftsrechnung und Gemeinwirtschaft. Zur Mises'schen These von der Unmöglichkeit sozialistischer Wirtschaftsrechnung, in: ASS, Jg. 51 (1924), 501-519, 503.

Voraussetzung der „absolut" freien Konkurrenz treffe heute in immer geringerem Maße zu, denn die „Preise für Kohle, Eisen, Zement, die Transporttarife und die kollektiv vereinbarten Löhne [werden] heute nicht nach dem bloßen Gesetze des ökonomischen Gleichgewichts (...) festgesetzt". *Mises* verkenne den Fiktionscharakter des „homo oeconomicus" und des daraus abgeleiteten Modells.[131] In der Tat berücksichtigt dessen Argumentation weder soziologische noch sozial- und individualpsychologische Erkenntnisse, sondern betreibt reinen „Modellplatonismus" (*Hans Albert*).[132] *Marschak* gibt ferner zu bedenken, daß gerade die marktfernen „außenwirtschaftlichen Veränderungen" von Vorteil sein können.

„Gerade die Befreiung vom ‚exakten Marktniveau' ist es, die den mächtigen Wirtschaftssubjekten die Verwirklichung wirtschaftlicher Zukunftspläne ermöglicht. Die Eisenbahngesellschaft, die durch niedrige Tarife neue Gebiete ‚erschließt', die Einkaufsgenossenschaft, die ihre Preispolitik auf die Förderung neuer Produktionsmethoden bei den Erzeugern einstellt, der Staat, welcher durch landwirtschaftliche Meliorationsmethoden das Kaufkraftniveau und den Eingang der indirekten Steuern steigert, betätigen sich durchaus nicht ‚unwirtschaftlich'; und doch hat ihr Rentabilitätskalkül keine ‚exakten', sich auf einem Markt mit elementarer Objektivität bildenden Preise zur Grundlage."[133]

Marschak folgt dem laut *Mises* „syndikalistischen" Modell des „Gildensozialismus", dessen Produktionsverbände „vertikal", „horizontal" und „regional" gedacht werden könnten.[134] In der Tat seien die Grenzen zwischen Gildensozialismus und Syndikalismus fließend. Der Unterschied laufe darauf hinaus, daß die syndikalistischen Produzentengruppen auf einem Markt zusammenträten, auf welchem die Güter im Rahmen der „Intervalle" getauscht würden, während das Gildensystem einen politisch administrierten Tausch vorsehe.

Dies habe, so *Marschak*, *Heimann* zitierend, Vorteile gegenüber der Marktpreisbildung: Die „gemeinwirtschaftlichen Genußgütermonopolträger" sollten sich „unter Verzicht auf allen Monopolgewinn (...) stets an die untere Grenze des für den Preis feststehenden Spielraums" halten. Innerhalb der Intervallpreise könne „das neue Gleichgewicht eher durch die Anordnung einer den ganzen Markt beherrschenden Stelle erreicht werden als durch das Eingreifen einer Mehrzahl von privaten Erzeugern, welche den Markt nicht vollkommen überblicken, einander auch nicht über ihre jeweiligen Maßnahmen unterrichten" (*Heimann*). Auch das Problem der Wirtschaftsrechnung bei den „höheren" Produktionsgütern sei durch Wert- und Mengenbestimmung lösbar (*Marschak*).[135]

Als „Schiedsinstanz" stellt sich *Marschak* ein demokratisch legitimiertes Gremium vor. Dessen Entscheidungen müßten sich an den ökonomischen Gegebenheiten und am Gemeinwohl orientieren, aber die „Wirtschaftsegoismen" mißachten. Prinzipiell gelte dies für Sozialisten und Nichtsozialisten. Der Unterschied liege

---

[131] *Marschak*, Wirtschaftsrechnung, 503f., 507ff. Zum „Intervallcharakter" der Preise vgl. das durchgerechnete Beispiel bei *Lederer*, Aufriß, 202-206.
[132] Vgl. dazu *Hans Albert*, Modell-Platonismus: Der neoklassische Stil des ökonomischen Denkens in kritischer Beleuchtung, in: *ders.*, Marktsoziologie und Entscheidungslogik. Ökonomische Probleme in soziologischer Perspektive, Neuwied 1967, 331-367.
[133] *Marschak*, Wirtschaftsrechnung, 516.
[134] Ebenda, 512.
[135] Vgl. ebenda, 506f. und Anm.14, 515, Anm. 23.; *Heimann*, Mehrwert, 185f.

darin, daß die sozialistische Lösung in die „Willensbildung der Monopolgebilde" eine „demokratische Korrektur" hineinbringen könne. [136]

Auch das Konzept der *Wirtschaftsdemokratie* wurde von liberaler Seite kritisiert.Das politische Prinzip der Demokratie könne auf die Wirtschaft nicht übertragen werden, denn dort hätten Mehrheitsbeschlüsse nichts zu suchen. Zudem verwische es angesichts der in ihm vorgesehenen Ausdehnung der öffentlichen Unternehmen Staatswirtschaft und Privatwirtschaft, mit der unvermeidbaren Konsequenz der Bürokratisierung. Die gebotene „höchstmögliche Steigerung der Produktivität der Arbeit" könne auf diesem Wege jedenfalls nicht erreicht werden. Nach Ausbruch der Weltwirtschaftskrise neigte das organisierte Unternehmertum autoritären politischen Lösungen zu und verwarf folglich Demokratie und Parlamentarismus. [137]

Gefährlicher als diese konzeptionelle Kritik waren die Angriffe des Unternehmerlagers auf die sogenannte *kalte Sozialisierung*. Gemeint war damit die Ausdehnung der Wirtschaftstätigkeit der öffentlichen Hand, vor allem im kommunalen Bereich, aber auch dem der energieproduzierenden Unternehmen im Besitz von Reich und Ländern – eine Entwicklung, die von der Sozialdemokratie, aber auch vom Deutschen Städtetag, unterstützt wurde. Der organisierte Kampf gegen die „kalte Sozialisierung" zielte hauptsächlich auf die Steuerprivilegien für diese öffentlichen Betriebe, ferner sollten sie daran gehindert werden, Auslandskredite aufzunehmen. Die Wirtschaftsverbände starteten bereits 1926 eine organisierte Kampagne gegen die „kalte Sozialisierung", die mit der Forderung nach Privatisierung der öffentlichen Unternehmungen ihren Höhepunkt fand. [138]

II. Abschied von der demokratischen Republik

1. Neue Analysen der Lage und Kritik an den leitenden Konzepten der Sozialdemokratie

Die Weltwirtschaftskrise, die im Oktober 1929 ausbrach und bis zum Ende der Weimarer Republik andauerte, zerstörte die Grundlagen der während des „Scheins der Normalität" (*H.A. Winkler*) konzipierten Politik von SPD und Freien Gewerkschaften. „Normalität" hieß Klassengleichgewicht, das in die Vorherrschaft der Arbeiterklasse umschlagen könne, organisierter Kapitalismus der Banken und Monopole, die die kapitalistische Dynamik vor dem Entgleisen bewahrten, und schließlich Wirtschaftdemokratie, die auf der Grundlage des organisierten Kapitalismus zu erkämpfen war.

Es dauerte einige Zeit, bis führende Theoretiker wie *Hilferding* und *Naphtali* die Dramatik der neuen Situation erfaßt hatten. Lange wandten sie gegen ihre Opponenten, die Parteilinke, aber auch Gruppen innerhalb der Gewerkschaften und um die „Neuen Blätter für den Sozialismus", die neue Ideen und Konzepte

---

[136] *Marschak*, Wirtschaftsrechnung, 518f.
[137] Vgl. dazu *Heinrich August Winkler*, Unternehmer und Wirtschaftsdemokratie in der Weimarer Republik, in: PVS, Jg. 11 (1970), Sonderheft 2, 308-322, 313f.
[138] Vgl. dazu das umfassende Werk von *Carl Böhret*, Aktionen gegen die ‚kalte Sozialisierung' 1926-1930. Ein Beitrag zum Wirken ökonomischer Einflußverbände in der Weimarer Republik, Berlin 1966, 17, 19, 30, 35, 38, 43, 47, 53f., 61, 75. Vgl. auch die zeitgenössische Abwehrschrift von *Rudolf Lengersdorff*, Gemeinwirtschaft, Rationalisierung und Arbeiterschaft, Berlin 1927, 9f.

forderten, ein, die Wirtschaftskrise sei zwar schwer, habe aber die Konstellationen nicht prinzipiell verändert. *Naphtali* führte 1930 in einer Broschüre aus,

„daß die Krisen früherer Zeit (...) sehr ähnliche Erscheinungen auch in der quantitativen Auswirkung gehabt haben, wie wir sie gegenwärtig erleben."[139] Hätte man auf die Rationalisierung verzichtet, so wäre die Arbeitslosigkeit noch viel größer, weil die deutsche Wirtschaft sodann konkurrenzunfähig geworden wäre. Allerdings hätten die Monopole die Preise hochgetrieben, weshalb man die „Kontrolle der monopolistischen Machtstellungen" fordern müsse.[140] Die Chancen zur Überwindung der Krise seien umso größer, je mehr der Druck auf die Preise den auf die Löhne übertreffe, also die Reallöhne nicht gesenkt würden. Zudem müsse die Arbeitszeit verkürzt werden. „In den Krisenzeiten, wie wir sie heute erleben, ist die Arbeiterbewegung in hohem Maße dazu verdammt, einen Kampf in der Defensive zu führen."[141]

Trotz dieses Eingeständnisses der Machtlosigkeit hielt *Naphtali* am Konzept des „organisierten Kapitalismus" und der „Wirtschaftsdemokratie" fest und wandte gegen die lauter werdende Kritik ein, weder *Hilferding* noch er selbst hätten je behauptet, daß der organisierte Kapitalismus krisenfrei sei und die „Wirtschaftsdemokratie" der Arbeiterklasse kampflos in den Schoß fallen werde.[142] Eines Tages, so die dahinterstehende Überzeugung, werde die Wirtschaftskrise vorüber sein, und die alte Politik könne fortgesetzt werden.

Diese Hoffnung trog. Die Weltwirtschaftskrise hatte sich auch politisch ausgewirkt: Die Bevölkerung radikalisierte sich und wählte verstärkt nationalsozialistisch oder kommunistisch, mit dem Ergebnis, daß es nach den Reichstagswahlen vom September 1930 keine republiktreue Regierung ohne Zusammengehen von Zentrum und SPD geben konnte. Die Wahlen von 1932 zum Preußischen Landtag und zum Reichstag ergaben eine Mehrheit der republikfeindlichen Parteien. Der Ausweg hieß Stützung des Kabinetts *Brüning* (Zentrum) durch den Reichspräsidenten in Form eines „Präsidialkabinetts" ohne eigene parlamentarische Mehrheit sowie durch „Tolerierung" seitens der SPD-Fraktion. Nach *Brünings* Sturz im Mai 1932 begann das rasche Abgleiten in die nationalsozialistische Diktatur.

Die „Tolerierung" war durch das politische Kalkül, daß ohne sie die politische Katastrophe sofort eintrete, zu rechtfertigen, doch sie zerrüttete die politische Moral der Sozialdemokraten in einem quälenden Prozeß. Insbesondere ihre jüngeren Anhänger begannen, den Glauben an sie zu verlieren. *Georg Decker* analysierte diese Politik ungeschminkt. Sie könne „unmöglich unmittelbar einleuchten". Es handle sich um eine „Politik des kleineren Übels" zu dem Zweck zu verhindern, daß der Reichstag vollkommen ausgeschaltet oder „daß die neue Regierung eine Regierung des Staatsstreichs und des Bürgerkriegs werden könnte".[143]

Ernst Fraenkel, Otto Kirchheimer (1905-1965) und *Franz L. Neumann* (1900-1954), Juristen mit hervorragender staats- und arbeitsrechtlicher Kompetenz, analysierten die Ursachen des Niedergangs der Weimarer politisch-parlamentarischen Praxis. Sie gingen von dem Befund aus, daß der Ausgangs-

---

[139] *Fritz Naphtali*, Wirtschaftskrise und Arbeitslosigkeit, Berlin 1930, 7.
[140] Ebenda, 15, 20f.
[141] Ebenda, 26f., 31f.
[142] *Fritz Naphtali*, Der organisierte Kapitalismus in der Wirtschaftskrise, in: DG 1931, Bd. 1, 423-439, 424f., 435f.
[143] *Georg Decker*, Tolerierung, in: DG 1930, Bd. 2, 481-485, 481f., 484.

kompromiß Weimars zerbrochen sei. *Fraenkel* zufolge bestand er in der Auflösung der Hegemonie der *„protestantisch-preußischen Gutsbesitzer"* und der *„industriellen Kaste"* sowie – darauf wies besonders *Kirchheimer* hin – im „Stinnes-Legien-Pakt" vom November 1918 über die paritätische Regelung der Arbeitsbeziehungen, der den Einbau der Arbeitsverfassung in die Reichsverfassung (Art. 165 WRV) ermöglicht habe:

„Diese Hegemonie in eine Parität mit den Nichtprotestanten, Nichtpreußen und Nichtunternehmern umzuwandeln, war der geschichtliche Sinn der neuen Ordnung (...). Das Experiment von Weimar bestand darin, trotz zahlenmäßiger aber auch artmäßiger Verschiedenheit dieser Kräfte ein Gleichgewicht herbeizuführen unter Beibehaltung der arithmetischen Gleichheit der Stimmen im demokratischen Wahlverfahren." (*Fraenkel*). – „ Durch diese Abmachung [den Stinnes-Legien Pakt, W.E.] taten die Gewerkschaften (...) kund, daß sie von nun an gleichberechtigte und ebenbürtige Faktoren im Wirtschaftsleben sein wollten, und die Unternehmer sahen sich genötigt, diesem Verlangen zuzustimmen (...). Damit war das Schicksal der künftigen Verfassung (...) vorweggenommen. In einer bestimmten Einschätzung der politischen und ökonomischen Verhältnisse, die mit den Anschauungen der Mehrheit der deutschen Bevölkerung übereinstimmte (...), haben damals die Arbeitnehmerverbände den Weg der Zusammenarbeit mit den Unternehmern beschritten. So wie von jener Zeit an die eigentliche Grundlegung unseres heutigen Verfassungszustandes datiert, setzte mit diesem Datum auch ein erbitterter Kampf zwischen den Vertragspartnern ein. (*Kirchheimer*).[144]

Obwohl, wie von *Kirchheimer* angedeutet, das Unternehmerlager danach strebte, diesen Basiskompromiß restriktiv auszulegen und tendenziell zurückzunehmen, verhalf er nach *Neumann* der Arbeiterschaft „zu einer gewissen Macht":

„Auf sozialem Gebiet hat sie ein hohes Maß von Errungenschaften zu verzeichnen. Auf wirtschaftspolitischem Gebiet erhebt sie neue Forderungen, die auf Ausbau der Kartell- und Monopolkontrolle, auf öffentliche Bewirtschaftung der Eisenerzeugung, auf Verstärkung des Arbeitnehmereinflusses in der Kohlen- und Kaliwirtschaft gehen. Die sozialen Verhältnisse haben sich grundlegend gewandelt und – von dieser optimistischen Grundauffassung gehen wir im folgenden aus: – Sie werden sich von Jahr zu Jahr zugunsten der Arbeiterklasse verschieben."[145]

Kirchheimer korrigierte *Neumanns* optimistische Prognose von 1929. In Wirklichkeit sei es der Arbeiterbewegung nicht gelungen, durch Einschränkung des Privateigentums an Produktionsmitteln wirklichen Einfluß auf die „Direktionssphäre" der Wirtschaft zu erhalten. Dies verhindere auch die höchstrichterliche Rechtsprechung, für die der Eigentumsschutz höchste Priorität genieße.[146] So beschränke sich der Einfluß der Arbeiterbewegung darauf, über die Mechanismen der „Verteilungssphäre" ihren Anteil am Sozialprodukt zu erhöhen.

---

[144] Vgl. *Ernst Fraenkel*, Abschied von Weimar? (1932), in: *ders.*, Gesammelte Schriften. Bd. 1, Baden-Baden 1999, 481-495, 482ff.; *Otto Kirchheimer*, Weimar – und was dann. Analyse einer Verfassung, Berlin 1930, abgedruckt in: *ders.*, Politik und Verfassung, Frankfurt 1964, 9-56, 13. Die genannten Autoren beeinflußten die deutsche Politikwissenschaft nach dem Zweiten Weltkrieg erheblich. Zu *Fraenkel* vgl. oben Sozialismus I, 8. Kap., I, 1. Zu *Kirchheimer* vgl. *Wolfgang Luthardt/Alfons Söllner* (Hrsg.), Verfassungsstaat, Souveränität, Pluralismus. Otto Kirchheimer zum Gedächtnis, Opladen 1989; zu *Neumann*: *Joachim Perels* (Hrsg.), Recht, Demokratie und Kapitalismus. Aktualität und Probleme der Theorie Franz L. Neumanns, Baden-Baden 1984.
[145] *Franz Neumann*, Gegen ein Gesetz über Nachprüfung der Verfassungsmäßigkeit von Reichsgesetzen, in: DG 1929, Bd. 1, 517-536, 21.
[146] *Kirchheimer*, Weimar, 35ff.

Die „Verteilungssphäre" sei „dem freien Spiel der Kräfte vorbehalten." Sie stehe „im Gegensatz zu der der Gesetzlichkeit der gegebenen kapitalistischen Ordnung mehr oder minder starr unterworfenen ‚Direktionssphäre' (...). Sie umfaßt den Anteil der vom kapitalistischen Wirtschaftssystem in irgendeiner Form abhängigen Bevölkerung am Sozialprodukt, der sich ausdrückt in Tarifverträgen, Bestimmungen über Sozialversicherung, Arbeitslosigkeit, Wohnungswesen (...). Hier wirken sich die jeweiligen innenpolitischen Machtverhältnisse zwischen Arbeiterschaft und Kapital aus, die von vielerlei Faktoren abhängig sind und für die die politischen Wahlen oft nur einen trügerischen Gradmesser darstellen. Während innerhalb der ‚Direktionssphäre' die Regierung sich der Eigengesetzlichkeit der kapitalistischen Wirtschaftsordnung mit mehr oder minder starker Bereitwilligkeit anzupassen hat, ist sie innerhalb der ‚Verteilungssphäre' immer mehr zu einem ‚Clearing-House' (...) geworden. Ihre Aufgabe ist es, die widersprechenden Wünsche der durch ihre Spitzenverbände vertretenen wirtschaftlichen Organisationen unter steter Berücksichtigung des gerade vorhandenen Stärkeverhältnisses so auszugleichen, daß eine Gefährdung der vorgezeichneten gesamtpolitischen Linie vermieden wird."[147]

Als weiteres Symptom der Krise des Weimarer Systems galt für viele Beobachter, daß die in Art. 165 WRV verankerte Arbeitsverfassung nie gemäß der Vorstellungen ihrer Schöpfer funktionierte. *Fraenkel* beschrieb diesen Befund so:

„Es kann dahingestellt bleiben, ob die Vorstellung, eine individualistische Wirtschaftsordnung und eine liberale kollektivistische Arbeitsordnung seien miteinander vereinbar – generell als Utopie zu bezeichnen ist. Jedenfalls hat die Erfahrung bewiesen, daß das Experiment nicht glückte in einer Periode, in der durch die weitgehende Ausschaltung der wirtschaftlichen Konkurrenz der liberalen Wirtschaftsordnung bereits der Boden entzogen und damit zugleich eine so erhebliche Verstärkung der sozialen Macht des Unternehmertums eingetreten war, daß das Ziel des sozialen Ausgleichs mit Hilfe der Parität nicht erreicht werden konnte. (...) Indem der Staat infolge des Versagens der liberal-individualistischen Wirtschaftsordnung und der liberal-kollektivistischen Arbeitsordnung (...) durch eine staatliche Regelung auf fast allen Gebieten (...) einzugreifen gezwungen war, wurde der Staat mit Aufgaben belastet, die in der gesellschaftlich wirtschaftlichen Sphäre zu belassen der soziale Gehalt der Weimarer Verfassung gewesen war. Damit aber ist die politische Existenz der Weimarer Verfassung selbst gefährdet."[148]

Fraenkel stellte die Frage, wie die SPD auf diese fortschreitender Erosion des Weimarer Klassenkompromisses reagieren solle. Die Staatsverfassung sei für die Arbeiterschaft von Wert, solange Meinungsfreiheit, Versammlungsfreiheit, Koalitionsfreiheit und Pressefreiheit weiterbestünden. Werde sich das Unternehmertum mit seiner Forderung durchsetzen, die paritätische Regelung der sozialen und wirtschaftlichen Verhältnisse abzuschaffen, so müsse die Arbeiterschaft den „Kampf um die Entscheidung mit politischen Mitteln von neuem" aufnehmen, jedoch im Rahmen „der Freiheitsrechte und der demokratisch-politischen Befugnisse, die die Weimarer Verfassung ihr gewährleistet hat".[149] Daß der politische Kampf bei Zuspitzung der Lage auch jenseits der Rechtsordnung geführt werden müsse, konnte in den Reihen der republiktreuesten aller Weimarer Parteien kaum gedacht und erst recht nicht ausgesprochen werden.

---

[147] *Kirchheimer*, Weimar, 42f. Diese Passage nimmt Aussagen der späteren Pluralismustheorie vorweg. Die Unterscheidung zwischen „Direktions- und Verteilungssphäre" lehnt sich an die Marxsche zwischen „Produktions- und Distributionssphäre" an.
[148] *Fraenkel*, Abschied, 487.
[149] Ebenda, 494f.

Die Krisenzeit am Ende von Weimar gab der sozialdemokratischen Linken und den freischwebenden Linksintellektuellen Auftrieb. Sie hatten schon immer Vorbehalte gegen die Bereitschaft, Koalitionen mit bürgerlichen Parteien zu bilden und mit dem Unternehmerlager paritätische Regelungen zu treffen. Die Tolerierungspolitik war in ihren Augen Höhepunkt des Anpassungskurses.[150] Auf konzeptionellem Gebiet galt die linkssozialistische Kritik hauptsächlich dem Programm der „Wirtschaftsdemokratie" und seiner theoretischen Fundierung durch *Hilferdings* Theorie des „organisierten Kapitalismus". Ließ sich die Unhaltbarkeit dieser Theorie zeigen, so fiel auch das wirtschaftsdemokratische Konzept in sich zusammen. *Franz Petrich* wandte ein:

„Von einem organisierten Kapitalismus könnten wir dann reden, wenn Kräfte am Werke wären, die nach einem großen, einheitlichen Plan an einer Organisation der Gesamtwirtschaft arbeiteten. Das trifft aber (...) nicht zu. Wir haben einige tausend Kartelle und kartellähnliche Organisationen, wir haben Trusts nationaler und internationaler Art, wir haben die zentrale organisatorische Zusammenfassung der Industrie, der Banken, des Handels und der Landwirtschaft (...), wir haben staatliche Wirtschaftsorganisationen, wir haben die gewerkschaftlichen Organisationen, kurz, wir haben ein hochentwickeltes, weitverzweigtes Organisationswesen auf dem Boden der kapitalistischen Gesellschaft – aber wir haben keinen organisierten Kapitalismus, keine organisierte Wirtschaft. In veränderter Form, auf erweiterter Stufenleiter besteht die Konkurrenz weiter, das Gegeneinander und Durcheinander der kapitalistischen Kräfte ist toller denn je."[151]

Das Profitstreben, so *Arkadij Gurland*, verhindere die Organisierbarkeit der kapitalistischen Wirtschaft:

„Es ist die treibende Kraft der kapitalistischen Wirtschaft, die *Erzeugung von Profit*, die Güter herstellen läßt nicht nach Maßgabe des gesellschaftlichen Bedarfs, sondern allein nach dem Gesichtspunkt, ob die Profitrate für den Kapitalisten steigt oder fällt. Ist dies aber die innere Gesetzmäßigkeit der kapitalistischen Produktion, so wird sie auch nicht außer Kraft gesetzt durch Veränderungen in der Leitung der kapitalistischen Konzerne und Trusts, nicht dadurch, daß an die Stelle einzelner Organisationen des Kapitals die ihnen übergeordnet sein sollende Organisation *staatlicher* Einwirkung und Regulierung gestellt wird."[152]

Der Parteilinken widerfuhr auf dem Leipziger Parteitag der SPD (1931) die Genugtuung, daß der Hauptredner zur Wirtschaftslage, *Fritz Tarnow*, *Hilferdings* Theorie vom organisierten Kapitalismus in aller Form revidierte:

„In Kiel hat der Genosse Hilferding eine Analyse der kapitalistischen Wirtschaft der Gegenwart gegeben, und er kam zu der Feststellung, daß wir uns in einer Periode befinden, in der die ungebundene Unternehmerkonkurrenz in organisierten Kapitalismus umgewandelt würde. Ich muß heute über Wirtschaftsanarchie reden (Hört! Hört!). Organisation ist aber das Gegenteil von Anarchie. Hat sich die Entwicklung rückläufig vollzogen oder hat Hilferding damals eine falsche Analyse vorgenommen, oder muß ich heute zu Unrecht über Wirtschafts-

---

[150] Vgl. zu diesen politischen Auseinandersetzungen *Euchner*, Sozialdemokratie und Demokratie, 150ff. Die linkssozialistische Opposition gruppierte sich hauptsächlich um die Zeitschriften „Der Klassenkampf" und „Marxistische Tribüne", die seit 1927 bzw. 1931 bestanden. Die kommunistische Position kann aus Raumgründen nicht dargestellt werden.
[151] *F[ranz] Petrich*, Organisierter oder anarchischer Kapitalismus. Ein Streifzug durch das Wirtschaftsjahr 1929, in: KK, Jg. 4 (1930), 58-63, 58.
[152] *A[rkadij] Gurland*, Gefesselter Kapitalismus oder gefesseltes Proletariat?, in: KK, Jg. 2 (1928), 327-373, 372.

anarchie sprechen? Nichts von dem! Der Monopolkapitalismus organisiert zwar, aber er organisiert Wirtschaftsbezirke und nicht die Volkswirtschaft; er hebt in der Gesamtwirtschaft die Anarchie nicht auf, er verlegt sie nur in andere Größenordnungen. Der organisierte Kapitalismus hat den ökonomischen Bürgerkrieg Mann gegen Mann aufgehoben und ihn in einen ökonomischen Bandenkrieg umgewandelt."[153]

Viele Autoren wiesen darauf hin, daß das Konzept der Wirtschaftsdemokratie der gewerkschaftlichen Praxis entsprochen habe und aus ihr entwickelt worden sei. *Anna Siemsen* schrieb ihm eine innere Logik zu.

„Die Eroberung des Sozialismus (...) stellt sich dar als die Eroberung der Staatsmacht, durch welche die Produktionskontrolle (Kreditgebarung) und Verteilungskontrolle (Lohngebarung) in die Hände der Arbeitervertreter gelangen. Hilferding sieht die Sozialdemokratie auf dem geraden Wege, dies zu erreichen: (...) immer mehr siegt das politische Prinzip der Arbeiterklasse, den Staat zu benutzen als Mittel zur Leitung und Beherrschung der Wirtschaft im allgemeinen Interesse. Und dieses Prinzip verkörpert sich in der Demokratie, denn in der demokratischen Republik entscheidet die Stimme der Massen, und wo die Massen proletarisch sind wie in Deutschland, ist der Weg also deutlich vorgeschrieben: Man gewinne die Massen so weit, daß die Sozialdemokratie eine entscheidende Position im Parlamente besitzt, und benutze diese Position, um in die Regierung zu gelangen. Ist das erreicht, so wird diese Stellung in der Regierung ohne weiteres die Möglichkeit geben, die Kontrolle auszuüben, welche die organisierte Wirtschaft zugunsten der Arbeiterschaft umleitet und wirksam macht. (...) Es läßt sich nicht leugnen, daß diese Ausführungen Hilferdings von höchster Klarheit, Folgerichtigkeit und Einfachheit waren. Sie hatten darüber hinaus den Vorzug, ein ganz bestimmtes, greifbares und nahes Ziel zu setzen (...)."[154]

Die Fehlerquellen dieser Berechnungen hätten darin gelegen, daß auch die partielle Organisiertheit des Kapitalismus die Wirtschaftsanarchie nicht nur nicht aufhebe, sondern, wie *Tarnow* zu Recht gesagt habe, noch verschlimmere und verschärfe. Ferner habe *Hilferding* den Staat für ein neutrales Werkzeug gehalten. Dies sei falsch: Er sei vielmehr ein Instrument, das „reibungslos im Interesse des Kapitalismus" funktioniere. Die Durchdringung von Staat und Wirtschaft sei nunmehr eine „Durchdringung" mit umgekehrtem Vorzeichen geworden bei der „die Demokratie verschwindet, das Parlament versagt, die Verfassung sich in Ausnahmeparagraphen und Notverordnungen auflöst (...)"[155].

Das Konzept der „Wirtschaftsdemokratie" war in den „guten" Jahren des Aufschwungs von 1925 bis 1928 nicht unplausibel. Doch seine Prämissen, die Vermeidbarkeit tiefer Wirtschaftseinbrüche durch „Organisation" der wirtschaftlichen Akteure und das stetige Wachstum der demokratischen Arbeiterbewegung in einer kapitalistischen und zugleich freiheitlichen Republik, hielten der Entwicklung nicht stand. So mußte es, als die Weltwirtschaftskrise die Massen zu radikalisieren begann und in ihrer Mehrheit nach rechts trieb, in sich zusammenbrechen.

---

[153] *Fritz Tarnow*, Kapitalistische Wirtschaftsanarchie und Arbeiterklasse, in: Prot. PT Leipzig 1931, 32-52, 37f. Diese Rede wurde vom Parteivorstand als Sonderdruck verbreitet.
[154] *Anna Siemsen*, Von Hilferding bis Tarnow. Zur Naturgeschichte der sozialdemokratischen Parteitage, in: KK 5 (1931), 430-436, 432f.
[155] Ebenda, 433ff.

2. Pläne für einen Ausweg aus der Wirtschaftskrise

Die schlimmste Folge der Weltwirtschaftskrise, die grassierende Arbeitslosigkeit, zwang Sozialdemokratie und Gewerkschaften zum Handeln. Freilich – aus dem dominierenden Hilferdingschen Marxismus ließen sich, wie gezeigt, keine brauchbaren Konzepte hierzu entwickeln. So griffen Sozialdemokratie und Gewerkschaften zunächst auf die alten Forderungen Arbeitszeitverkürzung und Arbeitsbeschaffung zurück. Allmählich kam jedoch eine Diskussion über Auswege aus der Krise in Gang.[156] In ihrem Verlauf mußte die SPD ihre ehemalige Führung, die sie *Hilferding* verdankte, an jüngere Gewerkschaftstheoretiker abgeben. Diese Positionen lassen sich unterscheiden: *Erstens* die Auffassung *Hilferdings* und seiner Anhänger, daß die Krise mit kapitalistischen Instrumentarien, hauptsächlich durch eine richtige Bankenpolitik, überwunden werden müsse:

„Wir (...) können die Heilung der Krise nur erwarten von der Abkehr von den Methoden, die zu dieser Krise geführt haben. (..)Wir haben gesehen, wie die Kreditkrise und das Verlassen der Goldwährung zu einer schweren Erschütterung des internationalen Handels geführt haben, zu einer Neuaufrichtung des Protektionismus und zu einem erneuten Druck auf die Löhne, also wiederum zu einer Verschärfung der Krise. Demgegenüber müssen wir verlangen, daß an Stelle dieser falschen Methoden die Kapitalisten, wenn sie innerhalb des Systems bleiben wollen, wenigstens richtige kapitalistische Methoden anwenden, nämlich richtige Bankpolitik. International richtige Bankpolitik heißt, daß die französisch-amerikanischen Notenbanken als die einzigen, die heute noch als Notenbanken zählen, ihr Gold nicht einsperren, sondern zur Verfügung stellen müssen zur Lösung der englischen und deutschen Krise."[157]

Eine *zweite* Position wurde von einer Gruppe jüngerer, im Kieler Institut für Weltwirtschaft tätigen Wirtschaftswissenschaftlern vertreten, die im Ergebnis der Hilferdingschen Position nahestanden, zu ihr jedoch mit moderneren wirtschaftswissenschaftlichen Methoden gelangten. *Adolf Löwe* (1893-1995) wandte sich gegen die Unternehmerthese, eine Hauptursache der Krise seien überhöhte Löhne, und meinte sodann:

„Was wir im Augenblick erleben, ist an sich weder die Endkrise des kapitalistischen Systems noch der strukturelle Niedergang auf Grund kalter Sozialisierungen, sondern eine konjunkturelle Krise sehr heftigen Ausmaßes. Ob diese Krise in kürzerer oder längerer Frist mit kleinen oder großen Opfern überwunden wird, hängt davon ab, ob die Wirtschaftspolitik die im Mechanismus des Marktes wirksamen Kräfte der Selbstheilung fördert oder lähmt." [158]

Löwes Kieler Kollege *Gerhard Colm* (1897-1968) benannte die Faktoren, an denen der Hebel sofort angesetzt werden könnte, nämlich an den Löhnen einschließlich der sozialen Lasten, die vermutlich zu hoch seien, oder aber an den

---

[156] Vgl. *Eberhard Heupel*, Reformismus und Krise. Zur Theorie und Praxis von SPD, ADGB und AfA-Bund in der Weltwirtschaftskrise 1929-1932/33, Frankfurt a.M. 1981.

[157] *Rudolf Hilferding*, Gesellschaftsmacht oder Privatmacht über die Wirtschaft (1931), abgedr. in: *ders.*, Schriften, 237-236, 262.

[158] *Adolf Löwe*, in: NBS, Jg. 1 (1930), 289-295, 295. Zu *Löwe* vgl. *Claus-Dieter Krohn*, Der Philosophische Ökonom. Zur intellektuellen Biographie Adolph Lowes, Marburg 1996. Löwe veränderte die Schreibweise seines Namens in der amerikanischen Emigratition.

Steuern und Rohstoffpreisen, die zu senken seien. *Colm* und *Löwe* setzten zunächst auf die kapitalistischen Selbstheilungskräfte.[159] Später betonten sie, daß die Krise diese Kraft nicht mehr besitze und somit „ihren kapitalistischen Sinn verloren" habe (*Colm*). Deshalb plädierten sie für eine „Kreditexpansion" im Sinne des WTB-Planes.[160]

Eine *dritte* Position wurde von dem Leiter des Statistischen Büros beim ADGB *Wladimir Woytinsky* in Form eines originellen Arbeitsbeschaffungsprogramms entwickelt, das unter der Bezeichnung „WTB-Plan" (nach den Verfassernamen *Woytinsky, Fritz Tarnow* und *Fritz Baade*) bekannt geworden ist. Eine *vierte* Gruppe von Autoren sprach sich für den Übergang zu einer konsequenten Planwirtschaft aus, die die kapitalistischen Strukturen definitiv überwinden sollte.[161]

a) Der WTB-Plan

Wladimir Woytinsky (1985-1960) gehörte dem menschewistischen (d.h. nicht bolschewistischen) Flügel der russischen Sozialdemokratie an, bevor er nach Deutschland emigrierte. Wie viele Menschewiki, z.B. *Georg Decker* und *Jakob Marschak*, arbeitete er für den demokratischen Teil der deutschen Arbeiterbewegung. *Woytinsky* war Nationalökonom und ein hervorragender Kenner der modernen wirtschaftsstatistischen Methoden und der neuesten Entwicklungen auf krisentheoretischem Gebiet.

Woytinsky veröffentlichte und diskutierte seinen Arbeitsbeschaffungsplan 1931/32 in vier Aufsätzen in dem wissenschaftlichen Organ der Gewerkschaften „Die Arbeit". Der eigentliche Programmentwurf blieb umstritten und wurde erst 1975 von *Michael Schneider* im Anhang zu seiner umfassenden Darstellung der Vorgänge um den WTB-Plan veröffentlicht.[162] *Woytinsky* begründete sein Konzept mit der damals aktuellen Diskussion des wellenförmigen Verlaufs der Konjunkturzyklen, die sich vor allem mit *Nikolai D. Kondratieffs* „Theorie der langen Wellen" verband. Er entwickelte jedoch in Auseinandersetzung mit *Spiethoffs* empirischer Untersuchung konjunktureller Auf- und Abschwungphasen und *Cassells* Versuch, die Konjunkturzyklen mit der im Wirtschaftskreislauf befindlichen Goldmenge zu erklären, einen eigenständigen Ansatz. Er lief darauf hinaus, daß es in der Tat lange Wellen gebe, die von der Menge des in der Weltwirtschaft vorhandenen monetären Goldes abhingen. Dessen Verknappung schmälere die

---

[159] Vgl. *Gerhard Colm*, Lohn, Zins – Arbeitslosigkeit, in: DA, Jg. 7 (1930), 241-247, 241, 245. *Löwe* widersprach *Colms* Lohnhöhenargument in: *Löwe*, Lohn, Zins – Arbeitslosigkeit. Bemerkungen zum gleichnamigen Aufsatz von *Gerhard Colm*, in: DA, Jg. 7 (1930) 424-230, 428ff. Nicht die Löhne, die Monopolpreise seien zu hoch. Das Hauptproblem liege im internationalen Kapitalmarkt.
[160] Vgl. *Gerhard Colm*, Wege aus der Wirtschaftskrise, in: DA, Jg. 8 (1931), 815-834, 821, 825ff. Zu *Colm* vgl. *Wolfram Hoppenstedt*, Gerhard Colm. Leben und Werk 1897-1968, Stuttgart 1997.
[161] Vgl. zu dem Ringen um die Bekämpfung von Wirtschaftskrise und Arbeitslosigkeit *Michael Schneider*, ‚Arbeitsbeschaffung' und ‚Umbau der Wirtschaft'. Probleme der gewerkschaftlichen Programmatik in den letzten Jahren der Weimarer Republik, in: GMH 27 (1976), 665-677; *Klaus Novy*, Weltwirtschaftskrise 1929, Krisenpolitik und Lehren, die man nicht zog, in: *Karl Georg Zinn* (Hrsg.), Strategien gegen die Arbeitslosigkeit. Analysen von wirtschaftlichen Fehlentwicklung und wirtschaftspolitischen Handlungsvorschläge, Frankfurt a.M. 1977, 47-62.
[162] Vgl. *Michael Schneider*, Das Arbeitsbeschaffungsprogramm des ADGB. Zur gewerkschaftlichen Politik in der Endphase der Weimarer Republik, Bonn-Bad Godesberg 1975.

Kaufkraft und bewirke einen Preisverfall, was zusammen mit anderen Krisenfaktoren einen dramatischen Abschwung bewirken könne.[163] Der springende Punkt in *Woytinskys* Überlegungen ist, ob es nicht möglich sei, den Zufall der Entdeckung neuer Goldquellen durch gezielte Konjunkturpolitik zu ersetzten: „Vielleicht kann man ohne erhebliche Erweiterung des goldenen Unterbaus (...) einen ähnlichen Effekt erzielen, wie er sich aus der Ausbeutung neuer Goldgruben ergeben hätte? (...) Es müßten (...) Maßnahmen sein, die nicht auf abgeschlossene nationale Märkte, sondern auf den Weltmarkt zugeschnitten sind (....)."[164]

Aufschlüsse über derartige Maßnahmen enthielt *Woytinskys* Artikel „Aktive Weltwirtschaftspolitik". Die wichtigsten Krisenerscheinungen seien „*Rückgang der Produktion, Preissenkung, Arbeitslosigkeit*". Deshalb sei zu prüfen, „ob (...) es nicht möglich ist, Faktoren ins Leben zu rufen, die jeden Unternehmer zur Erweiterung der wirtschaftlichen Tätigkeit anreizen würden. Demnach muß man die Möglichkeit erforschen, die unausreichende wirtschaftliche Initiative der Privatunternehmer durch öffentliche Arbeitsbeschaffung zu ergänzen".[165] In der weiteren Entwicklung seines Konzepts knüpfte er an die aus seiner Wellentheorie abgeleitete These an: „*Der Aufschwung pflegt mit den festen bzw. steigenden Preisen zusammenzufallen ebenso wie die Stockung mit den niedrigen bzw. sinkenden Preisen*"[166] – eine Auffassung, die allerdings der bisherigen Forderung von Gewerkschaften und SPD zuwiderlief und vermutlich einer der Gründe ist, weshalb der WTB-Plan in den Gewerkschaftsgremien nicht durchgesetzt werden konnte. *Woytinsky* hielt der Mehrheitsmeinung entgegen, daß sinkende Preise die wirtschaftliche Tätigkeit bremsen, weil sie die „Unternehmungslust" lähmten und Geldumlauf und Güterverkehr verlangsamten.[167]

Woytinskys Konzept verfolgte ein Doppelziel: Die Ankurbelung der Wirtschaft durch eine expansive, Preisstabilisierung erzeugende Geldpolitik, die zugleich Arbeitsbeschaffungsmaßnahmen ermöglichen sollte. Was die Geldpolitik betrifft, so plädierte er unter Berufung auf den „Goldausschuß" des Völkerbundes für die Herabsetzung der Golddeckung der Währungen, weil nicht zu erwarten sei, daß die Weltgoldproduktion zunehmen werde und sich die Depression dadurch zu verschärfen drohe. Diese Geldpolitik setze allerdings ein internationales Übereinkommen voraus.[168]

In seinem Artikel „Wann kommt die aktive Wirtschaftspolitik?" legte *Woytinsky* dar, wie er sich Transformation der Geldpolitik in Arbeitsbeschaffungspolitik vorstelle. Nach wie vor halte er an der Auffassung fest, daß das Arbeitsbeschaffungsprogramm eigentlich als internationale Maßnahme durch „*internationale Kreditschöpfung*" durchzuführen sei, doch inzwischen müsse man sich die Frage stellen, ob es nicht wenigstens zu einem Teil „*im Rahmen der deutschen Volks-

---

[163] Vgl. Wl[adimir] Woytinsky, Das Rätsel der langen Wellen, in: SJG, Jg. 55 (1931), Bd. 2, 577-618. Vgl. auch den bedeutenden Artikel „Krisen" von *Arthur Spiethoff* in: HwbStW, Bd. 6, 8-91. Zum Theorem der „langen Wellen" vgl. *Reinhard Spree*, Lange Wellen wirtschaftlicher Entwicklung in der Neuzeit, Historical Social Research, Supplement, Köln 1991.
[164] *Woytinsky*, Rätsel, 609f.
[165] *Ders.*, Aktive Weltwirtschaftspolitik, in: DA, Jg. 8 (1931), 413-440, 416f.
[166] Ebenda, 421.
[167] Vgl. ebenda, 423, 425.
[168] Ebenda, 428ff.

wirtschaft" verwirklicht werden könne.[169] Ein deutsches Programm müsse, um einen konjunkturbelebenden Effekt zu erreichen, „stossartig" 1 Million zusätzlicher Arbeitskräfte für die Dauer von einem Jahr in den Wirtschaftsprozeß einschalten. Dies wäre ausreichend effektiv und finanziell verkraftbar.

„Die Steigerung der Kaufkraft von 1 Million Arbeitern muss verschiedenen Industriezweigen (in erster Linie den Konsumgüterindustrien) neue Absatzmöglichkeiten erschließen, die die Erweiterung ihrer Produktion ermöglichen und auf diese Weise die weitere Entlastung des Arbeitsmarkts und die Belebung der Wirtschaft fördern. Diese sekundäre Auswirkung der Arbeitsbeschaffung wird durch die Größe der in den wirtschaftlichen Verkehr eingeschalteten neuen Kaufkraft bestimmt. Es ist damit zu rechnen, dass die zusätzliche ‚künstliche' Beschäftigung von 1 Million Menschen die weitere Neueinstellung von mehreren hunderttausenden Arbeitskräften in verschiedenen Betrieben zur Folge haben wird. (...) Die Produktion von Gütern für den offenen Markt kommt (...) nicht in Frage, es hätte keinen Sinn, durch die künstliche Erweiterung der Produktion an einer Stelle der Wirtschaft die Arbeitskräfte an einer anderen Stelle zu verdrängen. (...) Es geht also um öffentliche Arbeiten, die dauernde Werte, etwa wie bessere Verkehrsmittel, neue Anbauflächen, Siedlungen und anderes mehr, schaffen, und zwar um Arbeiten, deren Kosten vorwiegend aus Löhnen und Gehältern bestehen."[170]

Derartige Arbeitsplätze müßten in Zusammenarbeit mit öffentlichen Betrieben wie Reichsbahn, Reichspost und solchen in Ländern, Gemeinden und Reichsbehörden, auch unter Einschaltung von Betrieben wie den Bauhütten, eingerichtet werden. Um eine „Verpulverung" der eingesetzten Mittel zu vermeiden, sei die Kontrolle der beteiligten Betriebe und Körperschaften einer „*Zentralstelle*" zu übertragen.[171]

Woytinskys Finanzplan ging von einem Aufwand von rund 2 Mrd. RM für die Beschäftigung von 1 Mill. Menschen (Lohnaufwand plus Maschinerie und Arbeitsmaterialien) aus. An Mitteln stünden zur Verfügung: a) Die durch Wiederbeschäftigung eingesparte Arbeitslosenunterstützung; b) die von den Wiederbeschäftigten aufzubringenden Steuern und Versicherungsbeiträge; c) Anleihen. Auf Grund weiterer Gegenrechnungen (z.B. der Steuereinnahmen auf Grund von Bier-, Tabak- und sonstigen Verbrauchssteuern, Einnahmen der öffentlichen Verkehrsbetriebe usw.) gelangte *Woytinsky* zu dem Betrag von rund 1,1 Mrd. RM, der durch „Arbeitsbeschaffungsanleihen" aufgebracht werden müßte, der aber teilweise in die Träger der Sozialversicherung, die öffentlichen Kassen und in die Banken und Sparkassen zurückflösse.

Die „Kreditausweitung" sollte durch von den Banken unterzubringende Anleihen geschehen. Die mit den Arbeiten betrauten Unternehmen müßten die Möglichkeit erhalten, Wechsel auf die zuständigen öffentlich-rechtlichen Körperschaften zu ziehen, die bei den Anlage-Emissionsbanken diskontiert würden, die dann die hereinkommenden Wechsel bei der Reichsbank rediskontieren könnten. „Die ganze Operation wird sich im Rahmen der üblichen Kredittransaktionen und des geltenden Reichsbankgesetzes abspielen." Voraussetzung des Gelingens des Plans sei allerdings: „Die Schuldverschreibungen der Arbeitsbeschaffungsanleihen müssen in jeder Hinsicht ein erstklassiges Wertpapier sein."[172]

Woytinsky betonte, daß von diesem Arbeitsbeschaffungsprogramm keine Inflationsgefahr ausgehen werde, da dadurch der Geldumlauf höchstens um 3 bis 5 %

---

[169] *Woytinsky*, Aktive Wirtschaftspolitik, 20.
[170] Ebenda, 26f.
[171] Ebenda.
[172] Ebenda, 145f. Vgl. auch die Darstellung des Finanzierungsplans im nichtveröffentlichen WTB-Plan, abgedr. bei *Schneider*, Arbeitsbeschaffungsprogramm, 231-234, 231.

ausgeweitet würde.[173] Gerade diese Inflationsgefahr wurde von der Hilferding-Schule dem WTB-Plan entgegengehalten. *Naphtali* meldete sich, nachdem der erste Artikel *Woytinskys* erschienen war, postwendend zu Wort. Er brachte eine Reihe bedenkenswerter Gründe gegen die Theorie der langen Wellen ins Spiel, die hier nicht erörtert werden können. Die von *Woytinsky* vorgesehene Kreditschöpfung werde einen Preisauftrieb bewirken, von dem man allerdings nicht sagen könne, wie weit er gehen werde. Eines sei aber nach aller Erfahrung sicher: Bei einer künstlichen Geldschöpfung stiegen die Warenpreise erheblich schneller als die Löhne, so daß Reallohnsenkung die Folge sei.[174]

Nach dem Versanden des WTB-Plans blieben die von SPD und Gewerkschaften schon seit langem geforderten wirtschaftspolitischen Instrumentarien übrig: Monopol- und Bankenkontrolle, Arbeitszeitverkürzung (40-Stunden-Woche) und Arbeitsbeschaffung. Das Arbeitsbeschaffungsprogramm wurde reformuliert: Gefordert wurde, wie vom WTB-Plan, die Bereitstellung von 2 Mrd. RM, für Arbeiten auf den Gebieten Straßenerhaltung und Straßenbau, landwirtschaftliche Meliorationen und Siedlungen, Hochwasserschutz, Kleinwohnungsbau und Unterhaltung des vorhandenen Wohnraumes, und für Aufträge der Reichsbahn und der Reichspost.[175] Dieses Programm mündete schließlich in den Plan „Umbau der Wirtschaft" ein.

b) Die Planwirtschaftsdiskussion und „Umbau der Wirtschaft"

Die Planwirtschaftsdiskussion kann als Reaktion auf den Unmut innerhalb der Arbeiterbewegung über das defensive Verhalten der SPD in der Weltwirtschaftskrise verstanden werden. Die „betont evolutionär-reformistische Epoche der sozialistischen Arbeiterbewegung" sei am Ende, so *Gerhard Meyer*, und *Walther Pahl* fügte hinzu, daß eine „Generallinie des sozialistischen Handelns" dringend

---

[173] Vgl. *Woytinsky*, Aktive Wirtschaftspolitik, 146, 152.

[174] Vgl. *Fritz Naphtali*, Neuer Angelpunkt der aktiven Konjunkturpolitik oder Fehlleitung von Energien?, in: DA, Jg. 8 (1931), 485-497, 490. Auch der linke Sozialdemokrat *Gurland* lehnte den WTB-Plan ab, weil er inflationär wirke und eine klare sozialistische Zielsetzung vermissen lasse; vgl. *Arkadij Gurland*, Zum Krisenkongreß des ADGB. Wirtschaftsprogramme und Wirtschaftswirklichkeit, in: MT, Jg. 2 (1931), 165-169, 166f. *Woytinsky* fand wiederum Unterstützung durch einen britischen Gewerkschafter und konnte sich darauf berufen, daß er mit der Konjunkturauffassung von *J.M. Keynes* übereinstimme. Vgl. *W. Milne-Bailey*, Währungspolitik und Wirtschaftskrise, in: DA, Jg. 8 (1931), 805-815; *Woytinsky*, Weltwirtschaftspolitik, 435.

[175] Vgl. Wiederaufbau durch Arbeitsbeschaffung. Beschluß des Außerordentlichen Gewerkschaftskongresses vom 13. April [1932] zu Berlin, abgedr. bei *Schneider*, Arbeitsbeschaffungsprogramm, 235f. Arbeitsbeschaffungsprogramme waren nicht typisch sozialistisch; das entsprechende Programm der Regierung *Brüning* glich dem des ADGB, besaß freilich keinen Finanzierungsplan; vgl. dazu *Schneider*, ebenda, 91, 94. Das ADGB-Arbeitsbeschaffungsprogramm wurde von der SPD trotz konzeptioneller Spannungen mitgetragen; vorgesehen war allerdings ein weit geringeres Finanzierungsvolumen als vom ADGB gefordert; vgl. Materialien zur politischen Situation bei Beginn des Reichstages August 1932 und zu den Anträgen der Sozialdemokratie auf Umbau der Wirtschaft und Sicherstellung der Existenz der notleidenden Schichten, Berlin 1932, 21-24. Anderer Ansicht *Heinrich August Winkler*, Der Weg in die Katastrophe. Arbeiter und Arbeiterbewegung in der Weimarer Republik 1930-1933, Berlin 1987, 639: Im Reichstagswahlkampf vom Sommer 1932 sei die NSDAP die einzige „Arbeitsbeschaffungspartei" gewesen.

definiert werden müsse, um der wachsenden Anziehungskraft des sowjetischen Fünfjahresplans und dem „Mythos des Dritten Reiches" entgegenzuwirken.[176]

In der umfangreichen Planwirtschaftsdiskussion lassen sich drei Richtungen unterscheiden, die jedoch viele Gemeinsamkeiten und Varianten aufweisen. Die Beiträge *Lederers* knüpften an aktuelle Probleme an, blieben jedoch in der Organisationsfrage vage. Eine zweite Richtung, die vor allem von *Heimann* repräsentiert wird, versuchte eine Kombination von markt- und planwirtschaftlichen Elementen. *Paul Hermberg* (1888-1969), Leiter der Berliner Fachschule für Wirtschaft und Verwaltung, entwickelte dagegen ein konsequent planwirtschaftliches Modell, das Züge der älteren sozialistischen Gesellschaftsentwürfe trägt.

Lederer beschrieb in seiner Broschüre „Wege aus der Krise" (1931) zunächst ausführlich die Krisenursachen, die er in der Arbeitslosigkeit, bewirkt durch Rationalisierung, der gesteigerten Zahl der Erwerbsfähigen, den überhöhten Monopolpreisen, den Reparationskosten, den Schutzzöllen und schließlich in der Kapitalflucht und der „Ängstlichkeit" des fremden Kapitals, das zu kurzfristigem Rückzug neige, erblickte.[177]

Als wichtigstes Krisenbekämpfungsmittel betrachtete *Lederer* die Kaufkrafterhöhung. Da aber bei großer Arbeitslosigkeit Lohn- und Gehaltserhöhungen unmöglich seien, könne die „Liquidation einer Wirtschaftskrise (...) nur von der Preisseite her erfolgen", denn dies stärke die Realeinkommen[178] – eine These, die der Auffassung *Woytinskys* widersprach. Die Lehre aus der Krise sei:

„*Der Automatismus der Krise versagt*. Die partielle Organisation der Produktion in Kartellen und Trusts, die Fixierung der wichtigsten Preise, hat die Entwicklung der Warenerzeugung gelähmt, die Aufsaugung der Arbeiterschaft in neuen Industrien und das Ansteigen des Sozialprodukts gehindert. (...) Damit ist (...) der Augenblick nahegerückt, in dem eine planmäßige Ordnung der gesellschaftlichen Produktivkräfte unvermeidbar wird. Eine solche ist heute – als Aufgabe – durchaus lösbar. Wir haben einen (...) Überblick über die Produktivkräfte; wir kennen die Bedürfnisse der Bevölkerung, wir verfügen über die Mittel, den Produktionsaufbau zu fördern, wir kennen den Mechanismus der Produktion und der Reproduktion, die Rolle, welche die Verteilung des Kapitals in Betriebs- und Anlagekapital spielt, wir kennen die Bedeutung des Wachstumstempos einer Volkswirtschaft und die neuen Aufgaben, die sich unser Produktionskörper stellen könnte."[179]

Lederer ließ dieser Broschüre, die keine Aussagen über konkrete Schritte enthielt, eine zweite mit dem Titel „Planwirtschaft" (1932) folgen, die dieses Defizit zu beseitigen suchte.[180] Es ging in ihr hauptsächlich um Maßnahmen der öffentlichen Hand, die auch zu Krisenzeiten „gewisse Minimalbedürfnisse" sofort befriedigen könnten. „Jedenfalls (...) ist ‚partielle Planwirtschaft', wo es sich um Gratisversorgung oder verbilligte Abgabe von Leistungen handelt, möglich"[181].

---

[176] Vgl. *Gerhard Meyer*, Der gegenwärtige Stand der Planwirtschaftsdiskussion, in: NBS, Jg. 4 (1933), 238-244, 238; *Walther Pahl*, Die Wirtschaftskrise und die Sozialisierungsfrage, in: NBS, Jg. 3 (1932), 239-251, 241f.
[177] Vgl. *Emil Lederer*, Wege aus der Krise, Tübingen ²1931, 1-17.
[178] Ebenda, 17f., 23.
[179] Ebenda, 28, 30.
[180] *Ders.*, Planwirtschaft, Tübingen 1932. *Naphtali* hatte gleich nach Erscheinen von „Wege aus der Krise" deren mangelnde Konkretheit moniert; vgl. *ders.*, Der organisierte Kapitalismus in der Wirtschaftskrise, 423-439, 438.
[181] *Lederer*, Planwirtschaft, 12.

Lederer entwarf einen Beschäftigungsplan für Arbeitslose. Die öffentliche Hand könne ungenutzte Produktionsstätten gegen geringe Nutzungsvergütung übernehmen und die Produktion durch Arbeitslose, die ihre Arbeitslosenunterstützung weiterbezögen, betreiben. Diese Produkte dürften nicht auf den Markt gelangen, sondern sie sollten an Arbeitslose verteilt werden, was deren Realeinkommen erhöhe. Eine wesentliche Verringerung der Gesamtnachfrage träte durch diese Maßnahme nicht ein. *Lederer* erinerte an die Erwerbslosenküchen nach dem „Frankfurter System", in denen Arbeitslose ohne Vergütung für sich und andere Arbeitslose arbeiteten. Auf diese Weise könnten die Arbeitslosen von der Straße weggeholt werden.[182]

Es ist erstaunlich, daß *Lederer* diese Maßnahme der Arbeitslosenfürsorge als „planwirtschaftlich" bezeichnet. Sein Vorschlag, eine „Kreditkontrolle" einzuführen, geht stärker in diese Richtung. Es ging ihm darum, daß in der gegenwärtigen Situation die Diskonthöhe die Inanspruchnahme von Krediten nicht mehr hemme, weshalb das Kreditvolumen in wirtschaftsschädlicher Weise ansteigen könne. Deshalb müsse die öffentliche Hand die Kreditmenge und die „Leitung des Kredits" beeinflussen können.[183] Als Beispiele für Investitionsermunterungen bzw. -abschreckungen durch Kreditsteuerung nennt *Lederer* die Bauwirtschaft und die Konsumgüterindustrie, die unterstützt werden sollten, weil von ihnen erfahrungsgemäß die ersten Schritte zur Konjunkturbelebung ausgingen, ferner neue Produktionen wie Automobile und Kunstseide. Branchen wie Kohle, Eisen und Kali, die keinen zusätzlichen Bedarf erwarten ließen, sollten keine Kredite erhalten.[184]

Lederer hebt hervor, daß der Einbau plan- bzw. gemeinwirtschaftlicher Elemente in die Marktwirtschaft rasch auf Grenzen stoße. Wo sich

„eine gemeinwirtschaftliche Produktion in den Marktzusammenhang einfügt, wird sie die Gesetze desselben respektieren müssen und wird nur vermöge des besseren Überblicks und aus der Möglichkeit heraus, auf Konjunkturgewinn zu verzichten, eine etwas anders nuancierte (Konsumenten-) Politik machen können." Planwirtschaft gehe „auf das Ganze der Wirtschaftsstruktur und muß dieses zu beeinflussen suchen. Eine einzelne Produktionssphäre aber, noch weniger natürlich ein Teil innerhalb einer Produktionssphäre, kann nicht zur Grundlage planenden Handelns gemacht werden, deren Ziel die Gestaltung der gesamten Produktion und der Gesamtversorgung wäre."[185]

Mit Blick auf die Praxis der sowjetischen Planwirtschaft kommt *Lederer* zu dem Ergebnis, daß die Arbeitsmenge, die zur Verbreiterung der Produktionssphäre in der Planwirtschaft aufgewandt werden müsse, vermutlich kleiner sei als bei der Kapitalbildung aus Ersparnissen und zusätzlichen Krediten. Die „Großkörper der Produktion" könnten auch dann noch produzieren, wenn sie ihr „Kapital" nicht verzinsen könnten. Die Fehllenkung von Investitionen lasse sich rasch korrigieren. „Jedenfalls muß als Folge der Einschränkung von Investitionen nicht das ganze Sozialprodukt einschrumpfen, wie das in der Automatik des Zirkulationsprozesses der kapitalistischen Wirtschaft begründet ist."[186] *Lederer* spricht vage von Tendenzen, die heute in Richtung Planwirtschaft drängten. Der Kampf gegen die Arbeitslosigkeit erfordere in jedem Falle wirtschaftliche Eingriffe. „Da wir schon so tief in die Gestaltung der Wirtschaft eingreifen – warum sollen wir es

---

[182] Vgl. *Lederer*, Planwirtschaft, 12ff.
[183] Ebenda, 25f.
[184] Ebenda, 28f., 32.
[185] Ebenda, 35, 39.
[186] Ebenda, 42ff.

nicht nach einem vernünftigen Plan tun?"[187] Heute wissen wir, daß *Lederer* die Komplexität der Probleme einer Planwirtschaft unterschätzt hat.

Heimann war, wie bereits gezeigt, ein Pionier der Idee einer „sozialistischen Marktwirtschaft". Eine sozialistische Ordnung stelle „die soziologische Einheit des Volkes" durch „Beseitigung der Klassenunterscheidung zwischen Privateigentümern und Eigentumslosen" her, was bedeute „daß das Kapitaleigentum an sämtlichen bestehenden Produktionsbetrieben in die Hand der organisierten Gemeinschaft übergeführt wird, im übrigen aber die einzelnen Betriebe unverändert in der bisherigen Weise weiterarbeiten"[188]. Auch die Erscheinungsformen einer Marktwirtschaft wie Geldrechnung, Preisbildung auf Grund von Angebot und Nachfrage, Buchführung, Kapital- und Zinsrechnung, auch Sparzinsen für freiwilliges Sparen von Arbeitseinkommen bleiben bestehen, letzteres, weil dadurch die „Produktivkraft der Gemeinschaft" verstärkt werde.[189]

Heimann sieht sich gezwungen darzulegen, worin sich diese sozialistische Marktwirtschaft vom „wirtschaftlichen Funktionieren der kapitalistischen Ordnung" unterscheide. Denn „eine sozialistische Konkurrenzwirtschaft des bisher beschriebenen Typs wäre grundsätzlich genau so der Krisengefahr ausgesetzt wie die heutige Wirtschaft". Andererseits ermögliche das gesellschaftliche Obereigentum den Einbau einer „zentralen Wirtschaftsplanung" und so „in wirtschaftlicher Hinsicht ein neues und besseres Funktionieren"[190].

Bewährungsprobe des sozialistischen Wirtschaftssystems ist die Verhinderung von Arbeitslosigkeit. Die bürgerliche „Kompensationstheorie", wonach die durch Rationalisierung verdrängten Arbeiter in der modernisierten Industrie wieder Arbeit finden könnten, sei erwiesenermaßen falsch.[191] Deshalb müsse die Planwirtschaft „die blinde Rationalität einer als Selbstzweck betrachteten Produktion (...) zu Gunsten einer höheren, umfassenderen, auf den Menschen gerichteten Rationalität" überwinden. Dabei ist *Heimanns* spezielles Problem zu zeigen, daß die „dezentralisierte Preisrechnung" der Marktwirtschaft eine „zentralistische Konjunkturpolitik" nicht verhindere.[192] Das konjunkturpolitische Instrument der Wirtschaftslenkung sei die *Kreditpolitik*, die bei Beibehaltung des Marktes Planung ermögliche:

„Sie muß (...) streng zentralistisch geordnet sein und im engen Zusammenhang mit dem zentralen Überblick über die Anforderungen der Wirtschaftsverschiebungen an den Arbeitsbedarf betrieben werden. Es wurde früher auseinandergesetzt, daß die einzelnen Produktionsbetriebe Kredit nur insoweit in Anspruch nehmen könnten, als dies durch die Stärke des Bedarfs nach ihrem Erzeugnis gerechtfertigt ist, sodaß sie über die Arbeitskosten hinaus Zins zahlen können. An dieser Stelle zeigt sich nun, daß diese Bedingung nicht ausreicht. Die Verteilung der Kapitalien kann nicht nur nach der Stärke der Anforderungen durch die Kapitalbenutzer erfolgen; die ausgebende Stelle darf sich nicht einfach passiv verhalten, sondern muß aktiv entscheiden, ob einem Produktionszweig das Kapital zugeleitet werden soll, das er von sich aus zinsbringend verwenden würde."[193]

---

[187] *Lederer*, Planwirtschaft, 48.
[188] *Eduard Heimann*, Sozialistische Wirtschafts- und Arbeitsordnung, Potsdam 1932, 9.
[189] Ebenda, 12-27, 27.
[190] Ebenda, 29.
[191] Vgl. ebenda, 30-35.
[192] Ebenda, 37.
[193] Ebenda, 39.

Heimann erkennt, daß diese Verlagerung von Kapital nach Beschäftigungs- statt nach Bedarfskriterien der Legitimation bedarf, denn es handelt sich dabei um eine „Verbrauchseinschränkung zum Zwecke des Produktionsausbaues und die entsprechende Umlenkung der Arbeitskräfte" durch einen „politischen Entschluß". Obwohl diese Entscheidung von der Planungsstelle getroffen worden ist, interpretiert sie *Heimann* analog zum „Gemeinwillen" *Rousseaus* als eine dem Volk zurechenbare Entscheidung, die jeder Bürger oder Genosse einer sozialistischen Gemeinschaft als für sich gültig anerkennen muß. Dies trifft auf die Lösungen im Rahmen der betrieblichen Selbstverwaltung wie auf die Entscheidungen der „zentralen Planungsstelle" zu, die die Produzenten begünstigen oder benachteiligen können: „Erst wenn das Kapital, das durch Verbrauchsverzicht entsteht, in der Verfügung derjenigen gehalten wird, die seine Entstehung ermöglichen, können sie ihrer Verantwortung klar bewußt werden und haben sie ohne Beimischung den Nutzen oder Schaden zu tragen, der sich aus ihrem Entschluß ergibt."[194]

Hermbergs Planwirtschaftskonzept vermeidet das Problem der Vereinbarkeit von Markt und Plan. Wichtiger ist für ihn die Frage herauszufinden, ob Planwirtschaft in der Lage sei, Krise und Arbeitslosigkeit zu überwinden. Mit der alten Wissell-Moellendorffschen Planwirtschaft habe dies nichts mehr zu tun, denn damals sei es um Produktionssteigerung durch Organisation der Wirtschaft gegangen, während es heute, zur Zeit der „Not aus Überfluß" darum gehe,

„zu verhindern, dass aus jeder Stockung im Ausbautempo der Wirtschaft die Gefahr einer allgemeinen Absatzstockung erwächst; das ist im wesentlichen ein Problem der Regelung des Verhältnisses von Wirtschaftsausdehnung und Verbrauchssteigerung. Zum andern muss sie dafür Sorge tragen, dass eine Stockung im Ausbautempo überhaupt vermieden wird. Das ist entweder auch ein Problem der Regelung von Ausdehnung und Verbrauch oder ein Problem der Aufrechterhaltung der richtigen Grössenverhältnisse im Ausbau."[195]

Alle einschlägigen Überlegungen führten dahin, „dass das Kernproblem der Krisenüberwindung (...) eine bewusste Leitung der gesamten Wirtschaft erfordert, da es bewusst planende und ständig ausgleichende Aufteilung des gesamten Wirtschaftsertrags zwischen Verbrauch und Ersparnis voraussetzt."[196]

Nach diesen allgemeinen Feststellungen geht *Hermberg* der Frage der „Verteilung in der Planwirtschaft" nach. Er stellt diesen Grundsatz auf: „(...) der Verbrauch wird dadurch geregelt, dass dem einzelnen zugemessen wird, wieviel Geld er auszugeben hat, aber nicht dadurch, dass ihm vorgeschrieben wird, für was er

---

[194] *Heimann*, Sozialistische Wirtschafts- und Arbeitsordnung, 39f. Über die betriebliche Selbstverwaltung vgl. 56f. *Franz Meyer* wandte gegen *Heimann* ein, die „sozialistische Marktwirtschaft" könne den Kapitalismus nicht überwinden. Er übersehe, daß, wie *Marx* gezeigt habe, die Marktgesetze nicht zu kontrollieren seien, da sie sich „hinter dem Rücken der Produzenten" durchsetzten, vgl. d*ers.*, Sozialistische Marktwirtschaft?, in NBS, Jg. 1 (1930), 316-319. – *Mises* hatte gegen *Heimann* bereits 1924 eingewandt, seine Annahme einer von einer Zentralstelle beeinflußbaren sozialistischen Marktwirtschaft sei eine „Scheinlösung". Entweder es handle sich um echte Marktwirtschaft, in der die Marktteilnehmer entschieden, oder um Sozialismus, wo der „Befehl der Obrigkeit herrsche"; vgl. *Ludwig Mises*, Neue Beiträge zum Problem der sozialistischen Wirtschaftsrechnung, in ASS, Jg. 51 (1924), 488-500, 493f.
[195] *Paul Hermberg*, Planwirtschaft, in DA, Jg. 9 (1932), 201-211, 202, 207.
[196] Ebenda, 209.

sein Geld ausgeben soll."¹⁹⁷ Das Problem spitze sich auf die Frage zu, auf welche Weise das „Produktivvermögen" gebildet werden solle. An sich sei der Kapitalismus mit seiner starken Einkommensverschiedenheit hervorragend geeignet, dieses Problem zu lösen, denn in ihm sei „der Anteil der gesamten Einkommenssumme, der erspart wird [und investiert werden kann, W.E.], umso größer (...), je ungleichmässiger das Einkommen verteilt ist".¹⁹⁸ Andererseits werde diese Form der „Sicherung der Produktionsausdehnung" „allgemein als ungerecht empfunden". Daraus folge, daß „die Sorge für die Vermögensbildung zugleich mit dem Vermögensbesitz den privaten Einkommensbeziehern überhaupt genommen und der öffentlichen Hand übertragen werden" müsse.¹⁹⁹

Produktion wie Verteilung müßten einer einheitlichen Leitung unterstellt werden. Dies gelte aber hauptsächlich für die Produktion bzw. für die

„planmäßige Entscheidung, welcher Teil des Wirtschaftsertrags dem Verbrauch zufallen und welcher Teil des Wirtschaftsertrags dem Ausbau des Apparates dienen soll. Das erfordert weiter Regelung der Produktion bis in alle Einzelheiten, während für den Verbrauch die Festlegung des Gesamtumfangs genügt und die Bestimmung über seine Art weitgehend der freien Entschließung der Verbraucher überlassen werden kann. (...) *Man kann sich daher auch sehr wohl eine Planwirtschaft denken, die den Markt für die Verbrauchsgüter nicht aufhebt.*" In diesem Falle regelten sich die Preise „wie heute unter dem Einfluss der Kosten, die durch die Herstellung entstehen, und der Aufwendungen, die die Verbraucher für den Erwerb zu machen bereit sind."²⁰⁰

Die Hermbergsche Version der Planwirtschaft berührt sich hier mit dem Modell *Heimanns*. Der Unterschied liegt darin, daß *Heimann* die wirtschaftliche Entwicklung durch Kreditvergabe lenken will, während *Hermburg* der zentralen Planungsstelle direkte Entscheidungsbefugnis zubilligt.²⁰¹

Hermberg greift sodann die Frage der Wirtschaftsrechnung in einer geplanten Wirtschaft auf und setzt sich dabei mit *Heimanns* „sozialistischer Marktwirtschaft" auseinander. Er wirft ihr unter Berufung auf *Mises* Widersprüchlichkeit vor: Mache man mit der zentralen Konjunkturpolitik wirklich Ernst, so bedeute sie die Aufhebung der Konkurrenz um Produktionsmittelfinanzierung und verhindere damit das Entstehen freier Marktpreise. Die Entscheidung über die Verteilung der Produktionsmittel falle nach konjunkturpolitischen und nicht nach marktwirtschaftlichen Gesichtspunkten.²⁰² In seinen weiteren Ausführungen schlägt sich *Hermberg* auf die Seite der Autoren, die, anders als *Mises* und *Heimann*, meinen, daß die auch in einer Planwirtschaft bekannten Wirtschaftsdaten dazu ausreichten:

„Die Planwirtschaft unterscheidet sich also von der kapitalistischen Marktwirtschaft nicht durch das Fehlen einer Kalkulationsgrundlage. Soweit wirtschaftliche Tatsachen in die Rechnung des Kapitalismus eingehen, können sie auch in der Planwirtschaft berücksichtigt werden; denn alle Auswirkungen, die von den einzelnen Angebots- und Nachfragegrössen mechanisch ausgelöst werden, kann man grundsätzlich auch berechnen, wenn man nur die letz-

---

¹⁹⁷ *Paul Hermberg*, Planwirtschaft, in: DA, Jg. 9 (1932), 345-354, 346.
¹⁹⁸ Ebenda, 348.
¹⁹⁹ Ebenda, 350f.
²⁰⁰ Ebenda, 351.
²⁰¹ Ebenda.
²⁰² Ebenda, 603-612, 605f.

ten Ausgangsdaten kennt. Und diese sind in der hier konstruierten Planwirtschaft als Kosten der Zentrale auf der einen und als Preisangebote der Verbraucher auf der anderen Seite vollkommen gegeben. Es fehlen nur die im Kapitalismus für die Preisbildung der Produktionsmittel hinzukommenden Spekulationen der Unternehmer. Die an ihre Stelle tretende bewusste Planung lässt sich allerdings noch weniger als jene Spekulationen blind von den Anregungen des Verbrauchermarktes leiten, sondern macht sich von ihnen so weit unabhängig, dass man in der Planwirtschaft von Marktpreisen der Produktionsmittel überhaupt nicht mehr reden kann."[203]

Hermbergs zentral geplante Produktionsmittelentwicklung hätte vermutlich dem Typus der in Sowjetrußland entstandenen Planwirtschaft geglichen. Heute ist nicht mehr vorstellbar, daß dieses undifferenzierte Verfahren ähnlich erfolgreich wie die technologischen Entwicklungen im Kapitalismus gewesen wäre. Ein heutiges Urteil muß berücksichtigen, daß dieses Konzept unter dem Eindruck der verheerenden Weltwirtschaftskrise entstanden ist.

Hermberg geht schließlich der Frage nach, auf welchem Wege die Planwirtschaft durchgesetzt werden könne. Er warnt vor der reformsozialistischen Annahme, daß bereits das Vordringen der Gemein- und Staatswirtschaft die Planwirtschaft ankündige.[204] Auch den Weg über eine deutsche Wirtschaftsautarkie, die damals von dem der „Konservativen Revolution" zugerechneten „Tatkreis" propagiert wurde, lehnt er ab. Dies fördere den Protektionismus und stärke nur die Wirtschaftskreise, die von Schutzzöllen profitierten. Zwar werde auch die Planwirtschaft ein Außenhandelsmonopol einrichten müssen, doch im gegenwärtigen Zeitpunkt sei dies inopportun.[205] Deshalb bleibe als einziger Weg zur Planwirtschaft der politische Kampf im Rahmen der „demokratisch-republikanischen Staatsform", an dessen Spitze das „industrielle Proletariat" stehe.[206]

Der vom ADGB im Juli 1932 vorgelegte Plan „*Umbau der Wirtschaft*" enthält die Quintessenz der tragenden wirtschaftspolitischen Ideen, die in der Sozialdemokratie und den Gewerkschaften in der Zwischenkriegszeit erörtert worden sind. Einige Konzeptionen sind auf der Strecke geblieben, z.B. das Wissellsche Gemeinwirtschaftskonzept und die optimistische Interpretation von *Hilferdings* Theorie des „Organisierten Kapitalismus". Da der neue Plan den WTB-Plan nicht aufgriff, konnte ihn auch die SPD uneingeschränkt akzeptieren.[207] „*Krisenfeste Wirtschaft!*" – so hieß sein Ziel. Wie könne der „Krisenherd ausgebrannt werden? Durch gegenseitige Anpassung von Produktion und gesellschaftlichem Bedarf"[208]. Die wirtschaftspolitischen Instrumentarien entstammten dem Repertoire, das sich in der Zwischenkriegszeit herausgebildet hatte: Sozialisierung, Planwirtschaft, Monopol- und Bankenkontrolle, Stärkung der Massenkaufkraft, Arbeitszeitverkürzung, Wirtschaftsdemokratie.

---

[203] Hemberg, Planwirtschaft, 608.
[204] *Paul Hermberg*, Wege zur Planwirtschaft, in: DA, Jg. 9 (1932), 476-486, 478.
[205] Ebenda, 478ff. Vgl. auch *ders.*, Autarkie und Sozialismus, in: DA 9 (1932), 1-11.
[206] *Ders.*, Wege, 484ff. Hermbergs Aufsätze sind noch 1933 als Broschüre erschienen: *Paul Hermberg*, Planwirtschaft, Berlin 1933.
[207] Die Anregung zu „Umbau der Wirtschaft" ging vom AfA-Bund aus, von dessen Vorsitzendem *Siegfried Aufhäuser* der Titel des Plans stammt; vgl. dazu *Winkler*, Weg in die Katastrophe, 499, 637f. Die SPD setzte „Umbau der Wirtschaft" in einen Gesetzesentwurf um; vgl. Materialien zur politischen Situation bei Beginn des Reichstages August 1932, 13-16.
[208] Umbau der Wirtschaft. Die Forderungen der Gewerkschaften, Berlin 1932, 6f.

„Die planmäßige Entwicklung der Wirtschaft erfordert die Anpassung der Produktion an den gesellschaftlichen Bedarf.

1. Zur Verhütung der Krisen und zur Förderung des wirtschaftlichen Fortschritts ist entsprechend der wachsenden Produktivität der menschlichen Arbeit eine systematische Stärkung der Massenkaufkraft und die Regelung der Kapitalbildung sowie der Kapitalverwertung notwendig.

2. Mit der steigenden Produktivität der Arbeit ist die Arbeitszeit zu verkürzen. Die 40-Stunden-Woche ist sofort gesetzlich durchzuführen (...).

3. Zur Milderung der Konjunkturschwankungen müssen Reich, Länder, Gemeinden und sonstige öffentlichen Körperschaften ausreichende finanzielle Mittel für Arbeiten und Aufträge in der Krisenzeit bereithalten (...)."[209]

Die zuletzt genannte Forderung ist deswegen von Interesse, weil sie das Prinzip der „antizyklischen Konjunkturpolitik" *Karl Schillers* vorwegnimmt. – Bemerkenswert ist ferner, daß „Umbau der Wirtschaft" auf die alte Forderung nach Sozialisierung der wichtigsten Industriezweige, die in der Diskussion um „Wirtschaftsdemokratie" zurückgedrängt worden war, zurückgriff. Es sollte der Wille zur Offensive zum Ausdruck gebracht werden.

„Der demokratische Staat muß entscheidenden Einfluß auf die Entwicklung der Industrie und des Handels ausüben, um sie zum Wohl der Allgemeinheit zu lenken.

1. Die Schlüsselindustrien sind der Willkürherrschaft der Privatmonopole zu entziehen und in Gemeinbesitz zu überführen. Die Bodenschätze und die lebenswichtigen Rohstoffindustrien, ferner die gesamte Energiewirtschaft sowie der gesamte Verkehrsapparat, die die Grundlage des modernen Wirtschaftslebens bilden, müssen von der Gesellschaft zum Nutzen der Allgemeinheit planmäßig bewirtschaftet werden. (...).

4. Alle Kartelle und ähnliche Zusammenschlüsse sind durch ein staatliches Kartell- und Monopolamt zu überwachen. Das Kartell- und Monopolamt hat die Anlage-, Produktions- und Absatzpolitik sowie die Festsetzung der Preise ständig zu prüfen und im Interesse der Allgemeinheit zu beeinflussen. (...).

Das private Bankwesen ist durch ein staatlich beherrschtes Bankensystem mit der Aufgabe planmäßiger Kredit- und Kapitalverteilung zu ersetzen."[210]

„Überführung in Gemeineigentum" bedeute, daß an die Stelle des Privateigentümers die „öffentliche Hand" trete. Die eigentliche Verfügungsgewalt sollte „je nach Zweckmäßigkeit das Reich, die Länder, Gemeinden oder sonstige Körperschaften des öffentlichen Rechts" besitzen.[211] Diese Neustrukturierung schaffe die Voraussetzung der Planwirtschaft. Bürokratisierung werde dadurch vermieden, daß die Zentralstelle nicht in die Einzelheiten der Betriebe hineinregiere. „Beherrschung von der Zentrale, im übrigen aber weitgehende Dezentralisierung, um jene Elastizität zu sichern, die jede Wirtschaft braucht, wenn sie nicht die Freiheit vernichten, sondern in der Ordnung des Ganzen verwirklichen will."[212]

Ein Konzept zur Finanzierung der vorgesehenen Vergesellschaftungen, die hohe Entschädigungssummen erfordert hätten, enthielt der Plan nicht. Es genügte den Verfassern der Hinweis, daß die jüngsten Verstaatlichungen im Ruhrgebiet nicht zu kostspielig gewesen seien.[213] Angesichts der politischen Kräfteverhält-

---

[209] Umbau der Wirtschaft, 6f.
[210] Ebenda, 9f., 15.
[211] Ebenda, 11.
[212] Ebenda, 13.
[213] Ebenda, 11.

nisse war an eine rasche Realisierung dieses Plans nicht zu denken. Sein Hauptzweck war die an die Arbeiterschaft gerichtete Demonstration, daß die demokratische Arbeiterbewegung ein wirtschaftspolitisches Antikrisenkonzept besitze, das der Brüningschen Deflationspolitik, *von Papens* Unterstützung der Schwerindustrie- und Großagrarierinteressen und dem Arbeitsbeschaffungsplan der Nationalsozialisten durch einen militaristischen „Arbeitsdienst" überlegen war und ähnliche Aufbauleistungen wie die sowjetrussischen Fünfjahrespläne erwarten ließ.

Die Arbeitsbeschaffungsprogramme und Planwirtschaftspläne wurden von der *neoliberalen Schule* verurteilt. Wirtschaftskrisen entstünden durch die Ausdehnung des Kredits über den „natürlichen Kredit" hinaus, d.h. durch Schaffung von Kaufkraft, die durch die Warenproduktion nicht gedeckt sei. Kreditausweitung führe zur Scheinkonjunktur, die früher oder später zusammenbrechen müsse. Die Selbstregulierung des Marktes werde ferner durch Streiks und Streikandrohung der Gewerkschaften gewaltsam zerstört. Überhöhte Löhne führten zu Arbeitslosigkeit; die Arbeitslosenunterstützung senke die Arbeitsbereitschaft, mit dem Resultat, daß „Arbeitslosigkeit als Dauererscheinung" erst geschaffen werde.[214] Bei niedrigem Lohnstand könnten tendenziell alle Arbeitsuchenden beschäftigt werden. Allerdings müßten sich die Arbeiter dorthin begeben, wo ihnen Arbeit angeboten werde.[215] Jede Intervention in die Marktwirtschaft, gleich ob von bürgerlicher oder sozialistischer Seite, ruiniere deren natürliches Gleichgewicht.

„Es gibt nur *einen* Ausweg aus der Krise: man muß alle Versuche, die Auswirkung der Marktpreise auf die Produktion zu unterbinden, unterlassen. Man muß es aufgeben, eine Politik fortzusetzen, die Zinssätze, Löhne und Warenpreise anders gestalten will als der Markt sie gestaltet. (...). Alle Regierungen und politischen Parteien sind heute auf den Interventionismus eingeschworen (...)." Doch man dürfe hoffen, daß sie „einmal vom Schauplatz verschwinden und Männern [weichen], deren wirtschaftspolitisches Programm nicht zur Zerstörung und zum Chaos, sondern zum Aufbau führt"[216].

3. Die Suche nach neuen antikapitalistischen und antifaschistischen Strategien

Nach *Brünings* Rücktritt am 30. Mai 1932 und dem Regierungsantritt *Franz von Papens* befand sich die Arbeiterbewegung in einer verzweifelten Lage. Die Tolerierungspolitik war gescheitert. Sie war auf *Papens* „Kabinett der Barone" nicht anwendbar. *Papen* gehörte zum arbeitnehmerfernen konservativen Flügel des Zentrums und besaß beste Beziehungen zu Großagrariern und Schwerindustriellen. Die offizielle Parole der SPD hieß zunächst „Sicherung der Reichstagswahlen". Doch wie sollte der Parlamentarismus bei einer Reichstagsmehrheit der kompromißlos „systemfeindlichen" Parteien NSDAP und KPD seit der Wahl vom 31. Juli 1932 fortbestehen können?[217] Der SPD-Vorsitzende *Otto Wels* (1873-1939) setzte auf Zeitgewinn. Nach Auffassung des Parteivorstandes sollten

---

[214] Vgl. *Ludwig Mises*, Die Ursachen der Wirtschaftskrise, Tübingen 1931, 16ff.
[215] Vgl. ebenda, 20.
[216] Ebenda, 34.
[217] Vgl. *Winkler*, Katastrophe, 611ff., 684f.

auf einem Parteitag die Verdienste der demokratischen Arbeiterbewegung für die Arbeiter herausgestrichen und gegen die Kommunisten und Nationalsozialisten ins Feld geführt werden. *Hilferding* plädierte dafür, die wirtschaftspolitischen Ziele stärker zu propagieren: „Die Enteignung der Schwerindustrie, die Verstaatlichung der Banken und die Aufteilung des Großlandbesitzes, eine Herabsetzung der Mieten"[218] – traditionelle Forderungen, die, verglichen mit den futuristischen Parolen der Nationalsozialisten und Kommunisten, kaum Zukunftssignale aussandten. Die Frage, ob im Ernstfall der Generalstreik – die im Kapp-Putsch bewährte klassische Waffe der Arbeiterbewegung – ausgerufen werden könne, wurde von *Leipart* und anderen Gewerkschaftsvertretern angesichts der grassierenden Arbeitslosigkeit klar verneint. Die Idee einer „proletarischen Einheitsfront" aus Sozialdemokraten und Kommunisten wurde verworfen, weil die Kommunisten diese Parole dazu benutzten, einen Keil zwischen sozialdemokratische Mitgliedschaft und Parteiführung zu treiben. *Hilferding* konstatierte, daß nicht mit Mitteln gedroht werden sollte, „die wir nicht haben, mit außerparlamentarischen Mitteln, über die wir nicht verfügen".[219]

Die allgemeine Verwirrung darüber, wie sich die demokratische Arbeiterbewegung gegenüber dem Erstarken der antidemokratischen Kräfte und des Faschismus verhalten solle, führte zu einer Dissoziation ihrer Flügel. Im Herbst 1931 spaltete sich ein Teil der Linksopposition von der SPD ab und bildete mit Partikeln der kommunistischen Rechtsopposition die „Sozialistische Arbeiterpartei" (SAP), die intellektuelle Kapazitäten wie *Fritz Sternberg* anzog, jedoch politisch bedeutungslos blieb. Der zweite Teil der Linksopposition verharrte in der SPD und gruppierte sich um die neue Zeitschrift „Marxistische Tribüne".[220] Weit ernster war, daß der ADGB kurz vor der Agonie Weimars die Anti-Tolerierungsfront aufkündigte und sich der letzten Regierung vor *Hitlers* Machtübernahme, dem Kabinett *Schleicher*, annäherte. Der General *Kurt von Schleicher* (1882-1934) war in der Bürokratie des Reichswehrministeriums groß geworden. Er stand dem „Tat-Kreis" nahe und hatte deshalb, anders als sein stockkonservativer Vorgänger *von Papen*, gewisse sozialintegrativ-neukonservative Vorstellungen und entschloß sich deshalb, ein Arbeitsbeschaffungsprogramm aufzulegen, das Ähnlichkeit mit dem WTB-Plan besaß. Zudem wollte *Schleicher* die politische Basis seines Kabinetts verbreitern und knüpfte Kontakte mit *Gregor Strasser*, dem Exponenten des „sozialrevolutionären" Flügels der Nationalsozialisten, sowie dem Zentrum und den Freien Gewerkschaften.[221] Kreise des „Reichsbanners", der Wehrorganisation der republiktreuen Parteien, darunter dessen sozialdemokratischer Vorsitzender *Karl Höltermann*, befreundeten sich mit dem von *Papen* stammenden und von *Schleicher* weiterverfolgten Plan zur Wehrer-

---

[218] Vgl. *Hagen Schulze* (Hrsg.), Anpassung oder Widerstand? Aus den Akten des Parteivorstands der deutschen Sozialdemokratie 1932/33, Bonn-Bad Godesberg 1975, 26, 28, 97, 159.
[219] Ebenda, 8, 41, 162. In der Frage der Einheitsfront vertrat *Friedrich Stampfer*, der eher auf dem rechten Flügel stand, eine positive Haltung; vgl. ebenda, XXIX, 158 und Anm. 15.
[220] Vgl. *Hanno Drechsler*, Die Sozialistische Arbeiterpartei Deutschlands (SAPD). Ein Beitrag zur Geschichte der deutschen Arbeiterbewegung am Ende der Weimarer Republik, Meisenheim a.G. 1965.
[221] Vgl. die Einleitung zu: Akten der Reichskanzlei. Weimarer Republik. Das Kabinett Schleicher. 3. Dezember 1932 bis 30. Januar 1933, bearbeitet von *Anton Goldecki*, Boppard a.R. 1986, XXII-Iff., XXXIII, XXXVIIff.

tüchtigung der Jugend, der vom Parteivorstand entschieden abgelehnt wurde.[222] Doch diese positiven Reaktionen zeigen, daß es in den Gewerkschaften Strömungen gab, die einen Nationalkonservatismus mit sozialer Komponente für tolerierbar, wenn nicht sogar bündnisfähig, erachteten. Dies ist wohl einer der Gründe, weshalb der ADGB nach Hitlers Machtübernahme am 30. Januar 1933 die unverbrüchlich erscheinende Symbiose mit der SPD auflöste und dem neuen Regime die Zusammenarbeit anbot. *Lothar Erdmann* schrieb im März 1933 in der „Arbeit": „Die Gewerkschaften haben ihre Bereitschaft erklärt, auch im neuen Staate mitzuarbeiten. Sie brauchen, auch wenn sie manches aufgeben müssen, was ihrem geschichtlichen Wesen entsprach, ihre Devise: ‚*Durch Sozialismus zur Nation*‘, nicht zu ändern, wenn die nationale Revolution ihrem *Willen* zum Sozialismus *sozialistische* Taten folgen lässt."[223] Hauptzweck dieser Anbiederung war der Versuch, die gewerkschaftliche Organisation zu erhalten. Er war umsonst. Am 2. Mai 1933 wurde der ADGB, der zur Teilnahme an den nationalsozialistischen Maifeiern aufgerufen hatte, zerschlagen.

Die überkommenen Dokumente zeigen, daß sich die führenden Personen im Parteivorstand der SPD über die wirkliche Gefährlichkeit der Nationalsozialisten täuschten. Dabei herrschte an Faschismusanalysen sozialistischer Autoren kein Mangel. Sie differierten in ihren Aussagen nur wenig und sind nuancierter als die Analysen von kommunistischer Seite, vor allem als die sog. *Dimitroff*-These, wonach der Faschismus „die offen terroristische Diktatur der reaktionärsten (...) Elemente des Finanzkapitals" sei.[224] Die Faschismustheorien sozialistischer Autoren ragen vor allem durch die Betonung des sozialpsychologischen Moments, d.h. die Reaktion der Zwischenschichten auf die Bedrohung ihres sozialen Status, hervor. Typisch für diesen Ansatz ist die Analyse *Heimanns*:

„Die nationalsozialistische Bewegung erscheint ihrem soziologischen Kerne nach als eine Auflehnung des mittleren und kleinen Bürgertums gegen die hochkapitalistische Entwicklung. Durch die Konzentration des Kapitals wird der Bau der Kapitalmacht immer gewaltiger aufgetürmt, und der Konzentration der Verfügungsgewalt auf der einen Seite entspricht die Konzentration der abhängigen Massen auf dem anderen Pol. (...) Die kapitalistisch-sozialistische Doppelentwicklung ruft alle diejenigen zum Widerstand auf, die in ihrer sozialen Besonderheit zwischen der Kapitalmacht und der Arbeitermacht zerrieben zu werden fürchten, die von der Kapitalmacht ausgeschlossen sind und sich gegen die Proletarisierung wehren, obgleich sie an den Hauptproblemen des Arbeiterlebens längst Anteil haben. (...) So gehe es „dem sogenannten ‚Neuen Mittelstand‘, den Angestellten, deren Leistung durch die

---

[222] Vgl. *Schulze*, Anpassung oder Widerstand?, XXIf.

[223] *Lothar Erdmann*, Nation, Gewerkschaften und Sozialismus, in: DA, Jg. 9 (1933), 129-161, 161. Vgl. dazu *Heinrich Potthoff*, Freie Gewerkschaften 1918-1933. Der Allgemeine Deutsche Gewerkschaftsbund in der Weimarer Republik, Düsseldorf 1987, 302ff.

[224] In der heutigen Historiographie wird häufig gefordert, zwischen deutschem Nationalsozialismus und italienischem Faschismus strikt zu unterscheiden. Die Zeitgenossen gingen jedoch von einem übergeordneten Faschismusbegriff aus; vgl. dazu *Richard Saage*, Der italienische und der deutsche Faschismus, in: *ders.*, Arbeiterbewegung, Faschismus, Neokonservatismus, Frankfurt a.M. 1987, 121-159. Zur *Dimitroff*-These vgl. *Saage*, Faschismustheorien, 4. durchgesehene Aufl., Baden-Baden 1997, 39ff. Von größerem Interesse sind die kommunistischen Faschismustheorien *Leo Trotzkis* und *August Thalheimers*. *Thalheimer* ging in Anlehnung an Marx' „Bonapartismustheorie" davon aus, daß in einer Situation des Klassengleichgewichts eine mit demagogischen Mitteln operierende Massenbewegung mit einer Führerperson an der Spitze, die sich auf die deklassierten Zwischenschichten und die verselbständigte Exekutive stützt, temporär die politische Herrschaft ergreifen kann; vgl. dazu gleichfalls *Saage*, Faschismustheorien, 109ff.

Technisierung entwertet oder gar ersetzt wird."²²⁵- Die Mittelstandsthese wurde von *Engelbert Graf* mit dem Hinweis relativiert, daß sich die Nationalsozialisten „aus allen Bevölkerungsschichten rekrutieren: Hohenzollernsprößlinge, Adlige und Bürger, Unternehmer, Gutsbesitzer und Kleinbauern, Angestellte und Beamte, Intellektuelle und Handwerker", deren gemeinsames Merkmal ihre „gefährdete soziale Basis" sei.²²⁶

Engelbert Graf (1881-1952) und *Carl Mierendorff* (1897-1943), letztgenannter ein geistreicher Nachwuchspolitiker im Umkreis der „Neuen Blätter für den Sozialismus", MdR und führend im sozialdemokratischen Widerstand, wiesen zudem darauf hin, daß der Faschismus die Bewegung der mißbrauchten *Jugend* sei:

„Geltungstrieb und trotziger Protest gegen alle Autoritäten des Alters und der Staatsgewalten treffen hier auf die innere Unsicherheit und Haltlosigkeit und machen die Jugend für jede Oppositionsbewegung, für die Opposition um der Opposition willen geneigt." (*Graf*). – „Die [psychologische] Wurzel betrifft in erster Linie die Jugend. Aber auch hier hat nicht bloß der Generationengegensatz schlechthin ein politisches Gesicht bekommen, auch die spezifisch jugendliche Haltung der Bewegung, als da sind Romantik, echter oder falscher Heroismus, spielen hier die ausschlaggebende Rolle." (*Mierendorff*).²²⁷

Mierendorff nannte den politischen Überbau dieser Protestbewegung: „Nationalismus", „Antiparlamentarismus", „antidemokratische", „antikapitalistische", „antiproletarische bzw. antimarxistische Tendenzen". Dem „Antisemitismus" wies er nur eine „Nebenbedeutung" zu.²²⁸ Andere Autoren wiesen nachdrücklich auf die Rolle des Antisemitismus hin. Ein austromarxistischer Beitrag arbeitete die Gefährlichkeit des Rassenwahns und der Lehre vom minderwertigen Leben prophetisch heraus.

Die Nationalsozialisten behaupteten, daß „die am höchsten zu wertende Rasse" die „nordische" sei. „Eine systematische Rassezucht hat dafür zu sorgen, daß dieser Anteil der nordischen Rasse im deutschen Volk wachse. (...) jeder außereheliche Geschlechtsverkehr, durch den ja solche Rassevorschriften illusorisch gemacht werden könnten, [ist] mit Geld oder Gefängnisstrafe zu belegen. (...) Kranke, Bresthafte, Krüppel verschlechtern die Art und sind daher auszurotten. Etwa durch Gas. (...) Während die Nationalsozialisten auf der einen Seite planmäßig die einen, die ihnen nicht passen, ausrotten wollen, planen sie auf der anderen Seite die Heranzüchtung eines neuen Blutadels, der sich auf den Besitz von Grund und Boden stützen soll." Die Juden besitzen gemäß dieser Analyse die Funktion von Sündenböcken. **„Die Juden als den Feind hinstellen heißt (...), den Blick vom Großkapital ablenken. Rufen: Nieder mit dem jüdischen Kapitalismus!, das heißt, dem Kapitalismus an sich zu helfen, denn der Kapitalismus ist rassisch neutral**. [Fettung im Original, W.E.]."²²⁹

Während die deutschen Autoren stark die antikapitalistische Komponente in Programmatik und Klientel des Nationalsozialismus betonten, wies der österreichische Kommentar auf die großindustriellen Geldgeber der NSDAP hin. Mit Zita-

---

²²⁵ *Eduard Heimann*, Was will der Nationalsozialismus, in: NBS, Jg. 2 (1931), 145-148, 145f.
²²⁶ *Gg.[Georg] Engelbert Graf*, Die faschistische Gefahr, Leipzig o.J. 8f.
²²⁷ Ebenda, 17; *Carlo Mierendorff*, Was ist der Nationalsozialismus. Zur Topographie des Faschismus in Deutschland, in: NBS 2 (1931), 149-154, 149. Zu *Mierendorff* vgl. *Richard Albrecht*, Der militante Sozialdemokrat: Carlo Mierendorff 1897-1943, Berlin 1987.
²²⁸ *Mierendorff*, Nationalsozialismus, 149f.
²²⁹ Das Programm der Nationalsozialisten, Wien 1932, 7, 9.

ten wird untermauert, daß die Forderung nach Verstaatlichung der Trusts niemals verwirklicht werde und nur dazu bestimmt sei, Arbeiter zu ködern.[230]

Die Gruppe um die „Neuen Blätter für den Sozialismus" verband ihre Faschismuskritik mit einer Kritik der sozialistischen Theorie. Diese argumentiere ausschließlich rational und lasse den seelischen und emotionalen Empfindungen keinen Raum, während der Faschismus gerade solche Bedürfnisse anspreche. *Heller* wiederholte seine alte These, daß die Sozialdemokratie nicht zu einer „programmatischen Bejahung von Staat und Nation" gefunden habe.[231] Einen erheblichen Schritt weiter in der Nachempfindung faschistischer Gefühle gingen der religiöse Sozialist *Paul Tillich* und der belgische Sozialist *Hendrik de Man*:

„Hat wirklich der Sozialismus mit Begriffen, wie Blut, Rasse, Führer (...) *gar* nichts zu tun? Freilich gegen die Art, wie diese Begriffe heute geistig verzerrt und politisch mißbraucht werden, kann es nur eine entschlossene Abwehr geben. Aber nichts kann mißbraucht werden, was nicht ursprünglich sinnvoll gewesen wäre. (...) Und der Sozialismus würde sich ihre Ablehnung zu leicht machen, wenn er sich damit begnügen würde, sie als bloße Ideologien mittelständischer, vom proletarischen Schicksal bedrohter Gruppen zu enthüllen." (*Tillich*). *de Man* konstatierte: „Der Nationalfascismus appelliert an politische Triebkräfte, die der Sozialismus im Laufe der letzten Jahrzehnte garzusehr außer Acht gelassen hat. (...) den Drang zu Mythos und Utopie, das Bedürfnis nach rückhaltloser Kritik der Institutionen, den Trieb zur Aktivierung der Massen in unmittelbarer, offensiver Aggressivität, das Verlangen nach Führerpersönlichkeiten."[232]

Die Parteilinke und ungebundene sozialistische Intellektuelle waren von der Gefährlichkeit der Nationalsozialisten für Arbeiterbewegung und Republik überzeugt. Der Resolutionsentwurf der Linken auf dem Leipziger Parteitag von 1931 sprach von unvermeidbaren „harten Kämpfen", „die auch die Möglichkeiten schwerer Niederlagen bergen".[233] *Fritz Sternberg*, dem allerdings mehr an der Arbeiterbewegung als an der Republik lag, hatte bereits 1930 in der „Weltbühne" gewarnt:

„Die Arbeiter müssen erkennen, daß die Gewerkschaften heute in der Niedergangsepoche des Kapitalismus die Arbeiterschaft zum politischen Kampf gegen das gesamte System zu organisieren haben. Wenn die Arbeiterschaft das nicht erkennt, dann werden wir mit einem starken Wachstum des Faschismus und im weiteren mit einer völligen Zerschlagung der Arbeiterorganisationen rechnen müssen."[234]

---

[230] Vgl. Das Programm der Nationalsozialisten, 19f.

[231] *Hermann Heller*, Nationaler Sozialismus, in: NBS, Jg. 2 (1931), 154-156, 155.

[232] *Paul Tillich*, Der Sozialismus und die geistige Lage der Gegenwart, in: NBS, Jg. 3 (1932), 14-16, 15; *de Man*, Sozialismus und Nationalfascismus, Potsdam 1931, 48. Ähnlich argumentierte der Philosoph *Ernst Bloch*. Der „Vulgärmarxismus" habe keinen Sinn für die „Utopie", die in dem Begriff „Drittes Reich" stecke. Er sei „kalt, schulmeisterlich und nur ökonomisch" (so in Aufsätzen von 1930 und 1937), in: *ders.*, Erbschaft dieser Zeit. Erweiterte Ausgabe, Frankfurt a.M. 1962, 66, 128. Vgl. auch *Helga Grebing/Klaus Kinner* (Hrsg.), Arbeiterbewegung und Faschismus. Faschismus-Interpretationen in der europäischen Arbeiterbewegung, Essen 1990.

[233] Vgl. Das Ergebnis des Leipziger Parteitages. Der Standpunkt der Opposition, hrsg. von der Redaktion des ‚Klassenkampfs', Berlin 1931, 32. Vgl. dazu auch *Klaus Schönhoven/Hans-Jochen Vogel* (Hrsg.), Frühe Warnungen vor dem Nationalsozialismus. Ein historisches Lesebuch, Berlin 1998, sowie *Wolfram Pyta*, Gegen Hitler und für die Republik. Die Auseinandersetzung der deutschen Sozialdemokratie mit der NSDAP in der Weimarer Republik, Düsseldorf 1989.

[234] *K.L. Gerstoff* [d.i. *Fritz Sternberg*], Die Chancen des deutschen Fascismus (1930), abgedr. in:

Der Aktivismus der linken Gruppierungen, die den vom Parteivorstand und der Mehrheit der Reichstagsfraktion sowie dem ADGB betriebenen Kurs des Abwartens nicht länger hinnehmen wollten, konnte allerdings, von Ausnahmen abgesehen, über verbalen Radikalismus nicht hinausgelangen.[235] *Alex Möller* (1903-1985), nach dem Zweiten Weltkrieg Vorsitzender der SPD Baden-Württembergs und Finanzminister des ersten Kabinetts *Willy Brandts*, kritisierte das „Reichsbanner", weil es nicht gegen angebliche Verfassungsverstöße des Kabinetts *Brüning* vorgehe, und zog daraus die Konsequenz: „Bleibt das Reichsbanner auch jetzt noch überparteilich, dann wird die Partei dem großen Teile ihrer Mitglieder, die diese Organisation für die Sozialdemokratie als nicht mehr ausreichend und nicht mehr möglich ansehen, kaum verwehren können, sich in besonderen Kampftruppen der SPD zu sammeln." Die Redaktion des „Klassenkampfs" teilte dazu mit, „daß das Sichtbarwerden der faschistischen Gefahr in allen Teilen des Reiches spontan zur Bildung sozialdemokratischer Abwehrgruppen geführt hat, mit dem Ziel, die Zahl der zum Abwehrkampf gegen den Faschismus bereiten Kampfgruppen so zu verstärken, daß den Nazis die Lust zum Terror und zum Putschen vergeht".[236] Ein wirksames Gegengewicht zu SA und SS ist damit aber nicht geschaffen worden.

Die Führung der SAP ging auf einen neo-leninistischen, „luxemburgistisch" abgemilderten Kurs, d.h. sie glaubte, die SAP könne die Vorhut oder Avantgarde der deutschen Arbeiterklasse bilden. Dies bedeutete keine Identifikation mit der KPD, gegen die sie große Vorbehalte wegen ihrer Unterwerfung unter die Richtlinien der bürokratisierten und stalinisierten sowjetischen Partei hatte. Doch *Sternberg* wirkte darauf hin, die SAP zu einer „Kaderpartei" zu entwickeln, die eine „kristallklare feste ideologische Basis" besitze, d.h. „einen revolutionären Kader von der ideologischen Geschlossenheit der alten bolschewistischen Partei Lenins".[237] In der „Prinzipienerklärung" der SAP hieß es:

„Die revolutionäre Partei muß sich auf die fortgeschrittensten Elemente der Klasse stützen, ohne den Zusammenhang mit der großen Masse zu verlieren. Sie muß ihre Taktik so einrichten, daß sie, ohne sich von den Massen zu isolieren, an der Spitze marschiert und den Klassenkampf weitertreibt. (...) Eine revolutionäre Partei bedarf einer einheitlichen, entschlossenen und aktionsfähigen Führung. Aber diese Führung darf nicht bürokratisch entarten, sondern muß einer ständigen demokratischen Kontrolle und Beeinflussung durch die Mitgliedschaft unterliegen."[238]

Helga Grebing (Hrsg.), Fritz Sternberg (1895-1963). Für die Zukunft des Sozialismus. Werkproben, Aufsätze, unveröffentlichte Texte, Bibliographie und biographische Daten. Kommentare zu Leben und Werk von *Gerhard Beier* u.a., Köln 1981, 272-282, 281.

[235] Ein Musterbeispiel für diesen Verbalradikalismus ist die Aufforderung von *Max Seydewitz*, ein „*sozialistisches* Aktionsprogramm" herauszustellen. „Im Tageskampf für dieses Aktionsprogramm gilt es, die Massen zu mobilisieren und in Bewegung zu setzen und ihre Kampfbereitschaft und Kampffähigkeit von Tag zu Tag zu steigern.", in: *ders.*, Die Tolerierung der Notverordnung. Gegen die Richtlinie des Parteitags, in: KK, Jg. 5 (1932), 387-395, 395.

[236] *Alex Möller*, Verstärkte Abwehr gegen den Faschismus. Sozialdemokratische Schutz- und Abwehrtruppe, in: KK, Jg. 4 (1930), 650-652, 652.

[237] Zitate bei *Herbert Ruland*, Analyse und Strategien zur Verhinderung des Faschismus in den Schriften Fritz Sternbergs, in: *Grebing* (Hrsg.), Sternberg, 76-117, 106.

[238] Hauptfragen der Prinzipienerklärung, in: KK, Jg. 6 (1932), 137-140, 140.Vgl. dazu *Arkadij Gurland*, Leninistische Bekenntnisse der SAP, in: MT, Jg. 2 (1932), 205-207.

Die Ergebnisse der Land- und Reichstagswahlen enthüllten, daß der Anspruch der SAP, zur Avantgarde des deutschen Proletariats zu werden, illusionär war.

Es ist schwer, die neuen Ideen der Gruppe um die „Neuen Blätter für den Sozialismus" in das „Links-rechts-Schema" einzuordnen. Der Elan, mit dem sie den Kampf um den Sozialismus führte, wies sie als linksstehend aus, doch viele ihrer Ideen waren rechtslastig. *Mierendorff* versuchte eine neue Bestimmung der „Trennungslinie zwischen den beiden Flügeln". Sie verlaufe heute nicht mehr zwischen der „revisionistischen und orthodoxen Richtung" sondern dort, „wo sich konservative von aktivistischer Haltung (...) scheidet"[239].

August Rathmann (1895-1995), der Schriftleiter der „Neuen Blätter", warf den sozialdemokratischen Führern vor, „von einem liberal-optimistischen Fortschrittsglauben getragen und (...) in humanistisch-pazifistischen Vorstellungen befangen" gewesen zu sein, „die sie (...) am vollen Machteinsatz hindern mußten"[240]. Er setzte dieser Haltung den „positiven Radikalismus" entgegen, der die Bedeutung der „Führerschulung und Führerauslese" erkenne.[241] Allerdings: Die Parole vom „wehrhaften Sozialismus" der „Blätter" verhüllte nur notdürftig die Ratlosigkeit auch dieser Gruppierung des sozialistischen Spektrums.[242] Am Ende von Weimar gab es weder ein antikapitalistisches noch ein antifaschistisches Konzept der Linken, das erfolgversprechend gewesen wäre – nicht einmal eines zur Rettung der Republik.

In Österreich bemühte sich die SDAP um eine bessere Vorbereitung möglicher Kämpfe gegen die drohende Konterrevolution. Der „Republikanische Schutzbund" diskutierte geeignete Strategien, wobei *Alexander Eifler* für einen militärisch organisierten Widerstand plädierte, während sich *Theodor Körner* (1873-1957), *Renners* Nachfolger als Bundespräsident, für eine Art von Guerillataktik einsetzte.[243] Auch diese Überlegungen waren vergebens. Als die sozialistische Arbeiterschaft sich im Februar 1934 gegen die austrofaschistischen Übergriffe zur Wehr setzte, wurden ihre Organisationen von der Übermacht des Heeres und der faschistischen Heimwehren in blutigen Auseinandersetzungen zerschlagen.

---

[239] *Carl Mierendorff*, Aufbau der neuen Linken, in: MT, Jg. 2 (1932), 120-124, 122.
[240] Ebenda, 406.
[241] *August Rathmann*, Positiver Radikalismus, in: NBS, Jg. 2 (1931), 1-7, 5.
[242] Vgl. [*Anonymus*], Das Experiment des Herrn von Schleicher, in: NBS, Jg. 4 (1933), 1-8, 8.
[243] Vgl. dazu *Frank Hampel*, Zwischen Guerilla und proletarischer Selbstverteidigung. Clausewitz, Lenin, Mao Zedong, Che Guevara, Körner, Frankfurt a.M. 1989, 167-296.

IDEENGESCHICHTE DES SOZIALISMUS IN DEUTSCHLAND. TEIL II

VON

HELGA GREBING

Gewidmet Fritz Sternberg (1895-1963) und Lucinde Sternberg-Worringer (1918-1998), deren Leben und Wirken einer gerechteren Ordnung unserer Welt galt.

Mein Dank geht an André Förster, Gisela Kisker, Eckart Lilienthal und Dagmar Friedrich, die mir bei der Erarbeitung und Fertigstellung des zweiten Teils der Ideengeschichte des Sozialismus in Deutschland eine große Hilfe waren.

Inhaltsverzeichnis

1. Kapitel: Der Ideenhorizont deutscher demokratischer Sozialisten nach den Erfahrungen mit Nationalsozialismus und Stalinismus 1934 – 1948 361

   I. In der Emigration 361
      1. Vom „Prager Manifest" zu *Keynes* 361
      2. Entwürfe der Emigrationsgruppen in London, New York und Stockholm 363
   II. Ein neuer Sozialismus – „nach *Hitler*" 365
      1. Neuanfang 365
      2. Sozialismus als Gegenwartsaufgabe 367
      3. Welcher Sozialismus und warum welcher nicht? 369
   III. Modelle und Ideen für die Praxis 1946 – 1948/49 372
      1. Demokratische Sozialistische Planwirtschaft 372
         a) *Viktor Agartz* 372
         b) *Erik Nölting* 374
         c) Erste Programme 376
      2. Jenseits des Kapitalismus – was tun? 377
         a) *Paul Sering* 377
         b) *Fritz Sternberg* 379
         c) *Fritz Erler* 381
         d) *Paul Frölich* 382
         e) *Willy Brandt* 383
      3. Freiheit und sozialistische Marktwirtschaft statt Planwirtschaft 385
         a) *Alfred Weber* und *Alexander Mitscherlich* 385
         b) *Wilhelm Hoegner* 386
         c) Das hessische Sozialisierungsmodell: *Heinrich Troeger, Adolf Arndt, Harald Koch* 387
      4. Freiheitlicher Sozialismus – Anfänge und erste Entwürfe nach 1945 389
         a) Die Spannung zwischen Freiheit und Bindung 389
         b) *Hans Ritschl* 391
         c) *Gerhard Weisser* (I) 392
         d) Ziele und Instrumente des „freiheitlichen Sozialismus" ... 394
      5. „Regulierte Marktwirtschaft": *Rudolf Zorn* 395
   IV. Freiheit ohne Sozialismus – neoliberale Positionen und deren Kritik 399
      1. Konfrontations- und Konsenslinien 399
      2. Einige neoliberale Positionen 400
         a) *Wilhelm Röpke* 400
         b) *Friedrich August (von) Hayek* 401
         c) *Alexander Rüstow* 402
      3. Kapitalismus, Sozialismus, Demokratie 403
      4. Freiheitlich-sozialistische Kritik am Neoliberalismus 404

2. Kapitel: Die Herausforderung der politisch-ökonomischen Neugestaltung
der deutschen Demokratie 1949 – 1959 406

I. Normen, Elemente und Werte:
Das Modell des „freiheitlichen Sozialismus"... 406
   1. Die gesellschaftlichen und ökonomischen Grundlagen 406
      a) *Gerhard Weisser* (II) und *Gert von Eynern*.. 406
      b) Die Krise der Ideologien 410
      c) *Karl Schiller*... 415
      d) *Hermann Veit*... 421
      e) *Heinrich Deist*.. 423
   2. Die ethisch-philosophischen Grundlagen 427
      a) *Willi Eichler*.. 427
      b) *Carlo Schmid, Adolf Arndt* und *Fritz Erler*..................................... 431
      c) *Waldemar von Knoeringen* 435
II. Der Weg zum Godesberger Programm
und die Botschaft des Programms 437
   1. Stationen der Programmarbeit 437
      a) Prinzipienerklärung der Sozialistischen Internationale, 1951 438
      b) Das Dortmunder Aktionsprogramm der SPD, 1952............................ 438
      c) Berliner Fassung des Aktionsprogramms, 1954................................... 439
      d) Der Entwurf zu einem Grundsatzprogramm, 1958 440
   2. Das Godesberger Programm, 1959 442
      a) Inhalte und Defizite 442
      b) Das Fazit der Programmgestalter 444
   3. Alternativen zum Godesberger Grundsatzprogramm 446
      a) Einwände von links.. 446
      b) *Wolfgang Abendroth*... 446
      c) *Peter von Oertzen* (I) 449
III. Gemeinwirtschaft und Mitbestimmung – die Grundsatzpositionen
der Gewerkschaften 451
   1. Der Beginn der Einheitsgewerkschaft... 451
      a) Der Prozeß der Reorganisierung... 451
      b) Wirtschaftspolitische Grundsätze des DGB, 1949 452
      c) Demokratisierung der Wirtschaft 453
   2. Die Einheitsgewerkschaft auf dem Prüfstand 456
      a) Der lange Abschied von der „Neuordnung".. 456
      b) Das Aktionsprogramm des DGB, 1955... 458
      c) Neue Probleme, neue Perspektiven 459
   3. Auf dem Weg zum Grundsatzprogramm des DGB, 1963 462
      a) Grundpositionen der Gewerkschaftsführung....................................... 462
      b) Das Grundsatzprogramm, 1963... 464

3. Kapitel: Neue Ideen für die sechziger und siebziger Jahre 465

I. Reforminhalte und Strategien für eine entwickelte Industriegesellschaft.... 465
   1. Nach Godesberg: Was bleibt vom Sozialismus? 465
      a) Von der „formierten" zur „mündigen" Gesellschaft 465
      b) Mobilisierung der Demokratie 468
      c) Perspektiven – sozialdemokratische Politik im Übergang zu den siebziger Jahren.. 469
   2. „Systemüberwindung" und „Doppelstrategie" 470
      a) Sammlung und Zielsetzungen von linken Protestpotentialen oder: Was wollen die Jusos?.. 470
      b) *Joachim Steffen*: Strukturelle Revolution............................. 476
      c) *Peter von Oertzen* (II): Sozialdemokratische Grundsätze 478
   3. Gesellschaftswandel und Kulturkrise – Chancen und Bedrohungen des Konzeptes der aktiven sozialen Demokratie........................... 481
      a) *Richard Löwenthal*: Gesellschaftliche Umwandlung und demokratische Legitimität 481
      b) *Marx* in Perspektive... 484
      c) Sozialismus in der Demokratie: *Alexander Schwan, Gesine Schwan* .. 485
      d) Kritischer Rationalismus 487
   4. Ökonomisch-politischer Orientierungsrahmen für die Jahre 1975 – 1985 490
      a) Die Perspektiven des Vorsitzenden *Willy Brandt*..................... 490
      b) Vom „Langzeitprogramm" zum „ökonomisch-politischen Orientierungsrahmen für die Jahre 1975 – 1985".................... 492
II. Die neuen sozialen Bewegungen und ihre Protagonisten 497
   1. Die ‚Neue Linke'.. 497
      a) *Herbert Marcuse*... 497
      b) *Ernst Bloch*.. 501
   2. Neue soziale Bewegungen auf dem Kurs zur umfassenden zivilisationskritischen Gesamtbewegung................................... 503
      a) Auf dem Weg zur neuen Lebensqualität: *Erhard Eppler* und *Iring Fetscher* 503
      b) Ökosozialismus 507
      c) Die Praxisrelevanz der Ideen für einen neuen Fortschritt 508

4. Kapitel: „DDR-Sozialismus" 510

I. Auf dem Weg zum Sozialismus? 510
   1. *Anton Ackermann* und der „besondere deutsche Weg zum Sozialismus"... 510
   2. „Planmäßiger Aufbau des Sozialismus" während einer „längeren Übergangsperiode"... 512
      a) *Walter Ulbricht*.. 512
      b) *Fred Oelßner* 513
      c) Die Thesen von *Arne Benary* und *Fritz Behrens* 514

3. Merkmale der SED-Diktatur 516
   a) Die DDR – ein Sonderfall? 516
   b) Formen der Herrschaftslegitimation 518
II. Der „umfassende Aufbau des Sozialismus" 519
   1. Menschenbild und neue Ethik 519
      a) *Walter Ulbrichts* zehn Gebote 519
      b) Das Programm der SED von 1963 521
      c) Das Konzept der „sozialistischen Lebensweise und Moral", 1972 ... 522
      d) Das Programm der SED von 1976 523
   2. Lebensweise und Sozialstruktur 526
      a) Die DDR – eine klassenlose Gesellschaft? 526
      b) Widerstehen und/oder Anpassen 527
      c) Woran scheiterte die SED-Diktatur? 529
III. Opposition, Widerstand und Reformen in der DDR 1956 – 1989/90 530
   1. Der Revisionismus der fünfziger und sechziger Jahre 530
      a) *Wolfgang Harich* 530
      b) *Ernst Bloch* 532
      c) *Robert Havemann* 533
      d) *Robert Havemann* und *Wolfgang Harich* in den siebziger Jahren 535
      e) *Rudolf Bahro* 537
   2. Die ‚Dritten Wege' der Bürgerbewegungen während
   des Umbruchs 1989/90 540
      a) Formierungs- und Gründungsphasen 540
      b) Reformversuche von innen 541
      c) Nach dem Scheitern des „staatssozialistischen Systems"
      – ein neuer ‚Dritter Weg' als Alternative? 543

5. Kapitel: Wege ins 21. Jahrhundert 546

I. Weiterführung oder Stagnation der Emanzipation? 546
   1. Kann die Moderne als ein „unvollendetes Projekt"
   noch Zukunft haben? 546
      a) *Jürgen Habermas* 546
      b) *Oskar Negt* 549
   2. Für das 21. Jahrhundert – zwischen Elend und Hoffnung 552
      a) *Ralf Dahrendorfs* Reflexionen über
      „das Elend derSozialdemokratie" 552
      b) Das Prinzip Verantwortung 553
      c) Hat die Freiheit eine Zukunft? 554
II. Die SPD auf der Suche nach einem neuen Programm 555
   1. Warum das Godesberger Programm nicht mehr
   und warum es doch noch gilt 555
   2. Gemeinwirtschaft statt Gemeineigentum 560
      a) Keine Anknüpfung an Traditionen 560
      b) Theorie der Gemeinwirtschaft 560
      c) Das Ende der Gemeinwirtschaft 564
   3. Umbau des Sozialstaates 564
   4. Wie Überleben sichern? 569

5. Die Frauenfrage in der Sozialdemokratie der siebziger/achtziger Jahre .. 572
   a) Aufbruch zu einer neuen Frauenpolitik – die Gründung der
   Arbeitsgemeinschaft sozialdemokratischer Frauen 572
   b) „Wer die menschliche Gesellschaft will, muß die männliche
   überwinden" – die Auseinandersetzungen um den richtigen
   Weg zur Emanzipation.. 575
   c) Die Glaubwürdigkeit der Partei steht auf dem Spiel
   – die Durchsetzung der Quote 578
6. Das Berliner Programm der SPD von 1989
– Dimensionen, Akzeptanz und Kritik.. 579

III. Zukunftsfragen 585
   1. Hat die Arbeit eine Zukunft oder gibt es eine Zukunft ohne Arbeit? 585
      a) Arbeit und Lebenssinnfrage.. 585
      b) „Schöne neue Arbeitswelt"... 588
      c) Wieviel Arbeit braucht der Mensch?.. 591
   2. Was bleibt vom Sozialismus? 593

1. Kapitel: Der Ideenhorizont deutscher demokratischer Sozialisten nach den Erfahrungen mit Nationalsozialismus und Stalinismus 1934 – 1948

I. In der Emigration

1. Vom „Prager Manifest" zu *Keynes*

Die sozialdemokratische Arbeiterbewegung in Deutschland – SPD, Freie Gewerkschaften und die Arbeiterkulturvereine – sah sich nach dem 30. Januar 1933 mit der Tatsache konfrontiert, daß sie ihr Versprechen, den Nationalsozialismus an der Machtergreifung zu hindern, nicht eingelöst hatte; vielmehr sprachen viele, und darunter nicht wenige aus den eigenen Reihen, tief enttäuscht von der „Flucht vor Hitler". Illusionen darüber, daß die nationalsozialistische Diktatur nur von kurzer Dauer sein würde, schwanden bald dahin; allenfalls die Erwartung eines „nach Hitler – wir" mochte den Umstand, vor der Geschichte versagt zu haben, etwas mildern.[1]

Der erste Versuch des Exil-Parteivorstandes der SPD, wieder programmatischen Boden unter die Füße zu bekommen und gleichzeitig die Konsenslinien für die sowohl in der Emigration wie auch im Widerstand zerrissene und zur Auflösung gezwungene Partei zu finden, bestand in der Veröffentlichung der Erklärung „Kampf und Ziel des revolutionären Sozialismus" im Exil-Kopfblatt der SPD, dem „Neuen Vorwärts", am 28. Januar 1934 in Prag; die Erklärung wurde fortan als „Prager Manifest" bezeichnet und zitiert.[2] Das „Prager Manifest" schrieb noch einmal die klassischen Vorstellungen vom Sozialismus fest, dessen Verwirklichung mit der Vergesellschaftung der Produktionsmittel zu beginnen hatte; doch wurde die übliche Gleichsetzung von Sozialismus mit Sozialisierung und diese wiederum mit Verstaatlichung ausdrücklich vermieden:

„Die Vergesellschaftung der Schwerindustrie, der Banken und des Großgrundbesitzes ist kein Endpunkt, sondern nur der Ausgangspunkt für die Umwandlung der kapitalistischen in die sozialistische Gesellschaft.

Die sozialistische Wirtschaftsorganisation beseitigt die Anarchie der kapitalistischen Produktionsweise. Sie überwindet damit die Wirtschaftskrisen und die Arbeitslosigkeit. An die Stelle der planlosen kapitalistischen Wirtschaft tritt die sozialistische Planwirtschaft. An die Stelle des kapitalistischen Profitstrebens tritt das Streben nach Deckung eines stets sich stei-

---

[1] Vgl. *Klaus Schönhoven/Hans-Jochen Vogel* (Hrsg.), Frühe Warnungen vor dem Nationalsozialismus. Ein historisches Lesebuch, Bonn 1998; zur Historiker-Kontroverse siehe *Wolfram Pyta*, Gegen Hitler und für die Republik. Die Auseinandersetzung der deutschen Sozialdemokratie mit der NSDAP in der Weimarer Republik, Düsseldorf 1989, sowie *Rainer Behring*, Demokratische Außenpolitik für Deutschland. Die außenpolitischen Vorstellungen deutscher Sozialdemokraten im Exil 1933-1945, Düsseldorf 1999; als Überblick: *Hartmut Mehringer*, Widerstand und Emigration. Das NS-Regime und seine Gegner, München 1997.

[2] Text bei *Dieter Dowel/Kurt Klotzbach* (Hrsg.), Programmatische Dokumente der deutschen Sozialdemokratie, Bonn ³1990, 221-232.

gernden Bedarfes. An die Stelle der regellosen Rationalisierung zur Erhöhung des Profits durch Ersparung von Arbeitskräften, an die Stelle der regellosen Aufblähung des Produktionsapparates auf Kosten des Konsums tritt die planmäßige Steigerung der Produktionskräfte, die gleichmäßige Erweiterung von Erzeugung und Verbrauch. An die Stelle des zerstörenden Kampfes der einzelnen Produktionszweige gegeneinander tritt ihre aufeinander abgestimmte Entwicklung.

Die Leitung der Umorganisation obliegt der obersten sozialistischen Planstelle. Diese dient der Lenkung der gesamten Wirtschaft."[3]

Zielvorstellung blieb also, die Anarchie der kapitalistischen Wirtschaft durch eine Planwirtschaft zu überwinden, die die proportionale Entwicklung von Produktion (d.h. Investition) und Konsumtion sicherzustellen hat. Indessen war nicht an eine totale Sozialisierung gedacht; vielmehr sollte es einen vergesellschafteten Teil der Wirtschaft (Kreditwesen, Versicherungswesen, Schwerindustrie, Chemische Industrie, Energieversorgung und Verkehrswesen) und „die Marktwirtschaft" geben, deren Beziehungen durch die oberste Planstelle geregelt werden sollten.

Damit war das „Prager Manifest" zurückgeblieben hinter Vorstellungen, die veränderte ökonomische Rolle des Staates durch fiskalpolitische Eingriffe in den prinzipiell marktwirtschaftlich organisierten Wirtschaftsablauf zur Vermeidung von Krisen zu nutzen. Diese Vorstellungen waren in der britischen Arbeiterbewegung bereits Anfang der dreißiger Jahre unter dem Einfluß der Lehren des Nationalökonomen *John Maynard Keynes* aufgegriffen worden.[4] *Keynes*, der zum fortschrittlichen Flügel der Liberalen gehörte, entwarf unter der Drohung der systemzerstörenden Arbeitslosigkeit und der daraus resultierenden Einsicht, daß die kapitalistische Marktwirtschaft nicht mehr sich selbst überlassen bleiben dürfe, ein kapitalismus-immanentes Modell: Der Staat hat Vollbeschäftigung zur Beeinflussung der gesamtwirtschaftlichen Nachfrage (u.a. durch Arbeitsbeschaffungsmaßnahmen) zu schaffen. Im Vordergrund der Nachfragesteuerung des Staates sollte allerdings die Investitionsnachfrage stehen. Das keynesianische Modell sah jedoch auch eine Ausdehnung der Nachfrage durch die Erhöhung des Konsums vor; so war eine Umverteilung der Einkommen zugunsten niedriger Einkommen (durch hohe Vermögens- und Erbschaftssteuern) vorgesehen, die jedoch nicht zu einer gravierenden Nivellierung führen sollte.

Diese Maßnahmen sollten staatliches Eigentum an den Produktionsmitteln überflüssig machen, überhaupt eine Änderung der Eigentumsverhältnisse und damit eine sozialistische Wirtschafts- und Gesellschaftsordnung; vielmehr erschien eine krisenfreie Entwicklung der kapitalistischen Wirtschaft prinzipiell möglich. Das Modell von *Keynes* hatte drei gravierende Defizite, die seine Funktionsfähigkeit erheblich einschränken sollten, wie sich bei der praktischen politischen Umsetzung zeigte: 1. Es enthielt einen Zielkonflikt zwischen Vollbeschäftigung und Preisstabilität, d.h. die Inflation wurde zur andauernden Begleiterscheinung des Wirtschaftsprozesses. 2. Die Steuerungskapazität des Staates wur-

---

[3] *Dowe/Klotzbach*, Programmatische Dokumente, 227.
[4] *John Maynard Keynes*, The General Theory of Employment, Interest and Money, London 1936, deutsch: Allgemeine Theorie der Beschäftigung, des Zinses und des Geldes, München 1936 (Nachdruck 1952); *ders.*, Politik und Wirtschaft, Männer und Probleme. Ausgewählte Abhandlungen, Tübingen 1956. Zu *Keynes* vgl. *Michael Held*, Sozialdemokratie und Keynesianismus. Von der Weltwirtschaftskrise bis zum Godesberger Programm, Frankfurt a.M. 1982; *Joan Robinson*, Über Keynes hinaus. Ausgewählte ökonomische Essays, Wien 1962.

de beeinträchtigt durch die uneingeschränkte Dominanz der Monopole. 3. Die Funktion der Krise, die zum Wachstumshindernis aufgestauten Widersprüche zwischen Angebot und Nachfrage vorübergehend zu „lösen", wurde übersehen.

Trotz dieser Modellfehler hatte die Theorie von *Keynes* eine Anziehungskraft auf die Arbeiterbewegung in Europa, die sich aus der Orientierung auf Vollbeschäftigung und Umverteilung zur Anhebung der Konsumnachfrage und den Möglichkeiten der Steuerung ökonomischer Entwicklungen ergab. Sie stützte die in der sozialdemokratischen Arbeiterbewegung verankerte Vorstellung vom graduellen Hineinwachsen in den Sozialismus aus dem Kapitalismus selbst (anstelle des revolutionären Umbruchs), und sie stand in gewisser Korrespondenz zur klassischen, von der Arbeiterbewegung gehegten Unterkonsumtionstheorie.

2. Entwürfe der Emigrationsgruppen in London, New York und Stockholm

Diese Anziehungskraft zeigte sich auch in den Diskussionspapieren der während des Zweiten Weltkrieges in London gebildeten „Union deutscher sozialistischer Organisationen in Großbritannien".[5] Hier stand zunächst im Vordergrund, das eigene Verständnis von sozialistischer Planwirtschaft abzugrenzen sowohl vom Plankapitalismus der Nationalsozialisten, der auf Rüstung, Autarkie und Expansion ausgerichtet war, als auch vom überbürokratisierten, parteidiktatorischen Staatskapitalismus der Sowjetunion. Beide hielt man für ungeeignet, als Beweis „für die Unvereinbarkeit von Planwirtschaft mit Demokratie und freier Interessenvertretung" zu dienen, und setzte dem das Postulat der „demokratischen Planung für die Bedürfnisse der arbeitenden Massen – die Planung für das Volk und durch das Volk" entgegen.[6]

In der Diskussion tauchten bereits Varianten auf, die Vollbeschäftigung als oberstes Ziel der Planung und Lenkung bezeichneten, was allerdings nach dieser Auffassung erforderte, „daß die Wirtschafts- und Finanzpolitik des Staates nach sozialistischen Prinzipien geleitet und die Wirtschaft unter sozialistischen Gesichtspunkten planmäßig gelenkt wird". Dies sollte in der Weise geschehen, daß einerseits „das Privateigentum des Einzelnen im Prinzip unangetastet" blieb, andererseits „die Allgemeinheit in öffentlich kontrollierbarer Form die Verfügungsgewalt über die wichtigsten Kommando-Hebel solcher Planwirtschaft inne hat"[7].

Man kann in solchen Überlegungen den Anfang der Rezeption von *Keynes* durch die deutsche Sozialdemokratie sehen; doch zeigten die „Richtlinien für die Wirtschaftspolitik", die die Londoner Union im November 1944 verabschiedete, wieder eine stärkere Fixierung auf den traditionellen Sozialisierungskatalog, wenngleich ein Anteil an Wettbewerb im Rahmen einer stark zentralisierten

---

[5] Über den Zusammenschluß im Dezember 1941 vgl. *Werner Röder*, Die deutschen sozialistischen Exilgruppen in Großbritannien 1940-1945. Ein Beitrag zur Geschichte des Widerstandes gegen den Nationalsozialismus. Bonn-Bad Godesberg ²1973, sowie *Ludwig Eiber*, Die Sozialdemokratie in der Emigration. Die „Union deutscher sozialistischer Organisationen in Großbritannien" 1941-1946 und ihre Mitglieder. Protokolle, Erklärungen, Materialien (AfS, Beiheft 19), Bonn 1998.
[6] Was kann Sozialismus heute ökonomisch bedeuten? „Eberhard-Kreis"; Herbst 1942, in: *Röder*, Exilgruppen, 265-268, Zitat 267.
[7] Vorschläge für die Programmberatung, in: *Röder*, Exilgruppen, 272-274, Zitat 273; vgl. auch *Eiber*, Sozialdemokratie, Dokument 99, 217-220.

Planwirtschaft vorgesehen war, nämlich: „innerhalb des zentralen Planes die grösstmögliche Freiheit der Initiative und des wirtschaftlichen Wettbewerbs für die einzelnen öffentlichen, genossenschaftlichen und privaten Betriebe und für die regionalen und fachlichen Organe der Wirtschaft"[8].

Auch die Deklaration, mit der der „Council for a Democratic Germany" am 3. Mai 1944 in New York an die Öffentlichkeit trat, forderte mit eindeutiger Klarheit, daß „die Gruppen, die die Träger des deutschen Imperialismus waren und für die Auslieferung der Macht an den Nationalsozialismus verantwortlich sind, ihrer politischen, sozialen und wirtschaftlichen Machtstellung entkleidet werden". Das sollte für den Großgrundbesitz, die Großindustrie „und die Militärkaste" gelten. Dies ist um so bemerkenswerter, als der Council, dessen Chairman der bekannte Theologe und Religiöse Sozialist *Paul Tillich* war, ein breites Spektrum von Positionen abdeckte, die von der äußersten Linken bis (allerdings nur vereinzelt) zu bürgerlich-liberalen oder katholischen Persönlichkeiten reichten.[9]

Die Stockholmer Gruppe deutscher Sozialisten legte im Herbst 1944 in einer 63seitigen Broschüre ihre Vorstellungen „Zur Nachkriegspolitik" vor. Zu dieser Gruppe gehörten Mitglieder der 1931 gegründeten „Sozialistischen Arbeiterpartei Deutschlands" (SAP), die sich aus linken Sozialdemokraten, ehemaligen bzw. in Splittergruppen agierenden Kommunisten und einer Reihe bis dahin parteilich ungebundenen linken Intellektuellen gebildet hatte. Die führenden Köpfe der Stockholmer Exilgruppe waren *August Enderle* und *Irmgard Enderle* sowie *Willy Brandt*[10]; noch im Herbst 1944 entschlossen sich die Sozialisten zum Eintritt in die Stockholmer SPD-Gruppe. Für die Stockholmer Emigranten stand fest, daß eine Rückkehr zur privatkapitalistischen Wirtschaft nicht in Frage kommen werde und daß es ohne zentrale Planung und Lenkung nicht möglich sein werde, Deutschland wieder aufzubauen:

„Der Großgrundbesitz war schon seit Jahrzehnten ein wesentlicher Faktor der deutschen Wirtschaftsschwierigkeiten und zugleich ein Hort militaristischer Reaktion. Darum muß der Großgrundbesitz endlich enteignet und als Faktor der Reaktion ausgeschaltet werden. Daneben ist vor allem auch die Brechung der privaten Industrie- und Finanzmonopole eine unerläßliche Voraussetzung für eine Gesundung der Wirtschaft und für einen Planaufbau mit der oben umrissenen Zielsetzung. Die Banken, der Verkehr, Gas, Wasser und Elektrizität sowie die industriellen Rohstoffquellen einschließlich Forste müssen öffentlich bewirtschaftet, sie müssen in die Hand des Staates oder der Gemeinden überführt werden.

Inwieweit bestimmte Großunternehmen der übrigen Wirtschaft nationalisiert werden, ist zunächst mehr eine politische als eine wirtschaftliche Frage. Es hängt entscheidend davon ab,

---

[8] Union deutscher sozialistischer Organisationen in Grossbritannien (Hrsg.), Zur Politik deutscher Sozialisten. Politische Kundgebungen und programmatische Richtlinien der Union deutscher sozialistischer Organisationen in Grossbritanien, London 1945, 3; auch in: *Eiber*, Sozialdemokratie, Dokument 159, 364-366.
[9] Vgl. den Text der Deklaration in: *Ursula Langkau-Alex/Thomas M. Ruprecht* (Hrsg.), Was soll aus Deutschland werden? Der Council for a Democratic Germany in New York 1944-1945, Frankfurt a.M. 1995, 155-163.
[10] Vgl. *Jörg Bremer*, Die Sozialistische Arbeiterpartei Deutschlands (SAP). Untergrund und Exil 1933-1945, Frankfurt a.M. 1978; *Helga Grebing* (Hrsg.), Entscheidung für die SPD. Briefe und Aufzeichnungen linker Sozialisten 1944-1948, München 1984.

ob sich die Unternehmer in die allgemeine staatliche Wirtschaftskontrolle und -lenkung einordnen oder ob sie Sabotage leisten."[11]

Sehr wohl sah man die Gefahr einer Überbürokratisierung der Planwirtschaft, der man jedoch zu begegnen gedachte durch eine ganze Palette von Organisationsformen aus der libertären räte- und genossenschaftlichen Tradition der Arbeiterbewegung: kollektive Bewirtschaftung, Selbstverwaltung, Mitbestimmung der „Interessenorganisationen der arbeitenden Volksschichten", also der Gewerkschaften und vor allem der Betriebsräte, die in allen öffentlichen und privaten Unternehmen „zu Organen demokratischer Kontrolle und Mitbestimmung ausgebaut werden" sollten, während die Konsumgenossenschaften als Vertretung der Verbraucherinteressen wirken sollten; schließlich sollten „ungeeignete und sabotierende Beamte unmittelbar abberufen" werden; ferner sollten in allen öffentlichen Institutionen und im Sektor der privaten Wirtschaft Höchstgrenzen für Gehälter und Diäten festgelegt werden. Oberste Instanz für die Wirtschaftsgesetzgebung sollte das Parlament sein.

II. Ein neuer Sozialismus – „nach *Hitler*"

1. Neuanfang

In der Auffassung, daß Planwirtschaft grundsätzlich wie auch aus pragmatischen Gründen nach der Niederschlagung des nationalsozialistischen Regimes unumgänglich notwendig sei und damit eine unausweichliche historische Wende zu einem sozialistischen Deutschland eintreten werde, stimmten die sozialdemokratischen Widerstandsgruppen in Deutschland und im Exil, ohne voneinander zu wissen, nahtlos überein. In dem am 13. April 1945 von Überlebenden des KZ Buchenwald veröffentlichten „Manifest" hieß es:

„Überzeugt, daß die letzte Ursache zu diesem ungeheuerlichsten aller Kriege in der Raubtiernatur der kapitalistischen Wirtschaft, des finanzkapitalistischen Imperialismus und der von beiden erzeugten moralischen und politischen Verwahrlosung des Lumpenproletariats und Kleinbürgertums liegt, fordern wir, daß den Gesellschaftskrisen durch eine sozialistische Wirtschaft ein absolutes Ende gesetzt wird. Deutschland kann ökonomisch nur auf sozialistischer Grundlage wieder aufgebaut werden."[12]

Dieser Auffassung war ebenfalls *Kurt Schumacher* (1895-1952), der spätere Vorsitzende der SPD in Westdeutschland. In seinen ersten Erklärungen nach dem Zusammenbruch der nationalsozialistischen Gewaltherrschaft (so in dem Aufruf „Konsequenzen deutscher Politik", Sommer 1945) hieß es:

„Es ist der Kapitalismus in Deutschland, der mit dem Zusammenbruch seiner politischen Methoden und Parteien auch selbst zusammengebrochen ist.
  Auf der Tagesordnung steht heute als der entscheidende Punkt die Abschaffung der kapitalistischen Ausbeutung und die Überführung der Produktionsmittel aus der Hand der großen

---

[11] Zur Nachkriegspolitik der deutschen Sozialdemokraten, Stockholm 1944, 55f.
[12] Text bei *Manfred Overesch*, Deutschland 1945-1949. Vorgeschichte und Gründung der Bundesrepublik, Königstein i.Ts. 1979, 171-176, Zitat 173.

Besitzenden in gesellschaftliches Eigentum, die Lenkung der gesamten Wirtschaft, nicht nach privaten Profitinteressen, sondern nach den Grundsätzen volkswirtschaftlich notwendiger Planung. (...) Planung und Lenkung sind noch nicht Sozialismus, sondern erst die Voraussetzung dazu. Der entscheidende Schritt ist erst in einschneidenden Sozialisierungsmaßnahmen zu sehen. (...)

Die Verstaatlichung der Großindustrie, der Großfinanz und die Aufsiedlung des Großgrundbesitzes sind volkswirtschaftlich absolute Notwendigkeit. Vor allem sind der Bergbau, die Schwerindustrie, die Energiewirtschaft, das Verkehrswesen, ein sehr großer Teil der Verarbeitungsindustrie sowie die Versicherungs- und Bankwirtschaft nicht nur sozialisierungsreif, sondern müssen sozialisiert werden, wenn die deutsche Wirtschaft ausreichend funktionieren soll."[13]

Nicht anders sahen es die Mitglieder des Zentralausschusses der SPD in Berlin bzw. der Sowjetischen Besatzungszone. Im Gründungsaufruf vom 15. Juni 1945 wurden umfassende Verstaatlichungen gefordert, und in seiner Grundsatzrede vom 14. September 1945 in Berlin, mit der *Otto Grotewohl* (1894-1964) sich definitiv als Führungsfigur der SPD Ostdeutschlands und zugleich als Antipode *Kurt Schumachers* präsentierte, entwarf er sein Bild von den bevorstehenden Aufgaben[14]:

„Der Wiederaufbau Deutschlands ist nicht möglich ohne einen großzügigen und sorgfältigen Plan zum Wiederaufbau und ohne die genaue und wirtschaftliche Durchführung dieses Planes. Es muß der Mindestbedarf der Bevölkerung in Stadt und Land an Verbrauchsgütern des täglichen Bedarfs von der Zahnbürste bis zum Toilettenpapier festgestellt, der festgestellte Rohstoffbedarf auf die Fabriken und Maschinen aufgeteilt, der Rohstoff beschafft und das fertige Produkt nach einem bestimmten Bedarfsschlüssel an die Verbraucher verkauft werden."

Durchaus moderater als *Schumacher* unterstrich *Grotewohl* in dieser Rede, daß für die „planmäßigen Aufgaben" „alle Wirtschaftsformen – freie, gemischtwirtschaftliche, öffentliche und sozialistische – Anwendung finden" müßten, „wo sie zur Erreichung der gesteckten Ziele geeignet sind".

Grotewohl vertrat 1945 ebenfalls eine Synthese von Demokratie und Sozialismus mit einer aus den Erfahrungen der deutschen Geschichte hervorgegangenen erziehungsdiktatorischen Beimischung. Diese Verankerung in den Lehren der deutschen Geschichte kennzeichnete auch die Verlautbarungen der KPD. In deren erstem Aufruf vom 11. Juni 1945 hieß es:

„Wir sind der Auffassung, daß der Weg, Deutschland das Sowjetsystem aufzuzwingen, falsch wäre, denn dieser Weg entspricht nicht den gegenwärtigen Entwicklungsbedingungen in

---

[13] Text in: Turmwächter der Demokratie. Ein Lebensbild von Kurt Schumacher, hrsg. von *Arno Scholz* und *Walther G. Oschilewski*, Bd. 2, Reden und Schriften, Berlin 1953, 37f.; weitere Materialien in: *Willy Albrecht* (Hrsg.), Kurt Schumacher. Reden-Schriften-Korrespondenzen, Berlin 1985. Auf verkürzte biographische Angaben zu *Schumacher* wird hier verzichtet, statt dessen auf die zuletzt erschienene Biographie verwiesen: *Peter Merseburger*, Der schwierige Deutsche: Kurt Schumacher, Stuttgart 1995.

[14] Der Aufruf in: Dokumente und Materialien zur Geschichte der deutschen Arbeiterbewegung, Reihe III, Bd. 1, Berlin 1959, 28-31; von der Rede *Grotewohls* gibt es sieben Fassungen, vgl. neuerdings (daraus die beiden folgenden Zitate): Otto Grotewohl und die Einheitspartei, Dokumente, Bd. 1, Mai 1945 bis April 1946, Auswahl und Kommentierung: *Hans-Joachim Fieber/Maren Frankel/Wolfgang Triebel*, Berlin 1994, 145, 151. Zur Biographie *Grotewohls* siehe *Markus Jodl*, Amboss oder Hammer? Otto Grotewohl. Eine politische Biographie, Berlin 1997.

Deutschland. Wir sind vielmehr der Auffassung, daß die entscheidenden Interessen des deutschen Volkes in der gegenwärtigen Lage für Deutschland einen anderen Weg vorschreiben, und zwar den Weg der Aufrichtung eines antifaschistischen, demokratischen Regimes, einer parlamentarisch-demokratischen Republik mit allen demokratischen Rechten und Freiheiten für das Volk."[15]

Diese Auffassung präzisierte der damals als führender Theoretiker der KPD geltende *Anton Ackermann* in der „Einheit", der theoretischen Zeitschrift der KPD, im Februar 1946 zu einem „besonderen deutschen Weg zum Sozialismus". Auch habe *Marx* nicht die Möglichkeit verneint, über den parlamentarisch-demokratischen, d.h. friedlichen und nicht-revolutionären Weg zum Sozialismus zu gelangen. Unter Berücksichtigung der „Besonderheiten der historischen Entwicklung unseres Volkes" sollte deshalb erst die bürgerliche Revolution vollendet und die Demokratisierung unter der starken Ausprägung der politischen und nationalen Eigenheiten zu Ende geführt werden. Sozialismus blieb also das Ziel, das aber erst als Ergebnis eines längeren Überganges erreicht werden sollte.[16]

2. Sozialismus als Gegenwartsaufgabe

Daß Sozialismus *die* Gegenwartsaufgabe sei, weil nur er den geschichtlichen und ökonomischen Notwendigkeiten entsprach, war 1945 nicht nur die Auffassung derjenigen, die sich in der Tradition der deutschen Arbeiterbewegung stehend betrachteten und sich ihren theoretischen Orientierungsmustern verpflichtet fühlten. Sozialismus war vielmehr auch eine „Lebensfrage für die junge Generation" geworden, wie in der seinerzeit viel gelesenen Zeitschrift „Der Ruf" immer wieder unterstrichen wurde: „Ohne großzügige Sozialisierungsmaßnahmen und ohne wirtschaftliche Planung" werde es eine Neuordnung Deutschlands und Europas nicht geben, denn der Kapitalismus sei am Ende; doch auch der Sozialismus müsse sich wandeln, hin zu einem „sozialistischen Humanismus", der mit der wirtschaftlichen Planung das Recht auf individuelle Unabhängigkeit und die Wahrung der Freiheiten des Menschen garantiere.[17] Unter diesen Voraussetzungen gebe es für die junge Generation Deutschlands die Chance, den Sozialismus zu demokratisieren und die Demokratie zu sozialisieren; damit könne auch eine Brücke zwischen dem Westen und dem Osten gebaut werden.

Den Entwurf eines „freien Sozialismus" legte 1946 gemeinsam mit *Alexander Mitscherlich* (1908-1982), dem späteren bekannten Psychoanalytiker, der Nestor der deutschen Soziologie, *Alfred Weber* (1868-1958), vor:

---

[15] Aufruf des ZK der KPD in der Sowjetischen Besatzungszone vom 11.06.1945, abgedruckt in: Dokumente zur parteipolitischen Entwicklung in Deutschland seit 1945, bearb. u. hrsg. von *Ossip K. Flechtheim*, Bd. 3, Berlin 1963, 313-318.
[16] Vgl. *Anton Ackermann*, Gibt es einen besonderen deutschen Weg zum Sozialismus?, abgedruckt in: *Flechtheim*, Dokumente, Bd. 3, 336-355.
[17] *Alfred Andersch*, Das junge Europa formt sein Gesicht, in: Der Ruf, Jg. 1, Nr. 1 v. 15.08.1946, 1f.; *Hans Werner Richter*, Deutschland – Brücke zwischen Ost und West, in: Der Ruf, Jg. 1, Nr. 4 v. 01.10.1946, 1f.; *ders.*, Die Wandlung des Sozialismus und die junge Generation, in: Der Ruf, Jg. 1, Nr. 6 v. 01.11.1946, 1f.; auch abgedruckt in: Der Ruf. Eine deutsche Nachkriegszeitschrift, hrsg. von *Hans Schwab-Felisch*, München 1962.

„Wir vertreten einen freien Sozialismus. Das will heißen: Wir erkennen die Gesamtheit und den Einzelmenschen als die beiden Seiten eines Ganzen, die sich ergänzen und die im Raum des Handelns freier Einzelmenschen aufeinander wirken sollen. Wir wollen in der Kollektivverbundenheit und im kollektiven Handeln den Einzelmenschen als freie Persönlichkeit entfalten. Höchstenfaltung der Masse durch möglichste materielle und geistige Hebung aller Einzelnen und freie Persönlichkeit in der durch Menschlichkeit verbundenen Masse sind daher für uns Ziel und Grundlage des politischen Handelns. Denn alles sinnvolle politische Handeln gipfelt letztlich darin, das Niveau des Einzelmenschen, aller Einzelmenschen zu erhöhen."[18]

Sozialismus war aus dieser Sicht nicht einfach nur „Regelung der Produktionsverhältnisse", sondern ein „Programm der sozialen Lebensform", das auf eine „echte Lebens- und Arbeitsgemeinschaft" zielte. Deshalb bestanden die „Aufgaben einer künftigen Sozialisierung" „sowohl in einer gerechten Verteilung der Produktionsmittel als in der Gewinnung einer neu gegliederten Gesellschaft, d.h. einer Gesellschaft, die sich nach den Gesetzen menschlicher Bedürftigkeit und nicht nach den Gesetzen der technischen Produktion und ihrer Produkte bestimmt"[19]. Unter dieser Voraussetzung galt als Zukunftsperspektive über Deutschland hinaus für Europa:

„Die Wahrheit, die auf dem Wege ist, muß also heißen ‚freier Sozialismus', sozialistische freie und entfaltungsfähige Wirtschaft, die den marktwirtschaftlichen Konkurrenzkampf siegreich bestehen kann, auch neben kapitalistischer Unternehmungsweise, der sie auf dem Weltmarkt unweigerlich begegnen wird. Derart müssen europäische Sozialisten ihre Blicke ausrichten, sonst bleiben sie im Irrtum stecken."[20]

Es gab 1945 wahrscheinlich nicht wenige, die einen anderen Namen als Sozialismus bevorzugt hätten, obwohl sie inhaltlich davon überzeugt waren, daß nur der Sozialismus „einen gangbaren und notwendigen Weg aus dem Abgrund zu einer sinnvollen Ordnung" führen könne. Der Christ und Sozialist *Walter Dirks* (1901-1991), mit *Eugen Kogon* (1903-1987) Herausgeber der einflußreichen Zeitschrift „Frankfurter Hefte", hat für diesen Begriff gestritten und alle Ersatzbezeichnungen verworfen: Beim Sozialismus handele es sich „um einen geschichtlichen Begriff von großer Inhaltsfülle und Vieldeutigkeit", und er sei das „Schlüsselwort des deutschen Weges":

„Die ‚Parole' Sozialismus ist geeignet, genügend viele und genügend starke Kräfte und Ideen auf ein politisches Ziel und einen neuen Staatsinhalt gemeinsam in Bewegung zu bringen. Sie ist das Schlüsselwort einer ‚Koalition', und zwar der richtigen Koalition. Es scheidet eine zukünftige staatstragende Gruppierung der Kräfte und Ideen nach ‚rechts' hin klar und eindeutig gegen die Reaktion, gegen den Kapitalismus, den Liberalismus, den Nationalliberalismus, den Nationalismus, und es erfüllt nach ‚links' hin die Funktion, den Kommunisten die Bedingung ihrer Mitwirkung zu sagen: diese Bedingung ist der Sozialismus, dessen Wesen jeden Totalitarismus ausschließt."[21]

---

[18] *Alexander Mitscherlich/Alfred Weber*, Freier Sozialismus, Heidelberg 1946, 39.
[19] Ebenda, 21f.
[20] *Alfred Weber*, Bürokratie, Planwirtschaft und Sozialismus, in: *ders./Erik Nölting*, Sozialistische Wirtschaftsordnung, Hamburg 1948, 5-11, Zitat 11.
[21] *Walter Dirks*, Das Wort Sozialismus, in: FH, Jg. 1 (1946), H. 7, 628-643, Zitat 641.

3. Welcher Sozialismus und warum welcher nicht?

Was hätte näher gelegen als eine Neuverständigung und eine neue Vergewisserung über die programmatischen Konturen und eine Bündelung der vielen, aus verschiedenen Quellen kommenden Sozialismus-Optionen zu übereinstimmenden Zielvorgaben, zumal die Sozialdemokratie ihr letztes Programm, das Heidelberger, 1925 beschlossen hatte. *Kurt Schumacher* wehrte solche Überlegungen ab; er fand die nach vielen Seiten hin offene und diffuse Zeitsituation noch ungeeignet für die Erarbeitung einer neuen Programmatik, das wissenschaftliche Handwerkszeug noch nicht ausreichend überprüft, um solche Entwürfe überzeugend vorzulegen. Offenbar wollte er auch verhindern, daß sich eine Situation ergab, in der sich *eine* Meinung als die allein gültige durchsetzte. Er erstrebte deshalb einen Pluralismus der theoretisch-programmatischen Grundlagen, auf denen dann die Zuspitzung der praktisch-politischen Perspektiven möglich werden sollte.[22]

Demgegenüber vertraten Teile der Partei, darunter *Willi Eichler*, der später der führende Kopf bei der Erarbeitung des Godesberger Programms werden sollte, die Auffassung, daß die SPD in ihren Auseinandersetzungen mit den Kommunisten und den Christlichen Demokraten neben dem allgemeinen „Bekenntnis zu Sozialismus und zur Demokratie" eine innere Klärung von Begriffen und Problemen brauche.[23] Informelle Diskussionskreise hatten die Programm-Diskussion bereits begonnen, wie die kulturpolitischen Konferenzen Anfang Februar 1947 in Bad Gandersheim und im August 1947 in Ziegenhain zeigten. Marxisten, ethische Sozialisten und Religiöse Sozialisten erörterten bereits auf diesen Tagungen die Möglichkeiten, der Partei im Bewußtsein der Verantwortung gegenüber der sozialistischen Tradition „ein festes geistiges Fundament" zu geben:

„Kämpferisches Bewußtsein der unterdrückten Klassen, Wille zur Menschlichkeit, religiöse und sittliche Verpflichtung vereinigen sich in der Sozialdemokratie zu einer gemeinsamen Kraft, die Welt zu verändern, zu einem gemeinsamen Willen, der Idee des Menschen in der politischen und ökonomischen Wirklichkeit des ganzen Menschengeschlechtes Gestalt zu verleihen. In der Sozialdemokratischen Partei sollen alle ihre politische Heimat finden, die von der Notwendigkeit einer sozialistischen Gesellschaftsordnung überzeugt sind."[24]

Schumacher setzte sich zwar mit seiner abwartenden Haltung in Programmfragen durch, hat jedoch selbst erhebliche Anstöße für die Richtung des künftigen pro-

---

[22] Vgl. *Kurt Klotzbach*, Der Weg zur Staatspartei. Programmatik, praktische Politik und Organisation der deutschen Sozialdemokratie 1945 bis 1965, Berlin 1982; *Kurt Schumacher*, „Programmatische Erklärungen" auf den Konferenzen von Wennigsen und Hannover, 05./06.10.1945; *ders.*, Hauptreferat auf dem PT 1946 in Hannover: „Aufgaben und Ziele der deutschen Sozialdemokratie"; *ders.*, Grundsatzreferat auf dem PT 1947 in Nürnberg: „Deutschland und Europa"; alle Texte in: *Albrecht*, Schumacher.
[23] Vgl. *Willi Eichler*, Prot. PT Hannover 1946, 104f.
[24] *Georg Eckert*, Auf dem Weg nach Godesberg. Erinnerungen an die Kulturkonferenz der SPD in Ziegenhain, in: *Heiner Flohr/Klaus Lompe/Lothar F. Neumann* (Hrsg.), Freiheitlicher Sozialismus. Beiträge zu seinem heutigen Selbstverständnis, Bonn-Bad Godesberg 1973, 49-58, Zitat 58; vgl. auch *Willi Eichler*, Revolutionierung der sozialistischen Theorie, in: GuT, Jg. 2 (1947), H. 10, 3-7.

grammatischen Denkens gegeben und inhaltliche Vorgaben gemacht; die wesentlichen waren folgende:

1. Sozialismus und Demokratie bedingen einander: „Die Sozialdemokratie weiß, daß die Demokratie die letzte und einzige Chance ist, Deutschland am Leben zu halten. Die Demokratie freilich ist erst gesichert in einem sozialistischen Deutschland."[25]

2. Die unaufhebbare Verknüpfung von Sozialismus und Demokratie begründete den eigenständigen, quasi eigenen dritten Weg der Sozialdemokratie zwischen dem Kapitalismus in seiner spezifisch deutschen, d.h. mit dem Faschismus in einer ökonomischen Allianz verbundenen Form und dem antidemokratischen „diktatorisch zentralistischen Staatskapitalismus" des Bolschewismus. Es war der Weg eines freiheitlich-demokratischen Sozialismus mit dem Ziel der „ökonomischen Befreiung der Persönlichkeit (...) auf sozial sicherer Basierung"[26].

3. Der Marxismus behielt durch diese Entscheidung seine Bedeutung als Methode der wissenschaftlich begründeten Erkenntnis:

„*Wir haben als Sozialdemokraten gar keine Veranlassung, den Marxismus in Bausch und Bogen zu verdammen und über Bord zu werfen*. Einmal wissen ja die Kritiker am Marxismus gar nicht, was Marx ist. Zweitens haben aber die östlichen Entwicklungs- und Entartungsformen des Marxismus gar nichts mit dem zu tun, was die deutsche Sozialdemokratie aus und mit Marx macht. Der Marxismus ist in seinen beiden wichtigsten Formen, der ökonomischen Geschichtsauffassung und der des Klassenkampfes, nichts Überaltertes, weil er durch die Realitäten wirklich bejaht wird. Er ist kein Ballast. Ich erkenne gern an, daß er *nicht eine ausschließliche Begründung des Sozialismus* ist, auf die jeder Sozialdemokrat hören muß. Ich gebe jedem Sozialdemokraten gern das Recht, aus anderen Motiven und mit anderen Argumentationen vom Philosophischen über das Ethische zum Religiösen her seinen Sozialdemokratismus zu begründen. Wenn der Marxismus uns auch kein Katechismus ist, so ist er doch die Methode, der wir, besonders in der Analyse angewendet, mehr Kraft und mehr Erkenntnisse und mehr Waffen zu verdanken haben als jeder anderen wissenschaftlichen und soziologischen Methode in der Welt."[27]

Um zu wissen, wie *der* Sozialismus, den man meinte, aussehen sollte, bestand offenbar überall Klärungsbedarf darüber, welchen Sozialismus man *nicht* meinte, ehe das Projekt einer Synthese von individueller Freiheit und sozioökonomischer sozialistischer Ordnung gestaltet werden konnte. Die zum Teil schmerzvoll gewonnene Einsicht, daß die Sowjetunion spätestens seit dem Spanischen Bürgerkrieg gemessen an den Aufgaben und Zielen der internationalen Arbeiterbewegung zu einer „reaktionären Macht" geworden war, belastete zwar einerseits das Reflexionsvermögen erheblich, lähmte es sogar teilweise vor allem unter den Linkssozialisten, bot aber andererseits die Chance, mit bisher kaum geübter

---

[25] Zitat bei *Hans Peter Ehni*, Sozialistische Neubauforderung und Proklamation des „Dritten Weges". Richtungen sozialdemokratischer Wirtschaftspolitik 1945-1947, in: AfS, Bd. 13 (1973), 131-190, Zitat 145. Auf dem PT 1946 formulierte *Schumacher*: „Es gibt für uns Deutsche und für uns Europäer keinen Sozialismus ohne Demokratie, aber die Idee und der Geist der Demokratie schließt von vornherein die Geistesarbeit und die Freiheit der Kritik ein." In: *Albrecht*, Schumacher, 414.

[26] *Kurt Schumacher*, Demokratie und Sozialismus zwischen Osten und Westen, in: *Scholz/Oschilewski*, Turmwächter, Bd. 2, 64.

[27] *Ders.*, Rede auf dem PT 1946, in: *Albrecht*, Schumacher, 390.

Schärfe die prinzipiellen Gefährdungen des sozialistischen Projektes zu erkennen.[28]

Wenn es künftig darum gehen sollte, „Sozialismus und Freiheit" (*Hans-Werner Richter*) zu verwirklichen, wenn nun der einst Lenin-begeisterte KPD-Mitgründer *Paul Frölich* deklarierte: „Sozialismus ist vor allem Freiheit"[29] oder der christliche Sozialist *Eugen Kogon* mit Nachdruck feststellte: „Sozialismus ist genossenschaftlich-freiheitliches Leben"[30] oder *Alfred Weber* den „freien Sozialismus" ausrief, so war damit schon halb gesagt, wovon man sich vehement distanzierte: Die Sowjetunion war kein Modell mehr. Diese „totalitäre Diktatur" (*Frölich*), dieser totale, überbürokratische „Staatssozialismus" (*Kogon*, *Weber*), der die Freiheit preisgegeben und die Staatsknechtschaft an die Stelle der Privatknechtschaft gesetzt hatte (*Weber*) und sich mit zynischem, ideologischem Opportunismus rechtfertigte (*Frölich*), der den Marxismus, zum Dogma erstarrt, zu einer „Ideologie der wirtschaftlichen und sozialen Umwälzung eines rückständigen Landes ohne dessen kulturelle Europäisierung" deformiert hatte, gefährdete das sozialistische Projekt in höchstem Maße, wie *Paul Sering* in seiner damals oft zitierten Schrift „Jenseits des Kapitalismus", einer der ersten grundsätzlichen Orientierungsversuche „nach Hitler", argumentierte.[31]

„Die rücksichtslose Verneinung des individuellen Rechts und der Meinungsfreiheit, die Herabdrückung der menschlichen Persönlichkeit zur bloßen Scheidemünze in der gesellschaftlichen Transformation mag in Rußland ohne Zerstörung der Grundlagen des Gemeinschaftslebens möglich sein – in Europa würde sie unvermeidlich zum Faktor völliger Demoralisierung, völligen Kulturverfalls. Der Bolschewismus ist nicht, wie der Nationalsozialismus, ein Ausbruch der Barbarei – aber die Bolschewisierung Europas könnte nur zur Barbarei führen."[32]

Immer wieder wurde die Frage aufgeworfen, ob es denn nach dem negativen Lehrstück der Sowjetunion eine Einheit von sozialistischer Praxis und humanistischer Freiheit überhaupt geben könne, ob eine Synthese zwischen Freiheit der Persönlichkeit und der gesellschaftlichen Gemeinschaft, zwischen Demokratie und Sozialismus nicht nur denkbar, sondern auch gestaltbar sein würde oder ob vielleicht der Widerspruch zwischen der sozialistischen Utopie des freien Menschen und planwirtschaftlicher Ordnung überhaupt nicht auflösbar war. Die Antwort auf diese brennenden Fragen bestand in einer Vielfalt von Modellen und praxisorientierten Konkretisierungen.

---

[28] *Fritz Sternberg* (1895-1963) hatte bereits 1938 in seinem Buch „Germany and a Lightning War" (deutsch 1939: „Die deutsche Kriegsstärke") eindeutige Formulierungen gefunden, die sich von denen seiner Mitstreiter, die, wie ursprünglich auch er, fasziniert waren von der revolutionären Kraft der sozialistischen Transformation in der Sowjetunion, unterschieden. Er sprach vom „notwendigen Kampf" gegen die immer stärkere Entartung des zur Zeit in Sowjetrußland herrschenden Regimes", von den „reaktionären Tendenzen des heutigen Stalinregimes" und dessen „wachsendem Terror".

[29] *Paul Frölich*, Zur Krise des Marxismus, Hamburg 1949; vgl. *Henry Jacoby*, Begegnungen mit Paul Frölich, in: IWK, Jg. 19 (1983), H. 2, 181-186.

[30] *Eugen Kogon*, Der Weg zu einem Sozialismus der Freiheit in Deutschland, in: FH, Jg. 2 (1947), H. 9, 877-896, Zitat 878; auch in: *ders.*, Gesammelte Schriften, hrsg. von *Michael Kogon* und *Gottfried Erb*, Bd. 5: Die reformierte Gesellschaft, Weinheim 1997, 18-41.

[31] *Paul Sering* (d.i. *Richard Löwenthal*), Jenseits des Kapitalismus. Ein Beitrag zur sozialistischen Neuorientierung, Lauf b. Nürnberg 1946, Zitate 166.

[32] Ebenda, 167.

III. Modelle und Ideen für die Praxis 1946 – 1948/49

1. Demokratische Sozialistische Planwirtschaft

a) *Viktor Agartz*

Viktor Agartz (1897-1964), geboren in Remscheid, gehörte seit 1915 der SPD an, hatte 1918 bis 1924 Volkswirtschaft, Betriebswirtschaft und Jura studiert und wurde danach in der „Rheinisch-Bergischen Konsumgenossenschaft" tätig, ab 1937 als Wirtschaftsprüfer; seit 1944 lebte er in der Illegalität. 1946 wurde er zum Generalsekretär des deutschen Wirtschaftsamtes der Britischen Zone in Minden berufen und war Mitglied des Parteivorstandes der SPD, 1947 schied er aus diesem Amt aus.[33] *Agartz* war neben den Brüdern *Erik* und *Ernst Nölting* der wirtschaftspolitische Berater *Kurt Schumachers* und galt zunächst als der Sprecher seiner Partei in wirtschaftspolitischen Grundsatzfragen, als er auf dem ersten Nachkriegsparteitag der SPD im Mai 1946 in Hannover sprach.[34]

Ausgangspunkt für *Agartz'* entschiedenes Votum gegen den Monopol-Kapitalismus bzw. für den Bruch mit ihm waren die Erfahrungen aus der Weltwirtschaftskrise, dem deutschen Faschismus und dem Zweiten Weltkrieg. Daraus folgte für ihn, daß die grundsätzliche wirtschaftliche Neuordnung im Rahmen der sozialistischen Planwirtschaft nicht irgendwann im Laufe der weiteren Entwicklung erfolgen konnte, sondern der erste Schritt, die Voraussetzung für alles weitere zu sein hatte. Daraus folgte aber auch, daß als ungerecht und ungeeignet abzulehnen waren: 1. der ungehemmte Liberalismus der wirtschaftlichen Betätigung, 2. der imperialistische Monopolkapitalismus, 3. die starre Ordnung eines Ständestaates, 4. der zentralistisch-diktatorische marktlose Staatskapitalismus, aber auch 5. der „im Entstehen begriffene Neu-Liberalismus", der die Bedeutung des Gewinnstrebens und des Wettbewerbs überschätzte.

Agartz' Modell für die Neuordnung von Staat und Wirtschaft hieß demgegenüber „sozialistische Planwirtschaft im demokratischen Rechtsstaat". Da die wirtschaftliche Unfreiheit des einzelnen Menschen und die den Fortschritt hemmenden Fehler im kapitalistischen System nicht beseitigt werden könnten durch bloße Eingriffe „in die volkswirtschaftlichen Verteilungsvorgänge", dürfe zukünftig „(…) über den Umfang, über die Richtung und über die Verteilung der Produktion (…) nur noch der demokratische Rechtsstaat entscheiden. An die Stelle des privatkapitalistischen Gewinnstrebens hat die staatliche Planung zu treten als

---

[33] Von 1949 bis 1955 war *Agartz* Leiter des gewerkschaftlichen Wirtschaftswissenschaftlichen Instituts (WWI) und einflußreicher Theoretiker der Gewerkschaften. Über *Agartz* vgl. folgende Literatur: *Hans Willi Weinzen*, Gewerkschaften und Sozialismus. Naphtalis Wirtschaftsdemokratie und Agartz' Wirtschaftsneuordnung, Frankfurt a.M. 1982; *Wolfgang Schroeder*, Christliche Sozialpolitik oder Sozialismus. Oswald von Nell-Breuning, Viktor Agartz und der Frankfurter DGB-Kongreß 1954, in: VfZ, Jg. 39 (1991), H. 2, 179-220; *Hildegard Kronawitter*, Wirtschaftskonzeptionen und Wirtschaftspolitik der Sozialdemokratie in Bayern 1945-1949, München 1988; *Held*, Sozialdemokratie.

[34] Die Rede wurde in einer Broschüre abgedruckt: *Viktor Agartz*, Sozialistische Wirtschaftspolitik, Schwenningen 1947.

Hauptregulator der neu zu errichtenden Wirtschaft."[35] Unabweisbar notwendig war in diesem Konzept die Übernahme der Grundstoffindustrie durch die öffentliche Hand; auch sollte die Investitionstätigkeit „ausschließlich dem Staat zur vollständigen Kontrolle" überantwortet werden. „Diese Kontrolle hat auf der Grundlage langfristiger zentraler Planung zu erfolgen." Dennoch sollte, wie *Agartz* beteuerte, die sozialistische Planwirtschaft für die SPD kein Selbstzweck sein und keineswegs umfassend angestrebt werden:

„Unter Einbau marktwirtschaftlicher Elemente des Wettbewerbs muß die Planung unbeschadet ihres umfassenden Charakters mehr und mehr zu den Methoden der indirekten Lenkung übergehen. Wenn auch nicht in allen Fällen auf Gebote und Verbote verzichtet werden kann, so sollen im Bereiche der Enderzeugung und der Endverteilung möglichst alle mittelbar wirkenden Methoden der Marktbeeinflussung angewendet werden."[36]

Auch sollte Planungs- und Lenkungsarbeit dezentral immer von unten nach oben erfolgen, aber entscheidend war und blieb der volkswirtschaftliche Gesamtplan. Die betriebliche Mitbestimmung hatte deshalb bei *Agartz* selbst bei erweiterten Mitbestimmungsrechten der Arbeitnehmer nur eine begrenzte Bedeutung. Positiver setzte er den Wert der überbetrieblichen Mitbestimmung bis hin zur Kammerorganisation an, wie er denn auch allgemein eine wirtschaftliche Selbstverwaltung in einer sozialistischen Planwirtschaft für unentbehrlich hielt. Dem Genossenschaftswesen, in dem er selbst so lange tätig gewesen war, wies er keine wesentliche Rolle zu.

In fast allen Wendungen wird vielmehr immer wieder die Bedeutung des demokratischen Staates als Sachwalter des Allgemeininteresses hervorgehoben, und Planung bleibt das vorherrschende Element; deutlich keynesianische Züge sucht man vergeblich, wie überhaupt die Tendenzen zu einer gemischten Wirtschaft nur schwach ausgeprägt sind. *Agartz'* Konzept wird meist mit dem Etikett „marxistisch" behaftet. Das ist insofern richtig, als seine Kapitalismus-Analyse – Bedeutung der Monopole, ihre prinzipiell imperialistische Tendenz, die Verbindung von Nationalsozialismus und Wirtschaft – nicht von den Deutungsansätzen der an *Marx* orientierten sozialistischen Theorie abweicht. Aber *Agartz* war primär ein Ökonom und kein Gesellschaftstheoretiker, und es fehlte ihm zudem die Kraft zur Reflexion des politischen Rahmens, in den seine „sozialistische Planwirtschaft" hineingestellt werden konnte. Insofern besaßen seine Vorstellungen keine innovative Kraft aus sich heraus. Deshalb überrascht es nicht zu entdecken, daß *Agartz* ohne politisch-moralische Appelle, die die fehlende Selbstevidenz seines Modells ersetzen sollten, nicht auskommt. So sagt er, daß sich die Notwendigkeit einer Demokratisierung der Wirtschaftsverfassung aus „sittlichen und politischen Gründen" ergäbe, und er verspricht eine „neue deutsche Wirtschaft": „Die SPD wird das Ziel haben, das deutsche Volk zum Selbstbewußtsein zu erziehen, um auf Grund einer Haltung des Stolzes auf die eigene Arbeit es auch zur Achtung für die Leistung anderer Völker zu führen."[37]

---

[35] *Agartz*, Sozialistische Wirtschaftspolitik, 7.
[36] Ebenda, 8f.
[37] Ebenda, 17.

b) *Erik Nölting*

Erik Nölting (1892-1953) teilte mit *Viktor Agartz* die Beurteilung der historischen Ausgangssituation für einen umfassenden Neuaufbau nach 1945; auch er hielt die langfristige Wiederherstellung der kapitalistischen Produktionsverhältnisse für unmöglich und war sich sicher, daß eine Demokratisierung der Wirtschaft im Kapitalismus nicht zu erreichen war. Den Monopolkapitalismus hielt er für eine notwendige Zwischenstufe zwischen Konkurrenzkapitalismus und Planwirtschaft. Ursprünglich ein Schüler *Franz Oppenheimers*, hatte er sich in der Analyse des Kapitalismus zunehmend des Marxschen methodischen Kategoriensystems bedient und bereits in der Weimarer Zeit durch einige Veröffentlichungen die Diskussion über Planwirtschaft, Sozialisierung und Wirtschaftsdemokratie bereichert. Seit 1921 Mitglied der SPD, lehrte er seit 1923 an der Akademie der Arbeit in Frankfurt a.M. Nationalökonomie und Soziologie; 1933 wurde er entlassen und arbeitete z.T. unter falschem Namen publizistisch (so verfaßte er u.a. Drehbücher für die UFA). 1946 bis 1950 war er Wirtschaftsminister des Landes Nordrhein-Westfalen und zugleich Mitglied des Landtages.[38]

Auch *Nölting* sah in der NS-Zeit wie auch in der Entwicklung der Sowjetunion eine große Erblast für alle Neuordnungsbemühungen; die Sowjetwirtschaft bezeichnete er sogar als „ein warnendes Beispiel dafür, daß man Kollektivismus aufbauen und dabei die sozialistische Zielsetzung verfehlen kann"[39]. Aber er kritisierte ebenso die Sozialisierungsentwürfe der Revolutionszeit 1918/19, die er „Reißbrettkonstruktionen" nannte. Das Ziel, einen demokratischen und friedlichen Sozialismus aufzubauen und auf diesem Fundament eine dauerhafte Demokratie zu errichten, war nur durch ein hohes Maß an Flexibilität zu erreichen, wie *Nölting* sie in dem Beitrag über „Freiheit und Bindung in der sozialistischen Wirtschaft", der wohl zu recht als „das wohl umfassendste Dokument zu Planwirtschaft in der Nachkriegs-SPD" bezeichnet worden ist[40], zum Ausdruck brachte:

„Die Grundstruktur des Wirtschaftskörpers muß geändert werden. Wir wollen dreierlei:
1) Wir wollen eine Reihe von Wirtschaftszweigen durch Übergang des Eigentums in die öffentliche Hand und Sozialisierung restlos und unmittelbar auf das Gemeinwohl ausrichten.
2) Wir wollen eine weitere Reihe von Wirtschaftszweigen stärker als bisher durchsetzen mit gemeinwirtschaftlichen, namentlich mit gemeinschaftlichen Unternehmen.

---

[38] Vgl. *Claudia Nölting*, Erik Nölting. Wirtschaftsminister und Theoretiker der SPD (1892-1953), Essen 1989; *Friedrich Stratmann*, Erik Nöltings Beitrag zur wirtschafts- und gesellschaftspolitischen Diskussion der SPD in der Nachkriegsphase 1946-1952, Sozialwissenschaftliche Diplomarbeit, Göttingen 1976.
[39] *Nölting* in *Weber/Nölting*, Sozialistische Wirtschaftsordnung, 15; weitere Texte: *Erik Nölting*, Die wirtschaftspolitischen Forderungen der Sozialdemokratie, in: Prot. PT 1947, 158-163; *ders.*, Geld und Geldwahn, in: Die Wirtschaftspolitik und das Geldproblem, hrsg. von der SPD, Hannover 1948, 5-23; *ders.*, Es weht ein frischer Wind von Frankfurt? Das Streitgespräch Nölting-Erhard, Düsseldorf o.J. (1949); *ders.*, Wirtschaftsformen gestern, heute und morgen. Nach einem auf dem 3. deutschen Konsumgenossenschaftstag in Köln am 7. September 1949 gehaltenen Vortrag, o.O. 1949.
[40] *C. Nölting*, Nölting, 159.

3) Wir wollen die gesamte Wirtschaft in den staatlichen Lenkungs- und Ordnungsrahmen einspannen und wollen die autoritäre Wirtschaftsführung durch Beteiligung des arbeitenden Menschen ersetzen, sie demokratisieren und so der öffentlichen Kontrolle einen Einfluß auf das wirtschaftliche Geschehen einräumen."[41]

Der Weg dahin ging, wie es *Nölting* in indirekter Referenz auf *Hilferding* knapp und deutlich ausdrückte, über den demokratischen Staat und die ihm vorausgehende „Staatseroberung".

„In dem Maße, in dem wir in den Staat einrücken und uns positionell in ihm befestigen, entspannt sich der schroffe Klassencharakter des Staates. Aus einem Instrument der Repression, von dem noch Karl Marx sprach, wird ein Instrument der Emanzipation, ein Instrument sozialer Wirtschaftsgestaltung und Wohlfahrtsförderung. Zu der alten Front: Arbeit gegen Kapital, tritt nun die Front: Demokratischer Staat gegen großkapitalistische monopolistische Wirtschaft."[42]

Deshalb sollte „die zentrale Planung des Staates zum Hauptregulator der Wirtschaft" werden und „bestimmenden Einfluß" auf Umfang und Richtung der Produktion, den Stand der Beschäftigung, den Zahlungsmittelumlauf und die Organisation des Absatzes ausüben. Daneben war eine „indirekte Lenkung" durch Geld-, Kredit-, Steuer-, Lohn-, Preis-, Tarif- und Außenhandelspolitik vorgesehen. Ferner war an den „Einbau gewisser marktwirtschaftlicher Elemente in das allgemeine Planungssystem" gedacht.

Sozialisierung sollte nicht in jedem Fall Verstaatlichung bedeuten, die Tendenzen zur „freien Gemeinwirtschaft" dagegen deutliche Unterstützung finden. Eine große Bedeutung wurde der Mitbestimmung eingeräumt als Korrektiv kollektivistischer Wirtschaftsformen und Gegengewicht gegen Entartungserscheinungen hin zu einer staatlichen Wirtschaftsdespotie. Planwirtschaft war für *Nölting* keine Ideologie, sondern eine „neutrale Technik"; der Planungsaufwand sollte möglichst niedrig gehalten und elastisch gehandhabt werden. Analog dazu sollte auch der Sozialisierungskatalog flexibel gestaltet werden: „Wo sich monopolistische, marktbeherrschende Tendenzen geltend machen, wächst die Sozialisierungsreife"[43], und notwendigerweise war nach *Nöltings* Ansicht wegen des Ziels der Vollbeschäftigung im Investitionsgüterbereich das Sozialisierungsgebot am stärksten.

Planwirtschaft – elastisch und möglichst indirekt, Sozialisierung – flexibel, Verstaatlichung – eher eine Ausnahme, Gemeinwirtschaft – bevorzugt, Mitbestimmung – ganz groß geschrieben, marktwirtschaftliche Elemente – nicht eliminiert: Dies waren die Inhalte des Sozialismus, den es nun – nachdem er lange Zeit als eine „Ermutigungsphilosophie" verstanden worden war – zur „Vollendung und Wirklichkeit" zu bringen galt. Für *Nölting* bedeutete – im Gegensatz zum klassischen Revisionismus *Eduard Bernsteins* – zwar die Bewegung viel, aber das Ziel, der demokratische und freiheitliche Sozialismus, war noch wichtiger. Ebensosehr beschäftigte ihn die Transformation unter den Bedingungen nach Hitler und gegen Stalin. In Weimar ansetzend und über Weimar in Theorie und Praxis hinausführend, überwand er den Schematismus und die relative Eindimen-

---

[41] *Nölting*, Wirtschaftsordnung, 20.
[42] Ebenda, 21.
[43] Ebenda, 35.

sionalistät der Agartzschen Formulierungen. Während andere einflußreiche sozialdemokratische Ökonomen sich bereits auf den Weg machten, Planwirtschaftskonzeptionen „abzulegen", hat *Nölting* noch 1952, kurz vor seinem Tod, an der Rahmenplanung festgehalten. So gilt er heute als der letzte, aber sicher nicht dogmatischste Planwirtschaftler der SPD nach 1945.[44]

c) Erste Programme

Die SPD hat die von *Agartz* und *Nölting* entwickelten Konzepte im Anschluß an den Parteitag in Hannover im Mai 1946 zusammengefaßt und gebündelt vorgelegt in den „Grundgedanken eines sozialistischen Wirtschaftsprogramms – Wege und Ziele sozialdemokratischer Wirtschaftspolitik" (November 1946)[45]; hier wird – im Sinne von *Nöltings* Auffassungen – mit Nachdruck die These vertreten, daß „Sozialisierung" nicht vorrangig „Verstaatlichung" bedeuten muß, die „indirekte Lösung" wird bevorzugt und die Flexibilität der planwirtschaftlichen Maßnahmen hervorgehoben:

„Die von der sozialdemokratischen Partei geforderte sozialistische Planwirtschaft wird die marktwirtschaftlichen Formen des Wirtschaftsablaufes weitgehend beibehalten, aber die Wirtschaft wird sich nach den in der Planung festgelegten volkswirtschaftlichen Zielsetzungen richten."[46]
„Planwirtschaft ist niemals Selbstzweck. Reichweite und Methoden der staatlich-politischen Einflußnahme auf die Wirtschaft sind nicht Grundsatz-, sondern Zweckmäßigkeitsfragen."[47]

Diese Deutungsangebote und politischen Forderungen fanden in der SPD breite Resonanz, obwohl 1946/47 die Vermittlungsmöglichkeiten noch sehr begrenzt waren. Z.T. wörtliche Übernahmen, z.T. inhaltsgleiche Anlehnungen fanden sich in vielen programmatischen Papieren auf regionaler Ebene, so z.B. im Aktionsprogramm des Landesverbandes Groß-Berlin der SPD vom August 1946, das ganz unter dem Motto stand, daß die für die Sozialdemokratie entscheidende Aufgabe der Zeit „die harmonische Verknüpfung der politischen Freiheit und der sozialen Gerechtigkeit"[48] sei, oder in den „Wirtschaftspolitischen Forderungen" der bayerischen SPD vom Dezember 1946, in denen für eine „planmäßig gelenkte Wirtschaft unter demokratischer Kontrolle" plädiert wird.[49]

---

[44] Vgl. *C. Nölting*, Nölting, 162.
[45] In der Druckfassung: Hannover 1947; vgl. auch: Kundgebung der Sozialdemokratischen Partei Deutschlands, einstimmig angenommen auf dem Parteitag von Hannover 1946, in: *Norbert Konegen/Gerhard Kracht* (Hrsg.), Sozialismus und Sozialisierung, Kronberg i.Ts. 1975, 167-169.
[46] Grundgedanken, 10.
[47] Ebenda, 12.
[48] Aktionsprogramm des Landesverbandes Groß-Berlin der SPD, beschlossen auf dem 3. Landesparteitag am 18.08.1946, 7.
[49] *Kronawitter*, Wirtschaftskonzeptionen, 21; zur Ergänzung die materialreiche ältere Arbeit von *Erich Ott*, Die Wirtschaftskonzeption der SPD nach 1945, Marburg 1978.

2. Jenseits des Kapitalismus – was tun?

Unter diesem Stichwort werden Autoren zusammengefaßt, die keine Gruppe gewesen sind, aber gemeinsam hatten, daß sie vor 1933 linkssozialistische Positionen vertreten und spätestens nach 1936 einen Ablösungsprozeß von der stalinistisch gewordenen Sowjetunion absolviert hatten.

a) *Paul Sering*

Paul Sering – das ist der Tarnname von *Richard Löwenthal* – hatte mit seinem Buch „Jenseits des Kapitalismus", das im Dezember 1946 in Deutschland erscheinen konnte, unter Zusammenfassung, theoretischer Fundierung und perspektivischer Erweiterung der Diskussionen der Sozialdemokraten und Sozialisten in der englischen Emigration einen vielbeachteten „Beitrag zur sozialistischen Neuorientierung" vorgelegt. Oft zitiert als der längst fällige theoretische Wurf, hat das Buch danach jedoch nur einen begrenzten Einfluß auf die unmittelbare wirtschaftsprogrammatische Diskussion der SPD ausgeübt.[50] *Löwenthal* (1908-1991) gehörte seit 1926 der Kommunistischen Studentenorganisation an und wurde 1929 wegen seines Protestes gegen die Sozialfaschismus-These ausgeschlossen. Er promovierte 1931 mit einer Arbeit über die Marxsche Theorie des Krisenzyklus. 1929-1931 gehörte er zur KPD, schloß sich dann der Gruppe Leninistische Organisation (ORG)/Neu Beginnen an[51], für die er nach 1933 in Deutschland Widerstandsarbeit leistete. Obwohl als Jude und linker Sozialist außerordentlich gefährdet, floh er erst 1938 nach Prag, dann nach Paris und London, wo er als Journalist und Publizist arbeitete. Seine Aufsätze zur Faschismus-Analyse, veröffentlicht in der Exil-„Zeitschrift für Sozialismus" 1935/36, waren wichtige Beiträge für eine theoretisch tragfähige Neu-Interpretation des Faschismus.

Bis 1943 befürwortete *Löwenthal* noch eine sozialistische Neuordnung Europas unter Beteiligung der UdSSR, hatte aber bereits seit 1939 den Weg der Annäherung an die westeuropäische demokratisch-sozialistische Arbeiterbewegung und das westliche Demokratie-Modell eingeschlagen, so daß „Jenseits des Kapitalismus" politisch auch als Manifest für ein Europa als „dritte Kraft" gelesen werden kann. Ökonomisch-theoretisch war es indessen keineswegs das Schlüsselwerk des Eindringens des Keynesianismus in die Wirtschaftsprogrammatik der SPD der

---

[50] Dies stellt zu Recht *Hartmut Mehringer*, Waldemar von Knoeringen. Eine politische Biographie. Der Weg vom revolutionären Sozialismus zur sozialen Demokratie, München 1989, 304, fest. Der Neuauflage von „Jenseits des Kapitalismus" von 1977 stellte *Löwenthal* eine Einführung „Nach 30 Jahren" voran, mit einer ausführlichen Kritik der 1946 vertretenen Positionen.
[51] Zu *Löwenthals* politischer Biographie und theoretischen Konzepten vgl. *Jan Froitzek*, Zwischen den Fronten. Zur Politik, Organisation und Funktion linker politischer Kleinorganisationen im Widerstand 1933 bis 1939/40 unter besonderer Berücksichtigung des Exils, Bonn 1986; *ders.*, Zwei Dokumente aus dem Untergrund, in: IWK, Jg. 21 (1985), H. 2, 142-182; dazu die Replik von *Richard Löwenthal* in: IWK, Jg. 21 (1985), H. 3, 416-418; ferner zum allgemeinen politischen Umfeld *Willy Buschak*, Das Londoner Büro. Europäische Linkssozialisten in der Zwischenkriegszeit, Amsterdam 1985.

Nachkriegszeit[52], sondern umgekehrt die Umpolung einiger keynesianischer Ideen in eine sozialistische Richtung. *Serings* analytische Methode der Interpretation des Entwicklungsstandes der kapitalistischen Planwirtschaft folgt weitgehend der Marxschen Krisentheorie, korrigiert diese durch eigenständige Deutungen, aber auch Beimischungen von *Schumpeter* und *Keynes*. Gewiß war der Entwurf des sozialdemokratischen Weges der sozialistischen Planwirtschaft weitgehend von den Instrumenten der keynesianischen Wirtschaftspolitik bestimmt; deren Wirksamkeit war jedoch von der Voraussetzung der umfassenden Sozialisierung aller ökonomischen Kernbereiche abhängig. Zwei Bedingungen einer sozialistischen Entwicklung der Planwirtschaft müßten erfüllt sein, damit die Gesellschaft ebenso effektiv über den Staat verfügen könne wie der Staat über die Produktionsmittel:

„(...) Die wirtschaftliche Macht des Monopolkapitals muß durch Enteignung gebrochen, und der Staat selbst muß demokratisch sein." Und noch einmal: „Nur die Planung auf der Grundlage der Beseitigung des monopolkapitalistischen Eigentums und im Rahmen demokratischer Institutionen kann die vollen sozialistischen Möglichkeiten der neuen Gesellschaftsordnung zur Reife bringen."[53]

Die sozialistische Planung, wie sie *Sering* versteht, hat sich nach den beiden Eckwerten Vollbeschäftigung, d.h. Verschwinden der industriellen Reservearmee, und konsequente Wohlfahrtsplanung, d.h. Hebung des allgemeinen Wohlstandes, zu richten. Da die Verstaatlichung der Produktionsmittel nicht die notwendige Bedingung der Vergesellschaftung ist und es auch nicht auf das rechtliche Eigentum ankommt, sondern auf die Verfügungsgewalt der Gesellschaft, wird der demokratische Staat das Instrument der gesellschaftlichen Kontrolle sein. Damit „Planung durch das Volk für das Volk" Wirklichkeit werden kann, bedarf es einer konsequenten Kontrolle der „organisatorischen Hierarchien" (die für die Planung verantwortlich sind), um eine neue Klassenherrschaft zu vermeiden. Auch müssen sich die gesamtwirtschaftlichen Lenkungsmaßnahmen danach richten, daß sozialistische Planung Wirtschaftlichkeit nicht „an sich", sondern im Hinblick auf einen gegebenen Zweck erstrebe.

Zu *Serings* Konzept der sozialistischen Planwirtschaft gehören auch, vorgegeben durch die ethischen Komponenten der sozialistischen Tradition, „nichtmaterielle Leistungsantriebe, wie der Wille zum Dienst an der Gemeinschaft und der Wunsch, sich durch Leistung auszuzeichnen"[54]. Aus solchem Anspruch folgt für die „sozialistische Planung" „der konsequente Fortschritt zur Gleichheit der sozialen Aufstiegsmöglichkeiten für alle, ohne den sozialistische Entwicklung nicht denkbar ist"[55]. Dazu gehört ebenfalls, daß erbliche Vermögensvorteile als Faktor individueller Entwicklungschancen durch das System der Besteuerung abgeschliffen werden.

Serings Vorstellung von einer neuen sozialistischen Strategie der Transformation der kapitalistischen Klassengesellschaft durch demokratische Planung in eine freie sozialistische Gesellschaft der Gleichen unterschied sich – wie er zu Recht

---

[52] Wie *Held*, Sozialdemokratie, 184, es sehen möchte.
[53] *Sering*, Kapitalismus, 170, 214.
[54] Ebenda, 179.
[55] Ebenda, 182.

befand – sowohl von der alten revolutionären Strategie als auch von der überkommenen reformistischen Praxis, und ganz gewiß war sie in starkem Maße beeinflußt vom 1945 angelaufenen Labour-Sozialismus-Experiment. Diese strategische Vorstellung unterschied ihn – übrigens noch 1977 – vom Bernsteinschen Revisionismus bzw. dem freiheitlichen Sozialismus der fünfziger Jahre: Auch für ihn war das Ziel kein Endziel, sondern „der Richtpunkt einer niemals endenden Bewegung", die allerdings auf ein Ziel als Richtpunkt nicht verzichten kann.[56]

Für *Sering* gab es 1945 eine „europäische Mission des Sozialismus"; er dachte sich das freie, das demokratische Europa als Kern der „dritten Kraft" zwischen dem „totalitären Kommunismus" und der „kapitalistischen Reaktion". So lauteten denn die letzten Sätze in seinem Buch:

„Die internationale Mission der sozialistischen Arbeiterbewegung ist heute eine unmittelbare, greifbare, dringende *europäische* Mission. Doch in der Welt von heute hängt von der Erhaltung der Selbständigkeit Europas, der Entwicklung seiner humanistischen Traditionen, der Setzung eines Beispiels demokratisch-sozialistischer Planung zwischen den Kolossen soviel ab, daß gerade diese europäische Mission der größte geschichtliche Dienst ist, den der Sozialismus der ganzen Menschheit leisten kann."[57]

Richard Löwenthal hatte „nach 30 Jahren" an *Paul Sering* manches einzuwenden: Er sei zu stark orientiert gewesen an den Beispielen der nationalsozialistischen kapitalistischen Planwirtschaft und dem Labour-Experiment, er habe die Möglichkeit der kapitalistischen Planung für den Massenkonsum wie überhaupt die Kraft des Kapitalismus, die Grenzen seiner Existenz immer wieder hinauszuschieben, übersehen. Schließlich habe er – obwohl schon damals kein orthodoxer Marxist mehr – sowohl die Bedeutung des marxistischen ökonomischen Determinismus überschätzt wie auch den pseudoreligiösen Charakter, d.h. einen dem Marxschen Denken immanenten „diesseitsreligiösen Erlösungsglauben", unterschätzt.

b) *Fritz Sternberg*

Orthodoxer Marxist oder gar Leninist war auch *Fritz Sternberg* (1895-1963) im Jahre 1945 schon lange nicht mehr; orthodox im klassischen Sinne waren seine Denkansätze ohnehin nie gewesen. Es ging ihm um die Weiterführung Marxschen Denkens – auch gegen *Marx* bzw. die sprichwörtliche Buchstabengläubigkeit der orthodoxen Marxisten -, als er sein erstes großes Werk „Der Imperialismus" (1923 begonnen, 1926 erschienen) schrieb. Seine Beiträge zum Niedergang des Kapitalismus und zur Faschismus-Analyse bzw. -Interpretation sowie seine Beschäftigung mit der Entwicklung in der Sowjetunion, die er 1929 und 1930 bereiste, hatten ihn früh zu einer kritischen Einstellung veranlaßt. Noch kritischer stand er dem politisch immobil gewordenen und theoretisch zersplitterten sozialdemokratischen Reformismus gegenüber, so daß er sich 1931 zur Mitgliedschaft in der SAP entschloß, deren „Prinzipienerklärung" er sehr stark beeinflußte.

---

[56] *Richard Löwenthal*, Nach 30 Jahren. Vorwort zur Neuauflage 1977 von *Paul Sering*, Jenseits des Kapitalismus, Berlin 1977, LIV.
[57] *Sering*, Kapitalismus, 257.

Nach dem Reichstagsbrand am 27. Februar 1933 mußte er sofort Deutschland verlassen; über Prag und Basel gelangte er 1936 nach Paris. Im Frühjahr 1939 entschloß er sich nach längerem Reisen u.a. nach Norwegen, Schweden und England, sein Wirkungsfeld in die USA zu verlegen, wo er wie schon in den Emigrationsjahren davor seinen Lebensunterhalt durch seine publizistische Arbeit bestritt. Sein politisches Ziel war es, die Linken in den USA für ein Eingreifen in den Zweiten Weltkrieg zu motivieren und sie danach für die Probleme einer demokratischen Neuordnung Europas zu sensibilisieren. Belegbar ist, daß er sich spätestens ab Anfang 1944 mit Fragen nach den Voraussetzungen für den Aufbau einer „sozialistischen Demokratie" und nach Wirkungsmöglichkeiten für „eine freie demokratisch-sozialistische Partei" in Europa und in Deutschland beschäftigte.[58]

Sternberg wurde 1948 amerikanischer Staatsbürger, aber sein Blick blieb auf Europa, auf Deutschland gerichtet, wo er auch zeitweilig lebte. Mitte der vierziger Jahre beginnt er bereits die weltumspannende Spur der Analysen, mit denen er in den zwanziger Jahren begonnen hatte, wiederaufzunehmen und insbesondere die Länder Asiens als Faktoren eines weltweiten Transformationsprozesses wahrzunehmen.[59] In seinen Nachkriegspublikationen führte *Sternberg* aber zunächst nicht seinen ursprünglichen Ansatz fort, eine umfassende Theorie vorzulegen. Ihm ging es jetzt um die Darstellung des weltpolitischen Kräfteparallelogramms und um das Auffinden und Einordnen der Chancen für den demokratisch-sozialistischen Entwurf.

Zwar fand auch *Sternberg* wie viele andere den deutschen Kapitalismus als historisch obsolet, überhaupt das freie Unternehmertum in ganz Europa ohne ausreichende soziale Basis und den Mittelstand weitgehend zerstört. Doch dies veranlaßte ihn nicht, die grundsätzlichen Bedrohungen für den freiheitlichen Sozialismus zu übersehen: die „unausgeschwitzte", nur durch den Zweiten Weltkrieg unterbrochene Weltwirtschaftskrise; die Gefahr eines dritten Weltkrieges, der im Zeitalter der Atombombe die Zerstörung der Zivilisation bedeuten würde; der „rote Imperialismus" bzw. der Expansionsdrang der Sowjetunion; die Chancen für eine nationalistische Reaktion (nicht nur in dem von Teilung bedrohten Deutschland).

Das planwirtschaftliche Modell, das *Sternberg* vertrat, ist eng orientiert an dem englischen Labour-Experiment, das zentralistisch ausgerichtet auf Verstaatlichung setzte, und erst später, nämlich ab 1950, nahm *Sternberg* das Modell der deutschen Montanmitbestimmung und das der jugoslawischen Arbeiterselbstverwaltung als direkt-demokratische Ergänzungen in seine Vorstellungen auf.[60] Aber Großbritannien ist keine ausreichende Transformationsbasis für den demokratischen Sozialismus, der Europa zu einer wirklichen „dritten Kraft" machen könnte, zu einem „dritten Weltzentrum", das einen „eigenen Weg" geht:

---

[58] Zu *Sternberg* vgl. *Helga Grebing* (Hrsg.), Fritz Sternberg (1895-1963). Für die Zukunft des Sozialismus, Köln 1981.

[59] Vgl. *Sternbergs* in mehrere Sprachen übersetzte Publikationen nach 1945: „The Coming Crisis", New York 1947; „Living with Crisis", New York 1949; „Capitalism and Socialism on Trial", New York 1951 (deutsch: „Kapitalismus und Sozialismus vor dem Weltgericht", Hamburg 1951).

[60] Vgl. *Helga Grebing*, Gefahren und Chancen für den demokratischen Sozialismus nach 1945 in der Deutung von Fritz Sternberg, in: *Dies.*, Sternberg, 143-184.

„Eine Planwirtschaft der Nachkriegszeit würde, unbeeinflußt von den beiden Weltmächten, voraussichtlich demokratisch-sozialistische Formen annehmen; während sie die Produktionskapazität Europas entwickeln würde, würde sie gleichzeitig in der Lage sein, die politischen und individuellen Freiheiten zu bewahren, die das Erbe der Französischen Revolution sind. Aber in seiner gegenwärtigen Lage kann sich Europa nicht unbeeinflußt entwickeln; es ist das politische und wirtschaftliche Schlachtfeld der beiden Weltmächte. Sowjet-Rußland hat bereits die europäische Krise zur Erweiterung seiner eigenen Einflußsphäre ausgenutzt, während die Vereinigten Staaten Europa durch die wirtschaftliche Hilfe und die für ihre bestmögliche Ausnutzung eingerichteten Kontrollmechanismen halb-abhängig zu machen drohen. Bisher haben solche Beziehungen von Halb-Abhängigkeit nur zwischen industriell entwickelten Ländern auf der einen und industriell zurückgebliebenen Ländern auf der anderen Seite, die zu Kolonien bzw. Halb-Kolonien geworden sind, bestanden. Gegenwärtig ist jedoch durchaus möglich, daß die Vereinigten Staaten, schon allein durch ihre gewaltige Position als das industriell mächtigste Land der Welt, die westeuropäische ‚Fabrik' in eine ständige ‚Filiale' umwandeln.

Solch ein Ergebnis würde die Hoffnungen auf ein Europa zunichte machen, das als eine planwirtschaftliche Einheit auf demokratischer Grundlage neu organisiert, sowohl von Sowjet-Rußland als auch von Amerika unabhängig und den Verlust der bislang von ihm abhängigen Regionen zu überwinden in der Lage ist."[61]

Sternberg wurde zunehmend deutlicher, daß der sozialistische Transformationsprozeß sich nicht mehr revolutionär, sondern nur als ein langer und mühsamer Prozeß, „in dessen Mitte wir stehen", vollziehen würde. *Sternberg* meinte auch jetzt nicht, daß die Vergesellschaftung bereits im Kapitalismus erfolgen werde; das Äußerste, was im Kapitalismus vorweggenommen werden könnte, seien gewisse Voraussetzungen, die die sozialistische Produktionsweise zu ihrer Verwirklichung brauche. Unverkennbar versucht *Sternberg*, das analytische Instrumentarium des klassischen Marxismus kritisch zu modifizieren. Nur noch gelegentlich ließ er sich auf eine dogmengeschichtliche Explikation ein; sein primäres Interesse war nun ein politisch-strategisches. Erst in den fünfziger Jahren wandte er sich wieder den Problemen der „sozialen Demokratie" grundsätzlicher und systematischer zu.

c) *Fritz Erler*

Fritz Erler (1913-1967) gehörte wie *Richard Löwenthal* zur Gruppe „Neu Beginnen". Er war 1939 wegen seiner Widerstandstätigkeit zu zehn Jahren Zuchthaus verurteilt worden. Nach dem Zweiten Weltkrieg wurde er Landrat, erst in Biberach, dann in Tuttlingen. Ab 1949 Mitglied der SPD-Bundestagsfraktion, war er in den sechziger Jahren deren weit über alle Parteigrenzen geachteter Vorsitzender.[62] Die Schrift „Sozialismus als Gegenwartsaufgabe"[63] verfaßte er, als er ab Januar 1946 von der französischen Besatzungsmacht wegen angeblicher Amtsverfehlungen für vier Monate in einem für Nationalsozialisten eingerichteten Lager festgesetzt wurde.

---

[61] *Fritz Sternberg*, A new Balance for Europe, in: The Nation v. 28.08.1948; Übersetzung in: *Grebing*, Sternberg, 458-463, Zitat 462.
[62] Vgl. *Hartmut Soell*, Fritz Erler. Eine politische Biographie, Berlin 1976.
[63] Sie erschien als 52 Seiten umfassende Broschüre: *Fritz Erler*, Sozialismus als Gegenwartsaufgabe, Schwenningen 1947.

Auch für *Erler* gab es 1945 kein „Wenn und Aber" mehr. Eine wirklich freie Demokratie konnte es nur im Sozialismus geben: „Sozialismus und Demokratie sind keine Gegensätze, sondern ein und dasselbe. Der Sozialismus ist die Vollendung der Demokratie." Sozialismus, wie *Erler* ihn verstand, war „eine höhere Daseinsform der Menschheit mit der ganzen bunten Fülle des menschlichen Lebens". Vielleicht hatte es für Rußland keinen anderen Weg gegeben: „Für Deutschland führt der Weg zum Sozialismus über die Demokratie, ist Sozialismus und wahre Demokratie eins."[64] Die Lage nach Niederschlagung der nationalsozialistischen Diktatur biete dem deutschen Volk die Chance eines völligen Neubeginns von quasi revolutionärer Qualität.

Darauf basiert *Erler*s Modell der Wirtschaftssteuerung: 1. zentrale, auf Richtung und Größenordnung der Produktion beschränkte volkswirtschaftliche Gesamtplanung durch das Parlament, 2. betriebswirtschaftliche Rationalisierung statt spätkapitalistisches Profitstreben, 3. öffentlich dargelegte Bilanzen, 4. Anreize für Leistungssteigerungen. Weder sei die Marktwirtschaft wirklich frei, noch habe die totalitäre Zwangswirtschaft etwas mit Sozialismus zu tun:

„Unser Weg wird nicht der der totalitären Befehlswirtschaft noch der der krisengeschüttelten ‚freien' Marktwirtschaft sein können, sondern der Aufbau einer unter demokratischer Kontrolle des Volkes planvoll gestalteten, mit dem Einbau möglichst viel marktwirtschaftlicher Elemente auf dem Gebiet des Konsums aufgelockerter Wirtschaft, die jene beiden Ideale untrennbar vereint: Gerechtigkeit und Freiheit für alles, was Menschenantlitz trägt."[65]

Sozialistische Planung stehe nicht im Gegensatz zu Marktwirtschaft, vielmehr müsse sie diese in sich einbauen unter Ausschaltung der blinden Gesetzmäßigkeiten des Marktes.[66]

Wie *Fritz Sternberg* bemühte sich auch *Fritz Erler* um ein undogmatisches Verständnis der marxistischen Grundlagen des Sozialismus. Er war der Auffassung, daß der dialektische Materialismus kein leerer Formelkram war, sondern „uns Sozialisten" die Möglichkeit bot, „das auseinanderfallende System der Spezialwissenschaften wieder zu einem geschlossenen Weltbild zusammenzufügen". Auf der anderen Seite betrachtete er „religiöse Erfahrung und Sehnsucht" als ein Gebiet eigener Erfahrung, mit dem sich der dialektische Materialismus nicht auseinanderzusetzen habe.[67]

d) *Paul Frölich*

Es bleibt unübersehbar, daß sich bei *Erler* wie bei anderen noch marxistischen Autoren die Argumente im Kreise drehten, eigentlich nicht mehr als Selbstvergewisserungen waren, daß theoriegeleitete Innovationen nicht erfolgten. Dafür ist die kleine Schrift „Zur Krise des Marxismus"[68] des Rosa Luxemburg-Biographen

---

[64] *Erler*, Sozialismus als Gegenwartsaufgabe, 40, 42, 43.
[65] *Ders.*, Freie Wirtschaft, in: SMH, Jg. 3 (1948), H. 2, 4-7, Zitat 7; die Zeitschrift erschien von 1946-1949 in Stuttgart unter der Redaktion von *Erwin Schoettle*.
[66] Vgl. *Ders.*, Planung in Freiheit, in: SMH, Jg. 3 (1948), H. 5, 16ff.
[67] *Ders.*, Lebendiger Marxismus, in: SMH, Jg. 1 (1946), H. 12; auch in: *ders.*, Politik für Deutschland. Eine Dokumentation, hrsg. von *Wolfgang Gaebler*, Stuttgart 1968, 83-86.
[68] *Paul Frölich*, Zur Krise des Marxismus, Hamburg 1949; vgl. dazu auch: *Helga Grebing*, Der Sozialismus, in: *Axel Schildt/Arnold Sywottek* (Hrsg.), Modernisierung im Wiederaufbau. Die

Paul Frölich ein fast tragisches Beispiel. *Frölich* (1884-1953), seit 1902 in der SPD, gehörte zu deren linkem marxistischen Flügel und wurde Mitbegründer und führender Funktionär der KPD, der KPO und der SAP, lebte 18 Jahre in der Emigration (seit 1941 in den USA) und kehrte zwei Jahre vor seinem Tod nach Deutschland erneut als Sozialdemokrat zurück. *Frölich* begriff bereits seit Mitte der dreißiger Jahre, daß *Marx'* Krisenprognostik zwar bestätigt war, aber daß diese Krise den Marxismus selbst getroffen hatte, und zwar wegen seiner dogmatischen Reduktion im Marxismus-Leninismus.

Frölichs eigener, über Jahre anhaltender Versuch, *Marx* und *Rosa Luxemburg* zu entdogmatisieren und zurückzuholen in die demokratische Arbeiterbewegung, verknüpft mit dem Versuch einer strategischen Offensive, scheiterte. *Frölich* blieb im klassischen Ableitungsmarxismus stecken, indem er sich auf eine deduktionistische Exegese der Schriften einließ, ohne realanalytischen Boden dafür zu suchen – ein Verfahren, auf das sich *Fritz Sternberg* eben gerade nicht in der Unübersichtlichkeit der Nachkriegslage eingelassen hatte. *Frölichs*, dem marxistisch-leninistischen Dogmatismus gegenüber alternatives Sozialismus-Verständnis blieb mit dem Postulat, daß es in der sozialistischen Gesellschaft eine aktive Demokratie geben werde, in der die Menschen eine handelnde Gemeinschaft total entwickelter Individuen bilden und durch bewußtes Wirken ihr Schicksal bestimmen würden, utopisch-voluntaristisch.

e) *Willy Brandt*

Willy Brandt (1913-1992), der 1933 im Vergleich zu seinen Exilgenossen noch recht junge, mit *Erler* jahrgangsgleiche linke Sozialist, hatte nach 1945 all diese Probleme nicht mehr. Er war 1931 von der SPD zur SAP übergetreten und 1933 in Vertretung des bereits inhaftierten *Paul Frölich* nach Norwegen emigriert, um dort die Widerstandsarbeit der SAP in Deutschland vorzubereiten und zu lenken. Nach einem illegalen Aufenthalt 1936 in Berlin und 1936/37 in Spanien während des Bürgerkriegs entfaltete *Brandt* in Oslo eine verzweigte journalistische und publizistische Arbeit. 1940 floh er nach Stockholm und schloß sich hier an die SAP-, dann an die SPD-Exilgruppe an. Nach dem Krieg wurde er zunächst als norwegischer Presseoffizier in Deutschland tätig, war dann seit 1948 Leiter des Berliner Büros des SPD-Parteivorstandes, seit 1949 auch Mitglied des Bundestages.[69]

In nicht ganz gerader Linie hatte *Brandt* seit Anfang der vierziger Jahre dann 1948/49 eine präzise Einschätzung der Rolle der Sowjetunion gefunden: Die Politik der Sowjetunion sei nicht nur expansiv und ausbeuterisch, also imperialistisch, sondern für Europa handele es sich um den „in der Geschichte nicht erstmaligen Versuch der Kulturzertrümmerung". Es habe sich bei der Entwicklung in der Sowjetunion nicht von Anfang an um eine „Entartung" gehandelt, vielmehr

---

westdeutsche Gesellschaft der 50er Jahre, Bonn 1993, 646-658.
[69] Vgl. *Einhart Lorenz*, Willy Brandt in Norwegen. Die Jahre des Exils 1933-1940, Kiel 1989; *ders.*, Exil in Norwegen. Lebensbedingungen und Arbeit deutschsprachiger Flüchtlinge 1933-1943, Baden-Baden 1992; *ders.*, Mehr als Willy Brandt. Die Sozialistische Arbeiterpartei Deutschlands (SAP) im skandinavischen Exil, Frankfurt a.M. 1997; *Willy Brandt*, Links und frei. Mein Weg 1930-1950, Hamburg 1982.

sei ein komplizierter, widerspruchsvoller geschichtlicher Prozeß abgelaufen. Spätestens 1948 – *Brandt* spielt hier auf Prag, Polen und die Berliner Blockade an – habe jeder, der es noch nicht wußte, erfahren, „daß die Kommunisten keine Bundesgenossen sind, sondern Exploiteure von Scheinbündnissen zum Zwecke ihrer brutalen Parteiherrschaft". Daraus schloß *Brandt*: „Man kann heute nicht Demokrat sein, ohne Antikommunist zu sein. Aber Antikommunismus ist nicht das einzige Kriterium des Demokraten."[70] Es bestehe „heute" ein prinzipieller Unterschied, ja ein Gegensatz nicht nur des Weges, sondern auch der Zielsetzung zwischen demokratischem Sozialismus – bzw. wie von *Brandt* synonym gebraucht „sozialistischer Demokratie" – einerseits und bloß sozialistisch drapiertem sowjetischem Totalitarismus bzw. totaler Planwirtschaft. Die „sozialistische Demokratie" bilde „die einzig haltbare Alternative gegenüber dem totalitären Kommunismus"[71].

Eingebunden in die klassische Programmatik der Sozialdemokratie, auf die er sich wiederholt versiert bezieht, gelangt *Brandt* unter Berufung u.a. auf *Paul Sering* und unter konstruktiver Wahrnehmung der Krisenbekämpfung in den USA, Großbritannien und Skandinavien in den dreißiger Jahren zu einem Konzept des Sozialismus, dessen Einzelheiten bei *Sering*, *Nölting* und freiheitlichen Sozialisten wie *Hermann Veit* zu finden sind. Dieses Zusammendenken verschiedener Ansätze findet bei *Brandt* seinen Niederschlag in dem folgenden Bestimmungsversuch:

„Der demokratische Sozialismus ist ein in sich nicht abgeschlossenes System von Vorstellungen über eine Neugestaltung der gesellschaftlichen Verhältnisse. Sein formuliertes Programm wird immer nur die Summe gemeinsamer grundsätzlicher Überzeugungen in einer bestimmten Periode entsprechend dem jeweiligen Grad wissenschaftlicher Erkenntnis sein können. Aber diesen sich weiterentwickelnden grundsätzlichen Überzeugungen liegt eine gemeinsame Lebensanschauung zugrunde. Sie fußt auf dem Bekenntnis zur Freiheit und zum Humanismus, zum Rechtsstaat und zur sozialen Gerechtigkeit."[72]

Für *Ernst Reuter* (1889-1953), der für *Willy Brandt* damals nach dessen eigenem Zeugnis von „prägender Bedeutung"[73] gewesen ist, bestimmten die Ablehnung „eines übertriebenen Zentralismus", „eines allzu starren Staatskapitalismus", die „positive Betonung einer gesunden Dezentralisation in Verwaltung und Machtverteilung" sowie der Wille, „der Sozialisierungsarbeit einen vielfältigen, lebendigen, unschematischen Charakter zu geben", das Credo seiner Nachkriegspolitik; schöpferische Leistung, persönliche Initiative und die Stärkung der kommunalen Selbstverwaltungstradition gehörten ebenfalls dazu.[74]

---

[70] *Brandt*, Die weltpolitische Lage und die Aufgaben der SPD. Rede auf der Konferenz der Kreis- und Abteilungsfunktionäre vom 14.01.1949; in: SPD Mitteilungen für Funktionäre des Landesverbandes Groß-Berlin, Februar 1949, 2ff.; vgl. ferner *ders.*, Die SPD vor der Verantwortung. Zum Düsseldorfer Parteitag, in: SJ, Jg. 2 (Sept. 1948) H. 21, 323f.
[71] *Ders.*, Weitergeführte Demokratie, in: Der Monat, Jg. 1 (1949), H. 5, 29-33, Zitat 33.
[72] *Ders.*, Programmatische Grundlagen des demokratischen Sozialismus. Rede auf dem 6. Landesparteitag der Berliner SPD am 08.05.1949, Berlin o.J. (1949), 18; abgedruckt als Dokument Nr. 4 in: *Willy Brandt*, Berliner Ausgabe, hrsg. von *Helga Grebing/Gregor Schöllgen/Heinrich August Winkler*, Bd. 4, Bonn 2000.
[73] *Brandt*, Links, 433.
[74] Vgl. *Ernst Reuter*, Aufgaben und Funktionen der SPD, in: SJ, Jg. 1 (Apr. 1947), H. 11/12, 163ff.; zur Biographie *Reuters* vgl. *Willy Brandt/Richard Löwenthal*, Ernst Reuter. Ein Leben für

3. Freiheit und sozialistische Marktwirtschaft statt Planwirtschaft

a) *Alfred Weber* und *Alexander Mitscherlich*

Für beide Autoren besaßen die Freiheitspostulate, wie sie in den bürgerlich-emanzipatorischen Bewegungen des 18. und 19. Jhs. historisch manifest gemacht wurden, einen prioritären Wert. Dies drückte sich bereits in der Kennzeichnung „freier Sozialismus" oder „freikorporative Sozialisierung" aus, die *Alfred Weber* (1868-1958) und *Alexander Mitscherlich* (1908-1982) für ihren Sozialismus-Entwurf wählten. Sie wollten damit ausdrücklich auf einen nur scheinbaren Widerspruch zwischen Freiheit und Sozialismus aufmerksam machen.

Beide Autoren lebten damals in Heidelberg: *Alfred Weber*, Bruder des 1920 verstorbenen Soziologen *Max Weber*, zog sich 1933 ins Privatleben zurück und nahm 1945 seine Lehrtätigkeit wieder auf; er galt als ein aktiver Wirtschaftstheoretiker und Sozialpolitiker und hatte auch auf den Gebieten der Kultursoziologie und Kulturtheorie sehr anregend gewirkt.[75] *Alexander Mitscherlich* begann damals seine Laufbahn als Mediziner (Neurologie, Psychosomatik) und Psychoanalytiker (in den sechziger Jahren leitete er das Sigmund-Freud-Institut in Frankfurt a.M.). Beider Ausgangspunkt war das grundsätzliche Mißtrauen gegenüber dem Staat, der kapitalistischen Wirtschaft, der Technik, ja: gegenüber „unseren Mitmenschen"[76]. Sie forderten deshalb zwar die „Beseitigung der Kapitalherrschaft", sahen aber ihren „Hauptgegner von heute" in dem „totalitären, zu Gewaltherrschaft führenden Bürokratismus". Deshalb wollten sie Verstaatlichung nur in den wenigen Fällen, wo rein gemeinnützige Institutionen notwendig in öffentlicher Hand liegen (Post, Bahn), gelten lassen. Für ihren „freien Sozialismus" als „Gemeinschaft des tätigen Lebens" stellten sie sich andere Formen der Sozialisierung insbesondere der Monopole und Unternehmen in monopolnahen Formen vor: Dies sollten Genossenschaften und Stiftungsunternehmen nach dem Muster der Carl-Zeiss-Stiftung in Jena (bei der ja auch die Gewinnbeteiligung der Arbeiter vorgesehen war) sein.[77] Deutlicher als andere zeitgenössische Autoren hatten *Mitscherlich* und *Weber* eine Vorstellung davon, daß ohne ein „Erziehungsprogramm" für die Deutschen ihr Sozialismus keine Chance haben würde,

„(...) daß die Charakterrichtung auf Freiheit und Menschlichkeit, die sich in demokratischem und sozialistischem Handeln niederschlagen soll, nichts nutz ist ohne eine Urteilsentfaltung, die der freien Aktion der Selbstverantwortlichkeit für sich und die Gesamtheit erst das praktisch mögliche Ziel, die wohlunterbaute Kompetenz gibt. Wir wissen, daß zum mindesten die heutigen Durchschnittsdeutschen diese Kompetenz nicht haben. (...) In Deutschland, mit seinen anderen Denkgewohnheiten, mit seiner versunkenen Freiheitstradition, mit seiner verschütteten genuinen Menschlichkeitsanlage, fehlen diese Einflüsse, fehlt die damit verbundene Orientierung auf Gewinnung derartig fundierten eigenen Urteils. Die Gestaltung des Lebens, die in der Verwirklichung von Freiheit und Menschlichkeit auf eigenem Urteil ruhen will, kann hier infolgedessen nicht aus bloß äußerer demokratischer und sozialistischer Exi-

---

die Freiheit. Eine politische Biographie, München 1957.

[75] Vgl. *Alfred Weber*, Gesamtausgabe, 10 Bde., hrsg. von *Richard Bräu* u.a., Marburg 1997ff.

[76] *Mitscherlich/Weber*, Freier Sozialismus, 10-24, 74-88; vgl. auch *Alfred Weber*, Sozialisierung zugleich als Friedenssicherung, Heidelberg 1947; *ders.*, Bürokratie, Planwirtschaft und Sozialismus, in: *ders./Nölting*, Sozialistische Wirtschaftsordnung, 5-11.

[77] Zu den Einzelheiten vgl. *Weber*, Sozialisierung.

stenzgestaltung geboren werden. Sie muß mitgeschaffen und in jeden Einzelnen zur Zeit seines Werdens schon hineingepflanzt werden durch die Erziehung."[78]

Alfred Weber hat sich auch in den späteren Jahren immer wieder provokativ, zumindest anregend eingemischt. So hat er darauf aufmerksam gemacht, daß Vollbeschäftigung als eines der großen Ziele des Sozialismus nur begrenzt in nationalen Bahnen möglich sein würde. Aufgrund der weltwirtschaftlichen Verflechtung sei sie – wie Aufschwung, Krisen und Arbeitslosigkeit – auch ihrerseits weltwirtschaftlich bedingt, und deshalb müsse die nationale Steuerung von jedwedem Autarkiestreben absehen und sich in die europäische Marktgemeinschaft einfügen. *Weber* war es auch, der bedauerte, daß „der deutsche Sozialismus" sich das Wort von der „sozialen Marktwirtschaft" habe wegnehmen lassen. Die soziale oder nach seiner Terminologie sozialistische Marktwirtschaft könne die „echtere Freiheit (...) als die des alten oder neuen Liberalismus" gewährleisten.[79]

b) *Wilhelm Hoegner*

Auch der bayerische SPD-Politiker *Wilhelm Hoegner* (1887-1980) hat nach seiner Rückkehr aus der Schweizer Emigration nicht nur in vielen einflußreichen politischen Positionen gewirkt, sondern auch einen Beitrag zur Sozialismus-Diskussion geleistet, der in manchen Punkten mit den Vorstellungen der „freien Sozialisten" übereinstimmte.[80]

Für *Hoegner* lag die Planungskompetenz eindeutig bei der demokratisch legitimierten Regierung. Sie sollte zielbezogen ausgeübt werden: die Ausbeutung des Menschen beseitigen, die wirtschaftliche Unsicherheit weitester Bevölkerungskreise beenden, die materiellen Bedürfnisse der Arbeitnehmer befriedigen und ihnen Chancen zur Teilhabe an den Kulturgütern eröffnen. Neben der volkswirtschaftlichen Planung sah *Hoegner* die Vergesellschaftung der wichtigsten Produktionsmittel vor, wobei er nicht an eine Überführung des Eigentums in die öffentliche Hand dachte, um eine Zwangsherrschaft der Staatsbürokratie auszuschließen; auch sollte den Arbeitnehmern ein weitgehendes Mitbestimmungsrecht eingeräumt werden. In den Genossenschaften, „die sich aus Freien und Gleichen zusammensetzen und sich in möglichst breitem Rahmen selbst verwalten", sah er den „Kern einer wirtschaftlichen Erneuerung". *Hoegner* war hier beeinflußt von dem Genossenschaftstheoretiker *Otto von Gierke*. Anschauliche Erfahrungen in der Schweizer Emigration kamen dem Konzept zugute, das sich gut in die noch stark agrarisch geprägte bayerische Wirtschaftsstruktur einzupassen schien und auch mit dem ausgeprägten Föderalismus *Hoegners* konvenierte. Die Genossenschaften sollten auf einem möglichst freiwilligen Zusammenschluß beruhen und auch den produktiven Bereich einschließen; die Gliederung sollte sich bis zu Gesamtgenossenschaften (auf Bayern bezogen) erstrecken.

---

[78] *Mitscherlich/Weber*, Freier Sozialismus, 88.
[79] *Alfred Weber*, Sozialistische Marktwirtschaft, in: GMH, Jg. 1 (1950), H. 9, 393-401, Zitat 395.
[80] Vgl. bei *Kronawitter*, Wirtschaftskonzeptionen, die Abschnitte 1.2.2. Hoegners politische Weichenstellungen, 7-11; 3.2. Das Hoegnersche Wirtschaftsordnungskonzept im Bayerischen Verfassungsentwurf, 59-81; zur Bedeutung der Genossenschaften in der sozialistischen Tradition vgl. Sozialismus I, 6. Kap., III, 3.

Auch für *Hoegner* war die „Pflege sittlicher Werte" ein unabdingbarer Bestandteil seines Konzeptes: Menschenwürde, Freiheit, Gerechtigkeit und gegenseitige Hilfe als die Werte des demokratischen Sozialismus sollten jedes Gemeinwesen durchdringen, wie denn auch der Staat „in eine Organisation von wirklich ‚Freien und Gleichen' umzuwandeln" sei.

c) Das hessische Sozialisierungsmodell: *Heinrich Troeger, Adolf Arndt, Harald Koch*

1946/47 arbeitete eine Gruppe von Ökonomen und Juristen an der Vorbereitung der Sozialisierungsgesetzgebung des Landes Hessen. Die Hessische Verfassung bestimmte in Artikel 21 die Überführung von Bergbau, Eisen- und Stahlindustrie, Energiewirtschaft und des Verkehrswesens in Gemeineigentum und stellte die Banken und Versicherungen unter staatliche Aufsicht und Verwaltung.[81] Die in Hessen erörterten Sozialisierungsmodelle hatten deshalb in mancherlei Hinsicht praxisnahen Vorbildcharakter.

Heinrich Troeger (1901-1975) war 1945/46 Oberbürgermeister in Jena, danach in administrativen Funktionen im hessischen Finanzministerium, im Länderrat und im Finanzministerium von Nordrhein-Westfalen tätig. 1951 übernahm er das Amt des hessischen Finanzministers, später war er Vizepräsident der Deutschen Bundesbank. *Troeger* sprach von „planmäßig gelenkter Gemeinwirtschaft" statt von Planwirtschaft. Das Gesellschaftseigentum an den wichtigsten Produktionsmitteln sollte deshalb auch nicht in erster Linie dem Staat übertragen werden, sondern auf die Gemeinden und andere öffentliche Rechtsträger. Dabei kamen gemeinnützige Gesellschaften und Genossenschaften, auch Stiftungen gemeinnützigen Charakters in Frage. Eine große Bedeutung räumte *Troeger* der erweiterten betrieblichen Mitbestimmung ein: „Das Werk, der Betrieb, die Produktionsaufgaben, die Planungslage sind der gemeinsame Boden und das gemeinsame Ziel für Geschäftsführung und Belegschaft."[82] Das „Recht auf Arbeit" sollte sich als „Recht auf den Anteil an den vergesellschafteten Produktionsmitteln" in Form von Kündigungsbeschränkungen, Gewinnbeteiligungen, Alters- und Hinterbliebenenversorgung usw. realisieren.

Adolf Arndt (1904-1974) war 1933 als Landrichter entlassen worden, hatte von 1933 bis 1945 als Rechtsanwalt in Berlin gelebt und war von 1945 bis 1949 im hessischen Justizministerium tätig; 1949 wurde er Mitglied der sozialdemokratischen Fraktion des Bundestages.[83] Für *Arndt* stand 1945 wie für viele andere ebenfalls fest, daß das Prinzip der freien Markwirtschaft als Ordnungsfaktor nicht mehr zu gebrauchen war und daß deshalb nur die Planwirtschaft bzw. der Übergang zu einer sozialistischen Eigentums- und Wirtschaftsordnung die Grundlage der menschlichen Freiheit bilden könne, da Freiheit ohne Freiheit von wirtschaftlicher Not unmöglich sei. Deshalb müsse die Planwirtschaft verfassungsrechtlich

---

[81] Zur Geschichte des Artikels, der wegen der Vorbehalte der US-Militärregierung nicht in Kraft trat, vgl. *Ott*, Wirtschaftskonzeption, 125-142.
[82] *Heinrich Troeger*, Gemeinwirtschaft, nicht Planwirtschaft, in: SJ, Jg. 1 (Mai 1947), H. 13/14, 211f.; ferner *ders*., Geplante Marktwirtschaft, in: SMH, Jg. 3 (1948), H. 10, 5-9.
[83] Zu *Arndts* Biographie vgl. *Dieter Gosewinkel*, Adolf Arndt. Die Wiederbegründung des Rechtsstaats aus dem Geist der Sozialdemokratie (1945-1961), Bonn 1991.

nach den Grundsätzen der Produktion nach Bedarf, der Vollbeschäftigung und des Einsatzes der Rohstoffe ausschließlich im Dienste des Friedens gesichert werden. Auch *Arndt* unterschied das Staatseigentum als „im Grunde kapitalistisches Eigentum" vom Gemeineigentum:

„Zwischen dem Gemeineigentum als der Rechtsform des sozialisierten Betriebes, die sich vermutlich noch ähnlich verzweigen muß wie die Rechtsformen der privatkapitalistischen Unternehmen, und dem staatlichen Monopolbetrieb liegt ein weites Feld, in dem für Spezialindustrien die Stiftung und besonders für die Land- und Forstwirtschaft sowie Handel und Handwerk die Genossenschaft entwicklungsfähig sein können."[84]

Arndt verwies in diesem Zusammenhang wie bereits eingehender *Alfred Weber* auf die Carl-Zeiss-Stiftung. Für ihn war es ein grundsätzliches Problem der neuen Eigentumsordnung, daß man sie im Zusammenhang zu sehen hatte „mit der Grundfrage nach der Mitbestimmung der Werktätigen und mit dem Problem der Planwirtschaft"[85].

Einen umfassenden Entwurf zur Verwirklichung der Sozialisierung legte *Harald Koch* (1907-1992) vor. *Koch* war ebenfalls Jurist, hatte jedoch nach 1933 praktische Erfahrungen als Steuerberater und Syndikus der Max-Hütte in der Oberpfalz erworben. 1946 hatte er erst als Wirtschafts- und Finanzminister im Land Oldenburg gewirkt und war 1947-1949 Wirtschaftsminister in Hessen; 1949-1952 gehörte er dem Bundestag an; 1952 wurde er Arbeitsdirektor bei Hoesch in Dortmund. Für *Koch*, der seit 1945 im Wirtschaftspolitischen Ausschuß der SPD mitarbeitete, bedeutete Sozialisierung weder Verstaatlichung noch Unterdrückung des Unternehmungsgeistes, sondern „Enteignung zu Gunsten des Gemeineigentums":

„Wenn wir sozialisieren, so suchen wir die Synthese herzustellen zwischen der Wirtschaft, die nicht mehr eine Profitwirtschaft sein soll, sondern eine Bedarfsdeckungswirtschaft, und dem Staate, der zwar auch in Zukunft lenkend und planend an der Gestaltung der Wirtschaft teilnehmen wird, der aber nicht selbst wirtschaften soll. Ich drücke es gern so aus: Der Staat soll nicht selbst als Unternehmer durch seine Beamten Wirtschaft betreiben, er soll vielmehr – sinnvoll lenkend – die Voraussetzungen schaffen, unter denen die Wirtschaft gedeihen kann."[86]

Rechtsträger der in Gemeineigentum überführten Unternehmen sollten die Sozialgemeinschaften sein, die die sozialisierten Unternehmen betreiben, „also für das Gemeineigentum und für dessen Eigentumsträger, das Volk, verwalten und über dieses Gemeineigentum wie ein Eigentümer verfügen". Zu den Sozialgemeinschaften gehören nach dem Modell von *Koch* „Sozialgesellschaften" (Eisen und Stahl, Energie, Verkehr), die „Sozialgewerkschaften" (Bergbau) und die „Sozialgenossenschaften" (kleinere Unternehmen); dazu kam die „Sonderform" der

---

[84] *Adolf Arndt*, Rechtsformen der Sozialisierung, in: DRZ, Jg. 2 (1947), H. 2, 37ff., Zitat 39; ferner: Das Problem der Wirtschaftsdemokratie (1946); Planwirtschaft (1946); alle in: *Ders.*, Politische Reden und Schriften, hrsg. von *Horst Ehmke* und *Carlo Schmid*, Berlin 1976.
[85] *Arndt*, Wirtschaftsdemokratie, 24.
[86] *Harald Koch*, Sozialisierung. Ein Weg zur Verwirklichung. Rechtsform der Sozialisierung unter besonderer Berücksichtigung der Sozialisierung in Hessen, Hamburg 1947, 16; vgl. ferner *ders.*, Die Sozialgemeinschaften. Entwurf des Hessischen Sozialisierungsgesetzes, Hamburg 1948.

„Landesgemeinschaft der Sozialgemeinschaften in Hessen", das eine Behörde ersetzende „Selbstverwaltungsorgan des sozialisierten Teils der Wirtschaft".

Kochs Gesetzentwurf über die Sozialgemeinschaften umfaßte 194 Paragraphen. Der letzte lautete: „Dieses Gesetz tritt am 1. Mai 1948 in Kraft." Tatsächlich tat es das nie, und der Entwurf gewann auch keinen Modellcharakter. Aber er hat – wie die meisten der in diesem Abschnitt vorgestellten Ideen und Entwürfe – dazu beitragen, daß die „sozialistische Planwirtschaft" nach 1945 zunehmend den Charakter eines mehr oder weniger geschlossenen Systems, besser: Ordnungsmodells von aufeinander abgestimmten und auf eine Marktwirtschaft anzuwendenden wirtschaftspolitischen Mitteln unter einer ethisch fundierten Zielvorgabe gewann.

4. Freiheitlicher Sozialismus – Anfänge und erste Entwürfe nach 1945

a) Die Spannung zwischen Freiheit und Bindung

Die Umorientierung der „sozialistischen Planwirtschaft" verlief als ein Prozeß, der auch die zusammenfassende Kennzeichnung der Konzeptionen veränderte: Aus der „sozialistischen Planwirtschaft" wurde eine „freiheitliche Planwirtschaft" oder eine „gelenkte Marktwirtschaft", sogar eine „sozialistische Marktwirtschaft"[87]. Immer häufiger wurde vom „freiheitlichen Sozialismus" gesprochen, manchmal alternativ zum „ethischen Sozialismus". Dabei wurde, so von *Ritschl* und *Heimann*[88], die Kontinuität zu vor 1933 publizierten Gedanken der Autoren stark betont. Auch bei der Zielstellung und dem ihr zugeordneten Instrumentarium spielte die Weimarer Diskussion, die insbesondere *Fritz Tarnow*, *Wladimir Woytinsky*, aber auch *Fritz Naphtali* angestoßen hatten, eine Rolle; *Karl Schiller* war einer der wenigen Autoren, die *John Maynard Keynes* bewußt und offensiv zitierten.

Der Wandel in der Selbstkennzeichnung der Grundpositionen vermochte keineswegs von der Stellungnahme zu einer grundsätzlichen Problematik zu befreien: Die Spannung zwischen Freiheit und Bindung war „ein echter Konflikt unserer Zeit"[89]. Dies war bereits in den zwanziger und erst recht in den dreißiger Jahren das große Thema von *Eduard Heimann* (1889-1967) gewesen. *Heimann* hatte zu Beginn der Weimarer Republik in den beiden Sozialisierungskommissionen als Sekretär mitgewirkt, dann jedoch seit 1925 in Hamburg den Lehrstuhl für theoretische und praktische Volkswirtschaftslehre innegehabt. Er zählte neben *Paul Tillich* zu den prominentesten Religiösen Sozialisten und mußte 1933, da jüdischer Herkunft, in die USA emigrieren. Hier lehrte er an der New School for Social Research in New York. Sein vielbeachtetes Buch „Freiheit und Ordnung.

---

[87] *Kurt Nemitz*, Sozialistische Marktwirtschaft. Die wirtschaftspolitische Konzeption der Sozialdemokratie, Frankfurt a.M. 1960. *Nemitz* arbeitet das Thema systematisch nach Schlüsselbegriffen auf und nicht historisch, wie es hier versucht wird.

[88] Vgl. *Hans Ritschl*, Theoretische Volkswirtschaftslehre, Bd. 1: Grundlagen und Ordnungen der Volkswirtschaft, Tübingen 1947; *Eduard Heimann*, Freiheit und Ordnung. Lehren aus dem Kriege, Berlin 1950.

[89] *Gert von Eynern*, Die Gegenwartsaufgabe: Sozialisierung. Bericht über die Vorträge von E. Reuter und G. Weisser, in: SJ, Jg. 2 (Dez. 1947), H. 3/4, 41-44.

Lehren aus dem Kriege"⁹⁰ erschien zuerst 1947 in englischer Sprache („Freedom and Order"). In dem Ende 1948 datierten Vorwort zur deutschen Ausgabe weist er auf *Paul Sering*, *Alfred Weber* und *Gerhard Weisser* hin, die ihm in Deutschland „fast allein der neo-liberalen Flut Trotz zu bieten" schienen.

Für *Heimann* kann es „ohne Ordnung in der Gemeinschaft" keine persönliche Freiheit geben, aber auch „dauerhafte Ordnung kann ohne ein Mindestmaß an Freiheit nicht bestehen": „In diesem Sinne hängt alles davon ab, beide gegeneinander abzuwägen und das Gleichgewicht unter sich wandelnden Verhältnissen immer wieder von neuem zu bestimmen. (…) Ungeordnete Freiheit ist ungleiche Freiheit." Deshalb bestand für *Heimann* der wirkliche Konflikt nicht zwischen Sozialismus und Individualismus,

„(…) sondern zwischen einer vielfältigen Organisation einer verschieden gestalteten Gesellschaft und einer einförmigen Organisation, sei [es] das Privateigentum oder proletarischer Sozialismus. In der vielförmigen Organisation ist der Sozialismus ein Flügel; er ist ein Flügel der Demokratie. Als solchen sich selbst wieder aufzubauen, indem sie die Lebensformen der anderen achtet und gewährleistet und ihre eigene Tätigkeit auf ihr eigenes, entscheidend wichtiges Gebiet beschränkt, das ist der wahre Beruf der Arbeiterbewegung in der bestehenden Welt."⁹¹

Wie *Heimann* fand auch der Tübinger Nationalökonom *Hans Peter* (1898-1959), dessen Arbeiten im Spannungsfeld zwischen Wirtschaftswissenschaften, Philosophie und Theologie standen und der sich als freiheitlicher Sozialist verstand, daß die Alternative freie oder zentral verwaltete Wirtschaft zu eng sei: Eine „gerechte Gemeinschaftsordnung müsse die Freiheit der einzelnen Persönlichkeit sichern sowohl gegen privaten wie öffentlichen Machtmißbrauch"⁹². Auch *Hans Ritschl* ging in seinen Überlegungen vom kapitalistischen Dualismus von Gemeinschaft und individueller Persönlichkeit aus und setzte ihn in Parallele zum Dualismus von Gemeinwirtschaft und freier Marktwirtschaft.⁹³ Doch andere Autoren warnten gerade vor dem Irrtum, anzunehmen, daß sich freie Menschen *nur* in der Marktwirtschaft frei entfalten könnten und folglich nur die Konkurrenz die Wirtschaftsverfassung freier Menschen sein könne: „Im Gegenteil, es ist das Ziel gerade der sozialistischen Planwirtschaft, den Menschen zu befreien von den ökonomischen Gewalten, in die der Kapitalismus ihn verstrickt hat."⁹⁴

---

⁹⁰ Obwohl das Buch erst 1950 in Westdeutschland erscheinen konnte, haben die Thesen des Verfassers viel Aufmerksamkeit gefunden, was offenbar auch damit zusammenhing, daß *Heimann* bereits in der ersten Nachkriegszeit in Westdeutschland, vor allem in Hamburg und Göttingen, eine intensive Vortrags- bzw. Vorlesungstätigkeit aufgenommen hatte; außerdem hatte er Schüler aus der Zeit vor 1933, so z.B. *Heinz-Dietrich Ortlieb*. Heimann kehrte erst 1963 endgültig in die Bundesrepublik zurück. Bei der Schrift: *Eduard Heimann*, Sozialistische Wirtschafts- und Arbeitsordnung, Offenbach 1948, handelte es sich um eine Neuauflage des bereits 1932 veröffentlichten Textes.
⁹¹ *Heimann*, Freiheit, 20, 22, 93.
⁹² *Hans Peter*, Morphologie und Katallaktik als Grundlage volkswirtschaftlicher Planung, in: Zeitschrift für die gesamte Staatswissenschaft, Bd. 105 (1949), 282-310, Zitat 308.
⁹³ Vgl. *Ritschl*, Volkswirtschaftslehre, 231.
⁹⁴ *Gert von Eynern*, Freiheit in der Planwirtschaft, in: SJ, Jg. 1 (Nov. 1946), H. 1/2, 99ff., Zitat 101.

b) *Hans Ritschl*

Hans Ritschl (1897-1993), seit 1928 Professor in Basel, Straßburg, Tübingen und seit 1946 in Hamburg, arbeitete über finanztheoretische Fragestellungen und befaßte sich mit der Lehre von den Wirtschaftsordnungen. Seine „Theoretische Volkswirtschaftslehre", deren erster Band 1947 erschien[95], enthielt im siebten und letzten Kapitel einen relativ geschlossenen Entwurf der „gelenkten sozialistischen Wirtschaft". *Ritschl*, der bereits 1931 ein Buch über Gemeinwirtschaft und kapitalistische Marktwirtschaft vorgelegt hatte und an dieses Buch direkt anschloß, verstand sich als Anhänger des ethischen Sozialismus „ohne parteipolitische Bindung".

Als Voraussetzung für den Neubau der Gesellschaft aus einer sozialistischen Idee definiert *Ritschl* erst einmal „gelenkte Wirtschaft" als jene Wirtschaftsverfassung, „die den Dualismus von Gemeinwirtschaft und Marktwirtschaft nicht aufhebt, den markwirtschaftlichen Sektor aber einer vorplanenden Leitung und der unmittelbaren Lenkung der Gemeinwirtschaft unterwirft. Die kommunistische Wirtschaft als volle Planwirtschaft fällt also nicht unter den Begriff der gelenkten Wirtschaft."[96] Die zweite Voraussetzung für eine der Idee des Sozialismus entsprechende Ordnung ist das Bekenntnis „zum Prinzip des sozialen Pluralismus" und die Anerkennung der „Mannigfaltigkeit als Grundlage". Auf diese Weise könnten die unverlierbaren Werte des geistigen Liberalismus übernommen und erhalten werden: „Der ethische Sozialismus wird die Mannigfaltigkeit als Prinzip des sozialen Willens ableiten und rechtfertigen aus der Grundtatsache des Dualismus von Gemeinschaft und Einzelwesen."[97] Der Pluralismus sei damit das dem Sozialismus entsprechende „Prinzip des sozialen Willens", dem eine entsprechende sozialistische Ethik zugeordnet wird, die im Gegensatz zu jedem individualistischen Utilitarismus stehen soll.

Der sozialistische Aufbau der gelenkten Wirtschaft besteht bei *Ritschl* vornehmlich in dem Ausbau und der Verbreiterung der Gemeinwirtschaft: Bergwerke, Schwerindustrie, Elektrizitätswirtschaft, Rohstoffe, Verkehrsmittel, aber auch die Bauwirtschaft sollen „in der Hand der Gemeinwirtschaft" vereinigt werden. Sie wirken in koordinierter planwirtschaftlicher Form als wirtschaftlich selbständige Körperschaften. Sie lenken aber auch gleichzeitig indirekt den marktwirtschaftlichen Bereich, das weiterverarbeitende Gewerbe:

„In der Gesamtordnung wird also die sozialistische Wirtschaft eine dualistische Ordnung mit einem gemeinwirtschaftlichen und einem marktwirtschaftlichen Sektor bleiben, beide aber werden in der höheren Einheit der gelenkten und vorgeplanten Volkswirtschaft zusammengefaßt. Die Planung und Lenkung wird getragen von der Gemeinwirtschaft des Staates. Insofern können wir auch sagen, daß die Gemeinwirtschaft in der sozialistischen Wirtschaft den

---

[95] Vgl. neben diesem bereits erwähnten Werk: *Ritschl*, Die Prinzipien der Gemeinwirtschaft, in: *Walter Weddigen* (Hrsg.), Untersuchungen zur sozialen Gestaltung der Wirtschaftsordnung, Berlin 1950, sowie *Ritschl*, Idee und Gestalt des Sozialismus (1949), in: *ders.*, Die Grundlagen der Wirtschaftsordnung, Tübingen 1954, 90-104.
[96] *Ders.*, Volkswirtschaftslehre, 221.
[97] Ebenda, 235.

marktwirtschaftlichen Sektor ihrem System als einer Gebildeordnung eingliedert und dem volkswirtschaftlichen Bedarfsdeckungssystem als Mittel einfügt."[98]

Um dies zu erreichen, bedarf es einer „zentralen Planungsstelle" bzw. eines obersten Planungsrates (aus Ministern, Fachleuten und Beratern aus Wirtschaft und Interessenvertretungen); dessen Wirken soll darauf zielen, daß „an die Stelle einer marktoptimalen Harmonie die wirtschaftspolitisch gestaltete Harmonie der Ordnung der Volkswirtschaft nach einem einheitlichen Gesamtplan" tritt.[99] Diese Vorstellung von einer „Minimalplanung" durch eine „Zentralplanstelle" vertrat 1948 auch *Ritschls* Hamburger Kollege *Karl Schiller*[100], damals immerhin bereits Direktor des Instituts für Außenhandel und Überseewirtschaft der Universität Hamburg. Erst recht *Gert von Eynern* war noch 1949 in seinem Entwurf eines „Wirtschaftlichen Aktionsprogramms" der Auffassung, daß die gesamte Wirtschaft „sowohl im sozialisierten als auch im nicht sozialisierten Teil einer strengen planmäßigen Lenkung und Kontrolle" zu unterwerfen sei.[101]

Eine ganze Reihe namhafter oder namhaft werdender Wirtschaftswissenschaftler war damals der Auffassung, daß eine Rückkehr zur freien Marktwirtschaft gänzlich unmöglich sei. *Wilhelm Kromphardt*, Vertreter der Volkswirtschaftslehre an der TH Hannover, plädierte für eine Synthese von Kernplanung und Randwirtschaft.[102] Der Leiter des Kieler Weltwirtschaftlichen Instituts *Gerhard Mackenroth* verwies darauf, daß jede Art von Wirtschaftsfreiheit in entwickelten Gemeinwesen immer schon einen Ordnungsrahmen besessen habe und damit selbst die denkbar liberalste Wirtschaft immer auch „bis zu einem gewissen Grad Zentralverwaltungswirtschaft" gewesen sei.[103] Der Tübinger *Hans Peter* erklärte lakonisch: „Mit Sozialismus hat Zwangswirtschaft grundsätzlich nichts zu tun."[104] Selbst der in Münster lehrende geistige Vater der „sozialen Marktwirtschaft" *Alfred Müller-Armack* hielt 1946 noch „eine gewisse Form der Lenkung" für unverzichtbar und sprach von einer „sozial gesteuerten Marktwirtschaft"[105].

c) *Gerhard Weisser* (I)

Für *Gerhard Weisser* (1898-1989) war *Alfred Müller-Armack* kein Unbekannter, war er doch ein Mann der Praxis, der gleichwohl ein festes wissenschaftliches

---

[98] *Ritschl*, Volkswirtschaftslehre, 245.
[99] Ebenda, 270.
[100] Vgl. *Karl Schiller*, Planwirtschaft und Wirtschaftsaufschwung, in: GuT, Jg. 3 (1948), H. 5, 213-216; vgl. ferner *ders.*, Sozialaufbau und regionale Wirtschaftsplanung, Hamburg 1947.
[101] *Gert von Eynern*, Wirtschaftliches Aktionsprogramm, in: SJ, Jg. 3 (1949), H. 4, 181-188, Zitat 185.
[102] Vgl. *Wilhelm Kromphardt*, Marktspaltung und Kernplanung in der Volkswirtschaft, Hamburg 1947.
[103] *Gerhard Mackenroth*, Sozialistische Wirtschaftsverfassung. Möglichkeiten, Formen und Grenzen, in: Weltwirtschaftliches Archiv, Bd. 63 (1949 II), 178-231; *ders.*, Der Zins in der kapitalistischen und sozialistischen Wirtschaft, in: Weltwirtschaftliches Archiv, Bd. 62 (1949 I), 89-122.
[104] *Hans Peter*, Wandlungen in der Wirtschaftsauffassung, in: Finanzarchiv NF, Bd. 11 (1949), 170-194, Zitat 187.
[105] Vgl. *Werner Abelshauser*, Freiheitlicher Sozialismus oder soziale Marktwirtschaft: Die Gutachtertagung über Grundfragen der Wirtschaftsplanung und Wirtschaftslenkung am 21. und 22. Juni 1946, in: VfZ, Jg. 24 (1976), H. 4, 415-449.

Fundament besaß. Nach dem Studium der Staatswissenschaften und der Promotion wurde er in verschiedenen kommunalen Einrichtungen tätig (1930-33 Zweiter Bürgermeister in Hagen). Von den Nationalsozialisten entlassen, wandte er sich wieder der wissenschaftlichen Arbeit zu. 1945 übernahm er die Leitung des braunschweigischen Ministeriums für Wirtschaft und Finanzen und wurde 1946 zum Generalsekretär des britischen Zonenbeirats gewählt; diese Tätigkeit übte er bis 1948 aus. Vom Jahrgang her war *Weisser* so gut wie vielleicht nur noch *Erik Nölting* mit den Ideen und der „Bewegung des demokratischen Sozialismus", mit der „Bewegung des freiheitlichen Sozialismus, wie wir sie treffender nennen wollen", nach dem Ersten Weltkrieg vertraut. Er kannte die Vorschläge der Sozialisierungskommissionen 1918/1920, war beeinflußt von den Theorien *Eduard Heimanns* und *Carl Landauers* und hatte Anfang der zwanziger Jahre eine Zeitlang bei dem Göttinger Philosophen *Leonard Nelson* studiert.

Weissers Begriff von „Sozialisierung" war gemessen an *Agartz* und *Nölting* bereits ein sehr zurückgenommener; er bezog sich nicht auf „die Umwandlung der Verfassung der Volkswirtschaft im Ganzen", sondern nur noch auf die „Änderung der Form und des inneren Wesens der einzelnen Unternehmungen"[106]. Für die „freien Sozialisten" handelte es sich darum,

„(...) daß wir die Volkswirtschaft in den Dienst des Gemeinwohls stellen wollen, daß dies aber nicht durch einen lebenertötenden Zentralismus geschieht, sondern durch einen neuartigen Planungs- und Lenkungsstil, der lockere Formen bevorzugt, aber dabei im Endeffekt dieselbe Hinlenkung auf das Gemeinwohl erreicht, wie sie die Zentralisten wollten und anderswo noch heute zu erreichen versuchen. Dieser neue Lenkungsstil ist durch zwei Dinge gekennzeichnet: Wir wollen (...) Planung und Lenkung nicht mehr an einer Stelle von oben her vornehmen und durchsetzen, sondern wir wollen dezentralisierte Lenkung."[107]

Bei der Arbeit „mit der leichten Hand" (im Gegensatz zur zuschlagenden Faust) komme es darauf an, daß man die wirtschaftlichen Kräfte daran interessiere, im eigenen Interesse das zu tun, „wohin die Lenkung der Wirtschaft im Ganzen führen will". Deshalb war es neben der Beseitigung der sozialen Ungerechtigkeit ein weiteres vorrangiges Ziel der Sozialisierung, in der Wirtschaft dem „Ideal der Freiheit" Geltung zu verschaffen. Das aber sei nur möglich durch die Gemeinwohlorientiertheit aller an der Wirtschaft Beteiligten, die zu einer lebendigen „Vergemeinschaftung" führen bzw. von einem „Gemeinschaftsgefühl" getragen werden müsse.[108] Solche Grundprinzipien setzen nach *Weisser* voraus, daß die indirekten Lenkungsformen, die weitgehend den Markt beibehalten, auf eine Vielzahl von Unternehmenstypen treffen können. *Weisser* breitete sie im einzelnen aus; dabei wurde deutlich, daß er den Unternehmen des „freigemeinschaftlichen Produzentensozialismus" der Genossenschaften im Zweifelsfall gegenüber dem Typ des öffentlichen Unternehmens den Vorzug gab. Auch Stiftungsunter-

---

[106] *Gerhard Weisser*, Sozialisierung bei freisozialistischer Wirtschaftsverfassung. Vortrag vom 28.02.1947, Hamburg 1947, 6f.; ferner *ders.*, Freiheitlicher Sozialismus, in: SJ, Jg. 1 (Juni 1947), H. 15/16, 225ff.
[107] *Ders.*, Sozialisierung, 7. Auf der in Anm. 105 erwähnten Tagung führte *Weisser* inhaltsgleich aus, daß die Lenkung der Wirtschaft nicht mehr auf die groben Mittel des Gebots und Verbots angewiesen sei, sondern „eine kaum übersehbare Reihe von Lenkungsmitteln nicht nur direkter, sondern auch indirekter Art mit der sogenannten leichten Hand" zur Verfügung habe.
[108] Vgl. *Ders.*, Freiheitlicher Sozialismus, 27; *ders.*, Sozialisierung, 13.

nehmen wie Zeiss hielt er für relevant. Die bloße Gewinnbeteiligung der Belegschaften lehnte er jedoch strikt ab. Doch plädierte er für eine generelle Mitbeteiligung.[109]

d) Ziele und Instrumente des „freiheitlichen Sozialismus"

Weissers Ziele glichen denen der meisten anderen bisher behandelten Theoretiker und Politiker: Beseitigung der privatkapitalistischen Machtpositionen und möglichst gerechte Gleichmäßigkeit der wirtschaftlichen und sozialen Chancen für alle Menschen; Vollbeschäftigung und Reallohnsteigerungen gehörten in erster Linie dazu. In der Wahl der Instrumente, dieses Ziel zu erreichen, entfernte sich *Weisser* (von der im nächsten Absatz zu behandelnden Position *Rudolf Zorns* abgesehen) am deutlichsten von den klassischen Positionen. Er wollte keine klassische Sozialisierung im Rahmen der gesamten Volkswirtschaft, sondern offen „freisozialistische" Formen der einzelunternehmerischen Gestaltungskräfte. Ohne eine ethische Komponente als Implantat geht das nicht, wie nicht allein *Weisser*, sondern auch *Ritschl* deutlich machte.

Die Aussagen zur Rolle des Staates, überhaupt zu den politischen Willensbildungsprozessen, fielen sehr spärlich aus, nicht nur bei *Weisser*, sondern auch bei den anderen Autoren. Bei *v. Eynern* war es ein starker demokratischer Staat, der die ihm zukommenden Planungsaufgaben durchführt. Bei *Hermann Veit*, einem weiteren prominenten sozialdemokratischen Wirtschaftspolitiker, hatte der Staat zusammen mit den paritätisch besetzten Selbstverwaltungskörperschaften der Wirtschaft „die Richtung ihrer Tätigkeit durch eine Planung in großen Umrissen" zu weisen, und er greift „lenkend" ein, „wenn die Gesetze des Marktes oder die Initiative des einzelnen versagen"[110]. Die Voraussetzungen und Rahmenbedingungen für dieses Staatsgebilde werden nicht näher erläutert: Es ist offensichtlich der parlamentarisch-demokratische Staat, in dem die Kräfte des freiheitlichen Sozialismus die Mehrheit errungen haben. Die britische Labourpartei, ihr Wahlsieg 1945 und die folgende Sozialisierungspolitik – das war das Transformationsmodell, und i.ü. nicht die Instrumente der Sozialisierungspolitik, die in Großbritannien ja im wesentlichen auf Verstaatlichungen gegründet war.

Eine zweite Problemzone der freiheitlich-sozialistischen Konzepte bildete die übernationale Verflechtung, anders ausgedrückt: Die Konzepte und Modelle hatten alle einen nationalen Rahmen zur Voraussetzung. So hielt es denn *Weisser* „für unerträglich", „wenn in die sozialisierten Unternehmungen das Auslandskapital einsteigt"[111]. Auch *Ortlieb* lehnte private Investierungen ausländischen Kapitals ab, weil dadurch „die einheitliche und unabhängige Leitung der deutschen Wirtschaft" unmöglich gemacht würde; indessen war ihm klar, daß der „schmale,

---

[109] Vgl. *Weisser*, Sozialisierung, 19. *Weissers* weitere Beiträge zur sozialdemokratischen Wirtschaftstheorie werden im nächsten Kapitel diskutiert; zur umfassenden Deutung *Weissers* vgl. Heinrich A. Henkel u.a. (Hrsg.), Gegen den gesellschaftspolitischen Imperialismus der reinen Ökonomie. Gedächtnisschrift für Gerhard Weisser, Marburg 1998.
[110] *Hermann Veit*, Grundsätze sozialdemokratischer Wirtschaftspolitik, Göttingen 1948, 10; Nachdruck seiner Rede vor dem SPD-PT 1948 in Düsseldorf (vgl. Prot. 133-138). Über *Veit* siehe unten 2. Kap., I, 1d).
[111] *Weisser*, Sozialisierung, 17.

aber allein gangbare Weg eines demokratischen Sozialismus" nur betretbar war „mit Billigung, ja mit Hilfe der angloamerikanischen Mächte"[112].

Solche Einsichten verstärkten – nicht zuletzt unter dem Eindruck der neoliberalen Offensive[113] – den Druck, die eigenen Positionen, so wie es *Kurt Schumacher* begonnen hatte, unmißverständlicher zu bestimmen: „Von der kommunistischen ist die freisozialistische Bewegung nicht gradweise, sondern im Wesen unterschieden", wie es *Weisser* ausdrückte.[114] *Veit* formulierte noch schärfer: „Der Kommunismus ist nicht der radikalere Bruder, er ist ebenso wie der Kapitalismus der Todfeind des Sozialismus."[115]

5. „Regulierte Marktwirtschaft": *Rudolf Zorn*[116]

Rudolf Zorns (1898-1966) Ausgangspunkt war eine scharfe Kritik sowohl an der totalen Planwirtschaft als auch an der freien Marktwirtschaft. Er fragte jedoch nicht nach einer Planwirtschaft, die mehr oder weniger ausgeprägt Teile der Marktwirtschaft integrierte, sondern nach einer Marktwirtschaft, die sich auch planerischer Elemente bediente. *Zorn* galt als ein versierter Verwaltungsfachmann; seit 1927 leitete er die Stadt Oppau bei Ludwigshafen als Erster Bürgermeister. Die Nationalsozialisten entfernten 1933 den seit 1919 der SPD Angehörenden aus dem Amt. Nach der „Schutzhaft" versuchte er sich in der Wirtschaft, zuletzt in leitender Position in einer Dresdener Zigaretten- und Tabakfabrik. So hatte er auch praktische Erfahrungen als Unternehmer aufzuweisen, als er 1946 zunächst Präsident des bayerischen Landesamtes für Vermögensverwaltung und Wiedergutmachung und 1947 bayerischer Wirtschaftsminister wurde.

Wiederaufbau und Neuordnung waren auch für *Zorn* nur möglich durch Planung; aber er wollte keine „totale Planwirtschaft" nach sowjetischem Muster, in der der sich auf Angebot und Nachfrage stützende freie Markt ersetzt wird durch den alles umfassenden Plan einer zentralen Verwaltungsbürokratie. Ihm schwebte ein „mittlerer Weg" vor,

„(...) der die Prinzipien des Wettbewerbs, des freien Marktes und des Preismechanismus einerseits und der staatlichen Lenkung und Planung andererseits zu einer realisierbaren Synthese vereinigt. Ich möchte diesen mittleren Weg, um ihn von der totalen Plan- und Zwangswirtschaft zu unterscheiden, als den der ‚Wirtschaftsplanung' bezeichnen. Dieser Weg läßt einer-

---

[112] *Heinz-Dietrich Ortlieb*, Wandlungen des Sozialismus. Fünf Aufsätze zur Gegenwartslage des Sozialismus, o.O. 1947, 92.
[113] Dazu Abschnitt IV dieses Kapitels.
[114] *Weisser*, Freiheitlicher Sozialismus, 226.
[115] *Veit*, Grundsätze, 10.
[116] Im folgenden werden verwendet: *Rudolf Zorn*, Gedanken zur wirtschaftlichen Neuorientierung, München 1948, enthält die Rede *Zorns* als Wirtschaftsminister vor dem Bayerischen Landtag am 26.06.1947 sowie Aufsätze und Vorträge aus den Jahren 1947/48; *Zorns* Rede über „Soziale Neuordnung als sozialistische Gegenwartsaufgabe" vor dem SPD-PT im September 1948 in Düsseldorf, zit. n. Prot. PT 1948, 138-159; *ders.*, Von der regulierten Marktwirtschaft, in: SMH, Jg. 4 (1949), H. 1, 6-9 und H. 2, 9-14; zu *Zorns* Positionen vgl. *Kronawitter*, Wirtschaftskonzeptionen; *dies.*, Rudolf Zorn und sein Beitrag zum marktwirtschaftlichen Denken in der SPD, in: Von der Klassenpartei zur Volkspartei. Wegmarken der bayerischen Sozialdemokratie 1892-1992, hrsg. von *Hartmut Mehringer*, München 1992; *Held*, Sozialdemokratie, 214-217; *Mehringer*, Knoeringen, 354-357.

seits dem Individuum die Freiheiten, die es für die Wirtschaft braucht, anderseits beschränkt er, was im Interesse des Ganzen notwendig ist, diese Freiheiten, um so die Schäden und Nachteile der individualistischen Wirtschaftsbetätigung zu vermeiden. (...) Was die Wirtschaftsplanung grundsätzlich von der Planwirtschaft unterscheidet, ist, daß sie nicht von einer Zentralstelle aus bis in das letzte Rädchen des Wirtschaftsablaufs eingreift, daß der Wirtschaftsprozeß nicht durch Befehle einer Verwaltungsbürokratie erzwungen wird, sondern daß das wirtschaftliche Handeln, am Bedarf orientiert, durch einen maßvollen Wettbewerb die sozial erwünschten Fortschritte garantiert. (...) Die Wirtschaftsplanung ist also grundsätzliche Marktwirtschaft, aber eine Marktwirtschaft, die sich nicht frei austobt, sondern in den staatlichen Ordnungsrahmen gespannt ist. *Planung kann also grundsätzlich nur in der Festlegung der Grundlinien der Investition und der Verteilung bestehen*, nicht in der grundsätzlich unmöglichen Festlegung der Einzelheiten. (...) Die zukünftige Wirtschaftsplanung und -lenkung (...) wird (...) in keiner Weise gleichbedeutend sein mit Enteignung oder auch mit Abschaffung der Initiative des einzelnen. Sie wird vielmehr nur der Privatwirtschaft die großen Leitlinien geben und durch Überwachung und indirekte Lenkung dafür sorgen, daß die wichtigsten gesellschaftlichen Bedürfnisse in der richtigen Rangordnung befriedigt werden."[117]

Unermüdlich hat *Zorn* darauf hingewiesen, daß totale Planung zwangsläufig einen „totalitären Charakter" haben muß, daß die Entwicklung in der Sowjetunion zu der Einsicht zwinge, daß die Vergesellschaftung der Produktionsmittel bzw. die Überführung aller wirtschaftlichen Machtmittel in die Hand des Staates kein Sozialismus sei, sondern „unweigerlich zur Diktatur und zur Unterjochung des Menschen" führe.[118] Die Konsequenz aus solchen Einsichten mußte nach *Zorns* Auffassung für die SPD und ihr traditionelles Verständnis von Sozialisierung und Planwirtschaft äußerst einschneidend sein. Das Denken in überalterten Schablonen, das Kleben am Erfurter Programm von 1891, die Überschätzung der Planwirtschaft und die Unterschätzung der Vorteile der Marktwirtschaft mußten korrigiert werden. Besonders die jüngeren Genossen, so meinte er, die skeptisch gegenüber jedem Kollektivismus seien, erwarteten die Lösung vieler Probleme dadurch, „daß man kurz entschlossen allen theoretischen Ballast früherer Jahrzehnte, der die Feuerprobe des praktischen Lebens nicht bestanden hat, über Bord wirft"[119]. Vor allem habe die Partei „kein klares Marx-Bild" bzw. *Marx* den Kommunisten überlassen. *Marx'* letztes Ziel sei die Freiheit gewesen, und deshalb sei heute das Ziel das gleiche wie das einst von *Marx* proklamierte: „Über die Frage allerdings, wie dieses Ziel zu erreichen ist, sind die Anschauungen des Karl Marx nicht mehr unsere Anschauungen."[120] Sie konnten es nach *Zorn* auch einfach nicht mehr sein – zu groß waren nach seiner Meinung die Marxschen Irrtümer: keine Zwangsläufigkeit der historischen Entwicklung, keine Verelendung des Proletariats, sondern Einkommenszuwächse, keine Konzentration der Produktion, wohl aber der Leitungen, kein Zusammenbruch des Mittelstandes usw. Nicht minder scharf war *Zorns* Abrechnung mit den aktuellen Vertretern einer freien, sich selbst überlassenen Marktwirtschaft: Sie habe noch nie zu einem harmonischen Gleichgewicht der Kräfte geführt, „sondern immer nur zu einer Vermachtung der Privatindustrie in Monopole und monopolähnliche Gebilde"[121].

---

[117] *Zorn*, Gedanken, 8, 9, 10.
[118] Ebenda, 11, 21, 36, 65; *Zorn*, Soziale Neuordnung 140f.; *ders.*, Regulierte Marktwirtschaft, 10.
[119] *Ders.*, Soziale Neuordnung, 142.
[120] Ebenda, 140, 141.
[121] Ebenda, 147.

Ohne Lenkung der Wirtschaft käme heute keine moderne Volkswirtschaft mehr aus, nicht einmal die USA.

Das Ziel des Sozialismus sei – in scharfer Unterscheidung zum Kommunismus – „die größtmögliche Freiheit des Individuums und der Gesellschaft" sowie die Verwirklichung der sozialen Gerechtigkeit. Freiheit sei – so *Zorn* – der höchste menschliche Wert, ein „unverzichtbares Gut" und kein bürgerliches Vorurteil. Und so schloß *Zorn* denn seine Parteitagsrede im Jahre 1948 mit der fast überschwenglich wirkenden Aussage: „(...) denn wir lieben die Freiheit und wollen die soziale Gerechtigkeit. Die Massen zu diesem Ziel zu führen und eine wahrhaft sozialistisch-demokratische Ordnung zu schaffen, das ist und bleibt die Mission der deutschen Sozialdemokratie."[122]

Voraussetzung für die erstrebte „sozialistisch-demokratische Ordnung" blieb auch bei *Zorn* die Überführung bestimmter Produktionsmittel – die sehr kapitalintensive Grundindustrie und die monopolreife Industrie – in Gemeineigentum, aber dies eben im Rahmen der „regulierten Marktwirtschaft". „Regulierte Marktwirtschaft" wurde zum zentralen Begriff in *Zorns* Konzept: Als eine vernünftige Kombination der Systeme „uneingeschränkter Konkurrenzwirtschaft" und totaler Planwirtschaft sah er in ihr das geeignete Ordnungsinstrument für die Neuordnung der Wirtschaft:

> „Bei dieser Art Lenkungswirtschaft handelt es sich durchaus nicht um ein [sic!] Kompromiß zwischen freier Verkehrswirtschaft und totaler Planwirtschaft, sondern um ein *absolut originales Wirtschaftssystem*. Es wäre auch unrichtig, dieses System einer *interventionistischen* Wirtschaftspolitik gleichzusetzen: denn der Interventionismus begnügt sich mit der Korrektur der extremen Einzelerscheinungen des Marktes, in den sonst in keiner Weise eingegriffen wird. Die Wirtschaftslenkung dagegen unterwirft den Markt bzw. die Einflußnahme auf ihn einem ganz bestimmten Ziel."[123]

Wer reguliert die Marktwirtschaft? Der demokratische Staat macht die Vorgaben durch die Lenkung und Kontrolle der Investitionstätigkeit, er sorgt für eine soziale Einkommensverteilung durch Steuern sowie für Preise und Löhne nach sozialen Gesichtspunkten. Danach soll er so wenig wie möglich in den laufenden Wirtschaftsprozeß eingreifen und sich auf die Funktion der Überwachung des Vollzugs beschränken. Die praktische Durchführung obliegt den Selbstverwaltungsorganen der Wirtschaft, die überall zur Sicherung der demokratischen Kontrolle paritätisch besetzt sein sollen. Zu dieser Selbstverwaltung der Wirtschaft gehört die Demokratisierung der Unternehmen und Betriebe im Sinne der paritätischen Mitbestimmung: Arbeitgeber und Arbeitnehmer tragen das gleiche Risiko und bilden erst zusammen die Wirtschaft. Einen hohen Rang im Ordnungsmodell der „regulierten Marktwirtschaft" räumt *Zorn* auch den Konsumgenossenschaften ein. Im Unterschied zu *Sering* betont er die Unentbehrlichkeit von materiellen Leistungsanreizen für Lohn und Einkommen, wie er denn auch nicht von einer Aufhebung der Lohnarbeit träumt, sondern „nur" den „gerechten Lohn", d.h. den gerechten Anteil der Arbeit am Ertrag der Volkswirtschaft fordert. Arbeitslosigkeit ist in der „regulierten Marktwirtschaft" „nicht mehr möglich", d.h. Vollbe-

---

[122] *Zorn*, Soziale Neuordnung, 159.
[123] Ebenda, 148; zur „Sozialisierung der Monopole" vgl. auch *Ders.*, Gedanken, 21.

schäftigung ist erreichbar, nicht nur zur Existenzsicherung, sondern auch zur Beseitigung der lohndrückenden industriellen Reservearmee.[124]

Referenzen für sein Konzept holte sich *Zorn* bei dem Labour-Sozialismus-Experiment, dessen kritische Seiten er durchaus sah; er verwies auch auf Schweden und Dänemark. Wie nur wenige zeitgenössische Wirtschaftspolitiker und -theoretiker überschritt er die Grenzen der Ökonomie und befaßte sich mit allgemeinen gesellschaftlichen und politischen Problemen, beklagte die rein formale Natur der Demokratie, fragte nach neuen Formen der Partizipation, die „die Massen" an der politischen Willensbildung stärker beteiligten, ohne die Handlungsfähigkeit der politischen Führung zu beeinträchtigen und bekannte sich zu einer systematischen Erziehung und Aufklärung. Auch mit dem klassischen sozialistischen Postulat der Gleichheit setzte er sich auseinander: Die Gleichheit, wörtlich genommen, sei unerfüllbar, aber die Forderung der gleichen Chance für jedermann betrachtete er als realistisch vertretbar. Elitebildung, d.h. die Bildung einer demokratischen Elite der Begabung und Leistung, hielt er für legitim, denn „ohne Elite gibt es keine Zivilisation und keine Kultur"[125].

Wie auch *Weisser* hielt *Zorn* sein Konzept für nicht tragfähig ohne eine „Moral der Güte, der Menschenfreundlichkeit, der Hilfsbereitschaft": „Allein eine solche Moral ist der Kitt der neuen Ordnung." Er forderte die SPD auf, wie die angelsächsischen Sozialisten die Größen „Moral" und „Religion" anzuerkennen sowie „Volksbildung" neu zu verstehen: nicht nur popularisiertes Wissen zu vermitteln, sondern auch „neues Gemeinschaftsempfinden" zu bilden. Ein solches Gemeinschaftsempfinden könne der Sozialismus erwecken, aber nur einer, „dessen tiefste Grundlage eine im Metaphysischen wurzelnde Ethik ist"[126].

Das Referat von Rudolf *Zorn* auf dem SPD-Parteitag Mitte September 1948 war selbstverständlich nicht gedacht als das eines frei schwebenden Intellektuellen. Es war mit dem Parteivorstand abgestimmt, und es wurde gehalten in einer politisch außerordentlich bewegten Zeit: Am 20. Juni 1948 wurde in den drei westlichen Zonen die Währungsreform durchgeführt und am 24. Juni begann die Blockade Berlins. Die Partei – Delegierte und Mitglieder – trafen die Botschaften von *Zorn* offensichtlich relativ unerwartet, wie die Resonanz vermuten läßt.[127] In der Literatur wird übereinstimmend das Urteil gefällt, daß die Rede keine unmittelbaren Wirkungen gehabt habe; doch sind die langfristigen nicht zu unterschätzen. So wurde *Waldemar von Knoeringen*, der Landesvorsitzende der bayerischen SPD, der sich zunächst an *Paul Sering* orientiert hatte, zusehends kritisch gegenüber kompakten Kapitalismus-transformierenden Planungskonzepten und begann sich bereits 1947 den Thesen von *Zorn* zu öffnen. Auf dem Parteitag 1948, auf dem er zum ersten Mal in den Parteivorstand gewählt wurde, unterstützte er denn auch *Zorn*.[128] Damals begann *v. Knoeringens* Aufbruch zu dem Versuch einer Neugestaltung der alten Partei. 1949 forderte er unter Berufung auf den Düssel-

---

[124] So an vielen Stellen der hier herangezogenen Texte von *Rudolf Zorn*.
[125] *Zorn*, Soziale Neuordnung, 145.
[126] Ebenda, 149, 158, 159.
[127] Vgl. hierzu die Stellungnahmen bzw. Antworten von *Zorn* in: Gedanken, 16-46.
[128] Vgl. *v. Knoeringens* Rede im Bayerischen Landtag am 16.07.1947, in: *Waldemar von Knoeringen*, Reden und Aufsätze, München 1981, 17-22; weitere Informationen in: *Mehringer*, Knoeringen.

dorfer Parteitag den Ausbruch aus der geistigen Sackgasse, in der sich die Partei seit drei Jahrzehnten befunden habe.[129]

Zorn indessen zog sich aus der aktiven Politik (aber nicht aus seiner Partei) zurück, nachdem er 1948 sein Amt als Wirtschaftsminister hatte aufgeben müssen. 1949 wurde er Präsident des Bayerischen Sparkassen- und Giroverbandes.

IV. Freiheit ohne Sozialismus – neoliberale Positionen und deren Kritik

1. Konfrontations- und Konsenslinien

Die heftige und langanhaltende Kontroverse zwischen den freiheitlichen bzw. freien Sozialisten und den Ordo- bzw. Neoliberalen reichte in ihren Anfängen bis in die Zeit der deutschen Revolution 1918/19 bzw. den mit ihr verknüpften Sozialisierungserwartungen zurück. Schon damals standen auf der einen Seite nicht- bzw. nicht-orthodox-marxistische Sozialisten wie *Eduard Heimann, Carl Landauer* und *Emil Lederer* und auf der anderen Seite extrem individualistische Liberale wie *Ludwig Mises* und *Wilhelm Röpke*.

Während der NS-Zeit bzw. in der Emigration vertieften die liberalen Theoretiker ihre Kritik am Sozialismus angesichts der nationalsozialistischen kapitalistischen „Zentralverwaltungswirtschaft" (so der Begriff bei *Walter Eucken*) und der bolschewistischen staatssozialistischen Variante dieses Wirtschaftstyps. So bildeten nach 1945 den einen Pol der anti-sozialistischen liberalen Phalanx *Ludwig (Edler von) Mises* (1881-1973), österreichischer Herkunft, der als Nationalökonom in Wien, Genf und New York lehrte, und *Friedrich August (von) Hayek* (1899-1992), ebenfalls österreichischer Herkunft, der von 1931-1941 in London, dann bis 1962 in Chicago, seit 1962 in Freiburg i.B. lebte. Beide wichen nur wenig von den Positionen des sprichwörtlichen Laissez-faire-Liberalismus ab. Den anderen Pol bildeten[130] die Freiburger Ordoliberalen wie *Walter Eucken* (1891-1920), *Franz Böhm* (1895-1977), *Adolf Lampe* (1897-1948), *Alexander Rüstow* (1885-1963); aber auch *Wilhelm Röpke* könnte dazu gezählt werden, obwohl er und *Rüstow*, zur Emigration (Türkei, *Röpke* ab 1937 Genf) gezwungen, an den Diskussionen der „Freiburger Kreise" nicht beteiligt sein konnten.

Die Freiburger Ordoliberalen stellten keine Einheit dar, sondern waren in sich differenziert.[131] Ein Teil trat bezüglich der Nachkriegsordnung für eine freie Marktwirtschaft als das genaue Gegenteil der zentralverwalteten Kriegswirtschaft ein; andere forderten „eine lenkende, regulierende Marktwirtschaft", eine Konzeption, die gewisse Züge der späteren „sozialen Marktwirtschaft" vorwegnahm.[132] Es waren vor allem *Röpke* und *Hayek*, deren provokante Thesen viel

---

[129] Vgl. *v. Knoerings* Rede auf der Sitzung des Landesverbandes der Berliner SPD am 12.02.1949, in: Wir schaffen ein Programm, Berlin 1949, 25-32.

[130] Diese Unterscheidung trifft *Reinhard Blum*, Soziale Marktwirtschaft. Wirtschaftspolitik zwischen Neoliberalismus und Ordoliberalismus, Tübingen 1969, 122.

[131] Dazu *Christine Blumenberg-Lampe*, Das wirtschaftliche Programm der Freiburger Kreise, Berlin 1973.

[132] *Blum* sieht im Konzept „Soziale Marktwirtschaft" die Mitte zwischen den beiden angesproche-

diskutiert wurden; durch sie sahen sich die freiheitlichen Sozialisten am meisten herausgefordert und angegriffen.

2. Einige neoliberale[133] Positionen

a) *Wilhelm Röpke*

Wilhelm Röpke (1899-1966) lehrte seit 1928 Nationalökonomie in Graz, 1929 in Marburg; 1933 wurde er zwangsweise beurlaubt, emigrierte und lehrte bis 1937 in Istanbul, seit 1937 dann am Institut Universitaire des Hautes Etudes Internationales in Genf. Den ersten großen Widerhall im europäischen Raum fand *Röpke* mit dem 1942 in Zürich erschienenen Buch „Die Gesellschaftskrisis der Gegenwart", von dem sogar einige hundert Exemplare das nationalsozialistische Deutschland erreichten; den größten Einfluß aber gewann im Nachkriegsdeutschland sein Buch „Civitas humana. Grundfragen der Gesellschafts- und Wirtschaftsreform", das bereits 1944 in Zürich in erster Auflage erschienen war.

Röpkes Ausgangspunkt war ein Aufsatz in der „Neuen Zürcher Zeitung" im Januar 1937, in dem er sich mit *André Gides* Buch „Retour de l'U.R.S.S." auseinandersetzte und feststellte: „Der Antifaschismus der Kommunisten und der Antikommunismus der Faschisten – im Grunde ist das ein Familienstreit innerhalb des totalitären Sektors der Welt (...)."[134] Diese totalitarismus-theoretische Grundeinstellung begründete *Röpkes* fundamentale Skepsis gegenüber dem Staat, nicht nur dem kollektivistischen und dem autoritären, sondern auch dem demokratischen Staat; auch dieser tendiere in Richtung Diktatur, d.h. der Zerstörung der Freiheit und Unabhängigkeit des Individuums (so daß *Röpke* auch *Keynes'* Rollenzuweisung an den demokratischen Staat ablehnte):

„Tatsächlich sollte kein Zweifel mehr daran möglich sein, daß Sozialismus und eine durch und durch unfreiheitliche Staatsform einander zugeordnet sind. Ob ein Staat mit einem antityrannischen Sozialismus oder mit einer antisozialistischen Tyrannis beginnt, immer wird die innere Logik der Entwicklung dahin führen, daß beide Staaten sich schließlich im selben Endergebnis treffen: der lückenlosen Tyrannis, dem totalen Kollektivismus, der alle Bereiche des Gesellschaftslebens ergreift."[135]

Als Gegenpol dieser ubiquitären Tendenz zum „kollektivistischen Staat" betrachtete *Röpke* die in vereinsamte Individuen sich auflösende Gesellschaft, die Zersplitterung des Staates auf Interessentengruppen, die Anarchie des Pluralis-

---

nen Polen.

[133] Zeitgleich wurde häufiger von den Neu-Liberalen gesprochen. – Die Verfasserin hat sich mit *Röpke* und *Hayek* in ihrer Monographie: *Helga Grebing*, Konservative gegen die Demokratie. Konservative Kritik an der Demokratie in der Bundesrepublik nach 1945, Frankfurt a.M. 1971, vor allem unter demokratietheoretischen Gesichtspunkten auseinandergesetzt; vgl. das Kapitel „Demokratie und Ordo des Kapitalismus", 318-342.

[134] *Wilhelm Röpke*, Sozialismus und politische Diktatur, abgedruckt in: ders., Gegen die Brandung. Zeugnisse eines Gelehrtenlebens unserer Zeit, hrsg. von *Albert Hunold*, Zürich 1959, 109-114, Zitat 113.

[135] *Wilhelm Röpke,* Die Gesellschaftskrisis der Gegenwart, Zürich 1942 (^{4}1948), 148.

mus, die mit der Vermassung einher gehende Zerbröckelung, ja Auflösung der „echten Gemeinschaft" sowie die Entfremdung des Menschen von der Natur.

Welches Programm hatte aber nun der unbeirrbare „Verfechter der liberalen Weltansicht", wie *Röpke* sich selbst bezeichnete? Seine Formel lautet:

„(...) daß wer den Kollektivismus nicht will, die Marktwirtschaft wollen muß. Marktwirtschaft aber heißt Freiheit des Marktes, freie Preise und elastische Kosten, heißt Anpassungsfähigkeit und Unterwerfung der Produzenten unter die Herrschaft der Nachfrage. Es heißt negativ das genaue Gegenteil von Monopol und Konzentration und jener Anarchie der Interessengruppen, die sich in allen Ländern breitmachen wie die Freier der Penelope. Marktwirtschaft bedeutet, daß wir anstelle des verworfenen kollektivistischen Prinzips das einzige regulierende Prinzip wählen, das uns für eine hochdifferenzierte und hochtechnisierte Gesellschaft zur Verfügung steht, aber damit es die Regulierung des Wirtschaftsprozesses wirklich gewährleistet, muß es unverfälscht und nicht durch Monopole korrumpiert sein."[136]

Röpke will also die „Aufrichtung der Marktwirtschaft als einer echten Wettbewerbsordnung", und diese echte Marktwirtschaft hat mit dem verrotteten Kapitalismus nichts zu tun. Sie ist antimonopolistisch, interventionistisch (zugunsten einer freiheitlichen Marktpolitik), und sie ist strukturpolitisch orientiert (z.B. zur Wiederherstellung des Eigentums breiter Kreise). Anstelle der Vollbeschäftigungspolitik denkt *Röpke* zur Korrektur der Verproletarisierung an eine Eigentumspolitik, die die Autonomie des Bauerntums und des Handwerks wiederherstellen und die verproletarisierten Massen wieder sozial stabilisieren würde. Aus dem „Verfechter der liberalen Weltansicht" war ein Vertreter der „Schweizer Idylle" geworden, der in die neokonservative Strömung geraten war, und dies keineswegs überraschend; denn es war die Hauptfrage der zweiten Hälfte des 20. Jhs. geworden, ob und wie die Spannung zwischen Freiheit und Bindung aufzuheben war – vielleicht blieb sie ja auch als anthropologische Aporie bestehen.

b) *Friedrich August (von) Hayek*

Friedrich August (von) Hayeks von *Röpke* in der Einleitung hoch gelobtes Buch „Der Weg in die Knechtschaft" (engl. „The Road to Serfdom", 1944) erschien in deutscher Sprache 1946 und wurde vom Verfasser provokant „Den Sozialisten aller Parteien" gewidmet. Er sah es – womöglich noch zugespitzter als *Röpke* – als seine Aufgabe an, die neu-sozialistische These von der Vereinbarkeit, ja von dem unabdingbaren Zusammenhang von Freiheit, Demokratie und sozialistischer Planwirtschaft nicht nur in Frage zu stellen, sondern geradezu ad absurdum zu führen. Freiheit und Demokratie seien nur im Rahmen eines auf Wettbewerb und Privateigentum beruhenden Wirtschaftssystems möglich, und dies sei nun einmal „der Kapitalismus". Demgegenüber hätten sich die meisten Planwirtschaftler, die sich mit der praktischen Seite ihrer Aufgabe beschäftigt hätten, keiner Illusion darüber hingegeben, „daß eine Planwirtschaft mehr oder weniger nach den Prinzipien der Diktatur betrieben" werde.[137]

---

[136] *Röpke*, Civitas Humana. Grundfragen der Gesellschafts- und Wirtschaftsreform, Zürich 1946, 74.
[137] *Friedrich August Hayek*, Der Weg zur Knechtschaft, Zürich 1946, 98, 119.

Hayek war es denn auch, der die These von der vom Anfang an engen Verbindung von Sozialismus und Nationalsozialismus in jener undifferenzierten Weise vertrat, wie sie dann alsbald politische Schule machte.[138] So schloß er seinen Beitrag in der kulturpolitisch sehr beachteten Zeitschrift „Der Monat" 1949 mit einem Grabgesang:

„Ohne Zweifel glaubt die Mehrzahl der Sozialisten dort [in England, H.G.] noch immer fest an das liberale Freiheitsideal und würde entsetzt sein, wenn sie zu der Überzeugung käme, daß die Verwirklichung ihres Programms die Vernichtung dieser Freiheit bedeuten würde. (...) Daß der demokratische Sozialismus, die große Illusion der letzten Generationen, nicht nur nicht zu verwirklichen ist, sondern daß man nicht einmal versuchen kann, ihn durchzuführen, ohne etwas ganz anderes zu erreichen, so daß nur wenige, die sich jetzt dafür einsetzen, sich mit den Konsequenzen abfinden würden – das werden viele erst glauben, wenn diese Zusammenhänge im einzelnen enthüllt worden sind."[139]

c) *Alexander Rüstow*

Alexander Rüstow (1885-1963), Soziologe und Nationalökonom, gehörte zu jenen Wissenschaftlern, die 1933 in die Emigration gezwungen wurden; er lehrte bis 1950 in Istanbul und seit 1949 in Heidelberg. Aus der Reihe seiner bedeutenden kulturkritischen soziologischen und wirtschaftstheoretischen Schriften soll hier nur ein Beitrag aus dem Jahre 1949 herangezogen werden, weil er seine Position besonders transparent macht: „Zwischen Kapitalismus und Kommunismus"[140].

Für *Rüstow* ist im Anschluß vor allem an *Röpke* klar: Planwirtschaft bedeutet Diktatur, und demokratische Planwirtschaft ist deshalb eine „lächerliche Vorstellung". Aber: Es gibt auch Schwächen und Blindheiten des herrschenden historischen Vulgär-Liberalismus – *Rüstow* spricht von dessen subventionistischer, monopolistischer und pluralistischer Entartung. Deshalb fordert er „(...) eine Erneuerung des Liberalismus von Grund auf, eine Erneuerung, die insbesondere auch allen berechtigten Einwänden und Forderungen des Sozialismus voll Rechnung trägt. Man könnte unter diesem Gesichtspunkt das, was uns vorschwebt, auch Sozialliberalismus nennen."[141] Diesen Sozialliberalismus versteht er als einen „dritten Weg", „der die Nachteile sowohl des Kapitalismus, als auch des Sozialismus vermeidet." Dieser Sozialliberalismus braucht einen „starken und unabhängigen Staat", der die freie Wirtschaft sichern kann, gleichzeitig aber auch zu einem „liberalen Interventionismus" in der Lage ist. Zu *Rüstows* „drittem Weg" gehört die „Sozialisierung aller Wirtschaftszweige", die aus natürlichen und technischen Gründen „eine unvermeidliche Monopolstruktur" haben. Noch verbleibende Privatmonopole sollen unter scharfe Staatsaufsicht gestellt werden. Für Betriebs- und Unternehmensgrößen soll es Obergrenzen geben, deren Einhaltung soll u.a. „durch progressive Besteuerung überoptimaler Unternehmensgrößen" erreicht werden. Außerdem ist an das „Verbot aller derjenigen Formen der Reklame" gedacht, „die nur für Großfirmen erschwinglich sind". Der „dritte

---

[138] Vgl. *Hayek*, Der Weg zur Knechtschaft, 150-155, 210-218.

[139] *Ders.*, Die grosse Illusion, in: Der Monat, Jg. 1 (1949), H. 5, 17-21, Zitat 21.

[140] Vgl. *Alexander Rüstow*, Zwischen Kapitalismus und Kommunismus; die Abhandlung erschien 1949 in Bd. 2 der Zeitschrift „Ordo", 100-169.

[141] *Ders.*, Zwischen Kapitalismus und Kommunismus, 131.

Weg" muß über die Veränderungen der Wirtschaftsstruktur hinaus durch eine Veränderung der Lebens- und Gesellschaftsstruktur abgestützt bzw. eine Rückkehr „zu den natürlichen Grundlagen eines gesunden Liberalismus" angestrebt werden.[142] Modell dafür sind ein „gesundes, marktfestes, hochproduktives Kleinbauerntum" und der Ausbau des landwirtschaftlichen Genossenschaftswesens. Zur Veränderung der großindustriellen Struktur ist an Werkstattaussiedlung aufs Land gedacht, wie sie bereits in den zwanziger Jahren diskutiert wurde. Überhaupt ist eine Gegensteuerung „gegen Vermassung und Verstädterung" notwendig; dazu gehört vorrangig „Bildungsgerechtigkeit".

In vielen Punkten stand *Rüstow* nahe bei *Röpke*; aber sein „dritter Weg" war der Theorie des liberalen Sozialismus von *Franz Oppenheimer* (1864-1942) nachgedacht. Dieser hatte bereits 1919 eine Schrift veröffentlicht, die 1932 in erweiterter Form unter dem Titel: „Weder Kapitalismus noch Kommunismus" erschien; eine weitere Schrift aus dem Jahre 1933 trug den Titel „Weder so noch so. Der dritte Weg".[143] *Oppenheimer* vertrat hier die Auffassung, daß es unter bestimmten Voraussetzungen möglich sei, im „liberalen Sozialismus" eine Synthese zu finden, die den Sozialismus mit den Mitteln des Liberalismus durch die Entfesselung der freien Konkurrenz hervorbringen könne.

3. Kapitalismus, Sozialismus, Demokratie

Die Überschrift ist identisch mit dem Titel des Buches von *Joseph Alois Schumpeter* (1883-1950), das zuerst 1942 in englischer, 1946 in deutscher Sprache erschien. *Schumpeter* galt als einer der namhaftesten Ökonomen Europas, der Ökonomie, Soziologie und Geschichte miteinander zu verbinden vermochte.[144] Er lehrte 1925-1932 in Bonn (vorher in Graz; 1918/19 war er Mitglied der Sozialisierungskommission in Österreich und kurze Zeit Finanzminister) und ging 1932 nach Harvard/USA, wo er bis zu seinem Tode lehrte. *Schumpeter* war kein Sozialist und erst recht kein Marxist, obwohl er den Untergang des Kapitalismus und dessen Ablösung durch den Sozialismus prognostizierte. Er verneinte zwar nicht die wirtschaftliche Effektivität des Kapitalismus, nahm aber an, daß der Kapitalismus aus sozialen Gründen untergehen werde, weil er immer weniger soziale Trägerschaft hervorbringe:

„Der gleiche ökonomische Prozeß, der die Stellung der Bourgeoisie unterhöhlt, indem er die Bedeutung der Unternehmer- und der Kapitalistenfunktion vermindert, die schützenden Schichten und Institutionen zerbricht und eine Atmosphäre der Feindseligkeit schafft, zersetzt somit auch von innen heraus die treibenden Kräfte des Kapitalismus. Dies zeigt in einzigartiger Weise, daß die kapitalistische Ordnung nicht nur auf Pfeilern ruht, die aus außerkapitali-

---

[142] *Rüstow*, Zwischen Kapitalismus und Kommunismus, 134, 135, 140.
[143] Vgl. *Franz Oppenheimer*, Weder so noch so. Der dritte Weg, in: *ders.*, Gesammelte Schriften, 3 Bde., hrsg. von *Julius H. Schoeps* u.a., Bd. 2, Berlin 1996, 109-160; vgl. *Peter Kalmbach*, Oppenheimer und der „dritte Weg" zwischen Kapitalismus und Kommunismus, in: *Volker Caspari/Bertram Schefold* (Hrsg.), Franz Oppenheimer und Adolph Lowe. Zwei Wirtschaftswissenschaftler der Frankfurter Universität, Marburg 1996, 121-138.
[144] Vgl. *Joseph A. Schumpeter*, Theorie der wirtschaftlichen Entwicklung, München 1935, insb. Kap. II: Das Grundphänomen der wirtschaftlichen Entwicklung, Abschnitt III zur Unternehmerfunktion, 110-139.

stischem Material bestehen, sondern daß sie auch ihre Energie aus außerkapitalistischen Mustern des Verhaltens bezieht, die sie zu gleicher Zeit zerstören muß."[145]

In dem Maße jedoch, in dem die kapitalistische Zivilisation sich zersetzt, zerstört wird, wirken die gleichen Faktoren, die diesen Prozeß bewirken, „auf Entstehung einer sozialistischen Zivilisation" hin. *Schumpeter* vermutet, „daß eine allmähliche Sozialisierung innerhalb des kapitalistischen Rahmens nicht nur möglich, sondern auch das voraussichtlich Naheliegende ist". Er hält auch den „sozialistischen Grundplan" für ökonomisch überlegen, fürchtet aber gleichzeitig, „daß die sozialistische Gesellschaft nicht imstande sein wird, ohne autoritäre Disziplin auszukommen.[146] Bei aller Skepsis lautet sein letzter Satz: „(...) bei entsprechendem Stand der sozialen Umwelt kann die sozialistische Maschine nach demokratischen Prinzipien laufen."[147]

4. Freiheitlich-sozialistische Kritik am Neoliberalismus

Die Herausforderungen der Neoliberalen hatten auf die freiheitlichen Sozialisten, die sich gerade um die Formulierung in sich weitgehend geschlossener Konzepte bemühten, eine erhebliche Wirkung: Kaum einer ließ eine Möglichkeit aus, die neoliberalen Positionen scharf zurückzuweisen, obwohl keiner einen Sozialismus, wie ihn *Röpke* und *Hayek* vor allem unterstellten[148], vertrat. Aber auch Sozialisten hatten mit der möglichen Aporie von Freiheit und Bindung zu kämpfen. Die Argumentation gegen den Neoliberalismus verlief in zweifacher Richtung: zum einen prinzipiell, zum anderen historisch-politisch.

Das Prinzip des freien Wettbewerbs als Ordnungsfaktor sei „heute" nicht mehr möglich, wohl aber gerade im Rahmen einer geplanten Wirtschaft unentbehrlich, denn Planwirtschaft sei „heute" nicht mehr „Zentralverwaltungswirtschaft" (nach *Eucken*), noch sei ihre Voraussetzung ein alles regeln wollender Wirtschaftsplan, sondern sie schaffe anstelle des planlosen Handelns des einzelnen zu seinem Vorteil die Voraussetzung für die menschliche Freiheit, die ohne die Freiheit von wirtschaftlicher Not unmöglich sei. Sozialismus bedeute eben nicht mehr die einfache Negation: Beseitigung des Marktes und der Konkurrenz, Abschaffung des Eigentums, nicht mehr eine in erster Linie vom Staat vollzogene Wirtschaft, sondern Wirtschaft im Interesse des Ganzen: Gemeinwirtschaft. Die im 19. Jh. herausgebildete anarchische freie Wirtschaft habe zur Vermachtung der Wirtschaft durch Private geführt, und der freie Wettbewerb sei unter dem Zwang der Kapitalintensivierung mehr und mehr dem Diktat der Inhaber wirtschaftlicher Schlüsselstellungen gewichen. In diesem Kontext wird den Neoliberalen das Herunterspielen der Krisen und Konjunkturschwankungen sowie deren Folge, der Massenarbeitslosigkeit, und die Ablehnung der Vollbeschäftigungspolitik vorgewor-

---

[145] *Joseph A. Schumpeter*, Kapitalismus, Sozialismus und Demokratie, Bern 1946, 261.
[146] Vgl. ebenda, 362, 339.
[147] Ebenda, 451; vgl. auch *Ders.*, Der demokratische Kurs, in: Der Monat, Jg. 1 (1949), H. 5, 22-28.
[148] Darauf verweist *Heinz-Dietrich Ortlieb*, Der gegenwärtige Stand der Sozialisierungsdebatte in Deutschland, in: *Weddigen*, Soziale Gestaltung der Wirtschaftsordnung, 189-287, 220f.; vgl. ferner *Erich Arndt*, Zur Kritik der neuliberalen „Unvereinbarkeitslehre", in: GMH, Jg. 2 (1951), H. 2, 75-82; *ders.*, Neuliberalismus und Wirklichkeit, in: GMH, Jg. 5 (1954), H. 3, 137-142.

fen. Die von den Neoliberalen geforderte Monopolkontrolle brauche einen anderen als den von ihnen angestrebten dezentralistischen Staat. Ihre Ideen von der Rückbildung der Arbeitsteilung durch Verbäuerlichung und Verhandwerklichung seien utopisch. Wer der Idee eines echten freien Wettbewerbs anhänge, übersehe die Gewalt der technisch-wirtschaftlichen Tatsachen. Die Vorstellung einer marktlosen, auf Selbstversorgung gestellten Wirtschaft sei hoffnungslose Romantik. In der sogenannten freien Wirtschaft herrsche eben gerade nicht der Verbraucher, sondern die Beherrscher der Grundindustrien und der Banken; der Verbraucher könne in den modernen komplizierten Wirtschaften sein Eigeninteresse gar nicht mit Klarheit erkennen.[149]

Vor allem nach der Währungsreform im Juni 1948 fanden sich die Kritiker der Neoliberalen bestätigt: Nach der Währungsreform habe gar kein echter freier Markt, sondern ausschließlich das Preisdiktat der Händler und Produzenten bestanden. Der Traum vom ausgleichenden und segensreichen Spiel der freien Kräfte sei ausgeträumt, befand *Hermann Veit* auf dem Parteitag der SPD 1948.[150] Einen ins Aktuell-politische gewendeten Höhepunkt der Kritik bildete das vieldiskutierte Streitgespräch, das *Erik Nölting* am 15. November 1948 mit *Ludwig Erhard* in Frankfurt führte. „Alte liberale Rezepte" hieß der Abschnitt aus der Rede *Nöltings*, in dem er wieder vor allem *Röpke* angriff:

„Wir glauben nicht mehr an diese prästabilisierte Harmonie, sondern diese Harmonie ist durch bewußte Tat herbeizuführen. Die Form von Liberalismus, die uns heute serviert wird, ganz gleich, ob sie sich als Neoliberalismus oder als sozialer Liberalismus bezeichnet, ist keine neue Heilsbotschaft, sie ist vielmehr ein schon reichlich angestaubter Ladenhüter, der mehr als 150 Jahre alt ist. (...) Auf dem Rücken der kleinen Lohn- und Gehaltsempfänger, der Sozialrentner und der Wohlfahrtsunterstützten, die weder über Produktionsmittel noch über handelsfähige Ware verfügen, vollzieht sich der ‚Wiederaufbau' im Zeichen dieser Freiheit. Die soziale Gerechtigkeit ist nicht einfach ein natürliches Kind der Freiheit. Es gilt, die im 20. Jh. notwendige Synthese zu finden zwischen Freiheitselementen auf der einen und Ordnungsbedürfnissen auf der anderen Seite."[151]

---

[149] Die wiedergegebenen Äußerungen stammen von *Adolf Arndt*, Planwirtschaft 1946; *Weisser*, Sozialisierung 1947; *v. Eynern*, Freiheit 1946; *ders.*, Liberalismus als Utopie, in: SJ, Jg. 4 (1949), H. 7, 299-302; *Peter*, Wandlungen 1949; *Ortlieb*, Stand 1950; vgl. auch *Ritschl*, Wirtschaftsordnung und Wirtschaftspolitik 1950, in: *ders.*, Grundlagen, 105-166.
[150] Vgl. *Veit*, Grundsätze.
[151] *Nölting*, Frischer Wind von Frankfurt, 16; vgl. auch: *ders.*, Gegen die Zwangswirtschaft. Wirtschaftspolitische Vorschläge der SPD, hrsg. vom Vorstand der SPD, Bonn 1951; Nölting kontra Erhard. Streitgespräch zwischen Ludwig Erhard und Erik Nölting am 08.12.1951 in Düsseldorf, hrsg. vom Vorstand der SPD, Bonn o.J.

2. Kapitel: Die Herausforderung der politisch-ökonomischen Neugestaltung der deutschen Demokratie 1949 – 1959

I. Normen, Elemente und Werte: Das Modell des „freiheitlichen Sozialismus"

1. Die gesellschaftlichen und ökonomischen Grundlagen

Die Zeitspanne von 1949 bis 1957 war durch politisch-ökonomische Grundentscheidungen epochalen Ausmaßes gekennzeichnet: durch die Währungsreform 1948, die ihr folgende Rekonstruktion der kapitalistischen Produktionsverhältnisse und ihre sozial verträgliche Zähmung (wenigstens dem Anspruch nach) im Rahmen der „sozialen Marktwirtschaft", die Rückbildung der gesellschaftlichen Grundverhältnisse in Klassen- oder zumindest unterschiedliche Lebenslagen (nach der vorübergehenden Destrukturierung durch die Kriegs- und unmittelbare Nachkriegszeit), durch das Votum der Mehrheit der Bevölkerung bei den Wahlen 1949, 1953 und 1957 für die CDU/CSU, durch den Beginn der Re-Integration der Bundesrepublik Deutschland in die westliche Staatengemeinschaft.[1] Diese Grundentscheidungen zwangen die freiheitlichen Sozialisten für ein Jahrzehnt in ein argumentativ-programmatisches Prokrustesbett. Die Sozialdemokraten hielten zwar die neoliberalen wirtschaftspolitischen Modelle für falsch, stimmten aber gleichzeitig gewissen grundsätzlichen Überlegungen der Neoliberalen zu, soweit diese sich kritisch mit dem ungefesselten Konkurrenzkapitalismus auseinandersetzten. Sie zogen eine scharfe, unüberschreitbare Grenze zum totalitären Kommunismus, akzeptierten jedoch die grundsätzlichen Einsichten über die Funktionsweise des Kapitalismus, die *Karl Marx* und den ihn weiterentwickelnden marxistischen Theoretikern zu verdanken waren. Um aus diesen einschnürenden argumentativen Zwangslagen herauszukommen, gab es einige recht anspruchsvolle Versuche zu einem Befreiungsschlag.

a) *Gerhard Weisser* (II) und *Gert von Eynern*

Für *Gerhard Weisser*, der nach einem kurzen Zwischenspiel 1948-1950 als Staatssekretär im Finanzministerium des Landes Nordrhein-Westfalen seine erfolgreiche wissenschaftliche Arbeit als Professor für Sozialpolitik und Genossenschaftswesen an der Kölner Universität begann, war die Marx- und Marxismus-Diskussion ausgestanden.[2] Die Frage, ob ein freiheitlicher Sozialist für oder ge-

---

[1] Zur allgemeinen Orientierung vgl. Wolfgang Benz (Hrsg.), Die Geschichte der Bundesrepublik Deutschland, 4 Bde., Frankfurt a.M. 1989; *Dietrich Thränhardt*, Geschichte der Bundesrepublik Deutschland 1949-1990, Frankfurt a.M. 1996.
[2] Die hier wiedergegebenen und analysierten Auffassungen von *Gerhard Weisser* fußen auf

gen *Marx* sei, hielt er für eine falsche: Man habe keine Lehre zu hüten, sondern „eine Bewegung weiterzuführen", die *Marx* „geniale Erkenntnisse" zu verdanken habe. Aber *Marx* habe nun einmal aus Gründen, die mit der Methodologie seines Denkens zusammenhingen, keinen soziotechnischen „Werkzeugkasten" übergeben. Deshalb könne er zwar noch zur Grundorientierung über den geschichtlichen Standort dienen, nicht aber dem Politiker „von heute" bei der Einrichtung seines „Werkzeugkastens".[3] In der gleichen stringenten Weise vermochte *Weisser* seine Position gegenüber dem Philosophen *Leonard Nelson* zu bestimmen, der für die logisch-ethische Fundamentierung des freiheitlichen Sozialismus durch seine Schüler in den fünfziger Jahren eine zunehmende Bedeutung gewonnen hatte: „Bei Nelson und manchen vom Neuliberalismus beeinflußten heutigen Sozialisten" führten „gewisse, dem Aufklärungsdenken verwandte Einstellungen zu einem Mangel an Sinn für das Geschichtliche"[4].

Zugespitzter und ungeduldiger fiel *Weissers* Auseinandersetzung mit den Neo- oder wie er sie nannte Neuliberalen aus. Er wirft ihnen einen „ökonomischen Funktionalismus" vor. Die Funktionsfähigkeit der kapitalistischen Wettbewerbswirtschaft sei nun von den Sozialisten mit guten Gründen seit 100 Jahren bestritten worden, inzwischen folgten dieser Kritik die Vertreter der katholischen Soziallehre und die evangelischen Moraltheologen, und *Weisser* fragt: „Hat der Neuliberalismus zu ihr wesentlich mehr zu sagen als die Mahnung zu mehr Wettbewerb?"[5] Anstelle des ökonomistischen Funktionalismus und des rein wirtschaftspolitischen Modelldenkens forderte *Weisser* eine umfassende systematisch aufgebaute praktische Gesellschaftslehre, nicht im Sinne einer dogmatisch festgefügten Ordnung, sondern von „konstruktiven Entwürfen",

„(...) die innerhalb der festliegenden Konturen des Leitbildes in systematischer Gedankenführung den Gestaltern des sozialen Lebens klare Vorstellungen von der Struktur und dem Ablauf des sozialen Lebens innerhalb der angestrebten Gesamtgestalt der Gesellschaft vermitteln." Auf diese Weise – so meinte *Weisser* – gelangt man „zu einem System von Axiomen, die in begrifflich geklärter Form die Maßstäbe für die Bewertung der sozialen Erscheinungen liefern. Dieses System ‚praktischer' Axiome muß in dem Sinne Vollständigkeit besitzen, daß mit seiner Hilfe über alle bedeutsamen Fragen entschieden werden kann, und es muß in sich widerspruchsfrei sein.

Die Axiome, welche die Wertmaßstäbe angeben, sind für die ‚soziotechnischen' und sozialpädagogischen Systeme unentbehrlich. Dem gesellschaftsgestaltenden Handeln müssen

---

folgenden Veröffentlichungen: *Gerhard Weisser*, Die sozialen Enzykliken und der Sozialismus, in: GMH, Jg. 5 (1954), H. 3, 167-170; *ders.*, „Krise" der Bewegung oder Krise ihrer Lehre, in: NG, Jg. 1 (1954), H. 1, 5-14; *ders.*, Die Wirtschaft soll vom Menschen ausgehen, in: GuT, Jg. 9 (1954), H. 4, 101-106; *ders.*, Die Überwindung des Ökonomismus in der Wirtschaftswissenschaft, in: Grundsatzfragen der Wirtschaftsordnung, Berlin 1954, 9-40; *ders.*, Grundsätze der Verteilungspolitik, in: ebenda, 41-70; *ders.*, Artikel Freiheitlicher Sozialismus, in: Handwörterbuch der Sozialwissenschaften, hrsg. von *Erwin von Beckerath* u.a., Bd. 9, Stuttgart 1956, 509-518; *Weisser*, Was wollen die freiheitlichen Sozialisten?, in: Offene Welt, Nr. 48, März/April 1957, 98-108; *ders.*, Vielgestaltiges soziales Leben, in: *Carlo Schmid/Karl Schiller/Erich Potthoff* (Hrsg.), Grundfragen moderner Wirtschaftspolitik, Frankfurt a.M. 1958, 143-168; vgl. auch die bis in das Jahr 1972 reichende, nach Sachthemen geordnete Sammlung der Schriften von *Gerhard Weisser*, Beiträge zur Gesellschaftspolitik, hrsg. und ausgewählt von *Siegfried Katterle/Wolfgang Mudra/Lothar F. Neumann*, Göttingen 1978.

[3] Vgl. *Weisser*, „Krise", 7; vgl. *ders.*, Freiheitlicher Sozialismus, 509f.
[4] *Ders.*, Freiheitlicher Sozialismus, 510 (Fn. 1).
[5] *Ders.*, Enzykliken, 170; *ders.*, Wirtschaft, 104.

solche Voraussetzung zugrunde liegen. Ohne diese ‚weltanschaulichen' Wertmaßstäbe können Lehren über den Ablauf des gesellschaftlichen Geschehens nicht zu politischen und pädagogischen Forderungen führen. (…) Wir werden zu Sozialisten nicht durch Annahme einer Lehre über das, was ist, sondern durch unsere Überzeugung von dem, was sein soll. Allein durch Geschichtsanalyse können wir unser sozialistisches Wollen nicht begründen! Der Inhalt jener Überzeugungen von dem, was den Wert des Erstrebten ausmacht, muß als Maßstab unserer Kritik am heutigen sozialen Leben und als Voraussetzung unserer Forderungen unseren ‚praktischen' Lehren zugrunde liegen. Diesen Inhalt bringen jene ‚praktischen Axiome' zum Ausdruck."[6]

Dieses Axiomensystem müsse ‚offen' sein, d.h. sich jederzeit der Erprobung an der Wirklichkeit aussetzen, und es gelte „stets nur unter den geschichtlichen Bedingungen", für die die Axiome aufgestellt seien: „Unabhängig von dem philosophischen Problem der ‚Zeitlosigkeit' der apriorischen Axiome (…) gilt der Satz von der Geschichtsbedingtheit aller abgeleiteten Postulate."[7] Anzustreben, so das Plädoyer von *Weisser*, sei deshalb nicht eine bestimmte Wirtschaftsverfassung, sondern ein bestimmter Wirtschaftsstil, „der dem Wirtschaftsleben eine jeweils geschichtliche individuelle erstrebenswerte Gestalt in allen seinen Äußerungen gibt"[8]. Was *Weisser* meint, erklärt er u.a. am Beispiel der Wirtschaftslenkung: Aus der Forderung nach ihr könne nicht auf ein Fehlen des Willens zu einer Kultur der Freiheit geschlossen werden. Aber das kulturelle Freiheitsaxiom stehe für einen Sozialisten nicht allein, es finde vielmehr seine Schranke in dem „sittlichen Axiom der sozialen Gerechtigkeit"[9]. Als wesentlicher Ansatzpunkt zur Überwindung der bloßen Kritik am Neoliberalismus und zur Begründung einer eigenständigen programmatisch zu wendenden Theorie des freiheitlichen Sozialismus galt deshalb für *Weisser* die im höchsten Maße defizitäre Verteilungspolitik, deren Grundlagen er neu bestimmt sehen wollte.[10]

„Die Chancen der Verwirklichung ihres Lebenssinnes sind für die Angehörigen der einzelnen Gesellschaftsschichten extrem verschieden. Die Sozialgeschichte lehrt, daß diese Unterschiede überwiegend nicht dadurch entstanden sind, daß Menschengruppen in ihrem Können versagt haben und es an Fleiß haben fehlen lassen; in weit größerem Umfang sind die Unterschiede durch Willkürakte der Gewalt und der Bevormundung und die Wirtschaftsverfassung verursacht. In unserem Jahrhundert sind zu den Schichten alter sozialer Not auf diese Weise in der ganzen Welt sehr große neue notleidende Gruppen getreten, darin Millionen fleißiger Menschen mit hohen wirtschaftlichen Fähigkeiten und sonstigen Persönlichkeitswerten."[11]

Einmal mehr sei bewiesen, daß die Marktwirtschaft nicht in der Lage sei, aus sich heraus automatisch eine gerechte Einkommensverteilung herzustellen, und dies schon gar nicht unter den „in unserer Zeit" erschwerten Bedingungen, denn ein „hinreichendes verteilungspolitisches Programm" könne „nur in internationaler Sicht aufgestellt werden". Vor dieser globalen Aufgabe versagten jedoch Praktiker wie Theoretiker, weil sie zu sehr auf wirtschaftsorganisatorische Teilprobleme konzentriert seien. Die normative Grundfragestellung nach dem „Menschen-

---

[6] *Weisser*, „Krise", 13.
[7] *Ders.*, Überwindung, 39.
[8] Ebenda, 39.
[9] *Ders.*, Freiheitlicher Sozialismus, 516; ähnlich die Argumentationslinie in *ders.*, Freiheitliche Sozialisten.
[10] Vgl. *ders.*, Grundsätze, 47.
[11] Ebenda, 67; vgl. ebenda, 46, 50.

leitbild" verliere auf diese Weise seine zentrale Bedeutung. Nicht so im freiheitlichen Sozialismus; dessen erklärtes Menschenleitbild sei „die dem Stil ihres Lebens in Freiheit selbst bestimmende, zur Lebensfreude bereite Persönlichkeit mit sittlichen Bindungen und Sinn für freie Gemeinschaft"[12]. *Weisser* war sich offensichtlich nicht sicher, ob die „sozialistische Bewegung", der er die Vorreiterrolle für die Gestaltung einer „sozialistischen Wirklichkeit" zuwies, diese Leistung würde erbringen können, beobachtete er an ihr doch „eine gewisse Stilunsicherheit" und „eine gewisse Schwäche bei der Ausprägung neuer Formen des Zusammenlebens und der kulturellen Beherrschung der Natur"[13].

Gerhard W*eisser* ist es letztlich nicht gelungen, die von ihm selbst erwartete freiheitlich-sozialistische Theoriebildung als Leitstern der Bewegung auf den Weg zu bringen – die Zeit für große Entwürfe ging zu Ende. Er hat jedoch die steril gewordene Konzentration des Diskurses auf wirtschaftspolitische Einzelfragen aufgebrochen, indem er ein Denken in einem gesellschaftlichen Gesamtzusammenhang einforderte. Damit hat er den Pragmatikern wieder ein Maß an Entscheidungssicherheit zurückgegeben.

Auf *Weisser* hat sich *Gert von Eynern* (1902-1987) berufen, der zum Mitarbeiterstamm der seinerzeit vielbeachteten Zeitschrift „Das Sozialistische Jahrhundert" (erschienen 1946-1950 in Berlin) gehörte. Er war nach 1933 gezwungenermaßen ein Praktiker geworden, den es nun nach 1945 in die Wissenschaft zurückzog, zuerst als Abteilungsleiter für Wirtschafts- und Sozialpolitik an der Deutschen Hochschule für Politik in Berlin, dann als Professor für Politische Wirtschaftslehre an der FU Berlin. Wie *Weisser* und andere freiheitliche Sozialisten finden wir ihn in den fünfziger Jahren in permanenter Doppelauseinandersetzung mit dem „Neuliberalismus" und dem Bolschewismus.[14]

Grundsätzlichen Charakter hatte sein Beitrag „Über die Ziele einer sozialistischen Wirtschaftspolitik" aus dem Jahre 1958.[15] Wie *Weisser* geht *v. Eynern* davon aus, daß „ein gemeinsames beständiges Leitbild" vorhanden sein müsse, „wenn der Sozialismus wirklich ein System ist und die sozialistische Bewegung eine einheitliche Bewegung darstellt". Dieses Leitbild sei das Bild des Menschen „als eines Gliedes der Gesellschaft, speziell der industriellen Gesellschaft". Aus diesem Menschen- und Gesellschaftsbild würden die wirtschaftspolitischen Ziele abgeleitet; für diese Zielbestimmung bedürfe es jedoch einer „gewissen Rangfolge" der Werte. Wenn es zum Wesen des Menschen gehöre, Glied der menschlichen Gesellschaft zu sein, so ergebe sich daraus, daß die Gesellschaft und damit auch die Wirtschaft „in irgendeiner Weise ‚geordnet'" sein müsse; jede Ordnung aber enthalte „gewisse Beschränkungen der individuellen Freiheit" – wo aber liegt die Grenze?

---

[12] *Weisser*, Soziales Leben, 148.
[13] *Ders.*, „Krise", 11.
[14] Vgl. folgende Veröffentlichungen: *Gert von Eynern*, Soziale Marktwirtschaft, in: Beiträge zur empirischen Konjunkturforschung, Berlin 1950, 121-147; vgl. *v. Eynern*, Die wirtschaftliche Macht, Berlin 1952; *ders.*, Das öffentlich gebundene Unternehmen, in: Archiv für öffentliche und freigemeinwirtschaftliche Unternehmen, Bd. 4 (1958), Göttingen 1959, 1-59.
[15] Vgl. *ders.*, Über die Ziele einer sozialistischen Wirtschaftspolitik, in: *Schmid/Schiller/Potthoff*, Grundfragen, 127-142.

„Einschränkungen der Freiheit sind deshalb – so könnte man paradox formulieren – immer dort erlaubt, ja notwendig, wo sie der Realisierung der Freiheit in einem tieferen Sinne und auf einer breiteren Basis dienen. Damit konkretisiert sich die Kernfrage der sozialistischen Wirtschaftspolitik zu der Frage nach jener Wirtschaftsordnung, in der die Würde des Menschen – die Würde aller Menschen – am ehesten zu verwirklichen und zu sichern ist. Das ist nichts anderes als die Frage nach der sozialen Gerechtigkeit."[16]

Die Liberalen hatten zwar in ihrer Frühzeit, wie *v. Eynern* unter Berufung auf *Eduard Heimann* darlegt, ihr Freiheitspathos zugleich als Gemeinschaftspathos verstanden. Ihr Individualismus sei zugleich Universalismus gewesen, aber ihr utopischer Glaube an die Harmonie der ökonomischen Interessen habe sie blind gemacht für das schreiende Unrecht, das der technische und wirtschaftliche Fortschritt der Industrialisierung hervorgerufen habe, und sie unfähig gemacht zur Lösung der sozialen Probleme.[17] Für den Sozialisten sei die Wirtschaft kein System von Funktionen, sondern der menschliche Lebensraum. Diese Feststellung ermöglichte *v. Eynern* eine deutliche Distanzierung vom Bolschewismus. Dessen ökonomische Erfolge – binnen weniger Jahrzehnte Rußland aus einem rückständigen Agrarland zum zweitgrößten Industriestaat gemacht zu haben – mochten zwar höchste Beachtung finden, aber in der Konsequenz dieser Wirtschaftspolitik hätten die Bolschewisten „den Sozialismus pervertiert und das Bild des freien Menschen verraten": „Hier, im Verrat am Menschenbild, liegt der antisozialistische Kern des bolschewistischen Systems."[18]

Die wirklich „sozialistische Lösung" bestehe in der grundsätzlichen Akzeptanz der Marktwirtschaft, aber nur unter der Voraussetzung gleicher Startbedingungen, einer – wie es *Weisser* ausdrücken würde – „Verteilungspolitik der sozialen Gerechtigkeit", die auch eine Abflachung der Einkommenspyramide erfordere, und selbstverständlich eine Politik der Vollbeschäftigung. Nicht einem „stürmischen Steigen des Sozialprodukts" redet *v. Eynern* das Wort, sondern „einem gebändigten, stetigen Wachstum". Er will auch keine Entstaatlichung des Staates etwa durch den Ausbau der Selbstverwaltungskörperschaften der Wirtschaft, sondern den demokratischen Sozialstaat als den Garanten einer sozialistischen Wirtschaftspolitik.[19] *Gert v. Eynern* befand sich mit diesen Ausführungen auf der Ebene der Diskussion im Vorfeld des Godesberger Programms. Er teilte mit *Weisser* das Handicap, die Geschlossenheit seiner Argumentation nicht in einen perspektivischen Entwurf einbringen zu können. Mit diesem Nachteil standen beide nicht allein.

b) Die Krise der Ideologien

Die Nichterfüllung des Selbstanspruchs auf eine umfassende, stringente Theorie des freiheitlichen Sozialismus kann weder als intellektuelles noch als moralisches Versagen gedeutet werden. Deshalb verbieten sich auch Schuldzuweisungen. Vielmehr ist zu fragen, woher dieser Anspruch überhaupt kam, woraus er resultierte. Gewiß entsprang er der alten Überzeugung der emanzipatorischen Linken

---

[16] Von Eynern, Über die Ziele einer sozialistischen Wirtschaftspolitik, 129f.
[17] Vgl. ebenda, 131.
[18] Ebenda, 133.
[19] Vgl. ebenda, 139ff.

gleich welcher Spielart, besser wissen zu müssen, wie der Weg zu einer „Gesellschaft wahrhaft produktiv Schaffender"[20] führen soll. Dieser zeitunabhängige Selbstanspruch wurde durchkreuzt von einem Zeitphänomen: der Krise, ja der Entwertung der Ideologien. Die Erwartung der Zeitgenossen, die sich nicht von der Aufklärung verabschieden und in den Nihilismus abtauchen wollten, an die Philosophie und die philosophisch reflektierte Historiographie war es, in der Zusammenbruchsgesellschaft nach Nationalsozialismus und Zweitem Weltkrieg aus der tiefen Verunsicherung des eigenen Denkens, das sich mit der verzweifelt wirkenden Suche nach neuen unverrückbaren Maßstäben verband, herauszufinden. Man wollte nicht zurück in eine neue Version des fortschrittsgläubigen Optimismus des 19. Jhs., den die Geschichte ja desavouiert hatte, sondern man bemühte sich um ein Denken in zeitgemäßen Dimensionen.[21] Dazu mußte erst einmal fast alles als „in der Krise" befindlich betrachtet werden, denn fast alle Begriffe schienen ihre realitätsdeckende Relevanz verloren zu haben, und „soziale Ideen" verschwanden hinter Nebelwänden.

Fast keiner der Autoren, die sich als freiheitliche Sozialisten bekannten oder sich den Ideen des freiheitlichen bzw. – oft synonym verwendet – demokratischen Sozialismus zuwandten, entzog sich der quasi als Pflichtleistung empfundenen Auseinandersetzung mit *Marx* und dem Marxismus. Zu den jüngeren Autoren aus dieser Gruppe zählt *Heinz-Dietrich Ortlieb* (geb. 1910), der bereits vor 1933 der SPD angehört hatte und sich als Schüler *Eduard Heimanns* und *Werner Sombarts* betrachtete. Noch im Krieg hatte er sich habilitiert und war, unterbrochen durch den Kriegsdienst, Dozent an der Rechts- und Staatswissenschaftlichen Fakultät der Universität Hamburg geworden. 1946 trat er wieder in die SPD ein und wechselte 1948 als Professor für Volkswirtschaftslehre an die Akademie für Gemeinwirtschaft in Hamburg (1964-1978 war er in der gleichen Funktion an der Universität Hamburg tätig und außerdem Direktor des Hamburgischen Weltwirtschafts-Archivs).[22]

Ortliebs Defizitliste war lang: *Marx* habe keine Hinweise darauf gegeben, *wie* im einzelnen in der von ihm erstrebten gemeinwirtschaftlichen Ordnung die marktmechanische Lenkung des Kapitalismus durch direkte zentrale Entscheidung über Produktion und Konsum ersetzt werden solle. Er habe nicht die soziale

---

[20] *Gisbert Rittig*, Sozialismus heute. Zur Selbstbestimmung des Sozialismus, Hannover 1954, 53.
[21] Die Breite und Intensität des Bemühens dokumentiert *Ingrid Laurien*, Politisch-kulturelle Zeitschriften in den Westzonen 1945-1949. Ein Beitrag zur politischen Kultur der Nachkriegszeit, Frankfurt a.M. 1991.
[22] Auf folgende Arbeiten bzw. Veröffentlichungen von *Ortlieb* zur Diskussion über den freiheitlichen Sozialismus sei verwiesen: *Heinz-Dietrich Ortlieb*, Das Problem der Wirtschaftsdemokratie und seine Wandlung, in: GMH, Jg. 1 (1950), H. 2, 54-57; *ders.*, Krise des Sozialismus?, in: GMH, Jg. 1 (1950), H. 11, 539-545; *ders.*, Dogmatismus – unser wirtschaftspolitisches Schicksal?, in: GMH, Jg. 2 (1951), H. 2, 68-75 und H. 3, 124-130; *ders.*, Die Krise des Marxismus, in: *ders.* (Hrsg.) Wirtschaftsordnung und Wirtschaftspolitik ohne Dogma, Hamburg 1954, 53-82; *ders.*, Kapitalbildung, Kapitalmacht und Sozialordnung, Hamburg 1954, 21-35 (in einem Band mit: *Max Brauer*, Probleme und Zielsetzungen der Gemeinwirtschaft); *ders.*, Zur Marxismus-Kritik, GMH, Jg. 5 (1954), H. 2, 70-75; *ders.*, Irrtum und Wahrheit in unserer antikollektivistischen Zeitkritik, in: Mitteilungen der Akademie für Gemeinwirtschaft in Hamburg, H. 5, 1954, 27-40; *ders.*, Das Ende des Wirtschaftswunders. Unsere Wirtschafts- und Gesellschaftsordnung in der Wandlung, Wiesbaden 1962 (hierbei handelt es sich um Beiträge, die *Ortlieb* zwischen 1956/57 und 1962 bereits an anderer Stelle veröffentlicht hatte).

Problematik, die eine auf Gemeineigentum und marktloser Planwirtschaft aufgebaute Gesellschaftsordnung mit sich bringe, erkannt. Er habe das Ausmaß der Konzentration und Kapitalakkumulation überschätzt. Entgegen den Annahmen von *Marx* und der ihm folgenden Marxisten sei der Staat im staatssozialistischen Modell der Kommunisten gerade nicht abgestorben: Die Vergesellschaftung der Produktionsmittel in Kombination mit einer totalen Planwirtschaft sei auf eine Verstaatlichung der Gesamtgesellschaft hinausgelaufen. Das Marxsche Entwicklungsschema enthalte aber auch keinerlei wirtschafts- und sozialpolitische Aktivität des Staates, die aber gerade inzwischen die privatkapitalistische Ordnung erheblich modifiziert habe. So gelangt *Ortlieb* zu dem Schluß:

„Nimmt man die Lehren von *Karl Marx* in ihrer Gesamtheit, d.h. alles, was er gedacht, gesagt und geschrieben hat, soweit es uns überliefert ist, so ist das Gedankengebäude keineswegs eindeutig und widerspruchslos. Das kann man auch kaum bei einem Manne erwarten, der die Welt nicht interpretieren, sondern verändern wollte. *Marx* hat mit genialem Scharfblick in seiner kritischen Zeitanalyse wichtige Tendenzen in der gesellschaftlichen und wirtschaftlichen Entwicklung richtig erkannt. Aber immer, wenn es darum ging, diese jeweiligen Tendenzen in ihrer Stärke und Bedeutung für die geschichtliche Situation einzuschätzen, spielte der temperamentvolle voluntaristische Politiker in ihm dem Wissenschaftler einen üblen Streich. Aus richtigen Teilerkenntnissen wurden dann voreilige Verallgemeinerungen: das erforderliche Material für die Bestätigung seiner von *Hegel* übernommenen Geschichtsmetaphysik."[23]

Marx – so wollte *Ortlieb* wohl sagen – ist kein ‚toter Hund', aber wir sind heute weit über ihn hinausgelangt; paradoxerweise fast mit seiner Hilfe, wie es *Ortliebs* Mentor *Eduard Heimann* zum Ausdruck brachte:

„Marx lehrte die Sozialisten, daß der Kapitalismus nur ein Zwischenstadium zur Vorbereitung ewiger Glückseligkeit sei, zwar hassens- und bekämpfenswert in sich selbst, aber dazu bestimmt, erobert und umgebaut und nicht wie eine Zwingburg niedergebrannt zu werden. Dadurch wurde die westliche Gesellschaft gerettet, und zwar in ihrer historisch gegebenen kapitalistischen Form."[24]

Auch Autoren, die aus der marxistischen Theorie-Tradition kamen, hatten, zumal sie meist anspruchsvoller in der Rezeption des Marxschen Theorie-Gebäudes vorgingen, ihre großen Schwierigkeiten, *Marx* in ihre Zeit einzuordnen. Oft blieb – wie bei *Arkadij Gurland* – eine Art Selbstverpflichtung übrig, *Marx'* Ideen, wie dieser es selbst wollte, „immer wieder an die Wirklichkeit" heranzubringen und „die Weiterführung der Idee und den Protest der Idee gegen die schlechte Wirklichkeit" zu vertreten.[25] Ähnlich sah es *Fritz Sternberg*, wenn er in der Einleitung zu seinem Buch „Marx und die Gegenwart"[26] schrieb:

---

[23] *Ortlieb*, Marxismus-Kritik, 70.
[24] *Eduard Heimann*, Soziale Theorie der Wirtschaftssysteme, Tübingen 1963, 147.
[25] *Arkadij R. L. Gurland*, Die ökonomischen Theorien des Marxismus (1953), in: *ders.*, Sozialdemokratische Kampfpositionen 1925-1953, hrsg. von *Dieter Emig* und *Hubertus Buchstein*, Baden-Baden 1991, 375-409, Zitat 409. *Arkadij R. L. Gurland* (1904-1979) galt schon in der Weimarer Republik als ein marxistischer Hoffnungsträger; seine publizistische und wissenschaftliche Karriere wurde durch den Nationalsozialismus zerstört.
[26] Mit dem Untertitel: Entwicklungstendenzen in der zweiten Hälfte des 20. Jahrhunderts, Köln 1955.

„Marx ist lebendig geblieben, weil – so paradox das klingen mag – gerade seine Methode fruchtbar gemacht werden kann, seine eigenen Irrtümer zu berichten und damit den Werdegang der kapitalistischen Produktionsweise bis in unsere Epoche zu verfolgen; weil seine Methode produktiver ist als jede andere, den neu entstehenden Gesellschaftskörpern ihre Gesetzlichkeit und den Rhythmus ihrer Entwicklung abzulauschen. So reicht Karl Marx nicht nur in die Gegenwart, sondern in die Zukunft."[27]

Auch *Otto Stammer* (1900-1978), beeinflußt in seinem politischen Denken von *Hermann Heller* und *Otto Bauer*, hat, nachdem er in der Zeit des ‚Dritten Reichs' in leitenden Stellen in der Industrie hatte tätig sein müssen, als Staatsrechtslehrer und Soziologe an der FU Berlin mit einem Rekurs auf *Marx* einen Ausweg aus der Gesellschaftskrise der Gegenwart gesucht.[28] Gegenüber den irrational bedingten Auflösungstendenzen der Gesellschaft empfahl er den Sozialisten in der Nachfolge von *Marx* zu versuchen, die Einheit von Theorie und Praxis zu wahren. Dabei sei

„(...) für die immer von neuem durch die organisierten Kräfte der Arbeiterbewegung durchzuführende Analyse der gesellschaftlich-politischen Situation zweierlei aus dem Lehrgebäude von Marx von besonderer Bedeutung: einmal die Untersuchung des Einflusses ökonomischer Faktoren und Machtverhältnisse auf politische Kräftekonstellationen (...) und zum anderen – unter Verwendung des Marxschen Ideologiebegriffes – die Enthüllung von ‚falschem Bewußtsein', ideologischen Verschleierungen realer gesellschaftlicher und politischer zwischenmenschlicher Beziehungen." Was die Arbeiterbewegung brauche, sei „lebendiger Marxismus". Das heiße heute: „eine immer wieder von neuem schöpferische Wirksamkeit der menschlichen Vernunft in der Beurteilung gesellschaftlicher Zusammenhänge und politischer Probleme, eine ständige Konfrontierung zwischen Wissenschaft und Leben, Theorie und Empirie. Was wir heute vor Marx voraushaben, ist aber die Erfahrung, und es komme keiner und sage uns, das sei belanglos. Diese unsere Erfahrung in wissenschaftlicher Durchdringung der sozialen und politischen Wirklichkeit für die Praxis zu nützen, ist unsere Aufgabe."[29]

Konnte die Marx- und Marxismus-Diskussion in den fünfziger Jahren aus der Sicht der freiheitlichen Sozialisten als faktisch beendet, wenngleich auch theoretisch noch unabgeschlossen betrachtet werden, so galt für die Auseinandersetzung mit dem Neoliberalismus das Umgekehrte: Im Gegensatz zu seinen temporären praktischen Erfolgen schien dieser theoretisch erledigt. Für *Ortlieb* war die neoliberale Theorie zu einem neuen Dogmatismus in Form der Idealisierung der freien Marktwirtschaft geworden, während gleichzeitig die Fehler der Theorie eklatant wurden, vor allem die ungenügende Vorbereitung von unvermeidlichen Staatseingriffen bzw. direkter staatlicher Wirtschaftslenkung. Dies vor allem hielt *Ortlieb* „für die unheilvollste Folge liberal-dogmatischer Voreingenommenheit"[30]. *Hans Ritschl* konnte daher – *Ortlieb* folgend – lakonisch auf den doktrinären und utopischen Charakter der neoliberalen Wirtschaftslehre verweisen: „Doktrinär und utopisch ist es, einer sozial und wirtschaftlich anders strukturierten Wirklichkeit ein deren Prinzipien entgegengesetztes Verhalten aufzuzwingen."[31]

---

[27] *Sternberg*, Marx, 7.
[28] Vgl. *Otto Stammer*, Marx und die Gesellschaftskrise der Gegenwart, in: *ders.*, Politische Soziologie und Demokratieforschung. Ausgewählte Reden und Aufsätze zur Soziologie und Politik, Berlin 1965, 290-325.
[29] Ebenda, 300.
[30] *Ortlieb*, Dogmatismus, 69, 72.
[31] *Hans Ritschl*, Wirtschaftsordnung und Wirtschaftspolitik, in: Weltwirtschaftliches Archiv, Bd.

Für *Gisbert Rittig* (1904-1984), Professor für Volkswirtschaft in Göttingen, Mitglied der SPD seit 1931 und Mitherausgeber (1954) der neu gegründeten theoretischen Zeitschrift der Sozialdemokratie „Die Neue Gesellschaft", stand deshalb fest,

„(...) daß die ‚soziale Frage' auch in neuesten liberalen Fassungen in gewissem Sinne immer den Charakter eines Appendix, einer nachträglichen Korrektur hat und weniger wirklich systemmäßig eingebaut ist. Sie hat immer den Charakter einer leidigen Konzession, die noch in den besten Formulierungen nicht viel weiter geht, als es die Weltanschauung eines Unfallversicherers tut."[32]

Mit solchen Feststellungen war noch nichts ausgesagt über die Überwindung der notorischen ‚Krise des Sozialismus': Der sozialistische Traum von einer klassenlosen Gesellschaft sei eine Utopie, utopisch sei auch die Vorstellung von einer Ordnung ohne Herrschaft. Dies könne allenfalls ein Leitbild bleiben. Es sei auch keine Proletarisierung der Mehrheit der Bevölkerung eingetreten. Deshalb bestehe die Notwendigkeit, den ursprünglichen Charakter einer proletarischen Klassenbewegung aufzugeben und zu einer wirkungsfähigen Neuorientierung voranzuschreiten – wie *Ortlieb* befand.[33] Kern dieser Neuorientierung sollte analog zur dialektischen Wechselbeziehung zwischen Individuum und Gemeinschaft die gegenseitige Abhängigkeit zwischen den humanitären Zielbestandteilen Freiheit und Gerechtigkeit sein. So verstanden bedeute Sozialismus die optimale Kombination von Freiheit und Gleichheit:

„Wenn wir eines aus den Erfahrungen mit Kollektivismus und Kapitalismus endlich lernen sollten, dann dies, daß nicht die Maximierung des Sozialproduktes das oberste Ziel der Sozial- und Wirtschaftsordnung sein kann und daß diese Ordnung daher nicht auf dieses Ziel hin gestaltet werden darf. Die erste Aufgabe unserer Sozialordnung kann nur darin bestehen, so zu koordinieren, daß jeder das berechtigte Gefühl gewinnen kann, seinen ihm gemäßen Anteil an den zivilisatorischen Gütern und an der Mitgestaltung seines Lebens- und Arbeitsbereiches zu erhalten. Freiheit und Gerechtigkeit sind höhere Ziele als die rein materielle Wohlfahrt der Güterversorgung; und sie sind auch praktischere Ziele; denn ihre Vernachlässigung gefährdet die Stabilität der Ordnung. In der Überschätzung der güterwirtschaftlichen Produktivität aber sind sich Kapitalismus und Kollektivismus einig."[34]

Ähnlich sah es *Rittig*: Der Sozialismus meine das Individuum, „aber er meint jedes Individuum", und emphatisch setzte *Rittig* hinzu: „Es ist nicht wahr, daß Gerechtigkeitserfüllung auf Kosten der individuellen Freiheit gehe, wenn man die Freiheit *jedes* Individuums im Auge hat." Man könne den „gerechten" Freiheitsspielraum eines jeden Individuums „genau nach seinem persönlichen Leistungs-

---

65 (1950 II), 218-281, Zitat 249; auch abgedruckt in: *ders.*, Die Grundlagen der Wirtschaftsordnung, Tübingen 1954, 105-166.

[32] *Gisbert Rittig*, Sozialismus und Liberalismus. Annäherung oder Distanz ihrer wirtschaftspolitischen Weltanschauungen?, in: NG, Jg. 1 (1954), H. 1, 42-53, Zitat 45; vgl. außerdem *ders.*, Artikel Sozialisierung, in: Handwörterbuch der Sozialwissenschaften, hrsg. von *Erwin von Beckerath*, Bd. 9, Stuttgart 1956, 455-464; *Rittig*, Sozialismus und Liberalismus. Eine Studie über das grundsätzliche Verhältnis ihrer wirtschaftspolitischen Konzeption, in: *Schmid/Schiller/Potthoff*, Grundfragen, 107-125, sowie *Rittig*, Sozialismus heute.

[33] Vgl. u.a. *Ortlieb*, Krise des Sozialismus?

[34] *Ders.*, Irrtum und Wahrheit, 33.

beitrag" abstecken.³⁵ Es ist *Ortlieb*, der hier nachhakt und einen für die damaligen Verhältnisse kühnen Satz ausspricht:

„Da wir heute wissen, daß ein Mißbrauch des Privateigentums an den Produktionsmitteln durch soziale und wirtschaftpolitische Maßnahmen des Staates eingeschränkt werden kann, stellt sich die Frage, wieweit eine Überführung des Privateigentums in Gemeineigentum (Sozialisierung im engeren Sinne) überhaupt noch erforderlich ist."³⁶

Diese Argumentation hatte unter Umständen weitreichende Konsequenzen: „Sozialismus" wurde dem geduldet Utopischen zugeschlagen und dann ein anderer, besserer Name für das Gemeinte gesucht und gefunden: „Wir schlagen nicht vor, dieses System Sozialismus zu nennen", erklärte *Eduard Heimann*, nun der große alte Mann der freiheitlichen Sozialisten, „wir haben es Sozialreform genannt und haben es als die wahre dialektische Frucht des Sozialismus erkannt."³⁷

Statt revolutionärer Patentlösungen ging es den Sozialreformern um das soziale Experiment in der praktischen Tagesarbeit, und es machte für sie folglich wenig Sinn, eine bessere Sozialordnung noch in den klassisch-marxistischen institutionellen Formen Gemeineigentum und marktlose Planwirtschaft anzustreben. Aus solcher Sicht machte es denn genausowenig Sinn, „unsere heutige soziale und wirtschaftliche Wirklichkeit noch mit Kapitalismus zu bezeichnen"³⁸. Auch *Heimann* fragte suggestiv „Ist nun dies noch Kapitalismus?"³⁹ *Ortliebs* Antwort fiel ebenso knapp wie die Frage aus: „Eine Marktwirtschaft, die durch eine aktive Sozial- und Wirtschaftspolitik gelenkt wird, läßt sich keinesfalls mehr mit dem alten Kapitalismus identifizieren, wenn Arbeitslosigkeit und soziales Elend tatsächlich ausgeschaltet werden."⁴⁰ Allerdings sollte es deutliche Grenzen geben, wie *Ortlieb* freimütig zugab: Marktwirtschaftliche Ordnungsformen durften nicht „asoziales Verhalten institutionalisieren", und bei den sozialen Sicherungen des Wohlfahrtsstaates müsse Vorsorge getroffen werden, „daß Faulheit und Initiativlosigkeit nicht prämiert werden"⁴¹.

c) *Karl Schiller*

In diesem intellektuellen Umfeld plazierte *Karl Schiller* seine wirtschaftspolitischen Konzepte, die in außerordentlich wirksamer Weise ausdrücken sollten, was *er* unter freiheitlichem Sozialismus verstand:

„Nach 1945 stellt der freiheitliche Sozialismus die Dominante dar im Felde des demokratischen Sozialismus unserer Zeit. Damit ist keineswegs schon die endgültige Position formuliert und bezogen. Die Versöhnung von Ordnung und Freiheit, die Synthese von Planung und Wettbewerb, alles das ist zwar auf der ökonomisch-theoretischen Flur durch die Arbeiten vieler sehr weit vorgetrieben; die Theorien der geplanten Konkurrenz, der sozialistischen Marktwirtschaft, liegen in Einzelwürfen insbesondere angelsächsischer und romanischer

---

[35] *Rittig*, Sozialismus heute, 50.
[36] *Ortlieb*, Krise des Marxismus, 77.
[37] *Heimann*, Soziale Theorie, 211.
[38] So *Ortlieb*, Kapitalbildung, 25, 35.
[39] *Heimann*, Soziale Theorie, 210.
[40] *Ortlieb*, Kapitalbildung, 29.
[41] *Ders.*, Irrtum und Wahrheit, 37.

Autoren vor. Aber konkret wirtschaftspolitisch ausgebaut, voll ausgenützt sind sie noch nicht. Immerhin können wir Sozialisten sagen: Wir haben nicht einfach die Doktrinen des neunzehnten Jahrhunderts aus den Bibliotheken wieder hervorgeholt, sondern wir haben aus der Vergangenheit und ihren Erfahrungen, aus unserer gegenwärtigen Auseinandersetzung mit dem Totalitarismus und mit der als Reaktion dagegen unausweichlich aufquellenden Sehnsucht nach Freiheit politisch und ökonomisch gelernt! Ich weiß nicht, ob alle Jünger des Neo-Liberalismus das mit dem gleichen Recht von sich behaupten können."[42]

Karl August Fritz Schiller, 1911 in Breslau geboren, aufgewachsen in Kiel, studierte seit 1931 erst in Kiel, dann in Frankfurt a.M., Berlin und Heidelberg Volkswirtschaft und Rechtswissenschaft. Als Mitglied des Sozialistischen Studentenbundes seit 1931 wurde er nach eigener Aussage geprägt von *Adolf Löwe*, *Emil Lederer*, *Eduard Heimann* und *Paul Tillich*, „alle, wenn man so will, damals Neusozialisten", die „die sozialistische Doktrin" weiterbildeten, über „das, was aus dem 19. Jahrhundert kam", hinaus.[43] *Schiller* begründete mit dieser Prägung „die sehr naheliegende Entscheidung, dieser Partei [der SPD] beizutreten". Das tat er erst im Jahre 1946. 1934 promovierte er in Heidelberg mit dem Thema „Arbeitsbeschaffung und Finanzordnung", leitete eine Forschungsgruppe im Institut für Weltwirtschaft in Kiel und habilitierte sich 1939 an der dortigen Universität. In den Jahren 1941 bis 1945 folgte der Wehrdienst an der Ostfront (zuletzt als Oberleutnant in der Heeresnachrichtentruppe). 1947 wurde *Schiller* auf einen Lehrstuhl nach Hamburg berufen (Wirtschaftstheorie, Wirtschaftspolitik, Außenwirtschaft); 1948-1953 war er Wirtschafts- und Verkehrssenator in Hamburg.[44] *Schiller* war ein glänzender Rhetor von umfassender Bildung, jedenfalls weitaus gebildeter als andere politisch handelnde Wirtschaftswissenschaftler. Mit *Hegel*, *Marx*, *Schumpeter*, *Keynes* vor allem, aber auch vielen anderen relevanten inter-

---

[42] *Karl Schiller*, Über einige unserer demokratischen Aufgaben im allgemeinen und diesen Versuch im besonderen (1952), in: *ders.*, Aufgaben und Versuche. Zur neuen Ordnung von Gesellschaft und Wirtschaft, Hamburg 1953, 9-31, Zitat 30. Dieser Band enthält, chronologisch geordnet, noch die folgenden Beiträge, auf die im weiteren eingegangen wird: Die konservative Chance und ihre Nutznießer (1949), 35-46; Der Christ und das Eigentum (Christentum und Sozialismus) (1950), 47-67; Die materialistische Geschichtsauffassung (Die Lehre von Karl Marx) (1950), 68-84. Folgende hier relevante Texte sind in dem Band zu finden: *ders.*, Der Ökonom und die Gesellschaft. Das freiheitliche und das soziale Element in der modernen Wirtschaftspolitik. Vorträge und Aufsätze, Stuttgart 1964: Sozialaufbau und regionale Wirtschaftsplanung (1947), 93-103; Thesen zur praktischen Gestaltung unserer Wirtschaftspolitik aus sozialistischer Sicht (1952), 104-118; Produktivitätssteigerung und Vollbeschäftigung durch Planung und Wettbewerb (1953), 119-136; Sozialismus und Wettbewerb (1954), 15-34 (auch in: *Schmid/Schiller/Potthoff*, Grundfragen, 227-265); Neuere Entwicklungen in der Theorie der Wirtschaftspolitik (1956), 35-47; ferner *ders.*, Planwirtschaft und Wirtschaftsaufschwung, in: GuT, Jg. 3 (1948), H. 5, 213-216; *ders.*, Rede auf dem SPD-PT 1950 in Hamburg, Prot. 200-202; *ders.*, Die Wirtschaftspolitik der Sozialdemokratie, hrsg. vom Vorstand der SPD, Bonn 1953, 30-55 (Referat auf der Bochumer Tagung 27./28.02.1953); *ders.*, Die Rolle der Selbsthilfeorganisationen bei der Entwicklung einer freiheitlichen und sozialen Wirtschaftsordnung, Hamburg 1953; *ders.*, Rede auf dem SPD-PT Juli 1954 in Berlin, Prot., 325-328; *ders.*, Einige Bemerkungen über Modelltheorie und Wirtschaftsgestaltung, in: Hamburger Jahrbuch für Wirtschafts- und Gesellschaftspolitik, 1959, 270-287.
[43] Zu Protokoll. Karl Schiller im Gespräch mit Günter Gaus, 08.12.1968, ARD, in: Tatsachen – Argumente, Nr. 260/68, 10f.
[44] Weitere Stationen waren: 1961 Wirtschaftssenator in Berlin, 1966 Bundeswirtschaftsminister, 1971 dazu auch die Übernahme des Bundesfinanzministeriums, 1972 Rücktritt, Austritt aus der SPD, Berateraufgaben im In- und Ausland, 1980 Wiedereintritt in die SPD, gestorben am 26.12.1994 in Hamburg.

nationalen ökonomischen Theoretikern konnte er sich auseinandersetzen, wußte aber auch *Kleist*, *Ernst Jünger* und *Carl Schmitt* zu zitieren und kannte sich in der christlichen Soziallehre aus. Kurz, er war ein „um Prägnanz, Stil und Ausdruckskraft der Sprache in Wissenschaft und Politik besonders bemühter und erfolgreicher Mann"[45].

Marx und der Marxismus waren für *Schiller* eigentlich kein Thema mehr, obwohl auch er sich nicht der Auseinandersetzung entzog. Jeder aufgeklärte Mensch müsse schließlich wissen,

„(...) daß in der Partei des demokratischen Sozialismus das Gedankengut von Karl Marx zwar als ein sehr wichtiges Element bewahrt wird, daß aber sehr viele andere sozialistische Erkenntnisse hinzugekommen sind und daß der heutige freiheitliche Sozialismus theoretisch und praktisch etwa anderes darstellt als der des hundertjährigen ‚Kommunistischen Manifestes'"[46].

Der *Marx*, den *Schiller* für diskussionswürdig fand, war zu verteidigen gegen den Marxismus von *Engels* bis zu *Lenin* und *Lukács*, die *Marx'* Denken für das System des Historischen Materialismus zurechtstutzen wollten. Auch *Schiller* sah bei *Marx* den Dualismus zwischen der scharfblickenden Kapitalismus-Analyse und der eschatologischen Vergewisserung über den Geschichtsverlauf. Mochte diese Vision auch „unerhört kalt und sachlich (...), absolut unethisch und amoralisch" sein[47], sie begründete den Verzicht auf konkrete Zukunftsmodelle. Sie verhinderte auch die Erkenntnis, daß der Kapitalismus „in seiner Spätform" durch die Organisierung der Märkte und der Produktion „in monopoloiden Formen" „eine ganz eigenartige Stabilität" bekommen hatte. Dieser „Wendung zum staatlich gesteuerten, staatlich durchsetzten und staatlich konservierten Spätkapitalismus", der vielfach zur Unfreiheit hingeführt hatte, wollte *Schiller* das moderne Konzept des freiheitlichen Sozialismus entgegenstellen.[48] Der freiheitliche Sozialismus beruhe auf dem Pluralismus der Motivationen für ihn, sei längst über die Klassenkampfideologie hinaus, und seine Partei sei „über eine Arbeiterpartei hinaus zu einer Volkspartei angewachsen"[49]. Für ihn stehe auch nicht mehr die Änderung der Eigentumsordnung im Zentrum der sozialistischen Postulate, sondern „die Frage der richtigen Produktionsverfassung, das Problem der Wirtschaftsordnung ganz allgemein, oder spezieller, die Frage der ‚richtigen Wirtschaftspolitik'"[50]. Dieser freiheitliche Sozialismus darf deshalb nicht verwechselt werden mit dem alten attentistischen Reformismus. Er ist auch viel radikaler als der alte Revisionismus; er steht in einer Front mit dem Neoliberalismus beim Kampf gegen die Herrschaft des Apparates und hat sich weit geöffnet gegenüber dem Religiösen und den christlichen Soziallehren. Aber er ist keineswegs ausschließlich

---

[45] So *Peter Meyer-Dohm*, „Wettbewerb soweit wie möglich, Planung soweit wie nötig". Karl Schillers Bochumer Leitregel, in: *Heiko Körner* u.a. (Hrsg.), Wirtschaftspolitik – Wissenschaft und politische Aufgabe, Bern 1976, 85-109, Zitat 86; kritisch mit *Schiller* setzte sich u.a. *Michael Held* auseinander in: Sozialdemokratie und Keynesianismus. Von der Weltwirtschaftskrise bis zum Godesberger Programm, Frankfurt a.M. 1982, 235ff.
[46] *Schiller*, Konservative Chance, 44; vgl. *ders.*, Materialistische Geschichtsauffassung.
[47] So in: *ders.*, Christ, 51; *ders.*, Sozialismus und Wettbewerb, 15f.
[48] Vgl. *ders.*, Thesen, 105f.
[49] *Ders.*, Konservative Chance, 44.
[50] *Ders.*, Christ, 49.

ethisch fundiert, sondern will vielmehr die Institutionen verändern: „Aber er anerkennt auch die Notwendigkeit ethischer und metaphysischer Imperative."[51] Auf die selbstgestellte Frage „Was ist Sozialismus?" antwortet *Schiller* denn auch:

„Allerdings gehe ich persönlich – und das ist natürlich eine Wertprämisse – nicht so weit, daß ich den Sozialismus als nur-ethisch, nur-politisch und als ökonomisch indifferent ansehe. Damit wäre der Sozialismus in der Tat einer totalen Liberalisierung, einer völligen Substanzentleerung ausgeliefert. Für die geschehen und die fälligen Veränderungen im materiellen Lebensbereich wäre er damit ohne soziale Aussagekraft. (...) Das Bekenntnis zum Sozialismus schließt daher ein, daß einige ganz wesentliche wirtschafts- und ordnungspolitische Erfordernisse anerkannt werden. (...) So bedingt *das Prinzip der sozialen Gerechtigkeit* eine entsprechende staatliche Einkommenspolitik, Preispolitik, Steuerpolitik, so erheischt das *Recht auf den Arbeitsplatz* eine Beschäftigungs- und Strukturpolitik, so macht die Forderung nach Vervollkommnung und Sicherung der *gesellschaftlichen Freiheit* den gesetzlichen Schutz des Leistungswettbewerbs, den Verbraucherschutz, den Arbeitsschutz notwendig, und die *Forderung nach Gleichheit der sozialen Chancen* oder nach *sozialer Startgerechtigkeit* setzt eine weitere Vielzahl von sogenannten soziotechnischen Maßnahmen voraus. Alle diese Normen müssen im Sozialismus und für ihn gelten. Man kann nicht die eine oder andere auslassen, ohne dabei auf den Sozialismus zu verzichten."[52]

Schiller nennt viele Wurzeln des freiheitlichen Sozialismus: 1. die Ansätze in den zwanziger Jahren (*Oppenheimer, Heimann, Löwe, Tillich* und den „Kreis der Schüler *Leonard Nelsons*"); 2. *Keynes*; 3. die neuen Ansätze des Labour-Sozialismus (*Crosland*) und 4. die Herausforderungen durch den Neoliberalismus, aber vor allem durch „die unheimlichen und grausamen Experimente totalitär-sozialistischer Systeme der jüngsten Vergangenheit und Gegenwart"[53]. Eine solche Einordnung und Ableitung ermöglicht *Schiller* im nächsten Schritt, den freiheitlichen Sozialismus bzw. die „Marktwirtschaft von links", die „sozialistische Marktwirtschaft" bzw. die „regulierte Marktwirtschaft" oder die „freiheitliche Planwirtschaft" (wie immer die Bezeichnungen zeitgenössisch lauteten) zu einer „Wirtschaftsordnung des ‚Dritten Weges'" zu erheben und die ihm vorschwebende freiheitlich-sozialistische Lösung als „die Lösung eines dritten Weges" zu bezeichnen.[54] War das mehr als eine Formel, zumal *Schiller* sich auch die geläufige Sentenz zu eigen machte: „Sozialismus ist und bleibt stets eine Aufgabe"[55]? War vielleicht die Frage nicht mehr „Was ist Sozialismus?", sondern: „Was bleibt vom Sozialismus?" *Schiller* legte offenbar Wert auf die Einbettung seiner Vorstellungen in eine Tradition, und den Begriff „Sozialismus" wollte er nicht missen – vielleicht nur, um sich in der SPD nicht von vornherein in eine Außenseiterposition zu begeben? Die gestellten Fragen sind nicht zu beantworten ohne eine inhaltliche Darstellung von *Karl Schillers* grundsätzlicher Position. Was also war ‚freiheitlicher Sozialismus' à la *Schiller*?

---

[51] *Schiller*, Thesen, 118; *ders.*, Materialistische Geschichtsauffassung, 83f.
[52] *Ders.*, Sozialismus und Wettbewerb, 32.
[53] Ebenda, 17f.
[54] *Ders.*, Thesen 108, 111. – Die Thesen wurden vorgetragen auf einer Tagung von Christen und Sozialisten in Königswinter im Januar 1952. Sie bildeten die Grundlage für die Diskussionen, in die sich *Schiller* im Laufe der nächsten drei Jahre immer wieder einschaltete. Ihre vertiefte und zugleich stilistisch überzeugendere Fassung erhielten sie in: *ders.*, Sozialismus und Wettbewerb; diesem Text lag ein Vortrag zugrunde, den *Schiller* im November 1954 an der Handelshochschule St. Gallen (Schweiz) gehalten hatte; vgl. auch: *ders.*, Rolle der Selbsthilfeorganisationen, 8.
[55] *Ders.*, Sozialismus und Wettbewerb, 33.

„Das radikale Zuendedenken und Zuendeführen der marktwirtschaftlichen wie der zentralverwaltungswirtschaftlichen Lösung bringt uns an Punkte, die beide mit den Vorstellungen einer freiheitlich-sozialistischen Gesellschaftsordnung unvereinbar sind. Die freiheitlich-sozialistische Lösung stellt vielmehr den Versuch dar, beide Wege, den marktwirtschaftlichen und den zentralverwaltungswirtschaftlichen, nicht bis zum bitteren Ende zu durchlaufen, sondern die *Lösung eines dritten Weges* zu finden. Sie besteht also darin, Wettbewerb und Planung zusammenzubringen, ins rechte Verhältnis zueinander zu setzen, zu einer Synthese zu führen, in der sie beide komplementäre Teile eines wirtschaftspolitischen Systems sind, so wie der rechte und der linke Schuh."[56]

Dem Wettbewerb sei „als Lenkungsprinzip soweit wie irgend möglich Raum zu geben". Wirtschaftsplanung war demgegenüber Rahmenplanung = „systematische Wirtschaftspolitik". Sozialisierung war nach diesem Konzept „in bestimmten Fällen", und zwar bei den monopoloiden Grundstoffindustrien, zu bejahen, wobei die Eigentumsfrage „an die zweite oder dritte Stelle politischer Postulate" rückte. Deshalb sollte „negativ eine Formel" gelten: „Sozialisierung ist nur in Ausnahmefällen Verstaatlichung"; vielmehr sollten neue freigemeinwirtschaftliche Rechtsformen und Gesellschaftstypen mit gemeinwirtschaftlichem Charakter gefunden werden.[57]

Die Anfang 1952 vertretenen Positionen spitzte *Karl Schiller* in den folgenden Jahren weiter zu. ‚Wettbewerb' wurde zum Herzstück seiner Version freiheitlich-sozialistischer Wirtschaftspolitik. Im Februar 1953 stellte er zum ersten Mal in seiner präzisen Form das vor, was später als „Bochumer Leitregel" seine Kennzeichnung fand:

„In welcher Art und Weise sich die deutsche Sozialdemokratie die *Verbindung von Planung und Wettbewerb* vorstellt, ist im (Dortmunder) Aktionsprogramm ausgeführt und soll hier im folgenden kurz skizziert werden. Die dortige Synthese ist das Ergebnis von langjährigen Diskussionen über das Wirtschaftsordnungsproblem, von Erörterungen, die sich von den Unvereinbarkeitslehren ferngehalten haben. Im Programm heißt es eindeutig, daß die SPD ‚die wirtschaftliche Befreiung der Persönlichkeit' erstrebt, daß sie die ‚Zwangswirtschaft ablehnt' und ‚die freie Konsumwahl bejaht'. Sie wird den ‚echten Leistungswettbewerb in allen dafür geeigneten Wirtschaftszweigen fördern'. Und in welchem Ausmaß geplant werden soll, das können wir wie folgt ausdrücken: *Wettbewerb soweit wie möglich, Planung soweit wie nötig!*"[58]

Auf dem Parteitag der SPD in Berlin im Juli 1954 fand *Schiller* reichlich Gelegenheit, seine Auffassungen zu präzisieren, indem er die Berliner Fassung des Dortmunder Aktionsprogramms verteidigte, besser: den Genossen erklärte:

„Dieses Wirtschaftsprogramm ist ein geschlossenes Konzept. (...) Es ist kein Sammelsurium von einigen Lenkungsprinzipien und einigen wettbewerbswirtschaftlichen Prinzipien. (...) Es ist kein ‚Mampe Halb und Halb'. (...) Der Leistungswettbewerb ist für uns ein wirtschaftspolitisches Instrument. (...) Für den Liberalismus ist der Wettbewerb kein Instrument, son-

---

[56] *Schiller*, Thesen, 108f.
[57] Ebenda, 109, 115.
[58] Ders., Produktivitätssteigerung, 122. – Die Tagung fand vom 27. bis 29.02.1953 in Bochum statt; außer *Schiller* referierten *Hermann Veit*, *Harald Koch* und *Wilhelm Gülich*; vgl. auch den Vortrag von *Schiller* auf dem Konsumgenossenschaftstag des Zentralverbandes deutscher Konsumgenossenschaften in Frankfurt a.M. am 26.06.1953, wo er sich nochmals zu dem „sicherlich etwas vereinfachendem Motto: Wettbewerb soweit wie möglich, Planung soweit wie nötig!" bekannte (vgl. *Schiller*, Rolle der Selbsthilfeorganisationen, 8).

dern ein Ziel. Für uns ist er ein Teil unseres Werkzeugkastens. (...) Die Formel, die im Programm steht: ‚Wettbewerb soweit wie möglich, Planung soweit wie nötig!' ergibt sich aus dieser unserer Auffassung, daß beide eben nur Instrumente sind."[59]

Sowenig die Leitregel eine „leere Floskel" war, so sehr betonte *Schiller*, daß der Wettbewerb „nicht mehr der vielleicht widerwillig engagierte Aushilfsdiener eines zentralistischen Modells" sei und „der Markt nicht mehr dem Zentralplan unter- oder nachgeordnet"; beide seien vielmehr „als sozialistisches Instrument auf die gleiche Ebene gestellt"[60]. Indessen wurden die Grenzen, die der Wettbewerb nicht überschreiten sollte, weit hinausgeschoben: Erst wenn er das „gesamtwirtschaftliche Gleichgewicht" stört oder das bestehende Ungleichgewicht verschärft, waren diese erreicht. Dennoch blieb auch für *Schiller* der Wettbewerb ein Prozeß, „der durch ständige ordnungspolitische Eingriffe effizient gehalten werden muß"[61]. Dann mußte „der linke Schuh" benutzt werden: die Planung. Sie hatte ihr Feld im makroökonomischen Raum, war nur noch „Rahmenplanung", sollte nur noch minimale und indirekte Mittel des Eingriffs verwenden. Allerdings erschien *Schiller* das „Nationalbudget", die „nationale Buchführung" als „unerläßliches, aber zweckneutrales Übersichtsinstrument der systematischen Wirtschaftspolitik". Welche starke Rolle dem Wettbewerb zugewiesen wurde, zeigte sich daran, daß die Beweislast bei allen Beschränkungen, Marktbeeinflussungen und Regulierungen stets „der Planer" (d.i. der Staat) zu tragen haben würde.[62] In diesen Kontext ordnete *Schiller* denn auch das ihm des tendenziellen Syndikalismus verdächtige betriebliche und überbetriebliche „deutsche Mitbestimmungsrecht" in seine Modellfunktion ein: als Sozialisierungsersatz.[63]

Karl Schiller strebte offenbar eine freisozialistische Vollendung des Keynesianismus an. Dabei wurde der Wettbewerb zum effizienteren Lenkungsinstrument, und die verbleibenden Planungskomponenten spielten ihm gegenüber eine subsidiäre Rolle – weit ab von der „Zentralplanstelle" von 1948 ließ schon jetzt das spätere Globalsteuerungskonzept grüßen.[64] Das Bild vom rechten und vom linken Schuh, das *Schiller* 1952 eingeführt hatte, paßte 1954 nicht mehr. Wie weit sich *Schiller* von seinen ursprünglichen Ansätzen entfernt hatte, zeigte auch sein Umgang mit der freisozialistischen ‚Heiligen Kuh', der Forderung nach Vollbeschäftigung. *Schiller* teilte die Auffassung von der Priorität einer effizienten Vollbeschäftigungspolitik, wie sie von der übergroßen Mehrheit der SPD in Übereinstimmung mit den Interessen ihrer Wähler vertreten wurde, wie seine Parteitagsreden 1950 und 1954 zeigten. Dennoch wich sein Konzept, genauer betrachtet, von dem parteioffiziellen ab. Ihm widerstrebte eine – wie er sich ausdrückte – monistische Vollbeschäftigungspolitik, und er vertrat ihr gegenüber eine qualifizierte im Rahmen einer „gezielten Strukturpolitik":

„Im Gegensatz zu einer gleichsam ‚monistischen' Vollbeschäftigungspolitik vergangener deutscher und ausländischer Beispiele kann man die freiheitlich-sozialistische gewisserma-

---

[59] *Schiller*, Parteitag 1954, 326.
[60] *Ders.*, Sozialismus und Wettbewerb, 30, 17.
[61] *Meyer-Dohm*, „Wettbewerb", 93; vgl. *Schiller*, Sozialismus und Wettbewerb, 29f.
[62] Vgl. *ders.*, Thesen 109, 110, 111; *ders.*, Produktivitätssteigerung 125, 130; vgl. auch nochmals: *ders.*, Bemerkungen (1959), 278.
[63] Vgl. *ders.*, Thesen, 116; vgl. *ders.*, Sozialismus und Wettbewerb, 33
[64] Vgl. *Ders.*, „Wettbewerb", 89.

ßen als eine ‚dualistische', als eine *qualifizierte Beschäftigungspolitik* bezeichnen: die investitions- und kapitalpolitischen Maßnahmen sorgen für schrittweises Aufbrechen der Engpässe, die gleichzeitig erfolgenden konjunkturpolitischen Maßnahmen drücken das Beschäftigungsvolumen bis an den Rand der jeweils vorhandenen Kapazitäten heran; das ganze Beschäftigungsniveau hebt sich nur im Gleichschritt mit den eintretenden Erfolgen der Strukturpolitik. Ein ganzer Kranz wohlabgestimmter Maßnahmen ist also nötig."[65]

Im Klartext heißt das, „daß Investition (etwa in den Grundstoffindustrien) und Produktion (etwa der Verarbeitungsbranchen) synchronisiert" werden müssen, selbst wenn dies dazu führt, daß „das Tempo der Beschäftigungszunahme sich dann drastisch verringert"[66]. Zudem war es für ihn glasklar, daß Vollbeschäftigung um den Preis einer Inflation „mit all ihren unsozialen Enteignungen und Schädigungen" nicht als ein Beitrag zur Wohlstandssteigerung angesehen werden konnte.[67] Bezieht man die Gleichstellung von Löhnen, Grundrenten und Zinsen bei *Schiller* in die Betrachtung ein, so wird verständlich, daß er die Hebung des Volkswohlstandes als ein eigenständiges Ziel ansah, das nicht identisch sein mußte mit Beschäftigungspolitik. Folgerichtig forderte er denn auch eine „Reform der Einkommenspolitik unter dem Gesichtspunkt der volkswirtschaftlichen Leistung"[68].

Mit den Vorschlägen zu einer „qualifizierten Beschäftigungspolitik" konnte sich *Schiller* in seiner Partei nicht durchsetzen. Das Ausblenden der menschlichen Bedürfnisstrukturen und der Wirkungen sozialer Konfliktlagen in seiner Argumentation unterstrich die Hermetik seiner wirtschaftstechnokratischen Intention: Sicherstellung des optimalen Funktionierens des Wirtschaftssystems. So wie sich *Schiller* dies dachte, war es kompatibel mit dem *Erhards*, allerdings moderner und pragmatischer. In einer Dimension hat *Schiller*, anders als die meisten Ökonomen, Vorgegebenes zu durchdenken versucht: Sein Wirtschaftssystem-Modell brauchte einen handlungsfähigen politischen Akteur. *Schiller* beschränkte sich nicht darauf, den parlamentarisch-demokratischen Staat als oberste Instanz der neuen Wirtschaftspolitik zu apostrophieren. Er suchte darüber hinaus die Zusammenhänge aufzuzeigen zwischen wirtschaftlichem Wiederaufbau und geistiger Restauration in der Bundesrepublik. Er kritisierte die Überbetonung alles Abstrakt-Staatlichen und die Unterschätzung des Materiell-Ökonomisch-Sozialen in der deutschen Tradition, und er betrachtete mit Unbehagen das Eindringen „interessenpolitischer Mächte" in den vor- oder gar innerparlamentarischen Raum[69] – *Karl Schiller*, der Professor, der – längst dieser Rolle entwachsen – „systematische Wirtschaftspolitik" betrieb, wußte, wovon er sprach.

d) *Hermann Veit*

Hermann Veit teilte nicht in allen Punkten die Auffassungen *Schillers* und setzte teilweise – wie auch *Heinrich Deist*, auf den noch näher einzugehen ist – die Prioritäten anders, obwohl er auf herausragenden Veranstaltungen komplementär

---

[65] *Schiller*, Thesen, 112.
[66] Ebenda, 112.
[67] *Ders.*, Produktivitätssteigerung, 129f.
[68] Ebenda, 133.
[69] Vgl. *Ders.*, Aufgaben, 17.

zu *Schiller* auftrat und mit seinen Beiträgen aus dem Schillerschen Grundmodell den konkreten wirtschaftspolitischen Nutzungsrahmen entwickelte. Gleichwohl war es später *Deist*, der die Schillersche Leitregel in die sozialdemokratische Programmatik implantierte.

Hermann Veit (1897-1973) schloß sich am Ende des Ersten Weltkrieges, an dem er von Anfang an teilgenommen hatte, der Sozialdemokratie an, studierte Jura und ließ sich als (erfolgreicher) Strafverteidiger in seiner Heimatstadt Karlsruhe nieder. 1945 ernannte man ihn zum Oberbürgermeister von Karlsruhe; 1946 wurde er Wirtschaftsminister im Land Nordwürttemberg-Baden, 1952 bis 1960 des Landes Baden-Württemberg; in dieser Funktion schuf er die wirtschaftspolitischen Grundlagen für den fast legendären wirtschaftlichen Aufschwung dieses Landes und galt als einer der angesehensten Wirtschaftspolitiker der Bundesrepublik. Nach 1960 war er noch einige Jahre Oppositionsführer im Stuttgarter Landtag.

Auf dem SPD-Parteitag 1950 hatte er die Eckpunkte der zukünftigen sozialdemokratischen Wirtschaftspolitik gesetzt: Vollbeschäftigung, Planung, Gemeineigentum, Mitbestimmung. Durch geregelte Investitionspolitik sollten neue Arbeitsplätze geschaffen und die Steigerung der Exportleistungen auf der Basis eines Nationalbudgets erreicht werden. Ausdrücklich wollte *Veit* nicht auf die Sozialisierung der Schlüsselindustrien verzichten und verknüpfte sie mit der Forderung nach Vollbeschäftigung:

„Die Arbeit wird der Menschheit nie ausgehen, und die Existenzmittel für alle sind vorhanden oder können ohne Schwierigkeiten beim derzeitigen Stand der Technik geschaffen werden. Es ist also nur eine Frage menschlicher Organisation, diese Zustände zu ändern. (...) Deswegen fordern wir Vollbeschäftigung, das heißt, das Recht und die Verwirklichung des Rechts auf die Arbeit für alle. (...) Entweder gelingt es, die Mängel des Steuerungsmechanismus in einem freiheitlichen System zu beseitigen oder die Steuerung wird durch das Kommando über eine unfreie Menschheit ersetzt. Deswegen fordern wir Planung und Lenkung. Sie ist nur möglich, wenn die Schlüsselpositionen der Wirtschaft sich nicht mehr in privater Hand, sondern im Eigentum des Volkes befinden. (...) Deswegen fordern wir das Mitbestimmungsrecht der Arbeitnehmer in den Betrieben und in der Volkswirtschaft. Sie ist das Mittel, um die Arbeiterschaft aus der Funktion des Produktionsfaktors in die Sphäre der wirtschaftspolitischen Willensbildung und damit der wirtschaftlichen Verantwortung zu heben und so eine Kluft zu schließen, die, je länger sie dauert, desto mehr das Volk spaltet."[70]

„Über den Umfang der Sozialisierung ist von seiten der Sozialdemokratischen Partei schon wiederholt das Erforderliche gesagt worden. Zu sozialisieren sind die Schlüsselindustrien der Bergwirtschaft, Eisen und Stahl, die Energiewirtschaft, die Groß-Chemie, in der chemische Grundstoffe erzeugt werden, die Großunternehmen der Bau-Grundstoffe, die Groß-Banken und Groß-Unternehmen der Versicherungswirtschaft, schließlich diejenigen Monopolbetriebe, bei denen die Überführung in Gemeineigentum der Monopolkontrolle vorzuziehen ist. Nicht in der Sozialisierungssphäre liegen die Betriebe, die außerhalb des Umkreises liegen, so die Unternehmen des Handwerks und des Handels und die kleine und mittlere Industrie.

Sozialisierung ist nicht Bürokratisierung und bedeutet auch nicht Führung der Betriebe durch den Staat. Die im Gemeineigentum stehenden Betriebe werden für das Volk und im Namen des Volkes von Sachverständigen verwaltet."[71]

---

[70] *Hermann Veit*, Prot. PT Hamburg 1950, 178-195, 185, 186, 191.
[71] Ebenda, 192.

Diese Auffassung hat *Veit* auch in der Folgezeit nicht grundsätzlich geändert. 1953 räumte er zwar ein, daß die Verstaatlichung des Eigentums an den Produktionsmitteln nicht mehr im Vordergrund der sozialdemokratischen Auffassungen stände, hielt aber an der „Überführung der Grundstoffindustrie, vor allem der Erzeugerbetriebe von Kohle, Eisen, Stahl und Energie in Gemeineigentum" fest.[72] Auf dem Parteitag 1954, als *Schiller* seine Leitregel in der Weise offensiv verteidigte, daß der Wettbewerb die prioritäre Rolle einnahm, erklärte *Veit* Lenkung und Planung für unabdingbar und die Rolle des Staates für unverzichtbar, womit er die Schillersche Leitregel in seinem Sinne abwandelte:

„Die Verbindung zwischen Planung und Wettbewerb ist für uns die elastische Methode, mit der wir uns nach den Gegebenheiten der wirtschaftlichen Situation richten können. Denn die Wirtschaft als ständiger Prozeß ist ständigen Veränderungen unterworfen, und es ist unmöglich, mit einem starren Dogma jeweils den Gegebenheiten gerecht zu werden. Wir wollen, da wir die Freiheit in der Wirtschaft bejahen, den Wettbewerb (...) da und dort, wo er heute noch soziale Funktionen erfüllen kann. Wir sind uns darüber völlig einig, daß der Wettbewerb heute nur noch auf einem Teilgebiet unseres wirtschaftlichen Lebens diese Funktion erfüllt." Deshalb fordere die Sozialdemokratie, „daß der Wirtschaftsablauf durch eine lenkende und planende Instanz geordnet wird, in dem Sinne: ‚Freiheit so weit wie möglich, Wettbewerb so weit wie möglich', aber Planung und Bindung darüberstehend, so weit, wie das notwendig ist"[73].

1958 hat *Veit* darauf beharrt, daß „der Spätkapitalismus" so zentrale Probleme wie das der gerechten Einkommens- und Vermögensverteilung niemals würde lösen können, daß diese aber aus ethischen, demokratischen und ökonomischen Gründen gelöst werden müßten. Diese Lösungskapazität wies er der „großen, menschheitsbeglückenden Idee des freiheitlichen Sozialismus" zu.[74] Er gehörte übrigens zu den wenigen sozialdemokratischen Wirtschaftspolitikern, die klar die Notwendigkeit der europäischen Integration erkannten, und bereits 1953 hat er auf die Bedeutung der Länder der Dritten Welt hingewiesen.[75]

e) *Heinrich Deist*

Wirtschaftspolitischer Sprecher der SPD, der den Weg zum Godesberger Programm und dessen wirtschaftspolitische Inhalte in herausgehobener Weise gestaltete, wurde *Heinrich Deist* (1902-1964). Geboren in Bant bei Wilhelmshaven, wuchs er in Dessau auf, wo sein Vater als Geschäftsführer des sozialdemokratischen „Volksblattes für Anhalt" tätig war und nach 1918 Ministerpräsident des Landes Anhalt wurde. Mit 18 Jahren wurde er Mitglied der SPD, studierte Jura und gehörte zum Hofgeismarer Kreis der Jungsozialisten. Der Beginn seiner Verwaltungskarriere (u.a. als persönlicher Referent von Carl Severing, dem preu-

---

[72] Veit, Die Grundsätze sozialdemokratischer Wirtschaftspolitik, in: Die Wirtschaftspolitik der Sozialdemokratie. Referate der wirtschaftspolitischen Tagung der SPD in Bochum vom 27./28.02.1953, hrsg. vom Vorstand der SPD, Bonn 1953, 11-30, Zitat 26.
[73] Ders., Prot. PT Berlin 1954, 184-188, Zitat 186.
[74] Ders., Die sozialdemokratische Alternative in der Wirtschaft, in: Freiheitliche Ordnung der Wirtschaft. Referate vom Parteitag der SPD, hrsg. vom Vorstand der SPD, Bonn 1958, 29-42, Zitat 42.
[75] Vgl. Ders., Grundsätze, 29; vgl. ders., Parteitag 1954, 187.

ßischen Innenminister) wurde 1933 jäh unterbrochen. *Deist* studierte Betriebswirtschaft und promovierte zum Dr. rer. pol.; tätig war er als Wirtschaftsprüfer. *Deist* war nach 1945 zunächst ein Mann der Gewerkschaften: Er wurde Mitglied der Stahltreuhändervereinigung und Vorsitzender einer Reihe von Aufsichtsräten (u.a des Bochumer Vereins, der späteren Krupp-Stahl AG) und gehörte seit 1953 dem Bundestag (stellvertretender SPD-Fraktionsvorsitzender) an. 1952 hatte er sich nach Auseinandersetzungen zwischen dem von *Viktor Agartz* geleiteten Wirtschaftswissenschaftlichen Institut der Gewerkschaften (WWI) und einigen führenden sozialdemokratischen Wirtschaftspolitikern, u.a. *Hermann Veit*, vom WWI distanziert und sich auf die Arbeit für die SPD konzentriert.[76]

Deist berief sich auf die ‚Klassiker' *Rudolf Hilferding*, *Karl Renner* und *Eduard Heimann*, hinsichtlich zeitgenössischer Theoretiker auf *Gerhard Weisser* und *Karl Schiller*.[77] Vergleicht man die Aussagen von *Deist* mit denen von *Schiller* und *Weisser*, so wird man keine Übereinstimmung in den Intentionen feststellen, wohl aber in den pragmatisch orientierten Vorstellungen. *Schiller* ging es um die Instrumente, mit denen er sein Ziel (ein anderes als das von *Deist*) erreichen wollte: die Optimierung des allgemeinen Wohlstandes in einer freien Gesellschaft. Während *Weisser* um den Gesamtentwurf einer Theorie des freiheitlichen Sozialismus bemüht war, fragte *Deist* ‚nur' nach den tragenden Pfeilern einer neuen Ordnung, die dem „Ordnungsbild des freiheitlichen Sozialismus" entsprach. *Deist* teilte jedoch mit den anderen die ‚militante' Abgrenzung vom Neoliberalismus, wobei er deutlicher politisch motiviert denn wissenschaftlich-theoretisch interessiert war.

Deist hatte zwei Grundfragestellungen, die er seit Mitte der fünfziger Jahre immer wieder variierend verfolgte: zum einen die Notwendigkeit der Kontrolle ökonomischer Macht:

„Tatsache ist, daß in der heutigen Wirtschaft die Freiheit, d.h. die Möglichkeit zur unabhängigen und selbständigen Entscheidung in wichtigen wirtschaftlichen Fragen durch die Entwicklung zur Großorganisation stark bedroht ist. Darüber hinaus herrscht eine Tendenz zu immer stärkerer Konzentration und damit zur Schaffung immer mächtigerer Wirtschaftsgebilde; Atomwirtschaft und Automatisierung sind hierfür besonders kennzeichnend.

Diese Entwicklung hat aber nicht nur für die Ordnung der Wirtschaft Bedeutung. Sie bedroht die Grundlagen der politischen Freiheit, weil sie nicht ohne Einfluß auf das Funktionieren der Organe eines demokratischen Staates bleibt."[78]

Die zweite Grundfragestellung war folglich die nach der Stabilität der Ordnungsfunktionen des demokratischen Staates: „Das Kriterium einer freiheitlichen Ord-

---

[76] Vgl. *Helmut Köser*, Die Kontrolle wirtschaftlicher Macht. Heinrich Deist und das Godesberger Programm, in: APuZ B 14/74, 3-25.
[77] Folgende Texte liegen den weiteren Ausführungen über *Deist* zugrunde: *Heinrich Deist*, Freiheitliche Ordnung. Grundlagen sozialdemokratischer Wirtschaftspolitik, in: Vorwärts v. 03.08.1956, 1f.; ders., Wirtschaft von morgen, Berlin 1959 (^{2}1973), hrsg. von *Gerhard Stümpfig* (enthält u.a. die Rede auf dem SPD-PT 1958 sowie den Aufsatz „Wirtschaftsdemokratie und Mitbestimmung", der – allerdings bei identischem Text – bereits unter dem Titel „Wirtschaftsdemokratie" in *Schmid/Schiller/Potthoff*, Grundfragen, 195-226 erschienen war); *Deist*, Gemeineigentum in der freiheitlich geordneten Wirtschaft, in: NG, Jg. 6 (1959), H. 5, 345-360; ders., Macht und Freiheit, in: ders./*Willi Eichler/Allen Flanders*, Die Kontrolle wirtschaftlicher Macht, Frankfurt a.M. 1959, 13-27.
[78] *Deist*, Freiheitliche Ordnung, 2.

nung der Wirtschaft ist daher nicht darin zu sehen, ob der Staat in die Wirtschaft ordnend und lenkend eingreift, sondern nur darin, ob seine Ordnungsmaßnahmen der Erhaltung und Stärkung der Freiheit in der Wirtschaft dienen oder nicht."[79]

Ausgangspunkt seiner Überlegungen ist das Spannungsverhältnis zwischen individueller Freiheit und sozialer Gerechtigkeit. In der Auseinandersetzung mit den Neoliberalen unterstreicht er, daß „echte Demokratie ein weitgehendes Maß von Freiheit in allen Bezirken des gesellschaftlichen Lebens voraussetzt". Deshalb sei „Demokratie als Lebensform" schwer vorstellbar, ohne daß in der Wirtschaft, die zu den wichtigsten gesellschaftlichen Lebensbereichen gehört, „ausreichende Möglichkeiten für freie Entfaltung und Eigenverantwortung der wirtschaftenden Menschen" gegeben seien.[80] Entgegen dem liberalen Dogma, daß Freiheit die Entfaltung des Individuums in einer marktwirtschaftlichen Ordnung des vollständigen Wettbewerbs bedeute, hält *Deist* unter Rückbezug auf die klassische sozialdemokratische Programmatik daran fest, daß derart verstandene Freiheit die Freiheit weniger auf Kosten der Freiheit der vielen bedeute. Freiheit, verstanden als Selbstbestimmung in allen Lebensbereichen, sei nur durch soziale Gerechtigkeit bzw. durch den Aufbau einer gerechten Sozialordnung zu erreichen, die ein ausreichendes Maß gleicher Chancen garantiere.[81]

Statt naiv-romantischer Vorstellungen, wie sie die Neoliberalen hegten, müsse eine Realanalyse die Grundlage für die Wirtschaftspolitik abgeben: Konzentrationsprozesse bis weit in die neuen Industrien bildeten das Bewegungsgesetz der Wirtschaft. Dies liegt nach Auffassung *Deists* an den Möglichkeiten der technischen Leistungssteigerung, die allerdings nur große Unternehmen, die über entsprechende Finanzmittel verfügten, in Anspruch nehmen könnten. Ein weiteres Kennzeichen der realen Entwicklung sei die Expansion der wirtschaftlichen Macht: Wo das Großunternehmen vorherrsche, gebe es kaum noch Wettbewerb, wachse die Gefahr der Usurpation der Staatsgewalt durch die Wirtschaft, und in diesem Zusammenhang beklagte *Deist*, der schließlich wissen mußte, wovon er sprach, daß die Vorstände der großen Unternehmen weder echte Legitimation besäßen noch wirksam kontrolliert würden.[82] Dennoch gäbe es auch die der „Vermachtung" entgegenlaufende Tendenz zur Vielfalt, die sich ausdrücke in den Entwicklungsmöglichkeiten des Mittelstandes. Als Folge der Entwicklungen im Wirtschaftsprozeß sah *Deist* eine Ordnung entstehen, „die mächtige Elemente enthält, die nicht nur die wirtschaftliche Freiheit von Unternehmern und Arbeitnehmern, sondern auch die Grundlagen eines freiheitlichen Staates bedrohen"[83].

„Eine freie Staats- und Gesellschaftsordnung muß davon ausgehen, daß der Reichtum an Eigentums- und Unternehmensformen eine entscheidende Voraussetzung freier Wirtschaftstätigkeit in der Welt der Großorganisationen ist, daß diesem Reichtum eine Vielfalt von Ordnungsformen entsprechen muß und daß – in Übereinstimmung mit dem in der katholischen Soziallehre entwickelten Subsidiaritätsprinzip – von schärferen Ordnungs- und Kontrollmaßnahmen nur dann Gebrauch gemacht werden darf, wenn schwächere Mittel nicht mehr ausreichen. In dieser Grundhaltung darf es keinen Kompromiß zwischen der westlichen Welt und östlichen Vorstellungen geben.

---

[79] *Deist*, Freiheitliche Ordnung, 2.
[80] *Ders.*, Wirtschaft von morgen, 154.
[81] Vgl. ebenda, 46, 47, 158, 159; vgl. auch *Köser*, Kontrolle, 14f.
[82] Vgl. *Deist*, Wirtschaft von morgen, 33 über die Merkmale der industriellen Großorganisation.
[83] Ebenda, 37.

Eine freie Gesellschaftsordnung darf aber auch nicht darüber hinwegsehen, welche großen Gefahren für eine gesunde Wirtschafts- und Gesellschaftsordnung wirtschaftliche Macht in sich birgt, die in vielen Fällen ein unvermeidliches Attribut von Großunternehmungen ist, auf die im Interesse der Leistungsfähigkeit der Wirtschaft nicht verzichtet werden kann. Die völlige Vermachtung der Wirtschaft würde gleichbedeutend sein mit dem Ende wirtschaftlicher Freiheit. Öffentliche Kontrolle über die Träger wirtschaftlicher Macht ist daher ebenfalls eine unabdingbare Voraussetzung für die Aufrechterhaltung eines ausreichenden Freiheitsraumes in der Wirtschaft. Wer diese selbstverständliche Aufgabe demokratischer Staaten diskriminiert, gefährdet die Freiheit und das Eigentum aller derjenigen, die nicht über gleichartige Macht verfügen. Wer auf sie verzichtet, begünstigt die Anarchie der Großen, die mit der Freiheit aller, die Menschenantlitz tragen, nichts mehr gemein hat. Hier darf es keinen Kompromiß mit den plutokratischen Gegnern der Freiheit geben."[84]

Wie aber könnte die „neue Ordnung" der freiheitlich-sozialistischen „Wirtschaft von morgen" aussehen? Für *Deist* war die Eigentumsfrage obsolet geworden, nicht aber die Sozialbindung des Eigentums. Zwar habe das Eigentum an den Produktionsmitteln seine zentrale Bedeutung für das Wirtschaftsgefüge verloren, aber entscheidend bleibe die Verfügungsmacht: „Das zentrale Problem ist heute die Frage der – vom Eigentum gelösten – wirtschaftlichen Macht". Aus dieser Perspektive mußte die Kontrolle der wirtschaftlichen Macht der Schlüsselbegriff werden: Kein demokratischer Staat könne es gestatten, „daß es in seinem Einflußbereich unkontrollierte Macht gibt": „Das Wesen der Demokratie besteht gerade in der Kontrolle der Macht."[85] Dieser neue Schlüsselbegriff der Kontrolle vermindert nach *Deist* auch die Bedeutung des klassischen sozialdemokratischen Schlüsselbegriffs der Sozialisierung: Öffentliche Kontrolle tritt an die Stelle der Sozialisierung.

Welches sollten nun die Formen dieser Kontrolle sein? *Deists* Antwort lautete: 1. Verstärkung des Wettbewerbs (u.a. durch eine konstruktive Mittelschichtenpolitik); 2. Mitbestimmung (hier verwies er auf die Mitbestimmung bei Kohle und Stahl und die Notwendigkeit ihres Ausbaus); eine demokratische Unternehmensverfassung sei eine folgerichtige Fortentwicklung der Ansätze zur Demokratisierung der Wirtschaft[86]; 3. Publizität, d.h. Informierung und Mobilisierung der Öffentlichkeit gegen Machtmißbrauch[87]; 4. öffentliche Maßnahmen (dann, wenn Wettbewerb nur noch zu verwirklichen war durch staatliche Lenkungsmaßnahmen). Dazu gehörten eine staatliche Interventionspolitik (wie sie auch *Karl Schiller* befürwortete) und eine scharfe Kartell- und Monopolkontrolle.

Hier hatte auch das „Gemeineigentum in der freiheitlich geordneten Wirtschaft" seinen Ort. Zwar waren nach *Deist* – wie er es kurz vor der Verabschiedung des Godesberger Programms in einem Grundsatzartikel formulierte – „Sozialisierungskataloge nicht nur ein untaugliches Mittel einer realistischen Politik", sondern auch noch u.U. ein Hemmnis für politische Entscheidungen; zwar würde die Verstaatlichung von der Sozialdemokratie „grundsätzlich" abgelehnt, aber „Gemeineigentum" bleibe für Sozialdemokraten ebenso eindeutig ein Mittel der Ordnung der Wirtschaft[88]: „Im Interesse der Wirksamkeit der öffentlichen Kon-

---

[84] *Deist*, Wirtschaft von morgen, 44.
[85] *Ders.*, Gemeineigentum, 349, 351; vgl. *ders.*, Macht und Freiheit, 22.
[86] Vgl. *Ders.*, Gemeineigentum, 360; vgl. auch *ders.*, Wirtschaftsdemokratie und Mitbestimmung.
[87] Vgl. *ders.*, Macht und Freiheit, 24.
[88] Vgl. *ders.*, Gemeineigentum, 355, 357, 360.

trolle erscheint es daher unabdingbar, daß Gemeineigentum nur dann – aber dann auch konsequent – angewandt wird, wenn alle anderen Möglichkeiten zur Bändigung der wirtschaftlichen Macht erschöpft sind."[89]

2. Die ethisch-philosophischen Grundlagen

a) *Willi Eichler*

Willi Eichler (1896-1971) war wohl wie kein anderer sozialdemokratischer Theoretiker unbeirrt konzentriert auf die Freilegung des ethischen Kerns des demokratisch-sozialistischen Projektes und gleichzeitig wie kein anderer bemüht um eine möglichst glasklare Verbindung von Theorie und Praxis.

Eichler[90] kam aus einer kinderreichen Berliner Familie. Sein Vater war Postbeamter. Er selbst erlernte den Beruf eines Handlungsgehilfen im Tuchgewerbe. Mit 19 Jahren wurde er im Jahre 1915 Soldat. Nach dem Krieg schloß er sich dem Internationalen Jugend-Bund (IJB) an, der bis zu seinem Ausschluß 1925 innerhalb der SPD wirkte. 1924 bis 1927 war *Eichler* Sekretär des Philosophen *Leonard Nelson* in Göttingen. Nach dem Ausschluß der IJB-Mitglieder aus der SPD gründeten diese unter Führung *Nelsons* den Internationalen Sozialistischen Kampf-Bund (ISK). Als *Nelson* 1927 starb, wurde *Eichler* der politische Leiter des ISK. Insbesondere im französischen und im britischen Exil haben *Eichler* und andere Gruppenmitglieder sich durch einen hohen persönlichen Einsatz ausgezeichnet. Dennoch war der Erfolg ihrer Widerstandsarbeit eng begrenzt, und es gelang auch erst im Londoner Exil mit dem Beschluß, sich der „Union deutscher sozialistischer Organisationen in Großbritannien" anzuschließen, den „sektenhaften Charakter" des ISK zu überwinden. *Eichler* kehrte bereits 1945 aus dem Exil zurück, er wurde 1946 Vorsitzender des SPD-Bezirks Mittelrhein und leitete bis 1951 als Chefredakteur die Rheinische Zeitung. Von 1946 bis 1966 gehörte er dem Parteivorstand der SPD an (seit 1952 als Leiter der kulturpolitischen Abteilung) und war seit 1954 Vorsitzender der Programmkommission des SPD-Parteivorstandes. Bis zu seinem Tode leitete er auch das aus den verschiedenen Zeitschriften des ISK hervorgegangene Organ „Geist und Tat". *Eichler* war der schon zu seiner Zeit selten gewordene Fall eines hochgebildeten Autodidakten, der das Talent hatte, „schwierige Dinge verständlich darzustellen, ohne banal zu werden"[91]. Ein solch „schwieriges Ding" war es, das ethische Sozialismus-

---

[89] *Deist*, Gemeineigentum, 356.
[90] Zu *Willi Eichler* vgl. *Sabine Lemke-Müller*, Ethischer Sozialismus, Bonn 1988; *Werner Link*, Die Geschichte des Internationalen Jugend Bundes (IJB) und des Internationalen Sozialistischen Kampf-Bundes (ISK). Ein Beitrag zur Geschichte der Arbeiterbewegung in der Weimarer Republik und im Dritten Reich, Meisenheim am Glan 1964; *Karl-Heinz Klär*, Zwei Nelson-Bünde: Internationaler Jugendbund (IJB) und Internationaler Sozialistischer Kampf-Bund (ISK) im Licht neuer Quellen, in: IWK, Jg. 18 (1982), H. 3, 310-360; *Thomas Meyer*, Willi Eichler – Politiker, Programmatiker, Publizist, in: Willi Eichler zum 100. Geburtstag. Politische Programme in der Kommunikationsgesellschaft – Aussichten für die Sozialdemokratie, hrsg. von der Friedrich-Ebert-Stiftung, Bonn 1996.
[91] *Lemke-Müller*, Ethischer Sozialismus, 243.

Verständnis in einer gegenüber den Diskussionen zu Beginn des 20. Jhs. modernisierten Form in der SPD mehrheits-, konsens- und politikfähig zu machen.

Bereits 1946 hatte *Eichler* auf dem Parteitag der SPD in Hannover zwar *Schumachers* Bekenntnis zu Sozialismus und Demokratie als Grundlage dessen begrüßt, was ein Programm der Sozialdemokratie enthalten sollte, zugleich aber darüber hinausgehend angemahnt, „daß es nötig wäre, auch eine innere Klärung von Begriffen und Problemen herbeizuführen, die uns vor Jahrzehnten selbstverständlich und gelöst erschienen"[92]. Dazu zählte *Eichler* eine Klärung der Grundlagen des „geistigen Standortes" der Sozialdemokratie. *Carlo Schmid* ging ihm mit seiner Rede auf dem Hamburger Parteitag der SPD 1950 entschieden zu weit: einmal mit seiner damals wohlfeilen Aufklärungs-Schelte, zum anderen mit seiner Deutung „ethischer Entscheidungen" als Voraussetzung politischer Motivation. Für *Eichler* waren ethische Entscheidungen zwar wie für *Schmid* immer subjektive Entscheidungen, aber eben nicht beliebige; hinter ihnen, so seine Auffassung, hatten verbindliche Grundsätze zu stehen, die der Willkür des Subjektivismus Grenzen setzten.[93]

Nun war auch *Eichler* der Auffassung, daß die SPD keine geistige Heimat (etwa der Kirchenlosen) sein könne, daß keine geistige Uniformierung und auch keine neuen Konfessionen von ihr angeboten werden könnten. Aber die SPD müsse ihren Anhängern schon mehr bieten „als ein Wirtschaftsprogramm oder ein totalitäres System der Elektrifizierung"; „sie muß ein Vorbild an Toleranz, an Gerechtigkeit, an Klarheit des Ausdrucks, an Sauberkeit der Gesinnung und an Nachdrücklichkeit der Solidarität" sein. Eine „gemeinsame sozialistische Weltanschauung" könne die Partei *nicht* entwickeln, wohl aber einen Kern davon, und zwar so weit, daß man anerkennt, daß der einzelne „sich bestimmte Aufgaben setzt, zu deren Erfüllung er sich für verpflichtet hält"[94]. Und insofern hielt *Eichler* es auch nicht für vermessen, „damit zu rechnen, daß die Menschen sich eine allgemeine Auffassung über die ethischen Grundlagen menschlichen Lebens erarbeiten können"[95]. Einen gewissen Vorbildcharakter hatte für *Eichler* die Prinzipienerklärung der Sozialistischen Internationale über „Ziele und Aufgaben des Demokratischen Sozialismus" aus dem Jahre 1951, an der er mitgearbeitet hatte und auf die er immer wieder zurückkam. Doch hielt er sie in einer zentralen Frage für unzureichend: Es fehlte nach seinem Dafürhalten „der theoretisch eindeutige Zug zur Formulierung wissenschaftlicher Wahrheit"[96]. Was *Eichler* damit meinte, führte er in einem Grundsatzartikel über „Sozialismus als Ethischer Realismus" im Jahre 1952 aus:

„Die erste Aktion ist ein Denkprozeß. Sie ist eine Tat philosophischen Nachdenkens, eine Klarstellung dessen, was sich aus den vernünftigen Erkenntnissen des Menschen als allgemein gültig und sittlich notwendig ergibt. Das sind, ohne eine lange Begründung hier zu geben, die Ideale der Gerechtigkeit und der Freiheit und der Gemeinschaft im weiteren und engeren Sinne. Es sind die Ideale, die unseren großen sozialistischen Lehrmeistern und den

---

[92] *Willi Eichler*, Prot. PT 1946, 104-109, Zitat 104.
[93] Vgl. *ders.*, Über den geistigen Standort der SPD, in: GuT, Jg. 5 (1950), H. 9, 377-382, Zitate 378, 379.
[94] Ebenda, 381, 382.
[95] *Ders.*, Um den echten Ring. Ein Beitrag zur Grundsatzdiskussion, in: GuT, Jg. 8 (1953), H. 12, 353-356, Zitat 356.
[96] *Ders.*, Erfahrungen und Utopie im Sozialismus, in: GuT, Jg. 6 (1951), H. 8, 241-246, Zitat 245.

sozialistischen Kämpfern, mehr oder weniger bewußt, auch als die ihren Kampf inspirierenden Motive geläufig gewesen sind."[97]

Aus dieser Perspektive war *Eichler* darum bemüht, *Marx* und den Marxismus nicht aus dem sozialistischen Denken auszusperren, sondern dessen fruchtbare Gedanken weiterzuführen. Als nicht mehr haltbar, problematisch und gefährlich erschienen die utopischen Erwartungen, die *Marx* und seine Anhänger in ein wissenschaftliches Gewand gekleidet hatten, seine wie eine Ersatzreligion wirkende Geschichtsutopie. Bestand haben konnte ein Denken, das *Marx* folgte, deshalb nur als eine „Summe von Erkenntnissen", nicht als „Gegenstand eines Bekenntnisses". *Eichler* war es auch, der *Marx* davor in Schutz nahm, daß er die geistigen Grundlagen für den totalitären Kommunismus geliefert habe:

„Wesentlich aber war ihm der *Mensch*, seine *Freiheit*, sein *Wohlergehen* und das Zusammenleben in einer echten Gemeinschaft. Damit knüpfte er praktisch an die humanistische Tradition und an die Vorstellungen der Freiheit, Gleichheit und Solidarität an. (...) Für ihn stand die Aufgabe fest, die Ausgebeuteten und Rechtlosen zu organisieren, sie zu einem Machtfaktor der Gesellschaft zu machen, dem es möglich sein würde, schließlich die Freiheit für alle zu erkämpfen. Was ihm dabei letztlich vorschwebte, hat er unmißverständlich und deutlich gesagt. Sein Ziel war die freie Assoziation, in der die Freiheit des einzelnen die Grundbedingung ist für die Freiheit aller.
Und man sollte begreifen, soweit das noch nötig ist, daß die Impulse des Marxschen Denkens der Freiheit galten, daß sein leidenschaftlich verfochtenes Ziel für die Gesellschaft nicht war, zu erreichen, daß in der Gesellschaft die Herrschaft der einen Klasse durch die Herrschaft der anderen ersetzt würde, sondern daß ihm die Freiheit über alles ging, sogar so weit, daß er glaubte, es werde einmal eine Gesellschaft geben, die des Machtinstruments des Staates überhaupt nicht mehr bedürfe."[98]

Vier Jahre später, in seiner Rede zur Beratung des Entwurfs für das (spätere) Godesberger Grundsatz-Programm, hat er diese Position noch einmal bekräftigt: „Das Marxsche Werk beginnt, und das muß immer wieder gesagt und festgehalten werden, als ein Kampf um die Freiheit, um die ungeteilte Freiheit, um die Freiheit für alle. Das aber heißt, auch um soziale Gerechtigkeit."[99] Wenn „Sozialismus" kein Dogma, keine Ersatzreligion, keine Weltanschauung sein konnte und durfte – was war er dann? *Eichlers* Antwort lautete: „ethischer Realismus", „angewandte Ethik", eine „dauernde Aufgabe", frei von jedem irrationalen Aberglauben an die Geschichte oder an andere mythische Zusammenhänge. Deshalb bezeichnete er die Sozialdemokratie als „eine ethisch fundierte Bewegung" und die SPD als „eine Gesinnungspartei", in der es „zwar keine sozialistische Weltanschauung geben wird, wohl aber keinen Sozialisten ohne Weltanschauung"[100]:

---

[97] *Eichler*, Sozialismus als Ethischer Realismus, in: GuT, Jg. 7 (1952), H. 8, 225-230, Zitat 227; vgl. auch den gleichen Tenor in seiner Rede auf dem SPD-PT im September 1952 in Dortmund, in der er seinen Bericht über das Aktionsprogramm der SPD abgab, Prot., 103-114.
[98] *Ders.*, Rede auf dem SPD-PT 1954, Prot., 149-169, Zitate 152, 153, 154, 155; vgl. auch die Versionen dieser Rede: *ders.*, Der Weg in die Freiheit. Gedanken zur sozialistischen Gestaltung von Staat und Gesellschaft, Bonn o.J. (1955) und unter dem Titel: Sozialistische Gestaltung von Staat und Gesellschaft, in: *ders.*, Weltanschauung und Politik, Frankfurt a.M. 1967, 59-90.
[99] *Ders.*, Rede auf dem SPD-PT 1958, Prot., 359-383, Zitat 364; auch in: *ders.*, Weltanschauung, 90-117.
[100] *Ders.*, Ethischer Realismus, 225ff.; vgl. *ders.*, Sozialismus als angewandte Ethik, in: *Klaus Lompel/Lothar F. Neumann* (Hrsg.): Willi Eichlers Beiträge zum demokratischen Sozialismus.

„Die Ideen und Werte des Sozialismus beziehen sich auf das Leben des Menschen in den Ordnungen von Staat, Wirtschaft und Gesellschaft. Der demokratische Sozialismus stellt keine eigene Weltanschauung dar. Er macht keine Aussagen über letzte Wahrheiten. Mit dieser Haltung zeigt er nicht Verständnislosigkeit oder Gleichgültigkeit den Weltanschauungen oder religiösen oder philosophischen Wahrheiten gegenüber. In dieser Haltung zeigt sich seine Achtung vor menschlichen Gewissensentscheidungen, die nicht Gegenstand verbindlicher Beschlüsse der Parteien oder des Staates sein können. Jeder Bürger hat grundsätzlich die weltanschauliche Überzeugung seines Mitmenschen zu achten; diese wertgebundene Toleranz ist eine Grundregel menschlichen Zusammenlebens. Der Staat hat jedem Bürger die Freiheit des Glaubens und des Gewissens zu sichern.

An die Werte, zu denen der demokratische Sozialist sich bekennt, hat er, wie immer er sie begründen mag, sein Gewissen gebunden. Die Sozialdemokratische Partei ist in diesem Sinne keine Weltanschauungspartei, wohl aber eine Gesinnungspartei."[101]

Aus dieser Sicht konnte *Eichler* das Godesberger Programm im nachhinein als „ethische Revolution" bezeichnen. Darunter verstand er vereinte Anstrengungen praktischer und theoretischer Art, die Ethik aus dem allgemeinen Rahmen der Weltanschauung soweit zu lösen, „daß sie als ein Bestand an Wertüberzeugungen dargeboten werden konnte, die der Politik als allgemeine ethische Normen dienen sollen"[102]. Eine solche ethische Revolution war das Godesberger Grundsatzprogramm von 1959 insofern, als in ihm die ethischen Grundwerte Freiheit, Gerechtigkeit und Solidarität als Fundamente der programmatischen Besinnung an die Stelle einer weltanschaulich-geschichtsphilosophischen Deutung der gesellschaftlichen Entwicklung traten, und revolutionär war das Herauslösen dieser Grundwerte, die einen ethischen Kernbestand dessen bezeichneten, was alle Menschen einte, aus ihrer einseitigen Bindung an eine orthodox-totalitäre Version der marxistischen Weltanschauung. In diesem Lichte betrachtet verloren Freiheit und Gleichheit nach *Eichler* den Malus, in einem widersprüchlichen Spannungsverhältnis zueinander zu stehen. Schon gar nicht teilte er die Furcht mancher Zeitgenossen, daß Gleichheit im Verständnis von sozialer Gerechtigkeit die Freiheit a priori bedrohe. Freiheit, so wie Sozialisten sie zu verstehen hatten, kam zwar bei allen grundsätzlichen Stellungnahmen Priorität zu, aber gleichzeitig war „die Idee der Gleichheit das tragende ethische Stimulans der Sozialisten" und blieb es bis heute, wie *Eichler* in Anlehnung an die bedeutende schwedische Sozialistin *Alva Myrdal* feststellte.[103] Und deshalb ist eben der Sozialismus „dauernd eine Aufgabe, nämlich Freiheit und Gerechtigkeit zu erkämpfen, sie zu wahren und sich in ihnen zu bewähren"[104].

Willi Eichler war mit der Konzentration der Grundlagendiskussion auf einen ethischen Kernbestand, den der Grundwerte – mochte dieser auch manchem kritischen Sozialdemokraten arg minimalisiert erschienen sein – ein zweifacher Befreiungsschlag gelungen: 1. die Entdogmatisierung und Entideologisierung des sozialistischen Selbstbildes (ohne die Tradition aufzugeben) und 2. die Öffnung

---

Eine Auswahl aus dem Werk, Berlin 1979, 137-157; vgl. *Eichler*, Ring, 356; *ders.*, Parteitag 1954, 156, 158.
[101] *Eichler*, Parteitag 1958, 371.
[102] *Ders.*, Individuum und Gesellschaft im Verständnis demokratischer Sozialisten, Hannover 1970, 72.
[103] Vgl. ebenda, 23f.; der Gedanke findet sich in vielen Äußerungen *Eichlers* während der fünfziger Jahre: Angewandte Ethik; Parteitag 1954, 160f.; Parteitag 1958, 356.
[104] *Ders.*, Parteitag 1958, 370.

der Bewegung für eine offene, wenngleich auch nicht ethisch-prinzipienlose Gesellschaft. Damit waren die Voraussetzungen für die Brückenschläge zu anderen sozialen Traditionen und Konzeptionen, wie z.B. zur katholischen Soziallehre, wie sie dann in den sechziger Jahren erfolgten, geschaffen. *Eichler* hat bei der ethischen Grundlagenbestimmung keineswegs die Bodenhaftung praktischer Politik verloren, wie an vielen Beispielen gezeigt werden könnte. Doch ging es hier darum, den ‚roten Faden' der Argumentation von *Eichler* stringent aufzuzeigen. Ein beträchtliches Maß an Reflexion hat er dem Problem der Erziehung gewidmet, da er weder normativ noch ontologisch und schon gar nicht voluntaristisch-postulativ argumentieren wollte, zumal die historischen Ankerplätze für seinen ‚ethischen Realismus' die Aufklärung und die Geschichte der bürgerlichen Revolutionen waren.

In der Frage, wer wie wozu erzogen werden sollte, zeigte sich bei *Eichler* die Nelsonsche Ursprungsprägung am stärksten: „Wir stehen vor der Notwendigkeit, die Mitglieder sozialistischer Organisationen zu sozialistischen Kämpfern zu erziehen. Die Lösung dieser Aufgabe ist bisher kaum in Angriff genommen."[105] Die „Furcht vor der Freiheit" machte ihn genauso besorgt wie andererseits die Gefahr, daß den Menschen Bindungen aufgenötigt werden könnten. Deshalb forderte er Ermutigung zu einer Erziehung des Menschen zur Freiheit und zur Fähigkeit, Bindungen einzugehen, „weil er übereinstimmt mit den Interessen, den Idealen, mit den Gefühlen und den Zielvorstellungen anderer"[106]. Entgegen dem Kleinmut mancher sozialdemokratischer Individualisten blieb er dabei, daß die Erziehung zur Freiheit in den Horizonten der sozialen Gerechtigkeit und der Solidarität eine Arbeit war, die „die Arbeiterbewegung" zu leisten hatte: Sie müsse „als Modell auftreten für die freie Gestaltung des Lebens überhaupt"[107].

b) *Carlo Schmid*, *Adolf Arndt* und *Fritz Erler*

Zu den soeben apostrophierten sozialdemokratischen Individualisten zählte *Carlo Schmid* (1896-1979). *Schmids* Vater war schwäbischer Herkunft und als Lehrer in Perpignan/Südfrankreich beschäftigt; seine Mutter, ebenfalls Lehrerin, war Französin. In Perpignan geboren, wuchs *Schmid* jedoch in Württemberg auf. Er fand Anschluß an die bürgerliche Jugendbewegung und nahm am Ersten Weltkrieg (zuletzt als Leutnant) teil. Nach dem Krieg studierte er Jura, wurde Richter am Landgericht Tübingen und habilitierte sich an der Universität Tübingen. Da er als Gegner des Nationalsozialismus galt – er rechnete sich dem Kreis um den Dichter *Stefan George* zu und gehörte esoterischen konservativ-romantischen Gruppen an – konnte er jedoch keine Universitätskarriere einschlagen. Während des Zweiten Weltkrieges war er von 1940-1945 Kriegsverwaltungsrat im nordfranzösischen Lille. Seinem Selbstverständnis nach Literat und Anhänger des Existentialismus, schien er nach 1945 geradezu prädestiniert zur Gründung einer konservativ-liberalen Volkspartei. Statt dessen verfolgte er für Südwürttemberg das Konzept der Labour-Party, und auf der offiziellen Gründungsversammlung der SPD im

---

[105] *Eichler*, Ethischer Realismus, 229.
[106] *Ders.*, Angewandte Ethik, 153.
[107] *Ders.*, Erziehung zur Freiheit, in: *Deist/Ders./Flanders*, Kontrolle, 28-32, 30f.

Februar 1946 hielt *Carlo Schmid* die Grundsatzrede. Bereits 1947 wurde der „Paradiesvogel", der der SPD zugeflogen war, Mitglied des Parteivorstandes und war später für seine Partei in führenden parlamentarischen Funktionen und Positionen tätig. Gleichzeitig nahm er seit 1945 zuerst in Tübingen, dann von 1953 bis 1969 in Frankfurt a.M. eine Professur zunächst für Völkerrecht, dann für Politische Wissenschaften wahr.[108]

Obwohl auch immer als Außenseiter betrachtet, hatte *Schmid* an den Weichenstellungen für eine moderne SPD einen beträchtlichen Anteil. So war es *Kurt Schumacher*, der ihn für den Hamburger Parteitag 1950 als Referenten für das Thema „Die SPD vor der geistigen Situation dieser Zeit" bestimmte und damit ihm, dem „bürgerlichen Aushängeschild", die Kompetenz für die Kulturpolitik zusprach (obwohl *Schmid* als Völkerrechtler gerne außenpolitische Themen vertreten hätte; dies beanspruchte jedoch *Schumacher* für sich). In seiner Rede stellte *Schmid* sich die Aufgabe, zwar keine Programm-Debatte auslösen, wohl aber über ihre Voraussetzungen sprechen zu wollen.[109] Wie bei allen anspruchsvollen Referenten begann dies mit einer Stellungnahme zu *Marx*, der durch sein Werk und dessen Auswirkungen „einer der mächtigsten Bewußtseinswandler unserer Weltzeit und einer der wesentlichsten Mitbestimmer ihres Lebensgefühls" geworden sei.[110] Nach einer eindrucksvollen Tour d'horizon durch die Geistesgeschichte des 19. und 20. Jhs., auf der kein großer Name fehlte, gelangte *Schmid* zu der grundsätzlichen Feststellung, daß politische Grundentscheidungen „immer das Produkt einer ethischen Entscheidung" seien: „Die Ethik aber liegt fertig nicht zur Hand. Jeder Mensch ist gezwungen, sich für *eine* Ethik zu entscheiden und hat mit der Entscheidung für die Folgen an dieser allgemeinen Grundentscheidung zu stehen."[111] Dieser existentialistisch geprägte ethische Subjektivismus hatte aus der Sicht von *Schmid* Folgen:

„Die Sozialdemokratie braucht kein Dogma und sie will kein Dogma. (Sehr gut! Beifall.) (…) Die Sozialdemokratische Partei braucht aber eine *Doktrin*, das heißt ein System von Zielsetzungen und von Methoden, das die Möglichkeit gibt, je und je in der Auseinandersetzung mit den verschiedenen konstanten und beweglichen Faktoren der Wirklichkeit die konkrete Situation auf ein Koordinatensystem zu beziehen, das uns erlaubt, die angemessenen strategischen und taktischen Konsequenzen so zu ziehen, daß alle Einzelentscheidungen, die die Partei trifft, sich zu einer Linie aufreihen lassen, die vom jeweiligen Standort aus nach dem Ziele weist. (Sehr richtig! Beifall.)"[112]

Von dieser Feststellung ausgehend, konnte *Schmid* die Konturen der Sozialdemokratie bestimmen: Demokratisch, sozialistisch, internationalistisch und zugleich patriotisch sollte sie sein – und:

„Diese Partei muß eine *politische* Partei sein, das heißt, sie kann keine Ersatzkirche und keine Sekte sein wollen. (Beifall.) Eine politische Partei – das gilt für alle Parteien – hat als *Partei* keine Aussagen über den letzten Sinn des Daseins zu machen. Es ist nicht ihre Aufgabe *als*

---

[108] Vgl. *Carlo Schmid*, Erinnerungen, Bern 1979; *Petra Weber*, Carlo Schmid 1896-1979. Eine Biographie, München 1996.
[109] Vgl. *Ders.*, Die SPD vor der geistigen Situation dieser Zeit, Prot. PT Hamburg 1950, 225-241, Zitat 226.
[110] Ebenda, 228.
[111] Ebenda, 234.
[112] Ebenda, 236.

Partei, Metaphysik zu treiben und sich für den Verwalter des Wissens vom Wesen der Dinge zu halten. (...) Diese Partei ist kein Ort der Erbauung, und sie kann weder Heilswahrheiten noch letzte Gewißheiten vermitteln. Sie ist nichts als der Zusammenschluß von Menschen, die sich entschieden haben, auf der Grundlage gemeinsamer Vorstellungen von der Würde des Menschen und gemeinsamer Einsichten, in das, *was nottut*. (...) Diese Partei, die Sozialdemokratische Partei Deutschlands, kann denen, die sich ihr angeschlossen haben, kein Rezept für die Erfüllung ihres eigenen individuellen Lebens geben. (Sehr richtig! Beifall.) Sie kann ihnen auch nicht die letzten Entscheidungen abnehmen und auch nicht ‚bieten', was man eine geistige Heimat nennt. Wir treffen diese Partei nicht als geistige Heimat an, wir machen sie dazu (Sehr richtig!), wir machen sie dazu, indem jeder für sich selbst sucht und die notwendigen Entscheidungen für sich selber trifft, und indem er sie trifft in der Freiheit und in der Verantwortung vor dem Ziele und dem, was uns letzten Endes den Weg in die Partei hat suchen und finden lassen."[113]

Dieses Referat muß – gemessen am durchschnittlichen Bewußtseinsstand der Parteimitglieder – für die meisten eine Zumutung gewesen sein. Nicht nur *Willi Eichler* distanzierte sich von *Carlo Schmids* Auffassungen[114]; auch der inzwischen von *Schmid* als Hoffnungsträger geförderte *Fritz Erler* und *Willy Brandt* hatten Einwände. Alle befürchteten, daß die von *Schmid* letzten Endes geforderte Auflösung bzw. Überwindung des „Lager- und Solidargemeinschafts"-Denkens in dieser Konsequenz von der Sozialdemokratie noch nicht zu leisten war.

Noch einmal löckte *Carlo Schmid* in provokanter Weise wider den Stachel, als er im Oktober 1953, nach der erneuten Wahlniederlage der SPD, ohne Vorwarnung der Parteigremien in einem Kommentar im Bayerischen Rundfunk erklärte:

„Und wir sind auch entschlossen, Fehlerhaftes und gegenstandslos Gewordenes abzuwerfen und deutlicher sichtbar zu machen als bisher, was unsere Partei denn eigentlich in Wirklichkeit ist und will. Wir sind stark genug, um, ohne Schaden für das unvergängliche Gut der Arbeiterbewegung, abwerfen zu können, was im Laufe der Zeit zu totem Ballast geworden sein mag. Dazu werden manche Dinge gehören, die einst – mit echtem geschichtlichen Recht – unseren Vorvorderen teuer gewesen sind, weil sie sie nach dem Stand der Erkenntnisse ihrer Zeit auf Grund der Wirklichkeit von einst für wesentlich halten durften." Die SPD sei keine Weltanschauungspartei mehr. Man könne deshalb „die Formulierung wagen, daß der Sozialismus der SPD der Ort ist, an dem sich zu Ende gedachtes liberales und konservatives Denken treffen könnten – vorausgesetzt, daß man unter liberal und konservativ schöpferische und fortzeugende Lebenskräfte versteht und nicht etwa Petrefakte." Die SPD habe „den Charakter einer echten Volkspartei gewonnen"[115].

Auch diese Rede rief nicht wenige kritische Reaktionen hervor, auch wiederum von *Brandt*, *Erler* und anderen, die ihm politisch nahestanden. Einzig *Karl Schiller* und *Heinrich Albertz* stimmten ihm zu. *Schmid* hat sich an den Programm-Diskussionen in den fünfziger Jahren nicht weiter beteiligt. Seine Rede auf dem Parteitag 1956 in München zum Thema der „Zweiten industriellen Revolution" brachte wenig eigenständige Argumente und war orientiert an den Untersuchungsergebnissen der damals führenden Industriesoziologen *Georges Friedman* und *Friedrich Pollock*. Auch sein Referat in der Katholischen Akademie Bayern

---

[113] *Schmid*, Die SPD vor der geistigen Situation dieser Zeit, 239, 240.
[114] Vgl. *Eichler*, Über den geistigen Standort der SPD; vgl. die auf das Referat *Schmids* folgende Aussprache im Protokoll 241-257: *Eichler* 245f., *Erler* 246f., *Brandt* 255f.
[115] Rundfunkrede im BR vom 28.10.1953, abgedruckt in: Junge Kirche. Protestantische Monatshefte, Jg. 14 (1953), 601-605, Zitate 602, 603, 604.

1958 über den „Ideologischen Standort des deutschen Sozialismus in der Gegenwart"[116] glänzte zwar durch den souveränen Rekurs auf *Hegel, Marx, Lassalle* und sogar *Hendrik de Man*, aber es fehlte ihm der innovative Schwung: Der „Geistesaristokrat" hatte seine Zukunft als Verabschieder von hehren Traditionen bereits hinter sich.

Dennoch traf *Carlo Schmid* auf mehr Resonanz, als die parteiöffentlichen Reaktionen vermuten ließen, bzw. es gab durchaus Gleichgesinnte, die sich, wenn auch vorsichtiger und bedeckter als er, äußerten. Zu ihnen zählte *Adolf Arndt*, nach eigenem Zeugnis ein gläubiger protestantischer Christ. *Arndt* bestätigte in einer Vortragsreihe der Arbeitsgemeinschaft sozialdemokratischer Akademiker in München über „Das Weltbild unserer Zeit" 1954, daß es sich beim freiheitlichen Sozialismus „in Wahrheit um eine *politische* Theorie handelt, deren Antrieb *sittlicher Art* und deren Kern ein auf Befreiung gerichtetes Wirklichkeitsdurchdenken ist"[117]. Deshalb sei er keine Weltanschauung, kein System, erst recht keine Ersatzreligion, wie *Arndt* z.T. unter direkter Berufung auf *Carlo Schmid* ausführte: „Alles, was der Sozialismus ist und was er kann, ist von dieser Welt."[118] In einer Rede auf dem Landesparteitag der Berliner SPD hat er zwei Jahre später, 1956, diesen Standpunkt bekräftigt und „unsere Urfrage: Warum und wozu ist hier und heute eine Sozialdemokratie notwendig?" so beantwortet:

„Eine Sozialdemokratie, die allein befugt ist, sich sozialistisch zu nennen, neben der es keinen anderen Sozialismus gibt. Eine Sozialdemokratie, die deshalb eine Verheißung der Zukunft ist, weil sie durch die zeitgerechte Veränderung der in Unordnung geratenen Gesellschaft die Wege aufzuzeigen und Kräfte zu entwickeln fähig und vertrauenswürdig ist, die Katastrophengefahr für unsere Epoche zu bewältigen."[119]

Daß für *Arndt* Freiheit, zu der er den mündigen Menschen berufen fand, immer nur erfüllbar war in gemeinschaftsbildender Mitverantwortung und sozialer Gerechtigkeit, ist zurecht von seinem Biographen hervorgehoben worden.[120]

Auch *Fritz Erler*, der in den fünfziger Jahren zu einer liberalen Form protestantischen Glaubens fand und wie *Arndt, Eichler* und *Wehner* sich am Brückenschlag zu den Kirchen beteiligte, hat den Perspektivenwechsel der SPD zu einer Kultur- und Bildungsbewegung, wie sie *Carlo Schmid* und *Waldemar von Knoeringen* vorschwebte, mitgetragen. Er gehörte zu jenen Politikern, die die neuen Herausforderungen der „zweiten industriellen Revolution" für die Sozialdemokratie produktiv zu wenden gedachten: Sie gäbe den Sozialisten „die Möglichkeit,

---

[116] Vgl. *Schmid*, Der ideologische Standort des deutschen Sozialismus in der Gegenwart, in: *ders.*, Politik und Geist, Stuttgart 1961, 245-278.

[117] *Adolf Arndt*, Sozialismus in unserer Zeit, in: Das Weltbild unserer Zeit, hrsg. von der Arbeitsgemeinschaft sozialdemokratischer Akademiker, Nürnberg 1954, 145-172, Zitat 153f. Weitere Redner in dieser Reihe waren *Max Bense, Walter Dirks, Walter Gerlach, Alexander Mitscherlich* und *Alfred Weber*.

[118] *Arndt*, Sozialismus, 163.

[119] *Ders.*, Es geht um den Menschen. Die Freiheitsaufgabe der Sozialdemokratie für die Zukunft, in: *ders.*, Politische Reden und Schriften, hrsg. von *Horst Ehmke* und *Carlo Schmid*, Berlin 1976, 72-91, Zitat 78.

[120] *Dieter Gosewinkel*, Adolf Arndt. Die Wiederbegründung des Rechtsstaats aus dem Geist der Sozialdemokratie (1945-1961), Bonn 1991, 540.

unser Ziel zu erreichen, nämlich eine neue, höhere Stufe der menschlichen Gesellschaft zu erklimmen (...)"[121].

c) *Waldemar von Knoeringen*

Der eigentliche Visionär einer neuen freiheitlich-sozialistischen Kulturbewegung wurde *Waldemar von Knoeringen* (1906-1971). *Waldemar Karl Ludwig Freiherr von Knoeringen* war im Volksbüchereiwesen tätig gewesen und trat 1926 in München in die SPD ein, wo er sich führend in der Sozialistischen Arbeiterjugend betätigte. 1933 mußte er emigrieren, zuerst nach Österreich, dann in die Tschechoslowakei, nach Frankreich und 1939 nach Großbritannien; er schloß sich der Gruppe „Neu Beginnen" an. 1946 kehrte er nach Bayern zurück und profilierte sich zum führenden sozialdemokratischen Politiker. 1948 bis 1968 gehörte er auch dem Bundesvorstand der SPD an; 1958 bis 1962 war er einer der stellvertretenden Vorsitzenden der Partei.[122]

Von Knoeringen verschrieb sich der Aufgabe, die neuen Tendenzen in den Kulturwissenschaften – Anthropologie, Psychologie, Soziologie und Medizin -, aber auch in den Naturwissenschaften und der Technik mit der politischen Praxis zu verbinden. Er war überzeugt davon, daß die Kultur- und Bildungspolitik zum Angelpunkt der sozialdemokratischen Politik werden würde. Insofern war sein Interesse auf die Modernisierung der SPD gerichtet – ein Projekt, das er bis zu seinem Tode verfolgte.

Erste kritische Töne gegenüber dem Traditionalismus in seiner Partei lassen sich bei *v. Knoeringen* bereits Ende der vierziger Jahre finden, aber erst Mitte der fünfziger Jahre begann er sich mit den Problemen und Chancen der „Zweiten industriellen Revolution" auseinanderzusetzen, schien es ihm doch, daß zum ersten Mal „in der Geschichte der Menschheit (...) ein Zustand erreicht [ist], in dem es Armut und persönliche Not nicht mehr zu geben braucht"[123]. Eine Reihe von konkreten Initiativen gingen vom Münchener Parteitag der SPD 1956 aus. Die Entschließung 100 ging auf *v. Knoeringen* zurück; sie forderte den „Umbau der gesellschaftlichen Ordnung", deren entscheidendes Merkmal sein sollte: „Planung in Freiheit und Planung für die Freiheit des Menschen"[124]. Ende 1956 wurde auf einer Konferenz über die „Mobilisierung des Geistes" eine Entschließung verabschiedet, die umfassende Bildungsreformschritte auf Länderebene forderte.

---

[121] *Fritz Erler*, Der Sozialismus in der Epoche der zweiten industriellen Revolution, in: Revolution der Roboter, hrsg. von der Arbeitsgemeinschaft sozialdemokratischer Akademiker, München 1956, 161-198, Zitat 198; *Hartmut Soell*, Fritz Erler. Eine politische Biographie, Berlin 1976, Bd. 1, 318-329; auch in: *Erler*, Politik für Deutschland. Eine Dokumentation, hrsg. von *Wolfgang Gaebler*, Stuttgart 1968, 95-125.
[122] Zu *v. Knoeringen* vgl. *Hartmut Mehringer*, Waldemar von Knoeringen. Eine politische Biographie. Der Weg vom revolutionären Sozialismus zur sozialen Demokratie, München 1989; *Rainer J. Ostermann*, Waldemar von Knoeringen und der demokratische Sozialismus, in: *Hartmut Mehringer* (Hrsg.), Von der Klassenpartei zur Volkspartei. Wegmarken der bayerischen Sozialdemokratie, München 1992, 261-290; *Waldemar v. Knoeringen*, Reden und Aufsätze, hrsg. vom SPD-Landesverband Bayern, München 1981.
[123] *Ders.*, Sozialismus an der Wende der Zeit. Rede vor der Landeskonferenz der SPD am 06.11.1955, in *ders.*, Reden und Aufsätze, 44-54, Zitat 51.
[124] SPD-PT 1956, Entschließung 100, abgedruckt in: *Ders.*, Reden und Aufsätze, 55-58.

Schließlich wurde im Oktober 1958 ein von *v. Knoeringen* initiierter und gestalteter „Plan Z" = „Die Zukunft meistern" der SPD verabschiedet und veröffentlicht, der auf ein konkretes Bündnis zwischen Politik und Wissenschaft zielte.[125]

Seit 1957 hatte sich *v. Knoeringen* auch in die Programmarbeit eingeschaltet. Von seinen damit verbundenen Intentionen zeugen mehrere große Reden aus dem Jahre 1958: die auf dem Parteitag 1958 in Stuttgart über „Kultur und Politik", eine weitere über „Kulturpolitik als Staatspolitik" in der Katholischen Akademie in Bayern und ein Vortrag über „Die Entdeckung des Menschen in der Politik" vor der Arbeitsgemeinschaft sozialdemokratischer Akademiker in München. Für *v. Knoeringen* war der „Umbau unserer gesellschaftlichen Ordnung" „das Gebot der Stunde". In enger Verbindung von Politik und wissenschaftlicher Erkenntnis müsse die Sozialdemokratie „ihren Kampf um die Höherentwicklung freiheitlicher Kultur und die Vertiefung des Menschentums" führen. Kulturpolitik war deshalb „das eigentliche Feld der Bewährung": „Kulturpolitik wird zur Kernfrage des demokratischen Sozialismus." Sie wurde es deshalb, weil in der „Situation des steigenden Reichtums der Gesellschaft" zwei Gefahren „die Grundlagen menschlicher Existenz" bedrohten: „die physische Zerstörung durch die kriegerisch entwickelten Kräfte des Atoms und die moralische Entmenschung des Menschen durch die Kräfte des Materialismus"[126]. Andererseits gab es aber Chancen, gerade jetzt klassische Ziele der Sozialdemokratie zu erreichen:

„Wie aber erreicht der Mensch diese höhere Stufe seines Bewußtseins? Hierzu eine Feststellung: Wachsender materieller Reichtum und technische Zivilisation erzeugen nicht zwangsläufig gesellschaftliches Bewußtsein und Mitverantwortlichkeit. Entscheidend ist für uns die Einsicht: Die Hebung des Menschen vom Objekt zum Subjekt vollzieht sich nicht automatisch im geschichtlichen Prozeß. Sie muß gewollt sein, sie muß bewußt herbeigeführt werden.

Der einzige Weg dazu ist eine gigantische Anstrengung der Gesellschaft im Bereich der Erziehung, der Menschenbildung und durch die Ausweitung unseres Wissens vom Menschen und von den Bewegungsgesetzen der Gesellschaft."[127]

Waldemar v. Knoeringen stellte sich die Frage, worauf es nun in der Praxis ankomme, und gab die Antwort:

„Es kommt darauf an, alle zusammenzuschließen, die davon überzeugt sind, daß unsere gegenwärtige Gesellschaftsordnung überholt ist und daß wir auch in der Politik eine neue Sittlichkeit und eine höhere moralische Verantwortung brauchen. Die Aufgabe des Staates kann es nicht nur sein, mit den Mitteln der Macht das wirtschaftliche und politische Gefüge in Ordnung zu halten, sondern das soziale und kulturelle Leben unablässig weiterzuentwickeln. (…) Die gerechte Beteiligung aller Menschen an den gemeinsam geschaffenen Reichtümern, das stete Bemühen um die Durchsetzung sozialer Gerechtigkeit, die großzügige Förderung von Schulen, Universitäten und anderen Bildungsanstalten – all das müßte im Vordergrund staatlicher Politik stehen. In einem Satz: Die Aufgabe ist, unseren verfassungsmäßig begründeten demokratischen Rechtsstaat in einen tatsächlich sozialen Kulturstaat zu verwandeln, den Menschen als Individuum und damit die Gesellschaft selbst zur vollen kulturellen Ent-

---

[125] Vgl. Die Zukunft meistern, hrsg. vom Parteivorstand der SPD, Berlin 1959; *v. Knoeringen*, Der Plan „Zukunft". Gedanken zu einer zeitgerechten sozialistischen Politik, in: NG, Jg. 5 (1958), H. 6, 413-417.

[126] Von Knoeringen, Rede auf dem PT 1958 in Stuttgart; sie ist dreimal verfügbar: 1. Protokoll des PT 1958, 5-25; 2. in: *Waldemar v. Knoeringen/Adolf Arndt*, Sozialismus – gelebter Humanismus, Bonn 1958; 3. *v. Knoeringen*, Reden und Aufsätze, 70-81 (hiernach wird zitiert), Zitate 71f., 75f.

[127] *Ders.*, Sozialismus – gelebter Humanismus, 77.

faltung gelangen zu lassen. Politik kann keine Kultur hervorzaubern. Politik muß aber die Voraussetzung für freie kulturelle Entfaltung schaffen."[128]

Nicht wenige, die in den fünfziger und noch in den sechziger Jahren von *v. Knoeringens* anfeuernder Rhetorik begeistert wurden, bedauerten schon seinerzeit, daß vieles von dem, was er treffend aussprach, so wenig Resonanz fand, ins Leere zielte und manches bereits zeitgleich etwas naiv-optimistisch wirkte, so als male er ‚blühende Landschaften' aus, wenn er besorgt danach fragte, ob denn der Mensch, dessen materielle Bedürfnisse befriedigt seien, glücklich sein würde, „wenn er seine Pension mit 55 Jahren bekommt und sein Auto in der Garage stehen hat, das ihn im Blitztempo an die Riviera bringt?"[129] Andererseits hat *v. Knoeringen* bereits in jenen Jahren manches vorgedacht, das erst später gesellschaftspolitisch relevant wurde. So mündete seine „Mobilisierung der Demokratie" in *Willy Brandts* „Mehr Demokratie wagen" und seine Antizipation der Bedrohungen, die schichtenunspezifisch alle Menschen treffen würden, erinnert an *Ulrich Becks* spätere „Risikogesellschaft".

II. Der Weg zum Godesberger Programm und die Botschaft des Programms

1. Stationen der Programmarbeit

Das Godesberger Programm hatte nicht nur viele Väter – neben *Willi Eichler* werden in der Literatur mehr oder weniger zutreffend genannt: *Gerhard Weisser, Karl Schiller, Heinrich Deist, Hermann Veit, Carlo Schmid, Adolf Arndt, Fritz Erler*, gelegentlich auch *Herbert Wehner*, sondern durchlief auch viele Vorstufen, so daß es berechtigt ist, lakonisch festzustellen: Das Programm war kein Anfang, sondern bildete einen Schlußstein. In den folgenden Ausführungen werden keine Aussagen über die Prozesse der innerparteilichen Willensbildung, die zum Godesberger Programm hinführten, getroffen – hierfür sei auf die einschlägige Literatur verwiesen[130] -, vielmehr wird auf die Entwicklung der inhaltlichen Diskussion eingegangen.

---

[128] *V. Knoeringen*, Die Entdeckung des Menschen in der Politik, in: Der wiederentdeckte Mensch, Vortragsreihe der Arbeitsgemeinschaft sozialdemokratischer Akademiker München, München 1958, 9-23, Zitat 20f.
[129] *Ders.*, Sozialismus an der Wende der Zeit, 51.
[130] *Siegfried Heimann*, Die Sozialdemokratische Partei Deutschlands. Abschnitt 2: Die programmatische Wende der SPD 1954-1968/69 in: *Richard Stöß* (Hrsg.), Parteien-Handbuch. Die Parteien der Bundesrepublik Deutschland 1945-1980, Bd. 4, Opladen 1986, 2054-2072; *Kurt Klotzbach*, Der Weg zur Staatspartei. Programmatik, praktische Politik und Organisation der deutschen Sozialdemokratie 1945 bis 1965, Berlin 1982; *Susanne Miller*, Die SPD vor und nach Godesberg, in: *dies./Heinrich Potthoff*, Kleine Geschichte der SPD. Darstellung und Dokumentation 1848-1990, Bonn [7]1991; *Susanne Miller*, Der Weg zum Godesberger Grundsatzprogramm; *dies.*, Zur Wirkungsgeschichte des Godesberger Programms, beide in: *dies.*, Sozialdemokratie als Lebenssinn. Aufsätze zur Geschichte und Gegenwart der SPD, hrsg. von *Bernd Faulenbach*, Bonn 1995, 297-319; *Helmut Köser*, Die Kontrolle wirtschaftlicher Macht. Heinrich Deist und das Godesberger Programm, in: APuZ B 14/74, 3-25; *Klaus Lompe*, Zwanzig Jahre Godesberger Programm, in:

a) Prinzipienerklärung der Sozialistischen Internationale, 1951

Immer wieder nahmen die an der Programmdiskussion Beteiligten, insbesondere *Willi Eichler*, Bezug auf die Prinzipienerklärung der Sozialistischen Internationale aus dem Jahre 1951 über „Ziele und Aufgaben des Demokratischen Sozialismus"[131]. Oft finden sich in den Äußerungen ungenannt Versatzstücke aus dieser Erklärung. Sie enthielt in der Präambel vier grundsätzliche Stellungnahmen: 1. Kritik am Kapitalismus, der außerstande sei „die elementaren Lebensbedürfnisse der Menschheit zu befriedigen"; 2. Abgrenzung von den Kommunisten, die sich zu Unrecht auf sozialistische Traditionen beriefen; 3. Anerkennung des Pluralismus der Motivationen für die Entscheidung für den demokratischen Sozialismus:

„Der demokratische Sozialismus ist eine internationale Bewegung, die keineswegs eine starre Gleichförmigkeit der Auffassungen verlangt. Gleichviel, ob Sozialisten ihre Überzeugung aus den Ergebnissen marxistischer oder anders begründeter sozialer Analysen oder aus religiösen oder humanitären Grundsätzen ableiten, alle erstreben ein gemeinsames Ziel: eine Gesellschaftsordnung der sozialen Gerechtigkeit, der höheren Wohlfahrt, der Freiheit und des Weltfriedens."[132]

Schließlich als 4. grundsätzlicher Bestandteil die Erklärung: „Der Sozialismus (...) wird (...) zur höchsten Form der Demokratie." In den Abschnitten über „Wirtschaftliche Demokratie" und „Soziale Demokratie und kultureller Fortschritt" wird als Ziel sozialistischer Politik bezeichnet: „Vollbeschäftigung, Produktionssteigerung, stetige Vergrößerung des Wohlstandes, soziale Sicherheit und eine gerechte Verteilung der Einkommen und Vermögen". Gefordert werden außerdem eine demokratische Form der sozialistischen Planwirtschaft und die Beteiligung der Gewerkschaften und „Verbände der Produzenten und Konsumenten" an der demokratischen Kontrolle der Wirtschaft. Unter den „ökonomischen und sozialen Grundrechten" steht „das Recht auf Arbeit" an erster Stelle.

b) Das Dortmunder Aktionsprogramm der SPD, 1952

Anfang November 1951 begann die SPD-Parteiführung mit der Vorbereitung des Aktionsprogramms. Ein Ausschuß wurde gebildet, der jedoch erst im April 1952 mit der Arbeit begann; die Federführung lag bei *Willi Eichler*. Der von diesem Ausschuß erarbeitete Entwurf wurde vom SPD-Parteitag im September 1952 in Dortmund einstimmig angenommen.[133] Das Vorwort zum Aktionsprogramm, da-

---

APuZ B 46/79, 3-24; *Günther Edler*, Der Godesberger Parteitag der SPD von 1959. Ein Beitrag zum Problem der innerparteilichen Willensbildung, in: Gegenwartskunde, Jg. 16 (1967), H. 3, 208-218; *Hans Joachim Mann*, Das Godesberger Grundsatzprogramm als Ergebnis innerparteilicher Willensbildung, in: GuT, Jg. 24 (1969), H. 4, 225-237; *Soell, Erler*, Bd. 1., 318-329. Die Verfasserin hat zur Abklärung des Gewichts von politischen und personalen Einflüssen, die in der Literatur unterschiedlich bewertet werden, den Bestand SPD-Parteivorstand, Sekretariat *Willi Eichler* (Programmkommissionen 1953-1954; 1955-1959; Unterausschuß Wirtschafts- und Sozialpolitik 1955-1959) im Archiv der sozialen Demokratie in Bonn durchgesehen.
[131] Text in *Dieter Dowe/Kurt Klotzbach* (Hrsg.), Programmatische Dokumente der deutschen Sozialdemokratie, Bonn ³1990, 287-297.
[132] Ebenda, 290.
[133] Text in: Ebenda, 299-347.

tiert vom 28. Juli 1952, hatte noch *Kurt Schumacher* geschrieben, der am 20. August 1952 verstorben war.

Im Abschnitt „Wirtschaftspolitik", der nach Außenpolitik, Berlin und Innenpolitik rangierte, stand als vorrangiges Ziel die Vollbeschäftigung. Er enthielt außerdem einen Abschnitt „Sozialisierung":

„Um die vollbeschäftigte Wirtschaft mit den wichtigsten Rohstoffen, wie Kohle, Eisen und Stahl, gleichmäßig zu versorgen, wird die Grundstoffwirtschaft in Gemeineigentum übergeführt. Nur so wird verhindert werden, daß Wirtschaftszweige von dieser volkswirtschaftlichen Bedeutung ausschließlich privatkapitalistischen Interessen dienen und wieder zu politischen Zwecken mißbraucht werden. Erst dann wird es auch möglich sein, in den Grundstoffindustrien eine volkswirtschaftlich richtige Investitionspolitik zu betreiben."

Helmut Schmidt wies in seiner Kommentierung des Aktionspogramms auf den indirekten Einfluß von *Karl Schillers* „Thesen zur praktischen Gestaltung unserer Wirtschaftspolitik aus sozialistischer Sicht" hin.[134]

c) Berliner Fassung des Aktionsprogramms, 1954

Nach der Wahlniederlage im September 1953 beschleunigte die SPD-Führung die Programmdiskussion, die nun zum Ziel hatte, ein neues Grundsatzprogramm zu erarbeiten. Nachdem bereits im Februar 1953 *Karl Schiller* auf einer wirtschaftspolitischen Tagung in Bochum seine nachmals berühmte Leitregel „soviel Wettbewerb wie möglich, soviel Planung wie nötig" erstmals parteiöffentlich gemacht hatte, sollte sich nun eine sogenannte Studienkommission, zu der u.a. *Gerhard Weisser, Wolfgang Abendroth* und *Otto Stammer* gehörten, um die Perspektiven für ein Grundsatzprogramm bemühen. Im April 1954 wurden von der Studienkommission die sogenannten Mehlemer Thesen vorgelegt.[135] Danach erarbeitete eine sechzigköpfige Kommission unter der Leitung von *Willi Eichler* Vorschläge für die Überarbeitung des Dortmunder Aktionsprogramms und für eine Präambel.

Auf dem Parteitag im Juli 1954 in Berlin wurde die neue Fassung beschlossen. Erhalten geblieben war das 1952er Vorwort von *Kurt Schumacher*. Neu dagegen war der Anfang mit den „Ziele(n) und Aufgaben". Die Sozialdemokratie legte darin ihr Bekenntnis „zu den großen Ideen der Demokratie und des Sozialismus" ab und berief sich dabei auf *Marx* und *Engels, Lassalle* und *Bebel* bis zu *Kurt Schumacher, Hans Böckler* und *Ernst Reuter*. Es war die Rede vom „großen Menschheitsziel des Sozialismus", vom Ziel der Neugestaltung der Gesellschaft im Geiste des Sozialismus, d.h. ohne Ausbeutung und Unterdrückung, auf den Grundlagen der Vernunft, Toleranz und Gerechtigkeit, in Frieden und Freiheit. Aber dies sollte kein „Endziel" im klassischen Sinne sein, sondern „stets Aufgabe". Wenngleich „die sozialistischen Ideen" „keine Ersatzreligion" sein konnten und sollten, so war doch andererseits davon auszugehen, daß in Europa „Chri-

---

[134] Vgl. *Helmut Schmidt*, Das wirtschaftspolitische Konzept der Sozialdemokratie. Bemerkungen zum Ergebnis des Dortmunder Parteitages, in: GMH, Jg. 3 (1952), H. 11, 657-663, Zitat 663; zu *Schillers* Thesen vgl. den Abschnitt I, 1, c) in diesem Kapitel; *Heinrich Deist* hatte sich, obwohl um Mitarbeit gebeten, an den Diskussionen um das Aktionsprogramm nicht beteiligt.
[135] Mehlemer Thesen, abgedruckt in: Jahrbuch der SPD, 1954/55, 426-431, auch in: *Thomas Meyer*, Grundwerte und Wissenschaft im Demokratischen Sozialismus, Berlin 1978, 219-221.

stentum, Humanismus und klassische Philosophie geistige und sittliche Wurzeln des sozialistischen Gedankengutes" waren. Unter wörtlicher Anlehnung an die Prinzipienerklärung von 1951 erfolgte eine klare Absage an den Kommunismus, wurde die Wiederherstellung der deutschen Einheit in Frieden und Freiheit gefordert und die SPD als eine modernisierte Partei vorgestellt:

> „Die Sozialdemokratie ist aus der Partei der Arbeiterklasse, als die sie erstand, zur Partei des Volkes geworden. Die Arbeiterschaft bildet dabei den Kern ihrer Mitglieder und Wähler. Der Kampf und die Arbeit der Sozialdemokratie aber liegen im Interesse aller, die ohne Rücksicht auf engherzig gehütete Vorrechte für soziale Gerechtigkeit, für politische und wirtschaftliche Demokratie, für geistige Freiheit und Toleranz, für nationale Einheit und internationale Zusammenarbeit eintreten."[136]

Der als Präambel fungierende erste Abschnitt galt als der weitgehend gelungene Versuch der „geistigen Neuorientierung" (so *Gerhard Weisser*) der SPD. Er bemühte allerdings auch große Worte plakativer Art, so daß viel darauf ankam, was an Konkretem geboten wurde. Der Abschnitt „Wirtschaftspolitik" trug ganz die Handschrift *Karl Schillers* (*Heinrich Deist* war nicht einmal Parteitagsdelegierter). Neu war deshalb die Koppelung von Produktivitätssteigerung und Vollbeschäftigung durch Modernisierung der Grundstoffindustrien, verstärkten Wohnungsbau, Förderung der Zonenrandgebiete und nationale Investitionsprogramme. Der Unterabschnitt „Planung und Wettbewerb" beginnt mit der bereits mehrfach erwähnten Schillerschen Leitregel. Ein weiteres umfassendes Thema ist die gerechte Verteilung des Sozialprodukts. Der Abschnitt „Sozialisierung" entfiel nun; unter „Privateigentum und Gemeineigentum" wurde indessen vermerkt, daß die „Überführung der Grundstoffwirtschaft in Gemeineigentum" als Mittel zum Zweck der Herstellung von Vollbeschäftigung notwendig sei. Neu ist der Abschnitt über „Demokratie auch in der Wirtschaft", in dem eine eindeutige Stellungnahme zur paritätischen Mitbestimmung abgegeben wird.

d) Der Entwurf zu einem Grundsatzprogramm, 1958

Der Parteitag der SPD 1954 hatte die Einsetzung einer Kommission zur Erarbeitung eines Grundsatzprogramms beschlossen. Die Kommission konstituierte sich im März 1955 und bestand aus 34 Personen.[137] Den Vorsitz hatte wiederum *Willi Eichler* inne. Bis Juli 1956 tagte nun der Grundsatzausschuß, aus dem dann die Unterausschüsse gebildet wurden. Vorsitzender des Unterausschusses „Wirtschafts- und Sozialpolitik" war zunächst *Viktor Agartz*, dann *Gerhard Weisser*; Mitglieder waren u.a. *Karl Schiller* und *Heinrich Deist*, der der eigentliche Motor der Ausschußarbeit wurde. Der Ausschuß trat erstmals im Mai 1957 zusammen. Bis Februar 1958 tagte er sechzehnmal und legte den „Entwurf zur Neuordnung der Wirtschaft" vor, der nach mehrmaliger Beratung und Überarbeitung in den Gesamtentwurf eingegliedert wurde. Diesen Gesamtentwurf verabschiedete die

---

[136] *Dowe/Klotzbach*, Dokumente, 305.

[137] Der Kommission gehörten u.a. an: *Wolfgang Abendroth, Heinrich Albertz, Adolf Arndt, Otto Brenner, Heinrich Deist, Fritz Erler, Waldemar v. Knoeringen, Karl Schiller* (der allerdings bei der konstituierenden Sitzung nicht anwesend war), *Carlo Schmid, Otto Stammer, Herbert Wehner* und *Gerhard Weisser*.

Programmkommission im April 1958, zeitgerecht zum SPD-Parteitag im Mai 1958 in Stuttgart.

Der Entwurf enthielt nicht mehr expressis verbis die Schillersche Leitregel, die aufgelöst wurde in einen langgezogenen, wenn nicht langatmigen Text über die Bedingungen und Begrenzungen der unmittelbaren planerischen Staatseingriffe. Überführung in Gemeineigentum wurde als legitime Form öffentlicher Kontrolle bezeichnet, aber instrumentell, nicht mehr prinzipiell verstanden: „Gemeineigentum ist kein Dogma, sondern eine Frage der Zweckmäßigkeit und der Notwendigkeit". „Das Bild unserer Zeit", gedacht als analytisch strukturierte Präambel, begann mit dem „Bild vom Menschen" und den Gefährdungen der Demokratie. Der (umfangreichste) Kernbereich war der mit „Wirtschaft und Gesellschaft" bezeichnete. Hier wurde der Begriff Kapitalismus vermieden, statt dessen von „Großwirtschaft" bzw. „industrieller Gesellschaft" oder „Industriegesellschaft" gesprochen. Erst in der Überschrift zur weltpolitischen Lage erschien der Begriff im Rahmen des Dualismus „Kapitalismus und Kommunismus – und die Freiheit".

Im Sommer 1958 begann die Diskussion des Entwurfs in den Parteiorganisationen; im Mai 1959 beschloß der Parteivorstand, einen zweiten Entwurf erarbeiten zu lassen, der kürzer und gestraffter ausfallen und in dem auf die Zeitanalyse verzichtet werden sollte. Zu der Redaktionskommission gehörten neben *Erich Ollenhauer*, dem Parteivorsitzenden, *Willi Eichler* und *Heinrich Deist* sowie die Journalisten *Fritz Sänger* und *Heinrich Braune* – und *Benedikt Kautsky* (der Sohn von *Karl Kautsky*), der das Programm der Sozialistischen Partei Österreichs aus dem Jahre 1958 wesentlich geprägt hatte. Die Kommission legte im Juni 1959 einen neuen Entwurf vor, der nochmals überarbeitet wurde und für den *Sänger* und *Braune* eine Präambel verfaßten. Dieser Entwurf wurde am 3. September 1959 vom Parteivorstand einstimmig verabschiedet. Zum außerordentlichen Parteitag der SPD vom 13. bis 15. November 1959 in Bad Godesberg lagen mehrere hundert Programmanträge vor, die eine Redaktionskommission unter der Leitung des Parteivorsitzenden *Erich Ollenhauer* je nach Beschlußlage in eine abstimmungsfähige Vorlage brachte. Am 15. November 1959 wurde dann das Godesberger Programm mit 324 gegen 16 Stimmen verabschiedet.

2. Das Godesberger Programm, 1959

a) Inhalte und Defizite[138]

Die inhaltlichen Kernbereiche des Godesberger Programms lassen sich mit den folgenden fünf Punkten beschreiben:

1. Der demokratische Sozialismus des Godesberger Programms findet seine Begründung in der ethisch fundierten Entscheidung für ihn. Diese ethische Entscheidung kann aus unterschiedlichen weltanschaulichen Quellen gespeist werden und vermittelt sich über die Anerkennung der Grundwerte in die politische Praxis: „Freiheit, Gerechtigkeit und Solidarität, die aus der gemeinsamen Verbundenheit folgende gegenseitige Verpflichtung, sind die Grundwerte des sozialistischen Wollens."[139] Die Begründung dieser Grundwerte erfolgt nicht ontologisch-normativ, sondern jeweils historisch-kontingent aus der Geschichte der klassischen antifeudalen und dann antikapitalistischen Emanzipationsbewegungen. Die historisch-deterministische Begründung des orthodox verengten Marxismus für die historische Notwendigkeit des Sozialismus ist damit aufgegeben, wie auch der Systemcharakter des Sozialismus, die Verknappung seiner inhaltlichen Substanz auf Sozialisierung und die Postulierung eines Endziels. Der Sozialismus wird nicht mehr als eine geschichtsphilosophisch begründete Utopie begriffen, sondern als dauernde Aufgabe, „Freiheit und Gerechtigkeit zu erkämpfen, sie zu bewahren und sich in ihnen zu bewähren".

2. Das Gesellschaftsbild des Godesberger Programms ist pluralistisch. Die Gesellschaft wird verstanden als ein Gebilde konkurrierender, verbandsmäßig organisierter Interessen. Die Konkurrenz dieser gesellschaftlichen Interessen führt unter der Voraussetzung gleicher Aktionsbedingungen zu einem gerechten, Über- und Unterprivilegierungen ausschaltenden Ausgleich. Anders gewendet: Die Klassenspaltung wird als überwindbar angesehen, nicht wie im klassischen Marxismus durch die Aufhebung der bürgerlichen Gesellschaft vermittels des Befreiungskampfes der unterdrückten Klasse, des Proletariats, sondern durch paritätische Partizipation aller gesellschaftlichen Kräfte am Gemeinwesen. Die Klassengesellschaft wird zu einer offenen Gesellschaft, und der Proletarier zum „Arbeiterbürger". Eine entscheidende Bedeutung für die Öffnung (und Überwindung)

---

[138] Vgl. *Meyer*, Grundwerte und Wissenschaft; *ders.* (Hrsg.), Grundwerte und Gesellschaftsreform, Frankfurt a.M. 1981; *Helga Grebing*, Die theoretischen Grundlagen des Godesberger Programms, in: *Sven Papcke/Karl Theodor Schuon* (Hrsg.), Braucht die SPD ein neues Grundsatzprogramm?, Berlin 1984, 9-17; *Grebing*, Das Programm von Bad Godesberg und seine Bedeutung für die Politik der SPD, in: Willi Eichler zum 100. Geburtstag, 20-36; *dies.*, Die Traditionen des „demokratischen Sozialismus" als Anti-These zum Marxismus-Leninismus – Der Weg zum Godesberger Programm, in: *Horst Heimann* (Hrsg.), Sozialdemokratische Traditionen und Demokratischer Sozialismus 2000, Köln 1993, 26-43; *Horst Heimann*, Das Sozialismusverständnis des Godesberger Programms und seine parteiöffentliche sowie öffentliche Resonanz, in: *Papcke/Schuon*, Grundsatzprogramm?, 18-35; *Miller*, Der Weg; *dies.*, Zur Wirkungsgeschichte; den Programmtext vgl. in *Dowe/Klotzbach*, Dokumente, 349-370.

[139] *Dowe/Klotzbach*, Dokumente, 351.

der Klassengesellschaft kommt der Bildung und Erziehung zu: Der Mensch und seine Persönlichkeit werden nun zum Adressaten der Bildungsbemühungen und nicht mehr der aus dem Proletarier in der Zukunft hervorgehende „neue Mensch".

3. Daraus resultiert das Selbstbild und Selbstverständnis der SPD als einer „Gemeinschaft von Menschen, die aus verschiedenen Glaubens- und Denkrichtungen kommen" und deren „Übereinstimmung auf gemeinsamen sittlichen Grundwerten und gleichen politischen Zielen" beruht, wie dann auch noch einmal bestätigt wird, daß der demokratische Sozialismus in Europa „in christlicher Ethik, im Humanismus und in der klassischen Philosophie verwurzelt" sei. Damit war die SPD „die linke Volkspartei der dauernden Reform" und jedweder revolutionäre Radikalismus marxistischer Prägung verabschiedet oder allgemeiner ausgedrückt: allen weltanschaulichen und politischen Ausschließlichkeitsansprüchen eine Absage erteilt.

4. Analog zum Gesellschaftsbild des Godesberger Programms wird der noch von *Kurt Schumacher* angestrebte antimonopolistische Sozialismus auf ökonomischer Ebene ersetzt durch ein Wettbewerbs- und Marktmodell, das am Konkurrenzkapitalismus orientiert und deshalb konzentrationsfeindlich ist und durch ordnungspolitische Maßnahmen im Gleichgewicht gehalten werden soll. Deshalb wird die Leitregel „Wettbewerb soweit wie möglich, Planung soweit wie nötig" wieder ins Zentrum der programmatischen Orientierung der erstrebten „Wirtschafts- und Sozialordnung" gerückt. Wirtschaftslenkung und Kontrolle ökonomischer Machtkonzentration, zumal solcher, die sich relativ unvermittelt politisch umsetzt, kann nach diesem Modell auch ohne die Vergesellschaftung von Monopolen und Oligopolen erfolgen. Allerdings bleibt diese im Werkzeugkasten, also der instrumentell-zweckrationalen Anwendung vorbehalten. In dieser Funktion verbleibt auch bereits bestehendes und eventuell noch zu schaffendes Gemeineigentum. Die Vergesellschaftung gilt nun endgültig nicht mehr als ein prinzipielles Ziel. Sie kann nur einen unter bestimmten gesellschaftlichen Umständen zweckrational-instrumentellen Sinn gewinnen und erfüllen. Privateigentum an Produktionsmitteln hingegen ist damit prinzipiell anerkannt, sofern es „nicht den Aufbau einer gerechten Sozialordnung hindert".

5. Demokratie ist im Godesberger Programm nicht nur der Weg zum Ziel, sondern ein Wert an sich, der jene staatliche Ordnung begründet, ohne die eine demokratisch-sozialistische Gesellschaft nicht bestehen kann. Damit werden der parlamentarisch-demokratische Staat und seine Institutionen in ihrer Schlüsselrolle für die Durchsetzung der Ziele des demokratischen Sozialismus bestätigt. Zugleich aber wird diese Rolle in dem Maße relativiert, in dem das demokratische Prinzip auf gesellschaftlichen und ökonomischen Handlungsfeldern seine gestaltende Kraft gewinnt und verdichtet wird zu einem umfassenden gesellschaftlichen Lebensprinzip.

Das Godesberger Programm setzte nicht nur den Schlußstein am Ende eines langen Weges, und es bedeutete deshalb auch keinen Kurswechsel, es schrieb vielmehr noch einmal grundsätzlich die Leitlinien fest, zu denen sich die SPD im Jahrzehnt nach der Gründung der Bundesrepublik bereits Schritt für Schritt durchgerungen hatte. Aber das Programm sollte noch mehr sein als ein Schlußstein, vielmehr auch eine zeitadäquate Antwort auf die Herausforderungen, mit denen Sozialdemokraten sich konfrontiert sahen: eine Antwort auf das Scheitern des humanen Sozialismus in den kommunistischen Staaten Osteuropas, eine

Antwort auf die Fähigkeit der kapitalistischen Produktionsverhältnisse zur Verschiebung ihrer existentiellen Grenzen, eine Antwort auf die sich abzeichnenden Veränderungen in der Sozialstruktur der Bundesrepublik, die sich auf den Slogan des ‚Abschieds vom Proletariat' bringen ließen.

Diese Leistungsbilanz, die per se nichts aussagt über die Wirkungsmächtigkeit der programmatischen Erneuerung, soll nicht die Defizite übersehen lassen. Da war noch viel unreflektierte, wenn nicht gar naive Fortschrittseuphorie; da durchzog das ganze Programm ein beinahe blindes Vertrauen in Wirtschaftswachstum, technischen Fortschritt und die Machbarkeit sozialer Gleichheit. Dies wurde besonders deutlich bei der Zielbestimmung sozialdemokratischer Wirtschaftspolitik, bei der die Sozialdemokraten mit einem kaum begründeten Optimismus über den Keynesianismus hinausschossen: Auf der Grundlage eines „stetigen Wirtschaftsaufschwungs" war „das Ziel sozialdemokratischer Wirtschaftspolitik (...) stetig wachsender Wohlstand und eine gerechte Beteiligung aller am Ertrag der Volkswirtschaft, ein Leben in Freiheit ohne unwürdige Abhängigkeit und ohne Ausbeutung"[140]. Da fehlte auch die Einsicht in die fatalen Wirkungen der „Dialektik der Aufklärung". Da wurden kaum Konsequenzen aus der Barbarei des Faschismus gezogen. Da blieb der Rest der Zeitanalyse, die das Programm immer noch mehr indirekt enthielt, merkwürdig abgehoben von den konkreten Forderungen und enthielt wenig vorausschauende Wahrnehmung: Nur erst sehr schemenhaft wurde die Interdependenz der werdenden Weltgesellschaft angesprochen. Da wurden zumindest verbal Restbestände des traditionellen sozialistischen Chiliasmus virulent, wenn von der „neuen und besseren Ordnung" der Gesellschaft, die der demokratische Sozialismus erstrebte, die Rede war, und von der „Hoffnung der Welt" auf „eine Ordnung", „die auf den Grundwerten des demokratischen Sozialismus aufbaut"[141]. Und da wurde *Marx* ‚vergessen', d.h. die marxistische Tradition aus dem „historischen Gedächtnis der Partei ausgeschlossen"[142].

b) Das Fazit der Programmgestalter

Genau dies unterstrich, positiv gewendet, der Chefredakteur der theoretischen Zeitschrift der SPD „Die Neue Gesellschaft", *Ulrich Lohmar*: „Der Marxismus als ein philosophisches, ökonomisches und soziologisches Lehrgebäude ist von der Sozialdemokratie zu den Akten der Geschichte gelegt worden."[143] *Lohmar* setzte jedoch hinzu, daß für die wissenschaftliche Analyse die Aussagen und Prognosen des Soziologen *Marx* dagegen gewichtige Zeitdokumente blieben, denen die Sozialdemokratie allerdings die Arbeiten anderer Gelehrter hinzufügen müsse, u.a. die *Alfred Webers*, *Joseph A. Schumpeters* oder *John Maynard Keynes'*. Auch andere Kommentatoren, wie z.B. *Kurt Nemitz*, bemühten sich, den fehlenden Rekurs auf *Marx* im Programm mit einer Neubewertung der Marxschen Leistungen im positiven und anerkennenden Sinne zu kompensieren.[144] *Willi Eichler*,

---

[140] *Dowe/Klotzbach*, Dokumente, 356; vgl. *Held*, Sozialdemokratie, 257ff.

[141] Ebenda, 351, 370.

[142] *Miller*, Der Weg, 305.

[143] *Ulrich Lohmar*, Zum Godesberger Programm der Sozialdemokratie, in: NG, Jg. 6 (1959), H. 6, 415-421, Zitat 416f.

[144] Vgl. *Kurt Nemitz*, Die Wirtschaftskonzeption der SPD, in: GuT, Jg. 15 (1960), H. 1, 17-22; vgl.

der sich über zehn Jahre unermüdlich für einen Erfolg der Programmarbeit eingesetzt hatte, fand im nachhinein, daß das Neue am Godesberger Grundsatzprogramm nicht das Ziel des Sozialismus sei, sondern die Wege zu ihm. Neu sei auch, daß die Grundwerte ausdrücklich formuliert und an den Anfang des Programms gestellt worden seien, wobei er den Vorrang der Freiheit betonte, wiewohl Freiheit und Gerechtigkeit einander bedingten.[145] Am weitesten ging wohl *Carlo Schmid*, wenn er begrüßte, daß nun der demokratische Sozialismus keine Weltanschauung und erst recht keine Ersatzreligion mehr sei. Es gäbe zwar immer noch Klassen, aber es müsse keinen Klassenkampf mehr geben, da der demokratische Staat durchaus in der Lage sei, wie *Lassalle* schon bemerkt habe, einen Ausgleich der Klasseninteressen herbeizuführen oder doch das Klassengefälle gegenstandslos werden zu lassen. Im Zentrum der Betrachtungsweise der demokratischen Sozialisten stehe deshalb nun nicht mehr die Klasse, „sondern stehen der Mensch und das Volk: die Nation als gewollte und täglich sich neu bestätigende Gemeinschaft derer, die sich durch das Streben nach der Verwirklichung gemeinsam geglaubter und gewollter Werte verbunden fühlen"[146]. *Fritz Erler* unterstrich besonders das im Programm sich widerspiegelnde neue positive Verhältnis zu den Kirchen und begrüßte es, daß mit manchem aus dem 19. Jh., was nicht mehr in die Zeit passe, „aufgeräumt" worden sei. Auch *Waldemar v. Knoeringen* hob hervor, daß ein neues Verhältnis zu den Kirchen gefunden sei.[147] Einer, der sich lange und engagiert an der Programmarbeit beteiligt hatte, war offensichtlich enttäuscht: *Gerhard Weisser*. Er bemängelte das Fehlen einer geschichtstheoretisch fundierten Zeitanalyse und -kritik und des Ausweises „gesinnungsmäßiger Grundpostulate". Besonders harsch fiel deshalb seine Kritik am Grundwerteteil aus: Die bloße „Axiomen-Trilogie der Aufklärung" – Freiheit, Gleichheit, Brüderlichkeit – sei nicht nur zu dünn, sondern mit der Umwandlung in die Postulate Freiheit, Gerechtigkeit, Solidarität auch noch „verschlimmbessert".[148]

---

auch die summierende Reflexion: *ders.*, Markt und Plan – Zur Entwicklung sozialdemokratischer Konzeptionen von Wirtschaftsordnung und Wirtschaftspolitik, in: *Horst Heimann*, Sozialdemokratische Traditionen, 44-73.

[145] Vgl. *Willi Eichler*, Grundwerte und Grundforderungen im Godesberger Grundsatzprogramm der SPD. Beitrag zu einem Kommentar, hrsg. vom Vorstand der SPD, Bonn 1962; *ders.*, 100 Jahre Sozialdemokratie, hrsg. vom Vorstand der SPD, Bonn 1962, und an vielen anderen Stellen, z.B. auch in der Einleitung zu: Programme der deutschen Sozialdemokratie, Stuttgart 1964.

[146] *Carlo Schmid*, Was ist neu am neuen SPD-Programm? Hinwendung von der Klasse zur Nation, in: Die Zeit, Nr. 48 v. 27.11.1959, 4.

[147] Vgl. *Fritz Erler*, Zum Godesberger Programm. Interview von Radio Beromünster, 16.11.1959, abgedruckt in: *Erler*, Politik für Deutschland, 138-141; *Waldemar v. Knoeringen*, Zum Godesberger Programm. Rede im BR, 04.11.1959, abgedruckt in: *ders.*, Reden und Aufsätze, 82-84.

[148] *Heinrich A. Henkel*, Geistiger Kompaß für die Politik in einer Zeit des Wandels, in: Vorwärts, Nr. 6 v. 03.02.1983, 14; siehe auch *Gerhard Weisser*, Freiheit durch Sozialismus, Göttingen 1973, 30ff.

3. Alternativen zum Godesberger Grundsatzprogramm

a) Einwände von links

Spätestens seit dem Beginn der fünfziger Jahre haben die Anhänger einer wie auch immer im einzelnen zu bestimmenden marxistischen Tradition des Sozialismus kritisch zur Programmarbeit Stellung bezogen. Ihre Haupteinwände bezogen sich (auch noch auf dem Programmparteitag) auf die Leugnung der Klassenkampfkonstellation, auf die Zurückdrängung der gesellschaftlichen Bedeutung des Eigentums an den Produktionsmitteln, auf das Fehlen von Kriterien, wann und unter welchen Voraussetzungen eine Überführung in Gemeineigentum erfolgen müsse, auf den Versuch, durch das Verschweigen von *Marx* und marxistisch geprägten Theorietraditionen die Geschichte der deutschen Arbeiterbewegung umzuschreiben, auf eine gewisse Anbiederung an die Kirchen, die ihrerseits keineswegs davon abließen, die SPD als eine „von Marx gegründete Parteibuchgemeinschaft" zu diffamieren, auf das Fehlen einer „produktiven Utopie" und einer umfassenden Zeitanalyse.

Angesichts dieser Unzufriedenheit mit zentralen Punkten der programmatischen Neuorientierung überrascht es dann doch, daß es eigentlich nur zwei ausformulierte und einigermaßen geschlossene Gegenpositionen gegeben hat, die öffentlich gemacht wurden. Beide kamen viel zu spät und blieben damit wirkungslos für eine produktive Einschaltung in die Willensbildungsprozesse.

b) *Wolfgang Abendroth*

Wolfgang Abendroth (1906-1985) stammte aus Elberfeld. Sein Großvater und seine Eltern (beide Lehrer) waren bereits in der Arbeiterbewegung organisiert. *Abendroth* studierte Jura und Nationalökonomie. Seit 1920 war er in kommunistischen Organisationen aktiv. 1929 wurde er aus der KPD ausgeschlossen und arbeitete anschließend in der kommunistischen Splittergruppe KPD (O) mit. 1933 wurde *Abendroth* als Referendar aus dem Justizdienst entlassen, 1937 verhaftet und zu vier Jahren Zuchthaus verurteilt. Nach seiner Entlassung zwang man ihn zum Wehrdienst im Strafbataillon 999; in Griechenland geriet er dann in britische Gefangenschaft. Im Jahre 1946 schloß er sich der SPD an, habilitierte sich 1947 in Halle und wurde Professor für Öffentliches Recht und Völkerrecht an den Universitäten in Leipzig und Jena. 1948 flüchtete er nach Westdeutschland und war seit 1951 als Professor für Politikwissenschaft an der Universität Marburg tätig. 1961 wurde *Abendroth* wegen Förderung des SDS aus der SPD ausgeschlossen.[149]

---

[149] Vgl. *Wolfgang Abendroth*, Aufstieg und Krise der deutschen Sozialdemokratie, Frankfurt a.M. 1964; *ders.*, Wirtschaft, Gesellschaft und Demokratie in der Bundesrepublik, Frankfurt a.M. 1965; *ders.*, Das Grundgesetz. Eine Einführung in seine Probleme, Pfullingen 1966; *ders.*, Antagonistische Gesellschaft und politische Demokratie. Aufsätze zur politischen Soziologie, Neuwied 1967; *ders.*, Ein Leben in der Arbeiterbewegung. Gespräche, aufgezeichnet und hrsg. von *Barbara Dietrich* und *Joachim Perels*, Frankfurt a.M. 1976.

Kurz vor der Beschlußfassung über das Godesberger Programm hatte *Abendroth* in der linkssozialistischen Zeitschrift „Sozialistische Politik" den Text des Programms scharf kritisiert:

„Der Entwurf für das Grundsatzprogramm, den der Parteivorstand nunmehr dem Parteitag in Bad Godesberg zur Annahme vorlegt, hat mit diesen traditionellen geistigen Grundlagen der Partei nichts mehr zu tun. (...) Er verzichtet auf jeden Versuch, die wirkliche Gesellschaft und ihren Staat kritisch und wissenschaftlich zu untersuchen, ihre Bewegungsgesetze und Widersprüche aufzudecken, um den Ansatzpunkt für die Zielsetzung, Strategie und Taktik der Partei zu gewinnen. Er verzichtet auf jede klare Bestimmung des sozialistischen Ziels."[150]

Der Programm-Entwurf stehe in allen entscheidenden Fragen im Zeichen der Anpassung an die kapitalistische Gesellschaft, er entferne die Partei von ihrer Pflicht, „die dem Denken der herrschenden Klasse unterworfenen Massen des Volkes zur Erkenntnis ihrer wirklichen Interessen und zu demokratischer Initiative zu führen". Er sei keine eindeutige Alternative zu den Zielsetzungen der gegnerischen Parteien. Noch im nachhinein – 1976 – hat *Abendroth* über die SPD und das Godesberger Programm scharfzüngig Gericht gehalten: Die SPD habe damals darauf verzichtet, auch nur Reste eines Klassenstandpunktes aktiv zu vertreten, „geschweige denn systematisch und durchdacht neues Klassenbewußtsein zu bilden". Das Programm sei in Wirklichkeit eine halblinke CDU-Programmatik und stehe in vielen Punkten rechts vom Ahlener Programm der CDU von 1947. Allerdings räumte *Abendroth* ein, daß ein Generations- und Perspektivenwechsel in der sozialistischen Arbeiterbewegung stattgefunden habe. So seien die Funktionäre nicht mehr die Führer der Bewegung, sondern Angestellte eines Dienstleistungsunternehmens.[151]

Seinen Gegenentwurf schickte *Wolfgang Abendroth* bereits am 15. April 1959 – sieben Monate vor dem Parteitag und nach sechs Jahren Mitarbeit – an den Vorsitzenden der Programmkommission *Willi Eichler* mit folgendem Anschreiben:

„Lieber Genosse Eichler! Da mir der endgültige offizielle Grundsatzprogramm-Entwurf ob seiner vielen Widersprüche und Unklarheiten völlig mißfiel, nachdem ich ihn mehrmals durchgearbeitet habe, habe ich mich der Arbeit unterzogen, einen (allerdings sprachlich überhaupt noch nicht durchgearbeiteten und deshalb keineswegs endgültigen) Gegenentwurf abzufassen, den ich Dir anbei zusende. Er wird Dir ob seines politischen Inhalts und seiner Verhaftung an Marx und Engels wenig gefallen. Trotzdem würde ich mich freuen, wenn Du ihn Dir einmal ansehen würdest und Deine Meinung dazu schriebest. Ich glaube, daß trotz unserer philosophischen Differenz in praktischen Fragen manche Übereinstimmung erzielbar wäre."[152]

---

[150] *Abendroth*, Ein Programm-Entwurf der Anpassung und Resignation, in: SoPo, Jg. 6 (1959), H. 10, 1f.; zur Zeitschrift vgl. *Jürgen Seifert*, Sozialistische Demokratie als „schmaler Weg". Kooperation in der Redaktion der Zeitschrift „Sozialistische Politik" (1955-1961), in: *ders.* u.a. (Hrsg.), Soziale oder sozialistische Demokratie? Beiträge zur Geschichte der Linken in der Bundesrepublik. FS für Peter v. Oertzen, Marburg 1989, 21-31.
[151] *Ders.*, Ein Leben, 244-250.
[152] Fundort: Akten PV Bestand-Nr. 01709, AdsD. Das 19seitige engbeschriebene Typoskript ist identisch mit dem veröffentlichten Text in: *Abendroth*, Antagonistische Gesellschaft, 407-428 (nach dem hier zitiert wird). Hier wird als Erstveröffentlichungsort angegeben: Der Sozialdemokrat (Frankfurt a.M.), Organ der südhessischen SPD, Nr. 5 und 6, 1959; außerdem wurde er im

Das erste Kapitel, überschrieben mit „Die gesellschaftliche Lage im kapitalistisch organisierten Teil der Welt", war das zentrale und prinzipiell sich unterscheidende Kapitel des Alternativ-Entwurfs. *Abendroth* vertrat hier die These von der anhaltenden und wachsenden Konzentration und Monopolisierung des Kapitals:

„So sind die ökonomisch entscheidenden Produktionsmittel und die wirtschaftlichen Kommandostellen zum Monopol einer verhältnismäßig kleinen Schicht von Kapitalisten und des durch sie legitimierten Managements geworden, die über die körperliche und geistige Arbeit der ungeheuren Majorität des Volkes nach ihren Interessen verfügt und den Arbeitnehmern, aber auch der Majorität der nur noch formell selbständigen Kleinproduzenten die Möglichkeit gleichberechtigter Mitwirkung an der Leitung des gesellschaftlichen Arbeitsprozesses und den vollen Anteil am materiellen und kulturellen Fortschritt vorenthält."[153]

Das kapitalistische Monopolstreben und der Zusammenschluß zu finanzkapitalistischen Blöcken verhindere jede demokratische Kontrolle, einzelne Kapitalistengruppen würden zu übermächtigen Beherrschern der Wirtschaft, und das Finanzkapital sei durch „die Verschmelzung der Staatsgewalt mit seinen Interessen" zur ständigen Verwendung der öffentlichen Gewalt zu seinen Zwecken in der Lage:

„Deshalb ist der Kampf der Arbeitnehmer um die Erhaltung ihrer gegenwärtigen Lebenshaltung, um die Erweiterung ihrer Lebenshaltung und um die Ersetzung der monopolkapitalistischen Produktionsweise mit ihrer Planung im privaten Sonderinteresse hochkapitalistischer Manager-Gruppen durch eine im gesellschaftlichen Gesamtinteresse demokratisch geplante sozialistische Produktionsweise nur erfolgversprechend, wenn er zielbewußt zum politischen Kampf um die Staatsmacht erweitert wird."[154]

Abendroth verstand seine „systematische Klassenanalyse der Gesellschaft in der Bundesrepublik und die Untersuchung der Klassenverhältnisse im Bereich des politischen Systems" als Voraussetzung für die „Mobilisierung der Arbeiterklasse" für den Kampf um einen friedlichen Übergang zum Sozialismus, den das Grundgesetz keineswegs ausschließe.

Die parteiinterne Resonanz war eher spärlich; zwei Organisationskörper – der westfälische Ortsverein Senne und der Unterbezirk Marburg – versuchten ihn bzw. auf ihn zurückgehende Leitlinien erfolglos in die Parteitags-Diskussion einzubringen. *Abendroth* bemühte sich außerdem vergeblich um ein Mandat als Parteitagsdelegierter. Sein Entwurf war aber auch alles andere als attraktiv. Er enthielt das ganze theoretische Repertoire des klassischen Marxismus: *Hilferdings* „Finanzkapital", *Rosa Luxemburgs* revolutionären Massenkampf ins Reformistische übersetzt, *Lenins* und *Vargas* staatsmonopolistischen Kapitalismus und dazu noch einen Verschnitt von *Lenins* Avantgarde-Theorie. Was *Abendroth* offerierte, war keine Realanalyse, sondern eine Aneinanderreihung von Behauptungen, die dogmatischer wirkte als beabsichtigt, was noch durch den Rückbezug auf problematische historische Vergleiche verstärkt wurde. Unzulänglich war auch seine strategische Perspektive, zumal er gar nicht erst die Frage stellte, warum sich „die Massen" den Erziehungsbemühungen der ihres Auftrags bewußten Klassenkämpfer entzogen. Statt dessen gab es genaue Urteile darüber, wer dafür

---

offiziellen Organ der SPD, im Vorwärts Nr. 34, 1959 veröffentlicht sowie in einer Broschüre der Frankfurter Jungsozialisten.
[153] *Abendroth*, Antagonistische Gesellschaft, 407.
[154] Ebenda, 410.

verantwortlich war: das manipulatorisch agierende Komplott der „Parteiführungsschichten".[155]

Jürgen Habermas hat in einem Artikel zu *Abendroths* 60. Geburtstag sehr überzeugend zum Ausdruck gebracht, daß dieser immer auch Staatsrechtler geblieben sei.[156] Ein glänzender sogar, kann man hinzufügen, denn von *Abendroth* stammt die noch heute unübertroffene demokratisch-sozialistische Interpretation des Grundgesetzes.

c) *Peter von Oertzen* (I)

Peter von Oertzen wurde 1924 in Frankfurt a.M. geboren. Er stammt aus einer mecklenburgisch-vorpommerschen Junkerfamilie, die als Großgrundbesitzer auf ihren Gütern lebte oder Offiziersränge bis zum General bekleidete. Sein Vater war allerdings außenpolitischer Redakteur der „Vossischen Zeitung". *v. Oertzen* leistete ab 1942, gerade 17 Jahre alt, Kriegsdienst. 1946 begann er sein Studium der Philosophie, Geschichte und Soziologie in Göttingen. Im gleichen Jahr trat er in die SPD ein und wurde Vorsitzender des Göttinger SDS. 1953 promovierte er bei *Helmuth Plessner*. 1954 gründete er mit verstreuten Linkssozialisten und der Gruppe der damals noch geschlossen in der SPD arbeitenden Trotzkisten die Zeitschrift „Sozialistische Politik" (SoPo), die von 1954 bis 1966 erschien. 1955 gelangte er als Abgeordneter in den Niedersächsischen Landtag. 1962 habilitierte er sich (mit einer Arbeit über die „Betriebsräte in der Novemberrevolution") und wurde 1963 Professor für Politikwissenschaft an der TU Hannover.[157]

In einem Brief vom 8. November 1959 unterrichtete *v. Oertzen* einige Parteitagsdelegierte, daß er „nach langem Zögern und Überlegen" doch noch den Versuch gemacht habe, einen eigenen Entwurf des Grundsatzprogramms vorzulegen. Dieser Entwurf sei ein Kompromiß: „Er lehnt sich an den PV-Entwurf an und versucht nur, die schlimmsten Ecken auszubügeln."[158] Zu *Abendroth* bestanden keine Verbindungen; dessen Entwurf fand *v. Oertzen* „nicht gut": „Ich hielt den Inhalt weitgehend für richtig, aber Form und Argumentationsweise und Gedankengang entsprachen nicht meinen Intentionen. Es war mir zu dogmatisch."[159]

In seinem eigenen Entwurf beharrte *v. Oertzen* auf der alten Trias „Freiheit – Gleichheit – Brüderlichkeit". Auch er betonte den Vorrang der Freiheit, bezeich-

---

[155] So schon in der Kritik des 1958er Entwurfs: *Abendroth*, Der Entwurf eines Grundsatzprogramms der SPD, in: SoPo, Jg. 5 (1958), H. 6, 5-7; ein anderer Marxist, *Leo Kofler*, der durch seine glänzende Studie „Zur Geschichte der bürgerlichen Gesellschaft" (1. Aufl. Halle 1948, 4. Aufl. Neuwied 1971) Beachtung gefunden hatte, übertraf *Abendroth*, der sich übrigens auf *Kofler* berief, noch in dieser Hinsicht, wenn er den von ihm in Anführungsstrichen gesetzten „ethischen Sozialismus" zur „typischen Ideologie des bürokratisierten Funktionärsbewußtseins" erklärte, der überall da anzutreffen sei, „wo bestimmte Teile der gewerkschaftlichen und sozialistischen Funktionärskader bürokratisch verseucht sind". Vgl. *Leo Kofler,* Marxistischer oder ethischer Sozialismus?, Bovenden o.J. (1956), 81ff.

[156] Vgl. *Jürgen Habermas*, Partisanenprofessor im Lande der Mitläufer, in: Die Zeit, Nr. 18 v. 29.04.1966, 24.

[157] Vgl. das Gespräch „Jemand, an dem sich die Geister scheiden". Gespräch mit *Stephan Lohr*, in: Seifert u.a., Soziale oder sozialistische Demokratie?, 251-268.

[158] Abgedruckt in: Dokumente zur parteipolitischen Entwicklung in Deutschland seit 1945, bearb. u. hrsg. von *Ossip K. Flechtheim*, Bd. 7, 2. Teil, Berlin 1969, Dok. 665, 118f.

[159] Gespräch mit *Stephan Lohr* in: *Seifert* u.a., Soziale oder sozialistische Demokratie?, 256.

nete die SPD als „Partei der Freiheit". Die Schillersche Leitregel strich er nicht, fügte aber im Passus über die Gemeinwirtschaft wieder einen Überführungs-Katalog ein (Energieerzeugung, insbesondere Atomwirtschaft, Eisen- und Stahlerzeugung, Großchemie, Großbanken, Versicherungsgesellschaften, eindeutig marktbeherrschende Unternehmungen in wichtigen Industriezweigen); außerdem gab es einen eigenen Abschnitt über „Demokratisierung der Wirtschaft".[160]

v. Oertzens Entwurf kam zu spät und wurde nicht mehr in die Beratungen einbezogen, was ihn später zu der Bemerkung veranlaßte: „Der ist nur ein literarisches Dokument." Eine der 16 Neinstimmen bei der Abstimmung über das Godesberger Grundsatzprogramm stammte von *Peter v. Oertzen*. Wesentlicher scheint ihm gewesen zu sein, welche Folgen sich aus der Annahme des Programms ergeben würden. Darüber räsonierte er in einem mit „Wegmarke Godesberg" überschriebenen Beitrag in der SoPo unmittelbar nach dem Parteitag.[161] Er bestätigte, daß auch aus seiner Sicht die SPD in ihren Werten nur das sei, was sie nach ihren Taten schon lange war: „eine demokratische und soziale Reformpartei". Deshalb könne überhaupt keine Rede davon sein – „wie es ein wohlfeiler Radikalismus gerne proklamiert" -, daß die SPD „den Sozialismus verraten" habe: Im Sinne eines von *Marx* geprägten Begriffs sei sie schon lange keine sozialistische Partei mehr gewesen. Gegenwärtig habe weder die Sozialdemokratie noch die organisierte Arbeitnehmerschaft in ihrer Mehrheit „ein sozialistisches Bewußtsein". Deshalb sei „demokratische und soziale Reformarbeit die einzig mögliche praktische Politik". Gab dafür, so *v. Oertzens* Frage, das neue Programm eine ausreichende Begründung? Seine Zweifel faßte er in fünf Punkten zusammen:

„1. Das Programm richtet die Partei einseitig auf die parlamentarische Auseinandersetzung aus. (…) 2. Das Programm verwischt die Klassenlage und die Klasseninteressen der Arbeitnehmerschaft. (…) 3. Aus diesem Grund ist auch das betonte Entgegenkommen gegenüber dem selbständigen Mittelstand fragwürdig." 4. Wichtiger als das Friedensangebot an die Kirchen sei „das politische Ringen um die Millionenmassen der aus religiösen Gründen CDU wählenden katholischen Arbeitnehmer". (...) „5. Der entscheidende Mangel des Programms ist sein unbegründeter wirtschaftlicher Optimismus. Die Verfasser glauben im Grunde nicht an die Möglichkeit ernsthafter konjunktureller Rückschläge."[162]

Peter v. Oertzen fragt nun, welche Lehren „wir" – er meint damit die Linken, die Marxisten in der SPD – ziehen sollten, zumal man beachten müsse, daß im ganzen gesehen „das neue Programm ohne jeden Zweifel den Ansichten und dem Willen der Mehrheit unserer Mitglieder" entspreche. Auch wenn aus der Opposition gegen das Programm rechtzeitig ein Gegenentwurf vorgelegt worden wäre (der Entwurf *Abendroths* „war aus mancherlei Gründen als gemeinsame Grundlage (...) nicht geeignet"), hätte man zwar ein anderes Erscheinungsbild geboten, aber das Ergebnis wäre nicht wesentlich dadurch verändert worden. Was also war künftig zu tun? Man habe jahrelang seine Ansichten vertreten und sei damit nicht

---

[160] Programmtext in: *Flechtheim*, Dokumente, Bd. 7, 2. Teil, Dok. 666, 119-134.
[161] Vgl. *Peter v. Oertzen*, Wegmarke Godesberg, in: SoPo, Jg. 6 (1959), H. 11/12, 1f.; zit. n. *Hermann Weber*, Das Prinzip Links. Beiträge zur Diskussion des demokratischen Sozialismus in Deutschland 1848-1990, Berlin 1992, 236-240.
[162] Ebenda, 238.

durchgedrungen. Angesichts der harten Tatsache des Programms könne „unsere Aufgabe" auf absehbare Zeit nur darin bestehen:

„1. die Grundeinsichten des wissenschaftlichen Sozialismus neu zu durchdenken (...); 2. durch konstruktive Beiträge zur praktischen Politik der Sozialdemokratie ihr Wirken auf der nun einmal gegebenen Grundlage so überzeugend (...) wie möglich zu gestalten; 3. insbesondere die Verbindung zwischen Partei und Gewerkschaften (...) möglichst eng zu knüpfen (...); 4. durch vorbildliche praktische Mitarbeit in der Organisation die Partei zu stärken und zugleich die Überzeugungskraft unserer eigenen politischen Haltung in den Augen der Genossen damit zu erhöhen.

Was wir auch immer an der Partei zu kritisieren haben, sie ist die einzige politische Vertretung der Arbeitnehmerschaft, sie ist – neben den Gewerkschaften – die einzige Organisation, in der ein Sozialist wirken kann."[163]

III. Gemeinwirtschaft und Mitbestimmung – die Grundsatzpositionen der Gewerkschaften

1. Der Beginn der Einheitsgewerkschaft

a) Der Prozeß der Reorganisierung

Die Reorganisierung der Gewerkschaften vollzog sich nach dem Zusammenbruch des nationalsozialistischen Terrorregimes im Westen Deutschlands wie bei den Parteien zunächst auf lokaler Ebene. Aber im Unterschied zu den Parteien, wo es keine oder allenfalls vorübergehend Ansätze zu organisatorischen Neubildungen gab, war der Prozeß der Reorganisierung bei den Gewerkschaften auf eine organisatorische Innovation gerichtet: auf die Gründung einer Einheitsgewerkschaft. Doch diese war keine überraschende Erscheinung, sondern durch einen längeren historischen Vorlauf, der bis zum Ende der zwanziger Jahre zurückreichte, vorbereitet. Bereits vor dem Ende der nationalsozialistischen Diktatur stand – z.B. in der Londoner Emigration – fest, daß freie und unabhängige Gewerkschaften für alle Arbeitnehmer als ein einheitlicher, allgemeiner Gewerkschaftsbund entstehen würden. Dies galt genauso für die gewerkschaftliche Emigration in Schweden wie für den Widerstand in Deutschland.[164]

---

[163] *Peter v. Oertzen*, Wegmarke Godesberg, 239f. In ähnlicher Weise hat sich *v. Oertzen* 1972 zum Godesberger Programm geäußert; vgl. *ders.*, Die Zukunft des Godesberger Programms. Zur innerparteilichen Diskussion der SPD, in: *Heiner Flohr* u.a., Freiheitlicher Sozialismus. Beiträge zu seinem heutigen Selbstverständnis. FS für Gerhard Weisser, Bonn-Bad Godesberg 1973, 89-101. Der Text ist nochmals abgedruckt in: *v. Oertzen*, Die Aufgabe der Partei. Reden und Aufsätze, Bonn-Bad Godesberg 1974, 33-50.

[164] Einführende Literatur: *Hans-Otto Hemmer/Kurt Thomas Schmitz* (Hrsg.), Geschichte der Gewerkschaften in der Bundesrepublik Deutschland. Von den Anfängen bis heute, Köln 1990; *Ulrich Borsdorf/Hans-Otto Hemmer/Martin Martiny* (Hrsg.), Grundlagen der Einheitsgewerkschaft. Historische Dokumente und Materialien, Köln 1977; ferner – mit übersichtlichen und informativen Problemeinführungen – Quellen zur Geschichte der deutschen Gewerkschaftsbewegung im 20. Jahrhundert, begr. von *Erich Matthias*, hrsg. von *Hermann Weber/Klaus Schönhoven/Klaus*

Einheitsgewerkschaft – das bedeutete gemeinsame Organisation von Mitgliedern unterschiedlicher parteipolitischer und weltanschaulicher Orientierung, Zusammenfassung von Arbeitern, Angestellten und Beamten im selben Verband, ferner Zuständigkeit einer Gewerkschaft für alle Beschäftigten eines Betriebes der jeweiligen Branche oder Industrie. In dieser sachlich-inhaltlichen Konzentration war die Einheitsgewerkschaft selbst ein Programm, nicht nur einfach ein organisatorischer Neuanfang. Die darüber hinausreichenden Vorstellungen von einer wie selbstverständlich fälligen Neuordnung von Wirtschaft und Gesellschaft blieben zunächst recht vage. Durch Planung und Lenkung der Wirtschaft und damit verbundene Eingriffe in die unternehmerische Entscheidungsfreiheit sollten Anarchie und Willkür des Kapitalismus überwunden werden.

b) Wirtschaftspolitische Grundsätze des DGB, 1949

Als im Oktober 1949 in München der Gründungskongreß des DGB stattfand und Grundsätze, Richtlinien und Forderungen beschlossen wurden, galt dies als Schlußstein einer mehr als vierjährigen Rekonstruktionszeit. Die an erster Stelle stehenden „Wirtschaftspolitischen Grundsätze" wurden ohne weitere Beratung einstimmig angenommen. Sie hatten, wie auch die anderen Teile, nicht den Charakter eines zusammenhängenden Programms, sondern stellten einen Katalog von Forderungen dar. Nachdem erklärt worden war, daß die Gewerkschaften sich für eine Wirtschaftsordnung einsetzen wollten, „in der die soziale Ungerechtigkeit und wirtschaftliche Not beseitigt und jedem Arbeitswilligen Arbeit und Existenz gesichert sind", wurden folgende Grundsatzforderungen erhoben:

„I. Eine Wirtschaftspolitik, die unter Wahrung der Würde freier Menschen die volle Beschäftigung aller Arbeitswilligen, den zweckmäßigsten Einsatz aller volkswirtschaftlichen Produktivkräfte und die Deckung des volkswirtschaftlich wichtigen Bedarfs sichert.
II. Mitbestimmung der organisierten Arbeitnehmer in allen personellen, wirtschaftlichen und sozialen Fragen der Wirtschaftsführung und Wirtschaftsgestaltung.
III. Überführung der Schlüsselindustrien in Gemeineigentum, insbesondere des Bergbaus, der Eisen- und Stahlindustrie, der Großchemie, der Energiewirtschaft, der wichtigen Verkehrseinrichtungen und der Kreditinstitute.
IV. Soziale Gerechtigkeit durch angemessene Beteiligung aller Werktätigen am volkswirtschaftlichen Gesamtertrag und Gewährung eines ausreichenden Lebensunterhaltes für die infolge Alter, Invalidität oder Krankheit nicht Arbeitsfähigen.
Eine solche wirtschaftspolitische Willensbildung und Wirtschaftsführung verlangt eine zentrale volkswirtschaftliche Planung, damit nicht private Selbstsucht über die Notwendigkeit der Gesamtwirtschaft triumphiert."[165]

In der Erklärung der einzelnen Punkte wird „volkswirtschaftliche Planung" strikt unterschieden von allen Formen der Zwangswirtschaft und für vereinbar erklärt

---

Tenfelde, Bde. 6, 9, 11, insbesondere auch Bd. 7: Gewerkschaften in Politik, Wirtschaft und Gesellschaft 1945-1949, bearb. von *Siegfried Mielke* und *Peter Rütters*, Köln 1991 und Bd. 11: Der Deutsche Gewerkschaftsbund 1949-1956, bearb. von *Josef Kaiser*, Köln 1996; *Michael Schneider*, Kleine Geschichte der Gewerkschaften, Bonn 1989; *Klaus Schönhoven*, Die deutschen Gewerkschaften, Frankfurt a.M. 1987.
[165] Prot. Gründungskongreß des DGB für das Gebiet der Bundesrepublik Deutschland. München 12.-14.10.1949, Köln 1950, 318ff.

„mit den Grundrechten der menschlichen Freiheit". Da Lenkungsmaßnahmen zur Sicherung einer einheitlichen Wirtschaftspolitik nicht ausreichten, müßten, gestützt auf die Artikel 14 und 15 des Grundgesetzes, die gewerbliche Urproduktion, die Basisindustrien, die Energiewirtschaft, die Versorgungsbetriebe, die wichtigsten Verkehrseinrichtungen und die Kreditinstitute vergesellschaftet werden. Dies sollte nur in Ausnahmefällen durch Verstaatlichung geschehen: „Im allgemeinen sind besondere Körperschaften der wirtschaftlichen Selbstverwaltung zu bilden. In allen Aufsichts- und Verwaltungsorganen ist den Gewerkschaften ein maßgeblicher Einfluß einzuräumen."

c) Demokratisierung der Wirtschaft

Unschwer erkennbar war in den „Grundsätzen" die Präferenz für Planung und Lenkung. Doch bereits in der Rede des DGB-Vorsitzenden *Hans Böckler* auf dem Gründungskongreß wurde eine Verschiebung der Prioritäten zur Mitbestimmung hin deutlich. Dies erklärt sich einerseits daraus, daß das ursprüngliche Modell der zukünftigen Wirtschaftsordnung, wie man sie 1945 erwartet hatte – einheitlich organisierte unabhängige Gewerkschaften in einem demokratischen Rechts- und Sozialstaat mit sozialisierten Schlüsselindustrien, volkswirtschaftlicher Planung unter weitreichender Mitbestimmung der Arbeitnehmer und weitgehender Marginalisierung des privaten Unternehmertums – „angesichts der politisch-ökonomischen Realitäten bereits bei seiner Kreation ein Anachronismus" war.[166] Zum anderen wurde die Mitbestimmungsforderung mehr und mehr zum konsensualen perspektivischen Zentrum der Einheitsgewerkschaft, zumal auf dem Bochumer Katholikentag im August/September 1949 die partnerschaftliche Gleichberechtigung zwischen Unternehmern und Arbeitern gefordert und diese Forderung sogar naturrechtlich zu begründen versucht worden war.[167] So hat sich denn auch *Böckler* bei der Begründung der Mitbestimmung durchaus auf die päpstliche Sozial-Enzyklika „Rerum novarum" aus dem Jahre 1891 berufen.

Deshalb bedeutete Mitbestimmung nach 1945 in der Form eines „historischen Kompromisses" zwischen den die Einheitsgewerkschaften tragenden politischen und gesellschaftlichen Kräften nicht einfach Fortschreibung der Mitbestimmungsansätze aus der Zeit der Weimarer Republik (Betriebsrätegesetz 1920) und auch nicht Anlehnung an das Konzept der „Wirtschaftsdemokratie". Der ihr zugrunde liegende Demokratie-Begriff war repräsentativ-korporatistisch und nicht

---

[166] *Hans-Otto Hemmer*, Stationen gewerkschaftlicher Programmatik. Zu den Grundsatzprogrammen des DGB und ihrer Vorgeschichte, in: *Erich Matthias/Klaus Schönhoven* (Hrsg.), Solidarität und Menschenwürde. Etappen der deutschen Gewerkschaftsgeschichte von den Anfängen bis zur Gegenwart, Bonn 1984, 349-367, Zitat 355.
[167] „Das Mitbestimmungsrecht in sozialen, personalen und wirtschaftlichen Fragen (...) gehört zu dem natürlichen Recht in gottgewollter Ordnung und ist zu bejahen wie das Recht auf Eigentum." So lautete die Entschließung des zuständigen Arbeitsbüros auf dem Katholikentag. Vgl. dazu Katholische Soziallehre, 3. Kap., I, 4, a); *Helga Grebing*, Von der Mitbestimmung bis zur ‚Repräsentation der Arbeit', in: *Georg Giegel/Peter Langhorst/Kurt Remele*, Glaube in Politik und Zeitgeschichte. FS für Franz Josef Stegmann, Paderborn 1995, 169-177; *Grebing*, Mitbestimmung von Arbeitnehmern als Mittel zur Demokratisierung der Gesellschaft, in: Freiheit gestalten. Zum Demokratieverständnis des deutschen Protestantismus 1789-1989, FS für Günter Brakelmann, hrsg. von *Dirk Bockermann* u.a., Göttingen 1996, 188-197.

partizipatorisch-pluralistisch.[168] Mitbestimmung im modernen und zugleich komplexen Sinne bedeutete vielmehr: 1. Mehr Freiheit und Entfaltung im Arbeitsleben sollen die Aufhebung der Entfremdung dadurch bewirken, daß der arbeitende Mensch an der Gestaltung *der* Arbeitsbeziehungen teilhat, unter denen er unmittelbar wirkt; 2. soll Mitbestimmung die funktionelle Gleichwertigkeit von Kapital (resp. Eigentum) und Arbeit unabhängig von der Form des Eigentums und der Höhe des Lohnes sichern; mit der Gleichberechtigung von Kapital und Arbeit werden unterschiedliche Interessen anerkannt und einem demokratischen Konfliktlösungsprozeß unterworfen; 3. zielt Mitbestimmung auf die gesellschaftliche Akzeptanz der Demokratie als Lebensform und korrigiert ihre Beschränkung als Ordnungsprinzip nur für den staatlich-politischen Sektor; Mitbestimmung ist deshalb zu verstehen als Teilmoment der Repräsentation öffentlich zu legitimierender Interessen. *Hans Böckler* hat diese komplizierten Zusammenhänge auf einfache Formeln gebracht:

„Die Mitbestimmung der Arbeitnehmer soll aber nicht nur in den Betrieben und nicht nur in bezug auf personelle und soziale Angelegenheiten bestehen, sondern auch in wirtschaftlichen und betriebswirtschaftlichen Fragen gegeben sein. In der Gesamtwirtschaft und in allen ihren Organen und Vorgängen muß sogar dieses Mitbestimmungsrecht eine Selbstverständlichkeit darstellen. Dies gilt besonders für die Besetzung von Selbstverwaltungskörpern der Wirtschaft als auch von Einrichtungen öffentlichen Charakters, z.B. von Wirtschaftskammern und ähnlichem. In diesen ist die Besetzung paritätisch, damit auch sie dazu beitragen, den Arbeitnehmern einen vollen Ein- und Überblick im gesamten Wirtschaftsablauf und die Möglichkeit des Einsatzes auch des eigenen Wissens und Könnens zu geben. Die Gewerkschaften müssen daher gesetzliche Regelungen verlangen, die die soziale, personelle und wirtschaftliche Mitbestimmung der Arbeiter im Betriebe sicherstellen, die außerdem aber auch die Bildung und paritätische Besetzung von Wirtschafts- und Handelskammern und ähnlichen Selbstverwaltungsorganen der Wirtschaft vorsehen und die das Gesellschafts-, insbesondere das Aktienrecht, umgestalten, so daß den Gewerkschaften ein maßgeblicher Einfluß in den Gesellschaften möglich ist. (Beifall.)"[169]

Über die Geschichte der Mitbestimmung – über Erwartungen, Erfolge und Niederlagen der Gewerkschaften – liegen für die ersten Jahrzehnte der Bundesrepublik ausführlich dokumentierte Forschungsergebnisse vor, die hier nicht weiter referiert werden müssen.[170] Die Mitbestimmungsdiskussion ist phasenweise etwas zurückgenommen geführt worden, aber immer wieder aufgeflammt.[171] Der dritte Aspekt der Mitbestimmung – Teilmoment der Repräsentation öffentlich zu legitimierender Interessen – hat überhaupt erst im letzten Jahrzehnt Aufmerksamkeit

---

[168] Vgl. *Horst Thum*, Wirtschaftsdemokratie und Mitbestimmung. Von den Anfängen 1916 bis zum Mitbestimmungsgesetz 1976, Köln 1991; *Ulrich Borsdorf*, Wirtschaftsdemokratie und Mitbestimmung. Historische Stufen der Annäherung an den Kapitalismus, in: WSI Mitteilungen, Jg. 39 (1986), H. 3 (Schwerpunktheft Zukunft der Arbeit), sowie Sozialismus I, 8. Kap., I, 2.
[169] Prot. Gründungskongreß, 200.
[170] Vgl. *Horst Thum*, Mitbestimmung in der Industrie. Der Mythos vom Sieg der Gewerkschaften, Stuttgart 1982; *Gabriele Müller-List* (Bearb.), Montanmitbestimmung. Das Gesetz über die Mitbestimmung der Arbeitnehmer in den Aufsichtsräten und Vorständen der Unternehmen des Bergbaus und der Eisen und Stahl erzeugenden Industrie vom 21.05.1951, Düsseldorf 1984; *Gloria Müller*, Mitbestimmung in der Nachkriegszeit. Britische Besatzungsmacht – Unternehmer – Gewerkschaften, Düsseldorf 1987.
[171] Vgl. z.B. *Heinz O. Vetter*, Mitbestimmung – Ideen, Wege, Ziel. Beiträge zur Gesellschaftspolitik 1969-1979, Köln 1979.

gefunden. Gleichzeitig hat das sozialpolitische Aktionsprogramm der EU bzw. die Europäische Sozialcharta die Frage nach der Aktualität der deutschen Mitbestimmung aufgeworfen. Zwar sind die Europäischen Gewerkschaften in der umstrittenen Frage der Wirtschaftsdemokratie zu der Konsensformel von „der gleichwertigen Beteiligung der Arbeitnehmer" gelangt, die sogar die deutschen Vorstellungen von der paritätischen Mitbestimmung ausdrücklich mit abdeckt; aber zu unterschiedlich sind die Traditionen und programmatischen Vorstellungen zwischen den Gewerkschaften der Mitgliedsländer der EU, so daß der konsensuale Rahmen inhaltlich nur mit großen Schwierigkeiten gefüllt werden wird.[172]

Die Gewerkschaften haben in der partiellen gesellschaftlichen Akzeptanz der Mitbestimmung nach 1945 eine Anerkennung ihres Beitrages zur Neuordnung der deutschen Wirtschaft analog zur Anerkennung ihrer Tarifpartei-Partnerschaft nach 1918 sehen wollen. Dagegen haben die Unternehmensvertreter die Mitbestimmung als Eindringen der Gewerkschaften in die Funktion des Eigentums diskreditiert, da für sie sehr schnell deutlich wurde, daß sich die Gewerkschaften nicht auf das Modell der Mitbestimmung als einer unternehmerisch gelenkten Risikopartnerschaft einlassen würden. Diese Kritik wurde von Sozialwissenschaftlern und Juristen z.T. massiv unterstützt, über die Jahrzehnte hinweg übrigens inhaltlich wenig variiert: Mitbestimmung wurde als Instrument der Änderung der Eigentums- und Sozialordnung gedeutet, da sie die Möglichkeit einer gewerkschaftlichen Übermacht mit der Konsequenz einer syndikalistischen und kollektivistischen Wirtschaft und Gesellschaft intendiere. Die Gewerkschaften würden, so wurde behauptet, durch die Mitbestimmung außer der außerparlamentarischen Macht, die sie bereits besäßen, auch noch eine weitgehende Macht über das Vermögen der Großunternehmen erhalten, und man unterstellte, es drohe ein demokratiezerstörender „Funktionärsabsolutismus".[173]

Selbst gewerkschaftsfreundliche Wissenschaftler wie *Heinz-Dietrich Ortlieb* und *Gerhard Mackenroth* sahen mit der Mitbestimmung erhebliche Probleme kommen. Sie befürchteten, daß die Gewerkschaften diese als Vertretung von Lohninteressen mißverstehen könnten, daß sie nicht bereit wären, unter Mitbestimmung auch Mitverantwortung für die Arbeitsdisziplin eines Betriebes und für die wirtschaftliche Leistungsfähigkeit eines Unternehmens zu verstehen, daß durch die betriebliche Mitbestimmung ein Betriebsegoismus wachsen und durch die überbetriebliche Mitbestimmung eine Usurpation neuer politischer Machtpositionen möglich werden würde.[174]

Jedoch auch in den Gewerkschaften selbst waren die Bedeutung und der Wert der Mitbestimmung nicht unumstritten. Schon *Böckler* mußte auf dem Gründungskongreß anschließend an sein Plädoyer für die Mitbestimmung unterstrei-

---

[172] Vgl. *Helga Grebing/Thomas Meyer* (Hrsg.), Linksparteien und Gewerkschaften in Europa. Die Zukunft einer Partnerschaft, Köln 1992; *Helga Grebing/Werner Wobbe* (Hrsg.), Industrie- und Arbeitsstrukturen im europäischen Binnenmarkt. Die große Gleichmacherei?, Köln 1993.

[173] Vorreiter dieser Kritik war der angesehene katholische Sozialwissenschaftler *Goetz Briefs*, vgl. Zwischen Kapitalismus und Syndikalismus. Die Gewerkschaften am Scheideweg, München 1952.

[174] Vgl. *Heinz-Dietrich Ortlieb*, Der Kampf um Wirtschaftsdemokratie und Mitbestimmung, 9-35, *Gerhard Mackenroth*, Mitbestimmung und Wirtschaftsordnung, 88-96, beide in: Wege zum sozialen Frieden. Beiträge zur Mitbestimmung und sozialen Partnerschaft, hrsg. von *Heinz-Dietrich Ortlieb* und *Helmut Schelsky*, Stuttgart 1954, 9-35.

chen, daß die Gewerkschaften die Vergesellschaftung der Schlüsselindustrien „als absolute Notwendigkeit" betrachteten und daß diese den „Schlußstein des wirtschaftsdemokratischen Aufbaus in unserem Lande bilden" müsse.[175] Auch *Viktor Agartz*, der zu Beginn der fünfziger Jahre die wirtschaftstheoretischen Auffassungen der Gewerkschaften stark prägte, warnte davor, die Mitbestimmung als eine Partnerschaft von Kapital und Arbeit mißzuverstehen. Mitbestimmung sei nur ein Bestandteil der Neuordnung von Wirtschaft und Gesellschaft, nicht mehr als ein Hilfsmittel der Gewerkschaftspolitik zur Demokratisierung der gesellschaftlichen Ordnung; an dem Charakter der kapitalistischen Wirtschaft ändere sie nichts. *Agartz* erklärte deshalb knapp und klar: „Unsere Forderungen gehen aber dahin, die Prinzipien dieser Wirtschaft zu ändern."[176] Auch *Otto Brenner*, der dann seit Mitte der fünfziger Jahre zum Motor einer Umsteuerung der Gewerkschaftspolitik wurde, sah noch 1959 (kurz vor der Beschlußfassung über das Godesberger Grundsatzprogramm der SPD) in der Mitbestimmung keinen Ersatz für die Überführung bestimmter Wirtschaftszweige in Gemeineigentum.[177]

2. Die Einheitsgewerkschaft auf dem Prüfstand

a) Der lange Abschied von der „Neuordnung"

Nachdem *Viktor Agartz* das 1946 von ihm entwickelte wirtschaftspolitische Neuordnungskonzept – gekennzeichnet durch konsequente Überführung der Monopolunternehmen in Gemeineigentum, umfassende gesamtwirtschaftliche Planung und weitgehende Mitbestimmung – in der SPD nicht durchgesetzt hatte, bemühte er sich um die Weiterführung seines programmatischen Ansatzes im Rahmen des Deutschen Gewerkschaftsbundes, dessen Wirtschaftswissenschaftliches Institut (WWI) er seit 1949 hauptamtlich leitete.

Genereller Ausgangspunkt für seine Überlegungen war nun „die Dynamik des Prozesses der Restauration und die Spaltung der gesellschaftlichen Ordnung". Er sprach von dem „restaurativen und reaktionären Getriebe der Bundesrepublik", in dem demokratischen Grundsätzen endlich Raum geschaffen werden müsse: „Hier liegt eine unmittelbare politische Aufgabe der demokratischen Organisationen der Arbeitnehmer, nämlich des Deutschen Gewerkschaftsbundes."[178] Mit solchen Aussagen war suggeriert, daß es vor der ‚Restauration' eine revolutionäre Umwälzung gegeben habe, die nun revidiert werden würde. Historisch war dies unzutreffend: Es hatte keine revolutionäre Umwälzung, kaum langfristig tragfähige Neuordnungsansätze gegeben, sondern eine Rekonsolidierung der überkommenen gesellschaftlichen Macht- und Eigentumsverhältnisse, mit denen sich die Gewerkschaften politisch zu arrangieren hatten, um ihren Einfluß im politisch-

---

[175] Prot. Gründungskongreß, 201.

[176] *Viktor Agartz*, Wirtschafts- und Steuerpolitik. Grundsätze und Programm des DGB, in: 3. ordentlicher Bundeskongreß 1954, Frankfurt a.M. o.J. (1954), Prot. 423-468, abgedruckt in: *ders.*, Wirtschaft, Lohn, Gewerkschaft. Ausgewählte Schriften, Berlin 1982, 40-85, Zitate 47, 49.

[177] Vgl. *Otto Brenner*, Die Arbeitnehmer und die Sozialisierung, in: NG, Jg. 6 (1959), H. 5, 361-367, 367; vgl. *ders.* Ziele der Mitbestimmung, in: NG, Jg. 13 (1966), H. 4, 268-272.

[178] *Agartz*, Wirtschafts- und Steuerpolitik, 55, 41.

ökonomischen System zu optimieren. *Agartz* aber wollte aus ihnen eine Art Widerstandsorganisation machen, einen politischen Kampfverband oder eine Quasi-Partei.

Für *Agartz* bestand nach wie vor der Grundwiderspruch zwischen der Produktionsweise, die gesellschaftlich erfolgt, und der Aneignung der gemeinsam erzeugten Güter. Deshalb bedeute „jede gerechtere Verteilung des Sozialprodukts (...) für die Mehrheit aller Schaffenden ein[en] Gewinn an Freiheit". Zwar machte *Agartz* von seinem ursprünglichen Konzept einige Abstriche – so hielt er Verstaatlichung für keine zweckvolle Lösung mehr und plädierte statt dessen für die Bildung von Selbstverwaltungsunternehmen der Gesamtwirtschaft, d.h. in vergesellschafteten Unternehmensformen mit Eigenverantwortlichkeit. Es ging ihm gleichwohl immer wieder um die systemverändernde oder gar -überwindende Einbindung von nur scheinbar aktuellen Problemlagen, wie am Beispiel der Vollbeschäftigung und der Lohnpolitik deutlich wird. „Vollbeschäftigung" war für ihn nicht einfach Arbeitsbeschaffung durch Aneinanderreihung von Einzelmaßnahmen, nicht bloß ein gutes Ergebnis des Höchststandes einer Konjunktur:

„Vollbeschäftigung ist eine plan- und systemvolle Wirtschaftspolitik, um durch aktives Eingreifen die Produktion zu steuern und das Sozialprodukt zu vergrößern. Dieses Eingreifen vollzieht sich überwiegend auf indirektem Wege, besonders durch zweckvollen Kapitaleinsatz und durch geeignete Kreditpolitik, um jedem arbeitswilligen und arbeitsfähigen Menschen eine stetige Beschäftigung zu sichern, um das Sozialvermögen und das Sozialeinkommen laufend zu erhöhen und um das Sozialeinkommen gleichmäßiger zu verteilen. Vollbeschäftigung ist daher nicht nur eine Wirtschaftspolitik im engeren, üblichen Sinne, sondern vielmehr eine Politik des sozialen Gewissens und der sozialen Verpflichtung."[179]

So gesehen war Vollbeschäftigung das Ergebnis einer Wirtschaftspolitik, in der die Sicherung der Arbeitsplätze dem Arbeiter auf Dauer verbürgt ist, und sie beruhte auf einer sinnvollen Ordnung des Marktes durch planmäßige Kapital- und Kreditpolitik und eine Steuerpolitik, die nicht fiskalisch orientiert ist, „d.h. den größeren Teil des steuerlichen Gesamtaufkommens zum planvollen Einsatz mit dem Ziele der Vollbeschäftigung bringt"[180]. Mit einem ähnlichen Ansatz argumentierte *Agartz* in der Frage einer Verteilungsgerechtigkeit provozierenden Lohnpolitik. Diese müsse nicht nur aktiv bzw. dynamisch, sondern auch expansiv sein:

„Sie darf sich nicht damit begnügen, den Reallohn an die volkswirtschaftliche Entwicklung nachträglich heranzubringen. Sie muß versuchen, die wirtschaftliche Expansion von sich aus zu forcieren, um durch bewußte Kaufkraftsteigerung eine Ausweitung der Produktion herauszufordern. (...) Eine expansive Lohnpolitik ist zugleich das wirksamste Mittel, die Betriebe laufend zu höherer Rationalität anzuhalten, die Produktivität zu steigern und damit die Lohnexpansion zu fundamentieren."[181]

---

[179] *Agartz*, Der wirtschaftspolitische Hintergrund der Vollbeschäftigung in Deutschland, in: Vollbeschäftigung. Ergebnisse einer Arbeitstagung des Wirtschaftswissenschaftlichen Intituts der Gewerkschaften in Oberhausen, 16.-19.03.1950, Köln 1950, 11-32, Zitat 28.
[180] Ebenda, 29.
[181] *Ders.*, Expansive Lohnpolitik (1953), in: *ders.*, Wirtschaft, Lohn, Gewerkschaft, 112-117, Zitat 114f.

In diesem Kontext lehnte *Agartz* die damals diskutierte „Gewinnbeteiligung" der Arbeitnehmer strikt ab, weil sie die Stellung des Arbeitnehmers als Konsument schwäche. Auch der Frage des „Miteigentums" stand er skeptisch gegenüber: „Das diskutierte Miteigentum dürfte sich allein erstrecken auf Eigentum an Produktionsmitteln, also an Kapital."[182]

Agartz' Roll-back-Versuch scheiterte. Er hätte beinahe die Einheit der Gewerkschaft aufs Spiel gesetzt, weil insbesondere die CDU-nahen bzw. die katholischen Teile der Gewerkschaften die Grundlagen des noch recht jungen ‚historischen Kompromisses' in Frage gestellt sahen.[183] Ein Jahr nach der aufsehenerregenden Grundsatzrede *Agartz'* auf dem DGB-Kongreß 1954 trennte sich der DGB von ihm. Dazu hatte er Anlässe gegeben, die jedoch das Grundproblem verdeckten, nämlich daß sich die Gewerkschaften in ihrem überwiegenden Teil inzwischen längst vom Traum der „Neuordnung" verabschiedet hatten.[184]

b) Das Aktionsprogramm des DGB, 1955

Bereits nach der Wahl 1953 hatten die Bemühungen um eine programmatische Neuorientierung eingesetzt, und dies bedeutete, von den Hoffnungen auf eine Neuordnung Abschied zu nehmen, zu erkennen, „daß es eine Utopie sei zu glauben, man könne in nächster Zukunft unsere Münchner Grundsatzforderungen auf Neuordnung der Wirtschaft durchsetzen". So befand *Otto Brenner* (1907-1972), der Vorsitzende der IG Metall, ein Gewerkschafter von bedeutender Innovations- und Integrationskraft. *Brenner* war von Beruf Elektromonteur und seit 1920 in der Sozialdemokratie aktiv, u.a. als Bezirksvorsitzender der Jungsozialisten und Vorsitzender des Arbeiterabstinenten-Bundes in Hannover. 1930 trennte er sich von der SPD, schloß sich der SAP an und ging 1933 in den Widerstand. Er wurde noch 1933 verhaftet und zu zwei Jahren Gefängnis verurteilt und stand danach unter Polizeiaufsicht. 1945 kehrte er wieder zur SPD zurück.

Ein Aktionsprogramm sollte die Gewerkschaften aus ihrer Lähmungskrise nach der Befestigung der Macht- und Eigentumsverhältnisse im kapitalistischen Sinne herausführen – so begründete *Brenner* die Wende zu einer entschiedenen Reformpolitik:

„Unsere Münchner Grundsatzforderungen waren weder überlebt – noch sollten sie vergessen oder auf Eis gelegt werden. Worauf es ankam, war eben, nicht auf jene Grundsatzforderungen zu starren, die zu verwirklichen 1954 keine Kraft der deutschen Gewerkschaftsbewegung ausgereicht hätte – sondern aus der Defensive, aus der Erstarrung herauszukommen, die restaurativen Bestrebungen zu stoppen und den Arbeitnehmern und der Gewerkschaftsbewegung ein neues Kraftgefühl zu geben. Es kam darauf an – gerade durch konkrete Nahziele,

---

[182] *Agartz*, Expansive Lohnpolitik, 116.
[183] Vgl. dazu die informativen Beiträge von *Wolfgang Schroeder*, Christliche Sozialpolitik oder Sozialismus. Oswald von Nell-Breuning, Viktor Agartz und der Frankfurter DGB-Kongreß 1954, in: VfZ, Jg. 39 (1991), H. 2, 179-220; *ders.*, Einheitsgewerkschaft und Sozialkatholizismus. Zur Enttraditionalisierung der politischen Kultur in den fünfziger Jahren, in: APuZ, B 45/92, 43-54.
[184] *Agartz* mußte im Oktober 1955 die Leitung des WWI abgeben; Ende 1957 wurde er vom Vorwurf landesverräterischer Beziehungen vom Bundesgerichtshof freigesprochen; 1958 wurde *Agartz* aus der SPD ausgeschlossen, 1960 auch aus der Gewerkschaft; er starb 1964. Vgl. zu *Agartz* auch: *Bernhard Koolen*, Die wirtschafts- und gesellschaftspolitische Konzeption von Viktor Agartz zur Neuordnung der westdeutschen Nachkriegsgesellschaft, Köln 1979.

die den Wünschen und Hoffnungen *aller* Gewerkschaftsmitglieder, gleichgültig, ob christlich oder sozialistisch, entsprachen -, unsere Einheitsgewerkschaften so zu festigen und zu stärken, daß alle Spaltungsversuche zum Scheitern verurteilt wurden."[185]

Das Aktionsprogramm, das unter Federführung von *Brenner* entworfen worden war, enthielt an der Spitze solche Forderungen, für die die Arbeiter mobilisiert werden konnten und die mit gewerkschaftlichen Mitteln durchzusetzen waren: vor allem die fünftägige 40-Stundenwoche bei vollem Lohn- und Gehaltsausgleich mit täglich achtstündiger Arbeitszeit – von ihr erwartete man eine nachhaltige positive Veränderung der Lebensbedingungen der Arbeitnehmer und eine Durchbrechung des Privilegs einer schmalen Schicht auf Freizeit und Muße; eine aktive Lohn- und Gehaltspolitik einschließlich gleicher Entlohnung für Männer und Frauen; Zahlung eines Urlaubsgeldes; Sicherung der Weihnachtszuwendungen und Lohnfortzahlung in Krankheitsfällen auch für Arbeiter. Mit diesem ersten Aktionsprogramm wurde der Anfang einer Neuorientierung gemacht, die dann 1963 in das erste Grundsatzprogramm der deutschen Gewerkschaften mündete. Das Aktionsprogramm wurde 1965 und 1972 unter der Leitung von *Otto Brenner* fortgeschrieben.

c) Neue Probleme, neue Perspektiven

Bereits in den frühen fünfziger Jahren sahen sich die Gewerkschaften mit neuen, aus der „zweiten industriellen Revolution" resultierenden Problemen konfrontiert, auf die sie nicht einfach nur reagieren, sondern vorwegnehmend Antworten finden wollten: die Folgen der Automatisierung und das, was man zeitgenössisch „Berufsumschichtung" nannte, d.h. die Abnahme der Industriearbeit und die Zunahme der Dienstleistungen. Angestoßen wurde die Debatte durch die sich vor allem auf die USA beziehenden Forschungsergebnisse von deutschamerikanischen und französischen Sozialwissenschaftlern, insbesondere *Friedrich Pollock* und *Georges Friedman*.[186] Es bestand unter den Experten Einverständnis darüber, daß es sich bei der Automation nicht um einen einfachen Wandel der bestehenden Produktionsformen handelte, sondern um eine ökonomisch-technische und soziale Umwälzung, die die Welt veränderte.

---

[185] *Otto Brenner,* Das Aktionsprogramm. Referat vor dem 4. DGB-Bundeskongreß 1956, Hamburg 1956, 3; *ders.*, Freiheit und Menschenwürde – von der Idee zur Wirklichkeit, Referat vor dem 4. Gewerkschaftstag der IG Metall, o.O. 1956; für den historischen Kontext vgl. *Helga Grebing*, Gewerkschaften: Bewegung oder Dienstleistungsorganisation – 1955 bis 1965, in: *Hemmer/Schmitz*, Geschichte der Gewerkschaften, 149-182; für die Einordnung des Aktionsprogramms siehe *Gerhard Leminsky*, Zur Entwicklung des DGB-Aktionsprogramms, in: GMH, Jg. 27 (1976), H. 11, 696-709; *ders.*, Das Grundsatzprogramm im gewerkschaftlichen Diskussionsprozeß, in: GMH, Jg. 31 (1980), H. 3, 201-209; *ders.*, Zum Grundsatzprogramm '81 des Deutschen Gewerkschaftsbundes, in: *ders./Bernd Otto*, Politik und Programmatik des Deutschen Gewerkschaftsbundes, Köln ²1984, 1-20.
[186] Vgl. *Friedrich Pollock*, Automation. Materialien zur Beurteilung der ökonomischen und sozialen Folgen, Frankfurt a.M. 1956; *ders.*, Die wirtschaftlichen und sozialen Folgen der Automatisierung, in: Revolution der Roboter. Eine Vortragsreihe der Arbeitsgemeinschaft Sozialdemokratischer Akademiker München, München 1956, 65-105; *Georges Friedman*, Der Mensch in der mechanisierten Produktion, Köln 1952, *ders.*, Zukunft der Arbeit, Köln 1953, *ders.*, Grenzen der Arbeitsteilung, Frankfurt a.M. 1959.

Es war *Otto Brenner*, der auf dem DGB-Kongreß 1956 und auf dem IGM-Gewerkschaftstag des gleichen Jahres eindrücklich auf die zu erwartenden dramatischen Veränderungsprozesse hinwies, die nicht mehr wie ferne Zukunft betrachtet werden dürften: „Die Zukunft hat auch bei uns schon begonnen."[187] Zwar erkannte man die Chancen des technischen Fortschritts für eine allgemeine Hebung des Lebensstandards und eine weitere Befreiung des Menschen von unwürdiger Arbeit, aber man sah auch die Gefahren: technologische Arbeitslosigkeit, Sinken der Massenkaufkraft, Entwertung der Berufsqualifikation, wachsende Unternehmenskonzentration, Monopolisierung der Märkte, Zusammenballung von ökonomischer Macht in den Händen weniger. Deshalb wurde bereits auf dem DGB-Bundeskongreß 1956 ein Antrag angenommen, der die volle Mitbestimmung der Gewerkschaften bei der Planung und Durchführung aller Automatisierungsmaßnahmen ebenso wie Rationalisierungsschutz für die betroffenen Arbeitnehmer und Maßnahmen zur Humanisierung der Arbeit forderte.[188]

Sowohl die Gremien der IG Metall wie auch die des DGB nahmen vergleichsweise intensiv die Orientierungen und Perspektiven für ihre Willensbildung in Anspruch, die ihnen *Fritz Sternberg*, der seit den vierziger Jahren als freier Publizist abwechselnd in den USA und in Europa lebte, vermittelte.[189] Für *Sternberg* waren die USA längst zum „soziologischen Barometer" für Europa geworden. Er teilte die Befürchtungen, sah aber auch stärker als andere Autoren die Chancen, wenn man sich nicht nur darauf konzentrierte, die Automation technisch zu beherrschen, sondern sie auch als gleichzeitig ökonomisches und gesellschaftliches Problem begriff. *Sternberg* hielt nichts davon, die technologischen Veränderungsprozesse anzuhalten, statt dessen müsse die Gesellschaft der Technik „neue Befehle" geben, die darauf gerichtet sein müßten, den Arbeitsprozeß für den arbeitenden Menschen wieder sinnvoll zu machen:

„Die Zielvorstellung sollte sein, daß die Steigerung der Produktivität der Arbeit nicht erst nach Generationen von Leid, Elend, Qual und Arbeitslosigkeit dem arbeitenden Menschen zugute kommt (wie bei der ersten industriellen Revolution), sondern daß Steigerung der Produktivität und Steigerung der Lebenshaltung des arbeitenden Menschen miteinander zusammengehen."[190]

Hauptpunkt seiner Strategie gegen die arbeitnehmerfeindlichen Auswirkungen der Automation war die Forderung nach Verkürzung der Arbeitszeit, die mit der Steigerung der Produktivität der Arbeit einhergehen müsse, um zu verhindern, daß die Arbeitslosigkeit wachse. *Sternberg* hielt eine 4-Tage-Woche bzw. eine wöchentliche Arbeitszeit von 30 Stunden bei gleichzeitiger Erhöhung der Löhne

---

[187] *Otto Brenner*, Freiheit und Menschenwürde – von der Idee zur Wirklichkeit. Referat auf dem 4. Ordentlichen Gewerkschaftstag der IGM 1956, Frankfurt a.M. 1956, 14; vgl. auch *ders.*, Das Aktions-Programm. Referat auf dem 4. Ordentlichen Bundeskongreß des DGB, als Manuskript gedruckt, 1956.
[188] Entschließung Nr. 4 zur Automatisierung, in: 4. DGB-Bundeskongreß 1956, Prot., 731.
[189] Vgl. u.a. *Fritz Sternberg*, Die zweite industrielle Revolution, Frankfurt a.M. 1956 (= Schriftenreihe der IGM); *ders.*, Die militärische und die industrielle Revolution, Berlin 1957; *ders.*, Probleme und Auswirkungen der Automation, in: Automation – Gewinn oder Gefahr. Arbeitstagung des DGB, Düsseldorf 1958, 13-38. Siehe auch den Abschnitt IV in: *Helga Grebing* (Hrsg.), Fritz Sternberg (1895-1963). Für die Zukunft des Sozialismus, Köln 1981, wo auch ein Teil der Texte abgedruckt ist.
[190] *Sternberg*, Probleme, 16.

in absehbarer Zeit für möglich. Von der damals verbreiteten Auffassung von der kompensatorischen Wirkung der Freizeit für den Arbeiter, der sein Menschsein in der Arbeit verloren habe und es angeblich in der Freizeit wiedergewinnen könne, hielt er gar nichts:

„Wird die Beziehung des Menschen zu seiner Arbeit immer stärker untergraben, und wird diese Beziehungslosigkeit als unabwendbar und daher unbekämpfbar hingenommen, dann wird auch die Freizeit immer mehr und mehr vergiftet, dann droht sie ihre Regenerationsmöglichkeiten zu verlieren. Es bestehen sehr tiefgehende, sehr innere funktionale Beziehungen zwischen Arbeit und Freizeit. Und es ist kein Zufall, daß die Massenproduktion mit ihrer Verunmenschlichung der menschlichen Arbeit vielfach Hand in Hand damit ging und geht, daß das Niveau der Beschäftigung in der Freizeit sich so gesenkt hat, und damit gleichzeitig das gesamte kulturelle Niveau. Die Freizeit *allein* kann in unserer Welt nicht mehr die menschlichen Werte wiederherstellen, wenn sie durch die Degradierung der Arbeit mehr und mehr verlorengehen. Die Freizeit kann *helfen*, wenn die Degradierung der Arbeit *gleichzeitig* in der Erziehung wie im Arbeitsprozeß bekämpft wird. Und dafür gibt es reiche Möglichkeiten."[191]

Um so mehr bedeuteten *Sternberg* Umschulung und Requalifizierung – auf Kosten der Unternehmer und tariflich abgesichert – wie auch ein garantierter Jahreslohn für jene Arbeiter, die im Gefolge der automatisierten Produktionsprozesse ihren Arbeitsplatz verloren hatten oder in absehbarer Zeit verlieren würden. Dieser Schutz vor den Folgen der Automatisierung, für den er bereits in den USA viele Hinweise fand, wollte er gekoppelt sehen mit der Wahrnehmung der qualifizierten Mitbestimmung nach deutschem Recht. Überaus wichtig erschienen ihm politische Entscheidungen, die auf die Durchbrechung des Bildungsmonopols bzw. der Beschränkung der Masse der Bevölkerung auf die Volksschulbildung zielten. Zugleich sollte den Arbeitern, deren Fachwissen durch die neuen Produktionsprozesse zunehmend entwertet wurde, durch die Arbeitszeitverkürzung die Chance zu einer „zweiten Ausbildung" gegeben werden.

Besorgt betrachtete *Sternberg* den Prozeß der Unternehmenskonzentration in Richtung Oligopolbildungen, der auch die Staatsfunktionen tangierte. Diesen „industriellen Konzentrationsprozeß gerade im Gefolge der Automatisierung" sah er erheblich wachsen bis zu dem Punkt, „daß dann im Gefolge dieser Prozesse auch eine Aushöhlung der Demokratie möglich ist", weil die politisch-ökonomische Machtkonzentration sich von den klassischen Willensbildungsinstitutionen weg verlagerte. Deshalb forderte *Sternberg* die Gewerkschaften immer wieder auf, auf der Höhe der Zeit zu stehen – bei der Reflexion ihrer Zielvorstellungen, in der Bestimmung des eigenen Standortes und bei der offensiveren Ausgestaltung ihrer organisatorischen Kraft, und er warnte sie: „(...) jeder Raum, der von uns nicht besetzt ist, bleibt kein Vakuum". Er erwartete von den Gewerkschaften, daß sie sich nicht allein auf den nächsten Tarifvertrag konzentrierten und sich nicht nur den Tagesaufgaben widmeten. Am Ende der sozialen Kämpfe unter dem Zeichen der Automation müsse vielmehr die Verwirklichung einer geradezu epochalen Chance stehen: „Die Beseitigung der Armut für alle." Es ging nach seiner Auffassung um nicht mehr und nicht weniger als darum, die Fundamente für eine neue Gesellschaft zu legen:

---

[191] *Sternberg*, Militärische und industrielle Revolution, 310f.

„In dieser heutigen industriellen Revolution schlummern gewaltige Kräfte, die die Produktivität der Arbeit in einem Ausmaß steuern, das wir uns heute noch kaum vorzustellen vermögen. Es wird die große neue Aufgabe der Gewerkschaften sein, mit dieser Entwicklung mitzuhalten, die sozialen Auswirkungen dieser Revolution mitzubestimmen, ihre Gefahren zu bekämpfen, ihre positiven Wirkungen zu steigern."[192]

Sternberg selber konnte allerdings eine gewisse Skepsis nicht unterdrücken, ob denn die Gewerkschaften die ihnen zugedachte Aufgabe würden erfüllen können. Er sah z.B. spiegelverkehrt zur Tendenz der Erweiterung des tertiären Sektors den Trend zum Rückgang der Zahl der gewerkschaftlich Organisierten an der Gesamtzahl derjenigen, die organisierbar sind. Noch immer bestanden in den Gewerkschaften die klassischen Vorbehalte gegenüber den Angestellten, die entweder als nicht organisierbar galten oder von denen man vermutete, daß sie sich aufgrund ihrer sozialen Lage automatisch den Gewerkschaften zuwenden würden. *Sternberg* erkannte demgegenüber eine wachsende Differenzierung der Angestelltenschichten und hielt ein Eingehen der Gewerkschaften darauf für notwendig. Er kritisierte die Unfähigkeit aller Teile der Gewerkschaften, eine angemessene Attraktivität für die Jugend zu gewinnen. Er befürchtete ein Anwachsen der innergewerkschaftlichen Interessengegensätze, zeigte sich besorgt über die andauernde Fixierung der Gewerkschaften auf die Erhöhung des Lebensstandards der Facharbeiter und empfahl z.B. der HBV und der ÖTV, sich für Mindestlöhne im tertiären Sektor einzusetzen, um daraus auch neue Organisierungskraft zu gewinnen.

Die Ansätze der fünfziger Jahre sind in den folgenden Jahrzehnten unter dem Stichwort „Humanisierung der Arbeit" stark praxisorientiert fortgeführt worden[193]; die Gewerkschaften befanden sich in diesen Fragen, bei denen sie sich zur Verstärkung ihrer Positionen immer auch der Kompetenz der Wissenschaft vergewisserten, auf der Höhe der Diskussionen dieser Zeit.

3. Auf dem Weg zum Grundsatzprogramm des DGB, 1963

a) Grundpositionen der Gewerkschaftsführung

Wie kein anderer Gewerkschaftsführer in der Nachkriegszeit hatte *Otto Brenner* Tradition und Zukunftsperspektivik miteinander verbinden wollen. Man nannte ihn deshalb den „Brückenbauer" von der alten zur neuen Gewerkschaftsbewegung. Seine grundsätzlichen Positionen waren deutlich geprägt durch seine bitteren politischen und persönlichen Erfahrungen am Ende der Weimarer Republik und während des ‚Dritten Reiches', die ihn Demokratie als mehr denn nur als ein politisches System verstehen ließen. Sie war für ihn idealerweise eine Lebens-

---

[192] *Sternberg*, Zweite industrielle Revolution, 51.
[193] Vgl. Humanisierung der Arbeit als gesellschaftspolitische und gewerkschaftliche Aufgabe. Prot. DGB-Konferenz, 16./17.05.1974, hrsg. von *Heinz O. Vetter*, Frankfurt a.M. 1974; *Hans Matthöfer*, Humanisierung der Arbeit und ihre Produktivität in der Industriegesellschaft, Köln ³1980. *Matthöfer* war Leiter der Bildungsabteilung der IG Metall und in der Zeit der sozialliberalen Koalition Forschungsminister, zuletzt Finanzminister.

form. Er befürchtete in den fünfziger Jahren aus mehr als einem Grund eine autoritäre Verfremdung der noch ungesicherten demokratischen Struktur der Republik. Deshalb betrieb er einerseits führend die Befreiung der Gewerkschaften aus ihrer Lähmungskrise nach dem unbefriedigenden Ausgang der Mitbestimmungsoffensiven und hielt andererseits an den Neuordnungspostulaten fest.

1959, im Vorfeld der Programmarbeit (kurz vor der Verabschiedung des Godesberger Programms), nannte er die Münchener Grundsätze ein Programm (was sie nicht gewesen waren) und sah in ihnen die „heute noch verpflichtende Richtschnur der freien deutschen Gewerkschaftsbewegung"[194]. Ein Jahr später wiederholte er seine Auffassung:

„Die wirtschaftspolitischen Grundsätze des Deutschen Gewerkschaftsbundes, die 1949 in München beschlossen wurden, gehen von den *realen Interessen der arbeitenden Menschen* aus. Sie stellen ein fortschrittliches Programm dar, das auch heute unverminderte Gültigkeit hat. Es gibt die Richtung an für eine Neuordnung von Wirtschaft und Gesellschaft, die diesen Interessen Rechnung trägt."[195]

So hielt denn *Brenner* an der „Überführung bestimmter Wirtschaftszweige in Gemeineigentum" fest, für die die Mitbestimmung auch in einer erweiterten Form kein Ersatz sein könne.

„Die Gewerkschaften (...) setzen sich also für eine Neuordnung von Wirtschaft und Gesellschaft ein, die gewährleistet, daß alle Bürger an der politischen Willensbildung, an der Gestaltung der Wirtschaft und dem kulturellen Leben frei und gleichberechtigt teilnehmen können. Eine solche Neuordnung wird erst möglich, wenn durch volle Mitbestimmung der Arbeitnehmer, durch Überführung der Schlüsselindustrien in Gemeineigentum und durch eine volkswirtschaftliche Gesamtplanung die Voraussetzungen dafür geschaffen werden."[196]

Für *Brenner* gab es keinen Zweifel daran, daß die Kernforderungen der Grundsätze „heute ebenso bedeutsam [sind] wie 1949, als sie formuliert wurden"; deshalb dürfe die klare und unmißverständliche Festlegung von München, wenn sie in einem neuen Programm verbessert und modernisiert werden solle, auf keinen Fall verwässert werden.

Otto Brenners Auffassungen galten inzwischen nicht mehr unumstritten; vor allem *Georg Leber*, der 1920 bei Limburg geborene Vorsitzende der IG Bau, Steine, Erden (seit 1957), von Beruf Maurer und von Konfession katholisch, verkörperte nicht nur eine andere Generation, sondern hatte auch ein anderes Welt- und Ordnungsbild: Er akzeptierte die Republik im großen und ganzen, wie sie war, fuhr gewerkschaftspolitisch einen integrationistischen Kurs und betrachtete die Gewerkschaften als Teil eines quasi korporatistischen Systems. Das Sozialisierungspostulat hatte seine Gewerkschaft bereits 1957 aus ihrem Programm gestrichen.

Zum eigentlichen Motor des Grundsatzprogramms des DGB von 1963 wurde jedoch *Ludwig Rosenberg* (1903-1977), der aus den liberalen Gewerkschaften nach der Emigration in Großbritannien den Weg in die Einheitsgewerkschaft gefunden hatte, seit 1949 Mitglied des Bundesvorstandes war und 1962 zum DGB-

---

[194] *Brenner*, Arbeitnehmer und Sozialisierung, 363.
[195] *Ders.*, Die Gewerkschaften in der modernen Industriegesellschaft. Referat vor dem 6. Gewerkschaftstag der IG Metall 1960, Frankfurt a.M. 1960, 17.
[196] *Ders.*, Arbeitnehmer und Sozialisierung, 367.

Vorsitzenden (bis 1969) gewählt wurde. Er vollzog die sozialliberale Wende, die die SPD mit dem Godesberger Programm eingeschlagen hatte, für die Gewerkschaften, allerdings etwas anders akzentuiert: Indem er nämlich durch semantische Zusätze oder begriffliche Veränderungen eine Kontinuität unterstrich, die es dann ermöglichte, das neue Grundsatzprogramm als Klammer für die verschiedenen Richtungen zu verstehen. So suchte er einen Weg „zwischen totaler Planwirtschaft und hemmungsloser Marktwirtschaft", und an die Stelle der Sozialisierung setzte er den von *Deist* übernommenen, aber zugespitzten Begriff der „öffentlichen Kontrolle".[197]

b) Das Grundsatzprogramm, 1963

Mit dem Programm holen die Gewerkschaften „Godesberg" nach, nämlich durch den Verzicht auf Endziele, Gegenentwürfe und dogmatische Positionen. Auch enthielt es weniger Zielperspektiven als mehr Instrumente für die Einlösung erreichbarer Forderungen unter der Voraussetzung eines optimalen Wachstums: Recht auf Arbeit, Vollbeschäftigung, freie Berufswahl, ausreichendes Einkommen, verbürgtes Recht auf gemeinsame Interessenvertretung der Arbeitnehmer in autonomen Gewerkschaften, Verbesserung des Streik- und Tarifvertragsrechtes, qualifizierte paritätische Mitbestimmung. Von ihrem Selbstverständnis her gesehen wollten die Gewerkschaften eine progressive Kraft innerhalb einer demokratischen Gesellschaft und eines sozial verfaßten Rechtsstaates sein.

Aber die Gewerkschaften holen nicht nur „Godesberg" nach. Sie wollten festhalten an der „Umgestaltung von Wirtschaft und Gesellschaft": Im Abschnitt „Die Kontrolle wirtschaftlicher Macht" war neben einem erheblichen Mehr an Öffentlichkeit die Rede von der „Überführung von Schlüsselindustrien und anderen markt- und wirtschaftsbeherrschenden Unternehmen in Gemeineigentum", und unter „Planung und Wettbewerb" stand die Forderung: „Monopolistisch beherrschte oder durchsetzte Märkte sind durch direkte öffentliche Intervention im Interesse der Gesamtheit zu regulieren. Dabei kommt den gemeinwirtschaftlichen Unternehmungen eine wesentliche Bedeutung zu."

Das Nebeneinander von systemkonformen und systemkritischen Programmpunkten war nicht nur Ausdruck des Kompromißcharakters des Programms, sondern auch eine Widerspiegelung der Doppelaufgabe der Gewerkschaften: die jeweils aktuellen Interessen der Arbeitnehmerschaft zu vertreten und zugleich die langfristigen allgemeinen Interessen der Freiheit und Selbstbestimmung mündiger Menschen wahrnehmen zu wollen. So heißt es gegen Ende der Präambel:

„Unsere Zeit verlangt vor allem die demokratische Gestaltung des gesellschaftlichen, kulturellen, politischen und wirtschaftlichen Lebens, damit jeder Mensch seine Gaben nützen, seine Persönlichkeit frei entwickeln und verantwortlich mitentscheiden kann.

Nur wenn es gelingt, eine solche Ordnung zu schaffen, wird die Freiheit des einzelnen, die Freiheit der Gemeinschaft und eine wahrhaft demokratische Gesellschaft in allen ihren Lebensformen verwirklicht werden. Sie allein ist die Gewähr für ein menschenwürdiges Leben und der einzig wirksame Schutz gegen totalitäre und andere unwürdige Daseinsformen."

---

[197] Vgl. z.B. seine Rede auf dem DGB-Bundeskongreß: *Ludwig Rosenberg*, Wirtschaftspolitik als Aufgabe. Referat vor dem 5. DGB-Bundeskongreß, Köln 1959 (als Broschüre gedruckt).

3. Kapitel: Neue Ideen für die sechziger und siebziger Jahre

I. Reforminhalte und Strategien für eine entwickelte Industriegesellschaft

1. Nach Godesberg: Was bleibt vom Sozialismus?

a) Von der „formierten" zur „mündigen" Gesellschaft

Nach der Annahme des Godesberger Grundsatzprogramms im November 1959 bemühte sich die SPD, gegenüber den politischen Gegnern und vor allem gegenüber den Wählern um den Nachweis, daß – wie es der zukünftige Parteivorsitzende ausdrückte – die moderne SPD „sich (...) nicht in einer Frontstellung gegenüber der Wirtschaftsordnung unserer Bundesrepublik befindet"[1], daß sie vielmehr das bestehende Wirtschafts- und Sozialsystem weiterentwickeln, verbessern und vervollkommnen wolle.[2] Für nicht wenige Zeitgenossen und erst recht für Nachbetrachter entstand damit der Eindruck, daß der „Weg der SPD zur Staatspartei" am Godesberger Programm vorbeiführte. Es entstand der Eindruck, daß eine geistige Verarbeitung des neuen Programms in der Partei kaum stattfand[3], von der Parteiführung nicht gerade gefördert und von der Mitgliedschaft jedenfalls nicht mit Nachdruck gefordert wurde. Wieder einmal bewahrheitete sich der Satz, daß gerade für eine Programmpartei wie die SPD der Weg zum Programm für die Integrationsprozesse wichtiger war als der Programmtext selbst.

Keineswegs unterschwellig, sondern ganz öffentlich wurde dem Programm so gar eine einseitige marktwirtschaftliche Auslegung gegeben und kaum noch von öffentlichen und gemeinwirtschaftlichen Unternehmensformen und Gemeineigentum gesprochen. *Heinrich Deist* hatte auf dem SPD-Parteitag 1962 in Köln als das eigentliche Ziel der Sozialdemokratie projektiert: „stetiges wirtschaftliches Wachstum, eine harmonische Entwicklung aller wirtschaftlichen Kräfte, Preisstabilität und eine gerechte Einkommens- und Vermögensverteilung"[4]. Dies galt ihm als Voraussetzung eines „gesunden demokratischen Gemeinwesens":

---

[1] *Willy Brandt*, Schlußwort, in: Stabilität und Aufstieg. Dokumentation der Wirtschaftspolitischen Tagung der Sozialdemokratischen Partei Deutschlands, 03.-05.10.1963, Hannover 1963, 307-322, Zitat 310.
[2] Vgl. *Kurt Klotzbach*, Die moderne SPD. Entwicklungen und Hauptprobleme von 1945 bis zur Gegenwart, in: *Dieter Dowe/Kurt Klotzbach* (Hrsg.), Kämpfe – Krisen – Kompromisse. Kritische Beiträge zum 125jährigen Jubiläum der SPD, Bonn 1989, 103-122.
[3] So das Resümee von *Susanne Miller*, Zur Wirkungsgeschichte des Godesberger Programms, in: *dies.*, Sozialdemokratie als Lebenssinn. Aufsätze zur Geschichte und Gegenwart der SPD, hrsg. von *Bernd Faulenbach*, Bonn 1995, 297-319.
[4] *Heinrich Deist*, Die Pflicht zum Wohlstand, Prot. PT 1962, 113-134, Zitat 123.

„Es geht darum, all den Gebilden, Gruppen, Schichten und gesellschaftlichen Kräften, die erst in ihrer Gesamtheit die deutsche Wirtschaft ausmachen, ihren Platz in der wirtschaftlichen und gesellschaftlichen Ordnung zuzuweisen und zu sichern; es geht darum, das rechte Verhältnis all dieser Kräfte zueinander und zur Gemeinschaft des ganzen Volkes zu finden, damit ein gesundes, demokratisches Gemeinwesen entsteht, ein Gemeinwesen, das seine Glieder zu Aufgaben und Opfern aufruft und darauf vertrauen kann, daß jeder seine ganze Kraft für die Bewältigung großer Aufgaben hinzugeben und diese Aufgaben in Freiheit und Verantwortung zu erfüllen bereit ist."[5]

Diese demokratische Version eines Gemeinschaftsdenkens wurde flankiert von der Forderung nach „gemeinsamen Grundwerten", „auf denen das Gemeinschaftsleben beruht", und von einer bestimmten Deutung der Funktionen des demokratischen Rechtsstaates als „ordnungsstiftende Gewalt, unser Leben so zu ordnen, daß das allgemeine Interesse, das Gemeinschaftswohl, sich gegenüber einseitigen Interessen durchsetzt". Insbesondere wurde von *Deist* der Beitrag des Staates zu einer Zusammenarbeit der Tarifparteien angemahnt, „die auf das Ganze, auf das Gemeinwohl gerichtet ist"[6].

Mit der Betonung des Ganzen, der Gemeinschaft und des Gemeinwohls und der Feststellung von Gemeinsamkeiten mit den politischen Gegnern auch auf anderen Politikfeldern hatte die SPD jedoch die Chance vergeben, in konkreter Ausführung ihres neuen Grundsatzprogramms, dessen Protagonisten ja für sich in Anspruch nahmen, die notorische Lücke zwischen Theorie und Praxis nunmehr schließen zu können, die Fragen der zukünftigen Entwicklung jenseits von traditionellem Marxismus-Verständnis und aktuellem Wirtschaftsliberalismus eigenständig radikal neu zu stellen. Statt dessen versuchte man in machtstrategischem Kalkül den politischen Widerpart zu umarmen und bestenfalls dabei das Angebot einer besseren sozialen Marktwirtschaft zu wagen.

Indessen gab es einige Anstrengungen, dieser Selbstfesselung zu entrinnen. Den Anlaß dazu gab der neue Bundeskanzler *Ludwig Erhard* mit seiner Kreation der „formierten Gesellschaft" im Jahre 1965. Der Entwurf der Formel stammte u.a. von *Goetz Briefs, Eric Voegelin* und vor allem von *Rüdiger Altmann*.[7] Auch *Erhard* wollte keine Gesellschaft von kämpfenden Gruppen mehr, keine von sozialen Kämpfen geschüttelte und von kulturellen Konflikten zerrissene, keine aus Klassen und Gruppen mit einander ausschließenden Zielen; Formierung müsse im Ergebnis ein „vitales Verhältnis zwischen sozialer Stabilität und wirtschaftlicher Dynamik" schaffen. Die „formierte Gesellschaft" sollte eine „Gesellschaft des dynamischen Gleichgewichtes" sein. Ausdrücklich sollte jedoch – und dies entschleiert die Motivation des Entwurfs – die Dynamik der Wirtschaft von den

---

[5] *Deist*, Die Pflicht zum Wohlstand, 133.

[6] *Deist* in: Stabilität und Aufstieg, 287, 289 unter Berufung auf *Arnold Bergsträsser, Rudolf Smend, Wilhelm Hennis* und *Alfred Weber*, 297; vgl. auch *Brandt* in: Stabilität und Aufstieg, 311-315, sowie *ders.*, Rede auf dem SPD-PT 1964, Prot., 130-152.

[7] Zu *Briefs* siehe Sozialismus II, 2. Kap., III, 1, c); *Voegelin* stützte sich in seinen Arbeiten auf den Natur-, Seins- und Ordnungsbegriff der platonisch-aristotelischen und der scholastischen Philosophie; *Altmann*, damals stellvertretender Geschäftsführer des Deutschen Industrie- und Handelstages, galt in den sechziger Jahren als einer der führenden und intellektuell anregendsten konservativen Publizisten. Zu allen dreien vgl. *Helga Grebing*, Konservative gegen die Demokratie. Konservative Kritik an der Demokratie in der Bundesrepublik nach 1945, Frankfurt a.M. 1971; zum Entwurf der „formierten Gesellschaft" vgl. *Rüdiger Altmann*, Späte Nachricht vom Staat, Stuttgart 1968.

Formierungsprozessen ausgenommen werden; dem Funktionswert der Wirtschaft sollte ein hoher politischer Rang eingeräumt und verlangt werden, daß in den Interessenkonflikten dieser Primat anerkannt werde.[8]

Das Gegenmodell zum Phantom der „formierten Gesellschaft" lieferte *Karl Schiller*, damals Mitglied des SPD-Präsidiums und stellvertretender Vorsitzender der SPD-Bundestagsfraktion, 1966 auf dem Dortmunder Parteitag der SPD mit der „mündigen Gesellschaft":

„Die mündige Gesellschaft (...) ist begründet auf unserer heutigen Gesellschaft des sozialen und wirtschaftlichen Wettstreits, der Konkurrenz um die höchste Leistung, des allgemeinen Strebens nach besseren Daseinsbedingungen. Mündige Menschen können Mehrkonsum und wachsenden Wohlstand bejahen. Mündige Menschen werden dadurch nicht ‚verfremdet'. (...) Die mündige Gesellschaft ist vielmehr unsere Absage an den Versuch, dem deutschen Staats- und Wirtschaftsbürger die biedermeierliche Schlafmütze des Spießers zu verpassen.

Zweitens. Die mündige Gesellschaft ist eine dynamische Gesellschaft. Sie anerkennt nicht nur bestehende, sondern auch neue soziale Interessen, und sie anerkennt den damit verbundenen Kampf von ‚Neu' gegen ‚Alt'.

Drittens. Die mündige Gesellschaft setzt freie, aufgeklärte Menschen voraus, Menschen, die imstande sind, alte und neue Abhängigkeiten in Staat und Wirtschaft zu erkennen und ihnen die Stirn zu bieten. Skepsis und unaufhörliche rationale Kritik gehören zum Lebenselixier dieser mündigen Gesellschaft. Sie muß eine gebildete Gesellschaft sein.

Viertens. Die mündige Gesellschaft setzt schließlich nicht voraus, daß das Gemeinwohl durch die unsichtbare Hand der Egoismen automatisch oder durch die Formierung der Interessen autoritär erreicht wird. Sie anerkennt vielmehr, daß der Staat die Aufgabe hat, die gesellschaftlichen Gruppen durch seine planende und ausgleichende Politik und durch Orientierungshilfen auf das Gemeinwohl hinzuführen. (...)

Fünftens. Unsere heutige Gesellschaft ist eine vielgegliederte Gesellschaft, und das wird und soll sie auch in der Mündigkeit bleiben. Sie umfaßt die Mannigfaltigkeit der Gruppen und Schichten: Arbeiter, Angestellte und Unternehmer, Selbständige und Unselbständige, Bauern, Kaufleute und Industrielle, Einheimische und Vertriebene und Flüchtlinge. Sie alle können und sollen durchaus gruppenhaft organisiert sein. Das gehört zu unserer Wirklichkeit. Aber diese Gruppen müssen zur Kooperation kommen, nicht durch Formierung, sondern durch mündige Selbstverwaltung.

Ich möchte sagen: Die mündige Gesellschaft ist das gesellschaftspolitische Leitbild der sozialen Demokratie."[9]

Kernstück der Entwicklungsrichtung der diesem Leitbild entsprechenden „Gesellschafts- und Wachstumspolitik" sollte „die Kombination (...) von Marktwirtschaft, monetärer und fiskalischer Globalsteuerung und Wohlfahrtspolitik" sein. Seine Vorstellungen bekräftigte *Schiller* auf dem außerordentlichen SPD-Parteitag im April 1969 in Bad Godesberg, nunmehr als Bundeswirtschaftsminister: „Der Kurs liegt fest. Wir bejahen die Leistungsgesellschaft. Aber wir wollen, daß es auch eine mündige und eine offene Gesellschaft ist."[10]

---

[8] Zur „formierten Gesellschaft" vgl. *Beatrix W. Bouvier*, Zwischen Godesberg und Großer Koalition. Der Weg der SPD in die Regierungsverantwortung. Außen-, sicherheits- und deutschlandpolitische Umorientierung und gesellschaftliche Öffnung der SPD 1960-1966, Bonn 1990, 245f.; zu *Ludwig Erhard*: *Volker Hentschel*, Ludwig Erhard. Ein Politikerleben, München 1996; Ludwig Erhard und seine Politik, hrsg. vom Haus der Geschichte der Bundesrepublik Deutschland, Berlin o.J. (1997).
[9] *Karl Schiller*, Einführung in Schwerpunkte der Gesellschaftspolitik in Deutschland, Prot. PT Dortmund 1966, 288-305, Zitat 291.
[10] *Ders.*, Die soziale und wirtschaftliche Lage – damals, heute und morgen, Prot. außerordentli-

b) Mobilisierung der Demokratie

Einen sehr eigenen Weg ging *Waldemar v. Knoeringen* mit den wiederholt gestellten Fragen: „Was ist der Mensch? Was will der Mensch? Wie verändert er seine Verhaltensweisen, seine Bedürfnisse? Wozu ist er fähig, wie groß ist seine Formbarkeit?"[11] Seine Antwort lautete:

„Wir wissen, auch der Sozialismus wird die Tränen dieser Erde nicht trocknen. Aber indem wir uns mutig von der Utopie als nie zu realisierender Hoffnung lösen und ein reales Ziel anstreben, wollen wir viel. Wir wollen viel, wir wollen nämlich alles, was dem Menschen möglich ist. Wir können nicht sagen, was der Sinn des Lebens ist. Doch wir wollen dem Menschen helfen, sein Leben sinnvoll auszufüllen."[12]

Dem Konservatismus, Progressismus und Utopismus stellte *v. Knoeringen* den „demokratischen Realismus" entgegen. Ausgehend von der These vom „Unbehagen der Bürger an der Demokratie" definierte er in der „Mobilisierung der Demokratie"[13] den „demokratischen Realismus" als „leidenschaftlichen Kampf" um „mehr Gerechtigkeit", der sich „nicht abstrakt ableiten, schon gar nicht dogmatisieren", sondern nur an konkreten Beispielen darstellen lasse. Durch institutionelle, pädagogische und politische Reformen hofften er und seine Mitstreiter die Demokratie für den Bürger attraktiver zu machen. Dazu gehörten „mehr Kontrolle wirtschaftlicher Macht", das fast schon vergessene, einst von *Heinrich Deist* inaugurierte zentrale Postulat des Godesberger Grundsatzprogramms, und der Ausbau der Mitbestimmung.

1968 hat dann *Waldemar v. Knoeringen* in einer seiner letzten großen öffentlichen Reden, der er den Titel „Anthropologische Orientierung der Politik" gab, vehement Kritik an der theoretischen Unsicherheit der Sozialdemokratie geübt. „Die schwache theoretische Gedankenarbeit (…) ist die Quelle unserer geistigen Unsicherheit und der mangelnden Strahlkraft unserer Partei."[14] Sein eigenes Bekenntnis, fast ließe sich sagen: Vermächtnis, lautete dagegen:

„Es ist ein Irrtum zu glauben, wir lebten heute in einer ideologiefreien Gesellschaft der versachlichten Interessen. Der Mensch braucht Zielsetzungen, die seine Hoffnungen umschließen und die ihm Orientierung zu geben vermögen in der verwirrenden Vielfalt der Erscheinungen. (…) Aber was kann heute die Orientierungsmarke sein, nach der wir segeln? Für mich kann das nur die Idee des freiheitlichen Sozialismus sein. (...) Freiheitlicher Sozialismus als Ausdruck einer Ordnung, die – in der auf Gerechtigkeit gegründeten Solidarität der Gemeinschaft – die freie Entfaltung der Persönlichkeit jedes konkreten Menschen möglich macht. Sozialismus ist die dem Menschen gemäße gesellschaftliche Ordnung. Der Sozialismus muß von dem Schutt befreit werden, der durch den Zusammenbruch ökonomistischer und eschatologischer Erlösungsdoktrinen entstanden ist, er muß zurückgeführt werden auf

---

cher PT Bad Godesberg 1969, 69-89, Zitat 75.

[11] *Waldemar v. Knoeringen*, Erbe und Auftrag. Rede auf dem SPD-PT 1962, Protokoll 134-153, Zitat 136; vgl. *ders.*, Anthropologische Orientierung der Politik, in: *ders./Ulrich Lohmar* (Hrsg.), Was bleibt vom Sozialismus?, Hannover 1968, 93-107.

[12] *Von. Knoeringen*, Erbe, 149.

[13] Dieses Buch mit dem Untertitel „Ein Beitrag zur Demokratiereform" verfaßte er gemeinsam mit *Peter Glotz, Peter Hanke, Michael Hereth, Thomas Keller, Jürgen Maruhn, Hans-Günter Naumann, Hubert Raupach, Helmut Rothemund, Friedrich Schreiber* und *Kurt Stenzel*; es erschien 1966 wenige Wochen vor dem Dortmunder SPD-Parteitag.

[14] *Von. Knoeringen*, Anthropologische Orientierung, 93.

seine ethischen Wurzeln, und er muß neu interpretiert werden im Lichte der wissenschaftlichen Erkenntnisse unserer Zeit.

Wir haben uns oft die Frage vorgelegt: Ist der Begriff Sozialismus, selbst wenn wir ihn immer mit dem Beiwort freiheitlich, demokratisch oder humanistisch gebrauchen, für uns, für das, was wir wollen, noch aussagekräftig? Ist er nicht mißbraucht worden? Sind nicht in seinem Namen große Verbrechen verübt worden, und wird nicht täglich mit allen Mitteln der Weltpropaganda das kommunistische System der Unfreiheit als Sozialismus gepriesen? Wir belasten uns doch und stoßen jene Schichten ab, die den Unterschied zwischen unserem Sozialismus und dem Kommunismus nicht verstehen. Darum drückt sich die Partei heute doch so unsicher um das Wort herum. Ich gestehe, daß ich auf langen Strecken des Weges der letzten Jahre auch – um Mißverständnisse zu vermeiden – den Begriff Sozialismus wenig gebraucht habe. Wenn ich mich heute ganz bewußt zum demokratischen Sozialismus bekenne, so aus folgenden Überlegungen: Es gibt Worte und Begriffe, die für uns über den Zeiten stehen, weil sie einer tiefen Sehnsucht, einer Hoffnung, einem Orientierungsbedürfnis des Menschen Ausdruck geben. Freiheit, Gerechtigkeit, Wahrheit sind solche Begriffe; aber auch Christentum, Humanismus und Sozialismus. (...) Die Begriffe haben so starke Wurzeln, daß kein Schwert der Zerstörung sie tilgen kann.

So ist es auch mit dem Sozialismus. Er ist Ausdruck einer säkularen Geistesströmung, die sich mit dem Beginn des Industriezeitalters in den verschiedenen Bewegungen und Organisationen manifestiert hat. Sozialismus ist Ausdruck der Sehnsucht nach einer gerechten, sozialen, humanen gesellschaftlichen Ordnung, die den Menschen in jedem einzelnen Individuum achtet; die Idee, daß die freie Entwicklung eines jeden die Bedingung für die freie Entwicklung aller ist. Immer ging es im Sozialismus um den Menschen, um sein Glück, um seine Menschlichkeit. Und wenn auch in Verkennung der menschlichen Möglichkeiten kollektivistische Ideen übergewichtet wurden, so blieb der Sozialismus in seiner innersten Substanz doch auch den einzelnen Menschen festgelegt. Von diesem Ansatz aus müssen wir den demokratischen Sozialismus in unserer Zeit neu durchdenken."[15]

c) Perspektiven – sozialdemokratische Politik im Übergang zu den siebziger Jahren

Gemessen an solchen grundsätzlichen Gedanken fielen die „Perspektiven", in denen *Waldemar v. Knoeringen* den Bezug auf den Begriff „freiheitlicher Sozialismus" vermißte, eher bescheiden aus. Die „Perspektiven" sollten auf der Grundlage des Godesberger Programms ein praktisch orientiertes Gesamtkonzept als Anleitung für die Regierungsarbeit bieten. Der im Januar 1968 vom SPD-Parteivorstand beschlossene Entwurf erhielt auf dem Nürnberger Parteitag im März 1968 heftigste Kritik, besonders von seiten der Jungsozialisten. Der erweiterte und ergänzte Entwurf wurde schließlich verabschiedet mit der Maßgabe, die „Perspektiven" zur Grundlage weiterer Diskussionen in der Partei zu machen.

Die „Perspektiven" sollten die SPD ausweisen als berufen, „die gesellschaftliche Erneuerung in einer Zeit rasanten technischen Fortschritts und sozialer Umwälzung voranzutreiben"[16]; sie setzten auf wirtschaftliches Wachstum als Grundlage für Reformen und signalisierten einen noch ungebrochenen fortschrittsgläubigen Optimismus. Aber die Erwartung, die SPD verfüge im Unterschied zur CDU/CSU „über eine demokratische und soziale Gesamtkonzeption"[17], erfüllten

---

[15] *V. Knoeringen*, Anthropologische Orientierung, 118f.
[16] *Willy Brandt*, in: Perspektiven. Sozialdemokratische Politik im Übergang zu den siebziger Jahren, hrsg. von *Horst Ehmke*, Reinbek 1969, 165f.
[17] Ebenda, 166.

sie nicht – im Gegenteil: Sie wurden zu einem „vergessenen Papier". So erklärte denn auch der SPD-Parteivorsitzende und Bundeskanzler *Willy Brandt* auf dem Parteitag in Saarbrücken im Mai 1970, daß die Partei dringend ein gesellschaftliches Gesamtkonzept brauche.[18]

2. „Systemüberwindung" und „Doppelstrategie"

a) Sammlung und Zielsetzungen von linken Protestpotentialen oder: Was wollen die Jusos?

Die Betonung der Gemeinsamkeiten mit den anderen demokratischen Parteien vor allem in außenpolitischen Fragen seit der bekannten Rede Herbert Wehners im Deutschen Bundestag am 30. Juni 1960, die Große Koalition bzw. die Bildung der Regierung Kiesinger-Brandt am 1. Dezember 1966 und schließlich der „Machtwechsel" zur sozialliberalen Koalition im Oktober 1969 schürte Erwartungshaltungen bzw. steigerte kritische Einstellungen, die insgesamt zu einer deutlichen Erhöhung des linken intellektuellen Protestpotentials außerhalb, aber auch innerhalb der SPD führten. Bereits im Juli 1960 war es zum Abbruch der Beziehungen der SPD zum 1946 gegründeten Sozialistischen Deutschen Studentenbund (SDS) gekommen. Der SDS hatte sich von einem parteikonformen Studentenverband zum Repräsentanten der ‚Neuen Linken' und Teil einer internationalen Bewegung gewandelt. Im November 1961 wurde von der SPD-Führung die Unvereinbarkeit der Mitgliedschaft in der SPD und derjenigen im Förderverein des SDS beschlossen, und aufgrund dieses Beschlusses wurden 27 Sozialdemokraten, darunter die angesehenen Professoren *Wolfgang Abendroth* und *Ossip K. Flechtheim*, aus ihrer Partei ausgeschlossen. In der Folgezeit gab es immer wieder Versuche, die zersplitterte sozialistische Linke über parteiähnliche Neugründungen organisatorisch zusammenzuführen, was letzten Endes mißlang. Die Reste der alten Linken bildeten keinen nennenswerten politischen Faktor mehr und waren vor allem keine intellektuelle Herausforderung.[19]

Die keineswegs voll gerechtfertigte Schärfe in den Auseinandersetzungen seitens der SPD hatte hingegen zum Ergebnis, daß es seit Mitte der sechziger Jahre links von der SPD ein diffuses, desintegriertes, aber außerordentlich artikulationsfähiges intellektuelles Potential gab, das sich mit seinen gesellschaftlichen Perspektiven und politisch-programmatischen Interessen als nicht mehr in die demokratischen Willensbildungsprozesse integriert betrachtete und sich in autonome Artikulationsbereiche separierte. Mit den Aktivitäten der Jungsozialisten, die die SPD beinahe ein Jahrzehnt beschäftigten, fand diese Bewegung der ‚Neuen Linken' auch in der SPD ihren Niederschlag. Auch die Jusos waren lange Jahre kein

---

[18] Vgl. *Willy Brandt*, Unsere politische Richtlinie für die siebziger Jahre, Prot. PT 1970, 450-478, Zitat 452.

[19] Vgl. *Tilman Fichter*, SDS und SPD. Parteilichkeit jenseits der Partei, Opladen 1988; *Willy Albrecht*, Der Sozialistische Deutsche Studentenbund (SDS). Vom parteikonformen Studentenverband zum Repräsentanten der Neuen Linken, Bonn 1994; *Horst Krüger* (Hrsg.), Was ist heute links? Thesen und Theorien zu einer politischen Position, München 1963.

bundespolitisch relevanter Faktor gewesen; das änderte sich erst 1959. Doch erst 1969 begann mit dem Juso-Kongreß in München die Phase heftiger Kritik an der SPD und der bestehenden Gesellschafts- und Wirtschaftsordnung und damit ein innerparteilicher Dauerstreit bis zum Ende der siebziger Jahre.[20]

Vordenker und intellektuelle Sporengeber der Jungsozialisten waren *Lelio Basso* mit seinem edition-suhrkamp-Bändchen „Zur Theorie des politischen Konflikts"[21] und *André Gorz* mit dem Band „Zur Strategie der Arbeiter im Neokapitalismus".[22] Insbesondere im Anschluß an *Gorz* gab wohl als erster *Knut Nevermann* 1968, ein ehemaliger AStA-Vorsitzender der FU Berlin, die Stichworte für eine „Strategie systemüberwindender Reformen". Später wurden die damals in die Diskussion geworfenen Anregungen verdichtet zu den „Thesen zur politischen Ökonomie und Strategie"[23], in denen in Erweiterung des ursprünglichen Ansatzes die Forderung nach „antikapitalistischen Strukturreformen" vertreten und begründet wurde.

Der Strategie – ein problematischer Ausdruck, aber in der historischen Tradition des Marxismus verankert – wurde der Zweck zugeschrieben, zur Übernahme der Verfügungsgewalt über die Produktionsmittel durch gesellschaftlich kontrollierte Organe zu führen und eine politische Praxis zu legitimieren, mit der die systemimmanenten Widersprüche und Probleme inhaltlich als antikapitalistische, konkrete Alternativen gelöst und letztlich überwunden werden sollten. Ein staatlicherseits koordiniertes System lokaler, regionaler und zentraler Organe zur Lenkung der Wirtschaft und Gesellschaft sollte dies bewirken, wobei immer wieder ein ambivalentes, ja widersprüchliches Staatsverständnis deutlich zutage trat: Einmal vertrat der Staat aus der Sicht der jungsozialistischen Theoretiker unter „spätkapitalistischen" Bedingungen „tendenziell das durch die Monopole inhaltlich bestimmte gesamtkapitalistische Interesse", zum anderen mußte der demokratische Staat als eigenständig gegenüber den ökonomisch dominanten Interessen angesehen werden, weil man seine Steuerungsmöglichkeiten als unentbehrlich für den Transformationsprozeß erachtete.

Ähnlich widersprüchlich stellte sich das Konzept der „Doppelstrategie" dar: Gedacht war daran, daß neben den repräsentativen Organen des Staates Konfliktfelder in der Gesellschaft eröffnet werden sollten, die antikapitalistische

---

[20] Vgl. *Gert Börnsen*, Innerparteiliche Opposition. Jungsozialisten und SPD, Hamburg 1969; *Knut Nevermann*, Zur Strategie systemüberwindender Reformen, in: Sozialdemokratie und Sozialismus heute. Beiträge zur Analyse und Veränderung sozialdemokratischer Politik, Köln 1968, 208-226; *Norbert Gansel* (Hrsg.), Überwindet den Kapitalismus oder Was wollen die Jungsozialisten?, Reinbek 1971; Der Thesenstreit um „Stamokap". Die Dokumente zur Grundsatzdiskussion der Jungsozialisten, Reinbek 1973; informativ und zusammenfassend: *Peter Glotz*, Der Weg der Sozialdemokratie, Wien 1975, 123-155; vgl. ferner *Horst Heimann*, Theoriediskussion in der SPD. Ergebnisse und Perspektiven, Frankfurt a.M. 1975.
[21] Frankfurt a.M. 1967; *Basso*, 1903 geboren, war Professor für Soziologie in Rom und Präsident der sozialistischen Partei PSIUP.
[22] Frankfurt a.M. 1967; vgl auch *ders.*, Der schwierige Sozialismus, Frankfurt a.M. 1968; *Gorz*, 1924 in Wien geboren, 1938 Flucht nach Frankreich, lebt dort als französisch schreibender Publizist.
[23] So beschlossen vom außerordentlichen Bundeskongreß der Jungsozialisten in Hannover am 11./12.12.1971; die Thesen sind abgedruckt in: Thesenstreit um „Stamokap", 80-87, sowie in: Beiträge zur Theoriediskussion, hrsg. von *Georg Lührs*, Berlin 1973, 183-203 (hiernach wird zitiert).

Strukturreformen in Gang setzen würden. Dazu wurde auf die „Basismobilisierung" gesetzt und wurden Modelle der Erweiterung inner- und außerparlamentarischer Aktivitäten erdacht, wie in These 54 ausgeführt:

„Die Wahrnehmung der Interessen der Bevölkerung ist letztlich nur durch die Bevölkerung selbst möglich. Selbstorganisation der Bevölkerung in allen Bereichen ist nicht nur Mittel zum Zweck der Systemüberwindung, sie ist zugleich ein wichtiges Element eines zukünftigen demokratischen Sozialismus. Daß die Selbstorganisation durch die wirtschaftlichen Verhältnisse und die politischen Institutionen in der BRD bislang weitgehend unmöglich war, zeugt von der Aushöhlung der bürgerlichen Demokratie und dem kapitalistischen Charakter der bestehenden Gesellschaftsordnung.

Die Aktivierung und Mobilisierung von abhängig Beschäftigten ist aufgrund der konkreten Widersprüche des kapitalistischen Systems (Mieten, Sanierung, Schulen, Umweltschäden, Berufsausbildung, Hochschulen) möglich. Praktisch geschieht dies durch Aufdeckung, Information, Umfragen, Unterschriftensammlungen, Presseberichte, Demonstrationen und sonstige Aktionen. Die Gruppen sollen das Austragen von Konflikten mit der „kapitalistischen Umwelt" absichern und nach außen die Artikulierung von Interessen der abhängig Beschäftigten ermöglichen und den Kampf um deren Durchsetzung vorantreiben. Illusionäre Erfolgserwartungen und Resignation können durch den Gruppenprozeß überwunden werden. Praktisch wird diese Phase in Bürgerinitiativen, Aktionsausschüssen, Projektgruppen, Basisgruppen, Wohngemeinschaften, Arbeitskreisen, Mieterräten etc."[24]

Anschließend sollte über die Politisierung dieser Gruppen eine organisatorische Verflechtung mit der Parteiorganisation und mit Verbündeten innerhalb der Verwaltungen und kommunalpolitischen Gremien" erfolgen.[25] Eine herausragende Rolle spielten in dem Strategiekonzept die Kommunalpolitik, die als ein Instrument systemtransformierender Entscheidungen und Maßnahmen betrachtet wurde[26], und die „Erziehung im Elementarbereich" (das 3. bis 5. Lebensjahr betreffend). Hier wollte man Methoden entwickeln, die die Kinder befähigen sollten, später aktiv an der Veränderung der Gesellschaft mitzuarbeiten. Damit sollte auch die enge Fixierung der Kinder auf das Elternhaus gelockert werden. Auch wurde die Einrichtung von Integrierten Gesamtschulen gefordert.[27]

Die Strategie der systemüberwindenden Reformen bzw. der antikapitalistischen Strukturreformen hatte eine Reihe von Defiziten, die schließlich auch ihr Scheitern beförderten: Nach der Vorgeschichte des industriellen Kapitalismus gab es auch im letzten Drittel des 20. Jhs. keine Chance, den Kapitalisten den Kapitalismus schrittweise „wegzunehmen". Der subjektive Faktor des Transformationsprozesses – schon immer in der sozialistischen Theorie bald eine Chimäre, bald ein Phantom, bestenfalls soziologisch grob beschreibbar – war auch jetzt nicht konturierbar, im Gegenteil noch diffuser geworden (Proletariat, Mittelschichten, Kleinbürgertum, Angestellte). Eine breite Massenmobilisierung – sollte sie möglich sein – konnte nicht über Jahre hinweg in Bewegung gehalten werden. Der Transformationsprozeß barg die Gefahr, daß durch ihn die demokratischen Grundrechte außer Kraft gesetzt wurden, so daß die Demokratie noch vor dem

---

[24] *Lührs*, Beiträge, 201f.
[25] Vgl. ebenda, 202.
[26] Vgl. dazu das kommunalpolitische Konzept der Münchener Jungsozialisten für München auf der Grundlage eines Räte-Systems vom Oktober 1970, abgedruckt in der FAZ v. 15.10.1970, 10f.
[27] Vgl. Juso-Kongreß Dezember 1970 in Bremen; auf dem Kongreß wurde *Karsten Voigt* mit 188 von 201 Stimmen zum Vorsitzenden gewählt, *Norbert Gansel* erhielt 59 Stimmen.

Kapital auf der Strecke bliebe. Die internationale Interdependenz blieb völlig außerhalb des Gesichtsfeldes. Schließlich fehlte ein geschlossenes strategisches Konzept, das die verschiedenen transformierend wirkenden Ansätze würde zusammenfügen können.[28]

Die Ziele, die mit der antikapitalistischen Strategie anvisiert wurden, fielen – gemessen an dem strategischen Aufwand – recht lakonisch und wenig innovativ aus. Der Anspruch war ja kein geringer; statt des gescholtenen Pragmatismus der ‚nach-Godesberger' Sozialdemokratie wollte man „optimale Modelle für eine Humanisierung des gesellschaftlichen und staatlichen Lebens" bieten. Da war die Rede von Vollbeschäftigung, von einem an den Bedürfnissen (wer bestimmte sie?) orientierten Wachstum, von egalitärer Verteilung des Gesamtertrages, außenwirtschaftlichem Gleichgewicht, paritätischer Mitbestimmung... Alles zusammen ergab nach These 46 „das Endziel": die sozialistische Demokratie.

„Das Ziel einer sozialistischen Wirtschafts- und Gesellschaftsordnung kann in der BRD nur erreicht werden, wenn mobilisierte und organisierte Massen der abhängig Beschäftigten die grundlegenden Veränderungen auf dem Weg zur Aufhebung kapitalistischer Machtverhältnisse erkämpfen und eine Mehrheit der Bevölkerung diesen Prozeß trägt. Ziel antikapitalistischer Strukturreform ist die Ablösung der Fremdbestimmung durch Selbstbestimmung und Selbstorganisation der abhängig Beschäftigen."[29]

Man war davon überzeugt, daß „die Demokratisierung der Verfügungsgewalt über die Produktionsmittel, die die Vergesellschaftung notwendig einschließt", immer noch „der entscheidende Hebel zur Abschaffung des kapitalistischen Systems" sei. Die organisierte Macht der Arbeiterklasse würde sich in einem solchen Ausmaß entfalten, „daß die Arbeiter schließlich die vom Kapital stillgelegte Produktion selber übernehmen"[30].

Die zeitgenössische Fragestellung, ob denn die Jungsozialisten wirklich eine Strategie hätten oder nur linke Ansichten, erhielt noch zusätzlichen Stoff durch einen ursprünglich hausgemachten „Thesenstreit um ‚Stamokap'", der sich von 1971 bis 1977 hinzog. Während die Mehrheit der Jungsozialisten samt jeweiligem Vorstand auf der Grundlage der „Thesen" argumentierte und diskutierte, kristallisierten sich zwei Positionen mit abweichenden Auffassungen heraus. Die eine vertraten die besonders im Raum Hannover/Göttingen konzentrierten Anti-Revisionisten, die sowohl die Mehrheitsauffassungen als auch die der „Stamokaps" für *Marx* und Marxismus inadäquate revisionistische Theorieansätze hielten. Die Kennzeichnung der zweiten vom Mainstream abweichenden Position als „Stamokap" orientierte sich an dem ursprünglich von *Lenin* 1917 in seiner Schrift „Staat und Revolution" benutzten Begriff des „Staatsmonopolistischen Kapitalismus". Ein weiterer theoretischer Orientierungspunkt war in diesem Zusam-

---

[28] Eingehende Hinweise zu diesen Defiziten bei: *Glotz*, Weg, 123-155; *Horst Ehmke*, Demokratischer Sozialismus und demokratischer Staat, hrsg. von der Friedrich-Ebert-Stiftung, Bonn 1973; *Peter Glotz*, Systemüberwindende Reformen? – Strategische Überlegungen zur Technik von Machterwerb und Machterhalt in der Bundesrepublik, in: *Lührs*, Beiträge, 205-244; *Hans Kremendahl/Thomas Meyer* (Hrsg.), Sozialismus und Staat, Bd. 2, Kronberg i.Ts. 1974; *Johano Strasser*, Antikapitalistische Praxis und Strategie-Diskussion, in: JUSO. Zeitschrift der Jungsozialisten in der SPD, H. 9/10, 1972, 3-6.
[29] *Lührs*, Beiträge, 199f.
[30] Thesen 18 und 12, in: Ebenda, 188f., 187.

menhang die vom Institut für Gesellschaftswissenschaften beim ZK der SED 1965 herausgegebene umfangreiche Studie zum „Imperialismus heute".[31]

Vergleicht man die „Thesen" und das Grundsatzpapier der „Stamokaps", das sogenannte „Hamburger Strategiepapier"[32], miteinander, so unterscheiden sie sich vor allem in zwei – allerdings zentralen – Punkten. Erstens: Für die Hamburger war der Staat „stets Instrument der herrschenden Klasse (…), d.h. heute bei uns der Monopolbourgeoisie". Sie versahen diese Aussage mit der Einschränkung, daß die Monopolbourgeoisie den Staat allerdings aufgrund der ökonomischen und gesellschaftlichen Widersprüche nicht beliebig für sich einzusetzen vermöge. Dennoch blieb der Systemcharakter eindeutig:

„Die permanente staatliche Intervention in den Prozeß der gesellschaftlichen Produktion führte zum systematischen Einsatz aller nationalen Ressourcen im Interesse der Monopole und leitete damit seit der Weltwirtschaftskrise, spätestens aber seit Mitte der sechziger Jahre eine weitgehende Verflechtung der ökonomischen Macht der Monopole mit der im wesentlichen von ihnen bestimmten Macht der Staatsorgane ein, die durch zahlreiche gemeinsame Institutionen und personelle Verflechtungen abgesichert wird. Ohne massive ökonomische Intervention des Staates ist der kapitalistische Produktionsprozeß nicht mehr denkbar, so daß seitdem von einem voll entwickelten System des staatsinterventionistischen Monopolkapitalismus gesprochen werden kann."[33]

Zweitens forderte das „Hamburger Strategiepapier" ein „breites antimonopolistisches Bündnis" – unter Einschluß auch der DKP -, um antikapitalistische Aktionsprogramme gestalten zu können.

Zum Auslöser eines lange anhaltenden Streits wurde eine massive kritische Äußerung von *Johano Strasser* unter der Überschrift „Zur Theorie und Praxis der ‚Stamokap'-Gruppe bei den Jungsozialisten".[34] *Strasser* hielt den Vertretern der „Stamokap-Theorie" eine Reihe von Defiziten und Irrtümern vor, deren Relevanz von späteren Kritikern bestätigt wurde: Sie überschätzten die Rationalität des kapitalistischen Systems; sie vereinfachten den Staat zum bloßen Instrument der Monopole, ohne zu erkennen, „daß die Staatstätigkeit, auch in hochmonopolisierten Volkswirtschaften, das widersprüchliche Ergebnis vieler verschiedener Kräfte und Absichten ist"[35]; sie reduzierten die „Herrschaft des Kapitals" auf die direkte Ausübung ökonomisch-politischer Macht durch die Monopole und vernachlässigten die ideologischen und strukturellen Vermittlungen von Herrschaft. Das eigentliche Ziel werde verschleiert, nämlich das „eines weitgehend autoritären und bürokratischen Sozialismus"; die „Klassenanalyse (‚fortschreitende Differenzierung der Lohnabhängigen', ‚Klasse des Monopolkapitals', ‚zwei Klas-

---

[31] Imperialismus heute. Der staatsmonopolistische Kapitalismus in Westdeutschland, Berlin 1965; als „Autorenkollektiv" wurden genannt: *Horst Hemberger, Lutz Maier, Heinz Petrak, Otto Reinhold* und *Karl-Heinz Schwank*.

[32] Es wurde im November 1971, also noch vor den Thesen, auf der Landeskonferenz der Jungsozialisten in der SPD, Landesverband Hamburg, beschlossen; zu den Verfassern gehörte *Detlev Albers*, später Mitglied der Grundwertekommission der SPD; zugänglich ist der Text in: Thesenstreit um „Stamokap", 48-78; auszugsweise in: *Kremendahl/Meyer*, Sozialismus, 195-212.

[33] Thesenstreit um „Stamokap", 52.

[34] Der Artikel erschien im Jungsozialisten-Informationsdienst Nr. 1, Januar 1973; zitiert wird der Text nach Thesenstreit um „Stamokap", 101-126; er ist neuerdings gekürzt auch zugänglich in: *Hermann Weber*, Das Prinzip Links, Berlin 1992, Dok. 95, 276f.

[35] *Strasser*, Theorie und Praxis, 123.

senlinien in der SPD')" sei falsch. Die Teilung der SPD in eine rechte Führung und eine fortschrittliche Basis entsprechend der These von den zwei Klassenlinien beruhe ebenfalls auf einer falschen Einschätzung der Partei, und das „breite antimonopolistische Bündnis" sei eine gefährliche Illusion.

Es war *Horst Ehmke*, ein vielfach ausgewiesener Staatsrechtler und damals Chef des Bundeskanzleramtes, der in seiner Auseinandersetzung mit der „Spätkapitalismus-Theorie" der ‚Neuen Linken' auf den konservativen Kontext der zentralen Überlegungen der „Stamokap-Theorie" aufmerksam gemacht hat:

„Für eine Theorie des Gesamtsystems muß man vom politischen Gemeinwesen ausgehen, statt dieses – nach durchaus konservativen Mustern – erst dualistisch auseinanderzureißen, um dann die kapitalistische Produktionsordnung zum eigentlichen System zu erheben, dem gegenüber die Eigenständigkeit des Staates eher als deus ex machina denn als theoretisch ableitbar erscheint. Daß dabei der Begriff der staatlichen ‚Intervention' unbesehen aus dem konservativen Sprachgebrauch übernommen wird, ist der Preis für die Übernahme des dualistischen Klischees."[36]

Auf dem Bundeskongreß der Jungsozialisten im März 1977 in Hamburg setzten sich die „Stamokaps" mehrheitlich durch. Ihr Vertreter *Klaus Uwe Benneter* erhielt bei der Wahl des Vorsitzenden 149 Stimmen (gegen 145 für *Otmar Schreiner*). Bereits einen Monat später wurde ein Ausschlußverfahren gegen den neuen Vorsitzenden angestrengt, nachdem dieser sich für eine Zusammenarbeit mit Kommunisten mit der Begründung erklärt hatte, diese seien zwar Gegner, aber eben nicht Klassenfeinde wie die CDU/CSU.[37] Der nächste Vorsitzende, auf dem Bundeskongreß in Hofheim 1978 gewählt, hieß *Gerhard Schröder*. Ihm gelang es, den Verbalradikalismus einzugrenzen, die „Stamokap"-Bündnisstrategie einzudämmen und die verbliebenen organisatorischen Reste einigermaßen zu konsolidieren.

Fragt man nach den Ergebnissen der anstrengenden Dauerauseinandersetzung für das Spektrum der sozialen Ideen aus der sozialistischen Tradition, so läßt sich knapp folgendes Fazit ziehen: 1. Die erwartete oder befürchtete Konstituierung eines neo-orthodoxen Marxismus erfolgte nicht. 2. Die verbal hochtrabend anvisierten „Strategien" erwiesen sich als Kopfgeburten mit relativ geringer realer Relevanz. 3. Die „Basismobilisierung" gelang selbst im eigenen Lager nur begrenzt; zwar förderte das Ausufern der innerparteilichen Gruppen-, Kreise- und Fraktionsbildungen die Meinungsbildungsprozesse, erschwerte jedoch die politische Willensbildung. Diesen negativen Wirkungen standen jedoch auch positive gegenüber: 1. Die Sozialdemokratie insgesamt wurde zu einem neuen und erweiterten Theoriebewußtsein herausgefordert. 2. Der Grad der Transparenz der politischen Entscheidungsprozesse erhöhte sich. 3. Bezogen auf die Gesellschaft und ihre politischen Institutionen verringerten sich die Defizite bei dem Ansatz des „Mehr Demokratie wagen".

---

[36] *Ehmke*, Demokratischer Sozialismus, 18.
[37] Der Ausschluß erfolgte im Juni 1977; vgl. zur letzten Phase der Auseinandersetzungen auch die Diskussion im „Vorwärts", dokumentiert in: Stamokap und Godesberg. Auseinandersetzung um sozialdemokratische Praxis und Theorie 1977, hrsg. von *Jens Fischer*, Bonn-Bad Godesberg 1977; zur Organisationsgeschichte der Jungsozialisten vgl. *Peter Lösche/Franz Walter*, Die SPD: Klassenpartei, Volkspartei, Quotenpartei. Zur Entwicklung der Sozialdemokratie von Weimar bis zur deutschen Vereinigung, Darmstadt 1992, 268-285.

b) *Joachim Steffen*: Strukturelle Revolution

Die beiden sozialdemokratischen Politiker und gleichzeitig sozialistischen Theoretiker, die sich mit den Thesen der Jungsozialisten auseinandersetzten und dabei ihre eigenen Auffassungen zuspitzten und präzisierten, waren *Joachim (Jochen) Steffen* und *Peter v. Oertzen*.

Steffen, 1922 in Kiel geboren, hatte Philosophie, Psychologie und Soziologie studiert, war Assistent von *Michael Freund* am Seminar für Wissenschaft und Geschichte der Politik an der Universität in Kiel gewesen, ehe er als Journalist nach Flensburg ging. Seit 1946 Sozialdemokrat, gehörte er ab 1958 zu den auf Landesebene führenden sozialdemokratischen Politikern. 1968 wurde der „rote Jochen" Mitglied des Bundesvorstandes der SPD. Auf dem Parteitag der SPD in Nürnberg 1968 hielt er die perspektivische Rede über die künftige Gesellschaftspolitik der SPD. Hier erklärte er, daß für demokratische Sozialisten Gesellschaftspolitik auf die Entfaltung der Produktivkräfte und die Veränderung der Produktionsverhältnisse gerichtet sei. Voraussetzung dafür war „ein größtmögliches Wachstum des Sozialprodukts". Die Höhe des Wachstums werde über die Möglichkeiten der Politik der Gesellschaft entscheiden. Dabei werde jedoch kein Wachstum an sich angestrebt, schon gar keine Wachstumspause, sondern eine optimale Steigerung, die bei 5% läge. Drei Aufgaben zeichneten sich ab: 1. die bewußte Steuerung der technologischen Prozesse; 2. die Erweiterung der Macht- und Kontrollbefugnis „der heute noch Beherrschten". „Dazu gehört die Erweiterung der Macht ‚an der Basis' der Gesellschaft und dazu gehört die verstärkte Kontrolle über die Zentren der Entscheidung ‚an der Spitze' der Gesellschaft (…)."[38] 3. Der Ausbau der bildungsmäßigen und materiellen Gleichheit der Chancen für alle. Dies alles sollte geschehen können durch Verringerung der Steuerbelastung „unten", durch eine scharfe Steuerprogression auf hohe Einkommen, auf Spekulationsgewinne, Vermögen und Erbschaft sowie durch gezielte Investitionsförderung und regionale Strukturpolitik.

Erst in seinem 1974 erschienenen Buch „Strukturelle Revolution"[39] suchte *Jochen Steffen* seine Überlegungen in einen systematischen Zusammenhang zu bringen. Die Literatur, auf die er sich bezog, war breit gefächert und ließ erkennen, daß er sich nicht mit *Karl Marx* zufrieden gab, wenn es um die Erklärung des „Systems" der kapitalistischen Produktionsweise und die Möglichkeiten seiner Veränderung ging. Sein Ziel war:

„(...) eine Gesellschaft der real Freien und Gleichen, die in Brüderlichkeit verbunden sind. Dieser Sozialismus ist egalitär und individualistisch. Er wird sich ständig über nicht antagonistische Konflikte unter dauernder Herstellung seiner Voraussetzungen entwickeln. Alle seine Mittel und Maßnahmen zur Lösung der Konflikte und der noch vorhandenen antagonistischen, vorwiegend im Kapitalismus wurzelnden Widersprüche müssen die Qualität des Ziels an sich tragen. Dazu bedarf es:
- der politischen, demokratisch-gesellschaftlich kontrollierten Entscheidung über Forschung, Entwicklung und Anwendung ihrer Ergebnisse unter organisierter Ausweitung des Wissens über deren Konsequenzen;
- der politischen, demokratisch-gesellschaftlich kontrollierten Entscheidung über alle wesentlichen Investitionen nach Art, Ort, Umfang und Zeitpunkt;

---

[38] *Joachim Steffen*, Prot. PT 1968, 376-398, Zitat 381.
[39] Vgl. *Ders.*, Strukturelle Revolution. Von der Wertlosigkeit der Sachen, Reinbek 1974.

- der politischen, demokratisch-gesellschaftlich kontrollierten Entscheidung über die Nutzung von Wasser, Boden, Luft und was in und auf ihnen ist;
- der Sicherung der Informationsfreiheit unter und durch politische, demokratisch-gesellschaftliche Kontrolle aller Informationssysteme und ihrer Nutzung.
Dies sind die essentials eines sozialistischen, demokratischen, egalitären und individualistischen Systems."[40]

Die Chance, dieses „sozialistische Ziel" zu erreichen, war durch den Umstand gegeben, daß die kapitalistische Wirtschafts- und Gesellschaftsordnung bzw. der moderne Industriekapitalismus „als System" an seine Grenzen stieß und gleichzeitig der Grundwiderspruch des kapitalistischen Systems, d.h. der Gegensatz von Lohnarbeit und Kapital, von gesellschaftlicher Produktion und privater Aneignung, immer noch grundsätzlich bestand, so daß die Frage nach einer demokratisch-sozialistischen Politik in transformatorischer Absicht keineswegs obsolet geworden war. Im Gegenteil: Sozialdemokratische Strategien waren auszulegen als „strukturelle Revolution".

Der Weg zum „sozialistischen Ziel" führte nach *Steffen* vorrangig über den „Doppelcharakter" des Staates.[41] Der Staat der modernen Industriegesellschaften und der über den Staat vergesellschaftete Kapitalismus stünden in einer engen funktionalen Beziehung. Der Kapitalismus brauche den Staat, da er nicht mehr allein die Voraussetzung seiner Entfaltung und deren Folgen bewältigen könne. Der Staat ist jedoch bei *Steffen* nicht *das* Instrument des Monopolkapitalismus, wenngleich er auch nicht die „strukturimmanenten Gesetze" des Kapitalismus aufheben kann, vielmehr verhindert er die Sprengung der Systemgrenzen.[42] Wie aber kann er dann die ihm auch von *Steffen* zugedachte transformatorische Aufgabe erfüllen, d.h. „zum Machtinstrument der ökonomisch Beherrschten über die Ökonomie" werden?[43] Er braucht eine qualitativ-inhaltliche Veränderung und Verbesserung; er braucht die volle formale und inhaltliche Verfügungsgewalt über den Mehrwert. Unter dieser Voraussetzung wird der Staat nicht absterben, sondern vielmehr durch die Planung und Lenkung des Transformationsprozesses und durch die Überwachung der Regeleinhaltung für die konsensual ermittelten Ziele eine besondere Bedeutung gewinnen.[44]

Diese lenkende und ordnende Rolle des Staates wirft die in der sozialistischen Arbeiterbewegung klassische Frage nach den Trägern der Veränderungsprozesse auf, die für die neuen Funktionen des Staates und der sie stützenden gesellschaftlichen Funktionen erforderlich sind. Ausgangspunkt war auch bei *Steffen* die Einsicht der jüngeren marxistischen Klassik, daß das Bewußtsein für die Transformation weiter entwickelt sein müsse als deren objektive Bedingungen. Da es keine „Klasse an sich" mehr gab, die zu einer „Klasse für sich" werden konnte, waren politische Zurechnungen und Anstöße um so wichtiger bzw. spielten funktionale Zurechnungen im Produktionsprozeß eine zunehmend bedeutendere Rolle, nachdem Wissenschaft und Technik die entscheidenden Produktivkräfte geworden waren. Im übrigen erwartete *Steffen*, daß Bewußtseinsdefizite durch eine un-

---

[40] *Steffen*, Strukturelle Revolution, 28f., vgl. 79.
[41] Vgl. ebenda, 27, 29 und passim.
[42] Vgl. ebenda, 294, 217, 250.
[43] Ebenda, 328.
[44] Vgl. Ebenda, 275, 197, 272f., 316.

dogmatische kritische Theorie abgetragen werden könnten. *Steffen* wußte, daß Transformation kein von selbst laufender Prozeß ist, und deshalb setzte er „die sozialistische Partei" als Motor und Steuerungsorgan ein – hier schaut der ‚alte *Lenin*' um die Ecke -, wobei diese durch ein wissenschaftliches Institut unterstützt wird, das den Koordinierungsrahmen für die partikularen Gruppierungen innerhalb der Partei liefert, dessen Ausfüllung anmahnt und die Rahmenbedingungen nach Erfahrung und Bedarf korrigiert:

„Es bedarf für die Entwicklung und Korrektur der Beschlußfassung des Vorstandes. Die Kontrollkommission der Partei überwacht und berichtet über ‚die Ausfüllung'. (...) Eine moderne Klassenpartei ist ohne Generalstab nicht denkbar. Ein Generalstab ist ohne eine enge Verbindung mit Wissenschaft nicht arbeitsfähig. (...) Aber nur eine so strukturierte und funktionierende Partei hat Aussicht, ihren Klassencharakter und ihr demokratisches Selbstverständnis, in dem Zweck und Mittel zusammenfallen, in der Praxis darzustellen."[45]

Jochen Steffens Ansatz ist normativ-voluntaristisch: Er weiß, was richtig, was falsch ist, was ist und was sein soll. Er subjektiviert „Staat", „Kapital", „Partei" u.a. zu selbständigen Handlungsgrößen. Er dekretiert eher als daß er Analyseergebnisse vorträgt. Häufige Wiederholungen und Ankündigungen ersetzen oft die konkrete Beweisführung. Vor allem gelingt es *Steffen* nicht, seine universalutopischen Zukunftspostulate und die Anforderungen der konkreten Praxis miteinander zu verknüpfen. Das Ausmessen der Distanzen zwischen dem IST und dem SOLL ergibt eben noch keine Strategie.[46] An einer derartig defizitären Methodik sind schon andere eigenwillige und anregende Theoretiker gescheitert. *Steffen*, der von 1973 bis 1976 die neu eingerichtete Grundwertekommission der SPD leitete, übte zunehmend heftige Kritik an dem „anti-reformistischen Kurs" der SPD unter Bundeskanzler *Helmut Schmidt*. Im Jahre 1977 zog er sich aus dem Bundesvorstand zurück, 1979 erfolgte die endgültige Trennung von der SPD. Nach einer kurzen Karriere als Kabarettist starb er im Jahre 1987.

c) *Peter von Oertzen* (II): Sozialdemokratische Grundsätze

Wie schon bei der Interpretation der Inhalte des Godesberger Programms als kompatibel mit den Auffassungen eines kritischen Marxismus mischte sich *Peter v. Oertzen* auch in den siebziger Jahren in die Diskussion über die theoretischen Grundlagen des demokratischen Sozialismus ein. Sein Ziel war es dabei, ein Optimum an Integration der linken Positionen bei Aufrechterhaltung und zugleich inhaltlicher Zuspitzung der sozialdemokratischen Grundsätze zu erbringen. *v. Oertzen* gilt seit damals als einer der bekanntesten und profiliertesten Vertreter des „Links-innen"-Flügels der SPD. 1970 wurde er zum Vorsitzenden des SPD-Bezirkes Hannover gewählt und war 1970 bis 1974 niedersächsischer Kultusminister. Seit 1973 gehörte er dem Parteivorstand der SPD an.

Ausgangspunkt seiner Überlegungen war für *v. Oertzen* das Ergebnis von Godesberg. Damals sei die SPD nun auch in ihren Worten das geworden, was sie in ihren Taten schon lange gewesen war: „Eine demokratische und soziale Reform-

---

[45] *Steffen*, Strukturelle Revolution, 389, 390.
[46] Vgl. auch *Ders.*, Versuch über verbindliche Grundwerte, in: NG, Jg. 22 (1975), H. 2, 92-97.

partei."⁴⁷ Bereits 1966 habe dann nach einer kurzen Periode der Stagnation in der theoretischen Diskussion eine neue Entwicklung eingesetzt: die Wiederbelebung der innersozialdemokratischen Grundsatzdiskussion. Die scharfe und grundsätzliche Kapitalismus-Kritik, die Erarbeitung von Konzepten konkreter antikapitalistischer Strukturreformen und die Betonung außerparlamentarischer Aktivitäten hätten neue Akzente gesetzt, „die dem Reformismus der Partei in den letzten Jahren manchmal gefehlt haben"⁴⁸. Seine eigene grundsätzliche Position formulierte v. Oertzen in den „Thesen zur Strategie und Taktik des demokratischen Sozialismus in der Bundesrepublik Deutschland".⁴⁹

„Das sozialistische Ziel einer Freiheit, Gerechtigkeit und Solidarität verwirklichenden neuen Gesellschaftsordnung läßt sich nur durch vollständige Selbstverwaltung und Selbstregierung der Gesellschaft erreichen. Sozialismus und vollendete Demokratie sind identisch.⁵⁰

Demokratie ist ohne die ganze Fülle der liberalen und demokratischen Rechte und Freiheiten nicht möglich. Ihr politischer Kern ist in der sog. ‚freiheitlichen demokratischen Grundordnung' des Grundgesetzes zusammengefaßt. Der Sozialismus darf diese Rechte und Freiheiten nicht einschränken, er muß sie vielmehr ausweiten. Ohne gesicherte persönliche Freiheit und gesicherte gesellschaftlich-politische Mitbestimmung für jeden einzelnen ist Sozialismus nicht denkbar.⁵¹

Da Ziel und Weg, Zweck und Mittel eine untrennbare Einheit bilden, läßt Sozialismus sich prinzipiell nicht mit undemokratischen Methoden verwirklichen. Zwischen den verschiedenen Formen des bürokratischen, autoritären oder diktatorischen ‚Sozialismus' (‚Kommunismus') und dem demokratischen Sozialismus besteht daher nicht bloß ein taktischer, sondern ein grundsätzlicher Widerspruch.⁵²

Eine neue sozialistische Gesellschaftsordnung kann nur dann Wirklichkeit werden, wenn ihre tatsächlichen Vorbedingungen ökonomischer, technischer, wissenschaftlicher, organisatorischer, politischer, kultureller Art sich bereits im Rahmen der gegenwärtigen kapitalisti-

---

⁴⁷ *Peter v. Oertzen*, Die Zukunft des Godesberger Programms, in: *ders.*, Die Aufgabe der Partei. Reden und Aufsätze aus den letzten vier Jahren zur Arbeit der SPD und zur Entwicklung ihrer programmatischen Grundlagen, Bonn-Bad Godesberg 1974, 33-50, Zitat 36; dieser Aufsatz *v. Oertzens* war ursprünglich erschienen in der Festschrift für *Gerhard Weisser*: *Heiner Flohr/Klaus Lompe/Lothar F. Neumann* (Hrsg.), Freiheitlicher Sozialismus. Beiträge zu seinem heutigen Selbstverständnis, Bonn-Bad Godesberg 1973, 89-101.
⁴⁸ *Von Oertzen*, Die Zukunft, 49.
⁴⁹ Es handelt sich um das Referat, das er im November 1973 auf dem Parteitag des SPD-Unterbezirks Frankfurt a.M. hielt; Frankfurt galt neben München als das Zentrum der linken innerparteilichen Opposition; vgl. die „Thesen", abgedruckt in: *v. Oertzen*, Die Aufgabe, 73-106 (hiernach wird im folgenden zitiert), sowie in: Beiträge zur Theoriediskussion II, hrsg. von *Georg Lührs*, Berlin 1974, 13-50.
⁵⁰ So auch in These 14 (unter Replik auf *Karl Marx*): „Sozialismus ist nur als umfassende Selbstorganisation, Selbstverwaltung und Selbstregierung der Gesellschaft möglich. Sozialismus ist vollendete Demokratie, Sozialisierung (d.h. Verwirklichung des Sozialismus durch Aufhebung des kapitalistischen Grundwiderspruchs) ist mit Demokratisierung identisch" (Thesen, 83), und auch in These 10 über die „sozialistische Bewegung zum Ziel": „(...) durch eine tiefgreifende gesellschaftliche Umwälzung die Widersprüche der kapitalistischen Wirtschaft aufzuheben und damit zugleich zum ersten Male in der menschlichen Geschichte eine Gesellschaftsordnung der Freiheit und der Gleichheit zu erreichen (...)" (Thesen, 81).
⁵¹ Vgl. *v. Oertzen*, Sozialdemokratische Grundsätze (1973), in: *Weber*, Prinzip Links, 278-280, 278: „Rechtsstaat und politische Demokratie sind (…) unverzichtbare Grundlagen einer jeden menschenwürdigen Gesellschaft, das heißt auch unverzichtbare Grundlagen des Sozialismus."
⁵² Vgl. *Ders.*, Grundsätze, 278: „Es gibt nicht neben dem demokratischen Sozialismus noch einen undemokratischen Sozialismus. Ein nichtdemokratischer ‚Sozialismus' ist nicht etwa ein Sozialismus mit kleinen Fehlern, sondern hat prinzipiell mit Sozialismus überhaupt nichts zu tun."

schen Gesellschaftsordnung entfaltet haben und infolgedessen der Sozialismus der Masse der Menschen als eine reale und wirklich bessere Alternative zum Kapitalismus erscheinen kann.

Daraus folgt: Die sozialistische Bewegung muß sich innerhalb der bestehenden Gesellschafts- und Staatsordnung entfalten. Die totale Konfrontation mit der bestehenden Gesellschaft ist unmöglich. Ihre zentralen Machtpositionen: die Verfügungsgewalt über die Produktionsmittel (die bisher das Kapital innehat) und der ‚bürgerliche' Staatsapparat können nur schrittweise erobert und demokratisiert werden.

Jeder Versuch, unter den Bedingungen des Spätkapitalismus und eines funktionierenden parlamentarisch-demokratischen Staates Kapitalherrschaft und Staatsapparat frontal anzugreifen und schlagartig (d.h. praktisch mit Gewalt) abschaffen zu wollen, würde mit an Sicherheit grenzender Wahrscheinlichkeit die Möglichkeit der Demokratie und damit des Sozialismus überhaupt zerstören.

Demokratisch-sozialistische Politik ist daher in der Bundesrepublik Deutschland nur als ‚reformistische' Politik möglich. Die einzige politische Kraft, die eine solche Politik führen könnte, ist die SPD. Die Einheit, Schlagkraft und politische Glaubwürdigkeit der Partei muß daher unter allen Umständen erhalten und gestärkt werden."[53]

Peter v. Oertzen geht noch weiter darauf ein, daß die Partei zur Verwirklichung des demokratischen Sozialismus einer breiten gesellschaftlichen Bewegung bedürfe. Um der Einheit und Aktionsfähigkeit der Partei willen brauche diese klare Vorstellungen über Weg und Ziel, ein hohes Maß freiwilliger Disziplin und eine hochentwickelte Solidarität. Deshalb müsse vor allem die Linke in der SPD allen „ideologisch-gefühlsmäßigen Versuchungen eine klare und eindeutige Absage erteilen". Die entscheidende politische Existenzfrage für eine reformistische, demokratisch-sozialistische Politik werde jedoch die sein,

„(...) ob es ihr gelingt, die Schlüsselpositionen der kapitalistischen Wirtschaft so wirksam demokratisch zu kontrollieren, daß ein einigermaßen gleichmäßiges Wirtschaftswachstum ohne schwere Umweltschäden bei Sicherung der Arbeitsplätze, kontinuierlich steigendem individuellem und gesellschaftlichem Wohlstand und relativ stabilem Geldwert garantiert werden kann. Eine solche Politik führt auf einem schmalen Weg zwischen der totalen Konfrontation mit den Kapitalinteressen einerseits und der totalen Kapitulation vor den Kapitalinteressen andererseits hindurch. Beide Abwege würden in schwere politische Niederlagen münden. Die Wege der europäischen Politik in den letzten 30 Jahren sind mit den Spuren gescheiterter sozialdemokratischer Regierungen und demoralisierter sozialdemokratischer Parteien übersät."[54]

In seiner Zielbestimmung des Sozialismus hat *v. Oertzen* allerdings seine aus anderen Texten erschließbare grundsätzliche Überzeugung, daß das Rätesystem bzw. die Rätedemokratie der Idee eines authentischen freiheitlichen Sozialismus am klarsten entspreche, etwas zurückgenommen. Er hielt sogar die Rätedemokratie und die freiheitlich-demokratische Grundordnung, wie sie durch das Grundgesetz vorgegeben wurde, im Prinzip für miteinander vereinbar.[55] Entschieden hielt er jedoch daran fest, daß der Transformationsprozeß zum Sozialismus sich innerhalb der bestehenden Gesellschaft vollziehen müsse: über die Entfaltung der Produktivkräfte, durch die Vorwegnahme qualitativer Elemente des Sozialismus und durch graduelle Veränderungen derart, daß „durch gesellschaftliche Planung und

---

[53] *v. Oertzen*, Thesen, 74f.
[54] Ebenda, 75f.
[55] Vgl. *Ders.*, Freiheitliche Demokratische Grundordnung und Rätesystem, in: *Kremendahl/Meyer*, 129-141; der Text stammt aus dem Jahre 1969.

Lenkung in bestimmten Schlüsselbereichen das Gesetz der Kapitalverwertung außer Kraft gesetzt werden könnte, während es in weiten Bereichen der Wirtschaft weiter gilt"[56]. Als Transformationsfaktoren wirksam betrachtete er unspezifisch und ohne Festlegung auf irgendwelche normativ gebildeten Substrate „alle wirklich schöpferischen Kräfte der Gesellschaft"; vor allem aber war es auch für ihn der auf einem Klassenkompromiß aufgebaute aktuelle „demokratische Staat", den die „sozialistische Bewegung" nicht bekämpfen, nicht zerstören dürfe, „denn sie braucht ihn und muß ihn benutzen, sie kann ihn nur kontrollieren und schrittweise demokratisch verändern"[57].

Peter v. Oertzen bewegte sich mit seinen Bemühungen, kompatible Angebote zu formulieren, am Rande der Möglichkeiten einer Integration marxistisch inspirierter Positionen in die Sozialdemokratie. Manches von ihm Ausgesagte hatte nur den Charakter von Marx-Paraphrasen, und manches fehlte, so die Antwort auf die klassische Frage, ob denn der Sozialismus der marxistischen Richtung tatsächlich auch der Ausstattung des menschlichen Gattungswesens entsprach. Zudem blieb auch bei *v.* Oertzen der Sozialismus „im Werden" merkwürdig eingeschlossen in einen Zusammenhang, der die Grenzen des Nationalstaates nicht überschritt.

3. Gesellschaftswandel und Kulturkrise – Chancen und Bedrohungen des Konzeptes der aktiven sozialen Demokratie

a) *Richard Löwenthal*: Gesellschaftliche Umwandlung und demokratische Legitimität

Als einer der entschiedensten und intellektuell anspruchsvollsten Kritiker der ‚Neuen Linken' (inner- und außerhalb der SPD) erwies sich *Richard Löwenthal*, zugleich auch als einer, der über seiner Kritik nicht vergaß, die Perspektiven des sozialdemokratischen Projektes der Moderne vorzuzeichnen. *Löwenthal* (1908-1991) war nach 1945 in der englischen Emigration geblieben, hatte 1947 die britische Staatsbürgerschaft angenommen und war als Rundfunkkommentator und außenpolitischer Leitartikler in renommierten Zeitungen und Zeitschriften bekanntgeworden. 1961 kehrte er nach Deutschland zurück und wurde Professor für Politikwissenschaft und für Geschichte und Theorie der Außenpolitik an der FU Berlin. Er galt als einer der Berater von *Willy Brandt*, mit dessen Politik er jedoch in den siebziger Jahren nicht mehr übereinstimmte.

Relativ früh schaltete *Löwenthal* sich in die Auseinandersetzung mit *Herbert Marcuse* und *Rudi Dutschke* ein. Deren Auffassung, daß eine herrschaftsfreie Gesellschaft möglich sei, uns jedoch verweigert werde, bezeichnete er als einen „Glauben": „Dieser Glauben steht (…) im Gegensatz zu den Tatsachen der Technik und der Organisation in der modernen Industriegesellschaft", auch im Gegensatz zu der Erfahrung der großen kommunistischen Revolutionen, letzten Endes

---

[56] *v. Oertzen*, Thesen, 87 (These 23).
[57] Vgl. die Thesen 27, 29, 30, 25, 25a (unter Bezug auf *Habermas*, Legitimationsprobleme im Spätkapitalismus), ebenda, 88-92.

im Gegensatz zur „menschlichen Grundfrage", „daß keine Gesellschaft bestehen kann ohne daß Menschen gezwungen [sind], teilweise Opfer zu bringen, auf Teile ihrer Interessen, auf Teile ihrer Triebe zu verzichten". Der Versuch, „aus diesem Unbehagen in der Kultur hinauszuspringen in eine Wunschwelt [ist] ein menschlich verständlicher Wunsch, aber keine Alternative"[58]. Für *Löwenthal* handelte es sich deshalb bei den Utopien der ‚Neuen Linken' um einen elitären antiwestlichen Kulturpessimismus.[59]

Größere Probleme bereitete ihm da schon die Auseinandersetzung mit den Thesen von *Jürgen Habermas* über die „Legitimationsprobleme im Spätkapitalismus".[60] Habermas hatte den Begriff des „Spätkapitalismus", der ja ein Ende des Kapitalismus annoncierte, übernommen, um die Frage zu untersuchen, ob die kapitalistische Weiterentwicklung auf eine objektiv unüberschreitbare Schranke stoßen würde, was sich in einer Abnahme der legitimierenden Motivationszufuhr für das System äußern könnte. Nach *Habermas* hatte der Spätkapitalismus seine Systemkrisen bisher überwinden können: durch oligopolistische Marktstrukturen und durch die teilweise Ersetzung des Marktes durch den Staatsinterventionismus. *Habermas* zufolge gab es nun aber ein unausweichlich wachsendes Defizit an „Legitimationszufuhr", das unter modernen Bedingungen nicht ersetzbar war. Eine Legitimationskrise des spätkapitalistischen Systems müsse dann eintreten, wenn die materiellen Bedürfnisse stärker stiegen als die durch Produktionserhöhungen und Wirtschaftswachstum disponible Wertmasse, wenn die kulturellen Motivationen „für Fügsamkeit und Leistung" mit der krisenhaften Systementwicklung zersetzt würden und sich „autonome Eigenentwicklungen im soziokulturellen Subsystem" durchsetzten.

Löwenthal kritisierte an dem Transformationsmodell von *Habermas*, daß dieser die gesellschaftsverändernde Rolle der Demokratie ignorierte und die wirkliche Demokratie nicht an ihren Leistungen maß, sondern an einer utopischidealistischen „materialen" Demokratie, die es historisch nie gegeben habe und für komplexe Gesellschaften auch noch nie konkret entworfen worden sei. Außerdem bleibe *Habermas* konkrete Aussagen über den Transformationsprozeß schuldig. *Löwenthal* bestritt zudem grundsätzlich die Habermassche These von der Notwendigkeit der Endkrise des Kapitalismus aus Mangel an Motivationszufuhr. Die Mutationen des Kapitalismus von seinen liberalen Ursprüngen bis zum zeitgenössischen demokratisch gesteuerten Modell seien in den meisten Ländern (mit Ausnahme Deutschlands) in den verfassungsmäßigen Formen des demokratischen Staates erfolgt und ohne revolutionären Bruch vollzogen worden. Deshalb sei die Demokratie keine zu vernachlässigende Begleiterscheinung bei der Transformation des kapitalistischen Systems, sondern geradezu die entscheidende Voraussetzung. Die „Schlüsselrolle", die *Löwenthal* der Demokratie zuwies, erlaubte auch die Annahme eines neuen Schubs der kapitalistischen Systementwicklung, nämlich eines neuen grundsätzlichen Schrittes zur Unterwerfung des kapitalisti-

---

[58] Moral und Politik in der Überflußgesellschaft. Eine Podiumsdiskussion mit *Herbert Marcuse*, *Richard Löwenthal*, *Rudi Dutschke* u.a., in: Herbert Marcuse, Das Ende der Utopie, Berlin 1967, 83-119, Zitat 104f.
[59] Vgl. *Löwenthal*, Romantischer Rückfall, Stuttgart 1970, 72.
[60] Vgl. *Habermas*, Legitimationsprobleme im Spätkapitalismus, Frankfurt a.M. 1973.

schen Verwertungsmechanismus unter die Ziele der staatlichen Steuerung z.B. im Interesse „einer qualitativen Wachstumsrolle".

Wenn *Löwenthal* auch die Delegitimierung des Spätkapitalismus nicht wie *Habermas* für entwicklungslogisch unausweichlich hielt, so schloß er doch die Möglichkeit einer solchen Entwicklung nicht aus:

„Die Alternative zu dieser möglichen Entwicklung wäre die Überwindung der anomischen Krisentendenz durch erfolgreiche Lösung der entscheidenden Probleme. Das erfordert auf ökonomischem Gebiet unter anderem eine qualitative Wachstumskontrolle, die auf die eine oder die andere Weise in die Eigengesetzlichkeit der Kapitalverwertung eingreift und die Prioritäten der gesellschaftlichen Entwicklung öffentlichen Entscheidungen unterwirft. Eine solche Umwälzung, die demokratisch möglich ist, würde aber wahrscheinlich das Kapitaleigentum überwiegend bestehen lassen und keinesfalls die strukturelle Ungleichheit der Verteilung von Macht und Eigentum beseitigen: Die resultierende Gesellschaft wäre ‚postkapitalistisch' in dem Sinne, daß sie die Eigendynamik des Verwertungsprozesses ihrer Steuerung unterworfen hat, aber sie wäre nicht ‚klassenlos'."[61]

Jedoch könne aufgrund des Zwanges zu sozialen Kompromissen von einer politischen Klassenherrschaft nicht mehr gesprochen werden.

Nicht nur, daß *Löwenthal* die „Kulturkrise des Westens" sehr erst nahm – sie hatte nach seiner Meinung ihre Ursache darin, daß die Anpassung der Normen und Institutionen an die beschleunigte Veränderung der Lebensbedingungen nicht Schritt gehalten hat mit den Erfordernissen glaubhafter Wertkontinuität –, er forderte auch einen Paradigmenwechsel in der Richtung des Fortschritts im sozialdemokratischen Denken: Entscheidend für das Schicksal der kapitalistischen Industriegesellschaften „wie jeder sozialistischen Alternative" werde das Problem der physischen und biologischen Grenzen des wirtschaftlichen Wachstums. Damit aber werde die „Grundannahme" jeder industriellen Gesellschaft, der kapitalistischen wie der kommunistischen, nämlich das Wachstum der Produktion, in Frage gestellt; damit änderten sich auch die Bedingungen einer möglichen Transformation:

„Die Zunahme der Produktivkräfte in den entwickelten Industriegesellschaften hat sich in den letzten Jahrzehnten zu einem Tempo beschleunigt, das sich weder die frühen Propheten noch die Kritiker des Kapitalismus hätten träumen lassen.

Was wirklich geschehen ist, ist jedoch, daß unter dem Antrieb des Profitstrebens die *Destruktivkräfte* parallel mit den Produktivkräften zugenommen haben – nicht nur in dem bekannten Sinn der zunehmenden Destruktivkraft moderner Waffen, sondern in dem neuen Sinn der zunehmend destruktiven Auswirkung der modernen industriellen Technik auf die Umwelt und die Naturschätze – bis zu dem Punkt, wo sie nun drohen, die Produktivkräfte zu überholen. Es scheint, als tendiere die Beschleunigung des technischen Fortschritts unter dem Profitsystem zur Zerstörung der eigenen materiellen Grundlagen. Der Ruf nach ‚Sozialismus' verwandelt sich so aus einer Forderung, die Produktivkräfte von den Fesseln des kapitalistischen Eigentums zu *befreien*, in eine Forderung, das von Profitantrieb hervorgerufene, unkontrollierte Anwachsen dieser Produktivkräfte zu *zügeln*, um ihre destruktiven Wirkungen unter Kontrolle zu bringen."[62]

---

[61] *Löwenthal*, Gesellschaftliche Transformation und demokratische Legitimität (1975), in: *ders.*, Gesellschaftswandel und Strukturkrise. Zukunftsprobleme der westlichen Demokratien, Frankfurt a.M. 1979, 58-84, Zitat 83f.; der Text erschien zum ersten Mal in: Neue Rundschau, Jg. 86 (1975), H. 4, 549-573.
[62] *Ders.*, Die Zukunft des Sozialismus in demokratischen Industrieländern (1972/73), in: *ders.*,

Dies aber bedeutet nach *Löwenthal*, daß die freiheitlichen Demokratien die Probleme der industriellen Gesellschaft nur werden lösen können, wenn sie, gefestigt durch ein zunehmendes Gemeinschaftsbewußtsein ihrer Bürger, Akzeptanz für eine am Gemeinwohl orientierte öffentliche Steuerung der wirtschaftlichen und gesellschaftlichen Gesamtentwicklung finden. Damit stellt sich die Frage, was denn „Sozialismus heute" sein könne; jedenfalls kein System, das die Entfaltung des Menschen auf der Grundlage eines unerhörten materiellen Fortschritts garantiere; er wird vielmehr „zu einer möglichen Entwicklung, deren Verwirklichung von einer Änderung in der Rangordnung menschlicher Werte auf Kosten des Primats des materiellen Fortschritts abhängt"[63].

b) *Marx* in Perspektive

Marx, so meinte *Richard Löwenthal*, habe nicht erkannt, noch nicht erkennen können, welch ein bedeutender Faktor „der demokratische Staat" für die gesellschaftliche Transformation der modernen Industriegesellschaften sein werde. Dies und „die deterministische Überschätzung der ökonomisch-sozialen Struktur" sowie ein „diesseitsreligiöser Erlösungsglauben, der dem industriellen Proletariat die Rolle des Erlösers der modernen Welt zuschreibt"[64], hinderte *Richard Löwenthal* daran, sich noch weiter als Marxist zu „beschreiben".

Und in der Tat gab es auch bei anderen ernsthaften Interpreten von *Marx* seit den fünfziger Jahren das Bemühen, sich weniger oder gar nicht als Marxist zu verstehen, sondern die Renaissance von *Marx* in der philosophischen und ökonomischen Theorie zur Ausleuchtung der Möglichkeiten zu nutzen, *Marx'* Denken frei von jedem Dogmatismus und ideologischem Wunschdenken für eine interdisziplinäre Diskussion fruchtbar zu machen. Zwei Varianten dieses Bemühens seien stellvertretend für viele angeführt.

Iring Fetscher (1922 in Marbach am Neckar geboren, Studium der Philosophie, Geschichte und Literaturwissenschaft in Tübingen und Paris, seit 1963 Professor für Politikwissenschaft an der Universität Frankfurt a.M.) hatte sich seit den fünfziger Jahren der Interpretation von *Marx*, des Marxismus, des Leninismus und des Marxismus-Leninismus gewidmet.[65] In einem großen Studien- und Nachschlagewerk legte er eine Auswahl repräsentativer, kaum noch greifbarer Texte über die vielschichtige und weitverzweigte Entwicklung des Marxismus bis in die Gegenwart vor.[66] Er wollte damit, wie auch mit seinen anderen Veröffentlichungen, den Abstand, ja den Abgrund aufweisen, „der zwischen den humanistischen Intentionen und der Theorie des frühen Marx und den Ideologien der Zweiten Internationale wie des orthodoxen Leninismus liegt". Sein Ziel war es, das Werk

---

Gesellschaftswandel, 133-153, 139f., Zitat 150; ebenfalls abgedruckt in: *ders.*, Sozialismus und aktive Demokratie. Essays zu ihren Voraussetzungen in Deutschland, Frankfurt a.M. 1974, 9-36.

[63] *Ders.*, Zukunft, 151; vgl. auch *ders.* (*Paul Sering*), Jenseits des Kapitalismus – Nach 30 Jahren. Einführung zur Neuauflage 1977, LI ff.

[64] *Löwenthal*, Jenseits des Kapitalismus, LV f.

[65] Vgl. *Iring Fetscher*, Von Marx zur Sowjetideologie, Frankfurt a.M. 1956 (^{10}1965); *ders.*, Karl Marx und der Marxismus. Von der Philosophie des Proletariats zur proletarischen Weltanschauung, München 1967.

[66] Vgl. *ders.*, Der Marxismus. Seine Geschichte in Dokumenten, München 1962 (^{4}1983).

des humanistischen Kritikers *Karl Marx*, „das auch uns bei der Interpretation und Gestaltung der Wirklichkeit noch helfen kann, von jenen Entstellungen frei zu machen, die es bis zur Unkenntlichkeit defiguriert haben"[67].

Karl Kühne hat sich explizit der theoretischen Renaissance des Marxismus in der ökonomischen Literatur zugewandt. *Kühne* war selbst Ökonom; geboren 1917 in Bremerhaven, gehörte er zum sozialistischen Widerstand, wurde 1939 zu sechs Jahren Zuchthaus verurteilt, kam 1943 in das Strafbataillon 999, geriet in Griechenland in britische Gefangenschaft und konnte erst nach 1947 mit dem Studium der Nationalökonomie beginnen. Mehrere Jahre war er für die deutschen Konsumgenossenschaften, dann im ÖTV-Hauptvorstand tätig, bis er 1959 in die Generaldirektion Verkehr der EG-Kommission wechselte. Seine bedeutenden Untersuchungen aus den siebziger Jahren legten die fast unübersehbaren Spuren von *Karl Marx* als dem großen Analytiker langfristiger ökonomischer Gesetzmäßigkeiten in der modernen ökonomischen Theorie frei.[68] Für *Karl Kühne* gab es dabei keinen Anlaß, „die Möglichkeit einer Ausmündung der Geschichte in den Sozialismus in Frage zu stellen"[69].

c) Sozialismus in der Demokratie: *Alexander Schwan, Gesine Schwan*

Alexander Schwan (1931-1989) und *Gesine Schwan* (geboren 1943, seit 1969 verheiratet mit *Alexander Schwan*), lehrten Geschichte der politischen Theorien an der FU Berlin, gehörten zum politischen Umkreis von *Richard Löwenthal* und wurden zu engagierten, wenn nicht militanten Vertretern eines nichtmarxistischen demokratischen Sozialismus in der Auseinandersetzung mit der ‚Neuen Linken'.[70]

Die Bemühungen beider Autoren zielten auf den Entwurf einer Theorie des demokratischen Sozialismus als „soziale Demokratie" bzw. auf das Konzept einer Verwirklichung des „Sozialismus in der Demokratie", wobei das Godesberger Programm der SPD von 1959 die Grundlage bildete, hatte es doch den philosophischen Monismus materialistischer und marxistischer Prägung überwunden. Es hatte die anthropologische konstitutive Verbundenheit aller Individuen, also prinzipiell der Menschen aller Schichten, betont. Es hatte durch den expliziten Bezug auf die Vielfalt der Bemühungen und Motivationen die Emanzipation von jeder marxistischen Dogmatik erfolgreich vollzogen. Dieser grundsätzlichen Orientie-

---

[67] *Fetscher*, Karl Marx, 9; ein ähnliches Interesse lag der posthumen Veröffentlichung von *Fritz Sternberg* zugrunde: Anmerkungen zu Marx – heute, Frankfurt a.M 1965.

[68] Vgl. *Karl Kühne*, Ökonomie und Marxismus, Bd. I: Zur Renaissance des Marxschen Systems, Neuwied 1972, Bd. II: Zur Dynamik des Marxschen Systems, Neuwied 1974 (Bd. III: Registerband); ferner *ders.*, Geschichtskonzept und Profitrate im Marxismus, Neuwied 1976; *ders.*, Neue Linke und Gemeinwirtschaft, Köln 1980.

[69] *Ders.*, Geschichtskonzept, 11.

[70] Siehe, abgesehen von den noch zu erwähnenden größeren theoretisch orientierten Publikationen: *Alexander Schwan*, Freiheit, Gerechtigkeit und Solidarität – Über die geistigen Grundlagen des Godesberger Programms (1971), in: Lührs, Beiträge, 105-146; *Gesine Schwan*, Marx' Konzeption der Freiheit – Theoretische Grundlage eines demokratischen Sozialismus? (1972), in: Lührs, Beiträge, 59-96; *A. Schwan*, Demokratischer Sozialismus in der Zerreißprobe. Zum Streit um das politische Programm der SPD, München 1973; *G. Schwan* (Hrsg.), Demokratischer Sozialismus für Industriegesellschaften, Köln 1979.

rung widersprach die Rückwendung der Parteilinken zum Marxismus, ihre klassenkämpferische Katastrophenpolitik – und vor allem die Infragestellung der Demokratie.

So nehmen sich beide Autoren, vor allem *Gesine Schwan*, mit Vehemenz der Frage an, „ob die Marxsche Theorie des Sozialismus mit ihren philosophischen, ökonomischen, soziologischen und politischen Implikationen als Grundlage für einen demokratischen Sozialismus zu dienen vermag"[71]. Ihre Antwort ist: Nein! „Das Verhältnis von Godesberger Programm und Marxscher Theorie ist ein Spannungsverhältnis in der Form des klaren Gegensatzes."[72] *Marx'* bereits in der Frühphase seines Denkens ausgesprochene und im gesamten Werk unveränderte Grundvoraussetzung sei die Überzeugung von der ontologisch konfliktlosen Harmonie zwischen Individuum und Gattung gewesen; zwischenmenschliche Konflikte seien deshalb nur temporär und letztlich überwindbar. Diese Grundvoraussetzung widersprach der Anerkennung der Pluralität der Werte und Verhaltensweisen und der prinzipiellen Konflikthaftigkeit selbst jener Gesellschaften, in der das Privateigentum an den Produktionsmitteln aufgehoben ist; dies hatte der demokratische Sozialismus seit seiner Entstehungszeit vertreten. *Marx* – so die beiden Autoren – trieb sich selbst mit dem Festhalten an seiner ontologischen Grundvoraussetzung zu einem Verrat an seinen eigenen wirkungsmächtigen humanistischen Gedanken der Selbstbestimmung und Emanzipation[73] und landete (tendenziell und bei seinen dogmatischen Apologeten gar explizit) bei einem universellen Konzept der Systemkonstruktion, bei der Hypostasierung einer Natur- und Geschichtsgesetzlichkeit, bei der Mystifizierung des Proletariats als universelle emanzipatorische (und zugleich mit Mißtrauen betrachtete) Kraft und bei der verschwommenen Vision einer herrschaftsfreien, klassenlosen „Endgesellschaft". Nicht geleugnet wurden fruchtbare Momente des Marxschen Denkens, insbesondere daß er die bürgerlich-kapitalistische Gesellschaft methodisch thematisiert und mit seiner Gesellschaftskritik den praktischen Anstoß für die soziale und politische Bewegung der Unterprivilegierten in der industriellen Gesellschaft gegeben hatte.

Das intellektuell anspruchsvolle Bemühen der beiden Autoren zielt auf eine „Theorie der sozialen Demokratie", die getragen wird von zwei Grundprinzipien: aktive Demokratie und sozialer Pluralismus. Diese beiden Prinzipien bedingen einander und ergänzen sich, gelten den beiden *Schwans* als Grundelemente einer Theorie und Politik der sozialen Demokratie, „die der Demokratische Sozialismus nach Maßgabe des Godesberger Programms vertritt"[74]. Aus diesen Grundelementen resultiert, was *Gesine Schwan* später „konsequent sozialdemokratische Politik"[75] nannte. Diese Politik müsse gekennzeichnet sein: 1. durch die unverzichtbare Vorentscheidung für die rechtsstaatlich repräsentative Demokratie und 2. durch die Konsequenz ihrer „sozial-egalitären Zielsetzung" als „normative Voraussetzungen". Diese Grundvoraussetzungen haben klar zu bezeichnende politische Konsequenzen: 1. die Aufgabe des Totalitätsanspruchs; 2. eine schich-

---

[71] G. Schwan, Marx' Konzeption, 59.
[72] A. Schwan/G. Schwan, Sozialdemokratie und Marxismus. Zum Spannungsverhältnis von Godesberger Programm und Marxistischer Theorie, Hamburg 1974, 166.
[73] Vgl. Dies., Sozialdemokratie und Marxismus, 167.
[74] Ebenda, 322.
[75] G. Schwan, Demokratischer Sozialismus, 149f.

ten- und klassenübergreifende Politik; 3. die Notwendigkeit der sachlichen und normativen Profilierung; 4. die Einarbeitung neuer Probleme in die ideelle Tradition. Was in diesem Kontext „sozialdemokratisch-egalitäre Politik" heißt, definiert *Gesine Schwan* so:

> „Sie enthält die drei Elemente *Gleichheit, Gerechtigkeit und Solidarität*. Angesichts der empirischen Ungleichheit der Menschen weist *Gleichheit* auf die gleiche Würde und das gleiche Recht aller Menschen auf Selbstbestimmung hin. Sie setzt einen transzendenten Maßstab voraus, sei es etwa die im Naturrecht angenommene außerempirische gleiche Menschennatur, sei es die Gleichheit vor Gott. Sie bedarf der Stützung und Verwirklichung in der politischen und sozialen Ordnung. Um der transzendenten Gleichheit zu genügen, ohne die empirische Ungleichheit totalitär oder autoritär einzuebnen, zeigt sich als einzig gangbarer Weg, die politische und soziale Wirklichkeit in zwei entsprechende Bereiche aufzuteilen: einen *gleichen wohlfahrtsstaatlichen Sockel*, ohne den die gleiche Würde der Menschen bedroht ist, und einen Bereich der *Vielfalt*, in dem die Zuteilung von Gütern nach der *Leistungsgerechtigkeit* und nach *Marktgesichtspunkten* erfolgt.
>
> Das damit eingeführte zweite Element egalitärer Politik, die *Gerechtigkeit* verstanden als Leistungsgerechtigkeit, ist nicht nur nötig, um den wohlfahrtsstaatlichen Sockel vor parasitärem Mißbrauch zu bewahren, sondern verleiht vor allem auch der für Sozialdemokraten unverzichtbaren Einsicht des Aristoteles Wirklichkeit, daß die Menschen nicht nur individuelle Ansprüche und Rechte haben, sondern als soziale Wesen auch dem Gemeinwesen verpflichtet sind. (...) Die Hauptaufgabe sozialdemokratisch-egalitärer Politik liegt in einer möglichst ausgewogenen Verbindung von Gleichheit und Leistungsgerechtigkeit auf möglichst hohem Niveau; anders gewendet: in der Anhebung der materiellen und der ideellen Voraussetzungen von Solidarität. Diese ist zugleich Mittel und Ziel aller egalitären Politik."[76]

Gesine Schwans Intention war es, die in den siebziger Jahren offensichtlich werdende Spaltung zwischen „reiner" sozialistischer Theorie und systemkonformer Praxis zu überwinden. Fraglich in ihrem Konzept blieb allerdings die Gleichsetzung von „sozialer Gerechtigkeit" als Wert-Norm-Kategorie des Sozialstaates und individuell bezogener Gerechtigkeit des Rechtsstaates. Das Gerechtigkeitsprinzip des Sozialstaates läßt sich jedoch nicht oder nur begrenzt individuell bezogen definieren, sondern vielmehr als gruppenbezogener gesellschaftlicher Interessenausgleich.

d) Kritischer Rationalismus

Lag dem Denk- und Interpretationsansatz von *Alexander* und *Gesine Schwan* eine Werte-Normen-Axiomatik zugrunde, so versuchte eine Gruppe jüngerer Wissenschaftler aus gleicher Motivation – Positionen im Gegensatz zum linken, an der marxistischen Tradition orientierten Parteiflügel zu beziehen – gewisse reformistische Wert- und Zielvorstellungen in Übereinstimmung mit den Kerngedanken des Kritischen Rationalismus, wie ihn *Karl Popper* begründet hatte, ins Blickfeld der sozialdemokratischen Grundwertediskussion zu rücken. Dieses Bemühen hat seinen Niederschlag gefunden in drei Sammelbänden[77], deren Herausgeber Öko-

---

[76] *Schwan/Schwan*, Sozialismus in der Demokratie? Theorie einer konsequent sozialdemokratischen Politik, Stuttgart 1982, 154; vgl. auch *dies.*, Demokratischer Sozialismus, 63.

[77] Vgl. *Georg Lührs/Thilo Sarrazin/Frithjof Spreer/Manfred Titzel* (Hrsg.), Kritischer Rationalismus und Sozialdemokratie, Berlin 1975; *dies.*, Kritischer Rationalismus und Sozialdemokratie II. Diskussion und Kritik, Berlin 1976; *dies.*, Theorie und Politik aus kritisch-rationaler Sicht,

nomen waren und sich im Juso-Alter befanden: *Georg Lührs* (33), *Thilo Sarrazin* (30), *Frithjof Spreer* (31) und *Manfred Titzel* (28). Sie wollten gewissermaßen eine wissenschaftlich-theoretische Lehrmeinung als „Philosophie der Sozialdemokratie" etablieren.

Karl Raimund Popper (1902-1994) hatte seine beiden großen Hauptwerke „Das Elend des Historismus" und „Die offene Gesellschaft und ihre Feinde" 1944 und 1945 in der Emigration in Neuseeland nach eigener Aussage in Reaktion auf die totalitären Herrschaftssysteme des 20. Jhs. geschrieben bzw. veröffentlicht.[78] *Popper* hatte nach dem Abitur in Wien eine Schreinerlehre absolviert, dann als Horterzieher für behinderte Kinder gearbeitet, danach eine Lehrerausbildung mit dem Lehrerexamen und der Promotion abgeschlossen, ab 1930 als Lehrer für Mathematik und Physik gearbeitet und gleichzeitig wissenschaftliche Arbeiten veröffentlicht. 1937 emigrierte er nach Neuseeland und wurde 1946 an die London School of Economics and Political Science berufen.

Der Kritische Rationalismus ist als Erkenntnislehre und zugleich als politische Philosophie zu verstehen. Die zentrale Annahme, die ihn als Erkenntnislehre begründet, ist die These von der prinzipiellen Fehlbarkeit („Fallibilismus") der menschlichen Vernunft.[79] Diese ist stets irrtumsanfällig und bringt keine gesicherten, ein für alle Male geltenden wahren Erkenntnisse. Da es kein zuverlässiges Wahrheitskriterium gibt, muß „absolute Wahrheit" eine „regulative Idee" bleiben. Daraus folgt methodisch ein konsequenter Kritizismus bzw. die Anwendung des Falsifikationsprinzips, d.h. die fortwährende kritische Prüfung und Diskussion und die permanente Fehlerkorrektur als Methode, der Wahrheit näher zu kommen – ohne Gewißheit, sie zu erreichen. Deshalb werden auch letzte Wertorientierungen und -entscheidungen abgelehnt.

Das aus solcher Erkenntnislehre erwachsende Menschenbild führt zur Grundorientierung des Kritischen Rationalismus als politischer Philosophie: Der „menschliche Faktor" ist nie ganz berechenbar und durch Institutionen reglementierbar. Deshalb lassen sich auch keine Voraussagen über den Verlauf der Menschheitsgeschichte treffen, wie sie in der marxistischen Tradition vorliegen; der Verlauf hängt vom Zuwachs des Wissens und von den kreativen Ideen der Menschen ab. Der Kritische Rationalismus lehnt auch den falschen Anspruch ab, eine „Gesellschaft als Ganzes" erfassen zu können. An die Stelle des Versuchs, „abstrakte Zukunftsvisionen zu verwirklichen, soll die schrittweise Beseitigung konkreter Mißstände durch ‚Stückwerk-Sozialtechnik'" (piecemeal social engineering) treten:

Berlin 1978.

[78] Vgl. *Karl Raimund Popper*, Das Elend des Historizismus, Tübingen 1965 (^{6}1987); *ders.*, Die offene Gesellschaft und ihre Feinde, Bd. I: Der Zauber Platons, Bern 1957, Bd. II: Falsche Propheten. Hegel, Marx und die Folgen, Bern 1958 (Tübingen, ^{7}1992); der wichtige Aufsatz: Utopie und Gewalt (1948) erschien in deutscher Sprache zuerst 1975 in: *Lührs* u.a., Kritischer Rationalismus I, 303-315.

[79] Eine knappe klare Zusammenfassung bietet: *Kurt Salamun*, Der Kritische Rationalismus, in: *Karl Graf Ballestrem/Henning Ottmann* (Hrsg.), Politische Philosophie des 20. Jahrhunderts, München 1990, 263-279; vgl. auch *Günther Patzig*, Objektivität und Wertfreiheit: Zwei Grundlagen der Wissenschaftstheorie, in: Alexander von Humboldt-Stiftung, Mitteilungen 36, Mai 1979, 13-19.

„Der typische Stückwerk-Ingenieur (...) mag zwar einige Vorstellungen von der idealen Gesellschaft als Ganzem haben (...) aber er ist nicht dafür, daß die Gesellschaft als Ganzes neu geplant wird. Was immer seine Ziele sein mögen, er sucht sie schrittweise durch kleine Eingriffe zu erreichen, die sich dauernd verbessern lassen."[80]

Die gesellschaftlichen Strukturen sollen also schrittweise bzw. gradualistisch verändert werden. Dabei ist das Ziel nicht ein „allgemeines Glück", sondern die Minimierung von vermeidbarem Leid (Armut, Krankheit, Arbeitslosigkeit, Unterdrückung, Ausbeutung): „Die politisch Handelnden müssen permanent an Institutionen konstruktiv ‚herumbasteln', die die objektiven Bedingungen und realen Ursachen von Leiderfahrungen verkleinern."[81] Dieser reformpolitische Gradualismus schloß aus der Sicht *Poppers* nicht aus, in Ausnahmefällen radikale revolutionäre Veränderungen und politische Gewaltanwendung in Erwägung zu ziehen.

Aus solcher Sicht begründet sich die Frontstellung der Kritischen Rationalisten zu *Marx* und seinen Nachfolgern: Kontradiktorische Widersprüche machten *Marx'* System einer Falsifizierung unzugänglich, er denke abstrakt-utopisch und chiliastisch und ende mit totalitären Resultaten in der politischen Praxis – freilich wird dabei nicht in den Blick genommen, daß die Marxsche Dialektik nicht um Aussagen im Sinne der Logik bemüht sein will, sondern um die Strukturen des Begreifens sozialer Verhältnisse, „in denen unter bestimmten strukturellen Voraussetzungen (etwa Vereinzelung der Produzenten) die Akteure eine soziale Welt erzeugen, die sich ihnen quasi objekthaft ‚entgegenstellt', ihr ‚Gegenteil' ist"[82].

Poppers Konzept der „offenen Gesellschaft" weist dem Staat als sozialtechnischem Instrument die Aufgabe zu, die individuelle Freiheit seiner Bürger zu schützen, wobei die Freiheit negativ bestimmt wird als Freiheit von Zwang und Unterdrückung (durch andere, auch durch den Staat). Die pluralistische Demokratie wird als die einzige Staatsform betrachtet, die zu großer Machtkonzentration einen Riegel vorzuschieben vermag. Politisch-weltanschaulicher Pluralismus, friedliche politische Konkurrenz, institutionalisierte öffentliche Kritik und Konfliktregelung durch kritisch-rationale Diskurse bilden bei *Popper* ein normatives Konzept im Sinne eines Annäherungsideals.

Zu recht ist darauf hingewiesen worden, daß *Poppers* politische Philosophie nur dann vollständig zu verstehen ist, wenn man den zeithistorischen Kontext berücksichtigt, in dem sie entstand. Das betrifft in erster Linie seine fast aggressive Ablehnung jeder Art von historischem Determinismus als ideologisch, während er selbst den ideologischen Charakter seiner liberal-aufklärerischen Wertbasis nicht reflektierte. Zutreffend ist seinerzeit von *Jochen Steffen* auch moniert worden, daß *Popper* sich gewissermaßen den Trick erlaube, die Komplexität des Ganzen in handhabbare Einzelteile zu zerlegen und dann zu übersehen, welche Auswirkungen stückweise Entscheidungen, wenn sie ohne Kenntnis der Interdependenzen für das – vielleicht auch nur denkbare – Ganze erfolgen, für dieses Ganze und den allgemeinen Reformprozeß haben können, d.h. auch gegen diesen

---

[80] *Popper*, Elend des Historizismus, 53.
[81] *Salamun*, Kritischer Rationalismus, 268.
[82] *Walter Euchner*, Rezension von *Lührs* u.a., Kritischer Rationalismus I, in: IWK, Jg. 12 (1976), H. 3, 401ff.

Prozeß kontraproduktiv verlaufen können.[83] Den Vertretern des Kritischen Rationalismus, die diesen als „Philosophie der Sozialdemokratie" ausweisen wollten, ist es denn auch seinerzeit nicht gelungen, „größere Schritte von der Abstraktionsebene, auf der *Popper* seine Sozialphilosophie der offenen Gesellschaft entwickelt hat, in Richtung auf die praktische Anwendung in der Politik zu machen"[84].

Mag sein, daß es der Mangel an „konkreten Struktur- und Experimentiermodellen gewesen ist, der den damaligen Bundeskanzler *Helmut Schmidt* veranlaßte, lakonisch von sich zu sagen: „Ich bin kein Marxist, ich bin ebensowenig ein Anhänger des Kritischen Rationalismus"[85], und gelassen darauf zu bestehen: Politik ist pragmatisches Handeln zu sittlichen Zwecken.

4. Ökonomisch-politischer Orientierungsrahmen für die Jahre 1975 – 1985

a) Die Perspektiven des Vorsitzenden *Willy Brandt*

Willy Brandt hat sich ohne Inanspruchnahme einer überzogenen theoretischen Kompetenz „nach Godesberg" immer wieder reflektierend zu Wort gemeldet, um politische Weichenstellungen vorzunehmen, um bereits erfolgte zu korrigieren und um das Bild der Partei und seine eigenen Auffassungen kongruent nach außen zu vermitteln. Das ergab dann eine selten pathetisch unterlegte, wohl aber mit realen Bezügen ausgefüllte Vision vom demokratischen Sozialismus.[86] Für *Willy Brandt* gab es, wie er 1968 ausführte, „den" Sozialismus nicht oder nicht mehr, wohl aber einige Essentials, die in einem Begründungszusammenhang unabdingbar waren: Demokratie, Menschenwürde, Solidarität. So konnte für ihn „demokratischer Sozialismus" selbstredend kein Dogma und keine Heilslehre sein, wohl aber wußte er, „daß die Menschheit ohne ‚Vision der Zukunft' nicht auskommen kann"[87]. In dem bereits in den siebziger Jahren aufkommenden und bis in die Ge-

---

[83] Vgl. *Steffen*, Strukturelle Revolution, 131f.
[84] *Hans-Peter Bank*, Sozialdemokratie und Kritischer Rationalismus – Bemerkungen zu kritisch-rationaler Diskussion in der SPD, in: Lührs u.a., Kritischer Rationalismus II, 291-344, Zitat 296.
[85] *Helmut Schmidt*, Vorwort zu Lührs u.a., Kritischer Rationalismus I, VII-XVI, Zitat XI.
[86] Für die folgenden Ausführungen wurden verwendet: *Willy Brandt*, Die Partei der Freiheit. Reden über August Bebel, Karl Marx, Friedrich Engels und Otto Wels, Bonn-Bad Godesberg 1974; *ders.*, Was ist Sozialismus heute, in: WBA, Publizistische Äußerungen, Mappe 204, 1965; *ders.*, Politische Aufgaben nach der Halbzeit, Rede auf dem außerordentlichen SPD-PT 1971, Prot. 32-53; *Kurt Schumacher/Erich Ollenhauer/Willy Brandt*, Der Auftrag des demokratischen Sozialismus, Bonn 1972; *Willy Brandt,* Das Grundgesetz verwirklichen – Deutsche Politik und sozialdemokratische Grundsätze, Rede auf dem SPD-PT 1973, Prot. 69-112; *ders.*, Rede auf dem Kongreß der Jusos 1975, in: WBA, Publizistische Äußerungen, Mappe 619, 1975; *ders.*, Freiheit und Sozialismus. Rede zum 30. Jahrestag der Eröffnung des Karl-Marx-Hauses Trier am 04.05.1977, Bonn 1977, auch in: WBA, Publizistische Äußerungen, Mappe 722, 1977; *Iring Fetscher* (Hrsg.): Geschichte als Auftrag. Willy Brandts Reden zur Geschichte der Arbeiterbewegung, Berlin 1981; *Helga Grebing*, Willy Brandt – Ein Leben für Freiheit und Sozialismus (Schriftenreihe der Bundeskanzler-Willy-Brandt-Stiftung, H. 4), Berlin 1999. Der Band *Willy Brandt/Bruno Kreisky/Olof Palme*, Briefe und Gespräche 1972 bis 1975, Frankfurt a.M. 1975, wird nur ergänzend herangezogen, da es sich offenbar nicht um authentische, wenn auch um autorisierte Texte handelt.
[87] *Brandt*, Karl Marx, in: *ders.*, Partei der Freiheit, 25.

genwart reichenden unendlichen Streit darüber, ob die SPD ihr Selbstbild besser als sozialdemokratisch oder demokratisch-sozialistisch bestimmen sollte, hatte *Willy Brandt* einen einfachen Lösungsvorschlag:

„Liebe Freunde, Sozialdemokratie ist ein Synonym für demokratischen Sozialismus. Dieser kennzeichnet die Bewegungsrichtung unserer Politik: Demokratie als gesellschaftliche Notwendigkeit zu verstehen, Sozialismus als konsequente Demokratie zu begreifen und beide Begriffe in jenes produktive Verhältnis zu setzen, das im Godesberger Programm beschrieben ist. Ob dies gelingt, davon hängt ab, ob die Zukunft der Menschheit im Zeichen der Menschlichkeit stehen wird. (...)
Demokratischer Sozialismus ist für uns kein Schema für die gesellschaftliche Ordnung, kein dogmatisch festgelegter Katalog von Maßnahmen. Demokratischer Sozialismus ist nicht mit [sic!] Endziel, sondern als ständige Aufgabe zu verstehen. Er läßt sich nicht in Patentrezepten einfangen. (Beifall) Die eines zu besitzen meinten, sind entweder als Sektierer versandet oder in einer härteren Herrschaftsform zu Totengräbern der eigenen Idee geworden.
Aber demokratischer Sozialismus ist zum anderen wesentlich mehr als ein allgemeines Bekenntnis zu den Idealen größtmöglicher Gleichheit, der sozialen Sicherheit, der Selbstbestimmung und des Gemeinschaftsgeistes. Es geht um die niemals abgeschlossene Aufgabe, Ungerechtigkeiten der bestehenden Wirtschafts- und Gesellschaftsordnung abzubauen und, wenn ihr so wollt, zu überwinden, den sozialen Anspruch der Demokratie immer mehr und immer wieder im politischen Kampf zu verwirklichen, anders ausgedrückt: persönliche und politische Freiheitsrechte des einzelnen soziale Wirklichkeit werden zu lassen."[88]
„Als Sozialdemokrat – und das heißt: als demokratischer Sozialist – zielen mein Denken und meine Arbeit auf Veränderung." Folglich galt: „Demokratischer Sozialismus erfüllt sich in einer Vielzahl von Reformschritten."[89] Denn „demokratische Sozialisten" wußten, daß „die Vorstellung einer endgültigen Gesellschaftsform (…) ein ebenso schöner wie leerer und (…) ein gefährlicher Traum" war.
„Für uns bleibt Freiheit, was sie für ihn [*Karl Marx*] war: der kritische Maßstab, an dem sich jede Ordnung zu rechtfertigen hat. Der demokratische Sozialismus wird damit nicht zur Utopie, Sozialismus nicht zur Leerformel – auch nicht zu einer solchen des Godesberger Programms. Sozialismus bedeutet für uns vielmehr einen Entwurf auf Freiheit hin, der offen bleibt, in Bewegung und damit menschlich."[90]

In *Willy Brandt*s Vorstellung des demokratischen Sozialismus hatten Freiheit und Demokratie den höchsten Stellenwert und standen zugleich in einem symbiotischen Verhältnis zueinander: Demokratie als „ein die staatlichen und gesellschaftlichen Bereiche ergreifendes Prinzip" war die „praktische Form der Freiheit" und zugleich „ein permanenter Prozeß". War Demokratie „eine gesellschaftliche Notwendigkeit", so müsse Sozialismus als „konsequente Demokratie" verstanden werden.[91] Deshalb mußte die SPD eine „Partei der Freiheit" (und der parlamentarisch-repräsentativen Demokratie) sein und bleiben, die auf ein Europa der „sozialen Demokratie" hin orientiert war. Mit diesem Ziel konnte die deut-

---

[88] *Brandt*, Prot. PT 1973, 82, 89f.
[89] *Ders.*, Juso-Kongreß, 11, 7.
[90] *Ders.*, Freiheit und Sozialismus, 15.
[91] Ebenda, 15; vgl. *Ders.*, Prot. PT 1971, 48; *ders.*, Prot. PT 1973, 82; vgl. auch die Regierungserklärung vom 28.10.1969: „Wir wollen mehr Demokratie wagen. (...) Wir können nicht die perfekte Demokratie schaffen. Wir wollen eine Gesellschaft, die mehr Freiheit bietet und mehr Mitverantwortung fordert." Vgl. den Text in: Auftakt zur Ära Brandt (Schriftenreihe der Bundeskanzler-Willy-Brandt-Stiftung, H. 5), Berlin 1999, 69.

sche Sozialdemokratie als „reale Alternative zur zügellosen Industriegesellschaft"[92] gelten.

Aus diesen grundsätzlichen Vorgaben resultierten konkrete politische Einstellungen: „(…) der Trennungsstrich zwischen Sozialdemokratie und Kommunisten ist und bleibt scharf gezogen (…)", und Kommunisten wie auch die Konservativen, die gerade die Parole aufbrachten „Freiheit oder Sozialismus", ließ *Willy Brandt* wissen, daß „frei und produktiv" über Sozialismus nur diskutiert werden könne, wo man gezeigt habe „daß man die Freiheit mit Zähnen und Klauen zu verteidigen weiß; das heißt bei uns, in dieser Partei"[93]. Die Einstellung zum Godesberger Programm als leitende Orientierung hat *Brandt* in den siebziger Jahren mehrfach deutlich bekräftigt: „Wir stellen ‚Godesberg' nicht zur Disposition", erklärte er auch auf dem Parteitag in Hannover im April 1973, und das hieß, daß es darum ging, „schrittweise" im Geiste unserer Grundwerte die Gesellschaft zu verändern.[94] Mit der Berufung auf „Godesberg" war auch noch einmal der Verzicht auf eine monokausale Theorie oder Weltanschauung unterstrichen und das Konzept des demokratischen Sozialismus nicht als ein statisches Endziel, sondern als eine Entwicklung deklariert. Die zeitgenössischen Überbegriffe „Systemveränderung" und „Doppelstrategie" verloren auf diese Weise aus der Sicht von *Willy Brandt* ihren polarisierenden Charakter, und die großen Schlagwörter wurden auf ihr realpolitisches Maß zurückgeführt: So war nach *Brandt* die Frage der Sozialisierung nicht in erster Linie davon abhängig, „ob man die Macht hat, private Produktionsmittel zu vergesellschaften, sondern (…) wieweit privates Großeigentum und private Verfügungsgewalt über große Produktionsmittel den Grundwerten im Wege stehen"[95]. Genauso war es mit der Planung, über die *Brandt* lakonisch befand: „Wir sind Gegner der Zwangswirtschaft, aber Anhänger einer sinnvollen Planung."[96] Auch wollte er nicht in jedem gesellschaftlichen Konflikt eine „Klassenfrage" sehen, wenngleich er sich darüber im klaren war, „daß wir gewiß in diesem Land eine auch durch Klassengrenzen geprägte Gesellschaft haben"[97]. Aber: „Demokratischer Sozialismus erfüllt sich in einer Vielzahl von Reformschritten (…)."

b) Vom „Langzeitprogramm" zum „ökonomisch-politischen Orientierungsrahmen für die Jahre 1975 – 1985"

Der SPD-Parteitag im Mai 1970 in Saarbrücken beschloß, daß „auf der Grundlage des Godesberger Programms" ein langfristiges gesellschaftspolitisches Programm erarbeitet werden sollte, das konkretisiert und quantifiziert sein müsse. Der SPD-Vorsitzende und Bundeskanzler *Willy Brandt* hatte in seiner Rede auf dem Parteitag dazu die Vorgabe gemacht, daß die SPD „an den Grundwerten und Zielvorstellungen, die im Godesberger Programm ihren Niederschlag gefunden haben",

---

[92] *Brandt*, Prot. PT 1973, 109.
[93] Ebenda, 101.
[94] Vgl. *Brandt*, Prot. PT 1973, 72; vgl. *Ders./Kreisky/Palme*, Briefe, 122.
[95] *Ders.*, Auftrag, 25.
[96] Ebenda, 26.
[97] *Ders.*, Die Partei der Freiheit. Rede zum 100. Geburtstag von Otto Wels (1973), in: *ders.*, Partei der Freiheit, 53-69, Zitat 62.

festhalten müsse. Dabei gehe es weder um totale Lösungen noch um letzte Antworten.[98] Den Vorsitz der eigens eingesetzten Kommission hatten *Helmut Schmidt*, *Jochen Steffen* und *Hans Apel* inne. Der erste Entwurf des Orientierungsrahmens, der im Juni 1972 vorgelegt wurde, verdeutlichte den Mangel an Übereinstimmung in der Kommission: Die Mehrheit wollte ein quantifizierendes, an ökonomischen Fakten orientiertes Planungsdenken in die programmatischen Aussagen der SPD implantieren. Die Minderheit, deren Sprecher *Jochen Steffen* war, wollte dagegen mit dem Konzept der „strukturellen Revolution" aus dem Kreislauf von „Systemreparatur" und Systemanpassung herausspringen und einen radikalen Neuanfang der sozialdemokratischen Politik einleiten. Ähnlich kontrovers wurde der Entwurf in der Partei selbst diskutiert, so daß *Helmut Schmidt* in seinem Bericht auf dem Parteitag im April 1973 in Hannover von einem „allerersten Entwurf" sprach, der „einen Lernprozeß" in Gang gesetzt habe. Für sich selbst fügte er hinzu, daß er persönlich skeptisch sei „gegenüber der Erfüllbarkeit des Wunsches nach einer umfassenden Gesellschaftsanalyse"[99].

Nach kontroversen Diskussionen auf dem Parteitag, bei denen die Linken sich als wortführend erwiesen, wurde im Juni 1973 eine neue 30köpfige Kommission unter dem Vorsitz von *Peter v. Oertzen* berufen; stellvertretende Vorsitzende wurden *Horst Ehmke* und *Herbert Ehrenberg*; Mitglieder waren u.a. *Reimut Jochimsen, Johano Strasser, Hans-Jochen Vogel, Thomas von der Vring* und *Gerd Walter*; die einzige Frau in der Kommission war *Sigrid Skarpelis-Sperk*.[100] Der zweite Entwurf des Orientierungsrahmens wurde am 1. Februar 1975 vom Parteivorstand verabschiedet und nach eingehender Diskussion in den Parteigremien und umfassender Erörterung auf dem SPD-Parteitag im November 1975 in Mannheim verabschiedet.[101] *v. Oertzen* hatte in seinem Einleitungsreferat nochmals die Funktion des Orientierungsrahmens verdeutlicht: Er sollte ein Bindeglied zwischen den sehr allgemeinen und langfristigen Zielvorstellungen des Grundsatzprogramms und der praktischen sozialdemokratischen Politik sein, eine Analyse der wirtschaftlichen und der gesellschaftlichen Situation liefern und konkrete Maßstäbe entwickeln, an denen der Fortschritt zu den allgemeinen Zielen gemessen werden konnte.[102] Nicht ohne Stolz meinte er feststellen zu können: „Der Orientierungsrahmen '85 ist den Problemen der realen gegenwärtigen Situation und der zukünftigen politischen Praxis näher als irgendein anderes pro-

---

[98] Vgl. *Brandt*, Prot. PT 1970, 473.
[99] *Helmut Schmidt*, Kommissionsbericht zum Orientierungsrahmen 1985, Prot. PT 1973, 268-286, Zitat 284f.; zur Zwischenbilanz vgl. *Gerd Walter*, Langzeitprogramm – Wiederbelebung sozialistischer Theorie in der SPD?, in: *Rudolf Scharping* (Hrsg.), Demokratischer Sozialismus und Langzeitprogramm, Reinbek 1973, 62-78.
[100] Mitarbeiter der Vorsitzenden waren *Karl-Heinz Bentele* und *Klaus Wettig*; im Planungsbüro waren u.a. tätig: *Horst Heidermann, Heiner Lindner, Georg Lührs* und *Thilo Sarrazin*.
[101] Vgl. *Roland Ermrich/Horst Heidermann/Heiner Lindner/Thilo Sarrazin*, Berichte über die Arbeit der Kommission Orientierungsrahmen '85, APuZ B 36/75, 3-55, sowie *Peter v. Oertzen/Horst Ehmke/Herbert Ehrenberg* (Hrsg.), Orientierungsrahmen '85. Text und Diskussion, bearb. von *Heiner Lindner*, Bonn-Bad-Godesberg 1976 (hiernach wird zitiert). Dem Parteitag lagen 1007 Anträge vor.
[102] Vgl. *v. Oertzen*, Einleitungsreferat zum OR '85, Prot. PT 1975, 264-288, zitiert aus: *ders./Ehmke/Ehrenberg*, Orientierungsrahmen 1985, 79-92.

grammatisches Dokument in der langen Programmgeschichte der deutschen Sozialdemokratie."[103]

Im Orientierungsrahmen (im folgenden OR) wurde noch einmal unterstrichen, daß der Ausgangspunkt für die Ziele des demokratischen Sozialismus das Grundprinzip der persönlichen Begründung für das Bekenntnis zu ihm ist. Bestätigt wurde auch, daß der demokratische Sozialismus nicht den fertigen Plan einer neuen Gesellschaftsordnung darstelle, sondern „dauernde Aufgabe sein und bleiben wird". Anerkannt wurde, daß ungeachtet „all seiner unleugbaren sozialen Bindungen und Verpflichtungen (...) der einzelne Mensch und nicht das Kollektiv im Mittelpunkt einer demokratisch-sozialistisch geordneten Gesellschaft" stehen müsse. Deshalb könne – so v. Oertzen – „das Problem der sozialen Gleichheit" nur darin bestehen, „für jeden Menschen in gleicher Weise die gesellschaftlichen Bedingungen für seine freie individuelle Entfaltung zu schaffen"[104].

Gleichzeitig wurde die Frage aufgeworfen und breiter diskutiert, ob die axiomatische Einführung der Grundwerte des Godesberger Programms – Freiheit, Gerechtigkeit, Solidarität – nicht einer vertiefenden philosophischen Ergänzung bedürfe, etwa durch die Frage nach der Autonomie des Menschen und der Möglichkeit seiner Selbstverwirklichung unter bestimmten Bedingungen. Doch wurde der Begriff der Selbstverwirklichung schließlich fallengelassen und der Begriff der Selbstbestimmung ins Zentrum gerückt sowie die Forderung nach „freier Selbstbestimmung" bzw. nach Überwindung der Fremdbestimmung zur „Grundlage und Zielrichtung" des sozialdemokratischen Programms „in all seinen einzelnen Punkten" erhoben. Diese Zielrichtung rückte den zentralen Widerspruch der gesellschaftlichen Ordnung der Gegenwart in den Vordergrund, den Widerspruch

„(...) zwischen dem, was den Menschen wirtschaftlich, sozial, politisch und geistig möglich wäre und dem, was sie aus diesen Möglichkeiten machen. Aus der Erkenntnis dieses Widerspruchs ist die Idee des Sozialismus geschichtlich erwachsen, aus der Möglichkeit der Auflösung dieses Widerspruchs schöpft er die Hoffnung, daß Freiheit, Gerechtigkeit und Solidarität im gesellschaftlichen Leben mehr sind als Utopie."[105]

Dieser Widerspruch ist – so der OR – nicht naturgegeben, sondern von den Menschen selbst erzeugt „und daher auch grundsätzlich lösbar", ja es wird sogar angenommen, daß „reale Freiheit und Gleichheit der Menschen – von ihren materiellen Voraussetzungen her gesehen – zum erstenmal in der menschlichen Geschichte möglich geworden" sei, wenngleich quasi sich selbst korrigierend die Frage gestellt wird, ob die Ausbeutung der natürlichen Ressourcen unbegrenzt fortgesetzt werden könne und wenn nicht, was dies dann für die weltweite Verteilung der Wachstumschancen bedeute.[106]

Wie zu erwarten, wurde das Verhältnis von Markt und Lenkung zur „Gretchenfrage". Es war einfach festzustellen, daß staatliche Planung und Lenkung und autonome Marktmechanismen nebeneinander ihren Platz finden würden, aber

---

[103] Von Oertzen, Einleitungsreferat, 82.
[104] Ebenda, 84.
[105] OR '85, 1.3, 7.
[106] Vgl. ebenda, 1.8, 11.

schließlich ging es um die konkrete inhaltliche Ausfüllung dieses Gemeinplatzes. Die Antwort fiel sehr ernüchternd aus:

„Da der gegenwärtige Erkenntnisstand eine ausreichende Urteilssicherheit nicht zuläßt, verbietet es sich, die richtigen Formen und Dimensionen öffentlicher Wirtschaftslenkung abschließend zu bestimmen. Der angemessene Weg zur Klärung dieser Frage sozialdemokratischer Politik ist vielmehr eine politische Praxis als gemeinsamer Lernprozeß, die sich unter konsequenter Nutzung aller geeigneter Instrumente auf die Bekämpfung unternehmerischer Marktbeherrschung konzentriert, zugleich das System mittelbarer Wirtschaftslenkung ausbaut und die planerische Kapazität des Staates verbessert."[107]

Auch beim heiß diskutierten Stichwort „Investitionslenkung" schien Bescheidenheit angesagt: „Die realistische Beurteilung staatlicher Handlungsmöglichkeiten und Handlungskapazitäten zwingt uns dazu, beim Ausbau des staatlichen Steuerungspotentials ebenso realistisch vorzugehen, d.h. uns auf das Notwendige und Machbare zu beschränken, aber auch die Grenzen des Machbaren durch politische Aufklärungsarbeit und strukturelle Reformen zu erweitern."[108]

Immerhin wurde die Rolle öffentlicher Unternehmen in ihrer „Gestaltungs- und Korrektivfunktion" dort unterstrichen, „wo die Prinzipien der Gegenmacht oder Gemeinwirtschaftlichkeit dies gebieten, private Initiative fehlt oder übergroße Risiken bei anerkanntem gesellschaftlichen Bedarf vorliegen". Weder wurde die Verstaatlichung als Problemlösung angesprochen noch die Mitbestimmung als Ersatz für die wirtschaftspolitische Lenkungsfunktion des Staates angesehen. Im Bericht über die Arbeit der Kommission wurde die Problemlage transparent:

„Das Problem ökonomischer Macht wurde besonders intensiv diskutiert, insbesondere die Möglichkeit zur Kontrolle und Einschränkung von Marktmacht und die Frage, ob und inwieweit sich ökonomische Macht in politische Macht umgesetzt habe bzw. ständig umsetze, schließlich das Problem, ob und inwieweit Reformpolitik im Sinne des demokratischen Sozialismus und in diesem Zusammenhang die Reform unseres Lenkungssystems angesichts der vorhandenen ökonomischen Machtpositionen überhaupt politisch durchsetzbar sei."[109]

Nach *Peter v. Oertzens* Aussage hatte noch nie „ein programmatisches Dokument der SPD die Notwendigkeit, aber auch die Grenzen von Marktmechanismus und öffentlicher Planung und Lenkung der Wirtschaft so realistisch und kritisch analysiert wie der Orientierungsrahmen"[110].

Der Auftrag des Hannoverschen Parteitages 1973 hatte auch gelautet, daß die Kommission Vorschläge erarbeiten solle, wie das Programm mit der Mehrheit der Bevölkerung auf der Basis des Grundgesetzes durchgesetzt werden könne. Damit verknüpft war die Vorstellung, die belastete Begrifflichkeit der „Doppelstrategie" loszuwerden und durch die auch inhaltlich seriös fundierte „Vertrauensarbeit" zu ersetzen. Dieser Anstrengung war der gesamte Abschnitt 3 gewidmet, dessen Zielrichtung bereits im Abschnitt 1 über „Die Ziele des demokratischen Sozialismus" vorgegeben war:

---

[107] OR '85, 2.6.1., 33f.
[108] Ebenda, 2.6.5, 35.
[109] *Thilo Sarrazin*, Die Diskussion über den Abschnitt „Markt und Lenkung", in: *Ermrich* u.a. Berichte, 31-38, Zitat 35.
[110] *v. Oertzen*, Einleitungsreferat, 89.

„Gesellschaftliche Selbstbestimmung läßt sich freilich ohne aktive Anteilnahme und Selbstverantwortung der Menschen nicht verwirklichen. Die Politik des demokratischen Sozialismus ist durch staatliche Maßnahmen und durch die Partei allein nicht durchzusetzen. Sie bedarf einer breiten Bewegung in der gesamten Gesellschaft."[111]

Kritik am OR wurde in- und außerhalb der SPD geübt. So fand *Wilhelm Hennis*, daß der Text im Vergleich zum pluralistisch-moderaten Godesberger Programm nunmehr funktionalistisch geprägt sei, orientiert am „Kampf", getragen von der Überzeugung von der Steuerbarkeit der politisch-gesellschaftlichen Problemlagen durch „Organisation". *Hennis* sah den Staat heruntergestuft zur Summe von Handlungsmöglichkeiten zwecks Beförderung des demokratischen Sozialismus. Die dauernde Aufgabe, der sich die Partei verschrieben hatte, nämlich diesen Sozialismus zu erreichen, bedachte er mit dem ironischen Kommentar: „Soll die Sache denn nie ein Ende haben?" Insgesamt sah er die Partei, die nicht mehr die seine war, „auf dem Wege in den SPD-Staat"; der Weg vom „Spätkapitalismus" zum „organisierten Sozialismus" schien ihm vorgezeichnet.[112]

Diese zugespitzte Argumentation war zu einem beträchtlichen Teil der eher persönlich zu verstehenden Auseinandersetzung mit den identitär-demokratischen Wandlungen der politischen Kultur der Bundesrepublik nach 1968 geschuldet. Dennoch enthielt die Kritik sachlich durchaus berechtigte Momente. Zweifellos galt im OR das Konzept einer „aktiven Strukturpolitik" als Ausgangs- und Schwerpunkt sozialdemokratischer Gestaltungsmöglichkeiten, und dieses Konzept trug eindeutig einen imperativen Charakter. Die angestrebte Veränderung der Wirtschaftsstruktur wurde einseitig funktionalistisch unter dem Gesichtspunkt der „Modernisierung der Wirtschaft" behandelt, und die Fragen der Demokratisierung der ökonomischen Planungs- und Entscheidungsprozesse auf allen Ebenen wurden zurückgestellt bzw. peripher behandelt. Die Steuerung von Wirtschaft und Gesellschaft erwies sich denn auch als weit schwieriger denn erwartet; der Optimismus in die gestalterischen Kräfte wurde nicht bestätigt. Dennoch blieb der OR, der das Godesberger Programm nicht ersetzen, sondern komplettieren sollte, ein anspruchsvoller Versuch, „der Partei und der Öffentlichkeit mehr Klarheit über das zu verschaffen, was insgesamt an Problemen vor uns liegt und welche Lösungsmöglichkeiten erkannt und angestrebt werden"[113].

---

[111] OR '85, 1.11, 13.
[112] Vgl. *Wilhelm Hennis*, Organisierter Sozialismus, Stuttgart 1977; *Hennis* war in den vierziger Jahren Studienkollege von *Horst Ehmke* und *Peter v. Oertzen* in Göttingen und wie diese Schüler von *Rudolf Smend*.
[113] Vorbemerkung zum OR (November 1975), in: *v. Oertzen/Ehmke/Ehrenberg*, Orientierungsrahmen 1985, 5.

II. Die neuen sozialen Bewegungen und ihre Protagonisten

1. Die ‚Neue Linke'

a) *Herbert Marcuse*

Wichtigster theoretischer Bezugspunkt der ‚Neuen Linken' war die Frankfurter Schule: Die „Flaschenpost", wie *Max Horkheimer* und *Theodor W. Adorno* die Funktionsweise ihrer intellektuellen Praxis bezeichneten – ohne Hoffnung auf Besserung und für einen zweifelhaften, zumindest nicht erkennbaren Empfänger – fand ihre Adressaten. Der Einfluß der beiden Denker ist nicht zu unterschätzen: Die Richtung und die Themen der Denkansätze, die Ablehnung der konventionellen Wissenschaft, ihr methodischer Ansatz des grundlegenden Prinzips der Trennung von Erscheinung und Wesen, die Führung der Gedanken nicht über These und Argument, sondern über abstrakte Behauptung und konkretes Beispiel sowie die weitgehende Immunisierung gegen Falsifikation fanden weite Aufnahme.[114]

Jedoch konnten *Horkheimer* und *Adorno* in der realen Protestbewegung ihre Theorie nicht wiederfinden, wohl aber *Herbert Marcuse*. Dieser hatte schon in seinen wichtigsten Nachkriegsschriften „Triebstruktur und Gesellschaft" und „Der eindimensionale Mensch" einen wesentlichen Schwerpunkt auf die zum Zeitpunkt der Veröffentlichung noch unabsehbare politische Umsetzung seiner Vorstellungen in Realität gelegt.[115] Dabei variierte er die kulturpessimistische Perspektivik der Frankfurter Schule bzw. der Kritischen Theorie um eine weitere Dimension, wobei er in seinem Werk grundsätzlich zwischen dieser Perspektive und ihrer Verneinung schwankte: „Der *Eindimensionale Mensch* wird durchweg zwischen zwei einander widersprechenden Hypothesen schwanken: 1. daß die fortgeschrittene Industriegesellschaft imstande ist, eine qualitative Änderung für die absehbare Zeit zu unterbinden; 2. daß Kräfte und Tendenzen vorhanden sind, die diese Eindämmung durchbrechen und die Gesellschaft sprengen können."[116]

Herbert Marcuse (1898-1979) stammte aus einem bürgerlichen jüdischen Elternhaus in Berlin. Von der Revolution 1918/19 und der klassischen sozialisti-

---

[114] *Max Horkheimer/Theodor W. Adorno*, Dialektik der Aufklärung. Frankfurt a.M. 1969; *Max Horkheimer*, Zur Kritik der instrumentellen Vernunft, Frankfurt a.M. 1967; *Theodor W. Adorno*, Negative Dialektik, Frankfurt a.M. 1966; Gesammelte Schriften: *Theodor W. Adorno*, hrsg. von *Rolf Tiedemann*, 20 Bde., 1970-1986, zuletzt Darmstadt 1998; *Max Horkheimer*, hrsg. von *Alfred Schmidt*, 19 Bde., Frankfurt a.M. 1985-1996; vgl. *Ulrich Gmünder*, Kritische Theorie. Horkheimer, Adorno, Marcuse, Habermas, Stuttgart 1985.

[115] *Herbert Marcuse*, Eros and Civilisation. A Philosophical Inquiry into Freud, Boston 1955; deutsch: Triebstruktur und Gesellschaft, Frankfurt a.M. 1965; *ders.*, Der eindimensionale Mensch. Studien zur Ideologie der fortgeschrittenen Industriegesellschaft, Frankfurt a.M. 1967 (Erstausgabe: Boston 1964, übersetzt von *Alfred Schmidt*), zitiert aus: *Herbert Marcuse*, Schriften, Bd. 7, Frankfurt a.M. 1989 (insgesamt 9 Bde., Frankfurt a.M., 1978-1989).

[116] *Ders.*, Der eindimensionale Mensch, 17.

schen Linken enttäuscht – er war Mitglied des Arbeiter- und Soldatenrates und auch der SPD geworden, aus der er aber wieder austrat –, studierte er Literaturgeschichte, Philosophie und Nationalökonomie. Nach der Promotion 1922 wandte er sich der Philosophie *Heideggers* zu und verdiente sich seinen Lebensunterhalt als Buchhändler. Nach der Trennung von *Heidegger* 1932 arbeitete er im Frankfurter Institut für Sozialforschung, mit dem er 1934 nach New York emigrierte. Seit 1954 lehrte er an US-amerikanischen Universitäten, seit 1964 an der University of California, San Diego.

In „Triebstruktur und Gesellschaft" entwickelte *Marcuse* eine psychoanalytische Kulturtheorie, basierend auf einer „Synthese von Marx und Freud". Er gelangte zu einem Modell der herrschaftsfreien Kultur, die unter den Bedingungen fortgeschrittener Zivilisation das Lustprinzip wieder zum Realitätsprinzip werden läßt. In seinem zwar nicht bedeutendsten, gleichwohl bekanntesten Buch „Der eindimensionale Mensch" widmete er sich dann dem Versuch, eine systematisch orientierte Theorie der spätkapitalistischen Gesellschaft zu entwerfen. *Marcuse* war davon überzeugt, daß der fortgeschrittene Stand der Produktivkräfte die Grundlage dafür abgeben wird, daß der unmittelbare Daseinskampf historisch erstmals an Relevanz verliert und substantielle Umwälzungen zur echten Möglichkeit werden:

„Alle materiellen und intellektuellen Kräfte, die für die Realisierung einer freien Gesellschaft eingesetzt werden können, sind da. Daß sie nicht für sie eingesetzt werden, ist ausschließlich der totalen Mobilisierung der bestehenden Gesellschaft gegen ihre eigene Möglichkeit der Befreiung zuzuschreiben. Aber dieser Zustand macht in keiner Weise das Projekt der Umwandlung selbst zu einer Utopie."[117]

Die Entwicklung der Produktivkräfte habe inzwischen einen Stand erreicht, in dem sie neue vitale Bedürfnisse fordert, um den Bedingungen der Freiheit gerecht zu werden:

„Die neuen Bedürfnisse, die nun wirklich die bestimmte Negation der bestehenden Bedürfnisse sind, lassen sich vielleicht summieren als die Negation der das heutige Herrschaftssystem tragenden Bedürfnisse und der sie tragenden Werte: zum Beispiel die Negation des Bedürfnisses nach dem Existenzkampf (...) oder auch die Negation des Bedürfnisses, das Leben zu verdienen, (...) Negation des Leistungsprinzips, der Konkurrenz, Negation des heute ungeheuer starken Bedürfnisses nach Konformität (...), Negation des Bedürfnisses nach einer verschwendenden, zerstörenden Produktivität, die mit Destruktion untrennbar verbunden ist, Negation des vitalen Bedürfnisses nach verlogener Triebunterdrückung. Diese Bedürfnisse werden negiert in dem Bedürfnis nach Frieden (...), dem Bedürfnis nach Ruhe, dem Bedürfnis nach Alleinsein, der Sphäre der Privatheit (...), dem Bedürfnis nach Glück – alles dies nicht nur als individuelle Bedürfnisse verstanden, sondern als gesellschaftliche Produktivkraft, als gesellschaftliche Bedürfnisse, die in der Organisation und in der Direktion der Produktivkräfte bestimmend zur Wirkung gebracht werden."[118]

---

[117] *Marcuse*, Das Ende der Utopie. Herbert Marcuse diskutiert mit Studenten und Professoren Westberlins an der FU Berlin über die Möglichkeiten und Chancen einer politischen Opposition in den Metropolen in Zusammenhang mit den Befreiungsbewegungen in den Ländern der Dritten Welt, hrsg. von *Horst Kurnitzky* und *Hansmartin Kuhn*. Niederschrift auf Grundlage der Tonbandprotokolle der Veranstaltungen an der FU, 10.-13.07.1967, Berlin 1967, 14.
[118] Ebenda, 17f.

Kennzeichnend für *Marcuse* war es, daß er seine Theorie direkt auf die oppositionellen Bewegungen der Gegenwart bezogen hat. Nicht zuletzt seine Bereitschaft zum persönlichen Engagement, seine Stilmittel der utopischen Skizze in seinen schriftlichen Äußerungen wie die negativen Überzeichnungen und seine anfeuernde, erweckungspredigerhafte Rhetorik trugen dazu bei, seine Auffassungen und Entwürfe zum zentralen theoretischen Bezugspunkt der antiautoritären Bewegung zu machen.

Die Frage nach dem revolutionären Subjekt beantwortete *Marcuse* nicht im Sinne der orthodoxen Marxisten: Es könne zwar keine revolutionäre Klasse ausgemacht werden; dennoch sei dies kein Argument gegen die Möglichkeit der nur vermeintlich utopischen Umwälzung. Nicht mit der realen erweiterten Arbeiterklasse müsse man rechnen (wenngleich diese „der potentielle Agent, das reale Subjekt der Revolution" bleiben werde), sondern mit den marginalen Gruppen (Studenten, rassischen und nationalen Minderheiten, Frauen, Bürgerinitiativen), die als die Revolution antizipierende Katalysatoren wirken könnten.

Eine bedeutende Rolle in der damaligen Diskussion spielte auch das Verhältnis zur Gewalt sowohl in der gegenwärtigen Gesellschaft als auch für den Übergang in die neu herzustellende.[119] *Marcuse* wurde unterstellt, jede Gewalt und Rechtsbrechung für legitim zu betrachten, wenn man von der Berechtigung des eigenen Anliegens überzeugt war. Dies ist seinen Schriften und Reden aber nicht zu entnehmen, denn er unterschied zwischen revolutionärer und reaktionärer Gewalt: „Ethisch gesehen: beide Formen der Gewalt sind unmenschlich und von Übel – aber seit wann wird Geschichte nach ethischen Maßstäben gemacht? Zu dem Zeitpunkt mit ihrer Anwendung zu beginnen, wo die Unterdrückten gegen die Unterdrücker aufbegehren (...), heißt dem Interesse der tatsächlichen Gewalt dadurch dienen, daß man den Prozeß gegen sie schwächt."[120] Andererseits verneinte *Marcuse*, daß in einer gewaltsamen Revolution der Umschlag in den Terror nicht zu verhindern sei: „Jedenfalls gibt es in einer wirklichen Revolution immer Mittel und Wege, die Ausartung des Terrors zu verhindern. (...) Dort, wo es in einer Revolution eine solche Umwandlung des Terrors in Akte von Grausamkeit, Brutalität und Folter gibt, haben wir es bereits mit einer Perversion der Revolution zu tun."[121] Das Problem der Einstellung zur Gewalt korrespondiert mit der Verwirklichung der wahren Toleranz in einer freien Gesellschaft:

„Eine freie Gesellschaft ist entweder ohne Toleranz nicht vorstellbar, oder eine freie Gesellschaft hat deswegen Toleranz nicht nötig, weil sie sowieso frei ist, so daß Toleranz nicht erst gepredigt (...) und nicht erst institutionalisiert zu werden braucht. Das ist keine Gesellschaft ohne Konflikte (...), das wäre eine utopische Idee. Aber die Idee einer Gesellschaft, in der Konflikte selbstverständlich bestehen, aber diese Konflikte ohne Unterdrückung, ohne Grausamkeit gelöst werden können, ist meiner Meinung nach keine utopische Idee."[122]

---

[119] Vgl. *Marcuse*, Repressive Toleranz, in: *ders.*, Schriften, Bd. 8: Aufsätze und Vorlesungen 1948-1969. Versuch über die Befreiung, Frankfurt a.M. 1989, 136-166; zuerst in: *Robert P. Wolff* u.a.: A Critique of Pure Tolerance, Boston 1965 (deutsch: Kritik der reinen Toleranz, Frankfurt a.M. 1966).
[120] Ebenda, 151.
[121] *Ders.*, Ende der Utopie, 69f.
[122] Ebenda, 39.

Marcuse unterstrich zwar, daß sich mit Sicherheit die herrschenden gesellschaftlichen Tendenzen, die auf eine Umwälzung drängten, herausarbeiten ließen; gleichzeitig kam bei ihm aber auch immer wieder eine starke Skepsis zum Ausdruck. So äußerte er, daß „auf der höchsten Stufe des Kapitalismus die dringlichste aller Revolutionen zugleich als die unwahrscheinlichste" erscheine. Die entscheidende Frage sei:

„Wie lange dauert die Stabilisierung des Spätkapitalismus? Werden sich die inneren Gegensätze (…) wirklich verschärfen, oder wird es dem Kapitalismus gelingen, für *absehbare* Zeit sich zu befestigen auf der Basis eines verstärkten ökonomischen und politischen Imperialismus (…)? Wenn *das* eintreten sollte, dann können die Herrschenden für einige Hundert Jahre ruhig schlafen. Dann wird es keine Revolution geben."[123]

Diese Stabilisierung schloß *Marcuse* nicht aus, da sie von der Entwicklung des ökonomischen Systems abhänge, wie sie in den USA bereits weitgehend durchgesetzt sei und dort offenbar erfolgreich die politische Aktivierung unterbinde, wie er 1967 ausführte. Sollte es so kommen, daß dieses System „alle Gegentendenzen, die noch aus der Tradition der europäischen Arbeiterbewegung gespeist werden könnten, auch in Europa erstickt"[124], weil es früher durchgesetzt wird als die erfolgreiche politische Aktivierung, dann werde eine echte Umwälzung auf absehbare Zeit unwahrscheinlich: „Die nächste Revolution wird das Werk von Generationen sein; die ‚Endkrise des Kapitalismus' kann sehr wohl länger als ein Jahrhundert dauern."[125]

Was aber sind die Zielvorstellungen der von *Marcuse* angesprochenen Politisierung, die schneller als die Stabilisierung des spätkapitalistischen Systems eintreten müsse? Zwar verhängt die in der marxistischen Tradition stehende Theorie hier weitgehend ein Bilderverbot – weil Unfreie das Bild der freien Gesellschaft grundsätzlich noch nicht entwerfen können und wegen des für die Kritische Theorie spezifischen Verfahrens der Negation. „Ich glaube immer noch an die Macht des Negativen", antwortete *Marcuse* einem Studenten, „und daß wir zum Positiven immer noch früh genug kommen"[126]. So gibt es auch bei *Marcuse* nur wenig Konkretes an sozialen Ideen, wohl aber das, was er wie nicht wenige sozialistische Theoretiker vor ihm zum Zentrum einer jeden Veränderung zählt:

„Ja, wozu brauchen wir eine Revolution, wenn wir keinen neuen Menschen kriegen? Das habe ich nie eingesehen. Wozu? Natürlich ein neuer Mensch. Das ist der Sinn der Revolution, wie sie Marx gesehen hat", und das meint: „In Freudschen Begriffen: eine Veränderung der Triebstruktur, nach der destruktive Energie mehr und mehr in den Dienst erotischer Energie tritt, bis Quantität in Qualität umschlägt und die menschlichen Beziehungen (untereinander und zur Natur) befriedet und für Glück offen werden."[127]

Herbert Marcuse hat zeitgleich nicht nur von den doktrinären maoistischen Linksradikalen heftige Kritik erfahren, sondern auch von den theoretisch reflektierenden Linken. So fand *Wolfgang Fritz Haug*, daß *Marcuse* zwar als schlechte

---

[123] *Marcuse*, in: *Jürgen Habermas* u.a., Gespräche mit Herbert Marcuse, Frankfurt a.M. 1978, 61.
[124] *Marcuse*, Ende der Utopie, 63.
[125] *Ders.*, Konterrevolution und Revolte, Frankfurt a.M. 1973 (Erstausgabe: Counterrevolution and Revolt, Boston 1972), 154.
[126] *Ders.*, Ende der Utopie, 58.
[127] *Ders.*, Gespräche, 26; vgl. auch *ders.*, Ende der Utopie, 15.

Wahrheit, aber immerhin als Wahrheit der kapitalistischen Welt hinstelle, was deren bloßer Schein sei. Er lasse sich auf „Rationalität, Leistungsfähigkeit, Stabilität, Ordnung, Freiheit, Bedürfnisbefriedigung" ein und bestreite keines dieser Momente, „die doch von der gesellschaftlichen Wirklichkeit fortgesetzt widerlegt werden"[128]. *Claus Offe* kritisierte die Hermetik des Gesellschaftsbildes von *Marcuse*, während andere es für eine vortechnische Idylle, altmodisch und überholt hielten und die Antizipation von Zukunft per „Großer Verweigerung" als gesellschaftlich fahrlässig erachteten.[129]

Die beiden wesentlichen Charakteristika seiner Theorie, die diese zum Fundament des Protestes werden ließen, teilte *Herbert Marcuse* mit *Ernst Bloch*: die Verteidigung der Utopie gegen den vermeintlich ideologiefreien Pragmatismus und das Insistieren auf sozialistischen, antikapitalistischen Konzepten bei gleichzeitiger glaubwürdiger Ablehnung der staatssozialistischen Realität.

b) *Ernst Bloch*

Ernst Blochs Grundthema ist bereits in dem 1918 erschienenen Buch „Geist der Utopie" eingeführt: Revolutionäres Christentum und Marxismus verheißen die Befreiung des menschlichen Daseins aus dem Elend der Welt und wollen dem entfremdeten Menschen die „Welt als Heimat" wiedergeben und das „Reich der Freiheit" begründen, in dem die Menschheit der Selbstentfremdung ledig wird und ihre Geschicke selbst lenkt: Utopisches, antizipierendes Bewußtsein nimmt als dialektisches Bewußtsein die eigene Realisierung selbst wiederum utopisch gefaßt vorweg.[130]

Ernst Bloch (1885-1977) wurde in Ludwigshafen am Rhein als Sohn eines jüdischen bayerischen Eisenbahnbeamten geboren. Er studierte mit dem Abschluß der Promotion 1908 Philosophie, Physik und Musik. 1917 ging er aus Protest gegen den Krieg in die Schweiz und begrüßte begeistert die Oktoberrevolution. *Bloch* stand in den zwanziger Jahren der KPD nahe, ohne je ihr Mitglied geworden zu sein. 1933 mußte er Deutschland verlassen und emigrierte schließlich 1938 in die USA. 1949 kehrte er nach Deutschland zurück und übernahm in Leipzig den von *Hans-Georg Gadamer* gerade in Richtung Westdeutschland verlassenen Lehrstuhl. Den 1948 ergangenen Ruf an die Universität Frankfurt hatte er abgelehnt mit der Begründung, er denke nicht daran, „dem Kapitalismus zu dienen". 1956 erst nahm er das volle Ausmaß der Distanz, ja des Widerspruchs zwischen seiner Philosophie und dem staatlich verordneten Dialektischen Materialismus wahr und übte seither scharfe Kritik am SED-Regime. 1961 verließ er die DDR und fand an der Tübinger Universität einen neuen Lebens- und Wirkungsraum.[131]

---

[128] *Wolfgang Fritz Haug*, Das Ganze und das ganz Andere. Zur Kritik der reinen revolutionären Transzendenz, in: *Jürgen Habermas* (Hrsg.), Antworten auf Herbert Marcuse, Frankfurt a.M. 1968, 50-72, Zitat 58f.

[129] Vgl. *Claus Offe*, Technik und Eindimensionalität. Eine Version der Technokratiethese?, in: *Habermas*, Antworten, 73-88; *Helga Grebing*, Linksradikalismus gleich Rechtsradikalismus. Eine falsche Gleichung, Stuttgart 1971, 42-50.

[130] Vgl. *Helga Grebing*, Der Revisionismus. Von Bernstein bis zum ‚Prager Frühling', München 1977, 93.

[131] Vgl. ebenda, 92-105, 157-170. – Eine umfassende Biographie und Werkinterpretation liegt

Blochs Hauptwerk „Das Prinzip Hoffnung" entstand zwischen 1938 und 1947 in der US-amerikanischen Emigration, wurde 1953 bis 1957 überarbeitet und erschien 1954 bis 1959. Im historischen Abriß der Sozialutopien sieht *Bloch* in der Hoffnung als „utopischer Funktion" einen geschichtlichen Antrieb für das Streben nach einer Gesellschaft, in der die Menschheit in Freiheit ihre Geschicke lenkt. Perspektive der Entwicklung ist die klassenlose Gesellschaft, deren grundsätzliche Realisierbarkeit der Historische Materialismus bewiesen habe, aber sie beschränkt sich nicht auf deren ökonomischen Gehalt; wichtiger noch ist die Hoffnung auf

„(...) jene Gemeinschaft, wo die Sehnsucht der Sache nicht zuvorkommt, noch die Erfüllung geringer ist als die Sehnsucht. Das ist Sein wie Hoffnung, Quid pro Quo, das heißt ein solches Was und Wesen, daß die Intention darin aufgehoben werden mag. (...) Der Mensch lebt noch überall in der Vorgeschichte, ja alles und jedes steht noch vor der Erschaffung der Welt, als einer rechten. (...) Die Wurzel der Geschichte aber ist der arbeitende, schaffende, die Gegebenheiten umbildende und überholende Mensch. Hat er sich erfaßt und das Seine ohne Entäußerung und Entfremdung in realer Demokratie begründet, so entsteht in der Welt etwas, das allen in die Kindheit scheint und worin noch niemand war: Heimat."[132]

Ein weiteres wichtiges Bezugswerk für die ‚Neue Linke' war *Blochs* „Naturrecht und menschliche Würde" (1961), in dem er sich gegen den Positivismus und dessen antirevolutionäre Funktion wandte und soziale Utopien und Naturrecht als sich ergänzende Anliegen „im gleichen humanen Raum" bezeichnete: „Die Etablierung des aufrechten Gangs, auch gegen gepolsterte, auch gegen umgetaufte, ja retrograde Abhängigkeiten: Es ist ein Postulat aus dem Naturrecht."[133]

Ein dritter bedeutender Aspekt von *Blochs* Ansehen bei der ‚Neuen Linken' war sein persönliches Protestverhalten, beginnend 1966 mit der Ablehnung der Notstandsgesetze und sich fortsetzend in der positiven Einstellung zur Studentenbewegung, die in seiner Interpretation von Jugend als dem „biologischen Ort des Neuen" reichlich Anknüpfungspunkte fand:

„Mit einer Minderheit hat es immer angefangen. Der biologische Ort des Neuen ist die Jugend. Der soziologische Ort der Revolution ist die unzufriedene Klasse. Also früher waren es die Bauern oder die Bürger, und dann die Proleten in der sozialistischen Revolution. Die fehlen uns heute. Dafür haben wir (…) eine Art von soziologisch schwer unterbringbarem Ersatz: die Jugend. (…) Doch die Jugend muß aus dem Zustand, der bloß biologisch ist, heraus. Sie muß sich auch als Statthalter und Stellvertreter einer elenden Masse sehen und fühlen und deren Geschäfte machen."[134]

---

noch nicht vor; die seither erschienene Literatur über *Ernst Bloch* und sein Werk ist außerordentlich umfangreich; es wird deshalb im folgenden nur auf einige Titel aus der jüngsten Zeit verwiesen, die knapp und präzise in sein Denken einführen und auch Hinweise auf weitere Literatur geben: *Jan Robert Bloch* (Hrsg. – und Sohn von *Ernst Bloch* –), „Ich bin. Aber ich habe mich nicht. Darum werden wir erst." Perspektiven der Philosophie Ernst Blochs, Frankfurt a.M. 1997; *Jan Robert Bloch*, Kristalle der Utopie. Gedanken zur politischen Philosophie Ernst Blochs, Mössingen-Talheim 1995; *Klaus Rohrbacher* (Hrsg.), Zugänge zur Philosophie Ernst Blochs, Frankfurt a.M. 1995; *Detlef Horster*, Bloch zur Einführung, Hamburg [6]1987.
[132] *Ernst Bloch*, Das Prinzip Hoffnung. In fünf Teilen, in: Gesamtausgabe, 17 Bde., Frankfurt a.M. 1959-1978, Bd. 5 (2 Teilbde.), 1959, 1628 (Schlußsatz).
[133] *Ders.*, Naturrecht und menschliche Würde, in: Gesamtausgabe, Bd. 6, Frankfurt a.M. 1961, 12.
[134] „Heiterkeit in die Revolution bringen". Aus dem Protokoll einer Diskussion mit Ernst Bloch, Rudi Dutschke u.a. in Bad Boll, in: Der Spiegel, Nr. 10, 1968, 38-57, Zitat 39.

Bloch hatte zwar auch in seiner „dritten Emigration" an der Kontinuität seiner marxistischen Orientierung keinen Zweifel gelassen, aber gleichzeitig heftige Kritik an den staatssozialistischen Systemen geübt und sich zunehmend desillusioniert gezeigt: „Es gehört zur Hoffnung, enttäuscht zu werden, aber es gehört auch zu ihr, berechtigt zu werden."[135]

Auch *Bloch* wurden erhebliche erkenntniskritische Defizite vorgehalten: Er begründe die marxistische Methode nicht, sondern setze ihre Richtigkeit in der von *Marx* und *Lenin* gegebenen Formulierung schlicht voraus.[136] Inhaltlich orientiere er sich (wie einst *Schelling*) an der Entwicklung einer generell vermuteten Trächtigkeit der Welt und nicht an der „Lösung vom gesellschaftlichen Bann existierender Widersprüche"[137]. In die gleiche Richtung gehend wandte *Richard Löwenthal* in seiner prinzipiellen Auseinandersetzung mit dem „romantischen Rückfall" implizit auch gegen *Bloch* ein, daß sein Begriff der Realität nicht der empirischen Sozialwissenschaft entstamme, sondern eben der Geschichtsphilosophie von *Hegel* und *Marx*, also einer historischen Form des Erlösungsglaubens.[138]

2. Neue soziale Bewegungen auf dem Kurs zur umfassenden zivilisationskritischen Gesamtbewegung

a) Auf dem Weg zur neuen Lebensqualität: *Erhard Eppler* und *Iring Fetscher*

In der zweiten Hälfte der siebziger Jahre begann, hervorgerufen durch bestimmte Schlüsselerfahrungen (wie Ölkrise, Berichte des Club of Rome), die Wende vom allumfassenden Theorie-Entwurf zu einer Argumentation, die nicht mehr primär ideologisch-programmatisch motiviert war, sondern die Erkenntnis der Gefährdung unserer globalen Lebensgrundlage zum Ausgangspunkt nahm. Zu dieser Wende hat *Erhard Eppler* (geb. 1926) mit seinen Publikationen und seiner praktischen Politik entscheidend beigetragen.

Eppler war seit 1953 Gymnasiallehrer (Englisch, Deutsch, Geschichte) in Schwenningen und gehörte zu den Gründern der Gesamtdeutschen Volkspartei (GVP), schloß sich jedoch 1956 der SPD an. Von 1961-1976 gehörte er dem Deutschen Bundestag an und war von 1968 bis 1974 Bundesminister für wirtschaftliche Zusammenarbeit. Seit 1968 gehörte er auch den Führungsgremien der Evangelischen Kirche Deutschlands an, 1981-1983 als Präsident des Kirchentages. 1973 übernahm er (bis 1981) den Vorsitz der SPD in Baden-Württemberg. Seit 1977 war er Vorsitzender der Grundwertekommission beim Parteivorstand der SPD. *Epplers* Botschaft in seinem Aufmerksamkeit erregenden Buch „Ende oder Wende"[139] hieß: Wir müssen begreifen, daß wir an einem historischen Wen-

---

[135] *Bloch*, Hoffnung mit Trauerflor. TV-Interview mit Jürgen Rühle, 23.11.1964, WDR, in: *Rainer Traub/Harald Wieser* (Hrsg.), Gespräche mit Ernst Bloch, Frankfurt a.M. 1975, 13-26, Zitat 23.

[136] Vgl. *Ivo Frenzel*, Philosophie zwischen Traum und Apokalypse (1960), in: Über Ernst Bloch, Frankfurt a.M. 1968, 17-41.

[137] *Habermas*, in: Über Ernst Bloch, 81.

[138] Vgl. *Löwenthal*, Romantischer Rückfall, 31.

[139] Vgl. *Erhard Eppler*, Ende oder Wende. Von der Machbarkeit des Notwendigen, München 1975, (^{3}1976).

depunkt stehen „von einem Zeitalter der Grenzüberwindung zu einem Zeitalter der Grenzbestimmung, (...) von einem Zeitalter des Überflusses zu einem Zeitalter, wo wir erkennen, was überflüssig ist"[140]. Dieser Wendepunkt löste einen Paradigmenwechsel aus:

„Ginge es nur um die ‚Entfaltung der Produktivkräfte', gäbe es keine zutreffenden Einwände gegen eine kapitalistische Produktionsweise. Aber es geht nicht mehr um die Entfaltung, es geht um die richtige Anwendung, in manchen Fällen auch um die Bändigung der Produktivkräfte.

Marx dachte darüber nach, was alles getan werden könnte, wenn die Produktionsverhältnisse es erlaubten. Heute geht es darum, daß wir nicht mehr alles tun dürfen, wozu die Produktivkräfte vorhanden sind und wohin die Produktionsverhältnisse uns drängen."[141]

Die geforderte Umkehr definierte *Eppler* anhand der Dichotomie von Struktur- und Wertkonservatismus. Der Strukturkonservatismus richtete sich auf „die Konservierung von Machtpositionen, von Privilegien, von Herrschaft"; er ist „Überbau zum Schutz und zur Rechtfertigung von Herrschaft":

„Dieser Strukturkonservatismus ist fast in allen Stücken dem entgegengesetzt, was die europäische Geschichte an christlich-konservativer Tradition hervorgebracht hat und was heute auch in Bereiche hinein ausstrahlt, die sich nicht auf diese Tradition berufen. Der Strukturkonservatismus gerät in Konflikt mit einem Konservatismus, dem es weniger um Strukturen als um Werte geht, der beharrt auf dem unaufhebbaren Wert des einzelnen Menschen, was immer er leiste, der Freiheit versteht als Chance und Aufruf zu solidarischer Verantwortung, der nach Gerechtigkeit sucht, wohl wissend, daß sie nie zu erreichen ist, der Frieden riskiert, auch wo er Opfer kostet. In dieser Tradition haben Werte wie Dienst oder Treue, Tugenden wie Sparsamkeit oder die Fähigkeit zum Verzicht noch keinen zynischen Beigeschmack. Dieser Konservatismus verficht die Würde des Leidenden und fordert die Würde des Sterbens zurück. Vor allem aber geht es ihm heute um die Bewahrung unserer natürlichen Lebensgrundlagen. Im folgenden sei daher von Wertkonservatismus die Rede."[142]

Dieser Wertkonservatismus fordert die offensive Umorientierung vom Kriterium des quantitativen Wachstums zu Lebensqualität in der Erwartung, daß dies die Umweltzerstörung wie die im Weltmaßstab absehbare Massenverelendung aufhalten kann. Während sich der auf quantitativem Wachstum beruhende Lebensstandard durch jede Art von Konsum erhöht, steigert er die Lebensqualität nicht. Dabei zielt politisches Handeln auf die Qualität der Lebensbedingungen für alle, nicht auf die Qualität des einzelnen Lebens, wie denn zwar Lebensqualität „nicht ohne Leistung" möglich ist, aber Leistung bedeutet das, „was das Leben der anderen, aber auch das eigene, humaner, erfüllter, freier, solidarischer macht"[143].

In *Epplers* Überlegungen fand sich keine utopische Zielsetzung, wenngleich in seinem Denkansatz manichäische Elemente steckten und er emphatisch die Gesellschaft auf die sie bedrängenden Probleme hinwies. Im Grunde wollte er jedoch eine realistische, desillusionierende Abkehr von den Wunschvorstellungen unendlicher Prosperität auf einem endlichen Globus. Er wollte Krisenbewußtsein stimulieren und durch die Projektion positiver Handlungsmöglichkeiten die Men-

---

[140] *Eppler*, Ende oder Wende, 21f.
[141] *Ders.*, Qualität des Lebens – Modewort oder Programm? Eine Zwischenbilanz der politischen Diskussion, in: *Lührs*, Beiträge II, 111-117, Zitat 115, vgl. auch 116.
[142] *Ders.*, Ende oder Wende, 35f.
[143] *Ders.*, Alternativen für eine humane Gesellschaft, in: *Lührs*, Beiträge II, 71-86, Zitat 77.

schen aus der pessimistischen Lethargie der erdrückenden Untergangsszenarien befreien. Darin sah er die Chancen der Krisen. Wie nahe er dem Nachdenken über die konkreten Möglichkeiten des politischen Handelns stand, zeigt seine Arbeit für die Grundwertekommission seiner Partei.

Die erste Ausarbeitung der von ihm geleiteten Kommission lag im Oktober 1977 vor und trug den Titel „Grundwerte in einer gefährdeten Welt". Die Zielvorgabe bestand für die Kommission darin, die Grundwerte des Godesberger Programms im Hinblick auf den Orientierungsrahmen zu präzisieren. Es ging um die Korrektur des Fortschrittsdenkens der sechziger Jahre. Jetzt sollte die „Qualität des Lebens" als Maßstab für qualitatives humanes Wachstum zur notwendigen Korrektur des Fortschritts werden. Dabei bestand Klarheit darüber, daß das ökologisch zu rechtfertigende Wachstum zukünftig nicht mehr automatisch Vollbeschäftigung herstellen würde und sich die Ungleichheitsverschärfungen verstärken würden. Sie zu korrigieren, verlangte eine gerechtere Verteilung der Primäreinkommen und eine neue Orientierung der Sozialpolitik, die nicht mehr eine nachfolgende, sondern eine verhindernde Funktion haben sollte und damit als eine Politik der vorbeugenden Solidarität zu verstehen war. Dazu gehörte auch eine andere Definition des „Rechtes auf Arbeit und Solidarität": Das Recht auf Arbeit sei, da die Trends überwiegend gegen die Vollbeschäftigung liefen, ohne Solidarität nicht mehr zu verwirklichen, gleichgültig, ob die Wochen- oder Lebensarbeitszeit verkürzt oder die Ausbildung verlängert würde. „Es müßte also die Mehrheit auf Realeinkommenszuwächse verzichten, damit die Minderheit eine größere Arbeitschance bekommt."[144] Die Mittel zur Umsetzung dieser Politik müßten jedoch dem Ziel entsprechen; „umfassende Information und vernünftige Diskussion" gehörten in erster Linie dazu.[145]

Mit solchen Formulierungen wurde die SPD bereits Ende der siebziger Jahre auf die intensiven und langwährenden Programmdebatten der achtziger Jahre eingestimmt. *Erhard Eppler* hat sich dann noch einmal zu Beginn der achtziger Jahre der Frage nach den „Wegen aus der Gefahr" zugewandt. Dabei ging es ihm darum, wer und was den notwendigen Bewußtseinswandel in der Bevölkerung einleiten, unterstützen und umsetzen könne. Die Potentiale dafür fand er in den neuen sozialen Bewegungen, in den Gewerkschaften und in den Kirchen, auch in der SPD, obgleich er seine Enttäuschung über die vergebliche Hoffnung, die SPD insgesamt ökologisch auszurichten, kaum zu verhehlen vermochte.[146]

Iring Fetscher[147] gehörte ebenfalls seit den siebziger Jahren der Grundwertekommission der SPD an und hat wie *Eppler* im Übergang von den siebziger in die achtziger Jahre durch einige Veröffentlichungen die Diskussion produktiv mitbestimmt.[148] Sein Ziel war es, in der Alternative zwischen „Ökodiktatur und Alter-

---

[144] Grundwerte in einer gefährdeten Welt, in: *Eppler* (Hrsg.), Grundwerte für ein neues Godesberger Programm. Die Texte der Grundwerte-Kommission der SPD, Reinbek 1984, 15-42, Zitat 40.
[145] Ebenda, 41.
[146] Vgl. *Ders.*, Wege aus der Gefahr, Reinbek 1981.
[147] Zur Biographie *Fetschers* siehe Abschnitt I, 3, b) in diesem Kapitel.
[148] Vgl. *Iring Fetscher*, Überlebensbedingungen der Menschheit. Zur Dialektik des Fortschritts, München 1980, enthält Aufsätze aus den Jahren 1976-79; *ders.*, Vom Wohlfahrtsstaat zur neuen Lebensqualität. Die Herausforderungen des demokratischen Sozialismus, Köln 1982, enthält Aufsätze aus den Jahren 1979-1981 und zwei Erstveröffentlichungen; ferner *ders.*, Ökologie und Demokratie – ein Problem der politischen Kultur, in: APuZ 26/82, 27-34.

nativzivilisation" die letztere nicht nur als allein notwendige, sondern auch als gerechtere, menschenfreundlichere Möglichkeit aufzuzeigen. Die „Wende", die *Eppler* gefordert hatte, erachtete auch *Fetscher* aus einer Vielzahl von Gründen für notwendig, ja zwingend, und diese Gründe hatten die eine Wurzel: die industriekapitalistische Zivilisation und ihre grenzenlose Dynamik. Die von *Fetscher* angedachte Stiftung einer alternativen Zivilisation soll deshalb in ihren Inhalten zuerst primär bestimmt sein aus der Negation der bisher bestehenden. „Eine *neue Utopie?*", fragte er und gab die Antwort:

„Vielleicht. Allerdings eine meiner Überzeugung nach weit realistischere als die Annahme, durch unendliches Wachstum der Produktion schließlich zu einer allgemeinen Zufriedenheit in einer Welt gelangen zu können, die nach wie vor durch Konkurrenz um Prestigekonsum, Neid, Arbeitsleid und individualistischen Egoismus charakterisiert wird.
Der *Übergang* kann offenbar nicht in einer vorausgehenden strukturellen Veränderung der Gesellschaft bestehen. Er ließe sich eher einer ‚Kulturrevolution' vergleichen, durch die Haltungen, Wünsche und Erwartungen immer massenhafter werden, die dem gegenwärtigen System der Produktion und Verteilung der Güter widersprechen. (...) [Also] sehe ich keinen anderen Ausweg als die Entwicklung einer *Alternativzivilisation*, die durch eine Art Kulturrevolution heraufgeführt wird und die die Menschheit dazu veranlaßt, auf ihre sinnlose Jagd nach Konsumsteigerung zu verzichten, weil sie realere und solidere Formen der Befriedigung in ihrem alltäglichen Tun gefunden haben."[149]

In diesem Kontext stellte sich *Fetscher* die Aufgabe, auszuloten, was in der demokratisch-sozialistischen Überlieferung, *Marx* eingeschlossen, an Ansatzpunkten für eine solche alternative Zivilisation zu finden war: *Marx* (und *Engels*), so sein Interpretationsangebot, waren zwar fasziniert von den Fortschritten der zeitgenössischen Naturwissenschaft und Technik, aber warnten zugleich vor der unkontrollierten Entwicklung der Produktivkräfte. Unter explizitem Rückbezug auf *Herbert Marcuses* Kritik der technologischen Umformung der menschlichen Lebenswelt fragte *Fetscher* nach den Chancen einer neuen sozialen Selbstdefinition der Individualität durch – und nicht gegen – Gemeinschaftlichkeit als Voraussetzung für jede Veränderung. Nach *Fetschers* Auffassung kam den in den neuen sozialen Bewegungen entstandenen Gruppen der Ökologie- und Friedens-, vor allem jedoch der Frauenbewegung eine „Pionierfunktion" zu. *Fetscher* unterstrich in diesem Zusammenhang die besondere Bedeutung feministischer Gruppierungen, die mit der von ihnen angedachten Überwindung der patriarchalischen Ideologie und Praxis in Richtung neuer Formen des menschlichen Zusammenlebens und -arbeitens wiesen. Insgesamt sah er in der organisatorischen Vernetzung dieser Gruppen und in der dezentralen Bildung von Kernen der Erneuerung bereits ein wesentliches Moment der umfassenden gesellschaftlichen Erneuerung: Solidarität, Verbundenheit, Gemeinsamkeit der Interessen und Gesellschaftlichkeit als Medium persönlicher Entfaltung konnten nach *Fetschers* Auffassung „vermutlich nur in kleinen, überschaubaren Gruppen erfahren werden"[150].

---

[149] *Fetscher*, Überlebensbedingungen, 39f.
[150] *Ders.*, Wohlfahrtsstaat, 126f.

b) Ökosozialismus

Der Begriff „Ökosozialismus" geht zurück auf Formulierungen und Entwürfe von *Carl Amery* und vor allem *Ossip K. Flechtheim*.[151] Seine Anhänger – hier werden beispielhaft *Klaus Jürgen Scherer* und *Fritz Vilmar* herangezogen[152] – vertreten die Auffassung, daß der Ökosozialismus auf einer „reichen Tradition von nicht staatsfixierten, nicht ökonomistisch beschränkten Entwürfen einer Gegengesellschaft" innerhalb des Sozialismus basiere, und sie fordern auf dieser Basis eine völlige Neuordnung der sozialistischen Theorie und Praxis, wobei der unaufgebbare Ausgangspunkt für sie der Zusammenhang ihrer Perspektiven mit einem Verständnis des demokratischen Sozialismus ist. Dieser wird verstanden „als geistige und praxisrelevante Bewegung (...), die gegen alle gesellschaftlichen Privilegien und unlegitimierten Machtpositionen ankämpft und versucht, die gleichberechtigte Freiheit für alle Menschen in allen Lebensbereichen zu verwirklichen"[153].

Von dieser Position aus geht es darum, den Ökosozialismus als eine Gesellschaftspolitik von der Basis her (über Initiativen für herrschaftsfreies umweltbewußtes Leben und Arbeiten) zu begreifen, als partizipative Verwaltung der Staatsfunktionen, als Erweiterung der Wirtschaftsdemokratie (d.h. Rahmenplanung, Unternehmenskontrolle, Mitbestimmung), um die wachstumskritische ökologische Dimension und eine atomwaffenfreie Sicherheitspolitik; vor allem aber gehört zu ihm eine „sozialistische Ethik":

„Künftige sozialistische Theorie und Praxis muß eine Aufgabe in Angriff nehmen, vor der sie sich allzu lange gedrückt hat: die Entwicklung einer sozialistischen, brüderlichen Verhaltenslehre – mit ihren zwei Dimensionen:
Äußerste Liberalität in allen individuellen Lebensäußerungen, die das Leben anderer nicht beeinträchtigen, muß mit einem hohen Maß an Gemeinsinn, d.h. an gesellschaftlicher Mitverantwortung verbunden werden – dabei müssen wesentlich strengere sozialethische Normen und Sanktionen gegen sozialfeindliches Verhalten allgemeinverbindlich werden."[154]

In diesem Horizont forderte dann *Fritz Vilmar* „eine sozialistische Verhaltenslehre" und „eine neue Ethik der Brüderlichkeit oder Solidarität"[155]. „Ökosozialismus" sollte kein fundamentalistisches Alternativkonzept sein, sondern an die vorhandenen Reformkräfte, -ansätze und -organisationen anknüpfen, und an die Stelle totaler Konfrontation bzw. eines frontalen Angriffs auf die „Systemgrenzen" sollte eine Strategie in Teilschritten, des Unterlaufens und des graduellen

---

[151] Vgl. *Ossip K. Flechtheim*, Der Ökosozialismus und die Hoffnung auf den neuen Menschen, in: FR v. 20.09.1980, 14f.; *ders.*, Der Kampf um die Zukunft. Grundlage der Futurologie, Bonn 1980; *ders.*, Ist die Zukunft noch zu retten?, Hamburg 1987.
[152] Vgl. *Klaus-Jürgen Scherer/Fritz Vilmar* (Hrsg.), Ein alternatives Sozialismuskonzept: Perspektiven des Ökosozialismus, Berlin 1983 (^{3}1984); vgl. auch *Vera Konieczka/Norbert Kunz/Klaus-Jürgen Scherer* (Hrsg.), Sozialismus zwischen Ökonomie und Ökologie, Berlin 1984.
[153] *Scherer/Vilmar*, Einleitung, 10, sowie *Scherer*, Vom Demokratischen Sozialismus zum Ökosozialismus. Zehn Essentials, 23, beide in: *Scherer/Vilmar*, Alternatives Sozialismuskonzept.
[154] Ebenda, 15.
[155] *Vilmar*, Selbstverwirklichung und Gemeinsinn, in: *Scherer/Vilmar*, Alternatives Sozialismuskonzept, 208-221, Zitat 210.

Zurückdrängens treten. Dieses ökosozialistische Konzept der graduellen Gesellschaftsveränderung durch die Triebkraft einer neuen sozialistischen Ethik war in der Tat spezifischen Traditionen der sozialistischen Arbeiterbewegung tief verbunden – seine Chance bestand allerdings in der Aufgabe, die Ideen praxisrelevant zu machen.

c) Die Praxisrelevanz der Ideen für einen neuen Fortschritt

Dieser Aufgabe wandten sich *Johano Strasser* und *Klaus Traube* zu.[156] Sie wollten die von *Eppler*, *Fetscher* u.a. aufgenommenen Theoriefäden entschiedener auf die konkrete Politik, genauer: auf die politischen Möglichkeiten der Sozialdemokratie beziehen. Deshalb war ihre Hauptfrage die nach den Auswirkungen einer ökologisch fundierten Politik auf die Mehrheit der Bevölkerung, für die die seinerzeit üblichen Forderungen nach Konsumverzicht provokativ oder zynisch klangen. *Strasser* und *Traube* suchten deshalb nach einer qualitativ neu strukturierten Politik für diese Schichten. Eine solche Politik konnte nur im Zusammenhang mit Veränderungen der gesellschaftlichen Strukturen erfolgreich sein und bedurfte deshalb der Zusammenarbeit mit den gesellschaftlich relevanten linken Organisationen, der SPD und den Gewerkschaften. Dabei bestand die Schwierigkeit zu Beginn der achtziger Jahre vor allem darin, daß diese Organisationen noch weitgehend eingeschworen waren auf den „Industrialismus" – diese Kennzeichnung sollte den Begriff des „Spätkapitalismus" ersetzen, da es sich um ein Phänomen handelte, das auch auf die staatssozialistischen Länder zutraf und gekennzeichnet war durch grundsätzliche materielle Sicherung und historisch einmalige Wachstumsraten, die die Voraussetzung für einen sich ständig steigernden Wohlstand bildeten.

Strasser und *Traube* hielten die beliebte Fragestellung „Brauchen wir zur Realisierung unserer Vorstellungen einen ‚neuen Menschen'?" für falsch. Sie war nach ihrer Auffassung der bürgerlich-industrialistischen Ideologie immanent und sollte suggerieren, daß der dominante Sozialtyp des „homo oeconomicus" letztlich doch naturbedingt und damit unveränderbar sei. Tatsächlich ließe sich jedoch das menschliche Streben nicht ausnahmslos auf ökonomische Interessen zurückführen:

„Ebenso wie es ein ‚emanzipatorisches Interesse' gibt, gibt es auch eine menschliche Fähigkeit zur Solidarität (...). Dennoch werden die Menschen nicht einfach so bleiben können, wie sie sind. Es wird darauf ankommen, einige Seiten der menschlichen Natur (...) stärker zu entwickeln und durch strukturelle Veränderungen ihre praktische Anwendung zu ermutigen und andere Seiten (...) zurückzudrängen. (...) Aber dazu brauchen wir nicht einen völlig ‚neu-

---

[156] *Johano Strasser*, geboren 1939, Philosoph und Politikwissenschaftler, war bis 1975 stellvertretender Vorsitzender der Jungsozialisten und gehört der Grundwertekommission beim Parteivorstand der SPD an, lebt als freier Schriftsteller in Bayern; *Klaus Traube*, geboren 1928, gegen Ende des Zweiten Weltkriegs als Jude im KZ Lenne, war nach seiner Promotion im Management der Atomindustrie tätig und wurde 1975/76 Opfer eines Lauschangriffs, seither Wissenschaftspublizist, Hochschullehrer und Institutsleiter. Im folgenden wird vor allem auf beider Publikation: Die Zukunft des Fortschritts. Der Sozialismus und die Krise des Industrialismus, Bonn 1981 Bezug genommen.

en Menschen' zu postulieren, noch sollten wir darauf spekulieren, daß ein solcher im großen ‚Selbstreinigungsprozeß' einer Revolution spontan entsteht."[157]

Der Beantwortung der Kernfrage, wie in den entwickelten Industriegesellschaften eine möglichst große Mehrheit für die angestrebten Ziele zu gewinnen sei, widmete sich auch das 1982 veröffentlichte Papier der SPD-Grundwertekommission „Die Arbeiterbewegung und der Wandel des gesellschaftlichen Bewußtseins und Verhaltens".[158] Diese Ausarbeitung kann als der Versuch gelten, die SPD zur einzigen Heimat der politischen Ökologiebewegung bzw. der neuen sozialen Bewegungen überhaupt zu machen und damit inzwischen verlorenen Boden zurückzugewinnen. Entsprechend begann der Text mit einer Deutung der klassischen Arbeiterbewegung als frühe Alternativbewegung. Konstruktiv aufzunehmen von den neuen sozialen Bewegungen seien die folgenden Impulse: 1. der Versuch, repressive, autoritäre Grundstrukturen im humanen Kernbereich zwischengeschlechtlicher, familialer, pädagogischer Beziehungen zu überwinden und so mit Blickrichtung auf eine zukünftige „Gesellschaft der Freien und Gleichen" ins Problembewußtsein zu rücken; 2. die prinzipiell angelegte ökologische Orientierung; 3. der direkte Partizipationswille der Bürgerinitiativen als Ergänzung zu den erhaltungswürdigen repräsentativen Institutionen; 4. „der Wille, (...) möglichst menschenwürdig zu arbeiten, um menschenwürdig leben zu können"; schließlich die zunehmende Solidarität mit der Dritten Welt. Daraus ergab sich folgender Anforderungskatalog an die Sozialdemokratie:

„Wir müssen also einen qualitativ erweiterten Begriff von politischem Handeln, einen umfassenderen Begriff von alternativem Leben und Arbeiten im sozialdemokratischen Denken zur Geltung bringen, der weit über die Bestrebungen kleiner Gruppen, zumal der Aussteiger aus unserer Gesellschaft, hinausreicht, der im Gegenteil gerade die Millionen einschließt, die in dieser Gesellschaft Teilstrukturen gemeinsam mit anderen verändern wollen. Dabei wäre nicht zuletzt der Demokratische Sozialismus selbst, jenseits jeder staatssozialistischen Verengung, in einem umfassenderen Sinne als eine gesellschaftliche Bewegung zu definieren, in der alle persönlichen und sozialen Verhaltensänderungen der Menschen konstitutive Bedeutung haben, die von autoritären zu selbstbestimmten und partnerschaftlichen Formen des Lebens, der Arbeit und der Politik hinstreben."[159]

---

[157] *Strasser/Traube*, Zukunft des Fortschritts, 287f.
[158] Abgedruckt in: *Eppler*, Grundwerte, 101-170. – Damals gehörten der Grundwertekommission auch *Fritz Vilmar*, *Gesine Schwan* und – wie erwähnt – *Johano Strasser* an.
[159] Arbeiterbewegung und Wandel, 119.

4. Kapitel: „DDR-Sozialismus"

I. Auf dem Weg zum Sozialismus?

1. *Anton Ackermann* und der „besondere deutsche Weg zum Sozialismus"

Anton Ackermanns Entwurf eines Aktionsprogramms für den projektierten „Block der Kämpferischen Demokratie", geschrieben im Oktober 1944 in Moskau, sprach in einem weiten historischen Bogen die Voraussetzungen für die „nationale Wiedergeburt Deutschlands" nach der Beseitigung der nationalsozialistischen Diktatur an:

„Mit dem Schutt der halbzerstörten Städte muß der reaktionäre Schutt aus einem ganzen Jahrhundert der neueren deutschen Geschichte hinweggeräumt werden, wenn der Neubau des Reiches auf solidem Grund erfolgen und eine Wiederholung der Katastrophen von 1914/18 und 1933/45 verhindert werden soll. Was die demokratischen Kräfte 1848 durch verhängnisvolle Schwäche nicht vermochten und was 1918 frevelhafter Weise unterblieb, das muß nun endlich zur Lösung gebracht werden: eine wirkliche Demokratisierung Deutschlands!"[1]

Das Aktionsprogramm für den Block als „die nationale Wiederaufbau- und demokratische Erneuerungsbewegung" sollte von der KPD, „die in den vordersten Reihen zu marschieren gewillt ist und dabei weder Verantwortung noch Opfer scheut", vorgeschlagen werden; es war in weiten Teilen identisch mit dem späteren Gründungsaufruf der KPD vom 11. Juni 1945 und enthielt nichts, was nicht bereits aus den Arsenalen der Programmgeschichte der Arbeiterbewegung bekannt war: Enteignung, Verstaatlichung, Bodenreform und immer wieder: Garantien, Hilfen, Verbote durch den Staat. Das Aktionsprogramm bestätigte damit den traditionellen Etatismus der deutschen Arbeiterbewegung.

Noch nicht angesprochen wurde dagegen, wie sich das deutsche Modell der „nationalen Wiedergeburt" in den Prozeß der Verwirklichung des Endziels, nämlich der Errichtung der kommunistischen klassenlosen Gesellschaft, einpassen würde. Dies führte 1945 zur Postulierung eines „besonderen deutschen Weges zum Sozialismus", wiederum durch *Anton Ackermann* (alias *Eugen Hanisch*, 1905-1973, 1923 Eintritt in die KPD, 1946 Mitglied des ZK der SED, 1954 aller Ämter enthoben und aus dem ZK ausgeschlossen, 1956 rehabilitiert). *Ackermann* ging noch über das hinaus, was als Leitperspektive in den von der Roten Armee befreiten Ländern Osteuropas galt, nämlich ein breites nationales Bündnis der Arbeiterklasse mit allen fortschrittlichen Schichten der Bevölkerung unter Führung der Kommunistischen Partei.

Die Thesen von *Ackermann*, die im Februar 1946 in der „Einheit", der theoretischen Zeitschrift der KPD, veröffentlicht wurden[2], standen im Zusammenhang

---

[1] *Anton Ackermann*, Aktionsprogramm für den Block der Kämpferischen Demokratie, Moskau 1944, Manuskript, von *Ackermann* 1964 als echt bestätigt, in: SAPMO 28/A4, Aktenband NY 4036/499, 1.
[2] Vgl. *Ders.*, Gibt es einen besonderen deutschen Weg zum Sozialismus?, in: Einheit, Jg. 1

mit dem Ende 1945 von der KPD initiierten Zusammenschluß von KPD und SPD zur SED. *Ackermanns* generelle Ausgangsfrage lautete: „Kann die Arbeiterklasse auf dem demokratisch-parlamentarischen Weg oder nur auf dem Wege revolutionärer Gewaltanwendung in den Besitz der ganzen politischen Macht kommen? In Rußland ging die Entwicklung den letzteren Weg (...)." Mit Zitaten vor allem aus den politischen Schriften von *Marx* und *Engels* und Rekurs auf *Lenin* legitimierte *Ackermann* seine Schlußfolgerung, daß es falsch sei, unter allen Umständen für alle Länder und Zeiten einen Übergang vom Kapitalismus in den Sozialismus auf relativ friedlichem Weg auszuschließen. Es komme auf die Bedingungen an:

„Entwickelt sich der neue demokratische Staat als ein neues Gewaltinstrument in den Händen reaktionärer Kräfte, so ist der friedliche Übergang zur sozialistischen Umgestaltung unmöglich. Entwickelt sich aber die antifaschistisch-demokratische Republik als ein Staat aller Werktätigen unter Führung der Arbeiterklasse, so ist der friedliche Weg zum Sozialismus durchaus möglich, insofern dann die Gewaltanwendung gegen den (übrigens vollkommen legalen, vollkommen gesetzmäßigen) Anspruch der Arbeiterklasse auf die ganze Macht unmöglich ist. Die Frage nach einem besonderen deutschen Weg zum Sozialismus ist infolgedessen weniger eine theoretische Frage, als die der praktischen Politik, d.h. es ist die Frage, ob die deutsche Arbeiterschaft im Bunde mit allen fortschrittlichen Schichten des schaffenden Volkes den entscheidenden Einfluß auf die demokratische Neugestaltung Deutschlands gewinnt oder nicht."[3]

Die Voraussetzungen für einen friedlichen Übergang hingen nach *Ackermann* entscheidend von der Reife des subjektiven Faktors, sprich (auf die historische Situation bezogen) vom Tempo ab, mit dem die Einheitspartei verwirklicht wurde. Welcher Weg auch immer schließlich eingeschlagen werden müsse: Immer „werden sich die starken Besonderheiten der historischen Entwicklung unseres Volkes, seine politischen und nationalen Eigenheiten, die besonderen Züge seiner Wirtschaft und seiner Kultur außerordentlich stark ausprägen"[4].

Bereits im Herbst 1947 zeichnete sich ab, daß – trotz Einheitspartei – die Diskussionen über die besonderen Wege und somit auch den „besonderen deutschen Weg zum Sozialismus", der manche Intellektuelle und Arbeiter im Westen wie im Osten fasziniert hatte, beendet werden würden: Die Sowjetunion und der Weg der Bolschewiki bzw. der KPdSU hatten absoluten Vorbildcharakter. Immerhin erst im Herbst 1948 wurde dann die „Theorie" vom „besonderen deutschen Weg zum Sozialismus" als unbedingt falsch und gefährlich verworfen, und zwar von *Ackermann* selbst:

„Von Anfang an war es grundfalsch, von einem besonderen deutschen Weg zu sprechen. Es handelte und handelt sich bei der tatsächlich spezifischen Lage, die nach dem zweiten Weltkrieg in einer Reihe von Ländern entstanden ist, gar nicht um Besonderheiten einer spezifisch deutschen oder polnischen oder rumänischen politischen, ökonomischen und kulturellen Entwicklung, sondern um Besonderheiten, die aus ganz anderen als spezifisch nationalen Verhältnissen entstanden sind.
Diese Theorie von einem ‚besonderen deutschen Weg' bedeutet zweifellos eine Konzession an die starken antisowjetischen Stimmungen in gewissen Teilen der deutschen Bevölkerung: sie bedeutet ein Zurückweichen vor der wilden antikommunistischen Hetze, wie sie in

---

(1946), H. 1, 22-32, zit. n.: Dokumente zur parteipolitischen Entwicklung in Deutschland seit 1945, bearb. u. hrsg. von *Ossip K. Flechtheim*, Bd. 3, Berlin 1963, 336-355.
[3] *Ackermann*, Sozialismus, 351.
[4] Ebenda, 353.

Deutschland besonders kraß im Zusammenhang mit der Vereinigung der KPD und SPD zur Sozialistischen Einheitspartei einsetzte. Diese Theorie enthält das Element einer Abgrenzung von der Arbeiterklasse und von der bolschewistischen Partei der Sowjetunion, ganz unbeschadet, ob man sich dessen bewußt war oder nicht, ob es beabsichtigt war oder nicht. Die Theorie von einem besonderen deutschen Weg zum Sozialismus läßt dem Antibolschewismus Raum, statt ihn entschieden und mit aller Kraft zu bekämpfen.

Die Theorie von einem besonderen deutschen Weg zum Sozialismus hindert schwankende und unklare Elemente daran, die richtige Position zu finden. Sie steht der Erziehung der Funktionäre und Mitglieder der Partei im Geiste des Marxismus-Leninismus hindernd im Wege. Im Kampf um die Partei neuen Typus muß deshalb vor allem diese ernste ‚theoretische' Entgleisung liquidiert und bis auf den letzten Rest ausgemerzt werden. Das ist die einzige Schlußfolgerung, zu der ich nach reiflicher Prüfung und auf Grund der Erfahrungen des Kampfes der letzten Jahre gelangen konnte."[5]

Damit war im nachhinein eingeräumt, daß es nach 1945 von den neuen politischen Eliten nicht allein als Aufgabe angesehen wurde, die nationalsozialistische Ideologie zu überwinden, um den Weg frei zu machen für die Demokratisierung Deutschlands, sondern daß von vornherein ein grundlegender gesellschaftlicher Wandel angestrebt wurde, der zum Sozialismus führen sollte, der ihrer Auffassung nach auf der Tagesordnung der Geschichte stand. Dieses Ziel war von Anfang an an eine „identitätspolitische Strategie (...) eines neuen Massenbewußtseins, ja einer neuen nationalen Identität"[6] gekoppelt. Diese Erziehung zu einem sozialistischen Bewußtsein fand ihre ideologische Basis im Marxismus-Leninismus.

2. „Planmäßiger Aufbau des Sozialismus" während einer „längeren Übergangsperiode"

a) *Walter Ulbricht*

Nach ihrem Selbstverständnis hatte die SED in den Jahren von 1945 bis 1949 auf dem Gebiet der SBZ eine antifaschistisch-demokratische Ordnung geschaffen, die mit der Gründung der DDR ihren krönenden Abschluß fand. Seither befand man sich im Prozeß der Schaffung der Grundlagen des Sozialismus. Doch lief die Entwicklung nicht reibungslos, wie der Generalsekretär der SED *Walter Ulbricht* in seiner Rede auf der II. Parteikonferenz der SED Anfang Juli 1952 einräumte:

„Es besteht kein Zweifel, daß eine Reihe Schwierigkeiten auf der bisherigen Stufe unserer demokratischen und wirtschaftlichen Entwicklung nicht gelöst werden konnten. Die demokratische und wirtschaftliche Entwicklung sowie das Bewußtsein der Arbeiterklasse und der Mehrheit der Werktätigen sind jedoch jetzt soweit entwickelt, daß der Aufbau des Sozialismus zur grundsätzlichen Aufgabe geworden ist. (Stürmischer Beifall. Die Delegierten erheben sich von den Plätzen und spenden minutenlang Beifall.) Auf dem Wege der sozialisti-

---

[5] *Ackermann*, Über den einzig möglichen Weg zum Sozialismus, in: ND v. 24.09.1948, 2.
[6] Monika Gibas, „Die DDR – das sozialistische Vaterland der Werktätigen!" Anmerkungen zur Identitätspolitik der SED und ihrem sozialisatorischen Erbe, in: APuZ, B 39-40/99, 21-30, Zitat 23.

schen Entwicklung werden wir alle bei uns vorhandenen Schwierigkeiten überwinden können.

In Übereinstimmung mit den Vorschlägen aus der Arbeiterklasse, aus der werktätigen Bauernschaft und aus anderen Kreisen der Werktätigen hat das Zentralkomitee der Sozialistischen Einheitspartei beschlossen, der II. Parteikonferenz vorzuschlagen, daß in der Deutschen Demokratischen Republik der Sozialismus planmäßig aufgebaut wird. (Die Delegierten erheben sich von den Plätzen; orkanartiger, nicht enden wollender Beifall; Bravo-Rufe; Hochrufe auf das ZK.)

Die Schaffung der Grundlagen des Sozialismus entspricht den Bedürfnissen der ökonomischen Entwicklung und den Interessen der Arbeiterklasse und aller Werktätigen. Das deutsche Volk, aus dem die bedeutendsten deutschen Wissenschaftler Karl Marx und Friedrich Engels, die Begründer des wissenschaftlichen Sozialismus, hervorgegangen sind, wird unter der Führung der Arbeiterklasse in der Deutschen Demokratischen Republik die großen Ideen des Sozialismus Wirklichkeit werden lassen! (Stürmischer Beifall.)"[7]

b) *Fred Oelßner*

Zwei Jahre später befand sich der DDR-Sozialismus immer noch in einer – sogar längeren – „Übergangsperiode vom Kapitalismus in den Sozialismus", wie es *Ulbricht* auf dem 21. Plenum des ZK der SED ausdrückte. Es war *Fred Oelßner* (1903-1977), der dies in einem Vortrag vor einer Konferenz der Deutschen Akademie der Wissenschaften zu Berlin im März 1955 umfassend begründete. *Oelßner* gehörte seit 1920 der KPD an, hatte während des Zweiten Weltkrieges die Deutschland-Abteilung des Moskauer Rundfunks geleitet und war seit 1950 Mitglied des ZK der SED. Er galt als deren „Chefideologe", bis er 1958 aus allen Führungsgremien ausgeschlossen wurde.

Wie schon *Ackermann* hielt auch *Oelßner* ein Hineinwachsen des Kapitalismus in den Sozialismus für unmöglich, „da es sich hier um sozialökonomische Formationen von grundverschiedenem Typus handelt"[8]. Es konnte auch keinen deutschen Sonderweg zum Sozialismus mehr geben, sondern nur noch einen Sonderfall der allgemeinen, d.h. der sowjetrussischen Entwicklung. Um die Verzögerungen, gemessen am großen Vorbild, erklären zu können, führte *Oelßner* die Kategorie der „langen Übergangsperiode" ein, die gekennzeichnet war durch ein „Nebeneinanderbestehen" von Kapitalismus und Sozialismus, d.h. durch das Nebeneinanderbestehen diametral unterschiedlicher Eigentumsformen an den Produktionsmitteln. Diese Übergangsperiode war gleichzeitig eine „Periode des verschärften Klassenkampfes", während derer mit Hilfe der Arbeiter- und Bauernmacht die „Disproportionen" in der Wirtschaft durch die Stärkung des sozialistischen Sektors beseitigt werden sollten, anders gesagt: Die Produktionsverhältnisse waren mit dem Charakter der Produktivkräfte in Einklang zu bringen, d.h. „den sozialistischen Produktionsverhältnissen zum Siege zu verhelfen", während man

---

[7] Walter Ulbricht, Die gegenwärtige Lage und die neuen Aufgaben der SED, in: ND v. 11.07.1952, 6.
[8] Vgl. Fred Oelßner, Die Übergangsperiode vom Kapitalismus zum Sozialismus in der Deutschen Demokratischen Republik; zit. n. der 2. Aufl., Berlin 1956; das Vorwort dieser Auflage trug das Datum vom 31.07.1956, war also nach dem XX. Parteitag der KPdSU geschrieben worden. – Zur zeitgenössischen westdeutschen Rezeption vgl. Otto Stammer, Sozialstruktur und System der Werthaltungen der sowjetischen Besatzungszone Deutschlands, in: *ders.*, Politische Soziologie und Demokratieforschung, Berlin 1965, 208-258.

gleichzeitig eine Verschlechterung der Lage der arbeitenden Schichten in Westdeutschland meinte registrieren zu können: „In Westdeutschland wurde mit ausländischer Hilfe der deutsche Imperialismus wiedererrichtet."[9]

Waren nach *Oelßner* mit der Gründung der DDR die politischen und die ökonomischen Voraussetzungen für den Übergang in den Sozialismus gegeben, so hinkte die gesellschaftliche Entwicklung der politisch-ökonomischen hinterher:

„Mit der Konstituierung und Festigung der Arbeiter-und-Bauernmacht ist in der Deutschen Demokratischen Republik die politische, mit der Bildung und Erweiterung der volkseigenen Wirtschaft die ökonomische Bedingung für den Übergang vom Kapitalismus zum Sozialismus gegeben. Die Aufgabe besteht darin, im Verlaufe der Übergangsperiode die alte, kapitalistische Basis zu beseitigen und eine neue, sozialistische Basis zu schaffen. Dabei spielt der Überbau, der Arbeiter-und-Bauernstaat, die Partei der Arbeiterklasse, das neue Bewußtsein eine äußerst aktive Rolle. Der Arbeiter-und-Bauernstaat ist das entscheidende Instrument beim Aufbau des Sozialismus. Die Arbeiterklasse ist die führende Kraft in diesem Aufbau. (...) Wenn wir uns nun zum Schluß der Frage zuwenden, wie sich die ökonomische Entwicklung in der Deutschen Demokratischen Republik in der Entwicklung des Bewußtseins, der Ideologie, widergespiegelt hat, so müssen wir (...) feststellen, daß die ideologische Entwicklung hinter der politischen und ökonomischen zurückgeblieben ist (...).“[10]

c) Die Thesen von *Arne Benary* und *Fritz Behrens*

Im Jahre 1957 sorgten zwei bereits im Sommer 1956 abgeschlossene Aufsätze im 3. Sonderheft der Zeitschrift „Wirtschaftswissenschaft" für einiges Aufsehen. *Arne Benary*, seinerzeit ein junger (geb. 1929), am Institut für Wirtschaftswissenschaften der Berliner Akademie der Wissenschaften arbeitender Ökonom, veröffentlichte seine Gedanken „Zu Grundproblemen der politischen Ökonomie des Sozialismus in der Übergangsperiode". *Fritz Behrens* (geb. 1909), Professor für Politische Ökonomie an der Universität Leipzig, Mitglied der Staatlichen Plankommission und Leiter der Staatlichen Zentralverwaltung für Statistik, äußerte sich „Zum Problem der Ausnutzung ökonomischer Gesetze in der Übergangsperiode".

Benarys Problem war das des Wechselverhältnisses zwischen der planmäßigen Leitung des gesamtvolkswirtschaftlichen Reproduktionsprozesses und der schöpferischen Aktivität der Werktätigen. Die Entfaltung von deren Initiative sah er „aufs engste" verbunden mit der Erfahrung der Übereinstimmung der persönlichen mit gesellschaftlichen Interessen. Und hier entdeckte er zwischen der zentralen Leitung und Planung einerseits und der schöpferischen Initiative der Werktätigen andererseits einen Widerspruch, der sich „in mancherlei Hinsicht zum Konflikt zugespitzt [hat], weil eben der notwendige Wechsel in den Methoden der Leitung und Planung der Wirtschaft nicht rechtzeitig und bisher auch nur sehr langsam und zögernd vollzogen wurde. Hier liegt nicht zuletzt die Ursache dafür, daß die Fortschrittsrate der Produktion (...) in den letzten Jahren gesunken ist (...).“[11] Offensichtlich hatte der Arbeiter-/Volksaufstand vom 17. Juni 1953 die

---

[9] *Oelßner*, Übergangsperiode, 20-24.
[10] Ebenda, 31, 88.
[11] *Arne Benary*, Zu Grundproblemen der politischen Ökonomie des Sozialismus in der Übergangsperiode, in: Wirtschaftswissenschaft, Jg. 5 (1957), Sonderheft 3, 62-94, Zitat 93.

Intellektuellen zum Nachdenken über Erklärungsmöglichkeiten genötigt, und der XX. Parteitag der KPdSU im Februar 1956 hatte sie ermutigt, ihre Erklärungen öffentlich zu machen.

Behrens, abgesichert durch seine Prominenz – er war neben den genannten Ämtern Nationalpreisträger -, ging sogar noch weiter, indem er nicht nur auf Planungs- und Leitungsfehler, wie es *Benary* tat, hinwies, sondern sogar eine grundsätzliche Umorientierung vorschlug: nämlich bereits in der Übergangsperiode den Prozeß des Absterbens des Staates in Gang zu setzen: „Diesem Prozeß des Absterbens des Staates, der zugleich der Prozeß der Entwicklung einer umfassenden sozialistischen Demokratie ist, entspricht die Dezentralisierung der politischen Aufgaben und die Ersetzung der zentralen Weisungen in der Wirtschaft durch ökonomische Politik."[12] Doch ging es bei diesem Prozeß nach *Behrens* nicht nur um politisch-ökonomische Maßnahmen, sondern auch um die „Umwandlung der Menschen, die das kapitalistische Denken abstreifen und von einem neuen sozialistischen Bewußtsein erfüllt werden"[13]. Das umfassende Modell für Staat, Wirtschaft und „Umwandlung des Menschen" hieß daher nach *Behrens*:

„Selbstverwaltung der Wirtschaft – das ist die rationelle Organisation der Ausnutzung der ökonomischen Gesetze durch die Werktätigen in den Betrieben. Der Staat setzt Ziele, kontrolliert ihre Durchführung und schafft durch seine juristischen Gesetze den Rahmen für den reibungslosen Ablauf der ökonomischen Gesetze. So wie die Dezentralisierung der staatlichen Aufgaben notwendig ist, um den demokratischen Zentralismus zu verwirklichen, so ist ohne Selbstverwaltung der Wirtschaft ihre rationelle Leitung nicht möglich."[14]

Dem Abdruck der beiden Aufsätze hatte ein Mitarbeiter beim ZK der SED die richtige Lese- und Interpretationsanleitung in einem Beitrag „Gegen das Aufkommen revisionistischer Auffassungen in der Wirtschaftswissenschaft" vorgeschaltet. Die recht bescheidenen Versuche einer Auflockerung des in der Herausbildung begriffenen starren bürokratischen und ökonomisch wenig effizienten Systems des kommunistischen Staatssozialismus wies er mit dem Urteil zurück, „daß die Mehrzahl unserer Wirtschaftswissenschaftler die in den Arbeiten von *Behrens* und *Benary* vertretenen revisionistischen Auffassungen ablehnen und bekämpfen werden"[15]. Ein weiterer Kritiker benutzte zwar das Totschlags-Argument „Revisionismus" nicht direkt, erklärte aber nicht minder eindeutig:

„Der Weg zum Sozialismus ist nun einmal kein Spaziergang. Wo heute noch subjektive Fehler gemacht werden und es zu Rückschlägen kommt, werden sich morgen größere Erfahrungen und Sachkenntnisse durchsetzen. Im Prozeß dieser ständigen Auseinandersetzungen erkennen die Arbeiter und Bauern immer besser die Entwicklungsgesetze des gesellschaftlichen Lebens. Im Handeln der Menschen zeigt sich im wachsenden Maße die politische Reife und die Verantwortung für den Sozialismus."[16]

---

[12] *Fritz Behrens*, Zum Problem der Ausnutzung ökonomischer Gesetze in der Übergangsperiode, in: Wirtschaftswissenschaft, Jg. 5 (1957), Sonderheft 3, 105-140, Zitat 130.
[13] Ebenda, 132.
[14] Ebenda, 135.
[15] *Karl Kampfert*, Gegen das Aufkommen revisionistischer Auffassungen in der Wirtschaftswissenschaft, in: Wirtschaftswissenschaft, Jg. 5 (1957), Sonderheft 3, 1-19, Zitat 19.
[16] *Herbert Luck*, Bemerkungen zum Artikel von Behrens, in: Wirtschaftswissenschaft, Jg. 5 (1957), Sonderheft 3, 95-104, Zitat 104. *Luck* war Dekan der Wirtschaftswissenschaftlichen Fakultät der Universität Rostock.

3. Merkmale der SED-Diktatur

a) Die DDR – ein Sonderfall?

Über die Geschichte und die Struktur des DDR-Staates (besonders in seinem letzten Jahrzehnt) gibt es inzwischen eine breite Literatur, in der viele Fragen gestellt, aber kaum schon zu Ende diskutiert worden sind.[17] Immer wieder taucht die Frage auf, ob und in welcher Weise die DDR als ein Sonderfall des sowjetischen Modells betrachtet werden kann, und dies aus drei Gründen: 1. wegen der nationalen Teilung; 2. wegen der direkten Konfrontation mit kapitalistischen Ländern und 3. wegen des vergleichsweise hohen Standes der industriellen Entwicklung bei Eintritt in die „Übergangsperiode". Die Apologeten der DDR sahen und sehen Entwicklungsverzögerungen u.a. darin begründet, daß diese gegenüber dem Westen notorisch benachteiligt gewesen sei. Dabei war 1945 die ökonomische Ausgangssituation in Mittel-/Ostdeutschland sogar günstiger als im Westen. Im Osten waren die Kriegszerstörungen geringer ausgefallen, und zudem war ein großer Teil der Kriegsindustrie vom Westen hierhin verlagert worden. Die Bedeutung und der Umfang von Demontagen und Reparationen war anfangs in West und Ost gleichgewichtig, besonders im Hinblick auf die psychologischen Wirkungen. Westdeutschland profitierte zwar vom Marshall-Plan, dessen Wirkungen gleichwohl weniger ökonomisch als mehr psychologisch bedeutsam waren. Zudem hat die sowjetische Besatzungsmacht zunächst weit weniger ökonomisch restriktiv eingegriffen, als entsprechende zeitgleiche psychologische Rezeptionsvorgänge vermuten lassen. Die Auffassung von der ökonomischen Rückständigkeit der DDR wegen der „Ausplünderung" durch die sowjetische Besatzungsmacht ist historisch kaum belegbar.[18]

Die Gründe für das Scheitern des DDR-Sozialismus liegen vielmehr in der historisch als falsifiziert und desavouiert zu betrachtenden Grundannahme: „Planwirtschaft ohne Markt"[19], der eine Reihe von historisch bedingten Variablen zuzuordnen sind: die notorische ökonomische Investitions- und Innovationsunfähigkeit, die außenwirtschaftlichen Abhängigkeiten, die wachsende Verschuldung, die mangelnde Einbindung in die internationale Arbeitsteilung – alles Faktoren, über deren Steuerung die SED-Diktatur nie souverän und eigenständig Gestaltungsmacht gewinnen konnte. Statt vieler möglicher Zeugnisse sei hierzu ein eindrucksvoller selbstevidenter Vorgang aus dem Jahre 1961 dokumentiert: Wenige Tage vor dem Mauerbau, am 4. August 1961, schrieb *Ulbricht* an den Ersten Se-

---

[17] Vgl. neuerdings *Klaus Schroeder*, Der SED-Staat. Partei, Staat und Gesellschaft 1949-1990, München 1998; unverzichtbar immer noch *Hermann Weber*, Geschichte der DDR, München 1985, Neuauflage 1999; *ders.*, Die DDR 1945-1990, München ³2000; vgl. auch *Gerhard A. Ritter*, Über Deutschland. Die Bundesrepublik in der deutschen Geschichte, München 1998.

[18] Hierzu und wegen der Bedeutung der weiteren Entwicklung der DDR im Vergleich zur Bundesrepublik siehe *Christoph Buchheim,* Kriegsschäden, Demontagen und Reparationen. Deutschland nach dem Zweiten Weltkrieg, in: Materialien der Enquete-Kommission „Aufarbeitung von Geschichte und Folgen der SED-Diktatur in Deutschland", hrsg. vom Deutschen Bundestag, Bd. II/2, Baden-Baden 1995, 1030-1069.

[19] Vgl. dazu *Uli Schöler*, Ein Gespenst verschwand in Europa. Über Marx und die sozialistische Idee nach dem Scheitern des sowjetischen Staatssozialismus, Bonn 1999.

kretär des ZK der KPdSU, *Nikita S. Chruschtschow*, einen Brief, in dem er diesem „die Ursachen für die besonderen Schwierigkeiten in der Wirtschaft der DDR" erklärte[20]:

„a) Die Deutsche Demokratische Republik wurde als Staat gebildet, der fast über keine eigene Grundstoffindustrie verfügte. Während des Zweijahrplanes und des ersten Fünfjahrplanes bis 1955 wurden noch bedeutende Reparationen geleistet.

Besonders ab 1955 mußten wir im Interesse der Erhöhung des Lebensstandards der Bevölkerung den Export auf fast allen Gebieten, besonders aber aus dem Maschinenbau so steigern, daß für die notwendige Rekonstruktion der Industrie fast keine Mittel und Ausrüstungen zur Verfügung standen. Das hatte weiter zur Folge, daß die Entwicklung der Grundstoffindustrie nur langsam voran ging.

b) Da wir im Umfang der Produktion nach das zweite Industrieland im sozialistischen Lager sind, das aber noch mit der Wirtschaft Westdeutschlands verbunden war, brachte die Erhöhung der Lieferungen von Ausrüstungen an die sozialistischen Länder eine Erhöhung des Imports aus Westdeutschland und anderen kapitalistischen Ländern mit sich. Auch daraus resultierte, daß wenige Mittel für die Entwicklung der eigenen Grundstoffindustrie zur Verfügung standen.

c) Infolge der offenen Grenze gegenüber Westdeutschland, das uns in bezug auf das industrielle Niveau in vielen Produktionszweigen und in bezug auf den Lebensstandard der Bevölkerung überlegen ist, konnten wir manche ökonomischen Gesetze nicht einhalten.

Wir haben besonders in den letzten Jahren sehr große Verluste an hochqualifizierten Arbeitskräften durch die Abwerbung der westdeutschen Monopole zu verzeichnen. Diese Tatsache und die ungenügenden Möglichkeiten zur Mechanisierung und Automatisierung hatten unmittelbaren Einfluß auf das Entwicklungstempo der Produktion.

d) Bedingt durch die Spaltung Berlins und Deutschlands mußten wir große Investitionen durchführen, die ökonomisch gesehen nicht wirtschaftlich sind; z.B. den Bau des Berliner Außenringes der Eisenbahn und des nordwestlich Berlins verlaufenden Umgehungskanals für die Schiffahrt, den Aufbau der Großkokerei auf Braunkohlenbasis in Lauchhammer und andere [sic!].

e) Im Interesse der Belieferung der sozialistischen Länder mit schweren Ausrüstungen wurden 25 neue Schwermaschinenbaubetriebe gebaut. Darunter Schiffswerften für den Hochseeschiffbau. Unter den schwierigsten Bedingungen wurde die Wismut AG aufgebaut, der damals größte Betrieb der DDR. In letzter Zeit mußten wir einen neuen großen Überseehafen bauen, um unabhängig zu werden von westdeutschen Häfen, besonders Hamburg."[21]

Als weitere Gründe gab *Ulbricht* an, daß der Mangel an Arbeitskräften und die offenen Grenzen dazu zwangen „den Lebensstandard schneller zu erhöhen, als es unseren volkswirtschaftlichen Kräften entsprach"[22]. Ferner wies er auf Engpässe in der Versorgung mit Roh- und Hilfsstoffen durch Westdeutschland sowie in der Rohstoffversorgung durch die Sowjetunion und die osteuropäischen Länder wie auf die wachsende Verschuldung gegenüber den kapitalistischen Ländern, insbesondere der Bundesrepublik hin. Auf das weite Feld der Herrschaftslegitimation verweisen die Bemerkungen über den Wiederaufbau der Städte und den Wohnungsbau. Es seien große Anstrengungen notwendig gewesen und große materielle und finanzielle Mittel aufgebracht worden für den Wiederaufbau der zerstörten Stadtzentren (Berlin, Dresden, Leipzig und Karl-Marx-Stadt werden namentlich erwähnt); durch billigeren typisierten Wohnungsbau (anstelle von Hochhäu-

---

[20] SAPMO-BArchiv, DY 30/3709. – Prof. Dr. *Peter Ruben* und *Ingeborg Schubert* haben mir bei der Sammlung, Sichtung und Interpretation der Materialien für das 4. Kapitel umsichtig geholfen.
[21] Ebenda.
[22] Ebenda, 12.

sern wie in West-Berlin) habe man „einen Teil der bestehenden Wohnraumschwierigkeiten der Bevölkerung mildern" können.[23]

Sicherlich begriff die SED-Führung den Mauerbau als Beginn einer Chance, durch eine konsequente ökonomische Politik der Modernisierung über den Einsatz von Wissenschaft und Technik dem Ziel des Aufbaus des Sozialismus entschieden näherzukommen. Auch mochte sie hoffen, die politisch-moralische Ausrichtung der Bevölkerung im Sinne dieses Zieles vorantreiben zu können. Dabei wurde nunmehr – um die Last einer Endzielperspektivik loszuwerden und den jeweils erreichten Stand nicht immer nur als Etappe zum Kommunismus transitorisch definieren zu müssen – „Sozialismus" als eigenständige gesellschaftliche Formation deklariert.

b) Formen der Herrschaftslegitimation

Die Frage danach, was die DDR war und welche Herrschaftsformen sie kennzeichneten, hat inzwischen zwar eine Vielzahl von Begriffen hervorgebracht; deren Diskussion scheint gleichwohl noch unabgeschlossen zu sein.[24] In einem Zusammenhang, in dem es um die Bedeutung und Wirkung von sozialen Ideen geht, ist die Begriffsdiskussion nur von begrenztem Wert, es sei denn, man fragt nach den Formen der Herrschaftslegitimation.[25]

Segert nennt die DDR eine Herrschaftsform mit sechs Merkmalen: eine Ideologie, eine Partei, eine terroristische Geheimpolizei, ein Nachrichtenmonopol, ein Waffenmonopol, eine zentral gelenkte Wirtschaft. Die Politik der regierenden Staatspartei zielte auf die perfekte Kontrolle und die Eliminierung aller nichtkommunistischen Potentiale in der Gesellschaft. Das Endziel des Kommunismus rechtfertigte dabei jeweils die Mittel. Dennoch handelte es sich – nach *Segert* – um kein reines Herrschaftssystem, sondern um ein umfassenderes sozialökonomisches System, das autoritär-paternalistisch die sozialen Interessen eines großen Teils der Bevölkerung befriedigte. Terror und Propaganda allein hätten die Herrschaft der Staatspartei nicht legitimieren können. Die Ideologie als eine Mischung aus wissenschaftlicher Theorie objektiver Gesetzmäßigkeiten und Erlösungsglauben im Sinne des Durchlaufens eines Prozesses zu einer höheren Existenzform, die eine klassenlose Gesellschaft der Gleichen sein sollte, bildete den eigentlichen Kern der politischen Herrschaftslegitimation.[26]

Dies erklärt auch die beträchtliche und keinesfalls nur als partiell zu bezeichnende Akzeptanz der SED-„Fürsorge-Diktatur" und die Rolle der vermittelnden Institutionen, z.B. des FDGB, der zwar keine Gewerkschaft war, aber eine wider-

---

[23] SAPMO-BArchiv, DY 30/3709, 14f.
[24] Vgl. u.a. *Rolf Henrich*, Der vormundschaftliche Staat. Vom Versagen des real existierenden Sozialismus, Reinbek 1989; *Dieter Segert*, Was war die DDR? Schnitte durch ihr politisches System, in: Berliner Debatte INITIAL, Jg. 9 (1998), H. 2/3, 5-21; *Konrad H. Jarausch*, Realer Sozialismus als Fürsorgediktatur. Zur begrifflichen Einordnung der DDR, in: APuZ, B 20/98, 33-46; *ders.*, Die unverhoffte Einheit 1989-1990, Frankfurt a.M. 1995.
[25] Vgl. hierzu zentral *Sigrid Meuschel*, Legitimation und Parteiherrschaft in der DDR, Frankfurt a.M. 1992; *dies.*, Revolution in der DDR. Versuch einer sozialwissenschaftlichen Interpretation, in: *Hans Joas/Martin Kohli*, Der Zusammenbruch der DDR, Frankfurt a.M. 1993, 93-114.
[26] Vgl. *Stefan Wolle*, Die heile Welt der Diktatur. Alltag und Herrschaft in der DDR 1971-1989, Berlin 1998, 132.

sprüchliche Funktion ausübte: Als Akteur sozialpolitischer Maßnahmen und Gewährleistungen vertrat er Mitgliederinteressen, und gleichzeitig trug er als Parteispitzeninteressenvertretung zur Regimestabilisierung bei. Eine offene Frage ist immer noch, wie das „sozialökonomische System" DDR von den Menschen eigentlich wahrgenommen wurde, auf welche historisch vorgegebenen Mentalitäten es traf bzw. welche Verhaltensweisen es hervorbrachte, die dem System adäquat waren. Möglicherweise würde dies ein weiteres Moment des „Sonderfalles" erklären: das Fehlen von nennenswerter politisch-gesellschaftlicher Opposition im Vergleich zu den osteuropäischen Ländern. Andererseits wird man bedenken müssen, daß die DDR nicht vom Anfang bis zum Ende ein geschlossenes totalitäres System gewesen ist, sondern seit den sechziger Jahren „ein institutioneller Raum, der durch kluge Initiativen vieler einzelner gestaltet werden konnte"[27]. In diesem Zusammenhang wäre dann auch danach zu fragen, ob es so etwas gegeben hat wie ein sich wiederholendes Virulentwerden von klassischen Arbeiterbewegungskampfformen und -instrumenten.

Viele Analysen des Scheiterns der SED-Diktatur bzw. der abnehmenden Legitimierungskraft verweisen auf den Glaubwürdigkeits- und Faszinationsverlust der herrschenden Ideologie, die ja kein marginales Phänomen des politischen Systems gewesen sei: „Herrschaft vermittels Ideologie stellte den Schlußstein des Gebäudes dar. Als er zerbröckelte, geriet das gesamte System ins Rutschen."[28] Eine solche Aussage veranlaßt, das legitimatorische Ideologie-Angebot daraufhin zu untersuchen, mit welcher Ausstattung an sozialen Ideen es als Quelle der sozialen Integration und als quasi-religiöses Leitsystem zu wirken vermochte bzw. zumindest versuchte, so zu wirken.

II. Der „umfassende Aufbau des Sozialismus"

1. Menschenbild und neue Ethik

a) *Walter Ulbrichts* zehn Gebote

Die fünfziger Jahre steckten voller Losungen, moralisch höhere Stufen des Bewußtseins zu erreichen, damit der „neue Mensch" einst in die Höhen der „sozialistischen Menschengemeinschaft" gelangen könne. Von neuer Arbeitsmoral, Parteimoral, sozialistischer Gruppenmoral, Moral des neues Humanismus und des demokratischen Patriotismus war die Rede. Gleichzeitig wurde der Marxismus-Leninismus zur verbindlichen Ideologie und einzigen Sozialisationsinstanz in der Gesellschaft. Den Höhepunkt der moralischen Ausrichtung bildeten die „Grundsätze der sozialistischen Ethik und Moral", die *Walter Ulbricht* in seinem Referat auf dem V. Parteitag der SED im Juli 1958 vortrug. Er ging davon aus, daß nunmehr im Arbeiter- und Bauernstaat „die proletarische und fortschrittliche Moral"

---

[27] *Segert*, DDR, 18.
[28] Ebenda, 7; siehe auch *Meuschel*, Revolution.

und die mit ihr verbundene „neue menschliche Gesinnung" und „neue Gesittung" zur allgemeinen gesellschaftlichen werde. Das Resultat der sozialistischen Erziehung werde, so war die Erwartung, „der neue Mensch der sozialistischen Epoche" sein. Dazu verkündete *Ulbricht* die zehn Gebote als Grundsätze der sozialistischen Ethik und Moral:

„Das moralische Gesicht des neuen sozialistischen Menschen, der sich in diesem edlen Kampf um den Sieg des Sozialismus entwickelt, wird bestimmt durch die Einhaltung der grundlegenden Moralgesetze:
1. Du sollst Dich stets für die internationale Solidarität der Arbeiterklasse und aller Werktätigen sowie für die unverbrüchliche Verbundenheit aller sozialistischen Länder einsetzen.
2. Du sollst Dein Vaterland lieben und stets bereit sein, Deine ganze Kraft und Fähigkeit für die Verteidigung der Arbeiter-und-Bauern-Macht einzusetzen.
3. Du sollst helfen, die Ausbeutung des Menschen durch den Menschen zu beseitigen.
4. Du sollst gute Taten für den Sozialismus vollbringen, denn der Sozialismus führt zu einem besseren Leben für alle Werktätigen.
5. Du sollst beim Aufbau des Sozialismus im Geiste der gegenseitigen Hilfe und der kameradschaftlichen Zusammenarbeit handeln, das Kollektiv achten und seine Kritik beherzigen.
6. Du sollst das Volkseigentum schützen und mehren.
7. Du sollst stets nach Verbesserung Deiner Leistungen streben, sparsam sein und die sozialistische Arbeitsdisziplin festigen.
8. Du sollst Deine Kinder im Geiste des Friedens und des Sozialismus zu allseitig gebildeten, charakterfesten und körperlich gestählten Menschen erziehen.
9. Du sollst sauber und anständig leben und Deine Familie achten.
10. Du sollst Solidarität mit den um ihre nationale Befreiung kämpfenden und den ihre nationale Unabhängigkeit verteidigenden Völkern üben."[29]

Hinter diesem merkwürdig einfältig wirkenden Katechismus steckte ein politisch-legitimatorisches Kalkül: die neuen sozialistischen Menschen sollten wissen, daß sie die Stufe des höheren Bewußtseins erst erlangten durch die Identifizierung mit dem politisch-gesellschaftlichen System der SED-Diktatur, wie umgekehrt diese das sozialistische Bewußtsein weckte, erhielt und kontrollierte durch die dafür vorgesehenen Institutionen und Organisationen. So sollte ein Verhalten hervorgerufen werden,

„(...) das alles in Kauf nimmt, was im Interesse des neuen Staates und der neuen Gesellschaft auch an unmoralischen Handlungen im Sinne individueller Werthaltungen geschieht. Die geforderte Hingabe an die übergeordneten Werte und Interessen der Gesellschaft bedeutet also unzweideutig die unbedingte Einordnung in das von der SED und ihren sozialen Anhangsgebilden zusammengehaltene und gelenkte System der nach sowjetischem Muster umgeformten Gesellschaft."[30]

Auf diese Weise wurde zwar nicht die DDR ein Phänomen, wohl aber der Sozialismus, der angesichts seiner notorischen politisch-ökonomischen Dauerdefizite noch nicht einmal ein „real existierender" wurde, sondern in quasi-religiöser Form zum Überbau profaner Herrschaft verkümmerte.

---

[29] *Walter Ulbricht*, Der Kampf um den Frieden, für den Sieg des Sozialismus, für die nationale Wiedergeburt Deutschlands als friedliebender demokratischer Staat, ND v. 11.07.1958, 3-11, Zitat 11.
[30] *Stammer*, Sozialstruktur, 249.

b) Das Programm der SED von 1963

Auf ihrem VI. Parteitag im Januar 1963 verabschiedete die SED ihr erstes eigenes Programm; bis dahin galten als Richtlinien die verschiedenen Erklärungen, beginnend mit dem Gründungsaufruf der KPD vom Juni 1945. Das Programm setzte sich in seinem V. Abschnitt mit den „Aufgaben der Sozialistischen Einheitspartei Deutschlands auf dem Gebiet der Ideologie, Erziehung, Bildung und Kultur" auseinander. Unter der Fragestellung „Was ist das Menschenbild?" wurden erst einmal die Ulbrichtschen zehn Gebote wiederholt und danach postuliert, auf welche Aufgaben und ihre Lösung sich die SED „in ihrer ideologischen Arbeit" hauptsächlich konzentrieren wollte, „damit das Menschenbild des Sozialismus Wirklichkeit werde":

„1. Die Vertiefung des sozialistischen Patriotismus und des sozialistischen Internationalismus. Das sozialistische Nationalbewußtsein, die Liebe zur Deutschen Demokratischen Republik und der Stolz auf die Errungenschaften des Sozialismus erwachsen aus dem tiefen Verständnis für die geschichtliche Rolle des ersten deutschen Arbeiter-und-Bauern-Staates und dem unbeugsamen Glauben an den Sieg des Sozialismus und des Friedens in ganz Deutschland. Sie sind untrennbar mit der Ideologie der Völkerfreundschaft verbunden. Dem sozialistischen Internationalismus liegt das Verständnis für die Gesetzmäßigkeit des Sieges des Sozialismus und Kommunismus im Weltmaßstab, für die führende Rolle der Sowjetunion auf dem Wege zum Kommunismus und zur Erhaltung des Friedens, für die wachsende Macht des sozialistischen Weltsystems und für die geschichtliche Notwendigkeit der nationalen Befreiungsbewegungen und demokratischen Bewegungen zugrunde.
2. Die sozialistische Einstellung zur Arbeit und zum gesellschaftlichen Eigentum. (...) Die sozialistische Gemeinschaft übt einen zunehmenden Einfluß auf den einzelnen und seine moralische Entwicklung aus, der Gemeinschaftsgeist drängt den Individualismus und den Egoismus immer mehr zurück. Der Charakter der sozialistischen Arbeit ändert sich durch die immer umfassendere Anwendung der Wissenschaft und Technik. In der *das Bewußtsein revolutionierenden Tätigkeit der Brigaden der sozialistischen Arbeit und der sozialistischen Arbeitsgemeinschaften* wachsen und reifen die Keime der kommunistischen Einstellung heran, daß die Arbeit zum Wohle der Gesellschaft *erstes Lebensbedürfnis des Menschen* (...) ist (...). Die sozialistische Arbeit führt zu neuen Beziehungen zwischen den Menschen. Diese neuen Beziehungen der Menschen in und außerhalb der Sphäre der Produktion, die sozialistische Lebensweise, die menschlicher und edler ist als die Lebensweise jeder vorangegangenen Gesellschaft, sind das Fundament der ethisch-moralischen Normen in der Deutschen Demokratischen Republik.
3. Die Verbreitung der wissenschaftlichen Weltanschauung. Der Marxismus-Leninismus ist die Lehre von den allgemeinen Entwicklungsgesetzen der Natur, der Gesellschaft und des menschlichen Denkens, eine wissenschaftliche Weltanschauung, ein in sich geschlossenes, harmonisches System philosophischer, ökonomischer, sozialer und politischer Anschauungen. Er führt die Volksmassen zum Bewußtsein der eigenen Kraft und zeigt ihnen die Gesetzmäßigkeiten und die Perspektive der gesellschaftlichen Entwicklung. (...)
4. Die Entlarvung der reaktionären bürgerlichen Ideologie. Der Mensch der sozialistischen Gesellschaft entwickelt sich in dem konfliktreichen Prozeß der Auseinandersetzung mit den ideologischen Nachwirkungen der kapitalistischen Vergangenheit und mit den Einflüssen feindlicher Ideologien, die vor allem aus Westdeutschland in die Deutsche Demokratische Republik getragen werden. Die Zerschlagung der imperialistischen Ideologien ist ein entscheidender Teil der geschichtlichen Aufgabe der deutschen Arbeiterklasse und ihrer Vorhut in der Deutschen Demokratischen Republik. (...) Die Sozialistische Einheitspartei Deutschlands bekämpft die antisozialistische Ideologie jener rechten sozialdemokratischen Führer, die aufs engste mit den westdeutschen Imperialisten und Militaristen zusammenarbeiten. Sie setzt sich mit dem modernen Revisionismus und Reformismus auseinander, der die Ge-

schichte der deutschen Arbeiterbewegung entstellt und die Arbeiterklasse vom konsequenten Kampf gegen die kapitalistische Monopolherrschaft, vom Kampf um die Erfüllung ihrer geschichtlichen Aufgaben abzuhalten sucht."[31]

c) Das Konzept der „sozialistischen Lebensweise und Moral", 1972

Vertiefung und Zuspitzung der Programmaussagen finden sich in dem vom Institut für Gesellschaftswissenschaften beim ZK der SED herausgegebenen Werk über „Lebensweise und Moral im Sozialismus".[32] Das zentrale fünfte Kapitel, „Die sozialistische Arbeit – wesentliche Grundlage der sozialistischen Lebensweise und Moral", enthält Aussagen, die im Grunde darauf ausgerichtet waren, die Effizienz der technisch-wissenschaftlichen Modernisierung zu steigern und emotional mit Gemeinschaftsideologien zu unterfüttern. Diese Aussagen trugen erneut wie bereits im Programm von 1963 die Farben einer deutsch-biedermeierlichen Beschaulichkeit, was wiederum die noch weitgehend unbeantwortbare Frage nach den Mentalitäten stellt, auf die die begrifflichen Konstrukte zielten.

Im Sozialismus verändere sich der Charakter der Arbeit grundlegend, weil sie (frei von *Marx* abgeleitet) eine von Ausbeutung freie Tätigkeit sei, da sie den Interessen der Werktätigen bzw. der Befriedigung der Bedürfnisse diene. Dabei komme in der aktuellen Situation der wissenschaftlich-technischen Revolution der weiteren Veränderung der Arbeit eine immense Bedeutung zu.[33] Die Arbeiterklasse als herrschende Klasse stelle die Aufgabe, „die heranwachsende Generation zur Liebe zur Arbeit, zur Achtung jeder Arbeit sowie der arbeitenden Menschen zu erziehen und sie zu befähigen, sowohl körperliche als auch geistige Arbeit zu leisten"[34]. Die „Liebe zur Arbeit" solle dazu anleiten, die „persönlichen Interessen in die gesellschaftlichen einzuordnen und sozialistische Arbeit als ehrenvolle Pflicht zu begreifen"[35]. Erst in der sozialistischen Gesellschaft würden die „Errungenschaften des wissenschaftlich-technischen Fortschritts" zur „immer besseren Befriedigung der Bedürfnisse des Menschen genutzt". Dazu gehöre die „sozialistische Rationalisierung" als „Ausdruck des Vertrauens in die Sachkenntnis, die Erfahrung, den Erfindungsreichtum und das Verantwortungsbewußtsein der Millionen Arbeiter (...)." Aber erst „unter sozialistischen Verhältnissen wird der soziale Inhalt des wissenschaftlich-technischen Fortschritts und des Schöpfertums der Werktätigen durch die politischen und ökonomischen Interessen der Arbeiterklasse bestimmt", und „erst im Sozialismus (...) kann sich die schöpferische Initiative der Werktätigen voll entfalten." Was heißt „schöpferisch tätig" sein? Hier wird deutlich, was tatsächlich gemeint ist:

---

[31] Das Programm der SED, eingeleitet und kommentiert von *Stefan Thomas*, Köln 1963, 88-90.
[32] Lebensweise und Moral im Sozialismus, hrsg. vom Institut für Gesellschaftswissenschaften beim ZK der SED, Berlin 1972. Vorausgegangen war der Versuch einer „philosophischen Anthropologie": *Wolfgang Eichhorn/Hermann Ley/Rolf Löther* (Hrsg.), Das Menschenbild der marxistisch-leninistischen Philosophie, Berlin 1969; hier wird dem subjektiven Faktor „im gesamtgesellschaftlichen Beherrschungsprozeß sozialistischer Entwicklung" ein zentraler Rang eingeräumt.
[33] Lebensweise und Moral; das Kapitel 5 umfaßt die Seiten 209 bis 274, vgl. 210, 212.
[34] Ebenda, 215.
[35] Ebenda, 217.

„Schöpferisch tätig sein heißt, sich für die Interessen der Arbeiterklasse, für das Ganze der sozialistischen Gesellschaft verantwortlich zu fühlen, sich mit der Kraft der eigenen Persönlichkeit für den Sieg des Neuen einzusetzen, Schwierigkeiten und Hemmnisse zu überwinden und die Möglichkeiten der sozialistischen Demokratie dafür voll zu nutzen.

Schöpferisch tätig sein heißt, sich um die Verbesserung der Arbeitsorganisation, die Einsparung von Material und die effektivste Ausnutzung vorhandener Maschinen zu sorgen.

Schöpferisch tätig sein heißt, die Erkenntnisse der modernen Wissenschaft, insbesondere der Sowjetwissenschaft, zu studieren, sich die bewährten Arbeitserfahrungen und -methoden anderer Werktätiger und Kollektive zu eigen zu machen und sie den konkreten Bedingungen entsprechend unmittelbar im Betrieb, am Arbeitsplatz praktisch anzuwenden.

Schöpferisch tätig sein heißt, qualitativ neue Lösungen zu finden und sie so rasch wie möglich im Interesse des gesellschaftlichen Fortschritts praktisch zu nutzen.

Schöpferisch tätig sein heißt, Einfluß zu nehmen auf die Plandiskussion und auf Entscheidungen über Arbeitsbedingungen und Produktionsergebnisse, auf die Entwicklung der sozialistischen Beziehungen im Betrieb. (...)

Schöpfertum bedarf zielstrebiger Leitung und Planung durch den sozialistischen Staat. Nicht zielloses Suchen ist charakteristisch für sozialistisches Schöpfertum, auch nicht das Warten auf zufällige geniale Einfälle, auf Intuitionen einzelner. Das ist keine Grundlage für schöpferische Tätigkeit. Schöpfertum erfordert vielmehr die planmäßige und zielstrebige Leitung der Entwicklung des geistigen Vermögens der Werktätigen, ihres Fleißes und ihrer Initiative entsprechend den betrieblichen und gesellschaftlichen Aufgaben. Jede schöpferische Leistung ist vor allem an ihrer gesellschaftlichen Wirkung zu messen, daran, ob und inwieweit sie den Interessen des Betriebes und der sozialistischen Gesellschaft, der Sicherung ihrer Zukunft dient."[36]

Die so hervorgerufenen „sozialistischen Verhaltensweisen" einer „sozialistischen Persönlichkeit" manifestierten sich „in der Entfaltung der sozialistischen Demokratie im Betrieb", d.h. der „politisch-moralischen Bindung und der persönlichen Identifizierung des Werktätigen mit dem Betrieb und mit der gesamten Gesellschaft". Da ging es dann ganz schlicht um die „disziplinierte Verwirklichung der staatlichen Pläne"[37].

d) Das Programm der SED von 1976

Obwohl die DDR-Wirtschaft nicht nach ökonomischen Prinzipien funktionierte, sondern politischen und sozialen Anforderungen Genüge zu leisten hatte, d.h. Sozialleistungen und Verbrauch eine höhere Priorität als Investitionen und die Steigerung der Arbeitsproduktivität besaßen, hatte die DDR den Wiederaufbau einigermaßen bewältigen können. Um 1970 wurde es dann evident, daß das Aufholen, erst recht das Überholen des Kapitalismus, nicht gelang und folglich die „sozialistische Menschengemeinschaft" in weite Ferne rückte. So begann denn auch in der DDR die Phase des „real existierenden Sozialismus", und *Walter Ulbricht* wurde von *Erich Honecker* abgelöst. Was man jetzt glaubte vorweisen zu können, war eine in der Entwicklung sich befindende sozialistische Gesellschaft in der Form einer „Klassengesellschaft neuen Typs", die noch einen längeren Zeitraum existieren würde. Mit diesem mißverständlichen und im Programm von 1976 auch nicht mehr benutzten Begriff sollte die Führungsrolle der Arbeiterklasse bzw. der sie repräsentierenden Partei verdeutlicht werden. Gleichzeitig sollte

---

[36] Lebensweise und Moral, 220-225.
[37] Ebenda, 237f.

zum Ausdruck gebracht werden, daß es in dieser sozialistischen Gesellschaft im Werden noch soziale Ungleichgewichte gab und Konflikte entstanden, die sich aus dem Prozeß des permanenten Fortschritts zum Sozialismus ergaben, ja sogar Widersprüche entstehen konnten zwischen den leistungs- und eigentumsbezogenen Bedürfnissen der Einzelnen und den Anforderungen der Gesellschaft im allgemeinen.[38]

Solche Reflexionen bildeten den Hintergrund für das auf dem IX. Parteitag der SED im Mai 1976 angenommene Programm, in dem „die Gestaltung der entwickelten sozialistischen Gesellschaft" zu einem „historischen Prozeß tiefgreifender politischer, ökonomischer, sozialer und geistig-kultureller Wandlungen" mit noch nicht absehbarem Ende relativiert wurde. Kernstück der zukunftsorientierten Aussage war das Versprechen der Intensivierung, Modernisierung und des Ausbaus „der materiell-technischen Basis des Sozialismus"; damit sollten sowohl das „Lebensniveau der Menschen" erhöht als auch die „grundlegenden Voraussetzungen" für den „allmählichen Übergang zum Kommunismus" geschaffen werden. Wie voraussehbar, wurde die „führende Rolle" der Arbeiterklasse, sprich der SED, demonstrativ herausgestellt:

„Bei der Gestaltung der entwickelten sozialistischen Gesellschaft wächst die führende Rolle der Arbeiterklasse und ihrer marxistisch-leninistischen Partei sowie die Bedeutung der Gewerkschaften in allen Bereichen des gesellschaftlichen Lebens. Das Streben der Partei wird auch in Zukunft darauf gerichtet sein, den Einfluß der Arbeiterklasse in allen Lebensbereichen zu verstärken.

Die Arbeiterklasse ist die politische und soziale Hauptkraft des gesellschaftlichen Fortschritts und die zahlenmäßig stärkste Klasse. Sie ist Träger der politischen Macht, sie ist eng mit dem sozialistischen Volkseigentum verbunden, sie produziert den größten Teil des materiellen Reichtums der ganzen Gesellschaft. Ihre Interessen bringen zugleich die Grundinteressen des ganzen Volkes zum Ausdruck. Ihre Stellung in der gesellschaftlichen Produktion, ihre Führung durch die marxistisch-leninistische Partei befähigen die Arbeiterklasse als die am höchsten organisierte, disziplinierte und bewußte Klasse, den Kampf aller Werktätigen für den gesellschaftlichen Fortschritt zu leiten. Sie kann ihre historische Mission erfüllen, weil der Marxismus-Leninismus, die einzige wissenschaftliche Weltanschauung, Grundlage ihres Handelns ist.

Die Sozialistische Einheitspartei Deutschlands sieht ihre Aufgabe darin, die Bewußtheit und das Schöpfertum der Arbeiterklasse umfassend zu entfalten. Die führende Rolle der Arbeiterklasse wird in untrennbarem Zusammenhang mit der Lösung der politischen, ökonomischen, sozialen und geistig-kulturellen Aufgaben bei der Gestaltung der entwickelten sozialistischen Gesellschaft verwirklicht."[39]

Entsprechend dieser Aussage sollten junge Menschen erzogen werden, „deren marxistisch-leninistisch fundiertes Weltbild die persönlichen Überzeugungen und Verhaltensweisen durchdringt, die als Patrioten ihres sozialistischen Vaterlandes und proletarische Internationalisten fühlen, denken und handeln". Im gleichen Atemzug ist von der „Herausbildung einer kommunistischen Arbeitsmoral" die Rede und von einer „Entwicklung der sozialistischen Nationalkultur"[40]. Auch die „sozialistische Lebensweise" wird fixiert; zu ihr gehören das Eintreten für die

---

[38] Vgl. zu diesem Komplex *Meuschel*, Legitimation, 221–256 (Kapitel III).
[39] Programmtext Dietz Verlag Berlin 1976, 37.
[40] SED-Programm 1976, 49, 51ff.

revolutionäre Sache der Arbeiterklasse, die „Treue" zum Sozialismus und die Bereitschaft, dessen Errungenschaften zu schützen und zu verteidigen.[41]

Die emphatische Wort- und Begriffswahl der Programmsprache, die aufgeregte Nachdrücklichkeit, mit der zentrale Aussagen ermüdend wiederholt wurden, und die stilisierten, einfallslosen Metaphern verdeutlichen, daß die Formierung der Identitätsbildung und die Erfüllung legitimatorischer Ansprüche davon ablenken sollten, daß der „real existierende Sozialismus" entgegen seinem Namen gar nicht ‚existierte', allenfalls als Überbau ohne zureichende Basis. Das Programm endet mit der Projektion des „edlen Ziels" und der „lichten Zukunft der Menschheit". Es ist dies der Kommunismus, dem man sich allerdings nur „schrittweise" und „allmählich", wenn auch „planmäßig" annähern würde. Aus der großartigen Verheißung ist eine stille Hoffnung geworden.

Von nun an gab es keine ideologischen Innovationen mehr. Als im März 1980 der 3. Kongreß der marxistisch-leninistischen Soziologie in der DDR die „Lebensweise und Sozialstruktur" zum Thema hatte, reduzierten sich die ideologieintendierten Partien des Hauptreferats von *Rudi Weidig* auf eine langatmige, ermüdende – um im DDR/SED-Jargon zu bleiben: unschöpferische – Paraphrase des Programms von 1976[42]; um nur ein Beispiel zu zitieren:

„(...) ‚Die Erfahrungen der DDR, der Sowjetunion und auch anderer Länder der sozialistischen Gemeinschaft besagen eindeutig, daß die Herausbildung und umfassende Ausprägung des sozialistischen Typs der Sozialstruktur und Lebensweise ein langfristiger historischer Prozeß tiefgreifender Wandlungen in den Lebensbedingungen, im Bewußtsein und im Handeln der Menschen ist, der die gesamte historische Periode des Übergangs vom Kapitalismus bis zum Beginn der zweiten Phase der Entwicklung der kommunistischen Gemeinschaftsformation umfaßt.'"[43]

Die einzige Neuerung bestand in der Umsetzung einer Aufgabe, die der „Genosse *Kurt Hager*", der Chefideologe der SED und seit 1976 auch Mitglied des Staatsrates, im Jahre 1976 „speziell den Soziologen" gestellt hatte: „den Problemen der sozialen Entwicklung der territorialen Gemeinschaften größeres Augenmerk zu widmen". Die erste Erfolgsmeldung bestand in der Aussage:

„Es ist eine historische Errungenschaft des Sozialismus, daß die in früheren Gesellschaften gewachsenen sozialen Gegensätze zwischen Stadt und Land bereits überwunden und viele damit verbundenen sozialen Unterschiede beträchtlich reduziert sind. Aber damit konnten noch nicht alle sozialen Unterschiede und Differenzierungen in der Lebensweise zwischen den verschiedenen territorialen Gemeinschaften beseitigt werden. Das Leben in der Stadt oder auf dem Lande, in der Großstadt, der Kleinstadt oder im Dorf, in industriellen Ballungsgebieten und in landwirtschaftlichen Gebieten mit geringerer Bevölkerungsdichte – all das ist mit wesentlichen Besonderheiten und Differenzierungen in der sozialistischen Lebensweise verbunden. Sicher ist es nicht notwendig und nicht wünschenswert, alle Differenzierungen zum Beispiel zwischen der ‚städtischen' und der ‚ländlichen' Lebensweise beseitigen zu wollen; worum es im Prozeß der weiteren Gestaltung der entwickelten sozialistischen Gesellschaft geht, ist die Reduzierung wesentlicher sozialer Unterschiede und die Nutzung aller

---

[41] Vgl. SED-Programm 1976, 54.
[42] Vgl. *Rudi Weidig*, Sozialstruktur und Lebensweise bei der Gestaltung der entwickelten sozialistischen Gesellschaft in der DDR, in: Lebensweise und Sozialstruktur. Materialien des 3. Kongresses der marxistisch-leninistischen Soziologie in der DDR, 25.-27.03.1980, Berlin 1981, 10-55.
[43] Ebenda, 19.

territorialen Reserven für die Erhöhung der Effektivität des Reproduktionsprozesses und für die Verbesserung der Lebensverhältnisse der Bevölkerung."⁴⁴

So wurde Regionalforschung zum Strohhalm – als Ideologie-Ersatz und Antrieb für die Erhöhung der Effektivität des Reproduktionsprozesses.

2. Lebensweise und Sozialstruktur

a) Die DDR – eine klassenlose Gesellschaft?

In der jüngeren sozialwissenschaftlichen Forschung über die DDR gibt es einen noch unentschiedenen kontroversen Disput über die Beschreibung der Sozialstruktur der Gesellschaft. Ist diese zu charakterisieren als eine homogene klassenlose Gesellschaft der kleinen Leute oder als eine neue, nunmehr staatssozialistische Klassengesellschaft?⁴⁵

Mag man aus der Sicht der kulturellen Partizipation die Annahme einer weitgehenden Klassenlosigkeit akzeptieren können, so verweist der Befund eines herrschaftssoziologischen Ansatzes auf eine Klassengesellschaft mit klaren Trennlinien und festen Ungleichheitslagen zwischen privilegierter Parteielite, administrativer und operativer Dienstklasse auf der einen Seite und der Arbeiterklasse einschließlich der Dienstklasse des genossenschaftlichen Eigentums auf der anderen Seite mit Restbeständen alter Klassen und Schichten, wie den marginalisierten Selbständigen, nicht kadermäßig erfaßten Intellektuellen sowie Rudimenten alten Kleinbürgertums.

Mit den jeweiligen Klassenlagen konnten unterschiedliche Lebensbedingungen verknüpft sein. Doch selbst wer von einer neuen DDR-spezifischen Klassengesellschaft spricht, räumt ein, daß insgesamt eine fortschreitende Nivellierung der Klassenlagen bzw. eine Homogenisierung äußerer Lebenslagen (unterhalb des Niveaus der alten Bundesrepublik) stattgefunden habe. Und wer der Interpretation einer klassenlosen Gesellschaft zuneigt, verweist darauf, daß der Zugang zu den Machtpositionen politisch-ideologisch reguliert war und daß der Besitz von Privilegien von der politischen Qualifikation abhing. Noch keine schlüssigen Analysen gibt es bisher über die Bedeutung von regionalen Milieus und deren Segmenten.⁴⁶

---

⁴⁴ *Weidig*, Sozialstruktur und Lebensweise, 53f.
⁴⁵ Die erste Position vertritt *Meuschel*, Legitimation, 12; vgl. auch *dies.*, Überlegungen zu einer Herrschafts- und Gesellschaftsgeschichte der DDR, in: Geschichte und Gesellschaft, Jg. 19 (1993), H. 1, 5-14; zur zweiten Position: vgl. *Heike Solga*, Auf dem Weg in eine klassenlose Gesellschaft? Klassenlagen und Mobilität zwischen Generationen in der DDR, Berlin 1995; *dies.*, Klassenlagen und soziale Ungleichheit in der DDR, in: APuZ, B 46/96, 18-27.
⁴⁶ Vgl. hierzu *Georg Wagner-Kyora*, Arbeiter ohne Milieu und Angestellte im Abseits?, in: *Arnd Bauerkämper/Martin Sabrow/Bernd Stöver* (Hrsg.), Doppelte Zeitgeschichte. Deutsch-deutsche Beziehungen 1945-1990, Bonn 1998, 197-213; vgl. den perspektivenreichen Sammelband: *Peter Hübner/Klaus Tenfelde* (Hrsg.), Arbeiter in der SBZ – DDR, Essen 1999.

b) Widerstehen und/oder Anpassen

Zwang und Indoktrination reichen nicht aus, um zu erklären, daß Opposition (abgesehen vom 17. Juni 1953) ein Elitephänomen in der DDR war und blieb. Einige Erklärungskraft mag in diesem Zusammenhang der Verweis auf möglicherweise ungebrochene autoritäre Mentalitätsstrukturen vom Kaiserreich über das ‚Dritte Reich' bis in die DDR haben. In diesem Sinne spricht *Rolf Henrich* davon, daß die „Verpreußung" Deutschlands „ihre Spuren in unserem Gesellschaftscharakter hinterlassen hat":

„Diese Spuren wurden mit der Gründung des sozialistischen Staates nicht getilgt. In Gestalt des viel zitierten Untertanengeistes kann man die Spur ‚Potsdam' über die Zeit der Formationsverdrängung bis in den entwickelten Sozialismus verfolgen. Noch immer gilt es als moralisch zuverlässiges Verhalten, auferlegte Pflichten erforderlichen Falls gegen die eigene, innere Überzeugung widerspruchslos zu erfüllen. Weiterhin begeistert man sich für die perfekte Organisation, preußischen Gehorsam usw., ohne die Gefahren der Organisations-Welt und den eigenen Mangel an Personalität zu sehen. All diese Seiten des deutschen Gesellschaftscharakters, die mit der Verpreußung Deutschlands zusammenhängen, beutet der Staatssozialismus als Gesellschaftsformation skrupellos für sich aus."[47]

Methodisch mögen solche Aussagen über die Mentalitätsstruktur der DDR-Bevölkerung unzulänglich sein; aber teilnehmende Beobachtung ist für eine Kriterienbildung unerläßlich, so wie die Einlassung von *Jurek Becker* verdeutlicht:

„Manche diktatorischen Regierungen haben Glück mit ihrer Bevölkerung, und manche haben Pech. Das Maß an Drangsalierung, zu dem sie greifen müssen, hängt ganz von der Widerspenstigkeit der Bürger ab. (...) In dieser Hinsicht nun war die DDR-Regierung ein wahrer Glückspilz. Sie hatte es mit einer Bevölkerung von hoher Unterwerfungsbereitschaft zu tun, mit Bürgern, deren hauptsächliche Widerstandshandlung darin bestand, sich zu ärgern."[48]

Unter Berufung auf *Günter de Bruyn* verweist *Stefan Wolle*[49] für die Jahre nach 1971 auf einen widersprüchlichen Befund: „War die DDR ein brodelnder Kessel des Unwillens, den nur ein allgegenwärtiger Repressionsapparat am Überkochen hinderte, oder hatte sich eine große Mehrheit der Bevölkerung eigentlich mit den Verhältnissen arrangiert?" *Wolle* zitiert dabei *de Bruyn*, um diesen Widerspruch zu verstehen:

---

[47] *Henrich*, Vormundschaftlicher Staat, 91f; *Rolf Henrich*, 1944 in Magdeburg geboren, 1964 Eintritt in die SED, Jura-Studium, 1968 erstmals Konflikt mit dem SED-Regime, Facharbeiter im Steinkohlenbergbau, ab 1973 Anwalt in Eisenhüttenstadt, beeinflußt von *Rudolf Bahro* und den anthroposophischen Vorstellungen *Rudolf Steiners*, Rückzug in die Privatheit, nach der Veröffentlichung seines Buches im Westen im Frühjahr 1989 faktisches Berufsverbot, zusammen mit *Bärbel Bohley* und anderen Oppositionellen Gründung des Neuen Forums, Dezember 1989 Mitglied des „Runden Tisches", im November 1990 Eintritt in die SPD.

[48] *Jurek Becker*, „Zum Bespitzeln gehören zwei", in: Die Zeit, Nr. 32, 1990, 35; *Jurek Becker*, 1937 in Lodz geboren, jüdischer Herkunft, 1939-1945 Ghetto und KZ Ravensbrück und Sachsenhausen, seit 1945 in Berlin-Ost, 1957 Eintritt in die SED, Studium der Philosophie, Ausschluß vom Studium 1960, freiberuflicher Schriftsteller, 1976 Mit-Initiator des Protestbriefes gegen die Ausbürgerung *Wolf Biermanns*, ab 1977 in West-Berlin, 1997 gestorben.

[49] *Wolle*, Heile Welt, 227.

Günter de Bruyn[50] beobachtete bei vielen Menschen „(...) eine Resignation (...), die zur Bejahung des Bestehenden neigte, ein bequemes Eingewöhnen in die Zwangslage gestattete und Gedanken an Veränderungen verbot. Verglichen mit Ulbrichts Zeiten waren die materiellen Lebensverhältnisse besser, die Überwachungsmethoden zwar perfekter, aber doch leiser geworden. Die Beherrschten hatten gelernt, sich in Genügsamkeit zu bescheiden, und auch die Herrschenden begannen, sich mit dem Volk abzufinden. Sie verkündeten zwar weiter die unantastbare Lehre, weil ihre Legitimation einzig darauf beruhte, sahen aber von ihren kühnen politischen Zielen weitgehend ab. Von Ordnung und Wohlstand war mehr als vom Vorwärtsschreiten und Siegen die Rede. Begeisterung wurde nur noch von jenen verlangt, die aufsteigen wollten, bei den anderen genügte schon Unterordnung. Die wirksamste Agitationsvokabel wurde Geborgenheit. Es gab eine Art Stillhalteabkommen zwischen oben und unten. Wer die bestehende Machtkonstellation anerkannte und ihre Regeln befolgte, wurde weitgehend in Ruhe gelassen. Die wenigen Kritiker aus den eigenen Reihen, die, wie später Wolf Biermann und Rudolf Bahro, revolutionäre Fernziele vermißten und einzuklagen versuchten, wurden mundtot gemacht oder ausgewiesen, und breite Schichten waren, auch wenn sie Sympathie mit den Störenfrieden empfanden, mit der Regierung der Meinung, daß die Ruhe das Wichtigste war. Unbotmäßige Gedanken wurden bald auch im engen Kreis kaum noch geäußert. Aus Verbot wurde Konvention."

Andere Schriftsteller übten seit Beginn der siebziger Jahre subtil versteckte, dennoch erkennbare Kritik in Form einer „Abkehr von den gewissermaßen ‚metaideologischen' Paradigmen der Staatsideologie – Optimismus, Lebensfreude, Gesundheit, Kraft, Gemeinschaftssinn und Volkstümlichkeit", wie sie sich in der sogenannten Romantik-Welle, beginnend mit *Christa Wolfs* Erzählung „Neue Lebensansichten eines Katers" (1970) auf den Spuren von E.T.A. Hoffmanns Kater Murr, ausdrückte.[51] Wieder andere wählten den blanken Zynismus als Fluchtpunkt, wie *Heiner Müller*, der – nach eigener Aussage – nie einen Zweifel darüber hatte, daß es sich bei der DDR um eine Diktatur handelte, der aber noch knapp vor der Wende die Auffassung vertrat: „Ohne die DDR als basisdemokratische Alternative zu der von der Deutschen Bank unterhaltenen Demokratie in der BRD wird Europa eine Filiale der USA sein."[52]

Die Hauptleistung der DDR-Bevölkerung bestand in der möglichst nicht verbiegenden Anpassung an Gegebenheiten, die sich kaum zu ändern schienen, an denen vieles als lästig abstieß, die aber auch vieles boten, was der „wilde Westen" nicht hatte: berechenbare Ruhe, Ordnung, Sauberkeit, sozial abgefederte Aufstiegsmobilität, wenn schon nicht Gleichheit der Chancen. Indessen sahen sich viele jüngere Jahrgänge in ihren Erwartungen zunehmend enttäuscht. Die DDR war eben ein „vormundschaftlicher Staat" (*Henrich*), ein autoritärer Wohlfahrtsstaat, bzw. hatte einen Doppelcharakter als Träger „sozialistischer Sozialpolitik" und Instrument politischer Repression, war also eine „Fürsorgediktatur"[53], die „im Gewande väterlicher Liebe" aufzutreten beflissen war (Wer erinnert sich nicht an des Stasi-Chefs Erich Mielke Ausbruch „Ich liebe doch alle.").

---

[50] *Günter de Bruyn*, Vierzig Jahre. Ein Lebensbericht, Frankfurt a.M. 1996, 185f., zit. n. *Wolle*, Heile Welt, 227f. *Günter de Bruyn*, 1926 in Berlin geboren, gelernter Bibliothekar, von 1953 bis 1961 wissenschaftlicher Mitarbeiter im Zentralinstitut für Bibliothekswesen der DDR, seit 1961 freischaffender Schriftsteller, 1976 Mitunterzeichner des Protestbriefes gegen die Ausbürgerung *Wolf Biermanns*.
[51] Vgl. *Wolle*, Heile Welt, 222f.
[52] „Ich bin kein Held, das ist nicht mein Job", in: SZ v. 14./15.09.1991, 15.
[53] *Jarausch*, Realer Sozialismus als Fürsorgediktatur.

Was war eigentlich sozialistisch an diesem Staat, der sich selbst so nannte? So gut wie nichts: Weder für die durch ausschließliches Staatseigentum dominierte Produktionsweise noch die dogmatisch-legitimatorische Ideologie lassen sich in der genuinen marxistisch-sozialistischen Ideengeschichte ausreichende Anhaltspunkte finden.

c) Woran scheiterte die SED-Diktatur?

Für die Beantwortung dieser Frage gibt es bereits viele wissenschaftlich abgesicherte Ansätze. Zurückhaltung ist nur angebracht gegenüber Erklärungsmodellen, die ein quasi naturnotwendiges Scheitern-müssen unterstellen (und damit gleichzeitig die demokratisch-sozialistische Konzeption als obsolet vorführen möchten). Die Behauptung eines stringenten Scheiterns wäre methodisch ein negativ-spiegelbildlicher Teleologismus bezogen auf die einst vom Marxismus-Leninismus behauptete historisch notwendige höhere Entwicklung hin zum Endziel einer kommunistischen Gesellschaft der Gleichen.

Einige Gründe für das Scheitern sind bereits direkt oder indirekt genannt worden: Utopieverlust, Glaubwürdigkeitsverlust der Ideologie, die schließlich jede Faszinationskraft einbüßte, die technisch-ökonomische Innovationsunfähigkeit, außenwirtschaftliche Abhängigkeiten, die im Rahmen des sowjetischen Blocksystems noch einmal zunahmen, aber auch die wachsende Verschuldung bei den kapitalistischen Ländern, insbesondere der Bundesrepublik, die ungenügende Einbindung in die internationale Arbeitsteilung, der Einfluß der zunehmenden interkulturellen Kommunikation, möglicherweise in diesem Kontext auch das Anwachsen eines Bedürfnisses nach grenzüberwindender nationaler Identitätsfindung. Entscheidend war indessen die Unvereinbarkeit zwischen den Ansprüchen auf Wirksamkeit, die das politisch-ökonomische System der marxistisch-leninistisch begründeten sozialistischen Produktionsweise an sich selber stellte, und den strukturellen Funktionsdefiziten dieses Systems. Nie ist es den kommunistischen Wirtschaftsreformern gelungen, die zentral planende, von Parteibefehlen abhängige Kommandowirtschaft durch die Implantierung von marktwirtschaftlichen Elementen effizienter zu gestalten, rationeller und flexibler zu machen. Wären solche Vorhaben gelungen, hätte auch die Hoffnung auf Liberalisierung und Demokratisierung des politischen Systems ein Fundament erhalten. Doch der Traum von der „sozialistischen Marktwirtschaft" zerstob, und übrig blieb der lange Abschied von einem nicht reformierbaren ökonomisch-politischen System.

Unter der Last der aufgezählten Faktoren war der „real existierende Sozialismus" der DDR – dieser bereits eine Niveauabsenkung der eigenen Ansprüche – 1981 an seine existentiellen Grenzen gelangt. Damals begann die ökonomische Lage der DDR existentiell bedrohlich zu werden. Die Armut an natürlichen Ressourcen (die DDR verfügte lediglich über Braunkohle und Uran) hatte die DDR-Wirtschaft immer abhängig gemacht vom Import von Erdöl aus der Sowjetunion und von Steinkohle sowie Koks aus Polen. Insbesondere durch die Senkung der Öllieferungen aus der Sowjetunion seit Anfang der achtziger Jahre wurden Ersatzkäufe im kapitalistischen Westen notwendig. Dadurch stieg die Auslandsverschuldung enorm (um das 15fache), zumal angesichts der Schrumpfung der Energiebasis der Export von hochwertigen, Valuta bringenden Erdölprodukten zunehmend ausfiel. Durch die hohen Sozialausgaben, unproduktive Projekte im Wohnungsbau und die Unsummen, die Militär und Staatssicherheit verbrauchten, fehlten die Mittel für dringend notwendige Investitionen im Produktionsbereich. Hier waren die Anlagen und Maschinen veraltet und die Arbeitsproduktivität niedrig; gleichzeitig erfolgte der Übergang in die Hochtechnologie nur mit Verspätung. Spätestens im Jahre 1987 stand die DDR-Wirtschaft vor dem „Aus".[54]

Ein weiterer Grund für die Implosion der DDR war die langsame, zuletzt spontan anwachsende Bedeutung der gesellschaftlichen Gegenbewegung, d.h. der Formen und Zeichen der Bürgerbewegung in der DDR.

III. Opposition, Widerstand und Reformen in der DDR 1956 – 1989/90

1. Der Revisionismus der fünfziger und sechziger Jahre

a) *Wolfgang Harich*

Wolfgang Harich (1923-1995), gehörte zu der nicht zahlreichen, aber eindrucksvollen Kohorte junger Intellektueller, die gegen Ende des ‚Dritten Reiches' die Kraft zu widerständigem Verhalten gewannen und neue Perspektiven für ein demokratisch-sozialistisches Deutschland zu entwickeln versuchten. Sie waren weder „Kinder Hitlers" noch Stalins, sondern argumentierten aus der noch keineswegs versiegten Quelle des emanzipiert orientierten deutschen Bildungsbürgertums aus der Zeit des beginnenden 20. Jhs.[55] Harich hatte im Unterschied zu anderen Intellektuellen seiner Generation nach 1945 nicht den Weg nach Westen gesucht (war aber auch nicht, wie seine Halbschwester, aus dem Westen wieder zurückgekehrt), sondern hatte sich für den besonderen deutschen Weg zum Sozialismus entschieden. Entsprechend verlief seit Mai 1945 die Karriere des hochbegabten jungen Mannes: Journalist, SED-Parteihochschule, Lehramt an der Humboldt-Universität, Cheflektor im Aufbau-Verlag.

Die Intellektuellen in der DDR haben im Juni 1953 während des Arbeiter- bzw. Volksaufstandes kaum Flagge gezeigt. Erst im Zusammenhang mit dem „Tauwetter" nach dem XX. Parteitag der KPdSU entstanden in einem kleinen Kreis

---

[54] Vgl. *Jarausch*, Die unverhoffte Einheit, insbes. 148-174.
[55] Zur angesprochenen Kohorte gehörten u.a. neben *Harich* dessen Halbschwester *Susanne Kerckhoff* (geb. 1918), *Rudolf Augstein* (geb. 1923), *Lucinde Worringer* (später: *Sternberg*, geb. 1918); diese Jugendkohorte ist überhaupt noch nicht systematisch und analytisch solide untersucht. Zu *Harichs* Biographie vgl. die materialreiche, aber nicht immer urteilssichere Arbeit von *Siegfried Prokop*, Ich bin zu früh geboren. Auf den Spuren Wolfgang Harichs, Berlin 1997, sowie *ders.* (Hrsg.), Ein Streiter für Deutschland. Auseinandersetzungen mit Wolfgang Harich, Berlin 1996; vgl. ferner *Wolfgang Harich*, Keine Schwierigkeiten mit der Wahrheit, Berlin 1993; *ders.*, Ahnenpaß. Versuch einer Autobiographie, Berlin 1999; zu *Susanne Kerckhoff* vgl. *Ines Geipel* (Hrsg.), Die Welt ist eine Schachtel. Vier Autorinnen in der frühen DDR, Berlin 1999.

von kulturpolitisch tätigen Intellektuellen – neben *Harich* sind als die aktivsten zu nennen: *Walter Janka, Gustav Just* und *Heinz Zöger*[56] – strategische Überlegungen über den Weg zu einem wiedervereinigten, demokratisch-sozialistischen Deutschland, also eine Art Neuauflage des Ackermannschen „besonderen deutschen Weges zum Sozialismus" aus dem Jahre 1945. Die Strategie-Papiere, die in der Hauptsache von *Harich* stammten[57], gingen von der Voraussetzung aus, daß der Sieg des Sozialismus auch in Westeuropa unvermeidlich sei; er müsse aber nicht durch eine Revolution herbeigeführt werden, sondern erfolge auf friedlichem Wege. Die sozialistische Transformation sollte unter Führung der reformkommunistisch umgestalteten SED vollzogen werden. Als einer der ersten Schritte war an die Schaffung einer Aktionseinheit der Arbeiterparteien in der Bundesrepublik und in der DDR gedacht; als Fernziel wurde die sozialistische Umgestaltung der BRD und die Demokratisierung der DDR angestrebt, mit dem Ergebnis der Wiederherstellung der Einheit Deutschlands. Umfassend fiel das Konzept der Entstalinisierung der SED aus: Abgelehnt wurde der Führungsanspruch der KPdSU und die Vorbildfunktion der Sowjetunion; in der Partei sollte ein offenes Meinungsklima geschaffen werden; demokratische Entscheidungsstrukturen sollten geschaffen und alle Stalinisten ausgeschlossen werden.

Die Plattform enthielt zwar einen Abschnitt „Die Weltanschauung der Partei und ihre aktuellen Aufgaben auf theoretischem Gebiet", stellte jedoch inhaltlich keine Innovation dar, im Gegenteil: Er hatte stark eklektische Züge, wie der folgende Auszug zeigt:

„Schöpferische Weiterentwicklung des Marxismus-Leninismus, kritische Überwindung historisch überlebter Dogmen und Schlußfolgerungen, kritische Überwindung derjenigen Theorien der Stalinschen Periode, die sich entweder unter den gegenwärtigen Bedingungen historisch überlebt haben oder schon immer so falsch gewesen sind wie die Theorie von der Unvermeidlichkeit der ununterbrochenen Verschärfung des Klassenkampfes bei wachsenden Aufbau-Erfolgen des Sozialismus.

Undogmatische Weiterentwicklung der marxistischen Krisentheorie im Hinblick auf die neuen Erscheinungen in der ökonomischen Politik der kapitalistischen Staaten, Erscheinungen, die Stalin nicht verstanden hat und die zu Lenins Lebzeiten noch gar nicht oder erst nur in unbedeutender Keimform existiert haben. (...)

Schöpferische Ausarbeitung der marxistischen Philosophie und Weltanschauung auf bisher vernachlässigten Gebieten wie Ethik, philosophische Anthropologie, Rechtsphilosophie usw., unter besonderer Berücksichtigung derjenigen philosophischen und gesellschaftswissenschaftlichen Probleme, die die Freiheit der Persönlichkeit in der sozialistischen Gesellschaft betreffen; Ausarbeitung und umfassende theoretische Begründung einer Magna Charta der Pflichten, Rechte und Freiheiten des werktätigen Menschen in der sozialistischen Gesellschaft.

Sorgfältiges Studium und kritische Aneignung des teilweise wertvollen Gedankenerbes, das sich in den Werken bedeutender deutscher und ausländischer Marxisten findet, die ent-

---

[56] Vgl. *Walter Janka*, Schwierigkeiten mit der Wahrheit, Reinbek 1989; *Gustav Just,* Zeuge in eigener Sache, Frankfurt a.M. 1990.

[57] Es handelt sich um drei Dokumente: 1. Studien zur weltgeschichtlichen Situation = Memorandum für den (sowjetischen) Botschafter in der DDR, *Puschkin*, Frühjahr 1956, in: *Prokop*, Ich bin zu früh geboren, 242-275; 2./3. die „Politische Plattform", geschrieben zwischen dem 22. und 25.11.1956, abgedruckt in: *Harich*, Keine Schwierigkeiten, 112-160; vgl. die Anmerkung des Autors im selben Band, 254f., daß die Plattform in zwei Fassungen existiert; vgl. auch *Günther Hillmann*, Selbstkritik des Kommunismus, Reinbek 1967, 186-197; dies sind vermutlich die Aufzeichnungen des SPD-Vertreters, mit dem *Harich* Anfang November 1956 verhandelt hatte.

weder keine Leninisten gewesen sind oder zu Stalin in Gegensatz gestanden haben und daher bisher in unserer Partei nicht genügend gewürdigt bzw. in überspitzter, einseitiger Weise verfemt worden sind (z.B. *Kautsky, Mehring, R. Luxemburg, H. Großmann, Korsch, F. Sternberg,* der frühe *Lukács, Lafargue, Labriola, Gramsci, Trotzki, Bucharin, Deborin*).

Sorgfältiges Studium und sachliche kritische Auseinandersetzung mit den Werken bedeutender sozialdemokratischer Historiker und Theoretiker der letzten 30 Jahre (z.B. *Arthur Rosenberg, Sering* u.a.), die im einzelnen wertvolle Hinweise für ein tieferes marxistisches Verständnis der Stalinschen Periode enthalten."[58]

Der „rote 20. Juli", wie *Harich* den geplanten Sturz von *Ulbricht* nannte, fand nicht statt; noch Ende November 1956 wurde *Harich* verhaftet, in einem Prozeß im Frühjahr 1957 zu zehn Jahren Haft „wegen Bildung einer konterrevolutionären staatsfeindlichen Gruppe" verurteilt und erst 1964 aus dem Zuchthaus entlassen.

b) *Ernst Bloch*

Ernst Bloch zählte in den fünfziger Jahren ebenfalls zu den widerständigen Intellektuellen. Sein Denken und der sprachliche Ausdruck dieses Denkens führten weit weg von dem angelernten und empirisch verarmenden Vulgärmarxismus des „Diamat". In seiner Rede zum 125. Todestag Hegels am 14. November 1956 vertiefte *Bloch* – mitten in den Tagen der Niederschlagung des ungarischen Aufstandes – seinen Angriff auf die, wie er sie nannte, Patrone des Vulgärmaterialismus und Vulgärmarxismus und forderte eine „Erfrischungsepoche des Marxismus": „Dergestalt, daß wieder Welt in ihrer Fülle und zentralen Tiefe abzubilden versucht wird, nicht aber ein Stilleben aus vier bis fünf Lesefrüchten oder eine Schulmeisterei aus Sekte und vorwissenschaftlichem Katechismus. Uns helfen keine roten Oberlehrer fern vom Leben, keine Papier-Ästhetik fern von Kunst, kein Philosophieren fern von Philosophie."[59]

Bloch forderte die Befreiung des „zentralen Denkens" von „allem bloß Vorgeschnittenen" und „von der Not der schlechten, mindestens unzureichenden Einteilung unseres Stoffes in a) dialektischen, b) historischen Materialismus, wie bei einem Schulaufsatz"[60]. Er verlangte, daß die „Schmalspur" aufgegeben und Raum geschaffen werde für eine marxistische Anthropologie, Ethik, Ästhetik, ja sogar Religionsphilosophie. Als ähnlich weit entfernt von allem Dogmatismus konnte *Blochs,* den jungen *Marx* nachdenkende Bestimmung des Menschen angesehen werden, wie er sie in seinem Hauptwerk „Das Prinzip Hoffnung" darlegte:

„Marx bezeichnet als sein letztes Anliegen ‚die Entwicklung des Reichtums der menschlichen Natur'; dieser *menschliche* Reichtum wie der von *Natur* insgesamt liegt einzig in der Tendenz-Latenz, worin die Welt sich befindet – vis-à-vis de tout. Mit diesem Blick also gilt: Der Mensch lebt noch überall in der Vorgeschichte, ja alles und jedes steht noch vor Erschaffung der Welt, als einer rechten. Die *wirkliche Genesis ist nicht am Anfang, sondern am Ende*, und sie beginnt erst anzufangen, wenn Gesellschaft und Dasein radikal werden, das heißt

---

[58] *Harich*, Keine Schwierigkeiten, 125f.
[59] *Ernst Bloch*, Hegel und die Gewalt des Systems, in: *ders.*, Philosophische Aufsätze zur objektiven Phantasie (Bd. 10 der Gesamtausgabe), Frankfurt a.M. 1969, 481-500, Zitat 495; zu *Bloch* siehe auch Sozialismus II, 3. Kap., II, 1, b); dort auch Hinweise auf einführende Literatur.
[60] Ebenda, 497.

sich an der Wurzel fassen. Die Wurzel der Geschichte aber ist der arbeitende, schaffende, die Gegebenheiten umbildende und überholende Mensch."[61]

In seinem Hauptwerk lehnte *Bloch* deterministische Erwartungen eines notwendigen Übergangs in eine sozialistische bzw. kommunistische Gesellschaft ab. Zwar bestritt er nicht, daß es der Wirklichkeit immanente Entwicklungsgesetze gibt, betonte aber die Rolle denkender und handelnder Menschen auf der Grundlage ihrer Willens- und Entscheidungsfreiheit bei der Verwirklichung der Hoffnung auf eine bessere Gesellschaft. Dieses „Prinzip Hoffnung" bewirke eine immer neue Entwertung der jeweils bestehenden Verhältnisse durch den immer neuen Traum eines noch besseren Zustandes, so daß ein verbindliches kommunistisches Endziel gar nicht formuliert werden könne.

Bloch wurde 1957 die Lehr- und Publikationserlaubnis entzogen; im August 1961, kurz nach dem Mauerbau, kehrte er von einer Reise in die Bundesrepublik nicht mehr in die DDR zurück. Er interpretierte diese Entscheidung als einen „Sprung aus dem Reich der Notwendigkeit in das Reich der Freiheit". Er wäre jedoch mißverstanden, wollte man ihm unterstellen, er meine, der Kapitalismus wäre nun das „Reich der Freiheit". Vielmehr war er der Auffassung, daß erst dort, wo der „wahre Sozialismus" sei, das „Reich der Freiheit" sein werde. Sich auf *Rosa Luxemburg* berufend, erklärte er:

„Keine Demokratie ohne Sozialismus – aber auch kein Sozialismus ohne Demokratie. Was bedeutet, der Sozialismus hat noch nicht einmal angefangen. Man kann also in diesem strengeren Sinne gar nicht enttäuscht werden, obwohl wir uns nicht drücken wollen. Aber es ließe sich sagen: Hat noch gar nicht angefangen! Wir haben einen sozialistisch sich gebenden Staatskapitalismus in der Sowjetunion."[62]

c) *Robert Havemann*

1956 gab es noch keinen Fall *Havemann*. Der 1910 in München geborene, seit 1932 mit der KPD sympathisierende Physiker, der 1943 wegen seiner Widerstandsarbeit zum Tode verurteilt worden war, dann Vollstreckungsaufschub zwecks Fortführung seiner Forschungen erhielt, befand sich noch im Waffenstillstand mit seiner Partei, die ihrerseits, obwohl *Havemann* durchaus massive Kritik an der dogmatischen Aneignung des Dialektischen Materialismus geübt hatte, auf sein internationales Ansehen für die damals beginnende Anti-Atomtod-Kampagne nicht verzichten wollte.

Havemann arbeitete seit Ende der fünfziger Jahre an einem System der Philosophie auf naturwissenschaftlicher Grundlage, wobei er versuchte, die Erkenntnisse der Quantenphysik auf gesellschaftliche Prozesse zu übertragen. Der Durchbruch zu fundamentaler Systemopposition erfolgte dann mit einer Vorlesung über „Naturwissenschaftliche Aspekte philosophischer Probleme", die *Havemann* im Wintersemester 1963/64 an der Berliner Humboldt-Universität für Hörer aller Fakultäten hielt.[63] Erkenntnistheoretisch löste *Havemann* hier den me-

---

[61] *Bloch*, Das Prinzip Hoffnung. In fünf Teilen. Kapitel 38-55, Frankfurt a.M. 1959, 1628.
[62] Gespräche mit *Ernst Bloch*, hrsg. von *Rainer Traub* und *Harald Wieser*, Frankfurt a.M. 1975, hier: Hoffnung mit Trauerflor (1964), 13-27, Zitat 24f.
[63] Die Band-Abschrift erschien unter dem Titel „Dialektik ohne Dogma? Naturwissenschaft und

chanistischen Materialismus und die These von der diesem immanenten Gesetzmäßigkeit zugunsten des Tendenzbegriffs auf. Unter Berufung auf *Hegel* stellte er fest:

„Welche Möglichkeiten in der Natur tatsächlich bestehen, das ist nicht zufällig. Was möglich ist, das ist mit *Notwendigkeit* bestimmt. Das Gesetzmäßige der Welt und der Erscheinungen liegt im Möglichen. Mit absoluter Notwendigkeit ohne jede Zufälligkeit ist das Unmögliche vom Möglichen geschieden. Alle Gesetze der Natur, alle Gesetze der Wirklichkeit, die wir entdecken, besagen uns nur, was unter bestimmten Umständen jeweils möglich und was unter diesen gleichen Umständen unmöglich ist. Die Gesetze besagen also nicht, was wirklich geschieht und geschehen wird, sie geben nur an, was geschehen kann."[64]

Havemann korrigierte auch die herrschende Abbildtheorie, ohne sich ganz von *Lenins* Vorgaben zu lösen; er erweiterte ebenso den Freiheitsbegriff: „Die Freiheit des Menschen beruht gerade darauf, daß die Zukunft der Welt bestimmt werden kann, weil sie es noch nicht ist."[65] Er durchbrach ferner den alles beherrschenden Begriff der Kausalität und variierte den Spontaneitätsbegriff: Spontaneität bedeute nicht zielloses, eigennütziges, chaotisches Handeln, sondern „trotz ungenügender Bewußtheit doch den Mut haben zum Weitergehen. Ohne Spontaneität kämen wir nicht einen Schritt voran."[66]

Havemann versuchte, nicht sehr systematisch, aber grundsätzlich denkend, Erkenntniskritik, politische Strategie und Zukunftsperspektive miteinander zu verknüpfen. Der Sozialismus war noch nicht verwirklicht, da er ohne Demokratie nicht verwirklicht werden kann. Er ist aber auch gar nicht das Ziel, sondern der Wandel, der Übergang vom Kapitalismus zum Kommunismus, er ist der Weg, der in die Zukunft eines demokratisch-humanistischen Kommunismus führt:

„Sozialismus kann immer nur unvollendet sein, denn seine Vollendung ist der Kommunismus, eine Epoche, deren Anbeginn wir heute erleben. Sie wird reich sein an historischen Entwicklungen und Wandlungen, reich wie die Vergangenheit. Ihr Leitbild ist die Utopie der kommunistischen Gesellschaft, die keiner Moral, keiner Ideologie und keines Staates mehr bedarf, weil sie selbst moralisch sein wird, weil sie Wahrheit über sich selbst nicht zu verbergen braucht und weil in ihr geordnet ist, was bisher nur durch staatlichen Zwang in Ordnung gehalten werden kann. Aber auch im Zeitalter des Kommunismus werden wir nie am Ziel, sondern immer auf dem Weg zu dieser Welt der sozialen Harmonie sein. Der Kommunismus ist also nicht das Ende der Geschichte, sondern sein Beginn nur das Ende der Vorgeschichte der Menschheit. Der Kommunismus ist das Ende der Ausbeutung des Menschen durch den Menschen. An die Stelle des Klassenwiderspruchs, der überwunden sein wird, werden andere Widersprüche treten, neue Triebkräfte der Entwicklung. Sie werden wie alle vergangenen hervorgehen aus dem unauflösbaren Widerspruch zwischen Individuum und Gesellschaft, dem tiefsten und menschlichsten Widerspruch, von dem wir noch so bitter wenig ergründet und erdacht haben."[67]

Havemanns realutopisch-revolutionäre Philosophie des Kommunismus, die Sozialismus als Kommunismus im Werden deutet, ist schwer einzuordnen. Er blieb im Prinzip Anhänger des Dialektischen Materialismus (und insofern *Lenins*),

---

Weltanschauung" im Juni 1964 (im Rowohlt-Verlag, Reinbek, also in der Bundesrepublik).
[64] *Havemann*, Dialektik ohne Dogma, 89.
[65] Ebenda, 93, 103, 104.
[66] Ebenda, 126.
[67] *Ders.*, Rückantworten an die Hauptverwaltung „Ewige Wahrheiten", München 1971, 79f.

wenngleich er wiederum auch ethische Rückkoppelungen zuließ. Spuren von *Blochs* Denken, aber auch des frühen *Lukács* werden sichtbar, doch die Vorstellung von der „ungeselligen Geselligkeit" des Menschen geht auf *Kant* zurück.

Die SED-Parteiführung zögerte zunächst, den Fehdehandschuh aufzunehmen, den ihr *Havemann* vor die Füße geworfen hatte. Doch dann folgten Schlag auf Schlag die Rückantworten der „Hauptverwaltung ‚Ewige Wahrheiten'": Im März 1964 wurde *Havemann* aus der SED ausgeschlossen; er erhielt Reise- und Veröffentlichungsverbot; im Dezember 1965 verlor er seinen Forschungsauftrag; im April 1966 wurde er aus der Liste der Mitglieder der Akademie der Wissenschaften gestrichen; er mußte fortan mit einer Rente leben, die ihm als Opfer des Faschismus zustand. 1976 wurde er, nachdem auch er gegen die Ausbürgerung von *Wolf Biermann* protestiert hatte, dazu verurteilt, sein Grundstück in Grünheide bei Berlin nicht mehr ohne Genehmigung zu verlassen.[68] Am 9. April 1982 starb *Robert Havemann* an den Folgen einer Krankheit, die er sich während seiner Haftzeit im ‚Dritten Reich' zugezogen hatte.

d) *Robert Havemann* und *Wolfgang Harich* in den siebziger Jahren

Havemann blieb auch während seiner Haft im eigenen Haus in Kontakt mit gleichgesinnten Intellektuellen im Osten wie im Westen. Seine Publikationen erschienen seit 1964 ausschließlich im Westen. Er blieb Kommunist, wie er immer wieder betonte, und lehnte jede konspirative Tätigkeit ab. *Havemann* hoffte auf die Weiterführung der steckengebliebenen Revolution, setzte große Hoffnungen in den „Prager Frühling" als dem Versuch, eine sozialistische Demokratie aufzubauen. Nach dessen Scheitern hegte er viele Sympathien für den Eurokommunismus.

Sein Brief an *Ernst Bloch*, der zu dessen 90. Geburtstag am 18. Juli 1975 in der westdeutschen Wochenzeitung „Die Zeit" erschien, zeigte noch einmal den hohen Grad seiner Enttäuschung darüber, daß der „reale" Sozialismus, der für ihn nur Schein war, „so hoffnungslos hinter dem Gang der Zeitgeschichte zurückgeblieben war":

„Wie reich könnten wir hier sein in diesem selbst jetzt noch besseren Teil Deutschlands, wie reich an guten Ideen und wie reich an großen Menschen, wenn nicht einige der Unsrigen immer wieder so armselig gehandelt hätten. Es sind ja viele hier weggegangen, weil sie weg wollten, weil ihnen das schlechtere Deutschland besser gefiel, weil sie nichts übrig hatten für den großartigen Versuch des Sozialismus in Deutschland und überhaupt in der Welt. Ich will nicht sagen, daß es um sie alle nicht schade ist. Auch viele von diesen wurden im Grunde durch uns vertrieben – wir hatten nicht verstanden, sie zu halten. Der Sozialismus hatte in unseren Händen seine Faszination verloren."[69]

---

[68] Vgl. *Havemann*, Die Stimme des Gewissens, hrsg. von *Rüdiger Rosenthal*, Reinbek 1990, hier: Berufsverbot und Parteiausschluß, 130-149; weitere Texte von *Havemann:* Fragen, Antworten, Fragen. Aus der Biographie eines deutschen Marxisten, München 1970; Ein deutscher Kommunist. Rückblicke und Perspektiven aus der Isolation, hrsg. von *Manfred Wilke*, Reinbek 1978; Morgen. Die Industriegesellschaft am Scheideweg, München 1980; Robert Havemann. Dokumente eines Lebens, zusammengestellt und eingeleitet von *Dieter Hoffmann* u.a., Berlin 1991.

[69] *Havemann*, Stimme des Gewissens, 164f.

Havemann wechselte keineswegs in den siebziger Jahren das Thema, wenn er sich den Gefährdungen der modernen Industriegesellschaften in Ost und West zuwandte und eine asketisch gemeinte, von der Hoffnung auf die wachsende Vernünftigkeit des Menschen geprägte kommunistische Utopie, die grün-alternative Züge hatte und auch Momente der konservativen Kultur- und Zivilisationskritik enthielt, zu entwerfen versuchte:

„Ich glaube, daß die Ausarbeitung einer solchen kommunistischen Utopie eine wichtige Aufgabe unserer Zeit ist. Ich beschäftige mich seit langem mit dieser Frage. Ich glaube, man muß neue Zielvorstellungen entwickeln, bevor man sich einig wird über den Weg dahin. Der Sozialismus ist ein Weg zum Ziel, dies Ziel ist natürlich phantastisch und großartig und utopisch. Es ist auch, wie jede Utopie, die Form, in der wir uns die Überwindung all der Unmenschlichkeit vorstellen, unter der wir heute zu leiden haben. Dadurch ist auch unsere Utopie immer einseitig und geprägt durch die Jämmerlichkeiten unseres gegenwärtigen Lebens."[70]

Wolfgang Harich lebte nach seiner Entlassung aus dem Zuchthaus im Jahre 1964, gesundheitlich schwer angeschlagen, relativ isoliert im Kreis der oppositionellen DDR-Intellektuellen und konzentrierte sich auf seine Studien über *Jean Paul*. 1969 setzte er zu einer Kritik der (68er) revolutionären Ungeduld an, indem er dogmatisch-marxistisch darauf bestand, daß die Voraussetzung für die Transformation des Kapitalismus in den Sozialismus die Gewalt der proletarischen Revolution und durch sie die Schaffung des proletarischen Staates sei. Konterrevolutionär-reformistisch verhielten sich dagegen die neuen Anarchisten, die die Konzeption verfolgten, „Freiheiten des künftigen herrschaftslosen Zustandes in die Gegenwart hineinzuziehen, nichtautoritäre Verhaltensweisen inmitten der kapitalistischen Gesellschaft vorzuleben (...)." Dies bedeute, „progressive soziale Impulse in vielfältiger Verzettelung so abzureagieren, daß das kapitalistische System davon nicht im geringsten berührt wird"[71].

Inspiriert u.a. von den Thesen des Club of Rome hat sich *Wolfgang Harich* in Gesprächen mit *Freimut Duve* Mitte der siebziger Jahre gezielt kritisch gegen den Wachstumsfetischismus gewandt, der in den kapitalistischen wie auch in den kommunistischen Ländern die Grundlagen der ökonomischen Prozesse diktiere.[72] *Harich* war der Auffassung, daß die ökologische Krise in Permanenz dazu zwinge, das Projekt eines „Kommunismus der Rationierung" zu entwerfen, der die rigide Beschränkung des Wachstums erlaube, die Marktbeziehungen ausschalte, in dem Gebrauchswerte aufhörten, Waren zu sein, der das Geld abschaffe und das Leistungsprinzip obsolet werden lasse. Dieser Kommunismus könne nun aber, wie von *Marx* erwartet, weder herrschaftslos noch eine Überflußgesellschaft sein:

„In dem endlichen System Biosphäre, in dem der Kommunismus sich wird einrichten müssen, kann er die menschliche Gesellschaft nur in einen homöostatischen Dauerzustand überführen, der, so wenig er die Dynamik des Kapitalismus oder die des Sozialismus fortzusetzen erlaubt, auch keine schrankenlose Freiheit des Individuums zulassen wird. Jeder Gedanke an ein künftiges Absterben des Staates ist daher illusorisch. Die internationale Arbeitsbewe-

---

[70] *Havemann*, Stimme des Gewissens, 191.
[71] *Harich*, Zur Kritik der revolutionären Ungeduld, in: Kursbuch, Nr. 19 (1969), 71-113, Zitate 111, 110; vgl. auch: *ders.*, Zur Kritik der revolutionären Ungeduld. Eine Abrechnung mit dem alten und dem neuen Anarchismus, Basel 1971.
[72] Vgl. *ders.*, Kommunismus ohne Wachstum? Babeuf und der „Club of Rome", Reinbek 1975.

gung wird genötigt sein, diesen letzten Überrest des Anarchismus, der ihrer Theorie derzeit noch anhaftet, definitiv über Bord zu werfen und sich in einer dialektischen Spirale, unter Bewahrung und schöpferischer Weiterentwicklung aller ansonst nicht zu bestreitenden Errungenschaften des Marxismus-Leninismus, zu dem historischen Ausgangspunkt ihrer Ideenwelt, zu der kommunistischen Konzeption Gracchus Babeufs, zurückzubewegen."[73]

Harich war damit zum vorindustriellen, verteilungs-egalitären, jakobinerhaft-diktatorischen utopischen Denken des vormarxistischen Kommunismus zurückgekehrt. Die versuchte Provokation gelang weder in Ost noch in West bzw. führte nicht zum produktiven Überdenken von Zukunftsorientierungen. Aufgrund seiner Herzkrankheit wurde *Harich* 1979 invalidisiert und erhielt die Reiseerlaubnis für Österreich und die Bundesrepublik. 1981 kehrte er jedoch in die DDR zurück. Er blieb ein einsamer Mann – hier wie dort.

e) *Rudolf Bahro*

Den geschlossensten Entwurf einer Kritik des „realen Sozialismus", verbunden mit einer demokratisch-kommunistischen Perspektive, legte ein 1935 geborener unbekannter ehemaliger FDJ-Funktionär und sogenannter wissenschaftlicher Arbeitsorganisator in einer Gummifabrik vor: *Rudolf Bahro* in seinem 1977 nur in der Bundesrepublik erschienenen Werk „Die Alternative".[74] *Bahros* Ausgangspunkt war die Kritik an der bürokratischen Erstarrung der herrschenden Partei, ja des gesamten gesellschaftlichen Lebens:

„Alles in allem besteht in der Unkontrollierbarkeit der Politbüros und ihrer Apparate, in dieser institutionellen Identität von Staatsautorität, ökonomischer Verfügungsgewalt und ideologischem Ausschließlichkeitsanspruch, das politische Frontproblem im real existierenden Sozialismus, der erste Gegenstand der notwendigen Umgestaltungen. *Die zentralistische Monopolisierung aller ökonomischen, politischen und geistigen Entscheidungsmacht führt zu einem unüberwindlichen Widerspruch zwischen dem sozialen Auftrag der Partei und ihrer politisch-organisatorischen Existenzform.* Die Parteidiktatur versagt auf der elementarsten Ebene, auf der sich *jede beliebige* Herrschaft bewähren muß, wenn sie ihre gesellschaftliche Funktion erfüllen will."[75]

Bahros Alternative basierte auf der Ersetzung des Prinzips der zentralistischen hierarchischen Unterordnung durch die „freie Assoziation solidarischer Individuen", wie sie *Marx* und *Engels* schon im Kommunistischen Manifest gefordert hatten, mittels einer „Kulturrevolution":

„Die positive ökonomische Aufgabe der Kulturrevolution kann unter einem einzigen Begriff zusammengefaßt werden: *jene neue Organisation der Arbeit und des gesellschaftlichen Lebens zu schaffen, auf die sich endlich ein Gemeinwesen gründen kann, das den lange vorgeprägten Namen der freien Assoziation solidarischer Individuen verdient.* Das ist eine Gesellschaft, in der es keine Herrschaft des Menschen über den Menschen mehr gibt, weil auch der auf Unterwerfung unter subalterne Arbeitsfunktionen beruhenden sozialen Ungleichheit der Boden entzogen ist. Die Arbeitsorganisation im gesamtgesellschaftlichen Maßstab ist der Kern des letzten ökonomischen Emanzipationsproblems, mit dessen Lösung bereits die

---

[73] *Harich*, Kommunismus ohne Wachstum?, 161.
[74] Untertitel: Zur Kritik des real existierenden Sozialismus, Köln 1977.
[75] Ebenda, 290f.

Emanzipation *von* der Ökonomie, d.h. von ihrer Dominanz über den sozialen Zusammenhang beginnt. Ihre Umwälzung hat natürlich die Konsequenz, die *gesamte* Ökonomik, das ganze Verhältnis von Produktion und Bedürfnis wie auch die informationelle Regulation des Reproduktionsprozesses umzuprogrammieren. Es gilt die Selbstbefreiung des Menschen von der Herrschaft der Verdinglichung, von der gegen die Individualität gerichteten Fetischisierung der produzierten Sachenwelt. Sowohl das Wachstum der Produktion als auch das Wachstum der Arbeitsproduktivität, das einstweilen schon sehr selten kritisch befragt wird, werden *praktisch* ihres Heiligenscheins als unentrinnbare ökonomische Erfordernisse verlustig gehen, womit übrigens nicht umgekehrt ‚Nullwachstum' zum Gesetz erhoben, sondern *überhaupt das Kriterium der Quantität von der ersten Stelle verdrängt wird.*"[76]

Der Weg dieser Emanzipation führte nach *Bahro* über die Entmachtung der Partei- und Staatsbürokratie; darüber hinaus mußte eine tiefgreifende Umgestaltung der Gesellschafts- und Wirtschaftsordnung, orientiert am Marxschen Postulat der „freien Assoziation der Produzenten", unter der Prämisse der allgemeinen Emanzipation des Menschen erfolgen. *Bahro* forderte ferner eine „Umverteilung der Arbeit" in der Weise, daß jeder Einzelne Tätigkeiten auf den verschiedenen Hierarchieebenen der Produktion ausüben sollte, damit die sozialen Unterschiede abgebaut wurden. Neben einer umfassenden Allgemeinbildung für alle bis zum Universitätsniveau und der Demokratisierung der Entscheidungsstrukturen stand bei *Bahro* vor allem die Schaffung von Bedingungen für „ein neues Gemeinschaftsleben auf der Basis autonomer Gruppenaktivitäten"[77] im Vordergrund. Damit sollte „der Isolierung und Vereinsamung der Individuen in den Einzelzellen der modernen Arbeits-, Schul-, Familien- und Freizeitwelt" eine Grenze gesetzt werden.

Bahro plädierte für ein qualitatives Wachstum, d.h. eine „Neubestimmung des Bedarfs an materiellen Gütern" vom Standpunkt der Entwicklungsbedürfnisse des Menschen anstelle einer immer mehr sich steigernden Anhäufung von Sachwerten. Unter das Stichwort der „Harmonisierung der Produktion" faßte *Bahro* eine ökologisch vernünftige Wirtschaftsform, die sich an den natürlichen Stoffkreisläufen orientiert. *Bahros* Utopie beruhte auf dem von ihm so genannten „Maximalprogramm der Kulturrevolution". Dieses sah vor: unter dem Produktionsziel „reiche Individualität" die „Eröffnung eines allgemeinen Freiheitsspielraums für Selbstverwirklichung und Wachstum der Persönlichkeit auch im Reich der Notwendigkeit" sowie die „Neubestimmung des Bedarfs an materiellen Gütern und der verfügbaren Kapazität an lebendiger Arbeit vom Standpunkt der Optimierung der Entwicklungsbedingungen für voll sozialisierte Menschen". Von äußerster Wichtigkeit war die „Harmonisierung der Reproduktion" im Rahmen eines „natürlichen Zyklus", aber auch eine „Wirtschaftsrechnung für eine neue Ökonomie der Zeit", die die Präferenz von der Preis- auf die Arbeitszeitbasis verschob, und schließlich die Gestaltung der „Gesellschaft als Assoziation von Kommunen"[78].

1977 verhaftet, wurde *Rudolf Bahro* zu acht Jahren Zuchthaus verurteilt. Nach Appellen für seine Freilassung, die u.a. von *Erhard Eppler, Peter von Oertzen, Herbert Marcuse, Gerhard Schröder* und *Carola Stern* unterschrieben wurden, wurde ihm im Oktober 1979 die Ausreise in die Bundesrepublik (mit geschiedener Frau, zwei Kindern und Freundin) erlaubt. In der Bundesrepublik promovierte

---

[76] *Harich*, Kommunismus ohne Wachstum?, 483f.
[77] Ebenda, 325.
[78] Ebenda, 485f.

Bahro bei *Oskar Negt* in Hannover, erhielt einen Forschungsauftrag an der Universität Bremen und schloß sich den Grünen an. Er starb, nach der Wende 1989 in die DDR zurückgekehrt und auf den neu errichteten Lehrstuhl für Sozialökologie an der Berliner Humboldt-Universität berufen, im Dezember 1997.

Bahros „Alternative" fand überragendes Interesse, erreichte allein mit der deutschsprachigen Ausgabe einen Absatz von 120.000 Exemplaren und wurde in zwölf Sprachen übersetzt. *Robert Havemann* befand sich in weitgehender Übereinstimmung mit *Bahro*, kritisierte jedoch dessen These von der „Subalternität der Daseinsform und Denkweise ‚kleiner Leute'", die es zu überwinden gelte als „Effekt der gesamten modernen Produktionsweise", als zu elitär.[79] *Wolfgang Abendroth*, inzwischen ein (wenn auch nicht durchgängig) Apologet des staatssozialistischen Regimes, kritisierte zutreffend bei *Bahro* den Mangel an historischen Grundlagen für seine Analysen; dieser habe keine präzise Einschätzung des nach dem Zweiten Weltkrieg entstandenen Weltkräfteparallelogramms und liefere folglich auch kein potentielles Modell für die Klassenkämpfe im Monopolkapitalismus.[80] Herausgefordert fanden sich auch die demokratischen Sozialisten im Rahmen und im Umfeld der Sozialdemokratie.[81] *Thomas Meyer* sah in *Bahros* Theorie der allgemeinen Emanzipation den Versuch, die frühen Verheißungen des Sozialismus noch einmal lebendig werden zu lassen:

„Durch diesen Rückgriff will Bahro zugleich die repressiven Irrwege des Leninismus und die ernüchternde Bilanz des sozialdemokratischen Reformismus überwinden. (...) Seine Forderung nach einer ‚allgemeinen Emanzipation' (...) ist nichts Geringeres als der Versuch einer *Revitalisierung der frühsozialistischen Verheißung* in der Theorie, die deren realistische Reduktion seit dem Ausgang des 19. Jahrhunderts rückgängig machen will. Die intellektuelle und politische Faszination, die von diesem Programm ausgeht, besteht nicht in dieser Verheißung allein, sondern mehr noch in dem Anspruch ihrer zeitgemäßen Neubegründung und in dem Gestus, sie könnte heute ein Programm für den Tag sein. (...) In einer historischen Situation, wo die tatsächliche gesellschaftliche Entwicklung die alte sozialistische Kernthese von der Vollendung der Industrialisierung als Voraussetzung allgemeiner Emanzipation um ihren Kredit gebracht hat, kann die durch Bahro eingeleitete Rückbesinnung auf den Sinn der alten Fortschrittshoffnungen eine *produktive Rolle im Dialog* um die Neubestimmung des Fortschritts spielen. (...)

Das für einen praxisorientierten Entwurf gesellschaftlicher Veränderung *Entscheidende* ist mit Bahros Rückwendung zu den allgemeinen Zielen des sozialistischen Anfangs jedoch *nicht geleistet.* (...) Es kommt darauf an, das Maß und die Form ihrer *praktischen Umsetzbarkeit in einer hochkomplexen Industriegesellschaft anhand konstruktiver Programme zu demonstrieren. Erst wenn Bahro diesen Schritt vollzieht, betritt er das Feld, auf dem ein Vergleich seiner Vorstellungen mit den Programmen des Demokratischen Sozialismus in politischen Kategorien möglich wird.* (...) *Bevor die sozialistischen Ziele nicht als Richtungssymbole durchschaut sind, die auf realisierungsfähige Konzepte verweisen, wenn sie praktisch werden sollen, können sie nur die unpolitische Funktion übernehmen, die Identität kleiner Gruppen zu vermitteln, die zwar ‚recht haben', aber nie recht bekommen.*"[82]

---

[79] Vgl. *Havemann*, Stimme des Gewissens, 182ff.
[80] Vgl. *Wolfgang Abendroth*, Weder Strategie noch – insgesamt – richtige Analyse, aber eine wichtige Quelle zum Problem des gegenwärtigen Entwicklungsstadiums des realen Sozialismus, in: Das Argument, Jg. 20 (1978), Nr. 107, 60-66.
[81] Vgl. *Hans Kremendahl/Thomas Meyer* (Hrsg.), Menschliche Emanzipation. Rudolf Bahro und der Demokratische Sozialismus, Frankfurt a.M. 1981.
[82] *Thomas Meyer*, Abstrakte Utopie, konkrete Utopie und konstruktive Praxis, in: *Kremen-*

Diesen Schritt zur konstruktiven Praxis zu tun, ist *Bahro* nie gelungen; er ist vielmehr weiter auf der Stelle abstrakter Utopie getreten.

2. Die ‚Dritten Wege' der Bürgerbewegungen während des Umbruchs 1989/90

a) Formierungs- und Gründungsphasen

Als Gründungsereignis der Opposition in der DDR bis zu deren Ende gilt der Prager Frühling, aber erst in den achtziger Jahren erfolgte eine langsame Vernetzung der Oppositionellen, die aus intellektuellen, künstlerischen und soziokulturellen Berufen kamen, zu den beruflich Benachteiligten gehörten oder Angehörige marginalisierter gesellschaftlicher Gruppen waren. Die soziale Verortung der oppositionellen (Klein-)gruppen und widerständigen einzelnen verweist darauf, daß es sich bei den Aktivitäten nicht – wie bei der Opposition in den fünziger und sechziger Jahren – um ein Elitephänomen handelte, sondern um ein schichtenübergreifendes Phänomen; dies erklärt die Breite der Bewegung „Das Volk steht auf" am Ende der DDR. Die Politisierung der Opposition in der DDR wurde verschärft durch die weltweite und blockweise erfolgende Rüstungsproblematik. Dies gab den Anstoß zur Bildung einer Friedensbewegung in der DDR mit der Losung „Schwerter zu Pflugscharen" unter dem Dach der einzigen autonomen Institution in der DDR, der Kirche. Die Themen der Opposition hießen: „Frieden", „Eine Welt", „Ökologie"; bewußt wurde auf die Diskussion der innenpolitischen Verhältnisse in der DDR verzichtet, galt doch bereits die Einforderung der Bürgerrechte auf Meinungs- und Pressefreiheit als Angriff auf das politische System.

Die Formierungsphase im engeren Sinn erfolgte in einem ganz kurzen Zeitraum von Ende Juli bis Anfang September 1989; die „friedliche Revolution" selbst lief in zwei Etappen ab: zunächst als Volksrevolution, d.h. Revolution des souveränen Volkes mit seinen Forderungen nach Freiheit, Demokratie und Rechtsstaatlichkeit („Wir sind das Volk"); dann ab dem 9. November 1989 (mit der Öffnung der Grenzen nach Westen) als nationalrevolutionäre Etappe („Wir sind ein Volk") – die Mehrheit der DDR-Bürger wollte keine DDR mehr (im Unterschied zu den DDR-Oppositionellen). Die wichtigsten politischen Gruppierungen, die sich in der Formierungsphase bildeten, waren[83]:

---

dahl/Meyer, 164-180, Zitate 173f., 176.

[83] Statt vieler Angaben sei hier nur verwiesen auf das Werk von *Ehrhart Neubert*, Geschichte der Opposition in der DDR 1949-1989, Berlin 1997; hier finden sich auch weiterführende Literaturangaben; vgl. auch *Markus Meckel/Martin Gutzeit*, Opposition in der DDR. Zehn Jahre kirchliche Friedensarbeit – kommentierte Quellentexte, Köln 1994, sowie *Martin Gutzeit*, Der Weg in die Opposition, in: *Walter Euchner* (Hrsg.), Politische Opposition in Deutschland und im internationalen Vergleich, Göttingen 1993, 84-114; vgl. ferner *Rainer Eckert*, Opposition und Repression in der DDR vom Mauerbau bis zur Biermann-Ausbürgerung (1961-1976), in: AfS, Bd. 39 (1999), 355-390.

- das *Neue Forum „Aufbruch 89"*, das sich zur Zweistaatlichkeit Deutschlands bekannte und einen ‚Dritten Weg' zwischen dem Kapitalismus in der BRD und dem deformierten autoritären Sozialismus in der DDR forderte;
- die *Sozialdemokratische Partei* (SDP) in der DDR, die einzige Gründung mit einem politikfähigen Programm, das die Partei als „den Traditionen des demokratischen Sozialismus der europäischen Sozialisten und Sozialdemokraten" nahestehend bezeichnete; zu den Vorstellungen der Initiativgruppe gehörte die Anerkennung der Zweistaatlichkeit Deutschlands;
- der *Demokratische Aufbruch* (DA), der ebenfalls von der Zweistaatlichkeit Deutschlands ausging, aber ein aktives Aufeinanderzugehen im Rahmen einer europäischen Friedensordnung unterstützen wollte; ferner sollte die kritische Haltung zum realexistierenden Sozialismus keine Absage an die „Vision einer sozialistischen Gesellschaftsordnung" bedeuten;
- die *Vereinigte Linke*, die „die Notwendigkeit der Erarbeitung einer linken, sozialistischen Alternative im Geiste sozialistischer Demokratie und Freiheit" einforderte;
- *„Demokratie jetzt"*, hervorgegangen aus einer Reihe von oppositionellen Zusammenschlüssen (u.a. Initiative Frieden und Menschenrechte, Frauen für den Frieden), die für einen demokratischen, stark christlich geprägten Sozialismus eintrat und verlangte, daß sich beide deutsche Staaten „um der Einheit willen" aufeinander zu reformieren sollten.

Die oppositionellen Gruppen in der DDR waren in ihrer ersten Phase noch weitgehend unbeeinflußt von realpolitischen Zwängen; es bestand zwischen ihnen zunächst ein hohes Maß an Übereinstimmung: Allen gemeinsam war die Orientierung auf eine demokratisch-sozialistische Alternative zur kapitalistischen Konsumgesellschaft in der westlichen Bundesrepublik auf dem Wege radikaler Demokratisierung des real existierenden Staatssozialismus, und man hoffte, daß eine solche Alternative den sozialstaatlichen westlichen Massendemokratien überlegen sein würde.[84]

b) Reformversuche von innen

Etwa zeitgleich gab es von einer Reihe von meist der SED angehörenden Intellektuellen Anstrengungen, den Verfall des „anderen deutschen Staates" durch Reformkonzepte nicht nur aufzuhalten, sondern umzupolen in eine Entwicklungsperspektive für einen neuen ‚Dritten Weg': Die DDR sollte umgebaut werden zu einer Alternative zu den durch Monopole beherrschten kapitalistischen Gesellschaften und den zentralistischen, machtdominierten, monolithischen stalinistischen Gesellschaftssystemen.[85]

Gnadenlos fiel die Kritik am stalinistisch verformten „bürokratisch-administrativen Sozialismus" aus, der „gesetzmäßig" zu Stagnation, Krise und

---

[84] Vgl. *Helga Grebing*, Die schöne Gewöhnlichkeit. Vom Ende des Dritten Weges, in: Funkkolleg Deutschland im Umbruch, Studienbrief 3, hrsg. vom Deutschen Institut für Fernstudienforschung an der Universität Tübingen (DIFF), Tübingen 1997, Studieneinheit 8.

[85] Vgl. *Dies.*, Dritte Wege – ‚Last Minute'? Programmatische Konzepte über Alternativen zu den beiden ‚real existierenden' Deutschland zwischen Ende 1989 und Anfang 1990, in: *Bauerkämper/Sabrow/Stöver*, Doppelte Zeitgeschichte, 214-223; die Diskussion schlug sich in verschiedenen Texten nieder (vgl. Das Umbaupapier. Argumente gegen die Wiedervereinigung, hrsg. von *Rainer Land*, Berlin 1990, sowie die Texte im ND im Dezember 1989); beteiligt waren an ihr u.a. *M. Brie, A. Brie, D. Segert, R. Reißig, R. Will*; die Debatte wurde aufgenommen und weitergeführt in: Die real-existierende postsozialistische Gesellschaft. Chancen und Hindernisse für eine demokratische politische Kultur, Berlin 1994 (enthält Beiträge einer Konferenz der Brandenburgischen Landeszentrale für politische Bildung vom 14.-16.12.1993), und in: Berliner Debatte. INITIAL/Zeitschrift für sozialwissenschaftlichen Diskurs, Jg. 9 (1998), H. 2/3.

Fäulnis führen mußte, mit all seinen bekannten Erscheinungen der planbürokratischen Mangel- und Verschwendungswirtschaft und der außerökonomischen Zwänge bis hin zur terroristischen Form des Gulag. Herausgekommen sei ein lernunfähiges System, das den Menschen unter eine zentrale, sich selbst als Zweck setzende Planungsmacht subsumierte. Dennoch war, so wurde argumentiert, „nicht die sozialistische Gesellschaftskritik am Kapitalismus [gescheitert], gescheitert ist nicht die Menschheitsidee des Sozialismus, sondern ihre stalinistische, bürokratisch-administrative Verformung und der darauf basierende Sozialismustyp."[86] Deshalb konnte es aus der Sicht der Autoren für die Zukunftsplanung bei der begrifflichen Festlegung auf „den Sozialismus" bleiben. Eine anregende Ausnahme von dieser eindimensionalen Deutung bildeten die Auffassungen von *Peter Ruben*:

„Was bisher ‚Sozialismus' genannt worden ist", schrieb er 1990, „stellt sich dar als System des Gemein- oder Volkseigentums einerseits und des genossenschaftlichen Eigentums andererseits bei ökonomischer Realisierung beiden Eigentums vermittels der direktiven Naturalplanung durch den Staat, d.h. durch die *politische* Erscheinung unseres Gemeinwesens. In die ökonomische Rolle des Produzenten ist somit der Staat getreten (...).

Ich ziehe es vor, die zur Debatte stehende sozialökonomische Verfassung mit dem jungen Marx ‚rohen Kommunismus' zu nennen (...). (...) Ich vertrete also die These: Was jetzt den Gang ins Konkursverfahren antritt, ist mitnichten der Sozialismus, der überhaupt noch keine reale, dauerhafte geschichtliche Gestalt gefunden hat (...), sondern der rohe Kommunismus, den wir heute auch das System des Stalinismus nennen."[87]

Die Vertreter des neuen ‚Dritten Weges' in der SED bzw. übergangslos in der PDS bezogen ihr Konzept auf historisch-theoretische Grundlagen, deren Katalog sich eklektizistisch auf alle Grundströmungen der europäischen Arbeiterbewegung, einschließlich der christlichen und anderen religiös begründeten, bezog. Als Defizit des „alten" Sozialismus wird auch eine falsche oder doch vulgäre Interpretation „des" (monopolistischen) Kapitalismus eingeräumt. Dieser sei in seiner modernen Fassung zu hoher Innovationskraft bei der Bewältigung der Probleme der technisch-wissenschaftlichen Revolution und zu sozial progressiven Lösungen unter dem Druck existenzerhaltender Erfordernisse fähig. Mit solchen Einsichten war man wieder bei der klassischen Revisionismus-Debatte angelangt, die die europäische sozialdemokratische Arbeiterbewegung bereits in den zwanziger Jahren des 20. Jhs. hinter sich gebracht hatte.

Für das präsentierte Sozialismus-Konzept entscheidender war jedoch, daß als grundlegender Kern der künftigen sozialistischen Wirtschaftsentwicklung die Vergesellschaftung wichtiger Produktionsmittel beibehalten werden sollte, allerdings unter den strikten Kriterien der öffentlichen demokratischen Gestaltung. Nur so – wird behauptet – könnte eine Gesellschaft entstehen, die dem Individu-

---

[86] So der Beitrag zur Programmdiskussion der SED zu deren außerordentlichem Parteitag im Dezember 1989 (auf dessen zweiter Session mit dem Zusatz „Partei des demokratischen Sozialismus" zum Parteinamen ein Zeichen für den Neuanfang gesetzt werden sollte), ausgearbeitet von Parteitagsdelegierten sowie von Wissenschaftlern aus der Akademie für Gesellschaftswissenschaften, Gesamtredaktion *Rolf Reißig* und *Frank Adler*, in: ND v. 16./17.12.1989, 3.
[87] *Peter Ruben*, Was ist Sozialismus? Zum Verhältnis von Gemein- und Personeneigentum an Produktionsmitteln, in: Berliner Debatte. INITIAL/Zeitschrift für sozialwissenschaftlichen Diskurs, Jg. 1 (1990), H. 2, 115-125, Zitate 116, 117; zu *Ruben* vgl. Gefesselter Widerspruch. Die Affäre um Peter Ruben, hrsg. von *Hans-Christoph Rauh*, Berlin 1991.

um Räume für seine umfassende Selbstentwicklung zur Verfügung stelle. Ein weiteres beharrendes Element war die Festschreibung des Sozialismus als ein System, wenn auch mit prozeßhaften Zügen. Dieses System setze die stabilisierenden Faktoren gegen überbordenden Pluralismus und gegen die anarchisch entfunktionalisierte Selbstentwicklung der Individuen. Dabei war und blieb „die Partei", die sich allerdings zurücknehmen sollte in die demokratischen Traditionen der deutschen und der internationalen Arbeiterbewegung, diejenige, die diese Stabilitätsgarantie zu erbringen hätte – ob die SED, stellte sie sich denn einem sie reformierenden Prozeß, dazu imstande sein könnte, blieb 1989/90 für Reformgruppen unterschwellig–resignativ eher eine zu verneinende Frage.

c) Nach dem Scheitern des „staatssozialistischen Systems" – ein neuer ‚Dritter Weg' als Alternative?

In fast allen programmatischen oder programmähnlichen Äußerungen der Bürgerbewegung, die allerdings recht knapp und spärlich ausfielen (was wohl vor allem den realpolitischen Rahmenbedingungen, aber vielleicht nicht nur ihnen geschuldet war), findet sich die Orientierung auf eine sozialistische Alternative zum real existierenden Kapitalismus der Bundesrepublik und dem Staatssozialismus der DDR: Dieser neue Sozialismus sollte der „wirkliche", der „eigentliche", der „freie", der „demokratische" Sozialismus sein.

Geht man näher auf die Texte ein, wie sie ausführlich und grundlegend nur die SDP bzw. SPD der DDR vorgelegt hat[88], so findet man ein Verständnis dieses anderen Sozialismus, das mit dem der SED-Reformer nicht kompatibel war. Zwar gab es im Hinblick auf die Grundlagen der Herkunft kaum Unterschiede, einmal abgesehen von der etwas anderen Reihung und Akzentuierung: Von kommunistisch gefärbten Sehnsüchten der Entrechteten war die Rede, von den Gesellschafts- und Geschichtstheorien von *Marx* und *Engels*, von *Lassalles* politischen Konzepten. Man berief sich, allerdings klarer und deutlicher, auf die christliche Ethik bzw. die Ideen des christlichen Humanismus und der Religiösen Sozialisten und wollte auf keine Ideologie fixiert sein. Dabei verleugnete man nicht die Probleme, die man sich mit dem Begriff des demokratischen Sozialismus auflud. So erhielt denn angesichts der Tatsache, daß mit diesem Begriff „die Erben der SED" lockten, die Kennzeichnung der eigenen Perspektive als „soziale Demokratie" eine gewisse Präferenz. Aber entscheidend für das eigene Selbstverständnis sollten ja nicht Ideologien sein:

„Die SPD ist auf keine Ideologie fixiert. Denn als breite demokratische Volkspartei vereint sie Menschen unterschiedlicher Grundüberzeugungen. Sie achtet die persönliche Entscheidung aller, die sich zu einem religiösen Glauben oder einer nichtreligiösen Weltanschauung

---

[88] Den folgenden Ausführungen liegen zugrunde: 1. Statut der SDP, beschlossen bei der Gründungsversammlung am 7. Oktober 1989 in Schwante, in: *Meckel/Gutzeit*, Opposition in der DDR, 376-378; 2. *Markus Meckel*, Programmatischer Vortrag zur Gründung der Sozialdemokratischen Partei in der DDR (SDP) am 7. Oktober 1989, in: Historische Kommission beim Parteivorstand der SPD (Hrsg.), Von der SDP zur SPD, Bonn 1994, 54-73; 3. Grundsatzprogramm der Sozialdemokratischen Partei der DDR, beschlossen auf dem Parteitag in Leipzig, 22.–25.02.1990, hektographiert; 4. *Wolfgang Gröf*, „In der frischen Tradition des Herbstes 1989". Die SDP/SPD in der DDR, Bonn ³1996.

bekennen oder sich an keine feste Lehre binden. Denn die Freiheit des Glaubens und Denkens darf nicht durch Parteibeschlüsse wie auch nicht durch den Staat oder auf andere Weise eingeschränkt werden. Gemeinsam ist den Sozialdemokratinnen und Sozialdemokraten der Wille, sich für eine ökologisch orientierte, soziale Demokratie einzusetzen.

Diese Leitvorstellung wird in der internationalen Sozialdemokratie bis heute mit dem traditionellen Begriff ‚Demokratischer Sozialismus' benannt. Er bezeichnet weder eine bestimmte Gesellschaftskonstruktion noch eine gesetzmäßige Phase im Geschichtsverlauf, sondern eine offene Form friedlichen Zusammenlebens, die den Menschen Gelegenheit dazu gibt, ihre Freiheiten auszuweiten, ihre Beziehungen zueinander gerecht zu ordnen und wirksam Solidarität zu üben.

Der Begriff ‚Sozialismus' ist für uns in der DDR nicht unbelastet. Denn wir haben den ‚Sozialismus', den die SED-Ideologie ‚real' zu nennen sich erfrechte, als menschenverachtendes Zwangssystem, als abstoßende Karikatur dessen, was wir mit ‚Sozialismus' meinen, kennengelernt. Deshalb verstehen wir die Reaktion vieler Menschen, bei denen aufgrund dieser Erfahrung das Wort ‚Sozialismus' immer nur Widerwillen und Angst auslöst. Wir Sozialdemokratinnen und Sozialdemokraten in der DDR verwenden darum den Begriff ‚Demokratischer Sozialismus' nur dann, wenn wir überzeugt sind: Es kann nicht im Sinne des stalinistisch entarteten ‚realen Sozialismus' mißverstanden oder mit jener Parole ‚demokratischer Sozialismus' verwechselt werden, mit der heute die Erben der SED locken. Deshalb bevorzugen wir den Begriff ‚Soziale Demokratie'.

In diesem Verständnis schließen wir uns in die weltweite Gemeinschaft der sozialdemokratischen und sozialistischen Parteien ein, die, von einer ähnlichen Leitvorstellung wie wir bewegt, sich unbefangen zum Demokratischen Sozialismus bekennen."[89]

Soziale Demokratie/demokratischer Sozialismus – als Synonyme verstanden und gebraucht – war keine „Gesellschaftskonstruktion", keine „gesetzmäßige Phase im Geschichtsverlauf", „sondern eine offene Form friedlichen Zusammenlebens, die den Menschen Gelegenheit gab, ihre Freiheiten auszuweiten, ihre Beziehungen zueinander gerecht zu ordnen und wirksam Solidarität zu üben". In eine solche Perspektive ist – leicht erkennbar – viel eingeflossen von den inspirierenden Formen des offenen und herrschaftsfreien Diskurses, wie er von den Oppositionsgruppen in der DDR gestaltet worden ist.

Als Leitmotiv für die gesellschaftliche und staatliche Erneuerung diente die lapidare wie eindeutige Forderung, deren Form in einem Programm recht ungewöhnlich wirkte: „Der Plan muß weg." Auch von „marktorientierter Planwirtschaft" oder „sozialistischer Marktwirtschaft" wollte man nicht sprechen. Statt dessen sollten Markt und Wettbewerb in ihr Recht eingesetzt werden, wenn auch selbstverständlich nicht im Sinne einer ungebändigten kapitalistischen Wettbewerbswirtschaft. Vielmehr war eine demokratische, soziale und ökologische Marktwirtschaft zu gestalten, für die der demokratische Staat den Rahmen durch koordinierendes, regulierendes und kontrollierendes Handeln zu schaffen hatte. So sollten Monopolbildungen und wirtschaftliche Machtkonzentration verhindert werden; erweiterte Mitbestimmung, Kapitalbeteiligung seitens der Arbeitnehmer und umfassende Selbstverwaltung sollten das Ihre zur Demokratisierung der Wirtschaft beitragen.

Dies alles war aus dem Blickwinkel der europäischen sozialdemokratischen Tradition nichts Neues; dieser Anspruch wurde aber auch gar nicht gestellt. Dennoch ist zweierlei bemerkenswert, was zweifelsohne aus den Erfahrungen mit dem „staatssozialistischen System" resultierte: Der traditionelle sozialdemokrati-

---

[89] Grundsatzprogramm, 3f.; die weiteren Halbzitate stammen ebenfalls aus dem Programm.

sche Etatismus (der Staat ‚soll', ‚muß', nur *er* ‚kann') erscheint etwas gedämpfter, zurückgenommener, und die Selbstgestaltungsfähigkeit der gesellschaftlichen Kräfte wird stärker akzentuiert. Der ‚Dritte Weg', eher verhaltener angesprochen, führt nicht zu der Alternative eines geschlossenen Systems oder auch nur eines Ordnungsmodells, sondern manifestiert sich als die offene demokratische Form friedlichen Zusammenlebens.

5. Kapitel: Wege ins 21. Jahrhundert

I. Weiterführung oder Stagnation der Emanzipation?

Dieser Abschnitt dient dem Versuch, *exemplarisch* die Umschwünge im geistigen Klima der Bundesrepublik Deutschland seit den siebziger Jahren, soweit sie die Frage nach der Relevanz sozialer Ideen tangieren, erkennbar zu machen.

1. Kann die Moderne als ein „unvollendetes Projekt" noch Zukunft haben?

a) *Jürgen Habermas*

Habermas gilt als kein „leichter" Autor, aber auch unabhängig davon kann es nicht darum gehen, eine Werkinterpretation zu versuchen, was scheitern müßte[1], sondern nur darum, einige zentrale Thesen herauszuarbeiten.

Jürgen Habermas wurde 1929 in Düsseldorf als Sohn des Geschäftsführers der Gummersbacher Industrie- und Handelskammer geboren. Er gehört also zur „Wiederaufbaugeneration" – alt genug, um den Nationalsozialismus bzw. das nationalsozialistische Diktaturregime als Zeitzeuge zu interpretieren, und jung genug, alsbald vorbehaltlos sich auf die Mitwirkung beim Aufbau des demokratischen Verfassungsstaates einzulassen. Nach dem Studium der Philosophie, Geschichte, Psychologie und Literaturwissenschaften promovierte er 1954, wurde 1956 Assistent am Frankfurter Institut für Sozialforschung, habilitierte sich dann aber 1962 in Marburg. Bereits 1962 erhielt er ein Extraordinariat in Heidelberg und nahm im Jahre 1964 einen Ruf als Nachfolger *Max Horkheimers* in Frankfurt a.M. an. Von 1971 bis 1981 leitete er gemeinsam mit *Carl Friedrich v. Weizsäcker* das Max-Planck-Institut zur Erforschung der Lebensbedingungen in der wissenschaftlich-technischen Welt in Starnberg bei München. 1983 kehrte er nach Frankfurt a.M. zurück; 1994 wurde er emeritiert.

Oft genug der Einlassung ausgesetzt, seinem Werk fehle die empirische Relevanz und es gehe ihm wesentlich um konstruktivistische Theoriebildung, hat sich *Habermas* in der motivierenden Konsequenz seines Denkens immer wieder aus dem Elfenbeinturm der Wissenschaft in die Tagespolitik begeben. Dabei ging es ihm – wodurch veranlaßt, wofür oder wogegen auch immer – primär um den „normativen Gehalt der Moderne" und deren Schlüsselbegriffe „Selbstbewußtsein", „Selbstbestimmung", „Selbstverwirklichung": „Wir müssen diesem ‚Selbst' seinen intersubjektiven Sinn zurückgeben." *Habermas* sah das „Projekt Moderne" also nicht als gescheitert an, wenngleich durchaus als bedroht durch die totale Verdinglichung, Formalisierung und Technisierung der Vernunft. Deshalb nannte er die Moderne ein „unvollendetes Projekt" und forderte die „Ver-

---

[1] Zur Einführung in die philosophischen Grundaussagen von *Habermas* seien nur genannt: *Walter Reese-Schäfer*, Jürgen Habermas, Frankfurt a.M. ²1994 und *Detlef Horster*, Jürgen Habermas zur Einführung, Hamburg 1999, die auch auf weiterführende Literatur verweisen.

söhnung der mit sich selber zerfallenen Moderne und ihrer auseinandergetretenen Vernunftmomente". *Habermas* ist dennoch kein „naiver Gralshüter ungebrochener Frühaufklärung", wie ihm immer wieder unterstellt wird. Es geht ihm vielmehr darum, „die Sensibilität für das ambivalente Potential der Moderne in ihren destruktiven Folgen zu schärfen, weil davon auch die Chance abhängt, Lernprozesse überhaupt in Gang zu setzen"[2].

Diese Intention trennt ihn von der Kritischen Theorie der Frankfurter Schule, aus der er selbst hervorgegangen ist: Er verzichtet auf die Totalitätsperspektive der Aburteilung der Gesellschaft als Ganzes, er wendet sich gegen eine verengte, ausschließlich kritische Interpretation des Modernisierungsprozesses, und er will an die Stelle des auf diese Weise sich selbst der Kritischen Kritik aussetzenden einsamen Subjektes die intersubjektive Kommunikation treten lassen. Er öffnet sich der Perspektive einer radikaldemokratisch organisierten Weltbürgergesellschaft, die zur Weltinnenpolitik, Weltöffentlichkeit und zur Zähmung des Weltkapitalismus fähig ist. Bereits 1968 hatte er die Transformation des „Spätkapitalismus" in die Form eines gezähmten Kapitalismus beschrieben:

„Die kapitalistische Gesellschaft hat sich (...) so verändert, daß zwei Schlüsselkategorien der Marxschen Theorie, nämlich Klassenkampf und Ideologie, nicht mehr umstandslos angewendet werden können.

Auf der Grundlage der kapitalistischen Produktionsweise hat sich der *Kampf der sozialen Klassen* als solcher erst konstituiert und damit eine objektive Lage geschaffen, von der rückblickend die Klassenstruktur der unmittelbar politisch verfaßten traditionalen Gesellschaft *erkannt* werden konnte. Der staatlich geregelte Kapitalismus, der aus einer Reaktion auf die durch den offenen Klassenantagonismus erzeugten Systemgefährdungen hervorgegangen ist, stellt den Klassenkonflikt still. Das System des Spätkapitalismus ist durch eine, die Loyalität der lohnabhängigen Massen sichernden Entschädigungs-, und das heißt: Konfliktvermeidungspolitik so sehr definiert, daß der mit der privatwirtschaftlichen Kapitalverwertung nach wie vor in die Struktur der Gesellschaft eingebaute Konflikt derjenige ist, der mit der relativ größten Wahrscheinlichkeit latent bleibt. Er tritt hinter anderen Konflikten zurück, die zwar ebenfalls durch die Produktionsweise bedingt sind, aber nicht mehr die Form von Klassenkonflikten annehmen können."[3]

Anders als die postmodernen Philosophen redet *Habermas* nicht vom Ende der Utopien, sondern hält Utopien in ihrer praktischen Funktion für unangebracht, „soweit sie in soziale Bewegungen als Orientierungen eingehen". Utopien seien oft „ausgemalte Lebensformen", „Medien für den Entwurf alternativer Lebensmöglichkeiten", „die im Geschichtsprozeß selber angelegt sein sollen"; sie sind jedoch nicht zu verwechseln mit Theorien.[4]

Habermas unterscheidet zwischen „Lebenswelt" (Privatsphäre und Öffentlichkeit) und „System" (Wirtschaft und Staat); er konzipiert „Gesellschaft" gleichzeitig als System und Lebenswelt.[5] „Lebenswelt" meint nichts anderes als den nicht hinterfragten normativen Hintergrundkonsens der Individuen. Es handelt sich um normative Lebenskontexte, die das Zusammenleben der Menschen si-

---

[2] *Kurt Lenk*, Die subversive Kraft der Reflexion. Jürgen Habermas als *homo politicus*, in: NG/FH, Jg. 46 (1999), H. 5, 415-418, Zitat 418.
[3] *Jürgen Habermas*, Technik und Wissenschaft als ‚Ideologie', Frankfurt a.M. 1968, 84f.
[4] *Ders.*, Die Neue Unübersichtlichkeit. Kleine Politische Schriften V, Frankfurt a.M. 1985, 74, 75, 143.
[5] Vgl. *Reese-Schäfer*, Habermas, 38.

cherstellen. Diese Lebenswelten werden durch Systemimperative wie Monetarisierung und Bürokratisierung der Alltagspraxis „kolonialisiert":

„In dem Maße, wie das ökonomische System die Lebensform der privaten Haushalte und die Lebensführung von Konsumenten und Beschäftigten seinen Imperativen unterwirft, gewinnen Konsumismus und Besitzindividualismus, Leistungs- und Wettbewerbsmotive prägende Kraft. Die kommunikative Alltagspraxis wird zugunsten eines spezialistisch-utilitaristischen Lebensstils einseitig rationalisiert; und diese medieninduzierte Umstellung auf zweckrationale Handlungsorientierungen ruft die Reaktion eines von diesem Rationalitätsdruck entlastenden Hedonismus hervor. Wie die Privatsphäre vom Wirtschaftssystem, so wird die Öffentlichkeit vom Verwaltungssystem unterlaufen und ausgehöhlt. Die bürokratische Vermachtung und Austrocknung spontaner Meinungs- und Willensbildungsprozesse erweitert einerseits den Spielraum für eine planmäßige Mobilisierung von Massenloyalität und erleichtert andererseits die Abkoppelung der politischen Entscheidungen von Legitimationszufuhren aus identitätsbildenden, konkreten Lebenszusammenhängen."[6]

Aber auch die Lebenswelten stemmen sich den deformierenden Eingriffen der materiellen Systeme entgegen, denn die Gesellschaft wird nicht nur durch Arbeit (wie bei *Marx*) im Rückgriff auf zweckrationale Steuerungsmedien wie Geld und Macht reproduziert, sondern auch durch soziale Interaktion, die auf interkommunikativen Verständigungsprozessen, den Diskursen, beruht. *Habermas* nennt vier Bedingungen einer idealen Sprechsituation:

„1. Alle potentiellen Teilnehmer eines Diskurses müssen die gleiche Chance haben, kommunikative Sprechakte zu verwenden, so daß sie jederzeit Diskurse eröffnen sowie durch Rede und Gegenrede, Frage und Antwort perpetuieren können.
2. Alle Diskursteilnehmer müssen die gleiche Chance haben, Deutungen, Behauptungen, Empfehlungen, Erklärungen und Rechtfertigungen aufzustellen und deren Geltungsanspruch zu problematisieren, zu begründen oder zu widerlegen, so daß keine Vormeinung auf Dauer der Thematisierung und der Kritik entzogen bleibt. (...)
3. Zum Diskurs sind nur Sprecher zugelassen, die als Handelnde gleiche Chancen haben, repräsentative Sprechakte zu verwenden, d.h. ihre Einstellungen, Gefühle und Wünsche zum Ausdruck zu bringen. Denn nur das reziproke Zusammenstimmen der Spielräume individueller Äußerungen und das komplementäre Einpendeln von Nähe und Distanz in Handlungszusammenhängen bieten die Garantie dafür, daß die Handelnden auch als Diskursteilnehmer sich selbst gegenüber wahrhaftig sind und ihre innere Natur transparent machen.
4. Zum Diskurs sind nur Sprecher zugelassen, die als Handelnde die gleiche Chance haben, regulative Sprechakte zu verwenden, d.h. zu befehlen und sich zu widersetzen, zu erlauben und zu verbieten, Versprechen zu geben und abzunehmen, Rechenschaft abzulegen und zu verlangen usf. Denn nur die vollständige Reziprozität der Verhaltenserwartungen, die Privilegierungen im Sinne einseitig verpflichtender Handlungs- und Bewertungsnormen ausschließen, bieten die Gewähr dafür, daß die formale Gleichverteilung der Chancen, eine Rede zu eröffnen und fortzusetzen, auch faktisch dazu benutzt werden kann, Realitätszwänge zu suspendieren und in den erfahrungsfreien und handlungsentlasteten Kommunikationsbereich des Diskurses überzutreten."[7]

Die ursprüngliche Auffassung, daß Diskurse nur in nicht-institutionalisierter Form denkbar seien, hat *Habermas* inzwischen korrigiert und zu einem Modell „deliberativer Demokratie", die auf einem Zusammenspiel von zivilgesellschaft-

---

[6] *Habermas*, Theorie des kommunikativen Handelns, Bd. 2, Frankfurt a.M. ³1985, 480f.
[7] *Ders.*, Vorstudien und Ergänzungen zur Theorie des kommunikativen Handelns, Frankfurt a.M. 1984, 177f.; vgl. auch *ders.*, Theorie des kommunikativen Handelns, Bd. 1, Frankfurt a.M. ³1985, 47, und *Horster*, Einführung, 55f.

licher Intersubjektivität und pluralistisch-repräsentativen verfassungsstaatlichen Institutionen basiert, verändert. Es handelt sich um Verständigungsprozesse, „die sich einerseits in der institutionalisierten Form von Beratungen in parlamentarischen Körperschaften sowie andererseits im Kommunikationsnetz politischer Öffentlichkeit vollziehen"[8].

Mit diesem Modell verzichtet *Habermas* darauf zu erwarten, daß eine sich selbst organisierende Gesellschaft möglich werde, wie sie *Marx* mit der Metapher des „Reichs der Freiheit" prognostizierte, das dem „Reich der Notwendigkeit" folge, und distanziert sich auch von fundamentalistischen radikaldemokratischen Alternativen zum demokratischen Verfassungsstaat. So wie er diesen interpretiert, bleibt er jedoch Garant der normativen Implikationen der demokratischen Idee der Selbstgesetzgebung und damit der Rahmen für Freiheit: Der einzelne könne nicht frei sein, wenn nicht alle frei sind, und alle können nicht frei sein, „wenn nicht alle in Gemeinsamkeit frei sind"[9], wie denn auch eine Norm nur Geltung haben kann, „wenn alle von ihr möglicherweise Betroffenen als Teilnehmer eines praktischen Diskurses Einverständnis darüber erzielen (bzw. erzielen würden), daß diese Norm gilt"[10].

Für *Habermas* hat angesichts der Herausforderungen des 21. Jhs. der Sozialismus, verstanden als „Hoffnung auf Emanzipation der Menschen aus selbstverschuldeter Unmündigkeit und erniedrigenden Lebensumständen", seine „Kraft nicht verloren"[11], ist er als „selbstkorrekturfähiges Projekt heute so essentiell wie eh und je". Freilich sollte man nach *Habermas'* Überzeugung nur noch in dem Sinne von Sozialismus sprechen, „daß man in einer jeweiligen historischen Situation versucht, notwendige Bedingungen anzugeben, die erfüllt sein müssen, *damit* emanzipierte Lebensformen entstehen können – welche auch immer"[12].

b) *Oskar Negt*

Oskar Negt begann seinen Weg zu einem der meistbeachteten, leitwertorientierenden Soziologen im linken Spektrum der Bundesrepublik als Assistent von *Jürgen Habermas*. Geboren 1934 in der Nähe von Königsberg als siebentes und letztes Kind eines sozialdemokratischen Kleinbauern, war *Negt* bereits in seiner Studentenzeit – er studierte erst Jura, dann Soziologie und Politikwissenschaft – in der DGB-Bundesschule in Oberursel im Taunus tätig. Er gehörte zu jenen jungen SDS-Intellektuellen, die 1961 aus der SPD ausgeschlossen wurden. 1972 schloß er sich dem „Sozialistischen Büro" an. Im gleichen Jahr wurde er auf den Lehrstuhl für Soziologie an der Universität in Hannover berufen und erschien sein mit *Alexander Kluge* verfaßtes Buch „Öffentlichkeit und Erfahrung". *Kluge*,

---

[8] *Habermas*, Drei normative Modelle der Demokratie: Zum Begriff deliberativer Politik, in: *Herfried Münkler* (Hrsg.), Die Chancen der Freiheit. Grundprobleme der Demokratie, München 1992, 11-24, Zitat 22. Sein Modell deliberativer Politik hat *Habermas* in Faktizität und Geltung, Frankfurt a.M. ²1992 vorgestellt; vgl. dazu auch *Karl-Theodor Schuon*, Diskurstheoretisch fundierte Demokratietheorie, in: perspektiven ds, Jg. 12 (1995), H. 3, 186-197.
[9] *Habermas*, Neue Unübersichtlichkeit, 76.
[10] *Ders.*, Moralbewußtsein und kommunikatives Handeln, Frankfurt a.M. 1983, 76.
[11] *Ders.*, Die nachholende Revolution. Kleine Politische Schriften VII, Frankfurt a.M. 1990, 203.
[12] *Ders.*, Neue Unübersichtlichkeit, 76.

1932 in Halberstadt geboren, Rechtsanwalt, Schriftsteller und Filmregisseur, leitete das Institut für Filmgestaltung in Ulm.

Die Ausgangsfragestellung beider Autoren lautete: Gibt es zur bürgerlichen Öffentlichkeit wirksame Formen von Gegenöffentlichkeit? „So gelangten wir zu der Kategorie der proletarischen Öffentlichkeit", die durch die „Einheit des proletarischen Lebenszusammenhanges" konstituiert wird.[13] Die Kategorie der proletarischen Öffentlichkeit kann nun zwar logisch-deduktiv erschlossen werden, aber nicht empirisch-faktisch. Die Gründe dafür bleiben den beiden Autoren entgegen ihrem Erkenntnisinteresse nicht verborgen: Das dichotomische Bewußtsein der Arbeiterklasse, nach dem die Gesellschaft zwischen ‚oben' und ‚unten' gespalten ist, „macht ein Verhalten schwierig, das auf scheinbar widersprüchliche Weise zweierlei fordert": sich der Öffentlichkeit zu bemächtigen, „um ihre Besetzung durch den Klassengegner zu verhindern" und gleichzeitig eine eigene Gegenöffentlichkeit aufzubauen. „Beide Strategien erfordern ein fast entgegengesetztes Verhalten, entgegengesetzte Formen der Disziplin und der Spontaneität."[14]

Hatte bereits „Öffentlichkeit und Erfahrung" seit 1972 rasch mehrere Auflagen erreicht, so avancierte die nächste gemeinsame Veröffentlichung von *Negt* und *Kluge*, „Geschichte und Eigensinn" (1981), zu einer Art Kultbuch, das innerhalb eines Jahres fünfmal mit insgesamt 30.000 Exemplaren aufgelegt wurde. Dieses Buch brachte von seiner Anlage und Form her betrachtet eine verspielte und zugleich elegante intellektuelle Anarchie zum Ausdruck. Inhaltlich erweiterte es erheblich die ursprüngliche materialistische (im philosophischen Sinne gemeint) Perspektivik des ersten Buches zu einer historischen Anthropologie.[15]

„Eigensinn" meint „Resistenz" gegen die „Trennung der Arbeitsvermögen" (bzw. der Produktivkräfte von den Produktionsmitteln), und dies massenhaft erst im Kapitalismus. Angesichts dieser historischen Entwicklung ging es den Autoren um das Repertoire der menschlichen Eigenschaften, die sich in allen Formen der Arbeit angesammelt haben. Vornehmlich im dritten Teil über „Gewalt des Zusammenhangs" versuchten sie darzustellen, was den industriellen Arbeitsformen entgegensteht, zuwiderläuft, sie überschreitet, sie vernichtet. Mag es auch zutreffend sein, den Autoren „mutwilliges Konstruktionsgehabe" bei „teilweise schrecklicher Sprache" vorzuhalten[16], so bleibt doch beeindruckend die phantasiereiche Suche nach den Erfahrungsgehalten in der Arbeiterbewegung, deren Mitteilung in Buchform allerdings dem Charakter dieser Erfahrungsgehalte inadäquat wäre: „Mündlich, durch Nachahmung, durch Einführung in die konkreten heutigen Kämpfe werden Zusammenhänge solcher Erfahrungsgehalte an Büchern vorbei zu politischer Praxis."[17]

Oskar Negt hat das Thema fortgeführt – konzentriert auf eine Fragestellung in dem Buch „Lebendige Arbeit, enteignete Zeit".[18] Die Argumentationskette reicht

---

[13] *Oskar Negt/Alexander Kluge*, Öffentlichkeit und Erfahrung. Zur Organisationsanalyse von bürgerlicher und proletarischer Öffentlichkeit, Frankfurt a.M. [4]1976, 7f.
[14] Ebenda, 350f.
[15] Vgl. *Negt/Kluge*, Geschichte und Eigensinn, 1.-4. Aufl., Frankfurt a.M. 1981.
[16] *Walter van Rossum*, Lehrbuch für eine Subkultur, in: Die Zeit v. 19.03.1982, 51.
[17] *Negt/Kluge*, Geschichte und Eigensinn, 1272 (letzte Fußnote).
[18] Vgl. *Negt*, Lebendige Arbeit, enteignete Zeit. Politische und kulturelle Dimensionen des Kampfes um die Arbeitszeit, Frankfurt a.M. 1984.

hier von *Marx* bis *Nell-Breuning*[19], und es ist ein ganz und gar entdogmatisierter *Marx*, der *Negt* immer wieder die Sporen gibt:

„Eine radikale Arbeitszeitverkürzung, die nicht nur eine qualitative Umgewichtung von Arbeitszeit und freier Zeit bewirkt, sondern auch eine bewußte Entfaltung des ganzen Spektrums differenzierter Wunschzeiten und Zeiterfahrungen in neuen Arbeitsformen einleitet, ist eine geschichtlich längst überfällige Forderung, und sie steht auf der Tagesordnung. Es wäre übrigens zunächst nichts weiter, als die Anpassung der Arbeitszeit an die Produktionsbedingungen einer durch Vervielfältigung der Mikroelektronik geprägten Gesellschaft. Da dieser Rückstand der Arbeitszeit gegenüber der tatsächlichen Reichtumsproduktion jedoch nicht allgemein ins öffentliche Bewußtsein eingedrungen ist, bedarf es einer Rückbesinnung auf die Arbeitsutopien, welche die Geschichte des Kapitalismus wie Schatten begleiten. ‚Es wird sich zeigen, daß die Welt längst den Traum einer Sache besitzt, von der sie nur das Bewußtsein besitzen muß, um sie wirklich zu besitzen', schreibt Marx, noch ganz in der Befangenheit der optimistischen Bewußtseinsphilosophie der Junghegelianer, im September 1843 an Arnold Ruge. Diese Maulwurfsarbeit der Träume nur bewußt zu machen, reicht für die Veränderung der Wirklichkeit sicherlich nicht aus; niemand wußte das besser als Marx – nur wenige Jahre danach. Aber ohne Bewußtsein dessen, was im gesellschaftlichen Hintergrund immer schon als Traumphantasie gearbeitet hat, würde sich jeder Emanzipationswille sehr schnell in einer inhaltslosen Veränderung, in dem neutralen, von der Wissenschaft mit Recht so genannten ‚sozialen Wandel' verlieren."[20]

„Voller Wut und Zorn und gegen das Vergessen" wandte *Negt* sich 1995 dem Thema „Politische Intellektuelle und die Macht" zu, das ja auch das seiner eigenen intellektuellen Biographie gewesen ist.[21] Der „Verfall linker politischer Identität" hat nach *Negt* „eine entscheidende Ursache in diesem Vergessen, das dem schändlichen Opportunismus Tür und Tor öffnet"[22]. Für sich selbst hat er dann den Schluß gezogen, in der Bundestagswahl 1998 die Sozialdemokratie in ihrem Versprechen eines Macht- und Politikwechsels zu unterstützen.[23] Dabei hat er wohl nichts von dem verschenkt, was er 1986 über „Sozialismus in der Entwicklung meiner eigenen Wahrnehmung" mitgeteilt hat:

„(...) wir haben Grund genug, auf die Geschichte der vergangenen zwanzig Jahre stolz zu sein, doch es ist eine Bewegung im Stillstand. Was unser politisches Selbstverständnis betrifft, befinden wir uns eher im Stadium der Materialsammlung, der Reflexion, auch des Projektierens nach vorne als der abwägenden Bilanzen. Wir befinden uns in einer Situation der selbstverschuldeten Not (...).
Wir sind gegenwärtig noch nicht so weit, aus dem heutigen Zustand programmatische Perspektiven und Organisationsvorschläge zu entwickeln. (...)
Ich verstehe mich nach wie vor als Marxist und Sozialist. Viele Enttäuschungen liegen selbst in der geschichtlich recht kurzen Zeit, in der ich meine politischen Erfahrungen gemacht habe; keine Enttäuschung für mich ist der Stalinismus, weil er nie zu meinen sozialistischen Hoffnungen gehörte. In meiner Wahrnehmung hat niemand dem Sozialismus, der substantiellen Idee des Sozialismus, so viel geschadet wie der Stalinismus. Keine rechte Propaganda hätte etwas Ähnliches zustande gebracht. Das macht mich zornig gegen alle, die als leninistisch verkleidete Stalinisten bis in unsere Tage hinein in der Öffentlichkeit das Wort

---

[19] Zu *Nell-Breuning* in diesem Kontext siehe Katholische Soziallehre, 3. Kap., I, 3, c).
[20] *Negt*, Lebendige Arbeit, 209f.
[21] Vgl. *ders.*, Achtundsechzig. Politische Intellektuelle und die Macht, Frankfurt a.M. 1998 (Erstveröffentlichung: Göttingen 1995).
[22] Ebenda, 47.
[23] Vgl. *Negt*, Warum SPD? 7 Argumente für einen nachhaltigen Macht- und Politikwechsel, Göttingen 1998.

führen und die Vermessenheit haben, Menschen aus ihrem beschränkten Horizont des Sozialismus auszugrenzen, die der Grundidee der sozialistischen Emanzipation immer viel näher gestanden haben und der angemaßten Realität dieses im Osten praktizierten Sozialismus stets mißtrauisch entgegengetreten sind."[24]

2. Für das 21. Jahrhundert – zwischen Elend und Hoffnung

a) *Ralf Dahrendorfs* Reflexionen über „das Elend der Sozialdemokratie"

1987 veröffentlichte *Ralf Dahrendorf* einen Essay, dessen inhaltliche Grundmelodie vom „Ende des sozialdemokratischen Jahrhunderts" seither als ein Evergreen durch die intellektuellen Diskurse geistert. *Dahrendorf*, 1929 in Hamburg geboren, stammt aus einer bekannten sozialdemokratischen Familie. Nach dem Studium erst der Philosophie, dann der Soziologie wurde er bereits 1958 Professor an der Hamburger Akademie für Gemeinwirtschaft, danach 1961 in Tübingen und 1966 in Konstanz. Es folgte eine kurze Periode der politischen Praxis als Mitglied des Bundestages (FDP), als Parlamentarischer Staatssekretär im Außenministerium (unter Walter Scheel) und als Kommissar für Außenhandel und Außenbeziehungen der EG. 1974 bis 1984 übte er dann Leitungsfunktionen an der London School of Economics and Political Science und 1987 bis 1997 am St. Antony's College der Universität Oxford aus.

Dahrendorfs Botschaft in seinem Essay lautete: Wir erleben „das Ende des sozialdemokratischen Jahrhunderts", was heißen sollte, daß die Sozialdemokraten

„eine Jahrhundert lang treibende Kraft der politischen Entwicklung waren, bis sie am Ende (...) zur ‚natürlichen Regierungspartei' wurden und prompt ihre Kraft verloren. Das Jahrhundert war in seinem Antrieb und in seinen besten Möglichkeiten sozialdemokratisch. Als es dem Ziel nahe kam, war es folgerichtig mit der Kraft der Sozialdemokraten vorbei."[25]

Gleichzeitig sei jedoch ein „sozialdemokratischer Konsens" entstanden, den auch andere Parteien übernahmen; *Dahrendorf* sprach in diesem Zusammenhang von der „Sozialdemokratisierung der bürgerlichen Parteien"[26]. Warum aber, so fragte *Dahrendorf* weiter, folgte auf den „totalen Sieg" der Sozialdemokratie ihre Niederlage? Seine Antwort lautete:

„Eine säkulare politische Kraft hat sich erschöpft. Wichtige Teile ihres Programms sind realisiert; die sozialen Gruppen, die sie trugen, finden sich damit in neuen Interessenlagen. Die Vertreter dieser politischen Kraft sind auch erschöpft. Es bleibt ihnen nur, auf verbleibende Unvollkommenheiten der von ihnen geschaffenen Welt hinzuweisen und im übrigen das Erreichte zu verteidigen. Beides ruft nicht gerade Begeisterungsstürme hervor; es reicht noch nicht einmal, um regierungsfähige Wählermehrheiten zu gewinnen. Das ist das Elend der Sozialdemokratie."[27]

---

[24] *Negt*, Achtundsechzig, 114, 121.
[25] *Ralf Dahrendorf*, Das Elend der Sozialdemokratie, in: Merkur. Deutsche Zeitschrift für europäisches Denken, Jg. 41 (1987), H. 12, 1021-1038, Zitat 1023.
[26] Ebenda, 1027.
[27] Ebenda, 1034.

Das alles hänge auch mit den Unwägbarkeiten einer Politik zusammen, die gerade eben nicht gleichzeitig die Neureichen und die Neuarmen bedienen könne. Dennoch wußte *Dahrendorf* einen Trost: „Noch in ihrem Elend ist die Sozialdemokratie eine Garantie anständiger Politik in einer zivilisierten Gesellschaft."[28] *Dahrendorf* hat seine Gedanken über das Ende des sozialdemokratischen Jahrhunderts bis 1998 weitergeführt und ist zu dem Schluß gelangt, daß die neue Sozialdemokratie inzwischen europaweit längst nicht mehr die Ideale der alten Sozialdemokratie vertrete. Ob dies für die Vermutung ausreicht, er „wolle stillschweigend die Sozialdemokratie neu erfinden"[29], sei dahingestellt.

1987, als *Dahrendorf* erstmals seine Gedanken vom Ende des sozialdemokratischen Jahrhunderts der Öffentlichkeit vortrug, hat einer ihm besonders vehement widersprochen: *Willy Brandt*. In seiner Abschiedsrede als Vorsitzender der SPD hat er die Dahrendorfsche These geradezu umgekehrt:

„Ich habe mich immer mal wieder gefragt: An welche Jahrzehnte haben sich wohl diejenigen Zeitgenossen erinnert, die meinten, das sozialdemokratische Jahrhundert sei vorbei. Haben sie die beiden Weltkriege, Faschismus und Stalinismus ausgeblendet, die großen Wirtschaftskrisen und die neuen existentiellen Bedrohungen? Nein, die Epoche der sozialen Demokratie muß erst noch kommen, falls und damit es ein Überleben der Menschheit gibt."[30]

Und noch in einer seiner letzten öffentlichen Reden im November 1991 in Nürnberg beschied er die Verfechter solcher Auffassungen: „In meinem Selbstverständnis bin ich als Sozialist aufgewachsen und halte die damit verbundenen Hoffnungen und Überzeugungen – wenngleich viel erreicht wurde – auch heute nicht für verbraucht."[31]

b) Das Prinzip Verantwortung

„Das Prinzip Verantwortung" – so nannte *Hans Jonas* das Buch[32], in dem er – wieder und wieder in politischen Diskursen zitiert oder apostrophiert – neue Dimensionen der politischen Verantwortung in einer menschheitsgeschichtlichen Situation zu erschließen versuchte, in der die Verheißung der Technik in eine Bedrohung umgeschlagen und ein ethisches Vakuum entstanden war. *Jonas*, 1903 in Mönchengladbach geboren, hatte bei *Edmund Husserl*, *Martin Heidegger*, *Eduard Spranger* und *Rudolf Bultmann* studiert. 1933 mußte er emigrieren und lehrte seit 1955 an der New School for Social Research in New York, wo er 1993 starb. Als Philosoph hatte er Aufmerksamkeit gefunden mit seinen Studien zur Gnosis und seinen Arbeiten über die philosophischen Grundlagen der Biologie und die ethischen Aspekte der modernen Technologie.

---

[28] *Dahrendorf*, Das Elend der Sozialdemokratie, 1038.
[29] So *Fritz W. Scharpf*, vgl. *Markus Pins*, Ralf Dahrendorf – Sozialliberalismus und Moderne, in: NG/FH, Jg. 46 (1999), H. 5, 423-428, Zitat 427f.
[30] *Willy Brandt*, Abschiedsrede auf dem außerordentlichen SPD-PT am 14.06.1987, Prot., 29-66, Zitat 48; auch abgedruckt in: Vorwärts, Nr. 25 v. 20.06.1987, 23-38, Zitat 27.
[31] *Ders.*, Die Zukunft der Sozialdemokratie (und des freiheitlichen Sozialismus), Referat auf der Feier zum 125jährigen Bestehen der Nürnberger SPD am 13.11.1991, AdsD, WBA, Publizistische Äußerungen, Mappe 199, 3.
[32] Vgl. *Hans Jonas*, Das Prinzip Verantwortung. Versuch einer Ethik für die technologische Zivilisation, Frankfurt a.M. 1979 (als Taschenbuch 1984).

Als Voraussetzung für die von ihm postulierte „Ethik für die technische Zivilisation" bezeichnete *Jonas* die Notwendigkeit des Abschieds vom utopischen Ideal, d.h. von der Verheißung einer „erhöhenden *Umwandlung des Menschen* durch niegekannte Zustände"[33]. Diese Anforderung verknüpfte er mit einer fundamentalen Kritik des „marxistischen Utopismus" von *Marx* bis *Bloch*:

„Und als Grundirrtum der ganzen Konzeption, bei Marx wie bei Bloch, wird sich die *Trennung des Reiches der Freiheit vom Reiche der Notwendigkeit* herausstellen: Die Vorstellung also, daß jenes beginnt, wo dieses aufhört: daß Freiheit *jenseits* der Notwendigkeit liegt, anstatt im Treffen mit ihr zu bestehen."[34] Dies führt ihn zur „nichtutopischen Ethik der Verantwortung": „Dem Prinzip Hoffnung stellen wir das Prinzip Verantwortung gegenüber, nicht das Prinzip Furcht. Wohl aber gehört die Furcht zur Verantwortung so gut wie die Hoffnung, und da sie das weniger gewinnende Gesicht hat, sogar in besseren Kreisen in einem gewissen moralischen und psychologischen Verruf steht, so müssen wir ihr hier nochmals das Wort reden, denn sie ist heute nötiger als zu manchen anderen Zeiten, wo man in der Zuversicht des guten Ganges der menschlichen Angelegenheiten auf sie als eine Schwäche der Kleinherzigen und Ängstlichen herabsehen konnte."[35]

c) Hat die Freiheit eine Zukunft?

Adolph Lowe (hieß vor 1933 *Adolf Löwe*), 1893 in Stuttgart geboren und dort aufgewachsen, hat erst spät – gemessen an der Bedeutung seiner Positionen in der Weimarer Republik – die ihm gebührende Aufmerksamkeit in der Bundesrepublik gefunden. Der Schüler *Franz Oppenheimers* war nach 1918 zunächst im Reichswirtschaftsministerium und im Statistischen Reichsamt tätig gewesen, dann seit 1926 als Professor für Staatswissenschaften in Kiel, wo er die Forschungsabteilung des Weltwirtschaftlichen Archivs aufbaute. Er gehörte zum Kreis der Religiösen Sozialisten um *Paul Tillich* und publizierte u.a. in den „Neuen Blättern für den Sozialismus". 1931 wechselte er an die Universität Frankfurt a.M. und arbeitete eng mit dem Institut für Sozialforschung zusammen. Im April 1933 floh er nach England und lehrte an der Universität von Manchester Politische Philosophie. 1940 ging er nach New York an die New School for Social Research. Erst mit 90 Jahren kehrte er 1983 nach Deutschland zurück, wo er 1995 starb.[36]

Zentraler Punkt seines Denkens, das in seinem Hauptwerk „Politische Ökonomik"[37] seinen Ausdruck gefunden hat, war das Spannungsverhältnis zwischen emanzipatorischem Freiheitsanspruch, wie er seit der Aufklärung besteht, und der Schaffung einer stabilen und gerechten Gesellschaftsordnung. Das lebenslange Nachdenken über dieses Spannungsverhältnis führte *Lowe* an die Seite seines New Yorker Kollegen *Hans Jonas* und dessen „Prinzip Verantwortung". *Lowe*

---

[33] *Jonas*, Das Prinzip Verantwortung 315.
[34] Ebenda, 357.
[35] Ebenda, 390.
[36] Zur Biographie von *Lowe* vgl. *Mathias Greffrath* (Hrsg.), Die Zerstörung einer Zukunft. Gespräche mit emigrierten Sozialwissenschaftlern, Frankfurt a.M. 1990, 137-186; *Claus-Dieter Krohn*, Der Philosophische Ökonom. Zur intellektuellen Biographie Adolph Lowes, Marburg 1996.
[37] Erschien 1965 in englischer Sprache unter dem Titel „On Economic Knowledge", deutsch zuerst: Frankfurt a.M. 1968, in erweiterter Auflage: Königstein i.Ts. 1984.

resümierte mithin in seinem letzten Buch, daß der Preis der politischen Freiheit die Selbstbegrenzung des Individuums ist und daß man nicht beides haben kann.[38]

„Meine analytische Grundthese ist, daß eine Wechselwirkung besteht zwischen individueller Freiheit und gesellschaftlicher Stabilität. Was meine ich damit? Individuelle Freiheit setzt Überleben auf einem bestimmten Niveau der Zivilisation voraus. Ein solches Überleben aber ist nur möglich in einer stabilen Gesellschaft. Und eine stabile Gesellschaft in Freiheit ist nur möglich, wenn eine gewisse Konformität des individuellen Verhaltens gesichert ist. Solche Konformität ist durchaus vereinbar mit Freiheit, solange sie spontan ist – ein fast banaler Satz, der aber offenbar schwer zu begreifen ist."[39]

Dieses Verständnis von Freiheit und spontaner Konformität führte *Lowe* zu seinem Plädoyer für ein modifiziertes kontrolliertes Marktsystem. Dennoch blieb auch bei ihm die Skepsis darüber bestehen, ob die Freiheit eine Zukunft haben kann, und mit ihr verbunden die Warnung vor „unzeitgemäßen Utopien": „Der Versuch, eine sozialistische Gesellschaft aufzubauen, wäre eine solche Utopie. Was ich beschreibe und erhoffe, ist eine reformierte kapitalistische Gesellschaft, in der menschlich verwaltete Kontrollen die Funktion übernehmen, die früher unpersönliche Kräfte ausgeübt haben. Den nüchternen Willen, den man dazu braucht, zu fördern, das wäre die Aufgabe der Intellektuellen."[40]

II. Die SPD auf der Suche nach einem neuen Programm

1. Warum das Godesberger Programm nicht mehr und warum es doch noch gilt

1978 hatte der Vorsitzende der Sozialdemokratischen Partei zum wiederholten Male erklärt: „Das Godesberger Programm gilt."[41] Noch 1979, anläßlich einer Veranstaltung zum 20. Jahrestag der Verabschiedung des Godesberger Programms, wiederholte *Brandt* seine Auffassung: „Die SPD braucht für einen jetzt überschaubaren Zeitraum kein neues *Grundsatz*programm", und er fügte hinzu, das Godesberger Programm sei die konsequente Fortentwicklung der bestimmenden Grundidee der Geschichte der sozialdemokratischen Bewegung über ein Jahrhundert hinweg. Im Verständnis des Godesberger Programms sei Sozialismus „entfaltete Demokratie", und die Behauptung, die SPD habe mit diesem Programm auf den Sozialismus verzichtet, sei ein „schwerwiegendes Mißverständnis"[42].

---

[38] Vgl. *Adolph Lowe*, Has Freedom a Future?, New York 1988, deutsch: Hat Freiheit eine Zukunft?, Marburg 1990.
[39] Selbstbeschränkung ist keine Unfreiheit. Adolph Lowe im Gespräch mit Marion Gräfin Dönhoff und Mathias Greffrath, in: Die Zeit, Nr. 21 v. 20.05.1988, 41-44, Zitat 43.
[40] Ebenda, 44.
[41] *Willy Brandt*, Im Kampf für Freiheit suche stets dein Recht. Rede zur 100. Wiederkehr des „Gesetzes gegen die gemeingefährlichen Bestrebungen der Sozialdemokratie" am 11.06.1978, hrsg. vom Vorstand der SPD, Bonn 1978, 18.
[42] *Brandt*, Godesberg nicht verspielen. Rede zum 20. Jahrestag der Verabschiedung des „SPD-Grundsatzprogramms" am 14.11.1979, hrsg. vom Vorstand der SPD, Bonn 1979, 4.

Ebenfalls 1979 hatte *Hans Koschnik* in einem Jubiläumsartikel im „Vorwärts" ausdrücklich festgestellt: „Heute lautet die Frage: Brauchen wir ein neues Godesberg? Nein, nicht im Inhaltlich-Programmatischen. Aber wir brauchen Auffrischungen und Erneuerungen im Kommunikationsstil der Partei mit der Gesellschaft."[43] Doch bereits die Rede von *Johannes Rau*, damals gerade ein Jahr Ministerpräsident des Landes Nordrhein-Westfalen, auf dem Parteitag 1979 über „Verantwortung für humanes Wachstum" enthielt Formulierungen, die über Godesberg hinauswiesen, wenn er beispielsweise davon sprach, daß die SPD eine Plattform bieten müsse, „auf der sich die gewerkschaftlich formulierten Interessen und die stärker an einem raschen Umsteuern der Politik orientierten ökologischen Kräfte verstehen lernen und im Interesse des Ganzen aufeinander zu bewegen"; dafür würden die Grundwerte als Maßstab gelten.[44]

Keine drei Jahre später ließ *Willy Brandt* die Öffentlichkeit wissen: „(...) wir gehen jetzt hinein in eine Phase, in der wir Godesberg kritisch abklopfen werden."[45] Das Ergebnis dieses ‚Abklopfens' lag 1984 mit dem Bericht der SPD-Grundwertekommission zum Godesberger Grundsatzprogramm: „Godesberg heute" vor, in dem die Kommission dem SPD-Parteivorstand vorschlug, „ein neues Grundsatzprogramm vorzubereiten, zu diskutieren und noch in diesem Jahrzehnt zu verabschieden"[46]. Auf dem Parteitag 1984 versicherte denn auch der Parteivorsitzende, nunmehr auch Vorsitzender der Programmkommission:

„Das Programm wird eine ernste, beherrschte Zuversicht und unser Verständnis von Modernität zu vermitteln haben. (...) Ein neues sozialdemokratisches Programm hat bei aller Vielfalt der religiös-weltanschaulichen Überzeugungen die fundierte Zuversicht zu vermitteln, daß die von der gesellschaftlichen und internationalen Entwicklung aufgeworfenen Probleme doch gelöst werden können, daß es gelingen kann, immer wieder etwas mehr Freiheit, Gerechtigkeit, Solidarität für mehr Menschen erfahrbar zu machen."[47]

Die SPD befand sich auf dem Wege zu einer praxisbezogenen Neuorientierung der Theorie-Diskussion. Waren einst die meisten Befürworter des Godesberger Programms an der „reformsozialistischen Wende auf der programmatischen und praktisch-politischen Ebene" interessiert gewesen und weniger an den „geistig-theoretischen Grundlagen eines neuen Sozialismus-Konzeptes", so sollte jetzt versucht werden, beides miteinander zu verbinden und damit die „theoretische Sprachlosigkeit" des bisherigen Godesberger Programms zu überwinden.[48] Der Bericht der Grundwertekommission enthielt dazu eine Reihe von Anregungen.

---

[43] *Hans Koschnick*, Braucht die SPD ein neues Godesberg? Eine aktuelle „Reichweitenuntersuchung" der Thesen von 1959, in: Vorwärts v. 15.11.1979, 16f., Zitat 17.
[44] *Johannes Rau*, Verantwortung für humanes Wachstum, Prot. PT Berlin 1979, 914-926, Zitat 925.
[45] Unsere Welt ist von Waffen vergiftet. Ein Zeit-Gespräch zwischen *Willy Brandt* und *Fritz J. Raddatz*, in: Die Zeit v. 31.12.1982, 29f., Zitat 29.
[46] Bericht der SPD-Grundwertekommission zum Godesberger Grundsatzprogramm: Godesberg heute, Bonn 1984, S. 4; auch in: *Erhard Eppler* (Hrsg.), Grundwerte für ein neues Godesberger Programm. Die Texte der Grundwerte-Kommission der SPD, Reinbek 1984, 171-199.
[47] *Willy Brandt*, Perspektiven der SPD, Prot. PT Essen 1984, 419-434, Zitat 431.
[48] Vgl. *Horst Heimann*, Die Voraussetzungen des Demokratischen Sozialismus und die Aufgaben der Sozialdemokratie, Bonn 1991, 95; vgl. auch *Helga Grebing/Peter Brandt/Ulrich Schulze-Marmeling* (Hrsg.): Sozialismus in Europa – Bilanz und Perspektiven. FS für Willy Brandt, Essen 1989.

Zunächst wurden allgemeine Feststellungen getroffen: Die SPD müsse die „politische Heimat" für Menschen verschiedener Glaubenshaltungen und Überzeugungen bleiben; das Bekenntnis zu den Grundwerten werde zwar unabdingbarer Bestandteil auch des neuen Programms bleiben, aber das Verhältnis der Grundwerte zueinander müsse genauer bestimmt und ihnen eine unverwechselbare sozialdemokratische Interpretation gegeben werden; die SPD bleibe die klassische Volkspartei; die Anerkennung der Funktionen des Marktes sei ebenfalls unverzichtbar.[49] Einige grundsätzliche Zuspitzungen in der Weltgesellschaft erforderten – so die Kommission – jedoch neue grundsätzliche Antworten: Die Arbeitslosigkeit habe sich verdoppelt; der technische Wandel habe sich weiter beschleunigt; die Weiterentwicklung der weltwirtschaftlichen Arbeitsteilung habe zu einer tiefen Krise – vor allem der Grundstoffindustrien – geführt; die Zerstörung der Umwelt sei auf bedrückende Weise deutlich geworden und nicht mehr zu bagatellisieren; die Verschuldung der armen, aber auch der halbindustrialisierten Länder sei weiter dramatisch gestiegen; das quantitative, vor allem das qualitative Wettrüsten zwischen den Weltmächten habe sich beschleunigt; der Wandel des gesellschaftlichen Bewußtseins habe sich fortgesetzt; neue soziale Bewegungen hätten an Breite und Tiefe gewonnen. Aus dieser Sicht listete die Kommission folgende Defizite des Godesberger Programms auf:

„Es geht von einem auf absehbare Zeit ungebrochenen Wirtschaftswachstum aus, dem ‚stetigen Wirtschaftsaufschwung', der den Wohlstand mehrt, Verteilungskämpfe mildert, die Finanzierung sozialer Sicherheit gewährleistet, Not und Elend ‚beseitigt'. Aufgabe der Wirtschaftspolitik ist vor allem, diesen ‚Wirtschaftsaufschwung' zu sichern und zu verstetigen. Weder ökologische noch soziale Grenzen des Wachstums sind in Sicht.
Der Glaube an die Wissenschaft als Motor technischen und ökonomischen Fortschritts, aber auch als zuverlässiger Kompaß für politische Entscheidungen, ist unangefochten. Die Diskussion über verschiedene – teilweise kontroverse – wissenschaftliche Ansätze und die begrenzte Relevanz ihrer überdies oft widersprüchlichen Ergebnisse hat sich im Godesberger Programm noch nicht gespiegelt.
Die Annahme und die Hoffnung, die technologische Entwicklung sei prinzipiell neutral und könne letztlich immer zum Guten gewendet werden, ist im Godesberger Programm noch weithin ungebrochen.
Dem Godesberger Programm fehlt die ökologische Dimension. Das Verhältnis von Mensch und Natur stellt sich nicht als Problem. Die Beziehungen zwischen Ökonomie und Ökologie sind daher auch kein Thema.
Den Aussagen über ‚Frau – Familie – Jugend' liegt ein Leitbild von Familie und von der Rolle der Geschlechter zugrunde, das – obwohl 1959 progressiv – heute für viele Sozialdemokraten, zumal Frauen, überholt ist.
Die Nord-Süd-Dimension ist nur andeutungsweise sichtbar. Entwicklungsländer haben zwar ‚Anspruch auf die Solidarität der anderen Völker', aber es gibt keine Hinweise darauf, was solche Solidarität mit der Mehrheit der Erdbevölkerung für die Industrieländer und ihre Politik bedeutet.
Außenpolitisch konzentriert sich das Godesberger Programm auf die Frage, wie ‚das ganze deutsche Volk in freier Selbstbestimmung' wieder vereinigt werden kann. Von den internationalen Organisationen kommen fast nur die Vereinten Nationen in den Blick. Die NATO ist nicht angesprochen, die Europäische Gemeinschaft nur unbestimmt als eine der ‚regional begrenzten übernationalen Gemeinschaften'."[50]

---

[49] Vgl. Bericht zum Godesberger Grundsatzprogramm, 4.
[50] Ebenda, 5.

Es wurde vorgeschlagen, einzelne Programmabschnitte zu ergänzen oder neu zu fassen. So wurde „eine Art Minimalanthropologie als Hinführung zu den Grundwerten" vorgeschlagen. Es wurde gefordert, das Verhältnis von Gleichheit und Gerechtigkeit präziser zu bestimmen: „In der Forderung nach Gerechtigkeit sind Postulate der Gleichheit enthalten, aber Gerechtigkeit läßt sich nicht auf Gleichheit reduzieren." Vor allem aber wurde vorgeschlagen, das Kapitel „Wirtschafts- und Sozialordnung" völlig neu zu fassen und das neue Kapitel folgendermaßen zu überschreiben: „Sozial und ökologisch verantwortbare Wirtschaftsordnung". Im Unterschied zum Godesberger Programm, dem letztlich ein „konservatives Leitbild von männlichen und weiblichen Rollen" zugrundelag, hielt man es für ratsam, im neuen Programm „in einem Abschnitt ‚Emanzipation' etwas über eine Aufgabenverteilung zwischen Mann und Frau zu sagen, die beiden erlaubt, sich freier und weniger einseitig zu entfalten (...)"[51]. Der für die Außenwirkung so wichtige Abschnitt „Unser Weg" sollte auch das neue Programm abschließen. Damit sollte präzisiert werden, was die SPD als ihre „geschichtliche Aufgabe" betrachtete, nämlich:

„(...) nicht irgendeine Form von Determinismus (...), sondern die Tatsache, daß die Arbeiterbewegung sich wie keine andere gesellschaftliche Kraft der Bedürfnisse der Zeit annahm und daß sie zur geschichtswirksamen Kraft wurde". Ferner sollte festgestellt werden, „(...) daß der Marxismus einen unverzichtbaren Beitrag zur Analyse des Kapitalismus und zum Kampf gegen dessen Übel geleistet hat, jedoch nicht beanspruchen kann, als geschlossene Lehre die theoretische Grundlage der Sozialdemokratie zu bilden". Sozialismus sollte definiert werden „(...) als die aus den Grundwerten Freiheit, Gerechtigkeit und Solidarität folgende Aufgabe der umfassenden gesellschaftlichen Demokratisierung (...). Sie ist auch die Voraussetzung dafür, daß die Kräfte, die durch die industrielle Revolution und die Technisierung aller Lebensbereiche entbunden wurden, in den Dienst von Freiheit und Gerechtigkeit für alle gestellt werden können."[52]

Dies entsprach der Zielbestimmung, die *Willy Brandt* auf dem Essener Parteitag der SPD 1984 der Arbeit der Programmkommission vorgab: Man werde die vielen Einzelergebnisse nicht zu einem stimmigen Ganzen zusammenfassen können „ohne das Vermächtnis der freien Arbeiterbewegung und ohne das, was die ideelle Substanz des demokratischen Sozialismus ausmacht":

„Ich bin jedenfalls weit davon entfernt zu glauben, die Arbeiterbewegung habe im großen und ganzen ihre geschichtliche Aufgabe erfüllt. Die moderne Arbeiterbewegung war angetreten, eine Gesellschaft ohne Ausbeutung, ohne Erniedrigung, ohne Not zu schaffen, eine Gesellschaft der Freien und der Gleichen, eine Gesellschaft, in der das gute Leben kein Vorrecht des Standes oder der Klasse mehr sein sollte. Wer Augen hat zu sehen und nicht privilegienbedingt schielt, der sieht, daß dieses Ziel lange nicht erreicht ist (...)."[53]

Es war dann *Oskar Lafontaine*, stellvertretender Parteivorsitzender und Vorsitzender der zweiten Programmkommission, der 1988 auf dem SPD-Parteitag in Münster versicherte: „(...) wir werden ein neues, ein modernes Grundsatzprogramm beschließen (...)." Die Voraussetzung, unter der dies zu geschehen hatte, war nach *Lafontaine* exzeptionell: „Zum erstenmal ist die Menschheit (...) in der

---

[51] Bericht zum Godesberger Grundsatzprogramm, 6, 9, 11.
[52] Ebenda, 14.
[53] *Brandt*, Prot. PT Essen 1984, 432.

Situation, daß sie sich selbst auflösen kann, daß sie sich selbst vernichten kann, und dies kann, wie wir wissen, durch eine Zufälligkeit passieren." Und er schloß daran die Frage: „Was bleibt in dieser Situation von unserem Glauben an die Machbarkeit der Geschichte?"[54] Bei der Beantwortung dieser Frage von existentieller Bedeutung forderte er „pragmatische Phantasie" ein und setzte sich mit den den Zeittrend bestimmenden Philosophen, vor allem *Hans Jonas*, auseinander. Gestaltungsmöglichkeiten der Zukunft seien nicht zu sehen und zu ergreifen „ohne linke Utopie": „Ohne das Prinzip Hoffnung kann die Gesellschaft der Zukunft nicht gestaltet und nicht entwickelt werden (...)."[55] Ob dies gelingen könne, hing nach *Lafontaines* Auffassung von der Antwort auf die Frage ab, was der Mensch sei: von der Natur her nicht programmiert, nicht spezialisiert wie die anderen Lebenwesen, im Rahmen des Naturgegebenen frei.

„Aber gerade diese Freiheit, dieser Mangel an verhaltensregelnden Instinkten zwingen ihn zur notwendigen Kulturleistung, um sein Leben zu erhalten. Er ist nicht determiniert, nicht festgelegt, sondern in einem steten selbstschöpferischen ‚Werden' begriffen. Das heißt, er ist im Prinzip unfertig, lernbedürftig. Er entwickelt sich kontinuierlich in einem Verhältnis gegenseitiger Beeinflussung zu dem Gesellschaftsverband, in dem er lebt. Und das wiederum heißt: Er ist lernfähig, in einem ständigen Lernprozeß befindlich. Aus diesem Grund kann man die Begriffe Freiheit und Fortschritt nicht statisch sehen. Freiheit und Fortschritt sind Funktionen des jeweils erreichten Standes der gesellschaftlichen Entwicklung: Aus den von ihnen selbst geschaffenen gesellschaftlichen Bedingungen sind sie stets neu zu bestimmen. Auch die derzeitige Krise des Fortschritts gehört zum Lernprozeß im Umgang mit den Folgen des Fortschritts.

Da die Freiheit und das schöpferische Potential des Menschen in seiner Unfertigkeit und Undeterminiertheit begründet liegen, wird er dadurch gleichsam zu einem unberechenbaren Unsicherheitsfaktor. Er ist frei, vernünftig zu handeln, und frei, Fehler zu machen, frei auch, Fehler zu korrigieren, sofern sie korrigiert werden können. Will er Herr seiner Geschichte bleiben, muß er sich vor allem davor hüten, Fehler zu machen, die nicht mehr zu korrigieren sind."[56]

Hier lag nun nach *Lafontaine* die Verbindungsstelle zwischen Freiheit und Fortschritt einerseits und den Traditionen des demokratischen Sozialismus andererseits. Fortschritt habe dieser immer begriffen als „ein Fortschreiten zu mehr Solidarität", die nicht nur, aber auch heiße: teilen zu können. Deshalb bestehe Fortschritt darin, daß Freiheit und Solidarität ein Bündnis miteinander eingehen.[57]

---

[54] *Oskar Lafontaine*, Fortschritt und Solidarität, Prot. PT Münster 1988, 155-175, Zitat 158f.
[55] Ebenda, 174.
[56] *Ders.*, Die Gesellschaft der Zukunft. Reformpolitik in einer veränderten Welt, Hamburg 1988, 40, 66f. (Zitat).
[57] Vgl. *ders.*, Prot. PT Münster 1988, 162.

2. Gemeinwirtschaft statt Gemeineigentum

a) Keine Anknüpfung an Traditionen

Das sozioökonomische Nachkriegskonzept der Gewerkschaften setzte im wesentlichen auf staatliche Rahmenplanung und Lenkung auf der Grundlage der Verstaatlichung zentraler Wirtschaftssektoren. In dieses Konzept paßten gewerkschaftseigene Unternehmungen eigentlich nicht. Diese blieben denn auch zunächst weitgehend unbeachtet, und es wurde in der konzeptionellen Diskussion nicht mehr an die zwanziger Jahre angeknüpft, in denen Genossenschaften und gemeinwirtschaftlichen Unternehmen als Formen der organisierten Selbsthilfe von Arbeitern für die Arbeiterschaft eine zentrale Bedeutung im Rahmen des gesellschaftlichen Transformationsprozesses zugeschrieben worden war. Sie sollten die roten Inseln im kapitalistischen Meer sein; je größer und zahlreicher sie wurden – so die Vorstellung -, desto näher rückte die Phase der Transformation der kapitalistischen Produktionsweise in die sozialistische.

Obwohl in den fünfziger Jahren das Planungs- und Lenkungskonzept obsolet wurde und neue Reformkonzepte diskutiert werden mußten, erhielten die gemeinwirtschaftlichen Unternehmen jetzt wiederum keine eigenständige gesellschaftspolitische Funktion. Vielmehr trat etwas ganz anderes ein: Die Gewerkschaftsunternehmen mutierten zu gewerkschaftlichen Kapitalgesellschaften, die zwar immer noch besonderen sozialen Ansprüchen genügen sollten, aber grundsätzlich marktkonform handelten. Seit den späten fünfziger Jahren erfolgte die Konzernbildung und Zentralisierung bisher selbständiger Unternehmen unter einem Dach: bis 1958 in der Bank für Gemeinwirtschaft (BfG), bis 1960 in der „Neuen Heimat", schließlich bis 1974 in der co op AG. Das antagonistische Interesse gegenüber dem Kapitalismus war dem partizipatorischen gewichen.[58] Dieser Prozeß bildete aber gleichzeitig die Voraussetzung für den Versuch, zu einer Theorie der Gemeinwirtschaft zu gelangen.

b) Theorie der Gemeinwirtschaft

Das zentrale Werk zum Thema der gemeinwirtschaftlichen Theorie und Praxis der deutschen Gewerkschaften in der Bundesrepublik legte *Walter Hesselbach* in erster Auflage 1966, dann in einer erweiterten und überarbeiteten Auflage im Jahre 1971 vor: „Die gemeinwirtschaftlichen Unternehmen. Instrumente gewerkschaftlicher und genossenschaftlicher Struktur- und Wettbewerbspolitik". Dabei bezog er sich auf zwei Jahrzehnte unternehmerischer Praxis, die er als Chef der BfG maßgeblich mitbestimmt hatte.[59]

---

[58] Vgl. *Hans-Otto Hemmer/Werner Milert/Kurt Thomas Schmitz*, Gewerkschaftliche Politik unter der konservativ-liberalen Regierung seit 1982, in: *Hans-Otto Hemmer/Kurt Thomas Schmitz* (Hrsg.), Geschichte der Gewerkschaften in der Bundesrepublik Deutschland. Von den Anfängen bis heute, Köln 1990, 420-428.
[59] *Walter Hesselbach*, (1915-1993), Anfang der dreißiger Jahre in der sozialistischen Arbeiterju-

Ausgangspunkt für die Bemühungen *Hesselbachs* um eine Theorie der Gemeinwirtschaft war die analytisch begründete Überzeugung, daß die bereits ohnehin nicht geringe Bedeutung der Gemeinwirtschaft noch weiter wachsen werde, denn: 1. bestünden Infrastrukturprobleme in dem Sinne, daß die Erwerbswirtschaft nicht funktionieren könne ohne einen Rahmen nichterwerbswirtschaftlich orientierter Unternehmen als Halt und Stütze; 2. die aktuelle, d.h. aufgeklärte, rahmenplangesteuerte, wachstumsorientierte Marktwirtschaft brauche gerade für die Rahmensteuerung die gemeinwirtschaftlichen Unternehmen; 3. der global ablaufende Prozeß der Industrialisierung in den Entwicklungsländern bedürfe der Stützung durch die Gemeinwirtschaft.

Die Bedeutung der Gemeinwirtschaft lag nach *Hesselbach* in der Ergänzung des kapitalistischen Systems durch das Angebot von Dienstleistungen, durch ihre Tätigkeit als Ordnungsfaktoren und durch Innovations- und Investitionstätigkeit da, wo die Privatwirtschaft an Effektivität einbüße. Da die Tendenz zur Konzentration und Konzernbildung anhalte und gleichzeitig sich die wachstumsorientierte Rahmenplanung durchsetze, würde es

„(...) eines der wichtigsten Ziele für die Zukunft sein, nach und nach auch einen gemeinwirtschaftlichen Unternehmenstyp zu entwickeln, der unter den heute vorherrschenden Marktformen, nämlich in oligopolistischen Märkten, arbeitet. Die großbetriebliche Produktionsweise hat dazu geführt, daß sich auf den Märkten meistens nur noch wenige Große miteinander die Waage halten und sich nicht dabei allzu scharf Konkurrenz machen. Dadurch ergeben sich für diese Unternehmen sogenannte Differentialrenten, Oligopolrenten, das sind ungerechtfertigte Gewinne.

Es wird nun unsere Aufgabe sein, einen gemeinwirtschaftlichen Unternehmenstyp zu entwickeln, der so groß und so stark ist wie die Konkurrenz, der sich in diesen oligopolistischen Märkten dann aber anders verhält als die Konkurrenten und seine Preispolitik nicht an der Differentialrente, sondern im Verbraucherinteresse an den Kostenpreisen orientiert und auf diese Weise marktkonform, ohne Kartellgesetze, ohne den Staat zu bemühen, die ungerechtfertigten Gewinne eliminiert."[60]

„Die zentrale Bedeutung der Gemeinwirtschaft in ihrer Zukunftsbezogenheit liegt darin, daß die Entwicklung zu immer mehr öffentlicher, gemeinwirtschaftlicher Bindung der privaten Unternehmen führt. (...) Es ist nicht ausgeschlossen, daß beide Tendenzen zusammen, die Konzentrationstendenz und die Tendenz zur wachstumsorientierten Rahmenplanung, dem privatwirtschaftlichen und erwerbswirtschaftlichen Prinzip bei Großunternehmen einmal die Legitimität nehmen. Es ist durchaus denkbar, daß in den Großunternehmen das Privateigentum an den Produktionsmitteln und die private Verwendung der Gewinne zunehmend als gesellschaftlich nicht mehr adäquat empfunden werden. Die Großunternehmen werden deshalb zunehmend einer gemeinwirtschaftlichen Zielsetzung unterstellt.

Zu diesen zwei Gründen für das schrittweise Überleiten privatwirtschaftlich betriebener Großunternehmen unter eine gemeinwirtschaftliche Zielsetzung tritt ein dritter: die zunehmende Demokratisierung der westlichen Gesellschaft in all ihren Lebensbereichen. Sie wird es nicht dauernd zulassen, daß die sehr oft keineswegs leistungsbezogenen Gewinne weiterhin von einer kleinen Schicht angeeignet werden. (...) Das westliche Wirtschaftssystem wird

---

gend engagiert, Banklehre, Tätigkeit bei Banken und Versicherungen, nebenbei wirtschaftswissenschaftliches Studium, nach 1945 Tätigkeit bei der Hessischen Landeszentralbank (ab 1952 Vorstandsmitglied) und der Bank Deutscher Länder, ab 1961 Vorstandsvorsitzender der BfG.

[60] *Walter Hesselbach*, Die Bedeutung der Gemeinwirtschaft in der deutschen Volkswirtschaft. Vortrag gehalten beim Verein zur Förderung der Gemeinwirtschaft e.V., Frankfurt a.M. 1972, 10f. Die Broschüre enthält die wichtigsten Thesen aus *Hesselbach*, Die gemeinwirtschaftlichen Unternehmen. Instrumente gewerkschaftlicher und genossenschaftlicher Struktur- und Wettbewerbspolitik, Frankfurt a.M. 1971.

sich langsam, aber stetig, für die Zeitgenossen nahezu unmerklich, vom privatwirtschaftlichen System zu einem gemeinwirtschaftlichen System hin bewegen."[61]

Die neuere Theorie der Gemeinwirtschaft suchte – so ein zeitgenössischer Interpret[62] – primär einen mikroökonomischen, betriebswirtschaftlichen Ansatz und verstand sich nicht in erster Linie als eine ordnungspolitische Konzeption. Vielmehr sollte sie sich als ein Beitrag zur einzelwirtschaftlichen Ökonomie bewähren, wobei das Entscheidende war, daß die Ziele der einzelwirtschaftlich einzuordnenden gemeinwirtschaftlichen Unternehmen eben keine privatwirtschaftlichen waren, sondern gesamtwirtschaftliche oder sogar gesellschaftspolitische. Deshalb müßten sie, so *Theo Thiemeyer*, den zwischenbetrieblichen oder volkswirtschaftlichen Raum in ihre Betrachtung einbeziehen. So sah denn *Hesselbach* einerseits die Gemeinwirtschaft aufs engste mit dem Wettbewerb in der Marktwirtschaft verbunden; andererseits nahm er aber die Neubewertung eines Begriffs aus dem sozialistischen Ideenerbe der Arbeiterbewegung vor, indem er mit seiner speziellen marktwirtschaftlichen Begrifflichkeit von „Gemeinwirtschaft" jenen programmatischen Platz ausfüllte, den vor 1963 in der gewerkschaftlichen Diskussion das „Gemeineigentum" eingenommen hatte.[63]

Flankiert wurden *Hesselbachs* aus seiner Praxis gewonnene Auffassungen durch Beiträge einer Reihe von Wissenschaftlern, die das Thema bereits seit längerem diskutiert hatten. So betonte *Gisbert Rittig* aus der Sicht eines radikalindividualistischen Ansatzes Gemeinwirtschaft als Prinzip der radikal zu Ende gedachten Konsumentensouveränität.[64] *Hans Ritschl* definierte den der Gemeinwirtschaft zugrundeliegenden Gemeinsinn als subjektives Gesamtheitsbedürfnis der einzelnen im öffentlichen Interesse, was dem jeweiligen Akteur ermögliche, statt in reiner Interessenvertretung im Gesamtinteresse zu handeln. Deshalb – so lautete seine vermittelnde Aussage – diene das gemeinnützige öffentliche Unternehmen vornehmlich dem Bedarf einzelner Bürger, der indessen als Massenbedarf auftrete.[65] *Gerhard Weisser* hingegen verwies darauf, daß es auf die inhaltlich eindeutige Interpretation von Wertvorstellungen und Grundentscheidungen ankomme sowie auf die entsprechende klare inhaltliche Bestimmung und Anweisung von Zielen. Die Frage der Begründung oder davor noch der Begründbarkeit müsse dahingestellt bleiben.[66] *Theo Thiemeyer*, der Schule von *Weisser* zuzurechnen, hielt Gemeinwirtschaft und Gemeinnützigkeit für Synonyme. In beiden Fällen gehe es „um die Erfüllung bestimmter Aufgaben, öffentlicher Aufgaben, öffentlicher Funktionen, um die Wahrnehmung eines öffentlichen Interesses". Er verwies auf die Schwierigkeit, den Inhalt des Gemeinwohls bzw. das Wohlfahrtsmaximum durch demokratische Abstimmungsmechanismen zu regeln. Am

---

[61] *Hesselbach*, Die gemeinwirtschaftlichen Unternehmen, 186, 187f., 188.
[62] Vgl. *Theo Thiemeyer*, Gemeinwirtschaft in Lehre und Forschung, Frankfurt a.M. 1974, 27f.
[63] Diese Auffassung, der zuzustimmen ist, vertritt *Gerd Elvers*, Vergangenheit und Zukunft der Gemeinwirtschaftsidee, in: GMH, Jg. 37 (1986), H. 12, 755-765; vgl. die Stellungnahme von *Achim von Loesch* in: GMH, Jg. 38 (1987), H. 2, 124-128.
[64] Zu *Gisbert Rittig* vgl. Sozialismus II, 2. Kap., I, 1, b); zur Deutung seiner Auffassungen über die Gemeinwirtschaft vgl. *Thiemeyer*, Gemeinwirtschaft in Lehre und Forschung, 28ff.
[65] Zu *Hans Ritschl* vgl. Sozialismus II, 1. Kap., III, 4, b); vgl. für diesen Kontext: *ders.*, Marktwirtschaft und Gemeinwirtschaft, Frankfurt a.M. 1973.
[66] Zu *Gerhard Weisser* vgl. Sozialismus II, 1. Kap., III, 4, c) und 2. Kap., I, 1, a); vgl. für diesen Kontext: *ders.*, Gemeinwirtschaftlichkeit bei Einzelwirtschaften, Frankfurt a.M. 1974.

Ende bleibe nur die bekenntnismäßige Bestimmung des Inhaltes von „Gemeinwirtschaftlichkeit" als explizit ausgewiesenes Konzept. Deshalb könne es keine Gemeinwirtschaftlichkeit schlechthin geben. Gemeinwirtschaftliche Unternehmen seien daher Instrumente der Wirtschaftspolitik des Staates, der Gemeinden oder einzelner sozialer Gruppen und durch diese Instrumentalfunktion wesentlich bestimmt.[67]

Bereits *Hesselbach* hatte auf die explizite gesellschaftspolitische Begründung seines Konzeptes verzichtet und nur vage Vermutungen über die Bedeutung der Gemeinwirtschaft für eine Transformation des Kapitalismus ausgesprochen bzw. Fragen der gegebenenfalls notwendig werdenden Veränderung der gesellschaftlichen Rahmenbedingungen ausgeklammert. Sein langjähriger enger Mitarbeiter *Achim von Loesch*[68] wendete nun gerade diese Defizite ins Positive. Im Fehlen einer „geschlossenen" Systemalternative sah *v. Loesch* den Grund dafür, daß nur stabilisierende Mitwirkung im bestehenden Kapitalismus sinnvolle gemeinwirtschaftliche Praxis sein kann, da nur so das herrschende kapitalistische System durch sukzessive Verbesserung auch verändert werden könne. Er sah dementsprechend die Gewerkschaften in der Wandlung „aus Kampfverbänden von Außenseitern zu voll in das System integrierten Interessenorganisationen", und zwar zum Nutzen der Arbeitnehmer, „da die Integration der Gewerkschaften in das industrielle System sein Funktionieren fördert, weiteres wirtschaftliches Wachstum ermöglicht und dazu beiträgt, die Lebenslage der Arbeitnehmer weiter zu verbessern"[69]. Damit sind auch die politischen Ziele deutlich reduziert:

„Die gemeinwirtschaftlichen Unternehmen (...) kennen in der Regel keinen konkreten politischen Gegner; es ist nicht ihr Ziel, eine bestimmte Klasse oder einen bestimmten Stand auszuschalten. (...) Ihre Aufgabe ist es lediglich, die private Wirtschaft im Rahmen der gegebenen Wirtschafts- und Sozialordnung zu ergänzen und Mißstände zu beheben. (...)

Die gemeinwirtschaftlichen Unternehmen (...) wollen (...) aktiv – und im Sinne bestimmter Zielsetzungen – auf Gestalt und Wirkungsweise der Märkte Einfluß nehmen. (...)

Die gemeinwirtschaftlichen Unternehmen (...) müssen (...) ihre Ausgaben durch ihre Einnahmen selbst decken. Gewinne setzen sie entweder für Ex-ante-Gewinn-Verzichte an die Verbraucher ein oder überweisen bzw. verwenden sie ex post an gemeinnützige Stiftungen oder für gemeinwirtschaftliche Ziele."[70]

Im Grunde reduzierte *v. Loesch* das dualistisch zu verstehende Gemeinwirtschaftskonzept, wie es noch *Hesselbach* vertrat, auf die Optimierung der kapitalistischen Marktwirtschaft im Interesse der Verbraucher und Arbeitnehmer – soweit dies betriebswirtschaftlich möglich ist. Eine veränderte Wirtschaftsordnung, wie sie noch bei *Hesselbach* als wünschenswert und erreichbar schien – durch die zunehmende gemeinwirtschaftliche Dominanz in einer volkswirtschaftlichen

---

[67] *Heinrich Theodor (Theo) Thiemeyer*, (1929-1991), war seit 1973 Professor für Sozialpolitik und öffentliche Wirtschaft in Bochum; neben „Gemeinwirtschaft in Lehre und Forschung" siehe auch: *Thiemeyer*, Grundsätze einer Theorie der Gemeinwirtschaft, Frankfurt a.M. 1970, und Gemeinwirtschaftlichkeit als Ordnungsprinzip. Grundlegung einer Theorie gemeinnütziger Unternehmen, Berlin 1970.
[68] *Achim von Loesch* war bis 1984 Direktor bei der Beteiligungsgesellschaft für Gemeinwirtschaft in Frankfurt a.M.
[69] *Ders.*, Die gemeinwirtschaftlichen Unternehmen der deutschen Gewerkschaften. Entstehung, Funktionen, Probleme, Köln 1979, 127.
[70] Ebenda, 143f., 146.

Rahmenplanung -, sah *v. Loesch* nicht nur als unerreichbar an, sie schien ihm auch gar nicht mehr wünschenswert.

c) Das Ende der Gemeinwirtschaft

Der Zusammenbruch der von den Gewerkschaften getragenen Gemeinwirtschaft erfolgte in den achtziger Jahren. Er begann mit der Krise und dem Bankrott der „Neuen Heimat". Daraus resultierte der Verkauf anderer Unternehmen: Ende 1985 wurden die co op, 1986 die BfG und 1988 die Volksfürsorge verkauft, da nur so die Stützungsmaßnahmen der Gewerkschaften für die „Neue Heimat", die sich seit 1982 auf 4 Milliarden DM summiert hatten, abgedeckt werden konnten. Damit war das unternehmerische Engagement der Gewerkschaften definitiv beendet; übrig blieben nur die Ruhrfestspiel AG, die Büchergilde Gutenberg und einige Serviceeinrichtungen.

Der Zusammenbruch der gemeinwirtschaftlichen Unternehmen der deutschen Gewerkschaften und das Ende der Gemeinwirtschaftskonzeption als sozialer Idee wurden vorzugsweise mit persönlichen Fehlern der Manager und dem Fehlen einer wirkungsvollen Kontrolle begründet. Dies war es zwar *auch*; aber das größere Gewicht bei der Bewertung des Endes der Gemeinwirtschaft hatten grundsätzliche Fragen. Die grundlegende Weichenstellung war schon durch Entscheidungen in den fünfziger Jahren erfolgt. Bereits damals begann die Zentralisierung und „Vermanagerung" der „Neuen Heimat". Dadurch wurde diese aus ihrer regionalen genossenschaftlichen Verankerung gelöst, die gewerkschaftliche Einflußnahme und Kontrolle entfielen und die gewerkschaftlich begründeten Orientierungsmuster einschließlich der mit ihnen verknüpften sozialmoralischen Überzeugungen gingen verloren.[71] Man muß nicht gleich einen Ideologie-Verdacht bemühen, aber gewiß gingen die Bemühungen in den sechziger und siebziger Jahren um eine ‚neue' Theorie der Gemeinwirtschaft an der sozioökonomischen Realität vorbei; sie erschwerten eher die Akzeptanz eines ‚gesunden Pragmatismus' mit perspektivischer Orientierung.

3. Umbau des Sozialstaates

Noch bis zum Ende der sechziger Jahre des 20. Jhs. verbreitete der Sozialstaat als Idee und Wirklichkeit wenig Glanz und visionäre Kraft. Insbesondere das deutsche Sozialstaatsmodell mit seiner starken obrigkeitsstaatlich-patriarchalischen Prägung galt mehr als eine Art kapitalistischer Reparaturbetrieb und verursachte bei den Trägern der emanzipatorisch ausgerichteten Arbeiterbewegung sozialistischen Ursprungs fast ein schlechtes Gewissen, gemessen an ihren eigentlichen Zielen. Aber auch in weniger grundsätzlich ausgerichteten sozialen Bewegungen wurde der Sozialstaat kritisch betrachtet, weil er die gesellschaftliche Selbsthilfe zu ersetzen beanspruchte und die individuelle Eigeninitiative durch staatlich gelenkte Vor- und Fürsorge überflüssig zu machen schien. Erst Ende der sechziger Jahre erhielt die Sozialstaatsidee im Kontext der Bemühungen um eine Erweite-

---

[71] Vgl. *Rainer Weinert*, Das Ende der Gemeinwirtschaft. Gewerkschaften und gemeinwirtschaftliche Unternehmen im Nachkriegsdeutschland, Frankfurt a.M. 1994.

rung der sozialen Demokratie in der Bundesrepublik das Gewicht eines Kernthemas. Doch bereits Ende der siebziger Jahre begann die Diskussion über die Grenzen bzw. den Umbau des Sozialstaates, die auch in den neunziger Jahren noch nicht zu Ende war, ohne daß die Ziele und Werte des Sozialstaates dauerhaft konsensual bestimmt werden konnten.[72]

Dennoch galt der Sozialstaat als verläßlicher Garant eines demokratischen gesellschaftlichen Grundkonsenses und eines sozial stabilisierenden gesellschaftlichen Zusammenhaltes. Voraussetzung war die grundsätzliche Akzeptanz einer kapitalistisch-marktwirtschaftlichen Ökonomie und der ihr immanenten funktionellen Risiken für die Arbeitnehmer.[73] Für diese Risiken bot der Sozialstaat durch die politischen Institutionen die Garantie ökonomischer und sozialer subsistentieller Sicherung. Die Frage nach den Grenzen des Sozialstaates, insbesondere hinsichtlich des Versprechens auf Vollbeschäftigung, wie es der zum sozialdemokratischen Wohlfahrtsstaat erweiterte Sozialstaat in vielen Ländern Europas abgab, führte zu einer Fülle noch nicht abgearbeiteter Probleme, wirklicher oder vermeintlicher: Unsicherheit der Renten, Gefährdung des Industriestandortes Deutschland, Behinderung der internationalen Verflechtung von Güter- und Kapitalmärkten, Notwendigkeit des Abbaus sozialer Leistungen wegen angeblicher Überversorgung – so lauteten die Hauptschlagworte der Sozialstaats-Kritik.

Die ersten kritischen Zuspitzungen stammten bereits aus der ersten Hälfte der siebziger Jahre, als *Kurt Biedenkopf*, damals Generalsekretär der CDU, konstatierte, daß „der Sozialismus" inzwischen seine historische Aufgabe gelöst habe: „Die soziale Frage des 19. Jahrhunderts ist in allen westlichen Ländern dem Prinzip und – jedenfalls in der Bundesrepublik – auch der Sache nach, gelöst."[74] Verteilungsungerechtigkeiten im Bereich der Einkommen und Vermögen seien auf ein Minimum reduziert. Es komme jetzt darauf an, ein angemessenes Verhältnis von Allgemeinwohl und Gruppeninteresse wiederzugewinnen, da dies eine konstitutive Bedingung für eine funktionsfähige demokratische Regierung sei. Für *Biedenkopf* hatten zwar die Freiheit und die Autonomie einer Gruppe, ihre Angelegenheiten aus eigener Kraft und Initiative zu gestalten, einen hohen Stellenwert, doch nur dann, wenn sie „in die Solidarität mit dem Ganzen, in den Zusammenhang mit dem Allgemeinwohl einbezogen" waren.[75]

Wenig später entdeckte *Heiner Geißler* mitten im von organisierten Interessen erfolgreich beherrschten Wohlfahrtsstaat die „Neue Soziale Frage" bzw. die „Neue Armut" der Nicht-Organisierten, der kinderreichen Familien, der alleinstehenden Mütter mit Kindern, der alten und der invaliden Menschen, die der

---

[72] Vgl. *Helga Grebing/Hans Otto Hemmer* (Hrsg.), Soziale Konflikte, Sozialstaat und Demokratie in Deutschland, Essen 1996; vgl. ferner *Ernst-Ulrich Huster*, Neuer Reichtum und alte Armut, Düsseldorf 1993.

[73] Vgl. hierzu *Barbara Riedmüller/Thomas Olk* (Hrsg.), Grenzen des Sozialversicherungsstaates, Opladen 1994 (Leviathan, Sonderheft 14/1994); siehe auch bereits *Barbara Riedmüller/Marianne Rodenstein* (Hrsg.), Wie sicher ist die soziale Sicherung?, Frankfurt a.M. 1989; *Georg Vobruba* (Hrsg.), Der wirtschaftliche Wert der Sozialpolitik, Berlin 1989.

[74] *Kurt H. Biedenkopf*, Fortschritt in Freiheit. Umrisse einer politischen Strategie, München 1974, 104. *Kurt H. Biedenkopf*, 1930 in Ludwigshafen geboren, 1967 bis 1969 Gründungsrektor der Ruhr-Universität Bochum, Mitglied der zentralen Geschäftsführung des Henkel-Konzerns Düsseldorf, von 1973 bis 1977 Generalsekretär der CDU, ist seit 1990 Ministerpräsident des Freistaates Sachsen.

[75] Ebenda, 133.

Durchsetzungskraft der organisierten Verbände meist unterlegen waren. Er schloß daraus, daß der Sozialstaat, wenn er den Deprivationen und Frustrationen nicht wirklich zu Leibe rücke, in eine Legitimationskrise geraten werde. *Geißler* verband diese Feststellung wie bereits *Biedenkopf* mit der Behauptung, daß „der Sozialismus" historisch obsolet geworden sei.[76]

Die politisch-moralischen Anforderungen an den „guten" Sozialstaat blieben Definitionsfragen, die deutlich machten, daß es keine vorab bestimmbaren Grenzen des Sozialstaats geben kann. Deshalb machten es sich manche Sozialstaatskritiker leichter, indem sie einfach eine im Sozialstaat angelegte antiliberale und totalitäre Entwicklungstendenz unterstellten. Aber auch unvoreingenommene bzw. differenzierende Analytiker übersahen keineswegs ausufernde Belastungen grundsätzlichen Formats:

„Die individuell nicht mehr beherrschbaren und daher dem Einzelnen nicht mehr zurechenbaren Gruppen- und Massensachverhalte in interdependenten und durch dynamischen Wandel gekennzeichneten Sozialsystemen haben neue vielfältige Sicherungsbedürfnisse hervorgebracht. In gewisser Weise sind die Aufgaben der sozialen Sicherheit nicht mehr schichtenspezifisch, sondern qualitativ ‚total‘ geworden. Angesichts der zunehmenden und der in ihrer Struktur veränderten Sicherheitsbedürfnisse wird heute oft ein Zurückschrecken vor der Eigenverantwortlichkeit für die Meisterung von Lebensrisiken im Sozialstaat behauptet. Es scheint wenig zweckmäßig, die Zunahme kollektiver Sicherheitseinrichtungen monokausal als ‚Verfall von Persönlichkeitskräften‘, ‚schwindende Bereitschaft zur Eigenverantwortung‘ usw. zu deuten. Die Ausbreitung des Sicherheitsdenkens ist vor allem Folge schwerer sozialer Katastrophen dieses Jahrhunderts. Alle diese Schicksale mußten so unmittelbar zu Sicherungsansprüchen an die Gesellschaft führen, daß Betrachtungen über ein verändertes Lebensgefühl, im besonderen ein Nachlassen der persönlichen Verantwortungsbereitschaft und der moralischen Bindungen innerhalb der engeren sozialen Kreise keineswegs das Wesentliche treffen können."[77]

Noch zwei Jahrzehnte später herrschte Ratlosigkeit über die Dimensionen des „Sozialstaats im Umbruch", so wenn der Direktor und Mitglied des Präsidiums des arbeitgeber-orientierten Instituts der deutschen Wirtschaft Köln, *Gerhard Fels*, vermutete, daß Globalisierung und Überalterung dazu zwingen würden, „den Wohlfahrtsstaat in seine Grenzen zu weisen". Damit sei „keine Abkehr vom Sozialstaatsprinzip" verbunden. Vielmehr müsse man sich rückbesinnen auf die Devise der Subsidiarität, die den Vorrang haben müsse vor falsch verstandener Solidarität.[78] Bei solchen Vorstellungen wird übersehen, daß die existenzsichernden Elemente des Sozialstaates immer noch eine breite Legitimationsbasis in der Bevölkerung der Bundesrepublik – erst recht nach der Vereinigung – haben. Ein radikaler Prinzipien- und Kurswechsel erscheint deshalb auf demokratischem Wege immer noch wenig wahrscheinlich:

---

[76] Vgl. *Heiner Geißler*, Die Neue Soziale Frage. Analysen und Dokumente, Freiburg 1976, 31, 42. Heinrich (Heiner) Geißler, geboren 1930 in Oberndorf/Neckar, war von 1967 bis 1977 Sozialminister in Rheinland-Pfalz und von 1982-1985 Bundesminister für Familie, Jugend und Gesundheit sowie von 1977 bis 1989 Generalsekretär der CDU.

[77] *Klaus Lompe*, Sozialstaat und Krise. Bundesrepublikanische Politikmuster der 70er und 80er Jahre, Frankfurt a.M. 1987, 53 (Fn. 60); der Beitrag, aus dem zitiert wird, stammt aus dem Jahre 1979. Klaus Lompe, geboren 1937, Schüler von *Gerhard Weisser*, ist seit 1970 Professor für Politikwissenschaft an der TU Braunschweig.

[78] *Gerhard Fels* (Hrsg.), Sozialstaat im Umbruch, Köln 1997, 46.

„Dennoch ist denkbar, daß unter gegenwärtigen ökonomischen Rahmenbedingungen durchgesetzte Leistungskürzungen und Beitragserhöhungen sowie bestehende ‚Ungerechtigkeiten' und Umverteilungsmechanismen in den bestehenden Sozialversicherungssystemen als Anlaß für gezielte Kampagnen der Delegitimierung des gesamten Systems der Sozialversicherung instrumentalisiert werden. Obwohl also der Sozialversicherungsstaat der überwiegenden Mehrheit der bundesdeutschen Bevölkerung mehr Vor- als Nachteile bringt, ist es durchaus denkbar, daß interessierte kollektive Akteure dieses Sozialstaatsmodell unter Verweis auf gruppenspezifische Benachteiligungseffekte und partielle Funktionsstörungen insgesamt desavouieren und damit eine Legitimationskrise des Sozialversicherungsstaates herbeiführen."[79]

Für die einen steht der Sozialstaat schon nicht mehr „auf dem Prüfstand", sondern sitzt bereits auf der Anklagebank; man betrachtet ihn als Irrweg, bestenfalls als „ein Modell von gestern". Andere sehen ihn noch immer als ein Modell für die Zukunft unter der Prämisse, daß er weiterhin als „unabdingbare Voraussetzung für die humane Gestaltung von Wirtschaft und Gesellschaft" gelten kann. Das Problem ist dabei nicht einmal die Finanzierbarkeit des Sozialstaates, wenn es denn gelänge, eine innovative Anpassungsfähigkeit an die Wandlungsprozesse in Wirtschaft und Gesellschaft zu erzeugen.

Anregungen dazu liegen seit dem Ende der siebziger Jahre vor, z.B. mit dem Buch von *Johano Strasser* über „Grenzen des Sozialstaates?"[80] Ihm kam es, abweichend vom traditionell auf klassische Sozialpolitik sich einengenden Sozialstaat, auf „die Ausformung und Realisierung eines integralen Konzeptes sozialer Sicherheit" an, „das bestehende Sicherungsformen um den soziokulturellen Aspekt erweitert" – dies sei keine Sozialromantik oder reaktionäre Fortschrittsfeindlichkeit. *Strasser* wollte deshalb Sozialpolitik als aktive Gesellschaftspolitik umdefinieren und forderte eine Abkehr vom Kausal- bzw. eine Hinwendung zum Finalprinzip im Sinne vorbeugender Sozialpolitik durch aktive, auf Vollbeschäftigung ausgerichtete Politik, Bekämpfung der krankmachenden Faktoren im Arbeits- und Wohnbereich, Ausbau der präventiven Medizin, gerechtere Verteilung der Primäreinkommen, Maßnahmen zur Erhaltung, Wiederherstellung und Neubegründung der sozialen Produktivität ‚kleiner Netze' und eine Bildungspolitik, die möglichst vielen Menschen eine umfassende Bildung ermöglicht.

Strasser war sich darüber im klaren, daß die Forderung aus dem Orientierungsrahmen der SPD, „die Fähigkeit der Bürger zur selbstverantwortlichen Lösung gesellschaftlicher Probleme in ihrem eigenen Lebens- und Arbeitsbereich zu verbessern", womöglich eine Überforderung darstellte, die kontraproduktiv wirken könnte. Doch vermutete er, daß die Neigung vieler Bürger, die Wahrnehmung ihrer Interessen delegieren zu können, sich zum Teil wenden lasse durch die unmittelbare Befriedigung bei der dezentralen Mitwirkung bei sozialen Dienstlei-

---

[79] *Riedmüller/Olk*, Grenzen des Sozialversicherungsstaates oder grenzenloser Sozialversicherungsstaat?, in: *dies.*, Grenzen des Sozialversicherungsstaates, 9-33, Zitat 32. *Barbara Riedmüller*, geboren 1945, war Vizepräsidentin der FU Berlin, Senatorin für Wissenschaft und Forschung des Landes Berlin und ist seit 1988 Professorin für Politische Wissenschaft an der FU Berlin sowie Stellv. Vorsitzende der Grundwertekommission beim Parteivorstand der SPD.
[80] Vgl. *Johano Strasser*, Grenzen des Sozialstaates? Soziale Sicherung in der Wachstumskrise, Köln 1979, 119f., 146.

stungen.[81] Voraussetzung war jedoch die Erzeugung einer „praktischen Solidarität" durch die ‚Gesellschaft in der Gesellschaft':

„Wenn soziale Gerechtigkeit und Freiheit erhalten und ausgebaut werden sollen, dann ist vor allem Solidarität notwendig, Solidarität mit denen, die benachteiligt und in Not sind, die bisher vergessen wurden, die ohne die Hilfe anderer keine faire Lebenschance hätten. Diese Solidarität einzufordern, ist eine der wichtigsten Aufgaben verantwortungsbewußter Politik. (...) Aber muß sich die Politik zwangsläufig diesem gruppenegoistischen Verhalten anpassen, wenn sie nicht scheitern will? Ist eine Politik, die Solidarität fordert, von vornherein chancenlos? (...)
Ob man es bedauert oder nicht, man wird Prioritäten setzen und aus der Fülle der erhobenen Forderungen diejenigen auswählen müssen, denen man aufgrund von Wertentscheidungen Vorrang einräumt. Für die Sozialdemokratie kann dies nur bedeuten, daß zunächst und vor allem die Benachteiligten und Zukurzgekommenen bedacht werden, daß Privilegien abgebaut und Fehlentwicklungen in den Einkommens- und Vermögensrelationen korrigiert werden.
Eine solche Politik der praktischen Solidarität ist keineswegs von vornherein zum Scheitern verurteilt. Es ist eben kein unabänderlicher Grundzug der ‚menschlichen Natur', daß jeder immer nur seinen eigenen materiellen Vorteil im Auge hat. (...)
Die meisten Menschen sind durchaus bereit, Solidarität zu üben und ihre kurzsichtig egoistischen Interessen auch einmal hintanzustellen, wenn klargemacht wird, um welcher Werte willen dies erforderlich ist, und sie sicher sein können, daß von ihnen nicht Opfer verlangt werden, damit andere um so größere Profite einstreichen können."[82]

Herbert Ehrenberg und *Anke Fuchs* kritisierten zwar *Strassers* Überlegungen als teilweise nostalgische „Rückgriffe auf die frühere Geborgenheit", die jedoch die – individuelle Selbstentfaltung verhindernde – Realität der vor- und frühindustriellen Gesellschaft verkenne.[83] Auch bemängelten sie, daß das Strassersche Konzept von Sozialpolitik als umfassender Gesellschaftspolitik diese zu einer Art „Überpolitik" mache. *Strassers* Forderungen, konsequent durchdacht, liefen „wie die ähnlich umfassenden anderer Autoren, (...) nur zu leicht in der Praxis auf eine totale staatliche Verantwortung mit all den ihr innewohnenden Gefahren hinaus". Aber auch für diese beiden Autoren ist das zentrale Problem der Zukunft des Sozialstaates die gerechte Verteilung von Freiheit; und auch für sie stehen Freiheit und Solidarität in einem engen Beziehungsverhältnis:

„Solidarität mit der Gesellschaft muß den einzelnen und die sozialen Gruppen schützen, damit nicht aus der legitimen Ausschöpfung von Freiheiten unversehens die Ausbeutung der Solidargemeinschaft wird. Die Grenzen sind hier fließend und können durch bürokratische Regulierungen, welcher Art auch immer, nicht hinreichend abgesteckt werden.
Andererseits kann in einer Gesellschaft, in deren Wirtschaftssphäre der Primat des privaten Eigennutzes als legitim anerkannt ist, nicht plötzlich bei der Inanspruchnahme staatlicher Leistungen der Gemeinsinn oberste Verhaltensregel sein. Solch eine ‚Spaltung der Persönlichkeit' ist weder realistisch noch dem einzelnen zumutbar.

---

[81] Vgl. *Strasser*, Grenzen, 176f.
[82] Ebenda, 188f.
[83] Vgl. *Herbert Ehrenberg/Anke Fuchs*, Sozialstaat und Freiheit. Von der Zukunft des Sozialstaats, Frankfurt a.M. 1981, 74ff. *Herbert Ehrenberg*, 1926 geboren, 1971-1972 Staatssekretär im Bundesarbeitsministerium, 1972-1990 MdB, 1976-1982 Bundesarbeitsminister; *Anke Fuchs*, 1937 geboren, 1964-1976 Gewerkschaftstätigkeit in Hamburg und Frankfurt a.M., seit 1980 MdB, 1982 Bundesministerin für Jugend, Familie und Gesundheit, 1987-1991 Bundesgeschäftsführerin der SPD, seit September 1998 Vizepräsidentin des Bundestages.

Verlangt werden kann und muß jedoch – auch bei wirtschaftlichen Entscheidungen – ein Gleichgewicht zwischen Gemeinsinn und Mehrung des Eigennutzes. Wo dieses Gleichgewicht verlorengeht, ist die Solidarität verlorengegangen; damit ist das erreichte Maß an Gerechtigkeit und auf die Dauer auch die Freiheit bedroht."[84]

Dies wurde vor beinahe zwanzig Jahren geschrieben, aber noch heute bzw. jetzt erst recht steht die Frage, ob es überhaupt noch Solidarität in der säkularisierten Gesellschaft geben kann. Wenn aber zweifellos feststeht, daß auch die individuellen Freiheitsrechte nur in der Gesellschaft und nicht autonom ausgeübt werden können, dann setzt das voraus, daß alle Bürger frei und selbstbestimmt handeln können. Dies gewährleistet der Sozialstaat.[85]

4. Wie Überleben sichern?

Zwei Jahre nach der Verabschiedung des Godesberger Programms kritisierte der seinerzeit mit seinen Analysen in Europa und in den USA viel Aufmerksamkeit erweckende Publizist und Sozialismus-Theoretiker *Fritz Sternberg*[86] an diesem Programm, daß in ihm weder ein Rekurs auf die Tatsache zu finden sei, daß Europa nun nicht mehr das Zentrum der Weltgeschichte war, noch darauf, daß eine neue Periode des Eintritts in die Weltgeschichte bevorstand. Er sah darin einen Ausdruck der allgemeinen Verprovinzialisierung der europäischen Sozialdemokratie. In den fünfziger Jahren, so argumentierte er weiter, habe der Kapitalismus in Europa gezeigt, daß er in der Lage sei, Armut zu liquidieren, und er habe damit eine zweite Schonzeit für die Arbeiterklasse bzw. ihre Nachfolger in den industriekapitalistischen Ländern hervorbringen können. Demgegenüber besäßen die Arbeiterparteien kein Programm „für die heutige Form der kapitalistischen Produktionsweise: den Kapitalismus der Korporationen, der oligopolistischen Konzentration mit politischer Machtkonzentration, aber ohne Eigentumskonzentration"[87].

Eine Überwindung der sozialdemokratisch-sozialistischen Stagnation sei nur durch die Kooperation mit allen freiheitlichen Kräften in der Welt, also auch in den Entwicklungsländern zu erwarten. Die europäischen Sozialisten müßten dafür sorgen, daß hier bei Hilfeleistungen Bedingungen gestellt werden für Agrarreformen, Steuerreformen und die Beseitigung des Analphabetismus. Sie müßten verhindern, daß sich neue Formen der ökonomischen Ausbeutung über die Preisgestaltung für Rohstoffe durchsetzen könnten. Sie müßten aber auch bereit sein, in ihren eigenen Ländern für einen aktiven Strukturwandel einzutreten, damit die Entwicklungsländer entsprechende Produktionen entwickeln und Industriepro-

---

[84] *Ehrenberg/Fuchs*, Sozialstaat und Freiheit, 44.
[85] So *Ulrich Rödel*, Sozialstaat und zivile Gesellschaft, in: *Dietrich Schulte* (Hrsg.), Erneuerung des Sozialstaates, Köln 1996, 151-163, 160f.
[86] Zu *Fritz Sternberg* siehe Sozialismus II, 1. Kap., III, 2, b).
[87] Vgl. u.a. *ders.*, Weltgeschichte, Entwicklungsländer und der Sozialismus von morgen. Rede auf dem 15. Parteitag der SPÖ, Wien 1961, Prot., 116-130, Zitat 125f., auch in: *Helga Grebing* (Hrsg.), Fritz Sternberg (1895-1963). Für die Zukunft des Sozialismus, Köln 1981, 492-505; *Sternberg*, Wer beherrscht die zweite Hälfte des 20. Jahrhunderts?, Köln 1961; *ders.*, Die neuen Partner. Entwicklungshilfe und Weltgleichgewicht im kommenden Jahrzehnt, in: Der Monat, Jg. 14 (1962), H. 160, 33-38, auch in: *Grebing*, Zukunft des Sozialismus, 506-514.

dukte ausführen könnten, d.h. also langfristig sich eine Art Arbeitsteilung im Weltmaßstab entwickeln könnte. Jedenfalls würden die Entwicklungsländer ohne steigenden Export von Industriegütern niemals in die Lage kommen, eine wirkliche, auch wirtschaftliche Selbständigkeit zu erreichen.

Sternberg war sich darüber im klaren, daß – da ein solches Programm auch die Interessen der europäischen Industriearbeiter direkt berührte – die Hilfe für die Entwicklungsländer so gestaltet werden mußte, daß zwischen den Arbeitern in Europa und denen in den Entwicklungsländern kein direkter Konkurrenzkampf ausgelöst würde, zumal er als zusätzliches innenpolitisches Problem in den Industrieländern eine gemeinsame Front der Unternehmer und der Gewerkschaften befürchtete. Die in der ‚zweiten Schonzeit' lebenden europäischen Arbeiter müßten ihre Aufgaben als ‚Arbeiteraristokratie' – im positiven Sinne verstanden – genauso begreifen wie auch die Tatsache, daß der europäische Sozialismus in den Entwicklungsländern auch um sein eigenes Überleben kämpfe, um die zweite Chance, wieder eine die größer gewordene Welt bewegende Kraft zu werden. Deshalb hielt *Sternberg* auch die Bedeutung des Erziehungsprozesses zur Weltgeschichte und zur Weltverantwortlichkeit für so wesentlich, wenn er auch gleichzeitig nicht ohne beträchtliche Skepsis war. Dennoch sah er es als möglich an bzw. verbot sich nicht den Optimismus zu erwarten, daß die zukünftigen Entwicklungen beherrschbar werden konnten:

„Zweite industrielle Revolution, wesentliche Umstrukturierungen im Weltaußenhandel, der Beginn größerer Industrialisierungsprozesse in vielen nunmehr politisch souveränen Staaten fallen zeitlich zusammen, bestimmen zu einem erheblichen Teil das letzte Drittel unseres Jahrhunderts.

Sie bergen starke Gefahren in sich, aber keine Gefahren, die sich einer vorausschauenden Analyse entziehen; in stärkerem Maße denn je ist uns heute das Handwerkszeug gegeben, den soziologischen Raum abzustecken, in dem es in Zukunft zu handeln gilt. Daher bestehen immerhin Chancen, daß diese neuen großen geschichtlichen Prozesse nicht mit solchen Opfern belastet sein müssen wie die erste industrielle Revolution und der Imperialismus und Kolonialismus des 19. Jahrhunderts."[88]

Sollte dies gelingen, bedurfte es jedoch des „Mutes zu einer Vision der gesamten weltgeschichtlichen Entwicklung"[89]. Studiert man den mit einer Einleitung von *Willy Brandt* versehenen Bericht der Nord-Süd-Kommission[90], der zwanzig Jahre später erschien, so lesen sich *Sternbergs* Thesen wie vorweggenommene Kommentare und Anmerkungen. Da wurde in dem Bericht die Notwendigkeit des Umdenkens verlangt – falls nicht ein großer Krieg die Weltzivilisation zerstörte. Um dies zu verhindern, müsse versucht werden, den Frieden durch systematische Zusammenarbeit, durch Stiftung von Vertrauen, durch Kontrolle und Verminderung von Rüstung zu erhalten, und es wurde gefordert, daß die Entwicklungsländer einen wachsenden Anteil der Verantwortung für die Erhaltung des Friedens übernehmen müßten. Dem entspreche auf seiten der Industrieländer das Ernstnehmen der internationalen Solidarität, die Erkenntnis der Globalisierung

---

[88] *Sternberg*, Anmerkungen zu Marx – heute, Frankfurt a.M. 1965 (posthum erschienen), 55.
[89] *Ders.*, Weltgeschichte, 129f.
[90] Vgl. Das Überleben sichern. Gemeinsame Interessen der Industrie- und Entwicklungsländer. Bericht der Nord-Süd-Kommission, Köln 1980.

der Politik und der Gemeinsamkeit der Interessen, was bedeute, daß man von der Entwicklungshilfe zur Partnerschaft gelangen müsse.

Die Kommission – errichtet im Auftrag des Generalsekretärs der Vereinten Nationen – hatte Ende 1977 mit ihrer Arbeit begonnen. Ihr Vorsitzender wurde *Willy Brandt*; ihr gehörte neben vielen anderen *Olof Palme* an. Vorgelegt wurde der Bericht im Dezember 1979. Er sollte kein technisches Expertenpapier sein und alle Teile der Welt einbeziehen. Da man der Auffassung war, daß nicht nur wirtschaftliche Lösungen gefragt seien, sondern auch neue Ideen hinzukommen müßten, war der Anteil an sozialmoralischen Postulaten – wie die Einleitung von *Willy Brandt* zum Ausdruck brachte – sehr hoch: Von Verständnis, Engagement und Solidarität im Verhältnis zwischen Menschen, Völkern und ihren Staaten war die Rede und ebenfalls von Mut und einer „Vision von der Zukunft":

„Die Kommission meint, daß die Schulen überall in der Welt den internationalen Problemen mehr Aufmerksamkeit widmen und mehr Bedeutung beimessen sollten, damit junge Menschen die sie bedrohenden Gefahren klarer erkennen und ihre eigene Verantwortung sowie die Chancen der Zusammenarbeit stärker empfinden, sei es auf weltweiter, auf regionaler Ebene oder in der Nachbarschaft.

Es besteht die reale Gefahr, daß im Jahre 2000 ein großer Teil der Weltbevölkerung weiterhin in Armut lebt. Es ist möglich, daß die Welt übervölkert sein wird, und man wird es zweifellos mit einem Übermaß an Verstädterung zu tun haben. Hungerkatastrophen und zerstörerische Gefahren werden immer wahrscheinlicher, falls nicht ein neuer großer Krieg bereits die Grundlage dessen zerstört hat, was wir Welt-Zivilisation nennen."[91]

Wiederum wurde von der „Globalisierung der Politik", von „Weltinnenpolitik" und davon gesprochen, daß es in steigendem Maße gemeinsame Interessen unter den Völkern der Welt gebe. War der erste Bericht von einem gewissen Optimismus gekennzeichnet, so räumte *Willy Brandt* in seiner Einleitung zum zweiten Bericht bereits drei Jahre später ein, daß sich inzwischen „einige unserer schlimmsten Befürchtungen" bestätigt hätten[92]:

„Die Zukunftsaussichten für die Welt haben sich rasch verschlechtert: das gilt nicht nur für die Beziehungen zwischen Industrie- und Entwicklungsländern, sondern auch für die Weltwirtschaft insgesamt. (...) Die Verschlechterung der Wirtschaftslage bedroht zunehmend die politische Stabilität vieler Entwicklungsländer. Eine weitere Verschlimmerung wird wahrscheinlich in weiten Teilen der Welt zu bösen gesellschaftlichen und politischen Fehlentwicklungen führen."[93]

1988 hat *Willy Brandt* den Entwicklungstrend noch einmal bestätigen müssen[94]: Zu Beginn der achtziger Jahre habe es einen Rückfall in engstirnige Interessenpolitik gegeben, bedingt durch den Rüstungswettlauf, die erneute Ost-West-Konfrontation, aber auch durch den „Maximalismus" vieler Vertreter der Dritten Welt. Ein atavistisch zu nennender Sozialdarwinismus habe sich Bahn gebrochen,

---

[91] Das Überleben sichern, 17.
[92] Diese Feststellung erfolgte u.a. unter Hinweis auf: Global 2000. Der Bericht an den Präsidenten (der Vereinigten Staaten), hrsg. vom Council on Environmental Quality und dem US State Department, Washington 1980, deutsch: Frankfurt a.M. 1980.
[93] Hilfe in der Weltkrise. Ein Sofortprogramm. Der 2. Bericht der Nord-Süd-Kommission, hrsg. u. eingeleitet von *Willy Brandt*, Reinbek 1983, 9.
[94] Vgl. *ders.*, Der Nord-Süd-Gegensatz als globale Herausforderung, in: *Grebing/P. Brandt/Schulze-Marmeling*, Sozialismus in Europa, 250-254.

insofern als den Entwicklungsländern Anpassungsleistungen auferlegt worden seien, die zu Lasten der ohnehin benachteiligten Bevölkerung gingen: Mehr als 800 Millionen Menschen „lebten" in absoluter Armut. Zusätzlich habe der technologische Wandel die ökonomische Bedeutung der Entwicklungsländer für die Industriestaaten deutlich verringert. Dennoch konnte es nach *Brandt* nichts anderes geben als „globales Handeln":

„Dennoch können wir (...) international nur vorankommen, wenn Sonderinteressen zugunsten eines Interessenausgleichs – zumindest partiell – zurückgestellt werden. (...) Wir können uns also ein Schneckentempo nicht leisten. Angesichts der sich verändernden Handlungsspielräume ist konkrete und intensive internationale Zusammenarbeit für Sozialdemokraten zu einer gebieterischen Notwendigkeit geworden."[95]

5. Die Frauenfrage in der Sozialdemokratie der siebziger/achtziger Jahre[96]

a) Aufbruch zu einer neuen Frauenpolitik – die Gründung der Arbeitsgemeinschaft sozialdemokratischer Frauen

Als aktive Studentinnen in der Studentenbewegung Ende der sechziger Jahre aus der Erfahrung heraus, mit ihren Anliegen in den von Männern dominierten Gremien und Diskussionsgruppen nicht zum Zuge zu kommen, separate Frauengruppen bildeten, war dies der Beginn der ‚Neuen Frauenbewegung'.[97] Auch in der SPD verlangte eine neue Generation von Frauen auf den Bundesfrauenkonferenzen von 1968 und 1970 eine eigenständige demokratisch gewählte Organisation. Zwei Jahre später gab der Parteivorstand dem Drängen der Frauen nach und beschloß am 24. Juni 1972 die Gründung der Arbeitsgemeinschaft sozialdemokratischer Frauen (ASF).

Die Frage der Organisation der Frauenarbeit ist ein zentrales Thema in der Geschichte der Auseinandersetzungen der Frauen in und mit der sozialdemokratischen Bewegung. Nur um die Jahrhundertwende hatte es, dem äußeren Zwang gehorchend, eine eigenständige Organisation sozialdemokratischer Frauen

---

[95] *Brandt*, Der Nord-Süd-Gegensatz, 254.

[96] Diplom-Sozialwirtin *Dagmar Friedrich*, Göttingen, hat bei der Gestaltung dieses Abschnitts mitgewirkt.

[97] Der erste von sieben Frauen des SDS gegründete Zusammenschluß entstand unter dem Namen „Aktionsrat zur Befreiung der Frau" (später umbenannt in „Sozialistischer Frauenbund West-Berlin") im Januar 1968 in West-Berlin. Vertreterinnen des Berliner Aktionsrates traten bei der nächsten SDS-Konferenz in Hannover mit einer eigenen Resolution auf, in der sie den männlichen Mitgliedern repressives Verhalten vorwarfen und die eigenständige Gruppierung begründeten. An vielen Orten entstanden neue Frauengruppen wie u.a. der berühmte „Frankfurter Weiberrat" im November 1968. Zu einer weiteren Welle der Neugründung von Frauengruppen kam es 1971 durch die bundesweite und in der Zeitschrift „Stern" publizierte „Selbstbezichtigungsaktion" im Rahmen einer Kampagne gegen den § 218 nach dem Beispiel französischer Frauen. Zur Entstehung und Entwicklung der ‚Neuen Frauenbewegung': *Rosemarie Nave-Herz*, Die Geschichte der Frauenbewegung in Deutschland, Hannover ^{3}1989, 65-104; vgl. auch: Vom Frauenwahlrecht zur Quotierung. Frauenbewegung und Sozialdemokratie. Dokumentation des Workshops der Historischen Kommission und der Arbeitsgemeinschaft Sozialdemokratischer Frauen am 12./13.12.1997 in Bonn, Bonn 1998.

gegeben, weil Frauen durch die restriktiven Vereinsgesetze eine Teilnahme an politischen Versammlungen untersagt war. Nach der Abschaffung der gesetzlichen Beschränkungen im Jahre 1908 waren die Voraussetzungen für die weiblichen Sonderorganisationen entfallen. Sie wurden aufgelöst, und es gab fortan nur eine Mitgliedschaft in der SPD. Besonders in der Weimarer Zeit wachte der Parteivorstand darüber, daß sich die Frauen nicht zu sehr verselbständigten, waren doch gerade auch führende Sozialdemokratinnen an den Parteiabspaltungen während des Ersten Weltkrieges beteiligt gewesen (*Luise Zietz, Clara Zetkin, Rosa Luxemburg*). Die SPD nach 1945 knüpfte im wesentlichen an die Parteiorganisation der Weimarer Zeit an. Zuständig für die Frauenarbeit war eine vom Parteivorstand aus seiner Mitte ernannte Frauenbeauftragte, der später ein Frauenausschuß zur Seite gestellt wurde.[98] Die Gründung einer eigenständigen Frauenarbeitsgemeinschaft mit einer demokratisch legitimierten Organisations- und Führungsstruktur war deshalb ein neuer Schritt in der Frauenpolitik.

Mit der Organisationsform der Frauenarbeit eng verbunden war immer auch das Problem, wie die Frauenfrage im Rahmen sozialdemokratischer Politik insgesamt gesehen und bewertet wurde. Die SPD ist zweifellos die Partei, die sich schon von je her für die gesellschaftliche Gleichheit von Männern und Frauen eingesetzt und dabei auch wesentliche Fortschritte erzielt hat, wie bei der Einführung des Frauenwahlrechts im November 1918 und der Durchsetzung des Gleichberechtigungsartikels im Grundgesetz der Bundesrepublik Deutschland. Innerhalb der eigenen Partei allerdings war auch die SPD bei der Gleichberechtigung kein Vorbild für die Gesellschaft. Diese Diskrepanz machte deutlich, daß es unter den gemeinsamen Zielen des demokratischen Sozialismus auch einen Interessengegensatz gab, der sich darin äußerte, daß die Frauen von allen einflußreichen Parteifunktionen und Mandaten ausgeschlossen blieben oder nicht ausreichend vertreten waren.

Ein alter Konflikt, der das Frauenthema in der SPD praktisch von Anfang an begleitet hatte, war damit wieder aufgebrochen: War die Unterdrückung der Frauen nur ein „Nebenwiderspruch" des kapitalistischen Systems, der sich mit der Überwindung des Hauptwiderspruchs zwischen Arbeit und Kapital in der sozialistischen Gesellschaft von selbst erledigen würde, oder war die Emanzipation der Frau ein eigenständiges Problem? Obwohl die ‚reine Lehre' des revolutionären Klassenkampfes, in der die ‚Nebenwiderspruchstheorie' entwickelt worden war, in der SPD keinen Bestand hatte, war doch die Frauenfrage praktisch und theoretisch weiterhin so behandelt worden. Noch 1962/63 hieß es im Jahrbuch der SPD: „Im Rahmen der Politik der SPD gibt es keine eigene Frauenpolitik (...), die Forderungen der Frauen können nur über die Gesamtpartei ihre Verwirklichung erfahren."[99]

Doch das Drängen nach stärkerer demokratischer Beteiligung und die sich seit Anfang der siebziger Jahre in einem offeneren gesellschaftspolitischen Klima organisierende ‚Neue Frauenbewegung' hatten die SPD eingeholt und ließen sich

---

[98] Vom Parteivorstand mit der Frauenarbeit beauftragt waren: bis 1958 *Herta Gotthelf*, von 1958-1966 *Marta Schanzenbach* und von 1967-1972 *Annemarie Renger*; vgl. hierzu *Helga Grebing*, Gleichstellung verwirklichen – das alte-neue Thema in der Geschichte der Arbeiterbewegung, in: *Inge Wettig-Danielmeier* (Hrsg.), Greift die Quote?, Köln 1997, 39-61.
[99] Jahrbuch der SPD 1962/63, 352f.

nicht mehr zurückdrängen.[100] Mit ihrer Forderung nach einer eigenständigen Frauenorganisation nutzten die SPD-Frauen den gesellschaftlichen Bewußtseinswandel. Es war der Anspruch auf einen eigenen Aktionsraum, um ihre Interessen besser artikulieren zu können, den sie mit der Frauenbewegung teilten, aber es war auch der Entschluß, innerhalb der vorhandenen Partei- und Machtstrukturen frauenpolitisch Einfluß zu nehmen. Darin unterschieden sich die politisch engagierten Frauen von Anfang an von den auf Abstand zum politischen Establishment bedachten Feministinnen der Frauenbewegung.[101]

Elfriede Eilers[102], die Gründungsvorsitzende der ASF, erläuterte 1973 Ausgangslage und Ziele der neuen Frauenorganisation:

„Noch sind Abhängigkeiten in unserer Gesellschaft zu finden. Leidtragende sind vor allem die Frauen. Durch Reformen müssen wir zu gleichberechtigten Lebenschancen für alle kommen. Die SPD als fortschrittliche, auf die Freiheit und Selbstbestimmung des Menschen ausgerichtete Partei hat hier eine verantwortungsvolle Aufgabe. Wir Sozialdemokratinnen müssen mit dafür Sorge tragen, daß der Frau in vollem Maße die Rolle als Partner in der Familie, im Beruf und im öffentlichen Leben zukommt. In einer so veränderten Gesellschaft wird dann eine besondere Frauenarbeit überflüssig sein, denn Politik ist dann eine Aufgabe für uns alle."[103]

Fünfzehn Jahre später knüpfte *Inge Wettig-Danielmeier*[104] als dritte ASF-Bundesvorsitzende[105] an diese Worte an, um noch einmal den Grundkonflikt sozialdemokratischer Frauenpolitik zu thematisieren, an dem tatsächliche Veränderungen immer wieder scheiterten: „Denken die einen tatsächlich daran, solche Politik- und Gesellschaftsstrukturen vorwärts treiben zu können, daß gezielte eigenständige Frauenarbeit überflüssig wird, ist es der heimliche Wunsch der anderen, daß endlich Schluß sein möge mit eigenständiger Frauenarbeit, der ‚Politik von Frauen für Frauen' endlich ein Riegel vorgeschoben werden möge."[106]

---

[100] Vgl. *Willy Brandt* (Hrsg.), Frauen heute – Jahrhundertthema Gleichberechtigung, Köln 1978.

[101] In der gesamten ‚Neuen Frauenbewegung' gab es von Anfang an ein großes Mißtrauen gegenüber allen traditionellen Organisationsformen, da diese bisher immer zu einem Machtgewinn einiger Mitglieder über andere geführt haben. Auch für die eigene Bewegung wurden daher festere organisatorische Strukturen weitgehend abgelehnt. Lediglich an der Basis kam es in der Frühphase durch die bald in vielen deutschen Städten neu gegründeten „Frauenzentren" zu einer gewissen Institutionalisierung. Während der achtziger Jahre wurden diese Vorbehalte aber zunehmend abgebaut, so daß man seitdem von einer „Phase der zunehmenden Institutionalisierung" in der Frauenbewegung sprechen kann, die im übrigen auch in einem Prozeß der Annäherung von beiden Seiten zu einer Verwischung der Unterschiede zwischen den Frauen der ‚Neuen Frauenbewegung' und denen in den Parteien und Verbänden geführt hat. Vgl. *Nave-Herz*, Frauenbewegung, 93ff.

[102] *Elfriede Eilers*, geboren 1921 in Bielefeld, MdB von 1957 bis 1980, Mitglied des SPD-Parteivorstandes von 1968 bis 1977, war von 1973 bis 1977 erste gewählte ASF-Bundesvorsitzende.

[103] Zit. n. einer Pressemitteilung zum 15jährigen Bestehen der ASF vom 23.03.1988.

[104] *Inge Wettig-Danielmeier*, 1936 in Heilbronn geboren, Landtagsabgeordnete in Niedersachsen von 1972 bis 1990, ASF-Bundesvorsitzende von 1981 bis 1992, Mitglied des SPD-Parteivorstandes seit 1982, des Präsidiums seit 1988, Schatzmeisterin der SPD seit 1991, MdB seit 1990.

[105] Zweite Bundesvorsitzende der ASF nach *Elfriede Eilers* war von 1977 bis 1981 *Elfriede Hoffmann* (geb. 1926); sie kam aus der Gewerkschaftsbewegung.

[106] Pressemitteilung vom 23.03.1988 anläßlich des 15jährigen Bestehens der ASF.

Der Zusammenschluß der SPD-Frauen in der ASF hat neben einer Intensivierung und Professionalisierung der frauenpolitischen Arbeit auch das Selbstbewußtsein der Parteifrauen gestärkt. Die deutliche Eigenständigkeit gegenüber der Partei machte auch klar: Die Frauenfrage ist kein „Nebenwiderspruch", sondern ein zentrales Problem unserer Gesellschaft, das politisch auch als solches behandelt werden muß. Maßgeblich für diesen Bewußtseinswandel waren neben der eigenen historischen Erfahrung vor allem die feministischen Positionen[107] der ‚Neuen Frauenbewegung'. Auch die ASF definierte sich auf dem Höhepunkt der Frauenbewegung in den achtziger Jahren als eine Organisation von Sozialistinnen *und* Feministinnen.

b) „Wer die menschliche Gesellschaft will, muß die männliche überwinden" – die Auseinandersetzungen um den richtigen Weg zur Emanzipation

Ein neuralgischer Punkt sozialdemokratischer Frauenpolitik war von jeher der Stellenwert der Frauenerwerbstätigkeit für die Gleichstellung der Frauen in der Gesellschaft. Schon *August Bebel* hatte in seinem berühmten Buch „Die Frau und der Sozialismus" proklamiert: „Es gibt keine Befreiung der Menschheit ohne die soziale Unabhängigkeit und Gleichheit der Geschlechter", was seither auch als Plädoyer für die Erwerbstätigkeit von Frauen angesehen wird. Mit dieser Auffassung hatte sich *Clara Zetkin* auf der Frauenkonferenz 1906 durchgesetzt, als sie ausführte, daß „für die volle soziale und rechtliche Gleichstellung des weiblichen Geschlechts mit dem männlichen (...) die Berufstätigkeit von grundsätzlicher Bedeutung" sei. Auch *Marie Juchacz*, die Gründerin der Arbeiterwohlfahrt und eine der einflußreichsten SPD-Politikerinnen der Weimarer Zeit, stellte auf dem Parteitag 1921 den Zusammenhang von Frauenerwerbsarbeit und politischer Beteiligung als Indikator für Emanzipation und politische Mündigkeit deutlich heraus.

Trotzdem blieb die Sozialdemokratie in der Frage der Frauenerwerbstätigkeit lange Zeit unentschieden. Die Frauenerwerbstätigkeit als Weg zur Emanzipation der Frauen war vorwiegend in der bürgerlichen Frauenbewegung des 19. Jhs. diskutiert worden. Dagegen war es in der Arbeiterschaft häufig die blanke Not, die proletarische Frauen zu einer außerhäuslichen Beschäftigung bzw. Heimarbeit zwang. Dies und die miserablen Bedingungen der industriellen Frauenerwerbsarbeit im 19. Jh. ließen die Erwerbsarbeit von Frauen vielen Parteimitgliedern nicht als ein erstrebenswertes Ziel erscheinen. Sie zerstörte die Gesundheit der proletarischen Frauen und das Familienleben der Arbeiterfamilien.

Defensiv verhielt sich die Sozialdemokratie erneut in den fünfziger Jahren, in denen die Doppelverdiener-Kampagne der CDU gegen arbeitende Hausfrauen und Mütter das gesellschaftspolitische Klima beherrschte. Forderungen zur Vereinbarkeit von Familie und Beruf, später ein zentrales Anliegen der ASF, sucht

---

[107] Feminismus bedeutet in der ‚Neuen Frauenbewegung' der Wille nach einer Veränderung der sozialen Lage der Frau durch die Frauen selbst, d.h. eine Politik „von Frauen für Frauen". Hinzu kommt eine starke psychologische Komponente in Form einer Besinnung der Frauen auf sich selbst und ihre eigene Stärke. Frauen sollen den Weg zu einer eigenen Form der Weiblichkeit finden und nicht abhängig bleiben von der, wie Männer sie durch Jahrhunderte geprägt und Frauen sie übernommen haben. Siehe dazu *Barbara Sichtermann*, Weiblichkeit. Texte aus dem zweiten Jahrzehnt der Frauenbewegung, Frankfurt a.M. 1989.

man daher in dieser Zeit bei der SPD vergeblich. Statt dessen wurde in den sechziger Jahren ein Drei-Phasen-Modell[108] frauenpolitisches Leitbild der SPD, abgelöst von der Forderung der „Wahlfreiheit" für die Frau zu Beginn der siebziger Jahre.

Die Bedeutung der Erwerbsarbeit für die Frauenemanzipation wurde nach Gründung der ASF zu einer ernsthaften Konfliktfrage. Der zweite Bundeskongreß der ASF 1975 in Braunschweig entschied sich nach einer leidenschaftlichen und kontroversen Diskussion mit knapper Mehrheit gegen das Leitbild der berufstätigen Frau als wichtigstes Mittel zur Gleichberechtigung. Aber bereits auf der nächsten Bundeskonferenz der ASF in Siegen zwei Jahre später kam es zu einer Revision dieser Entscheidung. Mit überwältigender Mehrheit forderten die Delegierten das Recht auf Arbeit auch für Frauen und Maßnahmen zur Vereinbarkeit von Familie und Beruf für Männer und Frauen. Die Voraussetzungen für die Erwerbstätigkeit von Frauen sollten so verbessert werden, daß die Frauen diese als Bestandteil ihres Lebensplans akzeptieren können. Ganz im Sinne des Bebelschen Zukunftsentwurfes richteten sich die Forderungen vor allem auf eine grundlegende Umgestaltung der Arbeitsbedingungen von der Verkürzung der täglichen Arbeitszeit bis zur paritätischen Mitbestimmung.

In den siebziger und achtziger Jahren stieg die Zahl der erwerbstätigen Frauen in der Bundesrepublik deutlich an, aber die alten Probleme, mit denen Frauen auf dem Arbeitsmarkt zu kämpfen hatten, setzten sich fort und verstärkten sich teilweise sogar noch: ungeschützte Arbeitsverhältnisse, Lohndiskriminierung, mangelnde Aufstiegs- und Karrierechancen, erschwerte Bedingungen beim Zugang zum Arbeitsmarkt und zu qualifizierten Berufen und bei der beruflichen Ausbildung. Die Frauenerwerbstätigkeit mit all ihren Implikationen blieb deshalb ein erklärter Schwerpunkt sozialdemokratischer Frauenpolitik. Hinzu kamen die Reform des § 218 StGB, die Reform des Ehe- und Familienrechts, die Verbesserung der sozialen Sicherung der Frau und die Institutionalisierung der Gleichstellungspolitik durch die Einrichtung von Gleichstellungsstellen, die seit Beginn der achtziger Jahre in den SPD-geführten Ländern und Kommunen vorangetrieben wurde.[109]

Gemeinsamkeiten gab es vor allem mit den Gewerkschaftsfrauen bei allen Forderungen zur Verbesserung der Arbeitsbedingungen, Arbeitszeitverkürzung, Mitbestimmung etc. Das Verhältnis zu den Gruppierungen der ‚Neuen Frauenbewegung' war dagegen schwieriger. Konträre Ansichten gab es insbesondere in der Frage, ob die Situation der Frauen durch die bestehenden Organisationen und Institutionen der Gesellschaft verbessert werden kann oder nur, wie die feministischen Gruppen meinten, durch ein Frauenbündnis außerhalb der etablierten Ordnung. Aber es gab auch übereinstimmende Ziele wie z.B. bei der Kampagne ge-

---

[108] Darunter wird ein dreiphasig diskontinuierliches Erwerbsverhalten von Frauen verstanden, das eine bessere Harmonisierung „ihrer" Familienpflichten mit der Erwerbstätigkeit ermöglichen soll: Ausbildungszeit und erste anschließende Berufstätigkeit als erste Phase, gefolgt von einer Familienphase ohne Erwerbsarbeit nach der Heirat oder Geburt der Kinder, schließlich Rückkehr in den Beruf als dritte Phase; vgl. *Alva Myrdal/Viola Klein*, Die Doppelrolle der Frau in Familie und Beruf, Köln 1960.
[109] Vgl. *Renate Lepsius*, Frauenpolitik als Beruf. Gespräche mit SPD-Parlamentarierinnen, Hamburg 1987; *Antje Huber* (Hrsg.), Die Sozialdemokratinnen. Verdient die Nachtigall Lob, wenn sie singt?, Stuttgart 1984.

gen den § 218 StGB Anfang der siebziger Jahre, die von sämtlichen Frauengruppen der ‚Neuen Frauenbewegung', Frauen aus fast allen Parteien (außer CDU/CSU) und den Gewerkschaften getragen wurde. Auch beim Thema „Gewalt gegen Frauen" bestand Einigkeit.

Außerdem konnten die feministischen Frauen in und außerhalb der Parteien und Institutionen von einem emanzipatorischen Grundkonsens ausgehen: der Befreiung der Frauen von männlicher Vormundschaft und Dominanz, um ihnen ein selbstbestimmtes Leben zu ermöglichen. So bestand eines der ursprünglichen Veränderungsziele der ‚Neuen Frauenbewegung' darin, gegen den biologisch begründeten „Wesensunterschied" zwischen Männern und Frauen anzukämpfen. Die Geschlechterpolarisierung wurde als Unterdrückungsmechanismus bekämpft, die Selbstbestimmung der Frauen eingefordert. Um so überraschender war dann die Kehrtwendung bei einem Teil der ‚Neuen Frauenbewegung', indem getreu dem alten biologistischen Denken weibliche Wesensmerkmale und Verhaltensweisen in einem neuen „Weiblichkeitsmythos" verklärt wurden. Obwohl diese Entwicklung relativ bald für überwunden gehalten wurde, erreichte sie schließlich auch die Partei der GRÜNEN. Das im Sommer 1987 von einem Teil der GRÜNEN-Frauen verfaßte „Mütter-Manifest" löste bei den sozialdemokratischen Frauen heftigen Widerspruch aus, da es sich mit voremanzipatorischen Mutterschaftsideologien zu treffen schien, die jedenfalls von den fortschrittlichen Feministinnen der „linken" Parteien immer abgelehnt worden waren:

„Beteiligt sich das Manifest nicht an der unseligen Praxis der Gesellschaft, Mädchen und Frauen von der Wiege bis zum Grabe zu potentiellen Müttern zu machen und ihnen mit dieser vermuteten Lebensaufgabe und ‚Behinderung' – in dieser Gesellschaft ist das Mutterdasein eine Behinderung – gleiche Bildung und Ausbildung ebenso zu verwehren wie einen qualifizierten Arbeitsplatz oder gleiche Teilhabe in der Politik? Das Müttermanifest spaltet (...) aber auch Frauen und Männer und beläßt Männern nur einen geduldeten Platz bei den Kindern, aber den vollen Streß im Arbeitsleben. Der ganze Frust der Frauen über eine Gesellschaft, die Frauen und Müttern ihren gleichberechtigten Platz immer vorenthält, richtet sich damit letztlich auch gegen die Kinder. Denn Kinder brauchen Mütter *und* Väter, und sie brauchen in dieser arbeitsteiligen entfremdeten Welt immer dringender beide zugleich. Das Müttermanifest ist ein Irrweg!"[110]

Der emanzipatorische Grundkonsens der Frauenbewegung schien auseinander zu brechen. Während die einen das alte Emanzipationsprogramm – Gleichheit und Selbstbestimmung – mit zäher Geduld und manchmal auch Ungeduld weiterverfolgten, war den anderen die Gleichheitsforderung suspekt geworden, da sie sich nun gerade um Anerkennung des Weiblichen als Spezifikum bemühten – „Differenz *statt* Gleichheit" also als der richtige Ausweg aus allen Problemen?[111]

Die Auflösung des Problems ist wohl darin zu sehen, daß sich, indem Gleichheit gefordert, erstritten und schließlich erlangt wird, auch die Bedingungen des Zusammenlebens von Grund auf ändern. Denn wenn das soziale Leben befreit ist von der Fixierung auf Geschlechterrollen und die entsprechenden Einengungen,

---

[110] *Inge Wettig-Danielmeier*, Die Spaltung überwinden – Rechenschaftsbericht auf der 8. Bundesfrauenkonferenz 1987 in Mannheim; in: Sozialdemokratischer Informationsdienst, dokumente Nr. 27, 6f.
[111] Vgl. dazu den kritischen Aufsatz von *Claudia Bernardoni*, Differenz statt Gleichheit – Sind die Menschenrechte überflüssig?, in: Zeitschrift für Frauenforschung, Jg. 13 (1995), H. 1 + 2, 83-93.

können ganz andere Unterschiede und Differenzierungen von allen Menschen, also jetzt: Männern und Frauen, gelebt werden. Sie liegen dann ausschließlich im Bereich der *individuellen* Neigungen und Begabungen und deren Entfaltung, die bei Männern wie Frauen gleichermaßen unterschiedlich ausgebildet und verteilt sind. Das Gleichheitspostulat gewinnt in diesem Zusammenhang eine andere, neue Bedeutung: Gleichheit meint nicht, wie manche vordergründig denken oder befürchten, die Angleichung der Frauen an das männliche Rollenmodell, sondern die Aufhebung aller geschlechtsspezifischen Rollenfixierungen, die Frauen *und* Männer beschädigen und an der Entfaltung ihrer individuellen Möglichkeiten hindern. Gleichheit und Differenz schließen sich demnach nicht aus, sondern das eine ist Voraussetzung für das andere: Gleichheit *für* Differenz. Das bedeutet, Gleichheit ist „die Chance der Identität", die jede und jeden einzelnen „zum Entwurf eines eigenen Lebens befähigt und berechtigt"[112]. Der „Leitgedanke für die Zukunft" ist der Rollenwandel für Frau und Mann: „Beide sollen sich gleichzeitig im Beruf, in der Familie und in der Gesellschaft nach ihren Möglichkeiten, Fähigkeiten und Bedürfnissen verwirklichen können (...)."[113] Diese Weiterführung der alten emanzipatorischen Gleichheitsforderung ist die Quintessenz aller ASF-Forderungen seit Mitte der achtziger Jahre: „Wer die menschliche Gesellschaft will, muß die männliche überwinden."

c) Die Glaubwürdigkeit der Partei steht auf dem Spiel – die Durchsetzung der Quote

Als die Quote zur Mindestabsicherung von Männern und Frauen bei allen Parteifunktionen und Mandaten auf dem Münsteraner Parteitag vom 30. August 1988 beschlossen wurde, war dies vor allem eine Frage der Glaubwürdigkeit der SPD. Denn die Partei mit der ältesten Gleichberechtigungsprogrammatik hatte es bis dahin nicht vermocht, diese auch in den eigenen Reihen durchzusetzen. Gescheitert war insbesondere jahrelang der Versuch der ASF, durch Einsicht und Überzeugung, Selbstverpflichtung und Freiwilligkeit bei der innerparteilichen Gleichstellung der Frauen voranzukommen. Die ASF, die eine Quotenregelung noch in den siebziger Jahren abgelehnt hatte, vollzog deshalb 1985 eine radikale Wende zur Quote mit der Forderung nach „völliger zahlenmäßiger Gleichstellung von Frauen in Parlamenten, d.h. die Repräsentation von Frauen entsprechend ihrem Anteil an der Bevölkerung"[114]. Gleichzeitig wurde gefordert, diese Beteiligungsmöglichkeiten in den eigenen Reihen umzusetzen: „Wir wollen, daß Frauen für Frauen Politik machen und nicht nur Männer die vermeintlichen Interessen von Frauen vertreten."[115]

Die 40-Prozent-Mindestquote[116] konnte nach heftigen Diskussionen und Auseinandersetzungen schließlich durchgesetzt werden: zunächst bei der schon er-

---

[112] *Bernardoni*, Differenz statt Gleichheit, 83.
[113] *Inge Wettig-Danielmeier*, Wären wir mehr, so wären wir stärker! Über den Einfluß von Frauen in der SPD, in: *dies.*, Frauensachen. Über die Gleichstellung der Frauen, Marburg 1995, 94-104, Zitat 102.
[114] Pressemitteilung vom 16.07.1985, in: Pressedienst der SPD Nr. 372/85.
[115] Pressemitteilung vom 23.08.1985, in: Pressedienst der SPD Nr. 427/85.
[116] Fälschlicherweise häufig als „Frauenquote" verkürzt dargestellt, handelt es sich bei dem Quo-

wähnten ASF-Bundeskonferenz im Oktober 1985 in Hannover, dann bei der grundsätzlichen Bestätigung dieses Beschlusses durch den SPD-Parteitag in Nürnberg ein Jahr später, schließlich als Quotenbeschluß mit verpflichtender Satzungsbestimmung und entsprechender Änderung der Wahlordnung auf dem Parteitag 1988. Die Änderungen gelten seither für alle Gliederungen der SPD. Der damalige Parteivorsitzende *Hans-Jochen Vogel* ging in seinem Schlußwort auf die zentrale Botschaft des Beschlusses und dessen historische Bedeutung ein:

„(...) Die Botschaft, daß die Partei, die seit mehr als einem Jahrhundert für die Gleichberechtigung der Frauen kämpft, die das Frauenwahlrecht eingeführt und den Gleichberechtigungsartikel in das Grundgesetz geschrieben hat, als erste die statutenmäßige und deshalb verbindliche Verpflichtung übernommen hat, den Frauen schrittweise einen angemessenen Anteil an den Funktionen und Mandaten einzuräumen. Das ist eine Entscheidung von großer Tragweite (...), die durchaus mit der Einführung des Frauenwahlrechts vor 70 Jahren in einem Atemzug genannt werden kann, weil sie dieses Recht mit materiellem Inhalt füllt. (...) wir können jetzt im Jubiläumsjahr August Bebel mit noch großer [sic!] Glaubwürdigkeit und Überzeugung zitieren als bisher, etwa seinen Satz, den wir ja oft im Munde führten: ‚Es gibt keine soziale Befreiung der Menschheit ohne die soziale Unabhängigkeit und Gleichheit der Geschlechter.' (...) Ich (...) bin überzeugt, die gesteigerte Glaubwürdigkeit, die Übereinstimmung von Reden und Handeln, die wir hinsichtlich der Gleichstellung der Frauen durch diesen Beschluß (...) erlangt haben, wird (...) vielen Frauen den Weg zu uns erleichtern. (...) Ich (...) appelliere an die Frauen in den anderen Parteien, daß sie das Wort nehmen und dort zum Wohle unseres Volkes den gleichen Schritt durchsetzen, den wir, schwierig genug, geschafft haben."[117]

6. Das Berliner Programm der SPD von 1989 – Dimensionen, Akzeptanz und Kritik

Die Programmarbeit im engeren Sinne begann 1984, getreu der seit langem im kollektiven Gedächtnis gespeicherten Einsicht oder auch nur Erfahrung, „daß die Diskussion von Grundsatzfragen nicht zu neuen Polarisierungen führt, sondern eher geeignet ist, bestehende abzubauen"[118]. Mit anderen Worten: Die Programm-Diskussion hatte sich wiederholt als wertvoller für die Klärung von Weg und Ziel der Partei erwiesen als das papierförmige Ergebnis dieser Diskussion, der Programmtext.

Der erste Text, der im Juni 1986 vorgelegt wurde, war der nach dem Tagungsort der Kommission benannte Irseer Entwurf.[119] Er stieß auf scharfe Kritik von linkssozialdemokratischer Seite.[120] Hier bemängelte man das Fehlen einer konsequenten, zeitadäquaten sozialistischen Perspektive und einer Entwicklungsgeschichte der kapitalistischen Produktionsweise. Die Bewertung des Godesberger Programms schätzte man als zu apologetisch ein. Zu stark sei dem Programmentwurf die Handschrift der ethischen Sozialisten anzusehen. *Marx* sei nun

---

tenbeschluß der SPD tatsächlich um eine Mindestabsicherung *beider* Geschlechter.
[117] *Hans-Jochen Vogel*, Prot. PT Münster 1988, 542-555, Zitat 550f.
[118] Godesberg heute. Bericht zum Godesberger Grundsatzprogramm, 14.01.1984, in: *Eppler*, Grundwerte für ein neues Godesberger Programm, 199.
[119] Vgl. Entwurf für ein neues Grundsatzprogramm der Sozialdemokratischen Partei Deutschlands, Irsee, Juni 1986.
[120] Vgl. *Detlev Albers/Kurt Neumann* (Hrsg.), Über Irsee hinaus! Zur Kritik am Programmentwurf der SPD, Berlin ²1987.

zwar wieder in einem sozialdemokratischen Programm genannt, jedoch ohne entsprechende Konsequenzen. Das dem Programm vorangestellte Menschenbild sei trivial, und die Grundwerte seien zu Allgemeinplätzen geworden. Von der Existenz der Klassengesellschaft und der Realität des Klassenkampfes sei keine Rede. Die Frauenpolitik sei verkürzt dargestellt, und die Jugendpolitik sei typisch sozialdemokratisch-altväterlich geblieben. Vor allem aber wurde kritisiert, daß die Demokratisierung der Wirtschaft im Rahmen kapitalistischer Wirtschaftsprinzipien verbleibe. Die Zielvorstellung einer demokratischen Wirtschaft habe keine Strategie und werde ersetzt durch Lobgesänge auf den Markt und auf Innovations- und Regulierungsperspektiven, mit der sich die Arbeiterbewegung gewissermaßen in die nächste kapitalistische Entwicklungsetappe einschreibe. Über die Mitbestimmung werde nur Undeutliches gesagt; auch gebe es kein Konzept zur Zurückdrängung der wirtschaftlichen Macht und auch keine Überlegungen über die institutionelle Neuordnung der ökonomischen Entscheidungsverhältnisse, die den Interessen der Arbeitnehmer und der Gesellschaft den Vorrang in der Unternehmensplanung einräume. Die dem Programm untergelegte Technologie- und Modernisierungskonzeption habe keine Konsistenz, und es stünden unterschiedliche konzeptionelle Ansätze unverbunden nebeneinander. Im Kern völlig richtige Ansätze zur Gestaltung einer arbeitnehmerorientierten Innovation wechselten sich ab mit sozialpartnerschaftlichen Grundorientierungen.

Eine zweite Kommission legte ihren Entwurf im März 1989 vor[121], der dann die Entscheidungsgrundlage für den Berliner Parteitag im Dezember 1989 bildete. Bei der Arbeit an dem Programmtext hatte es sich gezeigt, daß die SPD eine grundsätzlich neue Zielbestimmung gar nicht benötigte: Der demokratische Sozialismus war bereits im Godesberger Programm als dauernde Aufgabe definiert worden, die Grundwerte der europäischen sozialdemokratischen Arbeiterbewegung zu verwirklichen und die Demokratie zu vollenden. Auch die geschichtlichen Wurzeln, auf die die SPD sich berief, waren nicht umstritten; so wenig, daß auch *Marx* wieder ins Boot genommen wurde, allerdings um den Preis der vorrangigen Nennung des Christentums, wie es aus dem Berliner Grundsatzprogramm von 1989 hervorgeht und wortgleich bereits im Irseer Entwurf von 1986 gestanden hatte:

„Der Demokratische Sozialismus in Europa hat seine geistigen Wurzeln im Christentum, in der humanistischen Philosophie, in der Aufklärung, in Marxscher Geschichts- und Gesellschaftslehre und in den Erfahrungen der Arbeiterbewegung. Die Ideen der Frauenbewegung sind bereits im 19. Jahrhundert von der Arbeiterbewegung aufgenommen und weiterentwickelt worden."[122]

Demokratischer Sozialismus als dauernde Aufgabe – das bedeutete, daß er kein Gesellschaftssystem darstellen sollte und lange gebrauchte Verkürzungen des Begriffsverständnisses von Sozialismus auf Sozialisierung oder sogar nur Verstaatlichung als obsolet betrachtet wurden. Demokratischer Sozialismus aus der Sicht der Sozialdemokratie verdichtete sich vielmehr zu einem Ensemble aufein-

---

[121] Vorstand der SPD, Das neue Grundsatzprogramm der Sozialdemokratischen Partei Deutschlands, Entwurf vom März 1989, Bonn 1989.
[122] Grundsatzprogramm der Sozialdemokratischen Partei Deutschlands, beschlossen am 20.12.1989 in Berlin, Kapitel II, Abschnitt „Unsere geschichtlichen Wurzeln".

ander bezogener Grundprinzipien, in deren Mittelpunkt das Vermögen des Menschen zur Freiheit, zur Veränderung und Gestaltung der Gesellschaft steht. Deshalb unterstrich der Geschäftsführende Vorsitzende der Programmkommission, *Oskar Lafontaine*, auf dem Programmparteitag im Dezember 1989,

„(...) daß der demokratische Sozialismus (...) konsequent vom einzelnen her denkt. Wenn das richtig ist, dann ist der demokratische Sozialismus eine Theorie, eine Konzeption der menschlichen Freiheit. Deshalb sind wir immer wieder aufgerufen, bei allem, was wir politisch unternehmen, uns Klarheit darüber zu verschaffen, was die Idee der Freiheit eigentlich ist. Freiheit bedeutet das Recht eines jeden Menschen, sein Leben soweit wie möglich selber zu bestimmen. Dieses Recht wird nur durch das gleiche Recht aller Mitmenschen begrenzt. (...) Wenn es heißt, Freiheit ist das Recht eines jeden Menschen, sein Leben und sein Schicksal selber zu bestimmen, dann ist klar, daß dieser Begriff international angelegt ist, für die ganze Menschheit angelegt ist und niemals in den Kategorien eines Nationalstaats eingefangen werden kann."[123]

Zu dieser offenen Form begriffsinhaltlicher Orientierung stand allerdings in einem gewissen Widerspruch die vom Godesberger Programm übernommene, jedenfalls weitergeführte Vorstellung einer „neuen", ja „besseren gesellschaftlichen Ordnung", die man schaffen wollte und die über bloße Reformen im Kapitalismus hinausführen sollte. Aber man wollte auch in diametralem Gegensatz zur kommunistischen Herrschaft einer privilegierten Bürokratie eine freie, gerechte und solidarische Gesellschaft errichten. Sicherlich zutreffend kann man in solchen Wendungen noch die letzten Reste des auch einmal die demokratischen Sozialisten beflügelnden Traums von einem anderen gesellschaftlichen System entdecken.

Pluralistisch, demokratisch, sozial gerecht sollte die Gesellschaft werden und damit die Aufhebung der letzten Klassenschranken und Klassenvorrechte bewirken – „eine solidarische Gesellschaft der Freien und Gleichen (...), in der alle Menschen gleichberechtigt über ihr Leben und ihre Arbeit entscheiden", schien nicht nur erstrebenswert, sondern auch gestaltbar. Das dieser Vorstellung zugrundeliegende Menschenbild – weit entfernt vom einstigen Ideal der Schaffung eines „neuen Menschen" – ließ solche Optionen zu: „Der Mensch, weder zum Guten noch zum Bösen festgelegt, ist lern- und vernunftfähig. Daher ist Demokratie möglich. Er ist fehlbar und kann irren und in Unmenschlichkeit zurückfallen. Darum ist Demokratie nötig (...)."[124] Wiederum also: Demokratie nicht verstanden als ein „System", sondern als „allgemeine Lebensform, weil allein sie der Achtung und Würde des Menschen und seiner Eigenverantwortung Ausdruck gibt. Demokratie ist die Lebensform der Freiheit." Anders als im Godesberger Programm fanden die Grundwerte ihre Verankerung im Menschenbild – übrigens unter Bezug auf die Erklärung der Menschenrechte der Vereinten Nationen.

Strenge philosophische Kritik mag leicht spotten über diese Minimalanthropologie oder wiederum einen Rest jenes gefährlichen utopischen Denkens entdecken, das über noch so human gedachte Erziehungsdiktaturen stets in eine „totale Gesellschaft" mündete. Verwechselt man jedoch utopische Ideale nicht mit geschichtsphilosophischen Legitimationsideologien, wie es das Lehrstück des marxistisch-leninistischen Realsozialismus abstoßend demonstrierte, so wird man

---

[123] *Oskar Lafontaine*, Prot. PT Berlin 1989, 241-265, Zitat 242f.
[124] Grundsatzprogramm 1989, Kapitel II, Abschnitt „Unser Bild vom Menschen".

sich nicht dazu verleiten lassen, leichtfertig vom Ende aller Utopien zu sprechen, sind doch die Bilder von einem möglichen anderen Leben unverzichtbar für konkretes Handeln.

Im Berliner Programm wurden sozialdemokratische Grundpositionen ergänzt, präzisiert und neuformuliert. Zwischen den Grundwerten Freiheit, Gerechtigkeit und Solidarität sollte es keine Rangfolge geben, sie standen einander erläuternd, ergänzend und begrenzend nebeneinander. Insbesondere bestand kein Gegensatz zwischen Freiheit und sozialer Sicherung: Der Mensch sei zwar zur Freiheit berufen und befähigt, aber die Chance zur Freiheit sei immer eine Leistung der Gesellschaft. Außerdem habe Freiheit wegen ihrer Begrenzung durch das Recht der Mitmenschen zur Freiheit eine Schwester: die Solidarität. Viel Gewicht wurde auf ein zeitadäquates Verständnis von Fortschritt gelegt:

„Wir bejahen den Fortschritt auch weiterhin. Aber wir bemessen ihn nicht länger nach den Kriterien des ‚immer mehr', des ‚immer größer' und des ‚immer schneller', sondern nach den Kriterien des ‚besser', des ‚gerechter' und des ‚wesentlicher'. Wir wollen einen Fortschritt, der auf eine höhere Qualität des Lebens zielt, einen Fortschritt in Freiheit, der Wohlstand mit der Bewahrung unserer Umwelt verbindet, der mehr Gerechtigkeit, mehr Menschlichkeit und eine höhere Qualität des Lebens möglich macht. Und das nicht nur für unser Volk, sondern für alle Völker, insbesondere und gerade für die Völker der Dritten Welt."[125]

Auch der Begriff der Solidarität war neu zu definieren; anders als in den klassischen Traditionen der Arbeiterbewegung könne er nicht nur auf die Mitlebenden, die Kinder und die Enkelkinder allein bezogen werden, sondern müsse viel stärker als früher übertragen werden auf die Lebensmöglichkeiten von folgenden Generationen, die heute noch keine Stimme haben, „die aber gleichwohl der Solidarität der jetzt Lebenden bedürfen"[126].

Ein zentraler Punkt des Berliner Programms wurde im deutlichen Unterschied zum Godesberger Programm der Begriff der Arbeit. Hier strebte man, nach einem Wort von *Lafontaine*, über *Marx* und *Hegel* hinaus:

„Wir wissen heute, daß nicht nur die Dimension der Vergegenständlichung menschlicher Herrschaft über die Materie den Begriff der Arbeit beschreibt. Wir wissen, daß es lange Zeit gerechtfertigt war, den Arbeitsbegriff auf Produktion und Verwaltung zu konzentrieren. Seitdem wir über die Gleichstellung von Frauen und Männern in Beruf und Gesellschaft diskutieren, wissen wir aber, daß der produktionszentrierte Arbeitsbegriff nicht mehr ausreicht, die gesellschaftliche Wirklichkeit zu beschreiben.

Wir wissen seit Karl Marx, daß der Begriff der bezahlten Arbeit nicht ausreicht, um die Dimensionen der Arbeit zu beschreiben, weil er der bezahlten Arbeit Warencharakter mit der Dimension der Entfremdung zugeschrieben hat. Nein, Arbeit ist mehr als das, was sich in Produktion und Verwaltung vermittelt, Arbeit ist jede gesellschaftlich nützliche und notwendige Tätigkeit von Männern und Frauen in der Gesellschaft."[127]

Auch die kulturellen Tätigkeiten wurden in die Neufassung des Arbeits-Begriffs aufgenommen; zudem überwog im Abschnitt über die Zukunft der Arbeit die Hoffnung:

---

[125] *Hans-Jochen Vogel*, Prot. PT Berlin 1989, 97-116, Zitat 104.
[126] *Lafontaine*, Prot. PT Berlin 1989, 257.
[127] Ebenda, 261f.

„Moderne Technik öffnet für die Arbeit der Zukunft und für die freie Zeit mehr Chancen, als sie Gefahren birgt. Es muß möglich sein, Erwerbsarbeit so zu verteilen, daß jede und jeder daran Anteil haben kann. Und noch nie waren die Chancen, zu selbstbestimmten Arbeiten durchzustoßen, größer als heute. Lebensqualität ist vor allem Arbeitsqualität. Die Befreiung in der Arbeit und Befreiung von Arbeit lassen sich – zum erstenmal in der Geschichte – parallel verwirklichen. Eine Kultur der Arbeit ist möglich. Aber auch sie will erkämpft sein."[128]

Der Weg zu den Zielen des demokratischen Sozialismus im Berliner Programm führt über den qualitativen Aus- und Umbau des Sozialstaates auf der Grundlage einer leistungsfähigen, grundsätzlich kapitalistisch strukturierten Wirtschaft, der qualitative Ziele vorgegeben werden: Vollbeschäftigung bleibt der adäquate Ausdruck sozialer Gerechtigkeit und Wirtschaftsdemokratie ein klassischer Programmpunkt der SPD, der um die Forderung nach der Beteiligung der Arbeiter am Produktivvermögen erweitert wird. Hinzu kam nun als ein neues sozialdemokratisches Credo die Erhaltung der ökologischen Kreisläufe. Ökologie sollte kein Zusatz zur Ökonomie sein, sondern geradezu Basis verantwortlichen Wirtschaftens, gewissermaßen die neue planerische Rahmensetzung.

Wieder, wie bereits im Godesberger Programm, wird dem Staat die demokratische gesamtgesellschaftliche Steuerung und die Setzung der ökologisch-ökonomischen Rahmenbedingungen zugewiesen, und dies nach dem Motto, das *Karl Schiller* bereits Anfang der fünfziger Jahre für den Entwurf seines Konzeptes „einer sozialistischen Wirtschaftspolitik im Kapitalismus" vorgegeben hatte und wie es dann 1959 in das Godesberger Programm aufgenommen wurde: „Wettbewerb so weit wie möglich – Planung so weit wie nötig."[129] In der dem Staat zugewiesenen Rolle werden noch einmal die Spuren des langen Abschieds der Sozialdemokratie von ihrem traditionellen Über-Etatismus deutlich. Ebenso klar wird aber auch der Lernprozeß, der sich in der herausgehobenen Bedeutung der „Demokratie als Lebensform" und in der Erweiterung der Möglichkeiten spiegelt, den Gestaltungskräften in der Gesellschaft Partizipationschancen für die politische Willensbildung zu eröffnen.

Das IV. Kapitel, das umfangreichste des Berliner Programms, hat die Überschrift „Die freie, gerechte und solidarische Gesellschaft: Eine neue Kultur des Zusammenlebens und Zusammenwirkens". Es enthält die Vision des Programms und in ihr den nach Auffassung *Erhard Epplers* revolutionärsten Satz des Programms: „Wir wollen keine von ökonomischen Interessen manipulierte Kultur, nicht die Kommerzialisierung aller Lebensbereiche, sondern eine Wirtschaft, die sich in eine Kultur des Zusammenlebens einfügt."[130] „Kultur" bedeutete nicht mehr „Überbau über den ökonomischen Unterbau", sondern sollte als „umfassendes, verpflichtendes, prägendes und ordnendes Gesamtkonzept von Gesellschaft" begriffen werden.[131] In dem Kapitel wird auch vehement gegen eine Spaltung der gesamten Gesellschaft argumentiert, die der neuen Kultur des Zusammenlebens widerspricht: der Spaltung zwischen männlicher und weiblicher Welt, unter der

---

[128] *Erhard Eppler*, Plattform für eine neue Mehrheit. Ein Kommentar zum Berliner Programm der SPD, Bonn 1990, 69; vgl. auch *ders.*, Das Berliner Programm von 1989 – Grundlage für den Demokratischen Sozialismus 2000, in: *Horst Heimann* (Hrsg.), Sozialdemokratische Traditionen und Demokratischer Sozialismus 2000, Köln 1993, 74-91.
[129] Vgl. Sozialismus II, 2. Kap., I, 1, c) und 3. Kap., I, 1, a).
[130] Grundsatzprogramm 1989, Kapitel IV, Abschnitt „Eine neue Kultur des Zusammenlebens".
[131] *Eppler*, Plattform, 58.

beide leiden, Frauen und Männer. Es geht deshalb nicht nur um die Befreiung der Frau: „Es geht um das Ausbrechen aus Rollenmustern, die Frauen und Männer an der Entfaltung ihrer Kräfte und Anlagen hindern."[132] Entsprechend heißt es im Berliner Grundsatzprogramm:

„Das Verfassungsgebot der gesellschaftlichen Gleichheit von Mann und Frau ist fast vierzig Jahre nach Verabschiedung des Grundgesetzes immer noch nicht verwirklicht. Die überkommene gesellschaftliche Arbeitsteilung, die Frauen die Kindererziehung und Hausarbeit, das private Leben, Männern aber die Erwerbsarbeit und das öffentliche Leben zuweist, ist bis heute nicht überwunden. (...) Unsere Kultur blieb männlich geprägt. (...) Unter der Spaltung zwischen männlicher und weiblicher Welt leiden Frauen und Männer. Sie deformiert beide, entfremdet beide einander. – Wir Sozialdemokraten wollen eine Gesellschaft, die nicht mehr gespalten ist in Menschen mit angeblich weiblichen und angeblich männlichen Denk- und Verhaltensweisen; eine Gesellschaft, in der die Verteilung der Arbeit nicht mehr gespalten ist in Erwerbsarbeit einerseits und Haus- und Familienarbeit andererseits, in der Erwerbsarbeit nicht mehr Männern zugeordnet und hoch bewertet und Haus- und Familienarbeit Frauen überlassen und niedrig bewertet wird. Wir wollen eine Gesellschaft, in der nicht die eine Hälfte der Menschen dazu erzogen wird, über die andere zu dominieren, und diese andere Hälfte dazu angehalten wird, sich unterzuordnen. (...) Der rechtlichen Gleichstellung muß die gesellschaftliche folgen. (...) Wer die menschliche Gesellschaft will, muß die männliche überwinden."[133]

Mit dem neuen Grundsatzprogramm hat sich die SPD endgültig von der Vorstellung der Frauenfrage als „Nebenwiderspruch" verabschiedet. Die gesellschaftliche Gleichheit ist endlich ein grundsätzliches Ziel und gleichrangig zu allen anderen Zielsetzungen der Partei.

So eindeutig die Bestätigung der Selbstbezeichnung der SPD als „linke Volkspartei" im Berliner Programm (wie bereits im Godesberger) ausfiel, so deutlich zeigten sich die Schwierigkeiten der Partei mit der begrifflichen Zuordnung ihres Gesamtkonzeptes: „Demokratischer Sozialismus" und „soziale Demokratie" werden synonym gebraucht, obwohl sie es in der Theorie-Diskussion nicht unbedingt gewesen sind. „Demokratischer Sozialismus" bezeichnet das Gesamtkonzept in scharfer Abgrenzung zur bürokratisch-terroristischen kommunistischen Diktatur. „Soziale Demokratie" gilt in der jüngeren Theoriegeschichte als Ergänzung der noch unvollendeten bzw. unvollständigen politischen, wenngleich rechtsstaatlich gesicherten Demokratie, die per se gerade keine gesellschaftliche Dimension besitzt, vielmehr häufig dogmengeschichtlich in einem ursächlichen Zusammenhang mit dem Kapitalismus gesehen wird.[134]

Die Grundwertekommission der SPD hat sich bereits 1990 – also ein knappes Jahr nach der Annahme des Programms – erstmals mit einer Stellungnahme eingeschaltet, die sowohl gegen konservative Publizisten und Politiker gerichtet war, die die Konzepte und Ziele der SPD in die unmittelbare Nähe des gescheiterten „real existierenden Sozialismus" zu stellen versuchten, als auch gegen die anmaßende Selbstetikettierung der PDS. In dem „Handreichung" genannten Text wur-

---

[132] *Eppler*, Plattform, 61.
[133] Grundsatzprogramm 1989, Kapitel IV 1., Abschnitt „Gesellschaftliche Gleichheit von Frau und Mann".
[134] Vgl. *Walter Euchner*, Abschied vom demokratischen Sozialismus?, in: *Karsten Rudolph/Christl Wickert* (Hrsg.), Geschichte als Möglichkeit. Über die Chancen von Demokratie. FS für Helga Grebing, Essen 1995, 436-462.

den die Argumente für und gegen eine weitere Verwendung des Begriffs „demokratischer Sozialismus" vorgetragen und die Entscheidung für das eine wie das andere offen gelassen, jedoch betont, daß die Sozialdemokratie

„(...) insgesamt Aufgaben der Zukunft vor sich [hat], die sich gemeinsam beschreiben lassen. Es muß darum gehen,
- autonome, selbstregulative Formen der Gesellschaftlichkeit zu finden;
- ökonomisch rationelles Denken und Handeln in den Dienst der Befreiung des Menschen von Not und äußeren Zwecken zu stellen;
- Formen gesellschaftlichen Zusammenlebens sich ihrer Individualität bewußter Menschen zu organisieren, in der die aus der ökonomischen Rationalität sich ergebenden Sachzwänge ökologisch-kulturellen Zielen untergeordnet sind;
- demokratisch ausgestaltete Rahmenbedingungen zur Erreichung demokratisch festgestellter Ziele zu schaffen, die soziale Gerechtigkeit ermöglichen.
Ob eine künftige Gesellschaft, in der diese Ziele einer Verwirklichung nähergebracht wurden, dann als ‚demokratisch-sozialistisch' zu bezeichnen wäre, werden die zu entscheiden haben, die in ihr leben werden."[135]

III. Zukunftsfragen

1. Hat die Arbeit eine Zukunft oder gibt es eine Zukunft ohne Arbeit?

a) Arbeit und Lebenssinnfrage

Die Literatur zu dieser Frage ist inzwischen Legion geworden, seit *Hannah Arendt* 1958 in „Vita Activa" die Voraussage wagte, der Arbeitsgesellschaft werde die Arbeit ausgehen, und mit dieser Vermutung eine globale anthropologische Verfallsperspektive verknüpft hat: Sie sah die totale Konsumentengesellschaft kommen, denn wo immer möglich, habe der Mensch seine Freizeit fürs Konsumieren verbraucht, und nichts spreche dafür, daß er sie fürs „Höhere" (wie *Marx* gemeint hatte) verwenden werde. Die quantitativ ohne Grenzlinien zu erweiternde Möglichkeit zum Konsumieren durch die Automation mache eine negative Utopie realitätsnah: daß die Gegenstände des Verbrauchs und der Kultur dem Verzehr und der Vernichtung anheimfallen werden, denn die ins Überdimensionale gesteigerte Intensität des Konsumierens werde die wirkliche Produktivität des Menschen untergehen lassen.[136]

Dem hat *Günther Anders* im zweiten Band seines Werkes „Die Antiquiertheit des Menschen" eine Variante zur Seite gestellt, indem er ausführte, „daß der Mensch ohne die Arbeit, zu der er nun einmal verflucht ist, nicht leben kann". Aber dieser Arbeit mangele es in der Welt des „Totalitarismus der Geräte" an Sinn. Als die unwürdigste Form gegenwärtiger proletarischer Existenz in der

---

[135] „Sozialismus" – von den Schwierigkeiten im Umgang mit einem Begriff. Eine Handreichung der Grundwertekommission beim Parteivorstand der SPD, o.O. u. o.J., 28.
[136] Vgl. *Hannah Arendt*, Vita Activa oder Vom tätigen Leben, Stuttgart 1960, 115-123.

„Gerätewelt" betrachtete *Anders* folgerichtig „das sinnlose Herumvegetieren der Arbeitslosen, denen noch nicht einmal sinnloses Arbeiten vergönnt ist"[137].

Fast gleichzeitig hat *Ralf Dahrendorf* den von *Hannah Arendt* gesponnenen Faden aufgenommen und von der „Arbeitsgesellschaft" gesprochen, die sich „im Entschwinden" befinde.[138] Ausgangspunkt für diese Auffassung ist die Überzeugung, daß jeder, der verspreche, ein Rezept gegen die Arbeitslosigkeit zu haben, die Unwahrheit sage; auch greife der Begriff „Arbeitslosigkeit" zu kurz: Es handele sich vielmehr um „Unterbeschäftigung":

„Die Unterbeschäftigung ist nicht nur entwürdigend, sie ist vor allem das eindringlichste Zeugnis für eine Arbeitsgesellschaft, der die Arbeit ausgeht: im Zynismus ihrer späten Jahre begnügt sie sich mit der bloßen Hülle der Arbeit, mit dem Beruf, vielmehr dem Job, dessen Bezeichnung sich in den Personalausweis eintragen läßt, der als Ankerpunkt der Versorgung dienen kann, auch wenn er sonst leer und ohne Bedeutung ist."[139]

Was nun? Auch *Dahrendorf* meint – im Gegensatz zu *Arendts* pessimistischer Annahme -, daß die Menschen tätig sein wollen: „Was Menschen brauchen, ist die Chance, etwas Sinnvolles zu tun."[140] *Dahrendorf* wendet sich gegen *Marx'* Zwei-Reiche-These und fordert eine Symbiose des „Reiches der Notwendigkeit", das sehr wohl, und dies zunehmend, Elemente freier Tätigkeit enthalten könne, und dem „Reich der Freiheit", dem des freien Tuns. In diesem Zusammenhang wehrt sich *Dahrendorf* gegen die geläufige negative Beurteilung der „Selbstausbeutung":

„Es ist bedauerlich, daß sich die in alternativen Unternehmungen Tätigen gelegentlich darüber beklagen, daß sie nur auf dem Wege der ‚Selbstausbeutung' auf die Dauer Erfolg haben können. Das heißt nämlich nur, daß auch sie noch das Vokabular der Arbeitsgesellschaft verwenden. In Wahrheit gibt es nichts Schöneres als die Selbstausbeutung, nämlich die Verwendung der eigenen Kräfte zu selbstgewählten Zwecken, wenn es sein muß, bis zur Erschöpfung. Das eben ist menschliche Tätigkeit, Freiheit."[141]

Das Abschmelzen der „Arbeitsgesellschaft" blieb in den folgenden Jahren – neben dem Nachdenken über die Alternativen zu ihr – ein brodelndes Thema bis zur Trennung von „Arbeit und Lebenssinn angesichts von Wertewandel und Orientierungskrise"[142]. Nach *Küng* galt in den fünfziger Jahren Arbeit als einziger Lebenssinn; dies änderte sich in der Gegenkultur der sechziger Jahre bis zur Gegenwart, die gekennzeichnet sei durch die Erlebnisorientierung, die letztlich nicht Lebenssinn, sondern nur Freizeitstreß und Lebensfrust vermittle. Die sogenannte Erlebnisgesellschaft

---

[137] *Günther Anders*, Die Antiquiertheit des Menschen, Bd. 2, München 1980, 98, 363f.

[138] Vgl. *Ralf Dahrendorf*, Im Entschwinden der Arbeitsgesellschaft. Wandlungen in der sozialen Konstruktion des menschlichen Lebens, in: Merkur, Jg. 34 (1980), H. 8, 749-760; vgl. *ders.*, Wenn der Arbeitsgesellschaft die Arbeit ausgeht, in: Krise der Arbeitsgesellschaft? Verhandlungen des 21. Deutschen Soziologentages in Bamberg 1982, hrsg. von *Joachim Matthes*, Frankfurt a.M. 1983, 25-37.

[139] *Ders.*, Wenn der Arbeitsgesellschaft, 30.

[140] *Ders.*, Entschwinden der Arbeitsgesellschaft, 758.

[141] *Ders.*, Wenn der Arbeitsgesellschaft, 35.

[142] So nannte der katholische Theologe *Hans Küng* seinen Beitrag auf dem 2. Jahreskolloquium der Alfred-Herrhausen-Gesellschaft über „Arbeit der Zukunft. Zukunft der Arbeit", Stuttgart 1994, 7-27.

„(...) bietet kaum eine wirkliche Lebensorientierung, sondern verdeckt nur das seit den späten 60er Jahren um sich greifende *Orientierungsvakuum*. Jene Kulturrevolution erwies sich als stark im Autoritätsabbau, aber notorisch schwach und unproduktiv in der Schaffung neuer Werte, Maßstäbe und der sie verkörpernden Autoritäten. Und die antiautoritäre Erziehung (Nicht-Erziehung) hat auch nach der Auffassung mancher ihrer Vertreter heute ihr Ziel kaum erreicht: Weniger eine mündige, sozial und ökologisch engagierte, politisch hochmotivierte Jugend ließ man da ‚heranwachsen' als eine zuallermeist egozentrische, konsumorientierte und im schlimmsten Fall gewalttätige und fremdenfeindliche Generation (...)."[143]

Diese Orientierungskrise von globalem Ausmaß sei „nur durch einen weltweiten Bewußtseinswandel zu bewältigen, wie er in der Ökologie, der Friedens- und der Frauenfrage bereits erfolgt ist"[144]. Auf die selbstgestellte Frage, wie denn die Menschen heute ihren Lebenssinn finden sollen, gibt *Küng* die Antwort: „keineswegs nur durch Arbeit"; diese sei ein wichtiges Element, „aber nicht der Grund unseres Lebens", und der Mensch bleibe auch dann noch Mensch, wenn er nicht mehr arbeite, arbeitslos oder arbeitsunfähig sei. Wie der Mensch „einen letzten Sinn im Leben" gewinnen kann, das weiß der Theologe: „das eine Absolute" ist „der eine wahre Gott"[145].

Zweifelsohne hat „Arbeit" ihren in der Neuzeit ursprünglich dominanten Wertbezug für die Lebenssinngebung eingebüßt. Der als Ganzes zwar nie historisch ausweisbare „proletarische Lebenszusammenhang" ist weitgehend verlorengegangen. In den noch übrig gebliebenen kollektiven Organisationen gehen Entsolidarisierungstendenzen einher mit Individualisierungsschüben. Familiale Bindungen, Gruppenbildungen, Ad-hoc-Gemeinschaften etc. sind in Ersatzfunktionen eingetreten. Die Traumvorstellungen von alternativen Nischen, die zu Initialzündungen für ein „neues Leben" befähigt schienen, sind längst überholt.[146] Vielfach ist jedoch vergessen worden, daß die alten Ziele der Arbeiterbewegung sich ja nicht beschränkt haben auf die Optimierung der Technostruktur der Arbeit und auf die Vergesellschaftung der Sachen, sondern gerichtet waren auf eine Vermenschlichung der Gemeinschaft und auf die Gleichheit der Lebenschancen für jeden einzelnen, ein menschenwürdiges Leben führen zu können. Diese Ziele sind nicht veraltet, sondern mußten historisch-kontingent neu begründet werden.

Vor allem *Iring Fetscher* hat dies wiederholt versucht.[147] Für ihn ist Glück, das aus einem Vorsprung des einen gegenüber dem anderen resultiert, „gemeinschaftsschädlich". Voraussetzung für seine Überlegungen ist die Überzeugung,

---

[143] *Küng*, „Arbeit der Zukunft. Zukunft der Arbeit", 13.
[144] Ebenda, 15.
[145] Ebenda, 24f.
[146] Vgl. hierzu *Helga Grebing*, Arbeiten um zu leben oder leben ohne zu arbeiten? Zu einigen historischen und aktuellen Problemen der Sinnbestimmung der Arbeit, in: *Eike Hennig/Richard Saage* (Hrsg.), Konservatismus – Eine Gefahr für die Freiheit? FS für Iring Fetscher, München 1983, 219-241; auch in: *Grebing*, Arbeiterbewegung und politische Moral, Göttingen 1985, 243-265.
[147] Vgl. *Iring Fetscher*, Überlebensbedingungen der Menschheit – Zur Dialektik des Fortschritts, Konstanz 1976; ders., Vom Wohlfahrtsstaat zur neuen Lebensqualität. Die Herausforderungen des demokratischen Sozialismus, Köln 1982; ders., Arbeit und Spiel. Essays zur Kulturkritik und Sozialphilosophie, Stuttgart 1983; ders., Arbeit, Muße und Spiel, in: Wissenschaftliche Zeitschrift der Technischen Universität Dresden, Jg. 44 (1995), H. 5, 83-89; ders., Umweltstaat oder neuer Gesellschaftsvertrag mit der Natur?, in: *Rudolph/Wickert*, Geschichte als Möglichkeit, 422-435. Zu *Fetschers* Biographie siehe Sozialismus II, 3. Kap., I, 3, b).

daß die Menschen in den industriell entwickelten Staaten „zu einer Veränderung ihrer Lebensweise gezwungen" sind, wollten sie sich nicht selbst der Strafe ihres Untergangs aussetzen:

> „Ein befriedigendes und befriedetes Leben und Zusammenleben ist nur dann dauerhaft und nachhaltig gewährleistet, wenn allen Personen und allen Gesellschaften ein wenigstens vergleichbares Niveau der Lebensweise möglich gemacht wird. Damit ist kein rigider Egalitarismus gemeint, sondern – bei Anerkennung unterschiedlicher Fähigkeiten, Neigungen und Bedürfnisse – ein ähnlicher Grad an Befriedigung unterschiedlicher humaner Bedürfnisse."[148]

Dieser als optimal anzustrebende Zustand könnte nach Meinung *Fetschers* erreicht werden durch eine weitere Umgestaltung der Arbeitsmöglichkeiten, so daß sie den Tätigen Befriedigung verschaffen, z.B. durch Kompensation unbefriedigender Arbeit mittels kürzerer Arbeitszeiten, höherer Bezahlung oder Jobrotation. Bei allgemein kürzeren Arbeitszeiten und einer flexiblen Verteilung der vorhandenen Arbeit könnte die gewonnene freie Zeit für befriedigende Eigenarbeit genutzt werden. *Fetscher* bleibt also dem Modell der ‚Zwei Reiche' verhaftet und beruft sich dabei auf *André Gorz*.

b) „Schöne neue Arbeitswelt"

André Gorz, einst zu den Mitstreitern von *Jean Paul Sartre* gehörend, bereitete in seinen Veröffentlichungen seit Ende der sechziger Jahre die europäische Linke auf den notwendigen „Abschied vom Proletariat" vor und suchte dabei die Grundsubstanz des humanen Sozialismus durch neue Perspektiven und Projekte zu erhalten.[149] Im Rahmen dieses Bemühens hat *Gorz* sich zunehmend den Fragen nach der „Zukunft der Arbeit" gewidmet.[150] Er bleibt dabei prinzipiell an das Zwei-Reiche-Modell von *Marx'* dualistischer Utopie gebunden.[151] Das unaufhebbare Reich der Notwendigkeit wird mittels Automation und Mikroprozessoren kleingehalten, und in dem großen fruchtbaren Reich der Freiheit werden Eigenproduktionen, Kooperation und Selbsthilfe blühen, und der tätige Mensch wird im

---

[148] *Fetscher*, Arbeit, Muße und Spiel, 88.

[149] Vgl. *André Gorz*, Zur Strategie der Arbeiterbewegung im Neokapitalismus, Frankfurt a.M. 1967; *ders.*, Der schwierige Sozialismus, Frankfurt a.M. 1968; *ders.*, Die Aktualität der Revolution. Nachtrag zur „Strategie der Arbeiterbewegung im Neokapitalismus", Frankfurt a.M. 1970; *ders.*, Ökologie und Politik. Beiträge zur Wachstumskrise, Reinbek 1977; *ders.*, Abschied vom Proletariat, Reinbek 1983. Zur Biographie von *Gorz* vgl. Sozialismus II, 3. Kap., I, 2, a).

[150] Vgl. *ders.*, Wege ins Paradies. Thesen zur Krise, Automation und Zukunft der Arbeit, Berlin 1983; *ders.*, Kritik der ökonomischen Vernunft. Sinnfragen am Ende der Arbeitsgesellschaft, Hamburg 1989, als Taschenbuch 1994, 2. TB-Aufl. 1998 (hiernach wird zitiert); *ders.*, Arbeit zwischen Misere und Utopie, Frankfurt a.M. 2000 (im französ. Original 1997 erschienen).

[151] Vgl. *Karl Marx*, Das Kapital. Kritik der politischen Ökonomie, Bd. 3, in: MEW, Bd. 25, Berlin 1964, 828: Hier heißt es (entgegen den Vorstellungen des jungen *Marx*): „Das Reich der Freiheit beginnt in der Tat erst da, wo das Arbeiten, das durch Not und äußere Zweckmäßigkeit bestimmt ist, aufhört; es liegt der Natur der Sache nach jenseits der Sphäre der eigentlichen materiellen Produktion. (...) Aber es bleibt dies immer ein Reich der Notwendigkeit. Jenseits desselben beginnt die menschliche Kraftentwicklung, die sich als Selbstzweck gilt, das wahre Reich der Freiheit, das aber nur auf jenem Reich der Notwendigkeit als seiner Basis aufblühn kann. Die Verkürzung des Arbeitstags ist die Grundbedingung."

produktiven Wechsel zwischen den Sphären der beiden Reiche hin- und herspringen.[152]

Gorz treibt den Perspektivenwechsel noch ein Stück weiter: Er besteht in dem Versuch, die Krise der Arbeitsgesellschaft zur Grundlage einer neuen Normalität zu machen, den Mangel an Arbeit ‚umzudrehen' und ihn als Wohlstand an Zeit zu betrachten. Jede Politik, die nicht anerkennt, daß es keine Vollbeschäftigung für alle mehr geben kann, halte er für verlogen, und es scheint für ihn eindeutig zu sein, daß die Lohnarbeit nicht länger der Schwerpunkt, ja nicht einmal die hauptsächliche Tätigkeit eines jeden bleiben kann. Worum geht es unter diesen Voraussetzungen bei *Gorz*? Es geht um den „Übergang von einer produktivistischen oder Arbeitsgesellschaft zu einer Gesellschaft der befreiten Zeit, in der Kultur und Gesellschaftlichkeit das Ökonomische überwiegen (...)"[153]. Es handelt sich also nicht darum, die heute bestehenden Arbeitsplätze und Ressourcen neu zu verteilen, sondern darum, „aus seiner inneren Dynamik heraus einen Prozeß zu steuern, der immer weniger Arbeit erfordert, aber immer mehr Reichtümer schafft"[154]. *Gorz* will weg vom Konzept der Sozialhilfe für Nicht-Erwerbstätige und vom allgemeinen Grundeinkommen. Er hat eine andere Vision:

„Die Vision einer Gesellschaft, in der jede(r) durch Arbeit – aber immer weniger Arbeit – seinen Lebensunterhalt verdienen kann; in der jede(r) das Recht auf einen vollen, durch Arbeit verliehenen Bürgerstatus hat und auf ein ‚zweites Leben' in der privaten, mikro-sozialen oder öffentlichen Sphäre – eine solche Vision ermöglicht es, die Erwerbstätigen wie die Arbeitslosen, die neuen sozialen Bewegungen und die Arbeiterbewegung im gemeinsamen Kampf zu vereinen."[155]

Ulrich Beck beruft sich in seinem Buch „Schöne neue Arbeitswelt. Vision: Weltbürgergesellschaft" wie viele andere auf *André Gorz*, will aber noch weiter gehen und eine Vision entwerfen, „in der an die Stelle der auf Erwerbsarbeit zentrierten und fixierten Gesellschaft Schritt für Schritt die Ermöglichung von Zeitsouveränität und erfahrbarer politischer Freiheit in selbstorganisierten Aktivitätsnetzen tritt"[156].

Ulrich Beck, 1944 in Stolp in Pommern geboren, leitet heute das Institut für Soziologie an der Universität München und hat zugleich einen Lehrstuhl an der London School of Economics inne. Mit seinem erstmals 1986 erschienenen Buch „Risikogesellschaft"[157] gelang ihm ein vieldiskutierter und vielbeachteter Entwurf über die Auflösung der Konturen der Industriegesellschaft. Seine Botschaft war, daß „in der Kontinuität der Moderne (...) eine andere gesellschaftliche Gestalt"[158] entstehe. Diese andere gesellschaftliche Gestalt wird bestimmt durch einen gesellschaftlichen Individualisierungsschub im Rahmen eines historischen Kontinuitätsbruchs, bei dem die Menschen aus traditionalen Klassenbedingungen und

---

[152] Vgl. *Gorz*, Abschied vom Proletariat, insbesondere den Abschnitt „Für eine dualistische Gesellschaft", 82-114.
[153] *Ders.*, Kritik der ökonomischen Vernunft, 257.
[154] Ebenda, 283.
[155] Ebenda, 302.
[156] *Ulrich Beck*, Schöne neue Arbeitswelt. Vision: Weltbürgergesellschaft, Frankfurt a.M. 1999, 12.
[157] Untertitel: Auf dem Weg in eine andere Moderne, Frankfurt a.M. 1986.
[158] *Ders.*, Risikogesellschaft, 14.

Versorgungsbezügen, z.B. der Familie, herausgelöst werden. Obwohl die Abstände in der Einkommenshierarchie und fundamentale Bestimmungen der Lohnarbeit gleichgeblieben seien, treten die Bindungen an soziale Klassen in den Hintergrund, und man sei, so *Beck* 1986, mit dem Phänomen eines Kapitalismus *ohne* Klassen konfrontiert. Die breite Streuung der Massenarbeitslosigkeit falle zusammen mit dem Zerfall „klassenkultureller Lebenszusammenhänge". Man befinde sich „jenseits von Stand und Klasse": „Der oder die einzelne selbst wird zur lebensweltlichen Reproduktionseinheit des Sozialen."[159] Gleichzeitig entstehen neue soziokulturelle Gemeinsamkeiten und neue Suchbewegungen.

Beck teilt die verbreitete Auffassung, daß der Arbeitsgesellschaft (die dies genau genommen gar nicht mehr ist) die Arbeit ausgehe, jedenfalls die klassische Erwerbsarbeit der ‚Ersten Moderne'. Er kritisiert deshalb die „rückwärtsgewandte Vollbeschäftigungsnostalgie" und fordert den Abschied von dem immer noch erwarteten Paradies der Vollbeschäftigungsgesellschaft. Scharf weist er die besonders in den USA reüssierende neoliberale Utopie des freien Marktes zurück. Diese Utopie führe zu einer „Brasilianisierung des Westens", was konkret bedeuten würde, daß immer mehr Menschen ihren sozialen Schutz verlieren, scheinselbständig werden, in mehreren Jobs oder meist schwarz arbeiten und die Gewerkschaften noch zunehmender bedeutungslos werden. Was will nun *Beck* dagegen setzen? Er fragt

„(...) wie der Verlust an Sicherheit umgemünzt werden kann in eine Entfaltung sozialer Kreativität, wie jenseits der Vollkasko-Gesellschaft Sicherheit und politische Freiheit neu aufeinander abgestimmt werden können. Diese Utopie der politischen Bürgergesellschaft kann der europäische Weg in die Zweite Moderne sein, der die Ursprungsidee von Politik und Demokratie neu ausbuchstabiert."[160]

Diese nach dem „Prinzip Hoffnung" gefertigte Vision verlangt die Umdefinition der Erwerbs- bzw. Arbeitsgesellschaft in eine „Tätigkeitsgesellschaft", in der Normalarbeit genauso ihren Platz hat wie informale Arbeit, in der Familienarbeit, andere Formen der Eigenarbeit, Vereinsarbeit oder Sozialarbeit für die Allgemeinheit als gleichwertig betrachtet werden. *Beck* nennt dieses weite Feld „Bürgerarbeit", die nicht entlohnt, aber doch durch „Bürgergeld" belohnt wird. Die Mittel für die Belohnung könnten aus den Summen genommen werden, die der Sozialstaat für Arbeitslosenunterstützung und Sozialhilfe ausgeben muß. So kann das Nicht-Tätig-Sein-Können der Erwerbslosigkeit überwunden und zugleich neues Kapital für eine Stabilisierung der bürgergesellschaftlichen Demokratie gewonnen werden.[161]

Beck will sein Modell auf einen globalen Maßstab ausziehen und entwirft eine „Weltbürgergesellschaft": In dem Maße, in dem das Kapital global agiert, müßten die Zivilgesellschaft und ihre Institutionen ein Gegengewicht bilden. Unscharf bleibt, wie *Beck* selber einräumt, der „Ort des Politischen" im Zeitalter der Globalisierung von Ökonomie und Gesellschaft. Vor 150 Jahren sei um die Transformation der Feudalordnung in die nationalstaatliche gerungen worden; heute „müssen wir über den Übergang von der nationalstaatlichen in die transnationale,

---

[159] *Beck*, Risikogesellschaft, 119.
[160] *Ders.*, Schöne neue Arbeitswelt, 75.
[161] Vgl. dazu auch: *Ders.* (Hrsg.), Die Zukunft von Arbeit und Demokratie, Frankfurt a.M. 2000.

in die kosmopolitische Demokratie debattieren"[162]. Offen bleibt auch die Frage, wie die Teilnehmer der „Weltbürgergesellschaft" ihren Lebensunterhalt verdienen – irgendwer muß ja auch im globalisierten Kapitalismus im klassische Sinne arbeiten, damit Mehrwert erzeugt werden kann.

Johano Strasser teilt mit *Ulrich Beck* und anderen die Auffassung, daß es immer weniger Erwerbsarbeit für alle, jedenfalls für die meisten geben wird.[163] Wachsender Konkurrenzdruck und neue Technologien beschleunigen Rationalisierung und Automation, so daß bei weiter ansteigender Arbeitsproduktivität mit immer weniger menschlicher Arbeitskraft immer mehr Reichtum erzeugt werden kann. Seine Konsequenzen unterscheiden sich von denen *Becks* um einige Nuancen: Daß der Arbeitsgesellschaft die Arbeit ausgehe, gelte nur für einen bestimmten Typus, nicht jedenfalls für die kaum rationalisierbaren personenbezogenen Dienste, nicht für Eigenarbeit und freie Tätigkeiten. Deshalb tritt *Strasser* für die Schaffung von Möglichkeiten ein, die den Wechsel von der klassischen Erwerbsarbeit zur freien Arbeit bzw. Tätigkeit (und wieder zurück) fördern:

„Ideal wäre es, wenn sich sowohl die Erwerbsarbeit als auch die Nichterwerbsarbeit, hier vor allem die Familienarbeit, auf alle, die arbeiten können, gerecht verteilen ließe, wenn Männer und Frauen sich die Familienarbeit partnerschaftlich teilten und alle Bürger sich in ihrer ‚freien' Zeit um ihre hilfsbedürftigen Nächsten und um die Belange der Gemeinschaft kümmerten. Aber sicherstellen läßt sich eine solche Ideallösung natürlich nicht. Was wir tun können, ist, Chancen zu eröffnen, Chancen zu vielfältiger Bewährung und Selbstverwirklichung auch in jenen Arbeitsformen, die bisher, weil sie nicht für Geld verrichtet wurden, fälschlicherweise geringgeachtet wurden. Und wir können Anreize geben, damit mehr Menschen als bisher die sich bietenden Chancen wahrnehmen."[164]

Die Leistungen in der Familie, im Ehrenamt etc. sollen nach *Strassers* Vorschlägen wie bei *Beck* nicht entlohnt, sondern belohnt werden, z.B. durch Anrechnung der geleisteten Arbeitszeit auf Rentenansprüche oder durch Prämien. Wie *Beck* ist auch *Strasser* strikt dagegen zu versuchen, die Arbeitslosigkeit durch schlechte Jobs und Billiglöhne (wie in den USA) entsprechend der Logik der alten Arbeitsgesellschaft beseitigen zu wollen.

c) Wieviel Arbeit braucht der Mensch?

Ulrich Becks Feststellung, daß die Debatte um die Zukunft der Arbeit inzwischen einem Labyrinth gleiche, wird man nichts entgegensetzen können; vielmehr muß man hinzufügen, daß sie zusätzlich durch voluntaristisch geprägte Wiederholungen gekennzeichnet ist. Der Fülle an teilweise spekulativen Anregungen steht ein Mangel an systematischer Verarbeitung gegenüber. Vorschläge und Forderungen bleiben in der dünnen Luft der Wünschbarkeit hängen und finden keine politisch-pragmatische Bodenhaftung.[165]

Helmut König hat schon vor Jahren darauf aufmerksam gemacht, daß bei *Hannah Arendt* die These vom Ende der Arbeitsgesellschaft in eine umfassende

---

[162] *Beck*, Schöne neue Arbeitswelt, 174.
[163] Vgl. *Johano Strasser*, Wenn der Arbeitsgesellschaft die Arbeit ausgeht, Zürich 1999.
[164] Ebenda, 63.
[165] Vgl. dazu die Debatte in GMH, Jg. 49 (1998), H. 6-7 mit dem Schwerpunkt-Thema: „Wo bleibt die Arbeit?"

Theorie der Geschichte der Gesellschaft und des politischen Lebens eingebettet war, während sich „die gegenwärtige Diskussion über die Arbeitsgesellschaft allzuoft in den unhistorischen und unpolitischen Nebelregionen jenseits von Institutionen und gesellschaftlichen Herrschaftsverhältnissen" bewege.[166]

In diesem Zusammenhang verblüfft dann auch *André Gorz'* Wendung zur Ontologisierung der Problematik: Die Industriearbeit wird für emanzipatorisch bedeutungslos erklärt und muß folglich zeitlich minimalisiert und inhaltlich trivialisiert werden. *Gorz'* neues ‚Reich der Freiheit' wird dann ontologisch verwurzelt:

> „Gorz sucht eine ursprünglichere, eine ontologische Verwurzelung: Der ‚ureigene Riß', der das Subjekt dazu befähigen soll, ‚sich von den Normen und Werten, die das gesellschaftliche Handeln steuern, freizumachen und die empfangenen Wahrheiten infrage zu stellen', ist so tief und fest verankert, daß er von Geschichte und Gesellschaft prinzipiell nicht tangiert werden kann. Die ‚moralische Revolte', die Gorz anvisiert, ist nicht von dieser Welt. Sie hat ihre Quelle in außergesellschaftlichen leiblichen Erfahrungen. Es ist die ‚Welt der ursprünglich gelebten Erfahrung', die Welt des ‚Ungesagten und Unsagbaren' und des ‚ursprünglichen Denkens', die ihr das unumstößliche Fundament gibt. Mit dieser ontologischen Gewißheit im Hintergrund fällt der Abschied von der Arbeitsutopie leicht. Aber es bedarf schon einer gehörigen Portion Gutgläubigkeit, Gorz auf diesem Weg zum wahrhaft Seienden zu folgen."[167]

Interessanterweise wird im Rahmen einer solchen Deutung *Marx* erheblich verkürzt. Es ist nur ein scheinbar exegetisches Problem, daß sich *Gorz* – wie überwiegend die Literatur – auf die Aussagen im 3. Band des „Kapital" bezieht, d.h. daß die Sphären der beiden Reiche unaufhebbar getrennt bleiben müssen. Jedoch könnten Äußerungen von *Marx* sowohl in den „Grundrissen der Kritik der politischen Ökonomie" wie auch in der „Kritik des Gothaer Programms"[168] die Auffassung stützen, daß bei *Marx* dennoch nicht beide Reiche hermetisch voneinander getrennt zu betrachten sind und nur der Sprung des Menschen von einem zum anderen, hin und zurück, sie gewissermaßen mechanisch verbindet, sondern daß sie einander durchdringen werden. Es gibt keine zwei getrennten Reiche (unter der Voraussetzung der Aufhebung der Ursachen der Entfremdung im Kapitalismus), sondern Arbeit bzw. Tätigsein des selbstbestimmten Menschen in den bei-

---

[166] *Helmut König*, Die Krise der Arbeitsgesellschaft und die Zukunft der Arbeit: Zur Kritik einer aktuellen Debatte, in: Leviathan, Sonderheft 11, 1990, 322-345, Zitat 322.

[167] Ebenda, 341. *König* bezieht sich hier auf *Gorz'* „Kritik der ökonomischen Vernunft", insbesondere die Seiten 245-251.

[168] Vgl. *Karl Marx*, Grundrisse der Kritik der politischen Ökonomie, Heft VI, in: MEW, Bd. 42, Berlin 1983, 512; auch in: MEGA, Zweite Abteilung („Das Kapital" und Vorarbeiten), Bd. 1, Text, Teil 2, Berlin 1981, 499: „(...) damit die Arbeit travail attractif, Selbstverwirklichung des Individuums sei, was keineswegs meint, daß sie bloßer Spaß sei, bloßes amusement, wie Fourier es sehr grisettenmäßig naiv auffaßt. Wirklich freie Arbeiten, z. B. Komponieren, ist grade zugleich verdammtester Ernst, intensivste Anstrengung." Vgl. *ders.*, Kritik des Gothaer Programms/Randglossen zum Programm der deutschen Arbeiterpartei, in: MEW, Bd. 19, Berlin 1962, 21; auch in: MEGA, Erste Abteilung (Werke, Artikel, Entwürfe), Bd. 25, Text, Berlin 1985, 15: „In einer höheren Phase der kommunistischen Gesellschaft, nachdem die knechtende Unterordnung der Individuen unter die Teilung der Arbeit, damit auch der Gegensatz geistiger und körperlicher Arbeit, verschwunden ist; nachdem die Arbeit nicht nur Mittel zum Leben, sondern selbst das erste Lebensbedürfnis geworden; nachdem mit der allseitigen Entwicklung der Individuen auch ihre Produktivkräfte gewachsen und alle Springquellen des genossenschaftlichen Reichtums voller fließen – erst dann kann (...) die Gesellschaft auf ihre Fahne schreiben: Jeder nach seinen Fähigkeiten, jedem nach seinen Bedürfnissen!"

den das Dasein des Menschen durchdringenden, miteinander symbiotisch verbundenen Reichen.

Niemand wird leugnen wollen, daß ein Wandel in den politischen, kulturellen und organisatorischen Orientierungen stattgefunden hat und noch stattfindet, der dazu geführt hat, daß die Arbeitssphäre nicht mehr die einstige zentrale Bedeutung besitzt. Aber ebensowenig läßt sich nach *König* bestreiten, daß die Erwerbsarbeit auch heute noch einen unübersehbaren Rang im Leben der Menschen einnimmt: „Paradox formuliert: Die Voraussetzung dafür, sich von der Sphäre der Erwerbsarbeit mindestens ein Stück weit entfernen zu können, ist die sichere Verankerung in ihr."[169] Deshalb ist es auch zukünftig höchst problematisch, sich schnell von der Welt der Arbeitsgesellschaft zu verabschieden und ins Wolkenkuckucksheim zu ziehen. „Anders denken" könnte ja auch heißen, die neuen Werte und Orientierungen nicht als Ausdruck des Endes der Arbeitsgesellschaft zu begreifen, sondern als „Ausdruck ihrer Modernisierung und Fortführung"[170].

2. Was bleibt vom Sozialismus?

Nach dem Zusammenbruch des „administrativ-bürokratischen Sozialismus" der kommunistischen Diktaturen wurde die Frage „Was bleibt vom Sozialismus?" noch dringender und die Vermutung, es sei nun doch die Zeit gekommen, vom Sozialismus endgültig Abschied zu nehmen, stärker. Diese Auffassung vertrat auch *Thomas Meyer*, wenn auch unter behutsamer Bewahrung klassischer Traditionsbestände. Man wisse nun, was der Kommunismus alias realexistierender Sozialismus sei, aber: „Wissen wir, was der Sozialismus wäre?"[171] Der Begriff des demokratischen Sozialismus, sprachlogisch ohnehin ein Pleonasmus, werde seinen utopischen Überschuß nicht los, „sei es als Verheißung, sei es als Deutung"[172], und es stelle sich die Frage, ob die zukunftsweisenden Programme, die überzeugenden politischen Leitideen, der Geist sozialdemokratischer Politik in der Gegenwart noch „Sozialismus" seien.[173] Der sozialdemokratische Politikentwurf löse sich vielmehr unterhalb der Ebene der großen richtungsweisenden Grundwerte und politischen Leitideen in eine Vielzahl in sich komplexer Einzelpolitiken auf. Das, was die SPD vertrete, sei zu einem „normalen" politischen Projekt neben anderen geworden.[174] *Meyer* insistiert deshalb auf der Frage „Was also bleibt vom demokratischen Sozialismus in komplexen Gesellschaften?" und gibt die Antwort:

„Nicht wenig: die regulativen Ideen der bedingten Demokratisierung, der sozialen Gerechtigkeit, der gesellschaftlichen Verantwortung gegenüber künftigen Generationen und der

---

[169] *König*, Krise der Arbeitsgesellschaft, 329ff., Zitat 332.
[170] Ebenda, 337.
[171] *Thomas Meyer*, Was bleibt vom Sozialismus?, Reinbek 1991, 11. *Meyer*, 1943 geboren, ist Professor für Politikwissenschaft an der Universität Dortmund, wissenschaftlicher Leiter der Akademie der politischen Bildung der Friedrich-Ebert-Stiftung und stellvertretender Vorsitzender der Grundwertekommission.
[172] *Ders.*, Was bleibt vom Sozialismus?, 129f.
[173] Vgl. *ders.*, Was bleibt vom Sozialismus? Reflexionen über die Zukunft einer notwendigen Hoffnung, in: *Rudolph/Wickert*, Geschichte als Möglichkeit, 463-476, 470.
[174] Vgl. ebenda, 473.

Menschheit im Ganzen sowie der Gleichheit der Lebenschancen. Sozialdemokratische Politik legitimiert sich nicht mit einem Strukturbegriff des demokratischen Sozialismus oder einem Modell, das die widerspruchsfreie Realisierung seiner Grundwerte garantieren könnte. Sie kann weder hoffen noch wollen, daß die Eigenlogik der gesellschaftlichen Teilsysteme durch Konsens oder Mehrheitsentscheidungen ersetzt wird. Und sie verfügt nicht länger über die Hoffnung eines institutionellen Königswegs zu ihren Zielen. Die Verwirklichung von Solidarität in der eigenen Gesellschaft und in der Welt kann sie nur von beständigen politischen Bemühungen der Einflußnahme, der Rahmensetzung und der öffentlichen Diskussion erhoffen."[175]

Gerade dieses „Nicht wenig" führt *Meyer* zu dem Plädoyer für eine „genauere politische Sprache", die sich mit dem, was in der Sache geboten werde, decke, Verwechselungen gering halte, Chancen eröffne: „In der Sache, und vor allem in den Impulsen, bleibt viel vom demokratischen Sozialismus. Muß das Wort denn unbedingt bleiben? ‚Soziale Demokratie' mag heute als die bessere Alternative erscheinen."[176]

Um einiges anders, aber mit demselben Schluß, argumentiert *Walter Euchner*, der Verfasser des Teiles „Sozialismus I" in diesem Handbuch. Er unterstreicht die struktive und zugleich destruierende Kraft der globalisierten kapitalistischen Produktionsweise und die mit ihr verbundene „enorm gewachsene Produktivität aufgrund technischer Innovationen". Er untersucht die verschiedenen Positionen, hierauf aus der Tradition des demokratischen Sozialismus Antworten zu finden. Sein Schluß aus dieser Musterung lautet: „Insofern gibt es keinen Grund, den Demokratischen Sozialismus in den Himmel abgelebter sozialer Ideen zu versetzen."[177]

In diesem Sinne wehrt sich auch *Oskar Negt* gegen eine „selbstverschuldete Ideologie der schnellen Verabschiedungen":

„Wer glaubt, das Wort Sozialismus nicht mehr in den Mund nehmen zu können, weil zuviel Unrecht in seinem Namen geschehen ist, der muß alles als Lug und Trug abwerten, wofür Millionen von Menschen länger als ein Jahrhundert ihren Kopf hingehalten haben, in der Hoffnung auf Änderung des Systems gesellschaftlicher Arbeit, auf gerechtere Verteilung der materiellen und kulturellen Lebenschancen. Es geht in allen diesen Fällen eben nicht nur um den Verlust von Worten, sondern um Auszehrungen und Verkehrungen der Sachen, für die sie stehen." *Negts* Forderung ist deshalb, „(...) unsere theoretische und praktische Phantasie darauf [zu] wenden, Perspektiven für eine neue Gesellschaft zu entwickeln. Das wäre keine utopische Konstruktion, sondern ein begründeter, auch durch wissenschaftliche Analysen abgesicherter Gesellschaftsentwurf, in dem die heutigen Erfahrungen, Hoffnungen und Lebensansprüche der Menschen zu einem Gesamtbild zusammengefügt werden, das praktische Überzeugungskraft hat."[178]

Dies ist gewiß zutreffend, bedarf aber einiger grundsätzlicher Überlegungen[179]: Die bis zuletzt gehegten Vorstellungen von der Machbarkeit des Sozialismus als

---

[175] Meyer, Was bleibt vom Sozialismus?, 475f.
[176] Ebenda, 476; vgl. die Weiterführung dieser Überlegungen in: *ders.*, Die Transformation der Sozialdemokratie. Eine Partei auf dem Weg ins 21. Jahrhundert, Bonn 1998.
[177] *Walter Euchner*, Abschied vom demokratischen Sozialismus?, in: *Rudolph/Wickert*, Geschichte als Möglichkeit, 436-462, Zitat 462.
[178] *Negt*, Achtundsechzig, 161, 166.
[179] Vgl. zum folgenden: *Helga Grebing*, Von der Notwendigkeit der Zukunft des Sozialismus, in: *Ursula August-Rothardt/Dieter Kinkelbur/Hermann Schulz* (Hrsg.), Für eine Kultur der Gerechtigkeit. Positionen des christlich-sozialistischen Dialogs. Johannes Rau zum 60., Wuppertal 1991,

geschlossenes, theoretisch begründbares gesellschaftliches System oder gar als gesellschaftlicher Endzustand sind von der Geschichte desavouiert; es gibt zudem kein Bild mehr vom „neuen Menschen"; die ökonomistischen Verengungen des Projektes Sozialismus sind historisch und als theoretischer Entwurf obsolet; die Elemente des traditionalistischen Etatismus und seine Wirkungen in fast allen Strömungen der europäischen Sozialdemokratie sind instrumentell allein nicht mehr konzeptionell tragfähig, bzw. Tendenzen zur Entstaatlichung zugunsten libertärer Traditionen sind angesagt. Was also bleibt, so ist auch aus dieser prinzipiellen Sicht zu fragen, vom Sozialismus?

Sozialismus ist geschichtsträchtig geworden und bleibt es als alternatives Prinzip zum Kapitalismus und zugleich als regulative Idee des emanzipatorischen Fortschritts. Er wurde gespeist aus vielen geistigen Strömungen der abendländischen Geschichte – humanistische Philosophie, aufklärerische Freiheitsvorstellungen, libertärer Utopismus, christliche Ethik, marxistische Gesellschaftstheorie, und diese Antriebskräfte sind noch nicht verbraucht, sie werden vielmehr auch in Zukunft gebraucht, wenn sie in zeitgerechte Zielvorstellungen umgesetzt werden. Dies alles ist zunächst nicht mehr als ein Postulat, das erst umgedacht werden muß in ein Ensemble von Formen gesellschaftlicher und ökonomischer Organisation und von Regulationsmechanismen des gesellschaftlichen Zusammenlebens, die an den Prinzipien der sozialen Gerechtigkeit und persönlichen Freiheit orientiert sind.

Dabei mag es sich durchaus lohnen, nachdem die Fixierung und die Reduzierung der Begründungen für den Sozialismus auf marxistische Denktraditionen durchbrochen ist[180], vergessene oder als utopisch abgelegte Traditionsströme des Sozialismus in Europa wieder lebendig werden zu lassen. Dabei sei z.B. an *Martin Bubers*, *Gustav Landauers* und *Jean Jaurès'* Denken erinnert, an die Ansätze zu einem anti-etatistischen und anti-zentralistischen Selbstverwaltungssozialismus anarchistisch-syndikalistischen Ursprungs, aber auch an die sozial-liberalen Begründungen des Genossenschaftswesens der englischen und der deutschen Arbeiterbewegung. Schließlich gibt es die, wenn auch inzwischen tief versenkten Überlieferungen des christlichen Sozialismus, der aus den Denktraditionen beider Konfessionen zur lebendigen Vereinnahmung neu zu erschließen wäre. Eine Armut an Begründungen für das neue Projekt Sozialismus besteht also nicht.

139-147; *dies.*, Rede zur Verleihung des Waldemar-von-Knoeringen-Preises 1992, hrsg. von der Georg-von-Vollmar-Akademie, München 1992; *dies.*, Das Konzept des demokratischen Sozialismus als antitotalitäre Alternative. Historische Fundamente und aktuelle Akzentuierung, in: IWK, Jg. 29 (1993), H. 3, 283-294; *dies.*, Die Bedeutung von Grundwerten und freiheitlich-demokratischen Traditionen in der deutschen Sozialdemokratie, in: *Wolfgang Thierse* (Hrsg.), Ist die Politik noch zu retten? Standpunkte am Ende des 20. Jahrhunderts, Berlin 1996, 171-178; *dies.*, Dritte Wege – ‚Last Minute'? Programmatische Konzepte über Alternativen zu den beiden ‚real existierenden' Deutschland zwischen Ende 1989 und Anfang 1990, in: *Arnd Bauerkämper/Martin Sabrow/Bernd Stöver* (Hrsg.), Doppelte Zeitgeschichte. Deutsch-deutsche Beziehungen 1945-1990. FS für Christoph Kleßmann, Bonn 1998, 214-223.
[180] Vgl. hierzu *Uli Schöler*, Ein Gespenst verschwand in Europa. Über Marx und die sozialistische Idee nach dem Scheitern des sowjetischen Staatssozialismus, Bonn 1999.

GESCHICHTE DER SOZIALEN IDEEN IM DEUTSCHEN KATHOLIZISMUS

VON

FRANZ JOSEF STEGMANN

UND

PETER LANGHORST

Gewidmet Oswald von Nell-Breuning (1890-1991), dem Nestor der katholischen Soziallehre, dessen Lebenswerk der Verwirklichung sozialer Gerechtigkeit galt.

Unser Dank gilt Herrn dipl.theol. Andreas Strüder für sein Engagement bei zahlreichen Literaturrecherchen und Korrekturarbeiten, die uns eine große Hilfe waren.

Inhaltsverzeichnis

Einleitung: Katholische Soziallehre – Entwicklung und Konzept 603

I. Kirchlicher Heilsauftrag und politisch-soziales Engagement 607
II. Bedeutung der Sozialprinzipien: Solidarität und Subsidiarität 610
III. Katholizismus, katholische Soziallehre und katholisch-soziale Ideen 611

1. Kapitel: Sozialer Katholizismus. Werden, Konsolidierung, Krisen
– von der Frühzeit bis zum Ersten Weltkrieg 613

    I. Wurzeln katholisch-sozialer Ideen und allmähliches Erfassen
    der sozialen Frage 613
        1. Religiös-kirchliche Erneuerung 614
        2. Französischer Traditionalismus 615
        3. Romantische Sozialkritik 616
    II. Die soziale Frage als religiös-karitatives und
    wirtschaftlich-gesellschaftliches Problem 619
        1. Erneuerung der christlich-moralischen Gesinnung 620
        2. Zuständereform der wirtschaftlichen
        und gesellschaftlichen Verhältnisse 625
        Fazit 631
    III. Von der ständisch-sozialen Reorganisation
    zur partiellen Gesellschaftspolitik 631
        1. Rückgriff auf das Ständekonzept 631
        2. Versuche einer ständisch orientierten „christlichen Fabrik" 642
        Fazit 644
        3. Kontroversen um Liberalismus und Kapitalismus 644
            a) Kritik an der liberalen Wirtschaftsordnung 645
            b) Ansätze eines „christlichen Liberalismus" 650
            c) Allmähliche Hinwendung zu sozialpolitischen Konzepten
            auf der Grundlage des kapitalistischen Wirtschaftssystems 653
            d) Pragmatische Bemühungen 661
        Fazit 665
    IV. Notwendigkeit einer umfassenden Wirtschafts- und Sozialpolitik
    durch den Staat 665
        1. Auseinandersetzung um Sozialismus und Staatsintervention 667
            a) Kapitalismuskritik als Bindeglied zwischen katholisch-sozialer
            und sozialistischer Bewegung 667
            b) Ablehnung der sozialistischen Lösung der Arbeiterfrage 668
            c) Eine Ausnahme: Grundsätzlich positive Bewertung des Sozialismus 674
        2. Realisierung staatlicher Sozialpolitik 676
            a) Vorbehaltliche Bejahung staatlichen Eingreifens 676
            b) Ringen um staatliche Sozialreform, Staatssozialismus,
            Wohlfahrtsstaat 680
            c) Staatlicher Arbeiterschutz durch Sozialgesetzgebung 683
        Fazit 687

V. Selbsthilfe der Arbeiter durch organisierten Zusammenschluß und gewerkschaftliche Interessenvertretung 687
    1. Eintreten für christliche Vereine, Gewerkvereine und Gewerkschaften 687
    2. Deutscher Gewerkschaftsstreit 694
        Fazit 700
VI. „Sozialpartnerschaft" zwischen Kapital und Arbeit
– Mitbestimmung der Arbeiter 700
    1. Diskussion um die Genossenschafts- und Assoziationsidee 702
    2. Einrichtung von Arbeiterausschüssen 707
VII. Kurze Zusammenfassung 711

2. Kapitel: Katholisch-sozialer Pluralismus – die Weimarer Zeit 713

I. Ständisch-konservative Gruppierungen 713
    1. „Wiener Richtungen" 714
    2. *Othmar Spann* und der Universalismus 716
    3. Auseinandersetzung um das ständisch-konservative
    Gesellschaftskonzept und den Universalismus 718
II. Richtungen des „christlichen Sozialismus" 720
    1. Neuansätze eines „christlichen Sozialismus"
    nach dem Ersten Weltkrieg 720
    2. Sozialistische Gruppierungen im parteipolitischen Raum 723
III. Der Solidarismus als „katholisch-soziale Einheitslinie" 727
    1. *Heinrich Pesch:* „Begründer" des Solidarismus 727
    2. Ausbau des Solidarismus-Konzepts 730
    3. Das Sozialrundschreiben „Quadragesimo anno" 733
IV. Die „Berufsständische Ordnung" als Kern der sozialen Neuordnung 736
    1. Entfaltung der Ständeidee in den ersten Nachkriegsjahren 737
    2. Das berufsständische Modell der Enzyklika „Quadragesimo anno" 740
    3. Die „Berufsständische Ordnung" in der Diskussion 741
V. Politische und soziale Praxis 746
    1. Auseinandersetzung um Demokratie und Republik 746
    2. Die „soziale Praxis" – *Heinrich Brauns* 756
    3. Stellung zum Nationalsozialismus 760

3. Kapitel: Der deutsche Katholizismus in der sozialpolitischen
Mitverantwortung – nach 1945 769

I. Beteiligung an der sozial-ökonomischen Neugestaltung 775
    1. Versuche eines christlichen und demokratischen Sozialismus 775
        a) Integration sozialistischen Gedankenguts bei den frühen
        Christdemokraten 775
        b) Sozialdemokratie und Katholizismus 781
    2. Kritische Akzeptanz der Sozialen Marktwirtschaft 785
        a) Neoliberalismus und „Soziale Marktwirtschaft" 786
        b) Soziale Disziplinierung der Marktwirtschaft 791
        Fazit 797

    3. Soziale Sicherung – gerechte Einkommensverteilung 798
        a) Dynamische Rente 798
        b) Familien- und Kinderförderung 800
        c) Miteigentum und Gewinnbeteiligung der Arbeitnehmer:
           Investivlohn – Produktivvermögen 801
    4. Partizipation der Arbeitnehmer im Wirtschaftsprozeß 813
        a) Wirtschaftliche Mitbestimmung 813
        b) Gewerkschaftsbewegung 825
        Fazit 830
II. Beiträge zur Lösung gesellschaftspolitischer Strukturprobleme 831
    1. Entwicklungshilfe und Entwicklungszusammenarbeit 831
        a) Umfassende Hilfe für die „Dritte Welt": Kirchliche Hilfswerke 831
        b) Für Frieden und Gerechtigkeit:
           Deutsche Kommission „Justitia et Pax" 838
        c) Entwicklungskonzepte im Verbandskatholizismus 839
        d) Christliche Dritte-Welt-Gruppen 842
        Fazit 843
    2. Ökologie und Umweltschutz 843
        a) Öko-ethische Sensibilisierung im Raum der Kirche 845
        b) Konziliarer Prozeß: Friede, Gerechtigkeit,
           Bewahrung der Schöpfung 850
        Fazit 854
III. Zusammenfassung und Ausblick: „Für eine Zukunft in Solidarität
und Gerechtigkeit" 855
    1. Ökologisch-ethische Erneuerung der Sozialen Marktwirtschaft 856
    2. Abbau der Massenarbeitslosigkeit 857
    3. Mehr gesellschaftliche Eigenverantwortung in Subsidiarität
        und Solidarität 859
    4. Vorzugsoption für die Zurückgesetzten 861
    5. Europäische und weltweite Integration 861
    Fazit 862

Einleitung: Katholische Soziallehre – Entwicklung und Konzept

Nach ihrem Selbstverständnis weiß sich die Kirche gesandt, in Verkündigung und sakramentalem Tun das Heilswerk *Jesu* fortzuführen. So hat sie die Pflicht, sich auch um die für das Heil der Menschen bedeutsamen Fragen des politisch-gesellschaftlichen Lebens zu kümmern. Die soziale Verkündigung der Kirche ist deshalb so alt wie sie selbst und reicht von den Worten *Jesu* bis zur gegenwärtigen Sonntagspredigt eines Pfarrers oder dem Schulunterricht eines Religionslehrers. *Jesus* nahm Stellung zu Staat und Obrigkeit, zu Armut und Ehe. Der Apostel *Paulus* äußerte sich zur staatlichen Regierungsform oder zur Gestaltung häuslicher und famliärer Ordnung. Den Kirchenvätern ging es in der alten Kirche um die Beziehung von Reichtum und Armut oder um die Teilnahme von Christen an öffentlichen Vergnügungen, um das Verhalten christlicher Beamter im Dienst des heidnischen Staates. Im Mittelalter standen das Verhältnis von Papsttum und Kaisertum bzw. Staat und Kirche im Zentrum der Diskussionen, daneben auch die Erlaubtheit des Zinses und die Berechtigung von Unternehmergewinnen.

Seit dem 19. Jh. wurden die Aussagen über die Gestaltung des sozialen Lebens immer mehr zu einem bedeutsamen Teil der kirchlichen Verkündigung und ließen zugleich eine bemerkenswerte Entwicklung erkennen. Während sich die Enzykliken „Rerum novarum" (1891) mit der Arbeiterfrage und „Quadragesimo anno" (1931) mit der gesellschaftlichen Ordnung insgesamt vorwiegend im *europäischen* Kulturraum beschäftigten, ging es dem Rundschreiben „Mater et magistra" (1961) um aktuelle soziale Probleme und „Pacem in terris" (1963) um die Bedingungen für ein friedliches Zusammenleben der Menschen im *weltweiten* Maßstab. In der Pastoralkonstitution „Gaudium et spes" (1965) des II. Vatikanischen Konzils bedachte die Kirche ihr Verhältnis zur „Welt von heute", die Enzyklika „Populorum progressio" (1967) befaßte sich mit der weltweiten Entwicklungsproblematik und das Rundschreiben „Laborem exercens" (1981) mit der zentralen Bedeutung der Arbeit. „Sollicitudo rei socialis" (1987) griff erneut die dringlicher werdende Dritte-Welt-Thematik auf, während die Jahrhundertenzyklika „Centesimus annus" (1991) nach dem Zusammenbruch des Sozialismus im Osten Europas die wirtschaftliche, soziale und politische Weltsituation – unter Rückgriff auf „Rerum novarum" – grundlegend sozialethisch beurteilte.[1] Päpste und Bischöfe sind die lehramtlichen Träger und verbindlichen Autoren der katholischen Sozialverkündigung, die Inhalt und Grenzen der Soziallehre bestimmen. Allerdings kennt die Kirche keine sozialen, politischen oder ökonomischen Dogmen, die ein für allemal festliegen. Vielmehr ist das Lehramt auf den Sachverstand der „Laien" angewiesen: „Die Entscheidung des Lehramtes wird vorbereitet und begleitet durch das Bemühen um Verste-

---

[1] Die genannten und weitere Dokumente werden im folgenden, falls nicht anders angegeben, zit.n.: Texte zur katholischen Soziallehre. Die sozialen Rundschreiben der Päpste und andere kirchliche Dokumente, hrsg. vom Bundesverband der Katholischen Arbeitnehmer-Bewegung Deutschlands, Kevelaer [8]1992 (= TKSL).

hen und um Formulierung, wie es der Vernunft der Gläubigen und der theologischen Reflexion eigen ist."[2]

Zu den Autoren und Trägern der katholischen Gesellschaftslehre gehören deshalb ebenso die theologischen Fachvertreter an Universitäten und Hochschulen. Diese *theologische* Sozialehre entfaltete sich ebenfalls seit dem 19. Jh. als eigenes wissenschaftliches Fachgebiet. Sie entstand in langsamer Loslösung von der Moraltheologie. 1893 wurde in Münster der erste Lehrstuhl für „Christliche Gesellschaftslehre" eingerichtet. Er blieb für lange Zeit der einzige in Deutschland. Erst 1921 folgte die Katholisch-Theologische Fakultät in Bonn, danach die Jesuitenhochschulen 1926 in Pullach, 1928 in St. Georgen und 1935 in Wien. Erst nach dem Zweiten Weltkrieg zeichnete sich ein allmählicher Wandel ab, der alle theologischen Fakultäten mit Professuren oder wenigstens einem Lehrangebot in christlicher Gesellschaftslehre ausstattete.[3] – Aufgabe der theologischen Sozialehre ist zum einen die wissenschaftliche Systematisierung und kritische Reflexion der kirchlichen Sozialverkündigung, sie in ihrem inneren Zusammenhang darzustellen, die Tragfähigkeit der jeweiligen Begründungen zu prüfen und so ihren zeitbedingten oder dauernd gültigen Gehalt zu analysieren. Zum anderen formuliert sie selbständig christliche Sozialethik und treibt Sozialwissenschaft; sie versucht dabei, Antworten auf neue gesellschaftliche Fragestellungen zu geben und untersucht im Diskurs historische und aktuelle Problemfelder.

Die Ebenen des Lehramtes und der Wissenschaft sind eng mit einer dritten verbunden, der katholischen Sozialbewegung. Sie setzt sich aus kirchlichen Sozialverbänden wie der „Katholischen Arbeitnehmer-Bewegung" (KAB), dem „Kolpingwerk", dem „Caritasverband", den „Katholiken in Wirtschaft und Verwaltung" (KKV) oder dem „Bund Katholischer Unternehmer" (BKU) zusammen. In ihr findet die praktisch-konkrete Vermittlung der Sozialehre in den gesellschaftlichen, wirtschaftlichen und politischen Bereich hinein statt. Dabei sind sowohl deren ethisch-reflektiertes Handeln als auch deren regelmäßige Verlautbarungen und Stellungnahmen grundlegend für kirchliche Sozialverkündigung und christliche Sozialethik.

Der Begriff „katholische Sozialehre" faßt *alle* Aussagen der Kirche über den gesamten Bereich des menschlichen Sozialebens zusammen. Dieser ist von großer Vielfältigkeit, beträchtlicher Spannweite und Gegenstand vieler Wissenschaften. So beschäftigen sich auch die Sozialwissenschaften wie Soziologie, Nationalökonomie, Geschichte, Politikwissenschaft – um nur einige zu nennen – mit den Fragen des menschlichen Zusammenlebens. Sie informieren, wie menschliches Zusammenleben „funktioniert", von welchen politischen, wirtschaftlichen, kulturellen und sonstigen Faktoren es bestimmt wird und welche Mittel einzusetzen sind, um bestimmte Zielsetzungen zu erreichen. Auf dieses „Funktionswissen" ist die katholische Sozialehre angewiesen, sie reflektiert und diskutiert es. Von ihm unterscheidet sie sich jedoch durch den besonderen Gesichtspunkt, unter dem sie das menschliche Zusammenleben betrachtet: die christliche Offenbarung.

---

[2] *Johannes Paul II.,* Enzyklika „Veritatis splendor" (1993), Nr. 52.
[3] Vgl. *Stephan Raabe,* Katholische Sozialehre und Caritaswissenschaften an den Hochschulen des deutschen Sprachgebietes. Lehrstühle, Personen, Daten – von den Anfängen bis zur Gegenwart, in: JCSW Jg.32 (1991), 393-427.

Insgesamt schöpft die katholische Soziallehre aus zwei Erkenntnisquellen, neben der bereits erwähnten *übernatürlichen Offenbarung* aus der *natürlichen Sozialerkenntnis*.[4] Letztere meint die der menschlichen Vernunft mögliche Einsicht in die „Ordnung der Dinge", das sog. *Naturrecht*. Wenn auch der deduktiv-normative Ansatz des Naturrechts seit dem II. Vatikanischen Konzil (1962-65) heftige theologische Diskussionen auslöste[5] und man das Naturrecht in seinen Grundaussagen zu erschüttern suchte, gibt es doch einen gewissen, in Umfang und Inhalt allerdings nur schwer definierbaren Grundbestand von allgemein einsichtigen Strukturen, Sinngehalten und Werten: daß ohne ein Mindestmaß an Wahrhaftigkeit *menschliches* Zusammenleben, das diesen Titel verdient, unmöglich ist; oder daß die Völker der Erde zu allen Zeiten Mord für verabscheuungswürdig gehalten haben, auch wenn die Grenzen zwischen ritueller Tötung, Feindestötung, Kindesaussetzung u.ä. nicht immer scharf gezogen wurden; oder daß entsprechend seiner Fähigkeit und seinem Willen zur Selbstverantwortung jedem Menschen ein Mindestmaß an Freiheit und Selbstbestimmungsrechten zukommt; oder daß jeder Mensch von seinem Wesen her ein Recht auf den Erwerb und Gebrauch all jener Dinge besitzt, die zu seinem Leben notwendig sind. Indem das Neue Testament allgemeingültige Sozialnormen des Alten Testaments wie besonders die Zweite Tafel der 10 Gebote akzeptiert, garantiert es die natürliche Sozialerkenntnis als legitime Quelle der katholischen Soziallehre. In der längst nicht mehr religiös geschlossenen, sich pluralistisch entfaltenden (Welt-)Gesellschaft der Gegenwart ist ein der natürlichen Vernunft einsichtiges und auf gemeinsamen Werten und Normen fußendes soziales Ordnungsgefüge als Grundlage für das verantwortliche Zusammenwirken der verschiedenen Weltanschauungen künftig unentbehrlich. Auch das jüngst in die Diskussion gebrachte „Projekt Weltethos" verfolgt im Grunde dieselbe Zielsetzung.[6]

Die katholische Soziallehre erschöpft sich keineswegs in einer solchen philosophischen Sozialethik. Sie sieht und wertet den Gesamtbereich des menschlichen Zusammenlebens im Lichte der christlichen Offenbarung. Deshalb ist sie mehr als eine bloß religiös verbrämende oder erklärende Bestätigung dessen, was von der natürlichen Kraft des menschlichen Geistes erkannt wird. Zum einen weist bereits die Frage nach der *moralischen* Notwendigkeit einer kritischen Deutung und zugleich auch Sicherung der naturrechtlichen Sozialethik durch die übernatürliche Offenbarung darauf hin. Zum anderen sei auf das jesuanische Gebot der Feindesliebe oder auf die in der Antike unbekannte Unterscheidung zwischen Staat und Kirche im Sinne eines „Sozialdualismus" hingewiesen oder auf die biblische Lehre von der Ehe als Abbild des Bundes Christus – Kirche, um nur wenige Beispiele anzuführen. Die katholische Soziallehre ist somit nicht eine philosophische Sozialethik unter anderen, sondern sie ist *christliche* Sozialethik, weil sie auf der biblischen Offenbarung als einem tragenden Fundament ruht.

---

[4] Vgl. *Franz Josef Stegmann,* Die katholische Kirche in der Sozialgeschichte. Die Gegenwart, München 1983, 151-156; *Peter Langhorst,* Das Handeln Jesu als Modell praxisorientierter Sozialethik, in: *Georg Giegel/Ders./Kurt Remele* (Hrsg.), Glaube in Politik und Zeitgeschichte, Paderborn 1995, 31-43, 32-34.

[5] Vgl. etwa: *Jakob David,* Das Naturrecht in Krise und Läuterung. Eine kritische Neubesinnung, Köln 1967; grundlegend: *Johannes Messner,* Das Naturrecht. Handbuch der Gesellschaftsethik, Staatsethik und Wirtschaftsethik, Innsbruck [5]1966.

[6] Vgl. *Hans Küng,* Projekt Weltethos, München [3]1996.

Seit der sozialen Frage des 19. Jhs. ist sie zunehmend zu einer theologischen Ethik gesellschaftlicher Strukturen geworden. Diese *Strukturenethik* bezieht sich auf die systemhaften sozialen Zusammenhänge, die Handlungs- und Entscheidungsmacht des einzelnen übersteigen: z.B. soziale Gefüge und politische Organisationen der Gesellschaft, Institutionen und Verbände.[7] Sie untersucht empirisch, reflektiert theologisch-ethisch und normiert praxisrelevant. Zugleich bemüht sich die christliche Sozialethik – ausgehend von den durch das II. Vatikanum eingeleiteten innerkirchlichen Wandlungsprozessen – intensiv darum, die christliche Glaubensbotschaft aus der abendländisch-europäischen Verkleidung zu lösen. Will sie nicht auf die Menschen unkonkret oder gar den gesellschaftlichen Status quo legitimierend wirken, muß sie glaubwürdig erscheinen, indem sie eine dem jeweiligen gesellschaftlichen und ortskirchlichen Horizont angepaßte *Sprache* verwendet, die erst die Vermittlung von Glauben und ein tieferes Verständnis des Evangeliums ermöglicht.

Grundsätzlich ist die katholische Soziallehre ein „Gefüge von offenen Sätzen"; hinsichtlich der Ausgestaltung läßt sie im einzelnen „einen weiten Ermessungsspielraum frei"[8]. Sie ist demnach „kein geschlossenes System, sondern bleibt stets offen für neue Fragen, die sich ständig stellen; sie erfordert den Beitrag jeglicher Begabungen, Erfahrungen und Kompetenzen"[9]. Komplexe Zusammenhänge können je nach Sachverstand auch von Katholiken „bei gleicher Gewissenhaftigkeit in der gleichen Frage" unterschiedlich bewertet werden. Daraus folgt, daß in solchen Fällen gegensätzlicher Auffassungen über politische Ziele und Mittel „niemand das Recht hat, die Autorität der Kirche ausschließlich für sich und seine eigene Meinung in Anspruch zu nehmen"[10].

Neben diesen veränderlichen Beurteilungen enthält die katholische Soziallehre fortwährend gültige *Prinzipien* wie das Person-, Gemeinwohl-, Subsidiaritäts- und Solidaritätsprinzip. Deren Grundlage ist das christliche Menschenbild. Während sich Menschenwürde durchaus als Konsequenz einer immanenten, naturrechtlich begründeten, philosophischen Argumentation begreifen läßt, versteht die christliche Gesellschaftslehre die Menschenwürde und die aus ihr resultierenden Menschenrechte darüber hinaus von einer *transzendenten* Anthropologie her und orientiert ihr christliches Menschenbild an der Tatsache, daß der Mensch „Ebenbild Gottes" ist. Deswegen versteht sich die menschliche Würde von selbst. Seine *Christologisierung* erfährt dieses Menschenbild insofern, als Christus für *alle* Menschen gestorben ist – unabhängig ob Europäer oder Afrikaner, ob Reicher oder Armer, ob Christ oder Moslem – und darin, daß alle Menschen zu Auferstehung und ewigem Leben berufen sind. In dieser zentralen neutestamentlichen Heilsaussage wird „die Würde des Menschen in einer nicht mehr zu überbietenden Weise herausgestellt"[11]. – Der

---

[7] Vgl. *Wilhelm Korff,* Was ist Sozialethik?, in: Münchener Theologische Zeitschrift Jg.38 (1987) 327-338.

[8] *Hermann Josef Wallraf,* Die katholische Soziallehre – ein Gefüge von offenen Sätzen, in: *Hans Achinger/Ludwig Preller/Ders.* (Hrsg.), Normen der Gesellschaft, Mannheim 1965, 27-48, Zitat 38.

[9] *Römische Kongregation für die Glaubenslehre,* Instruktion „Libertatis conscientia" (1986), Nr. 72.

[10] *Zweites Vatikanisches Konzil,* Pastoralkonstitution „Gaudium et spes" (1965), Nr. 43.

[11] *Johannes Gründel,* Normen im Wandel. Eine Orientierungshilfe für christliches Leben heute, München 1980, 35.

Mensch ist nicht nur *Bild* Gottes, sondern auch sein *Partner.* Vom Schöpfungsauftrag her ist der Mensch zur „Mitarbeit am Heilsplan Gottes, der in der Geschichte handelt"[12], gerufen. Dies geschieht unter der Option eines *Kulturauftrags,* durch den Gott die Welt der menschlichen kurativen „Herrschaft" anvertraut und der Mensch seine Existenz als Ebenbild Gottes bejaht.

Solche Aussagen, die sowohl einer philosophisch begründeten als auch theologisch inspirierten Ethik entspringen, münden in die Formulierung des grundlegenden Personprinzips katholischer Gesellschaftslehre. Dabei versteht sie dieses zum einen als *Seinsprinzip,* d.h. es ist in der Schöpfungsordnung grundgelegt, zum anderen als *Norm-* oder *Sollensprinzip,* d.h. es wird zum Leitziel, wie die volle Entfaltung menschlicher Personalität in der Gesellschaft je besser erreicht werden kann.[13] Der Mensch ist Dreh- und Angelpunkt jeder politischen, sozialen und ökonomischen Diskussion und Strategie. Um seinem Wesen gerecht zu werden, hilft die Erkenntnis, daß der Mensch in seiner Veranlagung „gespalten" ist: Er ist zum einen Individuum, zum anderen auf die Gesellschaft, auf das *Du* hingeordnet. Im Begriff „Person" sind beide Naturen, die *Individual-* und *Sozialnatur* des Menschen, treffend zusammengefaßt; die christliche Gesellschaftslehre spricht von der „personalsozialen Verfaßtheit des Menschen"[14]. Jedoch ist die Personalität des Menschen in seinem Wesen als ens individuale und ens sociale als klassische *Zwei*dimensionalität keineswegs hinreichend umschrieben, vielmehr sind Individualität und Sozialität aus der ökologischen Perspektive um ein weiteres Element zu ergänzen, die *Naturalität*: Sie „verweist den Menschen darauf, daß er eingebunden ist in die Umwelt und Verantwortung für sie trägt."[15] Personalität ist demnach *drei*dimensional.

Nach dieser knappen Darlegung der katholischen Soziallehre stellt sich nun die zentrale Frage nach der Zuordnung von christlichem Glauben (kirchlichem Heilsauftrag) und politisch-gesellschaftlichem Engagement (profaner Weltgestaltung).

I. Kirchlicher Heilsauftrag und politisch-soziales Engagement

Das Selbstverständnis der Kirche, in Verkündigung und sakramentalem Tun das Heilswerk *Jesu* weiterzuführen, hat zunächst zur Konsequenz, daß die Kirche als Institution für das politisch-gesellschaftliche Leben keinen *unmittelbaren* Auftrag hat. Denn nach Ausweis des Evangeliums hat *Jesus* der gesellschaftlichen und politischen Ordnung seiner Zeit sowie den sich daraus entwickelnden sozialen Problemen wenig Aufmerksamkeit gewidmet. Zwar gehört die Liebe zu den Armen, zu den Schwachen, zu den Mitmenschen überhaupt zum Kerngehalt seiner Botschaft, „aber die soziale Verantwortung wird nicht ausgedehnt auf die direkte Gestaltung der gesellschaftlichen und politischen Verhältnisse selbst"[16]. *Jesus* hat weder ein

---

[12] *Johannes Paul II.,* Enzyklika „Centesimus annus" (1991), Nr. 26.
[13] Vgl. *Franz Klüber,* Katholische Gesellschaftslehre, Bd. 1: Geschichte und System, Osnabrück 1968, 736.
[14] *Franz Furger,* Christliche Sozialethik. Grundlagen und Zielsetzungen, Stuttgart 1991, 135.
[15] Kolpingwerk Europa, Ökologische Leitlinien, in: Kolpingblatt 1/1990, Nr. 1.2.
[16] *Walter Kerber,* Die soziale Botschaft des Evangeliums, in: Katholische Soziallehre heute. Koblenz o.J. (1977), 33-38, 33; vgl. ausführlich: *Franz Josef Stegmann,* Die katholische Kirche in der Sozialgeschichte, München 1983, 144-151, 156-165; *Ders.,* Glaube an Gott und gesellschaftliches Enga-

politisches Ordnungsmodell vorgelegt noch ein Sozial- oder Wirtschaftsprogramm entworfen, sondern kam in die Welt, „um das durch die Sünde gestörte Verhältnis der Menschheit zu Gott wieder herzustellen"[17]. Dazu kommt, daß das Handeln in Staat und Gesellschaft in der Regel sehr konkret ist; es geht nicht ausschließlich, aber doch überwiegend um die Entscheidung einzelner Sachfragen. Die christliche Botschaft enthält zwar allgemeine Leitideen für eine sinnvolle Gestaltung menschlichen Zusammenlebens, aber kein *konkretes*, für die Lösung von Detailproblemen bestimmtes Programm. Auch daraus ergibt sich, daß die Kirche als solche weder Auftrag noch Zuständigkeit besitzt, *direkt* in die Politik, die Wirtschaft usw. einzugreifen und ihr „Musterordnungen" politischer, wirtschaftlicher oder sonstiger Art vorzuschreiben. Weder eine „Politisierung des Glaubens" noch eine „Klerikalisierung der Politik" sind mit der Botschaft *Jesu* vereinbar. Die profanen Bereiche und das Handeln in ihnen besitzen vielmehr eine echte *Eigenständigkeit*. Das II. Vatikanische Konzil drückt diesen Sachverhalt mit dem Hinweis auf die „Autonomie der irdischen Wirklichkeit" aus, die „ihre eigenen Gesetze und Werte haben, die der Mensch schrittweise erkennen, gebrauchen und gestalten muß"[18].

Daraus folgt, daß das Handeln in den weltlichen Bereichen sich zunächst und unmittelbar vom Sachverstand leiten zu lassen hat. Sachverstand meint hier jede der Vernunft mögliche Einsicht in die Wirklichkeit, die gesunder Menschenverstand, praktische Erfahrung im Alltag und die Wissenschaften zugänglich machen und vermitteln. Diese grundlegende Erkenntnis zeigt, von welcher Bedeutung sachkundige Information und qualifiziertes Wissen – und im Bereich von Politik und Gesellschaft politische Kenntnisse und Einsichten in soziale Zusammenhänge sind.

Die deutliche Unterscheidung zwischen dem Heilsauftrag der Kirche und der konkreten Gestaltung der profanen Bereiche bedeutet indessen keine Trennung. Es besteht vielmehr eine klare *Zuordnung* von christlichem Glauben und politisch-gesellschaftlichem Handeln. Wenn *Jesus* auch kein politisches Ordnungsmodell vorlegte, so besitzen die biblische Botschaft und insofern auch der christliche Glaube doch eine soziale Dimension, beide sind auf das politische Dasein des Menschen hingeordnet. Der einzelne, an den sich die Botschaft Jesu zunächst richtet – etwa im Gebot der Nächstenliebe –, lebt und handelt nie nur als einzelner, sondern immer auch als Glied der Gemeinschaft. Nächstenliebe ist daher nicht nur ein Ich-Du-Verhältnis und erschöpft sich nicht in der Sorge für den einzelnen Notleidenden, sondern meint auch Verantwortung für Staat und Gesellschaft. Sie sind Orte der Bewährung für den Christen. Er hat daher die Pflicht, entsprechend seinen Fähigkeiten „mitzuarbeiten mit allen an der Erbauung einer größeren freieren, menschenwürdigeren Welt"[19].

Ein *unmittelbarer* inhaltlicher politischer Auftrag erwächst demnach aus der biblischen Botschaft dann, wenn soziale oder politische Verhältnisse einer menschenwürdigen Gesellschaftsordnung offenkundig und in schwerwiegender Weise

---

gement. Zum Weltauftrag des Christen, in: *Norbert Glatzel/Eugen Kleindienst* (Hrsg.), Die personale Struktur des gesellschaftlichen Lebens, Berlin 1993, 643-658.

[17] *Oswald v. Nell-Breuning,* Soziale Sicherheit. Zu Grundfragen der Sozialordnung aus christlicher Verantwortung. Freiburg 1979, 201.

[18] *Zweites Vatikanisches Konzil,* Pastoralkonstitution „Gaudium et spes" (1965), Nr. 36.

[19] *Karl Rahner,* Frömmigkeit früher und heute, in: *Ders.,* Schriften zur Theologie. Bd. 7, Einsiedeln ²1971, 11-31, Zitat 26.

widersprechen. In diesem Fall ergibt sich von der Offenbarung her die *konkrete* und *direkte* Forderung, solche unmenschlichen Zustände zu beseitigen. Die Kirche und der einzelne Christ dürfen in solchen Situationen nicht untätig bleiben, „in denen Menschenwürde und elementare Menschenrechte grundsätzlich mit Füßen getreten werden"[20]. Das Evangelium sagt aber auch hier nicht, wie im einzelnen vorzugehen ist; dies bleibt dem jeweiligen Sachverstand überlassen.

Die christliche Botschaft enthält gleichwohl *allgemeine Richtpunkte und Leitideen* für eine sinnvolle Gestaltung der politischen Ordnung. Hier haben die katholische Soziallehre und vor allem das christliche Menschenbild, Fundament und Kernstück dieser Soziallehre, ihren systematischen Ort.

Neben den Angaben über die unantastbare Würde und Einmaligkeit des Individuums sowie seiner Hinordnung auf das Du und die Gemeinschaft, neben der Darlegung über die transzendente Bestimmung des Menschen und seiner Pflicht zur Weltverantwortung, teilt die Offenbarung uns auch mit, daß die Spanne zwischen Geburt und Tod die kurze, aber entscheidende Bewährungszeit dafür ist, ob der Mensch das die jetzige geschichtliche Welt transzendierende Ziel seines Lebens erreicht. Die irdische Gesellschaft als Ort der Bewährung erhält damit sowohl den Charakter der Vorläufigkeit wie den höchster Bedeutsamkeit.

Ein weiteres Beispiel für allgemeine Richtpunkte und Leitideen, welche die christliche Offenbarung – und mit ihr die katholische Soziallehre – für eine sinnvolle Gestaltung der politisch-gesellschaftlichen Ordnung geben, sind die Heilsverheißungen der Freiheit, der Gerechtigkeit, des Friedens und der Versöhnung, die sich in der Verkündigung *Jesu* und im gesamten Neuen Testament an zentraler Stelle finden. Diese endzeitlichen Heilsverheißungen sind Anrufe an jeden Christen und „zwingen immer wieder neu in die gesellschaftliche Verantwortung hinein", denn sie lassen sich nicht individualisieren. Es gibt nicht Freiheit, Gerechtigkeit, Versöhnung, Frieden exklusiv für den einzelnen; sie sind auf das Miteinander der Menschen, auf die Gesellschaft ausgerichtet. Auf der anderen Seite darf aber das endzeitliche Moment dieser Heilsverheißungen *Jesu* nicht übersehen werden. „Sie sind mit keinem gesellschaftlichen Zustand einfach identifizierbar."[21] Dieser *eschatologische Vorbehalt* warnt vor der Verabsolutierung politischer Zielvorstellungen aller Art, so unerläßlich sie sein mögen. Alles politische Tun bleibt – wie unser menschliches Tun schlechthin – stets vorläufig.

Insgesamt vermittelt die christliche Botschaft sittlichen Normen eine *neue Qualität*. Die Offenbarung berichtet, daß Gott die Welt erschaffen hat. Die von der Vernunft der Natur von Mensch und Gesellschaft entnommenen sittlichen Normen haben daher für den Christen ihren letzten Grund nicht im Menschen oder in der Gesellschaft, sondern in Gott, der sie in die Schöpfung hineingelegt hat. Die neue Qualität ergibt sich auch aus der Offenbarungstatsache, daß sich Gott in Christus der Welt und den Menschen rückhaltlos zugewandt und sie erlöst hat; dabei gab er die Zusage, die Welt und auch das menschliche Tun würden eingehen in die Vollendung Gottes. – Diese der Offenbarung entnommenen Einsichten besagen zunächst kein quantitatives Mehr an partikulären Einzelnormen, sondern vor allem

---

[20] „Zum Verhältnis zwischen menschlichem Wohl und christlichem Heil". Dokument der internationalen Theologenkommission. Bonn 1977, 21.
[21] *Johann Baptist Metz,* Zur Theologie der Welt, Mainz 1986, 105.

eine *qualitative* Veränderung christlichen Denkens und Tuns im Sinne eines entschiedeneren Engagements, einer radikaleren Verpflichtung und einer letztlich in Gott ruhenden Verbindlichkeit des sittlichen Anspruchs.

II. Bedeutung der Sozialprinzipien: Solidarität und Subsidiarität

Aus dem im Licht der biblischen Offenbarung gedeuteten Personsein des Menschen leitet die katholische Soziallehre für die konkrete Gestaltung des menschlichen Zusammenlebens das *Solidaritäts-* und *Subsidiaritätsprinzip* als zentrale Struktur- bzw. Ordnungsprinzipien der Gesellschaft ab.[22]

1. Das *Solidaritätsprinzip* besagt, daß die menschliche Person ihrem Wesen nach hingeordnet und angewiesen ist auf Mitmenschen, auf die Gemeinschaft. Es besagt ebenso, daß die Gemeinschaft ihrerseits in der Sozialnatur der Person wurzelt und ihre Existenz deshalb nicht vom freien Belieben des einzelnen abhängt. Was immer der einzelne tut, es wirkt – ob gewollt oder nicht – auf die Gemeinschaft und umgekehrt. Dieses Faktum der wechselseitigen Beeinflussung und Abhängigkeit bestimmt das *Seins*prinzip der Solidarität. Daraus folgt das *Sollens*prinzip, nämlich die sittliche Verpflichtung des Menschen, seine Kräfte in den Dienst der anderen und der Gesellschaft zu stellen, so Verantwortung zu übernehmen und Solidarität zu leben. Sie gilt *untereinander* und *gegenseitig*.[23] Alle – Reiche und auch Arme, Starke und auch Schwache – haben einen Solidaritätsbeitrag zu leisten, je nach ihren Möglichkeiten und Fähigkeiten. Ein passives, von der Gesellschaft abgewandtes Leben ist grundsätzlich nicht wünschenswert, weil es dem Gemeinwohl nicht dient.

Daher ist das Solidaritätsprinzip eng verbunden mit der Gerechtigkeit, vor allem mit der *sozialen* Gerechtigkeit.[24] Solidarität und Gerechtigkeit sind zwar nicht identisch, aber sie zielen in die gleiche Richtung. Wenn die katholische Soziallehre die Notwendigkeit des Engagements für die Gemeinschaft hervorhebt, wenn sie im weltweiten Horizont der Entwicklungsproblematik einen besonderen Stellenwert bemißt und wenn sie vor allem auf die Hilfe für jene Gruppen in der Gesellschaft hinweist, die wegen der ungenügenden Organisierbarkeit ihrer Interessen heute die wirklich Zurückgesetzten sind – etwa die Langzeitarbeitslosen oder Sozialhilfeempfänger, trägt sie am ehesten dem umfassenden Solidaritätsprinzip Rechnung.

2. Der Sache nach ist das *Subsidiaritätsprinzip* alt. Es knüpft an die Bestimmung der Person als Individuum an, regelt die Zuständigkeiten zwischen dem einzelnen bzw. den kleinen Sozialgebilden und der umgreifenden Gemeinschaft und ist so – in seiner primären Funktion – auf die Ermöglichung und Sicherung der Freiheit hingeordnet. Seine klassische Formulierung hat es im Sozialrundschreiben „Quadragesimo anno" *Pius' XI.* von 1931 gefunden. Das *Subsidiaritätsprinzip* besagt: Die Gemeinschaft *muß* das tun, was der einzelne allein nicht zu leisten vermag; sie muß also „subsidiär" eingreifen, wenn der einzelne überfordert wird. Die Gemeinschaft muß die *Voraussetzungen* schaffen, daß der einzelne seine Kräfte sinnvoll betätigen

---

[22] Vgl. ausführlich: *Oswald v. Nell-Breuning,* Baugesetze der Gesellschaft. Solidarität und Subsidiarität, durchges. Neuausgabe, Freiburg 1990.
[23] Vgl. *Peter Langhorst,* Kirche und Entwicklungsproblematik. Von der Hilfe zur Zusammenarbeit, Paderborn 1996, 273-280, 340-342.
[24] Vgl. *Ders.,* Soziale Gerechtigkeit, in: LThk IX, 758-759.

und seine Aufgaben optimal erfüllen kann; sie muß also den einzelnen bei dem unterstützen, was er nur mit Hilfe anderer leisten kann. Deshalb *darf* die Gemeinschaft nur „subsidiär" eingreifen; sie darf dem einzelnen das, was er allein und aus eigenen Kräften leisten kann, nicht entziehen.[25] Deutlich wird die Dynamik des Subsidiaritätsprinzips, daß sich bei einer Änderung der sachlichen Voraussetzungen auch die Zuständigkeiten wieder verschieben. Bei zunehmender Leistungsfähigkeit und zurückgewonnener Mündigkeit des einzelnen bzw. der kleineren Gemeinwesen muß die übergeordnete Gemeinschaft baldmöglichst Zuständigkeiten an diese zurückübertragen. Hier greift der Gedanke der „subsidiären Reduktion"[26].

Wenn daher heute – auch im Blick auf ein vereintes Europa – besonderer Nachdruck auf die bürgerlichen Mitwirkungs- und Mitbestimmungsrechte in Staat, Wirtschaft und Gesellschaft gelegt wird, so ist dies vom Prinzip der Subsidiarität her eindeutig zu begrüßen. Dezentralisierung der Entscheidungen, größtmögliche Auflockerung nach unten, „Föderalismus" in diesem weiten Sinn, demokratische Entscheidungs- und Lebensformen schlechthin, entsprechen nicht nur dem Subsidiaritätsprinzip, sie sind seine Verwirklichung.

III. Katholizismus, katholische Soziallehre und katholisch-soziale Ideen

Ein begrifflicher und wohl auch sachlicher Unterschied besteht zwischen der katholischen Soziallehre und den sozialen Ideen, die im Katholizismus lebendig sind. Mit Katholizismus umschreibt man gewöhnlich die Gesamtheit der Katholiken eines Volkes, eines bestimmten Raumes oder einer festen Zeitepoche als gesellschaftliche Größe. So spricht man beispielsweise vom deutschen, vom romanischen Katholizismus oder vom Katholizismus des 19. Jhs. Die jeweiligen Lebensformen der Katholiken und ihr geistig-wissenschaftliches, soziales, politisches Wirken sind vom katholischen Glauben motiviert und werden von der katholischen Kirche mitbestimmt. Zugleich prägt jedoch ein Bündel außerkirchlicher Faktoren ethnischer, zeitgeschichtlicher, gesellschaftlicher und kultureller Art die Denk- und Verhaltensweisen. Katholizismus kann deshalb nicht ohne weiteres mit Kirche gleichgesetzt und als ihre notwendige historische Ausformung angesehen werden. Katholizismus bedeutet *eine* geschichtliche Erscheinungsform bestimmter Denk- und Verhaltensweisen. Er reicht weit über die von der Kirche entfalteten und verwalteten Offenbarungswahrheiten hinaus und umfaßt auch die konkreten gestaltenden Kräfte der gläubigen Katholiken in Politik, Wirtschaft, Kultur und Gesellschaft. Grundsätzlich deckt jedoch die Autorität der Kirche weder diese sich wandelnden Erscheinungsformen im Katholizismus, noch sagt die Ermöglichung dieser Vielfalt in jedem Fall bereits ein positives Urteil darüber aus.

In jüngerer Zeit prägt ein neuer Trend das Erscheinungsbild des Katholizismus in Deutschland: Als Folge eines noch nicht abgeschlossenen gesellschaftlichen Modernisierungsprozesses ist die zunehmende Auflösung der katholischen Milieus,

---

[25] Vgl. *Pius XI.*, Enzyklika „Quadragesimo anno" (1931), Nr. 79f.
[26] *Lothar Schneider*, Subsidiäre Gesellschaft – erfolgreiche Gesellschaft. Implikative und analoge Aspekte eines Sozialprinzips, Paderborn 1990, 35-37, 144.

die seit der zweiten Hälfte des 19. Jhs. entstanden, Kennzeichen heutiger Gesellschaften. Diese Entwicklung geht einher mit einer wachsenden Individualisierung. Weil den Katholiken selbstverständlich vorgegebene soziale Orte oder Milieus nicht mehr zur Verfügung stehen, kommt es zur Beseitigung von Solidarpotentialen traditionaler Art, werden sie zunächst ortloser. Soziale Bindungen werden nicht länger als vorgegebene Daten akzeptiert, sondern als Teil des individuellen Lebensentwurfs angesehen und auf ihre Bewährung hin neu überprüft. Barrieren von Gruppensolidaritäten werden – nicht zuletzt aufgrund einer wesentlich erhöhten Mobilität und Fluktuation – überwunden. Zugleich entstehen neue Formen der interessenorientierten Solidarisierung. Zielpunkte dieser *neuen Solidarisierung* unter Katholiken sind selbstgewählte, sich oftmals einem ethischen Anspruch verpflichtet wissende Gruppierungen wie etwa Dritte-Welt-, Friedens- oder Umweltschutzgruppen. Sie wünschen sich eine Verknüpfung von Glauben mit christlich-sozialethischem Engagement.[27]

Eine weitere sachliche Differenzierung ist zwischen katholischer Soziallehre und sozialen Ideen im Katholizismus zu machen. Im allgemeinen nehmen diese sozialen Ideen das menschliche Zusammenleben von der christlichen Offenbarung her wahr und entsprechen damit dem Vorgehen katholischer Gesellschaftslehre. Oft stehen die Ideen unmittelbar zur Soziallehre in Bezug. Darüber hinaus nehmen in den Sozialideen auch Überlegungen und Einflüsse außerkirchlichen Ursprungs Gestalt an, die profaner politisch-sozialer oder wissenschaftlicher Natur sind und zunächst nichts mit katholischer Soziallehre zu tun haben. Es ist auch keineswegs sicher, daß der Katholizismus eines bestimmten Landes oder Zeitraums die katholische Soziallehre in ihrem vollen Umfang rezipiert und praktisch umsetzt. So wird die Entscheidung mitunter schwerfallen, welcher Art oder Herkunft bestimmte Gedankenmodelle sind, die von Katholiken öffentlich vertreten werden. Demnach deckt die katholische Soziallehre durchaus nicht die ganze Breite der sozialen Ideen im Katholizismus. Ebensowenig besagt die bloße Tatsache, daß eine Idee im Katholizismus lebendig ist, daß sie einen Bestandteil der Gesellschaftslehre bildet. Beide Bereiche *können* sich gegenseitig decken, sie *müssen* aber nicht identisch sein. Hinzu kommt schließlich, daß bei der Anwendung allgemeiner Prinzipien der katholischen Soziallehre auf konkrete Einzelfragen stets auch individuelle, sich möglicherweise widersprechende Ansichten der handelnden Personen miteinfließen und zu gegensätzlichen Konkretisierungen führen können. Dies entspricht nicht nur der alltäglichen Praxis, sondern auch der im folgenden dargestellten „Geschichte der sozialen Ideen im deutschen Katholizismus".

---

[27] Vgl. *Franz-Xaver Kaufmann*, Religion und Modernität. Soziologische Perspektiven, Tübingen 1989; *Karl Gabriel*, Christentum zwischen Tradition und Postmoderne, Freiburg ³1994.

1. Kapitel: Sozialer Katholizismus. Werden, Konsolidierung, Krisen – von der Frühzeit bis zum Ersten Weltkrieg

Auf die mit dem Schlagwort "Soziale Frage" bezeichneten Folgen der industriellen Revolution reagierte der deutsche Katholizismus erst allmählich mit unterschiedlicher Intensität und durch engagierte Einzelpersonen, die auf verschiedene Weise und mit uneinheitlichen Konzepten der sozialen Misere begegneten. Erst im jahrzehntelangen Ringen um sozialreformerische Modelle und politischökonomische Ideologien formte sich eine katholisch-soziale Bewegung und prägten sich die Konturen eines eigenständigen Lösungsweges für die soziale Frage aus. Dabei kam der Auseinandersetzung um ständischen Konservativismus, um Liberalismus/Kapitalismus und Sozialismus/Marxismus entscheidende Bedeutung zu.

Das folgende Kapitel nähert sich dem Thema *historisch-systematisch*. Es vermittelt einen ideengeschichtlichen Überblick über die Entfaltung der deutschen katholisch-sozialen Bewegung, ausgehend vom endenden 18. Jh. bis zum Beginn des Ersten Weltkrieges 1914. Dabei ist nicht ein chronologisches Portrait beabsichtigt, sondern eine thematisch geordnete Darstellung. Nach der Sichtung der wichtigsten Wurzeln der katholisch-sozialen Ideen und des allmählichen, mühsamen Erfassens der sozialen Frage (I.), finden folgende zentrale Aspekte Berücksichtigung: die Wahrnehmung der sozialen Frage zuerst als religiöskaritatives, später auch als wirtschaftlich-gesellschaftliches Problem (II.), der Weg von der ständischen Sozialreform zu einer die bestehende Wirtschaftsordnung bejahenden, jedoch die Mißstände reparierenden Gesellschaftspolitik (III.), die Erkenntnis der Notwendigkeit einer umfassenden *staatlichen* Wirtschafts- und Sozialpolitik (IV.), zudem die *Selbsthilfe* der Arbeiter durch Zusammenschluß und organisierte Interessenvertretung (V.) sowie die Wegbereitung für eine Sozialpartnerschaft, die nicht auf der Idee des Klassenkampfes, sondern der wechselseitigen Zuordnung von Kapital und Arbeit beruht, die auch Arbeiter durch Mitbestimmung und Mitverantwortung am Wirtschaftsprozeß partizipieren läßt (VI.).

I. Wurzeln katholisch-sozialer Ideen und allmähliches Erfassen der sozialen Frage

Die aufkommende katholisch-soziale Bewegung hatte mehrere Wurzeln, von denen drei besonders hervorzuheben sind: die nach Französischer Revolution und Säkularisation beginnende religiös-kirchliche Erneuerung, die auch Deutschland erfassenden Ideen des französischen Traditionalismus und der geistige Aufbruch der Romantik. Indem sie von je verschiedenen Seiten auf die soziale Frage einwirkten, beeinflußten sie die theoretische Auseinandersetzung mit ihr. Ihnen gemeinsam war die Überzeugung, daß die Kirche als soziale Ordnungsmacht eine herausragende oder gar die alleinige Rolle zu übernehmen habe, "daß Staat und

Gesellschaft ohne Religion einfach nicht existieren können"[1]. Gerade dieser Standpunkt prägte lange Zeit auch das Gedankengut des sich entfaltenden Sozialkatholizismus.

1. Religiös-kirchliche Erneuerung

Besonders die mit dem Reichsdeputationshauptschluß von 1803 einsetzende *Säkularisation* als geschichtliches Phänomen der Entmachtung und Enteignung der Kirche hatte – wie auch die Napoleonischen Kriege – der deutschen Kirche fast den gesamten materiellen Besitz genommen und ihre Organisationsstrukturen zum großen Teil außer Kraft gesetzt.[2] Ebenso hatte auch die mit der Aufklärung einhergehende *Säkularisierung* als Prozeß der Loslösung der profanen Lebensbereiche von der unmittelbaren kirchlichen Führung und Sinngebung der religiös-kirchlichen Theorie und Praxis im katholischen Deutschland schweren Schaden angerichtet.[3] Auf der strukturellen Ebene galt dies ebenfalls für das bis dahin bestehende starre Episkopalsystem und Staatskirchentum. Trotzdem wäre es verfehlt, in Sakularisation und Säkularisierung nur Negatives und für die Kirche Schädliches zu sehen, denn zugleich wurden auch starke Kräfte der inneren und äußeren Neubelebung freigesetzt. Der Verlust der weltlichen Herrschaft und der reichen Besitzungen führte zu einer religiös-kirchlichen Erneuerung. Die Bischofsstühle und die bisher gut dotierten Kanonikate an den großen Kirchen hörten nun auf, Versorgungsstellen nachgeborener Söhne des Adels zu sein. Im niederen Klerus erfolgte eine gewisse Demokratisierung im Sinne einer der Zeit entsprechenden Hinwendung zur Politik, was zugleich mit einem Wachsen seiner kirchlichen Gesinnung und mit einem engeren Anschluß an die Kirche und deren Strukturen verbunden war. Ein positives Erbe der katholischen Aufklärung zeigte sich in der verstärkten Pflege der kirchlichen Erziehungs- und Bildungsarbeit, in der Förderung der theologischen Wissenschaft und in der Intensivierung der Seelsorge. Die innerkirchliche Innovationsbestrebung wurde von der äußeren Reorganisation der Kirche durch Landeskonkordate begleitet. Geistige Initiatoren dieser Erneuerungsbewegung waren zunächst Einzelgruppierungen von Laien und Geistlichen in West- und Süddeutschland.

Nur zu verständlich war im Kontext der religiös-innerkirchlichen Erneuerung der Wunsch, in den Zentren Publikationsorgane ins Leben zu rufen, um zu den neuen inner- und außerkirchlichen Zeitfragen Stellung zu nehmen. Den meisten dieser Veröffentlichungen kam jedoch nur örtliche Bedeutung und begrenzte Erscheinungsdauer zu. Die bedeutendsten Zeitschriften mit überregionalem Einfluß waren in den zwanziger und dreißiger Jahren die Tübinger "Theologische Quar-

---

[1] *Waldemar Gurian,* Die politischen und sozialen Ideen des französischen Katholizismus 1789-1914, M.Gladbach 1929, 102.
[2] Vgl *Albrecht Langner* (Hrsg.), Säkularisation und Säkularisierung im 19. Jahrhundert, Paderborn 1978; *Klaus Schatz,* Zwischen Säkularisation und Zweitem Vatikanum. Der Weg des deutschen Katholizismus im 19. und 20. Jahrhundert, Frankfurt a.M. 1986; *Rudolf Lill,* Reichskirche – Säkularisation – Katholische Bewegung, in: *Anton Rauscher* (Hrsg.), Der soziale und politische Katholizismus in Deutschland. Entwicklungslinien in Deutschland 1803-1963. Bd. 1, München 1981, 15-45, 19-28.
[3] Vgl. *Heinz Hürten,* Kurze Geschichte des deutschen Katholizismus 1800 – 1960, Mainz 1986, 20-22.

talschrift" und der Mainzer "Katholik". Später kamen die Münchener "Historisch-Politischen Blätter" hinzu. Die seit 1819 erscheinende "Theologische Quartalschrift" war das Organ der streng wissenschaftlich arbeitenden Theologie und wurde als Sprachrohr der historisch-kritischen Tübinger Schule schnell zur führenden theologischen Zeitschrift im deutschen Sprachraum. "Der Katholik" wurde 1821 in Mainz gegründet und nahm eine Mittelstellung zwischen wissenschaftlicher Zeitschrift und volkstümlicher Tageszeitung[4] ein. Er befaßte sich im allgemeinen "nicht mit politischen Angelegenheiten, die nicht in engstem Zusammenhang mit der Kirche stehen"[5], und wollte – wie schon sein Untertitel "Eine religiöse Zeitschrift zur Belehrung und Warnung" andeutet – als Erbauungs- und Kampfschrift vor allem kirchenpolitische und religiöse Breitenwirkung erzielen. Wohl angeregt durch die "Kölner Wirren" von 1837, strebte auch der Münchener Görres-Kreis nach breiterer publizistischer Wirksamkeit. So schritt man 1838 zur Gründung der "Historisch-Politischen Blätter für das katholische Deutschland". Als Herausgeber zeichneten der junge *Guido Görres* und der Kirchenrechtler *George Phillips*. Eine streng kirchliche Einstellung und ein ausgeprägter Konservatismus bestimmten die Zeitschrift. Bald wurde sie zum "wichtigsten Mittelpunkt für den Ausdruck politischen Denkens und Fühlens"[6] im deutschen Katholizismus und nach der Jahrhundertmitte "zum führenden Organ der katholisch-sozialen Bewegung"[7].

Die religiös-kirchliche Erneuerung hätte wohl kaum in verhältnismäßig kurzer Zeit so weitreichende Bedeutung erlangt, wenn sie nicht von den Ideen des französichen Traditionalismus und vom geistigen Aufbruch der Romantik vorbereitet, durchformt und getragen worden wäre.

2. Französischer Traditionalismus

Neben der innerkirchlichen Erneuerung bildeten die Vorstellungen des französischen Traditionalismus eine weitere Wurzel der erwachenden katholisch-sozialen Bewegung. Seine Ansätze gehen auf die Französische Revolution 1789 zurück, als die politisch-gesellschaftliche Einheit von Staat und Kirche zerstört wurde. In der Reaktion gegen die von Revolution und Aufklärung erkämpfte neue Ordnung bemühte er sich um "den Rückzug auf die nationale Tradition und ihre Güter: Kirche, Monarchie und ständische Gesellschaft"[8] und versuchte, die Religion auch zum tragenden Fundament des neuen Gesellschaftsgerüsts zu machen. Die Traditionalisten wollten dabei das Modell der kirchlichen Hierarchie ins Politische übertragen in der Meinung, daß bei allem geschichtlichen Wandel die "soziale und politische Naturordnung unlöslich mit der konkreten Gestalt der katholi-

---

[4] Eine katholische Tagespresse kam im Revolutionsjahr 1848 auf, nachdem die Pressezensur aufgehoben worden war. Erwähnt sei das "Echo der Gegenwart" in Aachen, das "Mainzer Journal" und die "Rheinische Volkshalle" in Köln.
[5] *Ludwig Bergsträsser*, Studien zur Vorgeschichte der Zentrumspartei, Tübingen 1910, 122.
[6] *Helmut Engelbrecht*, Die österreichischen Mitarbeiter der Historisch-Politischen Blätter zwischen 1867 und der Jahrhundertwende, Wien: Phil. Diss. 1948, 4.
[7] *Emil Ritter*, Die katholisch-soziale Bewegung Deutschlands im neunzehnten Jahrhundert und der Volksverein, Köln 1954, 61.
[8] *Hans Maier*, Revolution und Kirche. Zur Frühgeschiche der christlichen Demokratie, München ³1973, 147.

schen Kirche verbunden"⁹ sei. So betonte *Joseph-Marie de Maistre* (1754-1821) die Bedeutung der katholischen Kirche als Hort der Autorität und beschwor die absolute geistliche und weltliche Regierungsgewalt des Papsttums. Daneben sind zu nennen *Francois René de Chateaubriand* (1768-1848), der das Christentum vor allem als ästhetische, zivilisatorische und soziale Größe sah, und *Louis Gabriel de Bonald* (1754-1840), der "Begründer des Traditionalismus"¹⁰. Dessen einflußreichster Vertreter war wohl Abbé *Félicité-Robert de Lamennais* (1782-1854), der als selbstloser Anwalt der Armen in vielen Schriften auf die sozialen Mißstände hinwies und den auch katholische Kreise in Deutschland selbst nach seiner Exkommunikation noch hoch schätzten.¹¹ Im Gegensatz zu den älteren Traditionalisten trat er besonders in seiner Zeitschrift "L'Avenir", der ersten modernen Tageszeitung des politischen Katholizismus, unter dem Wahlspruch "Dieu et la liberté" für die Unterstützung der neuen demokratischen Bestrebungen durch die Kirche ein. Geeint durch die Autorität des Papsttums, sollte sie das geistige Fundament der heraufkommenden demokratischen Ordnung sein. Als Wegbereiter einer christlich-demokratischen Bewegung und des sozialen Katholizismus übte *Lamennais* – wie der ganze Traditionalismus – nicht nur in Frankreich, sondern auch in Deutschland nachhaltigen Einfuß aus.

3. Romantische Sozialkritik

Bis tief in die zweite Hälfte des 19. Jhs. hinein wurde inner- und außerhalb des katholischen Raumes die soziale Frage weithin nicht wahrgenommen oder zumindest ihre volle Bedeutung nicht erkannt. Der Vorrang, den die nationalpolitischen vor den sozialen Problemen einnahmen, macht dieses Dilemma nur zum Teil verständlich. Deutschland war zwar erst auf dem Weg, sich aus vielen kleinsten und kleinen Territorien zu einem Gemeinwesen zu entwickeln. Dazu kam der schwierige Übergang vom absolutistischen Obrigkeitsstaat in einen gemäßigten Konstitutionalismus mit langwierigen Verfassungskämpfen. Der eigentliche Grund aber lag wohl in jener antisozialen Einstellung des Bürgertums, welche die Entstehung der sozialen Frage kaum zur Kenntnis nahm, geschweige denn in ihrer weitreichenden Bedeutung erfaßte. Die politische Machtideologie des absolutistischen Staates und seit den Freiheitskriegen das immer stärker werdende Ringen um nationale Einheit hatten die Erkenntnis des wechselseitigen Zusammenhangs zwischen wirtschaftlicher und gesellschaftlicher Schichtung verdrängt. Demnach läßt sich geradezu von einer Verdeckung der "sozialen" Phänomene durch die politischen Probleme vor und noch geraume Zeit nach der Jahrhundertwende sprechen. Die Französische Revolution etwa hatte in erster Linie politische Ziele verfolgt. Die Wahlrechtsdiskussionen in den deutschen Parlamenten – um ein anderes Beispiel zu nennen – wurden noch lange Zeit ausschließlich von der Frage des Stimmenverhältnisses zwischen den alten Geburts- sowie den neuen Besitz- und Bildungsständen beherrscht. Aber beide Seiten lehn-

---

[9] *Gurian*, Die politischen und sozialen Ideen des französischen Katholizismus 1789-1914, 61.

[10] *Robert Spaemann*, Der Ursprung der Soziologie aus dem Geiste der Restauration, München 1959, 11.

[11] Vgl. *Gerhard Valerius*, Deutscher Katholizismus und Lamennais. Die Auseinandersetzung in der katholischen Publizistik 1817-1854, Mainz 1983, bes. 11-24.

ten das allgemeine und gleiche Wahlrecht ab, das die breiten Massen hätte zur Geltung kommen lassen.

Als erste und beinahe einzige erfaßte die romantische Sozialkritik die tiefgreifenden gesellschaftlichen und wirtschaftlichen Wandlungen und nahm das Entstehen proletarischer Massen zur Kenntnis. Sie suchte den Menschen nicht als Einzelwesen, sondern als Glied der Gemeinschaft zu erfassen und trat so in scharfen Gegensatz zum zeitgenössischen Individualismus. Damit verknüpfte sie die strikte Ablehnung des geschichtsfremden, rationalistischen Naturrechtsdenkens der Aufklärung. Im engen Anschluß an das von ihr idealisierte Mittelalter wollte die Romantik der "atomisierten Gesellschaft" der Gegenwart durch ständische Gliederung die verlorene Einheit wiedergeben: ein Versuch, der allerdings darauf hinauslief, die gewandelte soziale Wirklichkeit der beginnenden "industriellen Revolution" in die Ordungsformen des Mittelalters hineinzuzwängen. Die Wesensmerkmale der sozialen Frage sah die romantische Sozialkritik in der mit dem Stichwort "Pauperismus" bezeichneten Massenarmut, in der Ausbeutung des arbeitenden Menschen und in dem Klassengegensatz zwischen arm und reich. Schon 1756 prangerte der konservative britische Staatsmann und Schriftsteller *Edmund Burke* (1729-1797), der auf die deutsche Romantik nachhaltigen Einfluß ausübte, in seinem Erstlingswerk die Aufteilung der Gesellschaft in die große Masse der Armen und die kleine Zahl der Reichen an. Auch wies er mit Nachdruck auf das Sklavendasein der arbeitenden Menschen hin:

"Die augenfälligste Teilung der Gesellschaft ist die in Reich und Arm; und es ist nicht minder augenfällig, daß die Zahl der ersteren ein großes Mißverhältnis aufweist zu der der letzteren. Das ganze Geschäft der Armen besteht darin, dem Müßiggang, der Torheit und dem Luxus des Reichen zu dienen, das des Reichen umgekehrt darin, die besten Methoden zu Bestärkung der Sklaverei und zur Vermehrung der Lasten der Armen ausfindig zu machen (...). In einem Stande der künstlichen Gesellschaft ist es ein Gesetz, so beständig als unabänderlich, daß die, welche arbeiten, sich meist der wenigsten Dinge erfreuen, und daß die, welche gar nicht arbeiten, die größte Zahl von Besitztümern haben (...). Millionen sind täglich in die giftigen Dämpfe und die schädlichen Ausdünstungen von Blei, Silber, Kupfer und Arsenik getaucht. Ganz zu schweigen von den anderen Beschäftigungen, diesen Orten der Jämmerlichkeit und Verachtung, an welche die bürgerliche Gesellschaft die zahllosen ‚verlorenen Söhne' ihrer Armee hinstellte."[12]

Bevor der Tübinger Theologe *Johann Adam Möhler* (1796-1838) die Anregungen der Romantik in seiner "Symbolik" 1832 in thematischem Bezug auf Wesen und Geschichtlichkeit der Kirche, Verhältnis von Natur und Übernatur, von Individuum und Gemeinschaft systematisch aufgearbeitet hatte[13], wies bereits auf dem Höhepunkt der romantischen Staats- und Gesellschaftswissenschaft *Adam Heinrich Müller* (1779-1829)[14] auf die krassen sozialen Mißstände hin. Er befaßte sich

---

[12] A vindication of natural society: or a view of the miseries and evils arising to mankind from every species of artificial society. In a letter to Lord (...), by a late noble writer. The works of the right honourable Edmund Burke. Bd. 1, London 1881. Abgedruckt und übersetzt in: *Jakob Baxa,* Einführung in die romantische Staatswissenschaft, Jena ²1931, 52-54.

[13] Vgl. *Lill,* Reichskirche – Säkularisation – Katholische Bewegung, 40.

[14] Vgl. zur Gesellschaftslehre Müllers: *Albrecht Langner,* Die organische Gesellschaftslehre Adam Müllers – Grundlegung einer ersten in das Moderne gewendeten christlichen Sozialethik in Deutschland, in: *Ders.,* Katholische und evangelische Sozialethik im 19. und 20. Jahrhundert.

eingehend mit der Massenarmut als sozialem Faktum, wobei er bereits deutlich "die *natürlich* Armen, welche bisher zu versorgen gewesen waren und deren Unterhalt, nach ewigen Naturgesetzen, niemals die Kräfte der Bemittelten übersteigen kann, von den *künstlich* Brotlosen, d.h. von den durch eine unnatürliche Verfassung der Gewerbe aus allem Lebensgenuß künstlich herausgedrängten Personen"[15] unterschied. Er schilderte die Spaltung der Nation "in ein taxenzahlendes Arbeitsvolk und in ein anderes müßiges Kapitalisten- und Rentenierer-Volk (...), für welches letztere der größte Teil der Taxen erhoben werde"[16].

Besorgniserregende Einblicke vermittelte *Müller* in Entstehung und geistige Situation des jungen Proletariates:

"Wöchentlich wurden tausende durch veränderte Konjunkturen des Handels, wechselnde Bedürfnisse des Weltmarktes und hundert andere Gebrechlichkeiten des neuen künstlichen Systemes in Brotlosigkeit versetzt und fielen der Armentaxe (...) zur Versorgung anheim. Dabei war die kaum erträgliche Bürde dieser Taxe noch das geringere Übel; die persönliche, moralische Entwürdigung dessen, der sich im Vollbestande seiner Kraft, mitten im Lande der vielgepriesenen Freiheit in Armen-, d.h. in Sklavenstand versetzt sah, war das größere."[17]

Der wohl bedeutendste Vertreter der romantischen Sozialkritik war *Franz von Baader* (1765-1841), Bergingenieur und Hüttendirektor, später Professor für Philosophie an der Universität München. Er erblickte ebenfalls den Kern der sozialen Frage in dem Gegensatz zwischen den vielen Armen und den wenigen Reichen. Er war überzeugt,

"daß die tiefer liegende Wurzel dieser krankhaften Revolutionierbarkeit keineswegs, wie noch allgemein geglaubt wird, in einem Mißverständnis der Regierungsformen zu den Regierten zu suchen ist (so daß also durch Umformung der Regierungen oder gar durch Wechsel der Regierenden dem Übel abzuhelfen wäre), sondern in einem bei der dermaligen Evolutionsstufe der Sozietät, ihrer Gesittung und Lebensweise eingetretenen Mißverhältnis der Vermögenslosen oder der armen Volksmassen hinsichtlich ihres Auskommens zu den Vermögenden."[18]

Beinahe übereinstimmend suchten die Romantiker die Ursachen der sozialen Not in dem neuen Geist des rationalistischen Individualismus, in der Auflösung der *Ständeordnung*[19], die dem Mittelalter seine feste Struktur gegeben hatte, und in

---

Beiträge zu ideengeschichtlichen Entwicklungen im Spannungsfeld von Konfession, Politik und Ökumene, Paderborn 1998, 80-153, 80-107.

[15] *Adam Müller*, Ausgewählte Abhandlungen, hrsg. von *Jakob Baxa,* Jena ²1931, 126.

[16] *Adam v. Müllers* Gesammelte Schriften. Bd. 1, München 1839, 275f.; vgl. die systematische Aufsatzsammlung: *Albrecht Langner* (Hrsg.), Adam Müller 1779-1829, Paderborn 1988.

[17] *Müller*, Ausgewählte Abhandlungen, 128.

[18] *Franz v. Baader*, Über das dermalige Mißverhältnis der Vermögenslosen oder Proletairs zu den Vermögen besitzenden Klassen der Sozietät in betreff ihres Auskommens, sowohl in materieller als in intellektueller Hinsicht, aus dem Standpunkte des Rechts betrachtet, München 1835, in: TKSL II.1, 43-53, 44.

[19] Vgl. dazu knapp: *Karl Heinrich Kaufhold*, Wirtschaft und Gesellschaft in Deutschland seit der Industrialisierung (1800-1963), in: *Anton Rauscher* (Hrsg.), Der soziale und politische Katholizismus. Entwicklungslinien in Deutschland 1803-1963. Bd. 2, München 1982, 9-51, 11-13; *Nikolaus Monzel*, Die katholische Kirche in der Sozialgeschichte. Von den Anfängen bis zur Gegenwart, München 1980, 53-59.

der absoluten Vorherrschaft des Eigennutzes.[20] *Müller* etwa zeichnete mit leuchtenden Farben ein Bild der sozialen Sicherheit, welche die ständische Ordnung dem einzelnen vermittelt habe. Der einzelne

"war einer Familie, einer Korporation, einer Gemeinde, einem Stande für immer verpflichtet (adscriptus), er war auf Tod und Leben einem gewissen Zustande (état, status, condition, oder nach dem höchst treffenden Sprachgebrauch des großen Edmund Burke, einer gewissen description) ergeben und dieser Zustand oder Stand hatte seinesteils wieder die Verpflichtung, für ihn zu sorgen. Eine solche Vorsorge war kein Almosen, welches den Empfänger erniedrigt, sondern eine strenge Verpflichtung, deren Erfüllung das edlere Selbstgefühl der Menschen niemals verletzen konnte (...). Die große Masse des Volkes war durch die Erhaltung der unzähligen natürlichen und einzelnen Körperschaften, Obrigkeiten, Familien, Gemeinden, Stände, denen jeder einzelne angehörte, gegen den Verfall seiner eigenen Kräfte geschützt und für die eigentlich Verlassenen, Gebrechlichen, Heimatlosen, für die wenigen, denen kein besonderes Obdach zuteil geworden war, sorgte die Kirche."[21]

Wenn er in der Auflösung dieser ständischen Bindungen die Ursache der sozialen Frage sah, brachte den gleichen Gedanken *Baader* zum Ausdruck: "Durch Auflösung ihres Hörigkeitsverbandes" sind die niederen Volksschichten selbst "in den reichsten und industriösesten Staaten wirklich nur relativ ärmer und hilfs- und schutzbedürftiger geworden[22]."

Die industriellen Sozialprobleme erschienen in der Romantik nicht vordringlich als Appell, den neuen wirtschaftlich-technischen Erfordernissen entsprechende Lösungen zu suchen, sondern vor allem als Strafe dafür, nicht an der alten Ordnung festgehalten zu haben. Die Romantik ging bei ihrer Sozialkritik in erster Linie von gesellschafts- und staatsphilosophischen, nicht zuletzt aber auch von religiösen Erwägungen aus und gab auf diese Weise der inhaltlichen Positionsfindung des Sozialkatholizismus entscheidende Impulse.

II. Die soziale Frage als religiös-karitatives und wirtschaftlich-gesellschaftliches Problem

In ihrer frühen Periode bewertete die katholische Sozialkritik die soziale Misere vor allem als religiöses und kirchliches Problem; sie erwartete deren Beseitigung primär von sittlich-moralischen Kräften und pastoral-karitativem Engagement. Bis in die 60er Jahre des 19. Jhs. hinein hielt man im deutschen Katholizismus an der Überzeugung fest – beeinflußt durch die romantische Glorifizierung des Mittelalters, daß Entchristlichung und Sittenverfall das Massenelend herbeigeführt hätten und ihm allein mit Hilfe kirchlicher Pastoral und Karitas begegnet werden könne.

---

[20] Vgl. *Lill*, Reichskirche – Säkularisation – Katholische Bewegung, 34-43: Die Romantik und die Anfänge der katholischen Bewegung.
[21] *Müller*, Ausgewählte Abhandlungen, 124f.
[22] *Franz v. Baader*, Gesellschaftslehre, hrsg. von *Hans Grassl*, München 1957, 239. Vgl. auch: *Ders.*, Schriften zur Gesellschaftsphilosophie, hrsg. von *Johannes Sauter*, Jena 1925, 9-21, 261-318.

1. Erneuerung der christlich-moralischen Gesinnung

Die Tübinger "Theologische Quartalschrift" mahnte 1841, daß der "den sozialen Verhältnissen drohende Sturm" nur abgewendet werden könne, "wenn die beseligenden Einflüsse der christlichen Religion (...) befördert werden"[23]. Im Geiste der religiös-kirchlichen Erneuerung begann auch die wissenschaftliche Theologie ihr Augenmerk auf die aufbrechenden sozialen Mißstände zu richten. Ebenfalls in den vierziger Jahren entwickelten die beiden von Tübingen kommenden Freiburger Theologen *Johann Baptist Hirscher* (1788-1865) und *Franz Anton Staudenmaier* (1800-1856) "eine Art sozialer Theologie"[24]. Die religiöse Sicht der sozialen Frage war vorherrschend.[25] So meinte *Hirscher*, daß man "zu Wohlstand und Wohlsein" nicht "durch Umgestaltung der Gesetze, durch Verbesserung der bürger-lichen Einrichtungen" gelange, sondern durch "Überwindung der Sünde"[26]. Gerade *Hirscher* wies dabei über die rein theologische Betrachtung der sozialen Frage als religiöses Problem hinaus der Kirche auch praktische Aufgaben zu.[27] Seine persönliche Sorge galt besonders verwahrlosten Kindern. Verschiedenen Fürsorgeanstalten stellte er größere Geldsummen aus eigenen Mitteln zur Verfügung und ging so selber mit gutem Beispiel voran.

Der Mainzer "Katholik", der das Pauperismusproblem gelegentlich aufgriff, erwartete 1846 die Lösung von der christlichen Mildtätigkeit, der Einführung des Zölibates in breiteren Kreisen, der Hebung der Sittlichkeit und der Bereitstellung von Arbeitsmöglichkeiten, ohne dazu jedoch konkrete Vorschläge zu machen. 1847 druckte er den Fastenbrief des apostolischen Vikars *Laurent von Luxemburg* ab, der den Rückgang des "lebendigen Christentums" und des "unmittelbaren Einflusses" der Kirche auf das öffentliche Leben als Ursache des Pauperismus bezeichnete und zur Abhilfe das "christliche Almosen"[28] empfahl. In einem Aufsatz "Zur sozialen Frage" stellte die Zeitschrift 1850 fest, daß die Kirche "den Beruf und das allein zureichende Vermögen"[29] habe, Hilfe zu bringen, und noch 1857 wertete "Der Katholik" die soziale Frage nur als moralisches Problem, warnte vor den Gefährdungen der Freiheit durch die Industrialisierung und pries in gewissem Sinn die wirtschaftliche Passivität der katholischen Bevölkerung, wie sie etwa Spanien zeigte.

In den ersten eineinhalb Jahrzehnten ihres Bestehens vermittelten die "Katholikentage" einen ähnlichen Anblick. 1848 fand in Mainz die erste "Generalversammlung der Katholiken Deutschlands" statt, zu der Laien und in wesentlich geringerer Zahl Geistliche vom 3. bis zum 6. Oktober zusammenkamen und die

---

[23] *E. Voigt*, Socialistensystem, in: Theologische Quartalschrift Jg.23 (1841), 551-574, 574; vgl. Jg.24 (1842), 529-574..

[24] *Rudolf Lange*, Franz Joseph Ritter v. Buß und die soziale Frage seiner Zeit, Freiburg 1955, 28.

[25] Vgl. *Karlheinz Brüls*, Geschichte der katholischen sozialen Bewegung in Deutschland, Münster 1958, 16-18.

[26] *Johann B. Hirscher*, Die sozialen Zustände der Gegenwart und die Kirche, Tübingen 1849, 19.

[27] Vgl. *Johann B. v. Hirscher*, Die christliche Moral als die Lehre von der Verwirklichung des göttlichen Reiches in der Menschheit. Bd. 2, Tübingen ^{5}1851, 40-42.

[28] Der Katholik Jg.27 (1847), 333-335 (Nr. 82), 337-339 (Nr. 83); vgl. ebenda, 190 (Nr. 46), 264 (Nr. 64), Jg.28 (1948), 305-307 (Nr. 76), 309f. (Nr. 77), 313f. (Nr. 78).

[29] Ebenda Jg.30 (1850), 337-353, 337 (NF Bd. 2); vgl. ebenda, 531-548 (NF Bd. 2).

seither bis 1950 jährlich stattfanden.[30] Im ersten und in den darauffolgenden Jahren stellte man immer wieder die religiös-moralische Seite der sozialen Frage heraus und betonte die Bedeutung der kirchlichen Armenpflege sowie der karitativen Tätigkeit der Orden und anderer Initiativen. Fast auf jedem Katholikentag wurde in diesen Jahren außerdem auf die Wichtigkeit der verschiedenen kirchlichen Vereine für die Überwindung des Pauperismus hingewiesen.

Dabei wurde besonders die Bedeutung der "Elisabeth-Konferenzen" und "Vinzenz-Konferenzen" betont. Es handelte sich um in Pfarreien organisierte Gruppen katholischer Laien, die in den Gemeinden durch Werke der Karitas die in der Kirche wirksame Liebe Jesu Christi bezeugen wollten. Der erste "Elisabethverein" für Katholikinnen entstand 1840 in Trier, der erste "Vinzenzverein" für Katholiken 1845 in München, nachdem die Bewegung 1833 von Paris aus ihren Anfang genommen hatte. Ihre Zielsetzung war damals – wie auch heute noch – die Sorge um Arme und Kranke.

Wie schwer die volle Einsicht in die soziale Frage fiel, läßt die Tatsache erkennen, daß etwa auf dem Treffen von 1859 in Freiburg von der Kirche erwartet wurde, sie werde der Industrialisierung als solcher ein Ende bereiten. In Formulierungen wie "Unsere Münster werden ihre schwindsüchtigen Nachbarn überleben"[31] drückte sich diese Hoffnung aus. Noch auf der Generalversammlung von 1869 in der dem rheinisch-westfälischen Industriegebiet benachbarten Stadt Düsseldorf wurden die Klagen über das Elend der niederen Bevölkerungsschichten als Gespenstersoherei abgetan. Diese Meinung stieß allerdings auf Widerspruch. So mußte ein von der Katholikentagsleitung veranlaßtes Korreferat des Paderborner Professors *Schulte* die als peinlich empfundene Rede des Historikers *Johann Nepomuk Sepp* aus München wieder zurechtrücken. Erst auf diesem Katholikentag wurde ein eigener Ausschuß für soziale Fragen gebildet, die bisher der Ausschuß für Karitas mitbehandelt hatte.

Die gleiche Einstellung vertrat zunächst auch *Wilhelm Emmanuel Freiherr von Ketteler* (1811-1877), wohl die bedeutendste Gestalt im sozialen Katholizismus Deutschlands während des 19. Jhs. Bis Anfang der sechziger Jahre legte er allen Nachdruck auf die religiöse Seite. Die moralische Sicht der sozialen Frage unterstrich er in seinen berühmt gewordenen Adventspredigten, die er als Pfarrer von Hopsten 1848 während des ersten Katholikentages in Mainz im dortigen Dom über "Die großen sozialen Fragen der Gegenwart und das Christentum" hielt. Nachdrücklich verwies er auf die bislang viel zu wenig beachtete Problematik der

"*sozialen Verhältnisse* und insbesondere auf die Spaltung zwischen Besitzenden und Nichtbesitzenden, auf den Zustand unserer armen Mitbrüder, auf die Mittel, hier zu helfen (...). Mag man auch auf die politischen Fragen, auf die Gestaltung des Staatslebens ein noch so großes Gewicht legen, so liegt dennoch nicht in ihnen die eigentliche Schwierigkeit unserer Lage. Mit der besten Staatsform haben wir noch keine Arbeit, noch kein Kleid, noch kein Brot, noch kein Obdach für unsere Armen. Im Gegenteile, je mehr die politischen Fragen ihrer Lösung entgegengehen, desto offenbarer wird es werden, was so viele noch nicht erkennen wollen, daß dies nur der kleinste Teil unserer Aufgabe gewesen, desto gebieterischer

---

[30] Vgl. *Felix Raabe*, Zwischen Kirche und Welt. 150 Jahre Deutsche Katholikentage, in: HerKorr Jg.52 (1998) 230-235, 231-233.
[31] Verhandlungen der 11. General-Versammlung der katholischen Vereine Deutschlands 1859 zu Freiburg, Freiburg 1859, 256; vgl. zu den Katholikentagen insgesamt: *E. Filthaut*, Deutsche Katholikentage 1848-1958 und die soziale Frage, Essen 1960.

wird die soziale Frage in den Vordergrund treten und eine Lösung verlangen (...). Wollen wir also die Zeit erkennen, so müssen wir die soziale Frage zu ergründen suchen. Wer sie begreift, der erkennt die Gegenwart."[32] Bei der Ursachenforschung für die soziale Misere kam *Ketteler* in seinen Adventspredigten zu einem eindeutigen Ergebnis: *"Der Abfall vom Christentum ist der Grund unseres Verderbens (...). Die sozialen Zustände (sind) eine Folge des Abfalls von Christus."* [33] "Nicht in der äußeren Not liegt unser soziales Elend, sondern in der inneren Gesinnung."[34]

Ebenso deutlich wies *Ketteler* auf den Lösungsweg hin, den er für den einzigen begehbaren hielt. 1848 erklärte er in Mainz: "Es wird sich zeigen, daß der katholischen Kirche die endliche Lösung der sozialen Frage vorbehalten ist; denn der Staat, mag er Bestimmungen treffen, wie er will, hat dazu nicht die Kraft."[35] Heilung sei ausschließlich durch die "Rückkehr zum Christentum" zu erwarten.

"Es bleibt mir nur übrig, im einzelnen noch nachzuweisen, wie ohnmächtig die Welt in Lehre und Leben, und wie mächtig das Christentum in Lehre, Leben und Gnadenmitteln ist, um die sozialen Übel zu heilen." Betrachte man die verschiedenen Vorschläge, "so kann man sich des Mitleids nicht erwehren. Der eine will helfen durch eine bessere Verteilung der Steuern, der andere durch verschiedene Arten von Sparkassen, der dritte durch Organisation der Arbeit, der vierte durch Auswanderung, dieser durch Schutzzölle, jener durch Freihandel, der eine durch Freiheit der Gewerbe, durch Teilung von Grund und Boden, der andere durch das Gerade-Gegenteil, wieder andere durch Einführung der Republik, womit alle Not gehoben und das Paradies auf Erden verwirklicht sei. Diese Vorschläge haben nun mehr oder weniger Wert, und einige können nützlich wirken; um aber unsere sozialen Übel zu heilen, sind sie nichts als ein Tropfen im Meer (...). Für jeden aber, der sich ein freies Auge bewahrt hat, steht es fest, daß alle Weltweisheit vor dieser Aufgabe verstummt und unvermögend ist, zu helfen. Je ohnmächtiger aber die Lehre der Welt ist, um zu helfen, desto mächtiger ist die Lehre des *Christentums*. Gerade die sozialen Verhältnisse sind es, wo sich uns seine ganze Macht offenbart (...). Die beiden gewaltigen Seelenübel, an denen unsere geselligen Beziehungen krank darniederliegen, sind teils die unersättliche Genuß- und Habgier, teils die Selbstsucht, welche die Nächstenliebe zerstört hat. Diese Krankheit hat die Reichen und Armen ergriffen. Was vermögen da Steuerverteilungen und Sparkassen, solange diese Gesinnung fortbesteht? Diesem inneren Verderbnis gegenüber ist die Welt mit allen ihren Lehren gänzlich ohnmächtig, während das Christentum die ganze Macht seiner Lehre eben auf die Gesinnung, auf die innere Besserung der Menschen richtet."[36]

In dieser Zeit legte *Ketteler* den ganzen Nachdruck auf die religiöse Seite der sozialen Frage und erwartete die Lösung fast ausschließlich von einer *moralischen Erneuerung der Gesinnung*. Als Kaplan von Beckum, als Pfarrer von Hopsten, als Propst der Hedwigskirche in Berlin und seit 1850 als Bischof von Mainz widmete er seine ganze Kraft der inneren Wandlung der Menschen, indem er sich selbst beispielgebend für die praktisch-kirchliche Karitas engagierte. Er

---

[32] *Wilhelm Emmanuel v. Ketteler,* Die großen sozialen Fragen der Gegenwart, Mainz 1848, in: TKSL II, 87-115, Zitat 100f.; vgl. dazu: *Erwin Iserloh,* Die soziale Aktivität der Katholiken im Übergang von caritativer Fürsorge zu Sozialreform und Sozialpolitik, dargestellt an den Schriften Wilhelm Emmanuel v. Kettelers, Mainz 1975, 6-8. *Kettelers* Schriften in laufender Gesamtausgabe: *Wilhelm Emmanuel v. Ketteler,* Sämtliche Werke und Briefe, hrsg. von *Erwin Iserloh,* 11 Bde. erschienen, Mainz 1977-1997.
[33] *Ketteler,* Die großen sozialen Fragen der Gegenwart, 106f.
[34] Ebenda, 108f.
[35] Verhandlungen der 1.Versammlung des katholischen Vereines Deutschlands zu Mainz, Mainz 1848, 52.
[36] *Ketteler,* Die großen sozialen Fragen der Gegenwart, 107-109.

widmete sich der Errichtung von Kranken- und Waisenhäusern, kümmerte sich um Gesellenhospize und stellte auch sein persönliches Vermögen in den Dienst karitativer Werke.

Die gefährlichste Krankheit der Zeit erblickte ebenfalls der "Gesellenvater" *Adolph Kolping* (1813-1865) weniger in sozialen oder wirtschaftlichen Problemen, als vielmehr in der Entchristlichung des Volkes. Deshalb war für ihn nicht das Streben nach einer strukturellen Zuständereform vorrangig, sondern das "geistige und ethische Moment, (...) das pastorale Motiv"[37]. 1850 schrieb er:

> "Die Religion ist das wahre Fundament im Menschen, ist das Fundament im Hause, im Volke, im Staate, in der ganzen sittlichen Welt."[38] "Unser soziales Leid", fügte er 1860 hinzu, liegt "in dem praktischen Mangel an wahrer Religiosität, und da wir nur eine wahre Religion kennen, das Christentum, so reduziert sich die ganze gewaltige und schneidende Klage über unser großes soziales Elend auf die leidige Tatsache, daß das öffentliche Leben (...) von seinem wahren Grund gewichen, das Christentum verlassen hat."[39]

Die unmittelbare Ursache der sozialen Misere, die für ihn vorwiegend in der Handwerkerfrage bestand, sah er in dem Fehlen einer religiösen, menschlichen, und beruflichen Betreuung der wandernden Gesellen. "Was dem jungen Handwerker zunächst fehlt, ist ein kräftiger moralischer Halt."[40] Die religiöse Erneuerung durch sozialpädagogische Erziehung machte *Kolping* deshalb zu seinem Hauptanliegen.

> "In den Werkstätten hat die schlechte Zeit schrecklich aufgeräumt mit Christenthum und guter Sitte; in ihnen ist namentlich der Unglaube, die Unsittlichkeit, die Frechheit, jedes Umsturzgelüste großgezogen worden. Da hat nun der Gesellen-Verein eine ganz eigenthümliche Mission (...). Ist nun in einer Werkstätte nur ein einziger guter Mensch, so lehnt sich heute oder morgen ein zweiter an ihn an, der noch nicht ganz verdorben ist."[41]

Um möglichst vielen jungen Menschen offenzustehen, sollten die von ihm seit 1849 gegründeten Gesellenvereine eng an die Kirche angeschlossen werden, aber doch keine rein religiöse Gemeinschaft in Form von Bruderschaften sein. *August Bebel* (1840-1913), selbst Mitglied des Freiburger und Salzburger Gesellenvereins, interpretierte die Vereinigungen zu Recht als "eine Art Bildungsvereine"[42], *Kolping* selbst sprach einmal von "Akademien im Volkston".

Dieser religiös-moralische Akzent fand sich auch im westfälischen Raum in einigen kleineren Broschüren, die vom Subregens des Paderborner Priestersemi-

---

[37] *Clemens Bauer,* Wandlungen der sozialpolitischen Ideenwelt im deutschen Katholizismus des 19. Jhs., in: Sozialwissenschaftliche Sektion der Görres-Gesellschaft (Hrsg.), Die soziale Frage und der Katholizismus. Festschrift zum 40jährigen Jubiläum der Enzyklika "Rerum novarum". Paderborn 1931, 11-46, 20; vgl. *Heinrich Festing,* Adolph Kolping und sein Werk. Ein Überblick über Leben und Wirken des großen Sozialreformers sowie über die Entwicklung seines Werkes bis heute, Freiburg ²1981, 82-86; vgl. allgemein: *Hans-Joachim Kracht,* Adolph Kolping – Priester, Pädagoge, Publizist im Dienst christlicher Sozialreform. Leben und Werk aus den Quellen dargestellt, Freiburg 1993, bes. 112-476.
[38] *Adolph Kolping* im Vereins-Organ, Beilage zum Rheinischen Kirchenblatt, 1850, 7.
[39] Zit.n.: *Theodor Brauer,* Adolf Kolping, Freiburg 1923, 76.
[40] *Adolf Kolping,* Der Gesellenverein. Zur Beherzigung für alle, die es mit dem wahren Volkswohl gut meinen, Neudruck Köln 1952 (¹1849), 15.
[41] *Ders.,* Reden auf den "Katholikentagen" Deutschlands 1851-1864, Münster 1960, 52
[42] Zit.n.: *Julius Seiters,* Quellen zur Sozialgeschichte des 19. Jhs., Münster 1964, 18.

nars, *Christian Reckmann,* um 1850 verfaßt worden waren. Diese sahen die sozialen Spannungen auf dem Lande noch ausschließlich unter dem religiösen bzw. karitativen Blickwinkel. Sie ermahnten die Bauern zur Zufriedenheit, zur Pflege des religiösen Lebens, warnten vor Luxus, Alkohol und Zerreißung der alten patriarchalischen Bande zwischen Herrn und Gesinde und erklärten die ungleiche Verteilung der Güter wie die unterschiedliche Stellung der Gesellschaft als gottgewollt.[43]

Auch *Josef Lingens* (1818-1902), Präsident des Deutschen Katholikentages in Innsbruck 1867, betrachtete insbesondere kirchlich-karitatives Engagement als der Lösung der sozialen Frage dienlich und forderte 1854 die Politiker des Preußischen Abgeordnetenhauses auf, sich gesetzgeberisch zurückzuhalten und "die christliche Kirche frei und ungehindert walten (zu lassen) in ihrer Tätigkeit und Wirksamkeit":

"Der Übermacht des Kapitals, der Herrschaft der Industrie stehen Hunderttausende von Staatsbürgern, steht der Arbeiterstand mehr oder weniger schutzlos gegenüber. Da bleibt es wahrlich eine schöne, eine lohnende Aufgabe für die Gesetzgebung, Hilfe zu versuchen, zu versuchen, ob man den Riß und das Machtverhältnis ausfüllen und aufheben könne, das sich jetzt zeigt in dem Verhältnis zwischen dem Arbeitgeber und dem Arbeitnehmer. Wenn ich meine Überzeugung aussprechen soll, so wird dieses große, dieses wünschenswerte Ziel nicht durch solche allgemeinen Gesetze, überhaupt nicht durch Gesetze erreicht werden, sondern lediglich und allein durch eine höhere Macht – durch das Christentum. Erst wenn der reiche Industrielle seine Arbeiter anerkennt und behandelt als seine Brüder, (...) erst dann wird der Arbeiter nicht bloß seine fleißigen Hände, sondern auch sein dankbares Herz dem Dienstherrn und Arbeiter darbringen. – Wenn in dieses Verhältnis nicht mit Vorsicht eingegriffen wird, dann steht zu fürchten, daß gerade durch die kalte Hand des Gesetzes manche gute und erfreuliche Keime unsanft berührt werden (...). Wollen Sie, meine Herren, diese schwierigen Verhältnisse gesund sich entwickeln und allmählich sich bessern sehen, dann lassen Sie zunächst die christliche Kirche mit ihren wunderbaren Hilfsmitteln frei und ungehindert walten in ihrer Tätigkeit und Wirksamkeit; sie ist nach meiner Überzeugung die einzige Macht, welche es vermag, die großen sozialen Leiden, an welchen unsere Zeit darniederliegt, zu heilen, oder doch einen erquickenden Balsam auf die empfindlichsten Wunden zu tragen."[44]

---

[43] Vgl. Weg mit dem Branntwein! Ein guter Rat, gar nicht teuer. Wer ihn befolgt, kriegt sogar was zu! Für den lieben Bauersmann, doch tut er auch für den braven Bürgersmann seine Wirkung. Von dem Verfasser des "Wie wird's besser?", Paderborn 1850; auch: Buer paß up! Eine Stimme zur Warnung für den lb. Bauersmann, von einem Bauernsohn, der früher Landpastor war und nun in der Stadt wohnt. Paderborn 1849. Wie wird's besser? Ein freimütiges Wort an den lieben Bauersmann, was auch einem rechtschaffenen Bürgersmann nicht schaden könnte, Paderborn ²1850.

[44] Rede des katholischen Abgeordneten *Josef Lingens,* in: Sitzungsprotokoll der II. Preußischen Kammer, 29. Sitzung am 02.03.1854, 489f.

2. Zuständereform der wirtschaftlichen und gesellschaftlichen Verhältnisse

Seit der Mitte des 19. Jhs. rückte die soziale Frage zunehmend ins Blickfeld des Interesses. Vor allem die Sozialkritiker der Romantik sahen ihre Kennzeichen in der mit dem Stichwort "Pauperismus" bezeichneten massenhaften Not, in der Ausbeutung der arbeitenden Menschen und in dem Klassengegensatz zwischen arm und reich. Die Ursachen suchten sie in der Absolutherrschaft des Individualismus, in der für die Teilung der Gesellschaft verantwortlichen kapitalistischen Wirtschaftsweise und in der Auflösung der ständischen Wirtschafts- und Sozialordnung, die als Strukturprinzip dem Mittelalter festen Rückhalt gewährleistet hatte.

Als einer der ersten hatte schon *Franz Joseph Ritter von Buß* (1803-1878), eine der markantesten Persönlichkeiten des frühen sozialen Katholizismus, auf diese Problematik der sozialen Frage hingewiesen. 1837 hielt er die erste sozialpolitische Rede in einem deutschen Parlament. *Buß* beteiligte sich aktiv am politischen Leben seiner Zeit. Er war Professor für Staatswissenschaft und Völkerrecht an der Universität Freiburg (1844 auch für Kirchenrecht), Abgeordneter im Badischen Landtag, Begründer des "Katholischen Vereines" in Baden, zu dessen erstem Versammlungspräsident er 1848 in Mainz gewählt wurde.[45] In der erwähnten Rede "über das soziale Problem" – als *Fabrikrede* bezeichnet – sah er die "Grundleiden" der Gegenwart und damit die Ursachen des Pauperismus in dem in Staat und Kirche verbreiteten Rationalismus sowie in der Tyrannei eines alles beherrschenden "ökonomischen Utilitarismus". Durchaus nahm er die Vorzüge der Industrialisierung zur Kenntnis; die Wurzel dieser gesellschaftlichen Mißstände sah *Buß* nicht in der Industrialisierung schlechthin.[46] Er würdigte im Gegenteil deren entscheidenden Beitrag für "den Wohlstand der Nation" und wollte durchaus nicht zu jenen Utopisten gehören, "welche glauben, daß für die Staaten eine unversehrbare Patriarchalität durch das Verharren bei dem Landbau sich bewahren lasse"[47]. Jedoch prangerte er deren "Nachteile" unmißverständlich an: *die Existenzunsicherheit,* hervorgerufen durch den Wandel der neuen technischen Arbeitsweise und Produktionsverfahren, verbunden mit einer gewissen Labilität der Gesamtwirtschaft, die *unmenschlichen Arbeitsbedingungen,* die zu schweren gesundheitlichen Schädigungen führen, oder die *politische Entrechtung* und weitgehende bis völlige Abhängigkeit des Arbeiters vom "Fabrikherrn":

"Die Nachteile für die Fabrikarbeiter zeigen sich in fünf Richtungen: 1. in Beziehung auf das wirtschaftliche Verhältnis; 2. auf die Gesundheit; 3. auf die Geistesbildung; 4. auf die rechtliche und politische Stellung; 5. auf die sittliche und religiöse Stimmung.

1. In wirtschaftlicher Beziehung ist gewiß, daß die immer sich erweiternde Einführung der Maschinen in die Fabrikation für die Arbeiter die Gefahr einer relativen Arbeitslosigkeit herbeiführt (...). Die wirtschaftliche Stellung des Fabrikarbeiters wird aber auch unsicher

---

[45] Vgl. näherhin: *Franz Josef Stegmann,* Einleitung, in: Ders. (Hrsg.), Franz Joseph v. Buß 1803-1878, Paderborn 1994, 9-13.
[46] Vgl. auch: *Ursula Nothelle-Wildfeuer,* Duplex ordo cognitionis. Zur systematischen Grundlegung einer Katholischen Soziallehre im Anspruch von Philosophie und Theologie, Paderborn 1991, 349-352; *Lothar Roos,* Kapitalismus, Sozialreform, Sozialpolitik, in: *Rauscher* (Hrsg.), Der soziale und politische Katholizismus. Bd. 1, 52-158, 64f.; *Brüls,* Geschichte der katholischen sozialen Bewegung, 18-20.
[47] *Retzbach,* Buß, 53.

durch seine Verkettung mit dem Schicksal seines Herrn. Scheitern die Unternehmungen dieses letztern, so wird er von dem unglücklichen Lose desselben mitgetroffen, ohne in einem früher zurückgelegten Gewinne, wie dieser, Hilfe für die Not des Augenblicks zu besitzen. Er ist in der Regel zugrunde gerichtet, weil er nicht alsbald zu einem anderen Gewerbe übergehen kann. Eine Sicherheit läßt sich hier aber gar nicht geben (...).
2. Man glaube ja nicht, daß bei der maschinenmäßigen Fabrikation diese Arbeit immer leichter ist, weil sie die Muskelkraft weniger anstrengt. Abgesehen davon, daß die durch mächtige Kräfte getriebenen Maschinen für ihre Wärter eigene Gefahren der Körperverletzung bereiten, wird die erleichterte Arbeit oft von Kindern geleistet; (...)
5. So von allen Seiten zurückgedrängt, genießt der Fabrikarbeiter nicht einmal eine rechtliche und politische Sicherstellung. Das Fabrikwesen erzeugt eine Hörigkeit neuer Art. Der Fabrikarbeiter ist der Leibeigene eines Brotherrn, der ihn als nutzbringendes Wekzeug verbraucht und abgenützt wegwirft."[48]

Auch auf *soziale Not und Massenarmut,* die der Fabrikarbeiter aus eigener Not nicht überwinden könne, da die Lohnarbeit lediglich das Existenzminimum sichere und die Möglichkeit der Ersparnis nur in geringem Maße möglich sei, machte *Buß* unmißverständlich aufmerksam:

"Die durch den gewerblichen Aufschwung, durch die Tendenz unserer Staaten zur Überbevölkerung und den Mangel an anderweitiger Unterkunft anschwellende Anzahl der Fabrikarbeiter führt wegen ihrer ökonomischen Unsicherheit zu einer wahren Massenarmut, dem sogenannten Pauperismus. Die unsichere Lage der Fabrikarbeiter muß schon an und für sich zu dieser gesellschaftlichen Drangsal führen. Eine Ersparung ist dem Arbeiter selbst bei günstigen Verhältnissen nur in geringem Maße möglich: jede längere Unterbrechung der Arbeit zwingt ihn, die öffentliche Hilfe anzusprechen. Den kranken Arbeiter, sein kreißendes Weib, die Witwen und die Waisen empfangen die Anstalten der öffentlichen Wohltätigkeit. Armut und Entsittlichung bevölkern die Findelhäuser mit der schwächlichen Nachkommenschaft dieses unglücklichen Geschlechts. Die ganze Lage des Fabrikarbeiters ist bei großem Angebot der Arbeit eine stete Quelle seiner Armut."[49]

Ebenfalls als religiöses, aber zugleich ökonomisch-soziales Problem wertete der Jurist und spätere Begründer der "Katholischen Fraktion" im preußischen Landtag *Peter Franz Reichensperger* (1810-1892) die soziale Frage.[50] Bereits in seinem 1847 erschienenen Buch über "Die Agrarfrage aus dem Gesichtspunkte der Nationalökonomie" unterschied er zwischen den segensreichen Wirkungen der Industrialisierung, der notwendigen freien Konkurrenz und der üblen Art und Weise, in der sich diese grundsätzlich positive Entwicklung vollzog. Das Wesen der proletarischen Lebenslage erkannte er in der absoluten Unmöglichkeit des Arbeiters, "durch Fleiß, Sparsamkeit und Wohlverhalten zu einer unabhängigen und gesicherten Stellung zu gelangen". Das Heilmittel für diese durch schrankenlose Ichsucht bewirkte Ausbeutung erblickte er in erster Linie in einem neuen christlichen Bewußtsein, jedoch nahm er sie auch als wirtschaftlich-gesellschaftliches Problem wahr, wenn er konkrete sozialpolitische Einrichtungen

---

[48] *Franz Joseph Buß*, Über die mit dem fabrikmäßigen Gewerbsbetrieb verbundenen Nachteile und die Mittel ihrer Verhütung, in: *Stegmann*, Franz Joseph v. Buß 1803-1878, 34-40.
[49] Ebenda 42f.
[50] Vgl. dazu: *Roos*, Kapitalismus, Sozialreform, Sozialpolitik, 67.

wie "Armenanstalten, Sparkassen, Assekuranzen [= Versicherungen, d.Verf.], Arbeitervereine"⁵¹ verlangte.

Friedrich Pilgram (1819-1890) tat einen wichtigen Schritt voran in der Beurteilung der sozialen Frage als religiöses und als gesellschaftlich-wirtschaftliches Problem. Der Glaube an die gesellschaftsformende Kraft der Kirche bestimmte das Denken auch dieses bedeutenden Laientheologen und ersten Chefredakteurs der Zentrumszeitung "Germania". So sah er in den 50er Jahren in der "Wiederein-führung der Kirche auch in die äußeren Umkreise des sozialen Lebens und industriellen Wirkens"⁵² das wichtigste Heilmittel des sozialen Übels.⁵³ Daneben stellte er jedoch ebenso klar, daß der Pauperismus "zunächst keine moralische und individuelle, sondern in ihrem spezifischen Charakter eine volkswirtschaftliche Krankheit der Gesellschaft" sei, die freilich im letzten auf die "im neuen Zeitgeist herrschenden antireligiösen und antikirchlichen Prinzipien"⁵⁴ zurückgehe. *Pilgram* machte auf den Warencharakter der Arbeit aufmerksam, forderte eine breite "Eigentumsstreuung" sowie den Ausbau der Gemeinde als sozialer Institution. Indem er darüber hinaus den Aufbau einer korporativen Gesellschaftsordnung empfahl, wurde als neuer Gesichtspunkt die Verbindung der sozialen Frage mit den gesellschaftlichen und ökonomischen Verhältnissen deutlich.⁵⁵

Vor allem als Agrarfrage erschien dem "Bauernkönig" genannten westfälischen Freiherrn *Burghard von Schorlemer-Alst* (1825-1895) die soziale Frage. In einer Aufsehen erregenden Schrift über "Die Lage des Bauernstandes in Westfalen, und was ihm not tut" suchte er 1862 der Öffentlichkeit und den Betroffenen selbst klarzumachen, wie dringend der kleine und mittlere Bauer einer wirksamen Hilfe und Sicherung bedürfe. Diese Programmschrift bemühte sich um eine sittlich-religiöse Erneuerung der Landbevölkerung; mit gleichem Nachdruck aber verlangte sie die Bildung von genossenschaftlichen Vereinigungen. In den "Promemoria und Motive(n) zu dem Statut für einen zu bildenden Bauernverein" faßte *Schorlemer-Alst* 1862 seine Überlegungen zusammen: Helfen könne nurmehr

"die Rückkehr zu einem gesunden korporativen Leben (...). Zur Korporation möge dann auch der bäuerliche Grundbesitz sich zusammenschließen, und wir werden bald die ihn bedrohenden Gefahren und Mißstände (...) sich mindern sehen. So ist denn auch unser Streben zu begründen, indem wir, unsere Korporation auf dem Boden des positiven Christentums errichten"⁵⁶

---

⁵¹ *Peter Reichensperger*, Die Agrarfrage aus dem Gesichtspunkte der Nationalökonomie, der Politik und des Rechts und in besonderem Hinblick auf Preußen und die Rheinprovinz, Trier 1847, 211 u. 214.
⁵² *Friedrich Pilgram*, Soziale Fragen betrachtet aus dem Prinzip der kirchlichen Gemeinschaft, Freiburg 1855, 13.
⁵³ Vgl. *Bernhard Casper*, Friedrich Pilgram, Graz 1970, bes. 28.
⁵⁴ *Friedrich Pilgram*, Pauperismus, in: Kirchen-Lexikon oder Encyklopaedie der katholischen Theologie und ihrer Hilfswissenschaften, hrsg. von *Heinrich Joseph Wetzer* und *Benedikt Welte*. Bd. 12, Erg., Freiburg 1856, 930-936, 931 u. 933.
⁵⁵ Vgl. bes. *Angelika Senge*, Kirche und Staat als Träger sozialer Reorganisation bei Friedrich Pilgram: JCSW Jg.18 (1977), 101-180, 121-151.
⁵⁶ Promemoria und Motive zu dem Statut für einen zu bildenden Bauernverein vom 20.05.1862, abgedruckt in: *Ferdinand Jacobs*, Von Schorlemer zur Grünen Front. Zur Abwertung des berufsständischen und politischen Denkens, Düsseldorf 1957, 95-98, Zitat 97f.

Schorlemer-Alst setzte seine Ideen ohne Zögern in die Tat um. Nachdem er den Mainzer Bischof *Ketteler* um seine sachkundige Meinung gebeten hatte, gründete er am 10. Juni 1862 in Wettringen im westfälischen Kreis Steinfurt den ersten Bauernverein und blieb bis zu seinem Tode der allseits akzeptierte Führer der christlichen Bauernvereine. Romantischer Einfluß ist unverkennbar. Darauf ist aber auch zurückzuführen, daß *Schorlemer-Alst* die sozialen Spannungen in seinem ländlichen Lebensbereich weniger ausschließlich mit einem religiös-moralischen Akzent versah.

Zur bedeutendsten Zeitschrift des sozialen Katholizismus avancierten in den beiden Jahrzehnten vor der Reichsgründung die "Historisch-Politischen Blätter" unter ihrem Schriftleiter *Joseph Edmund Jörg* (1819-1901). Zunächst griffen die "Historisch-Politischen Blätter" nur gelegentlich Fragen der Wirtschaft und des sozialen Lebens auf. Sie setzten dabei die soziale Frage noch weitgehend dem Problem der Armut gleich. Das soziale Elend sei ein Grundübel, "an dem nicht nur unsere Zeit, sondern die Menschheit überhaupt krankt und immer kranken wird", weil eben "Armut und Not (...) eine Naturordnung und göttliche Fügung"[57] seien. Entsprechend der allgemeinen katholischen Zeitauffassung versprachen sie sich eine Linderung des Elends nur durch die christliche Karitas. Sie setzten sich deshalb nachdrücklich für die in den Werken der Nächstenliebe sich betätigenden neueren Orden ein und förderten besonders die eben in Deutschland bekannt gewordenen "Vinzenz-Konferenzen". Nachdem *Jörg* 1852 die Redaktion übernommen hatte, rückte die soziale Frage in den Mittelpunkt des Interesses der "Historisch-Politischen Blätter". Unablässig machten sie auf die in weiten Kreisen noch unbekannte Existenz und auf die große Dringlichkeit der gesellschaftlichen Krankheit aufmerksam. Die Kernpunkte der sozialen Frage sahen die Blätter in der Aufspaltung des Volkes in eine reiche und eine arme Hälfte, in der Massenarmut der niederen Volksschichten und in den unmenschlichen Arbeitsbedingungen.

Sie meinten mit dem Pauperismus nicht jene "unverschuldete und selbst verschuldete Armut", die es immer gegeben habe und immer geben werde; "allein die Massenverarmung, das bitterste materielle und im Zusammenhange damit physische, intellektuelle und moralische *Elend von Millionen* Ebenbildern Gottes – das ist eine Errungenschaft unserer Zeit."[58] Wiedergaben amtlicher Berichte englischer Untersuchungskommissionen schilderten die unmenschlichen Arbeitsverhältnisse. Die ganze Gesellschaft sahen sie sich immer mehr in zwei Klassen aufteilen: "Sie heißen reich und arm, Besitzende und Besitzlose. Kapital und Arbeit waren (...) zu keiner Zeit (...) gesellschaftlich getrennt wie in unseren Tagen. In der ungeheuren Masse der Besitzlosen liegt die Arbeitskraft der Nation, diese Masse ist abgeschieden von den anderen."[59] Es sei eine traurige Tatsache, daß der mittlere Vermögensstand sich auflöse, damit eine kleine Minderheit im Gold schwimme, während die große Masse im äußersten Elend verkomme.

Die Schuld an diesen Zuständen gaben die "Historisch-Politischen Blätter" aber nicht dem technisch-wirtschaftlichen Fortschritt an sich, was bei der in kon-

---

[57] HPBl Jg.1 (1838), 161; Jg.3 (1839), 186.
[58] HPBl Jg.55 (1865), 129; vgl. auch: *Karl Heinz Grenner* (Hrsg.), Katholizismus und wirtschaftlicher Liberalismus in Deutschland im 19. Und 20. Jahrhundert, Paderborn 1998, 44f.
[59] HPBl Jg.51 (1863), 678; vgl. auch: Jg.57 (1866), 502.

servativen Kreisen weit verbreiteten Industriefeindschaft nicht selbstverständlich war. Vielmehr stellten sie als innere Gründe der sozialen Frage einmal das Verschwinden der alten Ständeordnung heraus – ohne jedoch zu bedenken, daß der technisch-wirtschaftliche Fortschritt notwendigerweise zur Auflösung dieser Ordnung führte – dann aber vor allem die Herauslösung des Selbstinteresses aus einem umfassenden sittlichen Ordnungsrahmen und das Streben nach unbegrenzter Kapitalvermehrung. Es ging ihnen um die Weise, wie das Maschinenwesen in die Industrie eingeführt wurde, um die Tatsache, daß die wirtschaftliche Umgestaltung keinen höheren sittlichen Bindungen mehr unterworfen sei.

"Der wahre Sitz des sozialen Leidens liegt in der *Entchristlichung der Gesellschaft*, in der Oberherrschaft der maßlosesten Selbstsucht, im Mangel an christlicher Nächstenliebe."[60] Eng damit verbunden war für sie die Umwandlung des Gewinnstrebens in eine autonome Dynamik des Kapitals: "Die Herrschaft des Kapitals wächst (...) auch ohne den subjektiv bösen Willen des einzelnen, aus und durch sich selbst, beherrscht und bemeistert immer mehr die Produktion."

Deshalb lehnten die "Historisch-Politischen Blätter" bloße Fürsorge etwa der Karitas oder der Inneren Mission als *Allheilmittel* der sozialen Krankheit entschieden ab. "Gänzliche Beseitigung des Proletariates ist das einzige Heilmittel." Sie verlangten die Eingliederung der Arbeiterschaft in die drei alten Stände der Bauern, der Bürger und des Adels. "Sobald die korporierten Stände dicht aneinander rücken, wird das Proletariat nach seinen Affinitäts-Verhältnissen in sie hineingedrängt und von ihnen aufgenommen."[61] Sie glaubten, in der Wiederherstellung der ständischen Gesellschaftsgliederung das wirksame Heilmittel zur sozialen Gesundung gefunden zu haben. Es wird deutlich, daß die Blätter die soziale Frage nicht als karitatives Problem und nicht nur als religiös-moralisches, sondern auch als gesellschaftliches und wirtschaftliches Problem beurteilen. Sie führten die Ansätze der Romantik weiter und bemühten sich neben der Gesinnungs- auch um eine *Zuständereform*.

Diese neue Beurteilung der sozialen Frage setzte sich allmählich im deutschen Katholizismus durch. 1863 verlangten auf der Versammlung katholischer Gelehrter in München der Kirchenhistoriker *Ignaz Döllinger* (1797-1890) und andere Redner, unter ihnen auch *Joseph Edmund Jörg*, vom Klerus gewisse nationalökonomische Grundkenntnisse und deshalb eine entsprechende volkswirtschaftliche Ausbildung.[62] Die Frankfurter Generalversammlung vom gleichen Jahr war der erste Katholikentag, auf dem man offiziell die Lage der Arbeiter als *Hauptproblem* der sozialen Frage ansprach.[63] "70 bis 80 Prozent der Gesamtbevölkerung unseres Staates" zählen zu dieser Klasse, "die gegenwärtig einen schweren Kampf um ihre Existenz kämpft und im Gegensatz zu allen anderen Klassen der Gesellschaft bei den herrlichen Fortschritten der Industrie trostlos in die Zukunft

---

[60] HPBl Jg.55 (1865), 287; vgl. Jg.36 (1855), 400f., auch: *Grenner*, Katholizismus und wirtschaftlicher Liberalismus, 31.
[61] HPBl Jg.36 (1855), 398; Jg.30 (1852), 774f.
[62] Vgl. Verhandlungen der Versammlung katholischer Gelehrter in München 1863, Regensburg 1863, 76-83.
[63] Das Jahr 1863 wird zum "Schwellenjahr" in der Geschichte des deutschen Sozialkatholizismus; vgl: *Roos*, Kapitalismus, Sozialreform, Sozialpolitik, 75.

schaut"[64]. Das sozialpolitische Hauptreferat hielt der Kölner Religionslehrer *Christian Hermann Vosen*, ein Freund *Adolph Kolpings*. Er distanzierte sich von der alten Zunftordnung und fand sich mit der Gewerbefreiheit ab.[65]

Nicht zuletzt aufgrund des großen Eindrucks, den das Auftreten des Mitbegründers der sozialdemokratischen Bewegung in Deutschland, *Ferdinand Lassalle* (1825-1864), in Frankfurt und Mainz im Jahr 1863 auf die Arbeiterschaft gemacht hatte, erkannte inzwischen auch Bischof *Wilhelm Emmanuel von Ketteler*, daß die alleinige Betonung der Gesinnungsänderung, die Forderung nach religiöser Erneuerung und die kirchliche Karitas der gesellschaftlichen Not nicht gerecht wurden. Vorbereitet und mit herbeigeführt wurde diese *Wende* zweifellos durch die vierzehnjährige Wirksamkeit im Bistum Mainz, wo sich *Ketteler* immer mehr mit jenen drängenden sozialen Problemen auseinandersetzen mußte, unter denen nicht nur die ihm anvertrauten Gläubigen zu leiden hatten. Ihren ersten Ausdruck fand seine neue Sehweise in der Schrift "Die Arbeiterfrage und das Christentum" von 1864. Den religiösen Heilungskräften maß der Bischof weiterhin einen Hauptanteil zu. Daneben forderte er jedoch ebenso nachdrücklich auch wirtschaftliche und soziale Reformen. Skeptisch stand der Bischof zu dieser Zeit einem staatlichen Eingreifen gegenüber, da nicht der Staat, sondern "die Kräfte, die im Christentum die Herzen bewegen"[66], diese Sozialreform durchführen sollten. Er erkannte den Kern der sozialen Frage in der proletarischen Lebenslage des Fabrikarbeiters, wies auf den Warencharakter der Arbeit hin und machte sich die Theorie *Lasalles* vom "Ehernen Lohngesetz" zu eigen: Die materielle Existenz des Arbeiters beruht auf seinem Lohn,

> "und der Arbeiterlohn bestimmt sich in *unserer Zeit* nach der Lebensnotdurft im strengsten Sinne, d.h. nach dem, was der Mensch an Nahrung, Kleidung und Obdach unumgänglich notwendig bedarf, wenn nicht seine physische Existenz vernichtet werden soll. Die Wahrheit dieses Satzes ist durch die bekannten Kontroversen zwischen *Lassalle* und seinen Gegnern so evident gemacht, daß nur die Absicht, das Volk zu täuschen, sie bestreiten kann (...). Das ist die Lage unseres Arbeiterstandes; er ist angewiesen auf den Arbeiterlohn; dieser Arbeiterlohn ist eine Ware; ihr Preis bestimmt sich täglich durch Angebot und Nachfrage; die Achse, um die er sich bewegt, ist die Lebensnotdurft; ist die Nachfrage größer als das Angebot, so steigt er etwas über diese Achse; ist das Angebot größer als die Nachfrage, so fällt er unter sie herab; die allgemeine Tendenz aber ist, wie bei der Ware, die Wohlfeilheit der Produktion; die Wohlfeilheit der Produktion ist hier Beschränkung der Lebensbedürfnisse; und so kann bei dieser ganz mechanisch-mathematischen Bewegung der Fall nicht ausbleiben, daß zuweilen selbst die äußerste Notdurft nicht mehr durch den Preis der Arbeit gedeckt werden kann, und daß ein Hinsiechen ganzer Arbeiterklassen und Arbeiterfamilien, ein langsames Verhungern derselben eintritt. Welch ein Zustand!"[67]

---

[64] Verhandlungen der 15. Generalversammlung der katholischen Vereine Deutschlands zu Frankfurt am Main 1863, Frankfurt a.M. 1863, 23.
[65] Vgl. zu Vosen: *Kracht*, Adolph Kolping, 425-427.
[66] *Ketteler,* Die Arbeiterfrage und das Christentum, 204.
[67] Ebenda, 125-127.

Fazit

Kettelers veränderte Sichtweise der Arbeiterfrage und seine Auseinandersetzungen mit *Lassalle* förderten eindeutig zutage, daß auch er – wie etwa bereits *Buß, Reichensperger, Pilgram, Schorlemer-Alst, Döllinger, Jörg* und die "Historisch-Politischen Blätter" vor ihm – die sozialen Mißstände nicht mehr als ein nur religiöses oder karitatives, sondern als ein wirtschaftliches, ja gesamtgesellschaftliches Problem betrachtete, das zu seiner Lösung nicht nur einer Gesinnungs-, sondern auch einer *Zuständereform* im umfassenden Sinn bedurfte. Dieser Trend läßt sich beispielhaft an den Bemühungen ablesen, die bislang punktuell erfolgenden karitativen Anstrengungen zu bündeln und zu strukturieren. Es kommt auf städtischer Ebene zu einer Vereinigung der karitativen Initiativen – wie 1896 erstmals in Essen – und 1897 zur Gründung des "Charitasverbandes für das katholische Deutschland" durch *Lorenz Werthmann* (1858-1921) mit Sitz in Freiburg.[68]

III. Von der ständisch-sozialen Reorganisation zur partiellen Gesellschaftspolitik

Die Vertreter der ständischen Gesellschaftskonzeption hatten die aufkommende katholisch-soziale Bewegung nachhaltig geprägt. Im Verschwinden der alten ständischen Ordnung der Gesellschaft sahen die Sozialkritiker der Romantik eine Kernursache der sozialen Frage. Das entscheidende Problem, vor dem man nun stand, lautete: Soll die Lösung der sozialen Misere durch eine völlige Neugestaltung der bestehenden Ordnung nach ständisch-korporativem Vorbild erfolgen, oder soll nur eine Beseitigung der Auswüchse auf dem Boden des bestehenden Wirtschaftssystems geschehen und damit auf gesellschaftspolitischem Weg?

1. Rückgriff auf das Ständekonzept

Zu Beginn des 19. Jhs. setzten sich im Katholizismus des deutschen Sprachraumes die Vertreter der romantischen Sozialkritik für die Erhaltung oder Wiederherstellung der alten herrschafts- bzw. berufsständischen Ordnung ein. Als wirksames Heilmittel gegen die Auflösung der Gesellschaft und die übersteigerte staatliche Zentralisation erachteten diese konservativen Zeitzeugen übereinstimmend die Stärkung und Neubelebung der mittelalterlichen Stände.[69]

Das konstituierende Ordnungsgesetz der ständischen Sozialverfassung, die sich in die großen Gruppen des Adels, der Freien und Unfreien gliederte, bildeten die Grundherrschaft und das Geblütsrecht. Diese beiden und nicht berufliche Tätigkeit oder persönliche Leistung entschieden über die Zugehörigkeit zu einem Stand bzw. zur herrschenden Schicht oder zur großen Masse der politisch und gesellschaftlich Minderberechtigten. Der Beruf wurde vielmehr von der jeweili-

---

[68] Vgl. *Heinrich Pompey*, Caritas, in: LThK³ II, 947-950. Der Verband heißt seit 1921 "Deutscher Caritasverband".
[69] Vgl. zu solchen Bestrebungen eines "Medioevalismus": *Roos*, Kapitalismus, Sozialreform, Sozialpolitik, 86-89 und *Nothelle-Wildfeuer*, Duplex ordo cognitionis, 340 passim (mit Bezug auf *Clemens Bauer*).

gen Standeszugehörigkeit bestimmt, nicht aber der Stand von der kleineren oder größeren beruflichen Leistung. Die Einordnung in einen Stand war dauerhaft und umfaßte alle Lebensbereiche. Sie wurde in der Regel durch die Geburt entschieden und war also erblich. Die horizontal geschichteten Stände befanden sich ihrerseits in einem hierarchischen Über- oder Unterordnungsverhältnis zueinander. Der Grundherr besaß "nicht nur eine wirtschaftliche Überlegenheit, sondern auch Verfügungsgewalt über Menschen"[70], die auf seinem Land und Boden lebten. "Stand" im soziologischen Sinne ist also eine der vorkapitalistischen Sozialstruktur angehörende Gesellschaftsschicht, die den einzelnen in einer alle Lebensbereiche umfassenden Weise dauerhaft integriert. Die Standesstruktur ist von einem Über- und Unterordnungsverhältnis gekennzeichnet und durchformt ein aus verschiedenen Gruppen bestehendes Sozialgefüge.

Die herrschafts- und geburtsständische Ordnung erfuhr eine gewisse Lockerung durch das Aufkommen des Berufes als ständebildenden Faktor, was mit der Entstehung des "demokratischen" Gewerbebürgertums seit dem Hochmittelalter verbunden war. Die Zünfte beruhten zunächst auf dem Grundsatz des freien Zusammenschlusses von Menschen mit gleichen wirtschaftlichen Interessen; allmählich setzten sich jedoch auch hier "die alten Kategorien des machtständischen Denkens"[71] durch. Bestehen blieb zudem die alle Lebensbereiche umfassende, feste und dauernde Einordnung des Individuums in seinen "Berufsstand" und die hierarchische Struktur des Gesellschaftsgefüges. Im folgenden wurde die Wahl des Berufes und damit indirekt auch die Standeszugehörigkeit wieder mehr oder weniger durch Geburt und Herkommen entschieden. Diese *berufsständische Ordnung* blieb also ständische Ordnung im strengen Sinn des Wortes. Es kam demnach letztlich zu keiner durchgreifenden Erneuerung des Systems.

Mit Enthusiasmus vertrat der Berner Staatsrechtslehrer *Carl Ludwig von Haller* (1768-1854) das herrenständische Sozialprinzip des Mittelalters. Die ständische Gliederung betrachtete er als Instrument in der Hand Gottes zur Leitung der Gesellschaft, und es schien ihm als göttliches Naturgesetz, daß die natürliche Überlegenheit und höhere Macht des Adels, der Geistlichkeit und des Beamtentums sowie das Schutz- und Leitungsbedürfnis der unteren Schichten in einer gegenseitigen Zuordnung stünden.[72] *Haller*, dessen Hauptwerk "Restauration der Staatswissenschaft" auch der Epoche den Namen gab, verlangte die Wiedereinführung der spätmittelalterlichen landständischen Verfassung und setzte damit der liberalen Forderung nach allgemeiner Gleichheit und Freiheit die Idee des Patrimonialstaates entgegen.

In der ständischen Schichtung des Mittelalters sah auch *Adam Heinrich Müller* die von Gott verfügte Gesellschaftsordnung. Er begründete sie jedoch nicht mehr nur mit dem herkömmlichen Argument, daß die monarchische Gewalt unmittelbar von Gott stamme und vom Herrschen an die einzelnen Stände in entsprechender Abstufung weiter delegiert werde, sondern mit volkswirtschaftlichen Überle-

---

[70] *Nikolaus Monzel*, Geburtsstände und Leistungsgemeinschaften, in: Ders., Solidarität und Selbstverantwortung, München 1959, 265-288, Zitat 267.
[71] Ebenda, 269.
[72] Vgl. *Carl Ludwig v. Haller*, Restauration der Staatswissenschaft. 6 Bde. Neudruck der 2. Auflage Winterthur 1820-1825, Aalen 1964; hier Bd. 1, 337; Bd. 2, 7-9, 61-69; Bd. 3, 239-373.

gungen.⁷³ *Müller* unterschied "geistiges Erfahrungs-Kapital" und "physisches Waren-Kapital" und nannte dann vier Faktoren des Nationalreichtums eines Volkes: "Land, Arbeit, physisches Kapital in Geld, geistiges Kapital in Rede, Wissenschaft und Schrift."⁷⁴ Dementsprechend suchte er das mittelalterliche Sozialgefüge von Adel, Klerus und Bürgerstand zu ergänzen durch die "Kaufmannschaft", den "Verkehr-Stand":

"Die drei Stände des Mittelalters (...) zeigen sich hier von neuem aus drei großen ökonomischen Ideen entspringend: das *Land,* in seiner hinlänglich erörterten bleibenden Natur, führt auf den *Adel,* die *Arbeit* auf den *Bürgerstand,* und das *geistige Kapital* und dessen Bewirtschaftung auf die *Geistlichkeit. – Das vierte Element,* Bewirtschaftung des physischen Kapitals und des Handels" ordnete *Müller* dem neuen, erst noch zu schaffenden "Verkehr-Stande" zu. Das "vollständige ökonomische Leben besteht aus eigentümlicher Entwicklung und Wechselwirkung vier ökonomischer Stände: Der Geistlichkeit, des Adels, der arbeitenden Bürgerschaft, und der echten, noch nicht existierenden Kaufmannschaft, oder des Lehr-, Wehr-, Nähr- und Verkehrstandes."⁷⁵

Müllers Gesellschaftskonzept trug nicht mehr vorwiegend herrschafts-, sondern vielmehr berufsständische Züge. Es berücksichtigte die wirtschaftliche Seite nicht nur, sondern bestimmte sie zur Basis seines Modells. Insgesamt blieb die Gesellschaft jedoch im konservativen Sinne eine ständische mit horizontaler Schichtung. Darüber hinaus forderte *Müller* eine neue geistige Haltung. Das materialistische Hasten nach dem bloßen Profit mache den Menschen zum Sklaven, ja zu einer toten Sache, und müsse deshalb durch "die Liebe zur Sache, d.h. zu Gottes Sache, zur Sache um Gottes willen"⁷⁶ ersetzt werden. Typisch für die Vertreter der Romantik sind ihre Versuche, mit *konkreten* Orientierungen der sozialen Frage Herr zu werden. Als praktischen Vorschlag empfahl *Müller* die Einrichtung von Sparkassen; "sie sollen dem einzelnen Arbeiter die Hand bieten, was er durch das Fabriksystem verloren hat, nämlich einen zuverlässigen Stand in der bürgerlichen Gesellschaft (un état, status) wieder zu erwerben"⁷⁷. Diese Initiative führte in Wien zur Gründung der "Ersten Österreichischen Sparkasse".

Zur Durchbrechung des puren herrschafts- und geburtsständischen Prinzips unternahm *Friedrich von Schlegel* (1772-1829) einen weiteren vorsichtigen Versuch. Auch er verweilte grundsätzlich auf dem Boden der ständischen Ordnung. Bei deren innerer Begründung ging *Schlegel* auch von den praktischen Erforder-

---

[73] *Adam v. Müller,* Über König Friedrich II. und die Natur, Würde und Bestimmung der Preußischen Monarchie, Berlin 1820, 60-91; *ders.,* Die Elemente der Staatskunst. 2 Halbbände, hrsg. von *Jakob Baxa,* Jena 1922, 1. Hlbbd., 175-191, 300f.; 2. Hlbbd., 33-37, 120-123. *Albrecht Langner,* Realsoziologische Kontexte am Beispiel der Konzeption Adam Müllers: Zur konservativen Position in der politisch-ökonomischen Entwicklung Deutschlands vor 1848, in: *Ders.,* Katholische und evangelische Sozialethik im 19. und 20. Jahrhundert, 21-79, 21-40. *Albrecht Langner,* Realsoziologische Kontexte am Beispiel der Konzeption Adam Müllers: Zur konservativen Position in der politisch-ökonomischen Entwicklung Deutschlands vor 1848, in: *Ders.,* Katholische und evangelische Sozialethik im 19. und 20. Jahrhundert, 21-79, 21-40.
[74] *Adam H. Müller,* Die Elemente der Staatskunst, hrsg. von *Baxa.* Hlbbd. 2, Jena 1922, 33.
[75] Ebenda, 35f., 41.
[76] *Adam v. Müller,* Schriften zur Staatsphilosophie, hrsg. von *Rudolf Kohler,* München o.J. (1923), 236.
[77] *Ders.,* Ausgewählte Abhandlungen, 131.

nissen des täglichen Lebens in einer agrarisch-handwerklichen Gesellschaft aus und suchte zudem das Prinzip der Vererblichkeit einzuschränken.[78]

Die Ständeidee *Franz von Baaders,* des – wie bereits erwähnt – bedeutendsten Sozialphilosophen der Romantik, durchlief drei Entwicklungsstufen. Bedeutsam für unsere Fragestellung ist die dritte und längste Phase, die etwa um das Jahr 1809 begann. *Baader* sah in dieser Zeit die ständische Sozialstruktur in erster Linie vom Gleichheitsprinzip des Liberalismus bedroht:

"Man muß sich nämlich überzeugen, daß ein einzelnes Individuum nicht durch seine individuelle Freiheit allein in bezug auf alle übrigen Individuen (...) schon völlig frei ist, falls es nicht zugleich auch irgendeine ständische oder korporative Freiheit in der Sozietät genießt, und daß folglich jene berühmte Gleichheit vor dem Gesetze, falls selbe zur Verkennung oder Nichtachtung des Rechts der Standschaft und Korporation mißdeutet und mißbraucht würde, gerade zu einem *Levelling*-System, oder zu einem – zurückführen würde. Denn die Freiheit des sozialen Lebens ist so wie die des organischen Lebens überhaupt nur durch Gliederung (subordinierende und koordinierende Korporation) bedungen."[79]

Damit diese Aufhebung der ständischen Ordnung verhindert werden könne, schlug *Baader* 1835 die Einführung der neuen Schicht der Arbeiterschaft in die ständisch strukturierte Sozialordnung vor. Das bedeutete die Schaffung neuer rechtlicher Strukturen der Gesellschaft. *Baader* ging es konkret um die "Repräsentation" und rechtliche Vertreter der Arbeiter in der Ständeversammlung. Die Anliegen der Arbeiter sollten "durch selbstgewählte Spruchmänner" öffentlich vorgetragen werden. Eine besondere Rolle sprach er dabei dem Klerus zu, der den selbstgewählten Vertretern der "Proletairs" in den Ständeversammlungen beigegeben werden sollte:

"Wenn nun schon die Proletairs als vermögenslos nicht gleiche Rechte der Repräsentation mit den vermögenden Klassen haben, so haben sie doch das Recht, in den Ständeversammlungen ihre Bitten und Beschwerden in öffentlicher Rede vorzutragen, das heißt, sie haben das Recht der Repräsentation als Advokatie, und zwar muß ihnen dieses Recht in konstituellen Staaten dermalen unmittelbar zugestanden werden, weil sie dasselbe bereits früher, wenn schon nur mittelbar, nämlich beim Bestande ihrer Hörigkeit, effektiv genossen haben. Diese Vertretung muß ihnen (...) durch selbstgewählte Spruchmänner eingeräumt werden, denen man aber als Anwälte weder Polizeibedienstete, noch überhaupt Bedienstete, noch Advokaten im engeren Sinne beigeben kann und soll sondern Priester, zu welchen sie auch allein ein Herz fassen können."[80]

Somit zeigte *Baader,* daß er größtenteils noch auf dem Boden einer herrschafts- und geburtenständischen Ordnung verharrte, da er Standort und Rang in der Gesellschaft nicht in erster Linie von der Leistung, sondern von der Zugehörigkeit zu einem Stand entscheiden ließ. Seine Bedeutung für die Geschichte der Ständeidee im 19. Jh. lag in der Erkenntnis, daß die "Klassengesellschaft" sich anschickte, die Ständeordnung abzulösen, wenngleich er die damit verbundene Auseinandersetzung nur als "Ständekämpfe" im Rahmen des hierarchischen Gesellschaftsgefüges deutete, um so die Entwicklung dilatorisch zu beeinflussen.

Die Vertreter der frühen katholischen Sozialkritik differenzierten dagegen ihre Auffassungen des ständischen Prinzips. *Franz Joseph von Buß* bezeichnete die

---

[78] Vgl. *Baxa,* Gesellschaft und Staat im Spiegel deutscher Romantik, Jena 1924, 94, 102.
[79] *Baader,* Gesellschaftslehre, 240.
[80] *Ders.,* Über das dermalige Mißverhältnis, in: TKSL II, 48f.

von der Romantik in "elegischer Sehnsucht nach einer organischen Sozialität" erstrebte "Rückbildung in das Mittelalter" als "im Ganzen unpraktisch" und "als eine einsame Anomalie"[81]. Er hatte erkannt, daß es keinen Sinn mehr habe, Pläne vorzulegen, deren "Grundlage der Verzicht auf das individuelle Interesse wäre", und sprach sich deshalb gegen die Wiedereinführung des "zu schroffer Monopolsucht verknöcherten Innungswesens des Mittelalters"[82] aus. Trotz dieser bedeutsamen Neuorientierung hielt *Buß* jedoch noch an einer ständisch geprägten Sozialstruktur fest.[83] Im Adel sah er die verbindende Mitte zwischen der ständischen Repräsentation der Vergangenheit und der allseitigen Vertretung der Gegenwart. Er anerkannte die Weitergeltung des Prinzips der Grundherrschaft und des Geblütsrechts und sah eine Ursache der sozialen Frage in der Auflösung der Ständeordnung:

"Unsere deutschen Staaten entwickelten sich aus der Grundherrschaft; daher ist eine Grundbedingung ihres Bestandes die Bewahrung der Natur eines ackerbauenden Staates. Das Grundeigentum ist die materielle Grundlage der höchsten Einrichtungen und Äußerungen unseres Staatslebens (...). Ein in seinen Folgen nicht zu berechnender Nachteil ist aber die durch die übertriebene Fabrikation entstehende Auflockerung des Verhältnisses der Stände der Staatsgesellschaft. Die neuere Zeit mit ihrem Trieb zur Desorganisierung der stets anwachsenden Bevölkerungsmasse hat die Abgeschlossenheit dieser Stände immer mehr aufgehoben."[84]

Buß war überzeugt, daß die gesellschaftliche Entwicklung nicht dem Zufall überlassen werden dürfe, sondern es seien "große Körperschaften mit freier selbständiger Gliederung zu gründen, gleich den alten Innungen, nicht mit dem Zwange, aber mit der Ehrenhaftigkeit derselben"[85]. Diese Korporationen sollten nach seiner Ansicht indes von der Eigeninitiative und -verantwortung kleiner und kleinster Kreise, letztlich vom frei entscheidenden Einzelmenschen getragen werden.[86]

Entsprechendes läßt sich bei den Überlegungen Bischof *Wilhelm Emmanuel von Ketteler*s feststellen. Wie *Buß* gelangte auch er zu keiner soziologisch exakten Fassung des Standesbegriffes. Unter "Stand" faßte *Ketteler* sowohl die mittelalterlichen Herrschafts-, Geburts- und Berufsstände wie auch die neu zu schaffenden Ordnungseinheiten zusammen. Er war sich dabei des Unterschiedes zwischen beiden "Ständen" zwar bewußt, ihm war jedoch nicht einsichtig, wer und was eindeutig zu den Ständen zu rechnen sei. Diese fehlende terminologische Schärfe war nicht zufällig, sondern erklärte sich daher, daß ständische und nichtständische Merkmale in seinem Ordnungbild zusammenspielten. So pries *Ketteler* die mittelalterliche Ständegesellschaft, beklagte ihre Zerstörung und bedauerte es,

---

[81] *Franz J. Buß*, Über den Einfluß des Christentums auf Recht und Staat, von der Stiftung der Kirche bis zur Gegenwart. Teil 1, Freiburg 1841, LXXXV.
[82] Die öffentliche Armenpflege. Von dem Herrn von Gérando. Im Auszug übersetzt und mit Anmerkungen begleitet von *Franz J. Buß*, in: *Stegmann*, Franz Joseph v. Buß 1803-1878, 71.
[83] Vgl. zur Buß'schen Ständeidee: *Bruno Lelieveld,* Die Wandlung der Ständeidee in der deutschsprachigen katholisch-sozialen Literatur des neunzehnten und zwanzigsten Jahrhundert bis zum Erscheinen der Enzyklika "Quadragesimo Anno" (1931), Bonn 1965, 190-209.
[84] *Buß,* Über die mit dem fabrikmäßigen Gewerbsbetrieb verbundenen Nachteile und die Mittel ihrer Verhütung, in : *Stegmann*, Franz Joseph v. Buß 1803-1878, 41
[85] Verhandlungen der 1. Versammlung des katholischen Vereines Deutschlands zu Mainz 1848, Mainz 1848, 121.
[86] Vgl. *Peter Langhorst,* Korporatismus/Korporativismus, in: LThK³ VI, 386.

daß es durch den Egoismus der Zünfte nicht zu deren ständischer Weiterbildung gekommen sei. Die vollkommenste Form der Volksvertretung war für ihn

"die altgermanische in der Gliederung der Stände. Zwar entsprachen die alten ständischen Verfassungen, namentlich in späterer Zeit, vielfach auch nicht mehr den wirklichen Verhältnissen (...). Man hätte eine neue Form nach denselben Grundsätzen für die jetzigen staatlichen Verhältnisse, mit Berücksichtigung aller wirklichen Berechtigungen machen sollen. Das hat man aber nicht getan und vielmehr den Boden der Geschichte und aller germanischen Institutionen verlassen."[87]

Das gesellschaftliche Ordnungsbild *Kettelers* zeigte somit noch ständische Merkmale im strengen Sinn des Wortes. Die Verklärung der hierarchischen Sozialordnung des Mittelalters oder der Versuch, die Reste der alten Stände weiterhin zu erhalten, waren zweifellos von dem Wunsch getragen, Stützen für eine Reorganisation der sich auflösenden Gesellschaft zu finden. – Indessen verdeutlichte *Kettelers* Bejahung des freien Arbeitsplatzes, seine Anerkennung des Rechtes des Individuums in Staat und Gesellschaft sowie die Forderung nach Selbsthilfe und freiem Zusammenschluß aufgrund gleicher wirtschaftlicher Interessen, daß die von ihm angestrebten "Stände" eher einen *genossenschaftlichen* als einen vornehmlich ständischen Charakter trugen.

Während der ersten eineinhalb Jahrzehnte ihres Bestehens strebten auch die "Historisch-Politischen Blätter" eine ständische Neuordnung der Gesellschaft an, wie sie nach ihrer Ansicht in idealer Weise das Mittelalter hervorgebracht hatte: straffer geburts- und herrschaftsständischer Gesellschaftsaufbau (Adel), aufgelockert durch das berufsständische Prinzip (Bürger und Bauern). Vom Geblütsrecht als solchem war zwar nicht mehr die Rede, und die Bedeutung der Grundherrschaft hatte sich ebenfalls abgeschwächt. An ihre Stelle traten jedoch die alle Lebensbereiche umfassende, feste und dauerhafte Einordnung des einzelnen in seinen "Berufsstand" sowie das Aufsichtsrecht und die Entscheidungsbefugnis des Standes in allen wichtigen Fragen wie Verehelichung und Standeszugehörigkeit. Besonders bemühten sie sich um

"die staatsrechtlich etablierte korporative Gliederung des Bürgerstandes (...). Also Korporierung aller einzelnen Kulturzweige des Bürgerstandes! Alle selbständigen Arbeiter eines Kulturzweiges Mitglieder der Korporation, alle unselbständigen von *ihr* abhängig, nicht nur z.B. bezüglich der Verehelichung, sondern auch hinsichtlich angemessener Sittenzucht (...). Und nicht nur die Handwerker, auch die *Fabrikherren* korporiere man, und mache der unsittlichen egoistischen Ausbeutung (...) dadurch ein Ende, daß man ihr Verhältnis zu den Fabrikarbeiten gesetzlich in einen auf lebenslängliche Treue gegründeten Dienst verwandle, und die resultierenden Pflichten der einzelnen Fabrikherren unter die solidarische Garantie der Korporation stelle."[88]

Auch der Adel sollte wieder auf seine alte ständische Grundlage gestellt und deshalb unerbittlich von allem "Quark des Titular-, Nominal- und Geldsackadels", mit dem sich die Idee des germanischen Rittertums nicht vertrage, gereinigt werden. Zur Sicherung seines politischen Gewichts hielten sie einen angemessenen Landbesitz für notwendig, da

---

[87] *Ketteler*, Die Arbeiterfrage und das Christentum, 171.
[88] HPBl Jg.30 (1852), 781f.

"der Adelsstand vor allem zur landständischen Repräsentation berufen ist, in der Eigenschaft der Unabhängigkeit aber nur dann die anderen Stände überbieten kann, wenn er sich bei seiner ursprünglich auf großen Grundbesitz basierten Institution erhält. Nur ein wahrer Grundadel kann im Staate sein, was er sein soll, und was weder Bürokratie noch vulgärer Konstitutionalismus sein können: eine Stütze der Throne gegen Angriffe von unten und ebenso der ritterliche Vertreter des öffentlichen Rechts und der Freiheit nach oben (...) endlich die historische und geborene Vertretung und Obrigkeit der Bauern". Grundsätzlich forderten sie, daß "den einzelnen Gliederungen auch volle Autonomie bezüglich ihrer Angehörigen zustehen muß, die eben durch sie den eigentlichen Ständen angegliedert werden. Dies muß zunächst bezüglich des Niederlassungs- und Verehelichungs-Rechts durchaus allgemeinen Einfluß üben."[89]

Wenn die "Historisch-Politischen Blätter" bei ihren Überlegungen zur Wiederherstellung einer ständischen Gesellschaftsordnung die wirtschaftliche Tätigkeit als ständekonstituierendes Moment auch quantitativ in den Vordergrund stellten, so lehnten sie doch Gewerbefreiheit, freie Wahl und Wechsel des Berufes ab. Arbeiter und Unternehmer sollten in einem lebenslänglichen gegenseitigen Dienstverhältnis unter Aufsicht und Garantie der Korporation stehen. Relativ deutlich erschien auch die Idee der Grundherrschaft sowie der hierarchischen Über- und Unterordnung der verschiedenen Stände. Obwohl gewisse Auflockerungen zweifellos vorhanden waren, so blieb doch die ständische Gesellschaftsordnung als solche gewahrt. – Etwa ab 1853 begann sich das Gesellschaftsbild der "Historisch-Politischen Blätter" langsam von "altständischen" Vorstellungen zu lösen und "ständisch-genossenschaftliche" Züge, die Formen der Interessenvertretung und Beteiligung ermöglichten, anzunehmen.

"Die Stände bestehen nicht mehr als besondere Körperschaften, und mit der Abgeschlossenheit derselben sind auch die Unterschiede der Sitte, des äußeren Lebens und der gegenseitigen Stellung der einzelnen Menschen verschwunden. Keiner gibt heutzutage zu, daß ein anderer ursprünglich über ihn gestellt sei, und keiner betrachtet sich als untergeordnet von Geburt aus." Daraus zogen sie die Folgerung, daß von dem sog. Patrimonialstaat nur noch "alte Diener kleiner Herren träumen. Der Staatsmann kann diese Träume nicht teilen, er müßte denn seine Zeit am hellen Tage verschlafen. Eine Vertretung der Interessen ist eine unabwendbare Notwendigkeit und eine tätige Teilnahme des Volkes an öffentlichen Dingen ist eine vollendete Tatsache geworden. Man mag über die Formen ungewiß sein, man mag die moderne Vertretung nach der Kopfzahl verwerfen; die Mitwirkung zu der Gesetzgebung und die Kontrolle des Staatshaushaltes durch die Regierung ist nun einmal ein bleibendes Ergebnis der Fortschritte des öffentlichen Lebens (...), ein jeder will mitreden und mithandeln, denn ein jeder hält sich für vollkommen mündig; und dieses positive Ergebnis der Bewegung unserer Zeit wird keine Erziehung und keine Einrichtung mehr aufheben. Wollt ihr nicht eine geordnete Mitwirkung des Volkes, so habt ihr die Anarchie."[90]

Die intensive Beschäftigung mit dem Assoziationswesen Ende der fünfziger und in den sechziger Jahren ließ die Abkehr der "Historisch-Politischen Blätter" von den alten Formen der ständischen Gesellschaftsordnung noch deutlicher werden. Für die Organisation und Ausgestaltung der Genossenschaften befürworteten sie eine Mischung von demokratischen, aristokratischen und monarchischen Elementen. Man dürfe sich dabei nicht auf eine Form festlegen; es seien vielerlei Arten möglich. Der ständische Akzent blieb freilich auch hier vorherrschend.

---

[89] HPBl Jg.30 (1852), 799f.
[90] HPBl Jg.41 (1858), 73, 76f.

Insgesamt betrachtet, bestand das Gesellschaftsbild der "Historisch-Politischen Blätter" somit aus ständisch-korporativen und genossenschaftlich-leistungsgemeinschaftlichen Elementen. Es lag damit zwischen der Ständeverfassung im engen Sinn des Wortes und der leistungsgemeinschaftlichen Konzeption der neueren katholischen Soziallehre. Bei dieser Weiterentwicklung ließen sich die Blätter weniger von sozialphilosophischen als vielmehr von pragmatischen Erwägungen leiten. Das schmälert indes ihre Bedeutung nicht, die darin lag, daß sie mithalfen, die katholisch-soziale Bewegung allmählich von den "altständischen" Vorstellungen wegzuführen und in ihr genossenschaftliche Ideen zu fördern.

Zu einem gewissen Abschluß kam die Entfaltung der Ständeidee mit *Karl Freiherr von Vogelsang* (1818-1890), jenem preußischen Publizisten und konservativen Sozialpolitiker, der seit seiner Konversion zum katholischen Glauben im Jahre 1850 in Österreich lebte. Er hinterließ kein größeres Werk. Seine Beiträge sind verstreut in verschiedenen Zeitungen und Zeitschriften, von denen besonders die von ihm selbst herausgegebene "Österreichische Monatsschrift für Christliche Social-Reform, Gesellschafts-Wissenschaft, volkswirthschaftliche und verwandte Fragen" zu nennen ist, die in Wien von 1879 bis 1890 erschien.[91]

In seiner Gesellschaftskonzeption fügte *Vogelsang* den historischen Ständen – unter dem mittelbaren Einfluß *Adam H. Müllers* – den Begriff des "Berufsstandes" hinzu. Er verstand darunter den Zusammenschluß all jener, welche die gleiche gesellschaftliche Arbeit leisteten. Der Zusammenschluß sollte derart erfolgen, "daß jeder Berufsstand Unternehmer und Arbeiter zu solidarischen Formen, ,Korporationen', verbindet"[92]. Hinter diesem formalen Fortschritt in der soziologischen Begriffsbestimmung des "Berufsstandes" stand jedoch ein sachlicher Rückschritt. *Vogelsang* betrachtete die ständische Gesellschaft des Mittelalters als richtungsweisend für jede Neuordnung. Im Gegensatz zu *Buß* und *Ketteler* lehnte er das privatwirtschaftliche Gewinnstreben und damit auch in gewissem Sinne das individuelle Leistungsprinzip ab und setzte an ihre Stelle die Beurteilung der Arbeit nach ihrer Bedeutung für die Volkswirtschaft eines Landes. Zu den historischen Ständen des Mittelalters kam als neuer "der Stand der an der Großindustrie Beteiligten"[93] hinzu. Durch "Konstituierung eines ideellen Mitbesitzes" im Sinne "fester Zugehörigkeit zum Werke"[94] aufgrund der Arbeitsleistung im jeweiligen Unternehmen sollte die Arbeiterschaft organisch in die korporativ organisierte Großindustrie und damit in eine den gewandelten Verhältnissen entsprechende Ständeordnung eingegliedert werden. Zu den Unternehmern sollte sie in

---

[91] Bis 1883 hieß die Zeitschrift "Österreichische Monatsschrift für Gesellschafts-Wissenschaft und Volkswirthschaft".

[92] Vgl. *Wiard Klopp,* Leben und Wirken des Sozialpolitikers Karl Freiherr v. Vogelsang, Wien 1930, 445f. Einen Querschnitt durch seine schriftlichen Arbeiten enthält der Band "Gesammelte Aufsätze über sozialpolitische und verwandte Themata" von Frhr. C. v. Vogelsang. Augsburg 1886. Eine systematische Darstellung bietet *Wiard Klopp*, Die sozialen Lehren des Freiherrn Karl v. Vogelsang. Grundzüge einer christlichen Gesellschafts- und Volkswirtschaftslehre aus dem literarischen Nachlasse desselben, St. Pölten 1894 (= *Klopp*, Lehren Bd. 1); zweite neu bearbeitete Auflage Wien, Leipzig 1938 (= *Klopp*, Lehren Bd. 2). Neuerdings mit einigen Originaltexten: *Erwin Bader* (Hrsg.), Karl v. Vogelsang. Die geistige Grundlegung der christlichen Sozialreform, Wien 1990.

[93] *Klopp*, Lehren Bd. 2, 313.

[94] *Carl v. Vogelsang*, Maschine und Arbeit, in: Österreichische Monatsschrift für Christliche Social-Reform, Gesellschafts-Wissenschaft, volkwirthschaftliche und verwandte Fragen 8 (1886) 121-134, Zitat 131.

eine Art Gesellschaftsverhältnis treten. *Vogelsang* führte als Beispiel einen französischen "Entwurf einer industriellen Korporation" an:

"Eine Anzahl Unternehmer des gleichen Produktionszweiges vereinigen sich zu einer Korporation, welcher sich auch die Arbeiter der betreffenden Unternehmungen nach und nach anschließen, anfangs auf Grund der Aufforderung durch die Unternehmer, später auf Grund eines die Eintrittsbedingungen regelnden Statutes. Die Unternehmer bilden aus Eigenem den Grundstock eines Korporationsvermögens, das dann durch regelmäßige Beiträge der Unternehmer wie der Arbeiter der Korporation vermehrt wird. Dasselbe bildet ein gemeinsames unveräußerliches, unteilbares Eigentum der Korporation, so daß auch bei einem etwaigen Eingehen eines oder aller der Korporation angehörigen Industrieunternehmen der oder die Unternehmer ihren Anteil nicht mehr zurückerhalten (...). Die Verwaltung wird von einem aus Unternehmern und Arbeitern bestehenden Syndikat geführt. Die Arbeiterschaft ist hierarchisch zu gliedern, ihr die aufsteigende Bewegung im Stande auf Grund ihrer Leistungen, ihrer Arbeitsjahre, bestimmter Prüfungen und dergleichen zu sichern (...). Das Aufsteigen in der Korporation bis zum Syndikat werden Vertreter der industriellen Korporationen in die Gemeinde-, die Bezirks- und so weiter -Vertretungen gewählt." Gegen diesen Korporationsentwurf erhob *Vogelsang* lediglich den Einwand "von dem Ungenügen des Freiwilligkeits-Prinzips" und verlangte deshalb, die Fabrikbelegschaft "zu einer industriellen Familie mit dem Unternehmer, diese Familien eines gewissen Industriezweiges und eines historisch abgegrenzten Territoriums endlich zu einer Genossenschaft gesetzlich zu vereinigen."[95]

Im Königtum, das – wie *Vogelsang* meinte – eine geordnete Einheit und ein abgestuftes Zusammenwirken über Adel, Klerus und "Wehrstand" bis hin zu den "Produktivständen" zu garantieren vermochte, sah er einen Rest der mittelalterlichen Identität von Politischem und Sozialem und die Spitze der gesellschaftlichen Stufenordnung.[96]

Nach *Vogelsang* waren somit die Stände das gesamte öffentliche Leben ihrer Glieder umgreifende Ordnungseinheiten. Der einzelne hatte nur als Glied seines Standes an der gesellschaftlichen Geltung teil. Seine Vorstellungen kann man deshalb als den Entwurf einer "berufsständischen Ordnung" im strengen Sinn des Wortes bezeichnen.[97]

In diesem Kontext sei noch die Ständeidee des jungen Priesters und späteren Sozialpolitikers *Franz Hitze* (1851-1921) erwähnt.[98] Unter dem Einfluß *Vogelsangs* strebte er eine Wiederherstellung der ständischen Gesellschaftsordnung an, allerdings unter Anpassung an die geänderten sozialen und wirtschaftlichen Verhältnisse sowie auf der Grundlage der modernen industriellen Welt und deren wirtschaftlichen Interessen. In seinem Buch "Kapital und Arbeit und die Reorganisation der Gesellschaft", das er nach intensiver Lektüre des "Kapitals" von *Karl Marx* (1818-1883) verfaßt hatte, schrieb er:

"Die *Lösung* der sozialen Frage beruht wesentlich und allein, so scheint uns, in der Reorganisation der Berufs-Stände. Wir wollen mehr oder weniger, um es gleich zu gestehen, die Wiederherstellung der mittelalterlich-zünftigen Gesellschaftordnung." Wir dürfen sie "nicht einfach repristinieren wollen – wir wollen sie auf erweiterter wirtschaftlicher und demokrati-

---

[95] *Klopp*, Lehren Bd. 1, 466f., 469.
[96] Ebenda, 391; vgl. *Karl v. Vogelsang*, Staatssozialismus und soziales Königtum, in: *Ders.*, Gesammelte Aufsätze, 225-243.
[97] Vgl. näherhin: *Bader*, Karl v. Vogelsang, 144-170.
[98] Grundsätzlich zu *Hitzes* Entwicklung: *Franz Josef Stegmann*, Franz Hitze und die katholisch-soziale Bewegung, in: Gesellschaft im Test Jg.34 (1994), 34-43.

scher Grundlage (...). Nun, es gibt unterschiedene ‚ständische Interessen', unterschiedene ‚ständische Interessen' verlangen unterschiedenes, ‚ständisches Recht', dieses unterschiedene, ‚ständische' Recht kann nur unter fest geordneter Mitwirkung der Stände geschaffen werden: die Konsequenz ist klar (...). Wir haben demnach sieben Stände: den Stand der Groß- und des Kleingrundbesitzes, des Groß- und des Kleingewerbes, des Groß- und des Kleinhandels, endlich den des Arbeiterstandes."[99]

Mit Produktions- und Absatzprivilegien der Innungen sollte sich die Wirtschaft nach dem Zunftprinzip organisieren. Auch die Freiheit der Standeswahl erkannte *Hitze* an. Damit lehnte er das Geblütsrecht klar ab und schränkte die Zuständigkeit der Stände auf den wirtschaftlichen Bereich der Mitglieder ein. Die Stände sollten "anstatt der religiösen die wirtschaftlichen Interessen in den Vordergrund stellen", und sie sollten "auf *demokratischer* Grundlage ruhen, *allen* zum Eintritt offen stehen"[100]. Weiter verlangte Hitze, die hierarchische Über- und Unterordnung der "Berufsstände" durch eine "vertikale" Gleichberechtigung zu ersetzen:

"Alle ‚Interessen' sind *gleichberechtigt, weil gleich notwendig* für Gesellschaft und Staat (...). *Kein* Stand soll majorisiert, terrorisiert werden. Im *‚Gleichgewicht'* der Stände soll auch das Gleichgewicht und der Friede der Gesellschaft gesichert sein."[101]

Indem die Ständeidee *Hitzes* von Anfang an vorwiegend "nichtständische" leistungsgemeinschaftliche Merkmale trug, setzte er sich von den Ideen seiner Vorgänger, besonders denen *Vogelsangs*, ab und entwickelte sie fort. Wegen seines zunehmenden politisch-gesellschaftlichen Einflusses bedeutete das die endgültige Überwindung "altständischer" Ideen im sozialen Katholizismus.

Gleichsam als Zusammenfassung dieses Kapitels läßt sich die folgende schematische Darstellung[102] verstehen. Nicht chronologisch, sondern systematisch geordnet, zeigt sie die ideengeschichtliche Entwicklung des Ständekonzepts in der katholisch-sozialen Bewegung.

---

[99] *Franz Hitze*, Kapital und Arbeit und die Reorganisation der Gesellschaft. Vorträge, Paderborn 1880, IV, 404, 406.
[100] Ebenda, 447, 449.
[101] Ebenda, 407.
[102] Das Schema geht auf eine Anregung von stud.theol. *Andreas Joksch* zurück.

Die Entwicklung der Ständeidee in der katholisch-sozialen Bewegung

Carl Ludwig von Haller (1768-1854):
- Ständische Gliederung als Instrument in der Hand Gottes zur Leitung der Gesellschaft („göttliches Naturgesetz")
- Idee des Patrimonialstaates

Friedrich von Schlegel (1772-1829)
- Einschränkung des Prinzips der Vererblichkeit
- Kooperationsidee

Franz von Baader (1765-1841):
- Rechtliche Eingliederung der Arbeiterschicht
- Rechtsanspruch auf eine Arbeitervertretung in der ständischen Gesellschaft

Adam Müller (1779-1829):
- Ständische Schichtung in von Gott verfügter Gesellschaftsordnung (bereits volkswirtschaftl. Überlegungen)
- Kaufmannschaft (Verkehr-Stand) neben Adel, Klerus und Bürgerstand

Karl Frhr. von Vogelsang (1818-1890):
- Hinzufügung des Begriffs des „Berufsstandes"
- Solidarische Korporationen aus Unternehmern und Arbeitern
- Beurteilung der Arbeit nach ihrer Bedeutung für die Volkswirtschaft
- neuer „Stand der an der Großindustrie Beteiligten"

F. Joseph Ritter von Buß (1803-1878):
- Adel: verbindende Mitte
- Weitergeltung des Prinzips der Grundherrschaft und des Geblütsrechts
- Bildung großer Körperschaften mit freier selbständiger Gliederung (Grundlage: Prinzip der freien Einung und der Leistung)

Wilhelm E. Frhr. von Ketteler (1811-1877):
- Berufs- und Gewerbefreiheit/Möglichkeit des sozialen Aufstiegs auf Grund der Rechte des freien Mannes
- Bildung von Produktivassoziationen

Franz Hitze (1851-1921):
- Wirtschaft nach dem Zunftprinzip organisiert mit Produktions- und Absatzprivilegien der Innungen
- Freiheit der Standeswahl
- Ablehnung des Geblütsrechts und Einschränkung der Zuständigkeit der Stände auf den wirtschaftlichen Bereich der Mitglieder (eigener Arbeiterstand)
- hierarchische Über- und Unterordnung der „Berufsstände" durch eine vertikale Gleichberechtigng ersetzen

---

herrschafts- und geburtsständisch

↓

ständisch/ berufsständisch

↓

berufsständische Ordnung

↓

ständisch-genossenschaftliche Ordnung

↓

genossenschaftliche Ordnung

↓

nichtständische, leistungsgemeinschaftliche Ordnung

↓

Historisch-Politische Blätter (gegründet 1838):
- straffer geburts- und herrschaftsständischer Gesellschaftsaufbau, aufgelockert durch das berufsständische Prinzip
- kein Geblütsrecht, Bedeutung der Grundherrschaft abgeschwächt
- „Berufsstand" und Aufsichtsrecht/Entscheidungsbefugnis des Staates
- Ablehnung von Gewerbefreiheit, freier Wahl und Wechsel des Berufes
- Arbeiter und Unternehmer in einem lebenslänglichen, gegenseitigen Dienstverhältnis unter Aufsicht und Garantie der Korporation

Historisch-Politische Blätter (etwa ab 1853):
- Erfolglosigkeit der christlichen Fabriken: Abkehr vom politischen Ständestaat
- Organisation und Ausgestaltung der Genossenschaften: demokratisch, aristokratisch, monarchisch
- Hinwendung zu Genossenschafts- und Assoziationsbestrebungen, gegen die Lassallesche Forderung nach staatlicher Intervention
- Selbsthilfe: Koalitions- und Streikrecht; freie Einung auf Grund gemeinsamer wirtschaftlicher Interessen

---

endgültige Überwindung altständischer Ideen

2. Versuche einer ständisch orientierten "christlichen Fabrik"

Um die Mitte des 19. Jhs. kam es in Deutschland zu Versuchen, der in der Folge der raschen Industrialisierung auftretenden sozialen Misere mit der Gründung von "christlichen Fabriken" zu begegnen. Die Industriebetriebe sollten auf religiöser Grundlage bzw. mit religiöser Sinngebung ihrer Aufgabe nachgehen.

Als Vorbild dienten dabei Unternehmungen des mittelalterlichen Humiliatenordens in Oberitalien. Humiliatenbruderschaften, d.h. fromme Laien, Männer und Frauen und solche, die in ihren Familien ein religiöses Leben führten, existierten schon vor 1178 und waren von lombardischen Adeligen gegründet worden. Als religiöser Orden wurden sie 1201 organisiert. Als Hauptaufgabe hatte sich die Gemeinschaft Buße und gemeinsame Handarbeit gesetzt. In ganz Oberitalien bildete die Genossenschaft einen wirtschaftlichen Zusammenschluß gegen das aufkommende Manufakturwesen; sie errichtete vornehmlich Tuchmanufakturen, wobei die Humiliatenkleriker gegenüber den Laienbrüdern oft geradezu unternehmerische Funktionen ausübten. Nachdem es zu Spannungen mit dem päpstlichen Stuhl gekommen war – schon 1148 war im Zusammenhang mit den Waldensern eine Exkommunikation ausgesprochen worden, wurde der Orden, dem man Verweltlichung und Mißbrauch einer beträchtlichen wirtschaftlichen Machtstellung vorwarf, 1571 von *Pius V.* aufgehoben.[103]

1851 machte das von *Adolph Kolping* redigierte "Rheinische Kirchenblatt" auf ein Beispiel einer "christlichen Fabrik" aus neuerer Zeit aufmerksam. Um die Mitte des 18. Jhs. habe *Johann Philipp von Horn-Goldschmidt*, Generalvikar der Erzdiözese Köln, eine Baumwollspinnerei und eine Weberei gegründet, um darin arbeitslose Arme zu beschäftigen. Eigentümer blieb er selber, die technische Leitung hatte ein erfahrener Meister, während ein Geistlicher als Inspektor für die religiöse Betreuung verantwortlich war. Doch der Einzug der Franzosen während der Revolutionskriege gegen Ende des Jhs. bereitete der Fabrik ein gewaltsames Ende.

Zwei Jahre später griffen die "Historisch-Politischen Blätter" in einem ausführlichen Artikel die Idee der "christlichen Fabrik" auf, wohl angeregt durch den Bericht des "Rheinischen Kirchenblattes". Deren besondere Bedeutung erblickten sie in dem Versuch, den Beziehungen zwischen Arbeitern und Unternehmern, die der Kapitalismus lediglich auf "bloß materieller und pecuniärer Grundlage" gestalte, eine "religiös-sittliche Grundlage" zu geben: *Horn-Goldschmidt* habe

"in seiner Fabrik ein solches, auf religiös-sittlicher Grundlage ruhendes Verhältnis zwischen Arbeitsherrn und Arbeiter in seinen Anfängen hergestellt, und auf Grundlage desselben stand er zu seinen Arbeitern in einer Beziehung, die im Keime das enthält, was die obrigkeitliche Würde, Stellung und Charakter des christlichen Ritters und Patrons, seinen Untergebenen gegenüber, ihrem innern und edlen Gehalte nach ausmacht. In dieser Herstellung eines solchen Patronats-Verhältnisses im Gebiete der größeren Industrie erblicken wir die besondere Bedeutung der Horn-Goldschmidtschen Arbeitsanstalt."[104]

Der Arbeiter werde hier nicht mehr als bloßer Kostenfaktor und als Mittel zur Erzielung eines möglichst großen Gewinnes betrachtet, sondern die "christliche Fabrik" sehe ihre vornehmste Aufgabe in der Förderung seines zeitlichen und

---

[103] Vgl. *Herbert Grundmann*, Religiöse Bewegungen im Mittelalter, Hildesheim 1961, 72-91.
[104] HPBl Jg.31 (1853), 533f.

ewigen Heiles. Deshalb sprachen die "Historisch-Politischen Blätter" dem Versuch grundsätzliche Bedeutung zu. Unverkennbar bleibt indes das ständische Moment bestehen. In der "christlichen Fabrik" meinten die Blätter allerdings eine zeitgemäße Umwandlung und Anpassung des mittelalterlichen Ständewesens an die moderne Industriegesellschaft gefunden zu haben. An die Stelle des ehemaligen Grundherrn solle der neue "Arbeitsherr" treten. Die äußeren Formen, etwa die Zunftordnung, müßten aufgegeben werden, der Kern aber solle bleiben. Damit vertraten sie ein religiös durchformtes ständisches Herrschafts- und Patronatsverhältnis.

In einem Aufsatz über "Die Industrie und die Seelsorge in den Fabriken" verlangte 1854 der Mainzer "Katholik" eine betont klösterliche Gestaltung und Führung industrieller Betriebe. Er forderte den täglichen Besuch der Messe vor der Arbeit. Auf dem Weg zur Fabrik und nach der Arbeit sollte gemeinsam gebetet werden. Die Katholiken sollte man in eigenen Räumen unterbringen. Während der Arbeit sollten Lesungen und Betrachtungen abgehalten sowie geistliche Lieder gesungen und Litaneien gebetet werden. Die Schriftleitung hat das allzu Naive dieser Wünsche jedoch wohl gesehen und konnte deshalb in einer redaktionellen Vorbemerkung ein Fragezeichen nicht unterlassen.[105]

1863 berichtete schließlich der Graubündener Kapuzinerpater *Theodosius Florentini* (1806-1865), Generalvikar der Diözese Chur, auf dem Katholikentag in Frankfurt über seine in klösterlichem Geist geführten Genossenschaftsbetriebe, die dortigen Tagesordnungen, Andachten usw.:

"Weil die Fabrikdirektoren kostspielige Leute sind, (...) habe ich barmherzige Schwestern hingeschickt, damit sie die Fabrik in ein Kloster umwandeln. (...). Unter ihnen stehen ein Direktor, ein Manipulant und verschiedene Arbeiter, welche die Sache verstehen. Und wie geht es nun? Die Einrichtung ist folgende: morgens 6 Uhr – wir fangen nicht um 5 Uhr an – also morgens erscheinen die Arbeiter, dann wird gemeinschaftlich in einem Saal das Morgengebet verrichtet und das ANGELUS DOMINI gebetet. Darauf geht man an die Arbeit, wie in anderen Fabriken; die Schwestern gehen in den Sälen auf und nieder und geben darauf acht, daß die Hausordnung gehörig beobachtet wird; gegen 11 Uhr sammeln sich die Arbeiter im gleichen Saale und gehen nach kurzem Gebet zum Mittagessen nach Hause, erscheinen um 1 Uhr und scheiden um 7 Uhr wieder, nachdem sie gemeinschaftlich gebetet haben."[106]

Florentini sah in diesen klösterlichen Fabriken einen Beitrag der Kirche zur Lösung der sozialen Frage: "Wir dürfen dieser Erscheinung nicht müßig zusehen, sondern da Gott seiner heiligen Kirche und darin uns allen die Aufgabe gegeben und die Mittel, wodurch wir in der Arbeiterfrage Ersprießliches leisten können, so dürfen wir nicht bei bloßen Worten, bei bloßen Wünschen stille stehen; sondern wir müssen angreifen." Deshalb seine Forderung: "Es müssen die *Fabriken zu Klöstern werden!*" Über das Ergebnis seiner Bemühungen berichtete *Florentini*:

"124 Arbeiter haben tägliche Beschäftigung, guten Lohn und sind christlich behandelt (...). Es ist für die Arbeiter eine Krankenanstalt eingerichtet worden, in welcher Pflege, Betten, Heizung und Licht unentgeltlich gegeben werden. Die Fabrik hat uns in den Stand gesetzt,

---

[105] Vgl. Der Katholik Jg.34 (1854), 368-376 (NF Bd. 2).
[106] Verhandlungen der 15. Generalversammlung, 267f.

die Krankenpflege in Privathäusern einzurichten in dieser Ortschaft, in welcher oft in einem einzigen Zimmer Vater, Mutter und 5 – 6 Kinder untereinander wohnen müssen."[107]

So gründete *Florentini* nacheinander eine Baumwollweberei, eine Druckerei und Buchbinderei sowie eine Wolltuch- und Papierfabrik, die allerdings seinen Tod nicht lange überdauerten. – Auf dem Katholikentag, der 1865 in Trier stattfand, gedachte man des inzwischen verstorbenen Pater *Theodosius*: Wenn er mit seinen Unternehmungen "auch nicht immer gute Geschäfte gemacht hat, wie es die Welt versteht, so hat er doch damit sein *Hauptgeschäft:* die sittliche Erhaltung unseres katholischen Volkes gut gemacht"[108]. 1867 machte der aus dem Kreis um *Florentini* stammende *Michael Würtz* auf dem Innsbrucker Katholikentag den Vorschlag, Häuser zu bauen, in denen die Arbeiter unter geistlicher Leitung wohnen sollten, und den entsprechenden Lohn direkt von der Firma an die betreuenden Schwestern zu übergeben. – Im selben Jahr verlangte "Der Katholik" in einem Aufsatz "Zur sozialen Frage" die Bildung von Produktivgenossenschaften katholischer Arbeiter, die dann durch "einen katholischen Orden, durch geschäftskundige Ordensleute"[109] geleitet werden sollten.

Fazit

Für alle Versuche, "christliche Fabriken" zu gründen, war die Erkenntnis leitend, daß mit karitativer Fürsorge und barmherzigem Engagement allein die soziale Frage nicht mehr zu beheben war. Ihr letztlicher Mißerfolg machte aber auch deutlich, daß die unmittelbare Integration von religiösen Vorstellungen zwar gut gemeint war, sie den ökonomischen Erfordernissen nicht gerecht wurden. Außerdem verwies das Scheitern darauf, daß eine direkte Beeinflussung der Industrie durch die Kirche nicht erreichen konnte, die Arbeiter zu gläubigen Christen zu machen.

3. Kontroversen um Liberalismus und Kapitalismus

Eng verknüpft mit der Grundfragestellung dieses Kapitels, ob die Überwindung der sozialen Not durch eine ständisch geprägte Sozialreform oder auf Basis der bestehenden Wirtschaftsordnung auf gesellschaftspolitischem Weg erfolgen soll, war die Diskussion im sozialen Katholizismus um Akzeptanz oder Verwerfung der *liberalen* Wirtschafts*verfassung*.[110] Die unterschiedliche Beantwortung der Frage "Umfassende Sozialreform oder partielle Sozialpolitik?" trennte die konservative von der liberalen Richtung innerhalb der katholisch-sozialen Bewegung im letzten Drittel des 19. Jhs. Den Kernpunkt bildete dabei die Beurteilung des

---

[107] Verhandlungen der 15. Generalversammlung, 267f.
[108] Verhandlungen der 17. Generalversammlung der Katholischen Vereine Deutschlands 1865 in Trier, Trier 1865, 33.
[109] Der Katholik Jg.48 (1868), 319-351, Zitat 332f. (NF Bd. 2).
[110] Vgl. näherhin: *Karl Heinz Grenner,* Einleitung, in: *Ders.*, Katholizismus und wirtschaftlicher Liberalismus, 9-14.

Liberalismus im allgemeinen[111] und die des Wirtschaftsliberalismus im besonderen. Der grundsätzlichen Ablehnung der kapitalistischen Gesellschafts- und Wirtschaftordnung durch die konservativen Sozialreformer[112] stand eine mehr oder weniger weitgehende Anerkennung durch die liberalen Sozialpolitiker gegenüber.

a) Kritik an der liberalen Wirtschaftsordnung

Kritisch – wohl bedingt durch seine ständischen Vorstellungen und auch durch sein soziales Engagement – stand fast der gesamte deutsche Katholizismus lange Zeit dem Wirtschaftsliberalismus gegenüber. Noch vor Erreichen des Höhepunkts der "industriellen Revolution" in der zweiten Jahrhunderthälfte wandte sich *Wilhelm Emmanuel von Ketteler* in seinen Mainzer Adventspredigten von 1848 gegen das absolute Eigentumsrecht, einen der Grundpfeiler der kapitalistischen Wirtschaftsordnung, und markierte damit den Beginn der kirchlichen Auseinandersetzung mit dem Wirtschaftsliberalismus. In Anlehnung an *Thomas von Aquin* erklärte er, daß der eigentliche Eigentümer aller Güter nach katholischer Lehre Gott sei, daß ein menschlicher Besitzer nur "Verwalter" und zum "Fruchtgenuß" berechtigt sei:

"Nimmermehr kann die Kirche dem Menschen das Recht zuerkennen, mit den Gütern der Welt nach Belieben zu schalten und zu walten, und wenn sie vom Eigentume der Menschen spricht und es beschützt, so wird sie immer die drei, ihren Eigentumsbegriff wesentlich konstituierenden Momente vor Augen haben, daß das wahre und volle Eigentumsrecht nur Gott zusteht, daß dem Menschen nur ein Nutzungsrecht eingeräumt worden, und daß der Mensch verpflichtet ist, bei der Benutzung die von Gott gesetzte Ordnung anzuerkennen (...). Der berüchtigte Ausspruch: das Eigentum ist Diebstahl! ist nicht bloß eine Lüge, er enthält, neben einer großen Lüge, zugleich eine furchtbare Wahrheit."[113]

1864 wandte sich *Ketteler* in seiner Schrift "Die Arbeiterfrage und das Christentum" strikt gegen die allgemeine Gewerbefreiheit und das Wettbewerbsprinzip. Den übrigen liberalen Forderungen wie Freizügigkeit, unbeschränktes Verehelichungsrecht und individuelle Selbsthilfe gestand er zwar manches Berechtigte zu, lehnte aber ihre Grundlage ab:

"Unbedingte und allgemeine Gewerbefreiheit muß mit mathematischer Notwendigkeit, mit derselben Konsequenz, mit der zwei mal zwei vier macht, die allgemeine Konkurrenz unter den Arbeitern hervorrufen; die höchste Stufe der allgemeinen Konkurrenz muß aber den Arbeiterlohn auf die unterste Stufe herabdrücken. Damit haben wir den einen Grund der Lage des Arbeiterstandes in den modernen Staaten angesprochen, es ist die allgemeine Gewerbefreiheit." Den anderen liberalen Vorschlägen liege "eine ganz mechanisch rationalistische Auffassung, wie sie dieser ganzen Partei eigen ist, zugrunde (...). Diese ganze Pulverisierungsmethode, diese chemische Auflösung des ganzen Menschengeschlechtes in Individuen, in gleichmäßige Staubteile, in die Atome unserer materialistischen Naturanschauung, damit dann der Wind diese Staubteile über die ganze Erde bald so, bald so verteilen kann, ist aber

---

[111] Vgl. *Wilhelm Weber*, Liberalismus, in: *Rauscher*, Der soziale und politische Katholizismus, 265-293.
[112] Vgl. *Clemens Bauer*, Der deutsche Katholizismus und die bürgerliche Gesellschaft, in: *Ders.*, Deutscher Katholizismus. Entwicklungslinien und Profile, Frankfurt a.M. 1964, 28-53, 44-46.
[113] *Ketteler*, Die großen sozialen Fragen der Gegenwart, 92, 96.

ebenso unwahr wie ihre Grundlage und Voraussetzung. Die Menschen sind eben nicht lediglich Zahlen von ganz gleichem Werte."[114]

Hinter dieser Ablehnung des Wirtschaftsliberalismus läßt sich deutlich jene ständische Gesellschaftskonzeption erkennen, die Gemeingut der frühen katholisch-sozialen Bewegung war.

Zu den Vorkämpfern der Ablehnung des Wirtschaftsliberalismus gehörten die "Historisch-Politischen Blätter". Besonders seitdem *Joseph Edmund Jörg* 1852 die Redaktion übernommen hatte, sahen sie ihren Hauptgegner im Liberalismus und griffen immer wieder dessen wirtschaftliche Ordnungsvorstellungen an.[115] Diese grundsätzliche Haltung machte es den "Historisch-Politischen Blättern" unmöglich, der Entwicklung von der ständischen Sozialreform zur neuen Gesellschaftspolitik zu folgen. Ihr Ziel war die Beseitigung der Wirtschafts- und Sozialordnung des Liberalismus und der Wiederaufbau einer korporativen Gesellschaftsverfassung. Einer wie immer gearteten staatlichen, ja selbst einer betrieblichen Sozialpolitik standen sie mehr als skeptisch gegenüber. Dem Arbeiter würde dadurch nicht geholfen, sondern nur das kapitalistische System gestärkt. Die "Historisch-Politischen Blätter" fanden es bedauerlich, daß es auch katholische Anhänger des liberalen Ökonomismus gebe, obwohl er doch bereits widerlegt sei.

In den siebziger und achtziger Jahren war der geistige Führer der sozialkonservativen Richtung *Karl Freiherr v. Vogelsang*. Als Chefredakteur der Wiener Tageszeitung "Vaterland" und Herausgeber der "Österreichischen Monatsschrift für Christliche Sozial-Reform" übte er eine kompromißlose Kritik am ökonomischen Liberalismus und Kapitalismus:

"Das kapitalistische Wirtschafts- und Sozialsystem, welches jetzt die ganze zivilisierte Welt absolut beherrscht, heute jedoch den Kulminationspunkt seiner Herrschaft bereits überschritten hat und dem Untergange zueilt, steht in einem unversöhnlichen Widerspruch zu der gesamten ethischen Veranlagung des Christentums. Ein dauerndes Nebeneinander beider entgegengesetzter Systeme ist unmöglich."[116]

Die ständische Reorganisation der Gesellschaft blieb das Ziel der sozialreformerischen Bemühungen *Vogelsangs*. "Der einzige sichere und unter allen Umständen widerstandsfähige Damm ist ein korporativ geordnetes Volk." Deshalb müsse "das Ständeprinzip, als ein Naturgesetz des Menschen, von neuem zur Geltung gelangen"[117]. Einfluß übten – wie schon an früherer Stelle aufgezeigt – die Ideen *Vogelsangs* auf den jungen *Franz Hitze* aus. Bereits sein 1877 erschienenes Buch "Die soziale Frage und die Bestrebungen zu seiner Lösung", noch mehr aber das Werk "Kapital und Arbeit und die Reorganisation der Gesellschaft" von 1880 unterzogen das System des Wirtschaftsliberalismus einer ähnlich scharfen Kritik. Wie *Vogelsang*, den er noch 1893 in Bamberg seinen Lehrmeister nannte, glaubte auch *Hitze*, nur die "Reorganisation der Stände" könne sowohl das Chaos des Kapitalismus wie den radikalen Sozialismus überwinden. Seine Überlegungen gingen von der Ansicht aus,

---

[114] *Ketteler*, Die Arbeiterfrage und das Christentum, 129, 135f.

[115] Vgl. auch: *Grenner*, Katholizismus und wirtschaftlicher Liberalismus, 31.

[116] *Carl v. Vogelsang*, Zins und Wucher. Ein Separatvotum in dem vom deutschen Katholikentage eingesetzten sozialpolitischen Comité, Wien 1884, 3. Vgl. *Bader*, Karl v. Vogelsang, 99-120.

[117] *Klopp*, Lehren. Bd. 1, 93.

"daß die heutige gesellschaftliche Ordnung, allein bestimmt durch die Konkurrenz, als ‚Ordnung' nicht genüge (...). Man glaubt nicht mehr an die liberale ‚Freiheit', an die ‚Harmonie der Interessen' (...). Wir wollen ‚sozialistische' Bindung der gesellschaftlichen Kräfte gegenüber der gesellschaftlichen Auflösung des ‚Liberalismus'. Wir wollen ständische ‚Gliederung' der Gesellschaft, gegenüber der Unterschiedslosigkeit des sozialistischen Volksstaates. Wir wollen ‚ständische Freiheit und Gleichheit', sowohl rechtlich, gegenüber ‚junkerlichen Reaktionsbestrebungen', als auch faktisch, gegenüber dem Lohnsklaventum des liberalen Kapitalismus."[118]

Für die Hinnahme oder Ablehnung der liberalen Sozial- und Wirtschaftsordnung war die Frage nach der Erlaubtheit des Zinses und des Lohnvertrages von besonderer Bedeutung. *Vogelsang* verteidigte nachdrücklich die Idee des Gesellschaftsvertrages. Unternehmer und Arbeiter sollten sich nicht mehr als feindliche Klassen gegenüberstehen, die im kapitalistischen Lohnvertrag jeweils Arbeit kaufen bzw. verkaufen. Beide Seiten sollten vielmehr in einem Gesellschaftsverhältnis als gleichberechtigte Partner ihre Arbeit und ihr Kapital zusammenlegen:

"Es lassen sich auch auf dem Boden der modernen Großindustrie Einrichtungen treffen, mittels derer die Arbeiterschaft wieder organisch in die zu errichtenden industriellen Körperschaften eingegliedert wird und zu den Unternehmern in eine Art Gesellschaftsverhältnis treten kann."[119]

Einen "alten naturrechtlichen Gedanken", der "im Bewußtsein des abendländischen christlichen Volkes ruhe"[120], nannte *Vogelsang* dieses Gesellschaftsverhältnis zwischen Arbeitern und Unternehmern. Der Dominikaner *Albert Maria Weiß* (1844-1925), Professor für Sozialwissenschaft in Fribourg und die zweite führende Gestalt im konservativen Lager, betonte die naturrechtliche Begründung des Gesellschaftsvertrages noch stärker: "Das Verhältnis von Arbeit und Kapital in jedem Kapitalgeschäft ist, wie wir das bereits festgestellt haben, in seinem Grunde wenigstens, das der Gesellschaft."[121]

Ebenso eindeutig war die Ablehnung des Zinses. *Vogelsang* – und in ähnlicher Weise auch *Weiß* – ließ keinen Unterschied zwischen erlaubtem Zins bei einem Produktivdarlehen und verbotenem Wucher im Falle eines Notdarlehens gelten, im Gegenteil:

"Der Zins bei Produktiv-Darlehen (...) ist sozial noch weit verderblicher als der grausamste Wucher beim Not-Darlehen: Er hat die ganze Volkswirtschaft vergiftet, die soziale Moral so zerstört, daß nur bei einzelnen noch eine Erinnerung daran geblieben ist. Und an dieser Sünde muß die Gesellschaft zugrunde gehen."

Weiter war es für *Vogelsang* unbestreitbar, daß die Kirche den Zinsbezug immer verboten habe und das dieses Verbot im Naturrecht begründet sei. Es bestand für ihn kein Zweifel:

"1. Daß von jeher im Sinne des kanonischen Rechtes und der christlichen Moral Zins aus dem Darlehensvertrage und Wucher identisch sind.

---

[118] *Hitze*, Kapital und Arbeit, IIIf., VIf.
[119] *Klopp*, Lehren. Bd. 1, 464.
[120] Ebenda, 534.
[121] *Albert Maria Weiß*, Die Gesetze für Berechnung von Kapitalzins und Arbeitslohn, Freiburg 1883, 6. Vgl. ferner: *Hans Karl Thomanek*, Der Gesellschaftsvertrag bei Bischof Ketteler und in der Gegenwart, Innsbruck 1991.

2. Daß die Kirche unablässig bis auf diese Stunde den Zinsbezug aus dem mutuum [= Darlehen, d.Verf.] autoritativ verboten hat.
3. Daß dieses Verbot aus dem Naturrecht hervorgeht (...).
5. Daß der Zinswucher der Kardinalpunkt der ganzen sozialen Frage und die Wurzel des herrschenden sozialwirtschaftlichen Verderbens ist."[122]

In starkem Maße beeinflußte das Programm der ständischen Gesellschaftsreform die Beratungen der "Freien Vereinigung katholischer Sozialpolitiker", deren Mitglieder überwiegend der konservativen Richtung angehörten. Ihr Sprachrohr war die von *Vogelsang* redigierte "Österreichische Monatsschrift für Christliche Social-Reform". Das Gremium hatte sich auf Grund einer Anregung des Frankfurter Katholikentages von 1882 zusammengetan und tagte unter Leitung von *Karl Heinrich Fürst zu Löwenstein* (1843-1921) von 1883 bis 1888. Bezeichnenderweise waren in diesem konservativen Kreis neben sozialreformerischen auch politische Motive wirksam. So bezeichnete *Löwenstein* als Gründe für die gemeinsame Arbeit:

"1. Um das Leben im katholischen Volke zu stärken und unter beständiger Führung zu erhalten; 2. um der Regierung gegenüber die politische Bedeutung der Katholiken zu wahren und zu erhöhen; 3. um der sozialen Revolution entgegenzuwirken, eventuell aber, um Einflüsse auf die revolutionäre Bewegung zu gewinnen, welche im Interesse der katholischen Kirche zu verwerten sind (...). Können wir die soziale Reform nicht mehr verhindern, so müssen wir uns wenigstens zu ihrem Herrn machen."[123]

Nach vier Tagen intensiven Konferierens 1883 auf Schloß Haid in Nordböhmen verabschiedete man die sog. "Haider Thesen" zum einen über die *Arbeiterfrage,* zum anderen über die dazu in enger Beziehung stehende *Handwerkerfrage.* Deutlich erkennbar war der Einfluß von *Vogelsang* und *Weiß*, aber auch der von *Hitze*, der ebenfalls an den Beratungen in Haid teilnahm.

Die den *"Arbeitsvertrag"* betreffenden Formulierungen wandten sich strikt gegen das bindungslose Prinzip der Vertragsfreiheit, das den Beginn des 19. Jhs. kennzeichnete. Die Arbeit sei keine Ware, über die per "Kauf und Verkauf" bestimmt werden könne, sie sei vielmehr die "sittliche Betätigung der menschlichen Kraft", die "nicht in das Eigentum eines anderen übertragen werden kann". Der Arbeitsvertrag solle auf gesetzlicher Basis geregelt, nicht als "Mietvertrag", sondern als *"Lohnvertrag"* aufgefaßt werden. Dabei versteht sich der Lohn als "Äquivalent alles dessen (...), was der Arbeiter dafür bietet". Die Kategorie der "Gerechtigkeit" solle beim Bemessen der Lohnhöhe helfen. Drei heute noch maßgebliche Eckwerte des gerechten Lohns wurden bereits von den "Haider Thesen" formuliert:

---

[122] *Vogelsang*, Zins und Wucher, 26,91.

[123] Zit.n. *Paul Siebertz*, Karl Fürst zu Löwenstein, München 1924, 215f.

- Lohn als Lebensgrundlage zur Existenzsicherung,
- Lohn als Basis des Familienunterhalts,
- Lohn als Quelle für Sparguthaben.

Zur praktischen Durchsetzung empfahl das Komitee die Schaffung einer *"korporativen Organisation der Großindustrie"* und die Einrichtung eines "korporativen Versicherungswesens (...) als praktisches Mittel, diese korporative Organisation anzubahnen". Die Arbeiter der Großindustrie sollten sich "stufenweise" gliedern, das Komitee sprach von einer Lehr- bzw. Ausbildungszeit, vom Schutz vor Rückstufung des geschulten Arbeiters und forderte *"Arbeiterkammern* der allgemeinen wirtschaftlichen Interessenvertretung" der Lohnabhängigen. Um den drohenden Verfall des Handwerks und dessen Proletarisierung aufzuhalten, schlugen die "Haider Thesen" zwei sich ergänzende Lösungswege vor: Der eine führt über ein aufzubauendes, funktionsfähiges *Innungswesen*, der andere über *staatspolitische* Maßnahmen und Förderungen.

1. Die Innung solle sich durch die Errichtung von "Handwerksgerichten" und "Handwerkskammern" strukturieren, und ihr sollten alle Meister, Gesellen und Lehrlinge angehören. Neben der Überwindung "materialistischer Anschauungen" sowie der Rückführung zur religiösen Grundeinstellung bestimmten die "Hebung des Standesbewußtseins, Obsorge für die Solidität der von Innungsmeistern erzeugten Produkte, Regelung der Beziehungen der Lehrlinge, Gesellen und Meister untereinander und zur Innung, Fürsorge für die eigenen Notleidenden (sowie) die Errichtung von gewerblichen Fachschulen" den Aufgabenbereich der Innung.
2. Der Staat habe nach den Beschlüssen von Haid die Aufgabe, durch *kuratives* Handeln das Arbeiten der Innung zu unterstützen: Auf flankierende rechtliche Maßnahmen wie etwa die "Einführung der obligatorischen Sonn- und Feiertagsruhe, Erlaß eines Markenschutzgesetzes (...), gesetzliche Regelung des Submissionswesens (...), Regelung der Absatzverhältnisse" solle er sich beschränken. Auch *karitatives* Eingreifen durch Vereinsförderung oder die "Errichtung von Lehrlingsanstalten und Gesellenhospizen", die auch der Gemeinschaft und "religiösen Entwicklung" der Innungsangehörigen dienen sollen, mache den staatlichen Aufgabenbereich aus.[124]

Die "Haider Thesen" veröffentlichte *Vogelsang* in seiner Monatsschrift[125] als das katholische Sozialprogramm und rief damit Widerspruch hervor. Die 1869 gegründete und renommierte "Kölnische Volkszeitung" erklärte in einem Aufsatz "Zu dem Haider sozialpolitischen Programm"[126], das Zusammenwirken von Arbeitern und Unternehmern müsse keineswegs in jedem Falle im Rahmen eines Gesellschaftsverhältnisses erfolgen. Ausführlich setzte sich der Jesuitenpater *Augustin Lehmkuhl* (1834-1918) mit den Forderungen der katholisch-konservativen Richtung auseinander. Er gab zu, daß der Gesellschaftsvertrag zwischen Kapital und Arbeit rechtlich möglich und vielleicht auch wünschenswert sei, aber "unrichtig wird's, wenn man behauptet, weder der freie Wille beider Kontrahenten könnte und dürfte eine andere Verbindungsform von Kapital und Arbeit herbeiführen, noch könnten jemals die äußeren Umstände sich derartig gestalten, daß von selbst entweder Kapital oder Arbeit der herrschende, der andere der dienende

---

[124] Vgl. Die sozialpolitischen Beschlüsse von Haid, in: TKSL II, 287-291; dazu: *Peter Langhorst*, Fürst Löwenstein, die Haider Thesen und Rerum novarum, in: StZ Bd.209 (1991), 857-859.
[125] Österreichische Monatsschrift für christliche Social-Reform Jg.5 (1883), 343-347.
[126] Kölnische Volkszeitung Nr. 207 v. 06./07.08.1883.

Faktor würde."[127] *Lehmkuhl* betonte, daß der Lohnarbeitsvertrag nicht als in sich unsittlich abgelehnt werden könne, und er bestritt, daß der Gesellschaftsvertrag aus naturrechtlichen Gründen gefordert werden müsse.

Grundsätzliche Einwände erhob *Lehmkuhl* auch gegen das Verlangen eines totalen Zinsverbots. Die Kirche habe zwar immer den Wucher verurteilt, nicht aber den Zins und vor allem nicht den Zins in jenem Sinn, wie ihn die moderne Volkswirtschaft verstehe. Man müsse deshalb bei der Beurteilung "auf die veränderte wirtschaftliche Lage zurückgreifen, welche eine gewinnbringende Verwendbarkeit des Geldes ganz allgemein gemacht hat: Diese gewinnbringende Verwendbarkeit des Geldes bewirkt", daß man "ohne Ungerechtigkeit eine Vergütung fordern darf"[128].

Was die Kirche in früheren Zeiten unter *Darlehen* (mutuum) und *Wucher* (usura) verstanden habe, sei deshalb mit modernem Zins nicht identisch. In den "Christlich-Sozialen Blättern", dem 1868 von *Joseph Schings* und *Nikolaus Schüren* in Aachen begründeten Organ der christlich-sozialen Vereine Westdeutschlands, nannte ein "Offener Brief" an *Albert Maria Weiß* die Thesen vom absoluten Zinsverbot und von der naturrechtlich geforderten Ablösung des Lohnvertrages durch einen Gesellschaftsvertrag die "neueste soziale Beunruhigung des christlichen Gewissens"[129]. Das Buch "Die Gesetze für Berechnung von Kapitalzins und Arbeitslohn", in dem *Weiß* diese Thesen vortrug, wurde von der Redaktion im Rahmen einer ausführlichen Inhaltsangabe vorgestellt und eindeutig abgelehnt.

b) Ansätze eines "christlichen Liberalismus"

Die hinter der kapitalistischen, freien Wirtschaftsweise stehende Philosophie des klassischen Liberalismus hatte die volle Unabhängigkeit und Selbstbestimmung des Einzelmenschen in allen Lebensbereichen zum entscheidenden sozialen Prinzip erhoben. In einer bis auf das Mittelalter zurückgehenden Geschichte war er aus dem Zusammenfluß verschiedener geistiger Strömungen zu einer der bedeutendsten der abendländischen Welt herangewachsen. Mitbestimmt wurde diese Entwicklung durch die Reaktion gegen eine oftmals unzulässige Abwertung der irdischen Wirklichkeit gegenüber der Übernatur, gegen die Einschränkung der individuellen Freiheit durch eine teilweise religiös sanktionierte ständische Gesellschaftsordnung sowie gegen eine nicht selten falsch verstandene Bindung des freien menschlichen Geistes an vorgegebene Normen. Die Entstehung des Liberalismus war so ein Teil des umfassenden, die Neuzeit prägenden Säkularisierungsprozesses.[130] Er vollzog sich nur zum geringen Teil innerhalb, zum großen Teil außerhalb des kirchlichen Raumes und oft gegen die Kirche. Dies trug dazu bei,

---

[127] *Augustin Lehmkuhl*, Zur Arbeiterfrage, in: Stimmen aus Maria-Laach Jg.25 (1883), 225-249, 233.
[128] *Lehmkuhl*, Deutung oder Mißdeutung der kirchlichen Vorschriften über Zins und Wucher, in: Stimmen aus Maria-Laach Jg.28 (1885), 1-16, Zitat 8.
[129] Christlich-Soziale Blätter Jg.16 (1883), 528-539.
[130] *Schatz*, Zwischen Säkularisation und Zweitem Vatikanum, 22-31; auch: *Langner*, Säkularisation und Säkularisierung im 19. Jahrhundert.

daß die Mehrheit der kirchlichen Vertreter und des Katholizismus auch im 19. Jh. nicht Vorkämpfer, sondern Gegner des Liberalismus war.

Als symptomatische Beispiele seien in diesem Zusammenhang lediglich die Rundschreiben "Mirari vos" von 1832 und "Singulari nos" von 1834 genannt, in denen *Papst Gregor XVI.* anläßlich der Verurteilung des katholischen Liberalismus in Frankreich Gewissens- und Meinungsfreiheit verwarf, die Enzyklika "Quanta cura" *Pius' IX.* von 1864, die Gewissens-, Kultus- und Meinungsfreiheit ablehnte, sowie der *Syllabus*, der im gleichen Jahr jede Aussöhnung mit der modernen Zivilisation, dem Liberalismus und dem Fortschritt verurteilte.

Wenn sich die Päpste damit auch vor allem gegen jene Gesellschaftstheorie aussprachen, welche die Kirche der gesellschaftlichen Entwicklung unterordnete und ihre soziale Stellung verkannte, so trafen diese Verdikte doch den *Liberalismus* schlechthin und in allen Ländern.

In der deutschen sozialkatholischen Szene wandten sich führend die "Historisch-Politischen Blätter" gegen den Liberalismus und dessen politische Ordnungsvorstellungen:

Im Gegensatz zur christlich-germanischen Anschauung, nach der der Staat im "Willen Gottes" ruhe, sei der liberale Staat nur auf dem Willen der "herrschenden Masse" gegründet. Statt auf den "ethischen Gesamtwillen" stütze er sich auf den "subjektiven Willen der einzelnen oder der summierten Individuen" und damit wesentlich auf Willkür und Egoismus. Der moderne Staat fühle sich deshalb "an keine Treuepflicht, keine Wahrheit und Gerechtigkeit, sondern nur an seinen Eigenwillen gebunden."[131]

Schon *Franz Joseph von Buß* hatte 1851 die eigentliche Ursache der sozialen Frage in dem unchristlichen Individualismus erblickt, der "seit drei Jahrhunderten (...) alle Verhältnisse des Lebens verrenkt"[132]. Eine ähnlich scharfe Kritik übte später *Karl von Vogelsang*:

"Der Liberalismus mit seinem Grundsatz der Subjektivität als Ausgangspunkt des Denkens, des Rechtes und der Freiheit führt notwendig zum Übergewicht des Egoismus in allen Handlungen der Menschen; zu einem rücksichtslosen Kampf ums Dasein." Schaffe man keine wirksame Abhilfe, so würden "sich bald nur noch zwei Klassen von Menschen in erbitterter Todfeindschaft gegenüberstehen: ausbeuterische Unternehmer, die sich im rasenden Weltkonkurrenzkampf gegenseitig wirtschaftlich abwürgen, und ausgebeutete Arbeiter, auf deren materielle und sittliche Unkosten jener Konkurrenzkampf gekämpft wird."[133]

Eine solche undifferenzierte Verneinung der "modernen Ideen" verurteilte auch deren nach katholischer Auffassung durchaus wahren Kern. Sie übersah, daß die Dinge dieser Welt ihre spezifische Ordnung und ihren Eigenbereich haben. Die christliche Offenbarung hat durch ihre Unterscheidung zwischen religiösem und profanem Bereich jede sozialmonistische Verschmelzung von Geistlichem und Weltlichem, wie sie etwa der antike Staatskult verlangte, unmöglich gemacht. Freiheit und Würde der Person, die für den Christen letztlich auf der Tatsache beruhen, daß jeder Mensch ein einmaliges Ebenbild seines göttlichen Schöpfers ist und sich frei für oder gegen ihn entscheiden soll, sind Forderungen, die ein

---

[131] *Langner*, Säkularisation und Säkularisierung im 19. Jahrhundert (1867), 482-486.
[132] *Franz J. Buß*, Die Aufgabe des katholischen Teils deutscher Nation in der Gegenwart oder, der katholische Verein Deutschlands, Regensburg 1851, 79.
[133] *Klopp*, Lehren. Bd. 1, 26, 207.

areligiöser wie auch ein recht verstandener "christlicher Liberalismus" gemeinsam erheben. Die Gedanken eines solchen Liberalismus waren indes dem zeitgenössischen Katholizismus keineswegs völlig fremd. In der wissenschaftlichen Theorie leistete hier die "Tübinger Schule" Pionierarbeit. Der Moraltheologe *Franz Xaver Linsenmann* (1835-1898) etwa wandte sich 1868 gegen die Behauptung, daß "aller und jeder Liberalismus, der Liberalismus in jedem Sinne (...) unmittelbar als Unchristentum, näherhin als Abfall vom katholischen Autoritätsprinzip gelte". Man tue dem Liberalismus Unrecht, "wenn man ihm lediglich und durchweg unchristliche, destruktive oder radikale Bestrebungen zuschreiben wollte"[134].

Kein Gegner eines so verstandenen "christlichen Liberalismus" war auch Bischof *Ketteler*. In seiner Schrift "Freiheit, Autorität und Kirche" bekannte er 1862:

"Die Worte Fortschritt, Aufklärung, Freiheit, Brüderlichkeit, Gleichheit haben einen erhabenen, himmlischen, göttlichen Sinn." Zu dem Verhältnis von Kirche und profaner Wirklichkeit meinte er: "Die Lehrautorität der Kirche bezieht sich ausschließlich nur auf die Lehre Christi und der Apostel (...). Alles andere auf allen Gebieten der Wissenschaft ist der freiesten Forschung überlassen. Ebenso ist es mit der Hirtengewalt der Kirche." Ihre Aufgaben seien übernatürlicher Art. "Die ganze natürliche Ordnung ist von ihrer Disposition unabhängig."[135] Der von konservativen Katholiken verfochtenen "Idee einer christlich autoritativen Leitung der bürgerlichen Gesellschaft"[136] setzte *Ketteler* die Forderung nach einer Trennung von kirchlicher und weltlicher Gewalt entgegen. Denn die staatliche Autorität erwachse aus der vom Schöpfer grundgelegten "natürlichen Ordnung der Dinge (...). In dieser Hinsicht ist der Staat vollkommen unabhängig von der Kirche in demselben Sinne, wie die ganze natürliche Ordnung". Von der Staatsgewalt erwartete er, unter den gegebenen Umständen "volle Religionsfreiheit zu gewähren"[137], von der lediglich die Leugnung eines persönlichen Gottes und die Gefährdung der Sittlichkeit ausgeschlossen sein sollten.

Das Wesen der politischen Freiheit sah der Mainzer Bischof in der freien Selbstbestimmung und Wahl des einzelnen, die durch die Selbstverwaltung der verschiedenen Körperschaften zu ergänzen sei. Die These von der absoluten Volkssouveränität, "die den Willen der Menschen und nicht den Willen Gottes als die einzige Quelle aller Gewalt und aller Rechte betrachtet", lag für ihn durchaus nicht im Wesen des von den Liberalen propagierten Konstitutionalismus. Deshalb war seiner Meinung nach völlig klar, "daß der gläubige Christ sich aller Formen des konstitutionellen Lebens bedienen kann, ohne im entferntesten seinen Grundsätzen etwas zu vergeben". Entschieden verurteilte jedoch auch *Ketteler* jenen liberalen Staat, "der sich nur auf Menschen und Menschenwillen aufbauen will" und die Parole verkünde: "Es gibt keine Gewalt von Gott; jede, die da besteht, ist vom Volke angeordnet."[138]

In dieser Grundthese des politischen Klassischen Liberalismus von der absoluten Volkssouveränität, welche die Grundlegung der Staatsgewalt in der Schöpfungsordnung verneinte, lag zweifellos eine der Ursachen, daß die überwiegende Mehrheit des Katholizismus auch die politischen Forderungen des Liberalismus

---

[134] Theologische Quartalschrift Jg.50 (1868), 641f.
[135] *Wilhelm E. v. Ketteler,* Freiheit, Autorität und Kirche, Mainz ⁶1862, 3, 97f.
[136] HPBl Jg.55 (1865), 221f.
[137] *Ketteler*, Freiheit, Autorität und Kirche, 79, 87.
[138] Ebenda, 34, 65.

ablehnte, ohne das nach katholischer Lehre Berechtigte und Falsche genügend zu unterscheiden. *Ketteler* gehörte zu denjenigen, die es versucht haben.[139] Wie breit der Strom liberalen Denkens im deutschen Katholizismus dennoch war und wie relativ früh er politisch wirksam wurde, zeigte das Programm des Wahlkomitees der Kölner Katholiken von 1848. Es ging weit über rein kirchliche Forderungen hinaus und verlangte "Freiheit für alle und in allem."

Im einzelnen beanspruchte das Programm u.a. unbeschränkte Lehr- und Unterrichtsfreiheit, unbeschränkte Rede- und Pressefreiheit, unbeschränktes Petitionsrecht, unbeschränkte Versammlungsfreiheit, unbeschränkte Assoziationsfreiheit, unbeschränkte Freiheit des Gewissens und der Kulte. "Wir finden die beste Gewährleistung für diese Freiheiten in der Form einer konstitutionellen Monarchie. Neben einem kräftigem Königtum die größte Freiheit des Volkes."[140]

c) Allmähliche Hinwendung zu sozialpolitischen Konzepten auf der Grundlage des kapitalistischen Wirtschaftssystems

Erst zögernd und allmählich, im letzten Drittel des Jhs., begann sich im deutschen Katholizismus eine weitreichende Wandlung der sozialen Einstellung auch zum *Wirtschafts*liberalismus durchzusetzen. Der Wunsch nach Beseitigung des kapitalistischen Wirtschaftssystems trat mehr und mehr in den Hintergrund. Bereits 1847 nannte *Peter Reichensperger* die freie Konkurrenz, "die in dem persönlichen Interesse ihre bewegende Federkraft hat", ganz klar "ein unendlich wirksames Mittel, die vollste Kraftentwicklung des einzelnen und der Nationen hervorzurufen", und verneinte es, "daß die Gewerbefreiheit als solche die vorhandenen Übel der kleinen Industrie verschuldet"[141]. Auch der Würzburger Theologe *Franz Hettinger* (1819-1890) schrieb in den 60er Jahren: "Die freie Konkurrenz ruht auf einem wesentlich christlichem Prinzip, dem der Freiheit und Gleichberechtigung."[142]

Die *wirtschaftlich soziale* Neuorientierung Bischof *Kettelers* vollzog sich 1866/67, in den Jahren seiner nationalpolitischen Wandlung und unter dem Eindruck seiner erfolglosen Bemühungen, auf freiwilliger Grundlage Produktivgenossenschaften zu bilden. In einer bedeutenden Rede vor katholischen Arbeitern äußerte er sich 1869 auf der Liebfrauenheide bei Offenbach zu den sozialen Fragen. Er gestand hier wohl zum ersten Mal zu, daß man die "unbedingte Freiheit auf allen Gebieten der Volkswirtschaft" für notwendig halten müsse und überzeugt sein solle, "daß sie in ihrem letzten Erfolge heilsam ist"[143], wenn sie auch zunächst die Arbeiter in eine schlimme Lage gebracht habe. Das sozialpolitische

---

[139] *Lothar Roos*, Kirche – Politik – soziale Frage. Bischof Ketteler als Wegbereiter des sozialen und politischen Katholizismus, in: *Anton Rauscher/Ders.* (Hrsg.), Die soziale Verantwortung der Kirche. Wege und Erfahrung von Ketteler bis heute, Köln ²1979, 21-62, bes. 27-30.
[140] *Wilhelm Mommsen* (Hrsg.), Deutsche Parteiprogramme, München ²1964, 195.
[141] *Peter Franz Reichensperger*, Die Agrarfrage aus dem Gesichtspunkte der Nationalökonomie, der Politik und des Rechts und in besonderem Hinblick auf Preußen und die Rheinprovinz, Trier 1847, 199f., 266.
[142] *Franz Hettinger*, Apologie des Christentums, 2. Bde., Freiburg 1863-1867, ⁴1873; hier Bd. 2, Abt. 3, 375.
[143] Wilhelm Emmanuel v. Kettelers Schriften. Ausgewählt und hrsg. von *Johannes Mumbauer*. 3 Bde., Kempten 1911, hier: Kettelers Schriften. Bd. 3, 184-214, 187.

Referat, das er im gleichen Jahr vor der Bischofskonferenz in Fulda hielt, verlangte nicht mehr die Ablösung des kapitalistischen Wirtschaftssystems durch ein anderes, sondern forderte, "es zu mildern, für alle einzelnen schlimmen Folgen desselben die entsprechenden Heilmittel zu suchen und auch die Arbeiter, soweit möglich, an dem, was an dem System gut ist, an dessen Segnungen Anteil nehmen zu lassen"[144]. Das sei Aufgabe des einzelnen, der Kirche und des Staates. Auch bejahte er die Berufs- und Gewerbefreiheit in gewissen Grenzen: Er wolle

"nicht den Zunftzwang in seiner späteren Entwicklung alleweg in Schutz nehmen und ebensowenig *alle* Bestrebungen verwerfen, die eine größere Gewerbefreiheit fordern (...). Auch sie hat ihr Maß der Berechtigung (...). Der Zunftzwang in seinem Mißbrauche und verknöcherten Egoismus hat den Ruf nach Gewerbefreiheit hervorgerufen. Die Gewerbefreiheit hat die Waren unermeßlich vermehrt, vielfach verbessert, den ungebührlichen Preis der Ware herabgedrückt und so den weitesten Kreisen der weniger bemittelten Menschenklassen die Befriedigung mancher Lebensbedürfnisse eröffnet, von denen sie früher ausgeschlossen waren"[145].

Ketteler begrüßte ebenfalls den sozialen Aufstieg auf Grund "der Rechte des freien Mannes", sprach sich gegen die alten Stände aus, da sie "für unser jetziges politisches-soziales Leben (...) nicht mehr genügen[146]", und forderte die Bildung von *Produktivassoziationen*, d.h. von genossenschaftlich geführten Produktionsunternehmen. – Indem er, wie noch zu erläutern sein wird, auch die Gewerkschaftsidee begrüßte, deren Grundlage die Organisierung nach den verschiedenen Interessen war und nicht das Ziel, die Arbeiterschaft in ein überkommenes ständisches Sozialgefüge hineinzupressen, trat er im Interesse der Arbeiterschaft für den Grundsatz der Selbsthilfe nachdrücklich ein.

Klarer konnte die Wandlung von der allgemeinen Sozial*reform*, die er noch 1864 vertreten hatte, zur partiellen Gesellschafts*politik* kaum formuliert werden. Mit dieser Hinnahme der bestehenden Ordnung hatte *Ketteler* dem sozialen Katholizismus in Deutschland eine neue Richtung gewiesen. Das bedeutet freilich keineswegs, daß das Ideal einer ständisch-korporativen Sozialreform von ihm und von allen seinen Nachfolgern restlos aufgegeben worden wäre. Aber es trat gegenüber dem Bemühen um die Beseitigung von Auswüchsen des bestehenden Systems in den Hintergrund.

Auch der politische Arm des deutschen Katholizismus, die *Zentrumspartei*, stand hinter dieser Entwicklung. Am 13. Dezember 1870 gegründet und nach den Sitzen in der Mitte des parlamentarischen Sitzungssaales benannt, prägte sie unter ihrer unumstrittenen Führungsfigur *Ludwig Windthorst* (1812-1891)[147] ein nationaler und staatsbejahender Charakter. Der Programmentwurf von Münster, das erste und wichtigste programmatische Dokument des "Zentrums", sah im "Kapital" nicht mehr den Inbegriff allen gesellschaftlichen und wirtschaftlichen Un-

---

[144] Ebenda, 145-166, Zitat 154.
[145] *Ders.*, Die Arbeiterfrage und das Christentum, 129f., 131f.
[146] Kettelers Schriften Bd. 2, 116.
[147] Vgl. *Margaret L. Anderson*, Windthorst. Zentrumspolitiker und Gegenspieler Bismarcks, Düsseldorf 1988; *Hans-Georg Aschoff,* Rechtsstaatlichkeit und Emanzipation. Das politische Wirken Ludwig Windthorsts, Sögel 1988; *Ders.* (Hrsg.), Ludwig Windthorst 1812-1891, Paderborn 1991; *Peter Langhorst,* Ludwig Windthorst (1812-1891), in: *Rudolf Englert* (Hrsg.), Woran sie glaubten, wofür sie lebten, München 1993, 26.

heils, sondern nur einen der drei überzeitlichen Produktionsfaktoren. So verlangt Punkt sieben des Programms:

"Grundbesitz – Arbeit – Kapital, diese materiellen Träger der bürgerlichen Gesellschaft, bedürfen des Gleichgewichts. Wenn gestern zum Nachteil des Ganzen das unbewegliche Vermögen und die konservativen Tendenzen so überwogen, daß die Gesellschaft in Stagnation geriet, so haben schon heute das unerwartet heftige Anwachsen des Kapitals und das Prinzip der Bewegung der Gesellschaft ein Fieber zugezogen, daß nicht weichen wird, bevor das richtige Ebenmaß wiedergewonnen ist (...). Der andere Teil der ‚sozialen Frage' betrifft die Lage des eigentlichen Arbeiterstandes. Die Arbeitslöhne sind gestiegen und der Arbeiter lebt im allgemeinen besser. Im Suchen und Finden des gerechtesten Maßstabes für die Beteiligung von Kapital und Arbeit an dem, was im Zusammenwirken beider erzeugt und erworben wird, ist bisher aber vollends wenig geleistet."[148]

Die entsprechende Forderung des Münsteraner Entwurfs übernahm das Soester Wahlprogramm des "Zentrums" vom gleichen Jahr und verlangte den Ausgleich der Interessen von Kapital, Grundbesitz und Arbeit durch die Förderung eines kräftigen Mittelstandes.[149] Von Anfang an stellte sich damit das "Zentrum" auf den Boden des bestehenden Wirtschaftssystems und war in erster Linie bemüht, an der Beseitigung lediglich der kapitalistischen Auswüchse mitzuarbeiten.

Während des *Kulturkampfes*, jener die 70er Jahre andauernden und von Reichskanzler *Otto von Bismarck* (1815-1898) forcierten weltanschaulichen Auseinandersetzung zwischen Staat und Kirche[150], beanspruchten die kirchlich-politischen Aufgaben die Aktivität des deutschen Katholizismus. Aber gerade diese Unterordnung der sozialen Bestrebungen unter die kirchlichen und die staatspolitischen Ziele förderte den Übergang vom alten Ideal einer totalen Gesellschaftsreform zur Praxis der partiellen Sozialpolitik. Zudem begann sich besonders im Rheinland der Einfluß der liberalen Richtung des belgischen und französischen Sozialkatholizismus auszuwirken. Die wichtigsten Vertreter dieser liberalen Richtung waren die Sozialtheoretiker *Frédéric Le Play* (1806-1882), der Textilunternehmer *Léon Harmel* (1829-1915) und der belgische Nationalökonom *Charles Périn* (1815-1905), Professor an der katholischen Universität Löwen. *Le Play* lehnte genossenschaftliche bzw. ständische Ideen ab und sah in der "Patronage", der patriarchalischen Fürsorge des Unternehmers für seine Arbeiter, die Lösung der sozialen Frage. *Harmel*, selbst ein sozial vorbildlicher Unternehmer, vertraute auf die freie Entwicklung der gesellschaftlichen Ordnung und erblickte in der privatrechtlichen Regelung der sozialen Probleme zwischen Arbeitgeber und Arbeiterschaft das Heilmittel. Der bedeutendste Verfechter dieser liberal-katholischen Richtung war *Périn*. Bewegt von dem Gedanken der christlichen "Freiheit", lehnte er am Wirtschaftsliberalismus wohl die materielle Zielsetzung, nicht aber die Freiheit ab. Prinzipiell befürwortete er die bestehende Ordnung und verwarf jede grundlegende Änderung: Die Aufhebung des Zunft- und Innungszwanges habe zwar die Arbeiter zum Teil unvorbereitet getroffen,

---

[148] *Mommsen*, Parteiprogramme, 215.
[149] Das Soester Wahlprogramm des Zentrums v. 28.10.1870, in: *Rudolf Morsey* (Hrsg.), Katholizismus, Verfassungsstaat und Demokratie. Vom Vormärz bis 1933, Paderborn 1988, 56.
[150] Vgl. etwa: *Rudolf Morsey*, Der Kulturkampf, in: *Rauscher*, Der soziale und politische Katholizismus, 72-109.

"aber ihrem eigentlichen Wesen nach war sie denn doch ein neuer Schritt auf dem Wege zur Freiheit, zu welchem die Entwicklung der christlichen Zivilisation notwendig drängen mußte (...). Das einzige Gesetz, dem die Gesellschaft der Gegenwart huldigen kann, ist das Gesetz der freien Konkurrenz (...). Das ist im allgemeinen die Ordnung der christlichen Gesellschaft. Das Einkommen aller jener, welche an der Produktion des Reichtums mittelbaren oder unmittelbaren Anteil genommen haben, wird durch den natürlichen Gang der Freiheit und durch die daraus folgende regelrechte Anwendung des Besitzrechtes bestimmt; und der Wert der Dienstleistungen richtet sich nach dem Gesetz der Nachfrage und des Angebotes (...). Die Freiheit, deren wir heutzutage uns erfreuen, ist ein natürlicher Ausfluß der christlichen Zivilisation."[151]

Eine Sanierung der Zustände erwartete sich diese Richtung von der Betätigung der christlichen Nächstenliebe vor allem durch die Arbeitgeber im Sinne einer "väterlichen Fürsorge" sowie von privaten Zusammenschlüssen der Unternehmer und Arbeiter. An die französischen Bemühungen erinnerte auf dem Katholikentag in Aachen 1879 der Werdener Fabrikant *Matthias Wiese* und rief zur Gründung katholischer Unternehmervereinigungen auch in Deutschland auf. Es stand damit nicht mehr das Ideal der ständischen Sozialreform im Vordergrund, sondern die aufgrund der gegebenen Ordnung mögliche Verbesserung der Zustände. Das galt auch für den "Antrag Galen" von 1877, die erste große sozialpolitische Initiative des "Zentrums" während des abflauenden Kulturkampfes. Zwar war der Einfluß korporativen Denkens – *Ferdinand Graf von Galen*, ein Neffe Bischof *Kettelers*, entstammte dem hohen westfälischen Adel – unverkennbar. Neben der Einschränkung der Gewerbefreiheit zum Schutz des Handwerks und der Förderung korporativer Verbände handelte es sich aber bei den restlichen Forderungen im wesentlichen um einen Katalog sozialpolitischer Einzelmaßnahmen:

"a) Wirksamer Schutz des religiös-sittlichen Lebens der gesamten arbeitenden Bevölkerung (Sonntagsruhe). b) Schutz und Hebung des Handwerkerstandes durch Einschränkung der Gewerbefreiheit; Regelung des Verhältnisses der Lehrlinge und Gesellen zu den Meistern. Förderung korporativer Verbände. c) Erweiterung der gesetzlichen Bestimmungen zum Schutze der in Fabriken arbeitenden Personen; Normativbestimmungen für die Fabrikordnungen; Verbot der Beschäftigung jungendlicher Arbeiter unter 14 Jahren in Fabriken; Schutz der Familie durch Beschränkung der Frauenarbeit in Fabriken. d) Einführung gewerblicher Schiedsgerichte unter Mitwirkung freigewählter Vertreter der Arbeiter. e) Anderweitige Regelung der gesetzlichen Bestimmungen über die konzessionspflichtigen Gewerbe, insbesondere den Betrieb von Gast- und Schankwirtschaften."[152]

Das offene Nein zu den Ideen des sozial-konservativen Katholizismus entsprach der grundsätzlichen Haltung der "Christlich-Sozialen Blätter", dem Organ der christlich-sozialen Vereine Westdeutschlands. Nicht totaler ständischer Neubau der Gesellschaft, sondern Sozialpolitik innerhalb der bestehenden Ordnung war ihre Parole. Sie suchten die auf *Adam Smith* zurückgehende klassische Lehre des Wirtschaftsliberalismus, die "nicht an und für sich böse" sei, zu unterscheiden von dem "sog. Manchestertum, d.h. den unchristlichen Folgerungen aus der A-

---

[151] Carl *Périn*, Über den Reichtum in der christlichen Gesellschaft. Übersetzt von *Joseph Weizenhofer*, 2 Bde., Regensburg 1866-1888; Bd. 1, 352f., Bd. 2, 103f. Besonders wandten sich die "Historisch-Politischen Blätter" gegen die Hinnahme des kapitalistischen Wirtschaftssystems durch *Périn* und die von ihm beeinflußte katholisch-liberale Richtung.
[152] Sozialpolitischer Antrag der Zentrumsfraktion im Deutschen Reichstag v. 19.03.1877, in: *Seiters,* Quellen zur Sozialgeschichte des 19. Jhs., 36f.

dam Smith'schen Doktrin", priesen die Konkurrenz als die "einzige durchschlagende Triebfeder auf allen Gebieten des Erwerbs" und scheuten sich nicht, sich in gewissem Sinne zum Kapitalismus zu bekennen:

"Die Angriffe, welche von konservativen Sozialpolitikern gegen das Kapital gemacht werden, sind nur begründet gegen die regellose Konkurrenz des Manchestertums. Der Kapitalismus an und für sich, d.h. die Bewegung und Verteilung der Arbeit mit Hilfe des Kapitals, ist eine wirtschaftliche Notwendigkeit, durch welche die Ausdehnung der Kultur selbst notwendig bedingt ist."[153]

Mit der gewaltigen industriellen Expansion seit den achtziger Jehren trat der Wandel von der integralen Sozialreform zur partiellen Gesellschaftspolitik immer deutlicher in Erscheinung. Die ehemals übliche starke Betonung des gesellschaftlichen Moments wurde mehr und mehr von sozial*politischen* Erwägungen abgelöst. "Spiritus rector" dieses immer stärker werdenden "Liberal-Katholizismus", wie *Vogelsang* die Richtung nannte, wurde der spätere Reichskanzler *Georg Freiherr von Hertling* (1849-1919). Er war kein Nationalökonom und kein Theologe, sondern Philosoph. 1876 gehörte er zu den Gründern der "Görres-Gesellschaft zur Pflege der Wissenschaft"[154], und 1882 folgte er einem Ruf der bayerischen Regierung an die Universität München. *Hertling* bemühte sich, die Grundsätze für die Ordnung des menschlichen Zusammenlebens aufzuzeigen. Ausgangspunkt seines Denkens war dabei das Naturrecht, jene höhere Norm, nach der sich der "sittliche Wert oder Unwert einer Handlung, im Unterschied vom Nutzen und vom äußeren Erfolg, bestimmt"[155]. Es gab für *Hertling* keinen Zweifel, daß es dieses "natürliche Recht gebe, welches aus der menschlichen Natur und der Einrichtung der sittlichen Ordnung entspringend, von der Vernunft erkannt und als bindend anerkannt wird". Indem er auf naturrechtliche Argumentationen von Bischof *Ketteler* zurückgriff[156], hat *Hertling* dazu beigetragen, dem naturrechtlichen Denken in der katholischen Soziallehre einen festen Platz zu geben.[157] Das bewahrte sie davor, sich auf bestimmte, irgendwann einmal in der Geschichte entstandene Ordnungen festzulegen und diese absolut zu setzen. Denn die naturrechtlichen Normen "können nur ganz allgemeiner Art sein, weil sie sich nur auf das Allgemeine und gleichmäßig Wiederkehrende im Menschenleben beziehen"[158]. Jede konkrete Anwendung dieser allgemeinen Normen läßt aber verschiedene Möglichkeiten der Verwirklichung zu, die nach den gegebenen Umständen und den jeweiligen Zweckmäßigkeitserwägungen entschieden werden

---

[153] Sozialpolitischer Antrag der Zentrumsfraktion im Deutschen Reichstag v. 19.03.1877, in: *Seiters,* Quellen zur Sozialgeschichte des 19. Jhs., 467, 522, 527.
[154] Vgl. genauer: *Wilhelm Spael*, Das katholische Deutschland im 20. Jahrhundert. Seine Pionier- und Krisenzeiten 1890-1945, Würzburg 1964, 137-147.
[155] *Georg v. Hertling*, Naturrecht und Sozialpolitik, Köln 1893, 12.
[156] Vgl. *Adolf M. Birke*, Bischof Ketteler und der deutsche Liberalismus. Eine Untersuchung über das Verhältnis des liberalen Katholizismus zum bürgerlichen Liberalismus in der Reichsgründungszeit, Mainz 1971, 1-15, 28-31.
[157] Vgl. *Nothelle-Wildfeuer*, Duplex ordo cognitionis, 371-377; *Clemens Bauer*, Georg v. Hertlings Beitrag zum Werden der katholischen Soziallehre, in: *Ders.,* Gestalten und Probleme katholischer Rechts- und Soziallehre, Paderborn 1977, 9-19, 11f.; allgemein: *Winfried Becker* (Hrsg.), Georg v. Hertling 1843-1919, Paderborn 1993; *Ders.,* Georg v. Hertling 1843-1919, I: Jugend und Selbstfindung zwischen Romantik und Kulturkampf, Mainz 1981.
[158] *Georg v. Hertling*, Recht, Staat und Gesellschaft, Kempten 1906, 50, 53.

müssen. Ob die hier angedeutete Grundhaltung *Hertlings* den Zentrumsvorsitzenden *Windthorst* bewog, den jungen Abgeordneten bei dessen Eintritt in die Fraktion 1876 gleich zum Sozialreferenten zu bestimmen, ist wohl unwahrscheinlich. Sie zeigte sich aber auch in der Beurteilung des liberalen Wirtschaftssystems und der sozialen Frage. So weigerte sich *Hertling* in der Auseinandersetzung mit den ständischen Ideen des jungen *Hitze*, welche dieser in seinem Buch "Kapital und Arbeit" vortrug, die Notwendigkeit einer Umbildung der gegebenen Ordnung anzuerkennen: Es könne

"ein Verlassen bestimmter, historisch gewordener Formen nicht von vornherein und ausschließlich nur als Verrat und Abfall gelten. Man mag die Vorzüge der alten Naturalwirtschaft preisen und mit wehmütiger Sehnsucht auf das Handwerk der guten alten Zeit zurückblicken, ohne darum der Meinung zu sein, daß die heutige Geld- und Kreditwirtschaft lediglich vom Bösen und die Maschine eine Erfindung des Teufels sei. Auch in den Fortschritten der materiellen Zivilisation darf man gottgewollte Ziele erblicken."[159]

Hertling begründete seine Weigerung mit dem Hinweis, daß es "keine ein- für allemal gültige Formel, welche das Verhältnis von Kapital und Arbeit ausspräche", geben könne und daß "sich auch historisch keine soziale Gestaltung aufweisen" lasse, "welche in einer für alle Zeit mustergültigen Weise die beiden Faktoren in Einklang gesetzt hätte". So habe auch die ständische Gesellschaftsordnung nicht nur Vorzüge gehabt; im Gegenteil: "Die Zunftverfassung des Mittelalters, abgesehen davon, daß sie lediglich die städtischen Handwerker umfaßte, versagte eben da, als mit dem Anwachsen der Bevölkerung, mit dem steigenden Wechselverkehr der aus ihrer Isolierung heraustretenden Zentren der Aufschwung der gewerblichen Produktion jenes Problem an sie stellte." Deshalb war die soziale Frage für *Hertling* "nicht die Frage, wie durch eine Neugestaltung der Gesellschaft die gestörte Ordnung von Kapital und Arbeit wieder hergestellt werden könne". Es ging ihm vielmehr darum, daß "auch denjenigen, welche recht eigentlich die Kosten der modernen wirtschaftlichen Entwicklung tragen müssen, die Erfüllung der Menschheitszwecke möglich bleibt, auf welches sie ein unveräußerliches Recht haben"[160]. Aus diesem Grunde setzte er sich nachdrücklich für die Bildung von Gewerkschaften nach dem Vorbild der damaligen Gewerkvereine in England ein, nicht weil diese Gewerkschaften Ansätze für eine korporative Reorganisation der Gesellschaft sein könnten, sondern weil sie im Gegenteil "im Rahmen der bestehenden Gesellschaftsordnung die Schäden zu heilen versuchen, welche die moderne großindustrielle Produktion der arbeitenden Bevölkerung gebracht hat"[161]. Damit war die grundsätzliche Anerkennung der bestehenden liberalen Sozial- und Wirtschaftsverfassung erreicht und zugleich – wenigstens für *Hertling* – eine umfassende ständische Sozialreform als Weg zur Lösung der sozialen Frage endgültig aufgegeben.

Je intensiver sich *Hitze* der sozialpolitischen Praxis zuwandte, desto mehr gelangte er zu der Überzeugung, daß Einzelmaßnahmen auf dem Boden der bestehenden Ordnung das soziale Elend schneller beseitigen würden als eine noch so

---

[159] *Ders.*, Aufsätze und Reden sozialpolitischen Inhalts, Freiburg 1884, 38f.; vgl. zur Entfaltung der Geldwirtschaft als Grundlage für den Abschied von der ständischen Sozialordnung: *Bauer*, Wandlungen der sozialpolitischen Ideenwelt im deutschen Katholizismus des 19. Jhs., 14f.
[160] *Hertling*, Aufsätze und Reden, 36f., 42.
[161] *Ders.*, Naturrecht und Sozialpolitik, 65.

gut gemeinte ständische Reorganisation der Gesellschaft.[162] *Hitze* begründete seine "Bekehrung" vom ideologisch-ständischen Reformer zum praktischen Sozialpolitiker vierzig Jahre später mit dem Hinweis, daß ihm als Kind vom Land der Einblick "in die konkreten Verhältnisse und in die Psyche der industriellen Großstadtarbeiter"[163] gefehlt habe. Sein neues Verständnis der Situation verdeutlicht am ehesten der Artikel "Arbeiterfrage", den er für das "Staatslexikon" der Görres-Gesellschaft schrieb. Von Ständen als einzigem Heilmittel war keine Rede mehr, im Gegenteil:

"Eine adäquate ‚Lösung' gibt es nicht, noch weniger ein Allheilmittel der Lösung. Es handelt sich auch nicht wesentlich um neue, noch zu findende Mittel und Wege, sondern die Mittel sind schon mehr oder weniger in Wirksamkeit, die Wege werden schon gegangen (...). Wenn der Löwenanteil des Gewinns der Produktionsfortschritte auch zunächst dem ‚Kapital' zufließt, so wird es doch auch den Arbeitern, gestützt durch eine systematische Arbeiterwohlfahrtspolitik – insbesondere durch eine umsichtige Fortführung der Arbeiterschutz- und Versicherungsgesetzgebung – und gestärkt durch ihre eigenen Organisationen, gelingen, auch ihren Anteil an dem wirtschaftlichen Fortschritt ständig zu erhöhen."[164]

Bereits in den achtziger Jahren wurde *Hitze* zum maßgebenden Fachreferenten der Zentrumsfraktion und zu einem allgemein anerkannten sozialpolitischen Sachverständigen. Als Ursachen dafür lassen sich sein großes persönliches Engagement, sein klarer Blick für das Vordringliche und Durchsetzbare sowie die Bindung *Hertlings* an seine Münchener Professur anführen. Im Gegensatz zum sozialen Liberalismus *Hertlings* war die Akzeptanz der neuen Ordnung bei *Hitze* eher von Bedenken begleitet und zögerlich. Er vermied es deshalb, durch prinzipielle Auseinandersetzungen Bedenken oder Gegensätze wachzurufen. Seine Stärke war die praktische Sozialpolitik, und sein ganzes weiteres Lebenswerk galt dem Bemühen, die Arbeiterschaft auf politischem, wirtschaftlichem, kulturellem und religiösem Gebiet in das bestehende Gesellschaftssystem einzufügen. So setzte *Hitze*, bis zum Ersten Weltkrieg die führende Gestalt im sozialen Katholizismus, die bereits von *Hertling* entschiedene Ablösung der umfassenden Sozialreform durch eine partielle Sozialpolitik in die Wirklichkeit um. Sein Gedankengut gab ziemlich exakt den Weg vor, den die deutsche Sozialpolitik im folgenden tatsächlich eingeschlagen hat.

Am 15. Mai 1891, wenige Monate nach dem internationalen Arbeiterschutzkongreß in Berlin, erschien das fundamentale Sozialrundschreiben "Rerum novarum" *Leos XIII.* (1810-1903). Das Bemühen des Papstes, die katholische Kirche aus einer gewissen einseitigen Bindung an konservative Vorstellungen zu lösen und sie unvoreingenommen an moderne Entwicklungen in Staat und Gesellschaft heranzuführen, zeigte sich deutlich in dieser Enzyklika "Über die Arbeiterfrage". Dem sozialen Katholizismus in Deutschland brachte sie eine autoritative Bestätigung seiner Konzeption zur Lösung der anstehenden Probleme und zugleich die

---

[162] Vgl. insgesamt und grundlegend: *Franz Müller,* Franz Hitze und sein Werk, Hamburg 1928.
[163] *Franz Hitze,* Kapital und Arbeit und die Reorganisation der Gesellschaft. Nachwort zur gleichnamigen Schrift, in: Deutsche Arbeit Jg.6 (1921), 41-70, Zitat 50.
[164] *Ders.*, Arbeiterfrage, in: StL^2 I, Freiburg ^{2}1901, 253-288, 263.

Ermunterung, auf dem eingeschlagenen Weg weiterzugehen.[165] In der alternativen Frage "Totale Reform des bestehenden Gesellschaftssystems oder partielle Gesellschaftspolitik" wies *Leo XIII.* nicht das Bestehende zugunsten erträumter Utopien oder zurückersehnter vergangener Ideale zurück, sondern verlieh dem Sozialengagement innerhalb der bestehenden Ordnung Priorität. Deutlich wandte sich der Papst gegen die Auffassung, Klassenkampf stelle ein unaufhebbares Gesetz der Geschichte dar, weil die Natur Kapital und Arbeit "zum Kampfe aufrufe".

"Ganz das Gegenteil ist wahr. Die Natur hat vielmehr alles zur Eintracht, zu gegenseitiger Harmonie hingeordnet; und so wie im menschlichen Leibe bei aller Verschiedenheit der Glieder im wechselseitigen Verhältnis Einklang und Gleichmaß vorhanden ist, so hat auch die Natur gewollt, daß im Körper der Gesellschaft jene beiden Klassen in einträchtiger Beziehung zueinander stehen und eine gewisses Gleichgewicht darstellen. Die eine hat die andere durchaus notwendig. So wenig das Kapital ohne die Arbeit, so wenig kann die Arbeit ohne das Kapital bestehen" (RN 15).

Die Arbeiter ermahnte die Enzyklika, die aus einem in "Freiheit und Gerechtigkeit" (RN 16) ausgehandelten Arbeitsvertrag sich ergebenden Pflichten zu erfüllen. Bemerkenswert ist dabei, daß sie die Vertragstreue an den freien Abschluß und an die gerechte Ausgestaltung des Arbeits- und Lohnvertrages knüpfte.

"Wenn also auch immerhin die Vereinbarung zwischen Arbeiter und Arbeitgeber, insbesondere hinsichtlich des Lohnes, beiderseitig frei geschieht, so bleibt dennoch eine Forderung der natürlichen Gerechtigkeit bestehen, die nämlich, daß der Lohn nicht etwa so niedrig sei, daß er einem genügsamen, rechtschaffenen Arbeiter den Lebensunterhalt nicht abwirft. Diese schwerwiegende Forderung ist unabhängig von dem freien Willen der Vereinbarenden. Gesetzt, der Arbeiter beugt sich aus reiner Not oder um einem schlimmeren Zustande zu entgehen, den allzu harten Bedingungen, die ihm nun einmal vom Arbeitsherrn oder Unternehmer auferlegt werden, so heißt das Gewalt leiden, und die Gerechtigkeit erhebt gegen einen solchen Zwang Einspruch" (RN 34).

Von den Arbeitgebern verlangte der Papst, ihre Beschäftigten menschlich zu behandeln und sie nicht "durch den Eigennutz und die Hartherzigkeit (...) maßlos aus(zu)beuten" und sie als Menschen, und nicht als "Sachen" (RN 33) zu behandeln.

"Die Arbeiter dürfen nicht wie Sklaven angesehen und behandelt werden; (...) Arbeit und Erwerbssorgen erniedrigen sie nicht, vielmehr muß, wer vernünftig und christlich denkt, es ihnen als Ehre anrechnen, daß sie selbständig ihr Leben unter Mühe und Anstrengung erhalten; unehrenvoll dagegen und unwürdig ist es, Menschen bloß zu eigenem Gewinne auszubeuten und sie nur so hoch anzuschlagen, als ihre Arbeitskräfte reichen; (...) es ist ungerecht, sie mit mehr Arbeit zu beschweren, als ihre Kräfte tragen können, oder Leistungen von ihnen zu fordern, die mit ihrem Alter oder Geschlecht in Widerspruch stehen" (RN 16).

---

[165] Zum Einfluß der Union de Fribourg, ein internationaler Verband für soziale und wirtschaftliche Studien (seit 1883), und der "Haider Thesen" auf die Entstehung von "Rerum novarum" vgl. *Langhorst*, Fürst Löwenstein, die Haider Thesen und Rerum novarum, 857-859.

d) Pragmatische Bemühungen

Zur Kraftquelle der von Leo XIII. in "Rerum novarum" geforderten sozialpolitischen Bemühungen wurden auf katholischer Seite die Vereine und Verbände, besonders der "Volksverein für das katholische Deutschland". Dieser ging hervor aus dem 1880 von *Franz Brandts* (1834-1914) und *Georg von Hertling* gegründeten Verband "Arbeiter-wohl". In dessen Gründungsaufruf hieß es:

"Die sozialen Mißstände zu heben und zu mildern, ist *erste* Aufgabe zur Lösung der sozialen Frage. Diese Aufgabe ist *notwendig* und ist *möglich*. Sie kann und muß auch von dem *einzelnen* in Angriff genommen werden – vom Fabrikanten, vom Seelsorger, vom Arbeiterfreunde. Der *Staat* kann zunächst nur im allgemeinen vorbeugend, als positiv fördernd sich betätigen; der *Kirche* liegt es ob, auf die *Gesinnung* zu wirken; *konkret und direkt* ist es vor allem das *persönliche* Eingreifen, das einen Erfolg sichert. Dieses um so mehr, als die Kirche in ihrem segensreichen Wirken vielfach gehemmt erscheint und der Staat es zu einer energischen arbeiterfreundlichen Politik noch nicht gebracht hat. Das ist der Grundgedanke des ‚Arbeiterwohls': Jeden, der Sinn und Herz für die Gebrechen des Arbeiterstandes hat, zu bewegen und in Stand zu setzen, in *seinem Kreise*, für seine Verhältnisse diejenigen Einrichtungen zu treffen resp. zu fördern, die *erfahrungsmäßig* doch wenigstens geeignet sind, die sich herausbildenden Übelstände zu beheben oder doch wenigstens zu erleichtern. "Auf der ganzen Linie!" – "Mit vereinten Kräften!" das ist die Losung, die wir in das katholische Deutschland hinausrufen möchten."[166]

Der Verband stellte sich drei Aufgaben: Förderung der innerbetrieblichen Sozialfürsorge, Unterstützung der Arbeiter-Standesbewegung und Beratung der Sozialpolitik des "Zentrums". *Brandts*, ein sozial denkender katholischer Unternehmer, holte den jungen *Hitze* als Generalsekretär nach M.Gladbach.[167] Als Sprachrohr von "Arbeiterwohl", dem einige Hundert Mitglieder, hauptsächlich Unternehmer, angehörten, redigierte *Hitze* eine monatlich erscheinende Zeitschrift gleichen Namens. Sie befaßte sich ausschließlich mit Fragen der praktischen Sozialpolitik, spezifisch wissenschaftliche oder politische Artikel blieben ausgeschlossen.

Am 22. November 1890, ein halbes Jahr vor der Veröffentlichung von "Rerum novarum", erfolgte durch *Windthorst* und *Hitze* die Gründung des "Volksvereins für das katholische Deutschland".[168] Er sollte eine katholisch-soziale Massenorganisation werden, den Bestrebungen der Sozialdemokratie entgegentreten, das Einvernehmen von Arbeitern und Arbeitgebern fördern sowie die soziale Information und Bildung durch Presse, Flugschriften und Versammlungen planmäßig leiten und steigern. 1892 gewann *Hitze* den westfälischen Kaplan *August Pieper* (1866-1942) als Generalsekretär. Der organisatorische Auf- und Ausbau des "Volksvereins", aber auch sein inneres Wachstum waren großenteils das Werk *Piepers*. Das ganze Land wurde mit einem Netz von Volksbüros und Arbeitersekretariaten überzogen. Sie hatten die Mitglieder in allen arbeits- und steuerrechtli-

---

[166] Gründungsaufruf des Verbandes "Arbeiterwohl", in: TKSL II, 356-371, 356f. [ursprünglich in: Arbeiterwohl Jg.1 (1883)].
[167] Im Text wird das übliche Kürzel "M.Gladbach" für "München-Gladbach", heute Mönchengladbach, gewählt.
[168] Vgl. zu Geschichte und Bedeutung des Volksvereins: *Ritter*, Die katholisch-soziale Bewegung und der Volksverein; *Gotthard Klein,* Der Volksverein für das katholische Deutschland 1890-1933. Geschichte, Bedeutung, Untergang, Paderborn 1996, bes. 37-73.

chen sowie sozialpolitischen Fragen zu beraten. Um die Jahrhundertwende ergab sich die Notwendigkeit, die Zentrale in M.Gladbach in Referate für die verschiedenen Sachgebiete wie Arbeiterfrage, Mittelstand, Landwirtschaft, Apologetik zu gliedern und sie mit hauptamtlichen Mitarbeitern zu besetzen. Zu den bekanntesten gehörten der spätere Diözesanpräses der katholischen Arbeitervereine *Otto Müller*, der spätere Reichsarbeitsminister *Heinrich Brauns* und *Emil van den Boom*, der bis zur Auflösung beim "Volksvereins" blieb. Einen nachhaltigen Eindruck hinterließ auch der in den zwanziger Jahren als Berliner Großstadtseelsorger berühmt gewordene *Carl Sonnenschein* (1876-1929).[169]

Wichtig für die soziale Bildungsarbeit waren die zehntägigen "Praktisch-sozialen Kurse" und die zehnwöchigen "Volkswirtschaftlichen Kurse". Viele leitende Männer der katholisch-sozialen Bewegung holten sich hier das Rüstzeug für ihre Arbeit im staatlich-politischen und gewerkschaftlichen Raum. Ebenso bedeutsam wurde die publizistische Tätigkeit: die "Sozialpolitische Korrespondenz", die "Präsides-Korrespondenz", vor allem aber die nach der Umschlagfarbe "Rote Hefte" genannte Zweimonatsschrift "Der Volksverein", die 1901 eine Auflage von 200.000 und 1914 von 800.000 Exemplaren erreichte. Dazu kamen Flugblätter oft in Auflagen von mehreren Hunderttausenden, Flugschriften, eine Broschürenreihe "Soziale Tagesfragen" und zahlreiche Bücher. Das Ansteigen der Mitgliederzahl lohnte die intensive Bildungsarbeit des "Volksvereins": Im ersten Jahr zählte er 108.889 Mitglieder, bis 1899 wuchs die Zahl recht langsam bis auf 186.818. 1907 stieg sie auf 565.700 kräftig an und 1914 waren es 805.909 Mitglieder.[170]

Eine besondere Förderung erfuhren die katholischen Arbeitervereine und die christlichen Gewerkschaften. Ziel aller Bemühungen waren die Information der breiten Volksschichten über die neuen aus der gesellschaftlichen Entwicklung entstandenen Probleme sowie die Anleitung und Schulung zur praktischen Mitarbeit an der geistigen und wirtschaftlichen Hebung aller Berufsstände aus christlicher Verantwortung. Die Idee der Systemreform wurde zwar nicht verworfen, rückte aber doch völlig in den Hintergrund neben dem sozialpolitischen Wirken, das in die komplizierte moderne Wirtschaft hineingriff und überall nach Ansätzen zur Verbesserung der sozialen Lage suchte. Im Mittelpunkt stand dabei das Streben nach einer Lösung der Arbeiterfrage. Die führenden Männer des "Volksvereins" ließen sich immer von der Überzeugung leiten, daß entscheidend für die Erreichung dieses Zieles die eigenständige Mitarbeit der Betroffenen selber sei und daß der konfessionelle Unterschied die notwendige Zusammenarbeit nicht verhindern dürfe. Diese demokratische Haltung gab der "Volksverein" auch dann nicht auf, als er ihretwegen im weiter unten zu beschreibenden Gewerkschaftsstreit von integralistischer Seite heftig angegriffen wurde.[171] Der langjährige Generalsekretär *Pieper* schilderte den Geist, der von M.Gladbach ausstrahlte:

"Mit Brandts und Hitze" – das gleiche galt für ihn selber wie für die übrigen Persönlichkeiten des "Volksvereins" – "traten somit an die Spitze der katholisch-sozialen Bewegung Männer, die in der Industrie und ihrer freiheitlichen Verfassung ihren Standboden hatten. Vorher stan-

---

[169] Vgl. *Werner Krebber* (Hrsg.), Den Menschen Recht verschaffen. Carl Sonnenschein – Person und Werk, Würzburg 1996.
[170] Vgl. *Klein*, Der Volksverein, 65-67.
[171] Vgl. *Klein*, Der Volksverein, 110-118.

den an ihrer Spitze Adelige, die als Großgrundbesitzer in der feudalen Wirtschafts- und Gesellschaftsverfassung verhaftet waren. Das war ein bedeutsamer Szenenwechsel (...). Die Männer der neuen praktisch-sozialen Arbeit bekannten sich dagegen zur Anerkennung der ökonomisch-rationalen, kapitalistischen Wirtschaftsweise und einer volksfreiheitlichen christlichen Gesellschaftsordnung, die beide eine neue Eigengesetzlichkeit hatten, also einen Neubau der gesetzlichen Ordnung erforderten aus den chaotischen, durch Liberalismus und Sozialismus radikalisierten Ansätzen."[172]

Mit der Einrichtung der "Zentralstelle" des "Volksvereins", der *Pieper* von 1892 bis 1919 vorstand, entfaltete sich M.Gladbach zur sozialpolitischen und sozialwissenschaftlichen Mitte des deutschen Katholizismus. Auf dieser Grundlage und von dort aus leistete der "Volksverein" flächendeckend in ganz Deutschland über das beschriebene Kursangebot eine soziale, volkswirtschaftliche und staatspolitische Bildungsarbeit, die damals schon in ihrer Art einmalig war und die es seitdem im katholischen Raum nicht mehr gegeben hat. Auch verfügte die Zentrale in M.Gladbach über eine Bibliothek, die 1912 über 40.000 (1932 80.000) Bände verfügte und 800 Zeitschriften hielt, sehr früh fanden hier Lichtbilder und Filmmaterial für eine innovative Bildungsarbeit Verwendung.[173] Insgesamt blieb der "Volksverein für das katholische Deutschland" "bis heute einzigartig"[174].

Die Bejahung der modernen Wirtschaftswelt kam schließlich auch auf den jährlichen Katholikentagen zum Ausdruck.[175] Deutlich wurde die Akzentverlagerung von der umfassenden Sozialreform zur punktuellen Gesellschaftspolitik zunächst auf dem Breslauer Katholikentag von 1872. Er empfahl

"nach den lokalen Bedürfnissen jene Anstalten und Einrichtungen ins Leben zu rufen, welche geeignet sind, teils die Arbeiter und ihre Familien vor Verarmung zu bewahren, teils ihnen in eingetretener Not Schutz und Unterstützung zu gewähren. Sie empfiehlt daher zum Schutze der Notleidenden gegen wucherische Ausbeutung die Errichtung von Pfandleihinstituten (...). Sie empfiehlt ferner als dringend notwendig: Vorschuß- und Sparkassen-, Konsum-, Rohstoff- und ähnliche Vereine, dann Vereinigungen (...), um auch den Mittelstand zu erhalten und zu stärken."[176]

Vom Frankfurter Katholikentag 1882 ging die Anregung aus, die thematische Behandlung der sozialen Frage an ein Gremium sachverständiger Sozialpolitiker, an die "Freie Vereinigung katholischer Sozialpolitiker" zu verweisen, aus deren Beratungsarbeit die bereits erwähnten "Haider Thesen" hervorgingen. *Albert Maria Weiß*, neben *Vogelsang* die zweite führende Gestalt im konservativen Lager, legte in seiner Rede allen Nachdruck auf die Reorganisation der Gesellschaft "nach den sittlichen Grundsätzen der alten christlichen Vorzeit" und rief den Zuhörern zu: "Zurück! nicht vorwärts, nein zurück!"[177] Demgegenüber stellte *Franz*

---

[172] *Ritter*, Die katholisch-soziale Bewegung und der Volksverein, 152.

[173] Vgl. *Helga Grebing*, Geschichte der deutschen Arbeiterbewegung. Ein Überblick, München [11]1981, 125.

[174] *Horstwalter Heitzer*, Der Volksverein für das katholische Deutschland im Kaiserreich 1890-1918, Mainz 1979, 297.

[175] Vgl. *Rudolf Morsey*, Streiflichter der Geschichte der deutschen Katholikentage 1848-1932, in: JCSW Jg.26 (1985), 9-24.

[176] Verhandlungen der 22. Generalversammlung der katholischen Vereine Deutschlands zu Breslau 1872, Breslau 1872, 277.

[177] Verhandlungen der 29. General-Versammlung der Katholiken Deutschlands zu Frankfurt 1882, Frankfurt a.M. 1882, 284.

Hitze, inzwischen Generalsekretär des Unternehmerverbandes "Arbeiterwohl", sein praktisch-soziales Programm dar: wirtschaftliche und sittliche Hebung der Arbeiterschaft, Verständigung zwischen Arbeitgebern und Arbeitern, obligatorische Sozialversicherung und gesetzlichen Arbeitsschutz sowie Sicherung eines gerechten Anteils der Arbeiter am wirtschaftlichen Produktivitätsfortschritt. Bei all diesen Maßnahmen habe man aber die bestehenden Rechte und Verhältnisse zu berücksichtigen.[178] Von gesellschaftlicher Reorganisation nach früheren Vorbildern war bei ihm nicht mehr die Rede.

1900 sprach der Aachener Fabrikant *August Vogeno* in seiner Rede "Handel und Gewerbe auf christlicher Grundlage" von der Notwendigkeit, "daß das Geld in seinem Lauf durch die Welt nicht an den katholischen Taschen vorbeirolle", und mahnte, die Spitzenstellung der deutschen Industrie "durch das höchste Maß geistigen, technischen und organisatorischen Fortschritts"[179] zu behaupten und weiter auszubauen. In Osnabrück befaßte sich 1901 *Karl Bachem* mit dem Thema "Der Katholik und die moderne Zeit mit ihren Anforderungen auf praktischem Gebiete, insbesondere auf dem Gebiete des Handels, der Industrie und der Technik" und setzte sich für eine positive Wertung des wirtschaftlichen Fortschritts ein, wobei er den in diesen Jahren immer wieder auftauchenden Widerspruch *Windthorsts* zitierte: "Sie müssen alle Kommerzienräte werden."[180] Auf dem Würzburger Katholikentag 1907 forderte der spätere Vorsitzende der Zentrumsfraktion und Vorstandsmitglied des "Volksvereins" *Adolf Gröber* (1854-1919), der Organisator des "Volksvereins" in Württemberg, in seinem Beitrag "Katholizismus und wirtschaftliches Leben" direkt zum "Streben nach Reichtum"[181] auf. In Breslau verkündete schließlich 1909 der Essener Rechtsanwalt *Johann Bell* die Losung: "Hinein in die Industrie, hinein in die Großindustrie!"[182] Das Wissen um die großen Verdienste, "welche die moderne Kultur der freien Initiative einzelner und dem privaten Unternehmungsgeiste verdankt"[183] war – man kann fast sagen – Allgemeingut geworden. Das System des Wirtschaftsliberalismus galt somit nicht mehr als eine grundsätzlich abzulehnende ökonomische Ordnung. Man sah im Kapitalismus lediglich eine Wirtschaftstechnik, in der der Produktionsfaktor Kapital eine hervorragende Rolle spielte. Diese Technik bot ihre Gefahren wie jede andere auch. Sozialpolitik bedeutete aber nicht mehr Kapitalismusfeindlichkeit. Im Gegenteil: Wer die Auswüchse des Kapitalismus bekämpfte, der wollte, daß der "wahre Kapitalismus" zum Wohle der Allgemeinheit um so erfolgreicher sei.

---

[178] Ebenda, 91-102.
[179] Verhandlungen der 47. Generalversammlung der Katholiken Deutschlands zu Bonn 1900, Bonn 1900, 119-125, 119, 124.
[180] Reden gehalten in den öffentlichen Sitzungen und Beschlüsse der 48. Generalversammlung der Katholiken Deutschlands zu Osnabrück 1901, Osnabrück 1901, 29-43, Zitat 38.
[181] Verhandlungen der 54. Generalversammlung der Katholiken Deutschlands in Würzburg 1907, Würzburg o.J. (1907), 377-389, Zitat 388.
[182] Bericht über die Verhandlungen der 56. Generalversammlung der Katholiken Deutschlands in Breslau 1909, Breslau 1909, 265.
[183] *Hertling*, Naturrecht und Sozialpolitik, 24.

Fazit

Die soziale Neuorientierung der Mehrheit des deutschen Katholizismus hatte verschiedene Gründe. Zum einen kam es zum Scheitern der Versuche, eine grundlegende ständisch-korporative Neuordnung der Sozial- und Wirtschaftsverfassung zu erreichen. Andererseits hatte *Ketteler* bereits in den Adventspredigten von 1848 durch seine Betonung des überzeitlichen Naturrechts den sozialen Katholizismus davor bewahrt, sich auf ein bestimmtes Gesellschaftssystem – etwa das ständische – festzulegen, und so grundsätzlich die Tür zu einer zeitgerechten Behandlung der sozialen Probleme geöffnet.[184] Schließlich nahm das Tempo der Industrialisierung immer mehr zu. Man erkannte, "daß keine Macht der Welt die Fortentwicklung der modernen Volkswirtschaft, das Umsichgreifen der zentralisierten Massenproduktion zu hindern vermag"[185]. Wer in der sozialen Verantwortung stand, konnte nicht utopischen Idealen nachlaufen, sondern mußte das in der gegebenen Situation Mögliche tun. Die starke Befangenheit großer Teile des sozialen Katholizismus in überkommenen konservativen Ideen, die zu einer gewissen Wirklichkeitsfremdheit der Lösungsvorschläge für die sozialen Frage geführt hatten, wich einer pragmatischen gegenwartsorientierten Sichtweise. Man sah nun die wesentliche Aufgabe darin, Mängel und Auswüchse der kapitalistischen Produktionsweise zu beseitigen.

IV. Notwendigkeit einer umfassenden Wirtschafts- und Sozialpolitik durch den Staat

Die Wandlung im wirtschaftspolitischen Denken des deutschen Katholizismus erfaßte ebenso tiefgreifend seine sozialpolitischen Ordnungsvorstellungen. Eng verknüpft mit der lange umstrittenen Frage, ob Sozialreform oder Gesellschaftspolitik, und ebenso heftig diskutiert, aber doch aus systematischer Perspektive von ihr zu trennen, war das Problem: Überwindung der sozialen Mißstände durch staatliches Eingreifen oder durch bloße Initiative des einzelnen sowie nichtstaatlicher, freier gesellschaftlicher Kräfte, d.h. die öffentliche oder private Regelung der sozialen Probleme. Die unterschiedliche Beantwortung dieser Frage deckte sich jedoch nicht genau mit der konservativen bzw. der liberalen Strömung im sozialen Katholizismus, sondern lief quer durch beide Richtungen.
Schon früh verlangten zunächst Einzelstimmen ein staatliches Engagement. Der bedeutende romantische Sozialkritiker *Franz von Baader* etwa forderte bereits 1835, daß sich der Staat um eine gerechte Beteiligung der Arbeiter am Produktionsergebnis bemühen müsse, weil "das gut Lohnen der Arbeit ohne Zweifel nicht minder der Zweck eines guten Staatshaushalts sein soll als das gut und wohlfeil Produzieren"[186].

---

[184] Vgl. *Nothelle-Wildfeuer*, Duplex ordo cognitionis, 352-370; *Iserloh*, Die soziale Aktivität der Katholiken, 6-15; *Roos*, Kapitalismus, Sozialreform, Sozialpolitik, 74-85.
[185] Kettelers Schriften. Bd. 3, 154.
[186] *Baader*, Gesellschaftslehre, 246 Anm. 6; vgl. 237.

Die Beseitigung des kapitalistischen Wirtschaftssystems trat mehr und mehr in den Hintergrund und wurde von dem Ruf nach einer staatlichen Arbeits- und Sozialgesetzgebung abgelöst. In seiner Fabrikrede von 1837 verlangte *Franz Joseph von Buß* keine ständische Neugestaltung der Gesellschaft, sondern eine wirksame staatliche Wirtschafts- und Sozialpolitik. "Die Staatsgewalt hat das drohende Übel zu verhüten und (...) zu beschränken."[187] Konkret verlangte er:

Die Schaffung eines gesunden Gleichgewichts zwischen Landwirtschaft, Handwerk und Industrie, bessere Bildung der Arbeiter und verhältnismäßig weitgehende Arbeiterschutzgesetze. Die Unternehmer müßten verpflichtet werden, die Arbeiter nur in bar zu entlohnen und sie nicht mit Fabrikprodukten abzufinden, eine vierteljährige Kündigungsfrist einzuhalten und Kinder erst ab einem bestimmten Alter zur Fabrikarbeit zuzulassen, die im Winter sechs, im Sommer acht Stunden am Tag nicht überschreiten dürfe. Die Arbeitszeit der Erwachsenen solle höchstens vierzehn Stunden betragen. Die Fabrikgebäude schließlich seien ständig von den Gesundheitsbehörden zu überwachen.[188]

Obwohl *Buß* sich noch nicht gänzlich von romantischen Vorstellungen gelöst hatte und jenes Land glücklich nannte, "welches die Hauptquelle seines Wohlstandes im Landbau findet und Gewerbe und Verkehr mehr nur zur ergänzenden Benutzung der Natur- und Menschenkräfte verwendet"[189], so stellte er doch mit seinen Vorschlägen konkrete Ziele einer modernen Sozialpolitik auf.

Auch der Bruder des bereits erwähnten Begründers der Katholischen Fraktion *Peter Franz Reichensperger, August Reichensperger* (1808-1895), seit 1852 einer der Führer der katholischen Fraktion im Preußischen Abgordnetenhaus, sprach sich auf parlamentarischer Ebene früh für ein staatliches Engagement und gesetzliche Reglements aus:

"Ich bin allerdings der Meinung, daß der Staat dem Arbeiter gegenüber und zu deren Vorteil eine Ausnahmestellung einnehmen müsse, namentlich in Beziehung auf die Unterstützungsfrage, weil er in Beziehung auf die allgemeine Rechtsstellung der Arbeiter, und zwar zu deren Nachteil, bereits längst eine solche Ausnahmeposition eingenommen hatte (...). Es ist mindestens, wie mir scheint, besser und sicherer, daß man auf dem Wege der Gesetzgebung Vorsorge trifft, daß die Arbeiter auch in den Tagen der Krankheit Unterstützungen durch Beiträge erhalten."[190]

---

[187] *Buß*, Über das soziale Problem, in: *Stegmann*, Franz Joseph v. Buß 1808-1878, 46.
[188] Vgl. ebenda, 27-58.
[189] *Retzbach*, Buß, 51.
[190] Sitzungsprotokoll der II. Preußischen Kammer, 29. Sitzung am 02.03.1854, 496f.

1. Auseinandersetzung um Sozialismus und Staatsintervention

a) Kapitalismuskritik als Bindeglied zwischen katholisch-sozialer und sozialistischer Bewegung

Die Lösung der sozialen Frage durch den Staat verlangte nachdrücklich die zunächst unter dem Einfluß von *Wilhelm Liebknecht* (1826-1900) und *August Bebel* (1840-1913) sowie *Ferdinand Lassalle* (1825-1864) entstehende sozialistische Bewegung. Die Stellung des sozialen Katholizismus insbesondere zu *Lassalle* und dessen Ideen war zeitweilig und themenbezogen positiv. So betrachtete man den Sozialismus als notwendige Folge, zugleich aber auch als willkommene Entlarvung des Liberalismus und bejahte über weite Strecken seine Kapitalismuskritik.[191] Bischof *Wilhelm Emmanuel von Ketteler* etwa stellte in seiner Schrift "Die Arbeiterfrage und das Christentum" von 1864 fest:

"Wenn die große liberale Partei recht hat, so ist das ganze Privateigentumsrecht mit allen Gesetzen, die dasselbe regulieren, lediglich und ausschließlich ganz und gar Menschenwille und nichts als Menschenwille, und ich sehe nicht ein, welches begründete Bedenken man dann erheben will, wenn die Masse der Menschen, die kein Eigentum besitzen, einmal durch Majorität den Beschluß faßt, daß die Besitzenden ihnen einen Teil als Anleihe überlassen sollen. In diesem Falle kann es nicht ausbleiben, daß sie später noch weiter gehen und statt der Anleihe einen Teil als Eigentum fordern."[192]

Geradezu als einen "Sohn" des Liberalismus betrachtete *Ketteler* den Sozialismus in der Rede "Liberalismus, Sozialismus und Christentum", die er 1871 auf dem Mainzer Katholikentag hielt. Nicht ohne Ironie schilderte er

"den Liberalismus in seinem widerspenstigen Sohne, der ihm viel Kummer macht, den er gern verleugnen und uns Katholiken anhängen möchte, der sich aber fest an ihn klammert, seine Erbschaft herausfordert und seine vollkommen rechtmäßige Abstammung unstreibar nachweisen kann, ich meine den *Sozialismus*". Es werde deshalb immer wichtiger, das Verhältnis des Liberalismus "zu seinem unbändigen Sohne, dem Sozialismus, und dessen rechtmäßige Abstammung von jenem genau ins Auge zu fassen".[193]

Wichtiger als diese mit ein wenig Schadenfreude versehene Analyse der Abstammung des Sozialismus war wohl die Tatsache, daß der Mainzer Bischof und *Lassalle* in den entscheidenden Punkten ihrer Kapitalismuskritik übereinstimmten. Als *Lassalle* am 20. Mai 1863 nach Mainz kam, begrüßte ihn das *Ketteler* nahestehende "Mainzer Journal" zwar nicht als Freund, aber doch als willkommenen Mitstreiter gegen den Liberalismus. *Ketteler* selbst rühmte 1864 am Sozialismus, daß er die Lage der Arbeiterschaft, "mit unerbittlicher Schärfe und Wahrheit aufgedeckt" und "auch überzeugend bewiesen" habe, daß die Bestrebungen des Liberalismus "nicht imstande sind, den Arbeiterstand vor dem Verfall zu bewahren". Wie *Lassalle* bejahte auch er die Geltung des "Ehernen Lohngesetzes", allerdings mit dem wichtigen Unterschied, daß er es auf die augenblickliche Situ-

---

[191] Vgl. *Anton Rauscher*, Sozialismus, in: *Ders.*, Der soziale und politische Katholizismus, 294-339.
[192] *Ketteler*, Die Arbeiterfrage und das Christentum, 162.
[193] Ketteler Schriften. Bd 3, 244f.

ation beschränkte und nicht als ein zu allen Zeiten wirksames Gesetz formulierte. Zugleich vertrat er die Ansicht, man müsse nach Mitteln suchen, die es verhindern, daß "der überschießende Gewinn *ausschließlich* dem toten Kapitale und nicht auch dem verwendeten Fleisch und Blut zufällt"[194]. Das Mittel glaubte er im Miteigentum des Arbeiters an seinem Unternehmen gefunden zu haben, das die von *Lassalle* propagierte *Produktivassoziation* als genossenschaftlich geführtes Produktionsunternehmen ermögliche. Aus diesem Grunde wurde sie von ihm wärmstens empfohlen, und er selbst suchte sich über einen Mittelsmann mit *Lassalle* in Verbindung zu setzen, um Einzelheiten zu erfahren.

Ihre Symathie für *Lassalle* zeigten noch deutlicher die "Historisch-Politischen Blätter" Nach seinem Tod widmeten sie ihm einen begeisterten Nachruf. Bereits 1857, also sieben Jahre vor der Schrift *Kettelers* über die Arbeiterfrage, hatten sie den Sozialismus einen "natürlichen Sohn der Liberalen"[195], genannt. Wie der Mainzer Bischof bejahten sie die sozialistische Kapitalismuskritik. Die Theorie vom "Ehernen Lohngesetz" übernahmen sie fast wörtlich von *Lassalle*, ohne sie jedoch – wie *Ketteler* – auf die augenblicklichen Verhältnisse zu beschränken, und die *Produktivassoziation* schien auch ihnen eine Überwindung des liberalen Systems der Ausbeutung zu ermöglichen sowie eine gerechte Verteilung des Produktionsertrages zu sichern. Die nicht nur negative Bewertung der sozialistischen Bewegung und vor allem die positive Aufnahme von *Lassalles* Kapitalismuskritik waren in erster Linie durch die antiliberale Grundeinstellung des aufkommenden Katholizismus bedingt; sie blieben jedoch nicht ohne Widerspruch.

Auf seine Einstellung zu *Lassalle* wurde *Ketteler* 1864 von den "Kölner Blättern" angesprochen, die ihn vor allzu freundlichen Lobreden auf "dieses intellektuelle und intelligente Oberhaupt des gegenwärtigen Radikalismus" warnten. Auf die Gefahr einer einseitigen Beurteilung wiesen auch die "Christlich-sozialen Blätter" hin. Zwar begrüßten sie ebenfalls die sozialistische Kapitalismuskritik, meinten aber gleichzeitg, man müsse sich hüten, ihr "unbedenklich zuzujauchzen"[196]. Insgesamt geben diese wenigen Äußerungen wohl die allgemeine Haltung des zeitgenössischen Katholizismus, allerdings besonders seines sozial *nicht* engagierten Teiles wieder.

b) Ablehnung der sozialistischen Lösung der Arbeiterfrage

Von Anfang an bewahrte sich die katholische Sozialkritik eine durchaus differenzierte Betrachtungsweise und lehnte trotz ihrer großen Sympathie für *Lassalle* die geistige Grundhaltung, die der Sozialismus nach ihrer Auffassung mit dem Liberalismus teilte, immer ab. Freilich wurde dabei die Kritik am Sozialismus oft wieder zu einer Kritik am Liberalismus. So betonten die "Historisch-Politischen Blätter", daß beide Strömungen auf dem Boden einer antichristlichen Weltanschauung stünden. Der Unterschied liege lediglich darin, daß der Liberalismus Religion und Moral zur Bändigung der Arbeiter für notwendig halte, während *Lassalle* geradeheraus sage, daß er kein Christentum mehr brauche. "Eine neue

---

[194] *Ketteler*, Die Arbeiterfrage und das Christentum, 155.
[195] HPBl Jg.40 (1857), 650.
[196] Christlich-soziale Blätter Jg.2 (1869), 52.

Gesellschaftsordnung auf Grund seiner Wissenschaft erbaut, wäre deshalb der vollendete Antichrist."[197]

Ketteler distanzierte sich in einem Briefwechsel mit katholischen Arbeitern aus Dünnwald bei Köln von der Leitung des dortigen "Allgemeinen Deutschen Arbeitervereins", weil sie eine an sich gute Sache "für die Interessen ihres Unglaubens und ihrer Abneigung, ja ihres Hasses gegen das Christentum und die Kirche"[198] mißbrauche. In seiner Ansprache auf der Liebfrauenheide von 1869 ermunterte er die Arbeiter, sich zusammenzuschließen, "um mit gemeinschaftlicher Anstrengung ihre Interessen und Rechte geltend zu machen", fügte dann aber die Mahnung hinzu, daß diese Bestrebungen "ohne Religion keinen bleibenden Erfolg haben werden". Vor allem jedoch könne "nicht auch ein sogenannter Volksfreund und Volksführer sie ebenso ausbeuten" wie die kapitalistischen Unternehmer, "wenn er ein gewissenloser, ein gottloser, ein religionsloser Mensch ist? Gerade wie die Geldmacht sie ausgebeutet hat, so werden solche Volksführer sie ausbeuten, solange sie das Christentum verachten." Auf dem Mainzer Katholikentag erklärte *Ketteler* 1871:

"Der Sozialismus, der an sich eine der verderblichsten Verirrungen des menschlichen Geistes ist, ist vollkommen berechtigt, wenn die Prinzipien des Liberalismus wahr sind. Nur weil diese unwahr sind, darum ist er auch unberechtigt".[199]

1875 schließlich, nachdem sich die von *Liebknecht* und *Bebel* geführte "Sozialdemokratische Arbeiterpartei" mit dem "Allgemeinen Deutschen Arbeiterverein" zur "Sozialistischen Arbeiterpartei Deutschlands" zusammengeschlossen hatte, warf *Ketteler* der neuen Partei wieder "ihre Feindschaft gegen die Religion" vor, die allerdings ganz aus dem "Inventar des bornierten Liberalismus"[200] stammte. Die Anfang der sechziger Jahre noch denkbare Zusammenarbeit mit der sozialistischen Bewegung bei der Lösung der gesellschaftlichen Mißstände wandelte sich so im sozialen Katholizismus zu einer immer schärferen Ablehnung, wobei vor allem weltanschauliche Erwägungen in den Vordergrund traten. Diese Abneigung setzte sich auch bei der Partei des politischen Katholizismus, dem "Zentrum", mehr und mehr durch. Als es 1878 zu dem unter dem Namen "Sozialistengesetz" bekanntgewordenen Ausnahmeregelungen gegen die Sozialdemokraten kam, lehnte das "Zentrum" diese zwar ab und bezeichnete sie als ungerecht und gesetzeswidrig, weil es nach den eigenen trüben Erfahrungen nichts für Ausnahmegesetze übrig hatte, doch änderte das an dem grundsätzlichen Nein zum Sozialismus nichts.

Auch Papst *Pius IX.* (1792-1878) hatte sich frühzeitig negativ zum Sozialismus geäußert. Bereits 1846 hatte er in seinem Rundschreiben "Qui pluribus" den revolutionären Sozialismus eine unerhörte und naturwidrige Lehre genannt. Von neuem verwarf ihn seine Enzyklika "Nostis et Nobiscum" von 1849. Das Rundschreiben "Quanta cura" desselben Papstes und der "Syllabus" von 1864 wiederholten diese Verurteilungen. Sie hatten freilich nicht die sozialistische Arbeiter-

---

[197] HPBl Jg.52 (1863), 62.
[198] *J. M. Raich* (Hrsg.), Briefe von und an Wilhelm Emmanuel Freiherrn v. Ketteler, Bischof von Mainz., Mainz 1879, 331-338, Zitat 334.
[199] Kettelers Schriften. Bd. 3, 188f., 251.
[200] Ebenda, 177.

bewegung, sondern die anarchistischen Geheimbünde der ersten Jahrhunderthälfte im Blick.

In der ablehnenden Haltung gegenüber der sozialistischen Lösung der Arbeiterfrage fand die scharfe und grundsätzliche Verwerfung des Sozialismus im deutschen Katholizismus ihren Ausdruck. Noch zu Beginn der sechziger Jahre hatte sich die sozialistische wie die katholische Kapitalismuskritik oft gleicher oder ähnlicher Argumente bedient. Der Grund für die in den folgenden Jahrzehnten entstandene prinzipielle Gegnerschaft lag wohl in der Tatsache, daß die Kirchen von den Sozialisten als Verteidiger der bestehenden Ordnung und damit als Verbündete der kapitalistischen Ausbeuter angesehen wurden. Die Bemerkung *Peter Reichenspergers* auf dem Katholikentag von 1858, der Sozialismus lasse die Menschen ihre Armut nicht mehr in Geduld ertragen, sondern lehre sie Haß und Empörung[201], oder die Weigerung des "Zentrums", auch Arbeiter als Kandidaten für den Reichstag aufzustellen[202], waren nur zwei Beispiele, die einen solchen Eindruck entstehen lassen konnten. Demgegenüber glaubte man auf katholischer Seite, daß die Religionsfeindschaft, die Ablehnung des Privateigentums sowie das Streben nach revolutionärem Umsturz der Staats- und Gesellschaftsordnung im Sozialismus immer eindeutiger und aggressiver würden. Der Kernsatz der marxistischen Geschichtstheorie – "Die Produktionsweise des materiellen Lebens bedingt den sozialen, politischen und geistigen Lebensprozeß überhaupt"[203] – verstand man in dem Sinne, daß die politische, geistige und religiöse Wirklichkeit allein und ausschließlich eine Spiegelung bzw. Wirkung der materiellen Basis sei: "Alles Sein ist Materie, die Daseinsweise der Materie aber Bewegung. Nicht die Idee ist der Demiurg des Wirklichen, wie bei Hegel, – die Gedankenwelt vielmehr der bloße Reflex der Bewegung im Stofflichen."[204] Dazu kamen die persönliche Abneigung und der Kampf der sozialistischen Führung gegen das Christentum.

Parolen wie "Religion ist Opium des Volkes" oder "Christentum und Sozialismus stehen sich gegenüber wie Feuer und Wasser" kennzeichneten diesen Kampf und verstärkten die Ablehnung. Nach dem Kulturkampf sahen deshalb die Katholiken den Hauptgegner im Sozialismus. Die Abneigung war so groß, daß die Mehrheit des "Zentrums" bereits den Reichszuschuß zur Arbeiterversicherung als sozialistischen Sieg bezeichnete. Auch auf den Katholikentagen wurde die Auseinandersetzung mit dem Sozialismus immer mehr zu einem Hauptthema. 1890 erklärte *Windthorst* während des Katholikentages:

Wir alle stehen "ohne Ausnahme, die christlichen Arbeiter und Arbeitgeber, einem gemeinsamen gewaltigen Feind gegenüber: das ist die *Sozialdemokratie* (...). Wenn die Anschauungen der Sozialdemokratie siegten, so wäre die ganze Weltordnung und Weltanschauung, die ganze Gesellschaftsordnung umgestürzt, und welche Folgen das haben würde, brauche ich hier nicht zu erörtern. Wir sind deshalb auch ganz entschlossen, und Sie sicher mit uns, und

---

[201] Vgl. Verhandlungen der 10. Generalversammlung der katholischen Vereine Deutschlands 1858 zu Köln, Köln 1859, 69f.; zur Beziehung Katholizismus und Sozialismus die kommentierte Quellensammlung: *Wolfgang Ockenfels* (Hrsg.), Katholizismus und Sozialismus in Deutschland im 19. und 20. Jahrhundert, Paderborn 1992, hier 41.
[202] Erster katholischer Arbeiter im Reichstag wurde 1877 *Gerhard Stötzel* (1835-1908) für die katholische Volkspartei.
[203] *Karl Marx,* Zur Kritik der politischen Ökonomie, in: MEW 13, 8f.
[204] *Heinrich Pesch*, Sozialismus, in: StL² V, Freiburg ²1904, 55-87, Zitat 79.

ich hoffe, Sie werden mir das gleich bestätigen, daß wir die Sozialdemokratie mit allen gesetzlichen Mitteln bekämpfen wollen."²⁰⁵

Franz Hitze hatte bereits auf dem Katholikentag von 1884 zur Gründung von "Ar-beitervereinen" für den Kampf gegen die Sozialdemokratie aufgerufen. Ein Jahr später wiederholte er seinen Appell:

"Der einzelne Arbeiter muß gehalten sein durch den Verband, dem er mit unbedingtem Vertrauen folgt; der Corpsgeist muß ihn schon zurückhalten, mit den Sozialdemokraten Verkehr zu pflegen. Die Sozialdemokratie muß isoliert werden. Organisation gegen Organisation: das ist der einzige Weg, der sozialdemokratischen Agitation entgegen zu treten."

Hitze machte jedoch auch deutlich, daß die Sozialdemokratie "nicht bloß eine intellektuelle Verirrung" sei. "Die *sittlichen Notstände* unseres Volkes"²⁰⁶ sind der Boden, aus dem sie wachse. Diese differenzierende Beurteilung erinnerte an eine Feststellung, die er 1877 getroffen hatte:

"*Alle* unsere Sozialisten sind faktisch durchaus *unchristlich*, Materialisten (...) allein das ist ewas Zufälliges, hat *mit dem sozialistischen Grundgedanken*, mit dem System als solchem *gar nichts zu tun* (...). Den Sozialismus ohne weiteres als ‚unchristlich' zu verwerfen, ist deshalb sehr unvorsichtig. An *sich* ist er es *nicht*, denn nirgends im Christentum ist das *Privat*eigentum an *Produktiv*kapital direkt und positiv gefordert oder als ewig notwendige Institution sanktioniert."²⁰⁷

Zu dem prinzipiellen weltanschaulichen Einwand gegen Philosophie und Ideologie des Sozialismus kam die für den deutschen Katholizismus von Anfang an problematische Forderung *Ferdinand Lassalles*, mit staatlichem Zwang die Produktivassoziationen ins Leben zu rufen. Da wegen Kapitalmangel ihr Zustandekommen auf freiwilliger Basis kaum möglich schien, glaubten die "Historisch-Politischen Blätter" zwar 1863, das Eingreifen des Staates bejahen zu sollen. Habe er schon oft "durch Zinsgarantie für Eisenbahnbauten und ähnliche Unternehmungen zu Gunsten der Reichen interveniert, warum nicht auch endlich für die Arbeiter?"²⁰⁸. Diese Meinung hielten sie nicht lange aufrecht. Weil der Staat nur durch einen gewaltsamen Eingriff in die bestehende Eigentumsordnung die notwendigen Mittel bereitstellen könnte, lehnten sie bereits zwei Jahre später die staatliche Intervention wieder ab. Es sei eine Wahnvorstellung, erklärten sie nun, zu glauben,

"das Prinzip der modernen Nationalökonomie (...–) die *Selbstsucht* – könne durch äußere Einrichtungen, durch staatsrechliche Experimente und gesetzliche Formeln beseitigt werden". Im Gegenteil, *Lassalles* Idee vom Staat sei nichts anderes als ein Ausfluß der heidnischen Theorie *Rousseaus* vom "contrat social": "Durch einen Vertrag aber, welchen den Staat zu einer Gesellschaft solidarisch haftbarer und in jeder Beziehung gleichberechtigter Mitglieder machen würde, wäre die individuelle Freiheit völlig vernichtet. Denn da der einzelne stets die Verpflichtung auf sich hätte, für das Interesse aller einzutreten, so könnten auch alle Rechte,

---

[205] Verhandlungen der 37. General-Versammlung, 376f.
[206] Verhandlungen der 32. General-Versammlung der Katholiken Deutschlands zu Münster 1885, Münster 1885, 384f.
[207] *Franz Hitze*, Die soziale Frage und die Bestrebungen zu ihrer Lösung mit besonderer Berücksichtigung der verschiedenen sozialen Parteien in Deutschland, Paderborn 1877, 134, 137; vgl. Ockenfels, Katholizismus und Sozialismus, 59-63.
[208] HPBl Jg.52 (1863), 79.

welche der einzelne für sich beansprucht in jedem Augenblick durch eine Staatsverordnung im angeblichen oder wirklichen Interesse des Wohles aller absorbiert werden."[209]

Die weitgehende Ablehnung staatlichen Eingreifens betraf nicht nur die zwangsweise Errichtung von Produktivassoziationen, sondern war grundsätzlicher Art. Hier bahnte sich eine Entwicklung an, welche die "Historisch-Politischen Blätter" im letzten Viertel des Jhs. zu einem der schärfsten Gegner des Staatsinterventionismus werden ließ. Damit vertraten sie eine Position, die sie in Gegensatz zur übrigen katholisch-konservativen Richtung brachte, die aber selbst von der liberalen Strömung im Katholizismus nie übernommen wurde.

Eine entgegengesetzte Entwicklung durchlief die Meinung *Kettelers* in dieser Frage. Er war zunächst im Jahre 1864 der Ansicht, daß eine zwangsweise Bereitstellung von Kapital für die Errichtung der Produktivassoziationen "über die von Gott gesetzten rechtmäßigen Grenzen der Tätigkeit der staatlichen Gesetzgebung hinausgeht und in ein Gebiet eingreift, wo die Staatsgewalt kein Recht mehr hat"; die notwendigen Mittel müßten daher von der christlichen Freigebigkeit aufgebracht werden.

Als der Aufruf des Mainzer Bischofs, wie er es schon vorausgeahnt hatte, ohne greifbaren Erfolg blieb, rückte er deshalb 1865 aus pragmatischen Gründen in seiner Predigt zum Stiftungsfest des Mainzer Gesellenvereins von seiner bisherigen Ablehnung der Staatsintervention ab und sprach sich für gesetzliche Einzelmaßnahmen zum Schutze der Arbeiter aus.[210] 1867 verlangte er in seiner Schrift "Deutschland nach dem Krieg von 1866" die Mitwirkung der Arbeiterschaft in einer neuen, organisch aufgebauten Volksvertretung. Wie alle Gruppen, sollten sich auch die Arbeiter an der Gestaltung des Staates repräsentativ und aktiv beteiligen, wobei ihm diese Mitwirkung jedoch nicht nur auf dem Boden der Rousseauschen Staatstheorie möglich schien.[211] In der Rede auf der Liebfrauenheide bejahte er 1869 das Koalitions- und Streikrecht und billigte vorbehaltlos die wichtigsten Forderungen der Arbeiter: eine leistungsgerechte Entlohnung, Verkürzung der Arbeitszeit, Gewährung von Ruhetagen, Verbot der Fabrikarbeit für schulpflichtige Kinder, Abschaffung der Fabrikarbeit für Mütter und heranwachsende Mädchen. Von daher läßt sich die Rede durchaus als "Magna Charta der christlichen Arbeiterbewegung"[212] bezeichnen. In dem sozialpolitischen Gutachten für die Fuldaer Bischofskonferenz vom gleichen Jahr forderte er neben kirchlichen Hilfsmaßnahmen einen ganzen Katalog von staatlichen Arbeiterschutzgesetzen wie Verbot bzw. Einschränkung der Kinderarbeit, Regelung der allgemeinen Arbeitszeit, Sonntagsruhe und vor allem Überwachung der entsprechenden Gesetze durch staatliche Fabrikinspektoren.[213] In einem Manuskript von 1875 schließlich, in dem er das Programm der neuen "Sozialistischen Arbeiterpartei Deutschlands" untersuchte, sprach er sich nicht nur für einen "gesetzlichen Schutz der Arbeit und des Arbeiterstandes gegen Unterdrückung jeglicher Art" aus, sondern auch für eine "billige Unterstützung der Arbeiterverbindungen durch

---

[209] HPBl Jg.55 (1865), 277f.
[210] Vgl. *Otto Pfülf*, Bischof v. Ketteler (1811-1877). 3 Bde., Mainz 1899; hier Bd. 2, 204.
[211] Vgl. Kettelers Schriften. Bd. 2, 114-118.
[212] *Grebing,* Geschichte der deutschen Arbeiterbewegung, 59.
[213] Vgl. Kettelers Schriften. Bd. 3, 145-166, 184-214.

den Staat"[214]. Bischof *Ketteler* betrachtete damit die Überwindung der sozialen Not als eine Aufgabe, die zu einem nicht geringen Teil auch dem Staat gestellt sei.[215]

Diese Wende in *Kettelers* Einstellung zur staatlichen Sozialpolitik, seine Forderung nach unverzüglichem Eingreifen des Staates zur Lösung der sozialen Probleme war für die katholisch-soziale Bewegung signifikant und blieb nicht ohne Resonanz. Sie wurde nachdrücklich aufgenommen und unterstützt von den christlich-sozialen Vereinen, die seit den sechziger Jahren im rheinisch-westfälischen Industriegebiet entstanden. Essen (1860), Eschweiler und Dortmund (1864), Düren (1865), Düsseldorf und Wattenscheid (1867), Jülich (1868), Aachen und Gelsenkirchen (1869) waren zunächst die Städte, in denen sich Arbeiter unter der Führung sog. "roter Kapläne"[216] in lokalen Knappen- bzw. Arbeitervereinen zusammenschlossen. Ein Hauptthema ihrer Zeitschrift, der 1868 in Aachen erstmals herausgegebenen "Christlich-sozialen Blätter", war die Forderung nach einem "Arbeitsrecht"; es müsse "endlich einmal auf gesetzmäßigem Wege mit der Lösung der sozialen Frage ein Anfang gemacht werden"[217]. Da die Einsicht in die Notwendigkeit der Staatsintervention indes noch keineswegs Allgemeingut im deutschen Katholizismus geworden war und der Kulturkampf die alte Skepsis gegenüber der staatlichen Gewalt von neuem verstärkte, gerieten die "Christlich-Sozialen" in Gegensatz zur offiziellen Zentrumspolitik.[218] *Windthorst* bedauerte zwar bereits 1873 im Reichstag, daß die Behandlung der sozialen Frage durch die Kirchen- und Schulpolitik an den Rand gedrängt werde; es wäre viel wichtiger, sich gründlich mit ihr zu beschäftigen. Er glaubte, daß sich die Fraktion während des Kulturkampfes zurückhalten müsse, denn "ein positives sozialpolitisches Vorgehen des Zentrums jetzt schon würde zum Schaden der ersten und höchsten Aufgabe des Zentrums, des Schutzes von Religion und Kirche, die Isolierung des Zentrums nur noch verschärfen und stärken"[219].

Die Forderung nach staatlichem Eingreifen verschwand jedoch nicht mehr aus der Diskussion. So betonten der Mainzer Regens *Christoph Moufang*, *Nikolaus Schüren*, Sekretär des Aachener Gewerberates, sowie die Publizisten *Joseph Dippel* und *Heinrich Contzen* – um nur einige zu nennen – die Notwendigkeit des staatlichen Eingreifens. *Moufang* erklärte in einer 1871 in Mainz gehaltenen Ansprache:

"Um jedoch die sociale Frage zu einer befriedigenden Lösung zu bringen, ist endlich und zumeist die Hilfe des Staates nötig. Der Staat ist eigentlich Schuldner in dieser Sache. Ja, meine Herren, der Staat hat hauptsächlich die Organisation des Handwerks und die des Ar-

---

[214] Ebenda, 167-183, Zitat 171.
[215] Vgl. *Roos*, Kapitalismus, Sozialreform, Sozialpolitik, 82-85; zur Bedeutung *Kettelers* für den politischen Katholizismus und dessen Ethik: *Ders*, Kirche – Politik – soziale Frage, 39-50.
[216] Vgl. *Heiner Budde,* Man nannte sie "rote" Kapläne. Priester an der Seite der Arbeiter, Köln 1989, bes. 10-46; *Prinz* nennt sie "soziale Kapläne" (*Franz Prinz*, Kirche und Arbeiterschaft. Gestern – heute – morgen, München 1974, 186f.); beispielhaft: *H. Lepper,* Sozialer Katholizismus in Aachen. Quellen zur Geschichte des Arbeitervereins zum hl. Paulus 1869-1878, Mönchengladbach 1977.
[217] Christlich-soziale Blätter Jg.4 (1871), 54.
[218] Vgl. *Klaus Tenfelde*, Sozialgeschichte der Bergarbeiterschaft an der Ruhr im 19. Jahrhundert, Bonn 1977, 487-501.
[219] *Eduard Hüsgen*, Ludwig Windthorst. Sein Leben, sein Wirken, Köln 1911, 133; vgl. *Anderson*, Windthorst, 166-204.

beiterstandes zertrümmert. Er hat es getan, indem er alles, was die Arbeiter corporativ einigte, aufgelöst und sie mit gegenseitiger Eifersucht erfüllt hat, und darum ist es des Staates Pflicht, jetzt zu helfen; weil er das alte Haus niedergerissen, so muß er wieder helfen, ein neues Haus zu bauen (Bravo!). Meine Herren, ich verlange Staatshilfe für die Arbeiter (...) im Sinne der Gerechtigkeit, welche fordert, daß jeder verpflichtet ist, den Schaden, den er angerichtet hat, wieder gut zu machen (...). Und wie soll das geschehen? In vierfacher Weise; nämlich 1) durch den Schutz der Gesetzgebung; 2) durch Geld-Unterstützung; 3) durch Minderung der Steuer- und Militärlast; 4) durch Beschränkung der Herrschaft des Capitals."[220]

Der Münchener Moraltheologe *Wilhelm Karl Reischl* versuchte in seinen Vorlesungen, die jungen Theologiestudenten davon zu überzeugen, "daß eine Zuständigkeit des Staates in Sachen der Industrie (...) anzuerkennen und sehr zu wünschen sei"[221]. Auch die alljährlichen "Generalversammlungen der Katholiken Deutschlands", die Katholikentage, stimmten in den Ruf nach staatlichem Eingreifen ein und sprachen seit den siebziger Jahren "zur gründlichen Beseitigung der obwaltenden Notstände die Hilfe des Staates und seiner Gesetzgebung"[222] immer wieder an. Zu einem ersten greifbaren Ergebnis im politischen Raum führte diese Entwicklung, als die Zentrumsfraktion 1877 den "Antrag Galen" einbrachte. Er wurde zwar abgelehnt, aber es waren vor allem die religiöse Begründung und seine ständischen Ideen, wofür der liberalen Mehrheit das Verständnis fehlte. Von nun an blieb die parlamentarische Arbeit des "Zentrums" durch sozialpolitische Interessen bestimmt, es entwickelte sich – trotz harter Auseinandersetzung in der Sache – zu einem Mitgestalter der Bismarck'schen Sozialgesetzgebung und trug insofern erheblich zu einer "Entromantisierung" der katholischen sozialen Ideen bei.[223]

c) Eine Ausnahme: Grundsätzlich positive Bewertung des Sozialismus

Der deutlichen Bejahung staatlich-sozialer Aktivität, die eine strikte Ablehnung sozialistischer Theorien einschloß, stand die dezidiert positive Beurteilung des Sozialismus durch den Paderborner Theologen und Pfarrer *Wilhelm Hohoff* (1848-1923) gegenüber, zu dem *Franz Hitze* als Student Kontakt hatte. Es sei jedoch darauf hingewiesen, daß *Hohoff* für seine Schriften oft jahrelang keinen Verlegefand und insgesamt ein Außenseiter und "sozialtheoretischer Sonderling"[224] blieb. Die Theorien von *Marx* auf ihren Wahrheitsgehalt zu untersuchen und für das katholische Denken fruchtbar zu machen wurde zum Hauptinhalt seines Lebens. *Hohoff* hielt *Marx* "nicht bloß für den größten und bedeutendsten Nationalökonomen der Gegenwart, sondern für den weitaus größten und genials-

---

[220] Christlich-Soziale Blätter Jg.4 (1871), 52.
[221] *Wilhelm Karl Reischl*, Arbeiterfrage und Sozialismus, München 1874, 201.
[222] Verhandlungen der 22. Generalversammlung der katholischen Vereine Deutschlands zu Breslau 1872, Breslau 1872, 277.
[223] Vgl. *Grebing*, Geschichte der deutschen Arbeiterbewegung, 77.
[224] *Ritter*, Die katholisch-soziale Bewegung und der Volksverein, 41; vgl. *Klaus Kreppel*, Entscheidung für den Sozialismus. Die politische Biographie Pastor Wilhelm Hohoffs 1848-1923, Bonn 1974; *Wilhelm Weber*, Wilhelm Hohoff (1848-1923). Leben und nationalökonomische Ideen eines sozialengagierten Paderborner Priesters, in: *Ders.*, Person in Gesellschaft. Aufsätze und Vorträge vor dem Hintergrund der christlichen Soziallehre 1967-1976, Paderborn 1978, 407-425.

ten aller Zeiten" und dessen Werk "Das Kapital" für "die zweifellos wertvollste wissenschaftliche Leistung, welche auf dem Gebiet der politischen Ökonomie jemals erschienen ist". Den Kern der Marxschen Doktrin sah er in der Wertlehre, "in dem gründlichen wissenschaftlichen Nachweise, daß nicht das Kapital, sondern nur die lebendige menschliche Arbeit wertbildend ist (...). Aller Mehrwert entstammt nur der Arbeit."[225] Kapital sei also nur aufgehäufte fremde Arbeit, und das Wesen des modernen Kapitalismus bestehe demnach in dem Wucher mit der Ware "Arbeitskraft" und damit in der Ausbeutung der besitzlosen Arbeiter. Dieser Angelpunkt der marxistischen Kapitalismuskritik war nach Meinung *Hohoffs* mit der alten christlichen Lehre über Kapital und Kapitalprofit bzw. Zins identisch:

"Profit ist Überschuß, Übervorteilung, gewährt arbeitsloses Einkommen. Arbeitsloses Einkommen, das lediglich auf Grund des Besitzrechtes bezogen wird, sollte es nicht geben. Das ist gleichfalls ein Prinzip, das der ganzen kirchlichen und staatlichen Wuchergesetzgebung des Mittelalters zugrunde liegt. Es ist das eine Konsequenz des Äquivalentprinzips und der Forderung der Heiligen Schrift: im Schweiße deines Angesichts sollst du dein Brot essen, und wer nicht arbeiten will, der soll auch nicht essen." Es gebe keinen Zweifel, "daß die scholastische Theologie und das kanonische Recht prinzipiell jede Produktivität des Kapitals negierte und verpönte, und daher alles arbeitslose Vermögenseinkommen wenigstens in der Theorie und im Prinzip verwarf."

Daraus zog *Hohoff* den Schluß, "daß der Sozialismus und nach ihm die Sozialdemokratie erst aus dem Christentum entsprungen"[226] sind und "daß nicht Christentum und Sozialismus, sondern Kapitalismus und Christentum sich einander gegenüberstehen wie Wasser und Feuer"[227]. *Marx*, *Engels* und ihre Epigonen seien persönlich zwar Atheisten und Materialisten, aber das ergebe sich keineswegs aus ihrer Lehre. Die Marxsche Geschichtstheorie besage lediglich, daß die Produktionsverhältnisse sowie der soziale, politische und geistige Lebensprozeß "in irgend einem ursächlichen Zusammenhang stehen". *Marx* und *Lassalle* seien vielmehr Werkzeuge in der Hand der Vorsehung gewesen, um der Welt die Augen über die Irrlehren des Wirtschaftsliberalismus zu öffnen. Die Feindschaft zwischen Sozialismus und Katholizismus konnte *Hohoff* daher nur bedauern. Die Arbeit seines Lebens galt ihrer Beseitigung:

"Wenn man hüben und drüben wüßte, was Kapital in Wahrheit ist, was in Wahrheit Marx und die Kirche lehrt, so wäre eine Verständigung leicht möglich, ja selbstverständlich und geboten." Die wahren Ideale des Sozialismus "können gerade eben nur durch das Christentum ihre Realisierung finden, dem sie in letzter Instanz entstammen. Aber leider ist die Verblendung, die Unwissenheit, das Vorurteil hüben wie drüben gleich groß, und daher, vorläufig wenigstens, allem Anscheine nach keine friedliche Verständigung und Versöhnung zu hoffen, sondern Kampf bis aufs Messer."[228]

Das angesichts der Zeitumstände wirklichkeitsfremde Bemühen *Hohoffs* um einen "christlichen Sozialismus" fand auf keiner der beiden gegnerischen Seiten

---

[225] *Wilhelm Hohoff*, Die Bedeutung der Marxschen Kapitalkritik, Paderborn 1908, 10, 29f. Vgl. auch: *Ockenfels*, Katholizismus und Sozialismus, 107-109.
[226] Ebenda, 37, 111.
[227] *Wilhelm Hohoff*, Die wissenschaftliche und kulturhistorische Bedeutung der Karl Marxschen Lehren, hrsg. von *Heinrich Leonhard*, Braunschweig 1921, 14.
[228] *Hohoff*, Bedeutung der Marxschen Kapitalkritik, 15, 105, 128.

Zustimmung. Aber auch die Verteidigung der Marxschen Wertlehre wurde vom sozialen Katholizismus nicht akzeptiert. *Heinrich Pesch* (1854-1926), einer der bedeutendsten katholischen Sozialwissenschaftler nach der Jahrhundertwende, lehnte sie 1905 in seinem Standardwerk "Lehrbuch der Nationalökonomie" grundsätzlich ab: "Die Marxistische Wertlehre steht nicht nur im Widerspruch mit den Tatsachen des realen Lebens, sie ist auch irrig in ihren Voraussetzungen, widerspruchsvoll in sich selbst und absurd in ihren Konsequenzen."[229]

2. Realisierung staatlicher Sozialpolitik

a) Vorbehaltliche Bejahung staatlichen Eingreifens

Im politischen Arm des sozialen Katholizismus, dem "Zentrum", hatte sich unmittelbar seit seiner Gründung 1870 eine national augerichtete und eindeutig bejahende Beurteilung des Staates gefestigt. Die Gründungsmitglieder wählten nicht die Bezeichnung "Katholische Fraktion", die ebenfalls zur Debatte stand, sondern den Namen *Zentrum* und fügten in Klammern hinzu "Verfassungspartei". Damit drückte sich ihre staatsbejahende Haltung bereits im Namen aus. Wichtig war ihnen, auf dem Boden der Verfassung zu stehen. Das Programm stellte der Fraktion in erster Linie die Aufgabe, "für Aufrechterhaltung und organische Fortentwicklung verfassungsmäßigen Rechtes"[230] einzutreten. Chefredakteur des seit 1871 erscheinenden Zentralorgans der Partei war *Friedrich Pilgram* (1819-1890). Ihm gab er den patriotischen Namen "Germania", war er doch ein begeisterter Anhänger Preußens und besonders des seit 1862 die preußische Politik bestimmenden Reichskanzlers *Otto von Bismarck* (1815-1898). Sobald der Gegensatz zwischen Reichskanzler und "Zentrum" offenkundig wurde, mußte *Pilgram* allerdings die Redaktion abgeben. Für den Willen zur Staatsbejahung und die nationale Einstellung der Partei ist es jedoch bezeichnend, daß die offizielle Zeitung des "Zentrums" bis zur Auflösung im Jahre 1933 den Namen "Germania" trug. Diese Grundlinie hat das "Zentrum" nicht mehr ernsthaft verlassen. Wenn ihm *Bismarck* auch vorwarf, "eine antistaatliche Partei zu sein, den Staat überhaupt zu bekämpfen unter Zuhilfenahme aller Elemente, die dazu bereit waren"[231], so erklärt sich das einmal aus politisch-taktischen Motiven, zum anderen aus dem neuen Parteityp, den das "Zentrum" darstellte. Die bestehenden liberalen und konservativen Parteien betrachteten sich jeweils als die Vertretung nicht eines Teiles, sondern des ganzen Volkes. Im Gegensatz dazu repräsentierte die "katholische Partei" eine soziologisch streng umgrenzte Minderheit der Bevölkerung und wurde deshalb als eine Gefahr für die nationale Einheit sowie als ein Versuch zur pluralistischen Auflösung des Staates in weltanschauliche und soziale Teilgewalten abgelehnt.

---

[229] *Heinrich Pesch*, Lehrbuch der Nationalökonomie. Bd. 5, Freiburg 1923, 65-68, 66; vgl. bereits früher: *Ders.,* Die ökonomischen Lehren des Marxschen Sozialismus, in: Stimmen aus Maria-Laach Jg.41 (1891), 23-58, Zitat 44.
[230] *Mommsen*, Deutsche Parteiprogramme, 218.
[231] *Otto v. Bismarck*, Die Gesammelten Werke, Berlin 1931; hier Bd. 13, 288.

Die politischen Leitideen des deutschen Katholizismus jener Jahre fanden wohl ihre beste Verkörperung in der Person von *Ludwig Windthorst* (1812-1891), dem unumstrittenen Führer des "Zentrums" und ebenbürtigen Gegner des Kanzlers. Er hatte sich das schwierige Ziel gesetzt, den katholischen Volksteil durch intensive Mitarbeit an den neuen Aufgaben des Reiches aus seiner aufgrund der Säkularisation und des Kulturkampfes entstandenen nationalen Isolierung und wirtschaftlich-kulturellen Rückständigkeit herauszuführen. Einmal sollte dadurch der Abneigung von Regierung und Parteien gegen die deutschen Katholiken der Boden entzogen werden, andererseits hoffte *Windthorst*, daß die politische Zusammenarbeit Protestanten wie Katholiken, die beiden großen Konfessionen in Deutschland, zu einer Verständigung führe. Bereits während des Kulturkampfes signalisierte er *Bismarck*, daß das "Zentrum" wohl zu sachlicher Mitarbeit, nicht aber zu bedingungsloser Gefolgschaft bereit war. So unterstützte *Windthorst* die 1877 von der Regierung eingebrachte Vorlage zur Reichsfinanzreform sowie 1878/79 die nationalwirtschaftlichen Änderungen der Agrar- und Industriezölle. Getragen von der allgemeinen Entwicklung gelang es ihm damit, *Bismarck* allmählich dahin zu bringen, auf dem Gebiet der Wirtschaftspolitik sich der Hilfe des "Zentrums" zu bedienen. Neben anderen Ursachen war das einer der Gründe, daß der Kanzler Ende der siebziger Jahre den Kulturkampf langsam abflauen ließ.

Als sich *Bismarck* zur gleichen Zeit intensiv der nationalen Wirtschaftspolitik und schutzzöllnerischen Bestrebungen zuwandte, fand er eine weitgehende Unterstützung des Zentrums. 1877 billigten *Windthorst* und *Burghard von Schorlemer-Alst* den Antrag von Vertretern der Industrie zur Wiederherstellung der Eisenzölle.[232] Durch dieses Eintreten für eine protektionistische Wirtschaftspolitik und für den "Schutz der nationalen Arbeit" leistete das "Zentrum" einen wichtigen Beitrag zu dem wirtschaftlichen Aufschwung, den Deutschland vor und während der Jahrhundertwende erlebte. Zugleich wurden dadurch die trotz aller Neuorientierung noch bestehenden antikapitalistischen Gefühle mehr und mehr unterdrückt. Das alles geschah freilich nicht nur aus wirtschaftlichen oder gesellschaftlichen Erwägungen, sondern mindestens ebensosehr aus staats- und kirchenpolitischen Überlegungen. Der Vorwurf, "Reichsfeinde" zu sein, sollte durch den Beweis der Tatsachen ad absurdum geführt und so auch die kirchliche Freiheit wieder zurückgewonnen werden.

Einvernehmlich verlangte das "Zentrum" seit dem "Antrag Galen" von 1877 auch immer wieder staatliche Arbeiterschutzgesetze: Beschränkung der Frauen- und Kinderarbeit[233], Einhaltung der Sonntagsruhe, Festsetzung eines Maximalarbeitstages, Ausbau der Fabrikinspektion. Als 1878 die Regierung einen bescheidenen Gesetzentwurf vorlegte, begrüßte ihn *Hertling* "als erste Abschlagszahlung gegenüber den viel umfassenderen Forderungen, die wir im vorigen Jahr erhoben haben"[234]. Aber *Bismarck* wollte über diese Ansätze nicht hinausgehen und brachte die Anträge des "Zentrums" von 1882, 1884, 1886 immer wieder zu Fall.

Eine der wichtigsten Debatten war diejenige um die staatlichen Versicherungspläne *Bismarcks,* die in den achtziger Jahren beraten wurden. Die Mehrheit des

---

[232] Vgl. dazu: *Karl Bachem*, Vorgeschichte, Geschichte und Politik der deutschen Zentrumspartei. 8 Bde., Köln 1927-1931; hier Bd. 3, 369.
[233] Vgl. Stellungn. zu Frauen- und Kinderarbeit: *Horstwalter Heitzer* (Hrsg.), Deutscher Katholizismus und Sozialpolitik bis zum Beginn der Weimarer Republik, Paderborn 1991, 97-200.
[234] *Hertling*, Aufsätze und Reden, 109.

sozialen Katholizismus lehnte diese zunächst leidenschaftlich ab. Das Ziel *Bismarcks* schien klar zu sein: Die Sozialversicherungsgesetze sollten die Arbeiterschaft wieder an den Staat binden.[235] So sah die Regierungsvorlage vom März 1881 eine Reichsversicherungsanstalt und Reichszuschüsse zu den Unfallrenten vor, damit man – wie es in der Begründung hieß – den Staat als wohltätige Einrichtung schätzen lerne. Das "Zentrum" lehnte beide Punkte ab, weil der Arbeiter nicht der öffentlichen Fürsorge überstellt werden dürfe, sondern "mit Ehren Pensionär der Industrie sein" müsse, und weil die Reichsversicherungsanstalt "den Weg einer ertötenden, alle Kräfte absorbierenden Konzentration"[236] beschreiten würde. Als der Reichstag 1884 die Vorlage zur Unfallversicherung und 1886 zur Krankenversicherung verabschiedete, hatte es das "Zentrum" beide Male erreicht, daß der Reichszuschuß gestrichen und berufsgenossenschaftliche Selbstverwaltungskörper als Träger vorgesehen wurden. Auch innerhalb der Fraktion sehr umstritten waren das Invaliden- und Altersversicherungsgesetz. Den Stein des Anstoßes bildete wieder der "staatssozialistische" Reichszuschuß. Die Mehrheit folgte der Ansicht, daß der Staat zwar die Rechtsformen festzulegen, nicht aber selber Mittel zu geben habe. *Hertling* warnte:

"Die Verpflichtung aller gesellschaftlichen natürlichen Kreise werden abgewälzt auf den unpersönlichen Staat. Das Gesetz ist in meinen Augen sozialistisch, dessen Konsequenz die sozialdemokratische Gesellschaft. Für mich ist es gleichgültig, ob der Sozialismus von unten oder von den Ministern gepredigt wird. In wenigen Jahren hat sich ein wunderbarer Umschwung vollzogen aus dem Manchestertum in den Staatssozialismus hinein."[237]

Windthorst äußerte sich noch schärfer:

"Das Ende dieser Forderungen ist gar nicht abzusehen. Wir eröffnen einen praktisch ganz gangbaren Weg zur Ernährung ganzer Klassen aus Staatsmitteln. Der Staat soll *alles* ordnen, und wir sind im Begriffe, diese Entwicklung zu fördern (...). Es ist ein voller Schritt – nicht in das Dunkel – nein! sondern auf dem hellerleuchteten Weg der Sozialdemokratie."[238]

Die Fraktionsminderheit um *Georg Freiherr von Franckenstein* und *Peter Reichensperger* wollte die Gesetze jedoch auf keinen Fall scheitern lassen. In ihren Überlegungen kündigte sich eine grundsätzlich andere Sicht an: die Idee – modern gesprochen – des Wohlfahrtsstaates. *Reichensperger* sprach es klar aus:

"Ich würde den Widerstand gegen den Reichszuschuß vollkommen begreifen, wenn die Gegner sich auch heute noch auf den Standpunkt stellen würden, nur einen Rechtsstaat anzuerkennen, einen Staat, der keinen andern Beruf hat als die Handhabung von Gesetz und Recht. Aber es ist dies meines Erachtens auch für die hier anwesenden Gegner im ganzen ein überwundener Standpunkt. Der Staat ist für uns der organisierte Verband des Volkes zur Pflege aller leiblichen und geistigen Güter, und das soll auch hier verwirklicht werden (...). Der Rechtsgrund (für den Versicherungszwang) liegt einfach in der Erkenntnis der Gesellschaft, respektive des Reichstages, daß es sich hier um eine Notwendigkeit handelt im Interesse der Sicherung der Gesellschaft gegen mögliche, und wahrscheinliche Gefahren (...). Aber, wenn nun die Gemeinsamkeit sagt und glaubt, daß sie sich selbst schützen wolle gegen mögliche

---

[235] Vgl. katholisch-soziale Stellungnahmen zur Sozialversicherung: *Heitzer*, Deutscher Katholizismus und Sozialpolitik, 27-48.
[236] *Hertling*, Aufsätze und Reden, 198, 201.
[237] *Bachem*, Geschichte der Zentrumspartei. Bd. 5, 68.
[238] Ebenda, 71.

Gefahren der Zukunft, dann muß sie auch ihrerseits eine Assekuranzprämie zahlen (...). Das ist nach meiner Auffassung der innere Rechtsgrund für den Reichszuschuß."[239]

1889 verhalf eine Minderheit von 13 Zentrumsabgeordneten dem Invaliden- und Altersversicherungsgesetz zur Annahme. Somit war das sozialpolitische Gesetzgebungswerk *Bismarcks*, das erste seiner Art und bahnbrechend in der Welt, mit mehr oder weniger starker Unterstützung des "Zentrums" Wirklichkeit geworden.

In den folgenden Jahren schwenkte vor allem unter dem Einfluß des nassauischen Juristen *Ernst Lieber* (1838-1902), der nach *Windthorsts* Tod 1891 die Führung der Partei übernommen hatte, auf die Linie einer entschiedenen Reichsfreudigkeit und nationalen Wehrpolitik ein. Diese Entwicklung bildete einen Teil jener auf die Gestaltung der neuen Zeitaufgaben gerichteten Aktivität, jener weitgehenden Bejahung des bestehenden Wirtschaftssystems und jenes zuversichtlichen Kulturoptimismus, die um die Jahrhundertwende zur bestimmenden Kraft im deutschen Katholizismus wurden. Das Gepräge gaben diesem "Reformkatholizismus"[240] Männer wie der Würzburger Dogmatiker *Hermann Schell*, der Wiener Kirchenhistoriker *Albert Erhard*, der Münchner Publizist *Carl Muth*, der 1903 die Zeitschrift "Hochland" begründete[241], daneben auch die "Kölnische Volkszeitung" und vor allem der "Volksverein für das katholische Deutschland".

Sehr zurückhaltend, ja ablehnend standen seit der Reichsgründung 1871 die "Historisch-Politischen Blätter" dem neuen Reich gegenüber. Der schon bald aufkommende Kulturkampf verstärkte ihre Oppositionshaltung. *Joseph Edmund Jörg* (1819-1901), der Schriftleiter der "Historisch-Politischen Blätter", vertrat von 1874 bis 1878 den Wahlkreis Augsburg im deutschen Reichstag. Doch bereits nach Ablauf der ersten Wahlperiode legte er sein Mandat nieder, weil er spürte, daß er in dem immer mehr den Reichsgedanken bejahenden "Zentrum" keine rechte politische Heimat finden werde. Zum Abschied warnte er seine Parteifreunde vor den im Interesse einer deutschnationalen Politik zu weit gehenden Konzessionen und verlangte das Verlassen von Wegen, "von welchen die Centrums-Partei stets gesagt hat, daß man sie hätte nie betreten sollen"[242].

Die gleiche Einstellung bestimmte das Nein der "Historisch-Politischen Blättern" zu den Sozialversicherungsgesetzen *Bismarcks*. Sie wurden nicht nur wegen ihres "staatssozialistischen" Charakters abgelehnt, sondern ebensosehr deshalb, weil sie einen ständischen Neubau der Gesellschaft immer unwahrscheinlicher machten: "Man hat dort den Ausweg des Versicherungswesens nicht gewählt, um dann daneben auch noch die allein richtige korporative Sozialreform zu fördern, sondern im Gegenteil, um ihr auszuweichen. Im Sinne des Reichskanzlers schließt das eine System das andere aus."[243]

---

[239] *Bachem*, Geschichte der Zentrumspartei. Bd. 5, 71.
[240] Vgl. ausführlich: *Spael*, Das katholische Deutschland im 20. Jahrhundert, 148-175.
[241] Vgl. ebenda, 106-120.
[242] HPBl Jg.82 (1878), 971.
[243] HPBl Jg.103 (1889), 479.

b) Ringen um staatliche Sozialreform, Staatssozialismus, Wohlfahrtsstaat

Heftiger noch als die staatliche Sozialversicherung oder Beteiligung an der Gesetzesbildung war im deutschen Katholizismus die Forderung nach einer grundlegenden Sozialreform durch den Staat umstritten. Die These, daß es Sache des Staates sei, eine *umfassende* gesellschaftliche Neuordnung durchzuführen, wurde in der katholisch-sozialen Bewegung wohl von *Friedrich Pilgram* zum ersten Mal aufgestellt. Hatten noch 1855 vor allem die Kirche und die genossenschaftliche Selbsthilfe eine Hauptrolle in seinem sozialreformerischen Denken gespielt, so setzte er 1870 seine ganze Hoffnung auf den Staat:

"Nur der *Staat* als solcher kann Subjekt und Träger aller sozialen Wirksamkeit, alles wirtschaftlichen Wirkens sein, und er muß es an erster Stelle sein! Er darf nicht indirekt und mittelbar, sondern muß direkt und unmittelbar die Gesellschaft wieder organisieren, und zwar dadurch wieder organisieren, daß er sie auf *seinen* Boden verpflanzt, sie in sich aufnimmt, in sich einschließt und sich einfügt."[244]

Karl von Vogelsang erwartete ebenfalls letztlich vom Staat die Wiederbelebung der von ihm propagierten ständischen Gesellschaftsordnung. Vom Staat, von jenem "Organ, in welchen – wie die Nerven im Gehirn – alle anderen Organe ihr Zentralorgan besitzen", sollten "die Korporationen – wie die Glieder des menschlichen Körpers – (...) vernunftgemäß geleitet und in Harmonie erhalten" werden.

"*Wir* behaupten mit großer Entschiedenheit den Beruf des Staates, das heißt, der Obrigkeit, maßgebend auf die sozialen und wirtschaftlichen Verhältnisse seiner Angehörigen einzuwirken." Verständlicherweise mußte *Vogelsang* deshalb bedauern, daß "gleichfalls von entschieden katholischer Seite eben diese Anstrengungen des Staates, einen sozialen Beruf auszufüllen, mit großer Lebhaftigkeit bekämpft und als in Widerspruch mit der Natur des christlichen Staates dargestellt werden. Wir begegnen dieser Erscheinung namentlich bei den französischen und bei manchen preußischen Katholiken"[245].

In ähnlicher Weise verlangte *Albert Maria Weiß* eine "Organisation der Arbeit durch unübersteigliche Schranken, (...) durch Zünfte oder Innungen, denen jeder beitreten muß, außer denen keiner für die Gesellschaft arbeiten darf". Diese Aufgabe wies er vor allem dem Staat zu. "Er hat es zumeist zu verantworten, daß es eine selbständige Gesellschaft nicht mehr gibt." Seine Sache sei es deshalb auch, "die einzelnen Glieder der Gesellschaft zu selbständigen moralischen Persönlichkeiten zu erheben"[246].

Vogelsangs Ruf nach Sozialreform durch den *Staat* fand im deutschen Katholizismus eine weitaus breitere Ablehnung als die Idee der ständischen Sozialreform an sich. Nicht nur die sozial-*liberale*, sondern auch Teile der sozial-*konservativen* Richtung nahmen gegen ihn Stellung: So nannten die "Historisch-Politischen Blätter" *Vogelsang* den "resolutesten Vertreter des Staatssozialismus" und warfen ihm vor, daß er "entschieden auf die radikale Seite" neige. Er wolle, "daß der

---

[244] *Friedrich Pilgram*, Neue Grundlagen der Wissenschaft vom Staate, Berlin 1870, 119.
[245] *Vogelsang*, Die sozialen Lehren. Bd. 1, 125, 344.
[246] *Albert Maria Weiß*, Soziale Frage und Soziale Ordnung oder Institutionen der Gesellschaftslehre. Teil 2, Freiburg 1892, 784f., 789.

Staat als Schöpfer auftrete und das Geschaffene fortan auch verwalte". Demgegenüber verteidigten sich die Gegner der Staatsintervention und verlangten, "daß die Gesetzgebung Raum zum Schaffen aus der Gesellschaft heraus darbiete und das Geschaffene mit Rechten der Selbstverwaltung umgebe"[247].

Die "Kölnische Volkszeitung" meinte, daß die staatlich erzwingbare Gerechtigkeit keine Rolle bei der Festsetzung der Verhältnisse zwischen Unternehmern und Arbeitern spielen könne[248]. Nachdrücklich widersprachen auch *Windthorst*[249] und *Lehmkuhl* den Forderungen *Vogelsangs:* Der Staat "ist weder berechtigt noch befähigt, als unabhäniger Schöpfer all der Institutionen aufzutreten, welche dem zeitlichen Elend in erträglicher Weise zu steuern dasjenige besorgen, was ohne ihn nicht genügend besorgt werden kann, das hat er nicht das Recht, durch freiheitsbeschänkende Institutionen als sein Gebiet in Anspruch zu nehmen"[250].

Im Gegensatz zu *Pilgram* und *Vogelsang* bemühte sich der junge *Franz Hitze* um die Begründung eines Ständesozialismus. Das Heilmittel der sozialen Frage sah er in der "Ablösung des Individualismus durch den ‚Sozialismus', der Atomisierung durch die ‚Zusammenfassung', der Konkurrenz durch die ‚Solidarität', der mechanischen durch die ‚persönliche' Bindung". Dabei verwahrte er sich gleich gegen den Vorwurf, ein Staatssozialist zu sein: "‚Sozialismus' müssen wir haben, aber wir wollen nicht ‚Staats'-Sozialismus, sondern – *ständischen* Sozialismus." Trotz dieser Distanzierung übertrug *Hitze* letztlich dem Staat doch die entscheidende Rolle bei dem ständischen Neubau der Gesellschaft. Denn "nur eine durchgreifende Gesetzgebung, nur die ‚allgegenwärtige' Hand des *Staates* kann da Ordnung schaffen, (...) soll es zu einer ernsten ‚Vergesellschaftung' und festen ‚Ordnung' kommen, dann bedürfen wir des *Staates*. ‚International' möge eine ‚Föderierung' stattfinden, aber innerhalb des Staates bedürfen wir der ‚Zentralisierung', der ‚autoritativen' Zusammenfassung und Gliederung. Es muß eine ‚rechtliche', mit ‚Zwang' ausgestattete Organisation sein, und alles (positive) ‚Recht' und aller ‚Zwang' geht nun einmal vom Staate als dem Zentralpunkt aus."[251]

Verständlicherweise stießen auch die stände- bzw. staatssozialistischen Pläne des jungen *Hitze* auf Widerspruch. Hier war es vor allem *Georg von Hertling*, der seine Bedenken anmeldete. Er stimmte mit *Hitze* darin überein, daß es Aufgabe des Staates sei, eine Fabrikgesetzgebung zu erlassen, für eine eigenständige Arbeiterversicherung zu sorgen sowie die Interessengegensätze der verschiedenen gesellschaftlichen Gruppen untereinander und mit dem Gemeinwohl auszugleichen. Aber der Staat "soll sich nie und nimmer an die Stelle der Gesellschaft selbst setzen wollen", wie es *Hitze* forderte:

"Keine Staatsgewalt auf Erden, welche die Macht besäße, die Organisation der Berufsstände zwangsweise einzurichten und aufrecht zu erhalten, würde zugleich selbstlos genug sein, ihre Macht nur im engsten Anschluß an die Glieder auszuüben, oder gar sich eines beträchtlichen Teiles derselben zu Gunsten der Glieder zu begeben." Nicht der Staat hat deshalb die verschiedenen Gruppen der Gesellschaft zu organisieren; "diese Organisationen müssen aus der

---

[247] HPBl Jg.92 (1883), 440, 443, 446.
[248] Kölnische Volkszeitung Nr. 207 v. 06./07.08.1883.
[249] Vgl. *Windthorsts* Brief an Professor *Reuß* v. 04.09.1883, in: Stimmen aus Maria-Laach Jg.83 (1912), 19-20.
[250] Stimmen aus Maria-Laach Jg.25 (1883), 460.
[251] *Hitze*, Kapital und Arbeit, 435f., 439f.

eigenen freien Initiative der Beteiligten hervorgehen, aus dem vollen und dauernden Verständnis der gemeinschaftlichen Interessen und Bedürfnisse. Der Staat soll die entstandenen und sich bildenden schützen, er kann sie selber privilegieren, wenn und inwieweit sie die gemeine Wohlfahrt fördern; er darf niemals seine Macht dazu mißbrauchen, auch die Widerstrebenden in das Prokrustesbett einer theoretisch ausgedachten Schablone hineinzuzwängen."[252]

Als *Hertling* 1882 seine Kritik an den Thesen *Hitzes* in den "Christlich-Sozialen Blättern" vortrug, stand dieser wohl schon selber nicht mehr ganz hinter seinen früheren Ideen. Die sozial-praktische Tätigkeit als Generalsekretär des Verbandes "Arbeiterwohl" wirkte sich auch hier aus. Auf der anderen Seite rückte auch *Hertling* allmählich von seiner weitgehenden Verwerfung staatlichen Eingreifens ab.

"Lese ich heute meine damaligen Warnungen vor dem Staatssozialismus", schrieb er mehr als dreißig Jahre später, so fällt mir der stark doktrinäre Charakter auf."[253] Und in dem Büchlein "Recht, Staat und Gesellschaft" gab er – zumindest in Ansätzen – den bloß rechtsstaatlichen zu Gunsten des wohlfahrtsstaatlichen Standpunktes auf: Einmal sei es unmöglich, "Rechtsschutz und Wohlfahrtspflege reinlich und endgültig voneinander zu scheiden". Zum anderen habe der Staat "nicht nur die Aufgabe, die Rechtsordnung aufrecht zu erhalten, sondern auch die andere, die allgemeine Wohlfahrt zu pflegen".[254]

Wie sich zeigt, waren die Ausgangspunkte von *Hertling* und *Hitze* sehr verschieden. Beide trafen sich jedoch bei der Interpretation des Staates als eines gemäßigten "Wohlfahrtsstaates", eine Haltung, die sowohl die grundsätzliche antikapitalistische Einstellung überwunden hatte wie auch die Beseitigung der kapitalistischen Auswüchse als staatliche Aufgabe bejahte. Auf diesem Boden war bereits die bedingte Mitarbeit des "Zentrums" an der Sozialpolitik *Bismarcks* erfolgt, und so kam es zur Entfaltung einer eigenen Sozialpolitik. Als Motor und Bündel der sozialen Aktivität der deutschen Katholiken hielt der "Volksverein für das katholische Deutschland" die Linie ein, die von *Hertling* sozialphilosophisch vor allem gegen die Ständeromantik, von *Windthorst* realpolitisch in der Auseinandersetzung mit *Bismarck* und von *Hitze* in der praktisch-sozialen Arbeit vorgezeichnet war.

---

[252] *Hertling*, Aufsätze und Reden, 55, 59f.
[253] *Ders*., Erinnerungen aus meinem Leben. Bd. 1, 377.
[254] *Ders*., Staat und Gesellschaft, 75, 169.

c) Staatlicher Arbeiterschutz durch Sozialgesetzgebung

Im Vordergrund der Bemühungen des deutschen Katholizismus stand auf dem Gebiet der Sozialpolitik nunmehr die Lösung der sozialen Frage auf dem Wege der staatlichen Gesetzgebung. *Theodor Meyer* (1821-1913), der sich als einer der ersten systematisch mit den Grundlagen der katholischen Soziallehre als Wissenschaft befaßte, formulierte diese Position:

"Wer aber möchte noch behaupten, die wirksame Durchführung dieser Aufgabe lasse sich unter den tatsächlichen Verhältnissen durch die Kirche und die Privattätigkeit allein erwarten, wenn nicht zur nötigen *Ergänzung* die Mitwirkung der Staatsgewalt hinzukommt? Es ist so ziemlich allgemein anerkannt, der erste und notwendigste Schritt zu einer christlichen Sozialreform habe darin zu bestehen, daß in dem ungleichen wirtschaftlichen Kampfe ums Dasein durch eine gesetzliche Intervention dem vielgestaltigen Ausbeutungssystem ein Halt geboten und der Willkür der mächtigen Selbstsucht zu Gunsten des Schwachen die notwendigen Schranken gesetzt werden. Das ist die Bedeutung der von den erleuchtesten katholischen Sozialpolitikern seit Jahrzehnten beantragten, aber leider ebenso lange vorne vorenthaltenen Arbeitergesetzgebung."[255]

Eine – für die meisten unerwartete – Erfüllung dieser Forderung brachten bereits die kaiserlichen Erlasse *Wilhelms II.* vom 4. Februar 1890 über den gesetzlichen Arbeiterschutz, der besonders Frauen- und Kinderarbeit einschränkte[256], das Verbot der Sonntagsarbeit enthielt[257], die Bildung von Arbeiterausschüssen in Betrieben mit mehr als 50 Beschäftigten und die Gründung von Arbeiterkammern für größere Industriebezirke vorsah. *Bismarck*, der nach seinem Versicherungswerk alle weiteren sozialpolitischen Maßnahmen im Interesse der Industrie und der "nationalen Wirtschaft" ablehnte, hatte vergeblich versucht, sie zu verhindern oder zumindest abzuschwächen. Der eine Erlaß beauftragte den Reichskanzler, eine internationale Vereinbarung über den Arbeiterschutz vorzubereiten und zu einer entsprechenden Konferenz nach Berlin einzuladen, der andere richtete sich an den preußischen Handelsminister *Hans von Berlepsch* und stellte u.a. die Aufgabe, *"die Zeit, die Dauer und die Art der Arbeit* so zu regeln, daß die Erhaltung der Gesundheit, die Gebote der Sittlichkeit, die wirtschaftlichen Bedürfnisse der Arbeiter und ihr Anspruch auf gesetzliche Gleichberechtigung gewahrt bleiben"[258]. Die Erlasse kamen vor den erweiterten Staatsrat, dem auch *Franz Hitze* angehörte. Der Reichstag bearbeitete die entsprechenden Regierungsvorlagen und verabschiedete am 6. Mai 1891 die ausgedehnten Arbeiterschutzbestimmungen in Form einer Novelle zur Reichgewerbeordnung. Vom 15. bis 29. März tagte in Berlin die "Internationale Arbeiterschutz-Konferenz". *Wilhelm II.* hatte auch den Papst eingeladen, der sich durch den Breslauer Erzbischof, Kardinal *Georg Kopp*, vertreten ließ.

---

[255] Stimmen aus Maria-Laach Jg.40 (1891), 61.
[256] Vgl. zur gesellschaftlichen Stellung der Frauen: *Monika Pankoke-Schenk*, Katholizismus und Frauenfrage, in: *Rauscher*, Der soziale und politische Katholizismus. Bd. 2, 278-311, 278-280.
Vgl. Stellungnahmen zu Frauen- und Kinderarbeit: *Heitzer*, Deutscher Katholizismus und Sozialpolitik, 27-48.
[257] Vgl. ebenda, 49-63.
[258] *Bachem*, Geschichte der Zentrumspartei. Bd. 5, 93.

Die Sozialpolitiker des "Zentrums" begrüßten euphorisch die beiden Erlasse. Mit ihnen stellte sich der junge Kaiser auf die Seite des Reichstages, dessen Mehrheit unter der Führung des "Zentrums" seit Jahren den gesetzlichen Arbeiterschutz forderte. Einige Tage nach der Veröffentlichung versicherten *Franz Brandts* und *Franz Hitze* einem Beauftragten *Wilhelms II.* in M.gladbach, daß die katholisch-soziale Bewegung die Vorschläge voll unterstützen werde. Die "Historisch-Politischen Blätter" stimmten fast ohne Einschränkung zu. Lediglich die Reichszuschüsse zur Arbeiterversicherung erschienen ihnen nach wie vor als staatssozialistischer Fehltritt.[259] Geradezu stürmisch wurden die Erlasse auf dem Katholikentag in Koblenz gefeiert. Immer wieder dankten die Redner *Wilhelm II.* für seine soziale Initiative.[260] Die Euphorie hielt indes nicht lange an; schnell folgte Ernüchterung. Der Kaiser betonte in seinen Thronreden immer weniger die Fortführung der gesetzlichen Sozialreform. Den ersten Bruch mit der Sozialpolitik bezeichnete die sog. Umsturzvorlage von 1894, die auf Betreiben reaktionärer Kreise der Industrie entstand, aber vom Reichstag mit großer Mehrheit abgelehnt wurde. Im Jahre 1896 kam es dann mit der Entlassung des für die Sozialpolitk zuständigen Ministers *Berlepsch* zur weitgehenden Stagnation.

Nur noch zu einer Nachhutdebatte um das Ja oder Nein staatlichen Engagements in der Sozialpolitik und staatlicher Sozialgesetzgebung kam es zwischen den Anhängern des "Wohlfahrtsstaates" und des "reinen Rechtsstaates" auf dem dritten internationalen katholisch-sozialen Kongreß in Lüttich vom 7. bis 10. September 1890. Unter den deutschen Teilnehmern befanden sich *Franz Brandts, Franz Hitze*, Bischof *Michael Korum* von Trier, *Augustin Lehmkuhl* und *Karl Fürst zu Löwenstein*. Die Vertreter der "Schule von Angers", die unter dem Prorektorat des einflußreichen französischen Bischofs *Charles-Emile Freppel* (1827-1891) stand und sich zu den Ideen *Charles Pèrins* bekannte, kämpften leidenschaftlich gegen den Eingriff des Staates in das wirtschaftliche Geschehen. Aber sie konnten sich gegen die "Lütticher Schule" nicht durchsetzen, und die Mehrheit des Kongresses stand eindeutig auf interventionistischer Seite. In der katholisch-sozialen Bewegung Deutschlands stießen die Forderungen der "Schule von Angers" auf allgemeinen Widerstand. Sie wurden von *Hitze* und den übrigen Sozialpolitikern des "Zentrums" ebenso abgelehnt wie von den Anhängern der konservativen "Vogelsang-Richtung". Der Sozialethiker *Theodor Meyer* ging in einem ausführlichen Kommentar "Wohlfahrtsstaat oder reiner Rechtsstaat" auf die Problematik von Lüttich ein. Der Doktrin des "reinen Rechtsstaates" stellte er die "wahre christliche Staatsidee" entgegen:

"Der natürliche Staatszweck umfaßt somit nach dieser Anschauung gleichsam zwei Stufen der öffentlichen Wirksamkeit: 1. den wirksamen und geordneten Schutz aller privaten und öffentlichen Rechte (...), 2. die positive und harmonische Förderung der allgemeinen bürgerlichen Wohlfahrt (...), und zwar durch staatliche Ergänzung und Erweiterung der äußeren Bedingungen und allgemein nützlicher Hilfsmittel und Anstalten behufs einer zweckentsprechenden Steigerung der privaten und privatgesellschaftlichen Vervollkommnungsfähigkeit. Die Anerkennung dieser positiven Seite des Staatszweckes ist in der Tat so unzertrennlich

---

[259] Vgl. HPBl Jg.105 (1890), 381-392, 750-756.
[260] Vgl. Verhandlungen der 37. General-Versammlung der Katholiken Deutschlands zu Koblenz 1890, Koblenz 1890, 114-116, 348, 366, 375f.

mit der christlich-teleologischen Weltanschauung verknüpft, daß das prinzipielle Gegenteil philosophisch undenkbar ist."[261]

Ebenso scharf wie die von Jesuiten herausgegebenen "Stimmen aus Maria-Laach" äußerten sich die konservativen "Historisch-Politischen Blätter". Das "doktrinäre Manchestertum" habe in Lüttich noch einmal alles aufgeboten, um seine Anschauung im sozialen Katholizismus durchzusetzen. Diese Bestrebungen seien "ebenso *prinzipiell falsch, wie praktisch undurchführbar.* Der Staat hat als von Gott gesetzte Ordnung zu seinem Teil das moralische und materielle Wohl der Bevölkerung zu fördern". Freilich sei "er zu dieser Aufgabe nicht allein berufen; seine Tätigkeit muß *innerhalb der rechten Grenzen* sich bewegen"[262].

In dieses Pro und Contra hinein sprach 1891 *Leo XIII.* (1810-1903) in seiner fundamentalen Sozialenzyklika "Rerum novarum" das offizielle Ja des kirchlichen Lehramts zur *staatlichen* Sozial- und Wirtschaftspolitik, indem er auch den Staat zur Lösung der sozialen Frage und zur Sozialgesetzgebung aufrief. Der Papst ging von der generellen Feststellung aus, daß der Staat die Pflicht habe, das Wohlergehen der einzelnen wie der Allgemeinheit zu sichern (vgl. RN 26). Eine spezifische Aufgabe liege jedoch darin, sich der Arbeiter anzunehmen, da "nicht anderswoher als aus der Arbeit der Werktätigen (...) Wohlhabenheit im Staate" (RN 27) entstehe.

"Daraus folgt, daß alles zu fördern ist, was irgendwie der Lage der Arbeiterschaft nützen kann. Wenn der Staat hierfür Sorge trägt, so fügt er dadurch niemand Nachteil zu, er nützt vielmehr sehr der Gesamtheit, die ein offenbares Interesse daran hat, daß ein Stand, welcher dem Staate so notwendige Dienste leistet, nicht im Elend seiner Existenz friste" (RN 27). "Wenn die Arbeitgeber sie [die Arbeiter, d.Verf.] ungerechterweise belasten oder sie zur Annahme von Bedingungen nötigen, die der persönlichen Würde und den Menschenrechten zuwiderlaufen, wenn ihre Gesundheit durch übermäßige Anstrengung oder ihrem Alter und Geschlecht nicht entsprechende Anforderungen untergraben wird – in allen diesen Fällen muß die Autorität und Gewalt der Gesetze innerhalb gewisser Schranken sich geltend machen (...). Nur soweit es zur Hebung des Übels und zur Entfernung der Gefahr nötig ist, nicht aber weiter, dürfen die staatlichen Maßnahmen in die Verhältnisse der Bürger eingreifen" (RN 29).

In Ablehnung der sozialistischen Forderung, zur Lösung der sozialen Frage das Privat- in Gemeineigentum zu überführen, betonte *Leo XIII.* das Recht auf Privateigentum, das nicht vom Staat gewährt werde und deshalb auch nicht von ihm weggenommen werden könne.

"Aber, was schwerer wiegt, das von den Sozialisten empfohlene Heilmittel der Gesellschaft ist offenbar der Gerechtigkeit zuwider, denn das Recht zum Besitze privaten Eigentums hat der Mensch von der Natur erhalten" (RN 4). "Der Staat muß dieses Recht in seiner Gesetzgebung begünstigen und nach Kräften dahin wirken, daß möglichst viele aus den Staatsangehörigen eine eigene Habe zu erwerben trachten" (RN 35).

An sozialpolitischen Einzelforderungen nannte der Papst neben anderem den Schutz der Sonn- und Feiertagsruhe (vgl. RN 32), die gesetzliche Begrenzung der Arbeitszeit, besondere Schutzbestimmungen für Frauen- und Kinderarbeit (vgl. RN 33) sowie die Sicherung eines gerechten *Lohnes,* für den er als Eckpunkte das

---

[261] Stimmen aus Maria-Laach Jg.40 (1891), 53.
[262] HPBl Jg.106 (1890), 497f.

Existenzminimum ("zur Beschaffung der irdischen Bedürfnisse, besonders des notwenigen Lebensunterhaltes"), den Familienlohn ("um sich mit Frau und Kind anständig zu erhalten") und Sparmöglichkeiten ("daß er einen Sparpfennig zurücklegen und zu einer kleinen Habe gelangen kann" [RN 34f.]) bestimmt.

So gab *Leo XIII.* in der heftig diskutierten Frage, ob öffentliche oder private Regelung der sozialen Probleme, eindeutig der staatsinterventionistischen Richtung den Vorzug. "Nie wurde so klar und eingehend die Schutzpflicht der öffentlichen Gewalt gegenüber den Armen betont und nach ihrem Umfang dargelegt, wie in der Enzyklika."[263]

Die Folge des jahrzehntelangen Ringens innerhalb des sozialen Katholizismus war die Akzeptanz der bestehenden Ordnung in Wirtschaft und Gesellschaft. Innerhalb des Systems bemühte man sich aber intensiv um die Beseitigung der schlimmsten Auswüchse und übertrug dabei dem Staat eine entscheidende Rolle bei einer an den Erfordernissen der Arbeiter orientierten Wirtschafts- und Sozialpolitik. Ihm kam die Aufgabe einer "Zuständereform" zu. Den anderen Teil der Antwort des Katholizismus auf die soziale Frage faßt das Stichwort "Gesinnungsreform" zusammen. Diese Aufgabe war vornehmlich Sache der Kirche und der einzelnen Gläubigen. Die Mithilfe der Kirche und die Bedeutung der sittlichen Erneuerung für die Überwindung der Mißstände im sozialen Katholizismus erachtete man als wichtig. So verlangte der Münsteraner Programmentwurf des "Zentrums" von 1870 insbesondere für die sozialen Bestrebungen der Kirche freie Entfaltungsmöglichkeiten. *Hertling* gab in seiner Fabrikrede von 1882 dem Reichstag zu bedenken:

"Auch die beste Fabrikgesetzgebung wird unzureichend sein in ihrer Bemühung, die sozialen Schäden zu heilen, wenn nicht gleichzeitig auch der großen sittlichen Macht, der Kirche, die Freiheit bleibt, in ihrer Weise auf die einzelnen zu wirken (...;) darum muß ich auch in diesem Zusammenhange wieder die laute Forderung erheben, daß man der Kirche die volle Freiheit wiedergebe, die nötig ist, damit sie auf dem sozialen Gebiete ihrem hohen Berufe nachkommen könne."[264]

Auch im Kulturkampf ging es nicht zuletzt darum, im sozialen Bereich dem kirchlichen Wirken einen freien Raum zu sichern. In den siebziger und achtziger Jahren fand sich deshalb kaum ein Katholikentag, auf dem nicht die Bedeutung der kirchlichen Mithilfe und die Wichtigkeit der geistigen Erneuerung für die Lösung der sozialen Probleme angesprochen worden wären. So meinten auch die "Christlich-Sozialen Blätter" zu den "Haider Thesen" der "Freien Vereinigung katholischer Sozialpolitiker" von 1883: "In diesen Beschlüssen der ‚Konferenz katholischer Sozialpolitiker' fehlt die *Kirche*, die *katholische* Kirche ganz." Das Wort "christlich" komme zwar viermal vor. "Indessen ohne den Sinn der vier Stellen zu ändern, ließe sich das Wort eben so gut umgehen (...). Dem gegenüber ist doch die Frage erlaubt, besitzt denn die katholische Kirche keine spezifischen Heilmittel gegen die Krankheit unserer Zeit?"[265]

---

[263] *Augustin Lehmkuhl*, Irrtümliche Ansichten auf sozialwissenschaftlichem Gebiet, berichtigt durch die Enzklika Leos XIII. über die Arbeiterfrage, in: Stimmen aus Maria-Laach Jg.41 (1891), 133-145, Zitat 135.
[264] *Hertling*, Aufsätze und Reden, 256f.
[265] Christlich-soziale Blätter Jg.16 (1883), 474f.

Fazit

In der jahrzehntelangen Auseinandersetzung mit der Ständeidee, dem Wirtschaftsliberalismus und dem Staatssozialismus traten die Konturen einer eigenständigen "katholischen" Antwort auf die sozialen Probleme in Deutschland immer deutlicher hervor. Ein wesentlicher Teil dieser Antwort lautete: Überwindung der Mißstände auf dem Wege der staatlichen Sozialpolitik. Man forderte keinen ständischen Neubau der Gesellschaft mehr, sondern bejahte das bestehende Wirtschaftssystem und fand sich auch in den zunehmend demokratisch geordneten Staat hinein.

Im Ringen um die Eigenverantwortung und Freiheit der katholischen Christen auf sozialem, politischen und geistigem Gebiet war eine schwierige, aber wichtige Wegstrecke zurückgelegt. Das 19. und beginnende 20. Jh. weisen aus, daß der Beitrag des deutschen Sozialkatholizismus zur Lösung der in der Folge der Industrialisierung entstandenen sozialpolitischen Probleme wesentlich war.

V. Selbsthilfe der Arbeiter durch organisierten Zusammenschluß und gewerkschaftliche Interessenvertretung

Ähnlich umstritten wie die Fragen nach ständischer Sozialreform oder partieller Gesellschaftspolitik bzw. dem Ja zur staatlichen Intervention war das Recht der Arbeiter auf Selbsthilfe, Zusammenschluß und organisierte Interessenvertretung.

1. Eintreten für christliche Vereine, Gewerkvereine und Gewerkschaften

Schon frühzeitig setzten sich Vertreter des sozialen Katholizismus für das Recht der Arbeiter auf Selbsthilfe, Vertretung und Zusammenschluß ein. Zunächst kam es deshalb zur Gründung von vereinsähnlichen Organisationen. *Franz von Baader* forderte bereits 1835, wenn sich die "Fabrikherren" in "meetings und associations" vereinigten, ähnliches für die Arbeiter:

"Da nun die Freiheit der Konkurrenz (hier zwischen Arbeitern und ihrem Lohnherren), wie man sagt, kein Monopol verträgt, effektiv aber von letzteren gegen erstere das drückendste Monopol ausgeübt wird, so frage ich, ob ein solches Mißverhältnis und ein solcher Druck den Namen einer frei sich bewegenden Industrie verdient? Ich frage, ob man es diesen Proletairs verargen kann, wenn sie auch ihrerseits sich gegen ihre Lohnherren zu gleichem Zwecke zu assoziieren bestrebt sind?"[266]

Auch *Franz Joseph von Buß* verlangte in seiner schon erwähnten Fabrikrede 1837 zur Bildung von Selbshilfeeinrichtungen die "Gründung von Vereinen". Allerdings verfolgte *Buß* zunächst eine bildungspolitische Absicht: Die Vereine könnten "zur gemeinsamen Anschaffung von technischen Bildungsmitteln, z.B. von populären Büchern, Werkzeugen usw. begünstigt werden. (Sie) könnten sich auch

---

[266] *Franz v. Baader*, Über das dermalige Mißverhältnis der Vermögenslosen oder Proletairs zu den Vermögen besitzenden Klassen der Societät in Betreff ihres Auskommens, sowohl in materieller als intellektueller Hinsicht, aus dem Standpunkt des Rechts betrachtet, in: TKSL II, 43-53, 45f.

von Zeit zu Zeit zur Austauschung ihrer Erfahrungen im technischen Gebiet treffen".[267]

Zunächst kam es indessen zur Bildung von Gesellenvereinen. Deren Zustandekommen entsprang freilich keinem fertigen Konzept, mit dem *Adolph Kolping* (1813-1865) in Elberfeld seine erste Stelle als Kaplan 1845 antrat. Der erste Gesellenverein entstand vielmehr 1846 unter dem Einfluß des dortigen Lehrers *Johann Gregor Breuer* (1820-1897).[268] Die soziale Not, die *Kolping* in Elberfeld antraf, ließ ihm jedoch den Gesellenverein als sozialpädagogisches Hauptmittel zu ihrer Überwindung erscheinen. 1847 wurde er zum Präses gewählt und 1849 gründete er den Gesellenverein in Köln, der zum Mittelpunkt der schnell wachsenden Bewegung wurde.[269] *Kolping* ging es somit in erster Linie um sittliche Hebung und planvolle Fürsorge, nicht aber um die unmittelbare Besserung der materiellen Arbeitsbedingungen selbst. Sein Ansatz läßt sich unter dem Stichwort "Sozialer Wandel durch Veränderung des Menschen" zusammenfassen.[270] Insofern hatte *Kolpings* praktisches Wirken bereits einen nicht zu unterschätzenden Einfluß auf die Änderung der sozialen Verhältnisse unter den wandernden Gesellen. Er selbst war sich der gesellschaftspolitischen Auswirkungen seines "sozialerzieherischen Ansatzes"[271] sehr wohl bewußt.

Erste vereinzelte katholische Arbeitervereine wurden um die Jahrhundertmitte, etwa in Regensburg 1849[272], parallel zu den Gesellenvereinen gegründet. Auch die Pius-Vereine verfolgten zwar vorrangig kirchenpolitische Zielsetzungen[273], bildeten aber ebenfalls einen Grundpfeiler für den organisatorischen Aufbau der noch jungen katholisch-sozialen Bewegung, wie auch die karitativ ausgerichteten Vinzenz-Vereine. Der erste Vinzenz-Verein entstand 1845 in München, der erste Pius-Verein 1848 auf Betreiben des Mainzer Domkapitulars *Adam Franz Lenning* am 23. März in Mainz. Als Reaktion auf die Liberalisierung des Bergbaus entstanden in den fünfziger Jahren unter Beteiligung sogenannter "roter Kapläne"[274] im Ruhrgebiet katholische Knappenvereine[275], die sich vor allem um "religiössittliche Bildung, Förderung treuer Erfüllung der Standespflichten, Bewahrung von Unglücksfällen und angemessene Erheiterung in den monatlichen Versammlungen unter Ausschluß jeglicher Politik"[276] kümmerten. Seit den 60er Jahren

---

[267] *Buß*, Über das soziale Problem, in: *Stegmann*, Franz Joseph v. Buß 1803-1878, 54.

[268] Vgl. die aufschlußreiche Studie von: *Franz Lüttgen,* Johann Gregor Breuer und Adolph Kolping. Studien zur Frühgeschichte des Katholischen Gesellenvereins, Paderborn 1997, bes. 78-102.

[269] In Kolpings Todesjahr 1865 gab es in 418 Vereinen etwa 24.600 Mitglieder. Vgl. *Heinz-Albert Raem,* Katholischer Gesellenverein und deutsche Kolpingsfamilie in der Ära des Nationalsozialismus, Mainz 1982, 7.

[270] Vgl. Kolping und die soziale Frage (Kolpingwerk in Staat und Gesellschaft 2), Köln 1981, 17; näherhin: *Kracht*, Adolph Kolping, 367-418.

[271] *Raem,* Katholischer Gesellenverein, 14.

[272] Vgl. *Prinz*, Kirche und Arbeiterschaft, 287; auch beispielhaft: Statut des St. Eligius-Vereins von 1867, in: Chronik der KAB Duisburg 1857-1945, hrsg. vom Bezirksverband Duisburg, Duisburg 1989, 12.

[273] Vgl. *Hürten*, Geschichte des deutschen Katholizismus, 79-108; ferner: *Ritter*, Die katholisch-soziale Bewegung, 19, 137;

[274] Vgl. *Budde*, Man nannte sie "rote" Kapläne, 10-46; *Prinz*, Kirche und Arbeiterschaft, 186f.

[275] Vgl. *Tenfelde*, Sozialgeschichte der Bergarbeiterschaft, 361-364.

[276] Beispielhaft sei das Statut einer Knappenvereins aus Duisburg angeführt: Festschrift zum Silbernen Jubelfest des St. Franziskus-Knappenvereins zu Duisburg-Meiderich 1883-1908, Duisburg 1908, 12.

wurden dann im Aachener Raum, an Rhein und Ruhr sowie in Süddeutschland, etwa in Augsburg und Amberg, auch über die Arbeiterschaft hinausreichende "christlich-soziale" Vereine gegründet. 1870 zählten sie ca. 200.000 Mitglieder.[277] Als Kulturkampf und "Sozialistengesetz" den meisten Vereinen dieser Art ein gewaltsames Ende bereitet hatten, wandte sich der Mainzer Domkapitular und Regens *Christoph Moufang* (1817-1890), langjähriger enger Mitarbeiter *Kettelers*, 1877 auf dem Würzburger Katholikentag vehement dagegen und hielt die "Errichtung von Verbänden der Arbeiter zu einer wahrhaft gerechten und christlichen Organisation des Arbeiterstandes für unbedingt notwendig"[278]. Auch *Franz Hitze* verteidigte im selben Jahr ebenfalls das Koalitionsrecht des Arbeiters, da "er in einer Vereinzelung dem Arbeitgeber immer schutzlos gegenüber"[279] stehe.

Seit 1884 bemühte sich der Verband "Arbeiterwohl", der bereits erwähnte Zusammenschluß sozial engagierter Unternehmer, und sein Generalsekretär *Hitze* um die Einrichtung pfarrlich organisierter Arbeitervereine unter der Leitung von Geistlichen. Auf der fünften Generalversammlung von "Arbeiterwohl", die im Rahmen des Katholikentages von 1885 in Münster abgehalten wurde, setzte sich *Hitze* nachdrücklich für die weitere Gründung von Arbeitervereinen ein. Sie sollten jedoch nicht mehr Ansätze für eine korporative Umgestaltung der bestehenden Verhältnisse sein, sondern ein wesentlicher Aspekt galt auch dem Bemühen, sich der ständig weiter vordringenden Sozialdemokratie entgegenzustellen. Außerdem sahen sie ihre Aufgabe in der Pflege des religiös-sittlichen Lebens, der allgemeinen Bildung und Geselligkeit sowie in der Schaffung von sozialen Wohlfahrtseinrichtungen.[280] Die Diskussion drehte sich um das Problem, ob diese Vereine mehr die Form kirchlicher Kongregationen haben oder ob sie wirkliche Arbeitervereine sein sollten, eine Frage, in der sich bereits der *Gewerkschaftsstreit* zu Beginn des neuen Jhs. ankündigte.[281]

Seit der Jahrhundertmitte wurde im sozialtheoretischen Denken indessen die zunehmende Hinwendung zu gewerkschaftsähnlichen Konzepten deutlich.[282] 1851 empfahl *Buß* – wie schon 1847 *Peter Reichensperger*[283] – die "Errichtung von freien *Gewerksvereinen*" und die Bildung von Assoziationen "zur Erlangung und

---

[277] Vgl. *Ludwig Heyde*, Abriß der Sozialpolitik, Heidelberg [10]1953, 23; *Heinz Budde*, Christentum und soziale Bewegung, Aschaffenburg [2]1962, 74; zur historischen Entfaltung: *Heinz Hürten*, Katholische Verbände, in: *Rauscher*, Der soziale und politische Katholizismus. Bd. 2, 215-277, 215-261; speziell: *Winfried Halder*, Katholische Vereine in Baden und Württemberg 1848-1914, Paderborn 1995. Vgl. auch 1. Kapitel IV.1b.

[278] Verhandlungen der 25. Generalversammlung der Katholiken Deutschlands zu Würzburg, Würzburg o.J. (1877), 245. Vgl. *Joseph Götten*, Christoph Moufang. Theologe und Politiker 1817-1890. Eine biographische Darstellung, Mainz 1969.

[279] *Franz Hitze*, Die sociale Frage und die Bestrebungen zu ihrer Lösung, Paderborn 1877, 287.

[280] Ein in der Verbandzeitschrift "Arbeiterwohl" abgedruckter Artikel weist für 1889 232 solcher Vereine aus mit insgesamt 52.000 Mitgliedern Vgl. Statistik der katholischen Arbeitervereine sowie der Vereine für weibliche und jugendliche Arbeiter, in: Arbeiterwohl Jg.9 (1889), 147-158.

[281] Vgl. 1. Kapitel V.2.

[282] Vgl. auch: *Jürgen Aretz*, Katholische Arbeiterbewegung und christliche Gewerkschaften – Zur Geschichte der christlich-sozialen Bewegung, in: *Rauscher*, Der soziale und politische Katholizismus. Bd 2, 159-214, 159-175.

[283] Er forderte "Arbeitervereine in den Gewerken und Fabrikationen" (*Peter Reichensperger*, Die Agrarfrage aus dem Gesichtspunkte der Nationalökonomie, der Politik und des Rechts und in besonderem Hinblick auf Preußen und die Rheinprovinz, Trier 1847, 184).

Sicherung der Interessen und Rechte einzelner Stände"[284]. Als Grundlage dieser Körperschaften erachtete er das Prinzip der freien Einung und der Leistung. Er erweiterte den Standesbegriff um den Bedeutungsgehalt der Assoziationen und Korporationen und schließlich aller gesellschaftlichen Schichten schlechthin. Da *Buß* also ständische Merkmale nur noch in beschränktem Umfang anerkannte, etwa im Bereich des Klerus oder des Adels, trug sein gesellschaftliches Ordnungsbild vorwiegend genossenschaftlich-leistungsgemeinschaftliche Züge. Wenn *Buß* mit diesen verschiedenen Erwägungen auch an keine Gewerkschaft im modernen Sinn dachte, so stand dahinter doch deutlich die Idee, durch genossenschaftliche Selbsthilfeeinrichtungen, die in die Richtung gewerkschaftsähnlicher Zusammenschlüsse und Konsumgenossenschaften wiesen, die wirtschaftliche und soziale Situation zu verbessern.

Es war das Scheitern der Bemühungen um die Einrichtung von Produktivgenossenschaften[285], das Bischof *Ketteler* dazu bewog, den Grundsatz der Selbsthilfe der Arbeiter zu bejahen und sich entschieden für eine *gewerkschaftliche* Organisation der Arbeiter einzusetzen:

"In den *Gewerkschaften* liegt dagegen wirklich ein Kern, der wenigstens den Weg zeigt, auf dem eine allgemeine Organisation erstrebt werden könnte. Ob es möglich ist, sie in wahre Wirtschaftsgenossenschaften zu verwandeln und sie ihres politisch-revolutionären (...) Charakters zu entledigen, steht dahin. Eine bleibende, in ihnen liegende Wahrheit ist es aber, daß eine Organisation des Arbeiterstandes sich anschließen muß an die Verschiedenheit ihrer Beschäftigungen."[286]

Ketteler nannte 1869 bei seinem Treffen mit katholischen Arbeitern das Bestreben, "die Arbeiter zu organisieren, um mit gemeinschaftlicher Anstrengung ihre Interessen und Rechte geltend zu machen", und Gewerkschaften selbst "berechtigt und heilsam, ja selbst notwendig, wenn der Arbeiterstand nicht ganz zerdrückt werden soll von der Macht des zentralisierten Geldes"[287]. In seiner letzten sozialpolitischen Schrift sah er 1877 "in den *Gewerkschaften* (...) den Weg (...), auf dem eine allgemeine Organisation erstrebt werden könnte"[288].

Die ersten vereinzelten Gründungen lokaler "christlicher Gewerkschaften" erfolgten erst zu Beginn der neunziger Jahre. Eine Konferenz von Arbeiterpräsides der Erzdiözese Köln empfahl auf Vorschlag von *Hitze*, als Vorstufe gewerkschaftlicher Organisationen Fachabteilungen innerhalb der kirchlichen Arbeitervereine zu bilden. Bevor es jedoch zu einem größeren Ausbau solcher Fachabteilungen kam, entstanden an vielen Orten Zusammenschlüsse, die bereits den Charakter "christlicher Gewerkschaften" trugen. Unter manchen Rückschlägen breitete sich seit dem Ende der achtziger Jahre von Duisburg aus ein christlicher Gewerkverein von Formern und Gießereiarbeitern aus. Nach mehreren gescheiterten Versuchen wurde 1894 auf einem Delegiertentreffen der Arbeitervereine in Essen der

---

[284] *Franz Joseph v. Buß*, Die Aufgabe des katholischen Theils teutscher Nation in der Gegenwart oder der katholische Verein Teutschlands, Regensburg 1851, 95, 99.
[285] Vgl. näherhin: 1. Kapitel VI.1.
[286] Kettelers Schriften. Bd. 3, 179.
[287] Vgl. *Wilhelm Emmanuel v. Ketteler*, Die Arbeiterbewegung und ihr Streben im Verhältnis zu Religion und Sittlichkeit, in: TKSL II, 241-262, Zitat 244.
[288] Ders., Kann ein katholischer Arbeiter Mitglied der sozialistischen Arbeiterpartei sein?, in: TKSL II, 274-286, Zitat 282.

"Gewerkverein christlicher Bergarbeiter für den Oberbergamtsbezirk Dortmund" gegründet.[289] Seinem Ehrenrat gehörten auch *Hitze* und *Heinrich Brauns* (1868-1939), der spätere Volksvereinsdirektor[290] und Reichsarbeitsminister, an. Es folgten christliche Gewerkvereine anderer Berufe, die z.T. aus den inzwischen entstandenen Fachabteilungen der kirchlichen Arbeitervereine hervorgingen wie die Textilarbeiterverbände in Aachen, Krefeld und M.gladbach oder der süddeutsche Verein "Arbeiterschutz" mit dem Schwerpunkt in München. Am 21. und 22. Mai 1899 tagte in Mainz der erste Kongreß dieser christlichen Gewerkvereine. Hauptthema war die Aufstellung eines gemeinsamen Programms. Nachdem sich auch die Katholikentage von 1896, 1898 und 1899 für christliche Gewerkschaften als Ergänzung der konfessionellen Arbeitervereine ausgesprochen hatten, beschloß man, daß die Gewerkschaften auf christlicher Grundlage stehen, sich aber nicht mit religiösen oder parteipolitischen Zielen befassen sollten. Gewerkschaften und bestehende Arbeitervereine bildeten keine Konkurrenz. Die Aufgabe der Arbeitervereine sollte zunehmend in der kirchlich-religiösen Betreuung sowie in der Erziehung "von der Klasse zum Stand" der Arbeiter bestehen. Besondere Fach- und Berufsabteilungen innerhalb der Vereine sollten die speziellen Berufsinteressen wie Einrichtung von Arbeitsnachweisen, Rechtsberatung, Fachunterricht, Anregungen für Arbeitgeber, Gemeindeverwaltung vertreten. Die Vereine übernahmen damit weder genuin gewerkschaftliche noch politische Aufgaben. Die Arbeitervereine erachteten es – anders als die sozialistischen Gewerkschaften als Kampforganisation der Arbeiterklasse gegen den Kapitalismus – als ihre Hauptaufgabe, als Standesbewegung die Arbeiter in die bestehende industriell-kapitalistische Ordnung zu integrieren sowie die kapitalistische Ordnung zu korrigieren, indem sie auf eine von christlichen Prinzipien getragene Gesellschaft hinwirken wollten.[291]

Hitze hatte sich seit längerem mit Nachdruck über die Arbeitervereine hinaus für die gewerkschaftliche Organisation der Arbeiter eingesetzt Im "Staatslexikon" schrieb er:

"Ist so die Lage der Arbeiter als Klasse nicht ungünstiger, sondern günstiger geworden, so bleibt allerdings noch die schwächere Stellung des einzelnen (besonders verheirateten) Arbeiters gegenüber seinem Arbeitgeber. Auch diese kann gehoben werden durch den Zusammenschluß in gewerkvereinlichen Organisationen. Die individuelle Regelung des Arbeitsvertrages und des Lohnes kann ersetzt werden durch die ‚kollektive' der Berufsorganisation; das Arbeitsangebot kann auf Zeit zurückgehalten werden (‚Streik')."[292]

Doch lägen Gewerkschaften nicht nur im Interesse der Arbeiter, sondern aller gesellschaftlichen Gruppen, "an Stelle der wilden, ungeordneten Massen geordnete, zielbewußt geleitete *Organisationen* zu setzen". In der gewerkschaftlichen Organisation der Arbeiter liege allein die Möglichkeit, "die Zeiten wilder Streik-Kämpfe" zu verhindern. Es sei besser, man habe "es mit *Kampf-Organisationen*

---

[289] Vgl. *Carl Gerhard Rohm*, Anfänge christlicher Gewerkschaften im Ruhrgebiet, in: JCSW Jg.23 (1982), 71-128; *Michael Schneider*, Die christlichen Gewerkschaften 1894-1933, Bonn 1982, 54-116.
[290] Vgl. *Hubert Mockenhaupt*, Die Arbeit menschlich ordnen. Heinrich Brauns – Ein Leben für die soziale Gerechtigkeit, Trier 1990, bes. 22-28: Der Lehrer des Volksvereins.
[291] Vgl. *Grebing,* Geschichte der deutschen Arbeiterbewegung, 124, 128.
[292] *Hitze,* Arbeiterfrage, 263, 265f.

zu tun als mit unorganisierten *Massen*, die wohl den Krieg proklamieren, aber *nicht Frieden* schließen können"[293]. Die Unternehmer ließen sich jedoch nicht ohne weiteres überzeugen. *Franz Brandts* brachte auf der Straßburger Generalversammlung von "Arbeiterwohl" zum einen die Befürchtung zum Ausdruck "daß die Arbeiter bei diesen Bestrebungen das rechte Maß nicht einhalten würden", zum anderen, daß "die Arbeitgeber mit den Arbeitern nicht auskommen würden, wenn für die praktische Betätigung dieses Rechtes ganz freie Bahn gelassen würde"[294]. Damit erfaßte er wohl die Meinung der Mehrheit der Öffentlichkeit.

In dieser noch recht unklaren Situation erschien 1891 das Rundschreiben "Rerum novarum". Mit päpstlicher Autorität forderte es zunächst allgemein die Arbeiter auf, sich zusammenzuschließen. Der Koalitionsfreiheit und den aufgrund dessen bereits entstandenen christlichen Vereinen und Gewerkvereinen räumte *Leo XIII.* einen geradezu naturrechtlichen Rang ein:

"Wenngleich nun diese privaten Gesellschaften innerhalb der staatlichen Gesellschaft bestehen und gewissermaßen einen Teil von ihr bilden, so besitzt der Staat nicht schlechthin die Vollmacht, ihr Dasein zu verbieten. Sie ruhen auf der Grundlage des Naturrechtes; das Naturrecht aber kann der Staat nicht vernichten, sein Beruf ist es vielmehr, dasselbe zu schützen. Verbietet ein Staat dennoch die Bildung solcher Genossenschaften, so handelt er gegen sein eigenes Prinzip, da er ja selbst, ganz ebenso wie die privaten Gesellschaften unter den Staatsangehörigen, einzig aus dem natürlichen Trieb des Menschen zu gegenseitiger Vereinigung entspringt" (RN 38).

Damit bezog der Papst eindeutig Position für die Koalition der Arbeiter – und das zu einer Zeit, als in Deutschland die staatlichen Organe solche Zusammenschlüsse eben noch verfolgt hatten. Streiks erachtete *Leo XIII.* als letztes Mittel in sozialen Auseinandersetzungen, wobei er die frühzeitige Beseitigung möglicher Ursachen als Verhinderung von Streiks deutlich favorisierte (vgl. RN 31). Gegen die einem marxistischen Sozialismus nahe stehenden, "freien" Gewerkschaften wandte sich der Papst und bejahte die Gründung von christlichen Gewerkschaften, falls

"die verschiedensten Genossenschaften und Vereinigungen (...) in den Arbeiterkreisen (...) dem Wohle der Religion und des Staates nicht entsprechen; daß sie darauf ausgehen, ein gewisses Arbeitsmonopol an sich zu reißen und die charakterfesten Arbeiter, die den Beitritt ablehnen, in Not und Elend bringen. Damit sehen sich christlich gesinnte Arbeiter vor die Wahl gestellt, entweder Mitglieder von Bünden zu werden, die ihrer Religion Gefahr bringen, oder aber ihrerseits Vereine zu gründen, um mit gemeinsamen Kräften gegen jenes schmähliche System der Unterdrückung anzukämpfen. Jeder, der nicht die höchsten Güter der Menschheit aufs Spiel gesetzt sehen will, muß das letztere als höchst zeitgemäß und wünschenswert betrachten" (RN 40).

Die Mehrheit der in den entstehenden christlichen Gewerkschaften organisierten Arbeiter strebte grundsätzlich eine gemeinsame Vertretung ihrer Interessen durch eine *einheitliche* Organisation an. Die Gewerkschaften sollten auf christlicher

---

[293] *Ders.*, in: Arbeiterwohl Jg.10 (1890), 142.
[294] *Franz Brandts*, Berufsvereine und Arbeitskammern, in: *Franz Hitze* (anonym), Bedeutung und Organisation der Arbeitskammern, Mönchengladbach ²1901, 26-31, Zitat 26.

Grundlage stehen, sich aber nicht mit religiösen oder parteipolitischen Zielsetzungen auseinandersetzen:

"Die Gewerkschaften sollen *interkonfessionell* sein, d.h. Mitglieder beider christlicher Konfessionen umfassen, aber auf dem Boden des Christentums stehen. Die Gewerkschaften sollen weiter unparteiisch sein, d.h. sich keiner bestimmten politischen Partei anschließen. Die Erörterung parteipolitischer Fragen ist fernzuhalten, aber die Herbeiführung gesetzlicher Reformen auf dem Boden der bestehenden Gesellschaftsordnung zu erörtern."[295]

Besonders veranlaßte auch die antireligiöse Agitation und die parteipolitische Ausrichtung der sozialdemokratischen Gewerkschaften sie, sich in eigenen Zusammenschlüssen zu vereinen. Dazu stellten die "Christlichen Gewerkschaften" fest:

"Die sozialdemokratischen Organisationen erhalten ihre Weisungen von der Partei, sie verbreiten deren Literatur unter ihren Mitgliedern, sie lassen selbst zu, daß ihre Fachorgane im sozialdemokratischen Geiste redigiert werden; kurz, sie sind Agitationstruppen für die Partei durch und durch." Deshalb habe eine christliche Organisation darzutun, "daß solche Gewerkschaften nicht ihrer naturgemäßen Aufgabe entsprechen, sondern auch politische Zwecke verfolgen und die wirtschaftlichen darunter leiden lassen. Daher kann auch vorläufig von einer Verschmelzung der christlichen Organisationen und den freien Gewerkschaften keine Rede sein (...). Damit haben wir schon angedeutet, daß als Ziel eine Zusammenfassung aller Arbeiter in paritätischen Gewerkschaften zu erstreben ist, d.h. in solchen Gewerkschaften, welche sämtliche Arbeiter des betreffenden Industriezweiges, einerlei welcher Partei oder welchem Bekenntnisse sie angehören, umfassen auf dem neutralen Boden des Aus-dem-Spiele-lassens aller religiösen und politischen Anschauungen (...). Die paritätischen Gewerkschaften werden, was ihre grundsätzliche Haltung betrifft, genau so beschaffen sein, wie die christlichen Gewerkschaften heute schon sind, nur mit dem Unterschiede, daß dann das Wörtchen ‚christlich' in ihrem Namen wegfällt, weil man sie nicht mehr gegenüber den sozialdemokratischen Verbänden zu unterscheiden braucht; geradeso wie man heute, da es keine sozialdemokratischen Innungen gibt, auch nicht von christlichen Innungen spricht, sondern einfach von Innungen."[296]

Gegen die These, daß die Gewerkschaft den christlichen Grundsätzen ihrer Mitglieder lediglich nicht widersprechen dürfe, erhoben sich Stimmen, die ein förmliches Bekenntnis zum Christentum von der Organisation als solcher verlangten. Vertreten wurde diese "positiv christliche" Richtung vor allem von *Franz Wieber* (1858-1933) und seinem Duisburger Metallarbeiterverband. Ähnlich äußerten sich auch die preußischen Bischöfe:

"Freilich will man nur das positive christliche Bekenntnis außer acht lassen, dagegen den Glauben an Gott und die Anerkennung einer natürlichen sittlichen und rechtlichen Ordnung als Norm für die wirtschaftlichen Bestrebungen anerkennen. Diese Norm entbehrt der Zuverlässigkeit und Bestimmtheit und vor allem der Autorität." Sie sprachen deshalb auch von einem Irrtum, "der unter dem Scheine einer kraftlosen, natürlichen Religion die Grundsätze des katholischen Glaubens aus den wirtschaftlichen Bestrebungen verbannen will"[297].

Weil ein "positiv kirchliches Bekenntnis" der Gewerkschaften nach seiner Ansicht jede Zusammenarbeit mit nichtkatholischen Arbeitern und damit eine er-

---

[295] Die christlichen Gewerkschaften, Mönchengladbach 1908, 42.
[296] Christliche Gewerkvereine. Ihre Aufgabe und Tätigkeit, Mönchengladbach ²1899, 37f.
[297] "Fuldaer Pastorale" der preußischen Bischöfe v. 22.08.1900, in: TKSL, 41-50, Zitat 45. Vgl. zu Wieber: *Spael*, Das katholische Deutschland im 20. Jahrhundert, 27f.

folgreiche Gewerkschaftsarbeit erschweren oder völlig unmöglich machen würde, unterstrich der Ausschuß des Gesamtverbandes der "Christlichen Gewerkschaften" am 8. November 1900 in Köln die Notwendigkeit der Interkonfessionalität:

"Wir erklären es als selbstverständlich und mit Nachdruck, daß wir nach wie vor in Durchführung der gewerkschaftlichen Ziele die christlichen Grundsätze als Richtschnur anerkennen. Eine Vereinigung aller Arbeiter der verschiedenen Berufe in einheitliche Organisationen ist allerdings das zu erstrebende Ziel, doch muß verlangt werden, daß solche Verbände in ihrer Wirksamkeit den christlichen Grundsätzen nicht widersprechen. Da unter den obwaltenden Verhältnissen in absehbarer Zeit solche Gewerkschaften ausgeschlossen erscheinen, halten wir an dem auf dem ersten Kongreß der "Christlichen Gewerkschaften" zu Mainz aufgestellten Programm fest, nach welchem unsere christlichen Gewerkschaften interkonfessionell und unparteiisch auf christlicher Grundlage bestehen sollen."[298]

Der vom 26. bis 29. Mai 1901 in Krefeld stattfindende dritte Kongreß brachte die innergewerkschaftlichen Auseinandersetzungen zum Abschluß. Eine Mehrheit von 65 gegen 12 Delegierte stimmte für die Annahme der "Kölner Resolution" mit dem Zusatz, daß eine abweichende Meinung kein Ausschlußgrund sei. Damit war der "Neutralitätsstreit" innerhalb der "Christlichen Gewerkschaften" entschieden. Jene Auseinandersetzungen jedoch, die als *Deutscher Gewerkschaftsstreit* in die Geschichte der katholisch-sozialen Bewegung eingingen und ihr einen fast irreparablen Schaden zufügten, fingen nun erst an.

2. Deutscher Gewerkschaftsstreit[299]

Nach dem Mainzer Kongreß der christlichen Gewerkvereine 1899 hatte sich der Berliner Gerichtsassessor *Franz von Savigny*, ein Neffe des Mitgründers der Zenrumspartei *Carl Friedrich von Savigny*, anonym im "Märkischen Kirchenblatt" und dann in der Schrift "Arbeitervereine und Gewerkschaftsorganisatonen im Lichte der Enzyklika Rerum novarum" gegen die christlichen Gewerkschaften gewandt. Er lehnte die Unterscheidung von religiösen und materiellen Fragen, denen sich jeweils die konfessionellen Arbeiterereine bzw. die interkonfessionellen Gewerkschaften widmen sollten, grundsätzlich ab. Anstatt der unabhängigen christlichen Gewerkschaften forderte er *Fachabteilungen* innerhalb der katholischen Arbeitervereine. Gravierender war, daß auch das "Fuldaer Pastorale" sich in diesem Sinne aussprach:

"Diese Fachabteilungen in den Arbeitervereinen werden zugleich den Beweis liefern, daß es keiner religiös-neutralen Neuschöpfungen bedarf, um die materiellen Interessen der christlichen Arbeiterschaft zu verteidigen und zu fördern, sondern daß die katholischen Arbeitervereine befähigt und stark genug sind, neben der geistigen Wohlfahrt auch die materiellen Standesinteressen ihrer Mitglieder zu vertreten."[300]

1901 wurden zum ersten Mal auch *Hitze* und *Pieper* als die geistigen Führer des "Volksvereins" angegriffen. Sie stünden aus Prinzip auf dem Boden des Kapita-

---

[298] Die christlichen Gewerkschaften, 52f.
[299] Vgl. auch zum Deutschen Gewerkschaftsstreit: *Rudolf Brack*, Deutscher Episkopat und Gewerkschaftsstreit 1900-1914, Köln 1976; *Spael*, Das katholische Deutschland im 20. Jahrhundert, 44-51.
[300] "Fuldaer Pastorale" (1900), 48.

lismus und lieferten die theoretische Begründung der christlichen Gewerkschaften:

"Das nachdrückliche und entschiedene Eintreten der M.-Gladbacher sozialpolitischen Richtung für die (christliche bzw. neutrale) Gewerkschaftsbewegung versteht man erst voll und ganz, wenn man die grundsätzlichen Anschauungen jener Richtung hinsichtlich des Erwerbs- und Wirtschaftslebens überhaupt in Erwägung zieht. Und da ist es keine Frage, daß die Herren beim Volksverein, Dr. Pieper, Prof. Hitze und ihre sozialpolitischen Freunde, Theoretiker des reinsten Kapitalismus, der kapitalistischen Wirtschaftslehre und Wirtschaftsordnung sind."[301]

Auf dem Mannheimer Katholikentag von 1902 setzten sich die Angegriffenen zur Wehr. Einstimmig faßte der Vorstand den Beschluß, an der Unterstützung der "Christlichen Gewerkschaften" festzuhalten. Werde die bischöfliche Billigung nicht gegeben, so sei der Vorstand bereit, seine Ämter niederzulegen. Kein Bischof verbot daraufhin dem "Volksverein", die "Christlichen Gewerkschaften" weiter zu fördern. Inzwischen klärten sich die Fronten. Der west- und der süddeutsche Verband der katholischen Arbeitervereine sprachen sich für die "Christlichen Gewerkschaften" aus ("M.Gladbacher Richtung"). Der Verband der katholischen Arbeitervereine Nord- und Ostdeutschlands ("Sitz Berlin"), dem sich auch die Diözese Trier anschloß, entschied sich auf seinem Delegiertentag am 15. Mai 1902 für die Einführung von *Fachabteilungen* in den Arbeitervereinen anstelle selbständiger gewerkschaftlicher Organisationen.

Richtung stand nun gegen Richtung. Beide Seiten suchten mit allen Mitteln von der Richtigkeit ihrer jeweiligen Konzeption zu überzeugen. Der Trierer Pfarrer *Jakob Treitz* (1872-1939) faßte in einer unter dem Pseudonym "Carbonarius" erschienenen Schrift die Argumente der "Berliner Richtung" zusammen. Zunächst forderte sie die Einheit der katholischen Arbeiter, weil nur so eine unheilvolle Trennung von religiösem und profanem Bereich vermieden werden könne. Nach ihrer Überzeugung "wäre die zweifache Organisation vom Übel selbst dann, wenn alle wirtschaftlich Organisierten zugleich Mitglieder der konfessionellen Arbeitervereine wären". Denn die katholischen Gewerkschaftler könnten sich nicht intensiv für ihre kirchlichen Arbeitervereine einsetzen, wollten "sie nicht mit den anders Gesinnten in der Gewerkschaft in Konflikt kommen". Zudem würden dann auch die Arbeitervereine ihre Direktiven "lediglich von der Zentrale der ‚reinwirtschaftlichen' Gewerkschaft"[302] erhalten. In dieser Sorge um die "autoritative Einwirkung der Religion" auf das Wirtschaftsleben lag für den "Sitz Berlin" das Hauptmotiv des Strebens nach organisatorischer Einheit. In seinen "Leitsätzen für einen sozialen Kursus" hieß es:

"Nur wenn die Gewerkschaften Glieder der Arbeitervereine sind, ist eine autoritative Einwirkung der Religion auf die wirtschaftlichen Bestrebungen möglich und die Behandlung der sozialen Frage als einer Rechtsfrage garantiert. Die Trennung der religiösen und wirtschaftli-

---

[301] *Franz Kempel*, Die "christliche" und die "neutrale" Gewerkvereins-Bewegung, Mainz 1901, 88.
[302] *Jakob Carbonarius (*anonym: *Jakob Teitz), Kann und darf ich für eine Arbeiter-Bewegung auf katholischer Grundlage eintreten?, Trier 1904, 17-19.

chen Aufgaben in verschiedenen Organisationen gefährdet die richtige Durchführung des Autoritäts- und Rechtsgedankens."[303]

Mit der Forderung nach organisatorischer Einheit in engem Zusammenhang stand das Verlangen nach konfessioneller Einheit. Die Verteidiger der Fachabteilungen lehnten jeden Zusammenschluß in interkonfessionellen Gewerkschaften ab. Das Motiv dieser Ablehnung drückte sich in der Überzeugung aus, "daß alle ihre Arbeiten, Bestrebungen und Interessen, insbesondere auch in materieller, wirtschaftlicher und gewerkschaftlicher Hinsicht, nur vom religiösen Standpunkt aus richtig betrachtet und gefördert zu werden vermögen, und daß sie als Katholiken unter Religion nur den Glauben verstehen können, den der Sohn Gottes gelehrt hat und die katholische Kirche verkündet". Dazu kam das Bedenken, ein institutionelles Zusammengehen katholischer und evangelischer Arbeiter könne Gefahren für den Glauben mit sich bringen und ein verschwommenes Christentum erzeugen: Gegen die Feinde des Christentums müsse der

"volle, echte, wahre christliche Gedanke ins Feld geführt werden, um dessen Kraft uns so viele beneiden, die sich auch Christen nennen, nicht ein zugestutztes, mundgerecht gemachtes, verschwommenes Christentum (...). Ein dauerndes, gemeinschaftliches Zusammengehen und Zusammenarbeiten aber von Leuten mit den verschiedenartigsten Anschauungen und Idealen kann unmöglich zum Heile sein, wenn es überhaupt auf die Dauer möglich wäre"[304].

Schließlich lehnte die "Berliner Richtung" den wirtschaftlichen Kampf ab und suchte lediglich auf friedlichem Wege, durch Appelle an Staat und Unternehmer sowie die Einsetzung von Schiedsgerichten, die Lage der Arbeiter zu verbessern. Ihre Statuten sahen deshalb auch vor, einen vermittelnden Einfluß bei Festsetzung der Lohn- und Arbeitsbedingungen auszuüben und eine Streikunterstützung lediglich in den Fällen zu gewähren, in denen Mitglieder gegen ihren Willen in einen Streik verwickelt wurden. Den Streik wollte man zwar nicht grundsätzlich und unter allen Umständen ausschalten, aber in der Praxis bedeutete die große Skepsis doch eine Ablehnung. Prinzipiell und in jedem Falle verworfen wurde jedoch der Meliorationsstreik, bei dem es nicht um die Beseitigung ungerechter Arbeitsbedingungen, sondern nur um die weitere Verbesserung bereits annehmbarer Verhältnisse geht:

"Wie die Sache einmal liegt, und wie die Erfahrung es gebieterisch fordert, müssen Streik und Aussperrung soweit als möglich vermieden und deshalb vorerst unnötig gemacht werden (...). Das aber wird uns entschieden heute auch von den Vertretern der christlichen Gewerkschaften bestritten. Unsere Idee von einer gesetzlich festgelegten und sanktionierten Instanz im Wirtschaftsleben und im Wirtschaftskampfe wird, man möchte sagen unbesehen, als ein Phantasiegebilde verlacht und verhöhnt."[305] Über die naturrechtlichen Forderungen hinausgehende Wünsche "mögen an sich ganz billig sein", höchste Lohnsätze "dürfen zweifellos auch erstrebt werden, aber nicht mit Gewalt und zwangsweise (...). Bloße Wünsche wirtschaftlicher Art rechtfertigen dagegen nie den wirtschaftlichen Machtkampf."[306]

---

[303] Zit.n.: *Rhenanus (anonym: Heinrich Brauns)*, Christliche Gewerkschaften oder Fachabteilungen in katholischen Arbeitervereinen?, Köln 1904, 48.
[304] *Carbonarius*, Arbeiterbewegung, 16, 24f., 70.
[305] *Carbonarius*, Arbeiterbewegung, 61.
[306] *Joseph Biederlack*, Theologische Fragen über die gewerkschaftliche Bewegung, München 1910, 38, 61.

Die Führer der "Christlichen Gewerkschaften" warnten aus grundsätzlichen und praktischen Erwägungen vor dem Weg, den der "Sitz Berlin" ging. Unter dem Pseudonym "Rhenanus" suchte der Volksvereinsdirektor *Heinrich Brauns* (1868-1939) die Argumente der Gegenseite zu widerlegen und umriß die Konzeption der "M.Gladbacher Richtung". Sie betrachtete auch die "Christlichen Gewerkschaften" als Organisationen, die in erster Linie die Interessen der Arbeiter vertreten sollten. Diese Aufgabe erforderte nach ihrer Ansicht organisatorische Unabhängigkeit und Selbständigkeit. Die Eingliederung in kirchliche Vereine würde sowohl eine gewerkschaftliche Arbeit beeinträchtigen, wenn nicht gar unmöglich machen, wie auch das seelsorgliche Wirken der Kirche erschweren:

"Über das Mißliche der Verquickung des Klerus und eng mit dem Klerus verbundener Organisationen mit den wirtschaftlichen Kämpfen unserer Zeit" sei schon genug gesagt worden. Infolge der komplizierten Stellung der geistlichen Präsides "werden diese ‚Fachabteilungen' gar nicht in die Lage kommen, eine regelrechte gewerkschaftliche Tätigkeit zu entfalten (...). Der schlimmste Übelstand bei diesen Scheingewerkschaften nach Berliner System ist das dabei proklamierte Patronagesystem (...). Wenn je, dann bedürfen wir heutzutage auch im Arbeiterstande ganzer Männer, die Urteil, Festigkeit, Energie besitzen. Um solche Männer heranzubilden, reicht erfahrungsgemäß kein Patronagesystem hin, dazu bedarf es auf wirtschaftlichem Gebiet einer selbständigen Arbeiterbewegung (...). Heute schon macht die Sozialdemokratie den christlichen Gewerkschaften ohne Grund den Vorwurf, sie würden von Geistlichen geleitet, man redet auch hier von einer Kaplanokratie; völlig mit Unrecht. Dem Berliner Statut gegenüber würden diese Vorwürfe in ganz anderem Maßstab erhoben werden, und sie könnten sich auf die angeführten Paragraphen stützen. Dadurch würden alle katholischen Arbeiter abgeschreckt, welche Selbstbewußtsein genug besitzen, um ihre wirtschaftlichen Angelegenheiten selbst zu ordnen und zu vertreten."[307]

Die "M.Gladbacher"-Anhänger der "Christlichen Gewerkschaften" waren überzeugt, daß angesichts der starken Stellung der Unternehmer eine möglichst geschlossene und schlagkräftige Organisation notwendig sei, um die Arbeiterinteressen wirkungsvoll vertreten zu können. Im Gegensatz zum "Sitz Berlin" erschienen ihnen deshalb einheitliche *Zentral*gewerkschaften als beste Lösung. Voraussetzung sei jedoch, daß die Gewerkschaften sich auf ihre Aufgaben beschränken sowie die religiösen und politischen Anliegen den zuständigen religiösen und politischen Vereinigungen überlassen würden. Da die sozialistischen Gewerkschaften diesen Grundsatz nicht anerkennen wollten, seien die evangelischen und die katholischen Arbeiter gezwungen, sich in Organisationen zusammenzuschließen, in denen sie wahre und ernste Gewerkschaftsarbeit leisten könnten, ohne gegen ihre religiösen Anschauungen zu verstoßen. Eine solche interkonfessionelle Kooperation sei vom Standpunkt der Kirche aus möglich, aus der Sicht der Gewerkschaften notwendig. Jede weitere Zersplitterung, wie sie etwa die Fachabteilungen darstellten, müsse daher entschieden abgelehnt werden:

"Leider aber sei es den christlichen Arbeitern unmöglich, sich den sogenannten freien Gewerkschaften anzuschließen, da diese seit acht Jahren beständig auf Versammlungen und in ihren Organen das Christentum offen bekämpften und sozialdemokratische Parteipolitik trieben. Das lege den gläubigen katholischen und evangelischen Arbeitern die Pflicht auf, sich gesondert zu organisieren in christlichen Gewerkschaften (...). Es ist eine Binsenwahrheit der katholischen Moraltheologie, daß Katholiken und Nichtkatholiken zusammenarbeiten dürfen,

---

[307] *Rhenanus*, Christliche Gewerkschaften, 50f., 53.

wenn das Objekt ihrer Tätigkeit etwas Erlaubtes darstellt und die moralische Gewißheit besteht, daß Gefahren für Glaube und Sitte aus dem Zusammenarbeiten sich nicht ergeben". Wollte man die Trennung allerdings "über das absolut notwendige und zweifellos erforderliche Maß hinaus weiter betreiben, dann wäre das geradezu eine Versündigung an den wirtschaftlichen Interessen der Arbeiter"[308].

Der dritte unüberbrückbare Gegensatz, der die "M.Gladbacher" und die "Berliner" trennte, war die Stellung zum Streik. Die "Christlichen Gewerkschaften" betrachteten in der bestehenden Ordnung den Streik als unverzichtbares und legitimes, wenn auch als letztes Mittel in der gewerkschaftlichen Auseinandersetzung. Da die Fachabteilungen sich nur um einen vermittelnden Einfluß bemühten und sich im übrigen auf den Ausbau des Unterstützungswesens beschränkten, waren sie nach Ansicht der "M.Gladbacher Richtung" keine Gewerkschaften, sondern Unterstützungskassen und konnten "niemals den Interessen der christlichen Arbeiterschaft im ganzen, und auch nicht dem Fortschreiten der christlichen Ideen in der Arbeiterschaft und im öffentlichen Leben überhaupt" dienen. Aus all diesen Gründen sahen die "Christlichen Gewerkschaften" keine Möglichkeit, zu einem Kompromiß zu kommen:

"So lange die Fachabteilungen im Berliner Verbande den Anspruch erheben, die christlichen Gewerkschaften zu ersetzen, so lange die ersteren vor allem durch Arbeitslosenunterstützung in das Gebiet der eigentlich gewerkschaftlichen Aufgaben eingreifen und dadurch tatsächlich die katholischen Arbeiter – soweit es an ihnen liegt – vom Anschluß an die christlichen Gewerkschaften abhalten: so lange ist eine natürliche Gegnerschaft von selbst im Wesen der beiden Organisationen gegeben."[309]

Der Breslauer Erzbischof Kardinal *Georg Kopp* (1837-1914), der Trierer Bischof *Michael Korum* (1840-1921) und einflußreiche integralistische Kreise in Rom um den Unterstaatssekretär *Umberto Benigni* standen hinter dem "Sitz Berlin".[310] Die übrigen deutschen Bischöfe, voran der Kölner Erzbischof Kardinal *Antonius Fischer* (1840-1912), förderten die "Christlichen Gewerkschaften",[311] einige verhielten sich neutral. Schriften und Gegenschriften folgten aufeinander. In der Auseinandersetzung mit *Heinrich Pesch* präzisierte *Johann Giesberts* (1865-1938), Schriftleiter der "Westdeutschen Arbeiterzeitung" und als einer der aktivsten Arbeiterführer Vorstandsmitglied der "Christlichen Gewerkschaften", 1908 klar die gegensätzlichen Standpunkte:

"Die christlichen Gewerkschaften betrachten einen gesetzlichen Kampf um bessere Lohn- und Arbeitsbedingungen und die dazu erforderliche Machtentwicklung als notwendig, um dem Arbeiterstand seinen berechtigten Anteil an den Erfolgen der Wirtschaft und der Produktion zu sichern. Dazu bedürfen sie der Selbständigkeit und Unabhängigkeit in der Beurteilung der einschlägigen Fragen, weil sie auch selbst die ganze Verantwortung für diesen Kampf übernehmen (...). Im Gegensatz zu dieser wirtschaftlichen Kampfesauffassung vertritt die Berliner Richtung unter Verwerfung des Streiks und der Machtentwicklung die Auffassung, daß allein durch die Beobachtung der Vorschriften des christlichen Sittengesetzes dem Arbei-

---

[308] *Rhenanus*, Christliche Gewerkschaften, 16, 23f., 34.
[309] Ebenda, 53, 85.
[310] Vgl. genauer: *Horstwalter Heitzer*, Georg Kardinal Kopp und der Gewerkschaftsstreit 1900-1914, Köln/Wien 1983.
[311] Deshalb sprach man auch während des Streits von der "Berlin/Trierer" und der "Kölner Richtung". Vgl. *Brack*, Deutscher Episkopat und Gewerkschaftsstreit, passim.

ter ein erträgliches Arbeitsverhältnis geschaffen werden kann. Sie appellieren an Staat und Gesellschaft und an das Gewissen der Arbeitgeber. Wir haben es also mit zwei grundverschiedenen Auffassungen von der Arbeiterfrage und den Mitteln zu ihrer Lösung zu tun."[312]

Als auch die wissenschaftliche Theologie die Streitfrage zu diskutieren begann und sich überwiegend auf die Seite der "Christlichen Gewerkschaften" stellte, so etwa die Professoren für Moraltheologie in Innsbruck und Münster, *Joseph Biederlack* und *Joseph Mausbach*, hörten die Auseinandersetzungen in Wort und Schrift nicht auf. Die Absicht des päpstlichen Rundschreibens "Singulari quadam" vom 24. September 1912 war es, diesem zermürbenden Streit ein Ende setzen. *Pius X.* (1835-1914) erinnerte daran, daß die soziale Frage neben der wirtschaftlichen auch eine sittlich-religiöse Seite habe, und hielt deshalb die sich eng an die Kirche anschließende Organisationsform der Arbeiter für die beste Lösung. In Anbetracht der besonderen deutschen Verhältnisse könnten jedoch auch die "Christlichen Gewerkschaften" ihre Arbeit fortsetzen:

"Wir erklären, es könne geduldet und den Katholiken gestattet werden, auch jenen gemischten Vereinigungen, wie sie in Eueren Dioziösen bestehen, sich anzuschließen, solange nicht wegen neu eintretender Umstände diese Duldung aufhört, zweckmäßig oder zulässig zu sein."[313]

Die Bevorzugung der Fachabteilungen, besonders aber die nun einsetzenden Versuche der "Berliner Richtung", den Papst in dem Sinne auszulegen, daß christliche Gewerkschaften nur noch für kurze Zeit geduldet würden – eine Interpretation, die dann auch in der nichtkatholischen Öffentlichkeit auftauchte – erregten unter den Gewerkschaftsmitgliedern erhebliche Unruhe. *Adam Stegerwald* (1874-1945), seit 1903 Generalsekretär der "Christlichen Gewerkschaften", konnte jedoch auf einem außerordentlichen Kongreß in Essen am 26. November 1912 eine autoritative Erklärung der deutschen Bischöfe abgeben, welche die wichtigsten Bedenken ausräumte und vor allem unterstrich, daß die "Christlichen Gewerkschaften" weiterhin für ganz Deutschland zugelassen seien.

Schließlich war noch im "Kölner Gewerkschaftsprozeß" vom 18. bis 22. Dezember 1913 die Behauptung zu prüfen, die dann auch nichtkatholische Zeitungen aufgriffen, die "Christlichen Gewerkschaften" hätten sich "programmatisch auf konfessionell-katholischen Boden"[314] gestellt und somit ihre bisherige Unabhängigkeit aufgegeben. Alle Vorwürfe erwiesen sich als unberechtigt. Die Unabhängigkeit der "Christlichen Gewerkschaften" hätte kaum eindrucksvoller bestätigt werden können. Der Tod von Kardinal *Kopp*, der Ausbruch des Weltkrieges und das veränderte kirchenpolitische Klima unter dem neuen Papst *Benedikt XV.* beendeten den "Gewerkschaftsstreit". Nach dem Ersten Weltkrieg lösten sich die zahlenmäßig nie bedeutenden Fachabteilungen auf und führten ihre Mitglieder den "Christlichen Gewerkschaften" zu.

---

[312] *Johann Giesberts*, Friede im Gewerkschaftstreit? Kritisches und Antikritisches im Streit über die Grundlagen der christlichen Gewerkschaften, Köln 1909, 19. Vgl. *Spael,* Das katholische Deutschland im 20. Jahrhundert, 30-35.
[313] *Pius X.,* Enzyklika "Singulari quadam" (1912), in: TKSL, 54; Begleitschreiben der deutschen Bischöfe v. 05.11.1912, in: Ebenda, 57-59.
[314] Der Kölner Gewerkschaftsprozeß, hrsg. vom Generalsekretariat des Gesamtverbandes der christlichen Gewerkschaften, Köln o.J., 8.

Fazit

Der *Gewerkschaftsstreit*, in dem es um die Frage ging, ob sich katholische Arbeiter in interkonfessionellen christlichen Gewerkschaften zusammenschließen dürften oder nur in Fachabteilungen innerhalb der auf Pfarrebene bestehenden Arbeitervereine, fügte nach der Jahrhundertwende den jungen christlichen Gewerkschaften und der katholisch-sozialen Bewegung insgesamt einen kaum mehr reparablen Schaden zu.[315]

VI. "Sozialpartnerschaft" zwischen Kapital und Arbeit – Mitbestimmung der Arbeiter

Mit der Selbsthilfe der Arbeiter durch Zusammenschluß und der organisierten Interessenvertretung eng verknüpft ist die Idee der *Sozialpartnerschaft*, die auf der wechselseitigen Abhängigkeit bzw. Zuordnung von Kapital und Arbeit beruht und auch die Arbeiter in Entscheidung und Verantwortung, d.h. *Mitbestimmung*, einzubeziehen sucht. Die deutsche Wirtschafts- und Sozialgeschichte zeigt, daß der soziale Katholizismus einen nicht unwesentlichen Beitrag zur Entfaltung der Mitbestimmung geleistet hat. Er hat damit ein Problem aufgegriffen, das im Grunde so alt ist wie die Geschichte der Industrialisierung selbst.

Der romantische Sozialkritiker *Adam Heinrich Müller* (1779-1829) forderte bereits 1819, den an die Peripherie der Gesellschaft bzw. aus ihr ausgeschlossenen Arbeitern "einen zuverlässigen Stand in der bürgerlichen Gesellschaft (un étatstatus) wieder zu erwerben"[316]. Als konkreten Weg zu diesem Ziel verlangte er neben der Errichtung von Sparbanken die Eingliederung der Arbeiter in den freien Bürgerstand; denn das Land "führt auf den *Adel*, die *Arbeit* auf den *Bürgerstand* und das *geistige Kapital* und dessen Bewirtschaftung auf die *Geistlichkeit*"[317]. Wenn auch *Müller* noch nicht an irgendeine Form der Mitbestimmung dachte, so ist doch aufschlußreich, daß er die Arbeiter den selbständigen Bürgern gleichstellen, ihnen somit einen vollberechtigten Platz in der Ständegesellschaft zuweisen und ihnen zusätzliche reale Rechte erteilen wollte. Solche Forderungen waren eindeutig zu den Vorläufern dessen zu rechnen, was später unter dem Stichwort "Mitbestimmung" erhoben wurde.[318]

Während *Müller* nur in recht allgemeiner Form den notwendigen Ausbau der rechtlichen Stellung der Arbeiter einforderte, tat *Franz von Baader* (1765-1841) dies prononcierter. Eineinhalb Jahrzehnte später, 1835, stellte er eine Theorie auf, die in ihrem Kernpunkt einen *Rechts*anspruch auf eine Arbeitervertretung enthielt.[319] Das bedeutete die Schaffung neuer rechtlicher Strukturen der Gesell-

---

[315] Vgl. dazu: *Franz Josef Stegmann*, Kirche und Arbeiterschaft – ein "fortwirkender Skandal", in: *Günter Lange* (Hrsg.), Wie glaubwürdig ist das Christentum?, Bochum 1994, 101-122, 111-113.
[316] *Adam Müller*, Über die Errichtung von Sparbanken (1819), in: *Ders.*, Ausgewählte Abhandlungen, hrsg. von *Jakob Baxa*, Jena ²1931, 123-134, Zitat 131.
[317] *Adam H. Müller*, Die Elemente der Staatskunst, 2. Halbbd, hrsg. von *Jakob Baxa*, Jena 1922, 35f.
[318] Vgl. *Peter Langhorst*, Mitbestimmung; Mitwirkungsrechte I. Sozialethisch in: LThK³ VII, 331-332; 349-350.
[319] Vgl. auch *Roos*, Kapitalismus, Sozialreform, Sozialpolitik, 62.

schaft. *Baader* ging es konkret um die "Repräsentation" und rechtliche Vertreter der Arbeiter in der Ständeversammlung:

"Wenn nun schon die Proletairs als vermögenslos nicht gleiche Rechte der Repräsentation mit den vermögenden Klassen haben, so haben sie doch das Recht, in den Ständeversammlungen ihre Bitten und Beschwerden in öffentlicher Rede vorzutragen, das heißt, sie haben das Recht der Repräsentation als Advokatie, und zwar muß ihnen dieses Recht in konstitutionellen Staaten dermalen unmittelbar zugestanden werden, weil sie dasselbe bereits früher, wenn schon nur mittelbar, nämlich beim Bestande ihrer Hörigkeit, effektiv genossen haben. Diese Vertretung muß ihnen nun außerhalb der Ständeversammlungen, zum Beispiel bei den Landräten, distriktweise oder provinzweise, so auch vor und in jenen Versammlungen selber, durch selbstgewählte Spruchmänner eingeräumt werden, denen man aber als Anwälte weder Polizeibedienstete, noch überhaupt Bedienstete, noch Advokaten im engeren Sinne beigeben kann und soll, sondern Priester, zu welchen sie auch allein ein Herz fassen können; und wodurch ein doppelter großer Vorteil für die Sozietät erzielt werden würde: einmal nämlich jener der Entziehung der Proletairs dem verderblichen Einflusse der Demagogen oder auch streitsüchtiger Rechtsanwälte – und dann jener zweite Vorteil, welcher darin bestände, daß der bis schier zur sozialen Nullität herabgekommene Klerus dem primitiven Amt des Diakonats wiedergegeben würde, welches bekanntlich mit der materiellen Pflege und Hilfeleistung für die Vermögenslosen sich beschäftigte."[320]

Die Anliegen der Arbeiter sollten "durch selbstgewählte Spruchmänner" öffentlich vorgetragen werden. Wenn *Baader* auch keine Einzelheiten zu den Arbeitervertretungen erläuterte und ihnen nicht das gleiche Recht zugestand wie den Sprechern der anderen Stände, so ist doch entscheidend, daß *Baader* ihnen einen "Rechtsanspruch" auf diese Vertretung zuwies, der ihnen in der Realität von den herrschenden Ständen freilich nicht gewährt wurde.

Die "Korporierung" der Arbeiter mit den "Fabrikherren" verlangten 1852 die "Historisch-Politischen Blätter" mit dem Ziel, "ihre gegenseitigen Rechte und Pflichten unter die Aufsicht der Korporation" zu stellen:

"Alle selbständigen Arbeiter eines Kulturzweiges Mitglieder der Korporation, alle unselbständigen von *ihr* abhängig (...) mit pragmatischen Rechten für sich und die Ihrigen auf alle Fälle ausgestattet, so daß ein junges Proletariat an der Stelle des eben eingegliederten von neuem sich nicht absetzen kann." Die Korporation solle auf "auf gegenseitige Hilfe und Treue, auf gegenseitige Zucht und Überwachung"[321] begründet sein.

Auch dieses noch stark von der mittelalterlichen Ständeidee geprägte Korporationsmodell hatte nichts mit Sozialpartnerschaft oder Mitbestimmung im engeren Sinne gemeinsam, es wollte lediglich der Industriearbeiterschaft einen feste Position in einer erneuerten Ständegesellschaft zuweisen und auch die "Fabrikherren" der Kontrolle korporativer Gliederungen unterstellen. Dies bedeutete in der Konsequenz eine Beschränkung der Unternehmermacht. Solche einzelne Gedankenmodelle passen indes durchaus zur Zielsetzung und in den Gesamtrahmen von Mitbestimmung.

---

[320] *Baader*, Über das dermalige Mißverhältnis, 48f.
[321] Social-Politisches, in: HPBl Jg.30 (1852), 762-786, 789-808, hier 792-794.

1. Diskussion um die Genossenschafts- und Assoziationsidee

Seit den fünfziger Jahren nahm in der gesellschaftspolitischen Diskussion die Genossenschaftsidee zunehmend Raum ein. In ordnungspolitischer Hinsicht empfahl bereits 1847 *Peter Reichensperger* die Wiederbelebung der Genossenschaften, die durch Formen des gemeinschaftlichen Geschäftsbetriebes und wirtschaftlichen Erwerbs Selbsthilfe und zugleich gegenseitige Solidarität fördern und damit den Versuch einer Synthese zwischen Eigennutz und Gemeinwohl, persönlicher Freiheit und notwendiger Eingliederung in die Gemeinschaft zu erreichen suchten. Diese Einrichtungen sollte man seiner Meinung nach kritisch prüfen und Überholtes ausscheiden; denn auch unsere Zeit habe "der Kette der Ereignisse einen selbständigen Ring anzufügen, und so wie sie selbst die Tochter der Vergangenheit ist, die Mutter der Zukunft zu werden"[322]. Intensiviert wurde die Diskussion durch entsprechende Vorschläge und Bemühungen von *Franz Hermann Schulze-Delitzsch* (1808-1883). Besonders im Blick auf die dem Kleingewerbe durch die Folgen der Industrialisierung entstehenden Schwierigkeiten sah er die Möglichkeit der Selbsthilfe durch freiwillige Assoziationen. Darunter verstand er

"eine Verbindung unter den wenigen bemittelten, vorzugsweise arbeitenden Klassen (...), welche darin besteht, bei wirtschaftlichen Zwecken den einzelnen, kleinen und im Verkehr verschwindenden Kräften durch ihre Vereinigung soviel als möglich die Vorteile einer Großkraft zu Gebote zu stellen."[323]

Indem er seit 1849 eine Vielzahl von Genossenschaften in Form von Vorschuß-, Kredit-, Rohstoff- und Konsumvereinen gründete, wurde zu einem der bedeutendsten Väter des modernen Genossenschaftswesens in Deutschland. Den Kern seiner Überlegungen bestimmte jedoch die Idee der *Produktivassoziation*, für *Schulze-Delitzsch* "die höchste Stufe der Genossenschaften", weil sie "die Errichtung bedeutender, fabrikmäßiger Etablissements seitens der bis dahin unselbständigen Arbeiter ermöglicht"[324]. Produktion und Verkauf der Arbeitserzeugnisse geschähen auf Rechnung und Risiko der Gesamtheit und ermöglichten eine gerechte Verteilung des Produktionsertrages. *Schulze-Delitzsch'* Vorschläge basierten auf den Vorstellungen der klassischen Nationalökonomie; sie akzeptierten lediglich den Gedanken der Selbsthilfe und des freiwilligen Zusammenschlusses, lehnten aber die finanzielle Unterstützung des Staates kategorisch ab.

An diesem Punkt setzten die Forderungen *Ferdinand Lassalles* (1825-1864), des Mitbegründers der sozialdemokratischen Bewegung in Deutschland, an. Während *Schulze-Delitzsch* seine Genossenschaftsidee vorwiegend auf das Kleingewerbe bezog, ging *Lassalle* davon aus, daß "das Prinzip der freien individuellen Assoziation (...) nur durch seine Anwendung und Ausdehnung auf die fabrikmäßige Großproduktion" Erfolg verspreche.

---

[322] *Reichensperger*, Die Agrarfrage, 184.

[323] Das deutsche Assoziationswesen. Rede auf dem Volkswirtschaftlichen Kongreß zu Gotha am 22.09.1858, in: Hermann Schulze-Delitzsch's Schriften und Reden, hrsg. von *F. Thorwart*, Bd. 1, Berlin 1909, 270-294, Zitat 272.

[324] Kapitel zu einem deutschen Arbeiterkatechismus, in: Ebenda, Bd. 2, 26-173, Zitat 136.

"Den Arbeiterstand zu seinem eigenen Unternehmer machen – das ist das Mittel, durch welches – und durch welches allein – wie Sie jetzt sofort sehen, jenes eherne und grausame Gesetz beseitigt sein würde, das den Arbeitslohn bestimmt! Wenn der Arbeiterstand sein eigener Unternehmer ist, so fällt jene Scheidung zwischen Arbeitslohn und Unternehmergewinn und mit ihr der bloße Arbeitslohn überhaupt fort, und an seine Stelle tritt als Vergeltung der Arbeit: der Arbeitsertrag! Die Aufhebung des Unternehmergewinns in der friedlichsten, legalsten und einfachsten Weise, indem sich der Arbeiterstand durch freiwillige Assoziationen als sein eigener Unternehmer organisiert, (...) das ist die einzige wahrhafte, die einzige seinen gerechten Ansprüchen entsprechende, die einzige *nichtillusionäre* Verbesserung der Lage des Arbeitsstandes."[325]

Er wollte durch sein Assoziationsmodell den Arbeitern eine Möglichkeit des Miteigentums am Unternehmen eröffnen. Der wesentliche Unterschied zu den Vorschlägen *Schulze-Delitzsch'* bestand aber in der Forderung nach *staatlicher* Hilfe bei der Einrichtung von Produktivassoziationen.

Im katholisch-sozialen Raum gehörten die "Historisch-Politischen Blätter" zu den ersten, die sich mit der Assoziationsidee auseinandersetzten. 1860 griffen sie in einer längeren Artikelfolge das Konzept von *Schulze-Delitzsch* auf und verwiesen auf das Produktivgenossenschaftsprogramm, durch das auch den Arbeitern "in Verbindung vieler miteinander der fabrikmäßige Betrieb des Geschäfts"[326] ermöglicht werde. So komme es zur Wiedervereinigung von Kapital und Arbeit, denn "der große Reichtum der Fabrikinhaber geht bei der Assoziation *verhältnismäßig* auf ihre Glieder über und wird zu einem mäßigen Wohlstand für viele"[327].

Nur drei Jahre später distanzierten sich die Blätter von dem Modell *Schulze-Delitzsch'* und wandten sich *Lassalles* Konzept der Produktivassoziationen zu. Der Gedanke der Selbsthilfe erschien ihnen als Ausflucht des Wirtschaftsliberalismus, da die von *Schulze-Delitzsch* vorgeschlagenen Kredit-, Konsum- und Rohstoffvereine kaum in der Lage seien, die soziale Frage gänzlich zu beseitigen. Reale Hilfe gewähre "nur die auf den fabrikmäßigen Selbst-Großbetrieb gerichtete, nur die, von allen liberalen Ökonomisten – namentlich von *Schulze-Delitzsch* – bisher öffentlich vernachlässigte und heimlich gehaßte *Produktiv-Assoziation*"[328]. In der Frage nach staatlicher Intervention kehrte sich die anfängliche Zustimmung der Blätter zu der von *Lassalle* favorisierten Hilfe in ihr Gegenteil. Schon 1865 lehnten sie staatliche Intervention wieder ab, da durch die zwangsweise Errichtung von Assoziationen "die individuelle Freiheit völlig vernichtet würde"[329].

Als bedeutsam erschien den "Historisch-Politischen Blättern" – und damit griffen sie wichtige Teilfragen der Mitbestimmungsthematik auf – daß es durch die

---

[325] Offenes Antwort-Schreiben an das Central-Comité zur Berufung eines Allgemeinen Deutschen Arbeiter-Congresses zu Leipzig, Zürich 1863, in: *Eduard Bernstein* (Hrsg.), Ferdinand Lassalle. Gesammelte Reden und Schriften, Bd. 2, Berlin 1918/19, 409-455, Zitat 429f.

[326] Das moderne Associations-Wesen, in: HPBl Jg.45 (1860), 363-380, 530-547, 837-854, hier 374.

[327] Die Association, in: HPBl Jg.51 (1863), 758-778, 828-842, hier 835.

[328] In dieser Schärfe trifft das Urteil auf *Schulze-Delitzsch* nicht zu. Vgl. Das neueste Zerwürfnis der Liberalen über die sociale Frage, in: HPBl Jg.52 (1863), 56-80, 78; vgl. auch: *Grenner*, Katholizismus und wirtschaftlicher Liberalismus, 31-33.

[329] Zur Kritik von Lösungen der socialen Frage, in: HPBl Jg.55 (1865), 119-131, 196-208, 273-293, hier 278; vgl. *Grenner*, Katholizismus und wirtschaftlicher Liberalismus, 42-47.

Vereinigung von Unternehmern und Arbeitern, von Kapital und Arbeit in Assoziationen zu einer Linderung von Not und Elend komme, daß der Reichtum der Fabrikbesitzer umverteilt werde und daß die Angelegenheiten der Assoziation durch Beschlüsse der Mitglieder geordnet würden. Jedes Mitglied sei berechtigt,

"bei allen Gesellschaftsbeschlüssen und Wahlen mitzustimmen"[330]. So komme es anstelle von willkürlichem Zwang zu "freien Übereinkommen": "Darin liegt die höhere Entwicklungsstufe der Genossenschaft, daß alle dienen und doch auch gleichberechtigt sind, daß nicht Willkür und Gewalt, sondern das freie Übereinkommen alle Verhältnisse regelt."[331]

Auch auf den deutschen Katholikentagen beschäftigte man sich seit den 60er Jahren mit der Assoziationsfrage. In Frankfurt schilderte 1860 *Christian Hermann Vosen*, ein Freund *Adolph Kolpings,* sowohl die verschiedenen Vereine, die *Schulze-Delitzsch* propagierte, als auch *Lassalles* Produktivassoziationen, die man "nicht genug als etwas überaus Wichtiges und der Zukunft Helfendes darstellen"[332] könne.

Auch auf den folgenden Katholikentagen, etwa 1864 in Würzburg oder 1868 in Bamberg, war neben der religiösen Erneuerung die Förderung genossenschaftlicher Selbsthilfeeinrichtungen der Arbeiter ein wichtiger Programmpunkt zur Lösung der sozialen Frage.[333] Der Würzburger Rechtsrat *Johann Joseph Roßbach* stellte in seiner Rede fest:

"Die soziale Frage ist eine wirtschaftliche und sittlich-geistige Frage, daran müssen wir festhalten. Vom wirtschaftlichen Standpunkte aus müssen wir den vierten Stand emporzuheben suchen zur Mittelklasse (...). Das Wichtigste für ihn aber ist die *Assoziation*." Sie vernichte "den sozialen Krieg, in dem sich alle auf Tod und Leben bekämpfen; dieser Kampf findet in der genossenschaftlichen Verbindung sein Ende. Gleichwohl werden die Vorteile der freien Konkurrenz gewahrt, namentlich die Produktionserträgnisse gesteigert, weil jeder Arbeiter zugleich Unternehmer ist, und neben dem Arbeitslohn auch Anteil am Unternehmergewinn hat, und weil in der Assoziation die Arbeitsteilung, die Maschine auch ihre Anwendung finden."[334]

Von besonderer Bedeutung für die Frage nach der Akzeptanz des Genossenschafts- und Assoziationswesens war im deutschen Sozialkatholizismus – wie bei anderen wichtigen Themenstellungen auch – die Meinung des Mainzer Bischofs *Wilhelm Emmanuel von Ketteler*. In seiner Schrift "Die Arbeiterfrage und das Christentum" sprach er ein grundsätzliches Ja zum *Genossenschaftswesen*, da es ein menschliches "Natur- und Grundgesetz" sei, "auf der göttlichen Ordnung" beruhe und "wesentlich christlich"[335] sei. Für das Handwerk und Gewerbe schlug *Ketteler* freiwillige Zusammenschlüsse vor, wie sie *Schulze-Delitzsch* vertreten hatte. Wegen ihrer "bloß mechanischen, von außen her die Dinge erfassenden und einigenden Form" stand der Bischof diesen Genossenschaften zwar nicht ohne Vorbehalte gegenüber, begrüßte sie indes durchaus, hielt er doch Vereinigung für

---

[330] Das moderne Associationswesen, in: HPBl Jg.45 (1860), 530-547, 540.
[331] Die Association, in: HPBl Jg.51 (1863), 828-842, 832f.
[332] Verhandlungen der 15. Generalversammlung der katholischen Vereine Deutschlands in Frankfurt am Main 1863, Frankfurt a.M. 1863, 229-248, Zitat 244.
[333] Vgl. *Morsey*, Streiflicher der Geschichte der deutschen Katholikentage, 9-24.
[334] Verhandlungen der 16. Generalversammlung der katholischen Vereine Deutschlands in Würzburg 1864, 131-134.
[335] *Ketteler*, Die Arbeiterfrage und das Christentum, 198.

das beste Mittel, "um der Not des Arbeiterstandes einen Damm entgegenzusetzen und seine materielle Not zu lindern"[336].

Für die Fabrikarbeiter empfahl *Ketteler* die Idee *Lassalles* von den Produktivassoziationen, der er bedeutend weniger Skepsis entgegenbrachte. Sie sollte die Entproletarisierung herbeiführen und die Trennung von Kapital und Arbeit aufheben:

"Das Wesen der Produktiv-Assoziationen haben wir in der Teilnahme der Arbeiter am Geschäftsbetriebe selbst erkannt. Der Arbeiter ist in ihnen zugleich Geschäftsunternehmer und Arbeiter und hat daher einen doppelten Anteil an dem Einkommen, den Arbeiterlohn und seinen Anteil an dem eigentlichen Geschäftsgewinne. Es ist nicht nötig, hier den großen Wert der Produktiv-Assoziationen für die Verbesserung der Lage des Arbeiterstandes weiter zu begründen (...). Sie bietet, soweit sie ausführbar ist, die unmittelbarste und handgreiflichste Lösung des gestellten Problems, da sie ja außer dem durch den Marktpreis und auf die niedrigste Stufe herabgedrückten Arbeiterlohn, den der Arbeiter jetzt erhält, dem Arbeiter noch eine neue Quelle des Einkommens eröffnet."[337]

Ging es *Ketteler* auch vorrangig um die Gewinnbeteiligung, so war doch in seinem Vorschlag deutlich die "Teilnahme" des Arbeiters als "Geschäftsunternehmer" am "Geschäftsbetrieb" und damit *auch* das Moment der Mitsprache und der Mitbestimmung enthalten. Schwierigkeiten bereitete *Ketteler* die staatliche Beteiligung an den Assoziationen. Die mögliche Zwangserhebung von Kapital für die Arbeiter bereitete ihm Unbehagen, sie bedeute einen "Eingriff in das Eigentumsrecht" und sei "im Grunde nicht berechtigt"[338]. Auch fürchtete er – wie viele andere auch -, dem Staat, der politisch die Kirche nach wie vor bedrängte und dessen säkularisierende Machtausübung unvergessen waren, Gelegenheit zu geben, durch die Finanzierung der Assoziationen einen zu großen Einfluß zu gewinnen.[339] Erst später, 1865, relativierte *Ketteler* seinen Standpunkt und sprach von der Möglichkeit "eine(r) vernünftige(n) Unterstützung seitens des Staates"[340].

Im Nachlaß *Kettelers* fand sich ein vermutlich 1864 verfaßtes Schreiben, in der er den Assoziationsgedanken differenzierte. Er unterschied darin die "reine Produktivgesellschaft", in der "die Arbeiter zugleich die alleinigen Eigentümer des Geschäftes sind", und die sog. "Partner-Gesellschaft", in der der Eigentümer den Arbeitern durch besondere Erleichterungen die Möglichkeit zum Kauf von Aktien gewährt, so daß sie "zu Teilnehmern am Geschäfte"[341] werden. Ein weiterer, aus der gleichen Zeit stammender Entwurf eines Statuts teilte die Leitung einer "Finanzierungsgesellschaft", die das Kapital "für ein auf eine bestimmte Anzahl von Arbeitern berechnetes Geschäft"[342] aufbringen sollte, einem engeren und weiteren Ausschuß sowie einer jährlichen Generalversammlung sämtlicher Mitglieder zu. In der Rede auf der Liebfrauenheide 1869 sprach er sich öffentlich für diese *Part-*

---

[336] Ebenda, 147.
[337] Ebenda, 202f.
[338] *Ketteler*, Die Arbeiterfrage und das Christentum, 127.
[339] Vgl. *Albrecht Langner*, Grundlagen des sozialethischen Denkens bei Wilhelm Emmanuel v. Ketteler, in: *Ders.* (Hrsg.), Theologie und Sozialethik im Spannungsfeld der Gesellschaft. Untersuchungen zur Ideengeschichte des deutschen Katholizismus im 19. Jahrhundert, München 1974, 61-112, bes. 80; *Schatz*, Zwischen Säkularisation und Zweitem Vatikanum, 160.
[340] *Pfülf*, Bischof v. Ketteler, Bd. 2, 202.
[341] Ebenda, 197-199, Zitat 198.
[342] § 6, Nr. 1 und 4 des Statuts, in: Ebenda, 200f.

nerschaften aus, bei denen die Arbeiter "in kleinen Teilen Miteigentümer"[343] werden können. In seinem Todesjahr 1877 verlieh *Ketteler* seinem Anliegen nochmals Ausdruck, als er in der Schrift "Kann ein katholischer Arbeiter Mitglied der sozialistischen Arbeiterpartei sein?" darauf hinwies, daß es ihm bei der Errichtung "sogenannte(r) *Produktiv-Genossenschaften und Partner-Genossenschaften*" nicht nur um die bessere Ausgestaltung der Lohnsituation ging, sondern auch darum, den Arbeitern einen "Geschäftsanteil zuzuwenden"[344].

Das Engagement *Kettelers* blieb im sozialen Katholizismus nicht ohne Resonanz. Erwähnt seien die 1866 erschienene, von der Universität Würzburg ausgezeichnete Preisschrift von *Friedrich Eberl,* einem jungen Priester aus Passau, die frühen Ausgaben der "Christlich-Sozialen Blätter", die "Christliche Gesellschafts-Lehre" von *Joseph Dippel* oder Arbeiten von *Georg Ratzinger*[345]. Aber auch sie konnten keine Einzelheiten zu den Produktivassoziationen zur Klärung bringen oder gar das genossenschaftliche Zusammenwirken zwischen Unternehmern und Arbeitern eindeutig darlegen. Vermutlich liegt in dieser Grundschwierigkeit einer der Hauptgründe für das Scheitern der Produktivassoziationen.

Gegenwartsbezogen gedacht, handelte es sich bei den hier vorgestellten Überlegungen *Kettelers* und der anderen genannten Sozialtheoretiker um Vorschläge, die eine betriebliche Mitwirkung der Arbeiter andachten und insbesondere zu den frühen Bemühungen einer "Mitbestimmung durch Miteigentum" zu zählen sind.

Die Verhältnisbestimmung zwischen Kapital und Arbeit, also Unternehmern und Arbeitern, war, nachdem man das liberale Wirtschaftssystem in seinen Grundlagen akzeptiert hatte, ein Kernthema, das nicht nur die ökonomische, sondern auch die politische Diskussion bestimmte. Für die Mitbestimmungsthematik war sie wesentlich. – So bedauerte der 1870 verfaßte Münsteraner Programmentwurf der Zentrumspartei, "daß im Suchen und Finden des gerechten Maßstabes für die Beteiligung von Kapital *und* Arbeit an dem, was im Zusammenwirken beider gezeugt und erworben wird", leider bisher "wenig geleistet" worden sei. Aus diesem Grunde forderte Punkt sieben des Programms: "Grundbesitz – Arbeit – Kapital, diese materiellen Träger der bürgerlichen Gesellschaft, bedürfen des Gleichgewichts". Dazu gehöre auch "die Ausgleichung der Interessen von Kapital und Grundbesitz einerseits und der Arbeit andererseits"[346].

---

[343] *Ketteler*, Die Arbeiterbewegung und ihr Streben im Verhältnis zu Religion und Sittlichkeit, 259.
[344] Kettelers Schriften, Bd. 3, 179.
[345] Vgl. *Friedrich Eberl*, Die Kirche und die Association der Arbeiter. Gekrönte Preisschrift, Passau 1866; Christlich-Sociale Blätter Jg.1/2 (1868/1869); *Joseph Dippel*, Christliche Gesellschafts-Lehre oder: Principielle Erörterungen über die socialpolitischen Grundfragen der Gegenwart in populärer Darstellung, Regensburg 1873; *Georg Ratzinger*, Die Volkswirtschaft in ihren sittlichen Grundlagen, Freiburg ²1895.
[346] Vgl. *Mommsen*, Deutsche Parteiprogramme, 212-216, Zitat 215.

2. Einrichtung von Arbeiterausschüssen

Seit den 80er Jahren waren zentrale Programmpunkte der katholisch-sozialen Bewegung die rechtliche Besserstellung der Arbeiter, Wahrnehmung ihrer Interessen gegenüber den Unternehmern durch selbstgewählte Vertreter sowie ihre Mitwirkung bei der Regelung betrieblicher und überbetrieblicher Angelegenheiten. Ein wichtiges Beispiel ist in diesem Zusammenhang die Entwicklung der *Arbeiterausschüsse,* der Vorläufer heutiger Betriebsräte.

Bereits im Jahr 1835 trat der Tübinger Nationalökonom *Robert von Mohl* (1799-1875) mit einem Vorschlag an die Öffentlichkeit. Wohl auch durch Ideen *Franz von Baaders* angeregt, empfahl er die Bildung von Arbeiter-Abordnungen, die bei der Durchführung der Gewinnbeteiligung, seinem zweiten Vorschlag, mitwirken sollten. Bis jetzt sei

"bei den Arbeitern, welche ihren sauer verdienten Lohn unverändert, vielleicht selbst vermindert erhielten, während sie riesenmäßige Reichtümer beim Herrn sich antürmen sahen, das tiefste Mißtrauen und die Überzeugung entstanden, daß sie nur als Maschinen angesehen und abgenützt werden, andern aber der Lohn ihrer Anstrengung zugute komme. Um diesen giftigen Samen von Feindschaft auszurotten, bleibt nichts anderes übrig, als daß die Bezahlungsweise der Arbeiter wesentlich geändert und ihnen wirklich und in allen Fällen ein Anteil an dem Gewinne eingeräumt wird". Der Eigentümer "werde jedoch bei der Berechnung des reinen Gewinnes eine Abordnung von Seiten der Arbeiter beizuziehen und derselben Einsicht seiner Bücher zu gestatten haben, wobei (...) die Personen außerhalb der Zahl der Arbeiter von diesen gewählt werden können (...). Für den Ausschluß entschieden Unwürdiger könnte durch ein aus den Arbeitern selbst zu bildendes Geschworenengericht wohl gesorgt werden."[347]

Mit diesen Gedanken wies *Mohl* als erster in die Richtung eines betrieblichen Arbeiterausschusses mit beratender und in Fragen des Lohnes kontrollierender Funktion. Sein Vorschlag blieb in der sozialen Praxis zunächst jedoch ohne Wirkung. Die Gedanken *Mohls* griff in Österreich der Jurist und Politiker *Johannes Alois Perthaler* (1816-1862) auf, indem er "das Verhältnis zwischen Fabriksherrn und seinen Arbeitern" umorganisieren wollte, was aber auch dort nicht rezipiert wurde:

"Eine engere Verbindung der Arbeiter mit der Unternehmung und Leitung der Fabriksgeschäfte wäre wohl dadurch zu erreichen, daß den verschiedenen Klassen der Arbeiter außer ihrem festen Lohne auch ein entsprechender Anteil an dem Unternehmergewinne zuteil würde. Einem von ihnen selbst aus ihrer Mitte gewählten Ausschusse müßten regelmäßig die

---

[347] *Robert v. Mohl*, Über die Nachtheile, welche sowohl den Arbeitern selbst als dem Wohlstande und der Sicherheit der gesammten bürgerlichen Gesellschaft von dem fabrikmäßigen Betriebe der Industrie zugehen und über die Notwendigkeit gründlicher Vorbeugungsmittel, in: Archiv der politischen Ökonomie und Polizeiwissenschaft Jg.2 (1835), 141-203, leicht gekürzt abgedruckt in: *Friedrich Fürstenberg* (Hrsg.), Industriesoziologie I. Vorläufer und Frühzeit 1835-1934, Neuwied ²1966, 273-310, Zitat 305.

Rechnungen vorgelegt werden und je nach dem Ergebnis bestimmte Quoten ausbezahlt werden."[348]

Der erste Vorschlag eines offiziellen Gremiums in Deutschland, die Arbeiter per Gesetz an der Unternehmensverwaltung zu beteiligen, wurde im volkswirtschaftlichen Ausschuß der Frankfurter Nationalversammlung gemacht. Einige dem rechten "Zentrum" zugehörige Abgeordnete brachten am 20. Februar 1849 ein Minderheitenvotum ein, das eine paritätisch von den Arbeitern mitbesetzte Betriebsvertretung mit beschränkten, aber eindeutigen Mitwirkungsrechten in Fabriksangelegenheiten vorsah:

"§ 42. Jede Fabrik wählt einen Fabrikausschuß. Derselbe besteht: a) aus einem Mitgliede jeder selbständigen Gruppe der Fabrikarbeiter; b) einem Werkmeister jeder Gruppe, beide durch die Arbeiter gewählt; c) aus dem Inhaber der Fabrik oder dem von ihm bestimmten Stellvertreter. § 43. Die Fabrikausschüsse haben folgende Befugnisse: 1) Vermittlung bei Streitigkeiten zwischen Arbeitgebern und Arbeitnehmern; 2) Entwerfung und Aufrechterhaltung der besonderen Fabrikordnung; 3) Einrichtung und Verwaltung der Kranken-Unterstützungskasse; 4) Überwachung der Fabrikkinder, sowohl in sittlicher Beziehung in der Fabrik selbst als hinsichtlich des Schulbesuches; 5) Vertretung der Fabrik in den Fabrikräten. § 44. Für jeden Gewerbebezirk wird von den Fabrikausschüssen ein Fabrikrat gewählt, in welchem die im Bezirk befindlichen Industriezweige sowohl durch Fabrikinhaber als durch Fabrikarbeiter, soweit Angelegenheiten der letzteren in Frage kommen, vertreten sein müssen. § 45. Dem Fabrikrate stehen zu: 1) die Genehmigung der besonderen Fabrikordnungen und die Oberaufsicht über deren Beobachtung; 2) die Festsetzung oder Vermittlung der Arbeitszeit und der Kündigungsfristen."[349]

Wenn auch das Minoritätsvotum nie auf die Tagesordnung des Plenums der Nationalversammlung kam, so wurde mit der Forderung nach einer von Arbeitern mitbesetzten Betriebsvertretung und der überbetrieblichen "Fabrikräte" doch ein wichtiger Schritt in der Geschichte der Mitbestimmungsidee getan.[350]

Mit zunehmender Verbreitung der christlichen Gewerkschaften kam der Auseinandersetzung im sozialen Katholizismus um das Verhältnis *Arbeiterausschüsse – Gewerkschaften* größere Bedeutung zu. Solche Ausschüsse waren aus den sog. "Fabrikkassen-Vorständen" hervorgegangen. Zu ersten Einrichtungen kam es 1850 im Textilunternehmen von *Carl Degenkolb* und drei weiteren Kattunfabriken in Eilenburg/Sachsen. 1861 wurde in Neviges-Elberfeld der Fabrikkassen-Vorstand in einen Arbeiterausschuß umgewandelt und mit weitreichenderen Kompetenzen ausgestattet. Die eine Hälfte der Ausschußmitglieder wurde von den Arbeitern, die andere von der Firmenleitung bestimmt. Ein revidiertes Statut von 1886 wies dem "Ältestenrat", wie der Ausschuß nun hieß, die Aufgabe zu,

"gemeinsam mit den Teilhabern der Firma Rat zu pflegen über: a) Festsetzung und Änderung der Fabrikordnung, b) Änderungen in den Stücklöhnen, c) Beschränkung oder Ausdehnung

---

[348] *Johannes A. Perthaler*, Ein Standpunct zur Vermittlung socialer Mißstände im Fabriksbetriebe, in: Zeitschrift für österreichische Rechtsgelehrsamkeit und politische Gesetzeskunde Jg.3 (1843), 66-84, 118-134, 77 u. 123.
[349] Entwurf einer Gewerbeordnung für das deutsche Reich, in: Verhandlungen der deutschen verfassungsgebenden Reichsversammlung zu Frankfurt am Main, Bd. 2, Frankfurt a.M. 1848/49, 921-927; z.T. wieder abgedruckt in: *Max Sering*, Arbeiter-Ausschüsse in der deutschen Industrie. Gutachten, Berichte, Statuten (Schriften des Vereins für Socialpolitik 46), Leipzig 1890, 3.
[350] So bezeichnet sie *Johannes Feig* als "Wiege des Gedankens der ‚konstitutionellen' Fabrik" (Betriebsräte, in: Handwörterbuch der Staatswissenschaften, Jena ²1924, 625-633, 626).

der Arbeitszeit, d) Maßregeln zur Beseitigung von Gefahren und Erhöhung qualitativer wie quantitativer Leistungen"[351].

In der Folgezeit nach Gründung des Kaiserreichs und mit der zunehmenden Industrialisierung nahm die Zahl der Arbeiterausschüsse rasch zu. Gegen die besonders aus Kreisen der Wirtschaft und ihres "Centralverbandes Deutscher Industrieller" herrührende Kritik an diesen Ausschüssen und die von ihnen mitunter verfolgte Absicht, die betrieblichen Arbeiterausschüsse gegen die überbetrieblichen Gewerkschaften auszuspielen, wandte sich *Franz Hitze* unmißverständlich. Gegen den Versuch der Industriellen, die Überflüssigkeit der Ausschüsse aufzuzeigen, wandte er ein:

"Die Fabrik-Ausschüsse können und sollen nicht etwa die *Gewerkvereine ersetzen,* vielmehr werden diese jenen erst einen starken Rückhalt gewähren. Während die Gewerkvereine auf die allgemeinen Arbeitsbedingungen im Berufe: Arbeitszeit, Löhne usw. Einfluß zu gewinnen suchen, obliegt den Fabrik-Ausschüssen die befriedigende Ordnung der Verhältnisse in den einzelnen Betrieben"[352].

Die "Christlichen Gewerkschaften" selbst hielten die Ausschüsse für wirkungslos, wenn sie sich nicht eng an die Gewerkschaften anbinden würden. Im umgekehrten Verhältnis vertraten die Ausschüsse die Ansicht, auf die Gewerkschaften "mildernd und mäßigend"[353] einzuwirken. Auf die gegenseitige Zuordnung beider wies 1893 *Georg von Hertling* hin und betonte, "daß für eine erfolgreiche Wirksamkeit der in der Gesetzgebung vorgeschriebenen Arbeiter-Ausschüsse eine Organisation der Arbeiter die notwendige Voraussetzung bildet"[354]. 1905 legte *Hitze* in seinem Kommentar zur preußischen Berggesetznovelle den Akzent nochmals wenn nicht ausschließlich, so doch nachdrücklich auf die Gewerkschaften. Arbeiterausschüsse seien zwar "eines der vielen Mittel", die "zu einer gedeihlicheren Gestaltung der Verhältnisse" führen könnten, "viel wichtiger als die Ausschüsse sind die Gewerkschaften, und diese erst werden auch den Ausschüssen ihre Bedeutung sichern"[355].

Eine allgemeine und grundlegende Zustimmung erfuhren solche und ähnliche Bemühungen 1891 durch die Sozialenzyklika "Rerum novarum" *Leos XIII.* Er suchte die gegenseitigen Beziehungen zwischen Unternehmern und Arbeitern zu bestimmen:

"Ein Grundfehler in der Behandlung der sozialen Frage ist sodann auch der, daß man das gegenseitige Verhältnis zwischen der besitzenden und der unvermögenden, arbeitenden Klasse so darstellt, als ob zwischen ihnen von Natur ein unversöhnlicher Gegensatz Platz griffe, der sie zum Kampf aufrufe. Ganz das Gegenteil ist wahr (...). Wie im menschlichen Leibe bei aller Verschiedenheit der Glieder im wechselseitigen Verhältnis Einklang und Gleichmaß vorhanden ist, so hat auch die Natur gewollt, daß im Körper der Gesellschaft jene beiden Klassen in einträchtiger Beziehung zueinander stehen und ein gewisses Gleichgewicht darstellen. Die eine hat die andere durchaus notwendig. So wenig das Kapital ohne die Arbeit, so wenig kann die Arbeit ohne das Kapital bestehen" (RN 15).

---

[351] Zit.n.: *Sering*, Arbeiter-Auschüsse, 75.
[352] *Hitze*, Die Arbeiterfrage, 60.
[353] *Heinrich Koch*, Arbeiterausschüsse, Mönchengladbach 1907, 113.
[354] *Georg v. Hertling*, Naturrecht und Sozialpolitik, Köln 1893, 65.
[355] *Franz Hitze*, Die Preußische Berggesetz-Novelle v. 14.07.1905, in: Soziale Kultur Jg.25 (1905), 500-511, Zitat 508.

Damit es zu dieser *aequilibritas,* zu dieser "balance of power" komme, wünschte der Papst, daß "mehr und mehr Vereinigungen jener Art entstehen (...), daß sie aus Arbeitern allein oder aus Arbeitern und Unternehmern sich bilden und (...) an innerer Kraft zunehmen" (RN 36). Für den Interessenausgleich sei nicht etwa der Klassenkampf angemessen, sondern "die Reichen und die Arbeitsherren mögen sich ihrer Pflicht bewußt bleiben; die Besitzlosen, um deren Los es sich handelt, mögen auf gerechte Weise ihre Interesse vertreten" (RN 45).

Die Entwicklung in der Mitbestimmungsfrage der Arbeiter schritt in der Weise voran, daß *Hitze* als sozialpolitischer Sprecher der Zentrumsfraktion und als Berichterstatter der für dieses Thema zuständigen Reichstagkommission einen entscheidenden Anteil an der Novellierung der Reichsgewerbeordnung hatte. Paragraph 134d dieses als "Arbeiterschutzgesetz" oder "Lex Berlepsch" gezeichneten Weisung sah neben der Ermöglichung fakultativer Betriebsvertretungen folgendes vor: "Vor dem Erlaß einer Arbeitsordnung oder eines Nachtrags zu derselben ist den in der Fabrik beschäftigten Arbeitern Gelegenheit zu geben, sich über den Inhalt derselben zu äußern. Für Fabriken, für welche ein ständiger Arbeiterausschuß besteht, wird dieser Vorschrift durch Anhörung des Ausschusses über den Inhalt der Arbeitsordnung genügt."[356]

Mit diesem Ergebnis, daß bei Erlassen oder Änderungen der Arbeitsordnung Arbeitgeber und Arbeiter auf dem Boden einer gewissen Gleichberechtigung gemeinsame Absprachen zu treffen hätten, erreichte *Hitze* ein Ziel, für das er sich seit der Übernahme des Generalsekretariats des Verbandes "Arbeiterwohl" 1880 intensiv bemüht hatte. Komplizierter verhielt es sich mit der *obligatorischen* Einführung von Arbeiterausschüssen in den Betrieben, die von der sozialdemokratischen Mehrheit im Reichstag unter ihrem Fraktionssprecher *August Bebel* abgelehnt worden war. Auch in der Öffentlichkeit war diese mitunter heftig diskutiert worden. *Hitze* hoffte jedoch, daß der Zwang der "Anhörung der Arbeiter" ein hinreichender Anstoß zur allgemeinen Errichtung von Ausschüssen sein werde. Vor allem auf die Initiative *Hitzes* verlangte die Zentrumsfraktion immer wieder, die "Ausschüsse sollten für alle (größeren) Fabriken durch Gesetze *obligatorisch* gemacht"[357] werden. Dem stellten sich sowohl Wirtschaftsvertreter als auch – wie schon erwähnt – die sozialdemokratische Fraktion entgegen, die, wie es *Bebel* 1891 formulierte, gesetzliche betriebliche Arbeitervertretungen nur für "das scheinkonstitutionelle Feigenblatt" hielten, "mit dem der Fabrikfeudalismus verdeckt werden soll"[358]. Erst während des Ersten Weltkrieges und des von ihm ausgehenden Drucks auf die (Kriegs)Wirtschaft, als es zur weitgehenden Aufhebung der freien Wahl des Arbeitsplatzes und des Rechts auf freien Arbeitsvertrag durch das "Gesetz über den vaterländischen Hilfsdienst" vom 5. Dezember 1916 kam, erfolgte – gleichsam als Ausgleich – die Einrichtung obligatorischer Arbeiterausschüsse. Damit war die "staatliche Anerkennung des Rechts der Arbeiterschaft und ihrer Organisationen auf Gleichberechtigung und gleiche Ebene mit der bis-

---

[356] Gesetz betreffend Abänderung der Gewerbeordnung v. 01.06.1891, in: Reichs-Gesetzblatt (1891) 261-290.
[357] *Franz Hitze*, Die Arbeiterfrage, 60.
[358] *August Bebel* in der Reichstagssitzung v. 15.04.1891, in: Stenographische Berichte über die Verhandlungen des Reichstags, 1. Session 1890/91, Bd. 4, Berlin 1891, 2323-2325, 2324f.

her so gut wie autonomen Unternehmerschaft"[359] Realität geworden, ein Anliegen, für das sich der soziale Katholizismus unter der Führung *Hitzes* beinahe 30 Jahre lang mit Nachdruck engagiert hatte.[360]

VII. Kurze Zusammenfassung

In fünf systematischen Gedankenschritten ist versucht worden, unter Anlehnung an die historische Abfolge zentrale Problemfelder aufzuzeigen, mit denen sich der im 19. Jh. entfaltende Sozialkatholizismus in Deutschland auseinandersetzte. Es waren dies das Verständnis der sozialen Frage als religiös-karitatives oder auch gesellschaftlich relevantes Problem, das neben kirchlich-diakonischem Engagement auch eine partielle Gesellschaftspolitik erforderlich machte; die Diskussion um die Notwendigkeit der staatlichen Intervention und gesetzlichen Regulierung bei der Lösung der sozialen Misere; die Bemühung um die Selbsthilfe der Arbeiter durch organisierte Zusammenschlüsse, unter denen der Gründung von Gewerkschaften besondere Bedeutung zukam sowie die damit verbundene Debatte um das rechte Zusammenwirken von Unternehmern und Arbeitern, in der es vorwiegend um die Themen "Sozialpartnerschaft" und "Mitbestimmung" ging. Der gesellschaftspolitische Weg des deutschen Sozialkatholizismus war keineswegs immer geradlinig, er war von Krisen und Erfolgen gleichermaßen gekennzeichnet.

Die Ausführungen konnten zeigen, daß die katholisch-soziale Bewegung bis zum Ersten Weltkrieg zu einer immer bedeutenderen Ideenvermittlerin und einer der wichtigsten gesellschaftspolitischen Kräfte für die notwendigen praxisorientierten Reformen werden konnte. Dies ruft trotz der sozialen Inferiorität der Katholiken gegenüber dem evangelischen Volksteil Erstaunen hervor. Grundlage dafür war ein früh erstarktes und bis in alle Ebenen hinein verbreitetes soziales Bewußtsein und die distanzierte ideologische Auseinandersetzung mit den sozialphilosophischen Konzeptionen des Liberalismus/Kapitalismus und Sozialismus, die einen pragmatischen Umgang mit den entstehenden Problemen ermöglichte. Auch kann es als ein Vorteil gewertet werden, daß sich die katholisch-soziale Bewegung durchaus *kirchlich*, nicht aber "klerikal" entfaltete. Zwar gab es stets die Anbindung bzw. Rückkoppelung an die kirchlichen Strukturen besonders der Pfarrebene, doch bildete sich die erforderliche soziale und politische Kompetenz der katholisch-sozialen Vereinigungen und Organisationen hauptsächlich aus der Erfahrung der in ihnen verbundenen und sie leitenden Laien – trotz der immensen Leistungen herausragender Kleriker, wie etwa *Ketteler, Hitze, Kolping* oder *Brauns* es waren. Die Selbständigkeit und innerkirchliche Unabhängigkeit dieser Laien war auch der Grund dafür, daß sich die antimodernistischen oder integralistischen

---

[359] *Otto Neuloh*, Die deutsche Betriebsverfassung und ihre Sozialformen bis zur Mitbestimmung, Tübingen 1956, 103.
[360] *Freiherr v. Berlepsch* nannte später *Hitze* einen der "wirksamsten Förderer" dieses Gesetzes und hob "seine Sachkunde, seine hingebende Arbeit" hervor. *Hans v. Berlepsch*, Die Anfänge des gesetzlichen Arbeiterschutzes, in: Soziale Arbeit im neuen Deutschland. Festschrift zum 70. Geburtstag für Franz Hitze, M.Gladbach 1921, 85-93, 90.

Tendenzen[361] innerhalb der katholischen Kirche nicht durchzusetzen vermochten und der Anschluß an die moderne Gesellschaft erfolgen konnte. Hinzu kommt, daß die Rückendeckung, die dem Sozialkatholizismus durch die gesellschaftsbezogenen Rundschreiben der Päpste, insbesondere die grundlegende Sozialenzyklika "Rerum novarum" *Leos XIII.* von 1891 zukam, eine Erstarkung in der Kaiserzeit unterstützte.

Daß es also zu einem Ausgleich der schlimmsten Auswüchse der Industrialisierung kommen und eine an den Interessen der Arbeiter orientierte Sozialpolitik gestaltbar werden konnte, ist im wesentlichen den Bemühungen der sozial engagierten Katholiken mitzuverdanken.

---

[361] Vgl. dazu: *Norbert Trippen,* Gesellschaftliche und politische Auswirkungen der Modernismuskrise in Deutschland, in *Albrecht Langner* (Hrsg.), Katholizismus und philosophische Strömungen in Deutschland, Paderborn 1982, 59-103; *Franz Josef Stegmann,* Integralismus, in: LThK^3 V, 549-550 (Lit.).

2. Kapitel: Katholisch-sozialer Pluralismus – die Weimarer Zeit

In den Jahrzehnten vor dem Ersten Weltkrieg stand – wenn auch Einzelheiten umstritten waren – im Mittelpunkt der Bemühungen des deutschen Katholizismus ein angemessener Platz in der Wilhelminischen Gesellschaft. Je mehr er dieses Ziel erreichte, desto mehr wuchs seine Bereitschaft, die bestehende Ordnung nicht nur hinzunehmen, sondern sie mitzutragen. An die Stelle einer ständischen Sozialreform etwa, die eine umfassende Umgestaltung anstrebte, trat das Ja zum bestehenden Wirtschaftssystem; nur "kapitalistische" Auswüchse sollten beseitigt werden. Niederlage und Revolution von 1918 ließen die alte Ordnung verschwinden und machten offenbar, daß auch der soziale Katholizismus kein einheitliches gesellschaftliches Ordnungsbild besaß. Es zeigten sich "tiefgehende Meinungsverschiedenheiten über den einzuschlagenden Weg"[1], so daß man von einem katholisch-sozialen Pluralismus in der Weimarer Zeit sprechen kann. Der Bogen spannte sich von ständisch-konservativen Gruppierungen bis zu Richtungen eines christlichen Sozialismus. Bedeutsamer als sie war indes der Solidarimus, der sich bewußt als "katholisch-soziale Einheitslinie"[2] verstand und in dem die berufsständische Idee eine besondere Rolle spielte. Alle diese verschiedenen Ansätze beeinflußten – in unterschiedlicher Weise und Stärke – die soziale und politische Praxis des deutschen Katholizismus, die durch die Auseinandersetzung um die demokratische Republik und den aufkommenden Nationalsozialismus zusätzliche Brisanz erhielt.

I. Ständisch-konservative Gruppierungen

Der konservative Gesellschaftstheoretiker und Publizist *Karl Freiherr von Vogelsang* (1818-1890), Chefredakteur der Wiener Tageszeitung "Vaterland" und Herausgeber der "Oesterreichischen Monatsschrift für Christliche Social-Reform", hatte in den 70er und 80er Jahren des 19. Jhs. die Entwicklung der Ständeidee zu einem gewissen Abschluß gebracht sowie an Liberalismus und Kapitalismus scharfe Kritik geübt. "Das kapitalistische Wirtschafts- und Sozialsystem (...) steht in einem unversöhnlichen Widerspruch zur gesamten ethischen Veranlagung des Christentums."[3] Ziel seiner sozialreformerischen Bemühungen war die Gliederung der Gesellschaft in Stände, in der er sowohl "ein Naturgesetz des Menschen"[4] wie der Gesellschaft sah. Unter "Stand" verstand er den Zusammenschluß all jener, welche die gleiche gesellschaftliche Arbeit leisten. Deshalb

---

[1] *Franz Focke*, Sozialismus aus christlicher Verantwortung. Die Ideen eines christlichen Sozialismus in der katholisch-sozialen Bewegung und in der CDU, Wuppertal 1978, 72.
[2] *Johannes Messner*, Um die katholisch-soziale Einheitslinie, Innsbruck 1930.
[3] *Frhr. Carl v. Vogelsang*, Zins und Wucher. Ein Separatvotum in dem vom deutschen Katholikentage eingesetzten sozialpolitischen Comité, Wien 1884, 3.
[4] *Wiard Klopp*, Die socialen Lehren des Freiherrn Karl v. Vogelsang. Grundzüge einer christlichen Gesellschafts- und Volkswirtschaftslehre aus dem literarischen Nachlasse desselben, St. Pölten 1894, 93.

forderte er zunächst "die korporative Organisation der Unternehmer"[5]. In die so korporativ organisierte Wirtschaft sollten die Arbeiter "durch Konstituierung eines ideellen Mitbesitzes" im Sinne "fester Zugehörigkeit zum Werke"[6] aufgrund ihrer Arbeitsleistung im jeweiligen Unternehmen eingefügt werden und so "einen gleichberechtigten gesellschaftlichen Status"[7] erhalten.

1. "Wiener Richtungen"

Ständisch-konservative Gruppierungen, in denen Ideen *Vogelsangs* weiterwirkten, traten am stärksten im vergleichsweise wenig industrialisierten, von Landwirtschaft und Kleingewerbe geprägten Österreich auf. Zu diesen Gruppierungen gehörten der Kreis um *Anton Orel* (1881-1959) und die Zeitschrift "Das neue Volk", *Karl Lugmeyer* (1892-1972), geistiger Führer des von *Leopold Kunschak* (1871-1953) geleiteten "Reichsverbandes der christlichen Arbeitervereine Österreichs" sowie Herausgeber der Zeitschrift "Neue Ordnung", der Kreis um *Josef Eberle* (1884-1947), der seit 1918 Schriftleiter der Wochenzeitschrift "Die Neue Ordnung" war und 1925 sein eigenes Organ "Schönere Zukunft" gründete, ferner *Ernst Karl Winter* (1895-1959) und sein Freundeskreis "Die Österreichische Aktion" sowie die "Studienrunde katholischer Soziologen", die sich Anfang der dreißiger Jahre um eine Zusammenarbeit dieser verschiedenen "Wiener Richtungen" bemühte und 1932 ihr "Katholisch-soziales Manifest" veröffentlichte. Gemeinsam waren ihnen das aus dem Erbe *Vogelsangs* stammende prinzipielle Nein zu Liberalismus und Kapitalismus, die Ablehnung sogenannten *arbeitslosen* Einkommens, da nur Arbeit Anspruch auf Güter begründe, vor allem aber Vorliebe für eine kleinbetriebliche Bedarfsdeckungswirtschaft, die "berufsständisch"[8] gegliedert sein sollte, sowie – damit verbunden – Skepsis gegenüber der demokratischen Staatsform, die bis zur Ablehnung reichte.

In Kapitalzins, Grundrente, Unternehmergewinn erblickten die "Wiener Richtungen" in erster Linie Instrumente kapitalistischer Ausbeutung. Sie gehörten zu einem "Wirtschaftssystem, in welchem der bloße Unternehmungs- und Gewinngedanke, ohne Rücksicht auf Bedarf, Kultur und Christentum den Primat gewinnt"[9]. Allein Arbeit (und Natur) seien fruchtbar und "die Urquellen wirtschaftlicher Werte. Der Wohlstand der menschlichen Gesellschaft ruht völlig auf der Arbeit." Die christliche Lehre, die "der Arbeit ihren vollen Ertrag" zuspricht und "das Eigentum in den Dienst der Gemeinschaft" stellt, verdamme deshalb den Kapitalismus als "Beutewirtschaft"[10]. Dieser christliche Arbeits- und Eigentumsbegriff habe sich auf fast ideale Weise in der handwerklich-agrarischen Wirtschaftsform der mittelalterlichen Ständeordnung verwirklicht. Sie sei "jene Ge-

---

[5] [*Frhr. Carl v. Vogelsang,*] Arbeiterkammern, in: Oesterreichische Monatsschrift für Christliche Social-Reform Jg.11 (1889), 57-67, 66.

[6] [*Frhr. Carl v. Vogelsang,*] Maschine und Arbeit, in: Oesterreichische Monatsschrift für Christliche Social-Reform Jg.8 (1886), 121-134, 131.

[7] *Franz Josef Stegmann*, Der soziale Katholizismus und die Mitbestimmung in Deutschland. Vom Beginn der Industrialisierung bis zum Jahre 1933, Paderborn ²1978, 60.

[8] *Karl Lugmayer*, Grundrisse zur neuen Gesellschaft. Berufsständische Bedarfswirtschaft nach Vorgängern und Zeitgenossen, Wien 1927, passim.

[9] Schönere Zukunft Jg.4 (1928/29), 882.

[10] *Karl Lugmayer*, Das Linzer Programm der christlichen Arbeiter Österreichs, Wien 1924, 7.

sellschafts- und Wirtschaftsordnung, die der menschlichen Natur, wie sie nun einmal ist, am besten und heilsamsten angepaßt war" und die einer "grundsätzlich positiven Einstellung (...) zum Christentum, zur Erlösung aus heidnischer Stoffuntertänigkeit und Diesseitskultur wesentlich entsprach". Ihr müsse daher "der Charakter einer *christlichen* Gesellschafts- und Wirtschaftsordnung zuerkannt werden"[11]. Als Ziel schwebte den "Wiener Richtungen" deshalb der Aufbau einer ständischen Bedarfsdeckungswirtschaft vor:

"die ständisch organisierte, überwiegend kleingewerblich produzierende Wirtschaft"[12]. In ihr sei das Bestimmen der Löhne und Preise Sache der Berufsstände und nicht von Angebot und Nachfrage: "Zu Erzeugung und Verkehr zugelassen wird in ihr nur, was einem einwandfreien Sachbedarf entspricht. Dieser wird in einer ständischen Gesellschaft von Sitte und Brauch sowie dem wiedergesundeten öffentlichen und fachlichen Urteil bestimmt (...). Die Kernorganisation der ständischen Ordnung ist die *Korporation* (Zunft, Innung)", die sich in die Syndikate der selbständigen und unselbständigen Standesgenossen (Unternehmerverband und Gewerkschaft) untergliedere. "Keimzelle der korporativen Ordnung ist die *Betriebsgemeinschaft*, deren Leitung, unter Kontrolle der Korporation, dem Lehensinhaber"[13] (Eigentümer) zustehe. Der "Aufbau eines ständisch-hierarchischen Sozialkörpers" habe schließlich "wegen seiner natürlichen, gesellschaftsmäßigen, familialen und ständischen Struktur auch weittragendste politische Konsequenzen, nämlich den ständischen Staat mit legitimer monarchischer Spitze"[14]. Seine Leitung sei Aufgabe eines "staatstragenden Berufsstandes". In der "Parteiendemokratie" zeige sich das Ergebnis individualistischer Zersetzungsarbeit. Dieser Zustand werde jedoch von der ständischen Ordnung beseitigt. Selbst eine Diktatur glaubte man als *ultima ratio* akzeptieren zu sollen. Sie sei zwar gleichbedeutend mit der Aufhebung der Selbstverwaltung, könne jedoch "je nach Umständen vielleicht ein brauchbares, ja sogar unumgängliches, wenngleich paradoxes Mittel zur Errichtung des Ständestaates sein"[15].

Nach Erscheinen der Sozialenzyklika "Quadragesimo anno" von *Pius XI.* verlangte *Eugen Kogon* (1903-1987), Mitglied der "Studienrunde katholischer Soziologen" und nach dem Zweiten Weltkrieg Mitherausgeber der "Frankfurter Hefte", ein umfassendes berufsständisches Korporativsystem:

Der berufsständische Gedanke sei "allen Zeitaltern und Menschenrassen gemeinsam; er ist eine ewige Kategorie der Geschichte". Der Aufgabenbereich der berufsständischen Körperschaften "erstreckt sich von der sogenannten ‚Betriebsdemokratie', das heißt der gemeinsamen Festlegung der Betriebsordnung, über Berufsausbildung, Kontrolle und Schiedsgerichtsbarkeit, Neugestaltung des Versicherungs- und Kreditwesens bis zu einer nationalen Wirtschaftsplanung". *Kogon* bedauerte die Kompromittierung des Ständestaates durch den italienischen Faschismus und unterstrich, daß die korporativ-ständische Ordnung "unter allen

---

[11] *Anton Orel,* Oeconomia perennis. Bd. 1: Eigentum und Arbeit, Mainz 1930, 83.
[12] *Alfred Missong,* Entproletarisierung, in: Die Österreichische Aktion. Programmatische Studien von *August M. Knoll, Alfred Missong, Wilhelm Schmid, Ernst Karl Winter, H.K. Zessner-Spitzenberg,* Wien 1927, 216-243, Zitat 233.
[13] Katholisch-soziales Manifest (Veröffentlichungen der Studienrunde katholischer Soziologen, H.1), Wien 1932, 41, 49.
[14] *Missong,* Entproletarisierung, 218.
[15] Katholisch-soziales Manifest, 54.

politischen Systemen, mit Ausnahme zweier: der Diktatur und der formalen Parteiendemokratie, sich segensreich entfalten"[16] könne.

2. *Othmar Spann* und der Universalismus

Das Stichwort "staatstragender Berufsstand" verweist auf den *Universalismus* des Wiener Sozialphilosophen und Nationalökonomen *Othmar Spann* (1878-1950), der auch im Katholizismus beträchtlichen Einfluß ausübte. Die geistigen Quellen des Universalismus lagen in der Ideenlehre *Platons*, in der deutschen Mystik des Mittelalters, im Idealismus *Hegels* und vor allem in der romantischen Gesellschaftsphilosophie, deren wichtigste Werke *Spann* in der vielbändigen Sammlung "Die Herdflamme" herausgab. Die Hauptaufgabe dieser "Ganzheitslehre" erblickte er in der Überwindung der individualistischen Gesellschafts- und Wirtschaftstheorie.[17] *Spann* ging von der grundsätzlichen Vorentscheidung aus, daß es nur zwei mögliche Auffassungen vom Wesen der Gesellschaft gebe: eine universalistisch-organische oder eine individualistisch-atomistische. Für ihn stand fest, daß die Gesellschaft eine überindividuelle Ganzheit und als solche die primäre Realität sei, "das Ursprüngliche, das logisch Erste (...) nach dem Satz: Das Ganze ist *vor* den Gliedern"[18]. Die gesellschaftlichen Teilbereiche wie Staat, Wirtschaft, Kultur usw. sah er aus der gesellschaftlichen Ganzheit sich ausgliedern. Die letzte Ausgliederungsstufe sei in den Einzelmenschen als den einfachsten Gliedern der Gesellschaft gegeben. Sie erschienen *Spann* als "nur etwas der Möglichkeit nach Seiendes". Wirklich werde dieses Mögliche "erst durch Gemeinschaft, wirklich ist das Individuum nur als vergemeinschaftetes, aktualisiertes"[19]. Die Teile haben ihr Sein nicht aus sich selbst, sondern "bestehen nur als *Glieder* des Ganzen". Andererseits hat auch "das Ganze kein Dasein", sondern "wird in den Gliedern geboren"[20].

Aus diesem Grundansatz der universalistischen Gesellschaftslehre ergaben sich für ihre Staats- und Wirtschaftstheorie weitreichende Folgerungen. Das politische Grund- und Baugesetz sah der Universalismus nicht in der individuellen Freiheit, sondern in der das richtige Gefüge der Teile im Ganzen ordnenden und verbürgenden Gerechtigkeit. Die richtige Organisierung der einzelnen Lebenskreise ergebe die Stände. Als der für die Politik "zuständige" Stand sei der Staat dabei Stand wie jeder andere. Dazu komme jedoch die Aufgabe, Leiter und Richter aller übrigen Stände zu sein, und das mache ihn zum "Höchststand". Der Ständestaat war deshalb für *Spann* geradezu *der* politische Ausdruck der universalisti-

---

[16] *Eugen Kogon,* Berufsständische Wirtschaft und autoritärer Staat, in: Studienrunde katholischer Soziologen (Hrsg.), Neuer Staat – Neue Wirtschaft im Lichte der katholischen Sozialidee, Wien 1933, 69-84, 75, 77, 83.
[17] Vgl. *Arnulf Rieber,* Vom Positivismus zum Universalismus. Untersuchungen zur Entwicklung und Kritik des Ganzheitsbegriffes von Othmar Spann, Berlin 1971; *Alois Baumgartner,* Sehnsucht nach Gemeinschaft. Ideen und Strömungen im Sozialkatholizismus der Weimarer Republik, Paderborn 1977, bes. 30-38.
[18] *Othmar Spann,* Kategorienlehre, Jena ²1939, 65.
[19] *Ders.,* Der wahre Staat. Vorlesungen über Abbruch und Neubau der Gesellschaft, Leipzig 1921, 43.
[20] *Ders.,* Kategorienlehre, 63, 65.

schen Gesellschaftstheorie. Die staatliche Gewalt leitete sich nach dieser Lehre nicht "von den einzelnen ab", noch "beruht sie auf einem ‚Parlament', das ‚alles Volk' umfaßt", sondern "auf einem arteigenen Kreis von Menschen", die den Staat tragen. "Dieser staatstragende Stand" sei gekennzeichnet durch "den schöpferischen Gedanken des Organisators, den *staatsgestaltenden* Gedanken; ferner durch Kriegergeist und Kriegertum *auf Grund eigener Erziehung zum Führer*"[21]. Somit gelangte der Universalismus unmittelbar zu einem autoritären Staatsbegriff und zur Ablehnung der parlamentarisch-demokratischen Ordnung.

Die Wirtschaft betrachtete *Spann* als ein *festgefügtes* "Gebäude von Mitteln für Ziele". Individualistische Gewerbe-, Wettbewerbs- und sonstige Freiheiten des Kapitalismus, das kapitalistische System insgesamt verstoße ebenso gegen die Natur der Wirtschaft wie der politische Individualismus gegen das Wesen des Staates. Als richtige und sinnvolle Ordnung forderte der Universalismus die berufsständische Ordnung. Nur sie vermeide die Fehler der sozialistischen Planwirtschaft *und* der kapitalistischen Verkehrswirtschaft. Sie "besteht darin, daß wirtschaftliche Kreise strenger oder loser organisiert sind, wodurch die Gliederung der Gesamtwirtschaft eines Volkes in den wichtigsten Wirtschaftszweigen verhältnismäßig festgelegt wird (...). Die Wirtschaft als Ganzes bildet einen *Gesamtstand,* die Berufsgruppen und Berufe (bilden) die *Teilstände oder Berufsstände.*" Wichtig bleibe, daß sie alle ein lebendiges Eigenleben entfalten und in "Selbstverwaltung"[22] ihre Angelegenheiten regeln. Vor einer faschistischen Organisation faßte *Spann* im Juni 1933 in Rom seine universalistische Staats- und Wirtschaftstheorie zusammen:

"Der Staat ist ein Stand, und zwar im objektiven Sinne als organisatorisches Gebilde, im subjektiven Sinne als staatsgestaltender und staatstragender Kreis von Menschen. Dessen grundlegender Anfang ist in Italien durch den Personenbestand der Faschisten und ihre Gliederungen, in Deutschland durch den Personenbestand der Nationalsozialisten und ihre Gliederungen gegeben." Der "Staatswille leitet sich nicht von dem Willen einzelner ab, er ist daher nicht atomistisch-mechanisch, sondern lebendig gebildet, nämlich von Führern, die (...) auf Gedeih und Verderb mit ihren Angelegenheiten verbunden werden (nicht nach einem anderen Ausgang der Wahl wieder abtreten)." Somit "ist die Massenwahl, ist der Liberalismus, ist die Demokratie grundsätzlich überwunden. Das Sacherfordernis der Ganzheit, die Sachsouveränität tritt an die Stelle der Volkssouveränität". Im "ständischen Staat herrscht nicht die mechanische Gleichheit, sondern organische Ungleichheit (...). An die Stelle des leeren Freiheitsbegriffes tritt nun vielmehr der Begriff der Gerechtigkeit, welche jedem einzelnen aus dem Ganzen gibt und jeden einzelnen für das Ganze verrichten, leisten läßt!" Auch die ganzheitliche Wirtschaft "ist nun ihrem Wesen nach nicht mehr ein Ergebnis des ‚Eigennutzes' der einzelnen, sondern ist ein Gebäude von Mitteln für Ziele (...). Und wesensgemäßer Weise gliedert sich dieses Gebäude nach relativer Gleichartigkeit." Die Wirtschaft ist daher "ein Gesamtstand, der sich in viele fachliche Teilstände oder Berufsstände untergliedert." Jeder Berufsstand solle "in die Unterabteilungen der Unternehmer, Angestellten und Arbeiter gegliedert werden (...). Dadurch verwandelt sich der liberale Kapitalist aus einem bloß eigennützig bestimmten ‚einzelnen' in einen Wirtschaftsführer; der Arbeiter aus

---

[21] *Othmar Spann,* Gesellschaftslehre, Leipzig [3]1930, 507.
[22] *Ders.,* Tote und lebendige Wissenschaft. Kleines Lehrbuch der Volkswirtschaft in fünf Abhandlungen, Jena [4]1935, 382f.

einem Proletarier, aus einem im wirtschaftlichen Kampfe Schwachen in einen Geführten mit Rechten und Pflichten. An die Stelle der Rechtlosigkeit tritt die Gefolgschaft."²³

3. Auseinandersetzung um das ständisch-konservative Gesellschaftskonzept und den Universalismus

Die Wortführer der ständisch-konservativen Gruppierungen und des Universalismus lehnten entschieden jene Bemühungen im reichsdeutschen Katholizismus ab, die unter Anerkennung der bestehenden Wirtschaftsordnung nur eine Beseitigung ihrer Auswüchse anstrebten. So bezeichnete *Anton Orel* den "Volksverein für das katholische Deutschland", dessen praktisch-soziale Arbeit vor dem Ersten Weltkrieg auf dieser Linie lag, und den *Solidarismus*, der die sozialphilosophische Begründung lieferte, als kapitalistisch und glaubte die Alternative "Gladbach oder Rom"²⁴ stellen zu müssen. Die Verfasser des "Katholisch-sozialen Manifestes" attackierten alle, die – wie der Vorwurf lautete – eine "*Aussöhnung des Katholizismus mit dem Kapitalismus* propagierten, sich auf den ‚Boden der gegebenen Tatsachen' stellten, zu deren Rechtfertigung (...) die Theorie von der ‚Eigengesetzlichkeit der Wirtschaft', der sittlichen Neutralität der Gesellschafts- und Wirtschaftssysteme annahmen und, unter Preisgabe der als utopisch-‚romantisch' abgelehnten Sozialreform, jene zähmende Sozialpolitik auf kapitalistischer Grundlage, die sich prinzipiell mit der ‚Beschneidung von Auswüchsen' begnügte, befürworteten"²⁵. *Spann* beklagte, daß selbst Theologen dem individualistischen Liberalismus und der Demokratie folgten. Der Solidarismus gehe grundsätzlich vom individualistischen Systemgedanken aus, und sein Kernbegriff, die Solidarität, finde sich bei Liberalen wie Sozialisten. Besonders empörte es *Spann*, daß die Anhänger des Solidarismus "das Widerspruchsvolle und Halbe, das schülerhaft Zusammengeraffte und Unstimmige des sog. Solidarismus (...) gar noch zum politischen Kampf für die christliche Idee (in Wahrheit für ihre ‚banale Linksrichtung')" verwandten. Mögen "sich die ‚Liberalen, die in die Kirche gehen', gebärden, wie sie wollen: daß der Individualismus sowohl wirtschaftlich, als Kapitalismus, wie politisch, als formale Demokratie, schon ein lebendiger Leichnam ist, können sie nicht mehr ändern"²⁶.

Nachdrücklich verworfen wurden die Gedankengänge der ständisch-konservativen Gruppierungen wie des Universalismus – deshalb waren wohl auch deren Angriffe so heftig – von den Vertretern des Solidarismus und vom kirchlichen Lehramt. Der Kölner Kardinal *Karl Joseph Schulte* (1871-1941) mahnte 1926, den Kapitalismus als technisch-organisatorisches System, das durch die privatwirtschaftliche Ordnung gekennzeichnet und als solches "vom christlichen Standpunkte aus nicht zu verwerfen ist"²⁷, zu unterscheiden von der kapitalisti-

---

²³ *Othmar Spann,* Die Bedeutung des ständischen Gedankens für die Gegenwart, in: *Ders.,* Kämpfende Wissenschaft. Gesammelte Abhandlungen zur Volkswirtschaftslehre, Gesellschaftslehre und Philosophie, Jena 1934, 3-12, 7-10.
²⁴ *Anton Orel,* Gladbach oder Rom?, Wien 1913.
²⁵ Katholisch-soziales Manifest, 7.
²⁶ *Othmar Spann,* In eigener Sache, in: *Ders.,* Kämpfende Wissenschaft, 77-80, 78, 80.
²⁷ [*Karl Joseph Kardinal Schulte,*] Die "Kölner Richtlinien" – Zur sozialen Verständigung, in: *Oswald v. Nell-Breuning,* Kirche und Kapitalismus, M.Gladbach o.J. (1929), 9-12, Zitat 11.

schen Gesinnung, die ausschließlich dem Profit nachjage. Das Wiener Ordinariat verweigerte 1928 *Orels* "Oeconomia perennis" das Imprimatur. Der Bischof von Innsbruck wies 1929 dessen Vorwurf zurück, die amtliche Kirche unterstütze "eine liberal-heidnische Auffassung", und erklärte, Privateigentum, Kapital-, Kredit- und Börsenwesen seien nicht in sich unsittlich, sondern könnten "in guter oder schlechter Absicht verwendet werden"[28]. Ähnlich äußerte sich 1931 das Sozialrundschreiben "Quadragesimo anno": Jene Wirtschaftsweise, "bei der es im allgemeinen andere sind, die die Produktionsmittel, und andere, die die Arbeit zum gemeinsamen Wirtschaftsvollzug beistellen (...) ist nicht in sich schlecht" und "als solche nicht zu verdammen"[29].

Die eigentliche Auseinandersetzung leisteten im katholischen Raum die Vertreter des Solidarismus. Der Wiener Sozialethiker *Johannes Messner* (1891-1984) hielt dem Vorwurf, die solidaristische Wirtschaftstheorie sei individualistisch, weil sie vom *einzelnen* Wirtschaftssubjekt ausgehe, den Hinweis entgegen, gerade das Ineinandergreifen der Einzelwirtschaften sei das Formalobjekt der Nationalökonomie. Erhebliche Einwände müsse man jedoch gegen die universalistische "Verabsolutierung und metaphysische Hypostasierung des Gesellschaftsganzen" erheben, in dem "die einzelnen nur als ‚Glieder', Bestandteile, ‚Bestimmungsstücke' Realität haben (Spann)"[30]. Der Theologe und Sozialethiker *Gustav Gundlach* (1892-1963) erblickte den Kern des Universalismus in einem "pantheistischen Emanatismus"[31] bzw. "Spiritualismus". Nur dieser pantheistische Spiritualismus könne *die* "Gesellschaft" und den "Stand" als Teil der Gesellschaft als "reale Wesenheit, Spender des Lebens und Träger geistig-sittlicher Aufgaben"[32] bezeichnen. Der Sozialwissenschaftler *Paul Jostock* (1895-1965) sprach von einer "katholischen Soziologie auf Abwegen". Ironisch kritisierte er die Sucht, alle als Mechanisten zu verfemen, deren Mund nicht von Worten wie "organisch" triefe. Gerade der katholischen Soziallehre komme die Aufgabe zu, die Freiheit der Person vor dem Universalismus zu retten, der ganz von "dem heidnisch-herrischen Staatsgeist *Hegels*"[33] erfüllt sei. *Oswald von Nell-Breuning* (1890-1991) schließlich, von dem der Entwurf des Rundschreibens "Quadragesimo anno" von 1931 stammt, wandte sich zunächst gegen den universalistischen Vorentscheid, daß es nur zwei sich gegenseitig ausschließende Betrachtungsweisen der Gesellschaft gebe. Der Satz "Das Ganze ist vor den Teilen", der die Basis der universalistischen Gesellschaftstheorie bildet, sei im logischen Sinne richtig; falsch werde er aber, wenn man ihn als ontologisches, seinshaftes Prinzip verstehe und auf die Gesellschaft anwende. Hier sah er den Grundfehler der Ganzheitslehre liegen. Statt die aristotelisch-thomistische Erkenntnislehre zu übernehmen,

---

[28] Die katholisch-soziale Tagung in Wien, Wien 1929, 135, 138.
[29] *Pius XI.,* Quadragesimo anno (1931) Nr. 100f.
[30] *Johannes Messner,* Sozialökonomik und Sozialethik. Studie zur Grundlegung einer systematischen Wirtschaftsethik, Paderborn o.J. (^{2}1929), 38.
[31] *Gustav Gundlach,* Zur Soziologie der katholischen Ideenwelt und des Jesuitenordens, Freiburg 1927; abgedruckt in: *Ders.,* Die Ordnung der menschlichen Gesellschaft. Bd. 1, Köln 1964, 202-287, Zitat 240 (Anm. 22).
[32] *Gustav Gundlach,* Zur Geistesgeschichte der Begriffe Stand – Klasse (unveröffentlichte Studie 1929), abgedruckt in: *Ders.,* Die Ordnung der menschlichen Gesellschaft. Bd. 2, Köln 1964, 191-204, Zitat 202.
[33] *Paul Jostock,* Der deutsche Katholizismus und die Überwindung des Kapitalismus. Eine ideengeschichtliche Skizze, Regensburg o.J. (1932), 204.

"klammert sich der Universalismus an einen einzigen Satz des heidnischen Aristoteles und wählt sich im übrigen den sogenannten deutschen Idealismus, das ist die *Hegelsche* Philosophie, als Führerin"[34]. Darüber hinaus bleibe für jeden Christen festzuhalten, als Gesellschaftsglied sei der Mensch nicht nur auf die Gesellschaft, sondern "mitsamt seiner Gliedhaftigkeit in der Gesellschaft unbedingt und letztlich hingeordnet auf Gott als sein höchstes und letztes Ziel und insofern (...) der Gesellschaft übergeordnet"[35].

II. Richtungen des "christlichen Sozialismus"

Mit den ständisch-konservativen Gruppen teilte der "christliche Sozialismus" in seinen verschiedenen Erscheinungsformen die prinzipielle Ablehnung von Liberalismus und Kapitalismus. Neben Neuansätzen eines "christlichen Sozialismus" im vorpolitischen Raum standen Versuche, "christlich-sozialistische" Parteien ins Leben zu rufen.

1. Neuansätze eines "christlichen Sozialismus" nach dem Ersten Weltkrieg

Die Neigung, christlichen Positionen in Staat und Wirtschaft die Bezeichnung "sozialistisch" bzw. "Sozialismus" zu geben, entsprang einmal einer "nicht zu übersehende(n) sozialistische(n) Grundstimmung"[36] in der Umbruchszeit nach dem Krieg, war aber auch Ausdruck einer neuen Haltung vieler Katholiken, die von dem Vorkriegsoptimismus nichts mehr wissen wollten. *Theodor Brauer* (1880-1942), Theoretiker der "Christlichen Gewerkschaften" in den zwanziger Jahren sowie Leiter ihres Schul- und Bildungswesens, sprach bereits vor Kriegsende in seiner Schrift "Führt der Krieg zum Sozialismus?" von einem "Sozialismus christlicher Auffassung"[37] und meinte damit bisher vom sozialen Katholizismus vertretene Vorstellungen. *Heinrich Pesch* (1854-1926) gab 1918 in einer Flugschrift "Nicht kommunistischer, sondern christlicher Sozialismus!" dem Solidarismus, an dessen Ausbau er seit Jahren arbeitete, den Namen "christlicher Sozialismus" und betonte, "daß dieses soziale System in unserer wissenschaftlichen Literatur bereits vorliegt"[38]. Nicht wenige sprachen – wie *Brauer* anmerkte – geradezu mit "Ergriffenheit und heiliger Begeisterung von einem christlichen Sozialismus"[39].

Andere begnügten sich nicht, bisherigen Überzeugungen der katholisch-sozialen Bewegung lediglich einen neuen "sozialistischen" Namen zu geben, sondern gingen einen Schritt weiter. *Josef Kral*, Direktor der katholischen Presse-Union, for-

---

[34] *Oswald v. Nell-Breuning*, Zwei Ganzheitslehren; die falsche Ganzheitslehre: Universalismus, in: Das Neue Reich Jg.14 (1932), 708-710, 749-751, Zitat 710.
[35] *Ders.*, Die wahre Ganzheitslehre: Solidarismus, in: Ebenda, 769-771, 770.
[36] *Focke*, Sozialismus aus christlicher Verantwortung, 79.
[37] *Theodor Brauer*, Führt der Krieg zum Sozialismus?, M.Gladbach o.J., passim.
[38] *Heinrich Pesch*, Nicht kommunistischer, sondern christlicher Sozialismus! Die Volkswirtschaft der Zukunft, Berlin 1918, 3; vgl. *Heinrich Lechtape*, Der christliche Sozialismus, die Wirtschaftsverfassung der Zukunft. Dargestellt nach Heinrich Pesch, Freiburg ³1922.
[39] *Theodor Brauer*, Wo stehen wir?, in: Deutsche Arbeit Jg.5 (1920), 379.

derte die Einführung der Planwirtschaft, die Unterbindung von arbeitslosem Einkommen und hoffte, so Christentum und Sozialismus wieder zu versöhnen:

"Der christliche Sozialismus will im wesentlichen: Ersetzung der heutigen versinnlichten egoistisch-kapitalistischen Gesellschaft durch die solidaristisch-sozialistische Gesellschaftsordnung (...). *Ohne Zwang* geht es im wirtschaftlichen so wenig wie im völkischen und kulturellen Leben. Der christliche Sozialismus will daher eine Planwirtschaft, ohne die individuelle Freiheit zu erdrosseln (...). Die Produktion muß dem Bedürfnis entsprechen, arbeitsloses Einkommen und die Anhäufung großer Reichtümer ist als unsittlich zu verhindern."[40]

Die "Deutsche Arbeit", die Zeitschrift der "Christlichen Gewerkschaften", öffnete 1920/21 ihre Spalten immer wieder den Befürwortern des christlichen Sozialismus – so etwa *Theodor Steinbüchel* (1888-1949). Zunächst seit 1926 Professor für Philosophie in Gießen, lehrte er seit 1935 Moraltheologie in München, ab 1941 in Tübingen.[41] Mit anderen versuchte er aufzuzeigen, daß der christliche Sozialismus die sozialistische Forderung einer planwirtschaftlichen Ordnung bejahe und in ihr eine christliche Aufgabe sehe. Als Leitsätze formulierte *Steinbüchel*:

"Wirtschaft ist Sache der Gemeinschaft für die Gemeinschaft! (...) Darum genügt es nicht, ‚Auswüchse' des Kapitalismus zu beschneiden", worum man sich vor 1914 bemüht habe. Die Wirtschaft "soll planmäßig in den Dienst des Ganzen sich stellen als organische ‚Planwirtschaft'". Die Aufgabe der Christen sei, *"mit*zuwirken an der Heraufführung einer neuen, antikapitalistischen Gliedwirtschaft, die den Gedanken des Ausgleichs von Individuum und Gemeinschaft im Wirtschaftsleben durchsetzen will. Das ist *der christliche Sozialismus als weltgeschichtliche Aufgabe!"* Ein anderer Beitrag beteuerte: "Wir sind nicht nur christlich-sozial, wir sind christlich-sozialistisch. Nicht das ‚*Christlich-soziale'*, wie es oft gern genannt wurde, der *christliche Sozialismus* tut unserer Zeit und unserem Volke not."[42]

Die unterschiedlichen Begründungen deuten an, daß der christliche Sozialismus nicht immer im gleichen Sinn verstanden wurde und manchmal nur eine – bewußte oder unbewußte – Anpassung an die Zeitstimmung war. So ist es verständlich, daß sich schon bald kritische Gegenstimmen erhoben. Der Philosoph *Max Scheler* (1874-1928), der im katholischen Geistesleben nach dem Krieg eine bedeutende Rolle spielte, bestritt das grundsätzliche Recht, von einem christlichen Sozialismus zu reden. Da "ein *individuell-substantielles* geistiges Sein" das Wesen der Person ausmache, "ist jeder *grundsätzlich anti*individualistische Sozialismus eine *wider*christliche Lehre". Man könne nur im relativen Sinne von einem christlichen Sozialismus sprechen, da nach der individualistischen Vergangenheit nunmehr der christlichen Gemeinschaftsidee stärkere Formkraft zukommen müsse. *Scheler* entschied sich jedoch für den Ausdruck "prophetischer Sozialismus", der "im Gegensatz zu Marx die *Einmaligkeit geschichtlichen Werdens* und die *Freiheit des Menschen"* anerkenne und zugleich die prophetische Vor-

---

[40] *Josef Kral*, Der christliche Sozialismus! Die Versöhnung von Christentum und Sozialismus. System einer Gesellschaftsreform nach Naturrecht und Sittengesetz, Dillingen ²1920, 174, 178.
[41] Vgl. *Andreas Lienkamp*, Theodor Steinbüchels Sozialismusrezeption. Eine christlich-sozialethische Relecture, Paderborn 2000.
[42] *Theodor Steinbüchel*, Die Idee eines christlichen Sozialismus, in: Deutsche Arbeit Jg.5 (1920), 4-13, 10f; *ders.*, Der Sozialismus als sittliche Idee. Ein Beitrag zur christlichen Sozialethik, Düsseldorf 1921; *Alfred Grunz*, Christlicher Sozialismus – trotz alledem! in: Deutsche Arbeit Jg.5 (1920), 324-327, Zitat 324.

aussage wage, daß "der widerchristliche *Zwangskommunismus*"[43] kommen werde, wenn man sich nicht dem gemäßigten christlichen Sozialismus zuwende. Auch andere sahen sich in zunehmendem Maße veranlaßt, warnen zu müssen. 1920 zog *Theodor Brauer* auf dem Kongreß der "Christlichen Gewerkschaften" in Essen eine scharfe Trennungslinie zwischen Sozialismus und Christentum und lehnte – auf dem Hintergrund der Auseinandersetzung zwischen den eher nationalen "Christlichen Gewerkschaften" und den sozialistischen Freien Gewerkschaften – das "Schlagwort" vom christlichen Sozialismus unzweideutig ab:

"In diesem Kampf gibt es nur ein *Für* oder *Wider*, und darum tut vor allem restlose Klarheit not. Deswegen sollten wir auch nicht durch Ausdrücke und Schlagworte wie ‚christlicher *Sozialismus*' erneut Mißverständnisse heraufbeschwören (...). Gegen diese Klarheit wollen wir auch nicht dadurch verstoßen, daß wir den Sozialismus für das Christentum reklamieren, weil das Gute am Sozialismus dem Christentum entnommen ist."[44]

Der Nationalökonom *Goetz Briefs* (1889-1974), später Mitglied des "Königswinterer Kreises", aus dessen Beratungen der Entwurf des Rundschreibens "Quadragesimo anno" von 1931 hervorging, protestierte leidenschaftlich gegen Versuche des westfälischen Pfarrers *Wilhelm Hohoff* (1848-1923), den Marx'schen Sozialismus aus seiner atheistischen Verstrickung zu lösen und in die christliche Soziallehre einzufügen[45]:

"*Entweder* nehmen Sie Marx, wie er genommen sein will, und *dann schlägt er Ihr Christentum in Fetzen (...) oder* Sie gehen von der Gestalt Christi aus, und dann schwindet zwar der Kapitalismus in seinen ausgewachsenen Formen, *aber auch der Sozialismus wie Schnee vor der Sonne*. Den marxistischen Sozialismus mit Christentum amalgamieren, heißt Unmögliches und Unverträgliches miteinander verkoppeln."[46]

Es war wohl auch eine Folge dieser Auseinandersetzungen, daß *Theodor Steinbüchel* in seinem 1921 erschienenen Werk "Der Sozialismus als sittliche Idee" keine Diskussion um eine "organische Planwirtschaft" mehr führen, sondern den Sozialismus "als sittliche Idee" und damit "als Herausforderung an eine christliche Sozialethik ernst nehmen"[47] wollte. Ihm ging es vor allem um "eine gerechte Beurteilung des ‚Sozialismus' vom christlichen Standpunkte" aus, um den Nachweis, daß man "die Sehnsucht nach Gott und den Ruf nach Gemeinschaft der Menschen gerade im Sozialismus sehen" könne. *Steinbüchel* ging dann noch einen Schritt weiter und betonte, daß selbst *Karl Marx* die sozialistische Zukunftsgesellschaft als "ein *ethisches Ideal* vor Augen" gestanden sei, als eine "Gemein-

---

[43] *Max Scheler*, Prophetischer oder marxistische Sozialismus?, in: Hochland Jg.17 (1919/20), 71-84, Zitat 74, 80.
[44] *Theodor Brauer*, Christentum und Sozialismus, Köln 1920.
[45] Vgl. *Klaus Kreppel*, Entscheidung für den Sozialismus. Die politische Biographie Pastor Wilhelms Hohoffs 1848-1923, Bonn-Bad Godesberg 1974; *Wilhelm Weber*, Wilhelm Hohoff (1948-1923). Leben und nationalökonomische Ideen eines sozialengagierten Paderborner Priesters, in: *Ders.*, Person in Gesellschaft. Aufsätze und Vorträge vor dem Hintergrund der christlichen Soziallehre 1967-1976, Paderborn 1978, 407-425.
[46] *Goetz Briefs*, Offener Brief an Herrn Dr. Wilhelm Hohoff, in: Deutsche Arbeit Jg.5 (1920), 279-281, 281.
[47] *Benno Haunhorst*, "Der Sozialismus als sittliche Idee". Theodor Steinbüchels Beitrag zu einer christlichen Sozialethik, in: *Heiner Ludwig/Wolfgang Schroeder* (Hrsg.), Sozial- und Linkskatholizismus. Erinnerung . Orientierung – Befreiung, Frankfurt a.M. 1990, 75-100, Zitat 80.

schaftsidee, die alle gesellschaftlichen Gegensätze, alle Privilegien bestimmter Gesellschaftsgruppen und -glieder verneint und eine solidarische Verbindung der Gesamtmenschheit erstrebt"[48]. In ähnlicher Weise bemühte sich *August Pieper*, von 1892-1919 Generalsekretär des "Volksvereins", den ethischen Anspruch herauszustellen:

Der Sozialismus erschien ihm als "die *Idee* einer neuen, höhern, vollkommenern Lebensgemeinschaft und Schicksalsverbundenheit, die lebt aus einer selbstlosern Treue und Hingabe von Menschen an Menschen, als sie bis dahin verwirklicht ist". In ihm erkenne man die "verletzte große Liebe". Der "tiefste Sinn des Sozialismus ist Schrei nach echter, voller, uneingeschränkter Menschenliebe und Menschenachtung"[49].

Journalistisches Heimatrecht und in die Breite wirkende Unterstützung gab dem Bemühen, die ethischen Antriebe im Sozialismus aufzuspüren, die 1923 von *Friedrich Dessauer* (1881-1963) begründete "Rhein-Mainische Volkszeitung" (RMV). 1922 hatte er als Ordinarius den neu geschaffenen Lehrstuhl für physikalische Grundlagen der Medizin in Frankfurt am Main besetzt und war seit 1924 Abgeordneter des "Zentrums" im Reichstag. *Dessauer*, "eine der faszinierendsten Gestalten des damaligen deutschen Katholizismus"[50], sowie ein Team vorwiegend junger Journalisten, zu denen *Walter Dirks* (1901-1991), nach dem Zweiten Weltkrieg Mitherausgeber der "Frankfurter Hefte", gehörte, traten den nach rechts zielenden Strömungen im katholischen Lager entgegen und übten auf Teile der katholischen Jugend großen Einfluß aus. (Der Pfarrer las die Berliner "Germania oder die Kölnische Volkszeitung, der Kaplan die RMV".) "Das aus dem Volksgefüge herausgefallene Proletariat in den gesellschaftlichen und politischen Zusammenhang des Volkes wieder einzubauen"[51] war ein Schwerpunkt ihrer journalistischen Arbeit. In einer Art "Gefühlssozialismus"[52] stellten sie sich so auf die Seite jener Christen, bei denen "der Sozialismus Verständnis für die starken ethischen Antriebe" finden und von denen er "brüderliche Kameradschaft" erwarten könne für die konstruktive Aufgabe, "die ihm wie uns gestellt *worden ist*"[53].

2. Sozialistische Gruppierungen im parteipolitischen Raum

Die sozialistischen Tendenzen, die in Teilen des deutschen Katholizismus nach dem Krieg in unterschiedlicher Weise lebendig waren, vermochten sich im politi-

---

[48] *Steinbüchel*, Der Sozialismus als sittliche Idee, 5, 144; vgl. *ders.*, Das Problem "Religion und Sozialismus" von Kettelers Tagen bis auf unsere Zeit, in: Akademische Bonifatiuskorrespondenz Jg.42 (1927), Nr. 2; abgedruckt in: *Ders.*, Sozialismus, Tübingen 1950, 272-337, 336.
[49] *August Pieper*, Kapitalismus und Sozialismus als seelisches Problem, 1924, 58f., 101.
[50] *Heinz Hürten*, Deutsche Katholiken 1918-1945, Paderborn 1992, 92; vgl. *Heinz Blankenberg*, Friedrich Dessauer (1881-1963), in: *Jürgen Aretz* u.a. (Hrsg.), Zeitgeschichte in Lebensbildern. Aus dem deutschen Katholizismus des 19. und 20. Jahrhunderts. Bd. 5, Mainz 1982, 190-204, 290.
[51] *Bruno Lowitsch*, Der Frankfurter Katholizismus in der Weimarer Republik und die "Rhein-Mainische Volkszeitung", in: *Ludwig/Schroeder*, Sozial- und Linkskatholizismus, 46-74, 58, 62.
[52] *Bruno Lowitsch*, Der Kreis um die Rhein-Mainische Volkszeitung, Wiesbaden 1980, 129.
[53] *Walter Dirks*, Zur katholisch-sozialistischen Verständigung, in: *Ders.*, Erbe und Auftrag, Frankfurt a.M. 1931, 143-147, Zitat 147.

schen Raum nur schwach auszuwirken. Zwar stand das "Zentrum" jetzt der Sozialdemokratie näher als vor 1914. Das machte schon die gemeinsame Übernahme der Verantwortung bei der Liquidierung des Krieges und beim Aufbau der Republik sichtbar. Auch "stieg der Einfluß der Arbeiter innerhalb des ‚Zentrums' auffallend"[54]: Die Zahl der Arbeitervertreter in der Fraktion wuchs von fünf im alten Reichstag auf 26 in der Nationalversammlung. Ohne diesen "Arbeiterkatholizismus" wäre die Partei nun wohl "kaum lebensfähig gewesen"[55]. Dennoch blieb das "Zentrum" als Partei dem Sozialismus fern. Der neue Staat darf "nicht die Form der sozialistischen Republik erhalten, sondern muß eine demokratische Republik werden", verlangten "Aufruf und Leitsätze" vom Dezember 1918, die erste programmatische Aussage des "Zentrums" nach dem Krieg. Es gelte, "der bürgerlichen Freiheit Raum zu geben" sowie eine "auf persönlichem Eigentum beruhende" und "dem Gesamtwohl der Gesellschaft untergeordnete Privatwirtschaft"[56] zu erhalten. Einen eher noch stärker antisozialistischen Akzent trugen die "Richtlinien der Deutschen Zentrumspartei" von 1922. Sie bekannten sich zu "einer zielklaren christlich-nationalen Politik", lehnten die "Vorherrschaft einer Klasse" sowie "Klassenkampf (...) grundsätzlich ab" und betonten "die volkswirtschaftliche Bedeutung der freien Unternehmertätigkeit"[57]. In der Folgezeit wurde das "Zentrum" von der politischen Entwicklung – oft widerstrebend – "langsam aber stetig nach rechts" gedrängt. Den Versuchen des linken Parteiflügels, mit den Sozialdemokraten zusammenzugehen, war kein bleibender Erfolg beschieden. Jeweils distanzierende Erklärungen vor dem Eintritt in bürgerliche Regierungen, etwa im Januar 1925[58] und 1927[59] sollten zwar verhindern, als "Rechts"-Partei zu erscheinen. An der Entwicklung als solcher konnten sie allerdings nichts ändern.

Dieser Umstand war wohl eine der Ursachen, daß sozialistische Gruppen im deutschen Katholizismus versuchten, sich eine feste institutionelle Form zu geben und als politische Partei gegen das "Zentrum" aufzutreten. Seit Dezember 1918 propagierte der Würzburger Volksvereinssekretär *Vitus Heller* (1882-1956) eine "Christlich-Soziale Partei", die vor allem gegen die konservative "Bayerische Volkspartei" opponierte. Für sein Wochenblatt "Das Neue Volk" erhielt er zunächst vom "Zentrum" sogar finanzielle Zuwendungen in der Hoffnung, die Gruppe könnte zur Wiederherstellung des alten "Zentrums" in Bayern beitragen. Unter Sozialismus verstand *Heller* eine "soziale Ordnung, die das Kapital, das Geld entthront und der Arbeit den ersten Wert und Platz einräumt". Gerade dies wolle das Christentum auch: "Gerechtigkeit, Liebe, Wert der Arbeit und an erster Stelle den Menschen selbst". Die Lösung heiße deshalb "Christlicher Sozialis-

---

[54] *Helga Grebing*, Geschichte der deutschen Arbeiterbewegung. Ein Überblick, München ¹¹1981, 192.
[55] *Arno Klönne*, Arbeiterkatholizismus. Zur Geschichte des Sozialkatholizismus in Deutschland, in: *Ludwig/Schroeder*, Sozial- und Linkskatholizismus, 32-45, Zitat 35.
[56] Aufruf und Leitsätze der Deutschen Zentrumspartei v. 30.12.1918, in: *Wilhelm Mommsen* (Hrsg.), Deutsche Parteiprogramme, München ²1964, 481-486, Zitat 482, 485.
[57] Richtlinien der Deutschen Zentrumspartei v. 16.01.1922, in: Ebenda, 486-489, Zitat 486, 487, 488.
[58] Erklärung der Reichstagsfraktion der Deutschen Zentrumspartei v. 20.01.1925, in: Ebenda, 489-492, Zitat 489.
[59] Nationalpolitisches und Sozialpolitisches Manifest der Zentrumsfraktion des Reichstages v. 21.01.1927, in: Ebenda, 493-498.

mus"⁶⁰. *Heller* und seine Anhänger waren überzeugt: "Die Massen des schaffenden Volkes stehen heute links! Nicht in der Mitte! Wenn der deutsche Katholizismus eine Aufgabe heute hat, so ist es die: zu den Massen nach links zu gehen, mitzutun im großen Linksblock."⁶¹ Nach dem Anschluß der "Christlich-Sozialen Volksgemeinschaft" gab sich die "Heller-Bewegung" 1927 den Namen "Christlich-Soziale Reichspartei". Die Reichstagswahl von 1928 brachte über 100.000 Stimmen, jedoch kein Mandat. 1931 wurde der Name in "Arbeiter- und Bauernpartei Deutschlands (Christlich-radikale Volksfront)" umgeändert, um aus Arbeitern und Bauern eine Einheitsfront gegen den Kapitalismus zu schaffen. Von Gedankengängen *Wilhelm Hohoffs* beeinflußt, verband *Heller* nun thomistische Vorstellungen mit marxistischer Kapitalismuskritik. Unbedingtes Verfügungsrecht über das Eigentum erkannte er nur der Allgemeinheit zu. Der einzelne habe lediglich Anspruch auf jenen Besitz, den er brauche, um sich und seine Familie ernähren zu können. Das Ziel sei ein "proletarisches Christentum": "Die Weltanschauungen und Kirchen müssen wirtschaftlich den Marxismus anerkennen", und "die Marxisten müssen die Weltanschauungen respektieren."⁶² Das offizielle Christentum sei zwar kapitalistisch, das wahre Christentum dagegen durchaus proletarisch.

1922 schlossen sich Kreise innerhalb der katholischen Arbeitervereine des Ruhrgebietes zur "Christlich-Sozialen Volksgemeinschaft" zusammen. Ihr späterer Führer *Franz Hüskes* hatte schon auf dem Essener Kongreß der "Christlichen Gewerkschaften" 1920 anstelle der ewigen Hinweise auf die heilenden Kräfte des Christentums "wirtschaftpolitische Maßnahmen einschneidendster Natur"⁶³ zur Überwindung der sozialen Misere gefordert, und zwar viel einschneidendere Maßnahmen, als sie bisher von den Gewerkschaften vertreten würden. Die "Christlich-Soziale Volksgemeinschaft" verstand sich als "Sammelbecken für diejenigen christlichen Wähler *aller* Parteien, die gute Gründe haben, aus der bisherigen Partei auszuscheiden", plädierte für eine "Einheitsfront gegen die Arbeitgeber und gegen die Machenschaften des Großkapitals, der Konzerne und Truste" und verlangte die "Überführung der Produktion und der Warenvermittlung *soweit wünschenswert und möglich* auf kommunaler Basis"⁶⁴. Die Gruppe gab "Die Volksgemeinschaft" erst als Wochenblatt, dann als Tageszeitung heraus und nahm 1924 auch an Wahlen teil. Mißerfolge bei diesen Wahlen sowie Geldverlegenheit der Organisation und der Zeitung führten 1927 zum erwähnten Anschluß an die "Christlich-Soziale Partei". Über Außenseiterrollen kamen beide Gruppierungen, deren Zielvorstellungen reichlich verschwommen waren, freilich nicht hinaus.

Eine mit den politischen Realitäten mehr rechnende Zielvorstellung ließ dagegen das 1929 und 1930 erscheinende "Rote Blatt der katholischen Sozialisten"

---

⁶⁰ *Focke,* Sozialismus aus christlicher Verantwortung, 127; vgl. auch *Wolfgang Löhr,* Vitus Heller (1882-1956), in: *Jürgen Aretz* u.a. (Hrsg.), Zeitgeschichte in Lebensbildern. Bd. 4, Mainz 1980, 186-196, 277.
⁶¹ *Anton Retzbach,* Die Christlich-Soziale Reichspartei, München o.J. (1929), 22.
⁶² Das Neue Volk, Nr. .26 v. 25.06.1932.
⁶³ Niederschrift der Verhandlungen des 10. Kongresses der christlichen Gewerkschaft Deutschlands. Abgehalten v. 20. bis 23.11. in Essen, Köln 1920, 303.
⁶⁴ Die Volksgemeinschaft v. 05.04.1924, in: *Focke,* Sozialismus aus christlicher Verantwortung, 117, 119f.

erkennen. Sein Herausgeber *Heinrich Mertens* kam aus dem sozialromantischen Kreis um *Orel* und verfocht den direkten Anschluß an die Sozialdemokratie. Er und seine Freunde verstanden sich als gläubige Katholiken und wollten die bloßen "Taufscheinkatholiken" im sozialistischen Lager wieder zu einer lebendigen Religiosität führen und andererseits den katholischen Arbeitern in der sozialdemokratischen Partei eine politische Heimat geben:

"Keine christliche Lehre widerspricht den sozialistischen Idealen. Aber alle *kapitalistischen Tatsachen* lästern, höhnen, schänden Gott, Christus, die Heiligen, die Gemeinschaft der Gläubigen", lautete die Kernthese. "Schafft Raum für den *gläubigen* Proletarier im Sozialismus, schafft Raum für den *sozialistischen* Proletarier in der Kirche!"[65], sei daher die Aufgabe.

Der Kreis um "Das Rote Blatt" hoffte, sein Ziel erreichen zu können, wenn der Sozialismus sich vom atheistischen Marxismus lösen und seine Aufgabe lediglich in der Überwindung des Kapitalismus sehen und wenn andererseits des Nein der Kirche nur mehr dem atheistischen Marxismus, nicht aber dem Sozialismus als solchem gelten würde. Sympathiesanten wie *Walter Dirks* von der "Rhein-Mainischen Volkszeitung", *Carl Muth* vom "Hochland", *Constantin Noppel* von den "Stimmen der Zeit", werteten den Weg der "katholischen Sozialisten" "als eine *neue und wichtige Etappe in der Bereinigungs- und Auflockerungsarbeit,* die zwischen dem historischen Sozialismus und dem deutschen Katholizismus zu leisten ist". Selber folgten sie ihnen allerdings nicht, sondern sahen auch innerhalb der bisherigen katholisch-sozialen Bewegung, "in *unserer* Ahnenreihe, einen Weg zur zukünftigen Ordnung"[66].

Wenn die Richtungen des "christlichen Sozialismus" auch keine spektakulären Erfolge erzielten, so war es ihnen doch mit zuzuschreiben, daß sich unter den katholischen Arbeitern die politische Bindung an das "Zentrum" lockerte. Zwar gab es nach wie vor starke weltanschauliche Klammern, die sich auch auf die politische Entscheidung auswirkten. So kehrte z.B. *Hüskes* 1927, als sich die "Christlich-Soziale Volksgemeinschaft" der "Heller-Bewegung" anschloß, wieder zum "Zentrum" zurück, denn Erziehung und Überzeugung "haben meine religiöse Auffassung so gefestigt, daß ich ganz unmöglich den Schritt zur Sozialdemokratie machen konnte"[67]. Aber das Nachlassen der Bindung an das "Zentrum" war unverkennbar. Die Reichstagswahl von 1928 brachte einen Rückgang von mehr als 400.000 Stimmen. Wenn die Partei 1930 auch wieder 400.000 Stimmen gewann, so zeigte sich doch, daß die weltanschauliche Ausrichtung nicht mehr automatisch eine bestimmte politische Entscheidung verbürgte, sondern daß in wachsendem Maße andere Motive den Ausschlag gaben.

---

[65] *Wilhelm Sollmann*, Den katholischen Genossen; *Heinrich Mertens,* Der erste Einbruch, in: Das Rote Blatt der katholischen Sozialisten Jg.1 (1929), Nr. 1 (Januar), Nr. 2 (Februar).
[66] *Walter Dirks,* Katholische Sozialisten, in: *Ders.*, Erbe und Auftrag, 148-155, Zitat 151, 155. Ein bedeutsamer Teil der Auseinandersetzung um den "katholischen Sozialismus" erfolgte in der Zeitschrift "Die Schildgenossen", dem Organ der katholischen Jugendgemeinschaft "Quickborn": *Elisabeth Hallmann*, Christentum und Sozialismus, in: Die Schildgenossen Jg.1 (1921), 183-186; *Heinrich Mertens*, Die Position des katholischen Sozialisten, in: Die Schildgenossen Jg.8 (1928), 422-434; *Walter Dirks*, Zur "Position der katholischen Sozialisten", in: Die Schildgenossen Jg.9 (1929), 74-77.
[67] *Franz Hüskes*, Eine politische Partei? Das Wesen der "Christlich-Sozialen Reichspartei" (Heller-Bewegung), Essen o.J. (1928), 39.

III. Der Solidarismus als "katholisch-soziale Einheitslinie"

Der sozialpolitische Pragmatismus des deutschen Katholizismus vor dem Ersten Weltkrieg hatte bedeutende Erfolge erzielt. Es fehlte jedoch eine grundsätzliche Auseinandersetzung mit der modernen gesellschaftlichen und wirtschaftlichen Entwicklung. Einzelne Versuche, wie sie etwa *Vogelsang* und seine Nachfolger unternommen hatten, bestimmte zu sehr die Rückorientierung an feudalständische Verhältnisse. Diesem Mangel suchte eine sozialwissenschaftliche Richtung abzuhelfen, die unter dem Namen "Solidarismus" in die Geschichte des sozialen Katholizismus einging.

1. *Heinrich Pesch:* "Begründer" des Solidarismus

Die erste systematische Darstellung des Solidarismus legte der jesuitische Sozialethiker und Nationalökonom *Heinrich Pesch* (1854-1926) vor. Geschult in scholastischem Denken, ausgerüstet mit der Kenntnis der katholisch-sozialen Tradition und der modernen Volkswirtschaftslehre, die er bei den Nationalökonomen *Gustav Schmoller, Max Sering* und *Adolph Wagner* gehört hatte, unternahm es der wissenschaftliche Berater des "Volksvereins" und langjährige sozialpolitische Mitarbeiter der "Stimmen der Zeit", eine die Prinzipien der katholischen Sozialphilosophie miteinbeziehende Wirtschafts- und Gesellschaftstheorie zu entwerfen.[68] Im Rückgriff auf *Thomas von Aquin* hatten Bischof *Wilhelm Emmanuel von Ketteler* und *Georg von Hertling* im 19. Jh. das Werk begonnen. *Pesch*, der im Gegensatz zu *Franz Hitze* weniger ein Mann der sozial- und wirtschaftspolitischen Praxis, sondern vielmehr der Typ des Theoretikers und Gelehrten war, führte die Ansätze weiter und legte sein System in dem von 1905 bis 1923 erschienenen fünfbändigen "Lehrbuch der Nationalökonomie" unter dem Namen "Solidarismus" vor. *Pesch* suchte sowohl die Fehler des Individualismus wie des Sozialismus zu vermeiden, den Ansprüchen von Individuum und Gemeinschaft aber gerecht zu werden. Diesen Ansatz verstand er keineswegs als "faulen Kompromiß", sondern als ein durchaus eigenständiges Konzept, "als Mitte zwischen Individualismus und Sozialismus"[69].

Ausgangs- und Mittelpunkt der Überlegungen *Peschs* bildete "die *tatsächliche* wechselseitige Abhängigkeit der Menschen"[70], die er in ihrer gegenseitigen Ergänzungsbedürftigkeit und Ergänzungsfähigkeit begründet sah. "Der Mensch ist ein soziales Wesen, ergänzungsfähig und ergänzungsbedürftig, auf das gesellschaftliche Leben angewiesen. Niemand lebt als Einzelperson (...). Das Gesetz der *Gemeinsamkeit* und *Gegenseitigkeit* durchzieht sämtliche Lebenssphären."[71] Dieser Sachverhalt war für *Pesch* ein *Seins*prinzip.

---

[68] Vgl. *Anton Rauscher*, Heinrich Pesch (1854-1926), in: *Jürgen Aretz* u.a., Zeitgeschichte in Lebensbildern. Bd. 3, Mainz 1979, 136-148, 288; *Franz H. Mueller*, Heinrich Pesch. Sein Leben und sein Werk, Köln 1980.
[69] *Clemens Ruhnau*, Der Katholizismus in der sozialen Bewährung. Die Einheit des theologischen und sozialethischen Denkens im Werk Heinrich Peschs, Paderborn 1980, 191.
[70] *Heinrich Pesch*, Lehrbuch der Nationalökonomie. Bd. 1, Freiburg ⁴1924, 33.
[71] Ebenda, Bd. 4, Freiburg ²1922, 3.

In dieser für jeden Menschen wesenhaften Abhängigkeit sah *Pesch* indes kein bloß faktisches, sondern "zugleich ein *sittliches* Verhältnis des Menschen zum Menschen". So ergab sich für ihn aus dem Seinsprinzip des tatsächlichen gegenseitigen Angewiesenseins das ethische Prinzip: "Mag darum auch der einzelne seine eigenen Interessen ins Auge fassen, stets muß er zugleich Rücksicht nehmen auf die berechtigten Interessen anderer."[72] Aus dem Seinsprinzip der faktischen wechselseitigen Abhängigkeit folgte so für *Pesch* das sittliche Prinzip, Solidarität mit den Mitmenschen auch zu praktizieren, solidarisch zu handeln. "Einordnung und Unterordnung unter das gesellschaftliche Ganze und dessen Wohl, das ist Solidarität als soziale Pflicht."[73]

Das ethische Prinzip der Solidarität wird nach *Pesch* in der konkreten Gestaltung des menschlichen Zusammenlebens zum sozialen *Rechts*prinzip[74]. Staat, Wirtschaft, Gesellschaft haben sich in der rechtlichen, organisatorisch-gesetzlichen Ausgestaltung ihrer Ordnungen an ihm zu orientieren. Dieses soziale Rechtsprinzip führt – was seinen Inhalt betrifft – zur Forderung nach *sozialer Gerechtigkeit*. Darunter verstand *Pesch* sowohl das Recht und die Pflicht des Staates auf die Herstellung und Erhaltung der allgemeinen Wohlfahrt als auch das Recht jedes einzelnen Bürgers und der verschiedenen gesellschaftlichen Gruppen "auf die Teilnahme am Genuß"[75] dieses allgemeinen Wohles:

"Der Zweck der staatlichen Gesellschaft besteht (...) in der Herstellung, Bewahrung und Vervollkommnung der Gesamtheit jener sozialen Bedingungen und Einrichtungen, durch welche allen Gliedern des Staates die Möglichkeit geboten und erhalten wird, frei und selbsttätig ihr wahres irdisches Glück nach Maßgabe ihrer besonderen Fähigkeiten und Verhältnisse zu erreichen und das redlich Erworbene zu bewahren: Jene ‚Möglichkeit' ist also das allen Gliedern gemeinsame Gut, welches den Sozialzweck des Staates bildet: die öffentliche Wohlfahrt".[76]

Der Solidarismus *Peschs* verstand sich so "als Mitte zwischen Individualismus und Sozialismus"[77]. Er ging vom gegenseitigen Angewiesensein der einzelnen Menschen aus, mit anderen Worten "vom Menschen inmitten der Gesellschaft". Dadurch sollten dem Individualismus gegenüber der Gemeinschaftsgedanke zur Geltung gebracht, zugleich aber die sozialistische Überspannung des Gemeinschaftsgedankens vermieden werden. "Weder vom Individuum noch von der Gesellschaft geht das Solidaritätssystem aus, sondern vom Individuum und der Gesellschaft zugleich, auf daß beiden zuteil wird, was ihnen gebührt: *vom Menschen in der Gesellschaft.*"[78]

Ein besonderes Augenmerk richtete *Pesch* auf den ökonomischen Bereich. Sein volkswirtschaftliches System im engeren Sinn bezeichnete er als "solidaristisches Arbeitssystem". Es sollte "dem Smithschen Industriesystem eine *solidaristische* Grundlage" geben. Entsprechend den allgemeinen Prinzipien des Solidarismus

---

[72] Ebenda. Bd. 1, 33.
[73] Ebenda. Bd. 4, 3.
[74] Vgl. ebenda. Bd. 1, 448f.
[75] Ebenda. Bd. 2, Freiburg ²1920, 275.
[76] Ebenda. Bd. 1, 183f; vgl. dazu *Ruhnau*, Der Katholizismus in der sozialen Bewährung, 111-120.
[77] *Pesch*, Lehrbuch der Nationalökonomie. Bd. 1, 191.
[78] *Pesch*, Lehrbuch der Nationalökonomie. Bd. 2, ²1920, 238.

war auch hier Ausgangspunkt der Mensch "und zwar der *arbeitende* Mensch und wiederum der Mensch *inmitten der Gesellschaft*"[79]; "der Mensch (ist) Subjekt und Ziel der Wirtschaft."[80] Er sei die Hauptquelle der nationalen Wohlfahrt, ihm müsse in Produktion und Verteilung die gebührende Stellung zurückgegeben werden. Diese betonte Hervorhebung des arbeitenden Menschen zielte deutlich gegen die Herrschaft des Kapitals über den Menschen, die an die Stelle der Herrschaft des Menschen über die Welt getreten sei, gegen "die aus der *individualistischen, freiwirtschaftlichen Entartung* der privatwirtschaftlichen Organisation hervorgegangene *ungebundene Herrschaftsstellung des Kapitalbesitzes,* sein *ungezügeltes* Erwerbsstreben", jene "mammonistische, wucherische Erwerbsgier", die an die Stelle eines "maßvollen Erwerbsstrebens"[81] tritt. In der Befreiung des Arbeiters von dieser ungebundenen Herrschaft sah *Pesch* den *"Kernpunkt"* für die Lösung der sozialen Frage im engsten Sinne". Die Ablehnung betraf indes nicht die privatwirtschaftliche Ordnung als solche, den "technischen Kapitalismus" als wirtschaftsorganisatorisches System, das Erwerbsstreben schlechthin. Wettbewerb sei im Gegenteil unerläßlich, das Recht auf Eigentum ein natürliches Recht des Menschen und eine gewisse, aus der natürlichen Ungleichheit sich ergebende Verschiedenheit des Besitzes, der wirtschaftlichen und sozialen Stellung berechtigt. *Pesch* verlangte daher für eine neue "solidaristische" Ordnung eine *"mehr demokratisch-konstitutionelle Verfassung der Betriebe"* und der ganzen Wirtschaft. Weder "sozialistische Diktaturgelüste" noch "der alte kapitalistische Herrenstandpunkt" dürften "die Oberhand"[82] gewinnen. "Auch das patriarchalische System hat sich überlebt. Die Zukunft gehört dem konstitutionellen System im weitesten Sinn des Wortes"[83]. Damit erklärte *Pesch* die Beteiligung auch der Arbeitnehmer an den unternehmerischen Entscheidungen, also Partnerschaft und Mitbestimmung, zu einem Grundbestandteil seines Wirtschaftskonzepts. Die vorrangige Stellung des arbeitenden Menschen im "solidaristischen Arbeitssystem" führte ihn schließlich dazu, in der Arbeit, im Beruf das Gliederungsprinzip der Wirtschaft zu sehen und darauf das Modell der "Berufsständischen Ordnung" aufzubauen.

Pesch verstand den Solidarismus nicht als theologisches, sondern als sozialphilosophisches und das "solidaristische Arbeitssystem" als volkswirtschaftliches System. Der christlichen Offenbarung könne man keine nationalökonomischen Programme entnehmen. Andererseits wies er darauf hin, daß die biblische Botschaft, vor allem die Idee der Brüderlichkeit, und die sittlichen Forderungen des Christentums der Sozial- und Wirtschaftslehre wertvolle Fingerzeige bieten und für das praktische Verhalten der Menschen auf wirtschaftlichem Gebiet von großer Bedeutung sein können. So stehe der Solidarismus in besonderer Nähe zum christlichen Denken und erhalte "seine volle Kraft, seine zwingende Geltung erst durch die *christliche* Weltanschauung"[84].

---

[79] Ebenda. Bd. 2, ⁵1925, 213-215.
[80] Ebenda. Bd. 1, V.
[81] Ebenda. Bd. 2, ⁵1925, 227.
[82] *Heinrich Pesch,* Der richtige Weg zur Lösung der sozialen Frage, in: *Hans Frhr. v. Berlepsch,* Soziale Frage im neuen Deutschland, Mönchengladbach 1921, 38-60, Zitat 46, 56f.
[83] *Heinrich Pesch*, Christlicher Soldarismus und soziales Arbeitssystem, Berlin 1920, 10.
[84] *Pesch*, Lehrbuch der Nationalökonomie. Bd. 2, ⁵1925, VI.

2. Ausbau des Solidarismus-Konzepts

Die Grundzüge des Solidarismus legte *Pesch* bereits im ersten Band seiner "Nationalökonomie" vor, der 1905 erschien. Wenn auch kaum eines dieser Prinzipien in der katholischen Sozialtradition völlig neu war, so dauerte es dennoch geraume Zeit, bis sie sich als geschlossenes Ordnungsbild durchsetzten. Das kirchliche Lehramt befaßt sich 1925 offiziell mit dem Modell. Ein Rundschreiben der österreichischen Bischöfe erklärte "das Verlangen der Arbeiter nach dem *Mitbestimmungsrecht in der Wirtschaft* (Arbeiterkammern, Betriebsräte)" für "durchaus berechtigt". Man könne und dürfe "nicht ohne Schaden einen ganzen Stand dauernd in dem Zustande der Rechtlosigkeit und Benachteiligung belassen". Deshalb müsse die Industriearbeiterschaft so in die moderne Gesellschaft eingegliedert werden, daß das partnerschaftliche Zusammenwirken von Unternehmern und Arbeitern "in einer wirklichen Arbeitsgemeinschaft zur Verwirklichung des christlichen wahren Solidarismus führe"[85]. Kardinal *Schulte* mahnte 1926 in den "Kölner Richtlinien", wie bereits gezeigt wurde, zwischen dem Kapitalismus als technisch-organisatorischem System zu unterscheiden von jener "kapitalistischen Gesinnung", die nur den Profit kenne und keine "Rücksicht auf das Schicksal der in ihrem Dienst schaffenden Menschen" nehme. Diese Gesinnung führe dazu, daß der Vorherrschaft des Kapitals "eine wirtschaftliche Abhängigkeit und Unsicherheit" der Arbeiter gegenüberständen, "die immer drückender empfunden" und "schwere Gefährdungen der wertvollsten Lebensgüter"[86] bringen würden. Die Beiträge dieser bischöflichen Stellungnahmen zielten somit einmal auf die Unterscheidung von "technischem Kapitalismus" und kapitalistischer Gesinnung, die ausschließlich vom Gewinnstreben geleitet sei. Den zweiten Schwerpunkt bildete die Forderung nach Höherbewertung des Faktors "Arbeit" bzw. nach "partnerschaftlichem Zusammenwirken" von "Kapital" und "Arbeit" in einer "solidaristischen" Wirtschaftsordnung.

Ende der zwanziger und Anfang der dreißiger Jahre bemühten sich jüngere Sozialwissenschaftler, *Johannes Messner, Gustav Gundlach, Oswald von Nell-Breuning, Paul Jostock* und andere, um die Fortbildung und Vertiefung des Solidarismus, nachdem *Pesch* bis in seine letzten Lebensjahre an dem Rohbau des Werkes gearbeitet hatte. *Messner* (1891-1984), Dozent an der Universität Wien und Mitherausgeber der Wochenschrift "Das Neue Reich", unterstrich zum einen die Notwendigkeit der Differenzierung bei der Kritik des Kapitalismus und bejahte in Weiterführung der Gedanken *Peschs* das Rentabilitätsprinzip, den (vom Individuum ausgehenden) Grundansatz der klassischen Wirtschaftstheorie und die freie Konkurrenz:

Man müsse beachten, "daß das wirtschaftliche Prinzip eigentlich ein eminent ethisches Prinzip sei, nichts anderes besagend als das *Sparprinzip* (...). Es ist ganz unrichtig, wenn man der Theorie deshalb *Individualismus* vorwirft, weil sie vom homo oeconomicus als einzelnem Wirtschaftssubjekt ausgeht". Ihr Formalobjekt sei eben "nur das *Ineinandergreifen der Ein-*

---

[85] Lehren und Weisungen der österreichischen Bischöfe über soziale Fragen der Gegenwart, in: *August M. Knoll*, Kardinal Fr. G. Piffl und der Österreichische Episkopat zu sozialen und kulturellen Fragen 1913-132, Wien 1932, 77-126, Zitat 97, 112.
[86] [*Kardinal Schulte,*] Die "Kölner Richtlinien", in: *Nell-Breuning*, Kirche und Kapitalismus, 10, 12.

zelwirtschaften (...). Erst die wirtschaftliche Freiheit hat es möglich gemacht, daß die wahrhaft gigantischen Kräfte, die die Kooperation der menschlichen Arbeit in sich schließt, freigemacht werden konnten."

Besonderen Wert legte *Messner* auf die Einsicht, daß notwendige Korrekturen "innerhalb des Rahmens der Gesetzlichkeit des heutigen Wirtschaftslebens bleiben müssen, wenn sie Bestand und Erfolg haben sollen". Auf der anderen Seite setzte er sich für "eine wahre *Demokratie der Arbeit und der Arbeitenden*" ein:

Die Tatsache "des *zwangsmäßigen und unausbleiblichen Verbundenseins* aller Glieder der Volkswirtschaft (...) zu einer *Arbeitskooperation*" begründe "das *Mitbestimmungsrecht und das Mitverantwortungsrecht* des Arbeiters in der Wirtschaft". Gerade diese Tatsache "des unausweichlichen Verbundenseins aller in der Arbeit füreinander und miteinander (...) läßt für die Ethik die Mitverantwortung und Mitbestimmung als die dieser Situation entsprechende Form des Anteils (der Arbeiter) am Wirtschaftsraum erscheinen"[87].

In zahlreichen Beiträgen seiner Zeitschrift bemühte sich *Messner* um die publizistische Verbreitung des Solidarismus und verfocht ihn mit allem Nachdruck als "die katholisch-soziale Einheitslinie"[88].

Gustav Gundlach (1892-1963), von 1929 bis 1934 Professor an der Ordenshochschule der Jesuiten in Frankfurt sowie in den vierziger und fünfziger Jahren Berater Papst *Pius' XII.* in gesellschaftspolitischen Fragen, beschäftigte sich in erster Linie mit den sozialphilosophischen Grundlagen des Solidarismus. Zwar hatte auch *Pesch* festgehalten, daß sein Ansatz vom Individuum und von der Gemeinschaft *zugleich* ausgehe; die Basis seiner Überlegungen bildete jedoch der einzelne, der eben durch die Tatsache der menschlichen Ergänzungsbedürftigkeit notwendig in der Gemeinschaft stehe. Neben diese aus dem Wesen des Menschen kommenden Zuordnung auf die Gemeinschaft betonte *Gundlach* die ebenso bedeutsame Ausrichtung der Gemeinschaft auf den einzelnen:

"Andererseits ist die Gemeinschaft an die einzelnen gebunden, weil sie auf der Grundlage des gemeinsamen, von den Gliedern anerkannten Gemeinschaftsinhaltes das voll handlungsfähige Leben erst dadurch erhält und bewahrt, daß die einzelnen durch die *Gemeinhaftung*, d.h. solidarisch (...) für den Zweck, das Wohl der Gemeinschaft (,Gemeinwohl', bonum commune) verbunden sind."

Nachdrücklich unterstrich *Gundlach* die Bedeutung des Solidarismus als Rechts- und gesellschaftliches Organisationsprinzip. Man verfehle "die eigentliche Natur des Solidarismus, wenn man in ihm nur eine Verbundenheit in der geistigen Haltung und *Gesinnung* und nicht auch im Rechtlich-Organisatorischen sieht; er enthält eben notwendig und immer beides zugleich." Solidarismus ist nach *Gundlach* also nicht nur eine geistige Haltung, sondern ebenso eine Frage des organisatorischen Auf- und Ausbaus der Gesellschaft und damit rechtlicher Strukturen. – Wie für *Pesch* so war schließlich auch für ihn Ausgangspunkt aller Überlegungen der durch seinen Beruf in den Arbeitszusammenhang der Gesellschaft eingefügte Mensch.

---

[87] Johannes Messner, Sozialökonomik und Sozialethik. Studie zur Grundlegung einer systematischen Wirtschaftsethik, Paderborn o.J. (^{2}1929), 11, 36f., 48, 51, 57, 61, 69.
[88] Ders., Um die katholisch-soziale Einheitslinie, Innsbruck 1930.

Deshalb dürfe "der beherrschende Faktor der Volkswirtschaft (...) gemäß dem vornehmlich personalen Charakter der solidarischen Verbundenheit kein *Sach*element sein, wie es etwa ‚das' Kapital für die liberalökonomische Theorie der kapitalistischen Wirtschaft ist. Die Wirtschaftstheorie des Solidarismus stellt vielmehr einen personalen Faktor in den Mittelpunkt der gesellschaftlichen Wirtschaft, der zugleich eine innere und dynamische Beziehung zur Sachwelt hat, nämlich die *Arbeit* (‚soziales Arbeitssystem' bei *Pesch*)."

Wenn *Gundlach* auch nicht im einzelnen darlegte, wie der von ihm geforderte Vorrang des Faktors "Arbeit" vor dem Faktor "Kapital" in der Wirtschaftsordnung konkret verwirklicht werden sollte, so verlangte seine Interpretation des Solidarismus doch als Minimum eine beträchtliche Anhebung der rechtlichen Stellung der Arbeiterschaft. Jedenfalls stieß "die beherrschende und nicht dienende Rolle des Sachgutes ‚Kapital' im Sinne der liberalen Wirtschaftstheorie"[89] auf seine eindeutige Kritik.

Der Jesuit *Oswald von Nell-Breuning* (1890-1991), Altmeister der katholischen Soziallehre und keiner Sympathien für den Manchester-Kapitalismus verdächtig, markierte bereits in seiner ersten größeren Veröffentlichung "Grundzüge der Börsenmoral" seinen grundsätzlichen Standort. Aktien- und Dividendenwesen und viele andere "kapitalistische Usancen" wurden von ihm keineswegs von vornherein verworfen. Er verlangte jedoch, daß auch sie unter dem Gesetz der "Moral" stehen müßten, und bemühte sich um Verhaltensmaßregeln und Reformen "*innerhalb* der bestehenden kapitalistischen Wirtschaftsordnung"[90]. Die kapitalistische Wirtschaftsform "ist an und für sich nicht schlecht oder böse". Das für das Funktionieren der Wirtschaft notwendige Gewinnstreben müsse freilich "durch staatliche Einflußnahme" gezügelt, dürfe "aber nicht durch Bürokratie" ersetzt werden. In einem Kommentar zu den erwähnten "Kölner Richtlinien zur sozialen Verständigung" stellte er fest:

"Wo die kapitalistische Wirtschaftsordnung eingeführt ist, steht von seiten der Kirche nichts im Wege, daß wir an der kapitalistischen Wirtschaft uns beteiligen. Das und nichts anderes bedeutet es, wenn gesagt wird: Die Kirche anerkennt die kapitalistische Wirtschaftsordnung." Das für das Funktionieren der Wirtschaft notwendige Gewinnstreben müsse aber durch die öffentliche Gewalt in Schranken gehalten werden: "Also das Gewinnstreben durch staatliche Einflußnahme *zügeln*, aber nicht durch Bürokratie ersetzen! *Im Rahmen einer festen und guten gesellschaftlichen Ordnung*, wie unsere christlich-solidaristischen Sozialprinzipien sie verlangen, scheint darum das geldrechenhafte Gewinnstreben, die Einstellung der Wirtschaft auf Kapitalvermehrung, wohl berechtigt, jedenfalls solange, als wir nichts Besseres an die Stelle zu setzen haben."[91]

In einer Fülle von Veröffentlichungen nahm *Nell-Breuning* zu den verschiedensten Einzelfragen Stellung. Seine grundsätzliche Haltung kann man etwa folgendermaßen umschreiben: Ja zur "kapitalistischen Wirtschaft" als technisch-organisatorischem System, Nein zum "mammonistischem" Mißbrauch dieser Wirtschaftsform.

Der Sozialwissenschaftler *Paul Jostock* (1895-1965) legte allen Nachdruck auf die konkrete Sozialreform. Die lange Tradition des sozialen Katholizismus lehre,

---

[89] *Gustav Gundlach*, Solidarismus, in: StL IV, Freiburg ⁵1931, 1613-1621; abgedruckt in: *Ders.*, Die Ordnung der menschlichen Gesellschaft. Bd. 1, Köln 1964, 172-178, 172, 175-177.
[90] *Oswald v. Nell-Breuning*, Grundzüge der Börsenmoral, Freiburg 1928, 4.
[91] *Oswald v. Nell-Breuning,* Kirche und Kapitalismus, M.Gladbach o.J. (1929), 7.

daß ganz anders als bisher zugegriffen werden müsse, solle eine Lösung im solidaristischen Sinne erfolgen. Weder kurzfristige Flickarbeit noch romantischständische Theorien würden es schaffen. Es gelte, "den Reformwillen auf breiter Front in die Wirtschaft wirklich hineinzutragen und praktisch eingreifen zu lassen. Was daher nottut, ist ein noch entschiedeneres theoretisches Hinarbeiten auf die Wirtschaftsreform und die Sammlung der Kräfte zur praktischen Tat"[92].

3. Das Sozialrundschreiben "Quadragesimo anno"

Als *brain trust* des "Volksvereins für das katholische Deutschland" entstand Ende der zwanziger Jahre der "Königswinterer Kreis", der nach seinem Tagungsort Königswinter bei Bonn benannt wurde. 1932 gab er sich als "Institut für Gesellschafts- und Wirtschaftsordnung an der Zentralstelle des Volksvereins" eine feste Form[93]. Jüngere Sozialethiker und Nationalökonomen (*Theodor Brauer, Götz Briefs, Gustav Gundlach, Paul Jostock, Franz H. Müller, Oswald von Nell-Breuning, Heinrich Rommen*) diskutierten hier grundsätzliche und aktuelle Fragen des Solidarismus. Bevor konkrete Ergebnisse veröffentlicht wurden, erschien am 15. Mai 1931 die Enzyklika "Quadragesimo anno". Die Mitglieder des Kreises begrüßten das Rundschreiben freudig, da sie in ihm überraschend viel von ihren Vorstellungen wieder erkannten und sie sich so voll bestätigt fühlten. Dies ist kaum verwunderlich, da ein großer Teil der Vorarbeiten von ihnen stammte. 40 Jahre später bekannte sich *Oswald von Nell-Breuning* als Hauptautor des Entwurfes der Enzyklika:

"Da ich mit einer solchen Aufgabe überfordert war, bedeuteten der ‚Königswinterer Kreis' und meine Zugehörigkeit zu ihm einen einzigartigen Glücksfall für mich. Alles, was dort zur Sprache kam, war für meine Mitarbeit an der Enzyklika von Bedeutung, und alles, was ich für diese Arbeit brauchte, konnte ich, ohne von dem nach damaliger Praxis streng geheimgehaltenen Vorhaben des Papstes auch nur eine Andeutung zu machen, in Königswinter ins Gespräch bringen, um durch den Gedankenaustausch mit den Kollegen meine Begriffe und Vorstellungen zu klären, meine Auffassungen entweder bestätigen oder berichtigen zu lassen."[94] "Zweifellos hat der Königswinterer Kreis, wenn auch unwissentlich, einen großen Anteil an ‚Quadragesimo anno' (...). Nichtsdestoweniger blieb die Verantwortung in der Hauptsache bei mir", und der "lehrhafte Teil der Enzyklika enthält (...) nichts, was nicht mein geistiges Eigentum wäre."[95]

Das Moment der Doppelseitigkeit, das von Individuum und Gemeinschaft *zugleich* ausgeht und den sozialphilosophischen Grundkern des Solidarismus bildet, war eine der tragenden Ideen des Rundschreibens. Am deutlichsten zeigte es sich wohl in den Abschnitten über die Individual- und Sozialnatur des Eigentums

---

[92] *Jostock,* Der deutsche Katholizismus und die Überwindung des Kapitalismus, 208.
[93] Vgl. Vorwort zu *Josef van der Velden* (Hrsg.), Die berufsständische Ordnung. Idee und praktische Möglichkeiten, Köln 1932, 6.
[94] *Oswald v. Nell-Breuning,* Der Königswinterer Kreis und sein Anteil an "Quadragesimo anno", in: *Ders.,* Wie sozial ist die Kirche?, Düsseldorf 1972, 99-115, Zitat 103.
[95] *Oswald v. Nell-Breuning,* Octogesimo anno, in: *Ders.,* Wie sozial ist die Kirche?, 116-126, Zitat 124; vgl. *Heribert Klein,* Mitarbeit an "Quadragesimo anno", in: *Ders.* (Hrsg.), Oswald v. Nell-Breuning – Unbeugsam für den Menschen. Lebensbild – Begegnungen – Ausgewählte Texte, Freiburg 1989, 36-43.

sowie die Individual- und Sozialnatur der Arbeit. Die Leugnung oder Abschwächung der Sozialfunktion des Eigentums führe zum Individualismus, die Verkennung oder Aushöhlung seiner Individualfunktion treibe zum Kollektivismus, worunter *Pius XI.* in "Quadragesimo anno" sowohl den Sozialismus wie den Universalismus verstand. Das Gleiche gelte für die Arbeit und das Wirtschaften überhaupt:

Man dürfe nie "die Doppelseitigkeit des Eigentums, das ist seine individuelle und soziale, seine dem Einzelwohl und seine dem Gesamtwohl zugeordnete Seite" verkennen. Gott habe dem Menschen das Sondereigentumsrecht gegeben, "einmal, damit jeder für sich und die Seinen sorgen könne, zum andernmal, damit mittels dieser Institution die vom Schöpfer der ganzen Menschheitsfamilie gewidmeten Erdengüter diesen ihren Widmungszweck wirklich erfüllen" (QA 45). "Zwei gefährliche Einseitigkeiten sind daher mit Bedacht zu meiden. Auf der einen Seite führt die Leugnung oder Abschwächung der Sozialfunktion des Eigentumsrechts zum Individualismus oder mindestens in seine Nähe; auf der anderen Seite treibt die Verkennung oder Aushöhlung seiner Individualfunktion zum Kollektivismus oder läßt wenigstens dessen Standpunkt bedenklich streifen" (QA 46). Genauso wie das Eigentum weise die Arbeit "neben ihrem Personal- oder Individualcharakter auch eine soziale Seite auf (...). Nur der Bestand eines wirklichen Sozialorganismus, nur der Schutz der gesellschaftlichen Rechtsordnung, nur die gegenseitige Befruchtung und Ergänzung der verschiedenen, in ihrem Wohl und Wehe aufeinander angewiesenen Gewerbszweige, nicht zuletzt das Zusammenwirken, der innige Bund von Intelligenz, Kapital und Arbeit gewährleisten der menschlichen Schaffenskraft ihre Fruchtbarkeit" (QA 69).

Wie das "solidaristische Arbeitssystem" bejahte auch die Enzyklika den Kapitalismus als technisch-organisatorisches Wirtschaftssystem. In engem Zusammenhang mit diesem Ja stand die Anerkennung des Lohnvertrages als einer sittlich erlaubten Form des Zusammenwirkens von Kapital und Arbeit:

In der kapitalistischen Wirtschaft sind "es im allgemeinen andere (...), die die Produktionsmittel, und andere, die die Arbeit zum gemeinsamen Wirtschaftsvollzuge bereitstellen (...); so wenig das Kapital ohne Arbeit, so wenig kann die Arbeit ohne das Kapital bestehen" (QA 100). Diese Wirtschaftsweise ist "also solche nicht zu verdammen. Und in der Tat, sie ist nicht in sich schlecht" (QA 101). Ebenfalls "kann nicht der Lohnvertrag in sich als ungerecht bezeichnet und sein Ersatz durch einen Gesellschaftsvertrag gefordert werden. Eine solche Behauptung ist nicht nur völlig unhaltbar, sondern zugleich schwer ehrenrührig für Unseren Vorgänger, der in seinem Rundschreiben den Lohnvertrag nicht nur gelten läßt, sondern sich eingehend mit seiner gerechten Ausgestaltung befaßt" (QA 64).

Nicht weniger unerbittlich als der Solidarismus verwarf "Quadragesimo anno" jedoch jenen ausbeuterischen Kapitalismus, der "die Lohnarbeiterschaft in seinen Dienst nimmt, um die Unternehmungen und die Wirtschaft insgesamt einseitig nach seinem Gesetz und zu seinem Vorteil ablaufen zu lassen, ohne Rücksicht auf die Menschenwürde des Arbeiters, ohne Rücksicht auf den gesellschaftlichen Charakter der Wirtschaft, ohne Rücksicht auf Gemeinwohl und Gemeinwohlgerechtigkeit" (QA 101). Mit beißender Schärfe prangerte das Rundschreiben dann die Machtzusammenballung in den Händen einzelner Manager an, die Vermachtung der Wirtschaft durch den wachsenden Einfluß des Finanzkapitals und durch eine "zügellose Konkurrenzfreiheit" – eine Machtzusammenballung, die ihrerseits zu einem sich steigernden Machtkampf führe:

"Am auffallendsten ist heute die geradezu ungeheure Zusammenballung nicht nur an Kapital, sondern an Macht und wirtschaftlicher Herrschgewalt in den Händen einzelner, die sehr oft gar nicht Eigentümer, sondern Treuhänder oder Verwalter anvertrauten Gutes sind, über das sie mit geradezu unumschränkter Machtvollkommenheit verfügen" (QA 105). "Zur Ungeheuerlichkeit wächst diese Vermachtung der Wirtschaft aus bei denjenigen, die als Beherrscher und Lenker des Finanzkapitals unbeschränkte Verfügung haben über den Kredit und seine Verteilung nach ihrem Willen bestimmen. Mit dem Kredit beherrschen sie den Blutkreislauf des ganzen Wirtschaftskörpers; das Lebenselement der Wirtschaft ist derart unter ihrer Faust, daß niemand gegen ihr Geheiß auch nur zu atmen wagen kann" (QA 106). "Diese Zusammenballung von Macht, das natürliche Ergebnis einer grundsätzlich zügellosen Konkurrenzfreiheit, die nicht anders als mit dem Überleben des Stärkeren, das ist allzu oft des Gewalttätigeren und Gewissenloseren, enden kann, ist das Eigentümliche der jüngsten Entwicklung" (QA 107). "Solch gehäufte Macht führt ihrerseits wieder zum Kampf um die Macht, zu einem dreifachen Kampf: zum Kampf um die Macht innerhalb der Wirtschaft selbst; zum Kampf sodann um die Macht über den Staat, der selbst als Machtfaktor in den wirtschaftlichen Interessenkämpfen eingesetzt werden soll; zum Machtkampf endlich der Staaten untereinander, die mit Mitteln staatlicher Macht wirtschaftliche Interessen ihrer Angehörigen durchzusetzen suchen und wieder umgekehrt zum Austrag zwischenstaatlicher Streithändel wirtschaftliche Macht als Kampfmittel einsetzen" (QA 108).

Als schlimme Folgen dieser Entwicklung konstatierte der Papst die Selbstaufhebung des Wettbewerbs; "an die Stelle der freien Marktwirtschaft trat die Vermachtung der Wirtschaft." Der Staat, der "einzig auf das gemeine Wohl und die Gerechtigkeit bedacht" sein sollte, wurde zum "willenlos gefesselten Sklaven selbstsüchtiger Interessen" erniedrigt. Im zwischenstaatlichen Leben schließlich kam es zu einem nationalistischen "Imperialismus wirtschaftlicher Art" sowie zu einem "Imperialismus des internationalen Finanzkapitals, das sich überall da zuhause fühlt, wo sich ein Beutefeld auftut" (QA 109).

Diese Mißstände machten es vielen Menschen "außerordentlich schwer, das eine Notwendige, ihr ewiges Heil zu wirken" (QA 130). Wohl auch deshalb forderte die Enzyklika, "daß wenigstens in Zukunft die neugeschaffene Güterfülle nur in einem billigen Verhältnis bei den besitzenden Klassen sich anhäufe, dagegen in breitem Strom der Lohnarbeiterschaft zufließe" (QA 61). Als einen möglichen Weg dazu empfahl *Pius XI.* "eine gewisse Annäherung des Lohnarbeitsverhältnisses an ein Gesellschaftsverhältnis". Als "Gesellschaftsverhältnis" bezeichnete er es, wenn neben den bisherigen Eigentümern auch die Arbeitnehmer Mitbesitzer des Unternehmens sind. "Erfreuliche Anfänge" seien bereits gemacht; "Arbeiter und Angestellte gelangen auf diese Weise zu Mitbesitz oder Mitverwaltung oder zu irgend einer Art Gewinnbeteiligung" (QA 65). Der enge Zusammenhang, in dem der Papst Mitverwaltung und Mitbesitz sah, legt nahe, daß er unter Mitverwaltung eine auf Mitbesitz beruhende Mitbestimmung verstand. Seine Vorstellung war wohl: Auch die Belegschaften wachsen allmählich in den Mitbesitz hinein, "indem ein Teil des Arbeitsverdienstes im Unternehmen selbst angelegt"[96] wird; die bisherigen und die *neuen* Anteilseigner besitzen, verwalten und bestimmen dann gemeinsam das Unternehmen.

Wie der Solidarismus sprach sich das Rundschreiben schließlich auch gegen den Sozialismus aus, da "schärfster Klassenkampf und äußerste Eigentumsfeindlichkeit" (QA 112) zu seinen Hauptzielen gehörten. Noch schwerer wiege indes,

---

[96] *Oswald v. Nell-Breuning*, Die soziale Enzyklika. Erläuterungen zum Weltrundschreiben Papst Pius' XI. über die gesellschaftliche Ordnung, Köln 1932, 113.

daß er nichts von dem über die irdische Gesellschaft hinausreichenden Ziel des Menschen wisse, "in der Gesellschaft lediglich eine Nutzveranstaltung sehe" (QA 118) und "bedenkenlos die höheren Güter des Menschen, nicht zuletzt das Gut seiner Freiheit (...) in restloser Unterordnung unter die Sachnotwendigkeiten der abolut rationalsten Gütererzeugung" (QA 119) opfere. Enthalte der Sozialismus auch Richtiges, so müsse aus diesen Gründen doch das Nein bestehen bleiben: "Religiöser Sozialismus, christlicher Sozialismus sind Widersprüche in sich; es ist unmöglich, gleichzeitig guter Katholik und wirklicher Sozialist zu sein"[97] (QA 120).

IV. Die "Berufsständische Ordnung" als Kern der sozialen Neuordnung

Tragende Pfeiler einer neuen Ordnung, die Individualismus wie Kollektivismus, Kapitalismus wie Sozialismus überwinden sollte, sahen die Vertreter des Solidarismus, mit ihnen die Mehrheit des sozialen Katholizismus und das Rundschreiben "Quadragesimo anno" in einer berufsständischen Gliederung der Gesellschaft.

---

[97] Später erklärte *Nell-Breuning*, daß viele, die sich "mit Überzeugung zum Sozialismus bekannten", den von der Enzyklika "verurteilten Sozialismus weit von sich wiesen", ja ihn verabscheuten ebenso "wie der Papst. Demnach gab es also außer dem in Quadragesimo anno begrifflich umschriebenen und verurteilten Sozialismus zum mindesten auch *einen* anders gearteten Sozialismus, der von dem Verdammungsurteil nicht betroffen war, es sich vielmehr zu eigen machte" (*Oswald v. Nell-Breuning*, Worauf es mir ankommt. Zur sozialen Verantwortung, Freiburg 1983, 87f.).

1. Entfaltung der Ständeidee in den ersten Nachkriegsjahren

Der sozialpolitische Pragmatismus des deutschen Katholizismus hatte die Ständeidee seit den achtziger Jahren des 19. Jhs. unmodern werden lassen. Kontinuierlicher weitergegeben wurde sie in Österreich. Freilich war sie dort belastet von jener einseitig ständisch-konservativen Ausrichtung, die auf *Karl von Vogelsang* zurückging und von den "Wiener Richtungen" noch verstärkt wurde. Nach dem Weltkrieg setzte nun in Deutschland geradezu eine Renaissance des berufsständischen Gedankens ein. Am 15. November 1918 wurde die "Zentralarbeitsgemeinschaft der industriellen und gewerblichen Arbeitgeber und Arbeitnehmer" gegründet, die man vielfach als Ansatz zu berufsständischer Organisation wertete. Anstoß zu ihrer Bildung gab die Regelung der mit der Demobilmachung und der Übergangswirtschaft verbundenen ökonomischen Fragen, welche die Arbeitgeber lieber mit den Gewerkschaften als mit der staatlichen Bürokratie in die Wege leiten wollten. So verstand man die "Zentralarbeitsgemeinschaft" als eine Art wirtschaftlicher und sozialpolitischer Selbstverwaltungskörperschaft zur "gemeinsame(n) Lösung aller die Industrie und das Gewerbe Deutschlands berührenden wirtschaftlichen und sozialen Fragen sowie aller sie betreffenden Gesetzgebungs- und Verwaltungsangelegenheiten"[98]. Die Anerkennung der Arbeitgeber- *und* Arbeitnehmervereinigungen als gleichberechtigte Partner im Artikel 165 der Weimarer Verfassung und die dort ausgesprochene Absicht, Bezirkwirtschaftsräte und einen Reichswirtschaftsrat zu errichten, verstärkten die berufsständischen Hoffnungen.

Constantin Noppel (1883-1945), Jesuit und sozialpolitischer Mitarbeiter der "Stimmen der Zeit", sah in der "Zentralarbeitsgemeinschaft" "einen gangbaren Weg für die weitere Entwicklung zur berufsständischen Verfassung auf demokratischer Grundlage"[99] und in den Räten bereits die *"Träger einer berufsständischen* Verfassung, die eine weitgehende Regelung der nationalen Produktion durch Selbstverwaltungskörper der einzelnen Wirtschftsgruppen vorsieht"[100]. Auf dem Essener Kongreß der "Christlichen Gewerkschaften" forderte *Theodor Brauer* 1920 "bewegliche und elastische Selbstverwaltungs- und Selbstbewirtschaftungskörper" als "verantwortliche Organe der Volkswirtschaft"[101]. In der "Deutschen Arbeit", dem theoretischen Organ der "Christlichen Gewerkschaften", wurde Anfang der zwanziger Jahre immer wieder die berufsständische Idee diskutiert. Sie überwinde Individualismus wie marxistischen Sozialismus. Nur auf der Grundlage des Berufsstandes sei eine Gleichberechtigung der Arbeiter möglich. Er "schichtet nicht übereinander" wie die Klassengesellschaft, nur "er faßt Hoch und Niedrig wieder zusammen. Unternehmer und Arbeiter bilden ge-

---

[98] § 1 der "Satzung für die Arbeitsgemeinschaft der industriellen und gewerblichen Arbeitgeber und Arbeitnehmer Deutschlands"; abgedruckt in: *Paul Umbreit*, Die deutschen Gewerkschaften im Kriege, in: Der Krieg und die Arbeitsverhältnisse, Stuttgart 1928, 1-305, 292-295.
[99] *Constantin Noppel*, Der Kampf um das Rätesystem, in: StZ 97 (1919) 278-288, Zitat 282.
[100] *Ders.*, Der deutsche Rätegedanke und dessen Durchführung, Freiburg 1919, 25.
[101] *Brauer*, Christentum und Sozialismus, 28.

meinsam den Berufsstand."[102] *Franz Hitze* schrieb kurz vor seinem Tode 1921 in der "Deutschen Arbeit" ein umfangreiches Nachwort zu seinem 1880 erschienenen Jugendwerk "Kapital und Arbeit und die Reorganisation der Gesellschaft". Einzelne seiner damaligen Forderungen ließ er fallen, etwa die Ablösung des Reichstages durch eine berufsständisches Parlament, plädierte jedoch nachdrücklich für eine berufsständische Organisation der Wirtschaft und besonders der Großindustrie, da sie "allein den Weg zu einer Versöhnung und lebensvollen Eingliederung unseres Arbeiterstandes in den Gesellschafts- und Wirtschaftsorganismus" biete und den Arbeitern "als mitverantwortliche(n) Träger(n) der Produktion Geltung"[103] verschaffen könne.

In engem Anschluß an dieses "soziale Testament" *Hitzes* entwickelte *Pesch* seine berufsständischen Vorstellungen. Wie schon erwähnt wurde, stellte er den Menschen in den Mittelpunkt des "solidaristischen Arbeitssystems", um den personalen Faktor "Arbeit" anstelle des dinglichen Faktors "Kapital" zum gesellschaftlichen Strukturprinzip zu erheben. In seinem Ordnungsmodell sollten deshalb jeweils "die in demselben Berufe Tätigen sich in der *Berufsgemeinschaft* vereinigen, das soziale *Berufsorgan* bilden, und zwar für die wirtschaftliche Seite des Gesellschaftslebens die wirtschaftsberufliche Organisation"[104]. Gleiche Arbeit und gleicher Beruf also bildeten für ihn sowohl das einigende Band des Berufsstandes wie auch das Gliederungsprinzip der Gesellschaft, nicht Besitz oder Nichtbesitz bzw. Verfügen oder Nichtverfügen über Kapital. Die Aufgaben des Berufsstandes sah *Pesch* einmal in der Regelung der eigenen, vor allem der wirtschaftlichen Angelegenheiten, zum anderen in der Vertretung der Interessen des Berufsstandes nach außen[105]. Für besonders bedeutsam hielt er "die berufsständische Organisation der Großindustrie", weil es hier "um die Versöhnung und lebensvolle Eingliederung des Arbeiterstandes in den Gesellschafts- und Wirtschaftsorganismus" gehe. Dabei hatte er vor allem die Solidarität zwischen Unternehmern und Arbeitnehmern im Blick, die "berufsgenossenschaftliche Organisation und die berufsgenossenschaftliche Verbindung der ausführenden mit der leitenden Arbeit". Sie "bildet einen heute besonders bedeutsamen Kernpunkt der von uns vertretenen solidaristischen, moralisch-organischen Auffassung". Auf diese Weise sollte auf berufsständischer Grundlage eine gewisse Gleichberechtigung und – modern gesprochen – Mitbestimmung der Arbeitnehmer gesichert werden. In Zukunft jedenfalls werde ihr Verhältnis zu den Unternehmern "wesentlich anders sein wie in der freiwirtschaftlich-kapitalistischen Epoche. Die Kapitalbesitzer werden nicht mehr die *Herren*, die Arbeitnehmer die Beherrschten sein."[106] Der Arbeiter "ist nicht Objekt oder Produktionsmittel, sondern Subjekt der Produktion mit dem Unternehmer zugleich"[107]. Das Rätesystem der Weimarer Verfassung wurde deshalb von *Pesch* ohne Einschränkung bejaht, da

---

[102] *Heinrich Lechtape*, Die Gegenwartsbedeutung des berufsständischen Gedankens, in: Deutsche Arbeit Jg.6 (1921), 262-264, Zitat 263.

[103] *Franz Hitze*, Kapital und Arbeit und die Reorganisation der Gesellschaft. Nachwort zur gleichnamigen Schrift, in: Deutsche Arbeit Jg.6 (1921), 41-70, Zitat 56, 67.

[104] *Pesch*, Lehrbuch der Nationalökonomie. Bd. 2, ^{5}1925, 220.

[105] Vgl. *ders.*, Weg zur Lösung der sozialen Frage, 40-43.

[106] *Ders.*, Lehrbuch der Nationalökonomie. Bd. 4, ^{2}1922, 261, 268, 271.

[107] *Ders.*, Weg zur Lösung der sozialen Frage, 57.

es nichts anderes sei als die "Berücksichtigung der Ständegliederung" und damit "eine alte Forderung der christlichen Sozialpolitik"[108].

Offenkundig berufsständisches Gedankengut in solidaristischem Verständnis ließen schließlich die "Richtlinien der Deutschen Zentrumspartei" von 1922 erkennen. An die Stelle von "Klassenkampf und Klassenherschaft" sollten die "sozialen Triebkräfte des Berufsgedankens und der Berufsgemeinschaft" treten. "Als Grundlage des berufsständischen Aufbaus hat die organisierte Selbsthilfe und die freie Genossenschaft zu gelten."[109]

In einem betont national-konservativen Sinn, wohl auch vom Universalismus *Spanns* beeinflußt, propagierten demgegenüber politisch rechts vom "Zentrum" stehende Gruppen im deutschen Katholizismus die ständischen Ideen. *Ferdinand Freiherr von Lüninck* (1888-1944), Landrat in Neuß und später Oberpräsident in Münster, schilderte 1924 auf einem Treffen von katholischen Adligen aus dem rheinisch-westfälischen Raum seine Vorstellungen von einer ständischen Ordnung, die sich an der Konzeption *Vogelsangs* orientierte: "Kein Platz ist in diesem System für ein allgemeines, direktes Wahlrecht, kein Platz auch für die Bildung politischer Parteien." Andere meinten, auch die "Christlichen Gewerkschaften" würden durch ihre praktische Arbeit "fast notwendig zur Erkenntnis ihres berufsgenossenschaftlich-ständischen Charakters gezwungen" und sähen ein, "Träger einer organischen Funktion im Volks- und Wirtschaftsganzen zu sein. Das sind aber ausgesprochen antiliberale, antiindividualistische, konservative Ideen und Formen."[110] Obwohl er politisch nicht auf der rechten Seite stand, äußerte sich *August Pieper*, der langjährige Generalsekretär des "Volksvereins", in ähnlicher Weise:

Berufsstand sei "nicht eine äußere Zweckorganisation, sondern eine geistige Lebensgemeinschaft, die ihren Mitgliedern die innere Form und die edle Haltung der Bildungs- und Willenszucht von Freien gibt, die ihre Berufsarbeit im Wirtschaftsvolke als Amt und Dienst an der Volksgemeinschaft aus dem Standes-Ehrbewußtsein, aus dem heiligen Müssen der selbstbewußten Glieder ihres Volks erfüllen. Die kennzeichnenden Auswirkungen dieser *Zucht und Haltung* sind Standesehre und Gemeinsinn gegen die Standesgenossen und die Volksgemeinschaft". Eine "echte, organische Volksgemeinschaft, deren Einzelglieder aus der universalistischen Auffassung der Lebensgemeinschaft leben, kommt daher aus Naturdrang zur Bildung von Berufsständen im Wirtschaftsvolke wie im Staats- und Kulturvolke"[111].

Paul Jostock tat derartige, in der "universalistischen Auffassung der Lebensgemeinschaft" wurzelnde Ständevorstellungen als Phantastereien ab, da die moderne Industriegesellschaft eben keine "Gemeinschaft" sei. Eine berufsständische Arbeitsverfassung könne nur entstehen, wenn "neue Rechtsformen einen geeigneten Boden für sie bereiten". Deshalb verlangte er, daß durch Gesetz "die Arbeit statt des Besitzes zur tragenden Säule der Gesellschaft, zum Gradmesser aller sozialen Rangstufen"[112] gemacht werde.

---

[108] *Pesch*, Lehrbuch der Nationalökonomie. Bd. 3, Freiburg ²1926, 737f.
[109] Richtlinien der Deutschen Zentrumspartei, 487.
[110] *Emil Ritter*, Die katholisch-soziale Bewegung Deutschlands im neunzehnten Jahrhundert und der Volksverein. Köln 1954, 395f.
[111] *August Pieper,* Berufsgedanke und Berufsstand im Wirtschaftsleben, Mönchengladbach ²1926, 34f., 119.
[112] *Paul Jostock,* Der Ausgang des Kapitalismus. Ideengeschichte seiner Überwindung, Leipzig 1928, 265, 268.

2. Das berufsständische Modell der Enzyklika "Quadragesimo anno"

Als Kernpunkte seiner Vorschläge zum Bau einer neuen Gesellschaftsordnung betrachtete *Pius XI.* das Subsidiaritätsprinzip und die Berufsständische Ordnung. Beide hingen für den Papst innerlich zusammen. Ausgangspunkt und Mitte dieser Konzeption war der selbstverantwortliche Einzelmensch. Um ihn herum sollten sich die verschiedenen Sozialgebilde aufbauen, nicht um ihn zu unterdrücken, sondern um ihm bei der Entfaltung seiner Anlagen und der Vervollkommnung seines Menschseins zu helfen. Der einzelne könne zwar nur als "Glied der Sozialkörper" verschiedenster Art existieren – daher seine wesenhafte Hinordnung auf die Gemeinschaft. Die Gemeinschaften seien indessen des Menschen wegen da, nicht der Mensch um der Gemeinschaften willen.

Es müsse "unverrückbar jener höchst gewichtige sozialphilosophische Grundsatz" (*gravissimum principium*) der Subsidiarität "festgehalten werden, an dem nicht zu rütteln noch zu deuteln ist: wie dasjenige, was der Einzelmensch aus eigener Initiative und mit seinen eigenen Kräften leisten kann, ihm nicht entzogen und der Gesellschaftstätigkeit zugewiesen werden darf, so verstößt es gegen die Gerechtigkeit, das, was die kleineren und untergeordneten Gemeinwesen leisten und zum guten Ende führen können, für die weitere und übergeordnete Gemeinschaft in Anspruch zu nehmen; zugleich ist es überaus nachteilig und verwirrt die ganze Gesellschaftsordnung. Jedwede Gesellschaftstätigkeit ist ja ihrem Wesen und Begriff nach subsidiär; sie soll die Glieder des Sozialkörpers unterstützen, darf sie aber niemals zerschlagen oder aufsaugen" (QA 79).

Das *Subsidiaritätsprinzip* knüpft an die Bestimmung der Person als Individuum an und regelt die Zuständigkeiten zwischen dem einzelnen bzw. den kleineren Sozialgebilden auf der einen und der umgreifenden Gemeinschaft auf der anderen Seite: Die Gemeinschaft *muß* "subsidiär" leisten, was das Einzelglied für sich nicht zu leisten vermag; die Gemeinschaft muß die *Voraussetzungen* schaffen, daß der einzelne seine Aufgaben optimal erfüllen kann; die Gemeinschaft *darf* nur "subisidiär" eingreifen, um nicht die Eigenkräfte des einzelnen zu töten; sie muß deshalb ‚Hilfe zur Selbsthilfe' auch wieder *zurücknehmen* ("subsidiäre Reduktion"[113]), wenn sie erfolgreich war.

Zu den "kleineren und untergeordneten Gemeinwesen" rechnete die Enzyklika auch die Berufsstände. Ein Berufsstand sollte *alle* umfassen, die an der Erzeugung eines bestimmten Gutes oder an der Leistung eines bestimmten Dienstes mitwirken – ohne Rücksicht auf ihre soziale Stellung. Gliederungsprinzip der Gesellschaft sollte eben nicht mehr Besitz oder Nichtbesitz sein, sondern die Leistung, die der einzelne in der Gesellschaft und für sie erbringt. Konkretes Motiv für die Schaffung der Berufsstände war die Überwindung der Klassengesellschaft, in der der Arbeitsmarkt zum Kampffeld der beiden Gegner geworden sei:

Bei "der heutigen Sachlage" lassen "Angebot und Nachfrage der Arbeitskraft die Menschen auf dem ‚Arbeitsmarkt' zwei Klassen, sozusagen zwei Kampffronten bilden; die Auseinandersetzung dieser Arbeitsmarktparteien aber macht den Arbeitsmarkt zum Kampffelde, auf dem die Parteien in heißem Streite miteinanderringen. Die Notwendigkeit schleunigster Abhilfe gegenüber diesem Zustand, der eine Gefährdung der menschlichen Gesellschaft bedeu-

---

[113] *Lothar Schneider*, Subsidiäre Gesellschaft – Erfolgreiche Gesellschaft, Paderborn ³1990, 35. Die klarste Darstellung des Subsidiariätsprinzips bietet *Oswald v. Nell-Breuning*, Baugesetze der Gesellschaft. Solidarität und Subsidiarität, Freiburg ²1990.

tet, kann niemand verkennen. Durchgreifende Abhilfe aber hat die Ausräumung dieses Gegensatzes zur unerläßlichen Voraussetzung und erscheint kaum anders möglich als dadurch, daß wohlgefügte Glieder des Gesellschaftsorganismus sich bilden, also ‚Stände', denen man nicht nach der Zugehörigkeit zur einen oder anderen Arbeitsmarktpartei, sondern nach der verschiedenen gesellschaftlichen Funktion des einzelnen angehört" (QA 83). "Eine rechte gesellschaftliche Ordnung verlangt also eine Vielheit von Gliedern des Gesellschaftskörpers, die ein starkes Band zur Einheit verbindet. Die Kraft eines solchen Einheitsbandes besitzen einmal die Güter und Dienstleistungen, deren Erzeugung bzw. Darbietung die Angehörigen des gleichen Berufsstandes, gleichviel ob Arbeitgeber oder Arbeitnehmer, obliegen, zum andernmal das Gemeinwohl, zu dem sämtliche Berufsstände, jeder zu seinem Teil, mitzuwirken und beizutragen haben" (QA 84).

Aufgabe des Berufsstandes war die Regelung der "gemeinsamen Angelegenheiten", deren bedeutsamste "die Mitwirkung zum allgemeinen Wohl" sei, sowie der "Sonderinteressen" der verschiedenen Gruppen innerhalb des Berufsstandes "in volle(r) und echte(r) *Selbstverwaltung*" (QA 85). Über die Form der Willensbildung und die Zusammensetzung der Leitungs- bzw. Entscheidungsgremien machte das Rundschreiben keine Aussagen. *Oswald von Nell-Breuning*, sein kompetenter Kommentator, deutete jedoch den knappen Hinweis auf "gesonderte Beratung" und "Beschlußfassung" (QA 85) der einzelnen Gruppen im Sinne einer Gleichberechtigung von Arbeitgebern und Arbeitnehmern und betonte, daß "in diesem Falle die verschiedenen Gruppen getrennt stimmen und erst übereinstimmende Beschlüsse der verschiedenen Gruppen zu einer für den Gesamtberufsstand verbindlichen Regelung führen"[114].

Ein eigener Abschnitt der Enzyklika ging auf den faschistischen Mißbrauch des berufsständischen Modells ein. In (wohl zu) vorsichtiger Form kritisierte der Papst den syndikalistischen Korporationsstaat: An "Stelle der freien Selbstbetätigung" gebe es eine staatliche Bevormundung, die dem Subsidiaritätsprinzip widerspricht; das neue System habe einen "übermäßig bürokratischen und politischen Einschlag" und schließlich sei es "politischen Sonderbestrebungen mehr dienstbar" als der Schaffung "einer besseren Ordnung" (QA 95).

3. Die "Berufsständische Ordnung" in der Diskussion

Obwohl der Begriff "Berufsständische Ordnung" bereits im Lauf der katholisch-sozialen Diskussion des 19. Jhs. eine qualitative Fortentwicklung durchgemacht hatte und die Berufsständische Ordnung der neueren katholischen Soziallehre mit den mittelalterlichen Ständen kaum mehr als den Namen teilte, blieb er weiterhin im allgemeinen Sprachgebrauch. Deshalb setzte hier mit Recht Kritik ein und nannte die Übersetzung der von der Enzyklika gebrauchten Ausdrücke "collegia, corpora, ordines = Berufsstände" ein "terminologisches Verhängnis"[115]. Es führte nicht selten zu dem Mißverständnis, als wollte die katholische Soziallehre die mittelalterliche Gesellschaftsverfassung restaurieren. Beide Male handelt es sich jedoch um sehr unterschiedliche Konzepte. Die Berufsständische Ordnung der neueren katholischen Soziallehre ersetzte das mittelalterliche Über- und Unter-

---

[114] *Nell-Breuning*, Die soziale Enzyklika, 158, 163.
[115] *Franz Steinbach*, Geburtsstand, Berufsstand, Leistungsgemeinschaft, in: Rheinische Vierteljahresblätter Jg.13 (1949), 35-96, 90.

ordnungsverhältnis horizontal geschichteter Stände durch ein gleichberechtigtes Nebeneinander vertikal gegliederter Gruppierungen. Zum anderen sollten nicht mehr Abstammung oder soziales Herkommen über die Zugehörigkeit zu einem Berufsstand bestimmen, sondern die freie Entscheidung des einzelnen. Daraus folgt, daß die Zugehörigkeit nicht dauernd sein mußte, sondern daß Wechsel durchaus möglich sein sollten. Zwar waren die Berufsstände als "Zwangskörperschaften" gedacht im gleichen Sinne wie etwa die Gemeinden. Wer einen bestimmten Beruf ausübte, sollte eben dem betreffenden Berufsstand angehören. Wechselte er seinen Beruf, dann sollte das auch für den Berufsstand gelten. Somit fehlten *dieser* Berufsständischen Ordnung wichtige Momente, die dem Sozialgefüge des Mittelalters seinen ständischen Charakter gegeben hatten. Das neue Ordnungsbild trug deshalb keine ständische, sondern eine *leistungsgemeinschaftliche* Prägung, und die später eingeführte Bezeichnung "Leistungsgemeinschaften" trat mit vollem Recht an die Stelle des Ausdruckes "Berufsstände".

Die Grundidee der "Berufsständischen" bzw. "Leistungsgemeinschaftlichen Ordnung", Überwindung der Klassengesellschaft und des Klassenkampfes durch Gleichberechtigung und Kooperation von Arbeitgebern und Arbeitnehmern in der Leistungsgemeinschaft bei freier Entscheidung über die Zugehörigkeit zu einer Leistungsgemeinschaft und bei gleichberechtigtem Nebeneinander der verschiedenen Leistungsgemeinschaften, verfolgte zweifellos ein hohes Ziel. Sie beantwortete jedoch nicht schwierige Fragen einer konkreten Verwirklichung des leistungsgemeinschaftlichen Ordnungsbildes, die von verschiedenen Seiten erhoben wurden.[116] Wie sollte das Verhältnis der Leistungsgemeinschaften zur staatlichen Gewalt bzw. zum Parlament, der entscheidenden Autorität im demokratischen Staat, im einzelnen gestaltet werden? Würde eine Institutionalisierung in Leistungsgemeinschaften die Stoßkraft der Wirtschaft, deren Interessen geistig-kulturellen Zielsetzungen oft antagonistisch gegenüberstehen und sich erfahrungsgemäß meist von vornherein in der stärkeren Position befinden, nicht noch beträchtlich steigern und es den nichtwirtschaftlichen Leistungsgemeinschaften schwer oder gar unmöglich machen, ihre Aufgaben zu erfüllen? In der umfangreichen "berufsständischen" Literatur war zudem von geistig-kulturellen oder allgemein von nichtwirtschaftlichen Leistungsgemeinschaften meist gar nicht oder nur am Rande die Rede. Könnte angesichts der Dynamik, Labilität und Fluktuation, welche die vom Wettbewerb bestimmte moderne Wirtschaft kennzeichnen, eine umfassende ökonomische Stabilität als notwendige Voraussetzung für das von den Leistungsgemeinschaften jeweils geforderte gemeinsame Solidaritätsbewußtsein und Berufsethos ihrer Mitglieder überhaupt verwirklicht werden? Würden schließlich nicht neue Monopolverbände entstehen und würde es deshalb in der modernen arbeitsteiligen Wirtschaft und hochdifferenzierten Gesellschaft anstelle des alten kapitalistischen Kampfes zweier Klassen zu einem Kampf zwischen vielen Klassen kommen? Das Rundschreiben konnte und wollte auf all diese Fragen keine Antwort geben. Seine Absicht war, anzuregen, einen Entwurf vorzulegen und möglicherweise auf diesem Weg zur Überwindung der Klassengesellschaft beizutragen.

---

[116] Vgl. etwa *Nikolaus Monzel*, Probleme einer "berufsständischen Ordnung", in: *Ders.*, Solidarität und Selbstverantwortung. Beiträge zur christlichen Soziallehre, München 1959, 289-306.

Die Vertreter des Solidarismus arbeiteten im Anschluß an die Enzyklika weiter am Auf- und Ausbau des leistungsgemeinschaftlichen Ordnungskonzepts. Wohl am intensivsten setzte sich *Oswald von Nell-Breuning* mit Strukturproblemen einer leistungsgemeinschaftlichen Ordnung auseinander. Die "Gliederung des Gesellschafts- und Wirtschaftskörpers" sollten "die verschiedenen Leistungen, die verschiedenen Beiträge zum Gemeinwohl" bestimmen, nicht aber der Umstand, "auf welcher Seite des Arbeitsmarktes jemand steht". In der Überwindung der Klassengesellschaft und des Klassenkampfes sah er demnach eine der wichtigsten Aufgaben der Leistungsgemeinschaften:

"Nicht darum geht es, ob einer selbständiger Unternehmer, leitender Angestellter oder ausführender Gehilfe, Arbeiter oder dergleichen ist, sondern allein darauf kommt es an, was diese alle zusammen *schaffen*: Ernährung oder Bekleidung oder Behausung – oder Güterverteilung oder Wagnistragung oder Verkehr oder was immer. Darum geht denn auch die berufsständische Gliederung der Gesellschaft *quer hindurch* durch die Klassenschichtung; die Klassenfronten werden zerschlagen, ihre einzelnen Abschnitte aber gehen in die beruflichen Gruppen ein und in gewissem Sinne in ihnen auf."

Innerhalb der Leistungsgemeinschaft schwebte *Nell-Breuning* eine Art Gleichberechtigung von Arbeitgebern und Arbeitnehmern vor. Beide Gruppen sollten "im Sinne der Parität zu besonderen Beschlußkörpern zusammentreten können, die den Willen jeder Gruppe für sich zum Ausdruck bringen und nur durch übereinstimmende Willensbildung eine den gesamten Berufsstand bindende Regelung in Kraft zu setzen vermögen" . Konkrete Hinweise über die Bildung und Zusammensetzung dieser Leitungsgremien gab er freilich nicht. Die Aufgabe der Leistungsgemeinschaften sah er nicht in der "großen" Wirtschaftspolitik, die Sache des Parlamentes sei. Vielmehr habe jeder Berufsstand in Unterordnung unter die Gesamtwirtschaftspolitik des Staates "die besondere (engere) Wirtschaftspolitik seines Wirtschaftszweiges" zu machen. Dabei könne es freilich möglich sein, "daß Querverbindungen der verschiedensten wirtschaftlichen Berufsstände, zu einer Art oberstem Wirtschaftsrat zusammengefaßt, auch die allgemeine Wirtschaftspolitik und Finanzpolitik *mit*bestimmen"[117].

Am 12. und 13. Mai 1932 veranstaltete das "Institut für Gesellschafts- und Wirtschaftsordnung an der Zentralstelle des Volksvereins", in dem sich der "Königswinterer Kreis" eine feste Form gegeben hatte, in Essen eine Tagung über Idee und praktische Möglichkeiten der Berufsständischen Ordnung. Vom 9. bis 13. Oktober 1932 folgte in M.Gladbach die erste "Soziale Woche des Volksvereins für das katholische Deutschland", bei der ähnliche Fragen verhandelt wurden.[118] Ansatzpunkt der Kritik waren die "auf dem individualistischen Eigentum, auf den daraus abgeleiteten Verfügungsrechten der Konzernleiter und Industrieherzöge beruhenden Herrschaftsverhältnisse von Individuen über Individuen" und die daraus sich ergebende "Vermachtung der Gesellschaft". Die "einzige Möglichkeit", der Entwicklung "hin zu einem totalen Staat"[119] zu begegnen, und

---

[117] *Oswald v. Nell-Breuning*, Um den berufsständischen Gedanken, in: StZ Bd.122 (1932), 36-52, Zitat 43f.
[118] Vgl. *Josef van der Velden* (Hrsg.), Wirtschafts- und Sozialpolitik in der berufsständischen Ordnung, Köln 1933.
[119] *Heinrich Rommen*, Die gesellschaftliche und politische Situation und der gesellschaftliche Wille der deutschen Katholiken, in: *Velden*, Die berufsständische Ordnung, 9-26, Zitat 16, 21.

zugleich der "positive Weg zur Überwindung"[120] des Individualismus in Gesellschaft und Staat liege in der Berufsständischen Ordnung. Ihre Aufgaben sahen die katholischen Sozialwissenschaftler im Anschluß an *Hitze* und *Pesch* einmal in der "gewerblichen Selbstverwaltung"[121] durch Mitwirkung aller jeweils Beteiligter, besonders der Arbeitgeber und Arbeitnehmer, zum anderen in deren Gleichberechtigung:

Bisher erschien der Arbeiter *"wesentlich als Arbeitskraft, die vom Kapital gekauft wurde. Jetzt soll der Arbeitnehmer mit dem Unternehmer in einer Leistungskörperschaft zusammengeschlossen werden (...). In dieser Körperschaft sollen nicht mehr Besitz oder Nichtbesitz die entscheidenden Merkmale sein, sondern die gesellschaftliche Leistung."* Auf diese Weise könnte "der Arbeitnehmer aus der reinen Hörigkeitsstellung zum mitberatenden, zum Teil sogar zum mitbestimmenden Wirtschaftsbürger erhoben werden". Ziel sei, *"daß die Bevorrechtung des Kapitals beseitigt und die Gleichberechtigung der Arbeit hergestellt wird"*.

Der Zuständigkeit des Berufsstandes wies man die überbetrieblichen Aufgaben wirtschafts-, gewerbe-, sozialpolitischer und berufspädagogischer Art zu, aber auch eine gewisse Kontrolle der Einzelbetriebe – nicht nur in Fragen der Arbeitszeit und des Lohnes, sondern in Hinsicht auf "alle gesetzlichen Bestimmungen, die der Berufsstand gibt". Diese Kontrolle unterstehe "der gemeinsamen Selbstverwaltung von Arbeitgeber und Arbeitnehmer"[122]. Neben der überbetrieblichen forderte damit das "Institut für Gesellschafts- und Wirtschaftsordnung" auch eine gewisse Form betrieblicher Mitbestimmung bzw. Kontrolle.

Alle dem Solidarismus nahestehenden Förderer des leistungsgemeinschaftlichen Gedankens wandten sich übereinstimmend gegen das mittelalterliche bzw. gegen das feudal-zünftlerische Mißverständnis. Die mittelalterliche Ordnung könne weder als Vorbild für die Gegenwart angesehen werden noch als Idealbild mit Allgemeingültigkeit. Ihre "ständisch-rechtlichen Formen, sei es feudaler Art auf dem Lande, sei es handwerklich-zünftlerischer Art in der Stadt, umschlossen nicht lebendige gesellschaftliche Leistungskörper, sondern dienten in sehr mechanischer Weise der Verfestigung und Erhaltung von Besitzverhältnissen und sozialen Geltungsansprüchen"[123]. Entschieden abgelehnt wurde auch das universalistische Mißverständnis. Nach "Quadragesimo anno" sollten die einzelnen "zu Berufsständen oder berufsständischen Körperschaften sich zusammenschließen" (QA 83). Der Ausgang ist also "vom Individuum, vom einzelnen Menschen zu nehmen". Dem Universalismus dagegen, der "den Ausgang vom Ganzen her nehmen will", ist ein freiwilliger Zusammenschluß der Menschen "ein Greuel"; er "kennt nur eine ‚Ausgliederung' der Berufsstände aus der Ganzheit. So stehen die päpstliche und die universalistische Ständelehre einander schroff entgegen."[124] Ausdrücklich warnten die Vertreter des Solidarismus schließlich vor dem

---

[120] *Gustav Gundlach*, Gesellschaft und Wirtschaft in der individualistischen Aera unter katholischer Sicht, in: Ebenda, 27-44, Zitat 43.
[121] *Theodor Brauer*, Die katholische Auffassung der Sozialpolitik im Zeitalter des deutschen Industrialismus, in: *Velden*, Die berufsständische Ordnung, 44-61, Zitat 54.
[122] Vgl. *Johannes Gickler*, Die Arbeitnehmer in der berufsständischen Ordnung, in: Ebenda, 103-121, Zitat 110, 113f. Wohl zum ersten Mal wurde dabei auch die Frage der Bildung und Funktion der berufsständischen Leitungsorgane angesprochen.
[123] *Gustav Gundlach*, Fragen um die berufsständische Ordnung, in: StZ Bd.125 (1933), 217-229; abgedruckt in: *Ders.*, Ordnung der menschlichen Gesellschaft. Bd. 2, 312-322, Zitat 315f.
[124] *Nell-Breuning*, Die soziale Enzyklika, 159.

Mißbrauch der leistungsgemeinschaftlichen Idee durch die soziale Reaktion. Entscheidendes Kriterium war ihnen hier die Stellung zu den Gewerkschaften. Man dürfe nicht wieder unter der Parole "ständische Ordnung" eine Art Hörigkeit der Arbeiter im Betrieb einführen. Die leistungsgemeinschaftliche Ordnung müsse im Gegenteil "*mit* den Gewerkschaften, nicht *ohne* sie und noch weniger *gegen* sie gemacht werden".

Was das Verhältnis zum Staat betrifft, so betonten die Vertreter des Solidarismus, daß es sich bei der berufsständischen Selbstverwaltung um eine "*öffentlich*-rechtliche Machtvollkommenheit aus *eigenem* Recht" handle. Der Staat sollte sich daher möglichst zurückhalten und in erster Linie den Beteiligten die Ordnung der Dinge überlassen. Damit ist bereits der entscheidende Gegensatz zum faschistischen Korporativsystem angesprochen. Während die Leistungsgemeinschaften Selbstverwaltungsorgane sind, gehe es hier um einen "staatlichen Zwangsapparat zur Reglementierung des Kampfes zwischen Kapital und Arbeit nach produktionspolitischen Staatsnotwendigkeiten". Etwas nachdrücklicher als "Quadragesimo anno" fällte deshalb *Nell-Breuning* das Urteil, "daß in der faschistischen Wirtschaftsverfassung die berufsständische Ordnung regelrecht auf den Kopf gestellt erscheint"[125]. In ähnlicher Weise kritisierte *Gundlach* nach der Machtübernahme von 1933 nationalsozialistische Pläne, die vorgaben, an berufsständische Ideen anzuknüpfen. Man wolle gar keine echte Selbstverwaltung, sondern vielmehr die Gesellschaft und ihre Glieder im allmächtigen Staat aufgehen lassen.

"Weder erkennt ja der ‚totale Staat' grundsätzlich die echte Selbstverwaltung gesellschaftlichen Lebens, also auch nicht des Wirtschaftslebens, an, noch schafft er praktisch in seiner berufsständischen Gestaltung die institutionelle Voraussetzung jeder echten Selbstverwaltung". Demgegenüber "ist und bleibt aber sozialphilosophische und naturrechtliche Wahrheit, daß der Staat nur eine *Rahmen*funktion gegenüber der organisch gebauten und *vor* dem Staat gegebenen Gesellschaftsleben auszuüben hat". Und nicht zuletzt entspreche die demokratisch-parlamentarische Staatsform "organisch besser der auf echter Selbstverwaltung beruhenden Gesellschaftsgliederung"[126].

---

[125] *Ders.*, Um den berufsständischen Gedanken, 44, 46f., 50.
[126] *Gundlach*, Fragen um die berufsständische Ordnung, 320-322.

V. Politische und soziale Praxis

Der revolutionäre Umsturz im November 1918 traf den deutschen Katholizismus wie ein Schock. Man tut ihm kein Unrecht, wenn man feststellt, daß er *"innerlich nicht auf den Umschwung vorbereitet"*[127] war. Unter den meuternden Matrosen sowie in den Arbeiter- und Soldatenräten befanden sich wohl auch Katholiken, aber im deutschen Katholizismus als solchem stieß die Revolution auf Ablehnung. Die christliche Staatsphilosophie anerkenne "grundsätzlich kein Recht des gewaltsamen Umsturzes", und nirgendwo konnte daher "die sittliche Verurteilung der November-Revolution selbstverständlicher sein"[128], versicherte der Bonner Pastoraltheologe und prominente Zentrumspolitiker *Albert Lauscher* (1872-1944) in einer Festschrift seiner Partei zum zehnjährigen Bestehen der Weimarer Republik. Die "Stimmen der Zeit" sprachen wohl im Namen der meisten Katholiken, wenn sie die Revolution einen "einzigartigen, weltgeschichtlichen Frevel am deutschen Volke"[129] nannten. Das bedeutete indes nicht, daß man empört oder resigniert bei dem Nein stehen blieb. Nichts Menschliches, auch die Revolution nicht, sei "so grundschlecht, daß es ein rücksichts- und bedingungsloses Verdammungsurteil verdiente". Soweit sie Untreue, Feigheit und Unrecht sei, müsse man sie ablehnen. "Soweit sie aber etwa eine Befreiung und Ausweitung des menschlichen Geistes, eine Vertiefung und Bereicherung der Lebensformen"[130] zu bringen vermöge, werde man sie begrüßen.

1. Auseinandersetzung um Demokratie und Republik

Als unmittelbare und dringendste Aufgabe erschien die Notwendigkeit, den verfassungslosen Zustand zu beseitigen und die rechtlichen Grundlagen für eine neue staatliche und gesellschaftliche Ordnung zu schaffen. Deshalb stellte sich das "Zentrum" auf den Boden der neuen Situation und verlangte bereits in einem Aufruf am 15. und nochmals am 25. November 1918 unverzüglich Wahlen zu einer Nationalversammlung:
"Die Nationalversammlung *muß* kommen, denn ohne sie gibt es keinen Frieden nach außen (...), ohne sie ist auch kein Zustand denkbar, der die friedliche Entfaltung des Volkes, ein neues Deutschland, sichert"[131]. Am 30. Dezember 1918 forderte der "Reichsausschuß" des "Zentrums", daß "auf dem Boden der gegebenen Tatsachen" eine "neue Ordnung"[132] geschaffen werden müsse. "Für uns ist das

---

[127] *Hermann Pünder*, Koalitionspolitik und Koalitionen, in: *Karl Anton Schulte* (Hrsg.), Nationale Arbeit. Das Zentrum und sein Wirken in der deutschen Republik, Berlin o.J. (1929), 54-74, Zitat 56. Plastisch schildert den "Schock des 9. November 1918": *Rudolf Morsey*, Die deutsche Zentrumspartei 1917-1923, Düsseldorf 1966, 79-81.

[128] *Albert Lauscher*, Die Arbeit an der Weimarer Verfassung, in: *Schulte*, Nationale Arbeit, 154-191, 154.

[129] *Max Pribilla*, Wege zur Verständigung, in: StZ Bd.102 (1922), 241-255, Zitat 244.

[130] *Peter Lippert*, Klerus, Krieg und Umsturz, in: StZ Bd.97 (1919), 81-88, 84f.

[131] *Lauscher*, Die Arbeit an der Weimarer Verfassung, 156.

[132] Aufruf und Leitsätze der Deutschen Zentrumspartei v. 30.12.1918, in: *Mommsen*, Parteiprogramme, 481-486, 482.

Wichtigste in diesem Augenblick, den Übergang von dem revolutionären, rechtlosen Zustand zum Zustand der Rechtsordnung möglichst rasch zu beschleunigen", erklärte *Adolf Gröber* (1854-1919), schwäbischer Zentrumsführer und ‚treibende Kraft' des "Volksvereins" in Württemberg, in einer der ersten Sitzungen der Nationalversammlung. Wir müssen "aus dem Chaos der Revolution" herauskommen; "das ist für uns die Hauptsache. Wir müssen heraus aus dieser Unordnung."[133]

Politische und soziale Meinungsverschiedenheiten hatte es im deutschen Katholizismus immer gegeben. Aber letztlich war der Wille zur politischen Einheit bisher stärker gewesen. Die Revolution und besonders das Ringen um das Wie des staatlichen Neuaufbaus bewirkten nun eine Änderung. Die Rechts- bzw. Linksrichtungen entfalteten sich weitaus stärker als früher. Aus vorwiegend föderalistischen Motiven, weil sie es "satt" hatten, "für die Zukunft von Berlin aus bis ins Kleinste regiert zu werden"[134], trennten sich bereits im November 1918 die bayerischen Zentrumsanhänger vom "Zentrum" und gründeten die agrarisch geprägte, konservative "Bayerische Volkspartei". Da die Weimarer Verfassung das Problem Föderalismus – Zentralismus in einer die Bayern befriedigenden Form nicht zu lösen vermochte, blieb der Riß unheilbar. Aber die Spannungen reichten tiefer. Nur ein Teil der Rechts- wie Linksgruppen im deutschen Katholizismus sah seine politische Heimat weiterhin im "Zentrum" oder in der "Bayerischen Volkspartei". Auf der rechten Seite übten schon bald die "Deutschnationalen" eine nicht geringe Anziehungskraft aus. Auf der linken Seite schlossen sich, wie schon gezeigt wurde, kleinere Gruppen der Sozialdemokratie an oder versuchten, eigene Parteien zu bilden.

Ein Hauptgegenstand der Demokratie-Diskussion im deutschen Katholizismus war während der Verfassungsberatungen und in der Folgezeit der Satz: "Die Staatsgewalt geht vom Volke aus" (Art. 1). Seine Verteidiger – einer ihrer Hauptsprecher war der Münsteraner Moraltheologe *Joseph Mausbach* (1861-1931), der als Abgeordneter der Nationalversammlung großen Anteil am Zustandekommen der Verfassung hatte – begründeten ihre "richtige" Interpretation: Jede staatliche Gewalt hat "im Volk ihren unmittelbaren, diesseitigen Grund" und "geht also nur mittelbar auf die überirdische, göttliche Quelle" als den letzten Grund zurück. "Die von Gott dem Volke mitgeteilte Gewalt fließt von ihm auf die Herrschenden über."[135] Der Satz wurde also im Sinne der *gemäßigten* Volkssouveränität verstanden.

Der Staatsbürger schuldet "der heutigen verfassungsmäßigen Gewalt" ebenso Gehorsam "wie der früheren"[136]. Auf dem zweiten Zentrumsparteitag im Januar 1922 erinnerte der Bonner Theologieprofessor *Lauscher* an die grundsätzliche Gleichberechtigung, die das Christentum gebracht habe. Daraus folge: "Christentum und Demokratie sind innig miteinander verwandt (...). Die christliche Demo-

---

[133] *Gröber* in Sitzungen der Nationalversammlung am 10. und 13.02.1919, in: Verhandlungen der verfassunggebenden Deutschen Nationalversammlung. Stenographische Berichte. Bd. 326, Berlin 1920, 26, 53f.
[134] Zitat aus dem Programm der Bayerischen Volkspartei, in: *Morsey*, Die deutsche Zentrumspartei, 87 (Anm. 44).
[135] *Joseph Mausbach*, Kulturfragen in der Deutschen Verfassung. Eine Erklärung wichtiger Verfassungsartikel, M.Gladbach 1920, 27.
[136] *Ders.*, Der Gemeinschaftsgeist der Religion Christi, in: *Berlepsch*, Soziale Frage, 7-19, 16.

kratie muß das Ideal sein, um das wir ringen."[137] Die "Richtlinien der Deutschen Zentrumspartei" vom Januar desselben Jahres äußerten sich etwas zurückhaltender; auch sie sprachen jedoch vom Volk als "dem Träger der Staatsgewalt"[138]. Der Kölner Oberbürgermeister *Konrad Adenauer* (1876-1967) trat als Präsident des Münchener Katholikentages 1922 öffentlich der Kritik Kardinal *Michael von Faulhabers* (1869-1952) an der Weimarer Verfassung entgegen und mahnte, daß im staatlichen Leben "Gefühlsmomente (...) keine ausschlaggebende Rolle spielen" dürften. Er ließ dabei deutlich erkennen, daß hinter der ablehnenden Haltung des Kardinals "die Gesamtheit der deutschen Katholiken nicht steht"[139]. So hatte etwa Bischof *Christian Schreiber* (1872-1933) von Meißen auf einem Katholikentreffen in Chemnitz am 21. November 1921 begrüßt, "daß der neue Staat auf der Grundlage der Demokratie und der Gewissensfreiheit aufgebaut" sei und die Katholiken aufgerufen, sich trotz einzelner Bedenken "rückhaltlos auf den Boden der Reichsverfassung zu stellen"[140].

Der innerkatholische "Verfassungsstreit" hielt jedoch bis zum Ende der Weimarer Republik an. Für die Kritiker waren sowohl die *absolute* Volkssouveränität im Sinne *Rousseaus*, nach der die eigentliche und letzte und einzige Quelle der staatlichen Gewalt das Volk ist, wie auch die *gemäßigte* Theorie von der bloß mittelbaren Herkunft der staatlichen Gewalt von Gott "falsch und unkatholisch" und standen in direktem Gegensatz zur Offenbarungswahrheit: "Alle Gewalt stammt von Gott" (Röm 13,1). Noch während der Beratungen der Nationalversammlung fällte deshalb der Bonner Kirchenhistoriker *Heinrich Schroers* (1852-1928), einer der schärfsten Kritiker, das Urteil: "Volkssouveränität steht in schneidendem Widerspruche mit der christlichen Staatsauffassung. Aus diesem Grunde könnte kein Katholik für eine Verfassung stimmen oder auf eine Verfassung den Eid ablegen, die jenes Prinzip zum Ausdruck brächte."[141] Nach Verabschiedung der Verfassung erneuerte *Schroers* seine Ablehnung:

Man müsse die Aussage des Apostels *Paulus* "im Sinne einer *unmittelbaren* Übertragung der Gewalt durch Gott an den Staat" verstehen. Damit sei die Lehre von der Volkssouveränität "mit der katholischen Lehre schlechthin unvereinbar", widerspreche "in direkter Weise einem ausdrücklichen und geoffenbarten Dogma" und könne deshalb "von Katholiken *prinzipiell* nicht anerkannt werden"[142]. In ähnlicher Weise drückten viele andere Kritiker, unter ihnen nicht wenige Theologen, ihre Überzeugung aus, daß der umstrittene Artikel 1 "im schroffsten Widerspruch zur katholischen, zur christlichen Lehre steht"[143], ja ein Raub an der Ehre Gottes sei, den man nur "sakrlegisch"[144] nennen könne.

---

[137] *Germanus*, Christliche Demokratie, in: HPBl Jg.170 (1922), 92-102, Zitat 92.

[138] Richtlinien der Deutschen Zentrumspartei, 487.

[139] Die Reden, gehalten in den öffentlichen und geschlossenen Versammlungen der 62. General-Versammlung der Katholiken Deutschlands zu München v. 27. bis 30.08., Würzburg 1923, 203-206, Zitat 204f.; vgl. *Hugo Stehkämper*, Konrad Adenauer als Katholikentagspräsident 1922. Form und Grenze politischer Entscheidungsfreiheit im katholischen Raum, Mainz 1977.

[140] *Germanus*, Zum Kapitel "Katholiken und Demokratie", in: HPBl Jg.169 (1922), 107-113, 108.

[141] *Heinrich Schroers*, Katholische Staatsauffassung. Kirche und Staat, Freiburg 1919, 23, 32.

[142] *Ders.*, Volkssouveränität und Katholizismus, in: HPBl Jg.170 (1922), 549-564, 556f., 561-563.

[143] *Hermann Freiherr v. Lüninck*, Das Zentrum am Scheideweg, in: HPBl Jg.165 (1920), 53-68, Zitat 59

[144] *A. J. Rosenberg*, Zeitlage und kirchliches Lebens im Jahre 1919/20, in: Kirchliches Handbuch für das katholische Deutschland. Bd. 9, Freiburg 1920, 74-121, 109.

Auf dem Münchener Katholikentag von 1922 verdammte Kardinal *Faulhaber* die Revolution von 1918 als "Meineid und Hochverrat", nannte sie eine "Untat", die auch "der Erfolge wegen nicht heilig gesprochen werden" dürfe, und distanzierte sich von jenem (Weimarer) Staat, "der eine Verfassung schafft ohne den Namen Gottes"[145], was die bereits erwähnte Replik des Katholikentagspräsidenten *Adenauer* provozierte.

Die kontroverse Beurteilung von Revolution, Volkssouveränität und Verfassung insgesamt stand in engem Zusammenhang mit der Stellung zum republikanischen Staat. Gegenüber der Vorkriegszeit zeigte das "Zentrum" eine stärkere Linksorientierung. Die Mehrheit sprach sich klar für den Aufbau einer demokratischen Republik aus. "Ihm muß sich alles, auch das Prinzip der Legitimität, unterordnen." Schließlich sei "der Staat nicht des Fürsten, sondern des Volkes wegen da"[146]. Die betont republikanische, nach links tendierende Richtung hatte ihre Wurzeln vor allem in den katholischen Arbeitervereinen und im südwestdeutschen Katholizismus.

Ein Wahlaufruf des Württembergischen "Zentrums" stellte schon im Dezember 1918 fest, die Wiederherstellung der Monarchie "wäre gleichbedeutend mit der Heraufbeschwörung eines verhängnisvollen Bürgerkrieges"[147]. Und der schwäbische Zentrumsführer *Adolf Gröber* sah "in der demokratischen Republik die einzige Möglichkeit" für einen staatlichen Neuanfang. "Wir wollen die demokratische Republik, aber keine sozialistische Republik."[148] Auf dem ersten Parteitag im Januar 1920 schließlich erklärte der rheinische Zentrumspolitiker *Carl Trimborn* (1854-1921), Vorsitzender der Gesamtpartei und der Reichstagsfraktion, daß die Zustimmung zur Verfassung jenen "Grundsatz des Zentrumsprogramms, wonach die Partei eine monarchische sei, durchbrochen"[149] habe.

Der eigentliche Führer des linken "Zentrums" und Motor der republikanischen Richtung im deutschen Katholizismus war der Freiburger Abgeordnete *Joseph Wirth* (1879-1956), der von 1921 bis 1922 Reichskanzler einer Minderheitsregierung war und der stärker konservativ eingestellten Mehrheit seiner Partei eher distanziert gegenüberstand. Er setzte sich mit der ganzen Kraft seines kämpferischen Temperaments für die Republik ein und ließ niemanden über seine "politische Stellung als christlicher Demokrat und Republikaner je im Zweifel". Die Rettung des deutschen Volkes schien ihm nur "durch die demokratische deutsche Republik" möglich. Die Verfassung an sich sei vergängliches Menschenwerk. Bestand haben werden jedoch ihre großen Prinzipien: "Ableitung der Regierungsgewalt von dem Volkswillen, also Demokratie, Bestimmung der Staatsform durch den Willen des Volkes, Versöhnung der Klassen und Stände."[150] *Wirth* erkannte wohl die Schwäche in der Beweisführung vieler Verteidiger der Repu-

---

[145] Die Reden der 62. General-Versammlung der Katholiken Deutschlands, 3f.
[146] *Lauscher*, Die Arbeit an der Weimarer Verfassung, 155.
[147] *Karl Bachem*, Vorgeschichte, Geschichte und Politik der Deutschen Zentrumspartei. Zugleich ein Beitrag zur Geschichte der katholischen Bewegung sowie zur allgemeinen Geschichte des neueren und neuesten Deutschlands 1815-1914. Nebst einem kurzen Überblick über die Zeit von 1914-1930. Bd. 8, Köln 1931, 264.
[148] *Adolf Gröber*, Das Neue Reich. Rede gehalten in der 6. Sitzung der verfassunggebenden Deutschen Nationalversammlung zu Weimar am 13.02.1919, Berlin 1919, 19.
[149] *Joseph Joos*, Die politische Ideenwelt des Zentrums, Karlsruhe 1928, 30.
[150] *Joseph Wirth*, Unsere politische Linie im deutschen Volksstaat, Berlin 1924, 13, 20, 23f.

blik, die den Akzent oft nur auf die Erlaubtheit der Mitarbeit legten, und betonte deshalb immer wieder die Verpflichtung zur Mitarbeit im republikanischen Staat. In ähnlicher Weise wurden auch die "Stimmen der Zeit" nicht müde, auf diese Pflicht zur Mitarbeit hinzuweisen.

Das Volk habe sich "in seiner überwiegenden Mehrheit durch seine in freiester Wahl gewählten Vertreter" für die Republik ausgesprochen. Für den Wiederaufbau des Staates komme deshalb nur sie in Frage. Die Republik "muß daher die verfassungsmäßige Grundlage unserer öffentlichen Arbeit bilden"[151]. Zwar könne auch sie keine Wunder wirken; aber Spott und Hohn seien "ebenso billig wie unberechtigt", zumal "das alte System mit seinem Kastengeiste und seiner Imparität"[152] abgewirtschaftet habe.

Nachdem im August 1921 der Katholik *Matthias Erzberger,* ein engagierter republikanischer Vorkämpfer des "Zentrums", der den Übergang vom Kaiserreich zur Weimarer Republik repräsentierte, jedoch als Unterzeichner des Waffenstillstandsvertrags als "Erfüllungspolitiker" verleumdet wurde, und im Juni 1922 der jüdische Außenminister *Walter Rathenau* von Rechtsradikalen ermordet worden waren, wies *Wirth* als Reichskanzler dem Schutz der Republik den Vorrang vor allen anderen Aufgaben zu. In dieser Situation fiel am 25. Juni, einen Tag nach dem Anschlag auf *Rathenau,* im Reichstag *Wirths* historisches, an die "Deutschnationalen" gerichtetes Wort: "Da steht (nach rechts) der Feind, der sein Gift in die Wunden eines Volks träufelt. – Da steht der Feind – und darüber ist kein Zweifel: *dieser Feind steht rechts!*"[153] Es war ein Wort, das *Wirths* innerste Überzeugung ausdrückte, das aber zugleich die Abneigung der rechtsgerichteten Katholiken gegen ihn und die republikanische Richtung im Katholizismus verstärkte. Sein temperamentvolles Ja zur Republik fand großen Anklang im "Reichsverband der Windthorstbunde", der Jugendorganisation des "Zentrums". Unterstützung erhielt der linke Zentrumsflügel ferner von der "Rhein-Mainischen Volkszeitung" und den katholischen Arbeitervereinen mit ihrem Sprachrohr "Westdeutsche Arbeiterzeitung".

Wirth, "einer der meistumstrittenen" und zugleich "kompliziertesten politischen Gestalten"[154], blieb deshalb im "Zentrum" nicht ohne Widerspruch. Einer der Repräsentanten des rechten Flügels in der Partei, der nicht gegen die Demokratie schlechthin, wohl aber gegen die sog. "Formaldemokratie" gewisse Vorbehalte anmeldete und damit ein Gegenspieler *Wirths* wurde, war *Adam Stegerwald* (1874-1945). Die Tatsache, daß er als Vorsitzender des christlich-nationalen "Deutschen Gewerkschaftsbundes" auf viele Mitglieder Rücksicht nehmen mußte, die ihre politische Heimat in bürgerlichen Rechtsparteien hatten, erklärt das nicht völlig. Er wollte ihn – verständlicherweise – möglichst deutlich von den sozialistischen Gewerkschaften abheben und so Geschlossenheit und Anziehungskraft stärken. Dazu kam *Stegerwalds* nationale Einstellung. Schon im November 1918 bemühte er sich als Vorsitzender des kurzlebigen "Deutsch-Demokratischen Gewerkschaftsbundes", der alle nichtsozialistischen Gewerk-

---

[151] *Max Pribilla,* An der Wende unseres Volkes, in: StZ Bd.99 (1920), 1-14, Zitat 5f.

[152] *Pribilla,* Wege zur Verständigung, 245, 247.

[153] *Herbert Michaelis u.a.* (Hrsg.), Ursachen und Folgen. Eine Urkunden- und Dokumentensammlung zur Zeitgeschichte. Bd. 4, Berlin o.J. (1960), 214.

[154] *Thomas A. Knapp,* Joseph Wirth (1879-1956), in: *Rudolf Morsey* (Hrsg.), Zeitgeschichte in Lebensbildern. Aus dem deutschen Katholizismus des 20. Jahrhunderts, Mainz 1973, 160-173, 305f, 160.

schaften umfassen sollte, eine sozialistische Mehrheit in der Nationalversammlung zu verhindern. In einer großes Aufsehen erregenden Rede forderte *Stegerwald* 1920 auf dem Essener Kongreß der "Christlichen Gewerkschaften" "eine Umstrukturierung des deutschen Parteiensystems"[155] und einen deutschen Staat, der nichts mit dem "rationalistischen und mechanistischen Denken der französischen Aufklärungszeit" zu tun habe.

Demokratie in diesem Sinne sei "etwas rein Formales, ist ein *Zwangsinstitut*, das zur Willkürherrschaft von zufälligen Parlamentsmehrheiten" führe. Anstelle des "Zentrums" empfahl er die Bildung einer antisozialistischen, nationalen Volkspartei, welche die "vaterländischen, christlichen, volkstümlich und wahrhaft sozial denkenden Kreise aus allen Volksschichten"[156] umfassen sollte. Auf welchen Boden solche Gedanken fielen, zeigte ein Aufsatz in der "Deutschen Arbeit", der Monatsschrift der "Christlichen Gewerkschaften". Der Autor wandte sich gegen den "Nimbus der westlerischen Demokratie als rettende Verfassungsform", begrüßte den "als Wunderglaube an starkes, heldisches Führertum" wiederauflebenden monarchischen Gedanken und freute sich, daß das Vertrauen zu den "Parteien als Gebilde, die unfehlbar Rettung und Hilfe bringen"[157], verschwinde.

Neben dieser national-konservativen Richtung *im* "Zentrum", die in ihrer Mehrheit durchaus auf demokratischem Boden stand, ging ein nicht kleiner Teil der deutschen Katholiken einen beträchtlichen Schritt weiter und sprach zu Weimarer Verfassung, Republik und Demokratie ein grundsätzliches Nein. Wie die Volkssouveränität so wurden das allgemeine Wahlrecht, die politischen Parteien, "die Volksregierung" und "der moderne Parlamentarismus" schlechthin als "dauernde Lüge" und "bleibende Täuschung"[158] verworfen. Meinungen, "daß im Staat der Allgemeinwille des Volkes maßgebend sein" solle und "die Souveränität nicht dem Staatsoberhaupte, sondern dem Gesamtvolke zukomme" sowie "das naturwidrige Gleichheitsprinzip" seien "die zur Selbstzerstörung führende Irrlehre der modernen Demokratie"[159]. Sie schädigten vor allem das Volk selber, da nicht Arbeiter, Handwerker und Bauern, sondern "Adel, Militär und die ‚königlichen Kaufleute'" zur Leitung der Politik fähig und die "berufenen, durch niemanden zu ersetzenden Führer und Retter der Nation"[160] seien. An die Stelle des Ja zu Volkssouveränität und demokratischer Republik setzten die katholischen Rechtskreise das Bekenntnis zum "Gottesgnadentum" und zur Monarchie:

Alles Gerede vom Ende des "Gottesgnadentums" und von der Ablösung des Obrigkeitsstaates durch den Volksstaat, das auch im katholischen Volk umgehe, beurteilte der Paderborner Generalvikar *A.J. Rosenberg* "vom katholischen Standpunkt aus zum mindesten pias aures

---

[155] *Rudolf Morsey*, Adam Stegerwald (1874-1945), in: *Ders.*, Zeitgeschichte in Lebensbildern, 206-219, 307f, 211.
[156] Niederschrift der Verhandlungen des 10. Kongresses der christlichen Gewerkschaften Deutschlands v. 20. bis 23.11. in Essen, Köln 1920, 191, 221f., 231.
[157] *Eduard Stadler*, Was fordert die Stunde von der christlichen Gewerkschaftsbewegung?, in: Deutsche Arbeit Jg.6 (1921), 176-187, 184.
[158] *F. X. H.*, Unveränderliches und Veränderliches. Gegen alte und neue Illusionen, in: HPBl Jg.163 (1919), 404-421, Zitat 409.
[159] *F. X. H.*, Sozialistisches und Utopistisches, in: HPBl Jg.164 (1919), 193-208, 195, 198.
[160] Historisch-Politische Betrachtungen, in: HPBl Jg.169 (1922), 99-106, Zitat 100.

offendentes (für fromme Ohren als anstößig [d.Verf.])"[161]. Nach Meinung der "Historisch-Politischen Blätter" war das "heldische Staatsideal der Monarchie", das im Gegensatz zum "händlerischen Staatsideal" der Republik auch sittliche Pflichten anerkenne, "zugleich das christliche", weil es "Thron und Altar miteinander verband" und "Demut und Gehorsam von den ‚Untertanen' verlangte"[162]. Außerdem sei die Monarchie "die historische Regierungsform des deutschen Volkes". Mag die Pflicht des Gehorsams gegen den neuen Staat auch notwendig sein, "die Pflicht der *Treue* gegen die alte, von der Republik gestürzte Dynastie besteht fort"[163]. Auf längere Sicht gelte es, die augenblickliche unchristliche Staatsform durch eine christliche zu ersetzen. "Diese muß sein von Gottes Gnaden und nach deutscher Tradition die Monarchie."[164]

Wegen seiner Haltung zu Monarchie und Republik warfen die katholischen Kritiker dem "Zentrum" vor, es habe christliche Grundsätze aufgegeben und die alten Prinzipien verraten. Der eben erwähnte Paderborner Generalvikar bedauerte, daß das "Zentrum" seit der Revolution an "der definitiven Festigung der Republik" arbeite und somit eine "grundsätzliche Wandlung" vollzogen habe, weshalb "sich die monarchisch gesinnten Mitglieder der Partei zurückgestoßen"[165] fühlten.

Manche gingen noch einen Schritt weiter. Das "Zentrum" weiche nicht nur von seinen alten Idealen ab, es habe sie sogar "in ihr Gegenteil verkehrt"[166]. Die Republik sei nun einmal "das Staatsideal des Liberalismus und der Aufklärungsphilosophie"[167]. Wenn die Führung des "Zentrums" aber zur Republiktreue aufrufe, so werde sie damit christlichen Staatsauffassungen untreu. Anfang 1920 stellten die "Historisch-Politischen Blätter" das "Zentrum" vor die Alternative, entweder nehme es "die Wiederherstellung der Monarchie" in Aussicht bzw. ermögliche es ihren Anhängern in der Partei, sich öffentlich für deren Wiederherstellung einzusetzen, oder aber es zwinge sie, "dem Zentrum den Rücken zu kehren"[168]. Wahrscheinlich sei "auf die Dauer eine Spaltung des Zentrums"[169] in eine katholisch-konservative und eine christlich-demokratische Partei unvermeidlich.

Deutlich kann man darin eine journalistische Schützenhilfe für die Gründung der "Nationalen Arbeitsgemeinschaft deutscher Katholiken" erkennen, die im Frühjahr 1920 in der "Deutschnationalen Volkspartei" erfolgte. Seit dem 1. April dieses Jahres erschien als "Organ des Reichsausschusses der Katholiken in der DNVP" die Wochenschrift "Katholisches Korrespondenzblatt". Die deutschnationalen Katholiken warfen dem "Zentrum" vor, "in Gemeinschaft mit der Sozialdemokratie den Siegeswillen unseres Volkes" gebrochen und die Monarchie sowie das "enge Band zwischen Staat und Kirche" preisgegeben zu haben. "Das Zentrum ist daher nicht mehr vertrauenswürdig."[170] Als sich Reichskanzler *Wirth* nach dem Mord an *Erzberger* noch entschiedener gegen den "Feind auf der rech-

---

[161] *Rosenberg*, Zeitlage und kirchliches Leben, 93.
[162] Stern oder Unstern, in: HPBl Jg.168 (1921), 617-624, Zitat 620.
[163] *F. X. H.*, Neujahr 1922. Revolutionäre Verwirrung und Entwicklung, in: HPBl 169 (1922) 1-13, Zitat 9.
[164] *Germanus*, In Treue, in: HPBl Jg.168 (1921), 478-484, Zitat 483.
[165] *Rosenberg*, Zeitlage und kirchliches Leben, 103.
[166] *Lüninck*, Das Zentrum am Scheideweg, 61.
[167] *Germanus*, In Treue, 482.
[168] *Lüninck*, Das Zentrum am Scheideweg, 63.
[169] *Hermann Freiherr v. Lüninck,* Die politische Vertretung der deutschen Katholizismus, in: HPBl 165 (1920) 555-572, Zitat 566.
[170] *Heinrich Lutz*, Demokratie im Zwielicht. Der Weg der deutschen Katholiken aus dem Kaiserreich in die Republik 1914-1925, München 1963, 84f.

ten Seite" wandte, verließ im September 1921 mit *Martin Spahn* (1875-1945), Sohn des ehemaligen Zentrumsvorsitzenden *Peter Spahn* (1846-1925), eine führende katholische Persönlichkeit die Partei und schloß sich den "Deutschnationalen" an. In einer Vorbetrachtung zum Münchener Katholikentag von 1922 schrieb das "Katholische Korrespondenzblatt", das System, dessen Repräsentant *Wirth* sei, müsse sowohl aus "christlich-katholischem Empfinden heraus wie aus nationalen Beweggründen aufs schärfste"[171] abgelehnt werden.

Nach 1922 drängte die politische Entwicklung das "Zentrum" immer wieder zu Koalitionen mit Rechtsparteien und machte es bis 1928 zu Stützen nichtsozialistischer Regierungen. Darüber war die Mehrheit der Partei – 1925 lautete eine Schätzung: "60% sattelfeste Republikaner, 10% entschiedene Monarchisten, 30% Unentschiedene"[172] – alles andere als glücklich. Sie suchte sich deshalb durch "Linkserklärungen", die offensichtlich als Gegengewicht wirken sollten, jeweils abzusichern. Den Hauptwiderstand leistete *Wirth*. Im Januar 1924 etwa mahnte er in einem offenen Brief, "die Grenze des politisch Tragbaren mit dem Gefühl der Verantwortung zu vereinbaren", ja nicht zu überschreiten. Das "Zentrum" dürfe sich keinesfalls für reaktionäre Zwecke mißbrauchen lassen, sondern müsse eindeutig zur Verfassung stehen. "Der Geist der Weimarer Verfassung ist ein guter, und daß dieser Geist die heutige Staatsform durchdringt, muß unsere stete Sorge sein." Als im Herbst 1924 das vom "Zentrum" geführte Kabinett der Mitte durch Aufnahme der "Deutschnationalen" zu einem "Bürgerblock" erweitert werden sollte, warnte *Wirth*, "den politischen Kräften von Rechts bei ihrem Griff nach der Macht Hilfsdienste zu leisten"[173]. Der Münsteraner Kirchenhistoriker *Georg Schreiber* (1882-1963) rühmte im Juni 1925 als Sprecher des "Zentrums" im Reichstag die Weimarer Verfassung als "eine Zusammenfassung der Lebenskräfte in Deutschlands schwerster Stunde"; das gebe ihr "einen historischen Platz"[174].

Der Erfurter Parteitag von 1926 verpflichtete die Mitglieder, "die deutsche Republik innerlich zu stärken und zu festigen"[175]. Als es im Januar des folgenden Jahres zu einem Zusammengehen von "Zentrum" und "Deutschnationalen" kam, bekannte sich die Fraktion erneut in einem "Nationalpolitischen Manifest" nachdrücklich zur Republik, um sich "von vornherein gegen allzu starken Druck der Rechten zu sichern":

"Die Fundamente unseres neuen deutschen Staates sind in Weimar gelegt worden (...). Es gibt für uns keine andere staatliche Wirklichkeit, als die der deutschen Republik mit ihren Symbolen. Sie hat dem deutschen Volke seine Einheit in verzweifelten Tagen gerettet. Auch für die fernere Zukunft ist sie der allein hoffnungsvolle Weg. Die deutsche Zentrumspartei hat diese Verfassung mitgeschaffen. Wir stehen zu ihr, indem wir ihren Sinn hüten, entfalten und pflegen und uns ständig bemühen, diese Verfassung in organischer Verbindung mit dem Volksganzen und seinen lebendigen Kräften zu halten."[176]

---

[171] Katholisches Korrespondenzblatt, Nr. 32 v.19.08.1922.
[172] *Lutz*, Demokratie im Zwielicht, 107.
[173] *Wirth*, Unsere politische Linie, 39, 42, 90.
[174] *Joos*, Die politische Ideenwelt des Zentrums, 29.
[175] *Hans Bell*, Verfassungsleben und Rechtspflege seit Weimar, in: *Schulte*, Nationale Arbeit, 389-444, Zitat 394.
[176] Nationalpolitisches und Sozialpolitisches Manifest der Zentrumsfraktion des Reichstages v. 21.01.1927, in: *Mommsen*, Parteiprogramme, 493-498, Zitat 493f.

Die Festschrift des "Zentrums" zum ersten Jahrzehnt des Bestehens der Weimarer Republik schließlich stellte fest: "Wir sind den Weg bis hin zur rückhaltlosen Bejahung der Republik gegangen, wenn wir auch nicht die republikanische Staatsform zum Parteidogma erhoben haben." Was wir aber von der gesamten Partei verlangen, "ist eine *positive Einstellung* zur rechts- und verfassungsmäßig unterbauten heutigen Staatsform, zur Republik"[177].

Wirths nachdrückliches Bekenntnis zur Republik war verbunden mit dem Bemühen, in möglichst weitem Umfang die linksgerichteten Kräfte in die staatliche Verantwortung miteinzubeziehen. Diesem Ziel stand das Konzept *Adam Stegerwalds* von einer starken sozialen, christlich-*nationalen* Mittelpartei gegenüber, die auch ohne die Sozialdemokraten regieren könne. In einem Rückblick verheimlichte *Stegerwald* nicht, daß er seit dem Essener Kongreß der "Christlichen Gewerkschaften" von 1920 "immer mehr von der Sozialdemokratie abrückte". Er sei zu der Überzeugung gelangt, daß man mit einer Einstellung, der das Rückgrat fehle, "kein selbstbewußtes Volks- und Staatsleben" aufbauen könne; und der Sozialdemokratie fehle dieses Rückgrat, da sie ihr Verhalten nur "an der aufgeregten Straße"[178] orientiere. Auf einer Versammlung der Arbeiterzentrumswähler verlangte er 1928 in Essen, entweder werde das "Zentrum" eine mehr nationale Partei, um über seine "eigenen Reihen hinaus volks-, nation- und staatsgestaltend" zu wirken, oder aber sein 1920 in Essen gemachter Vorschlag müsse Wirklichkeit werden: "eine christlich-soziale Volkspartei, bestehend aus den aktivsten Katholiken und Protestanten"[179]. Mit der von *Stegerwald* vertretenen Richtung begrüßten im "Zentrum" auch Kreise des Adels und der Landwirtschaft den Rechtstrend. So sah etwa *Franz von Papen*, einer ihrer Sprecher, 1925 die Hauptaufgabe der Partei in der "Sammlung der Kräfte, die gewillt sind, als autoritäres, nicht nach Tagesmeinungen orientiertes, sich einer Mehrheit sklavisch beugendes Element, der Staatspolitik den festen Kurs zu geben, den der Parlamentarismus aus dem Chaos der sich widerstreitenden Parteien allein nicht zu finden vermag"[180].

Bei der grundsätzlichen Ablehnung der "linken" Katholiken und ihres republikanischen Engagements blieben jene katholischen Gruppen, deren politische Heimat rechts vom "Zentrum" war. Sie warfen den Anhängern der Republik vor, jedes Gefühl für nationale Ehre verloren zu haben, und empörten sich gegen das Prunken mit der ",demokratischen Gesinnung', wie es auch für viele katholische Parlamentarier" üblich geworden sei. Der "katholische Sozialdemokrat" *Wirth* habe leider noch nicht bemerkt, "daß es nichts Bankerotteres gibt als eben den Parlamentarismus", und daß kein vernünftiger Mensch mehr glaube, "Deutschland könne durch diesen Bankerottsetzling" gerettet werden. Wolle man starke Persönlichkeiten haben, so müsse man sich "zum temperierten Absolutismus"[181] der Monarchie hinwenden. In der durch eine "borniere ,demokratische' Psychose" bewirkten *Verpolitisierung* des Volkes und Volkslebens" werde eines der

---

[177] Karl Anton Schulte, Das Zentrum und die neue Zeit, in: Ders., Nationale Arbeit, 31-53, Zitat 39.

[178] *Adam Stegerwald*, Aus meinem Leben, Berlin 1924, 17.

[179] Ders., Zentrumspartei, Arbeiterschaft, Volk und Staat, Berlin o.J. (1928), 10f.

[180] *Franz v. Papen*, Der Weg des Zentrums, in: Germania, Nr. 363 v. 06.08.1925.

[181] Reichskanzler a.D. Dr. Wirths "Kampf gegen die Reaktion", in: HPBl Jg.171 (1923), 592-602, 593, Zitat 598.

"verhängnisvollsten Ergebnisse der Errichtung unserer demokratischen Republik"[182] sichtbar. Aus all dem zogen die "Historisch-Politischen Blätter" den – zweifellos zutreffenden – Schluß: Zwischen dem "Zentrum", das immer mehr "die Rolle eines *Wächters der Deutschen Republik* gegenüber monarchistischen Bestrebungen" übernehme, und jenen Katholiken, welche "die Restitution der Monarchie als unverrückbares Ziel im Auge"[183] behielten, bestehe ein grundsätzlicher Gegensatz.

In den "Gelben Heften", die seit 1924 als neue Folge der "Historisch-Politischen Blätter" erschienen, begründete *Martin Spahn* das Nein der katholischen Rechten und zugleich seinen Anschluß an die "Deutschnationalen". Die "Gleichberechtigung von Gut und Böse, von staatserhaltenden und staatsverneinenden Kräften", wie sie von der Demokratie und dem allgemeinen Wahlrecht ermöglicht (sowie von *Wirth* und dem "Zentrum" betrieben) werde, "steht in Gegensatz zur menschlichen Vernunft und zur Stimme des Gewissens; sie mißachtet den Willen Gottes und ist eine grundsätzliche Abschaffung der Zehn Gebote"[184].

Außer in den bereits genannten Zeitschriften fanden die rechtsgerichteten Katholiken Unterstützung in den Trierer "Petrus-Blättern", in der Frankfurter Zeitschrift "Der Fels" (ehemals "Apologetische Rundschau") – die beiden standen bereits im Gewerkschafts- und Zentrumsstreit vor dem Weltkrieg auf seiten der Integralisten – sowie in den Wochenschriften "Das Gewissen", "Das Großdeutsche Reich" und in der einflußreichen Wiener Zeitschrift "Das Neue Reich", die allerdings Mitte der zwanziger Jahre unter einer neuen Redaktion auf die Linie des Solidarismus einschwenkte. Die Agitation dieser katholischen Rechtskreise bewirkte, daß namentlich Ende der zwanziger Jahre zur Abwanderung von Zentrumswählern nach links auch noch eine Abwanderung nach rechts kam. Die Auseinandersetzungen zwischen Anhängern und Gegnern der Republik verbrauchten zudem – und das fällt weitaus schwerer ins Gewicht – wertvolle politische Energien und verhinderten, daß der deutsche Katholizismus als solcher zu einer Stütze der Weimarer Republik wurde.

---

[182] *F. X. H.,* Zum neuen Jahr, in: HPBl Jg.171 (1923), 1-16, Zitat 12.
[183] *Max Buchner,* Aus der katholischen Publizistik, in: HPBl Jg.171 (1923), 647-660, Zitat 652.
[184] *Lutz,* Demokratie im Zwielicht, 85.

2. Die "soziale Praxis" – *Heinrich Brauns*

Die soziale Praxis der deutschen Katholiken im engeren Sinne befaßte sich in der Weimarer Zeit vor allem mit Fragen der Sozialisierung sowie der Stellung des Arbeiters in der Wirtschaft bzw. dem Verhältnis von Kapital und Arbeit. Die erste programmatische Aussage des "Zentrums" nach dem Krieg, "Aufruf und Leitsätze" vom 30. Dezember 1918, bekannte sich zwar grundsätzlich zur privatwirtschaftlichen Ordnung, setzte aber einen neuen Akzent mit dem Vorschlag, "bäuerliche Betriebe unter Heranziehung von Staatsdomänen und unwirtschaftlich ausgedehnten Großgrundbesitzes gegen Entschädigung"[185] zu erweitern. Auch in den Verfassungsberatungen sprach sich das "Zentrum" für eine gewisse Sozialisierung aus. Für *Heinrich Brauns* (1868-1939), den sozialpolitischen Sprecher der Partei, bedeutete Sozialisierung "nicht bloß Verstaatlichung", sondern auch öffentlichen Einfluß auf Privatunternehmen "im Sinne gerechter Verwaltung und Verteilung, insbesondere soweit es sich um monopolistisch ausgestaltete Produktionszweige"[186] handle. Dabei sollten freilich die Objekte von Fall zu Fall geprüft werden. Eine generelle Überführung der Wirtschaft in Gemeineigentum lehnte das "Zentrum" indes aus grundsätzlichen und ökonomisch-praktischen Erwägungen ab. Ausgeschlossen bleiben sollten auf jeden Fall "alle kleinen Betriebe im Handwerk, Handel und Gewerbe" und "alle landwirtschaftlichen Betriebe"[187].

Ausführlicher und intensiver verliefen die Auseinandersetzungen um das Verhältnis von Kapital und Arbeit. Entscheidender Bestandteil einer neuen Ordnung war für den sozialen Katholizismus die gleichberechtigte Eingliederung der Arbeiter in Staat und Gesellschaft. Neben der politischen ging es dabei vor allem um die wirtschaftliche Gleichberechtigung. Die Arbeit müsse "als gleichberechtigter Faktor neben das Kapital und neben das kapitalbesitzende Unternehmertum treten, um auch ihrerseits Anteil zu nehmen an der Gestaltung und Ordnung der Produktion" und so "eine neue Stellung in Wirtschaft, Staat und Gesellschaft"[188] zu erhalten. Verfassungsrechtliche Anerkennung und gesetzliche Ausgestaltung fand die Forderung einer gewissen Gleichberechtigung im Artikel 165 der Weimarer Reichsverfassung und im Betriebsrätegesetz, an deren Zustandekommen Vertreter der katholisch-sozialen Bewegung, vor allem *Heinrich Brauns* als Vorsitzender des volkswirtschaftlichen Ausschusses der Nationalversammlung, maßgeblichen Anteil hatten. Art. 165, der sogenannte "Räteparagraph", enthielt den Grundsatz der gleichberechtigten Mitwirkung der Arbeiter an der wirtschaftlichen Entwicklung und sah dazu ein System von Räten mit einem Reichswirtschaftsrat an der Spitze vor. Das Betriebsrätegesetz[189] vollzog den Schritt von der sozialen zur wirtschaftlichen Mitbestimmung. Es gewährte volle Mitbestimmung in personalen und sozialen Fragen sowie eine anfanghafte wirtschaftliche Mitbestim-

---

[185] Aufruf und Leitsätze der Deutschen Zentrumspartei, 485.
[186] *Heinrich Brauns*, Probleme der Sozialisierung. Rede in der Weimarer Nationalversammlung am 07.03.1919, in: E. Heilfron (Hrsg.), Die Deutsche Nationalversammlung im Jahre 1919 in ihrer Arbeit für den Aufbau des neuen Volksstaates. Bd. 3, Berlin o.J., 1364-1372, Zitat 1367.
[187] Hubert Mockenhaupt, Weg und Wirken des geistlichen Sozialpolitikers Heinrich Brauns, Paderborn 1977, 145.
[188] *Heinrich Brauns*, Das Betriebsrätegesetz, M.Gladbach 1920, 7f.
[189] Betriebsrätegesetz v. 04.02.1920, in: ebenda, 47-68.

mung, da der Betriebsrat erstmals bis zu zwei Mitglieder in den Aufsichtsrat zu entsenden hatte.

Die Sprecher des sozialen Katholizismus sahen in dieser Entwicklung die notwendige Ergänzung der politischen "durch eine wirtschaftliche Demokratie"[190], die Fortbildung der ehemals "absolutistischen" zu einer mehr "demokratischen" Unternehmensverfassung und die Milderung der sachnotwendigen "Fremdbestimmtheit der Arbeit (...) durch eine *Mitbestimmung der Arbeitenden*"[191].

Wesentlich weiter als Verfassung und Betriebsrätegesetz ging ein Plan *Matthias Erzbergers* (1875-1921), der aus der katholisch-sozialen Bewegung kam und dem linken Zentrumsflügel angehörte. In nur neun Monaten hatte er als Reichsfinanzminister 1919-20 die große Finanzreform durchgeführt, "eine staatsmännische Leistung", die "nicht einmal Bismarck gelungen war"[192]. 1921 schlug er in jedem Unternehmen mit mehr als 20 Beschäftigten die Bildung einer "Werksgenossenschaft" durch die Belegschaftsmitglieder vor. Durch Gewinnbeteiligung und Aufstockung sollten bis zu 50% des Anlagevermögens in ihren Besitz übergehen und dann der Reinertrag jeweils zur Hälfte an alte Aktionäre und die neue "Werksgenossenschaft" ausgeschüttet werden. Ziel der als "christlicher Solidarismus" bezeichneten Überlegungen war, den Arbeitern "eine zweckentsprechende Beteiligung an der *Leitung der Unternehmung*"[193] sowie am Besitz und Ertrag zu gewähren. Damit sah dieses Konzept als erstes Unternehmensmodell im sozialen Katholizismus eine auf Miteigentum beruhende paritätische Mitbestimmung vor. Die Ermordung *Erzbergers*, der Leiter der deutschen Waffenstillstandsdelegation gewesen war, durch zwei Rechtsradikale im gleichen Jahr beendete die Diskussion seines Vorschlages, bevor sie begonnen hatte.

1922 verbanden die "Richtlinien der Deutschen Zentrumspartei" das Bekenntnis zur "freien Unternehmertätigkeit" mit dem Ziel, auch den Arbeitern "Mitverwaltung (zu) sichern, Ertragsbeteiligung und Eigentum (zu) ermöglichen"[194]. – Der Würzburger Moraltheologe *Ludwig Ruland* (1873-1951) plädierte auf dem Katholikentag von 1924 für eine Wirtschaftsordnung, in der "von vornherein der Arbeit eine gleichberechtigte Rolle im Produktionsprozeß neben dem Kapital zugewiesen wird"[195]. Zwei Jahre später erhob *Heinrich Weber* (1888-1946), Nachfolger von *Franz Hitze* auf dem Lehrstuhl in Münster, auf dem Breslauer Katholikentag die weitergehende Forderung, "daß die menschliche Arbeit als Produktionsfaktor höher bewertet werde als das Kapital, das immer etwas rein Materielles, ein stoffliches, geistloses Sachgut bleibt"[196]. Wenn er daraus auch keine unmittelbare Schlußfolgerung für die konkrete Gestaltung des Verhältnisses Kapital – Arbeit zog, so war doch bisher die These vom Vorrang des Produkti-

---

[190] *Lauscher*, Weimarer Verfassung, 187.
[191] *Theodor Brauer*, Deutsche Sozialpolitik und deutsche Kultur, Freiburg 1926, 43.
[192] *Rudolf Morsey*, Matthias Erzberger (1875-1921), in: *Ders.*, Zeitgeschichte in Lebensbildern, 103-112, 302f., 109.
[193] *Matthias Erzberger*, Christlicher Solidarismus als Weltprinzip, M.Gladbach 1921, 26
[194] Richtlinien der Deutschen Zentrumspartei, 488.
[195] *Ludwig Ruland*, Kapital und Arbeit, in: Die Reden, gehalten in den öffentlichen und geschlossenen Versammlungen der 63. General-Versammlung der Katholiken Deutschlands zu Hannover 1924, Würzburg o.J. (1924) 97-108, Zitat 107.
[196] *Heinrich Weber*, Die Herrschaft christlicher Grundsätze im Wirtschaftsleben, in: Die Reden, gehalten in den öffentlichen und geschlossenen Versammlungen der 65. General-Versammlung der Katholiken Deutschlands zu Breslau 1926, Würzburg 1926, 91-97, Zitat 93.

onsfaktors Arbeit vor dem Kapital noch nie so deutlich ausgesprochen worden. – Das "Nationalpolitische und Sozialpolitische Manifest der Zentrumsfraktion" von 1927 reklamierte wieder "die rechtliche Anerkennung der Gleichstellung des Arbeitnehmers mit dem Arbeitgeber"[197] und verwies auf den Mitbestimmungsartikel 165 der Verfassung, der endlich verwirklicht werden müsse. – Auf dem Gründungskongreß der "Katholischen Arbeiterinternationale" verlangte 1928 *Bernhard Letterhaus* (1894-1944), Sekretär der "Westdeutschen Katholischen Arbeiterbewegung" und nach dem Attentat vom 20. Juli 1944 auf *Hitler* hingerichtet, ein "*Mitbestimmungs-* und *Mitgestaltungsrecht*"[198] für die Arbeitnehmer in Betrieb und Gesamtwirtschaft. Das vom Kongreß verabschiedete Manifest wiederholte diese Forderung nach einem garantierten Mitbestimmungsrecht. – Im gleichen Jahr legte *Friedrich Dessauer*, der schon erwähnte Herausgeber der "Rhein-Mainischen Volkszeitung" und Zentrumsabgeordnete, vor dem Kölner Parteitag seine Idee eines "kooperativen Wirtschaftssystems" vor:

"Die Pionierfunktion des Unternehmers, die Mitunternehmerfunktion des Kapitals wird nicht angetastet", wohl aber sollten sich "Unternehmer und Arbeiter an den Tisch der gemeinschaftlichen Wirtschaftsführung" setzen, um "aus dem Wirrwarr des Nebeneinander und Gegeneinander ein ökonomisches, weil planmäßiges Wirtschaftsvollziehen"[199] herbeizuführen.

Im Rückblick auf das Wirken des "Zentrums" während des ersten Jahrzehnts der Weimarer Republik bedauerte schließlich *Joseph Joos* (1878-1965), stellvertretender Parteivorsitzender, Chefredakteur der "Westdeutschen Arbeiterzeitung" und Vorsitzender der Katholischen Arbeiterbewegung, daß die politische Demokratie noch zu wenig durch eine Demokratie "im Arbeits- und Berufsleben"[200] ergänzt sei. Zu konkreten Formen, in der sich "Mitbestimmen und Mitgestalten" der Arbeitnehmer, "gemeinschaftliche Wirtschaftsführung" und Demokratie "im Berufsleben" vollziehen sollten, gaben freilich weder der Kölner Kongreß noch *Dessauer* und *Joos* genauere Hinweise. Eine weiterführende Diskussion dieser schwierigen Fragen ließ die ausbrechende Weltwirtschaftskrise nicht mehr aufkommen.

Motor der "sozialen Praxis" im Katholizismus der Weimarer Zeit war der schon erwähnte Priester und Sozialpolitiker *Heinrich Brauns*. Nach kurzer Tätigkeit in der Seelsorge und einem wirtschaftswissenschaftlichen Zweitstudium war er seit 1900 leitender Mitarbeiter des "Volksvereins", im Gewerkschaftsstreit Vorkämpfer der "Christlichen Gewerkschaften" sowie in der Weimarer Nationalversammlung zeitweilig Vorsitzender des volkswirtschaftlichen und sozialpolitischen Ausschusses. Diese Stationen seines Lebensweges erleichterten es wohl *Brauns*, im Juni 1920 – widerwillig und nur "aus vaterländischem Pflichtge-

---

[197] Sozialpolitisches Manifest, 497.
[198] *Bernhard Letterhaus*, Die Wertung des Lohnarbeiters in der heutigen Wirtschafts- und Gesellschaftsordnung im Lichte der katholischen Weltanschauung, in: Die katholische Arbeiterinternationale und Bericht über den ersten Internationalen Kongreß der kath. Arbeitervereine in Köln vom 13. bis 15.07.1928, M.Gladbach 1928, 54-75, Zitat 65.
[199] *Friedrich Dessauer*, Kooperative Wirtschaft, Bonn 1929, 100, Zitat 155f.
[200] *Joseph Joos*, Nationale Entwicklung und soziale Gemeinschaft, in: *Schulte*, Nationale Arbeit, 485-494, Zitat 493.

fühl"[201] – als Reichsarbeitsminister "eines der schwierigsten und undankbarsten"[202] Ressorts zu übernehmen. Wenngleich er vor allem sozialpolitischer Praktiker war, so lag seinem Handeln doch ein klares Konzept zugrunde. Zum einen bemühte sich *Brauns* um die "Eingliederung der Arbeiterklasse in die Gesellschaft"[203]. Verwirklicht werden sollte diese Integration durch den Auf- und Ausbau "eines Arbeitsrechts, in dessen Mittelpunkt die Persönlichkeit des Arbeitnehmers gestellt" ist und "nicht etwa bloß der einzelne Fall seiner Notlage"[204]. Schritte auf dem Weg zu diesem Ziel waren für *Brauns* neben dem Artikel 165 der Verfassung und dem Betriebsrätegesetz von 1920 das Gesetz über die Allgemeinverbindlichkeit der Tarifverträge (1923), die Verordnung über das Schlichtungswesen vom gleichen Jahr sowie das Gesetz über die Schaffung einer eigenen Arbeitsgerichtsbarkeit (1926), die "für die Streitigkeiten aller Arbeitgeber und Arbeitnehmer aus dem Arbeitsverhältnis"[205] zuständig sein sollte. Den zweiten Schwerpunkt seines sozialpolitischen Ansatzes bildete die Gleichwertigkeit von Wirtschafts- und Sozialpolitik, die "eine lebensfähige Wirtschaft" voraussetzt, ihrerseits aber "zugleich die Voraussetzung für wirtschaftlichen Fortschritt"[206] ist. Deshalb bemühte er sich mit aller Kraft um eine bewußte Arbeitsmarktpolitik und die Weiterführung der Sozialversicherung. Gesetze über den Arbeitsnachweis (1922) sowie über Arbeitsvermittlung und Arbeitslosenversicherung (1927), das Reichsknappschaftsgesetz (1923) und die Ablösung der bisher unzureichenden Armenpflege durch ein modernes Fürsorgerecht (1924) waren wichtige Einzelmaßnahmen in diesem Bereich, auf die *Brauns* 1928 nach achtjähriger Amtszeit zurückschauen konnte.

Mit der 1929 einsetzenden großen Wirtschaftskrise begann der Anfang vom Ende der Weimarer Republik. Zwar beschäftigte man sich in der katholisch-sozialen Bewegung nach wie vor mit Fragen einer Reform der Wirtschafts- und Gesellschaftsordnung, etwa im "Königswinterer Kreis" bzw. im "Institut für Gesellschafts- und Wirtschaftsordnung". Den politischen Alltag beherrschten indes andere Probleme und Sorgen: die sich rasch verschlechternde Situation der öffentlichen Finanzen, der Bankenkrach von 1931 sowie der faktische Zusammenbruch der Weltkonjunktur und des Welthandels, vor allem aber eine in dieser Größe bisher unbekannte Arbeitslosigkeit. Die Zahl der Beschäftigungslosen wuchs zwischen 1929 und 1932 von 1 Million auf 6 Millionen. All das hatte katastrophale Folgen und traf schließlich – nicht zuletzt über die Sozialpolitik – den Nerv der Weimarer Demokratie. Nachdem *Adolf Hitler* am 31. Januar 1933 die Macht in Deutschland übernommen hatte, wurden bald im Namen des nationalsozialistischen Führerprinzips die Selbstverwaltung der Sozialversicherung besei-

---

[201] *Morsey*, Die deutsche Zentrumspartei, 333.
[202] Hubert *Mockenhaupt*, Heinrich Brauns (1868-1939), in: *Morsey*, Zeitgeschichte in Lebensbildern, 148-159, 304f., Zitat 148.
[203] Rede auf dem Zentrumsparteitag 1925, in: Reichsgeneralsekretariat der Deutschen Zentrumspartei (Hrsg.), Offizieller Bericht des 4. Reichsparteitages der Deutschen Zentrumspartei. Tagung zu Cassel am 16. und 17.11.1925, Berlin o.J. 55.
[204] Heinrich *Brauns*, Zum Kampf um die Sozialpolitik, Essen 1930, 7.
[205] Begründung zum Entwurf eines Arbeitsgerichtsgesetzes vom 11.03.1926, in: *Mockenhaupt*, Weg und Wirken, 190.
[206] Denkschrift des Reichsarbeitsministeriums über die Sozialversicherung, November 1925, in: Ebenda, 182.

tigt, das Koalitionsrecht aufgehoben, die Arbeitnehmer in der "Deutschen Arbeitsfront" zwangsorganisiert und die Betriebsverfassung samt den Mitbestimmungsrechten, wie sie das Betriebsverfassungsgesetz von 1920 festgelegt hatte, außer Kraft gesetzt und durch das "Gesetz zur Neuordnung der nationalsozialistischen Arbeit" vom 20. Januar 1934 im Sinne der alleinigen Entscheidung des "Betriebsführers" in den Angelegenheiten der "Betriebsgefolgschaft" umgebaut.

3. Stellung zum Nationalsozialismus

Neben der kontroversen Stellung zur Republik war die Entwicklung des deutschen Katholizismus in der Weimarer Zeit – namentlich in ihrem letzten Drittel – gekennzeichnet durch ein merkliches Anwachsen gewisser nationaler und autoritärer Tendenzen. Dieses Anwachsen wurde freilich auch von dem beginnenden, vor allem aus weltanschaulichen Gründen geführten Kampf gegen den aufkommenden Nationalsozialismus begleitet. Schon seit Anfang der zwanziger Jahre übten Begriffe wie Volk, Volksgemeinschaft, Führer und Führertum zunehmende Suggestion aus. Die Wurzeln dieser Vorstellungen lagen in einem antiliberalen, romantischen Denken aus vorindustrieller Zeit. 1918 waren die Vorbehalte gegen das protestantische Bismarckreich gefallen, in dem die Katholiken seit Jahrzehnten um einen angemessenen Platz gerungen hatten. So konnte man sich wieder unbeschwert dem Reichs-Gedanken hingeben, den man allerdings in der neuen Republik auch nicht verwirklicht sah. Dazu kam eine gewisse Abneigung gegen die Form der politischen Auseinandersetzungen, die wohl nicht immer in idealer Weise vor sich gingen und von vielen als "Parteiengezänk" verurteilt wurden.

Sichtbaren Ausdruck fand diese Entwicklung in einer gewissen Umorientierung der Volksvereinsarbeit. Bisher hatte es der Verein als seine Aufgabe gesehen, "den deutschen Katholizismus aus vorindustriellen Denk- und Verhaltensweisen"[207] herauszuführen sowie wirtschaftliche und soziale Probleme als "sowohl technisch als auch ethisch zu meisternde Aufgabe"[208] zu betrachten. Nun ließen der ehemalige Generalsekretär *August Pieper* (1866-1942), der "nachhaltig und autoritativ die literarische Produktion der Zentralstelle"[209] prägte, und *Anton Heinen* (1869-1934), für Bildungsfragen zuständiger Referatsleiter, das Bemühen um praktische Sozialpolitik, um "Zuständereform", zurücktreten. In den Mittelpunkt stellten sie die Erziehung zum organischen Volkstumsdenken, "das überwältigende irrationale Erlebnis der Schicksalsverbundenheit"[210], und priesen jenen alten "Lebensgemeinschaftsgeist, der irrational, organisch, universalistisch, nicht rational, mechanisch, individualistisch, die Volksgemeinschaft und jede Gliedgemeinschaft derselben ansah"[211].

---

[207] *Baumgartner*, Sehnsucht nach Gemeinschaft, 90.
[208] *Oswald v. Nell-Breuning*, Der Volksverein für das katholische Deutschland, in: StZ Bd. 190 (1972), 35-50, Zitat 39.
[209] *Gotthard Klein*, Der Volksverein für das katholische Deutschland 1890-1933. Geschichte, Bedeutung, Untergang, Paderborn 1996, 79.
[210] *Anton Heinen*, Volkstum als lebendige Auswirkung des organischen Prinzips im Gemeinschaftsleben, in: *Berlepsch*, Soziale Frage, 195-214, Zitat 214.
[211] *Pieper*, Kapitalismus und Sozialismus, 67.

"Geistesbildung und Gesinnungserziehung"[212] anstelle von Zuständereform lautete nun das Motto. "‚Volksgemeinschaft' erhielt den Vorrang vor der Verbesserung der gesellschaftlichen Bedingungen."[213] Was deshalb not tue, ist *"seelische Wiedergeburt* des Ichmenschen zum Gemeinschaftsmenschen". Die Volksgemeinschaft, die "in den Seelen der Deutschen als neuer Kosmos aus dem Chaos wiedergeboren werden"[214] müsse, "ist organische, vom Schöpfer gewollte Lebensgemeinschaft und Schicksalsverbundenheit, nicht willkürlich von Menschen gemachte Zweck- und Interessengesellschaft". Sie "lebt aus irrationalen Kräften, aus tiefster Ergriffenheit von einer als Lebensaufgabe zu verwirklichenden Idee"[215]. Dieses neue Gemeinschaftsleben "ist von Natur aus organisch gegliedert, setzt sich allen Lebenskreisen aus *Führer und Gefolgschaft* zusammen"[216].

Neben diesen vorwiegend moralischen Appellen zur Volksgemeinschaft waren gelegentlich in katholischen Rechtskreisen schon sehr autoritäre und "völkische" Stimmen zu hören. Sie begrüßten das Wachsen des antiliberalen und antisozialistischen Bewußtseins von der Volksgemeinschaft, das der "vollberechtigte Kern der viel geschmähten völkischen Bewegung" sei. "Dieser neue Geist lehnte alle mechanischen Formen der Staats- und Gesellschaftsordnung (Parlamentarismus, Repräsentativsystem, Parteienregiment) als undeutsch ab."[217] Wer sich als Katholik gegen die Bezeichnung "völkisch" wende, zeige damit, daß er den Sinn des Wortes nicht verstanden habe.

Skeptisches, bis zu offener Ablehnung reichendes Mißtrauen gegenüber Demokratie und Parteien sowie eine insgesamt apolitische Haltung bestimmten jene Teile der katholischen Jugend, die von der Jugendbewegung geprägt wurden. Typisch dafür waren die Jugendgemeinschaft "Quickborn" und ihre Bundeszeitschrift "Die Schildgenossen". "Eine Einstellung auf Partei und Zwecke, auf Augenblickserfolge wäre unverantwortlich und ein Fehler." Die "Quickborner" wollten daher nichts mit jenen Dingen zu tun haben, "die man heute Politik nennt"[218].

Für sie war die "Demokratie der formalen Gleichheit (...) eine Unwirklichkeit, die der natürlichen Ordnung zuwiderläuft"[219]. Was die Staatsform betreffe, so fühle sich die Jugendbewegung weder an die Monarchie noch an die Republik gebunden. Sie trage vielmehr "ein Wesensbild vom organisch gegliederten Volksstaat in sich". Das Nein der Jugend zu den Parteien sei daher nicht Verantwortungslosigkeit, "sondern Frucht der Erkenntnis, daß ein System seinen Ablauf gefunden hat, das durch die opferreichste Aktivität nicht mehr gerettet werden kann"[220]. Eine derart skeptische Haltung wurde zwar keineswegs vom *ganzen* "Quickborn"

---

[212] *Ders.*, Gemeinschaftsgeist im Wiederaufbau, Freiburg 1920, 4.

[213] *Hürten*, Deutsche Katholiken, 121.

[214] *Pieper*, Sinn und Aufgaben des Volksvereins für das katholische Deutschland, M. Gladbach 1925, 42f.

[215] *Ders.*, Gemeinschaftsgeist, 3.

[216] *Ders.*, Sinn und Aufgaben, 11; vgl. auch *Anton Heinen*, Wie gewinnen wir ein Führergeschlecht für die Massen?, M.Gladbach 1923.

[217] *Hermann Freiherr v. Lüninck*, Der neue Geist der neuen Zeit, in: HPBl Jg.169 (1922,) 593-612, 602, Zitat 604.

[218] *F.J. Schäfer*, Politik, Partei und Jugendbewegung, in: Die Schildgenossen Jg.2 (1921/22), 189-191.

[219] *Berning*, Politik und Jugend, in: Ebenda, 243-249.

[220] *Aug. Hr. Berning*, Die realpolitischen Zustände, in: Die Schildgenossen Jg.3 (1922/23), 183-187, 185, Zitat 187.

vertreten, und man muß deshalb differenzieren[221]. Die Vertreter der "Windthorstbünde", der Jugendorganisation des "Zentrums", bemühten sich jedoch vergebens, mit diesem Teil der katholischen Jugend in Kontakt zu kommen. "Unsere Erfahrungen zerschlugen uns den Glauben an das Parlament." Die Jugend "ist mißtrauisch gegen die Parteien und ihre Politik". Sie ist "mißtrauisch gegen die Demokratie, eben weil sie nicht genug, nicht wesenhaft Demokratie ist"[222].

Wie eine neue "wesenhafte Demokratie" aussehen sollte, formulierten "Die Schildgenossen" so: Man wolle "den *Jugendbund* zur Volksgemeinschaft ausweiten und an die Stelle der Partei setzen". Er biete eine Möglichkeit, "das mechanisch-unpersönliche demokratische Prinzip" zu überwinden. "An die Stelle des bezahlten Funktionärs und des Abgeordneten fordert die Jugend den geborenen Volksführer (...). Sie erträumt einen politischen Schwebezustand zwischen Volksgemeinschaft und unbedingter *Gefolgschaft* gegenüber einem innerlich bevollmächtigten *Führertum*."[223] Wenn es auch falsch wäre, diese Skepsis gegenüber der Demokratie von 1928 "kurzschlüssig in ein Ja zu 1933 umzudeuten"[224], so führte sie doch in die Nähe des Führerstaates.

Ende der zwanziger Jahre gelang den universalistischen Ideen ein nicht unbeträchtlicher Einbruch in den reichsdeutschen Katholizismus. Direkten Widerhall fanden sie in Teilen des Akademikerverbandes. Sein Vorsitzender *Franz Xaver Landmesser* (1890-1941) wandte sich gegen die volksfremde Staatsauffassung "einer gewissen ‚Formaldemokratie', die positive vorwärtstreibende Kräfte einer organischen Staatsentwicklung"[225] verhindere. Andere hielten allein den (autoritären) Staatsbegriff des Universalismus für geeignet, "zu einem *konkreten*, zum *deutschen Volksstaatsideal*"[226] zu kommen, und bedauerten, daß die mechanische Gleichheit der bürgerlichen Demokratie auch die Volksordnung auflöse. 1931 sprach *Othmar Spann* selber auf einer Tagung des Akademikerverbandes in der Abtei Maria-Laach. *Landmesser* meinte anschließend, man dürfe seine Lehre zwar nicht kritiklos hinnehmen, war aber dennoch überzeugt, daß die universalistische Betrachtungsweise "Antrieb und Bestätigung für die christliche Denkweise"[227] sei. – Auf entschiedenen Widerstand stießen die staatspolitischen bzw. -rechtlichen Vorstellungen des Universalismus indes bei den Vertretern des Solidarismus. *Gustav Gundlach* etwa konstatierte, daß die Ablehnung der parlamentarischen Demokratie im Namen des "Führertums" und eines angeblich "wahren Staates" mit Sozialphilosophie nichts zu tun habe. Sie "ist offenkundig nur politi-

---

[221] Vgl. dahingehend: *Godehard Ruppert*, Bündisch – Mißtrauisch gegenüber Demokratie und Parteien? Die politische Haltung des katholischen Jugendbundes Quickborn im Aufwind des Nationalsozialismus, in: Theologie und Glaube Jg. 71 (1981), 219-233.

[222] *Werner Becker*, Die Politik der jungen Generation in Europa, in: Die Schildgenossen Jg.6 (1926), 366-373, Zitat 367f.

[223] Eine politische Partei der Jugend?, in: Die Schildgenossen Jg.8 (1928), 340-348, Zitat 342.

[224] *Lutz*, Demokratie im Zwielicht, 117.

[225] *Franz Xaver Landmesser*, Weltanschauung und Wirtschaftsgesinnung, in: Der katholische Gedanke Jg.1 (1928), 319-339, Zitat 319.

[226] *Alois Dempf*, Individualistische und universalistische Staatsauffassung, in: *Godehard Josef Ebers* (Hrsg.), Katholische Staatslehre und volksdeutsche Politik, Freiburg 1929, 1-9, Zitat 2f.

[227] *Franz Xaver Landmesser*, Die Not der Zeit und unsere soziale Aufgabe, in: Der katholische Gedanke Jg.4 (1931), 356-374, Zitat 365.

scher Wille in theoretischer Verkleidung"²²⁸ und Mittreiben auf den Wogen einer antiliberalen und pseudokonservativen Konjunktur. Auch *Oswald von Nell-Breuning* stellte fest, obwohl es zur Zeit ein undankbares Geschäft sei, gegen die universalistische Verdammung der Demokratie anzugehen, so bleibe doch bestehen: "Die Menschen können eine Staatsform nach ihrem Belieben wählen, auch die *demokratische*"²²⁹.

Träger einer neuen politischen Aktivität im deutschen Katholizismus wurden gegen Ende der Weimarer Zeit die von der Jugendbewegung nicht unbeeinflußten Jung-Konservativen. Deren Hauptsprecher waren der schon erwähnte *Joseph Joos*, *Heinrich Brüning* (1885-1970) und *Heinrich Krone* (1895-1989). Sie hielten zwar am demokratisch-republikanischen Gedanken fest, suchten ihn aber doch mit der Notwendigkeit einer festen und starken Regierung sowie mit dem Führerprinzip zu verbinden. Auf diesem Hintergrund muß man wohl auch die Praxis der Regierung *Brüning* sehen, in der die "demokratisch-konservativen" Ideen wirksam waren und in der viele eine letzte Chance erblickten, Deutschland vor dem Chaos zu bewahren.

Die Jugend "steht zur *deutschen Republik* und ihrem traditionsreichen Symbol Schwarz-Rot-Gold. Der neue Staat ist ihr Symbol der politischen Selbständigkeit unseres Volkes", erklärte *Krone*, der Geschäftsführer der "Windthorstbünde". Zugleich erstrebe sie aber "den Durchbruch des politischen Führergedankens gegen die Alleinherrschaft der Parteien und Fraktionen"²³⁰. Und *Joos*, zeitweilig Vorsitzender der "Windthorstbünde", charakterisierte dieses neue Denken: "Dieser Jungkonservativismus ist volkhaft, auf das Religiöse, auf Wille, Aktion, Zucht, Führung und Gefolgschaft und – zum Unterschied vom einseitigen Nationalismus – auf das Nationale und Europäische eingestellt"²³¹.

Diese Worte deuten bereits die Stellung an, welche die deutschen Katholiken zum Nationalsozialismus einnahmen. Viele waren – vor allem aus weltanschaulichen Gründen – dessen Gegner. Zahlreiche bischöfliche Verlautbarungen verurteilten Anfang der dreißiger Jahre die nationalsozialistische Ideologie als Irrlehre und warnten, sie aktiv zu unterstützen:

Auf Anfrage der Gauleitung Hessen bestätigte etwa das Bischöfliche Ordinariat Mainz am 30. September 1930, es sei Katholiken "verboten, eingeschriebenes Mitglied der Hitlerpartei zu sein"; katholische Parteimitglieder könnten "nicht zu den Sakramenten zugelassen werden" und Mitgliedern der Partei "sei es nicht gestattet, in korporativer Zusammensetzung"²³² an kirchlichen Veranstaltungen teilzunehmen. Pastorale Anweisungen der Bischöfe von Paderborn, Fulda und Hildesheim vom 17. März 1931 sowie der Bischöfe von Freiburg, Mainz und Rottenburg vom 23. März 1931 stellten fest, daß das Programm der nationalsozialistischen Partei "im offenen Gegensatz zur katholischen Religion" stehe, da es "das Gefühl einer Rasse zum Richter über religiöse Wahrheiten, über Gottes Of-

---

[228] *Gustav Gundlach*, Konservativismus und antiliberale Konjunktur, in: StZ Bd. 123 (1932), 289-299; abgedruckt in: *Ders.*, Die Ordnung der menschlichen Gesellschaft. Bd. 1, 607-617, Zitat 613.
[229] *Nell-Breuning*, Universalismus, 710.
[230] *Heinrich Krone*, Die junge katholische Generation in der deutschen Politik, in: *Schulte*, Nationale Arbeit, 459-469, Zitat 468f.
[231] *Joos*, Die politische Ideenwelt des Zentrums, 38f.
[232] *Hans Müller*, Katholische Kirche und Nationalsozialismus. Dokumente 1930-1935, München 1963, 13-15, Zitat 13.

fenbarung" mache und "den universalen Charakter der katholischen Kirche" leugne. Deshalb "ist für katholische Christen die Zugehörigkeit zur NSDAP unerlaubt"[233], weil und solange die Partei "Anschauungen verfolgt und verbreitet, die mit der katholischen Lehre unvereinbar sind"[234]. Und eine Seelsorgsinstruktion der Fuldaer Bischofskonferenz vom 03. August 1931 erklärte,

daß der Nationalsozialismus zu "fundamentalen Wahrheiten des Christentums (...) in schroffstem Gegensatz steht. Das ergibt sich für jeden, der offenen Auges die Arbeit der Partei betrachtet, teils aus ihrem Programm und noch mehr aus zahllosen Kundgebungen ihrer hervorragendsten Vertreter und Wortführer. Es handelt sich da nicht etwa nur um Entgleisungen Einzelner, sondern die Gesamtheit dieser Kundgebungen und Tatsachen gibt dieser Partei ein Gepräge, demgegenüber einzelne Ableugnungen nicht entscheidend sind."[235]

Verhältnismäßig früh und fest war die Ablehnung in der katholischen Arbeiterschaft, die sich "der Anziehungskraft des Nationalsozialismus stärker widersetzte als andere Bevölkerungsschichten"[236]. *Joseph Joos*, Verbandsvorsitzender der "Katholischen Arbeitervereine Westdeutschlands", nannte bereits 1923 die NSDAP eine "geistige Zeitkrankheit" und hoffte, daß diese "giftige Frucht am Baum der Gegenwart (...) in Fäulnis übergeht, ehe größeres Unheil angerichtet worden ist"[237].

Die Auseinandersetzung des süddeutschen Verbandes der KAB mit dem Nationalsozialismus begann im Februar 1921, als "Der Arbeiter", das amtliche Verbandsorgan, erstmals vor dem "blinden Fanatismus unter dem Zeichen des Hakenkreuzes" warnte. Am 8. November 1923, dem Tag von *Hitlers* sogenanntem "Marsch zur Feldherrenhalle" veröffentlichte "Der Arbeiter" den "einmütigen" Beschluß einer Bezirkskonferenz, daß "die Zugehörigkeit zur Nationalsozialistischen Arbeiterpartei unvereinbar ist mit der Mitgliedschaft in einem katholischen Arbeiterverein", und nannte als Gründe "Kirchen- und Christentumsfeindlichkeit, Antiparlamentarismus und Diktaturgelüste, Charakterlosigkeit der Führer sowie konfuse, arbeiterferne Programme"[238]. Eine Artikelserie in der "Westdeutschen Arbeiter-Zeitung", dem Zentralorgan der katholischen Arbeiterbewegung, nannte 1926 Gewalt und Brutalität "Prinzip faszistischen Handelns"[239].

Der "Ruf nach dem starken Mann, nach dem Retter" führe zur Errichtung einer uneingeschränkten diktatorischen Macht: "Der Diktator ist der eigentliche Wille im Staat (...). Jede Diktatur aber, die einen Einzelwillen oder einen begrenzten Teilwillen als Staatsnorm setzt,

---

[233] Kundgebung der Bischöfe der Paderborner Kirchenprovinz (17.03.1931), in: *Müller*, Kirche und Nationalsozialismus, 28-33, Zitat 30, 33.

[234] Kundgebung der Bischöfe der oberrheinischen Kirchenprovinz (23.03.1931), in: Ebenda, 33-37, Zitat 36.

[235] Winke der Fuldaer Bischofskonferenz – Cura impenda (05.08.1939), in: *Bernhard Stasiewski* (Hrsg.), Akten deutscher Bischöfe über die Lage der Kirche 1933-1945, I: 1933-1934, Mainz 1968, 832-843, Zitat 838.

[236] *Dorit-Maria Krenn*, Die christliche Arbeiterbewegung in Bayern vom Ersten Weltkrieg bis 1933, Mainz 1991, 298.

[237] *Jürgen Aretz*, Katholische Arbeiterbewegung und Nationalsozialismus. Der Verband katholischer Arbeiter- und Knappenvereine Westdeutschlands 1923-1945, Mainz 1978, 45.

[238] *Krenn*, Die christliche Arbeiterbewegung, 293f.

[239] Westdeutsche Arbeiter-Zeitung, Nr.26 v. 26.06.1926.

ist widergöttlich, widersinnig und unorganisch, weil sie das Recht eines Gliedes zum Recht des Körpers macht"[240].

Ein Kommentator der gleichen Zeitung, vermutlich *Joseph Joos,* warnte vor den September-Wahlen 1930 geradezu leidenschaftlich vor dem Nationalsozialismus:

"Die nationalsozialistische Bewegung ist eine Zeitkrankheit, eine geistige Seuche, eine Epidemie. Sie ist das Ergebnis seelischer Verwüstungen, wirtschaftlicher Erschütterungen, sozialer Umschichtungen, wie sie mit Krieg und Nachkriegszeit verbunden waren (...). Das deutsche Volk erscheint im Ausland als ein Narrenhaus, in dem sich gemeingefährlicher Irrsinn austobt (...). Wo man im Lande öffentliche Versammlungen anberaumt, da darf in der Einladung nicht der Satz fehlen: ‚Freunde sind willkommen! Nationalsozialisten sind ausgeschlossen!' *Die* Sprache werden sie verstehen und respektieren."[241]

Vor den Juli-Wahlen 1932 – um eine letzte Stimme zu zitieren, die für viele steht – warf *Jakob Kaiser* (1888-1961), Landesgeschäftsführer der "Christlichen Gewerkschaften" für Westdeutschland, den Nationalsozialisten vor, gemeinsam mit den anderen Rechtskreisen für die Reaktion zu kämpfen: "*Abwehr, Abwehr mit letzter Kraft* ist die Aufgabe der christlichen Arbeiterschaft."[242]

Stärker war der Einfluß des Nationalsozialismus auf Akademiker, Mittelstand und Bauernschaft. Trotz alledem blieb der Katholizismus als solcher relativ immun, und überwiegend katholische Regionen wiesen immer einen vergleichsweise niedrigen Stimmenanteil der NSDAP auf. Andererseits führten die Betonung der Autorität, der Volksgemeinschaft, des Führerprinzips das katholische Denken in eine gewisse Nähe zur nationalsozialistischen Ideologie, was die Widerstandskraft zweifellos schwächte. Ein politischer Repräsentant des mit den Nationalsozialisten sympathisierenden Teils der deutschen Katholiken war *Franz von Papen* (1879-1969), der auf dem äußersten rechten Flügel des "Zentrums" gestanden hatte und nach der Übernahme des Kanzleramtes 1932 "durch seinen Austritt dem Ausschluß aus der Partei"[243] zuvorgekommen war. Wie manch andere – wobei in seinem Fall wohl noch ein Schuß Opportunismus hinzukam – hoffte er, *Hitler* durch Hereinnahme in die Regierung neutralisieren und zähmen zu können. Die Ereignisse nach der Machtübernahme zeigten jedoch rasch, wie groß diese Fehleinschätzung des totalitären Nationalsozialismus war. Obwohl "Zentrum" und "Bayerische Volkspartei" die Wahl vom 5. März 1933 vergleichsweise gut bestanden, stimmten sie nach heftigen inneren Auseinandersetzungen am 23. März für das Ermächtigungsgesetz. Wortführer der katholischen Arbeitervereine forderten vergebens, "dem Ermächtigungsgesetz unter keinen Umständen zuzustimmen"[244]. *Hitler* hatte in der Regierungserklärung einige Zusagen gemacht, die sich auf das Verhältnis zu den Kirchen bezogen, und die Abgeordneten hofften wohl, so Schlimmeres verhüten zu können:

"Die nationale Regierung sieht in den beiden christlichen Konfessionen wichtigste Faktoren der Erhaltung unseres Volkstums. Sie wird die zwischen ihnen und den Ländern abgeschlos-

---

[240] Westdeutsche Arbeiter-Zeitung, Nr. 29 v. 17.07.1926.
[241] Westdeutsche Arbeiter-Zeitung, Nr. 35 v. 30.08.1930.
[242] *Jakob Kaiser,* Der nationale und soziale Kampfesweg der christlichen Arbeiterschaft, in: *Ders.,* Um den sozialen Volksstaat, o.O. o.J. (1932), 34-40, Zitat 38.
[243] *Hürten,* Deutsche Katholiken, 161.
[244] *Aretz,* Katholische Arbeiterbewegung, 77.

senen Verträge respektieren; ihre Rechte sollen nicht angetastet werden (...). Die nationale Regierung wird in Schule und Erziehung den christlichen Konfessionen den ihnen zukommenden Einfluß einräumen und sicherstellen. Ihre Sorge gilt dem aufrichtigen Zusammenleben zwischen Kirche und Staat (...). Ebenso legt die Reichsregierung, die im Christentum die unerschütterlichen Fundamente des sittlichen und moralischen Lebens unseres Volkes sieht, den größten Wert darauf, die freundschaftlichen Beziehungen zum Heiligen Stuhl weiter zu pflegen."[245]

Widerstand erfolgte nur mehr in sehr vorsichtiger Form. Die "Stimmen der Zeit" etwa verurteilten die "diktatorische" Führung *Hitlers*, betonten, daß der Staat "für den Menschen" da sein müsse und nicht umgekehrt, und verlangten, daß "das Angebot der Mitarbeit unter Formen" zu geschehen habe, "die mit der Selbstachtung vereinbar sind"[246]. In der bischöflichen Antwort auf die Regierungserklärung vom 23. März "zeigte sich eine ausdrückliche Eingrenzung der Argumentationsbasis auf den religiösen Gegensatz"[247]. Die Bischöfe erinnerten an ihre frühere "Verurteilung" nationalsozialistischer "Irrtümer", die bestehen bleibe, begrüßten die Aussagen des Reichskanzlers bezüglich "der Unverletzlichkeit der katholischen Glaubenslehre" und stellten fest, daß nun die "Verbote und Warnungen nicht mehr als notwendig betrachtet zu werden brauchen":

"Die Oberhirten der Diözesen Deutschlands haben aus triftigen Gründen, die wiederholt dargelegt sind, in ihrer pflichtmäßigen Sorge für Reinerhaltung des katholischen Glaubens und für Schutz der unantastbaren Aufgaben und Rechte der katholischen Kirche in den letzten Jahren gegenüber der nationalsozialistischen Bewegung eine ablehnende Haltung durch Verbote und Warnungen eingenommen, die solange und insoweit in Geltung bleiben sollten, wie diese Gründe fortbestehen. Es ist nunmehr anzuerkennen, daß von dem höchsten Vertreter der Reichsregierung, der zugleich autoritärer Führer jener Bewegung ist, öffentlich und feierlich Erklärungen gegeben sind, durch die der Unverletzlichkeit der katholischen Glaubenslehre und den unveränderlichen Aufgaben und Rechten der Kirche Rechenschaft getragen, sowie die vollinhaltliche Geltung der von den einzelnen deutschen Ländern mit der Kirche abgeschlossenen Staatsverträge durch die Reichsregierung ausdrücklich zugesichert wird. Ohne die in unseren früheren Maßnahmen liegende Verurteilung bestimmter religiöser Irrtümer aufzuheben, glaubt daher der Episkopat das Vertrauen hegen zu können, daß die vorbezeichneten allgemeinen Verbote und Warnungen nicht mehr als notwendig betrachtet zu werden brauchen."[248]

Ein gemeinsamer Hirtenbrief wiederholte am 3. Juni 1933 diese problematische, Ablehnung und Zustimmung enthaltende Stellungnahme und führte sie weiter aus. Für die im Vergleich zur früheren Ablehnung überraschende Reaktion der Mehrheit des deutschen Katholizismus einschließlich des Episkopates gab es ohne Zweifel eine Reihe von Gründen[249]. Eine Hauptursache lag wohl in der Tatsa-

---

[245] *Stasiewski*, Akten deutscher Bischöfe, 15.
[246] *Jakob Overmanns*, Um Demokratie; *Martin Preis*, Die Staatsverfassung im totalen Staat; *Max Pribilla*, Nationale Revolution, in: StZ Bd. 125 (1933) 18-12, 145-155, 156-168, 22, 148, 159.
[247] *Hürten*, Deutsche Katholiken, 165.
[248] Kundgebung der deutschen Bischöfe (28.03.1933), in: *Stasiewski*, Akten deutscher Bischöfe, 30f.
[249] Angestoßen wurde eine intensive Diskussion durch *Ernst-Wolfgang Böckenförde*, Der deutsche Katholizismus im Jahre 1933. Eine kritische Betrachtung, in: Hochland Jg.53 (1961), 215-239; Ders., Der deutsche Katholizismus in Jahre 1933. Stellungnahme zu einer Diskussion, in: Hochland Jg.54 (1966), 217-245; ders., Kirche und Politik. Zur Problematik des Hüter- und Wächteramtes der Kirche, erläutert am Verhalten der Kirche im "Dritten Reich", in: Der Staat Jg.5

che, daß der totalitäre Kern des Nationalsozialismus von einer allgemeinen in der großen Mehrheit auch des katholischen Volkes lebendigen nationalen Zeitstimmung überdeckt wurde. "Zahlreiche Andersdenkende" und "nicht wenige katholische Intellektuelle und Politiker" wie *Konrad Adenauer, Heinrich Brüning, Gustav Gundlach* gingen ins Exil oder beendeten "ihre öffentliche Wirksamkeit und zogen sich in die stille Opposition zurück"[250]. Am 5. Juli löste sich das "Zentrum" auf. Die Mehrheit und ein großer Teil der katholischen Organisationen bemühten sich indes um einen Brückenschlag und suchten eine "friedliche, aufbauende Zusammenarbeit in oder mit dem Nationalsozialismus"[251] – nicht zuletzt in der Annahme, so die weitere Entwicklung mitgestalten zu können. Wie sehr diese Hoffnung trog, sollte sich leider allzu rasch erweisen.

Der totalitäre Charakter des neuen Staates, zu dem der unter dem Schlagwort "Entkonfessionalisierung des öffentlichen Lebens" einsetzende Kampf gegen die Kirchen gehörte, ließ für viele diese Zusammenarbeit schon bald fragwürdig erscheinen. Andere hofften auf eine Überwindung der christentumsfeindlichen Bestrebungen innerhalb der NSDAP oder hielten trotz allem bewußt an ihrem Ja zur Bewegung fest, wozu auch der Abschluß des Reichskonkordats zwischen römischer Kurie und Deutschem Reich am 20. Juli 1933 über die Rechtsstellung der katholischen Kirche in Deutschland beitrug.[252] Indes setzte sich bereits im selben Jahr der Münchener Kardinal *Michael von Faulhaber* (1869-1952) in seinen großes Aufsehen erregenden Adventspredigten "Judentum, Christentum, Germanentum"[253] in scharfer Form mit dem Antisemitismus des Nationalsozialismus auseinander. Er wurde zu einem Anführer kirchlichen Widerstands im deutschen Episkopat, ohne jedoch insgesamt die Loyalität zur Staatsführung aufzukündigen. Ein gemeinsamer Hirtenbrief der deutschen Bischöfe vom 20. August 1935 zählte die ständigen Angriffe gegen das Christentum auf und erhob nachdrücklichen Protest.[254] *Pius XI.* wandte sich am 14. März 1937 in dem Rundschreiben "Mit brennender Sorge" gegen die Behinderung der Kirche in allen Bereichen und

---

(1966), 225-238; alle abgedruckt in: *ders.*, Kirchlicher Auftrag und politische Entscheidung, Freiburg 1973, 30-122; vgl. dazu *Hans Buchheim*, Der deutsche Katholizismus im Jahre 1933. Eine Auseinandersetzung mit Ernst-Wolfgang Böckenförde, in: Hochland Jg.53 (1961), 497-515; *Rudolf Morsey*, Der Untergang des politischen Katholizismus. Die Zentrumspartei zwischen christlichem Selbstverständnis und "Nationaler Erhebung", Stuttgart 1977; *Klaus Gotto/Konrad Repgen* (Hrsg.), Die Katholiken und das Dritte Reich, Mainz ³1990.

[250] *Böckenförde*, Kirchlicher Auftrag, 44, 53.

[251] *Pribilla*, Nationale Revolution, 162.

[252] Bis zur Stunde kontrovers gesehen wird der Zusammenhang von Ermächtigungsgesetz, Erklärung der Bischöfe und Reichskonkordat. Vgl. dazu *Ludwig Volk*, Das Reichskonkordat v. 20. Juli 1933. Von den Ansätzen in der Weimarer Republik bis zur Ratifizierung am 10. September 1933, Mainz 1972; *Klaus Scholder*, Die Kirchen und das Dritte Reich. Bd. 1: Vorgeschichte und Zeit der Illusionen 1918-1934, Berlin 1977, 300-321; *Konrad Repgen*, Reichskonkordats-Kontroversen und historische Logik, in: *Ders.*, Von der Reformation zur Gegenwart, hrsg. von *Klaus Gotto* und *Hans Günter Hockerts,* Paderborn 1988, 196-213.

[253] Vgl. Kardinal *Michael v. Faulhaber,* Judentum, Christentum, Germanentum. Adventspredigten gehalten in St. Michael zu München 1933, München 1934; *Ludwig Volk (*Bearb.), Akten Kardinal Michael v. Faulhabers 1917-1945 (VKZG.Q 17), Mainz 1975, 825f.

[254] Vgl. Stehet fest im Glauben! Hirtenbrief des deutschen Episkopates an die deutschen Katholiken v. 20.08.1935, Hannover 1935; *Bernhard Stasiewski* (Bearb.), Akten deutscher Bischöfe über die Lage der Kirche 1934-1935 (VKZG.Q 20, Bd. 2), Mainz 1976, 331-341; vgl. auch: Ebenda, 341-373: Denkschrift des deutschen Episkopats an Adolf Hitler, Fulda v. 20.08.1935.

verwarf die unchristlichen Lehren und Praktiken des Nationalsozialismus.[255] *Clemens Graf von Galen* (1878-1946), der kurz nach seiner Ernennung zum Bischof von Münster 1934 den "Studien zum Mythus des 20. Jahrhunderts" des nationalsozialistischen Ideologen *Alfred Rosenberg* entgegengetreten war und die Unvereinbarkeit von Mythus und christlichem Bekenntnis betonte[256], verurteilte 1941 in drei berühmt gewordenen Predigten die Klosteraufhebungen und die im sog. Euthanasieprogramm erfolgte Tötung von Geisteskranken.[257] Das Regime reagierte auf diese öffentlichen Einsprüche mit Verschärfungen seiner antikirchlichen Maßnahmen, die lediglich Ausbruch und Verlauf des Krieges und gewisse Nützlichkeitserwägungen zeitweilig abzuschwächen vermochten.

Diese Auseinandersetzungen zwischen Kirche und Nationalsozialismus ließen der Fortführung der sozialpolitischen Diskussion im deutschen Katholizismus faktisch keinen Raum mehr und verdrängten sie weitestgehend. Erst als gegen Ende des Krieges Widerstandskreise feste Formen annahmen, machte man sich dort Gedanken über die künftige politische und auch soziale und wirtschaftliche Neuordnung Deutschlands. Erwähnt sei hier der sog. *Walberberger Kreis*. In ihm fanden sich Männer aus den ehemaligen katholischen Arbeitervereinen und den Christlichen Gewerkschaften, wie *Bernhard Letterhaus, Nikolaus Groß* (1898-1945), Verbandspräses *Otto Müller* (1870-1944), die nach dem 20. Juli 1944 hingerichtet wurden oder in Gestapogefängnissen starben, sowie *Karl Arnold* (1901-1958), *Johannes Albers* (1890-1963) u.a. zusammen, um mit den Dominikanern *Laurentius Siemer* (1888-1956) und *Eberhard Welty* (1902-1965) im Kloster Walberberg bei Köln ihre Vorstellungen über die künftige gesellschaftspolitische Entwicklung zu besprechen. Ihren Niederschlag fanden diese Überlegungen in dem von *Welty* noch vor Kriegsende geschriebenen Buch "Die Entscheidung in die Zukunft", das Einfluß auf den politischen Neubeginn der Katholiken nach Kriegsende ausüben sollte.[258]

---

[255] *Pius XI.,* Enzyklika "Mit brennender Sorge" v. 14.03.1937. Mit einer Einführung von *Ulrich Wagener,* Paderborn 1987. Der Entwurf zur Enzyklika stammte von Kardinal *Faulhaber* (vgl. 33-35: Faksimile des handschriftlichen Entwurfs v. Januar 1937).

[256] Vgl. *Peter Löffler* (Bearb.), Clemens August v. Galen. Akten, Briefe und Predigten 1933-1939 (VKZG.Q 42, Bd. 1), Mainz 1988, 208-210.

[257] Vgl. *Clemens August Kardinal v. Galen.,* Drei Predigten in dunkler Zeit v. 13.07., 20.07. und 03.08.1941, Münster 1987; auch: *Peter Löffler* (Bearb.), Clemens August v. Galen. Akten, Briefe und Predigten 1939-1946 (VKZG.Q 42, Bd. 2), Mainz 1988, 843-851 (13.07.1941), 855-863 (20.07.1941), 874-883 (03.08.1941).

[258] Vgl. dazu näherhin: 3. Kapitel I 1 a.

3. Kapitel: Der deutsche Katholizismus in der sozialpolitischen Mitverantwortung – nach 1945

Nach dem unwiderruflichen Sieg über das nationalsozialistische Regime und dem Ende des Zweiten Weltkrieges gehörten die Kirchen zu den wenigen intakt gebliebenen gesellschaftlichen Institutionen. Die gemeinsam erlittene Erfahrung der Verfolgung sowohl der evangelischen als auch der katholischen Kirche, der systematische Terror gegen Kommunisten, Sozialisten und Christen gleichermaßen sowie der vereinte Kampf dieser unterschiedlichen Gruppierungen gegen die nationalsozialistische Diktatur hatten die Menschen nachhaltig geprägt. Sie schufen nun die Basis für einen gemeinschaftlichen Neuanfang. So kam es nicht nur zu veränderten Formen des politischen Zusammenwirkens zwischen evangelischen und katholischen Christen, sondern es gab auch Versuche einer Kooperation mit den Sozialisten. Anders als der Protestantismus, der in den ersten Nachkriegsjahren die Integration der während der Nazidiktatur in eine Polarisierung geratenen Teile („Deutsche Evangelische Kirche" als Reichskirche, sog. „Intakte Landeskirchen", Bekennende Kirche) leisten mußte, vermochte der deutsche Katholizismus in noch und weitaus stärkerem Maße als zu früherer Zeit die soziale und politische Entwicklung in diesem Zeitraum nicht nur zu beeinflussen, sondern unmittelbar mitzubestimmen.

Für den deutschen Sozialkatholizismus brachte der wirtschaftliche und gesellschaftliche Wiederaufbau nach 1945 veränderte und andersartige Probleme mit sich als etwa das 19. Jh. oder die Weimarer Zeit. Die dort erworbene soziale Kompetenz ermöglichte es ihm nun allerdings, eine wesentliche Aufgabe bei der Sicherung des Existenzminimums der Menschen durch karitatives Engagement, bei der pastoralen Eingliederung der Heimatvertriebenen, bei der übergangsweisen Beteiligung an repräsentativen sozialen und politischen Tätigkeiten sowie bei der Auffüllung des durch die Nationalsozialisten hinterlassenen pädagogischen und moralisch-ethischen Vakuums wahrzunehmen. Erschwert wurde die Arbeit des Sozialkatholizismus dadurch, daß ihn nicht wie früher de facto die Zentrumspartei als eine eigene politische Partei parlamentarischvertrat. Die nach 1945 neu gegründeten Unionsparteien repräsentierten sowohl die evangelische als auch die katholische Konfession. Deshalb fiel es nicht leicht, politische Entscheidungen aus „katholischer (naturrechtlicher, christlich-anthropologischer) Tradition"[1] als solche erkennbar zu gestalten.

Auch die Entwicklung des Verbandskatholizismus nahm im Nachkriegsdeutschland in den Westzonen, seit 1949 Bundesrepublik Deutschland, und in der von der Sowjetunion okkupierten Ostzone, der späteren DDR, einen völlig unterschiedlichen Verlauf. Das anfängliche Zögern bei der Wiederbelebung der Verbände im Westen schwand mit der engen Fühlungnahme zu den Unionsparteien; die Verbände sahen sich im Sog von deren Erfolgswelle. Auch die Verbandszen-

---

[1] *Hans Maier,* Der politische Weg der deutschen Katholiken nach 1945, in: Deutscher Katholizismus nach 1945, München 1964, 190-220, Zitat 201; vgl. *Rudolf Morsey,* Katholizismus und Unionsparteien in der Ära Adenauer, in: *Albrecht Langner* (Hrsg.), Katholizismus im politischen System der Bundesrepublik 1949-1963, Paderborn 1978, 33-59.

tralen auf Bundesebene konnten in diesem Kontext rasch neubegründet oder ausgebaut werden. Für den Zusammenschluß der Katholiken wurde 1953 das „Zentralkomitee der deutschen Katholiken" (ZdK) eingerichtet, um die Vielfalt des organisierten Katholizismus zu koordinieren und inspirieren. Inzwischen war es zur Gründung von zahlreichen Personalverbänden, Katholikenausschüssen oder Räten als Laienorganisationen gekommen, die sich an Diözesan- oder Gemeindestrukturen anlehnten oder auf gezielte Aktivitäten und Hilfeleistungen abgestellte Organisationsformen wählten.

Für den sozialen Bereich kam es zu wichtigen Neugründungen.Unmittelbar nach dem Krieg wurde neben dem „Kolpingwerk" auch die „Katholische Arbeitnehmer-Bewegung" (KAB) wieder ins Leben gerufen. Für die Kaufleute, Beamten, Angestellten, Ingenieure und Techniker folgte die Erneuerung der aus dem „Katholisch-Kaufmännischen Verein" (KKV) und dem „Verband Katholischer Kaufmännischer Berufstätiger Frauen" (KKF) hervorgegangenen und seit 1965 so genannten „KKV-Bundesverband der Katholiken in Wirtschaft und Verwaltung"; für die Arbeitgeber kam es 1949 zur Gründung des „Bundes katholischer Unternehmer" (BKU). Die 1925 zuerst in Belgien entstandene „Christliche Arbeiterjugend" (CAJ) erhielt 1947 in den Westzonen einen Nationalverband. 1951 gründete man für die ländliche Bevölkerung, die bislang über noch keinen berufsspezifischen katholischen Verband verfügt hatte, die „Katholische Landvolkbewegung" (KLB), nachdem sich schon 1946 die „Katholische Landjugendbewegung" (KLJB) formiert hatte. 1947 wurde als Dachverband über die katholischen selbständigen Jugendverbände der „Bund der Deutschen Katholischen Jugend" (BDKJ) gegründet. Einen Sonderfall in der Entfaltung des Verbandswesens stellt die 1953 von den Bischöfen initiierte Gründung des „Familienbundes der deutschen Katholiken" (FDK) dar, der für die soziale und materielle Sicherstellung der durch die industrielle Gesellschaftsentwicklung benachteiligten Familien eintrat und dem nach sechs Jahren bereits über 900.000 Familien angehörten.[2] Bei allen hier genannten Vereinen, Verbänden und Organisationen mit sozialer Ausrichtung zeigte sich deutlich eine noch größere Annäherung an die amtliche Kirchenstruktur, als dies bereits für den sozialen Katholizismus des 19. und beginnenden 20. Jhs. gegolten hatte.

„Dies begründete einen erhöhten Anspruch des organisierten Katholizismus an die amtlich strukturierte Kirche, auch eine Verbreiterung der gesellschaftsdiakonischen Dienste der Kirche. Es begründete freilich auch eine ‚Verkirchlichung' und ‚Veramtlichung' der Formen des freien gesellschaftlichen Engagements von Katholiken."[3]

Als glücklich für die Entwicklung des sozialen Nachkriegskatholizismus erwies sich der Umstand, daß die meisten Vertreter der katholischen Sozialwissenschaft, die schon vor 1933 aktiv an Entwürfen katholisch-sozialen Denkens und deren Integration in die Praxis beteiligt gewesen waren, die NS-Diktatur überlebt hatten. Zu den renommiertesten gehörten die Jesuiten *Gustav Gundlach,* seit 1934 an der

---

[2] Vgl *Heinz Hürten,* Katholische Verbände, in: *Rauscher,* Der soziale und politische Katholizismus. Bd. 2, 215-277, 271-275.
[3] *Karl Forster,* Der deutsche Katholizismus in der Bundesrepublik Deutschland, in: *Rauscher,* Der soziale und politische Katholizismus. Bd. 1, 209-264, Zitat 232.

römischen Gregoriana-Universität Professor und gesellschaftswissenschaftlicher Berater *Papst Pius XII.,* sowie *Oswald von Nell-Breuning,* seit 1928 Professor an der Philosophisch-Theologischen Hochschule St. Georgen in Frankfurt und 17 Jahre lang von 1948 bis 1965 Mitglied des Wissenschaftlichen Beirats beim Bundesministerium für Wirtschaft, ebenfalls die Dominikaner *Arthur-Fridolin Utz* in Freiburg/Schweiz und *Eberhard Welty* in Walberberg bei Bonn sowie die Sozialethiker *Johannes Messner* in Wien, *Paul Jostock* in Stuttgart, *Joseph Höffner* in Münster und *Nikolaus Monzel* in München. Der katholischen Soziallehre besonders verbunden waren im Episkopat nach 1945 der Kölner Kardinal *Joseph Frings,* der Aachener Bischof *Johannes van der Velden* und der Münsteraner Bischof *Michael Keller.* Seit 1962 setzte sich der ehemalige Direktor des Instituts für Christliche Sozialwissenschaften *Höffner* als Münsteraner Bischof und Kölner Erzbischof, seit 1976 auch als Vorsitzender der Deutschen Bischofskonferenz, für die Anliegen des Sozialkatholizismus ein. Wenn auch viele Opfer des Naziterrors wurden, so konnte doch ein wichtiger Teil der Führungselite der katholischen Arbeiterbewegung und der christlichen Gewerkschaften politische Verantwortung übernehmen: *Johannes Albers, Karl Arnold, Theodor Blank, Johannes Even* oder *Jakob Kaiser* prägten die frühe Sozialpolitik der Nachkriegszeit.[4] Dabei ist zu bedenken, daß es nach dem Krieg weder zur Wiederbegründung der christlichen Gewerkschaften[5] noch des „Volksvereins für das katholische Deutschland" kam, wohl aber die katholischen Arbeitervereinigungen wiederbelebt wurden. Sie waren seit 1945 organisatorisch aufgegliedert in den Westdeutschen Verband der „Katholischen Arbeiterbewegung" (KAB, gegr. 1904), dem alle Diözesen nördlich des Mains sowie die Bistümer Mainz und Berlin angehörten, das „Katholische Werkvolk", das Bayern und die Diözesen Speyer und Freiburg umfaßte (gegr. 1891), und der eigenständige Landesverband des „Werkvolks" des Bistums Rottenburg-Stuttgart (gegr. 1926). Sie vereinigten sich 1971 zur „Katholischen Arbeitnehmer-Bewegung Deutschlands" als Bundesverband, während sie vorher seit 1947 lediglich in einem Kartellverband vereinigt waren.

Die Unionsparteien, durch die sich die Mehrzahl der Katholiken politisch repräsentiert sah, waren im Kontrast zur Weimarer Epoche eine mehrheitsfähige Konstellation. Der soziale Katholizismus konnte durch sie besonders in den Bereichen der Familienpolitik, der Eigentumsbildung, der Rentenreform und der Entwicklungspolitik erheblichen Einfluß auf die staatliche Gesetzgebung und Politik erwirken. Dazu kam eine verstärkte katholische Präsenz in dem ihm bislang verschlossen gebliebenen Feld der Außen-, Sicherheits- und Verteidigungspolitik.[6] Die Offenheit für vielfältige gesellschaftliche Aufgaben und für internationale Zusammenhänge zeigte in besonderer Weise die Gründung der bischöflichen Hilfswerke „Misereor" und „Adveniat" als Impuls für eine weltweite Entwicklungshilfe. Auch die Einrichtung von Akademien, die eine Öffnung von Kirche und Katholizismus auf die Gesellschaft hin erreichen sollten, repräsentierte

---

[4] Vgl. *Roos,* Kapitalismus, Sozialreform, Sozialpolitik, 126-136.
[5] Dies geschah erst 1955 unter ungünstigen Umständen. Vgl. 3. Kapitel I 4 b.
[6] Vgl. näherhin: *Peter Langhorst,* „Ziel ist ein positiver Friede". Die Diskussion um Sicherheitspolitik und Friedensethik im deutschen Katholizismus nach 1945, in: Zeitschrift Militärseelsorge. Pastoral, Jg.42 (2001).

eine neuartige Organisationsform und Methode der kontroversen Diskussion zwischen Kirche und Welt. Sie wollen „christliche Hoffnungs- und Handlungsperspektiven in den gesellschaftlichen Prozeß einbringen"[7]; dies gilt insbesondere nach der deutschen Vereinigung für die jüngsten Akademiegründungen in Berlin 1990 und Dresden 1991. Im Sog dieser Entwicklung bildeten sich im Rahmen der Erwachsenenbildung katholische Bildungswerke, Sozialinstitute, Heim- und Landvolkshochschulen sowie „Soziale Seminare", die auch solche Kreise zu erreichen suchten, die von den Verbänden nicht erfaßt wurden.[8]

Durch das nach dem Zweiten Weltkrieg im Osten Deutschlands aufkommende totalitäre System des Kommunismus wurde der kirchliche wie auch der katholisch-soziale Einfluß von Beginn an entscheidend gehemmt. „Die katholische Kirche in der DDR war (...) Kirche unter dem Kreuz."[9] Weil es den Machthabern der DDR unmöglich schien, ein radikales Verbot der Kirchen und jeder religiösen Bewegung vor allem aus Gründen außenpolitischer Rücksichtnahme zu erlassen sowie eine den Verhältnissen in Westdeutschland vergleichbare konkordatäre Beziehung aus ideologischen Gründen zu gestalten, verfolgte die Kirchenpolitik im wesentlichen eine Doppelstrategie: Sie wollte die Kirchen einerseits – als Relikt des untergehenden Klassenstaates – aus dem Bild der Öffentlichkeit verschwinden lassen und andererseits für bestimmte politische Ziele und Kampagnen instrumentalisieren. Spätestens seit 1949 war klar, daß der Führungsanspruch der „Sozialistischen Einheitspartei Deutschlands" (SED) in allen Lebensbereichen durchgesetzt werden sollte und damit für ein kirchliches Eigenleben, das diesen Namen verdient, kein Raum zur Verfügung stand. Den beiden christlichen Konfessionen unterstellte man eine feindliche Ideologie, mit der es nicht zu kooperieren, sondern die es zu lähmen galt. Insgesamt kam es im (sozialen) Katholizismus des Ostens zu einem tiefgreifenden Traditionsbruch und Erfahrungsverlust in der gesellschaftlichen Aktivität. Für die Organisation christlicher Sozialverbände gab es bereits in der Aufbauphase der DDR keinen Raum. Dennoch und trotz aller Beschränkungen[10] wird man sagen können, daß die Kirchen als gesellschaftliche Größe „der einzige – halbwegs geduldete – Ort kritischer, alternativer Konzepte"[11] waren. Die Machthaber akzeptierten die aktive Präsenz von Christen im Sozialismus, waren prinzipiell zum Dialog auf bestimmten Gebieten bereit und gewährten insbesondere kirchlichen Basisgruppen einen gewissen Freiraum – mit der Auflage, daß die Kirchen selbst diese regulieren und gegebenenfalls discipli-

---

[7] *Gerhard Krems* (Hrsg.), Katholische Akademien in Deutschland. Eine Dokumentation, Trier 1993, 7.

[8] Sie sind eine Einrichtung deutscher Diözesen, die Seminare zum breiten Spektrum der politisch-sozialen Bildung und der katholischen Soziallehre anbieten und darüber hinaus Gemeinden und Verbände bei ihren Weiterbildungsangeboten unterstützend beraten.

[9] *Christoph Böhr,* Katholische Kirche und SED-Staat, in: NOrd Jg.50 (1996), 222-226, Zitat 226; vgl. grundlegend: *Theo Mechtenberg,* Die Lage der Kirchen in der DDR, Miesbach 1985; *Karl Gabriel,* Die katholische Kirche in der DDR. Religionssoziologische Überlegungen, in: StZ Bd.205 (1987), 806-816; *H. Ester* (Hrsg.), Dies ist nicht unser Haus. Die Rolle der katholischen Kirche in den politischen Entwicklungen der DDR, Amsterdam 1992.

[10] Vgl. zu Behinderungen im Bildungswesen und sozial-karitativen Bereich: *Thomas Raabe*, SED-Staat und katholische Kirche. Politische Beziehungen 1949-1961, Paderborn 1995, 157-183.

[11] *Herbert Reitinger,* Die Rolle der Kirche im politischen Prozeß der DDR 1970 bis 1990, München 1991, 68.

nieren sollten. Ein grundsätzliches Mitspracherecht in gesellschaftspolitischen Fragen erteilte die Staatsführung indessen nicht.[12] Es gab nur wenige engagierte christliche Laien. Hatten vor dem Zweiten Weltkrieg in dem Gebiet ca. 1 Million Katholiken gelebt, so stieg deren Zahl bis 1949 aufgrund von Vertreibung und Flucht aus den ehemaligen Ostgebieten des Deutschen Reiches auf ca. 2,7 Millionen an, von denen jedoch wegen politischer Schikanen und fehlender Integrationsbereitschaft bis 1961 ca. 1,1 Millionen in die Bundesrepublik flüchteten. Seither ist die Zahl der Kaholiken weiterhin rückläufig. Bis auf die Regionen Eichsfeld, thüringische Rhön und Lausitz ist für die Katholiken die Diasporasituation typisch.[13] Auch deshalb kam es kaum zu intensiven Kontakten zwischen Kirchenleitung und Laien, die einer Strukturierung von sozialen Initiativen hätten dienlich sein können. So fehlte in der DDR „der spezifische Anteil der Laien an der Umsetzung des Gesamtauftrags der Kirche"[14].

Eine „innere" Wende konnte das II. Vatikanische Konzil, an dem Bischöfe und Theologen aus der DDR teilnahmen, hervorrufen und die Katholiken aus ihrer kirchlichen, theologischen und menschlichen Isolation vor allem seit dem Bau der Berliner Mauer 1961 befreien helfen. Im Sog der Konzilseuphorie ließen sich die Kontakte zur Kirche in der Bundesrepublik intensivieren und mit deren Unterstützung die Fühlungnahme zur Weltkirche erhalten sowie die Sicherung des Unterhalts der Kirche und ihrer karitativen Einrichtungen wie Krankenhäuser, Kindergärten, Kinder- und Altenheime erreichen, indem Kirchensteuer intern veranlagt und eingezogen wurde. Der Kontakt zu den östlichen Nachbarkirchen und die Einrichtung des Hilfswerks „Not in der Welt" 1968 waren Kennzeichen des neu gewonnen Selbstbewußtseins. Dennoch konnten unter diesen politischen Bedingungen die vom Konzil ausgehenden Impulse in bezug auf partizipatorische und synodale Strukturen nur begrenzte Wirkung entfalten. Die Meißener Diözesansynode und die Dresdener Pastoralsynode aller Jurisdiktionsbezirke der DDR in der ersten Hälfte der 70er Jahre, das Dresdener Katholikentreffen 1987 oder auch die kurz vor der Wendephase stattfindende „Ökumenische Versammlung der Kirchen und Christen in der DDR" in Dresden – Magdeburg – Dresden (1988/89)[15] blieben „singuläre Ereignisse, die zwar zeitweilig überregionale, wenn auch kanalisierte kirchliche Kommunikationsvorgänge ermöglichten, längerfristig aber für die Praxis der Laienarbeit erfolglos blieben"[16]. Daß während und insbesondere

---

[12] Vgl. *Reitinger,* Die Rolle der Kirche, 92; auch: Menschliche Grundrechte anerkennen. Der Vorsitzende der Berliner Ordinarienkonferenz, Kardinal Bengsch, an den Staatssekretär für Kirchenfragen, Seigewasser, am 05.01.1972, in: *Gerhard Lange* (Hrsg.), Katholische Kirche – Sozialistischer Staat DDR. Dokumente und öffentliche Äußerungen 1945-1990, 2., durchges. u. erw. Auflage, Leipzig 1993, 428-431.
[13] Vgl. *Josef Pilvousek,* Deutschland II.1.b. Gebiet der DDR, in: LThK³ III, 153-162.
[14] *Klemens Richter,* Katholische Kirche in der DDR, in: JCSW Jg.13 (1972), 215-245, Zitat 237f.
[15] Gerechtigkeit, Frieden, Bewahrung der Schöpfung. Die Ergebnisse der Ökumenischen Versammlung von Dresden – Magdeburg – Dresden und Basel, hrsg. von der Arbeitsgruppe „Justitia et Pax" der Berliner Bischofskonferenz, Leipzig 1990, 18-40.
[16] *Hans Joachim Meyer,* Der Wandel kirchlicher Aufgaben in der ehemaligen DDR, in: *Manfred Spieker* (Hrsg.), Vom Sozialismus zum demokratischen Rechtsstaat. Der Beitrag der katholischen Soziallehre zu den Transformationsprozessen in Polen und in der ehemaligen DDR, Paderborn 1992, 171-179, Zitat 176; vgl. *Gerhard Lange,* Befreiungstheologische Ökumene in der DDR? Theologische Grundlegung der Ökumenischen Versammlung, in: NOrd Jg.50 (1996), 164-179.

nach der Wende katholische Christen weit über ihr numerisches Gewicht hinaus politische und gesellschaftliche Verantwortung übernahmen, zeugt sowohl von der persönlichen Glaubwürdigkeit, die Christen als unbelastete und für einen Neuanfang einstehende Mitbürger auch bei einer weithin entchristlichten Wählerschaft genossen, als auch einer lange angestauten Unzufriedenheit mit der politischen Situation in der DDR.

Folgerichtig kam auch der Umsetzung der katholischen Soziallehre in der DDR nicht die Aufmerksamkeit zu, wie es in der westlichen Bundesrepublik selbstverständlich geworden war.[17] Zwar gab es in der katholischen Kirche der DDR Bemühungen, doch blieben diese oft im Ansatz stecken oder waren von geringer und nur punktueller Tragweite.[18] Eine Ausnahme bildete wohl eine Initiative in der Folge der Meißener Diözesansynode, die „als Beispiel für einen offenen und kritischen Umgang mit der gesellschaftlichen Wirklichkeit der DDR dienen kann und unter diesem Aspekt auch die innerkirchliche Konfliktsituation jener Jahre spiegelt"[19]. Es handelt sich um den Arbeitskreis „Pacem in terris", dem von 1963 bis 1977 die Aufgabe zukam, die Rezeption der katholischen Soziallehre innerkirchlich zu leisten. Die Initiative zu dessen Gründung ging vom damaligen Erfurter Weihbischof *Hugo Aufderbeck* aus und reagierte auf die Veröffentlichung der Friedensenzyklika „Pacem in terris" Papst *Johannes XIII.* am 11. April 1963. Der Kreis wurde von der Berliner Bischofskonferenz autorisiert[20], von jedem der sieben Jurisdiktionsbezirke wurden ein Priester und qualifizierte kirchliche Laienmitarbeiter entsandt. Die Aufgabe des Arbeitskreises sollte dahingehen, fundierte Kenntnisse der katholischen Soziallehre zu erwerben, durch thematische Erarbeitungen ihre innerkirchliche Rezeption zu fördern und praxisorientierte Anregungen für die pastorale Arbeit zu liefern. Verschiedene Stellungnahmen und Handreichungen zur Frühgeschichte katholischer Sozialreform und Sozialpolitik, zu den päpstlichen Sozialrundschreiben „Mater et magistra" (1961), „Pacem in terris" (1963) und „Populorum progressio" (1967), zum gesellschaftsbezogenen Dokument des Konzils, der Pastoralkonstitution „Gaudium et spes" (1965) sowie grundsätzlich zu Arbeit und organisiertem Arbeitsprozeß, Entwicklungsproblematik und Entwicklungshilfe und zur Genfer Konferenz „Kirche und Gesellschaft" und ihrer Revolutionsdebatte (1966) wurden erstellt. Seit Mitte der 80er Jahre erlangte der Arbeitskreis nochmals Bedeutung, als er im Zuge der sich in der Ära Gorbatschow verändernden Rahmenbedingungen dadurch, daß er Se-

---

[17] Die Rezeption von Inhalten katholischer Gesellschaftslehre war relativ gering. Vgl. etwa: *Clemens Dölken/Ulrich Weiß*, Die katholische Soziallehre bei Priestern und Jugendlichen in den neuen Bundesländern, in: *Manfred Spieker* (Hrsg.), Nach der Wende: Kirche und Gesellschaft in Polen und in Ostdeutschland. Sozialethische Probleme der Transformationsprozesse, Paderborn 1995, 97-126, bes. 103-110.
[18] Vgl. zur Arbeit von Gesprächs- und Studienkreisen: *Rainer Prachtl*, Die Leitideen der christlichen Soziallehre in Politik und sozialer Wirklichkeit Ostdeutschlands, in: *Georg Giegel/Peter Langhorst/Kurt Remele* (Hrsg.), Glaube in Politik und Zeitgeschichte, Paderborn 1995, 237-243, Zitat 238f.
[19] *Theo Mechtenberg*, Der Arbeitskreis „Pacem in terris" und die Rezeption katholischer Soziallehre, in: Unser Dienst. Zeitschrift für Führungskräfte der KAB und für die Seelsorge in der Arbeitswelt Jg.30 (1996), 3-10, Zitat 3.
[20] Seit 1977 bestand die unmittelbare Anbindung des Arbeitskreises „Pacem in terris" an die Bischofskonferenz nicht mehr.

minarmodelle zur katholischen Soziallehre erarbeitete und einzelne sozialethische Tagungen organisierte, einen gewissen „Beitrag zur ‚Wende' leisten"[21] konnte.

Die Zeit nach 1945 soll nicht aus der profan- oder kirchengeschichtlichen Perspektive nachvollzogen werden, sondern systematisch gesellschaftlich relevante Themen behandeln, an deren Entfaltung dem sozialen Katholizismus ein maßgeblicher Anteil zukommt. Unter dem ersten Gesichtspunkt der ökonomisch-sozialen Erneuerung sind dies insbesondere die Diskussion um das Wirtschaftssystem der Bundesrepublik Deutschland und die Einführung der Sozialen Marktwirtschaft, die Modellversuche eines „Christlichen" bzw. „Demokratischen Sozialismus" und die Auseinandersetzung mit dem Marxismus. Die Debatte um eine gerechte Einkommensverteilung und Eigentumsordnung in Verbindung mit dem Konzept des Investivlohns sowie das Ringen um die soziale Sicherung und die sog. „Dynamische Rente" prägten die junge Bundesrepublik genauso wie die erweiterten Forderungen der Arbeitnehmer nach betrieblicher Mitbestimmung (I.). In einem zweiten Schritt ist der katholisch-soziale Beitrag zur Lösung gesellschaftspolitischer Strukturprobleme am Beispiel der entwicklungspolitischen und ökologisch-ethischen Diskussion in Deutschland zu untersuchen (II.). Die Perspektive der Katholiken in der DDR findet dabei ihre angemessene Berücksichtigung.

I. Beteiligung an der sozial-ökonomischen Neugestaltung

1. Versuche eines christlichen und demokratischen Sozialismus

In der Verfolgung von Christen und Sozialisten durch das totalitäre Regime des Nationalsozialimus ist ein Hauptmotiv zu sehen, daß beide Gruppierungen nach dem Krieg in Kontakt zueinander traten und über den gesellschaftlichen und wirtschaftlichen Neuaufbau in Deutschland intensive Gespräche führten. Erst in späteren Jahren – etwa ab 1948 – kamen Ansätze zum Tragen, die sich mit neoliberalen und marktwirtschaftlichen Ordnungsmodellen auseinandersetzten.[22]

a) Integration sozialistischen Gedankenguts bei den frühen Christdemokraten

Ein Großteil der Bemühungen in den unmittelbaren Nachkriegsjahren um ein Zusammengehen zwischen sozialistischen – wohlgemerkt: nicht marxistischen – und christlichen Kräften zielte auf die Bildung einer „Partei der Arbeit" um den Kern einer einheitlichen, alle früheren Richtungen zusammenfassenden Gewerkschaftsorganisation. Als Vorbild diente die englische „Labour Party". Diese neue politische Gruppierung sollte eine soziale, ja sozialistische Partei werden, aber

---

[21] *Mechtenberg*, Der Arbeitskreis „Pacem in terris", 10; vgl. Arbeitskreis „Pacem in terris" (Hrsg.), Kirche zwischen Vertröstung und Klassenkampf. 100 Jahre Rerum Novarum, Leipzig 1991.
[22] Vgl. näherhin: 3. Kapitel II 2.

gleichfalls den christlichen Religionen offenstehen. Schon während des Zweiten Weltkrieges hatte die Idee zur Gründung einer den nicht-marxistischen Flügel der SPD und das linke Spektrum der späteren christlichen Demokraten umfassenden Partei in vielen Gesprächen Gestalt angenommen.

Jakob Kaiser (1888-1961), in der Zeit der Weimarer Republik Landesgeschäftsführer der „Christlichen Gewerkschaften" für Westdeutschland, berichtete von den Plänen, sich nach dem Krieg in einer Partei zusammenzuschließen, in der weltanschaulich unterschiedliche Überzeugungen für eine sozial praktikable Politik nicht mehr hinderlich sein sollten:

„Wir waren uns mit den Männern der Sozialdemokratie vor dem 20. Juli durchaus einig darüber, daß auch in Deutschland allmählich parteipolitische Gebilde wachsen könnten, die von einer so ausgesprochenen Toleranz sind, daß weltanschauliche Verschiedenheiten der Auffassungen für die Gemeinsamkeit der praktischen Politik keine Hemmung mehr zu bilden brauchten."[23]

Der Wunsch *Kaisers* erfüllte sich nicht. Da nach der Zulassung politischer Parteien durch die sowjetische Militärregierung am 10. Juni 1945 sich die SPD nach ihren überkommenen sozialistischen Idealen formierte, konzentrierte sich *Kaiser* auf die Bildung einer großen christlichen und demokratischen Partei.

„In der schwersten Katastrophe, die je über ein Land gekommen ist, ruft die Partei Christlich-Demokratische Union Deutschlands aus heißer Liebe zum deutschen Volk die christlichen, demokratischen und sozialen Kräfte zur Sammlung, zur Mitarbeit und zum Aufbau einer neuen Heimat. Aus dem Chaos von Schuld und Sünde, in das uns die Vergottung eines verbrecherischen Abenteurers gestürzt hat, kann eine Ordnung in demokratischer Freiheit nur erstehen, wenn wir uns auf die kulturgestaltenden sittlichen und geistigen Kräfte des Christentums besinnen und diese Kraftquelle unserem Volke immer mehr erschließen."[24]

Nachdem *Kaiser* in Berlin zusammen mit dem ehemaligen Gewerkschafter *Ernst Lemmer* (1898-1970) den Vorsitz der ostzonalen „Christlich-Demokratischen Union Deutschlands" (CDUD) übernommen hatte, legte er den Nachdruck seiner Bemühungen auf die Verbindung von Sozialismus, Christentum und Demokratie. Für *Kaiser* war diese Union „keine bürgerliche Partei" mehr, denn „die Zeit der bürgerlichen Ordnung ist vorbei". In einer programmatischen Rede vor dem Vorstand der CDUD forderte er im Februar 1946, daß die neue „eine sozialistische Ordnung sein" müsse. In ihr sah er

„die demokratische Haltung im Politischen und die sozialistische Haltung im Sozialen und Wirtschaftlichen von dem obersten Gesetz der freien, sich ihrer Würde bewußten Persönlichkeit beherrscht (...), die sich in freier sittlicher Entscheidung dem großen Ganzen ein- und unterordnet. Das ist für uns das Wesen des demokratischen Sozialismus aus christlicher Verantwortung."[25] Auf der Grundlage einer christlich-sozialistischen Neuordnung lag es in sei-

---

[23] *Jakob Kaiser* vor den Delegierten des Freien Deutschen Gewerkschaftsbundes am 02.02.1946, in: *Hans Georg Wieck*, Die Entstehung der CDU und die Wiederbegründung des Zentrums im Jahre 1945, Düsseldorf 1953, 212.

[24] Aufruf der Christlich-Demokratischen Union an das deutsche Volk in Berlin am 26.06.1945, in: *Helmut Krause/Karlheinz Reif*, Geschichte in Quellen: Die Welt seit 1945, München 1980, 211.

[25] *Jakob Kaiser*, Der soziale Staat. Reden und Gedanken, Berlin o.J. (1946), 8-10.

ner Absicht, eine „Synthese zwischen östlichen und westlichen Ideen zu finden, (...) Brücke zu sein zwischen West und Ost"[26].

Wie *Kaiser* in Berlin, so strebten auch im Sommer 1945 der ehemalige Generalsekretär der „Christlichen Gewerkschaften", *Adam Stegerwald* (1847-1945) in Würzburg, der frühere Redakteur des KAB-Organs „Westdeutsche Arbeiterzeitung" und damalige Oberbürgermeister von Mönchengladbach, *Wilhelm Elfes*, der aus England zurückgekehrte ehemalige Mitarbeiter *Heinrich Brünings*, *Karl Spiecker*, in Köln und Altreichskanzler *Joseph Wirth* (1879-1956) in Freiburg die Gründung einer „Partei der Arbeit" an. Besondere Anstrengungen in diese Richtung gab es auch in Frankfurt durch den sog. „Frankfurter Kreis". Die aus ihm hervorgehenden „Frankfurter Leitsätze" vom September 1945 bekannten sich

„zu einem wirtschaftlichen Sozialismus auf demokratischer Grundlage, und zwar in folgender Form: Wir erstreben die Überführung gewisser großer Urproduktionen, der Großindustrie und Großbanken in Gemeineigentum. Wir wollen ferner, daß die Wirtschaft im großen einheitlich und planvoll gelenkt werde"[27].

Die zweite Form des Versuchs einer Kooperation zwischen Sozialismus und Christentum trug einen stärker weltanschaulichen Akzent. Weil man den bisherigen Sozialismus eher marxistisch geprägt sah, wollte man ihm den „wahren christlichen Sozialismus" entgegenstellen. Die Gründung einer sozial fortschrittlichen Partei mit christlicher Ausrichtung war das Ziel solcher Bemühungen, die besonders in Südwestdeutschland und im Rheinland forciert wurden. Das erste und wichtigste programmatische Dokument der im Westen gegründeten „Christlich-Demokratischen Union" (CDU) waren die „Kölner Leitsätze" vom Juni 1945. Sie beschworen „einen wahren christlichen Sozialismus, der nichts gemein hat mit falschen kollektivistischen Zielsetzungen, die dem Wesen des Menschen von Grund auf widersprechen"[28].

Auch die aus den ehemaligen christlichen Gewerkschaften kommenden Gründungsmitglieder waren wegen der antireligiösen Einstellung eines Großteils der Sozialdemokraten recht bald zu dem Entschluß gelangt, „die Idee einer Partei der Arbeit fallenzulassen" und alle Anstrengung dahin zu lenken, daß „die CDU eine Arbeiterpartei" bzw. „die Arbeiterschaft das bestimmende Element"[29] darin werde. Die als Überarbeitung der „Kölner Leitsätze" formulierten „Leitsätze der Christlich-Demokratischen Partei im Rheinland und Westfalen" verzichteten zwar auf den Begriff „Christlicher Sozialismus", verlangten jedoch, die „Vorherrschaft des Großkapitals der privaten Monopole und Konzerne" zu beseitigen und das Gemeineigentum „soweit zu erweitern, wie das Allgemeinwohl es erfordert"[30].

---

[26] *Ders.*, Um Deutschlands Schicksal, in: Deutschland und die Union. Die Berliner Tagung 1946. Reden und Aussprache, Berlin o.J. (1946), 5-21, Zitat 9.
[27] Frankfurter Leitsätze vom September 1945, in: *Ossip K. Flechtheim* (Hrsg.), Dokumente zur parteipolitischen Entwicklung in Deutschland seit 1945. Bd. 2, Berlin 1963, 36-45, Zitat 42.
[28] Kölner Leitsätze, in: Ebenda, 30-33, Zitat 31.
[29] *Rudolf Uertz*, Christentum und Sozialismus in der frühen CDU. Grundlagen und Wirkungen der christlich-sozialen Ideen in der Union 1945-1949, Stuttgart 1981, 39.
[30] Leitsätze der Christlich-Demokratischen Partei im Rheinland und Westfalen. Zweite Fassung der Kölner Leitsätze, in: *Flechtheim*, Dokumente zur parteipolitischen Entwicklung. Bd. 2, 34-45, Zitat 35.

Hauptsächlich jedoch erfolgten die intensive Diskussion und die theoretische Begründung dieser Versuche, zu neuen Formen politischer Wirksamkeit des deutschen Katholizismus zu gelangen, in einer Gruppe um die „Frankfurter Hefte", die seit 1946 von *Eugen Kogon* (1903-1987) und *Walter Dirks* (1901-1991) herausgegeben wurden, und im sog. „Walberberger Kreis", der nach dem Kloster Walberberg bei Bonn benannt war, sich bereits während des Zweiten Weltkrieges aus führenden Mitgliedern ehemaliger katholischer Arbeitervereine und der Christlichen Gewerkschaften formiert hatte[31] und maßgeblich von den Dominikanern *Laurentius Siemer* (1888-1956) und *Eberhard Welty* (1902-1965) geprägt wurde. Die „Frankfurter Hefte" traten für einen „Sozialismus aus christlicher Verantwortung" ein, der auch die Bemühungen um eine „Partei der Arbeit" bestimmt hatte.

Sie waren überzeugt, daß die Christen aus „Verantwortung für die Massen unserer Nächsten" berufen seien, zusammen mit den Arbeitnehmern eine menschenwürdige, d.h. sozialistische Wirtschaftsordnung aufzubauen: „Eine politische Zusammenarbeit der Christen mit der Arbeiterbewegung zur praktischen Verwirklichung sozialistischer Forderungen ist heute nicht nur möglich, so verschieden zuweilen die Motive sind, sie entspricht auch dem Gebot der geschichtlichen Stunde." Kernstücke dieser neuen Wirtschaftsordnung sah man in der „Sozialisierung (d.h.: Überführung in Gemeineigentum) des privaten Groß- und Schlüsseleigentums", in der „Planung der Wirtschaft" und in der Mitbestimmung der Arbeitnehmer „in den Betrieben und allen Organen der Planwirtschaft"[32].

Siemer und *Welty* vom „Walberberger Kreis", die vor allem der traditionellen Sozialphilosophie des *Thomas von Aquin* (um 1225-1274), des bedeutenden Theologen und Philosophen des Mittelalters[33], und naturrechtlichen Ordnungsvorstellungen anhingen und auf den politischen Neubeginn der Katholiken besonders im Rheinland erheblichen Einfluß ausübten, lehnten nicht nur Liberalismus und Neoliberalismus ab, sondern auch – anders als der Kreis um die „Frankfurter Hefte" – den Marxismus. Gegen den „Sozialismus aus christlicher Verantwortung" setzten sich *Siemer* und *Welty* in der seit 1946 in Walberberg herausgegebenen Zeitschrift „Die Neue Ordnung" für einen „christlichen Sozialismus" ein. Schon in seinen kurz nach Kriegsende publizierten „Hinweisen zur Neuordnung im deutschen Lebensraum" verwarf *Welty* das marktwirtschaftliche System:

Die „Erörterung über den eigentlichen Zweck der Nutzgüter bringt uns zu der Forderung, die schon längst als unumgängliche Voraussetzung einer rechten Eigentumsordnung erkannt und ausgesprochen wurde: *Die Wirtschaft der Gegenwart muß vorbehaltlos auf Bedarfsdeckung umgeschaltet werden.* Das folgt aus dem einleuchtenden, unanfechtbaren Grunde, daß allein in der Bedarfsdeckung der Sinn des Wirtschaftens besteht (...). Um in der heutigen Fachsprache zu reden: Erzeugung und Absatz erfolgen *nicht* einfachin nach dem Gesetz von *Angebot und Nachfrage*. Sie werden vielmehr nach den allein vertretbaren Gesichtspunkten der *Notwendigkeit* und *Gehörigkeit* geregelt. Damit werden der Wirtschaft keine unerträglichen

---

[31] Vgl. näherhin: 2. Kapitel V 3.
[32] *K.H. Knappstein,* Die Stunde der Sozialreform, in: Frankfurter Jg.1, H.3 (1946), 1-3. Vgl. auch: *Franz Focke,* Sozialismus aus christlicher Verantwortung. Die Idee eines christlichen Sozialismus in der katholisch-sozialen Bewegung und in der CDU, Wuppertal 1978, 337-340.
[33] Vgl. *Wolfgang Kluxen,* Philosophische Ethik bei Thomas v. Aquin, Hamburg ²1980; *Wilhelm Korff,* Der Rückgriff auf die Natur. Eine Rekonstruktion der thomanischen Lehren vom natürlichen Gesetz, in: Philosophisches Jahrbuch Jg.94 (1987), 285-296.

Klammern angelegt. die Erzeugung wird nicht auf ein paar ‚lebenswichtige' Dinge beschränkt. Das sittlich-gute Leben, nach dem das wirtschaftliche Tun ausgerichtet sein muß, läßt sowohl dem Aufstieg zu einer fortschreitenden sog. Lebensverfeinerung wie sämtlichen kulturellen Bestrebungen genügenden Raum." Ein solcher *„gemäßigter wirtschaftlicher Sozialismus"* stehe im Einklang „mit Naturrecht und Christentum", nicht aber der marxistische Sozialismus, der im Menschen lediglich „das notwendige Erzeugnis der jeweiligen wirtschaftlichen Verhältnisse"[34] sehe.

Auch auf der sog. „Reichstagung" der CDU im Dezember 1945 in Bad Godesberg verlangten die Delegierten die Überführung der „Bodenschätze in Gemeineigentum" sowie eine „gleichberechtigte Mitwirkung der Arbeitnehmerschaft bei der Lenkung der Wirtschaft" und bekannten sich insgesamt zu einem christlich verantworteten Sozialismus.[35] – In ihrem maßgeblich von *Konrad Adenauer* (1876-1967) beeinflußten Programm von Neheim-Hüsten forderte die CDU der britischen Zone[36] im März 1946 ein soziales Recht, „das Arbeitnehmer und Arbeitgeber zu gleichberechtigter Tätigkeit in Führung und Verantwortung verpflichtet", sowie „die Vergesellschaftung der Bergwerke"[37]. Der Begriff eines christlichen Sozialismus fand – wohl auf Bestreben *Adenauers* – keine Verwendung mehr. Auch das Grundsatzprogramm der bayerischen „Christlich-Sozialen Union" (CSU) aus dem selben Jahr erkannte „das Recht des Staates, die Wirtschaft nach Gesichtspunkten des Gemeinwohls zu lenken", an und verlangte „bei Betrieben von erheblicher Bedeutung" ein Mitbestimmungsrecht der Arbeitnehmer „auf die Leitung und Verwaltung"[38].

Das von Vertretern der „Katholischen Arbeitnehmer-Bewegung" stark mitgeprägte Ahlener (Wirtschafts)Programm vom Februar 1947, von *Adenauer* als „Markstein in der Geschichte des deutschen Wirtschafts- und Soziallebens"[39] bezeichnet, warf dem kapitalistischen System vor,

es sei „den staatlichen und sozialen Lebensinteressen des deutschen Volkes nicht gerecht geworden", sprach sich für eine „neue Struktur der deutschen industriellen Wirtschaft" aus und verlangte die Vergesellschaftung – nicht die Verstaatlichung – von Monopolunternehmen vor allem im Bergbau und in der eisenschaffenden Industrie, außerdem eine weitreichende „Planung und Lenkung der Wirtschaft". Um „jede mit dem Gemeinwohl unverträgliche Beherrschung wesentlicher Wirtschaftszweige durch den Staat, Privatpersonen oder Gruppen" auszuschließen, sollten an Monopolunternehmen generell „öffentliche Körper-

---

[34] *Eberhard Welty*, Die Entscheidung in die Zukunft. Grundsätze und Hinweise zur Neuordnung im deutschen Lebensraum, Köln 1946, 287, 289, 371-373. Das Buch ist bereits grundlegend noch vor dem Zusammenbruch der nationalsozialistischen Diktatur verfaßt worden.
[35] Vgl. *Leo Schwering,* Frühgeschichte der Christlich-Demokratischen Union, Recklinghausen 1963, 163, 165; *Uertz,* Christentum und Sozialismus, 59-65.
[36] Vgl. *Hans-Peter Schwarz,* Adenauer. Der Aufstieg: 1876-1952, Stuttgart ²1986, 427-616; auch: *Helga Grebing,* Die Nachkriegsentwicklung in Westdeutschland 1945-1949, Stuttgart 1980, 61-63.
[37] Aufruf und Parteiprogramm von Neheim-Hüsten v. 01.03.1946, in: *Flechtheim,* Dokumente zur parteipolitischen Entwicklung. Bd. 2, 48-53, Zitat 51.
[38] Grundsatzprogramm der CSU 1946, in: Ebenda, 213-219, Zitat 216.
[39] Zit.n. *Ernst Deuerlein,* CDU/CSU 1945-1957. Beiträge zur Zeitgeschichte, Köln 1957, 78.

schaften wie Staat, Land, Gemeinde, Gemeindeverbände, ferner Genossenschaften und die im Betrieb tätigen Arbeitnehmer"[40] beteiligt werden.

Auf ihrer Tagung in Königstein/Taunus am 5./6. Februar 1947 riefen die Christlichen Demokraten der westlichen Besatzungszonen die „Arbeitsgemeinschaft CDU/CSU" ins Leben. Mit Bezug auf die genannten Programme erklärten die dort gefaßten „Königsteiner Beschlüsse":

„Die neue Struktur der deutschen Wirtschaft muß davon ausgehen, daß die Zeit der unumschränkten Herrschaft des privaten Kapitalismus vorbei ist." Ebenso wenig dürfe nun aber ein Staatskapitalismus entstehen. Es gelte nach einem System zu suchen, das „die Mängel der Vergangenheit vermeidet und die Möglichkeit zu technischem Fortschritt und zur schöpferischen Initiative des einzelnen läßt"[41].

Diese Bemühungen um eine Verbindung zwischen christlich-religiösem und sozialistischem Gedankengut sowie zwischen Christen und Sozialisten wurden auch von katholischen Sozialwissenschaftlern wie *Paul Jostock, Oswald von Nell-Breuning, Franz Xaver Arnold* oder *Theodor Steinbüchel* vorangetragen. Man ging von einer wesentlichen Identität der Forderungen der christlichen Sozialreform und der sozialistischen Arbeiterbewegung aus[42], sah in der sozialistischen Idee eine „ethische Tiefe" und das Bemühen um einen „religiösen Sozialismus"[43].

Abschluß und Überleitung zu einer neuen Phase zugleich bildete der Bochumer Katholikentag 1949. Als Zusammenfassung der Vorstellungen und Forderungen des deutschen Sozialkatholizismus der Jahre nach dem „Dritten Reich" verlangten Delegierte die Umwandlung der Struktur der Gesellschaft und in ihr der Wirtschaft; sie begrüßten die Initiativen einer Zusammenarbeit zwischen Christen und Sozialisten, hoben jedoch andererseits – und hier zeigt sich eine neue Entwicklung im deutschen Katholizismus – die ersten Erfolge der Marktwirtschaft hervor, indem sie deren Leistungskraft und die Freiheit der Entfaltungsmöglichkeiten betonten.[44]

Die Bemühungen um eine wie immer geartete „Partei der Arbeit" waren nach 1945 ohne Erfolg geblieben. Zum einen war dies auf die schnelle Wiederbelebung der SPD in ihrer alten Form zurückzuführen, zum anderen erlangte im deutschen Katholizismus die Idee einer nichtsozialistischen interkonfessionellen demokratischen Union, in der katholische und evangelische Christen gleichermaßen zusammenarbeiten sollten, *größere* Anziehungskraft. Auch gab es vor allem im Bürgertum eine tiefe Skepsis gegenüber „linken" Absichten wie etwa der einer

---

[40] Das Ahlener Wirtschaftsprogramm v. 03.02.1947, in: *Mommsen*, Deutsche Parteiprogramme, 576-582, Zitat 576. Vgl. auch: *Antonius John,* Ahlen und das Ahlener Programm. Dokumente – Ereignisse – Erinnerungen, Ahlen 1977.

[41] Zit.n. *Hans-Georg Wieck,* Christliche und Freie Demokraten in Hessen, Rheinland-Pfalz, Baden und Württemberg 1945-1946, Düsseldorf 1958, 200.

[42] Vgl. *Oswald v. Nell-Breuning,* Kapitalismus und Sozialismus in katholischer Sicht, in: Frankfurter Hefte Jg.2 (1947), 665-681, Zitat 676f.

[43] *Theodor Steinbüchel,* Karl Marx. Gestalt – Werk – Ethos, in: *Nikolaus Koch* (Hrsg.), Zur sozialen Entscheidung. Vier Vorträge, Tübingen 1947, 5-37, Zitat 35. Vgl. bereits *ders.,* Der Sozialismus als sittliche Idee. Ein Beitrag zur christlichen Sozialethik, Düsseldorf 1921.

[44] Vgl. Gerechtigkeit schafft Frieden. Der 73. Deutsche Katholikentag v. 31.08. bis 04.09.1949 in Bochum, Paderborn 1949, 228-246.

Überführung von Privat- in Gemeineigentum sowie ein Mißtrauen vieler Christen gegenüber der sozialistischen Einstellung zu Religion und Kirche.

Im folgenden Jahrzehnt wurden deshalb die Kontakte zwischen Sozialisten und katholischen Christen schwächer. Die allgemeine politisch-ökonomische Entwicklung in Deutschland ließ die überwiegende Mehrheit der Katholiken ihre politische Heimat bei den Christlichen Demokraten in CDU und CSU finden, während die sozialistischem Gedankengut Verbundenen sich der Sozialdemokratie zuwandten. Neben unterschiedlichen Auffassungen in Außen-, Ost-, Sicherheits- und Wirtschaftspolitik wirkte sich negativ auf den weiteren Gesprächsverlauf aus, daß für das Verhältnis der sozialdemokratischen Partei zur Kirche weiterhin das „Heidelberger Programm" von 1925 Gültigkeit besaß, das jede „öffentlich-rechtliche Einflußnahme von Kirche, Religion und Weltanschauungsgemeinschaften"[45] auf die Einrichtungen des Staates und vor allem des Bildungssystems zu bekämpfen forderte. Dieser kirchenpolitischen Tradition folgten auch die „Politischen Leitsätze" der SPD vom Mai 1946[46], die anderslautende Erklärungen wie etwa die des Parteivorsitzenden *Kurt Schumacher* (1895-1952), der 1947 von einer „Unverzichtbarkeit der Religion für eine große Gemeinschaft" sprach, (noch) nicht zu entkräften vermochten. Schließlich bedeutete das durch die sowjetische Besatzungsmacht erzwungene Ausscheiden von *Kaiser* und *Lemmer* aus der Führung der CDU in der sowjetischen Zone 1947/48 das Ende auch des „christlichen Sozialismus", das mit der allmählichen Hinwendung der CDU zu neo-kapitalistischen und marktwirtschaftlichen Wirtschaftskonzeptionen einherging.

b) Sozialdemokratie und Katholizismus

Erst seit Mitte der 50er Jahre begann sich in der SPD eine Umorientierung abzuzeichnen. Die grundsätzliche inhaltliche Auseinandersetzung mit dem Marxismus verstärkte sich nochmals. Sie erhielt Impulse sowohl aus der Erfahrung mit dem totalitären Kommunismus in der Sowjetischen Besatzungszone bzw. DDR als auch aus den Erfolgen des auf marktwirtschaftlichen Prinzipien basierenden Wiederaufbaus im Westen. Besonders *Carlo Schmid* (1896-1979), Völkerrechtler und SPD-Politiker, forderte deshalb nach der Bundestagswahl von 1953, bei der die Unionsparteien CDU/CSU einen weitaus stärkeren Stimmenzuwachs verzeichneten als die SPD, die Partei müsse „ideologischen Ballast"[47] abwerfen. – Der außerordentliche Parteitag der SPD vom 13. bis zum 15. November 1959 in Bad Godesberg beschloß ein neues Grundsatzprogramm. Es enthält im ersten Abschnitt über die „Grundwerte des Sozialismus" die wegweisende Feststellung:

---

[45] Sozialdemokratische Partei Deutschlands, auf dem Heidelberger Parteitag beschlossenes Programm, in: Programme der deutschen Sozialdemokratie, Hannover 1963, 91-101, Zitat 99.
[46] Vgl. Politische Leitsätze v. Mai 1946, beschlossen auf dem Parteitag in Hannover am 11.05.1946, in: *Flechtheim*, Dokumente zur parteipolitischen Entwicklung. Bd. 3, 17-23.
[47] Vgl. Susanne Miller, Die SPD vor und nach Godesberg, Bonn-Bad Godesberg 1974, 35; *dies./Heinrich Potthoff*, Kleine Geschichte der SPD. Darstellung und Dokumentation 1848-1990, Bonn [7]1991, 195-210.

„Der demokratische Sozialismus, der in Europa in christlicher Ethik, im Humanismus und in der klassischen Philosophie verwurzelt ist, will keine letzten Wahrheiten verkünden – nicht aus Verständnislosigkeit und nicht aus Gleichgültigkeit gegenüber den Weltanschauungen oder religiösen Wahrheiten, sondern aus Achtung vor den Glaubensentscheidungen des Menschen, über deren Inhalt weder eine politische Partei noch der Staat zu bestimmen haben. Die Sozialdemokratische Partei Deutschlands ist die Partei der Freiheit des Geistes. Sie ist eine Gemeinschaft von Menschen, die aus verschiedenen Glaubens- und Denkrichtungen kommen".[48] In diese Godesberger Tradition stellte sich auch das „Berliner Programm" der SPD vom 20. Dezember 1989, wenn es seine „geistigen Wurzeln im Christentum und in der humanistischen Philosophie" sowie „in der Aufklärung, in Marx'scher Geschichts- und Gesellschaftslehre und in den Erfahrungen der Arbeiterbewegung" sieht, „persönliche Glaubensüberzeugungen und Glaubenshaltungen"[49] achtet und diese ausdrücklich begrüßt.

Kurz nach Verabschiedung des „Godesberger Programms" gab der Parteivorstand die Schrift „Der Katholik und die SPD" heraus, die bis in die 70er Jahre Neuauflagen erfuhr. Ihre Zielsetzung war der Nachweis, daß katholischer Glaube und Zugehörigkeit zur SPD durchaus miteinander vereinbar seien. Nahrung erhielt die Diskussion durch die päpstlichen Enzykliken „Mater et magistra" (1961) und „Pacem in terris" (1963) von *Johannes XXIII.* (1881-1963) sowie das Apostolische Schreiben „Octogesima adveniens" (1971) *Pauls VI.* (1897-1978). Sie machten auf die Notwendigkeit einer differenzierten Betrachtung des Sozialismus aufmerksam und schränkten damit die von *Pius XI.* (1857-1939) in der Enzyklika „Quadragesimo anno" 1931 gemachte Aussage von der Unvereinbarkeit der kirchlichen Lehre mit dem Sozialismus ein. *Pius* hatte betont: „Es ist unmöglich, gleichzeitig guter Katholik und wirklicher Sozialist zu sein" (QA 120, vgl. 117).

Johannes XXIII. erkannte nunmehr in der sozialistischen Theorie und Praxis Positives und vertrat die Auffassung, daß eine Kontaktaufnahme über praktische Fragen förderlich sei:

„Von da aus gesehen, ist es durchaus angemessen, bestimmte Bewegungen, die sich mit wirtschaftlichen, sozialen, kulturellen Fragen oder der Politik befassen, zu unterscheiden von falschen philosophischen Lehrmeinungen über das Wesen, den Ursprung und das Ziel der Welt und des Menschen (...). Wer könnte übrigens leugnen, daß in solchen Bewegungen, soweit sie sich den Gesetzen einer geordneten Vernunft anpassen und die gerechten Forderungen der menschlichen Person berücksichtigen, etwas Gutes und Anerkennenswertes sich finden kann" (PT 159)? „Daher kann der Fall eintreten, daß Fühlungnahmen und Begegnungen über praktische Fragen, die in der Vergangenheit unter keiner Rücksicht sinnvoll erschienen, jetzt wirklich fruchtbringend sind oder es morgen sein können" (PT 160).

Paul VI. benannte mit der Freiheit, dem verantwortlichen Gewissensentscheid und der Offenheit für geistiges Leben grundsätzliche Kriterien zur Beurteilung der unterschiedlichen Versionen des Sozialismus.

„Zwischen den verschiedenen bekannten Formen, in denen sich der Sozialismus ausdrückt – hochherziges Streben und Suchen nach einer gerechteren Gestalt der Gesellschaft, geschicht-

---

[48] Grundsatzprogramm der Sozialdemokratischen Partei Deutschlands. Beschlossen vom Außerordentlichen Programmparteitag der SPD in Bad Godesberg v. 13.-15.11.1959, in: *Dieter Dowe/Kurt Klotzbach* (Hrsg.), Programmatische Dokumente der Sozialdemokratie, Bonn ³1990, 149-370, Zitat 351f.

[49] Dass., Beschlossen vom Programmparteitag der SPD am 20.12.1989 in Berlin, in: Ebenda, 371-445, Zitat 376.

liche Bewegungen mit politischer Organisation und Ausrichtung, systematisch ausgebaute Ideologie, die vorgibt, ein vollständiges und autonomes Menschenbild zu bieten – sind Unterschiede zu machen, um die richtige Auswahl zu treffen. Allerdings darf man dabei nicht so verfahren, daß der Anschein entsteht, diese verschiedenen Erscheinungsformen ließen sich sauber voneinander trennen und bestünden jede für sich. Vielmehr muß das je nach Lage der Dinge sie tatsächlich verbindende Band deutlich gesehen werden; dieser Durchblick macht es für den Christen erkennbar, wie weit er sich einlassen und an den Vorhaben beteiligen darf, ohne daß unmerklich die Werte der Freiheit, der Verantwortung im Gewissen und der Raum für geistiges (geistliches) Leben dabei zu Schaden kommt" (OA 31).

Eindeutige Ablehnung erfuhr jedoch der „reale Sozialismus" des Kommunismus durch die Päpste, zuletzt in differenzierter Form durch *Johannes Paul II.* in der Sozialenzyklika „Centesimus annus" von 1991, indem er dessen wesentlichen anthropologischen Fehler im Atheismus festmachte.[50]

„Der Grundirrtum des Sozialismus (ist) anthropologischer Natur. Er betrachtet den einzelnen Menschen lediglich als Instrument und Molekül des gesellschaftlichen Organismus, so daß das Wohl des einzelnen dem Ablauf des wirtschaftlich-gesellschaftlichen Mechanismus völlig untergeordnet wird (...). Der Mensch wird auf diese Weise zu einem Bündel gesellschaftlicher Beziehungen verkürzt, es verschwindet der Begriff der Person als autonomes Subjekt moralischer Entscheidung (...). Wenn wir uns weiter fragen, woher diese irrige Sichtweise des Wesens der Person und der ‚Subjektivität' der Gesellschaft stammt, können wir nur antworten, daß seine Hauptursache der Atheismus ist" (CA 13).

Mit dieser Auffassung stimmt auch die SPD seit Godesberg überein. Unterstützung fanden solche Positionen auch im deutschen Katholizismus: Für den Episkopat verglich Kardinal *Julius Döpfner* (1913-1976) die Situation 1964 metaphorisch mit einem Brückenbau, der noch nicht zu Ende geführt sei:

„Im Godesberger Programm hat die Partei des demokratischen Sozialismus zweifellos eine Brücke über den Abgrund zu bauen begonnen, der Kirche und Sozialismus seit je getrennt hat. Wenn ein Bild erlaubt ist, so kann man sagen, die Spannbetonbrücke ist in einem Ausmaß gewachsen, wie man es vor Jahrzehnten noch für unmöglich gehalten hätte. Aber ohne auf Einzelheiten einzugehen, glaube ich doch nach reiflicher Überlegung sagen zu müssen, die Brücke ist nicht befahrbar, der Abgrund ist zur Stunde nicht geschlossen."[51]

Auch so unterschiedliche Sozialwissenschaftler wie *Anton Rauscher, Oswald von Nell-Breuning, Walter Dirks* und *Franz Klüber* begrüßten das Aufeinanderzugehen. Die SPD vertrete nunmehr ein Menschenbild,

das „gerade den Leser des Programms befriedigen muß, der aus der christlichen und besonders aus der katholischen Sozialtradition und Sozialphilosophie kommt: Die *Personalität* des

---

[50] Vgl. *Peter Langhorst*, „Centesimus annus" und der Mensch. Zur Jahrhundertenzyklika Papst Johannes Pauls II., in: Lebendiges Zeugnis Jg.47 (1992), 178-189.
[51] *Julius Kardinal Döpfner*, Ansprache vor katholischen Arbeitnehmern in der Münchener Frauenkirche am 30.04.1964, in: *Ders.*, Der katholische Arbeiter im Umbruch der Zeit, München 1964, 7f.

Menschen ist gewahrt und in einen guten Ausgleich mit den Solidaritäten gebracht, zu denen Gott ihn durch Schöpfung, Gebot und Situation aufruft"[52].

Die Aussagen zu den Grundwerten Freiheit, Gerechtigkeit und Solidarität hätten nach dem Augsburger Sozialethiker *Anton Rauscher*, seit 1963 Direktor der „Katholischen Sozialwissenschaftlichen Zentralstelle" in Mönchengladbach, geradezu „der katholischen Soziallehre entnommen sein können"[53]. 1972 ging *Oswald von Nell-Breuning* (1890-1991) so weit zu betonen, daß der „gesellschaftspolitische Teil des Godesberger Grundsatzprogramms der SPD nicht mehr und nicht weniger als ein kurz gefaßtes Repetitorium der katholischen Soziallehre"[54] sei.

Seit den 70er Jahren wurde der (offizielle) Dialog zwischen Kirche und SPD merklich schwächer. Dies hatte neben anderen Ursachen einen Hauptgrund darin, daß sich die SPD von 1966 bis 1982 auf Bundesebene in der Regierungsverantwortung befand und auch in der Landespolitik eine starke Präsenz behaupten konnte. Hinzu kam eine partielle Distanzierung des Katholizismus von den Unionsparteien, mit der eine zunehmende Enthaltung der Bischöfe von parteipolitischen Wertungen einherging. Einer wachsenden Zahl von Katholiken erschien die von *Döpfner* erwähnte Brücke zwischen Katholizismus und SPD nicht nur als möglicherweise befahrbar, sondern als durchaus politisch richtiger Weg, zumal auch katholische Theologen an sozialdemokratischen Wählerinitiativen und politischen Aktionen mitwirkten. Immer wieder belegten diesen Trend die Wahlergebnisse. Dies blieb auch dann möglich, wenn unterschiedliche Positionen etwa in bezug auf Schwangerschaftsabbruch (§ 218 Strafgesetzbuch), Ehe- und Familienrecht oder Grundwertediskussion Gegensätze zwischen katholischer Kirche und Sozialdemokratie offenbar werden ließen.

Auch der Dialog zwischen Christen und Marxisten ist – nicht zuletzt durch die politischen Ereignisse der Wiedervereinigung Deutschlands – in die Krise geraten. War seit den 60er Jahren ein wesentlicher Grund für das begonnene Gespräch die von der weltpolitischen Situation geforderte Notwendigkeit einer Koexistenz der gegensätzlichen weltanschaulichen Positionen[55], so war diese Grundlage spätestens mit dem Zusammenbruch des kommunistischen Systems im Osten Europas seit 1989 entzogen.

---

[52] *Walter Dirks,* Ein Grundsatzprogramm, in: Frankfurter Hefte Jg.15 (1960), 1-5, Zitat 1. Vgl. zum Ganzen: *Jürgen Aretz,* Katholizismus und deutsche Sozialdemokratie 1949-1963, in: *Langner,* Katholizismus im politischen System der Bundesrepublik, 61-81.
[53] *Anton Rauscher,* Sozialismus, in: *Ders.,* Der soziale und politische Katholizismus. Bd. 1, 294-339, Zitat 332f.
[54] *Oswald v. Nell-Breuning,* Die katholische Soziallehre – Aufstieg, Niedergang und bleibendes Verdienst: ein Rückblick auf ihre Leistung und ihr Versagen in acht Jahrzehnten, in: *Ders.,* Wie sozial ist die Kirche? Leistungen und Versagen der katholischen Soziallehre, Düsseldorf 1972, 71-96, Zitat 95.
[55] Vgl. zu den 1965-67 von der *Paulus-Gesellschaft* organisierten internationalen Diskussionsforen, die weltweites Aufsehen erregten: *Franz Josef Stegmann,* Die katholische Kirche in der Sozialgeschichte. Die Gegenwart, München 1983, 51-55.

2. Kritische Akzeptanz der Sozialen Marktwirtschaft

In den ersten Nachkriegsjahren sahen nicht viele voraus, daß das wirtschafts- und gesellschaftspolitische Ordnungsbild in der späteren Bundesrepublik Deutschland vom Neoliberalismus bzw. der Sozialen Marktwirtschaft geprägt würde. Mehrheitlich gingen zunächst – wie oben gezeigt – die Vorstellungen und politischen Bemühungen im katholischen Raum in die Richtung eines „Christlichen" bzw. „Demokratischen Sozialismus". Erst seit 1948 setzten sich stärker neoliberale, marktwirtschaftlich ausgerichtete Kräfte durch.[56] Diese Orientierung ist historisch fundiert: Das meiste dessen, was seit dem 19. Jh. bis zum Ende der Weimarer Zeit im sozialen Katholizismus erarbeitet worden ist, zielt in die Richtung jener Vorstellungen, die man dann als „Soziale Marktwirtschaft" bezeichnet hat: grundsätzliche Zustimmung zur privatwirtschaftlichen Ordnung und zum Leistungswettbewerb, aber mit sozialen Zielsetzungen und Auflagen.[57]

Von Anfang an waren im Nachkriegsdeutschland auch antisozialistische Tendenzen lebendig. Bereits als die Dominikaner *Laurentius Siemer* und *Eberhard Welty* im Juni 1945 für die politische christlich-sozialistische Allianz anläßlich der Parteigründung den Namen „Christlich-sozialistische Gemeinschaft" vorschlugen, stießen sie auf heftigen Widerstand. Dabei wiesen die Gegner vor allem im Blick auf die Mißverständlichkeit des Wortpaares auf das Sozialismusverdikt der Enzyklika „Quadragesimo anno" hin. *Leo Schwering,* führendes Gründungsmitglied der Kölner CDU, warnte, „dieser Name sei, besonders für eine neue Partei, untragbar, weil er mißverständlich"[58] sei. *Konrad Adenauer* fügte als Kölner Oberbürgermeister in einem Brief vom 21. August 1945 an seinen Münchener Kollegen *Alois Scharnagel* hinzu: Was wir wollen, ist „Führung des Staates auf christlicher Grundlage (...), soziale Reformen und soziale Arbeit, nicht Sozialismus"[59].

Auch die Bemühungen *Jakob Kaisers,* des Vorsitzenden der ostzonalen CDU, um eine Integration christlich-sozialistischen Gedankenguts in die Parteiprogrammatik und die Verwendung der Begriffe „Christlicher Sozialismus" oder „Sozialismus aus christlicher Verantwortung" wies der Zonenausschuß der CDU am 28. Juni 1946 in Neuenbeken/Westfalen als „irreführend"[60] zurück. Der inhaltlich mit einem christlichen Sozialismus ebenfalls sympathisierende *Oswald*

---

[56] Vgl. ausführlich: *Gerold Ambrosius,* Die Durchsetzung der Sozialen Marktwirtschaft in Westdeutschland 1945-1949, Stuttgart 1977, bes. 182-213; *Albrecht Langner,* Wirtschaftliche Ordnungsvorstellungen im deutschen Katholizismus 1945-1963, in: *Ders.* (Hrsg.), Katholizismus, Wirtschaftsordnung und Sozialpolitik 1945-1963, Paderborn 1980, 27-108.

[57] Vgl. *Franz Josef Stegmann,* Ansätze und Entwicklungen der modernen wirtschaftsethischen Fragestellung in den christlichen Kirchen – Katholische Kirche, in: *Wilhelm Korff* (Hrsg.), Handbuch der Wirtschaftsethik, Bd. 1: Verhältnisbestimmung von Wirtschaft und Ethik, Gütersloh 1999, 683-712, Zitat 700.

[58] Zit.n. *Wieck,* Die Entstehung der CDU, 73. Vgl. *Winfried Becker,* CDU und CSU 1945-1950. Vorläufer, Gründung und regionale Entwicklung bis zum Entstehen der CDU-Bundespartei, Mainz 1987, 31-43.

[59] Zit.n. *Schwarz,* Adenauer, 491.

[60] Ebenda.

von Nell-Breuning warnte vor „Mißverständnissen und Irrtümern"[61], weil die ideengeschichtliche und parteipolitische Besetzung des Begriffs „Sozialismus" bereits durch die SPD vorgenommen worden sei.

Ein wesentlicher Grund für solche „antisozialistischen" Bestrebungen ist wohl in der Tatsache zu sehen, daß die politisch stärksten Kräfte im Katholizismus aus dem bürgerlichen Milieu kamen. Der Grund dafür ist in der grundlegenden bürgerlichen Skepsis gegenüber der wirtschaftlichen Leistungsfähigkeit sozialistisch-planwirtschaftlicher Ordnungsmodelle sowie gegenüber der sozialistischen Staatsgläubigkeit zu sehen, gegen die auch *Nell-Breuning* ernste Bedenken hegte:

Während *Karl Marx* „den Staat als kapitalistisches Machtinstrument abtun wollte, ist der nachmarxistische Sozialismus in steigendem Maße ‚etatistisch' geworden (...). Und hier liegt begründet unsere große Sorge um den Sozialismus, ja ein nicht zu überwindendes Grauen". Der Sozialismus bekämpft mit Recht „die angemaßte gesellschaftliche Machtstellung geballten privaten Eigentums (...), aber er darf uns nicht aus der Sklaverei der unkontrollierten privaten Wirtschaftsmächte in die Sklaverei der einen und (...) nur scheinbar kontrollierten Staatsmacht führen"[62].

Obwohl die Sozialstruktur der Gesamtbevölkerung mit der des Anhängerkreises der Unionsparteien identisch war, sah das katholische Bürgertum sie als nichtsozialistische und in diesem Verständnis bürgerliche christliche Volkspartei an. Wenn auch der Einfluß des „Großbürgertums" in der CDU beträchtlich war, zeigt doch die soziale Struktur der CDU-Anhänger, daß ein Drittel Arbeitnehmer waren. Damit ist es der CDU erheblich früher gelungen, „zu einer Integrationspartei zu werden (... und) als Volkspartei nicht Repräsentantin bestimmter sozialer und konfessionell fest gebundener Gruppen (zu) sein"[63]. Das linke Parteispektrum blieb, wenn es auch zeitweise beträchtlichen Einfluß auszuüben vermochte, bis heute immer nur ein Flügel mit gegenwärtig eher abnehmender politischer Wirkkraft. Seit Januar 1946 hatten sich sog. „Sozialausschüsse" herausgebildet, zu denen vor allem die ehemaligen christlichen Gewerkschafter zählten. Im November 1947 schlossen sie sich zur „Reichsarbeitsgemeinschaft der Sozialausschüsse" zusammen. Sie stellte sich die Aufgabe, für die CDU Fragen der Wirtschafts- und Sozialpolitik zu klären, die christliche Arbeitnehmerschaft zu vertreten und sie für die politische Arbeit in Partei, Betrieb und Gewerkschaften zu aktivieren.[64]

a) Neoliberalismus und „Soziale Marktwirtschaft"

Im Frühjahr 1948 wählte der Frankfurter Wirtschaftsrat mit den Stimmen von CDU/CSU und der eben gegründeten „Freien Demokratischen Partei" (FDP) den neoliberalen Wirtschaftspolitiker *Ludwig Erhard* (1897-1977) zum Direktor der Verwaltung für Wirtschaft. In den „Düsseldorfer Leitsätzen" vom 15. Juli 1949

---

[61] *Oswald v. Nell-Breuning,* Christlicher Sozialismus?, in: Begegnung Jg.2 (1947), 145-149, Zitat 148.
[62] *Nell-Breuning,* Kapitalismus und Sozialismus in katholischer Sicht, 679f.
[63] *Grebing,* Geschichte der deutschen Arbeiterbewegung, 281.
[64] Vgl. zu den „Sozialausschüssen" und deren Verbindung zu CDU und KAB: *Wolfgang Schröder,* Katholizismus und Einheitsgewerkschaft. Der Streit um den DGB und der Niedergang des Sozialkatholizismus in der Bundesrepublik bis 1960, Bonn 1992, 285-299.

bekannte sich die CDU ausdrücklich und offiziell zu dem von den Nationalökonomen *Wilhelm Röpke, Alexander Rüstow, Franz Böhm, Walter Eucken* und insbesondere *Alfred Müller-Armack,* dem späteren Staatssekretär im Bundeswirtschaftsministerium und engsten Mitarbeiter *Erhards,* entwickelten, auf Neoliberalismus und Marktwirtschaft fußenden Ordnungsmodell. Auf Vorschlag von *Müller-Armack* sprach man seither von „Sozialer Marktwirtschaft".

„Die ‚soziale Marktwirtschaft' ist die sozial gebundene Verfassung der gewerblichen Wirtschaft, in der die Leistung freier und tüchtiger Menschen in eine Ordnung gebracht wird, die ein Höchstmaß von wirtschaftlichem Nutzen und sozialer Gerechtigkeit für alle erbringt. Diese Ordnung wird geschaffen durch Freiheit und Bindung, die in der ‚sozialen Marktwirtschaft' durch echten Leistungswettbewerb und unabhängige Monopolkontrolle zum Ausdruck kommen. Echter Leistungswettbewerb liegt vor, wenn durch eine Wettbewerbsordnung sichergestellt ist, daß bei gleichen Chancen und fairen Wettkampfbedingungen in freier Konkurrenz die bessere Leistung belohnt wird. Das Zusammenwirken aller Beteiligten wird durch marktgerechte Preise gesteuert."[65]

Die Väter der Sozialen Marktwirtschaft wollten ein System, in dem sich „das Prinzip der Freiheit auf dem Markte mit dem des sozialen Ausgleichs" verbinden sollte. Der Wettbewerb sei ein „unerläßliches Organisationsmittel von Massengesellschaften", der aber „nur funktionsfähig ist, wenn eine klare *Rahmenordnung* den Wettbewerb sichert"[66].

Im Mittelpunkt der Sozialen Marktwirtschaft stehe der vom Staat zu ermöglichende und zu sichernde freie „Wettbewerb der echten Leistungen", der „weder durch mächtige einzelne noch durch kollektive Zusammenschlüsse beschränkt oder zerstört werden" dürfe. Die Wettbewerbssicherung müsse durch „straffe gesetzliche Regelungen" erfolgen. Der Staat habe diesen „*rechtlichen Rahmen* für das wirtschaftliche Geschehen, insbesondere auf dem Gebiet des Wettbewerbsrechts im weitesten Sinne"[67], zu schaffen, „Wettbewerbsbeschränkungen unmöglich zu machen, Monopole, Oligopole und Kartelle unter Kontrolle zu nehmen und dadurch den Wettbewerb zu größter Wirksamkeit im Interesse des Verbrauchers zu bringen"[68].

Zum Kernstück der Wirtschaft, dem „geordneten" bzw. „veranstalteten" Wettbewerb, müssen *soziale* Zielbestimmungen hinzutreten. Diese weithin bis heute gültigen Sozialkriterien sahen die frühen Vertreter der Sozialen Marktwirtschaft in der Ausrichtung der Wirtschaft an den Bedürfnissen der Verbraucher durch das Spiel von Angebot und Nachfrage, in der an der jeweiligen Leistung orientierten und damit gerechten Einkommensverteilung, in einer durch den Wettbewerb erwirkten Produktivitätssteigerung der Wirtschaft sowie in den dadurch wachsenden sozialpolitischen Handlungsmöglichkeiten des Staates. Er könne sozial nega-

---

[65] Düsseldorfer Leitsätze der CDU v. 15.07.1949, in: *Krause/Reif,* Geschichte in Quellen, 213-216, Zitat 214.
[66] *Alfred Müller-Armack,* Soziale Marktwirtschaft, in: Handwörterbuch der Sozialwissenschaften. Bd. 9, Stuttgart 1956, 390-392, Zitat 390. Zu den „Düsseldorfer Leitsätzen": *Becker,* CDU und CSU 1945-1950, 43-48.
[67] Was ist Soziale Marktwirtschaft? Aktionsprogramm der Aktionsgemeinschaft Soziale Marktwirtschaft, in: Das christliche Gewissen und die Soziale Marktwirtschaft des Neoliberalismus. Sonderdruck aus „Junge Wirtschaft", H. 2, Febr. 1960, 7.
[68] *Müller-Armack,* Soziale Marktwirtschaft, 391.

tive Ergebnisse ausgleichen sowie notwendige wirtschaftliche Strukturveränderungen begleiten und erleichtern:

Die durch den Preis „erfolgende Orientierung am Verbrauch bedeutet bereits eine soziale Leistung der Marktwirtschaft. In gleicher Richtung wirkt die durch das Wettbewerbssystem gesicherte und laufend erzwungene Produktivitätserhöhung als eine soziale Verbesserung", die es ihrerseits der staatlichen Sozialpolitik ermögliche, „in Form von Fürsorgeleistungen, Renten- und Lastenausgleichszahlungen, Wohnungsbauzuschüssen, Subventionen usw. die Einkommensverteilung" zu korrigieren. „Die Soziale Marktwirtschaft lenkt Produktion und Verteilung durch das selbsttätige System beweglicher Preise im Wettbewerb zwischen Unternehmen (...) weit produktiver, wirksamer, gerechter, billiger und zuverlässiger, als es planwirtschaftliche Eingriffe staatlicher Stellen oder privater Marktverbände vermögen."[69]

Demnach stand der „geordnete Wettbewerb" im Zentrum der neoliberalen Theorie, die sich in der Bundesrepublik hauptsächlich durch den sog. „Ordoliberalismus" repräsentierte, der sich pointiert auf christliche Grundlagen stützte, vor allem auf den Ordo-Gedanken der katholischen Soziallehre. Er wurde vor allem von der durch den evangelischen Nationalökonomen *Walter Eucken* (1891-1950) begründeten „Freiburger Schule" vertreten. Ihr ging es um die möglichst vollkommene „Veranstaltung" der freien wirtschaftlichen Konkurrenz als Voraussetzung und Garantie höchster ökonomischer Leistungsfähigkeit. Abgelehnt wurden die Forderung nach unbeschränkter Freiheit und das völlige Außerachtlassen sozialer Momente, wie es im klassischen Liberalismus des 19. Jhs. der Fall gewesen war. Dem unabhängigen Rechtsstaat wies der Ordoliberalismus daher die Aufgabe zu, den Wettbewerb zu sichern, durch seine Gesellschaftspolitik sozial negative Ergebnisse auszugleichen und „marktkonforme Anpassungsinterventionen" vorzunehmen. So konnte *Wilhelm Röpke* (1899-1966) den entscheidenden Unterschied zwischen Alt- und Neoliberalismus folgendermaßen skizzieren: „Nach der altliberalen Vorstellung war die Wettbewerbsordnung ein Naturgewächs; nach unserer neoliberalen Überzeugung ist sie eine Kulturpflanze."[70]

Die meisten Befürworter hoben hervor, daß der Neoliberalismus durch die Aufnahme des auf die Antike (Platon, Cicero) zurückgehenden und von der christlichen Theologie des Mittelalters (besonders Thomas von Aquin) ausgefalteten Ordo-Gedankens[71] nicht mehr mit dem Liberalismus des 19. Jhs. identisch und daß die auf Selbstverantwortung, Freiheit und sozialer Verpflichtung fußende Soziale Marktwirtschaft nicht dem Manchesterkapitalismus entspreche. Ordoliberale Interpreten der Sozialen Marktwirtschaft wie *Eucken, Röpke* oder *Müller-Armack* definierten diese Ordnung als eine nach den Regeln der Marktwirtschaft ablaufende, aber mit sozialen Sicherungen versehene Wirtschaft, die wie keine andere soziale Ordnung sachliche Produktivität und technische Fortschrittlichkeit mit persönlicher Freiheit und sozialer Gestaltung verbinde. Sie verpflichte die

---

[69] *Müller-Armack*, Soziale Marktwirtschaft; vgl. Was ist Soziale Marktwirtschaft?, 7.

[70] Zit.n.: *Oswald v. Nell-Breuning*, Trennendes und Gemeinsames in den Hauptrichtungen der Wirtschaftswissenschaft und Wirtschaftspolitik, in: *Erich Kosiol/Andreas Paulsen* (Hrsg.), Grundsatzfragen der Wirtschaftsordnung. Ein Vertragszyklus, Berlin 1954, 215-231, Zitat 218.

[71] Vgl. *Hermann Krings*, Ordo. Philosophisch-historische Grundlegung, Berlin 1954, 215-231, Zitat 218.g einer abendländischen Idee, Hamburg ²1982 (Halle/Saale ¹1941); *Gregor F. Gässler*, Der Ordo-Gedanke unter besonderer Berücksichtigung von Augustinus und Thomas, St. Augustin 1994 (Freiburg: Diss. 1949/50).

Wirtschaftspolitik auf für eine soziale Ordnung bedeutsame Freiheitsrechte wie Vorrang der Privatinitiative, freie Berufswahl und Freizügigkeit, Schutz des Eigentums, Machtkontrolle durch effektiven Wettbewerb, Vollbeschäftigung, Geldwertstabilität, Autonomie der Tarifvertragsparteien u.a.[72] Zusammenfassend ließe sich sagen: „Ordo heißt Freiheit unter dem Gesetz"[73]. Ziel dieser Ordnung sei der Dienst am Menschen, die Wirtschaft habe sich diesem stets unterzuordnen, sie sei nicht Selbstzweck und nicht Maßstab jeder Wertsetzung und -orientierung. In diesem Sinne seien „neoliberale Theorie als Inbegriff des ‚gewußt wie' und christliche Soziallehre als Inbegriff des ‚gewußt was' (...) logisch aufeinander zugeordnet und fähig, einander großartig zu ergänzen"[74].

Die Hinwendung der deutschen Katholiken zu Neoliberalismus und Sozialer Marktwirtschaft erfolgte in den 50er und 60er Jahren vor allem aufgrund der *praktischen* Wirtschafts- und Sozialpolitik durch die in der Regierungsverantwortung stehende CDU/CSU als der politischen Vertretung ihrer überwiegenden Mehrheit. Diese Politik war erfolgreich und bewirkte die Hebung des Lebensstandards breiter Massen. Für die Befürworter war ein *theoretisches* Hauptargument im Zentralwert der Freiheit sowohl im Neoliberalismus als auch in der katholischen Soziallehre gegeben. Der Mensch habe „das Recht auf eine eigenverantwortliche Tätigkeit", auf die „Freiheit der Arbeitswahl und die Freiheit der unternehmerischen Tätigkeit als Konkretisierung des Wirtschaftens"[75]. Garant dieser Freiheit und der ökonomischen Leistungsfähigkeit sei die Wettbewerbs- und Marktordnung:

„Nicht der Kapitalismus an sich, das sollten wir erkennen, sondern der liberalistische laissez-faire-Kapitalismus; nicht die Marktwirtschaft, sondern die entartete Form der Marktwirtschaft schufen die himmelschreienden Mißstände im sozialen Leben. Der heutige Wandel der Wirtschaftsgesinnung gerade auch bei der großen Mehrzahl der Unternehmer, beweist, daß man aus Fehlern gelernt hat oder doch zumindest lernen will. Die Wirtschaft muß frei, darf aber nicht ungebunden sein. Ziel der Wirtschaft kann nur die Wohlfahrt der Menschen und der Gesellschaft sein. Das Postulat der Freiheit, das Zentralanliegen eines echten Liberalismus und das Fundament der christlichen Sozialethik, ruft sachlogisch nach der Wirtschaftsordnung, die die beste Gewähr für die Verwirklichung und Sicherung der Freiheit bietet. Und das ist die Wirtschaft des freien Wettbewerbs."[76]

Außerdem sah man in der Sozialen Marktwirtschaft das Wirtschaftssystem gegeben, das dem von der katholischen Soziallehre nachhaltig vertretenen *Subsidiaritätsprinzip* am ehesten entsprach. Dieses Gesellschaftsprinzip – von *Pius XI.* bereits 1931 in seiner Sozialenzyklika „Quadragesimo anno" in die lehramtliche Sozialverkündigung aufgenommen – ruft dazu auf, möglichst viele Tätigkeiten,

---
[72] Vgl. *Langner,* Wirtschaftliche Ordnungsvorstellungen im deutschen Katholizismus, 96-104; *Edgar Nawroth,* Die wirtschaftlichen Ordnungsvorstellungen des Neoliberalismus, Köln 1962.
[73] *Kunze,* Wirtschaftsethik und Wirtschaftsordnung, 51.
[74] *Wilfried Schreiber,* Der Standort der christlichen Soziallehre in bezug auf die neoliberale Theorie und die Politik der sozialen Marktwirtschaft, in: Ökonomischer Humanismus. Neoliberale Theorie, Soziale Marktwirtschaft und christliche Soziallehre. Die Vorträge und Diskussionsreden der Jahrestagung des Bundes Katholischer Unternehmer zu Bad Neuenahr am 2. und 3.10. 1959, Köln 1960, 27-45, Zitat 35.
[75] *Georg Bernhard Kripp,* Wirtschaftsfreiheit und katholische Soziallehre, Zürich 1967, 103.
[76] *Kunze,* Wirtschaftsethik und Wirtschaftsordnung, 35-52, Zitat 48.

Entscheidungen und Initiativen bei den Einzelmenschen und den kleineren Gemeinschaften zu belassen, sie aber zugleich in ein sinnvolles Ganzes einzuordnen.

„Wie dasjenige, was der Einzelmensch aus eigener Initiative und mit seinen eigenen Kräften leisten kann, ihm nicht entzogen und der Gesellschaftstätigkeit zugewiesen werden darf, so verstößt es gegen die Gerechtigkeit, das, was die kleineren und untergeordneten Gemeinwesen leisten und zum guten Ende führen können, für die weitere und übergeordnete Gemeinschaft in Anspruch zu nehmen; zugleich ist es überaus nachteilig und verwirrt die ganze Gesellschaftsordnung. Jedwede Gesellschaftstätigkeit ist ja ihrem Wesen und Begriff nach subsidiär; sie soll die Glieder des Sozialkörpers unterstützen, darf sie aber niemals zerschlagen oder aufsaugen." (QA 79).[77]

Dieser päpstlichen Forderung entspricht im Konzept der Sozialen Marktwirtschaft eine vom Staat gesetzte und gesicherte soziale Rahmenordnung, die den freien Wettbewerb und die freie Entscheidung des einzelnen garantiert.

„Aus all dem ergibt sich, daß das Modell der Marktwirtschaft, in der das Ordnungsprinzip des Wettbewerbs dominiert, dem gesellschaftlichen Gliederungsprinzip der Subsidiarität entspricht" und daß sich die Vertreter der Sozialen Marktwirtschaft mit der katholischen Soziallehre „in der Anerkennung des Subsidiaritätsprinzips (...) grundsätzlich einig"[78] sind.

Als wohl entscheidendes Motiv führte man die überlegene Leistungsfähigkeit der Marktwirtschaft an. Diese „Explosion der produktiven Kräfte" sei nur möglich gewesen, wo – anders als im Osten Deutschlands – „kollektivistische Experimente unterblieben"[79]. So könne nur die liberale Wirtschaftsordnung sowohl die materiellen Bedürfnisse der Bevölkerung erfüllen, als auch den Forderungen der christlichen Sozialethik gerecht werden. Man hielt weiterhin die Marktwirtschaft am ehesten für geeignet, effizient mit den wirtschaftlichen Ressourcen umzugehen. Unwirtschaftliche Ausnutzung der knappen Ressourcen und Verschwendung von Mitteln und Möglichkeiten verstießen gegen die mitmenschliche Solidarität. Eine moralische Qualität von Markt und Wettbewerb liege daher in der Fähigkeit, die beschränkten Mittel optimal zu gebrauchen. Der an der katholischen Universität Eichstätt/Ingolstadt lehrende Wirtschaftsethiker *Karl Homann* geht derzeit sogar so weit, Markt und Wettbewerb „die moralische Qualität ausschließlich deswegen zu[zusprechen, d.Verf.], weil sie ‚effizient' sind"[80]. – Das Problem katholischer Neoliberaler der frühen Bundesrepublik war deshalb nicht mehr die Frage, ob Markt- oder Planwirtschaft, sondern „welche ordnenden Maßnahmen am Rande nötig sind und welches System von Rahmenbedingungen" der Markt-

---

[77] Vgl. näherhin: Einleitung II, 2. Kapitel IV.2.

[78] *Goetz Briefs,* Liberalismus und katholische Soziallehre. Bilanz der Gemeinsamkeiten, in: Die politische Meinung Jg.5 (1960), 32-40, Zitat 39; vgl. auch: *Lothar Schneider,* Subsidiäre Gesellschaft – erfolgreiche Gesellschaft. Implikative und analoge Aspekte eines Gesellschaftsprinzips, Paderborn ³1990, 27-37.

[79] *Briefs,* Laissez-Faire-Liberalismus und Soziale Marktwirtschaft, in: Was wichtiger ist als Wirtschaft. Vorträge auf der 15. Tagung der Aktionsgemeinschaft Soziale Marktwirtschaft am 29.06.1960, Ludwigsburg 1960, 33-44, Zitat 40.

[80] *Karl Homann,* Wettbewerb und Moral, in: JCSW Jg.31 (1990), 34-56, Zitat 41.

wirtschaft gesetzt werden müßten, „damit ihr Funktionieren letztlich unserem Leitbild des Seinsollenden immer näherkommt"[81].

b) Soziale Disziplinierung der Marktwirtschaft

Wie schon bei den „Sozialausschüssen" der CDU, so prägte sich auch im vorpolitischen Raum innerhalb des Katholizismus im engeren Sinne die Hinwendung zu Neoliberalismus und Sozialer Marktwirtschaft kritischer und weniger stark aus.[82] So wurde die Soziale Marktwirtschaft auf dem Bochumer Katholikentag 1949 zwar lobend erwähnt, doch war dies nicht bestimmend für den Charakter dieses Treffens. Im sozialen Katholizismus und unter katholischen Sozialwissenschaftlern kam es im folgenden immer wieder zu mitunter heftigen Auseinandersetzungen um Vorzüge und Nachteile dieses Wirtschaftsmodells. Etwa die KAB – die 1945 auf Drängen von *Pius XII.* (1876-1958) und Kardinal *Josef Frings* (1887-1976) wiedergegründete „Katholische Arbeitnehmer-Bewegung" mit zur Zeit über 300.000 Mitgliedern[83] – stellte sich ebenso „als ein permanenter und unerbittlicher Liberalismus- und Neoliberalismuskritiker dar"[84] wie die Walberberger „Neue Ordnung" unter ihrem Schriftleiter *Edgar Nawroth*[85], der in Hinblick auf den Neoliberalismus „höchstens von einer *ordnungspolitischen Modifizierung* und Wiederbelebung altliberalen Gedankenguts"[86] sprach. Zu den profiliertesten Kritikern gehörten *Gustav Gundlach* und *Oswald von Nell-Breuning*.

Gundlach kritisierte auf philosophischer Ebene in Auseinandersetzung mit *Walter Eucken* die Herkunft der liberalen Marktwirtschaft im Neukantianismus und erhob den Vorwurf neoliberaler Gesinnungsethik statt erforderlicher Ordnungsethik, ein Einwand, der ausdrücklich auf die protestantische Herkunft des Neoliberalismus zielte.[87] Gemeinsam mit *Nell-Breuning* wandte er sich gegen den Freiheitsformalismus sowie die Überbetonung der Wirtschaft und ihre fehlende Einordnung in eine von klaren Vorstellungen getragene Gesellschaftspolitik. In bezug auf einen „Formalismus der Freiheit"[88] wurde zugestanden, daß „die Wirtschaftsfreiheit als Freiheit eines wichtigen Teilbereichs des gesellschaftlichen Lebens einen legitimen Platz im katholischen System der Werte" einnehme.

„Sie ist aber nicht der einzige und auch nicht der höchste Wert", sondern stehe neben den übrigen Werten wie soziale Gerechtigkeit, Gemeinwohl oder Solidarität. Es sei durchaus

---

[81] *Wilfried Schreiber,* Kernfragen der Marktwirtschaft, in: *Boarman,* Der Christ und die Soziale Marktwirtschaft, 19-33, Zitat 33.
[82] Vgl. *Langner,* Wirtschaftliche Ordnungsvorstellungen im deutschen Katholizismus, 71-107.
[83] Vgl. *Prinz,* Kirche und Arbeiterschaft, 228-254; *Schroeder,* Katholizismus und Einheitsgewerkschaft, 300-317.
[84] *Langner,* Wirtschaftliche Ordnungsvorstellungen im deutschen Katholizismus, 89.
[85] Vgl. *Edgar Nawroth,* Die Sozial- und Wirtschaftsphilosophie des Neoliberalismus, Heidelberg 1961; *ders.,* Die wirtschaftspolitischen Ordnungsvorstellungen des Neoliberalismus, Köln 1962; *ders.,* Zur Sinnerfüllung der Marktwirtschaft, Köln 1965.
[86] *Ders.,* Zur Sinnerfüllung der Marktwirtschaft, 123.
[87] Vgl. *Gustav Gundlach,* Diskussionsbeitrag, in: Ökonomischer Humanismus, 83f.; *ders.,* Die Ordnung der menschlichen Gesellschaft. 2 Bde., Köln 1964, hier Bd. 2, 372-375.
[88] *Nell-Breuning,* Trennendes und Gemeinsames in den Hauptrichtungen der Wirtschaftswissenschaft, 218.

möglich, daß „sie gegenüber anderen Werten, die in direkter Zuordnung zur individuellen und kollektiven Selbsterhaltung stehen, zurücktreten"[89] müsse.

Auch stieß die Zurücksetzung anderer Lebensbereiche gegenüber der wirtschaftlichen Aktivität auf Kritik. Für die katholische Soziallehre „ist das wirtschaftliche Geschehen ein Teil des gesellschaftlichen Geschehens". Die Qualität der Wirtschaft und Wirtschaftspolitik „bestimmt sich danach, wieviel oder wie wenig sie beiträgt zu einer befriedigenden, an ethisch-kulturellen Maßstäben gemessen positiv zu wertenden *Gestaltung* des sozialen Lebens". Diese Maßstäbe lassen sich aber „*nicht aus der Wirtschaft selbst*", sondern nur aus „einem übergreifenden Bereich"[90] entnehmen.

Um von *sozialer* Marktwirtschaft im Vollsinn des Wortes sprechen zu können, forderten Vertreter der katholischen Soziallehre, müsse es um die bestmögliche „Versorgung der Menschen mit Unterhaltsmitteln" als „materielle Unterlage (...) für eine gesunde *gesellschaftliche Ordnung*"[91] gehen. Erst dann könne es zur gesellschaftlichen – eben zur *sozialen* – Einbindung der Marktwirtschaft kommen. Darin aber erscheint das Phänomen des Sozialen bereits in sich als ethische Größe; es erlangt weniger als Gegensatz zum Individuellen Bedeutung als vielmehr zum *Unsozialen* im Sinne des sozial Unmenschlichen und Ungerechten. Der implizit im Begriff des Sozialen enthaltene Anspruch der Gerechtigkeit fordert als Konsequenz aus dieser Entwicklung zu einer neuen Form der Gerechtigkeit heraus, der *sozialen Gerechtigkeit*.[92] Wenn die Marktwirtschaft also „zu Recht das Attribut ‚sozial' beanspruchen" und „sich gegenüber dem neoliberalen Ordnungsgedanken als etwas Eigenständiges" erweisen wolle, müsse sie „nicht nur rechtliche Sicherungen für einen marktwirtschaftlichen Produktionsablauf" bereitstellen, „sondern gleichzeitig auch Sicherungen für einen sozialen Vollzug und ein soziales Ergebnis des Wirtschaftens"[93]. Auch für eine Wettbewerbswirtschaft seien zwei allgemeine Leitsätze der katholischen Soziallehre verpflichtend: „das moralische Gesetz der solidarischen Mitverantwortung und die objektive Rangordnung der dem Menschen zugänglichen Werte".

„Der Leitsatz der *Solidarität* besagt: Da der Mensch bei all seinem Tun und Lassen unlösbar in einem großen interpersonalen Gesamtzusammenhang ineinander verflochtener Ein- und Auswirkungen steht, ist er verpflichtet, auch im Wirtschaftsleben die Auswirkungen seines eigenen Tuns auf die Lebensgestaltung anderer Menschen in verantwortungsbereiter Gesinnung zu bedenken. Das eigene wirtschaftliche Verhalten ist immer mitbestimmend für die wirtschaftliche Lage anderer Menschen, welche wiederum ihre günstigen oder schädlichen Auswirkungen auf deren vitales, kulturelles und sittlich-religiöses Leben hat (...). Neben der solidarischen Mitverantwortung ist die Beachtung der objektiven Rangordnung der Güter und

---

[89] *Kripp*, Wirtschaftsfreiheit und katholische Soziallehre, 171f.; vgl. *Oswald v. Nell-Breuning*, Wirtschaft und Gesellschaft heute. 3 Bde., Freiburg 1956-1960, hier Bd. 3, 90-96.
[90] *Nell-Breuning*, Wirtschaft und Gesellschaft. Bd.3, 95f.; auch: *Peter Langhorst*, Das Handeln Jesu als Modell praxisorientierter Sozialethik, in: *Georg Giegel/ders./Kurt Remele* (Hrsg.), Glaube in Politik und Zeitgeschichte, Paderborn 1995, 31-43.
[91] *Nell-Breuning*, Wirtschaft und Gesellschaft. Bd. 1, 55.
[92] Vgl. *Wilhelm Korff*, Was ist Sozialethik?, in: Münchener Theologische Zeitschrift Jg.38 (1987), 327-338, Zitat 328; *Peter Langhorst*, Soziale Gerechtigkeit, in: LThK³ IX, 758-759.
[93] *Franz Klüber*, Neoliberale und soziale Marktwirtschaft, in: NOrd Jg.14 (1960), 321-334, Zitat 329f.

Werte ein wichtiger ethischer Leitsatz, der auch für die Wettbewerbswirtschaft gilt. Trotz aller in der Geschichte nach- und nebeneinander auftretender Einengungen und perspektivischer Umformungen des Gesamtbildes erkannter Werte kann der Mensch wenigstens im Umriß eine immer gültige objektive Wertrangordnung der ihm erreichbaren Güter und möglichen Verhaltensweisen erkennen. Schon die natürliche sittliche Vernunft weiß, was auch die christliche Ethik lehrt: daß objektiv über dem bloß Sinnlich-Angenehmen die leibliche Gesundheit und Lebenskraft und darüber die geistig-kulturelle Entfaltung des Menschen und über allem sein ewiges Heil im absolut heiligen Gott steht (...). Der Sinn der Wirtschaft liegt in der Beschaffung materieller Güter, die notwendig, nützlich oder förderlich sind für die Erhaltung und Steigerung der vitalen Lebenskraft, der zivilisatorischen Lebenserleichterung, für die kulturelle Geistesentfaltung und für die sittlich-religiöse Heilsverwirklichung."[94]

Schließlich besage *sozialer Vollzug* des wirtschaftlichen Prozesses, „daß jeder Mensch *Sub*jekt des Sozialprozesses der Wirtschaft ist und kein bloßes *Ob*jekt"[95]. Deshalb dürfe niemals „die Auswirkung auf die leibliche Gesundheit der Beteiligten unberücksichtigt bleiben"[96] oder dem Arbeitnehmer „das physisch und technisch mögliche Maximum an Produktionsausstoß zugemutet werden", so daß er „schon im Ablauf des Produktionsprozesses (...) unter die Räder kommt"[97]. Dazu gehöre auch, „daß der Arbeitsfähige und Arbeitswillige Arbeits- und Verdienstgelegenheit findet". Bloßer „geordneter Wettbewerb" reiche nicht aus; es bedürfe ebenso „spezifischer Lenkung der Wirtschaft durch eine entsprechende Wirtschaftspolitik"[98].

Soziales Ergebnis verlange eine befriedigende Einkommens- und Vermögensschichtung, die sich nicht ohne weiteres „aus dem freien Spiel der zufällig gegebenen Kräfte"[99] ergebe. Aufgabe *sozialen* Marktwirtschaftens sei es daher, eine „solidarische Mitverantwortung" auch für nicht, noch nicht oder nicht mehr Leistungsfähige zu ermöglichen, die das Prinzip der Leistungskonkurrenz soweit einschränke, daß auch „die vermindert Leistungsfähigen einen Anteil an den produzierten Gütern"[100] erhalten. Es gehe also nicht nur um die Sicherung des freien Wettbewerbs und einer hohen Leistungskraft der Wirtschaft, die soziale Unzuträglichkeiten einkalkuliere, um sie nachträglich zu korrigieren, die Zielsetzung einer sozialen Marktwirtschaft besage vielmehr, von vornherein und gleichgewichtig *Sozial*politik in die *Wirtschafts*politik zu integrieren. Beide Formen der Politik seien nicht trennbar, sondern „uno actu miteinander zu verbinden" und „als die Einheit eines auf die Lebensförderung des Menschen gerichteten Handlungszusammenhangs"[101] zu verstehen.

Diese Forderungen blieben bei den Vertretern des Neoliberalismus in der sog. „Zweiten Phase" der Sozialen Marktwirtschaft seit den 60er Jahren nicht unge-

---

[94] *Nikolaus Monzel,* Die freie Konkurrenz, in: *Ders.,* Solidarität und Selbstverantwortung. Beiträge zur christlichen Soziallehre, München 1959, 140-155, Zitat 149, 152f.
[95] *Nell-Breuning,* Wirtschaft und Gesellschaft. Bd. 3, 101.
[96] *Nikolaus Monzel,* Katholische Soziallehre. 2 Bde., Köln 1965/1967, hier Bd. 2, 384.
[97] *Klüber,* Neoliberale und soziale Marktwirtschaft, 329.
[98] *Nell-Breuning,* Wirtschaft und Gesellschaft. Bd. 3, 101.
[99] Ebenda. Bd. 1, 403. Vgl. *Bernhard Külp,* Gerechtigkeit in der Verteilung, in: Soziale Herausforderung der Marktwirtschaft. Hrsg. v. Katholisch-Sozialen Institut der Erzdiözese Köln, Limburg 1976, 99-112.
[100] *Monzel,* Katholische Soziallehre. Bd. 2, 383.
[101] *Klüber,* Neoliberale und soziale Marktwirtschaft, 329f.

hört. Nachdrücklich unterstützten dieses Anliegen auch die „Sozialausschüsse" der CDU und die „Katholische Arbeitnehmer-Bewegung". Zwar habe die Marktwirtschaft wichtige ökonomische und soziale Ziele durchsetzen können wie die Anhebung des Lebensstandards für breite Schichten und den Ausbau der sozialen Sicherheit. *Soziale* Marktwirtschaft sei aber mehr „als Wirtschaftspolitik mit der Nebenwirkung einer guten Sozialpolitik oder als Wohlstandsmechanismus mit Hilfsmaßnahmen für die Sozialschwachen", hieß es in der gesellschaftspolitischen Grundsatzerklärung der KAB[102] und ähnlich in der Grundsatzerklärung des süddeutschen „Werkvolks" von 1964.

Es „müssen die Wirtschaftspolitik von einem klaren gesellschaftlichen Ordnungsbild ausgehen und wirtschaftliche Maßnahmen den gesellschaftspolitischen Zielen ein- und untergeordnet werden"[103]. Dieses Leitbild könne jedoch nicht „der Marktwirtschaft selbst" entnommen werden, sondern ergebe sich aus „der menschlichen Person in ihrer Leib- und Geistnatur, mit ihren existentiellen Rechten auf Selbstbestimmung, Eigenverantwortung und Freiheit, ihrem Anspruch auf volle menschliche Entfaltung, ihrer sozialen Veranlagung und Verpflichtung"[104]. Die Marktwirtschaft habe einer Sozialordnung zu dienen, in der „der Mensch der Träger, Schöpfer und das Ziel ist"[105].

Die Forderung nach gesellschafts- und nicht nur wirtschaftsorientiertem Engagement des *Staates* befürwortete auch das „Grundsatzprogramm" der KAB von 1972. Es verlangte vom Staat, sich gemeinwohlbezogen „in vielfältiger Weise umfassender und planmäßiger als bisher wirtschaftlich (zu) betätigen"[106]. Das Stichwort lautete „Gesellschaftsbezogene Marktwirtschaft", die dazu auffordere, soziale Arbeitsbedingungen und „eine Arbeitsplatzgestaltung, welche menschengerecht ist", vorzunehmen sowie sich intensiv zu bemühen, „Massenarbeitslosigkeit wirksam zu verhindern". Zum sozialen Ergebnis des Wirtschaftens gehöre der Zugang der Arbeitnehmer „zu Eigentum auch an Produktionsmitteln"[107]. Das neue Grundsatzprogramm der KAB vom Oktober 1996 bestätigt diese Postulate grundsätzlich, wendet sich aber strikt gegen eine in jüngster Zeit und nach der deutschen Vereinigung wieder zunehmende „Vergötzung des Marktes":

„Die Totalität des Marktes degradiert alles, sogar die menschliche Arbeit, zur bloßen Ware. Wo allein der Markt regiert, kommt es zu Ausgrenzungsprozessen von Schwächeren, zur Vernichtung menschlicher Arbeit. Dies widerspricht den Grundsätzen der kirchlichen Sozialverkündigung, nach denen die Wirtschaft dem Menschen und der Befriedigung der Bedürfnisse zu dienen hat."[108] Dies führe nicht zuletzt in eine „gespaltene Gesellschaft" hinein, weil

---

[102] Gesellschaftspolitische Grundsatzerklärung der KAB v. 23.03.1964. Antwort auf die Kritik an der Gesellschaftspolitischen Grundsatzerklärung, o.O. o.J. (1964), 3.

[103] Die Grundsatzerklärung des Werkvolks, Süddeutscher Verband katholischer Arbeitnehmer, vom 04.10.1964, Nr. 11, in: *Alfred Berchtold*, Kommentar zur Grundsatzerklärung des Werkvolks, München o.J. (1964), 3-11, Zitat 7.

[104] Gesellschaftspolitische Grundsatzerklärung der KAB (1964), 3.

[105] Die Grundsatzerklärung des Werkvolks (1964), 7.

[106] Grundsatzprogramm des Bundesverbandes der KAB Deutschlands v. 03.06.1972, Köln 1972, Nr. 121.

[107] Ebenda, Nr. 109, 116, 121.

[108] Grundsatzprogramm der Katholischen Arbeitnehmer-Bewegung Deutschlands 1996. Beschluß des 9. Bundesverbandstages der KAB vom 18.-20.10.1996 in Bad Honnef, Bornheim 1996, Nr. 17.

die als „Erwerbsarbeitsgesellschaft" definierte Gesellschaft in Deutschland in zunehmendem Maße in solche, die über Erwerbsarbeit verfügen und solche, die „Erwerbsarbeitslosigkeit" ertragen müssen, geteilt werde. „Spaltung heißt Ausgrenzung von Menschen und ganzen Gruppen, das An-den-Rand-der-Gesellschaft-Drängen, Auflösung des gesellschaftlichen Solidargedankens."[109]

Die Bejahung des *wirtschaftlichen Wettbewerbs* und die gleichzeitige Forderung nach Einbindung der Marktwirtschaft in eine umfassende Gesellschaftspolitik, die einen sozialen Vollzug und ein soziales Ergebnis des Wirtschaftens herbeiführen solle, war bereits in der Sozialverkündigung des kirchlichen Lehramts grundgelegt worden. Schon 1931 hatte *Pius XI.* hervorgehoben, daß die Wettbewerbsfreiheit „innerhalb der gehörigen Grenzen berechtigt und von zweifellosem Nutzen" sei, daß aber gesellschaftsethische Kategorien wie „die soziale Gerechtigkeit und die soziale Liebe" (QA 88) ebenfalls bestimmend zu sein hätten. Sie sollten sich in der Wirtschafts- und Rechtsordnung manifestieren, um „der Wirtschaft ganz und gar das Gepräge zu geben"[110]. Schon *Leo XIII.* hatte 1891 insbesondere die Leistungsfähigkeit der Wettbewerbswirtschaft dahingehend erkannt, daß „mit dem Wegfalle des Spornes zu Strebsamkeit und Fleiß (...) auch die Quellen des Wohlstandes versiegen" (RN 12). Auch *Paul VI.* begrüßte ein System auf der Basis von Markt und Wettbewerb, jedoch nur dann, „wenn (es) mit den Forderungen der sozialen Gerechtigkeit übereinstimmt": „Ohne den freien Markt abzuschaffen, sollte man den Wettbewerb in den Grenzen halten, die ihn gerecht und sozial, also menschlich machen" (PP 59, vgl. 61). – Als ein „Bekenntnis zur Marktwirtschaft"[111] ist die Enzyklika „Centesimus annus" *Johannes Pauls II.* von 1991 zu werten. Der Papst begrüßt ein Wirtschaftssystem,

„das die grundlegende und positive Rolle des Unternehmens, des Marktes, des Privateigentums und der daraus folgenden Verantwortung für die Produktionsmittel, der freien Kreativität des Menschen im Bereich der Wirtschaft anerkennt" (CA 42). Wenn er den Staat dazu auffordert, „den rechtlichen Rahmen zu erstellen, innerhalb dessen sich das Wirtschaftsleben entfalten kann" (CA 15), so erinnert dieses Mandat an das berühmte Postulat der neoliberalen Väter der bundesdeutschen Sozialen Marktwirtschaft nach einem von einem starken Staat zu setzenden sozialpolitischen *Datenkranz* für die Wirtschaft.

Auch die deutschen Bischöfe bestätigten mit Nachdruck solche Positionen: Kardinal *Joseph Höffner* (1906-1987) sprach sich als Vorsitzender der Deutschen Bischofskonferenz pronociert für eine „auf dem Privateigentum beruhende, sozial ausgerichtete marktwirtschaftliche Ordnung"[112] aus und griff damit die zehn Jahre ältere Feststellung seines Vorgängers *Julius Döpfner* auf: „Die Kirche bejaht die auf privater Initiative beruhende Wirtschaftsverfassung."[113] Die grund-

---

[109] Grundsatzprogramm der KAB Deutschlands (1996), Nr. 14, 16; vgl. 50, 73-75.
[110] *Nell-Breuning,* Sozialehre der Kirche. Erläuterungen der lehramtlichen Dokumente, 3. erw. u. erg. Auflage, Wien 1983, 56.
[111] *Langhorst,* „Centesimus annus" und der Mensch, 189.
[112] *Joseph Kardinal Höffner,* Wirtschaftsordnung und Wirtschaftsethik. Richtlinien der katholischen Soziallehre (Der Vorsitzende der Deutschen Bischofskonferenz 12), Bonn 1985, 41.
[113] *Julius Kardinal Döpfner,* Ethische Grundsätze einer Wirtschaftsführung aus der Sicht der katholischen Kirche. Vortrag vor dem Bundesverband der Deutschen Industrie am 11.03.1975, Bonn o.J. (1975), 8.

sätzliche Zustimmung zur Sozialen Marktwirtschaft durch den sozialen Katholizismus in Deutschland blieb bis heute bestehen. Erst seit der Wiedervereinigung Deutschlands ist sie in eine erneute, mitunter heftig geführte Diskussion geraten. Denn seit 1990 wurde in den neuen Bundesländern der ehemaligen DDR weniger ein soziales Marktwirtschaften, als vielmehr ein nach dem Vorbild des Manchesterkapitalismus praktiziertes, rein liberales Wirtschaften versucht, das allenfalls ein späteres Auffangen derer, die durch das soziale Netz gefallen waren, vorsah. Die sozialmarktwirtschaftliche Maxime, durch staatliche Gesellschaftspolitik die Zielsetzung des Sozialen *von vornherein und gleichgewichtig* in die Wirtschaftspolitik einzubeziehen, schien vergessen. Diese Entwicklung verlief in etwa parallel zu einer Neuentdeckung ethischer Fragestellungen bei Wirtschaftswissenschaftlern und -praktikern. Mit der Schlagzeile „Wachstumsbranche Ethik"[114] kennzeichnete „Der Unternehmer" Ende der achtziger Jahre die Flut der Neuerscheinungen zum Thema *Wirtschaftsethik*. Das „Institut der deutschen Wirtschaft" verleiht den seit 1992 gestifteten „Max-Weber-Preis für Wirtschaftsethik". Eine wachsende Zahl von Tagungen zu diesem Thema, die Bildung interdisziplinärer Arbeitsgruppen etwa durch den „Verein für Socialpolitik" und nicht zuletzt die Errichtung von Lehrstühlen für Wirtschaftsethik im deutschsprachigen Raum – wie an der schweizerischen St. Gallen oder an der Katholischen Universität Eichstätt/Ingolstadt – markieren das offensichtliche Interesse.

In der Diskussion stoßen häufig zwei gegensätzliche Positionen aufeinander. Die einen verabsolutieren die Eigengesetzlichkeit der Wirtschaft und sind überzeugt, daß das Einbringen moralischer Normen zu Funktionsstörungen mit negativen ökonomischen Konsequenzen führt. Andere fordern den kompromißlosen Vorrang der Ethik vor der Ökonomie und kommen nur zu moralisierenden Appellen an die Wirtschaft, ohne deren Eigenart zu akzeptieren. Ein Beispiel ist die Integration *ökologischer* Vorgaben in die Wirtschaftsordnung, die mitunter rigoros durchgesetzt werden sollen bzw. ebenso strikt abgelehnt werden. – Hintergrund beider Positionen ist der Umstand, daß soziale oder ökologische Mehrleistungen in der Regel etwas kosten. In einer Marktwirtschaft sind sie deshalb nur schwer durchsetzbar, weil sie von Konkurrenten ausgenutzt werden können. Wer als einzelner Unternehmer unter Wettbewerbsbedingungen für Umweltschutz oder Sozialleistungen eine Erhöhung seiner Kosten in Kauf nimmt, wird mit wirtschaftlichen Nachteilen bestraft und wohl bald aus dem Markt ausscheiden, wenn sich seine Mitkonkurrenten diese Leistungen sparen können. Zwei so unterschiedliche Persönlichkeiten wie *Karl Marx* und *Friedrich von Hayek,* der 1974 den Nobelpreis für Wirtschaftswissenschaften erhielt, zogen aus diesem Sachverhalt jeweils entgegengesetzte Schlußfolgerungen. *Marx* verlangte, um des Sozialen willen den Wettbewerb so weit wie möglich auszuschalten. *Hayek* verstand Begriff und Konzept einer Sozialen Marktwirtschaft als Widerspruch in sich und lehnte ihre soziale Dimension zugunsten der Effizienz des Marktes ab.[115]

---

[114] Überschrift in: Der Unternehmer H.4 (1987), 18.

[115] Vgl. *Friedrich A. v. Hayek,* Gesetzgebung und Freiheit. Ein neue Darstellung der liberalen Prinzipien der Gerechtigkeit und der politischen Ökonomie. 3 Bde., Landsberg 1980-81, bes. Bd. 2: Die Illusion der sozialen Gerechtigkeit.

Für das erfolgreiche Zusammenspiel von Wettbewerb und Moral ist die Unterscheidung von individuellen Handlungs*motiven* und gesamtwirtschaftlichen Handlungs*ergebnissen* wesentlich. Den einzelnen Unternehmern geht es zu Recht um das Erzielen von Gewinnen; ihre Motivation rührt vom Eigeninteresse her. Aufgabe der Volkswirtschaft insgesamt ist jedoch die optimale Versorgung aller. Nach *Karl Homann* ist „der soziale Sinn von Markt und Wettbewerb das Gemeinwohl"[116]. Diese Entkoppelung von individueller Motivationsebene und volkswirtschaftlicher Systemebene formulierte grundsätzlich bereits der Begründer des klassischen Wirtschaftsliberalismus *Adam Smith:* „Nicht vom Wohlwollen des Metzgers, Brauers oder Bäckers erwarten wir das, was wir zum Essen brauchen, sondern davon, daß sie ihre eigenen Interessen wahrnehmen."[117]

Dieses gemeinsame Wohl aller läßt sich nicht von selbst oder automatisch erreichen, sondern nur im Rahmen einer entsprechenden Ordnung. Es muß also zwischen der *Rahmenordnung des Handelns,* die durch die Verfassung, Gesetze oder die Wettbewerbsordnung gestaltet wird, und den *Handlungen innerhalb der Rahmenordnung* wie Investitionen, Verkaufsstrategien oder Preispolitik unterschieden werden. Aufgabe des Gesetzgebers ist es, der Wirtschaft ein Gesamt von Spielregeln in der Weise zu geben, daß die wirtschaftenden Menschen aus Eigeninteresse möglichst das tun, was dem Wohl der Allgemeinheit dient und so der „Wettbewerb in Bahnen verläuft, die das Gemeinwohl sichern"[118]. Diese Rahmenordnung ist somit nicht der einzige, aber wohl „der systematische Ort der Moral in der Marktwirtschaft"[119]. Das ethische Engagement der einzelnen am Wirtschaftsprozeß Beteiligten wird deshalb nicht aufgehoben, sondern ist weiterhin konstitutiv für dessen Gelingen. Sie dürfen die der Wirtschaft gesetzten Regeln nicht umgehen oder „austricksen". Die katholische Soziallehre hat sich an diesem Sachverhalt immer orientiert, auch als sie etwa zur Lösung der sozialen Frage im 19. Jh. ebensosehr eine „Reform der Zustände" wie eine „Reform der Gesinnung" einforderte.

Fazit

Wie die katholische Soziallehre die *Soziale* Marktwirtschaft – im Vollsinn des Wortes – versteht, besagt sie nicht nur die Sicherung des freien Wettbewerbs und hohe wirtschaftliche Leistungsfähigkeit. Ebenso verlangt sie mit Nachdruck die Gestaltung und Beachtung einer Rahmenordnung, welche die Zielsetzung der sozialen Bedürfnisse *von vornherein und gleichgewichtig* in die Wirtschaft einbezieht, um so bereits vom Ansatz her einen sozialen Vollzug und ein soziales Ergebnis zu gewährleisten.

---

[116] *Karl Homann,* Wettbewerb ohne Moral?, in: zur Debatte. Themen der katholischen Akademie in Bayern Jg.24 (1994), 1-5, Zitat 2. Vgl. *Joseph A. Schumpeter,* Kapitalismus, Sozialismus und Demokratie, München ³1972, 448.

[117] *Adam Smith,* Der Wohlstand der Nationen. Eine Untersuchung seiner Natur und seiner Ursachen, hrsg. von *Horst Claus Recktenwald,* rev. Fassung, München ³1990, 17.

[118] *Walter Kerber,* Ordnungspolitik, Gemeinwohl und katholische Gesellschaftslehre. Der Sozialen Marktwirtschaft zum Gedächtnis, in: JCSW Jg.31 (1990), 11-33, Zitat 13.

[119] *Homann,* Wettbewerb und Moral, 41; *ders.,* Wirtschaftsethik, in: Lexikon der Wirtschaftsethik, Freiburg 1993, 1286-1296, Zitat 1290.

3. Soziale Sicherung – gerechte Einkommensverteilung

Die sich nach 1945 rasch entwickelnde Industriegesellschaft der Bundesrepublik Deutschland brachte ein immer komplexer werdendes Feld unterschiedlichster sozialer Probleme mit sich. Zu den Bemühungen um die soziale Sicherheit, mit der sich der soziale Katholizismus traditionell befaßt hatte, gehörten einige Bereiche, mit denen er sich vorrangig auseinandersetzte und für die er sich besonders engagierte. Zwei sollen exemplarisch vorgestellt werden: zunächst die „dynamische" und in diesem Sinne gerechte Alterssicherung sowie die Förderung von Familien mit Kindern, im Anschluß daran die Frage nach einer gerechten Einkommensverteilung sowie einer Gewinn- und Kapitalbeteiligung der Arbeitnehmer. Ob dies durch einen Investivlohn oder durch eine Beteiligung der Arbeitnehmer am Produktivvermögen erreichbar sei, stand im sozialen Katholizismus immer wieder zur Diskussion.

a) Dynamische Rente

Eine grundlegende Änderung seit Einführung der Rentenversicherung im Jahre 1891 brachte die Rentenreform von 1957 mit der automatischen Koppelung der Rentenhöhe an das Niveau der Arbeitseinkommen. Hier wurde die von der „Internationalen Arbeitsorganisation" (IAO) 1952 formulierte Zielvorstellung in die Praxis umgesetzt. Konkrete Vorschläge gingen auf *Wilfried Schreiber* zurück, damals Geschäftsführer des „Bundes Katholischer Unternehmer" (BKU) in Köln. Auf Anregung niederländischer katholischer Unternehmer hatte 1949 Bischof *Michael Keller* aus Münster (1896-1961) zur Gründung einer Unternehmervereinigung ermuntert und dazu mitgewirkt. Der BKU wurde als freie katholische Vereinigung konstituiert und erhielt einen bischöflichen Protektor sowie Theologen als wissenschaftliche und geistliche Berater. Der BKU versteht sich nicht als Arbeitgeberverband, sondern ähnlich wie die KAB als „Standesverein" mit religiös fundierten, sozialethischen Zielvorstellungen. „Seine erste und bis heute bedeutendste sozialpolitische Initiative war und ist sein Vorstoß in Sachen der *sozialen Rentenversicherung*."[120] Der Vorschlag *Schreibers* stützte sich auf das von Bundeskanzler *Adenauer* angeregte Vier-Professoren-Gutachten zur „Neuordnung der sozialen Leistungen" von 1955, an dem die evangelischen Professoren *Achinger* und *Muthenius* sowie die Katholiken *Höffner* und *Neundörfer* beteiligt waren.[121] 1957 fand der Vorschlag als Rentenreform unter der Bezeichnung „Produktivitätsrente" gesetzliche Sanktionierung. Heute spricht man eher von „dynamischer Rente".

Der *Schreiber-Plan* ging davon aus, daß in vorindustrieller und vorwiegend landwirtschaftlich geprägter Zeit die Versorgung der älteren Generation auf einem

---

[120] *Nell-Breuning,* Der Beitrag des Katholizismus zur Sozialpolitik der Nachkriegszeit, in: *Langner,* Katholizismus, Wirtschafts und Sozialpolitik, 109-122, Zitat 114. Vgl. *Klaus-Dieter Schmidt,* Soziale Gerechtigkeit durch unternehmerische Initiative. Der Bund Katholischer Unternehmer 1949-1990, Paderborn 1994.

[121] Vgl. *Hans Achinger/Joseph Höffner/Hans Muthenius/Ludwig Neundorfer,* Neuordnung der sozialen Leistungen. Denkschrift auf Anordnung des Herrn Bundeskanzlers erstattet, Köln 1955.

Solidarvertrag zwischen der jungen und der alten Generation beruht habe. Der junge Bauer etwa habe sich mit der Übernahme des Hofes verpflichtet, seine Eltern zu versorgen. Dieser Vertrag im Rahmen der Familie sei heute zwar vereinzelt noch möglich, aber nicht mehr grundlegend denkbar. Denn im Unterschied zum „fundierten" Eigentum der Bauernfamilie, das auch im Todesfalle einzelner Glieder im wesentlichen unverändert bleibt, ist das Arbeitnehmereinkommen individuell, an die persönliche Arbeitskraft gebunden und so von kleinen und großen Risiken bedroht. Gestaltbar sei jedoch ein Vertrag im Rahmen einer größeren Solidargemeinschaft unter Vertragshilfe des Staates. Diese Idee verlangt, daß die Arbeitnehmer einen Teil ihres Lohnes, der 1957 bei 14% lag und gegenwärtig an die 20%-Marke heranreicht, in die Rentenkasse abführt, von der die Gelder an die Rentner weitergeleitet werden. Maßgeblich für die Rentenhöhe bei der Erstfestsetzung sind die lohnbezogenen Beiträge während der Erwerbsphase, die als „Bemessungsgrundlage" dienen, und der „Transfertarif". Dieser erreicht mit einem Steigerungssatz von 1,5% pro Versicherungsjahr bei 40 bis 45 Versicherungsjahren 60 bis 67,5% der "Bemessungsgrundlage"[122]. Das Novum der „dynamischen" Rente lag darin, daß Leistung und Gegenleistung nicht mehr in absoluten Zahlen fixiert, sondern an die Maßeinheit „Durchschnittseinkommen" der Beitragszahler gekoppelt werden. Regelmäßig wird sie seinem Anstieg angepaßt, zunächst auf der Basis des „Bruttolohnes".

„Die heute im Erwerb Stehenden unterhalten also aus ihrem Einkommen zugleich auch die heute alten und nicht mehr erwerbsfähigen Arbeitnehmer."[123] Darüber hinaus geht es darum, die aus dem Erwerbsleben ausgeschiedene Generation „auch am weiteren wirtschaftlichen Aufstieg, den sie selbst nicht mehr mitträgt, teilnehmen"[124] zu lassen.

Norbert Blüm, in der katholisch-sozialen Bewegung verwurzelter Bundesarbeitsminister von 1982-1998, der zudem von 1977 bis 1987 Vorsitzender der „Christlich-Demokratischen Arbeitnehmerschaft" (CDA) – der aus den „Sozialausschüssen" hervorgegangen Arbeitnehmerorganisation der CDU – war, setzte sich für eine Reform der gesetzlichen Rentenversicherung ein, die 1992 in Kraft trat und die Grundlage der Rente nunmehr auf der Basis des „Nettolohnes" bemißt. Eine neuerliche Rentenreform beabsichtigt eine weitere deutliche Senkung des Rentenniveaus nach der Jahrtausendwende. Seit den 90er Jahren geben die steigende Höhe des von den Arbeitnehmern in die Rentenkasse zu zahlenden Beitrages und die sich auf den Kopf stellende Alterspyramide Anlaß zur Überprüfung des Modells des *Generationenvertrages* und der „dynamischen" Rente. Neue Konzeptionen werden durchdacht, die den Trend zur Eigenversorgung durch private Versicherung u.ä. unterstützen. Ein Grund dafür ist in den durch die deutsche Wiedervereinigung entstandenen Kosten für die Rentenkasse zu sehen. Grundlegende Gedanken macht sich etwa die KAB vor der Wende zum dritten Jahrtausend:

---

[122] *Winfried Schmähl,* Rentenversicherung, in: StL IV, 859-875, 863-865.
[123] *Wilfried Schreiber*, Sozialpolitik in einer freien Welt, Osnabrück 1961, 29.
[124] *Nell-Breuning,* Die Produktivitätsrente, in: Wirtschaft und Gesellschaft. Bd. 3, 349-360, 349.

- „Notwendig sind die Sicherung und der Ausbau eines Generationenvertrags, der unter veränderten Bedingungen die materielle Grundlage für die Erziehungs- und Ausbildungsphase sowie die Zeit nach der Erwerbsphase schafft.
- Notwendig ist ferner die Gestaltung eines gleitenden Übergangs in den Ruhestand, der einen zeitlich gestreckten Ausstieg aus dem Erwerbsleben ermöglicht, der nachfolgenden Generationen den Einstieg in das Erwerbsleben erleichtert und die beruflichen wie persönlichen Kompetenzen für neue Formen der gegenseitigen Unterstützung fördert (...).
- Es sind Projekte, Maßnahmen und Bildungsangebote zu stärken, die das Zusammenleben der Generationen erleichtert und die Menschen einander näherbringt."[125]

b) Familien- und Kinderförderung

Seit den Anfängen gehörte die Sozial- und Familienpolitik zu den Domänen katholisch-sozialer Aktivität. Eine besondere Notwendigkeit bestand in der Reaktion auf die sich wandelnden Familienverhältnisse in der modernen Industriegesellschaft. Faßte man Kinder in vorindustrieller Zeit schon nach wenigen Jahren als willkommenen Teil des *Produktions*faktors auf, so spürte die durchschnittliche Arbeitnehmerfamilie in der Nachkriegszeit Kinder in wirtschaftlicher Hinsicht eher als *Kosten*faktor – eine fragliche Sichtweise, die in jüngster Zeit auf immer größere Akzeptanz stößt. Da sich das Einkommen nach der Leistung im volkswirtschaftlichen Produktionsprozeß bemißt, bleiben andere Faktoren unberücksichtigt: „Die hohe gesellschaftliche Leistung des Kinderhabens und Kinderaufziehens wird also von der Gesellschaft nicht etwa belohnt, sondern durch wirtschaftliche Deklassierung bestraft."[126]

Ein Rechtfertigungsgrund für einen Ausgleich der Familienlasten „liegt in dem unlöslichen Zusammenhang zwischen dem heutigen und dem künftigen Sozialprodukt, zunächst zwischen dem, was heute zur Verteilung ansteht, und dem, was künftig zur Verteilung anstehen wird, aber auch zwischen der Verteilung unseres heutigen Sozialprodukts und den berechtigterweise an die Verteilung des künftigen Sozialprodukts zu stellenden Ansprüchen. Dieser Zusammenhang besteht einfach darin, daß diejenigen, die heute Kinder aufziehen, eben damit die unerläßliche Vorsorge dafür leisten, daß künftig, wenn sie selbst aus dem Produktionsprozeß ausgeschieden sein werden, andere an ihre Stelle nachrücken, um den Produktionsprozeß weiterzuführen und das Sozialprodukt zu erstellen, auf das *alle* miteinander für ihren Lebensunterhalt angewiesen sind."[127]

Von diesen sozialethischen, aber auch von ökonomischen Erwägungen her blieb die Familienpolitik im allgemeinen und der *Familienlastenausgleich* im besonderen ein Kernanliegen der sozialen Bemühungen des Nachkriegskatholizismus. Als deren Motor verstand sich der 1953 gegründete „Familienbund der Deutschen Katholiken" (FDK), zu dessen Zielsetzungen eine familiengerechte Steuer- und Tarifpolitik, der Bau von familiengerechten Heimen, eine familiengünstige Regelung von Arbeits- und Freizeit gehörten. Zuerst aber setzte er sich für einen

---

[125] Grundsatzprogramm der KAB Deutschlands (1996), Nr. 79.
[126] *Schreiber*, Sozialpolitik in einer freien Welt, 32.
[127] *Oswald v. Nell-Breuning*, Umverteilung – intertemporär oder interpersonal?, in: Jahrbuch des Instituts für Christliche Sozialwissenschaften Jg.7/8 (1966/67), 161-173, Zitat 165f.

familiengerechten Lohn ein, der die soziale Deklassierung kinderreicher Familien verhindern sollte. Nicht zuletzt der gemeinsamen Initiative des Familienbundes und des BKU sowie ihrem Einfluß auf die Bundestagsabgeordneten der Unionsparteien ist es zu verdanken, daß es 1954 zum Erlaß eines *Kindergeldgesetzes* kam. Nach mehrmalig notwendigen Anpassungen, Ergänzungen und Umgestaltungen gelangte das Bundeskindergeldgesetz von 1964 – bis heute nochmals vielfach revidiert – zur Gültigkeit und gewährt nicht mehr nur Arbeitnehmern und Inländern, sondern allen, die ihren Wohnsitz oder ihren gewöhnlichen Aufenthaltsort in Deutschland haben, Kindergeld.[128]

Den Sinn des Familienlastenausgleichs bzw. des Kindergelds sah man darin, daß dem Kind von der Gesellschaft gleichsam ein Kredit gewährt werde, den es bei Eintritt in das erwerbsfähige Alter zurückzahlen müsse. Im Mittelpunkt dieses Konzepts stünden die Kinder, deren Eltern das Geld für *sie* erhalten, nicht für sich. Der Staat fungiere bei diesem „Entsprechungsverhältnis von Leistung und Gegenleistung"[129] lediglich als helfende technische Apparatur. Für die katholische Soziallehre blieb bis heute unbestritten, daß Eltern, die Kinder aufziehen, „zur Sicherung nicht nur des eigenen Alters, sondern *aller* bei(tragen) und (...) dadurch, soweit bei ihnen eine *Über*leistung vorliegt, den Anspruch auf *deren* Ausgleich"[130] erwerben. Eine Zeit, die gegenwärtig „Kinderlosigkeit ökonomisch prämiert", den „Nutzen von Familienleistung (...) weitgehend vergesellschaftet, während die Lasten weitgehend privatisiert sind", und „von struktureller Rücksichtslosigkeit gegenüber Familien geprägt"[131] ist, macht nach Auffassung der KAB Deutschlands besondere Anstrengungen erforderlich:

- „Rahmenbedingungen, die Vätern und Müttern gleichberechtigte Teilhabechancen am Erwerbsleben und an der Familientätigkeit eröffnen, sind zu gewährleisten. Dies erfordert auch eine familienfreundliche Gestaltung der Arbeitszeit.
- Die bisher überwiegend von Frauen geleistete Familienarbeit, z.B. in der Erziehung von Kindern und in der Pflege von Kranken und Alten, muß von der Gesellschaft gesehen und anerkannt werden, auch weil sie einen hohen Anteil an den gesamtwirtschaftlich geschaffenen Werten darstellt.
- Die Herstellung gleichberechtigter Teilhabe an gesellschaftlichem Wohlstand für Familien durch solidarischen Ausgleich im Rahmen eines gerechten Familienleistungsausgleichs ist unerläßlich."[132]

c) Miteigentum und Gewinnbeteiligung der Arbeitnehmer: Investivlohn – Produktivvermögen

---

[128] Vgl zur aktuellen Diskussion: *Bernhard Jans,* Eine politische „Fata Morgana"? Modelle und Kriterien für eine Neugestaltung des Familienlastenausgleichs, in: HerKorr Jg.48 (1994), 240-245; *Joachim Genosko,* Familienlastenausgleich als Bevölkerungspolitik?, in: *Norbert Glatzel/Eugen Kleindienst* (Hrsg.), Die personale Struktur des gesellschaftlichen Lebens, Berlin 1993, 111-120; *Anton Rauscher* (Hrsg.), Welche Zukunft hat die Familie?, Köln 1995.
[129] *Wilfried Scheiber,* Familienpolitische Einkommensverteilung in der Sozialen Marktwirtschaft, in: Familienpolitik in der Industriegesellschaft, Bonn 1964, 124-141, Zitat 136.
[130] *Nell-Breuning,* Umverteilung, 173.
[131] Grundsatzprogramm der KAB Deutschlands (1996), Nr. 76.
[132] Ebenda, Nr. 77.

Nach der Währungsreform vom Juni 1948 erfolgte in der Bundesrepublik die Bildung neuen Produktivvermögens wie schon zu Zeiten der Weimarer Republik erneut vor allem in Händen der bisherigen Kapitaleigner. Da die traditionelle Begründung der katholischen Soziallehre gerade die „Sozialfunktion" der Privateigentumsordnung hervorhob und damit die optimale Verwirklichung der Gemeinwidmung der Erdengüter verknüpfte, stieß diese Entwicklung auf scharfe Kritik. Der Sozialwissenschaftler *Paul Jostock* (1895-1965) faßte sie zusammen:

> Beim wirtschaftlichen Wiederaufbau "ist nach alter Übung wohl so gut wie alles wieder ins Eigentum der Unternehmer und Kapitalbesitzer übergegangen. Wohl haben die Arbeiter einen schönen Lohn dabei verdient, aber ein gerechter Anteil am Ertrag, vor allem an unverteilten Gewinnen, wurde ihnen vorenthalten. Bedenkt man, wie dringend die Reform unserer Vermögensverteilung ist und welch einmalige Gelegenheit diese Nachkriegsentwicklung bot, so kann der Vorgang nur als Skandal bezeichnet werden, der nach Abhilfe schreit"[133].

Dieser Kritikpunkt an der neu entstehenden Eigentumsordnung ist wohl einer der gravierendsten und ständig wiederkehrenden Vorwürfe des sozialen Katholizismus gegen die Soziale Marktwirtschaft. Gewiß waren während der Phase des Wiederaufbaus ungewöhnlich hohe Investitionen und entsprechender Konsumverzicht erforderlich. Da der riesigen Nachfrage an Gütern aller Art in der Nachkriegszeit nur ein schmales Warenangebot gegenüberstand, verlangten die Unternehmer nach Einführung der Marktwirtschaft hohe Preise, erzielten beträchtliche Gewinne und konnten die Neuinvestitionen zum großen Teil über diese Gewinne aufbringen. Die auf dem Weg der Selbstfinanzierung beschafften neuen Maschinen und Fabrikanlagen erwirtschafteten wiederum Gewinne. Zweifellos war der Vorgang wirtschaftspolitisch sinnvoll, denn er half, die Güterproduktion zu steigern, neue Arbeitsplätze zu schaffen und damit die Arbeitslosigkeit zu überwinden. Gesellschaftspolitisch hatte er jedoch zur Folge, „daß die Vermögensstruktur in der Bundesrepublik sich noch ungünstiger gestaltete als etwa in der Weimarer Zeit". Das „Wirtschaftswunder" fand keine Ergänzung durch ein „soziales Wunder". Der wirtschaftliche Wertzuwachs fiel den Kapitaleigentümern zu, unter Ausschluß der Arbeitnehmer, die diese Erträge jedoch miterwirtschafteten.

Es stellte sich daher die Frage, ob diese Form der Kapitalbildung tatsächlich der einzig mögliche Weg sei und ob vor allem Selbstfinanzierung nicht ein Recht auf *Gewinnbeteiligung* der Arbeitnehmer begründe, eine Frage, mit der sich die katholische Soziallehre schon geraume Zeit beschäftigte. Bereits 1931 hatte die Enzyklika „Quadragesimo anno" sich gegen jenes angebliche „Naturgesetz der Wirtschaft" gewandt, nach dem „alle Kapitalakkumulation nur beim Kapitalbesitzer stattfinden" (QA 54) könne. 30 Jahre später sprach sich das Rundschreiben „Mater et magistra" dafür aus, bei raschem Wachstum der Unternehmen durch Selbstfinanzierung den Arbeitnehmern Beteiligungsrechte einzuräumen, da ihnen „ein rechtmäßiger Anspruch an diesen Unternehmen zuzuerkennen" (MM 75) sei. *Johannes Paul II.* verlangte 1981 in seiner Arbeitsenzyklika „Laborem exercens" für die Arbeitnehmer ein „Miteigentum an den Produktionsmitteln, die Mitbestimmung, die Gewinnbeteiligung, die Arbeitnehmeraktien und ähnliches" (LE

---

[133] *Paul Jostock,* Das Sozialprodukt und seine Verteilung, Paderborn o.J. (1955), 38.

14,5). Er begründete diese Forderung zehn Jahre später in seinem jüngsten Sozialrundschreiben „Centesimus annus" folgendermaßen:

„Das Unternehmen darf nicht ausschließlich als ‚Kapitalgesellschaft' angesehen werden; es ist zugleich eine ‚Gemeinschaft von Menschen', zu der als Partner in je verschiedener Weise und mit spezifischen Verantwortlichkeiten sowohl jene beitragen, die das für das Unternehmen nötige Kapital einbringen, als auch jene, die mit ihrer Arbeit daran beteiligt sind" (CA 43).

Von 1950 bis 1960 erfolgte die Sachvermögensbildung der Unternehmen in einer durchschnittlichen Höhe von 70% auf dem Weg der Selbstfinanzierung aus eigenen Mitteln. Die 1,7% der Haushalte mit einem Vermögen von mehr als 100.000 DM besaßen 1960 rund 70% des Eigentums an Produktivvermögen (Betriebsvermögen und Kapitalanteile)[134], während den 98,3% der restlichen Haushalte mit einem Vermögen von weniger als 100.000 DM nur etwa 30% des Produktivvermögens gehörten. 1966 war der Anteil der obersten Vermögensgruppe an gewerblichen Unternehmen auf 74% gewachsen.[135] Spätere Untersuchungen zeigten, daß sich das Produktivvermögen immer stärker konzentrierte, und eine Untersuchung auf der Basis heutiger Zahlen würde dieses Bild noch verschärfen.

„1. Die Verteilung des Eigentums, bei der ein Großteil oder sogar die Mehrzahl der Menschen auf Eigentum an (meist kurzlebigen) Gebrauchsgütern beschränkt, von Eigentum an dauerhaften Gebrauchs- und Nutzgütern (z.B. eigenes Heim) und noch mehr von Eigentum an Produktionsmitteln ausgeschlossen ist, bedeutet einen schweren strukturellen Mangel unserer Gesellschaft, der den *Bestand einer freiheitlichen Ordnung* ernstlich gefährdet.
2. Eben diese Verteilung des Eigentums gefährdet in besonderem Maße die *Institution des Eigentums selbst*. Wer Eigentum hat, wird im allgemeinen den Wert des Eigentums zu würdigen wissen und bereit sein, für die Erhaltung der Institution des Eigentums einzutreten; wer Eigentum nur bei ‚den anderen' sieht, wird an der Institution des Eigentums wenig interessiert sein, wird im Eigentum ‚der anderen', insbesondere in deren Eigentum an Produktionsmitteln, allzu gern nur eine ihm feindliche und ihn ausbeutende Macht erblicken und daher geneigt sein, diese Macht zu brechen."[136]

Auf diese offensichtliche Fehlentwicklung machten von Beginn des wirtschaftlichen Wiederaufstiegs der Bundesrepublik an Vertreter des sozialen Katholizismus aufmerksam. *Paul Jostock* erwähnte bereits 1946 die einseitige Vermögensakkumulation. Wenn schon das Kapital für Neuinvestitionen auf dem Weg der Selbstfinanzierung aufgebracht werden müsse und deshalb die Löhne nicht erhöht werden könnten, mit welchem Recht gehe dann der Wertzuwachs „in das *Alleineigentum* der Kapitalbesitzer über", statt daß er „zwischen diesen und den Arbeitern geteilt würde?" Aus Betriebsnotwendigkeiten lasse sich das jedenfalls nicht begründen, „sondern stellt eine reine Usurpation dar"[137]. Auch *Oswald von Nell-*

---

[134] Vgl. *Carl Föhl,* Kreislaufanalytische Untersuchung der Vermögensbildung in der Bundesrepublik und der Beeinflußbarkeit ihrer Verteilung, Tübingen 1964, 59.
[135] Vgl. *Jürgen Siebke,* Vermögenskonzentration, in: *Karl H. Pitz* (Hrsg.), Das Nein zur Vermögenspolitik. Gewerkschaftliche Argumente und Alternativen zur Vermögensbildung, Reinbek 1974, 56-67, Zitat 65.
[136] *Nell-Breuning,* Eigentumsbildung in Arbeiterhand, in: Wirtschaft und Gesellschaft. Bd. 1, 443-451, Zitat 443f.
[137] *Paul Jostock,* Grundzüge der Soziallehre und der Sozialreform, Freiburg 1946, 164f.

Breuning machte 1947/48 den Vorschlag, die in Trümmern liegenden Industriebetriebe sollten nach dem Wiederaufbau durch die Belegschaften in deren Eigentum übergehen und die arbeitenden Menschen so „in den Besitz oder Mitbesitz an diesen neugeschaffenen Gütern hineinwachsen"[138]. Selbst die „Düsseldorfer Leitsätze" vom 15. Juli 1949, in denen sich die CDU ausdrücklich zur Sozialen Marktwirtschaft und dem sie tragenden Ordnungsmodell des Neoliberalismus bekannte, sprachen sich für einen größeren Anteil der Arbeitnehmer am Produktivvermögen aus. Da der wirtschaftliche Ertrag auf dem Zusammenwirken von Arbeit, Kapital und Unternehmensleitung beruhe, komme den Arbeitnehmern „Anspruch auf einen gerechten Anteil am Ertrag des Unternehmens" zu. Aus diesem Grund verlangten die „Leitsätze", bereits bestehende Beteiligungsformen „auf weitere Betriebe auszudehnen und neue Formen zu entwickeln"[139].

Der Diskussion um die Themen „Soziallohn" und „Gewinnbeteiligung" kam auf dem Bochumer Katholikentag von 1949 eine wichtige Rolle zu. Der „Soziallohn" sollte es ermöglichen, nicht nur eine Familie zu unterhalten, sondern darüber hinaus voll an den geistig-kulturellen Gütern teilzuhaben, sich den politischen und humanen Bestrebungen der Zeit zu widmen sowie zu Privateigentum zu gelangen. Im Blick auf die Vermögensverteilung wurde die Forderung erhoben,

„das in der Beteiligung der verschiedenen Produktionsfaktoren am Produktionsergebnis obwaltende Mißverhältnis zu beseitigen". Die für die Volkswirtschaft notwendige Kapital-Akkumulation habe sich bisher einseitig in den Händen der Unternehmer konzentriert, weil in der bestehenden Wirtschaftsordnung der Lohn nur „das Entgelt für die Arbeits*leistung*" darstelle, nicht aber „den der Arbeit zustehenden Teil des Arbeits*ergebnisses*". Der zuständige Arbeitskreis verlangte deshalb, diese Ordnung so zu gestalten, daß „auch die *Gewinne* der Unternehmungen gerechterweise zwischen Arbeitnehmern, Unternehmern und Kapitalgebern verteilt würden". Das Recht der Arbeitnehmer auf Gewinnbeteiligung ergebe sich nicht aufgrund von Mitbesitz bzw. -eigentum, sondern aufgrund ihrer Teilnahme „als gleichberechtigter Faktor im gesellschaftlichen Prozeß der Wirtschaft"[140].

Neben der Gewinnbeteiligung wurde als zweiter Weg einer breiteren Streuung des Produktionskapitals die Bildung von Belegschaftsfonds zur Diskussion gestellt. Etwaige Mehrerträge eines Unternehmens sollte man nach Abzug sämtlicher Aufwendungen in ihnen anlegen und nur im Einvernehmen von Unternehmensleitung und Belegschaftsvertretung über sie verfügen. Von den christlichen Abgeordneten im Bundestag wurde verlangt, die gesetzlichen Voraussetzungen „für die Durchführung der Mitbestimmung und Gewinnbeteiligung der Arbeiterschaft in Betrieb und Wirtschaft"[141] zu schaffen.

Um auch die Lohnempfänger am Zuwachs des Produktivvermögens teilhaben zu lassen, erschien die Einführung eines „Investivlohnes" vielen Sozialkatholiken als geeignetste Möglichkeit. Besonders engagiert und profiliert setzte sich für

---

[138] *Nell-Breuning,* Lastenausgleich, in: StZ Bd.142 (1948), 427-440, Zitat 440; Sozialisierung, in: StZ Bd.139 (1946/47), 425-436, Zitat 435.
[139] *Flechtheim,* Dokumente zur parteipolitischen Entwicklung. Bd. 2, 72f.
[140] Gerechtigkeit schafft Frieden. Der 73. Deutsche Katholikentag in Bochum, 228, 229, 247, 230.
[141] Ebenda, 184; vgl. 230.

diese Idee *Oswald von Nell-Breuning* ein.[142] Bei der Begründung des *Investivlohnes* als Möglichkeit, die Arbeitnehmer verstärkt an der Kapitalbildung zu beteiligen, ging er von einem wirtschafts- und einem gesellschaftspolitischen Ansatz aus, in denen unschwer das klassische Eigentumsverständnis der katholischen Soziallehre erkennbar wird. Zum einen bezeichne *soziale* Marktwirtschaft eine Wirtschaft, die „auf eine sozial befriedigende Bedarfsdeckung" und als deren Voraussetzung auf „eine sozial befriedigende Einkommensgestaltung" ausgerichtet sei. Auf der anderen Seite bedürfe es zur Erhaltung der freiheitlichen Gesellschaftsordnung mit dem Eigentum als Grundlage einer breiten Eigentumsstreuung. Beide Zielsetzungen verlangten, daß „auch die heute produktionsmittelentblößten Arbeitnehmer am Eigentum an Produktionsmitteln" teilhaben. *Nell-Breuning* begründete diese Forderung mit dem Hinweis auf einen einfachen volkswirtschaftlichen Sachverhalt.

„Die Höhe des in der Marktwirtschaft möglichen Arbeitnehmereinkommens bestimmt sich u.a. entscheidend durch die *Verwendung,* der dieses Einkommen zugeführt wird. Es besteht die Möglichkeit, das Arbeitnehmereinkommen nicht nur proportional zur steigenden Effizienz, sondern überproportional zu erhöhen unter der Voraussetzung, daß die Erhöhung nicht in den Konsum geht, sondern der Investition zugeführt wird; also Umlagerung der Funktion der volkswirtschaftlichen Kapitalbildung auf die Schultern der breiten Massen der Arbeitnehmerschaft."[143]

Das gelte auch für die reale Höhe des *Arbeitnehmer*einkommens. Werde der Lohn voll dem Konsum zugeführt, so könne die volkswirtschaftliche Gesamtlohnquote nicht höher sein als diejenige Quote des Sozialprodukts, die in Konsumgütern bestehe. Lohnerhöhungen, die über diese Grenze hinaus in den Konsum gehen, würden „nur die Preise der Konsumgüter steigern und damit die nominelle Lohnerhöhung *real zunichte machen"*. Kaufe man vom Arbeitseinkommen jedoch auch Kapitalgüter und verwende es also investiv, „so *fällt* diese Grenze"; der Lohn könne sich überproportional erhöhen, da ihm „nicht mehr (nur) die Konsumgüterquote des Sozialprodukts, sondern das *ganze* Sozialprodukt" gegenüberstehe. Der Teil, der in Kapitalgütern bestehe, könne nur Einkommen solcher Bezieher werden, die bereit seien, Einkommen auch „*in Gestalt von Kapitalgütern entgegenzunehmen"*. Ebenso *dürfe* aber auch die „Quote des Sozialprodukts, die investiert werden muß, nur Einkommen solcher Einkommensbezieher werden, die gewillt sind, diesen Teil ihres Einkommens (...) der Investition zuzuführen". Als weiteren Grund für die Notwendigkeit des *Investivlohnes* nannte *Nell-Breuning* den Umstand, daß investive Verwendung des Lohneinkommens in der Regel über den Kapitalmarkt und deshalb „mit größerer Sicherheit an den volkswirtschaftlich wünschenswerten Stellen" erfolge. Unternehmergewinne würden zwar am vollständigsten wieder investiert; da dies aber vorzugsweise durch Selbstfinanzierung geschehe, sei keineswegs die Gewähr volkswirtschaftlich nützlichster Verwendung gegeben. Sowohl das aus sozialethischen und gesellschaftspolitischen

---

[142] Die folgenden Überlegungen nehmen Bezug auf Referate, die *Nell-Breuning* vor dem Wissenschaftlichen Beirat des Bundesministeriums für Wirtschaft, dessen Mitglied er 17 Jahre lang war, am 23.09.1950 und 17.11.1951 hielt, sowie Aufsätze aus den Jahren 1953-1955, abgedruckt in: *Nell-Breuning*, Wirtschaft und Gesellschaft. Bd. 1, 403-451.
[143] *Nell-Breuning*, Wirtschaft und Gesellschaft. Bd. 1a, 411.

Gründen geforderte „Hineinwachsen der Arbeitnehmerschaft in das Miteigentum an Produktionsmitteln und langdauernden Nutzgütern", aber auch diese rein volkswirtschaftlichen Überlegungen verlangten deshalb, „einen wachsenden Teil des Volkseinkommens den Lohneinkommensbeziehern zufließen zu lassen, damit er von *ihnen* der Investition zugeführt werde".

Die volkswirtschaftliche Bedeutung des Investivlohnes sah *Nell-Breuning* darin, daß der Vermögenszuwachs zu einem beträchtlichen Teil Eigentum bisher eigentumsloser Kreise, insbesondere der Arbeitnehmer, und damit der Einkommensteil des Faktors Arbeit am Sozialprodukt sich erhöhen würde. Die Steigerung des Anteils des Lohnes am Sozialprodukt bewirke aber zugleich, daß die Anteile der anderen Einkommensarten (Kapitalrendite, Grundrente) entsprechend zurücktreten müßten, da sich eine „gewichtige Erhöhung des dem Faktoreinkommen Arbeit zufließenden Anteils am Sozialprodukt" naturgemäß nur *„zu Lasten der Anteile der beiden anderen Faktoreinkommen"* decken lasse. Schließlich trage der Investivlohn zu einer nicht geringen Stabilisierung der gesamten Sozialstruktur bei. In dem Maße, in dem die Arbeitnehmer Anteil an ertragbringendem Sachkapital besitzen, bestehe ihr Gesamteinkommen nicht mehr *ausschließlich* aus Arbeitseinkommen, wenngleich dies die Haupteinkommensart bleiben werde. Je stärker sie jedoch „mehrerlei funktionelle Einkommen beziehen und nicht auf Arbeitseinkommen allein angewiesen sind", um so geringer werde die Brisanz der Einkommensverteilung; um so mehr sinke gleichzeitig der Angebotsdruck, unter dem die Arbeitskraft steht, und um so höher komme „- ceteris paribus – der (marktgerechte) Arbeitslohn zu liegen, *ohne daß es gewerkschaftlichen Machteinsatzes* bedürfte". „Ausgleich" der Einkommensarten, überproportional wachsendes Arbeitseinkommen und unterproportional wachsendes Kapitaleinkommen seien auf diese Weise mit einer Entschärfung des Kampfes um die Einkommensverteilung verbunden.

So sah *Nell-Breuning* in einer durch den Investivlohn bewirkten breiten Einkommensstreuung ein gesellschaftliches *Ordnungs- und Friedensinstrument,* das die für die kapitalistische Klassengesellschaft typische Auseinandersetzung um Arbeitseinkommen und arbeitsloses Einkommen, den Streit um das sogenannte Recht auf den vollen Arbeitsertrag entgifte.[144]

Zur Verwirklichung des Investivlohngedankens empfahl er „das Angebot *einer reichen Vielfalt von Anlagemöglichkeiten,* die dem Arbeiter verständlich sind und sinnvoll erscheinen, zwischen denen ihm freie Wahl nicht allein nach seinen Verhältnissen und Bedürfnissen, sondern auch nach seiner Neigung und seinem Geschmack offen stehen muß. Dazu gehören weiterhin Anreize mannigfaltiger Art, u.a. nachdrückliche *steuerliche Begünstigung der Ersparnisbildung,* ähnlich wie in den Jahren des Wiederaufbaus die Investition der Unternehmer aus Selbstfinanzierungsmitteln steuerlich begünstigt worden ist. Entscheidend ist die *sozialpädagogische Beeinflussung*. Daher kann ohne Übertreibung gesagt werden: das ganze Vorhaben der Vermögensbildung in Arbeiterhand ist erst durchführbar, wenn die *Gewerkschaften* sich überzeugt haben werden, daß seine Verwirklichung unzweifelhaft *im Interesse der Arbeitnehmerschaft* liegt, und aus dieser Überzeugung heraus mit allen ihnen zu Gebot stehenden Mitteln das Streben ihrer Mitglieder an erster Stelle auf *Vermögensbildung* hinlenken und erst an zweiter Stelle auf Steigerung der als erhöhter Verbrauch verstandenen *Le-*

---

[144] Vgl. *Nell-Breuning,* Ist Eigentum eine Ordnungsmacht?, in: Wirtschaft und Gesellschaft. Bd. 3, 272-328, Zitat 299.

benshaltung. Unter der Voraussetzung, daß eine solche Umlenkung des Denkens und Strebens gelingt, darf sogar angenommen werden, daß nicht wenige Arbeitnehmer, wenn eine höheres Einkommen ihnen erst einmal die Möglichkeit *eröffnet, zu Buche schlagende* Beträge zu ersparen, so daß das Sparen ihnen lohnend erscheint, auch noch Teile desjenigen Einkommens, das sie bisher in den Verbrauch gehen ließen, der Ersparnisbildung zuführen werden."[145]

Daß die Gewerkschaften dies nicht erkannten, wurde von *Nell-Breuning* immer wieder kritisiert.

„Die Gewerkschaften wollen die Lage des Lohnarbeiters *als* Lohnarbeiters verbessern; sie sind uninteressiert an allem, was den Lohnarbeiter über das reine Lohnarbeitsverhältnis hinausführt, was auch nur von ferne nach Verbürgerlichung aussehen könnte. Der Mitbesitz an den Produktionsmitteln aber erscheint manchen gewerkschaftlichen Kreisen geradezu als Verrat an der Klassensolidarität; die Ansicht, der Arbeiter könnte ‚Kapitalist' werden, oder erst gar, wenn einmal alle Arbeiter zu ‚Kapitalisten' geworden wären, könnte der Begriff ‚Kapitalist' seinen Inhalt und folgerecht das antithetische Denken in den Kategorien Kapitalist/Proletarier seinen Sinn verlieren, wird geradezu als beängstigend empfunden. Ungewollt, aber tatsächlich verspielen die Gewerkschaften durch diese ihre Haltung die einzige heute noch bestehende Möglichkeit, die Verteilung des Volkseinkommens zugunsten der Arbeitnehmerschaft noch nennenswert zu verbessern."[146]

Zu dem Einwand, die investive Festlegung von Teilen des Lohnes sei Zwangssparen, gab *Nell-Breuning* zu bedenken, Kapitalbildung durch Selbstfinanzierung der Unternehmen bedeute Zwangssparen über die Preise zugunsten der Unternehmer. Im Vergleich zu diesem „Zwangssparen *für andere"* sei ein „Zwangssparen *für sich selbst* immerhin schon eine erhebliche Verbesserung". Psychologisch liege die Sache allerdings umgekehrt. Das Zwangssparen für andere merke man nicht, Zwangssparen für sich selbst merke man und man ärgere sich, über das Gesparte nicht verfügen zu können. Deshalb sei beim Investivlohn jeder Zwang abzulehnen. Eine Festlegung müsse vielmehr in *„freiwilliger Bindung"* aufgrund individueller oder kollektiver Vereinbarung getroffen werden. Bestehen bleibe dabei freilich, daß eine Beteiligung am neu entstehenden Produktivkapital nur möglich sei, wenn die Bereitschaft bestehe, diesen Wertzuwachs „*in der Form entgegen* zu nehmen, in der er allein existiert", und das sind eben Produktionsmittel und keine Konsumgüter.

Karl Arnold (1901-1958), der aus der katholischen Arbeiterbewegung kommende Ministerpräsident von Nordrhein-Westfalen, schlug 1951 auf dem Parteitag der CDU in Karlsruhe vor, pro Arbeitsstunde sollten vom Arbeitgeber zwei Pfennig zur Vermögensbildung jedes Arbeitnehmers aufgebracht werden, der ebenfalls zwei Pfennig spare. Dieser Betrag sollte dann über eine Zentralkasse in der Grundstoffindustrie investiert werden und zur Grundlage einer wertbeständigen eigenen Vermögensbildung in Arbeitnehmerhand werden. Ähnliche Vorstellungen diskutierte man Anfang der fünfziger Jahre im Verbandsorgan „Ketteler-

---

[145] *Nell-Breuning,* Wirtschaft und Gesellschaft. Bd. 1, 449f.; vgl. 442.
[146] Ebenda, 407; vgl. zum folgenden: 413f., 423-425; *Paul Becher,* Kursänderung in der Vermögenspolitik? Ein grundlegendes Orientierungsprogramm der Gewerkschaften, in: HerKorr Jg.27 (1973), 17-19.

Wacht" der KAB, allerdings mit einer stärkeren Betonung der Idee vom Miteigentum an dem jeweiligen Unternehmen.[147]

Während eines Lohnkonflikts in der württembergischen Metallindustrie unterbreitete am 22. Juni 1954 *Erwin Häussler,* Vorsitzender des "Katholischen Werkvolkes der Diözese Rottenburg", beiden Tarifparteien den nach ihm benannten „Häussler-Plan":

Die Gewerkschaft hatte eine Lohnforderung von 12 Pfennig pro Stunde gestellt. Die Arbeitgeber boten 4 Pfennig. Der Plan sah vor, die umstrittene Lohnerhöhung von 12 Pfennig zu vereinbaren, jedoch nur 4 Pfennig in bar, den Rest „investiv" zu leisten. Diesen investiven Lohnanteil sollte eine Treuhandgesellschaft in Wertpapieren (Aktien, Schuldverschreibungen usw.) ertragsgünstiger Unternehmen anlegen und auf das Einzelkonto jedes Arbeitnehmers gutschreiben. Die Investivlohnrate bliebe für eine Mindestdauer von 18 Monaten gesperrt, außer bei Todesfall oder Invalidität.

Als einen Kerngedanken bezeichnete *Häussler* die Überlegung, daß die investiven Lohnanteile den Unternehmen vom Kapitalmarkt her wieder in gleicher Höhe als langfristiger Kredit zur Verfügung stünden. Das Investitionsvolumen bliebe in vollem Umfang erhalten, „nur daß die Investition dann nicht mehr allein für den Unternehmer vermögenswirksam" wird, sondern – zu dem vereinbarten Teil – nun auch für den Arbeitnehmer. Der Arbeitnehmer würde auf diese Weise auf dem Weg über die Lohnpolitik an der Wirtschaft mitbeteiligt". Weiter könnten investive Lohnerhöhungen – zur Produktivitätssteigerung eingesetzt – kostensenkend wirken und so wiederum günstige Voraussetzungen für die nächstfolgende Lohnerhöhung schaffen. Schließlich repräsentierten investiv angelegte Lohnanteile Sachwerte und bildeten damit „eine währungsgesicherte Sparmöglichkeit der Arbeitnehmer"[148].

In den folgenden Jahren standen die Stichworte „Eigentumsbildung in Arbeiterhand", „breite Eigentumsstreuung" „Vermögensbildung in breiten Schichten" im Mittelpunkt intensiver Diskussionen. Vor allem *Nell-Breuning* entwickelte seine Gedanken in Vorträgen, Aufsätzen und Broschüren weiter. Er machte dabei auf zwei Sachverhalte aufmerksam: Zwar erfolge die breite Streuung des Eigentums nur dann auf evolutionärem Weg, wenn ein Teil des Einkommens nicht dem Verbrauch zugeführt werde. Gesamtwirtschaftlich dürfe man dabei aber nicht an dem Verbrauch sparen, den die Wirtschaft zu decken imstande sei. Eine Einschränkung *dieses* Verbrauches führe unausweichlich zu einer ebenso großen *Minderung* des Volkseinkommens, und der Spareffekt wäre aufgehoben. Vermögensbildung der Nichtunternehmer sei demnach nur zu Lasten der Unternehmergewinne möglich. Andererseits würden höhere Löhne, die in den Konsum gehen und denen kein größeres Verbrauchsgüterangebot gegenüberstehe, in Form von höheren Preisen an die Unternehmer zurückfließen. Der tatsächliche Konsum wäre keinesfalls höher, da die Menge der verfügbaren Verbrauchsgüter den mög-

---

[147] Vgl. Ketteler-Wacht Nr. 24 (15.12.1952); Nr. 2 (15.01.1953).
[148] *Erwin Häussler,* Jedem sein Eigentum. Vermögensbildung in der modernen Gesellschaft, Stuttgart 1965, 60f. Vgl. zum folgenden auch: *Paul Becher,* Die bisherigen Bemühungen für eine produktive Vermögensbildung aus dem katholischen Raum, in: Beteiligung am Produktivvermögen, hrsg. vom Kirchenamt der EKD und Sekretariat der Deutschen Bischofskonferenz, Hannover/Bonn 1993, 15-32.

lichen Verbrauch begrenzt. Denn „Güter, die nicht vorhanden oder nicht verfügbar sind, kann man nicht verbrauchen"[149]. Nicht zu versuchen, mehr zu verbrauchen als möglich, sei aber kein realer, sondern höchstens ein illusionärer Konsumverzicht. In *makroökonomischer* Sicht erfordere deshalb breite Eigentumsbildung der Nichtunternehmer zwar illusionären, verbiete aber realen Konsumverzicht. Die Nichtunternehmer bzw. Arbeitnehmer insgesamt sollten daher die vorhandenen Konsumgüter kaufen, aber als Kaufpreis dafür nur einen *Teil* der Lohnsumme aufwenden. Wollten die Unternehmer nicht auf ihren Erzeugnissen sitzenbleiben, seien sie gezwungen, entweder die Preise zu senken oder die Löhne zu erhöhen, bis Konsumgüterquote und dem Konsum zur Verfügung stehende Lohnquote sich wieder angenähert hätten.[150]

Damit sei gesagt, „daß eine Erhöhung der Lohnkosten zwar das Konsumgüter-Preisniveau nicht zu erhöhen braucht, notwendig aber das Preisgefüge ändern muß: Die Preisrelation zwischen arbeitsintensiven und kapitalintensiven (Konsum-)Gütern muß sich mit steigenden Lohnkosten verschieben, erstere müssen teurer, letztere dafür entsprechend billiger werden. Die Einkommensbezieher können sich daher nicht jeder einzelnen Preiserhöhung widersetzen, sondern müssen unterscheiden und bedürfen dazu der Beratung ebenso, wie sie dem heutigen Warenangebot gegenüber der warenkundlichen Beratung bedürfen, worin amerikanische Verbraucherverbände bereits ausgezeichnete Leistungen aufzuweisen haben."[151]

Im politischen Bereich schlugen sich die Bemühungen um eine breite Eigentumsstreuung in der Förderung des freiwilligen Sparens durch Prämien und Steuervergünstigungen, in der sozialen (Teil-)Privatisierung von bundeseigenen Unternehmen, in der Förderung des Eigenheimbaues und des Wohnungseigentums nieder. Das 1961 verabschiedete „Gesetz zur Förderung der Vermögensbildung der Arbeitnehmer", das sogenannte 312 DM-Gesetz, sah zum ersten Mal vor, freiwillige vermögenswirksame Leistungen des Arbeitgebers an den Arbeitnehmer bis zu der genannten Höhe steuer- und sozialabzugsfrei zu belassen, wenn sie auf fünf Jahre festgelegt werden. Der Bundestag verbesserte 1965 die Obergrenze der steuerfreien Leistungen auf 624 DM pro Jahr, seit der Novellierung des Förderungsgesetzes von 1984 liegt sie bei 936 DM.

Auf ihrem Verbandstag 1962 erhob die „Katholische Arbeitnehmer-Bewegung" „die Forderung nach investiver Ertragsbeteiligung (...) am haftenden Kapital der Wirtschaft"[152]. Die „Empfehlungen zur Eigentumspolitik" eines von beiden Kirchen bestellten evangelisch-katholischen Arbeitskreises vom Januar 1964, die „Gesellschaftspolitische Grundsatzerklärung" der KAB vom März 1964, die „Leitsätze" der „Christlichen Gewerkschaften" vom Mai 1964 und die „Grundsatzerklärung" des süddeutschen „Werkvolkes" vom Oktober desselben Jahres befaßten sich ebenfalls mit Eigentumsfragen.

---

[149] *Nell-Breuning,* „Sparen ohne Konsumverzicht?", in: *Ders.,* Der Mensch in der heutigen Wirtschaftsgesellschaft, München 1975, 106-118, Zitat 114.
[150] Vgl. *Nell-Breuning,* Sparen ohne Konsumverzicht, in: Wirtschaft und Gesellschaft. Bd. 3, 332-339.
[151] Ebenda, 338.
[152] *Wolfgang Vogt,* Die KAB gibt Zeugnis für den sozialen Rechtsstaat, in: Bericht über den 22. Verbandstag der KAB in Saarbrücken 1962, Köln 1962, 60-75, Zitat 70.

Gemeinsam betonten sie die Bedeutung breitgestreuten Eigentums für eine freiheitliche Wirtschafts- und Sozialordnung, empfahlen die Weiterführung und den Ausbau der bisherigen Förderungsmaßnahmen und verlangten vor allem, „der Arbeitnehmerschaft *vermögenswirksame Leistungen* zusätzlich zum Konsumlohn zukommen zu lassen"[153]. Nur wenn der Arbeitnehmer über seinen Leistungslohn hinaus, der überwiegend dem Lebensunterhalt diene, „einen gerechten Anteil erhält an der von ihm miterarbeiteten volkswirtschaftlichen Zuwachsrate, die der notwendigen Kapitalbildung und Investition dienen muß"[154], sei für ihn das Recht auf Privateigentum auch an Produktionsmitteln gewährleistet. Diese vermögenswirksamen Einkommensteile könnten „in einem festen Betrag oder als Prozentsatz des Lohnes oder Gehaltes (investiver Lohnanteil)" wie auch „in Abhängigkeit von bestimmten betrieblichen Ertragsgrößen (investive Ertragsbeteiligung)"[155] ausgeschüttet werden. Von besonderer Bedeutung sei, daß die Tarifpartner vermögenswirksame Zuwendungen vereinbaren könnten, für den einzelnen aber die Freiheit der Anlagewahl erhalten bleibe. Die Alternative zu derart tarifvertraglich ausgehandelten Einkünften bildeten keineswegs gleich hohe Lohnsteigerungen, über die der Empfänger nach Belieben verfügen könne. Denn soweit die breiten Schichten der Bevölkerung nicht bereit seien, die Investitionen der Wirtschaft über investiv gebundene Lohnteile mitzutragen, steuerten sie eben „über die Preise zu den investierten Kapitalien bei. In diesem Falle werden Lohnteile gebunden, ohne daß die Arbeitnehmer oder ihre Gewerkschaften gefragt sind, und ohne daß die ersparten Beträge Eigentum der nicht auf individuellen Entscheid hin Sparenden werden"[156].

Ein Unterschied bestand lediglich darin, daß die „Empfehlungen zur Eigentumspolitik" des evangelisch-katholischen Arbeitskreises die Anlage der investiven Lohnteile im Regelfall nicht im eigenen Betrieb vorsahen, während die „Grundsatzerklärung" des „Werkvolkes" wünschte, daß die Arbeitnehmer auch in Mitbesitz an ihrem Unternehmen hineinwachsen sollten. Selbst der „Bund Katholischer Unternehmer", der 1958 noch erklärt hatte, es bedürfe „keiner institutionellen Mittel, keiner ins Werk gesetzten Pläne", sprach sich 1966 für den „Weg der breiten Eigentumsbildung über den Abschluß von Tarifverträgen"[157] aus.

Nachdem der „Christliche Bau- und Holzarbeiterverband" bereits 1962 einen Investivlohnplan vorgelegt hatte, vereinbarten auf Initiative von *Georg Leber,* dem damaligen Vorsitzenden der Industriegewerkschaft Bau-Steine-Erden, am 31. Juli 1965 die beiden Tarifparteien vermögenswirksame Leistungen zugunsten der gewerblichen Arbeitnehmer im Baugewerbe. Der erste Tarifvertrag über die

---

[153] Leitsätze des Christlichen Gewerkschaftsbundes Deutschlands, Bonn o.J. (1964), 10.

[154] Die Grundsatzerklärung des Werkvolks, Nr. 4, in: *Alfred Berchtold,* Kommentar zur Grundsatzerklärung des Werkvolks vom 04.10.1964, München o.J. (1964), 3-11, Zitat 4.

[155] Empfehlungen zur Eigentumspolitik. Denkschrift eines evangelisch-katholischen Arbeitskreises (1964), IV.5, abgedruckt in: Berichte und Dokumente 46, hrsg. v. Generalsekretariat des Zentralkomitees der deutschen Katholiken, Bonn 1980, 104-116, Zitat 113.

[156] Gesellschaftspolitische Grundsatzerklärung der KAB vom 23.03.1964. Antwort auf die Kritik an der Gesellschaftspolitischen Grundsatzerklärung, o.O. o.J. (1964), 7. Auch das Grundsatzprogramm der KAB Deutschlands von 1996 sieht „eine sinnvolle Form der Vermögensbildung für Beschäftigte (...) im Investivlohn" (Nr.72).

[157] Leitsätze zur gesellschaftlich-wirtschaftlichen Ordnung, vorgelegt v. BKU zu Bad Neuenahr am 07.10.1966, 15.

Gewährung vermögenswirksamer Leistungen trat am 1. Januar 1966 in Kraft. Der Vertrag sah eine zusätzliche vermögenswirksame Leistung des Arbeitgebers von 9 Pfennig pro geleisteter Arbeitsstunde vor, wenn der Arbeitnehmer 2 Pfennig vermögenswirksam anlege (§ 2). Eine „Bank für Sparanlagen und Vermögensbildung" (BSV) wurde von der den Gewerkschaften nahestehenden „Bank für Gemeinwirtschaft" gegründet, um neben der Verzinsung „eine Beteiligung am Ertrag und damit indirekt an den Erfolgen einer wachsenden Wirtschaft"[158] zu sichern. Bis 1968 wurden 52 Tarifverträge für 1,9 Millionen Arbeitnehmer – knapp 10% der unselbständigen Beschäftigten – abgeschlossen, in denen Investivlohnregelungen vorgesehen waren.

In den frühen siebziger Jahren rückte die Frage der Errichtung zentraler Fonds zur überbetrieblichen Beteiligung der Arbeitnehmer am Produktivkapital in den Mittelpunkt der Auseinandersetzungen. Der Beirat für politische Fragen des „Zentralkomitees der deutschen Katholiken" griff 1972 in die Diskussion ein und erneuerte zunächst die Kritik an der bestehenden Verteilung des privaten Produktivvermögens, das nach wie vor einseitig „in der Verfügungsgewalt einer relativ schmalen Schicht" sei. Entschieden abgelehnt wurde jedoch die Zusammenfassung von Beteiligungswerten in „kollektive Fonds ohne personbezogenes Eigentum".

„Offenbar sehen Unternehmer und Gewerkschaftler, die auf ein angebliches Desinteresse der Arbeitnehmer am Produktionsmittelbesitz und auf die Gesamtverteilung der Vermögen hinweisen, keine dringende Notwendigkeit, die Verteilung des Beteiligungskapitals zu ändern und vermögenspolitisch aktiv zu werden. Das angebliche Desinteresse der Arbeitnehmer wird gerne dazu benutzt, die besondere gesellschaftspolitische Bedeutung eines breit gestreuten Produktivvermögens herunterzuspielen.

Das ist kurzsichtig. Denn einerseits bleibt die Verteilungsproblematik bevorzugter Gegenstand der Gesellschafts- und Wirtschaftskritik, andererseits hängt das Schicksal der freiheitlichen Ordnung entscheidend auch davon ab, ob die privatautonome Struktur des Privateigentums an Produktionsmitteln erhalten bleibt. Erhalten läßt sie sich aber nur, wenn sie von vielen mitgetragen wird. Eine weitere Ballung des Produktionsmitteleigentums dürfte in der Öffentlichkeit weit eher zu der Auffassung führen, daß das Gemeinwohl bei einer unvermeidbaren Kumulation wirtschaftlicher Verfügungsmacht besser durch sozialisierte Unternehmen gewahrt werde."[159]

Die KAB legte sich in ihrem „Grundsatzprogramm" vom selben Jahr ebenfalls auf diese Richtung fest und verlieh ihr eine Vorrangstellung:

„Vor allem ist die Beteiligung der Arbeitnehmer am Produktivkapital notwendig. Wir treten ein für einen Vermögensbildungsplan, der einerseits die öffentlichen Haushalte nicht belastet, andererseits allen berufstätigen Menschen einen Anteil am gesamtwirtschaftlichen Vermögenszuwachs ermöglicht. Bei diesem Vermögensbildungsplan geht es nicht darum, daß der Arbeitnehmer über seine Daseinsversicherung durch das Sozialversicherungssystem hinaus ein bescheidenes vererbbares Sparkapital erreicht, sondern zu einem Anteil am Produktivkapital gelangt. Dabei muß eine erneute Kapitalkonzentration vermieden werden. Die Beteili-

---

[158] *Georg Leber,* Vermögensbildung in Arbeitnehmerhand. Tarifvertrag – Gesetz – Bank, Frankfrut/Main 1966, 238; vgl. *Becher,* Kursänderung in der Vermögenspolitik? Ein grundlegendes Orientierungsprogramm der Gewerkschaften, 17-19.
[159] Vorschläge zur Reform der Eigentumspolitik. Erklärung des Beirates für politische Fragen des Zentralkomitees der deutschen Katholiken, in: HerKorr Jg.26 (1972), 393f.

gung der Arbeitnehmer am Produktivkapital der Wirtschaft darf kein Eigentum zweiter Klasse begründen. Sie muß vielmehr zu echten Eigentumsrechten führen."[160]

Nachdem sich in den folgenden Jahren die Versuche der Vermögensbildung breiter Schichten über kollektive Fonds als undurchführbar erwiesen hatten und es auch insgesamt zu keinem Durchbruch in der Beteiligung weiter Bevölkerungskreise am Produktivvermögen gekommen war, veranstaltete am 21. Februar 1980 das „Zentralkomitee der deutschen Katholiken" ein öffentliches Forum zur Vermögenspolitik. Seine Sprecher unterstrichen dabei die Forderung nach einer ausgewogeneren, personbezogenen Beteiligung der Arbeitnehmer am Produktivkapital vor allem mit dem Hinweis, „daß eine Lohnexpansion wie in den vergangenen Jahrzehnten nicht mehr zu erwarten" und „der Verteilungskampf schärfer geworden"[161] sei. Die Integration der Arbeitnehmer in die Gesellschaft komme aber nach Meinung des damaligen Komitee-Vorsitzenden *Hans Maier* nur voran, „wenn auch für die Arbeitnehmer alle Formen von Eigentum und Vermögen zu einer Selbstverständlichkeit werden"[162]. – In der Folgezeit riß die Diskussion bis in die 90er Jahre nicht ab:
- Im Rahmen des in der katholischen und evangelischen Kirche stattfindenden Konsultationsprozesses „Zur wirtschaftlichen und sozialen Lage in Deutschland" plädierten die Kirchen für eine „Beteiligung von Arbeitnehmern am Produktivvermögen durch Investivlohnvereinbarungen"[163].
- Die CDU-„Sozialausschüsse" stellten die Forderung im Juni 1995 in den Mittelpunkt ihrer Bundestagung. *Helmut Kohl,* von 1973 bis 1998 Vorsitzender der CDU und von 1982 bis 1998 Bundeskanzler, bezeichnete währenddessen „die Beteiligung der Arbeitnehmer am Produktivkapital" als einen Faktor, der „die soziale Stabilität Deutschlands im 21. Jh. entscheidend prägen"[164] werde. Die politische Umsetzung solcher Prämissen wird auf sich warten lassen.
- Auch der „Bund Katholischer Unternehmer" beteiligte sich an der Debatte und regte als außerbetriebliche Beteiligungsformen Investmentfonds und Unternehmensbeteiligungsgesellschaften an, die in der Rechtsform einer Aktiengesellschaft „Sparer (Kapitalgeber) und Eigenkapital suchende Unternehmen"[165] zusammenbringen. Durch Risikostreuung vermindern sie das mit Beteiligungen am

---

[160] Grundsatzprogramm des Bundesverbandes der KAB (1972), Nr. 117-119.

[161] *Josef Stingl,* Arbeitnehmerbeteiligung am Produktivkapital, in: Berichte und Dokumente 46, hrsg. vom Generalsekretariat des Zentralkomitees der deutschen Katholiken, Bonn 1980, 10-22.

[162] *Hans Maier,* Eröffnung und Begrüßung, in: Ebenda, 3-6, Zitat 4.

[163] Zur wirtschaftlichen und sozialen Lage in Deutschland. Diskussionsgrundlage für den Konsultationsprozeß über ein gemeinsames Wort der Kirchen, hrsg. v. Kirchenamt der Evangelischen Kirche in Deutschland und vom Sekretariat der Deutschen Bischofskonferenz, Hannover/Bonn o.J. (1994), 24. Vgl. *Christoph Weiskirchen,* Vermögensbildung in Arbeitnehmerhand: Neue Ansätze in den 90er Jahren, in: *Joachim Sikora* (Hrsg.), Vermögensbildung in Arbeitnehmerhand, Bad Honnef 1994, 35-55.

[164] Frankfurter Allgemeine Zeitung v. 12.06.1995, 4. Vgl. insges. auch: *Manfred Brocker,* Arbeit und Eigentum. Der Paradigmenwechsel in der neuzeitlichen Eigentumstheorie, Darmstadt 1992.

[165] Produktivvermögen breit gestreut – Für eine „Gesellschaft von Teilhabern", hrsg. v. BKU/Arbeitskreis Evangelischer Unternehmer, Trier 1995, 31; ausführlich auch vom BKU erarbeitet mit theoretischer Grundlegung und Praxismodellen: Beteiligung der Bürger am Produktivvermögen – Verpflichtendes Ziel der Katholischen Soziallehre (Diskussionsbeiträge 21), Trier 1996.

Produktivvermögen zwangsläufig verbundene Vermögensrisiko. Tarifliche Vermögensbildungsfonds sollten keine Instrumente der Investitionslenkung (etwa durch Gewerkschaften) und deshalb beiden Tarifpartnern zugeordnet sein.

- Das Moment der Risikoteilung ist auch der KAB in ihrem Grundsatzprogramm von 1996 wesentlich:

„Eine Möglichkeit der Risikostreuung ist die Einrichtung betrieblicher und überbetrieblicher Fonds, die durch tarifvertragliche Regelungen abgesichert sein müssen. Die KAB setzt sich für das Ziel ein, das Einkommen aus Vermögen für Arbeitnehmerinnen und Arbeitnehmer zu steigern, damit der Lebensunterhalt der Lohnabhängigen auf eine doppelt gesicherte Grundlage (Einkommen aus Arbeit und Vermögen gestellt werden kann."[166]

Die katholischen Sozialverbände im Bistum Essen hatten schon zuvor *Anlagegenossenschaften* empfohlen, die durch Ausgabe von Geschäftsanteilen Sparkapital sammeln und es am „haftenden Kapital" von Wirtschaftsunternehmen anlegen. Zielsetzung sei, die Vermögensbildung allen Interessenten, nicht nur den Arbeitnehmern, zur Verbreitung des Eigenkapitals von Klein- und Mittelbetrieben auch im Hinblick auf die Herausforderungen des Europäischen Binnenmarktes anzubieten.[167]

Nicht gelöst werden kann durch den *Investivlohn* – was inzwischen fast Allgemeingut des sozialen Katholizismus geworden ist – die Frage nach der Verfügungsgewalt über das „Großeigentum" an Produktionsmitteln und einer eventuellen Kontrolle seiner Machtausübung. Dieses Problem gehört deshalb in den Bereich der Mitbestimmung.

4. Partizipation der Arbeitnehmer im Wirtschaftsprozeß

a) Wirtschaftliche Mitbestimmung

Die Mitbestimmung gehörte in den Jahren der Konstituierung der Bundesrepublik Deutschland zu den umstrittensten wirtschafts- und gesellschaftspolitischen Problemen der Nachkriegszeit. Anlaß besonders hitziger Debatten war die Mitbestimmung in Betrieb und Unternehmen. Diese wurde durch das sog. *Montan-Mitbestimmungsgesetz* von 1951 im Bergbau sowie in der Eisen und Stahl erzeugenden Industrie eingeführt. Es verlangt in Kapitalgesellschaften mit mehr als 1.000 Arbeitnehmern die paritätische Besetzung des Aufsichtsrates und ein zusätzliches neutrales Mitglied sowie einen Arbeitsdirektor im Vorstand des Unternehmens, der auf die Zustimmung der Arbeitnehmer angewiesen ist. Das *Mitbestimmungsgesetz* von 1976 sieht für die übrige Wirtschaft in Kapitalgesellschaften mit (in der Regel) mehr als 2.000 Arbeitnehmern ebenfalls die paritätische Zusammensetzung des Aufsichtsrates vor. In einer Patt-Situation gibt den Ausschlag

---
[166] Grundsatzprogramm der KAB Deutschlands (1996), Nr. 72.
[167] Miteigentum für alle – Produktivvermögen durch Anlagegenossenschaften. Das Modell der Sozialverbände im Bistum Essen (BKU, KAB, KKV, Kolpingwerk), Essen 1990. Vgl. auch: Münchener Erklärung. Beteiligung am Produktivvermögen. Stellungnahme der Kath. Sozialverbände BKU, KAB, KKV und Kolpingwerk in der Erzdiözese München und Freising, München 1992.

jedoch der Vorsitzende, der nicht gegen das Votum der Kapitalseite bestellt werden kann. Auf die Verfassungsbeschwerde von 30 Arbeitgeberverbänden stellte das Urteil des Bundesverfassungsgerichtes von 1979 die Vereinbarkeit dieses Gesetzes, dessen Mitbestimmungsregelung unterhalb der Parität bleibt, mit dem Grundgesetz fest. Hauptargument war, daß die Gestaltungsbefugnis des Staates bezüglich des Eigentums um so weiter greife, „je mehr das Eigentumsobjekt in einem sozialen Bezug und einer sozialen Funktion steht"[168]. Zu der Frage, ob eine weitergehende Mitbestimmung mit dem Grundgesetz vereinbar wäre, nahm das Urteil nicht Stellung.

Als man nach Kriegsende an den Wiederaufbau der zerstörten deutschen Wirtschaft ging, war die Forderung nach *wirtschaftlicher Mitbestimmung* Gemeingut des sozialen Katholizismus.[169] Die „Frankfurter Leitsätze" der CDU vom September 1945 verlangten „Mitbestimmung in den Betrieben" und „eine gleichberechtigte Teilnahme der Arbeitnehmerschaft an der Führung der Wirtschaft"[170]. Das Programm der CSU von 1946 sprach sich „bei Betrieben von erheblicher Bedeutung" für eine Mitbestimmung der Arbeitnehmer in „Leitung und Verwaltung"[171] aus, und die CDU der britischen Zone forderte in ihren Programmen von Neheim-Hüsten im selben Jahr sowie von Ahlen 1947 ein Recht, „das Arbeitnehmer und Arbeitgeber zu gleichberechtigter Tätigkeit in Führung und Verantwortung verpflichtet"[172] sowie die Mitbestimmung der Arbeitnehmer „an den grundlegenden Fragen der wirtschaftlichen Planung und sozialen Gestaltung"[173] sicherstellt.

1949 spielte – vorwiegend auf Initiative der „Katholischen Arbeiterbewegung" – die Mitbestimmungsfrage auf dem Bochumer Katholikentag eine beherrschende Rolle. Bereits in der Vorbereitungsphase hatte sich ein Kreis von Arbeitgebern, Arbeitnehmern und anderen Persönlichkeiten um den Kölner Kardinal *Joseph Frings* mit der Mitbestimmungsproblematik beschäftigt und auf *„die hohe Angemessenheit* der Mitwirkung und Mitbestimmung" hingewiesen. Man könne sie zwar nicht als zwingende ethische Forderung ansehen, es sei jedoch unbestreitbar, „daß die *Arbeitnehmer berechtigt sind,* die Durchführung einer derart angemessenen Sache (...) zu verlangen"[174]. Nach intensiven und teilweise sehr kontroversen Diskussionen einigte man sich während des Katholikentages auf folgende Schlußresolution:

„Die katholischen Arbeiter und Unternehmer stimmen darin überein, daß das Mitbestimmungsrecht aller Mitarbeitenden bei sozialen, personalen und wirtschaftlichen Fragen ein natürliches Recht in gottgewollter Ordnung ist, dem die Mitverantwortung entspricht. Wir

---

[168] Mitbestimmungsurteil des Bundesverfassungsgerichts vom 01.03.1979, in: Mitbestimmung, hrsg. vom Bundesminister für Arbeit und Sozialordnung, Bonn 1979, 261-346, Zitat 311; vgl. *Josef Weis,* Mitbestimmung und Grundgesetz, in: NOrd Jg.33 (1979), 338-347.

[169] Vgl. *Peter Langhorst,* Mitbestimmung; Mitwirkungsrechte I. Sozialethisch in: LThK³ VII, 331-332; 349-350.

[170] *Flechtheim,* Dokumente zur parteipolitischen Entwicklung. Bd. 2, 36-45, Zitat 44.

[171] Ebenda, 213-219, Zitat 216.

[172] Ebenda, 48-53, Zitat 51.

[173] Ebenda, 53-58, Zitat 57.

[174] *Joseph Kardinal Frings* (Hrsg.), Verantwortung und Mitverantwortung in der Wirtschaft, Köln 1949, 123.

fordern seine gesetzliche Festlegung". Im Blick auf die „überbetriebliche" Mitbestimmung empfahl die Entschließung in ihrem zweiten Teil: „Wie durch das Mitbestimmungsrecht aller das gemeinsame Interesse des gesamten Betriebs gefördert wird, so entspricht es der Natur der menschlichen Gesellschaft, daß auch sonst alle Menschen, die durch gemeinsame Leistung verbunden sind, ihre gemeinsamen Angelegenheiten selbstverantwortlich in einer berufsständisch-leistungsgemeinschaftlichen Ordnung verwalten."[175]

Der zuständige Arbeitskreis war noch einen Schritt weiter gegangen und hatte Mitbestimmungs- und Eigentumsrecht gleichgestellt: „Das Mitbestimmungsrecht in sozialen, personalen und wirtschaftlichen Fragen (...) gehört zu dem natürlichen Recht in gottgewollter Ordnung und ist zu bejahen wie das Recht auf Eigentum"[176]. Nach dem Katholikentag kam es zu heftigen Auseinandersetzungen vor allem um diese *naturrechtliche* Begründung von Mitbestimmung. Auch Papst *Pius XII.* schaltete sich ein: Er warnte vor der Überschätzung des Mitbestimmungsrechtes, entscheidender sei das Recht jedes einzelnen auf Eigentum. Weiter wies er auf die mögliche Bedrohung der personalen Verantwortlichkeit des Eigentümers durch anonyme Kollektive hin. Vor allem aber lehnte er zwei Begründungen des Rechtes auf Mitbestimmung ab: Es ziehe „weder die Natur des Arbeitsvertrages noch die Natur des Betriebes von sich aus notwendig ein solches Recht nach sich"[177]. Damit wollte er sagen, daß auch ein Arbeitsvertrag, der keine Mitbestimmung gewährt, durchaus gerecht sein kann und daß ein Betrieb, in dem keine Mitbestimmung möglich ist, durchaus dem entsprechen kann, was von ihm nach ethisch-rechtlichen Maßstäben verlangt werden muß.

Wenn der zweifellos *nicht* mitbestimmungsfreundliche *Pius XII.* den Lohnarbeitsvertrag und die Struktur des Unternehmens als naturrechtliche Begründungsquellen ablehnte, so blieb doch unklar, ob er damit die *ganze* Mitbestimmungsfrage negativ entscheiden wollte. Daß dies wohl nicht der Fall war, deutete ein Brief vom 19. Februar 1952 an die Teilnehmer der „Sozialen Woche" in Turin an, den im Auftrag *Pius' XII.* der damalige Unterstaatssekretär *G.B. Montini,* der spätere Papst *Paul VI.*, schrieb. Darin wurde festgestellt, die Mitbestimmung könne einmal durch freiwillige Vereinbarung von Unternehmern und Arbeitnehmern, zum anderen durch den Staat eingeführt werden, „jedenfalls in solchen Betrieben und solchen Fällen, in denen die sich selbst überlassene Übermacht des anonymen Kapitals sich offensichtlich gemeinschädlich auswirkt"[178]. Damit wurde festgehalten, daß die konkrete wirtschaftliche und soziale Lage in einer Gesellschaft dem Staat das Recht zur Einführung der Mitbestimmung geben könne.

Insgesamt hat der Bochumer Katholikentag die gesetzliche Regelung der Mitbestimmung in Deutschland maßgeblich beeinflußt. Daran änderte auch die als „Bochumer Betriebsunfall" bekannt gewordene naturrechtliche Begründung nichts. Das Mitbestimmungsgesetz von 1951 und auch das Betriebsverfassungsgesetz von 1952 ließen die Debatte ein wenig abklingen. Erst Ende der fünfziger

---

[175] Gerechtigkeit schafft Frieden. Der 73. Katholikentag in Bochum, 114f.
[176] Ebenda, 213.
[177] *Pius XII.,* Ansprache an die Teilnehmer des internationalen Kongresses für Sozialwissenschaften v. 03.06.1950, in: *Utz-Groner,* 3258-3272, Zitat 3266.
[178] Päpstlicher Brief zur 21. Sozialen Woche der Katholiken Italiens in Turin, in: *Utz-Groner,* 2268-3380, Zitat 3374.

Jahre wurde die Diskussion wieder lebhafter. Gründe dafür waren die Verlagerung mancher Unternehmensschwerpunkte aus der Montanindustrie in andere Bereiche der Wirtschaft und die durch die sog. „Umwandlungsgesetze" von 1956/57 begünstigte Umstrukturierung von Kapital- in Personengesellschaften[179], welche die paritätische Mitbestimmung zurückzudrängen begannen.

In dieser Situation erschien 1961 das unverkennbar mitbestimmungs*freundliche* Rundschreiben „Mater et magistra" Papst *Johannes XXIII.* Es brachte neue Aspekte in die Diskussion ein. Erstmalig besprach eine päpstliche Enzyklika ausdrücklich die Mitbestimmungsproblematik; dabei verschob sie „die Gewichte eindeutig zu Gunsten der menschlichen Arbeit"[180]. *Johannes XXIII.* erklärte zunächst, „daß die Arbeiter mit Recht aktive Teilnahme am Leben des sie beschäftigenden Unternehmens fordern." Wie diese Teilnahme näher bestimmt werden solle, sei indes "nicht ein für allemal auszumachen". Ziel müsse sein, „das Unternehmen zu einer echten menschlichen Gemeinschaft zu machen" (MM 91). Mit der Forderung nach aktiver Teilnahme meinte der Papst zunächst wohl die Mitbestimmung am Arbeitsplatz bzw. im konkreten Betrieb. Er betonte daher, der Arbeitnehmer sei nicht dazu verpflichtet, „bei Entscheidungen über die Zuweisung eines Arbeitsplatzes und die Gestaltung seiner Arbeitsweise sich passiv zu verhalten" (MM 92). Dem fügte *Johannes XXIII.* noch einen zweiten weiterreichenden Gedanken hinzu, der offenkundig auf die Mitbestimmung auf Unternehmensebene hinweist:

„Die weitergehende Verantwortung, die heute in verschiedenen Wirtschaftsunternehmen den Arbeitern übertragen werden soll, entspricht durchaus der menschlichen Natur"; und sie liege zudem „im Sinn der geschichtlichen Entwicklung von heute in Wirtschaft, Gesellschaft und Staat" (MM 93). – Den Hintergrund dieser Aussagen bildet die bevorzugte Stellung, die der Papst der Arbeit zuerkannte: „In der menschlichen Natur selbst ist das Bedürfnis angelegt, daß, wer produktive Arbeit tut, auch in der Lage sei, den Gang der Dinge mitzubestimmen und durch seine Arbeit zur Entfaltung seiner Persönlichkeit zu gelangen" (MM 82). Denn die Arbeit „ist unmittelbarer Ausfluß der menschlichen Natur und deshalb wertvoller als der Reichtum an äußeren Gütern, denen ihrer Natur nach nur der Wert eines Mittels zukommt" (MM 107).

Damit statuierte *Johannes XXIII.* auf der ontologischen Ebene den Vorrang der menschlichen Arbeit vor dem Eigentum bzw. Kapital und allen anderen Sachwerten – eine Position, die seither in der kirchlichen Sozialverkündigung Kontinuität und zugleich Priorität beansprucht.[181] Diese Sichtweise wirkte sich auch

---

[179] Vgl. näherhin: *Erich Potthoff,* Zur Geschichte der Mitbestimmung, in: *Ders.,* Zwischenbilanz der Mitbestimmung, Tübingen 1962, 48-52; vgl. insgesamt: *Horst Thum,* Wirtschaftsdemokratie und Mitbestimmung. Von den Anfängen 1916 bis zum Mitbestimmungsgesetz 1976, Köln 1991.
[180] *Wilhelm Weber,* Das Eigentum und sein „Stellenwert", in: *Ders.,* Person und Gesellschaft. Aufsätze und Vorträge vor dem Hintergrund der christlichen Soziallehre 1967-1976, Paderborn 1978, 277-286, Zitat 278; vgl. *Furger,* Christliche Sozialethik, 38.
[181] Auf die facettenreich und besonders in den 70er und 80er Jahren im deutschen Katholizismus z.T. kontrovers geführte Diskussion um die Sinngebung von Arbeit kann hier nicht im einzelnen eingegangen werden. Vgl. etwa: *Nell-Breuning,* Das Recht auf Arbeit, in: StZ Bd.196 (1978), 523-533; *Edgar Nawroth,* Humanisierung der Arbeitswelt. Würde, Ethik und Recht der menschlichen Arbeit, Köln 1977; *Friedhelm Hengsbach,* Arbeit hat Vorrang. Eine Option der katholischen Soziallehre, Mainz 1982; *Werner Krämer,* Zur Diskussion um die Neubewertung der Arbeit, in: Diakonia Jg.15 (1984), 364-372.

auf einen Sachbericht aus, den der Arbeitskreis „Pacem in terris" der katholischen Kirche der DDR über die Situation von Mensch und Gesellschaft im sozialistisch organisierten Arbeitsprozeß anfertigte.[182] Unter dem Aspekt pastoraler Herausforderungen grenzt die Studie eine christliche Theologie der Arbeit von der marxistischen Arbeitslehre ab. Von hierher kam es zeitweise auf Initiative des Leiters des „Pacem in terris"-Arbeitskreises, *Theo Mechtenberg,* zur Gründung eines weiteren Arbeitskreises unter der Bezeichnung „Beruf und Welt", der eine Reihe von im Arbeitsprozeß stehenden Katholiken umfaßte, die Analysen und Lageberichte zu ihren jeweiligen Arbeitsbereichen zusammentragen sollten. Über die Untersuchung „Die Beanspruchung des im Produktionsprozeß stehenden Christen durch Gesellschaft und Gemeinde" hinaus blieb der Arbeitskreis jedoch wenig wirkungsvoll.

Auch das II. Vatikanische Konzil betonte in seiner Pastoralkonstitution „Gaudium et spes" 1965 die überragende Bedeutung der Arbeit. Es machte sie als „unmittelbaren Ausfluß der Person, die den stofflichen Dingen ihren Stempel aufprägt und sie ihrem Willen dienstbar macht" (GS 67), kenntlich und wandte sich in diesem Zusammenhang der Mitbestimmungsfrage zu:

„In den wirtschaftlichen Unternehmen stehen Personen miteinander in Verbund, d.h. freie, selbstverantwortliche, nach Gottes Bild geschaffene Menschen. Darum sollte man unter Bedachtnahme auf die besonderen Funktionen der einzelnen, sei es der Eigentümer, der Arbeitgeber, der leitenden oder der ausführenden Kräfte, und unbeschadet der erforderlichen einheitlichen Werkleitung, die aktive Teilnahme aller an der Unternehmensgestaltung voranbringen; die geeignete Art und Weise der Verwirklichung wäre näher zu bestimmen". Da wichtige wirtschaftliche und soziale Entscheidungen – fährt der Text im Blick auf die „überbetriebliche" Mitbestimmung fort – oft nicht so sehr in den einzelnen Unternehmen als vielmehr an höheren Stellen getroffen werden, „sollten die Arbeiter auch daran beteiligt sein, sei es unmittelbar, sei es durch gewählte Abgesandte" (GS 68).

Wenn auch „Mater et magistra" und „Gaudium et spes" mitunter verschieden ausgelegt wurden, so wird folgendes deutlich: 1. Das Konzil sieht das Unternehmen nicht nur als technisch-wirtschaftlichen Sachapparat, sondern vor allem als Verbund von Menschen. – 2. Eigentümer, Leitende Angestellte (Manager) und Arbeitnehmer sollen entsprechend ihren jeweiligen Funktionen und unbeschadet der einheitlichen Unternehmensführung an der Gestaltung des Unternehmens teilhaben könnnen. – 3. Wie diese Teilhabe konkret realisiert werden soll, darüber sagt das Konzil zurecht nichts aus. Es sagt „Ja" zum Prinzip, „Ja" zur Sozialpartnerschaft. Die Frage der konkreten Umsetzung der Mitbestimmung geht an den wirtschaftlichen und gesellschaftspolitischen Sachverstand zurück.

Nicht unmittelbar mit der Mitbestimmung beschäftigt sich die Enzyklika „Laborem exercens" von 1981. Zunächst legt *Johannes Paul II.* den Nachdruck auf das allgemeine sozialethische „Prinzip des Vorranges der Arbeit vor dem Kapital". Er begründet es mit einem dreifachen Argument: Einmal ist Arbeit immer Arbeit des Menschen, dem der „Primat (...) gegenüber den Dingen" zukomme; zum anderen können die Schätze der Erde „nur durch die Arbeit dem Menschen nutzbar gemacht werden"; schließlich ist „das Kapital, das in der Gesamtheit der sachlichen Produktionsmittel besteht", selber „Frucht der Arbeit (...,) das ge-

---

[182] *Mechtenberg*, Der Arbeitskreis „Pacem in terris", 5f.

schichtlich gewachsene Erbe menschlicher Arbeit" (LE 12). An konkreten Vorschlägen zur Verwirklichung dieses sozialethischen Prinzips nannte *Johannes Paul II.* eine Reihe von Anregungen, zu denen u.a. Miteigentum, Gewinnbeteiligung sowie „Beteiligung an der Leitung" (LE 14), also *Mitbestimmung*, gehören.

Die Aussagen der lehramtlichen Dokumente wurden und werden von katholischen Sozialwissenschaftlern sehr unterschiedlich ausgelegt. So wertete etwa der Regensburger Sozialethiker *Franz Klüber* (1914-1989) die Pastoralkonstitution als eine prinzipielle Entscheidung zugunsten der Mitbestimmung. Sie schließe keines der bisherigen Modelle aus, „selbstverständlich auch nicht die im deutschen Mitbestimmungsgesetz von 1951 verwirklichte Form der kollektiven Mitbestimmung". *Klüber* ging noch einen Schritt weiter: Aufgrund der höheren metaphysischen Rangstufe der Arbeit sah er in der paritätischen Mitbestimmung „keine Maximal-, sondern eine Minimalforderung".

„Man darf nicht die Tatsache aus dem Blick verlieren, daß die Mitbestimmungsthese des Konzils in jenem Abschnitt der Pastoralkonstitution erscheint, der die Überschrift trägt: ‚Über einige das ganze wirtschaftsgesellschaftliche Leben beherrschende Prinzipien'. Das oberste dieser Prinzipien behauptet den absoluten Vorrang der Arbeit als personaler Selbstverwirklichung gegenüber anderen Elementen des wirtschaftlichen Lebens, denen nur Instrumentalcharakter zugesprochen wird. Daraus ergibt sich für das Unternehmen als Zusammenschluß von Arbeitern und Kapitaleignern die Konsequenz, daß der instrumentale Faktor Kapital dem personalen Faktor Arbeit *unterzuordnen* ist. Diese Tatsache, daß Arbeit und Kapital sich nicht gleichwertig gegenüberstehen, sondern im Verhältnis von Über- und Unterordnung, bestimmt auch ihren Stellenwert als Ordnungselemente des Unternehmens. Aus der Höherwertigkeit und der Überordnung der Arbeit über die reine Zweckhaftigkeit des Kapitals ergibt sich für die Gestaltung der Betriebsstruktur das Übergewicht der Ordnungsfunktion der Arbeit über die des Kapitals. Soweit Interessen der Arbeit mit denen des Kapitals kollidieren, muß das Kapitalinteresse zurücktreten."[183]

Indem er die Enzyklika „Laborem exercens" *laboristisch* deutete, hielt er ein an ihr orientiertes Nachdenken über eine Arbeiterselbstverwaltung oder „eine gesetzlich erweiterte, überparitätische Mitbestimmung zugunsten der Arbeit"[184] für geboten. Demgegenüber betonte *Wilhelm Weber* (1925-1983), der als Konzilstheologe besonderen Einblick in das Zustandekommen des umstrittenen Textes hatte, daß die Pastoralkonstitution bei aller bejahten Beteiligung der Arbeitnehmer an der Unternehmensgestaltung gerade die Wahrung der unterschiedlichen Funktionen der Arbeitgeber, der Eigentümer, der Unternehmensleiter und der Arbeitnehmer verlange. Zum anderen warne der Hinweis auf die notwendige Einheitlichkeit der Unternehmensleitung vor anonymen und kollektiven Einflußnahmen unternehmensfremder Machtgruppen. Lege man den Text mit seinen Einschränkungen und unter Beachtung der Debatten während des Konzils aus,

„dann kann das Ergebnis nur lauten: Die deutsche Form der Mitbestimmung, wie wir sie im Montanbereich kennen, dürfte in den Augen des Konzils wohl kaum Gnade finden (...). Von

---

[183] *Franz Klüber,* Arbeit und Mitbestimmung als soziale Grundrechte, in: Katechetische Blätter Jg. 103 (1978), 278-283, Zitat 281.
[184] *Ders.*, Nicht Gesundbeterei, sondern Systemänderung, in: Publik-Forum Jg.25 (11.12.1981), 8-9, Zitat 9. Die kontoverse Diskussion um den *Laborismus* wurde vorwiegend in dieser Zeitschrift geführt.

einem Blankoscheck für die paritätische Mitbestimmung der Arbeitnehmer kann wohl keine Rede sein"[185].

Zu „Laborem exercens" merkte *Weber* an, es sei unzulässig, „aus grundsätzlichen (prinzipiellen) Aussagen des kirchlichen Lehramtes *unvermittelt*, d. h. ohne Kenntnisse der Lage und ohne Rücksicht auf mögliche Auswirkungen, konkrete politische Postulate als zwingend abzufolgern". In seinen konkreten Überlegungen beschränke sich das Rundschreiben selbst auf seit Jahren bekannte Anregungen wie Miteigentum, Mitbestimmung, Gewinnbeteiligung oder Arbeitnehmeraktien. Die Enzyklika „enthält folglich auch nicht das Rezept für den Laborismus"[186]. Selbst ein so entschiedener Verfechter der Mitbestimmung wie *Oswald von Nell-Breuning* gelangte deshalb zu dem Schluß, daß er die „laboristische" Form des Verhältnisses von Kapital und Arbeit „als nach dem bisherigen Stand der Erkenntnis und Erfahrung nicht praktikabel ablehne"[187].

Ähnliche Meinungsunterschiede wie unter den katholischen Sozialwissenschaftlern bestanden auch im übrigen Bereich des sozialen Katholizismus. Die „Katholische Arbeitnehmer-Bewegung" und in etwas abgeschwächter Form das „Kolpingwerk" verlangten mit Blick auf die bereits erfolgreich praktizierte Mitbestimmung in der Montanindustrie, „die Ausweitung dieser Form des Mitbestimmungsrechtes auf alle Großunternehmen"[188]. Es gehe um eine gesellschaftliche Ordnung, „in der die Arbeit das entscheidende Ordnungsprinzip ist", wie es auch das Konzil fordere; und es gehe um eine Unternehmensverfassung, in der das Weisungsrecht „durch die Arbeit und das Eigentum und nicht durch das Eigentum allein"[189] legitimiert werde. Seit dem Grundsatzprogramm von 1996 fordert die KAB die „paritätische Mitbestimmung (...) in allen Unternehmen (...). Durch die bundesweite Einrichtung von Arbeitskammern kann die öffentlich-rechtliche Gleichstellung zwischen Arbeitnehmern und Arbeitgebern hergestellt werden."[190]

Demgegenüber lehnte der „Bund Katholischer Unternehmer" „die totale, d.h. paritätische Mitbestimmung der Arbeitnehmer in der Leitung der Unternehmen"[191] aus grundsätzlichen und praktischen Erwägungen ab. Das Eigentum bzw. das Kapital sei eine *Sache*, während man die Arbeit als unmittelbaren Ausfluß *personaler* Selbstverwirklichung werten müsse.

---

[185] *Wilhelm Weber*, Konzil und Mitbestimmung – Ein Beitrag zur Entscheidung einer sehr aktuellen Streitfrage, in: Rheinischer Merkur v. 11.03.1966. Vgl. zu den Verlautbarungen auch: *Josef Oelinger*, Wirtschaftliche Mitbestimmung. Positionen und Argumente der innerkatholischen Diskussion, Köln 1967, bes. 33-44.
[186] *Weber*, Kein politisches Rezeptbuch, in: Publik-Forum Jg.24 (27.11.1981), 9-10, Zitat 9.
[187] *Nell-Breuning*, Person in Gesellschaft, in: Rheinischer Merkur v. 15.09.1978, 31; vgl. *ders.*, Kommentar, in: Der Wert der Arbeit und der Weg zur Gerechtigkeit. Enzyklika „Über die menschliche Arbeit" Papst Johannes Pauls II., Freiburg 1981, 103-127, Zitat 120.
[188] *Wolfgang Vogt*, Arbeitnehmer von heute – Partner von morgen, in: 75 Jahre Rerum novarum. Kundgebung der KAB vom 07.05.1966 in Duisburg, 15-37, Zitat 19.
[189] *Ders.*, Die Idee der Mitbestimmung, in: NOrd Jg.20 (1966), 343-353, Zitat 344, 351.
[190] Grundsatzprogramm der KAB Deutschlands (1996), Nr. 61.
[191] *Werner Riek*, Nell-Breuning setzt sich zur Wehr. Das Vatikanische Konzil und die innerkatholische Mitbestimmungsdiskussion, in: Gesellschaftspolitische Kommentare 1 vom 01.01.1966, 1-3, Zitat 1.

Beide also „sind inkommensurable Größen, und deshalb ist die in bezug auf diese Größen geführte Diskussion schon im Ansatz falsch". Das Recht des Eigentümers zur Unternehmensführung oder zu deren Bestellung leite sich aus dem Eigentum am Unternehmen als Ganzem und aus der Tatsache ab, „daß das Eigentum, d.h. das Unternehmensvermögen, für alle Verbindlichkeiten zu haften hat, die sich aus jeder unternehmerischen Tätigkeit ergeben (...). Weil der Eigentümer zu haften hat, kann er nicht nur gezwungen werden, für Verbindlichkeiten einzustehen, die ohne oder gegen seinen Willen begründet werden, sondern er muß, sofern er nicht selbst die Unternehmensleitung ausübt, auch die Auswahl derselben vornehmen und deren Tätigkeit kontrollieren können"[192].

Auf der anderen Seite – so die „Leitsätze zur gesellschaftlich-wirtschaftlichen Ordnung" des BKU – fördere die Mitbestimmung in keiner Weise die erwünschte Subjektstellung des einzelnen arbeitenden Menschen, hebe aber „die Entscheidungsfreiheit des Unternehmers auf, verletzt die Eigentumsrechte und gefährdet damit auf das höchste unsere freiheitliche Wirtschafts- und Gesellschaftsordnung"[193]. Eine sach- und systemgerechte Beteiligung der menschlichen Arbeit im Bereich der Wirtschaftsunternehmen sei daher nur durch *Partnerschaft* in vielfältiger und differenzierter Weise erreichbar, nicht aber durch eine institutionalisierte, wesensfremde paritätische Mitbestimmung.

In gewisser Weise vertraten die „Christlichen Gewerkschaften" und das „Werkvolk" eine mittlere Linie. Letzteres verlangte zwar – wie die KAB – eine Ausdehnung der Mitbestimmung auf alle Kapitalgesellschaften; es ging ihm jedoch „nicht in erster Linie um ein institutionelles Mitbestimmungsrecht, sondern um ein persönliches Mitsprache- und Mitentscheidungsrecht"[194]. Ähnlich erschien den „Christlichen Gewerkschaften" für eine wirkliche Partnerschaft vor allem „die rechte *Rangordnung von Mensch und Betrieb* wichtig"[195]. Das südwestdeutsche „Werkvolk" unter *Erwin Häussler* legte den Akzent auf die Formel „Mitbestimmung durch Eigentum". Ziel sei es, die Arbeitnehmer mittels des Investivlohnes zu Kapitalvermögensbesitzern zu machen. Sie sollten „dann aber nicht eine Situation vorfinden, in welcher die Bestimmungsrechte als Kapitaleigner bereits schon vorweg durch Mitbestimmung von Nichteigentümern"[196] beseitigt sind. Einmütig verlangten die christlich-sozialen Arbeitnehmerverbände einerseits eine *betriebsnahe* Gestaltung der Mitbestimmung, um die Entstehung außerbetrieblicher Abhängigkeiten zu verhindern, sowie andererseits eine *überbetriebliche* Mitbestimmung mit einem Bundeswirtschafts- und Sozialrat an der Spitze, eine Forderung, die auch von katholischen Sozialwissenschaftlern unterstützt wurde.

Die Aussage des II. Vatikanischen Konzils von den „selbstverantwortlichen, nach Gottes Bild geschaffenen Menschen" (GS 68), die im Unternehmen tätig

---

[192] *Rolf H. Kasteleiner*, Paritätische Mitbestimmung – Chance oder Irrweg?, in: NOrd Jg.20 (1966), 281-290, Zitate 283, 285.

[193] Leitsätze zur gesellschaftlich-wirtschaftlichen Ordnung. Vorgelegt vom BKU am 07.10.1966, 10.

[194] *Berchtold*, Kommentar zur Grundsatzerklärung des Werkvolks vom 04.10.1964, 6.

[195] Leitsätze des Christlichen Gewerkschaftsbundes Deutschlands, hrsg. vom Bundesvorstand der CGD, Bonn o.J. (1964), Nr. 25.

[196] *Erwin Häussler*, Mehr Mitbestimmung – ja oder nein?, in: Deutsches Monatsblatt Jg.13 (1966), 12.

sind, griff die KAB auf. Die Selbstverantwortlichkeit der Menschen zeige den eigentlichen Grund auf, der verhindere, den Arbeitnehmer lediglich als Bestandteil der Betriebsapparatur und als unvermeidlichen Kostenfaktor einzusetzen, und der ebenfalls die Basis für die Forderung nach partnerschaftlicher Gleichberechtigung bilde. Ein Unternehmen sei nicht nur Produktionsstätte und Kapitalanlage, sondern auch Sozialgebilde, in dem Menschen arbeiten. Die Aufgabe der Unternehmensleitung bestehe nicht allein darin, für die Aktionäre einen möglichst hohen Ertrag zu erzielen; sie müsse vielmehr auch die Belange der Arbeitnehmer und nicht zuletzt der Allgemeinheit wahren. Diese Aufgabenstellung ziele auf eine Unternehmens*verfassung,* in der die Unternehmensspitze auf zwei Beinen stehe, „auf einem Bein der Arbeit und auf einem Bein des Sachmittelapparates", in der also die Wurzeln der Leitungsbefugnis „in den beiden konstituierenden Faktoren des Unternehmens, Arbeit und Kapital"[197], verankert seien. – Ein Modellvorschlag, den die KAB 1977 als „Diskussionsbeitrag" vorlegte, wollte offensichtlich eine derartige *Unternehmensverfassung* verwirklichen.

Sein Grundgedanke war, „die Arbeitnehmer aufgrund ihres persönlichen Arbeitseinsatzes zu gleichberechtigten Mitgliedern des Unternehmens zu machen, in dem sie beschäftigt sind"[198]. Hauptversammlung (Basisorgan) und Aufsichtsrat (Aufsichtsorgan) bestehen paritätisch aus Vertretern der Kapitalseigner und „arbeitenden Unternehmensmitgliedern". „Arbeitende Unternehmensmitglieder" sind jene Belegschaftsangehörige, die anstelle eines Arbeitsvertrages einen Mitgliedsvertrag abgeschlossen haben. Das paritätisch zusammengesetzte Aufsichtsorgan wählt die Mitglieder des Vorstandes (Leitungsorgan). Auf diese Weise entscheiden Eigentümer und Arbeitnehmer gleichberechtigt über die Ziele des Unternehmens. Der Vorstand soll nicht mehr bloß Anwalt der Interessen der Kapitalseigner sein, sondern die Interessen beider Gruppen bzw. das unternehmerische Gesamtinteresse gegenüber den beiden Gruppen vertreten. Wie der Betriebsrat die Belegschaft, so vertritt ein neuer „Anleger-Rat" die Kapitalseigner gegenüber dem Vorstand. Da der Vorstand, der sich aus einer ungeraden Zahl von Mitgliedern zusammensetzt, im Aufsichtsrat und in der Hauptversammlung Stimmrecht hat – ausgenommen Entscheidungen, die Vorstandsmitglieder persönlich oder ihre Wahl betreffen – werden Patt-Situationen vermieden. Kommt es in den genannten Ausnahmefällen zu Stimmengleichheit, entscheidet der Spruch einer (paritätischen) Einigungsstelle.

Das KAB-Modell weist wohl auch Schwachstellen auf, etwa daß es zwei Kategorien von Arbeitnehmern begründet, da diese nach freier Wahl Mitgliedsverträge oder – wie bisher – Arbeitsverträge schließen können, oder daß die Vorstandsmitglieder sich im Aufsichtsrat weithin selbst kontrollieren oder daß die Stärkung der Mitbestimmung am Arbeitsplatz unberücksichtigt bleibt. Andererseits konnte der Vorschlag die Reform des Unternehmensrechtes anregen, die sowohl die CDU auf ihrem Hamburger Parteitag von 1973 gefordert als auch die Bundesregierung bei der Verabschiedung des Mitbestimmungsgesetzes von 1976 angekündigt hatte.[199]

---

[197] *Nell-Breuning,* Mitbestimmung – wer mit wem?, Freiburg 1969, 179f.
[198] Der Arbeitnehmer als Unternehmensmitglied. Diskussionsbeitrag zur Verwirklichung einer neuen Unternehmensverfassung. Erarbeitet v. Wissenschaftlichen Beirat der KAB Westdeutschlands, Köln 1977, 4.
[199] Darauf verweist auch die KAB in der zweiten Fassung ihres Diskussionsbeitrags (vgl. Der Arbeitnehmer als Unternehmensmitglied. 2. Fassung, Köln 1979, 5f.).

Einige grundsätzliche Überlegungen aus der Perspektive christlicher Sozialethik wollen schließlich die Mitbestimmungsdebatte in Deutschland bewerten: Unter gesamtwirtschaftlichem Aspekt hat ein Unternehmen die Aufgabe, Güter zu erzeugen oder Dienstleistungen zu erstellen, um die Bedürfnisse der Menschen zu befriedigen. Seine Dispositionsfreiheit ist dabei nicht unbegrenzt; es müssen ständig die jeweils neuesten wirtschaftlichen und technischen Daten bzw. Sachnotwendigkeiten in die unternehmerischen Entscheidungen miteinbezogen werden. Wichtig für das optimale Funktionieren des Unternehmens sind daher im Zusammenhang mit der Mitbestimmung zwei Voraussetzungen: die Existenz eines qualifizierten Unternehmertums und die Möglichkeit einer einheitlichen, wirkungsvollen Unternehmensleitung.

Gegen die erste Voraussetzung richtet sich der Einwand, Mitbestimmung bedeute Gefährdung oder sogar Beseitigung des Unternehmertums. Der Grund für diese These liegt in der Annahme, „daß nur Eigentümer die Unternehmerfunktion *sachgerecht* ausüben"[200] und unternehmerische Verantwortung tragen könnten, da allein sie vermögensrechtlich haften. In diesen Einwand mischt sich Richtiges mit Falschem. Wenn Mitbestimmung die Beseitigung des Unternehmertums bewirkt, ist sie mit dem Sinnziel der Wirtschaft unvereinbar, das in einer optimalen Deckung des wirtschaftlichen Güterbedarfs besteht und ohne unternehmerische Leistung nicht erreicht werden kann. Die These, daß Arbeitnehmervertreter die Unternehmerfunktion nicht sachgerecht und verantwortungsvoll ausüben könnten, da sie nicht vermögensrechtlich haften, stößt indes auf die Gegenfrage, ob die Möglichkeit, den Arbeitsplatz zu verlieren oder andere Nachteile zu erleiden, wenn das Unternehmen in Schwierigkeiten gerät, für den Nichteigentümer kein echtes Risiko bedeute, das wie die vermögensrechtliche Haftung ebenfalls in der Lage sei, unternehmerische Verantwortung zu begründen. Die Kapitalseigner sind nicht die alleinigen Risikoträger.

„Das allen unternehmerischen Entscheidungen immanente Risiko wird grundsätzlich von der Belegschaft des Unternehmens (...) mitgetragen. Dabei braucht man nicht außer acht zu lassen, daß das Risiko aus unternehmerischen Entscheidungen den einzelnen Arbeitnehmer sehr unterschiedlich treffen kann. Beispielsweise ergeben sich erhebliche Unterschiede, ob ein Arbeitsplatzverlust in Zeiten der Hochkonjunktur oder der Krise eintritt, ob er einen jungen und ledigen Facharbeiter mit breiter Ausbildung oder einen älteren, verheirateten und kinderreichen Arbeitnehmer mit enger Qualifikation und bei absteigender Leistungskurve trifft."[201]

Viele Angehörige des Managements etwa legten auch in vorbildlicher Weise unternehmerische Verantwortung an den Tag, obwohl sie in ihrer überwiegenden Mehrheit nur Angestellte und nicht Eigentümer seien. Sachgerechte Ausübung der Unternehmerfunktion ist also keinesfalls nur dem Eigentümer des Unternehmens möglich, und andererseits fühlen sich auch Eigentümer, etwa viele Anteilseigner von Aktiengesellschaften, keinesfalls immer als Unternehmer.

Bei Betriebsfremden stellt sich die Situation anders dar – dort ist der Einwand berechtigt: Die Mitbestimmung darf weder die eigenverantwortliche Unterneh-

---

[200] *Alfred Christmann,* Wirtschaftliche Mitbestimmung im Meinungsstreit. Bd. 1, hrsg. v. *Otto Kunze,* Köln 1964, 176.
[201] *Eduard Gaugler,* Die Auswirkungen der Mitbestimmung auf die unternehmerischen Entscheidungen, in: *Anton Rauscher* (Hrsg.), Mitbestimmung, Köln 1968, 80-112, Zitat 95.

mensführung durch eine von einer unternehmensfremden Zentrale gesteuerte Lenkung ersetzen noch zur Zerstörung des gesamtgesellschaftlichen Machtgleichgewichtes führen. Entscheidende Voraussetzung sollte deshalb sein, daß alle Arbeitnehmervertreter in den Mitbestimmungsorganen eine an das Unternehmen gebundene Verantwortung tragen; m.a.W. die Mitbestimmung muß *unternehmensbezogen* sein. Selbst engagierte Befürworter der Mitbestimmung sehen den möglichen Mißbrauch *gewerkschaftlichen* Einflusses und empfehlen den Gewerkschaften, sich als solche so wenig wie möglich zu beteiligen. „Im Prinzip wäre es vielleicht sogar das Sauberste, sie wären daran gar nicht beteiligt."[202] Denn die Argumente für die Mitbestimmung auf Betriebs- und Unternehmensebene „tragen (...) nur die Mitbestimmung der Belegschaften, nicht aber der Gewerkschaften". Ihnen komme lediglich eine subsidiäre Funktion zu, insoweit „die Belegschaften des Rückhalts an den Gewerkschaften"[203] bedürften. Auf jeden Fall sollten die Vertreter der Arbeitnehmerseite in den Mitbestimmungsorganen nur von der jeweiligen Belegschaft gewählt und auch nur ihr verantwortlich sein. Dies bestätigte auch die 1975 in Würzburg stattfindende „Gemeinsame Synode der Bistümer in der Bundesrepublik Deutschland":

„Alle Formen der Mitbestimmung in den Unternehmen bzw. in deren Aufsichtsorganen müssen gründen auf der aktiven Beteiligung der Belegschaften, auf der Freiheit und Verantwortung der beteiligten Arbeitnehmer selbst. Dem wird keine Konstruktion gerecht, die lediglich eine von außen kommende Machtteilung oder einen Machtaustausch anzielt und Mitbestimmung zum größeren Teil an der Legitimation und dem Willen der in den Unternehmen Beschäftigten vorbei praktiziert. Dieser Schritt vom Mehrhaben zum Mehrsein bringt für die Arbeiter neue Anforderungen mit sich. Die Chance und die Notwendigkeit, die Wirtschaft mitzugestalten, setzt voraus, daß sie bereit und fähig sind zum Mitentscheiden und Mitverantworten. Es ist daher eine vordringliche Aufgabe auch der katholischen Arbeitnehmerorganisationen, ihre Mitglieder immer wieder zu ermutigen und zu befähigen, z.B. durch ihre Bildungsarbeit, der Mitbestimmung und -verantwortung gerecht zu werden."[204]

Eine möglichst weitgehende Abstinenz der Gewerkschaften könnte zudem jenen Einwänden den Boden entziehen, die auf die Zwitterstellung der Gewerkschaften hinweisen. Durch die Beteiligung an der Mitbestimmung übernehmen die Gewerkschaften Mitverantwortung. Auf der anderen Seite ist es Hauptaufgabe der Gewerkschaften, die Interessen der Arbeitnehmer insgesamt zu vertreten. Unterscheiden sie sich von den Interessen des Unternehmens, geraten die Gewerkschaften möglicherweise in schwere Interessenskonflikte, so daß sich die Mitbestimmung als „bedenklicher, vielleicht fataler Bruch mit ihrem Wesen"[205] auswirken könne. Auch aus diesem Grunde sollte die Mitbestimmung möglichst *belegschaftsbezogen* sein.

Was die oben genannte zweite Voraussetzung für das optimale Funktionieren eines Unternehmens, die Einheitlichkeit der Leitung, betrifft, so lautet eine The-

---

[202] *Nell-Breuning*, Arbeit und Mitbestimmung, in: *Rauscher*, Mitbestimmung„ 19-32, Zitat 32.
[203] *Ders.*, Person in Gesellschaft, 31.
[204] Synodenbeschluß „Kirche und Arbeiterschaft", 2.3.2, in: Gemeinsame Synode der Bistümer in der Bundesrepublik Deutschland. Offizielle Gesamtausgabe, Freiburg ²1976, 321-364, Zitat 344.
[205] *Goetz Briefs*, Zwischen Logik und Dialektik der paritätischen Mitbestimmung, in: *Ders.*, Mitbestimmung? Stuttgart 1967, 196-237, Zitat 223.

se des bedeutenden Nationalökonomen, Soziologen und Sozialphilosophen *Goetz Briefs* (1889-1974), Mitbestimmung gefährde diese Einheitlichkeit und mache die Unternehmensleitung möglicherweise handlungsunfähig. Man könne kaum von allen Beteiligten „Einhelligkeit der Gesinnung der Absichten erwarten"[206]. Auch dieser Einwand stimmt insoweit, als ohne Zweifel kein Unternehmen funktionieren kann, wenn eine Belegschaft permanent in die laufenden Entscheidungen eingreift. Aber die Mitbestimmung zielt auf keine „Parlamentarisierung" des Unternehmens in dem Sinne, daß jeden Tag jeder Arbeitnehmer nach Belieben in die anstehenden Entscheidungen „hineinregieren" könne. Auch die Belegschaftsmitglieder seien – wie die Aktionäre – darauf angewiesen, sich dort durch Vertreter repräsentieren zu lassen, wo unternehmerische Willensbildung und Leitung vor sich gingen. Beide blieben bei der Führungsspitze des Unternehmens, also bei Vorstand und Aufsichtsrat. Nur sollten an dieser Willensbildung nicht bloß die Vertreter der Anteilseigner, sondern auch die Vertreter der Belegschaft teilhaben. Denn jedes Unternehmen „ist ein Leistungsverbund der gleichgewichtigen und daher auch gleichberechtigten Faktoren Arbeit und Kapital unter dem Führungsfaktor Unternehmer"[207]. Die Unternehmensleitung, die über die im Unternehmen tätigen Menschen und über das im Unternehmen investierte Kapital verfügt, solle daher ihre „Legitimation von Kapital und Arbeit als den *beiden* konstituierenden Faktoren des Unternehmens *gemeinsam* erhalten und folgerichtig beiden gemeinsam verantwortlich sein".

„Die Unternehmerfunktion bleibt selbstverständlich unangetastet. Um seine für eine dynamisch-expansive Wirtschaft unentbehrliche Funktion wahrnehmen zu können, braucht der Unternehmer ein großes Maß von Entscheidungsfreiheit, aber der Gebrauch, den er von ihr macht, soll der Kontrolle unterliegen durch diejenigen, die von diesen seinen Entscheidungen betroffen werden; das sind nicht nur diejenigen, die ihr Geld an das Unternehmen riskiert haben, sondern ebensosehr und noch mehr diejenigen, die mit ihrer Arbeit und damit mit ihrer Person im Unternehmen stehen."[208]

Die Einbettung jedes Unternehmens in das Gesamt einer Volkswirtschaft und in immer stärkerem Maße auch der Weltwirtschaft verlangt, daß die Unternehmensleitung ständig sich ändernde Daten zur Kenntnis nimmt, sich in ihren Planungen und Entschlüssen an der jeweiligen Marktlage orientiert und sich den wechselnden wirtschaftlichen Situationen anpaßt. Die dafür notwendige Entscheidungsfreudigkeit und rasche Entscheidungsfähigkeit erscheinen manchen Kritikern durch die Mitbestimmung gefährdet.

„Gleichberechtigte Mitbestimmung müßte ein Hemmschuh für die Unternehmensführung sein, würde mehr auf Erhaltung von Arbeitsplätzen und Erzielung von Einkommensvorteilen gesehen als auf die heute erforderliche dynamische Unternehmerfunktion. Auch erhebt sich die Frage, ob die Anteilseigentümer der Gesellschaftsunternehmen sich weiter zur Investition ihres Vermögens bereit finden, wenn sie die Verfügungsgewalt darüber mit anderen teilen müssen, außerdem die Frage, woher das Risikokapital kommen soll, auf das es gerade für das

---

[206] *Goetz Briefs.*, Zwischen Kapitalismus und Syndikalismus. Die Gewerkschaften am Scheideweg, Bern 1952, 122.
[207] *Josef Weis*, Wirtschaftliche Mitbestimmung – Elemente einer menschenwürdigen Wirtschaftsordnung, Limburg 1975, 11.
[208] *Nell-Breuning*, Mitbestimmung – wer mit wem?, 67f.

erforderliche Produktivitätswachstum in der heutigen Weltsituation ankommt. Manche glauben die Forderung auf paritätische Mitbestimmung auf eine Denaturierung des Eigentumsbegriffes begründen zu können, wonach Verfügungsrechte über die Eigentumssache nicht nur denen zustehen, die Eigentümer sind, sondern auch denen, die damit arbeiten."[209]

Daß sich ein Unternehmen nach dem Markt richten und die jeweiligen Marktsignale beachten muß, ist auch für die Befürworter der Mitbestimmung eine wirtschaftliche Selbstverständlichkeit. Wer immer an der unternehmerischen Willensbildung mitwirke, müsse wissen, daß eine Mißachtung des Marktes entsprechende wirtschaftliche Folgen sowohl für das investierte Kapital wie für die im Unternehmen tätigen Arbeitnehmer mit sich bringe. Es könne sich indes ein Unternehmen *mit* Mitbestimmung dem Markt anpassen, und genauso könne ein Unternehmen *ohne* Mitbestimmung dem Markt zuwider handeln. Bei der Mitbestimmung gehe es jedenfalls nicht um die unbestrittene Notwendigkeit der Anpassung an den Markt, sondern die Frage laute:

„Unter welcher Rücksicht beobachtet das Unternehmen die Marktsignale, um sich dann diesen Signalen gemäß zu verhalten?" Hat es ausschließlich oder vorrangig die Ertragsmaximierung im Interesse der Kapitalbesitzer zum Ziel, oder sind *institutionell* auch die Interessen der Arbeitnehmer in den „Zielhorizont" aufgenommen? Die Alternative laute also, ob ein Unternehmen „interessenmonistisch" oder „interessendualistisch" bzw. „interessenpluralistisch" (wenn man auch die Allgemeinheit einbezieht) strukturiert sein solle.[210]

Die Befürworter der Mitbestimmung wollten keine Beseitigung der unternehmerischen Entscheidungsfreiheit, sie gingen aber bewußt von der Einsicht aus, „daß das Unternehmen eben nicht bloß ein Apparat zur Kapitalverwertung ist, sondern auch ein Gebilde, in dem Menschen tätig sind", und sie erstrebten deshalb „die ‚Erweiterung des Zielhorizontes', unter dem die Sachlogik aller zu treffenden Entscheidungen steht"[211].

b) Gewerkschaftsbewegung

Sowohl das Ende der Weimarer Zeit als auch die Überlegungen im Widerstand des Dritten Reiches vor allem aus der sozialdemokratischen und christlichen Arbeiterbewegung hatten zu der Planvorstellung geführt, nach dem Untergang des Nationalsozialismus die Richtungsgewerkschaften vollständig zugunsten einer Einheitsgewerkschaft aufzugeben. „Es (war) an der Zeit (...), die verschiedenen Gewerkschaftsrichtungen zusammenzuführen."[212] Zudem wurden einzelne Versuche, nach 1945 christliche Gewerkschaften wiederzubeleben, von den Besatzungsmächten untersagt. Das für die Einheitsgewerkschaft sprechende Kernargument sah man in der Stärkung der Arbeitnehmer in den Auseinandersetzungen mit

---

[209] *Johannes Messner,* Das Naturrecht. Handbuch der Gesellschaftsethik, Staatsethik und Wirtschaftsethik, Innsbruck ⁵1966, 1104.
[210] *Nell-Breuning,* Arbeit und Mitbestimmung, 36; vgl. *Leo Kißler,* Die Mitbestimmung in der Bundesrepublik Deutschland. Modell und Wirklichkeit, Marburg 1992.
[211] *Nell-Breuning,* Arbeit und Mitbestimmung, 36.
[212] *Jakob Kaiser* im „Telegraf" v. 15.06.1947, zit.n.: *Herbert Reichel,* Die deutsche Einheitsgewerkschaft und ihr geistiger Standort, Köln 1952, 26.

den Unternehmern. In der Phase des Neubeginns und der Neuordnung der wirtschaftlichen und politischen Gefüge erschien dieser Aspekt vielen als entscheidend. Auch ein Großteil der im Entstehen begriffenen CDU begrüßte die Einheitsgewerkschaft. Im „Aufruf an das Deutsche Volk" der Berliner CDUD vom 26. Juni 1945 fand sich die Aussage „Wir begrüßen die einheitliche Gewerkschaftsbewegung der Arbeiter und Angestellten zur Wahrung ihrer wirtschaftlichen und sozialen Rechte", die auf das kurz zuvor von *Adam Stegerwald* mit ausgearbeitete Programm der CSU in Unterfranken Bezug nahm.[213]

War bereits in der sowjetisch besetzten Zone 1945 der „Freie Deutsche Gewerkschaftsbund" (FDGB) gegründet worden, so schlossen sich in der Bundesrepublik die bis 1949 gebildeten sechzehn Einzelgewerkschaften in München zum föderativ strukturierten „Deutschen Gewerkschaftsbund" (DGB) zusammen. Außen vor blieben lediglich die „Deutsche Angestelltengewerkschaft" (DAG) und der nicht gewerkschaftliche „Deutsche Beamtenbund" (DBB). Auch der „revolutionär-sozialistische Impuls"[214], der vom Grundsatzprogramm des DGB von 1949 ausging, rief im deutschen Katholizismus keine grundsätzliche Opposition gegen die Einheitsgewerkschaft hervor. Für die katholischen Arbeitnehmer bestand seit den Ausführungen *Pius XI.* in der Enzyklika „Quadragesimo anno" Wahlfreiheit zwischen Einheits- und Richtungsgewerkschaften, vorausgesetzt, daß nichtkatholische Gewerkschaften „sich vorbehaltlos zu Recht und Gerechtigkeit bekennen und ihren katholischen Mitgliedern die volle Freiheit gewährleisten, sich in allem nach ihrem Gewissen zu richten und den Weisungen der Kirche zu folgen" (QA 35).

Sein Nachfolger *Pius XII.* griff 1945 einen weiteren Gedanken seines Vorgängers auf; er hielt es für unverzichtbar, daß Arbeitnehmer, die einer Einheitsgewerkschaft angehörten, auch einem christlichen Arbeiterverein beitreten sollten. Er wollte durch diese Doppelmitgliedschaft eine engere Beziehung zwischen Kirche und katholischer Arbeiterschaft erreichen.[215] Die aus dem christlich-sozialen Bereich stammenden Gewerkschafter legten deshalb von Anfang an großen Wert auf die religiöse Toleranz und parteipolitische Neutralität. *Matthias Föcher* (1886-1967), der spätere stellvertretende Vorsitzende des DGB[216], veröffentlichte auf der ersten Reichstagung der Sozialausschüsse der CDU/CSU Ende November 1947 die Thesen, die bereits im März 1933 vom „Führerkreis der Vereinigten Gewerkschaften", zu dem auch der Hauptvorstand des Gesamtverbandes der „Christlichen Gewerkschaften" gehörte, formuliert worden waren: „Die religiösen Grundkräfte sind in ihrer staats- und gesellschaftspolitischen Bedeutung zu achten und anzuerkennen (...). Die Gewerkschaften haben parteipolitisch völlig ungebunden zu sein."[217]

---

[213] Zit.n.: *Ludwig Altenhöfer,* Stegerwald. Ein Leben für den kleinen Mann, Bad Kissingen 1965, 120.
[214] *Grebing,* Geschichte der deutschen Arbeiterbewegung, 256.
[215] Vgl. *Utz-Groner,* 2914-2923; näherhin: *Jürgen Aretz,* Einheitsgewerkschaft und christlich-soziale Tradition, in: *Langner,* Katholizismus, Wirtschaftsordnung und Sozialpolitik, 205-228, Zitat 217f.
[216] Vgl. *Schroeder,* Katholizismus und Einheitsgewerkschaft, 363-372.
[217] *Wieck,* Die Entstehung der CDU, 211.

Etwa seit Anfang der 50er Jahre häuften sich die Differenzen zwischen der christlich-sozialen Minderheit und der sozialdemokratisch orientierten Mehrheit im Gewerkschaftsbund. Kernpunkt der Kritik war die politische Aktivität der Mehrheit, weil sie in der aktuellen Diskussion um die Wiederbewaffnung Deutschlands massiv gegen die Position der CDU Stellung bezog und damit gegen den Grundsatz der parteipolitischen Neutralität verstieß. *Hermann Josef Schmitt,* Präses der KAB, *Jakob Kaiser,* Vorsitzender der „Sozialausschüsse", *Karl Arnold* u.a. erklärten in einem Brief vom 16. September 1953 eine Woche nach der Bundestagswahl:

Die „Grundlage und Zielsetzung der Gewerkschaften, die schon in den letzten Jahren in wachsendem Maße gefährdet wurden, sind nunmehr durch die einseitige Stellungnahme und Propaganda des DGB während des Wahlkampfes vor dem 6. September vollkommen in Frage gestellt worden. Breiteste Schichten der Mitglieder des DGB sind in schwerste Gewissenskonflikte geraten."[218] Hinzu kam der Vorwurf, der DGB verletze die weltanschauliche Toleranz und betreibe eine verfehlte Wirtschafts- und Sozialpolitik. Die „ablehnende Haltung gegenüber Miteigentum und Gewinnbeteiligung als Zielen der christlichen Soziallehre, sowie die rein materialistische Geisteshaltung des DGB, die, wie uns die Befürwortung der ‚Gleitenden Arbeitswoche' zeigt, nicht einmal vor dem christlichen Gebot der Sonntagsheiligung halt macht"[219], seien untragbar. „Die Ideologie des *Klassenbewußtseins* und der *Klassenkampf* werden propagiert, die *christliche Idee der Sozialpartnerschaft,* die Grundlage einer echten Sozialreform, wird unterdrückt."[220]

Außerdem beklagte man die zu geringe personelle Beteiligung der christlich-sozialen Mitglieder in den Leitungsgremien des DGB und der Industriegewerkschaften – ein Zustand, der sich bis heute in gravierendem Ausmaß verfestigt hat. Man sah darin einen bewußten Akt der Zurücksetzung bzw. die unterlassene Berücksichtigung von Minderheiten. Einen weiteren Grund für die Tendenz, christliche Gewerkschaften wiederentstehen zu lassen, ergab sich aus der internationalen Situation. Hatte der „Internationale Bund Christlicher Gewerkschaften" (IBCG) früher eine seiner Hauptstützen in Deutschland, war nun der christliche Teil der Arbeiterschaft über den DGB an den „Internationalen Bund Freier Gewerkschaften" (IBFG) angeschlossen und fehlte nun dem christlichen Verbund. Immer offensichtlicher wurde der Riß innerhalb des DGB; auf einer Sondertagung der KAB in Recklinghausen erklärte im August 1953 deren Sprecher *Johannes Eben* (1903-1964)[221]:

„So wie diese Einheitsgewerkschaft sich entwickelte, so wie sie heute ist, hatte sie sich kein Christ gewünscht und kann sie von keinem Christ bejaht werden (...). Immer offensichtlicher wurden die Verstöße gegen religiöse Werte und Einrichtungen, immer offener auch der Bruch der parteipolitischen Neutralität."[222]

Obwohl es in dem fast ein Jahr dauernden Vorbereitungsprozeß unter Bischöfen, Priestern und christlichen Arbeitnehmern nicht zu einem einheitlichen Meinungs-

---

[218] Zit.n.: *Koch,* Der Christliche Gewerkschaftsbund, Düsseldorf 1978, 39-41, Zitat 40.
[219] *Lothar Roos,* Die Maske weg. Programm und Wirklichkeit des DGB, Essen o.J., 8.
[220] *Ders.,* Unser Standpunkt. Zur Gewerkschaftsfrage, Essen o.J., 14.
[221] Vgl. *Schroeder,* Katholizismus und Einheitsgewerkschaft, 382-389.
[222] Christliche Gewerkschaften 1962, Essen o.J., 74-77, 74.

bild kam, wurde am 30. Oktober 1955 in Essen „unter denkbar ungünstigen Voraussetzungen"[223] die „Christliche Gewerkschaftsbewegung Deutschlands" (CGD) gegründet. Wie *Kaiser, Arnold* u.a. lehnte auch die innerhalb des DGB ohne eigenständige organisatorische Rechte ins Leben gerufene[224], „christlich-soziale Kollegenschaft", die Neugründung ab und trat innerhalb des DGB seit 1953 dafür ein, „die Einheitsgewerkschaft auf der Linie zu halten oder, soweit erforderlich, auf die Linie zu bringen, die es überzeugten Christen und Anhängern des christlich-sozialen Gedankenguts erlaubt, in diesen Gewerkschaften zu stehen und verantwortlich mitzuarbeiten"[225].

Der bedeutendste Sprecher *für* die Einheitsgewerkschaft war *Oswald von Nell-Breuning*. In einem Aufsehen erregenden Artikel nahm er 1957 zur Gewerkschaftsfrage Stellung. Er bestritt zunächst den Vorwurf, die Einheitsgewerkschaft sei lediglich eine Zwangskonstruktion der Besatzungsmächte. Es treffe zwar zu, daß 1945 keine Richtungsgewerkschaften zugelassen worden seien, doch habe das durchaus den Absichten entsprochen, zu denen sich die Gewerkschafter aller Richtungen während der Nazidiktatur durchgerungen hätten. Dem 1949 verabschiedeten Münchener Programm des DGB legte er zwar einige Irrtümer zur Last, die zu korrigieren seien, aber „ein grundsätzlicher Widerspruch zur katholischen Soziallehre besteht nicht". Eine Ursache dafür, daß der christlich-soziale Teil in den Gewerkschaften unterrepräsentiert sei, sah *Nell-Breuning* darin, daß viele ehemalige christliche Gewerkschaftler sich seit 1945 politisch betätigten und damit der Gewerkschaftsarbeit fehlten. Auch habe der Klerus immer wieder kirchentreue Arbeitnehmer vom Beitritt zur Gewerkschaft und vom aktiven Engagement in ihr abgehalten. Für ihn stelle die gewerkschaftliche Einheit kein Dogma dar.

Da aber die Gewerkschaft „primär immer Angebotskartell der Arbeitskraft ist und bleibt, so muß ihr Streben naturgemäß dahin gehen, als Einheitsgewerkschaft das gesamte Angebot an Arbeitskraft zusammenzufassen. Eine Mehrzahl von Richtungsgewerkschaften bedeutet eine Schwächung der gewerkschaftlichen Schlagkraft, die man nur aus zwingenden oder doch entsprechend gewichtigen Gründen hinnehmen wird."[226]

Aufgabe der Christen im DGB sei es, die Gewerkschaft dahingehend zu unterstützen, parteipolitische Unabhängigkeit zu bewahren, ein Klima der Toleranz zu schaffen und ihren Kolleginnen und Kollegen ein Beispiel christlichen Lebens zu geben. Diese Aufgabe sei jedoch nicht mit einer „missionarischen" Sendung zu verwechseln:

„Einem Lande wie dem unsrigen, in dem Christen und Nichtchristen gleiches Bürgerrecht haben, dürften die Christen, selbst wenn sie es vermöchten, eine gesellschaftliche Ordnung nicht aufzwingen mit Berufung darauf, daß sie ‚christlich' sei. Was sie dürfen und sollen, ist dieses: ihre Mitbürger – gerade die nichtchristlichen – mit den tragenden Grundgedanken der christlichen Soziallehre bekannt und vertraut machen." Dasselbe gelte für die Einheitsgewerkschaft. „Diese weltanschaulich neutrale oder besser tolerante Gewerkschaft kann sich

---

[223] *Aretz*, Einheitsgewerkschaft und christlich-soziale Tradition, 225.

[224] Vgl. ausführlich: *Schroeder*, Katholizismus und Einheitsgewerkschaft, 318-334.

[225] *Nell-Breuning*, Zur Gewerkschaftsfrage heute, in: StZ Bd.160 (1957), 436-456, Zitat 448.

[226] Der Artikel wurde wieder abgedruckt in: *Ders.*, Wirtschaft und Gesellschaft. Bd. 3, 129-150; Zitat 141.

nicht programmatisch zu einer Gesellschaftsordnung bekennen, weil sie ‚christlich' ist; sie kann nur eine Gesellschaftsordnung zum Programm erheben, die und insoweit sie sowohl von Christen als auch von Nichtchristen bejaht werden kann."[227]

Die Reaktion der Bischöfe auf die Neugründung der „Christlichen Gewerkschaften" war zunächst zögerlich, aber doch insgesamt positiv. Wir achten „diese sachlich wohlbegründete Entscheidung und erwarten für sie Verständnis", teilte eine Erklärung vom 6. November 1955 mit, die vom DGB indes als neutrale Aussage interpretiert wurde. Eindeutiger bekannten sich die Bischöfe erst am 16. März 1957 zum CGD – namentlich Kardinal *Frings* und der Münsteraner Bischof *Keller*. Man benötige eine Gewerkschaft, „die sich positiv für die Verwirklichung der christlichen Soziallehre einsetzt"[228]. Die KAB, die bei der Gründung der „Christlichen Gewerkschaften" eine wichtige Rolle gespielt hatte, nahm in ihren „Essener Leitsätzen" vom Mai 1959 deutlich für sie Partei. Dieser Fürsprache ist jedoch seither eine neutralere Einstellung gewichen, die sowohl im Grundsatzprogramm von 1972 als auch im neuen Programm von 1996 zum Ausdruck kommt.

Die KAB „ruft ihre Mitglieder zur Mitarbeit in den Gewerkschaften auf. Sie sucht sie zur aktiven Mitgestaltung zu befähigen. Dabei überläßt sie es der freien Entscheidung ihrer Mitglieder, in welcher Gewerkschaft sie sich im Interesse der gesamten Arbeitnehmerschaft einsetzen wollen"[229].

Diesem Vorgehen schloß sich auch das „Kolpingwerk" an, das nicht „von oben herab" zwischen CGD und DGB eine Entscheidung treffen wollte, sondern jedem einzelnen Mitglied den Beitritt freistellte. Die „Christlich-Soziale Kollegenschaft" setzte sich bis 1960 leidenschaftlich für die Einheit des DGB ein. Am 8. Oktober dieses Jahres erklärte jedoch ihr Zentralausschuß nach heftigen Auseinandersetzungen mit Mehrheit die Einheitsgewerkschaft für gescheitert. Als Ursachen wurden neben ideellen auch politische Gründe genannt: die „grundsätzliche Unterdrückung freier Gruppenbildung" im DGB, „ungehemmte Sozialdemokratisierung" und eine „immer sichtbarer werdende sozialistische Kulturpolitisierung der Einheitsgewerkschaften"[230].

Durch die Gewerkschaftsentwicklung in der Bundesrepublik bestätigt sah sich ein Teil der christlich-sozialen Gewerkschafter um *Adolf Müller*, dem stellvertretenden Bezirksvorsitzenden von Nordrhein-Westfalen, der im DGB blieb und seinen Einfluß geltend zu machen suchte.[231] Denn seit den 60er Jahren wurde immer deutlicher, daß die „Christlichen Gewerkschaften" „in der Sozialordnung

---

[227] *Nell-Breuning,* Die Christen im DGB, in: Gesellschaftspolitische Kommentare 11 (15.09.1957), wieder in: Wirtschaft und Gesellschaft. Bd. 3, 168-186, Zitat 184.
[228] Zit.n.: Christliche Gewerkschaften 1962, 84, 89.
[229] Grundsatzprogramm des Bundesverbandes der KAB (1972), Nr. 168; vgl. auch: Grundsatzprogramm der KAB Deutschlands (1996), Nr. 36.
[230] Zit.n.: Christliche Gewerkschaften 1962, 92; vgl. *Schroeder,* Katholizismus und Einheitsgewerkschaft, 261-265; ferner: *Joachim Wiemeyer,* Probleme und Perspektiven des Deutschen Gewerkschaftsbundes, in: JCSW Jg.31 (1990), 91-114, 92-96 u. 105-109.
[231] Vgl. zu den christlich-sozialen Funktionären im DGB: *Schroeder,* Katholizismus und Einheitsgewerkschaft, 269-284.

der BRD keine große Rolle spielen"²³². 1994 verfügten sie in Gesamtdeutschland über ca. 306.000 Mitglieder, der DGB jedoch über fast 10 Millionen, wenngleich auch hier der Trend rückläufig ist. Zu dieser Entwicklung trugen nicht zuletzt auch die lehramtlichen Äußerungen der Päpste bei, die der Arbeit der Einheitsgewerkschaften keinen Widerstand entgegenbrachten – vorausgesetzt, daß sie „sich vom natürlichen Sittengesetz leiten lassen und die religiös-sittliche Freiheit ihrer Mitglieder achten"²³³. Einen erweiterten Kompetenzbereich wies *Johannes Paul II.* 1991 den Gewerkschaften als sozialpolitische Ordnungsinstitutionen zu.

„Hier tut sich ein großes und fruchtbares Feld des Einsatzes und des Kampfes im Namen der Gerechtigkeit für die Gewerkschaften und für die anderen Organisationen der Arbeit auf, die ihre Rechte verteidigen und ihre Subjektivität schützen. Sie haben aber gleichzeitig eine wesentliche Aufgabe kultureller Art, indem sie dazu beizutragen, daß die Arbeiter vollwertig und in Würde am Leben der Nation teilnehmen und zu ihrem Fortschritt mitwirken"²³⁴.

Fazit

In den kommenden Jahren wird die Frage entschieden werden, inwiefern die in Deutschland etablierte *wirtschaftliche Mitbestimmung* und die einheitliche *Gewerkschaftsbewegung* in ihrer bisherigen Wirkkraft erhalten bleiben können. „Das Schicksal der Mitbestimmung (deutscher Art) scheint besiegelt, folgt man den Voraussagen der Experten: In der Europäischen Union wird sie noch gerade als Auslaufmodell gehandelt werden; die Montanmitbestimmung stirbt angeblich ohnehin mangels Masse ab."²³⁵ Angesichts solcher pessimistischer Ahnungen werden sich die deutschen Vorstellungen von einer *paritätischen* Mitbestimmung und den gewerkschaftlichen Einflußmöglichkeiten nicht leicht in die europäische Konsensbildung integrieren lassen. Gemeinsame Verantwortung im wirtschaftlichen Prozeß wird jedoch als sozialethisch begründbares Gestaltungskriterium einer zivilen und damit partizipativen Gesellschaft epochale Aufgabe einer wie immer gearteten europäisch-integrativen Gemeinschaft bleiben. Letzter Sinn und ethische Begründung jeder Form von wirtschaftlicher Partizipation der Arbeitnehmer, wie sie im sozialen Katholizismus verstanden wird, kann nur sein, ihnen in der Arbeitswelt und konkret in den Betrieben und Unternehmen institutionelle Möglichkeiten zur Entfaltung ihrer Mitwirkung und Mitsprache zu gewähren.

---

[232] *Reinhard Richardi,* Gewerkschaften, in: LThK³ IV, 617-619, 619; vgl. *Prinz,* Kirche und Arbeiterschaft, 268-271.
[233] *Johannes XXIII.,* Enzyklika „Mater et magistra" (1961), Nr. 102. Vgl. auch: *Pius XII.,* Brief an Kardinal Faulhaber (1945); *Paul VI.,* Ansprache bei der 75-Jahr-Feier von „Rerum novarum" (1966), Nr. 5f.; *Johannes Paul II,* Enzyklika „Laborem exercens" (1981), Nr. 20,1-7.
[234] *Johannes Paul II.,* Enzyklika „Centesimus annus" (1991), Nr. 35.
[235] *Grebing,* Von der Mitbestimmung zur ‚Repräsentation der Arbeit', in: *Giegel/Langhorst/Remele,* Glaube in Politik und Zeitgeschichte, 169-177, Zitat 169.

II. Beiträge zur Lösung gesellschaftspolitischer Strukturprobleme

1. Entwicklungshilfe und Entwicklungszusammenarbeit

Nachdem sich in den unmittelbaren Nachkriegsjahren sowohl die politischen Verhältnisse als auch der wirtschaftliche Wiederaufbau allmählich zu stabilisieren begonnen hatten, wurden die *weltweites* Ausmaß erreichenden entwicklungspolitischen Strukturprobleme dem sozialen Katholizismus ein zunehmendes Anliegen. Das Verhältnis der hochindustrialisierten Staaten der nördlichen Hemisphäre zu den erst am Anfang ihrer ökonomischen Entwicklung stehenden Ländern der sog. *Dritten Welt* im Süden der Erdkugel erwies sich als immer dringlicher werdende Aufgabe. Während man diese Entwicklungsunterschiede in der Vergangenheit seit der Kolonisation als gegeben und unabänderlich ansah, empfand man auch und gerade im Raum der katholischen Kirche das „Nord-Süd-Gefälle" zunehmend als unerträglich.

Das Bewußtwerden der Entwicklungsproblematik führte seit Mitte der fünfziger Jahre im deutschen Katholizismus zu einer Reihe von Versuchen, konkrete Hilfe zu leisten.[236] Etwa der deutsche Zweig der internationalen Friedensbewegung „Pax-Christi", die katholische Arbeiterbewegung des Erzbistums Paderborn, die Zeitungen „Der christliche Sonntag" und „Mann in der Zeit" veranstalteten Sammlungen und riefen zu Spenden auf.[237] 1958 bat der „Bund der Deutschen Katholischen Jugend" seine Mitglieder um ein „Fastenopfer für die Hungernden in der Welt", das 278.000 DM erbrachte.

a) Umfassende Hilfe für die „Dritte Welt": Kirchliche Hilfswerke

Auf der Arbeitstagung des „Zentralkomitees der Deutschen Katholiken" 1958 in Saarbrücken wurde angeregt, die Bischöfe sollten zur kommenden Fastenzeit alle katholischen Christen zu einem entsprechenden finanziellen Opfer aufrufen. Die Fuldaer Bischofsversammlung im August griff den Gedanken auf, und es kam zu einem Beschluß, der in Zielsetzung, Ausmaß und Methode der Hilfeleistung weit über die Vorschläge des „Zentralkomitees" hinausging. Er sah vor, „in der Fastenzeit 1959 eine von den Bischöfen getragene Aktion gegen Hunger und Aussatz in der Welt unter dem Motto Misereor super Turbam (abgekürzt: Misereor) durchzuführen" und „vor der Fastenzeit alle Gläubigen aufzurufen, nicht nur vom Überfluß mitzuteilen, sondern auch sich selbst Abbruch aufzuerlegen, um der Not

---

[236] Vgl. auch ausführlich *Ludwig Watzal,* Die Entwicklungspolitik der katholischen Kirche in der Bundesrepublik Deutschland, München 1985, 161-349; *Horst Sing,* Hilfe für die Armen in der Dritten Welt? Der Beitrag der katholischen Kirche in der Bundesrepublik Deutschland zur Bewältigung der „Internationalen Sozialen Frage", Eichstätt 1990, 113-240.
[237] Vgl. *Karl Osner,* Kirchen und Entwicklungshilfe. Ziele, Leistungen und Arbeitsweise kirchlicher Organisationen in Deutschland, Bonn o.J. (1968), 14f.

in der Welt, die eine Not Christi ist, nach Kräften abzuhelfen"[238]. Die Fastenaktion war von Anfang an als Dauereinrichtung geplant; so entstand im August 1958 mit dem „Bischöflichen Werk gegen Hunger und Krankheit in der Welt" – kurz einprägsam „Misereor" genannt – die „Fachstelle" der katholischen Kirche für Entwicklungsarbeit mit Sitz in Aachen.

Der Kölner Kardinal *Joseph Frings* begründete vor den Bischöfen in Fulda das Vorhaben mit dem Hinweis auf „das ungeheure Elend der meisten Völker". Man habe zwar schon irgendwie davon gewußt, aber „was wir bisher über unserer eigenen Not vergessen haben, tritt jetzt in die Mitte unseres Bewußtseins: In den meisten Ländern dieser Erde herrscht Hunger. Die Massen dort leben nicht nur nach einem anderen Lebensstandard als wir (...), sondern sie leben in einem Zustande, den wir nicht anders als Elend bezeichnen können". Als theologisch-religiöses Hauptmotiv wies er auf die „Leibsorge" *Jesu* hin, der die Menschen lehrte, zugleich aber Hungernde speiste und Kranke heilte. „Nicht nur Heilssorge, sondern auch Leibsorge hat unsern Herrn bewegt." Von vornherein stellte *Frings* klar, daß es deshalb bei dem zu gründenden Werk „nicht um ein Mittel der Mission" gehe und auch nicht darum, „Gefahren auf politischem und religiösem Gebiete zu begegnen (...), sondern schlicht um die Betätigung der christlichen Barmherzigkeit"[239]. Darum solle allen bedürftigen Menschen unabhängig von der Glaubenszugehörigkeit geholfen werden.

Der Kölner Erzbischof betrachtete die Entwicklungsproblematik noch unter einem vorrangig *karitativen* Gesichtspunkt. „Es ging zunächst um die Bereitstellung von Medikamenten und Lebensmitteln" sowie „um die Unterhaltung und Neueinrichtung von Einrichtungen der Nächstenliebe (Leprastationen, Krankenhäuser, Armenapotheken, Volksküchen usw.); um die Heranbildung, Aussendung und Versorgung von Helfern der verschiedenen Art. Weitere Nahziele werden sich im Laufe der Tätigkeit wie von selbst ergeben". Als kirchliches Werk sollte „Misereor" keine Änderung gesellschaftlicher Strukturen anstreben und „nicht die Dinge der weltlichen Ordnung tun, wie z. B. gerechte Bodenverteilung, Schaffung von Arbeitsplätzen durch Industrialisierung. Es wird vielmehr zu den Werken der Barmherzigkeit rufen". Wenn *Frings* freilich im gleichen Zusammenhang feststellte, daß eine vernünftige Steuerpolitik mehr leisten könne „als alle Caritas" und daß die Rentenreform von 1957 in der Bundesrepublik mehr Menschen wirtschaftlich geholfen habe „als alle Elisabethen- und Vinzenzvereine zusammengenommen", dann wies er damit bereits auf die grundsätzliche Notwendigkeit einer *strukturellen* Hilfe voraus. Im Blick auf die Spender erwartete der Kardinal von „Misereor", das Hilfswerk möge ihnen „die Not des Herrn in seinen Brüdern vor die Seele stellen" und sie zu „einem freiwilligen Verzicht auf Güter dieser Welt um der Not Christi willen" bewegen. So könne ein religiös motivierter Konsumverzicht zur Überwindung von Hunger und sozialem Elend beitragen. Darüber hinaus solle durch „Misereor" der gesamten Öffentlichkeit

„das objektive Unrecht vor Augen gestellt werden, das, wenn es schon nicht darin liegt, daß die Güter dieser Welt so ungleichmäßig verteilt sind, auf alle Fälle darin liegen würde, wenn

---

[238] *Ulrich Koch,* Misereor: Geschichte, Struktur und Organisation, in: Misereor – Zeichen der Hoffnung. Beiträge zur kirchlichen Entwicklungsarbeit, hrsg. von der Bischöfl. Kommission für Misereor, München 1976, 129-162, 129.

[239] *Joseph Kardinal Frings,* Abenteuer im Heiligen Geist. Rede vor der Vollversammlung der deutschen Bischöfe in Fulda (15.-21.08.1958), in: Ebenda, 13-34, Zitate 14, 20.

es bei dieser ungleichmäßigen Verteilung bliebe". Den Mächtigen der Erde, den Reichen und Regierenden werde „Misereor" „vom Evangelium her ins Gewissen reden"[240], diese Verhältnisse in Ordnung zu bringen.

Anregungen für diese Position konnte der deutsche Katholizismus der Sozialverkündigung Papst *Pius XII.* (1876-1958) entnehmen, der für die Kirche die Grundbedingungen für eine Entwicklungshilfe der reichen an die armen Länder formulierte und bereits konkrete Wege der Entwicklungsförderung aufzeigte.[241] Dabei stehe der einzelne Mensch im Zentrum jedes Entwicklungsprozesses, auch des wirtschaftlichen Aufholprozesses. *Pius XII.* erinnerte die reichen Völker nicht nur an ihre ethische Verpflichtung zur Entwicklungshilfe, sondern appellierte darüber hinaus an ihr *Selbstinteresse* und damit an den gesunden Menschenverstand.[242] Dieser wichtige Aspekt findet bei *Pius* erstmals Erwähnung und wird von den folgenden Lehrverlautbarungen immer wieder aufgegriffen. – *Johannes XXIII.* (1881-1963) machte in seinen Sozialenzykliken „Mater et magistra" und „Pacem in terris" (1961 und 1963) das Entwicklungsthema zu einem Hauptgegenstand kirchlicher Sozialverkündigung. Zukunftsweisend war, daß er die katholische Soziallehre durch die umfassende Integration der Entwicklungsländer internationalisierte. – Mit deutlichem Bezug auf das II. Vatikanische Konzil (1962-65) entfaltete *Paul VI.* (1897-1978) ein ganzheitliches Entwicklungskonzept in seinem Rundschreiben „Populorum progressio" (1967), das für die Folgezeit zur ‚Magna Charta' auch der deutschen kirchlichen Entwicklungsarbeit werden sollte. Neben die überkommene ökonomische Komponente von Entwicklung ordnete *Paul VI.* ebenso wichtige humanitär-ethische, kulturelle, soziale und religiöse Entwicklungselemente und besonders die Erhaltung des *Friedens* (vgl. PP 81-87). Dem Rundschreiben gelang der Durchbruch zu einer „umfassenden kulturellen Entwicklungspolitik"[243]. Es ist das bleibende Verdienst *Pauls VI.*, Entwicklung zum Zentralbegriff der katholischen Soziallehre erklärt zu haben. Er stellt einen „Integralen Humanismus" vor, der in umfassendem Verständnis innerweltliche *und* transzendente Elemente einschließt (vgl. PP 14.19.42.72).[244] Sein Humanismus ist nicht nur ein *personaler;* ohne Anbindung der menschlichen Perspektiven an ein überirdisches Ziel gerät die Entwicklung in die Gefahr, den Menschen nur immanent zu begreifen. Deshalb sucht der *transzendentale* Humanismus *Pauls VI.* die Vollendung in Christus. Teil dieses integralen Entwicklungskonzepts ist ein *dynamische Friedensmodell:* Die Formel „Entwicklung als neuer Name für Frieden" hat einen bleibenden Eindruck in der Weltöffentlichkeit hinterlassen und weist denjenigen, die helfen wollen, eine greifbare Aufgabe zu:

---

[240] *Frings*, Abenteuer im Heiligen Geist, 21-23.
[241] Vgl. zur Entfaltung der kirchlichen Sozialverkündigung zur Entwicklungsproblematik von *Pius XI.* bis heute: *Peter Langhorst*, Kirche und Entwicklungsproblematik. Von der Hilfe zur Zusammenarbeit, Paderborn 1996, 79-342; zu *Pius XII.*: 88-100.
[242] Vgl. *Pius XII.*, Ansprache zum 10. Gründungstag der FAO (10.10.1955), in: *Utz-Groner*, 6205-6214, Zitat 6212.
[243] *Nell-Breuning*, Exkurs über „Populorum Progressio", in: LThK. Erg. III, hrsg. von *Heinrich S. Brechter* u.a., Freiburg 1968, 578-579, Zitat 578.
[244] Vgl. *Langhorst*, Zu einer Theologie menschlicher Entwicklung, in: Theologie der Gegenwart Jg.40 (1997), 262-270, Zitat 266-269.

„Wir rufen alle Menschen guten Willens auf, sich mit euch brüderlich zu verbinden. Denn wenn heute niemand mehr bezweifeln kann, daß Entwicklung gleichbedeutend ist mit Frieden, wer wollte dann nicht mit ganzer Kraft an dieser Entwicklung mitarbeiten? Gewiß niemand. Darum laden Wir alle ein, auf Unsern Ruf der Sorge eine hochherzige und mutvolle Antwort zu geben" (PP 87).

Die Durchführung der Fastenaktionen und die konkrete Entwicklungsarbeit sind Aufgaben des „Bischöflichen Werkes gegen Hunger und Krankheit in der Welt". Seine Leitung hat eine Kommission der Deutschen Bischofskonferenz inne.

Ausgehend von den 1958 durch Kardinal *Frings* vorgetragenen Überlegungen wurde in der Folgezeit die Misereor-Konzeption entwickelt. Sie hat zwei unterschiedliche Zielsetzungen: einmal „zur Gestaltung menschenwürdiger Verhältnisse in den Entwicklungsländern beizutragen", zum anderen „die Menschen in der Bundesrepublik zur Umkehr, zur Änderung ihres Lebensstils zu bewegen"[245]. Neben der Überwindung von Hunger und sozialem Elend steht damit als Aufgabe die religiös-ethische „Erneuerung" der Spender. Darin sieht „Misereor" den Unterschied zu weltlichen Organisationen der Entwicklungshilfe. Fasten verlange vor allem „das Aufsprengen der Fixiertheit auf eigene Probleme" und meine, aus der Perspektive der Armen deren Bedürfnisse zu erkennen und damit „offen zu werden für die Not anderer"[246].

Wenn diese religiöse Aufgabenstellung mit dem Ziel einer *Änderung des eigenen Lebensstiles* bisher noch nicht in gleichem Maße in das allgemeine Bewußtsein gedrungen war wie der Beitrag zur Entwicklungsarbeit, so wurde sie doch gerade seit den späten 70er Jahren – wohl nicht zufällig in Parallele zur allgemeinen Wachstumskrise – verstärkt betont[247] und stieß vor allem in der jungen Generation auf Resonanz. Die spezifisch theologische Begründung kirchlicher Entwicklungsarbeit liege darin, daß christliche Existenz in der Einheit von Gottes- und Nächstenliebe bestehe. Sowohl dem einzelnen Christen wie der kirchlichen Gemeinschaft sei die Nächstenliebe – als sichtbare Gestalt und „Vollzugsbereich der Gottesliebe" – aufgetragen; und zwar eine Liebe, die zum Menschen „in der ‚Welt' hingeht und sich nicht als ein Mittel zu einem anderen, sei es noch so sublimen, Zweck versteht", eine Liebe, „die den Willen zur Gerechtigkeit in sich trägt und heute mindestens auch gesellschaftspolitische Aufgaben hat"[248]. Darin sah „Misereor" zugleich den inneren Grund, sich bewußt als „kein Mittel der Missionierung" zu verstehen. Daß diese beschränkte Zielsetzung „von der Missionskirche insgesamt so rasch und so weitgehend" akzeptiert wurde, hat darüber hinaus entscheidend dazu beigetragen, daß die kirchliche Entwicklungsarbeit auch in Ländern mit christlichen Minderheiten „beachtliche und beachtete Beiträge zu

---

[245] *Koch,* Misereor, 135.
[246] *Klaus Hemmerle,* Hoffnung für uns – Misereor als Chance einer religiösen Erneuerung der katholischen Kirche Deutschlands, in: Misereor – Zeichen der Hoffnung, 57-70, Zitate 64, 58.
[247] Diesem Trend entsprechen die Leitworte der Fastenaktionen: 1977 Anders leben, damit andere überleben, 1978 Antwort geben: Anders leben, 1979 Anders leben – teilen lernen, 1980 Anders leben: den Menschen suchen, 1981 Anders leben – gemeinsam handeln.
[248] *Karl Rahner,* Misereor – Zeichen der Hoffnung. Theologische Begründung der kirchlichen Entwicklungsarbeit, in: Misereor – Zeichen der Hoffnung, 71-79, Zitate 74, 76.

leisten vermag"[249]. – Für die Hauptaufgabe, in der Dritten Welt menschenwürdige Lebensverhältnisse zu schaffen, entwickelte „Misereor" zwei leitende Grundsätze:

„1. Die Hilfe soll allen Menschen offenstehen, die die für das Leben notwendigen Grundbedürfnisse nicht befriedigen können"; 2. Die Maßnahmen „sollen möglichst dauerhaft sein" und „die Ursachen der Not beseitigen. Das schließt auch die Veränderungen von gesellschaftlichen Strukturen ein, sofern diese die Ursache für das Elend der Menschen sind"[250]. Es gelte, nicht Symptome, sondern Ursachen zu bekämpfen, nicht „kurativ", sondern „konstruktiv" zu helfen.

Mit der konsequenten Anwendung dieses Grundsatzes der Ursachenbeseitigung überwand „Misereor" die mehr karitative Ausrichtung der Gründungsphase und legte das Schwergewicht auf „strukturelle Wirksamkeit". Ziel sei, „auf der Grundlage eines integralen, sozialen und ökonomischen Entwicklungskonzepts (...) die Lebensverhältnisse möglichst breiter marginaler Schichten"[251] zu verbessern. Dieser Wandel von der mehr *karitativen* Entwicklungshilfe zur *strukturellen* Entwicklungszusammenarbeit kam in den Leitmotiven der jährlichen Fastenaktionen zum Ausdruck. Die ersten Misereor-Plakate zeigten hungernde Kinder, die an das Mitleid der Spender appellieren sollten, und baten: „Gebt ihnen zu essen"; Ende der 60er Jahre lautete das Motto „Starthilfe für eine heile Welt"; Anfang der 70er Jahre forderte man „Mehr Gerechtigkeit in der Welt", während gegen Ende des Jahrzehnts zum „Anders leben" aufgerufen wurde. Seit den 80er Jahren bestimmt die Leitworte vor allem der Aspekt der globalen Solidarität zum einen als Faktum gegenseitiger Abhängigkeit, zum anderen als Sollensprinzip einer sittlichen Haltung, wie es das Motto 1989 „Solidarisch in der einen Welt" belegt.

„Misereor" griff hier auf die kirchliche Sozialverkündigung *Johannes Pauls II.* zurück, der seit seiner Entwicklungsenzyklika „Sollicitudo rei socialis" von 1987 das Solidaritätsprinzip „zum Leitmotiv für die Wendephase zum dritten Jahrtausend"[252] bestimmt hat. Der Entwicklungsmisere sei nur mehr durch globale Solidaritätsarbeit zu begegnen.

Solidarität „ist nicht ein Gefühl vagen Mitleids oder oberflächlicher Rührung wegen der Leiden so vieler Menschen nah oder fern. Im Gegenteil, sie ist *die feste und beständige Entschlossenheit,* sich für das ‚Gemeinwohl' einzusetzen" (SRS 38). Diese Auffassung erlaubt nicht mehr nur die Sichtweise, die weltweit die Solidarität der Reichen mit den Armen betont, den eigenständigen Solidaritätsbeitrag der Armen jedoch übersieht. Solidarität ist nicht mehr eindimensional, sie ist korrelativ und kennt über das Verständnis einer „Solidarität mit" besonders auch das der „Solidarität untereinander": Solidarische Haltung wahrnehmen meint die weltweite Verbundenheit *untereinander* mit *gegenseitiger* Verpflichtung und setzt die Tatsache voraus, daß jeder Mensch als verantwortliche Person ernst genommen wird.[253]

---

[249] *Karl Osner,* Strategische Grundideen Misereor's – Versuch einer Standortbestimmung, in: Miserior – Zeichen der Hoffnung, 163-189, Zitat 173f.
[250] *Koch,* Misereor, 137.
[251] *Osner,* Strategische Grundideen Misereors, 176f.
[252] *Langhorst,* Kirche und Entwicklungsproblematik, 274.
[253] Vgl. auch: *Peter Rottländer,* Zur Theologie kirchlicher Solidaritätsarbeit, in: Die alten Antworten passen nicht mehr. Theologische und sozialethische Beiträge zur kirchlichen Solidaritätsarbeit (Misereor – Berichte und Meinungen 4), Aachen 1991, 11-49.

Was Strategie und Methoden der Entwicklungsarbeit von „Misereor" betrifft, so liegt das Schwergewicht auf der „Hilfe zur Selbsthilfe". Der Projektträger bzw. die beteiligte Bevölkerung soll eigene Beiträge erbringen. Deshalb wird Hilfe – wo immer möglich – in Form von Darlehen gewährt. Auch führt „Misereor" Entwicklungsmaßnahmen nicht in eigener Regie durch, sondern regt alle freien gesellschaftlichen Kräfte (Kirchen, Genossenschaften, Gewerkschaften, Verbände, wissenschaftliche Institutionen usw.) an, Lösungen zu erarbeiten. Damit verbunden ist das „Prinzip der Förderung vorhandener Ansätze und Träger vor Ort"[254]. Das Bemühen, an Vorhandenes anzuknüpfen, berücksichtige die Erfahrungen und Methoden des jeweiligen Landes, etwa genossenschaftliche Formen der Selbsthilfe, und ermögliche den Verhältnissen angepaßte Lösungen. Dazu kommt das Prinzip der *Partnerschaft*. Selbstverständliche Voraussetzung sei, daß der Partner in der Dritten Welt die Kooperation mit „Misereor" auch will. Sie wird um so fruchtbarer, je sach- und fachgerechter der Partner seine Beiträge zu leisten vermag. Deshalb bemüht sich „Misereor" neuerdings verstärkt darum, „der Kirche in der Dritten Welt zu einem eigenen Instrumentarium und zu einer sozialen Infrastruktur zu verhelfen, die sie für einen wirkungsvollen Beitrag benötigt". Besondere Bedeutung kommt dem „Prinzip der ‚kleinen' Schritte und der ‚integralen' Entwicklungsarbeit" zu, die „alle Aspekte, die individuellen und sozialen, die wirtschaftlichen, kulturellen und politischen"[255], einzubeziehen sucht, um so zu ganzheitlichen Problemlösungen vor allem auf der Mikro-Ebene zu gelangen.

1961 kam zu „Misereor" die Bischöfliche Hilfsaktion „Adveniat" für Lateinamerika, zu der die deutschen Katholiken seitdem jedes Jahr im Advent bzw. zu Weihnachten aufgerufen werden. „Adveniat" hatte von Anfang an eine etwas andere Zielsetzung, es übernahm vorwiegend die Aufgabe *pastoraler* Hilfestellung. Diese Unterstützung sollte eine Antwort der deutschen Kirche auf die akute Notlage der lateinamerikanischen Partnerkirchen sein: also *Hilfe zur Selbsthilfe*. Zunächst wurden die Mittel vorwiegend für dringende Notfälle, für den Bau von Priesterseminaren und für die Ausbildung von Theologiestudenten verwendet. Später verlagerte die Aktion „Adveniat" das Gewicht mehr auf eine langfristige Strukturhilfe. „Sachgerecht müßte ihr Untertitel statt Hilfe der deutschen Katholiken für die Kirche in Lateinamerika" deshalb „Hilfe der deutschen Katholiken für Lateinamerika über die Kirche"[256] heißen. In den Mittelpunkt rückten die Katechese, die Ausbildung der Laien, die Präsenz der Kirche in pastoralen Notstandsgebieten; Entwicklungsaufgaben vor allem im primären und tertiären Wirtschafts-

---

[254] *Osner*, Strategische Grundideen Misereors, 175; vgl. *Norbert Herkenrath,* Hilfe zur Selbsthilfe. Möglichkeiten und Grenzen einer kirchlichen Entwicklungskonzeption, in: *Günter Baadte/Anton Rauscher* (Hrsg.), Dritte Welt und Entwicklung, Graz 1992, 65-83.
[255] *Osner*, Strategische Grundideen Misereors, 180-183; vgl. *Heinzbernd Krauskopf,* Grundprinzipien der Arbeit Misereors. Aus den Erfahrungen des kirchlichen Hilfswerks, in: *Hans Thimme/Wilhelm Wöste* (Hrsg.), Im Dienst für Entwicklung und Frieden. In memoriam Bischof Heinrich Tenhumberg, Mainz 1982, 132-137; *Norbert Mette,* Zur Konzeption einer theologischen und sozialethischen Theorie kirchlicher Entwicklungsarbeit, in: Die alten Antworten passen nicht mehr, 116-120.
[256] Schwerpunktprogramm der Adveniathilfe, in: HerKorr Jg.21 (1967), 555-558, Zitat 556; vgl. Adveniat (Hrsg.), Bischöfliche Aktion Adveniat, Essen ³1986; dass. (Hrsg.), 20 Jahre Bischöfliche Aktion Adveniat, Mönchengladbach 1982.

sektor traten hinzu. Insgesamt vollzog sich eine „Verlagerung vom Bau- zum Bildungsapostolat"[257].

Da es stets um den ganzen Menschen geht, läßt sich die Aufgabe der Glaubensverkündung freilich nicht von dem Bemühen um eine gesellschaftliche Ordnung trennen, die jedem menschenwürdige Lebensbedingungen ermöglichen soll. Dadurch daß „Adveniat" auch und besonders den pastoralen Auftrag wahrnimmt und sich vor allem auf das „innere Wachstum" konzentriert, deckt sich sein Wirken nicht mit einem engen Begriff von Mission, sondern ist Entwicklungshilfe im Vollsinn des Wortes.

Unter ähnlicher Zielsetzung wie „Adveniat" arbeitet seit 1972 die aus dem Päpstlichen Werk der Glaubensverbreitung hervorgegangene Institution „Missio – Internationales Katholisches Missionswerk" in Aachen und München; es leistet seither vorwiegend Pastoralhilfe in Asien und Afrika. Über Bewußtseins- und Bildungsarbeit verfolgt es neben vorwiegend gewerblichen und landwirtschaftlichen Entwicklungsmaßnahmen die Zielsetzung, „Gemeinschaft und Gemeinsamkeit in der Weltkirche" zu fördern, ein „sinnvolles, menschenwürdiges Leben aus dem Glauben ohne Zerstörung der Werte der eigenen Tradition" zu bewirken und selbst „Zentrum des partnerschaftlichen Austausches zwischen den Kirchen beim gemeinsamen Einsatz der Entwicklung der Welt auf Christus hin"[258] zu sein.

Die vom II. Vatikanischen Konzil, an dem Bischöfe und Theologen aus der DDR teilgenommen hatten, ausgehenden Impulse zur Öffnung der Kirche in die Welt hinein erreichte auch die Katholiken in Ostdeutschland. Die durch den Bau der „Berliner Mauer" und die Grenzabsperrungen seit 1961 empfundene kirchliche, theologische und menschliche Isolation wurde aufgebrochen, indem man Kontakte über diejenigen zur katholischen Kirche in der Bundesrepublik hinaus besonders zu den östlichen Nachbarkirchen knüpfte. Ein besonderer Ausdruck dieses neuen Bewußtseins aber war 1968 die Einrichtung des Hilfswerks „Not in der Welt", zu der die Entwicklungsenzyklika „Populorum progressio" *Pauls VI.* von 1967 den Ausschlag gab.

„Tagtäglich hören und lesen wir von Krieg, Hunger und Seuche, die die Ursachen grenzenlosen Elends sind. Tausende von Menschen sterben täglich an Hunger, andere vegetieren menschenunwürdig dahin, andere werden von Granaten zerfetzt. Die Sorge um diese Menschen drängt uns, an euch die Bitte zu richten; Bringt Opfer für die notleidenden Menschen, die unsere Brüder sind (...). [Die Aufgabe, d.Verf.] besteht darin, daß wir das Zeugnis der Liebe ablegen und durch unser Opfer in der Kollekte 'Not in der Welt' unsere Brüderlichkeit beweisen."[259]

1991 kam es zur Vereinigung mit dem entsprechenden Hilfswerk der bundesdeutschen Kirche „Misereor".

---

[257] *Emil Stehle,* Adveniat-Hilfswerk für Lateinamerika, in: HerKorr Jg.32 (1978), 607-612, Zitat 611.
[258] Missio (Hrsg.), Missio gibt Rechenschaft, Stolberg 1981, 24f., 28.
[259] Aufruf der Berliner Bischofskonferenz zur ersten Kollekte „Not in der Welt" am 17.03.1968, in: *Lange,* Katholische Kirche – Sozialistischer Staat DDR. Dokumente und öffentliche Äußerungen, 427.

b) Für Frieden und Gerechtigkeit: Deutsche Kommission „Justitia et Pax"

Im September 1968 war es auf die Initiative *Pauls VI.* hin zur Gründung einer deutschen Kommission „Justitia et Pax" insofern gekommen, daß die Deutsche Bischofskonferenz die 1959 gegründete und eng mit „Misereor"verbundene „Arbeitsgemeinschaft für Entwicklungshilfe" (AGEH) bat, ebenfalls als Kommission für Gerechtigkeit und Frieden zu fungieren.[260] Zu seinen wichtigsten Aufgaben gehörte es:

- „die Deutsche Bischofskonferenz in Fragen des kirchlichen Beitrages zur Entwicklung und zum Frieden sowie der internationalen und nationalen Entwicklungs- und Friedenspolitik zu beraten;
- die Zusammenarbeit zwischen den Trägern des Arbeitskreises durch gegenseitige Information und Abstimmung in allen Fragen von allgemeiner und grundsätzlicher Art zu koordinieren; die Zusammenarbeit mit anderen katholischen Gruppen und Stellen, die auf dem Gebiet der Mission, Entwicklung und Frieden tätig sind, zu fördern, zu unterstützen und anzuregen; die Zusammenarbeit mit der evangelischen Kirche, staatlichen Stellen und gesellschaftlichen Gruppen zu intensivieren; (...)
- Vorschläge für die globale Aufteilung der kirchlichen Haushaltsmittel für Entwicklungsförderung sowie zu einzelnen Förderungsmaßnahmen abzugeben;
- zur Förderung der Forschung auf dem Gebiet von Entwicklung und Frieden beizutragen;
- die Bewußtseinsbildung durch Bildungs- und Öffentlichkeitsarbeit zu fördern"[261].

Eines der wichtigsten und aufsehenerregendsten Projekte war dasjenige zur entwicklungsbezogenen Meinungs- und Willensbildung in den 70er Jahren, das sog. Dialogprogramm „Entwicklung als internationale soziale Frage", an dem sich auch der „Deutsche Evangelische Kirchentag" beteiligte. Deshalb war der ökumenische Projektträger die „Gemeinsame Konferenz Kirche und Entwicklung" (GKKE). Es ging darum, einen gemeinsamen Lern- und Bewußtseinsbildungsprozeß in Gang zu bringen, Verständnis für die Probleme der Entwicklungsländer zu wecken und erkennbar werden zu lassen, welcher Spielraum für konkrete entwicklungspolitische Maßnahmen bestehe. Nachdem es 1979 und 1986 zu Evaluierungen der Ergebnisse und zur Unterbreitung von Vorschlägen für die Neukonzipierung des Programmes gekommen war[262], fand im März 1996 unter dem Titel „Nord-Süd-Politik zwischen Eigeninteresse und internationaler Solidarität" mit

---

[260] Wegen der zusätzlichen Aufgaben erhielt die Institution nun die Bezeichnung „Katholischer Arbeitskreis Entwicklung und Frieden" (KAEF). Mitglieder des Kreises waren „Misereor", „Adveniat", „Missio", der „Deutsche Caritasverband", das „Kommissariat der Deutschen Bischöfe", das „Zentralkomitee der Deutschen Katholiken" und „Pax Christi". 1983 wurde bei der für die DDR zuständige Berliner Bischofskonferenz eine Kommission *Justitia et Pax* eingerichtet; seit 1990 arbeiten die west- und die ostdeutsche Kommission zusammen.

[261] *Watzal,* Die Entwicklungspolitik der katholischen Kirche, 225f.; vgl. *Paul Becher,* Der „Katholische Arbeitskreis Entwicklung und Frieden", in: Civitas Jg.14 (1976), 231-250; *Heinrich Tenhumberg,* Der Katholische Arbeitskreis Entwicklung und Frieden. Entstehung, Aufgaben, Struktur und Schwerpunkte seiner Arbeit, in: *Thimme/Wöste,* Im Dienst für Entwicklung und Frieden, 193-201.

[262] Vgl. *Heinz-Georg Binder/Paul Bocklet* (Hrsg.), Entwicklung als Internationale Soziale Frage. Bericht über das Dialogprogramm der Kirchen 1977-1979, Frankfurt a.M. 1980; *Paul-Gerhard Seiz,* Das Dialogprogramm der Kirchen „Entwicklung als Internationale Soziale Frage". Erfahrungen – Einschätzungen – Empfehlungen, Bad Boll: Manuskript 1986.

180 Teilnehmern in Königswinter bei Bonn eine erneute Fachtagung statt, die die Ergebnisse des zweiten vierjährigen Dialogprogramms der GKKE auswertete.

„Es wollte erneut Ausdruck der Mitverantwortung der Kirchen für eine ‚Gerechtigkeit im Weltmaßstab' sein. Das Programm und seine thematische Ausrichtung wurden nicht am grünen Tisch erfunden, sondern in mehreren Konsultationen mit Kirchenvertretern, Experten und Partnern aus dem Süden und natürlich unter Berücksichtigung der bisherigen Erfahrungen erstellt. Als primäre Zielsetzung sollte erreicht werden, daß die Nord-Süd-Politik stärker als eine Querschnittsaufgabe der gesamten Politik unseres Landes konzipiert und praktiziert wird. Ferner sollte die bisherige Vorgabe für die Entwicklungspolitik, nämlich ihre Orientierung auf die Armen und deren Beteiligung an den Entwicklungsprozessen, bestärkt werden, wobei es weniger um die konkrete Projektpolitik gehen sollte, sondern um die Aufdeckung, Erörterung und mögliche Minderung oder Beseitigung struktureller Hemmnisse und gewaltsamer Konflikte, die eine umfassende Entwicklung verhindern."[263]

Auch die katholischen Verbände und Laienorganisationen machten im Laufe der Jahre die Entwicklungsproblematik zu einem ihrer Kernanliegen. Weil sie sich aber nicht ausschließlich der globalen sozialen Frage zuwenden, sondern nach wie vor ihr Hauptengagement auf Deutschland konzentrieren, ist der finanzielle, materielle und personelle Rahmen, in dem sich die Unterstützung der Dritten Welt im Vergleich zu den Hilfswerken bewegt, insgesamt relativ gering.

c) Entwicklungskonzepte im Verbandskatholizismus

Nicht mit einer rein karitativen Zielsetzung, sondern mit einem sozial-politischen Anspruch wandte sich in der Bundesrepublik das „Kolpingwerk" aus gesamtgesellschaftlicher Verantwortung der Dritte-Welt-Thematik zu. Der Beginn dieser internationalen Ausrichtung läßt sich auf das Jahr 1968 datieren, als man während der XXIII. Generalversammlung des „Kolpingwerks" in Salzburg die seit den 50er Jahren währende Praxis der Förderung von nationalen Einzelprojekten aufzugeben und eine Konzentration der Anstrengungen im Bereich der Entwicklungshilfe zu ereichen suchte. Es kam neben den örtlichen Kolpingfamilien, den Diözesan-, Regional- und Nationalverbänden zur Gründung des „Internationalen Kolpingwerks" mit Sitz in Köln. Letzteres befaßt sich mit der Entwicklungshilfearbeit und deren Koordination.[264] Nach der frühen „Aktion Brasilien" kamen Projekte etwa in Indien oder Argentinien hinzu und wurden die Zielgruppen differenziert in Jugendliche, Frauen, Land- und Gelegenheitsarbeiter, Pächter, Kleinbauern, Handwerker sowie Kleingewerbetreibende und -unternehmer. Der basisorientierte Ansatz des „Kolpingwerks" nimmt seinen Ausgang stets bei den Kol-

---

[263] *Manfred Kulessa/Harry Neyer,* Vorwort, in: Nord-Süd-Politik zwischen Eigeninteresse und internationaler Solidarität. Auswertung des Dialogprogramms der Gemeinsamen Konferez Kirche und Entwicklung. Dokumentation der Fachtagung 12.-15.3.1996 in Bonn, Bonn 1996, 5-6, Zitat 5; vgl. auch: *Deutsche Kommission Justitia et Pax* (Hrsg.), Gerechtigkeit für alle. Zur Grundlegung kirchlicher Entwicklungsarbeit, Bonn 1991, 33-81.
[264] Vgl. *Hubert Tintelott,* Von der Sozialen und internationalen Sozialen Frage. Herausforderung der christlich-sozialen Bewegung, in: *Deutsche Kolpingfamilie* (Hrsg.), Die internationale Frage. Eine Antwort: Aufbau von Sozialverbänden, Köln 1988, 7-30, Zitat 10-12.

pingfamilien vor Ort, die sich als *Selbsthilfe*gruppen verstehen, um eine Verbesserung der persönlichen und wirtschaftlichen Daseinsbedingungen zu erreichen.

„In seinen entwicklungspolitischen Leitlinien stellt das Kolpingwerk den Menschen zentral in den Mittelpunkt seiner Arbeit, wozu auch seine geselligen, gesellschaftlichen, kulturellen und seelischen Aspekte gehören. Außerdem soll ein Beitrag geleistet werden zu einer umfassenden Neuerung der Gesellschaft aus christlicher Sicht. Verwirklicht werden soll dies durch möglichst umfassende Unterstützung von Kolpingfamilien, die in den Entwicklungsländern gegründet wurden. Diese Kolpingfamilien (vertreten in allen Erdteilen) sind als Selbsthilfeorganisationen zu verstehen, die in möglichst umfassender Weise Hilfe und Integrationsmöglichkeiten für den Einzelnen bilden sollen. Ein Schwerpunkt der geförderten Maßnahmen liegt in der beruflichen Bildungsarbeit und der Unterstützung personeller Entwicklungszusammenarbeit."[265]

Über das noch junge Projekt AFOS („Afrika-Fonds Selbständigkeit"), das Kleinkredite zur Existenzgründung an Handwerker, Straßenhändler oder sonstige Kleingewerbetreibende vergibt, besteht eine Verbindung zum „Bund Katholischer Unternehmer". Ein besonderer Schwerpunkt des Engagements liegt seit dem Zusammenbruch der sozialistischen Staatssysteme seit den 90er Jahren im wirtschaftlichen Aufbau des europäischen Ostens.[266] Konkret plädiert der BKU für die Stärkung der „unternehmerischen Funktion" der Wirtschaft:

„Sowohl in der Wirtschaftspolitik der Entwicklungsländer als auch in der deutschen Entwicklungshilfe ist noch weitgehend Mißtrauen gegen unternehmerische Tätigkeit festzustellen. Die Unternehmer haben aber für eine moderne und dynamische Wirtschaft unverzichtbare, nicht durch andere zu ersetzende Funktionen. Sie bestehen im Aufspüren neuer Marktchancen, in der rationellen Nutzung knapper Ressourcen für Produktion und Dienstleistungen, in der Einführung und ständigen Entwicklung von Innovationen sowie in der Schaffung von Arbeitsplätzen. Ohne unternehmerische Initiative und Bereitschaft zum Risiko kann in einer Volkswirtschaft Arbeitslosigkeit und Not nicht überwunden werden. Beim einzelverantwortlichen Unternehmer muß die wirtschaftliche Planung stattfinden (...). In einer offenen Gesellschaft werden durch die Tätigkeit von vielen Unternehmern und Handwerkern Begabungsreserven freigesetzt, die für die Entwicklung der Volkswirtschaften von größter Bedeutung sind."[267]

Eine der ersten, die in den 50er Jahren entwicklungsbezogene Aktivitäten durchführte, war die „Katholische Arbeitnehmer-Bewegung". Die von der Paderborner KAB 1957 durchgeführte „Täglich-drei-Minuten"-Aktion rief dazu auf, daß alle katholischen Männer jeden Tag einen Dreiminutenlohn für die Entwicklungsarbeit in der Dritten Welt spenden sollten. Solche und ähnliche Aufrufe anderer KAB-Gruppen wie etwa zur „Aktion Bombay" in der Diözese Speyer trugen erheblich dazu bei, daß sich in der katholischen Kirche und im Laienkatholizismus

---

[265] Entwicklungspolitische Leitlinien des Kolpingwerks, 1979 verabschiedet vom Generalpräsidium, Köln 1979, 2-6, zit.n.: *Johannes Falterbaum,* Entwicklungshilfe im nationalen und internationalen Recht. Eine Darstellung ausgehend von christlichen Einrichtungen der Entwicklungsförderung, Würzburg 1995, 18.
[266] Vgl. etwa die russische, tschechische, slowakische, ungarische, polnische oder ukrainische Übersetzung von: *Peter H. Werhahn,* Der Unternehmer. Seine ökonomische Funktion und gesellschaftspolitische Verantwortung, Trier 1990.
[267] Bund Katholischer Unternehmer (Hrsg.), Wirtschaftliche Entwicklung und Gerechtigkeit. Leitsätze zur Entwicklungspolitik, Trier 1991, 9.

Deutschlands die Forderung nach einer zentralen Einrichtung zur Beseitigung der Massenarmut und Entwicklungsprobleme im Süden artikulierte. Schwerpunkte der KAB bei der Analyse der internationalen sozialen Frage waren in der Folge der historischen Auseinandersetzung mit derjenigen des 19. Jhs. das Verhältnis Arbeit und Kapital bzw. Bereitstellung und Gestaltung menschenwürdiger und gerechter Arbeitsbedingungen in den Industrieregionen der Entwicklungsländer. Dies suchte die deutsche KAB über die Beteiligung an der „Weltbewegung christlicher Arbeiter" (WBCA) und auch an der „Christlichen Arbeiterjugend" (CAJ) zu erreichen.[268]

Die KAB fühlt sich von „der Vision einer integralen Entwicklung der ‚Einen Welt'" getragen.[269] Sie versteht sich als „Bewegung der Solidarität mit den Armen, Mitträger der ‚Eine-Welt'-Bewegung, internationale Bewegung, die Gegenmacht organisiert, um Gerechtigkeit und Frieden für alle zu erlangen"[270]. Deshalb unterstützt sie entwicklungsorientierte Arbeit ideell, personell und finanziell. Sie tritt für die Herabsetzung von protektionistischen Handelszöllen für Produkte aus den Entwicklungsländern und für stabilisierende Maßnahmen gegen einen Preisverfall von Exportgütern dieser Staaten ein. Ihr geht es um eine Verbesserung der Kreditbedingungen, eine Erhöhung der Kapitalhilfen und die Entsendung fachkundiger Entwicklungshelfer, sie setzt sich für einen höheren Anteil des Beitrags aus Kirchensteuermitteln für Entwicklungsarbeit ein. Konkret fördert sie im Rahmen des sog. „Weltnotwerks" einheimische christliche Arbeitnehmerorganisationen. Arbeitern stellt sie Schulungen und berufliche Weiterbildungsmöglichkeiten zur Verfügung, im Fall von Krankheit oder Arbeitslosigkeit gewährt sie Unterstützung.[271]

Aufgrund ihrer Zielbestimmung, die Entwicklung des ländlichen Raumes und der dort arbeitenden Menschen zu fördern, ist die „Katholische Landvolkbewegung" (KLB) besonders geeignet, sich in der internationalen Frage zu engagieren. Bereits zu Anfang der 50er Jahre übertrug sie in der Tradition der sozialen Bauernvereine des 19. Jhs. praktische Konzeptionen der projektbezogenen und genossenschaftlichen Zusammenarbeit auf Agrarregionen in der Dritten Welt vor allem durch Projektpartner- und patenschaften. Entwicklungsbezogene Bildungs- und Öffentlichkeitsarbeit organisiert die KLB in Deutschland in der Akademiearbeit, über die Zeitschrift „Land aktuell" sowie auf der internationalen Ebene über die Mitgliedschaft in der „International Catholic Rural Association" (ICRA).[272]

Im Rahmen der „Leitlinien der Auslandsarbeit" des „Deutschen Caritasverbandes" (DCV) umfaßt die Auslandsabteilung, in Freiburg 1967 gegründet, den gesamten Bereich der Not- und Katastrophenhilfe sowie Maßnahmen der Sozialstrukturhilfe. Der seit 1921 so bezeichnete „Deutsche Caritasverband" ging aus

---

[268] Vgl. Grundsatzprogramm des Bundesverbandes der KAB (1972), Nr. 157-160.

[269] Vgl. auch: *Langhorst,* Zu einer Theologie menschlicher Entwicklung, 262-266.

[270] Grundsatzprogramm der KAB Deutschlands (1996), Nr. 49.

[271] Vgl. *Johann Ascherl,* Entwicklung – ein neuer Name für Frieden, in: KAB (Hrsg.), Glauben und leben, Gerechtigkeit üben, in Solidarität handeln, Bergisch-Gladbach o.J., 21-30; *Watzal,* Die Entwicklungspolitik der katholischen Kirche, 291f.

[272] Vgl. *Georg Schwab,* Landvolk und internationale Solidarität, in: Trends und Perspektiven der katholischen Landvolkarbeit in Deutschland, KLB-Info zum 78. Deutschen Katholikentag in Düsseldorf 1982, 1-6.

dem 1897 in Freiburg gegründeten „Charitasverbandes für das katholische Deutschland" durch *Lorenz Werthmann* hervor, der die vielen Initiativen auf Gemeindeebene besonders zur Gesundheits-, Jugend-, Familien-, Alten-, Behinderten-, Gefährdeten-, Flüchtlings- und Aussiedlerhilfe bündelt, organisiert und repräsentiert. Es geht dem „Caritasverband" vorwiegend um Maßnahmen zur Sicherstellung der Befriedigung der Grundbedürfnisse, um Rehabilitationshilfen, die zur Wiederherstellung der Selbsthilfefähigkeit dienen.

Dabei gibt es auch entwicklungsorientierte Programme „mit der Zielsetzung, die Ursachen der Not beseitigen zu helfen, einen Beitrag zur Verhinderung von gleichen oder ähnlichen Notlagen zu leisten, Strukturen zu entwickeln, die in der Lage sind, adaptierte Modelle für zu leistende Hilfen im sozialen Bereich anzubieten"[273].

d) Christliche Dritte-Welt-Gruppen

Größere Aufmerksamkeit wird in Zukunft angesichts schwindender staatlicher entwicklungspolitischer Aktivitäten nicht nur den bislang beschriebenen Hilfswerken und dem Verbandskatholizismus zu widmen sein, sondern auch den christlichen *Dritte-Welt-Gruppen* in Deutschland, von denen derzeit innerhalb einer allerdings kaum vernetzten Dritte-Welt-Bewegung etwa 10.000 aktiv sind und von denen ein beachtlicher Teil dem Katholizismus verbunden ist – seien es Aktionsgruppen, die sich als pfarrliche Gemeindegruppen verstehen, oder auch Jugend-, Hochschul- und Schulgruppen, die mitunter auch ökumenischen Gruppierungen zuzurechnen sind. In ihnen ist ein überdurchschnittlich hoher Frauenanteil aktiv.

„Die Tätigkeitsbereiche und Aktionsformen, die die Gruppen aufgreifen, sind vielfältig. Spendenaufrufe treten inzwischen in ihrer Bedeutung hinter Informationsveranstaltungen zurück. Bildungsarbeit ist bei den meisten Gruppen Bestandteil der Arbeit. Nahezu drei Viertel der Gruppen halten Bewußtseinsbildung *hier* für genauso wichtig wie die konkrete Projektarbeit in der Dritten Welt. Ebenso sind die Partner in den Entwicklungsländern für die Arbeit von zentraler Bedeutung. Nahezu drei Viertel der Gruppen unterhalten Direktkontakte, welche für die Gruppen die wichtigste Informationsquelle darstellen."[274]

Dies bestätigt die bei der übrigen Entwicklungszusammenarbeit inzwischen verbreitete Erkenntnis, daß eine Verbindung von konkreter Projektarbeit mit einer Bewußtseinsbildungsarbeit, für die ein gegenseitiger Lernprozeß elementar ist, zum Gelingen von Entwicklung entscheidend beiträgt.[275] Auch wird eine sozialpolitische partizipative Einmischung in die politische Arbeit in Deutschland

---

[273] Auslandsabteilung des Deutschen Caritasverbandes (Hrsg.), Leitlinien der Auslandsarbeit des DCV, Freiburg 1980; vgl. auch: DCV, Tätigkeitsberichte 1984 und 1987, Sonderheft von „Caritas". Zeitschrift für Caritasarbeit und Caritaswissenschaft Jg.88, H.10 (1987), 26-29.

[274] *Franz Nuscheler,* Christliche Dritte-Welt-Gruppen. Praxis und Selbstverständnis, Mainz 1995, bes. 112, 419-423.

[275] Vgl. *Langhorst,* From charity to justice. Eine Bewertung des Engagements christlicher Dritte-Welt-Gruppen in Deutschland aus sozialethischer Perspektive, in: *Karl Gabriel/Monika Treber* (Hrsg.), Christliche Dritte-Welt-Gruppen: Herausforderung für die kirchliche Pastoral und Sozialethik, Bonn 1998, 51-71.

künftig stärker notwendig sein, um die avisierten Zielvorstellungen realisieren zu können, auch wenn dies einen erhöhten organisatorischen und finanziellen Aufwand erforderlich macht. Insgesamt bilden die Dritte-Welt-Gruppen – genauso wie die im folgenden zu beschreibenden ökologie- und umweltorientierten Gruppierungen – im gesellschaftspolitischen Engagement innerhalb der katholischen Kirche eine wesentliche und nicht wegzudenkende Größe. Darin ist nicht nur eine Chance, sondern auch eine Herausforderung an die katholisch-kirchlichen Strukturen überhaupt zu sehen.

Auch in der DDR gab es unter die Kategorie „Dritte-Welt-Gruppen" einzuordnende Gruppierungen. Beispielhaft sei auf den bereits erwähnten „Aktionskreis Halle" hingewiesen, der mit Blick auf die Umsetzung zentraler Forderungen des II. Vatikanischen Konzils auch die „Solidarität mit den Völkern der Dritten Welt" als ein Hauptziel seines Engagements erachtete.[276] Inwiefern die vorhandenen Organisationsstrukturen und die *gemeinsame* Programmatik eine kollektive Identität zu stiften vermochten, die als Minimalkriterien für den Bewegungsbegriff westlicher Prägung gelten könnten, muß hier offenbleiben. Die vielfachen punktuellen Artikulationen des gemeinsamen Dritte-Welt-Interesses schufen jedenfalls einen übergreifenden Problemhorizont.

Fazit

Der Überblick zeigt, daß die katholische Kirche gegenwärtig in Deutschland mit „Misereor" als entwicklungspolitischer Fach- und Koordinationsstelle, mit „Adveniat" als Aktion für die pastoral-soziale Arbeit in Lateinamerika und „Missio"" als Missionswerk bes. für Afrika und Asien über ein Instrumentarium verfügt, daß relativ unbürokratisch und sehr erfolgreich Hilfe vermittelt und bereitstellt. Ebenso leisten nicht nur die dem Verbandskatholizismus zugehörigen Einrichtungen und Entwicklungsdienste, sondern in zunehmendem Maße auch die vielen, untereinander künftig stärker zu vernetzenden christlichen Dritte-Welt-Gruppen einen entscheidenden Beitrag. Darüber hinaus kommt es nach dem Selbstverständnis der Kirche jeder und jedem einzelnen zu, die Verpflichtung zu dieser Weltverantwortung je nach den eigenen Möglichkeiten wahrzunehmen. Letztlich bestimmt diese subjektive Verantwortungszuweisung Erscheinungsbild und Intensität des gesamtkirchlichen Engagements für die Dritte Welt.

2. Ökologie und Umweltschutz

Zum entscheidenden Durchbruch vom sich seit Ende des 19. Jhs. in Deutschland durchsetzenden *Natur*schutz zu einem die ökologischen Gesamtzusammenhänge erfassenden *Umwelt*bewußtsein kam es erst seit den späten 60er Jahren des 20. Jhs. Seitdem wurden die mit der industriellen Entwicklung verbundenen Belastungen und Gefährdungen der Natur in fortschreitendem Ausmaß wahrgenommen und zudem als unmittelbare Bedrohung für die Menschen empfunden. Smog,

---

[276] Vgl. *Helmut Zander,* Die Christen und die Friedensbewegungen in beiden deutschen Staaten. Beiträge zu einem Vergleich für die Jahre 1978-1987, Berlin 1989, 319.

Atomunfälle wie Tschernobyl, Waldsterben, Ozonloch, Raubbau am Regenwald, Luft- und Meeresverschmutzung sind nur einige Beispiele, die die Menschen in einem bislang nicht gekannten Ausmaß verunsicherten, so daß sie sich herausgefordert fühlten, die Umweltfrage als grundsätzliche und zentrale Frage für die Einstellung zu ihrem Lebensstil werden zu lassen.

Auf diese Entwicklung reagierte im politischen Spektrum zuerst seit 1969 die sozial-liberale Koalition. Die FDP, die sich – nicht zuletzt zur Profilierung – als erste Partei der Umweltthematik annahm, sorgte 1971 für die Formulierung eines Umweltprogramms, das, in der Fassung von 1976, noch heute die Richtlinien der liberalen Umweltpolitik bestimmt. 1972 drängte die Partei auf die Verabschiedung des ersten Umweltschutzgesetzes. Bereits 1970 hatte Bayern ein Landesministerium für Raumordnung und Umweltfragen eingerichtet, Deutschland befand sich in der „Initiations-Phase"[277] seiner Umweltpolitik.

Bald nach diesem umweltpolitischen Aufbruch kam es etwa in Parallele zu den wirtschaftlichen Auf- und Abwärtsbewegungen zu einer schwankenden Intensität des ökologischen Engagements. Auf eine depressive Phase in den späteren 70er Jahren folgte eine der langfristigen Konsolidierung und Kontinuität, die sich beinahe nahtlos in die Epoche der Regierungskoalition aus CDU/CSU und FDP seit 1982 fortsetzte. Mit der Einrichtung eines eigenen Bundesministeriums für Umwelt, Naturschutz und Reaktorsicherheit reagierte die Regierung rasch auf die Katastrophe im ukrainischen Kernkraftwerk Tschernobyl 1986, die in Deutschland ein Durcheinander in der Kompetenzzuweisung der Behörden bei umweltpolitischen Problemen offengelegt hatte. Einen Einschnitt bedeutete die seit den späten 80er Jahren um sich greifende Krise in der Weltwirtschaft, die die Bundesrepublik Deutschland wegen des Beitritts der ehemaligen DDR am 3. Oktober 1990 mit Verzögerung erreichte. Seither befindet sich die deutsche Umweltpolitik in einer „Phase des Zweifels"[278] und der Unklarheit darüber, wohin sich dieser noch junge Politikbereich auch angesichts der europäischen und globalen Tendenzen der Vereinheitlichung entwickeln soll.

Von Anfang an wurde die umweltpolitische Sensibilisierung begleitet von gesellschaftlichen Gruppen, die sich vehement zunächst regionalen ökologischen Problemen annahmen. Den Beginn der Auseinandersetzungen markiert der Ausbau der *Startbahn West* des Frankfurter Flughafens in den 60er Jahren. Die „Interessengemeinschaft zur Bekämpfung des Fluglärms" wandte sich strikt gegen die wachsenden gesundheitlichen Gefährdungen der im Rhein-Main-Gebiet lebenden Menschen und den Raubbau am Wald.

Seit Ende der 60er Jahre läßt sich ausdrücklich von einer „Umweltbewegung" sprechen. Auch kam es weitenteils zu einer Identifikation der *ökologischen* mit der *alternativen* Bewegung mit neuen Formen des gemeinschaftlichen Zusammenlebens und Arbeitens, mit Selbsterfahrungsgruppen, selbstorganisierten Betrieben u.ä. Mit der Besetzung des Bauplatzes des badischen Kernkraftwerks Wyhl und den z.T. gewaltsamen Großdemonstrationen in Brokdorf, Grohnde,

---

[277] *Bernd M. Manulat,* Die Umweltpolitik der Bundesrepublik Deutschland, in: APuZ Jg.49 (1994), 3-12, Zitat 4. Vgl. grundlegender: *Peter C. Mayer-Tasch* (Hrsg.), Natur denken. Eine Genealogie der ökologischen Idee. Texte und Kommentare. 2 Bde., Frankfurt a.M. 1991.
[278] *Manulat,* Umweltpolitik, 10.

Kalkar sowie auf der Startbahn West schuf sich die Bewegung eine breite Basis der Zustimmung, zuletzt bei den sog. „Castor-Transporten", der Verlagerung von abgebrannten Brennelementen auf Schiene und Straße in die atomaren Zwischenlager, zu deren Schutz gegen Demonstranten Anfang 1997 der größte Polizeieinsatz der Nachkriegsgeschichte notwendig wurde. Als *Anti-Atombewegung* griff die Umweltbewegung nach der durch die Ölkrisen der 70er Jahre eingeleiteten Forcierung der Kernenergie ein für viele sensibles Thema auf, sie zog Naturwissenschaftler, Politiker und Techniker auf ihre Seite, indem sie umweltschonende alternative Techniken im Kontrast zu den kapital- und technikintensiven Großbetrieben einforderte.[279] Eine politische Folgerung dieser Entwicklung war der Einzug der „Grünen" 1983 in den Deutschen Bundestag und deren beständige Konsolidierung in der parteipolitischen Landschaft auch nach der Wiedervereinigung Deutschlands.

a) Öko-ethische Sensibilisierung im Raum der Kirche

Am Anfang der kirchlichen Auseinandersetzung mit der ökologischen Thematik stand die Beteiligung von Einzelchristen oder christlichen Gruppen an den eben beschriebenen zahlreichen Bürgerinitiativen sowie den unterschiedlichsten Umweltgruppierungen und -verbänden. Dies galt für katholische Christen genauso wie für evangelische. Nicht wenige – besonders auch engagierte Pfarrer – fühlten sich in diesen Anfangsjahren eher von ihren Kirchen allein gelassen oder zumindest mehr mißverstanden als getragen und unterstützt.[280] Die Beteiligung an alternativen Bewegungen galt der Kirche als suspekt, weil sie sich grundsätzlich staats- und gesellschaftskritisch präsentierten. Erst viel später – seit Mitte der 70er Jahre, als der Einspruch der Gruppen die Kirchen zu einer zunehmend selbstkritischen Diskussion anregte, kam es in der Bundesrepublik zur theologisch-wissenschaftlichen Aufarbeitung der Thematik[281] sowie zu mahnenden Verlautbarungen der Bischöfe und zu eindeutigen Erklärungen der katholischen Verbände.

Auch in der DDR begann etwa seit Mitte der 70er Jahre die Auseinandersetzung mit Umweltfragen im Kontext grundsätzlicher Überlegungen zur Leistungsgesellschaft. Es kam zu Umweltaktivitäten unterschiedlicher Gruppierungen und Initiativen – allerdings vorwiegend im evangelischen Raum[282]. Anti-Atomkraftgruppen gab es kaum, denn es kam nicht – wie im Westen – zu öffentlichen Genehmigungsverfahren oder Diskussionen um Standorte und Sicherheitsvorschriften. Mit dem Hinweis auf die notwendige Energieversorgung und die

---

[279] Vgl. *Brand*, Aufbruch in eine andere Gesellschaft. Neue soziale Bewegungen in der Bundesrepublik, bes. 206-240.
[280] Vgl. *Oeser*, Aus den Gründerzeiten. Ökokrise als Herausforderung für Theologie und Kirche, in: Politische Ökologie Jg.48 (Sept./Okt. 1996), 47-50, Zitat 47.
[281] Vgl. exemplarisch: *Alexandre Ganoczy,* Der schöpferische Mensch und die Schöpfung Gottes, Mainz 1976; *Martin Rock,* Umweltschutz. Eine Herausforderung an die christliche Ethik, Mainz 1979; *Alfons Auer,* Umweltethik. Ein theologischer Beitrag zur ökologischen Diskussion, Düsseldorf 1984; *Michael Schlitt,* Umweltethik. Philosophisch-ethische Reflexionen – Theologische Grundlagen – Kriterien, Paderborn 1992.
[282] Vgl. *Herbert Reitinger,* Die Rolle der Kirche im politischen Prozeß der DDR 1970 bis 1990, München 1991, 80-86.

damit zwangsläufig verbundene Umweltverschmutzung durch die Verstromung der Braunkohle wurde jede Debatte unterdrückt. Der „Aktionskreis Halle" setzte sich als eine seiner Zielorientierungen die ökologische Bewußtseinsbildung. Thesen zum praktischen Umgang mit ökologischen Problemen stellte der Kreis etwa 1983 in einem Rundschreiben zusammen.[283]

In der Bundesrepublik begann die kirchliche Auseinandersetzung um die Umweltproblematik mit der Reaktion auf die von *Lynn White, Carl Amery* u.a. vorgetragene These, die ökologische Krise sei Resultat des christlichen Herrschaftsanspruchs über die Natur gemäß dem verkürzten Slogan „Macht Euch die Erde untertan!" (vgl. dazu Gen 1).[284] Während der Herbstvollversammlung der Deutschen Bischofskonferenz 1974 trat Kardinal *Julius Döpfner* (1913-1976) diesem Mißverständnis energisch entgegen, indem er betonte, daß der biblische Herrschaftsauftrag im Sinne eines „Bebauens und Hütens" (Gen 2,15) zu verstehen sei und *keineswegs* dahingehend, daß der Mensch mit den nichtmenschlichen Lebewesen und der unbelebten Natur beliebig verfahren dürfe.[285] Diese Form des Kulturauftrags betonen die kirchlichen Verlautbarungen ein um das andere Mal bis heute. In deutlicher Sprache und drastischer Intensität legt der Hirtenbrief der deutschen Bischöfe von 1980 zur „Zukunft der Schöpfung und der Menschheit" die Umweltkrise offen:

„Der Mensch besetzt seinen Lebensraum und den Lebensraum kommender Generationen mit dem Abfall dessen, was er produziert und konsumiert. Er verdirbt Elemente, aus denen sein Leben und seine Zukunft wachsen: Umweltkrise. Der Mensch lebt so, daß er auf mehr Energie angewiesen ist, als er ohne Schädigung seines Lebensraumes zur Verfügung hat. Wieviel Energie er verbraucht und wie er sie gewinnt, wird zur Lebensfrage: Energiekrise. Der Mensch schöpft für die Befriedigung seiner Ansprüche aus Quellen, die – wenn er weiter so schöpft – morgen nicht mehr fließen: Rohstoffkrise. Der Mensch versteht sich als Spitze der irdischen Schöpfung und die Welt als sein Haus, das er sich zu seinem Nutzen und Gewinn einrichtet. Aber in vermeintlich berechtigtem Eigeninteresse läuft er Gefahr, mit diesem Haus so umzugehen, daß es über ihm zusammenbricht und er hilflos und wehrlos alleinsteht. Nur in der Solidarität mit der anderen Schöpfung, nur im verantwortlichen Umgang mit Tier-, Pflanzen- und Sachwelt, kann er sich auf Dauer als Herr der Schöpfung erfahren, wird er nicht zum aus der Schöpfung ausgetriebenen Sklaven seines Herrenwahns: Man könnte über diese Situation das Wort schreiben: Schöpfungskrise."[286]

Nach dieser schöpfungstheologischen Fundierung suchten die Bischöfe nach Wegen der Umkehr, die sie über die Kardinaltugenden Maß und Klugheit, Tapferkeit

---

[283] Vgl. Aktionskreis Halle, Rundschreiben Ostern 1983 (Manuskript); *Zander,* Die Christen und die Friedensbewegungen, 319.

[284] Vgl. *Lynn White,* The Historical Roots of our Ecological Crisis, in: Science Jg.155 (1967), 1203-1207; *Carl Amery,* Das Ende der Vorsehung. Die gnadenlosen Folgen des Christentums, Hamburg 1972; dazu näherhin: *Kessler,* Ökologisches Weltethos im Dialog der Kulturen und Religionen, Darmstadt 1996, 33-57.

[285] Vgl. *Julius Döpfner,* Zur Zukunft der Menschheit und den Bedingungen für ein künftiges menschenwürdiges Leben. Eröffnungsansprache zur Herbstvollversammlung der Deutschen Bischofskonferenz vom 23.-26.09.1974 in Salzburg (Der Vorsitzende der Deutschen Bischofskonferenz 1), Bonn o.J., Nr. 3,3ff.

[286] Zukunft der Schöpfung – Zukunft der Menschheit. Erklärung der Deutschen Bischofskonferenz zu Fragen der Umwelt und Energieversorgung (Die deutschen Bischöfe 28), Bonn 1980, Nr. I.1.

und Gerechtigkeit[287] wiesen. Die konkreten Maßnahmen, die sie zum Schutz der Arten und zur Schonung der Tiere, zur verantwortlichen Energiegewinnung und -nutzung aufzeigten, blieben weitgehend – wie es der Aufgabe der kirchlichen Sendung und der Achtung der profanen Eigenbereiche entspricht – allgemein gehalten. Sie hoben die Bedeutung des einzelnen hervor, von dessen Verhalten „Entscheidendes für die Zukunft der ganzen Menschheit" abhänge. Die Menschen sollten einzeln oder in Gruppen die Verantwortlichen, „die in Politik, Wirtschaft, Technik unmittelbar an den Schalthebeln sitzen"[288], zu einem verantwortlichen Umgang mit der Natur drängen.

Schon früher hatte die römische Sozialverkündigung – wenn auch nicht in einem eigenen Schreiben – Stellung zur Umweltproblematik bezogen und setzte sie 1971 auf die „,Tagesordnung' der katholischen Soziallehre"[289]. *Paul VI.* erkannte die weltweite ökologische Dimension in seinem Apostolischen Schreiben „Octogesima adveniens":

Auf den Menschen kommt eine Veränderung zu, „die als Folge seines eigenen Tuns ebenso katastrophal wie unerwartet über ihn hereinbricht. Plötzlich wird der Mensch sich heute bewußt, infolge seiner unbedachten Ausbeutung der Natur laufe er Gefahr, diese zu zerstören und selbst zum Opfer ihrer auf ihn selbst zurückschlagenden Schändung zu werden. Aber nicht nur die stoffliche Umwelt wird zu einer Bedrohung für den Menschen: die Verschmutzung, die Abfälle, neue Krankheiten, die absolute Zerstörungsgewalt. Dasselbe gilt auch von seiner menschlichen Umgebung, die er nicht mehr meistert und die darum in Kürze zu Lebensbedingungen führen kann, die ihm unerträglich werden. Hier handelt es sich um ein so ausgreifendes Problem, daß die ganze Menschheitsfamilie davon betroffen wird."[290]

Im selben Jahr setzten sich während ihrer Synode in Rom die Bischöfe aus allen Regionen der Welt mit der Umweltproblematik auseinander. In ihrem Schlußdokument „Über die Gerechtigkeit in der Welt" nahmen sie wahr, daß die Schätze der Natur wie Luft und Wasser sowie die gesamte Biosphäre mit allen Pflanzen und Tieren nicht unerschöpflich sind, „sondern als einmalige und unersetzliche Ausstattung der gesamten Menschheit sorgsamer Pflege und des Schutzes bedürfen"[291]. Die Bischöfe kritisierten die Industriestaaten für ihre rücksichtslose Umweltverschmutzung, die ein solches Ausmaß erreiche, daß wesentliche Lebensgrundlagen unwiederherstellbar geschädigt würden.

In den Spuren des 1980 erschienenen deutschen Hirtenbriefes bewegte sich die gemeinsame Erklärung „Verantwortung wahrnehmen für die Schöpfung" der katholischen Bischöfe und des Rates der Evangelischen Kirche in Deutschland von 1985, das zweifellos wichtigste kirchliche Dokument zur ökologischen Frage. Es reagiert auch auf die während des „Münchener Katholikentages" 1984 von vielen selbstkritisch aufgeworfene Frage „Vergißt die Kirche die Schöpfung ihres Herrn?". – Zunächst beschreibt das „grundlegende schöpfungsethische Memoran-

---

[287] Der Sozialethiker *Martin Rock* bezog seine ökoethische Fundierung ebenfalls auf diese Tugenden (vgl. etwa: Die Umwelt ist uns anvertraut, Mainz 1987, 89-112).
[288] Zukunft der Schöpfung – Zukunft der Menschheit, III.2.
[289] *Stefan Vesper,* (K)ein weißer Fleck?! Ökologie und Katholische Soziallehre, Bad Honnef 1992, 23; vgl. insgesamt: *Wilfried Lochbühler,* Verlautbarungen des katholischen Lehramts zur Umweltproblematik, in: Theologie der Gegenwart Jg.40 (1997), 37-53.
[290] *Paul VI.,* Apostolisches Schreiben „Octogesima adveniens" (1971), Nr. 21.
[291] *Römische Bischofssynode,* Schlußdokument „De iustitia in mundo" (1971), Nr. 8.

dum"[292] die Ursachen für die grassierenden Probleme und die daraus entstehende Sorge um die Umwelt. Nachdem es die bisherigen, teilweise ins Leere gehenden Lösungswege in Zusammenhang mit einer Geschichte des Umweltschutzes aufgezeigt hat, leitet es nach einer bibel-theologischen Vertiefung zu einem praxisorientierten Teil über, der einen neuen Lebensstil und eine umfassende ökologische Orientierung der unterschiedlichen Politikbereiche einfordert. Im Mittelpunkt stehen Überlegungen zu einem ökologisch verträglichen Wirtschaften:

„Kein Lebensbereich wirkt sich so tiefgreifend und umfassend auf Natur und Umwelt aus wie die Wirtschaft. Eine größere Zahl von Gesetzen und Verordnungen der vergangenen Jahre zielte deshalb darauf, die Belastungen für Luft, Wasser und Boden aus diesem Bereich zu reduzieren. Mit erstaunlicher Anpassungsfähigkeit haben sich die Volkswirtschaften in den westlichen Industrieländern auf solche Einschränkungen eingestellt. Die erschreckende Schadensentwicklung zeigt jedoch, daß alles das bei weitem noch nicht genug ist (...). Trotz des anerkennenswerten Beitrages der Wirtschaft ist ein grundlegendes Nachdenken unausweichlich (...). Nur eine Änderung der wirtschaftspolitischen Ziele und entsprechende politische Entscheidungen führen zu Änderungen der Strukturen und Rahmenbedingungen und ändern somit auch das Handeln. Deshalb kommt der Formulierung dieser Ziele eine entscheidende Bedeutung zu." Es geht darum, „den Gedanken einer umfassenden Umweltverantwortung in ökonomische Zusammenhänge zu übersetzen und umweltpolitische Ziele in den gleichen Rang wirtschaftspolitischer Ziele zu setzen"[293].

Dieser *strukturethische Ansatz* verdeutlicht, daß über das unersetzliche Engagement des einzelnen zur Erhaltung und Verbesserung der Lebensbedingungen hinaus die ökologische Dimension in politischen, rechtlichen und ökonomischen Systemen verwurzelt werden muß, um langfristig solidarisch und verantwortlich *für* die Schöpfung mit all ihren belebten und unbelebten Zusammenhängen agieren zu können. Dies schien den Bischöfen nur in einer *ökologisch verpflichteten sozialen Marktwirtschaft* möglich.

Eine wichtige Ergänzung zu dieser ethischen Fundierung des umwelt- (in christlicher Sprache: schöpfungs-)ethischen Tuns bot eine weitere gemeinsame Erklärung aus dem Jahre 1989, die sich besonders mit dem Schutz des menschlichen Lebens befaßt: „Gott ist ein Freund des Lebens". Unter der Maxime, Leben und Lebensmöglichkeiten alles außermenschlichen Lebendigen zu wahren, spielt das Energiethema eine wichtige Rolle. Dafür war die Erkenntnis maßgebend, daß der weltweite Energiebedarf nicht gedeckt werden könne, wenn die in den Industrieländern verbrauchte Energie in Relation zu der in den aufstrebenden Entwicklungsländern benötigten nicht reduziert werde:

„Der verschwenderische Umgang mit Energie stellt eine der größten Herausforderungen der Menschheit dar. An erster Stelle aller energiepolitischen Maßnahmen muß die Reduzierung des Energieverbrauchs stehen. Dazu bedarf es der Veränderung politischer Rahmenbedin-

---

[292] *Vesper,* (K)ein weißer Fleck?! 40.
[293] Verantwortung wahrnehmen für die Schöpfung. Gemeinsame Erklärung des Rates der Evangelischen Kirche in Deutschland und der Deutschen Bischofskonferenz, Köln 1985, Nr. 5.2, 79f. u. 82.

gungen, der Entwicklung verbesserter Techniken und der Herausbildung eines anderen Lebensstils."[294]

Heftige Kontroversen gab es in diesem Zusammenhang um die Nutzung der Atomkraft und die Sicherstellung der Energieversorgung.[295] So nahm etwa mitten in den Auseinandersetzungen um das geplante Kernkraftwerk in Wyhl der Freiburger Erzbischof *Hermann Schäufele* in einem Hirtenbrief im Sommer 1974 „zu drängenden Fragen der technischen Entwicklung" Stellung. Für den Bau von Kernkraftwerken zog der Bischof grundsätzliche ethische Kriterien heran: Bei der Nutzung von Kernenergie hätten die „mit dem normalen Betrieb von Reaktoren verbundenen schädlichen Nebenwirkungen (...) nach dem Prinzip der Güterabwägung in einem vertretbaren Verhältnis (...) zu dem wirklichen und erhofften Nutzen" zu stehen und dürften nicht größer als die erreichten Nutzwerte sein. Die Ausgangslage müsse derart sein, „daß die lebenswichtige Energieversorgung auf andere Weise (...) nicht oder nicht mehr" sichergestellt und deshalb eine „schwerwiegende Beeinträchtigung menschenwürdigen Lebens zu befürchten" sei. Darüber hinaus sei „eine höchstmögliche Sicherheit hinsichtlich unvermittelt eintretender und möglicherweise katastrophal sich auswirkender Betriebspannen (sog. Störfälle)"[296] zu gewährleisten.

Ethische und theologische Bestimmungen zur energiepolitischen Entscheidungsfindung definierte eine Stellungnahme des Kommissariats der deutschen Bischöfe 1977. Entscheidungsprozesse seien Abwägungsprozesse:

„Sollte sich ergeben, daß ohne die Nutzung der Kernenergie tatsächlich die lebenswichtige Energieversorgung nicht mehr sichergestellt und dadurch eine schwerwiegende Beeinträchtigung individuellen und gesellschaftlichen Lebens zu befürchten wäre, so wäre trotz der Risiken eben diese Kernenergienutzung vertretbar, wenn höchstmögliche Sicherheitsvorkehrungen" getroffen seien. „Sollte sich aber herausstellen, daß die befürchtete Energielücke durch Einsparungen, rationelleren Energieeinsatz, intensivere Nutzung erneuerbarer Energiequellen oder auf sonstige vertretbare Weise vermieden" werden könne, wäre „der Ausbau der Kernenergie mit seinen Risiken nicht zu verantworten"[297].

Im Gegensatz zu solchen recht konziliant und offen gehaltenen Stellungnahmen, waren die Ausführungen, die Kardinal *Joseph Höffner* 1980 als Vorsitzender der Deutschen Bischofskonferenz während seiner Eröffnungsansprache auf deren Vollversammlung verlas, eindeutig als Aufforderung zum Ausstieg aus der Kernenergie zu werten.[298] Für *Höffner* war das Kriterium der *absoluten* Sicherheit das alles entscheidende. Die für ihn denkbaren Gründe, die bei einer Güterabwägung

---

[294] Gott ist ein Freund des Lebens. Herausforderungen und Aufgaben beim Schutz des Lebens. Gemeinsame Erklärung des Rates der Evangelischen Kirche in Deutschland und der Deutschen Bischofskonferenz, Trier 1989, 36; vgl. 33.
[295] Vgl. zum Folgenden: *Stephan Feldhaus*, Der Fall Kernenergie – ein Glaubensstreit? Kirche und Energieversorgung, in: *Wilhelm Korff*, Die Energiefrage. Entdeckung ihrer ethischen Dimension, Trier 1992, 287-347, 288-330.
[296] Wort des Herrn Erzbischofs zu drängenden Fragen des technischen Entwicklung vom 03.07.1974, in: *Günter Altner*, Atomenergie. Herausforderung an die Kirchen, Neukirchen-Vluyn 1977, 39-43, Zitat 42f.
[297] Energiepolitik erfordert hohes Verantwortungsbewußtsein. Stellungnahmen des Kommissariats der Deutschen Bischöfe, in: HerKorr Jg.31 (1977), 572-574, Zitat 574.
[298] Vgl. *Feldhaus*, Der Fall Kernenergie, 295.

für einen bedingten Ausbau der Kernenergie sprechen könnten, scheiterten an der letztlich nicht eindeutig festzulegenden Sicherheitszusage bei Kernenergiegewinnung, Aufbereitungsanlagen von Brennstäben sowie Atommüllzwischen- und -endlagerung.[299] Die Katastrophe im ukrainischen Kernkraftwerk Tschernobyl führte zu einer Verdichtung der auf die Sorge der Menschen reagierenden kirchlichen Stellungnahmen. In einem Radiointerview wiederholte *Höffner* seine Position in aller Deutlichkeit, aus der Kernenergie auszusteigen.[300]

1986 bezog der Mainzer Bischof *Karl Lehmann*, seit 1987 Vorsitzender der Deutschen Bischofskonferenz, eine von vielen begrüßte ausgewogene Position. Er zeigte die „Grenzen kirchlicher Stellungnahmen" auf. In Fragen der Energieversorgung durch Kernspaltung könnten sie, wie in allen übrigen weltlichen Sachfragen auch, keine Antwort mit Eindeutigkeit und bis ins Detail „im Namen des Evangeliums" geben. So könnten von Fall zu Fall Kernenergieversorgung und Sicherheit unterschiedlich bewertet werden, falls positive Gründe für den Bau eines Kernkraftwerks sprächen, heiße das noch nicht, die keineswegs zu leugnenden Nachteile zu verdecken:

Wer im Blick auf künftige Generationen von großer Sorge erfüllt sei, dürfe „nicht von einer überheblichen Bühne aus als Ignorant und Dummkopf verlacht werden (...). Wer zur friedlichen Nutzung der Atomenergie nach Ausschöpfung aller erwähnten Überprüfungen und Vorsichtsmaßnahmen ein bedingtes Ja" sage, dürfe „nicht im Namen des Evangeliums verteufelt werden, als ob er Leben zerstören wolle"[301].

b) Konziliarer Prozeß: Friede, Gerechtigkeit, Bewahrung der Schöpfung

Die grundsätzliche Bedeutung der energiepolitischen und ökologischen Krise insgesamt ließ die christlichen Kirchen in beiden Teilen Deutschlands und Europas seit der zweiten Hälfte der 80er Jahre erkennen, daß ihr nur mehr mit einem konfessionsübergreifenden Engagement begegnet werden könne. Die sich in der Umweltfrage häufenden gemeinsamen Erklärungen zwischen evangelischer und katholischer Kirche in der Bundesrepublik hatten bereits einen Anfang gemacht. Nun kam es in Basel 1989 zu einer bedeutenden „Europäischen Ökumenischen Versammlung", die sich im Rahmen eines konziliaren Prozesses unter der Themenstellung „Frieden in Gerechtigkeit" unter maßgeblicher katholischer Beteiligung neben den Komplexen Gerechtigkeit und Frieden auch der „Bewahrung der Schöpfung" zuwandte. Dem umfangreichen Dokument stimmten die Vertreter aller christlichen Kirchen Europas mit überwältigender Mehrheit zu und brachten somit ihr gemeinsames Anliegen prägnant zum Ausdruck. Vorbereitet wurde die Baseler Erklärung durch nationale *Ökumenische Versammlungen* in den Jahren

---

[299] Vgl. *Joseph Höffner*, Mensch und Natur im technischen Zeitalter. Eröffnungsreferat auf der Vollversammlung der Deutschen Bischofskonferenz in Fulda, Sep. 1980 (Die Deutschen Bischöfe 28), Bonn 1980, 22-45, bes. 26f.
[300] Interview *Joseph Kardinal Höffners* mit Radio Luxemburg v. 14.09.1986, in: Pressedienst der Deutschen Bischofskonferenz. Dokumentation v. 15.09.1986.
[301] *Karl Lehmann*, Öffentlicher Brief zum Thema Kernenergie, in: Glaube und Leben. Kirchenzeitung des Bistums Mainz v. 24.08.1986.

1988/89 etwa neben Belgien, den Niederlanden und der Schweiz maßgeblich auch in der Bundesrepublik in Königstein/Stuttgart und der DDR in Dresden und Magdeburg. Letztere brachten jeweils als Vorbereitung auf das europäische Treffen ökumenische Stellungnahmen hervor: die von der „Arbeitsgemeinschaft christlicher Kirchen" (ACK, seit 1948) in der Bundesrepublik Deutschland und West-Berlin herausgegebene *Stuttgarter Erklärung* „Gottes Gaben – Unsere Aufgabe" und die „Ökumenische Versammlung der Kirchen und Christen in der DDR" die Stellungnahme „Umkehr zu Gerechtigkeit, Frieden und Bewahrung der Schöpfung"[302]. – Neuartig und eindrucksvoll an der resümierenden *Baseler Erklärung,* in der sich der Tenor beider deutscher Dokumente wiederfindet, war das „Sündenbekenntnis", das die Kirchenvertreter abgaben: Die Christen und ihre Kirchen hätten für die Schöpfungsbewahrung zu wenig getan.

„In den Kirchen haben zwar prophetische Stimmen rechtzeitig vor den anstehenden Gefahren gewarnt, aber wir müssen auch zugeben, daß das Zeugnis aller Christen nicht deutlich genug gewesen ist. Zu lange waren wir blind gegenüber der Tragweite und den Forderungen des Evangeliums im Blick auf Gerechtigkeit, Frieden und die Bewahrung der Schöpfung. Gemeinsam mit anderen brauchen wir einen neuen Anfang. Wir bekennen unser Versagen gemeinsam und als einzelne."[303]

Ein besonderes Augenmerk widmeten die Delegierten ihrer eigenen künftigen Aufgabe bei der Wahrnehmung ihres „Kulturauftrags" der natürlichen Schöpfung gegenüber. Daran wollten sie alle Christen beteiligen. Sie erachteten es als „*Skandal und Verbrechen",* daß der Schöpfung weiterhin nicht wiedergutzumachende Schäden zugefügt würden, und hielten eine „neue partnerschaftliche Beziehung zwischen den Menschen und der übrigen Natur" für unerläßlich. Auch die Verpflichtungserklärung, nicht auf Kosten anderer handeln zu wollen und damit neue Probleme zu verursachen, weist auf das Ziel einer *„internationale(n) Umweltordnung"*[304] voraus.

„*Wir fordern* alle Christen in Europa *auf,* ihren Kirchen und Regierungen bei der Durchführung dieser Maßnahmen zu helfen und sie darin zu bestärken. *Alle fordern wir auf,* einen *neuen Lebensstil* anzunehmen, der der Umwelt so wenig Schaden wie möglich zufügt. Das bedeutet: weniger Energie verbrauchen, öffentliche Verkehrsmittel benutzen und weniger Abfall erzeugen. Kommunalverwaltungen können eine ‚ökologische Buchführung' einführen. Wir müssen lernen, daß unser Glück und unsere Gesundheit weniger von materiellen Gütern abhängen als von den Gaben der Natur und von unseren Mitgeschöpfen, von menschlichen Beziehungen und von unserer Beziehung zu Gott."[305]

---

[302] Gottes Gaben – Unsere Aufgabe. Die Erklärung von Stuttgart v. 22.10.1988 (Arbeitshilfen 70), Bonn o.J., 59-118, 103-115; Arbeitsgruppe „Justitia et Pax" der Berliner Bischofskonferenz (Hrsg.), Gerechtigkeit, Frieden, Bewahrung der Schöpfung. Die Ergebnisse der Ökumenischen Versammlung von Dresden – Magdeburg – Dresden und Basel, Leipzig 1990, 18-40. Vgl. dazu: *Franz Furger,* Gerechtigkeit, Frieden, Bewahrung der Schöpfung. Die ersten Schritte in einem nachkonziliaren Prozeß – ein Bericht aus sozialethischer Sicht, in: JCSW Jg.31 (1990), 200-212.
[303] Europäische Ökumenische Versammlung „Frieden in Gerechtigkeit", Basel, 15.-21.05.1989. Das Dokument (Arbeitshilfen 70), Bonn o.J., 3-50, Nr. 42f.
[304] Ebenda, Nr. 74.
[305] Ebenda, Nr. 87.

Den konziliaren Prozeß für Gerechtigkeit, Frieden und Bewahrung der Schöpfung aufgreifend, gingen auch einige bedeutende Initiativen und Erklärungen von den katholischen Sozialverbänden aus. Etwa die „Katholische Arbeitnehmer-Bewegung Westdeutschlands" verabschiedete auf ihrem 29. Verbandstag 1987 ein Positionspapier, das unter dem Titel „Gottes Schöpfung, der menschlichen Arbeit aufgetragen" ein Nachdenken über die menschliche Arbeit mit der Überlegung, wie behutsam mit der Schöpfung umgegangen werden kann, verknüpft. Deshalb erging die grundsätzliche Forderung an die Vertreter der katholischen Soziallehre in Kirche und wissenschaftlicher Theologie, eine „Schöpfungsethik" auszuarbeiten, „in der die Katholische Soziallehre dahingehend ergänzt wird, daß sie die sittliche Verantwortung gegenüber den Mit-Menschen auf die Mit-Schöpfung ausdehnt"[306]. Besondere Verantwortung wies die KAB dem Staat bei der Lösung der umwelt- und energiepolitischen Probleme zu. Die Schwäche der auf dem Wettbewerbsprinzip basierenden marktwirtschaftlichen Ordnung, die durch die Umweltkrise überfordert sei, fordere den Staat heraus

„umweltpolitische Verantwortung (zu) übernehmen. Angesichts der geringen Bereitschaft der Bürger, ihre Bedürfnisse zu ändern und für die Sicherung der Energieversorgung und den Umweltschutz auf mancherlei Annehmlichkeiten zu verzichten, und angesichts der Überforderung des Marktes, aus sich selbst schnell und angemessen auf die Herausforderungen der Ressourcenschonung und des Umweltschutzes zu reagieren, ist für die KAB der Staat in die Verantwortung gerufen: Er muß die Rahmenbedingungen des Wirtschaftens so gestalten, daß umweltpolitische Ziele gleichwertig neben den wirtschaftspolitischen Zielen (Vollbeschäftigung, angemessenes Wachstum, Geldwertstabilität und außenwirtschaftliches Gleichgewicht) Berücksichtigung finden."[307]

Damit griffen sie die strukturethischen Ansätze der Gemeinsamen Erklärung „Verantwortung wahrnehmen für die Schöpfung" von EKD und katholischen Bischöfen auf. In ihrem Grundsatzprogramm von 1996 rief die KAB Deutschlands zur Beteiligung ihrer Gliederungen, Gruppen und Initiativen am konziliaren Prozeß für Gerechtigkeit, Frieden und Bewahrung der Schöpfung auf, denn „die natürlichen Lebensgrundlagen können nur bewahrt werden, wenn die Fragen von Gerechtigkeit und Frieden miteinbezogen werden"[308].

Auch das „Kolpingwerk" machte 1989 einen einprägsamen Versuch, auf europäischer Ebene seinen Mitgliedern die Verantwortung für die Umwelt zu verdeutlichen. Ihm geht es darum, die klassische Zweidimensionalität des Menschen in Individual- und Sozialnatur um eine dritte Komponente hin zum *dreidimensionalen* Menschenverständnis zu erweitern. Dieses setzt sich aus „Individualität, Sozialität und Naturalität" zusammen:

„Während Individualität den einmaligen unwiederholbaren Menschen bezeichnet, erfaßt Sozialität die Abhängigkeit der Menschen voneinander und die Mitverantwortung füreinan-

---

[306] KAB Westdeutschlands, Osnabrücker Positionspapier „Gottes Schöpfung: der menschlichen Arbeit aufgetragen" v. 30.05.1987, Köln 1987, Nr. 8f. Vgl. ferner: Kommission 8 des Zentralkomitees der deutschen Katholiken, Arbeitspapier „Umwelt, Schöpfung und Kultur in der Gemeinde", in: Berichte und Dokumente Jg.48 (1982), 14.
[307] Ebenda, Nr. 26f.
[308] Grundsatzprogramm der KAB Deutschlands (1996), Nr. 82.

der. Naturalität verweist den Menschen darauf, daß er eingebunden ist in die Umwelt und Verantwortung für sie trägt."[309]

Dieser neuartigen Sichtweise entsprach für die Praxisorientierung des deutschen „Kolpingwerks" in Alltag und Politik ein „Ökologisches Aktionsprogramm"[310]. Ihm liegt ein *integrales* Umweltverständnis zugrunde, das dem bislang erörterten „materiellen" einen „immateriellen Umweltschutz" hinzufügt. Damit sind die „Beachtung der Menschenwürde und Anerkennung der Familie als unverzichtbare Grundwerte menschlichen Zusammenlebens", das Bemühen um Gerechtigkeit und Frieden im Handeln der Menschen oder die sachlich-gerechte politische Auseinandersetzung gemeint. Das „Kolpingwerk" nahm hier Inhalte vorweg, die *Johannes Paul II.* ein Jahr später in seinem Rundschreiben „Centesimus annus" von 1991 als „Human-„ bzw. „Sozialökologie" bezeichnete.[311]

Während der Papst die ökologische Thematik in seinen Enzykliken nur knapp abhandelte, widmete er ihr intensivere Aufmerksamkeit in seiner Weltfriedensbotschaft von 1990. Die Umweltkrise erkannte der Papst nicht nur als ökologisches, sondern vor allem als *„ein moralisches Problem"*[312]. Für Christen habe sie zusätzlich eine religiöse Dimension. Sie stellten fest, „daß ihre Aufgaben im Bereich der Schöpfung, ihre Pflichten gegenüber der Natur und dem Schöpfer Bestandteil ihres Glaubens sind", weshalb konkreter Umweltschutz Teil des praktizierten christlichen Glaubens sein müsse. Die Psalmen 96 und 148 verwiesen darauf, daß die außermenschliche Schöpfung zusammen mit den Menschen in „,Geschwisterlichkeit' und ,Partnerschaft'"[313] dazu berufen sei, Gott zu verherrlichen. Es sei daher folgerichtig, die bisherige Theologie um das Element einer *Theologie der Umwelt* zu ergänzen, die einen verantwortungsbewußten und ethisch motivierten Umgang mit der Schöpfung zum Thema habe. Konkret forderte *Johannes Paul II.* „das Recht auf eine sichere Umwelt als ein Recht, das in eine den heutigen Erfordernissen angepaßte Charta der Menschenrechte aufgenommen werden muß"[314], sowie die Aufstellung von Umweltschutznormen und ein besseres Verwaltungssystem auf internationaler Ebene.[315]

---

[309] Ökologische Leitlinien des Kolpingwerks Europa, in: Kolpingblatt H.1 (1990), Nr. 1.1f.

[310] Vgl. Ökologisches Aktionsprogramm des Kolpingwerkes Deutscher Zentralverband, in: Idee und Tat. Zeitschrift für die Kolpingfamilie H.4 (1991), 51-57.

[311] Vgl. *Johannes Paul II.*, Enzyklika „Centesimus annus" (1991), Nr. 38f.; dazu: *Langhorst*, Kirche und Entwicklungsproblematik, 289f.

[312] Vgl. *Johannes Paul II.*, „Friede mit Gott, dem Schöpfer – Friede mit der ganzen Schöpfung". Die Papstbotschaft zum Weltfriedenstag 1990, in: HerKorr Jg.44 (1990), 75-79, Nr. 15.

[313] *Baumgartner/Korff*, Das Prinzip Solidarität. Strukturgesetz einer verantworteten Welt, in: StZ Bd.208 (1990), 237-250, Zitat 246. Die Verfasser machen unmißverständlich darauf aufmerksam, daß Schöpfung und Natur nicht als *personale* Kategorien begriffen werden können, daß sie keine moralische Größen sind (246-248).

[314] Vgl. *Johannes Paul II.*, „Friede mit Gott, dem Schöpfer", Nr. 15f., 10.

[315] Vgl. zu konkreten Maßnahmen: *Norbert Herkenrath*, Wir sind ein Teil der Erde – wie lange noch?, in: *Giegel/Langhorst/Remele*, Glaube in Politik und Zeitgeschichte, 211-224, bes. 220-223.

Fazit

Im Vergleich zur Entwicklungspolitik oder etwa auch zur Friedens- und Sicherheitspolitik[316] übte die im deutschen Katholizismus entfaltete Umweltethik einen erheblich geringeren Einfluß auf die politischen Entscheidungsprozesse aus. Selbst bei den christlich-demokratischen Parteien war eine solche Einwirkung kaum feststellbar. Ausnahmen bilden etwa die Verabschiedung des ökologischen Parteitagsbeschlusses auf dem CDU-Bundesparteitag 1989 in Bremen oder eine CDU-Beschlußfassung der hessischen CDU 1986, denen Kontakte und Diskussionen mit kirchlichen Vertretern vorausgegangen sind.[317] Obwohl die drei genannten Stellungnahmen der Bischofskonferenz und Einzelverlautbarungen von Bischöfen vorlagen, war deren gesellschaftliche Rezeption gering, zumal sie zu aktuellen und konkreten ökologischen Problemen kaum Position beziehen. Hier mag als Ausnahme der Hinweis auf die vom Vorsitzenden der Deutschen Bischofskonferenz *Karl Lehmann* und demjenigen des Rates der EKD *Martin Kruse* herausgegebenen Erklärung zum Bericht der Enquete-Kommission „Vorsorge zum Schutz der Erdatmosphäre"[318] genügen. Dies hat wohl zum einen seine Ursache darin, daß der kirchliche Ansatzpunkt, die schöpfungstheologische Begründung der menschlichen Verantwortung für die Natur, vielen unbekannt ist oder schwer nachvollziehbar erscheint. Zum anderen fühlt sich die Kirche nicht an kurzfristige politische Interessen gebunden, sondern versucht, indem sie Defizite und negative Entwicklungen im gesellschaftlichen Bereich offenlegt, einen Beitrag zu einer langfristigen Umorientierung in der Ökologie- und Umweltpolitik zu leisten.

Künftig erscheint ein intensiveres Engagement der Kirchen und ihrer Organisationen ebenso wie der katholischen Sozialverbände im Bereich des Umweltschutzes notwendig, wollen sie in der Öffentlichkeit als Bewahrerinnen der Schöpfung, die menschliche und außermenschliche Natur umfaßt, Akzeptanz finden. Die Umweltfrage wird künftig eine der entscheidenden Problemstellungen sein, die – ähnlich wie die soziale Frage im 19. Jh. – alle Organisationen herausfordern wird, ihren gesellschaftlichen Standort und ihre Selbsteinschätzung neu zu definieren.[319] In einer Verbindung von sozialem und umweltpolitischem Engagement, also in öko-sozialer Praxis, wird eine wesentliche Basis dafür zu finden sein.

Politik braucht Ethik, die Kirche und die katholischen Verbände bieten Ethik zur Politik. Hier liegt eine Chance, die Richtung der Umweltpolitik durch ein auf

---

[316] Vgl. näherhin: *Peter Langhorst*, „Ziel ist ein positiver Friede". Die Diskussion um Sicherheitspolitik und Friedensethik im deutschen Katholizismus nach 1945, in: Zeitschrift Militärseelsorge. Pastoral, Jg.42 (2001).

[317] Vgl. Unsere Verantwortung für die Schöpfung. Beschluß des 37. Bundesparteitages der CDU in Bremen zur Umwelt- und Energiepolitik v. 11.-13.09.1989, in: CDU-Dokumentation 29/1989, 18-48; Mut zur Zukunft – Umweltpolitische Schwerpunkte. Gelbe Reihe der CDU Hessen 29/1986.

[318] *Karl Lehmann/Martin Kruse,* Erklärung „Die Schöpfung in Frieden bewahren" vom 29.10.1990, in: Katholische Nachrichtenagentur – Dokumentation (30.10.1990) 1f.

[319] Vgl. dazu: II. Ökumenische Versammlung in Erfurt vom Juni 1996, Bericht der Arbeitsgruppe 4.4: Schöpfungsgerechtes Handeln; ferner: *Ralf Bammerlin*, Ungeheure Chancen. Kirchen als Nichtregierungsorganisationen in der Umweltpolitik, in: Politische Ökologie Jg.48 (9/10 1996), 55-58, Zitat 58.

christlicher Grundlage erneuertes Verständnis der Natur, durch eine Ethik der Ökologie für Mensch und Natur zu beeinflussen. Dies gilt insbesondere für Entscheidungen mit nicht mehr einholbaren Folgen wie der Kernenergie oder künftig verstärkt der Bio- und Gentechnik. Auf der Folie der immensen technologischen Fortschritte sind für die Rechtfertigung vernunftorientierten gesellschaftlichen Handelns ethische Wertmaßstäbe nicht nur erforderlich, sondern gewünscht. Die Kirche hat als gesellschaftliche Größe in einem öffentlichen Diskurs hier ein genuines Aufgabenfeld.

III. Zusammenfassung und Ausblick: „Für eine Zukunft in Solidarität und Gerechtigkeit"

Als der Vorsitzende der Deutschen Bischofskonferenz, der Mainzer Bischof *Karl Lehmann,* und der Vorsitzende des Rates der Evangelischen Kirche in Deutschland, der badische Landesbischof *Klaus Engelhardt,* am 28. Februar 1997 das gemeinsame Wort der Kirchen zur wirtschaftlichen und sozialen Lage in Deutschland unter dem Titel „Für eine Zukunft in Solidarität und Gerechtigkeit"[320] in Bonn der Öffentlichkeit vorstellten, präsentierten sie ein Dokument, dessen Entstehungsprozeß in Deutschland einzigartig ist. Es ist das Resultat eines mehr als zwei Jahre dauernden Konsultationsprozesses, der in Kirche und Öffentlichkeit ein großes Echo gefunden hat. Grundlage der Beratungen war ein etwa fünfzig Seiten starker Entwurf, den eine Arbeitsgruppe von Vertretern beider Kirchen im November 1994 vorgelegt hatte.[321]

In dem gemeinsamen Wort der Kirchen verbindet sich die noch junge ökumenische Tradition auf der Ebene der Kirchenleitungen mit anderen Zeichen des Aufbruchs: nämlich daß erstmals in Deutschland ein gemeinsames Bischofswort zu wirtschaftlichen und sozialen Fragen formuliert worden ist, das in Thematik und Entstehung die Wirtschafts- und Sozialhirtenbriefe der amerikanischen, österreichischen sowie englisch-walisischen Bischofskonferenzen (1986, 1990 und 1996) zum Vorbild nahm, und daß die kirchliche Soziallehre in Deutschland nunmehr ohne spezifisch evangelisch-katholische Differenzen formuliert wurde und ihr somit eine neue Qualität, nämlich die einer ökumenischen Sozialethik, zukommt.

Man geht auch nicht zu weit, wenn man das Sozialpapier aufgrund des öffentlichen Entstehungsprozesses, an dem sich die deutschen Katholiken über ihr „Zentralkomitee" und besonders die Sozialverbände maßgeblich beteiligt haben, gleichsam als Zusammenfassung und Bilanz der Bemühungen des sozialen Katholizismus um gesellschaftliche und wirtschaftliche Gerechtigkeit in Deutschland am Wendepunkt zum dritten Jahrtausend betrachtet.

Das Kirchenwort tritt dafür ein, daß *Solidarität* und *Gerechtigkeit* als grundlegende Orientierungsmarken einer zukunftsfähigen und nachhaltigen Wirtschafts- und Sozialpolitik allgemeine Geltung erhalten. Die Kirchen sehen es als ihre ge-

---

[320] Für eine Zukunft in Solidarität und Gerechtigkeit. Wort des Rates der Evangelischen Kirche in Deutschland und der Deutschen Bischofskonferenz zur wirtschaftlichen und sozialen Lage in Deutschland, Bonn o.J. (1997).
[321] Zur wirtschaftlichen und sozialen Lage in Deutschland. Diskussionsgrundlage für den Konsultationsprozeß über ein gemeinsames Wort der Kirchen, Bonn o.J. (1995).

nuine Aufgabe an, in der gegenwärtigen Situation auf Perspektiven des christlichen Glaubens für ein menschliches und zugleich humanes Gemeinwesen, auf das Verständnis christlicher Anthropologie sowie auf unveräußerliche Grundwerte hinzuweisen. „Tiefe Risse gehen durch unser Land" (Nr. 2): besonders derjenige der Massenarbeitslosigkeit quer durch die Gesellschaft, die wachsende Kluft zwischen Wohlstand und Armut sowie der noch nicht versiegelte Graben zwischen Ost und West.

Einige Hauptgedanken lassen sich resümierend und zugleich ausblickend besonders hervorheben:

1. Ökologisch-ethische Erneuerung der Sozialen Marktwirtschaft

Das Bekenntnis zu „einer sozial, ökologisch und global verpflichteten Marktwirtschaft" (Nr. 11) ist von den Kirchenleitungen nachvollzogen worden, nicht ohne auf die dringende Notwendigkeit von rahmengebenden ethischen und rechtlichen Normierungen zu bestehen. Zwei Säulen tragen das sozial-marktwirtschaftliche Konzept: das auf dem Wettbewerb basierende Leistungsvermögen der Volkswirtschaft und die Qualität der sozialen Sicherung.[322] Die Kirchen warnen, nicht nur weil sie sich als Anwälte der Zurückgesetzten verstehen, sondern auch besonders aus Vernunftsgründen, davor, das zweite Standbein zu untergraben. Deshalb müssen in Zukunft

„u.a. die Betriebs- und Unternehmensverfassung einschließlich der Mitbestimmung der Arbeitnehmer, das System der Tarifautonomie, die Arbeitsschutzgesetzgebung, ein System sozialer Sicherung, freie Berufs- und Arbeitsplatzwahl, das Recht auf Eigentum und seine Sozialpflichtigkeit, Wettbewerbsschutz, Arbeits- und Wohnungsmarktpolitik (...), auf Dauer einen sozial gerechten Ausgleich und die Beteiligung und Teilhabe eines jeden Menschen – auch des Nicht-Erwerbstätigen – nach seinem Vermögen an dem gesellschaftlichen, kulturellen und wirtschaftlichen Leben" (Nr. 143) ermöglichen.

Der Erfolg der Sozialen Marktwirtschaft lag zu einem wesentlichen Teil in ihrer ständigen Reformierung und Anpassung an stetig schwankende wirtschaftspolitische Verhältnisse. Diese Fähigkeit wird angesichts der Mondialisierung der Märkte und der damit verbundenen globalen Konkurrenzsituation in besonderem und bislang nicht gekanntem Ausmaß erforderlich sein. Das Sozialwort sieht diese veränderte Situation jedoch nicht als Bedrohung, im Gegenteil: Die Chance für die Unternehmen, Währungsdifferenzen, unterschiedlichen Produktionsbedingungen, Sozialsysteme und Arbeitsmärkte zu nutzen, wird in den Vordergrund gestellt:

„Die Chancen bestehen freilich nur so lange, wie die reichen Länder bereit sind, ihre Märkte offenzuhalten und weiter zu öffnen. Das verlangt den Menschen in Deutschland Umstellungen ab und ist für manche Wirtschaftszweige mit Einbußen verbunden" (Nr. 33).

---

[322] Vgl. *Reinhard Göhner,* Wirtschaft und Soziales – zwei Pfeiler einer Brücke, in: NOrd Jg.51 (1997), 122-132, bes. 123-130; *Hermann-Josef Arentz,* Sozialpolitisches Handeln in christlich-sozialer Verantwortung, in: *Bernhard Nacke* (Hrsg.), Sozialwort der Kirchen in der Diskussion. Argumente aus Parteien, Verbänden und Wissenschaft, Würzburg 1997, 272-280, bes. 275-280.

Diese Einstellung ist optimistisch und den Anforderungen der Zukunft angemessen zugleich – genauso wie die Vorgabe, die *natürlichen* Grundlagen des Lebens, also die menschliche *Umwelt* zu bewahren, um nicht den wirtschaftlichen Aktivitäten den Boden zu entziehen.[323]

Man stellt sich bewußt in die Tradition der Strategie des „sustainable development", die eine (wirtschaftliche) Entwicklung beschreibt, die den Bedürfnissen heutiger Generationen entspricht, ohne die Möglichkeiten künftiger Generationen zu gefährden, ihren eigenen Bedarf zu befriedigen und ihren eigenen Lebensstil zu wählen. Konkret bedeutet dies, daß die *ökologische* Perspektive von vornherein und nicht im nachhinein für jeden wirtschaftlichen Prozeß und jede soziale Initiative mitgedacht werden muß. Es geht, wenn schon Wirtschaftswachstum als Maxime Akzeptanz findet, um ein *sustainable growth,* um ein ökologisch langfristig tragfähiges Wachstum.[324] Auch der bislang maßlose Gebrauch *nicht* erneuerbarer Ressourcen verlangt, zu veränderten Verbrauchsstrukturen überzugehen bzw. durch Substitute wirtschaftliche Produktionsprozesse umzugestalten. Auch prinzipiell erneuerbare Ressourcen dürfen weder überlastet noch zerstört werden.

„Die deutsche Gesellschaft kann nur dann den Erfordernissen nachhaltiger Entwicklung gerecht werden, wenn es ihr gelingt, sich in ihrem natürlichen Handlungsrahmen so einzurichten, daß die berechtigten Interessen der kommenden Generationen und der Menschen auf anderen Kontinenten nicht verletzt werden. So wie die historische Erfahrung gezeigt hat, daß sich eine gerechte soziale Verteilung nicht von alleine aus der Dynamik des Marktes ergibt (...), so ist auch die Bewältigung der ökologischen Problemfelder nicht aus der inhärenten Dynamik der Sozialen Marktwirtschaft zu leisten (...). Dies erfordert, daß Umweltqualitätsziele, also die ökologische Komponente, als ein eigenständiger Zielfaktor der wirtschaftlichen Entwicklung beachtet werden. Mit einer ökologischen Nachbesserung des Modells der Sozialen Marktwirtschaft ist es nicht getan. Notwendig ist vielmehr eine Strukturreform zu einer ökologisch-sozialen Marktwirtschaft insgesamt" (Nr. 148) und damit insgesamt eine „Politik des ökologischen Strukturwandels" (Nr. 32).

2. Abbau der Massenarbeitslosigkeit

Die dem marktwirtschaftlichen System eigene Dynamik, die der Bundesrepublik in den Nachkriegsjahrzehnten Erfolg und Wohlstand bescherte, wirkt sich gegenwärtig zugunsten anderer Industrieländer der Weltwirtschaft aus. Der daraus resultierende Anpassungsdruck wird im massenweisen Abbau von Arbeitsplätzen offenkundig. Dieses gesellschaftliche Problem birgt „gefährliche(n) Sprengstoff"

---

[323] Vgl. *Rolf Siedler,* „Den ökologischen Strukturwandel voranbringen", in: *Karl Gabriel/Werner Krämer* (Hrsg.), Kirchen im gesellschaftlichen Konflikt. Der Konsultationsprozeß und das Sozialwort *Für eine Zukunft in Solidarität und Gerechtigkeit,* Münster 1997, 132-140; *Andreas Lienkamp,* Kommentar, in: *Marianne Heimbach-Steins/Ders.* (Hrsg.), Für eine Zukunft in Solidarität und Gerechtigkeit. Wort des Rates der Evangelischen Kirche in Deutschland und der Deutschen Bischofskonferenz zur wirtschaftlichen und sozialen Lage in Deutschland. Eingeleitet und kommentiert von dens. unter Mitarbeit v. *Gerhard Kruip* u. *Stefan Lunte,* München 1997, 162-171.
[324] Vgl. *Hans-Jürgen Harborth,* Dauerhafte Entwicklung statt globaler Selbstzerstörung. Eine Einführung in das Konzept des „sustainable development", Berlin 1991, bes. 241-243; *Kruip,* Deutschland vor den Herausforderungen der Globalisierung, in: *Nacke,* Sozialwort der Kirchen in der Diskussion, 363-380, Zitat 373f.

(Nr.19). Deshalb sind dauerhafte und energische Maßnahmen zur Beseitigung von Arbeitslosigkeit eine für alle beteiligten gesellschaftlichen Gruppen vorrangige Aufgabenstellung, die eine gleichberechtigte Integration von Frauen in das Erwerbsleben in besonderem Maße berücksichtigt. Solchen Maßnahmen hat zuerst ein Bewußtseinswandel zugrunde zu liegen: „Die Arbeitslosigkeit ist kein unabwendbares Schicksal, dem Politik, Wirtschaft und Gesellschaft hilflos ausgeliefert wären" (Nr.167).

Neue Arbeitsplätze müssen in erster Linie von einer effektiven und wettbewerbsfähigen Wirtschaft erwartet werden. Im Prospekt des verschärften internationalen Wettbewerbs ist es im Blick auf konkurrenzfähige Arbeitsplätze „ökonomisch geboten und sozial vertretbar, für Lohn- und Gehaltszuwächse einzutreten, die sich am Produktivitätsfortschritt orientieren und die Lohnstückkosten nicht erhöhen" (Nr. 169). Deshalb ist ein *Strukturwandel* durch die Verbesserung der wirtschaftspolitischen Rahmenbedingungen erforderlich.

„Vordringliche Aufgabe ist dabei eine umfassende Reform der Steuer- und Abgabensysteme mit dem Ziel, die Steuer- und Abgabenbelastung zu vermindern und zugleich das Steuer- und Abgabensystem insgesamt arbeitsplatzfördernder und sozial gerechter zu gestalten. Notwendig ist weiter eine Verstärkung der Anreize für technologische und wirtschaftliche Innovationen (...). (Neue) Beschäftigungspotentiale sind im wesentlichen im Bereich neuer Techniken und technologischer Innovationen (...) und im Bereich der industrienahen sowie der privaten Dienstleistungen zu suchen. Notwendig ist schließlich die Verbesserung des Ausbildungssystems. Bildung und Ausbildung sind als lebenslange Aufgabe zu begreifen; sie dürfen nicht auf einzelne Lebensabschnitte begrenzt bleiben" (Nr. 170).

Die in Kreisen des Sozialkatholizismus vertretene „Ethik des Teilens von Erwerbsarbeit" zum Abbau der Arbeitslosigkeit, auf die auch Papst *Johannes Paul II.* während seines Deutschlandreise 1987 hinwies[325], wird als schwierige Aufgabe des Interessenausgleichs gewertet – zwischen Arbeitslosen, Arbeitnehmern mit niedrigem und hohem Einkommen, zwischen Voll- und Teilzeitbeschäftigten sowie zwischen den Geschlechtern. Denn geteilte Arbeit bedeutet immer auch geteilten Lohn – und nicht alle, insbesondere diejenigen mit geringen Einkommen, sind in der Lage, es zu teilen.

„Bei der Lösung der Beschäftigungskrise kommt es schließlich darauf an, die ‚Dominanz der Erwerbsarbeit' zu überwinden und die verschiedenen Formen von Arbeit gesellschaftlich anzuerkennen und zu unterstützen. Arbeit wird nicht nur im Erwerbsbereich geleistet, sondern auch in der Familie und in sog. ehrenamtlichen Tätigkeiten. Gerade im Raum der Kirchen und im öffentlichen Leben spielen diese Arbeitsformen eine bedeutende Rolle" (Nr. 176).

Das Menschenrecht auf Arbeit, das in der jüngeren christlichen Soziallehre zu immer größerer Beachtung gefunden hat, ist unmittelbarer Ausdruck der Menschenwürde. Der Mensch ist auf ein tätiges Leben hingeordnet und erfährt dessen

---

[325] Vgl. *Johannes Paul II.,* Solidarität – Lebenskraft – Zukunft. Die Botschaft des Papstes in Bottrop, hrsg. v. Diözesanrat der Katholiken im Bistum Essen, Essen 1987, Nr. 21; dazu: *Franz Josef Stegmann,* „Wenn Arbeitslosigkeit zum Skandal wird ..." Arbeit – Arbeitslosigkeit und katholische Soziallehre, in: Gesellschaft im Test Jg.29 (1989), 38-45, bes. 42; *Gerhard Kruip,* Kommentar, in: *Heimbach-Steins/Lienkamp,* Für eine Zukunft in Solidarität und Gerechtigkeit, 186-193.

Sinnhaftigkeit erst im Austausch mit den Mitmenschen. Schon von daher ist das *Leitbild von Arbeit* nicht auf Erwerbsarbeit zu beschränken. – Für die christliche Sozialethik ist Arbeitslosigkeit eine ökonomische Frage, mehr jedoch ist sie ein menschlich-existentielles Problem, weil es den Menschen sowohl als Person als auch in seinem sozialen Bezug betrifft. Seine theologisch-ethische Relevanz liegt darin, daß unfreiwillige Arbeitslosigkeit dem Menschen die Teilnahme an der von Gott erteilten Schöpfungsaufgabe verwehrt. Nicht nur hindert sie daran, für den eigenen Lebensunterhalt und den der Angehörigen zu sorgen, sie macht es darüber hinaus unmöglich, die den Menschen zukommende Verantwortung für die wirtschaftliche und soziale Entfaltung des Gemeinwesens wahrzunehmen. Deshalb verstehen sich die Kirchen als „neue Offensiv-Kraft"[326] in den gesellschaftspolitischen Auseinandersetzungen um angemessene Beschäftigungsprogramme und nicht zuletzt auch in dem von den Gewerkschaften seit 1995 angeregten „Bündnis für Arbeit".

3. Mehr gesellschaftliche Eigenverantwortung in Subsidiarität und Solidarität

Konsequent im Sinne der christlichen Anthropologie ist der Ruf nach verstärkter Wahrnehmung von Eigenverantwortung der Menschen und der Appell, nicht für alle Lebensfragen die staatliche Autorität zu bemühen. Das gemeinsame Wort der Kirchen hütet sich davor, bei den notwendigen Veränderungen und Einschränkungen der institutionellen Ausgestaltung der sozialen Sicherungssysteme sowie auch den Maßnahmen zur Bekämpfung der Arbeitslosigkeit seine sozialpolitischen Ideen in unmittelbare Forderungen an den Staat zu kanalisieren. Vielmehr beruft es sich auf die sozialethischen Grundsätze der *Subsidiarität* und *Solidarität*[327], von denen besonders das erstere seit der Wiedervereinigung Deutschlands neuerliche Bedeutung erlangt hat – war doch der Bevölkerungsteil im Osten Deutschlands zwangsweise daran gewöhnt, persönliche und Gruppen-Interessen stets an den Staat zu adressieren und durch ihn regulieren zu lassen. Indes bedarf es zur Unterstützung der Eigeninitiative einer die Menschen tragenden und ihre Bemühungen ergänzenden solidarischen Sozialkultur.

„Die traditionelle Sozialkultur befindet sich (...) in einem starken Wandel und hat sich an vielen Stellen aufgelöst. Ansätze zu einer neuen Sozialkultur zeichnen sich ab. Sie müssen gefördert werden. Darum spielen die Familien und neue Formen und Chancen der Solidarität, etwa in den Netzwerken assoziativer Selbsthilfe, in den Bürgerbewegungen und Ehrenämtern oder in der wechselseitigen Nachbarschaftshilfe, im Wort der Kirchen eine hervorgehobene Rolle. Eine neue Sozialkultur kann und soll nicht das staatliche System sozialer Sicherung ersetzen, aber sie kann Leistungen hervorbringen, die man bisher allzu schnell vom Staat erwartete" (Nr. 26).

---

[326] *Norbert Zöller,* Bündnis für Arbeit. Eine noch aktuelle Initiative zur „Halbierung der Arbeitslosigkeit", in: *Gabriel/Krämer,* Kirchen im gesellschaftlichen Konflikt, 93-108, Zitat 103.
[327] Vgl. etwa aus ökonomischem Blickwinkel: *Barbara Myrtz,* Subsidiarität gefordert. Zum gemeinsamen Wort der Kirchen, in: Nord, Jg.51 (1997), 145-148; *Hans H. Wenkebach,* Zwischen Solidarität und Wettbewerb. Zum gemeinsamen Wort der Kirchen, in: Ebenda, 137-144.

Genau diese Sachverhalte umschreibt der Begriff der „Subsidiarität". Diese katholischerseits in der Enzyklika „Quadragesimo anno" *Pius' XI.* grundlegend entfaltete und später zum Prinzip erhobene sozialethische Kategorie[328] findet seine Anwendung in den gesellschaftlichen Kompetenzzuweisungen *von unten nach oben*, die sich aus der Überforderung des Einzelmenschen ergeben. Genauso geht es allerdings um den Aspekt der Kompetenzordnung *von oben nach unten:* Was ein einzelner oder eine Gruppe tun kann, das hat sie zu leisten und darf ihr die nächst größere gesellschaftliche Einheit nicht abnehmen. Dies ist als dringlicher Appell an die *Selbstverantwortung* und die *Selbsthilfe* zu werten, an die Notwendigkeit, bei aufkommenden Problemen zunächst die eigenen menschlichen und technischen Möglichkeiten und Fähigkeiten auszuschöpfen. Von wachsender Bedeutung für die dahingehende Strukturierung von Gesellschaften und die Wahrnehmung partizipativer Möglichkeiten – auch im Blick auf die künftige Arbeit der Sozialverbände – ist das von *Friedhelm Hengsbach,* dem Nachfolger von *Oswald von Nell-Breuning* auf dem Lehrstuhl für Christliche Sozialwissenschaft in Frankfurt-St. Georgen, in die praxisorientierte christliche Sozialethik eingebrachte „Ethik sozialer Bewegungen", die dem zunehmendem basisorientierten Engagement der Menschen in Sozialbewegungen Rechnung zu tragen sucht.[329]

Denn „sowohl der Konsultationsprozeß als auch das *Sozialwort* der Kirchen wären nicht denkbar bzw. anders ausgefallen, hätten nicht kirchliche Gruppierungen, Verbände, Initiativen und gesellschaftlich relevante Gruppierungen und Organisationen die beiden Kirchen unter Druck gesetzt, einen partizipativen Prozeß zuzulassen und in Gang zu setzen. Insofern sind (sie ...) maßgeblich Ergebnis und Ausdruck einer kirchlichen Sozialbewegung von unten."[330]

Aufgabe der staatlichen Hilfeleistungen ist es nunmehr, das Subsidiaritätsprinzip dahingehend zu funktionalisieren, daß sich die zunehmende Apathie vieler Menschen in selbständige Energie umwandelt[331]. Dann greift der Gedanke der „subsidiären Reduktion"[332], die von der größeren Gesellschaftseinheit verlangt, Kompetenzen, die eine kleinere gesellschaftliche Einheit wieder selbst leisten kann, ihr zurückzuübertragen. Beide, subsidiäre Assistenz und subsidiäre Reduktion, sind Forderungen der „Gerechtigkeit"[333]:

„Solidarität und Subsidiarität gehören also zusammen und bilden gemeinsam ein Kriterienpaar zur Gestaltung der Gesellschaft im Sinne der sozialen Gerechtigkeit" (Nr. 121).

---

[328] Vgl. zur Entfaltung und aktuellen Diskussion: *Josef Senft,* Subsidiarität: Vorfahrt für Eigenverantwortung und Schlüssel zur Zivilgesellschaft – Das Prinzip von unten im Sozialwort, in: *Nacke,* Sozialwort der Kirchen in der Diskussion, 281-302.
[329] Vgl. knapp: *Friedhelm Hengsbach,* Der Umbau kirchlicher Sozialehre in eine Ethik sozialer Bewegungen, in: APuZ H.20 (1991), 16-27.
[330] *Michael Schäfers,* Der Konsultationsprozeß und das Sozialwort der Kirchen. Ergebnis einer „Sozialbewegung von unten"?, in: *Gabriel/Krämer,* Kirchen im gesellschaftlichen Konflikt, 11-24, Zitat 11.
[331] Dem Ruf nach vermehrter Eigenverantwortung mißt unter den Verbänden besonders der BKU absolute Priorität zu, wie es dessen Bundesvorsitzender zum Ausdruck bringt: *Werner Then,* Die neue Herausforderung: Eigenverantwortung, in: *Nacke,* Sozialwort der Kirchen in der Diskussion, 173-190, 179-186.
[332]*Schneider,* Subsidiäre Gesellschaft – erfolgreiche Gesellschaft, 35-37, 144.
[333] *Pius XI.,* Enzyklika „Quadragesimo anno" (1931), Nr. 79.

4. Vorzugsoption für die Zurückgesetzten

Auf dem Gebiet der Wirtschafts- und Sozialpolitik sehen es die Kirchen als ihre Aufgabe an, insgesamt für eine Wertorientierung einzutreten, die dem Wohlergehen aller gilt.

„Sie betrachten es als ihre besondere Verpflichtung, dem Anliegen jener Gehör zu verschaffen, die im wirtschaftlichen und politischen Kalkül leicht vergessen werden, weil sie sich selbst nicht wirksam artikulieren können: der Armen, Benachteiligten und Machtlosen, auch der kommenden Generation und der stummen Kreatur. Sie wollen auf diese Weise die Voraussetzungen für eine Politik schaffen, die sich an den Maßstäben der Solidarität und Gerechtigkeit orientiert" (Nr. 4).

Für all diese Menschen formuliert das Sozialpapier eine *Vorzugsoption*. Dabei bedeutet Option Verpflichtung und ist nicht freiem Belieben unterstellt. Sie ist für Kirche und Christen normative Vorgabe, indem sie die *Haupt*richtung ihres Engagements festlegt und einen „Perspektivenwechsel (...) aus der *Sicht der Armen*"[334] vornimmt. Der Wandel einer Kirche, die lange Jahrhunderte zum großen Teil auf Seiten der Mächtigen und Reichen gestanden hat, wurzelt in der Erkenntnis, daß in den Arbeits-, Wohnungs- und Rechtlosen Christus selbst leidet. Die Vorzugsoption setzt sich nicht nur für die betroffenen Personen ein, sondern will als dynamische Option für die Überwindung von Verarmung und Ungerechtigkeit besonders strukturelle Maßnahmen zur Verbesserung der Situation ergreifen. Diese sollen nicht nur helfen, sondern auch zu eigenverantwortlichem Handeln anleiten und erreichen, „Ausgrenzungen zu überwinden und alle am gesellschaftlichen Leben zu beteiligen" (Nr. 107).

5. Europäische und weltweite Integration

Da der Heilsanspruch der christlichen Botschaft immer universal ist und damit auch deren Interpretation nicht an politischen Grenzen haltmachen kann, ist auch der Bezugspunkt des deutschen Sozialwortes der Kirchen international über die spezifisch deutsche Problematik hinaus:[335] „Die Kirche hat eine Botschaft an alle Menschen. Für sie kann der Horizont von Solidarität und Gerechtigkeit über Deutschland und Europa hinaus nur ein weltweiter sein" (Nr. 33). Angesichts der rasanten Entwicklung des europäischen Binnenmarktes und der Globalisierung der Wirtschaftsprozesse ist auch Deutschland gehalten, sich nicht nur an dieser ökonomischen Vereinigung zu beteiligen, sondern – aufgrund seiner internationalen Vorbildfunktion – auch die soziale und politische Integration voranzutragen. „Dieser Ausbau ist eine wichtige Voraussetzung für gleiche Wettbewerbsbedingungen und eine stärkere Konvergenz der sozialen Sicherung" (Nr. 234). Für die Kirchen steht eines darüber hinaus fest: „Man kann nicht zuerst nach Chancen

---

[334] *Marianne Heimbach-Steins,* Kommentar, in: Dies./Lienkamp, Für eine Zukunft in Solidarität und Gerechtigkeit, 136-138, Zitat 138; vgl. *Andreas Lienkamp/Christoph Lienkamp,* Die Option für die Armen und die internationale Verantwortung, in: *Gabriel/Krämer,* Kirchen im gesellschaftlichen Konflikt, 109-131, 114-120.

[335] Vgl. *Kruip,* Deutschland vor den Herausforderungen der Globalisierung, 367-380.

wirtschaftlicher Entwicklung für die ärmeren Länder rufen, aber dann zurückzucken, wenn es einen selbst etwas kostet." Es kann nicht mehr um eine Almosenmentalität gehen, umfassende Entwicklungszusammenarbeit ist ein „Gebot des Selbstinteresses" (Nr. 34) aller Beteiligten.

Das „Leitbild für die Wahrnehmung internationaler Verantwortung" umfaßt Maßnahmen „der Förderung der Rechte und Entwicklungsmöglichkeiten armer Länder, der Beseitigung der Massenarmut, der Bewältigung der Migrationsproblematik, der Verbesserung des internationalen Umweltschutzes, der Annäherung sozialpolitischer Standards und der verantwortlichen Gestaltung der internationalen Finanzmärkte (...). Dies sind Anliegen, ohne die eine weltweite Verwirklichung der Menschenrechte und ein friedliches Zusammenleben der Völker nicht zu erwarten sind" (Nr. 165).

Fazit

Der deutsche Katholizismus, der sich gegenwärtig in den eben beschriebenen Leit-orientierungen wiederfindet, sieht eine Kernaufgabe seines Engagements für die Zukunft und die kommenden Generationen darin, soziale und politische Strukturen so zu gestalten, daß ein solidarisches Miteinander auf der Basis von Gerechtigkeit möglich bleibt.[336] Die heutigen Errungenschaften sind nicht zuletzt das Resultat der bedeutenden Bemühungen katholisch-sozialer Aktivität um den gesellschaftlichen Neuaufbau Deutschlands in der Nachkriegsepoche, die unter führender Beteiligung von Katholiken in Parlament und Bürokratie richtung- und wegweisend sozialpolitisch und gesetzgeberisch in die Praxis umgesetzt wurden. Nach wie vor gilt der Wunsch nach Beteiligung an den gesellschaftlichen Prozessen für die praktische Arbeit der katholischen Kirche. Sie strebt dabei nicht mehr – wie in früheren Jahrhunderten – nach politischen Ämtern oder wirtschaftlicher Macht, hält es aber nach wie vor für unverzichtbar, Einfluß auf Politik und Wirtschaft zu nehmen, wenn es darum geht, gerechte partizipative und demokratische Gesellschaftsstrukturen zu errichten bzw. zu erhalten. Sie tritt für eine politische Kultur ein, die Rechtsstaatlichkeit und soziale Sicherheit ermöglicht sowie die Würde jedes Menschen achtet.

---

[336] Vgl. die zukunftsgewandten Ausführungen bei: *Friedhelm Hengsbach* (Hrsg.), Reformen fallen nicht vom Himmel. Was kommt nach dem Sozialwort der Kirchen?, Freiburg 1997; *Kruip,* Die Chancen der Jugend und die Zukunftsfähigkeit der Gesellschaft, in: *Gabriel/Krämer,* Kirchen im gesellschaftlichen Konflikt, 232-242; dahingehend auch: *Marianne Heimbach-Steins,* Totgelobt – miesgemacht? Zur Rezeption des Wirtschafts- und Sozialworts der Kirchen, in: StZ Jg.216 (1998), 158-172.

GESCHICHTE DER SOZIALEN IDEEN IM DEUTSCHEN PROTESTANTISMUS

VON

TRAUGOTT JÄHNICHEN

UND

NORBERT FRIEDRICH

Ein solches Projekt ist auf vielfältige Art und Weise auf Unterstützung angewiesen. Für finanzielle Hilfe danken wir dem Verein zur Förderung der Erforschung der deutschen und internationalen Arbeiterbewegung. Bei den umfangreichen Recherchen und Bibliotheksarbeiten, den Schreibarbeiten und nicht zuletzt bei der Bewältigung der Technik halfen in bewährter Weise Monika Ott, Manuela vom Brokke, Barbara Grabowsky und Christian Skibbe.

Inhaltsverzeichnis

Einleitung: Charakteristika protestantischer Sozialethik
in ihrer geschichtlichen Entwicklung 873

1. Kapitel: Impulse für die Herausbildung des neuzeitlichen sozialen
Protestantismus im Horizont von Pauperismus und Frühindustrialisierung 878

    I. Der christliche Liebes-Patriarchalismus als dominierendes
    sozialethisches Leitbild des deutschen Protestantismus
    seit der Zeit der Reformation 879
    II. Neuansätze christlicher Liebestätigkeit zwischen Aufklärung
    und Erweckungsbewegung 883
        1. Johann Friedrich Oberlin 884
        2. Die Deutsche Christentumsgesellschaft und
        Christian Heinrich Zeller 885
        3. Johannes Falk 886
        4. Adelberdt Graf von der Recke-Volmerstein 887
        5. Hans Ernst Baron von Kottwitz 889
    III. Impulse für die christliche Wohltätigkeit aus Großbritannien 890
    IV. Religiös-Sozialrevolutionärer Protest in der Zeit des Vormärz 892

2. Kapitel: Die Innere Mission als Kristallisationspunkt des Sozialen
Protestantismus 895

    I. Aufbruch zur Inneren Mission – Personen und Positionen 895
        1. Johann Hinrich Wichern 895
        a) *Wicherns* Reformprogramm der Inneren Mission 895
        b) Sozialstatistik – freies Vereinswesen – Publizistik:
        Die methodische Umsetzung der Programmatik der
        Inneren Mission durch *Wichern* 898
        c) Die Einordnung der Arbeit der Inneren Mission
        in das patriarchalische Gesellschaftsbild der Tradition 902
        2. *Friederike* und *Theodor Fliedner* und die Kaiserswerther Diakonie
        – Gegenentwurf und Ergänzung der Konzeption *Wicherns* 904
        3. *Wilhelm Löhe* und die Innere Mission – das Luthertum
        zwischen Kritik und Beteiligung 907
    II. Die Entwicklung der Inneren Mission als klassisches Beispiel
    „konservativer Modernisierung" nach 1848/49 909
        1. Bildung und Organisation des Central-Ausschusses
        für die Innere Mission 909
        2. Die Arbeitsfelder der Inneren Mission 910
        3. Die Diskussion um die „Sonntagsheiligung" 912
    III. Genossenschafts- und Fabrikprojekte aus christlicher Motivation 913
        1. Viktor Aimé Huber 914
        2. Carl Mez und Gustav Werner 917
        3. Friedrich Wilhelm Raiffeisen 919

3. Kapitel: Der soziale Protestantismus im Kaiserreich – Anfänge einer Sozialstaatsentwicklung 922

I. Die Entwicklung eines sozialkonservativen Reformprogramms im deutschen Protestantismus der Bismarckzeit 922
  1. Der soziale Protestantismus in den ersten Jahrzehnten des Kaiserreichs – Impulse und Kontinuitäten 922
     a) Die kirchliche Oktoberversammlung 1871 923
     b) Zwischen Loyalität und kritischem Potential – die Innere Mission am Beginn der Bismarck-Ära 925
  2. Protestantisches Ethos und bürgerliche Sozialreform der Kathedersozialisten 927
  3. Der christlich begründete Staatssozialismus 929
     a) *Rudolf Todt* und sein Buch „Der radikale deutsche Sozialismus und die christliche Gesellschaft" 929
     b) Der „Central-Verein für Sozialreform" 932
  4. *Adolf Stoecker* und die christlich-soziale Programmatik 933
     a) *Adolf Stoecker* – Leben und Werk 933
     b) Die Christlich-soziale Partei – Geschichte und Programmatik 937
  5. Ansätze für eine lutherische Sozialethik 941
     a) *Theodor Lohmann* und die Denkschrift der Inneren Mission von 1884 941
     b) *Gerhard Uhlhorn* und die lutherische Sozialethik 946
  6. Die Evangelische Arbeitervereinsbewegung 948

II. Der Richtungsstreit innerhalb des Sozialen Protestantismus in der Zeit des Wilhelminismus 951
  1. Formierung und Spaltung des sozialen Protestantismus in der Zeit des Wilhelminismus 951
     a) Der sozialpolitische Aufbruch des Jahres 1890 951
     b) Gründung und Programmatik des Evangelisch-sozialen Kongresses 953
     c) Der sozial- und gesellschaftspolitische Umschwung 1895/96 und seine Bedeutung für den sozialen Protestantismus 956
  2. Der sozialkonservative Protestantismus 958
     a) Die Etablierung der Freien Kirchlich-sozialen Konferenz 958
     c) Die FKSK zwischen programmatischen Bemühungen und praktischer Arbeit 960
     d) *Reinhold Seeberg* 963
     e) *Martin von Nathusius* 964
     f) Die Christlichen Gewerkschaften – Konfliktthema des sozialen Protestantismus 966
  3. Der sozialliberale Protestantismus 969
     a) *Friedrich Naumann* 969
     b) *Gottfried Traub* 972
     c) *Ernst Troeltsch* 973
  4. Die religiös-soziale Bewegung als Brückenschlag zwischen Protestantismus und Sozialdemokratie 977
     a) *Christoph Blumhardt* 977
     b) Die Schweizer religiös-soziale Bewegung 979

4. Kapitel: Der Prozeß der Verkirchlichung und Ausdifferenzierung des Sozialen Protestantismus in der Weimarer Republik ... 982

I. Die Begründung eines sozialen Arbeitszweiges der verfassten Kirche 982
  1. Die Bedeutung der sozialen Frage innerhalb des Deutschen Evangelischen Kirchenbundes und als Aufgabe der verfassten Kirche 982
  2. Die Bildung und Profilierung eigenständiger Sozialpfarrämter 985
  3. Die Betheler Botschaft 986
  4. Die Eisenacher Richtlinien von 1925 988
II. Die Innere Mission und der Sozialstaat von Weimar 989
  1. Die Innere Mission als Organisation 989
  2. *Reinhold Seeberg* und das Institut für Sozialethik in Berlin 991
III. Die programmatische Annäherung von sozialkonservativen und sozialliberalen Protestanten 992
  1. Der soziale Protestantismus und der Weimarer Sozialstaat 992
    a) Veränderungen innerhalb der Programmatik von ESK und KSB 992
    b) Evangelische Arbeitervereine und Christliche Gewerkschaften 995
    c) Der Protestantismus vor den sozialen Herausforderungen der Zeit: Wohnungsfrage und Ruhreisenstreit 997
  2. Sozialethische Profilierungen 998
    a) *Friedrich Brunstäd* 998
    b) *Heinz-Dietrich Wendland* 1000
    c) Sozialethik des Luthertums 1002
  3. Die Impulse der ökumenischen Bewegung 1004
IV. Christentum und Sozialismus – Sozialethische Innovationen durch die Bewegung der Religiösen Sozialisten 1005
  1. Allgemeine Kennzeichnung der religiös-sozialistischen Bewegung 1005
  2. Typologie der religiös-sozialistischen Konzeptionen in der Weimarer Republik 1006
    a) Gottes Gericht über die Welt und die grundsätzliche Infragestellung einer religiös-sozialistischen Programmatik 1006
    b) Religiöser Sozialismus als Variante des ethischen Sozialismus – Genossenschaftliche und volksgemeinschaftliche Konzeptionen 1007
  3. Der Wille Gottes und der Klassenkampf des Proletariats 1009
  4. Religiös-sozialistische Impulse für die Konzeption einer sozialistischen Marktwirtschaft 1012
  5. Übergreifende thematische Arbeitsfelder der religiös-sozialistischen Bewegung 1017
  6. Weiterwirkende Impulse des Religiösen Sozialismus 1020

5. Kapitel: Theologische und sozialethische Neuorientierungen in Auseinandersetzung mit dem totalitären Staat des Nationalsozialismus 1021

I. Protestantismus und totaler Staat 1021
    1. Die Krise des sozialen Protestantismus in der Zeit nach 1933/34 1021
    2. Die Bedeutung der Bekennenden Kirche
    für den sozialen Protestantismus 1022
    3. Die Impulse aus der ökumenischen Bewegung 1026
II. Neuordnungskonzeptionen – Entwürfe zwischen „Verstrickung"
und Widerstand 1029
    1. Der Kreisauer Kreis 1030
    2. Der Freiburger Kreis 1032

6. Kapitel: Die soziale Marktwirtschaft als sozialethisches Leitbild des Protestantismus 1035

I. Theologisch-sozialethische Neuorientierungen in der Nachkriegszeit 1035
    1. Beiträge aus dem Bereich des Protestantismus zur Begründung
    der sozialen Marktwirtschaft 1035
        a) Kirche und Öffentlichkeit nach 1945 1035
        b) Erste sozialethische Positionsbestimmungen:
        Constantin von Dietze und die Freiburger 1038
        c) Der Berliner Arbeitskreis um *Otto Dibelius* 1039
        d) *Alfred Müller-Armack* 1040
    2. Das gesellschaftspolitische Leitbild der Ökumenischen Bewegung:
    Die „Verantwortliche Gesellschaft" 1041
        a) *Reinhold Niebuhr* und *Joseph H. Oldham* 1041
        b) Der Ökumenische Rat 1042
II. Zwischen Neuaufbruch und Restauration – Die Diakonie nach 1945 1045
    1. Das diakonische Handeln der Kirche im Spannungsfeld
    von ‚Kirchlichem Hilfswerk' und ‚Innerer Mission' 1045
    2. *Eugen Gerstenmaiers* Überlegungen über das diakonische Amt
    der Kirche 1047
III. Die institutionelle und die programmatische Profilierung des sozialen
Protestantismus in der frühen Bundesrepublik 1049
    1. Die „Verkirchlichung" des sozialen Protestantismus
    der Nachkriegszeit 1049
    2. Sozialethische Reformimpulse im Geist sozialer Partnerschaft – Zur
    Ausgestaltung der Ordnungskonzeption der „Sozialen Marktwirtschaft" 1054
        a) *Helmut Thielicke* 1055
        b) *Heinz-Dietrich Wendland*: Partnerschaft als Leitbild
        für institutionelle Gestaltung 1056
        c) Protestantische Positionen zur Mitbestimmung und zur
        Einkommensverteilung 1057
        d) Die Synode von Espelkamp 1955 1061
        e) Zur Frage des Eigentums 1062

IV. Links-Protestantische Anfragen an die Option für das westdeutsche
Gesellschafts- und Wirtschaftsmodell 1064
   1. Die Position der „Kirchlichen Bruderschaften" in der Tradition der
   „Bekennenden Kirche" 1064
      a) Das Darmstädter Wort 1064
      b) *Ernst Wolf* 1066
   2. Religiös-sozialistisches Erbe bei *Emil Fuchs*
   – Die „fortschrittlichen" Theologen in der DDR 1067

7. Kapitel: Vom gesellschaftsverändernden Aufbruch der sechziger zur Verteidigung „sozialer Gerechtigkeit" gegenüber neoliberalen Gesellschaftsmodellen seit den achtziger Jahren 1070

I. Reformimpulse für eine Demokratisierung und Humanisierung der
Gesellschaft im Horizont der Umbruchsituation der sechziger Jahre 1070
   1. Ökumenische Impulse zur sozialethischen Neuorientierung des
   Protestantismus im Horizont sozialistischer Gesellschaftsmodelle 1070
      a) Der Beginn der Neuorientierung 1070
      b) Die sozialethische Diskussion der siebziger Jahre 1071
   2. Reformimpulse für Theologie, Kirche und Diakonie
   durch den Dialog mit den Humanwissenschaften 1073
      a) Die Rezeption sozial- und humanwissenschaftlicher Erkenntnisse.. 1073
      b) Die sozialethische Reflexion der industriellen Arbeitswelt 1075
II. Die evangelischen Kirchen auf dem Weg des „Konziliaren Prozesses"
im Zeichen tiefgreifender Krisen der Industriegesellschaft 1078
   1. Die „Grenzen des Wachstums" und die Massenarbeitslosigkeit als
   grundsätzliche Anfragen an das Wirtschaftsmodell der
   Industriegesellschaften 1078
      a) Kritik von Fortschritt und ‚Naturvergessenheit' 1078
      b) Das Krisenphänomen ‚Massenarbeitslosigkeit' 1081
      c) Der „Konziliare Prozeß" der Kirchen für „Gerechtigkeit, Frieden
      und Bewahrung der Schöpfung" als sozialethischer
      Kristallisationspunkt der achtziger Jahre 1085
III. Zwischen befreiungstheologischer Grundsatzkritik und
verantwortungsethischem Gestaltungsauftrag
– Sozialethische Positionen des Protestantismus in der Gegenwart 1088
   1. Befreiungstheologisch motivierte Wirtschaftskritik im Kontext einer
   „Option für die Armen" 1088
   2. *Artur Richs* Konzeption einer „Humanität aus Glaube, Liebe und
   Hoffnung" als wegweisender Ansatz evangelischer Sozial- und
   Wirtschaftsethik 1091
IV. „Soziale Gerechtigkeit" als Kernforderung kirchlicher
Stellungnahmen für eine Erneuerung und Weiterentwicklung
der Sozialen Marktwirtschaft 1095
   1. Die Option für eine sozial und ökologisch regulierte
   Marktwirtschaft seitens der EKD 1095
   2. Das „Sozialwort der Kirchen" als ökumenischer Impuls für
   Gerechtigkeit im vereinten Deutschland 1099

Einleitung: Charakteristika protestantischer Sozialethik in ihrer geschichtlichen Entwicklung

Der deutsche Protestantismus hat auf die soziale Frage des 19. Jhs. vorrangig durch eine Neukonzeptualisierung der christlichen Liebestätigkeit reagiert. Das traditionelle christliche Motiv der „Barmherzigkeit" wurde unter den Bedingungen einer tiefgreifenden Veränderung der Sozial- und Wirtschaftsstruktur, die man im Protestantismus weithin als Krisenphänomen im Sinne eines gesellschaftlichen Verfalls interpretierte, mit dem Ziel einer Rechristianisierung der Bevölkerung verknüpft und als „Innere Mission" zu einer effizienten und öffentlichkeitswirksamen Einrichtung sozialer Hilfe entwickelt. Auch wenn sich die Innere Mission weithin auf die an den Rand gedrängten Opfer gesellschaftlicher Umbrüche konzentrierte, bildete ihre Arbeit den Ausgangspunkt der sozialethischen Verantwortung des neuzeitlichen Protestantismus.

Gegenüber allen Versuchen, die Innere Mission zum verlängerten Arm kirchenpolitischer Gruppierungen zu machen oder sie in politische bzw. sozialpolitische Konfliktfelder hineinzuziehen, verhielten sich die mehrheitlich sozialkonservativ und theologisch traditionell orientierten Vertreter der Inneren Mission reserviert. Die Innere Mission vertrat in ihrem Selbstverständnis einen doppelten Auftrag: Sie wandte sich in praktischer Sozialarbeit den ‚Armen' zu, wobei sich „praktisches Hilfehandeln mit dem Bewußtsein der Verantwortung für das Gemeinwohl"[1] verband, und sie erfüllte eine religiöse, volksmissionarische Aufgabe.

Die sozialethische Verantwortung des neuzeitlichen Protestantismus im engeren Sinn wurde zunächst in sozialkonservativer Ausrichtung konzipiert, indem man das traditionelle protestantische Staatsverständnis um die soziale Dimension erweiterte und neben den Aufgaben des Macht- und Bildungsstaates vehement auch den Sozialstaat einforderte.

Als in den frühen 1890er Jahren der junge Kaiser Wilhelm II. sich scheinbar diese Option zu eigen machte, kam es zu einer ersten Blüte des sozialen Protestantismus, der sich im Evangelisch-Sozialen Kongreß seine bedeutendste Einrichtung schuf. Allerdings währte diese Einheitlichkeit des sozialen Protestantismus nur eine kurze Zeit. Unter dem Eindruck innerer Krisen wie auch einer fortschreitenden gesellschaftlichen Modernisierung differenzierte er sich in mehrere Flügel aus. Recht bald brachen tiefe Spannungen zwischen dem sozialkonservativen und einem sich herausbildenden sozialliberalen Protestantismus auf, welche die Diskussionen vor dem Ersten Weltkrieg nachhaltig bestimmten. In der Weimarer Republik läßt sich durch das Entstehen religiössozialistischer Gruppen einerseits wie auch völkisch geprägter Flügel des Protestantismus andererseits eine weitere Pluralisierung des sozialen Protestantismus beobachten.

Seither gehört es zu den Besonderheiten des Protestantismus, daß er sich in seinen sozialethischen Begründungen und politischen Optionen unwiderruflich pluralisiert hat. Dieses im Unterschied zum Katholizismus und zur sozialistischen Bewegung höhere Maß innerer Pluralität stellte ihn vor eine doppelte Aufgabe: Einerseits galt es, die unterschiedlichen Flügel des sozialen Protestantismus trotz

---

[1] *Jochen-Christoph Kaiser*, Art. Diakonie, in: RGG⁴, Bd. 2, Tübingen 1999, Sp. 792.

aller Unterschiede der Positionen, die zu scharfen Konflikten führten, in einen fruchtbaren Dialog zu bringen. Andererseits ist über diese Dialoghaltung hinausgehend seit den sechziger Jahren des 20. Jhs. versucht worden, innerhalb des Protestantismus stellvertretende Konsense – etwa durch das Instrument der Denkschriften – für die Gesellschaft zu formulieren und damit grundlegende Voraussetzungen einer demokratischen Kultur zu schaffen.

Diese Pluralität des sozialen Protestantismus erschwert in der Öffentlichkeit häufig eine eindeutige Identifikation. So ist es – anders als im sozialen Katholizismus – nur begrenzt zu einer Ausbildung eigener gesellschaftspolitischer und speziell nach 1945 kirchlicher Verbände gekommen, die profiliert entsprechende sozialpolitische Optionen vertreten. Demgegenüber sind im Bereich des sozialen Protestantismus eine Vielzahl rivalisierender Verbände und Zusammenschlüsse zu verzeichnen, die jeweils nur einen eingeschränkten öffentlichen Einfluß nehmen konnten. Hinzu kommt, daß der soziale Protestantismus seit seinen Anfängen im 19. Jh. weniger auf eine Massenmobilisierung abzielte, sondern vorrangig auf die Verantwortlichen in Wissenschaft und Ministerialbürokratie ausgerichtet gewesen ist. Diese Entwicklung ist eng verbunden mit der spezifischen Situation des preußisch-deutschen Protestantismus, den immer eine besondere Nähe zu den Verantwortungseliten auszeichnete. Auch *Johann Hinrich Wichern* und die von ihm inspirierte Innere Mission, die eine volksmissionarische und mobilisierende Kraft entfalten konnte, wurden im besonderen Maße von den Eliten in Staat, Wirtschaft und Politik unterstützt. Die geleistete und oft nur begrenzt deutlich werdende Politikberatung des sozialen Protestantismus ist bisher nur anhand verschiedener Fallbeispiele, etwa an der Person *Theodor Lohmanns*, kaum jedoch als Gesamtphänomen beschrieben worden. Dieses Spezifikum des sozialen Protestantismus hat sich bis zur Gegenwart durchgehalten, indem etwa die Vielzahl der Denkschriften der EKD weithin an Verantwortungsträger in Politik und Wirtschaft adressiert sind, jedoch weniger in die breite kirchliche und gesellschaftliche Öffentlichkeit eindringen. Allerdings hat in den letzten drei Jahrzehnten im Umfeld der evangelischen Kirchentage sowie durch den „Konziliaren Prozeß für Gerechtigkeit, Frieden und Bewahrung der Schöpfung" eine breitere Diskussion sozialethischer Themenstellungen Platz gegriffen, die allerdings häufig von einem recht pauschalen wirtschaftskritischen Pathos geprägt gewesen sind.

Ungeachtet dieser Pluralität des sozialen Protestantismus läßt sich eine Vielfalt verbindender Orientierungsmuster gerade in der geschichtlichen Perspektive feststellen. In besonderer Weise charakterisiert die protestantische Sozialethik ihre „etatistische Grundorientierung".[2] Von sozialkonservativen Protestanten wie von Religiösen Sozialisten aber auch von den Sozialliberalen wird der Staat als Verkörperung des Gemeinwohls über den widerstreitenden Einzelinteressen angesehen, dessen Aufgabe es ist, dieses Allgemeinwohl gegenüber den Partikularinteressen in der Gesellschaft durchzusetzen. Auch wenn die konkrete Aufgabenbe-

---

[2] *Friedrich Wilhelm Graf*, Der Staat als Garant des Gemeinwohls. Zur Kritik der etatistischen Grundorientierung der kirchlichen Soziallehren und die Neuorientierung theologischer Sozialethik, in: *Klaus D. Hildemann* (Hrsg.), Abschied vom Versorgungsstaat? Erneuerung sozialer Verantwortung zwischen Individualisierung, Markt und bürgerschaftlichem Engagement, Mülheim a.d. Ruhr 2000, 39-54.

schreibung für den Staat bei den verschiedenen Flügeln des sozialen Protestantismus unterschiedlich ausfällt, bleibt diese Staatszentrierung – ein Erbe des 19. Jhs., zu der sich die reformatorische Verhältnisbestimmung von Kirche und Obrigkeit transformiert hat – weithin bestimmend. Lediglich in den sozialliberalen Traditionen des Protestantismus und in einigen Gruppen der ökumenischen Bewegung ist die einseitige Staatszentrierung überwunden worden, indem hier dem autonomen Regelungsbedarf der gesellschaftlichen Verbände – vor allem Gewerkschaften und Unternehmensverbänden – ein besonderer Stellenwert eingeräumt wird. Für die Gegenwart stellt diese traditionelle Ausrichtung der Sozialethik des Protestantismus angesichts reduzierter Regulierungsmöglichkeiten nationalstaatlicher Politik vermutlich eine der wichtigsten Herausforderungen für eine Neuorientierung der protestantischen Sozialethik dar.

Weitgehende Gemeinsamkeit innerhalb der Flügel des sozialen Protestantismus besteht ferner darin, daß man für eine kooperative Struktur ökonomischen Handelns eintritt. Gegen einen autoritären Patriarchalismus im Sinne des Herr-im-Haus-Standpunktes in der Arbeitgeberschaft sowie gegen das konfrontative Klassenkampfdenken der sozialistischen Arbeiterbewegung hat sich der soziale Protestantismus mehrheitlich um einen Interessenausgleich zwischen Kapital und Arbeit bemüht, der dem unterstellten gleichgewichtigen Anteil beider Seiten am unternehmerischen Handeln entsprechen sollte. Diese Position darf nur in Ausnahmefällen mit einem harmonistischen Verständnis sozialer Beziehungen gleichgesetzt werden, da zumindest seit dem 20. Jh. das kooperative Sozialverständnis durchaus mit dem Austragen von Interessenkonflikten verknüpft werden konnte. Diese sollten in der Form fairer und institutionell geregelter Wege der Konfliktaustragung bewältigt werden, wie man sie in der Entwicklung des Tarifvertragswesens und vor allem in der Gewährung echter Mitbestimmungsrechte gesehen hat. Nur an den Rändern des sozialen Protestantismus lassen sich – etwa in Teilen der Arbeitervereinsbewegung – wirtschaftsfriedliche, harmonistische Einstellungen oder auf der anderen Seite spezifische Varianten des Klassenkampfgedankens – vor allem bei den Religiösen Sozialisten – feststellen.

Diesem Leitbild kooperativer Wirtschaftsstrukturen entsprechen schließlich die sozialethischen Würdigungen von Eigentum und Arbeit. Der soziale Protestantismus hat in Abgrenzung zu marxistischen und anarchistischen Traditionen Eigentumsrechte stets als legitim angesehen, jedoch gegen ein strikt liberales Eigentumsverständnis die Sozialbindung des Eigentums, wie sie seit der Weimarer Reichsverfassung verfassungsrechtlichen Rang in Deutschland einnimmt, eingefordert.[3] Anthropologisch wurde die Bedeutung der menschlichen Arbeit in der Tradition des protestantischen Arbeitsethos hoch eingeschätzt. Arbeit als „Beruf" bedeutete die Pflicht zur verantwortlichen Erfüllung der jeweiligen Aufgabe, wobei die ethische Unterweisung insbesondere Gehorsamstugenden einforderte. Allerdings bedurfte es einer längeren Entwicklung bis zu Beginn des 20. Jhs., um entsprechende Rechte aus und in der Arbeit zu formulieren.

---

[3] Vgl. *Günter Brakelmann/Traugott Jähnichen/Norbert Friedrich*. (Hrsg.), Auf dem Weg zum Grundgesetz. Beiträge zum Verfassungsverständnis des neuzeitlichen Protestantismus, Münster 1999.

Generell läßt sich festhalten, daß der soziale Protestantismus in Deutschland das nach 1945 verwirklichte Ordnungsmodell der sozialen Marktwirtschaft ideengeschichtlich vorbereitet und nach 1945 wesentlich mitgetragen und weiterentwickelt hat. Insbesondere die EKD-Wirtschaftsdenkschrift „Gemeinwohl und Eigennutz" hat in diesem Sinne eine positive Würdigung der Ordnungskonzeption der sozialen Marktwirtschaft entwickelt, gleichzeitig jedoch dringenden Reformbedarf im Blick auf die ökologischen Herausforderungen sowie die innenpolitischen und weltweiten Konfliktlinien um das Thema soziale Gerechtigkeit benannt.

Günter Brakelmann hat die Denkschrift als Zeichen dafür gedeutet, daß im Protestantismus „Traditionsverbundenheit und Reformbereitschaft nicht gegeneinander stehen, sondern aufeinander bezogen sind. Und sie zeigt, daß der Protestantismus bis heute einen unverwechselbaren Beitrag zur Wirtschaftsordnung und zur Wirtschaftsethik leisten kann."[4] Angesichts der gegenwärtigen sozial- und wirtschaftspolitischen Problemstellungen im Horizont einer globalisierten Wirtschaft wird es in der Perspektive der sozialen Ideen des Protestantismus darauf ankommen, diese Grundgedanken einer kooperativen, auf sozialen Ausgleich bedachten Wirtschaftsordnung auf den zu schaffenden „Sozialraum Europa" auszuweiten und im weltweiten Wettbewerb zu bewähren.

Wegweisend bei der Bewältigung dieser Herausforderung kann bis heute die Satzung des Evangelisch-sozialen Kongresses von 1892 sein, in der als Aufgabenbestimmung festgelegt wurde, „die sozialen Zustände unseres Volkes vorurteilslos zu untersuchen, sie an dem Maßstabe der sittlichen und religiösen Forderungen des Evangeliums zu messen, und diese selbst für das heutige Wirtschaftsleben fruchtbarer und wirksamer zu machen als bisher (...)"[5]. Diese klassische Aufgabenbestimmung der evangelischen Sozialethik, die Verbindung von Sachkompetenz, biblischer Begründung und praktischer Handlungsorientierung (Sehen – Urteilen – Handeln), hat Theorie und Praxis des sozialen Protestantismus begleitet und geprägt.

Die Autoren verstehen die folgende Darstellung als eine Standortbestimmung des sozialen Protestantismus in historischer Perspektive. Es ist der Versuch, eine Ideengeschichte des sozialen Protestantismus zu rekonstruieren, wobei auch die „vermittelnden Strukturen und Institutionen"[6] von sozialethischer Theorie und politischer Praxis in die Darstellung einbezogen werden, jedoch die besonderen Prägekräfte von Theologie und Kirche in den Mittelpunkt gestellt sind. Dabei folgt die Darstellung einem chronologischen Aufriß, wobei darauf geachtet wur-

---

[4] *Brakelmann*, Ansätze und Entwicklungen der modernen wirtschaftsethischen Fragestellung in den christlichen Kirchen – Teil: Evangelische Kirche, in: *Wilhelm Korff* (Hrsg.), Handbuch der Wirtschaftsethik, Bd. 1: Verhältnisbestimmung von Wirtschaft und Ethik, Gütersloh 1999, 712-740, Zitat 737.

[5] Satzung des Evangelisch-sozialen Kongresses (1892), in: *Günter Brakelmann/Traugott Jähnichen* (Hrsg.), Die protestantischen Wurzeln der sozialen Marktwirtschaft. Ein Quellenband, Gütersloh 1994, 151f, Zitat 151.

[6] *Rudolf von Thadden*, Kirchengeschichte als Gesellschaftsgeschichte, in: Geschichte und Gesellschaft, Jg. 9 (1983), 598-614, Zitat: 603; vgl. zur Methode auch *Anselm Doering-Manteuffel/Kurt Nowak* (Hrsg.), Kirchliche Zeitgeschichte. Urteilsbildung und Methoden, Stuttgart 1996, dort besonders *Martin Greschat*, Die Bedeutung der Sozialgeschichte für die Kirchengeschichte. Theoretische und praktische Erwägungen, 101-124.

de, daß bestimmte Themenfelder, wie die Entwicklung der Inneren Mission, die Wandlungen des sozialkonservativen und -liberalen Protestantismus oder die Impulse der Ökumene als tragende Leitideen die gesamte Darstellung durchziehen.

Am Ende dieser Einleitung soll ein Dank stehen. Der Sozialethiker *Günter Brakelmann* hat uns gelehrt, wie zentral für eine Protestantische Sozialethik, die für die Freiheit des Gewissens und für eine menschengerechte Gestaltung von Wirtschaft und Gesellschaft, für Humanität und Solidarität eintritt, die Vergewisserung der eigenen Geschichte ist. Ihm ist dieser Beitrag gewidmet.

1. Kapitel: Impulse für die Herausbildung des neuzeitlichen sozialen Protestantismus im Horizont von Pauperismus und Frühindustrialisierung

Zu Beginn des neunzehnten Jahrhunderts kam es in den meisten deutschen Ländern zu tiefgreifenden Veränderungen der Gesellschaftsstruktur. Dieser Prozeß läßt sich exemplarisch auf der rechtlichen Ebene nachvollziehen, wo insbesondere im Gefolge der Durchsetzung eines liberalen Eigentumsverständnisses jahrhundertealte Sozialverhältnisse außer Kraft gesetzt worden sind. So wurden in Preußen im Zuge der Stein-Hardenbergschen Reformen mit dem Edikt vom Oktober 1807 die traditionalen Bindungen der Gutsuntertänigkeit der Bauern sowie einige Jahre später die Gesindeordnung und die unterschiedlichen Formen der Zunftordnungen aufgehoben. Diese wirkten sich in hohem Maße ambivalent aus: Ein lang andauerndes System gegenseitiger Abhängigkeit und damit verbunden ein gewisses Maß sozialer Sicherung waren mit einem Schlag abgeschafft, ohne daß zunächst entsprechende Äquivalente vorhanden waren. Aus den personalen Rechts- und Sozialbeziehungen zwischen Gutsherren und erbuntertänigen Bauern waren somit auf Eigentumsrechten beruhende Sozialverhältnisse zwischen freien Bürgern geworden. Die Bauern waren zwar eigentumsrechtlich befreit, ökonomisch jedoch häufig in einer so schwierigen Lage, daß sie sich bis in die vierziger Jahre des neunzehnten Jhs. über die nunmehr fehlenden, zuvor mit der Erbuntertänigkeit verbundenen Schutz- und Versorgungsverpflichtungen der Gutsherren beklagten und diese wieder eingeführt wissen wollten.

Zudem führte die Gewerbefreiheit zu einer deutlichen Übersetzung der einzelnen Handwerkszweige, so daß auch ein erheblicher Teil der Handwerker, vielfach Gesellen, verarmte. Verbunden mit einem starken Bevölkerungswachstum führten diese Entwicklungen – noch vor dem Beginn der Industrialisierung in Deutschland – zu einer Massenarmut, dem zeitgenössisch sogenannten „Pauperismus".[1] Demgegenüber war in den deutschen Ländern ein erster nennenswerter Industrialisierungsschub erst in den 1830er Jahren zu konstatieren.

Dieser kurz skizzierte Umstrukturierungsprozeß von Wirtschaft und Gesellschaft hat zunächst zu einer dramatischen Verschlechterung der Lebensbedingungen der großen Mehrheit der Bevölkerung geführt, die unter den Bedingungen liberaler Wirtschaftsverfassungen mit Eigentums-, Gewerbe-, Wettbewerbs- und Vertragsfreiheit der ökonomischen Übermacht frühindustrieller Unternehmer wehrlos gegenüberstand. Angesichts dieser Situation des Pauperismus ist ein wachsendes Problembewußtsein in der entstehenden politischen Öffentlichkeit zu registrieren, wobei besonders in den bürgerlich-liberalen Kreisen eine Aufgeschlossenheit für neuartige, über die traditionelle Armenfürsorge und Privatwohltätigkeit hinausgehende Lösungsperspektive der sozialen Frage deutlich wurde.[2] Auch der deutsche Protestantismus reagierte auf diese Entwicklungen und es kam zu bedeutenden Neuansätzen protestantischer Sozialfürsorge. Aller-

---

[1] Vgl. *Wolfram Fischer*, Armut in der Geschichte. Erscheinungsformen und Lösungsversuche der „Sozialen Frage" in Europa seit dem Mittelalter, Göttingen 1982, 56ff.
[2] Vgl. dazu *Walter Euchner* in diesem Band bes. Kapitel 1 und 2.

dings hat sich der Protestantismus in seiner großen Mehrheit nur sehr schwer auf diese gesellschaftlichen Veränderungen einstellen können.

I. Der christliche Liebes-Patriarchalismus als dominierendes sozialethisches Leitbild des deutschen Protestantismus seit der Zeit der Reformation

Der Protestantismus war zu Beginn des neunzehnten Jhs. sowohl im Blick auf seine soziale Verankerung als auch im Blick auf die prägende sozialethische Tradition in tiefgreifender Weise von einem patriarchalischen Gesellschaftsbild bestimmt. Patriarchalismus als Typ „traditionaler Herrschaft" bezeichnete die soziale Ordnungsstruktur, die – basierend auf der Hausgemeinschaft als dem ganzheitlich den entsprechenden Personenkreis und Besitzstand umfassenden Rechtsverband – dem Hausherren eine einzig durch die Tradition normierte, grundsätzlich schrankenlose Herrschaftsausübung einräumte, die unlösbar mit fundamentalen Fürsorgepflichten gekoppelt war.[3] Dieses Ordnungsmuster, dessen historische Wurzeln bis in die Zeit der Seßhaftwerdung zurückreichen, war für alle „bäuerlichen und bäuerlich-adeligen Kulturen"[4] bestimmend geworden. Kennzeichnend für diesen Herrschaftstyp war die personale Verbundenheit der Beteiligten: „Gehorcht wird nicht Satzungen, sondern der durch Tradition (...) berufenen Person."[5]

Die christliche Tradition generell wie auch der Protestantismus haben diesen Herrschaftstyp vorgefunden und ihn in besonderer Weise adaptieren können. So befand sich bereits im neutestamentlichen Schrifttum eine eigenständige Gattung, die seit der späten Reformationszeit sog. „Haustafeln", die das patriarchalische Thema, wie es auch in der antiken Oikonomik begegnete, zur ethischen Unterweisung innerhalb der Gemeinde aufgegriffen hatte. Immerhin sind im Rahmen der christlichen Rezeption dieses Gedankenguts interessante Akzentverschiebungen festzustellen, die insgesamt als eine Milderung der patriarchalischen Über- und Unterordnungsmuster zu bezeichnen sind, so daß von einem versittlichten, christlichen Liebespatriarchalismus gesprochen werden kann.[6] In der Zeit der Reformation war es zu einer pointierten Aufnahme dieses ethischen Schemas gekommen.

Die Reformation hat das mittelalterliche Gesellschaftsschema tiefgreifend umgestaltet, indem sie gegenüber der Einbindung des einzelnen in den Heilsorganismus der Kirche die Freiheit des Christenmenschen geltend gemacht hatte. Allein durch den Glauben und im Vertrauen auf das Wort Gottes – ohne priesterliche Vermittlung – wird der Mensch vor Gott gerecht. Dieser Freiheit des inneren, geistlichen Menschen korrespondierte eine unbedingte Bereitschaft zu dienender Liebe gegenüber jedermann, so wie es *Martin Luther* ausgedrückt hatte:

---

[3] *Max Weber*, Wirtschaft und Gesellschaft. Grundriß der verstehenden Soziologie, Tübingen ⁵1972, 133. 580.
[4] *Otto Brunner*, Neue Wege der Verfassungs- und Sozialgeschichte, Göttingen ²1968, 107.
[5] *Weber*, Wirtschaft und Gesellschaft, 580.
[6] Vgl. *Ernst Troeltsch*, Die Sozialehren der christlichen Kirchen und Gruppen, Tübingen 1922.

„Ein Christenmensch ist ein freier Herr über alle Dinge und niemandem untertan. Ein Christenmensch ist ein dienstbarer Knecht aller Dinge und jedermann untertan."[7]

Diese dienende Liebe konkretisierte sich – in polemischer Absetzung speziell zum mönchischen Ideal der vita contemplativa – in der vita activa, wobei *Luther* insbesondere durch den Berufsbegriff den jeweiligen Ort des Handelns bestimmt hatte. „Beruf" bedeutete in diesem Sinn die vom einzelnen zu bejahende Einordnung in den jeweils vorgegebenen Stand als Teil der von Gott gestifteten Sozialordnung.[8]

Diesen Grundgedanken hat *Luther* im Zusammenhang der traditionellen Konzeption der sog. „Drei-Stände-Lehre" näher ausgeführt. *Luther* verstand die Existenz des Menschen derart, daß sie grundlegend durch die drei fundamentalen Stände – die Ekklesia, die Oekonomia und die Politia –, die sich göttlicher Stiftung verdanken, bestimmt war.[9] Dementsprechend war Gott als Herr des Menschen in allen Lebensbereichen zu verstehen, wobei jedoch im Sinn der Zwei-Regimenter-Lehre *Luthers* deutlich zwischen Gottes Handeln im Bereich der Ekklesia und seinem Handeln in den Bereichen der Oekonomia und Politia unterschieden wurde. Die Ordnung der Bereiche Oekonomia und Politia war zum Schutz vor Aufruhr und Chaos streng herrschaftlich organisiert: Hier war das Urteil der menschlichen Vernunft maßgebend, wobei dieses jedoch dem Wort Gottes nicht widerstreiten durfte.[10]

Das klassische Beispiel, wie *Luther* biblische Traditionen und herrschaftlich strukturierte Sozialgestaltung verknüpft, sind seine Katechismus-Auslegungen zum 4. Gebot. Durch diese katechetische Tradition ist das patriarchalische Grundschema zum wirkungsgeschichtlich dominierenden Leitbild lutherischer Sozialethik geworden. *Luther* räumte diesem Gebot für die Erziehung der Jugend die Priorität ein und interpretierte das Ehren der Eltern im Sinn einer bedingungslosen Unterordnung der Kinder unter die elterliche Autorität:

„Denn es ist viel ein höher Ding ehren denn lieben, als das nicht alleine die Liebe begreift, sondern auch eine Zucht, Demut und Scheue als gegen eine Majestät allda verborgen (...)."[11]

Die elterliche Autorität wurde von *Luther* als eine theologisch nicht hinterfragbare Anordnung Gottes interpretiert, wenn er ausführte, Gott habe „diesen Stand oben angesetzt, ja an seiner Statt auf Erden gestellt"[12]. Die Autorität der Eltern wurde in diesem Zusammenhang als Urbild aller übrigen Autorität verstanden, indem *Luther* dieses Herrschaftsschema auf alle anderen gesellschaftlichen Ordnungen übertrug:

---

[7] *Martin Luther*, Von der Freiheit eines Christenmenschen, W.A. 37,1.
[8] Vgl. hierzu *Hans Joachim Iwand*, Stand und Sakrament, in *Ders.*, Glaubensgerechtigkeit. Gesammelte Aufsätze Bd. II, hrsg. von *Gerhard Sauter*, München 1980, 240ff.
[9] Vgl. *Troeltsch*, Soziallehren, 581ff.; *Paul Althaus*, Die Ethik Martin Luthers, Gütersloh 1965, 43ff.
[10] Vgl. *Reinhard Schwarz*, Ekklesia, Ökonomia, Politia. Sozialgeschichtliche und fundamentalethische Aspekte der protestantischen Drei-Stände-Lehre, in: Troeltsch-Studien, Bd. 3: Protestantismus und Neuzeit, hrsg. von *Horst Renz* u. *Friedrich Wilhelm Graf*, Gütersloh 1984, 78-88, hier 84f.
[11] *Martin Luther*, Der Große Katechismus, in: Bekenntnisschriften der Evangelisch-Lutherischen Kirche, hrsg. im Gedenkjahr der Augsburgischen Konfession 1930, Göttingen [12]1998, 587.
[12] Ebenda, 592.

„Denn aus der Eltern Obrigkeit fließt und breitet sich alle andere aus (...). Also daß alle, die man Herren heißt, an der Eltern Statt sind und von ihnen Kraft und Macht nehmen müssen, zu regieren."[13]

Im Sinn der oben genannten Verschränkung von göttlichem Gebot und menschlicher Vernunft berief sich *Luther* zur Begründung dieser Argumentationsfigur nicht allein auf die Bibel, sondern vor allem auf die römische Tradition der „patria potestas".

Allerdings wurde diese patriarchalische Herrschaftsgewalt stets durch das Liebesgebot und die Fürsorgepflichten der übergeordneten Stände relativiert, ist also im Horizont einer Aufnahme neutestamentlicher Traditionen als Liebespatriarchalismus zu kennzeichnen. Auch diesbezüglich fand *Luther* deutliche Worte, wenn er die Verantwortung der übergeordneten Stände vor Gott betonte und eindringlich eine tyrannische Amtsführung verurteilte, welche das Gesinde „wie eine Kuh oder Esel allein zur Arbeit"[14] gebrauchte. Deutlich wird hier die dem patriarchalischen Schema entsprechende ganzheitliche Fürsorge für die Gewaltunterworfenen eingefordert.

Durch den Rückbezug auf die Familienstruktur – bei *Luther* der „Urtypus aller sozialen Gliederungen, indem sie urbildlich die Autoritäts- und Pietätsverhältnisse"[15] der gesamten Sozialordnung darstellte – wurde im Lutherischen Katechismus die patriarchalische Ordnung der Gesellschaft theologisch legitimiert und festgeschrieben. Als fundamentales sozialethisches Leitbild wurde diese in den lutherischen Kirchen durch den Katechismusunterricht von Generation zu Generation „in unendlicher Wiederholung in die Seelen der lutherischen Gläubigen hineingehämmert"[16]. Daneben spielte die im sechzehnten Jh. aufkommende Hausväterliteratur eine wesentliche Rolle zur Vertiefung dieses patriarchalischen Ethos. In expliziter Anknüpfung an die neutestamentliche Haustafeltradition entstand die Gattung der „Oekonomia christiana", welche die personalen Beziehungen innerhalb des Hauses thematisierte und als Pflichtenlehre des christlichen Hausvaters explizierte.[17] Durch Katechismus und Hausväterliteratur konservierte die lutherische Unterweisung die „Grundzüge einer patriarchalischen, agrarisch-kleinbürgerlichen Ethik"[18], die zumindest in den lutherisch geprägten Kirchen in der ersten Hälfte des neunzehnten Jhs. nahezu uneingeschränkt in Geltung gestanden hat. Dieses sozialethische Leitbild, das auf die Strukturen einer agrarisch-feudalen Gesellschaft durchaus adäquat bezogen gewesen ist und dort, wo diesem Ethos gemäß gehandelt wurde, zu einer personalen Humanisierung der Herrschaftsverhältnisse beigetragen hat, erwies sich jedoch angesichts der skizzierten Umbrüche zu Beginn des neunzehnten Jhs. als unzureichend.

---

[13] *Luther*, Katechismus, 596.
[14] Ebenda, 604.
[15] *Troeltsch*, Soziallehren, 556.
[16] Ebenda, 552. *Luther* selbst spricht davon, den Gehorsam gegen die Eltern den Jugendlichen „einzubläuen", ebenda, 595.
[17] Vgl. *Schwarz*, Ekklesia, 80ff.; *Gotthard Frühsorge*, Die Begründung der väterlichen Gesellschaft in der europäischen Ökonomia christiana. Zur Rolle des Vaters in der Hausväterliteratur des 16. bis 18. Jahrhunderts in Deutschland, in: *Hubertus Tellenbach* (Hrsg.), Das Vaterbild im Abendland I, Stuttgart 1978, 110-123.
[18] *Troeltsch*, Soziallehren, 552.

Hinzu kam, daß auch die traditionelle Armenfürsorge, wie sie durch die Reformation in ihren Gebieten verankert wurde, die neuartigen Herausforderungen des „Pauperismus" nicht bewältigen konnte. Das klassische Beispiel der reformatorischen Armenfürsorge ist die von *Luther* positiv begutachtete „Leisniger Kastenordnung" aus dem Jahr 1523. *Luther* hatte durch einen Rückgriff auf die in der Apostelgeschichte geschilderte Situation der Jerusalemer Urgemeinde (vgl. Acta 2-4) die Aufgabe der Reformation darin gesehen, neben einer Neuordnung des religiösen Lebens und des Gottesdienstes auch eine Reform der gemeinsamen Vermögensverwaltung und Armenfürsorge in die Wege zu leiten. Die Einrichtung eines „gemeinen Kastens"[19] – wie in Leisnig praktiziert – wurde von ihm zur geregelten Verwaltung als vorbildlich empfohlen. Für die Armenfürsorge wurden in der Kirche

„aufgestellt und sollen allezeit unverändert bleiben zwei Fässer bzw. runde Kisten, um Brot, Käse, Eier, Fleisch und andere Speisen und Vorräte, und ein oder zwei Opferstöcke, um Geld hineinzulegen, damit auf beide Arten zur Unterhaltung der Gemeindekasse beigetragen wird. Desgleichen sollen die Geschenke und milden Gaben, die von zwei aus uns Bestimmten allezeit, wenn unsere Gemeinde in der Kirche versammelt ist, von Person zu Person für die Unterhaltung der Armen erbeten werden, auch in den zuständigen Opferstock gelegt und getan werden. (...)"[20]

Ferner sollte der Kasten der Auslösung stark zinsbelasteter Bürger, der Bewilligung von Vorschüssen für Handwerker sowie dem Anlegen eines kommunalen Kornvorrats dienen.[21] Falls die Einnahmen des Kastens – neben kirchlichen Einnahmen handelte es sich im wesentlichen um Zunftabgaben, Strafgelder sowie freiwillige Gaben und Testamente, die von zehn Vorstehern zu verwalten und deren Bestand der gesamten Gemeinde mehrmals im Jahr detailliert vorzulegen war – nicht ausreichten, konnten die Bürger zu entsprechenden zusätzlichen Abgaben verpflichtet werden.

Mit diesen Kastenordnungen, die in ähnlicher Form auch in reformierten Gemeinden nachweisbar sind, begann die Tradition der protestantisch geprägten, von der bürgerlichen Gemeinde getragenen Armenfürsorge, die in einigen Regionen bis ins neunzehnte Jh. hinein von großer Bedeutung gewesen ist.[22] Allerdings

---

[19] Die Gemeinde Leisnig hatte aus dem Vermögen und den Einkünften des Stifts einen Kasten, d.h. eine in der Stadtkirche deponierte Truhe mit vier Schlössern eingerichtet. Aus diesem Vermögen wurden die Pfarrer und die Schule finanziert, sowie die ortsansässigen Armen unterstützt. *Luther* sollte dieses Vorgehen „mit der Schrift befestigen"; Luthers Schrift „Ordnung eines gemeinen Kastens" findet sich in W.A. 12, 11-30. Vgl. dazu ausführlich *Heinrich Bornkamm*, Martin Luther in der Mitte seines Lebens. Das Jahrzehnt zwischen dem Wormser und dem Augsburger Reichstag, Göttingen 1979, 115-117; zu den Kastenordnungen auch *Gerhard Uhlhorn*, Die christliche Liebestätigkeit, Stuttgart ²1895 (Nachdruck Darmstadt 1959), 549f. 554ff.

[20] *Luther*, Ordnung für die Gemeindekasse in Leisnig, in: *Horst Beintker/Helmar Junghans/Hubert Kirchner* (Hrsg.),Martin Luther Taschenbuchausgabe, Bd. 3: Sakramente Gottesdienst Gemeindeordnung, Berlin 1981, 197-221, Zitat 208; Original: *Luther*, W.A. 12, 19.

[21] Vgl. *Ders.*, W.A. 12, 25ff.; *Hans Joachim Prien*, Luthers Wirtschaftsethik, Göttingen 1992, 203f.

[22] Vgl. zur Entwicklung der Armenfürsorge ausführlich *Christoph Sachße/Florian Tennstedt*, Geschichte der Armenfürsorge in Deutschland. Bd. 1: Vom Spätmittelalter bis zum 1. Weltkrieg, Stuttgart ²1998, bes. 36ff; eine dezidiert protestantische Darstellung findet sich bei *Uhlhorn*, Die christliche Liebestätigkeit.

wurde dieses Modell kaum durchgängig praktiziert, es hat sich in besonderen Krisenzeiten häufig als unzureichend erwiesen.

Dem sozialpatriarchalischen Gesellschaftsbild der lutherischen Tradition entsprach die institutionelle Verfaßtheit und die soziale Verankerung der evangelischen Kirchen. Diese unterstanden seit der Zeit der Reformation dem landesherrlichen Kirchenregiment und waren damit fest in die ständisch-feudale Ordnungswelt integriert. Zudem war bereits zu Beginn des neunzehnten Jhs. auffällig, daß kirchliches Leben vor allem in den agrarisch geprägten Gebieten verwurzelt war. Demgegenüber wurden in mittleren und größeren Städten Klagen über den Verfall von Religion und Kirchlichkeit laut, da es nur mühsam gelang, den durch enge personale Verbundenheit und durch die überschaubaren Lebensverhältnisse der bäuerlichen Welt geprägten pastoralen Stil zu modifizieren. Angesichts dieser Konstellation fiel es der breiten Mehrheit des deutschen Protestantismus äußerst schwer, sich auf den tiefgreifenden gesellschaftlichen Wandlungsprozeß adäquat einzustellen. Es erwiesen sich jedoch in den ersten drei Jahrzehnten des neunzehnten Jhs. die aus pietistischen Traditionen gespeiste Erweckungsbewegung sowie philanthropische Motive der Aufklärungsfrömmigkeit als Impulsgeber für eine sozialethische Neuorientierung des Protestantismus. Hier lassen sich bedeutsame Innovationen christlicher Liebestätigkeit feststellen.

II. Neuansätze christlicher Liebestätigkeit zwischen Aufklärung und Erweckungsbewegung

In den meisten älteren Darstellungen zur Geschichte des sozialen Protestantismus und gerade zur Diakoniegeschichte überwiegt eine dichotomische Darstellung. Während die Aufklärung in dunklen Farben gezeichnet und zum Ausgangspunkt der neuzeitlichen Säkularisierung erklärt wurde, entdeckte man in der Erweckungsbewegung „den Mutterboden der Diakonie und der Inneren Mission im 19. Jahrhundert"[23], wie es *Erich Beyreuther* plakativ beschrieben hat. *Beyreuther* würdigte zwar einzelne humanitäre Impulse der Aufklärung, sah aber besonders in der antichristlichen Grundtendenz der Aufklärung, wie sie sich in der Französischen Revolution gezeigt habe, den Grund dafür, daß diese Ansätze einer Liebesarbeit sich nicht haben durchsetzen können. Der Neuanfang sei dann aber durch eine biblisch begründete, pietistische Gegenbewegung, die Erweckungsbewegung, erreicht worden: „Inmitten der Fluten der Aufklärung mit ihrem vernünftigen Christentum waren Inseln der Rechtgläubigkeit im Landvolk stehen geblieben (...)"[24].

Dieser Auffassung ist in der Forschung in den letzten Jahren mit guten Gründen widersprochen worden, besonders prägnant von *Kurt Nowak*:

„Die Erweckungsbewegung im ersten Drittel des 19. Jahrhunderts wird gemeinhin als Antipode der Aufklärung verstanden. Diese Auffassung ist zutreffend insoweit, als die

---

[23] *Erich Beyreuther*, Geschichte der Diakonie und Inneren Mission in der Neuzeit, Berlin ³1983 (1962), 50.
[24] Ebenda.

,Erweckung' sich selber als Kampfbewegung gegen die Welt der Aufklärung begriff, sie ist falsch, wenn man diese Selbststilisierung zur historischen Wahrheit macht."[25]

Demgegenüber hat die neuere Forschung die vielfältigen Verbindungslinien zwischen Aufklärung und Erweckung benannt, als auch die Bedeutung der „aufgeklärten und allgemein philanthropischen Überzeugungen"[26] für die soziale Arbeit herausgestellt: „Aufgeklärte Zielsetzungen und erweckliche Überzeugungen bildeten also im Blick auf das soziale Engagement an der Wende zum neunzehnten Jh. nicht nur keinen Gegensatz, sondern gingen offenkundig ineinander über."[27] Die Idee der Humanität und die Vorstellung, daß „das Christentum die Religion der Menschenliebe"[28] sei, führte zu einem Interesse am Schicksal der Armen, welches vielfach in praktische Tat, sei es durch Einzelhilfe, durch die Gründung von Vereinen oder Sozietäten und nicht zuletzt durch Bildungsanstalten seinen Ausdruck fand. Gerade der Erziehungsgedanke, die Vorstellung einer fortschreitenden Entwicklung der Menschheit, einer ständigen „Verbesserung der weltlichen Verhältnisse"[29], die aus den philosophischen Ideen der Aufklärung kam, die aber zugleich aus den religiösen Impulsen des Pietismus gespeist wurde, führte dazu, daß sich einzelne Christen für soziale Belange einsetzten. Besondere Impulse gingen dabei von der lutherischen Theologie und ihrer Vorstellung des Priestertums aller Gläubigen aus, während für viele Vertreter der Aufklärung die Religion zu einer Form der Moralität reduziert wurde.

1. *Johann Friedrich Oberlin*

Eine Verbindung der verschiedenen Elemente einer aufgeklärten Gesinnung und eines lutherisch geprägten Pietismus findet sich bei *Johann Friedrich Oberlin* (1740-1826).

Der „elsässische Pfarrer, pädagogische Reformer, Philanthrop und Visionär"[30] war einer der ersten, der in der Umbruchphase vom achtzehnten zum neunzehnten Jh. neue Impulse für die christliche Liebestätigkeit gab. Geboren in Straßburg erhielt *Oberlin* vielfältige theologische Impulse – sowohl aus der Aufklärung wie aus dem Pietismus – aber auch Anregungen aus Medizin und Naturkunde, die in sein praktisches Werk einflossen. Besonders die Erfahrungen, die er in seiner

---

[25] *Kurt Nowak*, Geschichte des Christentums in Deutschland. Religion, Politik und Gesellschaft vom Ende der Aufklärung bis zur Mitte des 20. Jahrhunderts, München 1995, 94. Die gründlichsten Studien zu diesem Thema stammen von *Ulrich Gäbler*, vgl. ders. „Erweckung" – Historische Einordnung und theologische Charakterisierung, in: Ders., „Auferstehungszeit". Erweckungsprediger des 19. Jahrhunderts. Sechs Porträts, München 1991, 161-186.

[26] *Martin Greschat*, Christentumsgeschichte II. Von der Reformation bis zur Gegenwart, Stuttgart 1997, 160.

[27] Ders., Die Vorgeschichte der Inneren Mission, in *Ursula Röper/Carola Jüllig* (Hrsg.), Die Macht der Nächstenliebe. Einhundertfünfzig Jahre Innere Mission und Diakonie 1848-1998, Berlin 1998, 46-57, Zitat 54.

[28] *Gerhard Uhlhorn*, Die christliche Liebestätigkeit; der Lutheraner Uhlhorn war einer der ersten der auf diese Wurzeln aufmerksam gemacht hat, vgl. ebenda, 668-698; zu Uhlhorn vgl. 3. Kapitel, I. 1. d.

[29] *William O. Shanahan*, Der deutsche Protestantismus vor der sozialen Frage 1815-1871, München 1962, 37.

[30] *Eberhard Zwink*, Johann Friedrich Oberlin, TRE Bd. 24, (720-723), 720.

eigenen Gemeinde im Steintal in den Vogesen, wo er von 1767 bis zu seinem Tod wirkte, machen mußte, bestimmten sein „Tatchristentum"[31].

Oberlin entfaltete in seinem Pfarramt eine bemerkenswerte und breit gefächerte Aktivität, er beschränkte sich nicht auf die klassische Seelsorge, vielmehr bemühte er sich, die Lebens- und Arbeitsbedingungen der Menschen zu verbessern. Er ließ die Verkehrswege im Steintal ausbauen, förderte die Landwirtschaft, kümmerte sich um die Gründung kleiner Industrien und die Initiierung einer Darlehenskasse. Daneben baute er eine gemeindliche Armenfürsorge und Krankenpflege auf und gründete eine Armenschule, richtete Strickschulen für verwahrloste Kinder ein. Zwei Impulse *Oberlins*, der seine Arbeiten immer religiös begründete und sich als Diener des Willen Gottes verstand, wurden in der Folgezeit besonders rezipiert, seine Schulgründung, für die seine Mitarbeiterin *Luise Scheppler* (1763-1837) lange Jahrzehnte arbeitete, sowie seine Initiative für eine „christliche Industrieschule", eine Idee, die besonders von *Gustav Werner*[32] aufgenommen wurde.

Oberlin verkörpert so einen frommen und weltoffenen Typ des sozialen Protestantismus, der durch seine praktische Arbeit und seine vielfältigen Kontakte „ein gewichtiges geistiges und religiöses Zentrum"[33] seiner Zeit bildete, dessen Einfluß auf *Johann Hinrich Wichern*, *Theodor Fliedner* u.a. evident ist.

2. Die Deutsche Christentumsgesellschaft und *Christian Heinrich Zeller*

Wichtige Impulse gingen auch von der Deutschen Christentumsgesellschaft aus, die 1780 von *Johann August Urlsperger* (1728-1806) in Basel gegründet worden ist.[34] *Urlspergers* Gründungsziel war zunächst, im Sinne der die Zeit bestimmenden sehr umfangreichen Traktatliteratur, ein literarisches Forum zur Auseinandersetzung mit der Aufklärung zu schaffen und damit den christlichen Glauben zu fördern. Dies änderte sich jedoch im Laufe der Zeit, der missionarische Aspekt der Gesellschaft, nach deren Vorbild in den nächsten Jahrzehnten in Deutschland und der Schweiz viele Gesellschaften entstanden, trat in den Vordergrund; die praktische Tätigkeit überwog. Theologisch wurden innerhalb der Christentumsgesellschaft, deren Anliegen die Erbauung war,[35] die innerprotestantischen Konfessionsgegensätze überwunden, man kann die Gesellschaft in Ansätzen ökumenisch nennen. Träger waren nicht so sehr die Geistlichen, sondern vielmehr die Laien, die aus dem wirtschaftlichen Mittelstand kamen. Zur Ausbreitung der Ideen, die innerhalb der Erweckungsbewegung eine nachhaltige Wirkung entfalten konnte, trugen die Sekretäre bei. Zu nennen sind hier besonders *Christian Gottlieb Blumhardt* (1779-1838) und *Christan Friedrich Spittler* (1782-1867). Diese waren an den verschiedenen Gründungen, die von der Christentumsgesellschaft inspiriert wurden, beteiligt, etwa an der Traktatgesellschaft (1802) und der Basler Missi-

---

[31] *Zwink*, Johann Friedrich Oberlin, 721.
[32] Vgl. dazu 2. Kapitel III. 2.
[33] *Greschat*, Vorgeschichte, 49.
[34] Vgl. dazu, mit Verweis auf weitere Literatur, *Horst Weigelt*, Christentumgesellschaft, Deutsche, in: RGG[4], Bd. 2, Tübingen 2000, 246.
[35] Vgl. dazu die Statuten, abgedruckt bei *Martin Hennig*, Quellenbuch zur Geschichte der Inneren Mission, Hamburg 1912, 89f.

onsgesellschaft (1815) und besonders der Armenschullehreranstalt in Beuggen (Baden). Diese war angeregt worden von dem Juristen, Lehrer und Sozialreformer *Christian Heinrich Zeller* (1779-1860), der die Anstalt viele Jahrzehnte leitete.[36] *Zeller*, ebenso wie *Johannes Falk* und *Adelberdt Graf von der Recke-Volmerstein*, von denen gleich die Rede sein wird, nahmen sich der vielen Kinder an, die unter den politischen und sozialen Verwerfungen der Zeit – den Auswirkungen der Französischen Revolution und dem Napoleonischen Krieg ebenso wie dem Pauperismus der langsam beginnenden Frühindustrialisierung – in Not geraten waren. Gemeint ist die sich schnell ausbreitende Rettungshausbewegung. *Zeller* beschränkte sich dabei nicht allein auf die karitative Hilfe, zugleich benannte er die Ursachen für die soziale Not, die er in der geistigen Not seiner Zeit sah. So nannte er etwa als Hauptübel der Erziehung:

„Verfall der Hausandacht und das Versäumnis des häuslichen Bibellesens; zweitens die unthätige Teilnahmslosigkeit für die Ausbreitung des Reiches Gottes, während die Feindschaft wider Christus und sein Reich immer mehr den Character eines boshaften, planmäßig angelegten untergrabenden und grundstürzenden Widerstandes mit einer Thätigkeit, Frechheit und Entschiedenheit entwickelt, die in der Geschichte fast beispiellos erscheint; endlich der steigende Hang zur Unmäßigkeit und Trunkenheit, und insbesondere die Branntweinpest."[37]

Als einen Hauptschuldigen an der Lage machte er zudem die oberen Stände aus, „unter denen der Wuchergeist überhand genommen hat".

Zeller zeigte sich dabei angeregt durch die Erziehungsmethodik und die Erziehungsziele *Johann Heinrich Pestalozzis* (1746-1827), verband diese aber mit einer christlichen Begründung, die er aus seiner eigenen, durch die Erweckungsbewegung geprägten Frömmigkeit erhielt. Seine Impulse für eine Pädagogik im christlichen Geist, die v.a. durch die Ausbildung von Volksschullehrern weite Verbreitung fand, wurden später u.a. von *Wichern* im Rauhen Haus aufgenommen. *Zeller*, der sein Haus in Beuggen bewußt nicht zu groß werden ließ, setzte bei der Erziehung besonders auf das Prinzip der Familialität als Leitidee der inneren Organisation, zudem stellte er die Bedeutung der Arbeit für die Menschenbildung heraus. So mußten die Kinder im Haus und in der Landwirtschaft arbeiten, wobei es *Zeller* anders als in anderen pietistischen Einrichtungen gelang, die Arbeit tatsächlich zu einem Erziehungsmittel zu machen.[38]

3. *Johannes Falk*

Auch von *Johannes Falk* in Weimar gingen ähnliche Impulse aus. Er nahm sich besonders der verwahrlosten, verwaisten und mittellosen Kinder an. Geboren 1768 in Danzig begann er 1787 ein Theologiestudium in Halle. Dieses führte er

---

[36] Vgl. dazu auch *Gisela Hauss*, Die sozialpädogogische Arbeit in der Armenschullehrer-Anstalt in Beuggen (Baden). Ihr Profil im Vergleich zum Rauhen Haus in Hamburg, in: Pietismus und Neuzeit Jg. 23 (1997), 27-38; *dies.*, Retten, Erziehen, Ausbilden – Zu den Anfängen der Sozialpädagogik als Beruf. Eine Gegenüberstellung der Entwicklungsgeschichte der Armenschullehrer-Anstalt Beuggen und des Brüderinstitutes am Rauhen Haus in Hamburg, Bern 1995.
[37] *Heinrich W.J. Thiersch*, Christian Heinrich Zeller's Leben, Bd. 1: 1876-1840, Basel 1876, 239; dort 236-264 auch Berichte, die er über die Beuggener Anstalt veröffentlichte und die zeigen, wie deutlich er die soziale Notlagen seiner Zeit erkannte.
[38] Vgl. dazu *Shanahan*, Soziale Frage, 80f.

aber nicht zu Ende, statt dessen ging er nach Weimar, schloß sich dem Literatenkreis um *Goethe*, *Herder* u.a. an, allerdings ohne größeren erkennbaren Erfolg.[39] 1826 ist *Falk* in Weimar gestorben.[40]

In den Befreiungskriegen beschäftigte ihn das Schicksal der Kinder, die unter den Folgen des Krieges zu leiden hatten. Geprägt haben ihn in dieser Zeit sowohl diese Erfahrungen als auch besonders sein persönliches Schicksal, verlor er doch in nur einem Jahr 1813 vier seiner Kinder (in späteren Jahren starben noch zwei weitere ältere Kinder). So gründete er im gleichen Jahr die „Gesellschaft der Freunde in der Not", die Geld sammelte, um damit Schulgeld für Kinder zu bestreiten, Kinder in Handwerksberufe vermittelte o.ä. Diese Arbeit baute er in den nächsten Jahren konsequent aus, indem er sich dem Programm einer christlichen Erziehung zuwandte. 1818 veröffentliche er einen Aufruf zu Begründung einer Missionsanstalt und einer Anstalt für junge Landschullehrer.[41] In der vorgenommenen Verbindung einer „frommen Missionsanstalt", wo eine „wahrhafte Heidenbekehrung der Jugend" stattfinden sollte, mit einer „Anstalt für junge angehende Landschullehrer", da doch „alle Erzieher (...) Seelenärzte" seien, sah er ein wegweisendes Konzept: Er wollte „das Fundament einer echt christlich-praktischen Volkserziehung" schaffen. Realisiert wurde *Falks* Idee schließlich mit dem „Lutherhof", der 1825 in Weimar eröffnet wurde. Diese Rettungsanstalt, die in der Kombination von Schule, Erziehung und Heimunterbringung in vielen Städten Nachahmer fand, wurde so zu einem Vorbild für die protestantische Fürsorgearbeit. Besonders *Wichern* wurde bei der Gründung des Rauhen Hauses durch *Falks* Arbeit beeinflußt.[42]

4. *Adelberdt Graf von der Recke-Volmerstein*

In die Gruppe derjenigen, die aus christlicher Motivation heraus ein bis dahin vernachlässigtes öffentliches Arbeitsfeld erschlossen und ihre praktische Arbeit dann theologisch und religiös fundiert und begründet haben, gehört auch *Adelberdt Graf von der Recke-Volmerstein*.[43] Geboren 1791 in Overdyck bei Bochum wurde *Recke* geprägt sowohl durch die philanthropische Gesinnung seines Vaters, der beeinflußt durch die Pädagogik der Aufklärung u.a. eine Schule und ein Lehrerseminar eingerichtet hatte, als auch durch die Erweckungsbewegung. Diese Einflüsse wurden besonders durch *Johann Heinrich Jung*, gen. *Stilling* (1740-1817), den er in seiner Studienzeit näher kennengelernt hatte, vertieft. *Recke* erlebte eine religiöse Erweckung sowie ein persönliches Bekehrungserlebnis,[44] das als der Schlüssel für seine spätere Arbeit angesehen werden muß. *Recke* entwickelte einen missionarischen Eifer, der bei wohlmeinenden Kritikern auch problematisiert wurde. So bemerkt Gerlinde Viertel: „In seiner religiösen Meinung steht

---

[39] Von ihm stammt allerdings das bekannte Weihnachtslied „O du fröhliche".
[40] Vgl. zu Falk u.a. Johannes *Demandt*, Johannes Daniel Falk. Sein Weg von Danzig über Halle nach Weimar (1768-1799), Göttingen 1999, dort auch Hinweise auf weitere Literatur.
[41] Vgl. dazu *Krimm*, Quellen II, 136-138, dort auch die folgenden Zitate.
[42] Vgl. dazu etwa den Bericht *Johann Hinrich Wicherns*, Johannes Falk und seine Erziehungsanstalt in Weimar, in: *Ders.*, Sämtliche Werke, Bd. IV/1, Berlin 1958, 54-86.
[43] Vgl. zu Person und Lebenswerk *Gerlinde Viertel*, Anfänge der Rettungshausbewegung unter Adelberdt Graf von der Recke-Volmerstein, Bonn 1993.
[44] Vgl. dazu ebenda, 58-61.

er, wie es scheint, ebenso fest als in seinem Glauben. Von Intoleranz gegen abweichende Ansichten anderer wagen wir ihn nicht freizusprechen."[45] *Reckes* Ziel war es, Kinder im rechten Glauben zu erziehen, sie „ihrem Heiland zuzuführen"[46].

Angeregt durch *Johannes Falk* kam es 1819 auf Initiative von *Reckes* Vater zur Gründung einer Gesellschaft der Menschenfreunde in Deutschland, deren Ziel es war, „zur Rettung und Erziehung verlassener Waisen= und Verbrecher=Kinder und zur Aussendung von Missionaren in die Zuchthäuser"[47] beizutragen. Als Zweck des Vereins wurde ausgeführt: „Der einzige Zweck, das vorgestreckte Ziel dieser Gesellschaft ist Menschenbeglückung und nicht allein für diese Zeit, sondern für die Ewigkeit."[48] Diese hier dicht formulierte Verbindung von pädagogischen Gedanken der Aufklärung mit pietistischen Elementen der Frömmigkeit, verwirklichte sich dann in dem von der Gesellschaft gegründeten Rettungshaus für Kinder, welches noch 1819 in Overdyck eingerichtet wurde. Da die Anstalt sehr schnell wuchs, verlegte *Recke* sie 1822 nach Düsselthal bei Düsseldorf. In den folgenden Jahren breitete sich die Rettungshausbewegung in Deutschland schnell aus.

Recke war, ebenso wie *Falk* und *Oberlin*, ein Mann der praktischen Tat. Zugleich war er motiviert von einer tiefen persönlichen Frömmigkeit, die ihn auf der einen Seite immer wieder neue Aufgabengebiete (zu nennen ist etwa die Judenmission) für sich erschließen ließ, die aber auch immer wieder zu Konflikten führte, sei es mit Kirchen- oder Staatsbehörden und besonders mit dem katholischen Bevölkerungsteil.[49] Außerdem wird in seiner Person und seiner Arbeit auch die Grenze des sozialen Protestantismus in der ersten Hälfte des neunzehnten Jhs. deutlich. Die Erziehungsarbeit war, dies sahen auch manche Zeitgenossen bereits kritisch, geprägt von autoritären, konservativen Methoden. Der an das Militär erinnernde Drill im Rettungshaus mag dies belegen. *Gerlinde Viertel* hat auf ein weiteres Defizit *Reckes* hingewiesen: „Seine Gottesfurcht verbot ihm Gedanken an grundlegende gesellschaftliche Veränderungen. Nur innerhalb des bestehenden Systems konnte es Rettung geben."[50] Sie findet den Schlüssel für *Reckes* Leben und Werk in seiner Theologie:

„*Graf Adelberdt v.d. Recke* war Chiliast. Der Chiliasmus, den er mit vielen erweckten Zeitgenossen teilte, führte nicht zu einem weltabgewandten Quietismus, vielmehr wurde er zur treibenden Kraft seines Lebens. *Recke* wußte sich zum „Werkzeug Gottes beim Aufbau seines universalen Reiches berufen: Nicht er wirkte, sondern Gott durch ihn"[51].

So kann man auch von *Recke*, ebenso wie von den anderen behandelten Personen, keine strukturellen Antworten auf die soziale Not der Zeit, auf die soziale Frage erwarten – die gab es damals auch in Ansätzen noch kaum. Indem *Recke* ganz auf eine Christianisierung der Gesellschaft als Antwort auf die soziale Not des Paupe-

---

[45] Zit.n., *Viertel*, Anfänge der Rettungshausbewegung, 62.
[46] Ebenda.
[47] So der Titel einer von *Recke* 1819 verfaßten Schrift, zitiert nach ebenda, 66.
[48] Ebenda, 68.
[49] Recke lebte in Düsselthal in einem katholischen Umfeld, mit dem der kämpferische Protestant immer wieder in Konflikt geriet.
[50] Ebenda, 395.
[51] Ebenda, 394.

rismus setzte und „Gottvergessenheit und Sittenlosigkeit"[52] als die eigentlichen Ursachen nannte, verschloß er sich den Blick für die politischen, ökonomischen und sozialen Probleme seiner Zeit. Seine Leistung liegt dagegen in der Unterstützung der Etablierung eines eigenen Arbeitsbereichs des sozialen Hilfehandels innerhalb des Protestantismus. So hat auch seine Rettungshausarbeit *Wichern* wichtige Impulse gegeben.

5. *Hans Ernst Baron von Kottwitz*

Verbanden die bisher behandelten Personen persönliche Frömmigkeit mit praktischer diakonischer Arbeit, so erschließt sich die Persönlichkeit des *Barons Kottwitz* in einem etwas anderen Zusammenhang; verbindet sich mit seinem Namen doch besonders die Entstehung der Berliner Erweckungsbewegung.[53] Geboren 1757 in Schlesien als Sohn (sein Vater hatte 17 Kinder aus 2 Ehen) einer alten schlesischen Adelsfamilie war *Kottwitz* schon früh in Kontakt mit der Herrnhuter Brüdergemeine gekommen; zugleich gehörte er zu den Freimaurern, eine Verbindung, die er trotz zeitweise scharfer Kritik lebenslang beibehielt. In Schlesien errichtete er, die Not der Weber vor Augen, eine Weberkolonie, deren Aufgabe es war, armen Webern Arbeit und Lohn zu geben. Dieses Unternehmen scheiterte ökonomisch, *Kottwitz* erlitt, trotz finanzieller Hilfestellung des preußischen Königs, einen großen finanziellen Verlust. 1806 siedelte *Kottwitz* nach Berlin über, wo er sich erneut sozialdiakonisch engagierte und die „Berliner Freiwillige Beschäftigungsanstalt" gründete, die arbeitslose Berliner beschäftigte: Eine Einrichtung, die in der Literatur mit den heutigen Arbeitsbeschaffungsmaßnahmen verglichen wird.[54] Hier diente die Arbeit als Erziehung, Beschäftigung als Hilfe zur ‚Selbsthilfe':

„Wird dem Armen durch Beschäftigungs-Anstalten ein stellvertretender Erwerb dargeboten, an dem er mit den Seinigen Antheil zu nehmen im Stande ist, so kann er durch die Früchte eines gemeinsamen Erwerbs nicht in Rathlosigkeit versinken, und da er keineswegs behindert ist, diese Beschäftigung sobald sich die Gelegenheit dazu ereignet, mit einem ergiebigen Erwerb zu vertauschen, so gereichen Beschäftigungs-Anstalten, durch die er zu redlichem und angestrengtem Fleiß gereizt und gewöhnt wird, sowohl zur Verbesserung seiner häuslichen Lage, als sie der bürgerlichen Verfassung ersprießlich sind, indem sie auf die Sittlichkeit des gemeinen Mannes den wohlthätigsten Einfluß bewirken helfen."[55]

In seinem Verständnis sozialer Arbeit war *Kottwitz* ganz von der Aufklärung beeinflußt. Sein soziales Engagement ist ohne die Ideen der Aufklärung, ohne ihr Verständnis der Arbeit als eine den Menschen konstituierende Grundtatsache und ohne deren Erziehungsprinzipien, die beispielsweise zur Gründung von sog. Ar-

---

[52] Zit.n. *Viertel*, Anfänge der Rettungshausbewegung, 397.
[53] Vgl. zur Person *Peter Maser*, Hans Ernst von Kottwitz. Studien zur Erweckungsbewegung des frühen 19. Jahrhunderts in Schlesien und Berlin, Göttingen 1990; *Ders.*, „Berathung der Armuth". Das soziale Wirken des Barons Hans Ernst von Kottwitz zwischen Aufklärung und Erweckung in Berlin und Schlesien, Frankfurt a.M. 1991.
[54] Ebenda, 196; zur Einrichtung ebenda 13-65.
[55] *von Kottwitz*, Ueber öffentliche Strafanstalten und die zweckmäßigsten Mittel, den gemeinen Mann zur Thätigkeit zu reizen, Berlin 1810, zitiert nach *Maser*, Berathung der Armuth, 159.

beitshäusern führten, nicht verständlich.⁵⁶ Neben seiner intensiven sozialen Arbeit, die er in verschiedenen Bereichen gerade in Berlin tat, war *Kottwitz* ein Kristallisationspunkt und Zentrum der Berliner Erweckungsbewegung (Kottwitz-Kreis). Dieser gab er wichtige geistliche Anstöße, zugleich unterstütze die Bewegung innerhalb der Berliner Kirche, etwa bei Pfarrstellenbesetzungen. Hier kam *Kottwitz* sein enger Kontakt zum preußischen König zugute. Sein soziales Denken war nicht revolutionär, es war aber, anders als bei anderen christlichen Sozialreformern seiner Zeit wie etwa *Wichern*, auf eine „gesamtgesellschaftliche Lösung der sozialen Probleme"⁵⁷ angelegt, es kann als ‚gesellschaftliche Diakonie' bezeichnet werden.

III. Impulse für die christliche Wohltätigkeit aus Großbritannien

Wesentliche Anregungen für die Ausgestaltung ihrer Ideen erhielten die Protagonisten des sozialen Protestantismus aus dem europäischen Ausland.⁵⁸ Augenfällig wird dies etwa an *Theodor Fliedner*, der während seiner Englandreise wichtige Vertreter der Sozialreform und der christlichen Liebestätigkeit wie *Robert Owen*, *Elizabeth Fry* oder auch *Thomas Chalmers* und ihre Einrichtungen besuchte.⁵⁹

Eine besondere Stellung nimmt hier *Thomas Chalmers* ein.⁶⁰ Seine Bedeutung für die Kirchengeschichte liegt auf verschiedenen Gebieten: er war der entscheidende Wegbereiter der Gründung der schottischen Freikirche 1843, er half mit bei der Konstituierung der Evangelischen Allianz, beides macht ihn zu einer wichtigen Figur der evangelikalen Bewegung des neunzehnten Jhs.; sein Programm einer kirchlichen Armenfürsorge, das er in Glasgow entwickelte, machte ihn zudem zu einem wichtigen Vorbild der kirchlich-sozialen Bewegung auf dem Kontinent.⁶¹

Geboren 1770 in Antruther/Schottland, studierte er Theologie und wurde 1803 Pfarrer einer kleinen Landgemeinde. *Chalmers*, der in dieser Zeit von der Aufklärung geprägt war, konzentrierte sich aber zunächst auf eine mögliche Universitätskarriere als Mathematikprofessor, die Gemeindearbeit blieb Beiwerk. Erst eine Bekehrung in den Jahren 1810/11 veränderte seine Einstellung grundlegend.

---

[56] Vgl. dazu ausführlich *Maser*, Berathung der Armuth, 161-177. 198.

[57] Ebenda, 190; vgl. auch überspitzt *Ders.*, Kottwitz, 240: „Die sozialpolitische Entwicklung des 19. Jahrhunderts in Deutschland ist ohne die Anstöße der Erweckung ebenso sowenig zu denken wie der Konstruktion des modernen Sozialstaats, dessen Prinzipien den sozialen Anschauungen eines Kottwitz mehr entsprechen als z.B. Wicherns Definition von den Aufgaben einer Inneren Mission."

[58] Vgl. dazu besonders *Greschat*, Das Zeitalter der Industriellen Revolution. Das Christentum vor der Moderne, Stuttgart 1980.

[59] Zu *Fliedner* vgl. 2. Kapitel I. 2.; zu seinen Kontakten nach England vgl. die Hinweise bei *Gerhardt*, Theodor Fliedner. Ein Lebensbild, Band, Düsseldorf 1933, 255-257.

[60] Zu *Owen* vgl. *Walter Euchner* in diesem Band 1. Kapitel II. 4.; zu *Elizabeth Fry* vgl. diesen Beitrag 2. Kapitel I. 2.

[61] Zur Person vgl. *Stewart J. Brown*, Thomas Chalmers, in: *Greschat* (Hrsg.), Gestalten der Kirchengeschichte Bd. 9, 1, Stuttgart 1985, 172-186; *Ulrich Gäbler*, Thomas Chalmers. Die neue Kirche, in: *Ders.*, Auferstehungszeit, 28-54, knappe biographische Würdigung auch in: RGG⁴, Bd. 2, Tübingen 2000, 95f.; zu seinen sozialen Schriften vgl. auch *Karl Holl*, Thomas Chalmers und die Anfänge der kirchlich-sozialen Bewegung, in: *Ders.* Gesammelte Aufsätze zur Kirchengeschichte, Bd. III: Der Westen, Tübingen 1928, 404-436.

Chalmers wurde ein charismatischer Prediger, die Frömmigkeit der Erweckungsbewegung bestimmte sein Leben und seine Gemeindearbeit. 1815 wurde er zum Pfarrer in Glasgow berufen, dort baute er in den Jahren 1819-1823 ein System kirchlicher Armenpflege als Gegenmodell zur kommunalen Armenfürsorge auf. 1823 erfüllte sich sein Traum einer Universitätskarriere, er wurde Professor für „moral philosophy" an der Universität St. Andrews, 1828 wechselte er an die Universität Edinburgh. Neben seiner umfangreichen Publikationstätigkeit – hier sind besonders seine ökonomischen Werke zu nennen – erlangte *Chalmers* in dieser Zeit eine große kirchenpolitische Bedeutung. 1847 starb *Chalmers* in Edinburgh.

Chalmers war ein scharfer Kritiker der staatlich organisierten Armenfürsorge, die die Armen als bloße Objekte behandelte, die sich auf eine Bekämpfung der Symptome beschränkte, nicht aber die Ursachen sah.[62] Als Hauptursache machte *Chalmers* nicht so sehr den Pauperismus aus, vielmehr sah er in der persönlichen Einstellung der Armen den wichtigsten Grund. Gegen selbstverschuldete Armut half aber kein staatlich reglementiertes System, vielmehr ging es ihm darum, Eigeninitiative und Engagement zu fördern und sie im christliche Glauben zu erziehen. Das vorhandene System der Armenfürsorge hatte die Armen dazu verleitet, „auf öffentliche Fürsorge sich zu verlassen, statt durch eigne Emsigkeit und Voraussicht sich zu helfen"[63].

Sein Gegenmodell gegen diese Form der Armenunterstützung setzte demgegenüber auf eine Wiederbelebung eines ernstgenommenen Gemeindeprinzips, also in einer Art antiurbanem Reflex die Schaffung kleiner, überschaubarer Einheiten. Die Gemeinde wurde in kleine Bezirke eingeteilt, für jeden Bezirk gab es Verantwortliche, die Hausbesuche machten und sich genau nach den kirchlichen und persönlichen Verhältnissen der Armen erkundigten, mit dem Ziel herauszufinden, ob nicht Familienangehörige oder auch die Glaubensgemeinschaft Hilfe leisten konnten. So wurde die Armenhilfe, die nach *Chalmers* Vorstellungen allein aus Spenden finanziert werden sollte, zum letztmöglichen Mittel. Damit wollte *Chalmers* Hilfe zur Selbsthilfe leisten. Indem Ansehen und „Ehrgefühl"[64] der Armen gehoben und wiederhergestellt wurden, konnte nach *Chalmers* zugleich ein Beitrag zur Lösung der Arbeiterfrage geleistet werden.

Chalmers Bemühungen fanden eine breite Resonanz, das sog. „Elberfelder System" der kommunalen Armenpflege[65] wird u.a. auf ihn zurückgeführt.[66] Der Grund für die breite Rezeption seiner Ideen in Deutschland dürfte neben den schon genannten Kontakten, die viele Protestanten nach England hatten, besonders in der Tatsache liegen, daß 1847 der Berliner Pfarrer *Otto von Gerlach* (1801-1849), Mitglied des engsten Beraterkreises des preußischen Königs, eine Schrift *Chalmers'* übersetzte und bearbeitet unter dem Titel „Die kirchliche Armenpflege" herausgab.[67] In Deutschland, wo es für die Armenfürsorge ein etwas

---

[62] Darstellung bei *Holl*, Chalmers, 407f.; *Gäbler*, Chalmers, 41f.
[63] *Otto von Gerlach*, Die kirchliche Armenpflege. Nach dem Englischen des Dr. Thomas Chalmers, Berlin 1847, 87.
[64] *Holl*, Chalmers, 412.
[65] Vgl. dazu *Sachße/Tennstedt*, Geschichte der Armenfürsorge, 214-222.
[66] Vgl. dazu *Holl*, Chalmers, 434-436.
[67] Vgl. zur Diskussion in Deutschland, *Martin Friedrich*, Kirchliche Armenpflege! Innere Mission, Kirche und Gesellschaft in der Mitte des 19. Jahrhunderts, in: Sozialer Protestantismus im Vormärz (erscheint Münster 2001).

anderes, im Prinzip stärker den Vorstellungen *Chalmers* entsprechendes System gab, nahm man die Anregungen *Chalmers* bereitwillig auf, um sie in die Überlegungen um eine Kirchenreform, die gerade in Preußen virulent waren, einzubeziehen. Weniger politische oder sozialpolitische Gründe bestimmten die Diskussion, sondern die Hoffnung, über ein System kirchlicher Armenpflege zu einer neuen Christianisierung der Gesellschaft zu kommen. Ganz im Sinne dieser Haltung bestimmten auch nicht primär finanzielle (*Chalmers* konnte in Glasgow größere Beträge einsparen) und strukturelle (die Rolle des Staates betreffende) Überlegungen die Diskussion im kirchlichen Raum. Hier herrschten vielmehr moralische Überlegungen vor, die gerade die erzieherischen Momente einer kirchlichen Armenpflege für die Sittlichkeit des Einzelnen hervorhoben, eine Denkfigur, die bei *Johann Hinrich Wichern* u.a. wiederzufinden ist. Hauptsächlich gewirkt hat *Chalmers* auf *Wichern* und seine Nachfolger jedoch in seiner grundsätzlichen Forderung nach einer kirchlichen Armenpflege.

IV. Religiös-Sozialrevolutionärer Protest in der Zeit des Vormärz

Sozialrevolutionärer Protest gegen die absolutistische Fürstenherrschaft und gegen die ökonomische Ausbeutung der Stadt- und Landbevölkerung war bis in die Zeit des Vormärz hinein in verschiedenen Strömungen unmittelbar mit christlichen Traditionen verknüpft. Einzelne liberale Theologen und Pfarrer, die wesentlich durch die Befreiungskriege und das Wartburgfest von 1817 geprägt worden waren,[68] hatten sich vor allem unter dem Einfluß der französischen Frühsozialisten radikalisiert. Beispielhaft ist hier der hessische Pfarrer *Friedrich Ludwig Weidig* (1791-1837) zu nennen, der durch die Revolutionspredigt des *Abbé de Lamennais* (1782-1854) „Worte eines Gläubigen" tief beeindruckt wurde.[69] Seit dem Beginn der 30er Jahre versuchte *Weidig* unter der ständigen Gefahr der Aufdeckung durch die Darmstädter Untersuchungsbehörden, ein Netz von einzelnen Amtskollegen, Freunden und politischen Mitstreitern aufzubauen, um eine organisierte politische Oppositionsarbeit in Hessen zu entwickeln. Zu Beginn des Jahres 1834 führte der mit *Weidig* vertraute Gießener Student *August Becker* seinen Kommilitonen *Georg Büchner* in den Kreis ein.

Im Frühjahr 1834 startete *Weidig* die Herausgabe einiger Flugschriften, die noch recht vorsichtig die Verfassungszustände in Hessen kritisierten. Im Sommer des Jahres erhielt er durch die Vermittlung von *Becker* und einem weiteren Kommilitonen den Entwurf einer Flugschrift von *Büchner*, die vor allem die ökonomische Situation des Reichtums von Fürsten und Bürgern einerseits und der Ausbeutung der Bauern andererseits mit reichem statistischen Material belegte. *Weidig* hat diesen Entwurf vollständig umgearbeitet, wobei er aus Rücksichtnahme auf die politisch Liberalen, mit denen er eine engere politische Zusammenar-

---

[68] Vgl. dazu *Friedrich/Jähnichen*, Von den Befreiungskriegen bis zur Errichtung des Deutschen Reiches – Der Protestantismus und der Beginn der modernen Verfassungsgeschichte in Deutschland, in: *Brakelmann/Friedrich/Jähnichen*, Auf dem Weg zum Grundgesetz. Beiträge zum Verfassungsverständnis des neuzeitlichen Protestantismus, Münster 1999, 30-45.
[69] *Weidig* plante eine Übersetzung dieser Schrift, von deren Verbreitung er sich auch in Deutschland viel versprochen hat. Bei seiner Verhaftung fand man das Buch des *Lamennais* und Stücke der Übersetzung. Vgl. *Hans Mayer*, Georg Büchner und seine Zeit, Frankfurt ²1972, 180f.

beit anstrebte, den sozialrevolutionären Ton *Büchners* abschwächte und demgegenüber stärker die Fürstenherrschaft in Frage stellte. Vor allem aber hat er Motive prophetischer Gesellschaftskritik und religiös-utopisches Denken in der Tradition des christlichen Chiliasmus in den Text eingetragen, so daß die Endgestalt der Flugschrift des „Hessischen Landboten" einer politisch-religiösen Kampfschrift gleicht. Anfang und Ende dieser Schrift lauten:

„Friede den Hütten! Krieg den Palästen!
Im Jahr 1834 siehet es aus, als würde die Bibel Lügen gestraft. Es sieht aus, als hätte Gott die Bauern und Handwerker am 5tage, und die Fürsten und Vornehmen am 5ten gemacht, und als hätte der Herr zu diesen gesagt: Herrschet über alles Getier das auf Erden kriecht, und hätte die Bauern und Bürger zum Gewürm gezählt. Das Leben der Fürsten ist ein langer Sonntag (...).
Ihr wühltet ein langes Leben die Erde auf, dann wühlt ihr euren Tyrannen ein Grab. (...) Und bis der Herr euch ruft durch seine Boten und Zeichen, wachet und rüstet euch im Geiste und betet ihr selbst und lehrt eure Kinder beten: ‚Herr, zerbrich den Stecken unserer Treiber und laß dein Reich zu uns kommen, das Reich der Gerechtigkeit. Amen.'"[70]

Aufgrund eines Verrats wurde der Geheimbund um *Weidig*, *Büchner* und die anderen Mitglieder des Kreises noch im Jahr 1834 aufgedeckt. Während *Büchner* nach Straßburg fliehen konnte, wurden *Weidig* und andere verhaftet. Nach einer zermürbenden Haft mit schikanösen Untersuchungsmethoden und auch Folterungen, die bei ihm Sinnestäuschungen hervorriefen, nahm sich *Weidig* im Februar 1837 in der Haft das Leben.[71] Andere Mitglieder des Kreises kooperierten mit den Behörden oder wurden später amnestiert.[72]

Von dem Weidig-Büchner-Kreis führt eine direkte Linie zu den religiös-kommunistischen Handwerksgesellen um *Wilhelm Weitling* (1808-1871). Nach seiner Amnestie im Jahre 1839 emigrierte *Becker* in die Schweiz, wo er sich den Anhängern *Weitlings* anschloß.[73] Dieser, als gelernter Schneider auf Grund eigener sozialer Not zur Lebensweise als wandernder Handwerker gezwungen, hatte 1835 in Paris den „Bund der Geächteten" – dieser wurde später zum „Bund der Kommunisten", dem *Marx* und *Engels* 1845 in Brüssel beitraten – gegründet und baute seit 1841 frühkommunistische Arbeitervereine in der Schweiz auf. Diese von *Weitling* beeinflußten Gruppen verknüpften revolutionär-kommunistische Sozialkritik mit religiös-schwärmerischen Zukunftserwartungen, wie es *Weitling* selbst speziell in seiner Schrift „Das Evangelium eines armen Sünders" ausgeführt hatte. Hier wurde *Jesus von Nazareth* als Urbild eines kommunistischen Menschen gedeutet, der im Protest gegen die vorfindliche Wirklichkeit die Ideale der Brüderlichkeit und der Freiheit gelebt hat. Gegen atheistische Tendenzen in der frühkommunistischen Bewegung betonte *Weitling* in diesem Sinn die produktive Bedeutung der Religion: „Die Religion muß nicht zerstört werden, son-

---

[70] *Georg Büchner*, Werke und Briefe. Münchener Ausgabe, München 1988, 40.64.
[71] Die näheren Umstände seines Todes sind nie ganz geklärt worden. Die Hypothese eines Mordes konnte nicht ausgeschlossen werden. Bereits viele Zeitgenossen haben den Tod *Weidigs* als „Justizmord" interpretiert. Vgl. *Mayer*, Büchner, 244f.
[72] Vgl. ebenda, 224ff.
[73] Vgl. ebenda, 238.

dern benutzt werden, um die Menschheit zu befreien. Das Christentum ist die Religion der Freiheit."[74]

Die hier kurz skizzierten Traditionen eines frühen sozialrevolutionären Christentums verloren nach 1848 in Deutschland jegliche Bedeutung. Weder in der Amtskirche, die diese Tendenzen scharf bekämpfte, noch in der entstehenden sozialistischen Arbeiterbewegung, wo *Marx* und *Engels* den religiös-utopischen Sozialismus als überwundene, vor-wissenschaftliche Stufe der Arbeiterbewegung diskreditierten, läßt sich eine weitergehende Resonanz feststellen. Die Mitglieder dieser Gruppen wurden nach 1848/49 verfolgt und häufig inhaftiert. *Weitling*, *Becker* und weitere Gesinnungsgenossen können in die USA emigrieren, wo sie keine einheitliche Bewegung organisierten.[75]

---

[74] *Wilhelm Weitling*, Das Evangelium eines armen Sünders, Bern 1845, 17.
[75] Vgl. hierzu auch den entsprechenden Abschnitt bei *Walter Euchner* in diesem Band 2. Kapitel II. 1.

2. Kapitel: Die Innere Mission als Kristallisationspunkt des Sozialen Protestantismus

I. Aufbruch zur Inneren Mission – Personen und Positionen

1. *Johann Hinrich Wichern*

a) *Wicherns* Reformprogramm der Inneren Mission auf der Grundlage seiner Zeitdiagnose

Es ist die historische Leistung *Johann Hinrich Wicherns*, durch seine berühmte Rede auf dem Evangelischen Kirchentag in Wittenberg 1848 sowie durch die Denkschrift „Die Innere Mission der deutschen evangelischen Kirche" die evangelische Christenheit eindringlich auf ihre Verantwortung angesichts der sozialen Frage hingewiesen, ihr ein programmatisches Konzept gegeben und durch die Zusammenfassung bereits vorhandener Einzelinitiativen die christliche Liebestätigkeit insgesamt auf ein neues Niveau gehoben zu haben. Der in diesem Sinn von *Wichern* geprägte Begriff der „Inneren Mission" meint „eine im gesamten Gebiet der eigenen Kirche sich vollziehende evangelistische, aufbauende und soziale Nöte lindernde Tätigkeit"[1]. Die Notwendigkeit eines solchen Konzeptes der Inneren Mission ergab sich für *Wichern* unmittelbar aus seiner Analyse der Gegenwart, die er nur unter dem Vorzeichen eines „tiefen sittlichen Verfalls, der bodenlosen Entfremdung und des weitverbreiteten Abfalls vom Evangelio"[2] verstehen konnte. Insofern ist *Wicherns* Reformkonzept der Versuch einer Antwort auf eine als radikale Krise interpretierte Zeitsituation.

1848 konnte *Wichern* auf eine erfolgreiche Arbeit in Hamburg zurückblicken, das von ihm öffentlich vorgestellte Programm der Inneren Mission war im kleinen realisiert.[3] Geboren 1808 in Hamburg als Sohn eines Notars kam *Wichern* aus kleinen Verhältnissen. Nach dem Tod des Vaters arbeitete *Wichern* zur Sicherung des Lebensunterhalts in einer christlichen Erziehungsanstalt als Erziehungsgehil-

---

[1] *Peter Meinhold*, Wichern und Ketteler, Evangelische und katholische Prinzipien kirchlichen Sozialhandelns, Wiesbaden 1978, 11.
[2] *Johann Hinrich Wichern*, Die Innere Mission der deutschen evangelischen Kirche. Eine Denkschrift an die deutsche Nation, in: *Ders.*, Sämtliche Werke, hrsg. v. Peter Meinhold, Bd. 1, Berlin 1962, 175-359, Zitat 179.
[3] Vgl. zur Biographie Wicherns das einfühlsame Porträt von *Helmut Talazko*, Johann Hinrich Wichern, in: *Jochen-Christoph Kaiser* (Hrsg.), Soziale Arbeit in historischer Perspektive. Zum geschichtlichen Ort der Diakonie in Deutschland. Festschrift für Helmut Talazko zum 65. Geburtstag, Stuttgart 1998, 191-207 (Erstdruck 1985); unentbehrlich noch immer *Martin Gerhardt*, Johann Hinrich Wichern. Ein Lebensbild, 3 Bde., Hamburg 1927-1931; zu Wicherns Theologie vgl. auch *Stephan Sturm*, Sozialstaat und christlich-sozialer Gedanke. Johann Hinrich Wicherns Sozialtheologie und ihre neuere Rezeption in systemtheoretischer Perspektive, Diss. Theol., Münster 1998. – Zu Wicherns Biographie nach 1848 vgl. 3. Kapitel I. 1. a.

fe. Noch als Schüler kam er in Kontakt mit der Hamburger Erweckungsbewegung, eine Verbindung, die für sein Glaubensverständnis bestimmend wurde, die aber auch, durch die Stipendien, die er aus den Kreisen der Hamburger Erwekkung erhielt, für sein berufliches Fortkommen zentral war. *Wichern* studierte Theologie in Göttingen und Berlin, seine wichtigsten theologischen Lehrer waren *Friedrich Lücke* (1791-1855) in Göttingen und *August Neander* (1789-1850) in Berlin. Nach dem kirchlichen Examen (1832) arbeitete Wichern bei einer Sonntagsschule in St. Georg, einer nach englischem Vorbild eingerichteten missionarischen und sozialen Institution. Diese Arbeit machte ihn mit der sozialen Not in den Hafenvierteln Hamburgs bekannt. Nur ein Jahr später wurde auf *Wicherns* Initiative ein Rettungshaus für verwahrloste männliche Jugendliche gegründet. Vorbild waren die bekannten Einrichtungen von *Johannes Falk, Graf von der Recke-Volmerstein* und *Christan Heinrich Zeller*, man bezog im Hamburger Vorort Horn das „Rauhe Haus". Diese Gründung wurde zum Kern von *Wicherns* sozialer und karitativer Tätigkeit. Schnell wuchs die Anstalt, *Wichern* entwickelte sozialpädagogische Konzepte und begann mit der Ausgestaltung seiner Idee der Inneren Mission. 1839 richtete er ein Brüderhaus bzw. eine Brüderanstalt ein, 1844 gründete er die Zeitschrift „Fliegende Blätter"; mit diesen Schritten sorgte er für Ausbreitung seiner theologischen und sozialen Ideen, die dann in der berühmten Denkschrift von 1849 von ihm gebündelt vorgetragen wurden.

Konkreter Ausgangspunkt der in der Denkschrift entwickelten programmatischen Überlegungen *Wicherns* waren die Erfahrungen der Revolution von 1848, die er – sehr ähnlich wie *Friedrich Julius Stahl* (1802-1861) – in eine apokalyptische Perspektive stellte, wobei der bedrohlichen Dramatik der Zeit die Hoffnung auf einen grundlegenden Wandel korrespondierte:

„Als der wilde Orkan und das vulkanische Beben Europa zu erschüttern begann und auch Deutschland in das Meer der Revolution hinabstürzte, und Seuchen, Aufruhr und Krieg die Gerichte Gottes verkündeten, sahen in denselben jene Wartenden die Geburtswehen eines neuen besseren Zeitalters im Reiche Gottes."[4]

Wichern transformierte das Problem der Revolution auf eine theologische Ebene, indem er sie als äußerste Konsequenz des Abfalls vom Evangelium interpretierte. Dementsprechend konnte es für *Wichern* wie in ähnlicher Weise für *Stahl* nicht allein darum gehen, die Kräfte der Revolution politisch zu bekämpfen, sondern diesen die Macht des Christentums entgegenzustellen, welche allein „die Revolution zu schließen"[5] vermochte. Der politische Gegensatz von konservativen und revolutionären Kräften wurde im Rahmen dieser Geschichtsdeutung eindeutig dominiert von dem streng theologischen Gegensatz von Glaube und Abfall. Dementsprechend war es in besonderer Weise die Aufgabe der Christenheit, sich gegen die Kräfte der Revolution zu engagieren und in diesem Sinn die Übel der Zeit an ihrer Wurzel zu kurieren. Die politische Entsprechung dieser theologischen Deutung war das von *Stahl* entwickelte und propagierte Konzept des „christlichen

---

[4] *Wichern*, Denkschrift, 179.
[5] *Friedrich Julius Stahl*, Was ist die Revolution? Ein Vortrag auf Veranlassung des Evangelischen Vereins für kirchliche Zwecke am 8. März 1852. In: Siebzehn parlamentarische Reden und drei Vorträge von Stahl, hrsg. von *Berta von Kröcher*, Berlin 1921 (Nachdr. der Ausgabe Berlin 1862), 233-249, Zitat 242.

Staates". Ein solcher Staat, den *Stahl* und *Wichern* pointiert als „göttliche Institution"[6] verstanden, war mit seiner Gesetzgebung, Verwaltung und Rechtssprechung unlösbar von den Prinzipien christlicher Lebensführung, Erziehung und dem Zeugnis der christlichen Religion selbst bestimmt. Dieses Konzept des „christlichen Staates" stand somit für den unverzichtbaren Beitrag des Christentums zur Versittlichung des öffentlichen Lebens. Damit war kein staatlicher Zwang zugunsten der christlichen Kirchen gemeint, wohl aber ihre öffentliche Förderung und vor allem die Bekämpfung des liberalen Standpunktes einer Indifferenz des Staates gegenüber den Kirchen.

Da *Wichern* in dieser Weise die theologische und die gesellschaftspolitische Dimension der Krise seiner Zeit in den Blick nahm, war es zwangsläufig, daß er ein breit angelegtes Reformkonzept entwarf, welches Gedanken der Volksmission, der kirchlichen Diakonie und in Ansätzen auch der staatlichen Sozialreform umfaßte:

„Als Innere Mission gilt uns nicht diese oder jene einzelne, sondern die gesamte Arbeit der aus dem Glauben an Christum geborenen Liebe, welche diejenigen Massen in der Christenheit innerlich und äußerlich erneuern will, die der Macht und Herrschaft des aus der Sünde direkt oder indirekt entspringenden mannigfachen äußeren und inneren Verderbens anheim gefallen sind, ohne daß sie, wie es zu ihrer christlichen Erneuerung nötig wäre, von den jedesmaligen geordneten christlichen Ämtern erreicht werden."[7]

Das Neue und Wegweisende der Konzeption *Wicherns* war, daß es ihm entschieden um eine innere wie auch äußere Erneuerung in der Christenheit ging. *Wichern* war sich darüber im klaren, daß eine allein volksmissionarisch angelegte Erneuerung zu kurz greifen würde. Er sah deutlich, daß sich aus sozialen Notlagen heraus erst eine gewisse Sittenlosigkeit und auch Gottlosigkeit entwickelt hatte[8], daß also bestimmte gesellschaftliche Voraussetzungen als „Möglichkeitsbedingungen und Unmöglichkeitsbedingungen gelebter Religion und Sittlichkeit"[9] beachtet werden müßten. Auf der anderen Seite war nach *Wicherns* Auffassung eine rein äußerliche Bekämpfung sozialer Notlagen ebenfalls unzureichend, da Armut und soziales Elend vielfach aus einer allgemeinen Sittenlosigkeit entsprangen, die für ihn ihre letzte Wurzel in der Gottlosigkeit hatten. Daher waren für ihn die Bemühungen um eine innerliche und äußerliche, um eine seelsorgerlich-missionarische und eine sozialdiakonische Erneuerung untrennbar verknüpft. Diesem Ansatz wurde insbesondere in der praktischen Organisation der Inneren Mission Rechnung getragen.

---

[6] *Stahl*, Philosophie des Rechts 2. Bd., Zweite Abteilung, Viertes Buch, Tübingen ⁵1878 (Nachdruck Darmstadt 1963), 176.
[7] *Wichern*, Denkschrift, 180.
[8] Vgl. *Günter Brakelmann*, Kirche und Sozialismus im 19. Jahrhundert. Die Analyse des Sozialismus und Kommunismus bei Johann Wichern und Rudolf Todt, Witten 1966, 50.
[9] *Volker Drehsen*, Konservativer Visionär. Wicherns Forderungen als Fragen an die Gegenwart, in: Evangelische Kommentare, Jg. 31 (1998), 210-212, Zitat 212.

b) Sozialstatistik – freies Vereinswesen – Publizistik: Die methodische Umsetzung der Programmatik der Inneren Mission durch *Wichern*

Es ist erstaunlich, daß *Wichern* trotz seines apokalyptisch gefärbten Gesellschaftsbildes relativ unvoreingenommen und vorurteilslos die soziale Lage seiner Gegenwart beschreiben konnte. Sowohl in der Denkschrift wie auch in den „Fliegenden Blättern" findet sich eine Fülle sozialstatistischen Materials. *Wichern* hat alle ihm zur Verfügung stehenden Daten über die Lage der armen Bevölkerung gesammelt, verarbeitet und daraus entsprechende Konsequenzen für die Arbeit der Inneren Mission entwickelt. So finden sich in der Denkschrift ausführliche Daten aus Deutschland und zum Teil den angrenzenden europäischen Ländern über den sittlichen Zustand der Bevölkerung, den *Wichern* vor allem am Beispiel des Verhältnisses von ehelichen und nichtehelichen Kindern sowie anhand der Kriminalstatistik zu verdeutlichen versuchte. Dieser Befund wurde interpretiert, indem *Wichern* ihn mit der sozialen Lage der Bevölkerung korrelierte. Hierzu gehörten Analysen über die Wohnungsverhältnisse, die Kindersterblichkeit, die Zahlung von Unterstützungsgeldern in einzelnen Regionen und vieles mehr. Interessant ist, wie *Wichern* Zusammenhänge zwischen den Sterblichkeitsziffern, der materiellen Armut, einem schlechten Wohnumfeld und kriminalstatistischen Daten herstellte. Ihm ging es um eine unbefangene Analyse seiner Zeit, weil nur auf der Grundlage einer genauen Kenntnis der sozialen Lage sinnvolles diakonisches und auch sozialpolitisches Handeln möglich war. Diese möglichst exakte, empirische Wahrnehmung sozialer Zustände und sozialen Elends ist sicherlich ein äußerst innovativer Grundzug der diakonischen Praxis *Wicherns*.

Ebenso hat *Wichern* unvoreingenommen die Grenzen und Schwächen der landesherrlich verfaßten Amtskirche in den Blick genommen. Er stellte in der Denkschrift unmißverständlich fest, daß ein großer Teil der eine innerliche und äußerliche Erneuerung bedürfenden Bevölkerung „von den jedesmaligen geordneten christlichen Ämtern" – gemeint ist hier im wesentlichen das Pfarramt – nicht erreicht wurde. Speziell in dem Abschnitt über die „Organisation der Inneren Mission" hat er sehr deutlich die Defizite der kirchlichen Strukturen seiner Zeit analysiert. Sein großes Ziel war die Wandlung der Kirchen aus einer obrigkeitlichen Anstalt in eine geschwisterliche Gemeinschaft, um die „aus der freien Gemeinschaft des Glaubens hervorgehende freiwillige Liebestätigkeit"[10] zur Entfaltung zu bringen. Hierzu hatte er das in seiner Zeit moderne Gegenprinzip zu behördlich geprägten Institutionen favorisiert: das freie Vereinswesen.

„Die Frage nach der künftigen Organisation der inneren Mission darf nicht übergangen werden. Wir folgen beim Eingehen auf diesen Gegenstand nicht der Lust unserer Tage an der bloßen Form, welcher so oft das Interesse an dem materiellen Gehalt und die Gerechtigkeit gegen das gewordene und werdende Leben geopfert wird. Das wahre Leben schafft sich mit innerer Notwendigkeit aus sich selbst seine Gestalt. Jede nicht im Geiste des Lebens wurzelnde, jede aufgedrängte, angeheftete, nur übergeworfene Gestaltung wird doch wieder vom Leben zersprengt. So kann auch hier, wo vom künftigen Organismus der inneren Mission die Rede ist, immer nur von einem Versuche (...) die Rede sein. Die künftige Gestaltung der

---

[10] *Wichern*, Denkschrift, 317.

Kirche bei voller, geordneter Entfaltung der freien christlichen Liebestätigkeit kann niemand sehen, bis der Herr sie gezeigt hat (...)."[11]

Die von *Wichern* diagnostizierten sozialen Zustände sowie die unzureichende kirchliche Verfaßtheit seiner Zeit führten somit zu der Frage, inwieweit eine angemessene Organisation der rettenden Liebe gefunden werden konnte. Die persönliche Hilfe einzelner, ihr spontanes Wirken wurde von *Wichern* als elementare Form der inneren Missionstätigkeit vorausgesetzt und gewürdigt. Allerdings konnte solche spontane Nächstenliebe angesichts der sozialen Zustände des Pauperismus nicht mehr ausreichend sein. Es war vielmehr das Vereinswesen, das *Wichern* als das für die Aufgaben der Inneren Mission zeitgemäße Instrument für eine Reform der Gesellschaft ansah. Seine besondere Leistung ist es gewesen, das Vereinswesen für die Innere Mission in Anspruch zu nehmen, es in diesem Sinn theologisch zu deuten und durch eine stringente Organisation der bereits vereinzelt bestehenden diakonischen Vereine die Innere Mission als große Vereinigung „der freien christlichen Hilfeleistungen"[12] zu begründen.

Theologisch griff *Wichern* diesbezüglich auf den seit der Reformationszeit für den Protestantismus zentralen Gedanken des allgemeinen Priestertums der Gläubigen zurück. Dieses fand im Vereinswesen seine organisatorische Gestalt, so daß in den einzelnen christlichen Gruppen „die durch den Geist Gottes erweckten Gaben [Charismen] an die Stelle gelangt [sind, d. Verf.], wo sie in dem freiwillig übernommenen Dienst der Liebe sich zum gemeinen Nutzen entfalten können"[13]. Durch die Verknüpfung der theologischen Leitbilder des Priestertums aller Gläubigen und der Charismenlehre mit dem Vereinsprinzip gelangte *Wichern* zu einem konkreten Handlungsmodell.[14] Die bereits bestehenden Vereine der Inneren Mission wurden in diesem Sinn von ihm theologisch gedeutet, erhielten eine Legitimation und wurden planmäßig organisiert.

Die entscheidende Frage der Organisation des so verstandenen Vereinswesens war für *Wichern* das Verhältnis zum geordneten Amt der verfaßten Kirche gewesen. Leidenschaftlich vertrat *Wichern* diesbezüglich den Gedanken, die Selbständigkeit der freien Tätigkeit der Inneren Mission gegenüber etwaigen Dominanzansprüchen des Pfarramtes zu verteidigen. Ihm ging es um die jeweilige Eigenständigkeit und den rechten Zusammenhang beider Formen, die allein „in ihrem richtigen Zusammensein erst die Kirche in ihrer rechten Gestalt"[15] bildeten. Für die Innere Mission wurde insofern das Recht auf Selbständigkeit und freier Bewegung gegenüber dem Pfarramt behauptet, allein im Sinn einer „freien christlichen Tätigkeit"[16] stand dem Träger des kirchlichen Amtes eine Beteiligung an der Inneren Mission zu. *Wichern*s Ideal war somit eine freie Vermittlung des kirchlichen Amtes mit der Inneren Mission, wobei beide Seiten einander stützten:

---

[11] *Wichern*, Denkschrift, 311.
[12] Ebenda, 314.
[13] Ebenda, 313.
[14] Vgl. dazu *Jürgen Albert*, Christentum und Handlungsform bei Johann Hinrich Wichern (1808-1881), Heidelberg 1997.
[15] *Wichern*, Denkschrift, 313. – Vgl. dazu auch die Bemerkungen bei *Jochen-Christoph Kaiser*, Ist Diakonie Kirche? Überlegungen zu einem schwierigen Verhältnis in historischer Perspektive, in: Diakonie Dokumentation 3/99: Diakonie ist Kirche – zur Konfessionalität eines Wohlfahrtsverbandes, Stuttgart 1999, 25-32.
[16] Ebenda, 322.

„Das Amt predigt nun das allgemeine Priestertum, und die, die es üben, führen gerade durch diese Übung diejenigen, welche fern waren, zum Wort und Sakrament zurück."[17]

Diese Selbständigkeit der Inneren Mission galt schließlich ebenso gegenüber dem Staat. Diesbezüglich forderte *Wichern* selbstbewußt: „Vom Staate erwartet die Innere Mission zunächst nichts, als die Gewährung des Rechts der freien Assoziation für ihre Zwecke."[18] Der sich seit dem Beginn des neunzehnten Jahrhunderts entwickelnde Raum gesellschaftlicher Selbstorganisation wurde von *Wichern* ohne jeden Vorbehalt für die Aufgaben der Inneren Mission reklamiert.[19]

Ergänzt wurde das Organisationskonzept der Inneren Mission durch den Aufbau einer evangelischen Publizistik, um insbesondere die sog. Notstände auf dem unmittelbar kirchlichen Gebiet, d.h. die unregelmäßige oder kaum noch erreichte kirchliche Versorgung aller Gemeindeglieder zu beheben. Da äußerliche und innerliche Erneuerung für *Wichern* untrennbar zusammen gehörten, betonte er das volksmissionarische Element, in dessen Dienst er die Publizistik zu stellen versuchte, in gleicher Weise wie die diakonische Praxis.

Neben der Arbeit der Bibelgesellschaften, deren Wirken *Wichern* als „erste Zurüstung der Inneren Mission in Deutschland"[20] würdigte, skizzierte er das Ziel einer planmäßigen Verbreitung christlichen Schrifttums. So regte er die Herausgabe kirchlicher Volksbücher und die Unterstützung von Traktatschriften an, unterstützte den Aufbau christlich ausgerichteter Bibliotheken, die auch historische und naturkundliche Bände umfassen sollten. Schließlich förderte er als „Zwischenglied zwischen den Traktaten und religiösen Büchern (...) die populären, religiösen Zeitschriften"[21]. Nach dem Vorbild englischer und nordamerikanischer Schriftenmissionsgesellschaften unterstützte er insbesondere die Redaktion und Verbreitung solcher Zeitschriften, die es in Deutschland bis dahin kaum gegeben hatte. Dabei sah er gerade die in den vierziger Jahren entstandene politische Publizistik in Deutschland in ihrer Gestaltung und Durchführung als vorbildlich an:

„Die Arbeit, die an Herausgabe politischer Blätter gewandt wird, kann hier zum Muster dienen. Es müßten sich Gesellschaften bilden, die dazu geeignete Männer in den Stand setzten, wenigstens die Hälfte ihrer Zeit solcher Arbeit zu widmen; die tüchtigsten Köpfe und Federn müßten dafür gewonnen und Zeit und Mühe nicht gespart werden."[22]

Wicherns engagierte Bemühungen um eine evangelische Publizistik zeugen davon, wie sehr er die wachsende Bedeutung der Öffentlichkeit für seine Zeit er-

---

[17] *Wichern*, Denkschrift, 324. – Auf *Wicherns* weitergehende Vorstellungen, eines besonderen diakonischen Amtes der Kirche (Diakonat oder Archidiakonat) wie er es auf der sog. Monbijou-Konferenz 1856 entwickelte, kann hier nicht weiter eingegangen werden; *Wichern* wollte, daß „der verfaßten Kirche gleichsam eine diakonische Struktur unterlegt" werde, vgl. *Kaiser*, Ist Diakonie Kirche?, 28; zur Konferenz vgl. auch *Dietrich Meyer*, Monbijou-Konferenz (1856) und Evangelische Allianz (1857), in: Geschichte der Evangelischen Kirche der Union, Bd. 2: Die Verselbständigung der Kirche unter dem königlichen Summepiskopat (1850-1918), hrsg. von *Joachim Rogge* und *Gerhard Ruhbach*, Leipzig 1994, 97-106.
[18] *Wichern*, Denkschrift, 183.
[19] Dies ist etwa an seinem Organisationsmodell der Inneren Mission erkennbar, vgl. dazu 2. Kapitel II. 1.
[20] *Wichern*, Denkschrift, 213.
[21] Ebenda, 222.
[22] Ebenda.

kannte und christliche Überzeugungen in neuartiger Weise in der Gesellschaft zu vertreten suchte.

Zur Finanzierung dieser vielfältigen Aufgaben der Inneren Mission setzte *Wichern* auf ein hohes Maß an Spendenbereitschaft: Die Mitglieder des Centralausschusses der Inneren Mission sowie die von diesem eingesetzten Agenten, welche die Verbindung zu den einzelnen Werken und Vereinen der Inneren Mission hielten, waren bereit, „Geldbeträge für die allgemeinen oder besonderen Zwekke"[23] entgegenzunehmen:

„Sie hoffen auf das Scherflein der Witwe und auf die reichliche Unterstützung von Seiten solcher, die Gott mit irdischen Gütern gesegnet hat. Die Veranlassung ist hiermit aufs reichlichste geboten, durch die Tat zu beweisen, wie gern diejenigen, welchen das Evangelium die Wahrheit ist, Opfer bringen, wo es das wahre Wohl des Volkes gilt!"[24] Staatliche Zuschüsse, vor allem aber Unterstellung „der freien Liebestätigkeit und ihrer Anstalten unter den Staat und sein Gesetz" lehnte Wichern entschieden ab, da dies weder dem „Wesen der Liebe noch [dem] (...) des Staates" gerecht werden konnte.[25]

Konkret ist die Arbeit durch Spenden, Mitgliederbeiträge, Stiftungen, Zinsen aus Stiftungen, Schenkungen, kirchliche Kollekten und andere Quellen finanziert worden. Zudem wurde ein hoher Anteil der Arbeit von ehrenamtlich Tätigen – insbesondere von Frauen, aber auch von vielen hohen Beamten und andern Honoratioren – geleistet. Eine besondere Form der Spendensammlung, die *Wichern* in seiner Denkschrift ausführlicher ansprach, war die Durchführung von Jahresfesten. *Wichern* empfahl dringend, daß alle Einrichtungen der Inneren Mission solche Feste veranstalteten, die durch eine „echt volkstümliche Richtung und Gestalt"[26] den Charakter christlicher Volksfeste annehmen und so das Bewußtsein einer Einheit und Zusammengehörigkeit des Wirkens in und für die Innere Mission lebendig halten sollten.

Vor dem Hintergrund dieser für seine Zeit modernen organisatorischen Formen kann *Wichern* als ein konservativer Modernisierer[27] bezeichnet werden. Obwohl er auf Grund seiner politischen Optionen die bürgerlichen Emanzipationsbestrebungen stets scharf verurteilte, hat er durchaus die politischen Formen und Stilmittel des Bürgertums – insbesondere das Vereinswesen und die Pressearbeit – aufgegriffen und auf diese Weise sein Reformprogramm der Inneren Mission mit den modernsten Ausdrucksformen bürgerlicher Öffentlichkeit in ein konstruktives Spannungsfeld gebracht.

---

[23] *Wichern*, Denkschrift, 360.
[24] Ebenda.
[25] Ebenda, 322.
[26] Ebenda, 344.
[27] Diesen Begriff benutzt beispielsweise *Wolfgang Hardtwig* zur generellen Kennzeichnung der Haltung der Kirchen in der Zeit nach 1848/49: Vgl. *ders.*, Die Kirchen in der Revolution 1848/49, in: *Ders.* (Hrsg.), Revolution in Deutschland und Europa 1848/49, Göttingen 1998, 79-108, 106.

c) Die Einordnung der Arbeit der Inneren Mission in das patriarchalische Gesellschaftsbild der Tradition

Wicherns umfassendes Erneuerungsprogramm hat sich im Sinn der Kennzeichnung „konservative Modernisierung" gleichwohl konstruktiv auf die vorgegebenen Ordnungsmuster bezogen.

So galten *Wichern* „die Familie, der Staat und die Kirche mit den ihr wesentlich eingeborenen Ämtern (...) [als] die drei Zentren, um die sich alle (...) Tätigkeit"[28] der Inneren Mission zu sammeln hatte.

„Alle drei gelten der Inneren Mission unbedingt als göttliche, lebendig ineinander wirkende Stiftungen, welche von ihr heilig gehalten werden und denen sie sich einordnet, um denselben zur Erreichung der höchsten Zwecke zu dienen".[29]

Wichern stellte sich bewußt in die Tradition der patriarchalischen Drei-Stände-Lehre, wie sie das Luthertum seit der Reformation vertreten hatte. Für ihn waren diese drei Ordnungsmodelle in Christus zentriert, wobei Staat und Kirche dem äußeren Bestand und der inneren moralischen Fundierung der grundlegenden Lebensordnung, nämlich der Familie, dienten. Während die 1848er-Revolutionäre in seiner Sicht die Auflösung der Familie förderten und hieran anknüpfend alle Ordnungen zu zerstören versuchten, sah er in der Erneuerung der Familie einen wesentlichen Ausgangspunkt für die Lösung nicht zuletzt auch der sozialen Frage. Staat und Kirche hatten hier ihre Verantwortung wahrzunehmen, indem der Staat durch Gesetz und durch äußere sozialpolitische Maßnahmen und die Kirche durch die Evangelisation sowie im Rahmen der Inneren Mission durch ihre Liebestätigkeit für eine sittliche Erneuerung wirkte, so daß die Familie gestützt und wieder zur Keimzelle der gesellschaftlichen Ordnung werden konnte. *Wicherns* sozialpolitische Vorschläge, seine sozialpädagogischen wie auch die vielfältigen diakonischen Bemühungen zielten im Kern auf eine Stabilisierung der Familienstruktur. Dieser Intention entspricht ferner, daß auch die Einrichtungen der Inneren Mission zumeist in Anlehnung an das patriarchalische Familienprinzip intern organisiert wurden.

Auf dem Fundament einer intakten und stabilen Familienstruktur sollten in einem weiteren Schritt Besitz, Eigentum und Arbeit durch von der Inneren Mission geleitete „christliche Assoziationen der verschiedenen Arbeits- und Besitzstände"[30] neu geordnet werden. *Wichern* hoffte, auf diese Weise die gesellschaftlichen Auflösungserscheinungen zu überwinden, um ein „patriarchalisches Verhältnis zu schaffen oder zu erneuern, das (...) ein christliches Regenerationsprinzip zur Unterlage haben würde"[31]. Als Lösungsmodell schlug *Wichern* daher eine „Verbrüderung der Arbeiter zur Selbsthilfe"[32] vor, die sich – auf diese Weise sozialpolitisch stabilisiert – in eine erneuerte patriarchalische Ordnung integrieren könnte. *Wichern* konnte sich also eine Erneuerung und Reform der vorgegebenen Ord-

---

[28] *Wichern*, Denkschrift, 182.
[29] Ebenda.
[30] Ebenda, 275.
[31] Ebenda, 277.
[32] Ebenda, 275.

nung und auch des Patriarchalismus vorstellen, die Ordnungsstruktur als solche galt ihm jedoch als legitime, letztlich gottgewollte Ordnung. So hat er in grundsätzlicher Weise die bleibenden Unterschiede „von Oben und Unten, von Regierenden und Regierten, Eltern und Kindern, Herren und Knechten, Obrigkeit und Untertanen"[33] ausdrücklich bejaht. Die Infragestellung des von ihm vorausgesetzten und theologisch legitimierten patriarchalischen Gesellschaftsmodells durch die Dynamik von rechtlicher Liberalisierung und beginnender Industrialisierung war für *Wichern* nur in der Perspektive eines Abfalls von Gott und eines damit einhergehenden geschichtlichen Verfalls wahrzunehmen.

Dementsprechend konsequent war seine grundlegende Ablehnung jeglicher Form der Emanzipation und Demokratisierung. Zwar hatte *Wichern* mit dem Aufgreifen des Assoziationsgedankens und des bürgerlichen Vereinsprinzips durchaus partizipatorische Elemente in die Konzeption der Inneren Mission integriert, in einer grundsätzlich theologischen Perspektive hatte er jedoch – auch hier nachhaltig von *Stahl* beeinflußt – jede Form der Emanzipation als Ausdruck der Sünde charakterisiert und entschieden bekämpft. Insofern war die spätere Vereinnahmung *Wicherns* durch die konservativen Kräfte in Preußen in seinen theologischen Überzeugungen durchaus angelegt.[34]

Wichern hatte von seinen drei großen Zielen, der Rechristianisierung der Bevölkerung durch die Volksmission, einer patriarchalisch geprägten Neuordnung der Gesellschaft und der organisierten kirchlichen Diakonie in Gestalt der Inneren Mission nur das Letztgenannte erreichen können. Wesentliche Gründe für sein Scheitern auf den beiden anderen Ebenen dürften darin liegen, daß er weithin vorindustriellen und illiberalen Denkstrukturen verhaftet blieb, die ihm aufgrund theologischer Prämissen als unantastbar galten.

Dennoch wäre es kurzschlüssig, von einem Scheitern *Wicherns* zu sprechen. Vielmehr besteht seine Bedeutung darin, daß er der evangelischen Kirche die Herausforderungen der sozialen Frage bewußt gemacht und das Konzept der Inneren Mission gegen vielerlei Widerstände der landesherrlich verfaßten Amtskirche erfolgreich verankert hat. Dabei ist insbesondere sein Bemühen wegweisend geworden, den Verkirchlichungstendenzen der diakonischen Arbeit zu wehren:

„Die Tätigkeit der Inneren Mission und die amtliche Tätigkeit (d.h. das pfarramtliche Handeln, Vf.) dürfen nicht ineinander aufgehen, sich nicht identifizieren; jede der beiden muß bleiben, was sie ursprünglich ist, amtlich und nichtamtlich."[35]

Wichern hatte in diesem Sinn unermüdlich die Bedeutung einer ehrenamtlich, frei und selbständig organisierten Inneren Mission neben dem Handeln der Amtskirche herausgestellt. Dabei spielte der volksmissionarische Impuls eine nicht zu unterschätzende Rolle. *Wichern* hat auch das diakonische Handeln stets pointiert als „Mission" verstanden. Die untrennbare Verknüpfung von äußerlicher und innerlicher Erneuerung dürfte eine seiner bahnbrechenden Erkenntnisse gewesen sein, wenn auch sein Leitbild einer „christliche Gesellschaft" bzw. eines „christlichen Staates" im Sinne *Stahls* bereits im neunzehnten Jh. in hohem Maße problematisch war.

---

[33] *Wichern*, Denkschrift, 256.
[34] Vgl. *Brakelmann*, Kirche und Sozialismus, 21ff.
[35] *Wichern*, Denkschrift, 317f.

Wicherns Bemühen um eine Integration von Volksmission, Diakonie und Sozialreform ist unter dem Begriff „Innere Mission" zur Programmformel einer protestantischen Erneuerungsbewegung geworden, die gesellschaftlich soziale Hilfsmaßnahmen mit dem Ziel einer Eindämmung der Säkularisierungsfolgen und innerkirchlich eine Aktivierung des Laienengagements angestrebt hat. Ihre Stärke war der Aufbau einer eigenständigen Verbandsstruktur, die Hilfsmaßnahmen für Randgruppen sowie die Verlierer und Opfer der gesellschaftlichen Entwicklungen seit der Mitte des 19. Jahrhunderts effizient organisierte. Über das Hilfehandeln hinausgehende Selbsthilfemaßnahmen, die *Wichern* in der Denkschrift vorgeschlagen hatte, wie Versicherungen, Konsum- oder Produktionsgenossenschaften, sind von ihm nicht aufgebaut und auch später nur zum Teil in die Organisation der Inneren Mission integriert worden.[36] Auch der Weg in den Sozialstaat, der bei *Wichern* angedeutet ist, wurde in konstruktiver Aufnahme und Weiterführung seiner Impulse erst seit den 1870er Jahren im Rahmen sozialprotestantischer Initiativen konsequent beschritten.[37]

2. *Friederike* und *Theodor Fliedner* und die Kaiserswerther Diakonie – Gegenentwurf und Ergänzung der Konzeption *Wicherns*

Der soziale Protestantismus des neunzehnten Jahrhunderts verbindet sich zwar im besonderen Maße mit dem Namen *Johann Hinrich Wichern*, er ist gleichwohl von vielen Einzelpersönlichkeiten getragen. Zu den innovativsten und wirkungsmächtigsten Persönlichkeiten neben *Wichern* gehören ohne Zweifel *Theodor* und *Friederike Fliedner*.[38]

Theodor Fliedner wurde im Jahr 1800 in Eppstein im Taunus als Sohn eines Pfarrers geboren. Theologisch geprägt durch den Rationalismus kam der junge Pfarrer 1822 in die arme Gemeinde Kaiserswerth am Rhein, einer katholisch geprägten Region. Zur Finanzierung seiner Gemeindearbeit unternahm er ausgedehnte Kollektenreisen in der Region, nach Holland und England. Die dort gemachten Erfahrungen führten bei ihm unter dem Einfluß der Erweckungsbewegung zu einer Abkehr vom Rationalismus und zu einer Entdeckung biblischer Frömmigkeit. Zugleich weitete sich sein Blick für die soziale Situation der Menschen. Gerade in seiner Gemeinde konnte er die Folgen der beginnenden Industrialisierung und des Pauperismus hautnah erleben, seine Reisen zeigten ihm die Dimension des Elends, auch wenn er die sozialen und politischen Ursachen nicht erkennen konnte und wollte. Eine andere Erfahrung wurde zum Schlüssel für seine eigene Arbeit:

---

[36] Vgl. dazu 2. Kapitel III.
[37] Vgl. dazu 3. Kapitel.
[38] Vgl. zu den Personen *Martin Gerhardt*, Theodor Fliedner. Ein Lebensbild, 2 Bde. Düsseldorf 1933/37; *Anna Sticker*, Friederike Fliedner und die Anfänge der Frauendiakonie. Ein Quellenbuch, Neukirchen-Vluyn ²1963; *Albin Gladen*, Theodor Fliedner, in: Gestalten der Kirchengeschichte, Bd. 9,1, Stuttgart 1985, 293-307; *Johannes Degen*, Friederike und Theodor Fliedner, in: Berlin 1983, Bd. 11, 214f; zu Kaiserswerth vgl. *Jutta Schmidt*, Beruf: Schwester. Mutterhausdiakonie im 19. Jahrhundert, Frankfurt 1998, 84-216; *Ruth Felgentreff*, Das Diakoniewerk Kaiserswerth 1836-1998. Von der Diakonissenanstalt zum Diakoniewerk – ein Überblick, Düsseldorf-Kaiserswerth 1998.

"Ich lernte auf derselben in den beiden evangelischen Ländern [d.i. die Kollektenreise nach Holland und England 1823] eine Menge wohltätiger Anstalten für Leibes- und Seelenpflege, Schul- und Erziehungsanstalten, Armen-, Waisen- und Krankenhäuser, Gefängnisse und Gesellschaften zur Besserung der Gefangenen, Bibelgesellschaften, Missions-Anstalten usw. kennen, bemerkte zugleich, wie der lebendige Glaube an Christum fast alle diese Anstalten und Vereine ins Leben gerufen hatte und noch erhielt. Mächtig wirkte die Wahrnehmung von der Fruchtbarkeit und Liebeskraft dieses Glaubens zur Stärkung meines eigenen noch sehr schwachen Glaubens."[39]

Fliedner erlebte hier die Kraft der christlichen Liebestätigkeit; sukzessive begann er in Kaiserswerth, ein solches Werk aufzubauen. Dabei nahm er entscheidende Impulse aus der englischen Liebesarbeit auf. Neben dem Frühsozialisten und Unternehmer *Robert Owen* (1771-1858)[40] war es besonders die Sozialreformerin *Elizabeth Fry* (1780-1845)[41] – die später selbst nach Kaiserswerth kam und dort Anregungen für die eigene Arbeit erhielt – die Fliedner zum Vorbild wurde. Die Quäkerin *Fry* hatte in England eine weitreichende sozialkaritative Arbeit aufgebaut, in deren Mittelpunkt die Gefangenenfürsorge, besonders für die weiblichen Gefangenen, stand. Ihre Initiativen führten zu einer Reform des Gefängniswesens in England.

Zunächst wendete sich auch Fliedner der Gefängnisarbeit zu, gründete 1827 die „Rheinisch-westfälische Gefängnisgesellschaft", die sich für eine Resozialisierung der Gefangenen und durchgreifende Verbesserungen im Gefängniswesen einsetzte; hierbei erreichte er auch die Unterstützung staatlicher Stellen.

1833 errichtete *Fliedner* ein Asyl für entlassene weibliche Strafgefangene, der erste Schritt zur Anstaltsgründung und wichtiger Impuls für eine „neue soziale Reformarbeit"[42] Bei dieser Arbeit erhielt er Unterstützung von seiner Frau *Friederike* (1800-1842), geb. Münster, eine ehemalige Mitarbeiterin des *Grafen von der Recke-Volmerstein* und der *Düsselthaler Anstalten*, die *Fliedner* 1828 geheiratet hatte. Ihre Arbeit und besonders ihre Frömmigkeit haben wesentlich zum Gelingen des wichtigsten Arbeitsfeldes der *Fliedners* beigetragen, der Wiederentdeckung des Amtes der Diakonisse in der evangelischen Kirche. 1836 wurde in Kaiserswerth das erste Diakonissenkrankenhaus gegründet, dort sollten weibliche Pflegerinnen für das Krankenhaus ausgebildet werden. *Friederike Fliedner* wurde Vorsteherin des Diakonissenmutterhauses, sie füllte das Haus mit Leben, war Seelsorgerin der jungen Mädchen, die dort lebten und für die Krankenpflege ausgebildet wurden. *Fliedner* wollte mit der Gründung das altkirchliche Amt der Diakonisse erneuern, um damit eine Berufstätigkeit der unverheirateten Frau für die Gemeinde zu ermöglichen. Es dauerte einige Jahre, bis das Amt der Diakonis-

---

[39] *Theodor Fliedner*, Kurze Geschichte der Entstehung der ersten evangelischen Liebes-Anstalten zu Kaiserswerth (1856), zitiert nach *Herbert Krimm*, Quellen zur Geschichte der Diakonie, Bd. II: Reformation und Neuzeit, Stuttgart 1963, 198-204, Zitat 199.
[40] Vgl. dazu *Euchner* 1. Kapitel II. 4 in diesem Band; vgl. auch *Greschat*, Das Zeitalter der Industriellen Revolution. Das Christentum vor der Moderne, Stuttgart 1980, 103-105.
[41] Vgl. *Ute Gause*, Frauen und Frömmigkeit im 19. Jahrhundert: Der Aufbruch in die Öffentlichkeit, in: Pietismus und Neuzeit Jg. 24 (1998), 309-327, bes. 313-318; das Lebensbild einer frommen und gottesfürchtigen Person zeichnen besonders plastisch Darstellungen, die zur diakonischen Erinnerungsliteratur zu zählen sind. Vgl. *Pastor Kochs*, Elisabeth Fry, der Engel der Gefangenen, Christlicher Volkskalender 1913, 58-90; *Eckart Giebler*, Elisabeth Fry, in: *Karl Heinz Neukamm* (Hrsg.), Wer mir dienen will. 18 Lebensbilder, Moers 1985, 121-143.
[42] *Gladen*, Fliedner, 299.

se Gestalt und Kontur angenommen hatte. In einem Statut aus dem Jahr 1839 wurde die theologische Zielrichtung seiner Überlegungen deutlich:

„Was nun die Diakonissen für Krankenpflege zunächst betrifft, so haben sie, wenn sie diesen Beruf im evangelischen und apostolischen Geist erfüllen wollen, vor allem zu bedenken, daß sie die Kranken pflegen müssen als Dienerinnen, was auch ihr Amtsname („Diakonissen") bedeutet, und zwar:
1. als Dienerinnen des Herrn Jesu
2. als Dienerinnen der Kranken, um Jesu willen,
3. als Dienerinnen untereinander."[43]

Die mit dieser Gründung angestoßene Entwicklung des Diakonissenamtes und des Mutterhauses, die *Fliedner* gemeinsam sowohl mit seiner ersten Frau *Friederike*, die 1842 bei der Geburt ihres zehnten Kindes starb, als auch mit der zweiten Frau *Caroline* (1811-1892), die er 1843 heiratete, voranbrachte, verlief sehr erfolgreich.[44] Schnell wuchs die Anstalt in Kaiserswerth, die Diakonissen wurden zunächst in Deutschland ausgesandt, dann auch ins Ausland, bis nach Amerika, Jerusalem etc. Allein bis zum Tod *Fliedners* im Jahr 1864 wurden zudem 32 Mutterhäuser nach dem Kaiserswerther Vorbild in und außerhalb Deutschlands gegründet. Neben den zentralen Impulsen für die weibliche Diakonie kamen von *Fliedner* auch wichtige Anstöße für die Entwicklung der männlichen Diakonie, besonders durch die 1844 erfolgte Gründung der späteren Diakonenanstalt in Mülheim. Gerade bei der männlichen Diakonie zeigten sich die Unterschiede zwischen *Fliedner* und *Wichern* deutlich.[45] Während *Wichern* im Sinne seines volksmissionarischen Ansatzes die ‚Brüder', wie er sie nannte, in einer engen Verbindung von fürsorgerischen und missionarischen Aufgaben sah, betonte *Fliedner* die pflegenden Aufgaben. *Fliedner* lehnte sich in seinen Vorstellungen eng an die Kirche an, während *Wichern* den Wert der freien Vereine als eigenständige Organisationsform des Protestantismus herausstellte. Diese Differenz, die sich für die Entwicklung der Werke und Anstalten zwar spürbar auswirkte, war jedoch nicht von prinzipieller Natur. Es waren vielmehr Akzentverschiebungen, die an der grundsätzlichen Forderung nach einer diakonischen Arbeit nichts änderten.

Shanahan zieht mit Blick auf *Fliedner* und die Diakonissenanstalt eine zwiespältige Bilanz:

„Diese Frauen, die fröhlichen Herzens das asketische Leben auf sich nahmen, vertieften die protestantische Wachheit für die Verpflichtung des einzelnen in Richtung auf christliches Gemeinwesen. Daß hier die Nächstenliebe als Aufgabe der Kirche und nicht des Staates ver-

---

[43] Aus der Hausordnung und Dienst-Anweisung für die Diakonissen der Diakonissen-Anstalt in Kaiserwerth (1839), zitiert nach *Krimm*, Quellen II, 221.
[44] Nach dem Tod seiner Frau trug *Fliedner* das Amt der Vorsteherin *Amalie Sieveking* (1794-1859) an, die 1832 in Hamburg den „Weiblichen Verein für Armen- und Krankenpflege" gegründet hatte, die jedoch absagte. *Sievekings* Anliegen war es, in begrenztem Umfang „eine Emanzipation es weiblichen Geschlechts im christlichen Sinne zu fördern", *Gause*, Frauen und Frömmigkeit, 318 dort auch 318-323 zu ihrer Person und ihrer theologischen Position; vgl. auch *Schmidt*, Beruf: Schwester, 36-60.
[45] Vgl. dazu *Michael Häusler*, „Dienst an Kirche und Volk" Die Deutsche Diakonenschaft zwischen beruflicher Emanzipation und kirchlicher Formierung (1913-1947), Stuttgart 1995, 24-29.

standen wurde, war nicht das Unwichtigste am Werk *Fliedners* wie auch Zellers, Falks und Reckes."[46]

Doch es erscheint kurzschlüssig, den individuellen Wert der Frömmigkeit für die Liebesarbeit zu betonen, die mangelnde Sicht auf die strukturellen Bedingungen des 19. Jahrhunderts jedoch als defizitär zu bezeichnen. *Fliedner*, der eng mit der preußischen Monarchie verbunden war und der anders als *Wichern* keine weitergehenden missionarischen und gesellschaftlichen Impulse setzen wollte, sah es als seine „Aufgabe und Auftrag (...) das Leben der Mehrheit der Menschen in der Welt menschenwürdiger zu gestalten"[47], mit Hilfe des christlichen Glaubens.

3. *Wilhelm Löhe* und die Innere Mission – das Luthertum zwischen Kritik und Beteiligung

Gerade *Wicherns* Werk blieb nicht ohne Widerspruch. Die Kritik richtete sich dabei zumeist nicht so sehr gegen seine Idee der christlichen Liebestätigkeit, sondern vielmehr gegen sein kirchenpolitisches Ziel eines evangelischen Einigungswerkes.[48] So wurde auch besonders die unionistische Tendenz der Inneren Mission – *Wichern* war Anhänger und Förderer der preußischen Union – kritisiert,[49] ein Vorwurf, den besonders die konfessionellen Lutheraner erhoben.[50] Diese Kritik wurde etwa von dem Hannoverschen lutherischen Pfarrer *Ludwig Adolf Petri* (1803-1873) angeführt. Gegen *Wicherns* Idee der freien Vereine betonte Petri die Aufgabe der Kirche, von der aus alle missionarischen und öffentlichen Bestrebungen ausgehen sollte.[51] Doch dies darf nicht als ein prinzipieller Widerspruch gegen eine diakonische Arbeit der Kirche und einzelner Christen aufgefasst werden; gerade *Petri* förderte innerhalb Hannovers die Gründung und Ausgestaltung eines Evangelischen Vereins, der, unter ausdrücklichem Verzicht auf die Benennung, die Innere Mission im hannoverschen Luthertum auf den Weg brachte.[52]

Eine eigenständige Stellung in dieser theologischen Auseinandersetzung nahm *Wilhelm Löhe* (1808-1872) ein.[53] Der lutherische Theologe, der stark von der Er-

---

[46] *William O. Shanahan*, Der deutsche Protestantismus vor der sozialen Frage 1815-1871, München 1962, 83.
[47] *Gladen*, Fliedner, 306.
[48] Vgl. dazu *Helmut Talazko*, Einheit für den Dienst, in: *Kaiser* (Hrsg.), Soziale Arbeit in historischer Perspektive. Zum geschichtlichen Ort der Diakonie in Deutschland. Festschrift für Helmut Talazko zum 65. Geburtstag, Stuttgart 1998, 208-224 (Erstdruck 1973).
[49] Vgl. dazu *Gerhardt*, Ein Jahrhundert Innere Mission. Die Geschichte des Central-Ausschusses für die Innere Mission der Deutschen Evangelischen Kirche, Teil 1: Die Wichernzeit, Gütersloh 1948, 152-160.
[50] *Shanahan*, Soziale Frage, 116 stellt die These auf: „Die lutherische Zurückhaltung gegenüber der Inneren Mission hing weitgehend mit dem Verdacht zusammen, Wicherns Vorhaben sei lediglich eine verkappte Gestalt der preußischen Union."
[51] Vgl. dazu knapp *Gerhardt*, Jahrhundert I, 153; zur Person RGG³, Bd. 5, Tübingen 1961, 245f.
[52] Vgl. dazu *Martin Cordes*, Der Beitrag der hannoverschen Theologen Ludwig Adolf Petri (1803-1873) und Gerhard Uhlhorn zur sozialen Frage, in: JGNKG Jg. 84 (1986), 35-50; vgl. auch *Hans-Walter Krumwiede*, Niedersächsische Kirchengeschichte, Bd. 2, Göttingen 1996, 324-328.
[53] Vgl. zur Person *Wolfhart Schlichting*, Wilhelm Löhe, in: TRE Bd. 21, Berlin 1991, 410-414 (Literatur!); *Gerhard Müller*, Wilhelm Löhe, in: *Greschat* (Hrsg.), Gestalten der Kirchengeschichte, Bd. 9.2, 71-86; *Anne Stempel-de Fallois*, Die Anfänge von Wilhelm *Löhes* missiona-

weckungsbewegung beeinflußt war und in den Mittelpunkt seines Denkens die Kirche stellte, vertrat einen streng lutherischen Konfessionalismus, indem dem Luthertum die einigende Kraft für die evangelischen Bekenntnisse zugesprochen wurde.[54] Nach verschiedenen Pfarrstellen und Schwierigkeiten mit der Kirchenbehörde (u.a. aufgrund seiner von der Erweckung geprägten Frömmigkeit) wurde er 1837 Pfarrer in der kleinen Dorfgemeinde Neuendettelsau in Mittelfranken, wo er dann bis zu seinem Lebensende blieb. *Löhe* entfaltete nicht nur eine rege publizistische Tätigkeit, hier müssen besonders seine Impulse für die Liturgie genannt werden sowie seine Überlegungen für ein über den Gemeinden stehendes geistliches Amt, er widmete sich zudem der missionarischen und diakonischen Arbeit. So bildete *Löhe* in Neuendettelsau Missionare für Amerika aus. Neben der äußeren Mission wandte er sich dann auch der inneren Mission zu, so gründete er 1853 den „Lutherischen Verein für weibliche Diakonie in Bayern", ein Jahr später begann die Ausbildung von Diakonissen. In den nächsten Jahren wuchs die Anstalt kontinuierlich, Pflegeanstalten, Schulen kamen ebenso hinzu wie eine Diakonenanstalt (1893). *Löhe* bezog all diese Gründungen eng auf die Kirche, er wollte eine „Gemeindediakonie"[55] schaffen, wobei er sich an altkirchlichen Vorbildern orientierte, wie sich etwa in liturgisch besonders gestalteten Gottesdiensten oder auch in der Rezeption der „frühchristlichen Entsagungslehre"[56] zeigte. Auf kleinem Raum und ohne die Wirkung, die *Wichern* und die *Fliedners* erzielen konnten, verwirklichte *Löhe* seine Idee einer kirchlichen Diakonie. Auch wenn von dort nur wenig direkte Impulse für eine öffentliche Wirksamkeit des sozialen Protestantismus ausgegangen sind, so hat der Lutheraner *Löhe* für das religiöse Selbstverständnis der Diakonissen und Diakone doch wesentliche Impulse geliefert, wie sich etwa in seinen Diakonissensprüchen zeigt.

Der berühmteste, den Dienstgedanken präzise fassend lautet so: „Was will ich? Dienen will ich. Wem will ich dienen? Dem Herrn in seinen Elenden und Armen. Und was ist mein Lohn? Ich diene weder um Lohn noch um Dank, sondern aus Dank und Liebe; mein Lohn ist, daß ich dienen darf. Und wenn ich dabei umkomme? Komme ich um, so komme ich um, sprach Esther, die doch Ihn nicht kannte, dem zu Liebe ich umkäme, und der mich nicht umkommen läßt. Und wenn ich dabei alt werde? So wird mein Herz grünen wie ein Palmbaum, und der Herr wird mich sättigen mit Gnade und Erbarmen. Ich gehe mit Frieden und sorge nichts"[57].

---

risch-diakonischem Wirken im Bannkreis von Erweckungsbewegung und Konfessionalisierung (1826-1837), in: Pietismus und Neuzeit Jg. 2 (1997), 39-52.
[54] *Greschat*, Christentumsgeschichte II. Von der Reformation bis zur Gegenwart, Stuttgart 1997, 169 spricht von einem „schroffe[n], hochkirchliche[n] Luthertum".
[55] Gerhard Schoenauer, Kirche lebt vor Ort. Wilhelm Löhes Gemeindeprinzip als Widerspruch gegen kirchliche Großorganisationen, Stuttgart 1990, 32.
[56] *Schlichting*, Löhe, 413, gemeint ist u.a. die Forderung nach Jungfräulichkeit für die Diakonissen.
[57] *Krimm*, Quellen II, 379.

II. Die Entwicklung der Inneren Mission als klassisches Beispiel „konservativer Modernisierung" nach 1848/49

1. Bildung und Organisation des Central-Ausschusses für die Innere Mission

Wichern hatte schon sehr früh erkannt, wie wichtig die Entwicklung einer eigenständigen Organisation für die Ausbreitung der Inneren Mission war. Auf seiner berühmten Rede auf dem Wittenberger Kirchentag begründete er so nicht allein sein Anliegen, die Innere Mission zu „einer Macht des Lebens" zu machen,[58] konkret forderte er die Bildung eines eigenen „Ausschuß[es] für die innere Mission", der „organisierende und produzierende Aufgabe[n]"[59] haben solle. Dieser Ausschuß, der später auf Vorschlag von *Moritz August von Bethmann-Hollweg* Centralausschuß genannt wurde, sollte koordinierende Aufgaben übernehmen, Arbeitsbereiche zusammenführen, Arbeitsfelder erschließen. So sollte es zu einem „lebenerfüllten Organismus" der Inneren Mission kommen. Damit verband *Wichern* praktische Organisationsfragen mit einem organologischen Denken; die Gestalt der Inneren Mission wollte die Aufgaben widerspiegeln.

Als Organisationsform schwebte ihm ein organisch gewachsenes, von der Einzelgemeinde und der kleinsten geographischen Einheit bis zu einem internationalen Missionsverein reichendes Gebilde vor.[60] Die Schwierigkeit, vor der *Wichern* stand, war, aus den vielen Einzelvereinen, die zu seiner Zeit bestanden und die häufig auch mit seiner Unterstützung gebildet worden waren, eine Einheit zu schaffen.

Wenn auch viele der Anstalten und Werke und ihre Gründerfiguren sowie die zahlreichen einzelnen Vereine der Inneren Mission sowohl auf gemeindlicher als auch provinzialkirchlicher Ebene die grundsätzliche Zielsetzung teilten, blieb *Wicherns* Organisationsmodell dennoch unerfüllt. Gebildet wurde aber 1849, dies war noch auf dem Wittenberger Kirchentag beschlossen worden, der „Centralausschuß für die innere Mission der deutschen evangelischen Kirche". Die Satzung des CA bestimmt noch einmal die Aufgabenbestimmung in einer charakteristischen Art und Weise:

„Die innere Mission hat zu ihrem Zwecke die Rettung des evangelischen Volkes aus seiner geistigen und leiblichen Not durch die Verkündigung des Evangeliums und die brüderliche Handreichung der christlichen Liebe.
Außer ihrer Aufgabe liegt es, Ungetaufte zu bekehren oder Glieder anderer christlicher Religionsparteien herüberzuziehen.

---

[58] So *Wichern* auf dem Wittenberger Kirchentag am 23. September 1848, vgl. *Johann Hinrich Wichern*, Sämtliche Werke, Bd. 1, 165. Am Tag zuvor hatte *Wichern* u.a. erklärt: „Meine Freunde, es tut eines not, daß die evangelische Kirche in ihrer Gesamtheit anerkenne: ‚die Arbeit der innern Mission ist mein!', daß sie ein großes Siegel auf die Summe dieser Arbeit setze: die Liebe gehört mir wie der Glaube.", ebenda.
[59] *Wichern*, Denkschrift, 168.
[60] Eine Darstellung findet sich bei *Dorothea Kopfermann*, Die Innere Mission als Organisation, Berlin 1927, 19f.

Sie umfaßt nur diejenigen Lebensgebiete, welche die geordneten Ämter der evangelischen Kirche mit ihrer Wirksamkeit ausreichend zu bedienen nicht imstande sind, so daß sie diesen in die Hände arbeitet und in demselben Maße ihre Aufgabe für gelöst ansieht, als die Wirksamkeit des kirchlichen Amtes sich erweitert."[61]

Laut Paragraph 3 sollte dieser die bestehenden Anstalten fördern und beraten, neue Anstaltsgründungen anregen und einige eigenständige Gebiete bearbeiten, wozu primär die Verbreitung der Idee der Inneren Mission durch Schriften sowie die Ausbildung von Mitarbeitern gezählt wurde.[62]

Der CA war in den ersten Jahrzehnten eine Honoratiorenvereinigung, der namhafte Vertreter der kirchlichen und politischen Öffentlichkeit angehörten,[63] die durch ihre persönliche Autorität und Integrität zu wirken suchten.[64] Sein Selbstverständnis wurde so beschrieben: „Nie wollte er ein umfassender Gesamtverein, sondern stets nur ein Kreis von Freunden der Inneren Mission sein (...)"[65]. Diesen Charakter legte er auch in der gesamten Zeit des Kaiserreichs prinzipiell nicht ab, auch wenn es zu deutlichen Veränderungen in der Arbeit kam, etwa durch eine Revision des Statuts 1878 oder durch den fortschreitenden Ausbau der Geschäftsstelle des CA in Berlin, die über vielfältige Verbindungen zu den Anstalten und Verbänden der Inneren Mission verfügte. Der von *Wichern* gewollte organische Aufbau stellte sich nicht ein, vielmehr spiegelte sich innerhalb der Inneren Mission auch die Vielfalt des sozialen Protestantismus, wenn sich insgesamt eine Nähe zum sozialkonservativen Protestantismus konstatieren läßt. Änderungen in der Organisationsstruktur traten erst in der Weimarer Republik ein.[66]

2. Die Arbeitsfelder der Inneren Mission

Wie gesehen hatte der CA nur einen begrenzten Spielraum der eigenen Gestaltung, zugleich verband er zwei Aufgabenstellungen: „Religiöse Erneuerung durch Volksmission, gekoppelt mit praktischer Sozialarbeit zur Rettung der bürgerlichen Gesellschaft", die einen „hohe[n] Politisierungsgrad" des CA aufzeigen.[67] Schaut man sich die entfalteten Aktivitäten der Inneren Mission an, so lassen sich diese beiden Bereiche gut unterscheiden. Auf der einen Seite wuchs die Zahl der Anstalten, die sich speziellen sozialen Arbeitsfeldern annahmen, stetig an. Ret-

---

[61] *Wichern*, Gesammelte Werke Bd. 1, 360-364 (Anhang zur Denkschrift).
[62] Daneben wurden noch einige praktische Arbeitsfelder für „das gesamte Arbeitsfeld der deutschen inneren Mission" wie die wandernde Bevölkerung genannt.
[63] Erster Präsident war der Jurist und Staatsbeamte *Moritz August von Bethmann-Hollweg* (1795-1877), dessen Stellvertreter *Friedrich Julius Stahl*; von 1858 bis zu seinem Tod stand *Wichern* selbst dem CA als Präsident vor.
[64] Vgl. zur Arbeitsweise die instruktiven Informationen bei *Talazko,* Der Central-Ausschuss für die Innere Mission der deutschen Evangelischen Kirche in der Kaiserzeit. Organisation und Arbeitsweise, in: *Kaiser* (Hrsg.), Soziale Arbeit in historischer Perspektive, 278-298, dort auch Hinweise zur Vorgeschichte; vgl. auch *Gerhardt*, Jahrhundert I, 85-100.
[65] So die Aussage in einer Festschrift „Fünfzig Jahre Innere Mission", Berlin 1898, 17, zitiert nach *Talazko*, Central-Ausschuss, 278.
[66] Vgl. dazu 4. Kapitel II. 1.
[67] *Kaiser*, Sozialer Protestantismus im 20. Jahrhundert. Beiträge zur Geschichte der Inneren Mission 1914-1945, München 1989, 5; Kaiser weist ausdrücklich darauf hin, daß der Begriff Volksmission erst im Ersten Weltkrieg geprägt wurde.

tungshäuser, Jünglingsvereine, verschiedene Erziehungsanstalten, Häuser für die Gefangenenfürsorge und der Ausbau des Herbergswesens seien genannt. Dazu kam die Gründung zahlreicher Stadtmissionen und Provinzialvereine der Inneren Mission in ganz Deutschland, wobei diese Gründungen vielfach durch *Wichern*s Aktivitäten bzw. durch die Reiseprediger und Agenten des CA gefördert wurden.[68]

Die missionarische, geistige Seite der Arbeit dokumentiert sich stärker in anderen Arbeitsfeldern.[69] Sie erhielten wesentliche Anstöße durch Vorträge und Predigten *Wicherns* oder anderer Mitglieder des CA und durch die Schwerpunktsetzungen, die auf den jährlich stattfindenden Kongressen der Inneren Mission vorgenommen wurden.[70] Hier wurden die Auseinandersetzungen mit den gesellschaftlichen Erscheinungen der Zeit gesucht, mit der Frage der Sonntagsheiligung, die gesondert behandelt werden wird,[71] mit der fehlenden Bibelfrömmigkeit in der Bevölkerung, mit den Auswirkungen des Alkohols, mit der Frage des kommerziellen Glücksspiels oder der Prostitution in den Städten. Ein wesentlicher Bestandteil der Arbeit war zudem der Literaturvertrieb, seien es nun Bibeln oder christliche Literatur (z.B. Lebenserzählungen, Traktate etc.), hinzu trat die Förderung christlicher Kunst etwa durch Kunstdrucke. Reiseprediger wandten sich besonders bestimmten Gruppen aus der Arbeiterschaft zu, etwa denjenigen, die die großen Eisenbahnlinien bauten. Dazu trat auch eine Betreuung von Auswanderern, der Aufbau der Seemannsmission und die Unterstützung der Diasporaarbeit.

Auffällig ist, daß die Innere Mission einen Arbeitsbereich nur sehr vorsichtig anging: die soziale Frage. *Wichern* hatte nicht primär Interesse an der Lösung der ‚Arbeiterfrage' als einer politisch-gesellschaftlichen Problemstellung, er unterstellte vielmehr, wie gezeigt, die gesamte Idee der Inneren Mission seiner Reich-Gottes-Theologie; für ihn bewährte sich die Idee des ‚christlichen Sozialismus' in dem „Streben nach sozialer Wiedergeburt"[72]. Seine konkreten Vorstellungen für die Organisierung der Armenpflege blieben jedoch im herkömmlichen Rahmen, sie blieben, wie der Historiograph der Inneren Mission kritisierte, den Vorstellungen eines „patriarchalische[n] Familienverhältnis[ses] zwischen Arbeitgeber und Arbeitnehmer"[73] verhaftet. Konkret bedeutete dies die Unterstützung des sog. Elberfelder Systems der Armenpflege, wie es dort nach dem Vorbild *Thomas Chalmers* in der lutherischen Gemeinde eingerichtet worden war.[74]

Auch wenn die Innere Mission ihre Aktivitäten nicht auf den deutschen Raum beschränkte und es vielmehr beispielsweise bei der Seemannsmission vielfältige

---

[68] Vgl. dazu *Gerhardt*, Jahrhundert I, 137-147 und *Kopfermann*, Organisation, 26f.

[69] Vgl. zu den Arbeitsfeldern auch Gerhardt, Jahrhundert I, 167-203; einen Überblick über die einzelnen Arbeitsbereiche bieten verschiedene sehr instruktive Selbstdarstellungen der Inneren Mission, vgl. dazu u.a. *Theodor Schäfer*, Leitfaden der Inneren Mission zunächst für den Berufsunterricht in Diakonen- und Diakonissenanstalten, Hamburg 1887, ⁵1914; *Johannes Steinweg*, Die Innere Mission der evangelischen Kirche. Eine Einführung in ihr Wesen und ihre Arbeit sowie in ihre Zusammenhänge mit der Wohlfahrtspflege und Sozialpolitik, Heilbronn 1928.

[70] Vgl. zu den Kongressen Gerhardt, Jahrhundert I, 147f.

[71] Vgl. 2. Kapitel II. 3.

[72] *Talazko*, Wichern, 204.

[73] *Gerhardt*, Jahrhundert I, 199.

[74] Vgl. dazu *Christoph Sachße/Florian Tennstedt*, Geschichte der Armenfürsorge in Deutschland, Bd. 1: Vom Spätmittelalter bis zum 1. Weltkrieg, Stuttgart ²1998, 214-218.

internationale Kontakte gab, wurden innerhalb des deutschen sozialen Protestantismus andere ideengeschichtliche und praktische Impulse nur bedingt wahrgenommen. Dies gilt besonders für die englische Bewegung des „christlichen Sozialismus" (christian socialists), die zwischen 1848 und 1854 bestand. Die beiden wichtigsten Protagonisten waren *John Ludlow* (1821-1912) und der Theologe und Philosoph *Frederick Denison Maurice* (1805-1872).[75] Außer von *Victor Aimé Huber* und von einigen bürgerlichen Sozialreformern wie *Lujo Brentano* (1844-1931)[76] wurden diese Ideen in Deutschland nicht produktiv aufgenommen. Anders war dies bei den Impulsen, die aus Skandinavien kamen, wo die Innere Mission weit stärker als in Deutschland zwischen konservativen und liberalen Strömungen stand, wobei die Einflüsse des Theologen und Philosophen *Nicolaj Frederik Grundtvig* (1783-1872) hervorzuheben sind.[77]

3. Die Diskussion um die „Sonntagsheiligung"

Die Auswirkungen von Industrialisierung und Urbanisierung, die vielschichtigen Veränderungsprozesse in der Gesellschaft sind vielfach nur mit Brechungen in das kirchliche Bewußtsein getreten. Dies kann am Beispiel des Sonntags und der „Sonntagsheiligung" gezeigt werden, da „am Abbau der traditionellen christlichen Sonntagsgestaltung die Probleme einer strukturellen und sittlich moralischen Veränderung ihrer Gesellschaft bewußt geworden sind"[78]. So verwundert es nicht, daß die Klage über eine Entwertung des Sonntags, die sich sowohl in der Sonntagsarbeit als auch in der mangelnden Akzeptanz, wie sie sich in einer Abnahme der Gottesdienstbesuche ausdrückte, seit dem Vormärz laut und vernehmlich war. Neben einzelnen Pfarrern und Vereinen zur Sonntagsheiligung, die in großer Zahl entstanden, war es besonders die Innere Mission, die sich dieses Themas annahm.[79] Auf vielen ihrer Kongressen wurde das Thema behandelt, die *Fliegenden Blätter* behandelten die Thematik regelmäßig, 1854 schließlich wurde eine „Denkschrift über die zur Beförderung der Sonntagsheiligung in dem evangelischen Deutschland anzuwendenden Mittel"[80], die als ein gewisser „Höhe- und Schlußpunkt der Beschäftigung mit dem Thema" bis in die Zeit des Kaiserreichs bezeichnet werden kann, veröffentlicht.[81] Die Denkschrift forderte, gemäß der

---

[75] Vgl. dazu, mit Hinweisen auf weitere Literatur, *Greschat*, Zeitalter der Industriellen Revolution, 108-11.

[76] *Lujo Brentano*, Die christlich-soziale Bewegung in England, Leipzig ²1883.

[77] Vgl. dazu *Poul Georg Lindhardt*, Kirchengeschichte Skandinaviens, Berlin 1983, bes. 94-96.

[78] *Brakelmann*, Kirche, soziale Frage und Sozialismus, Bd. 1: Kirchenleitungen und Synoden über soziale Frage und Sozialismus 1871-1914, Gütersloh 1977, 13.

[79] Vgl. zum Thema insgesamt *Friedrich Heckmann*, Arbeitszeit und Sonntagsruhe. Stellungnahmen zur Sonntagsarbeit als Beitrag kirchlicher Sozialkritik im 19. Jahrhundert, Essen 1986; *Sebastian Kranich*, Die „Heiligkeit des ganzen Tages". Das deutsche Ringen um Sonntagsruhe vom Vormärz bis zur Mitte der 1850er Jahre, in: Sozialer Protestantismus im Vormärz (erscheint Münster 2001); *ders*., Der christliche Sonntag: Heilmittel gegen das Leiden an der Moderne, in: ZEE Jg. 44 (2000), 133-145.

[80] Hamburg 1854; der Untertitel lautet: Hervorgegangen aus den Beratungen der betreffenden Section der sechsten evangelischen Kirchentages, und veröffentlicht unter Zustimmung des Central-Ausschusses für die innere Mission der deutschen evangelischen Kirche; eine Zusammenfassung findet sich bei *Heckmann*, Arbeitszeit und Sonntagsruhe, 98-101.

[81] *Kranich*, Christliche Sonntag, 134.

biblischen Botschaft, einen Tag der Arbeitsruhe, der Unterbrechung der Arbeit, die Sonntagsarbeit müsse ersetzt werden durch eine christliche Sonntagsfeier. Es verband sich in dieser Argumentation christliche Begründungszusammenhänge, etwa auch der Gedanke der antizipierten himmlischen Ruhe durch die grundsätzlich einzuhaltende Sonntagsruhe, sittliche, das Familien- und Gesellschaftsbild prägende Vorstellungen[82] mit gesellschafts- und sozialkritischen Argumentationsmustern. Diese stellten die Folgen der Industrialisierung, der veränderten Arbeits- und Wohnbedingungen heraus, die es dem Einzelnen vielfach nicht möglich machten, die Sonntagsruhe einzuhalten, da viele Fabriken auch sonntags produzierten, die Landarbeiter ebenso wie die Bahn- und Postbeamten keine Sonntagsruhe kannten.

Auch wenn sich die Initiatoren für eine breite Durchsetzung der Sonntagsheiligung einer Vielzahl von Argumenten zur Verteidigung des Sonntags bedienten, wozu auch viele ökonomische Gründe vorgebracht wurden[83], und sie gerade die positiven Beispiele einer Einhaltung der Sonntagsruhe herausstellten, hatten sie letztlich keinen Erfolg. Dies gilt auch für die Innere Mission, die das Thema bei den Gesprächen mit den Arbeitgebern, die 1870 und 1872 stattfanden[84], erneut zur Sprache brachte. Durchgesetzt wurde die allgemeine Sonntagsruhe erst mit dem §105 der Gewerbeordnung von 1891; seitdem ist die Sonntagsarbeit, von einigen Bereichen abgesehen, die Ausnahme.

III. Genossenschafts- und Fabrikprojekte aus christlicher Motivation

Über das diakonische Hilfehandeln und die vereinzelten sozialpolitischen Aktivitäten der Inneren Mission hinaus haben sich in der Zeit vor 1870 zunächst nur einzelne Protestanten um eine gesellschaftspolitische Sozialreform bemüht. Die von ihnen erarbeiteten und zum Teil praktizierten Lösungsvorschläge wiesen grundlegend in die Richtung genossenschaftlicher Selbsthilfe. Genossenschaftliches Denken und Handeln hat seine Wurzeln in vormodernen Formen der Gemeinwirtschaft, welche unter dem Eindruck der Industrialisierung im neunzehnten Jh. in neuer Weise beerbt und aktualisiert wurde. Konservative, liberale wie auch sozialistische Gesellschaftsreformer jener Zeit sahen im Genossenschaftsmodell einen grundlegenden Lösungsansatz zur sozialen Frage. Vor dem Hintergrund materieller Notlagen und sozialer Konflikte sollten genossenschaftliche Zusammenschlüsse – bei Konsumgenossenschaften durch das Ausschalten von Zwischenhändlern, bei Sparkassenvereinen durch die Gewährung günstiger Kredite und bei Produktivgenossenschaften durch die Zahlung des sog. vollen Arbeitsertrages – Notlagen vermindern oder gar beseitigen. Der wesentliche Unterschied zu den traditionalen Genossenschaftsformen, die wesentlich auf familialen oder ständischen Bindungen beruhten, war die Freiwilligkeit des Zusammenschlusses im Sinn der von den Genossenschaftstheoretikern propagierten Hilfe

---

[82] Vgl. die Beispiele aus der Literatur ebenda 139ff. *Kranich* weist ausdrücklich auf die puritanischen Vorbilder dieser Vorstellungen hin.
[83] Hier stand die Bedeutung der Regeneration für die Arbeitskraft im Vordergrund.
[84] Vgl. dazu *Gerhardt*, Jahrhundert 1, 300-307.

zur Selbsthilfe sowie der angestrebten genossenschaftlichen Selbstverantwortung und -bestimmung. Dementsprechend vertraten die meisten Genossenschaften im 19. Jahrhundert neben den ökonomischen Interessen vor allem auch ideelle Werthaltungen. In diesem Rahmen haben nicht zuletzt die wichtigsten protestantischen Vertreter des Genossenschaftswesens jener Zeit – vor allem der hauptsächlich theoretisch wirksame *Viktor Aimé Huber*, die Pioniere einer christlichen Fabrikgestaltung *Carl Mez* und *Gustav Werner* sowie der Anreger vieler Darlehenskassenvereine und landwirtschaftlicher Genossenschaften, *Friedrich Wilhelm Raiffeisen* – wesentliche Schwerpunkte ihres Engagements gesetzt.

1. Viktor Aimé Huber

Viktor Aimé Huber (1800-1869) hat in den 40er Jahren in Berlin, wo er seit 1843 als Professor für Philologie wirkte, die Grundlagen einer sozialkonservativen Politik erarbeitet. Er erkannte als einer der ersten Konservativen seiner Zeit die Herausforderung, die insbesondere das recht- und besitzlose Proletariat, das von der althergebrachten Ständeordnung nicht mehr erfaßt wurde, für die Gesellschaft darstellte.

Die Motivation seines sozialpolitischen Wirkens fand *Huber* im christlichen Glauben. Er verstand die christliche Liebe als grundlegendes Prinzip auch des sozialen Lebens und sah in ihr die entscheidende Kraft aller Reformversuche:

„Nicht in der kräftigen Entwicklung des materiellen Lebens an sich, sondern darin liegt das Unheil, daß das geistige Leben nicht damit Schritt hält. Dieselbe Botschaft, welche uns des heiligenden Geistes teilhaftig macht, gebietet uns, auch dem Fleisch seine Ehre zu geben."[85]

Die häufig verheerenden Begleitumstände der Industrialisierung wurzelten nach seiner Ansicht wesentlich in ethischem Fehlverhalten. Folglich kam es darauf an, dieses Fehlverhalten durch ein Handeln im Geist der Liebe zu korrigieren, um die positiven Seiten der Industrialisierung, die *Huber* immer wieder herausstellt, zur Entfaltung zu bringen.[86] Er interpretierte die Liebe im Blick auf die sozialen Verhältnisse mit Hilfe des Begriffs der „Billigkeit" und urteilte, daß „in der allseitigen Billigkeit der dabei beteiligten Klassen und Individuen das sicherste Mittel der Befriedigung auch wohlverstandener Interessen (...) liegt."[87] Während bei *Wichern* die christliche Liebe vor allem als helfende Liebe den Schwachen gegenüber profiliert wurde, ermöglichte das vermittelnde Kriterium der „Billigkeit" die Umsetzung des Liebesgebotes für gesellschaftliches, wesentlich von Interessen geleitetes Handeln. *Huber* gewann auf diese Weise die normative Grundlage seiner sozialreformerischen Pläne.

Im Mittelpunkt seiner Reformpläne stand die Genossenschaftsidee, die er durch Berichte über französische und englische Projekte – insbesondere über die

---

[85] *Viktor Aimé Huber*, Die ökonomische Association (1849), in: *Karl Munding* (Hrsg.), V.A. Hubers ausgewählte Schriften über Sozialreform und Genossenschaftswesen, Berlin 1894, 747-769, Zitat 759.
[86] Vgl. *Ingwer Paulsen*, Victor Aimé Huber als Sozialpolitiker, Berlin ²1956, 63ff.
[87] *Huber*, Die Arbeiterfrage in Deutschland, in: Deutsche Vierteljahrsschrift, Jg. 32 (1869), 173-225, Zitat 189.

Rochdaler Pioniere um *Robert Owen*[88] – in Deutschland bekannt gemacht und weiterentwickelt hatte. Bereits vor 1848 formulierte er erste Reformvorschläge, die von diesem Vorbild geprägt waren. Eine Möglichkeit zur Verwirklichung seiner Ideen bot ihm die Mitarbeit bei der „Berliner Gemeinnützigen Baugesellschaft", die von liberalen Sozialreformern initiiert worden war und in enger Kooperation mit dem „Centralverein für das Wohl der arbeitenden Klassen" tätig wurde. Die Gesellschaft setzte sich das Ziel, angemessene und preiswerte Wohnungen inklusive kleiner Werkstätten zur Verfügung zu stellen. Den Mietern wurde die Gelegenheit eingeräumt, nach dreißig Jahren Eigentümer der jeweiligen Häuser zu werden.[89] Dieses Konzept war allerdings nur wenig auf die Bedürfnisse der Arbeiter zugeschnitten und sprach in erster Linie Handwerker an, wie *Huber* enttäuscht feststellen mußte. Zudem kritisierte er die Trennung von Geldgebern auf der einen und Mietern auf der anderen Seite. Das mangelnde Zusammenwirken beider Seiten und die daraus resultierende fehlende Mitverantwortung der Mieter für das Gesamtunternehmen widersprach *Hubers* Genossenschaftsvorstellungen. Diese Gründe, sowie sein Bedauern, daß ihm keine positivchristlichen Kräfte zur Seite standen, veranlaßten *Huber*, sich von der Baugesellschaft zurückzuziehen.[90]

Seine sozialreformerischen Pläne brachten ihn zudem in einen tiefen Gegensatz zu den preußischen Konservativen. Als diese sich nach 1850 zu einer Interessenpartei der ostelbischen Großgrundbesitzer entwickelten, brach *Huber* mit ihnen und zog sich 1852 nach Wernigerode in den Harz zurück. Damit hatte er direkte sozialpolitische Einflußmöglichkeiten aufgegeben, und seine politische Isolation wurde offensichtlich. In der Folgezeit war er jedoch weiterhin an sozialpolitischen Diskussionen beteiligt. Er setzte sich mit den Genossenschaftskonzepten von *Hermann Schulze-Delitzsch* (1808-1883) und *Raiffeisen* auseinander, er stand in Briefkontakt u.a. mit *Bischof Wilhelm Emmanuel von Ketteler* (1811-1877) und *Ferdinand Lassalle* (1825-1864) und versuchte durch Kontakte zu *Wichern*, die Innere Mission für Genossenschaftsprojekte zu gewinnen.

Ausgangspunkt seiner Reformpläne waren Konsumgenossenschaften, um durch den wirtschaftlich effektiveren Großhandel den überteuerten Kleinhandel auszuschalten. Unter günstigen Bedingungen sollten in einem weiteren Schritt Produktivgenossenschaften angegliedert werden, die in vorbildlicher Weise die Arbeits- und Lohnverhältnisse selbst gestalten konnten.[91] Reinen Produktivgenossenschaften stand *Huber* skeptisch gegenüber. Er befürchtete dabei eine einseitige Dominanz des wirtschaftlichen Aspekts, wie er sie bei den Genossenschaftsprojekten *Schulze-Delitzschs* bemängelte. Statt dessen betonte *Huber* den pädagogisch-gemeinschaftsbildenden Charakter der Genossenschaften:

„Es ist nicht mein geringster Kummer und respektive Ärger, daß die Leute, auch wenn sie sich überhaupt um die Sache bekümmern, immer nur das Materielle oder höchstens nur die moralischen Wirkungen der Wohnungsreform für jeden einzelnen Teil begreifen, von der

---

[88] Vgl. dazu *Walter Euchner* 1. Kapitel II. 4 in diesem Band.
[89] Vgl. *Paulsen*, Huber, 89ff.
[90] Vgl. *ebenda*, 92f. 105. 107.
[91] Vgl. ebenda, 186.

Bildung einer moralischen Atmosphäre in solcher Gemeinschaft aber gar keinen Begriff fassen"[92].

Trotz seines Scheiterns im Rahmen der Berliner Baugesellschaft setzte er sich weiterhin für Wohnungsbaugenossenschaften ein. Neben der Bekämpfung der Wohnungsnot leitete ihn hier das Ideal kleiner, gemeinschaftsfördernder Wohneinheiten. Die von *Huber* propagierten Genossenschaften waren als „Wirtschafts- und Arbeitsgemeine", im Grunde als ganzheitliche Lebensgemeinschaft gedacht, die „die atomistische Isolierung in massenhafter unorganischer Aufhäufung"[93] – so charakterisierte er die mit der Industrialisierung entstehenden Großstädte – zu überwinden helfen sollten.

Die praktische Umsetzung dieser Genossenschaftsidee glaubte *Huber* vor allem durch Selbsthilfemaßnahmen der Arbeiter anregen zu können. Entschieden bekämpfte er *Lassalles* Theorie des ehernen Lohngesetzes sowie die Widerstände in der Arbeiterschaft gegen das Sparen. Er forderte eine gerechte Erhöhung der Löhne, um auf dieser Basis durch Eigenkapital Genossenschaften aufzubauen. Allein in der Anfangsphase der Genossenschaftsprojekte war, wie er einschränkend erklärte, eine Unterstützung von außen unumgänglich. Für diesen Fall appellierte *Huber* – auch dies ein Gegensatz zu *Schulze-Delitzsch* und *Lassalle* – an den „sozialen Beruf" der Arbeitgeber bzw. der höheren Schichten, die nicht patriarchalisch, sondern als Initiatoren bei der Gründung und Kreditbeschaffung der Genossenschaften Hilfe leisten sollten. Dieser Appell an die soziale Verantwortung der Besitzenden verhallte jedoch ungehört, und *Huber* sah schließlich sein Vertrauen in die Arbeitgeberseite bei der Mitwirkung zur Lösung der sozialen Frage enttäuscht.[94] Die Staatshilfe, die *Lassalle* für die Genossenschaften forderte, lehnte *Huber* ab, allein in der Form von Darlehen konnte er sie akzeptieren.[95]

Immer stärker richteten sich seine Hoffnungen zur Realisierung der Genossenschaftspläne auf die evangelische Kirche, insbesondere auf die Innere Mission, von der *Huber* neben dem diakonischen Hilfehandeln auch strukturelle, vorbeugende Maßnahmen verlangte. Nach einer kurzen Phase der Annäherung zwischen *Wichern* und *Huber*, in der eine Kooperation möglich zu sein schien, kam es 1863 endgültig zum Bruch. Letztlich war *Wichern* für Initiativen der „gestaltenden Liebe" nicht mehr zu gewinnen. *Huber* versuchte auch jetzt noch, die Kirche an die „Marthaarbeit" neben dem „Marienberuf"[96] zu erinnern, ohne jedoch für seine Ideen nennenswert Gehör zu finden.

Huber hat seine Genossenschaftspläne nicht verwirklichen können. In seinen letzten Lebensjahren hat er sich primär mit Fragen des Arbeitsverhältnisses und

---

[92] Brief *Hubers* an *Wichern* vom 28.06.1857, ebenda, 203; vgl. auch 135. 139.
[93] *Huber*, Arbeiterfrage, 212.
[94] *Hubers* Ideal war die Schaffung einer „sozialen Aristokratie", um die gesellschaftlichen Spannungen abzubauen, vgl. *Paulsen*, Huber, 81ff. 142.
[95] Ein wesentlicher Differenzpunkt der Genossenschaftstheoretiker im neunzehntes Jh. war die Haltung zur Frage einer möglichen Staatshilfe für Genossenschaften. Während die Konservativen *Huber* und *Raiffeisen* sowie der Sozialliberale *Schulze-Delitzsch* dies strikt ablehnten, fordert Lassalle entschieden den Gedanken der „Hilfe durch Staatshilfe", da nur auf diese Weise das von ihm postulierte „eherne Lohngesetz" überwunden werden könnte. Vgl. dazu den Beitrag von *Euchner* 6. Kapitel III. 3 in diesem Band.
[96] So eine häufig wiederkehrende Formulierung *Hubers*, erstmals in einem Brief an *Ernst Wilhelm Hengstenberg* vom 13.10.1857 zu finden, vgl. *Paulsen*, Huber, 165.

der Gewerkschaften beschäftigt. Recht weitreichende Forderungen formulierte er diesbezüglich in der 1865 erschienenen Schrift „Über Arbeiter-Coalitionen", in der er scharf mit der „willkürlichen einseitigen Bestimmung des Arbeitslohns durch die Arbeitgeber"[97] ins Gericht ging. Er billigte auf dem Hintergrund seiner Erfahrungen kaum einem von tausend Arbeitgebern zu, daß er bei der Festsetzung des Lohns nicht „ausschließlich oder fast ausschließlich an seinen oder doch den Vorteil des Geschäfts und wenig oder gar nicht an das Wohl und Interesse der Arbeiter denkt."[98] Selbst bei einer angemessenen Lohnhöhe verurteilte *Huber* die einseitige Festlegung, da auf diese Weise kein der Billigkeit entsprechendes Vertrauensverhältnis zwischen Unternehmern und Arbeitern entstehen könne. Das Mißtrauen der Arbeiter würde genährt, je mehr sie von der Lohnfestsetzung, die „als ein Geheimnis behandelt wird"[99], ausgeschlossen blieben. Dieselbe Kritik führte *Huber* gegen die einseitige Festlegung der Fabrikordnung durch die Unternehmer an. Auch hier wurde auf die Interessen der Arbeiter kaum Rücksicht genommen und ein Vertrauensverhältnis im Kern zerstört. *Huber* folgerte aus diesen Beobachtungen, daß die „Zeit des naiven Patriarchalismus (...) vorbei"[100] sei. Die Entwicklung zum Industriesystem habe diesen geschichtlich überholt und „nur Weltfremdheit oder selbstsüchtige Heuchelei (...) könnten ein patriarchalisches Verhältnis noch voraussetzen"[101].

Damit war *Huber* der protestantische Sozialethiker, der die historische Begrenztheit des Patriarchalismus erkannte und ihn verwarf, da unter industriellen Bedingungen die personale Nähe von Herr und Gewaltunterworfenem nicht mehr gegeben war. Statt dessen plädierte er für die Mitwirkung der Arbeiter bei der Festsetzung des Lohns und der Fabrikordnung und vertrat somit Gedanken, die auf die Mitbestimmung hinzielte.[102] Folgerichtig forderte *Huber*, nicht zuletzt auf Grund seiner kritischen Einschätzung der Unternehmer, vorbehaltlos die Koalitionsfreiheit und auch das Streikrecht für Arbeiter.

2. *Carl Mez und Gustav Werner*

Im Unterschied zu *Hubers* praktischem Scheitern wurden vom christlichen Glauben inspirierte Genossenschaftspläne von zwei süddeutschen Pietisten – von *Carl Mez* (1808-1877) und von *Gustav Werner* (1809-1887) – verwirklicht. Der badische Unternehmer *Carl Mez*, als Liberaler zwischen 1847 und 1849 Abgeordneter in der badischen Kammer, reagierte auf die soziale Frage, indem er die Berechtigung des Kommunismus in der Kritik an der mißbräuchlichen Verteilung der

---

[97] *Huber*, Über Arbeiter-Coalitionen, in: *Munding* (Hrsg.), Hubers ausgewählte Schriften, 541-586, Zitat 554. *Huber* hat diese Schrift für die vom preußischen Handelsminister *von Itzenplitz* einberufene Kommission zur Koalitionsfrage verfaßt, konnte an der Sitzung wegen Krankheit allerdings nicht teilnehmen, so daß auch seine Schrift nicht diskutiert wurde.
[98] Ebenda, 555.
[99] *Ebenda*, 554.
[100] Ebenda, 555.
[101] So referiert *Ingwer Paulsen*, Mitverantwortung und Lohngerechtigkeit bei Victor Aimé Huber, in: Die Mitarbeit. Monatshefte der Aktion evangelischer Arbeitnehmer, Jg. 3 (1954), Heft 7, 14-20, Zitat 17 die Auffassung *Hubers*.
[102] *Brakelmann*, Die Soziale Frage des 19. Jahrhunderts, Bielefeld ⁶1979, 147f.

Gaben der Schöpfung Gottes sah.[103] Angesichts dieser Herausforderungen versuchte er seiner Verantwortung als Unternehmer gerecht zu werden. Zunächst gelang es ihm, durch die bewußte Ansiedlung von Zweigniederlassungen seines Unternehmens in wirtschaftlich benachteiligten Regionen Südwestdeutschlands dort die Armut zu bekämpfen. Er bot überdurchschnittliche Löhne und baut verschiedene Sozialeinrichtungen auf. Darüber hinaus versuchte er schließlich, den Privatkapitalismus durch das Experiment einer Genossenschafts- bzw. Bundesfabrik zu überwinden. Er beteiligte die Arbeiter als Genossenschaftsteilhaber an einer seiner Fabriken, stellte einen gemeinsam verantworteten Verwaltungsrat an die Spitze des Unternehmens, der eine technische und kaufmännische Direktion berief und ihr die Verwaltung und Leitung übertrug. Dieser Versuch wurde jedoch von *Mez* nach einiger Zeit aufgegeben, da er vermutlich an der Untreue einiger hoher Angestellter scheiterte. Seine anderen Unternehmungen konnte er mit Erfolg weiterführen, wobei er an allen Standorten seines Unternehmens soziale Einrichtungen, wie Wohnheime, Kranken- und Sparkassen aufbaute bzw. förderte.[104]

Der Württemberger *Gustav Werner*, der nach seinem Vikariat als Lehrer tätig war, da seine radikalpietistischen, zum Teil theosophischen Gedanken ihn in Konflikt mit den Kirchenbehörden gebracht hatten, setzte sich 1849 das Ziel, Gerechtigkeit nicht allein zu predigen, sondern „ins gesellschaftliche Gebiet, namentlich in die Industrie"[105] einzubringen. In diesem Sinn konzipierte und verwirklichte er die Idee eines „christlichen Fabriksystems".

Dieses Konzept stand bei *Werner* für den Versuch einer „christlichen Gemeinwirtschaft"[106], verstanden als genossenschaftliche Organisation der Arbeit, um auf diese Weise den Gegensatz zwischen Kapital und Arbeit zu überwinden. Diese Idee vertiefte *Werner* durch eine eigenwillige christokratische Begründung: Der Gott dieser Welt habe in der Großindustrie „seinen Thron aufgeschlagen; er ist nur dann überwunden, wenn ihm dieses Gebiet entrissen ist. Hier liegt der Schlüssel der Weltherrschaft, darum muß er für Christus erkämpft werden."[107] Diese Proklamation der Herrschaft Christi über die Industrie, die auf die Utopie der Fabrik als eines Tempels Gottes zielte, ist in ihrer Zeit einzigartig.

Allerdings gelang es *Werner* nur bedingt, die konkrete, betriebliche Praxis in seinem Sinn zu verchristlichen. Er gründete mehrere Fabriken, in denen zum Teil auch gefährdete Jugendliche eine Ausbildung und Behinderte einen Arbeits- und Lebensraum erhielten. Zudem versuchte er, großzügige Löhne und Gewinnbeteiligungen zu gewähren. *Werner* verband in seinen Unternehmungen eindrucksvoll diakonisch-therapeutische und sozialpolitische mit betrieblichen Anliegen. Da er und seine Mitarbeiter – die sog. „Hausgenossen" – jedoch in ökonomischen Fra-

---

[103] Vgl. *Klaus vom Orde*, Carl Mez. Ein Unternehmer in Industrie, Politik und Kirche, Gießen 1992, 60, 69.
[104] Vgl. *Martin Scharfe*, Die Religion des Volkes. Kleine Kultur- und Sozialgeschichte des Pietismus, Gütersloh 1980, 118.
[105] *Paul Wurster*, Gustav Werners Leben und Wirken, Reutlingen 1888, 212. Diese älteste Biographie über Werner bringt viel authentisches Material von und über *Werner*, ist allerdings völlig unkritisch verfaßt.
[106] *Theodor Hirschberg*, Zwei großindustrielle Stiftungen für Volkswohlfahrt, in: Der Arbeiterfreund. Zeitschrift für Arbeiterfragen, Jg. 35 (1897), 98-110, Zitat 99.
[107] *Wurster*, Werner, 153.

gen recht unbedarft waren und es nur schwer gelang, mit seiner nicht in allen Teilen qualifizierten Belegschaft der Konkurrenz standzuhalten, kämpften die genossenschaftlich strukturierten Fabriken ständig ums wirtschaftliche Überleben. Trotz der Spenden von Freunden, einem großen Engagement und einem teilweisen Lohnverzicht der „Hausgenossen" blieben seine Unternehmen selbst in der Hochkonjunktur der 1860er Jahre häufig in der Verlustzone. Um das nicht zuletzt jugendpflegerisch und therapeutisch bedeutsame Werk *Werners* zu sanieren, wurde 1867 eine Aktiengesellschaft gegründet, an der sich das Königreich Württemberg beteiligte. Zu Beginn der 1880er Jahre erhielten die Unternehmungen die Rechtsform einer gemeinnützigen Stiftung. Seither wurden vorwiegend technisch qualifizierte Arbeiter eingestellt und die Unternehmen nach streng kaufmännischen Gesichtspunkten geführt. Die Ertragslage gestaltet sich nun günstiger und ein Teil des Unternehmensertrags floß dem Stiftungszweck zu, der Erhaltung der Erziehungs- und Versorgungsanstalten des ausgegliederten Bruderhauses.

Werner kommentierte diese Entwicklung im Vergleich zu seiner weitgesteckten Zielsetzung mit einem resignierenden Unterton:

„Dies hat sich mir (...) mehr und mehr als unausweichliche Bedingung herausgestellt, daß sich die industriellen Geschäfte ganz nach geschäftlichen Prinzipien verwalten lassen müssen, wenn sie sich rentieren und ihren nächsten Zweck erfüllen sollen, gute Arbeiter zu bilden, und den Arbeitern selbst genügenden Lohn, und dann auch irgendeine Beteiligung am Ertrag des Geschäftes gewähren zu können."[108]

Trotz dieser seine Ziele relativierenden Erfahrungen hielt *Werner* zumindest an einem genossenschaftlichen Grundgedanken fest, die Arbeiter auch am Gesamterfolg des Unternehmens zu beteiligen.

3. Friedrich Wilhelm Raiffeisen

Die größte Wirkung als Anreger und Gründer genossenschaftlicher Projekte aus christlicher Motivation hat *Friedrich Wilhelm Raiffeisen* (1818-1888) entfaltet. *Raiffeisen* war von 1845 bis 1865 Bürgermeister verschiedener Gemeinden im Westerwald, wo er die soziale Not der ländlichen Bevölkerung durch die Einrichtung von Darlehnskassen und Genossenschaften zu lindern versuchte. Nach seiner krankheitsbedingten Pensionierung entfaltete er ein intensives publizistisches Wirken. Obwohl *Raiffeisen* in der Darstellung kirchlicher Beiträge zur Lösung der sozialen Frage bisher meist nur eine Randgestalt geblieben ist und kaum „in eine Reihe mit Persönlichkeiten wie *Wichern*, *Fliedner* u.a."[109] gestellt werden kann, ist seine Bedeutung für den sozialen Protestantismus gleichwohl nicht zu vernachlässigen.

Der protestantische Hintergrund *Raiffeisens* läßt sich vor allem biographisch erschließen. Zwar liegen nur wenige direkte Äußerungen über seine religiösen Anschauungen vor, er hat jedoch zu allen Zeiten seines Lebens intensive persön-

---

[108] Dieses Zitat führt *Paul Krauß*, Gustav Werner und seine Hausgenossen. Geschichte einer christlichen Genossenschaft des 19. Jahrhunderts, Metzingen 1977, 107f. an.
[109] Gegen das pointierte Urteil von *Michael Klein*, Leben, Werk und Nachwirkung des Genossenschaftsgründers Friedrich Wilhelm Raiffeisen, Köln 1997, 3.

liche Beziehungen zu protestantischen Gruppen und Freundschaften mit evangelischen Geistlichen gepflegt. Dies gilt für die Kindheit und Jugendzeit im Blick auf die ihn stark prägenden, religiös orientierten Freundeskreise ebenso wie für seine spätere Tätigkeit als Bürgermeister in verschiedenen Gemeinden. Dort stand er jeweils in einem guten Einvernehmen mit den evangelischen Pfarrern, die in der Regel seine sozialreformerischen Aktivitäten – speziell den Aufbau von Wohltätigkeitsvereinen bzw. Darlehenskassenvereinen – aktiv unterstützten.[110] In seinen Schriften ging *Raiffeisen* auf religiöse Fragen nur beiläufig ein. Dabei machte er – auch um für Akzeptanz seiner Vorhaben in kirchlichen Kreisen zu werben – immer wieder deutlich, daß die Darlehenskassenvereine durch die Behebung von größeren materiellen Notlagen „den Boden zu sittlich religiöser Wirksamkeit"[111] vorbereiten könnten.

Raiffeisen war wesentlich durch eine auf die „praxis pietatis" zielende Frömmigkeit geprägt, wie es implizit aus seinen genossenschaftstheoretischen Arbeiten zu erschließen ist. So kritisierte er rein wirtschaftlich ausgerichtete Genossenschaften, da diese lediglich die weit verbreitete materialistische Lebensauffassung stützten. Statt dessen betonte er die von seiner christlichen Gesinnung geprägten Grundprinzipien der Genossenschaftsinitiativen, wie sie insbesondere in der ehrenamtlichen Verwaltung der Kassen, in der unbeschränkten Solidarhaftung und in dem Fehlen von individuellen Kapitalbeteiligungen bzw. der Einrichtung eines unteilbaren Stiftungsfonds ihren konkreten Ausdruck fanden. Mit diesen Prinzipien sollte möglichen individuellen Gewinnabsichten der Teilhaber entgegengewirkt werden, was zu einer öffentlichen Kontroverse mit dem liberalen Genossenschaftsgründer *Schulze-Delitzsch* führte. Diesem gelang es schließlich, ein Gesetz mit der zwingenden Einführung individueller Geschäftsanteile bei Darlehenskassenvereinen im Reichstag durchzubringen. Daraufhin war *Raiffeisen* gezwungen, seine Vereine neu zu ordnen: Die obligatorischen Einlagen wurden allerdings „zu einem symbolisch niedrigen Preis eingeführt, so daß persönliches Gewinndenken weiter aus den Vereinen verbannt"[112] bleiben soll.

Die Rezeption des Werks *Raiffeisens* im Protestantismus war stark abhängig von persönlichen Kontakten bzw. von engagierten Einzelpersönlichkeiten. Auf diese Weise wurde sein Werk in verschiedenen Initiativen des sozialen Protestantismus bekannt gemacht und auch unterstützt. Eine systematische und institutionelle Verankerung ist jedoch nur in Ausnahmefällen aufweisbar, wenn etwa in kleineren mitteldeutschen Landesverbänden der Inneren Mission Raiffeisen-Genossenschaften „geradezu selbstverständlich" in die jeweiligen Werke „eingegliedert"[113] gewesen sind.

Die Genossenschaftstheoretiker dieser Zeit, nicht zuletzt die protestantisch geprägten *Huber* und *Raiffeisen*, haben in besonderer Weise die Vermittlung sittlicher Grundsätze und gemeinsame Bildungsanstrengungen als unaufgebbare Grundsätze genossenschaftlichen Wirkens herausgestellt. Allein auf einer solchen Grundlage haben sie das geforderte hohe Maß an Selbstverantwortung, Selbstverwaltung und gegenseitiger Solidarität für realisierbar gehalten. Sie betonten

---

[110] Vgl. *Klein*, Leben, 9-95.
[111] Ebenda, 98.
[112] Ebenda, 105.
[113] Ebenda, 180.

eindringlich die Notwendigkeit einer solidarischen Grundhaltung[114] bzw. eines Geistes der christlichen Liebe bei den Genossenschaftlern, damit diese nicht „zu reinen Geldgeschäften"[115] herabsinken konnten. Darüber hinaus kam insbesondere dem genossenschaftlichen Element der Selbstverwaltung hohe Bedeutung zu. In kritischer Abgrenzung zu kapitalistischen Unternehmen waren gerade dieser Gesichtspunkt immer wieder als zentrale Differenz betont worden:

„Die vollste Selbstbestimmung und Selbstverwaltung unter unmittelbare Betheiligung aller Genossen bei Ordnung der gemeinsamen Angelegenheiten sind es, welche (...) den Gipfelpunkt des Ganzen"[116] bilden.

Im Blick auf die eigentumsrechtliche Umsetzung dieser Grundgedanken lassen sich prägnante Differenzen feststellen: Generell beruhte die Mitgliedschaft in einer Genossenschaft auf einem Anteil am gemeinsamen Eigentum, so daß grundsätzlich eine Identität von Arbeitgeber und Arbeitnehmer gegeben war. Die sich hieraus ergebenden Rechte im Rahmen der Genossenschaftsversammlungen waren jedoch unterschiedlich geregelt: Zum Teil wurde – wie von *Huber* und *Raiffeisen* im Grundsatz propagiert – auf das Vorbild der Rochdaler Pioniere zurückgegangen und das Grundprinzip „ein Mann – eine Stimme", das jedem Genossenschaftsmitglied unabhängig von der Höhe seiner Kapitalanteile gewährt war, durchgesetzt. Häufiger wurden jedoch, wie von *Schulze-Delitzsch* verfochten, den Genossenschaftlern Stimmrechte in Entsprechung zu den jeweiligen Eigentumsanteilen verliehen und so eine individuelle Zurechnung der Beteiligungsrechte eingeräumt. Obwohl viele Genossenschaften erfolgreich arbeiteten und ihren Mitgliedern eine gesicherte Existenz ermöglichten, konnte die weitgespannte sozialreformerische Zielsetzung, privatkapitalistisches Wirtschaften durch genossenschaftliche Solidarität zu überwinden, nicht verwirklicht werden.

Interessant ist schließlich die unterschiedliche soziologische Verankerung der Genossenschaftsprojekte. Während es protestantisch geprägte Genossenschaften im Arbeitermilieu so gut wie keine gegeben hat, sind diese besonders im Bereich der Landwirtschaft und des Handwerkerwesens zu finden. Auch durch Genossenschaftsprojekte hat der Protestantismus somit seine Milieuverengung kaum überwinden können.

---

[114] Die Betonung des Gedankens der genossenschaftlichen Solidarität ist ein gemeinsames Merkmal der christlich inspirierten, der sozialistischen und auch der liberalen Genossenschaftstheoretiker. Vgl. hierzu den Liberalen *Schulze-Delitzsch*, Die nationale Bedeutung der Deutschen Genossenschaften, Berlin 1865, 4: „Gerade in der Solidarität, dem Einstehen Eines für Alle und Aller für Einen, bieten sie (die Genossenschaften) dem Einzelnen erst die sichere Unterlage für seine persönliche Geltung, in der Gegenseitigkeit die beste Gewähr für seine Selbständigkeit" ist.
[115] Raiffeisen-Worte. Auszüge aus den Schriften, Reden und Briefen F. W. Raiffeisens, Neuwied 1922, 92.
[116] So auch *Schulze-Delitzsch*, Nationale Bedeutung, 4f.

3. Kapitel: Der soziale Protestantismus im Kaiserreich – Anfänge einer Sozialstaatsentwicklung

I. Die Entwicklung eines sozialkonservativen Reformprogramms im deutschen Protestantismus der Bismarckzeit

1. Der soziale Protestantismus in den ersten Jahrzehnten des Kaiserreichs – Impulse und Kontinuitäten

„Das heilige evangelische Reich deutscher Nation vollendet sich (...) in dem Sinn erkennen wir die Spur Gottes von 1517 bis 1871!"[1] So feierte am 27. Januar 1871 *Adolf Stoecker*, der spätere Hofprediger und christlich-soziale Politiker, die nur wenige Tage zurückliegende Reichseinigung; er formulierte damit Hoffnungen und Erwartungen, die die meisten Protestanten in Deutschland teilten. Trotz aller Vorbehalte und Unsicherheiten, die die Einigungskriege ausgelöst hatten, und trotz der durchaus divergierenden Erwartungen an ein vom protestantischen Preußen dominiertes Kaiserreich, signalisiert *Stoeckers* private Briefäußerung, in der er eine Brücke von der Reformation (*Luthers* Thesenanschlag 1517) bis in seine Gegenwart schlug, doch die im Protestantismus breit verankerte Vorstellung, nun könne ein protestantisches Kaiserreich geschaffen werden. Wenn sich auch diese weitgehenden Hoffnungen, nicht zuletzt aufgrund der ablehnenden Haltung *Otto von Bismarcks,* nicht erfüllen sollten, so lassen sich doch einige charakteristische Elemente benennen, die für die Geschichte der evangelischen Kirche im Kaiserreich relevant sind. Die nationale Begeisterung, die große Teile der Bevölkerung erreichte, eröffnete vielen Protestanten ein positives Verhältnis zum Kaiserreich – die jährlichen Sedanfeiern,[2] die gerade in evangelischen Kreisen intensiv begangen wurden, sind Beispiele für eine nationale und konfessionelle Festkultur – ein Grundkonsens, der bis zum Ersten Weltkrieg hielt. Zugleich kam die Frage der kirchlichen Einigungsbestrebungen, die schon das Jahr 1848 mitbestimmt hatte, in den Jahren nach 1866 erneut auf die Tagesordnung. Diese Bewegung fand in der sog. Kirchlichen Oktoberversammlung von 1871 einen gewissen Höhe- und Endpunkt.

---

[1] Zitiert nach *Walter Frank*, Hofprediger Adolf Stoecker und die christlichsoziale Bewegung, Berlin 1928, 32f.; vgl. auch *Gerhard Besier*, Protestantisches Nationalgefühl und Reichsgründung, in: *Joachim Rogge/Gerhard Ruhbach* (Hrsg.), Die Geschichte der Evangelischen Kirche der Union, Bd. 2: Die Verselbständigung der Kirche unter dem königlichen Summepiskopat, Leipzig 1994, 171-181, Zitat 178.

[2] Vgl. dazu *Hartmut Lehmann*, Friedrich von Bodelschwingh und das Sedanfest, in: *Ders.*, Religion und Religiosität in der Neuzeit. Historische Beiträge, Göttingen 1996, 205-232 (Erstdruck 1966); *Ute Schneider*, Politische Festkultur im 19. Jahrhundert. Die Rheinprovinz von der französischen Zeit bis zum Ende des Ersten Weltkrieges (1806-1918), Essen 1995, 238-249.

a) Die kirchliche Oktoberversammlung 1871[3]

Ausgehend vom Wittenberger Kirchentag 1848 fanden bis 1872 insgesamt sechzehn evangelische Kirchentage statt, Treffen, auf denen neben theologischen Fragen primär Fragen der Kircheneinigung und Kirchenverfassung diskutiert wurden.[4] Die Kirchentagsbewegung muß, trotz einiger langfristiger und indirekter Wirkungen auf den Fortgang der Verfassungsdebatte, insgesamt als erfolglos angesehen werden. Diese Feststellung gilt nicht für die Innere Mission, die mit der Kirchentagsbewegung eng verknüpft ist. Sie hatte nach 1848 einen schnellen organisatorischen Aufschwung und eine Ausweitung der Arbeitsgebiete erfahren, wobei *Johann Hinrich Wichern* bis zum Beginn des Kaiserreichs die führende Figur war. In den ersten Jahre nach den für die IM wichtigen Jahren 1848/49 hatte *Wichern* sich darauf konzentriert, in ganz Deutschland die Idee der Inneren Mission in Vorträgen, Predigten und Schriften zu populär zu machen und zu koordinieren. 1858 war er schließlich auch zum Präsidenten des CA gewählt worden. Zusätzlich dazu war er bereits 1857 sowohl in den Evangelischen Oberkirchenrat und in den preußischen Staatsdienst getreten. Dort war es seine Aufgabe, eine Reform des Gefängniswesens zu organisieren, wobei er aber nur wenig erfolgreich war.

Von *Wichern* ging auch in erster Linie der Impuls aus, die nationale Reichseinigung zu benutzen, um nun in einer allgemeinen kirchlichen Versammlung das Projekt der innerprotestantischen Einigung erneut zu forcieren. Auch wenn die Einladungen zu dieser Versammlung, die durch den Centralausschuß für Innere Mission organisatorisch vorbereitet wurde, bewußt an „Genossen aller evangelischen Confessionen und Landeskirchen Deutschlands, die jene Bekenntnisse [d.i. die reformatorischen, d. Verf.] anerkennen"[5] gingen, gelang es nicht, die theologischen Frontlinien zwischen Freunden der preußischen Union und lutherischen Unionsgegnern innerhalb und außerhalb Preußens, zwischen liberalen und konservativen Theologen zu überwinden.

Neben den theologischen und kirchenpolitischen Fragen stand die soziale Frage auf der Tagesordnung der Versammlung; offensichtlich hoffte man, eine Einigung der Tat herstellen zu können. Die Einladung forderte:

„In der gemeinsamen Arbeit auf dies Ziel hin werden die Wege der Erkenntnis und des praktischen Handelns zu suchen und zu betreten sein (...)".[6]

So war der dritte Tag der Versammlung, der in seiner Struktur dem immer mit dem Kirchentag stattfindenden Kongreß der Inneren Mission entsprach, der sozialen Frage gewidmet. *Wichern* selbst hatte, trotz eines schlechten Gesundheits-

---

[3] Vgl. dazu *Norbert Friedrich*, Adolph Wagner und die Kirchliche Oktoberversammlung vom 10. bis 12. Oktober 1871 in Berlin, in: *Dirk Bockermann* u.a. (Hrsg.), Freiheit gestalten. Zum Demokratieverständnis des deutschen Protestantismus. Kommentierte Quellentexte 1789-1989. Festschrift für Günter Brakelmann zum 65. Geburtstag, Göttingen 1996, 151-163, dort auch weitere Literaturhinweise.
[4] Vgl. zu den Kirchentagen *Rogge*, Kirchentage und Eisenacher Konferenzen, in: *Ders./Ruhbach* (Hrsg.), Die Geschichte der Evangelischen Kirche der Union, Bd. 2: Die Verselbständigung der Kirche unter dem königlichen Summepiskopat, Leipzig 1994, 42-55.
[5] Fliegende Blätter, Jg. 28 (1871), 233-239, Zitat 234.
[6] Ebenda.

zustandes, das Hauptreferat übernommen, er sprach zum Thema „Die Mitwirkung der evangelischen Kirche an den socialen Aufgaben der Gegenwart."[7] *Wicherns* Rede bewegte sich in den bekannten und bereits dargestellten Bahnen seiner Sozialtheologie.[8]

Mit dem Korreferat („Rede zur Socialen Frage") zu *Wichern* war der junge Berliner Nationalökonom *Adolph Wagner* (1835-1917) betraut worden, der die Gelegenheit nutzte, die Frage von seiten der „Fachwissenschaft", also der Nationalökonomie, aufzurollen.[9] *Wagner* entfaltete vor den Zuhörern das Spektrum einer staatssozialistischen Sozialreform, wie sie später im Kaiserreich diskutiert wurde. Nach dem Kathedersozialisten *Erwin Nasse*,[10] der in den sechziger Jahren des 19. Jhs. nationalökonomische Vorstellungen in den sozialen Protestantismus und insbesondere in die Innere Mission getragen hatte, trat nun mit *Wagner* ein Wissenschaftler auf, der sowohl innerhalb der sich ausdifferenzierenden Nationalökonomie des Kaiserreichs einen besonderen Stellenwert einnehmen, als auch das wichtigste Verbindungsglied zwischen großen Teilen des sozialen Protestantismus und der bürgerlichen Sozialreform werden sollte.

Wagners Grundüberzeugung war, „daß die Nationalökonomie wieder mehr den Charakter und die Bedeutung einer ethischen Wissenschaft erhalten müsse, um die sociale Frage richtig behandeln zu können"[11]. Die Leugnung jeder ethischen Verantwortung und die Forderung nach einer völligen Freiheit von Grund und Boden, aber auch die „widerwärtigen Formen des Geldhochmuths", wie ihn beispielsweise „geschmacklos überputzte Damen" repräsentierten, waren dem asketischen Protestanten *Wagner* fremd und verdächtig – er lehnte sie ab, sah er doch hier die Grundlage für das Aufkommen der sozialistischen Bewegung:

„Was Wunder, daß solchen Extravaganzen des Manchesterthums gegenüber (...) die wirthschaftlichen Classengegensätze sich so bedauerlich verschärften und selbst die tollsten socialistischen Projecte bei den unteren Classen Anklang finden!"[12]

So wendete er sich ebenso gegen die sozialrevolutionären Lösungsvorschläge der Marxisten wie auch gegen sozialromantische Vorstellungen, die sich etwa in der

---

[7] Die Rede ist abgedruckt in *Johann Hinrich Wichern*, Sämtliche Werke, Bd. III/2, 192-221; Ausschnitte finden sich in: *Günter Brakelmann/Traugott Jähnichen*, Die protestantischen Wurzeln der sozialen Marktwirtschaft. Ein Quellenband, Gütersloh 1994, 49-58.
[8] Vgl. zu *Wichern* 2. Kap I. 1.
[9] *Wagners* Rede ist vollständig abgedruckt bei *Brakelmann/Jähnichen*, Wurzeln, 59-103; zu *Wagner* vgl. neben den Angaben bei *Friedrich*, Oktoberversammlung, 155f. auch *Heinrich Rubner* (Hrsg.), Adolph Wagner. Briefe. Dokumente. Augenzeugenberichte 1851-1917, Berlin 1978; *Martin Heilmann*, Adolph Wagner – Ein deutscher Nationalökonom im Urteil der Zeit. Probleme seiner biographischen und theoriegeschichtlichen Würdigung im Lichte neuer Quellen, Frankfurt/Main 1980.
[10] *Nasse* hatte 1869 auf dem Kongreß für Innere Mission einen wegweisenden Vortrag unter dem Titel „Der Antheil der inneren Mission an der Lösung der Arbeiterfrage" gehalten, in dem er die Arbeiterfrage so klassifizierte: „Die Frage nach der Organisation der Arbeit, d.h. unseres ganzen gesellschaftlichen Lebens, und mit vollem Recht wird sie deshalb auch als die gesellschaftliche, die sociale Frage bezeichnet". Verhandlungen des 15. Kongresses für Innere Mission, Berlin 1869, 134-156, Zitat 134; vgl. zu der gesamten Problematik auch *Friedrich*, Innere Mission und Arbeiterschaft, in: *Jochen-Christoph Kaiser* (Hrsg.), Handbuch zur Geschichte der deutschen evangelischen Diakonie, Stuttgart (erscheint Herbst 2000).
[11] *Wagner*, Sociale Frage, 60.
[12] Ebenda, 64.

Forderung nach einer Rückkehr zum alten Zunftwesen manifestierten. Dagegen schlug er „Reformpläne" vor, denn:

„Hier wird der Boden der Wirklichkeit, das heutige Gesellschafts-, Wirtschafts- und Privatrechtssystem anerkannt und Abhilfe gegen die vorhandenen Uebel auf dem Wege der Reform, d.h. der passenden Weiterentwicklung und, soweit es sein muß, der Modifikation des Bestehenden gesucht. Reform ist ja weder Umsturz noch Stillstand noch Rückschritt."[13]

Wagners Ansprechpartner war der Staat, insofern bezeichnete er sich auch selbst nicht als „Kathedersozialist"[14], sondern als „Staatssozialist". Neben seinen grundsätzlichen Erwägungen präsentierte *Wagner* auch noch ein ganzes Bündel konkreter Vorschläge. Diese betrafen das Steuerrecht, die Frage des Genossenschaftswesens, Lohnfragen, Fragen des Arbeitsschutzes etc. Viele dieser Forderungen decken sich mit dem kathedersozialistischen Programm[15], viele finden sich auch im Parteiprogramm von *Stoeckers* „Christlich-sozialer Arbeiterpartei" von 1878 wieder.[16]

Wagner hatte mit dieser Rede vor einem kirchlichen Publikum dezidiert Position im Konflikt um Sozialpolitik und Sozialreform bezogen. So verwundert es nicht, daß die Rede, die in kirchlichen Kreisen nur wenig rezipiert wurde, da sie offensichtlich die innerkirchliche Öffentlichkeit überforderte, unter *Wagners* Fachkollegen auch Widerspruch hervorrief. Der dem Freihandel verpflichtete *Heinrich Bernard Oppenheim* polemisierte heftig gegen *Wagners* interventionistische Ideen.[17]

Insgesamt hatte jedoch die kirchliche Oktoberversammlung gezeigt, in welche Richtung die Diskussion innerhalb des sozialen Protestantismus verlaufen würde. Während die Innere Mission, die mit dem Nachlassen der Kraft *Wicherns* auch vor eigenen Herausforderungen der Orientierung stand, sich mehr und mehr auf praktische Sozialarbeit konzentrierte, repräsentierte *Adolph Wagner* eine neue, die Ideen der Sozialreform und der staatlichen Sozialpolitik aufnehmende Ideenwelt, die in den nächsten Jahren innerhalb der evangelischen christlich-sozialen Bewegung durch *Rudolf Todt*, *Adolf Stoecker*, *Theodor Lohmann* und auch *Friedrich Naumann* die öffentliche Diskussion bestimmen sollte.

b) Zwischen Loyalität und kritischem Potential – die Innere Mission am Beginn der Bismarck-Ära

Die Innere Mission, die in den Jahren nach 1848 in ihren Arbeitsgebieten erheblich gewachsen war und sich innerlich und organisatorisch ausdifferenziert hatte,[18] war zu einer verläßlichen Stütze des preußischen Staates geworden. Zugleich hatte sie sich zu einer eigenständigen Größe entwickelt. Ihre nationale Zuverläs-

---

[13] *Wagner*, Sociale Frage, 77.
[14] Vgl. dazu 3. Kapitel I. 2.
[15] Ebenda.
[16] Vgl. dazu 3. Kapitel I. 4. b.
[17] *Heinrich Bernhard Oppenheim*, Der Katheder-Sozialismus, Berlin 1872; vgl. auch *Adolph Wagner*, Offener Brief an Herrn H.B. Oppenheim, Berlin 1872; eine Zusammenstellung der Literatur zu *Wagners* Rede findet sich bei *Andreas Uecker*, Die Kirchliche Oktoberversammlung 1871 zu den Aufgaben der Zeit, Diss. Theol., Greifswald 1991, 139-143.
[18] Vgl. dazu 3. Kapitel I. 4.b.

sigkeit bewies sie in den Einigungskriegen, als sie in kurzer Zeit mit großem Aufwand die sog. „Felddiakonie" organisierte; in dieser Aufgabe hatte der kränkelnde *Wichern* noch einmal seine großen organisatorischen Fähigkeiten gezeigt.[19]

In den Jahren nach 1871 kam es dann zu einem großen Aufschwung der „Vereinsdiakonie". Es entstand eine große Anzahl von Diakonissenmutterhäusern[20] und Diakonenanstalten[21]; viele große Anstalten der Inneren Mission begannen ihren Aufstieg.[22] Parallel zu diesem Wachstum begannen auch Überlegungen, den Centralausschuss, „ein würdiges Gremium älterer prominenter Herren aus Kirchenbehörden, Verbänden und Anstalten der Inneren Mission"[23], zu einer schlagkräftigeren Einrichtung umzugestalten, lag doch der größere Einfluß auf die Entwicklung der Inneren Mission bei den nach 1848 überall entstandenen Landes- und Provinzialverbänden sowie bei den einzelnen Anstalten. Doch auch das neue Statut von 1878[24] sowie der langsame organisatorische Ausbau veränderten den Charakter des CA als einer Honoratiorenvereinigung, die eng mit Staat und Kirche verbunden war, nicht.

Es wird vor diesem Hintergrund verständlich, daß sich trotz bedeutsamer Impulse, die aus der Arbeit der Inneren Mission für die Behandlung der sozialen Frage kamen, bedeutsamere Aktivitäten und Arbeitsbereiche neben und auch gegen die Innere Mission entwickelten. Bevor diese dargestellt werden, sollen aber zunächst die Impulse aus der Inneren Mission heraus vorgestellt werden.

Die Oktoberversammlung konnte insgesamt nicht die Wirkung entfalten, die man sich von ihr erhofft hatte. Zwar setzte sich *Wichern* für einen offensiven Weltanschauungskampf mit der Sozialdemokratie ein, wie er in einem Flugblatt des CA von 1872 „An die sozialdemokratischen Arbeiter"[25], welches über Platitüden nicht hinauskam, begonnen wurde, praktische Auswirkungen lassen sich aber kaum feststellen. Die „Konferenz ländlicher Arbeitgeber", die im April 1872 in Berlin stattfand und an der auch *Wichern* noch einmal teilnahm, präsentierte zwar den gesamten Problemkreis der sozialen Frage, konnte aber, nicht zuletzt aufgrund der Zusammensetzung (von den 21 Teilnehmern waren 12 Großgrundbesitzer) nicht zu durchgreifenden Reformvorschlägen durchstoßen. Die Konferenz repräsentiert vielmehr eine patriarchalische, eher sozialromantische Vor-

---

[19] Vgl. zur Felddiakonie *Martin Gerhardt*, Ein Jahrhundert Innere Mission. Die Geschichte des Central-Ausschusses für die Innere Mission der Deutschen Evangelischen Kirche, Teil 1: Die Wichernzeit, Gütersloh 1948, 277-281.

[20] Vgl. dazu *Jutta Schmidt*, Beruf: Schwester. Mutterhausdiakonie im 19. Jahrhundert, Frankfurt 1998; *dies.*, Die Frau hat ein Recht auf die Mitarbeit am Werke der Barmherzigkeit, in: Die Macht der Nächstenliebe. Einhundertfünfzig Jahre Innere Mission und Diakonie 1848-1998, hrsg. von *Ursula Röper/Carola Jüllig*, Berlin 1998, 138-149.

[21] Vgl. dazu *Michael Häusler*, Vom Gehilfen zum Diakon, in: ebenda 112-119.

[22] Genannt sei, als Paradebeispiel, Bethel, die dortigen Anstalten nehmen unter dem Leiter *Friedrich von Bodelschwingh d.Ä.* seit 1872 eine glänzende Entwicklung; vgl. dazu *Matthias Benad*, Eine Stadt für die Barmherzigkeit, ebenda 122-129.

[23] *Johannes Steinweg*, Innere Mission und Gemeindedienst in meinem Leben, Berlin 1959, 77; vgl. auch *Helmut Talazko*, Der Central-Ausschuß für die Innere Mission der deutschen evangelischen Kirche in der Kaiserzeit. Organisation und Arbeitsweise, in: *Theodor Strohm/Jörg Thierfelder* (Hrsg.), Diakonie im Deutschen Kaiserreich (1871-1918). Neuere Beiträge aus der diakoniegeschichtlichen Forschung, Heidelberg 1995, 206-228.

[24] Fliegende Blätter, Jg. 35 (1878), 132-137.

[25] Vgl. dazu *Gerhardt*, Jahrhundert I, 306.

stellung zur Lösung der sozialen Frage. Erst nach der Verabschiedung des Sozialistengesetzes und dem Beginn der Diskussionen um die Sozialgesetzgebung ist wieder eine stärkere Behandlung der Arbeiterfrage innerhalb der Inneren Mission spürbar. Nachdem sich der CA bereits 1877 an den Reichskanzler wegen der Sonntagsarbeit gewandt hatte,[26] erschien 1879 ein Umschreiben des CA zur Frage der jugendlichen Fabrikarbeiter, eine Mischung aus nüchterner Bestandsaufnahme und konkreten Forderungen nach einem wirksamen Arbeitsschutz.[27] In der gleichen Zeit setzte sich die Publizistik der Inneren Mission kritisch-kämpferisch mit der Sozialdemokratie auseinander; diese Entwicklungen müssen vor dem Hintergrund der Aktivitäten *Stoeckers* gesehen werden.

2. Protestantisches Ethos und bürgerliche Sozialreform der Kathedersozialisten

Die von *Kaiser Wilhelm I.* erlassene Botschaft zur Arbeitsschutzgesetzgebung von 1881 markiert den Beginn der modernen Sozialgesetzgebung in Deutschland. Auf dieser Linie führte *Bismarck* in den folgenden Jahren sein Sozialgesetzgebungswerk durch: 1883 wurde die gesetzliche Krankenversicherung, 1884 die Unfallversicherung und 1889 die Rentenversicherung eingeführt. Dieser Sozialstaat, wie er sich unter den Bedingungen des Kaiserreiches entwickelt hatte, entsprang unterschiedlichen Motiven: Neben den unmittelbar politischen Zielen *Bismarcks*, der sich mit Hilfe der Sozialgesetzgebung als kompensatorischer Maßnahme zum Sozialistengesetz eine Aussöhnung von Kaiserreich und Arbeiterschaft erhoffte, spielten auch Orientierungen aus dem Raum des deutschen Protestantismus eine wesentliche Rolle. Den Staat nicht nur als Macht- und Kulturstaat, sondern ergänzend auch als Sozialstaat zu begreifen und ihn für eine Sozialpolitik zugunsten der im kapitalistischen Wirtschaftssystem Schwächeren und Schutzbedürftigen handlungswillig zu machen, war das sozialethische Ziel von Wissenschaftlern und Ministerialbeamten gewesen, die sich bewußt als protestantische Christen verstanden haben. Deren Staats- und Politikverständnis hatte sich zu Beginn des Kaiserreiches noch mühsam gegen den radikalen Wirtschaftsliberalismus durchzusetzen.

Seit dem ersten Industrialisierungsschub gegen 1850 bis zum Ende der siebziger Jahre herrschte in Deutschland weithin die vom „Volkswirtschaftlichen Kongreß" wirksam in der Öffentlichkeit vertretene liberale Freihandelsdoktrin vor. Ihr Hauptvertreter war *John Prince-Smith* (1809-1874), der seine Position im Grundsatz wie folgt charakterisiert: „Der volkswirtschaftlichen Gemeinde ist jede Solidarität grundsätzlich fremd"[28]. Allein dem Markt kam in dieser Perspektive die Verteilung der wirtschaftlichen Erträge und Güter und damit letztlich der Lebenschancen der Betroffenen zu. Diese im Marktgeschehen durch das Wechselspiel

---

[26] Vgl. dazu *Friedrich Heckmann*, Arbeitszeit und Sonntagsruhe. Stellungnahmen zur Sonntagsarbeit als Beitrag kirchlicher Sozialkritik im 19. Jahrhundert, Essen 1986, 104f.; auch 2. Kapitel III. 3.
[27] Fliegende Blätter, Jg. 36 (1879), 209-223.
[28] *John Prince-Smith*, Über die weltpolitische Bedeutung der Handelsfreiheit. Vortrag auf dem volkswirtschaftlichen Kongreß (Köln 1860), in: *Karl Diehl/Paul Mombert*, Ausgewählte Lesestücke zum Studium der politischen Ökonomie, Karlsruhe 1920, 191-199, Zitat 193.

von Angebot und Nachfrage ermittelte Verteilung der Güter wurde von *Prince-Smith* als „gerecht", jede Einmischung des Staates – auch zugunsten der wirtschaftlich und sozial Schwächeren – demgegenüber als „ungerecht" bezeichnet.[29]

Gegen diese Position formierte sich der wachsende Widerstand der aufstrebenden Arbeiterbewegung, des sozialen Katholizismus sowie der bürgerlichen Sozialreform und der mit ihr eng verbundenen evangelisch-sozialen Tradition. Die bedeutendste Institution, die seit dem Beginn des Kaiserreiches dem Sozialstaatsgedanken den Weg bereitet hatte, war der 1872 in Eisenach gegründete „Verein für Sozialpolitik"[30]. Programmatisch hieß es in dem Gründungsaufruf:

„Wir sind der Überzeugung, daß das unbeschränkte Walten teilweise entgegengesetzter und ungleich starker Einzelinteressen das Wohl der Gesamtheit nicht verbürgt, daß vielmehr die Forderungen des Gemeinsinns und der Humanität auch im wirtschaftlichen Leben ihre Geltung behaupten müssen, und daß das wohlerwogene Eingreifen des Staates zum Schutze der berechtigten Interessen aller Beteiligten zeitig wachzurufen ist."[31]

Die geforderten staatlichen und sozialreformerischen Interventionen wurden

„nicht als Notbehelf oder als unvermeidliches Übel an[gesehen], sondern als Erfüllung einer der höchsten Aufgaben unserer Zeit und unserer Nation. In ernster Durchführung dieser Aufgaben wird sich der Egoismus des Einzelnen und das nächste Interesse der Klassen der dauernden und höheren Bestimmung des Ganzen unterordnen."[32]

Dieselben Intentionen formulierte in ähnlicher Weise der Nationalökonom *Gustav Schmoller* (1838-1917), der recht bald die führende Persönlichkeit der sogenannten „Kathedersozialisten", wurde, in seiner Eröffnungsrede auf der die Vereinsgründung vorbereitenden Konferenz am 8. Oktober 1872.

Die Versammelten „kommen überein in einer Auffassung des Staates, die gleich weit von der naturrechtlichen Verherrlichung des Individuums und seiner Willkür, wie von der absolutistischen Theorie einer alles verschlingenden Staatsgewalt ist. Indem sie den Staat in den Fluß des historischen Werdens stellen, geben sie zu, daß seine Aufgaben je nach den Kulturverhältnissen bald engere, bald weitere sind; niemals aber betrachten sie ihn, wie das Naturrecht und die Manchesterschule, als ein notwendiges, möglichst zu beschränkendes Übel; immer ist ihnen der Staat das großartigste sittliche Institut zur Erziehung des Menschengeschlechts (...) sie wollen eine starke Staatsgewalt, welche, über den egoistischen Klasseninteressen stehend, die Gesetze gebe, mit gerechter Hand die Verwaltung leite, die Schwachen schütze, die unteren Klassen hebe."[33] Ziel des anvisierten sozialstaatlichen Handelns soll sein, „einen immer größeren Teil unseres Volkes zur Teilnahme an allen höheren Gütern der Kultur, an Bildung und Wohlstand zu berufen"[34].

Mit dieser Zielbestimmung wußte sich der Verein deutlich in der Tradition protestantischen Staatsdenkens verankert, die den Staat als unbedingte Autorität über

---

[29] *Prince-Smith*, Über die weltpolitische Bedeutung der Handelsfreiheit, 194.
[30] Vgl. zu dem Verein *Franz Boese*, Geschichte des Vereins für Sozialpolitik 1872-1932, Berlin 1939; *Dieter Lindenlaub*, Richtungskämpfe im Verein für Sozialpolitik. Wissenschaft und Sozialpolitik im Kaiserreich vornehmlich vom Beginn des „neuen Kurses" bis zum Ausbruch des Ersten Weltkriegs (1890-1914). Teil 1, Wiesbaden 1967
[31] Aufruf zur Gründung des Vereins für Sozialpolitik, in: *Boese*, Geschichte, 248f.
[32] Ebenda.
[33] *Gustav Schmoller*, Eröffnungsrede der Gründungsversammlung des Vereins für Sozialpolitik 1872 in Eisenach, in: *Boese*, Geschichte, 6-11, Zitat 8.
[34] Ebenda, 10.

den Einzelinteressen zur Wahrung des Gemeinwohls verstand. Dies kam bei *Schmoller* selbst – „die meisten von uns sind Protestanten"[35] – in seiner Eröffnungsrede zum 25-jährigen Bestehen des Vereins im Jahr 1897 explizit zum Ausdruck:

„Es ist dieselbe geistig-ethische und soziale Gedankenwelt, welche in der deutschen Staatswissenschaft, im besten Teil unseres Beamtentums und unserer Geistlichen, welche in dem wiederbelebten christlichen und staatlichen Sinne wie in einem Teil des politischen Fortschrittes sich von 1880 bis zur Gegenwart immer mehr Terrain eroberte (...)."[36]

Dieser von *Schmoller* skizzierte Zusammenhang von christlichem Ethos und deutschem, speziell preußisch-protestantischem Staatsdenken, über den sich im Blick auf die Förderung eines Untertanengeistes sicherlich auch vieles Kritische sagen läßt, hatte in Deutschland wesentlich dem Sozialstaatsgedanken zum Durchbruch verholfen. Am Anfang der Sozialgesetzgebung stand mit dem „Verein für Sozialreform" das Bemühen um eine sozialethische und fachlich-wissenschaftliche Begründung sozialreformerischer Maßnahmen mit dem Ziel einer Überwindung des reinen Wirtschaftsliberalismus. Der Verein hatte seit seinem Bestehen durch Resolutionen, Verlautbarungen und Enqueten die öffentliche Meinung nach und nach für eine staatliche Sozialpolitik gewinnen können. Zudem hatten sich viele der dem Verein angehörenden Staatsrechtler, Volkswirte und Juristen an den deutschen Universitäten eine herausragende Stellung erarbeitet und auf diese Weise den von ihnen ausgebildeten Beamtennachwuchs nachhaltig geprägt. Auch auf diese Weise ist der deutschen Sozialstaatsgesetzgebung der Boden bereitet worden.

3. Der christlich begründete Staatssozialismus

a) Rudolf Todt und sein Buch „Der radikale deutsche Sozialismus und die christliche Gesellschaft"

Auch wenn sich in den ersten Jahren des Kaiserreichs eine Reihe von Theologen mit der sozialen Frage beschäftigt haben, nimmt der Pfarrer und Schriftsteller *Rudolf Todt* doch eine herausragende Stellung ein. In den nur wenigen Jahren der öffentlichen Wirksamkeit setzte er Impulse für einen zukünftigen Dialog zwischen Kirche und Arbeiterschaft und sozialistischer Bewegung, die trotz aller Anfragen und Kritik lange nachgewirkt haben.

Seine Biographie steht in einem gewissen Gegensatz zu seiner Wirkung.[37] Geboren 1839 bei Wittenberge/Prignitz als Sohn eines Pfarrers, studierte der offensichtlich Hochbegabte in Halle und Berlin Theologie. Nach einer Tätigkeit als

---

[35] *Schmoller*, Eröffnungsrede zum 25jährigen Bestehen des Vereins für Sozialpolitik 1897 in Köln, in: *Boese*, Geschichte, 253-265, Zitat 260.
[36] Ebenda, 261.
[37] Vgl. zu *Todt* die sehr gründliche Arbeit von *Kandel*. Eine eingehende Analyse des Hauptwerkes *Todts* findet sich bei *Brakelmann*, Kirche und Sozialismus im 19. Jahrhundert. Die Analyse des Sozialismus und Kommunismus bei Johann Hinrich Wichern und bei Rudolf Todt, Witten 1966.

Hauslehrer wurde er 1867 Landpfarrer in Barenthin/Ostprignitz. Als Gemeindepfarrer erfolgreich und beliebt, wegen seiner Frömmigkeit geachtet, gelang es *Todt* scheinbar mühelos, in der kirchlichen Hierarchie aufzusteigen. So war er seit 1880 Pfarrer in Brandenburg a.d. Havel und amtierte dort von 1885 bis zu seinem plötzlichen Tod 1887 als Superintendent.

In seine Zeit als Landpfarrer fallen auch die wenigen Jahre, in denen er sich intensiv mit dem Sozialismus auseinandersetzte. Ungewöhnlich nicht nur für einen Pfarrer, dessen konkrete Gemeindesituation nur sehr bedingt konkrete Anhaltspunkte für eine Beschäftigung mit Folgen von Pauperismus und Industrialisierung boten, studierte *Todt* intensiv die Schriften zur sozialen Frage und zum Sozialismus u.a. von *Karl Marx* und *Ferdinand Lassalle*. Frucht dieser Studien waren verschiedene seit 1872 erscheinende Artikel zur sozialen Frage und zur Sozialdemokratie. Zugleich erfuhr er in dieser Zeit wichtige Impulse von dem sozialkonservativen Redakteur *Rudolf Meyer* (1839-1899) und von *Adolf Stoekker*, der ihn nach eigener Aussage zu seinem Buch angeregt hat. 1877 erschien *Todts* Hauptwerk „Der radikale deutsche Sozialismus und die christliche Gesellschaft"[38], ein Band von über 400 Seiten. Das Buch erregte eine große Aufmerksamkeit in der kirchlichen Öffentlichkeit.[39] *Todts* Auseinandersetzung mit der Sozialdemokratie, denn die war mit dem „radikalen deutschen Sozialismus" konkret gemeint, fiel hauptsächlich in das Jahr 1878, dem Jahr der Attentate auf den Kaiser und des Sozialistengesetzes. Die starke Resonanz, kurze Zeit nach dem Erscheinen kam eine zweite Auflage auf den Markt, und die vielfältigen, in der Regel kontroversen Diskussionen in der kirchlichen Öffentlichkeit verhinderten wohl, daß das Buch unter dem Sozialistengesetz verboten wurde.

Todt machte in der Einleitung deutlich, worin das Neue seines Ansatzes lag:

„Wer die soziale Frage verstehen und zu ihrer Lösung beitragen will, muß in der Rechten die Nationalökonomie, in ihrer Linken die wissenschaftliche Literatur der Socialisten und vor sich aufgeschlagen das Neue Testament haben. Fehlt einer der drei Faktoren, so fällt die Lösung schief aus."[40]

Allein diese Herangehensweise war ungewöhnlich und neu; *Todt* bezog sich ausdrücklich auf die sozialistische Gesellschaftsanalyse, gerade in ihrer Kritik des ökonomischen Liberalismus und dessen Folgen für den inneren Zusammenhalt der Gesellschaft. In einer separaten Schrift hatte er im gleichen Jahr ausdrücklich das „Studium der Socialwissenschaft" für Theologiestudenten gefordert.[41]

Todt baute sein Buch nach dem Dialogprinzip auf; in einem interdisziplinären Vorgehen wollte er die beiden Prinzipien von Christentum und Sozialismus, die

---

[38] Wittenberg 1877; der Untertitel lautet: Versuch einer Darstellung des socialen Gehalts des Christentums und der socialen Aufgaben der christlichen Gesellschaft auf Grund einer Untersuchung des Neuen Testaments.

[39] *Kandel*, Evangelische Christen und sozialistische Arbeiterbewegung, in: *Frank von Auer/Franz Segbers* (Hrsg.), Sozialer Protestantismus und Gewerkschaftsbewegung, Kaiserreich – Weimarer Republik – Bundesrepublik Deutschland, Köln 1994, 53-77, Zitat 68 spricht davon, es sei „wie eine Bombe" eingeschlagen.

[40] *Todt*, Radikale Sozialismus, 1.

[41] *Ders.*, Der innere Zusammenhang und die nothwendige Verbindung zwischen dem Studium der Theologie und dem Studium der Socialwissenschaften, Eberswalde 1877. Hier findet sich auch der Vorschlag, Lehrstühle für Christliche Gesellschaftswissenschaften einzurichten.

bisher als diametrale Größen betrachtet wurden, in fruchtbarer Weise miteinander verbinden. Dabei hatte er einen sehr weiten Begriff des Sozialismus, den er in seiner ganzen Spannbreite, von *Marx*, *Lassalle* über die Kathedersozialisten bis zu den katholischen Christlich-sozialen, rezipieren konnte, da er „unabhängig vom Bekenntniss ist"[42].

Lag in dieser durchaus positiven Beschäftigung mit den Ideen des Sozialismus, die gleichwohl wegen ihrer atheistischen Haltung kritisiert wurde, schon etwas Unerhörtes und Neues, so galt dies für den anderen Teil von *Todts* Argumentation noch viel mehr. Er leitete die Forderungen nach einer Gesellschaftsreform aus dem Neuen Testament ab und belegte so eine gewisse Strukturanalogie zwischen Christentum und Sozialismus. Dabei vollzog er überraschende Exegesen der neutestamentlichen Texte, die heutige Betrachter verwundern,[43] die aber für sein Ergebnis notwendig waren. Denn so konnte er feststellen, daß zentrale Ideen und Forderungen der sozialistischen Bewegung (Freiheit, Gleichheit, Brüderlichkeit) letztlich „die ewigen, göttlichen Ideen"[44] seien, nun in ihrer säkularen Form:

„Ihre [d.i. die Idee des Sozialismus] Grundprincipien bestehen nicht nur vor der Kritik des Neuen Testaments, sondern enthalten geradezu evangelische, göttliche Wahrheiten; ihre Anklagen gegen die heutige Gesellschaftsordnung sind grösstenteils begründet, ihre Forderungen berechtigt. Um dieser Principien willen können wir also, so wir anders in der Wahrheit bleiben wollen, die Socialisten nicht anfechten, wohl aber wegen der Art und Weise, in der sie diese Principien ausführen und um der Mittel willen, mit denen sie dieselben verwirklichen wollen."[45]

Zugleich war *Todt* in seinem Denken sozialkonservativ, seine politischen und sozialpolitischen Vorstellungen lassen keinerlei Affinitäten zu seiner durchaus radikalen Gesellschaftsanalyse erkennen. Politisch war *Todt* konservativ und monarchistisch gesinnt, seine Hoffnungen setzte er auf den Staat, auf einen Staatssozialismus.

Versucht man die Leistung *Todts* zusammenzufassen, so läßt sich folgendes feststellen:[46] Seine Interpretation von Sozialismus und Christentum hatte eine Dialogmöglichkeit aufgezeigt, die in der damaligen Zeit noch nicht wirklich fruchtbar gemacht werden konnte. Zugleich hatte sein schonungsloser, auch auf Strukturen gerichteter Blick, die Möglichkeit für ein politisches Handeln in christlicher Verantwortung eröffnet, auch wenn er selber diesen Weg nicht gegangen ist und sich schon Ende der siebziger Jahre, als seine Weggefährten die öffentliche Auseinandersetzung suchten, die Bühne wieder verließ. Seine Forderung nach einer sozialethischen Verantwortung von Christen und Kirche verband sich dabei mit den sozialkonservativen Ideen, die von ihm und *Rudolf Meyer* maßgeblich beeinflusst durch *Adolph Wagner* entwickelt worden waren und dann durch *Adolf Stoecker* popularisiert wurden.

---

[42] *Todt*, Radikale Sozialismus, 42.
[43] Nach *Kandel*, Evangelische Christen, 69 wendete Todt eine „atemberaubende[r] exegetische[r] Akrobatik" an; *Brakelmann*, Kirche und Sozialismus, 155, spricht von einer „Einzelargumentation, die oft eigenartig und von heutiger Auslegung her nicht haltbar ist".
[44] *Todt*, Radikale Sozialismus, 115.
[45] Ebenda, 408.
[46] Vgl. dazu auch *Kandel*, Evangelische Christen, 72.

b) Der „Central-Verein für Sozialreform"

Wie geschildert, bemühte sich der Landpfarrer *Todt* in den siebziger Jahren kurzzeitig auch darum, seine Gedanken in die Öffentlichkeit zu transportieren. In diesen Zusammenhang muß auch die kurze Geschichte des „Central-Vereins für Sozialreform"[47] gesehen werden, der sich 1877 bildete.

Todt hatte in seinem Buch „Der radikale deutsche Sozialismus" ausdrücklich die Möglichkeit eingeräumt, der Christ habe „das Recht und die Pflicht, eine politische Partei zu bilden"[48]. Doch *Todt* selber schien gerade den Weg eines politisierenden Pfarrers für sich abzulehnen; sein Ziel war es, einen Verein zu gründen, der sich durch eigene Schriften, eine Zeitschrift und öffentliche Versammlungen, an der Meinungsbildung beteiligte. Mit der Unterstützung von sozialkonservativen Gesinnungsfreunden, zu denen neben Unternehmern und Gutsbesitzern auch *Rudolf Meyer* und *Adolf Stoecker* zählten und zu denen noch verschiedene Nationalökonomen wie *Adolph Wagner* und *Albert Schäffle* (1831-1901) stießen, konstituierte sich im Dezember 1877, also neun Monate nach dem Erscheinen seines Buches, der „Central-Verein für Social-Reform auf religiöser und constitutionell-monarchischer Grundlage". Noch im gleichen Jahr erschien die erste Nummer des Vereinsorgans, der Zeitschrift „Staats-Socialist". Die Geschichte des Centralvereins und der Zeitschrift ist kurz, dennoch gingen gerade von der Zeitschrift bedeutsame Impulse für die Weiterentwicklung der „bürgerlichen Sozialreform"[49] und der staatlichen Sozialreform in diesen Jahren aus. Im März 1882 erschien die letzte Nummer des „Staatssozialisten", gleichzeitig löste sich der Verein auf. Viele gingen zur Christlich-sozialen Partei, zu der von Anfang an ein Konkurrenzverhältnis bestanden hatte. Während der Centralverein ein kleiner, bürgerlicher und intellektueller Debattierclub war, drängte es *Adolf Stoecker* in die Politik. Die Gründung der Christlich-sozialen Arbeiterpartei[50] 1878, die aus dem Centralverein hervorging, führte dann letztlich zu einer Trennung zwischen *Todt* und *Stoecker*; *Todt* blieb Pfarrer, *Stoecker* versuchte sich als Politiker. Dennoch muß sein Verein, trotz aller Unschärfen in der Programmatik, die letztlich die Inkonsistenz des *Todtschen* Ansatzes widerspiegeln, als die erste evangelisch-soziale oder christlich-soziale Vereinigung angesehen werden.[51]

---

[47] Vgl. dazu *Dieter Fricke*, Central-Verein für Social-Reform auf religiöser und constitutionell-monarchischer Grundlage (1877-1901), in Lexikon zur Parteiengeschichte, Bd. 1, Köln 1983, 431-433; *Kandel*, Todt, 234-253.

[48] Ebenda 234.

[49] Vgl. dazu u.a. *Rüdiger vom Bruch* (Hrsg.), ‚Weder Kommunismus noch Kapitalismus' Bürgerliche Sozialreform in Deutschland vom Vormärz bis zur Ära Adenauer, München 1985, *vom Bruch* bestimmt den Begriff als „Etikettierung (...) die auf die Herausforderungen von kapitalistischer (Hoch-)Industrialisierung und sozialistischer Arbeiterbewegung unter den Bedingungen des preußisch-deutschen Verfassungssystems nach Antworten suchte, welche auch im voll entfalteten Interventionsstaat und nach dem Zerfall des Kaiserreichs nicht in den Trägern und Adressaten der Sozialreform, wohl aber in den Zielvorgaben ihre einmal ausgeformte und fortentwickelte Stoßkraft bewahrten", 11.

[50] Vgl. dazu 3. Kapitel I. 4. b.

[51] Darauf wies bereits *Paul Göhre*, Die evangelisch-soziale Bewegung, ihre Geschichte und ihre Ziele, Leipzig 1896, 33, hin, der ansonsten den Centralverein sehr kritisch darstellte.

Die Statuten[52] des Vereins benannten das Ziel präzise:

„Zweck des Vereins ist die Vorbereitung sozialer Reformen auf religiöser konstitutioneller-monarchischer Grundlage."

Schon diese Formulierung belegt, daß es hier nicht um die Frage der politischen Umsetzung ging, sondern vielmehr um die inhaltliche Vorbereitung von Reformen; diese sollten im Selbstverständnis des Vereins vom Staat durchgeführt werden. Die weiteren Punkte der Statuten erläuterten diese sozialpatriarchale Herangehensweise noch weiter:

„a) Das allgemeine und gleiche Stimmrecht in monarchischen Staaten fordert eine Politik durchgreifender sozialer Reformen und, zur Verwirklichung derselben, ein Vertrauensverhältnis zwischen Monarchie und Arbeiterstand, sowie eine starke arbeiterfreundliche Initiative der Regierung.
b) Die Lösung der sozialen Frage ist nicht denkbar ohne die Mitwirkung der sittlich-religiösen Faktoren und ohne das Eintreten der Kirche für die berechtigten Forderungen des vierten Standes."

Damit blieben die Arbeiter immer Objekte der Politik; Formen der Mitbestimmung und Partizipation wurden bewußt ausgeschlossen. Die Kirche bekam dagegen für den sozialen Reformprozeß eine zentrale Funktion zugewiesen.

Programmatik und Arbeit des Centralvereins offenbaren insgesamt das Dilemma *Todts*. Radikal und fortschrittlich in der Gesellschaftsanalyse, politisch aber fixiert auf den preußisch-deutschen Obrigkeitsstaat, gelang es ihm nicht, tatsächlich zukunftsweisende Politikmodelle zu entwickeln. Dies kann verdeutlicht werden an *Todts* Position zur Gewerkschaftsfrage.[53] Prinzipiell bejahte er reichsweite Gewerkschaften, gestand ihnen aber keine politische Funktion zu, sondern sah in ihnen eher wirtschaftsfriedliche „Arbeiterschutzkorporationen"[54], wobei der Staat als aufsichtsführendes Organ eine Schlüsselrolle einnahm. Als sich der Verein 1882 auflöste, sahen *Todt* und seine sozialkonservativen Mitstreiter in der beginnenden Bismarckschen Sozialgesetzgebung eine Realisierung der eigenen Ideen.

4. *Adolf Stoecker* und die christlich-soziale Programmatik

a) *Adolf Stoecker* – Leben und Werk

Adolf Stoecker dürfte wohl zu den schillerndsten und umstrittensten Persönlichkeit der evangelischen Kirchengeschichte des 19. und 20. Jahrhunderts gehören.[55] Von seinen Anhängern verehrt, von seinen zahlreichen Gegnern, die sehr unterschiedlichen Lagern angehörten, vehement bekämpft, ist es bis heute schwierig,

---

[52] Vgl. *Brakelmann/Jähnichen*, Protestantische Wurzeln, 104, dort die Zitate.
[53] Vgl. dazu knapp *Kandel*, Evangelische Christen, 70f.
[54] Ebenda, 71.
[55] Berühmt ist die Charakterisierung von *Hellmut von Gerlach*, „Man konnte Stöcker hassen, man konnte ihn lieben, gleichgültig konnte ihm gegenüber niemand bleiben.", *Hellmut von Gerlach*, Von Rechts nach links, Frankfurt a.M. 1987, 95 (Erstdruck Zürich 1937).

Leben und Werk in all ihrer Widersprüchlichkeit angemessen zu würdigen.[56] *Stoecker* war ein Mann mit vielen Talenten: „Sollen wir von dem gesegneten Prediger, von dem großen Organisator der Werke der Inneren Mission, von dem gewaltigen Kirchenmann reden, von dem weitblickenden Politiker, dem zündenden Volksredner, von dem Herrnmenschen von seines Herrn Gnaden sprechen?"[57] Bei dieser Aufzählung des späteren Weggefährten *Stoeckers*, des Berliner Theologieprofessor *Reinhold Seeberg* (1858-1935) fällt auf, daß ein Bereich fehlt: der Theologe. *Stoecker* war weder ein origineller noch systematischer Theologe. Er war ein Mann der Öffentlichkeit, der die Bühne für sich brauchte, hier konnte er agieren, die Vorlage einer durchstrukturierten Theorie dagegen stand nicht in seinem Interesse.

Stoecker, 1835 in Halberstadt geboren, stammte aus einfachen Verhältnissen. Sein Vater hatte sich zum Wachtmeister hervorgearbeitet; sein Leben lang war er stolz auf seine Herkunft, immer wieder verwies er darauf, daß er die Lebensbedingungen der Arbeiter aus eigener Anschauung kannte. Der begabte Junge konnte das Abitur machen und entschied sich für ein Theologiestudium, nicht zuletzt beeinflußt durch eine pietistische orthodoxe Frömmigkeit, die er in Halberstadt erlebte. Nach einigen Jahren als Hauslehrer in Kurland und einer ausgedehnten Reise, die ihn u.a. nach Rom führte, wurde er 1863 Pfarrer der kleinen Landgemeinde Seggerde und 1866 schließlich Pfarrer in Hamersleben, einer kleinen Industriestadt in der Altmark. 1871 wechselte er, der sich schon lange von der nationalen Bewegung hatte anstecken lassen, als Divisionspfarrer nach Metz. Dort setzte er vielfältige missionarische und karitative Impulse um, gründete eine Diakonissenanstalt und eine Herberge zur Heimat. 1874 erfolgte die entscheidende biographische Weichenstellung: *Stoecker* wurde Hofprediger in Berlin, *Kaiser Wilhelm I.* hatte Gefallen an dem Prediger und patriotischen Schriftsteller gefunden.[58] Die Arbeit als Hofprediger lastete ihn nicht aus; zugleich konnte er in der aufstrebenden Hauptstadt des Kaiserreichs Erfahrungen machen, die für ihn handlungsleitend wurden: Er erlebte einen dramatischen Rückgang der Taufen und Trauungen durch die neue Zivilstandsgesetzgebung (1873), er erlebte die Auswirkungen des ökonomischen Gründungsbooms für die einfachen Menschen, deren Wohn- und Lebensverhältnisse, und er erfuhr, was es bedeutete, in einer Großstadt zu leben, in der für viele Menschen das Christentum keine Rolle mehr spielte. Diese Entwicklungen, die er auf den ökonomischen Liberalismus zurück-

---

[56] Zur Person vgl. noch immer als Standardwerk *Werner Jochmann/Brakelmann/Greschat*, Protestantismus und Politik. Werk und Wirkung Adolf Stoeckers, Hamburg 1982, mit einem ausführlichen Literaturverzeichnis; die Dissertation von *Grit Koch*, Adolf *Stoecker*, 1835-1909. Ein Leben zwischen Politik und Kirche, Erlangen 1993 ist dagegen in ihrer historischen Gründlichkeit wie auch ihrer Bewertung völlig unbefriedigend. *Klaus Motschmann*, Ein aussichtsloser Kampf um die innere Einheit Deutschlands – Adolf *Stoecker* (1835-1909), in: *Hans-Christoph Kraus*, Konservative Politiker in Deutschland. Eine Auswahl biographischer Porträts aus zwei Jahrhunderten, Berlin 1995, 205-233, hat den Versuch gemacht, *Stoecker* unter primär nationalen Gesichtspunkten sowie als Volksmissionar darzustellen, mit dem Ergebnis, daß *Stoeckers* Antijudaismus als bloße Zeiterscheinung verharmlost wird.

[57] *Reinhold Seeberg*, Adolf Stoecker als geschichtliche Persönlichkeit, in: *Ders.* (Hrsg.), Reden und Aufsätze v. Adolf Stoecker. Mit einer biographischen Einleitung, Leipzig 1913, 1-26, Zitat 1.

[58] Seit Beginn seiner beruflichen Tätigkeit hatte *Stoecker* publizistisch gearbeitet, schwerpunktmäßig für die Neue Evangelische Kirchenzeitung.

führte standen fundamental gegen sein Glaubensverständnis, seine Vorstellungen einer gerechten, göttlichen Ordnung.

Stoeckers ganzes Handeln und Denken kann nur von der Kirche her verstanden werden, von einer Kirche, die Ordnungsmacht und Mittelpunkt einer christlichen Gesellschaft ist. Mit einem Minimum an Theologie entwickelte er die Idee einer Volksmission sowie einer freien, staatsunabhängigen Volkskirche. Sie sollte das Bollwerk gegen die modernen Feinde des Glaubens sein, gegen Liberalismus und Sozialismus, gegen Materialismus und Säkularismus, gegen die Demokratie. Die Forderung nach einer Trennung von Staat und Kirche sollte es der Kirche ermöglichen, als Hüterin der öffentlichen Moral und Ordnung alte Autorität wiederzugewinnen. Sein Ziel war eine Rechristianisierung der Gesellschaft. Dabei kämpfte er gegen alle Formen und Tendenzen einer liberalen Theologie; sein Ideal war biblizistisch-altgläubig.

Weder diese konservativen theologischen Überlegungen noch seine kirchenpolitischen Überzeugungen – sie wurden von vielen Protestanten durchaus geteilt – machten ihn zu einem umstrittenen Mann. Und auch nicht sein häufig jedes diplomatische Geschick vermissendes öffentliches Auftreten, welches zu vielen Skandalen und Affären in seiner langen öffentlichen Wirksamkeit führte. Aber sein Auftreten als politischer Pfarrer, als politisierender Prediger, wirkte anstößig und führte zu heftiger Kritik. Seine tiefe Überzeugung war, daß ein Kampf gegen die Erscheinungen der Moderne, mit denen es keinen Dialog, kein friedliches Miteinander geben könne, entschieden und kompromißlos geführt werden müsse. Diese Überzeugung führte ihn auf die politische Bühne, machte ihn zu einem wichtigen Agitator für die Behandlung der sozialen Frage in Kirche und Staat und ließ ihn, den christlichen Antijudaisten, ein verhängnisvolles Bündnis mit den Antisemiten eingehen. Seine antisemitischen Ausfälle gegen ein sog. internationales Judentum führten ihn und seine Anhänger gleichzeitig innerhalb des sozialen Protestantismus in eine gewisse Isolation, während sich seine christlichsozialen Parteigänger später gleichzeitig von den radikalen Rassenantisemiten absetzten.

Dabei war *Stoecker* eine ungeheuer kraftvolle Persönlichkeit, ausgestattet mit einer großen Predigt- und Rednergabe, für den die Kirche, dies sei wiederholt, der Mittelpunkt seines Denkens und Handelns darstellte:

„Aber falsch ist es, wenn man meine Arbeit allein auf diese patriotische Thätigkeit reduziert. Als Neuschöpfer der Berliner Stadtmission, als Reiseprediger, welcher das evangelische Preußen und Deutschland für die kirchlichen Nöte der Residenz in Bewegung bringt, als Verfasser der Pfennigspredigten, die in 12000 Exemplaren die evangelische Welt durchfliegen, so weit die deutsche Zunge klingt und Gott im Himmel Lieder singt, als der seit zwei Jahrzehnten unermüdete Vorkämpfer der kirchlichen Freiheit, als der Begründer der ‚Deutschen Evangelischen Kirchenzeitung', der Mitstifter und Mitführer der positiven Union, als Mitglied der Berliner Stadtsynode, der brandenburgischen Provinzialsynode, der preußischen Generalsynode bin ich doch ohne Zweifel auch eine in der kirchlichen Arbeit hervortretende Persönlichkeit."[59]

---

[59] Zit.n. *Greschat*, Stoecker und der deutsche Protestantismus, in: *Jochmann/Brakelmann/Greschat*, Protestantismus und Politik, 19-83, bes. 20f.; das Zitat *Stoeckers* stammt aus dem Jahr 1891.

Diese Selbsteinschätzung aus dem Jahr 1891 – *Stoecker* war ein Jahr zuvor von dem jungen *Kaiser Wilhelm II.* wegen seiner öffentlichen Tätigkeit entlassen worden[60], listet einen Teil seiner Arbeitsbereiche auf, ist charakteristischerweise aber höchst unvollständig: es fehlt seine politische Arbeit für die Christlich-soziale Partei und sein Engagement für den sozialen Protestantismus, besonders für den Evangelisch-sozialen Kongreß.[61]

In den Jahren als Hofprediger von 1874 bis 1890 war sein kirchenpolitischer und politischer Einfluß am größten, mit dem Ausscheiden aus dem Amt – von seinen Anhängern wurde er seitdem gern als „Hofprediger a.D. aller Deutschen" tituliert – begann sein Stern zu sinken, auch wenn die Jahre 1890 bis 1895 Jahre des sozialpolitischen Aufbruchs waren. In seinen letzten Lebensjahren war seine Wirksamkeit neben seiner Arbeit als Mitglied des Reichstages (1881-1893; 1898-1908) und seinen öffentlichen Auftritten (auf Parteiversammlungen oder auf Veranstaltungen der kirchlich-sozialen Bewegung) besonders auf die Berliner Stadtmission konzentriert; dieses Forum benutzte er für seine volksmissionarischen Predigten.

Der politisch reaktionäre *Stoecker* schloß sich sozialpolitisch den Staatssozialisten an, viele der aufgestellten Forderungen, die noch im einzelnen dargestellt werden, können als durchaus progressiv bezeichnet werden. Doch auch diese Arbeit wurde seiner Vorstellung einer Rechristianisierung der Gesellschaft untergeordnet; der innovative Impuls, der hier von *Stoecker* ausging, war die bewußte Politisierung des Protestantismus.

Die Komposita „christlich-sozial", „evangelisch-sozial" oder „kirchlich-sozial", die *Stoecker*s Organisationen in ihren Namen tragen, bezeichnen dieses Konzept.[62] Für *Stoecker* stellte der Begriff „Christlich-sozial" „das Heilmittel für sozialistische Krankheiten"[63] dar:

„Nur wenn die Lebenskräfte des Christentums auf die sozialen Fragen angewandt und die sozialen Bestrebungen von dem Geist des Christentums durchdrungen werden, ist es möglich, die Einwirkungen der Sozialdemokratie auf die arbeitenden Klassen zurückzuweisen und das Volk beim lebendigen Glauben und in den christlichen Ordnungen zu erhalten."[64]

So gewann seine Beschäftigung mit der sozialen Frage keinen eigenen politischen Wert, vielmehr wurde sie instrumentalisiert für seinen Glaubenskampf. Doch indem er hier in der evangelischen Kirche den zentralen Faktor für eine glaubensgerechte Propagierung der sozialen Frage sah, wirkte er zugleich, trotz seiner altständischen Ideen, für die Kirche modernisierend. Dies wird deutlich, wenn man seine parteipolitische Tätigkeit betrachtet.

---

[60] Vgl. dazu *Norbert Friedrich*, Wilhelm II. und die Christlich-sozialen, in: *Stefan Samerski* (Hrsg.), Wilhelm II. und die Religion, Berlin (Herbst 2000).
[61] Vgl. dazu 3. Kapitel II. 1. b.
[62] Vgl. dazu auch *Friedrich*, „Die christlich-soziale Fahne empor!" Reinhard Mumm und die christlich-soziale Bewegung, Stuttgart 1997, 42-47.
[63] *Stoecker*, Christlich-sozial, evangelisch-sozial, kirchlich-sozial, in: *Seeberg*, Reden und Aufsätze, 158-168, Zitat 160.
[64] Ebenda.

b) Die Christlich-soziale Partei – Geschichte und Programmatik

Wie dargestellt, beteiligte sich *Stoecker* 1877 intensiv an der Gründung des Central-Vereins für Sozialreform, verfolgte zugleich aber weitgehendere Ziele, die auf die Gründung einer antisozialistischen, monarchistischen und christlichen Partei für Sozialreform abzielten; der „Christlich-sozialen Arbeiterpartei". Auf einer extra einberufenen Versammlung in der Gaststätte Eiskeller im Norden Berlins, einer Arbeitergegend, rief Stoecker am 3. Januar 1878 vor einer großen Menschenmenge, von denen die große Mehrheit Anhänger der Sozialdemokraten und des anwesenden Agitators Johann Most waren, zur Gründung der Partei auf.[65] *Stoecker* wollte eigentlich gar nicht auf der Versammlung sprechen, seine Sache vertreten sollte der Schneidermeister *Emil Grüneberg*, der jedoch eine klägliche Rede hielt. In einer Stegreifrede, die ihn sicherlich nicht ganz unvorbereitet traf, entfaltete *Stoecker* dann sein Programm eines christlichen Sozialismus, einer Sozialreform auf christlicher Grundlage. Geschickt verband er in der Rede[66] die Forderungen einer pragmatischen Sozialreform mit seinem christentumspolitischen Programm.

Das Parteiprogramm stammte von *Stoecker* und dem Nationalökonomen *Adolph Wagner*.[67] Es war eine knappe Bestandsaufnahme des staatssozialistischen Programms, verbunden mit den durchgreifenden Gesellschafts- und Kirchenreformideen *Stoecker*s. Zunächst wurden einige Grundsätze der Partei erläutert:

„1. Die christlich-soziale Arbeiterpartei steht auf dem Boden des christlichen Glaubens und der Liebe zu König und Vaterland.
2. Sie verwirft die gegenwärtige Sozialdemokratie als unpraktisch, unchristlich, und unpatriotisch.
3. Sie erstrebt eine friedliche Organisation der Arbeiter, um in Gemeinschaft mit den anderen Faktoren des Staatslebens die notwendigen Reformen anzubahnen.
4. Sie verfolgt als Ziel die Verringerung der Kluft zwischen reich und arm und die Herbeiführung einer größeren ökonomischen Sicherheit."

In einem zweiten, ausführlicheren Teil werden verschiedene Forderungen an einzelne gesellschaftliche Gruppen und Institutionen beschrieben. Den breitesten und prominentesten Raum nimmt die „Staatshilfe" ein. Hier finden sich Forderungen nach einer besseren „Arbeiterorganisation" (obligatorische Fachgenossenschaften und Schiedsgerichte, dabei sollten diese Fachgenossenschaften unter staatlicher Aufsicht die Sozialversicherungsleistungen organisieren, wobei offensichtlich die Zünfte ein Vorbild darstellen) sowie eines wirksamen „Arbeiterschutz(es)" (Verbot der Sonntagsarbeit, der Arbeit von Kindern und „verheirateten Kindern in Fabriken"; Arbeiterschutz im Betrieb und Sorge um gesunde Wohnverhältnisse), hierzu zählte man auch die Forderung „Wiederherstellung der Wuchergesetze". Dazu treten noch Forderungen nach einer Ausweitung der Staatsbetriebe, die eine Vorbildfunktion haben,

---

[65] Vgl. zu dieser Versammlung *Greschat*, Stoecker und der Protestantismus, 26-28; *Brakelmann*, Soziale Frage im Eiskeller. Adolf Stoecker vor hundert Jahren, in: Evangelische Kommentare, Jg. 11 (1978), 85-87. Die Gründung der Partei gelang an diesem Abend nicht, sie erfolgte wenige Wochen später im kleinen Kreis mit Vertrauten.
[66] Die Rede ist nicht im Wortlaut überliefert, vgl. zum Inhalt *Dietrich von Oertzen*, Adolf Stoecker. Lebensbild und Zeitgeschichte, Bd. 1, Berlin 1910, 139-143; vgl. auch *Adolf Stoecker*, Christlich-sozial. Reden und Aufsätze, Berlin ²1890, 1-6, dort auch weitere politische und sozialpolitische Reden *Stoecker*s.
[67] Der Text des Programms bei *Brakelmann/Jähnichen*, Protestantische Wurzeln, 114-116.

sowie Fragen der Besteuerung (progressive Einkommens- und Erbschaftssteuer, Börsen- und Luxussteuer), letzteres Forderungen, die Adolph Wagner schon lange vertreten hatte. Stellt der sozialpolitische Teil des Parteiprogramms so eine Mischung aus sozialpatriarchalen Vorstellungen, pragmatischen Forderungen sowie einem konsequenten Beiseiteschieben politisch-struktureller Fragen (etwa Fragen der Partizipation der Arbeiter) dar, so wirken die Forderungen, die das Parteiprogramm an besondere Zielgruppen richtete, eher romantisch als politisch. Von der Geistlichkeit wird gefordert „Die liebevolle und tätige Teilnahme an allen Bestrebungen, welche auf eine Erhöhung des leiblichen und geistlichen Wohles, sowie auf die sittlich-religiöse Haltung des gesamten Volkes gerichtet sind." „An die besitzenden Klassen" appelliert man: „Ein bereitwilliges Entgegenkommen gegen die berechtigten Forderungen der Nichtbesitzenden, speziell durch Einwirkung auf die Gesetzgebung, durch tunlichste Erhöhung der Löhne und Abkürzung der Arbeitszeit." Auch hier verbindet sich wiederum eine wichtige sozialpolitische Forderung, die für die Arbeiterbewegung von höchster Bedeutung ist, mit einem Verzicht auf die Forderung nach politischen Rahmenbedingungen. Als letzten Punkt hebt das Programm schließlich die „Selbsthilfe" hervor (u.a. „Hochachtung der persönlichen und Berufsehre, Verbannung aller Roheit aus den Vergnügungen und Pflege des Familienlebens in christlichem Geist.

Man erkennt, in diesem Programm finden sich verschiedene Botschaften. Da sind die sozialpolitischen Forderungen; sie stießen in der Diskussion um die Bismarcksche Sozialgesetzgebung auf Resonanz, einige wurden umgesetzt. Sodann lieferte es die zentralen Stichworte, die für die öffentliche Wirksamkeit vieler Christlich-sozialer im Sinne *Stoeckers* bis zum Ersten Weltkrieg leitend blieben. Man denke etwa an die Frage der Fachgenossenschaften oder der Steuergesetzgebung. Genauso klar trat aber auch *Stoeckers* volksmissionarisches Konzept hervor, entweder indirekt bei der Frage des Arbeiterschutzes oder direkt. Dies war leitend für die Umsetzung des Programms. Schließlich richtete sich das Programm nicht ausschließlich an den Staat, auch wenn dieser der vornehmste Ansprechpartner blieb. Die „Selbsthilfe" des Arbeiter etwa in den Fachgenossenschaften, stellte den eigentlichen Pfeiler einer Sozialgesetzgebung dar. Zugleich setzte sich *Stoecker* gegen die Ideen der Genossenschaften ab:

„Zum Schluß ein Wort ‚von der Selbsthülfe'. Wir wollen, daß der Arbeiterstand gesetzlich zusammengefaßt dasteht und sich auf das, was ihm zukommt, besinnt, daß er mit geeinter Kraft seine Interessen überlegt, bespricht, berät, und wo er kann, seine Forderungen stellt. Aber das fordern wir auch von Ihnen, daß Sie, wenn nun Reformideen auftauchen und Gestalt gewinnen, nicht sich grollend zurückziehen, weil Ihnen nicht alles gegeben wird, was sie wünschen, sondern daß Sie zu jeder Verbesserung Ihrer Lage freundlich die Hand reichen."[68]

Doch Partei und Programm kamen bei den Arbeitern nicht an, die Partei wurde als eine klerikale, mit den Herrschenden verbündete Organisation betrachtet, bei den Reichstagswahlen 1878 konnte sie in Berlin lediglich 3000 Stimmen erreichen.[69] *Stoecker* steuerte daraufhin um, kämpfte intensiv gegen das Judentum, welches er für den Manchesterliberalismus und den Sozialismus verantwortlich machte. Als antijüdischer Agitator trat er 1879 mit der Rede „Unsere Forderun-

---

[68] *Stoecker*, Zur Begründung einer christlich-sozialen Arbeiterpartei (1878), in: *Brakelmann/Jähnichen*, Protestantische Wurzeln, 104-114, Zitat 113f.
[69] Auch von denjenigen, die *Stoeckers* Anliegen im Kern teilten, wurde der Schritt der Gründung einer politischen Partei mit Skepsis gesehen, vgl. dazu beispielsweise die Bemerkungen in der Zeitschrift der Inneren Mission, Fliegende Blätter, Jg. 35 (1878), 141-144 (In Sachen der christlich-sozialen Arbeiterpartei).

gen an das moderne Judentum" auf einer Veranstaltung der Christlich-sozialen Partei in Erscheinung.[70] In der Tendenz schon länger in seinem Denken angelegt, machte er den Kampf gegen das Judentum nun zum Zentrum der Parteiarbeit. Zugleich erhielt die Partei eine neue Justierung; nicht die Arbeiter waren nun das bevorzugte Ziel der Agitation, vielmehr die sog. „kleinen Leute", Teile des Bürgertums. So kam die Mittelstandspolitik als neuer Aspekt hinzu. Der Verzicht auf den Zusatz „Arbeiter" im Parteinamen 1880 dokumentierte diese Entwicklung. Zudem konzentrierte sich die Parteiarbeit auf Regionen, die von ihrer konfessionellen Struktur einen Erfolg erwarten ließen. Dies war neben Minden-Ravensberg besonders das Siegerland, das bis 1930 in der Regel christlich-soziale Kandidaten in den Reichstag entsandte.[71]

Die Christlich-soziale Partei hat, dies wird häufig wenig beachtet, bis zum Frühjahr 1919 bestanden. Dabei blieb sie, trotz zeitweiliger Kooperationen mit der Deutschkonservativen Partei oder auch mit anderen, teilweise antisemitischen Parteien, immer selbständig. Als *Stoecker* 1881 in den Reichstag einzog, schloß er sich der Deutschkonservativen Partei[72] an, die hoffte, sich mit seiner Hilfe größeren Bevölkerungsgruppen öffnen zu können. Im folgenden Jahrzehnt war der Einfluß von *Stoecker* und der sog. *Kreuzzeitungspartei*[73] erheblich, auch wenn es immer wieder, gerade von seiten der Großagrarier, Widerstand gegen die sozialpolitischen Forderungen gab. Ihren Höhepunkt erreichte diese Phase 1892 mit dem sog. Tivoliprogramm, in das die antisemitischen und sozialpolitischen Forderungen *Stoeckers* einflossen.[74]

Die wachsende Kritik an Person und Position *Stoeckers*, die nach seinem Ausscheiden aus dem Amt des Hofpredigers an ihm geübt wurde, sei es nun von den Konservativen an seinen sozialpolitischen Vorstellungen oder von vielen liberal gesinnten Protestanten (u.a. *Friedrich Naumann*), die sich gerade an seinen Ausfällen gegen das Judentum richteten, führten bei *Stoecker* nicht zu einer Änderung seiner Position.

Die Partei überlebte die Krise des sozialen Protestantismus der Jahre 1895/96, indem sie sich sowohl von der Umklammerung mit den konservativen politischen Kräften löste als auch eine scharfe Trennlinie zu den sog. jüngeren christlichsozialen um *Friedrich Naumann* zog. Indem sie sich zugleich von den radikalen

---

[70] Text in *Stoecker*, Christlich-sozial, 359-369; vgl. zu diesem Komplex bes. *Greschat*, Protestantischer Antisemitismus in der Wilhelminischen Zeit. Das Beispiel des Hofpredigers Adolf Stoecker, in: *Günter Brakelmann/Martin Rosowski*, Antisemitismus. Von religiöser Judenfeindschaft zur Rassenideologie, Göttingen 1989, 27-51; *Werner Jochmann*, Stoecker als nationalkonservativer Politiker und antisemitischer Agitator, in: *Brakelmann/Greschat/Jochmann*, Stoecker, 123-198.

[71] Vgl. dazu neben *Friedrich*, Mumm; *Helmut Busch*, Die Stoeckerbewegung im Siegerland. Ein Beitrag zur Siegerländer Geschichte in der zweiten Hälfte des 19. Jahrhunderts, Siegen 1968.

[72] Zu dieser Periode der Parteigeschichte vgl. *James N. Retallack*, Notables on the Right. The Conservative Party and Political Mobilization in Germany 1876-1918, Boston 1988, 36ff. für die Bedeutung der Christlich-sozialen innerhalb der Deutschkonservativen Partei; *Werner Jochmann*, Stoecker als nationalkonservativer Politiker und antisemitischer Agitator, in: *Jochmann/ Brakelmann/Greschat*, Adolf Stoecker, 123-198, 142ff. für *Stoecker* und die CSP.

[73] Vgl. dazu *Heinrich Heffter*, Die Opposition der Kreuzzeitungspartei gegen die Bismarcksche Kartellpolitik in den Jahren 1887 bis 1890, Diss. Phil. Leipzig 1927.

[74] Vgl. *Thomas Nipperdey*, Die Organisation der deutschen Parteien vor 1918, Düsseldorf 1961, 254ff.; *Retallack,* Notables, 91ff.; Text des Programms bei *Wilhelm Mommsen* (Hrsg.), Deutsche Parteiprogramme, München 1964, 78-80.

antisemitischen Parteien entfernte und sich auf kleines regionales Gebiet konzentrierte, sicherte sie sich ihre Existenz. Es war besonders Stoeckers ‚Schwiegersohn' *Reinhard Mumm*, der sich gemeinsam mit einigen anderen sozialkonservativen Protestanten (u.a. *Franz Behrens*) um die Zukunft der Partei bemühte. *Mumm* war von 1912 bis 1932 Mitglied des Reichstags, bis 1919 für die CSP, in der Weimarer Republik für die Deutschnationale Volkspartei (bis 1929) bzw. für den Christlich-sozialen Volksdienst.

Auffällig ist, daß sich die Partei zwar eine breitere politische Basis wollte, gleichzeitig aber nicht bereit war, die von *Stoecker* geprägten Koordinaten zu verändern. Als man 1910, ein Jahr nach *Stoeckers* Tod, nach langen Diskussionen ein neues Parteiprogramm (Eisenacher Programm) verabschiedete, wurde dies deutlich.[75]

Auf „dem Grunde des Christentums und der Vaterlandsliebe" strebte man eine „auf der Solidarität der Gesellschaft beruhende Wirtschaftsordnung" und eine unter dem „Einfluß des lebendigen und praktischen Christentums" stehende Gesellschaft an. Durch die „friedliche Lösung der sozialen Schwierigkeiten auf dem Wege einer starken Sozialreform" hoffte man zu einem Ausbau der Gesellschaft im „korporativen" Sinne zu kommen. Nach diesem Grundlagenteil, der gegenüber dem Programm von 1878 völlig neu gestaltet wurde, und der noch stärker die Ablehnung des Judentums, des „falschen Liberalismus" und der „revolutionären Sozialdemokratie" herausstellte, folgte ein umfangreicher Katalog von „Einzelforderungen", der über die soziale Frage weit hinausreichte. Das Festhalten an der Monarchie stand neben der Forderung nach voller „Selbständigkeit der Kirche" und der „Konfessionalität der Schule". Die wirtschafts- und finanzpolitischen Ziele entsprachen dem staatssozialistischen Programm[76] (z.B. Verstaatlichungsforderungen) und zeigten deutlich die Zielgruppe der CSP: kleinbürgerliche Schichten, Handwerker etc. In der Sozialpolitik forderte man einen weiteren Ausbau der staatlichen Sozialpolitik und des Arbeiterschutzes, die Förderung des Genossenschaftswesens u.ä. In der „Judenfrage" wollte man eine gesetzliche Ausgrenzung der Juden aus der Gesellschaft erreichen. Weiter verlangte man eine „energische Kolonialpolitik" und stellte Forderungen zur „Frauenfrage".

Das Programm offenbarte deutlich das Dilemma der Christlich-sozialen. Mit der Frontstellung gegenüber Liberalismus und Sozialdemokratie nahm man ebenso Forderungen der Deutschkonservativen Partei auf wie im Bereich der staatlichen Gesetzgebung (Beispiel: Schulpolitik). Die Gesellschaftsmodelle glichen sich. Andererseits trugen die sozialpolitischen Forderungen, die die Trennlinie zu den Konservativen markierten, auch die Handschrift der ‚jüngeren' Christlich-sozialen. Dennoch zeigte das Programm den tiefen und unüberwindbaren Graben zwischen beiden Teilen dieser Bewegung. Die Absage an den Liberalismus, die Ablehnung der Sozialdemokratie oder auch die Forderungen in der sog. Judenfrage ließen keinen Spielraum zur Verständigung.

Der Erfolg blieb auch mit diesem neuen Programm aus. Nachdem die Partei im Ersten Weltkrieg in eine Agonie gefallen war, löste sie sich im Winter 1918/19 auf, die Mehrheit der Mitglieder ging zur DNVP.

---

[75] Text des Programms vollständig, *Mommsen* (Hrsg.), Deutsche Parteiprogramme, 81-83.
[76] In Beschreibungen und Erklärungen des Programms hob man häufiger hervor, das Programm „stehe auf dem Boden der neuesten Ergebnisse der volkswirtschaftlichen Wissenschaft (historischen Schule)", vgl. den Parteibericht des Parteisekretärs Burckhardt zum Parteitag 1900, in: Christlich-soziales Handbuch für Jedermann, Teil 3, Siegen o.J. (1900), 33-38, Zitat 34.

5. Ansätze für eine lutherische Sozialethik

a) *Theodor Lohmann* und die Denkschrift der Inneren Mission von 1884

Einer der wenigen, die in ihrer Arbeit und in ihrer Programmatik eine Verbindung zwischen der die christliche Liebestätigkeit in den Vordergrund stellenden Inneren Mission und den die soziale Frage als gesellschaftliche und politische Aufgabe behandelnden Teilen des sozialen Protestantismus hergestellt haben, war *Theodor Lohmann* (1831-1905).[77] Geboren und aufgewachsen in Winsen an der Aller war *Lohmann* geprägt vom Luthertum der hannoverschen Landeskirche. Während seines Jurastudiums in Göttingen trat er in Kontakt mit den Theologieprofessoren *Friedrich Ehrenfeuchter* (1814-1878), der die Idee der Inneren Mission in Göttingen maßgeblich förderte, und *Friedrich Lücke* (1791-1855), dem theologischen Lehrer *Wicherns*; zudem wurde *Lohmann* durch die Erweckungsbewegung und *Ludwig Harms* (1808-1865) beeinflußt. Der Jurist *Lohmann* zielte in seinem sozialethischen Denken primär auf ein sittliches Handeln des Einzelnen und dessen autonomer Persönlichkeit. Seine berufliche Karriere verlief glänzend. Zunächst als Kirchenjurist im Dienst des hannoverschen Staates und dann (nach 1866) der preußischen Regierung (zunächst in Minden) arbeitete er seit Oktober 1871 als Referent für gewerbliche Arbeiterfragen im preußischen Ministerium für Handel, Gewerbe und öffentliche Arbeiten. In den Jahren zwischen 1881 und 1883 wurde er zu einem der wichtigsten Mitarbeiter *Bismarcks* bei der Ausarbeitung der Sozialgesetzgebung; die Frage nach der Verhältnisbestimmung von Elementen der „Selbsthilfe" und Elementen der „Staatshilfe", nach der Rolle einer staatlichen Sozialpolitik, wie sie *Bismarck* vorschwebte oder einer an sittlichen Maßstäben orientierten Sozialreform, wie sie *Lohmann* wollte, führte zum unlösbaren Bruch zwischen beiden.[78] Zunächst kaltgestellt, erlebte *Lohmann* nach *Bismarcks* Sturz eine gewisse Renaissance, als Unterstaatssekretär konnte er in den Jahren nach 1890 viele Arbeiterschutzgesetze auf den Weg bringen.

---

[77] *Lohmann* kann mittlerweile als sehr gut erforscht gelten, vgl. u.a. *Renate Zitt*, Zwischen Innerer Mission und staatlicher Sozialpolitik. Der protestantische Sozialreformer Theodor Lohmann (1831-1905). Eine Studie zum sozialen Protestantismus im 19. Jahrhundert, Heidelberg 1997; *Florian Tennstedt*, Politikfähige Anstöße zu Sozialreform und Sozialstaat: Der Irvingianer Hermann Wagener und der Lutheraner Theodor Lohmann als Ratgeber und Gegenspieler Bismarcks, in: *Wilfried Loth/Jochen-Christoph Kaiser* (Hrsg.), Soziale Reform im Kaiserreich. Protestantismus, Katholizismus und Sozialpolitik, Stuttgart 1997, 19-31; *Hans Otte*, Den Ideen Gestalt geben. Der Sozialpolitiker Theodor Lohmann im Centralausschuß für die Innere Mission, in: ebenda 32-55; *Brakelmann*, Theodor Lohmann – ein protestantischer Sozialpolitiker aus der Inneren Mission. Die Vorbereitung der Denkschrift „Die Aufgaben der Kirche und ihrer Inneren Mission gegenüber den wirtschaftlichen Kämpfen der Gegenwart", in: *Ders.*, Zwischen Widerstand und Mitverantwortung. Vier Studien zum Protestantismus in sozialen Konflikten, Bochum 1994, 85-130.
[78] Vgl. dazu die Bemerkungen bei *Tennstedt*, Wagener und Lohmann, 30f. vgl. zum Verhältnis der beiden besonders *ders.*, Sozialreform als Mission. Anmerkungen zum politischen Handeln Theodor Lohmanns, in: *Jürgen Kocka/Hans-Jürgen Puhle/Klaus Tenfelde* (Hrsg.), Von der Arbeiterbewegung zum modernen Sozialstaat. Festschrift für Gerhard A. Ritter, München 1994, 538-559.

Es wird in der Literatur als „Glücksfall"[79] bezeichnet, daß *Lohmann*, der seit 1880 dem CA angehörte, nach seiner Trennung von *Bismarck* frei war, die Denkschrift „Die Aufgabe der Kirche und ihrer inneren Mission gegenüber den wirtschaftlichen und gesellschaftlichen Kämpfen der Gegenwart" zu konzipieren und in wesentlichen Teilen zu verfassen. Sie wird als „Konzept einer versöhnenden Arbeiterpolitik" und „großangelegtes soziales Programm"[80] beschrieben, *Lohmann* als „protestantischer Pionier des modernen Sozialstaates"[81] bezeichnet. Ob diese sehr positive Bewertung tatsächlich tragfähig ist, muß geprüft werden.[82]

Der historische Kontext der Denkschrift war der Beginn sozialstaatlicher Intervention in Deutschland sowie der Richtungsstreit innerhalb der Sozialreformer.[83] Vor diesem Hintergrund wurden Kirche und IM direkt angesprochen:

> „Die wirthschaftlichen und gesellschaftlichen Kämpfe der Gegenwart, welche in der socialdemokratischen Bewegung und deren Bekämpfung ihren schärfsten Ausdruck finden, stellen an die Kirche und deren innere Mission die Aufforderung, ihrer Aufgabe, wie das ganze irdische Leben, so insbesondere auch die wirthschaftliche und gesellschaftliche Seite desselben mit dem Sauerteige des Evangeliums zu durchdringen, eine erhöhte Aufmerksamkeit und Thätigkeit zuzuwenden"[84].

Dies implizierte eine Kampfansage an den diesseitigen ‚Geist' des Liberalismus und des Sozialismus, Denkrichtungen, die in der Denkschrift kompromißlos zurückgewiesen wurden, da sie „die religiös-sittlichen Grundsätze des Christentums in ihrer besonderen Anwendung auf die heutige Gestalt des wirtschaftlichen und gesellschaftlichen Lebens"[85] unterminieren. Gegen die zum Selbstzweck gewordene Befriedigung durch irdische Güter, wurde die Anschauung gesetzt, daß das wirtschaftliche Leben „seine wahre Bedeutung nur als Unterlage und Mittel für die Erreichung der höheren und ewigen Bestimmung des Menschen und der Menschheit gewinnt"[86].

Diese Zielperspektive konnte am besten durch die Beibehaltung der bestehenden, von Gott gewollten Ordnung mit ihren wirtschaftlichen und kulturellen Unterschieden verwirklicht werden, wobei allerdings

> „den untersten Klassen die Erreichung desjenigen Maßes irdischen Gutes ermöglicht [werden soll, d.Verf.], welches nach dem jeweiligen Stande der Kultur die Voraussetzung der Bewahrung vor wirtschaftlicher Not und der Erhaltung und Pflege der sittlichen Lebensordnung bildet"[87].

---

[79] *Zitt*, Theodor Lohmanns Bedeutung für die Positionsbestimmung der Inneren Mission gegenüber der sozialen Frage, in: *Strohm/Thierfelder*, Diakonie im Kaiserreich, 74-104, Zitat 103.

[80] Ebenda.

[81] *Brakelmann*, Lohmann, 128.

[82] Kritischere Einschätzungen finden sich bei *Otte*, Lohmann sowie bei *Tennstedt*, Wagener und Lohmann.

[83] Die Denkschrift ist in den letzten Jahren mehrfach publiziert worden, vgl. *Brakelmann*, Lohmann, 133-146 und *ders./Jähnichen*, Protestantische Wurzeln, 124-139, nach dieser Ausgabe wird im folgenden zitiert. Eine eingehende Inhaltsangabe und -analyse findet sich bei *Zitt*, Lohmann, 261-278.

[84] *Lohmann*, Denkschrift, 124.

[85] Ebenda.

[86] Ebenda.

[87] Ebenda, 127.

In dieser Perspektive galt es, die religiös-sittlichen Grundsätze des Christentums, insbesondere den biblisch gebotenen Umgang des Menschen mit irdischem Besitz, auch im wirtschaftlichen Leben zur Geltung zu bringen:

„Nach christlicher Auffassung ist jeder irdische Besitz (...) und ebenso die Arbeitskraft (...) eine Gabe Gottes, für deren Verwaltung und Verwertung im Dienst der irdischen und ewigen Bestimmung seiner selbst und der ihn umschließenden Gemeinschaft ihr Inhaber vor Gott verantwortlich ist."[88]

Wer diese Weisungen mißachtete und selbstsüchtig eine möglichst hohe Befriedigung seiner Bedürfnisse erstrebte, verfiel dem „Mammonsdienst". *Lohmann* hat auf klassische Weise die theologischen Grundlagen sozialkonservativer Reformpolitik formuliert. Eine scharfe Kritik der rein diesseitig ausgerichteten Weltanschauung des ökonomischen Liberalismus und Sozialismus wird mit der biblischen Botschaft einer Öffnung auf die transzendente Bestimmung des Menschen hin konfrontiert. Die sozialethisch entscheidende Denkfigur war dabei das Problem der Begrenzung der „Macht der Sünde". Diese Aufgabe fiel dem Staat zu, der in der Tradition der Rechtshegelianer als Garant des Allgemeinwohls verstanden wurde. Er war demnach dazu verpflichtet, sozialstaatliche Schutzmaßnahmen zugunsten der wirtschaftlich Schwächeren in die Wege zu leiten. Die Denkschrift entwickelt hier eine theologische Legitimation der Bismarckschen Sozialgesetzgebung und spricht sich für eine konservative Sozialreform aus.

Das hier zu Grunde liegende Gesellschaftsideal ist eine Variation des traditionellen patriarchalen Konzepts. Diese Systematik der Denkschrift wurde u.a. in den Ausführungen zum Verhältnis von Arbeitgebern und Arbeitnehmern konkretisiert, wobei dem Staat eine Rahmenkompetenz zufällt. Er sollte

„soweit möglich durch allgemeine gesetzliche Bestimmung die Regelung des Arbeitsverhältnisses der Willkür der Einzelnen insoweit [zu] entziehen, als es erforderlich ist, um auch dem besitzlosen Arbeiter die unerläßlichen Bedingungen für die Erfüllung seiner sittlichen Aufgabe zu wahren."[89]

Damit war die liberale Vorstellung eines freien Arbeitsvertrages insofern abgewiesen, als daß die wirtschaftliche Benachteiligung der Arbeiter erkannt und eine weitgehende Arbeiterschutzgesetzgebung befürwortet wurde. Im einzelnen plädierte die Denkschrift für das Verbot der Sonntagsarbeit, für Gesundheits- und Jugendschutzgesetze, für die Festlegung einer Normalarbeitszeit sowie für eine Sozialversicherungsgesetzgebung. Der individuell-ethischen Grundlegung der Denkschrift entsprechend, wurden im folgenden die sittlichen Aufgaben der Arbeitgeber und -nehmer erörtert, welche durch die Predigt der Kirche in Erinnerung gerufen werden sollten. Leitbild der Denkschrift für das Verhältnis von Arbeitern und Unternehmern war die patriarchale Grundauffassung der Familie einer „gottgegebenen Naturordnung"[90], hier konkretisierte und realisierte sich die Sittlichkeit. Die besondere Verantwortung des Arbeitgebers manifestierte sich im einzelnen; er hatte etwa die Höhe des Lohns je nach der Leistungsfähigkeit des Unternehmens und den wirtschaftlichen Bedürfnissen der Arbeiter festzulegen,

---

[88] *Lohmann*, Denkschrift.
[89] Ebenda, 128.
[90] Ebenda, 130.

die Arbeitszeit der Beschäftigten so zu begrenzen, wie es jeweils nötig war, die Arbeitsordnung in „Achtung vor der persönlichen Ehre des Arbeiters"[91] festzusetzen. Über diese innerbetrieblichen Aufgaben hinaus wurden auch außerbetriebliche Pflichten, wie die Sorge für einen ausreichenden Wohnraum, Einrichtungen zur Beschaffung der täglichen Lebensbedürfnisse, Unterstützung der Eltern bei der Erziehung und auch religiöse und sittliche Verpflichtungen genannt. Die Arbeiter sollten an diesen Einrichtungen über Genossenschaften, wie sie von *Victor Aimé Huber* vorgeschlagen worden waren, beteiligt werden. Dieser umfassenden, auch die persönliche Lebensführung betreffenden Fürsorge der Arbeitgeber standen die sittlichen Pflichten der Arbeiter gegenüber. Hierzu zählten an erster Stelle die „Achtung vor der Autorität des Unternehmers"[92] und entsprechende Tugenden wie sorgfältige Einhaltung der Arbeitsordnung, zuverlässige Arbeitsleistung, Verzicht auf überspannte Lohnforderungen in Krisenzeiten und ein echtes Engagement im Rahmen der genossenschaftlichen, dem Wohl aller dienenden Einrichtungen. So hing vom Ethos des Unternehmers weitgehend der Lebensstandard der Arbeiter ab. Die Nähe zum Modell der „christlichen Fabriken" des Sozialkatholizismus ist unverkennbar, speziell bezüglich der Einbeziehung der außerbetrieblichen Bereiche in die Verantwortungspflicht des Arbeitgebers. Von Mitbestimmungsrechten der Arbeiter ist hier allerdings nicht zu sprechen, allenfalls kommen beratende Mitspracherechte in den Blick. Die Denkschrift ging von einem Interessengleichklang von Unternehmern und Arbeitern aus. Interessenkonflikte konnte es in dieser Sicht nur dann geben, wenn die Arbeitgeber oder Arbeitnehmer einem „neidischen Begehren der irdischen Güter" nachgingen, d.h. wenn beide Seiten die „Lehre der Schrift, daß alle Menschen vor Gott gleich und untereinander Brüder sind"[93], vergaßen und so der Sünde verfielen. Das hier vertretene Konzept der Brüderlichkeit bezog sich ausdrücklich allein auf den Personwert des Menschen, dem gegenüber die „Unterschiede des Standes, des Besitzes und der Bildung"[94] als Ordnung Gottes zu verstehen waren. Damit blieb die Gesellschaft grundlegend herrschaftlich verfaßt, und die Emanzipationsbestrebungen der Arbeiterschaft fanden kein Verständnis. Die Aufgabe der Kirche bzw. der IM bestand darin, die genannten ethischen Forderungen durch Predigt und vielfältige Möglichkeiten der Bewusstseinsbildung zur Geltung zu bringen.

Die Denkschrift behauptet somit entschieden den Primat der Ethik bei der Lösung der sozialen Frage und relativiert die Bedeutung institutioneller Lösungen. Dies war in der Überzeugung grundgelegt, daß die Sünde die tiefste Ursache auch der sozialen Probleme war und es folglich darum ging, „das Leben der großen Kulturvölker wieder kräftiger mit der christlichen Weltanschauung zu durchdringen, welche das Ziel aller Kulturentwicklung in dem Bau des Reiches Gottes auf Erden erblickt"[95]. Dieser innerweltlich-ethische Reich-Gottes-Begriff, von der seinerzeit herrschenden theologischen Schule *Albrecht Ritschls* geprägt, erwartete durch das sittliche Handeln der Christen eine Annäherung an das Reich Gottes. Eine Vermittlung zu den konkreten ethischen Forderungen war allein durch den

---

[91] *Lohmann*, Denkschrift, 132.
[92] Ebenda, 134.
[93] Ebenda, 129.
[94] Ebenda.
[95] Ebenda, 139.

Gedanken der Versöhnung aufzuweisen. Die universale Versöhnung des Reiches Gottes implizierte versöhnendes Handeln in gesellschaftlichen Konflikten, einer „versöhnenden Arbeiterpolitik", wie sie *Lohmann* in seiner beruflichen Tätigkeit vertrat.

Kritisch sind hier die theologischen Unschärfen der Denkschrift anzumerken. Theologisch prägnante Begriffe wie ‚Versöhnung', ‚Reich Gottes' und ‚Sünde' wurden recht kurzschlüssig auf Probleme der Wirtschafts- und Sozialordnung bezogen, indem sie allein ethisch interpretiert wurden. Die Unterscheidung zwischen theologisch-ethischer Redeweise und wirtschaftlichen Sachproblemen wurde nur unzureichend getroffen. Insofern ist der Kritik des Lutheraners *Gerhard Uhlhorn* an der einseitig ethischen Betrachtungsweise der sozialen Frage auch im Blick auf die Denkschrift *Lohmanns* zuzustimmen: Die „soziale Frage als eine wirtschaftliche ist noch nicht gelöst, wenn es der Kirche auch gelänge, die sittlichen Kräfte in vollstem Maße zu wecken"[96].

Die Denkschrift ist, trotz der für *Lohmann* und die Innere Mission enttäuschend geringen öffentlichen Wirkung ein Schlüsseldokument für das Verständnis der sozialen Frage innerhalb des sozialen Protestantismus.[97] Sie ist von *Theodor Heuss* auf eine Stufe mit der katholischen Sozialenzyklika „Rerum novarum"[98] gestellt worden[99], die die „strukturelle Seite der sozialen Frage"[100] deutlicher als andere herausgestellt habe. Kritiker sahen dagegen in der Denkschrift das Beispiel eines „Almosen-Idealismus"[101], da der Gegensatz zwischen Kapital und Arbeit geleugnet werde. Indem *Lohmann* aber die soziale Frage als eine Arbeiterfrage behandelte, deren gesellschaftliche Dimension hervorhob und seine ethischen Vorstellungen eines auf Versöhnung beruhenden christlichen Staats- und Gesellschaftsmodells mit den staatssozialistischen Forderungen koppelte[102], nahm er wichtige Impulse der damaligen nationalökonomischen Diskussion auf und verband sie mit seinen theologischen Vorstellungen. So öffnete er der Inneren Mission einen neuen Blick auf die soziale Frage als einer Arbeiterfrage, auch wenn sich diese Impulse nicht in praktischen Konsequenzen niederschlagen sollten. *Lohmann* selbst, und dies überrascht auf der Grundlage seines Modells einer „versöhnenden Arbeiterpolitik" nicht, hielt sich von den christlich-sozialen Parteibestrebungen und den öffentlichen Diskussionen weitgehend fern. Die Denkschrift sollte erst Mitte der neunziger Jahre eine erneute Aufmerksamkeit erhalten, als ein „Nachwort", ebenfalls von *Lohmann* formuliert, veröffentlicht wur-

---

[96] *Gerhard Uhlhorn*, Katholicismus und Protestantismus gegenüber der socialen Frage (1887), in: *Ders.*, Schriften zur Sozialethik und Diakonie, Hannover 1990, 196-250, Zitat 200; vgl. dazu auch *ders.*, Die Stellung der evangelisch-lutherischen Kirche zur sozialen Frage der Gegenwart (1894), ebenda, 351-376, Zitat 353: „Die Aufgabe der Kirche ist es, an der sittlichen Hebung des Volkslebens zu arbeiten, ohne die eine höhere Stufe des wirtschaftlichen Lebens nicht zu erreichen ist."
[97] Vgl. zur Rezeption ausführlich *Zitt*, Lohmann, 309-326.
[98] Vgl. dazu *Stegmann/Langhorst* in diesem Buch.
[99] *Theodor Heuss*, Friedrich Naumann. Der Mann, das Werk, die Zeit, Tübingen ²1948, 60; vgl. auch *Zitt*, Lohmann, 285-291.
[100] Ebenda, 197.
[101] *Kandel*, Protestantischer Sozialkonservatismus am Ende des 19. Jahrhunderts. Pfarrer Rudolf Todts Auseinandersetzung mit dem Sozialismus im Widerstreit der kirchlichen und politischen Lager, Bonn 1993, 302.
[102] *Zitt*, Lohmann, 279-285 interpretiert dagegen die Denkschrift stärker in Abgrenzung der staatssozialistischen Ideen, wie sie *Bismarck* in der Sozialgesetzgebung umgesetzt habe.

de[103], nachdem zuvor schon *Friedrich Naumann* in einer Artikelserie aus den Jahren 1889/90 die Denkschrift in ihrer Bedeutung und ihren Grenzen gewürdigt hatte und damit wichtige Impulse für die Weiterentwicklung der christlichsozialen Ideen gegeben hatte.[104]

b) *Gerhard Uhlhorn* und die lutherische Sozialethik

In diesem Zusammenhang muß noch ein weiterer lutherischer Theologe genannt werden, der sowohl gegenüber *Wichern* als auch gegenüber den verschiedenen Strömungen innerhalb des sozialen Protestantismus im Kaiserreich eine eigenständige Position eingenommen hat: Der Theologe *Gerhard Uhlhorn*, eine lang vernachlässigte Persönlichkeit des sozialen Protestantismus.[105] Geboren 1826 in Osnabrück und 1901 in Hannover verstorben, ist *Uhlhorn*, der in Göttingen Theologie studierte, eine der prägendsten Persönlichkeiten der lutherischen Landeskirche Hannovers im neunzehnten Jh. gewesen. Als erster Schloßprediger und Oberkonsistorialrat und später als Abt des Klosters Loccum war er ein Mann des Kirchenregiments, der gleichzeitig engen Kontakt zu den freien Vereinen hielt. Sein besonderes Interesse galt der Inneren Mission, die er in seiner amtlichen Tätigkeit besonders förderte. Bemerkenswert sind seine zahlreichen Schriften zur Geschichte der Inneren Mission und zur sozialen Frage. Er veröffentlichte eine voluminöse Darstellung „Die christliche Liebestätigkeit" (1882-1890), die in seinem umfassenden methodischen Zugriff als ein „Standardwerk der Diakoniegeschichte" bezeichnet worden ist.[106]

Theologisch ist *Uhlhorn* ausgesprochen eigenständig, er hielt Distanz sowohl zu den konservativ-orthodoxen Kreisen in der Landeskirche wie auch zum theologischen Liberalismus, wiewohl sich in seiner eigenen theologischen Position beide Elemente finden lassen. Dies wird an seinen verschiedenen Stellungnahmen zur sozialen Frage deutlich. Schon sein Ansatzpunkt unterscheidet sich von vielen konservativen Theologen, rezipierte *Uhlhorn* doch den technischen Fortschritt positiv. Dies wird auch deutlich in seiner Definition der sozialen Frage:

„Es handelt sich darum, wie die mit der modernen Productionsweise verbundenen Schäden zu heilen sind, wie dem Arbeiterstande der ihm gebührende Antheil an den von ihm miterworbenen Gütern und in Verbindung damit seine richtige soziale Stellung zu schaffen ist."[107]

Bei der Lösung der sozialen Frage wies er der Kirche und der Theologie eine zentrale Rolle zu, unterschied aber deutlich zwischen einer kirchlichen Aufgabe

---

[103] Monatsschrift für Innere Mission, Jg. 16 (1896), 218-220: Die Stellung der Inneren Mission zu den sozialen Bestrebungen der Gegenwart; vgl. zum Nachwort auch *Zitt*, Lohmann, 398-408.
[104] Vgl. zu *Naumann* 3. Kapitel II. 3. a.
[105] Vgl. zur Person *Gerhard Uhlhorn*, Schriften zur Sozialethik und Diakonie, hrsg. im Auftrag der Gesellschaft für Niedersächsische Kirchengeschichte von *Martin Cordes/Hans Otte*, Hannover 1990, 11-37; *Zitt*, Lohmann, passim.
[106] *Otte*, Liebestätigkeit – Christlich oder kirchlich? Gerhard Uhlhorns Bedeutung für die Ortsbestimmung der Diakonie im Kaiserreich, in: *Strohm/Thierfelder*, Diakonie im Kaiserreich, 334-355, Zitat 339.
[107] *Uhlhorn*, Katholicismus und Protestantismus gegenüber der socialen Frage (1887), in: *Ders.*, Schriften zur Sozialethik und Diakonie, 196-250, Zitat 197; eine Darstellung der Position Uhlhorns findet sich ebenda, 26-37.

und einer sozialpolitischen; *Uhlhorn* kannte einen Bereich der relativen Autonomie politischer Entscheidungen, etwa in Fragen der Sozialpolitik. Diese theologische Grundentscheidung leitete er von der lutherischen Theologie ab. Er gab seiner Theologie zudem, durchaus im Sinne der liberalen Theologie seiner Zeit, einen bewußt antikatholischen Zug.[108] Die Aufgabe der Kirche gegenüber der sozialen Frage lag auf dem Gebiet der Verkündigung und der Seelsorge, im Wort und Sakrament. Hier wurde die soziale Frage als eine Kulturfrage aufgefaßt: Gewissensschulung des Einzelnen, Appell an die ethische und sittliche Kraft des Christentums waren die Aufgaben des Christen. Die Aufgabe der Kirche war mithin, unabhängig von den verschiedenen Aufgabenbereichen, denen er eine gewisse Eigengesetzlichkeit zuwies, wie folgt zu definieren:

„Jedermann die sittliche Kraft darreichen, deren er bedarf, um seinen irdischen Beruf an dem ihm angewiesenen Lebensgebiete zu erfüllen."[109]

Mit dieser Position stand *Uhlhorn* quer zu den christlich-sozialen Ideen, wie sie besonders *Adolf Stoecker* formulierte. Zwischen beiden kam es so 1887 zu einem schweren Konflikt, als *Uhlhorn Stoeckers* Politisierung der sozialen Fragen kritisierte und in *Stoeckers* Anliegen eine Katholisierung des Protestantismus entdeckte:[110] „Wer da meint, daß die Kirche auch der socialen Frage gegenüber eine andere Aufgabe habe als Predigt und Seelsorge, der ist auf dem römischen Irrwege."[111] Und weiter formulierte *Uhlhorn*, wohl auch im Blick auf *Rudolf Todt*:

„Da, da liegen die Aufgaben der Kirche; nicht daß ihre Diener nationalöconomische Schreiben, die doch zuletzt nichts sind als Dilettantenarbeiten, halb Theologie, halb Nationalöconomie, nicht daß sie thun, was ihnen nicht befohlen ist, nach dieser oder jener Seite, für diese oder jene socialpolitische Ansicht Propaganda machen, sondern daß sie das Eine thun, was ihres Amts ist, das aber aus allen Kräften, Christum verkünden als den einzigen Heiland und Erlöser aus aller Noth auch aus der socialen, die ihnen befohlenen Seelen mit dem Wort weiden öffentlich und sonderlich, damit sie mit Gottes Hülfe rechtschaffene Christen werden und als Christen dann, jeder nach seinem Beruf, der Professor der Nationalöconomie als Professor, der Staatsmann als Staatsmann, der Parlamentarier als Parlamentarier, Handwerker, Fabrikanten und Arbeiter alle an der Lösung dieser großen Frage mitarbeiten. Die Frage ist nur zu lösen unter der Voraussetzung eines größeren Maßes sittlicher Kräfte, unter der Vorbedingung einer sittlichen Hebung unseres ganzen Volkslebens, und dieser Kräfte aus dem unerschöpflichen Born des Evangelium darzureichen, ich wiederhole es, das und das allein ist die Aufgabe der Kirche."[112]

Uhlhorns konkrete Arbeit, etwa sein Engagement für die christliche Armenpflege und die Innere Mission, deren Aufgabe er in der christlichen Liebestätigkeit in den Gemeinden sah, aber auch seine Bemühungen, die Institutionen der Kirchen den veränderten gesellschaftlichen Bedingungen anzupassen, beispielsweise durch die Verkleinerung der Gemeinden, lassen allerdings die Gegensätze zwi-

---

[108] Diese Argumentation ist die Pointe der Schrift „Katholicismus und Protestantismus gegenüber der sozialen Frage".
[109] *Uhlhorn*, Socialismus und Christenthum (1875), in: *Ders.*, Schriften zur Sozialethik und Diakonie, 45-67, Zitat 46.
[110] Die Kontroverse ist dargestellt bei *Zitt*, Lohmann, 340-345.
[111] *Uhlhorn*, Katholicismus und Protestantismus gegenüber der socialen Frage, 229.
[112] Ebenda, 232.

schen *Uhlhorn* und *Stoecker* nicht so scharf erscheinen, wie *Stoecker* sie in einer Replik formulierte, als er *Uhlhorn* vorwarf

„das wirthschaftliche und das ethische Gebiet voneinander völlig" abzusondern, obwohl „in der Schrift, auch in der des Neuen Testament, ethische Sätze, religiöse Gedanken vorkommen, die das wirtschaftliche Leben innerlich und damit auch teilweise äußerlich bestimmen."[113]

Obwohl *Uhlhorn* selbst in seinem Gedanken den vormodernen Vorstellungen eines christlichen Staates verhaftet blieb und er seine Ideen damit einschränkte und so keinen Blick für die sich pluraler gestaltende gesellschaftliche Öffentlichkeit entwickeln konnte, verweisen seine Gedanken auf eine lutherische Tradition der Sozialethik.

6. Die Evangelische Arbeitervereinsbewegung

Die Evangelischen Arbeitervereine bilden innerhalb der Geschichte des sozialen Protestantismus eine eigenständige Größe, die ihre Bedeutung sowohl durch ihre sozial- und kirchenpolitischen Ziele als auch durch ihre für Teile des Protestantismus milieubildende Kraft haben.[114] Gegründet wurden sie als Gegenbewegung zu den katholischen Arbeitervereinen und der sozialistischen Arbeiterbewegung, der erste evangelische Arbeiterverein entstand 1882 in Gelsenkirchen.[115]

In nahezu paradigmatischer Weise zeigt das Statut des ersten Vereins die geistige und politische Grundorientierung des Vereine:

„Der Evangelische Arbeiterverein steht auf dem Boden des evangelischen Bekenntnisses und hat den Zweck:
1. Unter den Glaubensgenossen das evangelische Bewußtsein zu wecken und zu fördern;
2. die sittliche Hebung und allgemeine Bildung seiner Mitglieder zu erstreben;
3. ein friedliches Verhältnis zwischen Arbeitgeber und Arbeitnehmer zu wahren und zu pflegen;
4. seine Mitglieder in Krankheit und Todesfällen zu unterstützen;
5. Treue zu halten gegen Kaiser und Reich."[116]

Die Vereine waren so im Kern antikatholisch und antisozialistisch, sie standen auf dem Boden der Monarchie und unterstützten die Hohenzollern. Die Arbeitervereine waren Bildungs- und Geselligkeitsvereine, die einen großen Wert auf eine eigene Festkultur legten. Durch die Volksbildungsarbeit, etwa durch Literaturabende, durch gemeinsames Theaterspielen oder durch eine ausgeprägte Musikkultur, sollte einem christlichen Alltagsleben der entsprechende Stellenwert in der Gesellschaft wiedergegeben werden. Eine an der Praxis orientierte Religion und Ethik wollte eine neue Einheit von Religion und Glaube herstellen:

---

[113] Zit.n. *Zitt*, Lohmann, 341.
[114] Vgl. zu den Arbeitervereinen *Klaus Martin Hofmann*, Die Evangelische Arbeitervereinsbewegung 1882-1914, Bielefeld 1988; *Andrea Hinsche*, „Über den Parteien" und „neben den Gewerkschaften". Der württembergische Landesverband Evangelischer Arbeitervereine (1891-1918), Frankfurt a.M. 1989.
[115] Vgl. dazu *Brakelmann*, Die Anfänge der Evangelischen Arbeitervereinsbewegung in Gelsenkirchen 1882-1890, in: *Ders.*, Ruhrgebiets-Protestantismus, Bielefeld 1987, 9-32.
[116] Ebenda, 13.

„Es handelt sich ihm [d.i. der Arbeiterverein Gelsenkirchen, d. Verf.] darum, daß der deutsche Volksgeist wieder Einkehr halte. Der Überschätzung des materiellen Besitzes und Genusses wird entgegengetreten und der Sinn für das Geistige und Ideelle erschlossen."[117]

Für die Ausbreitung der Vereine war zudem ihr Charakter als Hilfe- und Unterstützungsverein in Notlagen wichtig.

Die Arbeitervereine waren nicht primär sozialpolitische Vereinigungen, sie dienten vielmehr in relativer Unabhängigkeit und teilweise kritischer Distanz zur verfaßten Kirche und zu den etablierten Vereinen, wie der Inneren Mission, dem Aufbau und der Stabilisierung eines protestantischen Teilmilieus von Personen, die der verfaßten Kirche eher distanziert gegenüberstanden. Dabei waren die Evangelischen Arbeitervereine bei aller Heterogenität insgesamt Bestandteil des sozialkonservativen Protestantismus. Eine gewisse Schärfung der Programmatik erfuhren die Arbeitervereine besonders auf sozialpolitischem Gebiet, einem Bereich, der in den ersten Vereinsstatuten unscharf geblieben war. Diese Entwicklung hing eng zusammen mit der politischen Entwicklung des Kaiserreichs. Nach der Gründung in Gelsenkirchen breitete sich die Bewegung zunächst rasch aus, wobei die konfessionelle Begründung als antikatholischer Verein ein bedeutender Schubfaktor war. Mit dem Bergarbeiterstreik 1889 und dem Aufbruch des Jahres 1890 veränderte sich die Situation, sozialpolitische Fragen traten zunehmend in den Mittelpunkt des Interesses. Damit korrespondiert auch die Gründung des „Gesamtverbandes Evangelischer Arbeitervereine", die bis zum Ersten Weltkrieg unter der Führung des Mönchengladbacher Pfarrers *Ludwig Weber* standen.[118] Innerhalb des Verbandes zeichneten sich drei Richtungen ab. Neben einer wirtschaftsfriedlichen Gruppe, die politisch den Nationalliberalen nahe stand und sich 1901 vom Gesamtverband abspaltete[119], wurden die Arbeitervereine primär von den sozialliberalen und sozialkonservativen Protestanten bestimmt, die in dieser Zeit noch nicht getrennt waren. Dies wird an dem Programm deutlich, welches sich der Gesamtverband 1893 gab („Berliner Programm"[120]). Es fixierte die sozialpolitischen Leitsätze der Arbeitervereinsbewegung für die nächsten Jahre. Entstanden war es unter dem Einfluß des Nationalökonomen *Adolph Wagner*, eine Nähe zu den christlich-sozialen Ideen *Stoeckers* ist deutlich zu erkennen.

Das Programm war insgesamt viergeteilt, einem grundsätzlichen ersten Teil folgten praktisch orientierte Forderungen „für den Großbetrieb" und „für den Kleinbetrieb sowie Handel und Gewerbe", sowie ein „Arbeitsprogramm", welches eine Präzisierung des Vereinsstatuts darstellte.[121]

---

[117] So der Gelsenkirchener Pfarrer Deutelmoser, zit.n. *Brakelmann*, Die Anfänge der Evangelischen Arbeitervereinsbewegung, 17.

[118] Vgl. zur Person *Dieter Pauly* (Hrsg.), Ludwig Weber. 1881-1914 Pfarrer der Evangelischen Gemeinde Mönchengladbach. Leben und Arbeit eines evangelischen Sozialreformers, Mönchengladbach 1986.

[119] Die sog. „Bochumer Richtung", die unter dem Einfluß des Gelsenkirchener Unternehmers Hermann Franken stand, gründete anschließend den Evangelischen Arbeiterbund, vgl. dazu *Hofmann*, Arbeitervereinsbewegung, 122.

[120] Das Programm ist abgedruckt ebenda, 231f. und bei *Brakelmann/Jähnichen*, Protestantische Wurzeln, 194-197.

[121] Diese Ausführungen signalisieren, daß zu den Arbeitervereinen auch viele Handwerker gehörten.

Festgeschrieben wurde zunächst die feste Verbundenheit mit dem evangelischen Glauben („Wir stehen auf dem Grunde des evangelischen Christentums) und die Frontstellung gegenüber dem Marxismus („materialistische Weltanschauung"). Adressat der Überlegungen war nicht der einzelne Christ, der durch sein sittliches Verhalten wirken sollte, sondern eine höhere Instanz: „Das Ziel unsere Arbeit sehen wir (...) in der Entfaltung seiner [d.i. das Christentum, d. Verf.] welterneuernden Kräfte in dem Wirtschaftsleben der Gegenwart." Im Evangelium erkannte man die Richtschnur für die „Ideen", die eine „organische, geschichtlich vermittelte Umgestaltung unserer Verhältnisse" erreichen konnten. Ähnlich wie bereits *Rudolf Todt*, *Stoecker* und der frühe *Naumann* es getan hatten bzw. in dieser Zeit taten, erklärte man das Evangelium zur zentralen Richtschnur für die ökonomischen Reformprozesse.

Auch wenn das Programm explizit darauf verzichtete, „unsere Forderungen aus irgend einer einzelnen national-ökonomischen Theorie abzuleiten", lassen schon die grundsätzlichen Erwägungen, die Nähe zu einer staatsinterventionistischen Sozialpolitik, die sich gegen Liberalismus und Sozialismus abgrenzte, erkennen. Bei den Aussagen zu einer Steuergesetzgebung oder zu möglichen Maßnahmen gegenüber einer zu starken Konzentration in der Wirtschaft hatte deutlich *Adolph Wagner* die Hand geführt. In diesem Sinne waren auch die konkreten Forderungen nur wenig überraschend oder gar neu, auch wenn sich darin für die Arbeitervereinsbewegung viel innerverbandlicher Sprengstoff verbarg. Die Fortsetzung der Sozialgesetzgebung und Ausweitung des Arbeiterschutzes, etwa durch eine 36-stündige Sonntagsruhe (Wochenende), waren Konsens. Dies galt auch für die Forderungen nach einer Eingrenzung der Macht der Großindustrie, einer Schutzgesetzgebung für kleine und mittlere Betriebe und einer Verstaatlichung des Börsenwesens. Offen blieben dagegen zentrale Fragen der Arbeiterbewegung. Zwar wurde die volle Anerkennung des Koalitionsrechts gefordert und die Einführung von „Arbeitervertretungen" auf Betriebsebene, zwischen „obligatorischen Fachgenossenschaften" und Gewerkschaften konnte sich das Pogramm jedoch nicht entscheiden. Bedingung war jedoch eine gesetzlich legislative Regelung der Frage. Hier konkurrierte also das ständische, am Gedanken der Berufsstände orientierte Denken mit der Forderung nach einem freiwilligen, dem Prinzip der Verbände entsprechenden Organisationsprinzip.[122] Die hier angelegten Konfliktlinien und der Kompromißcharakter des Programms – bei gleichzeitiger Dominanz der sog. älteren Christlich-sozialen – wurden dann im Streit um die Gewerkschaftsfrage 1901 ausgetragen; mit dem Ergebnis, daß z.B. *Naumann*, der auch nach 1896 in der Arbeitervereinsbewegung geblieben war, aus dem Gesamtverband ausschied.

Nach der Etablierung der Christlichen Gewerkschaften war ein Konflikt um die Frage nach deren Unterstützung durch die evangelischen Christlich-sozialen ausgebrochen, der besonders innerhalb der Freien Kirchlich-sozialen Konferenz und der Evangelischen Arbeitervereinsbewegung ausgetragen wurde. Besondere Fürsprecher der Christlichen Gewerkschaften waren die kleine Gruppe der christlichsozialen Parteipolitiker um *Reinhard Mumm* und *Franz Behrens*. Sie versuchten, ihre Position im Gesamtverband der Evangelischen Arbeitervereine durchzusetzen. Dort war nach längerer Kontroverse auf der Delegiertenversammlung am 29. und 30. Mai 1901 in Speyer eine Resolution verabschiedet worden, welche die

---

[122] Vgl. dazu *Hofmann*, Arbeitervereinsbewegung, 67f.; dem letzteren Prinzip entsprachen die sozialistischen Gewerkschaften.

Frage offenhielt und einem Konflikt aus dem Weg zu gehen versuchte.[123] Die verabschiedete Entschließung stellte einen Kompromiß dar: Grundsätzlich wurde die „Notwendigkeit der beruflichen Organisation der Arbeiter anerkannt", eine Empfehlung für eine der konkurrierenden Richtungen aber nicht gegeben. Grundbedingung war nur, daß die Gewerkschaften „statuarisch und prinzipiell parteipolitisch" neutral sein müßten. Die Christlich-sozialen konnten mit diesem Kompromiß leben, da er ihnen die Option ließ, für die Christlichen Gewerkschaften Partei zu ergreifen.[124]

Wenn es in den folgenden Jahren auch nicht gelang, die Arbeitervereine auf eine einheitliche Unterstützung der Christlichen Gewerkschaften oder der CSP festzulegen,[125] waren die Arbeitervereine aus den Konflikten doch homogener hervorgegangen, sie gehörten nun eindeutig zum sozialkonservativen Protestantismus. Auch wenn ihnen der große organisatorische Durchbruch etwa im Vergleich zur katholischen Arbeitervereinsbewegung versagt blieb[126], und auch wenn die Arbeitervereine mit ihrem auf Ausgleich und Kompromiß, auf Staatsintervention und Vernunft basierenden Programm, keine mehrheitsfähige Position formulieren konnten, haben sie doch ihren Beitrag zur Ausgestaltung der Ideengeschichte des sozialen Protestantismus geleistet.

II. Der Richtungsstreit innerhalb des Sozialen Protestantismus in der Zeit des Wilhelminismus

1. Formierung und Spaltung des sozialen Protestantismus in der Zeit des Wilhelminismus

a) Der sozialpolitische Aufbruch des Jahres 1890

Das Jahr 1890 ist für die deutsche Geschichte ein Jahr wichtiger Weichenstellungen. Es markiert mit der Entlassung *Bismarcks* das Ende einer Epoche und es läutete zugleich einen umfassenden Veränderungsprozeß ein: den Beginn des „Wilhelminischen Zeitalters".[127] Für die Gesellschafts- und Sozialpolitik wurde das Jahr 1890 ein Jahr der Hoffnungen. Der mit großen Erwartungen verbundene Thronwechsel 1888 und mehr noch der große Streik der Bergarbeiter an der Ruhr

---

[123] Vgl. KSBl, Jg. 4 (1901), Nr. 5, 34f. (Zur Tagung der ev. Arbeitervereine in Speier); vgl. zum Problem insgesamt *Hofmann*, Arbeitervereinsbewegung, 116ff., der Text der Resolution, 235f.
[124] KSBl, Jg. 4 (1901), Nr. 10, 88 (Der Fortgang der evangelischen Arbeiterbewegung); vgl. auch die Darstellung bei *Hofmann*, Arbeitervereinsbewegung, 118ff.
[125] Vgl. zum gesamten Problemkreis erschöpfend *Hofmann*, Arbeitervereinsbewegung, 135ff., bes. 144f.; *Hinsche*, „Über den Parteien", 196.
[126] Vor dem ersten Weltkrieg zählte der Verband knapp 180.000 Mitglieder, vgl. zu den Zahlen *Hofmann*, Arbeitervereinsbewegung, 131-133.
[127] Vgl. dazu umfassend und materialreich *Rüdiger vom Bruch*, 1890 – Gründungsjahr des Evangelisch-sozialen Kongresses, in: *Klaus Heienbrock* u.a.(Hrsg.), Protestantische Wirtschaftsethik und Reform des Kapitalismus. 100 Jahre Evangelisch-sozialer Kongreß, Bochum 1991, 11-18.

1889[128] hatten die Frage nach sozialpolitischen Reformen erneut in den Mittelpunkt des öffentlichen Interesses gerückt. Mit dem jungen Kaiser, der in dieser Zeit noch von den christlich-sozialen Ideen beeindruckt war,[129] verbanden viele Sozialreformer die Erwartung eines „sozialen Kaisertums" mit einer kraftvollen Sozialpolitik; diese sollte angesichts des weiteren Erstarkens der Sozialdemokraten und des Auslaufens des Sozialistengesetzes zu einer gesellschaftlichen Einigungsbewegung auf christlicher und monarchischer Grundlage führen („Versöhnungspolitik").[130] Inhaltlich stand, nachdem die erste Phase der Entwicklung der Sozialversicherung abgeschlossen war, nun verstärkt die Frage des Arbeitsschutzes im Blickfeld des Interesses; verantwortlich hier war der neue preußische Handelsminister *Hans Freiherr von Berlepsch* (1843-1926). *Berlepsch* hatte als Düsseldorfer Regierungspräsident während des Bergarbeiterstreiks 1889 eine glückliche Hand bewiesen; nun wurde er „Protagonist der Sozialpolitik während des ‚Neuen Kurses'"[131]. Unter seiner Führung wurde gerade die Arbeiterschutzpolitik erheblich ausgeweitet.[132] Das von *Berlepsch* weiterhin verfolgte Ziel einer Absicherung der Interessenvertretungen der Arbeiterschaft, etwa durch die Einrichtung von Arbeiterausschüssen sowie die Durchsetzung der Idee der Mitbestimmung, konnte jedoch nur bedingt erreicht werden. Nach seinem Ausscheiden aus dem Amt 1896 bemühte sich *Berlepsch* als Vorsitzender der Gesellschaft für soziale Reform weiter um eine Ausgestaltung der Sozialpolitik.[133]

Bereitwillig ließ sich auch die Kirche in die neue Politik des Kaisers für eine gesellschaftliche Reform zur Verhinderung des Umsturzes einspannen, wie sie in den Botschaften des Kaisers anläßlich seines Thronantritts 1888 und den Verlautbarungen im Frühjahr 1890[134] formuliert wurde. Im April 1890 erschien der Aufruf des preußischen Evangelischen Oberkirchenrates „An die Geistlichen unserer evangelischen Landeskirche"[135], der sich offen an die Seite des Kaisers stellte und

---

[128] Vgl. zum Bergarbeiterstreik *Wolfgang Köllmann/Albin Gladen* (Hrsg.), Der Bergarbeiterstreik von 1889 und die Gründung des ‚Alten Verbandes' in ausgewählten Dokumenten der Zeit, Bochum 1969; Hinweise auch bei *Claudia Hiepel*, Arbeiterkatholizismus an der Ruhr. August Brust und der Gewerkverein christlicher Bergarbeiter, Stuttgart 1999, 49-54.

[129] Vgl. dazu *Friedrich*, Kaiser Wilhelm und die Christlich-sozialen, in: *Stefan Samerski* (Hrsg.), Wilhelm II. und die Religion, Berlin (Herbst 2000).

[130] Vgl. dazu die Bemerkungen bei *Klaus Erich Pollmann*, Soziale Frage, Sozialpolitik und evangelische Kirche 1890-1914, in: *Kaiser/Greschat* (Hrsg.), Sozialer Protestantismus und Sozialstaat. Diakonie und Wohlfahrtspflege in Deutschland 1890 bis 1938, Stuttgart 1996, 41-56, bes. 41f.

[131] *Nipperdey*, Deutsche Geschichte 1866-1918. Bd.1: Arbeitswelt und Bürgergeist, München 1990, 359. Mit dem Begriff des „Neuen Kurses" verband sich die Neuausrichtung der Innenpolitik unter dem jungen Kaiser seit 1890; vgl. dazu auch die Bemerkungen bei *vom Bruch*,1890, passim; zur Person vgl. *Hans-Jörg von Berlepsch*, „Neuer Kurs" im Kaiserreich? Die Arbeiterpolitik des Freiherrn von Berlepsch 1890 bis 1896, Bonn 1987.

[132] Vgl. zu den einzelnen Bestimmungen *Pollmann*, Soziale Frage, 42 und *Johannes Frerich/Martin Frey*, Handbuch der Geschichte der Sozialpolitik in Deutschland, Bd.1: Von der vorindustriellen Zeit bis zum Ende des Dritten Reiches, München 1993, 130-139.

[133] Vgl. dazu *Dieter Lindenlaub*, Richtungskämpfe im Verein für Sozialpolitik. Wissenschaft und Sozialpolitik im Kaiserreich vornehmlich vom Beginn des „neuen Kurses" bis zum Ausbruch des Ersten Weltkriegs (1890-1914). Teil 1, Wiesbaden 1967, bes. 189f.

[134] Die einzelnen Erklärungen des Kaisers sind in Auszügen zugänglich bei *Brakelmann*, Kirche, soziale Frage und Sozialismus. Bd.1: Kirchenleitungen und Synoden über soziale Frage und Sozialismus 1871-1914, Gütersloh 1977, 250-254.

[135] Der Text ist zugänglich ebenda, 86-90, dort 25-27 findet sich eine Interpretation; vgl. zur Einordnung auch *Pollmann*, Landesherrliches Kirchenregiment und soziale Frage. Der evangelische

dessen Kampf gegen die atheistische Sozialdemokratie unterstützte. Bemerkenswert an diesem Aufruf ist, daß man nicht bei einer sittlich-moralischen Verurteilung von Sozialismus und Liberalismus verharrte, sondern die Geistlichen ausdrücklich ermunterte, sich öffentlich zu engagieren. Dazu zählte man neben der „speziellen Seelsorge" für die Kirchenfernen, worunter etwa der Ausbau eines kirchennahen Vereinswesens (z.B. Frauen- und Jünglingsvereine) verstanden wurde, auch dies:

„Wo irgend möglich, ist es auch in den Städten wie auf dem Lande zu versuchen, daß der Geistliche in freien Versammlungen, verbunden mit Rede und Gegenrede, den Arbeitern unter die Augen tritt und Vorurteile zerstreut."[136]

Mit dieser Haltung, die durchaus als eine Bestätigung der Haltung *Stoeckers* und anderer Pfarrer gesehen werden kann, änderte der Evangelische Oberkirchenrat (EOK) der preußischen Landeskirche zwar im Schlepptau der staatlichen Politik seine frühere starre Haltung, verzichtete aber bewußt darauf, sozialpolitische Impulse zu setzen:

„Vor allem dürfen wir (...) nicht vergessen, daß unsere Kirche nicht berufen ist, die soziale Frage an sich zu lösen oder für irgendwelches in Vorschlag gebrachtes oder in der Übung befindliches wirtschaftliches System zu entscheiden, sondern sie hat lediglich die Aufgabe, die religiös-sittlichen Voraussetzungen hervorzurufen, zu befestigen und zu verteidigen, ohne welche kein Weg zum Ziel führt, die vorhandenen Verirrungen nicht beseitigt und Ordnungen, welche Bestand versprechen, nicht geschaffen werden können."[137]

Dieser Aufruf löste eine breite Bewegung innerhalb des deutschen Protestantismus aus; viele Christlich-soziale fühlten sich in ihrer Haltung bestätigt und machten sich an eine konkrete Umsetzung der Forderungen, die eine Anerkennung des kirchlichen Einflusses in der Öffentlichkeit signalisierten.[138] Dies gilt beispielsweise für die Evangelischen Arbeitervereine, deren Programm bereits vorgestellt wurde.

b) Gründung und Programmatik des Evangelisch-sozialen Kongresses

Die Konstituierung des Evangelisch-sozialen Kongresses (ESK)[139] im Mai 1890 in Berlin geschah vor dem Hintergrund des sozialpolitischen Aufbruchs des Jahres 1890. Und doch darf der ESK nicht auf seine sozialen Ziele reduziert werden, er war vielmehr ein breites Reformbündnis, welches kirchenpolitische, gesellschaftliche und sozialpolitische Ziele gleichermaßen verfolgte. In gewisser Weise

---

Oberkirchenrat der altpreußischen Landeskirche und sozialpolitische Bewegung der Geistlichen nach 1890, Berlin 1973, 82f.
[136] *Brakelmann*, Kirche, soziale Frage und Sozialismus, 89.
[137] Ebenda, 86f.
[138] Vgl. dazu ausführlich *Pollmann*, Kirchenregiment, 85-156, sowie die Bemerkungen bei*Ders.*, Soziale Frage, 47-49.
[139] Vgl. zur Geschichte des ESK mit weiterführender Literatur *Volker Drehsen*, „Evangelischer Glaube, brüderliche Wohlfahrt und wahre Bildung". Der Evangelisch-soziale Kongreß als sozialethisches und praktisch-theologisches Forum des Kulturprotestantismus im Wilhelminischen Kaiserreich (1890-1914), in: *Hans Martin Müller* (Hrsg.), Kulturprotestantismus. Beiträge zu einer Gestalt des modernen Christentums, Gütersloh 1992, 190-229.

diente der 1872 gegründete „Verein für Sozialpolitik", der unterschiedliche nationalökonomische Richtungen vereinte, als Vorbild.

Die Gründungsmitglieder des Vereins, *Adolf Stoecker, Ludwig Weber, Adolph Wagner* und auch *Adolf von Harnack* repräsentierten verschiedene theologische und politische Richtungen, auch wenn der Hauptinitiator *Adolf Stoecker* zunächst andere Ziele verfolgte. Er präferierte als Kongreßbezeichnung, in Anlehnung an die CSP, das Kompositum „christlich-sozial"[140] und wollte ihm so eine kirchlich-positive Richtung geben, also den Kongreß sowohl eng auf die verfaßte Kirche beziehen, wie auch die konservative Theologie, die sich gleichzeitig ‚moderner' Elemente nicht verschloß, zur prägenden Kraft machen. Das Einladungsschreiben[141] benannte als Aufgabe des Kongresses, „für das Verhalten der positiv gerichteten Evangelischen aller Richtungen gewisse Grundlinien zu finden" und wandte sich „an Männer aller politischen und kirchlichen Parteien, welche auf staatserhaltendem und kirchenfreundlichem Boden stehen". So verband sich mit der Gründung des ESK die alte Zielsetzung *Stoeckers*: die Wiedergewinnung der Massen für Kirche und Monarchie und der Kampf gegen die Sozialdemokratie.

Indem *Stoecker*, gegen den Rat *Ludwig Webers*,[142] auch *Harnack* einlud, war eine Öffnung nach *links* bereits vorprogrammiert. Denn obwohl auf der ersten Tagung, an der über 800 Besucher teilnahmen, nur konservative (positive) Theologen und Professoren referierten und obwohl man ein ‚Agitationscomitée auf positiver Grundlage' gründen wollte, gelang es *Harnack* u.a.[143], diese kirchenpolitische Ausrichtung entscheidend abzuschwächen und, durch ein Aktionsprogramm,[144] Grundprinzipien für die Mitarbeit aller Richtungen im Kongreß durchzusetzen. Die 1891 auf dem 2. Kongreß verabschiedete Satzung verdeutlicht die offene Ausrichtung des ESK:

„Der Evangelisch-soziale Kongreß hat sich zur Aufgabe gestellt, die sozialen Zustände unseres Volkes vorurteilslos zu untersuchen, sie an dem Maßstabe der sittlichen und religiösen Forderungen des Evangeliums zu messen und diese selbst für das heutige Wirtschaftsleben fruchtbarer und wirksamer zu machen als bisher."[145]

Schnell entwickelte sich der ESK zu einem breiten Forum von Nationalökonomen, Rechts- und Staatswissenschaftlern und Theologen, zu einer intellektuellen Institution. Hier konnten Fachleute unterschiedlicher Richtungen eng zusammenarbeiten, hier trafen sich kirchlich aktive Laien mit Theologen. Die anfängliche Bereitschaft aller Richtungen innerhalb der evangelischen Kirche, Trennendes zurückzustellen und gemeinsam an der Lösung gesellschaftlicher und kirchlicher

---

[140] Vgl. *Paul Göhre*, Die evangelisch-soziale Bewegung ihre Geschichte und ihre Ziele, Leipzig 1896, 136; vgl. auch *Dietrich von Oertzen*, Adolf Stoecker. Lebensbild und Zeitgeschichte Bd.2, Berlin 1910, 9, eine Erinnerung von *Ludwig Weber*. Dieser reklamiert die Bezeichnung „evangelisch-sozial" für sich.

[141] Vgl. den Text bei *Ernst Rudolf Huber/Wolfgang Huber*, Staat und Kirche im 19. und 20. Jahrhundert. Dokumente zur Geschichte des deutschen Staatskirchenrechts. Bd. III: Staat und Kirche von der Beilegung des Kulturkampfes bis zum Ende des Ersten Weltkriegs, Berlin 1983, 710.

[142] Vgl. *Oertzen*, Adolf Stoecker, 9. Weber wollte nur „bis zum rechten Flügel der Mittelpartei" einladen.

[143] Dazu gehört insbesondere der erste Generalsekretär des ESK, der Pfarrer *Paul Göhre*.

[144] Vgl. ChW Jg. 4 (1890), 662f (Vom evangelisch-sozialen Aktionskomitee).

[145] Der Text ist abgedruckt bei *Göhre*, Die evangelisch-soziale Bewegung, 146; vgl. auch *Huber/Huber*, Staat und Kirche, 710f.

Fragen, wobei die soziale Frage im Zentrum stand, mitzuwirken, erscheint bemerkenswert. In der ersten Phase der Geschichte des ESK bis zur Krise zwischen 1894 und 1896 waren die Redner auf den jährlichen Versammlungen annähernd zwischen positiven und liberalen Theologen paritätisch verteilt,[146] so daß die Zusammenarbeit der beiden Flügel funktionierte.

Dennoch war schon mit der Gründung der heterogene Charakter so deutlich, daß *Klaus Erich Pollmann* feststellen konnte: „Der Bruch, der 1894-96 zwischen den beiden Richtungen eintrat, ist im Grunde weniger überraschend als das Zustandekommen des Kongresses und die anfangs von beiden Seiten bewiesene Verständigungsbereitschaft."[147]

Dabei trat in der Kongreßarbeit stärker als die theologische Differenz die politische Unterscheidung zwischen ‚älteren' und ‚jüngeren' Christlich-sozialen hervor. Der Wortführer der ‚jüngeren' war der Frankfurter Pfarrer *Friedrich Naumann*, der sich politisch und theologisch immer weiter von *Stoecker* entfernt hatte.[148] Zu diesen ‚jüngeren' gehörte auch *Max Weber*, der in den ersten Jahren den ESK aktiv begleitete.[149] Dieser hatte etwa, als er den jungen Pfarrer *Paul Göhre* und dessen Schrift „Drei Monate Fabrikarbeiter" gegen sozialkonservative Kritiker verteidigte, 1892 erklärt:

Sie [d.i. die „moderne Arbeiterschaft"] fordern Anerkennung ihres Rechts über diejenigen Dinge und so zu denken, über die und wie die sogenannten ‚gebildeten Stände' denken. Nicht nur verstehen und nachsichtig beurteilen, sondern berücksichtigen und als berechtigt anerkennen sollen wir es, daß sich ihr Intellekt von der Gebundenheit der Tradition emanzipiert hat. Es ist eine Eigentümlichkeit des patriarchalischen Systems im wirtschaftlichen wie im kirchlichen Leben, in Wohlthätigkeitsvereinen wie in der Verwaltung, derartige grundverschiedene Dinge miteinander zu identifizieren."[150]

Weber machte den Graben zwischen einem sozialkonservativen, vielfach noch patriarchal gebundenen und einem auf Partizipation der Arbeiterschaft und Gesellschaftsreform konzentrierten Denken deutlich. So lag der Dissens beider Richtungen in der Beurteilung der sozialpolitischen Maßnahmen. *Stoecker* formulierte 1896 den Unterschied aus seiner Sicht recht genau:

„Sie (die ‚jüngeren' Christlich-sozialen) wollen in christlichem und vaterländischem Geiste dem vierten Stande zum Siege verhelfen und dadurch den sozialistischen Staat anbahnen."

Während diese den Klassenkampf fördern, wollen *Stoecker* und die alten Christlichsozialen „einen auf Berufsständen sich in Harmonie und Solidarität aufbauenden Staat, der in sozialer Weisheit jedem seiner Glieder Luft und Licht verschafft, um sich richtig zu entwickeln, der das ganze des Staatslebens in christlichem Geiste ordnet und den Lebensmächten den freien Einfluß auf das Volk gestattet".[151]

---

[146] Vgl. *Drehsen*, Der Evangelisch-soziale Kongress, 197.
[147] *Pollmann*, Soziale Frage, 50.
[148] Vgl. dazu 3. Kapitel II. 3. a.
[149] Vgl. dazu *Rita Aldenhoff*, Max Weber und der Evangelisch-soziale Kongreß, in: *Wolfgang J. Mommsen/Wolfgang Schwentker* (Hrsg.), Max Weber und seine Zeitgenossen, Göttingen 1988, 285-296.
[150] *Max Weber*, Zur Rechtfertigung Göhres (1892), in: Max Weber Gesamtausgabe, Bd. 4/1, Tübingen 1993, 109-119, Zitat 114, vgl. zur Einordnung auch *vom Bruch*, 1890, 12.
[151] DEKZ Jg. 10 (1896), 35.

Indem der Kongreß von Anfang an nicht den Vorstellungen der Gründer *Stoecker* und Ludwig *Weber* folgte und eine liberale Eigendynamik entwickelte, war tatsächlich ein Konflikt bereits vorprogrammiert. Das einigende Band in den ersten Jahren war die intensive Begleitung der staatlichen Sozialpolitik durch den gesamten Kongreß. Die Bandbreite der vom ESK verhandelten Themen reichte von der Wirtschafts- und Sozialpolitik über Familien- und Erziehungsfragen bis hin zu den Herausforderungen der modernen Naturwissenschaften. *Ernst Troeltsch*, selbst ein langjähriger, wenn auch kritischer Begleiter des Kongresses,[152] hat ihn als den Versuch „einer Aufrollung aller theoretisch und praktisch bedeutsamen Grundfragen der Ethik des Luthertums"[153] bezeichnet, wobei die völlig veränderte gesellschaftliche Situation die Hintergrundfolie bildete.

Noch vor der Krise beschäftigte sich der Kongreß in sehr grundsätzlicher Art und Weise mit der Frage der Wirtschaftsordnung. 1893 sprach der Berliner Theologieprofessor *Julius Kaftan* (1848-1926) zum Verhältnis von „Christentum und Wirtschaftsordnung"[154]. *Kaftan*, ein liberaler Theologe, interpretierte den im Sinne sittlicher Entfaltung verstandenen Persönlichkeitsgedanken als das Verbindungsglied von wirtschaftlichem Handeln und christlichem Glauben. So sei es „Christenpflicht, die Wirtschaftsordnung so zu gestalten, daß sie eine Grundlage für die Pflege der sittlichen Ideale des Christentums bildet"[155]. Für die Wirtschaftsordnung des Kaiserreichs kam *Kaftan* vom christlichen Standpunkt zu einer grundsätzlich positiven Beurteilung, betonte die Notwendigkeit einer ständigen Reform, da auch die sittliche Entwicklung stets voranschreite. Diese geistesgeschichtliche Position blieb nicht unwidersprochen. Die sozialkonservativen Protestanten wie *Wagner* oder *Stoecker* betonten stärker die Rolle des Staates, der eine interventionistische Politik gegen die sittliche Verantwortung des Einzelnen stellen sollte. *Naumann* kritisierte *Kaftan* dagegen von „links" und fordert eine theologisch begründete materiale Wirtschaftsethik, die ein konkretes sozialpolitisches Programm enthalten müsse.

Die hier exemplarisch vorgestellte Diskussion verdeutlicht den Stellenwert des ESK als ein offenes und innovatives Diskussionsforum. Die Heterogenität des sozialen Protestantismus, die auch den ESK bestimmte, und der politische Umschwung Mitte des Jahrzehnts, führten dann zu einer richtungsweisenden Krise.

c) Der sozial- und gesellschaftspolitische Umschwung 1895/96 und seine Bedeutung für den sozialen Protestantismus

Nur wenige Jahre nach dem verheißungsvollen Beginn des Jahrzehnts veränderten sich die Rahmenbedingungen erneut deutlich. Vordergründig bedingt durch den radikalen Umschwung in der Reichspolitik, wo der Kaiser und sein neuer

---

[152] Vgl. dazu *Hans-Georg Drescher*, Ernst Troeltsch. Leben und Werk, Göttingen 1991, 172-180.
[153] *Ernst Troeltsch*, Die Sozialisehren der christlichen Kirchen und Gruppen, Tübingen 1912 (Nachdruck Tübingen 1994), 593.
[154] *Julius Kaftan*, Christentum und Wirtschaftsordnung, in: Verhandlungen des 4. Evangelisch-sozialen Kongresses, Berlin 1893, 12-34; Text in Auszügen bei *Brakelmann/Jähnichen* (Hrsg.), Die protestantischen Wurzeln der Sozialen Marktwirtschaft. Ein Quellenband, Gütersloh 1994, 152-158; zur Einordnung vgl. *Jähnichen*, Die Debatte um Christentum und Wirtschaftsordnung, in: *Heienbrock u.a.* (Hrsg.), 100 Jahre ESK, 18-24.
[155] *Kaftan*, Christentum und Wirtschaftsordnung, 12.

Reichskanzler, *Fürst zu Hohenlohe-Schillingsfürst* (1819-1901, Reichskanzler von 1894-1900), unterstützt und gefördert durch Großindustrielle wie den *Freiherrn von Stumm*, erneut einen verschärften innenpolitischen Kurs gegenüber den Sozialdemokraten einschlugen („Umsturzvorlage")[156]. Scharfe Angriffe gegen den Kathedersozialismus und Pastorensozialismus, wie sie etwa *Stumm* im Reichstag vortrug und die zu einer breiten und polemischen öffentlichen Auseinandersetzung führten[157] oder auch die berühmte Äußerung des Kaisers aus dem Jahr 1896 („Wer Christ ist, der ist auch sozial; christlich-sozial ist Unsinn und führt zu Selbstüberhebung und Unduldsamkeit, beides dem Christentum schnurstracks zuwiderlaufend."[158]) dokumentieren diesen Stimmungsumschwung nachhaltig.[159]

Die Angriffe von Außen und mangelnder innerer Zusammenhalt führten dann zur Spaltung des ESK. Während sich die Angriffe *Stumms* gegen die Bewegung im ganzen richtete und sich gleichzeitig sowohl auf *Friedrich Naumann* als auch auf *Ludwig Weber* und die Arbeitervereine konzentrierten, wuchs innerhalb des ESK die Erkenntnis, daß ein Bruch aufgrund unterschiedlicher theologischer und besonders politischer Meinungen kaum zu verhindern war. Meinungsverschiedenheiten um *Stoeckers* konservatives Gesellschaftsmodell wurden verstärkt durch einen grundsätzlichen politischen Dissens. So lehnten z.B. *Naumann*, *Max Weber* und *Paul Göhre Stoeckers* Antisemitismus ab. Gleichzeitig sahen viele konservative, positive Theologen wie *Martin Kähler* und *Hermann Cremer* in der modernen Theologie, die im ESK eine immer größere Rolle spielte, einen Verrat am Christentum und an den evangelischen Grundsätzen der Kongreßarbeit. Sie richteten ihre Angriffe besonders gegen *Naumann*, dem sie Einseitigkeit in der sozialen Frage unter Vernachlässigung des Christentums vorwarfen.[160] Als dann, im Nachvollzug des Richtungswechsels der staatlichen Politik, auch der Evangelische Oberkirchenrat seinen sozialpolitisch freundlichen Kurs im Dezember 1895 radikal änderte, kam es zu einer Klärung der Fronten und die labile Einheit des ESK zerbrach.

Diese Trennung, die verbunden war mit einer politischen Trennung von *Stoeckers* CSP von den Konservativen und dem Versuch einer eigenständigen Profilierung des sozialkonservativen Protestantismus sowie mit einer in diesem Zusammenhang zu sehenden national-sozialen Wende *Naumanns*, der 1896 den allerdings politisch wenig erfolgreichen National-sozialen Verein[161] gründete, klärte

---

[156] Vgl. zur innenpolitischen Situation *Hans-Ulrich Wehler*, Deutsche Gesellschaftsgeschichte, Bd.3, München 1995, 1006-1008; *Nipperdey*, Deutsche Geschichte 1866-1918, Bd.2, München 1992, 699-718.

[157] Vgl. dazu *Pollmann*, Kirchenregiment, 158-188.

[158] Zitiert nach *von Oertzen*, Adolf Stoecker. Lebensbild und Zeitgeschichte, Bd.1, Berlin 1910, 162; vgl. dazu auch ausführlich *Pollmann*, Kirchenregiment, 262ff.

[159] Die Ereignisse sind mehrfach eingehend beschrieben worden, vgl. z.B. *E.I. Kouri*, Der deutsche Protestantismus und die soziale Frage 1870-1919. Zur Sozialpolitik im Bildungsbürgertum, Berlin 1984, 129-140.

[160] Vgl. z.B. die Kritik von *Hermann Cremer* („Wirrwarr in den Köpfen unserer Jugend"; „Naumanns schwere Verirrungen") in: *Robert Stupperich* (Hrsg.), Hermann Cremer. Haupt der „Greifswalder Schule". Briefwechsel und Dokumente, Köln 1988, 338; vgl. auch *Pollmann*, Kirchenregiment, 266ff.

[161] Vgl. dazu *Dieter Düding*, Der National-soziale Verein 1896-1903. Der gescheiterte Versuch einer parteipolitischen Synthese von Nationalismus, Sozialismus und Liberalismus, München 1972.

dann für die nächsten Jahrzehnte die Fronten innerhalb des sozialen Protestantismus zwischen den sog. ‚jüngeren' oder sozialliberalen Protestanten und den ‚älteren' oder sozialkonservativen Protestanten.

2. Der sozialkonservative Protestantismus

a) Die Etablierung der Freien Kirchlich-sozialen Konferenz

Die beiden Richtungen innerhalb des sozialen Protestantismus organisierten sich schwerpunktmäßig in zwei Institutionen, die nicht nur unterschiedliche Programme besaßen, sondern sich auch in ihrer praktischen Arbeit deutlich voneinander unterschieden. Während der ESK, der geschlossener und personell nur wenig geschwächt aus den Auseinandersetzungen hervorging, nun das Diskussionsforum des Kulturprotestantismus wurde[162], konzentrierte sich die Stoeckersche Neugründung, die Freie Kirchlich-soziale Konferenz, verstärkt auf praktische Sozialarbeit, ohne theoretische Erwägungen vollständig zu negieren.

Nach dem Ausscheiden zögerten *Stoecker* und seine Freunde zunächst, eine neue Organisation zu bilden. Nur wenige Woche später erschien im Juli 1896 ein „Kirchlich-soziales Manifest" mit dem Ziel, den christlich-sozialen Anhängern Orientierung zu geben. Was forderte das „Kirchlich-soziale Manifest"?[163]

In scharfer Abgrenzung „gegenüber der Entwicklung des Evangelisch-sozialen Kongresses" formuliert es in sieben Punkten die „kirchlich-sozialen Überzeugungen" und Forderungen. Man gründet seinen Glauben in „göttlichen Grundordnungen" und dem „Glauben an die Heilsthatsachen" und sieht eine Erneuerung und „Heilung des kranken Volksgeistes" nur möglich in der Anwendung des biblischen, „unverfälschten" Evangeliums auf Kirche und Gesellschaft. Der Paragraph III, der im Mittelpunkt des Manifestes steht, benennt die soziale Frage, die als eine christlich-sittliche definiert wird („Nur ein soziales Wirken, das mit besonnener Anknüpfung an das geschichtlich Gewordene die Verhältnisse bessern und die Klassen versöhnen will, schließt die Möglichkeit der Hilfe ein."), als zentrales Anliegen. Man wendet sich sowohl gegen die „moderne Theologie" als auch gegen die Vorstellung, „die christlichen Begriffe evangelischer Freiheit und Gleichheit vor Gott" „unmittelbar auf irdische Verhältnisse" anzuwenden. Gleichzeitig betont der Aufruf nachdrücklich die Notwendigkeit für den einzelnen Christen und „die Kirche in ihren Aemtern", sich nicht nur der Einzelfürsorge hinzugeben, sondern auch für „die sozialen Zustände (…) und deren Besserung, auch durch Recht und Gesetz ihre Stimme" zu erheben. In deutlicher Anspielung auf den Erlaß des EOK vom 16. Dezember 1895[164] wird erklärt:

„Dem Geistlichen kann es unter Umständen zur unweigerlichen Pflicht werden, persönlich in den Kampf für die sittlichen Lebensmächte einzutreten, Gleichgesinnte zu sammeln und sowohl die evangelischen Arbeitervereine wie die Werke der inneren Mission im Sinne kirchlich-sozialer Arbeit zu pflegen."

---

[162] Vgl. dazu *Drehsen*, Der Evangelisch-soziale Kongress. Er war ein „Forum zur freien Diskussion sozialpolitischer und sozialethischer Streitfragen"; *Klaus Erich Pollmann*, Evangelischsozialer Kongress; in: TRE, Bd.10, Berlin 1982, 645-650, bes. 647.

[163] Der Text ist mehrfach gedruckt: vgl. *von Oertzen*, Adolf Stöcker, 199-201; *Huber/Huber*, Staat und Kirche, 635-637; *Stupperich*, Herrmann Cremer, 345f (Faksimile-Abdruck des Flugblattes).

[164] Vgl. dazu *Pollmann*, Kirchenregiment, 189ff.

Das Manifest war eine scharfe Absage an die *moderne Theologie* und zeigte eine deutliche Nähe zur christlich-konservativen Weltanschauung. Man koppelte nun, wie dies bereits 1890 *Weber* und *Stoecker* intendiert hatten, das positive christliche Bekenntnis und die soziale Arbeit zusammen; ein Modell, das der ESK gerade aufgebrochen hatte. So wurden die Gräben zwischen den beiden Flügeln der christlich-sozialen Bewegung weiter vertieft. Der Aufruf hatte großen Erfolg: ca. 600 Personen, überwiegend Theologen, unterzeichneten bis Ende Juli den Aufruf.[165] Bemerkenswert ist die Bezeichnung als *kirchlich-sozial*, mit der sich die Konferenz von parteipolitischen Bindungen freihalten wollte und sich zugleich vom ESK absetzte. Damit machte sie ihre enge Gebundenheit an die Kirche deutlich.

Anfang April 1897 erging in *Stoeckers Deutscher Evangelischer Kirchenzeitung* eine Einladung zu einer „freien kirchlich-sozialen Konferenz"[166] vom 27. bis 28. April in Kassel; zu der Tagung kamen ca. 300-400 Teilnehmer. Von diesen traten dann weniger als 100 der Konferenz bei.[167] *Stoecker* hielt den Hauptvortrag[168] („Die gefährdete Lage der Reformationskirche"), in dem er Programmatik und Arbeitsweise der Konferenz entfaltete. Dabei rahmte er die soziale Frage fest in die kirchenpolitischen Forderungen ein. *Stoecker* forderte von der „Kirche der Reformation", die aus der staatskirchlichen Umklammerung befreit werden müsse, daß sie zu öffentlichen, gesellschaftlichen Fragen Stellung nehmen solle.

Auf der dritten Hauptversammlung 1898 wurden dann mit der Verabschiedung der ‚Richtlinien für die freie kirchlich-soziale Arbeit'[169] die programmatischen Weichen für die Vereinsarbeit der nächsten Jahre gestellt:

„Betreffs der Kirche" hält man an der „Volkskirche der Reformation" fest, diese soll allerdings durch „biblisch gläubige Männer" „zu einer Versammlung der Gläubigen" ausgestaltet werden. Ein praktisch völlig neuer Gedanke ist die Öffnung der FKSK gegenüber den Gemeinschaften. „Betreffs der Gemeinschaften" begründet man die Notwendigkeiten des „Gemeinschaftslebens" zur „Stärkung und Erbauung" des Christentums, sieht in der Evangelisation eine Möglichkeit, „die evangelische deutsche Christenheit mit den Lebenskräften des Evangeliums zu durchdringen" und möchte einen „freie(n) Anschluß der Gemeinschafts- und Evangelisationsbewegung an die bestehende Kirche". Man nennt sich „frei", weil man für die Freiheit der Kirche vom Staat eintritt.[170] Erst als dritten Punkt stellt man Richtlinien „Betreffs des Sozialen" auf. Diese zeichnen sich durch eine merkwürdige Unklarheit aus. Auch wenn man das Bemühen in Rechnung stellt, daß die Richtlinien möglichst weit gefaßt werden müssen, um eine erfolgreiche Arbeit zu ermöglichen, enttäuschen die Aussagen im Vergleich zur

---

[165] Vgl. Der Reichsbote Jg. 24 (1896), Nr. 169 (21.07.1896); weitere Unterschriften und Reaktionen folgten, vgl. Nr. 172-175; 180.183.184.187.

[166] Vgl. DEKZ Jg. 11 (1897), 140f, unterschrieben von über 100 Persönlichkeiten des kirchlichen Lebens.

[167] Vgl. den Bericht von *Mumm* in: KSBl Jg. 10(1907), Nr. 5, 38 (Ebenezer).

[168] Die Tagung ist dokumentiert in: DEKZ Jg. 11(1897), 140f.173f.191f.197ff.207ff.233ff243ff; Verhandlungen der freien kirchlich-sozialen Konferenz zu Kassel am 27. und 28. April 1897, Berlin 1897, dort 7-23 der Vortrag.

[169] KSBl Jg. 1 (1898), Nr. 5, 41; MPTh Jg. 2 (1905/06), 421f., dort auch die weiteren Zitate.

[170] *Ludwig Weber*, Die Förderungen der Kirchlich-sozialen Bestrebungen durch die preußische Generalsynode (Hefte der Freien Kirchlich-sozialen Konferenz, 29), Berlin 1904, 15f.: „Wir haben uns freie Konferenz genannt, weil wir die Freiheit der Kirche wollen, und immer mehr stellt es sich heraus, daß die volle Selbständigkeit der einzige Ausweg aus ihren großen Schwierigkeiten sein wird. Kirchlich heißen wir, weil wir uns eng an die Kirche der Reformation anschließen. Sozial nennen wir uns, weil wir reden und handeln im Interesse unseres arbeitenden Volkes."

Kundgebung von 1896. Aus dem dezidierten Eintreten für eine umfassende Behandlung der sozialen Frage in der Kirche ist die lapidare Aussage geworden:
„Das Soziale ist in unsern Tagen (...) zu berücksichtigen", die ‚Jünger' Jesu sollen nicht nur Einzelseelsorge betreiben, sondern „an dem Gesamtzustande des Volkes teilnehmen".

Deutlich wird, daß in den Arbeitsrichtlinien verschiedene Adressatenkreise angesprochen werden, die in der Konferenz mitarbeiten sollten. Das Bündnis mit der Gemeinschaftsbewegung, welches die ersten Jahre bestimmte, verlor später allerdings an Bedeutung.

Programmatisch hatte die Konferenz, als Gründung des konservativen sozialen Protestantismus und der positiven Theologie, ein Gegenmodell zum Evangelischsozialen Kongreß geschaffen. Man wollte sich dabei nicht auf die soziale Frage beschränken, sondern vielmehr eine umfassende innerkirchliche Reformbewegung sein. Parallel zur staatlichen Politik trat dabei die soziale Frage bis zur Jahrhundertwende gegenüber Fragen von Evangelisation und Kirchenreform zurück. Erst nach der Jahrhundertwende veränderten sich die Koordinaten der Arbeit. Dies hängt mit einem ganzen Bündel von Gründen zusammen. Wesentlich dürfte dabei einmal die erneute Veränderungen der staatlichen Politik, die sich etwa durch die Berufung des sozialkonservativen Sozialpolitikers *Arthur Graf von Posadowsky-Wehner* (1845-1932)[171] in die Regierung 1897 dokumentierte. Kirchenpolitisch erwies sich das angestrebte Programm einer Kirchenreform als nicht durchsetzbar. Schließlich änderte sich auch die personelle Zusammensetzung der Konferenz. Nachdem der erste Generalsekretär *Ernst Böhme* (1871-1901)[172] früh verstorben war, trat im Jahr 1900 mit dem jungen Pfarrer und Stoecker-Anhänger *Reinhard Mumm* (1873-1932) ein Generalsekretär an, der als glänzender Organisator die FKSK im sozialkonservativen Protestantismus etablierte, ihr zugleich aber nur wenige inhaltliche Impulse zu geben vermochte.[173] Der christlich-soziale Politiker und Multifunktionär *Mumm* blieb bis an sein Lebensende der kirchlich-sozialen Arbeit eng verbunden.

c) Die FKSK zwischen programmatischen Bemühungen und praktischer Arbeit

Die Konferenz zeichnete sich von Anfang an gegenüber dem ESK durch den Praxisbezug aus. Durch die genaue Festlegung von Arbeitszielen und -formen wurde der apologetische Charakter der Konferenz deutlich. Sie wollte kein freies, kulturprotestantisches Diskussionsforum sein, sondern deklamatorisches Element zur Durchsetzung der eigenen dogmatischen Positionen in Kirche und Gesellschaft. Dabei entfaltete die Konferenz besonders unter ihrem Generalsekretär *Reinhard Mumm*, der das Vertrauen der langjährigen Präsidenten *Adolf Stoecker* (1903-1909) und *Reinhold Seeberg* (1909-1932)[174] besaß, eine bedeutsame Wirksamkeit. *Mumm* gelang es, einen kleinen kirchlich-sozialen Konzern aufzubauen. So unterstützte die FKSK die Gründung lokaler evangelischer Arbeitervereine, etwa in

---

[171] Vgl. zur Person *Joachim Bahlcke*, Arthur Graf von Posadowsky-Wehner, in: Criticon Jg. 22 (1992), 213-217.

[172] Vgl. zur Person *Reinhard Mumm*, Ernst Böhme, in: *Karl Maaßmann/Paul Oßwald* (Hrsg.), VDSTer. Fünfzig Jahre Arbeit für Volkstum und Staat, Berlin 1931, 115-117.

[173] Vgl. zur Person *Friedrich,* Mumm.

[174] Vgl. zu den Organisationsfragen ausführlich ebenda, 114-131.

Berlin, engagierte sich intensiv bei der Gründung des Gewerkvereins der Heimarbeiterinnen, der sich unter der langjährigen Vorsitzenden, der christlich-sozialen *Margarete Behm* (1860-1929), zu einer erfolgreichen Vertretung vieler heimarbeitenden Frauen entwickelte, und förderte die Bildungsarbeit der Kirchlich-sozialen Bewegung etwa durch die Organisierung von speziellen Ausbildungs- oder Bibelkursen für Arbeitersekretäre. Ein besonderes Interesse der Arbeit *Mumms* und der FKSK galt der Pressearbeit, erkannte man doch genau den Multiplikatoreffekt, den eine erfolgreiche Presse für die gesamte Bewegung hatte. Die verhältnismäßig erfolgreichen Organe des sozialliberalen Protestantismus, wie *Naumanns* „Hilfe" oder *Martin Rades* „Christliche Welt" dürften ebenfalls Ansporn gewesen sein. Neben der Konferenzzeitschrift, den „Kirchlich-sozialen Blättern", die von 1898 bis 1934 ununterbrochen erschienen, und den sog. „Kirchlich-sozialen Heften', von denen bis 1914 insgesamt 52 Hefte erschienen[175], soll hier nur der Versuch der christlich-sozialen Tageszeitung „Das Reich" genannt werden, die zwischen 1904 und 1910 erschien.[176]

Alle diese Bereiche[177] belegen den pragmatischen Charakter der Konferenz. Eine Konkurrenz konnte in diesem Sinne auch zwischen FKSK und ESK nur bedingt entstehen, da es nur wenige Arbeitsbereiche gab, in denen es zu echten Überschneidungen kam.[178] So kann man von einer gewissen, freilich nicht abgesprochenen, Arbeitsteilung sprechen. Das Verhältnis zum ESK wurde als „Schiedlich-friedlich"[179] bezeichnet, wobei die Betonung der Verhältnisbestimmung zunächst auf dem „Schiedlich" lag.

Wenn auch die Gemeinsamkeiten in sozialpolitischen Fragen vor dem Ersten Weltkrieg immer größer wurden, so scheint es doch übertrieben zu sein, von einer „gewissen Annäherung"[180] der FKSK an den Kulturprotestantismus zu sprechen. Die fundamentalistischen theologischen und gesellschaftspolitischen Positionen der FKSK blieben bestehen. Dies kann man beispielhaft an dem Versuch aufzeigen, der kirchlich-sozialen Idee eine theoretische Fundierung zu geben. Innerhalb der FKSK waren es nur wenige, die sich darum bemühten, die auf dem Stoeckerschen Gedankengebäude basierenden kirchlich-sozialen Grundsätze theoretisch

---

[175] Bis 1933 waren es dann 78 Hefte (mit Doppelnummern); vgl. die Aufstellung, *Friedrich*, Mumm, 289-291.

[176] Vgl. dazu ausführlich ebenda, 160-165.

[177] Die Aufzählung ist nicht vollzählig, es müssen beispielsweise auch die Gründung des Vaterländischen Bauvereins zu Berlin, der im Wedding für die christlich-soziale Klientel Arbeiterwohnungen baute (vgl. dazu *Friedrich*, Der Berliner Vaterländische Bauverein von 1902 – eine kirchlich-soziale Antwort auf die Wohnungsnot in Deutschland, in: Jahrbuch für Berlin-Brandenburgische Kirchengeschichte Jg. 61 [1997], 172-186) sowie die Soziale Geschäftsstelle für das evangelische Deutschland, die zwischen der FKSK und anderen Vereinen des Verbandsprotestantismus wie den Arbeitervereinen oder auch Teilen der Inneren Mission koordinierende Aufgaben wahrnehmen sollte, genannt werden.

[178] Ein Beispiel war zeitweise das Bildungs- oder Kurswesen, doch spielte dies nur bedingt eine Rolle.

[179] KSBl Jg. 3 (1900), Nr. 2, 14f.

[180] *Pollmann*, Die Freie kirchlich-soziale Konferenz von ihren Anfängen bis zum Ersten Weltkrieg (1897-1914), in: *Friedrich Wilhelm Graf* (Hrsg.), Sozialprotestantismus im Kaiserreich, (soll 2001 erscheinen, zitiert wird nach dem Manuskript, 44; vgl. dazu auch *Manfred Schick*, Kulturprotestantismus und soziale Frage. Versuche zur Begründung der Sozialethik, vornehmlich in der Zeit von der Gründung des Evangelisch-sozialen Kongresses bis zum Ausbruch des 1. Weltkriegs (1890-1914), Tübingen 1970, 92f.

zu reflektieren und den Zeitumständen anzupassen. Zu nennen sind hier besonders *Reinhold Seeberg* und *Reinhard Mumm*.

Mumm faßte seine Gedanken in einem Vortrag auf der Generalversammlung der FKSK 1907 zusammen („Eine eigene sozial-politische Theorie für die christlich-nationale Arbeiterbewegung").[181] Der Hintergrund seiner Gedanken war das Ziel, eine höhere Akzeptanz für die Christlichen Gewerkschaften, die von vielen kirchlich-sozialen unterstützt wurden, zu erreichen.[182] Um dies zu erreichen, legte er Überlegungen für eine christliche „Sozial-Ethik" vor.[183]

Die Theorie nimmt ihren Ausgangspunkt in der Anthropologie und grenzt sich damit gegen eine verkürzte ökonomistische Sichtweise ab. Der Mensch und sein Handeln sind getragen von Egoismus und Altruismus, von Eigenliebe und Nächstenliebe. Für die Theorie entscheidend sind die „Gemeinschaftsbildungen", die das menschliche Agieren bestimmen, konkret Familie, Staat, Kirche, aber auch die Berufsorganisation. Sie alle sind miteinander verbunden, eine Absolutsetzung eines Bereiches darf nicht geschehen.

Zunächst wendet er sich der Familie als der „Urform aller Gemeinschaft" zu. Fürsorge für die Familie ist wichtig, Weltflucht und Rückzug aus der Gesellschaft in die Privatsphäre falsch. Ausführlich begründet er die entscheidenden Impulse, die von der Familie für die gewerkschaftliche Programmatik ausgehen: Die Zahlung eines „gerechten Lohns" ermöglicht dem Arbeiter, eine angemessene Wohnung zu nehmen,[184] sich entsprechend zu kleiden, zu ernähren etc. Die Bezahlung eines „Familienlohns" ist ein wirksames Mittel gegen die Frauenerwerbstätigkeit. Weitere Forderungen beziehen sich auf die Verkürzung der Arbeitszeit, die Einführung der Sonntagsruhe, die Gewährung von Ferien. Schließlich fordert er noch eine Organisierung der Arbeitslosenunterstützung durch die Gewerkschaften. Im Hinblick auf die Familie werden die sozialpolitischen Forderungen aus sittlich-moralischen Maßstäben heraus begründet.

Der Staat, dessen Zweckbestimmung „Rechtssicherheit nach innen und außen" ist, hat ein Interesse an wehrfähigen, gesunden Männern und muß daher für eine entsprechende Arbeitsordnung sorgen. Gleiches gilt für die Politik nach Innen: eine erfolgreiche Wirtschaftpolitik des Staates erfordert eine höhere Qualifizierung der Arbeiter, höherer Verdienst verstärkt die Konsumtätigkeit und bewirkt einen größeren Umsatz; eine Gesellschaftspolitik soll eine kulturelle Förderung der Arbeiter erreichen. Grundlage ist der Wille des Staates zur Integration der Arbeiter in die Gesellschaft, zur „Gleichberechtigung des Arbeiterstandes". Der Staat soll daher die Gewerkschaften als „öffentlich-rechtlich" anerkennen[185] und sie bei der „Gestaltung des Arbeitsverhältnisses" angemessen berücksichtigen. Konkret gefordert ist ein „modernes" Arbeits- und Tarifrecht. Der ständisch gegliederte Staat kann sich demgegenüber auf loyale Gewerkschaften verlassen[186].

---

[181] Vollständig abgedruckt in *Mumm*, Eine eigene sozial-politische Theorie für die christlich-nationale Arbeiterbewegung? Referate auf der 12. Hauptversammlung d. Freien-kirchlich-sozialen Konferenz zu Freiburg i.Br. am 04.04.1907, (FKSK-Hefte-41), Berlin 1907; Thesen auch KSBl Jg. 10 (1907), 29f.; Mumms Text erschien auch in einer 13teiligen Serie in Das Reich Jg. 4 (1907), Nr. 279ff., ab 31.08.1907; vgl. auch die Auszüge in *Reinhard Mumm*, Der christlich-soziale Gedanke, Berlin 1933, 49-58; in seiner Autobiographie stellt *Mumm* sich als Vorläufer von *Friedrich Brunstäd* dar.

[182] Vgl. dazu 3. Kapitel II. 2. f.

[183] *Mumm*, Arbeiterbewegung, 12.

[184] Hier verweist *Mumm* zusätzlich auf die Bedeutung der Genossenschaftsideen und der Bodenreformbewegung.

[185] Ebenda, 31.

[186] „Die Gewerkschaft ist staatsfreundlich, denn sie mehrt die Wehrhaftigkeit des Staates und stärkt seine innere Struktur; sie erhöht die Leistungsfähigkeit des Arbeiters und mehrt damit die nationale Wirtschaftskraft, sie erhöht die Konsumkraft des Arbeiters und mehrt damit den Absatz;

Als dritte Gemeinschaftsform betrachtet *Mumm* die Kirche. Kirche und Christentum müssen eingebunden werden in die Welt, „Aufgabe des Christen in der Welt ist Weltverklärung, nicht Weltverneinung"[187]. Nur das Christentum ermöglicht es, in jedem Individuum den Wert des Menschen und dessen Seele zu sehen. „Die Menschheit ist von Sünde durchwaltet", sie bestimmt das Leben. Daher gilt: „Die gewerkschaftliche Arbeit wird nie auf Erden ihr Ziel erreichen, muß aber unabläßig ihm nachstreben." Sozialistische oder kommunistische Utopien sind „töricht". Gott allein wirkt und waltet in der Geschichte und in den geschichtlich bedingten Ordnungen.[188] Damit hat er seinem Vortrag bewußt „evangelische Grundlinien" gegeben.

Kürzer wird das Problem der „berechtigten Eigenliebe" behandelt. Die Sorge und Pflege um den eigenen Körper erhält die Arbeitskraft und die Leistungsfähigkeit des Menschen. „Seelenpflege" bedeutet Zeit zur Besinnung, zur Lektüre, zum Gespräch, auch zur religiösen Ruhe. So tritt endlich für *Mumm*, neben „Gotteshilfe, Staatshilfe und Selbsthilfe die gewerkschaftliche Bruderhilfe".[189] *Mumm* griff damit ein Schlagwort der gesamten Evangelischsozialen auf, wandte es aber im Sinne der sozialkonservativen Vorstellungen der christlichsozialen. Für *Mumm* war Sozialpolitik immer Gesellschaftspolitik im konservativ-monarchischen Sinne. Die Arbeiter waren nicht nur Ziel seiner Bemühungen, sondern auch Instrument.

Mumms Hoffnungen, mit der Theorie größeren Einfluß auf die Arbeiterbewegung zu gewinnen, wurden enttäuscht,[190] eine größere Resonanz läßt sich kaum feststellen.[191] Dies dürfte auch damit zusammenhängen, daß *Mumm* eine dezidiert protestantische Position vorgelegt hatte, die konsequent die Kirche zum Mittelpunkt des Denkens machte. Hier orientierte sich *Mumm* an *Reinhold Seeberg*, der das Kirchen- und Theologieverständnis vieler Christlich-sozialer nachhaltig beeinflußt hat.

d) *Reinhold Seeberg*

Seeberg, 1858 im Baltikum geboren und 1935 in Ahrenshoop/Vorpommern gestorben, gilt als einer der renommiertesten konservativen lutherischen Theologen des beginnenden 20. Jahrhunderts.[192] Er bemühte sich in seinem theologischen Denken, beeinflußt durch das baltische Luthertum wie auch durch den Idealismus, um eine Synthese von überkommenen dogmatischen Lehren und einer kritisch-konstruktiven Aneignung der Gegenwart. *Seeberg* beschrieb diese Position mit dem umstrittenen Schlagwort „modern-positiv".[193] Damit öffnete er zugleich

---

sie hebt damit den Arbeiterstand kulturell und teilt damit die Kulturaufgabe des Staates" ebenda, 44.

[187] Ebenda, 44.

[188] Adressaten dieser Gedanken waren für *Mumm* die konfessionellen Arbeitervereine, die die theologische Dimension in ihre Arbeit hineintragen sollen.

[189] *Mumm*, Arbeiterbewegung, 57.

[190] Vgl. dazu auch *ders.*, Gedanke, 57f.

[191] Vgl. zu den Reaktionen die Darstellung bei *Friedrich*, Mumm, 152-154.

[192] Vgl. zur Person *Friedrich Wilhelm Graf/Klaus Tanner*, Lutherischer Sozialidealismus. Reinhold Seeberg 1859-1935, in: *Graf* (Hrsg.), Profile des neuzeitlichen Protestantismus, Bd.2/2, Gütersloh 1993, 354-397; *Brakelmann*, Protestantische Kriegstheologie im 1. Weltkrieg. Reinhold Seeberg als Theologe des deutschen Imperialismus, Bielefeld 1974.

[193] Vgl. dazu *Eckhard Lessing*, Religionsgeschichtliche und modern-positive Theologie, in: *Rogge/Ruhbach* (Hrsg.), Die Geschichte der Evangelischen Kirche der Union, Bd. 2, 384-401, *Seeberg* sah darin die Möglichkeit, auf einer „neuen Weise alte Wahrheit zu lehren", nach ebenda,

die Theologie für andere Wissenschaften. An der Berliner Universität bildete er den konservativen Widerpart zu dem liberalen *Adolf von Harnack*.

In *Seebergs* Ethik („System der Ethik",1911)[194] sind die „Lebensfunktionen der Kirche" beschrieben; hierzu zählte er auf dem zentralen Gebiet der Sittlichkeit sowohl die Innere Mission als auch als „eine Erweiterung": die „christlich-soziale Arbeit"(§ 48).[195] Auch wenn *Seeberg* konkrete Fragen, etwa nach der Organisation, nicht behandelte, so ist sein Hinweis auf „praktisch-sittliche(r) Taten"[196] dennoch eine theologische Fundierung der Position vieler kirchlich-sozialer Protestanten. In diesem Sinne entwickelte *Seeberg* aus seinen ekklesiologischen Vorstellungen seine sozialethischen Positionen, die sich konkret in einem intensiven Engagement für verschiedene Bereiche des konservativen Verbandsprotestantismus wie der Inneren Mission, der FKSK manifestierten, aber auch in vielen Stellungnahmen zu gesellschaftspolitischen Fragen. „Er verkündet nicht nur ethische Postulate, sondern versucht, seine Visionen einer Rechristianisierung von Kultur und Gemeinwesen mit Hilfe der Organisation von Interessen durchzusetzen."[197]

e) *Martin von Nathusius*

In das sozialkonservative Umfeld gehört noch ein weiterer Theologe, der durch sein sozialdiakonisches Handeln und seine zahlreichen Schriften zur sozialen Frage einen großen Einfluß ausgeübt hat, auch wenn er neben den charismatischen Persönlichkeiten des sozialen Protestantismus wie *Adolf Stoecker* oder *Friedrich Naumann* bisher nur wenig beachtet wurde*: Martin von Nathusius*.[198] Geboren 1843 in Althaldensleben – seine Eltern, Philipp (seit 1861 von N.) und Marie *Nathusius*,[199] waren bedeutende Sozialreformer, die u.a. die diakonischen Neinstedter Anstalten gründeten – wuchs er in einem preußisch orientierten, christlich-konservativen und frommen Elternhaus auf. Die Bedeutung eines diakonischen, sozialen Handelns, die er in seinem Elternhaus erfahren hatte, setzte er in seiner Tätigkeit als Pfarrer in Quedlinburg (1873-1885) und besonders in Barmen-Wupperfeld (1885-1888) um, gerade durch die Tätigkeit in verschiedenen Vereinen. Parallel dazu entfaltete *Nathusius* eine umfangreiche publizistische Tätigkeit, besonders als Herausgeber des „Volksblattes für Stadt und Land zur Belehrung und Unterhaltung", bei dem bereits sein Vater gearbeitete hatte und welches er 1879 in „Allgemeine Conservative Monatsschrift für das christliche Deutschland" umbenannte.[200] In dieser Zeitschrift, die für den Konservatismus in

---

396; auch das Parteiprogramm der Christlich-sozialen Partei von 1910 kann als Umsetzung dieses theologischen Programms gelesen werden, vgl. dazu 3. Kapitel I. 4. b.
[194] *Seeberg*, System der Ethik, Leipzig 1911 (2. neubearbeitete Auflage 1920).
[195] Ebenda, 82f.
[196] Ebenda, 84.
[197] *Graf/Tanner*, Seeberg, 363.
[198] Vgl. zur Person *Friedrich Wilhelm Graf*, Martin von Nathusius, in: BBKL Bd.6 (1993), Sp. 483-494; *Thomas Schlag*, Martin von Nathusius und die Anfänge protestantischer Wirtschafts- und Sozialethik, Berlin 1998, Schlags Buch ist die erste ausführliche Darstellung zu Leben und Werk Nathusius'.
[199] Vgl. dazu BBKL Bd. 14 (1999), Sp. 825-830.
[200] Vgl. dazu *Schlag*, Nathusius, 57-63; vgl. auch *Martin Friedrich*, Kampf gegen die Revolution in Kirche, Staat, Gesellschaft und Kultur. Das „Volksblatt für Stadt und Land" 1844-1852, in:

Deutschland ein wichtiges Sprachrohr war, konnte *Nathusius* mit großer öffentlicher Wirksamkeit seine theologischen, politischen und kirchlichen Vorstellungen präsentieren. 1888 erhielt er eine Professur für Praktische Theologie in Greifswald, wo er neben dem Systematiker *Hermann Cremer* (1834-1903), dem „Haupt der Greifswalder Schule", einer der einflußreichsten konservativen ‚positiven' Theologen wurde. *Nathusius* war eng mit den wichtigsten Vertretern der christlich-sozialen Bewegung verbunden, so war er ebenso wie *Hermann Cremer* mit *Adolf Stoecker* eng befreundet;[201] in nationalökonomischen Fragen wurde *Adolph Wagner* zu einem der wichtigsten Gesprächspartner.[202] Neben seinem Engagement für die Innere Mission beteiligte sich *Nathusius*, wenn auch wegen der liberalen theologischen Elemente mit Zögern, am ESK, den er freilich aus Protest gegen die Beteiligung einer Frau als Rednerin bereits 1894 wieder verließ. Auch die Freie Kirchlich-soziale Konferenz, an deren programmatischer Ausrichtung er beteiligt war, begleitete er mit Vorbehalten.

Sein Hauptwerk ist das zunächst 1893 und 1894 in zwei Teilen erschienene Buch „Die Mitarbeit der Kirche an der Lösung der sozialen Frage".[203] Nathuius versuchte mit diesem Buch einmal, notwendige nationalökonomische Kenntnisse zu vermitteln, war er doch überzeugt, nur fundiertes theoretisches Wissen könne eine Antwort auf die drängenden sozialen Fragen der Zeit geben. Mit diesem Ansatz, der den ersten Teil des Buches („Die soziale Frage") bestimmt, in dem er eine Darstellung der Volkswirtschaftslehre der Zeit, besonders der historischen Schule der Nationalökonomie liefert, initiierte er entscheidend einen interdisziplinären Dialog verschiedener Wissenschaften und bereitete damit die spätere Verankerung der Sozialethik innerhalb der Theologie vor:

„Soll es überhaupt eine Theologie geben, d.h. eine wissenschaftliche Darstellung des christlichen Glaubens, so muß diese auch eine Lehre von der Kirche einschließen; diese wiederum kann nicht sein ohne eine Theorie des kirchlichen Handelns in seinem gesamten Umfang."[204]

Sein Anspruch war es, eine solche kirchliche Handlungstheorie zu formulieren. So bettete er seine Darstellung ein in sein eigenes theologisches Programm, welches er im zweiten Teil entfaltete („Die kirchliche Aufgabe"). Hier lag für ihn der Schlüssel für die Lösung der sozialen Frage, hier lag auch die spezifische kirchliche Aufgabe, die quasi einen heilstheologischen Auftrag zu erfüllen hatte. So setzte *Nathusius* den christlichen Begriff der Sittlichkeit in den Mittelpunkt seiner Überlegungen. Sittlichkeit wurde bei ihm als eine die Gesellschaft bestimmende Gemeinschaftsidee verstanden, die auf der Grundlage „eines christlichen Wertekanons"[205] stand. Auf dieser ‚positiven' theologischen Basis aufbauend, kam er

---

„Vormärz – Nachmärz. Bruch oder Kontinuität?", hrsg. v. *Norbert Otto Eke* u. *Renate Werner*, Bielefeld 2000.
[201] Vgl. dazu *Stupperich*, Hermann Cremer, passim.
[202] Vgl. dazu *Schlag*, Nathusius, bes. 200f.
[203] 1897 und 1904 erschienen zwei weitere, veränderte und erweiterte Auflagen. Das Buch hatte den prägnanten Untertitel „Auf Grund einer kurzgefaßten Volkswirtschaftslehre und eines Systems der christlichen Gesellschaftslehre (Sozialethik)" erhalten; zitiert wird im folgenden nach der dritten Auflage von 1904.
[204] *Nathusius*, Mitarbeit, 1; Nathusius begründet damit zugleich die Behandlung der „sozialen Frage" als eine Aufgabe der praktischen Theologie.
[205] *Graf*, Nathusius, 488.

dann in seinem Buch zu weitreichenden Konkretionen für eine zukünftige christliche Gesellschaft, konkret zu Vorstellungen, die sich in vielen praktischen Forderungen etwa der FKSK wiederfanden.[206] Zugleich wurde der ständisch orientierte altkonservative *Nathusius* in vielen praktischen Einzelfragen von den jüngeren sozialkonservativen Protestanten wie *Mumm* u.a., die seinen Grundansatz teilten, überholt, etwa in der Frauenfrage[207] oder auch in der Gewerkschaftsfrage. In diesem Sinne muß die Leistung von *Martin von Nathusius* für die theoretische Ausgestaltung des sozialkonservativen Protestantismus hervorgehoben werden. Sein Buch ist eine Fundgrube für theoretische Reflexionen und praktische Hinweise. Sein Ziel einer Rechristianisierung der Gesellschaft, das er mit *Stoecker* und vielen anderen teilte, und sein Plädoyer für eine „sozial aktives lutherisches Christentum"[208] macht seine Bedeutung aus.[209] Gleichzeitig verweist seine Theologie auf die zentrale Trennlinie zwischen den sozialliberalen Theologen und den sozialkonservativen. Prägnant hat dies Adolf von *Harnack* formuliert:

„Hier [bei Nathusius d. Verf.] wird das Christentum im Handumdrehen ein Prinzip des sozialen Lebens überhaupt, weil es bestimmte Beziehungen zwischen den Gläubigen und eine bestimmte Art sozialer Betätigung von ihnen fordert und erscheint nun von Anfang an als energischer sozialer Faktor in allen denkbaren gesellschaftlichen Verhältnissen."[210]

Naumann und besonders *Troeltsch* haben sich gegen alle Versuche gewandt, „das Evangelium exklusiv zur Legitimation bestimmter sozialer und politischer Reformprogramme heranzuziehen."[211]

f) Die Christlichen Gewerkschaften – Konfliktthema des sozialen Protestantismus

Die Frage, wie man sich zur wachsenden und ausdifferenzierten Gewerkschaftsbewegung stellen sollte, beschäftigte den gesamten sozialen Protestantismus vor dem Ersten Weltkrieg. Kontroversen wurden sowohl zwischen den einzelnen Flügeln des sozialen Protestantismus ausgetragen als auch innerhalb der Bewe-

---

[206] Hierher gehört auch der Abschnitt, den Nathusius der „Judenfrage" widmet, vgl. *Nathusius*, Mitarbeit, 462-464: u.a. fordert Nathusius explizit: „Die politische Emanzipation ist rückgängig zu machen"; vgl. dazu auch *Schlag*, Nathusius, 288ff.

[207] Vgl. dazu *Ursula Baumann*, Protestantismus und Frauenemanzipation in Deutschland 1850 bis 1920, Frankfurt 1992.

[208] *Graf*, Nathusius, 488.

[209] *Schlag*, Nathusius hat in seiner Arbeit auf die „grundsätzlichen Defizite" (377) des Ansatzes von Nathusius hingewiesen, dem es primär um eine „Repristination kirchlicher Eindeutigkeit und Einheitlichkeit" (376) gegangen sei und der aufgrund seiner eingeschränkten theologischen Weltsicht nicht in der Lage für eine umfassende „Wirklichkeitswahrnehmung" gewesen sei. Dieses Urteil, wie es sich in den ‚Soziallehren' von *Ernst Troeltsch*, die dieser wohl auch als Reaktion auf den Ansatz des Buches von Nathusius verfaßt hat (vgl. dazu *Hans-Georg Drescher*, Zur Entstehung von Troeltsch „Soziallehren", in: *Friedrich Wilhelm Graf/Trutz Rendtorff* (Hrsg.), Ernst Troeltsch Soziallehren. Studien zu ihrer Interpretation, Gütersloh 1993, 11-26, bes. 13.18f.), findet, übersieht aber besonders die vielfältigen praktischen Impulse, die der sozialkonservative Protestantismus geleistet hat.

[210] *Adolf Harnack*, Das Urchristentum und die soziale Fragen (1908), in: *ders.*, Aus Wissenschaft und Leben, Bd.2, Gießen 1911, 253-276, Zitat 254; vgl. dazu auch *Schlag*, Nathusius, 385f.

[211] *Klaus Tanner*, Das „Kulturdogma" der Kirche. Ernst Troeltschs Naturrechtsdeutung, in: *Friedrich Graf/Rendtorff* (Hrsg.), Ernst Troeltsch, 122-132, 124.

gungen selbst. Das Diskussionsspektrum reichte von einer weitgehenden Offenheit gegenüber den verschiedenen Richtungsgewerkschaften, wie sie bei *Naumann* zu finden ist, bis hin zu einer weitreichenden Distanz. Allein der ESK behandelte das Thema Gewerkschaften viermal auf seinen Kongressen (1894, 1898, 1905, 1909), wobei sich die 1894 angedeutete Linie schließlich durchsetzen konnte. Damals stellte der liberale Landgerichtsrat *Wilhelm Kulemann* eine liberale Gewerkschaftstheorie zur Debatte.[212] Er betonte Bedeutung und Notwendigkeit gewerkschaftlicher Organisationen sowohl für die Arbeitnehmer als auch für das Gemeinwohl. Für ihn stellte eine bloß formale Rechtsgleichheit zwischen Arbeitnehmern und Arbeitgebern bei gleichzeitiger wirtschaftlicher Unterlegenheit noch keine Gleichberechtigung der Arbeiter dar; diese seien so auf kollektive Organisationen angewiesen. Nur auf diese Weise könnten sie im Rahmen der bestehenden Wirtschaftsordnung ihre Interessen, eine Erhöhung der Löhne und kürzere Arbeitszeiten, wirksam vertreten. Mit dieser Meinung stieß *Kulemann* auch innerhalb des ESK auf heftige Kritik, die sich aus einem patriarchalen, sozialkonservativen Staats- und Gesellschaftsverständnis speiste. Staatsinterventionistische Vorstellungen standen in Spannung zu einem liberalen Gesellschaftsmodell. Langfristig setzte sich jedoch diese Position innerhalb des sozialliberalen Protestantismus durch. Dabei verband sich die Forderung nach einer gesetzlichen Anerkennung der Gewerkschaftsbewegung mit einer grundsätzlichen Offenheit des ESK gegenüber den drei Richtungsgewerkschaften. Dies wurde etwa beim Bergarbeiterstreik 1905 deutlich.[213]

Die Diskussion innerhalb des sozialkonservativen Protestantismus gestaltete sich etwas anders. Bereits 1898, also nur ein Jahr nach der Konstituierung, stand das Thema auf der Tagesordnung einer Versammlung. Einer der Förderer des Diskussionsprozesses war der Volkswirt und spätere Professor *Wilhelm Kähler* (1871-1934)[214], ein Sohn *Martin Kählers*, der insgesamt für die wirtschaftspolitischen Positionen der sozialkonservativen Protestanten von großem Einfluß war.[215] Die Diskussion drehte sich um die Frage der Einstellung gegenüber den entstehenden Christlichen Gewerkschaften, die schon wegen ihres katholischen Übergewichts auf Reserven im evangelischen Lager stießen. So wurde zwar die Notwendigkeit wirkungsvoller Interessenvertretungen für die Arbeiterschaft ausdrücklich anerkannt, zugleich die Frage auf eine „sittlich-religiöse" zugespitzt, abgekoppelt von den politischen Vorstellungen.

Die Klärungen innerhalb der Christlichen Gewerkschaften, die sich 1899 mit den sog. ‚Mainzer Leitsätzen' zu einer konfessionellen Neutralität bekannten, erleichterten es dann vielen Kirchlich-sozialen, sich zu den Christlichen Gewerkschaften zu bekennen. Die FKSK und ihre Anhänger waren, gemeinsam mit der personell eng verbundenen CSP, die wichtigsten Förderer der Christlichen Gewerkschaften innerhalb des Protestantismus. Neben dem genannten *Wilhelm Kähler* waren dies beispielsweise der gelernte Gärtner *Franz Behrens*, der inner-

---

[212] Bericht über die Verhandlungen des 5. Evangelisch-sozialen Kongresses, abgehalten zu Frankfurt am Main am 16. und 17.05.1894, Berlin 1894, 97-120.
[213] Vgl. dazu *Franz-Josef Brüggemeier*, Leben vor Ort. Ruhrbergleute und Ruhrbergbau 1889-1912, München ²1984, 211-217.
[214] Vgl. zur Person *Eckhard Oberdörfer*, Noch 100 Tage bis Hitler. Die Erinnerungen des Reichskommissars Wilhelm Kähler, Schernfeld 1993.
[215] Vgl. zu dieser Diskussion *Friedrich*, Mumm, 141.

halb der CSP und später der DNVP evangelische Arbeiterinteressen vertrat, *Margarete Behm* oder auch *Reinhard Mumm*. Dieser begründete beispielhaft die Haltung gegenüber den Christlichen Gewerkschaften:[216]

Die Gewerkschaftsbewegung und der sie tragende Grundgedanke der „Solidarität" waren grundsätzlich legitim. Auch der Streik war, „wenn er gesetzmäßig ist", nicht „unter allen Umständen zu verurtheilen", sondern manchmal zwingend erforderlich.[217] Entscheidend war nur, daß er die absolute Ausnahme bleibt. Das große Verdienst der Gewerkschaftsbewegung war so deren Eintreten für einen „kollektiven Arbeits-Vertrag", der es ermöglichte, daß man in ferner Zukunft „fast streiklos sein wird" und der von ihnen durchgesetzte „Gedanke des Tarifvertrages": ein „epochemachendes Ereigniss". Darüber hinaus hatten sich die Gewerkschaften um das „Unterstützungswesen" verdient gemacht. Für die Zukunft empfahl *Mumm:*

„Aber wichtiger erscheint es doch, zunächst einmal durch Bildung von Gegenorganisationen zu zeigen, daß die Arbeiterschaft nicht gewillt ist, auf gewerkschaftlichem Gebiet der sozialdemokratischen Partei gegenüber einfach Schwanzpolitik zu spielen."

Mumm wollte nicht den freien Gewerkschaften das Feld überlassen, sondern durch eine Organisation wirksam gegen den atheistischen Materialismus kämpfen. Wenn auch eine „Einheit der Gewerkschaftsbewegung" wie auch die „kirchliche Einheit ein Ziel des Strebens" blieb, so durfte es doch nicht „künstlich erzwungen werden". Das Ziel war klar:

„Es dürfte sich darum für die evangelische Kirche empfehlen, die christlichen Gewerkschaften mit aller Thatkraft zu unterstützen." Denn: „Was das Manchesterthum zerstört, war mit den alten wirthschaftlichen Organisationen viel Vaterlandsliebe und viel unbewusstes Christenthum. Die neuen wirthschaftlichen Organisationen werden beitragen zum Neubau des socialen Körpers und damit Vorarbeit für neue Durchsäuerung des Volkslebens mit christlichem Geiste thun."

Deutlich wird, wenn man *Mumms* Argumentation betrachtet, die Politisierung der Gewerkschaftsidee bei gleichzeitiger strikter Betonung der parteipolitischen Neutralität. Mit Hilfe der national und religiös zuverlässigen Gewerkschaften sollte eine Gesellschaftspolitik durchgesetzt werden, die in ihrer religiösen Komponente dem Rechristianisierungskonzept *Stoeckers* entsprach: Gewerkschaftspolitik als Gesellschaftspolitik zur Erhaltung des Status quo und zum Kampf für eine christliche Gesellschaft.

---

[216] EKZ Jg. 75 (1901), Nr. 44, 1034-1038.
[217] Diese hier vorsichtig formulierte Position wurde von Mumm in den folgenden Jahren, gerade angesichts verschiedener Streiks, deutlich modifiziert und die Berechtigung von Streiks explizit betont; vgl. dazu *Friedrich*, Mumm, 149f.

3. Der sozialliberale Protestantismus

a) *Friedrich Naumann*

Ein neuer Ton christlich-sozialen Denkens wurde bei *Friedrich Naumann* angeschlagen.[218] 1860 in Störmthal als Sohn eines lutherischen Pfarrers geboren, studierte *Naumann* zwischen 1879 und 1883 in Leipzig und Erlangen Theologie, im Anschluß daran war er zwei Jahre als Oberhelfer im Rauhen Haus in Hamburg tätig, wo er die Arbeit der Inneren Mission intensiv kennenlernte. Von dort wechselte er 1886 als Pfarrer nach Langenberg/Erzgebirge, wo er sich auch theoretisch intensiv mit der sozialen Frage auseinandersetzte. Er las die sozialistischen Klassiker und versuchte, positive Verbindungslinien zwischen dem Engagement der Inneren Mission und dem Wirken der sozialdemokratischen Bewegung aufzuweisen. Mit dem Ziel der Entwicklung einer eigenständigen evangelischen Sozialethik stellte er den Reich-Gottes-Begriff in den Mittelpunkt seiner Überlegungen und profilierte diesen als Alternative zum sozialdemokratischen Zukunftsideal.[219] Seit 1890 arbeitete *Naumann* als Vereinsgeistlicher der Inneren Mission in Frankfurt,[220] wo er sich insbesondere für die Evangelischen Arbeitervereine engagierte und in diesem Rahmen „die soziale Frage vom Standpunkt der Bedrängten, für die Bedrängten und mit den Bedrängten"[221] in Angriff nehmen wollte. Die Arbeitervereine, die er im Unterschied zum caritativen Handeln der Inneren Mission als „Lernorte der genossenschaftlichen Liebe"[222] verstand, richteten sich im süddeutschen Raum unter seiner Führung stärker sozialpolitisch aus und entwickelten durchaus ein proletarisches Selbstbewußtsein. Auch nach dem Bruch mit *Stoecker* blieb *Naumann* der Evangelischen Arbeitervereinsbewegung bis 1901 eng verbunden.

Naumanns theologische Arbeit kreiste nach wie vor um das Bemühen, ein „innerweltlich(es) Ideal" des Neuen Testaments zu rekonstruieren, das auf „die möglichste Beseitigung von Armut und sozialer Verachtung"[223] zielte. Ein wichtiges Forum seiner Arbeit wurde immer mehr der Evangelisch-Soziale Kongreß, wo zunächst unter *Naumanns* Führung die Konflikte mit *Stoecker* und den sozial-

---

[218] Vgl. zu Naumann Biographie noch immer *Theodor Heuss*, Friedrich Naumann. Der Mann, das Werk, die Zeit, Tübingen ²1948.
[219] Vgl. dazu beispielhaft *Naumanns* Schriften „Die Zukunft der Inneren Mission" (1888) und „Was tun wir gegen die glaubenslose Sozialdemokratie" (1889), in: *Ders.*, Werke Bd.1: Religiöse Schriften, hrsg. von *Walter Uhsadel*, Köln 1964, 87-112. 112-141.
[220] Vgl. dazu *Olaf Lewerenz*, Zwischen Reich Gottes und Weltreich. Friedrich Naumann in seiner Frankfurter Zeit unter Berücksichtigung seiner praktischen Arbeit und seiner theoretischen Reflexion, Sinzheim 1994.
[221] *Naumann*, Christlich-sozial (1894), in: *Ders.*, Werke, Bd.1, 341-370, Zitat 346.
[222] *Ders.*, Die soziale Bedeutung des christlichen Vereinswesens (1895), in: Ebenda, 424-454, Zitat 447.
[223] *Ders.*, Debattenrede „Christentum und Wirtschaftsordnung" auf dem ESK-Kongreß 1893, in: Ebenda, 334-340, Zitat 337.

konservativen Protestanten ausgetragen wurden.[224] In einem Nachruf auf Adolf Stoecker drückte Naumann seinen Respekt vor Stoeckers Lebensleistung aus, machte zugleich aber die grundsätzliche Trennlinie deutlich:

„Wir stehen links, er stand rechts. Aber das gebührt sich, an diesem Grabe zu sagen, daß auch wir in der Periode seiner Kraft von seiner sozialen Stimmung bewegt wurden und ihm dafür dankbar geblieben sind, auch dann noch, als die Wege sich geschieden hatten."[225]

Naumann selbst geriet mit seinen Ideen immer stärker in Konflikt mit dem traditionell patriarchalisch geprägten Milieuprotestantismus wie auch mit kirchenleitenden Gremien. Dies galt besonders, als er sich Mitte der neunziger Jahre von den Ideen *Stoeckers* trennte. Trotz mehrfacher Versuche gelang es ihm aber nicht, eine befriedigende Synthese von Theologie und politischer Ökonomie zu erarbeiten. Letztlich ist *Naumann* über eine additive Verhältnisbestimmung des „Christlichen" und des „Sozialen" nie hinausgekommen. Die freundschaftliche Kritik *Max Webers* und besonders die Gedanken des Kirchenrechtlers *Rudolf Sohms* brachten ihn schließlich dazu, die Bemühungen um eine christlich-soziale Theologie aufzugeben.[226]

Naumanns Weg führte nun zielbewußt in die Politik, so verließ er 1897 sein Pfarramt, blieb jedoch als liberaler Theologe dem sozialen Protestantismus weiterhin eng verbunden.[227] Zunächst unternahm er 1896 mit vielen seiner theologischen Gefolgsleuten den politisch wenig erfolgreichen Versuch der Gründung des National-Sozialen Vereins, der nationale Machtpolitik und entschlossene Sozialpolitik zu verbinden suchte.[228] Nach dem Scheitern dieses Experiments 1903 schloß er sich der Freisinnigen Vereinigung an und arbeitete unermüdlich für einen erneuerten Liberalismus, der gemeinsam mit dem reformerischen Flügel der Sozialdemokratie eine demokratisch orientierte politische Alternative anstrebte. 1907 endlich konnte *Naumann* nach mehreren vergeblichen Versuchen ein Reichstagsmandat in Heilbronn erringen; mit einer kurzen Unterbrechung blieb er bis zu seinem Tod 1919 Reichstagsmitglied. 1919 wurde er Vorsitzender der neugegründeten Deutschen Demokratischen Partei. Bei den Beratungen der Weimarer Reichsverfassung war er einer der wenigen profilierten Protestanten, die sich um den Verfassungsneubau engagierten, wobei ein wesentliches Augenmerk auf der Verankerung der Grundrechte lag.[229]

---

[224] *Naumann* selbst rang lange um eine eigene Position, wobei er sich besonders an *Stoeckers* christlich-sozialen Ideen abarbeitete; vgl. dazu z.B. seinen Aufsatz „Das christlich-soziale ist uns Glaubenssache" (1894), in: Ebenda, 307-310; in Auszügen bei *Brakelmann/Jähnichen*, Wurzeln, 181-183.

[225] *Naumann*, Stoecker, in: *Ders.*, Werke, Bd.1, 753-762, Zitat 762.

[226] Grundlage war dabei insbesondere eine Rede des Kirchenrechtlers *Rudolf Sohms* auf dem Kongreß für Innere Mission in Posen 1895 zum Thema „Der Christ im öffentlichen Leben". *Sohm* hatte sich dort strikt gegen die Verbindung der Begriffe „christlich" und „sozial" gewandt, vgl. dazu auch *Martin Gerhardt*, Ein Jahrhundert Innere Mission. Die Geschichte des Central-Ausschusses für die Innere Mission der Deutschen Evangelischen Kirche, Teil 2: Hüter und Mehrer des Erbes, Gütersloh 1948, 104f.

[227] Eine große Bedeutung erlangte *Naumann* als Publizist, besonders durch die seit 1895 erscheinende Wochenzeitung „Die Hilfe".

[228] Vgl. dazu *Düding*, Der National-soziale Verein.

[229] Vgl. dazu *Dieter Beese*, Staatsbekenntnis und Volkskatechismus – Friedrich Naumann und die Weimarer Verfassungsberatung, in: *Brakelmann/Friedrich/Jähnichen* (Hrsg.), Auf dem Weg zum

Seine grundlegende sozialpolitische Konzeption hat er in dem zuerst 1906 erschienenen Buch „Neudeutsche Wirtschaftspolitik"[230] dargelegt. Deutlich steht hier das Bemühen um eine volle rechtliche Integration der Arbeiterschaft im Mittelpunkt der Überlegungen: Seine neudeutsche Wirtschaftspolitik zielte auf eine

„Methode der Mitbeteiligung aller an Leitung und Ertrag der Produktion (...). Das ist neuer Liberalismus, ebenso wie die Beteiligung aller am Staat das Ziel des älteren rein politischen Liberalismus war."[231]

Hierin sah *Naumann* die Kernfrage aller sozialpolitischen Reformen. Auch politisch hat er sich immer wieder für dieses Ziel eingesetzt, wie nicht zuletzt seine Reichstagsrede aus dem Jahr 1907 „Vom Industrieuntertan zum Industriebürger"[232] zeigt. Erst auf der Basis einer gesetzlich anerkannten Gleichberechtigung von „Kapital" und „Arbeit" konnte sich *Naumann* einen bedeutsamen sozialpolitischen Fortschritt des Deutschen Reiches vorstellen. Dementsprechend schrieb er den Gewerkschaften eine zentrale Rolle in der Gesellschaft zu. Deren rechtliche Absicherung, d.h. eine volle Koalitionsfreiheit, war für *Naumann* die Grundbedingung einer demokratischen Industrieverfassung.[233] Allein in unabhängigen Arbeitnehmerorganisationen, deren wichtigste Aufgabe der Aufbau eines Tarifvertragssystems sein sollte, sah *Naumann* die Grundlage, auf der weitere Mitbestimmungsregelungen aufgebaut werden könnten. Die von *Naumann* angestrebte Liberalisierung von Staat und Gesellschaft bedurfte in seiner Sicht einer religiösen Fundierung, da sie „letztlich niemals mit bloßer Staatstechnik und Nützlichkeitslehre [zu] erreichen [ist], sondern (...) einen Untergrund von Volksglauben voraus[setzt[, wie er sich im religiösen Liberalismus bietet."[234] Den religiösen Liberalismus bestimmte er dahingehend, daß er „an den Wert jedes Einzelmenschen für den Menschheitsfortschritt [glaubt] und (...) darum das Recht der Persönlichkeiten"[235] vertrat. Dieser liberal-protestantische Persönlichkeitsgedanke sollte gerade auch für die Arbeitnehmerschaft fruchtbar gemacht werden. Sobald diese die Möglichkeit erhalten, sich sittlich und geistig zu bilden, „wird man wieder von neuem suchen und lesen in dem Neuen Testament der armen Leute."[236]

Grundgesetz. Beiträge zum Verfassungsverständnis des neuzeitlichen Protestantismus, Münster 1999, 55-76.
[230] *Naumann*, Neudeutsche Wirtschaftspolitik, in: *Ders.*, Werke, Bd. 3, Schriften zur Wirtschafts- und Gesellschaftspolitik, hrsg. von *Theodor Schieder*, Köln 1964, 71-534.
[231] Ebenda, 534.
[232] Der Text ist abgedruckt in *Brakelmann/Jähnichen*, Wurzeln, 183-191.
[233] *Naumann*, Vom Industrieuntertan zum Industriebürger (Reichstagsrede vom 11.April 1907) in: *Otto Heinrich von der Gablentz* (Hrsg.), Texte zur Gesellschaftsreform. Zeugnisse aus zwei Jahrhunderten 1750-1950, Frankfurt a.M. 1972, 338-345, bes. 339; vgl. auch *Peter Theiner*, Friedrich Naumann und der soziale Liberalismus im Kaiserreich, in: *Karl Holl/Günter Trautmann/Hans Vorländer* (Hrsg.), Sozialer Liberalismus, Göttingen 1986, 72-83, 78f.
[234] *Naumann*, Liberalismus und Protestantismus, in: Werke Bd. 1: Religiöse Schriften, hrsg. von *Walter Uhsadel*, Köln 1964, 773-801, 774.
[235] Ebenda, 773.
[236] *Ders.*, Debattenrede zum Thema „Das Urchristentum und die unteren Schichten, in: Die Verhandlungen des neunzehnten Evangelisch-sozialen Kongresses abgehalten in Dessau vom 9. bis 11. Juni 1908, Göttingen 1908, 36-41, Zitat 41.

b) *Gottfried Traub*

Wichtige Impulse für die Ausgestaltung einer protestantischen Sozial- und Wirtschaftsethik sind noch von einem anderen, zunächst sozialliberal orientierten Pfarrer ausgegangen, *Gottfried Traub*. *Traub* gehört zu den schillerndsten Figuren des deutschen Protestantismus, sein Lebenswerk läßt sich nur schwer auf eine einheitliche Formel bringen, hier liegt wahrscheinlich auch der Grund dafür, daß seine sozialethischen Überlegungen lange Zeit vergessen waren.[237] *Traub*, geboren 1869 in Rielinghausen in Schwaben und gestorben 1956 in München, interessierte sich schon in der Zeit seines Theologiestudiums für die soziale Frage. Als er 1901 zum Pfarrer an der Dortmunder Reinoldikirche (Innenstadt) gewählt wurde, hatte sich die Gemeinde für einen politisch und sozial engagierten Pfarrer entschieden: *Traub* war führendes Mitglied in *Naumanns* Nationalsozialen Verein, er gehörte zum liberalen Protestantenverein und engagierte sich im Evangelisch-sozialen Kongreß.[238] Zugleich war er ein streitbarer Zeitgenosse, so war die Zeit seines Wirkens im Ruhrgebiet geprägt von Auseinandersetzungen mit dem vorgesetzten Konsistorium. Als er 1911 den Kölner Pfarrer *Carl Jatho*, der u.a. aufgrund von pantheistischen Vorstellungen seines Amtes enthoben worden war[239], in öffentlichen Schriften verteidigte und in verschiedenen Aufsätzen gegen herrschende theologische Meinungen Position bezogen hatte (z.B. in der Frage des Apostolikums), wurde ein Disziplinarverfahren gegen *Traub* angestrengt, welches 1912 mit seiner Amtsentlassung (ohne Pensionsansprüche) endete. 1913 wurde er für die Fortschrittliche Volkspartei in den Preußischen Landtag gewählt (bis 1918). Während des Ersten Weltkrieges vollzog er dann eine radikale politische Wende, indem er sich dem chauvinistischen, annexionistischen Lager anschloß. So beteiligte er sich 1917 an der Gründung der Deutschen Vaterlandspartei sowie 1918 an der Konstituierung der Deutschnationalen Volkspartei (DNVP). Nachdem er sich 1920 am rechtsradikalen Kapp-Putsch beteiligt hatte, zog er sich aus der aktiven Politik zurück und arbeitete in München als Publizist und Herausgeber. Als Gegner *Hitlers* beteiligte sich der Antisemit und Nationalist *Traub* trotz theologischer Bedenken an der Bekennenden Kirche.

In seinen Jahren im rheinisch-westfälischen Industriebezirk lernte *Traub* die Lebens- und Arbeitswelt hautnah kennen. Seine in dieser Zeit entstandenen Schriften können als ein Reflex auf diese Erfahrungen verstanden werden und als Versuch, vor diesem Hintergrund eine evangelische Arbeitsethik zu entwickeln.

Das Hauptwerk ist *Traubs* Buch „Ethik und Kapitalismus. Grundzüge einer Sozialethik (1904, ²1909), welches in der sozialethischen Argumentation Ähnlichkeiten zu *Naumanns* „Neudeutscher Wirtschaftspolitik" (1906) aufweist.[240]

---

[237] Vgl. zur Person *Friedrich*, Gottfried Traub, in: *Brakelmann/Friedrich/Jähnichen* (Hrsg.), Kirche im Ruhrgebiet, Essen ²1998, 46f; *Karl-Gunther Wesseling*, Gottfried Traub, in: BBKL Bd.12 (1997), 417-424.

[238] *Gangolf Hübinger*, Kulturprotestantismus und Politik. Zum Verhältnis von Liberalismus und Protestantismus im wilhelminischen Deutschland, Tübingen 1994, 168 hat *Traub* als einen der „bedeutendsten politischen Redner des liberal-protestantischen Milieus" gewürdigt.

[239] Vgl. dazu *Eckhard Lessing*, Das Lehrbeanstandungsgesetz von 1910 (sog. Irrlehregesetz), in: *Rogge/Ruhbach* (Hrsg.), Die Geschichte der Evangelischen Kirche der Union, Bd.2, Berlin 1994, 401-408.

[240] Vgl. zur sozialethischen Position *Traubs Brakelmann*, Die Vielfalt der Tradition beerben: Evangelische Arbeitsethiken am Beispiel des Ruhrgebietsprotestantismus, in: *Ders.*, Ruhrgebiets-

Traubs Buch kann auch als Gegenentwurf zu *Martin von Nathusius'* Buch „Die Mitarbeit der Kirche an der Lösung der sozialen Frage" gelesen werden,[241] wobei der sozialliberale *Traub*, anders als der sozialkonservative *Nathusius,* gerade den Blick wegnahm von der Kirche und eine gesamtgesellschaftliche Analyse wagte. *Traub* stellte sich, und auch dies unterscheidet ihn von einigen Vorläufern, ganz auf den Boden der bestehenden kapitalistischen Industriegesellschaft. Kein romantisches Ständedenken prägte seinen Ansatz, sondern vielmehr der Versuch, ein konstruktives Verhältnis zur vorgefundenen Wirtschaftsordnung zu entwikkeln:

> „Der Kapitalismus bedeutet auf dem Weg volkswirtschaftlicher Entwicklung eine Station gewaltigen Fortschritts. Er hat trotz vieler, starker Mängel das wirtschaftliche Leben der Völker, ihr materielles und geistiges Wohlsein gehoben"[242].

Doch für *Traub* war der gegenwärtige Kapitalismus nur ein Übergangsstadium, ihm schwebte eine evolutionäre Umgestaltung der Wirtschaftsordnung vor, die sich an den Bedingungen der persönlichen Freiheit und der sozialen Gerechtigkeit orientieren mußte. Die Ethisierung oder Versittlichung des Wirtschaftsleben setzte *Traub* in seinem Buch um in konkrete politische und sozialpolitische Forderungen, die er für eine „Kulturgesellschaft" aufstellte. So konnte er von einem „Recht auf Arbeit"[243] sprechen, für eine Verkürzung der Arbeitszeit und eine Erhöhung der Löhne eintreten; Fragen, die seiner Meinung nach nicht ökonomischen Gesichtspunkten allein überlassen werden durften, die vielmehr an den ethischen Grundlagen der Menschenwürde der einzelnen Persönlichkeit ausgerichtet waren. Dieser liberale Begründungszusammenhang unterscheidet *Traub* auch von vielen sozialkonservativen Protestanten, mit denen er im Grundsatz der konkreten Einzelforderungen in der Regel übereinstimmte. Sein Persönlichkeitsideal[244] führte in einem zentralen sozialpolitischen Bereich zu wesentlichen Differenzen; in der Gewerkschaftsfrage. Die Forderungen nach einem uneingeschränkten Koalitionsrecht und einer Bejahung des Streiks waren zwar Konsens, indem *Traub* sich jedoch für eine einheitliche Gewerkschaftsbewegung einsetzte und sich ausdrücklich gegen die Christlichen Gewerkschaften aussprach, grenzte er sich gegen die Sozialkonservativen deutlich ab. *Traub* wollte stattdessen eine emanzipatorische Gewerkschaftsbewegung, somit unterstützte er den gerade von *Naumann* in die Diskussion gebrachten Gedanken der „Wirtschaftsdemokratie".

c) *Ernst Troeltsch*

Die Versuche einer direkten kirchlichen Einwirkung oder gar einer Rechristianisierung der Gesellschaft, wie sie von den Sozialkonservativen vertreten worden

---

Protestantismus, Bielefeld 1987, 84-107, bes. 96-101; *Günter Brakelmann*, Evangelische Sozialtheoretiker vor dem Problem der Gewerkschaften, in: *Frank von Auer/Franz Segbers* (Hrsg.), Sozialer Protestantismus und Gewerkschaftsbewegung. Kaiserreich – Weimarer Republik – Bundesrepublik Deutschland, Köln 1994, 17-38, bes. 34-37.

[241] Vgl. dazu 3. Kapitel II. 2. e.
[242] *Traub*, Ethik und Kapitalismus, Heilbronn ²1909, 267.
[243] *Traub*, Der Pfarrer und die soziale Frage, Göttingen 1907, 36.
[244] Vgl. dazu die Zitate *Traubs* bei *Brakelmann*, Evangelische Arbeitsethiken, 100.

waren, standen in einem tiefen Widerspruch zur Zeitdiagnose und zum Gesellschaftsbild der liberalen Protestanten. So forderte *Ernst Troeltsch* als der für die theologische Sozialethik wegweisende Vertreter dieses Teils des Protestantismus, gegenüber allen Versuchen einer unmittelbaren Übertragung traditionaler christlicher Prinzipien auf die Sozial- und Wirtschaftsordnung ein „rückhaltloseres Eingehen auf die moderne Welt", um kritisch nach dem Beitrag des Christentums für eine neue Sozialethik zu fragen.

Ernst Troeltsch wurde 1865 in Haunstetten (Augsburg) als Sohn eines Mediziners geboren. Er wuchs in einem bildungsbürgerlichen Umfeld auf.[245] Nach einem Theologie- und Philosophiestudium in Erlangen, Göttingen und Berlin und einer Zeit als Vikar in München wurde *Troeltsch* 1891 in Göttingen habilitiert. Seine weitere akademische Karriere verlief glänzend. Nach einer kurzen Zeit als außerordentlicher Professor für Systematische Theologie in Bonn erhielt er 1894 eine Professur in Heidelberg. 1915 ging *Troeltsch* nach Berlin, zugleich wechselte er von der Theologie zur Philosophie (Professur für Kultur-, Gesellschafts- und Religionsphilosophie und christl. Religionsgeschichte). Besonders in seiner Heidelberger Zeit entstanden bedeutende theologische und kulturgeschichtliche Studien, zu nennen sind vor allem die „Soziallehren der christlichen Kirchen und Gruppen" (1912). Neben seiner wissenschaftlichen Arbeit beteiligte sich *Troeltsch* intensiv an den politischen Diskussionen seiner Gegenwart. Im Ersten Weltkrieg und in den ersten Jahren der Weimarer Republik gehörte *Troeltsch* zu den liberalen Vernunftrepublikanern, eine kurze Zeit wirkte er für die DDP als Unterstaatssekretär im preußischen Kultusministerium, zuständig für Kultur und Kirchenfragen. 1923 verstarb *Troeltsch* plötzlich, unmittelbar bevor er zu einer wichtigen Vortragsreise nach England aufbrechen wollte.

Troeltsch hielt es für unabdingbar, auf die Herausforderungen der Demokratisierung, Industrialisierung und Emanzipation der breiten Massen in „den modernen Riesen- und Einheitsstaaten"[246] angemessen reagieren zu können. Ihm ging es darum, in Staat und Recht, in Gesellschaft und Wirtschaft, in Wissenschaft, Kunst und Philosophie, in Moral und Religion die „neuen Bildungen der Moderne" zu erkennen, die zwar alle aus historischen Traditionen hervorgegangen sind, „die aber doch eben Sonderformen von schärfster Eigenart und höchster Bedeutung sind." [247]

„Der Boden, auf dem sie (die Kirchen, d. Verf.) sich bewegen, ist ein neuer geworden, der Boden der modernen bürgerlich-kapitalistischen Gesellschaft und der bureaukratischen Militärstaaten. Das Verhältnis von Staat und Religion ist gelockert oder gar aufgehoben. Die Sozialtheorie ist aus ihrer lediglich mit der Antike, der Bibel und der Theologie arbeitenden Kirchlichkeit zu einer selbständigen Wissenschaft herangereift (...) und [hat] die Sozialphilosophie der Kirchen weit überholt."[248]

---

[245] Vgl. zur Person *Hans-Georg Drescher*, Ernst Troeltsch. Leben und Werk, Göttingen 1991; Troeltsch Studien, hrsg. von *Friedrich Wilhelm Graf* und *Horst Renz*, Gütersloh, Bd. 1. 3-10, 1982-1998.

[246] *Troeltsch*, Die Soziallehren der christlichen Kirchen und Gruppen, Tübingen 1912, 1.

[247] *Ders.*, Das Wesen des modernen Geistes (1907), in: *Ders.*, Gesammelte Schriften. Bd. 4: Aufsätze zur Geistesgeschichte und Religionssoziologie, hg. von *Hans Baron*, Tübingen 1925, 300.

[248] *Ders.*, Soziallehren, 965.

Entsprechend zurückhaltend äußerte er sich zu den Diskussionen um eine Ableitung der Moderne aus protestantischen Impulsen und betonte, daß die moderne Kultur nur in bestimmten Anteilen – hauptsächlich auf religiösem Gebiet mit der Form verinnerlichter, geistiger Freiheit und einer Haltung der Toleranz – auf Einflüsse des Protestantismus zurückgeführt werden kann.[249]

Aus dieser grundlegenden Bewertung der Moderne folgte nach *Troeltsch*, sowohl die rückwärtsgewandte Polemik breiter kirchlicher Kreise einerseits wie aber auch einen naiven Fortschrittsoptimismus in Teilen des Bürgertums und der Arbeiterbewegung andererseits zu überwinden. Vielmehr waren die Spannungen und Ambivalenzen der modernen Entwicklung herauszustellen, um daraufhin nach Ansätzen einer „christlich-sozialen Bemeisterung der Lage"[250] zu suchen. Dabei galt es, sich auf die „ungeheure Individualisierung des ganzen Fühlens und Denkens der modernen Menschheit" einzustellen, deren „Denken vom Individuum und nicht von der Gesamtheit aus eine Lockerung alter Bande und Autoritäten"[251] verursacht hatte. Als grundlegendes Problem der Moderne bezeichnete Troeltsch dementsprechend Tendenzen gesellschaftlicher Desintegration, die auf dem fehlenden Bewußtsein für Autorität und vor allem der Auflösung des „Gemeingeistes"[252] beruhten. Speziell angesichts der ökonomisch forcierten Entstehung von immer mehr und immer gigantischeren Großbetrieben sah er die drängende Aufgabe in der Sicherung von Freiheit und Individualität in einer Zeit, in der das „stahlharte(s) Gehäuse" des Kapitalismus mit „überwältigendem Zwange" den Lebensstil aller Einzelnen – nicht nur der Erwerbstätigen – bestimmte.[253] So galt sein Bemühen der Vorbereitung einer neuen kulturellen Synthese, welche die Autonomieansprüche der jeweiligen Kulturgebiete mit ethischen Wertmaßstäben und der Sicherung einer Persönlichkeitskultur neu zu verbinden vermochte. An dieser Suche nach einem schöpferischen Kompromiß für die Moderne hatte sich die christliche Sozialethik von ihren Voraussetzungen her zu beteiligen:

„Sie wird sowohl mit ihrem Gemeinsinn wie mit ihrem metaphysischen Individualismus an ihm (dem neuen Haus einer kulturellen Synthese) bauen. Aber sie wird ihn sich mit anderen Bauherren zu teilen haben und gleich diesen an die Besonderheiten des Bodens und Materials gebunden sein."[254]

Diese Einsichten in den nicht zu hintergehenden Pluralismus der Moderne sowie in die Beachtung der Sachgesetzlichkeiten der einzelnen Kulturgebiete gehören seither – obgleich in der weiteren Entwicklung häufig übergangen – zu den grundlegenden Voraussetzungen evangelischer Sozialethik.

Im Sinn dieser Grundhaltung und Aufgabenbestimmung hat sich *Ernst Troeltsch* 1904 im ESK um einen Beitrag des Protestantismus für die Sozialphiloso-

---

[249] Vgl. *Ernst Troeltschs* Beitrag zu der durch *Max Webers* Studie „Die protestantische Ethik und der ‚Geist' des Kapitalismus", Bodenheim 1993 (Nachdruck der ersten Fassung im Archiv für Sozialpolitik 1904/1905) ausgelösten Kontroverse, *Troeltsch*, Die Bedeutung des Protestantismus für die Entstehung der modernen Welt, München/Berlin 1911.
[250] *Troeltsch*, Sozialleheren, 985.
[251] *Ders.*, Wesen des modernen Geistes, 306.
[252] Vgl. *Ders.*, Der Historismus und seine Überwindung. Fünf Vorträge von Ernst Troeltsch, hrsg. von *Friedrich von Hügel*, Berlin 1924, 41ff.
[253] So bereits die klassischen Formulierungen von *Weber*, Protestantische Ethik, 153.
[254] *Troeltsch*, Sozialleheren, 966.

phie der Moderne bemüht und an Hand einer Klärung der Verhältnisbestimmung des demokratischen zum konservativ-aristokratischen Prinzip konkretisiert. Das demokratische Prinzip basierte auf der Achtung der Würde des Menschen und verweist auf die Mitwirkungs- und Mitverantwortungsrechte aller Glieder der Gesellschaft. Demgegenüber stand das konservative Prinzip für den Autoritätsgedanken. Die Machtdifferenzen innerhalb der Gesellschaft führten zu Untergliederungen in Leitende und Geleitete, die letztlich aus der Ungleichheit der Menschen resultierten. *Troeltsch* versuchte zu zeigen, daß die Kirche seit jeher in ihrer Ethik zu Recht eine Beziehung zu beiden Prinzipien gefunden hatte: Das konservative Prinzip wurde durch Ordnungstheologien, welche die Ergebung in die Ungleichheit fordern, rezipiert und durch das patriarchalische Ethos gemildert. Der christliche Personalismus, der die Gleichheit aller Menschen vor Gott hervorhob, war demgegenüber eine der Wurzeln des demokratisch-partizipatorischen Gedankens.[255]

Für die Gegenwart meinte *Troeltsch* „nach beiden Seiten hin provozieren zu können"[256] und schlug eine Aussöhnung beider Größen vor:

„Eine vom Christentum inspirierte (...) Ethik legt die beiden Gedanken des Persönlichkeitswertes und der Fügung in die natürlichen Ordnungen Gottes zugrunde (...) Sie schränkt zugleich eines durch das andere ein, indem einerseits die berechtigte Persönlichkeit nur die sittlich gehaltvolle ist und sittlicher Gehalt nur in den mannigfachen Unterordnungs- und Nebensordnungsverhältnissen gewonnen wird, indem andererseits die (...) aristokratischen Gewalten (...) im Falle der Überlebtheit (...) weichen, jedenfalls einer Reform sich unterziehen müssen."[257]

Diese dynamische Zuordnung sicherte sowohl die Bedeutung der Autorität im öffentlichen Leben, wie sie andererseits die Würde der Person schützte. Nach *Troeltsch* folgte aus diesen Überlegungen für die Gegenwart vor allem ein „Verständnis für aufsteigende Massen",[258] was die Anerkennung einer grundsätzlichen Wandelbarkeit der gegebenen Ordnungen erforderte. Diese Verschränkung des demokratischen und des aristokratischen Prinzips bezeichnet ein zentrales Anliegen des liberalen Protestantismus in der Zeit vor 1914. Man bemühte sich darum, Elemente aristokratischer Verantwortungskultur in die grundsätzlich befürwortete partizipatorisch-demokratische Entwicklung einzubringen und auf diese Weise sozialpolitische Innovationen auf dem Weg von Reformen durchzusetzen.

---

[255] *Troeltsch*, Die christliche Ethik und die heutige Gesellschaft, in: Verhandlungen des fünfzehnten Evangelisch-sozialen Kongresses abgehalten in Breslau am 25. und 26. Mai 1904, Göttingen 1904, 11-40, insbes. 19ff.35ff.
[256] *Drescher*, Demokratie, Konservatismus und Christentum, in: ZEE Jg. 30 (1986), 84-98, Zitat 89.
[257] *Troeltsch*, Christliche Ethik, 12.
[258] Ebenda, 40.

4. Die religiös-soziale Bewegung als Brückenschlag zwischen Protestantismus und Sozialdemokratie

a) *Christoph Blumhardt*

Vor 1914 waren es nur wenige theologische Einzelgänger, die der Sozialdemokratie beitraten. Häufig war ihr Schritt mit einer Distanzierung von der Kirche und dem christlichen Glauben verbunden, etwa bei *Paul Göhre* (1864-1928) oder *Max Maurenbrecher* (1876-1930). Eine Ausnahme bildete hier der Weg *Christoph Friedrich Blumhardts d.J.* (1842-1919), der im Jahr 1899 als Pfarrer der Sozialdemokratischen Partei beitrat und die SPD von 1901 bis 1906 im Stuttgarter Landtag vertrat. Zwar entzog die württembergische Landeskirche ihm nach dem Parteieintritt den Pfarrertitel, da er allerdings als Leiter der von seinem Vater gegründeten Haus- und Personalgemeinde in Bad Boll fungierte (1880-1913), blieb er seelsorgerlich tätig. *Blumhardt* versuchte somit, sein geistliches Amt mit seinem Engagement für die Sozialdemokratie zu verbinden und wirkte auf diese Weise beispielgebend für die entstehende religiös-soziale Bewegung in der Schweiz.

Unmittelbarer Auslöser seines Parteieintritts war die Solidarisierung mit der Arbeiterbewegung anläßlich der gesellschaftlichen Auseinandersetzungen um die Zuchthausvorlage und sein Eintreten für Arbeitsschutzrechte verheirateter Frauen. Dennoch war der Weg *Blumhardts* nicht allein eine politische, sondern in erster Linie eine theologische Entscheidung. Sein Denken war bestimmt vom württembergischen Pietismus, speziell von der seelsorgerlichen Tätigkeit seines Vaters *Johann Christoph Blumhardt d.Ä.* (1805-1880), der durch Krankenheilungen große Aufsehen erregt hatte. Im Unterschied zu weltabgewandten Traditionen des Pietismus hat *Blumhardt d.J.* – im Studium geprägt von der heilsgeschichtlichen Theologie *Johann Tobias Becks* (1804-1878)[259] – auch in Natur und Geschichte, nicht zuletzt in den gesellschaftlichen Reformbemühungen der Arbeiterbewegung Zeichen des kommenden Reiches Gottes wahrnehmen können. Dementsprechend begründete *Blumhardt* seinen Parteieintritt theologisch, indem er geschichtstheologische, ethische, seelsorgerliche und kirchenkritische Begründungszusammenhänge entwickelte. Im Zentrum seiner Theologie stand eine dynamische Reich-Gottes-Erwartung, die Diesseits und Jenseits umspannt. Das Reich Gottes wurde auf die Geschichte bezogen, indem es als vorwärtsstreibendes, Altes überholendes und Neues schaffendes Moment interpretiert wurde. In dieser Perspektive sah *Blumhardt* die Aufgabe der Christen darin, dem Reich Gottes „gleichsam Quartier"[260] zu machen. *Blumhardt* forderte von den Christen ein zeichenhaftes, dem kommenden Reich Gottes entsprechendes Handeln: So wie das Reich Gottes eine

---

[259] Vgl. dazu *Martin Stober*, Christoph Friedrich Blumhardt d.J. zwischen Pietismus und Sozialismus, Gießen 1998, 169ff.
[260] *Blumhardt*, Morgenandacht vom 14. Januar 1889, in: *Ders.*, Eine Auswahl aus seinen Predigten, Andachten und Schriften, Bd.2: Predigten und Andachten aus den Jahren 1888-1896, hrsg. von *Robert Lejeune*, Zürich 1925, 106-112, Zitat 108.

dynamische, neuschaffende Bewegung bezeichnete, so mußten die Christen „dem Fortschritt der Zeit die Spitze bieten, wir gehen ja am energischsten vorwärts, wir suchen den Tag (...) Christi."[261] Da im gesellschaftlichen Alltag „die Wirklichkeit der Gottesherrschaft zur Geltung"[262] kommen sollte, betonte *Blumhardt* immer wieder die theologische Dringlichkeit und Bedeutsamkeit der sozialen Frage. Den ernsten Willen zur Lösung der sozialen Frage und den gesellschaftlichen Fortschritt seiner Zeit erblickte er in der Programmatik der Sozialdemokratie, die in Entsprechung zur Dynamik des Reiches Gottes die Hoffnung auf mehr Gerechtigkeit verkörperte.[263]

„Man darf sich nicht wundern, daß ein Mann, der sich zu Christus hält, heute zur arbeitenden Klasse steht. Denn Christus gehört zu den Geringen. Er ist gekreuzigt worden, weil er ein Sozialist war. (...) In dieser alten Gesellschaftsordnung steht auch Christus, aber er kämpft mit Leib und Seele dagegen, es muß eine neue kommen. – Das hat Christus gesagt, nicht erst die Sozialdemokratie; aber die Christenheit hat es vergessen. Aus dem Sozialismus scheint etwas von der Ordnung heraus, die ich seit Jahren erhofft habe. Ich bin überzeugt, es wird gehen, wenn es einmal eingeführt ist, daß jeder Mensch das Recht hat, zu leben und als eine Persönlichkeit neben den anderen zu sein, ohne sich zu schinden und zu darben. Man muß nur wollen. Der Gedanke ist da; wir wollen helfen, daß er groß wird. Denn der Sozialismus will nicht Leben nehmen, er will Leben geben. Mit voller Wucht meiner Überzeugung sag ich es: Es geschieht von Seiten der sozialistischen Partei der größte Kampf gegen den Egoismus."[264]

Das Streben der Sozialdemokratie zielte für *Blumhardt* insbesondere auf die Verwirklichung gesellschaftlicher Gleichheit, auf die Ächtung des Krieges sowie auf die Überwindung der Kapitalherrschaft und damit auf eine Neuordnung der Eigentumsverhältnisse. Diese Motive brachte er in einen originären Zusammenhang mit der Predigt *Jesu*. Die von ihm genannten Analogien zwischen der Predigt *Jesu* und den sozialistischen Zielen – etwa im Blick auf die Kritik des Mammons – verstand *Blumhardt* als Hinweis, daß die Sozialdemokratie, wenn auch unbewußt, die Sache des Reiches Gottes vorantrieb.[265]

---

[261] *Blumhardt*, Heiliges Wissen (2. Tim, 3,15), in: Ebenda, Bd.3: Predigten und Andachten aus den Jahren 1896 bis 1890, Zürich 1936, 308-315, Zitat 309.

[262] So die Interpretation bei *Gerhard Sauter*, Die Theologie des Reiches Gottes beim älteren und jüngeren Blumhardt, Zürich 1962, 137; vgl. dazu vor allem einen Brief *Blumhardts* an *Howard Eugster-Züst* vom 23.04.1907, in: *Blumhardt*, Ansprachen, Predigten, Reden, Briefe 1865-1917. Neue Texte aus dem Nachlaß, hrsg. von *Johannes Harder*, Bd.3: Geliebte Welt 1907-1915, Neukirchen 1978, 1f.: „Gerade im Beruf Bahn zu machen für das Reich Gottes, scheint mir ganz notwendig, daß dieses geistige Leben und das Wort Gottes (...) gleichsam aufsteigen muß aus der Erkenntnis auch der materiellen Dinge, besonders der die Menschen heute noch in ihrem Leben drückenden und das Leben verderbenden Verhältnisse."

[263] Vgl. *Blumhardt*, Dritte politische Rede in einer sozialdemokratischen Versammlung vom 24.10.1899, in: *Blumhardt*, Ansprachen, Predigten, Reden, Briefe 1865-1917, Bd.2, 184-190; *Blumhardt* sprach sich hier auf dem Hintergrund seiner Reich-Gottes-Hoffnung explizit gegen *Bernstein* aus. Zur Stellung *Blumhardts* zur Programmatik der Sozialdemokratie vgl. auch die Rede vom 15.04.1901 „Die Prinzipien der Sozialdemokratie und ihre Beurteilung von der heutigen Gesellschaft", in: ebenda, 268-281.

[264] *Ders.*, Dritte politische Rede, 184f.

[265] Vgl. *Ders.*, Antwortschreiben an seine Freunde (1899), in: Kirchen- und Theologiegeschichte in Quellen, Bd. 4: Vom Konfessionalismus zur Moderne, hrsg. von *Greschat*, Neukirchen 1997, 274-277; vgl. dazu *Sauter*, Theologie des Reiches Gottes, 162ff.; *Eduard Buess/ Markus Mattmüller*, Prophetischer Sozialismus. Blumhardt – Ragaz – Barth, Freiburg 1986, 38f.

Darüber hinaus führte *Blumhardt* kirchenkritische und seelsorgerliche Überlegungen an, wenn es ihm darum ging, in Kontakt zu der „heute nach Millionen zählenden Klasse (...) und (...) der Partei" zu treten, „welche diese Massen heben, bilden und zur Geltung bringen will."[266] *Blumhardt* beeindruckte, daß durch die Sozialdemokratie die breiten Massen der Bevölkerung endlich zu handelnden Subjekten der Geschichte wurden. Ihn überzeugte, wie die Arbeiter ihre Rechte einforderten und durchzusetzen versuchten und ihn bei seinem Parteieintritt „als Nachfolger Christi (...) mit (...) ganzer Liebe aufgenommen"[267] hatten.

Während seiner Parlamentstätigkeit im Stuttgarter Landtag beschäftigte er sich in erster Linie mit landwirtschaftlichen Fragen und unterstützte genossenschaftliche Zusammenschlüsse, wobei er bei seinen wenigen Landtagsreden stets rein sachbezogen argumentierte. Nach sechsjähriger Parlamentstätigkeit verzichtete *Blumhardt* auf eine erneute Kandidatur. Gesetzgeberische Initiativen auf sozialpolitischem Gebiet zur Änderung der Verhältnisse behielten für ihn ihre Bedeutung, da sie die Möglichkeit boten, für „bessere Verhältnisse einzustehen"[268], wurden aber der Notwendigkeit einer Änderung der Menschen untergeordnet. Dementsprechend sah er seine Aufgabe darin, ohne der Partei den Rücken zu kehren, als öffentlicher Redner und Prediger die Botschaft *Jesu* zur Umkehr angesichts des nahenden Reiches Gottes zu verkündigen.[269] In diesem Zusammenhang gewann für ihn das Gebot der Feindesliebe zentrale Bedeutung. Angesichts der vielfachen Verbitterung in der Sozialdemokratie über die politischen und ökonomischen Gegner wollte *Blumhardt* seinen Parteifreunden dazu verhelfen, strikt zwischen den Personen und ihren gesellschaftlichen Funktionen zu unterscheiden. In diesem Sinn war der konsequente Kampf gegen den Kapitalismus durchaus mit der Feindesliebe den Kapitalisten gegenüber zu verbinden. Mit solchen Überlegungen versuchte *Blumhardt*, biblische Motive wie die Feindesliebe für politisches Handeln fruchtbar zu machen. Als charismatische Gestalt übte *Blumhardt* auf viele Zeitgenossen eine starke persönliche Wirkung aus. Seine Verknüpfung biblisch-theologischer Überzeugungen mit dem Engagement für die Sozialdemokratie fand zunächst nicht in Deutschland, sondern in der Schweiz Nachahmer. Durch die Kontakte, die *Howard Eugster-Züst*, *Hermann Kutter*, *Leonhard Ragaz*, *Karl Barth* und *Eduard Thurneysen* zu ihm aufnahmen, wurde er der wichtigste Anreger der Schweizer religiös-sozialen Bewegung.

b) Die Schweizer religiös-soziale Bewegung

Eng verbunden mit *Blumhardt* war vor allem der Pfarrer *Howard Eugster-Züst* (1861-1932), der, von *Blumhardt* ermutigt, nach Auseinandersetzungen in seiner Gemeinde um den Stücklohn von Heimarbeitern zum Mitbegründer des Appenzeller Weberverbandes, einer der ersten Heimarbeitergewerkschaften, wurde. *Eugster-Züst* übernahm von *Blumhardt* die Auffassung der Zusammengehörigkeit von Glauben und sozialem Engagement. Als sozialdemokratisches Mitglied des

---

[266] *Blumhardt*, Antwortschreiben, 39.
[267] Ebenda.
[268] Brief *Blumhardts* an *H. Eugster-Züst* vom 23.04.1907, in: *Blumhardt*, Ansprachen, Predigten, Reden, Briefe, Bd.3, 1-4, Zitat 2.
[269] Vgl. *Buess/Mattmüller*, Prophetischer Sozialismus, 42f., 46.

Schweizer Nationalrates von 1908 zählte er zu den maßgebenden Mitgestaltern der schweizerischen Sozialgesetzgebung.[270]

Der eigentliche Initiator der religiös-sozialen Bewegung war der Zürcher Pfarrer *Hermann Kutter* (1863-1931). *Kutter*, ebenfalls stark von *Blumhardt* beeinflußt, entwickelte in seinem Buch „Sie müssen" eine theologisch-prophetische Interpretation der Sozialdemokratie, indem er in ihr unmittelbar Gottes Wirken am Werk sah. Der theologische Zentralbegriff *Kutters* war der „lebendige Gott", zu verstehen als Prinzip der Weltveränderung.[271] Dieser treibe durch die sich selbst atheistisch verstehende Sozialdemokratie sein Reich voran und vollziehe damit sein Gericht über die kirchlich-bürgerliche Welt. Aufgabe der Christen war es nach *Kutter* nicht, die Sozialdemokratie zu bekehren, noch in ihr aktiv mitzuarbeiten, sondern sich unter das durch sie von Gott vollstreckte Gericht zu stellen und auf Gottes weiteres Handeln zu warten.[272]

Auch *Leonhard Ragaz* (1868-1945) übernahm von *Blumhardt* die Anstöße der Reich-Gottes-Predigt *Jesu* und gelangte zu einer positiven Würdigung der Arbeiterbewegung. Nach seiner ersten öffentlichen Solidarisierung anläßlich des Bauarbeiterstreiks von Bern im April 1903 näherte er sich nach und nach der sozialistischen Arbeiterbewegung an und trat schließlich in die Sozialdemokratie ein.[273] Er repräsentiert in der religiös-sozialen Bewegung gegenüber *Kutter* die eher pragmatische Seite. Verstärkt seit dem Beginn seiner Dozententätigkeit an der Zürcher Universität im Jahre 1908 entwickelte *Ragaz* Ansätze einer evangelischen Sozialethik. Dabei stand die Kritik der kapitalistischen Wirtschaftsordnung im Mittelpunkt, der *Ragaz* vor allem die Degradierung des Menschen zur Ware und die Entfremdung des Arbeiters von seinem Werk vorwarf.[274]

Karl Barth (1886-1968) schloß sich ebenfalls als junger Pfarrer der religiös-sozialen Bewegung und der Schweizer Sozialdemokratie an und nahm zwischen *Kutter* und *Ragaz* eine vermittelnde Position ein. In der praktischen Arbeit orientierte er sich an *Ragaz*, unterstützte Arbeiter seiner Gemeinde bei der Gründung von Gewerkschaften und kümmerte sich um Versicherungsfragen und die Fabrikgesetzgebung.[275] Theologisch stand er allerdings dem von *Kutter* besonders betonten Gedanken des souveränen Wirkens Gottes nahe. Bereits in dieser frühen Phase des Suchens nach einer eigenständigen Position artikulierte *Barth* ein tiefgreifendes Krisenbewußtsein, wie sich in seiner Rezension des Jahrgangs 1913 der von *Naumann* herausgegebenen Zeitschrift „Die Hilfe" zeigte. *Barths* Kritik an der sozialreformerischen Position *Naumanns* hatte eine politische und eine theologische Spitze. Politisch verwarf er die von Naumann angestrebte "Verbin-

---

[270] Vgl. *Buess/Mattmüller*, Prophetischer Sozialismus, 49ff.

[271] Vgl. *Hermann Kutter*, Sie müssen! Ein offenes Wort an die christliche Gesellschaft, Berlin 1906, 89. Die „Sozialdemokraten sind revolutionär, weil Gott es ist. Sie müssen vorwärts, weil Gottes Reich vorwärts muß. Sie sind Männer des Umsturzes, weil Gott der große Umstürzler ist." Vgl. *Sauter*, Theologie des Reiches Gottes, 203.

[272] Zur Stellung *Kutters* gegenüber der Sozialdemokratie vgl. *Rudolf Liechtenhan*, Der Christ in der Kirche, in: Das Neue Werk, Jg. 1 (1919), 491-504, 500; vgl. *Buess/Mattmüller*, Prophetischer Sozialismus, 61, 63.

[273] Vgl. *Mattmüller*, Leonard Ragaz und der religiöse Sozialismus. Eine Biographie, Bd.1, Zürich 1957, 84ff.

[274] Aus den unveröffentlichten Vorlesungsmanuskripten *Ragaz'* referiert von *Buess/Mattmüller*, Prophetischer Sozialismus, 90f.

[275] Vgl. *Marquardt*, Theologie und Sozialismus. Das Beispiel Karl Barths, München 1972, 42ff.

dung von Industrie und Demokratie mit Militarismus und Kaisertum".[276] Die sozialreformerische Programmatik bei *Naumann* ziele lediglich auf eine Aussöhnung der Arbeiterbewegung mit der gegebenen Wirklichkeit von Imperialismus, Militarismus und Monarchie, ohne diese grundsätzlich infrage zu stellen. Demgegenüber forderte *Barth* den bei den liberalprotestantischen Sozialreformern weithin verdrängten Gedanken der „Brüderlichkeit" ein. Der Glaube an Gott und die christliche Zukunftshoffnung implizierten eine Bewegung, die „grundsätzlich revolutionär gegenüber dem Bestehenden, sehnsüchtig nach dem Besseren, das kommen soll"[277], Ausschau hielt. Diese Bewegung sah er in der Sozialdemokratie, deren Streben nach einer „völligen Menschengemeinschaft der Klassen und der Völker"[278] nach *Barth* den konkrete politische Ausdruck des biblischen Glaubens der Gotteskindschaft aller Menschen bezeichnete.

Die Bedeutung der von *Blumhardt* inspirierten Gruppe der Religiös-Sozialen in der Schweiz besteht darin, den tiefen Graben zwischen Protestantismus und Sozialdemokratie punktuell überbrückt zu haben. Bemerkenswert ist, daß vielfach eine Solidarisierung mit konkreten Arbeitnehmerforderungen am Anfang eines entsprechenden Engagements gestanden hat. So hatten *Blumhardt*, *Eugster-Züst*, *Ragaz* und in gewisser Weise auch *Barth* im Anschluß an Auseinandersetzungen um Arbeitnehmerrechte oder Arbeitskämpfe ihren Weg zur sozialistischen Bewegung gefunden. Im Hintergrund stand dabei jeweils eine theologische Grundposition, welche die Hoffnungsimpulse der biblischen Botschaft kritisch an der gesellschaftlichen Wirklichkeit maß und sich dementsprechend für gesellschaftsveränderndes Handeln öffnete.

---

[276] *Karl Barth*, „Die Hilfe" 1913, in: ChW Jg. 28 (1914), 774-778, Zitat 775.
[277] Ebenda, 776.
[278] Ebenda, 777; vgl. hierzu die Kritik von *Friedrich-Wilhelm Graf*, „Der Götze wackelt"? Erste Überlegungen zu Karl Barths Liberalismuskritik, in: Evangelische Theologie, Jg. 46 (1986), 422-441, 426f.

4. Kapitel: Der Prozeß der Verkirchlichung und Ausdifferenzierung des Sozialen Protestantismus in der Weimarer Republik

I. Die Begründung eines sozialen Arbeitszweiges der verfassten Kirche

1. Die Bedeutung der sozialen Frage innerhalb des Deutschen Evangelischen Kirchenbundes und als Aufgabe der verfassten Kirche

Die Revolution von 1918/19 hatte für die Kirche weitreichende verfassungsrechtliche Bedeutung. Der Wegfall des Summepiskopats, also der obersten Bischofsgewalt durch den König oder Landesherrn, und die durch die Weimarer Reichsverfassung postulierte Trennung von Kirche und Staat erforderten einen weitreichenden Neu- und Umbau der Kirchenverfassungen. Diese verfassungsrechtlich relativ offene Situation bot dabei die Möglichkeit, die Behandlung der sozialen Frage als Konstitutivum einer zukünftigen Kirche festzuschreiben. Die Verankerung der christlich-sozialen Ideen in den neuen Kirchenverfassungen (Bildung sozialer Ausschüsse; Ermöglichung der Gründung von Sozialpfarrämtern; Behandlung sozialer Fragestellungen bei der Aus- und Fortbildung) geschah grundsätzlich im Konsens aller kirchlichen Gruppierungen, wobei besondere Initiativen gerade von den Sozialkonservativen ausgingen.[1] Wenn sich auch angesichts der veränderten politischen und gesellschaftlichen Situation die kirchenpolitischen Gegensätze zunächst nicht weiter vertieft hatten, bestanden die Gegensätze zwischen den liberalen und den konservativen Protestanten doch unvermindert fort. Durch das politische Engagement führender Vertreter des Protestantismus – von *Friedrich Naumann* und *Otto Baumgarten* (DDP) bis zu *Reinhard Mumm* und *Gottfried Traub* (DNVP), um nur einige zu nennen – erhielten allerdings die Konflikte eine z.T. andere Qualität.

Der erste Vorstoß zur Schaffung von Institutionen zur Behandlung der sog. sozialen Frage innerhalb der Kirche wurde auf dem Ersten Deutschen Evangelischen Kirchentag im September 1919 unternommen.[2] So brachte der KSB einen Antrag auf Bildung eines „Sozialen Ausschusses des Deutschen Evangelischen Kirchentages" ein, der schließlich auch angenommen wurde.[3] Der am letzten

---

[1] Vgl. zu diesen Fragen ausführlich *Norbert Friedrich*, Die Evangelische Kirche und soziale Fragen 1918 – 1933. Verfassungsrechtliche Grundlagen des sozialen Protestantismus, in: *Wolfgang Belitz/Günter Brakelmann/Norbert Friedrich*, Aufbruch in soziale Verantwortung. Die Anfänge kirchlicher sozialer Arbeit in Westfalen zwischen Kaiserreich und Nationalsozialismus, Waltrop 1998, 64-80.

[2] Vgl. zum Kirchentag *Kurt Nowak*, Evangelische Kirche und Weimarer Republik. Zum politischen Weg des deutschen Protestantismus zwischen 1918 und 1932, Göttingen 1988, 68ff.

[3] Vgl. Verhandlungen des Deutschen Evangelischen Kirchentages 1919, Berlin 1919, 141f.,313ff. Der Antrag wurde vom Generalsekretär des KSB, *Reinhard Mumm* vorgetragen.

Verhandlungstag aufgestellte „Arbeitsplan"⁴ des Ausschusses belegt die sozialkonservative Dominanz innerhalb des deutschen Protestantismus: Auf der Basis des Kirchlich-sozialen Gesetzes der Preußischen Generalsynode von 1904 forderte der Plan eine Intensivierung des sozialen Kurswesen, die finanzielle Unterstützung der evangelischen Arbeiter- und Arbeiterinnenvereine, „in jeder Provinz" die Anstellung eines Theologen „für die sozialen Aufgaben der Kirche", die Benennung von Vertrauensleuten auf den Kreissynoden, die sich speziell um „Verständigung mit der Arbeiterschaft" kümmern sollten und schließlich eine breite innerkirchliche Diskussion der „Wohnungs- und Bodenfrage". War die Mehrzahl dieser Forderungen, die, wie der Berichterstatter, der Präsident des CA *Friedrich Spiecker,* versicherte, nur einen Ausschnitt der gesamten Problematik darstellten, zwischen den Gruppen konsensfähig, so erregte die Verpflichtung von „Kirchenhelfer[n] für den Bezirk einer Kreis- oder Provinzialsynode" auf die Prinzipien der „christlich-nationale[n] Arbeiterbewegung" Widerspruch. *Otto Baumgarten,* Vorsitzender des ESK, bemängelte die politische Festlegung auf diese „antisozialdemokratisch zu betrachtende[n] Bewegung". Diese hier skizzierte Spannung zwischen einem grundsätzlichen Konsens, nun die Behandlung der sozialen Frage zu einer Handlungsaufgabe der Kirche zu machen, und den konkreten auch kirchenpolitisch motivierten Konfliktlinien, bestimmte die weitere Auseinandersetzung.

Die 1919 gestellten Weichen zur Gründung eines Kirchenbundes führten auf dem Zweiten Deutschen Evangelischen Kirchentag in Stuttgart (11.-15. September 1921) mit der Annahme der Verfassung zur Gründung des Deutschen Evangelischen Kirchenbundes.⁵ In der Verfassung war auch ein eigenständiger Sozialer Ausschuss vorgesehen, dessen Besetzung zwischen den einzelnen Flügeln einvernehmlich geregelt werden konnte. Gerade für die Christlich-sozialen stellte die Gründung des Kirchenbundes und die Arbeit des Sozialen Ausschusses einen Erfolg für die Durchsetzung sozialer Ideen in der Kirche dar.⁶ Die Institutionalisierung der Sozialen Ausschüsse bot die Möglichkeit, die sozialen Anliegen in der Kirche zu diskutieren und zu einer Entscheidung zu bringen.⁷

Der Soziale Ausschuß bereitete 1924 auch die „Soziale Kundgebung" des Betheler Kirchentages vor, die als der entscheidende Einschnitt für den sozialen Protestantismus in der Weimarer Republik gewürdigt worden ist. Sie wird an anderer Stelle ausführlich dargestellt werden.⁸

Mumm hatte ursprünglich einen „kirchlich-sozialen Ausschuß" vorgeschlagen, der Verzicht auf einschränkende Adjektive sollte dann aber die Parität des Ausschusses dokumentieren, auch wenn die Mehrzahl der Mitglieder sozialkonservativ war.

⁴ Vgl. ebenda 314f., dort 315f. die folgenden Zitate. Dieser Plan entsprach fast wörtlich einer Aufgabenbeschreibung aus den Kirchlich-sozialen Blättern, vgl. KSBl Jg. 22 (1919), Nr. 4-6.

⁵ Vgl. *Jonathan R. Wright,* „Über den Parteien". Die politische Haltung der evangelischen Kirchenführer 1918-1933, Göttingen 1977, 38ff.

⁶ Vgl. KSBl Jg. 24 (1921), Nr. 2, 11f. (*Mumm,* Der zweite evangelische Kirchentag).

⁷ Zu unterscheiden ist dabei der Soziale Ausschuß des Kirchentages und der ständige Soziale Ausschuß des DEKA, der bereits nach dem Ersten Kirchentag in Dresden unter dem Vorsitz von *Julius Kaftan* gebildet worden war. Vgl. dazu *Cordula Schlösser-Kost,* Evangelische Kirche und soziale Fragen 1918-1933, Köln 1996, 97ff.

⁸ Zur Entwicklung der sozialen Frage in der Weimarer Republik vgl. auch *Nowak,* Evangelische Kirche, 126ff; ausführlich *Jähnichen,* Vom Industrieuntertan zum Industriebürger. Der soziale Protestantismus und die Entwicklung der Mitbestimmung (1848-1955), Bochum 1993, 164ff., der

In Preußen gestaltete sich der Weg zu einer neuen Kirchenverfassung besonders schwierig, da sich politische und kirchliche Interessengegensätze vielfältig überlagerten.[9] Dabei galt der verfassungsmäßigen Festschreibung der sozialen Verantwortung der Kirche zunächst das hauptsächliche Interesse der Christlichsozialen, die sich in diesen Fragen auch weitgehend durchsetzen konnten. Neben der Einrichtung eines Sozialen Ausschusses[10] wurde die Möglichkeit geschaffen, auch besondere Funktionspfarrstellen für „soziale Aufgabe[n]" einzurichten; damit wurde die Grundlage geschaffen für die spätere Einstellung hauptamtlicher Sozialpfarrer.[11]

Nach Vollendung des Verfassungsneubaus stand für viele konservative wie liberale Protestanten die Neugestaltung des Kirchlich-sozialen Gesetzes von 1904 auf der Tagesordnung, welches seinerzeit die Möglichkeit geschaffen hatte, in einem bescheidenen Rahmen Evangelische Arbeitersekretariate und andere Einrichtungen aus kirchlichen Kollektenmitteln zu fördern. Diese Debatte, die schwerpunktmäßig auf den Preußischen Generalsynoden und im sozialen Ausschuß geführt wurde, gestaltete sich sehr kontrovers und zog sich bis 1930 hin. Im Detail ging es um Finanzierungsfragen und um die für die Sozialkonservativen besonders relevante Frage, ob durch das Gesetz die Möglichkeit geschaffen werden könne, „Männer und Frauen aus dem Arbeiterstand" als Arbeitersekretäre bei der Kirche anzustellen.[12] Gegen diese Vorstellungen der konservativen kirchlich-sozialen Mitglieder des Ausschusses, die in dem westfälischen Sozialpfarrer *Reinhard Mumm* ihren Sprecher hatten, wandten sich die liberalen evangelisch-sozialen Mitglieder, für die u.a. der rheinische Sozialpfarrer *Wilhelm Menn* stand. An dieser Frage brach der grundsätzliche Dissens nach der sozialkirchlichen Aufgabenbestimmung auf. Hier forderten gerade die sozialkonservativen Protestanten eine durchgreifende kirchliche Unterstützung der freien Vereine und Verbände, während die Sozialliberalen sich gegen eine zu starke Politisierung der Arbeit aussprachen und feste kirchliche Strukturen, die dann ein freies Arbeiten ermöglichen sollten, forderten. Dieser theologische und politische Gegensatz durchzog das Verhältnis der beiden Richtungen bis zum Ende der Weimarer Republik.

Das Gesetz von 1930 brachte schließlich eine konsensfähige Definition des Begriffs

„der sozialen Arbeit der Kirche zur Durchdringung der Volksgemeinschaft, auch des wirtschaftlichen Lebens und der berufsständischen Bewegung mit evangelischem Geist" (§1,1).[13]

---

die sozialethische Diskussion nachzeichnet; zur sozialen Botschaft vgl. auch *Friedrich*, Kirche und soziale Fragen, 54f.

[9] Vgl. dazu *Jochen Jacke*, Kirche zwischen Monarchie und Republik. Der preußische Protestantismus nach dem Zusammenbruch 1918, Hamburg 1976.

[10] Bericht über die Verhandlungen der außerordentlichen Kirchenversammlung zur Feststellung der Verfassung für die evangelische Landeskirche der älteren Provinzen Preußens, Berlin 1923, Teil 2, 48.

[11] Vgl. ebenda, Teil 1, 595ff.

[12] Bundesarchiv Berlin, Nachlaß Reinhard Mumm, 644, Bl.376; vgl. zu den Verhandlungen auch EZA, 9/I, 7, Bd.XV; vgl. auch *Friedrich*, Evangelische Kirche und soziale Frage, 60-63.

[13] Vgl. Verhandlungen Generalsynode 1930, Teil 2, 239; vgl. den Text auch in: KJ Jg. 57 (1930), 416.

2. Die Bildung und Profilierung eigenständiger Sozialpfarrämter

In den Kirchengesetzen war die Möglichkeit geschaffen worden, besondere Sozialpfarrämter einzurichten. Das erste Sozialpfarramt wurde in der Rheinischen Provinzialkirche eingerichtet, in der schon seit 1917 entsprechende Pläne vorbereitet worden waren. Erster Sozialpfarrer wurde *Wilhelm Menn,* der das Amt zunächst nebenamtlich, seit 1926 dann hauptamtlich führte.[14] In der Weimarer Republik richteten immer mehr Landes- und Provinzialkirchen eigenständige Sozialpfarrämter ein. Hierbei kristallisierten sich verschiedener Formen heraus. Die meisten Sozialpfarrer waren nebenamtlich angestellt, erst später kamen hauptamtliche Sozialpfarrer hinzu. Ihre institutionelle Verankerung in die Kirchenstrukturen war sehr unterschiedlich, manche konnten mit eigenen Ausschüssen zusammenarbeiten, verfügten über einen eigenen größeren Etat, andere mußten weit stärker improvisieren. Einige Landeskirchen beschritten einen Sonderweg, indem sie einen Volkswirt mit dieser Aufgabe betrauten, dies geschah in Baden, wo seit 1928 der Diplomvolkswirt *Ernst Faber* Leiter eines „Ev. Sozialamtes" war,[15] und später auch in Westfalen, wo seit 1932 *Werner Betcke* (1902-1939) amtierte.[16]

Sinn und Zweck, Aufgabe und Gemeinde der Sozialpfarrer waren lange Zeit umstritten, wobei die verschiedenen Persönlichkeiten für die Ausgestaltung der Arbeit eine große Bedeutung besaßen. Innerhalb der Sozialpfarrer spiegelt sich die Aufteilung des sozialen Protestantismus in eine stärker liberale und eine eher konservative Richtung wider. Dies kann an zwei herausragenden Figuren dokumentiert werden. Der rheinische Sozialpfarrer *Wilhelm Menn* (1888-1956) besaß ein sozialliberales Grundprofil, seine Arbeit legte er, in enger Abstimmung mit dem Präses der rheinischen Provinzialsynode *Walther Wolff,* ausgesprochen breit an und gab ihr so ein eigenständiges und innovatives Gepräge. Sein westfälisches Gegenüber *Reinhard Mumm* war in vielem das genaue Gegenteil. Als er im Januar 1923 zum nebenamtlichen Sozialpfarrer der westfälischen Provinzialkirche gewählt wurde, erwartete man, daß ein profilierter sozialkonservativer Pfarrer, der noch niemals ein Pfarramt ausgeubt hatte, ein konservatives Gegenmodell entwickeln konnte.[17]

Allein vom Amtsverständnis unterschieden sich die beiden grundlegend. Während *Menn* durch zahlreiche Kurse, Gesprächskreise und Bildungsmaßnahmen eine breite Wirksamkeit entfaltete, konnte der vielfach eingebundene *Mumm* – Reichstagsabgeordneter, Funktionär der kirchlich-sozialen Bewegung – nur we-

---

[14] Vgl. zur Person *Schlösser-Kost,* Evangelische Kirche und soziale Fragen 1918-1933. Die Wahrnehmung sozialer Verantwortung durch die rheinische Provinzialkirche, Köln 1996; *Dies.,* Der sozial-liberale Gegenpart. Sozialpfarrer Wilhelm Menn und die sozialkirchliche Arbeit im Rheinland, in: *Belitz/Brakelmann/Friedrich,* Aufbruch in soziale Verantwortung. Die Anfänge kirchlicher sozialer Arbeit in Westfalen zwischen Kaiserreich und Nationalsozialismus, Waltrop 1998, 81-94.

[15] Vgl. dazu *Christian Homrichhausen,* Das Ev. Sozial- und Presseamt der badischen Landeskirche, in: *Jähnichen/Friedrich* (Hrsg.), Protestantismus und Soziale Frage. Profile in der Zeit der Weimarer Republik, Münster 2000, 76-91.

[16] Vgl. *Belitz,* Werner Betcke im Evangelisch-kirchlichen Sozialamt der Provinz Westfalen 1931-35, in: *Ders./Brakelmann/Friedrich,* Aufbruch in soziale Verantwortung, 95-128.

[17] Vgl. dazu *Friedrich,* Der westfälische Sozialpfarrer Reinhard Mumm, in: *Belitz/Brakelmann/Friedrich,* Aufbruch in soziale Verantwortung, 64-80.

nige Akzente setzen; er sah sein Amt eher als Möglichkeit, den KSB und andere Organisationen zu fördern. Die Unterschiede liegen stärker noch im ideologischen Bereich: Mißtrauisch gegenüber den Kirchenleitungen und dem Grundsatz „über den Parteien" zu stehen und überzeugt von der gesellschaftlichen Mission ihrer Überzeugungen forderten die sozialkonservativen Protestanten wie *Reinhard Mumm* eine finanzielle Unterstützung der freien Verbände und die Anstellung von Arbeitersekretären. Für die Sozialliberalen wie *Wilhelm Menn* war die Schaffung kirchlicher Strukturen (hier Sozialpfarrämter) wichtigster Garant für eine freie und unabhängige Behandlung der sozialen Frage.

Vor diesem Hintergrund der grundlegenden Unterschiede überrascht vielleicht auf den ersten Blick die Differenz im Kirchenverständnis, das sich nur theologisch erklären läßt. Während *Menn* seine Hoffnungen und Erwartungen in eine sich erneuernde Volkskirche setzte, beurteilte *Mumm* die Reformmöglichkeiten wesentlich pessimistischer. Er hoffte verstärkt auf Strukturen außerhalb der Amtskirche, um dadurch die Volkskirche als Kirche für alle Volksschichten zu öffnen. Die Rechristianisierung sollte so von einer breiten, auch von der Kirche unabhängigen Volksbewegung getragen werden.

Die Frage nach den Handlungsfeldern, der konkreten Ausgestaltung der Arbeit und dem Selbstverständnis der Sozialpfarrer bestimmte die Diskussion in der Weimarer Republik. Sie verband sich mit einer allgemeinen sozialethischen Debatte innerhalb der verfassten Kirche.

3. Die Betheler Botschaft

Ihren ersten Höhepunkt hatte die Debatte in der sog. „Betheler Botschaft" (Soziale Botschaft des Betheler Kirchentages) von 1924.[18] Nach *Günter Brakelmann* „spiegelt sie die mehrheitliche kirchenprotestantische Denk- und Mentalitätsstruktur wider".[19] Wenn die Kundgebung auch, ähnlich wie die Äußerungen der Kirchenleitungen aus der Vorkriegszeit, primär die sittlich-moralische Seite der sozialen Fragen thematisierte[20] und auf konkrete wirtschaftspolitische Aussagen verzichtete, stellt sie doch einen entscheidenden Fortschritt dar. Zunächst ist die Kundgebung entgegen anderen Stellungnahmen und vielen Veröffentlichungen aus den ersten Jahren der Weimarer Republik frei von einer parteipolitischen Abgrenzung gegenüber der Sozialdemokratie. Zugleich dokumentiert sie den im Protestantismus in der damaligen Zeit vollzogenen Paradigmenwechsel von der Staatsfixierung hin zu einer Orientierung am Volksganzen:

„Schwer liegt Gottes gewaltige Hand auf unserem Volk. Wir sind vor Leben oder Tod gestellt. Abfall von Gott und seinem Evangelium ist unsere Schuld und unser Verderben. Die Rettung kann nur kommen, wenn unser Volk wieder Verständnis gewinnt für die von Gott gesetzte Ordnung und in bußfertigem Glauben den Weg zu der erlösenden Liebe Gottes in Christo zurückfindet.

---

[18] Vgl. den Text *Friedrich*, Mumm, 248-251; *Brakelmann/Jähnichen*, Protestantische Wurzeln, 268-273.
[19] So *Brakelmann*, ebenda, 203.
[20] Hierauf weist *Nowak* ausdrücklich hin, vgl. *Nowak*, Evangelische Kirche, 127; eine Darstellung findet sich auch *Jähnichen*, Vom Industrieuntertan zum Industriebürger. Der soziale Protestantismus und die Entwicklung der Mitbestimmung (1848-1955), Bochum 1993, 208-211.

Jeder Einzelne, der die Gemeinschaft mit dem lebendigen Gotte wiedergewinnt, wird zugleich ein Segen für unser Volk."[21]

Dieser theologisch-religiösen Begründung entsprachen dann die entwickelten Vorstellungen für eine „Erneuerung des Volkslebens" – verstanden als „von Gott gesetzte Ordnung" –, die ein gesellschaftliches Rechristianisierungsprogramm darstellten. Im Sinne der lutherischen Ordnungstheologie der zwanziger Jahre[22] wurden konkrete Hinweise auch für die Bereiche Ehe, Familie, Schule und Jugend gegeben. In Erweiterung dieser nicht wirklich innovativen Gedanken, beschäftigte sich die Kundgebung dann mit dem „öffentlichen Leben":

„Wenig ist von dem Sinne und Geiste zu spüren, der in dem anderen Menschen ein Gotteskind und einen Bruder sieht. Menschenverachtung gilt als vornehm, Klassenhochmut als Standespflicht, Ausnutzung der Lage, unbekümmert um das Wohl und Wehe anderer, als Geschäftstüchtigkeit, Selbstsucht, die nur an den eigenen Vorteil denkt, als selbstverständlich.

Solcher Mangel an echt christlichem Geist und Brudersinn ist es auch, der zu der unheilvollen Vergiftung des Wirtschaftslebens und der furchtbaren Verschärfung der sozialen Gegensätze geführt hat, welche unsere ganze Zukunft und Gesittung bedrohen."[23]

Auch das Wirtschaftsleben müsse von christlichem Geist durchdrungen werden. In Abgrenzung gegenüber älteren christlich-sozialen Vorstellungen erkannte man ausdrücklich an, daß „die wirtschaftlichen Ordnungen auch eigenen Gesetzen"[24] folgen, stellte aber ausdrücklich den „Geist (...) in dem die Kämpfe geführt werden" heraus. Damit wurden die Forderungen einer wirtschaftlichen Sachgesetzlichkeit und einer ethischen Normierung im christlichen Horizont eng aufeinander bezogen. So erschien es auch legitim für die Kirche als Behörde, Aussagen zu den Themen Beruf, Arbeit („nicht einfach eine Ware, die man kauft oder verkauft, sondern pflichtgemäßer Dienst am Volksganzen") und Eigentum („anvertrautes Gut") zu treffen. Diese Aussagen finden ihre Konkretisierung in ethischen Appellen, die Gegensätze zwischen Arbeitgebern und Arbeitnehmern in einem Geist der „Brüderlichkeit" auszutragen. Bemerkenswert ist hierbei nicht nur die grundsätzliche Anerkennung der gesellschaftlich-ökonomischen Gegensätze, sondern auch die unterschiedliche Anrede von Arbeitnehmern und Arbeitgebern. Während für die Arbeitnehmer viel Verständnis aufgebracht wurde und sie als eine vom Glauben entfremdete Gesellschaftsschicht auftauchen, die es für den Glauben zu gewinnen galt, klingt der Appell an die Arbeitgeber schärfer. Diese wurden an ihre Pflichten für das gesamte Volk erinnert. Damit knüpfte die Kundgebung an die Konzeptionen der Volksgemeinschaft an, die eine Absage an einen für die Gesellschaft schädlichen Einzel- oder Gruppenegoismus formulierten und zeigte zugleich eine gewisse Nähe zum Solidarismus-Konzept der katholischen Soziallehre.[25] Wichtiger noch als die programmatische Standortbestimmung durch die verfaßte Kirche war für die konkrete Ausgestaltung der sozialen Arbeit eine

---

[21] *Brakelmann/Jähnichen*, Protestantische Wurzeln, 268.
[22] Vgl. dazu u.a. *Christofer Frey*, Die Ethik des Protestantismus von der Reformation bis zur Gegenwart, Gütersloh 1989, 200-211.
[23] *Brakelmann/Jähnichen*, Protestantische Wurzeln, 270f.
[24] Ebenda, 271.
[25] Vgl. dazu *Stegmann/Langhorst* in diesem Buch.

Entschließung des Kirchentages, die auf eine verstärkte Praxis, etwa durch Sozialpfarrer oder Sozialsekretäre, zielte.[26]

4. Die Eisenacher Richtlinien von 1925

Mit der Betheler Botschaft gab es seit 1924 ein kirchenamtliches Papier, auf das in den weiteren Diskussionen immer wieder Bezug genommen werden konnte. Es bildete sozusagen die Hintergrundfolie, auf der die weiteren Diskussionen geführt werden konnten. Dies gilt sowohl für einzelne kirchliche Stellungnahmen zu Problemen des Weimarer Sozialstaats als auch für die Diskussionen der Sozialpfarrer. Diese einigten sich 1925 nach längeren Diskussionen auf die „Eisenacher Richtlinien", die eine Grundlage für ihre Arbeit darstellen sollte. Kontrovers zwischen Konservativen und Liberalen war besonders Verständnis des Gemeinschaftsbegriffs, der die Zielbestimmung der Arbeit umschreiben sollte.[27] Während besonders *Menn* die Schaffung von Gemeinschaften in der zweckrationalen Welt von Industrie und Wirtschaft anstrebte und sich so gegen eine karitative Einzelhilfe und eine Verengung der sozialen Frage auf eine Arbeiterfrage wandte, erhoben die Konservativen hier Einspruch. Sie wollten besonders ihre angestammten Arbeitsbereiche sichern, wie die Innere Mission oder auch die Arbeitervereinsbewegung. Die Richtlinien bestimmten dann die „soziale Aufgabe der Kirche"[28]:

„2. Die Erfüllung der sich auflösenden societas mit evangelischem Geiste zur Schaffung neuer Bindungen, das heißt neuer Gemeinschaft, insbesondere auf dem Boden aller durch das moderne Wirtschaftsleben beherrschten gesellschaftlichen Beziehungen, und zwar durch das Mittel des Wortes."

Dieser Aufgabenbestimmung entsprach sowohl eine gewisse Abwehr gegenüber einer herkömmlichen karitativen Arbeit, die man anderen Organisationen überlassen wollte als auch eine Abgrenzung gegenüber den freien Vereinen, deren eigene Aufgabengebiete ausdrücklich anerkannt wurden. Sozialkirchliche Arbeit in diesem Sinne beinhaltete dagegen sowohl theoretische Vorfeldarbeit wie auch praktische Schulungsarbeit, wobei die Gesinnungsbildung im Vordergrund stand.

„5. Die Verkündigung des Wortes vom Gesichtspunkte der sozialen Aufgabe aus fordert tiefgreifende und klare Erkenntnis der sozialen Tatbestände und ihrer Zusammenhänge. Darum ist wissenschaftliche Arbeit an den hier erwachsenden Fragen zur Herausstellung einer evangelischen Soziallehre, also sozialwissenschaftliche und theologische Arbeit (...), zentrales Erfordernis. (...)
7. Wesentliches Ziel der kirchlichen Arbeit ist die Erziehung und Heranbildung eines christlichen Führertums in allen Wirtschaftskreisen."[29]

Problematisch erwies sich besonders die Frage der Neutralität der Kirche, in dieser Frage war es im Vorfeld zu langen Diskussionen zwischen den einzelnen kirchenpolitischen Gruppen gekommen. Die Richtlinien legten hier fest:

---

[26] Text der Entschließung bei *Brakelmann/Jähnichen*, Protestantische Wurzeln, 273f.
[27] Vgl. dazu knapp *Schlösser-Kost*, Menn, 91-93.
[28] Text in: *Brakelmann/Jähnichen*, Protestantische Wurzeln, 266.
[29] Ebenda, 266f.

„Die Kirche ist ihrem Wesen und ihrer Aufgabe nach zur Universalität des Dienstes überall verpflichtet, wo ihr Dienst gefordert oder erwartet wird oder überhaupt möglich ist."[30]

Mit dieser Formulierung konnten sich die Sozialliberalen um Wilhelm Menn durchsetzen, denen es im Sinn ihrer volkskirchlichen Konzeption um das Ansprechen aller Bevölkerungsgruppen, gerade auch der sozialistisch orientierten Arbeiterschaft ging. Sofern diese den kirchlichen Dienst überhaupt akzeptierten, sollten sie in die kirchlichen Dialogbemühungen einbezogen werden. Dies stieß auf den Widerstand der Sozialkonservativen: Sie hielten „Neutralität" gegenüber marxistischen Positionen für unmöglich, forderten vielmehr eine deutliche Option der kirchlichen Arbeit für die christlich-nationale Arbeiterbewegung.

II. Die Innere Mission und der Sozialstaat von Weimar

1. Die Innere Mission als Organisation

Kriegsniederlage, Revolution und Demokratisierung des Staatswesens und die damit verbundenen veränderten Arbeitsbedingungen führten zu wichtigen Veränderungen in der Struktur und Organisation der Inneren Mission. Die formalen Veränderungen korrespondierten mit einer veränderten inhaltlichen Ausrichtung der Arbeit. Die Intensivierung bestehender Arbeitsfelder sowie die organisatorische Ausweitung der Arbeit der Landes- und Provinzialverbände muß hier ebenso genannt werden wie die Erschließung neuer Arbeitsgebiete, die das Verständnis der Inneren Mission erweiterten.[31]

Die Vielfalt und die demokratischen Forderungen der Zeit führten nach langen kontroversen Diskussionen, in denen gerade Vertreter der Landesverbände größeren Einfluß forderten, 1921 zu einer durchgreifenden Satzungsänderung.[32] Es wurde ein Centralverband gegründet, dem alle Vereine, Anstalten und Werke angehörten und der vom Centralausschuß in Berlin geleitet wurde. Dieser wurde nunmehr als „organische Zusammenfassung aller ihm angeschlossenen Verbände, Anstalten und Einrichtungen der Inneren Mission" (§ 1) bezeichnet und entsprach dem, was *Wichern* bereits 1849 angestrebt hatte.[33] Von besonderer Tragweite war die nun auch institutionell durchgesetzte Organisierung nicht nur nach Landesverbänden, sondern ebenso nach Fächerverbänden. Eine eigene Fachgruppe „Soziale Arbeit" bemühte sich, den öffentlichen sozialen Protestantismus zusammenzufassen. Zu dieser Gruppe gehörten u.a. die Evangelischen Arbeitervereine bzw.

---

[30] In einem Zusatz legten die Richtlinien dann noch, auf Drängen der Sozialkonservativen, eine enge Verbundenheit mit den Arbeitervereinen und den christlichen Gewerkschaften fest.
[31] Gedacht ist hier beispielsweise an die Evangelisch-soziale Schule oder auch an den Evangelischen Pressverband; viele dieser Bereiche wurden mit dem Begriff „öffentliche Mission" bezeichnet, vgl. dazu *Friedrich*, Innere Mission oder Öffentliche Mission – eine historische Erinnerung, in: Helfende Hände. Zeitschrift des Diakonischen Werkes Westfalen 4/1998, 45-48.
[32] Die Satzung ist abgedruckt in: Handbuch der Inneren Mission, Bd.1: Die Organisation der Inneren Mission, Berlin 1929, 4-6.
[33] Vgl. dazu 2. Kapitel II. 1.

Arbeiterinnenvereine, der Kirchlich-sozialen Bund, die Evangelisch-soziale Schule.[34]

In den Bemühungen um eine neue, zeitgemäße Satzung spiegelt sich zugleich der Veränderungsprozeß wider, den die Innere Mission in der Weimarer Republik erfuhr. Die zunehmende Bedeutung des Staates für Wohlfahrtspflege und Fürsorge sowie die Durchsetzung des Subsidiaritätsprinzips und nicht zuletzt die Ausdifferenzierung des Berufsfeldes von Sozial- und Wohlfahrtsarbeit forderten eine Professionalisierung der Arbeit.[35] Dabei unterschied sich die Haltung der Funktionsträger der Inneren Mission gegenüber der Weimarer Demokratie nicht grundlegend von der Position des Mehrheitsprotestantismus. Allerdings wurde die Kritik bei weitem nicht so laut artikuliert wie in anderen Teilen des deutschen Protestantismus. Als ein Spitzenverband der freien Wohlfahrtspflege war man in das System staatlicher Finanzierung und Gesetzgebung eng eingebunden, fundamentale Kritik erschien nicht opportun. Das historische Urteil für diese Epoche fällt dennoch zwiespältig aus:

„Anhand der empirischen Bestandsaufnahme lässt sich nachweisen, daß die Innere Mission zwar von allen ‚Segnungen' des Weimarer Wohlfahrtsstaates profitierte (...), daß die Durchsetzung der großen wohlfahrtspflegerischen Reformwerke im Reich und in Preußen aber in erster Linie den der Republik innerlich näheren Katholiken und Sozialdemokraten zu verdanken war. So konnte die Innere Mission gleichsam im Windschatten der staatstragenden Parteien der Republik an den neuen Möglichkeiten partizipieren, ohne sich mit dem ‚System' identifizieren zu müssen."[36]

Der starke Expansionskurs der Inneren Mission, der rasche Ausbau der Arbeitsfelder, der mit Hilfe der staatlichen Finanzierung bewerkstelligt wurde und der letztlich die Freiheit der Inneren Mission bedrohte, kam mit der Weltwirtschaftskrise ab 1929 in eine schwere Krise, wachsenden Aufgaben standen schwindende Einnahmen gegenüber. Zur einer existenzbedrohenden Situation wurde dann der sog. „Devaheim-Skandal", der finanzielle Zusammenbruch der von Gliederungen des Centralausschusses gebildeten Bausparkasse.[37] Die finanzielle und organisatorische Schwäche der Inneren Mission, die zu einem Wohlfahrtskonzern geworden war, wurde von vielen auch als eine inhaltliche und konzeptionelle Schwäche begriffen. Während die einen in dieses Vakuum vorstießen, um die Innere Mission nach dem Januar 1933 gleichzuschalten,[38] auch wenn sie sonst keine inhaltlichen Schwerpunkte setzten, forderten andere eine verstärkte Rückbesinnung auf die missionarischen Impulse in die Öffentlichkeit hinein.[39]

---

[34] Eine Zusammenstellung der Mitglieder findet sich im Handbuch der Inneren Mission, 318-332; letztlich gehörten tendenziell nur sozialkonservative Vereinigungen der Fachgruppe an.

[35] Bereits 1929 wurde in diesem Sinne die Satzung ein weiteres Mal geändert, vgl. zu dem gesamten Komplex *Kaiser*, Sozialer Protestantismus, 78-94; zu dem gesamten Prozeß vgl. neben dieser umfassenden Darstellung von *Kaiser* auch *ders.*, Innere Mission und Diakonie, in: *Röper/Jüllig*, Die Macht der Nächstenliebe, 28-36.

[36] Ebenda, 31.

[37] Letztlich konnte nur eine staatliche Bürgschaft, die vom katholischen Reichskanzler *Heinrich Brüning*, einem Vertreter des sozialen Katholizismus, 1932 gewährt wurde, die Innere Mission retten.

[38] Vgl. dazu 5. Kapitel I. 1.

[39] Vgl. dazu *Friedrich*, Öffentliche Mission.

2. *Reinhold Seeberg* und das Institut für Sozialethik in Berlin

1927 wurde unter der Leitung des Präsidenten des CA der Inneren Mission, *Reinhold Seeberg*, ein „Institut für Sozialethik und Wissenschaft der Inneren Mission an der Universität Berlin" eingerichtet. Es bestand bis 1938, eine breitenwirksame Wirkung konnte es jedoch nur in den ersten Jahren seines Bestehens entfalten.[40] Dieses Institut verband auf charakteristische Weise die universitäre Forschung und Ideenbildung mit der praktischen Ausbildung und Reflexion. Es wurde eng mit der Theologischen Fakultät verbunden, erhielt zugleich einen festen Zuschuß von Seiten des CA, der sich damit einen gewissen Einfluß zu sichern suchte. Das Institut sollte „die Fragen einer modernen evangelischen Sozialethik und ihrer praktischen Auswirkung in der evangelischen Wohlfahrtspflege wissenschaftlich (...) bearbeiten"[41]. Ganz in der Tradition der älteren Evangelisch-sozialen Schule, die 1912 in Bethel eingerichtet worden war und seit 1921 in Berlin im Spandauer Johannesstift residierte,[42] war es das Ziel des Instituts, die Kenntnisse über die wirtschaftlichen und politischen Bedingungen bei den Studierenden aller Fächer zu erweitern. Der Unterschied zu den älteren Konzeptionen des sozialen Protestantismus (z.B. volkswirtschaftliche Schulungskurse, Kurse der Evangelischsozialen Schule) lag darin, daß man sich nun nur an Studierende wandte. Wissenschaftlich sollte die sozialethische Theoriebildung bewußt vorangetrieben werden, wobei man den Bereich der Wohlfahrtspflege und Fürsorge bewußt mitbetrachtete, auch wenn man gerade keine praktische Ausbildungsstätte der Inneren Mission sein wollte.[43] Vielmehr wollte man Menschen schulen, „die bestimmt sind, später einmal aufgrund ihrer Vorbildung irgendwo im öffentlichen Leben an ihrem Teil mitzuarbeiten, den Blick zu öffnen für die Bedeutung und Gegenwartsprobleme dieser Gebiete"[44].

Eine Außenwirkung hat das Institut durch eine Schriftenreihe entfaltet, die *Seeberg* mit der programmatischen Schrift „Ist christliche Sozialethik wissenschaftlich möglich?" (1930) eröffnete.[45] *Seeberg* verband hier seine sozialethische Grundüberzeugungen mit einer kulturkritischen, antidemokratischen Sicht, gleichzeitig wollte er seine Vorstellungen einer christlich fundierten Sozialreform

---

[40] Vgl. als Überblick *Helmut Talazko*, Das Institut für Sozialethik und Wissenschaft der Inneren Mission an der Universität Berlin, in: DWI-Info 28, 1994/1995, 33f.; vgl. auch den Hinweis in Ziele und Wege Jg. 3 (1927), Heft 6/6, 67.
[41] Zitiert aus einer Informationsbroschüre, ebenda, 34.
[42] Vgl. dazu *Homrichhausen*, Die Evangelisch-soziale Schule. Bethel (1912-1921). Evangelisches Johannesstift 1921-1933/45. Evangelische Sozialakademie Friedewald (nach 1945), Berlin 1998; eindrücklich auch bei *Günter Brakelmann*, Die Bedeutung Bethels als sozialpolitisches Zentrum, in: *Belitz/Brakelmann/Friedrich*, Aufbruch in soziale Verantwortung, 16-49.
[43] Für die Berufsarbeiter gab es andere Einrichtungen vgl. z.B. *Regina Mentner*, Verbandsprotestantismus und Frauenemanzipation. Die Evangelische Wohlfahrtsschule der Westfälischen Frauenhilfe und ihre Leiterin Dr. Margarete Cordemann, in: *Belitz/Brakelmann/Friedrich*, Aufbruch in soziale Verantwortung, 146-185.
[44] Zitiert nach *Talazko*, Institut für Sozialethik und Wissenschaft, 34.
[45] *Seeberg*, Ist christliche Sozialethik wissenschaftlich möglich?, in: Schriften des Instituts für Sozialethik und Wissenschaft der Inneren Mission an der Universität Berlin, Heft 1, 1-55; der zweite Beitrag dieses Heftes war *Johannes Steinweg*, Die Religion in der Fürsorge, ebenda, 56-71

zur Grundlage einer gegen den bestehenden Staat gerichteten kirchlichen Sozialarbeit machen.[46]

„Diese Lage eröffnet nun aber der Kirche in weitem Umfang neue Pflichten und Möglichkeiten in das allgemeine Volkswohl einzugreifen, denn man wird allmählich verstehen müssen, daß man sie, so wie der Dinge sich gestaltet haben, wieder braucht und zwar dringend braucht. Dementsprechend muß aber auch die Kirche diese neue Aufgabe begreifen und nach geeigneten Formen der Mitarbeit in der Entwicklung des Volkslebens suchen. (...)
   Je mehr die Kirche in unseren Tagen ein Bewußtsein ihrer Welt- und Volksaufgabe gewinnt (...), desto schlichter und wahrhaftiger soll sie das Zeugnis von der Kraft Christi gestalten. (...) So gewinnt sie negativ wie positiv Beziehung zu dem ganzen Volk und nicht nur zu einem Häuflein von ‚Kirchenchristen', und so kann sie wieder werden zu einem bildnerischen Faktor und zu einer gewaltigen Energie in unserm Volksleben."[47]

Die Wirkung des Instituts war aber insgesamt begrenzt, weitreichendere Impulse sind von dort nicht ausgegangen.

Neben diesem sozialkonservativen Institut gab es auch ein kleineres liberales Gegenstück, das Evangelisch-soziale Institut in Leipzig, das 1929 vom ESK gegründet worden ist. Die Aufgabe des Instituts sollte es sein „in erster Linie die studierende Jugend (...) in die sozialpolitischen und sozialethischen Fragen",[48] einzuführen. Ausdrücklich wurde, den Grundsätzen des ESK gemäß, die strikte Unabhängigkeit von allen politischen und wirtschaftlichen Gruppen betont. Das Institut umfaßte eine umfangreiche Bibliothek sowie einen Lese- und Arbeitsraum. Während des Semesters wurden sozialpolitische Kurse und Arbeitsgemeinschaften sowie Vorlesungen für eine breite Öffentlichkeit angeboten. Das Evangelisch-soziale Institut leistete kaum Forschungsarbeit, sondern konzentrierte sich auf soziale Schulungsmaßnahmen. Treibende Kraft war bei dieser Unternehmung der Generalsekretär des ESK *Johannes Herz*.

III. Die programmatische Annäherung von sozialkonservativen und sozialliberalen Protestanten

1. Der soziale Protestantismus und der Weimarer Sozialstaat

a) Veränderungen innerhalb der Programmatik von ESK und KSB

Der Vereinsprotestantismus war mit dem Ende des Kaiserreichs in eine erste große Krise geraten. Fragen einer personellen und thematischen Neuausrichtung, nach dem Verhältnis zur Demokratie und zum demokratischen Staat veränderten Haltung zur Kirche, nach ihrer Rolle in der Gesellschaft und nicht zuletzt finanzielle Krisen machten ihn längere Zeit partiell handlungsunfähig. Dies gilt sowohl

---

[46] *Graf/Tanner*, Seeberg, 366 sprechen zurecht von einer „völkische(n) Zuspitzung seiner Sozialethik".
[47] *Seeberg*, Sozialethik, 50f.
[48] Programm des Evangelisch-sozialen Instituts Leipzig, in: EZA 1/B 3/ 10.

für die Arbeitervereine, besonders aber für den Kirchlich-sozialen Bund (KSB, so nannte sich die Freie Kirchlich-soziale Konferenz seit 1918) und den Evangelisch-sozialen Kongreß. Gerade der ESK steckte bis 1925 in einer existentiellen Führungskrise, nachdem *Otto Baumgarten* zunächst 1918 und dann 1921 endgültig vom Vorsitz zurückgetreten war.[49] In dieser Zeit der Führungslosigkeit schwankte der Kongreß zwischen einer Annäherung an die wachsende Bewegung des Religiösen Sozialismus oder einer Nähe zu den bürgerlich-konservativen Sozialreformern. Erst als 1923 der Leipziger Pfarrer *Johannes Herz* (1877-1960) Generalsekretär wurde und 1925 der Reichsgerichtspräsident *Walter Simons* (1861-1937) zum Präsidenten gewählt wurde, konnte sich der ESK konsolidieren. Als Verteidiger der Idee der Demokratie und als Mahner für eine echte Einlösung des Sozialstaatsgedankens der Verfassung profilierte sich der ESK in der zweiten Hälfte der Weimarer Republik innerhalb des kleinen linksliberalen Spektrums. Kritik an der Idee des Sozialismus wie auch an den Auswüchsen des modernen Kapitalismus bestimmten die Kongresse.

Der neue Präsident *Simons* verortete in seiner ersten Begrüßungsansprache auf einem Kongreß 1926 den ESK im breiten Spektrum der bürgerlich-liberalen Sozialreformbewegung.[50] Er suchte einen expliziten Ausgleich mit anderen Kräften, die sich mit der sozialen Frage beschäftigten, sei es nun der soziale Katholizismus, die Innere Mission oder auch die sozialkonservative Bewegung. Dabei versuchte er einen bewußt evangelischen Standpunkt einzunehmen, indem er zum einen soziales Denken und Handeln streng biblisch begründete, mit dem Gebot der Nächstenliebe und so einen „kategorische[n] Imperativ des Denkens und Handelns"[51] formulierte.

„Deshalb können wir die Wirtschaftsgesetze, soviel wir auch Wert auf ihre Erkenntnis legen, nicht ihrer Wirksamkeit überlassen und uns auf individuelle gute Werke zurückziehen, nur das eigene Seelenheil fördernd. Nicht Weltflucht – Weltüberwindung ist unsere Parole. Wir wissen wohl, das Reich Gottes ist nicht von dieser Welt; aber Gott hat uns in diese Welt gesetzt, um in ihr an der Verwirklichung seines Reiches mitzuarbeiten, sie zwar nie erreichend, aber uns stets nach Kräften ihr nähernd, um uns, ja in uns das Dunkel sündiger Vergänglichkeit, aber vor uns die Vollkommenheit als lichtes ewiges Ziel. In diesem evangelischen Geiste des Glaubens, der Hoffnung, der Liebe, in dem wir uns bewußt sind, der katholischen Kirche mehr als nur gleichwertig gegenüberzustehen, unterstreiche ich das Wort (...): Wir Evangelische wissen vielfach gar nicht, welche Kräfte uns unsere Konfession bietet."[52]

Zum anderen war *Simons* weit entfernt von einfachen Verchristlichungsvorstellungen für Wirtschaft und Gesellschaft, auch wenn er in der damals diskutierten Frage der „Eigengesetzlichkeit"[53] keine Stellung bezog.
Trotz der bei *Simons* spürbaren Bereitschaft, die Spaltung des sozialen Protestantismus zu überwinden, ist es dazu in der Weimarer Republik nicht gekommen. Vielmehr blieben die konfessionellen und kirchenpolitischen Gruppierungen in

---

[49] Vgl. zu dieser Zeit die Hinweise bei *Klaus Erich Pollmann*, Bericht über das Forschungsprojekt: Verzeichnis des Archivbestandes und Edition der Quellen des Evangelisch-sozialen Kongresses 1890-1945, in: *Jähnichen/Friedrich* (Hrsg.), Protestantismus und Soziale Frage. Profile in der Zeit der Weimarer Republik, Münster 2000, 190-201, bes. 198f.
[50] Abdruck der Ansprache in: *Brakelmann/Jähnichen*, Protestantische Wurzeln, 227-239.
[51] Ebenda, 235.
[52] Ebenda.
[53] Siehe dazu 4. Kapitel III. 2. b.

ihrem Kern bestehen, wenn sich auch angesichts neuer Herausforderungen Annäherungen und Gemeinsamkeiten ergaben. Gemeinsam standen viele soziale Protestanten kritisch und ablehnend der aufkommenden Dialektischen Theologie gegenüber.[54] Von prominenten Ausnahmen und taktischen Erwägungen abgesehen, gab es auch eine gemeinsame Front gegenüber dem Nationalsozialismus vor 1933.

Wie stark sich auch programmatische Annäherungen ergeben haben, zeigt sich, wenn man sich die Geschichte des KSB in der Weimarer Republik anschaut. Anders als beim ESK gab es dort keinen personellen Bruch, die beiden tragenden Gestalten, der Präsident *Reinhold Seeberg* und der Geschäftsführer bzw. Direktor *Reinhard Mumm* blieben bis zum Ende der Weimarer Republik in ihren Ämtern. So konnte des KSB auch die finanzielle Durststrecke bis in der Mitte der zwanziger Jahre, als durch Inflation und Mitgliederschwund die Einnahmen kaum die anfallenden Unkosten deckten, erheblich besser überstehen als der ESK. Gute Kontakte zur Inneren Mission sicherten dem KSB einen wichtigen Einflußfaktor. Dabei bemühte sich der KSB zunächst programmatisch um Kontinuität mit der Zeit vor 1914. So begründete etwa der Präsident *Seeberg* bei der Begrüßungsansprache anläßlich der ersten Generalversammlung nach dem Krieg im April 1919 das Festhalten am Begriff „Kirchlich-sozial"[55] *Seeberg* warnte:

„Fast möchte es scheinen, als wäre unsere soziale Aufgabe gelöst". Die begonnene Politik – Seeberg dachte hier offensichtlich an die Zentrale Arbeitsgemeinschaft – gegenüber der Arbeiterschaft, wurde von ihm zwar begrüßt, doch meldete er auch Vorbehalte an. Wesentlicher aber sei die Notwendigkeit, „den sozialen Organismus so zu konstruieren, daß er Träger eines gesunden Gesamtlebens wird". Dies könne aber nur auf dem Boden des Christentums geschehen. Fazit: „Man darf für die nächste Zukunft sicher die Losung aussprechen, daß keine der vorhandenen Organisationen zerstört werden darf."

Der KSB bemühte sich so um eine gewisse Doppelstrategie.[56] Auf der einen Seite wollte man eine verstärkte Integration in den Verbandsprotestantismus – insbesondere um eine dauerhafte und feste Verbindung mit der Inneren Mission – und eine Pflege der guten Kontakte zur verfaßten Kirche erreichen. Diese Kontakte nutzte man, um die begonnenen Arbeitsfelder, die Unterstützung der christlich-nationalen Arbeiterbewegung und die öffentliche Mission voranzutreiben. Auf der anderen Seite bemühte sich besonders seit der Mitte der zwanziger Jahre um eine verstärkte programmatische Arbeit, bisher eine Schwäche des KSB. Unterstützung erhielt man bei diesen Bemühungen u.a. von *Friedrich Brunstäd*, der 1925 auf dem Kongreß des KSB einen Vortrag zum Thema „Eigengesetzlichkeit des Wirtschaftslebens" hielt, der an andere Stelle behandelt wird. Auch der Kongreß 1927 signalisierte die Neukonzeption. Dort beging der KSB mit großen Veranstaltungen – u.a. eine öffentliche Abendveranstaltung mit über 5.000 Teilnehmern, die sowohl einer politischen Versammlung als auch einer Evangelisation

---

[54] Vgl. dazu z.B. *Hartmut Fritz*, Otto Dibelius. Ein Kirchenmann in der Zeit zwischen Monarchie und Diktatur, Göttingen 1998.
[55] Text in: KSBl Jg. 22 (1919), Nr. 4-6, 1f.
[56] Vgl. zur Organisationsgeschichte des KSB *Friedrich*, „Die christlich-soziale Fahne empor!" Reinhard Mumm und die christlich-soziale Bewegung, Stuttgart 1997, 261-273.

glich – sein 30jähriges Jubiläum⁵⁷. Bemerkenswerter noch als die Größe des Kongresses war der Versuch, durch die Beteiligung namhafter Vertreter aus dem Lager der Arbeitgeber und durch die Einbeziehung von bekannten Hochschullehrern, wissenschaftliche und öffentliche Reputation zu erreichen. Der prominenteste Redner war der Berliner Nationalökonom *Werner Sombart* (1863-1941).⁵⁸ Sein Thema war „Die Rationalisierung in der Wirtschaft".⁵⁹ *Sombart* entdeckte in der Wirtschaft eine fortschreitende Tendenz der Rationalisierung, ein Signum der „modernen Zeit": „Der große Prozeß der Rationalisierung, in dem wir stehen, ist gleichbedeutend mit diesem Zuge zur Entzauberung der Welt"⁶⁰. Indem er die Rationalisierung primär als einen geistigen Prozeß beschrieb, konnte er auch die Konsequenzen für den Betrieb und für den Menschen skizzieren:

„Der vergeistete Betrieb ist dadurch charakterisiert, daß er zunächst negativ Seele soviel wie möglich ausschließt. Wenn der Arbeiter in den Betrieb hineintritt, so kann man es ausdrükken, hat er seine Seele in der Garderobe abzugeben. Er erscheint in dem Betrieb als Nummer, was sehr charakteristisch ist. Seine Persönlichkeit wird damit ausgelöscht."⁶¹

Seine Betrachtungen zur Rolle des Menschen im Rationalisierungsprozeß führten ihn dazu, der Berufsidee, einer für die evangelische Arbeitsethik wichtigen Kategorie, eine deutliche Absage zu erteilen. Diese Vorstellungen wurden allerdings innerhalb des sozialkonservativen Protestantismus nicht produktiv aufgenommen.

b) Evangelische Arbeitervereine und Christliche Gewerkschaften

So wie KSB und ESK die Arbeit in der Weimarer Republik kontinuierlich fortsetzten, änderten auch die Evangelischen Arbeitervereine ihre Grundausrichtung nicht. Sie verstanden sich in der Weimarer als Teil der christlichen und nationalen, antisozialistischen und damit antisozialdemokratischen Arbeiterbewegung sowie als gestaltender Teil der sozialen Arbeit der Kirchen. Als Bildungs- und Geselligkeitsvereine bemühten sich die evangelischen Arbeitervereine um eine Fortsetzung der Arbeit vor Ort. Zugleich öffneten sie sich gegenüber dem Weimarer Sozialstaat.

So verabschiedete der Gesamtverband der evangelischen Arbeitervereine 1921 ein neues soziales Programm.⁶² Ein Charakteristikum des Programms waren die ausführlichen Einzelforderungen zu den Bereichen Wirtschaft, Bildungswesen und Sozialpolitik. Diese Forderungen, die in weiten Teilen einen sozialpolitischen Konsens, der von der katholischen und evangelischen Arbeiterbewegung bis hin zu den freien Gewerkschaften reichte, widerspiegeln, wurden in dem Programm theoretisch begründet durch den Rückgriff auf den Gemeinschaftsgedanken:

---

⁵⁷ Vgl. dazu *Norbert Friedrich*, Kirche und Arbeit. Der Jubiläumskongreß des Kirchlich-sozialen Bundes in Düsseldorf 1927, unveröffentlichtes Manuskript 1999.
⁵⁸ Vgl. zur Person *Friedrich Lenger*, Werner Sombart 1863-1941. Eine Biographie, München 1994.
⁵⁹ *Werner Sombart*, Die Rationalisierung in der Wirtschaft, in: 25. Kirchlich-sozialer Kongreß vom 3. bis 5. Oktober 1927 in Düsseldorf, Verhandlungsbericht, Leipzig 1928, 33-59.
⁶⁰ Ebenda, 35
⁶¹ Ebenda, 41.
⁶² Das Programm ist abgedruckt bei *Brakelmann/Jähnichen*, Protestantische Wurzeln, 205-209.

„Wir wollen eine Gesinnungsgemeinschaft evangelischer werktätiger Volksgenossen sein. Wir stehen auf dem Boden des evangelischen Christentums und kämpfen für die Durchdringung unseres gesamten Volkslebens mit den welterneuernden Kräften des Evangeliums.

Wir erstreben ein von starken Volksbewußtsein getragenes Deutschland, da unsere ganze Liebe unserem Vaterlande gehört.

Wir pflegen soziale Gesinnung und arbeiten an einer gesunden Sozialreform zum Aufbau einer wirklichen Volksgemeinschaft."[63]

Insgesamt konnten jedoch die evangelischen Arbeitervereine, die schon vor 1914 nur eine schwache Position hatten, in der Weimarer Republik nicht mehr zu einer gestaltenden Kraft werden.

Im Grundsatz gilt dieser Befund auch für die Christlichen Gewerkschaften, die sich ebenfalls schnell und pragmatisch auf die neue Situation einstellten, wobei einschränkend zu bedenken ist:

„Die Bereitschaft zur Mitarbeit am Aufbau des neuen Staates war freilich primär von dem Willen geprägt, ‚Schlimmeres‘ – eine sozialistische Republik – zu verhindern."[64]

Die Christlichen Gewerkschaften schlossen sich mit anderen nichtsozialistischen Arbeiterorganisationen zum „Deutschen Gewerkschaftsbund" (DGB) zusammen.[65]

Für die christlich-nationale Arbeiterbewegung spielten dabei die Begriffe ‚Stand‘, ‚Volk‘ und ‚Gemeinschaft‘ eine zentrale Rolle. Ihre nationale Ausrichtung und ihre antisozialistische Gesinnung ließen ein Zusammengehen mit den freien Gewerkschaften nicht zu, auch wenn es gerade auf der pragmatischen Ebene viele Übereinstimmungen gab. Dies gilt beispielsweise für die Frage der Wirtschaftsordnung, konkret bei der Frage der Mitbestimmung:[66]

„Die erstrebte gleichberechtigte Mitleitung und Mitbestimmung in Betrieb und Wirtschaft können die Arbeiter in verstärktem Maße erreichen auf dem Wege über den Mitbesitz der Wirtschaft."[67]

Wie auch vor 1914 waren die Christlichen Gewerkschaften katholisch dominiert. Einer der wichtigsten evangelischen Vertreter war der wirtschaftspolitische Sprecher *Friedrich Baltrusch* (1876-1949), von dem zentrale theoretische Impulse, etwa zur Frage der Wirtschaftsordnung kamen. *Baltrusch* warnte vor einer Verabsolutierung der Wirtschaft, zugleich formulierte er eine Kritik an einem hemmungslosen Kapitalismus, der für weite Teile des nationalen Protestantismus charakteristisch war:

---

[63] *Brakelmann/Jähnichen*, Protestantische Wurzeln, 205.

[64] *Michael Schneider*, Kleine Geschichte der Gewerkschaften. Ihre Anfänge in Deutschland von den Anfängen bis heute, Bonn 1989, 155; vgl. ausführlich *ders.*, Die Christlichen Gewerkschaften 1894-1933, Bonn 1982, 497ff.

[65] Vgl. dazu ausführlich *Hartmut Roder*, Der christlich-nationale Deutsche Gewerkschaftsbund (DGB) im politisch-ökonomischen Kräftefeld der Weimarer Republik, Frankfurt a.M. 1986.

[66] Knapp dazu *Schneider*, Kleine Geschichte, 181-185, dort 435 der Abdruck der entsprechenden Resolution zur Frage „Mitbestimmungsrecht und Mitbesitz"; dazu auch *Werner Plumpe*, „Liebesbotschaft gegen Klassenkämpfe?" Christliche Gewerkschaft und betriebliche Mitbestimmung in der Weimarer Republik, in: *Frank von Auer/Franz Segbers* (Hrsg.), Sozialer Protestantismus und Gewerkschaftsbewegung. Kaiserreich – Weimarer Republik – Bundesrepublik Deutschland, Köln 1994, 149-171.

[67] Ebenda.

„Die Wirtschaft verläuft nicht losgelöst vom übrigen Gemeinschaftsleben. Sie ist vielmehr eingebettet in die sozialen Gebilde, unter denen die Familie und der Staat die wichtisten sind. Im Sinne der sittlichen Grundsätze (...) ist das Verhältnis der Wirtschaft zu den sozialen Gemeinschaftsgebilden das des dienenden Mittels für höhere Zwecke. Insgesamt betonen wir von unserem Standpunkt aus den Vorrang des Staatsgedankens vor der wirtschaftlichen Zweckmäßigkeit. (...) Der Kapitalismus verneint nicht den Staat, aber er hat die Tendenz, den Staat zum Mittel für seine wirtschaftlichen Ziele zu degradieren: Der Staat ist dazu da, das Eigentum zu schützen, die Wirtschaft zu fördern, der kapitalistischen Produktion die Wege zu bahnen. Nach unsere Auffassung ist das nicht die erste und letzte Aufgabe des Staates. Im Gegenteil: die Wirtschaft, die Produktion, die Güter sind dazu da, das staatliche Gemeinschaftsleben zu ermöglichen."[68]

c) Der Protestantismus vor den sozialen Herausforderungen der Zeit: Wohnungsfrage und Ruhreisenstreit

Das Verhältnis des deutschen Protestantismus zur Weimarer Republik war im ganzen ambivalent. Strikte Gegnerschaft und kritische Unterstützung finden sich, wobei die Mehrheit des deutschen Protestantismus der nationalkonservativen Tradition verhaftet blieb und eine innere Distanz gegenüber Republik und Demokratie bewahrte. Bei den Kirchenführen läßt sich im ganzen gesehen aber von einer wachsenden Loyalität[69] ausgehen, die Frontstellung der ersten Jahre wich einem konstruktiven Umgang. Das Selbstverständnis einer strikten parteipolitischen Neutralität – die bei vielen führenden Funktionären der Kirche verbunden war mit einer deutlichen Option für die Rechtsparteien DNVP oder DVP – ließ die Kirche auch in vielen sozialpolitischen Fragen vorsichtig operieren. Deshalb finden sich auch nur wenige kirchenoffizielle Äußerungen zu brennenden sozialen Problemen der Weimarer Republik. Genannt werden sollen besonders zwei Themen:[70] Die Wohnungsfrage und der Ruhreisenstreit.

Im Juni 1925 veröffentlichte der Deutsche Evangelische Kirchenausschuß eine „Kundgebung zur Wohnungsnot"[71]. Die Beschäftigung mit dieser Frage, die in der Spätphase der Weimarer Republik eine Fortsetzung mit der Unterstützung des Freiwilligen Arbeitsdienstes und des Siedlungsdienstes fand, nahm verschiedene Traditionen und Impulse auf. Neben den antiurbanen und antimodernen Vorstellungen innerhalb des Protestantismus des neunzehnten Jhs. spielten hier auch Gedanken der kulturkritischen Bewegung der zwanziger Jahre eine Rolle. Zu-

---

[68] *Friedrich Baltrusch*, Gewerkschaftsbewegung und Wirtschaftsgestaltung, Berlin 1924, Auszüge bei *Brakelmann/Jähnichen*, Protestantische Wurzeln, 210-226, Zitat 211f.
[69] *Nowak*, Evangelische Kirche, 172, spricht für die späteren Jahre sogar von „kooperativer Loyalität".
[70] Zu ergänzen wäre noch die sog. ‚Kleinrentnerfrage', vgl. dazu *Thomas Kluck*, Protestantismus und Protest in der Weimarer Republik. Die Auseinandersetzungen um Fürstenenteignung und Aufwertung im Spiegel des deutschen Protestantismus, Frankfurt a.M. 1996.
[71] Der Text findet sich in *Georg Streiter* (Hrsg.), Evangelisch-soziale Dokumente. Von Bethel bis Stockholm, (Kirchlich-soziales Heft, 26), Berlin 1926, 22-24. Der Text wird hier im Kapitel „Die Tatbeweise der evangelischen Kirche" wiedergegeben, welches allerdings neben einer Stellungsnahme zur Sonntagsfrage und einer Unterstützung der Christlichen Gewerkschaften praktisch nur die bekannten Texte des Betheler Kirchentages, der Stockholmer Weltkirchenkonferenz sowie die Eisenacher Richtlinien enthält.

gleich nahm man sich aber auch eines brennenden sozialen Problems an und fordert den Staat zur aktiven Lösung heraus:

„Durchgreifendes wird aber nur durch eine umfassende Herstellung neuer Wohnungen und durch Förderung des Wohnungsbaus mit öffentlichen Mitteln zu erreichen sein. (...) Wir erwarten von den zuständigen Behörden und Körperschaften in Reich, Staat und Gemeinde, daß sie alles daran setzen, um ausreichende Wohnungen zu schaffen, in denen ein gesundes Geschlecht heranwachsen, christliches Familienleben gedeihen und die Pflege guter Sitte und wahrer Frömmigkeit eine Stätte finden kann."[72]

Im Ruhreisenstreit von 1928 sah die Situation anders aus. Hier konnte sich die Kirche nicht zu einer einheitlichen Stellungnahme durchringen, sie beschränkte sich auf allgemeine Appelle an Arbeitgeber und Arbeitnehmer. Anders war die Stellung des Verbandsprotestantismus, der sich auf die Seite der Arbeitnehmer stellte und ihre berechtigten Forderungen unterstützte. Gemeinsam organisierten Kirche und Verbandsprotestantismus unbürokratische Hilfe für die von Streik und Aussperrung Betroffenen.[73]

2. Sozialethische Profilierungen

Während in der Nachschau für die Zeit der Weimarer Republik besonders der grundlegende Impuls der Dialektischen Theologie als innovativ und zukunftsweisend zu bewerten ist – eine Sicht die sicherlich mit der Geschichte des Nationalsozialismus und des Kirchenkampfes zusammenhängt – waren für die Geschichte des sozialen Protestantismus andere Denkrichtungen entscheidender. Die weitreichendsten theologischen und programmatischen Impulse verdankt der soziale Protestantismus jener Zeit der Bewegung der Religiösen Sozialisten.[74] Allerdings sind auch im Bereich des sozialkonservativen und sozialliberalen Protestantismus bedeutsame Neuansätze zu verzeichnen, die eine Weiterführung und Neuprofilierung traditioneller Positionen bedeuten.

a) *Friedrich Brunstäd*

Wirkungsmächtig in konservativen Kreisen ist besonders der Philosoph und Theologe *Friedrich Brunstäd* geworden. Geboren 1883 war *Brunstäd* von 1918 bis 1925 Professor für Philosophie in Erlangen, von 1925 bis zu seinem Tod 1944 lehrte er Systematische Theologie in Rostock.[75] Er ging damit einen charakteristisch anderen Weg als z.B. *Ernst Troeltsch*, der von der Theologie zur Philosophie wechselte. Der konservative Lutheraner *Brunstäd* war geprägt vom deutschen Idealismus, der sein Verständnis der als krisenhaft empfundenen Gegenwart und die Hoffnung auf einen nationalen Aufstieg bestimmte. *Brunstäd* war auf vielfältige Art und Weise mit der deutschen Rechten in der Weimarer Zeit verbunden, so galt er zeitweise als Theoretiker der DNVP. Innerhalb des sozialen

---

[72] *Streiter* (Hrsg.), Evangelisch-soziale Dokumente, 24.
[73] Vgl. dazu *Brakelmann*, Evangelische Kirche in sozialen Konflikten der Weimarer Zeit. Das Beispiel des Ruhreisenstreits, Bochum 1986.
[74] Vgl. dazu 4. Kapitel IV.
[75] Zur Biographie vgl. *Homrichhausen*, Schule, 45-47.

Protestantismus erlangte er einen großen Einfluß durch seine Tätigkeit als Leiter der Evangelisch-sozialen Schule in Spandau.[76] Unter *Brunstäd* wurde die Schule und das gesamte Johannesstift zu einem wichtigen sozialkonservativen „braintrust". Anders als viele noch in der Tradition *Stoeckers* stehende Protestanten,[77] wurden hier neue philosophische, politische und theologische Impulse aufgenommen. So kam auch *Brunstäd* selber zu einer bemerkenswerten Neuakzentuierung, die sich besonders in seinem Buch „Deutschland und der Sozialismus" (1924, ²1926) und in seiner Rede „Eigengesetzlichkeit des Wirtschaftslebens?" (1925) niederschlug. Auf der einen Seite formulierte er hier eine strikte Absage an den Marxismus, auf der anderen Seite fand er für die Forderungen der christlich-nationalen Arbeiterbewegung, etwa nach besseren Arbeits- und Lebensbedingungen, verständnisvolle Worte. Er entwickelte seine Ideen dabei unter dem Einfluß der kulturkritischen Philosophie seiner Gegenwart, so nannte er beispielsweise den Wiener Kulturkritiker *Othmar Spann* (1878-1950) als einen seiner Impulsgeber.[78]

„Wir haben nicht mehr die undifferenzierte Einheit der jungen Kultur, wir leiden unter der Zerissenheit und Zerbrochenheit der Aufklärung und ihres Kulturverfalls, wir suchen den lebendigen gegliederten Zusammenhang, in dem sich aus Eigengestaltigkeit der Glieder ein ganzes bildet. Wir nennen eine solche Ganzheit in Kunst und Leben Stil, auf theoretischem Gebiet System, auf ethischem Gebiete Gemeinschaft. Aufklärerische Kultur ist stillos, systemlos, gemeinschaftslos. Wir suchen Stil, System, Gemeinschaft und finden sie den Persönlichkeitskräften, die aus religiöser Erweckung gestaltungskräftig erwachsen."[79]

Der Wirtschaft wies *Brunstäd* in seinem Denken einen wichtigen aber gerade keinen absoluten Platz zu. Zwar erkannte er grundsätzlich die Prinzipien des Marktes an und verteidigte das Recht auf Eigentum. Zugleich betonte er aber eine Überordnung des Staates über die Wirtschaft („Der Staat hat den Primat über die Wirtschaft. Er hat die Wirtschaft einzugliedern, und zwar aus ihren eigenen Bedingungen heraus."[80]), zugleich suchte er aber eine Antwort auf die Herausforderungen der modernen Wirtschaft in einer Verbindung von christlichem und kulturkritischem Standesdenken:

„Wir haben vom Christentum und von christlicher Kulturkritik und Kulturschöpfung aus der Verabsolutierung der Wirtschaft mit allen ihren Folgen entgegenzuwirken, die Vergötzung dieses Dienstwertes, den Mammonismus, den aufklärerischen Kulturzustand, aus dem er hervorgeht und innerhalb dessen er allein möglich ist, zu überwinden. Mit der Überwindung dieses Kulturzustandes im ganzen sind auch die inneren Voraussetzungen des Mammonismus

---

[76] *Helmuth Schreiner, Heinz-Dietrich Wendland, Eugen Gerstenmaier, Walther Künneth* u.a. gehörten dort zu seinen Mitarbeitern. Die Wirkung wird auch deutlich an der Tatsache, daß 1957 eine umfangreiche Aufsatzsammlung erschien: *Eugen Gerstenmaier/Carl Gunther Schweitzer* (Hrsg.), Gesammelte Aufsätze und kleinere Schriften, Berlin 1957, dort auch persönliche Würdigungen.
[77] Wie stark auch *Brunstäd* von *Stoecker* geprägt war, zeigt sein Buch, *Brunstäd*, Adolf Stoecker. Wille und Schicksal, Berlin 1935 (eine Schrift zum hundertsten Geburtstag Stoeckers).
[78] *Ders.*, Sozialismus, VIII.
[79] *Ders.*, Eigengesetzlichkeit des Wirtschaftslebens?, in: Gesammelte Aufsätze, 377-394, Zitat 384.
[80] Ebenda, 389.

beseitigt. Die Wirtschaft gilt nicht absolut, sie ist als Reich der Mittel ein eingeordnetes Glied im kulturellen Wertganzen nach seinem religiösen Ursprunge und seinem religiösen Ziele."[81]

Brunstäd zeigte sich in seinen Schriften einerseits auf der Höhe der zeitgenössischen konservativen Weltdeutungen, er rezipierte gekonnt nationalökonomische Schriften der Zeit, zugleich deutet seine Verbindung mit der Kulturkritik, sein kämpferischer Antimarxismus gekoppelt mit einer antikapitalistischen Rhetorik eine partielle Nähe zum Nationalsozialismus an, die bei vielen seiner Schüler zum Tragen kommen sollte.

b) *Heinz-Dietrich Wendland*

Der bedeutendste jüngere Vertreter einer konservativ geprägten wissenschaftlichen Sozialethik war *Heinz-Dietrich Wendland*. Geboren 1900 in Berlin begann *Wendland* seinen Weg in der Weimarer Republik, wo er als Neutestamentler und Sozialethiker arbeitete.[82] So war er nach seiner theologischen Promotion Mitarbeiter beim Neutestamentler *Adolf Deissmann* und Wissenschaftlicher Assistent bei der Apologetischen Centrale der Inneren Mission im Spandauer Johannesstift. Dort wurde *Wendland* durch verschiedene Schriften und Literaturberichte zu einem der kenntnisreichsten Theoretiker des sozialkonservativen Protestantismus.[83] Viele Jahre vertrat *Wendland* die Fächer Neues Testament und Sozialethik gemeinsam, erst als Privatdozent in Heidelberg, dann ab 1936 als Professor in Kiel, bis er schließlich 1955 in Münster die Leitung des Instituts für Christliche Gesellschaftswissenschaften der Evangelisch-theologischen Fakultät übernahm.[84]

Wendland fühlte sich als Teil der christlich-sozialen Bewegung, die in der Tradition *Stoeckers* stand, seine theologischen Prägungen erhielt er aber besonders von *Friedrich Brunstäd*, mit dem er im Johannesstift zusammenarbeitete, und durch *Paul Tillich*.[85] Auch seine theologische Auseinandersetzung mit dem Religiösen Sozialismus und mit *Georg Wünsch*[86] lassen die Eigenständigkeit *Wendlands* gegenüber älteren Vorstellungen erkennen.

Wendland ging aus von den verschiedenen Antworten, die es innerhalb des Protestantismus auf die Frage nach der „sozialen Aufgabe der Kirche" gab.[87] Während die Dialektische Theologie eine solche Aufgabe vollständig negierte und damit die Kirche an ihre eigentliche Aufgabe erinnerte („In der Kirche und durch die Kirche will Gott ein Nein sprechen zur Welt"), beantworteten andere die Frage sehr unterschiedlich. Die Religiösen Sozialisten wollten eine „Bejahung der sozialen Bewegung selbst in der Form des Sozialismus", sie wiesen damit auf

---

[81] *Brunstäd*, Eigengesetzlichkeit des Wirtschaftslebens?, 388.
[82] Vgl. zu *Wendlands* Biographie *Wendland*, Wege und Umwege. 50 Jahre erlebter Theologie 1919-1970, Gütersloh 1977; vgl. zur Apologetischen Centrale *Matthias Pöhlmann*, Kampf der Geister. Die Publizistik der „Apologetischen Centrale" (1921-1937), Stuttgart 1998.
[83] Zu *Wendlands* Kritik vgl. *Wendland*, Grundlagen christlicher Wirtschaftsethik (1929), in: Brakelmann/Jähnichen, Protestantische Wurzeln, 295-304; *ders.*, Kirche und soziale Bewegung (Teil 3), in: AELKZ Jg. 64 (1931), 890-899.
[84] Vgl. dazu 6. Kapitel III. 2. b.
[85] Vgl. dazu auch *Wendland*, Wege und Umwege, 98-100.
[86] Vgl. dazu 4. Kapitel IV. 3.
[87] *Wendland*, Die soziale Arbeit der evangelischen Kirche, in: KJ Jg. 58 (1931), 342-352, 343.

die Tatsache hin, daß die Frage der Gesellschafts- und Wirtschaftsordnung für die Kirche eine wesentliche sei. Viele Protestanten wollten dagegen die soziale Aufgabe allein auf die karitative Nächstenliebe beschränken, eine angesichts der sozialen Gegenwart unzureichende Einstellung.

Seine eigene, als Synthese konzipierte Position nahm die verschiedenen Traditionen auf und versuchte diese weiterzuentwickeln. Die Ideen waren entstanden innerhalb der Diskussionen um eine Positionsbestimmung des sozialkonservativen Protestantismus am Ende der zwanziger Jahre, als gerade die Christlich-sozialen innerhalb der DNVP marginalisiert wurden.[88] In dieser Situation veröffentlichte *Wendland* eine kleine Broschüre mit dem Titel „Christlich-soziale Grundsätze"[89], in der für „jüngere[n] Generationen"[90] die christlich-soziale Idee als einer aus dem „christlichen Glauben" stammenden politisch-gesellschaftlichen Konzeption entwickelt wurde. So verankerte *Wendland* seine Vorstellungen auch innerhalb der Ideen einer neuen Gemeinschaftsbildung:

„Die christlich-soziale Idee bedeutet den Willen zur neuen Gestaltung echter Gemeinschaft in Ehe und Familie, Beruf und Stand, Wirtschaft, Volk und Staat. Der christliche Glaube drängt uns zur Verantwortung füreinander und für unser ganzes Volk. (...) Dieser christlich-soziale Wille zur Gestaltung neuer Gemeinschaft erstrebt eine lebendige, das Ganze erfassende Volkserneuerung.
Christlich-sozial heißt daher der Wille zur sozialen Reformation des Volksganzen (...)."[91]

Damit schloß er sich besonders an die ständischen Ideen der Zeit an:

„Die Grundfrage und Hauptaufgabe der sozialen Reformation im christlich-sozialen Sinne ist die Standwerdung und damit Entproletarisierung der deutschen Arbeiterschaft."

Seine konkreten Forderungen zu den Bereichen „Kirche, Volk und Staat" sowie „Wirtschaft" faßten verschiedenen Forderungen einer aktiven Wirtschafts- und Sozialpolitik sowie einer an christlichen Gemeinschaftsidealen orientierten Bildungs und Familienpolitik zusammen, verbunden mit einer vehement vorgetragenen Forderung nach einer Begrenzung der Wirtschaftsmacht:

„Die christlich-soziale Idee stellt der mammonistischen Entartung der Wirtschaft entgegen a) die Grundforderung, daß die Wirtschaft dem Menschen und dem Volke, nicht aber Mensch und Volk nur der Wirtschaft zu dienen haben. Nicht die Wirtschaft, sondern unser Glaube und sittlicher Wille sind unser Schicksal. Wirtschaftliche Ordnungen, die den Menschen hindern, ein Mensch zu sein und Gott zu dienen, sind unerträglich und von grund auf umzugestalten."[92]

---

[88] Vgl. dazu *Friedrich*, Mumm, 236-243.
[89] *Wendland*, Christlich-soziale Grundsätze. Gedanken zu einem neuen christlich-sozialen Programm, Berlin 1929.
[90] Ebenda, 4.
[91] Ebenda.
[92] Ebenda, 10.

c) Sozialethik des Luthertums

Noch eine letzte Entwicklung fällt für die konservativ-sozialethische Diskussion in der Weimarer Republik auf: das große Interesse, die sozialethischen Leistungen *Luthers* und des Luthertums herauszustellen. So lassen sich auch bei *Brunstäd* und bei *Wendland*[93] zahlreiche Bezüge zur Reformation finden. Eine klassische lutherische Position formulierte dabei beispielsweise der sächsische Landesbischof *Ludwig Ihmels* (1858-1933),[94] der sowohl an der Formulierung der Betheler Botschaft von 1924 als auch an den Entschließungen der Stockholmer Weltkirchenkonferenz zur sozialen Frage beteiligt war.[95] Ihmels erkannte auf der einen Seite die zentrale Bedeutung eines kirchlich-sozialen Wirkens an, welches nicht allein auf die Verkündigung reduziert werden dürfe, sondern besonders die christliche, aktive Hilfe ausmachen müsse. Zugleich verschlossen sich ihm aber die tatsächlichen wirtschaftlichen und politischen Herausforderungen seiner Gegenwart, die er nur auf der Folie der Theologie des 19. Jahrhunderts zu beurteilen vermochte. Seine ausdrückliche Bejahung einer Eigengesetzlichkeit des Wirtschaftslebens machte ihn zurückhaltend gegenüber kirchlichen Stellungnahmen zu konkreten wirtschaftlichen Problemen.

Es waren dann, durchaus inspiriert durch die sog. ‚Lutherrenaissance', die sich besonders mit dem Namen *Karl Holl* (1866-1926) verbindet[96], die Erlanger lutherischen Theologen *Paul Althaus* (1888-1966) und *Werner Elert* (1885-1954), die in dieser Zeit eine politische Ethik entwickelten, die nicht nur ablehnend zum demokratischen Staat von Weimar stand, sondern auch die gegenwärtige Wirtschaftsordnung kritisch hinterfragte.[97]

Althaus konzipierte seine eigene Ethik[98] als Ordnungsethik, wobei er Ehe, Volk, Staat, Wirtschaft und Recht als eigene Schöpfungsordnungen verstand. In einer Auseinandersetzung mit dem Religiösen Sozialismus entwickelte *Paul Althaus* 1922 „Grundfragen der christlichen Sozialethik"[99], in der er sich sowohl gegen einen ungezügelten Kapitalismus als auch gegen den Sozialismus aussprach:

„Die Christenheit kann nur fordern, daß in einer neuen Wirtschaftsform der Gemeinschaftsgedanke ebenso kräftig zum Ausdruck komme wie die Selbständigkeit des einzelnen. Sie

---

[93] Vgl. dazu auch *Wendland*, Die soziale Gestalt der reformatorischen Verkündigung, Berlin 1933.
[94] Vgl. zur Person *Uwe Rieske-Braun*, Ludwig Ihmels, in: *Wolf-Dieter Hauschild* (Hrsg.), Profile des Luthertums. Biographien zum 20. Jahrhundert, Gütersloh 1998, 349-368; *ders.*, Ludwig Ihmels (1858-1933) und die soziale Frage. Aspekte lutherischer Sozialethik in der Weimarer Republik, in: Zeitschrift für Kirchengeschichte Jg. 109 (1998), 328-362.
[95] Vgl. dazu 4. Kapitel I. 3.
[96] Vgl. dazu *Heinrich Assel*, Der andere Aufbruch. Die Lutherrenaissance – Ursprünge, Aporien und Wege: Karl Holl, Emanuel Hirsch, Rudolf Hermann (1910-1935), Göttingen 1994.
[97] Auch *Ihmels* gehörte zur Erlanger Schule, er war durch den Systematiker *F.H.R. Frank* (1827-1894) geprägt worden.
[98] *Paul Althaus*, Grundriß der Ethik, Gütersloh 1932 (2. erweiterte Auflage 1953); *ders.*, Theologie der Ordnungen, Gütersloh 1934 (^{2}1935).
[99] *Ders.*, Religiöser Sozialismus, Grundfragen der christlichen Sozialethik, Gütersloh 1921.

kehrt ihre Kritik ebenso gegen den ungebundenen Privatkapitalismus wie gegen den starren Sozialismus."[100]

Althaus identifizierte den Kapitalismus dabei mit dem westlich-demokratischen Staatssystem, gegen das er ein völkisches „organisch-aristokratisches Staatsideal" setzte:[101]

„Dieses, tief in der deutschen Geschichte und deutschem ständischen Denken begründet, wird durch die Betonung des organischen und der konkreten Lebens- und Arbeitsgemeinschaften, der organischen Differenzierungen und Abhängigkeiten, wie sie im Wirtschafts- und Volksleben, aber sich doch immer neu erzeugen, gewonnen."[102]

Explizit wurde die lutherische Sozialethik in einigen Broschüren behandelt. So wollte *Paul Jochimsen* 1927 belegen, daß schon bei *Luther* ein „sozialer Reformwille" vorhanden gewesen sei, der einer „evangelische Sozialität" entsprechend verstanden wurde als eine „soziale Weltanschauung" im Sinne einer „Anwaltschaft für den Nächsten". Dies habe bei Luther ausdrücklich die Forderung nach einem „sozialen Handeln" eingeschlossen.[103] In die gleiche Richtung ging auch die Veröffentlichung von *Johann Simon Schöffel* und *Adolf Köberle*. Diese setzten sich zum Ziel, „an der Überwindung eines weitverbreiteten Vorurteils, als hätten Luthertum und soziale Frage nicht viel miteinander zu tun" mitzuwirken[104].

Wie problematisch diese Bemühungen aber waren, können die Schriften von *Werner Betcke*, der von 1931 das Sozialamt der westfälischen Provinzialkirche leitete, belegen.[105] In seiner Schrift „Luthers Sozialethik. Ein Beitrag zu Luthers Verhältnis zum Individualismus"[106] machte er *Luther* zu einem Apologeten der Idee der Gemeinschaft:

„Das wirklich Große an Luther ist nämlich, daß er diesen scheinbaren Individualismus sofort wieder überwindet durch die bewußte und völlige Hineinstellung des Menschen in die Gemeinschaft des Glaubens und des Handelns."[107]

Damit macht *Betcke* die strikte Ein- und Unterordnung in den Staat und die Pflicht, sich für den Staat, verstanden als Volksgemeinschaft, zu engagieren zu einer „selbstverständlichen Christenpflicht."[108]

---

[100] *Althaus*, Religiöser Sozialismus, 54.
[101] Ebenda, 49.
[102] Ebenda; ausführlich auch *ders.*, Staatsgedanke und Reich Gottes, Langensalza 1923; *ders.*, Kirche und Volkstum, in: Vaterländische Kundgebung der evangelischen Kirche. Eröffnungspredigt, Festrede, Hauptvorträge und Kundgebungen des Zweiten Deutschen Evangelischen Kirchentages zu Königsberg (Ostpreußen), Berlin 1927, 8-30.
[103] *Paul Jochimsen*, Sozialethik des Luthertums, (Kirchlich-soziales Heft, 66), München 1927, die Zitate dort 53f.
[104] *Johann Simon Schöffel/Adolf Köberle*, Luthertum und soziale Frage, Leipzig 1931.
[105] Vgl. zur Person 4. Kapitel I. 2.
[106] Gütersloh 1934.
[107] *Schöffel/Köberle*, Luthertum und soziale Frage, 45.
[108] *Belitz*, Betcke, 120.

3. Die Impulse der ökumenischen Bewegung

Mit der großen Stockholmer Weltkirchenkonferenz 1925 kam in der Weimarer Republik ein Prozeß in Gang, dessen Wurzeln vor dem Ersten Weltkrieg liegen.[109] Die ‚Weltkonferenz für Praktisches Christentum' (Life and Work) kann zugleich als „der Beginn eines institutionell verwurzelten ökumenischen Sozialdenkens"[110] bezeichnet werden.

Im ganzen gesehen verlief die Konferenz erfolgreich, allein der äußere Rahmen war glanzvoll. Zugleich traten aber auch die Gegensätze deutlich hervor, sie betrafen sowohl politische Fragen, wie die Beurteilung des Völkerbundes und die Frage nach dem Umgang mit der Friedensproblematik, aber auch theologische Auffassungen und Traditionen. Während besonders aus der angelsächsischen Tradition die Theologie des ‚Social Gospel' eingebracht und damit auf die Notwendigkeit eines praktischen kirchlichen sozialen Handelns verwiesen wurde, äußerten deutsche Lutheraner Vorbehalte gegen eine zu schnelle oder einfache Umsetzung der Reich-Gottes-Idee in der gegenwärtigen Wirklichkeit.[111]

Die in Stockholm verabschiedeten Erklärungen waren Kompromißformeln, die sich aber als so tragfähig erwiesen, daß sie die sozialethische Diskussion der nächsten Jahrzehnte nachhaltig befruchten konnten. In der Entschließung der Konferenz nahm die Wirtschaft breiten Raum ein:

„So haben wir auf dem Gebiete des Wirtschaftslebens uns dazu bekannt, daß die Seele der höchste Wert ist, der den Rechten des Besitzes oder dem Mechanismus der Industrie nicht untergeordnet werden darf, und daß die Seele als ihr Grundrecht das Recht auf ihre Rettung beanspruchen kann. Wir kämpfen deshalb für eine freie und vollkommene Entwicklung der menschlichen Persönlichkeit. Im Namen des Evangeliums haben wir von neuem betont, daß die Industrie sich nicht gründen darf auf den bloßen Wunsch nach persönlichem Gewinn, sondern daß sie als ein Dienst an der Gemeinschaft das Eigentum als ein anvertrautes Gut ansehen muß, für das wir Gott Rechenschaft schuldig sind.[112]

Der Bericht über die Arbeit der Kommission (‚Die Kirche und die wirtschaftlichen und industriellen Fragen') stellte die Christenheit vor die Herausforderung, das bestehende Wirtschaftssystem stärker mit den christlichen Prinzipien der Liebe, Brüderlichkeit und Gerechtigkeit zu durchdringen und rief die Kirchen zu einer weiterführenden Diskussion der sozialethischen Problemstellungen auf.[113]

Der in Stockholm begonnene Diskussionsprozeß wurde in den nächsten Jahren weitergeführt, ein eingerichteter ‚Fortsetzungsausschuß' koordinierte die notwendige Arbeit. Sichtbares Ergebnis dieser Bemühungen war die Realisierung der schon in Stockholm diskutierten Idee, ein internationales Forschungsinstitut zu

---

[109] Vgl. dazu ausführlich *Wolfram Weiße*, Praktisches Christentum und Reich Gottes. Die ökumenische Bewegung Life and Work 1919-1937, Göttingen 1991.

[110] *Wolfram Stierle/Dietrich Werner/Martin Heider* (Hrsg.), Ethik für das Leben. 100 Jahre Ökumenische Wirtschafts- und Sozialethik, Rothenburg o.d. Tauber 1996, 8.

[111] Vgl. dazu die Bemerkungen bei *Reinhard Frieling*, Der Weg des ökumenischen Gedankens, Göttingen 1992, 291f.

[112] Botschaft der Weltkonferenz für Praktisches Christentum an die Christenheit, in: *Stierle/Werner/Heider*, Ethik für das Leben, 8-11, Zitat 9; der Text auch abgedruckt bei *Wolfgang Günther*, Zeitgeschichtliche Dokumentation, in: *Belitz/Brakelmann/Friedrich*, Aufbruch in soziale Verantwortung, 251-255.

[113] Vgl. den Bericht bei *Brakelmann/Jähnichen*, Protestantische Wurzeln, 316-320.

gründen welches sowohl die sozialethische Forschung fördern als auch praktische kirchliche Sozialarbeit anregen und koordinieren sollte. Nach längeren Vorarbeiten kam es schließlich 1928 zur Gründung des Sozialwissenschaftlichen Instituts in Genf.[114] Erster wissenschaftlicher Mitarbeiter war der Theologe und Ökonom *Hans Schönfeld* (1900-1954), den der Deutsche Evangelische Kirchenbund 1928 entsandte. Seine vorrangige Aufgabe war zunächst die Vorbereitung einer internationalen kirchlichen Expertenkonferenz, welche die in Stockholm begonnene sozialethische Diskussion vertiefen sollte.

So fand 1930 in London einer Fortsetzungstagung zum Thema „Die Kirchen und die moderne Wirtschaftsgestaltung" statt. Diese Tagung steht am Anfang eines langjährigen Studienprozesses, der einen vorläufigen Abschluß in der Weltkirchenkonferenz von Oxford 1937 fand.[115]

IV. Christentum und Sozialismus – Sozialethische Innovationen durch die Bewegung der Religiösen Sozialisten

1. Allgemeine Kennzeichnung der religiös-sozialistischen Bewegung

Die tiefe Krise der bürgerlichen Welt, wie sie in den Erfahrungen des Ersten Weltkrieges zu Tage getreten war, führte in den Umbruchjahren 1918/19 weitgehend unabhängig voneinander kleinere protestantische Gruppen zu sozialistischen Positionen. Ihre Sprecher waren vielfach jüngere, liberal geprägte Pfarrer und Theologen, die sich von den Schweizer Religiös-Sozialen wichtige Anregungen erhofften. Zunächst reagierte ein Teil der Sozialliberalen mit großer Sympathie auf diese Bestrebungen, so daß *Otto Baumgarten* 1920 als Präsident des Evangelisch-Sozialen Kongresses vorschlug, die „Religiös-Sozialen als die Jugend unserer evangelisch-sozialen Bewegung"[116] zu integrieren und im Dialog mit ihren sozialistischen Forderungen die sozialreformerische ESK-Position weiterzuentwickeln. Dieser Versuch scheiterte auf Grund vieler Vorbehalte, namentlich der konservativ-bürgerlichen Kreise im ESK, aber auch auf Grund einer zunehmenden Abgrenzung vieler Religiöser Sozialisten von ihrer liberalen Herkunft.

Die entstehenden Gruppen waren nur schwer als eine einheitliche Bewegung zu fassen, da die unterschiedlichen Arbeitsweisen und Zielperspektiven sich z.T. erheblich von einander unterschieden. Man kann die religiös-sozialistische Bewegung am ehesten als ein polyzentrisches Netzwerk bezeichnen. Es lassen sich mehrere Zentren bestimmen, wobei die Beziehungen zwischen den einzelnen Zentren sowie den weiteren Elementen des Netzwerkes von unterschiedlicher Intensität waren. Die größte Dichte besaß dieses Netzwerk im Bereich des 1926 gegründeten „Bundes der Religiösen Sozialisten Deutschlands" – hier kam es zur

---

[114] Vgl. dazu *Jähnichen*, Anfänge sozialethischer Besinnung. Das Sozialwissenschaftliche Institut in Genf, in: *Ulf Claußen* (Hrsg.), Moderne Zeiten – soziale Gerechtigkeit? 20 Jahre Sozialwissenschaftliches Institut der Evangelischen Kirche in Deutschland, Bochum 1989, 30-37.
[115] Vgl. zu beiden Tagungen 5. Kapitel I. 3.
[116] Vgl. *Otto Baumgarten*, Eröffnungsrede des Vorsitzenden, in: Die Verhandlungen des 27. und des. 28. Evangelisch-Sozialen Kongresses, Göttingen 1921, 58.

Ausbildung fester, hierarchisch geprägter Organisationsstrukturen –, wobei jedoch die übrigen Zentren und auch Einzelpersonen nicht vernachlässigt werden dürfen. Dieser polyzentrischen Struktur der Bewegung entsprechend, ist auch kaum von einer einheitlichen ethischen Orientierung der Religiösen Sozialisten zu sprechen. Das einigende Band ist eine Option für den Sozialismus, über dessen Gestalt es allerdings sehr unterschiedliche Auffassungen gegeben hat. Die grundlegendere Gemeinsamkeit dürfte in einer häufig durch die Weltkriegserfahrung gespeisten, emotionalen antikapitalistischen Grundstimmung zu suchen sein.

Um die Bedeutung des Religiösen Sozialismus zu umreißen, wird eine Typologie der theologisch-ethischen Begründungszusammenhänge sowie der mit ihnen verbundenen programmatischen Sozialismuskonzeptionen dargestellt.

2. Typologie der religiös-sozialistischen Konzeptionen in der Weimarer Republik

a) Gottes Gericht über die Welt und die grundsätzliche Infragestellung einer religiös-sozialistischen Programmatik

Von Beginn an gehörten Einzelpersonen und kleinere Gruppen zur religiössozialistischen Bewegung, die weder an konkreten sozialethischen Fragestellungen noch an einem gesellschafts- oder kirchenpolitischen Engagement interessiert waren, sondern in Anlehnung an die Impulse *Hermann Kutters* eine theologische Interpretation des Sozialismus erarbeiteten. So hat vor allem *Karl Barth* in dem wirkungsgeschichtlich für die Entwicklung der dialektischen Theologie bedeutsam gewordenen Tambacher Vortrag 1919 vor der Kurzschlüssigkeit religiössozialistischer Synthesen gewarnt, die in seiner Sicht „lediglich (...) auf eine neue Kirche (...) mit demokratischen Allüren und sozialistischem Einschlag"[117] zielen. Er verwies statt dessen auf die reale Bewegung Gottes zum Menschen in Gericht und Gnade, die, da sich nur so die Aufgabe einer Kritik des Bestehenden konkretisieren ließ, als politische Konsequenz ein Engagement in der Sozialdemokratie verlangte. Diese Konzeption, die religiös-sozialistische Vermittlungen von Christentum und Sozialismus ablehnte, allerdings theologisch begründet für die Sozialdemokratie optierte, wurde in Deutschland in der religiös-sozialistischen Bewegung nur von einer kleinen Minderheit vertreten. So verstand etwa der Berliner Pfarrer *Günther Dehn* den Religiösen Sozialismus in erster Linie als Kritik der verbürgerlichten Kirche, die, geläutert durch den sozialistischen Protest, wieder zum „Ort der Verkündigung des Evangeliums"[118] werden sollte.

---

[117] *Karl Barth*, Der Christ in der Gesellschaft, in: Anfänge der dialektischen Theologie, hrsg. von *Jürgen Moltmann*, München 1962, 8; *Barth* verwarf die religiös-sozialen Synthesen, da sie eine Säkularisierung Christi bedeuten, würden vgl., Barth, Der Christ in der Gesellschaft, 5. Die von den Religiös-Sozialen proklamierte Erneuerung der Kirche interpretiert er als Versuch der Klerikalisierung der Welt, vgl. ebenda, 8.
[118] *Günther Dehn*, Die Arbeitsgemeinschaft der Religiösen Sozialisten Deutschlands, in: Christliches Volksblatt (CVB), Halbmonatsblatt des Badischen Volkskirchenbundes, Karlsruhe Nr. 30/1924, 5.

Von einer politisch-ethischen Bedeutung dieses Teils der religiös-sozialistischen Bewegung ist nur indirekt zu sprechen. Ihr Verdienst besteht im wesentlichen in der Kritik als Voraussetzung ethischer Gestaltung: in der Selbstkritik einer kurzschlüssigen religiös-sozialistischen Programmatik sowie vor allem in ihren kirchenkritischen Impulsen.

b) Religiöser Sozialismus als Variante des ethischen Sozialismus – Genossenschaftliche und volksgemeinschaftliche Konzeptionen

In deutlicher Parallelität zu den Begründungen eines neukantianisch geprägten, ethischen Sozialismus lassen sich im Rahmen der religiös-sozialistischen Bewegung ebenfalls dezidert nicht-marxistische Sozialismuskonzeptionen aufweisen, welche die ethischen Impulse der christlichen Tradition als Voraussetzungen sozialistischer Gesellschaftsgestaltung interpretieren.

Es ist insbesondere der Schweizer *Leonhard Ragaz*, der in diesem Sinn nach 1918 eine eigenständige religiös-sozialistische Konzeption entwickelt hat. Ausgangspunkt und theologische Fundierung war ihm die Botschaft von dem „lebendigen Gott, der nicht nur geschaffen hat, sondern vorwärts schafft, (...) der fortwährend Taten tut, der die ewige Revolution der Welt ist"[119]. Das Zentrum des Religiösen Sozialismus war in dieser Sicht „die Aufmerksamkeit auf das Tun des lebendigen Gottes und der Glaube an sein Reich"[120], denn

„in der Botschaft vom Reich Gottes [sind] die Wahrheit des Christentums und die Wahrheit des Sozialismus aufs engste verbunden"[121]

Dementsprechend formulierte *Ragaz* prägnant die Aufgabe der Christen:

„Größer als der Glaube, der im Ergreifen des ruhenden Heils sich vollendet, ist (...) die Hoffnung, die die Erlösung der Menschheit von ihrer Not sucht, und die Liebe, die den Brüdern Rettung bringen will (...) die irdischen Verhältnisse [sind] keine unabänderlichen Ordnungen. Gott ist noch am Werke, und wir sollen mit ihm arbeiten, daß die Welt seiner Herrlichkeit voll werde"[122].

Dieser Gedanke wurde von *Ragaz* kapitalismuskritisch konkretisiert, und so definierte er den Religiösen Sozialismus als „ein Verständnis des ganzen Christentums, das" – gegen alle individualistischen Verkürzungen – „dessen sozialen Sinn ins Licht stellt"[123]. Die diesem Ansatz entsprechende Sozialismuskonzeption bestimmte *Ragaz* „als ein Verständnis des ganzen Sozialismus, das" – gegen den weltanschaulichen Materialismus – „dessen religiösen Sinn ins Licht stellt"[124]. Diese gegen ein marxistisches Sozialismusverständnis gewendete Variante eines explizit Religiösen Sozialismus wurde von *Ragaz* – zumal seit den Erfahrungen der Oktoberrevolution – immer stärker vom Klasseninteresse des Proletariats ge-

---

[119] *Leonhard Ragaz*, Was ist religiöser Sozialismus? In: Zeitschrift für Religion und Sozialismus (ZRS), hrsg. von *Georg Wünsch*, Karlsruhe, Jg. 1 (1929), 7-21, Zitat 12.
[120] Ebenda, 13.
[121] *Ders.*, Von Christus zu Marx – Von Marx zu Christus, Wernigerode 1929, 192.
[122] *Ders.*, Das Evangelium und der soziale Kampf der Gegenwart, Basel 1906, 94.
[123] *Ders.*, Was ist religiöser Sozialismus?, 9.
[124] Ebenda, 14.

löst und im Sinn einer universalen Menschheitssache verstanden. „Religiöser Sozialismus" bezeichnete hier als ethische Maxime die „große Gegenbewegung auf den Egoismus, Materialismus und Atomismus einer ganzen Epoche"[125].

Diese Position fand in Deutschland vor allem dort eine größere Resonanz, wo in Aufnahme älterer Traditionen eines religiös motivierten Genossenschaftsdenkens solche Projekte im Umfeld Religiöser Sozialisten eine Renaissance erfuhren. Auch *Ragaz* hatte stets eine Vorliebe des Religiösen Sozialismus für sozialistische Genossenschaftsformen, „die der Gotteskindschaft und Bruderschaft am nächsten kommen"[126], betont. In ihnen habe „der religiöse Sozialismus aller Zeiten das angemessenste Gefäß für seinen Inhalt erblickt"[127]. Der scharf kritisierten Degradierung der Menschen zur Ware unter kapitalistischen Produktionsbedingungen setzte *Ragaz* die Vision einer gemeinschaftlichen Regelung von Produktion und Verteilung der Güter entgegen. Deren wichtigste Voraussetzung sei die Überführung der Produktionsmittel in Gemeineigentum, wobei Genossenschaften – explizit nicht: der Staat – Träger dieses Gemeineigentums sein sollten. Allein durch Genossenschaften war nach *Ragaz* eine Demokratisierung des Arbeitsbetriebes – basierend auf dem Miteigentum der Arbeiter – zu verwirklichen. Genossenschaften und Gewerkschaften, die für die Rechte der Arbeiter unter kapitalistischen Bedingungen eintreten, waren die entscheidenden Handlungsformen der sozialistischen Bewegung, während er der politischen Arbeit der Partei im Verlauf seiner Entwicklung immer stärker mit Skepsis gegenüberstand.

Ragaz selbst hat den Genossenschaftsgedanken mit wechselndem Erfolg im Rahmen seiner Bildungsarbeit zu verwirklichen versucht. In Deutschland wurden seine Impulse besonders in der von der Jugendbewegung geprägten Neuwerkbewegung aufgegriffen, in deren Umfeld genossenschaftliche Siedlungen – die von *Eberhard Arnold* (1883-1935) angeregten Bruderhöfe und der Habertshof in Schlüchtern – entstanden.[128] Hier sind Versuche der Umsetzung religiös-sozialistisch inspirierter genossenschaftlicher Lebens- und Arbeitsformen mit ihren Möglichkeiten, aber auch mit ihren Grenzen zu beobachten. Als problematisch hat sich erwiesen, daß bei beiden Modellen die ursprünglich gemeinschaftlich-partizipatorischen Strukturen einem stärker hierarchischen Aufbau gewichen sind. Insofern ist die Zielsetzung der Entwicklung einer genossenschaftlichen Alternative zur kapitalistischen, herrschaftlich verfaßten Umwelt nur in Ansätzen gelungen.[129]

Von *Ragaz* mitbeeinflußt schließlich auch diejenigen Religiösen Sozialisten, die für einen volksgemeinschaftlich verstandenen Sozialismus mit genossenschaftlich-gemeinschaftsfördernden Elementen plädieren.[130] Zu erinnern ist hier in

---

[125] *Ragaz*, Geschichte der schweizerisch religiös-sozialen Bewegung bis zur dialektischen Theologie, in: Reich Gottes-Marxismus-Nationalsozialismus. Ein Bekenntnis religiöser Sozialisten, hrsg. von *Wünsch*, Tübingen 1931, 59.
[126] *Ders.*, Was ist Religiöser Sozialismus?, 17f.
[127] Ebenda, 18.
[128] Vgl. zur Person die populäre Darstellung *Markus Baum*, Stein des Anstoßes. Eberhard Arnold 1883-1935, Moers 1996, dort auch weitere Literatur.
[129] Vgl. *Jähnichen*, Vom Industrieuntertan zum Industriebürger. Der soziale Protestantismus und die Entwicklung der Mitbestimmung, Bochum 1993, 246ff.
[130] Vgl. *Renate Breipohl*, Religiöser Sozialismus und bürgerliches Geschichtsbewußtsein in der Weimarer Republik, Zürich 1971, 78ff.

Baden und in Württemberg an die Positionen von *Hans Ehrenberg* (1883-1958) und *Eberhard Lempp* (1886-1971)sowie an *Hans Müller* (1867-1950) in Thüringen. Unter der Voraussetzung einer scharfen Kritik marxistischer Sozialismusdeutungen betonten sie ebenfalls die Eigenständigkeit eines Religiösen Sozialismus. So verstand *Müller* Religion als

„lebendige Realität, eine gemeinschaftsbildende und erhaltende Kraft, die überall dort sich auswirkt, wo menschliches Leben in Familien- und Volksgemeinschaften neu und gesund entsteht"[131].

Gesellschaftspolitisch setzte man sich scharf gegen den Gedanken des Klassenkampfes ab und befürwortete statt dessen eine Entwicklung zum Sozialismus durch „bewußte, von Einsicht, Besonnenheit und Nächstenliebe getragene, wirtschaftsorganisatorische Arbeit größten Stils"[132]. Sozialismus bedeutete hier die Überwindung der moralisch als Ausdruck egoistischer Haltungen verurteilten Kapitalherrschaft durch eine die Anliegen der Volksgemeinschaft berücksichtigende Sozial- und Wirtschaftspolitik. Insofern kann diese Position als „bürgerlicher Antikapitalismus"[133] bezeichnet werden, zumal sich *Ehrenberg* und *Müller* als Exponenten dieses Flügels der religiös-sozialistischen Bewegung in der Endphase der Weimarer Republik dem sozialkonservativen „Christlich-sozialen Volksdienst" angeschlossen haben.

3. Der Wille Gottes und der Klassenkampf des Proletariats

In deutlicher Abgrenzung zu den bisher skizzierten religiös-sozialistischen Konzeptionen steht nach Auffassung von *Georg Wünsch* (1887-1964) – er hatte sich als Lutherforscher und Wirtschaftsethiker profiliert und wurde im Jahr 1931 der erste Inhaber eines sozialethischen Lehrstuhls in Deutschland in Marburg –, für die Mehrzahl der Religiösen Sozialisten Deutschlands etwas ganz anderes im Mittelpunkt der Betrachtung, was von den Schweizer Religiös-Sozialen und den von ihnen beeinflußten Gruppen in Deutschland kaum wichtig genommen wurde, ja teils sogar abgelehnt wurde, nämlich der Marxismus.[134] In der insbesondere von *Erwin Eckert* als dem Bundesvorsitzenden und *Wünsch* als dem theoretischen Kopf der Bewegung intensiv vorangetriebenen Programmentwicklung des 1926 konstituierten „Bundes der Religiösen Sozialisten Deutschlands" spielte die Diskussion um Möglichkeiten einer positiven Marxismus-Rezeption die zentrale Rolle. Insbesondere der badische Pfarrer *Eckert* (1893-1972) – seit 1927 Pfarrer in Mannheim – verfolgte einen stark marxistisch geprägten Kurs. Er geriet mehrfach in Konflikt mit der badischen Kirchenleitung und der SPD-Führung. Nach seinem Parteiausschluß trat er 1931 der KPD bei, woraufhin er sein Pfarramt auf-

---

[131] *Hans Müller*, Die Grundprobleme des religiösen Sozialismus I, in: Monatsblatt der sozialen Arbeitsgemeinschaft evangelischer Männer und Frauen Thüringens, Eisenach, Jg. 3 (1928), 19-21, Zitat 21.
[132] *Ders.*, Marxismus und religiöser Sozialismus, in: Monatsblatt der sozialen Arbeitsgemeinschaft evangelischer Männer und Frauen Thüringens, Eisenach, Jg. 1 (1926), 31.
[133] *Breipohl*, Religiöser Sozialismus, 69.
[134] Vgl. *Wünsch*, Die Aufgabe des Marxismus in der Bewegung des Reiches Gottes, in: *Deresch* (Hrsg.), Der Glaube der religiösen Sozialisten. Ausgewählte Texte, Hamburg 1972, 182.

geben mußte und schließlich auch von seinen Ämtern im Bund der Religiösen Sozialisten abgesetzt wurde.[135]

In den Überlegungen von *Wünsch*, wie in ähnlicher Weise auch bei *Eckert*, ist der Wille Gottes die entscheidende Norm christlicher Ethik. Obschon *Eckert* dezidiert die Möglichkeit einer Theologie des Religiösen Sozialismus verneinte, ist bei ihm dennoch eine charakteristische theologisch-ethische Argumentationsfigur auszumachen. Der Wille Gottes, den er häufig sehr unmittelbar mit Hilfe des Gebotes der Nächstenliebe und des Motivs „Friede auf Erden" umschrieb, drängte ihn geradezu zur sozialistischen Parteinahme:

> „Wir wollen in allem, was wir als religiöse Sozialisten tun und erstreben, nicht unsere persönlichen Wünsche durchsetzen, sondern dem Willen Gottes gehorsam sein und ihm dienen."[136]

Die biblisch-theologische Tradition gab ihm die Motivation, war der Grund für die „gewissensmäßige Entscheidung"[137] zum sozialistischen Kampf. Das konkrete „Wie" dieses Engagements war Sache einer nüchternen Situationsanalyse, wie sie der Marxismus und insbesondere dessen Verständnis der Geschichte als Geschichte von Klassenkämpfen bot. Dementsprechend würdigte *Eckert* den Klassenkampf um seines Zieles willen als „Kampf (...) um Brüderlichkeit und Menschlichkeit", da erst im Sozialismus als „Zielpunkt der Menschheitsentwicklung der Kern der christlichen Botschaft" zu verwirklichen war, die „freie Persönlichkeitsentfaltung des einzelnen unter den Bedingungen der Brüderlichkeit aller Menschen"[138]. Dem Kampf der Arbeiterbewegung konnte *Eckert* somit eine theologische Dignität verleihen, da

> „das wirtschaftlich und politisch unterdrückte Proletariat nach Gottes Willen eine neue Epoche der Durchdringung der Welt mit religiös-sittlicher Kraft ermöglichen wird"[139].

Dementsprechend verlangte *Eckert* geradezu das „Bekenntnis"[140] der Religiösen Sozialisten zum Klassenkampf. In diesem Sinn verpflichteten sich die Religiösen Sozialisten Preußens in ihren wesentlich von *Eckert* aufgestellten Leitsätzen von 1927, den „Klassenkampf als einen der Arbeiterschaft von den besitzenden Klassen aufgezwungenen Kampf mitzukämpfen" und jede „antimarxistische Propaganda"[141] innerhalb des Bundes zu unterbinden.

Die auf dem Mannheimer Kongreß des Bundes von 1928 verabschiedeten Richtlinien bestätigten nach einer heftigen Kontroverse diese Position. Dort hieß

---

[135] Vgl. *Friedrich-Martin Balzer*, Klassengegensätze in der Kirche. Erwin Eckert und der Bund der religiösen Sozialisten. Köln ²1975, 260ff., 277, 281.

[136] *Eckert*, Predigt zur Eröffnung des Gründungskongresses des Bundes der religiösen Sozialisten in Deutschland, in: Sonntagsblatt des arbeitenden Volkes (SAV), hrsg. von der AG der Religiösen Sozialisten Deutschlands, Karlsruhe, vom 15.08.1926.

[137] *Ders.*, Religiöser Revisionismus in der sozialistischen Bewegung?, in: ZRS, Jg.1 (1929), 22.

[138] Vgl. *Ders.*, Entwurf zu einem Programm der ev. Sozialisten Süddeutschlands, in: CVB Nr. 24/1923, 2ff.

[139] *Ders.*, Die Arbeitsgemeinschaft der religiösen Sozialisten Deutschlands, in: Neuwerk. Ein Dienst am Werdenden, Schlüchtern 1924/25, 477.

[140] *Ders.*, Religiöser Revisionismus, 27.

[141] Richtlinien für den Landesverband Preußen, in: SAV Nr. 48, vom 02.12.1927, 275; vgl. die Zusammenstellung der Reaktionen auf die Richtlinien bei *Balzer*, Klassengegensätze in der Kirche, 72ff.

es, die Religiösen Sozialisten reihten sich, von Gott dazu berufen, in den Klassenkampf des revolutionären Proletariats für eine „sozialistische Neugestaltung der Wirtschaft und Gesellschaft" ein, der „gemäß den Erkenntnissen"[142] des Marxismus geführt wird. Bürgerliche und christliche Bemühungen um Sozialreformen wurden als Rettungsversuche der gegenwärtigen Wirtschafts- und Gesellschaftsordnung scharf verurteilt. Die dem Marxismus kritisch gegenüberstehenden Mitglieder des Bundes konnten immerhin das Zugeständnis durchsetzen, daß Kritik, Ergänzung oder Vertiefung der Erkenntnisse der marxistischen Forschungs- und Arbeitsmethode grundsätzlich möglich seien, ohne daß dieser Vorbehalt jedoch im folgenden eine besondere Rolle gespielt hat.

Eine durchaus ähnliche, wenn auch weitaus differenziertere Position vertrat der führende Theoretiker des Bundes der Religiösen Sozialisten, *Georg Wünsch*. Auch er ging von der Frage nach dem Willen Gottes aus, den er im Blick auf die gesamte Schöpfung und alle Menschen als göttliche Güte interpretierte. Diese Güte Gottes garantierte gegen die Macht der Sünde, daß Ziel und Sinn dieser Welt von Gott her gesichert waren, d.h., daß „Gott seinen allmächtigen Willen zum Zweck der positiven Verwirklichung des in der Schöpfung als Ansatz Vorhandenen einsetzt"[143]. Von diesem Grundgedanken aus entwickelte *Wünsch* eine theologisch-ethische Deutung allen Kulturschaffens in Anlehnung an die Werteethik *Max Schelers*. Die spezielle Funktion wirtschaftlichen Handelns bestand darin, die stofflich-materielle Grundlage des menschlichen Lebens mit seinen elementaren und kulturellen Bedürfnissen zu sichern. Insofern waren die Wirtschaftswerte „dienende Werte"[144], die den kulturellen Zielsetzungen unterzuordnen seien. In Abgrenzung zu der im Luthertum weithin gängigen religiösen Sanktionierung bestehender Ordnungen betonte *Wünsch*, da die „Schöpfung Gottes (...) Geschichte"[145] ist, die historische Wandelbarkeit aller Ordnungen, die, wenn sie sich überlebt haben und den Forderungen der Güte Gottes widerstreiten, zu verändern bzw. durch neue Ordnungen zu ersetzen seien.

Diese grundsätzlichen Überlegungen konkretisierte *Wünsch*, indem er zunächst die Funktion der Wirtschaft auf die zentrale ethische Norm, die Güte Gottes, bezieht. Er folgerte,

daß „zuerst die elementaren Bedürfnisse für alle Angehörigen der Gesellschaft befriedigt werden müssen (...) Die Lage der ärmsten Klasse ist daher richtunggebend für die Verteilung der Wirtschaftsgüter auf elementare und kulturelle Bedürfnisse."[146] Das zentrale wirtschaftspolitische Ziel war somit eine elementare Bedarfsdeckung. Dieser Gedankengang wurde im Blick auf die Ordnungsproblematik präzisiert, indem nach der „Erkenntnis der Wirtschaftsnot der jeweiligen Gegenwart und ihrer Ursachen und (...) [nach dem] notwendigen Weg zur Beseitigung dieser Ursachen"[147] gefragt wurde. Damit wurde eine Position bezogen, die explizit ihre Optionen in der Perspektive der Verbesserung der wirtschaftlichen Lage der schwächsten Glieder der Gesellschaft formulierte. Dies war nun der Ort, an dem nach

---

[142] Richtlinien des Bundes der religiösen Sozialisten, in: SAV Nr. 33, vom 12.8.1928, 174.
[143] *Wünsch*, Evangelische Wirtschaftsethik, 202.
[144] *Ders.*, Artikel „Wirtschaftsethik", in: RGG^2, Bd. 5, Tübingen 1931, Sp.1964-1971, Zitat 1967; vgl. auch *ders.*, Religion und Wirtschaft, Tübingen 1925, 11.
[145] *Ders.*, Das Recht und die Aufgabe der religiösen Sozialisten in Kirche und Arbeiterschaft, in: Deresch, Der Glaube der religiösen Sozialisten, 168.
[146] *Wünsch*, „Wirtschaftsethik", Zitat 1967; vgl. auch 1970.
[147] Ebenda, Sp. 1970.

Wünsch die marxistische Gesellschaftsanalyse, verstanden als ein „methodischer Leitfaden zur Erkenntnis und Umgestaltung der Geschichte"[148], ihren Ort hatte, da sie den Weg zur Beseitigung der vorfindlichen Not wies.

In dieser Perspektive gab es nach *Wünsch* zwischen theologischer Ethik und dem Marxismus positive Berührungspunkte, ohne daß die Kritik der weltanschaulichen Grundlagen des Marxismus unterschlagen wurde.

Vor dem Hintergrund dieser Argumentation votierte *Wünsch* für den Sozialismus, da allein eine entsprechende Änderung der Produktionsverhältnisse die materielle Bedarfsdeckung aller Menschen ermöglichen konnte.[149] *Wünsch* bezog sich diesbezüglich auf die Analysen des wirtschaftspolitischen Experten der Sozialdemokratie der Weimarer Zeit, *Rudolf Hilferding*, nach denen eine Entwicklung hin zu einer von den Banken kontrollierten „privatkapitalistischen Plan- und Monopolwirtschaft" zu beobachten war, die als Vorstufe einer kommenden „sozialistischen Weltplanwirtschaft"[150] verstanden wurde. Allein eine staatliche Planung – letztlich im Weltmaßstab – war in dieser Sichtweise in der Lage, die von *Wünsch* eingeforderte allgemeine Bedarfsdeckung zu gewährleisten.

Hinter dieser Konzeption stand der Versuch einer wirtschaftsethischen Reformulierung eines spezifischen Verständnisses der lutherischen Zwei-Reiche-Lehre. Der Glaube gab die Motivation und auch die Richtung des wirtschaftspolitischen Handelns an. Die konkrete Umsetzung und Ausgestaltung war Sache der ökonomischen Vernunft, die völlig unkritisch mit dem Marxismus – konkret mit der Hilferdingschen Marxismusinterpretation – identifiziert wurde. Die Problematik dieser Position und das Bemühen um eine eigenständigere Marxismus-Rezeption ist bereits in der Zeit der Weimarer Republik von einem weiteren Teil der religiös-sozialistischen Bewegung angemahnt worden, von dem Kairos-Kreis um *Paul Tillich*.

4. Religiös-sozialistische Impulse für die Konzeption einer sozialistischen Marktwirtschaft

Der 1919 von *Carl Mennicke* (1887-1959) gegründete, wesentlich von *Paul Tillich* inspirierte, interdisziplinär arbeitende Kairos-Kreis hat eine eigenständige religiös-sozialistische Geschichtsdeutung und innovative Impulse durch die diesem Kreis zuzurechnenden Wirtschaftswissenschaftler wie z.B. *Adolf Löwe* und *Eduard Heimann* entwickelt. Gemeinsame Grundüberzeugung dieses Kreises war der von *Tillich* entworfene Versuch, den Religiösen Sozialismus als eine in der gegenwärtigen Wirklichkeit angelegte, kommende Wirklichkeit zu deuten. *Tillich* (1886-1965) hat als Kulturtheologe die sozialen und existentiellen Herausforderungen der Moderne für das Christentum reflektiert. 1929 übernahm er als Nachfolger *Max Schelers* (1874-1928) eine Professur für Philosophie und Soziologie in Frankfurt. Nach dem Entzug der Lehrbefugnis im April 1933 emigrierte er in die USA, wo er in New York, Havard und Chicago als Theologe und Religionsphilosoph lehrte. Seine Gegenwartsdeutung der Weimarer Zeit hat *Tillich* an-

---

[148] Vgl. *Wünsch*, Evangelische Wirtschaftsethik, 564.
[149] Ebenda, 511f.
[150] Ebenda, 704f.

hand der signifikanten Begriffe „Kairos", „Theonomie" und das „Dämonische" entfaltet. Der Begriff des „Kairos" markiert ein qualitatives Zeitempfinden, „das Hereinbrechen des Ewigen in die Zeit"[151]. Kairos in seinem „einzigartigen und universalen Sinn" meint das „Erscheinen Jesu als des Christus"[152]. Davon zu unterscheiden sind partikulare „Kairoi", die in begrenzter Weise inhalts- und bedeutungsvolle Zeitmomente bezeichnen. *Tillich* betrachtete die frühen Jahre der Weimarer Republik als einen solchen partikularen „Kairos", da sich die unentrinnbare Entscheidung aufdrängte, den Geist der bürgerlichen Gesellschaft zu überwinden und eine neue soziale Ordnung aufzurichten.[153] Allerdings grenzte er das Kairos-Bewußtsein gegen Formen utopischen Denkens klar ab. Der Kairos-Kreis um *Tillich* erwartete „das Hereinbrechen einer neuen Theonomie auf dem Boden einer profanierten und entleerten autonomen Kultur"[154]. „Theonomie" ist zu verstehen als eine konkrete historische Synthese von bedingter Form und unbedingtem Gehalt, in der „sich die ewige Idee, die absolute Synthesis offenbart"[155]. Nach *Tillich* gab es in der Geschichte immer wieder konkret faßbare Zeitabschnitte, die als konkrete Offenbarungen der absoluten Synthese zu verstehen sind.[156]

Eine Präzisierung dieser Zielvorstellung des Religiösen Sozialismus leistete *Tillich*, wenn er skizzierte, „was gegenwärtig der Verwirklichung der Theonomie entgegensteht: Die Herrschaft des Dämonischen"[157]. Der Begriff des Dämonischen wurde als „Einheit von formschöpferischer und formzerbrechender Kraft"[158] verstanden. Mit dieser dialektischen Definition war das Dämonische grundsätzlich vom Satanischen geschieden, „in dem die Zerstörung ohne Schöpfung gedacht ist"[159]. Im Dämonischen hingegen bleibt immer ein positiver schöpferischer Rest. Die dialektische Spannung von formschöpferischer und formzerbrechender Kraft im Dämonischen liegt wesentlich darin begründet, daß ein endliches und begrenztes Sein sich selbst absolut setzt und so zerstörerische Kräfte entfaltet. *Tillich* konkretisierte diese Überlegungen, indem er das kapitalistische

---

[151] *Tillich*, Kairos II. Ideen zur Geisteslage der Gegenwart, in: *Ders.*, Der Widerstreit von Raum und Zeit, GW, Bd. VI, Stuttgart 1963, 29-41, Zitat 33.
[152] *Ders.*, Kairos I, in: *Ders.*, Der Widerstreit von Raum und Zeit, GW, Bd. VI, 24.
[153] Vgl. *Ders.*, Kairos II, 32 und 34f.; vgl. auch, 35: „Darum führt die Utopie notwendig zur Enttäuschung; und der gemäßigte Fortschritt ist im Grunde das große Enttäuschungsprodukt der revolutionären Utopie. Die Idee des Kairos ist aus der Auseinandersetzung mit der Utopie geboren." Vgl. auch *Ders.*, Kairos I, GW, Bd. VI, 10.
[154] *Ders.*, Kairos I, 24; vgl. auch *ders.*, Grundlinien des religiösen Sozialismus, 4, in: Blätter für religiösen Sozialismus, Jg. 4 (1923), 1-24, 4.
[155] Ebenda.
[156] Als historisches Beispiel führte *Tillich* häufig das Mittelalter an; vgl. dazu seine rückblickende Interpretation in: *Ders.*, Vorlesungen über die Geschichte des christlichen Denkens, Teil 2, Stuttgart 1972, 198f: „Damit meine ich nicht wie die Romantiker, daß das Mittelalter vollkommen gewesen sei (...). Aber die Struktur der Gesellschaft trug theonome Elemente in sich. Das ganze Leben, auch das Alltagsleben, hatte seinen Mittelpunkt in den großen Kathedralen und empfing dadurch seine Weihe – das verstehe ich unter Theonomie."
[157] *Ders.*, Grundlinien des religiösen Sozialismus, 7; vgl. dazu *Wendland*, Der religiöse Sozialismus bei Paul Tillich, in: Marxismusstudien IV, hrsg. von *Irving Fetscher*, Tübingen 1962, 163-195, Zitat 185.
[158] *Tillich*, Das Dämonische. Ein Beitrag zur Sinndeutung der Geschichte, in: *ders.*, GW, Bd. VI, 45.
[159] Ebenda.

System als „zentrale Dämonisierung"[160] der Gegenwart kennzeichnete und in enger Zusammenarbeit mit *Heimann* eine grundlegende kapitalismuskritische Position entwickelte.[161]

Die schöpferischen Elemente des Kapitalismus manifestierten sich in seiner Leistung, „die unerhört anwachsende Zahl von Europäern bisher ernährt und sogar fortlaufend besser ernährt zu haben"[162]. Die Dämonie des Kapitalismus, der bisher erfolgreichsten Form der Güterbeschaffung, besteht darin, daß er sich selbst absolut setzt. Er versteht sich als die endgültige Wirtschaftsform und verdrängt dabei die Verheerungen, die in seiner Konsequenz auftreten.[163] Der konkrete Ort, an dem die geistig-seelischen und körperlichen Zerstörungen des Kapitalismus offenbar werden, ist das proletarische Schicksal. Der Kapitalismus liefert die Arbeiter der fundamentalen Erfahrung der Ungesichertheit aus, da ständig die Gefahr besteht, mit dem Verlust des Arbeitsplatzes jegliche soziale Sicherung zu verlieren. Diese vom Proletariat als ungesichert, aus der Gesellschaft ausgestoßen, hoffnungslos und letztlich sinnlos erfahrene eigene Situation[164] negierte die Würde des Menschen. Aufgrund der „Einheit des Vitalen und Geistigen im Menschen" war mit der proletarischen Situation stets die Gefahr des „Zerbrechen[s] des Lebenssinnes überhaupt"[165] gegeben. Diese Situation ist darüber hinaus von einer weitgehenden Unfreiheit des Arbeiters auf dem Arbeitsmarkt sowie in der technischen und sozialen Ordnung des Betriebes gekennzeichnet.[166]

Die proletarische Situation als Ort der radikalen menschlichen Bedrohtheit war jedoch gleichzeitig der Boden für die Gegenkraft der Arbeiterbewegung, die gegen diese vielfältige „Entwürdigung der Arbeit in der modernen Arbeitswelt"[167] protestierte. Insofern stand das Proletariat in einem ständigem Kampf um sein Lebens- und Freiheitsrecht: „Der Klassenkampf ist das proletarische Schicksal"[168]. Der Klassenkampf, verstanden als eine „reaktiv-emotionale Bewegung"[169], die sich rational im Wirtschaftsgeschehen als besondere Ausprägung des den Kapitalismus prägenden Marktkampfes entzündete, artikulierte den proletarischen

---

[160] *Tillich*, Religiöser Sozialismus, 167.

[161] Vgl. *Heinz Dietrich Ortlieb*, Eduard Heimann, Sozialökonom, Sozialist und Christ – Ein Nachruf, in: *Eduard Heimann*, Sozialismus im Wandel der modernen Gesellschaft, hrsg. und eingeleitet von *Ortlieb*, Bonn/Bad Godesberg 1975, 5f. und 9f.

[162] *Eduard Heimann*, Sozialismus und Sozialpolitik, in: Kairos. Zur Geisteslage und Geisteswendung, hrsg. von *Tillich*, Darmstadt 1926, 307.

[163] Vgl. *Heimann*, Religion und Sozialismus, in: *Ders.*, Kapitalismus und Sozialismus, Potsdam 1931, 161: „Der Kapitalismus hat sich selbst als absolut gesetzt. Er bewies seine Wirtschaftsform als die endgültige und richtige und übersah, daß doch die Wirtschaft wie jedes andere Stück Leben nur dem einen Gesetz der Wandlung unterliegt." Vgl. auch: *Ders.*, Neuere Entwicklungen im Sozialismus, Debattenrede, in: Verhandlungen des ESK 1927 in Hamburg, Göttingen 1927, 69f.

[164] Vgl. *Tillich*, Klassenkampf und religiöser Sozialismus, in: *Ders.*, GW, Bd. II, Stuttgart 1962, 182ff; vgl. auch *Tillich*, Sozialismus, in: *Ders.*, GW, Bd. II, 144 f.

[165] *Tillich*, Religiöser Sozialismus, 165.

[166] Vgl. *Heimann*, Soziale Theorie des Kapitalismus, Theorie der Sozialpolitik, Frankfurt 1980 (Neuauflage von Tübingen 1929), 121ff.

[167] *Heimann*, Soziale Theorie, 139.

[168] *Tillich*, Klassenkampf und religiöser Sozialismus, 184.

[169] *Heimann*, Die sittliche Idee des Klassenkampfes, Berlin 1926, 9 u.ö., vgl. die Diskussion dieses Entwurfes in den „Blättern für Religiösen Sozialismus", Jg. 7 (1926), dort die offenen Briefe von *A. Wolfers* und *A. Rüstow*, 109-120.

Protest gegen die Ausstoßung aus der Gesellschaft. Er war somit wesentlich die Reaktion des Proletariats zur Sicherung der eigenen Interessen gegenüber den Produktionsmittelbesitzern.[170] In dieser Perspektive war der Klassenkampf als „Ringen mit einer großen Not"[171] zu verstehen, er gehörte als notwendiges Element zur kapitalistischen Wirtschaftsordnung und partizipierte damit an deren dämonischem Charakter.[172]

Dementsprechend konnte es für den Religiösen Sozialismus des Kairos-Kreises weder darum gehen, dem Klassenkampf eine besondere Würde beizulegen noch im Sinn der traditionellen kirchlichen Sichtweise den Klassenkampf als unsittlich, materialistisch und atheistisch zu denunzieren.[173] Statt dessen war der „Klassenkampf in seiner Unentrinnbarkeit zu verstehen" und er war in seinem „dämonischen Charakter zu offenbaren"[174]. Den Begriff des Dämonischen auf den Klassenkampf zu beziehen, bedeutete, neben den zerstörerischen Elementen, die sich zum Beispiel im Klassenkampf von oben und in jenen Impulsen manifestierten, „die sich gegen einzelne Menschen richten statt gegen die Situation als solche"[175], auch die schöpferische Kraft des Klassenkampfes zu betonen. Dazu zählte, daß das Proletariat, vermittelt durch den Marxismus, ein Bewußtsein seiner eigenen Lage entwickelt hatte und durch den Klassenkampf einen Lebenssinn erhielt, da es sich als Träger einer neuen Gesellschaftsordnung, des Sozialismus, verstand. Der Kairos-Kreis betonte somit konsequent den proletarischen Charakter des Sozialismus, da das Proletariat in der „Schlüsselsituation" stand, „wo kommende geistige und soziale Gestaltung reale, mit der Existenz selbst gesetzte Forderung ist"[176]. Die sozialistische Option wurde hier nicht rein ethisch motiviert, sondern mit dem Hinweis auf die gegenwärtige Wirklichkeit der kapitalistischen Klassenspaltung und dem daraus resultierenden Klassenkampf des Proletariates begründet. Dementsprechend forderte der Kairos-Kreis dazu auf, sich in der sozialistischen Bewegung und im Klassenkampf zu engagieren und die Haltung eines „Sozialismus über den Parteien"[177] aufzugeben.

Der Sozialismus als Grundlage kommender Gestaltung bezeichnete in dieser Perspektive die Forderung nach einer Gesellschaft, die es jedem einzelnen und jeder Gruppe erlaubte, menschenwürdig zu leben und so ihren Lebenssinn zu erfüllen. Da diese Interpretation des Sozialismus versuchte, eine Antwort „auf die letzte unbedingte Sinnfrage unseres Daseins"[178] zu geben, wurde die Frage nach dem Letztgemeinten, dem Religiösen im Sozialismus gestellt. Der Religiöse So-

---

[170] Vgl. *Heimann*, Die sittliche Idee des Klassenkampfes, 13ff.
[171] Ebenda 12.
[172] Vgl. *Tillich*, Klassenkampf und religiöser Sozialismus, 185.
[173] Zur Kritik der Denunziation des Klassenkampfes vgl. *Heimann*, Die sittliche Idee, 45 und *Tillich*, Klassenkampf und religiöser Sozialismus, 184.
[174] Ebenda, 185. Auch *Heimann* sprach von den dämonischen Kräften des Klassenkampfes, vgl. *Ders.*, Die sittliche Idee des Klassenkampfes, 10.
[175] *Tillich*, Klassenkampf und religiöser Sozialismus, 189. Zum Klassenkampf von oben vgl. *Heimann*, Der Klassenkampf von oben. Dargestellt an der deutschen Wirtschaftspolitik nach dem Krieg, in: *Ders.*, Die sittliche Idee des Klassenkampfes, 47ff.
[176] *Tillich*, Sozialismus, in: GW II, Stuttgart 1962, 145; vgl. auch *Tillich*, Klassenkampf und religiöser Sozialismus, 184ff. Vgl. hierzu *Stephan Wehowsky*, Protestantismus und Proletariat, in: ZEE Jg. 27 (1983), 183-201, bes. 186ff.
[177] Vgl. *Heimann*, Neuere Entwicklungen im Sozialismus, 66f.
[178] *Tillich*, Sozialismus, 143.

zialismus des Kairos-Kreises nahm die marxistische Zielvorstellung einer klassenlosen Gesellschaft auf und gab ihr die positive Wendung in Richtung auf eine sinnerfüllte Gesellschaft, die „in all ihren Formen Hinweis [ist] (...) auf den unbedingten, tragenden nie direkt aussagbaren Lebenssinn"[179].

Den Versuch, in diesem Horizont konkrete sozial- und gesellschaftspolitische Aufgaben der sozialistischen Bewegung zu erarbeiten, hat insbesondere *Eduard Heimann* unternommen. *Heimann* nahm die im Kairos-Kreis geleistete Analyse der proletarischen Situation auf und entwickelte in seiner „Sozialen Theorie des Kapitalismus" die seinerzeit bedeutendste Interpretation sozialpolitischer Maßnahmen, indem er diese als „Summe von Maßregeln zum Schutz und zur Förderung der arbeitenden Menschen (...) [als] Einbau des Gegenprinzips in den Bau der Kapitalherrschaft"[180] bezeichnete.

Einen weiteren Schritt hin zu einer Neuformulierung sozialistischer Theorie wagte *Heimann* in seiner „Sozialistischen Wirtschafts- und Arbeitsordnung", wo er versuchte, das „Idealbild einer mit den Elementen der Gegenwart errichteten sozialistischen Ordnung"[181] aufzuzeigen.

Diese kurz skizzierten sozialpolitischen und ökonomischen Grundentscheidungen *Heimanns* nahm *Tillich* in seinem sozialphilosophischen Hauptwerk „Die sozialistische Entscheidung" auf.[182] Zunächst unterzog er den Nationalsozialismus, den er als apokalyptisch aufgeladene, revolutionäre Romantik interpretierte, einer grundlegenden philosophischen Kritik und arbeitete in einem zweiten Schritt gegenüber dieser politischen Romantik einerseits wie auch gegenüber dem die Gegenwart harmonisch verklärenden bürgerlichen Liberalismus das Prinzip des Sozialismus als Erwartung einer sinnerfüllten gesellschaftlichen Gestaltung heraus, um so eine sozialistische Neuorientierung zu begründen.

Diesen Ansatz konkretisierte *Tillich* nicht zuletzt im Blick auf die ökonomische Sphäre. Der Liberalismus, dessen ökonomische Bedeutung darin bestand, romantisch verklärte, feudale Privilegien abzubauen, die den Wirtschaftsverlauf irrational gehemmt hatten, prognostizierte wirtschaftliche Harmonie irrtümlicherweise als durch den Markt ermitteltes Ergebnis der Verfolgung des eigenen Interesses. Aber auch der marxistische Versuch, wirtschaftliche Harmonie durch eine zentrale ökonomische Planungsinstanz herzustellen, scheiterte an den Fragen, „wer Träger der zentralen Planung sein kann, wie ein Ort reiner wirtschaftlicher Vernunft gefunden werden kann"[183]. *Tillich* plädierte demgegenüber für ein sozialistisches Konzept, das durch außerwirtschaftliche Wertsetzungen den Rahmen absteckte, in dem der reinen ökonomischen Theorie ihr Recht einzuräumen war. In diesem Sinn stand der Sozialismus vor der Aufgabe, durch eine Rahmenplanung den geistigen und vitalen Lebenswillen des Proletariats, wie die Befriedigung der

---

[179] *Tillich*, Sozialismus, 148.
[180] *Heimann*, Neuere Entwicklungen im Sozialismus, 167; vgl. *Euchner* 8. Kapitel I. 3 in diesem Band.
[181] *Heimann*, Sozialistische Wirtschafts- und Arbeitsordnung, Potsdam 1932, 7; vgl. hier auch die einleitenden Bemerkungen *Heimanns* zum Verhältnis von Wissenschaft und Utopie, 6f.
[182] Vgl. *Tillich*, Die sozialistische Entscheidung, Offenbach 1948 (Nachdruck der fast völlig vernichteten Aufl. Potsdam, 1933). Für die wirtschaftswissenschaftlichen Überlegungen bezog sich *Tillich* neben *Heimann* auch auf *Löwe*, vgl. ebenda, 14 und 130.
[183] *Tillich*, Die sozialistische Entscheidung, 124; vgl. auch *Tillichs* Kritik der sozialistischen Wirtschaftsidee, ebenda, 79ff.

realen Bedürfnisse, eine Entlastung von rein mechanischer Arbeit, den Abbau der Entfremdung im Arbeitsgeschehen zu sichern und in diesen Grenzen den freien Markt als ökonomisches Prinzip zu erhalten. *Tillich* ging es wesentlich um die Sicherung des Personseins gerade auch im technisch und ökonomisch rationalisierten Arbeitsprozeß. So strebte er ein sozialistisches Wirtschaftsmodell an, das den „freien Markt erhält, auf dem die Bedürfnisse angemeldet werden und von dessen Forderungen aus über Produktionsrichtung und Preisbildung entschieden wird – allerdings in den Grenzen der zentralen Planung."[184]

5. Übergreifende thematische Arbeitsfelder der religiös-sozialistischen Bewegung

Neben der Darstellung der unterschiedlichen religiös-sozialistischen Positionen sollen schließlich summarisch die wichtigsten kirchen- und gesellschaftspolitischen Arbeitsfelder der verschiedenen Gruppen der Religiösen Sozialisten aufgezählt werden, die es trotz der genannten konzeptionellen Differenzen erlauben, von einer netzwerkartig verbundenen Bewegung zu sprechen.

Von Beginn an spielte die kirchenreformerische Komponente bei allen der genannten religiös-sozialistischen Gruppen eine zentrale Rolle. *Günther Dehn* hat wohl treffend im Jahr 1920 das kirchliche Milieu skizziert:

„Die kleinbürgerliche Mentalität beherrscht zur Zeit die Kirche fast völlig. Die politische Gesinnung der Pastoren und frommen Laien ist ihr entsprechend deutsch-national-antisemitisch. Man lebt noch in der ständischen Auffassung des Wirtschaftslebens, (...) den wirtschaftlichen, politischen und sozialen Problemen der Zeit steht man hilflos gegenüber."[185]

Demgegenüber klagten die Religiösen Sozialisten mit ihrer Sozial- und Kirchenkritik die sozialethische Verantwortung der Kirchen insbesondere im Blick auf das Proletariat ein. Als ihre entscheidende Aufgabe bezeichneten sie „die Bewußtmachung der Verantwortung für den Sozialisten, der sich zur Kirche zählt" im Sinn einer kirchenpolitischen „Aktivierung der sozialistischen Arbeiter"[186]. Ihr Ziel war somit die Umgestaltung der Kirche zu einer „proletariatsoffenen Volkskirche"[187], die den antikapitalistischen Sozialprotest zu einem integralen Bestandteil ihrer Verkündigung erhob.

Eine Beurteilung der Wirkungen der religiös-sozialistischen Gruppen ist schwierig: Vor dem Hintergrund eines Stimmenanteils von maximal 15% bei Kirchenwahlen blieb „die kirchensoziologische Effizienz der volkskirchlichen Aktivitäten der religiös-sozialistischen Gruppen stark eingegrenzt"[188]. Berücksichtigt man jedoch, daß die Anzahl religiös-sozialistischer Pfarrer bei nur rund 1% der Pfarrerschaft gelegen hat, muß die Anzahl religiös-sozialistischer Gruppen, die Aktivierung von kirchlich interessierten Arbeitern/innen und ihre inner-

---

[184] *Tillich*, Die sozialistische Entscheidung, 129.
[185] *Dehn*, Gedanken zur Kirchenfrage, in: Blätter für Religiösen Sozialismus, Jg. 2 (1920), 10.
[186] *Wünsch*, Religiös-sozialistische Bewegung, in: RGG², Bd.4, Tübingen 1930, Sp.1859.
[187] *Kurt Meier*, Volkskirche 1918-1945, Ekklesiologie und Zeitgeschichte, München 1982, 22.
[188] Ebenda,. 25.

kirchliche Wirkung als durchaus bedeutsam eingeschätzt werden.[189] Nicht zuletzt ist der häufig erbitterte Widerstand konservativer kirchlicher Kreise und insbesondere der Kirchenleitungen als erschwerende Bedingung religiös-sozialistischer Aktivitäten innerhalb der Kirche zu bedenken.[190]

Ähnliche Schwierigkeiten gab es für die Religiösen Sozialisten auch in vielen Landesverbänden der Sozialdemokratie, speziell in Preußen. Hier engagierten sie sich insbesondere im Rahmen kulturpolitischer und weltanschaulicher Diskussionen, um das Daseinsrecht religiös-sozialistischer Gruppen innerhalb der Arbeiterbewegung zu legitimieren. Vielfach konnten sie sich gegen den starken Freidenkerverband kaum durchsetzen und wurden, wie die Aufstellung von Kandidatenlisten etwa in Berlin zeigt, auch innerparteilich ins Abseits gestellt.[191]

Neben diesen innerkirchlichen und innerparteilichen Aktivitäten sind die zahlreichen sozial- und gesellschaftspolitischen Initiativen der Religiösen Sozialisten zu nennen. Grundlegend galt ihr Engagement der Erweiterung des materiellen und kulturellen „Lebensraumes" der Arbeitnehmer, die insbesondere durch sozialpolitische Maßnahmen „gegen die uneingeschränkte Auswirkung des kapitalistischen Wirtschaftsprozesses"[192] erreicht werden sollten. Im einzelnen traten sie für einen Ausbau des Arbeitsschutzes, eine Verkürzung der Arbeitszeit bzw. die Respektierung des Acht-Stunden-Arbeitstages, den Ausbau der Sozial- und Krankenversicherungen sowie eine Erhöhung des Lohnniveaus ein.[193] In besonderer Weise stellten sie angesichts der Massenarbeitslosigkeit pointiert die Systemfrage und forderten einen grundlegenden Ausbau der Arbeitslosenversicherung.

Eine wichtige Rolle im Selbstverständnis der religiös-sozialistischen Bewegung spielte der Gedanke der Völkerverständigung sowie die Bekämpfung des Militarismus. Man kritisierte – wie speziell der sog. „Fall *Dehn*" verdeutlicht – die enge Verbindung von christlichen Motiven und nationalem Kult um die Gefallenen des Weltkrieges und organisierte eigene Gedächtnisfeiern, wobei die ökonomischen Gründe der kriegerischen Auseinandersetzungen hervorgehoben wurden. In grundsätzlicher Weise erörterten die Religiösen Sozialisten die Friedensfrage anläßlich der Auseinandersetzungen um das Wehrprogramm der SPD im Jahr 1929. Im Rahmen dieser Debatte lehnten alle Vertreter Religiös soziali-

---

[189] Vgl. *Ulrich Peter*, Die Aktivierung evangelischer Laien in der religiös-sozialistischen Bewegung (BRSD), in: *Jähnichen/Friedrich* (Hrsg.), Protestantismus und Soziale Frage. Profile in der Zeit der Weimarer Republik, Münster 2000, 231-242.

[190] Immer wieder wurden führende Religiöse Sozialisten vor die kirchlichen Disziplinargerichte zitiert, vgl. *Balzer*, Klassengegensätze in der Kirche. Beispielhaft ist hier auch die Situation in Mannheim nach der Entlassung *Eckerts* und dem altersbedingten Ausscheiden eines anderen religiös-sozialistischen Pfarrers zu nennen, wo die Kirchenleitung bei den Wiederbesetzungen religiös-sozialistische Pfarrer bewußt überging. Vgl. *Hermann Dietrich*, Die badische Landeskirche nach dem Fall Eckert, in: ZRS Jg. 4 (1932), 120f.

[191] Vgl. *Peter*, Akivierung.

[192] *Bernhard Göring*, Sozialpolitik und Sozialversicherung als Forderung christlicher Sittlichkeit, in: ZRS Jg. 2 (1930), 314-320, Zitat 315.

[193] Vgl. *Erwin Eckert*, Der Achtstundentag, in: CVB vom 17.02.1924, 1; vgl. auch den namentlich nicht gezeichneten Artikel „Wirtschaftliches Elend – seelische Not", in: SAV vom 21.10.1928, 252f.; vgl. die Beschreibung zur Situation der Heimarbeiter(innen), in: SAV vom 10.06.1928, 113f.; SAV vom 27.01.1929, 4; vgl. ferner *Göring*, Der Kampf um die Arbeitslosenversicherung, SAV vom 29.09.1929, 287; vgl. auch *Eckert*, Arbeitslos, in: CVB vom 31.03.1924, 2.

stischer Positionen eine weitere militärische Aufrüstung des Reiches – konkret votierten sie entschieden gegen den Bau von Panzerkreuzern – grundsätzlich ab.

Letztlich ist der bedingungslose Kampf der Religiösen Sozialisten gegen die Gefahr des Nationalsozialismus hervorzuheben. *Ragaz* erarbeitete bereits in den zwanziger Jahren eine Kritik des italienischen Faschismus, den er als brutalen Gewaltglauben, als den Bolschewismus der bürgerlichen Welt interpretierte.[194] Seit dem Hitler-Ludendorff Putsch von 1923 zeigte er die Nähe der nationalsozialistischen Bewegung zum italienischen Faschismus auf und warnte vor judenfeindlichen Ausschreitungen. Der Bund der Religiösen Sozialisten in Deutschland macht seit Ende 1929 auf die nationalsozialistischen Gefahr aufmerksam. So stand die Auseinandersetzung mit dem Faschismus im Mittelpunkt des Stuttgarter Kongresses vom August 1930 – noch vor dem großen Wahlerfolg der NSDAP bei den Septemberwahlen von 1930. Der Bund stellte in seiner Kundgebung einen Angriff der „feudalistischen und bürgerlichen Schichten (...) unter nationalistischen und faschistischen Parolen (...) [gegen] die werdende sozialistische Gesellschaft" fest, wobei „Christentum und Kirche für ihre Interessenpolitik"[195] mißbraucht wurden. In einer besonderen Erklärung gegen den Faschismus war dieser als Kampf für einen „vorchristliche[n] heidnische[n] Machtstaat" bezeichnet worden, der zu einer „Vorherrschaft der Gewalttätigen und Selbstherrlichen"[196] führe. Dementsprechend wurde die „unentschlossene Haltung der Kirche"[197] gegenüber der nationalsozialistischen Agitation scharf kritisiert. In grundsätzlicher Weise unterzog die Internationale religiös-sozialistische Vereinigung im November 1930 in einem wesentlich von *Ragaz* formulierten Aufruf den Faschismus einer radikalen Kritik. Der Nationalismus dieser Bewegung wurde als „fanatische Religion völkischer und rassenhafter Selbstvergottung" charakterisiert, die

„in ihrem Wesen mit Christus wahrhaftig nichts mehr zu tun hat, vielmehr ganz offenkundig von dem Einen Gott und Vater aller Menschen zu den vielen Volksgöttern des Heidentums in seiner schlimmsten Form zurückführt und am Ende zu einem dämonischen Kultus des Moloch entartet."[198]

Erneut wurden der Antisemitismus und die Gewaltverherrlichung der faschistischen Bewegung scharf verurteilt, so daß ein Bund des Christentums mit dieser Bewegung als „Abfall von der Wahrheit Christi"[199] zu beurteilen war. Seither stand in der folgenden Zeit die weltanschauliche und politische Bekämpfung des Nationalsozialismus im Mittelpunkt der Arbeit aller religiös-sozialistischer Gruppen. Eine solch entschiedene Position hat wohl keine andere Gruppe des deutschen Protestantismus in jener Zeit vertreten.

---

[194] Vgl. *Buess/Mattmüller*, Prophetischer Sozialismus, 172.
[195] Vgl. die Kundgebung des 5.Kongresses, in: ZRS, Jg. 2(1930), 271.
[196] Erklärung des Bundes gegen den Faschismus, in: ZRS, Jg. 2(1930), 311.
[197] Ebenda.
[198] „Christentum und Faschismus sind unvereinbar". Erklärung der internationalen religiös-sozialistischen Vereinigung über Nationalismus und Faschismus an die europäische Christenheit, in: SAV vom 30.11.1930 (Titelblatt).
[199] Ebenda.

6. Weiterwirkende Impulse des Religiösen Sozialismus

Eine ethische Bedeutung der religiös-sozialistischen Bewegung wurde von der großen Mehrheit in Theologie und Kirche der Weimarer Zeit, aber auch weithin in der Bundesrepublik, bestritten. Pauschal wurden und werden sie als Utopisten und Schwärmer diskreditiert.[200] Die kurze Übersicht über die verschiedenen Ausprägungen der religiös-sozialistischen Bewegung dürfte gezeigt haben, daß diese Kritik bestenfalls eine kleine Minderheit – vielleicht am ehesten die Gruppe um *Arnold* – trifft. Insgesamt gesehen dienten solche Vorwürfe der Selbstimmunisierung konservativer Theologie und Kirchlichkeit, die sich auf diese Weise vor einer Infragestellung eigener Positionen und vor einem Dialog mit religiös-sozialistischen Vertretern schützten. Lediglich einige liberale Theologen sind zu einem solchen Dialog bereit gewesen.

In eine ähnliche Richtung zielt der Vorwurf der Politisierung der Kirche, die als „ungeheure geschichtliche Schuld des religiösen Sozialismus"[201] bezeichnet worden ist. Demgegenüber haben die Religiöse Sozialisten immer wieder auf die faktisch bestehenden politischen Verstrickungen der Kirche mit den traditionellen Eliten hingewiesen, so vor allem auf die Kriegspredigten im ersten Weltkrieg, die Appelle zum Zeichnen der Kriegsanleihe oder auch die Aufrufe zum Eintritt in die Reichswehr der Weimarer Zeit.[202] Was Konservative als Politisierung der Kirche verstanden haben, war somit lediglich die politische Ausdifferenzierung des Protestantismus unter den Bedingungen einer pluralistischen Gesellschaft. Typisch im Blick auf wichtige Einzelforderungen ist schließlich die Kritik von *Paul Althaus*, die Religiösen Sozialisten verwirren die „Gewissen gegen Recht, Vaterland, Staat und Kriegsdienst"[203]. Dieser Vorwurf dürfte sich, wenn man einmal nachliest, was *Althaus* positiv zu den Aufgaben des Christen gegen Recht, Vaterland, Staat und Kriegsdienst ausführt, unmittelbar selbst richten. Gerade auch in diesen Einzelpunkten erweist sich somit die ethische Bedeutung des Religiösen Sozialismus. Grundlegende ethische Diskussionen zu den Themenbereichen „Sozialpolitik", „Nationalismus", „Krieg und Frieden" sowie „Rassismus" sind in einer bis heute bedeutsamen Weise von den religiös-sozialistischen Gruppen geführt worden.

Wenn die Religiösen Sozialisten in der Weimarer Zeit auch stets eine kleine Minderheit geblieben und mit wichtigen Anliegen kirchen- und gesellschaftspolitisch gescheitert sind, so sind dennoch von ihnen wichtige Impulse ausgegangen. Die Öffnung des Verhältnisses von Kirche und Sozialdemokratie sowie die allmähliche Abkehr weiter kirchlicher Kreise von traditionellen, z.T. vorindustriell geprägten Positionen nach 1945 geht auch auf ihre Aktivitäten zurück. Insofern gehört diese Bewegung, trotz der genannten Schwächen, zum wichtigen Erbe der Theologiegeschichte dieses Jahrhunderts, an das in der Zeit nach dem zweiten Weltkrieg in vielfältiger Weise angeknüpft werden konnte.

---

[200] Vgl. die Kritik im offiziösen Kirchlichen Jahrbuch von *Mumm* bzw. *Mumm/Jagow*, Kirchlich-soziale Chronik, in: KJ Jg. 54 (1927), 380f; KJ Jg. 55 (1928), 421, KJ Jg. 57 (1930), 412f.
[201] So der Vorwurf von Pfr. *Greiner* in den „Positiven Blättern" in Baden vom 17.01.1932 auf *Ludwig Simon*, Die Politisierung der Kirche, in: Der Religiöse Sozialist. Sonntagsblatt des arbeitenden Volkes, Karlsruhe vom 22.05.1932 (Titelblatt).
[202] *Simon*, Die Politisierung der Kirche.
[203] *Althaus*, Religiöser Sozialismus, 32.

5. Kapitel: Theologische und sozialethische Neuorientierungen in Auseinandersetzung mit dem totalitären Staat des Nationalsozialismus

I. Protestantismus und totaler Staat

1. Die Krise des sozialen Protestantismus in der Zeit nach 1933/34

Die Ernennung *Adolf Hitlers* zum Reichskanzler durch den Reichspräsidenten *von Hindenburg* am 30. Januar 1933 sowie die ersten Schritte der neuen Koalitionsregierung, die sich mit verfassungsrechtlichen Mitteln gleichwohl gegen die Weimarer Demokratie richteten, wurden von der Mehrheit der deutschen Protestanten begrüßt.[1] Auch die Protagonisten des sozialen Protestantismus in der Weimarer Republik unterstützten in ihrer Mehrheit die seit längerer Zeit diskutierten Ideen einer autoritären Umgestaltung der Verfassung. Viele Vertreter des sozialen Protestantismus sahen dabei gerade in *Adolf Hitler* die Person, die das alte Ziel einer Rechristianisierung der Gesellschaft nun erreichen könne. Gleichzeitig gab es aber auch eine nicht geringe Zahl von Vertretern des sozialen Protestantismus, die den Nationalsozialismus wegen seines antichristlichen Totalitätsanspruches schon vor 1933 ablehnten. Besonders in den Jahren 1933 und 1934 kam es zwischen diesen beiden Gruppierungen zu vielfältigen Konflikten, die sich vordergründig an der Frage entzündeten, ob die freien Vereine und Verbände des sozialen Protestantismus „gleichgeschaltet" werden sollten oder nicht.

Eine gewisse Sonderrolle nimmt in dieser Frage die Innere Mission ein, die besonders aus Gründen einer Loyalität gegenüber dem Verband und wegen der Notwendigkeit der eigenen Bestandssicherung gegenüber dem Staat einen weitgehenden „Neutralitätskurs"[2] gegangen ist. Diese Aussage trifft trotz der

---

[1] Vgl. für das Jahr 1933 noch immer *Klaus Scholder*, Die Kirchen und das Dritte Reich. Bd.1: Vorgeschichte und Zeit der Illusionen, Berlin 1977. Knapp informiert auch *Kurt Meier*, Kreuz und Hakenkreuz. Die evangelische Kirche im Dritten Reich, München 1992.

[2] *Jochen-Christoph Kaiser*, Sozialer Protestantismus im 20. Jahrhundert. Beiträge zur Geschichte der Inneren Mission 1914-1945, München 1989, 451; vgl. neben dieser Darstellung auch noch den Sammelband *Theodor Strohm/Jörg Thierfelder* (Hrsg.), Diakonie im „Dritten Reich". Neue Ergebnisse zeitgeschichtlicher Forschung, Heidelberg 1990. Nicht eingegangen wird hier auf die weitere Geschichte der Inneren Mission, die sich mehr und mehr auf bestimmte Arbeitsfelder abgedrängt sah und die durch die Nationalsozialistische Volkswohlwohlfahrt (NSV) eine quasi staatliche Institution als Gegenüber hatte, welche die rassistische Wohlfahrtspolitik der NS-Zeit exekutierte. Hier nahm die Innere Mission eine pragmatische eher unideologische Haltung ein: „(...) man beschritt den Weg einer widersprüchlichen Kooperation um den Preis, sich auf die vorgegebenen Politikstandards und damit auf die Ideologie mehr und mehr einzulassen, oft ohne daß man sich darüber klar wurde", *Jochen-Christoph Kaiser*, Innere Mission und Diakonie, in: *Ursula Röper/Carola Jüllig* (Hrsg.), Die Macht der Nächstenliebe. Einhundertfünfzig Jahre Innere Mission und Diakonie 1848-1998, Berlin 1998, 14-43, Zitat 39.

Gleichschaltungsbemühungen des ehemaligen Berliner Sozialpfarrers *Karl Themel* (1890-1973) und des Pfarrers *Horst Schirmacher* (1892-1956), die allerdings schnell scheiterten, zu.

Themel und *Schirmacher* spielten auch eine Hauptrolle bei den Bemühungen zur Einordnung des ESK und des KSB in das neugegründete Evangelische Männerwerk, welches ganz unter dem Einfluß der nationalsozialistischen kirchenpolitischen Gruppe der Deutschen Christen stand. Diese Versuche scheiterten am Widerstand aus den Organisationen, die auf einer Eigenständigkeit bestanden.

Innerhalb des KSB versuchte *Themel* gemeinsam mit dem KSB-Geschäftsführer *Herbert Jagow*, der sich unter dem Direktor *Reinhard Mumm*, der 1932 verstorben war, nicht selbständig entfalten konnte, eine Eingliederung in das Männerwerk. *Friedrich Brunstäd* widersetzte sich diesem Anliegen, indem er versuchte, den KSB strikt auf den innerkirchlichen Bereich zu beschränken. Dies sicherte zwar die Selbständigkeit, nahm ihm aber quasi jede Wirkung. Der KSB, der sich 1940 in „Adolf-Stoecker-Gesellschaft" umbenannt hatte, konnte so keine Wirksamkeit, weder organisatorisch noch ideengeschichtlich entfalten. 1943 löste er sich endgültig auf.

Ähnlich ist das Schicksal des ESK, der sich 1933 in einer gemeinsamen Anstrengung des Geschäftsführers *Johannes Herz* und des Präsidenten *Walter Simons* dem Berliner Ansinnen widersetzt hatte. *Herz* hielt zwar in Leipzig bis in die Nachkriegszeit an der Organisation fest, Spuren hat er aber kaum hinterlassen. Auffällig ist schließlich, daß eine Reihe von Theoretikern und Praktikern des sozialen Protestantismus sich vollständig aus Kirche und Diakonie zurückzogen. Der Leiter des Westfälischen Sozialamtes, *Werner Betcke* etwa ging 1935 nach Berlin zur NSV und wurde dort, u.a. als Herausgeber des Handwörterbuchs der Volkswohlfahrtspflege (1936), zu einem Protagonisten der nationalsozialistischen Wohlfahrtspolitik.

2. Die Bedeutung der Bekennenden Kirche für den sozialen Protestantismus

Obwohl der deutsche Protestantismus die sog. Regierung der nationalen Konzentration mehrheitlich ohne nennenswerte Vorbehalte begrüßt hatte, entzündete sich auf Grund einer komplizierten Gemengelage von theologischen und kirchenpolitischen Motiven bereits im Jahr 1933 ein sog. Kirchenkampf in den evangelischen Kirchen. Ohne hier auf die theologischen und innerkirchlichen Auseinandersetzungen sowie die recht konzeptlose Kirchenpolitik *Hitlers* in den Jahren 1933/34 eingehen zu können, ist die grundlegende Weichenstellung, die das Entstehen der Bekennenden Kirche für den deutschen Protestantismus bis in die Gegenwart hinein markiert, von einer kaum zu überschätzenden Bedeutung. Ausgangspunkt des Kirchenkampfes war der gescheiterte Gleichschaltungsversuch der evangelischen Kirche durch die zeitweilig von *Hitler* protegierte Glaubensbewegung Deutsche Christen (GDC). Obwohl die Deutschen Christen bei den kurzfristig angesetzten Kirchenwahlen im Juli 1933 in den meisten Landeskirchen eine Mehrheit erringen konnten, bildete sich – entzündet am Widerstand gegen die Einführung des dem „Gesetz zur Wiederherstellung des Berufsbeamtentums" analogen Arierparagraphen in der Kirche – sehr bald eine starke innerkirchliche Opposition, die im Pfarrernotbund einen beträchtlichen Teil der Pfarrerschaft organisieren konnte. Die Lage spitzte sich weiter zu, als der deutsch-christlich orientierte Reichsbischof *Ludwig Müller* (1883-1945) aufgrund des persönlichen Vertrauens *Hitlers* ab März 1934 die Gleichschaltung und Eingliederung der noch selbständigen Landeskirchen in eine neu zu schaffende Reichskirche anstrebte.³

Nicht zuletzt unter dem Eindruck dieser Bedrohung versammelten sich Vertreter der freien – d.h. der unabhängig von deutsch-christlichen Kirchenleitungen operierenden – Synoden und der intakten Landeskirchen, zumeist dem Pfarrernotbund nahestehend, vom 29.-31. Mai 1934 zur Bekenntnissynode der Deutschen Evangelischen Kirche in Barmen. Mit der Barmer Synode entstand die Bekennende Kirche (BK), die mit dem Anspruch auftrat, allein die rechtmäßige Deutsche Evangelische Kirche zu repräsentieren. Die in Barmen gemeinsam verabschiedete theologische Erklärung ist das theologische Fundament der BK und darüber hinaus ein theologiegeschichtlich bedeutsames „Dokument der Umorientierung" der evangelischen Kirche, dem heute in vielen Landeskirchen der Rang eines Bekenntnisses zukommt.⁴

Die Erklärung selbst wurde wesentlich von *Karl Barth* (1886-1968) geprägt, dessen theologische Kritik aller Syntheseversuche des Wortes Gottes mit geschichtlich-kulturellen Größen in der Situation des Jahres 1934 unmittelbar einleuchtet. Im folgenden soll die Bedeutung der Barmer Erklärung im wesentlichen unter sozialethischen Gesichtspunkten dargestellt werden. Die in der ersten These programmatisch formulierte Entgegensetzung von *Jesus Christus* als dem einen Wort Gottes und „andere[n] Ereignisse[n] und Mächte[n] Gestalten und Wahrheiten" richtete sich vorrangig gegen die deutsch-christliche Häresie der Vermengung der biblischen Botschaft mit den Mythen von „Volk", „Blut" und „Boden". Gegen den Syntheseversuch der christlichen mit der nationalsozialistischen Welt- und Menschendeutung betonte die Barmer Erklärung die alleinige Ausrichtung kirchlichen Handelns an den in der Bibel bezeugten *Jesus Christus*.

„Jesus Christus, wie er uns in der Heiligen Schrift bezeugt wird, ist das eine Wort Gottes, das wir zu hören, dem wir im Leben und im Sterben zu vertrauen und zu gehorchen haben. Wir verwerfen die falsche Lehre, als könne und müsse die Kirche die Quelle ihrer Verkündigung außer uns neben diesem einen Worte Gottes auch noch andere Ereignisse und Mächte, Gestalten und Wahrheiten als Gottes Offenbarung anerkennen."⁵

Darüber hinaus implizierte diese These aber auch – zumindest in der Interpretation *Karl Barths* – eine Kritik aller „Bindestriche etwa zwischen die Worte ‚modern' und ‚positiv', oder ‚religiös' und ‚sozial'"⁶. Die erste These der Erklärung hatte damit, obwohl es den meisten Beteiligten kaum im Blick gewesen ist, auch die traditionellen theologischen Begründungszusammenhänge der Kirchlich-sozialen, der Evangelisch-sozialen und der Religiösen Sozialisten in Frage gestellt, sofern diese zumindest in der Gefahr standen, in normativer Weise das ge-

---

³ Vgl. *Meier*, Der evangelische Kirchenkampf. Gesamtdarstellung in drei Bänden, Bd. 1, Halle 1976, 90ff. und 165ff.; *Wilhelm Niesel*, Kirche unter dem Wort. Der Kampf der Bekennenden Kirche der altpreußischen Union 1933-1945, Göttingen 1978, 22ff.
⁴ Vgl. *Ernst Wolf*, Barmen. Kirche zwischen Versuchung und Gnade, München ²1970, 74ff.; *Karl Barth*, Kirchliche Dogmatik Bd. II/1: Die Lehre von Gott, Zürich 1948, 194.
⁵ Barmer Theologische Erklärung, These I, in: *Alfred Burgsmüller/Rudolf Weth* (Hrsg.), Die Barmer Theologische Erklärung. Einführung und Dokumentation, Neukirchen-Vluyn ⁴1984, 34.
⁶ *Barth*, Kirchliche Dogmatik, II/1, 195; vgl. auch *Wolf*, Barmen, 92ff.

schichtlich Gewordene in Staat und Kirche, das neuzeitliche Persönlichkeitsideal oder eine sozialistische Option mit der biblischen Botschaft synthetisieren zu wollen. Demgegenüber wurde in Barmen *Jesus Christus* als einzige Quelle kirchlicher Verkündigung und kirchlichen Handelns bezeugt.

Die ethische, insbesondere die sozialethische Konsequenz dieses christozentrischen Ansatzes bedeutete keine Aufspaltung der Wirklichkeit in die Bereiche „Kirche" und „Welt", sondern führte aus einer kritischen Distanz gegenüber der Wirklichkeit zum Engagement, wie es die zweite These eröffnete, die die Lehre der Rechtfertigung und Heiligung thematisierte.[7] Gegen das DC-Programm der Entkonfessionalisierung des öffentlichen Lebens und der Reduzierung des Glaubens auf die private Existenz stellte die zweite These der Barmer Theologischen Erklärung das Bekenntnis zu *Jesus Christus* als dem Herrn über alle Lebensbereiche, der „Gottes Zuspruch der Vergebung aller unserer Sünden, (...) und mit gleichem Ernst (...) auch Gottes kräftiger Anspruch auf unser ganzes Leben"[8] ist. Damit war der „Öffentlichkeitsauftrag der Kirche und des Christenmenschen"[9] herausgestellt, der die Auffassung einer prinzipiellen, jeder kirchlichen Deutung unzugänglichen Eigengesetzlichkeit der einzelnen Kulturgebiete abwies. Diesen Grundgedanken hatten in verschiedener Weise bereits in der Weimarer Republik alle Gruppen des sozialen Protestantismus vertreten, indem sie die relativen Sachgesetzlichkeiten des Wirtschaftsgeschehens zwar anerkannt, jedoch gleichzeitig die Möglichkeiten ethischer Beeinflussung des Wirtschaftsgeschehens betonten. Das Neue an der Barmer Erklärung war vor allem der theologische Begründungszusammenhang, die „aktuelle Proklamation der Christusherrschaft"[10]. Unter dieser Voraussetzung wurde von der Barmer Erklärung schließlich das für die konservative Ethik bedeutsame Ordnungsdenken kritisch thematisiert:

„Wie Jesus Christus Gottes Zuspruch der Vergebung aller unserer Sünden ist, so und mit gleichem Ernst ist er auch Gottes kräftiger Anspruch auf unser ganzes Leben; durch ihn widerfährt uns frohe Befreiung aus den gottlosen Bindungen dieser Welt zu freiem, dankbarem Dienst an seinen Geschöpfen.
Wir verwerfen die falsche Lehre, als gebe es Bereiche unseres Lebens, in denen wir nicht Jesus Christus, sondern anderen Herren zu eigen wären, Bereiche, in denen wir nicht der Rechtfertigung und Heiligung durch ihn bedürften."[11]

Kritiker der Barmer Erklärung haben hier ein problematisches Urteil über weltliche Bindungen und Ordnungen als „an sich" gottlos sehen wollen. Allerdings hatte *Hans Asmussen* (1898-1968) in seinem Synodalvortrag in Barmen zur Erläuterung der Thesen deutlich herausgestellt, daß mit diesen Formulierungen die Zweideutigkeiten geschichtlicher Ordnungen betont werden sollten und diesen somit jeder Offenbarungscharakter abzusprechen war.

---

[7] Vgl. *Strohm*, Kirche und demokratischer Sozialismus. Studien zur Theorie und Praxis politischer Kommunikation, München 1968, 94f.
[8] Barmer Theologische Erklärung, These II, in: *Burgsmüller/Weth*, Barmer Theologische Erklärung, 35; vgl. demgegenüber die Weimarer Erklärung der Führer der GDC, in: *Günter van Norden*, Der Protestantismus im Jahr der nationalsozialistischen Machtergreifung, Gütersloh 1979, 217.
[9] *Wolf*, Barmen, 114; vgl. auch *Niesel*, Kirche unter dem Wort, 314f.
[10] *Wolf*, Barmen, 117.
[11] Barmer Theologische Erklärung, These II, in: *Burgsmüller/Weth*, Barmer Theologische Erklärung, 35.

„Was wir alle fürchten mehr als den Tod, ist die Tatsache, daß die Kreaturen Gottes und Geschehnisse ihrer Geschichte uns in Versuchung führen, wie sie im Lauf der Geschichte alle Menschen in Versuchung geführt haben. Diese werden zu Heiden, wenn sie der Versuchung unterlagen, aus ihnen und in ihnen Gott ohne Christus zu suchen."[12]

Im Gegensatz sowohl zu einem statischen Ordnungsdenken, wie es speziell in der lutherischen Tradition häufig aufweisbar ist, als auch zu einem personalistischen Aktualismus betonte die zweite Barmer These die dem Menschen von Gott geschenkte Freiheit zum Dienst, die ihn vor die Aufgabe stellte, die vorgegebenen Ordnungen im Sinn „gestaltender Annahme"[13] zu gebrauchen. Mit dieser christologischen Perspektive und Neufassung des Ordnungsbegriffs hat die Barmer Erklärung in der Folgezeit auch die sozial- und wirtschaftsethische Diskussion stark geprägt und wichtige Themenstellungen vorgegeben.

Konkretionen für die Sozialethik wurden aus dieser Begründungsfigur in der NS-Zeit fast ausschließlich im Blick auf die Themen „Recht" und „Staat" entwickelt, wie es die These V zum Verhältnis von Staat und Kirche nahelegte.

„Die Schrift sagt uns, daß der Staat nach göttlicher Anordnung die Aufgabe hat, in der noch nicht erlösten Welt, in der auch die Kirche steht, nach dem Maß menschlicher Einsicht und menschlichen Vermögens unter Androhung und Ausübung von Gewalt für Recht und Frieden zu sorgen. Die Kirche erkennt in Dank und Ehrfurcht gegen Gott die Wohltat dieser seiner Anordnungen an. Sie erinnert an Gottes Reich, an Gottes Gebot und Gerechtigkeit und damit an die Verantwortung der Regierenden und regierten. Sie vertraut und gehorcht der Kraft des Wortes, durch das Gott alle Dinge trägt.

Wir verwerfen die falsche Lehre, als solle und könne der Staat über seinen besonderen Auftrag hinaus die einzige und totale Ordnung menschlichen Lebens werden und also auch die Bestimmung der Kirche erfüllen.

Wir verwerfen die falsche Lehre, als solle und könne sich die Kirche über ihren besonderen Auftrag hinaus staatliche Aufgaben und staatliche Würde aneignen und damit selbst zu einem Organ des Staates werden."[14]

Diese These mit ihrer funktionalen Staatsauffassung stand insbesondere in kritischer Distanz zur Staatsidee des Neuluthertums, wie sie weitgehend für die Sozialkonservativen kennzeichnend war.[15] Von nicht zu unterschätzender Bedeutung waren schließlich die sozialethischen Implikationen der ekklesiologischen Thesen III und IV, die das Kirchenprogramm der GDC und die den Kirchen im NS-Staat zugewiesene Rolle als gleichgeschalteten Akteure abwiesen. Scharf wurden die entsprechenden Kirchenreformpläne kritisiert und insbesondere das in der Kirche angestrebte „Führerprinzip" verworfen.

„Die verschiedenen Ämter in der Kirche begründen keine Herrschaft der einen über die anderen, sondern die Ausübung des der ganzen Gemeinde anvertrauten und befohlenen Dienstes.

---

[12] Vgl. *Hans Asmussen*, Vortrag über die theologische Erklärung zur gegenwärtigen Lage der Deutschen Evangelischen Kirche, in: *Burgsmüller/Weth*, Barmer Theologische Erklärung, 41-58, Zitat 50; vgl. auch *Wolf*, Barmen, 115.
[13] Vgl. *Ernst Wolf*, Sozialethik. Theologische Grundfragen. Unter Mitarbeit von *Frido Wolf* und *Uvo Wolf*, hrsg. von *Strohm*, Göttingen 1975, 168ff.
[14] *Burgsmüller/Weth*, Barmer Theologische Erklärung, 38.
[15] Vgl. etwa die Ausführungen von *Friedrich Brunstäd*, Adolf Stoecker. Wille und Schicksal, Berlin 1935, 162-165.

Wir verwerfen die falsch Lehre, als könne und dürfe sich die Kirche abseits von diesem Dienst besondere, mit Herrschaftsbefugnissen ausgestattete Führer geben oder geben lassen."[16]

Die neutestamentlichen Vorbehalte gegen autoritär-hierarchische Gemeindestrukturen wurden aktualisiert, indem Herrschaftsverhältnisse in der brüderlich verfaßten Gemeinde- und Kirchenstruktur ausgeschlossen wurden. Allein Christus war das Haupt der Kirche, während allen kirchlichen Ämtern allein dienende Funktion zugebilligt wurde. Mit dieser Erklärung und einer entsprechenden Kirchenordnung und Praxis, wie sie vor allem die Bekenntnissynode in Dahlem im Herbst 1934 festgelegt hatte, war die BK die wohl einzige größere öffentliche Institution im NS-Staat, die das Führerprinzip, das fundamentale Strukturprinzip nationalsozialistischer Herrschaft, ablehnte. Vor diesem Hintergrund wird das Urteil einsichtig, daß die Gemeinden der BK „gegen das Führerprinzip in der Kirche ein Stück Gemeinwesen einklagen und praktizieren"[17.] Eine ähnliche, wenngleich distanziertere Einschätzung läßt sich auch im Mitteilungsblatt der Exil-SPD Sopade finden, wo die Auseinandersetzungen des Kirchenkampfes zwar für die Interessen und Ideen der Arbeiterbewegung sachlich als irrelevant eingeschätzt wurden, diesen aber insofern eine Bedeutung zukam, da sie in das NS-System Unruhe und Bewegung einbrachten und daher positiv zu bewerten waren.[18]

Die Barmer Erklärung trug wesentlich zur Konsolidierung der bekennenden Gemeinden bei und gab ihrem Handeln während der NS-Zeit eine klare theologische Begründung und Ausrichtung. Nach dem weitgehenden Zusammenbruch der sozialkirchlichen und -ethischen Arbeit im Laufe des Jahres 1933 bedeutete die Barmer Theologische Erklärung und das Handlungsfeld der Bekennenden Kirche auch für viele Repräsentanten des sozialen Protestantismus eine wichtige Orientierungshilfe. Es entstanden vereinzelt sozial- und wirtschaftsethische Arbeitsgemeinschaften, die – kirchenintern und ohne Breitenwirkung – in der Konsequenz der Barmer Erklärung die Grundlegung einer Neuorientierung des sozialen Protestantismus versuchten. Für die inhaltliche Arbeit speziell an wirtschaftsethischen Fragen war für diese Arbeitsgruppen die sozialethische Studienarbeit der ökumenischen Bewegung höchst bedeutsam, die sich auf die Vor- und Nachbreitung der Weltkirchenkonferenz von Oxford 1937 konzentrierte.

3. Die Impulse aus der ökumenischen Bewegung

Nach 1933 war es für Theologen und engagierte Laien in Deutschland kaum möglich, offene Diskussionen über sozial- und wirtschaftsethische Fragen zu führen. Die Zurückdrängung kirchlicher Aktivitäten auf den geistlichen Bereich im engeren Sinne und das staatlich beanspruchte Monopol wirtschaftspolitischer

---

[16] Barmer Theologische Erklärung. These IV, in: *Burgsmüller/Weth*, Barmer Theologische Erklärung, 37; vgl. auch These II, ebenda, 35.
[17] *Jan Rehmann*, Die Kirchen im NS-Staat. Untersuchung zur Interaktion ideologischer Mächte, Berlin 1986, 129.
[18] Vgl. Deutschland-Bericht der Sopade, Jg. 1 (1934), 718f.(Nachdruck Salzhausen 1980).

Entscheidungen ließen keinen Spielraum für eine ethisch reflektierte Erörterung ordnungspolitischer Grundentscheidungen.

Vor diesem Hintergrund ist die Bedeutung der Forschungs- und Studienarbeit der ökumenischen Bewegung „Life and work", die ihren Anfang mit der Weltkirchenkonferenz von 1925 in Stockholm nahm, kaum hoch genug einzuschätzen.[19]

Der damit in Gang gesetzte ökumenische Studienprozeß erhielt 1930 durch die Fortsetzungskonferenz in London zum Thema „Die Kirchen und die moderne Wirtschaftsgestaltung" wesentliche Impulse.

Die Tagung stand insbesondere unter dem Eindruck der anhaltenden Weltwirtschaftskrise und ihrer hohen Massenarbeitslosigkeit. Dementsprechend nahm man sich dieser Herausforderung in besonderer Weise an. Der Konferenzbericht sprach den Betroffenen „Mitgefühl für persönliches Leiden" aus und rief die Kirchen dazu auf,

„die Ursachen der Arbeitslosigkeit und die Gründe für die Erfolglosigkeit der Massnahmen zu ihrer Bekämpfung zu erforschen, um so die gesamte Situation vom christlichen Standpunkt aus zu untersuchen."[20]

In diesem Zusammenhang wurde die These aufgestellt, daß

„die Verteilung der [im Lohn sich ausdrückenden] Kaufkraft an die Arbeiter ungenügend ist, um den Teil des Produktes aus ihrer Arbeit zu kaufen, der für ihren Verbrauch verfügbar sein sollte."[21] Daneben wurden als Lösungsstrategien eine Verkürzung der Arbeitszeit und staatliche Arbeitsbeschaffungsmaßnahmen vorgeschlagen. Interessant ist schießlich, daß eine „erneute Überprüfung der geläufigen Ideen (…), die die Geldbewegung in der modernen Welt beherrschen"[22], angemahnt worden sind.

Zu einem sehr frühen Zeitpunkt lassen sich somit in diesem Bericht wesentliche Elemente der späteren keynsianischen Wirtschaftstheorie ausweisen.

Diese Londoner Tagung bildete den Auftakt eines Studienprozesses, der in den folgenden Jahren kontinuierlich weitergeführt und einen ersten Höhepunkt sowie vorläufigen Abschluß mit der Weltkirchenkonferenz in Oxford im Jahr 1937 fand.

Eine für den Vorlauf von Oxford wichtige Expertenkonferenz fand im März 1933 in Rengsdorf statt. Die kontroverse Diskussion entzündete sich an der Gegenüberstellung des liberalen und eines durch Marktelemente ergänzten sozialistischen Ordnungsmodells, ohne daß man zu einer Einigung kam. Eine Mehrheit der Teilnehmer äußerte,

„daß der Weg der Entwicklung irgendwie in der Mitte zwischen Liberalismus und Sozialismus liegen müsse"[23].

---

[19] Vgl. dazu 4. Kapitel IV. 3.
[20] Erklärung der Konferenz kirchlicher Sozialarbeiter in London 1930: Die Kirchen und die moderne Wirtschaftsordnung, in: *Brakelmann/Jähnichen*, Protestantische Wurzeln, 321-326, Zitat 321.
[21] Ebenda, 323.
[22] Ebenda.
[23] Ökumenische Studienkonferenz Rengsdorf. Die Kirche und das Problem der Wirtschaftsordnung, 6, in: AÖRK, L+W, D 242, Box 1.

Während hier eine gemeinsame Position nur bedingt formuliert werden konnte, war man sich in Rengsdorf in der Negation einig: Die wirtschaftlichen Ordnungsmodelle des „Faschismus" wie des Bolschewismus wurden von den Konferenzteilnehmern abgelehnt.

Eine weitere Intensivierung erfuhr der ökumenische Studienprozeß in den beiden Jahren vor der Weltkirchenkonferenz in Oxford, als *Joseph Oldham* gemeinsam mit *Schönfeld* einen Kreis von rund 200 Ökonomen und Theologen in einen intensiven mündlichen und schriftlichen Diskussionsprozeß, an dem auch deutsche Experten beteiligt waren, einzubinden vermochte. Diese intensive Vorbereitung trug ihre Früchte während der Weltkirchenkonferenz in Oxford, wo insbesondere die Sektion zum Thema Wirtschaft einen anspruchsvollen Konferenzbericht vorlegte, der als „Durchbruch" der ökumenischen Sozialethik gewürdigt worden ist.[24]

Unter dem Titel „Kirche, Volk und Staat in ihrer Beziehung zur Wirtschaftsordnung" legte die Sektion 3 einen von allen ihren Mitgliedern gebilligten Konferenzbericht vor, der von der gesamten Konferenz entgegengenommen und den Kirchen zu „ernster und wohlwollender Erwägung" empfohlen wurde.[25] Der Bericht war in sechs Teile gegliedert. In einem ersten Teil wurde das christliche Interesse an der Wirtschaftsordnung begründet. Hier war das christliche Liebesgebot durch das Prinzip der Gerechtigkeit für den wirtschaftlichen Bereich konkretisiert. Aus der im zweiten Teil entwickelten Analyse der gegenwärtigen Wirtschaftsordnung wurden im dritten Teil die Punkte, die im Widerspruch zu christlicher Lebensauffassung standen, herausgearbeitet.

Der Bericht nannte hier vier Punkte:
- Die Steigerung der Profitsucht
- Die Entwicklung extremer ökonomischer Ungleichheit
- Der Besitz kaum zu kontrollierender ökonomischer Macht
- Die Zerstörung des christlichen Berufsethos durch die gegenwärtige Form der Lohnarbeit und die ständige präsente Gefahr der Arbeitslosigkeit.[26]

Diese theologisch fundierte Kritik forderte die Christen, wie im Teil vier erörtert wurde, zur Suche nach einer besseren wirtschaftlichen Ordnung heraus. Allerdings bestanden diesbezüglich nicht zu harmonisierende Meinungsverschiedenheiten. Der Option für eine Vergesellschaftung der Produktionsmittel, zumindest bei den Schlüsselindustrien und Bodenschätzen, stand eine allenfalls eingegrenzte staatliche Kontroll- und Steuerungselemente befürwortende Position liberaler Wettbewerbsordnung entgegen. Zu einer eindeutigen Absage rang man sich gegenüber einem strikt individualistischen Liberalismus und gegenüber einem Kommunismus nach sowjetischem Vorbild durch. Um den damit bezeichneten

---

[24] Vgl. *John C. Bennet*, Breakthrough in Ecumenical Social Ethics. The Legacy of the Oxford Conference on Church, Community and State (1937), in: The Ecumenical Review Jg. 40 (1988), 132-146.
[25] Forschungsabteilung des Ökumenischen Rates für praktisches Christentum. Kirche, Volk und Staat in ihrer Beziehung zur Wirtschaftsordnung. Bericht der Sektion III, abgedruckt in: *Klaus Heienbrok/Hartmut Przybylski/Franz Segbers* (Hrsg.), Protestantische Wirtschaftsethik und Reform des Kapitalismus, Bochum 1991, 151-187, Zitat 151
[26] Ebenda, 163ff.

Weg zwischen individualistischem Liberalismus und Kommunismus zu benennen, erörterte Teil fünf:

„Die christliche Lehre von der Wirtschaftsordnung" einige grundlegende Anforderungen aus christlicher Sicht an die Wirtschaftsordnung. Hier wurden grundlegende sozialpolitische Sicherungssysteme ebenso wie ein Mitbestimmungsrecht der Arbeitnehmer im Wirtschaftsprozeß und die Rücksichtnahme auf die Bedürfnisse der zukünftigen Generationen im Blick auf die Verwendung der Ressourcen der Schöpfung genannt. Das damit bezeichnete Reformprogramm würde, wie der Bericht unmißverständlich herausstellte, „drastische Veränderungen im Wirtschaftsleben nach sich ziehen."[27]

In dem abschließenden Teil wurde das konkrete Handeln von Kirchen und einzelnen Christen angesprochen. Eindringlich wurden die Kirchen dazu aufgerufen, im Blick auf Einnahmequellen, Methoden der Geldbeschaffung und Vermögensverwaltung zunächst im „eigenen Haus Ordnung zu schaffen".[28] Ferner wurde die Entwicklung besonderer Einrichtungen für soziale Forschung und Praxis sowie eine engere Verbindung von Arbeit und Gottesdienst eingefordert. Die einzelnen Christen schließlich rief der Konferenzbericht dazu auf, im Sinne der oben genannten Perspektiven, sich im Rahmen von wirtschaftlichen und politischen Organisationen zu engagieren.

Es ist interessant, daß auch die ökumenische Diskussion auf eine sozial regulierte marktwirtschaftliche Ordnung hinzielte. Die Weltkirchenkonferenz zur Gründung des Ökumenischen Rates der Kirchen 1948 in Amsterdam ging über das in Oxford Formulierte nicht hinaus. Das dort postulierte Leitbild der „Verantwortlichen Gesellschaft" nahm im wesentlichen die Perspektive des Oxforder Berichtes wieder auf und wies der weltweiten Christenheit die Aufgabe zu, jenseits von individualistischem Liberalismus und Kommunismus beim Aufbau einer sozial verantwortlichen und gleichzeitig effektiven Wirtschaftsordnung mitzuarbeiten.

II. Neuordnungskonzeptionen – Entwürfe zwischen „Verstrikkung" und Widerstand

Mit Blick auf konkrete Überlegungen zur „Judenfrage" aus der Zeit des deutschen Widerstandes gegen den Nationalsozialismus stellte der Theologe *Helmuth Thielicke* 1979 eine „Verstrickung, ja Benebelung durch die damalige Propaganda-Atmosphäre"[29] fest. Auch wenn in diesen Bemerkungen eine entschuldigende Distanz mitschwingt, so weist der Begriff der „Verstrickung" durchaus auf das schwierige und häufig ambivalente Verhältnis zum Nationalsozialismus und seiner Politik hin, welches auch die im folgenden vorzustellenden Ideen für eine zukünftige Sozial- und Wirtschaftsordnung betreffen. Diese entstanden in einer

---

[27] *Heienbrok/Przybylski/Segbers* (Hrsg.), Protestantische Wirtschaftsethik, 175.
[28] Ebenda, 183.
[29] *Helmut Thielicke*, Zur Einführung. Nach fast vier Jahrzehnten, in: In der Stunde Null. Die Denkschrift des Freiburger „Bonhoeffer-Kreises": Politische Gemeinschaftsordnung. Ein Versuch zur Selbstbesinnung des christlichen Gewissens in den politischen Nöten unserer Zeit, Tübingen 1979, 5-23, Zitat 22.

Zeit der Diktatur und sie wurden entwickelt von Persönlichkeiten mit unterschiedlichen politischen, gesellschaftlichen und auch religiösen Prägungen.

In den Neuordnungsdebatten in den Widerstandsgruppen engagierten sich auch namhafte Protestanten, dies gilt besonders für die beiden Gruppierungen, die umfangreiche sozial- und gesellschaftspolitische Vorstellungen für die Nachkriegszeit entwickelt haben, den Kreisauer Kreis und den Freiburger Kreis.

1. Der Kreisauer Kreis

Der Kreis wurde versammelt von *Helmuth Graf von Moltke* (1907-1945), gemeinsam mit *Peter York von Wartenburg* (1904-1944). Der Name der Gruppe geht auf Moltkes Familiengut in Kreisau/Niederschlesien zurück, dort fanden wichtige Treffen statt. Es ist heute nicht mehr klar, ob *Moltke* seine Ideen „aus eigenem Antrieb, häufig dialogisch im Gedankenaustausch mit *York*"[30] u.a. entwickelt hat, oder ob er Impulse aus den schlesischen Arbeitslagern, die zwischen 1928 und 1930 unter dem Einfluß von *Eugen Rosenstock-Huessy* (1888-1973) durchgeführt wurden,[31] weitergeführt hat. Unzweifelhaft ist jedoch, daß hier konservative Gemeinschaftsideen der zwanziger Jahre den ideengeschichtlichen Hintergrund bildeten, auf dem die Gedanken für die Zukunft Deutschlands und Europas entstanden.

Doch der Kreis, den *Moltke* und *York* um sich sammelten, war heterogen, er reichte „von links nach rechts".[32] Religiöse Sozialisten aus dem Umfeld *Paul Tillichs*, Jungsozialisten des Hofgeismar-Kreises gehörten ebenso dazu wie evangelische und katholische Theologen, Teile des alten preußischen Adels und nicht zuletzt Vertreter aus den Bereichen Wissenschaft und Kultur sowie der Wirtschaft.[33] Trotz der unterschiedlichen Standpunkte waren sich die Kreisauer einig in der Ablehnung des Nationalsozialismus, der Menschenwürde und Rechtsstaatlichkeit zerstört. „Verankert war ihr Widerstand in christlich-humanistischen und aufgeklärten emanzipatorischen Traditionen"[34]. Gerade für *Moltke* spielte dabei der christliche Glaube, das Christentum, eine besondere Rolle, er erschloß sich diese Dimension besonders in der Kriegszeit.[35] So war es für die Kreisauer selbstverständlich, daß ohne das Christentum ein Neuaufbau Deutschlands nach dem

---

[30] *Hans Mommsen*, Der Kreisauer Kreis und die künftige Neuordnung Deutschlands und Europas, in: *ders.*, Alternative zu Hitler. Studien zur Geschichte des deutschen Widerstands, München 2000, 207-229, Zitat 211 (Erstdruck 1994).

[31] Vgl. dazu *Ger van Roon*, Neuordnung im Widerstand. Der Kreisauer Kreis innerhalb der deutschen Widerstandsbewegung, München 1967, 26-34; *Christian Illian*, Freiheit in konkreter Verantwortung. Der Kreisauer Kreis und die schlesischen Arbeitslager für Arbeiter, Bauern und Studenten. Zu Helmuth James von Moltkes Konzept der „kleinen Gemeinschaften", in: *Dirk Bockermann* u.a. (Hrsg.), Freiheit gestalten. Zum Demokratieverständnis des deutschen Protestantismus 1789-1989. Festschrift für Günter Brakelmann, Göttingen 1996, 335-348.

[32] *Van Roon*, Neuordnung, 232.

[33] Die Namen finden sich übersichtlich bei *Brakelmann*, Protestanten im Widerstand. Der Kreisauer Kreis um Helmuth James von Moltke, in: *Günter Boden/Manfred Keller* (Hrsg.), 20. Juli 1944 und protestantischer Widerstand. Herausforderung für die kirchliche Bildungsarbeit, Bochum 1995, 45-56, 47; vgl. auch *Wolfgang Benz/Walter H. Pehle* (Hrsg.), Lexikon des deutschen Widerstands, Frankfurt a.M. 1994, 247-252.

[34] *Brakelmann*, Protestanten im Widerstand, 52.

[35] Vgl. dazu die Analyse ebenda, 48-52.

Krieg nicht möglich sei. Die Überzeugung, daß die „freiheitlich gesonnene deutsche Arbeiterschaft und mit ihr die christlichen Kirchen"[36] zu den wichtigsten Stützen eines gesellschaftlichen Neuaufbaus gehörten, wurde explizit vertreten.

Von dieser Basis ausgehend hatte der Kreisauer Kreis auch konkrete Vorstellungen für den Bereich der Wirtschaft erarbeitet.[37] Ganz im Sinne der Leitvorstellungen *Moltkes*, die sich mit dem Begriff der „kleinen Gemeinschaften" verbanden, wurde der Einzelne in den Mittelpunkt des Wirtschaftsgeschehens gestellt:

> „Die Wirtschaft dient der Gemeinschaft und dem Einzelnen. Sie hat nicht nur Nahrung, Kleidung, Wohnung und die sonstigen Güter in ausreichendem Umfange bereit zu stellen, sie hat gleichzeitig das Wachstum einer Lebensordnung zu ermöglichen, in der der Einzelne und seine Familie sich entfalten kann. Neben den materiellen Leistungen der Wirtschaft muß eine sinnvolle Beziehung der Einzelnen und der Gemeinschaften zur Arbeit erstrebt werden."[38]

Der personale Ansatz stellte die Rechte – die Rechtssicherheit und Gleichheit vor dem Gesetz angesichts der Erfahrungen des NS-Zeit wurden ausdrücklich hervorgehoben wurde – und Eigenverantwortung der Menschen in den Mittelpunkt. Dagegen zeigte man im Grundsatz gegenüber zentralistischen Organisationen eine ausgeprägte Skepsis. Kleine und mittlere Betriebe – genossenschaftlich oder privatwirtschaftlich organisiert – sollten die künftige Wirtschaftsordnung prägen. Möglichst weitgehende Selbstverwaltungseinrichtungen sollten hinzutreten, eine Idee die eine Parallele zu den Gedanken eines föderalen Verfassungsaufbaus darstellte. Verbunden war die Absage an Großindustrie und Großorganisationen aber auch mit der Verankerung einer großen staatlichen Einflußnahme, man sprach in diesem Zusammenhang von einer „staatliche[n] Führung der Wirtschaft"[39]. Indem der Staat zur Verkörperung des Allgemeinwohls gegenüber den partikularen Einzelinteressen gemacht wurde, griff man auf Vorstellungen zurück, die auch schon die konservativ-liberalen, bürgerlichen Sozialreformer des neunzehnten Jahrhunderts entwickelt hatten. Dementsprechend wurden staatliche Kontrollen zur Begrenzung wirtschaftlicher Machtkonzentrationen bei Kartellen und Monopolen gefordert, auch die Verstaatlichung bestimmter Grundstoffindustrien zog man in Betracht. Zu Recht hat *Hans Mommsen* darauf hingewiesen, daß es „eine unüberbrückbare Spannung zwischen der Hervorhebung zentralstaatlicher wirtschaftlicher Steuerungskompetenzen und dem Selbstverwaltungsgedanken"[40] gab.

Das eng mit den wirtschaftlichen Fragen zusammenhängende Problem einer zukünftigen Sozialordnung war weitreichend. Es entstand im Rahmen der Hoffnung, nun für die soziale Frage, für die brennende soziale Not, die man für den Aufstieg des Nationalsozialismus verantwortlich machte, eine grundsätzliche Lösung zu finden. So findet man eine Festlegung sozialer Grundrechte wie dem Recht auf Arbeit und die Verankerung der Mitbestimmung, Vorstellungen eines

---

[36] So in einem Entwurf („Erste Weisung an die Landesverweser" vom 09.08.1943), zitiert nach *van Roon*, Neuordnung, 567-579, Zitat 568.
[37] Diese Vorstellungen wurden insbesondere beim zweiten Treffen des Kreises Ende 1942 formuliert, vgl. dazu ebenda 417ff., der Text ist abgedruckt ebenda 547-550 und bei *Brakelmann/Jähnichen*, Protestantische Wurzeln, 337-341.
[38] Ebenda, 337.
[39] Ebenda, 340.
[40] *Mommsen*, Kreisauer Kreis, 222.

„sozialistisch geprägten Zielkatalogs"[41]. Doch gleichzeitig lehnte *Moltke* die Gewerkschaftsidee ab, vermutete er hier eine schädliche Großorganisation, und setzte zunächst an deren Stelle Betriebsgemeinschaften zur Regelung möglicher Konflikte. Erst *Wilhelm Leuschner* (1890-1944) konnte ihn überzeugen, daß eine Gewerkschaft notwendig sei. Diese wurde aber ganz im Sinne der zu schaffenden Gemeinschaft konzipiert:

> „Die deutsche Gewerkschaft ist ein Mittel zur Durchsetzung des (...) dargestellten wirtschaftspolitischen Programms und des in diesem vorausgesetzten Staatsaufbaues. Sie findet ihre Erfüllung in der Durchsetzung dieses Programms und in der Überleitung der von ihr wahrgenommenen Aufgaben auf die Organe des Staates und der wirtschaftlichen Selbstverwaltung."[42]

2. Der Freiburger Kreis

Ähnliche wirtschaftspolitische Vorstellungen finden sich bei der zweiten hier zu behandelnden Gruppe.

Der sog. „Freiburger Kreis" war ein im Umfeld der Freiburger Universität entstandener Kreis von Hochschulangehörigen und evangelischen und katholischen Theologen, die, in wechselnden Zusammensetzungen und Zusammenhängen seit 1933 einen intellektuellen Gesprächskreis bildeten, in dem offen über den Nationalsozialismus diskutiert wurde.[43] Den Kern bildeten Mitglieder der Rechts- und Staatswissenschaftlichen Fakultät, die einmal von *Günter Schmölders* (1903-1991) als „eine Art Naturschutzpark der liberalen Wirtschaftswissenschaft"[44] in der NS-Zeit bezeichnet worden sind. Die wichtigsten Vertreter waren die Ökonomen *Constantin von Dietze* (1891-1973), *Walter Eucken* (1891-1950) und *Adolf Lampe* (1897-1948), die Juristen *Franz Böhm* (1895-1977) und *Erik Wolf* (1902-1977) und, wohl spiritus rector und treibende Kraft der Gruppierung der Neuzeithistoriker *Gerhard Ritter* (1888-1967). Sie alle verband eine Bindung zur evangelischen Kirche, viele engagierten sich in ihrer Kirchengemeinde o.ä. Gerade *Gerhard Ritter*, der nach 1945 noch eine wichtige Rolle innerhalb der Evangelischen Kirche (EKD) gespielt hat (etwa als Mitglied der Kammer für öffentliche Ordnung),[45] kann als bedeutender Laienchrist im zwanzigsten Jahrhundert bezeichnet werden.

---

[41] *Mommsen*, Kreisauer Kreis, 258.
[42] *Brakelmann/Jähnichen*, Protestantische Wurzeln, 340f.
[43] Vgl. dazu allgemein „Der Freiburger Kreis". Widerstand und Nachkriegsplanung 1933-1945. Katalog einer Ausstellung, hrsg. von *Dagmar Rübsam* und *Hans Schadek*, Freiburg o.J. (1990).
[44] *Günter Schmölders*, Personalistischer Sozialismus. Die Wirtschaftsordnungskonzeption des Kreisauer Kreises der deutschen Widerstandsbewegung, Köln 1969, 29, *Schmölders* selbst gehörte zum Umfeld des Kreisauer Kreises.
[45] 1948 nahm *Ritter* auch an der Amsterdamer Weltkirchenkonferenz teil; vgl. zur Person Gerhard Ritters *Klaus Schwabe/Rolf Reichardt* (Hrsg.), Gerhard Ritter. Ein politischer Historiker in seinen Briefen, Boppard 1984; *Friedrich/Jähnichen*, Protestanten in weltlicher Verantwortung als aktive Gestalter von Rechtsstaat und Demokratie – die Beispiele Gerhard Leibholz und Gerhard Ritter, in: *Brakelmann/Dies.* (Hrsg.), Auf dem Weg zum Grundgesetz. Beiträge zum Verfassungsverständnis des neuzeitlichen Protestantismus, Münster 1999, 211-224 (dort weitere Literatur).

Katalysator für die Gruppe war die Progromnacht 1938; die Überzeugung, daß reden und diskutieren allein nicht mehr reichte, führte zur Bildung des „Freiburger Konzils", einer Runde, die sich in den Privatwohnungen der Beteiligten traf, um sich konkrete Gedanken über eine zukünftige Gestalt Deutschlands zu machen. Angeregt durch eine Anfrage *Dietrich Bonhoeffers*, der für eine nach dem Krieg geplante ökumenische Versammlung eine protestantische Denkschrift für die politische und wirtschaftliche Zukunft haben wollte, entstand dann die Freiburger Denkschrift.[46] Der Grundtext stammte von *Gerhard Ritter*, der auch die Ergebnisse der Diskussion über den Text, an der u.a. *Carl Goerdeler*, *Otto Dibelius* und *Helmut Thielicke* teilgenommen haben, eingearbeitet hat. Wichtige Teile der Denkschrift steuerten die beteiligten Wissenschaftler bei, *Böhm* und *Wolf* über die Rechtsordnung und besonders *Eucken*, *Lampe* und *von Dietze* den Teil über die Wirtschafts- und Sozialordnung. Die Denkschrift ist im ganzen ein Dokument praktischer christlicher Ethik.[47]

Bei den Fragen der zukünftigen Wirtschaftsordnung gibt es viele Parallelen zu den Vorstellungen der Kreisauer. Ausdrücklich stellte man sich der Aufgabe, „die Grundlagen der Sozial- Wirtschaftsethik christlich zu begründen, gerade nach dem evangelischen Verständnis"[48].

Als Ziel einer christlichen Wirtschaftsordnung wurde gefordert:
„eine Wirtschaftsordnung vorzuschlagen, die – neben ihren sachlichen Zweckmäßigkeiten – den denkbar stärksten Widerstand gegen die Macht der Sünde ermöglicht, in der die Kirche Raum für ihre eigentlichen Aufgaben behält und es den Wirtschaftenden nicht unmöglich gemacht oder systematisch erschwert wird, ein Leben evangelischer Christen zu führen."[49]

Damit war die Subjektstellung des Menschen innerhalb der Wirtschaft festgelegt. Rechtssicherheit, Schaffung einer Rechtsordnung und Ermöglichung einer „sittlichen Grundlage"[50] bildeten die Voraussetzungen für eine verantwortliches Wirtschaften.

Konkret machte die Denkschrift Vorschläge für einen „neue Ordnung" der Wirtschaft, die sich grundsätzlich von der alten Wirtschaftsordnung vor 1933 unterscheiden mußte. Die Pole Wettbewerb, d.h. Ermöglichung eines möglichst freien Wirtschaftens, und eine gestaltende Ordnung bestimmten die Denkschrift. Dabei glichen viele der konkreten Vorstellungen den Vorschlägen der Kreisauer. Dies galt auch für die Rolle des Staates, der wiederum eine gestaltende und eingreifende Position zugesprochen bekam:

„Die wichtigste Aufgabe der staatlichen Wirtschaftspolitik (...) ist unter den modernen, durch weitgehende Arbeitsteilung gekennzeichneten Verhältnissen die planmäßige Sicherung einer Gesamtordnung des Wirtschaftslebens. (...) Diese Ordnungsaufgaben betreffen nicht nur die

---

[46] Grundlage dieser Denkschrift war die Schrift „Kirche und Welt. Eine notwendige Besinnung auf die Aufgaben des Christen und der Kirche in unserer Zeit", die aus den Diskussionen der Jahre 1940-1942 entstanden war, vgl. den Text bei *Schwabe/Reichardt*, Gerhard Ritter, 635-654; eine Analyse findet sich bei *Brakelmann*, Aus der Zeit der Diktatur: Die Freiburger Denkschriften, in: *Ders./Jähnichen/Friedrich* (Hrsg.), Auf dem Weg zum Grundgesetz. Beiträge zum Verfassungsverständnis des neuzeitlichen Protestantismus, Münster 1999, 171-182.
[47] Der Text ist abgedruckt bei *Schwabe/Reichardt*, Gerhard Ritter, 655-774 (nach ihm wird im folgenden zitiert) und in: In der Stunde Null; Auszüge bei *Brakelmann/Jähnichen*, Protestantische Wurzeln, 341-362.
[48] Ebenda 753.
[49] Ebenda.
[50] Ebenda, 755.

Beziehungen zwischen Unternehmern oder sonstigen Betriebsleitern, sondern auch die Verfassung innerhalb der Betriebe, also namentlich die Stellung der ‚Arbeiter', ja die Bildung aller sozialen Gruppen, ihre Beziehungen zueinander und zur Gesamtheit. Die Societas kann nicht lediglich nach wirtschaftlichen Gesichtspunkten geregelt werden. (...) Wirtschaftsordnungspolitik ist nur ein – allerdings höchst wichtiger, ja unentbehrlicher – Teil der Sozialpolitik, wobei dieser Ausdruck seinem Wortsinn entsprechend viel weiter verstanden wird als ein Sammelname für die seit 1881 ergriffenen Maßnahmen zur Förderung von Lohnarbeitern, Handwerkern oder Bauern. Sozialpolitik darf, um ihren Namen zu rechtfertigen, sich nicht auf zusammenhanglose Fürsorgemaßnahmen beschränken; sie muß die gesamte Societas festigen und ständig im Einklange mit den Grundsätzen der Gesamtwirtschaftsordnung stehen."[51]

Dieses Konzept eines Ordoliberalismus zwischen wirtschaftlichem Kollektivismus und Wirtschaftsliberalismus ist als eine der „geistigen Wurzeln der Sozialen Marktwirtschaft"[52] bezeichnet worden.

---

[51] *Brakelmann/Jähnichen*, Protestantische Wurzeln, 756f.
[52] *Philipp von Bismarck*, Nachwort, in: In der Stunde Null, 153-156, Zitat 153.

6. Kapitel: Die soziale Marktwirtschaft als sozialethisches Leitbild des Protestantismus

I. Theologisch-sozialethische Neuorientierungen in der Nachkriegszeit

1. Beiträge aus dem Bereich des Protestantismus zur Begründung der sozialen Marktwirtschaft

a) Kirche und Öffentlichkeit nach 1945

Es ist im wesentlichen der Initiative des württembergischen Bischofs *Theophil Wurm* (1868-1953) zu verdanken, den Wiederaufbau einer funktionsfähigen Leitung der evangelischen Kirche in Deutschland nach den Auseinandersetzungen des Kirchenkampfes in die Wege geleitet zu haben. *Wurms* bereits in den Jahren 1942/43 begonnenes „kirchliches Einigungswerk" bildete den Ausgangspunkt für eine kirchliche Neuordnung nach dem Krieg. Im August 1945 gelang es ihm, eine sog. „Kirchenführerkonferenz" in Treysa bei Kassel einzuberufen, an der Vertreter der intakten Landeskirchen, der Bruderräte der Bekennenden Kirche und der während des Kirchenkampfes neutralen Mittelgruppe teilnahmen. In Treysa wurden durch die Festlegung einer vorläufigen Ordnung und die Konstituierung eines vorläufigen Rates der Evangelischen Kirche in Deutschland (EKD) die entscheidenden Weichen für die weitere kirchliche Entwicklung gestellt. Mit dieser Entscheidung knüpfte man weitgehend an die traditionellen landeskirchlichen Strukturen an und entschied sich gegen weltreichende Vorstellungen der Bruderräte.[1]

Die in Treysa verabschiedeten bzw. vorgelegten Verlautbarungen bestimmten maßgeblich den Kurs und die Position des deutschen Protestantismus in der Nachkriegszeit.

Das Wort der Kirchenkonferenz von Treysa an die Gemeinden (31. August 1945)[2] als erstes öffentliches Wort der evangelischen Kirche nach 1945 ist vor allem von seelsorgerlich-tröstenden Intentionen geprägt. Zugleich läßt es erkennen, wie die Situation des Jahres 1945 mehrheitlich in der Kirche verstanden

---

[1] Vgl. zur Konferenz *Gerhard Besier/Hartmut Ludwig/Jörg Thierfelder* (Hrsg.), Der Kompromiß von Treysa. Die Entstehung der Evangelischen Kirche in Deutschland (EKD) 1945. Eine Dokumentation, Weinheim 1995; instruktiv auch *Wolf-Dieter Hauschild*, Der Rat der Evangelischen Kirche in Deutschland als Vertretung des deutschen Protestantismus in der Nachkriegszeit, in: Die Protokolle des Rates der Evangelischen Kirche in Deutschland. Bd.1: 1945/46, Göttingen 1995, IX-XLIII.

[2] Der Text ist mehrfach gedruckt, er wird hier zitiert nach *Besier/Ludwig/Thierfelder*, Kompromiß, 325-328; vgl. auch *Martin Greschat* (Hrsg.), Die Schuld der Kirche. Dokumente und Reflexionen zur Stuttgarter Schulderklärung vom 18./19. Oktober 1945, München 1982.

wurde. Man erlebte die eigene Situation als „Katastrophe" und sah in ihr „Gottes Zorngericht", das in seinem ganzen Ausmaß hereingebrochen war, als die Öffentlichkeit das Wort der dem Unrecht widersprechenden Kirche „nicht mehr hören"[3] durfte. Somit wurden die entscheidenden Gründe für die politische Katastrophe der nationalsozialistischen Gewaltherrschaft in der Abkehr von Gott, letztlich im Säkularismus der Neuzeit, gesehen, eine herrschende Denkfigur im Protestantismus der damaligen Zeit. Dementsprechend wurde mit großer Selbstverständlichkeit eine besondere Bedeutung der öffentlichen Verantwortung der Kirche für die Zukunft proklamiert. In einem „Wort zur Verantwortung der Kirche für das öffentliche Leben"[4], das in der Forschung als „Leitseil protestantischen Selbstverständnisses"[5] in der Nachkriegszeit bezeichnet worden ist, wird dies deutlich:

„Aus dieser Erkenntnis [d.i. die Interpretation der NS-Zeit als „dämonische Entartung", d. Verf.] erwächst den evangelischen Kirchen Deutschlands die große und schwere Aufgabe, weit stärker als bisher auf die Gestaltung des öffentlichen Lebens und insbesondere der politischen Gemeinschaft einzuwirken."[6]

Der neuralgische Punkt dieser wie auch vieler anderer Stellungnahmen war die Frage der parteipolitischen Bindung. Hier verband die Erklärung ein Bekenntnis zu parteipolitischer Neutralität mit einem verklausulierten Unterstützungsaufruf für die entstehende CDU:

„Die Kirche ist ihrem Wesen nach nie Partei, sondern tut ihren Dienst an allen politischen und sozialen Gruppen mit gleicher Liebe. Sie darf sich weder mit den Zielen und dem taktischen Vorgehen einer einzelnen Partei gleichsetzen, noch vollends sich von den Interessen einer Partei in ihren öffentlichen Äußerungen und ihrem politischen Verhalten überhaupt bestimmen lassen. (...) Die an vielen Orten bereits in Gang gekommenen Bestrebungen, politische Gegensätze zwischen Protestantismus und Katholizismus auszuräumen, die Gemeinsamkeit des Kampfes gegen den Säkularismus zu betonen und so eine gegenseitige geistige und politische Annäherung beider Konfessionen vorzubereiten, verdient ebenso unsere Unterstützung, wie die Bemühungen katholischer Prälaten und Laienkreise, ein Wiederaufleben der ehemaligen Zentrumspartei zu verhindern und statt dessen ein politisches Zusammengehen beider Konfessionen auf dem Boden christlicher Union zu ermöglichen."[7]

Als ideengeschichtliches Verbindungselement für die Christen der beiden Konfessionen, die sich in der parteipolitischen Arbeit zusammenfanden, wirkte dabei die Säkularismus-Theorie, die von allen geteilt wurde. Der Nationalsozialismus, dem man als „dämonische" Macht beschrieb, wurde betrachtet als Konsequenz eines langen Prozesses der Entchristlichung. Der zugleich postulierte kirchliche

---

[3] *Greschat*, Die Schuld der Kirche 77.
[4] Zitiert nach *Besier/Ludwig/Thierfelder*, Kompromiß, 325f; Autor des Textes war der Freiburger Historiker *Gerhard Ritter*, der Text spiegelt in diesem Sinne auch die Gedankenwelt des Freiburger Widerstandskreises wider.
[5] Kurt Nowak, Gerhard Ritter als Berater der EKD (1945-1949), in: *Victor Conzemius/Martin Greschat/Hermann Kocher* (Hrsg.), Die Zeit nach 1945 als Thema kirchlicher Zeitgeschichte, Göttingen 1988, 235-256, Zitat 239. *Nowak* schränkt dieses Urteil dadurch ein, daß er es explizit auf die „Kirchenführerebene" bezieht.
[6] *Besier/Ludwig/Thierfelder*, Kompromiß, 325.
[7] Ebenda, 327f. Vgl. auch die Präambel der Leitsätze der Christlich-Demokratischen Partei in Rheinland und Westfalen, in: *Leo Schwering*, Frühgeschichte der Christlich-demokratischen Union, Recklinghausen 1963, 219.

Öffentlichkeitswille fand wenig später seinen Ausdruck in verschiedenen Entwürfen einer „christlichen" Gesellschafts- und auch Wirtschaftsordnung.

Einen neuen Impuls für die innerkirchliche wie die gesellschaftliche Diskussion setzte die evangelische Kirche durch ihr öffentliches Schuldbekenntnis vom Oktober 1945. Nachdem bereits in Treysa insbesondere *Martin Niemöller* (1892-1984) als Sprecher des Bruderrates für ein solches Wort votiert hatte, gab der neugebildete Rat der EKD anläßlich einer Begegnung mit Vertretern aus der Ökumene am 19. Oktober 1945 in Stuttgart eine entsprechende Erklärung ab (Stuttgarter Schulderklärung).

Die evangelische Kirche bekannte öffentlich – im übrigen als einzige bedeutende Großorganisation in Deutschland – die Schuld des deutschen Volkes sowie die eigene kirchliche Mitschuld, ohne allerdings diese Schuld zu konkretisieren:

„Mit großem Schmerz sagen wir: durch uns ist unendliches Leid über viele Völker und Länder gebracht worden. Was wir unseren Gemeinden oft bezeugt haben, das sprechen wir jetzt im Namen der ganzen Kirche aus: Wohl haben wir lange Jahre hindurch im Namen Jesu Christi gegen den Geist gekämpft, der im nationalsozialistischen Gewaltregiment seinen furchtbaren Ausdruck gefunden hat; aber wir klagen uns an, daß wir nicht mutiger bekannt, nicht treuer gebetet, nicht fröhlicher geglaubt und nicht brennender geliebt haben."[8]

Diese Erklärung, die von den Vertretern der Ökumene zufrieden entgegengenommen wurde, eröffnete der EKD den Weg in die ökumenische Gemeinschaft. In Deutschland selbst überwogen kritische und ablehnende Voten, die zeigen, wie umstritten dieses Wort des Rates gewesen ist.[9]

Ähnlich wie in Treysa klang auch in Stuttgart die Zielsetzung einer Rechristianisierung der Gesellschaft an, wenn der Kampf der Kirche gegen den ‚Geist des Nationalsozialismus', eine parallele Denkfigur zum Säkularismus-Theorems, expliziert wurde.[10]

Faßt man die Entwicklung des Protestantismus in der unmittelbaren Nachkriegszeit zusammen, so läßt sich folgendes feststellen: Es überwogen zunächst die restaurativen, traditionellen Momente, freilich verbunden mit einer bemerkenswert flexiblen Einstellung hinsichtlich der neuen politischen Situation. Langfristig kam es dann zu einer Öffnung des Protestantismus gegenüber der Demokratie, eine Entwicklung, die in dieser Zeit angelegt wurde.[11]

---

[8] Die Stuttgarter Erklärung vom 18./19.10.1945, in: *Greschat*, Die Schuld der Kirche 102; vgl. zum Kontext *Besier/Gerhard Sauter*, Wie Christen ihre Schuld bekennen. Die Stuttgarter Erklärung 1945, Göttingen 1985.

[9] Vgl. beispielhaft die bei *Greschat*, Die Schuld der Kirche, 221ff. wiedergegebenen Stellungnahmen kirchlicher Gremien und Gruppen; vgl. auch *Besier/Sauter*, Stuttgarter Erklärung, 33-42.

[10] Diese Verbindung des Säkularismus-Theorems mit der Zielsetzung einer Re-Christianisierung der Gesellschaft war in der Nachkriegszeit weit verbreitet; nicht nur in Deutschland, auch in den alliierten Siegerstaaten, zudem in beiden christlichen Konfessionen. Vgl. *Greschat*, ‚Rechristianisierung' und ‚Säkularisierung'. Anmerkungen zu einem europäisch-interkonfessionellen Interpretationsmodell, in: *Kaiser/Anselm Doering-Manteuffel* (Hrsg.), Christentum und politisch Verantwortung. Kirche im Nachkriegsdeutschland, Stuttgart 1990, 1-24.

[11] Vgl. dazu *Greschat*, Christentumsgeschichte II. Von der Reformation bis zur Gegenwart. Stuttgart 1997, 260ff.; ausführlicher auch *ders.*, Weder Neuanfang noch Restauration. Zur Interpretation der deutschen evangelischen Kirchengeschichte nach dem Zweiten Weltkrieg, in: *Ders.*, Protestanten in der Zeit. Kirche und Gesellschaft in Deutschland vom Kaiserreich bis zur Gegenwart, Stuttgart 1994, 154-179.

b) Erste sozialethische Positionsbestimmungen: *Constantin von Dietze* und die Freiburger

Um den in diesen ersten kirchlichen Stellungnahmen deutlich werdenden Öffentlichkeitswillen der evangelischen Kirche einzulösen und angesichts der „Kompliziertheit des gegenwärtigen Lebens" eine neue „Begegnung von Weltlichkeit und Kirchlichkeit"[12] zu ermöglichen, ergriff *Hans Asmussen* (1898-1968) als erster Leiter der neu errichteten Kirchenkanzlei 1945 die Initiative, um evangelische Fachleute für eine „Kammer für das öffentliche Leben" zu gewinnen, hier liegt der Ursprung der späteren „Kammer für öffentliche Verantwortung"[13]. Er wandte sich dabei besonders an die Mitglieder des Freiburger Kreises, woraufhin sich unter Leitung von *Constantin von Dietze* eine Arbeitsgruppe konstituierte, die sozial- und wirtschaftsethische Stellungnahmen erarbeitete. Die wichtigste Ausarbeitung dieses Expertengremiums waren die „Aussagen evangelischer Christen in Deutschland zur Wirtschafts- und Sozialordnung", welche *von Dietze* in einem Diskussionsprozeß mit *Franz Böhm, Walter Eucken* und *Gerhard Ritter* entwickelt hat.[14]

Theologisch knüpften die Verfasser an die Aussagen des wirtschaftspolitischen Studienkreises der Bekennenden Kirche und der Weltkirchenkonferenz von Oxford an und suchten nach einem Ordnungsmodell jenseits der dort abgelehnten Konzeptionen des Laissez-faire-Kapitalismus und des totalitären Kollektivismus.

Man befürwortete eine Wirtschaftsordnung, welche die Persönlichkeitswürde des einzelnen respektierte und dabei „an die Moral der Menschen zwar nicht geringe, aber erfüllbare Anforderungen stellt."[15] Im Unterschied zu einer zentralen Verwaltungswirtschaft, die in der Gefahr steht, die Einzelpersönlichkeiten zu nivellieren und zudem die Korruption zu fördern, sowie den Marktformen der Monopole und Oligopole, die nur unzureichend zu kontrollierende Machtgebilde darstellen, bedeutete die Wettbewerbsordnung der vollständigen Konkurrenz ein „vorzüglich brauchbares Mittel zur Verwirklichung des gerechten Preises", das „selbstverantwortliches Handeln"[16] anregte und die Freiheit des Konsums einräumt. Darüber hinaus gewährleistete die Wettbewerbsordnung in effizientester Weise die allgemeine Güterversorgung.

Diese Ordnung war grundlegend durch eine staatliche Wirtschaftspolitik und durch eine Sozialordnung zu ergänzen. Dem Staat kam insbesondere die Aufgabe zu, die vollständige Konkurrenz zu sichern und zu verteidigen. Die Monopolbildung war nach Möglichkeit einzuschränken, und dort, wo monopolartige Unter-

---

[12] Schreiben *Hans Asmussens* von der evangelischen Kirchenkanzlei an Prof. *Gerhard Ritter* vom 06.12.1945, in: EZA Berlin, Bestand 2/198.
[13] Vgl. zu den Kammern z.B. *Hansjürg Ranke*, Beratende Kammern, in: Evangelisches Soziallexikon im Auftrag des Deutschen Ev. Kirchentages hrsg. von *Friedrich Karrenberg*, 1. Aufl., Stuttgart 1954, Sp. 591f.; *Günter Riedner*, Die Kammer für Soziale Ordnung der Evangelischen Kirche in Deutschland: über den Versuch, aus christlicher Verantwortung die Sozial- und Wirtschaftspolitik der Bundesrepublik mitzugestalten, Frankfurt a.M. 1994.
[14] Vgl. *Constantin von Dietze*, Aussagen evangelischer Christen in Deutschland zur Wirtschafts- und Sozialordnung, in: AÖRK Genf, L+W, D 31 (danach wird zitiert). Der Text ist in Auszügen abgedruckt in: *Brakelmann/Jähnichen*, Protestantische Wurzeln, 263-268; zu *Böhm* vgl. *Traugott Roser*, Protestantismus und Soziale Marktwirtschaft. Eine Studie am Beispiel Franz Böhms, Münster 1998.
[15] *Von Dietze*, Aussagen evangelischer Christen., 25; vgl. auch 3. 5. 17.
[16] Ebenda, 24f.

nehmen aus technischen oder wirtschaftlichen Gründen notwendig sind, unter Staatsaufsicht zu stellen. Im Blick auf die Sozialordnung hob man neben dem Aufbau eines sozialen Sicherungssystems vor allem die Bedeutung einer partizipativ verfaßten Betriebsverfassung hervor. Diese Stellungnahme, eine Weiterentwicklung der Ausarbeitung des Freiburger Kreises, ist als theologisch begründete Option für die Konzeption der sozialen Marktwirtschaft zu verstehen. Es ging den Verfassern darum, die Affinität des christlichen Ethos zu diesem wirtschaftlichen Ordnungsmodell und auch zur politischen Demokratie, die man beide eng verknüpfte, aufzuweisen.[17]

c) Der Berliner Arbeitskreis um *Otto Dibelius*

Eine ähnliche Position entwickelte ein protestantischer Arbeitskreis in Berlin, der auf Initiative von Bischof *Otto Dibelius* Ende 1946 gebildet worden war. Führender Kopf dieses Gremiums war der Soziologe und Politologe *Otto-Heinrich von der Gablentz* (1898-1972), Mitbegründer der Berliner CDU. *Von der Gablentz* strebte in jener Zeit einen Sozialismus aus christlicher Verantwortung an, wie er ein Jahr später im Ahlener Programm der CDU, das sich aus ähnlichen Motiven vor allem aus dem Raum des sozialen Katholizismus speiste, seinen Niederschlag fand. So sprach er sich 1946 für planwirtschaftliche Elemente im Sinne einer Rahmenplanung, Gemeineigentum bei den Schlüsselindustrien und die Mitbestimmung der Arbeitnehmer an der Leitung der Wirtschaft aus.[18] Sozialisierungen sollten auf möglichst wenige Unternehmen mit monopolartigem Charakter, wie solche der Kohle- und Schwerindustrie, beschränkt bleiben. *Dibelius* machte sich diese Überlegungen in wichtigen Punkten zu eigen, wie seine vielbeachtete Rede vom 27. April 1947 auf dem Berliner Kirchentag beweist. Grundsätzlich interpretierte er die anstehende gesellschaftliche Neuordnung wesentlich unter dem Vorzeichen der Rechristianisierung. In diesem Sinn vertrat er ein kirchliches Mitspracherecht in allen gesellschaftlichen Bereichen, auch in wirtschaftlichen Dingen. *Dibelius* verwies diesbezüglich auf die zweite These der Barmer Erklärung und bestimmte die Aufgabe der Kirche dahingehend, „große grundsätzliche Forderungen des (...) Evangeliums an die Wirtschaft"[19] zu formulieren, aber kein detailliertes Wirtschaftsprogramm zu entwerfen:

„Auch die Wirtschaft ist mit allem, was sie tut, dem Herrn Christus zu eigen und muß ihre Arbeit unter seinem Gebot und unter der Wirkung des Geistes tun. Es soll in der Wirtschaft gewiß von der Sache her gearbeitet werden. Denn es ist Gottes Wille, daß der Mensch sich die Kräfte der Natur und ihre Bodenschätze untertan mache mit dem Mittel des Geistes und

---

[17] *Dietze* (4f. 25) bezog sich in diesem Zusammenhang mehrfach zustimmend auf den amerikanischen Theologen *Reinhold Niebuhr* und dessen Schrift: Die Kinder des Lichts und die Kinder der Finsternis. Eine Rechtfertigung der Demokratie und eine Kritik ihrer herkömmlichen Verteidigung, München 1947 (Orig. The Children of Light and The Children of Darkness, New York 1944).
[18] *Otto Heinrich von der Gablentz*, Die christliche Haltung zur Neugestaltung der Wirtschaftsordnung, AÖRK Genf, L+W, D 31, 30; vgl. ebenda, 23ff.; vgl. auch *ders.*, Über Marx hinaus, Berlin 1946, 43.
[19] *Otto Dibelius*, Volk, Staat und Wirtschaft aus christlichem Verantwortungsbewußtsein – ein Wort der Kirche, Berlin 1947; Auszüge in *Brakelmann/Jähnichen*, Protestantische Wurzeln, 369-375, dort 374f. die folgenden Zitate.

des Körpers, die ihm verliehen sind. Aber weil, wie wir immer sagen müssen, die Wirtschaft nicht um der Wirtschaft willen, auch nicht um staatlicher Machtziele willen, sondern um des Menschen willen da ist, darum darf sie nicht ihrer eigenen Dämonie überlassen bleiben, auch nicht der Dämonie des Staates, der sich zum Selbstzweck gemacht hat, sondern muß unter der Verantwortung der christlichen Nächstenliebe zur Ehre Gottes gestaltet werden."

In bemerkenswerter Offenheit bekannte *Dibelius* das weitgehende Versagen der Kirche gegenüber der Arbeiterbewegung und äußerte sich kritisch zur bisherigen Neutralität der Kirche, wie sie in der Weimarer Zeit proklamiert wurde, da diese Haltung vielfach „einseitig den Unternehmern zugute kam"[20]. Für die künftige Wirtschaftsentwicklung befürwortete *Dibelius* einen Weg zwischen Kapitalismus und Sozialismus, da beide vor den Forderungen des Evangeliums nicht bestehen könnten. In traditioneller Weise wurde die Rolle des Staates bestimmt, der „helfen, lenken und planen" sollte, um die Macht der Selbstsucht im Wirtschaftsgeschehen zu begrenzen und den „Schwachen gegen die Vergewaltigung durch den Starken zu schützen"[21]. Auch die von *Dibelius* aus dem Liebesgebot abgeleiteten Forderungen nach Gewinnbeteiligung und Mitbestimmung griffen klassische kirchlich-soziale Forderungen auf. Neu war in diesem Zusammenhang der Vorschlag eines wirtschaftlichen Mitbestimmungsrechtes in wirtschaftlichen Angelegenheiten. Damit unterstützte *Dibelius* eine wichtige Forderung der Gewerkschaften in jenen Jahren. Auch wenn die Option für eine sozial regulierte Marktwirtschaft nicht explizit ausgesprochen wurde, besteht eine offenkundige Nähe der Position *Dibelius'* zu diesem Ordnungsmodell.

d) Alfred Müller-Armack

Der enge Zusammenhang von protestantischer Sozialethik und der Entwicklung der Konzeption der sozialen Marktwirtschaft läßt sich auch an Hand der Bedeutung *Alfred Müller-Armacks* aufzeigen.[22] Der Nationalökonom *Müller-Armack* (1901-1978), der der Freiburger Schule angehörte, war zunächst Professor in Münster und Köln, in der Bundesrepublik gehörte er als Ministerialdirektor und Staatssekretär unter *Ludwig Erhard* zu den wichtigsten Vertretern der sozialen Marktwirtschaft. *Müller-Armack* hatte in der Nachkriegszeit mit seiner kultur- und religionssoziologisch orientierten Studie „Das Jahrhundert ohne Gott"[23] in kirchlichen Kreisen breite Aufmerksamkeit gefunden und war häufig Referent bei kirchlichen Veranstaltungen. Ihm ging es in diesem Zusammenhang wesentlich darum, die zu „Verabsolutierungen" bzw. „Idolbildungen" neigende Kultur des neunzehnten Jhs. zu überwinden und auf der Grundlage der christlichen Ethik eine Neubegründung von wirtschaftlicher und politischer Ordnung zu konzipie-

---

[20] *Brakelmann/Jähnichen*, Protestantische Wurzeln, 371. Auf Grund solcher kritischer Äußerungen nennt *Harry Noormann* diese Rede Dibelius' das „Ahlener Programm der Evangelischen Kirche", *Noormann*, Protestantismus und politisches Mandat 1945-1949, Bd. 1: Grundriß, Gütersloh 1985, 89.

[21] *Dibelius*, Volk, Staat und Wirtschaft, 372.

[22] *Daniel Dietzfelbinger*, Soziale Marktwirtschaft als Wirtschaftsstil. Alfred Müller-Armacks Lebenswerk, Gütersloh 1998.

[23] *Alfred Müller-Armack*, Das Jahrhundert ohne Gott. Zur Kultursoziologie unserer Zeit, Münster 1948.

ren. Im Mittelpunkt standen bei ihm die Grundrechte der Person, die es im politischen Bereich durch die Gewaltenteilung und im wirtschaftlichen Geschehen durch eine die Wirtschaftszyklen ausgleichende Konjunkturpolitik und eine den Wettbewerb sichernde Ordnungspolitik zu schützen galt.

Der „völlige Neubeginn, vor dem die deutsche Wirtschaft jetzt steht, sollte genug Anlaß sein, den Übergang zu einer persönlicher gestalteten Wirtschaftsweise zu bedenken. An die Stelle von einer von rastloser Dynamik getriebenen Wirtschaft sollte eine seelisch beruhigtere Form treten, die durch Konjunkturpolitik in ausgeglichenerem Rhythmus gehalten wird, in der eine behutsame Wirtschaftspolitik die Erhaltung des kleinen und mittleren Betriebes, wo dessen Überschreitung nicht durch Technik wirklich zwingend vorgeschrieben ist, betreut, in der eine sinnvolle Raumgliederung eine (...) vielseitige Struktur der einzelnen Wirtschaftsgebiete ermöglicht, in der Erhaltung einer gesunden Bodenständigkeit auch bei der Industriearbeiterschaft bedacht bleibt."[24]

Mit seiner programmatischen Kennzeichnung der sozialen Marktwirtschaft als einem Ordnungsmodell, das „die Ziele der Freiheit und der sozialen Gerechtigkeit zu einem praktischen Ausgleich"[25] bringt, fasste er zugleich wesentliche Motive der sozialethischen Tradition des sozialen Protestantismus griffig zusammen.

2. Das gesellschaftspolitische Leitbild der Ökumenischen Bewegung: Die „Verantwortliche Gesellschaft"

Eine deutliche Parallelität dieser sozialethischen Position lässt sich zur Entwicklung des Leitbildes der „Verantwortlichen Gesellschaft" in der Ökumenischen Bewegung feststellen.

a) *Reinhold Niebuhr* und *Joseph H. Oldham*

Das Leitbild der Ökumenischen Bewegung beruhte im wesentlichen auf den theologischen Vorarbeiten der beiden Theologen.
Reinhold Niebuhr (1892-1971) kam aus einer deutschen Einwandererfamilie. Nach einer Pfarrtätigkeit in Detroit, wo er mit den sozialen Folgen der Industrialisierung und Mechanisierung in den USA vertraut wurde, versah Niebuhr von 1928 bis 1960 eine Professur für praktisches Christentum am Union Theological Seminary in New York.[26] *Niebuhr*, der theologisch zunächst sowohl durch die „Social-Goespel-Bewegung" als auch durch den Kulturprotestantismus beeinflusst war, unterzog den Liberalismus wie den Marxismus einer differenzierten Kritik. Beide waren von einem optimistischen Menschenbild bestimmt, das die Macht der Sünde verkannt. *Niebuhr* sah sowohl in der liberalen Behauptung einer Harmonie von individuellem Interesse und Gemeinwohl als auch in der marxistischen Erwartung der Entwicklung einer friedlichen und sozialen Gesellschaft nach Abschaffung des Privateigentums eine naive Verkennung der menschlichen

---

[24] *Müller-Armack*, Das Jahrhundert ohne Gott, 198.
[25] *Ders.*, Mensch oder Arbeitstier, in: Der Mensch im Kollektiv. Vorträge und Bericht der ersten Arbeitsgruppe des Essener Kirchentages 1950, Kirche im Volk, Heft 6, Velbert 1950, 10-19, Zitat 16.
[26] Vgl. zur Person BBKL, Bd. 6, 723-730 (dort weitere Literatur).

Natur. Vor dem Hintergrund der theologischen Anthropologie, die des Menschen „Sinn für Gerechtigkeit" ebenso wie seine „Neigung zur Ungerechtigkeit"[27] bedacht, forderte er in erster Linie wirksame Kontrollen wirtschaftlicher Macht, die auf konzentriertem Eigentum beruhte. Er problematisierte solche Eigentumsrechte da sie „sowohl in ihrer individuellen als auch in ihrer sozialen Form als ein Instrument von Sonderinteressen zum Nachteil der Allgemeinheit gebraucht werden"[28] können. Dementsprechend waren die privatwirtschaftlichen Machtzentren unter gesellschaftliche Kontrolle zu bringen, ohne einen Staat zu schaffen, der die Freiheit seiner Bürger durch umfassende Reglementierungen bedrohte. Andererseits war ebenso darauf zu achten, daß die Macht wirtschaftlicher Kontrollorgane ihrerseits demokratisch zu kontrollieren war.

In eine ähnliche Richtung zielte das sozialethische Konzept, das *Joseph Houldsworth Oldham* (1874-1969), ein bedeutender britischer Vertreter der Ökumene, unter dem Begriff „Verantwortliche Gesellschaft" darlegte. Angesichts der sich in den Nachkriegsjahren immer deutlicher abzeichnenden Konfrontation zwischen Kapitalismus und Kommunismus war er darum bemüht, „Elemente der Wahrheit und des Guten zu erkennen, wo immer man sie finden kann, und Unrecht in jedem Lager zu entlarven und anzuprangern"[29]. Als Kriterien dieser Prüfung dienten ihm, ausgehend von der personalen Würde des Menschen als Ebenbild Gottes, die Gewährung individueller Freiheitsspielräume und die Sicherung sozialer Gerechtigkeit. Hinsichtlich der Gestaltung der wirtschaftlichen Ordnung äußerte er deutliche Sympathie für Versuche, einen mittleren Weg zwischen kapitalistischer Privatwirtschaft und totalitärer Planwirtschaft zu finden. Als positives Beispiel, nannte *Oldham* den

„von der derzeitigen britischen Regierung wie auch von Regierungen oder Parteien in verschiedenen Ländern Europas gemachten Versuch, eine neue Synthese zwischen Forderungen nach Freiheit und Gleichheit in der Form eines demokratischen Sozialismus auszuarbeiten."[30]

b) Der Ökumenische Rat

Mit der Vollversammlung von 1948 in Amsterdam kam die seit den Jahren 1937/38 vorbereitete Bildung des Ökumenischen Rates der Kirchen zu ihrem Ziel. Offizielle Vertreter von 147 protestantischen und orthodoxen Kirchen einigten sich auf eine gemeinsame Basis, Verfassung sowie Organisationsform und erklärten:

„Wir sind voneinander getrennt, nicht nur in Fragen der Lehre, der Ordnung und der Überlieferung, sondern auch durch unseren sündigen Stolz: Nationalstolz, Klassenstolz, Rassenstolz. Aber Christus hat uns zu Seinem Eigentum gemacht und in Ihm ist keine Zertrennung. Wo

---

[27] *Niebuhr*, Die Kinder des Lichts und die Kinder der Finsternis, 8.
[28] Ebenda, 73.
[29] *Joseph H. Oldham*, Eine verantwortliche Gesellschaft, in: Die Unordnung der Welt und Gottes Heilsplan, Bd. III: Die Kirche und die Auflösung der gesellschaftlichen Ordnung, Zürich 1948, 149-191, Zitat 172. *Oldham* forderte eine neue Integration der Gesellschaft von unten her, wobei er dem Mitbestimmungsrecht in den Betrieben eine wichtige Rolle beimaß", ebenda, 164.
[30] Ebenda, 178.

wir Ihn suchen, finden wir einander...deshalb haben wird diesen ökumenischen Rat der Kirchen gebildet. Wir haben den festen Willen, beieinander zu bleiben."[31]

Thematischer Schwerpunkt der Konferenz war die Frage nach dem Heilsplan Gottes angesichts der erfahrenen Unordnung der Menschen.[32] Im Wissen sowohl um die Zweideutigkeit des Menschen als auch um die Herrschaft Christi und die Hoffnung auf das Kommen seines Reiches rief die Konferenz die Kirchen dazu auf,

„die besonderen Formen der Unordnung zu überwinden, durch welche das bleibende Böse in den menschlichen Gemeinschaften noch verschlimmert wird, und Mittel und Wege zu suchen, wie sie behoben oder eingeschränkt werden können"[33]. Unter dieser Perspektive hätten sich die Kirchen beharrlich für relative Verbesserungen der Ordnungen dieser Welt einzusetzen. Als Maßstab zur Orientierung diente dabei das Konzept der „Verantwortlichen Gesellschaft".

Dieses Konzept meinte ausdrücklich nicht die Entwicklung eines christlichen Sozialmodells, sondern ein von den vorfindlichen gesellschaftlichen Ordnungen unabhängiges „Leitbild", das diesen im Sinn eines kritischen Korrektivs gegenüber zu stellen war.[34] Die Amsterdamer Konferenz definierte die „verantwortliche Gesellschaft" als

„eine solche, in der Freiheit die Freiheit von Menschen ist, die sich für Gerechtigkeit und öffentliche Ordnung verantwortlich wissen, und in der jene, die politische Autorität oder wirtschaftliche Macht besitzen, Gott und den Menschen, deren Wohlfahrt davon abhängt, für ihre Ausübung verantwortlich sind"[35]. Die personale Verantwortlichkeit des Menschen, der „niemals zum bloßen Mittel für politische oder wirtschaftliche Zwecke gemacht"[36] werden dürfe, wurde betont in den Mittelpunkt gestellt.

Hieraus leitete das Leitbild „Verantwortliche Gesellschaft" grundlegende Partizipationsrechte ab: Jedem einzelnen sei die Möglichkeit einzuräumen, „an der Gestaltung der Gesellschaft Anteil zu nehmen" und dabei die „Regierungen zu kon-

---

[31] „An die Christenheit der Welt". Die Botschaft der ersten Vollversammlung des Ökumenischen Rates der Kirchen, in: Amsterdamer Dokumente. Berichte und Reden auf der Weltkirchenkonferenz in Amsterdam 1948, hrsg. von *Focko Lüpsen*, Schwelm 1948, 9-13, Zitat 9; vgl. auch *Willhelm A. Visser't Hooft*, Die Entstehung des Ökumenischen Rates der Kirchen, in: *Ruth Rouse/Stephen Charles Neill*, Geschichte der Ökumenischen Bewegung 1517-1948, Teil 2, Göttingen 1958, 385-433, bes. 417f.

[32] Das Thema lautete „Die Unordnung der Menschen und Gottes Heilsplan". *Karl Barth* drehte in seinem Einleitungsreferat diese Reihenfolge in charakteristischer Weise um. Vgl. Barth, Die Unordnung der Welt und Gottes Heilsplan, in: Amsterdamer Dokumente, 140: „Darf ich ihre Aufmerksamkeit zunächst auf die Frage richten, ob wir dieses Thema nicht (...) von hinten nach vorn betrachten und behandeln müssen?"

[33] Die Kirche und die Auflösung der gesellschaftlichen Ordnung. Bericht der Sektion III, ebenda 45f.

[34] Vgl. ebenda, 55f. Als „Leitbild" erläutert insbesondere *Heinz-Dietrich Wendland*, Die Kirche in der modernen Gesellschaft, Hamburg 1956, 129ff. die „verantwortliche Gesellschaft". *Wendland* sah in ihr eine mögliche Basis für die Kooperation von Christen und Nicht-Christen, keinesfalls das Modell einer „christlichen Gesellschaft". Anders *Wolfgang Huber*, Kirche und Öffentlichkeit, Stuttgart 1973, 561, der durch die Betonung der Verantwortung vor Gott Nicht-Christen faktisch doch ausgeschlossen sieht.

[35] Die Kirche und die Auflösung der gesellschaftlichen Ordnung, 50.

[36] Ebenda.

trollieren, zu kritisieren und zu wechseln"[37]. Die „Verantwortliche Gesellschaft" zielte somit auf ein in seiner Grundstruktur demokratisch verfaßtes Ordnungsmodell.[38] Die Forderung nach demokratischen Strukturen bezog sich zwar in erster Linie auf den politischen Bereich, schloß aber prinzipiell alle gesellschaftlichen Subsysteme, auch das Wirtschaftsgeschehen, ein. In Anknüpfung an die Aussagen der Weltkirchenkonferenz von Oxford und die Überlegungen von *Niebuhr* wurde die wirtschaftliche Machtkonzentration als ein wesentlicher Hauptfaktor der sozialen Krisen aufgefasst. Diese Macht war durch „Gesetz und Tradition" in die Verantwortung der Allgemeinheit einzubeziehen und „soweit wie möglich auf die ganze Gemeinschaft zu verteilen"[39]. In dieser Perspektive gehörten auch die Gewerkschaften zu den Ordnungseinrichtungen, die „den Gefahren der Tyrannei (...) [und] der Anarchie"[40] entgegen wirkten. Ihre besondere Leistung wurde darin gesehen, neben der Sozialgesetzgebung und Ansätzen einer verantwortlichen Betriebsführung die Ausbeutung der Arbeitnehmer wesentlich korrigiert zu haben.[41] Die in der Ökumene seit Oxford umstrittene Frage der Sozialisierung der Produktionsmittel wurde in Amsterdam bewußt offen gelassen: „Das Eigentum muss deshalb den Erfordernissen der Gerechtigkeit gemäß erhalten, eingeschränkt oder verteilt werden."[42]

Die Sektion versuchte in einem weiteren Schritt die Relevanz des Leitbildes „Verantwortliche Gesellschaft" aufzuweisen, indem sie es dem Kommunismus und Kapitalismus kritisch gegenüberstellte. Nach einer entsprechenden Prüfung beider Systeme, die sowohl Gegensätze zwischen Christentum und Kommunismus als auch, allerdings weitaus weniger prägnant, Gegensätze zwischen Christentum und Kapitalismus herausstellte, kam man zu folgendem Ergebnis:

„Die christliche Kirche sollte die Ideologien beider verwerfen, des Kommunismus und des Laissez-faire-Kapitalismus, und danach trachten, die Menschen von der falschen Vorstellung zu befreien, diese beiden stellten die einzige Alternative dar. Beide haben Versprechungen gemacht, die sie nicht einlösen konnten. Die kommunistische Ideologie betont die wirtschaftliche Gerechtigkeit und verheißt, die Freiheit werde sich automatisch aus der Vollendung der Revolution ergeben. Der Kapitalismus betont die Freiheit und verheißt, die Gerechtigkeit werde sich ganz von selbst aus der freien Wirtschaft ergeben. Auch dies ist eine Ideologie, die sich als falsch erwiesen hat. Es gehört zu der Verantwortung der Christen, neue schöpferische Lösungen zu suchen, die es nicht zulassen, daß Gerechtigkeit und Freiheit sich gegenseitig zerstöre."[43]

---

[37] Die Kirche und die Auflösung der gesellschaftlichen Ordnung.
[38] Vgl. *Helmut Gollwitzer*, Bürger und Untertan, in: *Ders.*, Forderungen der Freiheit, München 1962, 96.
[39] Die Kirche und die Auflösung der gesellschaftlichen Ordnung, 50.
[40] Ebenda, 49.
[41] Vgl. ebenda, 53.
[42] Ebenda, 49; vgl. hierzu auch *Hans ten Doornkaat*, Die ökumenischen Arbeiten zur sozialen Frage, Zürich 1954, 184, der zeigt, daß in der ökumenischen Diskussion vor allem *Niebuhr* und *Constantin Patijn* (niederländischer Ökonom und sozialdemokratischer Minister) eine eher kritische Haltung gegenüber dem Privateigentum einnahmen, während der Schweizer Theologe *Emil Brunner* (1889-1966) und *Oldham* zu einer positiveren Wertung kamen.
[43] Die Kirche und die Auflösung der gesellschaftlichen Ordnung 53; vgl. auch *ten Doornkaat*, Arbeiten zur sozialen Frage, 181; *Paul Abbrecht*, From Oxford to Vancouver: Lessons from Fifty Years of Ecumenical Work for Economic and social Justice, in: The Ecumenical Review Jg. 40 (1988), 147-168, bes. 152.

Eine sich auf das Leitbild der „verantwortlichen Gesellschaft" beziehende Sozialethik war somit vor die Aufgabe gestellt, Konzeptionen eines mittleren Weges zwischen kommunistischer Planwirtschaft und freiem Kapitalismus zu prüfen. Allein in diesem Rahmen waren die für Christen möglichen wirtschaftspolitischen Optionen, wie es das deutsche Modell der sozialen Marktwirtschaft in der Nachkriegszeit versucht hat, aufzuweisen.

II. Zwischen Neuaufbruch und Restauration – Die Diakonie nach 1945

1. Das diakonische Handeln der Kirche im Spannungsfeld von ‚Kirchlichem Hilfswerk' und ‚Innerer Mission'

Die Diskussion sozialethischer und ordnungspolitischer Entwürfe wurde allerdings kaum in einer breiteren kirchlichen Öffentlichkeit rezipiert, die unmittelbaren materiellen und psychischen Notlagen standen bis in die fünfziger Jahre weitaus stärker im Vordergrund. Sie wurden auf allen kirchlichen Ebenen immer wieder angesprochen, von einzelnen Vertretern der Kirche bis hin zum Rat der EKD, der sich beispielsweise im Frühjahr 1946 an den alliierten Kontrollrat mit der Eingabe „Die große Todesernte ist noch nicht zu Ende" wandte, um auf die wirtschaftliche Not der deutschen Bevölkerung aufmerksam zu machen und um Abhilfe zu bitten.[44]

Vor diesem historischen Hintergrund muß auch die Entstehung und Entwicklung des ‚Evangelischen Hilfswerks' betrachtet werden.[45] Noch im Krieg als ökumenisches Hilfswerk geplant, entwickelte es sich in den Jahren nach 1945, als es sich große Verdienste als Hilfsorganisation erwarb, zu einer großen und schlagkräftigen kirchlichen Einrichtung. Initiator der Idee eines „Selbsthilfwerkes" der Kirche war *Eugen Gerstenmaier* (1906-1986),[46] der die Idee u.a. mit *Theophil Wurm* und dessen „Kirchlichem Einigungswerk" abstimmte. Der Brunstäd-Schüler *Gerstenmaier* war während des Krieges Konsistorialrat im Kirchlichen Außenamt, seine ökumenischen Kontakte waren für die Gründung 1945 konstitutiv. *Gerstenmaier*, der Kontakte zum Kreisauer Kreis besaß und nach dem Attentat vom 20. Juli verhaftet wurde, ließ seine Idee im Mai 1945 nach seiner

---

[44] Vgl. „Die große Todesernte ist noch nicht zu Ende", in: *Günter Heidtmann* (Hrsg.), Hat die Kirche geschwiegen? Das öffentliche Wort der evangelischen Kirche in den Jahren 1945-1964, Berlin 1965, 21ff.

[45] Vgl. dazu *Johannes Michael Wischnath*, Kirche in Aktion. Das Evangelische Hilfswerk 1945-1947 und sein Verhältnis zu Kirche und Innerer Mission, Göttingen 1986; eine knappe Zusammenfassung seiner Forschungsergebnisse findet sich bei ders., Vom Evangelischen Hilfswerk zum Diakonischen Werk, in: *Ursula Röper/Carola Jüllig*, Die Macht der Nächstenliebe. Einhundertfünfzig Jahre Innere Mission und Diakonie 1848-1998, Berlin 1998, 250-257. Provokant und in seinen Thesen nützlich ist auch *Johannes Degen*, Diakonie und Restauration. Kritik am sozialen Protestantismus, Neuwied 1975, allerdings ist die Darstellung von zahlreichen sachlichen Fehlern und Verzeichnungen gekennzeichnet.

[46] Vgl. zu *Gerstenmaier* und dessen Vorstellungen auch *Jochen-Christoph Kaiser*, Eugen Gerstenmaier in Kirche und Gesellschaft nach 1945, in: *Huber* (Hrsg.), Protestanten in der Demokratie. Positionen und Profile im Nachkriegsdeutschland, München 1990, 69-92.

Haftentlassung wieder aufleben, wiederum mit Unterstützung durch Bischof *Wurm*.

Zwei Prinzipien bestimmten zunächst die Diskussion. Innerhalb der Ökumene wurde ein großangelegtes kirchliches Wiederaufbauprogramm vorbereitet, die Erneuerung der genuin kirchlichen Aufgaben wie Verkündigung und Seelsorge stand dabei im Mittelpunkt. *Gerstenmaier* dagegen wollte die Kirchen mobilisieren für ein allgemeines Hilfsprogramm zur Ermöglichung einer Selbsthilfe angesichts der materiellen Not.

Die Gründung, die schließlich auf der Kirchenführerkonferenz in Treysa im August 1945 als „Hilfswerk[es] der Evangelischen Kirche in Deutschland"[47] erfolgte, verband schließlich die beiden Aspekte der Arbeit. Es gab sowohl die „Allgemeine Nothilfe" (Notsorge, Geldgaben, Flüchtlingshilfe, Gefangenendienst) als auch den Bereich „Kirchlicher Wiederaufbau"[48]. Plastisch schildert der „Aufruf zur Selbsthilfe", mit dem das Hilfswerk an die Öffentlichkeit trat, die Lage, in der man Arbeit aufnahm:

„Der Hunger klopft an unsere Türen. Durch die Häuser, durch die Städte, vom Jammer verfolgt, schreitet das Unglück. Obdachlose, verlassene, verzweifelte Menschen rufen um Hilfe. Wir gedenken in dieser Stunde der Bahn, die Wichern und Löhe, Stoecker und Bodelschwingh dem Dienst unserer Kirche gebrochen haben und bekennen uns mit ihnen zu dem Glauben, der sich als Liebe der Welt zuwendet, um in ihr Christus zu dienen mit Herzen, Mund und Händen. Ohne Dach und ohne Brot, sich betten auf einen Stein, bei Winterskälte im dünnen Kleid, die bloßen Füße im Schnee – dies darf und soll nicht das Los von Millionen unserer Brüder und Schwestern werden."[49]

Im weiteren Text wurde dann, nachdem die Nennung wichtiger Personen des sozialen Protestantismus und der Diakoniegeschichte die Kontinuität der Arbeit herausgestellt hatte, sowohl die enge Verbindung zur Kirche betont wie auch der Gedanke der Selbsthilfe („Die Christenheit in Deutschland ist zur Selbsthilfe herausgefordert."). Mit der Gründung des Hilfswerkes als einer genuin kirchlichen Einrichtung – dies wurde vielfach verbunden mit einer expliziten Absage an den Vereinscharakter der Inneren Mission – ist zugleich ein wichtiger Schritt hin zu einer „Verkirchlichung" der Diakonie markiert.

Das Hilfswerk wurde durch eine Kombination von Selbsthilfemaßnahmen und Hilfen aus dem Ausland finanziert, wobei letztere die weitaus größte Bedeutung hatten, wenn auch die umfangreichen Spendensammlungen in dem Teil der Bevölkerung, der weniger durch die Kriegsfolgen betroffen war, ebenfalls ihre Bedeutung besaßen. Darüber hinaus wurde die Arbeit des Hilfswerkes von der Wiederaufbauhilfe des Ökumenischen Rates in Genf sowie von den evangelischen Kirchen in der Schweiz, in Schweden und in den USA durch vielfältige Finanz- und Sachspenden unterstützt. Eine große Organisation entstand, so beschäftigte das Hilfswerk zeitweilig 5.000 hauptamtliche sowie ca. 50.000 ehrenamtliche Mitarbeiter. Dabei nahm die Verteilung von Sachspenden – die CARE-Pakete, die vielfach über Einrichtungen des Hilfswerkes verteilt wurden, sind wohl am

---

[47] So in der Erklärung des EKD-Ratsvorsitzenden *Theophil Wurm* anläßlich der Konstituierung des Hilfswerks am 31. August 1945, vgl. *Herbert Krimm* (Hrsg.), Quellen zur Geschichte der Diakonie, Bd. III: Gegenwart, Stuttgart o.J, 191.
[48] Zusammenstellung bei *Wischnath*, Vom Evangelischen Hilfswerk zum Diakonischen Werk, 251, eine Darstellung bei: *ders.*, Kirche in Aktion, 68-71.
[49] Zitiert nach *Krimm*, Quellen III, 192-194, Zitat 193f.

bekanntesten – eine zentralen Stellenwert ein, wobei die Unterstützung der Flüchtlinge die wichtigste Zielgruppe war. Für die Kirchengemeinden waren die Hilfen für den „Kirchlichen Wiederaufbau" eine willkommene und notwendige Unterstützung. Neben den bekannten Beispielen der Notkirchen von *Otto Bartning* (1893-1959)[50] halfen die finanziellen und materiellen Unterstützungsleistungen (Bibeln, christl. Literatur oder auch Altarkerzen) den Gemeinden konkret, sie trugen zudem zur Etablierung eines ökumenischen Bewußtseins mit bei.

Ferner wirkte das Hilfswerk auch in den unmittelbar ökonomischen und ordnungspolitischen Bereich hinein. Es gelang über die unmittelbare Notfallhilfe hinaus – so die Selbstdarstellung des „Hilfswerkes" – in einer „lange[n] Serie von geschäftlichen Transaktionen (...) der deutschen Industrie namhafte Aufträge, der deutschen Arbeiterschaft Arbeit und dem deutschen Volk dringend benötigte Gebrauchsgüter"[51] zu verschaffen. Hinter diesem Zitat verbergen sich u.a. die Wirtschaftsbetriebe des Hilfswerks, die sich u.a. der Veredelung von Rohstoffen, die gespendet wurden, annahmen. Hier verbanden sich Ideen einer Arbeitsbeschaffung (besonders für Flüchtlinge und Jugendliche) mit dem Versuch, die Einnahmen zu steigern.[52] Dieses Konzept stieß schon früh auf Kritik, sowohl innerhalb des Hilfswerkes wie auch besonders innerhalb der EKD, schließlich wurden die entsprechenden Aktivitäten deutlich reduziert. Auch wenn das Ausmaß dieser ökonomischen Transaktionen nicht überschätzt werden darf, verfolgte das Hilfswerk durchaus ökonomische und wirtschaftspolitische Interessen. Dies gilt besonders für *Eugen Gerstenmaier*, dem diese gesellschaftspolitische Ausrichtung am Herzen lag. *Gerstenmaier*, der 1951 als Leiter des Hilfswerkes ausschied und sich verstärkt auf seine parteipolitische Aufgabe als CDU-Bundestagsabgeordneter (seit 1949) konzentrierte[53], unterstützte und förderte den Kurs des Hilfswerks als einer gesellschaftlichen Kraft, die eine politische Aufgabe zu erfüllen hatte, gleichzeitig aber als „kirchlich" zu interpretieren sei.[54]

2. *Eugen Gerstenmaiers* Überlegungen über das diakonische Amt der Kirche

Gerstenmaier und die anderen Unterstützer des Hilfswerkes hatten nicht allein organisatorische Fragen im Blick, dahinter standen ebenso theologische, ekklesiologische und politische Erwägungen. Konkretisiert hat *Gerstenmaier* diese Vorstellungen auch mit verschiedenen Begriffen, die seine Zielsetzung auf den Punkt bringen sollten. Gegen die Innere Mission als einer neben der Kirche bestehenden freien Organisation, setzte er die Kirchlichkeit eines Hilfswerkes, wel-

---

[50] Vgl. dazu *Martin Röttger*, Kirchbau im Ruhrgebiet nach 1945, in: *Brakelmann/Jähnichen/Friedrich* (Hrsg.), Kirche im Ruhrgebiet, Essen 1998², 384-403, bes. 387-389.
[51] Das kirchliche Hilfswerk, Jahrbuch 1945-1950, Stuttgart 1950, 21.
[52] Vgl. zu den Wirtschaftsbetrieben *Wischnath*, Kirche in Aktion, passim; *Degen*, Diakonie und Restauration, 63-67.
[53] 1954 wurde *Gerstenmaier* als Nachfolger des früh verstorbenen *Hermann Ehlers* Präsident des Deutschen Bundestages.
[54] Vgl. dazu die knappe Skizze bei *Kaiser*, Gerstenmaier, 84-87.

ches den sozialen Auftrag, den die Kirche per se in sich trage.[55] Als Ausdruck dieses Auftrages wollte er ein eigenes „diakonisches Amt der Kirche" schaffen:

„Das diakonische Amt der Kirche wird in Zukunft noch mehr als bis jetzt von Laien getragen werden. Es wird den gleichen Rang und Wert beanspruchen dürfen kraft seiner göttlichen Stiftung wie das Amt der Lehre und Verkündigung, und es wird in der Kirche des allgemeinen Priestertums im Ernst und in Wirklichkeit kein Wertunterschied und kein faktischer Unterschied gesetzt werden dürfen in diesem Dienst zwischen Theologen und Nicht-Theologen, Pfarrern und anderen Trägern dieses Werkes."[56]

Gerstenmaier hat sein kirchenpolitisches Konzept mit der griffigen Formel „Wichern zwei" charakterisiert. Damit wollte er, im Anschluß an den zweiten Teil der Wichernschen Denkschrift von 1849, eine Neubelebung der alten Assoziationsvorstellung, des Gedankens der Selbsthilfe der Bedürftigen, erreichen. Damit verbunden war eine starke Tendenz der Politisierung der kirchlichen Arbeit, die verstanden wurde als notwendiges politisches oder sozialpolitisches Handeln angesichts der Notlage der Nachkriegsjahre. *Gerstenmaier* hat mit seinen Gedanken, die freilich keinen spürbaren Widerhall gefunden haben und in ihrer Konsequenz als gescheitert gelten können, eine Tradition innerhalb des sozialen Protestantismus in ihrer Bedeutsamkeit gewürdigt, die unter den Prämissen der „Erfolgsgeschichte" der Inneren Mission als einer Geschichte der Anstalten und Verbände vielfach an den Rand gedrängt erscheint: Die durch *Wichern*, *Adolf Stoecker*,[57] *Friedrich von Bodelschwingh* und viele andere christliche Sozialreformern in sehr unterschiedlichen Nuancen hervorgehobene Forderung nach einer „gesellschaftlichen Diakonie". Diese wurde von *Gerstenmaier* allerdings im sozialkonservativen, kirchlich-sozialen Sinne interpretiert. So sah *Gerstenmaier* z.B. die Arbeit des Hilfswerkes „nicht auf patriarchalische[r] Hinneigung, sondern auf bruderschaftliche[r] Solidarität gestellt"[58]. Allein schon diese Formulierung läßt Idealisierungen in der Konzeption erkennen. Seine Verankerung des Gedankens des Hilfswerkes als Verwirklichung der Idee des „Apriori der absichtslosen Liebe"[59] erwies sich als „Chimäre". Zurecht betont *Jochen-Christoph Kaiser* unter Berufung auf Überlegungen von *Johannes Degen*:

„Vielmehr bedeutet die behauptete intentionale Voraussetzungslosigkeit im Gegenteil Offenheit für unterschiedliche Funktionalisierungen im gesamtgesellschaftlichen Kontext. Wenn man diese Überlegungen weitertreibt und die Reflexionen Gerstenmaiers über die Massendemokratie, Bolschewismus und Nationalsozialismus auf der einen wie seine Ziele in Rich-

---

[55] Bei diesen Vorstellungen griff *Gerstenmaier* auf seine Habilitation aus dem Jahr 1938 zurück, die bei *Friedrich Brunstäd* entstanden war (Die Kirche und die Schöpfung. Eine theologische Besinnung zu dem Dienst der Kirche an der Welt, Berlin 1938), vgl. dazu ebenda 85.
[56] *Gerstenmaier* in einer Rede in Hermannsburg im Mai 1947, zitiert nach *Wischnath*, Kirche in Aktion, 132.
[57] Häufig bezog sich *Gerstenmaier* gerade auf *Wichern* und *Stoecker*, vgl. *Eugen Gerstenmaier*, Zehn Jahre Hilfswerk, in: *Ders.*, Reden und Aufsätze, Stuttgart 1956, 110-124, Zitat 120.
[58] Ebenda, 122; *Gerstenmaier* hob insbesondere den Gedanken der „Selbsthilfe" des deutschen Volkes neben der auswärtigen Hilfe hervor, vgl. *Gerstenmaier*, Hilfe für Deutschland, Stuttgart 1948, 15ff.
[59] Zitat aus einem Brief *Gerstenmaiers* an *Hans-Christoph von Hase* von 1947, *Krimm*, Quellen III, 241, vgl. dort auch: „Noch einmal: um des Menschen und seiner Not willen, nicht um des kommenden Reiches, ja nicht einmal um unserer Gerechtigkeit willen – was soll ich sagen: sollen, müssen, nein dürfen wir dienen."

tung eines eigenständigen diakonischen Amts der Kirche auf der anderen Seite miteinbezieht, wird deutlich, welch hoher Politisierungsgrad im Hinblick auf Kirche und Gesellschaft in dieser angeblich so richtungsneutralen Grundkonzeption enthalten war."[60]

Ausdrücklich stellte *Gerstenmaier* sich an die Seite der Protestanten, die in den fünfziger Jahren die Politik der Restauration und der Westintegration der CDU unter *Konrad Adenauer* unterstützten, eine Politik die vom bruderrätlichen Flügel des Protestantismus strikt abgelehnt wurde.

Letztlich konnte sich aber *Gerstenmaier* mit seinen Zielen nicht durchsetzen. Für die Menschen war das Hilfswerk primär eine wichtige Organisation der praktischen Hilfe, vielfach vor Ort eng verbunden mit den entsprechenden Organisationen der Inneren Mission. Die Trennung der beiden diakonischen evangelischen Werke war für Außenstehende schwer nachvollziehbar. 1957 schließlich, nach sehr schwierigen Verhandlungen, fusionierten beide Verbände („Innere Mission und Hilfswerk der Evangelischen Kirche in Deutschland"). Doch es dauerte noch fast zwanzig Jahre, bis das Hilfswerk offiziell aufgelöst wurde. Seitdem besteht das Diakonische Werk der EKD (so der Titel bereits seit 1975) als ein eingetragener Verein, dessen Mitglieder u.a. die Frei- und Landeskirchen sowie die EKD sind. Diese Rechtsform verdeutlicht ebenfalls, daß sich das Ziel einer Verkirchlichung letztlich nicht hat vollständig durchsetzen können[61], wenn auch die Verbindungen heute eng sind.

III. Die institutionelle und die programmatische Profilierung des sozialen Protestantismus in der frühen Bundesrepublik

1. Die „Verkirchlichung" des sozialen Protestantismus der Nachkriegszeit

In ähnlicher Weise wie im Bereich des diakonischen Handelns kam es nach 1945 auch im Rahmen der Neuformierung des sozialen Protestantismus zu einer Verkirchlichung der unterschiedlichen Arbeitsfelder. Waren in der Vergangenheit freie Vereine und Verbände mit ihren unterschiedlichen sozialethischen Ausprägungen die entscheidenden Träger des sozialen Protestantismus, so bemühte sich die evangelische Kirche nach 1945 um eine weitgehende Ausschaltung des Vereinswesens. Man begründete diesen Schritt theologisch damit, daß das Vereinswesen, das die Gefahr einer Fraktionsbildung in sich berge, „dem Wesen der durch den Kirchenkampf hindurchgegangenen Kirche widerspreche"[62]. Vor dem Hintergrund der unterschiedlichen, sich häufig bekämpfenden Flügel des sozialen Protestantismus zwischen 1896 und 1933 sowie angesichts der inneren Zerrissenheit in der Zeit des Kirchenkampfes strebt die EKD eine weitgehende Einheitlichkeit der kirchlichen Strukturen an.

---

[60] *Kaiser*, Gerstenmaier, 87.
[61] Vgl. dazu auch *Kaiser*, Innere Mission und Diakonie, in: Die Macht der Nächstenliebe, 41.
[62] So referiert *Carl Gunther Schweitzer*, Art. „Arbeiterbewegung, evangelische", in: ESL, 1.Aufl., Sp.36; vgl. auch das Schreiben von OKR *Merzyn* an Johannes Herz ESK vom 27.02.1947, in: EZA Berlin, Bestand 2/350.

Trotz verschiedener Initiativen zur Wiederbelebung des ESK und zur Reorganisation religiös-sozialistischer Gruppen scheiterten die Bemühungen um eine Fortführung der Traditionen des sozialen Protestantismus. Allein den evangelischen Arbeitervereinen, die bewußt an die Stoeckerschen Traditionen anknüpften, gelang eine Wiederaufnahme ihrer Arbeit. Ihnen erwuchs allerdings im Arbeiterwerk des evangelischen Männerdienstes eine innerkirchliche Konkurrenz, die das Vereinsprinzip und den vorherrschenden konservativ-kleinbürgerlichen Charakter der Arbeitervereine scharf kritisierte. Dennoch kam es unter mancherlei Hindernissen zu einer Neugründung. Anläßlich der Feierlichkeiten des siebzigjährigen Bestehens des Ortsvereins Gelsenkirchen-Schalke im Jahr 1952, für die *Gerstenmaier* als Hauptredner gewonnen wurde, konstituierten sich die Arbeitervereine als Evangelischen Arbeiterbewegung Deutschlands (EAB). Deren Programmatik blieb in den vorgezeichneten kirchlich-sozialen Bahnen und zeichnete sich durch eine betont kritische Haltung gegenüber der Sozialdemokratie und der Einheitsgewerkschaft aus. Enge Kontakte bestanden zur KAB und den Sozialausschüssen der CDU.[63]

Demgegenüber entfaltete die verfaßte Kirche in einem bis dahin nicht gekannten Umfang eine kirchliche Industrie- und Sozialarbeit. Als wesentliches Motiv sind hier die Erfahrungen der NS-Zeit zu nennen, die der Kirche, wie bereits in Barmen II ausgedrückt, ihre Mitverantwortung für alle Lebensbereiche hat deutlich werden lassen. Für den Neuansatz des sozialen Engagements der Kirche bestand zunächst kein klar umrissenes Konzept. Pragmatisch und entsprechend vielgestaltig setzten die Verantwortlichen in den einzelnen Landeskirchen je nach eigenem Charisma und institutionellen Möglichkeiten die Arbeitsschwerpunkte. Diese reichten von der Männerarbeit und der Eingliederung der Industrie- und Sozialarbeit in das Akademiewesen über die Wieder- oder Neu-Errichtung von Sozialpfarrämtern sowie die Einstellung von Sozialsekretären bis hin zu einer stärker wissenschaftlich-publizistischen Arbeitsweise.[64]

Die Männerarbeit war in erster Linie der Versuch, unter vorrangig missionarischen Gesichtspunkten spezielle Veranstaltungen für Männer vor allem auf Gemeinde- und Kirchenkreisebene anzusiedeln. Von Beginn an waren auch sozialethische Zielsetzungen für diesen Arbeitszweig kennzeichnend. Gemäß der Echzeller Richtlinien der Männerarbeit vom 03. Mai 1946 wurde ein Ausschuß für wirtschaftspolitische Fragen und später eine Zentralstelle für sozialwissenschaftliche Arbeit der Männerarbeit der EKD eingerichtet. Um die Männerarbeit den berufsspezifischen Problemen entsprechend differenzieren zu können, entstand neben der Handwerksarbeit das Evangelische Arbeiterwerk, das sich später auf EKD-Ebene als „Evangelische Arbeitnehmerschaft" (EAN) konstituierte.[65]

Die Arbeit der Industrie- und Sozialpfarrämter sowie der ihnen vielfach zugeordneten Sozialsekretäre konnte sich an den Erfahrungen aus der Weimarer Zeit

---

[63] Vgl. *Schweitzer*, Arbeiterbewegung, 36.
[64] Vgl. *Günter Schultz*, Sozial- und Männerpfarrer, in: *Yorick Spiegel* (Hrsg.), Pfarrer ohne Ortsgemeinde, München 1970, 175-187, bes. 175; *Reinhard Veller*, Theologie der Industrie- und Sozialarbeit, Köln 1974, 17f.
[65] Vgl. das Schreiben der Zentralstelle für sozialwissenschaftliche Arbeit der Männerarbeit der EKD an die Beauftragten der Männerarbeit vom 09.08.1947, in: EZA Berlin, Bestand 2/350; vgl. auch *Heinrich Vokkert*, Entwicklung und Wandlung der Industrie- und Sozialpfarrämter, Münster 1973, 32ff.

orientieren. Auch hier setzten einzelne, zumeist von der Bekennenden Kirche geprägte Pfarrer neue Schwerpunkte. Neben dem Ziel der stärkeren Integration von Arbeitswelt und Gemeindeleben ist vor allem das von der Gossner-Mission in Mainz entwickelte Modell wegweisend geworden. Der dortige Leiter *Horst Symanowski* und seine Praktikanten – Pfarrer und Vikare, die sich an dem Vorbild der französischen Arbeiterpriester orientierten – nahmen ein befristetes Arbeitsverhältnis an, um die Prägekraft des Betriebes existentiell zu erleben und versuchten, diese Erfahrungen im Zusammenhang theologischer und sozialethischer Überlegungen auszuwerten.

Die Kirche müsse versuchen, so Symanowski, „am Leben des unter dieses Gesetz [der Schichtarbeit] geratenen Menschen teilzunehmen. Dieser Versuch beginnt mit dem Hineingehen in diese neue Welt, mit dem Da-sein, mit der Gegenwart." Als Ziel kirchlicher Präsenz beschrieb Symanowski das „Zeugnis von der versöhnenden Tat Gottes (...). Es führt nämlich zu einer Veränderung zwischen Menschen, zwischen Arbeitskollegen am Arbeitsplatz, zwischen ihnen und dem Meister, zwischen Arbeitgeber und Arbeitnehmern (...). In dieser Veränderung der Beziehungen zwischen Menschen, im Zueinanderfinden von Menschen ereignet sich Kirche."[66]

Ebenfalls an Erfahrungen aus der Weimarer Republik knüpften vielfach die landeskirchlichen Sozialausschüsse an. Darüber hinausgehend richteten die rheinische und die westfälische Landeskirche ein Amt für Sozialethik und Sozialpolitik bzw. ein Sozialamt ein. Ein wesentlicher Schwerpunkt dieser Ämter waren die im Dialog von Theologen sowie Sozial- und Wirtschaftswissenschaftlern erarbeiteten Studien zu sozialethischen Fragen, die in der Schriftenreihe „Kirche im Volk" publiziert wurden. Daneben beriet man die Kirchenleitungen, führte Tagungen und Gespräche mit den Tarifparteien durch und bot sozialethische Kurse an.[67]

Einen neuen Weg sozialkirchlicher Arbeit schlug *Eberhard Müller* (1906-1989) im Rahmen der von ihm wesentlich geprägten Arbeit der evangelischen Akademien ein. In der Akademie Bad Boll, verstanden als Ort des „Gespräch[es] zwischen Kirche und Welt"[68], wurden von der Industrieabteilung spezielle Tagungen zu sozial- und wirtschaftspolitischen Fragen angeboten. Seit 1947 bildeten gruppenbezogene Tagungen jeweils mit Arbeitnehmern und Unternehmern, vor allem aber die sog. „Querschnittstagungen", welche die unterschiedlichen Hierarchieebenen eines Betriebes zu sog. Partnerschaftsgesprächen zusammenführten, einen wesentlichen Schwerpunkt der Akademiearbeit.

---

[66] *Horst Symanowski*, Der kirchenfremde Mensch in der Welt der industriellen Arbeit, in: *Klaus von Bismarck* (Hrsg.), Die Kirche und die Welt der industriellen Arbeit. Reden und Entschließungen der Synode der EKD. Espelkamp 1955, Witten 1955, 57.
[67] Vgl. *Günter Börnke*, Artikel „Kirche, Sozialethischer Ausschuß der ev. Kirche im Rheinland", in: ESL, 1.Aufl., Sp. 592, *Karl Philipps*, Artikel „Kirche, Sozialamt der ev. Kirche von Westfalen", in: ESL, 1.Aufl., Sp. 592f.; vgl. auch: Der Christ und die Wirtschaft, hrsg. vom Amt für Sozialethik, KDA und Ökologie, Düsseldorf 1998.
[68] *Eberhard Müller*, Artikel „Akademien, Evangelische", in: ESL, 1.Aufl., Sp. 14. Zum Beginn der Akademiearbeit vgl. auch *ders.*, Der Auftrag der Evangelischen Akademien, wieder abgedruckt in: *Karl Kupisch* (Hrsg.), Quellen zur Geschichte des deutschen Protestantismus von 1945 bis zur Gegenwart, 1.Teil, Hamburg 1971, 112ff.

Die in diesem Rahmen entstehende „gemeinsame Diskussion (...) muß von dem Bemühen getragen sein, Ansatzpunkte und Antriebskräfte für eine gemeinsame Verantwortung zu finden."[69]

Zugleich ist Bad Boll die Leitungs- und Koordinierungsstelle der Industrie- und Sozialarbeit in Württemberg, später für den gesamten EKD-Bereich.[70] Eine ähnliche Zielsetzung wie die Arbeit in Bad Boll kennzeichnet die 1950 begonnene „Gemeinsame Sozialarbeit der Konfessionen" im rheinisch-westfälischen Bergbau.[71] Ausgehend von der These, „daß in unseren Betrieben ein Nachholbedarf an Menschlichkeit"[72] bestand, strebte man die Verwirklichung einer Mitarbeitergemeinschaft im Betrieb an. Die Tagungsarbeit der „Gemeinsamen Sozialarbeit" bis in die Gegenwart zeigt, wie weitgehend sich katholische Soziallehre und evangelische Sozialethik gerade in dieser Frage angenähert haben, so daß eine fruchtbare Zusammenarbeit ohne nennenswerte Abgrenzungen möglich ist.

In Ergänzung zu diesen auf Gemeinde-, Kirchenkreis- und Landeskirchenebene angesiedelten Arbeitsformen wurden nach 1949 entsprechende Einrichtungen auch auf der EKD-Ebene geschaffen. Als zentrale Sozialbildungsstätte gründeten das Hilfswerk der EKD, die Innere Mission und die Männerarbeit 1949 die evangelische Sozialakademie in Friedewald. Diese wurde bewußt in die kirchlich-soziale Tradition der Evangelisch-sozialen Schule Spandau gestellt, was auch in der personellen Besetzung zum Ausdruck kam.[73] Hier verstand man die eigene Arbeit in den fünfziger Jahren wesentlich in einer antimarxistischen Frontstellung. Es wurde angestrebt, die geistigen „Grundlage[n] für eine Neuorientierung der Arbeiter"[74] zu erarbeiten, um den Einfluß der marxistischen Strömungen zu bekämpfen. Im Sinn dieser Zielsetzung entwickelte man das – in der Praxis allerdings wenig erfolgreiche – Konzept der „Christlichen Betriebskerne", die als Sammlungsort evangelischer Christen im Betrieb vor allem in Konkurrenz zu dem kommunistischen Betriebszellensystem aufgebaut werden sollten.[75] Die Sozialakademie in Friedewald setzte somit in den fünfziger Jahren vor allem die Tradition des sozialkonservativen Protestantismus mit der traditionellen antimarxistischen, z.T. auch antisozialistischen Einstellung fort.

Eine neue Form kirchlicher Präsenz in der Öffentlichkeit bedeutete die Konstituierung des Deutschen Evangelischen Kirchentages, der sich das Ziel setzte,

---

[69] Eberhard *Müller*, Grundregeln der Akademiearbeit, in: *Ders.* Bekehrung der Strukturen. Konflikte und ihre Bewältigung in den Bereichen der Gesellschaft, Zürich 1973, 227-232.

[70] Vgl. *Ders.*, Bekehrung der Strukturen, 41-51; vgl. auch *Veller*, Theologie der Industrie- und Sozialarbeit, 62ff.

[71] Vgl. dazu *Gilbert Corman/Werner Lottmann* (Hrsg.), Laßt sie Menschen bleiben im Betrieb. Neue Wege der Gemeinsamen Sozialarbeit der Konfessionen, Stuttgart 1960; „Den Wandel gestalten." 50 Jahre Gemeinsame Sozialarbeit der Konfessionen, Essen 2000.

[72] So der entsprechende Rückblick von *Gilbert Cormann*, Die gemeinsame Sozialarbeit der Konfessionen, in: *Joachim Beckmann/Gerhard Weisser* (Hrsg.), Christliche Gemeinde und Gesellschaftswandel, Stuttgart 1960, 317-324, Zitat 320.

[73] Vgl. *Schweitzer*, Artikel „Sozialakademie, Evangelisch" in: ESL, 1. Aufl., Sp. 914f. *Schweitzer* als erster Leiter arbeitete vor 1933 in der Apologetischen Centrale und stand der Evangelisch-Sozialen Schule Spandau nahe. Noch stärker wird bei dem Mitinitiator der Sozialakademie *Gerstenmaier* diese Tradition deutlich.

[74] Jahrbuch. Das kirchliche Hilfswerk 1945-1950, 114f.

[75] Vgl. *Carl Gunther Schweitzer*, Artikel „Betriebskern", in: ESL, 1. Aufl., Sp. 168; vgl. auch *Ernst zur Nieden*, Artikel „Arbeiterwerk", in: ESL, 1. Aufl., Sp. 45.

„der Zurüstung der evangelischen Laien für ihren Dienst in der Welt und in der christlichen Gemeinde [zu] dienen sowie die Gemeinschaft (...) mit den Laien der im Weltrat der Kirchen zusammengeschlossenen Kirchen [zu] fördern"[76].

Die eigentliche Arbeit der aus der Tradition der Evangelischen Wochen während der NS-Zeit hervorgegangenen Kirchentage geschah in den einzelnen Arbeitsgruppen. Diese stellten sich, ausgehend von der Zweiten These der Barmer Theologischen Erklärung, die Aufgabe, „zu wichtigen Fragen der Zeit auf den Gebieten des kirchlichen, politischen, sozialen und kulturellen Lebens aus christlicher Verantwortung Stellung zu nehmen"[77]. Für den sozialen Protestantismus gewann die Arbeitsgruppe I „Wirtschaft und Soziales" – zwischen 1951 und dem Beginn der sechziger Jahre Arbeitsgruppe IV, danach wurde das System fester Arbeitsgruppen aufgegeben – unter Leitung des Verantwortlichen des rheinischen Amtes für Sozialethik, *Friedrich Karrenberg*, besondere Bedeutung. Die von fachkundigen Laien unterschiedlicher politischer Orientierungen wesentlich geprägte Arbeitsweise erinnerte an die Tagungen des ESK, ohne daß an diese Tradition bewußt angeknüpft wurde.

Zur Beratung der kirchenleitenden Organe richtete die erste EKD-Synode von 1949 in Bethel auf der Rechtsbasis des Artikels 22 der Grundordnung der EKD von 1948, der „für bestimmte Sachgebiete die Bildung kirchlicher Kammern aus sachverständigen, kirchlichen Persönlichkeiten"[78] vorsah, die „Kammer für soziale Ordnung" ein. Hinsichtlich der Besetzung der Kammer versuchte man weitgehend einen innerkirchlichen Proporz herzustellen. Am 14. Juli 1949 traf sich die Sozialkammer unter Leitung ihres Vorsitzenden Präses *Reinhard Mager* aus Dresden zu ihrer ersten Sitzung in der Sozialakademie Friedewald.[79] Hauptaufgabe der Sozialkammer war die Vorbereitung kirchenoffizieller Stellungnahmen. Waren dies in den fünfziger Jahren zumeist kurze „Erklärungen" und „Worte" zu aktuellen gesellschaftspolitischen Fragen gewesen, publizierte die EKD seit 1962 sog. „Denkschriften". Damit hatte sich die evangelische Kirche ein qualitativ neues Instrument geschaffen, ihren Öffentlichkeitsauftrag wahrzunehmen. Im Unterschied zum eher pastoralen Stil der „Worte" und „Erklärungen" spielte bei den Denkschriften das Bemühen um eine Verknüpfung theologisch-ethischer Kriterien mit den Ansprüchen des Sachgemäßen eine entscheidende Rolle. Der Stil der Denkschriften war und ist argumentierend, am Ende eines langen und häufig kontroversen Diskussionsprozesses steht ein begründeter Konsens, der angesichts gesellschaftspolitischer Auseinandersetzungen als „stellvertretender Konsens"[80] in die Öffentlichkeit eingebracht wird.

---

[76] Kirchentag – Der Konstituierungsbeschluß, in: *Kupisch* (Hrsg.), Quellen zur Geschichte des deutschen Protestantismus von 1945 bis zur Gegenwart, 1. Teil, Hamburg 1971, 102.
[77] § 44 der Ordnung des Deutschen Evangelischen Kirchentages, in: ebenda 109. Zu den Kirchentage vgl. allgemein *Harald Schröter* Kirchentag als vorläufige Kirche. Der Kirchentag als eine besondere Gestalt des Christseins zwischen Kirche und Welt, Stuttgart 1993.
[78] *Hansjürg Ranke*, Artikel „Beratende Kammern", in: ESL, 1. Aufl., Sp. 591.
[79] Vgl. den Bericht über die erste Sitzung der Sozialkammer zum Thema „Eigentum", in: EZA Berlin, Bestand 2/043.
[80] Vgl. *Tilmann Winkler*, Kirche und Expertentum – Die Denkschriftenarbeit der Kammern und Kommissionen der EKD, in: Die Mitarbeit Jg. 33 (1984), 189-198, Zitat 194, der sich hier auf Äußerungen *Eberhard Müllers* bezog.

2. Sozialethische Reformimpulse im Geist sozialer Partnerschaft – Zur Ausgestaltung der Ordnungskonzeption der „Sozialen Marktwirtschaft"

Die Ordnungskonzeption der sozialen Marktwirtschaft, wie sie in verschiedenen kirchlichen Stellungnahmen der unmittelbaren Nachkriegszeit anvisiert worden war, blieb im sozialen Protestantismus der fünfziger und frühen sechziger Jahre weithin unbestritten. Ein Indiz hierfür sind die vielen kritischen Kommentare zum DGB-Wahlaufruf für die Bundestagswahl 1953 „Wählt einen besseren Bundestag". Neben der Kritik an der einseitigen parteipolitischen Ausrichtung des Aufrufs wurde vor allem – so auch in der Sitzung der Sozialkammer der EKD vom 09. Oktober 1953 – die einseitige wirtschaftspolitische Festlegung des DGB auf planwirtschaftliche Modelle bemängelt. Allerdings sprach sich die Sozialkammer – gegen verschiedenen Stimmen aus dem katholischen Lager und dem der evangelischen Arbeitervereine – für die Bewahrung der Einheitsgewerkschaft aus. Kennzeichnend für die breite Zustimmung zur sozialen Marktwirtschaft war nicht zuletzt die Anlage des in der ersten Auflage 1954 im Auftrag des evangelischen Kirchentages herausgegebenen Evangelischen Soziallexikons, das sich als Überblick über den Stand der evangelischen Sozialethik verstand. Anreger und Koordinator des Projektes war *Friedrich Karrenberg* (1904-1966), ein mittelständischer Unternehmer, der als Mitglied der Kirchenleitung der rheinischen Kirche den Vorsitz verschiedener sozialethischer Ausschüsse und Arbeitsgruppen im Rheinland und auf EKD-Ebene innehatte.[81] Das Lexikon war ein Gemeinschaftswerk eines Kreises von ca. 160 Fachleuten aus dem Raum der evangelischen Kirche, an dem auch einzelne der Sozialdemokratie nahestehende Wissenschaftler mitgearbeitet hatten.[82]

Es bot ausdrücklich keine „zusammenfassende Lehre der evangelischen Kirche zu den sozialen Fragen", sondern versuchte, sachliche Informationen zu vermitteln und nach Möglichkeit den „evangelischen Standpunkt zu den verschiedenen Fragen des sozialen Lebens deutlich zu machen"[83].

Die zentralen wirtschafts- und sozialpolitischen Entscheidungen der Nachkriegszeit – die Einführung der sozialen Marktwirtschaft, das Sozialversicherungswesen und die Mitbestimmungsregelungen – wurden zustimmend kommentiert, wobei das besondere Gewicht jeweils auf die sittliche Verantwortung des einzelnen gelegt wird.[84]

---

[81] Vgl. zu *Karrenberg* und seiner sozialethischen Bedeutung, *Jörg Hübner*, Nicht nur Markt und Wettbewerb. Friedrich Karrenbergs wirtschaftsethischer Beitrag zur Ausgestaltung der sozialen Marktwirtschaft, Bochum 1993.
[82] Zu nennen sind hier u.a. *Günther Dehn, Johannes Harder, Hans Joachim Iwand, Hans Lutz und Gerhard Weisser*, bis 1980 erschienen insgesamt sieben Auflagen des Soziallexikons; die achte Auflage wird im Winter 2000 erscheinen.
[83] *Karrenberg*, Vorwort, in: ESL, 1. Aufl. (ohne Seitennummerierung).
[84] Vgl. u.a. *Karrenberg*, Artikel „Neoliberalismus", Sp. 755f.., Artikel „Neosozialismus", Sp. 756-759, Artikel „Mitbestimmung. I. Katholische Kirche II. Evangelische Kirche" Sp. 728f.; *Ludwig Heyde*, Artikel „Sozialpolitik", Sp. 957-961; *Ernst Schuster*, Artikel „Marktwirtschaft", Sp. 659f; *Martin Donath*, Artikel „Mitbestimmung", Sp. 725-728, in: ESL, 1. Aufl.

a) *Helmut Thielicke*

Die Betonung der Personalität und individuellen Verantwortungsübernahme entsprach wesentlichen Intentionen des seinerzeit renommiertesten evangelischen Ethikers, *Helmut Thielicke*, der sich früher als andere evangelische Theologen nachdrücklich für Demokratie und soziale Marktwirtschaft eingesetzt hat. Geb. 1908 in Wuppertal-Barmen entwickelte *Thielicke* seine eigene Theologie in kritischer Auseinandersetzung sowohl mit *Karl Barth* als auch mit *Paul Althaus*. Seine Gegnerschaft zum NS-Regime unterbrach am Ende der dreißiger Jahre seine Universitätslaufbahn, der württembergische Landesbischof *Theophil Wurm* brachte ihn daraufhin in der Landeskirche unter. Als ein Vertreter *Wurms* nahm *Thielicke* auch an verschiedenen Sitzungen des Freiburger Kreises teil.[85] Nach dem Krieg setzte *Thielicke* seine Universitätskarriere fort, zunächst in Tübingen, dann von 1954 bis zur Emeritierung 1975 in Hamburg, wo er auch 1986 starb. *Thielickes* Einfluß in der Nachkriegszeit auf die Pfarrerschaft darf nicht unterschätzt werden. Durch sein relativ geschlossenes Werk (eine Ethik, eine Dogmatik, eine Anthropologie, eine Theologiegeschichte sowie eine schwer zu überschauende Anzahl weiterer größerer und kleinerer Schriften) und seine öffentliche Beredsamkeit vermochte er eine große Breitenwirkung zu entfalten.[86]

Thielickes theologischer Entwurf nahm seinen Ausgang bei der Wirklichkeit:

„Denn sie nötigt uns, die Frage der Ethik nicht nur mit der speziellen Frage zu identifizieren: ‚Was sollen wir tun?‘, sondern wir haben sie eingebettet zu sehen in die ungleich umfassendere Frage: ‚Wie haben wir die Wirklichkeit zu verstehen, innerhalb der wir zu handeln haben?‘ Oder anders: „Was bedeutet unser ‚In-der-Welt-sein‘ und gerade unser sein in der entbundenen Welt? Das neutestamentliche ‚In-der-Welt-aber-nicht-von-der-Welt‘-sein, das ensarki aber nicht kata-sarka-sein ist uns als dringliches Problem aufgegeben."[87]

Thielicke entwickelte seine Ethik auf der Grundlage der lutherischen Rechtfertigungslehre, wobei sein Wirklichkeitsverständnis zu einem ausgeprägten konkreten Denken führte. Er bediente sich dabei sog. Modellfälle, die die ethischen Entscheidungen möglichst klar dokumentieren sollten. Er nannte seine Ethik eine Ethik des Kompromisses. Diese meint primär: Der Mensch, auch der gerechtfertigte Mensch, muß sein ethisches Handeln in der Weltwirklichkeit auf der Maxime des Kompromisses aufbauen, der weder einem sittlichen Radikalismus huldigt – *Thielicke* dachte hier besonders an ein destruktives Handeln – noch einem schwächlichen Kompromissgeist huldigt.[88]

In seiner Ethik sowie in seinem weiteren Schrifttum wie auch seiner öffentlichen Wirksamkeit nahm die Wirtschaftsethik einen zentralen Platz ein. Ausgehend von der Orientierung an der „Würde des humanum"[89] erhob er die Wertung des Menschen als Person zum zentralen christlichen Anliegen in der Wirtschaft

---

[85] Vgl. dazu 5. Kapitel II. 2.
[86] Zur Person vgl. *Lutz Mohaupt*, Helmut Thielicke, in: *Hauschild*, Profile des Luthertums. Biographien zum 20. Jahrhundert, Gütersloh 1998, 701-720 (dort weitere Literatur), *Friedrich*, Helmut Thielicke, in: *Markus Vinzent* (Hrsg.), Lexikon christlicher Denker, Stuttgart (erscheint Herbst 2000).
[87] *Thielicke*, Theologische Ethik, Bd. 1: Prinzipienlehre, Tübingen ²1958 (1952), 8 (Nr. 9).
[88] Für ihn wäre dies eine „illegitime Prolongierung der Welt", vgl. *ders.*, Theologische Ethik, Bd. II/1: Mensch und Welt, Tübingen 1959, 201 (Nr. 685).
[89] Ebenda, 541 (Nr. 2019).

und sah hierin die „eigentliche und letzte Thematik"[90] der Mitbestimmungsfrage begründet. Engagiert beschrieb er die Gefahren einer Degradierung des Menschen zum bloßen Produktions- und Kostenfaktor und plädierte für die Sicherung der Subjektstellung des Menschen auch im Arbeitsprozess. Es ging um die Aufgabe, den Betrieb auch als soziales Gebilde zu verstehen und ihn „zur Heimat des Arbeiters zu machen und damit zum sozialen Frieden beizutragen"[91].

Thielicke unterstützte die Idee der sozialen Marktwirtschaft vorbehaltlos. Er setzte sich für Wettbewerbs- und Kartellregelungen ein, also für eine aktive Ordnungspolitik, er wollte eine möglichst gerechte Verteilung von Wohlstand und Eigentum, etwa durch Förderung der Partizipation der Arbeitnehmer am Produktivvermögen, er vertrat die Idee des Wohlfahrtsstaates, um gleichzeitig vor einem Ausufern der Sozialleistungen zu warnen. Ebenso wie seine politischen Stellungnahmen, z.B. zur Friedensfrage oder später zur Studentenbewegung, war die Position des konservativen Lutheraners *Thielicke* in der Wirtschaftsethik von dem Ost-West Gegensatz der Nachkriegszeit bestimmt. Bei aller Abwehr einer manchersterlichen Art des Kapitalismus ging es ihm um eine ethische Begründung des überlegenen Modells einer freien und sozialen, christlich geprägten Marktwirtschaft. Dies macht *Thielickes* personalistische Ethik problematisch, die Anschlußfähigkeit an gegenwärtige Problemlagen ist nicht durchgängig gegeben.[92]

b) *Heinz-Dietrich Wendland*: Partnerschaft als Leitbild für institutionelle Gestaltung

Ein Leitbild für die Gestaltung der Wirtschaftsbeziehungen war die Idee der Partnerschaft, welche in einer harmonisierenden Weise die gemeinsamen Aufgaben und die gemeinsame Verantwortung von Unternehmern und Arbeitnehmern in den Vordergrund stellte. Es galt, in Analogie zu sportlichen Wettkämpfen den „Teamgeist" der Arbeitenden durch Mitsprache und Mitverantwortung zu wecken, um eine optimale Güterversorgung der Bevölkerung zu ermöglichen.[93] Dabei wurde „soziale Partnerschaft" als Haltung verstanden, welche „die Verschiedenartigkeit des Menschen und seines Auftrages nicht leugnete, aber auf gegenseitigem Ernstnehmen und Verstehen beruht"[94]. Im Zuge einer stärkeren Rezeption soziologischer Erkenntnisse wurde die institutionelle Bedingtheit menschlichen

---

[90] *Thielicke*, Theologische Ethik.
[91] Kirche und Mitbestimmungsrecht. Im Auftrag des Sozialausschusses der evang. Kirche von Westfalen bearbeitet von *Heinrich Kraut*, Bielefeld 1949, 6; vgl. auch die Kritik von *Alfred Christmann/Otto Kunze*, Wirtschaftliche Mitbestimmung im Meinungsstreit, Bd. 1, Köln 1964, 241f.
[92] Vgl. auch *Silke Bremer*, Der wirtschaftsethische Ansatz in der Theologischen Ethik von Helmut Thielicke. Darstellung der Grundpositionen und vergleichende Gegenüberstellung ökonomischer Ordnungskonzeptionen unter besonderer Berücksichtigung von *Müller-Armack* und *Friedrich A. von Hayek*, Münster 1996. Diese wirtschaftswissenschaftliche Dissertation sieht *Thielicke* ökonomisch abhängig von *Müller-Armack*.
[93] Vgl. *Müller*, Recht und Gerechtigkeit in der Mitbestimmung, 33f, 82; vgl. auch *Otto Klein*, Mensch oder Arbeitstier, in: Kirche im Volk, Heft 6, Velbert 1950, 20-26, 24; vgl. auch *Christmann/Kunze*, Wirtschaftliche Mitbestimmung im Meinungsstreit, 237.
[94] Aktuelle Aufgaben für eine soziale Ordnung in der industriellen Welt, Anlage, in: *Klaus von Bismarck*, Die Kirche und die Welt der industriellen Arbeit (Die EKD-Synode 1955 in Espelkamp), Witten 1955, 74.

Handelns und damit die Begrenztheit des „moralischen Appell[s] an den Einzelnen"[95] herausgearbeitet. Partnerschaft zielte nicht allein auf das Verhalten der einzelnen, sondern schloß in dieser Perspektive die Ebene des Institutionellen ein. Entschieden stellte *Heinz-Dietrich Wendland* heraus, „daß institutionelle Ordnungen das Wachsen der Partnerschaft ermöglichen und fördern können"[96]. *Wendland* kann als Wiederbegründer der evangelischen Sozialethik im akademischen Bereich nach 1945 gelten. 1955 erhielt er einen Ruf an die Universität Münster auf den Lehrstuhl für christliche Gesellschaftswissenschaften. Seine Assistenten und Mitarbeiter am Institut für Christliche Gesellschaftswissenschaften – zu nennen sind u.a. *Trutz Rendtorff, Günter Brakelmann, Theodor Strohm, Karl-Wilhelm Dahm, Hermann Ringeling, Christian Walther* – waren die prägenden Sozialethiker der 1970er bis 1990er Jahre.

Er forderte, in besonderer Weise das „institutionell geordnete[s] Vorfeld"[97] der individuellen Entscheidungen sozialethisch zu reflektieren.

Dementsprechend besteht die Aufgabe der Christen darin, die „Institution (zu) verändern, d.h. (zu) vermenschlichen, im nie endenden Kampf mit der Objektivierung und Verdinglichung des Menschen (...). Die Weltlichkeit der Institutionen wird durch diesen Dienst der Liebe erhalten. Er schafft nicht eine ‚christliche Gesellschaft', bewahrt aber ihre Menschlichkeit. Die rationalen Formen der modernen Gesellschaft (...) werden nicht in ‚Gemeinde' oder ‚Gemeinschaft' umgeschaffen. Aber sie bleiben leer, wenn nicht Kräfte der Mitmenschlichkeit in sie einströmen, wenn nicht personale Verantwortung sie belebt und steuert und die kritische Frage nach der sozialen Gerechtigkeit sie kontrolliert."[98]

Aus diesen Überlegungen folgte eine Absage an patriarchalische und absolutistische Führungsmuster, da diese die Würde und Verantwortung des arbeitenden Menschen leugnen. Andererseits bedeutete das „absolute[n] Klassenbewußtsein[s]"[99] der Arbeiterschaft eine ebenso gefährliche Bedrohung des Leitbildes der Partnerschaft, da hier die grundsätzlich berechtigten Klasseninteressen der Orientierung am Gemeinwohl übergeordnet wurden. „Soziale Partnerschaft" meinte somit die Bereitschaft der Sozialparteien zu Verständigung und gemeinsamer Verantwortungsübernahme. Sozialethische Kritik an diesem Partnerschaftsgedanken äußerte in jener Zeit lediglich der religiös-sozialistisch geprägte theologische Außenseiter *Georg Wünsch*. Er gab zu bedenken, daß „zwischen den ‚Partnern' (...) ungelöst das Problem des Besitzes der Produktionsmittel"[100] steht.

c) Protestantische Positionen zur Mitbestimmung und zur Einkommensverteilung

Im Horizont des Partnerschaftsdenkens wurden im Raum des Protestantismus auch die wichtigsten gesellschaftspolitischen Streitfragen der fünfziger und frü-

---

[95] Anlage zur Synodalerklärung der EKD von 1955, „Hilfen zur richtigen Sicht der Menschen in der sich wandelnden industriellen Gesellschaft", in: *Bismarck*, Die Kirche und die Welt der industriellen Arbeit, 69.
[96] *Wendland*, Partnerschaft – christlich gesehen, in: *Ders.*, Botschaft an die soziale Welt, Hamburg 1959, 232.
[97] Ebenda.
[98] *Ders.*, Einführung in die Sozialethik, Berlin 1963, 31f.
[99] *Ders.*, Partnerschaft, 235.
[100] *Georg Wünsch*, Artikel "Arbeitsethos", in: RGG³, Tübingen 1957, Bd. 1, Sp. 562.

hen sechziger Jahre – das Ringen um eine gesetzliche Verankerung von Mitbestimmungsrechten der Arbeitnehmer sowie die Auseinandersetzungen um eine gleichmäßigere Einkommensverteilung – diskutiert. Die Regelung der Mitbestimmung als Schlüsselfrage der Nachkriegszeit stand bis Anfang der fünfziger Jahre im Zentrum der sozialethischen Diskussion der evangelischen Kirche. Entsprechende Stellungnahmen, so eine Ausarbeitung des Sozialausschusses der Evangelischen Kirche von Westfalen, waren von dem Bemühen bestimmt, die Tarifparteien angesichts heftiger Konflikte um die Einführung und Reichweite von Mitbestimmungsregelungen zu einer Annäherung ihrer Standpunkte zu bewegen. Bei den kirchlichen Stellungnahmen stand das Bemühen im Zentrum, beide Seiten

„auf ihre sittliche Verantwortung dem anderen Partner gegenüber, wie für das gesamte Volk, mit größtem Nachdruck"[101] hinzuweisen. Dieser Aufruf für eine partnerschaftliche Verständigung implizierte nach Auffassung der evangelischen Sozialethiker, daß eine „Zwangsregelung gegen den Einspruch der einen Seite" auszuschließen war, da andernfalls eine „Verhärtung (...) der Gegensätze"[102] unausweichlich sei.

Damit war die gewerkschaftliche Forderung der paritätischen Mitbestimmung faktisch ausgeschlossen. Neben dem Grund des Bemühens um eine partnerschaftliche Verständigung wurden verschiedentlich auch inhaltliche Argumente gegen die paritätische Mitbestimmung vorgebracht.

Vor allem *Karrenberg* und *Müller* sprachen deutliche Vorbehalte vor allem gegen eine paritätische Mitbestimmung der Arbeitnehmer in wirtschaftlichen Angelegenheiten aus. Man verglich ein Unternehmen mit einem Schiff, das mit zwei Kapitänen nur „schwer vorstellbar" sei und folgerte, daß niemand einem Unternehmer die

„besondere Bindung und Verantwortung (...) an seinen Betrieb (...) vor Gott und Menschen (...) abnehmen kann"[103].

Hier wurde die aus den Eigentumsverhältnissen resultierende personale Verantwortung der Unternehmer den Freiheits- und Partizipationsforderungen der Arbeitnehmer deutlich übergeordnet. Diese Position, die ein Letztentscheidungsrecht der Unternehmerseite sozialethisch legitimierte, war in der evangelischen Kirche weithin unumstritten. Wenn dennoch das Mitbestimmungsrecht grundsätzlich bejaht wurde, bezog man sich im wesentlichen auf die Bereiche des Personal- und Sozialwesens, um hier eine partnerschaftliche Zusammenarbeit von Unternehmern und Arbeitnehmern anzustreben.

---

[101] Kirche und Mitbestimmungsrecht. Im Auftrag des Sozialausschusses der evang. Kirche von Westfalen bearbeitet von *Heinrich Kraut*, Bielefeld 1949, 6.
[102] Ebenda, 29; vgl. auch *Müller*, Der Mensch im Kollektiv, in: Kirche im Volk, Heft 6, Velbert 1950, 27-38, Zitat 36.
[103] *Karrenberg*, Liberales und kollektivistisches Eigentumverständnis mit Einschluß der heutigen Parteiprogramme, in: Kirche im Volk, Heft 2, Essen 1947, 6-60, Zitat 53; vgl. auch *Hessing*, Mensch und Arbeit in evangelischer Sicht, in: Mensch und Arbeit, 1. Jg. (1949), 102; *Martin Donath*, Kritische Tage des Mitbestimmungsrecht, in: Junge Kirche, Jg. 12 (1951), 38-65, Zitat 63; *Müller*, Recht und Gerechtigkeit in der Mitbestimmung. Ein evangelischer Ratschlag, Stuttgart 1950, 68 sah bei einem zu weitgehenden Mitbestimmungsrecht die Gefahr einer „‚kalten' Sozialisierung" gegeben.

Spätestens seit der Mitbestimmungserklärung des Katholikentages von 1949 setzten sich auch in der evangelischen Kirche die Stimmen durch, die eine kirchenoffizielle Stellungnahme des Rates der EKD forderten. Wichtige Vorarbeiten für eine Ratserklärung leisteten die Sitzung der EKD-Sozialkammer vom 01. August 1950 sowie die Aussprachen des Essener Kirchentages von 1950. Den einführenden Vortrag zum Thema während der Sozialkammersitzung hielt *Karrenberg*. Er rekapitulierte die sozialethischen Zielsetzungen der Kirche – die Sicherung des sozialen Friedens, die Weckung gegenseitigen Verständnisses der Tarifparteien im Sinn des Partnerschaftsgedankens und die „Überwindung des reinen Lohnarbeitsverhältnisses"[104] – und erarbeitete auf dieser Basis eine sozialethische Würdigung der umstrittenen Gesichtspunkte. Unbestritten war nach *Karrenberg* ein paritätisches Mitbestimmungsrecht der Arbeitnehmer in sozialen Fragen. Auch bei personellen Angelegenheiten wie Einstellungen und Entlassungen konnte die Kirche „zur paritätischen Regelung ermuntern"[105].

Hier ging es darum, dem personalen Faktor „Arbeit" die ihm zustehenden Rechte der Beteiligung und Mitverantwortung im unmittelbaren Arbeitsbereich einzuräumen. Strittig war hingegen die Forderung eines paritätischen wirtschaftlichen Mitbestimmungsrechtes, konkret die Frage nach der Besetzung des Aufsichtsrates. Der gewerkschaftlichen Zielsetzung einer Parität stand *Karrenberg* kritisch gegenüber. Er sah dabei die Gefahr einer Überschätzung des Institutionellen und warnte vor einer voreiligen Entscheidung, die sich als Fehlschlag erweisen konnte. Deutliche Sympathien brachte er dem CDU-Vorschlag entgegen, den Aufsichtsrat im Verhältnis von 1:2 mit Arbeitnehmer- und Anteilseignervertretern zu besetzen. Die Tarifparteien rief er zu einer einvernehmlichen Lösung mit dem Ziel der Bewahrung des sozialen Friedens auf.

Die Sozialkammer machte sich diese Ausführungen *Karrenbergs* zu eigen und leitete dem Rat der EKD einen entsprechenden Entwurf einer Erklärung zu.[106] Auch die Diskussionen der Arbeitsgruppe 1 des Essener Kirchentages von 1950 zum Thema „Der Mensch im Kollektiv" wirkten auf die Meinungsbildung des Rates ein, wobei hier erste Überlegungen zur Humanisierung des Arbeitslebens angestellt wurden. Gegen die Gefahr der Vermassung und Degradierung des einzelnen zur „bloße[n] Nummer"[107] im Betrieb forderte die Arbeitsgruppe die weitgehende Sicherung individueller Freiheit, Verantwortungsmöglichkeiten und Mitbestimmungsrechten. Insbesondere die Folgen der stark mechanisierten Arbeit sollten durch die Ermöglichung von Arbeitsplatzwechseln, die Auflockerung der Betriebshierarchien und eine verbesserte Arbeitsplatzgestaltung gemildert werden.[108] Grundsätzlich sprach sich die Arbeitsgruppe für die Entwicklung eines

---

[104] *Karrenberg*, Kann die Kirche etwas zur Frage der Mitbestimmung des Arbeiters in der Wirtschaft sagen und was? 5, in: EZA Berlin, Bestand 2/043, Sitzung der Sozialkammer vom 01.08.1950, Anlage II.
[105] Ebenda, 7.
[106] Vgl. Votum der Sozialkammer zur Mitbestimmung, Anlage IV der Sitzung vom 01.08.1950, in: EZA Berlin, 2/043. Die wichtigsten Formulierungen dieses Votums hat sich der Rat in seiner Erklärung zu eigen gemacht. Lediglich im Einleitungs- und Schlußteil der Erklärung finden sich präzisierende Formulierungen.
[107] Entschließung der ersten Arbeitsgruppe des Essener Kirchentages von 1950, in: Kirche im Volk, Heft 6, Velbert 1950, 53.
[108] Vgl. den Bericht der Arbeitsgruppe „Rettet die Freiheit" (AG 1) des Essener Kirchentages von 1950, in: Ebenda, 54-59, 56.

"neuen Geist(es) der Zusammenarbeit in den Betrieben"[109] aus und bat alle Beteiligten um verstärkte Bemühungen für eine Humanisierung des Arbeitslebens.

Der Rat der EKD unterstrich in seiner auf dem Kirchentag bekannt gegebenen Erklärung den Willen der Kirche, „dem Aufbau einer neuen sozialen Ordnung zu dienen" und sah den Sinn des Mitbestimmungsgesetzes darin, das „bloße Lohnarbeitsverhältnis zu überwinden"[110]. Dieser „Hauptsatz"[111] der Erklärung verdeutlicht das zentrale Anliegen des Rates, die Objektstellung des einzelnen im Betriebsgeschehen zu beenden. Mitbestimmung war in dieser Perspektive somit ein entscheidender Beitrag, um dem personalen Faktor „Arbeit" gerecht zu werden.[112]

„Der Rat der EKD ist davon überzeugt, daß die soziale Entwicklung in Deutschland eine Erweiterung des Betriebsräterechts von 1920 erfordert. Es ist der Sinn des Mitbestimmungsrechts, (...) den Arbeiter als Mensch und Mitarbeiter ernst zu nehmen. Seine Verwirklichung wird nicht nur für den Arbeitnehmer, sondern für den Arbeitgeber und das Gemeinwesen ein Beitrag zur Gesundung unserer sozialen Verhältnisse sein."[113]

Dem Rat ging es also in erster Linie um die anthropologische Bedeutung der Mitbestimmung, während die ordnungspolitische Dimension nachgeordnet wurde. Das Eintreten für die Mitbestimmung zielte auf die Sicherung der „Würde der Arbeit", die durch „ihre Menschenwürdigkeit konstituiert [ist], das heißt dadurch, daß die Arbeit der Sache des Menschen dient in dem notwendigen Miteinander rangverschiedener Funktionen"[114]. Für die verschiedenen Mitbestimmungsebenen schlug man „Abstufungen zwischen sozialen, betriebstechnischen, persönlichen und wirtschaftlichen Mitbestimmungsrechten"[115] vor. Der dominierende Partnerschaftsgedanke wurde schließlich in der Bitte des Rates an die Tarifparteien deutlich, die anstehenden Verhandlungen „im Geiste gegenseitiger Achtung"[116] zu führen und in den Bemühungen um den sozialen Frieden nicht nachzulassen.

Ingesamt ist die Mitbestimmungserklärung durchaus als gesellschaftspolitisch innovativ zu charakterisieren: Der Rat sprach ein eindeutiges Ja zur Mitbestimmung und forderte eine Weiterentwicklung der Rechtslage aus der Zeit der Weimarer Republik, wenn auch die gewerkschaftliche Forderung nach einer vollen Parität nicht unterstützt wurde. Einen eigenen Akzent sowohl im Vergleich zu den Vorschlägen der Tarifparteien als auch im Vergleich zum Mitbestimmungsvotum des Katholikentages setzte die Erklärung mit ihrem anthropologisch begründeten Eintreten für weitergehende individuelle Mitbestimmungsmöglichkeiten. Betont wurde die Eröffnung von Mitverantwortung und Mitbestimmungsrechten für den einzelnen Arbeiter und die Sicherung der Menschenwürde im Betrieb in den Mittelpunkt gestellt. Allerdings fehlte in der Erklärung der Gedan-

---

[109] Bericht der Arbeitsgruppe „Rettet die Freiheit".
[110] Erklärung des Rates der EKD „Zur Frage der Mitbestimmung", bekanntgegeben auf dem Essener Kirchentag, in: Ebenda, 60.
[111] So die treffende Charakterisierung von *Hartmut Weber*, Die Studie der Sozialkammer zur Mitbestimmung, in: Junge Kirche, Jg. 29 (1968), 695-703, Zitat 696
[112] Rat der EKD, „Zur Frage der Mitbestimmung", in: Kirche im Volk, Heft 6, Velbert 1950, 60.
[113] Ebenda.
[114] *Ernst Wolf*, Sozialethik. Theologische Grundfragen, hrsg. von *Theodor Strohm* unter Mitarbeit von *Frieda Wolf* und *Uvo Wolf*, Göttingen 1975, 205.
[115] Rat der EKD, „Zur Frage der Mitbestimmung", in: Kirche im Volk, Heft 6, 60.
[116] Ebenda.

ke einer gesellschaftlichen Kontrolle ökonomischer Macht, wie er insbesondere in der ökumenischen Studienarbeit entwickelt worden war.

Die weiteren Auseinandersetzungen bis zur gesetzlichen Verabschiedung des Montanmitbestimmungs- und des Betriebsverfassungsgesetzes wurden von kirchlicher Seite explizit nicht mehr kommentiert. Dennoch kann eine grundsätzliche Zustimmung zu den letztendlich getroffenen Regelungen, die durch die Sicherung der paritätischen Mitbestimmung in der Montanindustrie (Montanmitbestimmungsgesetz von 1950) und das Betriebsverfassungsgesetz (1952) mit sozialen und personalen Mitbestimmungsrechten sowie einer Drittel-Parität in wirtschaftlichen Angelegenheiten bei den übrigen Wirtschaftsbereichen einen Kompromiß darstellen, unterstellt werden. *Henry Lillich*, in den fünfziger Jahren Geschäftsführer der evangelischen Aktionsgemeinschaft für Arbeiterfragen, stellte fest, daß „die Grundzüge des (...) Betriebsverfassungsgesetzes der Arbeitnehmerschaft weitgehende Möglichkeiten einer Mitwirkung gebracht haben."[117] Es galt nun, auf diesem Grund zu einer „gegenseitige[r,n] und vertrauensvolle[r,n] Zusammenarbeit"[118] zu gelangen.

d) Die Synode von Espelkamp 1955

Die Bedeutung, die man in dieser Zeit in der evangelischen Kirche dem Bereich der Arbeitswelt beimaß, wurde durch die Themenstellung der EKD-Synode 1955 in Espelkamp deutlich: "Die Kirche und die Welt der industriellen Arbeit". Hier wurden die seit Kriegsende entwickelten Formen kirchlicher Industrie- und Sozialarbeit mit Zustimmung aufgenommen, einer umfassenden Standortbestimmung unterzogen und in die Praxis der Gesamtkirche integriert.[119] Gegen die Behauptung einer „Eigengesetzlichkeit von Wirtschaft und Technik"[120] wurde die Bedeutung ethischer und religiöser Werthaltungen geltend gemacht, wobei immer wieder die Frage nach dem Person-Sein des Menschen in den Mittelpunkt gestellt wurde. Die in Espelkamp betonte Verantwortung der Kirche für die Arbeitswelt konkretisierte der Rat der EKD Ende 1955, als die Führung der KAB christliche Gewerkschaftsverbände gründete. Der Rat lehnte daraufhin in einer „Entschließung zur Neubildung christlicher Gewerkschaften" eine Spaltung der Einheitsgewerkschaft entschieden ab. Den neu gegründeten christlichen Organisationen stand der Rat aus theologischen und seelsorgerlichen Gründen ablehnend gegenüber. Die Inanspruchnahme des Attributes „christlich" wurde kritisiert, da es sich bei Gewerkschaften um die „Vertretung von weltlichen Gruppeninteressen"[121] handelte. Zudem sah man den „begonnene[n] geistige[n] Austausch" in der Einheitsgewerkschaft, der zur Überwindung der Entfremdung von Kirche und Arbeiterschaft führen konnte, „durch die Bildung eigener Organisationen, die die

---

[117] *Henry Lillich*, Vom Proletarier zum Mitarbeiter, in: Die Mitarbeit, Jg. 2 (1953), Nr. 2, 3.
[118] Ebenda.
[119] Vgl. *Schultz*, Sozial- und Männerpfarrer, 176.
[120] *Johannes Lilje*, Die geistesgeschichtlichen Hintergründe für die Welt der Arbeit, in: *von Bismark* (Hrsg.), Die Kirche und die Welt der industriellen Arbeit, 15.
[121] Entschließung des Rates der EKD zur Neubildung christlicher Gewerkschaften, in: Die Mitarbeit, Jg. 4 (1956), 31.

christlichen Arbeitnehmer gesondert sammeln sollen, erschwert"[122]. Statt dessen rief der Rat zur „tätige[n] Mitarbeit evangelischer Christen im Deutschen Gewerkschaftsbund (DGB)" auf, um sich in den „gewerkschaftlichen Organisationen entschieden um eine gerechte gesellschaftliche und wirtschaftliche Ordnung zu bemühen"[123]. Die Mitarbeit im DGB wurde sogar als „notwendiges Zeichen der gemeinsamen Verantwortung, die jeder Christ mit allen anderen Gliedern seines Standes und seines Volkes für die Verwirklichung sozialer Gerechtigkeit zu übernehmen hat"[124], gewürdigt. Diese eindeutige Stellungnahme markiert „einen epochemachenden Orientierungspunkt"[125] in der Geschichte des Verhältnisses von Gewerkschaftsbewegung und evangelischer Kirche.

e) Zur Frage des Eigentums

In den späten fünfziger und frühen sechziger Jahren konzentrierten sich die sozialpolitischen Diskussionen des sozialen Protestantismus auf Fragen einer gerechteren Eigentumsverteilung. Nach einer Vielzahl von Akademieveranstaltungen und Expertengesprächen zu diesem Thema seit 1956 gab der Rat der EKD 1962 die Denkschrift „Eigentumsbildung in sozialer Verantwortung" heraus, um die

„Sozialpartner (...) aus ihren Gruppenideologien herauszuholen und zu einem gemeinsamen Nachdenken über eine gerechte Verteilung des produktiven Eigentums zu gewinnen."[126]

Ausgehend von einer theologischen und anthropologischen Würdigung des Eigentums als Gabe Gottes, welches eine wesentliche Voraussetzung für die Gewinnung und Sicherung persönlicher Freiheit darstellte, nahm man die durch die Währungsreform, das DM-Bilanzierungsgesetz und Steuervergünstigungen verursachte „einseitige[n] Vermögensbildung"[127] zugunsten von Unternehmen und öffentlicher Hand nach 1945 kritisch in den Blick. Die Denkschrift sah darin eine Gefahr für die Stabilität der gesellschaftlichen Ordnung, insbesondere dann, wenn wirtschaftliche und politische Macht in denselben Händen lag oder wenn sich das Eigentum an Produktionsmitteln in wenigen Händen konzentrierte.[128] Diesen Gefahren wollte man durch politische Maßnahmen zur Förderung einer breiteren Eigentumsverteilung wehren. Insbesondere war es das Ziel der Denkschrift, daß Arbeitnehmer

---

[122] Entschließung des Rates der EKD zur Neubildung christlicher Gewerkschaften.
[123] Ebenda.
[124] Ebenda.
[125] *Eduard Wörmann*, Leiter des Sozialamtes der Evangelischen Kirche von Westfalen bis 1995 zitiert den ehemaligen westfälischen Präses *Reiß*, in: Einheitsgewerkschaft – 25 Jahre nach der Erklärung des Rates der Evangelischen Kirche in Deutschland. Mitteilungen des Sozialamtes der Evangelischen Kirche von Westfalen, Nr. 28/1980, I.
[126] So *Eberhard Müller* in: Einführung. Entstehung und Zielsetzung der kirchlichen Denkschriften zu Fragen der sozialen Ordnung, in: Die Denkschriften der Ev. Kirche in Deutschland. Soziale Ordnung, Bd. 2, Gütersloh 1978, 8-14, Zitat 9.
[127] Rat der EKD, Eigentumsbildung in sozialer Verantwortung. Eine Denkschrift, in: Ebenda, 15-35, Zitat 25.
[128] Ebenda, 23.

„Eigentum an Produktionsmitteln bilden und dies ständig vermehren"[129]. Konkret wurden die „Schaffung kräftiger Sparanreize (...), die Erleichterung der Sparleistung und des Aktienerwerbs"[130], ein „Zwangssparprozeß" durch die Einführung eines Investivlohns[131] sowie Privatisierungen der öffentlichen Hand[132] gefordert.

Durch diese Maßnahmen sollten auch Arbeitnehmer „Haushalter über einen Anteil am Produktivvermögen des Volkes"[133] werden und zu wirtschaftlicher Mündigkeit gelangen.

Die öffentliche Resonanz auf diese Vorschläge war überwiegend positiv, da das Problem der einseitigen Vermögensbildung deutlich angesprochen worden ist. Allerdings sind die konkreten Forderungen nicht unwidersprochen geblieben. Die einseitig positive Würdigung des Eigentums sowie vor allem die alleinige Ableitung wirtschaftlicher Mitverantwortung aus Eigentumsrechten ist aus gewerkschaftsnaher Sicht problematisiert worden. Demgegenüber haben liberale Verfechter der Marktwirtschaft den Gedanken des „Zwangssparens" kritisch hinterfragt.[134] Trotz solcher Kritik hat die EKD an ihrer Position festgehalten und die Vorschläge durch ein gemeinsam mit der katholischen Kirche publiziertes Memorandum „Empfehlungen zur Eigentumspolitik" 1964 präzisiert. Dieser Impuls hat die politische Diskussion befruchtet und zur Verabschiedung des zweiten Vermögensbildungsgesetzes und der gesetzlichen Ermöglichung des Investivlohns beigetragen. Dadurch ist Arbeitnehmern der Erwerb langfristiger Gebrauchsgüter sowie von Wohn- und Hauseigentum erleichtert worden, ein höherer Anteil am Produktivvermögen ist auf diesem Weg nicht erreicht worden.[135] Um dennoch eine Verbreitung wirtschaftlicher Mitverantwortung zu ermöglichen, ist seit Mitte der 60er Jahre auch innerhalb der evangelischen Kirche die vom DGB angestoßene Initiative zur Ausweitung der Mitbestimmungsrechte aufgenommen worden. Diese Forderung spielte in der weiteren bundesdeutschen Entwicklung, die durch die sozialliberale Koalition geprägt war, eine zentrale Rolle.

---

[129] Rat der EKD, Eigentumsbildung in sozialer Verantwortung, 27.
[130] Ebenda, 28
[131] Der Begriff „Investivlohn" wird vermieden, der Sache nach jedoch beschrieben, ebenda, 29.
[132] Ebenda, 26; Zitat 28.
[133] Ebenda, 30.
[134] Zur kritischen Würdigung der Denkschrift vgl. u.a. *Wolfgang Abendroth*, Ein Schritt vorwärts, zwei Schritte zurück, in: Junge Kirche Jg. 22 (1962), 376-384; *Brakelmann*, Kritische Anmerkungen und Thesen zur Eigentumspolitik, zur Gewinnbeteiligung und zur Mitbestimmung, in: Christ und Eigentum, Hamburg 1963, 148-175; *Peter Heyde*, Die Eigentumsdenkschrift der Evangelischen Kirche, in: Ebenda, 204-235; *Hartmut Weber*, Die Eigentumsdenkschrift der Kammer für soziale Ordnung der EKD, in: ZEE Jg. 7 (1963), 23-36.
[135] Vgl. *Eberhard Müller*, Eigentumspolitik. Einleitung zu den Empfehlungen zur Eigentumspolitik, in: *Ders.*, Die Denkschriften der Evangelischen Kirche in Deutschland. Soziale Ordnung, Bd. 2, Gütersloh 1978, 34f.

IV. Links-Protestantische Anfragen an die Option für das westdeutsche Gesellschafts- und Wirtschaftsmodell

1. Die Position der „Kirchlichen Bruderschaften" in der Tradition der „Bekennenden Kirche"

Gegenüber der im Protestantismus mehrheitlich vertretenen Konzeption der „verantwortlichen Gesellschaft", die sich in Deutschland sozialethisch in dem Partnerschaftsgedanken und ordnungspolitisch in dem Modell der sozialen Marktwirtschaft konkretisiert hat, artikulierte sich Widerspruch aus zwei Richtungen, von Vertretern des Bruderrates der Bekennenden Kirche und von vereinzelten Anhängern der Tradition der Religiösen Sozialisten.

a) Das Darmstädter Wort

Repräsentativer und wirkungsgeschichtlich relevanter sind für den deutschen Protestantismus verschiedene Erklärungen des Bruderrates der Bekennenden Kirche.[136] Die Verabschiedung des Darmstädter Wortes, der wichtigsten Erklärung des Bruderrates nach 1945, ist noch vor dem Hintergrund der innerkirchlichen Auseinandersetzungen um die Stuttgarter Erklärung von 1945 zu verstehen. Der Bruderrat um *Martin Niemöller* vertrat die Auffassung, daß allein ein über die Stuttgarter Erklärung hinausgehendes, konkreteres Schuldbekenntnis dem deutschen Volk einen „Weg ins Freie"[137] ermöglichte. Da die vorläufige Leitung der EKD hierzu nicht bereit war, verfasste der Bruderrat auf Anregung *Hans Joachim Iwands* ein Wort zum „politischen Weg unseres Volkes".[138] *Iwand* beabsichtigte, angesichts vieler nationalistischer Stimmen, die gerade auch innerhalb der Kirche in Unbußfertigkeit gegenüber den Alliierten verharrten, das traditionelle protestantische Nationalbewußtsein einer gründlichen Revision zu unterziehen. In gleicher Weise war die weitverbreitete selbstgerechte Frontstellung kirchlicher Kreise gegenüber dem Marxismus abzubauen. Beides, Nationalismus und Antimarxismus, bezeichnete *Iwand* als Wurzelboden der

„nationalistische[n] und politische[n] Parolen, die den Ausgangspunkt für die Katastrophe von 1933 bildeten" und welche die Christen verführten, „denen zu folgen, denen wir als Christen widerstehen mussten"[139].

---

[136] Vgl. dazu *Diethard Buchstäd*, Kirche für die Welt. Entstehung, Geschichte und Wirken der Kirchlichen Bruderschaften im Rheinland und in Württemberg, Köln 1999.
[137] Vgl. die Rede *Niemöllers*, Der Weg ins Freie, in: *Martin Niemöller*, Reden 1945-1954, Darmstadt 1958, 23-42.
[138] Vgl. *Hartmut Ludwig*, Die Entstehung des Darmstädter Wortes, in: Beiheft zu Heft 8/9, 1977 der Jungen Kirche, Jg. 38 (1977), 2.
[139] *Hans Joachim Iwand*, Entwurf vom 06.07.1947 für das Darmstädter Wort, wieder abgedruckt ebenda, 28; vgl. auch *Dieter Schellong*, Versöhnung und Politik. Zur Aktualität des Darmstädter Wortes, in: *Karl G. Steck/Ders.*, Umstrittene Versöhnung. Theologische Aspekte und politische Brisanz, München 1977, 35-66, Zitat 39f.

In dieser Perspektive ist das Darmstädter Wort als der Versuch zu verstehen, die enge Verzahnung der Mehrheit des deutschen Protestantismus mit nationalistischen und antisozialistischen Einstellungen nach den Erfahrungen des Kirchenkampfes aufzubrechen. *Karl Barth*, den der Bruderrat um Mitwirkung bei der Erarbeitung des Darmstädter Wortes gebeten hatte, konkretisierte in seinem Entwurf insbesondere das Versagen der Kirche gegenüber der Arbeiterbewegung. Bereits zuvor hatte er sich vor dem Hintergrund seiner Lehre von der Königsherrschaft Jesu Christi für eine Bevorzugung „sozialistische[r] Möglichkeiten"[140] ausgesprochen. Bei dem Versuch, eine „Richtung und Linie der im politischen Raum zu vollziehenden christlichen Entscheidungen" zu bestimmen, bemühte sich *Barth* darum, in den weltlichen Angelegenheiten „ein Gleichnis, eine Entsprechung, ein Analogon zu dem in der Kirche geglaubten und von der Kirche verkündigten Reich Gottes"[141] aufzuweisen. Im Blick auf wirtschaftliche und soziale Probleme schlug *Barth* vor, daß die Kirche als Zeuge dessen, der „gekommen ist, zu suchen und zu retten, was verloren [ist] (...) vor allem nach unten blickt (...) [und] sich immer vorzugsweise"[142] für die Armen und wirtschaftlich Schwachen einsetzte. Konkret hieß dies, im politischen Raum für soziale Gerechtigkeit einzutreten, wobei eine Wahl zwischen verschiedenen sozialistischen Optionen bestand. Diese Überlegungen nahm *Barth* in seinem Entwurf zum Darmstädter Wort offensichtlich auf, wenn er gegen ein „unbiblisch spiritualistisches Christentum" den ökonomischen Materialismus als berechtigten Hinweis auf ein „vergessenes wichtiges Element biblischer Wahrheit [Auferstehung des Fleisches!]"[143] ins Feld führte. In der Endfassung des Darmstädter Wortes wurde dieses Anliegen in der fünften These aufgenommen:

„Wir sind in die Irre gegangen, als wir übersahen, daß der ökonomische Materialismus der marxistischen Lehre die Kirche an den Auftrag und die Verheißung der Gemeinde für das Leben und Zusammenleben der Menschen im Diesseits hätte gemahnen müssen. Wir haben es unterlassen, die Sache der Armen und Entrechteten gemäß dem Evangelium von Gottes kommendem Reich zur Sache der Christenheit zu machen"[144].

Das Darmstädter Wort, insbesondere diese fünfte These, markiert somit den Versuch eines Teils des Protestantismus, die Kirche aus den traditionellen Bindungen an die „das Alte und Herkömmliche konservierenden Mächte"[145] zu lösen und ein „neues und sachgemäßeres Verhältnis"[146] zur Arbeiterbewegung zu gewinnen.

Innerkirchlich stieß diese Erklärung auf scharfe Ablehnung, die über die führenden Repräsentanten der EKD, *Wurm* und *Dibelius*, bis in die Reihen des Bruderrates hineinreichte.[147] Somit blieb das Darmstädter Wort nur für eine kleine

---

[140] *Barth*, Christengemeinde und Bürgergemeinde, in: *Ders*., Texte zur Barmer Theologischen Erklärung, hrsg. von *Martin Rohkrämer*, Zürich 1984, 89-136, Nr. 17, 27.
[141] Ebenda, Nr. 14, 112.
[142] *Ders*., Christengemeinde und Bürgergemeinde, Nr. 17, 116f.
[143] *Ders*., Entwurf vom 10.07.1947 für das Darmstädter Wort, in: *Ludwig*, Darmstädter Wort, 30.
[144] Flugblätter der Bekennenden Kirche Nr. 08, 08.08.1947.
[145] Ebenda.
[146] *Wolf*, Volk, Nation und Vaterland im protestantischen Denken von 1933 bis zur Gegenwart, in: *Horst Zilleßen* (Hrsg.), Volk – Nation – Vaterland. Der deutsche Protestantismus und der Nationalismus, Gütersloh 1970, 172-212, Zitat 208
[147] Vgl. die Darstellung der kritischen Resonanz des Darmstädter Wortes bei *Martin Möller*, Evangelische Kirche und Sozialdemokratische Partei in den Jahren 1945-1950. Grundlagen der

Minderheit innerhalb der Kirche wegweisend. Immerhin gelang es dem Bruderrat, offizielle Kontakte zwischen dem Rat der EKD und der SPD anzuregen. Diese Gespräche, bei denen kaum wirtschaftspolitische, sondern vor allem kulturpolitische Themen erörtert werden, führten zu ersten Annäherungen beider Seiten.[148] Das Engagement des Bruderrates, der vereinzelt auch Kontakte zur KPD aufnahm, zielte auf eine Kirche frei von weltlichen Bindungen, die zwischen den gesellschaftlichen und weltpolitischen Fronten stand.[149] Dementsprechend suchte man auf wirtschaftspolitischem Gebiet einen Weg jenseits von Kommunismus und Kapitalismus, wie das Wort des Bruderrates vom 02. November 1949 „Gebt Gott recht" zeigt. Angesichts des sich verschärfenden Ost-West-Konfliktes wurden beide Seiten aufgerufen, den Menschen als Ebenbild Gottes zu achten. Kritisch wurde die Bedrohung der Humanität durch den Kapitalismus wie durch die Planwirtschaft benannt:

„Es ist unmenschlich, den Menschen als eine Arbeitsware zur Vermehrung des Kapitals zu behandeln. Es ist unmenschlich, ihn zum Zwangsarbeiter im Dienste staatlicher Planwirtschaft zu erniedrigen"[150].

Mit dieser Haltung einer gleichartigen Distanz gegenüber dem Westen wie dem Osten klagte der Bruderrat die Humanität im Wirtschafts- und Arbeitsprozess ein. Allerdings gelang es kaum, den Begriff der „Humanität" theologisch-sozialethisch zu konkretisieren, so daß die entsprechenden Appelle recht abstrakt blieben.

b) *Ernst Wolf*

In den fünfziger Jahren dominierten im Links-Protestantismus, wie er sich in der Tradition der kirchlichen Bruderschaften entwickelte, die Themen der Deutschland- und der Friedenspolitik. Auch der aufsehenerregende politische Weg *Gustav Heinemanns* (1899-1976) von der CDU über die von ihm mitgegründete Gesamtdeutsche Volkspartei zum Eintritt in die SPD im Jahr 1957 steht ganz im Zeichen dieser Fragestellungen. Der profilierteste Sozialethiker dieser Richtung ist der Theologe *Ernst Wolf* (1902-1971). *Wolf* war zunächst ab 1931 Kirchenhistoriker in Bonn, 1935 wurde er nach Halle zwangsversetzt, ab 1945 lehrte er in Göttingen, ab 1957 als systematischer Theologe. Gegen die ordnungstheologische Fixierung konservativer Theologen wie *Paul Althaus*, *Walter Künneth*, *Werner Elert* und z.T. auch *Helmut Thielicke* entwickelte er einen theologisch reflektier-

---

Verständigung und Beginn des Dialogs, Göttingen 1984, 45-58; vgl. auch *Brakelmann*, Kirche und Schuld: Das Darmstädter Wort von 1947, in: *Ders.*, Kirche in Konflikten ihrer Zeit, München 1986, 162-187, bes. 185-187.

[148] Vgl. dazu *Friedrich*, Evangelische Kirche und SPD im Rheinland und in Westfalen nach 1945. Eine Spurensuche, in: Monatshefte für Evangelische Kirchengeschichte des Rheinlands Jg. 47/48 (1998/1999), 183-201.

[149] Vgl. exemplarisch *Hermann Diem*, Die Kirche zwischen Rußland und Amerika, München 1952; vgl. zu den Kontakten von Bruderrat und KPD *Richard Sorg*, Marxismus und Protestantismus in Deutschland. Eine religionssoziologisch-sozialgeschichtliche Studie zur Marxismus-Rezeption in der evangelischen Kirche 1848-1948, Köln 1974, 166-169.

[150] Wort des Bruderrates der EKD „Gebt Gott recht", in: *Heidtmann*, Hat die Kirche geschwiegen?, 78.

ten Institutionenbegriff. Unter Institutionen, die anthropologisch in der Institutionalität des Menschen, d.h. seines Angewiesenseins auf tragende Rahmenordnungen begründet wurden, verstand *Wolf* „soziale Daseinsstrukturen der geschaffenen Welt als Einladung Gottes zu ordnender und gestaltender Tat in der Freiheit des Glaubensgehorsams gegen sein Gebot."[151] Dementsprechend waren Institutionen im Sinn gestaltender „Annahme"[152] in Verantwortung vor dem Gebot Gottes historisch wandelbar und bedürfen stets einer kritischen Prüfung. In seinen – erst posthum veröffentlichten – Vorlesungen und in Vorträgen hat *Wolf* diesen Gedanken wirtschaftsethisch konkretisiert, indem er – im einzelnen recht ähnlich wie die Mehrheitsposition des sozialen Protestantismus dieser Zeit – die Anliegen der Mitbestimmung der Arbeitnehmer und die Forderung einer Sozialpflichtigkeit des Eigentums[153] vertreten hat.

2. Religiös-sozialistisches Erbe bei *Emil Fuchs* – Die „fortschrittlichen" Theologen in der DDR

Religiös-sozialistische Traditionen wurden in der Nachkriegszeit weder im Westen noch im Osten in nennenswerter Weise aufgegriffen. Es waren lediglich renommierte Einzelpersonen, wie der Darmstädter Bürgermeister *Ludwig Metzger*, die sich im Westen als Christen in der Sozialdemokratie engagierten. In der DDR hatten sich einzelne Theologen aus dem Umfeld des Religiösen Sozialismus der SED angeschlossen, diese traten jedoch im Zuge der Stalinisierung der Partei Ende der vierziger, Anfang der fünfziger Jahre recht bald wieder aus oder wurden ausgeschlossen.

Für einen singulären Weg steht der renommierte Religiöse Sozialist aus der Weimarer Zeit *Emil Fuchs* (1874-1971), der im Oktober 1949 einen Ruf als Professor für Sozialethik und Religionssoziologie nach Leipzig annahm. *Fuchs* trat mit seinem Weg nach Leipzig aus der SPD aus und erläuterte in einem offenen Schreiben an *Kurt Schumacher* seine Beweggründe:

„Nun ist das deutsche Volk im Begriff, das zu tun, was ich ‚Verbrechen' nannte und nenne. Die heute an der Spitze stehenden Menschen lenken es auf ein Wettrennen um persönliches Vorwärtskommen, und durch dieses Wettrennen der Selbstsucht will man den wirtschaftlichen Aufbau bewirken."[154]

In seinem in Leipzig erarbeiteten Spätwerk legte er die Basis für eine Zusammenarbeit von Christen und Marxisten unter den Bedingungen der DDR. *Fuchs* identifizierte nach den Katastrophen des Nationalsozialismus und des Zweiten Weltkrieges für die Nachkriegszeit allein zwei „geistige Mächte (...), die die Zerbrochenheit und Not der bisherigen Gesellschaft in der ganzen Tiefe schauen, aber

---

[151] *Wolf*, Sozialethik, 173.
[152] Ebenda, 172.
[153] Vgl. ebenda, 204f. 220ff.
[154] *Fuchs*, Mein Leben, 2. Teil. Ein Christ im Kampf gegen den Faschismus, für Frieden und Sozialismus, Leipzig 1959, 306. Der SPD warf er vor, nicht genügend gegen diese Tendenzen anzukämpfen.

eine Hoffnung haben, diese Not zu überwinden: Christentum und Marxismus"[155]. Das besondere Anliegen von *Fuchs* bestand darin, zu zeigen, daß beide Größen weder konfrontativ gegenüberstehen, noch zu identifizieren, sondern positiv aufeinander zu beziehen sind: Die Verhältnisbestimmung von Christentum und Marxismus bestimmte er dahingehend, daß er das Evangelium als Überbietung der marxistischen Ziele und Ideale interpretierte.

„In der Botschaft [des Evangeliums, Vf.] haben wir eine zielweisende Macht, die die kommunistische Weisung überhöht. Sie braucht sie nicht zu verdrängen. Sie kann sie dem, der vom Evangelium gefaßt ist, überhöhen zu einer noch gewaltigeren Schau"[156].

Der von Jesus verkündigte Gott ist nach *Fuchs* kein „Gott des Beharrenden, des Bestehenden und Unveränderlichen, sondern vielmehr ein Ruf zur Bewegung – ja Zwang zu ihr. Durch ihn tritt über das Leben des Menschen und der Menschheit eine Forderung zur Endscheidung (...) Je mehr mir im Laufe meines Lebens deutlich wurde, wie die Existenz der Völker heute an der Entscheidung für das hängt, was nun im Kommen ist, was nun geschaffen werden muß, damit Mißachtung und Ausbeutung ein Ende finden, desto überzeugter wurde ich, im Ruf des Marxismus ein Stück des Rufes des Gottes zu finden, den Jesus Christus verkündigte."[157]

Dementsprechend steht im Mittelpunkt der Botschaft Jesu das Reich Gottes, das „als eine gestaltende Macht in unser Sein und durch unser Sein hindurch in diese materielle Welt tritt."[158] Es ruft die Menschen dazu auf, die Welt im Sinn der von Jesus eröffneten „neuen Schau des Menschseins"[159] zu gestalten. Das letzte, ewige Ziel der Menschheit, das der Ruf Jesu erschließt, ist „die Ahnung und Schau eines Ewigen, Göttlichen, dem zuzustreben wir geschaffen sind. Und dies Ewige umschließt eine Würde und Größe des Menschen, die uns deutlich wird, sobald wir wahrhaft Jesu Wesen betrachten."[160] Umschlossen von diesem letzten Sinnhorizont ist die Geschichte „erfüllt mit der Schau von Teilzielen, die auf das letzte, ewige Ziel hinzielen, ohne es zu erreichen."[161] Als ein solches geschichtliches Teilziel verstand *Fuchs* „auch die Schau des Sozialismus und Kommunismus, die ja eine Welt schaffen wollen, in der Brüderlichkeit stärker sein wird, als sie heute ist."[162] Insofern konnte er sowohl in den positiven Zielsetzungen wie vor allem aber in der Kritik der bürgerlichen Gesellschaft den Ruf Jesu vernehmen „durch das hindurch, das *Karl Marx* so bitter und hart"[163] ausführte. Die Wertung von Marxismus und Christentum als Verhältnis von Teilziel zum letzten, ewigen Ziel ist die Grundlage der von *Fuchs* entwickelten Geschichtstheologie. Die Menschheitsentwicklung zielte hier durch eine zunehmende Versittlichung der menschli-

---

[155] *Fuchs*, Christliche und marxistische Ethik. Lebenshaltung und Lebensverantwortung des Christen im Zeitalter des werdenden Sozialismus, 2. Teil, Hamburg 1959, 7.
[156] Ebenda, 148.
[157] Ders., Marxismus und Christentum, Leipzig ²1953, 186f. *Fuchs*' eschatologische Sicht des Christentums verdankte manche Impulse dem zeitweiligen Leipziger Universitätskollegen *Ernst Bloch*, dessen Marxismusdeutung er in dieser Schrift noch zustimmend referieren konnte.
[158] Ders., Christliche und marxistische Ethik, 1. Teil, 135.
[159] Ders., Marxismus und Christentum, 174.
[160] Ders., Christliche und marxistische Ethik, 1. Teil, 187f.
[161] Ebenda, 136.
[162] Ebenda.
[163] Ders., Marxismus und Christentum, 169.

chen Beziehungen auf das Reich Gottes hin, wobei innergeschichtlich Teilrealisierungen des erhofften ewigen Zieles möglich waren.

Die Gegenwart sah *Fuchs* dadurch bestimmt, daß es einen keinen Widerstand des Christentums gegen die Zerstörungen des humanistischen Ethos durch die bürgerliche Gesellschaft gegeben hat. Während das Christentum hier weitgehend versagt hatte, war es „die marxistische Bewegung (...), die den Kampf gegen die bürgerliche Welt erfolgreich einleitete und durchführte"[164]. Das Werk von *Marx* und *Engels* verstand er als Methode, die Gesetze der Gesellschaftsentwicklung aufzudecken, um „mit Hilfe dieser Kenntnisse die Entwicklung lenken und zum Ziele führen [zu] können."[165] So konnte *Fuchs* kritiklos die marxistische Klassenkampftheorie aufnehmen, indem er speziell auf den Klassenkampf der besitzenden Schichten hinwies, auf den die Arbeiter zur Verteidigung ihrer Menschenwürde mit dem Ziel der notwendigen revolutionären Umwälzung, der Überwindung der Klassenspaltung, reagierten.[166] *Fuchs* hat im Blick auf gesellschaftliche Auseinandersetzungen die marxistische Gesellschaftsanalyse ohne wesentliche Abstriche aufgenommen.[167] In der DDR wurde er seit Mitte der fünfziger Jahre zunehmend von der Ost-CDU vereinnahmt, deren Strategie darauf zielte, Christen zur Mitarbeit beim Aufbau des Sozialismus anzuleiten. *Fuchs* wurde zum Wortführer einer kleineren Gruppe von zumeist jüngeren Pfarrern und Universitätsdozenten, die als sog. „fortschrittliche" Theologen eine gesellschaftliche Zusammenarbeit von Christen und Marxisten einforderten und legitimierten, wobei sie sich in konkreten politischen Fragen der vorgegebenen SED-Linie unterordneten.

Kontakte zwischen Protestanten aus der Tradition der Kirchlichen Bruderschaften in Westdeutschland und „fortschrittlichen" Christen in der DDR und anderen Ländern des Warschauer Paktes entwickelten sich Ende der fünfziger Jahre im Rahmen der Anti-Atom- und Friedensbewegung. Als blockübergreifende Institution wurde 1959 die in Prag ansässige Christliche Friedenskonferenz (CFK) gegründet, die ausgehend von der gemeinsame Friedensverantwortung in Ost und West die in den frühen sechziger Jahren beginnenden Gespräche zwischen Christen und Marxisten förderte. Es entstanden z.T. sehr offene, dialogische Kontakte zwischen Christen und Marxisten, wobei jüngere Theologen aus Deutschland wie *Jürgen Moltmann* und *Johann B. Metz*, der renommierte tschechische Theologe *Josef Hromadka* sowie marxistische Theoretiker vor allem im Umfeld des „Prager Frühlings" (*Milan Machove*, *Viteszlav Gardavsk*) eine bedeutende Rolle spielten. Nach dem Einmarsch sowjetischer Truppen 1968 in die CSSR verloren diese Dialoge weithin ihre Grundlage. Auch die CFK, aus der renommierte Theologen aus Protest gegen eine unterbliebene Verurteilung des Einmarsches austraten, wurde nun zu einer eindeutig der sowjetischen Außenpolitik untergeordneten Institution, der innerkirchlich kaum noch eine Bedeutung zufiel.

---

[164] *Fuchs*, Marxismus und Christentum, 211.
[165] *Ders.*, Christliche und marxistische Ethik, 1. Teil, 94.
[166] Vgl. *ders.*, Marxismus und Christentum, 78ff.; *ders.*, Christliche und marxistische Ethik, 1. Teil, 101ff.
[167] In weltanschaulicher Hinsicht hat sich Fuchs natürlich entschieden vom Marxismus abgesetzt. Vgl. *Ders.*, Christliche und marxistische Ethik, 1. Teil, 98f.

7. Kapitel: Vom gesellschaftsverändernden Aufbruch der sechziger zur Verteidigung „sozialer Gerechtigkeit" gegenüber neoliberalen Gesellschaftsmodellen seit den achtziger Jahren

I. Reformimpulse für eine Demokratisierung und Humanisierung der Gesellschaft im Horizont der Umbruchsituation der sechziger Jahre

1. Ökumenische Impulse zur sozialethischen Neuorientierung des Protestantismus im Horizont sozialistischer Gesellschaftsmodelle

a) Der Beginn der Neuorientierung

Der gesellschaftliche Umbruch der sechziger Jahre hat auch die Kirchen nachhaltig beeinflußt und verändert. Traditionsbrüche und Veränderungen von Verhaltensnormen und gelebter Religiosität bestimmten die Situation. Von der Nachkriegsgesellschaft und ihren von Pflicht- und Gehorsamstugenden bestimmten Wertmaßstäben wurde Abschied genommen. In der Kirche spielten die Rechristianisierungsvorstellungen der fünfziger Jahre kaum noch eine Rolle, statt dessen begann man, sich den Herausforderungen einer pluralen, nur noch bedingt von den Kirchen geprägten Gesellschaft zu stellen.[1]

Die „Weltkonferenz für Kirche und Gesellschaft" des Jahres 1966 in Genf stellte einen einschneidenden Perspektivenwechsel der ökumenischen Sozialethik dar.[2] Während das bis dahin geltende Leitbild der „Verantwortlichen Gesellschaft" eine recht große sachliche Nähe zu dem in Deutschland mehrheitlich vertretenen Modell einer sozial regulierten Marktwirtschaft aufwies, hatten sich in der Zwischenzeit die Akzente deutlich verschoben. Angesichts der Herausforderungen einer fortschreitenden Modernisierung industrialisierter Gesellschaften und tiefgreifender Entwicklungskonflikte hat die Genfer Konferenz vor allem durch das engagierte Auftreten von Teilnehmern aus den Ländern des Südens starke Impulse erhalten, so daß sich in der Folgezeit die Wahrnehmung sozialethischer Problemstellungen deutlich auf die weltwirtschaftliche Dimension hin orientierten. Der mit Genf 1966 markierte Aufbruch der ökumenischen Sozialethik zielte auf eine „Umkehr und radikale Sinnesänderung nicht nur im Blick auf den Einzelnen, sondern auch im Blick auf die sozialen und politischen Verhält-

---

[1] Vgl. *Martin Greschat*, Die Kirchen in beiden deutschen Staaten nach 1945, in: Geschichte in Wissenschaft und Unterricht Jg. 42 (1991), 267-284.
[2] Vgl. *Paul Abbrecht*, From Oxford to Vancouver: Lessons from Fifty Years of Ecumenical Work for Economic and social Justice, in: The Ecumenical Review Jg. 40 (1988), 147-168.

nisse"³ und hat damit eine „Politisierung der Arbeit und des kirchlichen Selbstverständnisses im Sinn einer aktiven Teilhabe am gesellschaftlichen Demokratisierungsprozeß bewirkt."⁴ Das Schlagwort der „Theologie der Revolution"⁵, das sowohl die Auswirkungen technischer wie auch sozialer Revolutionen in theologischer Perspektive zu deuten versuchte, wurde für kurze Zeit zum Inbegriff einer theologischen Selbstverständigung, welche die Aufgabe der Christenheit vorrangig im Beitrag zu einem weltverändernden Handeln interpretiert hat.

b) Die sozialethische Diskussion der siebziger Jahre

In Aufnahme dieser Impulse entwickelte sich auch in Deutschland – beginnend in den siebziger Jahren unter dem Eindruck der ausklingenden Studentenrebellion – eine sozialethische Diskussion, die mit Hilfe marxistischer Kategorien den Klassencharakter der bürgerlichen Gesellschaft in den Mittelpunkt gesellschaftlicher Analysen stellte. Die Klassengesellschaft mit ihren Geburts-, Besitz- und Machtprivilegien sollte vor allem angesichts weltweiter Verelendungsprozesse aus christlicher Motivation heraus überwunden werden.⁶ Eine kritische Gesellschaftsanalyse im Weltmaßstab wurde – insbesondere von dem Berliner Theologieprofessor *Helmut Gollwitzer* (1908-1993), einem vom Kirchenkampf und den christlich-marxistischen Dialogbemühungen geprägten Theologen – als wichtige Aufgabe angesehen⁷, um sich über den jeweiligen Ort in den Schranken der Klassengesellschaft⁸ verständigen zu können. Die kapitalistische Entwicklung interpretierte *Gollwitzer* in diesem Kontext als „Revolution der entfesselten Destruktivkräfte"⁹, die sich als globaler Prozeß vollzieht, der „nach immer größeren Sphären des Einflusses auf die Regierungsmacht"¹⁰ drängt.

Gegen diesen zerstörerischen Prozeß forderte er eine „sozialistische Entscheidung" ein, um „die aus ihrer immanenten Gesetzlichkeit ziellos weiterrasende kapitalistische Revolution unter Kontrolle zu bringen, unter eine Kontrolle, die die hier entfesselten Möglichkeiten dem menschlichen Leben (...) dienbar macht. Die verschiedenen sozialistischen Entwürfe und Fraktionen sind vereint durch diese Zielsetzung und durch die Erkenntnis, daß sie durch eine

---

³ *Dietrich Werner*, Mission für das Leben – Mission im Kontext. Ökumenische Perspektiven missionarischer Präsenz in der Diskussion des ÖRK 1961 – 1991, Rothenburg 1993, 187.
⁴ Ebenda, 188.
⁵ Vgl. *Trutz Rendtorff/Heinz-Eduard Tödt*, Theologie der Revolution. Analysen und Materialien, Frankfurt 1968.
⁶ Vgl. *Helmut Gollwitzer*, Muß ein Christ Sozialist sein? In: *Ders.*, Forderungen der Umkehr. Beiträge zu Theologie und Gesellschaft, München 1976, 162-178, bes. 172f.; vgl. zur Person *Helmut Gollwitzer*, Skizzen eines Lebens. Aus vertreuten Selbstzeugnissen gefunden und verbunden von *Friedrich-Wilhelm Marquardt, Wolfgang Brinkel* und *Manfred Weber*, Gütersloh 1998.
⁷ Vgl. *Gollwitzer*, Die kapitalistische Revolution, in: *Ders.*, ... daß Gerechtigkeit und Friede sich küssen. Aufsätze zur politischen Ethik, Bd. 1, München 1988 (Erstveröffentlichung 1974), 125-209, 130.
⁸ Vgl. *Ders.*, Kirchliche Verkündigung in den Schranken der Klassengesellschaft, in: *Ders.*, Umkehr und Revolution. Aufsätze zu christlichem Glauben und Marxismus, Bd. 2, München 1988 (Erstveröffentlichung 1975), 92-113.
⁹ *Ders.*, Die kapitalistische Revolution, 125.
¹⁰ Ebenda, 146.

Reform der kapitalistischen Produktion, weil deren Wesen entgegengesetzt, nicht erreicht werden kann, sondern nur durch ihre Überwindung."[11]

In der Konsequenz dieser Analysen wurden verschiedene Optionen für sozialistische Entwicklungsmodelle propagiert, die sich in der Regel deutlich von dem sowjetischen Sozialismusmodell abgrenzten. Im Mittelpunkt der sozialethischen Bemühungen stand die Kritik der bürgerlichen bzw. kapitalistischen Gesellschaft, während mit der Option für eine sozialistische Entscheidung lediglich eine „Richtung und Linie"[12] festgelegt werden sollte. Eine genauere sozialethische oder ökonomische Analyse möglicher Zukunftsmodelle wurde allerdings kaum geleistet.

Weitreichende neue Anregungen erhielt diese Diskussion durch die insbesondere in Lateinamerika entstehende Theologie der Befreiung seit Anfang der siebziger Jahre. Das in der ökumenischen Sozialethik im Blick auf die weltwirtschaftliche Situation bis dahin dominierende Paradigma „Entwicklung" wurde hier durch das neue Paradigma „Befreiung" ersetzt.[13] Während sich mit dem Entwicklungsbegriff die Annahme einer nachholenden Industrialisierung nach dem Vorbild der Länder des Nordens verband, bedeutete „Befreiung" vorrangig die Beseitigung der vielfältigen Abhängigkeiten der Länder des Südens. Dementsprechend ist die Befreiungstheologie in wichtigen Punkten von der Rezeption dependenztheoretischer Ansätze[14] geprägt, die ein Abhängigkeitsverhältnis der Ökonomien der Länder des Südens von den ökonomischen und politischen Machtzentren in den Ländern des Nordens, welche nicht zuletzt die Subzentren in den Peripherien beherrschen, feststellten.[15] Die Befreiungsprozesse in den Ländern des Südens gegen diese Abhängigkeit wurden unter theologischen Gesichtspunkten gewürdigt[16], wobei sich auch die Kirche im Befreiungsprozeß engagierte[17] und sich in diesem Prozeß letztlich als „Kirche der Armen"[18] konstituierte.

Solche kapitalismuskritischen Ansätze bestimmten weithin die sozialethischen Diskussionen des Protestantismus zu Beginn der siebziger Jahre und schlugen sich vereinzelt auch in kirchenoffiziellen Äußerungen nieder. Als Beleg kann diesbezüglich das Votum des Theologischen Ausschusses der Evangelischen Kirche der Union aus dem Jahr 1974 „Zur Frage der Wirtschaftsordnung" genannt werden.

Das Votum kritisierte, daß die Kirchen in ökonomischer Hinsicht „weithin das Bestehende gebilligt oder doch hingenommen" und so eine „Symbiose von Christentum und Kapitalis-

---

[11] *Gollwitzer*, Die kapitalistische Revolution, 157.
[12] So bereits *Karl Barth*, Christengemeinde und Bürgergemeinde, Basel 1946, Nr. 11, 21-23 , Zitat 21, auf den vielfach in diesen Debatten Bezug genommen wurde; vgl. auch ebenda, Nr. 17, 32f.; vgl. dazu *Gollwitzer*, Muß ein Christ Sozialist sein?, 19f.
[13] Vgl. *Gustavo Gutierrez*, Theologie der Befreiung, München/Mainz 1973, 22ff.
[14] Vgl. *Fernando Cardoso/Enzo Faletto*, Abhängigkeit und Entwicklung in Lateinamerika, Frankfurt 1976; Imperialismus und strukturelle Gewalt. Analysen einer abhängigen Reproduktion, hrsg. von *Dieter Senghaas*, Frankfurt 1972.
[15] Auch *Gollwitzer*, Die kapitalistische Revolution, 139ff. argumentierte strikt im Horizont der Dependenztheorie.
[16] Vgl. *Gutierrez*, Theologie der Befreiung, 37ff.
[17] Vgl. ebenda, 91ff.
[18] Vgl. ebenda, 272ff.; *Werner*, Mission für das Leben – Mission im Kontext, 219 ff.

mus"[19] mitverursacht hätten. Demgegenüber wurden die Gemeinden dazu aufgerufen, wirksame Kontrollen ökonomischer Macht einzufordern und darüber hinaus offen zu sein „für eine ernsthafte Auseinandersetzung über die Frage, ob und inwieweit Produktionsmittel in Gemeinbesitz überführt werden sollen"[20].

Der traditionelle Bezug zur Konzeption der „Sozialen Marktwirtschaft" spielte hier keine Rolle mehr, vielmehr wurde implizit die Nähe des Protestantismus zu diesem Ordnungsmodell scharf verurteilt. Allerdings blieb die geäußerte Kritik recht pauschal; Ansätze einer wirtschaftsethischen Konkretion der geforderten Option sind kaum zu erkennen. Problematisch ist nicht zuletzt die mangelnde Sachkompetenz der durchweg theologischen Verfasser, die sich – im Unterschied zu den meisten Stellungnahmen in der Nachkriegszeit – ohne Beratung durch Ökonomen oder Politiker geäußert haben. Dieses Votum ist insofern ein durchaus typisches Symptom für die seit den siebziger Jahren vielfach beklagte „Wirtschaftsfremdheit" der evangelischen Kirche, wie es 1991 die EKD-Wirtschaftsdenkschrift „Gemeinwohl und Eigennutz" selbstkritisch einräumte.[21]

2. Reformimpulse für Theologie, Kirche und Diakonie durch den Dialog mit den Humanwissenschaften

a) Die Rezeption sozial- und humanwissenschaftlicher Erkenntnisse

Während die Optionen für sozialistische Gesellschaftsmodelle nach einer kurzen Phase breiter Zustimmung nur für einen kleinen Teil des Protestantismus wegweisend blieben, besteht die längerfristige Bedeutung der Aufbrüche der sechziger Jahre in der kontinuierlichen Rezeption sozial- und humanwissenschaftlicher Erkenntnisse. Eine funktionale, an den Erwartungen und Bedürfnissen der Kirchenmitglieder orientierte kirchliche Praxis[22] sowie die bewußte Wahrnehmung einer gesellschaftspolitischen Verantwortung von Kirche und Diakonie entwickelten sich rasch zu einer Selbstverständlichkeit. Explizit drückte diese Verantwortung die Satzungspräambel des im November 1975 konstituierten Diakonischen Werkes auf Bundesebene aus, mit dem der 1957 begonnene Prozeß des Zusammenschlusses von Innerer Mission und Kirchlichem Hilfswerk zu einem rechtlich geordneten Abschluß gekommen war:

„Die Kirche hat den Auftrag, Gottes Liebe zur Welt in Jesus Christus allen Menschen zu bezeugen. Diakonie ist eine Gestalt dieses Zeugnisses und nimmt sich besonders der Men-

---

[19] Votum der EKU, Zur Frage der Wirtschaftsordnung, in: Zum politischen Auftrag der christlichen Gemeinde. Barmen II, hrsg. von *Alfred Burgsmüller*, Gütersloh 1974, 235-258, Zitat 255.
[20] *Burgsmüller*, Votum der EKU, 256.
[21] Vgl. Gemeinwohl und Eigennutz. Wirtschaftliches Handeln in Verantwortung für die Zukunft. Eine Denkschrift der Evangelischen Kirche in Deutschland, Gütersloh 1991, Ziffer 7 und 9.
[22] Vgl. hierzu vor allem *Karl-Wilhelm Dahm*, Beruf Pfarrer. Empirische Aspekte zur Funktion von Kirche und Religion in unserer Gesellschaft, Opladen 1971.

schen in leiblicher Not, in seelischer Bedrängnis und in sozial ungerechten Verhältnissen an. Sie sucht auch die Ursachen dieser Nöte zu beheben."[23]

Mit den Verweisen auf „sozial ungerechte Verhältnisse" sowie die „Ursachen" sozialer Nöte hat das Diakonische Werk über das unmittelbare Hilfehandeln hinaus deutlich seine sozial- und gesellschaftspolitischen Aufgaben benannt, die seither durch eine Vielzahl von Stellungnahmen, Eingaben und Sozialberichten konkretisiert worden ist.

Zur Durchführung des so präzisierten diakonischen Auftrages gehört eine qualifizierte, die Humanwissenschaften integrierende Ausbildung der Mitarbeiter, wie sie seit dem Beginn der siebziger Jahre vor allem durch die nahezu planmäßige Gründung Evangelischer Fachhochschulen verwirklicht wird. Deren Profil ist beispielhaft wie folgt zu charakterisieren:

„Den Dialog zwischen Theologie und Humanwissenschaften zu fördern und selbst Bildung und Ausbildung im tertiären Bildungsbereich mitzugestalten, waren tragende Gründe für die Errichtung der Hochschule durch die Landeskirchen in NRW. Die Fachhochschule bildet im Auftrag der Landeskirchen für soziale und theologisch-pädagogische Berufe aus, die zu fördern in kirchlicher und diakonischer Verantwortung liegen."[24]

Diese Gründungen erfolgten in einer Zeit der Expansion und Professionalisierung sozialer Arbeit: Zwischen 1970 und 1990 hat sich die Zahl hauptamtlicher Mitarbeiter/innen in diakonischen Einrichtungen in der alten Bundesrepublik mehr als verdoppelt[25], die Professionalisierung umfaßt einen vielschichtigen Prozeß fachlicher Weiterentwicklung mit der Herausbildung präziser Qualitätsstandards, eine Ausdifferenzierung der pflegerischen und therapeutischen Tätigkeiten, die Einrichtung neuer Disziplinen und damit verbunden eine Aufwertung beruflicher Kompetenzen mit Aufstiegschancen sowie erhöhten Verdienst- und Prestigemöglichkeiten.[26] Innerkirchlich läßt sich in diesem Prozeß eine Aufwertung der humanwissenschaftlichen Disziplinen erkennen, während sich die bisherige Leitdisziplin „Theologie" und die von ihr ausgebildeten klassischen Begründungsmuster kirchlicher Diakonie, die in der christlichen Barmherzigkeit und Nächstenliebe verwurzelte Kultur des Helfens, kritischen Anfragen haben stellen müssen. Auf der anderen Seite bedeuten die Abnahme konfessioneller Bindungen und entsprechender Wertorientierungen eine Herausforderung für das spezifisch diakonische Profil der Einrichtungen, auf die man seit den achtziger Jahren mit der gemeinsamen Entwicklung verpflichtender Leitbilder zu reagieren versucht. Eine besondere Bedeutung kommt der Formulierung eines dem jeweiligen Handeln zugrundeliegenden Menschenbildes zu. Gerade auf dieser Ebene stellt sich die grundle-

---

[23] Satzungspräambel des Diakonischen Werkes der EKD vom 06.11.1975, in: Amtsblatt der EKD Jg. 30 (1976), 114-116, Zitat 116.

[24] *Martin Neufelder*, Vorwort, in: Festschrift zum zehnjährigen Bestehen der Evangelischen Fachhochschule Bochum, Bochum 1981, 2.

[25] Zum 01.01.1998 waren bundesweit 419.438 Menschen voll- oder teilzeitbeschäftigt bei der Diakonie tätig. Dazu werden rund 400.000 Ehrenamtliche geschätzt. 1970 waren 125.000 Menschen in diakonischen Einrichtungen in der Bundesrepublik beschäftigt, 1990 betrug die Zahl im Westen rund 270.000.

[26] Vgl. *Reinhard van Spankeren*, Artikel „Professionalisierung", in: *Jochen Christoph Kaiser* (Hrsg.), Handbuch zur Geschichte der Deutschen Evangelischen Diakonie, Stuttgart (erscheint Herbst 2000).

gende, weithin noch zu leistende Aufgabe einer Vermittlung theologischer und humanwissenschaftlicher Erkenntnisse mit besonderer Prägnanz.

Ähnlich wie die Diakonie ist auch die theologische Sozialethik seit dem Beginn der siebziger Jahre durch intensive Dialoge vor allem mit den Sozialwissenschaften geprägt. Auf der institutionellen Ebene wird diese Entwicklung durch die Einrichtung verschiedener kirchlicher Forschungsinstitute[27] und durch die vermehrte Schaffung sozialethischer Lehrstühle deutlich. Der Rezeption soziologischer Erkenntnisse und deren theologischer Verarbeitung kamen zwischenzeitlich eine hervorragende Bedeutung innerhalb der universitären Theologie zu. Davon hat nicht zuletzt die sozialethische Reflexion der industriellen Arbeitswelt profitiert, die in den siebziger Jahren eine Renaissance erlebt hatte. Beispielhaft lassen sich diese Impulse an den Beiträgen der evangelischen Sozialethik zu den Themen der Mitbestimmung und der Humanisierung der Arbeitswelt deutlich machen.

b) Die sozialethische Reflexion der industriellen Arbeitswelt

Ausgangspunkt dieser Diskussionen war die Studie des Rates der EKD von 1968 „Sozialethische Erwägungen zur Mitbestimmung".[28] Hier wurden grundlegende theologische Überlegungen zur Mitbestimmung sowie wichtige Vorschläge zur Weiterentwicklung und Ausgestaltung der Mitbestimmungspraxis formuliert, obwohl das seinerzeit im Mittelpunkt der öffentlichen Diskussion stehende Thema, die Besetzung der Aufsichtsratsmandate von Kapitalgesellschaften als Kernproblem wirtschaftlicher Mitbestimmung, strittig blieb. Das Mehrheitsvotum der Sozialkammer befürwortete hier eine leichte Unterparität, wie sie in ähnlicher Weise das Mitbestimmungsgesetz von 1976 festlegen sollte, während zwei Minderheitenvoten die generelle Einführung der paritätischen Montanmitbestimmung bzw. das Festhalten an der Drittelparität des Betriebsverfassungsgesetzes von 1952 forderten. Sozialethisch wurde das Mitbestimmungsrecht aus den ineinandergefügten Leistungen und Rechten von Kapital und Arbeit abgeleitet:

„Ein Wirtschaftsunternehmen wird von den Arbeitnehmern nicht weniger mitgetragen als von den Kapitaleignern. Es stellt daher keine Minderung der den Kapitaleignern zustehenden Rechte dar, wenn die Arbeitnehmer an den für sie wichtigen Entscheidungen des Unternehmens durch ihre Vertreter mitbeteiligt sein wollen. Es sollte daher eine Ordnung gefunden werden, in der weder über das Eigentum der Kapitaleigner gegen den Willen zu ihrem Schaden verfügt noch die Interessen der Arbeitnehmer bei den Entscheidungen übergangen werden können (...). Die Rechte von Kapitaleignern und Arbeitnehmern können in gemeinsamer Ausrichtung auf die Erfordernisse der menschlichen Gesellschaft richtig wahrgenommen werden. Die Rechte beider Seiten verlieren um so mehr an ethischem Gehalt, je weniger sie dieser Ausrichtung entsprechen."[29]

---

[27] Im Jahr 1969 wurde in Bochum das Sozialwissenschaftliche Institut der EKD gegründet. Die Forschungsstelle evangelischer Studiengemeinschaften (FEST) in Heidelberg erhielt eine verbesserte personelle Ausstattung. Dezidiert sozialethische Lehrstühle wurden u.a. in Bochum und Heidelberg eingerichtet.

[28] Sozialethische Erwägungen zur Mitbestimmung in der Wirtschaft der Bundesrepublik Deutschland. Eine Studie der EKD (1968), in: Die Denkschriften der EKD. Soziale Ordnung, Bd. 2, Gütersloh 1978, 85-111.

[29] Ebenda, 97f.

Damit war auf einer prinzipiellen Ebene die für den Mehrheits-Protestantismus typische Konzipierung der Wirtschaftsethik unter vorrangiger Berücksichtigung der Eigentumsrechte überwunden, vielmehr wurden Eigentum und Arbeit in der Industriegesellschaft „als gleichwertige Faktoren begriffen"[30]. Die dieser sozialethischen Argumentation entsprechende Befürwortung der paritätischen Mitbestimmung wurde nur deshalb abgelehnt, weil auf dieser Basis eine einvernehmliche „Einigung (...) schwer möglich"[31] sei und damit ein sozialpartnerschaftliches Verhältnis, wie es die Studie als Ideal ansah, gestört würde.

Trotz dieser problematischen Einschränkung hat die Studie weiterwirkende Impulse für die Mitbestimmungsdiskussion gesetzt, insbesondere durch ihre Anregungen für die „Mitwirkung der Arbeitnehmer und der Arbeitsgruppen an der Regelung der sie betreffenden Fragen"[32] sowie durch die Hervorhebung und institutionelle Stärkung der Personal- und Sozialpolitik in Unternehmen.[33]

Im weiteren Verlauf der durch diese Studie initiierten Diskussionen wurde der Begriff der Partnerschaft zunehmend in den Hintergrund gedrängt und durch das Leitbild der „Partizipation" ersetzt. Unter Partizipation sollte die „sozialstrukturelle Komponente des Menschengerechten"[34] verstanden werden, welche die Teilhaberechte des arbeitenden Menschen zum Ausdruck bringt. Insbesondere *Günter Brakelmann* (1931), von 1972 bis 1996 Professor für Christliche Gesellschaftslehre an der Ruhr-Universität Bochum, hat die kooperativ-soziale Struktur des Arbeitsprozesses und die daraus folgenden Mitbestimmungsrechte engagiert betont.

Der Mensch ist – seiner auf Mitmenschlichkeit angelegten Bestimmung der Gottebenbildlichkeit entsprechend – „als arbeitender Mensch (...) immer mitarbeitender Mensch. Als Cooperator Dei ist er zugleich der Cooperator Hominis. Seine Arbeit wird Teilhabe an notwendig gesellschaftlich organisierten Arbeitsprozessen (...). In einem Geflecht gegenseitiger Abhängigkeiten und strukturierter Zuordnungen vollzieht der einzelne seine Arbeit als Form gesellschaftlicher Partizipation."[35]

Arbeit ist in diesem Sinn stets soziales Handeln und bedeutet jeweils „Verwirklichung oder Verweigerung von Mitmenschlichkeit."[36] Dementsprechend forderte *Brakelmann* als einen ersten Schritt paritätische Mitbestimmungsrechte der Ar-

---

[30] So die Interpretation von *Günter Brakelmann*, Priorität für die Arbeit, in: *Rudolf Weckerling* (Hrsg.), Jenseits des Nullpunkts? Christsein in der westlichen Welt. Festschrift Kurt Scharf, Berlin 1972, 205-220, Zitat 218.

[31] Sozialethische Erwägungen zur Mitbestimmung, 106.

[32] Ebenda, 107.

[33] Die Studie forderte die Bestellung eines Unternehmensvorstandsmitgliedes, das „ausschließlich mit Fragen der Personalleitung und der betrieblichen Sozialpolitik betraut sein" (Ebenda, 108) sollte sowie die Wahl personal- und sozialpolitischer Fachleute in die Aufsichtsräte. Vgl. ebenda, 108f.

[34] So *Arthur Rich*, Wirtschaftsethik. Bd. I. Grundlagen in theologischer Perspektive, Gütersloh 1984, 197.

[35] *Brakelmann*, Humanität in der Arbeit. Grundlagen und Perspektiven, in: *Ders.*, Zur Arbeit geboren? Beiträge zu einer christlichen Arbeitsethik, Bochum 1989, 69-97, Zitat 74f. Die meisten Beiträge in diesem Band stammen aus den siebziger und frühen achtziger Jahren.

[36] Ebenda, 74. Vgl. auch die wesentlich von *Brakelmann* geprägte EKD-Denkschrift „Leistung und Wettbewerb" Sozialethische Überlegungen zur Frage des Leistungsprinzips und der Wettbewerbsgesellschaft. Eine Denkschrift der Kammer der EKD für soziale Ordnung, Gütersloh ³1982, Nr. 67.

beitnehmer ein, um darauf aufbauend schrittweise eine Priorität für die Arbeit in einer zu entwickelnden Unternehmensverfassung zu verwirklichen.[37]

Ergänzend zu dieser Veränderung der Entscheidungsstrukturen sollte eine Humanisierung der betriebstechnischen Abläufe treten. *Brakelmann* unterzog die tayloristische Arbeitsgestaltung einer grundlegenden Kritik, da die hier vorgenommene Konzentration auf ein extrem eingegrenztes Rollenverhalten in hierarchischen Strukturen dem christlichen Arbeitsverständnis nicht gerecht zu werden vermag. Der Mensch ist im tayloristischen System nicht „als Person mit seiner tätigen Lebendigkeit, seinen individuellen Erwartungen und als Glied einer solidarischen Dienstgemeinschaft (...) gefragt, sondern nur zum Mittel für außerhalb seiner selbst liegende Zwecke gemacht."[38] Vor dem Hintergrund dieser Kritik gehörte *Brakelmann* im kirchlichen Bereich zu den profiliertesten Vertretern des Programms „Humanisierung der Arbeitswelt", dessen human-emanzipative Ziele er mit Nachdruck verfocht. Insbesondere sollten das Selbst- und Verantwortungsbewußtsein der arbeitenden Menschen durch den Aufbau kommunikativer und kooperativer Arbeitsstrukturen gestärkt werden, um dem einzelnen seine Verantwortung und die Bedeutung seiner Leistung im Zusammenwirken mit anderen zu verdeutlichen.

„Dem einzelnen Menschen bewußter als bisher den Raum für aktive Subjekthaftigkeit und den Arbeitsgruppen gezielter als bisher Formen kommunikativer Mitbestimmung zu ermöglichen, sind die humanemanzipativen Intentionen dieser in gleicher Weise die Technik und die Sozialordnung der Betriebe und Büros umfasseneen Veränderungsstrategie (...) ‚Humanisierung' von Techno-stukturen und ‚Demokratisierung' von Sozio-strukturen sind die beiden konkreten Aufgabenfelder in der einen Wirklichkeit der Arbeitswelt."[39]

Brakelmann verstand die Kirche in diesen Bemühungen „als Anwalt konkreter Menschlichkeit"[40], die „alle Experimente, realen Humanismus durch strukturelle und gesinnungsmäßige Veränderungen zu gewinnen, grundsätzlich [zu] unterstützten"[41] hat. Mit dieser Position konnte *Brakelmann* vor allem in den siebziger und achtziger Jahren kirchliche Stellungnahmen und das Selbstverständnis des „Kirchlichen Dienstes in der Arbeitswelt" wesentlich prägen, die diese Mitbestimmungs- und Humanisierungsforderungen aufgriffen und in den kirchlichen und gesellschaftspolitischen Debatten verstärkten.

---

[37] Vgl. *Brakelmann*, Priorität für die Arbeit, 218; *ders.*, Zur Arbeit geboren? 39ff; 133ff; 208ff.
[38] *Ders.*, Humanität in der Arbeit 77.
[39] Ebenda, 79.
[40] Ebenda, 88.
[41] Ebenda, 89.

II. Die evangelischen Kirchen auf dem Weg des „Konziliaren Prozesses" im Zeichen tiefgreifender Krisen der Industriegesellschaft

1. Die „Grenzen des Wachstums" und die Massenarbeitslosigkeit als grundsätzliche Anfragen an das Wirtschaftsmodell der Industriegesellschaften

Die Mitte der siebziger Jahre müssen im Rückblick als eine tiefe Zäsur in der Entwicklung der modernen Industriegesellschaften betrachtet werden. In dieser Zeit überstieg die Zahl der Arbeitslosen z.B. in der Bundesrepublik erstmals seit dem Kriegsende die Marke von einer Millionen Menschen. Seither ist in praktisch allen Industrienationen das Problem der Massenarbeitslosigkeit zum Dauerthema geworden. Im Jahr 1972 erschien die erste Studie des Club of Rome unter dem Titel „Die Grenzen des Wachstums", welche die ökologische Krise nachhaltig in das Bewußtsein einer größeren Öffentlichkeit gebracht hat. Der bisher geltenden ungebrochene Optimismus einer ständigen Steigerung des materiellen Wohlstands wird seither zunehmend kritisch diskutiert. Ungefähr zur selben Zeit – in den Jahren 1974 bzw. 1976 – erhielten die Wirtschaftswissenschaftler und Sozialphilosophen *Friedrich August von Hayek* und *Milton Friedman* den Nobelpreis für Wirtschaftswissenschaften. Ihre unter dem Begriff „Neoliberalismus" diskutierten Konzepte verdankten sich einer grundlegenden Kritik der sozialistischen Ordnungsidee, vor allem aber der wohlfahrtsstaatlichen Modelle in Westeuropa. Zunehmend bestimmten sie mit ihrer radikalen Marktorientierung seither die Wirtschaftspolitik. Diese drei sehr unterschiedlichen Ereignisse bedeuteten jeweils auf ihrer Weise einen deutlichen Einschnitt in die sozialgeschichtliche Entwicklung wie in die herrschenden wirtschaftspolitischen Auffassungen der Nachkriegszeit. Die drei Jahrzehnte zuvor galten im Rückblick als eine historisch einmalige Prosperitätsphase, welche die materielle Grundlage für verschiedene sozial- und wirtschaftspolitisch bedeutsame Reformen speziell in der Bundesrepublik abgegeben hat. Seit Mitte der siebziger Jahre stießen jedoch die zuvor entwickelten Reformimpulse auf einen vielfältigen Widerstand und vermochten nicht mehr, die Politik zu bestimmen.

a) Kritik von Fortschritt und ‚Naturvergessenheit'

Innerkirchlich wurde seit dem Erscheinen der „Grenzen des Wachstums" eine theologisch-umweltethische Neuorientierung angestrebt. Dabei läßt sich eine doppelte Ausrichtung der Diskussionen feststellen: Während man sich im theologischen Bereich sehr stark mit den kritischen Anfragen an die „gnadenlosen Folgen des Christentums"[42] auseinandersetzte, entwickelten sich in der kirchlichen Öffentlichkeit ökologisch motivierte, wirtschaftskritische Positionen, welche sich

---

[42] So der Untertitel der Streitschrift von *Carl Amery*, Das Ende der Vorsehung. Die gnadenlosen Folgen des Christentums, Reinbek 1972.

häufig an der Frage der Wünschbarkeit neuerer technologischer Entwicklungen – besonders umstritten waren und sind die Kernenergie, später die Gentechnologie – entzündeten.

Im theologischen Diskurs ist die für das neuzeitliche Denken dominierende Tradition der „gefährliche[n] Naturvergessenheit"[43] einer scharfen Kritik unterzogen worden. Neuzeitliches Denken im Anschluß an Descartes nahm die Natur allein anthropozentrisch, als Objekt der naturwissenschaftlichen Analyse und als Gegenstand technologischen Beherrschens und Unterwerfens wahr.[44]

> Die Vorstellung, daß die Natur „Objekt, Ressource und Nutzungsgegenstand für den Menschen zu sein habe und nichts anderes sonst, das ist das Grunddogma des technisch-industriellen Fortschritts, wie er sich heute mit immer schnellerer Dynamik vollzieht. Die Folgen dieses Fortschritts in der Gestalt einer Naturzerstörung mit biosphärischen Ausmaßen dokumentiert nicht nur die Wertlosigkeit der Natur für das neuzeitliche Bewußtsein, sondern auch die Fragwürdigkeit des Descartesschen Dogmas"[45].

Als eine entscheidende Voraussetzung dieser Haltung der Naturvergessenheit ist die jüdisch-christliche Tradition kritisiert worden, da der sich in Gen. 1 findende Herrschaftsauftrag des Menschen über die Natur sowie die mit dem biblischen Schöpfungsverständnis vollzogene Entdivinisierung der Natur zu einer rein funktionalen Sicht der Natur geführt habe, welche letztlich die Bedingung der die Natur unterwerfenden Wissenschaft und Technik mit ihren ökologisch problematischen Folgen gewesen ist.[46] Demgegenüber kann allerdings gezeigt werden, daß der die Neuzeit charakterisierende, herrschaftliche Umgang mit der Natur nur bedingt von theologischen Prämissen bestimmt gewesen ist, sondern vielmehr von den bürgerlichen Prinzipien der Selbsterhaltung und der rechenhaften Einstellung der zweckhaften Nützlichkeit geprägt ist.[47] „Erst die bürgerliche Ökonomie beginnt, die Weltmaschine zu verwirklichen und die Natur auszubeuten"[48]. Dieser Produktionsprozeß zeichnete sich zwar durch das Herstellen konkreter Güter und Produkte, in erster Linie jedoch durch die reine Produktivität selbst

---

[43] *Günter Altner*, Naturvergessenheit. Grundlagen einer umfassenden Bioethik, Darmstadt 1991, 1-8, Zitat 2.

[44] Vgl. *Ders.*, Schöpfung am Abgrund. Die Theologie vor der Umweltfrage, Neukirchen 1974, 46f.

[45] *Ders.*, Naturvergessenheit, 2f.

[46] Vgl. *L. White*, The historical roots of our ecological crisis, in: The Environment Handbook, New York 1970; *Carl Amery*, Vorsehung. Vgl. zur Diskussion dieser Problematik *Martin Honekker*, Grundriß der Sozialethik, Berlin 1995, 251ff.

[47] Als Kronzeugen dieses neuzeitlichen Naturverständnisses werden *René Descartes* und *Francis Bacon* genannt. Vgl. *Altner*, Naturvergessenheit, 2 f.; *Honecker*, Grundriß der Sozialethik, 253.

[48] *Udo Krolzik*, Umweltkrise. Folge des Christentums? Stuttgart 1979, 84. *Krolzik* bewertet die Umweltkrise als Folge der „Säkularisierung und der mit ihr verbundenen Selbstbezogenheit des Menschen". (Ebenda.) Auch diese einseitige Schuldzuweisung dürfte ähnlich problematisch sein wie die These von der Schuld des Christentums. Vgl. hierzu auch *Iring Fetscher*, Überlebensbedingungen der Menschheit. Zur Dialektik des Fortschritts, München 1980, 90: „Den Explosionsdrang hat das Christentum zwar (...) durch manche Theologen zu legitimieren versucht, aber er selbst ist nicht unmittelbar christlichen Ursprungs, sondern Folge der neu entstandenen Sozialstruktur."

aus, so daß auf diese Weise „schneller und intensiver die Dinge der Welt verzehr[en,t] und damit die der Welt eigene Beständigkeit zerstör[en,t]"[49] wurden.

Vor diesem Problemhintergrund ist das christliche Schöpfungsverständnis neu bestimmt worden. Bereits der Begriff der „Schöpfung" brachte in prägnanter Weise den Aspekt der Unverfügbarkeit und Nichtobjektivierbarkeit der Natur zum Ausdruck. „Schöpfung" bezeichnet das dem Menschen von Gott anvertraute Lehen, das es im Sinn von Gen. 2, 15 zu bebauen und zu bewahren gilt.[50] In dieser Schöpfung lebt der Mensch – wie es etwa die Nahrungsanweisung Gen. 1, 29f[51] zum Ausdruck bringt – in einer engen Lebensgemeinschaft mit den Tieren im gleichen Lebensraum. Der neuzeitliche Naturbegriff kann insofern durch den biblischen Schöpfungsgedanken herausgefordert und korrigiert werden, indem danach zu fragen ist, „wie die Natur dem Menschen erscheint, wenn er sie nicht unter prinzipieller Ausklammerung des Gottesgedankens in seine Erfahrungen und Gedanken aufnimmt. Dann erscheint sie als Mitgeschöpf!"[52] Auch der biblische Herrschaftsauftrag des Menschen über die Natur (Gen. 1, 28), der in der Tat in der Neuzeit als Auftrag zur Beherrschung und Unterwerfung der Natur ausgelegt worden ist[53], ist in diesem Sinn zu präzisieren. Die dem Menschen als Mandatar Gottes zur Miterhaltung der Schöpfung übertragene Sonderstellung ist theologisch nicht im Sinne einer unbeschränkten tyrannischen Herrschaft zu interpretieren. „Sich untertan machen" bedeutet in diesem Kontext nicht rücksichtsloses Unterwerfen, sondern der Mensch soll durch seine Arbeit „die Erde bewohnbar machen, sie gestalten, die Naturmächte bändigen"[54].

Vor diesem Hintergrund kommt der Schöpfung in biblischer Perspektive ein Eigenwert zu, der die rein anthropozentrische Sicht überwindet. Die Mitschöpfung ist von Gott gesetzt und ihr kommen in der biblischen Rechtsordnung eigenständige Rechte und Verpflichtungen zu. Ausgehend von dem biblisch begründeten Verständnis der Mitgeschöpflichkeit kann das Kriterium der Partizipation im Blick auf das Verhältnis des Menschen zu seiner Mitwelt bedeuten,

„Strukturen zu konzipieren, die einen Zustand begünstigen, da die Natur mit allem, was dazu gehört, nicht nur für den Menschen, sondern umgekehrt der Mensch auch partnerschaftlich für die Natur da ist. Wie sehr übrigens eine derartige partizipative Grundorientierung in der verlängerten Perspektive des biblischen Ethos mit der ihm eigenen Humanität liegt, zeigt sich etwa am vierten Gebot des Dekalogs, wonach nicht nur alle Menschen bis hin zum Fremdling (...), sondern auch ‚Rind', ‚Esel' und ‚all dein Vieh' an den Segnungen der zur kultischen Institution gewordenen Arbeitsruhe am Sabbat teilhaben sollen."[55]

---

[49] *Hannah Arendt*, Die Gesellschaft von Konsumenten, in: *Dies.*, Vita activa. oder vom tätigen Leben, Stuttgart 1960, 115-123, Zitat 119.
[50] Vgl. auch *Altner*, Naturvergessenheit, 4f.
[51] „Und Gott sprach: Sehet da, ich habe euch gegeben alle Pflanzen, die Samen bringen, auf der ganzen Erde und alle Bäume mit Früchten, die Samen bringen, zu eurer Speise. Aber allen Tieren auf Erden und allen Vögeln unter dem Himmel und allem Gewürm, das auf Erden lebt, habe ich alles grüne Kraut zur Nahrung gegeben."
[52] *Altner*, Naturvergessenheit, 5.
[53] Vgl. *Honecker*, Grundriß der Sozialethik, 249, wonach sich *Bacon* und *Descartes* im Blick auf die moderne Naturbeherrschung auf Gen. 1 berufen.
[54] Ebenda, 250.
[55] *Rich*, Wirtschaftsethik I, 200.

Diese Versuche theologischer Neuorientierungen waren und sind begleitet durch das Engagement vieler kirchlicher Gemeinden und Gruppen gegen konkrete technologische und ökonomische Projekte, die nach Ansicht der Beteiligten zu gravierenden Eingriffen in die Mitwelt mit weitreichenden negativen Konsequenzen führen würden. Einen ersten Höhepunkt erlebten diese Auseinandersetzungen seit Mitte der siebziger Jahre im Streit um die friedliche Nutzung der Kernenergie. An vielen Orten, besonders spektakulär in Brokdorf 1976, engagierten sich Gemeindeglieder mit ihren Pfarrern gegen den „Atomstaat"[56], wobei Pfarrer medienwirksam in ihren Talaren an Demonstrationen teilnahmen und auch Gottesdienste auf besetztem Bauplatzgelände, in sog. Widerstandsdörfern u.a. abgehalten wurden. Parallel zu diesen Aktionen wurden eine Vielzahl kirchlicher Stellungnahmen zum Thema „Kernenergie"[57] erarbeitet, wobei auf lokaler Ebene die ablehnenden Voten überwogen, während sich evangelische Landeskirchen und die EKD-Ebene um eine ausgewogenere Würdigung bemühten, ohne die auf Grund der äußerst langen Zeithorizonte höchst problematische Beherrschbarkeit dieser Technologie zu verschweigen. Die Auseinandersetzungen um die Kernenergie bildeten einen Katalysator für die Entfaltung eines breiten umweltpolitischen Engagements seitens der verfassten Kirchen und einer Vielzahl lokaler Aktionsgruppen, die – oft in enger Zusammenarbeit mit den ebenfalls in dieser Zeit entstehenden Bürgerinitiativen – eine stark wirtschaftskritische Grundhaltung geprägt hat. Nicht zu unterschätzen ist schließlich die Bedeutung einer entstehenden kirchlichen Umweltbewegung in der DDR, die zu den Trägern der Bürgerproteste im Herbst 1989 zählen sollte.

b) Das Krisenphänomen ‚Massenarbeitslosigkeit'

Auch auf das Krisenphänomen „Massenarbeitslosigkeit" hat die evangelische Kirche recht früh und sensibel reagiert. Seit der Synode von 1977 in Saarbrücken[58] beschäftigt sich die EKD kontinuierlich mit dem Problem der Arbeitslosigkeit. Insbesondere ist hier die EKD-Studie „Solidargemeinschaft von Arbeitenden und Arbeitslosen" zu nennen, die vor dem Hintergrund einer eindringlichen Beschreibung der psychisch und sozial dramatischen Situation von Arbeitslosen und einer theologischen Würdigung der menschlichen Arbeit[59] Arbeitslosigkeit als „eine ernste Bedrohung der Humanität (...) bezeichnet"[60] hat. Die Kundgebung forderte, deutlich in Aufnahme der Argumentation *Brakelmanns*, das Recht auf Arbeit als Staatszielbestimmung ein und appellierte an die öffentliche Hand sowie

---

[56] Vgl. *Friedrich Bode*, Christliches Gewissen gegen den Atomstaat, in: *Peter Winzeler* u.a. (Hrsg.), Das Kreuz mit dem Frieden. 1982 Jahre Christen und Politik, Berlin 1982, 216-219.
[57] Einen guten Überblick bietet, Energiepolitik und Gefahren der Kernenergie – Kirchliche Stellungnahmen, in: KJ Jg. 113 (1986), 131-310.
[58] Vgl. die Kundgebung der Synode der EKD zur Arbeitslosigkeit vom 10.11.1977, in: Solidargemeinschaft von Arbeitenden und Arbeitslosen. Sozialethische Probleme der Arbeitslosigkeit. Eine Studie der Kammer der EKD für soziale Ordnung, Gütersloh 1982, 125ff.
[59] Vgl. ebenda, Abschnitt I.1., 7ff und Abschnitt 2.2., 29ff.
[60] Ebenda, Abschnitt 2.4., 37. Diese Formulierung ist aufgenommen in der Diskussionsgrundlage beider Kirchen: Kirchenamt der evangelischen Kirche/Sekretariat der Deutschen Bischofskonferenz (Hrsg.), Zur wirtschaftlichen und sozialen Lage in Deutschland. Diskussionsgrundlage für den Konsultationsprozeß über ein gemeinsames Wort der Kirchen, Bonn/Hannover 1994, Nr. 52.

an die Tarifparteien, verstärkt Maßnahmen gegen die Arbeitslosigkeit zu treffen. Die Kirchen selbst sollten ihr Arbeitsplatzangebot möglichst verbessern und die spezielle Aufgabe der Seelsorge an Arbeitslosen wahrnehmen.

„Letztlich geht es beim Engagement der Kirche für die Arbeitslosen darum, den kirchlichen Dienst an der Welt zu bewähren und aufbrechende innerkirchliche Auseinandersetzung in dem einen, seit jeher spannungsvollen Leib der Kirche zu ertragen und fruchtbar zu machen. Auch in ihm muß der Gedanke der Solidarität zwischen Arbeitenden und Arbeitslosen stärker zum Tragen kommen."[61]

Gesellschaftspolitisch sei in einer solidarischen Anstrengung mit allen Beteiligten – genannt wurden im einzelnen die Tarifparteien, der Staat und die Arbeitslosen selbst – die Arbeitslosigkeit zu überwinden, wobei die Studie als Lösungsansätze sowohl eine angebots- wie auch eine nachfrageorientierte Wirtschaftspolitik erörterte und die Forderung aufstellte, „Elemente beider Positionen zu berücksichtigen"[62]. Die Studie entwickelte schwerpunktmäßig die Zielperspektive einer „gerechtere[n] Verteilung der vorhandenen Arbeit"[63], und es wurden erstmals in einem kirchenoffiziellen Dokument die Möglichkeiten des Aufbaus eines zweiten Arbeitsmarktes[64] erörtert.

„Die Einschätzung, daß die gesamtwirtschaftliche Unterbeschäftigungssituation noch für längere Zeit fortbestehen wird, hat zu Überlegungen geführt, das knappe Angebot an Arbeitsmöglichkeiten gerecht zu verteilen (...). Die Bekämpfung der Arbeitslosigkeit kann nicht allein darauf abzielen, alle Arbeitslosen in den normalen Arbeitsmarkt zu reintegrieren. Dieses Ziel wird sich kaum erreichen lassen (...). Um (...) zu helfen, sollte neben dem Arbeitsmarkt ein sogenannter ‚zweiter Arbeitsmarkt' ergänzend hinzutreten, der denjenigen eine Erwerbsfähigkeit ermöglicht, die sonst langfristig arbeitslos, schwer vermittelbar und damit weitgehend unterstützungsbedürftig wären."[65]

Die weitere Beschäftigung mit dem Problem der ‚Massenarbeitslosigkeit' innerhalb der EKD ist deutlich in der Kontinuität dieser Überlegungen zu sehen, wie die spezielle Studie „Gezielte Hilfen für Langzeitarbeitslose" aus dem Jahr 1987, das gemeinsam mit der deutschen Bischofskonferenz veröffentliche Wort der Kirchen „Zur wirtschaftlichen und sozialen Lage in Deutschland" sowie die 1995 erschienene Studie „Gemeinsame Initiative: Arbeit für alle" belegen.[66] Die Massenarbeitslosigkeit wird immer wieder als das gesellschaftliche Schlüsselproblem[67] aufgewiesen, für dessen Überwindung es jedoch „keinen Königsweg"[68]

---

[61] EKD-Studie, Solidargemeinschaft, Abschnitt 3.5, 84.
[62] Ebenda, Abschnitt 3.1., 47. Irreführenderweise bezeichnet die Studie die monetaristische Erklärungsvariante als „marktwirtschaftlich" und die keynesianische als „interventionistisch", wobei jedoch beide Ansätze auf eine marktwirtschaftliche Ordnung bezogen sind.
[63] Ebenda, Abschnitt 3.4.a., 75
[64] Vgl. ebenda, Abschnitt 3.4.b., 77ff. In der Folgezeit wurden eine Vielzahl von Arbeitslosenzentren u.a. in kirchlicher Trägerschaft eingerichtet. Auch auf dem sog. zweiten Arbeitsmarkt wurden Diakonie und Kirche durch die Gründung von Beschäftigungsgesellschaften aktiv. Vgl. *Ulrich Mergner* (Hrsg.), Neue Arbeit braucht das Land. Zehn Jahre „Neue Arbeit Mönchengladbach". Eine Festschrift, Aachen 1999.
[65] EKD-Studie Solidargemeinschaft, 75, 77.
[66] Die genannten Texte sind als „EKD-Texte" Nr. 19, Hannover 1987 und Nr. 54, Hannover 1995 bzw. als „Gemeinsame Texte 3", Hannover/Bonn 1994 veröffentlicht worden.
[67] Insbesondere die vielfach behauptete Krise des Sozialstaates ist auf die Beschäftigungslage zurückzuführen, da das Beschäftigungssystem die Grundlage des Systems sozialer Sicherheit

gibt. Da nach wie vor die Existenzsicherung von der Erwerbsarbeit abhängig ist, müsse alles getan werden, daß „Menschen im erwerbsfähigen Alter die Teilnahme am Erwerbsleben und damit an der Gestaltung der Gesellschaft ermöglicht wird."[69] „Arbeit für alle" blieb somit ein unaufgebbares sozialethisches Ziel. Dementsprechend wurde eine Vielzahl von Maßnahmen im Sinn aufeinander abgestimmter „Ziele für ‚integrierte' Lösungen"[70] vorgeschlagen. Das vorrangige Ziel der Schaffung wettbewerbsfähiger Arbeitsplätze im Rahmen einer Verbesserung der ökonomischen Rahmenbedingungen vor allem durch eine Stärkung der Innovationskräfte sei durch ergänzende Maßnahmen einer „gestaltende[n] Arbeitsmarktpolitik"[71] – hierzu zählten neben spezifischen Arbeitsvermittlungsangeboten und Qualifizierungsmaßnahmen auch verschiedene Formen einer Umverteilung und z.T. auch Kürzung der Arbeit[72] – zu unterstützen. Aus der biblisch-theologischen Tradition wurde in diesem Zusammenhang häufig an die Institution des Sabbatjahres (Ex. 23,10) – d.h. der Praxis eines Frei-Jahres im siebenjährigen Turnus - erinnert, die neue Perspektiven der Verteilung von Arbeit und Freizeit eröffnen könnte. Es handelt sich hier im Prinzip um eine Form der Verkürzung der Lebensarbeitszeit, die für einige Berufszweige bereits rechtlich ermöglicht ist. Schließlich ist, da davon auszugehen ist, daß Vollbeschäftigung über den regulären Arbeitsmarkt nicht mehr realisiert werden kann der planmäßige Aufbau öffentlich geförderter Arbeit in regionaler und lokaler Verantwortung abzusichern.[73]

„Öffentlich geförderte Arbeit ist (...) unverzichtbar, denn das Menschenrecht auf Arbeit kann in absehbarer Zeit nicht im Bereich des regulären Arbeitsmarktes allein verwirklicht werden."[74]

Es gelte daher, konsequent die verschiedenen Formen des zweiten Arbeitsmarktes auszubauen. Aufgrund des stärker werdenden Drucks des internationalen Wettbewerbs und der mit der technologischen Entwicklung einhergehenden Rationalisierungsdynamik werden an Arbeitnehmer immer höhere Ansprüche gestellt, so

---

darstellt. Daher ist die wichtigste Maßnahme zur Reform des Sozialstaates die Bekämpfung der Massenarbeitslosigkeit. Vgl. hierzu *Theodor Strohm*, Neue Anstrengungen der EKD zur Überwindung der Arbeitslosigkeit, in: ZEE Jg. 39 (1995), 306-309, bes. 307f.

[68] Zur wirtschaftlichen und sozialen Lage in Deutschland, Nr. 41; Gemeinsame Initiative – Arbeit für alle! Nr. 26.

[69] Ebenda, Nr. 9.

[70] *Strohm*, Neue Anstrengungen, 307.

[71] Gemeinsame Initiative – Arbeit für alle! Nr. 142.

[72] Vgl. ebenda, Nr. 151ff. Generell ist diesbezüglich zu bedenken, daß Teilzeitarbeit vielfach kein existenzsicherndes Einkommen verschafft und somit lediglich ergänzend zu weiteren Familieneinkommen oder sozialen Transfereinkommen hinzukommen kann. Eine weitgehende allgemeine Arbeitszeitverkürzung ohne Lohnminderungen schlägt u.a. der katholische Theologe *Friedhelm Hengsbach*, Wirtschaftsethik. Aufbruch, Konflikte, Perspektiven, Freiburg 1991, 134ff. vor, ohne jedoch die ökonomischen Realisierungschancen und -probleme dieser Forderung zu diskutieren. Hengsbach argumentiert hier allein vom Gesichtspunkt des Menschengerechten her.

[73] Vgl. Gemeinsame Initiative – Arbeit für alle! Nr. 141ff.; Nr. 180ff; vgl. auch: Zur wirtschaftlichen und sozialen Lage in Deutschland, Nr. 42ff. Vgl. Gemeinsame Initiative – Arbeit für alle! Nr. 180f.

[74] Für eine Zukunft in Solidarität und Gerechtigkeit. Wort des Rates der EKD und der DBK zur wirtschaftlichen und sozialen Lage in Deutschland, Hannover 1997, Nr. 174, 71.

daß der Arbeitsmarkt eine zentrifugale Dynamik entwickelt[75], die immer mehr Menschen, besonders solche, die an Belastungen oder Defiziten zu tragen haben, faktisch aussondert. Da allerdings auch dieser eher wachsenden Gruppe von schwierig oder schlecht vermittelbaren Arbeitnehmern ihr Recht auf tätige Mitverantwortung für die Realisierung der Mittel zum gemeinsamen Leben nicht verweigert werden darf, wird es in Zukunft immer mehr darauf ankommen, mit den Instrumentarien des Arbeitsförderungsgesetzes gezielt gemeinwirtschaftliche Arbeiten in einem zweiten Arbeitsmarkt zu fördern, die wegen fehlender privatwirtschaftlicher Rentabilität andernfalls unterbleiben würden. Dabei müßten die Förderungsbedingungen so gestaltet werden, daß die entstehenden zweiten, subventionierten Arbeitsmärkte, „nicht die Funktionsfähigkeit der primären, d.h. förderungsfreien, Arbeitsmärkte beeinträchtigen"[76]. Die bereits bestehenden Ansätze eines zweiten Arbeitsmarktes sollten in dieser Perspektive weiterentwickelt werden, um diejenigen, die zeitweilig oder dauerhaft mit ihrer Arbeitsleistung nicht über den regulären Arbeitsmarkt vermittelt werden können, dennoch an der allen Menschen aufgetragenen Fürsorge für diese Welt teilnehmen zu lassen. Darüber hinaus wurde von der EKD-Studie „Arbeit für alle!" eine in der Tradition des deutschen Korporatismus liegende, gemeinsam von den Tarifparteien, der Bundesregierung und der Bundesbank längerfristig zu planende konzertierte Aktion zur Bekämpfung der Arbeitslosigkeit eingefordert.[77] Dieses kurz skizzierte Bündel an Maßnahmen sollte dazu beitragen, Möglichkeiten aufzuzeigen, um das „ethisch begründete[s] und verpflichtende[s] Menschenrecht auf Arbeit"[78] zumindest annäherungsweise zu realisieren.

Die – mit Ausnahme der Sondersituation in der Nachkriegszeit – historisch in der Bundesrepublik bisher einzigartig hohe und lang anhaltende Massenarbeitslosigkeit hat – über die bisher geschilderten, in offiziellen Stellungnahmen der EKD aufgenommenen Vorschläge hinaus – dazu geführt, daß die These von der Krise der Arbeitsgesellschaft, der die Arbeit auszugehen droht[79], gerade auch in kirchlichen Kreisen weite Aufnahme gefunden hat. Vor dem Hintergrund dieser Situation entwickelte der „Kirchliche Dienst in der Arbeitswelt" bereits zu Beginn der 80er Jahre den Vorschlag einer teilweisen oder auch weitergehenden Entkoppelung von Erwerbsarbeit und Grundeinkommen.[80] Das Grundeinkommen, das sozialethisch mit „dem Recht eines jeden Menschen auf ein menschenwürdiges Le-

---

[75] Vgl. *Klaus Fütterer*, Streit um die Arbeit. Industriegesellschaft am Scheideweg, Stuttgart 1984, 56.
[76] Zur wirtschaftlichen und sozialen Lage in Deutschland, Nr. 44.
[77] Vgl. Zur wirtschaftlichen und sozialen Lage in Deutschland, Nr. 41.
[78] Ebenda, Nr. 53.
[79] Vgl. Kirchlicher Dienst in der Arbeitswelt, Die Zukunft der Arbeit – Überlegungen des KDA in der EKD, Vorlage für die EKD-Synode, Düsseldorf, 06.04.1982, in: EPD Nr. 49a/82. Gegenwärtig wird dieser Diskussionsansatz wieder verstärkt aufgenommen. Vollbeschäftigung gilt als nicht mehr zu realisierendes Ziel (Vgl. *Hans Ruh*, Arbeitsmarkt und Sozialstaat, in: ZEE Jg. 40 [1996], 205-210, bes. 205), so daß auch die Bedingungen sozialer Sicherung neu konzipiert werden müssen. Vgl. hierzu auch: *Warnfried Dettling*, Politik und Lebenswelt – Vom Wohlfahrtsstaat zur Wohlfahrtsgesellschaft, Gütersloh 1995, 89ff.
[80] Vgl. KDA, Die Zukunft der Arbeit, 5 ff. Diesen Vorschlag hat zu Beginn der 90er Jahre u.a. *Claus Offe*, Vollbeschäftigung? Zur Kritik einer falsch gestellten Frage, in: Gewerkschaftliche Monatshefte 12/1994, 804f aufgenommen.

ben"⁸¹ begründet wird, ist als ein prinzipiell allen Bürgern zustehender, ausreichender und sozial gerechter Verteilungsanteil am Volkseinkommen zu verstehen, zu dem dann Arbeitseinkommen, Vermögenseinkommen oder weitere Verteilungsleistungen hinzukommen könnten. Allerdings sind zu diesen Forderungen, die innerkirchlich eine Minderheitenposition darstellen, bisher nur wenig ausgereifte Vorschläge im Umfeld des Protestantismus entwickelt worden.

c) Der „Konziliare Prozeß" der Kirchen für „Gerechtigkeit, Frieden und Bewahrung der Schöpfung" als sozialethischer Kristallisationspunkt der achtziger Jahre

Die gesellschaftlichen Herausforderungen der ökologischen Bedrohung und der Massenarbeitslosigkeit wurden seit dem Beginn der achtziger Jahre innerkirchlich auf einem qualitativ neuen Niveau erörtert. Die VI. Vollversammlung des Ökumenischen Rates der Kirchen (ÖRK) 1983 in Vancouver hatte die Mitgliedskirchen dazu aufgefordert, in einen „konziliaren Prozeß gegenseitiger Verpflichtung für Gerechtigkeit, Frieden und Bewahrung der Schöpfung" einzutreten. Am Beginn dieses Prozesses stand eine prophetische, im Rückblick beurteilt „nahezu apokalyptische Interpretation"⁸² der Gegenwart: Man sah angesichts der ökologischen Gefahren, vor allem aber auf Grund des sich zu Beginn der achtziger Jahre dramatisch verschärfenden atomaren Rüstungswettlaufs zwischen den Blöcken NATO und Warschauer Pakt die Menschheit in ihrem Überleben bedroht. Mit der Verpflichtung für einen „Konziliaren Prozeß" sollten die Mitgliedskirchen motiviert werden, verbindliche Verpflichtungen im Sinn eines Bundesschlusses vor Gott und untereinander zu übernehmen.

„Wir rufen die Kirchen heute auf (...) ihre Anstrengungen zu verstärken, zu einem gemeinsamen Zeugnis in einer gespaltenen Welt zu finden, sich mit neuer Kraft den Bedrohungen für den Frieden und das Überleben entgegenzustellen und sich für Gerechtigkeit und Menschenwürde einzusetzen."⁸³

Während in den Ländern des Südens im Kontext befreiungstheologischer Impulse vor allem Fragen der Gerechtigkeit angesichts der Marginalisierung von Menschen und elementarer Verletzungen der Menschenrechte in den Mittelpunkt gestellt wurden, konzentrierte sich die europäische Diskussion während der achtziger Jahre zunehmend auf die Friedensthematik, wie es der Aufruf von *Carl Friedrich von Weizsäcker* auf dem Düsseldorfer Kirchentag im Juni 1985 zu einem weltweiten Friedenskonzil exemplarisch zum Ausdruck bracht haben.⁸⁴

---

⁸¹ *Fütterer*, Streit um die Arbeit, 102; vgl. auch *Spiegel*, Wirtschaftsethik und Wirtschaftspraxis – ein wachsender Widerspruch?, Stuttgart 1992, 39.
⁸² *Konrad Raiser*, Für eine Kultur des Lebens – Überlegungen zur Weiterführung des konziliaren Prozesses, in: *Traugott Jähnichen/Michael Nelson* (Hrsg.), Die Frucht der Gerechtigkeit wird Frieden sein, Waltrop 1998, 151.
⁸³ Erklärung der 6. Vollversammlung des ÖRK Vancouver 1983 zu Frieden und Gerechtigkeit, in: Der Überblick, Jg. 19 (1983), Heft 3, 3-6.
⁸⁴ *Michael Schibilsky* u.a. (Hrsg.), Gerechtigkeit – Frieden – Bewahrung der Schöpfung. Ein Werkbuch für die Gemeinde, Düsseldorf 1990, 17.

Carl Friedrich von Weizsäcker appellierte an die Kirchen der Welt, „ein Konzil des Friedens" einzuberufen, um ein „Wort zu sagen, das die Menschheit nicht überhören kann."

Speziell in Deutschland wurden der Aufruf *Weizsäckers* und der konziliare Prozeß des ÖRK breit rezipiert. Eine Vielzahl kirchlicher Konsultationen zur Vorbereitung der vom ÖRK für das Jahr 1990 in Seoul einberufenen Weltversammlung für Gerechtigkeit, Frieden und Bewahrung der Schöpfung sensibilisierte die kirchliche und die öffentliche Meinung für die Themenstellungen des konziliaren Prozesses, mit dem deutlichen Themenschwerpunkt „Frieden".

Eine besondere Bedeutung erlangten diese Initiativen in der DDR, wo die seit Beginn der achtziger Jahre entstehende kirchliche Friedensbewegung durch den „Konziliaren Prozeß", dessen Ziele sich der DDR-Kirchenbund zu eigen gemacht hatte, einen wichtigen Rückhalt fanden. Von diesem Prozeß ging nicht zuletzt ein starker Veränderungsdruck auf die politischen und gesellschaftlichen Verhältnisse in der DDR aus, wie es verschiedene Erklärungen der ökumenischen Versammlung von Dresden im April 1989 trotz relativ vorsichtiger Formulierungen zum Ausdruck gebracht hat. In dem „Wort" der Versammlung werden drei Orientierungen genannt:

„Wir bekennen uns zu unserer vorrangigen Verpflichtungen, Gerechtigkeit für alle Benachteiligten und Unterdrückten zu schaffen: Wir bekennen uns zu unserer vorrangigen Verpflichtung, dem Frieden mit gewaltfreien Mitteln zu dienen: Wir bekennen uns zu unserer vorrangigen Verpflichtung, Leben auf dieser Erde zu schützen und zu fördern."[85]

In den Konkretionen der zwölf Ergebnistexte der Versammlung wurden u.a. die Praxis der Friedenserziehung und der Vormilitärischen Ausbildung der DDR offen kritisiert. An einer eher versteckten Stelle forderte man aber auch demokratische Teilhaberechte und Offenheit in der DDR ein:

„Wenn das Verantwortungsbewußtsein für den Umweltschutz und eine neue Lebensweise in der Gesellschaft wachsen soll, brauchen wir mehr Offenheit und Möglichkeiten der Beteiligung an den Entscheidungsprozessen. Deshalb sind wir angewiesen auf die Entwicklung offener Beziehungen in der Gesellschaft."[86]

Diese vorbereitende Arbeit vieler kirchlicher Gruppen in der DDR im Kontext des „Konziliaren Prozesses" entfaltete dann im Herbst 1989 unter dem Eindruck der Veränderungen in der Sowjetunion und der offenkundig werdenden inneren Schwäche der Staaten des Warschauer Paktes eine eigene Dynamik. Die evangelische Kirche bot mehr und mehr

„die Aktionsbasis für die gesellschaftskritischen Gruppen, die sich nur unter dem Dach der Kirche formieren konnten. Die Demonstrationen begannen in den Friedensgebeten, die in vielen Kirchen schon vorher eine feste Einrichtung waren"[87].

---

[85] Wort der Ökumenischen Versammlung, 26.-30.04.1989 in Dresden, in: EPD-Dokumentation Nr. 21/89, Frankfurt 1989, 1.
[86] Ökumenische Versammlung Dresden: „Auf der Suche nach einer neuen Lebensweise in der bedrohten Schöpfung", in: Ebenda, 56.
[87] *Heino Falcke*, Gesellschaft und Kirchen der DDR im demokratischen Wandel. Bericht im März 1990, in: *Walter Sparn* (Hrsg.), Wieviel Religion braucht der deutsche Staat? Politisches Christentum zwischen Reaktion und Revolution, Gütersloh 1992, 27f.

Die Hoffnungen vieler Christen und anderer Bürgerrechtler in der DDR auf einen „verbesserlichen Sozialismus"[88] wurden zwar enttäuscht, es gelang aber eine friedliche Überwindung des diktatorischen SED-Systems, so daß verschiedentlich von einer „protestantischen Revolution"[89] gesprochen worden ist.

Die Weltversammlung des „Konziliaren Prozesses" in Seoul hat die hoch gespannten Erwartungen nicht erfüllen können. Die zehn „Grundüberzeugungen" des Schlußdokuments sind eher ein appellativer „Aufruf zu Bekenntnis und Widerstand"[90] denn eine weiterführende theologisch-sozialethische Analyse. Vor allem aber ist auf die durch das Jahr 1989 markierten Veränderungen und die sich in den Umgestaltungsprozessen Osteuropas ausdrückenden Bemühungen um Freiheitsrechte und Rechtsstaatlichkeit kaum eingegangen worden.[91]

Eine weiterführende Perspektive ist von der sozialethischen Studienarbeit des ÖRK im Umfeld des „Konziliaren Prozesses" unter dem Gesichtspunkt der Gerechtigkeit im Geschlechterverhältnis entwickelt worden. Es wurde zwischen 1988 und 1998 eine Dekade zum Thema „Kirche in Solidarität mit den Frauen" durchgeführt. Im Mittelpunkt der inhaltlichen Arbeit standen die Aufdeckung und Überwindung von Gewalt gegen Frauen, wobei vor allem Formen sexueller Gewalt gegen Frauen thematisiert wurden.

Die Weiterführung des konziliaren Prozesses sowie die sozialethischen Studienarbeit des ÖRK konzentrieren sich auf die Erarbeitung einer „Theologie des Lebens". Auf diese Weise sollen die bisherigen Positionen, die „wesentlich durch Widerstand, Absage oder Verweigerung definiert" werden und damit „eingebunden in die Voraussetzungen der Gegenposition"[92] bleiben, überwunden werden. Dies nötigt vor allem zu theologischen Grundlagenreflexionen, um eine „Neuorientierung unserer Werte und Einstellungen, Normen und Institutionen"[93] zu erarbeiten. Angestrebt wird die Entwicklung einer

„neuen Kultur der Solidarität und des Teilens der aktiven Gewaltfreiheit und des Respekts für die Rechte der Natur und allem geschaffenen Lebens."[94]

---

[88] Diese Formel hat der Propst der Evangelischen Kirche der Kirchenprovinz Sachsen, *Falcke*, seit Anfang der siebziger Jahre verschiedentlich geäußert, sie spielte auch im Herbst 1989/Frühjahr 1990 noch eine wichtige Rolle. Vgl. *Falcke*, Gesellschaft und Kirchen der DDR, 29f. Sozialethische Konkretionen dieser Formel wurden kaum erarbeitet, sie diente vielmehr der kritischen Solidarität und dem Willen zur Veränderung der DDR-Gesellschaft.
[89] Vgl. *Rendtorff* (Hrsg.), Protestantische Revolution? Kirche und Theologie in der DDR: Ekklesiologische Voraussetzungen, politischer Kontext, theologische und historische Kriterien, Göttingen 1992.
[90] *Raiser*, Für eine Kultur des Lebens, 157.
[91] Vgl. die entsprechende Kritik von *Brakelmann*, Ökumene im politischen Abseits, in: Der Konziliare Prozeß – Anstöße und Illusionen (Sonderdruck des Arbeitskreises „Sicherung des Friedens"), Bonn 1991, 7-25.
[92] *Raiser*, Für eine Kultur des Lebens, 156.
[93] Ebenda.
[94] Ebenda.

III. Zwischen befreiungstheologischer Grundsatzkritik und verantwortungsethischem Gestaltungsauftrag – Sozialethische Positionen des Protestantismus in der Gegenwart

1. Befreiungstheologisch motivierte Wirtschaftskritik im Kontext einer „Option für die Armen"

Die befreiungstheologische Perspektive hat sich in der Sozialethik der Ökumene seit den achtziger Jahren durchgesetzt. In einer wichtigen ökumenischen Erklärung wird die Dependenztheorie und damit die befreiungstheologische Perspektive erstmals explizit in der Stellungnahme der Vollversammlung des Ökumenischen Rates der Kirche in Vancouver 1983 aufgenommen:

„Die Wirtschaftsordnung, die hauptsächlich von transnationalen Konzernen beherrscht wird, ordnet die Wirtschaftssysteme des Südens denen des Nordens unter und macht sie abhängig."[95]

Diese Analyse prägt seither weitgehend die ökumenischen Stellungnahmen, so auch das wirtschaftsethische Studiendokument des ÖRK „Der christliche Glaube und die heutige Weltwirtschaft". Ausgehend von dem „Wunsch nach einer Umgestaltung der Wirtschaft"[96] wird die „vorrangige Option für die Armen"[97] als Kernforderung dieser Stellungnahme expliziert. Gegen die globalen Konzepte der Expertenlogik, denen man ein weitgehendes Versagen angesichts der drängenden Problembereiche von sozialen und ökologischen Zerstörungen attestiert, fordert das Papier eine Berücksichtigung unterschiedlicher Wahrnehmungslogiken und Kontexte, wobei Arme und Benachteiligte als gleichberechtigte Gesprächspartner integriert sein müssen.[98] In diesem Sinn komme es wesentlich darauf an, „in einer Welt, die zunehmend in die gespalten ist, die Zugang zu den Entscheidungsprozessen haben, und die, die davon ausgeschlossen sind, die Mitbestimmung der Menschen an Entscheidungen [zu] fördern, die ihr Leben betreffen"[99].

Eine besondere Rolle spielt die Spiritualität im Rahmen der ökumenischen Sozialethik, die auf der religiösen Ebene zum Widerstand gegen die politischen und ökonomischen Machtzentren ermutigen soll. Insbesondere die biblischen Zeugnisse gegen den Götzendienst im Alten und im Neuen Testament werden aufgenommen und in eine enge Beziehung zur eigenen Situation gesetzt:

„Der Götzendienst ist auch unsere tiefste Erfahrung, wenn wir unseren Glauben an den Gott Jesu Christi in der gegenwärtigen Lage äußerster Unterdrückung auf unserem Kontinent leben, äußern und mitteilen wollen. Wir leben in einer Welt voller Götzendienst im wirtschaft-

---

[95] epd-Dokumentation Nr. 46, 1983, 13.
[96] Der christliche Glaube und die heutige Weltwirtschaft. Ein Studiendokument des Ökumenischen Rates der Kirchen, Genf 1992, 7.
[97] Ebenda, 46. Das bestehende Wirtschaftssystem wird pauschal als „ungerechte Anhäufung von Reichtum und Macht" (ebenda) kritisiert.
[98] *Martin Robra*, Ökumenische Sozialethik, Gütersloh 1994.
[99] Der christliche Glaube und die heutige Weltwirtschaft, 33.

lichen, im gesellschaftlichen, im politischen, im kulturell-ideologischen und im religiösen Bereich. Wir leben zertreten von den Götzen eines unterdrückenden und ungerechten Systems. In einem solchen Kontext den Glauben zu bekunden, ist keine lediglich (...) persönliche Angelegenheit, sondern beinhaltet notwendigerweise, dem System die Stirn zu bieten. Der Götzendienst ist ein politisches Problem und ein Glaubensproblem."[100]

In dieser Profilierung ist die „Götzenkritik" zu einem wesentlichen Bestandteil befreiungstheologischer Analysen geworden.

Die hier vorgenommene Theologisierung gesellschaftlicher Sachverhalte bedeutet gegenüber der herkömmlichen Wirtschaftsethik im europäischen Kontext ein neues Element. Nur vereinzelt ist sie bisher in der deutschsprachigen Wirtschaftsethik aufgenommen worden.[101] Eine Bewertung solcher Aussagen fällt nicht leicht, da sie zumeist im Kontext von tiefen Leiderfahrungen von Menschen in den Ländern des Südens formuliert worden sind. Insofern sind sie vor allem als herausfordernde Glaubensaussagen zu respektieren.

Dabei wird von lateinamerikanischen Theologen insbesondere das Marktsystem als „Götze Markt"[102] einer fundamentalen Kritik unterzogen. Zu beachten ist hier, daß diese Marktkritik sich vor allem auf die Situation der lateinamerikanischen Staaten bezieht, wo „die gesamte Gesellschaft nur noch in Kategorien des Marktes definiert wird."[103] Eine prinzipielle und grundsätzliche Kritik jeder Form von Marktwirtschaft ist damit nicht intendiert, wie es *Franz Hinkelammert* selbst bestätigt, wenn er die Marktallokation wirtschaftlichen Handelns im Fall einer politisch durchzusetzenden, komplementären Zuordnung zu Planungselementen als „dynamisierende dezentrale Kraft"[104] durchaus positiv würdigen kann. Da auch das ÖRK-Studiendokument „Der christliche Glaube und die heutige Weltwirtschaft" den Marktmechanismus nicht beseitigen, sondern durch ein „Sicherheitsnetz" mit „weitreichenden sozialen und umweltschützenden Maßnahmen"[105] regulieren will, läßt sich zumindest im Blick auf diese grundsätzliche ordnungspolitische Option eine gewisse Nähe zur deutschsprachigen Sozialethik aufweisen.

Einen systematischen Entwurf einer Wirtschaftsethik in der Perspektive des befreiungstheologischen Ansatzes hat für den deutschsprachigen Raum *Ulrich Duchrow* (1935) vorgelegt. Systematischer Ausgangspunkt seiner Überlegungen ist die Frage nach einem letzten Bezugs- und Bewertungspunkt gesellschaftlicher Institutionen. Die hier gefällten Grundentscheidungen einer Gesellschaft versucht *Duchrow* an Hand von biblischen Handlungsoptionen zu belegen, welche mit den Herausforderungen gegenwärtiger Gesellschaftsstrukturen konfrontiert werden. Damit ist sein theologisch-sozialethisches Programm skizziert: es geht darum,

---

[100] *Pablo Richard*, Unser Kampf richtet sich gegen die Götzen, in: *Hugo Assmann* u.a., Die Götzen der Unterdrückung und der befreiende Gott, Münster 1984, 11-38, Zitat 37.
[101] Vgl. *Ulrich Duchrow*, Alternativen zur kapitalistischen Weltwirtschaft. Biblische Erinnerung und politische Ansätze zur Überwindung einer lebensbedrohenden Ökonomie, Gütersloh 1994, 112 ff.; *Marquardt*, Gott oder Mammon aber: Theologie und Ökonomie bei Martin Luther, in: Einwürfe Nr. 1, München 1983, 176-216.
[102] Vgl. *Assmann/Franz Hinkelammert*, Götze Markt, Düsseldorf 1992; vgl. auch: *Robra*, Ökumenische Sozialethik, 216ff.
[103] *Hinkelammert*, Der Glaube Abrahams und der Ödipus des Westens. Opfermythen im christlichen Abendland, Münster 1989, 196.
[104] Ebenda, 209.
[105] Der christliche Glaube und die heutige Weltwirtschaft, 42.

„die sozio-ökonomischen und politischen Strukturen und Verhaltensweisen (...) als Entscheidung für oder gegen Gott aufzufassen (...) Die Gesellschaftsfrage wird theologisiert"[106].

In dieser Perspektive erarbeitet *Duchrow* einen sozialgeschichtlich orientierten Überblick von der Entstehung Israels als alternativer Kontrastgesellschaft bis zur Jesusbewegung und den messianischen Gemeinden. Vor diesem Hintergrund werden die folgenden drei Optionen als legitime Ansätze heutigen Kircheseins entfaltet:

„1. Die Zähmung politisch-ökonomischer Machtstrukturen durch Prophetie und Recht (...)
2. Die exemplarisch transformierte Gesellschaft in einer Nische der Weltreiche (...)
3. Verweigerung gegenüber totalitären Systemen und vernetzte Alternativen im Kleinen"[107].

Da in der gegenwärtigen Situation die zweite Option nicht realisierbar ist, plädiert *Durchow* für eine Doppelstrategie, die sich an den Optionen Nr. 1 und Nr. 3 zu orientieren hat. Im Rahmen der von ihm erörterten Handlungsperspektiven steht allerdings die Option der Verweigerung und der vernetzten Alternativen im Kleinen deutlich im Mittelpunkt. Demgegenüber gelingt der Aufweis einer reformorientierten Wirtschaftspolitik, durch welche die Option der Zähmung der politisch-ökonomischen Machtstrukturen konkretisiert werden soll, kaum. Hier bleibt es in seinen Darstellungen bei einer kaum operationalisierbaren Gegenüberstellung von „Ist"-Beschreibungen und „Soll"-Forderungen. Konkrete ökonomisch begründbare Zwischenschritte werden kaum aufgezeigt. Diese Schwäche resultiert wohl nicht zuletzt aus der von *Duchrow* konzipierten Theologisierung der Gesellschaftsfrage. Er führt die Alternative von „Gott" und „Götze" so ein, daß es bei den von ihm dargestellten ökonomischen Fragen fast durchgängig nur ein bekenntnishaftes „Entweder – Oder" geben kann. Die sozialethische Suche nach einem Komparativ, nach den graduell verbesserten Lösungen, die durchaus auch Kompromisse einschließt, ist hier kaum mehr möglich.[108]

Aber auch aus theologischen Gründen ist der Ansatz der „Theologisierung der Gesellschaft" bzw. der „Götzenkritik" ökonomischer Strukturen kritisch zu reflektieren. Auf der Ebene sozialethischer Reflexionen ist ein solches Vorgehen problematisch, da die Ebenen politischer, ökonomischer und theologischer Argumentation auf diese Weise kaum hinreichend unterschieden werden können. Allerdings ist überall dort, wo sich im Rahmen ökonomischen Handelns – und genauso in allen anderen gesellschaftlichen Zusammenhängen – totalitäre Elemente aufweisen lassen, eine grundsätzliche theologische Kritik im Sinn des ersten Gebotes durchaus geboten. Insofern kann sich unter bestimmten Bedingungen auch die Thematik der (Welt-) Wirtschaft als ein Feld der Bekennenden Kirche erweisen.[109] Es ist jedoch in solch einem Fall notwendig, genau zu prüfen, ob und inwiefern „Götzen" im Sinn totalitärer Konkurrenzgrößen zu dem biblischen Gott zu identifizieren sind. Zudem darf sich theologische Wirtschaftsethik nicht

---

[106] *Duchrow*, Alternativen, 133.
[107] Ebenda, 199.
[108] Eine solche Suche wird von *Duchrow* vielmehr, wie in seiner Auseinandersetzung mit der EKD-Denkschrift „Gemeinwohl und Eigennutz" deutlich wird (Vgl. ebenda, 224), als Verweigerung einer Entscheidung interpretiert.
[109] Die Tradition der Bekennenden Kirche macht *Duchrow* in seinem Buch „Weltwirtschaft heute – Ein Feld für Bekennende Kirche?", München 1986 für diese Thematik fruchtbar.

in einer möglichen „Götzenkritik" erschöpfen, da sonst die Gefahr besteht, allein in der Infragestellung gegebener Wirklichkeit und letztlich in der reinen Negation zu verharren. Demgegenüber ist mit Nachdruck auf die christliche Verantwortung für eine konstruktive Gestaltung wirtschaftlichen Handelns hinzuweisen[110], wie sie für den Bereich des deutschsprachigen Protestantismus in geradezu klassischer Weise der Zürcher Sozialethiker *Arthur Rich* im Rahmen seiner Wirtschaftsethik[111] ausgeführt hat.

2. *Artur Richs* Konzeption einer „Humanität aus Glaube, Liebe und Hoffnung" als wegweisender Ansatz evangelischer Sozial- und Wirtschaftsethik

Eine grundsätzliche theologisch-sozialethische Kritik und Würdigung der ordnungspolitischen Grundsysteme wirtschaftlichen Handelns hat *Arthur Rich* erarbeitet, der damit die theologische Wirtschaftsethik auf ein neues qualitatives Niveau gebracht hat.[112] *Rich* (1910-1992) war zunächst von der religiös-sozialen Bewegung der Schweiz um *Leonhard Ragaz*[113] geprägt und stellte sich die Aufgabe, deren prophetische Gesellschaftskritik und Sozialismusdeutung durch eine analytisch arbeitende Sozialethik zu transformieren. In diesem Sinn wirkte er seit 1954 als Systematischer Theologe in Zürich. Als Mitglied der Sozialkammer der EKD von 1970-1980 beeinflußte er die kirchlichen Verlautbarungen jener Zeit. *Rich* interpretiert Sozialethik als die Suche nach einer „humanen Ordnung der Gesellschaft"[114]. Mit dieser Bestimmung wird vorausgesetzt, daß jede Gesellschaft als eine geordnete zu interpretieren ist, wobei sie in theologisch-sozialethischer Perspektive an den Forderungen des Humanen zu messen ist. Die in der Realität vorhandenen oder auch theoretisch denkbaren Ordnungsmöglichkeiten sind anhand der theologisch zu erarbeitenden Kriterien des Menschengerechten zu bewerten. Sozialethische Aussagen über ein gesellschaftliches Ordnungssystem bzw. über eine Problemstellung enthalten in dieser Perspektive somit deskriptive Beschreibungen des Sachgerechten wie auch präskriptive Urteile des Menschengerechten, die „logisch vernünftig und mithin kommunikabel aufeinander zu beziehen"[115] sind. Von diesem Grundansatz her, der als „kriteriale Situationsethik"[116] bezeichnet werden kann, ist die Wirtschaftsethik Richs zu interpretieren.[117]

---

[110] Vgl. hierzu die Ortsbestimmung evangelischer Sozialethik von *Dahm*, Zwischen Götzenkritik und Gestaltungsauftrag. Die evangelische Sozialethik auf dem Weg in das neue Jahrtausend, in: Jahrbuch für Christliche Sozialwissenschaften Jg. 32 (1991), 133-154.
[111] Vgl. *Rich*, Wirtschaftsethik, Bd. I und II, Gütersloh 1984 bzw. 1990.
[112] Vgl. *Dahm*, 5 Thesen zum religiösen Sozialismus, in: Evangelische Akademie Baden (Hrsg.), Roter Himmel auf Erden? Der religiöse Sozialismus, Karlsruhe 1994, 67-70.
[113] Vgl. *Strohm*, Arthur Richs Bedeutung für die Wirtschafts- und Sozialethik, in: ZEE Jg. 34 (1990), 192-197, bes. 192f; vgl. zu *Ragaz Eduard Buess/Markus Mattmüller*, Prophetischer Sozialismus. Blumhard – Ragaz – Barth, Freiburg (CH) 1986, 65ff. 110ff. 153ff.
[114] *Rich*, Sozialethische Kriterien und Maximen humaner Gesellschaftsgestaltung, in: Religiöser Sozialismus und Wirtschaftsordnung, hrsg. von *Siegfried Katterle/Rich*, Gütersloh 1980, 10-30, Zitat 11.
[115] *Rich*, Wirtschaftsethik, I.,12.
[116] *Strohm*, Arthur Richs Bedeutung, 193.
[117] Vgl. *Jähnichen*, Sozialer Protestantismus und moderne Wirtschaftskultur, Münster 1998, 29ff., 43f.

Ausgangspunkt zur Bestimmung des Menschengerechten ist nach *Rich* die Humanität aus Glauben, Hoffnung und Liebe, wie sie im Neuen Testament bezeugt ist.[118] Da Glauben, Hoffnung und Liebe einen allgemeinmenschlichen Erfahrungshorizont bezeichnen und gleichzeitig die spezifisch christliche Fassung der Humanität in diesen Begriffen ausgesagt werden kann, läßt sich in diesem Horizont eine theologisch begründete und zugleich allgemein kommunikable Fassung des Menschenrechten erarbeiten. Indem *Rich* seinen theologischen Ansatz zur Beschreibung der Humanität aus Glauben, Hoffnung und Liebe als „existentialeschatologisch"[119] beschreibt, kommt der christlichen Hoffnung auf das Reich Gottes eine zentrale Bedeutung zu. Dabei geht es ihm in sozialethischer Perspektive darum, sich in der Hoffnung auf das Reich Gottes weder mit dem strukturell Bösen in der bestehenden Welt zu arrangieren noch das Reich Gottes im Sinn einer Utopie als das Ziel einer „göttlich-vollkommenen Welt"[120] zu verstehen. Dementsprechend stellt sich die Humanität aus Glauben, Hoffnung und Liebe wesentlich dem Problem, daß es „im Vorletzten nur vorletzte, im Relativen nur relative Lösungen gibt, weil das Absolute, das Letzte, eben das Reich Gottes als die von Gott her kommende Wirklichkeit jenseits von allem Machbaren steht."[121] In diesem Sinn hat *Rich* Kriterien entwickelt, welche die so beschriebene Humanität näher erklären.

Vor diesem Hintergrund ergeben sich als wesentliche Bestimmungen des Menschengerechten die Kriterien der Geschöpflichkeit, der Mitmenschlichkeit, der Mitgeschöpflichkeit, der Partizipation, der kritischen Distanz, der relativen Rezeption und – als Meta-Kriterium – das der Relationalität, das zu einem „menschengerechten Umgang mit den ethischen Werten oder Tugenden, wie sie im allgemeinmenschlichen Erfahrungshorizont begegnen"[122] Aufgrund ihrer eschatologischen Grundausrichtung hält die Humanität aus Glauben, Hoffnung und Liebe stets eine kritische Distanz zur bestehenden Welt, ohne jedoch einem „bloßen Negativismus"[123] zu verfallen. Dementsprechend geht es positiv um eine „relative Rezeption des Relativen, Unvollkommenen, Vorletzten"[124], so daß innerhalb des Bestehenden nach der relativ „besseren, den Kriterien des Menschengerechten mehr entsprechende[n] Gerechtigkeit"[125] zu suchen ist. In engster Nähe zu den Kriterien der kritischen Distanz und der relativen Rezeption steht das Kriterium der Relationalität. Der christliche Glaube nimmt in dieser Perspektive die in der Lebenswelt aufweisbaren ethischen Werte im Sinn der kritischen Distanz so auf, daß kein einzelner Wert verabsolutiert, sondern in bezug auf das Ganze der Menschlichkeit, wie sie in Jesus Christus offenbar geworden ist, relational zu jeweils anderen Werten verstanden wird.

„Der tiefere Sinn der Relationalität der ethischen Grundwerte, wie sie in unserer Erfahrungswelt begegnen, ist darin zu sehen, daß sich auf keinen von ihnen die wahre und wirkliche

---

[118] Vgl. *Rich*, Wirtschaftsethik I, 105ff.
[119] Vgl. ebenda, 162ff.
[120] *Ders.*, Wirtschaftsethik, Bd. II. Marktwirtschaft, Planwirtschaft, Weltwirtschaft aus sozialethischer Sicht, Gütersloh 1990, 373.
[121] Ebenda.
[122] Ebenda, 184.
[123] Ebenda, 182.
[124] Ebenda.
[125] Ebenda, 184.

Humanität reduzieren läßt, auch dann nicht, wenn man solche Werte additiv nebeneinander stellt, wie in der Devise der Französischen Revolutio: Freiheit, Gleichheit, Brüderlichkeit (...). Das Ganze, worin sie ihre Einheit finden, ist die Humanität aus Glauben, Hoffnung, Liebe. Dieses Ganze können sie nie selber sein. Aber sie können auf es verweisen, allerdings nur dann, wenn sie sich relational verstehen, also nicht sich selbst zum Ganzen und damit zum Heilenden und Rettenden machen wollen."[126]

Das Kriterium der Geschöpflichkeit thematisiert im Gegensatz zu jeder prometheischen Selbstüberhebung ein angemessenes Selbstverständnis des Menschen in dieser Welt, welches in engstem Zusammenhang mit dem Kriterium der Mitgeschöpflichkeit die menschliche „Schicksalsgemeinschaft mit der übrigen Schöpfung"[127] zum Ausdruck bringt. Mit dem Kriterium der Mitmenschlichkeit erörtert *Rich* schließlich den „wesenhaft dialogischen Charakter"[128] des Menschseins, der auf der Ebene institutionell vermittelter Interaktionen im Horizont des Kriteriums der Partizipation darzustellen ist.[129]

Diese Kriterien des Menschengerechten in der Perspektive einer Humanität aus Glauben, Hoffnung und Liebe will *Rich* als elementare „Bedingungen der gesellschaftlichen Gerechtigkeit"[130] verstehen, indem sie im Rahmen einer normenkritischen Klärung der bestehenden oder geforderten gesellschaftlichen Ordnungskonzeptionen eingebracht werden. Aus diesem Zusammenspiel der sich an dem Maßstab des Sachgerechten orientierenden Sichtung von Ordnungskonzepten und der Kriterien des Menschengerechten entwickelt *Rich*

„konkrete Folgerungen, operationale Richtpunkte der Beurteilung und Entscheidung und damit Praxis ermöglichende Handlungsweisungen (...), die in unserer Terminologie Maximen heißen"[131].

Mit dem Ziel des Aufweises solcher Maximen hat *Rich* insbesondere die ordnungspolitischen Grundsysteme wirtschaftlichen Handelns untersucht. Er interpretiert das marktwirtschaftliche und das zentralverwaltungswirtschaftliche Grundsystem als die zwei prinzipiell möglichen ordnungspolitischen Alternativen.[132] In striktem Widerspruch zu jeder Ideologisierung beider Ordnungssysteme zeigt er auf, daß sowohl aus Gründen des Menschengerechten wie auch des Sachgemäßen eine Relativierung der beiden Grundsysteme zwingend notwendig ist.[133] Da allerdings eine Synthese beider Grundsysteme aus sachlichen Gründen nicht möglich ist, gilt es, sich für eines der beiden Grundsysteme zu entscheiden: Entweder für eine durch Marktelemente relativierte Zentralverwaltungswirtschaft oder für eine durch Planelemente und Regulierungen modifizierte Marktwirtschaft. Aus sachlichen Gründen, insbesondere weil nach *Rich* eine Zentralver-

---

[126] *Rich*, Wirtschaftsethik I, 188f.
[127] Ebenda, 194.
[128] Ebenda 193.
[129] Vgl. ebenda, 196ff.
[130] Ebenda, 201. *Strohm*, Arthur Richs Bedeutung, 195 erläutert, daß *Rich* die insbesondere in der ökumenischen Diskussion verwendeten Kategorien wie „Freiheit", „Gerechtigkeit" u.a. nicht aufgegriffen hat, sondern bemüht ist, „solche Grundprinzipien oder Ideale bereits herunterzuholen auf die Ebene operationalen Handelns, indem er sie zerlegt und interpretiert."
[131] *Rich*, Sozialethische Kriterien und Maximen humaner Gesellschaftsgestaltung, 22.
[132] Vgl. *Rich*, Wirtschaftsethik II, 176ff.
[133] Vgl. *Rich*, Wirtschaftsethik II, 201ff. 224ff. 256f.

waltungswirtschaft „nicht wirklich relativierbar"[134] ist, optiert *Rich* grundsätzlich für eine planmodifizierte Marktwirtschaft, wobei er verschiedene reale wie auch theoretisch formulierte Ordnungsgestalten der Marktwirtschaft eingehend untersucht.[135] Die von *Rich* auf dem Hintergrund dieser Analysen entwickelten Maximen zur Ordnungsgestalt wirtschaftlichen Handelns können als die sowohl ökonomisch wie auch sozialethisch gehaltvollste theologische Reflexion dieses Sachverhaltes bezeichnet werden.[136]

Dem Markt mit dem Kernstück des Wettbewerbs, der die Gewinninteressen der Unternehmer wie der Produzenten begrenzt, kommt aufgrund der überlegenen Funktionsweise als Ordnungssystem eine konstitutive Rolle zu, die jedoch subsidiär zu regulieren ist, wobei den genannten Kriterien des Menschengerechten und den Sinnzwecken des Wirtschaftens – dem Wohlfahrtsinteresse, sowie dem humanen, dem sozialen und dem ökologischen Sinnzweck wirtschaftlichen Handelns – eine normierende Funktion beizumessen ist. Solche Regulative haben nach *Rich* die Aufgabe, die konjunkturellen, strukturellen und die ökologischen Instabilitäten der Marktwirtschaft zu minimieren und durch die Schaffung eines sozialen Netzes sowie durch die Eröffnung von Partizipationsmöglichkeiten der Arbeitenden im Rahmen des Erwerbsprozesses die elementaren humanen und sozialen Bedürfnisse der Menschen zu befriedigen. Vor dem Hintergrund dieser Maximen hält *Rich* die soziale Marktwirtschaft im Horizont der Humanität aus Glauben, Hoffnung und Liebe für rezipierbar, zeigt jedoch gleichzeitig „die Notwendigkeit einer Weiterentwicklung der sozialen Marktwirtschaft"[137] auf. Als die dringendsten Herausforderungen des Konzepts der sozialen Marktwirtschaft sieht er die Probleme der Konzentration wirtschaftlicher Macht sowie die Umweltprobleme an. Insofern gilt es, die soziale Marktwirtschaft durch verschiedene Reformimpulse – *Rich* nennt hier beispielhaft das an *Ota Sik* angelehnte Modell der human-reformierten Marktwirtschaft sowie Konzepte einer ökologisch regulierten Marktwirtschaft – konstruktiv weiter zu entwickeln.[138]

Diese Impulse könnten „geeignet sein, das Problem der Markt-Plankopplung im Interesse der Minimierung der konjunkturellen, strukturellen und ökologischen Instabilitäten, das Problem der Konzentration wirtschaftlicher Macht, das Problem der Partizipation der Arbeit am Erwerbs-, insbesondere am großen Erwerbseigentum wie das Umweltproblem einer menschengerechten Bewältigung näher, noch näher zu bringen."[139]

Die meisten kirchlichen Stellungnahmen aus den 1990er Jahren wie auch die große Mehrheit der deutschsprachigen Sozial- und Wirtschaftsethiker stimmen mit dieser Analyse und Bewertung der ordnungspolitischen Grundentscheidungen wirtschaftlichen Handelns im Grundsatz überein: Die soziale Marktwirtschaft gilt als das Ordnungsmodell, das die größte Affinität zu theologisch-sozialethisch verantworteten Richtungsimpulsen besitzt. Gleichzeitig werden jedoch sehr nachdrücklich verschiedene Problemhorizonte aufgewiesen, die es konstruktiv im Sinn einer Weiterentwicklung bzw. Erneuerung der sozialen Marktwirtschaft zu

---

[134] *Rich*, Wirtschaftsethik II, 258.
[135] Vgl. ebenda, 260ff.
[136] Vgl. *Dahm*, 5 Thesen zum religiösen Sozialismus, 70.
[137] *Rich*, Wirtschaftsethik II, 343.
[138] Ebenda, 343f.
[139] Ebenda, 343.

bearbeiten gilt. Solche Impulse zur Weiterentwicklung der sozialen Marktwirtschaft haben in den neunziger Jahren beispielhaft verschiedene kirchliche Stellungnahmen angeregt.

IV. „Soziale Gerechtigkeit" als Kernforderung kirchlicher Stellungnahmen für eine Erneuerung und Weiterentwicklung der Sozialen Marktwirtschaft

1. Die Option für eine sozial und ökologisch regulierte Marktwirtschaft seitens der EKD

Mit der im Jahr 1991 veröffentlichten Denkschrift „Gemeinwohl und Eigennutz"[140] hat sich die EKD in grundsätzlicher Weise zu der Ordnungskonzeption der sozialen Marktwirtschaft geäußert. Diese Denkschrift ist der Versuch einer kritischen Bestandsaufnahme und theologisch-sozialethischen Würdigung dieses Ordnungsmodells nach mehr als vierzigjähriger Erfahrung. Nachdem verschiedene Denkschriften der Sozialkammer der EKD – stets im Horizont des Ordnungsmodells „Soziale Marktwirtschaft" – seit der Eigentumsdenkschrift von 1962 einzelne wirtschafts- und sozialethische Problemstellungen zum Gegenstand gehabt haben, geht es in dieser Denkschrift um das Ordnungsmodell selbst.

Der Kontext dieser Denkschrift ist die Überzeugung, daß das wirtschaftliche Handeln der westlichen Industrienationen in eine Krise geführt hat, die eine grundlegende Umorientierung der Zivilisation erfordert.[141] Vor dem Hintergrund dieser dramatischen Herausforderungen hat sich die EKD die Aufgabe gestellt, Impulse christlicher Verantwortung im Bereich wirtschaftlichen Handelns zu entwickeln. Das Ergebnis der Denkschrift ist eindeutig: die soziale Marktwirtschaft wird als eine Chance für zukunftsfähiges wirtschaftliches Handeln bewertet. Dies gilt allerdings nur dann, wenn der gegenwärtig beginnende tiefgreifende Prozeß der Umorientierung hin „zu einer ökologisch und global verpflichteten sozialen Marktwirtschaft"[142] konsequent fortgeführt wird. Nach Ansicht der Verfasser der Denkschrift hat sich die soziale Marktwirtschaft in der Bundesrepublik Deutschland in 40 Jahren prinzipiell bewährt:

„Sie erlaubt ein sachgerechtes und zugleich menschengerechtes wirtschaftliches Handeln (...) Christen können dem Weg der Sozialen Marktwirtschaft grundsätzlich zustimmen, weil er zu der von ihm Glauben gewiesenen Richtung des Tuns nicht in Widerspruch tritt, vielmehr Chancen eröffnet, den Impulsen der Nächstenliebe und der Gerechtigkeit zu folgen"[143].

---

[140] Diese Denkschrift versteht sich als eine Ergänzung der 1985 publizierten Denkschrift „Evangelische Kirche und freiheitliche Demokratie", welche wirtschaftsethische Fragen bewußt ausgeklammert hatte.
[141] Vgl. Gemeinwohl und Eigennutz, Ziffer 180.
[142] Ebenda, Ziffer 181.
[143] Ebenda.

Die Denkschrift empfiehlt also einen mittleren Weg, der weder die gegebene Ordnung unkritisch legitimiert noch mit einem abstrakten Moralismus ein radikales Nein zur gegenwärtigen Wirtschaftsordnung spricht.

In klarer Abgrenzung zu rein marktwirtschaftlichen, heute von neoliberalen Ökonomen wie *Hayek* und *Friedman* vertretenen Wirtschaftskonzeptionen wird die soziale Marktwirtschaft in der Denkschrift – wie bei den Begründern dieses Modells bereits formuliert – als das Zusammenspiel der rein marktwirtschaftlichen Komponenten des wirtschaftlichen Lebens, der staatlichen Rahmenordnung, der staatlichen Interventionen ins Wirtschaftsgeschehen sowie der Verknüpfung des sozialen mit dem wirtschaftlichen Erfolg[144] interpretiert. Diese Variante der Marktwirtschaft ist – so das Urteil der Denkschrift – „zu einem Erfolgsmodell geworden"[145]. Dieses Urteil wird durch empirische ökonomische Fakten gestützt, vor allem aber sozialethisch mit dem Hinweis auf den offenen Charakter dieses Ordnungsmodells belegt. Die „Soziale Marktwirtschaft" ist nämlich kein stationäres Gebilde, sondern „versteht sich als verbesserungsbedürftig (...) und hat sich in der Vergangenheit als verbesserungsfähig erwiesen"[146].

In ihrem grundlegenden theologisch-ethischen Teil argumentiert die EKD-Wirtschaftsdenkschrift im Kern verantwortungsethisch:

„Überall im Leben und so auch in der Wirtschaft übernehmen Menschen in ihrem Handeln Verantwortung für andere Menschen und für die Mitwelt"[147].

Um den Verantwortungsbegriff zu präzisieren und auf die unterschiedlichen Herausforderungen an wirtschaftliches Handeln beziehen zu können, sind verschiedene Ebenen der Verantwortung zu unterscheiden:

1. Die bestimmende kulturell vermittelte Weltsicht, die auch das wirtschaftliche Handeln in hohem Maße prägt.

2. Die institutionellen Ordnungen, in denen sich wirtschaftliches Handeln konkretisiert, vor allem die ordnungspolitischen Rahmenbedingungen als Makrostruktur und die mittlere Struktur der Unternehmungen.

3. Das verantwortliche Handeln des einzelnen in den oben genannten Institutionen sowie in seinen Privatbezügen.[148]

Anhand verschiedener biblischer Richtungsimpulse, die zu einer kritischen Prüfung anleiten sollen, wird diese Verantwortung konkretisiert. Ein Großteil der hier angeführten Richtungsimpulse faßt wichtige innerkirchliche Diskussionen der letzten Jahre thesenartig zusammen. So wird der Mensch als Mitgeschöpf und als Mitarbeiter Gottes an der Schöpfung verstanden, die es in bewahrender Haushalterschaft zu bewähren gilt.[149] Die Heiligung des Feiertages wird als ein Beispiel dafür genannt, daß die Wirtschaft von Voraussetzungen lebt, die sie sich selbst nicht schaffen kann.[150] Zum Gesichtspunkt „Armut und Reichtum" wird insbesondere der biblische Impuls zur Überwindung von Not und Armut herausgehoben, der sich nicht allein auf Diakonie und individuelle Hilfsbereitschaft

---

[144] Vgl. Gemeinwohl und Eigennutz, Ziffer 36.
[145] Ebenda, Ziffer 66.
[146] Ebenda, Ziffer 67.
[147] Ebenda, Ziffer 95.
[148] Vgl., ebenda, Ziffer 98.
[149] Vgl. ebenda, Ziffern 108-114.
[150] Vgl. ebenda, Ziffer 121.

beschränken darf, sondern auch sozialpolitisch umzusetzen ist. Dies impliziert den gesicherten Anspruch auf ein Existenzminimum.[151]

Sehr aufschlußreich ist die Interpretation der Nächstenliebe, welche diese mit dem ökonomisch grundlegenden Axiom des Selbstinteresses zu vermitteln versucht.

So plädiert die Denkschrift dafür, „statt der Entgegensetzung von Nächstenliebe und Selbsterhaltung (...) nach Form des ‚intelligenten Eigennutzes' als ‚intelligenter Nächstenliebe' [zu] suchen, in denen sich Selbsterhaltung und Sorge für sich selbst mit Fürsorge für andere und rücksicht auf das gemeinsame Leben verbinden."[152]

Kritische Anmerkungen setzt die Denkschrift, wenn sie die Sündhaftigkeit des Menschen vor allem in der Übermacht des Ökonomischen verortet. Der theologisch-ethische Teil schließt mit einer Passage, welche die auf die Verheißungen Gottes begründete Freiheit der Christen von der Sorge um das materielle Dasein thematisiert. Hier wird noch einmal ein letzter Vorbehalt gegenüber der Bedeutung materieller Güter ausgesprochen, der sich exemplarisch in frei gewähltem Verzicht äußern kann.[153]

Nach dem Durchgang durch die ökonomische Sachanalyse und die theologisch-ethische Urteilsfindung kommt die Denkschrift zu dem bereits genannten Urteil, daß Christen dem Konzept der sozialen Marktwirtschaft grundsätzlich zustimmen können. Dies gilt allerdings nur dann, wenn es zu einer konstruktiven Weiterentwicklung der sozialen Marktwirtschaft kommt. Mit diesen Anregungen will sich die evangelische Kirche daran beteiligen, den gesellschaftlichen Dialog über die weitere wirtschaftliche Entwicklung zu versachlichen, falsche Alternativen zu überwinden und Lösungsmöglichkeiten aufzuzeigen.

In dem abschließenden Teil „Die Zukunftsfähigkeit der sozialen Marktwirtschaft weiterentwickeln"[154] versuchen die Verfasser der Denkschrift, perspektivische Antworten zu entwickeln. Generell plädiert man für die Schaffung einer global verpflichteten, öko-sozialen Marktwirtschaft. Dieses Konzept wird in vier Punkten entfaltet:

1. Ebenso wie es gelungen ist, den Gesichtspunkt des „Sozialen" in das marktwirtschaftliche Geschehen zum Konzept der sozialen Marktwirtschaft zu integrieren, so ist nun konstruktiv auf die ökologische Herausforderung zu reagieren. Neben einer Hinzufügung des ökologischen Elements in den traditionellen Zielkatalog der sozialen Marktwirtschaft – das magische Viereck mit den Elementen Vollbeschäftigung, Geldwertstabilität, außenwirtschaftliches Gleichgewicht und angemessenes Wirtschaftswachstum – wird als konkreter Vorschlag die Aufnahme der Forderung des Erhalts der natürlichen Umwelt als Staatsziel in die Verfassung genannt. Ferner soll der Gesetzgeber die Voraussetzungen für die Berechnung der Kosten für eine umweltbelastende Produktion schaffen. Die auf diese Weise veränderte Kostenlage, die umweltfreundliche Produkte entsprechend billiger, umweltschädigende jedoch teurer werden läßt, führt dann über den Wettbewerb am Markt

---

[151] Vgl. Gemeinwohl und Eigennutz, Ziffer 126.
[152] Ebenda, Ziffer 147.
[153] Vgl. ebenda, Ziffern 164ff.
[154] Vgl., ebenda, Ziffern 189-200.

„zwangsläufig zu mehr Umweltschonung. Allerdings setzt die politische Einführung solche Spielregeln eine allgemeine Einstellungsänderung auf der kulturellen Ebene voraus, damit die anfänglich starke Verteuerung aller Konsumgüter akzeptiert wird."[155].

2. Die Bundesrepublik Deutschland als eine der führenden Handelsnationen mit einem hohen außenwirtschaftlichen Exportüberschuß ist nach Auffassung der Denkschrift in besonderer Weise herausgefordert, für eine gerechtere Gestaltung der Weltwirtschaft zu wirken. Insbesondere muß die Entwicklung gestoppt werden, welche die Unterschiede zwischen armen und reichen Nationen ständig vergrößern und in den Ländern des Südens weithin unvorstellbares Elend produziert. Als globale Lösungsperspektive schlägt die Denkschrift vor, Normen, Regelsysteme, Rahmenbedingungen und Institutionen zu entwickeln, „die sich zur Steuerung einer effizienten und zugleich sozial verpflichteten sowie umweltgerechten Weltwirtschaft eignen"[156]. Kritisch wird hier gegenüber der EG-Politik die Abschottung der eigenen Märkte, wie es nicht zuletzt durch den europäischen Binnenmarkt noch verstärkt werden könnte, angemerkt. Gerade im Blick auf den Export von Agrargütern sollte die europäische Gemeinschaft günstigere Bedingungen für die Entwicklungsländer gewähren. Schließlich wird die Bundesrepublik Deutschland an die Selbstverpflichtung der reichen Industrienationen erinnert, einen ständig wachsenden Anteil des Sozialproduktes für die Entwicklungshilfe bereitzuhalten. Die Denkschrift nennt konkret die 2%-Marke, welche die Bundesrepublik bis zum Jahre 2000 erreichen sollte.[157]

3. Das Zusammenspiel des Leistungsprinzips und des sozialen Ausgleichs macht die Basis des Konzepts der sozialen Marktwirtschaft aus. Das Problem der richtigen Gewichtung dieser beiden Größen bleibt eine immer neu zu lösende Aufgabe. So kommt es im Blick auf die Zukunft nach Ansicht der Denkschrift vor allem darauf an,

„bei der Absicherung der Lebensrisiken das richtige Gleichgewicht zwischen eigenverantwortlicher Mitwirkung, Leistung der Solidargemeinschaft der Versicherten und Beiträgen des Staates zu finden. Der Staat darf sich von seiner Verantwortung für die Mitfinanzierung sozialer Leistungen nicht zurückziehen"[158].

Neben der grundlegenden Aufgabe der Absicherung der grundlegenden Lebensrisiken wird die unausgewogene Einkommens- und Vermögensstruktur, die strukturelle Arbeitslosigkeit bei wirtschaftlichen Umstrukturierungen, das Problem der Langzeitarbeitslosen wie die wachsende Zahl von Sozialhilfebedürftigen als Gefährdungen des sozialen Gleichgewichts angesehen.

4. Zwischen dem demokratischen Rechtsstaat und der sozialen Marktwirtschaft besteht in der Bundesrepublik Deutschland eine unlösliche Verklammerung. Allerdings ist der wirtschaftliche Bereich als ein selbständiges Funktionssystem der Gesellschaft demokratischer Kontrolle nur in gewissen Grenzen zugänglich. Insbesondere das Handeln transnational operierender Unternehmen entzieht sich weitgehend diesen Kontrollen. Dementsprechend fordert die Denkschrift, daß bei

---

[155] Gemeinwohl und Eigennutz, Ziffer 190.
[156] Ebenda, Ziffer 191.
[157] Vgl. ebenda, Ziffer 192.
[158] Ebenda, Ziffer 194.

der Gefahr des Mißbrauchs wirtschaftlicher Macht wirksame politische Kontrollinstanzen geschaffen werden müssen.

Mit der Denkschrift „Gemeinwohl und Eigennutz" hat die EKD eine grundsätzliche Haltung zur sozialen Marktwirtschaft erarbeitet. Sie beabsichtigt mit dieser im Konsens erarbeiteten Stellungnahme, die gesellschaftliche Diskussion nach vorn hin zu öffnen, um die genannten Herausforderungen produktiv anzugehen. Die Umbrüche des Jahres 1989 in Osteuropa, die sich während der Ausarbeitung des Textes ereignet haben, können im wesentlichen als eine Bestätigung dieser Position angesehen werden. Allerdings hat sich die Denkschrift nicht grundlegend auf diese Ereignisse bezogen wie etwa die katholische Sozialenzyklika „Centesimus Annus"[159], welche das Jahr 1989 mit durchaus triumphalistischen Anklängen als einen Sieg der eigenen sozialethischen Tradition interpretiert.

2. Das „Sozialwort der Kirchen" als ökumenischer Impuls für Gerechtigkeit im vereinten Deutschland

Wichtige Themen dieser Denkschrift – mit einem besonderen Akzent die Herausforderung der sozialen Gerechtigkeit im nationalen Rahmen – haben in einem von den beiden großen Kirchen aus der Sorge um die Bewahrung des sozialen Friedens in der Bundesrepublik heraus initiierten Konsultationsprozeß eine direkte Aufnahme und Weiterführung gefunden. Nachdem im November 1994 eine Diskussionsgrundlage „Zur wirtschaftlichen und sozialen Lage in Deutschland" für diesen Konsultationsprozeß publiziert worden ist, haben der Rat der EKD und die Deutsche Bischofskonferenz nach intensiven öffentlichen Diskussionen und der Auswertung von ca. 2.500 Stellungnahmen zur Diskussionsgrundlage im Februar 1997 das gemeinsame Sozialwort „Für eine Zukunft in Solidarität und Gerechtigkeit" veröffentlicht.

Das Sozialwort will insbesondere den „Anliegen jener Gehör (...) verschaffen, die im wirtschaftlichen und politischen Kalkül leicht vergessen werden, weil sie sich selbst nicht wirksam artikulieren können: der Armen, Benachteiligten und Machtlosen, auch der kommenden Generationen und der stummen Kreatur."[160] In diesem Sinn fordern die Kirchen eine strukturelle und moralische Erneuerung der Sozialen Marktwirtschaft, da „das Leistungsvermögen der Volkswirtschaft und die Qualität der sozialen Sicherung (...) wie zwei Pfeiler [sind]. Die Brücke braucht beide Pfeiler (...) Nicht nur als Anwalt der Schwachen, auch als Anwalt der Vernunft warnen die Kirchen davor, den Pfeiler der sozialen Sicherung zu untergraben."[161]

Angesichts der im einzelnen genannten gesellschaftspolitischen Problemfelder Massenarbeitslosigkeit, Krise des Sozialstaats, Benachteiligung der Familien, Reform und Konsolidierung des sozialen Sicherungssystems, ökologische Krise sowie europäische und globale Herausforderungen muß ein durch das christliche Menschenverständnis und die theologische Sozialethik geprägter Grundkonsens einer zukunftsfähigen Gesellschaft erarbeitet werden, bevor konkrete Reformziele aufgezeigt werden können. Grundlegend ist dementsprechend ein Menschenbild,

---

[159] Verlautbarungen des Apostolischen Stuhls Nr. 101, Bonn 1991.
[160] Solidarität und Gerechtigkeit, Ziffer 4.
[161] Ebenda, Ziffer 9.

das „Freiheit und persönliche Verantwortung wie Solidarität und soziale Verpflichtung beinhaltet"[162], sowie die durch die christlich-jüdische Tradition geprägte Kultur des Erbarmens, das auf Gerechtigkeit drängt.[163]

Eine wesentliche Ausprägung dieses Grundkonsenses ist nach Ansicht der Kirchen das Ordnungsmodell der sozialen Marktwirtschaft, das jedoch unterschiedlich verstanden werden kann.

Vereinfacht betrachtet konkurrieren in der gegenwärtigen ordnungspolitischen Diskussion zwei Interpretationsansätze des Modells „Soziale Marktwirtschaft", die sich beide auf Äußerungen *Alfred Müller-Armacks* stützen können. Häufig wird diese Konzeption so verstanden, daß der Markt durchaus im Sinn der Neoklassik als ein sich selbst regulierendes System aufgefaßt wird[164], neben dem eine die Marktergebnisse sozialverträglich verteilende Sozialordnung zu stellen ist. Dieses Arrangement impliziert, daß die Sozialordnung als ausgleichende Korrektur der Marktergebnisse allein in einer solchen Weise erfolgen könne, die den primären Funktionsmechanismus der Marktkräfte nicht beeinträchtigt. Nach diesem Verständnis stünde die Sozialordnung nicht gleichrangig neben der Wirtschaftsordnung, sondern würde von letzterer faktisch dominiert.[165]

Demgegenüber vertritt das gemeinsame Sozialwort – wie es das Bild einer Brücke mit zwei Pfeilern nahelegt – offenkundig eine Gleichrangigkeit der sozialen Idee mit dem ökonomischen Leistungssystem. Die Vorstellung, die soziale Marktwirtschaft nur als eine Marktwirtschaft mit sozialem Etikett zu betrachten, wird mit dem Hinweis auf das Ineinander von wirtschaftlichem und sozialem Bemühen abgewiesen. Mit dieser Option knüpft man bewußt an die Äußerung Müller-Armacks an, daß „nur eine ‚bewußt soziale gesteuerte Marktwirtschaft'"[166] als gesellschaftlicher Grundkonsens in Frage kommen kann.

„Hierunter wird eine staatlich gewährleistete Wirtschaftsordnung verstanden, die auf den Prinzipien eines in seinem Gebrauch dem Wohl der Allgemeinheit verpflichteten Privateigentums (Art. 14 Abs. 2 GG), eines funktionierenden Wettbewerbes und der sozialstaatlichen Absicherung der Einkommen der Nicht-Erwerbstätigen beruht."[167]

Ökonomische Effizienz und soziale Verantwortung sind in dieser Sichtweise integrativ miteinander verschränkt. Die soziale Marktwirtschaft meint in dieser Sicht eine Synthese von

---

[162] Solidarität und Gerechtigkeit, Ziffer 91.

[163] Vgl. ebenda, Ziffer 13.

[164] Vgl. hierzu *Claudia Loy*, Marktsystem und Gleichgewichtstendenz, Tübingen 1988, 86ff., wo sie die statischen Gleichgewichtskonzepte und das Hayeksche Konzept der spontanen Ordnung darlegt.

[165] Vgl. *Otto Schlecht*, Soziale Marktwirtschaft vor neuer Herausforderung, in: Sozialethisches Kolloquium 1989 – Soziale Marktwirtschaft – wohin? Studienkreis Kirche/Wirtschaft NRW, Düsseldorf 1989, 13-34; vgl. grundlegend zu den Interpretationsmöglichkeiten des Ordnungsentwurfes „Soziale Marktwirtschaft": *Katterle*, Jenseits der Sozialen Marktwirtschaft. Zurück in die Vergangenheit oder ordnungspolitische Innovation? In: *Ders.*, Alternativen zur neoliberalen Wende. Wirtschaftspolitik in der sozialstaatlichen Demokratie, Bochum 1988, 32-42.

[166] Für eine Zukunft in Solidarität und Gerechtigkeit, Ziffer 143. *Müller-Armack* hatte in diesem Sinn in seiner letzten Veröffentlichung 1978 formuliert: „Eines ist ohne das andere nicht zu denken: Das ökonomische Leistungssystem nicht ohne die Sicherung, die ihm (...) gewährt wird durch das, was an sozialer Sicherheit produziert wird (...) Beide Dinge gehören absolut in der sozialen Marktwirtschaft in eine gemeinsame Strukturformel." *Müller-Armack*, Die Grundformel der sozialen Marktwirtschaft, in: Ludwig Erhard-Stiftung e.V. (Hrsg.), Symposium 1 – Soziale Marktwirtschaft als nationale und internationale Ordnung, Stuttgart 1978, 12.

[167] Ebenda, Ziffer 143.

sozialer Sicherheit und personaler Freiheit[168] in der Form, daß „die soziale Gerechtigkeit mit und neben der Freiheit zum integrierenden Bestandteil"[169] der Wirtschaftsordnung erhoben werden muß. Soziale Sicherheit und sozialer Ausgleich erfordern nicht allein eine Korrektur der Marktergebnisse, sondern implizieren eine „bewußt sozial gesteuerte Marktwirtschaft".

Dieser überzeugende, sozial-irenische Ordnungsentwurf[170] ist nach Auffassung des Sozialworts aufgrund des Schwindens sozialer Grundwerte und einer Tendenz der Besitzstandswahrung in unserer Gesellschaft einerseits, andererseits aber auch aufgrund ökonomischer Probleme wie der Massenarbeitslosigkeit, einer Vermachtung der Märkte, einer Zunahme der Einkommensdisparitäten und der Finanzierungsschwierigkeiten des Sozialsystems in die Krise geraten.[171]

Dementsprechend werden Korrekturen eingefordert, wobei es den Kirchen wesentlich darum geht, „nicht selbst Politik [zu] machen", sondern „die Voraussetzungen für eine Politik [zu] schaffen, die sich an den Maßstäben der Solidarität und Gerechtigkeit orientiert."[172] Im Sinn der geforderten Erneuerung der Sozialen Marktwirtschaft kann die Politik nicht aus „der Verantwortung (...), die vorhandenen und die neu geschaffenen Handlungsspielräume mutig zu nutzen, (...) entlassen werden."[173].

Es wird also die gestaltende Funktion der Politik in die Pflicht genommen, angesichts der genannten Herausforderungen und Problemfelder angemessen zu reagieren. Im Zentrum des Sozialwortes steht – ähnlich wie in „Gemeinwohl und Eigennutz" und überaus typisch für kirchliche, speziell protestantische Verlautbarungen – der Primat der Politik bzw. die besondere Ordnungs- und Steuerungsfunktion des Staates. Zu fragen ist jedoch, ob und inwiefern die Handlungsspielräume des politischen Willens angemessen eingeschätzt werden. So kommen die grundsätzlichen Schwierigkeiten bzw. Grenzen einer politischen Steuerung des Ökonomischen[174] zu wenig in den Blick.

Die Bekämpfung der Massenarbeitslosigkeit, im Sozialwort als „vordringlichste Aufgabe der Wirtschafts- und Sozialpolitik"[175] benannt, da nach wie vor die Existenzsicherung wie die sozialen Sicherheitssysteme im Kern von der Erwerbsarbeit abhängen, steht im Mittelpunkt der konkreten sozialpolitischen Reformvorschläge. Insbesondere haben die Bemühungen der Schaffung wettbewerbsfähiger Arbeitsplätze am regulären Arbeitsmarkt zu gelten. Daher wird im Sozialwort sehr entschieden zu Selbständigkeit und unternehmerischer Initiative ermutigt, indem „eine neue Kultur der Selbständigkeit"[176] angeregt werden soll.

„Vor allem der Bereich des Handwerks und des Mittelstandes biete große Chancen für Betriebsgründungen und eine selbständige Existenz. Junge Menschen sollten (...) ermutigt und befähigt werden, eine selbständige Existenz aufzubauen, zumal auch der Arbeitnehmer und

---

[168] Vgl. *Müller-Armack*, Genealogie der Sozialen Marktwirtschaft, 2. erw. Aufl., Bern 1981, 58.
[169] Ebenda, 90.
[170] Vgl. *Brakelmann*, Wirtschaftsordnung: Eine irenische Formel. Ordnungspolitische Fundamente der Sozialen Marktwirtschaft, in: Moderne Zeiten – soziale Gerechtigkeit? 20 Jahre Sozialwissenschaftliches Institut der EKD, hrsg. von *Claußen*, Bochum 1989, 74ff.
[171] Vgl. Für eine Zukunft in Solidarität und Gerechtigkeit, Ziffer 10, 15, 22, 26 u.a.
[172] Ebenda, Ziffer 4.
[173] Ebenda, Ziffer 5.
[174] Vgl. *Niklas Luhmann*, Die Wirtschaft der Gesellschaft, Frankfurt 1988, 324ff.
[175] Für eine Zukunft in Solidarität und Gerechtigkeit, Ziffer 19.
[176] Ebenda, Ziffer 171.

die Arbeitnehmerin der Zukunft in allen Wirtschaftsbereichen zu selbständigem und eigenverantwortlichem Arbeiten fähig sein müssen."[177]

Ferner greift man das Ziel einer gerechteren Verteilung der Erwerbsarbeit auf und verknüpft dieses angesichts der Schwierigkeiten bei der Umsetzung von Arbeitszeitverkürzungen, Teilzeitarbeit oder auch unregelmäßigen Beschäftigungsverhältnissen mit der Forderung nach einer „Untergrenze der sozialen Absicherung"[178].

Resümierend bezeichnet das Sozialwort eine entschiedene Bekämpfung der Arbeitslosigkeit als ersten Schritt einer „zuverlässige[n] Konsolidierung des Sozialstaats"[179]. Diesbezüglich plädiert man entschieden für die Beibehaltung des deutschen Sozialversicherungssystems, das jedoch in einzelnen Aspekten zu reformieren sei.[180] Als grundlegende Zielperspektive wird eingefordert, daß die „vorrangigen sozialen Sicherungssysteme ‚armutsfest' gemacht werden"[181] müssen. Dementsprechend ist es legitim, daß der Sozialstaat „die Stärkeren zugunsten der Schwächeren"[182] belastet.

Die entscheidende Voraussetzung der angestrebten Konsolidierung der sozialen Sicherungssysteme sieht das Sozialwort in einer Stärkung der Gerechtigkeit und der gesellschaftlichen Solidarität. Dabei spielt der Gedanke der Förderung einer „neuen Sozialkultur"[183] eine zentrale Rolle. Beispielhaft genannt werden hier neben der Familie als dem zentralen Ort der Einübung sozialer Verantwortung und Solidarität die verschiedenen Formen der „freiwillige[n] solidarische[n] Einbindungen":[184]

Dort „liegt ein großes Potential für soziale Phantasie und Engagement. Den vorhandenen ethischen und sozialen Ressourcen in der Gesellschaft muß mehr Aufmerksamkeit und Anerkennung geschenkt werden. Dies betrifft vor allem soziale Netzwerke und Dienste, lokale Beschäftigungsinitiaiven, ehrenamtliches Engagement und Selbsthilfegruppen."[185]

Diese gelebte Solidarität in Familien wie in sozialen Initiativen gilt es gesellschaftspolitisch zu fördern. Dabei darf das solidarische Engagement jedoch nicht überfordert werden, es sollte vielmehr durch immaterielle und z.T. auch materielle Anreize – sowohl in der Familie wie im Ehrenamt – gezielt gestärkt werden. Dazu gehört insbesondere die Aufrechterhaltung einer Zeitkultur, die – zentriert um den Sonntag und das freie Wochenende – feste Punkte gemeinsamer freier Zeit offenhält. In diesem Sinn fordert das Sozialwort vor allem solche gesell-

---

[177] Für eine Zukunft in Solidarität und Gerechtigkeit, Ziffer 171.
[178] Ebenda, Ziffer 173.
[179] Ebenda, Ziffer 19.
[180] Eine wesentliche „Schwäche des gegenwärtigen Systems sozialer Sicherung" wird „in der vorrangigen Bindung an das Erwerbseinkommen" gesehen. „Das hat schwerwiegende Auswirkungen vor allem auf die Situation von Frauen, und es steht der Orientierung an einem umfassenderen Arbeitsverständnis, das nicht auf Erwerbsarbeit fixiert ist, im Wege. Aber auch in dieser Hinsicht sind langsame Schritte der Anpassung erfolgversprechender als der große Wurf einer radikalen Umstellung." Ebenda, Ziffer 16.
[181] Ebenda, Ziffer 179.
[182] Ebenda, Ziffer 22.
[183] Ebenda, Ziffer 221.
[184] Ebenda, Ziffer 157.
[185] Ebenda, Ziffer 221.

schaftspolitische Reformen ein, welche durch die Förderung der Sozialkultur Gerechtigkeit und Solidarität in der Gesellschaft stärken.

Die in dem kirchlichen Sozialwort vertretene Option einer bewußten Erneuerung der sozialen Marktwirtschaft dürfte vor dem Hintergrund der eigenen Traditionen angemessen, könnte jedoch angesichts der Brisanz der aktuellen Herausforderungen möglicherweise nur bedingt ausreichend sein. Die gegenwärtige Umbruchsituation erfordert – nicht zuletzt angesichts der im Sozialwort eher knapp benannten ökologischen und weltwirtschaftlichen Herausforderungen im Zeichen der Globalisierung sowie auf Grund der rasanten technologischen Entwicklungen – vermutlich weitreichendere Lösungsperspektiven. Gerade der oft staatszentrierte Protestantismus hat die abnehmenden nationalstaatlichen Regulierungsmöglichkeiten, den neuen Verantwortungsraum Europa[186] sowie die ethische Bedeutung von Nicht-Regierungs-Organisationen und auch Unternehmen als möglichen komplementären Trägern einer „Ethik der Governance"[187] sozialethisch weiterhin erst noch zu reflektieren.

Für die evangelische Kirche in Deutschland wird es in der Zukunft darauf ankommen, ihre spezifische Rolle als „intermediäre Institution"[188] in der entstehenden Weltzivilgesellschaft zu bestimmen und sich als Interpretations- und Tradierungsgemeinschaft der Traditionen des sozialen Protestantismus zu profilieren.

---

[186] Vgl. Verantwortung für ein soziales Europa. Herausforderung einer verantwortlichen sozialen Ordnung im Horizont des europäischen Einigungsprozesses. Eine Denkschrift hrsg. vom Rat der EKD, Gütersloh 1991.
[187] Vgl. *Josef Wieland*, Ethik der Governance, Institutionelle und Evolutorische Ökonomik Band 9, Marburg 1999, 45-70; der diesen Gedanken allerdings ausschließlich auf Unternehmen konzentriert und Nicht-Regierungs-Organisationen oder auch Kirchen nicht einbezieht.
[188] Vgl. *Huber*, Kirche in der Zeitenwende. Gesellschaftlicher Wandel und Erneuerung der Kirche, Gütersloh 1999, 267ff.

Nachwort der Autoren

Den in diesem Handbuch beschriebenen Sichtweisen und Konzeptionen ist gemeinsam, daß sie soziale Gerechtigkeit und Solidarität als unverzichtbare Werte einer menschenwürdigen Gesellschaft begreifen. Sie kritisieren die Auffassung des Liberalismus, daß eine umstandslose Übertragung des Freiheitsprinzips auf den Bereich der Wirtschaft die Lebensverhältnisse aller Menschen verbessere. Die sozialen Verhältnisse im 19. bis weit ins 20. Jh. hinein werden als Widerlegung dieser These verstanden. Auch widerstrebt es ihnen, ihrem Menschenbild den nutzenmaximierenden Egoisten zugrunde zu legen – eine Auffassung, die der heutige Neoliberalismus noch einmal verschärft hat. Als Alternative entwickeln sie aus christlichen oder (im Falle des Sozialismus) von der Aufklärung abgeleiteten egalitären Grundüberzeugungen „soziale Ideen", die die liberale Vorstellung einer „natürlichen Ordnung", gebildet aus den Wirtschaftsbeziehungen verständiger Egoisten, korrigieren, wenn nicht sogar aufheben wollen. So gesehen verfügt der Liberalismus – ausgenommen die an den Rand gedrängte, von *Friedrich Naumann* begründete sozialliberale Tradition – über keine "sozialen Ideen" im hier gemeinten Sinn. Ihm genügt die Idee der staatlich geschützten „natürlichen Ordnung für freie Wirtschaftsbürger", und er bekämpft alles, was deren Funktionieren stören könnte.

Die „sozialen Ideen" schlugen sich in institutionellen Regelungen nieder, die, obwohl unterschiedlich, christlich oder demokratisch-sozialistisch begründet, der gemeinsamen Überzeugung verpflichtet waren, daß es keine sozial geformten Lebenslagen geben dürfe, die den Weg zu einem auskömmlichen Einkommen, gesellschaftlicher Anerkennung und sozialem Aufstieg versperren. Dies ist der konzeptionelle Hintergrund der sozialen Sicherheits- und Förderungssysteme des „rheinischen Kapitalismus" (*Michel Albert*).

Was sind die Zukunftsaussichten dieses Modells? Sein Gebäude steht noch, doch es bröckelt. Seine konstitutiven Merkmale waren: Die Wirtschaft ist „Nationalökonomie", zwar eingebunden in den „Weltmarkt", doch die Grundlagen der Sozialpolitik können national gestaltet werden. Weltmarkt heißt hauptsächlich Welthandel, wobei die Konkurrenz der europäisch-nordamerikanischen Staaten untereinander in dem Sinne beherrschbar bleibt, daß Niederkonkurrierung nicht zu fürchten ist. Verdrängungseffekte durch Anbieter von Industrieprodukten aus anderen, vor allem asiatischen Ländern mit negativen Konsequenzen auf den Arbeitsmarkt können unterbunden werden. Arbeitsmarkt und Arbeitsbeziehungen funktionieren auf Grund von korporatistischen Arrangements zwischen den Sozialpartnern, die weitgehende Arbeitsplatzsicherheit und auskömmliche bis hohe Tariflöhne garantieren.

Im Übergang vom 20. zum 21. Jh. veränderten sich die politischen und ökonomischen Rahmenbedingungen dieses sozialen Gemeinwesens. Manches spricht dafür, daß diese Veränderungen es erschweren werden, die sozialen Sicherungssysteme und Regelungen der Arbeitsbeziehungen in ihrer bisherigen Form aufrechtzuerhalten. Was die politische Entwicklung betrifft, so begrenzt die Einbindung der Bundesrepublik in die Europäische Union (EU) und in internationale Wirtschaftszusammenschlüsse ihren Entscheidungsspielraum. Zwar gibt es unter Berufung auf das Subsidiaritätsprinzip Auseinandersetzungen um selbstverantwortete wirtschaftspolitische Kompetenzen der Mitgliedsländer und deren föderative Gliederungen (soweit vorhanden). Das Resultat dieses Ringens steht zu Beginn dieses Jahrhunderts dahin. Es könnte jedoch dazu kommen, daß der verengte Entscheidungsspielraum des Staates zusammen mit dem Deregulierungskurs der internationalen Wirtschaftsorganisationen subventionsverdächtige Unterstützungsmaßnahmen für Landwirtschaft und Bergbau oder gezielte Hilfen durch „Industriepolitik" nicht mehr zulassen werden. Das Unterbinden derartiger Maßnahmen mag ökonomisch richtig und letztlich wohlfahrtsfördernd sein – doch dies bedeutet für die betroffenen Bevölkerungskreise Existenzgefährdung und -verlust, die dem Staat, in dem „soziale Ideen" noch wirken, nicht gleichgültig sein können.

Die Veränderung der wirtschaftlichen Rahmenbedingungen wird als „Globalisierung" bezeichnet – ein zu allgemeiner Begriff, denn der Weltmarkt ist nicht homogen. Er wird als „Triade" beschrieben, d.h. er hat seine Schwergewichte in den Regionen Nordamerika, Europa und Ostasien. Die dort erzeugten Waren werden überwiegend in diesen Märkten gehandelt. Anders der Kapitalmarkt. Er ist in der Tat globalisiert: Das nach Anlagen suchende Kapital vermag sekundenschnell und unbehindert über den Globus zu fließen; möglich sind auch Spekulationen, die sich gezielt gegen bestimmte Währungen richten. Private Anleger können Geldmengen mobilisieren, die die Jahresbudgets kleinerer Staaten übertreffen und selbst von den großen Industriestaaten nicht aufgebracht werden könnten, ohne ihre Haushalte gefährlich zu überschulden.

Ein flüssiger internationaler Kapitalmarkt ermöglicht Firmenzusammenschlüsse in bisher unbekannten Dimensionen. Es entstehen die internationalen „global players", an denen auch deutsche Unternehmen beteiligt sind. Für Deutschland ist dies eine neue Konstellation. Zu den Prinzipien der Wirtschaftspolitik, die von den Gründervätern der „sozialen Marktwirtschaft" eingefordert wurden, gehörte die Verhinderung der Unternehmenskonzentration, um den Markt offen zu halten und mittelständische Unternehmen vor Niederkonkurrierung zu bewahren. Heute bahnt sich eine Veränderung der Perspektive an. Unternehmenszusammenschlüsse auf internationaler Ebene gelten jetzt für viele Wirtschaftsexperten als erwünscht, weil nationale Unternehmen auf den internationalen Märkten nicht länger konkurrenzfähig seien. Wirtschaftsräume, in denen die Großunternehmen die hohen, von führenden „global players" erwirtschafteten Kapitalrenditen nicht erzielen können, geraten ins Hintertreffen. Deshalb sprechen sich auch in Deutschland meinungsführende Organe für hohe Aktienkurse als erstrangiges Unternehmensziel (das „shareholder value") aus, um den Marktwert der Unternehmen zu steigern und den Kapitalabfluß aus dem deutschen Wirtschaftsbereich zu verhindern.

Diese neuen außen- und binnenwirtschaftlichen Konstellationen wirken sich vielfältig auf die Arbeitswelt und die von ihr beeinflußten Lebenslagen der Menschen aus, denen die traditionelle, von „sozialen Ideen" angeleitete Sozialpolitik galt. Die gesteigerte internationale Konkurrenz gefährdet Arbeitsplätze. Kaum eine Meldung eines internationalen Unternehmenszusammenschlusses ohne die gleichzeitige Nachricht, wie viele Tausend Arbeitsplätze eingespart werden. Mittelständische Unternehmer, die noch dem traditionellen Leitbild ihres Standes anhängen und beispielsweise Ausbildungsplätze bereitstellen würden, verzichten darauf aus Kostengründen, um dem Konkurrenzdruck standhalten zu können. Sie haben Schwierigkeiten, Kredite von Großbanken zu erlangen, denn diese bedie-

1105

nen lieber Großunternehmen, um dem „Shareholder-value"-Wunsch ihrer eigenen Großaktionäre gerecht zu werden.

Die vorherrschende Tendenz in den Wirtschaftswissenschaften begrüßt diese Entwicklung. Sie entspricht der Logik der Marktwirtschaft. Die aggregierten Entscheidungen der Aktionäre, die das Kapital den gewinnträchtigsten Branchen zufließen lassen, indizieren die richtige proportionale Verteilung der Wirtschaftsfaktoren. Verglichen mit dem Kapital und dem wissenschaftlich-technischen Fortschritt kommt der Arbeit das geringste Gewicht zu. Dies gilt auch für die Ebene der Akteure. Entscheidende Subjekte sind die Aktionäre und die Unternehmer bzw. Manager, während den Arbeitnehmern eine reine Objektsituation zugeschrieben wird. Der Slogan „Wirtschaft findet in der Wirtschaft statt" meint die Menschen in lohnabhängiger Stellung nicht, nicht einmal die Gewerkschaften. Zwar wird die Erwartung ausgedrückt, daß in der durch Konkurrenz veränderten Unternehmenslandschaft neue Arbeitsplätze entstehen werden, doch dies ist nicht Hauptziel, sondern erwünschtes Nebenergebnis, das im Interesse der Kapitalrendite auch preisgegeben werden kann. Wir behaupten nicht, daß diese Deduktionen aus einem konsequent konstruierten ökonomischen Nutzenmaximierungsmodell notwendig das Bild der künftigen Arbeitswelt zeichnen. Zudem gibt es eine gegenläufige Bewegung, die daran erinnert, daß auch die Zufriedenheit der Mitarbeiter mit ihrem betrieblichen Status und die Rücksichtnahme der Unternehmen auf ihre soziale und ökologische Umwelt Faktoren sind, die ökonomisch zu Buche schlagen. Die Humanisierung der Arbeitsgesellschaft gehörte zu den wichtigsten Zielen der „sozialen Ideen". Wer sie nicht preisgeben will, muß die Tendenzen, die sie im Guten oder im Schlechten beeinflussen könnten, im Auge behalten.

Veränderungen, die die älteren Autoren in ihren heutigen Dimensionen nicht kennen konnten, betreffen das Profil der Arbeitsplätze auf Grund der gewaltig gesteigerten Fähigkeit, Daten mit Hilfe von EDV zu speichern und aufzubereiten. Die dadurch bewirkte „Flexibilisierung der Arbeit" hat Gewinner und Verlierer hervorgebracht. Es sind interessante Arbeitsplätze entstanden, die die Fähigkeit zu rascher selbständiger Entscheidung erfordern. „Flache Hierarchien" erweitern Handlungs- und Partizipationsspielräume (wobei allerdings industriesoziologische Forschungen nicht selten Wasser in den Wein überzogener Erwartungen gießen). Auf der Verliererseite stehen die Opfer der EDV-bewirkten Rationalisierung und Internationalisierung von Arbeitsabläufen, die zu starken Arbeitsplatzverlusten bei Büro- und industriellen Fertigungsarbeiten führen. Andere Arbeitsplätze werden „ausgegrenzt" oder entstehen im Zuge der rasanten Entwicklung im EDV-Bereich neu. Es bilden sich Marktlücken aufspürende, quasi hierarchielose Unternehmen junger Computerspezialisten, deren neue Kooperationsformen kreativem Denken freie Bahn gewähren. „Entgrenzt" – so der arbeitssoziologische Begriff – sind allerdings auch Tätigkeiten, die sich zwischen die unselbständige Arbeit in Unternehmen und die überkommene Selbständigkeit in Handwerk und freien Berufen schieben und den Charakter von Gelegenheitsarbeit (wenngleich häufig auf hohem intellektuellem und professionellem Niveau) oder, wenn es sich um Arbeit für ein bestimmtes Unternehmen handelt, den Charakter von Scheinselbständigkeit annehmen können. Gemeinsam ist beiden Arbeitsformen, daß die derart Beschäftigten für Arbeitsmittel und Sozialversicherung selbst aufzukommen haben. Die Höhe der auf diese Weise zu erzielenden Einkommen differiert stark. Häufig reicht sie nicht aus, um damit eine Familie ernähren zu können.

Viele Wirtschaftswissenschaftler halten eine starke „Einkommensspreizung" für nützlich, notfalls durch Einführung eines „Niedriglohnsektors". Dies werde die Konkurrenzfähigkeit der deutschen Wirtschaft verbessern und die Arbeitslosigkeit lindern. Für zu geringe Einkommen im Niedriglohnsektor müßten staatliche Transferleistungen einspringen. Häufig wird auf das Beispiel Großbritanniens und der USA hingewiesen. Dort gibt es in der Tat eine breite Arbeitnehmerschicht, deren Einkommen sich am Rande des Existenzminimums bewegt. In den USA spricht man von den „working poor", die, wie in arbeitssoziologischen Untersuchungen nachzulesen, oftmals elementarer Arbeiterschutzbestimmungen ermangeln.

Der amerikanische Soziologe *Richard Sennett* hat den "flexiblen Menschen" porträtiert, der in der veränderten, nur den Marktgesetzen gehorchenden Arbeitswelt bestehen kann. Er ist allseits verfügbar, anpassungsfähig und hat gesellschaftliche und emotionale Bindungen minimiert – übrigens keine neue Vorstellung, denn *Ludwig Mises*, der Pionier der konsequenten Übertragung des wirtschaftsliberalen Denkmodells auf die gesellschaftliche Realität, forderte bereits 1931 die vollständige internationale Freizügigkeit der Arbeitskraft. Nur die Arbeitslosenunterstützung verhindere, daß die Arbeiter dorthin zögen, wo es Arbeit gebe, und dies sei, ökonomisch gesehen, das einzig richtige Verhalten. So gesehen ist die politische Forderung, Einwanderer mögen sich dem Einwanderungsland kulturell assimilieren und dessen Sprache erlernen, obsolet. Englisch genügt, und der Imperativ des Arbeitsmarktes treibt sie alsbald in ein anderes Land, mit Weib und Kind im Schlepptau, oder auch nicht; noch besser ist es für den flexiblen Arbeiter, sich dergleichen erst gar nicht zuzulegen. Dieser skeptischen Deutung des neuen Arbeitnehmertyps steht die wirtschaftsliberale, quasi neo-proudhonistische Vision entgegen, wonach jeder Wirtschaftsbürger Produktionsmittel besitzt, die seiner Ausbildung entsprechen. Sie ermöglichen ihm, Dienstleistungen anzubieten, sogar von zu Hause aus – jedes Angebot findet, Flexibilität der Anbieter vorausgesetzt, seinen Abnehmer. „Auf mittlere Sicht hat bei zunehmender Spezialisierung jedes Individuum, das Arbeit sucht, seinen eigenen Markt, fast so, als sei es ein selbständiger Unternehmer" (*Herbert Giersch*). Wird das alte Saysche Theorem wahr, daß jedes Angebot sich seine Nachfrage schafft, so entsteht eine krisenfreie Gesellschaft, die nur eines Minimalstaats zur Aufrechterhaltung der Ordnung bedarf, wie dies die amerikanischen wirtschaftslibertären Denker *James M. Buchanan* und *Robert Nozick* angekündigt haben.

Immer deutlicher zeichnet sich die Tendenz ab, die fortschreitende Dominanz wirtschaftsliberaler Einstellungen durch die sogenannte Sozio-Biologie zu legitimieren, deren Argumentationsmuster in der Tat eine auffallende Affinität zu den gegenwärtigen wirtschaftswissenschaftlichen Theoremen besitzen. Die Sozio-Biologie liefert die naturwissenschaftliche Begründung der Notwendigkeit des Konkurrenzkampfes zwischen den Unternehmen und den nationalen Wirtschaftsstandorten. Die von ihr beschriebenen Akteure sind nicht mehr die „verständigen Egoisten" des älteren liberalen Weltbildes. Die egozentrischen Verhaltensweisen werden nunmehr sozio-biologisch, d.h. mit der genetischen Ausstattung der Spezies Mensch fundiert, die ihn zum Hobbesschen "Kampf aller gegen alle" prädestiniere. Die Erwartung der Verfechter überkommener „sozialer Ideen", die Politik könne mit der Solidarität unter den Menschen rechnen, wird damit mit naturwissenschaftlicher Begründung für obsolet und zur sozialpolitischen Konzeptionalisierung untauglich erklärt. Zwar bildet diese Biologisierung von Wirtschafts- und Sozialwissenschaften noch keine Mehrheitsposition, und es fehlt nicht an kompetentem Widerspruch. Doch es handelt sich um eine ernst zu nehmende Tendenz, die sich gut mit den in der Gesellschaft zu beobachtenden Individualisierungerscheinungen und Entwicklungen im sozialphilosophischen und ethischen Bereich verträgt, etwa den Versuchen, auf Grundlage der inzwischen gelungenen Entzifferung des menschlichen Genoms Eugenik zu betreiben und diese ethisch zu legitimieren, oder mit der Rede des Philosophen *Peter Sloterdijk* von der Legitimität der „Menschenzüchtung". Sollten diese Ideen nicht Vision bleiben, sondern, nicht zuletzt unter dem Druck ökonomischer Interessen, realisiert werden, so könnten unerhörte Ungleichheiten in Lebensstellung und Lebenschancen und nicht auszudenkende neue Hierarchien die Folge sein. Auch der aufgekommene sektiererische Spiritualismus, der die Steigerung der eigenen Fähigkeit, andere zu disziplinieren und zu indoktrinieren, als Weg zum wirtschaftlichen Erfolg propagiert, fügt sich in dieses Tableau neuer schwarzer Utopien. Die schwärzeste stammt von dem Computerwissenschaftler *Bill Joy*, der annimmt, das Zusammenwirken von Molekularelektronik und Robotik werde es ermöglichen, intelligente, zur Selbstreproduktion fähige Roboter zu entwickeln, die in der Lage seien, Menschen zu überwältigen und am Ende die ganze Menschheit zu gefährden. Da in der Epoche des entfesselten und globalisierten Kapitalismus die Forschungen auf diesem Gebiet Gewinne unerhörten Ausmaßes versprächen, sei es schwierig, dieser Entwicklung Grenzen zu setzen. Wie berechtigt solche beängstigenden Visionen sind, können nur Fachleute einschätzen. Doch diese von seriösen Naturwissenschaftlern aufgezeigten Gefahren verdeutlichen, wie problematisch das widersprüchliche Verhältnis von Markt und Moral geworden ist. Die Maxime der sozialen Marktwirtschaft lautet: Freiheit für das Marktgeschehen; die moralischen Fragen müssen durch geeignete rechtliche und institutionelle Rahmenbedingungen gelöst werden. Wie aber sollen sie aussehen, um gefährliche Entwicklungen dieser Art abzuwenden? Sozialphilosophie und Wirtschaftsethik stehen vor Aufgaben, deren Umfang von Öffentlichkeit und Politik nur langsam wahrgenommen wird.

Hinsichtlich der weniger futuristischen Fragen der Wirtschafts- und Sozialpolitik haben die industrialisierten Metropolen der Triade Chancen, die sich aus den ökonomischen Entwicklungen ergebenden Gefahren unter Kontrolle zu bringen. Was die Bundesrepublik angeht, so gibt es allerdings Zweifel daran, ob das erwähnte Modell des „rheinischen Kapitalismus" in der Lage sein wird, die hierfür erforderlichen Innovationskräfte zu entwickeln. Die Kritik gilt vor allem den korporatistisch verfaßten Systemen der sozialen Sicherheit und den sozialpartnerschaftlich organisierten Regelungen der Arbeitsbeziehungen. Sie gelten als zu teuer; zudem wächst die Neigung, aus den kollektiven Regelungen aus Eigennutz auszubrechen. Zu Beginn dieses Jahrhunderts beabsichtigen starke Kräfte, Renten und Arbeitslosenunterstützung von den Beitragszahlungen der Arbeitgeber und Arbeitnehmer abzulösen und, was die Rentenversicherung betrifft, durch eine von den Arbeitnehmern privat finanzierte, kapitalgestützte Zusatzversicherung, mit staatlichen Zuschüssen für Bezieher geringer Einkommen, zu ergänzen (wenn nicht sogar, wie von liberaler Seite verlangt, zu ersetzen). Andere Experten fordern eine steuerfinanzierte Grundsicherung, da dies auch Personen, die nicht im Arbeitsleben stehen, aber trotzdem sozial nützliche Arbeit wie Kindererziehung und ehrenamtliche Tätigkeit leisteten, im Alter absichere. Die Gewerkschaften, die Kirchen und die Verfechter traditionalistischer sozialpolitischer Positionen warnen vor einer zu weitgehenden Ablösung der Sozialversicherung von dem Prinzip, daß die Versicherungsleistungen den einbezahlten Beiträgen entsprechen müssen (Äquivalenzprinzip). Steuerfinanzierung könne Abhängigkeit von der Haushaltslage bedeuten, weshalb aus sozialethischen Gründen der auf Beiträgen beruhende Rechtsanspruch vorzuziehen sei.

Zu Beginn dieses Jahrhunderts haben sich eine Reihe von Regierungschefs der westlichen Industrienationen, zu den Grundwerten von Solidarität und sozialer Gerechtigkeit bekannt und ihre Absicht erklärt, durch neue Methoden modernen Regierens zu deren Verwirklichung beizutragen. Sie begreifen die Globalisierung als Chance, ohne jedoch ihre Gefahren zu verkennen. Die wachsende ungleiche Verteilung der Einkommen soll mit Hilfe makroökonomischer und fiskalpolitischer Instrumentarien bekämpft werden. Bemerkenswert ist das Bekenntnis zur sozialen Gerechtigkeit als politischem Ziel, weil es an die häufig als altmodisch und überholt kritisierte Tradition der „sozialen Ideen" anknüpft. Da der Begriff selbst ohne begriffsanalytische Arbeit leer bleibt, sind auch hier die Disziplinen der Sozialphilosophie und christlichen Sozialethik herausgefordert.

Die klassische Bestimmung der Gerechtigkeit durch *Aristoteles* unterscheidet zwischen der ausgleichenden Gerechtigkeit des Marktes und der austeilenden Gerechtigkeit einer mit Autorität ausgestatteten Instanz, die verpflichtet ist, „jedem das Seine" zukommen zu lassen. In dieser Form ist die Gerechtigkeitsidee in die Lehre der Kirchen und in den sozialistischen Diskurs eingegangen – dort freilich mit der Maßgabe, daß unter der Herrschaft des Privateigentums Kaufleute und Kapitalisten, weil einseitig auf ihren Vorteil bedacht, niemals gerecht handeln könnten. Der Neoliberalismus kritisiert dagegen den Begriff der sozialen Gerechtigkeit. Für *Friedrich August von Hayek* ist er illusionär. Die Ergebnisse eines ungestörten Marktes seien immer gerecht, da alle daran Beteiligten für ihren Einsatz, ob Kapital oder Arbeit, das ihnen zustehende Äquivalent zurückbekämen. Zusätzlicher Umverteilung bedürfe es nicht. Die sozialdemokratische Seite beginnt sich nunmehr von ihrer egalitären Interpretation der Gerechtigkeit zu lösen und, hierin dem Sozialphilosophen *John Rawls'* folgend, Einkommens- und Statusunterschiede dann für gerechtfertigt zu halten, wenn dadurch der gesellschaftliche Reichtum gesteigert wird und alle – gerade auch diejenigen, denen es in der Gesellschaft am schlechtesten geht – davon profitieren können. Insofern kann *Rawls* Gerechtigkeitstheorie als „sozialliberal" bezeichnet werden, weil sie einen Maßstab für materielle, einen bestimmten Personenkreis berücksichtigende Wohlfahrtssteigerung formuliert. Zugleich akzeptiert die Sozialdemokratie die alte liberale Lehre, daß Einkommensunterschiede dazu dienen, die einzelnen zu höherer Leistung anzuspornen, wodurch Wirtschaftstätigkeit und Produktivität insgesamt angeregt werden – eine funktionale Interpretation der Gerechtigkeitsidee, die Traditionalisten Unbehagen bereitet, aber nicht bestritten werden kann, solange damit nicht die Zementierung der Spaltung der Gesellschaft in Arm und Reich legitimiert wird.

Die in der Nachfolge *Jesu von Nazareth* stehenden christlichen Kirchen stellen sich mit Nachdruck dem Auftrag der Durchsetzung einer institutionalisierten sozialen Gerechtigkeit. Gerechtigkeit ist – so das Sozialwort der katholischen und der evangelischen Kirche in Deutschland vom Frühjahr 1997 – ‚ein Schlüsselbegriff der biblischen Überlieferung, der alles umschließt, was eine heilvolle Existenz des Menschen ausmacht'. Zur ‚Verwirklichung der Gerechtigkeit gehört es daher, daß alle Glieder der Gesellschaft an der Entwicklung von gerechten Beziehungen und Verhältnissen teilhaben und in der Lage sind, ihren eigenen Gemeinwohl-Beitrag zu leisten.' Dementsprechend erschöpft sich Gerechtigkeit nicht in der Fürsorge für Benachteiligte, sondern ‚zielt auf den Abbau der strukturellen Ursachen für den Mangel an Teilhabe und Teilnahme an gesellschaftlichen und wirtschaftlichen Prozessen.' Folglich sind die gesellschaftlichen Strukturen gemäß dem Subsidiaritätsprinzip so zu gestalten, daß die einzelnen und die kleineren Gemeinschaften den Freiraum haben, sich eigenständig und eigenverantwortlich zu entfalten.

Die sozialdemokratisch und linksliberal orientierten Regierungschefs haben erkannt, daß eine freiheitliche und solidarische Gesellschaft „intermediäre Institutionen" benötigt, die sich zwischen Staat und bürgerliche Wirtschaftsgesellschaft schieben. Denn gelebt werden Freiheit, Bürgersinn und Solidarität dort, wo sich Menschen freiwillig und ungezwungen zusammenfinden: in den Kirchen, den Vereinen, den Gewerkschaften, den vielfältigen Organisationen zur Hilfe und Selbsthilfe. Gesellschaften, in denen diese intermediären Institutionen florieren, werden „Zivilgesellschaften" genannt. Dieses Konzept, das auf den italienischen marxistischen Philosophen *Antonio Gramsci* zurückgeht, der einen freiheitlichen Sozialismus für Italien anstrebte, wurde von oppositionellen Kräften im Ostblock aufgegriffen und dem sowjetkommunistischen Totalitarismus entgegengehalten. Es besitzt Ähnlichkeit mit dem Denken des „Kommunitarismus", das von amerikanischen Sozialphilosophen entwickelt worden ist und gleichfalls auf die Bedeutung des Bürgersinns für ein freiheitliches Gemeinwesen aufmerksam macht. Trifft dies zu, so ist der einseitige Nachdruck zu bedauern, den das Bildungskonzept der Regierungschefs auf den Erwerb wirtschaftlicher und technischer Kompetenz gelegt hat. Deren Bedeutung für die künftige wirtschaftliche Prosperität ist unbestreitbar. Doch verantwortliches Bürgerhandeln in freiheitlichen Gemeinwesen setzt zugleich Orientierungsvermögen im kulturellen und gesellschaftlich-politischen Bereich voraus. Bürgersinn entsteht durch Erfahrungen, die Engagement herausfordern, die aber nur durch Reflexion von Traditionen und geistigen Bezügen nachhaltig angeeignet werden können. Zu Recht gab *Johano Strasser* zu bedenken, ob nicht die wissenschaftlich-technischen und ökonomischen Entwicklungen, die vom globalisierten Kapitalismus vorangetrieben würden, die Voraussetzungen für die Aktivierung der Zivilgesellschaft beeinträchtigten oder gar zerstörten. Als Beispiele nennt er die steigenden Mobilitätsanforderungen, das Anwachsen von Nacht- und Wochenendarbeit, die fortschreitende Flexibilisierung der Arbeitszeiten, die oftmals die Teilnahme an zivilgesellschaftlichen Aktivitäten verhindert. Hinzugesetzt werden könnte die Verwandlung ehrwürdiger christlicher Feiertage in Arbeitstage. Hier droht ein einschneidender Einbruch in die Zeitkultur unserer Gesellschaft, gegen den sich Kirchen und Gewerkschaften zu Recht zur Wehr setzen.

Auf eigenwillige Weise wird das Konzept der Zivilgesellschaft von *Ulrich Beck* interpretiert. Er betrachtet es nicht als freiheitsfördernde Ergänzung des überkommenen dichotomischen „Staat-Gesellschaft"-Modells, sondern er möchte dieses und das damit zusammenhängende „verkrustete Machtkartell" aus Parteien und staatlicher Bürokratie aufbrechen und soziale Aufgaben wie Schulen, Sozialarbeit, Verwaltungsdienste der Selbstverantwortung und Eigeninitiative „zivilcouragierter Bürger" anvertrauen. Solidarisches Bürgerverhalten soll in „sozialen Netzwerken" trainiert werden, in denen sich neue Arbeitsabläufe, eine Koexistenz von Hausarbeit, Familienarbeit, Elternarbeit sowie die Wahrnehmung von Ehrenämtern vollziehen können – wohl eine Vision mit beträchtlichem utopischem Überschuß, wenn die politischen und sozialen Probleme in Europa, das in Erweiterung begriffen ist, bedacht werden.

In diesen Überlegungen herrscht, wie in dergleichen Texten üblich, die von den Problemen Europas und Nordamerikas geprägte Sichtweise vor. Dabei liegen die gefährlichsten Krisenherde nicht dort, sondern in den Staaten der Dritten Welt und in den Schwellenländern, in denen korrupte Bourgeoisien und Bürokratien der Masse der verarmten und in großen Teilen depravierten Bevölkerung gegenüberstehen. Es ist eine alte Lehre der politischen Theorie, daß jene Staaten die stabilsten sind, in denen das Eigentum nicht allzu ungleich verteilt ist. Vergäßen die Reichen diese Lehre, so zögen sie ihre eigenen Feinde heran. Da die Reichen diese Einsicht in der Tat häufig nicht beherzigen, wird es auch im 21. Jh. Armenaufstände geben, vielleicht wieder in organisierter Form. Viele Bevölkerungsgruppen sind allerdings so depraviert, daß ihnen die Kraft, sich zu wehren, fehlt. Es sind heute hauptsächlich die Kirchen als universalistisch denkende Organisationen, die mit Nachdruck und persönlichem Einsatz auf die Probleme aufmerksam machen und Hilfe leisten. Auch die Verdienste von Entwicklungshilfe und Entwicklungshelfern sind unbestreitbar. Doch was geschieht, um die Ökonomien der unterentwickelten Länder in den Weltmarkt zu integrieren? Sind dabei die Tätigkeit von Weltbank, Internationalem Währungsfonds und den in diesen Ländern agierenden westlichen Großkonzernen durchweg nützlich? Der Zivilisierungsgrad der Weltgesellschaft bemißt sich nicht zuletzt an ihrer Fähigkeit, das Problem der Unterentwicklung anzupacken und gangbare Lösungskonzepte zu entwickeln.

Dies gilt auch für die Lage der verarmten Bevölkerung in den sogenannten Mega-Städten Süd- und Mittelamerikas und Afrikas. Seit langem lebt ein Teil der wohlhabenden Bevölkerung in befestigten und bewachten Gettos, deren Infrastruktur nichts zu wünschen übrig läßt. Zu verlassen sind sie nur im Auto und unter besonderen Vorsichtsmaßnahmen. Bisweilen können die Bewohner von ihren Wohnburgen auf die umliegenden Slums herunterblicken. Es wäre Hohn, Länder, die solches zulassen, als „Zivilgesellschaften" zu bezeichnen. Daß die liberale Utopie eines aus selbständigen Wirtschaftsbürgern bestehenden Minimalstaates auf sie je einmal angewandt werden könnte, ist gleichfalls nicht vorstellbar. Für sie gilt immer noch die Marxsche Einsicht, daß in einer von Entfremdung zerrissenen Gesellschaft nicht nur die Bedrängten, sondern auch die Bedränger und Gleichgültigen seelisch beschädigt werden.

Ein vor allem in den industrialisierten Metropolen erzeugtes Problem, das sich jedoch hauptsächlich in der Dritten Welt auswirkt oder mutmaßlich auswirken wird, ist die Verschmutzung der Erdatmosphäre durch Emissionen, die im Straßenverkehr, im industriellen Produktionsprozeß und in der Massentierhaltung entstehen. Sie werden für bereits heute auftretende Klimakatastrophen, deren Verstärkung erwartet wird, und für das sogenannte Ozonloch verantwortlich gemacht. Die internationalen Klimakonferenzen waren bisher wenig erfolgreich. Hauptgrund dafür ist, daß die Möglichkeit des unbeschränkten Energieverbrauchs als Standortvorteil der nationalen Wirtschaft gilt, weshalb viele der großen industrialisierten Metropolen die Kosten der Emissionsverringerung scheuen – ein Beispiel für die wenig beachteten nachteiligen Folgen der Standortkonkurrenz. Zumeist geht der Bevölkerung der Industrieländer die Sensibilität für die Erfordernis des Energiesparens ab, und ihre Politiker scheuen sich, dies ihren potentiellen Wählern zuzumuten. Der lückenhaften Aufzählung zu lösender Probleme sollen hier noch die Folgen des unkontrollierten Bevölkerungswachstums hinzugefügt werden. Zwar sind Prognosen auf diesem Gebiet unzuverlässig; seit einiger Zeit müssen sie nach unten korrigiert werden. Doch in einigen Entwicklungsländern droht, wie *Lester R. Brown* und andere nachgewiesen haben, auf Grund des Zusammentreffens von Umweltzerstörung mit jahrzehntelangem raschem Bevölkerungswachstum „demographische Erschöpfung", d.h. hohe Geburten- und Sterberaten halten sich die Waage. Trinkwasserknappheit und Aids verschärfen die Lage – eine Entwicklung, die nach Auffassung der Autoren die Aussichten dieser Regionen in erheblichem Maße einschränkt.

Die skizzierten Probleme, mit denen es Politik wie Wissenschaften im 21. Jh. zu tun haben werden, können nur mit Hilfe fortgeschrittener wirtschaftswissenschaftlicher, juristischer und technologischer Kompetenz angegangen werden. Doch die Beherrschung der instrumentellen Seite ist häufig unzureichend und kann zu nachteiligen Ergebnissen führen, wenn das zu lösende Problem nicht zusammen mit seinen normativen Aspekten reflektiert, d.h. wenn die Frage nach möglichen Auswirkungen auf das Leben der Betroffenen in ihren Gemeinwesen, auf Lebensqualität und Selbstachtung nicht gestellt wird. Hier erwächst den Kirchen ein genuines Arbeitsfeld. Christlicher Sozialethik muß es darum gehen, die verantwortungsschaffende Kraft des Christentums herauszustellen. Dabei ist weniger die Einrichtung eines konkreten neuen Wirtschafts- und Gesellschaftssystems für sie von Interesse, sondern vielmehr eine pädagogisch-ethische Sensibilisierung, die den einzelnen seine wirtschaftliche und politische Situation neuartig wahrnehmen läßt. Das Christentum unterstützt die Einsicht, daß jeder für sich und seine Entwicklung, aber auch für die seiner Mitmenschen verantwortlich ist. Eine solche Wirtschafts- und Politik*gesinnung* führt zu engagiertem, partizipativem Handeln und könnte soziale und strukturelle Wandlungsprozesse einleiten.

Dieser Aufgabe haben sich aber nicht nur die Kirchen als Institutionen oder über ihre sozialethisch orientierten Repräsentanten, mithin die Gläubigen selbst zu stellen, sondern auch jene Gruppen, Organisationen und deren Mitglieder, die sich der in der Aufklärung wurzelnden demokratisch-sozialistischen Überlieferung verpflichtet sehen. Hier wird es insbesondere darum gehen, ob und wie deren Grundwerte – politische Freiheit, soziale Gerechtigkeit und zwischenmenschliche Solidarität – in die ganz andere „Neue Welt" des 21. Jhs., wie sie in diesem Nachwort skizziert wurde, einzubringen sind. Die nach Antworten Suchenden – gleich welcher Provenienz – werden unabweisbar auf „soziale Ideen" stoßen, deren Gegenstand seit jeher das friedliche und auskömmliche, der Menschenwürde angemessene Leben in der Gesellschaft ist. „Soziale Ideen" werden dabei nicht neu erfunden, sondern speisen sich aus immer wieder interpretierten, kritisierten, auch überwundenen Traditionen. Wichtige Linien ihres Bestandes sind in diesem Buch nachgezeichnet worden.

Quellen- und Literaturverzeichnis (Auswahl)

Die monographische Literatur ist in den Anmerkungen zu den einzelnen Teilen aufgeführt.

1. Grundlagen und historische Begleitung

I. Lexika - Handbücher

Handwörterbuch der Sozialwissenschaften, 12 Bde., hrsg. von *Erwin v. Beckerath* u.a., Stuttgart u.a. 1956-1965.

Handwörterbuch der Wirtschaftswissenschaft, 9 Bde., hrsg. von *Willi Albers*, Stuttgart u.a. 1977-1982.

Kocka, Jürgen/Ritter, Gerhard A. (Hrsg.): Statistische Arbeitsbücher zur neueren deutschen Geschichte:

Fischer, Wolfram/Krengel, Jochen/Wietog, Jutta: Sozialgeschichtliches Arbeitsbuch, Bd. 1: Materialien zur Statistik des Deutschen Bundes 1815-1870, München 1982.

Hohorst, Gerd/Kocka, Jürgen/Ritter, Gerhard A.: Sozialgeschichtliches Arbeitsbuch, (Bd. 2, nicht beziffert): Materialien zur Statistik des Kaiserreichs 1870-1914, München 1975.

Petzina, Dietmar/Abelshauser, Werner/Faust, Anselm: Sozialgeschichtliches Arbeitsbuch, Bd. 3: Materialien zur Statistik des Deutschen Reiches 1914-1945, München 1978.

Rytlewski, Ralf/Opp de Hipt, Manfred: Die Bundesrepublik Deutschland in Zahlen 1945/49-1980. Ein sozialgeschichtliches Arbeitsbuch, München 1987.

Ritter, Gerhard A. (unter Mitarbeit von *Merith Niehuss*): Wahlgeschichtliches Arbeitsbuch. Materialien zur Statistik des Kaiserreichs 1871-1918, München 1980.

Falter, Jürgen/Lindenberger, Thomas/Schumann, Siegfried: Wahlen und Abstimmungen in der Weimarer Republik. Materialien zum Wahlverhalten 1919-1933, München 1986.

Nohlen, Dieter (Hrsg.): Lexikon der Politik, 7 Bde., München 1992-1998.

Pipers Handbuch der politischen Ideen, hrsg. von *Iring Fetscher* und *Herfried Münkler*, 5 Bde., München 1985-1993.

Stöss, Richard (Hrsg.): Parteienhandbuch. Die Parteien der Bundesrepublik Deutschland 1945-1980, 2 Bde., Opladen 1983/1984.

II. Quellensammlungen

Flechtheim, Ossip K. (Hrsg.): Dokumente zur parteipolitischen Entwicklung in Deutschland seit 1945, 9 Bde., Berlin 1962-1971.

Kleßmann, Christoph/Wagner, Georg (Hrsg.): Das gespaltene Land. Leben in Deutschland 1945 bis 1990. Texte und Dokumente zur Sozialgeschichte, München 1993.

Mayer-Tasch, Peter C. u.a. (Hrsg.): Natur denken. Eine Genealogie der ökologischen Idee. Texte und Kommentare, 2 Bde., Frankfurt a.M. 1991.

Michaelis, Herbert/Schraepler, Ernst/Scheel, Günter (Hrsg.): Ursachen und Folgen. Vom deutschen Zusammenbruch 1918 und 1945 bis zur staatlichen Neuordnung Deutschlands in der Gegenwart. Eine Urkunden- und Dokumentensammlung zur Zeitgeschichte, 26 Bde., Berlin 1959-1978.

Mommsen, Wilhelm (Hrsg.): Deutsche Parteiprogramme (Deutsches Handbuch der Politik, Bd. 1), München 1960 (^{2}1964).

Schraepler, Ernst (Hrsg.): Quellen zur Geschichte der sozialen Frage in Deutschland, 2 Bde. (Quellentexte zur Kulturgeschichte, Bde. 6 u. 9), Göttingen 1955-1957.

III. Periodika – Zeitschriften

Archiv für Sozialwissenschaft und Sozialpolitik, Tübingen 1888-1933 (1888-1903 unter dem Titel: Archiv für soziale Gesetzgebung und Statistik).

Archiv für Sozialgeschichte, hrsg. von der Friedrich-Ebert-Stiftung, Hannover 1961-1971, Bonn 1972ff.

Die Gesellschaft. Internationale Revue für Sozialismus und Politik, hrsg. von *Rudolf Hilferding*, Berlin 1924-1933.

Die Neue Gesellschaft, hrsg. für die Friedrich-Ebert-Stiftung von *Willy Brandt, Fritz Bauer* u.a., Bonn-Bad Godesberg 1954-1984.

Frankfurter Hefte, hrsg. von *Eugen Kogon* und *Walter Dirks*, Frankfurt a.M. 1946-1984.

Die Neue Gesellschaft/Frankfurter Hefte, hrsg. für die Friedrich-Ebert-Stiftung, Bonn 1985ff.

Vierteljahrshefte für Zeitgeschichte, hrsg. im Auftrag des Instituts für Zeitgeschichte, München 1953ff.

IV. Ausgewählte Grundlagenliteratur

a) Allgemeine Geschichte

Benz, Wolfgang (Hrsg.): Die Geschichte der Bundesrepublik Deutschland, 4 Bde., Frankfurt a.M. 1989.

Bergsträsser, Ludwig: Geschichte der politischen Parteien in Deutschland, völlig neu bearbeitet und hrsg. von *Wilhelm Mommsen* (Deutsches Handbuch der Politik, Bd. 2), München u.a. 1965.

Brand, Karl-Werner/Büsser, Detlef/Rucht, Dieter: Aufbruch in eine andere Gesellschaft. Neue soziale Bewegungen in der Bundesrepublik, Frankfurt a.M. 1983 (aktualisierte Neuausgabe 1986).

Broszat, Martin/Benz, Wolfgang/Graml, Hermann (Hrsg.): Deutsche Geschichte der neuesten Zeit vom 19. Jahrhundert bis zur Gegenwart, München 1984ff. (Reihentitel).

Görtemaker, Manfred: Geschichte der Bundesrepublik Deutschland. Von der Gründung bis zur Gegenwart, München 1999.

Hobsbawm, Eric: Das Zeitalter der Extreme. Weltgeschichte des 20. Jahrhunderts, München/Wien 1995.

Kaelble, Hartmut/Kocka, Jürgen/Zwahr, Hartmut (Hrsg.): Sozialgeschichte der DDR, Stuttgart 1994.

Nipperdey, Thomas: Deutsche Geschichte 1800-1866. Bürgerwelt und starker Staat, München 1983 (^{6}1993).

Ders.: Deutsche Geschichte 1866-1918, 2 Bde., München 1990 (^{3}1993) und 1992 (^{3}1995).

Schumpeter, Joseph A.: Kapitalismus, Sozialismus und Demokratie, Tübingen/Basel ^{7}1993.

Thränhardt, Dietrich: Geschichte der Bundesrepublik Deutschland, Frankfurt a.M. 1986 (erweiterte Neuausgabe 1996).

Weber, Hermann: Geschichte der DDR, München 1985 (Neuauflage 1999).

Ders.: Die DDR 1945-1990, München ^{3}2000.

Wehler, Hans-Ulrich: Deutsche Gesellschaftsgeschichte, 3 Bde., München 1987-1995 (Bd. 4 in Vorbereitung).

Winkler, Heinrich August: Der lange Weg nach Westen, 2 Bde., München 2000.

b) Arbeiterbewegung in Deutschland

Borsdorf, Ulrich (Hrsg.): Geschichte der deutschen Gewerkschaften von den Anfängen bis 1945, Köln 1987.

Hemmer, Hans-Otto u.a. (Hrsg.), Geschichte der Gewerkschaften in der Bundesrepublik Deutschland. Von den Anfängen bis heute, Köln 1990.

Kocka, Jürgen: Weder Stand noch Klasse. Unterschichten um 1800 (Geschichte der Arbeiter und der Arbeiterbewegung in Deutschland seit dem Ende des 18. Jahrhunderts, Bd. 1), Bonn 1990.

Ders.: Arbeitsverhältnisse und Arbeiterexistenzen. Grundlagen der Klassenbildung im 19. Jahrhundert (Geschichte der Arbeiter und der Arbeiterbewegung in Deutschland seit dem Ende des 18. Jahrhunderts, Bd. 2), Bonn 1990.

Ritter, Gerhard A.: Der Sozialstaat. Entstehung und Entwicklung im internationalen Vergleich, München 1989.

Ders./Tenfelde, Klaus: Arbeiter im Deutschen Kaiserreich 1871 bis 1914 (Geschichte der Arbeiter und der Arbeiterbewegung in Deutschland seit dem Ende des 18. Jahrhunderts, Bd. 5), Bonn 1992.

Schneider, Michael: Unterm Hakenkreuz. Arbeiter und Arbeiterbewegung 1933 bis 1939 (Geschichte der Arbeiter und der Arbeiterbewegung in Deutschland seit dem Ende des 18. Jahrhunderts, Bd. 12), Bonn 1999.

Tenfelde, Klaus (Hrsg.): Arbeiter und Arbeiterbewegung im Vergleich. Berichte zur internationalen historischen Forschung (Historische Zeitschrift, Sonderheft 15), München 1986.

Ders.: Sozialgeschichte der Bergarbeiterschaft an der Ruhr im 19. Jahrhundert (Schriftenreihe des Forschungsinstituts der Friedrich-Ebert-Stiftung 125), Bonn-Bad Godesberg 1977.

2. Ideengeschichte des Sozialismus in Deutschland. Teil I und II

I. Lexika, Chroniken, Bibliographien, Handbücher

Bibliographie zur Geschichte der deutschen Arbeiterbewegung, hrsg. von der Bibliothek der Friedrich-Ebert-Stiftung unter Mitwirkung der Stiftung Archiv der Parteien und Massenorganisationen der DDR im Bundesarchiv, Bonn 1976ff.

Demokratische Wege. Deutsche Lebensläufe aus fünf Jahrhunderten. Ein Lexikon, hrsg. von *Manfred Asendorf* und *Rolf von Bockel*, Stuttgart/Weimar 1997.

Eberlein, Alfred: Internationale Bibliographie zur deutschsprachigen Presse der Arbeiter- und sozialen Bewegungen 1830-1982, 8 Bde., München ²1996.

Eppelmann, Rainer u.a. (Hrsg.): Lexikon des DDR-Sozialismus. Das Staats- und Gesellschaftssystem der Deutschen Demokratischen Republik, Paderborn 1996.

Inventar zu den Nachlässen der deutschen Arbeiterbewegung, im Auftrag des Archivs der sozialen Demokratie der Friedrich-Ebert-Stiftung bearbeitet von *Hans-Holger Paul*, München 1993.

Jacoby, Edmund (Hrsg.): Lexikon linker Leitfiguren, Frankfurt a.M./Olten/Wien 1988.

Lexikon des Sozialismus, hrsg. von *Thomas Meyer* u.a., Köln 1986.

Lieber, Hans-Joachim/Helmer, Gerd (Hrsg.): Marx-Lexikon. Zentrale Begriffe der politischen Philosophie von Karl Marx, Darmstadt 1988.

Osterroth, Franz: Biographisches Lexikon des Sozialismus, Bd. 1 (mehr nicht erschienen): Verstorbene Persönlichkeiten, Hannover 1960.

Osterroth, Franz/Schuster, Dieter: Chronik der deutschen Sozialdemokratie,
Bd. 1: Bis zum Ende des Ersten Weltkrieges, Berlin/Bonn-Bad Godesberg ²1975;

Bd. 2: Vom Beginn der Weimarer Republik bis zum Ende des Zweiten Weltkrieges, Berlin/Bonn-Bad Godesberg ²1975;
Bd. 3: Nach dem Zweiten Weltkrieg, Berlin/Bonn-Bad Godesberg ²1978.

II. Quellensammlungen

Albrecht, Willy (Hrsg.): Die SPD unter Kurt Schumacher und Erich Ollenhauer 1946 bis 1963. Die Sitzungsprotokolle der Spitzengremien, Bonn 2000 (bislang erschienen Bd. 1: 1946 bis 1948).

Bernstein, Eduard (Hrsg.): Documente des Socialismus. Hefte für Geschichte, Urkunden und Bibliographien des Socialismus, Berlin 1902-1905.

Buchholz, Marlis/Rother, Bernd: Der Parteivorstand der SPD im Exil. Protokolle der Sopade 1933-1940 (Archiv für Sozialgeschichte, Beiheft 15), Bonn 1995.

Dowe, Dieter/Klotzbach, Kurt (Hrsg.): Programmatische Dokumente der deutschen Sozialdemokratie, Bonn ³1990.

Eiber, Ludwig: Die Sozialdemokratie in der Emigration. Die „Union deutscher sozialistischer Organisationen in Großbritannien" 1941-1946 und ihre Mitglieder. Protokolle, Erklärungen, Materialien, Bonn 1998 (Archiv für Sozialgeschichte, Beiheft 19).

Fetscher, Iring: Der Marxismus. Seine Geschichte in Dokumenten. Philosophie-Ideologie-Ökonomie-Soziologie-Politik, München/Zürich ⁵1989.

Judt, Matthias (Hrsg.): DDR-Geschichte in Dokumenten. Beschlüsse, Berichte, interne Materialien und Alltagszeugnisse (Forschungen zur DDR-Gesellschaft), Berlin 1997.

Kool, Frits/Krause, Werner (Hrsg.): Die frühen Sozialisten, eingeleitet von *Peter Stadler*, Olten/Freiburg i.B, 1967.

Weber, Hermann (Hrsg.): DDR. Dokumente zur Geschichte der Deutschen Demokratischen Republik 1945-1985, München 1986 (³1987).

Ders./Schönhoven, Klaus/Tenfelde, Klaus u.a. (Hrsg.): Quellen zur Geschichte der deutschen Gewerkschaftsbewegung im 20. Jahrhundert, Köln 1985ff. (bislang 11 Bde. erschienen).

III. Zeitschriften

Die Arbeit. Zeitschrift für Gewerkschaftspolitik und Wirtschaftskunde, hrsg. von *Theodor Leipart*, Berlin 1924-1933.

Archiv für Geschichte des Sozialismus und der Arbeiterbewegung, hrsg. von *Carl Grünberg*, Leipzig 1911-1930 (15 Bde.).

Das Argument. Zeitschrift für Philosophie und Sozialwissenschaften, hrsg. von *Wolfgang F. Haug*, Hamburg/Berlin 1959ff.

Beiträge zur Geschichte der Arbeiterbewegung, hrsg. vom Institut für Geschichte der Arbeiterbewegung, Berlin 1992ff. (1959-1962 unter d. Titel: Beiträge zur Geschichte der deutschen Arbeiterbewegung, danach: Beiträge zur Geschichte der Arbeiterbewegung, (Ost-)Berlin 1963-1991, auch Hamburg 1963-1991, Urheber bis 1989: Institut für Marxismus-Leninismus beim Zentralkomitee der SED).

Die Gesellschaft. Internationale Revue für Sozialismus und Politik, hrsg. von *Rudolf Hilferding*, Berlin 1924-1933.

Die Neue Gesellschaft, hrsg. für die Friedrich-Ebert-Stiftung von *Willy Brandt, Fritz Bauer* u.a., Bonn-Bad Godesberg 1954-1984.

Die Neue Gesellschaft/Frankfurter Hefte, hrsg. für die Friedrich-Ebert-Stiftung, Bonn 1985ff.

Gewerkschaftliche Monatshefte. Zeitschrift für soziale Theorie und Praxis, hrsg. vom Bundesvorstand des Deutschen Gewerkschaftsbundes, Köln 1950ff.

International Review of Social History, hrsg. vom International Institute for Social History Amsterdam, Assen 1956ff.

Internationale wissenschaftliche Korrespondenz zur Geschichte der deutschen Arbeiterbewegung, Berlin 1965ff.

Probleme des Klassenkampfs. Zeitschrift für politische Ökonomie und sozialistische Politik, hrsg. von der Vereinigung zur Kritik der Politischen Ökonomie e.V., Berlin 1971-1975 (ab 1976 unter dem Titel: Prokla. Zeitschrift für kritische Sozialwissenschaft, Münster 1976ff.).

IV. Ausgewählte historische Grundlagenliteratur (soweit nicht unter 1. IV. angegeben)

Grebing, Helga: Die deutsche Arbeiterbewegung zwischen Revolution, Reform und Etatismus, Mannheim u.a. 1993.

Dies.: Arbeiterbewegung. Sozialer Protest und kollektive Interessenvertretung bis 1914, München ^{3}1993.

Dies.: Geschichte der deutschen Arbeiterbewegung. Ein Überblick, München ^{11}1981 (^{1}1966).

Klotzbach, Kurt: Der Weg zur Staatspartei. Programmatik, praktische Politik und Organisation der deutschen Sozialdemokratie 1945 bis 1965, Berlin/Bonn-Bad Godesberg 1982 (Neuausgabe als Bd. 1 des mehrbändigen Werkes Die deutsche Sozialdemokratie nach 1945, hrsg. von *Dieter Dowe*, Bonn 1996).

Luthardt, Wolfgang (Hrsg.): Sozialdemokratische Arbeiterbewegung und Weimarer Republik. Materialien zur gesellschaftlichen Entwicklung 1927-1933, 2 Bde., Frankfurt a.M. 1978.

Mehring, Franz: Geschichte der deutschen Sozialdemokratie, Stuttgart ^{1}1897/98, Neuausgabe: 2 Bde., (Ost-)Berlin 1960.

Miller, Susanne/Potthoff, Heinrich: Kleine Geschichte der SPD. Darstellung und Dokumentation 1848-1990, Bonn ⁷1991.

Winkler, Heinrich August: Von der Revolution zur Stabilisierung. Arbeiter und Arbeiterbewegung in der Weimarer Republik 1918 bis 1924 (Geschichte der Arbeiter und der Arbeiterbewegung in Deutschland seit dem Ende des 18. Jahrhunderts, Bd. 9), Bonn ²1985.

Ders.: Der Schein der Normalität. Arbeiter und Arbeiterbewegung in der Weimarer Republik 1924 bis 1930 (Geschichte der Arbeiter und der Arbeiterbewegung in Deutschland seit dem Ende des 18. Jahrhunderts, Bd. 10), Bonn ²1988.

Ders.: Der Weg in die Katastrophe. Arbeiter und Arbeiterbewegung in der Weimarer Republik 1930 bis 1933 (Geschichte der Arbeiter und der Arbeiterbewegung in Deutschland seit dem Ende des 18. Jahrhunderts, Bd. 11), Bonn ²1990.

V. Werkausgaben (Auswahl)

Bauer, Otto: Werkausgabe, 9 Bde., hrsg. von der Arbeitsgemeinschaft für die Geschichte der Österreichischen Arbeiterbewegung, Wien 1975-1980.

Bebel, August: Ausgewählte Reden und Schriften, 10 Bde., zunächst hrsg. von *Horst Bartel* u.a., später vom Internationalen Institut für Sozialgeschichte Amsterdam, (Ost-)Berlin/(später) München 1970-1997.

Bebel, August: Schriften 1862-1913, 2 Bde., hrsg. von *Cora Stephan*, Frankfurt a.M. 1981.

Brandt, Willy: Berliner Ausgabe, 10 Bde., z.T. noch in Vorbereitung, hrsg. im Auftrag der Bundeskanzler-Willy-Brandt-Stiftung von *Helga Grebing/Gregor Schöllgen/Heinrich August Winkler*, Bonn 2000ff.

Lassalle, Ferdinand: Gesammelte Reden und Schriften, 12 Bde., hrsg. von *Eduard Bernstein*, Berlin 1918/19.

Luxemburg, Rosa: Gesammelte Werke, 5 Bde., hrsg. vom Institut für Marxismus-Leninismus, (Ost-)Berlin 1970-1975.

Marx, Karl/Engels, Friedrich:

Marx-Engels Gesamtausgabe (MEGA): Historisch-kritische Gesamtausgabe. Werke, Schriften, Briefe, Frankfurt a.M./Berlin/Moskau 1927-1935.

Marx-Engels: (neue) Gesamtausgabe, (MEGA), Berlin 1975ff.

Marx-Engels: Werke, 39 Bde., 2 Ergänzungsbde., hrsg. vom Institut für Marxismus-Leninismus, (Ost-)Berlin 1956-1968.

Karl Marx: Werke, Schriften, Briefe, 6 Bde., hrsg. von *Hans-Joachim Lieber*, Stuttgart 1960-1971.

3. Geschichte der sozialen Ideen im deutschen Katholizismus

I. Lexika - Handbücher

Christlicher Glaube in moderner Gesellschaft, hrsg. von *Franz Böckle* u.a. (Enzyklopädische Bibliothek in 30 Themenbänden und 7 Quellenbänden), Freiburg 1980-1986.

Handbuch der christlichen Ethik, 3 Bde., hrsg. von *Anselm Hertz* u.a., aktualisierte Neuausgabe, Freiburg 1993.

Handbuch der Kirchengeschichte, 10 Bde., hrsg. von *Hubert Jedin*, Freiburg 1966-1979.

Handbuch der Wirtschaftsethik, 4 Bde., hrsg. im Auftrag der Görres-Gesellschaft von *Wilhelm Korff* u.a., Gütersloh 1999.

Katholisches Soziallexikon, hrsg. von *Alfred Klose*, Innsbruck ^{1}1964 (^{2}1980).

Lexikon der Wirtschaftsethik, hrsg. von *Georges Enderle* u.a., Freiburg 1993.

Lexikon für Theologie und Kirche, 10 Bde., hrsg. von *Michael Buchberger*, Freiburg ^{1}1930-1938; hrsg. von *Josef Höfer* und *Karl Rahner*, Freiburg ^{2}1957-1967; hrsg. von *Walter Kasper* u.a., Freiburg ^{3}1993ff.

Staatslexikon. Recht - Wirtschaft - Gesellschaft, hrsg. von der Görres-Gesellschaft, Freiburg ^{1}1887-1896 (5 Bde.), ^{2}1901-1904 (5 Bde.), $^{3,\,4}$1908-1912 (5 Bde.), ^{5}1926-1932 (5 Bde.), ^{6}1957-1963 (8 Bde), ^{7}1985-1993 (10 Bde.).

Wörterbuch der Politik, hrsg. von *Oswald v. Nell-Breuning* und *Hermann Sacher*, 1. Zur christlichen Gesellschaftslehre, Freiburg ^{2}1954; 2. Zur christlichen Staatslehre, Freiburg ^{2}1957; 3. Zur sozialen Frage, Freiburg 1949; 4. Zur Wirtschaftsordnung, Freiburg ^{2}1952; 5. Gesellschaftliche Ordnungssysteme, Freiburg 1951.

II. Quellensammlungen

Aretz, Jürgen/Morsey, Rudolf/Rauscher, Anton [Bd. 1 und 2: *Morsey, Rudolf*] (Hrsg.): Zeitgeschichte in Lebensbildern. Aus dem deutschen Katholizismus des 19. und 20. Jahrhunderts, 9 Bde., Mainz 1973-1999.

Bergsträsser, Ludwig: Der politische Katholizismus. Dokumente seiner Entwicklung, 2 Bde., München 1921-1923.

Die Deutschen Bischöfe. Hirtenschreiben, Erklärungen - Erklärungen der Kommissionen, hrsg. vom Sekretariat der Deutschen Bischofskonferenz, Bonn 1967ff.

Gemeinsame Synode der Bistümer in der Bundesrepublik Deutschland. Offizielle Gesamtausgabe, Freiburg ^{2}1976.

Grenner, Karl Heinz (Hrsg.): Katholizismus und wirtschaftlicher Liberalismus in Deutschland im 19. und 20. Jahrhundert (BKathF.Q 12), Paderborn 1998.

Heitzer, Horstwalter (Hrsg.): Deutscher Katholizismus und Sozialpolitik bis zum Beginn der Weimarer Republik (BKathF.Q 6), Paderborn 1991.

Hürten, Heinz (Hrsg.): Katholizismus, staatliche Neuordnung und Demokratie 1945-1962 (BKathF.Q 7), Paderborn 1991.

Katholische Soziallehre im Überblick. 100 Jahre Sozialverkündigung der Kirche, hrsg. von *Walter Kerber* u.a., Würzburg 1991.

Die katholische Sozialdoktrin in ihrer geschichtlichen Entfaltung. Eine Sammlung päpstlicher Dokumente vom 15. Jahrhundert bis in die Gegenwart, 4 Bde., hrsg. von *Arthur Fridolin Utz* und *Brigitta Gräfin v. Galen*, Aachen 1976.

Lange, Gerhard u.a. (Hrsg.): Katholische Kirche - Sozialistischer Staat DDR. Dokumente und öffentliche Äußerungen 1945-1990, Leipzig ²1993.

Lill, Rudolf u.a. (Hrsg.): Der Kulturkampf (BKathF.Q 10), Paderborn 1997.

Mensch und Gemeinschaft in christlicher Schau. Dokumente, hrsg. von *Emil Marmy*, Freiburg (Schweiz) 1945.

Morsey, Rudolf (Hrsg.): Katholizismus, Verfassungsstaat und Demokratie. Vom Vormärz bis 1933 (BKathF.Q 1), Paderborn 1988.

Müller, Hans: Katholische Kirche und Nationalsozialismus. Dokumente 1930-1935, München 1963.

Ockenfels, Wolfgang (Hrsg.): Katholizismus und Sozialismus in Deutschland im 19. und 20. Jahrhundert (BKathF.Q 11), Paderborn 1992.

Texte zur katholischen Soziallehre. Die sozialen Rundschreiben der Päpste und andere kirchliche Dokumente, hrsg. vom Bundesverband der Katholischen Arbeitnehmer-Bewegung Deutschlands, Kevelaer ⁸1992.

Texte zur katholischen Soziallehre II. Dokumente zur Geschichte des Verhältnisses von Kirche und Arbeiterschaft am Beispiel der Katholischen Arbeiterbewegung (KAB) Deutschlands, 2 Bde., hrsg. vom Bundesverband der Katholischen Arbeitnehmer-Bewegung Deutschlands, Kevelaer 1976.

Texte zur katholischen Soziallehre III. Dokumentierung des Ketteler jahres, hrsg. vom Bundesverband der Katholischen Arbeitnehmer-Bewegung Deutschlands, Kevelaer 1978.

Verlautbarungen des Apostolischen Stuhls, hrsg. vom Sekretariat der Deutschen Bischofskonferenz, Bonn 1976ff.

Verhandlungen der Generalversammlungen der katholischen Vereine (bzw. der Katholiken) Deutschlands, 1848ff.

III. Periodika - Zeitschriften

Abhandlungen zur Sozialethik, hrsg. von *Anton Rauscher* und *Lothar Roos*, Paderborn 1969ff.

Arbeiterbewegung und Kirche, hrsg. von *Karl Gabriel* u.a., Mainz 1981ff.

Beiträge zur Katholizismusforschung, Reihe A: Quellentexte zur Geschichte des Katholizismus, hrsg. von *Anton Rauscher*, Paderborn 1988ff.

Beiträge zur Katholizismusforschung, Reihe B: Abhandlungen, hrsg. von *Anton Rauscher*, Paderborn 1977ff.

Christlicher Glaube in moderner Gesellschaft. Enzyklopädische Bibliothek in 30 Themen- und 7 Quellenbänden, hrsg. von *Franz Böckle* u.a., Freiburg 1980-1986.

Civitas. Jahrbuch für christliche Gesellschaftsordnung, Mannheim 1962ff.

Der Fährmann, Freiburg 1946ff.

Frankfurter Hefte, hrsg. von *Eugen Kogon* und *Walter Dirks*, Frankfurt a.M. 1946ff (aufgegangen in: Die Neue Gesellschaft/Frankfurter Hefte, siehe 2. III.).

Gesellschaftspolitische Kommentare, Bonn 1954ff.

Herder Korrespondenz, Freiburg 1946ff.

Hochland, München/Kempten 1903ff.

Jahrbuch des Instituts für Christliche Sozialwissenschaften der Westfälischen Wilhelms-Universität Münster, Münster 1960ff., aufgegangen in:
Jahrbuch für Christliche Sozialwissenschaften, Münster 1968ff.

Der Katholik, Mainz 1821ff.

Ketteler-Wacht, Köln 1947ff.

Kirche und Gesellschaft, hrsg. von der Katholischen Sozialwissenschaftlichen Zentralstelle Mönchengladbach, Köln 1973ff.

Kölnische Volkszeitung, Köln 1869ff.

Konfession und Gesellschaft. Beiträge zur Zeitgeschichte, hrsg. von *Anselm Doering-Manteuffel* u.a., Stuttgart 1990ff.

Mann in der Zeit, 1948ff. (aufgegangen in: Weltbild, Leben und Erziehen).

Mönchengladbacher Gespräche, hrsg. von *Anton Rauscher*, Köln 1980ff.

Die Neue Ordnung, Walberberg 1946ff.

Publik, Frankfurt a.M. 1968-1971, aufgegangen in:
Publik-Forum, Frankfurt a.M. 1972ff.

Schriften des Instituts für Christliche Sozialwissenschaften der Westfälischen Wilhelms-Universität Münster, Münster 1955ff.

Stimmen aus Maria Laach, Freiburg 1865ff., aufgegangen in:
Stimmen der Zeit, Freiburg 1914ff.

Unser Dienst. Zeitschrift für Führungskräfte der Katholischen Arbeitnehmer-Bewegung und für die Seelsorge in der Arbeitswelt, Bornheim/Bonn 1966ff.

IV. Grundlagenliteratur zur katholisch-sozialen Ideengeschichte

Aretz, Jürgen: Katholische Arbeiterbewegung und Nationalsozialismus. Der Verband katholischer Arbeiter- und Knappenvereine Westdeutschlands 1923-1945 (VKZG.F 25), Mainz 1978.

Bachem, Karl: Vorgeschichte, Geschichte und Politik der deutschen Zentrumspartei. Zugleich ein Beitrag zur Geschichte der katholischen Bewegung, sowie zur allgemeinen Geschichte des neueren und neuesten Deutschlands 1815-1914. Nebst einem kurzen Überblick über die Zeit von 1914-1930, 8 Bde., Köln 1927-1931.

Bauer, Clemens: Deutscher Katholizismus. Entwicklungslinien und Profile, Frankfurt a.M. 1964.

Baumgartner, Alois: Sehnsucht nach Gemeinschaft. Ideen und Strömungen im Sozialkatholizismus der Weimarer Republik (BKathF.A), Paderborn 1977.

Boarman, Patrick M. (Hrsg.): Der Christ und die Soziale Marktwirtschaft, Stuttgart 1955.

Brüls, Karlheinz: Geschichte der katholischen sozialen Bewegung in Deutschland, Münster 1958.

Budde, Heinz: Christentum und soziale Bewegung (Christ in der Welt 13/5), Aschaffenburg ^{2}1962.

Focke, Franz: Sozialismus aus christlicher Verantwortung. Die Idee eines christlichen Sozialismus in der katholisch-sozialen Bewegung und in der CDU, Wuppertal 1978.

Forster, Karl: Der deutsche Katholizismus in der Bundesrepublik Deutschland, in: *Rauscher, Anton* (Hrsg.): Der soziale und politische Katholizismus, Bd. 1., 209-264.

Gotto, Klaus/Repgen, Konrad (Hrsg.): Die Katholiken und das Dritte Reich, Mainz ^{3}1990.

Grenner, Karl Heinz: Wirtschaftsliberalismus und katholisches Denken. Ihre Begegnung und Auseinandersetzung im Deutschland des 19. Jahrhunderts, Köln 1967.

Hanssler, Bernhard (Hrsg.): Die Kirche in der Gesellschaft. Der deutsche Katholizismus und seine Organisationen im 19. und 20. Jahrhundert, Paderborn 1961.

Heitzer, Horstwalter: Der Volksverein für das katholische Deutschland im Kaiserreich 1890-1918 (VKZG.F 26), Mainz 1979.

Hürten, Heinz: Deutsche Katholiken 1918-1945, Paderborn 1992.

Ders.: Kurze Geschichte des deutschen Katholizismus 1800-1960, Mainz 1986.

Jostock, Paul: Der Ausgang des Kapitalismus. Ideengeschichte seiner Überwindung, München/Leipzig 1928.

Ders.: Grundzüge der Sozialehre und der Sozialreform, Freiburg 1946.

Jostock, Paul: Der deutsche Katholizismus und die Überwindung des Kapitalismus. Eine ideengeschichtliche Skizze, Regensburg o.J. (1932).

Kaiser, Jakob: Der soziale Staat. Reden und Gedanken, Berlin o.J. (1946).

Klein, Gotthard: Der Volksverein für das katholische Deutschland 1890-1933. Geschichte, Bedeutung, Untergang (VKZG.F 75), Paderborn 1996.

Klüber, Franz: Katholische Gesellschaftslehre, Bd. 1: Geschichte und System, Osnabrück 1968.

Langhorst, Peter: Kirche und Entwicklungsproblematik. Von der Hilfe zur Zusammenarbeit (ASE 37), Paderborn 1996.

Ders./Giegel, Georg/Remele, Kurt (Hrsg.): Glaube in Politik und Zeitgeschichte, Paderborn 1995.

Langner, Albrecht: Katholische und evangelische Sozialethik im 19. und 20. Jahrhundert. Beiträge zu ideengeschichtlichen Entwicklungen im Spannungsfeld von Konfession, Politik und Ökumene, Paderborn 1998.

Ders. (Hrsg.): Katholizismus im politischen System der Bundesrepublik 1949-1963 (BKathF.A), Paderborn 1978.

Ders. (Hrsg.): Katholizismus, Wirtschaftsordnung und Sozialpolitik 1945-1963 (BKathF.A), Paderborn 1980.

Ludwig, Heiner/Schroeder, Wolfgang (Hrsg.): Sozial- und Linkskatholizismus. Erinnerung - Orientierung - Befreiung, Frankfurt a.M. 1990.

Mausbach, Joseph/Ermecke,Gustav: Katholische Moraltheologie, Bd. 1, Münster ^{8}1954, Bd. 2, Münster ^{10}1954, Bd. 3, Münster ^{9}1953.

Mechtenberg, Theo: Die Lage der Kirchen in der DDR, Miesbach 1985.

Messner, Johannes: Das Naturrecht. Handbuch der Gesellschaftsethik, Staatsethik und Wirtschaftsethik, Innsbruck ^{5}1966.

Monzel, Nikolaus. Die katholische Kirche in der Sozialgeschichte. Von den Anfängen bis zur Gegenwart, München 1980.

Ders.: Katholische Soziallehre, 2 Bde., Köln 1965-1967.

Morsey, Rudolf: Die Deutsche Zentrumspartei 1917-1923 (Beiträge zur Geschichte des Parlamentarismus und der politischen Parteien 32), Düsseldorf 1966.

Ders.: Der Untergang des politischen Katholizismus. Die Zentrumspartei zwischen christlichem Selbstverständnis und „Nationaler Erhebung", Stuttgart 1977.

Nawroth, Edgar: Die wirtschaftspolitischen Ordnungsvorstellungen des Neoliberalismus, Köln 1962.

Ders.: Zur Sinnerfüllung der Marktwirtschaft, Köln 1965.

v. Nell-Breuning, Oswald: Baugesetze der Gesellschaft. Solidarität und Subsidiarität, durchges. Neuausgabe, Freiburg 1990 (^{1}1968).

v. Nell-Breuning, Oswald: Mitbestimmung - wer mit wem?, Freiburg 1969.

Ders.: Soziale Sicherheit. Zu Grundfragen der Sozialordnung aus christlicher Verantwortung. Freiburg 1979.

Ders.: Soziallehre der Kirche. Erläuterungen der lehramtlichen Dokumente (Soziale Brennpunkte 5), Wien ^{3}1983.

Ders.: Wie sozial ist die Kirche? Leistungen und Versagen der katholischen Soziallehre (Schriften der Katholischen Akademie in Bayern), Düsseldorf 1972.

Nothelle-Wildfeuer, Ursula: Duplex ordo cognitionis. Zur systematischen Grundlegung einer Katholischen Soziallehre im Anspruch von Philosophie und Theologie (ASE 31), Paderborn 1991.

Rauscher, Anton (Hrsg.): Mitbestimmung, Köln 1968.

Ders. (Hrsg.): Der soziale und politische Katholizismus. Entwicklungslinien in Deutschland 1803-1963, 2 Bde (Geschichte und Staat 250-252), München 1982.

Ders./Roos, Lothar (Hrsg.): Die soziale Verantwortung der Kirche. Wege und Erfahrung von Ketteler bis heute, Köln ²1979.

Reitinger, Herbert: Die Rolle der Kirche im politischen Prozeß der DDR 1970 bis 1990, München 1991.

Ritter, Emil: Die katholisch-soziale Bewegung Deutschlands im neunzehnten Jahrhundert und der Volksverein, Köln 1954.

Schlitt, Michael: Umweltethik. Philosophisch-ethische Reflexionen - Theologische Grundlagen - Kriterien, Paderborn 1992.

Schneider, Lothar: Subsidiäre Gesellschaft - erfolgreiche Gesellschaft. Implikative und analoge Aspekte eines Gesellschaftsprinzips, Paderborn ³1990.

Schneider, Michael: Die christlichen Gewerkschaften 1894-1933 (Forschungsinstitut der Friedrich-Ebert-Stiftung - Politik- und Gesellschaftsgeschichte, Bd. 10), Bonn 1982.

Schreiber, Wilfried: Sozialpolitik in einer freien Welt, Osnabrück 1961.

Schroeder, Wolfgang: Katholizismus und Einheitsgewerkschaft. Der Streit um den DGB und der Niedergang des Sozialkatholizismus in der Bundesrepublik bis 1960 (Politik- und Gesellschaftsgeschichte 30), Bonn 1992.

Stegmann, Franz Josef: Geschichte der sozialen Ideen im deutschen Katholizismus, in: *Grebing, Helga* (Hrsg.): Geschichte der sozialen Ideen in Deutschland (Deutsches Handbuch der Politik 3), München 1969, 325-560.

Ders.: Die katholische Kirche in der Sozialgeschichte. Die Gegenwart, München 1983.

Ders.: Der soziale Katholizismus und die Mitbestimmung in Deutschland. Vom Beginn der Industrialisierung bis zum Jahre 1933 (BKathF.A), München ²1978.

Ders.: Von der ständischen Sozialreform zur staatlichen Sozialpolitik. Der Beitrag der Historisch-Politischen Blätter zur Lösung der sozialen Frage, München 1965.

Uertz, Rudolf: Christentum und Sozialismus in der frühen CDU. Grundlagen und Wirkungen der christlich-sozialen Ideen in der Union 1945-1949, Stuttgart 1981.

Watzal, Ludwig: Die Entwicklungspolitik der katholischen Kirche in der Bundesrepublik Deutschland (Entwicklung und Frieden: Wissenschaftliche Reihe 36), München/Mainz 1985.

Weber, Wilhelm: Person und Gesellschaft. Aufsätze und Vorträge vor dem Hintergrund der christlichen Soziallehre 1967-1976, Paderborn 1978.

Welty, Eberhard: Die Entscheidung in die Zukunft. Grundsätze und Hinweise zur Neuordnung im deutschen Lebensraum, Köln 1946.

Ders.: Herders Sozialkatechismus, 3 Bde., Freiburg 1952-1958.

V. Werkausgaben (Auswahl)

v. Baader, Franz: Gesellschaftslehre, hrsg. von *Hans Grassl*, München 1957.

Ders.: Schriften zur Gesellschaftsphilosophie, hrsg. von *Johannes Sauter* (Die Herdflamme 14), Jena 1925.

Ders.: Über das dermalige Mißverhältnis der Vermögenslosen oder Proletairs zu den Vermögen besitzenden Klassen der Sozietät in betreff ihres Auskommens, sowohl in materieller als in intellektueller Hinsicht, aus dem Standpunkte des Rechts betrachtet, München 1835, in: TKSL II.1, 43-53.

Brauns, Heinrich, Katholische Sozialpolitik im 20. Jahrhundert. Ausgewählte Aufsätze und Reden, bearbeitet von *Hubert Mockenhaupt* (VKZG.Q 19), Mainz 1976.

v. Buß, Franz Joseph 1803-1878, hrsg. von *Franz Josef Stegmann* (BKathF.Q 13), Paderborn 1994.

Ders.: Die Aufgabe des katholischen Teils deutscher Nation in der Gegenwart oder der katholische Verein Deutschlands, Regensburg 1851.

Ders.: Aufsätze und Reden sozialpolitischen Inhalts, Freiburg 1884.

Ders.: System der gesamten Armenpflege. Nach den Werken des Herrn v. Gérando und nach eigenen Ansichten, 3 Bde., Stuttgart 1843-1846.

Gundlach, Gustav: Die Ordnung der menschlichen Gesellschaft, hrsg. von der Katholischen Sozialwissenschaftlichen Zentralstelle Mönchengladbach, 2 Bde., Köln 1964.

v. Hertling, Georg 1843-1919, hrsg. von *Winfried Becker* (BKathF.Q 8), Paderborn 1993.

Ders.: Aufsätze und Reden sozialpolitischen Inhalts, Freiburg 1884.

Ders.: Erinnerungen aus meinem Leben, 2 Bde., Kempten 1919-1920.

Ders.: Naturrecht und Sozialpolitik, Köln 1893.

Ders.: Recht, Staat und Gesellschaft, Kempten 1906.

Hitze, Franz: Die Arbeiterfrage und die Bestrebungen zu ihrer Lösung. Nebst Anlage: Die Arbeiterfrage im Lichte der Statistik, M.Gladbach ^{4}1905.

Ders.: Die soziale Frage und die Bestrebungen zu ihrer Lösung mit besonderer Berücksichtigung der verschiedenen sozialen Parteien in Deutschland, M.Gladbach ^{4}1905 (Paderborn ^{1}1877).

v. Ketteler, Wilhelm Emmanuel 1811-1877, hrsg. von *Erwin Iserloh* (BKathF.Q 4), Paderborn 1990.

Ders.: Sämtliche Werke und Briefe, hrsg. von *Erwin Iserloh*, 11 Bde. ersch., Mainz 1977-1997.

Ders.: Schriften, hrsg. von *Johannes Mumbauer*, 3 Bde., Kempten 1911.

Ders.: Die Arbeiterbewegung und ihr Streben im Verhältnis zu Religion und Sittlichkeit, in: TKSL II, 241-262.

Ders.: Die Arbeiterfrage und das Christentum, Mainz 1864, in: TKSL II, 116-217.

Ders.: Freiheit, Autorität und Kirche, Mainz ^{6}1862.

Ders.: Die großen sozialen Fragen der Gegenwart, Mainz 1848, in: TKSL II, 87-115.

Ders.: Kann ein katholischer Arbeiter Mitglied der sozialistischen Arbeiterpartei sein?, in: TKSL II, 274-286.

Müller, Adam 1779-1829, hrsg. von *Albrecht Langner* (BKathF.Q 3), Paderborn 1988.

Ders.: Die Elemente der Staatskunst, 2 Halbbände, hrsg. von *Jakob Baxa* (Die Herdflamme 1), Jena 1922.

Ders.: Schriften zur Staatsphilosophie, hrsg. von *Rudolf Kohler*, München o.J. (1923).

v. Nell-Breuning, Oswald: Den Kapitalismus umbiegen. Schriften zu Kirche, Wirtschaft und Gesellschaft, hrsg. von *Friedhelm Hengsbach* u.a., Düsseldorf 1990.

Ders.: Wirtschaft und Gesellschaft heute, 3 Bde., Freiburg 1956-1960.

Pesch, Heinrich: Lehrbuch der Nationalökonomie, 5 Bde., Freiburg 1905-1923.

Rauscher, Anton: Kirche in der Welt. Beiträge zur christlichen Gesellschaftsverantwortung, 3 Bde., Würzburg 1988-1998.

v. Vogelsang, Carl: Gesammelte Aufsätze über sozialpolitische und verwandte Themata, Augsburg 1886.

4. Geschichte der sozialen Ideen im deutschen Protestantismus

I. Lexika, Handbücher, Bibliographien

Biographisch-bibliographisches Kirchenlexikon, Herzberg 1975ff.

Die Religion in Geschichte und Gegenwart, Handwörterbuch für Theologie und Religionswissenschaft, hrsg. von *F.M. Schiele* u.a., Tübingen 1909-1913.

Die Religion in Geschichte und Gegenwart, Handwörterbuch für Theologie und Religionswissenschaft, 2., völlig neu bearbeitete Auflage, hrsg.von *Hermann Gunkel* u.a. Tübingen 1927-1932.

Die Religion in Geschichte und Gegenwart, Handwörterbuch für Theologie und Religionswissenschaft, 3., völlig neu bearbeitete Auflage, hrsg. von *Kurt Galling* u.a., Tübingen 1957-1965.

Religion in Geschichte und Gegenwart, Handwörterbuch für Theologie und Religionswissenschaft, 4., völlig neu bearbeitete Auflage hrsg. von *Hans Dieter Betz* u.a., Tübingen 1998ff.

Evangelisches Soziallexikon, im Auftrag des Deutschen Evangelischen Kirchentages hg. von *Friedrich Karrenberg*, Stuttgart 1954 (7. Auflage 1980).

Theologische Realenzyklopädie, hrsg. von *Gerhard Müller* u.a., Berlin 1977ff.

Volker Herrmann u.a. (Hrsg.): Bibliographie zur Geschichte der deutschen evangelischen Diakonie im 19. und 20. Jahrhundert, Stuttgart 1997.

II. Quellensammlungen, Dokumente

Brakelmann, Günter/Jähnichen, Traugott (Hrsg.): Die protestantischen Wurzeln der sozialen Marktwirtschaft. Ein Quellenband, Gütersloh 1994.

Brakelmann, Günter: Kirche, soziale Frage und Sozialismus. Bd. 1: Kirchenleitungen und Synoden über soziale Frage und Sozialismus 1871-1914, Gütersloh 1977.

Breipohl, Renate (Hrsg.): Dokumente zum religiösen Sozialismus in Deutschland. München 1972.

Deißmann, Adolf: Die Stockholmer Weltkirchenkonferenz. Vorgeschichte, Dienst und Arbeit der Weltkirchenkonferenz für Praktisches Christentum 19. – 30. August 1925. Amtlicher Bericht, Berlin 1926.

Dersch, Wolfgang (Hrsg.): Der Glaube der religiösen Sozialisten. Hamburg 1972.

Die Denkschriften der Evangelischen Kirche in Deutschland. Frieden und Menschenrechte, Bd. 1/1, Gütersloh 1978.

Die Denkschriften der Evangelischen Kirche in Deutschland. Soziale Ordnung, Bd. 2, Gütersloh 1978.

Für eine Zukunft in Solidarität und Gerechtigkeit. Wort des Rates der Evangelischen Kirche in Deutschland und der Deutschen Bischofskonferenz zur Wirtschaftlichen und sozialen Lage in Deutschland, Hannover/Bonn 1997.

Gemeinwohl und Eigennutz.. Eine Denkschrift der Evangelischen Kirche in Deutschland, Gütersloh 1991.

Hennig, Martin (Hrsg.): Quellenbuch zur Geschichte der Inneren Mission, Hamburg 1912.

Krimm, Herbert (Hrsg.): Quellen zur Geschichte der Diakonie, 3 Bde., Stuttgart 1960-1967.

Kupisch, Karl (Hrsg.): Quellen zur Geschichte des deutschen Protestantismus 1871-1945, München 1965.

Kupisch, Karl (Hrsg.): Quellen zur Geschichte des deutschen Protestantismus von 1945 bis zur Gegenwart, Teil 1, München 1971.

Leistung und Wettbewerb. Sozialethische Überlegungen zur Frage des Leistungsprinzips und der Wettbewerbsgesellschaft. Eine Denkschrift der Kammer der EKD für soziale Ordnung, Gütersloh ^{3}1982.

Solidargemeinschaft von Arbeitenden und Arbeitslosen. Eine Studie der Kammer der EKD für soziale Ordnung, Gütersloh 1982.

Statements of the World Council of Churches on Social Questions. With a Preface on the Development of Ecumenical Social Thinking, Department on Church and Society, Devison of Studies Geneva ^{2}1956.

Streiter, Georg (Hrsg.): Evangelisch-soziale Dokumente. Von Bethel bis Stockholm, Leipzig 1924 (^{2}1926).

Wolfram Stierle/Dietrich Werner/Martin Heider (Hrsg.): Ethik für das Leben. 100 Jahre Ökumenische Wirtschafts- und Sozialethik, Rothenburg o.d. Tauber 1996.

III. Zeitschriften, Periodika

Bericht über die Verhandlungen des Evangelisch-Sozialen Kongresses, Berlin 1890-1896, fortgeführt als: Verhandlungen des Evangelisch-Sozialen Kongresses, Göttingen 1897-1933.

Blätter aus der Arbeit der Freien-Kirchlich-Sozialen Konferenz, Berlin 1898-1900, fortgeführt als Kirchlich-soziale Blätter. Monatsschrift für kirchliche Sozial- und Öffentlichkeitsarbeit, hg. vom Kirchlich-sozialen Bund, Berlin, 1901-1934.

Christliche Welt, Gotha 1886-1941.

Das Neue Werk. Der Christ im Volksstaat (seit 1926: Neuwerk. Ein Dienst am Werdenden), Schlüchtern u.a. 1919-1935.

Die Arbeit. Wochenschrift für die schaffenden Stände in Stadt und Land, Berlin u.a. 1902-1919.

Die Mitarbeit, Monatsheft der Aktion evangelischer Arbeiter, später: Zeitschrift zur Gesellschafts- und Kulturpolitik, 1952-1986.

Evangelischer Arbeiterbote, Hattingen 1885-1933.

Evangelische Kommentare, Stuttgart 1967ff.

Fliegende Blätter aus dem Rauhen Hause zu Horn bei Hamburg, Hamburg 1844-1905.

Junge Kirche, Dortmund u.a. 1933ff.

Kirche im Volk, Eine Schriftenreihe, hrsg. von der Leitung der Evangelischen Kirche im Rheinland (später in Verbindung mit der Evangelischen Kirche von Westfalen), Essen 1946-1949, Mülheim 1950-1953, Stuttgart 1954-1962.

Kirchliches Jahrbuch, Gütersloh 1901ff.

Mitteilungen des Evangelisch-Sozialen Kongresses, Berlin 1891-1903, fortgeführt als: Evangelisch-sozial. Vierteljahresschrift für die kirchlich-soziale Arbeit, Berlin-Göttingen 1904-1941.

Sonntagsblatt des arbeitenden Volkes, hrsg. von der Arbeitsgemeinschaft der religiösen Sozialisten Deutschlands, Karlsruhe 1924-1930.

Stockholm. Internationale sozial-kirchliche Zeitschrift, Göttingen 1929-1931.

The Ecumenical Review. The quarterly of the World Council of Churches Genf 1949ff.

Zeitschrift für Evangelische Ethik, Gütersloh 1957ff.

Zeitschrift für Religion und Sozialismus, Karlsruhe 1929-1933.

IV. Grundlagenliteratur zum sozialen Protestantismus

Auer, Frank von/Segbers, Franz (Hrsg.): Sozialer Protestantismus und Gewerkschaftsbewegung. Kaiserreich, Weimarer Republik, Bundesrepublik Deutschland, Köln 1994.

Belitz, Wolfgang/Brakelmann, Günter/Friedrich, Norbert: Aufbruch in soziale Verantwortung. Die Anfänge kirchlicher sozialer Arbeit in Westfalen zwischen Kaiserreich und Nationalsozialismus, Waltrop 1998.

Brakelmann, Günter: Die soziale Frage des 19. Jahrhunderts, Bielefeld ^{7}1981.

Brakelmann, Günter: Zur Arbeit geboren? Ansätze einer protestantischen Arbeitsethik, Bochum 1989.

Bruch, Rüdiger vom (Hrsg.): Weder Kommunismus noch Kapitalismus. Bürgerliche Sozialreform in Deutschland vom Vormärz bis zur Ära Adenauer, München 1985.

Dahm, Karl-Wilhelm: Pfarrer und Politik. Soziale Position und politische Mentalität des deutschen evangelischen Pfarrerstandes zwischen 1918 und 1933, Köln 1965.

Frey, Christofer: Die Ethik des Protestantismus von der Reformation bis zur Gegenwart. Unter Mitarbeit von Martin Hoffmann, Gütersloh 1989.

Friedrich, Norbert: „Die christlich-soziale Fahne empor!" Reinhard Mumm und die christlich-soziale Bewegung, Stuttgart 1997

Fuchs, Emil: Christliche und marxistische Ethik. Lebenshaltung und Lebensverantwortung des Christen im Zeitalter des werdenden Sozialismus. 2 Teile, Hamburg 1957/1959.

Gerhard, Martin: Ein Jahrhundert Innere Mission. Die Geschichte des Central-Ausschusses für die Innere Mission der Deutschen Evangelischen Kirche, 2 Bde., Gütersloh 1948.

Goeters, J.F. Gerhard/Joachim Rogge: Die Geschichte der Evangelischen Kirche der Union. Ein Handbuch, 3 Bde., Leipzig 1992-1999.

Greschat, Martin: Das Zeitalter der Industriellen Revolution. Das Christentum vor der Moderne, Stuttgart 1980.

Honecker, Martin: Grundriß der Sozialethik, Berlin 1995.

Hübinger, Gangolf: Kulturprotestantismus und Politik. Zum Verhältnis von Liberalismus und Protestantismus im wilhelminischen Deutschland, Tübingen 1994.

Hübner, Ingolf/Kaiser, Jochen-Christoph (Hrsg.): Diakonie im geteilten Deutschland. Zur diakonischen Arbeit unter den Bedingungen der DDR und der Teilung Deutschlands, Stuttgart 1999.

Jähnichen, Traugott/Friedrich, Norbert (Hrsg.), Protestantismus und Soziale Frage. Profile in der Zeit der Weimarer Republik, Münster 2000.

Jähnichen, Traugott: Sozialer Protestantismus und moderne Wirtschaftskultur. Sozialethische Studien zu grundlegenden anthroplogischen und institutionellen Bedingungen ökonomischen Handels, Münster 1998.

Jähnichen, Traugott: Vom Industrieuntertan zum Industriebürger. Der soziale Protestantismus und die Entwicklung der Mitbestimmung (1848-1955), Bochum 1993.

Kaiser, Jochen-Christoph/Greschat, Martin (Hrsg.): Sozialer Protestantismus und Sozialstaat. Diakonie und Wohlfahrtspflege in Deutschland 1890 bis 1938, Stuttgart 1996.

Kaiser, Jochen-Christoph/Loth, Wilfried (Hrsg.): Soziale Reform im Kaiserreich. Protestantismus, Katholizismus und Sozialpolitik, Stuttgart 1997.

Kaiser, Jochen-Christoph: Sozialer Protestantismus im 20. Jahrhundert. Beiträge zur Geschichte der Inneren Mission 1914-1945, München 1989.

Katterle, Siegfried: Alternativen zur neoliberalen Wende, Bochum 1988.

Kouri, E.I.: Der deutsche Protestantismus und die soziale Frage, Berlin 1984

Mahling, Friedrich: Die Innere Mission, 2 Bde., Gütersloh 1937.

Müller-Armack, Alfred: Religion und Wirtschaft. Geistesgeschichtliche Hintergründe unserer europäischen Lebensform, Stuttgart 1959.

Pollmann, Klaus Erich: Landesherrliches Kirchenregiment und Soziale Frage. Der evangelische Oberkirchenrat der altpreußischen Landeskirche und die sozialpolitische Bewegung der Geistlichen nach 1890 (Veröffentlichungen der Historischen Kommission zu Berlin 44), Berlin 1973.

Rich, Arthur: Wirtschaftsethik, 2 Bde., Gütersloh 1984/1990.

Schlösser-Kost, Kordula: Evangelische Kirche und soziale Fragen 1918-1933. Die Wahrnehmung sozialer Verantwortung durch die rheinische Provinzialkirche, Köln 1996.

Shanahan, William O.: Der deutsche Protestantismus vor der sozialen Frage 1815-1871, München 1962.

Strohm, Theodor/Thierfelder, Jörg (Hrsg.): Diakonie im „Dritten Reich". Neuere Ergebnisse zeitgeschichtlicher Forschung (Veröffentlichungen des Diakoniewissenschaftlichen Instituts 3), Heidelberg 1990.

Strohm, Theodor/Thierfelder, Jörg (Hrsg.): Diakonie im Deutschen Kaiserreich 1871-1918). Neuere Beiträge aus der diakoniegeschichtlichen Forschung (Veröffentlichungen des Diakoniewissenschaftlichen Instituts 7), Heidelberg 1995.

Tergel, Alf: Church and Society in the Modern Age, Uppsala 1995.

Traub, Gottfried: Ethik und Kapitalismus, Heilbronn 1904 (^{2}1909).

Weiße, Wolfram: Praktisches Christentum und reich Gottes. Die ökumenische Bewegung Life and Work 1919-1937, Göttingen 1991.

Wendland, Heinz-Dietrich: Botschaft an die soziale Welt. Beiträge zur christlichen Sozialethik, Hamburg 1959.

Wendland, Heinz-Dietrich: Der Begriff Christlich-Sozial. Seine geschichtliche und theologische Problematik (Arbeitsgemeinschaft für Forschung des Landes Nordrhein-Westfalen, Geisteswissenschaften 104), Köln-Opladen 1962.

Wischnath, Johannes Michael: Kirche in Aktion. Das Evangelische Hilfswerk 1945-1957 und sein Verhältnis zu Kirche und Innerer Mission, Göttingen 1986.

Wolf, Ernst: Sozialethik. Theologische Grundfragen. Unter Mitarbeit von *Frido Wolf* und *Uvo Wolf* hrsg. von *Theodor Strohm*, Göttingen 1975.

Wünsch, Georg: Evangelische Wirtschaftsethik, Tübingen 1927.

Zitt, Renate: Zwischen Innere Mission und staatlicher Sozialpolitik. Der protestantische Sozialreformer Theodor Lohmann (1831-1905). Eine Studie zum sozialen Protestantismus im 19. Jahrhundert, Heidelberg 1997.

V. Werkausgaben

Gollwitzer, Helmut: Ausgewählte Werke, 10 Bde., München 1988.

Heimann, Eduard: Sozialismus im Wandel der modernen Gesellschaft. Aufsätze zur Theorie und Praxis des Sozialismus. Ein Erinnerungsband, hrsg. von *Heinz-Dietrich Ortlieb*, Bonn 1975.

Naumann, Friedrich: Werke, hrsg von *Ladendorf, Heinz/Schieder, Theodor/Uhsadel, Walter*, 6 Bde., Köln-Opladen 1965.

Stoecker, Adolf: Christlich-Sozial. Reden und Aufsätze, Berlin²1890.

Tillich, Paul, Gesammelte Werke, hrsg. R. Albrecht, 14 Bde., Stuttgart 1959ff. (bes. Bd. 2: Christentum und soziale Gestaltung. Frühe Schriften zum religiösen Sozialismus, Stuttgart 1962).

Troeltsch, Ernst: Kritische Gesamtausgabe, Berlin 1998ff (bisher erschienen Bd. 5: Die Absolutheit des Christentums (1902/1912). Mit den Thesen von 1901 und den handschriftlichen Zusätzen, hrsg. von *Trutz Rendtorff*).

Troeltsch, Ernst: Gesammelte Schriften, Bd. 1-4, Tübingen.

Uhlhorn, Gerhard: Schriften zur Sozialethik und Diakonie, hrsg. von *Martin Cordes/Hans Otte*, Hannover 1990.

Wichern, Johann Hinrich. Sämtliche Werke, hrsg. von Peter Meinhold/ Günter Brakelmann, 10 Bde., Hamburg 1958-1988.

Personenregister

ABBÉ, ERNST 616
ABENDROTH, WOLFGANG 447-449; 470; 539
ACKERMANN, ANTON 367; 510; 511; 513
ADENAUER, KONRAD 748; 749; 767; 779; 785; 798; 1049
ADLER, FRIEDRICH 192
ADLER, GEORG 96
ADLER, MAX 55; 105; 193; 246; 265; 273; 297; 304
ADLER, VIKTOR 192
ADORNO, THEODOR W. 104; 497
AGARTZ, VIKTOR 372-374; 376; 393; 424; 440; 456-458
ALBERS, DETLEV 474
ALBERS, JOHANNES 771
ALBERT, HANS 103; 325
ALTHAUS, PAUL 1002; 1020
ALTMANN, RÜDIGER 466
ANDERS, GÜNTHER 585; 586
AQUIN, THOMAS V. 645; 727; 778; 788
ARENDT, HANNAH 585; 586; 591; 1080
ARISTOTELES 487; 720
ARNDT, ADOLF 387; 388; 405; 431; 434; 437
ARNOLD, EBERHARD 1008
ARNOLD, KARL 768; 769; 771; 780; 807; 827; 828
ASSMUSSEN, HANS 1025; 1038
AUER, IGNAZ 228; 930
AUFDERBECK, HUGO 774
BAADE, FRITZ 260; 333
BAADER, FRANZ V. 618; 619; 634; 666; 687; 701; 707
BACHEM, KARL 664
BAHRO, RUDOLF 527; 537-540
BALLOD, KARL 183
BALTRUSCH, FRIEDRICH 997
BARTH, EMIL 274
BARTH, KARL 980; 981; 1006; 1024; 1043; 1054; 1065; 1072; 1091
BARTH, THEODOR 186-188
BARTNING, OTTO 1047
BASSO, LELIO 471
BAUER, GUSTAV 89; 197; 200; 201; 209; 262; 264
BAUER, OTTO 144; 193; 194; 265; 267; 282-284; 294; 297; 299; 300; 301; 303; 308; 312; 314; 316; 317; 413
BAUMGARTEN, OTTO 982; 983; 993; 1005
BAZARD, ARMAND 19
BEBEL, AUGUST 97; 143; 144; 146; 147; 149; 150; 152-157; 160; 161; 166; 168-171; 173; 186; 189; 190; 191; 195-199; 202; 204; 208; 211; 212; 214; 223; 233; 241; 242; 248; 255; 257; 439; 575; 576; 579; 623; 667; 669; 710; 711
BECK, ULRICH 437; 589; 591
BECKER, JUREK 528
BEHM, MARGARETE 960; 967
BEHRENS, FRANZ 940; 951; 967
BEHRENS, FRITZ 514; 515
BELLAMY, EDWARD 147
BENTHAM, JEREMY 113
BERLEPSCH, HANS V. 683; 684; 710; 711
BERLIOZ, HECTOR 37
BERNSTEIN, EDUARD 137; 140; 147; 150; 161-170; 173; 174; 264; 270; 284; 305; 375
BERTHELOT, MARCELIN 153
BETCKE, WERNER 985; 1023
BETHMANN-HOLLWEG, THEOBALD V. 909
BEYREUTHER, ERICH 884
BIEDENKOPF, KURT 565
BIEDERLACK, JOSEPH 699
BIERMANN, WOLF 527; 528; 535
BISMARCK, KLAUS VON 1034
BISMARCK, OTTO VON 64; 130; 142; 152; 160; 181; 278; 655; 674; 676-680; 682; 683; 757; 922; 925; 926; 941; 942, 946; 952
BLANC, LOUIS 24; 25; 39; 47-52; 54; 63; 64; 66; 69; 70; 78; 79; 120; 140; 141; 181; 196; 197; 205; 211; 212; 241
BLANK, THEODOR 771
BLANQUI, AUGUSTE 78
BLOCH, ERNST 501-503; 532; 533; 535; 554; 1068
BLOCH, JOSEPH 20; 113; 167; 192; 276; 348
BLÜM, NORBERT 771
BLUMHARDT, CHRISTOPH 978-980
BLUMHARDT, JOHANN CHR. 886, 978
BODELSCHWINGH, FRIEDRICH VON D.Ä. 922; 925
BODELSCHWINGH, FRIEDRICH VON D.J. 1046; 1048
BÖCKLER, HANS 439; 440
BÖHM, FRANZ 786; 1032; 1033; 1038
BÖHM-BAWERK, EUGEN VON 104; 115; 321;
BON, GUSTAV LÉ 179
BONHOEFFER, DIETRICH 1029; 1033
BOOM, EMIL VAN DEN 662
BORN, STEPHAN 64; 65; 73-83; 120; 948
BOSCH, ROBERT 205
BRACKE, WILHELM 143; 150
BRAKELMANN, GÜNTER 877; 1076; 1077; 1081
BRANDT, WILLY 364; 383; 384; 433; 457; 470; 481; 490-492; 553-556; 558; 570-572; 574
BRANDTS, FRANZ 349; 661; 663; 684; 692
BRAUER, THEODOR 720; 722; 733; 737

Braun, Lily 156
Brauns, Heinrich 203; 662; 691; 697; 712; 758; 759; 765
Brenner, Otto 456; 458-460; 462; 463
Brentano, Lujo 182; 207; 912
Breuer, Johann Gregor 688
Briefs, Goetz 466; 722; 733; 824
Brüning, Heinrich 253; 336; 340; 349; 763; 767; 777; 991
Brunstäd, Friedrich 961; 995; 998-1000; 1022; 1046; 1048
Buber, Martin 595
Büchel, Franz 276
Bücher, Karl 287
Büchner, Georg 19; 893; 984
Buonarroti, Filippo 29; 30
Burke, Edmund 617; 619
Buß, Franz Joseph Ritter v. 625; 626; 631; 635; 638; 651; 666; 688; 690
Cabet, Etienne 24; 30- 32; 39; 47; 52; 57; 66; 70; 72; 75; 93; 128; 154
Calwer, Richard 167; 172; 210
Campanella, Tomaso 20
Cassau, Theodor 234
Cassel, Gustav 207; 249; 251
Chalmers, Thomas 890; 891; 912
Chevalier, Michel 51
Cicero 788
Cieszkowski, August von 89
Cohen, Max 207
Cohen, Adolf 291; 319
Colm, Gerhard 332; 333
Comte, Auguste 42
Considerant, Victor 41; 67
Contzen, Heinrich 674
Corbusier, Henry 224
Cremer, Herrmann 958; 959; 964; 965
Cunow, Heinrich 144; 270; 271; 279; 281
Dahm, Karl W. 1056; 1073
Dahrendorf, Ralf 552; 553; 586
Däumig, Ernst 273; 274; 276
David, Eduard 58; 89; 91; 258-260; 262
David, Gertrud 192; 234; 237; 239
Decker, Georg 317; 327; 333
Dehn, Günther 1006; 1017; 1018; 1054
Deissmann, Adolf 999
Deist, Heinrich 421-426; 437; 440; 441; 464-466; 468
Dessauer, Friedrich 723
Dezamy, Theodore 70
Dibelius, Otto 994; 1033; 1039; 1040; 1065
Dietze, Constantin von 1032; 1033; 1038; 1039
Dippel, Joseph 674; 796

Dirks, Walter 90; 368; 723; 726; 778; 783
Döllinger, Ignaz 629; 631
Duchrow, Ulrich 1089; 1091
Dühring, Eugen 122; 123; 146; 147; 149-151; 161; 180
Dutschke, Rudi 481
Eben, Johannes 827
Eberl, Friedrich 706
Eberle, Josef 714
Eckert, Erwin 1009; 1010; 1018
Ehmke, Horst 475; 493
Ehrenberg, Hans 1008; 1009
Ehrenberg, Herbert 493; 568
Ehrenfeuchter, Friedrich 941
Eichler, Willi 320; 369; 424; 427-431; 433; 434; 437-441; 444; 447
Eifler, Alexander 355
Eilers, Elfriede 574
Elert, Werner 1002
Ellinger, Augus 221; 223; 239
Elm, Adolph von 201; 233
Enderle, August 364
Enfantin, Prosper 35
Engels, Friedrich 24; 30; 34; 53; 57; 59; 63; 73-75; 78; 83; 88-91; 94; 99; 100; 102-113; 115-119; 122-129; 135; 143; 146; 148; 150-153; 156; 157; 161; 163; 181; 190; 192; 211; 213; 256; 257; 270; 281; 299; 417; 439; 447; 506; 511; 513; 537; 543; 675; 894
Eppler, Erhard 503-506; 508; 538; 556; 579; 583; 584
Erdmann, Lothar 346
Erhard, Ludwig 183; 421; 466; 679; 786; 787; 1041
Erler, Fritz 381-383; 405; 431; 433-435; 437; 438; 445
Erzberger, Matthias 209; 750; 753; 757
Eucken, Walter 399; 404; 786; 788; 791; 1032; 1033; 1038
Even, Johannes 771
Eynern, Gert von 392; 394; 399; 404; 406; 409; 410
Faber, Ernst 985
Falk, Johannes 886-888; 896; 907
Faucher, Julius 228
Faulhaber, Michael von 748; 749; 767
Feininger, Lyonel 224
Fetscher, Iring 484; 503; 505; 506; 508; 587; 1079
Feuerbach, Ludwig 65; 89-91
Fichte, Johann Gottlieb 54-58; 70; 88; 128; 131; 133; 303; 319
Fischer, Antonius 698; 699
Fischer, Edmund 171; 172; 174; 210; 279; 297

FLECHTHEIM, OSSIP K.   470, 507
FLEIßNER, HERMANN   223; 227
FLIEDNER, FRIEDERIKE   904-907
FLIEDNER, THEODOR   886, 890, 904-907
FLORENTINI, THEODOSIUS   643; 644
FÖCHER, MATTHIAS   826
FOURIER, CHARLES   19; 24; 37-42; 51; 57; 66; 67; 78; 128; 151; 223; 592
FRANK, LUDWIG   170; 173
FREUD, SIGMUND   498
FRIEDMAN, GEORGES   433; 459
FRIEDMAN, MILTON   1078; 1096
FRIES, EDUARD   185; 320
FRINGS, JOSEPH   771; 791; 814; 829; 832; 834
FRÖLICH, PAUL   371; 382; 383
FRY, ELIZABETH   890; 905
FUCHS, ANKE   568
FUCHS, EMIL   1067; 1068
GABLENTZ, OTTO H. VON DER   1039
GALEN, FERDINAND GRAF V.   656; 674; 678
GALL, LUDWIG   19
GARBAI, ALEXANDER   232
GEIßLER, HEINER   565; 566
GERLACH, HELLMUT VON   891; 892; 933
GERSTENMAIER, EUGEN 998; 1046-1049; 1052
GIERKE, OTTO VON   246; 386
GIESBERTS, JOHANN   699
GLOTZ, PETER   468
GÖHRE, PAUL   235; 240; 932; 954-957; 977
GOERDELER, CARL 1033
GOLDSCHEID, RUDOLF   284; 314
GOLLWITZER, HELMUT   1044; 1071; 1072
GÖRRES, GUIDO   657; 659
GORZ, ANDRÉ   471; 588; 589; 592
GRAF VON DER RECKE-VOLMERSTEIN, ADELBERDT   887; 888
GRAF, ENGELBERT   347
GRAY, JOHN   39
GRÖBER, ADOLF   664; 747; 749
GROPIUS, WALTER   224
GROß, NIKOLAUS   768
GROTEWOHL, OTTO   366
GRÜN, KARL   73; 90; 91; 128
GRÜNEBERG, EMIL   937
GUNDLACH, GUSTAV   719; 730-733; 745; 762; 767; 770; 791
GURLAND, ARKADIJ   330; 336; 349; 412
HAASE, HUGO   264; 273
HABERMAS, JÜRGEN   449; 482; 483; 546
HAENISCH, KONRAD   270; 284
HAGER, KURT   525; 526
HALLER, CARL LUDWIG V.   632
HARDENBERG, KARL AUGUST   878
HARICH, WOLFGANG   530-532; 535-537
HARMEL, LÉON   655

HARMS, LUDWIG   941
HARNACK, ADOLF VON   954, 963
HÄUSSLER, ERWIN   807; 808; 820
HAVEMANN, ROBERT   533-536; 539
HAYEK, FRIEDRICH V.   399-405; 407; 796; 1046; 1078; 1096
HECKER, FRIEDRICH   91
HEGEL, GEORG WILHELM FRIEDRICH   45; 58; 66; 89; 91; 93; 99; 101; 112; 128; 133; 412; 416; 434; 503; 532; 534; 582; 670; 716; 719
HEIMANN, EDUARD   249; 251; 281; 282; 286; 295; 296; 308; 309; 311-313; 316; 320; 325; 337; 339-341; 346; 347; 389-393; 396; 399; 402; 410-412; 415; 416; 418; 424; 1012; 1014-1017
HEINE, HEINRICH   37; 42; 65
HEINEMANN, GUSTAV   1065
HEINEN, ANTON   760
HELLER, HERMANN   297; 302-304; 348; 413
HELLER, VITUS   724; 725
HELPHAND, ALEXANDER (PARVUS)   166; 270
HENGSBACH, FRIEDHELM   860
HENNIS, WILHELM   496
HENRICH, ROLF   527; 528
HERDER, JOHANN G.   886
HERKNER, HEINRICH   104; 182; 207
HERMBERG, PAUL   279; 307; 337; 340-342
HERTLING, GEORG V.   657-659; 661; 678; 682; 686; 709; 727
HERWEGH, GEORG   91
HERZ, CARL   86; 215; 221
HERZ, JOHANNES   992; 993; 1023; 1050
HESSELBACH, WALTER   560-563
HEß, MOSES   53; 83-98; 100; 120; 123; 137; 149
HETTINGER, FRANZ   653
HEUß, THEODOR   945; 970
HILFERDING, RUDOLF   115; 144; 191-193; 209; 260; 265-268; 270; 273; 279; 282; 283; 290; 291; 293; 297-299; 301; 305; 307; 308; 311; 326; 327; 330-332; 336; 342; 345; 375; 377; 424; 448; 1012
HINDENBURG, PAUL V.   1021
HINKELAMMERT, FRANZ   1089
HIRSCH, JULIUS   235; 241
HIRSCH, PAUL   215-217; 219-221
HITLER, ADOLF   210; 265; 320; 345; 346; 348; 361; 365; 371; 375; 530; 758; 759; 764-766; 1021, 1023, 1030
HITZE, FRANZ   242; 639; 640; 646; 648; 658; 659; 661; 664; 672; 674; 681-684; 689; 691; 695; 709; 712; 727; 738; 744; 757
HOBSON, JOHN ATKINSON   163; 264; 265; 268

HÖCHBERG, KARL   147; 148; 156; 161; 181
HODGSKIN, THOMAS   39
HOEGNER, WILHELM   386-389
HÖFFNER, JOSEPH   771; 795; 798; 849; 850
HOHOFF, WILHELM   674; 722; 725
HÖLTERMANN, KARL   345
HOMANN, KARL   790; 797
HORKHEIMER, MAX   105; 497; 546
HORN-GOLDSCHMIDT, JOHANN PHILIP V. 642
HORTEN, ALPHONS   287
HOWARD, EBENEZER   223
HUBER, VICTOR AIMÉ   140; 142; 226; 228; 913-917; 921; 944
HUE, OTTO   205; 206; 245; 279; 281; 291
HUMBOLDT, ALEXANDER VON   128
HUME, DAVID   39
HÜSKES, FRANZ   725; 726
IHMELS, LUDWIG   1001; 1002
IWAND, HANS J.   1064
JOCHIMSEN, PAUL   493; 1002
JATHO, CARL   973
JOHANNES PAUL II.   783; 802; 817; 830; 853; 858
JOHANNES XXIII.   782; 816; 833
JONAS, HANS   553; 554; 559
JOOS, JOSEPH   758; 763-765
JÖRG, JOSEPH EDMUND   628; 631; 646; 679
JOSTOCK, PAUL   719; 730; 733; 739; 771; 780; 802; 803
JUCHACZ, MARIE   575
KAFTAN, JULIUS   956; 983
KÄHLER, MARTIN   958; 967
KAISER, JAKOB   243; 765; 771; 776; 777; 781; 785; 827; 828
KALISKI, JULIUS   207; 271; 276; 279
KAMPFFMEYER, PAUL   171-173; 176; 213; 221; 223; 228; 237; 238
KANT, IMMANUEL   19; 55; 112; 165; 304; 319; 320; 435
KARRENBERG, FRIEDRICH   1038; 1052; 1058; 1059
KAUTSKY, KARL   144; 147; 156-159; 161; 165; 167; 174; 177; 179; 180; 184; 190; 191; 192; 209; 210; 212; 233; 255-260; 263; 264; 269; 270; 273; 275; 280-284; 291; 299; 308; 324; 441; 532
KEIL, WILHELM   209
KELLER, MICHAEL   771; 798; 829
KELSEN, HANS   144
KETTELER, WILHELM EMMANUEL V.   143; 621; 622; 628; 630; 631; 635; 636; 638; 645; 652-654; 656; 657; 665; 667-669; 672; 673; 689; 690; 705-707; 712; 727; 807; 896; 915
KEYNES, JOHN MAYNARD   172; 311; 361-363; 378; 389; 400; 416; 418; 444

KIRCHHEIMER, OTTO   327-329
KLINGELHÖFER, GUSTAV   239
KLÜBER, FRANZ   783; 818
KNOERINGEN, WALDEMAR VON   398; 434-437; 445; 468; 469
KOCH, HARALD   387-389
KOGON, EUGEN   368-371; 715; 778
KOLB, WILHELM   171; 173
KOLPING, ADOLPH   623; 624; 630; 642; 688; 704; 712
KONDRATIEFF, NIKOLAI D.   333
KOPP, GEORG   683; 698; 700
KÖRNER, THEODOR   350
KORSCH, KARL   157; 283; 284; 532
KORUM, MICHAEL   684; 698
KOSCHNIK, HANS   556
KOTTWITZ, HANS ERNST BARON VON   889
KRANOLD, HERMANN   286
KROMPHARDT, WILHELM   392
KRONE, HEINRICH   763
KUCZYNSKI, ROBERT   291
KÜHNE, KARL   115; 116; 485
KÜNG, HANS   586; 587
KÜNNETH, WALTER   998; 1066
KULEMANN, WILHELM   967
KUTTER, HERMANN   780; 979; 980; 1006
LAFONTAINE, OSKAR   558; 559; 581; 582
LAMMENNAIS, ABBE FELICITE-ROBERT DE   25; 32; 47; 57; 66; 892
LAMPE, ADOLF   249; 250; 399; 1032; 1033
LANDAUER, GUSTAV   393; 396; 399; 402; 595
LANDMESSER, FRANZ XAVER   228; 762
LANGE, FRIEDRICH ALBERT   143; 147; 180; 228; 319
LASSALLE, FERDINAND   57; 63; 96; 120; 128-145; 150; 180; 181; 187; 190; 208; 227; 228; 248; 434; 439; 445; 543; 545; 630; 631; 667-669; 672; 673; 675; 703-705; 915; 916; 929; 930
LAUSCHER, ALBERT   746; 748
LE PLAY, FRÉDÉRIC   655
LEDERER, EMIL   207; 249; 251; 253; 255; 281; 291; 293-295; 308-311; 316-319; 325; 337-339; 399; 402; 416
LEGIEN, CARL   206; 243; 245; 272; 328
LEHMANN, KARL   850; 854; 855
LEHMKUHL, AUGUSTIN   649; 650; 681; 684; 686
LEICHTER, KÄTHE   295; 308; 309; 322-324
LEIPART, THEODOR   245; 276; 308; 316; 345
LEMMER, ERNST   776; 781
LEMPP, EBERHARD   1008
LENSCH, PAUL   270; 271
LEO XIII.   660; 661; 685; 686; 692; 795
LETTERHAUS, BERNHARD   758; 768

1137

LEUSCHNER, WILHELM 1033
LICHTHEIM, GEORGE 53
LIEBER, ERNST 679
LIEBKNECHT, KARL 223
LIEBKNECHT, WILHELM 97; 143; 144; 147; 150; 190; 212; 257; 667; 767; 669; 769
LILLICH, HENRY 1061
LINDEMANN, HUGO 214-220; 223; 228; 291
LINGENS, JOSEF 624
LINSENMANN, FRANZ XAVER 652
LOCKE, JOHN 39
LÖHE, WILHELM 907; 908; 1046
LOESCH, ACHIM VON 237; 562-564
LÖWE, ADOLPH 316; 332; 333; 416; 418; 1012; 1016
LOHMANN, THEODOR 874; 925; 941-946
LOMPE, KLAUS 566
LOTMAR, PHILIPP 246
LÖWENSTEIN, KARL HEINRICH ZU 648; 684
LÖWENTHAL, RICHARD 379; 381; 481-485; 503
LÜCKE, FRIEDRICH 896; 941
LUKÁCS, GEORG 105; 157; 417; 532; 535; 536
LÜNINCK, FERDINAND V. 739
LUTHER, MARTIN 879-881; 922; 1002-1004; 1089
LUXEMBURG, ROSA 57; 119; 166-170; 172; 175-180; 191; 209; 267; 268; 270; 382; 383; 448; 532; 533; 573; 620
MABLY, GABRIEL BONNOT 27; 57
MACKENROTH, GERHARD 392; 455
MAGER, REINHOLD 1053
MAIER, HANS 620; 812
MALTHUS, THOMAS ROBERT 185; 188
MAN, HENDRIK DE 348; 434
MARCUSE, HERBERT 300; 498-501; 506; 538; 540
MARIE, ALEXANDRE 48; 570
MARSCHAK, JAKOB 251; 324-326;333
MARTENS, JOACHIM FRIEDRICH 22; 24
MARX, KARL 24; 30; 31; 36; 41-45; 48; 50; 52; 53; 57-59; 61; 65; 66; 68; 74; 75; 78; 83; 88-91; 93; 94; 99-127; 128-130; 134-136; 143; 146-148; 150; 156; 157; 163; 165; 166; 169; 175; 181; 183; 186; 195; 213; 227; 228; 246; 248; 265; 267; 270; 274; 281; 295; 296; 319; 320; 329; 340; 342; 346; 348; 367; 370; 373; 375; 379; 383; 396; 406; 407; 411-413; 416; 417; 429; 432; 434; 439; 444; 446; 447; 450; 473; 476; 481; 484-486; 489-491; 498; 500; 503; 504; 506; 511; 513; 522; 532; 536; 537; 542; 543; 548; 549; 551; 554; 570; 579; 580; 582; 585; 586; 588; 592;
595; 640; 675; 676; 722; 723; 782; 786; 796; 894, 929; 930; 1007; 1039; 1067; 1068
MASSAR, KARL 251
MAURENBRECHER, MAX 977
MAUSBACH, JOSEPH 699; 747
MAY, ERNST 223; 231
MECHTENBERG, THEO 817
MENDELSOHN, KURT 315; 316
MENGER, ANTON 165; 180; 181
MENN, WILHELM 984-986; 988; 989
MENNICKE, CARL 1012
MERTENS, HEINRICH 726
MESSNER, JOHANNES 719; 730; 731; 771; 825
MEYER, GERHARD 336; 337
MEYER, HANNES 224
MEYER, FRANZ 340
MEYER, THEODOR 683; 684; 593; 594
MEYER, THOMAS 320; 539
METZ, JOHANN B. 1069
MEZ, CARL 914; 917
MIERENDORFF, CARL 347; 350
MILL, JAMES 100
MILLERAND, ALEXANDRE 174
MISES, LUDWIG (EDLER VON) 105; 321-325; 340; 341; 344; 399
MITSCHERLICH, ALEXANDER 367; 385
MOELLENDORFF, WICHARD VON 289; 321; 340
MOHL, ROBERT V. 707; 708
MÖLLER, ALEX 349
MOLTKE, HELMUT J. GRAF VON 1030; 1031
MOLTMANN, JÜRGEN 1069
MONZEL, NIKOLAUS 771; 793
MORELLY 27
MORRIS, WILLIAM 162; 163; 223
MORUS, THOMAS 20
MOUFANG, CHRISTOPH 673; 674; 689
MÜLLER, ADAM HEINRICH V. 618; 619; 632; 633; 638; 700; 701
MÜLLER, ADOLF 829
MÜLLER, AUGUST 175
MÜLLER, CHRISTOPH 302
MÜLLER, EBERHARD 1040; 1041; 1062; 1064
MÜLLER, FRANZ H. 733
MÜLLER, HANS 52; 236; 237; 1008; 1009
MÜLLER, HEINER 528
MÜLLER, HERMANN 202; 203; 207; 209; 211
MÜLLER, LUDWIG 1023
MÜLLER, OTTO 662; 768
MÜLLER, RICHARD 273-275
MÜLLER-ARMACK, ALFRED 392; 787; 788; 1040; 1041; 1056; 1100; 1101

MUMM, REINHARD 936; 939; 940; 951; 959-961; 982-985; 994; 995; 1000; 1022
MUTH, CARL 679; 726
NAPHTALI, FRITZ 305; 307; 308; 326; 327; 336; 337; 389
NASSE, ERWIN 923
NATHUSIUS, MARTIN VON 964-966; 974
NAUMANN, FRIEDRICH 270; 925; 939; 540; 945; 946; 950; 951; 955; 957; 964; 970-972; 981
NAWROTH, EDGAR 791
NEANDER, AUGUST 896
NEGT, OSKAR 539; 549-552; 594
NELL-BREUNING, OSWALD V. 551
NELSON, LEONARD 319; 320; 393; 396; 407; 418; 427
NEMITZ, KURT 305; 389; 444
NEUMANN, FRANZ L. 327; 328
NEURATH, OTTO 284-286; 321; 323
NEVERMANN, KNUT 471
NIEBUHR, REINHOLD 1039; 1041; 1042; 1044
NIEMÖLLER, MARTIN 1037; 1064; 1065
NIEUWENHUIS, DOMELA 169
NÖLTING, ERIK 372; 374-376; 384; 393; 405
NÖLTING, ERNST 305; 309; 372
NOPPEL, CONSTANTIN 737; 762
NOWAK, KURT 884
OBERLIN, JOHANN F. 884; 885; 888
OELßNER, FRED 513; 514
OERTZEN, DIETRICH VON 937; 954; 957; 958
OERTZEN, PETER VON 449-451; 476; 478-481; 493-496; 538
OLDHAM, JOSEPH H. 1027; 1041-1043
OLK, FRIEDRICH 315; 316; 567
OPPENHEIMER, FRANZ 183-185; 187; 227; 228; 376; 406; 418; 554
OREL, ANTON 714; 718; 726
ORTLIEB, HEINZ-DIETRICH 390; 392; 394; 398; 407; 411-415; 455
OWEN, ROBERT 19; 25; 30; 37-39; 51-53; 57; 66; 124; 151; 204; 223; 890; 905; 915
PAHL, WALTER 336; 337
PANNEKOEK, ANTON 168; 171; 179
PAPEN, FRANZ V. 253; 344; 345; 754; 765
PAUL VI. 782; 795; 815; 833; 847
PAULUS, APOSTEL 603; 748
PERIN, CHARLES 655; 656
PERTHALER, JOHANNES ALOIS 708
PESCH, HEINRICH 676; 699; 720; 727-732; 738; 744
PESTALOZZI, JOHANN HEINRICH 886
PETER, HANS 366; 371; 390; 392; 393; 395; 406; 408
PETRI, LUDWIG ADOLF 907

PETRICH, FRANZ 330
PFEIFFER, EDUARD 226
PIEPER, AUGUST 662; 663; 695; 723; 729
PILGRAM, FRIEDRICH 627; 631; 632; 676; 680; 681
PIUS IX. 610; 669
PIUS X. 699
PIUS XI. 715; 731; 734; 736; 740; 768; 782; 789; 795; 862
PIUS XII 771; 791; 815; 826; 831
PLATON 20; 57; 66; 72; 295; 320; 325; 716; 788
PLENGE, JOHANN 286; 287; 321
POPPER, KARL RAIMUND 165; 487; 489; 490
POPPER-LINKEUS, JOSEF 183
PRINCE-SMITH, JOHN 186-188; 927
PROUDHON, JOSEPH 24; 32; 37; 42-53; 61; 68; 78; 79; 85; 90; 100; 104
PÜTTMANN, HERMANN 89
QUESNAY, FRANÇOIS 267
QUESSEL, LUDWIG 216
RADE, MARTIN 960
RAGAZ, LEONHARD 979-981; 1007; 1008; 1019 ; 1091
RAIFFEISEN, FRIEDRICH W. 259; 914; 915; 919-921
RATHENAU, WALTHER 288; 291; 292; 296; 750
RATHMANN, AUGUST 350
RATZINGER, GEORG 706
RAU, JOHANNES 556; 594
RAUMER, HANS VON 290
RAUSCHER, ANTON 783; 784
REICHENSPERGER, AUGUST 666
REICHENSPERGER, PETER FRANZ 626; 631; 653; 666; 670; 679; 690; 702
REISCHL, WILHELM 674
RENDTORFF, TRUTZ 1056
RENNER, KARL 19; 145; 168; 191-194; 234; 238; 240; 246; 265; 270; 279; 280; 296; 299; 301; 308; 313; 350; 424
REUTER, ERNST 215; 384; 439
RICARDO, DAVID 38; 44; 58; 101; 136
RICH, ARTUR 1076; 1080; 1091-1096
RICHTER, HANS WERNER 181; 186-188; 371
RITSCHL, ALBRECHT 945
RITSCHL, HANS 389-392; 394; 413; 562
RITTER, GERHARD 1032; 1033; 1036; 1038
RITTIG, GISBERT 414; 562
ROBESPIERRE, MAXIMILIAN 26; 78
ROHE, MIES VAN DER 224
RÖPKE, WILHELM 399-405; 786; 788
ROSENBERG, ALFRED J. 752; 768
ROSENBERG, ARTHUR 532
ROSENBERG, LUDWIG 463

Roßbach, Johann Joseph 705
Rousseau, Jean-Jacques 25; 26; 55; 67; 86; 340; 672; 748
Ruge, Arnold 99; 551
Ruland, Ludwig 352; 757
Ruskin, John 163
Rüstow, Alexander 399; 402; 403; 786; 1014
Saint-Simon, Claude-Henri de 31; 33-35; 295
Sand, George 37; 42
Savigny, Franz v. 131; 694
Say, Jean Baptiste 43; 101; 136; 187
Schacht, Hjalmar 210
Schäffle, Albert 104; 143; 147; 181; 182; 187
Schairer, Erich 321
Scharoun, Hans 224
Schäufele, Hermann 849
Scheler, Max 1012
Scheppler, Luise 885
Scherer, Klaus 507
Schiller, Karl 343; 389; 392; 415-424; 426; 433; 437; 439; 440; 467; 583
Schippel, Max 167; 176; 182; 207; 210; 211; 244; 245; 264; 279
Schleicher, Kurt von 345; 350
Schmid, Carlo 428; 431-434; 437; 445; 781
Schmidt, Helmut 439; 478; 490; 493; 827
Schmidt, Julian 130
Schmidt. Robert 198-200; 243; 245; 290
Schmidt, Simon 24; 185
Schmitt, Carl 417
Schmitt, Hermann Josef 302; 827
Schmoller, Gustav 727; 928
Schönfeld, Hans 1004; 1027
Schoenlank, Bruno 161; 205; 255; 256
Schramm, Carl August 147-150; 160
Schreiber, Georg 798
Schreiber, Wilfried 798
Schröder, Gerhard 475; 538
Schröder, Wilhelm 213; 234
Schroers, Heinrich 748
Schulte, Karl Joseph 621; 718; 730
Schulze-Delitzsch, Franz Hermann 130; 136-138; 187; 188; 226; 228; 232; 702-705; 915; 916; 920; 921
Schumacher, Kurt 145; 365; 366; 369-372; 395; 396; 428; 432; 439; 443; 781; 1067
Schumann, Wolfgang 285; 286
Schumpeter, Joseph Alois 103; 249-251; 269; 284; 287; 324; 378; 380; 403; 404; 406; 407; 416; 444; 446
Schüren, Nikolaus 650; 674

Schwan, Gesine 485-487
Schweitzer, Carl G. 998; 1050; 1053
Schweitzer, Johann Baptist von 143; 186
Schwenniger, Franz 81
Seeberg, Reinhold 934; 936; 960; 961; 963; 964; 994-999
Seidel, Richard 314
Sering, Paul 371; 377-379; 384; 390; 397; 398; 532; 727
Severing, Carl 252; 423
Shaw, Georg Bernard 162
Siemer, Laurentius 768; 778; 785
Siemsen, Anna 203; 204; 331
Sik, Ota 1094
Silverberg, Paul 291
Simons, Walter 993; 994; 1023
Singer, Paul 198
Sinzheimer, Hugo 246; 248; 253; 254; 276-278; 305; 306
Smith, Adam 28; 36; 38; 58; 66; 101; 136; 657; 797
Sombart, Werner 104; 182; 258; 411; 995
Sonnenschein, Carl 662
Spahn, Martin 753; 755
Spann, Othmar 716-719; 762; 998
Spencer, Herbert 164; 182
Spiethoff, Arthur 333; 334
Stahl, Friedrich J. 896; 897; 903; 904; 910
Stammer, Otto 413; 439
Stampfer, Friedrich 213; 345
Staudenmaier, Franz Anton 620
Staudinger, Franz 237; 238; 240; 319
Steffen, Joachim (Jochen) 476-478; 489; 493
Stegerwald, Adam 699; 751; 754; 777; 826
Stein, Heinrich Friedrich Karl Freiherr vom 878
Stein, Lorenz von 24; 25; 52; 64; 73; 74; 142
Steinbüchel, Theodor 721-723; 780
Stern, Carola 538
Sternberg, Fritz 183; 268; 345; 348; 349; 371; 379-383; 412; 460-462; 485; 530; 532; 569; 570
Stinnes, Hugo 243; 272; 291; 328
Stirner, Max 88; 89
Stoecker, Adolf 922; 924-927; 933-935; 947-949; 951; 952; 958-962; 998, 1000; 1022; 1026; 1046; 1048
Stolper, Gustav 250
Strasser, Gregor 345
Strasser, Johanno 474; 493; 508; 509; 567; 591

STRAUß, DAVID FRIEDRICH 91
STROHM, THEODOR 1056; 1083
STUMM, KARL FERDINAND FREIHERR VON 957
SÜDEKUM, ALBERT 209; 215; 217; 218; 220; 228
SYMANOWSKI, HORST 1051
TARNOW, FRITZ 249; 250; 305; 331; 333; 389; 391
TAUT, BRUNO 224; 225; 231
THALHEIMER, AUGUST 346
THEMEL, KARL 1022
THIELICKE, HELMUT 1033; 1055; 1056
THIEMEYER, THEO 562; 563
TILLICH, PAUL 348; 364; 389; 416; 418; 554; 1000; 1012-1016; 1030
TODT, RUDOLF 897; 929-931; 947
TÖNNIES, FERDINAND 237; 249
TRAUB, GOTTFRIED 972; 973; 982
TRAUBE, KLAUS 508
TREITSCHKE, HEINRICH VON 185
TREITZ, JAKOB 695
TRIMBORN, CARL 749
TROEGER, HEINRICH 387
TROELTSCH, ERNST 956; 966; 973-975; 998
ULBRICHT, WALTER 512; 513; 516; 517; 519; 520; 523; 528; 532
UHLHORN, GERHARD 883
UMBREIT, PAUL 281; 291
URLSPERGER JOHANN AUGUST 885
UTZ, ARTHUR-FRIDOLIN 771
VARNHAGEN VON ENSE, RAHEL 128
VEIT, HERMANN 384; 394; 395; 405; 419; 421-424; 437
VELDEN , JOHANNES VON DER 771
VILMAR, FRITZ 507
VOEGELIN, ERIC 466
VOGEL, FRITZ 254
VOGEL, HANS-JOCHEN 493; 579; 582
VOGELSANG, KARL FREIHERR V. 638-640; 646-651; 657; 664; 680; 681; 684; 713; 714; 727; 737; 739
VOGELSTEIN, THEODOR 291; 292
VOGENO, AUGUST 664
VOLLMAR, GEORG VON 160; 161; 211; 255; 256
VOSEN, CHRISTIAN HERMANN 630; 704
WAGNER, ADOLPH 182; 727; 922; 923; 924; 931; 937; 938; 950; 954, 956, 965
WAGNER, MARTIN 221-224; 229-232; 239
WARTENBURG, YORK VON 1030
WEBB, BEATRICE 162; 222; 235; 242
WEBER, ALFRED 367; 371; 385; 386; 388; 390; 434; 444
WEBER, HEINRICH 757
WEHNER, HERBERT 434; 437; 440; 470

WEBER, LUDWIG 321; 323; 948-950
WEBER, MAX 880; 954-957; 970; 974
WEBER, REINHARD 237; 240
WEBER, WILHELM 796; 818; 819
WEIDIG, LUDWIG 286; 525; 892-894
WEISSER, GERHARD 313; 390; 392-395; 398; 406-410; 424; 437; 439; 440; 445; 562; 566; 1052; 1054
WEIß, ALBERT MARIA 647-650; 664; 680
WEITLING, WILHELM 24; 64-73; 75; 894
WEIZSÄCKER, CARL FRIEDRICH V. 1085
WELS, OTTO 344
WELTY, EBERHARD 768; 771; 778; 785
WENDLAND, HEINZ-DIETRICH 1000-1002; 1013; 1043; 1056; 1057
WERNER, GUSTAV 917; 918
WERTHMANN, LORENZ 631; 842
WETTIG-DANIELMEIER, INGE 493; 574; 577
WICHERN, JOHANN H. 874; 886-888; 895-903; 922-924; 941; 947; 990; 1046; 1048
WIEBER, FRANZ 693
WILBRANDT, ROBERT 234; 235; 237; 238; 240; 249
WILHELM II. 160; 212; 241; 873
WINDTHORST, LUDWIG 196; 654; 658; 661; 664; 670; 673; 677-682
WINTER, ERNST KARL 254; 714
WIRTH, JOSEPH 749-755; 777
WISSELL, RUDOLF 201; 251; 273; 274; 287-293; 305; 321; 340; 342
WOLF, ERIK 1032; 1033; 1035
WOLF, ERNST 1001; 1024-1026; 1066; 1067
WOLFF, RICHARD 500
WOLFF, WALTHER 985
WOLTMANN, LUDWIG 172
WOYTINSKY, WLADIMIR 333-337; 389
WÜNSCH, GEORG 1000; 1009-1012; 1017; 1057
WURM, EMANUEL 209; 215
WURM, THEOPHIL 1035; 1046; 1054
ZELLER, CHRISTIAN H. 885; 886; 896; 907
ZETKIN, CLARA 155; 223; 256; 257; 573; 575
ZIETZ, LUISE 195; 196; 198; 199; 573
ZORN, RUDOLF 394–399; 550

Sachregister

ACHTSTUNDENTAG
(S. AUCH NORMALARBEITSTAG)
39; 204; 206-208; 278; 300; 1018

AGRARFRAGE
254-261; 626; 627

AKKUMULATION
72; 108; 117; 119; 267-268; 804
DES KAPITALS 267-268
KAPITALISTISCHE 119
URSPRÜNGLICHE 108

ANTI-DÜHRING 34; 211

ANTIKOMMUNISMUS 384; 400

ARBEIT
BEFREIUNG DER/VON DER 111; 158; 196; 228
BÜRGER- 590
ERWERBS- 575-576; 583-584; 589-591; 593; 794; 858; 859; 875; 876; 1083; 1085; 1102
HUMANISIERUNG DER 460; 462; 1075; 1077
INDUSTRIE- 246; 459; 570; 592; 885- 887; 1008; 1009; 1075-1077
LEBENDIGE 117-118; 312
LOHN- 79; 102; 104; 108; 136; 227; 397; 477; 589; 626; 1029
PARTEI DER 440; 775; 777; 778; 780
RECHT AUF 25; 41; 42; 48; 53; 78; 96; 181; 387; 438; 464; 505; 576; 858; 973; 1032; 1076; 1082
SOZIAL- 904-907
SOZIALISTISCHE 521-522; 929; 931
TEILZEIT- 1083; 1102
-SBESCHAFFUNG 39; 333; 335-336; 416; 457; 1047
-SBESCHAFFUNGSPROGRAMME 38; 201; 207; 249; 336; 344-345
-SBEZIEHUNGEN 82; 167; 206; 241; 244; 272; 275; 305-306; 454
-SGESELLSCHAFT 183; 585-586; 588-591; 593; 1084
-SKAMMERN (AUCH: ARBEITERKAMMERN) 819
-SKRAFT 38; 43; 59; 79; 102; 113-114; 116-
  118; 125; 148; 185; 196; 207; 230; 258; 275; 314; 591; 628; 675; 741; 744; 799; 806; 828; 913; 943; 963
-SORDNUNG 329; 340; 710

-SRECHT 241; 246-248; 254; 278; 305; 312; 673
-STEILUNG 26; 31; 40; 45; 50; 106-107; 151; 182; 277; 310; 323; 405; 516; 529; 557; 570; 584; 705; 961; 1034
-SVERFASSUNG 312; 328-329; 739

ARBEITER
-ARISTOKRATIE 268; 570
-AUSSCHÜSSE 241-243; 279; 282; 707; 709-
  711
-BANKEN 230-231; 236; 238-239; 241; 308
-BILDUNGSVEREINE 23; 227
-KAMMERN 241-242; 649; 651; 683; 685; 730
-KLASSE 109-111; 125-126; 133; 143; 148; 157; 163; 166; 169-174; 176; 180; 185; 190; 195; 205; 210; 213; 218; 238-240; 242; 245; 248; 253; 263; 267-268; 277; 280; 297; 301; 303; 326-328; 331; 349; 440; 448; 473; 499; 510-514; 520; 522-526; 549-550; 569; 691; 759
-SCHUTZ 160; 162; 196; 204-207; 210; 257;
  312; 418; 659; 683; 684; 691; 937;
-STAND 59; 133-134; 138-141; 181; 196; 201; 625; 669; 692, 701; 705; 933; 938; 962; 984
-VERSICHERUNGEN 308; 670; 682; 684

ARBEITERASSOZIATION
46; 48; 75; 77; 79-82; 97; 120; 130; 138; 140; 143; 146; 150; 158; 182; 227; 254

ARBEITERBEWEGUNG
DEUTSCHE 20; 21; 22
SOZIALDEMOKRATISCHE 241; 304; 361; 363, 542; 580
CHRISTLICHE 672; 825

ARBEITERVEREINE
EVANGELISCHE 874; 949-950; 958; 995; 996; 1050
KATHOLISCHE 662; 694; 695; 725; 749; 750; 765; 768; 948

ARMENFÜRSORGE
197; 202; 878; 882-884; 890; 891; 912

ARBEITSLOSIGKEIT
20; 38; 43; 48; 56; 60; 152; 165; 172; 201; 207; 249-250; 311; 315-316; 318-319; 327; 329; 332-334; 337-340; 344-345; 361-362; 386; 397; 415; 460; 489; 586; 590-591; 626; 759; 802; 840; 841;

858; 859; 1018; 1027; 1029; 1078; 1081-1085; 1099-1103; 1102
MASSENARBEITSLOSIGKEIT 250; 794; 856; 857; 316; 404; 590

AUSBEUTUNG
20; 35; 37; 39; 43; 45; 59; 79; 97; 100; 108; 110; 114; 116-117; 137; 150; 158; 160-161; 185-186; 196; 212; 248; 258; 268; 275; 281; 304; 312; 314; 319; 334; 365; 386; 439; 444; 489; 494; 520; 522; 534; 558; 568-569; 586; 617; 625; 626; 636; 663; 668; 675; 714; 847; 891; 892; 1044; 1068

AUSSENHANDELSMONOPOL
56; 342

AUTOMATISIERUNG, AUTOMATION
424; 449-461; 517; 585; 588; 591

BARMER THEOLOGISCHE ERKLÄRUNG
1023-1025; 1052; 1065

BOLSCHEWISMUS
157; 177; 179-180; 283; 370-371; 409-410; 1019; 1028; 1049

BOURGEOISIE
43; 72; 82; 94; 96-97; 109-110; 112; 121;
133-134; 141-142; 169; 174-175; 190; 212; 268; 299-301; 403

CARITAS
832

CHILIASMUS
83; 444; 888; 892; 893

DEMOKRATIE
BÜRGERLICHE 103; 110; 141; 303; 472; 762
FUNKTIONELLE 297; 300-301
KOLLEKTIVE 297; 301-302
MEHR - WAGEN 475; 491
MOBILISIERUNG DER 437; 468
RÄTE- 480
SOZIALE 141; 297; 302-304; 320; 438; 467; 481; 485-486; 491, 543-544, 565-566; 584
SOZIALISTISCHE 384; 473, 535
UND REPUBLIK 746
WIRTSCHAFTLICHE 277; 303; 308; 438; 440;
757
WIRTSCHAFTS- 232; 240; 252; 254; 301;

304-309; 314; 326-327; 330-332; 342; 374; 453; 455; 507; 583

DIAKONIE
873; 883; 884; 889; 896; 897; 899; 900; 903-905; 923; 925; 945-948; 952; 989-991; 1021; 1022; 1045-1047; 1073-1075; 1081; 1097

DIALEKTIK
45; 90; 99; 106; 116; 151; 157; 165; 444; 489; 1079

DIKTATUR DES PROLETARIATS
111; 177; 192; 299

DRITTER WEG, DRITTE KRAFT
545; 595

EIGENINITIATIVE
564; 635; 759

EIGENNUTZ
67; 72; 619; 660; 702; 875; 1073; 1095-1098; 1101

EIGENTUM
999; 1008; 1062; 1063
AN DEN PRODUKTIONSMITTELN 122; 362; 387; 426
GESELLSCHAFTLICHES 182; 366
GEMEIN- 53; 69; 108; 343; 387-388; 397; 412; 415; 422-423; 426-427; 439-443; 446; 452; 456; 463-465; 562; 685; 756; 777-779; 781; 1008; 1039;
GESELLSCHAFTS- 122; 281; 387
GRUND- 59; 67; 103; 108; 184; 254; 256; 260; 635
MIT- 458; 668; 703; 707; 801-802; 805; 807; 818-819; 827
PRIVAT- 25-29; 31-32; 36; 39; 42; 45; 56; 66-68; 84-85; 95; 100; 102; 106; 112; 122; 152; 159; 169; 183-184; 320; 328; 363; 390; 401; 415; 440; 443; 486; 561; 670-671; 685; 719; 795; 804; 810-811; 1042; 1044; 1101
RECHT AUF 67; 453; 729; 815; 856
SOZIALFUNKTION DES 734
-SORDNUNG 36; 68-69; 312; 388; 417; 671; 775; 778; 802
STAATS- 121; 281; 388; 529
-SSTREUUNG 627: 805; 808-809

ENTFREMDUNG
90, 92; 100; 102; 401; 454; 502; 582; 592; 896; 981; 1017; 1061

1143

ENTWICKLUNG
INTEGRALE 833; 841
-SHILFE 569; 571; 771; 774; 831; 833-835; 837-840; 1098
-SZUSAMMENARBEIT 831; 835; 842; 862

ENZYKLIKA, PÄPSTL.
603; 733-735; 740; 741; 782; 785; 795; 802; 816-819; 826; 860

ETATISMUS
63; 545

ETHIK
DES TEILENS 858
SOZIALER BEWEGUNGEN 860
STRUKTUREN- 605
WIRTSCHAFTS- 790; 796

FABRIK
22-23; 38; 135; 139; 152-153; 158; 164; 172; 266; 324; 366; 381; 642-645; 708-710; 913; 917; 918; 937; 944
CHRISTLICHE 642-644; 914; 917; 944
KONSTITUIONELLE 241

FAMILIE
28; 32; 51; 59; 85; 94; 100; 116; 121; 128; 152; 199; 520; 557; 565-566; 574-576; 578; 584; 590; 619; 639; 656; 725; 736; 742; 770; 798-801; 804; 853; 858-859; 902; 944; 962; 987; 997; 1000; 1031; 1103

FAMILIENPOLITIK
771; 800; 1001

FASCHISMUS
254; 304; 346-349; 370; 372; 377; 379; 444; 535; 553; 715; 1019; 1028; 1067
-ANALYSEN 346
-KRITIK 348; 1019
-THEORIEN 346

FRAUEN
-ARBEIT 152; 204; 572-574; 656
ARBEITSGEMEINSCHAFT
SOZIALDEMOKRATISCHER 572
-BEWEGUNG 506; 572-575; 577; 580
-EMANZIPATION 85; 156; 203; 576; 966; 991;
-ERWERBSARBEIT, -TÄTIGKEIT 575
-FRAGE 155; 572-573; 575; 584; 587; 940; 966
NEUE .-BEWEGUNG 573
-POLITIK 572-576; 580
-WAHLRECHT 120; 572-573; 579

FREIHANDEL
76; 167; 210; 266; 622; 924

FRIEDEN
266; 269-271; 439-440; 498; 504; 520-521; 540-541; 570; 609; 611; 692; 746; 833-834; 838; 841; 850-853; 874; 908; 1020; 1025; 1055; 1060; 1067; 1081; 1085

GATTUNGSWESEN
90; 91; 101-102; 106

GELD
ARBEITS- 61-63; 71; 324
METALL- 61-62; 67
-THEORIE 67; 105; 115; 137; 151; 324

GEMEINWIRTSCHAFT
229; 231; 236; 241; 271; 278-279; 284; 286; 288-293; 305-306; 308; 321; 323-326; 338; 375; 387; 390-391; 404; 411; 450-451; 486; 552; 560-564; 810; 913; 917

GEMEINWOHL,
68; 216; 325; 374; 393; 466-467; 484; 562; 606; 610; 682; 702; 732; 735; 741; 743; 779; 791; 797; 811; 835; 873; 875; 928; 967; 1042; 1057; 1073; 1095-1097; 1101

GENOSSENSCHAFTEN
27; 37; 41; 52; 79; 82; 149; 158; 166; 171; 177; 180; 182; 228; 230; 233-235; 239-240; 256; 259; 261; 280; 385-386; 393; 560; 638-639; 642; 692; 702-706; 780; 836; 914; 915; 938; 944; 1008
AGRAR- 51
BAU- 222; 227-228; 231; 238
GESAMT- 386
KONSUM- 38; 46; 63; 81; 158-160; 166; 173; 226-228; 230-241; 272; 280; 284; 294; 308; 313; 365; 372; 397; 419-420; 485; 690; 914; 915
PRODUKTIONS- 38; 48; 50; 78; 81; 144; 227-228; 230; 255; 259; 904
PRODUKTIV- 79; 82; 172; 184; 238; 313; 644; 653; 690; 914; 915
PRODUZENTEN- 259

GERECHTIGKEIT, SOZIALE
376; 384; 397; 405; 408; 410; 418; 425; 429-431; 434; 436; 438; 440; 452; 568; 585; 595; 610; 791; 795; 792; 860; 876; 973; 1004; 1041; 1057; 1065; 1099; 1101

GESELLSCHAFT
BÜRGERLICHE 19; 33; 39; 49; 68; 93; 99; 109; 120; 125; 128; 133; 153; 202; 208; 241; 263; 442; 617; 630; 652; 655; 700; 707-708; 910; 1068; 1069; 1071
FORMIERTE 466-467
INDUSTRIE- 80; 286; 441; 465; 477; 481; 483-484; 492; 497; 509; 1076; 1078; 1084
INDUSTRIELLE 409; 483-484; 486; 770; 1056
KAPITALISTISCHE 44; 111; 125; 136; 267; 317; 330; 447; 486; 536; 541; 555; 645; 721; 974; 1072;
KLASSEN- 68; 108-109; 111; 442-443; 523;
526; 580; 634; 737; 741-743; 806; 1071
KLASSENLOSE 123; 304; 414; 502; 510; 518; 526; 1016
KOMMUNISTISCHE 69; 85; 110-111; 119-121; 126; 529; 533-534; 592
MÜNDIGE 465; 467
OFFENE 442; 467; 488-490; 840
SOLIDARISCHE 49; 92; 177; 225, 581; 583
-SORDNUNG, 479; 721
SOZIALISTISCHE 122; 143; 155; 158; 163; 262; 304; 361; 378; 404; 443; 523; 555; 913; 930; 1007; 1019; 1070; 1073
VERANTWORTLICHE 1042; 1043; 1045; 1064
WELTBÜRGER- 589-591
ZIVILE 596
ZIVILISIERTE 38; 553

GEWERKSCHAFTEN
40; 63; 74-75; 81-82; 159; 171-172; 178; 194; 196; 199; 201-202; 206; 208; 222; 230-231; 233-234; 236; 242-245; 248; 250; 252-253; 274-276; 278; 280; 283; 285; 291; 301; 303; 305; 307; 312; 315-316; 328; 332-333; 342; 344-346; 348; 361; 365; 424; 438; 451-456; 458-464; 505; 508; 518; 524; 560; 563-564; 570; 577; 590; 658; 662; 687; 690-700; 709-711; 720-722; 725; 737; 739; 745; 751; 754; 758; 765; 768; 771; 776-778; 786; 806-807; 809-810; 812; 820; 823; 825-830; 836; 859; 875; 916; 933; 948-950; 961; 962; 967-970; 973; 974; 980; 989; 996-998; 1008; 1040; 1044; 1061

CHRISTLICHE 662; 691-695; 697-700; 709; 771; 776-778; 809; 820; 825-827; 829; 967-970; 995-997; 1061
EINHEITS- 451; 453; 456; 459; 463; 825; 830; 1050; 1053; 1061; 1062
FREIE 202; 253; 305; 314; 326; 345; 361
-SSTREIT 663; 689; 694; 700; 758

GLEICHHEIT
25; 28-31; 43-45; 58; 68; 79; 84; 113-114; 133; 155; 181; 302; 320; 328; 378; 398; 414; 418; 429-430; 444-445; 449; 476; 479; 487; 491; 494; 528; 558; 573; 575; 577-579; 584; 587; 594; 632; 634; 647; 652; 717; 761-762; 930; 958; 975; 978; 1031; 1042; 1093

GÖTZENKRITIK
1089; 1090

GRADUALISMUS, GRADUALISTISCH
51; 82; 139; 275; 282; 489

GRENZNUTZENTHEORIE
105; 116; 165; 308-309, 312

GROSSGRUNDBESITZ
159; 185; 260; 262; 282; 361; 364; 366

GROSSINDUSTRIE
199;279; 364; 366; 638-639; 647; 649; 664; 738; 777; 917; 950; 1031

GRUNDWERTE
430; 442; 445; 466; 492; 494; 505; 556-558; 567; 579-582; 594; 781; 784; 853; 856; 1093; 1101

GÜTERGEMEINSCHAFT
30; 36; 84-85

HAIDER THESEN
648-649; 660; 664; 686

HANDWERK
21-25; 27; 45; 77;166; 172; 198; 226; 237; 255; 259; 388; 401; 422; 649; 656; 658; 666; 674; 705; 756; 1102

HILFE ZUR SELBSTHILFE
891; 914

HILFSWERK
771; 773; 831; 832; 837; 839; 842
KIRCHLICHES HILFSWERK 1045-1047; 1052; 1073

HUMANISMUS
367; 384; 440; 443; 469; 519; 543; 782; 833; 1077

IDEOLOGIEKRITIK
112

IMPERIALISMUS
169; 177-180; 210; 264-270; 364-365; 379-380; 474; 500; 514; 570; 585; 593-595; 735; 963; 981; 1072
-THEORIE(N)   105; 163; 264-265; 268; 270

INDIVIDUALISMUS
58; 270; 390; 410; 521; 617-618; 625; 651; 681; 717-718; 727-728; 731; 734; 736-737; 744; 975; 1003

INDUSTRIEGESELLSCHAFT
35; 151;483; 536; 539; 589; 643; 739; 798; 800; 973

INDUSTRIELLE RESERVEARMEE
118-119; 183; 380; 401

INNERE MISSION
629;873; 874; 877; 883-885; 889; 891; 895; 896; 898-900; 907; 909-912; 921-923; 941; 945; 946; 963-966; 988-990; 999; 1021; 1046-1049; 1052

INSTITUTION
518; 520; 540; 605; 607; 627; 636-637; 671; 681; 734; 769; 803; 836-838; 896; 896; 927; 955; 1021; 1026; 1057; 1066; 1080; 1083

INTEGRATION, EUROPÄISCHE
423

JUNGHEGELIANER, LINKSHEGLIANER
65; 89; 99; 128; 551

KAPITAL(S)
KONZENTRATION DES   117; 167; 231; 241; 346
ORGANISCHE ZUSAMMENSETZUNG DES 117-
118; 269

KAPITALISMUS
53; 263; 265-271; 280; 287; 295; 297-299; 301; 303-309; 312-313; 316-318; 324; 327-328; 331; 337; 340-348; 350-351; 363; 365; 367-368; 370-374; 377; 379-381; 390; 395; 398; 401-403; 406; 411-412; 414-415; 417; 438; 441; 448; 452; 471-473; 476-477; 479-480; 482-483; 500-501; 511; 513-514; 523; 525; 533-534; 536; 541-543; 547; 550-551; 558; 560; 563; 569; 581; 583-584; 590-591; 595; 613; 642; 644; 646-647; 657; 665; 675; 691; 695; 712-715; 717-718; 720-722; 725-726; 729-732; 734-736; 780; 789; 796; 931; 952; 973; 979; 993; 1028; 1038; 1040; 1044; 1045; 1056; 1066; 1073
INDUSTRIE-   477
-KRITIK   20; 115; 158; 161; 187; 292; 667-668; 670; 675; 725; 1005; 1014-1016; 1067-1070;
ORGANISIERTER   305; 327; 330-331; 340
SPÄT-   417; 423; 475; 480; 482-483; 496; 500; 508; 547
STAATSMONOPOLISTISCHER   473
WELT-   547
ZUSAMMENBRUCH DES   266

KARITAS, CARITAS
619; 621; 623; 628-630

KATHEDERSOZIALISTEN, KATHEDERSOZIALISMUS
104; 182; 185; 207; 923; 924; 926; 927; 957

KAUTSKYANISMUS
157

KIRCHENTAG, EVANGELISCHER
895

KLASSE(N)
AN SICH   477
-CHARAKTER   375; 478; 1071
FÜR SICH   477
-GEGENSÄTZE   50; 75; 76; 119-120; 245; 266; 302; 617; 625; 1009; 1010; 1018
-GESELLSCHAFT, KAPITALISTISCHE   108-109; 111; 177-178; 184; 192; 304; 1071
-GLEICHGEWICHT   299-300; 326
-GRENZEN   492
HERRSCHENDE   522
-INTERESSE   1007
-KAMPF   82; 108; 110; 169; 177-178; 182; 191-192; 201; 204; 236-239; 245; 257; 330; 349; 445; 547; 613; 660; 710; 724; 736; 739; 742-743; 827; 956; 1009; 1010; 1014; 1015; 1069
KAPITALISTISCHE   816
-SPALTUNG (SIEHE –GEGENSÄTZE)   107; 442; 1015; 1069;
-STRUKTUR   59; 193; 547
-VERHÄLTNISSE   448

KOMMUNE, COMMUNE
110-111; 125-126; 148; 150-151; 158; 201; 213; 222; 229-230; 241; 274; 283

KOMMUNEN
46; 538; 576

KOMMUNISMUS
24; 30; 32; 42; 46-47; 52-53; 57-58; 62; 64-66; 69; 75; 83; 86; 90; 92; 94; 100; 103; 120; 124-125; 379; 384; 395; 397; 402-403; 406; 429; 404; 442; 469; 479; 518; 521; 524-525; 534; 536-537; 542; 593; 772; 781; 783; 898; 917; 929; 931; 1029; 1042; 1044; 1045; 1066; 1068
-BEGRIFF 58
HANDWERKER- 64; 66
ROHER 542

KONSERVATISMUS
246; 299; 468; 504; 587; 615; 964; 976
SOZIALER 959-969
STRUKTUR- 504

KONZILIARER PROZEß
874

KORPORATION, *VGL. AUCH* **ORDNUNG,**
BERUFSSTÄNDISCHE 214; 619; 627; 634-639; 680; 690; 702; 715

KRISE(N)
-BEKÄMPFUNG 316; 384
-BEWUßTSEIN 504; 981
DES MARXISMUS 382
DISPROPORTIONALITÄTS- 118
END- 332; 482; 500
HANDELS- 60
KULTUR- 481; 483
ÜBERPRODUKTIONS- 118
UNTERKONSUMTIONS- 61; 118
WELTWIRTSCHAFTS- 203; 209; 221; 233; 236; 253; 313; 316; 326-327; 331-332; 342; 372; 380; 474; 758; 990; 1027
WIRTSCHAFTS- 60; 253; 319; 327; 332-333; 337; 344; 759

KRITISCHER RATIONALISMUS
487-488

LENINISMUS
385; 443; 484; 512; 519;521; 524; 529; 531; 537; 539

LENKUNG
72; 298; 306; 340; 362-364; 366; 373; 375; 391; 395; 397; 411; 422-423; 452-453; 471; 494;560; 779; 793; 822
DEZENTRALISIERTE 393
INDIREKTE 375; 396
INVESTITIONS- 495; 812
-SFORMEN 149; 393
-SFUNKTION 34; 495
-SSTIL 393
-SWIRTSCHAFT 53; 397
WIRTSCHAFTS- 53; 339; 397; 408; 419; 443; 495

LIBERALISMUS
22; 24; 34; 64; 88; 141; 169; 270; 312; 321; 368; 372; 386; 391; 399; 402-403;405; 419; 613; 634; 644; 646-647; 650-653; 659; 663; 667-669; 712-714; 717-718; 720; 752; 778; 785; 788-789; 791; 930; 942-944; 970-978; 1016; 1028; 1029; 1042
CHRISTLICHER 652
ERNEUERUNG DES 402
MANCHESTER- 158; 180; 182; 185; 939;
NEO-/NEU- 372; 404-405; 407-409; 413; 417-418; 424; 778; 785-789; 791; 793; 804; 1054; 1078
ORDO- 788; 1034
SOZIAL- 163; 402; 553; 874; 970-978
SOZIALER 405; 659
WIRTSCHAFTS- 20; 24; 48; 142; 182; 185; 226; 466; 645-646; 653; 656-657; 665; 675; 687; 704; 797; 926; 928; 1034

LUTHERTUM
942-944; 947; 948; 964; 1002-1005; 1011; 1055

LOHN
LOHNGESETZ, EHERNES 138; 140; 144
FAMILIEN- 686
INVESTIV- 775; 798; 801; 804; 805-807; 810, 813; 820
SOZIAL- 804
-VERTRAG 647-648; 650; 660; 734-735

MARKTWIRTSCHAFT
56; 114; 183; 260; 338-340; 344; 362; 382; 385-386; 389; 392; 395-397; 399; 401; 406; 408; 410; 413; 415; 418; 466-467; 561; 563; 735; 775; 780; 785-797; 802; 804-805; 848; 856-857; 876; 923; 956; 1012; 1034; 1035; 1038-1040; 1053; 1054; 1063; 1064; 1070; 1073; 1089; 1092-1095; 1103
KAPITALISTISCHE 341; 391-392; 563
-LICHE ELEMENTE 375
REGULIERTE 395; 397; 418; 1016; 1040;

1070; 1094; 1095
SOZIAL GESTEUERTE 392; 1101
SOZIALE 386; 392; 399; 406; 775; 785-786; 788-791; 793-797; 802; 804-805; 848; 856-858; 876; 1034; 1035; 1039-1042; 1054-1056; 1065; 1094-1097
SOZIALISTISCHE 313-314; 339-340; 386; 389; 418; 466; 529; 544

MARXISMUS
21; 79; 105; 116; 122; 146; 157; 161; 166; 168; 177; 183; 192; 247; 260; 275; 283; 310; 332; 370-371; 381-383; 411; 413; 417; 429; 442; 444; 448; 466; 471; 473; 475; 478; 484-486; 501; 512; 519; 521; 524; 529; 531-532; 537; 558; 613; 725-726; 775; 778; 781; 950; 998; 1007-1009; 1042; 1064; 1066; 1068; 1069; 1071
ABLEITUNGS- 383
AUSTRO- 191; 193-194; 265; 301
SOWJET- 105; 122; 151
VULGÄR- 157; 532

MATERIALISMUS
101; 103; 106; 150-151; 180; 288; 382; 417; 436-437; 501; 532-534; 935; 968; 1007; 1065

MATERIALISTISCHE GESCHICHTSAUFFASSUNG
106; 157; 181; 416

MEHRWERT
116; 165; 183; 186; 267; 477; 591; 675

MITBESTIMMUNG
123; 139; 239; 245; 282; 304; 306; 365; 373; 375; 387-388; 397; 422; 426; 440; 451-456; 460-461; 463-464; 468; 473; 479; 495; 507; 576; 580; 613; 700-702; 705; 707; 711; 729; 731; 738; 744; 756-757; 775; 778; 802; 804; 813-825; 830; 856; 933; 953; 984; 986; 1008; 1032; 1039; 1040; 1057-1060; 1063; 1075-1077; 1088
ARBEITER- 159
BETRIEBLICHE 139; 305; 373; 455; 997
MONTAN- 380; 456; 830; 1075
PARITÄTISCHE 272; 440; 455; 464; 576; 757; 816; 818-820; 825; 830; 1058; 1061; 1076; 1077
-SRECHTE 373; 386; 389; 420; 422; 453-454; 611; 1063; 1076; 1077
-SRECHT 173; 241; 245; 306; 730-731; 758; 760; 779; 814-815; 819-820; 875; 997; 1029; 1042; 1055; 1058; 1075

ÜBERBETRIEBLICHE 306; 374; 455; 820
WIRTSCHAFTLICHE 454; 756-757; 813-814; 830; 1040; 1059; 1060; 1075

MONOPOL(E)
76; 122; 149; 183-184; 210; 251; 261; 307; 312; 316; 320; 324; 331; 336; 343; 363; 373; 385; 396; 401; 443; 448; 687; 1027
-BOURGEOISIE 474
-KAPITAL 378; 474
-KAPITALISMUS 265; 321; 372; 374; 474; 477; 539

NATURRECHT
55; 88; 487; 502; 605; 648; 657; 665; 692; 779; 927

NEUE LINKE
470; 475; 481-482; 485; 497; 502

NORMALARBEITSTAG
61; 119; 205

ÖKOLOGIE
506; 509; 540; 557; 583; 587-588; 843; 854-855; 1052
SOZIAL- 539; 853

ÖKUMENISCHER RAT
1043

ORDNUNG
ARBEITS- 329; 340; 710
BERUFSSTÄNDISCHE 632; 717; 745
FEUDALE 880; 881
LEISTUNGSGEMEINSCHAFTLICHE 745

ORGANISATION DER ARBEIT
23; 25; 30; 40-41; 44; 48-49; 52-53; 63; 82; 95; 148; 153; 159; 182; 537; 622; 680; 690-692; 709; 917; 923; 937; 951

PARLAMENTARISMUS
41; 125; 190-192; 273-274; 326; 344;

PARLAMENTARISIERUNG UND SOZIALDEMOKRATIE
751; 754-755; 761

PARTNERSCHAFT
455-456; 571; 729; 820; 836; 853; 1054-1057; 1076

PATRIARCHALISMUS
875; 879-982; 903; 916

PAUPERISMUS
58; 87; 119; 617; 620-621; 625; 628; 878; 882; 886; 889; 990; 899; 904; 929

PERSONALITÄT
527; 607

PERSONALISMUS
975; 1055

PHALANSTÈRES
41

PLAN, PLANUNG
-SKOMPETENZ 386
SOZIALISTISCHE 378; 382
-STELLE 362
UND LENKUNG 363-364; 366; 422; 452-453; 477; 480; 494-495; 779
VOLKSWIRTSCHAFTLICHER GESAMT- 382; 463
WIRTSCHAFTS- 123; 339; 395-396; 416; 419; 715; 1092

PLANWIRTSCHAFT
289; 336-344; 361-365; 372-376; 378-379; 381; 384-385; 387-391; 395-397; 401-402; 404; 412; 415; 418; 438; 464; 516; 544; 717; 721-722; 778; 790; 1042; 1045; 1066
FREIHEITLICHE 389; 418
KAPITALISTISCHE 378-379
PARTIELLE 337
-SDISKUSSION 336-337
SOWJETISCHE 358
SOZIALISTISCHE 361; 363; 372-373; 401
TOTALE 384; 395; 397; 464

PRODUKTIONSVERHÄLTNISSE
53; 59; 95; 107; 332; 368; 374; 406; 444; 476; 504; 513; 675; 1012

PRODUKTIVASSOZIATIONEN
654; 668; 671-672; 703-705; 707

PRODUKTIVVERMÖGEN
341; 583; 798; 801; 803-804; 811-812; 1055; 1063

PRODUKTIVKRÄFTE
107-109; 125; 251; 263; 337; 452; 476-477; 480; 483; 498; 504; 506; 513; 550; 592

PROGRAMM
DORTMUNDER AKTIONS- (1952) 419; 438-439
ERFURTER (1891) 156-157; 159; 191; 205; 212-213; 255-256; 259; 262
GODESBERGER GRUNDSATZ- (1959) 410; 423; 426; 429-430; 437; 441; 443; 445-447; 450; 456; 463-464; 468-469; 478; 485-486; 491-492; 494; 496; 505;784
GOTHAER (1875) 144; 213; 592
GRUNDSATZ- DES DGB (1963) 462-464
KOMMUNISTISCHES MANIFEST (1848) 103

PROLETARIAT
35; 65; 76-77; 94-95; 102; 104; 108-111; 114; 116; 118-119; 121; 136; 144; 151; 166; 169-170; 172; 174-179; 182; 187; 192; 212; 234; 243; 245; 255; 257-258; 267; 271; 274; 298-300; 303; 330; 342; 350; 396; 442; 444; 472; 484; 486; 588; 618; 629; 702; 723; 914; 1007-1009

RÄTE
273-276; 278
ARBEITER- 275-277
ARBEITER- UND SOLDATEN- 273
ARBEITER- UND WIRTSCHAFTS- 277
BETRIEBS- 272; 275; 278; 289; 293; 295; 297; 365; 449; 707; 730
-BEWEGUNG 213; 276
-GEDANKE 274
-IDEE 273; 276; 279
-ORGANISATION 274; 289
-PRINZIP 272
PRODUKTIONS- 276
-SYSTEM 221; 273-275; 277; 304; 472; 480; 738
VERWALTUNGS- 282
WIRTSCHAFTS- 277

RATIONALISIERUNG
FEHL- 317

RECHRISTIANISIERUNG
873; 903; 935; 936; 964; 965; 973; 986; 1021; 1037; 1039

REFORMATION
879-882; 922

REFORMEN
ANTIKAPITALISTISCHE STRUKTUR- 371-373; 379
STRUKTURELLE 495
SYSTEMÜBERWINDENDE GESINNUNGSREFORM 686
ZUSTÄNDEREFORM 623; 625; 629; 631; 686; 760-761

REFORMISMUS
 64; 69; 78; 82-83; 157; 161; 301; 379; 417; 479; 521; 539

REICH DER FREIHEIT, REICH DER NOTWENDIGKEIT
 124-125; 501; 533; 538; 549; 588; 592

REICH GOTTES
 978; 979; 1007; 1008

RENTE, DYNAMISCHE
 775, 798

REVISIONISMUS
 161; 167-168; 172; 175; 259; 375; 379; 417; 515; 521; 530; 542; 1010

REVOLUTION
 BÜRGERLICHE 94; 299; 367; 431
 ETHISCHE 430
 FRANZÖSISCHE (1789) 49; 53; 55; 69; 78; 83; 85; 87-88; 128; 181
 FRANZÖSISCHE (1848)
 FRIEDLICHE 540
 KULTUR- 506; 537-538; 587
 IN DEUTSCHLAND (1848) 35; 46; 48; 64; 74
 IN DEUTSCHLAND (1918/19)
 INDUSTRIELLE 53; 433-435; 441; 459-460; 462; 558; 570; 613; 617; 645
 POLITISCHE 110
 PROLETARISCHE 94; 110; 192; 267; 299; 324; 536
 SOZIALE 69; 78; 82; 89; 97; 110; 158-159; 648
 STRUKTURELLE 476-477; 493

SÄKULARISIERUNG, SÄKULARISATION
 613-614; 677; 883; 1006; 1079

SCHLICHTUNGSWESEN
 241; 244; 246; 252-254; 759

SCHÖPFUNG, BEWAHRUNG DER
 850-852; 874; 1085; 1086

SELBSTHILFE
 DER ARBEITER 613; 687; 690; 700; 711
 GRUNDSATZ DER 654; 690
 HILFE ZUR 37; 740; 836; 891; 914

SELBSTVERWALTUNG
 38; 163; 194; 200; 203; 215-217; 221-222; 235; 238; 307; 313; 340; 365; 373; 397; 453; 468; 480;515; 652; 678; 681;

715; 717; 737; 741; 744-745; 760; 920; 1032
 ARBEITER- 159; 380; 818
 DEMOKRATISCHE 163; 200
 KOMMUNALE 217-218
 WIRTSCHAFTLICHE 373; 453

SOLIDARISMUS, CHRISTLICHER
 718-720; 272-740; 745; 764

SOLIDARITÄT
 31; 47-48; 51; 91; 136; 194-195; 230; 261; 276; 428-431; 442; 445; 468; 479-480; 487; 490; 494; 505-509; 520; 544; 556-559; 565-566; 568-571; 582; 610; 681; 702; 718; 728; 738; 784; 790-792; 835; 838; 841; 843; 846; 855; 859-861; 920; 927; 940; 955; 1082; 1083; 1086; 1087; 1099-1101

SOLIDARITÄTSPRINZIP
 136; 606; 609-610; 835

SONNTAG
 -SARBEIT 683; 912; 913; 926; 937; 943
 -SHEILIGUNG 827; 912-914; 926; 950; 962
 -SRUHE 160; 205; 656; 673; 678

SOZIAL
 -GEMEINSCHAFTEN 388-389
 -GESELLSCHAFTEN 388
 -LIBERALISMUS 153
 -PARTNERSCHAFT 613; 700; 702; 711; 817; 827
 -PFARRAMT 985-987
 -POLITIK 77; 147; 176; 203-204; 269; 312; 320-321; 372; 406; 409; 438; 440; 505; 528; 567-568; 613; 644; 646; 655; 657; 659; 661; 665-666; 673; 676, 682-684; 686-687; 712; 718; 739; 759-760; 771; 774; 786; 788-789; 793-794; 827; 855; 861; 911; 924; 926-929; 940; 941; 952-955; 970; 974; 996; 1001; 1020; 1034; 1052; 1054; 1076; 1102
 -REFORM 37, 39; 40; 167-168; 186; 260; 321; 415; 613; 630; 645-646; 654; 656-657; 659; 663; 665; 680-681; 683-684; 687; 774; 780; 827; 889; 923; 924; 927-930; 933; 937; 941-944; 992; 995
 -VERSICHERUNG 195-197; 199-202; 261; 306; 329; 335; 565; 664; 678; 680; 759-760; 952; 1018

SOZIALETHIK, CHRISTLICHE
 604-606; 722; 859-860; 975; 991; 992

SOZIALISIERUNG
184; 216; 222-223; 229-230; 232; 260; 272-273; 275-276; 278; 290-298; 300-301; 304; 309; 311; 314-315; 326; 337; 342; 361-362; 368; 374-375; 378; 385; 388; 394-396; 402; 404; 415; 419; 422; 426; 439-440; 442; 464; 479; 492; 580; 756; 778; 1044; 1058
DER KOHLE- UND KALIINDUSTRIE FREIKORPORATIVE 385
KALTE 326
-SGESETZE 277; 294
-SGESETZGEBUNG 387
-SKOMMISSION 219; 223; 229-230; 252; 284; 287; 289; 291; 293-294; 389; 393; 403
-SMODELLE 287; 295; 387
-SREIFE 285; 375
TEIL- 281; 284; 287; 321
TOTALE 362
VOLL- 229; 284-290; 321

SOZIALISMUS
ALS ETHISCHER REALISMUS 428
CHRISTLICHER 720-721; 725; 757; 777; 785
DEMOKRATISCHER 212; 238; 384; 402; 430;
438; 442; 445; 490-491; 782; 1024
DER WEG ZUM 382
ETHISCHER 449; 1007
FREIER 368; 385
FREIHEITLICHER 375; 406-411; 415; 417-418; 423-424; 434; 468-469
GEMEINDE- 215-217;
GILDEN 232; 283; 286; 300; 308; 322-324
HINEINWACHSEN IN DEN 363
INTELLEKTUELLEN- 83
KOMMUNAL- 213; 215; 225; 272; 280; 321
KRIEGS- 272
MUNIZIPAL- 166; 214
ÖKO- 507
RÄTE- 272
REALER 783
RELIGIÖSER 874; 980; 1005-1020; 1091
SELBSTVERWALTUNGS- 595
STAATS- 149; 157-158; 167; 173; 177; 196; 211; 213; 257
STÄNDE- 681
ÜBERGANG ZUM 118; 169; 175; 272; 290; 448
UND DEMOKRATIE 287; 370; 382; 428; 797
UND FREIHEIT 371
WAHRER 90; 106
WISSENSCHAFTLICHER 90; 165; 451; 513

SOZIALKRITIK, ROMANTISCHE
67-618; 631; 666; 700

SOZIALLEHRE, KATHOLISCHE
407; 425; 431; 603-612; 638; 657; 683; 719; 732; 741-742; -771-775; 784; 788-790; 792; 797; 801-802; 805; 828; 833; 847; 852
IN DER DDR 774

SOZIALPRINZIPIEN 609; 733
SUBSIDIARITÄTSPRINZIP 606; 609-611; 740;
789-790; 860

SOZIALREFORM 61-62; 64; 82; 95; 713; 718; 733; 897; 904; 913; 914

SOZIALVERKÜNDIGUNG, KIRCHLICHE
603-604 (S. ENZYKLIKA)

STAAT(ES)
ABSTERBEN DES 111-112; 121-122; 156; 162; 190; 373; 375; 378; 394; 397; 421; 424; 426; 443; 445; 471; 480-482; 484
DEMOKRATISCHER 77; 241; 297; 343
DEMOKRATISCHER RECHTS- 372; 466
SOZIAL- (AUCH WOHLFAHRT-) 184; 410; 415; 453; 487; 564-567; 569; 583; 590; 873; 896; 904; 926; 941; 942; 989; 990; 993; 1055; 1083; 1084; 1102
SOZIALISTISCHER 147
-SEROBERUNG 375
-SHILFE 97; 138-139; 144; 674; 915; 916; 937; 941; 963
-SINTERVENTION 50; 97; 667; 672 673; 681;
951
-SINTERVENTIONISMUS 50; 482; 672
-SKAPITALISMUS 284; 297; 309; 363; 370; 372; 384; 533; 780
-SSOZIALISMUS 55; 57; 63; 82; 96; 128; 271; 281; 284; 371; 515; 527; 541; 543; 595; 678; 680-682; 687; 928-931
TOTALER 745; 1021
-SZENTRIERUNG 875
-SZWECK 134; 684
ZUKUNFTS- 146; 156; 183

STÄNDEORDNUNG
618; 629; 634-635; 639; 715; 914
STÄNDEROMANTIK 682

STREIK
170; 234; 236; 692; 696-699; 952; 968; 980; 997
GENERAL- 178; 192; 289; 345

1151

Massen- 169-170; 176; 178; 180

Subsidiarität (vgl. auch Soziaprinzipien)
425; 566; 609; 611; 714; 790; 859-860

Syndikalismus
283; 305; 322; 325; 420

Taylorismus
312; 314-315

Traditionalismus
435; 613; 615-616

Transformation (auch: Übergang zum Sozialismus)
118; 148; 152-153; 158; 227; 240; 299; 320; 334; 371; 375; 378; 477; 482-484; 531; 536; 547; 560; 563; 595
-skonzept(e) 121; 296; 313
sozialistische 69; 148; 152; 158; 240; 381; 531
-svorstellungen 69; 122; 148; 156

Überbau
19; 107; 112; 126; 304; 397; 504; 514; 520; 525; 583

Unternehmen
426
-sverfassung 757; 819; 821; 1077

Utopien, negative
585

Vereine, vgl. auch Arbeitervereine
Gesellen- 623; 672; 688
Gewerk- 658; 687; 691-692; 694; 709
Knappen- 689

Vergesellschaftung
der Produktionsmittel 184; 284; 361; 386; 412; 1029

Verkirchlichung
770; 982; 1047; 1049; 1050

Verstaatlichung
82; 158-159; 164; 177; 182; 212; 222; 257; 279; 281; 283; 287; 343; 348; 361; 366; 375-376; 378; 380; 385; 388; 394; 412; 419; 423; 426; 452; 487; 495; 510; 560; 584; 756; 779; 950; 1032

Volksfürsorge
171; 202; 231; 236; 239; 564

Volksmission
897; 903; 904; 910; 935

Volkspartei
143; 174; 395; 417; 421; 433; 435; 443; 503; 543; 557; 724; 747; 751; 753-754; 765; 786; 940; 973; 1066

Vollbeschäftigung
362-363; 375; 378; 386; 388; 394; 397; 401; 410; 416; 420-422; 438-440; 457; 464; 473; 505; 565; 583; 589-590; 789; 852; 1083-1086; 1098

Weltkirchenkonferenz
998; 1004; 1005; 1027-1030; 1033; 1038;
1043; 1044

Wert(theorie)
Arbeits- 115; 137
Gebrauchs- 115-116; 309
Tausch- 93; 114

Wettbewerb
31; 41; 49; 72; 153; 241; 271; 298; 363-364; 373; 395-396; 401; 405; 407; 415-416; 419-420; 423; 425-426; 439-440; 442; 464; 544; 548; 560-562; 583; 717; 729; 735; 742; 787-790; 793; 795-797; 856; 858; 876; 1034; 1041; 1054; 1077; 1098

Wirtschaftsdemokratie
232; 240; 253-254; 973;

Wirtschaftsethik
876; 882; 952; 957; 973; 1000; 1011; 1012; 1028; 1029; 1033; 1055; 1056; 1076; 1080; 1083; 1085; 1089-1091

Wirtschaftsverfassung
247; 272; 277-279; 308; 373; 390-391; 408; 644; 659; 665; 796

Wohlfahrtsstaat
528; 565-566; 587; 679; 680; 682; 684

Zentralverwaltungswirtschaft
392; 399; 404; 1094

Zentrismus
168-169; 175

Abkürzungsverzeichnis

abgedr.	Abgedruckt
ACK	Arbeitsgemeinschaft christlicher Kirchen
ADAV	Allgemeiner Deutscher Arbeiter-Verein
AfA	Allgemeiner freier Angestelltenbund
AfS	Archiv für Sozialgeschichte
A.E.G.	Allgemeine Elektrizitäts-Gesellschaft
AELKZ	Allgemeine Evangelisch-lutherische Kirchenzeitung
AfK	Archiv für Kommunalpolitik
AG	Aktiengesellschaft
AGA	Archiv für die Geschichte der Arbeiterbewegung (=Grünbergs Archiv)
AGEH	Arbeitsgemeinschaft für Entwicklungshilfe
Anm.	Anmerkung
APuZ	Aus Politik und Zeitgeschichte. Beilage zur Wochenzeitung Das Parlament
AÖRK	Archiv des Ökumenischen Rates der Kirchen, Genf
AR	Der Arbeiter-Rat
ASE	Abhandlungen zur Sozialethik
ASF	Arbeitsgemeinschaft Sozialdemokratischer Frauen
AsGS	Archiv für soziale Gesetzgebung und Statistik
ASS	Archiv für Sozialwissenschaft und Sozialpolitik
BBKL	Biographisch-Bibliographisches Kirchenlexikon
Bd.	Band
Bde.	Bände
BDKJ	Bund der Deutschen Katholischen Jugend
bearb.	Bearbeitet
BK	Bekennende Kirche
BKathF.A	Beiträge zur Katholizismusforschung, Reihe B: Abhandlungen
BKathF.B	Beiträge zur Katholizismusforschung, Reihe A: Quellentexte zur Geschichte des Katholizismus
BKU	Bund Katholischer Unternehmer
BR	Bayerischer Rundfunk
BRG	Betriebsrätegesetz
BzG	Beiträge zur Geschichte der Arbeiterbewegung
CA	Enzyklika "Centesimus annus" (1991) Papst Johannes Pauls II.
CAfIM	Centralausschuß für Innere Mission
CAJ	Christliche Arbeiterjugend
CDA	Christlich-Demokratische Arbeitnehmerschaft
CDU	Christlich-Demokratische Union
CFK	Christliche Friedenskonferenz
CGD	Christlicher Gewerkschaftsbund Deutschlands
ChW	Christliche Welt
CSP	Christlich-soziale Partei
CSU	Christlich-Soziale Union
CVB	Christliches Volksblatt

DA	Die Arbeit
DAS	Die Alte Stadt
DAG	Deutsche Angestelltengewerkschaft
DBB	Deutscher Beamtenbund
DBK	Deutsche Bischofskonferenz
DBV	Deutscher Bauarbeiterverband
DC	Deutsche Christen
DCV	Deutscher Caritasverband
DdG	Die demokratische Gemeinde
DDP	Deutsche Demokratische Partei
DDR	Deutsche Demokratische Republik
DEKA	Deutscher Evangelischer Kirchenausschuß
DEKZ	Deutsche Evangelische Kirchenzeitung
Dewog	Deutsche Wohnungsfürsorge-AG für Beamten, Angestellte und Arbeiter
DG	Die Gesellschaft
DGB	Deutscher Gewerkschaftsbund
DGr	Der Grundstein
DKM	Deutsche Kohlengemeinschaft
DI	Deutsche Industrie
DiG	Die internationale Gewerkschaftsbewegung
Diss.	Dissertation
DLV	Deutscher Landarbeiter-Verband
DM	Deutsche Mark
DNG	Die Neue Gesellschaft (vor dem ersten Weltkrieg)
DNR	Das Neue Reich
DNVP	Deutschnationale Volkspartei
DRZ	Deutsche Rechtszeitschrift
DVP	Deutsche Volkspartei
DVW	Der deutsche Volkswirt
DZ	Die Zukunft, Socialistische Revue
EAN	Evangelische Arbeitnehmerschaft
EG	Europäische Gemeinschaft
eingel.	Eingeleitet
EKD	Evangelische Kirche in Deutschland
EKU	Evangelische Kirche der Union
EKZ	Evangelische Kirchenzeitung
EOK	Evangelischer Oberkirchenrat
ESK	Evangelisch-sozialer Kongreß
ESL	Evangelisches Soziallexikon
et al.	Et alii ("und andere", bei mehr als drei Verfassern und Herausgebern)
Ex.	Exodus (2. Buch Mose)
F	Freiheit
EZA	Evangelisches Zentralarchiv, Berlin
FAZ	Frankfurter Allgemeine Zeitung
FDGB	Freier Deutscher Gewerkschaftsbund
FDP	Freie Demokratische Partei

FEST	Forschungsstelle evangelischer Studiengemeinschaften Heidelberg
FDK	Familienbund der deutschen Katholiken
FH	Frankfurter Hefte
FKSK	Freie Kirchlich-soziale Konferenz
Fn.	Fußnote
FO	Fundort
FR	Frankfurter Rundschau
FS	Festschrift
FU	Freie Universität Berlin
G	Die Glocke
GDC	Glaubensbewegung Deutsche Christen
GdS	Grundriß der Sozialökonomik
GEG	Großeinkaufs-Gesellschaft Deutscher Konsumvereine m.b.H.
GEHAG	Gemeinnützige Heimstätten-Aktiengesellschaft
Gen.	Genesis (1. Buch Mose)
GG	Grundgesetz
GKKE	Gemeinsame Konferenz Kirche und Entwicklung
GMH	Gewerkschaftliche Monatshefte
GO	Gewerbeordnung
GS	Patoralkonstitution "Gaudium et spes" (1965) des II. Vatikanischen Konzils
Gst	Gartenstadt
GuG	Geschichte und Gesellschaft
GuT	Geist und Tat
GVP	Gesamtdeutsche Volkspartei
GwA	Gemeinwirtschaftliche Anstalt
GWU	Geschichte in Wissenschaft und Unterricht
GZ	Gewerkschafts-Zeitung
H.	Heft
Ha	Hektar
HböW	Handbuch der öffentlichen Wirtschaft
HBV	Gewerkschaft Handel, Banken und Versicherungen
HerKorr	Herder Korrespondenz, Freiburg
HPBl	Historisch-Politische Blätter für das katholische Deutschland
Hrsg.	Herausgeber
hrsg. v.	herausgegeben von
HwbK	Handwörterbuch der Kommunalwissenschaften
HwbStW	Handwörterbuch der Staatswissenschaften
IAA	Internationale Arbeiter-Assoziation (Erste Internationale)
IBCG	Internationaler Bund Christlicher Gewerkschaften
IBFG	Internationaler Bund Freier Gewerkschaften
ICRA	International Catholic Rural Association
IG	Industriegewerkschaft
IGM	Industriegewerkschaft Metall
IHG	Internationales Handbuch des Genossenschaftswesens
IJB	Internationaler Jugend-Bund

IM	Innere Mission
Insbes.	Insbesondere
IRSH	International Reviews of Sozial History
ISK	Internationaler Sozialistischer Kampf-Bund
IWK	Internationale wissenschaftliche Korrespondenz zur Geschichte der deutschen Arbeiterbewegung
JbDS	Jahrbuch der deutschen Sozialdemokratie
JbNS	Jahrbuch für Nationalökonomie und Statistik
JbSS	Jahrbuch für Sozialwissenschaft und Sozialpolitik
JbZK	Jahrbuch des Zentralverbands deutscher Konsumvereine
JCSW	Jahrbuch für Christliche Sozialwissenschaften
JfS	Jahrbuch für Sozialwissenschaft
Jg.	Jahrgang
JGNKG	Jahrbuch der Gesellschaft für Niedersächsische Kirchengeschichte
Jh.	Jahrhundert
Juso	Jungsozialist
K	Der Kampf
KAB	Katholische Arbeitnehmer-Bewegung
KAEF	Katholischer Arbeitskreis Entwicklung und Frieden
Kap.	Kapitel
KiV	Kirche im Volk
KJ	Kirchliches Jahrbuch
KK	Der Klassenkampf
KKF	Verband Katholischer Kaufmännischer Berufstätiger Frauen
KKV	Katholisch-Kaufmännischer Verein, seit 1965: KKV-Bundesverband der Katholiken in Wirtschaft und Verwaltung
KLB	Katholische Landvolkbewegung
KLJB	Katholische Landjugendbewegung
KP	Kommunale Praxis
KP(D)	Kommunistische Partei (Deutschlands)
KPO	Kommunistische Partei Deutschlands (Opposition)
KSB	Kirchlich-sozialer Bund
KSBl	Kirchlich-soziale Blätter
LE	Enzyklika "Laborem exercens" (1981) Papst Johannes Pauls II.
LGRS	Ferdinand Lasalle, Gesammelte Reden und Schriften, hrsg. von Eduard Bernstein, Berlin 1918/1919.
LThK	Lexikon für Theologie und Kirche
MdB	Mitglied des Deutschen Bundestags
MdR	Mitglied des Reichstags
MdW	Magazin der Wirtschaft
MEGA	Marx-Engels Gesamtausgabe
MEW	Karl Marx, Friedrich Engels, Werke
Mill.	Million
MM	Enzyklika "Mater et magistra" (1961) Papst Johannes' XXIII.
MPTh	Monatsschrift für Pastoraltheologie
Mrd.	Milliarde

MSPD	Mehrheitssozialdemokratische Partei Deutschlands
MT	Marxistische Tribüne
MW	Mehrwert
NBS	Neue Blätter für den Sozialismus
ND	Neues Deutschland
NG	Die Neue Gesellschaft
NG/FH	Die Neue Gesellschaft/Frankfurter Hefte
NOrd	Die Neue Ordnung
NRW	Nordrhein-Westfalen
NS	Nationalsozialismus
NSDAP	Nationalsozialistische Deutsche Arbeiterpartei
NSV	Nationalsozialistische Volkswohlfahrt
NZ	Neue Zeit
OA	Apost. Schreiben "Octogesima adveniens" (1971) Papst Pauls VI.
o.J.	ohne Jahreszahl
OKR	Oberkirchenrat
o.O.	ohne Ortsangabe
ÖRK	Ökumenischer Rat der Kirchen Genf
ÖTV	Gewerkschaft Öffentliche Dienste, Transport und Verkehr
OHL	Oberste Heeresleitung
PP	Enzyklika "Popolorum progressio" (1967) Papst Pauls VI.
Prot.	Protokoll
PT	Enzyklika "Pacem in terris" (1963) Papst Johannes XXIII.
PT	Parteitag
PVS	Politische Vierteljahresschrift
QA	Enzyklika "Quadragesimo anno" (1931) Papst Pius' XI.
Rewog	Reichswohnungsfürsorgegesellschaft für Beamten-, Angestellten- und Arbeiterheimstätten
RGBl	Reichsgesetzblatt
RGG	(Die) Religion in Geschichte und Gegenwart
RKD	Reichskohlendirektorium
RKR	Reichskohlenrat
RL	Reichs-Landbund. Agrarpolitische Wochenschrift
RM	Reichsmark
RN	Enzyklika "Rerum novarum" (1891) Papst Leos XIII.
RVO	Reichsversicherungsordnung
SAP	Sozialistische Arbeiterpartei (Deutschlands)
SAPMO	Stiftung Archiv der Parteien und Massenorganisationen der DDR
SAV	Sonntagsblatt des arbeitenden Volkes
SB	Soziale Bauwirtschaft
SBZ	Sowjetische Besatzungszone
SDAP(D)	Sozialdemokratische Arbeiterpartei (Deutschlands)
SDAP(Ö)	Sozialdemokratische Arbeiterpartei (Deutschösterreichs)
SED	Sozialistische Einheitspartei Deutschlands
SDS	Sozialistischer Deutscher Studentenbund
SJ	Das Sozialistische Jahrhundert

SJG	Schmollers Jahrbuch für Gesetzgebung, Verwaltung und Volkswirtschaft
SM	Sozialistische Monatshefte, Berlin 1897-1933
SMH	Sozialistische Monatshefte, Stuttgart 1945-1949
SoPo	Sozialistische Politik
Sp.	Spalte
SP	Soziale Praxis
SPD	Sozialdemokratische Partei Deutschlands
SPÖ	Sozialistische Partei Österreichs
SRS	Enzyklika "Sollicitudo rei socialis" (1987) Papst Johannes Pauls II.
StGB	Strafgesetzbuch
StL	Staatslexikon. Recht – Wirtschaft – Gesellschaft
StZ	Stimmen der Zeit (bis 1914: Stimmen aus Maria Laach)
SZ	Süddeutsche Zeitung
TH	Technische Hochschule
Tim.	Timotheus
TKSL	Texte zur katholischen Soziallehre. Die sozialen Rundschreiben der Päpste und andere kirchliche Dokumente, Bornheim/Kevelaer ^{8}1992
TKSL II	Texte zur katholischen Soziallehre II. Dokumente zur Geschichte des Verhältnisses von Kirche und Arbeiterschaft am Beispiel der Katholischen Arbeiterbewegung (KAB) Deutschlands. 2 Bde., Kevelaer 1976
TRE	Theologische Realenzyklopädie
TU	Technische Universität
u.a.	und andere (Autoren)
USA	United States of America
USPD	Unabhängige Sozialdemokratische Partei Deutschlands
VDSt	Verein Deutscher Studenten
VfZ	Vierteljahrshefte für Zeitgeschichte
VKZG.Q	Veröffentlichungen der Kommission für Zeitgeschichte, Reihe A: Quellen
VKZG.F	Veröffentlichungen der Kommission für Zeitgeschichte, Reihe B: Forschungen
VRWR	Vorläufiger Reichswirtschaftsrat
VsB	Verband sozialer Baubetriebe
W.A.	Martin Luther, Kritische Gesamtausgabe (Weimarer Ausgabe)
WBCA	Weltbewegung christlicher Arbeiter
WDR	Westdeutscher Rundfunk
WRV	Weimarer Reichsverfassung vom 11. August 1919
Ww	Wohnungswirtschaft
WWI	Wirtschaftswissenschaftliches Institut
ZAG	Zentralarbeitsgemeinschaft der industriellen und gewerblichen Arbeitgeber und Arbeitnehmer Deutschlands
ZEE	Zeitschrift für Evangelische Ethik
ZdK	Zentralkomitee der deutschen Katholiken
ZfA	Zeitschrift für Arbeitsrecht
zit. n	zitiert nach
ZRS	Zeitschrift für Religion und Sozialismus

Die Autoren

Prof. em. Dr. Helga Grebing, geb. 1930, Institut für soziale Bewegungen der Ruhr-Universität Bochum. Reifeprüfung II. Bildungsweg. Studium der Geschichte, Germanistik und Philosophie an der Humboldt- und an der Freien Universität Berlin. 1952/53 Promotion und 1. Staatsexamen, danach Tätigkeiten als Verlagslektorin, Redakteurin und in der politischen Bildungsarbeit. 1970 Habilitation im Fach Politikwissenschaft. 1970-1995 Professorin an den Universitäten Frankfurt a.M., Göttingen und Bochum für Neuere Geschichte bzw. Vergleichende Geschichte der internationalen Arbeiterbewegung. 1988-1995 Leiterin des Instituts zur Erforschung der europäischen Arbeiterbewegung der Ruhr-Universität Bochum. Seit 1995 als Publizistin in Göttingen lebend.

Prof. em. Dr. Walter Euchner, geb. 1933, seit 1971 Lehrstuhlinhaber für Politikwissenschaft an der Universität Göttingen. Studium der Rechtswissenschaften (1. Staatsexamen), Politikwissenschaft, Soziologie und Geschichte in Tübingen, München, Heidelberg und Frankfurt a.M. 1960-1963 Wissenschaftlicher Mitarbeiter am Lehrstuhl für Politikwissenschaft an der Universität Tübingen. 1963-1971 Wissenschaftlicher Assistent und Lehrbeauftragter für Politikwissenschaft an der Universität Frankfurt a.M. 1966 Promotion zum Dr. phil. 1971-1999 Professor für Politikwissenschaft an der Universität Göttingen. Verheiratet, zwei Kinder.

Dr. Norbert Friedrich, geb. 1962, seit 2002 Leiter der Fliedner-Kulturstiftung Kaiserswerth. Studium der Evangelischen Theologie, Geschichte und Germanistik in Bochum. 1991 1. Staatsexamen für das Lehramt für Sekundarstufe I/II für die Fächer Evangelische Religionslehre und Geschichte. 1991-1994 Wissenschaftlicher Mitarbeiter am Lehrstuhl für Praktische Theologie/Religionspädagogik der Evangelisch-theologischen Fakultät der Ruhr-Universität Bochum. 1994-1996 Lehramtsreferendariat in Hagen. 1995 Promotion zum Dr. phil. 1996 2. Staatsexamen. 1998 bis 2002 Wissenschaftlicher Assistent am Lehrstuhl für Christliche Gesellschaftslehre an der Evangelisch-theologischen Fakultät der Ruhr-Universität Bochum. Verheiratet, vier Kinder.

Prof. Dr. Traugott Jähnichen, geb. 1959, seit 1998 Lehrstuhlinhaber für Christliche Gesellschaftslehre an der Evangelisch-theologischen Fakultät der Ruhr-Universität Bochum. Studium der Evangelischen Theologie und Wirtschaftswissenschaften in Bochum, Bonn und Wuppertal. 1984 1. Theologisches Examen. Vikariat. 1986 2. Theologisches Examen. Promotionsstipendiat der Hans-Böckler-Stiftung, 1990 Promotion. 1989-1990 Pastor i.H. in Bochum. 1990-1998 Wissenschaftlicher Mitarbeiter und Assistent in Bochum. 1993 Dipl.Oek. 1997 Habilitation. Verheiratet, ein Kind.

Dr. Peter Langhorst, geb. 1963, Oberstudienrat am Artland-Gymnasium in Quakenbrück. Studium der Katholischen Theologie und Lateinischen Philologie in Bochum. 1990 1. Staatsexamen für das Lehramt der Sekundarstufen II/I. 1990-1996 Wissenschaftlicher Mitarbeiter am Lehrstuhl für Christliche Gesellschaftslehre der Katholisch-Theologischen Fakultät der Ruhr-Universität Bochum. 1995 Promotion zum Dr. theol. 1997-1999 Referendariat am Studienseminar in Hagen. 1998 2. Staatsexamen. Beratertätigkeit in der Industrie. Verheiratet, zwei Kinder.

Prof. em. Dr. Franz Josef Stegmann, geb. 1930, Studium der Philosophie an der Benediktinerhochschule St. Ottilien sowie der Theologie und Wirtschaftswissenschaften an den Universitäten München und Bonn. 1956 Theologisches Abschlußexamen. 1958 Lic. theol. und Priesterweihe. 1962 Promotion zum Dr. theol., anschließend Seelsorgetätigkeit als Kaplan und Pfarrvikar. 1972 Habilitation an der Universität Bonn. 1972-1973 Dozent für Katholische Theologie und ihre Didaktik an der Pädagogischen Hochschule Rheinland, Abteilung Neuss. 1973-1977 Professor für Katholische Theologie unter bes. Berücksichtigung der Christlichen Gesellschaftslehre an der Universität der Bundeswehr, München. 1977-1996 Professor für Christliche Gesellschaftslehre an der Katholisch-Theologischen Fakultät der Ruhr-Universität Bochum, seit 1997 Aufbau der Catholic Social Academy in Bethlehem/Südafrika und Lehrtätigkeit am St. Augustin University College in Johannesburg.